JN082409

法令索引（五十音順）

あ行

か行

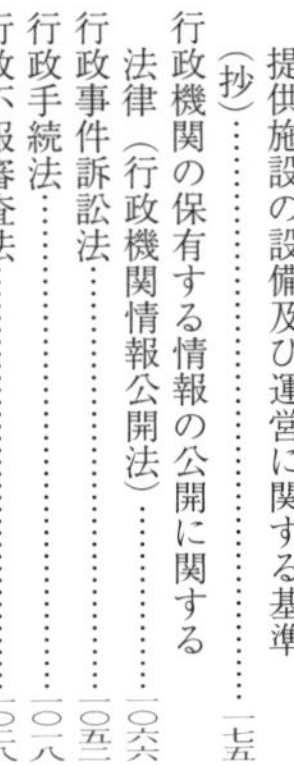

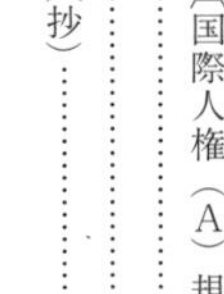

さ行

や・ら・わ行

◇ヤ

◇ロ

MINERVA
Compendium of Japanese Laws on Social Welfare

ミネルヴァ
社会福祉六法
2024
令和6年版

野﨑和義
［監修］
ミネルヴァ書房編集部
［編］

ミネルヴァ書房

はしがき

この『ミネルヴァ社会福祉六法』は、福祉専門職として働く人、福祉行政にたずさわる公務員、そして専門職への志をいだき社会福祉士等の国家試験を受験する人たちのために編纂されたものである。およそ福祉で法を学ぶ意義は、権利擁護の視点を得るところにあるといってよい。それゆえ、この六法ではとりわけ以下の点に留意した。

① 社会福祉制度の考え方や仕組み、サービス利用者の権利や利用手続きを明らかにするために、社会福祉法など制度の根幹となる法令についてはこれを丹念に抽出した。

② 福祉の実践とかかわりの深い民法・行政法の領域からも広範に法令を収録し、成年後見制度をはじめとする民事的支援の仕組みや行政上あるいは裁判上の権利救済の手続きについても、その根拠となる規定を示した。

③ 医療・年金、消費生活、労働法の各編を設け、福祉サービス利用者の自立や社会参加にとって欠かすことのできない法令を取り込んだ。

④ 特に更生保護に関連する法令についてはこれを一編にまとめ、犯罪を犯した者や非行のある少年の改善更生に向けたソーシャルワークにあたっても活用しうる六法とした。

以上のような特徴を備えていることから、この六法は社会福祉士をはじめ各種の国家試験等にも十分に対応しうるものとなった。一見すると無機質な法の条文であるが、本書を手にされることで、利用者の権利を中核とした福祉サービスの全体像を思い描いていただけるならば、これにまさる喜びはない。

野崎和義

凡　例

法令のひき方

表紙見返しに全収録法令を五十音順で配列した。この法令索引による検索のほか、分類別の検索によるときは総目次を利用されたい。また、各編には印刷の爪かけ見出しをつけた。

基準日

本書収録の法令は、令和五（二〇二三）年九月三十日を基準日とし、その日までに公布された法令に基づいている。

公　布

法令名のあとに、その法令が官報で公布された日付と法令番号を示した。

施行及び改正

令和七（二〇二五）年三月三十一日までに施行される改正法令は、すべてその内容を本文中に織り込んだ。それ以降に施行される改正法令の施行日については、各法令の末尾に改正の根拠となる法令の題名、公布日と法令番号を併せて示している。

条文見出し

法令の原文に条文見出しがついているものは（　）で表示した。編集部が付した見出しは〔　〕で囲んだ。

条文の項番号

法令の条文中、原文に項の数字表記のないものは、②③などの記号を付して項数を示した。

全録の範囲

収録法令は全録を基本とし、本則のすべての条文を掲載した。ただし、附則や別表など付属的な条項については、これを省略ないし部分掲載したものもある。

目次

I　社会福祉編

日本国憲法

（昭和二一・一一・三公布）
（昭和二二・五・三施行）

日本国民は、正当に選挙された国会における代表者を通じて行動し、われらとわれらの子孫のために、諸国民との協和による成果と、わが国全土にわたつて自由のもたらす恵沢を確保し、政府の行為によつて再び戦争の惨禍が起ることのないやうにすることを決意し、ここに主権が国民に存することを宣言し、この憲法を確定する。そもそも国政は、国民の厳粛な信託によるものであつて、その権威は国民に由来し、その権力は国民の代表者がこれを行使し、その福利は国民がこれを享受する。これは人類普遍の原理であり、この憲法は、かかる原理に基くものである。われらは、これに反する一切の憲法、法令及び詔勅を排除する。

日本国民は、恒久の平和を念願し、人間相互の関係を支配する崇高な理想を深く自覚するのであつて、平和を愛する諸国民の公正と信義に信頼して、われらの安全と生存を保持しようと決意した。われらは、平和を維持し、専制と隷従、圧迫と偏狭を地上から永遠に除去しようと努めてゐる国際社会において、名誉ある地位を占めたいと思ふ。われらは、全世界の国民が、ひとしく恐怖と欠乏から免かれ、平和のうちに生存する権利を有することを確認する。

われらは、いづれの国家も、自国のことのみに専念して他国を無視してはならないのであつて、政治道徳の法則は、普遍的なものであり、この法則に従ふことは、自国の主権を維持し、他国と対等関係に立たうとする各国の責務であると信ずる。

日本国民は、国家の名誉にかけ、全力をあげてこの崇高な理想と目的を達成することを誓ふ。

第一章　天皇

〔**天皇の象徴的地位、国民主権**〕

第一条　天皇は、日本国の象徴であり日本国民統合の象徴であつて、この地位は、主権の存する日本国民の総意に基く。

〔**皇位の世襲と継承**〕

第二条　皇位は、世襲のものであつて、国会の議決した皇室典範の定めるところにより、これを継承する。

〔**天皇の国事行為に対する内閣の助言・承認・責任**〕

第三条　天皇の国事に関するすべての行為には、内閣の助言と承認を必要とし、内閣が、その責任を負ふ。

〔**天皇の国事行為の限定とその委任**〕

第四条　天皇は、この憲法の定める国事に関する行為のみを行ひ、国政に関する権能を有しない。

② 天皇は、法律の定めるところにより、その国事に関する行為を委任することができる。

〔**摂政**〕

第五条　皇室典範の定めるところにより摂政を置くときは、摂政は、天皇の名でその国事に関する行為を行ふ。この場合には、前条第一項の規定を準用する。

〔**天皇の国事行為―内閣総理大臣・最高裁長官任命**〕

第六条　天皇は、国会の指名に基いて、内閣総理大臣を任命する。

② 天皇は、内閣の指名に基いて、最高裁判所の長たる裁判官を任命する。

〔**天皇の国事行為―その他**〕

第七条　天皇は、内閣の助言と承認により、国民のために、左の国事に関する行為を行ふ。

一　憲法改正、法律、政令及び条約を公布すること。

二　国会を召集すること。

三　衆議院を解散すること。

四　国会議員の総選挙の施行を公示すること。

五　国務大臣及び法律の定めるその他の官吏の任免並びに全権委任状及び大使及び公使の信任状を認証すること。

六　大赦、特赦、減刑、刑の執行の免除及び復権を認証すること。

七　栄典を授与すること。

八　批准書及び法律の定めるその他の外交文書を認証すること。

九　外国の大使及び公使を接受すること。

十　儀式を行ふこと。

〔**皇室の財産授受**〕

第八条　皇室に財産を譲り渡し、又は皇室が、財産を譲り受け、若しくは賜与することは、国会の議決に基かなければならない。

第二章　戦争の放棄

〔**戦争の放棄、戦力の不保持、交戦権の否認**〕

第九条　日本国民は、正義と秩序を基調とする国際平和を誠実に希求し、国権の発動たる戦

社会福祉

争と、武力による威嚇又は武力の行使は、国際紛争を解決する手段としては、永久にこれを放棄する。

② 前項の目的を達するため、陸海空軍その他の戦力は、これを保持しない。国の交戦権は、これを認めない。

第三章 国民の権利及び義務

〔**日本国民たる要件**〕

第十条 日本国民たる要件は、法律でこれを定める。

〔**国民の基本的人権の永久不可侵性**〕

第十一条 国民は、すべての基本的人権の享有を妨げられない。この憲法が国民に保障する基本的人権は、侵すことのできない永久の権利として、現在及び将来の国民に与へられる。

〔**自由及び権利の保持責任、濫用の禁止、利用責任**〕

第十二条 この憲法が国民に保障する自由及び権利は、国民の不断の努力によつて、これを保持しなければならない。又、国民は、これを濫用してはならないのであつて、常に公共の福祉のためにこれを利用する責任を負ふ。

〔**個人の尊重**〕

第十三条 すべて国民は、個人として尊重される。生命、自由及び幸福追求に対する国民の権利については、公共の福祉に反しない限り、立法その他の国政の上で、最大の尊重を必要とする。

〔**法の下の平等、貴族制度の否認、栄典の授与**〕

第十四条 すべて国民は、法の下に平等であつて、人種、信条、性別、社会的身分又は門地により、政治的、経済的又は社会的関係において、差別されない。

② 華族その他の貴族の制度は、これを認めない。

③ 栄誉、勲章その他の栄典の授与は、いかなる特権も伴はない。栄典の授与は、現にこれを有し、又は将来これを受ける者の一代に限り、その効力を有する。

〔**国民の公務員選定罷免権、公務員の本質、普通選挙及び秘密投票の保障**〕

第十五条 公務員を選定し、及びこれを罷免することは、国民固有の権利である。

② すべて公務員は、全体の奉仕者であつて、一部の奉仕者ではない。

③ 公務員の選挙については、成年者による普通選挙を保障する。

④ すべて選挙における投票の秘密は、これを侵してはならない。選挙人は、その選択に関し公的にも私的にも責任を問はれない。

〔**請願権**〕

第十六条 何人も、損害の救済、公務員の罷免、法律、命令又は規則の制定、廃止又は改正その他の事項に関し、平穏に請願する権利を有し、何人も、かかる請願をしたためにいかなる差別待遇も受けない。

〔**公務員の不法行為による損害賠償**〕

第十七条 何人も、公務員の不法行為により、損害を受けたときは、法律の定めるところにより、国又は公共団体に、その賠償を求めることができる。

〔**奴隷的拘束及び苦役からの自由**〕

第十八条 何人も、いかなる奴隷的拘束も受けない。又、犯罪に因る処罰の場合を除いては、その意に反する苦役に服させられない。

〔**思想及び良心の自由**〕

第十九条 思想及び良心の自由は、これを侵してはならない。

〔**信教の自由**〕

第二十条 信教の自由は、何人に対してもこれを保障する。いかなる宗教団体も、国から特権を受け、又は政治上の権力を行使してはならない。

② 何人も、宗教上の行為、祝典、儀式又は行事に参加することを強制されない。

③ 国及びその機関は、宗教教育その他いかなる宗教的活動もしてはならない。

〔**集会・結社・表現の自由、検閲の禁止**〕

第二十一条 集会、結社及び言論、出版その他一切の表現の自由は、これを保障する。

② 検閲は、これをしてはならない。通信の秘密は、これを侵してはならない。

〔**居住、移転、職業選択、外国移住、国籍離脱の自由**〕

第二十二条 何人も、公共の福祉に反しない限り、居住、移転及び職業選択の自由を有する。

② 何人も、外国に移住し、又は国籍を離脱する自由を侵されない。

〔**学問の自由**〕

第二十三条 学問の自由は、これを保障する。

〔**家族生活における個人の尊厳と両性の平等**〕

第二十四条 婚姻は、両性の合意のみに基いて成立し、夫婦が同等の権利を有することを基本として、相互の協力により、維持されなければならない。

② 配偶者の選択、財産権、相続、住居の選定、離婚並びに婚姻及び家族に関するその他の事項に関しては、法律は、個人の尊厳と両性の本質的平等に立脚して、制定されなければならない。

〔国民の生存権、国の保障義務〕

第二十五条 すべて国民は、健康で文化的な最低限度の生活を営む権利を有する。

② 国は、すべての生活部面について、社会福祉、社会保障及び公衆衛生の向上及び増進に努めなければならない。

〔教育を受ける権利、受けさせる義務〕

第二十六条 すべて国民は、法律の定めるところにより、その能力に応じて、ひとしく教育を受ける権利を有する。

② すべて国民は、法律の定めるところにより、その保護する子女に普通教育を受けさせる義務を負ふ。義務教育は、これを無償とする。

〔勤労の権利・義務、勤労条件の基準、児童酷使の禁止〕

第二十七条 すべて国民は、勤労の権利を有し、義務を負ふ。

② 賃金、就業時間、休息その他の勤労条件に関する基準は、法律でこれを定める。

③ 児童は、これを酷使してはならない。

〔労働者の団結権・団体行動権〕

第二十八条 勤労者の団結する権利及び団体交渉その他の団体行動をする権利は、これを保障する。

〔財産権〕

第二十九条 財産権は、これを侵してはならない。

② 財産権の内容は、公共の福祉に適合するやうに、法律でこれを定める。

③ 私有財産は、正当な補償の下に、これを公共のために用ひることができる。

〔納税の義務〕

第三十条 国民は、法律の定めるところにより、納税の義務を負ふ。

〔法定手続の保障〕

第三十一条 何人も、法律の定める手続によらなければ、その生命若しくは自由を奪はれ、又はその他の刑罰を科せられない。

〔裁判を受ける権利〕

第三十二条 何人も、裁判所において裁判を受ける権利を奪はれない。

〔逮捕に対する保障〕

第三十三条 何人も、現行犯として逮捕される場合を除いては、権限を有する司法官憲が発し、且つ理由となつてゐる犯罪を明示する令状によらなければ、逮捕されない。

〔抑留・拘禁に対する保障〕

第三十四条 何人も、理由を直ちに告げられ、且つ、直ちに弁護人に依頼する権利を与へられなければ、抑留又は拘禁されない。又、何人も、正当な理由がなければ、拘禁されず、要求があれば、その理由は、直ちに本人及びその弁護人の出席する公開の法廷で示されなければならない。

〔住居侵入・捜索・押収に対する保障〕

第三十五条 何人も、その住居、書類及び所持品について、侵入、捜索及び押収を受けることのない権利は、第三十三条の場合を除いては、正当な理由に基いて発せられ、且つ捜索する場所及び押収する物を明示する令状がなければ、侵されない。

② 捜索又は押収は、権限を有する司法官憲が発する各別の令状により、これを行ふ。

〔拷問及び残虐な刑罰の禁止〕

第三十六条 公務員による拷問及び残虐な刑罰は、絶対にこれを禁ずる。

〔刑事被告人の諸権利〕

第三十七条 すべて刑事事件においては、被告人は、公平な裁判所の迅速な公開裁判を受ける権利を有する。

② 刑事被告人は、すべての証人に対して審問する機会を充分に与へられ、又、公費で自己のために強制的手続により証人を求める権利を有する。

③ 刑事被告人は、いかなる場合にも、資格を有する弁護人を依頼することができる。被告人が自らこれを依頼することができないときは、国でこれを附する。

〔黙秘権、自白の証拠能力〕

第三十八条 何人も、自己に不利益な供述を強要されない。

② 強制、拷問若しくは脅迫による自白又は不当に長く抑留若しくは拘禁された後の自白は、これを証拠とすることができない。

③ 何人も、自己に不利益な唯一の証拠が本人の自白である場合には、有罪とされ、又は刑罰を科せられない。

〔遡及処罰の禁止、二重処罰の禁止〕

第三十九条 何人も、実行の時に適法であつた行為又は既に無罪とされた行為については、刑事上の責任を問はれない。又、同一の犯罪について、重ねて刑事上の責任を問はれない。

〔刑事補償〕
第四十条　何人も、抑留又は拘禁された後、無罪の裁判を受けたときは、法律の定めるところにより、国にその補償を求めることができる。

第四章　国会

〔国会の地位、立法権〕
第四十一条　国会は、国権の最高機関であつて、国の唯一の立法機関である。

〔両院制〕
第四十二条　国会は、衆議院及び参議院の両議院でこれを構成する。

〔両議院の組織〕
第四十三条　両議院は、全国民を代表する選挙された議員でこれを組織する。
②　両議院の議員の定数は、法律でこれを定める。

〔国会議員及び選挙人の資格〕
第四十四条　両議院の議員及びその選挙人の資格は、法律でこれを定める。但し、人種、信条、性別、社会的身分、門地、教育、財産又は収入によつて差別してはならない。

〔衆議院議員の任期〕
第四十五条　衆議院議員の任期は、四年とする。但し、衆議院解散の場合には、その期間満了前に終了する。

〔参議院議員の任期〕
第四十六条　参議院議員の任期は、六年とし、三年ごとに議員の半数を改選する。

〔選挙に関する事項の法定〕
第四十七条　選挙区、投票の方法その他両議院の議員の選挙に関する事項は、法律でこれを定める。

〔両議院議員兼職禁止〕
第四十八条　何人も、同時に両議院の議員たることはできない。

〔議員の歳費〕
第四十九条　両議院の議員は、法律の定めるところにより、国庫から相当額の歳費を受ける。

〔議員の不逮捕特権〕
第五十条　両議院の議員は、法律の定める場合を除いては、国会の会期中逮捕されず、会期前に逮捕された議員は、その議院の要求があれば、会期中これを釈放しなければならない。

〔議員の発言・表決の無責任〕
第五十一条　両議院の議員は、議院で行つた演説、討論又は表決について、院外で責任を問はれない。

〔常会〕
第五十二条　国会の常会は、毎年一回これを召集する。

〔臨時会〕
第五十三条　内閣は、国会の臨時会の召集を決定することができる。いづれかの議院の総議員の四分の一以上の要求があれば、内閣は、その召集を決定しなければならない。

〔衆議院の解散と総選挙、特別会〕
第五十四条　衆議院が解散されたときは、解散の日から四十日以内に、衆議院議員の総選挙を行ひ、その選挙の日から三十日以内に、国会を召集しなければならない。
②　衆議院が解散されたときは、参議院は、同時に閉会となる。但し、内閣は、国に緊急の必要があるときは、参議院の緊急集会を求めることができる。
③　前項但書の緊急集会において採られた措置は、臨時のものであつて、次の国会開会の後十日以内に、衆議院の同意がない場合には、その効力を失ふ。

〔議員の資格争訟〕
第五十五条　両議院は、各〻その議員の資格に関する争訟を裁判する。但し、議員の議席を失はせるには、出席議員の三分の二以上の多数による議決を必要とする。

〔議員の定足数、議決〕
第五十六条　両議院は、各〻その総議員の三分の一以上の出席がなければ、議事を開き議決することができない。
②　両議院の議事は、この憲法に特別の定のある場合を除いては、出席議員の過半数でこれを決し、可否同数のときは、議長の決するところによる。

〔会議の公開と秘密会、会議録〕
第五十七条　両議院の会議は、公開とする。但し、出席議員の三分の二以上の多数で議決したときは、秘密会を開くことができる。
②　両議院は、各〻その会議の記録を保存し、秘密会の記録の中で特に秘密を要すると認められるもの以外は、これを公表し、且つ一般に頒布しなければならない。
③　出席議員の五分の一以上の要求があれば、各議員の表決は、これを会議録に記載しなければならない。

〔役員の選任、議院規則、懲罰〕
第五十八条　両議院は、各〻その議長その他の役員を選任する。

② 両議院は、各〻その会議その他の手続及び内部の規律に関する規則を定め、又、院内の秩序をみだした議員を懲罰することができる。但し、議員を除名するには、出席議員の三分の二以上の多数による議決を必要とする。

〔**法律案の議決、衆議院の優越**〕

第五十九条 法律案は、この憲法に特別の定のある場合を除いては、両議院で可決したとき法律となる。

② 衆議院で可決し、参議院でこれと異なつた議決をした法律案は、衆議院で出席議員の三分の二以上の多数で再び可決したときは、法律となる。

③ 前項の規定は、法律の定めるところにより、衆議院が、両議院の協議会を開くことを求めることを妨げない。

④ 参議院が、衆議院の可決した法律案を受け取つた後、国会休会中の期間を除いて六十日以内に、議決しないときは、衆議院は、参議院がその法律案を否決したものとみなすことができる。

〔**衆議院の予算先議と優越**〕

第六十条 予算は、さきに衆議院に提出しなければならない。

② 予算について、参議院で衆議院と異なつた議決をした場合に、法律の定めるところにより、両議院の協議会を開いても意見が一致しないとき、又は参議院が、衆議院の可決した予算を受け取つた後、国会休会中の期間を除いて三十日以内に、議決しないときは、衆議院の議決を国会の議決とする。

〔**条約の国会承認と衆議院の優越**〕

第六十一条 条約の締結に必要な国会の承認については、前条第二項の規定を準用する。

〔**議院の国政調査権**〕

第六十二条 両議院は、各〻国政に関する調査を行ひ、これに関して、証人の出頭及び証言並びに記録の提出を要求することができる。

〔**国務大臣の議院出席**〕

第六十三条 内閣総理大臣その他の国務大臣は、両議院の一に議席を有すると有しないとにかかはらず、何時でも議案について発言するため議院に出席することができる。又、答弁又は説明のため出席を求められたときは、出席しなければならない。

〔**弾劾裁判所**〕

第六十四条 国会は、罷免の訴追を受けた裁判官を裁判するため、両議院の議員で組織する弾劾裁判所を設ける。

② 弾劾に関する事項は、法律でこれを定める。

第五章　内閣

〔**行政権と内閣**〕

第六十五条 行政権は、内閣に属する。

〔**内閣の組織、国務大臣の文民資格、国会に対する連帯責任**〕

第六十六条 内閣は、法律の定めるところにより、その首長たる内閣総理大臣及びその他の国務大臣でこれを組織する。

② 内閣総理大臣その他の国務大臣は、文民でなければならない。

③ 内閣は、行政権の行使について、国会に対し連帯して責任を負ふ。

〔**内閣総理大臣の指名、衆議院の優越**〕

第六十七条 内閣総理大臣は、国会議員の中から国会の議決で、これを指名する。この指名は、他のすべての案件に先だつて、これを行ふ。

② 衆議院と参議院とが異なつた指名の議決をした場合に、法律の定めるところにより、両議院の協議会を開いても意見が一致しないとき、又は衆議院が指名の議決をした後、国会休会中の期間を除いて十日以内に、参議院が、指名の議決をしないときは、衆議院の議決を国会の議決とする。

〔**国務大臣の任命と罷免**〕

第六十八条 内閣総理大臣は、国務大臣を任命する。但し、その過半数は、国会議員の中から選ばれなければならない。

② 内閣総理大臣は、任意に国務大臣を罷免することができる。

〔**衆議院の内閣不信任、解散又は総辞職**〕

第六十九条 内閣は、衆議院で不信任の決議案を可決し、又は信任の決議案を否決したときは、十日以内に衆議院が解散されない限り、総辞職をしなければならない。

〔**内閣総理大臣の欠缺又は総選挙後の内閣総辞職**〕

第七十条 内閣総理大臣が欠けたとき、又は衆議院議員総選挙の後に初めて国会の召集があつたときは、内閣は、総辞職をしなければならない。

〔**総辞職後の内閣の職務執行**〕

第七十一条 前二条の場合には、内閣は、あらたに内閣総理大臣が任命されるまで引き続きその職務を行ふ。

〔**内閣総理大臣の職務**〕

第七十二条 〔内閣総理大臣は、内閣を代表して議案を国会に提出し、一般国務及び外交関係について国会に報告し、並びに行政各部を指揮監督する。

〔**内閣の事務**〕

第七十三条 内閣は、他の一般行政事務の外、左の事務を行ふ。

一 法律を誠実に執行し、国務を総理すること。

二 外交関係を処理すること。

三 条約を締結すること。但し、事前に、時宜によつては事後に、国会の承認を経ることを必要とする。

四 法律の定める基準に従ひ、官吏に関する事務を掌理すること。

五 予算を作成して国会に提出すること。

六 この憲法及び法律の規定を実施するために、政令を制定すること。但し、政令には、特にその法律の委任がある場合を除いては、罰則を設けることができない。

七 大赦、特赦、減刑、刑の執行の免除及び復権を決定すること。

〔**法律・政令の署名及び連署**〕

第七十四条 法律及び政令には、すべて主任の国務大臣が署名し、内閣総理大臣が連署することを必要とする。

〔**国務大臣の訴追**〕

第七十五条 国務大臣は、その在任中、内閣総理大臣の同意がなければ、訴追されない。但し、これがため、訴追の権利は、害されない。

第六章　司法

〔**司法権の独立**〕

第七十六条 すべて司法権は、最高裁判所及び法律の定めるところにより設置する下級裁判所に属する。

② 特別裁判所は、これを設置することができない。行政機関は、終審として裁判を行ふことができない。

③ すべて裁判官は、その良心に従ひ独立してその職権を行ひ、この憲法及び法律にのみ拘束される。

〔**最高裁判所の規則制定権**〕

第七十七条 最高裁判所は、訴訟に関する手続、弁護士、裁判所の内部規律及び司法事務処理に関する事項について、規則を定める権限を有する。

② 検察官は、最高裁判所の定める規則に従はなければならない。

③ 最高裁判所は、下級裁判所に関する規則を定める権限を、下級裁判所に委任することができる。

〔**裁判官の身分保障**〕

第七十八条 裁判官は、裁判により、心身の故障のために職務を執ることができないと決定された場合を除いては、公の弾劾によらなければ罷免されない。裁判官の懲戒処分は、行政機関がこれを行ふことはできない。

〔**最高裁判所裁判官、国民審査**〕

第七十九条 最高裁判所は、その長たる裁判官及び法律の定める員数のその他の裁判官でこれを構成し、その長たる裁判官以外の裁判官は、内閣でこれを任命する。

② 最高裁判所の裁判官の任命は、その任命後初めて行はれる衆議院議員総選挙の際国民の審査に付し、その後十年を経過した後初めて行はれる衆議院議員総選挙の際更に審査に付し、その後も同様とする。

③ 前項の場合において、投票者の多数が裁判官の罷免を可とするときは、その裁判官は、罷免される。

④ 審査に関する事項は、法律でこれを定める。

⑤ 最高裁判所の裁判官は、法律の定める年齢に達した時に退官する。

⑥ 最高裁判所の裁判官は、すべて定期に相当額の報酬を受ける。この報酬は、在任中、これを減額することができない。

〔**下級裁判所裁判官**〕

第八十条 下級裁判所の裁判官は、最高裁判所の指名した者の名簿によつて、内閣でこれを任命する。その裁判官は、任期を十年とし、再任されることができる。但し、法律の定める年齢に達した時には退官する。

② 下級裁判所の裁判官は、すべて定期に相当額の報酬を受ける。この報酬は、在任中、これを減額することができない。

〔**最高裁判所の違憲法令審査権**〕

第八十一条 最高裁判所は、一切の法律、命令、規則又は処分が憲法に適合するかしないかを決定する権限を有する終審裁判所である。

〔**裁判の公開**〕

第八十二条 裁判の対審及び判決は、公開法廷でこれを行ふ。

② 裁判所が、裁判官の全員一致で、公の秩序又は善良の風俗を害する虞があると決した場合には、対審は、公開しないでこれを行ふこ

とができる。但し、政治犯罪、出版に関する犯罪又はこの憲法第三章で保障する国民の権利が問題となつてゐる事件の対審は、常にこれを公開しなければならない。

第七章　財政

〔**財政処理の基本原則**〕

第八十三条　国の財政を処理する権限は、国会の議決に基いて、これを行使しなければならない。

〔**租税法律主義**〕

第八十四条　あらたに租税を課し、又は現行の租税を変更するには、法律又は法律の定める条件によることを必要とする。

〔**国費の支出及び債務負担と国会の議決**〕

第八十五条　国費を支出し、又は国が債務を負担するには、国会の議決に基くことを必要とする。

〔**予算の作成と国会の議決**〕

第八十六条　内閣は、毎会計年度の予算を作成し、国会に提出して、その審議を受け議決を経なければならない。

〔**予備費**〕

第八十七条　予見し難い予算の不足に充てるため、国会の議決に基いて予備費を設け、内閣の責任でこれを支出することができる。

② すべて予備費の支出については、内閣は、事後に国会の承諾を得なければならない。

〔**皇室財産、皇室費用**〕

第八十八条　すべて皇室財産は、国に属する。すべて皇室の費用は、予算に計上して国会の議決を経なければならない。

〔**公の財産の支出・利用の制限**〕

第八十九条　公金その他の公の財産は、宗教上の組織若しくは団体の使用、便益若しくは維持のため、又は公の支配に属しない慈善、教育若しくは博愛の事業に対し、これを支出し、又はその利用に供してはならない。

〔**決算、会計検査院**〕

第九十条　国の収入支出の決算は、すべて毎年会計検査院がこれを検査し、内閣は、次の年度に、その検査報告とともに、これを国会に提出しなければならない。

② 会計検査院の組織及び権限は、法律でこれを定める。

〔**内閣の財政状況報告**〕

第九十一条　内閣は、国会及び国民に対し、定期に、少くとも毎年一回、国の財政状況について報告しなければならない。

第八章　地方自治

〔**地方自治の原則**〕

第九十二条　地方公共団体の組織及び運営に関する事項は、地方自治の本旨に基いて、法律でこれを定める。

〔**地方公共団体の議会、長・議員等の直接選挙**〕

第九十三条　地方公共団体には、法律の定めるところにより、その議事機関として議会を設置する。

② 地方公共団体の長、その議会の議員及び法律の定めるその他の吏員は、その地方公共団体の住民が、直接これを選挙する。

〔**地方公共団体の権能**〕

第九十四条　地方公共団体は、その財産を管理し、事務を処理し、及び行政を執行する権能を有し、法律の範囲内で条例を制定することができる。

〔**特別法の住民投票**〕

第九十五条　一の地方公共団体のみに適用される特別法は、法律の定めるところにより、その地方公共団体の住民の投票においてその過半数の同意を得なければ、国会は、これを制定することができない。

第九章　改正

〔**憲法改正の発議・国民投票・公布**〕

第九十六条　この憲法の改正は、各議院の総議員の三分の二以上の賛成で、国会が、これを発議し、国民に提案してその承認を経なければならない。この承認には、特別の国民投票又は国会の定める選挙の際行はれる投票において、その過半数の賛成を必要とする。

② 憲法改正について前項の承認を経たときは、天皇は、国民の名で、この憲法と一体を成すものとして、直ちにこれを公布する。

第十章　最高法規

〔**基本的人権の本質**〕

第九十七条　この憲法が日本国民に保障する基本的人権は、人類の多年にわたる自由獲得の努力の成果であつて、これらの権利は、過去幾多の試錬に堪へ、現在及び将来の国民に対し、侵すことのできない永久の権利として信託されたものである。

〔**憲法の最高法規性、条約及び国際法規の遵守**〕

第九十八条　この憲法は、国の最高法規であつて、その条規に反する法律、命令、詔勅及び

社会福祉

国務に関するその他の行為の全部又は一部は、その効力を有しない。

② 日本国が締結した条約及び確立された国際法規は、これを誠実に遵守することを必要とする。

〔**憲法尊重擁護の義務**〕

第九十九条 天皇又は摂政及び国務大臣、国会議員、裁判官その他の公務員は、この憲法を尊重し擁護する義務を負ふ。

第十一章 補則

〔**施行期日**〕

第百条 この憲法は、公布の日から起算して六箇月を経過した日〔昭和二十二年五月三日〕から、これを施行する。

② この憲法を施行するために必要な法律の制定、参議院議員の選挙及び国会召集の手続並びにこの憲法を施行するために必要な準備手続は、前項の期日よりも前に、これを行ふことができる。

〔**経過規定**〕

第百一条 この憲法施行の際、参議院がまだ成立してゐないときは、その成立するまでの間、衆議院は、国会としての権限を行ふ。

〔**経過規定**〕

第百二条 この憲法による第一期の参議院議員のうち、その半数の者の任期は、これを三年とする。その議員は、法律の定めるところにより、これを定める。

〔**経過規定**〕

第百三条 この憲法施行の際現に在職する国務大臣、衆議院議員及び裁判官並びにその他の公務員で、その地位に相応する地位がこの憲法で認められてゐる者は、法律で特別の定をした場合を除いては、この憲法施行のため、当然にはその地位を失ふことはない。但し、この憲法によつて、後任者が選挙又は任命されたときは、当然その地位を失ふ。

世界人権宣言

（一九四八・一二・一〇）
（国連第三回総会採択）

前　文

人類社会のすべての構成員の固有の尊厳と平等で譲ることのできない権利とを承認することは、世界における自由、正義及び平和の基礎であるので、

人権の無視及び軽侮が、人類の良心を踏みにじつた野蛮行為をもたらし、言論及び信仰の自由が受けられ、恐怖及び欠乏のない世界の到来が、一般の人々の最高の願望として宣言されたので、

人間が専制と圧迫とに対する最後の手段として反逆に訴えることがないようにするためには、法の支配によつて人権を保護することが肝要であるので、

諸国間の友好関係の発展を促進することが、肝要であるので、

国際連合の諸国民は、国際連合憲章において、基本的人権、人間の尊厳及び価値並びに男女の同権についての信念を再確認し、かつ、一層大きな自由のうちで社会的進歩と生活水準の向上とを促進することを決意したので、

加盟国は、国際連合と協力して、人権及び基本的自由の普遍的な尊重及び遵守の促進を達成することを誓約したので、

これらの権利及び自由に対する共通の理解は、この誓約を完全にするためにもつとも重要であるので、

よつて、ここに、国際連合総会は、

社会の各個人及び各機関が、この世界人権宣言を常に念頭に置きながら、加盟国自身の人民の間にも、また、加盟国の管轄下にある地域の人民の間にも、これらの権利と自由との尊重を指導及び教育によつて促進すること並びにそれらの普遍的かつ効果的な承認と遵守とを国内的及び国際的な漸進的措置によつて確保することに努力するように、すべての人民とすべての国とが達成すべき共通の基準として、この世界人権宣言を公布する。

第一条 すべての人間は、生れながらにして自由であり、かつ、尊厳と権利とについて平等である。人間は、理性と良心とを授けられており、互いに同胞の精神をもつて行動しなければならない。

第二条 1 すべて人は、人種、皮膚の色、性、言語、宗教、政治上その他の意見、国民的若しくは社会的出身、財産、門地その他の地位又はこれに類するいかなる事由による差別をも受けることなく、この宣言に掲げるすべての権利と自由とを享有することができる。

2 さらに、個人の属する国又は地域が独立国であると、信託統治地域であると、非自治地域であると、又は他のなんらかの主権制限の下にあるとを問わず、その国又は地域の政治上、管轄上又は国際上の地位に基づくいかなる差別もしてはならない。

第三条 すべて人は、生命、自由及び身体の安全に対する権利を有する。

第四条 何人も、奴隷にされ、又は苦役に服することはない。奴隷制度及び奴隷売買は、いかなる形においても禁止する。

第五条 何人も、拷問又は残虐な、非人道的な若しくは屈辱的な取扱若しくは刑罰を受けることはない。

第六条 すべて人は、いかなる場所においても、法の下において、人として認められる権利を有する。

第七条 すべての人は、法の下において平等であり、また、いかなる差別もなしに法の平等な保護を受ける権利を有する。すべての人は、この宣言に違反するいかなる差別に対しても、また、そのような差別をそそのかすいかなる行為に対しても、平等な保護を受ける権利を有する。

第八条 すべて人は、憲法又は法律によつて与えられた基本的権利を侵害する行為に対し、権限を有する国内裁判所による効果的な救済を受ける権利を有する。

第九条 何人も、ほしいままに逮捕、拘禁、又は追放されることはない。

第十条 すべて人は、自己の権利及び義務並びに自己に対する刑事責任が決定されるに当つて、独立の公平な裁判所による公正な公開の審理を受けることについて完全に平等の権利を有する。

第十一条 1 犯罪の訴追を受けた者は、すべて、自己の弁護に必要なすべての保障を与えられた公開の裁判において法律に従つて有罪の立証があるまでは、無罪と推定される権利を有する。

2 何人も、実行の時に国内法又は国際法により犯罪を構成しなかつた作為又は不作為のために有罪とされることはない。また、犯罪が行われた時に適用される刑罰より重い刑罰を課せられない。

第十二条 何人も、自己の私事、家族、家庭若しくは通信に対して、ほしいままに干渉され、又は名誉及び信用に対して攻撃を受けることはない。人はすべて、このような干渉又は攻撃に対して法の保護を受ける権利を有する。

第十三条 1 すべて人は、各国の境界内において自由に移転及び居住する権利を有する。

2 すべて人は、自国その他いずれの国をも立ち去り、及び自国に帰る権利を有する。

第十四条 1 すべて人は、迫害を免れるため、他国に避難することを求め、かつ、避難する権利を有する。

2 この権利は、もつぱら非政治犯罪又は国際連合の目的及び原則に反する行為を原因とする訴追の場合には、援用することはできない。

第十五条 1 すべて人は、国籍をもつ権利を有する。

2 何人も、ほしいままにその国籍を奪われ、又はその国籍を変更する権利を否認されることはない。

第十六条 1 成年の男女は、人種、国籍又は宗教によるいかなる制限をも受けることなく、婚姻し、かつ家庭をつくる権利を有する。成年の男女は、婚姻中及びその解消に際し、婚姻に関し平等の権利を有する。

2 婚姻は、両当事者の自由かつ完全な合意によつてのみ成立する。

3 家庭は、社会の自然かつ基礎的な集団単位であつて、社会及び国の保護を受ける権利を有する。

第十七条 1 すべて人は、単独で又は他の者と共同して財産を所有する権利を有する。
2 何人も、ほしいままに自己の財産を奪われることはない。

第十八条 すべて人は、思想、良心及び宗教の自由に対する権利を有する。この権利は、宗教又は信念を変更する自由並びに単独で又は他の者と共同して、公的に又は私的に、布教、行事、礼拝及び儀式によって宗教又は信念を表明する自由を含む。

第十九条 すべて人は、意見及び表現の自由に対する権利を有する。この権利は、干渉を受けることなく自己の意見をもつ自由並びにあらゆる手段により、また、国境を越えると否とにかかわりなく、情報及び思想を求め、受け、及び伝える自由を含む。

第二十条 1 すべての人は、平和的集会及び結社の自由に対する権利を有する。
2 何人も、結社に属することを強制されない。

第二十一条 1 すべて人は、直接に又は自由に選出された代表者を通じて、自国の政治に参与する権利を有する。
2 すべて人は、自国においてひとしく公務につく権利を有する。
3 人民の意思は、統治の権力の基礎とならなければならない。この意思は、定期のかつ真正な選挙によって表明されなければならない。この選挙は、平等の普通選挙によるものでなければならず、また、秘密投票又はこれと同等の自由が保障される投票手続によって行われなければならない。

第二十二条 すべて人は、社会の一員として、社会保障を受ける権利を有し、かつ、国家的努力及び国際的協力により、また、各国の組織及び資源に応じて、自己の尊厳と自己の人格の自由な発展とに欠くことのできない経済的、社会的及び文化的権利を実現する権利を有する。

第二十三条 1 すべて人は、勤労し、職業を自由に選択し、公平かつ有利な労働条件を確保し、及び失業に対する保護を受ける権利を有する。
2 すべて人は、いかなる差別をも受けることなく、同等の勤労に対し、同等の報酬を受ける権利を有する。
3 勤労する者は、すべて、自己及び家族に対して人間の尊厳にふさわしい生活を保障する公正かつ有利な報酬を受け、かつ、必要な場合には、他の社会的保護手段によって補充を受けることができる。
4 すべて人は、自己の利益を保護するために労働組合を組織し、及びこれに加入する権利を有する。

第二十四条 すべて人は、労働時間の合理的な制限及び定期的な有給休暇を含む休息及び余暇をもつ権利を有する。

第二十五条 1 すべて人は、衣食住、医療及び必要な社会的施設等により、自己及び家族の健康及び福祉に十分な生活水準を保持する権利並びに失業、疾病、心身障害、配偶者の死亡、老齢その他不可抗力による生活不能の場合は、保障を受ける権利を有する。
2 母と子とは、特別の保護及び援助を受ける権利を有する。すべての児童は、嫡出であると否とを問わず、同じ社会的保護を受ける。

第二十六条 1 すべて人は、教育を受ける権利を有する。教育は、少なくとも初等の及び基礎的の段階においては、無償でなければならない。初等教育は、義務的でなければならない。技術教育及び職業教育は、一般に利用できるものでなければならず、また、高等教育は、能力に応じ、すべての者にひとしく開放されていなければならない。
2 教育は、人格の完全な発展並びに人権及び基本的自由の尊重の強化を目的としなければならない。教育は、すべての国又は人種的若しくは宗教的集団の相互間の理解、寛容及び友好関係を増進し、かつ、平和の維持のため、国際連合の活動を促進するものでなければならない。
3 親は、子に与える教育の種類を選択する優先的権利を有する。

第二十七条 1 すべて人は、自由に社会の文化生活に参加し、芸術を鑑賞し、及び科学の進歩とその恩恵とにあずかる権利を有する。
2 すべて人は、その創作した科学的、文学的又は美術的作品から生ずる精神的及び物質的利益を保護される権利を有する。

第二十八条 すべて人は、この宣言に掲げる権利及び自由が完全に実現される社会的及び国際的秩序に対する権利を有する。

第二十九条 1 すべて人は、その人格の自由かつ完全な発展がその中にあってのみ可能である社会に対して義務を負う。
2 すべて人は、自己の権利及び自由を行使するに当っては、他人の権利及び自由の正当な承認及び尊重を保障すること並びに民主的社会における道徳、公の秩序及び一般の福祉の正当な要求を満たすことをもっぱら目的として法律によって定められた制限にのみ服する。

3　これらの権利及び自由は、いかなる場合にも、国際連合の目的及び原則に反して行使してはならない。

第三十条　この宣言のいかなる規定も、いずれかの国、集団又は個人に対して、この宣言に掲げる権利及び自由の破壊を目的とする活動に従事し、又はそのような目的を有する行為を行う権利を認めるものと解釈してはならない。

社会福祉

経済的、社会的及び文化的権利に関する国際規約〔国際人権（A）規約〕

（昭和五四・八・四）
（条　約　六　号）

一九六六・一二・一六　第二一回国際連合総会で採択
一九七九・九・二一　日本国について発効

この規約の締約国は、
国際連合憲章において宣明された原則によれば、人類社会のすべての構成員の固有の尊厳及び平等のかつ奪い得ない権利を認めることが世界における自由、正義及び平和の基礎をなすものであることを考慮し、
これらの権利が人間の固有の尊厳に由来することを認め、
世界人権宣言によれば、自由な人間は恐怖及び欠乏からの自由を享受するものであるとの理想は、すべての者がその市民的及び政治的権利とともに経済的、社会的及び文化的権利を享有することのできる条件が作り出される場合に初めて達成されることになることを認め、
人権及び自由の普遍的な尊重及び遵守を助長すべき義務を国際連合憲章に基づき諸国が負っていることを考慮し、
個人が、他人に対し及びその属する社会に対して義務を負うこと並びにこの規約において認められる権利の増進及び擁護のために努力する責任を有することを認識して、
次のとおり協定する。

第一部

第一条　1　すべての人民は、自決の権利を有する。この権利に基づき、すべての人民は、その政治的地位を自由に決定し並びにその経済的、社会的及び文化的発展を自由に追求する。

2　すべての人民は、互恵の原則に基づく国際的経済協力から生ずる義務及び国際法上の義務に違反しない限り、自己のためにその天然の富及び資源を自由に処分することができる。人民は、いかなる場合にも、その生存のための手段を奪われることはない。

3　この規約の締約国（非自治地域及び信託統治地域の施政の責任を有する国を含む。）は、国際連合憲章の規定に従い、自決の権利が実現されることを促進し及び自決の権利を尊重する。

第二部

第二条　1　この規約の各締約国は、立法措置その他のすべての適当な方法によりこの規約において認められる権利の完全な実現を漸進的に達成するため、自国における利用可能な手段を最大限に用いることにより、個々に又は国際的な援助及び協力、特に、経済上及び技術上の援助及び協力を通じて、行動をとることを約束する。

2　この規約の締約国は、この規約に規定する権利が人種、皮膚の色、性、言語、宗教、政治的意見その他の意見、国民的若しくは社会的出身、財産、出生又は他の地位によるいかなる差別もなしに行使されることを保障することを約束する。

3　開発途上にある国は、人権及び自国の経済

の双方に十分な考慮を払い、この規約において認められる経済的権利をどの程度まで外国人に保障するかを決定することができる。

第三条　この規約の締約国は、この規約に定めるすべての経済的、社会的及び文化的権利の享有について男女に同等の権利を確保することを約束する。

第四条　この規約の締約国は、この規約に合致するものとして国により確保される権利の享受に関し、その権利の性質と両立しており、かつ、民主的社会における一般的福祉を増進することを目的としている場合に限り、法律で定める制限のみをその権利に課することができることを認める。

第五条　1　この規約のいかなる規定も、国、集団又は個人が、この規約において認められる権利若しくは自由を破壊し若しくはこの規約に定める制限の範囲を超えて制限することを目的とする活動に従事し又はそのようなことを目的とする行為を行う権利を有することを意味するものと解することはできない。

2　いずれかの国において法律、条約、規則又は慣習によつて認められ又は存する基本的人権については、この規約がそれらの権利を認めていないこと又はその認める範囲がより狭いことを理由として、それらの権利を制限し又は侵すことは許されない。

第三部

第六条　1　この規約の締約国は、労働の権利を認めるものとし、この権利を保障するため適当な措置をとる。この権利には、すべての者が自由に選択し又は承諾する労働によつて生計を立てる機会を得る権利を含む。

2　この規約の締約国が1の権利の完全な実現を達成するためとる措置には、個人に対して基本的な政治的及び経済的自由を保障する条件の下で着実な経済的、社会的及び文化的発展を実現し並びに完全かつ生産的な雇用を達成するための技術及び職業の指導及び訓練に関する計画、政策及び方法を含む。

第七条　この規約の締約国は、すべての者が公正かつ良好な労働条件を享受する権利を有することを認める。この労働条件は、特に次のものを確保する労働条件とする。

(a)　すべての労働者に最小限度次のものを与える報酬

(i)　公正な賃金及びいかなる差別もない同一価値の労働についての同一報酬。特に、女子については、同一の労働についての同一報酬とともに男子が享受する労働条件に劣らない労働条件が保障されること。

(ii)　労働者及びその家族のこの規約に適合する相応な生活

(b)　安全かつ健康的な作業条件

(c)　先任及び能力以外のいかなる事由も考慮されることなく、すべての者がその雇用関係においてより高い適当な地位に昇進する均等な機会

(d)　休息、余暇、労働時間の合理的な制限及び定期的な有給休暇並びに公の休日についての報酬

第八条　1　この規約の締約国は、次の権利を確保することを約束する。

(a)　すべての者がその経済的及び社会的利益を増進し及び保護するため、労働組合を結成し及び当該労働組合の規則にのみ従うことを条件として自ら選択する労働組合に加入する権利。この権利の行使については、法律で定める制限であつて国の安全若しくは公の秩序のため又は他の者の権利及び自由の保護のため民主的社会において必要なもの以外のいかなる制限も課することができない。

(b)　労働組合が国内の連合又は総連合を設立する権利及びこれらの連合又は総連合が国際的な労働組合団体を結成し又はこれに加入する権利

(c)　労働組合が、法律で定める制限であつて国の安全若しくは公の秩序のため又は他の者の権利及び自由の保護のため民主的社会において必要なもの以外のいかなる制限も受けることなく、自由に活動する権利

(d)　同盟罷業をする権利。ただし、この権利は、各国の法律に従つて行使されることを条件とする。

2　この条の規定は、軍隊若しくは警察の構成員又は公務員による1の権利の行使について合法的な制限を課することを妨げるものではない。

3　この条のいかなる規定も、結社の自由及び団結権の保護に関する千九百四十八年の国際労働機関の条約の締約国が、同条約に規定する保障を阻害するような立法措置を講ずること又は同条約に規定する保障を阻害するような方法により法律を適用することを許すものではない。

第九条　この規約の締約国は、社会保険その他

の社会保障についてのすべての者の権利を認める。

第十条 この規約の締約国は、次のことを認める。

1 できる限り広範な保護及び援助が、社会の自然かつ基礎的な単位である家族に対し、特に、家族の形成のために並びに扶養児童の養育及び教育について責任を有する間に、与えられるべきである。婚姻は、両当事者の自由な合意に基づいて成立するものでなければならない。

2 産前産後の合理的な期間においては、特別な保護が母親に与えられるべきである。働いている母親には、その期間において、有給休暇又は相当な社会保障給付を伴う休暇が与えられるべきである。

3 保護及び援助のための特別な措置が、出生その他の事情を理由とするいかなる差別もなく、すべての児童及び年少者のためにとられるべきである。児童及び年少者は、経済的及び社会的な搾取から保護されるべきである。児童及び年少者を、その精神若しくは健康に有害であり、その生命に危険があり又はその正常な発育を妨げるおそれのある労働に使用することは、法律で処罰すべきである。また、国は、年齢による制限を定め、その年齢に達しない児童を賃金を支払つて使用することを法律で禁止しかつ処罰すべきである。

第十一条 1 この規約の締約国は、自己及びその家族のための相当な食糧、衣類及び住居を内容とする相当な生活水準についての並びに生活条件の不断の改善についてのすべての者の権利を認める。締約国は、この権利の実現を確保するために適当な措置をとり、このためには、自由な合意に基づく国際協力が極めて重要であることを認める。

2 この規約の締約国は、すべての者が飢餓から免れる基本的な権利を有することを認め、個々に及び国際協力を通じて、次の目的のため、具体的な計画その他の必要な措置をとる。

(a) 技術的及び科学的知識を十分に利用することにより、栄養に関する原則についての知識を普及させることにより並びに天然資源の最も効果的な開発及び利用を達成するように農地制度を発展させ又は改革することにより、食糧の生産、保存及び分配の方法を改善すること。

(b) 食糧の輸入国及び輸出国の双方の問題に考慮を払い、需要との関連において世界の食糧の供給の衡平な分配を確保すること。

第十二条 1 この規約の締約国は、すべての者が到達可能な最高水準の身体及び精神の健康を享受する権利を有することを認める。

2 この規約の締約国が1の権利の完全な実現を達成するためにとる措置には、次のことに必要な措置を含む。

(a) 死産率及び幼児の死亡率を低下させるための並びに児童の健全な発育のための対策

(b) 環境衛生及び産業衛生のあらゆる状態の改善

(c) 伝染病、風土病、職業病その他の疾病の予防、治療及び抑圧

(d) 病気の場合にすべての者に医療及び看護を確保するような条件の創出

第十三条 1 この規約の締約国は、教育についてのすべての者の権利を認める。締約国は、教育が人格の完成及び人格の尊厳についての意識の十分な発達を指向し並びに人権及び基本的自由の尊重を強化すべきことに同意する。更に、締約国は、教育が、すべての者に対し、自由な社会に効果的に参加すること、諸国民の間及び人種的、種族的又は宗教的集団の間の理解、寛容及び友好を促進すること並びに平和の維持のための国際連合の活動を助長することを可能にすべきことに同意する。

2 この規約の締約国は、1の権利の完全な実現を達成するため、次のことを認める。

(a) 初等教育は、義務的なものとし、すべての者に対して無償のものとすること。

(b) 種々の形態の中等教育（技術的及び職業的中等教育を含む。）は、すべての適当な方法により、特に、無償教育の漸進的な導入により、一般的に利用可能であり、かつ、すべての者に対して機会が与えられるものとすること。

(c) 高等教育は、すべての適当な方法により、特に、無償教育の漸進的な導入により、能力に応じ、すべての者に対して均等に機会が与えられるものとすること。

(d) 基礎教育は、初等教育を受けなかつた者又はその全課程を修了しなかつた者のため、できる限り奨励され又は強化されること。

(e) すべての段階にわたる学校制度の発展を積極的に追求し、適当な奨学金制度を設立し及び教育職員の物質的条件を不断に改善すること。

3　この規約の締約国は、父母及び場合により法定保護者が、公の機関によつて設置される学校以外の学校であつて国によつて定められ又は承認される最低限度の教育上の基準に適合するものを児童のために選択する自由並びに自己の信念に従つて児童の宗教的及び道徳的教育を確保する自由を有することを尊重することを約束する。

4　この条のいかなる規定も、個人及び団体が教育機関を設置し及び管理する自由を妨げるものと解してはならない。ただし、常に、1に定める原則が遵守されること及び当該教育機関において行われる教育が国によつて定められる最低限度の基準に適合することを条件とする。

第十四条　この規約の締約国となる時にその本土地域又はその管轄の下にある他の地域において無償の初等義務教育を確保するに至つていない各締約国は、すべての者に対する無償の義務教育の原則をその計画中に定める合理的な期間内に漸進的に実施するための詳細な行動計画を二年以内に作成しかつ採用することを約束する。

第十五条　1　この規約の締約国は、すべての者の次の権利を認める。

(a)　文化的な生活に参加する権利

(b)　科学の進歩及びその利用による利益を享受する権利

(c)　自己の科学的、文学的又は芸術的作品により生ずる精神的及び物質的利益が保護されることを享受する権利

2　この規約の締約国が1の権利の完全な実現を達成するためにとる措置には、科学及び文化の保存、発展及び普及に必要な措置を含む。

3　この規約の締約国は、科学研究及び創作活動に不可欠な自由を尊重することを約束する。

4　この規約の締約国は、科学及び文化の分野における国際的な連絡及び協力を奨励し及び発展させることによつて得られる利益を認める。

第四部

第十六条　1　この規約の締約国は、この規約において認められる権利の実現のためにとつた措置及びこれらの権利の実現についてもたらされた進歩に関する報告をこの部の規定に従つて提出することを約束する。

2(a)　すべての報告は、国際連合事務総長に提出するものとし、同事務総長は、この規約による経済社会理事会の審議のため、その写しを同理事会に送付する。

(b)　国際連合事務総長は、また、いずれかの専門機関の加盟国であるこの規約の締約国によつて提出される報告又はその一部が当該専門機関の基本文書によりその任務の範囲内にある事項に関連を有するものである場合には、それらの報告又は関係部分の写しを当該専門機関に送付する。

第十七条　1　この規約の締約国は、経済社会理事会が締約国及び関係専門機関との協議の後この規約の効力発生の後一年以内に作成する計画に従い、報告を段階的に提出する。

2　報告には、この規約に基づく義務の履行程度に影響を及ぼす要因及び障害を記載することができる。

3　関連情報がこの規約の締約国により国際連合又はいずれかの専門機関に既に提供されている場合には、その情報については、再び提供の必要はなく、提供に係る情報について明確に言及することで足りる。

第十八条　経済社会理事会は、人権及び基本的自由の分野における国際連合憲章に規定する責任に基づき、いずれかの専門機関の任務の範囲内にある事項に関するこの規約の規定の遵守についてもたらされた進歩に関し当該専門機関が同理事会に報告することにつき、当該専門機関と取極を行うことができる。報告には、当該専門機関の権限のある機関がこの規約の当該規定の実施に関して採択した決定及び勧告についての詳細を含ませることができる。

第十九条　経済社会理事会は、第十六条及び第十七条の規定により締約国が提出する人権に関する報告並びに前条の規定により専門機関が提出する人権に関する報告を、検討及び一般的な性格を有する勧告のため又は適当な場合には情報用として、人権委員会に送付することができる。

第二十条　この規約の締約国及び関係専門機関は、前条にいう一般的な性格を有する勧告に関する意見又は人権委員会の報告において若しくはその報告で引用されている文書において言及されている一般的な性格を有する勧告に関する意見を、経済社会理事会に提出することができる。

第二十一条　経済社会理事会は、一般的な性格を有する勧告を付した報告、並びにこの規約

の締約国及び専門機関から得た情報であつてこの規約において認められる権利の実現のためにとられた措置及びこれらの権利の実現についてもたらされた進歩に関する情報の概要を、総会に随時提出することができる。

第二十二条 経済社会理事会は、技術援助の供与に関係を有する国際連合の他の機関及びこれらの補助機関並びに専門機関に対し、この部に規定する報告により提起された問題であつて、これらの機関がそれぞれの権限の範囲内でこの規約の効果的かつ漸進的な実施に寄与すると認められる国際的措置をとることの適否の決定に当たつて参考となるものにつき、注意を喚起することができる。

第二十三条 この規約の締約国は、この規約において認められる権利の実現のための国際的措置には条約の締結、勧告の採択、技術援助の供与並びに関係国の政府との連携により組織される協議及び検討のための地域会議及び専門家会議の開催のような措置が含まれることに同意する。

第二十四条 この規約のいかなる規定も、この規約に規定されている事項につき、国際連合の諸機関及び専門機関の任務をそれぞれ定めている国際連合憲章及び専門機関の基本文書の規定の適用を妨げるものと解してはならない。

第二十五条 この規約のいかなる規定も、すべての人民がその天然の富及び資源を十分かつ自由に享受し及び利用する固有の権利を害するものと解してはならない。

第五部

第二十六条 1 この規約は、国際連合又はいずれかの専門機関の加盟国、国際司法裁判所規程の当事国及びこの規約の締約国となるよう国際連合総会が招請する他の国による署名のために開放しておく。

2 この規約は、批准されなければならない。批准書は、国際連合事務総長に寄託する。

3 この規約は、1に規定する国による加入のために開放しておく。

4 加入は、加入書を国際連合事務総長に寄託することによつて行う。

5 国際連合事務総長は、この規約に署名し又は加入したすべての国に対し、各批准書又は各加入書の寄託を通報する。

第二十七条 1 この規約は、三十五番目の批准書又は加入書が国際連合事務総長に寄託された日の後三箇月で効力を生ずる。

2 この規約は、三十五番目の批准書又は加入書が寄託された後に批准し又は加入する国については、その批准書又は加入書が寄託された日の後三箇月で効力を生ずる。

第二十八条 この規約は、いかなる制限又は例外もなしに、連邦国家のすべての地域について適用する。

第二十九条 1 この規約のいずれの締約国も、改正を提案し及び改正案を国際連合事務総長に提出することができる。同事務総長は、直ちに、この規約の締約国に対し、改正案を送付するものとし、締約国による改正案の審議及び投票のための締約国会議の開催についての賛否を同事務総長に通告するよう要請する。締約国の三分の一以上が会議の開催に賛成する場合には、同事務総長は、国際連合の主催の下に会議を招集する。会議において出席しかつ投票する締約国の過半数によつて採択された改正案は、承認のため、国際連合総会に提出する。

2 改正は、国際連合総会が承認し、かつ、この規約の締約国の三分の二以上の多数がそれぞれの国の憲法上の手続に従つて受諾したときに、効力を生ずる。

3 改正は、効力を生じたときは、改正を受諾した締約国を拘束するものとし、他の締約国は、改正前のこの規約の規定（受諾した従前の改正を含む。）により引き続き拘束される。

第三十条 第二十六条5の規定により行われる通報にかかわらず、国際連合事務総長は、同条1に規定するすべての国に対し、次の事項を通報する。

(a) 第二十六条の規定による署名、批准及び加入

(b) 第二十七条の規定に基づきこの規約が効力を生ずる日及び前条の規定により改正が効力を生ずる日

第三十一条 1 この規約は、中国語、英語、フランス語、ロシア語及びスペイン語をひとしく正文とし、国際連合に寄託される。

2 国際連合事務総長は、この規約の認証謄本を第二十六条に規定するすべての国に送付する。

以上の証拠として、下名は、各自の政府から正当に委任を受けて、千九百六十六年十二月十九日にニュー・ヨークで署名のために開放されたこの規約に署名した。

（署名欄は省略）

社会福祉

市民的及び政治的権利に関する国際規約〔国際人権（B）規約〕

（昭和五四・八・四　条約七号）

一九六六・一二・一六　第二一回国際連合総会で採択
一九七九・九・二一　日本国について発効

この規約の締約国は、

国際連合憲章において宣明された原則によれば、人類社会のすべての構成員の固有の尊厳及び平等のかつ奪い得ない権利を認めることが世界における自由、正義及び平和の基礎をなすものであることを考慮し、

これらの権利が人間の固有の尊厳に由来することを認め、

世界人権宣言によれば、自由な人間は市民的及び政治的自由並びに恐怖及び欠乏からの自由を享受するものであるとの理想は、すべての者がその経済的、社会的及び文化的権利とともに市民的及び政治的権利を享有することのできる条件が作り出される場合に初めて達成されることになることを認め、

人権及び自由の普遍的な尊重及び遵守を助長すべき義務を国際連合憲章に基づき諸国が負っていることを考慮し、

個人が、他人に対し及びその属する社会に対して義務を負うこと並びにこの規約において認められる権利の増進及び擁護のために努力する責任を有することを認識して、

次のとおり協定する。

第一部

第一条　1　すべての人民は、自決の権利を有する。この権利に基づき、すべての人民は、その政治的地位を自由に決定し並びにその経済的、社会的及び文化的発展を自由に追求する。

2　すべての人民は、互恵の原則に基づく国際的経済協力から生ずる義務及び国際法上の義務に違反しない限り、自己のためにその天然の富及び資源を自由に処分することができる。人民は、いかなる場合にも、その生存のための手段を奪われることはない。

3　この規約の締約国（非自治地域及び信託統治地域の施政の責任を有する国を含む。）は、国際連合憲章の規定に従い、自決の権利が実現されることを促進し及び自決の権利を尊重する。

第二部

第二条　1　この規約の各締約国は、その領域内にあり、かつ、その管轄の下にあるすべての個人に対し、人種、皮膚の色、性、言語、宗教、政治的意見その他の意見、国民的若しくは社会的出身、財産、出生又は他の地位等によるいかなる差別もなしにこの規約において認められる権利を尊重し及び確保することを約束する。

2　この規約の各締約国は、立法措置その他の措置がまだとられていない場合には、この規約において認められる権利を実現するために必要な立法措置その他の措置をとるため、自国の憲法上の手続及びこの規約の規定に従つて必要な行動をとることを約束する。

3　この規約の各締約国は、次のことを約束する。

(a)　この規約において認められる権利又は自由を侵害された者が、公的資格で行動する者によりその侵害が行われた場合にも、効果的な救済措置を受けることを確保すること。

(b)　救済措置を求める者の権利が権限のある司法上、行政上若しくは立法上の機関又は国の法制で定める他の権限のある機関によつて決定されることを確保すること及び司法上の救済措置の可能性を発展させること。

(c)　救済措置が与えられる場合に権限のある機関によつて執行されることを確保すること。

第三条　この規約の締約国は、この規約に定めるすべての市民的及び政治的権利の享有について男女に同等の権利を確保することを約束する。

第四条　1　国民の生存を脅かす公の緊急事態の場合においてその緊急事態の存在が公式に宣言されているときは、この規約の締約国は、事態の緊急性が真に必要とする限度において、この規約に基づく義務に違反する措置をとることができる。ただし、その措置は、当該締約国が国際法に基づき負う他の義務に抵触してはならず、また、人種、皮膚の色、性、言語、宗教又は社会的出身のみを理由とする差別を含んではならない。

2　1の規定は、第六条、第七条、第八条1及び2、第十一条、第十五条、第十六条並びに

第十八条の規定に違反することを許すものではない。

3　義務に違反する措置をとる権利を行使するこの規約の締約国は、違反した規定及び違反するに至つた理由を国際連合事務総長を通じてこの規約の他の締約国に直ちに通知する。更に、違反が終了する日に、同事務総長を通じてその旨通知する。

第五条　1　この規約のいかなる規定も、国、集団又は個人が、この規約において認められる権利及び自由を破壊し若しくはこの規約に定める制限の範囲を超えて制限することを目的とする活動に従事し又はそのようなことを目的とする行為を行う権利を有することを意味するものと解することはできない。

2　この規約のいずれかの締約国において法律、条約、規則又は慣習によつて認められ又は存する基本的人権については、この規約がそれらの権利を認めていないこと又はその認める範囲がより狭いことを理由として、それらの権利を制限し又は侵してはならない。

第三部

第六条　1　すべての人間は、生命に対する固有の権利を有する。この権利は、法律によつて保護される。何人も、恣意的にその生命を奪われない。

2　死刑を廃止していない国においては、死刑は、犯罪が行われた時に効力を有しており、かつ、この規約の規定及び集団殺害犯罪の防止及び処罰に関する条約の規定に抵触しない法律により、最も重大な犯罪についてのみ科することができる。この刑罰は、権限のある裁判所が言い渡した確定判決によつてのみ執行することができる。

3　生命の剝奪が集団殺害犯罪を構成する場合には、この条のいかなる規定も、この規約の締約国が集団殺害犯罪の防止及び処罰に関する条約の規定に基づいて負う義務を方法のいかんを問わず免れることを許すものではないと了解する。

4　死刑を言い渡されたいかなる者も、特赦又は減刑を求める権利を有する。死刑に対する大赦、特赦又は減刑は、すべての場合に与えることができる。

5　死刑は、十八歳未満の者が行つた犯罪について科してはならず、また、妊娠中の女子に対して執行してはならない。

6　この条のいかなる規定も、この規約の締約国により死刑の廃止を遅らせ又は妨げるために援用されてはならない。

第七条　何人も、拷問又は残虐な、非人道的な若しくは品位を傷つける取扱い若しくは刑罰を受けない。特に、何人も、その自由な同意なしに医学的又は科学的実験を受けない。

第八条　1　何人も、奴隷の状態に置かれない。あらゆる形態の奴隷制度及び奴隷取引は、禁止する。

2　何人も、隷属状態に置かれない。

3 (a)　何人も、強制労働に服することを要求されない。

(b)　(a)の規定は、犯罪に対する刑罰として強制労働を伴う拘禁刑を科することができる国において、権限のある裁判所による刑罰の言渡しにより強制労働をさせることを禁止するものと解してはならない。

(c)　この3の規定の適用上、「強制労働」には、次のものを含まない。

(i)　作業又は役務であつて、(b)の規定において言及されておらず、かつ、裁判所の合法的な命令によつて抑留されている者又はその抑留を条件付きで免除されている者に通常要求されるもの

(ii)　軍事的性質の役務及び、良心的兵役拒否が認められている国においては、良心的兵役拒否者が法律によつて要求される国民的役務

(iii)　社会の存立又は福祉を脅かす緊急事態又は災害の場合に要求される役務

(iv)　市民としての通常の義務とされる作業又は役務

第九条　1　すべての者は、身体の自由及び安全についての権利を有する。何人も、恣意的に逮捕され又は抑留されない。何人も、法律で定める理由及び手続によらない限り、その自由を奪われない。

2　逮捕される者は、逮捕の時にその理由を告げられるものとし、自己に対する被疑事実を速やかに告げられる。

3　刑事上の罪に問われて逮捕され又は抑留された者は、裁判官又は司法権を行使することが法律によつて認められている他の官憲の面前に速やかに連れて行かれるものとし、妥当な期間内に裁判を受ける権利又は釈放される権利を有する。裁判に付される者を抑留することが原則であつてはならず、釈放に当たつては、裁判その他の司法上の手続のすべての段階における出頭及び必要な場合における判決の執行のための出頭が保証されることを条

件とすることができる。

4　逮捕又は抑留によつて自由を奪われた者は、裁判所がその抑留が合法的であるかどうかを遅滞なく決定すること及びその抑留が合法的でない場合にはその釈放を命ずることができるように、裁判所において手続をとる権利を有する。

5　違法に逮捕され又は抑留された者は、賠償を受ける権利を有する。

第十条　1　自由を奪われたすべての者は、人道的にかつ人間の固有の尊厳を尊重して、取り扱われる。

2(a)　被告人は、例外的な事情がある場合を除くほか有罪の判決を受けた者とは分離されるものとし、有罪の判決を受けていない者としての地位に相応する別個の取扱いを受ける。

(b)　少年の被告人は、成人とは分離されるものとし、できる限り速やかに裁判に付される。

3　行刑の制度は、被拘禁者の矯正及び社会復帰を基本的な目的とする処遇を含む。少年の犯罪者は、成人とは分離されるものとし、その年齢及び法的地位に相応する取扱いを受ける。

第十一条　何人も、契約上の義務を履行することができないことのみを理由として拘禁されない。

第十二条　1　合法的にいずれかの国の領域内にいるすべての者は、当該領域内において、移動の自由及び居住の自由についての権利を有する。

2　すべての者は、いずれの国（自国を含む。）からも自由に離れることができる。

3　1及び2の権利は、いかなる制限も受けない。ただし、その制限が、法律で定められ、国の安全、公の秩序、公衆の健康若しくは道徳又は他の者の権利及び自由を保護するために必要であり、かつ、この規約において認められる他の権利と両立するものである場合は、この限りでない。

4　何人も、自国に戻る権利を恣意的に奪われない。

第十三条　合法的にこの規約の締約国の領域内にいる外国人は、法律に基づいて行われた決定によつてのみ当該領域から追放することができる。国の安全のためのやむを得ない理由がある場合を除くほか、当該外国人は、自己の追放に反対する理由を提示すること及び権限のある機関又はその機関が特に指名する者によつて自己の事案が審査されることが認められるものとし、このためにその機関又はその者に対する代理人の出頭が認められる。

第十四条　1　すべての者は、裁判所の前に平等とする。すべての者は、その刑事上の罪の決定又は民事上の権利及び義務の争いについての決定のため、法律で設置された、権限のある、独立の、かつ、公平な裁判所による公正な公開審理を受ける権利を有する。報道機関及び公衆に対しては、民主的社会における道徳、公の秩序若しくは国の安全を理由として、当事者の私生活の利益のため必要な場合において又はその公開が司法の利益を害することとなる特別な状況において裁判所が真に必要があると認める限度で、裁判の全部又は一部を公開しないことができる。もつとも、刑事訴訟又は他の訴訟において言い渡される判決は、少年の利益のために必要がある場合又は当該手続が夫婦間の争い若しくは児童の後見に関するものである場合を除くほか、公開する。

2　刑事上の罪に問われているすべての者は、法律に基づいて有罪とされるまでは、無罪と推定される権利を有する。

3　すべての者は、その刑事上の罪の決定について、十分平等に、少なくとも次の保障を受ける権利を有する。

(a)　その理解する言語で速やかにかつ詳細にその罪の性質及び理由を告げられること。

(b)　防御の準備のために十分な時間及び便益を与えられ並びに自ら選任する弁護人と連絡すること。

(c)　不当に遅延することなく裁判を受けること。

(d)　自ら出席して裁判を受け及び、直接に又は自ら選任する弁護人を通じて、防御すること。弁護人がいない場合には、弁護人を持つ権利を告げられること。司法の利益のために必要な場合には、十分な支払手段を有しないときは自らその費用を負担することなく、弁護人を付されること。

(e)　自己に不利な証人を尋問し又はこれに対し尋問させること並びに自己に不利な証人と同じ条件で自己のための証人の出席及びこれに対する尋問を求めること。

(f)　裁判所において使用される言語を理解すること又は話すことができない場合には、無料で通訳の援助を受けること。

(g)　自己に不利益な供述又は有罪の自白を強

要されないこと。

4　少年の場合には、手続は、その年齢及びその更生の促進が望ましいことを考慮したものとする。

5　有罪の判決を受けたすべての者は、法律に基づきその判決及び刑罰を上級の裁判所によつて再審理される権利を有する。

6　確定判決によつて有罪と決定された場合において、その後に、新たな事実又は新しく発見された事実により誤審のあつたことが決定的に立証されたことを理由としてその有罪の判決が破棄され又は赦免が行われたときは、その有罪の判決の結果刑罰に服した者は、法律に基づいて補償を受ける。ただし、その知られなかつた事実が適当な時に明らかにされなかつたことの全部又は一部がその者の責めに帰するものであることが証明される場合は、この限りでない。

7　何人も、それぞれの国の法律及び刑事手続に従つて既に確定的に有罪又は無罪の判決を受けた行為について再び裁判され又は処罰されることはない。

第十五条　1　何人も、実行の時に国内法又は国際法により犯罪を構成しなかつた作為又は不作為を理由として有罪とされることはない。何人も、犯罪が行われた時に適用されていた刑罰よりも重い刑罰を科されない。犯罪が行われた後により軽い刑罰を科する規定が法律に設けられる場合には、罪を犯した者は、その利益を受ける。

2　この条のいかなる規定も、国際社会の認める法の一般原則により実行の時に犯罪とされていた作為又は不作為を理由として裁判しかつ処罰することを妨げるものではない。

第十六条　すべての者は、すべての場所において、法律の前に人として認められる権利を有する。

第十七条　1　何人も、その私生活、家族、住居若しくは通信に対して恣意的に若しくは不法に干渉され又は名誉及び信用を不法に攻撃されない。

2　すべての者は、1の干渉又は攻撃に対する法律の保護を受ける権利を有する。

第十八条　1　すべての者は、思想、良心及び宗教の自由についての権利を有する。この権利には、自ら選択する宗教又は信念を受け入れ又は有する自由並びに、単独で又は他の者と共同して及び公に又は私的に、礼拝、儀式、行事及び教導によつてその宗教又は信念を表明する自由を含む。

2　何人も、自ら選択する宗教又は信念を受け入れ又は有する自由を侵害するおそれのある強制を受けない。

3　宗教又は信念を表明する自由については、法律で定める制限であつて公共の安全、公の秩序、公衆の健康若しくは道徳又は他の者の基本的な権利及び自由を保護するために必要なもののみを課することができる。

4　この規約の締約国は、父母及び場合により法定保護者が、自己の信念に従つて児童の宗教的及び道徳的教育を確保する自由を有することを尊重することを約束する。

第十九条　1　すべての者は、干渉されることなく意見を持つ権利を有する。

2　すべての者は、表現の自由についての権利を有する。この権利には、口頭、手書き若しくは印刷、芸術の形態又は自ら選択する他の方法により、国境とのかかわりなく、あらゆる種類の情報及び考えを求め、受け及び伝える自由を含む。

3　2の権利の行使には、特別の義務及び責任を伴う。したがつて、この権利の行使については、一定の制限を課することができる。ただし、その制限は、法律によつて定められ、かつ、次の目的のために必要とされるものに限る。

(a)　他の者の権利又は信用の尊重

(b)　国の安全、公の秩序又は公衆の健康若しくは道徳の保護

第二十条　1　戦争のためのいかなる宣伝も、法律で禁止する。

2　差別、敵意又は暴力の扇動となる国民的、人種的又は宗教的憎悪の唱道は、法律で禁止する。

第二十一条　平和的な集会の権利は、認められる。この権利の行使については、法律で定める制限であつて国の安全若しくは公共の安全、公の秩序、公衆の健康若しくは道徳の保護又は他の者の権利及び自由の保護のため民主的社会において必要なもの以外のいかなる制限も課することができない。

第二十二条　1　すべての者は、結社の自由についての権利を有する。この権利には、自己の利益の保護のために労働組合を結成し及びこれに加入する権利を含む。

2　1の権利の行使については、法律で定める制限であつて国の安全若しくは公共の安全、公の秩序、公衆の健康若しくは道徳の保護又は他の者の権利及び自由の保護のため民主的

社会において必要なもの以外のいかなる制限も課することができない。この条の規定は、1の権利の行使につき、軍隊及び警察の構成員に対して合法的な制限を課することを妨げるものではない。

3　この条のいかなる規定も、結社の自由及び団結権の保護に関する千九百四十八年の国際労働機関の条約の締約国が、同条約に規定する保障を阻害するような立法措置を講ずること又は同条約に規定する保障を阻害するような方法により法律を適用することを許すものではない。

第二十三条　1　家族は、社会の自然かつ基礎的な単位であり、社会及び国による保護を受ける権利を有する。

2　婚姻をすることができる年齢の男女が婚姻をしかつ家族を形成する権利は、認められる。

3　婚姻は、両当事者の自由かつ完全な合意なしには成立しない。

4　この規約の締約国は、婚姻中及び婚姻の解消の際に、婚姻に係る配偶者の権利及び責任の平等を確保するため、適当な措置をとる。その解消の場合には、児童に対する必要な保護のため、措置がとられる。

第二十四条　1　すべての児童は、人種、皮膚の色、性、言語、宗教、国民的若しくは社会的出身、財産又は出生によるいかなる差別もなしに、未成年者としての地位に必要とされる保護の措置であつて家族、社会及び国による措置についての権利を有する。

2　すべての児童は、出生の後直ちに登録され、かつ、氏名を有する。

3　すべての児童は、国籍を取得する権利を有する。

第二十五条　すべての市民は、第二条に規定するいかなる差別もなく、かつ、不合理な制限なしに、次のことを行う権利及び機会を有する。

(a)　直接に、又は自由に選んだ代表者を通じて、政治に参与すること。

(b)　普通かつ平等の選挙権に基づき秘密投票により行われ、選挙人の意思の自由な表明を保障する真正な定期的選挙において、投票し及び選挙されること。

(c)　一般的な平等条件の下で自国の公務に携わること。

第二十六条　すべての者は、法律の前に平等であり、いかなる差別もなしに法律による平等の保護を受ける権利を有する。このため、法律は、あらゆる差別を禁止し及び人種、皮膚の色、性、言語、宗教、政治的意見その他の意見、国民的若しくは社会的出身、財産、出生又は他の地位等のいかなる理由による差別に対しても平等のかつ効果的な保護をすべての者に保障する。

第二十七条　種族的、宗教的又は言語的少数民族が存在する国において、当該少数民族に属する者は、その集団の他の構成員とともに自己の文化を享有し、自己の宗教を信仰しかつ実践し又は自己の言語を使用する権利を否定されない。

第四部

第二十八条　1　人権委員会（以下「委員会」という。）を設置する。委員会は、十八人の委員で構成するものとし、この部に定める任務を行う。

2　委員会は、高潔な人格を有し、かつ、人権の分野において能力を認められたこの規約の締約国の国民で構成する。この場合において、法律関係の経験を有する者の参加が有益であることに考慮を払う。

3　委員会の委員は、個人の資格で、選挙され及び職務を遂行する。

第二十九条　1　委員会の委員は、前条に定める資格を有し、かつ、この規約の締約国により選挙のために指名された者の名簿の中から秘密投票により選出される。

2　この規約の各締約国は、一人又は二人を指名することができる。指名される者は、指名する国の国民とする。

3　いずれの者も、再指名される資格を有する。

第三十条　1　委員会の委員の最初の選挙は、この規約の効力発生の日の後六箇月以内に行う。

2　第三十四条の規定に従つて空席（第三十三条の規定により宣言された空席をいう。）を補充するための選挙の場合を除くほか、国際連合事務総長は、委員会の委員の選挙の日の遅くとも四箇月前までに、この規約の締約国に対し、委員会の委員に指名された者の氏名を三箇月以内に提出するよう書面で要請する。

3　国際連合事務総長は、2にいう指名された者のアルファベット順による名簿（これらの者を指名した締約国名を表示した名簿とする。）を作成し、名簿を各選挙の日の遅くとも一箇月前までにこの規約の締約国に送付する。

4　委員会の委員の選挙は、国際連合事務総長により国際連合本部に招集されるこの規約の締約国の会合において行う。この会合は、この規約の締約国の三分の二をもつて定足数とする。この会合においては、出席しかつ投票する締約国の代表によつて投じられた票の最多数で、かつ、過半数の票を得た指名された者をもつて委員会に選出された委員とする。

第三十一条　1　委員会は、一の国の国民を二人以上含むことができない。

2　委員会の選挙に当たつては、委員の配分が地理的に衡平に行われること並びに異なる文明形態及び主要な法体系が代表されることを考慮に入れる。

第三十二条　1　委員会の委員は、四年の任期で選出される。委員は、再指名された場合には、再選される資格を有する。ただし、最初の選挙において選出された委員のうち九人の委員の任期は、二年で終了するものとし、これらの九人の委員は、最初の選挙の後直ちに、第三十条4に規定する会合において議長によりくじ引で選ばれる。

2　任期満了の際の選挙は、この部の前諸条の規定に従つて行う。

第三十三条　1　委員会の委員が一時的な不在以外の理由のためその職務を遂行することができなくなつたことを他の委員が一致して認める場合には、委員会の委員長は、国際連合事務総長にその旨を通知するものとし、同事務総長は、当該委員の職が空席となつたことを宣言する。

2　委員会の委員が死亡し又は辞任した場合には、委員長は、直ちに国際連合事務総長にその旨を通知するものとし、同事務総長は、死亡し又は辞任した日から当該委員の職が空席となつたことを宣言する。

第三十四条　1　前条の規定により空席が宣言された場合において、当該宣言の時から六箇月以内に交代される委員の任期が満了しないときは、国際連合事務総長は、この規約の各締約国にその旨を通知する。各締約国は、空席を補充するため、二箇月以内に第二十九条の規定により指名された者の氏名を提出することができる。

2　国際連合事務総長は、1にいう指名された者のアルファベット順による名簿を作成し、この規約の締約国に送付する。空席を補充するための選挙は、この部の関連規定に従つて行う。

3　前条の規定により宣言された空席を補充するために選出された委員会の委員は、同条の規定により委員会における職が空席となつた委員の残余の期間在任する。

第三十五条　委員会の委員は、国際連合総会が委員会の任務の重要性を考慮して決定する条件に従い、同総会の承認を得て、国際連合の財源から報酬を受ける。

第三十六条　国際連合事務総長は、委員会がこの規約に定める任務を効果的に遂行するために必要な職員及び便益を提供する。

第三十七条　1　国際連合事務総長は、委員会の最初の会合を国際連合本部に招集する。

2　委員会は、最初の会合の後は、手続規則に定める時期に会合する。

3　委員会は、通常、国際連合本部又はジュネーヴにある国際連合事務所において会合する。

第三十八条　委員会のすべての委員は、職務の開始に先立ち、公開の委員会において、職務を公平かつ良心的に遂行する旨の厳粛な宣誓を行う。

第三十九条　1　委員会は、役員を二年の任期で選出する。役員は、再選されることができる。

2　委員会は、手続規則を定める。この手続規則には、特に次のことを定める。

(a)　十二人の委員をもつて定足数とすること。

(b)　委員会の決定は、出席する委員が投ずる票の過半数によつて行うこと。

第四十条　1　この規約の締約国は、(a)当該締約国についてこの規約が効力を生ずる時から一年以内に、(b)その後は委員会が要請するときに、この規約において認められる権利の実現のためにとつた措置及びこれらの権利の享受についてもたらされた進歩に関する報告を提出することを約束する。

2　すべての報告は、国際連合事務総長に提出するものとし、同事務総長は、検討のため、これらの報告を委員会に送付する。報告には、この規約の実施に影響を及ぼす要因及び障害が存在する場合には、これらの要因及び障害を記載する。

3　国際連合事務総長は、委員会との協議の後、報告に含まれるいずれかの専門機関の権限の範囲内にある事項に関する部分の写しを当該専門機関に送付することができる。

社会福祉

4　委員会は、この規約の締約国の提出する報告を検討する。委員会は、委員会の報告及び適当と認める一般的な性格を有する意見を締約国に送付しなければならず、また、この規約の締約国から受領した報告の写しとともに当該一般的な性格を有する意見を経済社会理事会に送付することができる。

5　この規約の締約国は、4の規定により送付される一般的な性格を有する意見に関する見解を委員会に提示することができる。

第四十一条　1　この規約の締約国は、この規約に基づく義務が他の締約国によつて履行されていない旨を主張するいずれかの締約国からの通報を委員会が受理しかつ検討する権限を有することを認めることを、この条の規定に基づいていつでも宣言することができる。この条の規定に基づく通報は、委員会の当該権限を自国について認める宣言を行つた締約国による通報である場合に限り、受理しかつ検討することができる。委員会は、宣言を行つていない締約国についての通報を受理してはならない。この条の規定により受理される通報は、次の手続に従つて取り扱う。

(a)　この規約の締約国は、他の締約国がこの規約を実施していないと認める場合には、書面による通知により、その事態につき当該他の締約国の注意を喚起することができる。通知を受領する国は、通知の受領の後三箇月以内に、当該事態について説明する文書その他の文書を、通知を送付した国に提供する。これらの文書は、当該事態について既にとられ、現在とつており又は将来とることができる国内的な手続及び救済措置に、可能かつ適当な範囲において、言及しなければならない。

(b)　最初の通知の受領の後六箇月以内に当該事案が関係締約国の双方の満足するように調整されない場合には、いずれの一方の締約国も、委員会及び他方の締約国に通告することにより当該事案を委員会に付託する権利を有する。

(c)　委員会は、付託された事案について利用し得るすべての国内的な救済措置がとられかつ尽くされたことを確認した後に限り、一般的に認められた国際法の原則に従つて、付託された事案を取り扱う。ただし、救済措置の実施が不当に遅延する場合は、この限りでない。

(d)　委員会は、この条の規定により通報を検討する場合には、非公開の会合を開催する。

(e)　(c)の規定に従うことを条件として、委員会は、この規約において認められる人権及び基本的自由の尊重を基礎として事案を友好的に解決するため、関係締約国に対してあつ旋を行う。

(f)　委員会は、付託されたいずれの事案についても、(b)にいう関係締約国に対し、あらゆる関連情報を提供するよう要請することができる。

(g)　(b)にいう関係締約国は、委員会において事案が検討されている間において代表を出席させる権利を有するものとし、また、口頭又は書面により意見を提出する権利を有する。

(h)　委員会は、(b)の通告を受領した日の後十二箇月以内に、報告を提出する。報告は、各事案ごとに、関係締約国に送付する。

(i)　(e)の規定により解決に到達した場合には、委員会は、事実及び到達した解決について簡潔に記述したものを報告する。

(ii)　(e)の規定により解決に到達しない場合には、委員会は、事実について簡潔に記述したものを報告するものとし、当該報告に関係締約国の口頭による意見の記録及び書面による意見を添付する。

2　この条の規定は、この規約の十の締約国が1の規定に基づく宣言を行つた時に効力を生ずる。宣言は、締約国が国際連合事務総長に寄託するものとし、同事務総長は、その写しを他の締約国に送付する。宣言は、同事務総長に対する通告によりいつでも撤回することができる。撤回は、この条の規定に従つて既に送付された通報におけるいかなる事案の検討をも妨げるものではない。宣言を撤回した締約国による新たな通報は、同事務総長がその宣言の撤回の通告を受領した後は、当該締約国が新たな宣言を行わない限り、受理しない。

第四十二条　1(a)　前条の規定により委員会に付託された事案が関係締約国の満足するように解決されない場合には、委員会は、関係締約国の事前の同意を得て、特別調停委員会（以下「調停委員会」という。）を設置することができる。調停委員会は、この規約の尊重を基礎として当該事案を友好的に解決するため、関係締約国に対してあつ旋を行う。

(b)　調停委員会は、関係締約国が容認する五

社会福祉

人の者で構成する。調停委員会の構成について三箇月以内に関係締約国が合意に達しない場合には、合意が得られない調停委員会の委員については、委員会の秘密投票により、三分の二以上の多数による議決で、委員会の委員の中から選出する。

2　調停委員会の委員は、個人の資格で、職務を遂行する。委員は、関係締約国、この規約の締約国でない国又は前条の規定に基づく宣言を行つていない締約国の国民であつてはならない。

3　調停委員会は、委員長を選出し及び手続規則を採択する。

4　調停委員会の会合は、通常、国際連合本部又はジュネーヴにある国際連合事務所において開催する。もつとも、この会合は、調停委員会が国際連合事務総長及び関係締約国との協議の上決定する他の適当な場所において開催することができる。

5　第三十六条の規定により提供される事務局は、また、この条の規定に基づいて設置される調停委員会のために役務を提供する。

6　委員会が受領しかつ取りまとめる情報は、調停委員会の利用に供しなければならず、また、調停委員会は、関係締約国に対し、他のあらゆる関連情報を提供するよう要請することができる。

7　調停委員会は、事案を十分に検討した後に、かつ、検討のため事案を取り上げた後いかなる場合にも十二箇月以内に、関係締約国に通知するため、委員会の委員長に報告を提出する。

(a)　十二箇月以内に事案の検討を終了することができない場合には、調停委員会は、事案の検討状況について簡潔に記述したものを報告する。

(b)　この規約において認められる人権の尊重を基礎として事案の友好的な解決に到達した場合には、調停委員会は、事実及び到達した解決について簡潔に記述したものを報告する。

(c)　(b)に規定する解決に到達しない場合には、調停委員会の報告には、関係締約国間の係争問題に係るすべての事実関係についての調査結果及び当該事案の友好的な解決の可能性に関する意見を記載するとともに関係締約国の口頭による意見の記録及び書面による意見を添付する。

(d)　(c)の規定により調停委員会の報告が提出される場合には、関係締約国は、その報告の受領の後三箇月以内に、委員会の委員長に対し、調停委員会の報告の内容を受諾するかどうかを通告する。

8　この条の規定は、前条の規定に基づく委員会の任務に影響を及ぼすものではない。

9　関係締約国は、国際連合事務総長が作成する見積りに従つて、調停委員会の委員に係るすべての経費を平等に分担する。

10　国際連合事務総長は、必要なときは、9の規定による関係締約国の経費の分担に先立つて調停委員会の委員の経費を支払う権限を有する。

第四十三条　委員会の委員及び前条の規定に基づいて設置される調停委員会の委員は、国際連合の特権及び免除に関する条約の関連規定に規定する国際連合のための職務を行う専門家の便益、特権及び免除を享受する。

第四十四条　この規約の実施に関する規定は、国際連合及び専門機関の基本文書並びに国際連合及び専門機関において作成された諸条約により又はこれらの基本文書及び諸条約に基づき人権の分野に関し定められた手続を妨げることなく適用するものとし、この規約の締約国の間で効力を有する一般的な又は特別の国際取極による紛争の解決のため、この規約の締約国が他の手続を利用することを妨げるものではない。

第四十五条　委員会は、その活動に関する年次報告を経済社会理事会を通じて国際連合総会に提出する。

第五部

第四十六条　この規約のいかなる規定も、この規約に規定されている事項につき、国際連合の諸機関及び専門機関の任務をそれぞれ定めている国際連合憲章及び専門機関の基本文書の規定の適用を妨げるものと解してはならない。

第四十七条　この規約のいかなる規定も、すべての人民がその天然の富及び資源を十分かつ自由に享受し及び利用する固有の権利を害するものと解してはならない。

第六部

第四十八条　1　この規約は、国際連合又はいずれかの専門機関の加盟国、国際司法裁判所規程の当事国及びこの規約の締約国となるよう国際連合総会が招請する他の国による署名のために開放しておく。

2　この規約は、批准されなければならない。批准書は、国際連合事務総長に寄託する。
3　この規約は、1に規定する国による加入のために開放しておく。
4　加入は、加入書を国際連合事務総長に寄託することによつて行う。
5　国際連合事務総長は、この規約に署名し又は加入したすべての国に対し、各批准書又は各加入書の寄託を通報する。

第四十九条　1　この規約は、三十五番目の批准書又は加入書が国際連合事務総長に寄託された日の後三箇月で効力を生ずる。
2　この規約は、三十五番目の批准書又は加入書が寄託された後に批准し又は加入する国については、その批准書又は加入書が寄託された日の後三箇月で効力を生ずる。

第五十条　この規約は、いかなる制限又は例外もなしに、連邦国家のすべての地域について適用する。

第五十一条　1　この規約のいずれの締約国も、改正を提案し及び改正案を国際連合事務総長に提出することができる。同事務総長は、直ちに、この規約の締約国に対し、改正案を送付するものとし、締約国による改正案の審議及び投票のための締約国会議の開催についての賛否を同事務総長に通告するよう要請する。締約国の三分の一以上が会議の開催に賛成する場合には、同事務総長は、国際連合の主催の下に会議を招集する。会議において出席しかつ投票する締約国の過半数によつて採択された改正案は、承認のため、国際連合総会に提出する。
2　改正は、国際連合総会が承認し、かつ、この規約の締約国の三分の二以上の多数がそれぞれの国の憲法上の手続に従つて受諾したときに、効力を生ずる。
3　改正は、効力を生じたときは、改正を受諾した締約国を拘束するものとし、他の締約国は、改正前のこの規約の規定（受諾した従前の改正を含む。）により引き続き拘束される。

第五十二条　第四十八条5の規定により行われる通報にかかわらず、国際連合事務総長は、同条1に規定するすべての国に対し、次の事項を通報する。
(a)　第四十八条の規定による署名、批准及び加入
(b)　第四十九条の規定に基づきこの規約が効力を生ずる日及び前条の規定により改正が効力を生ずる日

第五十三条　1　この規約は、中国語、英語、フランス語、ロシア語及びスペイン語をひとしく正文とし、国際連合に寄託される。
2　国際連合事務総長は、この規約の認証謄本を第四十八条に規定するすべての国に送付する。

以上の証拠として、下名は、各自の政府から正当に委任を受けて、千九百六十六年十二月十九日にニュー・ヨークで署名のために開放されたこの規約に署名した。

（署名欄は省略）

男女共同参画社会基本法

（平成一一・六・二三）
（法　律　七　八）

最新改正　平成一一法律一六〇

我が国においては、日本国憲法に個人の尊重と法の下の平等がうたわれ、男女平等の実現に向けた様々な取組が、国際社会における取組とも連動しつつ、着実に進められてきたが、なお一層の努力が必要とされている。

一方、少子高齢化の進展、国内経済活動の成熟化等我が国の社会経済情勢の急速な変化に対応していく上で、男女が、互いにその人権を尊重しつつ責任も分かち合い、性別にかかわりなく、その個性と能力を十分に発揮することができる男女共同参画社会の実現は、緊要な課題となっている。

このような状況にかんがみ、男女共同参画社会の実現を二十一世紀の我が国社会を決定する最重要課題と位置付け、社会のあらゆる分野において、男女共同参画社会の形成の促進に関する施策の推進を図っていくことが重要である。

ここに、男女共同参画社会の形成についての基本理念を明らかにしてその方向を示し、将来に向かって国、地方公共団体及び国民の男女共同参画社会の形成に関する取組を総合的かつ計画的に推進するため、この法律を制定する。

第一章　総則

（**目的**）
第一条　この法律は、男女の人権が尊重され、かつ、社会経済情勢の変化に対応できる豊か

で活力ある社会を実現することの緊要性にかんがみ、男女共同参画社会の形成に関し、基本理念を定め、並びに国、地方公共団体及び国民の責務を明らかにするとともに、男女共同参画社会の形成の促進に関する施策の基本となる事項を定めることにより、男女共同参画社会の形成を総合的かつ計画的に推進することを目的とする。

（**定義**）
第二条　この法律において、次の各号に掲げる用語の意義は、当該各号に定めるところによる。

一　男女共同参画社会の形成　男女が、社会の対等な構成員として、自らの意思によって社会のあらゆる分野における活動に参画する機会が確保され、もって男女が均等に政治的、経済的、社会的及び文化的利益を享受することができ、かつ、共に責任を担うべき社会を形成することをいう。

二　積極的改善措置　前号に規定する機会に係る男女間の格差を改善するため必要な範囲内において、男女のいずれか一方に対し、当該機会を積極的に提供することをいう。

（**男女の人権の尊重**）
第三条　男女共同参画社会の形成は、男女の個人としての尊厳が重んぜられること、男女が性別による差別的取扱いを受けないこと、男女が個人として能力を発揮する機会が確保されることその他の男女の人権が尊重されることを旨として、行われなければならない。

（**社会における制度又は慣行についての配慮**）
第四条　男女共同参画社会の形成に当たっては、社会における制度又は慣行が、性別による固定的な役割分担等を反映して、男女の社会における活動の選択に対して中立でない影響を及ぼすことにより、男女共同参画社会の形成を阻害する要因となるおそれがあることにかんがみ、社会における制度又は慣行が男女の社会における活動の選択に対して及ぼす影響をできる限り中立なものとするように配慮されなければならない。

（**政策等の立案及び決定への共同参画**）
第五条　男女共同参画社会の形成は、男女が、社会の対等な構成員として、国若しくは地方公共団体における政策又は民間の団体における方針の立案及び決定に共同して参画する機会が確保されることを旨として、行われなければならない。

（**家庭生活における活動と他の活動の両立**）
第六条　男女共同参画社会の形成は、家族を構成する男女が、相互の協力と社会の支援の下に、子の養育、家族の介護その他の家庭生活における活動について家族の一員としての役割を円滑に果たし、かつ、当該活動以外の活動を行うことができるようにすることを旨として、行われなければならない。

（**国際的協調**）
第七条　男女共同参画社会の形成の促進が国際社会における取組と密接な関係を有していることにかんがみ、男女共同参画社会の形成は、国際的協調の下に行われなければならない。

（**国の責務**）
第八条　国は、第三条から前条までに定める男女共同参画社会の形成についての基本理念（以下「基本理念」という。）にのっとり、男女共同参画社会の形成の促進に関する施策（積極的改善措置を含む。以下同じ。）を総合的に策定し、及び実施する責務を有する。

（**地方公共団体の責務**）
第九条　地方公共団体は、基本理念にのっとり、男女共同参画社会の形成の促進に関し、国の施策に準じた施策及びその他のその地方公共団体の区域の特性に応じた施策を策定し、及び実施する責務を有する。

（**国民の責務**）
第十条　国民は、職域、学校、地域、家庭その他の社会のあらゆる分野において、基本理念にのっとり、男女共同参画社会の形成に寄与するように努めなければならない。

（**法制上の措置等**）
第十一条　政府は、男女共同参画社会の形成の促進に関する施策を実施するため必要な法制上又は財政上の措置その他の措置を講じなければならない。

（**年次報告等**）
第十二条　政府は、毎年、国会に、男女共同参画社会の形成の状況及び政府が講じた男女共同参画社会の形成の促進に関する施策についての報告を提出しなければならない。

2　政府は、毎年、前項の報告に係る男女共同参画社会の形成の状況を考慮して講じようとする男女共同参画社会の形成の促進に関する施策を明らかにした文書を作成し、これを国会に提出しなければならない。

第二章　男女共同参画社会の形成の促進に関する基本的施策

社会福祉

（**男女共同参画基本計画**）

第十三条　政府は、男女共同参画社会の形成の促進に関する施策の総合的かつ計画的な推進を図るため、男女共同参画社会の形成の促進に関する基本的な計画（以下「男女共同参画基本計画」という。）を定めなければならない。

2　男女共同参画基本計画は、次に掲げる事項について定めるものとする。

一　総合的かつ長期的に講ずべき男女共同参画社会の形成の促進に関する施策の大綱

二　前号に掲げるもののほか、男女共同参画社会の形成の促進に関する施策を総合的かつ計画的に推進するために必要な事項

3　内閣総理大臣は、男女共同参画会議の意見を聴いて、男女共同参画基本計画の案を作成し、閣議の決定を求めなければならない。

4　内閣総理大臣は、前項の規定による閣議の決定があったときは、遅滞なく、男女共同参画基本計画を公表しなければならない。

5　前二項の規定は、男女共同参画基本計画の変更について準用する。

（**都道府県男女共同参画計画等**）

第十四条　都道府県は、男女共同参画基本計画を勘案して、当該都道府県の区域における男女共同参画社会の形成の促進に関する施策についての基本的な計画（以下「都道府県男女共同参画計画」という。）を定めなければならない。

2　都道府県男女共同参画計画は、次に掲げる事項について定めるものとする。

一　都道府県の区域において総合的かつ長期的に講ずべき男女共同参画社会の形成の促進に関する施策の大綱

二　前号に掲げるもののほか、都道府県の区域における男女共同参画社会の形成の促進に関する施策を総合的かつ計画的に推進するために必要な事項

3　市町村は、男女共同参画基本計画及び都道府県男女共同参画計画を勘案して、当該市町村の区域における男女共同参画社会の形成の促進に関する施策についての基本的な計画（以下「市町村男女共同参画計画」という。）を定めるように努めなければならない。

4　都道府県又は市町村は、都道府県男女共同参画計画又は市町村男女共同参画計画を定め、又は変更したときは、遅滞なく、これを公表しなければならない。

（**施策の策定等に当たっての配慮**）

第十五条　国及び地方公共団体は、男女共同参画社会の形成に影響を及ぼすと認められる施策を策定し、及び実施するに当たっては、男女共同参画社会の形成に配慮しなければならない。

（**国民の理解を深めるための措置**）

第十六条　国及び地方公共団体は、広報活動等を通じて、基本理念に関する国民の理解を深めるよう適切な措置を講じなければならない。

（**苦情の処理等**）

第十七条　国は、政府が実施する男女共同参画社会の形成の促進に関する施策又は男女共同参画社会の形成に影響を及ぼすと認められる施策についての苦情の処理のために必要な措置及び性別による差別的取扱いその他の男女共同参画社会の形成を阻害する要因によって人権が侵害された場合における被害者の救済を図るために必要な措置を講じなければならない。

（**調査研究**）

第十八条　国は、社会における制度又は慣行が男女共同参画社会の形成に及ぼす影響に関する調査研究その他の男女共同参画社会の形成の促進に関する施策の策定に必要な調査研究を推進するように努めるものとする。

（**国際的協調のための措置**）

第十九条　国は、男女共同参画社会の形成を国際的協調の下に促進するため、外国政府又は国際機関との情報の交換その他男女共同参画社会の形成に関する国際的な相互協力の円滑な推進を図るために必要な措置を講ずるように努めるものとする。

（**地方公共団体及び民間の団体に対する支援**）

第二十条　国は、地方公共団体が実施する男女共同参画社会の形成の促進に関する施策及び民間の団体が男女共同参画社会の形成の促進に関して行う活動を支援するため、情報の提供その他の必要な措置を講ずるように努めるものとする。

第三章　男女共同参画会議

（**設置**）

第二十一条　内閣府に、男女共同参画会議（以下「会議」という。）を置く。

（**所掌事務**）

第二十二条　会議は、次に掲げる事務をつかさどる。

一　男女共同参画基本計画に関し、第十三条第三項に規定する事項を処理すること。

二　前号に掲げるもののほか、内閣総理大臣又は関係各大臣の諮問に応じ、男女共同参画社会の形成の促進に関する基本的な方針、基本的な政策及び重要事項を調査審議すること。
三　前二号に規定する事項に関し、調査審議し、必要があると認めるときは、内閣総理大臣及び関係各大臣に対し、意見を述べること。
四　政府が実施する男女共同参画社会の形成の促進に関する施策の実施状況を監視し、及び政府の施策が男女共同参画社会の形成に及ぼす影響を調査し、必要があると認めるときは、内閣総理大臣及び関係各大臣に対し、意見を述べること。

（**組織**）
第二十三条　会議は、議長及び議員二十四人以内をもって組織する。

（**議長**）
第二十四条　議長は、内閣官房長官をもって充てる。
2　議長は、会務を総理する。

（**議員**）
第二十五条　議員は、次に掲げる者をもって充てる。
一　内閣官房長官以外の国務大臣のうちから、内閣総理大臣が指定する者
二　男女共同参画社会の形成に関し優れた識見を有する者のうちから、内閣総理大臣が任命する者
2　前項第二号の議員の数は、同項に規定する議員の総数の十分の五未満であってはならない。
3　第一項第二号の議員のうち、男女のいずれか一方の議員の数は、同号に規定する議員の総数の十分の四未満であってはならない。
4　第一項第二号の議員は、非常勤とする。

（**議員の任期**）
第二十六条　前条第一項第二号の議員の任期は、二年とする。ただし、補欠の議員の任期は、前任者の残任期間とする。
2　前条第一項第二号の議員は、再任されることができる。

（**資料提出の要求等**）
第二十七条　会議は、その所掌事務を遂行するために必要があると認めるときは、関係行政機関の長に対し、監視又は調査に必要な資料その他の資料の提出、意見の開陳、説明その他必要な協力を求めることができる。
2　会議は、その所掌事務を遂行するために特に必要があると認めるときは、前項に規定する者以外の者に対しても、必要な協力を依頼することができる。

（**政令への委任**）
第二十八条　この章に定めるもののほか、会議の組織及び議員その他の職員その他会議に関し必要な事項は、政令で定める。

社会福祉法

（昭和二六・三・二九　法律四五）
最新改正　令和四法律七六

第一章　総則

（**目的**）
第一条　この法律は、社会福祉を目的とする事業の全分野における共通的基本事項を定め、社会福祉を目的とする他の法律と相まつて、福祉サービスの利用者の利益の保護及び地域における社会福祉（以下「地域福祉」という。）の推進を図るとともに、社会福祉事業の公明かつ適正な実施の確保及び社会福祉を目的とする事業の健全な発達を図り、もつて社会福祉の増進に資することを目的とする。

（**定義**）
第二条　この法律において「社会福祉事業」とは、第一種社会福祉事業及び第二種社会福祉事業をいう。
2　次に掲げる事業を第一種社会福祉事業とする。
一　生活保護法（昭和二十五年法律第百四十四号）に規定する救護施設、更生施設その他生計困難者を無料又は低額な料金で入所させて生活の扶助を行うことを目的とする施設を経営する事業及び生計困難者に対して助葬を行う事業
二　児童福祉法（昭和二十二年法律第百六十四号）に規定する乳児院、母子生活支援施設、児童養護施設、障害児入所施設、児童

心理治療施設又は児童自立支援施設を経営する事業

三　老人福祉法（昭和三十八年法律第百三十三号）に規定する養護老人ホーム、特別養護老人ホーム又は軽費老人ホームを経営する事業

四　障害者の日常生活及び社会生活を総合的に支援するための法律（平成十七年法律第百二十三号）に規定する障害者支援施設を経営する事業

五　削除

六　困難な問題を抱える女性への支援に関する法律（令和四年法律第五十二号）に規定する女性自立支援施設を経営する事業

七　授産施設を経営する事業及び生計困難者に対して無利子又は低利で資金を融通する事業

3　次に掲げる事業を第二種社会福祉事業とする。

一　生計困難者に対して、その住居で衣食その他日常の生活必需品若しくはこれに要する金銭を与え、又は生活に関する相談に応ずる事業

一の二　生活困窮者自立支援法（平成二十五年法律第百五号）に規定する認定生活困窮者就労訓練事業

二　児童福祉法に規定する障害児通所支援事業、障害児相談支援事業、児童自立生活援助事業、放課後児童健全育成事業、子育て短期支援事業、乳児家庭全戸訪問事業、養育支援訪問事業、地域子育て支援拠点事業、一時預かり事業、小規模住居型児童養育事業、小規模保育事業、病児保育事業、子育て援助活動支援事業、親子再統合支援事業、社会的養護自立支援拠点事業、意見表明等支援事業、妊産婦等生活援助事業、子育て世帯訪問支援事業、児童育成支援拠点事業又は親子関係形成支援事業、同法に規定する助産施設、保育所、児童厚生施設、児童家庭支援センター又は里親支援センターを経営する事業及び児童の福祉の増進について相談に応ずる事業

二の二　就学前の子どもに関する教育、保育等の総合的な提供の推進に関する法律（平成十八年法律第七十七号）に規定する幼保連携型認定こども園を経営する事業

二の三　民間あっせん機関による養子縁組のあっせんに係る児童の保護等に関する法律（平成二十八年法律第百十号）に規定する養子縁組あっせん事業

三　母子及び父子並びに寡婦福祉法（昭和三十九年法律第百二十九号）に規定する母子家庭日常生活支援事業、父子家庭日常生活支援事業又は寡婦日常生活支援事業及び同法に規定する母子・父子福祉施設を経営する事業

四　老人福祉法に規定する老人居宅介護等事業、老人デイサービス事業、老人短期入所事業、小規模多機能型居宅介護事業、認知症対応型老人共同生活援助事業又は複合型サービス福祉事業及び同法に規定する老人デイサービスセンター、老人短期入所施設、老人福祉センター又は老人介護支援センターを経営する事業

四の二　障害者の日常生活及び社会生活を総合的に支援するための法律に規定する障害福祉サービス事業、一般相談支援事業、特定相談支援事業又は移動支援事業及び同法に規定する地域活動支援センター又は福祉ホームを経営する事業

五　身体障害者福祉法（昭和二十四年法律第二百八十三号）に規定する身体障害者生活訓練等事業、手話通訳事業又は介助犬訓練事業若しくは聴導犬訓練事業、同法に規定する身体障害者福祉センター、補装具製作施設、盲導犬訓練施設又は視聴覚障害者情報提供施設を経営する事業及び身体障害者の更生相談に応ずる事業

六　知的障害者福祉法（昭和三十五年法律第三十七号）に規定する知的障害者の更生相談に応ずる事業

七　削除

八　生計困難者のために、無料又は低額な料金で、簡易住宅を貸し付け、又は宿泊所その他の施設を利用させる事業

九　生計困難者のために、無料又は低額な料金で診療を行う事業

十　生計困難者に対して、無料又は低額な費用で介護保険法（平成九年法律第百二十三号）に規定する介護老人保健施設又は介護医療院を利用させる事業

十一　隣保事業（隣保館等の施設を設け、無料又は低額な料金でこれを利用させることその他その近隣地域における住民の生活の改善及び向上を図るための各種の事業を行うものをいう。）

十二　福祉サービス利用援助事業（精神上の理由により日常生活を営むのに支障がある者に対して、無料又は低額な料金で、福祉

サービス（前項各号及び前各号の事業において提供されるものに限る。以下この号において同じ。）の利用に関し相談に応じ、及び助言を行い、並びに福祉サービスの提供を受けるために必要な手続又は福祉サービスの利用に要する費用の支払に関する便宜を供与することその他の福祉サービスの適切な利用のための一連の援助を一体的に行う事業をいう。）

十三　前項各号及び前各号の事業に関する連絡又は助成を行う事業

4　この法律における「社会福祉事業」には、次に掲げる事業は、含まれないものとする。

一　更生保護事業法（平成七年法律第八十六号）に規定する更生保護事業（以下「更生保護事業」という。）

二　実施期間が六月（前項第十三号に掲げる事業にあつては、三月）を超えない事業

三　社団又は組合の行う事業であつて、社員又は組合員のためにするもの

四　第二項各号及び前項第一号から第九号までに掲げる事業であつて、常時保護を受ける者が、入所させて保護を行うものにあつては五人、その他のものにあつては二十人（政令で定めるものにあつては、十人）に満たないもの

五　前項第十三号に掲げる事業のうち、社会福祉事業の助成を行うものであつて、助成の金額が毎年度五百万円に満たないもの又は助成を受ける社会福祉事業の数が毎年度五十に満たないもの

（**福祉サービスの基本的理念**）

第三条　福祉サービスは、個人の尊厳の保持を旨とし、その内容は、福祉サービスの利用者が心身ともに健やかに育成され、又はその有する能力に応じ自立した日常生活を営むことができるように支援するものとして、良質かつ適切なものでなければならない。

（**地域福祉の推進**）

第四条　地域福祉の推進は、地域住民が相互に人格と個性を尊重し合いながら、参加し、共生する地域社会の実現を目指して行われなければならない。

2　地域住民、社会福祉を目的とする事業を経営する者及び社会福祉に関する活動を行う者（以下「地域住民等」という。）は、相互に協力し、福祉サービスを必要とする地域住民が地域社会を構成する一員として日常生活を営み、社会、経済、文化その他あらゆる分野の活動に参加する機会が確保されるように、地域福祉の推進に努めなければならない。

3　地域住民等は、地域福祉の推進に当たつては、福祉サービスを必要とする地域住民及びその世帯が抱える福祉、介護、介護予防（要介護状態若しくは要支援状態となることの予防又は要介護状態若しくは要支援状態の軽減若しくは悪化の防止をいう。）、保健医療、住まい、就労及び教育に関する課題、福祉サービスを必要とする地域住民の地域社会からの孤立その他の福祉サービスを必要とする地域住民が日常生活を営み、あらゆる分野の活動に参加する機会が確保される上での各般の課題（以下「地域生活課題」という。）を把握し、地域生活課題の解決に資する支援を行う関係機関（以下「支援関係機関」という。）との連携等によりその解決を図るよう特に留意するものとする。

（**福祉サービスの提供の原則**）

第五条　社会福祉を目的とする事業を経営する者は、その提供する多様な福祉サービスについて、利用者の意向を十分に尊重し、地域福祉の推進に係る取組を行う他の地域住民等との連携を図り、かつ、保健医療サービスその他の関連するサービスとの有機的な連携を図るよう創意工夫を行いつつ、これを総合的に提供することができるようにその事業の実施に努めなければならない。

（**福祉サービスの提供体制の確保等に関する国及び地方公共団体の責務**）

第六条　国及び地方公共団体は、社会福祉を目的とする事業を経営する者と協力して、社会福祉を目的とする事業の広範かつ計画的な実施が図られるよう、福祉サービスを提供する体制の確保に関する施策、福祉サービスの適切な利用の推進に関する施策その他の必要な各般の措置を講じなければならない。

2　国及び地方公共団体は、地域生活課題の解決に資する支援が包括的に提供される体制の整備その他地域福祉の推進のために必要な各般の措置を講ずるよう努めるとともに、当該措置の推進に当たつては、保健医療、労働、教育、住まい及び地域再生に関する施策その他の関連施策との連携に配慮するよう努めなければならない。

3　国及び都道府県は、市町村（特別区を含む。以下同じ。）において第百六条の四第二項に規定する重層的支援体制整備事業その他地域生活課題の解決に資する支援が包括的に提供される体制の整備が適正かつ円滑に行わ

社会福祉

れるよう、必要な助言、情報の提供その他の援助を行わなければならない。

第二章　地方社会福祉審議会

（地方社会福祉審議会）

第七条　社会福祉に関する事項（児童福祉及び精神障害者福祉に関する事項を除く。）を調査審議するため、都道府県並びに地方自治法（昭和二十二年法律第六十七号）第二百五十二条の十九第一項の指定都市（以下「指定都市」という。）及び同法第二百五十二条の二十二第一項の中核市（以下「中核市」という。）に社会福祉に関する審議会その他の合議制の機関（以下「地方社会福祉審議会」という。）を置くものとする。

2　地方社会福祉審議会は、都道府県知事又は指定都市若しくは中核市の長の監督に属し、その諮問に答え、又は関係行政庁に意見を具申するものとする。

（委員）

第八条　地方社会福祉審議会の委員は、都道府県又は指定都市若しくは中核市の議会の議員、社会福祉事業に従事する者及び学識経験のある者のうちから、都道府県知事又は指定都市若しくは中核市の長が任命する。

（臨時委員）

第九条　特別の事項を調査審議するため必要があるときは、地方社会福祉審議会に臨時委員を置くことができる。

2　地方社会福祉審議会の臨時委員は、都道府県又は指定都市若しくは中核市の議会の議員、社会福祉事業に従事する者及び学識経験のある者のうちから、都道府県知事又は指定都市若しくは中核市の長が任命する。

（委員長）

第十条　地方社会福祉審議会に委員の互選による委員長一人を置く。委員長は、会務を総理する。

（専門分科会）

第十一条　地方社会福祉審議会に、民生委員の適否の審査に関する事項を調査審議するため、民生委員審査専門分科会を、身体障害者の福祉に関する事項を調査審議するため、身体障害者福祉専門分科会を置く。

2　地方社会福祉審議会は、前項の事項以外の事項を調査審議するため、必要に応じ、老人福祉専門分科会その他の専門分科会を置くことができる。

（地方社会福祉審議会に関する特例）

第十二条　第七条第一項の規定にかかわらず、都道府県又は指定都市若しくは中核市は、条例で定めるところにより、地方社会福祉審議会に児童福祉及び精神障害者福祉に関する事項を調査審議させることができる。

2　前項の規定により地方社会福祉審議会に児童福祉に関する事項を調査審議させる場合においては、前条第一項中「置く」とあるのは、「、児童福祉に関する事項を調査審議するため、児童福祉専門分科会を置く」とする。

（政令への委任）

第十三条　この法律で定めるもののほか、地方社会福祉審議会に関し必要な事項は、政令で定める。

第三章　福祉に関する事務所

（設置）

第十四条　都道府県及び市（特別区を含む。以下同じ。）は、条例で、福祉に関する事務所を設置しなければならない。

2　都道府県及び市は、その区域（都道府県にあつては、市及び福祉に関する事務所を設ける町村の区域を除く。）をいずれかの福祉に関する事務所の所管区域としなければならない。

3　町村は、条例で、その区域を所管区域とする福祉に関する事務所を設置することができる。

4　町村は、必要がある場合には、地方自治法の規定により一部事務組合又は広域連合を設けて、前項の事務所を設置することができる。この場合には、当該一部事務組合又は広域連合内の町村の区域をもつて、事務所の所管区域とする。

5　都道府県の設置する福祉に関する事務所は、生活保護法、児童福祉法及び母子及び父子並びに寡婦福祉法に定める援護又は育成の措置に関する事務のうち都道府県が処理することとされているものをつかさどるところとする。

6　市町村の設置する福祉に関する事務所は、生活保護法、児童福祉法、母子及び父子並びに寡婦福祉法、老人福祉法、身体障害者福祉法及び知的障害者福祉法に定める援護、育成又は更生の措置に関する事務のうち市町村が処理することとされているもの（政令で定めるものを除く。）をつかさどるところとする。

7　町村の福祉に関する事務所の設置又は廃止の時期は、会計年度の始期又は終期でなければならない。

8　町村は、福祉に関する事務所を設置し、又は廃止するには、あらかじめ、都道府県知事に協議しなければならない。

（組織）

第十五条　福祉に関する事務所には、長及び少なくとも次の所員を置かなければならない。ただし、所の長が、その職務の遂行に支障がない場合において、自ら現業事務の指導監督を行うときは、第一号の所員を置くことを要しない。

一　指導監督を行う所員

二　現業を行う所員

三　事務を行う所員

2　所の長は、都道府県知事又は市町村長（特別区の区長を含む。以下同じ。）の指揮監督を受けて、所務を掌理する。

3　指導監督を行う所員は、所の長の指揮監督を受けて、現業事務の指導監督をつかさどる。

4　現業を行う所員は、所の長の指揮監督を受けて、援護、育成又は更生の措置を要する者等の家庭を訪問し、又は訪問しないで、これらの者に面接し、本人の資産、環境等を調査し、保護その他の措置の必要の有無及びその種類を判断し、本人に対し生活指導を行う等の事務をつかさどる。

5　事務を行う所員は、所の長の指揮監督を受けて、所の庶務をつかさどる。

6　第一項第一号及び第二号の所員は、社会福祉主事でなければならない。

（所員の定数）

第十六条　所員の定数は、条例で定める。ただし、現業を行う所員の数は、各事務所につき、それぞれ次の各号に掲げる数を標準として定めるものとする。

一　都道府県の設置する事務所にあつては、生活保護法の適用を受ける被保護世帯（以下「被保護世帯」という。）の数が三百九十以下であるときは、六とし、被保護世帯の数が六十五を増すごとに、これに一を加えた数

二　市の設置する事務所にあつては、被保護世帯の数が二百四十以下であるときは、三とし、被保護世帯数が八十を増すごとに、これに一を加えた数

三　町村の設置する事務所にあつては、被保護世帯の数が百六十以下であるときは、二とし、被保護世帯数が八十を増すごとに、これに一を加えた数

（服務）

第十七条　第十五条第一項第一号及び第二号の所員は、それぞれ同条第三項又は第四項に規定する職務にのみ従事しなければならない。ただし、その職務の遂行に支障がない場合に、これらの所員が、他の社会福祉又は保健医療に関する事務を行うことを妨げない。

第四章　社会福祉主事

（設置）

第十八条　都道府県、市及び福祉に関する事務所を設置する町村に、社会福祉主事を置く。

2　前項に規定する町村以外の町村は、社会福祉主事を置くことができる。

3　都道府県の社会福祉主事は、都道府県の設置する福祉に関する事務所において、生活保護法、児童福祉法及び母子及び父子並びに寡婦福祉法に定める援護又は育成の措置に関する事務を行うことを職務とする。

4　市及び第一項に規定する町村の社会福祉主事は、市及び同項に規定する町村に設置する福祉に関する事務所において、生活保護法、児童福祉法、母子及び父子並びに寡婦福祉法、老人福祉法、身体障害者福祉法及び知的障害者福祉法に定める援護、育成又は更生の措置に関する事務を行うことを職務とする。

5　第二項の規定により置かれる社会福祉主事は、老人福祉法、身体障害者福祉法及び知的障害者福祉法に定める援護又は更生の措置に関する事務を行うことを職務とする。

（資格等）

第十九条　社会福祉主事は、都道府県知事又は市町村長の補助機関である職員とし、年齢十八年以上の者であつて、人格が高潔で、思慮が円熟し、社会福祉の増進に熱意があり、かつ、次の各号のいずれかに該当するもののうちから任用しなければならない。

一　学校教育法（昭和二十二年法律第二十六号）に基づく大学、旧大学令（大正七年勅令第三百八十八号）に基づく大学、旧高等学校令（大正七年勅令第三百八十九号）に基づく高等学校又は旧専門学校令（明治三十六年勅令第六十一号）に基づく専門学校において、厚生労働大臣の指定する社会福祉に関する科目を修めて卒業した者（当該科目を修めて同法に基づく専門職大学の前期課程を修了した者を含む。）

二　都道府県知事の指定する養成機関又は講習会の課程を修了した者

社会福祉

三　社会福祉士
四　厚生労働大臣の指定する社会福祉事業従事者試験に合格した者
五　前各号に掲げる者と同等以上の能力を有すると認められる者として厚生労働省令で定めるもの
2　前項第二号の養成機関及び講習会の指定に関し必要な事項は、政令で定める。

第五章　指導監督及び訓練

（**指導監督**）
第二十条　都道府県知事並びに指定都市及び中核市の長は、この法律、生活保護法、児童福祉法、母子及び父子並びに寡婦福祉法、老人福祉法、身体障害者福祉法及び知的障害者福祉法の施行に関しそれぞれその所部の職員の行う事務について、その指導監督を行うために必要な計画を樹立し、及びこれを実施するよう努めなければならない。

（**訓練**）
第二十一条　この法律、生活保護法、児童福祉法、母子及び父子並びに寡婦福祉法、老人福祉法、身体障害者福祉法及び知的障害者福祉法の施行に関する事務に従事する職員の素質を向上するため、都道府県知事はその所部の職員及び市町村の職員に対し、指定都市及び中核市の長はその所部の職員に対し、それぞれ必要な訓練を行わなければならない。

第六章　社会福祉法人

第一節　通則

（**定義**）
第二十二条　この法律において「社会福祉法人」とは、社会福祉事業を行うことを目的として、この法律の定めるところにより設立された法人をいう。

（**名称**）
第二十三条　社会福祉法人以外の者は、その名称中に、「社会福祉法人」又はこれに紛らわしい文字を用いてはならない。

（**経営の原則等**）
第二十四条　社会福祉法人は、社会福祉事業の主たる担い手としてふさわしい事業を確実、効果的かつ適正に行うため、自主的にその経営基盤の強化を図るとともに、その提供する福祉サービスの質の向上及び事業経営の透明性の確保を図らなければならない。
2　社会福祉法人は、社会福祉事業及び第二十六条第一項に規定する公益事業を行うに当たつては、日常生活又は社会生活上の支援を必要とする者に対して、無料又は低額な料金で、福祉サービスを積極的に提供するよう努めなければならない。

（**要件**）
第二十五条　社会福祉法人は、社会福祉事業を行うに必要な資産を備えなければならない。

（**公益事業及び収益事業**）
第二十六条　社会福祉法人は、その経営する社会福祉事業に支障がない限り、公益を目的とする事業（以下「公益事業」という。）又はその収益を社会福祉事業若しくは公益事業（第二条第四項第四号に掲げる事業その他の政令で定めるものに限る。第五十七条第二号において同じ。）の経営に充てることを目的とする事業（以下「収益事業」という。）を行うことができる。
2　公益事業又は収益事業に関する会計は、それぞれ当該社会福祉法人の行う社会福祉事業に関する会計から区分し、特別の会計として経理しなければならない。

（**特別の利益供与の禁止**）
第二十七条　社会福祉法人は、その事業を行うに当たり、その評議員、理事、監事、職員その他の政令で定める社会福祉法人の関係者に対し特別の利益を与えてはならない。

（**住所**）
第二十八条　社会福祉法人の住所は、その主たる事務所の所在地にあるものとする。

（**登記**）
第二十九条　社会福祉法人は、政令の定めるところにより、その設立、従たる事務所の新設、事務所の移転その他登記事項の変更、解散、合併、清算人の就任又はその変更及び清算の結了の各場合に、登記をしなければならない。
2　前項の規定により登記をしなければならない事項は、登記の後でなければ、これをもつて第三者に対抗することができない。

（**所轄庁**）
第三十条　社会福祉法人の所轄庁は、その主たる事務所の所在地の都道府県知事とする。ただし、次の各号に掲げる社会福祉法人の所轄庁は、当該各号に定める者とする。
一　主たる事務所が市の区域内にある社会福祉法人（次号に掲げる社会福祉法人を除く。）であつてその行う事業が当該市の区域を越えないもの　市長（特別区の区長を含む。以下同じ。）

社会福祉

二　主たる事務所が指定都市の区域内にある社会福祉法人であつてその行う事業が一の都道府県の区域内において二以上の市町村の区域にわたるもの及び第百九条第二項に規定する地区社会福祉協議会である社会福祉法人　指定都市の長

2　社会福祉法人でその行う事業が二以上の地方厚生局の管轄区域にわたるものであつて、厚生労働省令で定めるものにあつては、その所轄庁は、前項本文の規定にかかわらず、厚生労働大臣とする。

第二節　設立

（申請）

第三十一条　社会福祉法人を設立しようとする者は、定款をもつて少なくとも次に掲げる事項を定め、厚生労働省令で定める手続に従い、当該定款について所轄庁の認可を受けなければならない。

一　目的
二　名称
三　社会福祉事業の種類
四　事務所の所在地
五　評議員及び評議員会に関する事項
六　役員（理事及び監事をいう。以下この条、次節第二款、第六章第八節、第九章及び第十章において同じ。）の定数その他役員に関する事項
七　理事会に関する事項
八　会計監査人を置く場合には、これに関する事項
九　資産に関する事項
十　会計に関する事項
十一　公益事業を行う場合には、その種類
十二　収益事業を行う場合には、その種類
十三　解散に関する事項
十四　定款の変更に関する事項
十五　公告の方法

2　前項の定款は、電磁的記録（電子的方式、磁気的方式その他人の知覚によつては認識することができない方式で作られる記録であつて、電子計算機による情報処理の用に供されるものとして厚生労働省令で定めるものをいう。以下同じ。）をもつて作成することができる。

3　設立当初の役員及び評議員は、定款で定めなければならない。

4　設立しようとする社会福祉法人が会計監査人設置社会福祉法人（会計監査人を置く社会福祉法人又はこの法律の規定により会計監査人を置かなければならない社会福祉法人をいう。以下同じ。）であるときは、設立当初の会計監査人は、定款で定めなければならない。

5　第一項第五号の評議員に関する事項として、理事又は理事会が評議員を選任し、又は解任する旨の定款の定めは、その効力を有しない。

6　第一項第十三号に掲げる事項中に、残余財産の帰属すべき者に関する規定を設ける場合には、その者は、社会福祉法人その他社会福祉事業を行う者のうちから選定されるようにしなければならない。

（認可）

第三十二条　所轄庁は、前条第一項の規定による認可の申請があつたときは、当該申請に係る社会福祉法人の資産が第二十五条の要件に該当しているかどうか、その定款の内容及び設立の手続が、法令の規定に違反していないかどうか等を審査した上で、当該定款の認可を決定しなければならない。

（定款の補充）

第三十三条　社会福祉法人を設立しようとする者が、第三十一条第一項第二号から第十五号までの各号に掲げる事項を定めないで死亡した場合には、厚生労働大臣は、利害関係人の請求により又は職権で、これらの事項を定めなければならない。

（成立の時期）

第三十四条　社会福祉法人は、その主たる事務所の所在地において設立の登記をすることによつて成立する。

（定款の備置き及び閲覧等）

第三十四条の二　社会福祉法人は、第三十一条第一項の認可を受けたときは、その定款をその主たる事務所及び従たる事務所に備え置かなければならない。

2　評議員及び債権者は、社会福祉法人の業務時間内は、いつでも、次に掲げる請求をすることができる。ただし、債権者が第二号又は第四号に掲げる請求をするには、当該社会福祉法人の定めた費用を支払わなければならない。

一　定款が書面をもつて作成されているときは、当該書面の閲覧の請求
二　前号の書面の謄本又は抄本の交付の請求
三　定款が電磁的記録をもつて作成されているときは、当該電磁的記録に記録された事項を厚生労働省令で定める方法により表示

したものの閲覧の請求

四　前号の電磁的記録に記録された事項を電磁的方法（電子情報処理組織を使用する方法その他の情報通信の技術を利用する方法であつて厚生労働省令で定めるものをいう。以下同じ。）であつて当該社会福祉法人の定めたものにより提供することの請求又はその事項を記載した書面の交付の請求

3　何人（評議員及び債権者を除く。）も、社会福祉法人の業務時間内は、いつでも、次に掲げる請求をすることができる。この場合においては、当該社会福祉法人は、正当な理由がないのにこれを拒んではならない。

一　定款が書面をもつて作成されているときは、当該書面の閲覧の請求

二　定款が電磁的記録をもつて作成されているときは、当該電磁的記録に記録された事項を厚生労働省令で定める方法により表示したものの閲覧の請求

4　定款が電磁的記録をもつて作成されている場合であつて、従たる事務所における第二項第三号及び第四号並びに前項第二号に掲げる請求に応じることを可能とするための措置として厚生労働省令で定めるものをとつている社会福祉法人についての第一項の規定の適用については、同項中「主たる事務所及び従たる事務所」とあるのは、「主たる事務所」とする。

（**準用規定**）

第三十五条　一般社団法人及び一般財団法人に関する法律（平成十八年法律第四十八号）第百五十八条及び第百六十四条の規定は、社会福祉法人の設立について準用する。

2　一般社団法人及び一般財団法人に関する法律第二百六十四条第一項（第一号に係る部分に限る。）及び第二項（第一号に係る部分に限る。）、第二百六十九条（第一号に係る部分に限る。）、第二百七十条、第二百七十二条から第二百七十四条まで並びに第二百七十七条の規定は、社会福祉法人の設立の無効の訴えについて準用する。この場合において、同法第二百六十四条第二項第一号中「社員等（社員、評議員、理事、監事又は清算人をいう。以下この款において同じ。）」とあるのは、「評議員、理事、監事又は清算人」と読み替えるものとする。

第三節　機関

第一款　機関の設置

（**機関の設置**）

第三十六条　社会福祉法人は、評議員、評議員会、理事、理事会及び監事を置かなければならない。

2　社会福祉法人は、定款の定めによつて、会計監査人を置くことができる。

（**会計監査人の設置義務**）

第三十七条　特定社会福祉法人（その事業の規模が政令で定める基準を超える社会福祉法人をいう。第四十六条の五第三項において同じ。）は、会計監査人を置かなければならない。

第二款　評議員等の選任及び解任

（**社会福祉法人と評議員等との関係**）

第三十八条　社会福祉法人と評議員、役員及び会計監査人との関係は、委任に関する規定に従う。

（**評議員の選任**）

第三十九条　評議員は、社会福祉法人の適正な運営に必要な識見を有する者のうちから、定款の定めるところにより、選任する。

（**評議員の資格等**）

第四十条　次に掲げる者は、評議員となることができない。

一　法人

二　心身の故障のため職務を適正に執行することができない者として厚生労働省令で定めるもの

三　生活保護法、児童福祉法、老人福祉法、身体障害者福祉法又はこの法律の規定に違反して刑に処せられ、その執行を終わり、又は執行を受けることがなくなるまでの者

四　前号に該当する者を除くほか、禁錮以上の刑に処せられ、その執行を終わり、又は執行を受けることがなくなるまでの者

五　第五十六条第八項の規定による所轄庁の解散命令により解散を命ぜられた社会福祉法人の解散当時の役員

六　暴力団員による不当な行為の防止等に関する法律（平成三年法律第七十七号）第二条第六号に規定する暴力団員（以下この号において「暴力団員」という。）又は暴力団員でなくなつた日から五年を経過しない者（第百二十八条第一号ニ及び第三号において「暴力団員等」という。）

2　評議員は、役員又は当該社会福祉法人の職員を兼ねることができない。

3　評議員の数は、定款で定めた理事の員数を

超える数でなければならない。

4　評議員のうちには、各評議員について、その配偶者又は三親等以内の親族その他各評議員と厚生労働省令で定める特殊の関係がある者が含まれることになつてはならない。

5　評議員のうちには、各役員について、その配偶者又は三親等以内の親族その他各役員と厚生労働省令で定める特殊の関係がある者が含まれることになつてはならない。

（**評議員の任期**）

第四十一条　評議員の任期は、選任後四年以内に終了する会計年度のうち最終のものに関する定時評議員会の終結の時までとする。ただし、定款によつて、その任期を選任後六年以内に終了する会計年度のうち最終のものに関する定時評議員会の終結の時まで伸長することを妨げない。

2　前項の規定は、定款によつて、任期の満了前に退任した評議員の補欠として選任された評議員の任期を退任した評議員の任期の満了する時までとすることを妨げない。

（**評議員に欠員を生じた場合の措置**）

第四十二条　この法律又は定款で定めた評議員の員数が欠けた場合には、任期の満了又は辞任により退任した評議員は、新たに選任された評議員（次項の一時評議員の職務を行うべき者を含む。）が就任するまで、なお評議員としての権利義務を有する。

2　前項に規定する場合において、事務が遅滞することにより損害を生ずるおそれがあるときは、所轄庁は、利害関係人の請求により又は職権で、一時評議員の職務を行うべき者を選任することができる。

（**役員等の選任**）

第四十三条　役員及び会計監査人は、評議員会の決議によつて選任する。

2　前項の決議をする場合には、厚生労働省令で定めるところにより、この法律又は定款で定めた役員の員数を欠くこととなるときに備えて補欠の役員を選任することができる。

3　一般社団法人及び一般財団法人に関する法律第七十二条、第七十三条第一項及び第七十四条の規定は、社会福祉法人について準用する。この場合において、同法第七十二条及び第七十三条第一項中「社員総会」とあるのは「評議員会」と、同項中「監事が」とあるのは「監事の過半数をもつて」と、同法第七十四条中「社員総会」とあるのは「評議員会」と読み替えるものとするほか、必要な技術的読替えは、政令で定める。

（**役員の資格等**）

第四十四条　第四十条第一項の規定は、役員について準用する。

2　監事は、理事又は当該社会福祉法人の職員を兼ねることができない。

3　理事は六人以上、監事は二人以上でなければならない。

4　理事のうちには、次に掲げる者が含まれなければならない。

一　社会福祉事業の経営に関する識見を有する者

二　当該社会福祉法人が行う事業の区域における福祉に関する実情に通じている者

三　当該社会福祉法人が施設を設置している場合にあつては、当該施設の管理者

5　監事のうちには、次に掲げる者が含まれなければならない。

一　社会福祉事業について識見を有する者

二　財務管理について識見を有する者

6　理事のうちには、各理事について、その配偶者若しくは三親等以内の親族その他各理事と厚生労働省令で定める特殊の関係がある者が三人を超えて含まれ、又は当該理事並びにその配偶者及び三親等以内の親族その他各理事と厚生労働省令で定める特殊の関係がある者が理事の総数の三分の一を超えて含まれることになつてはならない。

7　監事のうちには、各役員について、その配偶者又は三親等以内の親族その他各役員と厚生労働省令で定める特殊の関係がある者が含まれることになつてはならない。

（**役員の任期**）

第四十五条　役員の任期は、選任後二年以内に終了する会計年度のうち最終のものに関する定時評議員会の終結の時までとする。ただし、定款によつて、その任期を短縮することを妨げない。

（**会計監査人の資格等**）

第四十五条の二　会計監査人は、公認会計士（公認会計士法（昭和二十三年法律第百三号）第十六条の二第五項に規定する外国公認会計士をいう。）を含む。以下同じ。）又は監査法人でなければならない。

2　会計監査人に選任された監査法人は、その社員の中から会計監査人の職務を行うべき者を選定し、これを社会福祉法人に通知しなければならない。

3　公認会計士法の規定により、計算書類（第四十五条の二十七第二項に規定する計算書類

をいう。第四十五条の十九第一項及び第四十五条の二十一第二項第一号イにおいて同じ。）について監査をすることができない者は、会計監査人となることができない。

（会計監査人の任期）

第四十五条の三　会計監査人の任期は、選任後一年以内に終了する会計年度のうち最終のものに関する定時評議員会の終結の時までとする。

2　会計監査人は、前項の定時評議員会において別段の決議がされなかつたときは、当該定時評議員会において再任されたものとみなす。

3　前二項の規定にかかわらず、会計監査人設置社会福祉法人が会計監査人を置く旨の定款の定めを廃止する定款の変更をした場合には、会計監査人の任期は、当該定款の変更の効力が生じた時に満了する。

（役員又は会計監査人の解任等）

第四十五条の四　役員が次のいずれかに該当するときは、評議員会の決議によつて、当該役員を解任することができる。

一　職務上の義務に違反し、又は職務を怠つたとき。

二　心身の故障のため、職務の執行に支障があり、又はこれに堪えないとき。

2　会計監査人が次条第一項各号のいずれかに該当するときは、評議員会の決議によつて、当該会計監査人を解任することができる。

3　一般社団法人及び一般財団法人に関する法律第二百八十四条（第二号に係る部分に限る。）、第二百八十五条及び第二百八十六条の規定は、役員又は評議員の解任の訴えについて準用する。

（監事による会計監査人の解任）

第四十五条の五　監事は、会計監査人が次のいずれかに該当するときは、当該会計監査人を解任することができる。

一　職務上の義務に違反し、又は職務を怠つたとき。

二　会計監査人としてふさわしくない非行があつたとき。

三　心身の故障のため、職務の執行に支障があり、又はこれに堪えないとき。

2　前項の規定による解任は、監事の全員の同意によつて行わなければならない。

3　第一項の規定により会計監査人を解任したときは、監事の互選によつて定めた監事は、その旨及び解任の理由を解任後最初に招集される評議員会に報告しなければならない。

（役員等に欠員を生じた場合の措置）

第四十五条の六　この法律又は定款で定めた役員の員数が欠けた場合には、任期の満了又は辞任により退任した役員は、新たに選任された役員（次項の一時役員の職務を行うべき者を含む。）が就任するまで、なお役員としての権利義務を有する。

2　前項に規定する場合において、事務が遅滞することにより損害を生ずるおそれがあるときは、所轄庁は、利害関係人の請求により又は職権で、一時役員の職務を行うべき者を選任することができる。

3　会計監査人が欠けた場合又は定款で定めた会計監査人の員数が欠けた場合において、遅滞なく会計監査人が選任されないときは、監事は、一時会計監査人の職務を行うべき者を選任しなければならない。

4　第四十五条の二及び前条の規定は、前項の一時会計監査人の職務を行うべき者について準用する。

（役員の欠員補充）

第四十五条の七　理事のうち、定款で定めた理事の員数の三分の一を超える者が欠けたときは、遅滞なくこれを補充しなければならない。

2　前項の規定は、監事について準用する。

第三款　評議員及び評議員会

（評議員会の権限等）

第四十五条の八　評議員会は、全ての評議員で組織する。

2　評議員会は、この法律に規定する事項及び定款で定めた事項に限り、決議をすることができる。

3　この法律の規定により評議員会の決議を必要とする事項について、理事、理事会その他の評議員会以外の機関が決定することができることを内容とする定款の定めは、その効力を有しない。

4　一般社団法人及び一般財団法人に関する法律第百八十四条から第百八十六条まで及び第百九十六条の規定は、評議員について準用する。この場合において、必要な技術的読替えは、政令で定める。

（評議員会の運営）

第四十五条の九　定時評議員会は、毎会計年度の終了後一定の時期に招集しなければならない。

2　評議員会は、必要がある場合には、いつでも、招集することができる。
3　評議員会は、第五項の規定により招集する場合を除き、理事が招集する。
4　評議員は、理事に対し、評議員会の目的である事項及び招集の理由を示して、評議員会の招集を請求することができる。
5　次に掲げる場合には、前項の規定による請求をした評議員は、所轄庁の許可を得て、評議員会を招集することができる。
一　前項の規定による請求の後遅滞なく招集の手続が行われない場合
二　前項の規定による請求があつた日から六週間（これを下回る期間を定款で定めた場合にあつては、その期間）以内の日を評議員会の日とする評議員会の招集の通知が発せられない場合
6　評議員会の決議は、議決に加わることができる評議員の過半数（これを上回る割合を定款で定めた場合にあつては、その割合以上）が出席し、その過半数（これを上回る割合を定款で定めた場合にあつては、その割合以上）をもつて行う。
7　前項の規定にかかわらず、次に掲げる評議員会の決議は、議決に加わることができる評議員の三分の二（これを上回る割合を定款で定めた場合にあつては、その割合）以上に当たる多数をもつて行わなければならない。
一　第四十五条の四第一項の評議員会（監事を解任する場合に限る。）
二　第四十五条の二十二の二において準用する一般社団法人及び一般財団法人に関する法律第百十三条第一項の評議員会
三　第四十五条の三十六第一項の評議員会
四　第四十六条第一項第一号の評議員会
五　第五十二条、第五十四条の二第一項及び第五十四条の八の評議員会
8　前二項の決議について特別の利害関係を有する評議員は、議決に加わることができない。
9　評議員会は、次項において準用する一般社団法人及び一般財団法人に関する法律第百八十一条第一項第二号に掲げる事項以外の事項については、決議をすることができない。ただし、第四十五条の十九第六項において準用する同法第百九条第二項の会計監査人の出席を求めることについては、この限りでない。
10　一般社団法人及び一般財団法人に関する法律第百八十一条から第百八十三条まで及び第百九十二条の規定は評議員会の招集について、同法第百九十四条の規定は評議員会の決議について、同法第百九十五条の規定は評議員会への報告について、それぞれ準用する。この場合において、同法第百八十一条第一項第三号及び第百九十四条第三項第二号中「法務省令」とあるのは、「厚生労働省令」と読み替えるものとするほか、必要な技術的読替えは、政令で定める。

（理事等の説明義務）
第四十五条の十　理事及び監事は、評議員会において、評議員から特定の事項について説明を求められた場合には、当該事項について必要な説明をしなければならない。ただし、当該事項が評議員会の目的である事項に関しないものである場合その他正当な理由がある場合として厚生労働省令で定める場合は、この限りでない。

（議事録）
第四十五条の十一　評議員会の議事については、厚生労働省令で定めるところにより、議事録を作成しなければならない。
2　社会福祉法人は、評議員会の日から十年間、前項の議事録をその主たる事務所に備え置かなければならない。
3　社会福祉法人は、評議員会の日から五年間、第一項の議事録の写しをその従たる事務所に備え置かなければならない。ただし、当該議事録が電磁的記録をもつて作成されている場合であつて、従たる事務所における次項第二号に掲げる請求に応じることを可能とするための措置として厚生労働省令で定めるものをとつているときは、この限りでない。
4　評議員及び債権者は、社会福祉法人の業務時間内は、いつでも、次に掲げる請求をすることができる。
一　第一項の議事録が書面をもつて作成されているときは、当該書面又は当該書面の写しの閲覧又は謄写の請求
二　第一項の議事録が電磁的記録をもつて作成されているときは、当該電磁的記録に記録された事項を厚生労働省令で定める方法により表示したものの閲覧又は謄写の請求

（評議員会の決議の不存在若しくは無効の確認又は取消しの訴え）
第四十五条の十二　一般社団法人及び一般財団法人に関する法律第二百六十五条、第二百六十六条第一項、第二百六十九条（第四号及び第五号に係る部分に限る。）、第二百七十条、第二百七十一条第一項及び第三項、第二百七十

二条、第二百七十三条並びに第二百七十七条の規定は、評議員会の決議の不存在若しくは無効の確認又は取消しの訴えについて準用する。この場合において、同法第二百六十五条第一項中「社員総会又は評議員会（以下この款及び第三百十五条第一項第一号ロにおいて「社員総会等」という。）」とあり、及び同条第二項中「社員総会等」とあるのは「評議員会」と、同法第二百六十六条第一項中「社員総会等」とあるのは「評議員、理事、監事又は清算人」と、「、社員総会等」とあるのは「、評議員会」と、同項第一号及び第二号並びに同条第二項中「社員総会等」とあるのは「評議員会」と、同法第二百七十一条第一項中「社員」とあるのは「債権者」と読み替えるものとするほか、必要な技術的読替えは、政令で定める。

第四款　理事及び理事会

（**理事会の権限等**）
第四十五条の十三　理事会は、全ての理事で組織する。
2　理事会は、次に掲げる職務を行う。
一　社会福祉法人の業務執行の決定
二　理事の職務の執行の監督
三　理事長の選定及び解職
3　理事会は、理事の中から理事長一人を選定しなければならない。
4　理事会は、次に掲げる事項その他の重要な業務執行の決定を理事に委任することができない。
一　重要な財産の処分及び譲受け
二　多額の借財
三　重要な役割を担う職員の選任及び解任
四　従たる事務所その他の重要な組織の設置、変更及び廃止
五　理事の職務の執行が法令及び定款に適合することを確保するための体制その他社会福祉法人の業務の適正を確保するために必要なものとして厚生労働省令で定める体制の整備
六　第四十五条の二十二の二において準用する一般社団法人及び一般財団法人に関する法律第百十四条第一項の規定による定款の定めに基づく第四十五条の二十第一項の責任の免除
5　その事業の規模が政令で定める基準を超える社会福祉法人においては、理事会は、前項第五号に掲げる事項を決定しなければならない。

（**理事会の運営**）
第四十五条の十四　理事会は、各理事が招集する。ただし、理事会を招集する理事を定款又は理事会で定めたときは、その理事が招集する。
2　前項ただし書に規定する場合には、同項ただし書の規定により定められた理事（以下この項において「招集権者」という。）以外の理事は、招集権者に対し、理事会の目的である事項を示して、理事会の招集を請求することができる。
3　前項の規定による請求があつた日から五日以内に、その請求があつた日から二週間以内の日を理事会の日とする理事会の招集の通知が発せられない場合には、その請求をした理事は、理事会を招集することができる。
4　理事会の決議は、議決に加わることができる理事の過半数（これを上回る割合を定款で定めた場合にあつては、その割合以上）が出席し、その過半数（これを上回る割合を定款で定めた場合にあつては、その割合以上）をもつて行う。
5　前項の決議について特別の利害関係を有する理事は、議決に加わることができない。
6　理事会の議事については、厚生労働省令で定めるところにより、議事録を作成し、議事録が書面をもつて作成されているときは、出席した理事（定款で議事録に署名し、又は記名押印しなければならない者を当該理事会に出席した理事長とする旨の定めがある場合にあつては、当該理事長）及び監事は、これに署名し、又は記名押印しなければならない。
7　前項の議事録が電磁的記録をもつて作成されている場合における当該電磁的記録に記録された事項については、厚生労働省令で定める署名又は記名押印に代わる措置をとらなければならない。
8　理事会の決議に参加した理事であつて第六項の議事録に異議をとどめないものは、その決議に賛成したものと推定する。
9　一般社団法人及び一般財団法人に関する法律第九十四条の規定は理事会の招集について、同法第九十六条の規定は理事会の決議について、同法第九十八条の規定は理事会への報告について、それぞれ準用する。この場合において、必要な技術的読替えは、政令で定める。

（**議事録等**）
第四十五条の十五　社会福祉法人は、理事会の

日（前条第九項において準用する一般社団法人及び一般財団法人に関する法律第九十六条の規定により理事会の決議があつたものとみなされた日を含む。）から十年間、前条第六項の議事録又は同条第九項において準用する同法第九十六条の意思表示を記載し、若しくは記録した書面若しくは電磁的記録（以下この条において「議事録等」という。）をその主たる事務所に備え置かなければならない。

2　評議員は、社会福祉法人の業務時間内は、いつでも、次に掲げる請求をすることができる。

一　議事録等が書面をもつて作成されているときは、当該書面の閲覧又は謄写の請求

二　議事録等が電磁的記録をもつて作成されているときは、当該電磁的記録に記録された事項を厚生労働省令で定める方法により表示したものの閲覧又は謄写の請求

3　債権者は、理事又は監事の責任を追及するため必要があるときは、裁判所の許可を得て、議事録等について前項各号に掲げる請求をすることができる。

4　裁判所は、前項の請求に係る閲覧又は謄写をすることにより、当該社会福祉法人に著しい損害を及ぼすおそれがあると認めるときは、同項の許可をすることができない。

5　一般社団法人及び一般財団法人に関する法律第二百八十七条第一項、第二百八十八条、第二百八十九条（第一号に係る部分に限る。）、第二百九十条本文、第二百九十一条（第二号に係る部分に限る。）、第二百九十二条本文、第二百九十四条及び第二百九十五条の規定は、第三項の許可について準用する。

（理事の職務及び権限等）

第四十五条の十六　理事は、法令及び定款を遵守し、社会福祉法人のため忠実にその職務を行わなければならない。

2　次に掲げる理事は、社会福祉法人の業務を執行する。

一　理事長

二　理事長以外の理事であつて、理事会の決議によつて社会福祉法人の業務を執行する理事として選定されたもの

3　前項各号に掲げる理事は、三月に一回以上、自己の職務の執行の状況を理事会に報告しなければならない。ただし、定款で毎会計年度に四月を超える間隔で二回以上その報告をしなければならない旨を定めた場合は、この限りでない。

4　一般社団法人及び一般財団法人に関する法律第八十四条、第八十五条、第八十八条（第二項を除く。）、第八十九条及び第九十二条第二項の規定は、理事について準用する。この場合において、同法第八十四条第一項中「社員総会」とあるのは「理事会」と、同法第八十八条の見出し及び同条第一項中「社員」とあるのは「評議員」と、「著しい」とあるのは「回復することができない」と、同法第八十九条中「社員総会」とあるのは「評議員会」と読み替えるものとするほか、必要な技術的読替えは、政令で定める。

（理事長の職務及び権限等）

第四十五条の十七　理事長は、社会福祉法人の業務に関する一切の裁判上又は裁判外の行為をする権限を有する。

2　前項の権限に加えた制限は、善意の第三者に対抗することができない。

3　第四十五条の六第一項及び第二項並びに一般社団法人及び一般財団法人に関する法律第七十八条及び第八十二条の規定は理事長について、同法第八十条の規定は民事保全法（平成元年法律第九十一号）第五十六条に規定する仮処分命令により選任された理事又は理事長の職務を代行する者について、それぞれ準用する。この場合において、第四十五条の六第一項中「この法律又は定款で定めた役員の員数が欠けた場合」とあるのは、「理事長が欠けた場合」と読み替えるものとする。

第五款　監事

第四十五条の十八　監事は、理事の職務の執行を監査する。この場合において、監事は、厚生労働省令で定めるところにより、監査報告を作成しなければならない。

2　監事は、いつでも、理事及び当該社会福祉法人の職員に対して事業の報告を求め、又は当該社会福祉法人の業務及び財産の状況の調査をすることができる。

3　一般社団法人及び一般財団法人に関する法律第百条から第百三条まで、第百四条第一項、第百五条及び第百六条の規定は、監事について準用する。この場合において、同法第百二条（見出しを含む。）中「社員総会」とあるのは「評議員会」と、同条中「法務省令」とあるのは「厚生労働省令」と、同法第百五条中「社員総会」とあるのは「評議員会」と読み替えるものとするほか、必要な技術的読替えは、政令で定める。

第六款　会計監査人

第四十五条の十九　会計監査人は、次節の定めるところにより、社会福祉法人の計算書類及びその附属明細書を監査する。この場合において、会計監査人は、厚生労働省令で定めるところにより、会計監査報告を作成しなければならない。

2　会計監査人は、前項の規定によるもののほか、財産目録その他の厚生労働省令で定める書類を監査する。この場合において、会計監査人は、会計監査報告に当該監査の結果を併せて記載し、又は記録しなければならない。

3　会計監査人は、いつでも、次に掲げるものの閲覧及び謄写をし、又は理事及び当該会計監査人設置社会福祉法人の職員に対し、会計に関する報告を求めることができる。

一　会計帳簿又はこれに関する資料が書面をもつて作成されているときは、当該書面

二　会計帳簿又はこれに関する資料が電磁的記録をもつて作成されているときは、当該電磁的記録に記録された事項を厚生労働省令で定める方法により表示したもの

4　会計監査人は、その職務を行うため必要があるときは、会計監査人設置社会福祉法人の業務及び財産の状況の調査をすることができる。

5　会計監査人は、その職務を行うに当たつては、次のいずれかに該当する者を使用してはならない。

一　第四十五条の二第三項に規定する者

二　理事、監事又は当該会計監査人設置社会福祉法人の職員である者

三　会計監査人設置社会福祉法人から公認会計士又は監査法人の業務以外の業務により継続的な報酬を受けている者

6　一般社団法人及び一般財団法人に関する法律第百八条から第百十条までの規定は、会計監査人について準用する。この場合において、同法第百九条（見出しを含む。）中「定時社員総会」とあるのは、「定時評議員会」と読み替えるものとするほか、必要な技術的読替えは、政令で定める。

第七款　役員等の損害賠償責任等

（役員等又は評議員の社会福祉法人に対する損害賠償責任）

第四十五条の二十　理事、監事若しくは会計監査人（以下この款において「役員等」という。）又は評議員は、その任務を怠つたときは、社会福祉法人に対し、これによつて生じた損害を賠償する責任を負う。

2　理事が第四十五条の十六第四項において準用する一般社団法人及び一般財団法人に関する法律第八十四条第一項の規定に違反して同項第一号の取引をしたときは、当該取引によつて理事又は第三者が得た利益の額は、前項の損害の額と推定する。

3　第四十五条の十六第四項において準用する一般社団法人及び一般財団法人に関する法律第八十四条第一項第二号又は第三号の取引によつて社会福祉法人に損害が生じたときは、次に掲げる理事は、その任務を怠つたものと推定する。

一　第四十五条の十六第四項において準用する一般社団法人及び一般財団法人に関する法律第八十四条第一項の理事

二　社会福祉法人が当該取引をすることを決定した理事

三　当該取引に関する理事会の承認の決議に賛成した理事

（役員等又は評議員の第三者に対する損害賠償責任）

第四十五条の二十一　役員等又は評議員がその職務を行うについて悪意又は重大な過失があつたときは、当該役員等又は評議員は、これによつて第三者に生じた損害を賠償する責任を負う。

2　次の各号に掲げる者が、当該各号に定める行為をしたときも、前項と同様とする。ただし、その者が当該行為をすることについて注意を怠らなかつたことを証明したときは、この限りでない。

一　理事　次に掲げる行為

イ　計算書類及び事業報告並びにこれらの附属明細書に記載し、又は記録すべき重要な事項についての虚偽の記載又は記録

ロ　虚偽の登記

ハ　虚偽の公告

二　監事　監査報告に記載し、又は記録すべき重要な事項についての虚偽の記載又は記録

三　会計監査人　会計監査報告に記載し、又は記録すべき重要な事項についての虚偽の記載又は記録

（役員等又は評議員の連帯責任）

第四十五条の二十二　役員等又は評議員が社会福祉法人又は第三者に生じた損害を賠償する責任を負う場合において、他の役員等又は評

議員も当該損害を賠償する責任を負うときは、これらの者は、連帯債務者とする。

（準用規定）

第四十五条の二十二の二　一般社団法人及び一般財団法人に関する法律第百十二条から第百十六条までの規定は第四十五条の二十第一項の責任について、同法第百十八条の二及び第百十八条の三の規定は社会福祉法人について、それぞれ準用する。この場合において、同法第百十二条中「総社員」とあるのは「総評議員」と、同法第百十三条第一項中「社員総会」とあるのは「評議員会」と、同項第二号中「法務省令」とあるのは「厚生労働省令」と、同号イ及びロ中「代表理事」とあるのは「理事長」と、同条第二項及び第三項中「社員総会」とあるのは「評議員会」と、同条第四項中「法務省令」とあるのは「厚生労働省令」と、「社員総会」とあるのは「評議員会」と、同法第百十四条第二項中「社員総会」とあるのは「評議員会」と、「限る。）についての理事の同意を得る場合及び当該責任の免除」とあるのは「限る。）」と、同条第三項中「社員」とあるのは「評議員」と、同条第四項中「総社員（前項の責任を負う役員等であるものを除く。）の議決権」とあるのは「総評議員」と、「議決権を有する社員が同項」とあるのは「評議員が前項」と、同法第百十五条第一項中「代表理事」とあるのは「理事長」と、同条第三項及び第四項中「社員総会」とあるのは「評議員会」と、同法第百十八条の二第一項中「社員総会（理事会設置一般社団法人にあっては、理事会）」とあるのは「理事会」と、同法第百十八条の三第一項中「法務省令」とあるのは「厚生労働省令」と、「社員総会（理事会設置一般社団法人にあっては、理事会）」とあるのは「理事会」と読み替えるものとするほか、必要な技術的読替えは、政令で定める。

第四節　計算

第一款　会計の原則等

第四十五条の二十三　社会福祉法人は、厚生労働省令で定める基準に従い、会計処理を行わなければならない。

2　社会福祉法人の会計年度は、四月一日に始まり、翌年三月三十一日に終わるものとする。

第二款　会計帳簿

（会計帳簿の作成及び保存）

第四十五条の二十四　社会福祉法人は、厚生労働省令で定めるところにより、適時に、正確な会計帳簿を作成しなければならない。

2　社会福祉法人は、会計帳簿の閉鎖の時から十年間、その会計帳簿及びその事業に関する重要な資料を保存しなければならない。

（会計帳簿の閲覧等の請求）

第四十五条の二十五　評議員は、社会福祉法人の業務時間内は、いつでも、次に掲げる請求をすることができる。

一　会計帳簿又はこれに関する資料が書面をもつて作成されているときは、当該書面の閲覧又は謄写の請求

二　会計帳簿又はこれに関する資料が電磁的記録をもつて作成されているときは、当該電磁的記録に記録された事項を厚生労働省令で定める方法により表示したものの閲覧又は謄写の請求

（会計帳簿の提出命令）

第四十五条の二十六　裁判所は、申立てにより又は職権で、訴訟の当事者に対し、会計帳簿の全部又は一部の提出を命ずることができる。

第三款　計算書類等

（計算書類等の作成及び保存）

第四十五条の二十七　社会福祉法人は、厚生労働省令で定めるところにより、その成立の日における貸借対照表を作成しなければならない。

2　社会福祉法人は、毎会計年度終了後三月以内に、厚生労働省令で定めるところにより、各会計年度に係る計算書類（貸借対照表及び収支計算書をいう。以下この款において同じ。）及び事業報告並びにこれらの附属明細書を作成しなければならない。

3　計算書類及び事業報告並びにこれらの附属明細書は、電磁的記録をもつて作成することができる。

4　社会福祉法人は、計算書類を作成した時から十年間、当該計算書類及びその附属明細書を保存しなければならない。

（計算書類等の監査等）

第四十五条の二十八　前条第二項の計算書類及び事業報告並びにこれらの附属明細書は、厚生労働省令で定めるところにより、監事の監査を受けなければならない。

2　前項の規定にかかわらず、会計監査人設置

社会福祉法人においては、次の各号に掲げるものは、厚生労働省令で定めるところにより、当該各号に定める者の監査を受けなければならない。

一　前条第二項の計算書類及びその附属明細書　監事及び会計監査人

二　前条第二項の事業報告及びその附属明細書　監事

3　第一項又は前項の監査を受けた計算書類及び事業報告並びにこれらの附属明細書は、理事会の承認を受けなければならない。

（**計算書類等の評議員への提供**）

第四十五条の二十九　理事は、定時評議員会の招集の通知に際して、厚生労働省令で定めるところにより、評議員に対し、前条第三項の承認を受けた計算書類及び事業報告並びに監査報告（同条第二項の規定の適用がある場合にあつては、会計監査報告を含む。）を提供しなければならない。

（**計算書類等の定時評議員会への提出等**）

第四十五条の三十　理事は、第四十五条の二十八第三項の承認を受けた計算書類及び事業報告を定時評議員会に提出し、又は提供しなければならない。

2　前項の規定により提出され、又は提供された計算書類は、定時評議員会の承認を受けなければならない。

3　理事は、第一項の規定により提出され、又は提供された事業報告の内容を定時評議員会に報告しなければならない。

（**会計監査人設置社会福祉法人の特則**）

第四十五条の三十一　会計監査人設置社会福祉法人については、第四十五条の二十八第三項の承認を受けた計算書類が法令及び定款に従い社会福祉法人の財産及び収支の状況を正しく表示しているものとして厚生労働省令で定める要件に該当する場合には、前条第二項の規定は、適用しない。この場合においては、理事は、当該計算書類の内容を定時評議員会に報告しなければならない。

（**計算書類等の備置き及び閲覧等**）

第四十五条の三十二　社会福祉法人は、計算書類等（各会計年度に係る計算書類及び事業報告並びにこれらの附属明細書並びに監査報告（第四十五条の二十八第二項の規定の適用がある場合にあつては、会計監査報告を含む。）をいう。以下この条において同じ。）を、定時評議員会の日の二週間前の日（第四十五条の九第十項において準用する一般社団法人及び一般財団法人に関する法律第百九十四条第一項の場合にあつては、同項の提案があつた日）から五年間、その主たる事務所に備え置かなければならない。

2　社会福祉法人は、計算書類等の写しを、定時評議員会の日の二週間前の日（第四十五条の九第十項において準用する一般社団法人及び一般財団法人に関する法律第百九十四条第一項の場合にあつては、同項の提案があつた日）から三年間、その従たる事務所に備え置かなければならない。ただし、計算書類等が電磁的記録で作成されている場合であつて、従たる事務所における次項第三号及び第四号並びに第四項第二号に掲げる請求に応じることを可能とするための措置として厚生労働省令で定めるものをとつているときは、この限りでない。

3　評議員及び債権者は、社会福祉法人の業務時間内は、いつでも、次に掲げる請求をすることができる。ただし、債権者が第二号又は第四号に掲げる請求をするには、当該社会福祉法人の定めた費用を支払わなければならない。

一　計算書類等が書面をもつて作成されているときは、当該書面又は当該書面の写しの閲覧の請求

二　前号の書面の謄本又は抄本の交付の請求

三　計算書類等が電磁的記録をもつて作成されているときは、当該電磁的記録に記録された事項を厚生労働省令で定める方法により表示したものの閲覧の請求

四　前号の電磁的記録に記録された事項を電磁的方法であつて社会福祉法人の定めたものにより提供することの請求又はその事項を記載した書面の交付の請求

4　何人（評議員及び債権者を除く。）も、社会福祉法人の業務時間内は、いつでも、次に掲げる請求をすることができる。この場合においては、当該社会福祉法人は、正当な理由がないのにこれを拒んではならない。

一　計算書類等が書面をもつて作成されているときは、当該書面又は当該書面の写しの閲覧の請求

二　計算書類等が電磁的記録をもつて作成されているときは、当該電磁的記録に記録された事項を厚生労働省令で定める方法により表示したものの閲覧の請求

（**計算書類等の提出命令**）

第四十五条の三十三　裁判所は、申立てにより又は職権で、訴訟の当事者に対し、計算書類

及びその附属明細書の全部又は一部の提出を命ずることができる。

（財産目録の備置き及び閲覧等）

第四十五条の三十四　社会福祉法人は、毎会計年度終了後三月以内に（社会福祉法人が成立した日の属する会計年度にあつては、当該成立した日以後遅滞なく）、厚生労働省令で定めるところにより、次に掲げる書類を作成し、当該書類を五年間その主たる事務所に、その写しを三年間その従たる事務所に備え置かなければならない。

一　財産目録

二　役員等名簿（理事、監事及び評議員の氏名及び住所を記載した名簿をいう。第四項において同じ。）

三　報酬等（報酬、賞与その他の職務遂行の対価として受ける財産上の利益及び退職手当をいう。次条及び第五十九条の二第一項第二号において同じ。）の支給の基準を記載した書類

四　事業の概要その他の厚生労働省令で定める事項を記載した書類

2　前項各号に掲げる書類（以下この条において「財産目録等」という。）は、電磁的記録をもつて作成することができる。

3　何人も、社会福祉法人の業務時間内は、いつでも、財産目録等について、次に掲げる請求をすることができる。この場合においては、当該社会福祉法人は、正当な理由がないのにこれを拒んではならない。

一　財産目録等が書面をもつて作成されているときは、当該書面又は当該書面の写しの閲覧の請求

二　財産目録等が電磁的記録をもつて作成されているときは、当該電磁的記録に記録された事項を厚生労働省令で定める方法により表示したものの閲覧の請求

4　前項の規定にかかわらず、社会福祉法人は、役員等名簿について当該社会福祉法人の評議員以外の者から同項各号に掲げる請求があつた場合には、役員等名簿に記載され、又は記録された事項中、個人の住所に係る記載又は記録の部分を除外して、同項各号の閲覧をさせることができる。

5　財産目録等が電磁的記録をもつて作成されている場合であつて、その従たる事務所における第三項第二号に掲げる請求に応じることを可能とするための措置として厚生労働省令で定めるものをとつている社会福祉法人についての第一項の規定の適用については、同項中「主たる事務所に、その写しを三年間その従たる事務所」とあるのは、「主たる事務所」とする。

（報酬等）

第四十五条の三十五　社会福祉法人は、理事、監事及び評議員に対する報酬等について、厚生労働省令で定めるところにより、民間事業者の役員の報酬等及び従業員の給与、当該社会福祉法人の経理の状況その他の事情を考慮して、不当に高額なものとならないような支給の基準を定めなければならない。

2　前項の報酬等の支給の基準は、評議員会の承認を受けなければならない。これを変更しようとするときも、同様とする。

3　社会福祉法人は、前項の承認を受けた報酬等の支給の基準に従つて、その理事、監事及び評議員に対する報酬等を支給しなければならない。

第五節　定款の変更

第四十五条の三十六　定款の変更は、評議員会の決議によらなければならない。

2　定款の変更（厚生労働省令で定める事項に係るものを除く。）は、所轄庁の認可を受けなければ、その効力を生じない。

3　第三十二条の規定は、前項の認可について準用する。

4　社会福祉法人は、第二項の厚生労働省令で定める事項に係る定款の変更をしたときは、遅滞なくその旨を所轄庁に届け出なければならない。

第六節　解散及び清算並びに合併

第一款　解散

（解散事由）

第四十六条　社会福祉法人は、次の事由によつて解散する。

一　評議員会の決議

二　定款に定めた解散事由の発生

三　目的たる事業の成功の不能

四　合併（合併により当該社会福祉法人が消滅する場合に限る。）

五　破産手続開始の決定

六　所轄庁の解散命令

2　前項第一号又は第三号に掲げる事由による解散は、所轄庁の認可又は認定がなければ、その効力を生じない。

3　清算人は、第一項第二号又は第五号に掲げ

る事由によつて解散した場合には、遅滞なくその旨を所轄庁に届け出なければならない。

（社会福祉法人についての破産手続の開始）

第四十六条の二　社会福祉法人がその債務につきその財産をもつて完済することができなくなつた場合には、裁判所は、理事若しくは債権者の申立てにより又は職権で、破産手続開始の決定をする。

2　前項に規定する場合には、理事は、直ちに破産手続開始の申立てをしなければならない。

第二款　清算

第一目　清算の開始

（清算の開始原因）

第四十六条の三　社会福祉法人は、次に掲げる場合には、この款の定めるところにより、清算をしなければならない。

一　解散した場合（第四十六条第一項第四号に掲げる事由によつて解散した場合及び破産手続開始の決定により解散した場合であつて当該破産手続が終了していない場合を除く。）

二　設立の無効の訴えに係る請求を認容する判決が確定した場合

（清算法人の能力）

第四十六条の四　前条の規定により清算をする社会福祉法人（以下「清算法人」という。）は、清算の目的の範囲内において、清算が結了するまではなお存続するものとみなす。

第二目　清算法人の機関

（清算法人における機関の設置）

第四十六条の五　清算法人には、一人又は二人以上の清算人を置かなければならない。

2　清算法人は、定款の定めによつて、清算人会又は監事を置くことができる。

3　第四十六条の三各号に掲げる場合に該当することとなつた時において特定社会福祉法人であつた清算法人は、監事を置かなければならない。

4　第三節第一款（評議員及び評議員会に係る部分を除く。）の規定は、清算法人については、適用しない。

（清算人の就任）

第四十六条の六　次に掲げる者は、清算法人の清算人となる。

一　理事（次号又は第三号に掲げる者がある場合を除く。）

二　定款で定める者

三　評議員会の決議によつて選任された者

2　前項の規定により清算人となる者がないときは、裁判所は、利害関係人若しくは検察官の請求により又は職権で、清算人を選任する。

3　前二項の規定にかかわらず、第四十六条の三第二号に掲げる場合に該当することとなつた清算法人については、裁判所は、利害関係人若しくは検察官の請求により又は職権で、清算人を選任する。

4　清算人は、その氏名及び住所を所轄庁に届け出なければならない。

5　清算中に就職した清算人は、その氏名及び住所を所轄庁に届け出なければならない。

6　第三十八条及び第四十条第一項の規定は、清算人について準用する。

7　清算人会設置法人（清算人会を置く清算法人をいう。以下同じ。）においては、清算人は、三人以上でなければならない。

（清算人の解任）

第四十六条の七　清算人（前条第二項又は第三項の規定により裁判所が選任した者を除く。）が次のいずれかに該当するときは、評議員会の決議によつて、当該清算人を解任することができる。

一　職務上の義務に違反し、又は職務を怠つたとき。

二　心身の故障のため、職務の執行に支障があり、又はこれに堪えないとき。

2　重要な事由があるときは、裁判所は、利害関係人の申立て若しくは検察官の請求により又は職権で、清算人を解任することができる。

3　一般社団法人及び一般財団法人に関する法律第七十五条第一項から第三項までの規定は、清算人及び清算法人の監事について、同法第百七十五条の規定は、清算法人の評議員について、それぞれ準用する。

（監事の退任等）

第四十六条の八　清算法人の監事は、当該清算法人が監事を置く旨の定款の定めを廃止する定款の変更をした場合には、当該定款の変更の効力が生じた時に退任する。

2　清算法人の評議員は、三人以上でなければならない。

3　第四十条第三項から第五項まで、第四十一条、第四十二条、第四十四条第三項、第五項及び第七項、第四十五条、第四十五条の六第一項及び第二項並びに第四十五条の七第二項の規定は、清算法人については、適用しない。

（**清算人の職務**）

第四十六条の九　清算人は、次に掲げる職務を行う。

一　現務の結了

二　債権の取立て及び債務の弁済

三　残余財産の引渡し

（**業務の執行**）

第四十六条の十　清算人は、清算法人（清算人会設置法人を除く。次項において同じ。）の業務を執行する。

2　清算人が二人以上ある場合には、清算法人の業務は、定款に別段の定めがある場合を除き、清算人の過半数をもつて決定する。

3　前項の場合には、清算人は、次に掲げる事項についての決定を各清算人に委任することができない。

一　従たる事務所の設置、移転及び廃止

二　第四十五条の九第十項において準用する一般社団法人及び一般財団法人に関する法律第百八十一条第一項各号に掲げる事項

三　清算人の職務の執行が法令及び定款に適合することを確保するための体制その他清算法人の業務の適正を確保するために必要なものとして厚生労働省令で定める体制の整備

4　一般社団法人及び一般財団法人に関する法律第八十一条から第八十五条まで、第八十八条及び第八十九条の規定は、清算人（同条の規定については、第四十六条の六第二項又は第三項の規定により裁判所が選任した者を除く。）について準用する。この場合において、同法第八十一条中「社員総会」とあるのは「評議員会」と、同法第八十二条の見出し中「表見代表理事」とあるのは「表見代表清算人」と、同条中「代表理事」とあるのは「代表清算人（社会福祉法（昭和二十六年法律第四十五号）第四十六条の十一第一項に規定する代表清算人をいう。）」と、同法第八十三条中「定款並びに社員総会の決議」とあるのは「定款」と、同法第八十四条第一項中「社員総会」とあるのは「評議員会」と、同法第八十五条並びに第八十八条の見出し及び同条第一項中「社員」とあるのは「評議員」と、同法第八十九条中「社員総会」とあるのは「評議員会」と読み替えるものとするほか、必要な技術的読替えは、政令で定める。

（**清算法人の代表**）

第四十六条の十一　清算人は、清算法人を代表する。ただし、他に代表清算人（清算法人を代表する清算人をいう。以下同じ。）その他清算法人を代表する者を定めた場合は、この限りでない。

2　前項本文の清算人が二人以上ある場合には、清算人は、各自、清算法人を代表する。

3　清算法人（清算人会設置法人を除く。）は、定款、定款の定めに基づく清算人（第四十六条の六第二項又は第三項の規定により裁判所が選任した者を除く。以下この項において同じ。）の互選又は評議員会の決議によつて、清算人の中から代表清算人を定めることができる。

4　第四十六条の六第一項第一号の規定により理事が清算人となる場合においては、理事長が代表清算人となる。

5　裁判所は、第四十六条の六第二項又は第三項の規定により清算人を選任する場合には、その清算人の中から代表清算人を定めることができる。

6　第四十六条の十七第八項の規定、前条第四項において準用する一般社団法人及び一般財団法人に関する法律第八十一条の規定及び次項において準用する同法第七十七条第四項の規定にかかわらず、監事設置清算法人（監事を置く清算法人又はこの法律の規定により監事を置かなければならない清算法人をいう。以下同じ。）が清算人（清算人であつた者を含む。以下この項において同じ。）に対し、又は清算人が監事設置清算法人に対して訴えを提起する場合には、当該訴えについては、監事が監事設置清算法人を代表する。

7　一般社団法人及び一般財団法人に関する法律第七十七条第四項及び第五項並びに第七十九条の規定は代表清算人について、同法第八十条の規定は民事保全法第五十六条に規定する仮処分命令により選任された清算人又は代表清算人の職務を代行する者について、それぞれ準用する。

（**清算法人についての破産手続の開始**）

第四十六条の十二　清算法人の財産がその債務を完済するのに足りないことが明らかになつたときは、清算人は、直ちに破産手続開始の申立てをし、その旨を公告しなければならない。

2　清算人は、清算法人が破産手続開始の決定を受けた場合において、破産管財人にその事務を引き継いだときは、その任務を終了したものとする。

3　前項に規定する場合において、清算法人が既に債権者に支払い、又は残余財産の帰属すべき者に引き渡したものがあるときは、破産管財人は、これを取り戻すことができる。

4　第一項の規定による公告は、官報に掲載してする。

（裁判所の選任する清算人の報酬）

第四十六条の十三　裁判所は、第四十六条の六第二項又は第三項の規定により清算人を選任した場合には、清算法人が当該清算人に対して支払う報酬の額を定めることができる。この場合においては、裁判所は、当該清算人及び監事の陳述を聴かなければならない。

（清算人の清算法人に対する損害賠償責任）

第四十六条の十四　清算人は、その任務を怠つたときは、清算法人に対し、これによつて生じた損害を賠償する責任を負う。

2　清算人が第四十六条の十第四項において準用する一般社団法人及び一般財団法人に関する法律第八十四条第一項の規定に違反して同項第一号の取引をしたときは、当該取引により清算人又は第三者が得た利益の額は、前項の損害の額と推定する。

3　第四十六条の十第四項において準用する一般社団法人及び一般財団法人に関する法律第八十四条第一項第二号又は第三号の取引によつて清算法人に損害が生じたときは、次に掲げる清算人は、その任務を怠つたものと推定する。

一　第四十六条の十第四項において準用する一般社団法人及び一般財団法人に関する法律第八十四条第一項の清算人

二　清算法人が当該取引をすることを決定した清算人

三　当該取引に関する清算人会の承認の決議に賛成した清算人

4　一般社団法人及び一般財団法人に関する法律第百十二条及び第百十六条第一項の規定は、第一項の責任について準用する。この場合において、同法第百十二条中「総社員」とあるのは、「総評議員」と読み替えるものとするほか、必要な技術的読替えは、政令で定める。

（清算人の第三者に対する損害賠償責任）

第四十六条の十五　清算人がその職務を行うについて悪意又は重大な過失があつたときは、当該清算人は、これによつて第三者に生じた損害を賠償する責任を負う。

2　清算人が、次に掲げる行為をしたときも、前項と同様とする。ただし、当該清算人が当該行為をすることについて注意を怠らなかつたことを証明したときは、この限りでない。

一　第四十六条の二十二第一項に規定する財産目録等並びに第四十六条の二十四第一項の貸借対照表及び事務報告並びにこれらの附属明細書に記載し、又は記録すべき重要な事項についての虚偽の記載又は記録

二　虚偽の登記

三　虚偽の公告

（清算人等の連帯責任）

第四十六条の十六　清算人、監事又は評議員が清算法人又は第三者に生じた損害を賠償する責任を負う場合において、他の清算人、監事又は評議員も当該損害を賠償する責任を負うときは、これらの者は、連帯債務者とする。

2　前項の場合には、第四十五条の二十二の規定は、適用しない。

（清算人会の権限等）

第四十六条の十七　清算人会は、全ての清算人で組織する。

2　清算人会は、次に掲げる職務を行う。

一　清算人会設置法人の業務執行の決定

二　清算人の職務の執行の監督

三　代表清算人の選定及び解職

3　清算人会は、清算人の中から代表清算人を選定しなければならない。ただし、他に代表清算人があるときは、この限りでない。

4　清算人会は、その選定した代表清算人及び第四十六条の十一第四項の規定により代表清算人となつた者を解職することができる。

5　第四十六条の十一第五項の規定により裁判所が代表清算人を定めたときは、清算人会は、代表清算人を選定し、又は解職することができない。

6　清算人会は、次に掲げる事項その他の重要な業務執行の決定を清算人に委任することができない。

一　重要な財産の処分及び譲受け

二　多額の借財

三　重要な役割を担う職員の選任及び解任

四　従たる事務所その他の重要な組織の設置、変更及び廃止

五　清算人の職務の執行が法令及び定款に適合することを確保するための体制その他清算法人の業務の適正を確保するために必要なものとして厚生労働省令で定める体制の整備

7　次に掲げる清算人は、清算人会設置法人の

業務を執行する。

一　代表清算人

二　代表清算人以外の清算人であつて、清算人会の決議によつて清算人会設置法人の業務を執行する清算人として選定されたもの

8　第四十六条の十第四項において読み替えて準用する一般社団法人及び一般財団法人に関する法律第八十一条に規定する場合には、清算人会は、同条の規定による評議員会の定めがある場合を除き、同条の訴えについて清算人会設置法人を代表する者を定めることができる。

9　第七項各号に掲げる清算人は、三月に一回以上、自己の職務の執行の状況を清算人会に報告しなければならない。ただし、定款で毎会計年度に四月を超える間隔で二回以上その報告をしなければならない旨を定めた場合は、この限りでない。

10　一般社団法人及び一般財団法人に関する法律第九十二条の規定は、清算人会設置法人について準用する。この場合において、同条第一項中「社員総会」とあるのは「評議員会」と、「理事会」とあるのは「清算人会」と読み替えるものとするほか、必要な技術的読替えは、政令で定める。

（清算人会の運営）

第四十六条の十八　清算人会は、各清算人が招集する。ただし、清算人会を招集する清算人を定款又は清算人会で定めたときは、その清算人が招集する。

2　前項ただし書に規定する場合には、同項ただし書の規定により定められた清算人（以下この項及び次条第二項において「招集権者」という。）以外の清算人は、招集権者に対し、清算人会の目的である事項を示して、清算人会の招集を請求することができる。

3　前項の規定による請求があつた日から五日以内に、その請求があつた日から二週間以内の日を清算人会の日とする清算人会の招集の通知が発せられない場合には、その請求をした清算人は、清算人会を招集することができる。

4　一般社団法人及び一般財団法人に関する法律第九十四条の規定は、清算人会設置法人における清算人会の招集について準用する。この場合において、同条第一項中「各理事及び各監事」とあるのは「各清算人（監事設置清算法人（社会福祉法（昭和二十六年法律第四十五号）第四十六条の十一第六項に規定する監事設置清算法人をいう。次項において同じ。）にあつては、各清算人及び各監事）」と、同条第二項中「理事及び監事」とあるのは「清算人（監事設置清算法人にあつては、清算人及び監事）」と読み替えるものとする。

5　一般社団法人及び一般財団法人に関する法律第九十五条及び第九十六条の規定は、清算人会設置法人における清算人会の決議について準用する。この場合において、同法第九十五条第三項中「法務省令」とあるのは「厚生労働省令」と、「理事（」とあるのは「清算人（」と、「代表理事」とあるのは「代表清算人」と、同条第四項中「法務省令」とあるのは「厚生労働省令」と読み替えるものとするほか、必要な技術的読替えは、政令で定める。

6　一般社団法人及び一般財団法人に関する法律第九十八条の規定は、清算人会設置法人における清算人会への報告について準用する。この場合において、同条第一項中「理事、監事又は会計監査人」とあるのは「清算人又は監事」と、「理事及び監事」とあるのは「清算人（監事設置清算法人（社会福祉法（昭和二十六年法律第四十五号）第四十六条の十一第六項に規定する監事設置清算法人をいう。）にあつては、清算人及び監事）」と読み替えるものとするほか、必要な技術的読替えは、政令で定める。

（評議員による招集の請求）

第四十六条の十九　清算人会設置法人（監事設置清算法人を除く。）の評議員は、清算人が清算人会設置法人の目的の範囲外の行為その他法令若しくは定款に違反する行為をし、又はこれらの行為をするおそれがあると認めるときは、清算人会の招集を請求することができる。

2　前項の規定による請求は、清算人（前条第一項ただし書に規定する場合にあつては、招集権者）に対し、清算人会の目的である事項を示して行わなければならない。

3　前条第三項の規定は、第一項の規定による請求があつた場合について準用する。

4　第一項の規定による請求を行つた評議員は、当該請求に基づき招集され、又は前項において準用する前条第三項の規定により招集した清算人会に出席し、意見を述べることができる。

（議事録等）

第四十六条の二十　清算人会設置法人は、清算人会の日（第四十六条の十八第五項において

準用する一般社団法人及び一般財団法人に関する法律第九十六条の規定により清算人会の決議があつたものとみなされた日を含む。）から十年間、同項において準用する同法第九十五条第三項の議事録又は第四十六条の十八第五項において準用する同法第九十六条の意思表示を記載し、若しくは記録した書面若しくは電磁的記録（以下この条において「議事録等」という。）をその主たる事務所に備え置かなければならない。

2　評議員は、清算法人の業務時間内は、いつでも、次に掲げる請求をすることができる。

一　議事録等が書面をもつて作成されているときは、当該書面の閲覧又は謄写の請求

二　議事録等が電磁的記録をもつて作成されているときは、当該電磁的記録に記録された事項を厚生労働省令で定める方法により表示したものの閲覧又は謄写の請求

3　債権者は、清算人又は監事の責任を追及するため必要があるときは、裁判所の許可を得て、議事録等について前項各号に掲げる請求をすることができる。

4　裁判所は、前項の請求に係る閲覧又は謄写をすることにより、当該清算人会設置法人に著しい損害を及ぼすおそれがあると認めるときは、同項の許可をすることができない。

（理事等に関する規定の適用）

第四十六条の二十一　清算法人については、第三十一条第五項、第四十条第二項、第四十三条第三項、第四十四条第二項、第三節第三款（第四十五条の十二を除く。）及び同節第五款の規定中理事又は理事会に関する規定は、それぞれ清算人又は清算人会に関する規定として清算人又は清算人会に適用があるものとする。この場合において、第四十三条第三項中「第七十二条、第七十三条第一項」とあるのは「第七十二条」と、「同法第七十二条及び第七十三条第一項中「社員総会」とあるのは「評議員会」と、同項中「監事が」とあるのは「監事の過半数をもって」と、同法第七十四条」とあるのは「これらの規定」と、「「評議員会」と読み替える」とあるのは「、「評議員会」と読み替える」と、第四十五条の九第十項中「第百八十一条第一項第三号及び」とあるのは「第百八十一条第一項中「理事会の決議によって」とあるのは「清算人は」と、「定めなければならない」とあるのは「定めなければならない。ただし、清算人会設置法人（社会福祉法（昭和二十六年法律第四十五号）第四十六条の六第七項に規定する清算人会設置法人をいう。）においては、当該事項の決定は、清算人会の決議によらなければならない」と、同項第三号及び同法」と、「とあるのは、」とあるのは「とあるのは」と、第四十五条の十八第三項中「第百四条第一項、第百五条」とあるのは「第百五条」とするほか、必要な技術的読替えは、政令で定める。

第三目　財産目録等

（財産目録等の作成等）

第四十六条の二十二　清算人（清算人会設置法人にあつては、第四十六条の十七第七項各号に掲げる清算人）は、その就任後遅滞なく、清算法人の財産の現況を調査し、厚生労働省令で定めるところにより、第四十六条の三各号に掲げる場合に該当することとなつた日における財産目録及び貸借対照表（以下この条及び次条において「財産目録等」という。）を作成しなければならない。

2　清算人会設置法人においては、財産目録等は、清算人会の承認を受けなければならない。

3　清算人は、財産目録等（前項の規定の適用がある場合にあつては、同項の承認を受けたもの）を評議員会に提出し、又は提供し、その承認を受けなければならない。

4　清算法人は、財産目録等を作成した時からその主たる事務所の所在地における清算結了の登記の時までの間、当該財産目録等を保存しなければならない。

（財産目録等の提出命令）

第四十六条の二十三　裁判所は、申立てにより又は職権で、訴訟の当事者に対し、財産目録等の全部又は一部の提出を命ずることができる。

（貸借対照表等の作成及び保存）

第四十六条の二十四　清算法人は、厚生労働省令で定めるところにより、各清算事務年度（第四十六条の三各号に掲げる場合に該当することとなつた日の翌日又はその後毎年その日に応当する日（応当する日がない場合にあつては、その前日）から始まる各一年の期間をいう。）に係る貸借対照表及び事務報告並びにこれらの附属明細書を作成しなければならない。

2　前項の貸借対照表及び事務報告並びにこれらの附属明細書は、電磁的記録をもつて作成することができる。

3　清算法人は、第一項の貸借対照表を作成した時からその主たる事務所の所在地における清算結了の登記の時までの間、当該貸借対照表及びその附属明細書を保存しなければならない。

（貸借対照表等の監査等）

第四十六条の二十五　監事設置清算法人においては、前条第一項の貸借対照表及び事務報告並びにこれらの附属明細書は、厚生労働省令で定めるところにより、監事の監査を受けなければならない。

2　清算人会設置法人においては、前条第一項の貸借対照表及び事務報告並びにこれらの附属明細書（前項の規定の適用がある場合にあつては、同項の監査を受けたもの）は、清算人会の承認を受けなければならない。

（貸借対照表等の備置き及び閲覧等）

第四十六条の二十六　清算法人は、第四十六条の二十四第一項に規定する各清算事務年度に係る貸借対照表及び事務報告並びにこれらの附属明細書（前条第一項の規定の適用がある場合にあつては、監査報告を含む。以下この条において「貸借対照表等」という。）を、定時評議員会の日の一週間前の日（第四十五条の九第十項において準用する一般社団法人及び一般財団法人に関する法律第百九十四条第一項の場合にあつては、同項の提案があつた日）からその主たる事務所の所在地における清算結了の登記の時までの間、その主たる事務所に備え置かなければならない。

2　評議員及び債権者は、清算法人の業務時間内は、いつでも、次に掲げる請求をすることができる。ただし、債権者が第二号又は第四号に掲げる請求をするには、当該清算法人の定めた費用を支払わなければならない。

一　貸借対照表等が書面をもつて作成されているときは、当該書面の閲覧の請求

二　前号の書面の謄本又は抄本の交付の請求

三　貸借対照表等が電磁的記録をもつて作成されているときは、当該電磁的記録に記録された事項を厚生労働省令で定める方法により表示したものの閲覧の請求

四　前号の電磁的記録に記録された事項を電磁的方法であつて清算法人の定めたものにより提供することの請求又はその事項を記載した書面の交付の請求

（貸借対照表等の提出等）

第四十六条の二十七　次の各号に掲げる清算法人においては、清算人は、当該各号に定める貸借対照表及び事務報告を定時評議員会に提出し、又は提供しなければならない。

一　監事設置清算法人（清算人会設置法人を除く。）　第四十六条の二十五第一項の監査を受けた貸借対照表及び事務報告

二　清算人会設置法人　第四十六条の二十五第二項の承認を受けた貸借対照表及び事務報告

三　前二号に掲げるもの以外の清算法人　第四十六条の二十四第一項の貸借対照表及び事務報告

2　前項の規定により提出され、又は提供された貸借対照表は、定時評議員会の承認を受けなければならない。

3　清算人は、第一項の規定により提出され、又は提供された事務報告の内容を定時評議員会に報告しなければならない。

（貸借対照表等の提出命令）

第四十六条の二十八　裁判所は、申立てにより又は職権で、訴訟の当事者に対し、第四十六条の二十四第一項の貸借対照表及びその附属明細書の全部又は一部の提出を命ずることができる。

（適用除外）

第四十六条の二十九　第四節第三款（第四十五条の二十七第四項及び第四十五条の三十二から第四十五条の三十四までを除く。）の規定は、清算法人については、適用しない。

第四目　債務の弁済等

（債権者に対する公告等）

第四十六条の三十　清算法人は、第四十六条の三各号に掲げる場合に該当することとなつた後、遅滞なく、当該清算法人の債権者に対し、一定の期間内にその債権を申し出るべき旨を官報に公告し、かつ、判明している債権者には、各別にこれを催告しなければならない。ただし、当該期間は、二月を下ることができない。

2　前項の規定による公告には、当該債権者が当該期間内に申出をしないときは清算から除斥される旨を付記しなければならない。

（債務の弁済の制限）

第四十六条の三十一　清算法人は、前条第一項の期間内は、債務の弁済をすることができない。この場合において、清算法人は、その債務の不履行によつて生じた責任を免れることができない。

2　前項の規定にかかわらず、清算法人は、前条第一項の期間内であつても、裁判所の許可

を得て、少額の債権、清算法人の財産につき存する担保権によつて担保される債権その他これを弁済しても他の債権者を害するおそれがない債権に係る債務について、その弁済をすることができる。この場合において、当該許可の申立ては、清算人が二人以上あるときは、その全員の同意によつてしなければならない。

（**条件付債権等に係る債務の弁済**）

第四十六条の三十二　清算法人は、条件付債権、存続期間が不確定な債権その他その額が不確定な債権に係る債務を弁済することができる。この場合においては、これらの債権を評価させるため、裁判所に対し、鑑定人の選任の申立てをしなければならない。

2　前項の場合には、清算法人は、同項の鑑定人の評価に従い同項の債権に係る債務を弁済しなければならない。

3　第一項の鑑定人の選任の手続に関する費用は、清算法人の負担とする。当該鑑定人による鑑定のための呼出し及び質問に関する費用についても、同様とする。

（**債務の弁済前における残余財産の引渡しの制限**）

第四十六条の三十三　清算法人は、当該清算法人の債務を弁済した後でなければ、その財産の引渡しをすることができない。ただし、その存否又は額について争いのある債権に係る債務についてその弁済をするために必要と認められる財産を留保した場合は、この限りでない。

（**清算からの除斥**）

第四十六条の三十四　清算法人の債権者（判明している債権者を除く。）であつて第四十六条の三十第一項の期間内にその債権の申出をしなかつたものは、清算から除斥される。

2　前項の規定により清算から除斥された債権者は、引渡しがされていない残余財産に対してのみ、弁済を請求することができる。

第五目　残余財産の帰属

第四十七条　解散した社会福祉法人の残余財産は、合併（合併により当該社会福祉法人が消滅する場合に限る。）及び破産手続開始の決定による解散の場合を除くほか、所轄庁に対する清算結了の届出の時において、定款の定めるところにより、その帰属すべき者に帰属する。

2　前項の規定により処分されない財産は、国庫に帰属する。

第六目　清算事務の終了等

（**清算事務の終了等**）

第四十七条の二　清算法人は、清算事務が終了したときは、遅滞なく、厚生労働省令で定めるところにより、決算報告を作成しなければならない。

2　清算人会設置法人においては、決算報告は、清算人会の承認を受けなければならない。

3　清算人は、決算報告（前項の規定の適用がある場合にあつては、同項の承認を受けたもの）を評議員会に提出し、又は提供し、その承認を受けなければならない。

4　前項の承認があつたときは、任務を怠つたことによる清算人の損害賠償の責任は、免除されたものとみなす。ただし、清算人の職務の執行に関し不正の行為があつたときは、この限りでない。

（**帳簿資料の保存**）

第四十七条の三　清算人（清算人会設置法人にあつては、第四十六条の十七第七項各号に掲げる清算人）は、清算法人の主たる事務所の所在地における清算結了の登記の時から十年間、清算法人の帳簿並びにその事業及び清算に関する重要な資料（以下この条において「帳簿資料」という。）を保存しなければならない。

2　裁判所は、利害関係人の申立てにより、前項の清算人に代わつて帳簿資料を保存する者を選任することができる。この場合においては、同項の規定は、適用しない。

3　前項の規定により選任された者は、清算法人の主たる事務所の所在地における清算結了の登記の時から十年間、帳簿資料を保存しなければならない。

4　第二項の規定による選任の手続に関する費用は、清算法人の負担とする。

（**裁判所による監督**）

第四十七条の四　社会福祉法人の解散及び清算は、裁判所の監督に属する。

2　裁判所は、職権で、いつでも前項の監督に必要な検査をすることができる。

3　社会福祉法人の解散及び清算を監督する裁判所は、社会福祉法人の業務を監督する官庁に対し、意見を求め、又は調査を嘱託することができる。

4　前項に規定する官庁は、同項に規定する裁判所に対し、意見を述べることができる。

（清算結了の届出）
第四十七条の五　清算が結了したときは、清算人は、その旨を所轄庁に届け出なければならない。

（検査役の選任）
第四十七条の六　裁判所は、社会福祉法人の解散及び清算の監督に必要な調査をさせるため、検査役を選任することができる。

2　第四十六条の十三の規定は、前項の規定により裁判所が検査役を選任した場合について準用する。この場合において、同条中「清算人及び監事」とあるのは、「社会福祉法人及び検査役」と読み替えるものとする。

（準用規定）
第四十七条の七　一般社団法人及び一般財団法人に関する法律第二百八十七条第一項、第二百八十八条、第二百八十九条（第一号、第二号及び第四号に係る部分に限る。）、第二百九十条、第二百九十一条（第二号に係る部分に限る。）、第二百九十二条、第二百九十三条（第一号及び第四号に係る部分に限る。）、第二百九十四条及び第二百九十五条の規定は、社会福祉法人の解散及び清算について準用する。この場合において、必要な技術的読替えは、政令で定める。

第三款　合併

第一目　通則

第四十八条　社会福祉法人は、他の社会福祉法人と合併することができる。この場合においては、合併をする社会福祉法人は、合併契約を締結しなければならない。

第二目　吸収合併

（吸収合併契約）
第四十九条　社会福祉法人が吸収合併（社会福祉法人が他の社会福祉法人とする合併であつて、合併により消滅する社会福祉法人の権利義務の全部を合併後存続する社会福祉法人に承継させるものをいう。以下この目及び第百六十五条第十一号において同じ。）をする場合には、吸収合併契約において、吸収合併後存続する社会福祉法人（以下この目において「吸収合併存続社会福祉法人」という。）及び吸収合併により消滅する社会福祉法人（以下この目において「吸収合併消滅社会福祉法人」という。）の名称及び住所その他厚生労働省令で定める事項を定めなければならない。

（吸収合併の効力の発生等）
第五十条　社会福祉法人の吸収合併は、吸収合併存続社会福祉法人の主たる事務所の所在地において合併の登記をすることによつて、その効力を生ずる。

2　吸収合併存続社会福祉法人は、吸収合併の登記の日に、吸収合併消滅社会福祉法人の一切の権利義務（当該吸収合併消滅社会福祉法人がその行う事業に関し行政庁の認可その他の処分に基づいて有する権利義務を含む。）を承継する。

3　吸収合併は、所轄庁の認可を受けなければ、その効力を生じない。

4　第三十二条の規定は、前項の認可について準用する。

（吸収合併契約に関する書面等の備置き及び閲覧等）
第五十一条　吸収合併消滅社会福祉法人は、次条の評議員会の日の二週間前の日（第四十五条の九第十項において準用する一般社団法人及び一般財団法人に関する法律第百九十四条第一項の場合にあつては、同項の提案があつた日）から吸収合併の登記の日までの間、吸収合併契約の内容その他厚生労働省令で定める事項を記載し、又は記録した書面又は電磁的記録をその主たる事務所に備え置かなければならない。

2　吸収合併消滅社会福祉法人の評議員及び債権者は、吸収合併消滅社会福祉法人に対して、その業務時間内は、いつでも、次に掲げる請求をすることができる。ただし、債権者が第二号又は第四号に掲げる請求をするには、当該吸収合併消滅社会福祉法人の定めた費用を支払わなければならない。

一　前項の書面の閲覧の請求
二　前項の書面の謄本又は抄本の交付の請求
三　前項の電磁的記録に記録された事項を厚生労働省令で定める方法により表示したものの閲覧の請求
四　前項の電磁的記録に記録された事項を電磁的方法であつて吸収合併消滅社会福祉法人の定めたものにより提供することの請求又はその事項を記載した書面の交付の請求

（吸収合併契約の承認）
第五十二条　吸収合併消滅社会福祉法人は、評議員会の決議によつて、吸収合併契約の承認を受けなければならない。

（債権者の異議）

第五十三条　吸収合併消滅社会福祉法人は、第五十条第三項の認可があつたときは、次に掲げる事項を官報に公告し、かつ、判明している債権者には、各別にこれを催告しなければならない。ただし、第四号の期間は、二月を下ることができない。
一　吸収合併をする旨
二　吸収合併存続社会福祉法人の名称及び住所
三　吸収合併消滅社会福祉法人及び吸収合併存続社会福祉法人の計算書類（第四十五条の二十七第二項に規定する計算書類をいう。以下この款において同じ。）に関する事項として厚生労働省令で定めるもの
四　債権者が一定の期間内に異議を述べることができる旨

2　債権者が前項第四号の期間内に異議を述べなかつたときは、当該債権者は、当該吸収合併について承認をしたものとみなす。

3　債権者が第一項第四号の期間内に異議を述べたときは、吸収合併消滅社会福祉法人は、当該債権者に対し、弁済し、若しくは相当の担保を提供し、又は当該債権者に弁済を受けさせることを目的として信託会社等（信託会社及び信託業務を営む金融機関（金融機関の信託業務の兼営等に関する法律（昭和十八年法律第四十三号）第一条第一項の認可を受けた金融機関をいう。）をいう。以下同じ。）に相当の財産を信託しなければならない。ただし、当該吸収合併をしても当該債権者を害するおそれがないときは、この限りでない。

（吸収合併契約に関する書面等の備置き及び閲覧等）

第五十四条　吸収合併存続社会福祉法人は、次条第一項の評議員会の日の二週間前の日（第四十五条の九第十項において準用する一般社団法人及び一般財団法人に関する法律第百九十四条第一項の場合にあつては、同項の提案があつた日）から吸収合併の登記の日後六月を経過する日までの間、吸収合併契約の内容その他厚生労働省令で定める事項を記載し、又は記録した書面又は電磁的記録をその主たる事務所に備え置かなければならない。

2　吸収合併存続社会福祉法人の評議員及び債権者は、吸収合併存続社会福祉法人に対して、その業務時間内は、いつでも、次に掲げる請求をすることができる。ただし、債権者が第二号又は第四号に掲げる請求をするには、当該吸収合併存続社会福祉法人の定めた費用を支払わなければならない。
一　前項の書面の閲覧の請求
二　前項の書面の謄本又は抄本の交付の請求
三　前項の電磁的記録に記録された事項を厚生労働省令で定める方法により表示したものの閲覧の請求
四　前項の電磁的記録に記録された事項を電磁的方法であつて吸収合併存続社会福祉法人の定めたものにより提供することの請求又はその事項を記載した書面の交付の請求

（吸収合併契約の承認）

第五十四条の二　吸収合併存続社会福祉法人は、評議員会の決議によつて、吸収合併契約の承認を受けなければならない。

2　吸収合併存続社会福祉法人が承継する吸収合併消滅社会福祉法人の債務の額として厚生労働省令で定める額が吸収合併存続社会福祉法人が承継する吸収合併消滅社会福祉法人の資産の額として厚生労働省令で定める額を超える場合には、理事は、前項の評議員会において、その旨を説明しなければならない。

（債権者の異議）

第五十四条の三　吸収合併存続社会福祉法人は、第五十条第三項の認可があつたときは、次に掲げる事項を官報に公告し、かつ、判明している債権者には、各別にこれを催告しなければならない。ただし、第四号の期間は、二月を下ることができない。
一　吸収合併をする旨
二　吸収合併消滅社会福祉法人の名称及び住所
三　吸収合併存続社会福祉法人及び吸収合併消滅社会福祉法人の計算書類に関する事項として厚生労働省令で定めるもの
四　債権者が一定の期間内に異議を述べることができる旨

2　債権者が前項第四号の期間内に異議を述べなかつたときは、当該債権者は、当該吸収合併について承認をしたものとみなす。

3　債権者が第一項第四号の期間内に異議を述べたときは、吸収合併存続社会福祉法人は、当該債権者に対し、弁済し、若しくは相当の担保を提供し、又は当該債権者に弁済を受けさせることを目的として信託会社等に相当の財産を信託しなければならない。ただし、当該吸収合併をしても当該債権者を害するおそれがないときは、この限りでない。

（吸収合併に関する書面等の備置き及び閲覧等）

第五十四条の四　吸収合併存続社会福祉法人

は、吸収合併の登記の日後遅滞なく、吸収合併により吸収合併存続社会福祉法人が承継した吸収合併消滅社会福祉法人の権利義務その他の吸収合併に関する事項として厚生労働省令で定める事項を記載し、又は記録した書面又は電磁的記録を作成しなければならない。

2 吸収合併存続社会福祉法人は、吸収合併の登記の日から六月間、前項の書面又は電磁的記録をその主たる事務所に備え置かなければならない。

3 吸収合併存続社会福祉法人の評議員及び債権者は、吸収合併存続社会福祉法人に対して、その業務時間内は、いつでも、次に掲げる請求をすることができる。ただし、債権者が第二号又は第四号に掲げる請求をするには、当該吸収合併存続社会福祉法人の定めた費用を支払わなければならない。

一 第一項の書面の閲覧の請求

二 第一項の書面の謄本又は抄本の交付の請求

三 第一項の電磁的記録に記録された事項を厚生労働省令で定める方法により表示したものの閲覧の請求

四 第一項の電磁的記録に記録された事項を電磁的方法であつて吸収合併存続社会福祉法人の定めたものにより提供することの請求又はその事項を記載した書面の交付の請求

第三目 新設合併

（新設合併契約）

第五十四条の五 二以上の社会福祉法人が新設合併（二以上の社会福祉法人がする合併であつて、合併により消滅する社会福祉法人の権利義務の全部を合併により設立する社会福祉法人に承継させるものをいう。以下この目及び第百六十五条第十一号において同じ。）をする場合には、新設合併契約において、次に掲げる事項を定めなければならない。

一 新設合併により消滅する社会福祉法人（以下この目において「新設合併消滅社会福祉法人」という。）の名称及び住所

二 新設合併により設立する社会福祉法人（以下この目において「新設合併設立社会福祉法人」という。）の目的、名称及び主たる事務所の所在地

三 前号に掲げるもののほか、新設合併設立社会福祉法人の定款で定める事項

四 前三号に掲げる事項のほか、厚生労働省令で定める事項

（新設合併の効力の発生等）

第五十四条の六 新設合併設立社会福祉法人は、その成立の日に、新設合併消滅社会福祉法人の一切の権利義務（当該新設合併消滅社会福祉法人がその行う事業に関し行政庁の認可その他の処分に基づいて有する権利義務を含む。）を承継する。

2 新設合併は、所轄庁の認可を受けなければ、その効力を生じない。

3 第三十二条の規定は、前項の認可について準用する。

（新設合併契約に関する書面等の備置き及び閲覧等）

第五十四条の七 新設合併消滅社会福祉法人は、次条の評議員会の日の二週間前の日（第四十五条の九第十項において準用する一般社団法人及び一般財団法人に関する法律第百九十四条第一項の場合にあつては、同項の提案があつた日）から新設合併設立社会福祉法人の成立の日までの間、新設合併契約の内容その他厚生労働省令で定める事項を記載し、又は記録した書面又は電磁的記録をその主たる事務所に備え置かなければならない。

2 新設合併消滅社会福祉法人の評議員及び債権者は、新設合併消滅社会福祉法人に対して、その業務時間内は、いつでも、次に掲げる請求をすることができる。ただし、債権者が第二号又は第四号に掲げる請求をするには、当該新設合併消滅社会福祉法人の定めた費用を支払わなければならない。

一 前項の書面の閲覧の請求

二 前項の書面の謄本又は抄本の交付の請求

三 前項の電磁的記録に記録された事項を厚生労働省令で定める方法により表示したものの閲覧の請求

四 前項の電磁的記録に記録された事項を電磁的方法であつて新設合併消滅社会福祉法人の定めたものにより提供することの請求又はその事項を記載した書面の交付の請求

（新設合併契約の承認）

第五十四条の八 新設合併消滅社会福祉法人は、評議員会の決議によつて、新設合併契約の承認を受けなければならない。

（債権者の異議）

第五十四条の九 新設合併消滅社会福祉法人は、第五十四条の六第二項の認可があつたときは、次に掲げる事項を官報に公告し、かつ、判明している債権者には、各別にこれを催告しなければならない。ただし、第四号の

期間は、二月を下ることができない。
一　新設合併をする旨
二　他の新設合併消滅社会福祉法人及び新設合併設立社会福祉法人の名称及び住所
三　新設合併消滅社会福祉法人の計算書類に関する事項として厚生労働省令で定めるもの
四　債権者が一定の期間内に異議を述べることができる旨

2　債権者が前項第四号の期間内に異議を述べなかつたときは、当該債権者は、当該新設合併について承認をしたものとみなす。

3　債権者が第一項第四号の期間内に異議を述べたときは、新設合併消滅社会福祉法人は、当該債権者に対し、弁済し、若しくは相当の担保を提供し、又は当該債権者に弁済を受けさせることを目的として信託会社等に相当の財産を信託しなければならない。ただし、当該新設合併をしても当該債権者を害するおそれがないときは、この限りでない。

（設立の特則）

第五十四条の十　第三十二条、第三十三条及び第三十五条の規定は、新設合併設立社会福祉法人の設立については、適用しない。

2　新設合併設立社会福祉法人の定款は、新設合併消滅社会福祉法人が作成する。この場合においては、第三十一条第一項の認可を受けることを要しない。

（新設合併に関する書面等の備置き及び閲覧等）

第五十四条の十一　新設合併設立社会福祉法人は、その成立の日後遅滞なく、新設合併により新設合併消滅社会福祉法人の権利義務その他の新設合併に関する事項として厚生労働省令で定める事項を記載し、又は記録した書面又は電磁的記録を作成しなければならない。

2　新設合併設立社会福祉法人は、その成立の日から六月間、前項の書面又は電磁的記録及び新設合併契約の内容その他厚生労働省令で定める事項を記載し、又は記録した書面又は電磁的記録をその主たる事務所に備え置かなければならない。

3　新設合併設立社会福祉法人の評議員及び債権者は、新設合併設立社会福祉法人に対して、その業務時間内は、いつでも、次に掲げる請求をすることができる。ただし、債権者が第二号又は第四号に掲げる請求をするには、当該新設合併設立社会福祉法人の定めた費用を支払わなければならない。
一　前項の書面の閲覧の請求
二　前項の書面の謄本又は抄本の交付の請求
三　前項の電磁的記録に記録された事項を厚生労働省令で定める方法により表示したものの閲覧の請求
四　前項の電磁的記録に記録された事項を電磁的方法であつて新設合併設立社会福祉法人の定めたものにより提供することの請求又はその事項を記載した書面の交付の請求

第四目　合併の無効の訴え

第五十五条　一般社団法人及び一般財団法人に関する法律第二百六十四条第一項（第二号及び第三号に係る部分に限る。）及び第二項（第二号及び第三号に係る部分に限る。）、第二百六十九条（第二号及び第三号に係る部分に限る。）、第二百七十条、第二百七十一条第一項及び第三項、第二百七十二条から第二百七十五条まで並びに第二百七十七条の規定は、社会福祉法人の合併の無効の訴えについて準用する。この場合において、同法第二百六十四条第二項第二号中「社員等であった者」とあるのは「評議員等（評議員、理事、監事又は清算人をいう。以下同じ。）であった者」と、「社員等、」とあるのは「評議員等」と、同項第三号中「社員等」とあるのは「評議員等」と、同法第二百七十一条第一項中「社員」とあるのは「債権者」と読み替えるものとするほか、必要な技術的読替えは、政令で定める。

第七節　社会福祉充実計画

（社会福祉充実計画の承認）

第五十五条の二　社会福祉法人は、毎会計年度において、第一号に掲げる額が第二号に掲げる額を超えるときは、厚生労働省令で定めるところにより、当該会計年度の前会計年度の末日（同号において「基準日」という。）において現に行つている社会福祉事業若しくは公益事業（以下この項及び第三項第一号において「既存事業」という。）の充実又は既存事業以外の社会福祉事業若しくは公益事業（同項第一号において「新規事業」という。）の実施に関する計画（以下「社会福祉充実計画」という。）を作成し、これを所轄庁に提出して、その承認を受けなければならない。ただし、当該会計年度前の会計年度において作成した第十一項に規定する承認社会福祉充実計画の実施期間中は、この限りでない。

一　当該会計年度の前会計年度に係る貸借対照表の資産の部に計上した額から負債の部に計上した額を控除して得た額
二　基準日において現に行つている事業を継続するために必要な財産の額として厚生労働省令で定めるところにより算定した額
2　前項の承認の申請は、第五十九条の規定による届出と同時に行わなければならない。
3　社会福祉充実計画には、次に掲げる事項を記載しなければならない。
一　既存事業（充実する部分に限る。）又は新規事業（以下この条において「社会福祉充実事業」という。）の規模及び内容
二　社会福祉充実事業を行う区域（以下この条において「事業区域」という。）
三　社会福祉充実事業の実施に要する費用の額（第五項において「事業費」という。）
四　第一項第一号に掲げる額から同項第二号に掲げる額を控除して得た額（第五項及び第九項第一号において「社会福祉充実残額」という。）
五　社会福祉充実計画の実施期間
六　その他厚生労働省令で定める事項
4　社会福祉法人は、前項第一号に掲げる事項の記載に当たつては、厚生労働省令で定めるところにより、次に掲げる事業の順にその実施について検討し、行う事業を記載しなければならない。
一　社会福祉事業又は公益事業（第二条第四項第四号に掲げる事業に限る。）
二　公益事業（第二条第四項第四号に掲げる事業を除き、日常生活又は社会生活上の支援を必要とする事業区域の住民に対し、無料又は低額な料金で、その需要に応じた福祉サービスを提供するものに限る。第六項及び第九項第三号において「地域公益事業」という。）
三　公益事業（前二号に掲げる事業を除く。）
5　社会福祉法人は、社会福祉充実計画の作成に当たつては、事業費及び社会福祉充実残額について、公認会計士、税理士その他財務に関する専門的な知識経験を有する者として厚生労働省令で定める者の意見を聴かなければならない。
6　社会福祉法人は、地域公益事業を行う社会福祉充実計画の作成に当たつては、当該地域公益事業の内容及び事業区域における需要について、当該事業区域の住民その他の関係者の意見を聴かなければならない。
7　社会福祉充実計画は、評議員会の承認を受けなければならない。
8　所轄庁は、社会福祉法人に対し、社会福祉充実計画の作成及び円滑かつ確実な実施に関し必要な助言その他の支援を行うものとする。
9　所轄庁は、第一項の承認の申請があつた場合において、当該申請に係る社会福祉充実計画が、次の各号に掲げる要件のいずれにも適合するものであると認めるときは、その承認をするものとする。
一　社会福祉充実事業として記載されている社会福祉事業又は公益事業の規模及び内容が、社会福祉充実残額に照らして適切なものであること。
二　社会福祉充実事業として社会福祉事業が記載されている場合にあつては、その規模及び内容が、当該社会福祉事業に係る事業区域における需要及び供給の見通しに照らして適切なものであること。
三　社会福祉充実事業として地域公益事業が記載されている場合にあつては、その規模及び内容が、当該地域公益事業に係る事業区域における需要に照らして適切なものであること。
四　その他厚生労働省令で定める要件に適合するものであること。
10　所轄庁は、社会福祉充実計画が前項第二号及び第三号に適合しているかどうかを調査するため必要があると認めるときは、関係地方公共団体の長に対して、資料の提供その他必要な協力を求めることができる。
11　第一項の承認を受けた社会福祉法人は、同項の承認があつた社会福祉充実計画（次条第一項の変更の承認があつたときは、その変更後のもの。同項及び第五十五条の四において「承認社会福祉充実計画」という。）に従つて事業を行わなければならない。

（社会福祉充実計画の変更）
第五十五条の三　前条第一項の承認を受けた社会福祉法人は、承認社会福祉充実計画の変更をしようとするときは、厚生労働省令で定めるところにより、あらかじめ、所轄庁の承認を受けなければならない。ただし、厚生労働省令で定める軽微な変更については、この限りでない。
2　前条第一項の承認を受けた社会福祉法人は、前項ただし書の厚生労働省令で定める軽微な変更をしたときは、厚生労働省令で定めるところにより、遅滞なく、その旨を所轄庁

に届け出なければならない。

3　前条第三項から第十項までの規定は、第一項の変更の申請について準用する。

（社会福祉充実計画の終了）

第五十五条の四　第五十五条の二第一項の承認を受けた社会福祉法人は、やむを得ない事由により承認社会福祉充実計画に従つて事業を行うことが困難であるときは、厚生労働省令で定めるところにより、あらかじめ、所轄庁の承認を受けて、当該承認社会福祉充実計画を終了することができる。

第八節　助成及び監督

（監督）

第五十六条　所轄庁は、この法律の施行に必要な限度において、社会福祉法人に対し、その業務若しくは財産の状況に関し報告をさせ、又は当該職員に、社会福祉法人の事務所その他の施設に立ち入り、その業務若しくは財産の状況若しくは帳簿、書類その他の物件を検査させることができる。

2　前項の規定により立入検査をする職員は、その身分を示す証明書を携帯し、関係人にこれを提示しなければならない。

3　第一項の規定による立入検査の権限は、犯罪捜査のために認められたものと解してはならない。

4　所轄庁は、社会福祉法人が、法令、法令に基づいてする行政庁の処分若しくは定款に違反し、又はその運営が著しく適正を欠くと認めるときは、当該社会福祉法人に対し、期限を定めて、その改善のために必要な措置（役員の解職を除く。）をとるべき旨を勧告することができる。

5　所轄庁は、前項の規定による勧告をした場合において、当該勧告を受けた社会福祉法人が同項の期限内にこれに従わなかつたときは、その旨を公表することができる。

6　所轄庁は、第四項の規定による勧告を受けた社会福祉法人が、正当な理由がないのに当該勧告に係る措置をとらなかつたときは、当該社会福祉法人に対し、期限を定めて、当該勧告に係る措置をとるべき旨を命ずることができる。

7　社会福祉法人が前項の命令に従わないときは、所轄庁は、当該社会福祉法人に対し、期間を定めて業務の全部若しくは一部の停止を命じ、又は役員の解職を勧告することができる。

8　所轄庁は、社会福祉法人が、法令、法令に基づいてする行政庁の処分若しくは定款に違反した場合であつて他の方法により監督の目的を達することができないとき、又は正当の事由がないのに一年以上にわたつてその目的とする事業を行わないときは、解散を命ずることができる。

9　所轄庁は、第七項の規定により役員の解職を勧告しようとする場合には、当該社会福祉法人に、所轄庁の指定した職員に対して弁明する機会を与えなければならない。この場合においては、当該社会福祉法人に対し、あらかじめ、書面をもつて、弁明をなすべき日時、場所及びその勧告をなすべき理由を通知しなければならない。

10　前項の通知を受けた社会福祉法人は、代理人を出頭させ、かつ、自己に有利な証拠を提出することができる。

11　第九項の規定による弁明を聴取した者は、聴取書及び当該勧告をする必要があるかどうかについての意見を付した報告書を作成し、これを所轄庁に提出しなければならない。

（公益事業又は収益事業の停止）

第五十七条　所轄庁は、第二十六条第一項の規定により公益事業又は収益事業を行う社会福祉法人につき、次の各号のいずれかに該当する事由があると認めるときは、当該社会福祉法人に対して、その事業の停止を命ずることができる。

一　当該社会福祉法人が定款で定められた事業以外の事業を行うこと。

二　当該社会福祉法人が当該収益事業から生じた収益を当該社会福祉法人の行う社会福祉事業及び公益事業以外の目的に使用すること。

三　当該公益事業又は収益事業の継続が当該社会福祉法人の行う社会福祉事業に支障があること。

（関係都道府県知事等の協力）

第五十七条の二　関係都道府県知事等（社会福祉法人の事務所、事業所、施設その他これらに準ずるものの所在地の都道府県知事又は市町村長であつて、当該社会福祉法人の所轄庁以外の者をいう。次項において同じ。）は、当該社会福祉法人に対して適当な措置をとることが必要であると認めるときは、当該社会福祉法人の所轄庁に対し、その旨の意見を述べることができる。

2　所轄庁は、第五十六条第一項及び第四項から第九項まで並びに前条の事務を行うため必要があると認めるときは、関係都道府県知事等に対し、情報又は資料の提供その他必要な協力を求めることができる。

（助成等）

第五十八条　国又は地方公共団体は、必要があると認めるときは、厚生労働省令又は当該地方公共団体の条例で定める手続に従い、社会福祉法人に対し、補助金を支出し、又は通常の条件よりも当該社会福祉法人に有利な条件で、貸付金を支出し、若しくはその他の財産を譲り渡し、若しくは貸し付けることができる。ただし、国有財産法（昭和二十三年法律第七十三号）及び地方自治法第二百三十七条第二項の規定の適用を妨げない。

2　前項の規定により、社会福祉法人に対する助成がなされたときは、厚生労働大臣又は地方公共団体の長は、その助成の目的が有効に達せられることを確保するため、当該社会福祉法人に対して、次に掲げる権限を有する。

一　事業又は会計の状況に関し報告を徴すること。

二　助成の目的に照らして、社会福祉法人の予算が不適当であると認める場合において、その予算について必要な変更をすべき旨を勧告すること。

三　社会福祉法人の役員が法令、法令に基づいてする行政庁の処分又は定款に違反した場合において、その役員を解職すべき旨を勧告すること。

3　国又は地方公共団体は、社会福祉法人が前項の規定による措置に従わなかつたときは、交付した補助金若しくは貸付金又は譲渡し、若しくは貸し付けたその他の財産の全部又は一部の返還を命ずることができる。

4　第五十六条第九項から第十一項までの規定は、第二項第三号の規定により解職を勧告し、又は前項の規定により補助金若しくは貸付金の全部若しくは一部の返還を命令する場合に準用する。

（所轄庁への届出）

第五十九条　社会福祉法人は、毎会計年度終了後三月以内に、厚生労働省令で定めるところにより、次に掲げる書類を所轄庁に届け出なければならない。

一　第四十五条の三十二第一項に規定する計算書類等

二　第四十五条の三十四第二項に規定する財産目録等

（情報の公開等）

第五十九条の二　社会福祉法人は、次の各号に掲げる場合の区分に応じ、遅滞なく、厚生労働省令で定めるところにより、当該各号に定める事項を公表しなければならない。

一　第三十一条第一項若しくは第四十五条の三十六第二項の認可を受けたとき、又は同条第四項の規定による届出をしたとき　定款の内容

二　第四十五条の三十五第二項の承認を受けたとき　当該承認を受けた報酬等の支給の基準

三　前条の規定による届出をしたとき　同条各号に掲げる書類のうち厚生労働省令で定める書類の内容

2　都道府県知事は、当該都道府県の区域内に主たる事務所を有する社会福祉法人（厚生労働大臣が所轄庁であるものを除く。）の活動の状況その他の厚生労働省令で定める事項について、調査及び分析を行い、必要な統計その他の資料を作成するものとする。この場合において、都道府県知事は、その内容を公表するよう努めるとともに、厚生労働大臣に対し、電磁的方法その他の厚生労働省令で定める方法により報告するものとする。

3　都道府県知事は、前項前段の事務を行うため必要があると認めるときは、当該都道府県の区域内に主たる事務所を有する社会福祉法人の所轄庁（市長に限る。次項において同じ。）に対し、社会福祉法人の活動の状況その他の厚生労働省令で定める事項に関する情報の提供を求めることができる。

4　所轄庁は、前項の規定による都道府県知事の求めに応じて情報を提供するときは、電磁的方法その他の厚生労働省令で定める方法によるものとする。

5　厚生労働大臣は、社会福祉法人に関する情報に係るデータベース（情報の集合物であつて、それらの情報を電子計算機を用いて検索することができるように体系的に構成したものをいう。）の整備を図り、国民にインターネットその他の高度情報通信ネットワークの利用を通じて迅速に当該情報を提供できるよう必要な施策を実施するものとする。

6　厚生労働大臣は、前項の施策を実施するため必要があると認めるときは、都道府県知事に対し、当該都道府県の区域内に主たる事務所を有する社会福祉法人の活動の状況その他の厚生労働省令で定める事項に関する情報の提供を求めることができる。

7　第四項の規定は、都道府県知事が前項の規

定による厚生労働大臣の求めに応じて情報を提供する場合について準用する。

（**厚生労働大臣及び都道府県知事の支援**）

第五十九条の三　厚生労働大臣は、都道府県知事及び市長に対して、都道府県知事は、市長に対して、社会福祉法人の指導及び監督に関する事務の実施に関し必要な助言、情報の提供その他の支援を行うよう努めなければならない。

第七章　社会福祉事業

（**経営主体**）

第六十条　社会福祉事業のうち、第一種社会福祉事業は、国、地方公共団体又は社会福祉法人が経営することを原則とする。

（**事業経営の準則**）

第六十一条　国、地方公共団体、社会福祉法人その他社会福祉事業を経営する者は、次に掲げるところに従い、それぞれの責任を明確にしなければならない。

一　国及び地方公共団体は、法律に基づくその責任を他の社会福祉事業を経営する者に転嫁し、又はこれらの者の財政的援助を求めないこと。

二　国及び地方公共団体は、他の社会福祉事業を経営する者に対し、その自主性を重んじ、不当な関与を行わないこと。

三　社会福祉事業を経営する者は、不当に国及び地方公共団体の財政的、管理的援助を仰がないこと。

2　前項第一号の規定は、国又は地方公共団体が、その経営する社会福祉事業について、福祉サービスを必要とする者を施設に入所させることその他の措置を他の社会福祉事業を経営する者に委託することを妨げるものではない。

（**社会福祉施設の設置**）

第六十二条　市町村又は社会福祉法人は、施設を設置して、第一種社会福祉事業を経営しようとするときは、その事業の開始前に、その施設（以下「社会福祉施設」という。）を設置しようとする地の都道府県知事に、次に掲げる事項を届け出なければならない。

一　施設の名称及び種類

二　設置者の氏名又は名称、住所、経歴及び資産状況

三　条例、定款その他の基本約款

四　建物その他の設備の規模及び構造

五　事業開始の予定年月日

六　施設の管理者及び実務を担当する幹部職員の氏名及び経歴

七　福祉サービスを必要とする者に対する処遇の方法

2　国、都道府県、市町村及び社会福祉法人以外の者は、社会福祉施設を設置して、第一種社会福祉事業を経営しようとするときは、その事業の開始前に、その施設を設置しようとする地の都道府県知事の許可を受けなければならない。

3　前項の許可を受けようとする者は、第一項各号に掲げる事項のほか、次に掲げる事項を記載した申請書を当該都道府県知事に提出しなければならない。

一　当該事業を経営するための財源の調達及びその管理の方法

二　施設の管理者の資産状況

三　建物その他の設備の使用の権限

四　経理の方針

五　事業の経営者又は施設の管理者に事故があるときの処置

4　都道府県知事は、第二項の許可の申請があつたときは、第六十五条の規定により都道府県の条例で定める基準に適合するかどうかを審査するほか、次に掲げる基準によつて、その申請を審査しなければならない。

一　当該事業を経営するために必要な経済的基礎があること。

二　当該事業の経営者が社会的信望を有すること。

三　実務を担当する幹部職員が社会福祉事業に関する経験、熱意及び能力を有すること。

四　当該事業の経理が他の経理と分離できる等その性格が社会福祉法人に準ずるものであること。

五　脱税その他不正の目的で当該事業を経営しようとするものでないこと。

5　都道府県知事は、前項に規定する審査の結果、その申請が、同項に規定する基準に適合していると認めるときは、社会福祉施設設置の許可を与えなければならない。

6　都道府県知事は、前項の許可を与えるに当たつて、当該事業の適正な運営を確保するために必要と認める条件を付することができる。

（**社会福祉施設に係る届出事項等の変更**）

第六十三条　前条第一項の規定による届出をした者は、その届け出た事項に変更を生じたときは、変更の日から一月以内に、その旨を当

該都道府県知事に届け出なければならない。

2　前条第二項の規定による許可を受けた者は、同条第一項第四号、第五号及び第七号並びに同条第三項第一号、第四号及び第五号に掲げる事項を変更しようとするときは、当該都道府県知事の許可を受けなければならない。

3　前条第四項から第六項までの規定は、前項の規定による許可の申請があつた場合に準用する。

（**社会福祉施設の廃止**）

第六十四条　第六十二条第一項の規定による届出をし、又は同条第二項の規定による許可を受けて、社会福祉事業を経営する者は、その事業を廃止しようとするときは、廃止の日の一月前までに、その旨を当該都道府県知事に届け出なければならない。

（**社会福祉施設の基準**）

第六十五条　都道府県は、社会福祉施設の設備の規模及び構造並びに福祉サービスの提供の方法、利用者等からの苦情への対応その他の社会福祉施設の運営について、条例で基準を定めなければならない。

2　都道府県が前項の条例を定めるに当たつては、第一号から第三号までに掲げる事項については厚生労働省令で定める基準に従い定めるものとし、第四号に掲げる事項については厚生労働省令で定める基準を標準として定めるものとし、その他の事項については厚生労働省令で定める基準を参酌するものとする。

一　社会福祉施設に配置する職員及びその員数

二　社会福祉施設に係る居室の床面積

三　社会福祉施設の運営に関する事項であつて、利用者の適切な処遇及び安全の確保並びに秘密の保持に密接に関連するものとして厚生労働省令で定めるもの

四　社会福祉施設の利用定員

3　社会福祉施設の設置者は、第一項の基準を遵守しなければならない。

（**社会福祉施設の管理者**）

第六十六条　社会福祉施設には、専任の管理者を置かなければならない。

（**施設を必要としない第一種社会福祉事業の開始**）

第六十七条　市町村又は社会福祉法人は、施設を必要としない第一種社会福祉事業を開始したときは、事業開始の日から一月以内に、事業経営地の都道府県知事に次に掲げる事項を届け出なければならない。

一　経営者の名称及び主たる事務所の所在地

二　事業の種類及び内容

三　条例、定款その他の基本約款

2　国、都道府県、市町村及び社会福祉法人以外の者は、施設を必要としない第一種社会福祉事業を経営しようとするときは、その事業の開始前に、その事業を経営しようとする地の都道府県知事の許可を受けなければならない。

3　前項の許可を受けようとする者は、第一項各号並びに第六十二条第三項第一号、第四号及び第五号に掲げる事項を記載した申請書を当該都道府県知事に提出しなければならない。

4　都道府県知事は、第二項の許可の申請があつたときは、第六十二条第四項各号に掲げる基準によつて、これを審査しなければならない。

5　第六十二条第五項及び第六項の規定は、前項の場合に準用する。

（**施設を必要としない第一種社会福祉事業の変更及び廃止**）

第六十八条　前条第一項の規定による届出をし、又は同条第二項の規定による許可を受けて社会福祉事業を経営する者は、その届け出た事項又は許可申請書に記載した事項に変更を生じたときは、変更の日から一月以内に、その旨を当該都道府県知事に届け出なければならない。その事業を廃止したときも、同様とする。

（**社会福祉住居施設の設置**）

第六十八条の二　市町村又は社会福祉法人は、住居の用に供するための施設を設置して、第二種社会福祉事業を開始したときは、事業開始の日から一月以内に、その施設（以下「社会福祉住居施設」という。）を設置した地の都道府県知事に、次に掲げる事項を届け出なければならない。

一　施設の名称及び種類

二　設置者の氏名又は名称、住所、経歴及び資産状況

三　条例、定款その他の基本約款

四　建物その他の設備の規模及び構造

五　事業開始の年月日

六　施設の管理者及び実務を担当する幹部職員の氏名及び経歴

七　福祉サービスを必要とする者に対する処遇の方法

2　国、都道府県、市町村及び社会福祉法人以

外の者は、社会福祉住居施設を設置して、第二種社会福祉事業を経営しようとするときは、その事業の開始前に、その施設を設置しようとする地の都道府県知事に、前項各号に掲げる事項を届け出なければならない。

（社会福祉住居施設に係る届出事項の変更）
第六十八条の三 前条第一項の規定による届出をした者は、その届け出た事項に変更を生じたときは、変更の日から一月以内に、その旨を当該都道府県知事に届け出なければならない。

2 前条第二項の規定による届出をした者は、同条第一項第四号、第五号及び第七号に掲げる事項を変更しようとするときは、あらかじめ、その旨を当該都道府県知事に届け出なければならない。

3 前条第二項の規定による届出をした者は、同条第一項第一号から第三号まで及び第六号に掲げる事項を変更したときは、変更の日から一月以内に、その旨を当該都道府県知事に届け出なければならない。

（社会福祉住居施設の廃止）
第六十八条の四 第六十八条の二第一項又は第二項の規定による届出をした者は、その事業を廃止したときは、廃止の日から一月以内に、その旨を当該都道府県知事に届け出なければならない。

（社会福祉住居施設の基準）
第六十八条の五 都道府県は、社会福祉住居施設の設備の規模及び構造並びに福祉サービスの提供の方法、利用者等からの苦情への対応その他の社会福祉住居施設の運営について、条例で基準を定めなければならない。

2 都道府県が前項の条例を定めるに当たつては、次に掲げる事項については厚生労働省令で定める基準を標準として定めるものとし、その他の事項については厚生労働省令で定める基準を参酌するものとする。

一 社会福祉住居施設に配置する職員及びその員数

二 社会福祉住居施設に係る居室の床面積

三 社会福祉住居施設の運営に関する事項であつて、利用者の適切な処遇及び安全の確保並びに秘密の保持に密接に関連するものとして厚生労働省令で定めるもの

四 社会福祉住居施設の利用定員

3 社会福祉住居施設の設置者は、第一項の基準を遵守しなければならない。

（社会福祉住居施設の管理者）
第六十八条の六 第六十六条の規定は、社会福祉住居施設について準用する。

（住居の用に供するための施設を必要としない第二種社会福祉事業の開始等）
第六十九条 国及び都道府県以外の者は、住居の用に供するための施設を必要としない第二種社会福祉事業を開始したときは、事業開始の日から一月以内に、事業経営地の都道府県知事に第六十七条第一項各号に掲げる事項を届け出なければならない。

2 前項の規定による届出をした者は、その届け出た事項に変更を生じたときは、変更の日から一月以内に、その旨を当該都道府県知事に届け出なければならない。その事業を廃止したときも、同様とする。

（調査）
第七十条 都道府県知事は、この法律の目的を達成するため、社会福祉事業を経営する者に対し、必要と認める事項の報告を求め、又は当該職員をして、施設、帳簿、書類等を検査し、その他事業経営の状況を調査させることができる。

（改善命令）
第七十一条 都道府県知事は、第六十二条第一項の規定による届出をし、若しくは同条第二項の規定による許可を受けて社会福祉事業を経営する者の施設又は第六十八条の二第一項若しくは第二項の規定による届出をして社会福祉事業を経営する者の施設が、第六十五条第一項又は第六十八条の五第一項の基準に適合しないと認められるに至つたときは、その事業を経営する者に対し、当該基準に適合するために必要な措置を採るべき旨を命ずることができる。

（許可の取消し等）
第七十二条 都道府県知事は、第六十二条第一項、第六十七条第一項、第六十八条の二第一項若しくは第二項若しくは第六十九条第一項の規定による届出をし、又は第六十二条第二項若しくは第六十七条第二項の規定による許可を受けて社会福祉事業を経営する者が、第六十二条第六項（第六十三条第三項及び第六十七条第五項において準用する場合を含む。）の規定による条件に違反し、第六十三条第一項若しくは第二項、第六十八条、第六十八条の三若しくは第七十条の規定による報告の求めに応ぜず、若しくは虚偽の報告をし、同条の規定による当該職員の検査若しくは調査を拒み、妨げ、若しくは忌避し、前条の規定による命令

に違反し、又はその事業に関し不当に営利を図り、若しくは福祉サービスの提供を受ける者の処遇につき不当な行為をしたときは、その者に対し、社会福祉事業を経営することを制限し、その停止を命じ、又は第六十二条第二項若しくは第六十七条第二項の許可を取り消すことができる。

2 都道府県知事は、第六十二条第一項、第六十七条第一項、第六十八条の二第一項若しくは第二項若しくは第六十九条第一項の規定による届出をし、若しくは第七十四条に規定する他の法律に基づく届出をし、又は第六十二条第二項若しくは第六十七条第二項の規定による許可を受け、若しくは第七十四条に規定する他の法律に基づく許可若しくは認可を受けて社会福祉事業を経営する者（次章において「社会福祉事業の経営者」という。）が、第七十七条又は第七十九条の規定に違反したときは、その者に対し、社会福祉事業を経営することを制限し、その停止を命じ、又は第六十二条第二項若しくは第六十七条第二項の許可若しくは第七十四条に規定する他の法律に基づく許可若しくは認可を取り消すことができる。

3 都道府県知事は、第六十二条第一項若しくは第二項、第六十七条第一項若しくは第二項、第六十八条の二第一項若しくは第二項又は第六十九条第一項の規定に違反して社会福祉事業を経営する者が、その事業に関し不当に営利を図り、若しくは福祉サービスの提供を受ける者の処遇につき不当の行為をしたときは、その者に対し、社会福祉事業を経営することを制限し、又はその停止を命ずることができる。

（市の区域内で行われる隣保事業の特例）

第七十三条 市の区域内で行われる隣保事業について第六十九条、第七十条及び前条の規定を適用する場合においては、第六十九条第一項中「及び都道府県」とあるのは「、都道府県及び市」と、「都道府県知事」とあるのは「市長」と、同条第二項、第七十条及び前条中「都道府県知事」とあるのは「市長」と読み替えるものとする。

（適用除外）

第七十四条 第六十二条から第七十一条まで並びに第七十二条第一項及び第三項の規定は、他の法律によつて、その設置又は開始につき、行政庁の許可、認可又は行政庁への届出を要するものとされている施設又は事業については、適用しない。

第八章　福祉サービスの適切な利用

第一節　情報の提供等

（情報の提供）

第七十五条 社会福祉事業の経営者は、福祉サービス（社会福祉事業において提供されるものに限る。以下この節及び次節において同じ。）を利用しようとする者が、適切かつ円滑にこれを利用することができるように、その経営する社会福祉事業に関し情報の提供を行うよう努めなければならない。

2 国及び地方公共団体は、福祉サービスを利用しようとする者が必要な情報を容易に得られるように、必要な措置を講ずるよう努めなければならない。

（利用契約の申込み時の説明）

第七十六条 社会福祉事業の経営者は、その提供する福祉サービスの利用を希望する者からの申込みがあつた場合には、その者に対し、当該福祉サービスを利用するための契約の内容及びその履行に関する事項について説明するよう努めなければならない。

（利用契約の成立時の書面の交付）

第七十七条 社会福祉事業の経営者は、福祉サービスを利用するための契約（厚生労働省令で定めるものを除く。）が成立したときは、その利用者に対し、遅滞なく、次に掲げる事項を記載した書面を交付しなければならない。

一 当該社会福祉事業の経営者の名称及び主たる事務所の所在地

二 当該社会福祉事業の経営者が提供する福祉サービスの内容

三 当該福祉サービスの提供につき利用者が支払うべき額に関する事項

四 その他厚生労働省令で定める事項

2 社会福祉事業の経営者は、前項の規定による書面の交付に代えて、政令の定めるところにより、当該利用者の承諾を得て、当該書面に記載すべき事項を電磁的方法により提供することができる。この場合において、当該社会福祉事業の経営者は、当該書面を交付したものとみなす。

（福祉サービスの質の向上のための措置等）

第七十八条 社会福祉事業の経営者は、自らその提供する福祉サービスの質の評価を行うことその他の措置を講ずることにより、常に福祉サービスを受ける者の立場に立つて良質かつ適切な福祉サービスを提供するよう努めな

社会福祉

ければならない。

2　国は、社会福祉事業の経営者が行う福祉サービスの質の向上のための措置を援助するために、福祉サービスの質の公正かつ適切な評価の実施に資するための措置を講ずるよう努めなければならない。

（**誇大広告の禁止**）

第七十九条　社会福祉事業の経営者は、その提供する福祉サービスについて広告をするときは、広告された福祉サービスの内容その他の厚生労働省令で定める事項について、著しく事実に相違する表示をし、又は実際のものよりも著しく優良であり、若しくは有利であると人を誤認させるような表示をしてはならない。

第二節　福祉サービスの利用の援助等

（**福祉サービス利用援助事業の実施に当たつての配慮**）

第八十条　福祉サービス利用援助事業を行う者は、当該事業を行うに当たつては、利用者の意向を十分に尊重するとともに、利用者の立場に立つて公正かつ適切な方法により行わなければならない。

（**都道府県社会福祉協議会の行う福祉サービス利用援助事業等**）

第八十一条　都道府県社会福祉協議会は、第百十条第一項各号に掲げる事業を行うほか、福祉サービス利用援助事業を行う市町村社会福祉協議会その他の者と協力して都道府県の区域内においてあまねく福祉サービス利用援助事業が実施されるために必要な事業を行うとともに、これと併せて、当該事業に従事する者の資質の向上のための事業並びに福祉サービス利用援助事業に関する普及及び啓発を行うものとする。

（**社会福祉事業の経営者による苦情の解決**）

第八十二条　社会福祉事業の経営者は、常に、その提供する福祉サービスについて、利用者等からの苦情の適切な解決に努めなければならない。

（**運営適正化委員会**）

第八十三条　都道府県の区域内において、福祉サービス利用援助事業の適正な運営を確保するとともに、福祉サービスに関する利用者等からの苦情を適切に解決するため、都道府県社会福祉協議会に、人格が高潔であつて、社会福祉に関する識見を有し、かつ、社会福祉、法律又は医療に関し学識経験を有する者で構成される運営適正化委員会を置くものとする。

（**運営適正化委員会の行う福祉サービス利用援助事業に関する助言等**）

第八十四条　運営適正化委員会は、第八十一条の規定により行われる福祉サービス利用援助事業の適正な運営を確保するために必要があると認めるときは、当該福祉サービス利用援助事業を行う者に対して必要な助言又は勧告をすることができる。

2　福祉サービス利用援助事業を行う者は、前項の勧告を受けたときは、これを尊重しなければならない。

（**運営適正化委員会の行う苦情の解決のための相談等**）

第八十五条　運営適正化委員会は、福祉サービスに関する苦情について解決の申出があつたときは、その相談に応じ、申出人に必要な助言をし、当該苦情に係る事情を調査するものとする。

2　運営適正化委員会は、前項の申出人及び当該申出人に対し福祉サービスを提供した者の同意を得て、苦情の解決のあつせんを行うことができる。

（**運営適正化委員会から都道府県知事への通知**）

第八十六条　運営適正化委員会は、苦情の解決に当たり、当該苦情に係る福祉サービスの利用者の処遇につき不当な行為が行われているおそれがあると認めるときは、都道府県知事に対し、速やかに、その旨を通知しなければならない。

（**政令への委任**）

第八十七条　この節に規定するもののほか、運営適正化委員会に関し必要な事項は、政令で定める。

第三節　社会福祉を目的とする事業を経営する者への支援

第八十八条　都道府県社会福祉協議会は、第百十条第一項各号に掲げる事業を行うほか、社会福祉を目的とする事業の健全な発達に資するため、必要に応じ、社会福祉を目的とする事業を経営する者がその行つた福祉サービスの提供に要した費用に関して地方公共団体に対して行う請求の事務の代行その他の社会福祉を目的とする事業を経営する者が当該事業を円滑に実施することができるよう支援するための事業を実施するよう努めなければならない。ただし、他に当該事業を実施する適切な者がある場合には、この限りでない。

第九章　社会福祉事業等に従事する者の確保の促進

第一節　基本指針等

（**基本指針**）

第八十九条　厚生労働大臣は、社会福祉事業の適正な実施を確保し、社会福祉事業その他の政令で定める社会福祉を目的とする事業（以下この章において「社会福祉事業等」という。）の健全な発達を図るため、社会福祉事業等に従事する者（以下この章において「社会福祉事業等従事者」という。）の確保及び国民の社会福祉に関する活動への参加の促進を図るための措置に関する基本的な指針（以下「基本指針」という。）を定めなければならない。

2　基本指針に定める事項は、次のとおりとする。

一　社会福祉事業等従事者の就業の動向に関する事項

二　社会福祉事業等を経営する者が行う、社会福祉事業等従事者に係る処遇の改善（国家公務員及び地方公務員である者に係るものを除く。）及び資質の向上並びに新規の社会福祉事業等従事者の確保に資する措置その他の社会福祉事業等従事者の確保に資する措置の内容に関する事項

三　前号に規定する措置の内容に関して、その適正かつ有効な実施を図るために必要な措置の内容に関する事項

四　国民の社会福祉事業等に対する理解を深め、国民の社会福祉に関する活動への参加を促進するために必要な措置の内容に関する事項

3　厚生労働大臣は、基本指針を定め、又はこれを変更しようとするときは、あらかじめ、内閣総理大臣及び総務大臣に協議するとともに、社会保障審議会及び都道府県の意見を聴かなければならない。

4　厚生労働大臣は、基本指針を定め、又はこれを変更したときは、遅滞なく、これを公表しなければならない。

（**社会福祉事業等を経営する者の講ずべき措置**）

第九十条　社会福祉事業等を経営する者は、前条第二項第二号に規定する措置の内容に即した措置を講ずるように努めなければならない。

2　社会福祉事業等を経営する者は、前条第二項第四号に規定する措置の内容に即した措置を講ずる者に対し、必要な協力を行うように努めなければならない。

（**指導及び助言**）

第九十一条　国及び都道府県は、社会福祉事業等を経営する者に対し、第八十九条第二項第二号に規定する措置の内容に即した措置の的確な実施に必要な指導及び助言を行うものとする。

（**国及び地方公共団体の措置**）

第九十二条　国は、社会福祉事業等従事者の確保及び国民の社会福祉に関する活動への参加を促進するために必要な財政上及び金融上の措置その他の措置を講ずるよう努めなければならない。

2　地方公共団体は、社会福祉事業等従事者の確保及び国民の社会福祉に関する活動への参加を促進するために必要な措置を講ずるよう努めなければならない。

第二節　福祉人材センター

第一款　都道府県福祉人材センター

（**指定等**）

第九十三条　都道府県知事は、社会福祉事業等に関する連絡及び援助を行うこと等により社会福祉事業等従事者の確保を図ることを目的として設立された社会福祉法人であつて、次条に規定する業務を適正かつ確実に行うことができると認められるものを、その申請により、都道府県ごとに一個に限り、都道府県福祉人材センター（以下「都道府県センター」という。）として指定することができる。

2　都道府県知事は、前項の申請をした者が職業安定法（昭和二十二年法律第百四十一号）第三十三条第一項の許可を受けて社会福祉事業等従事者につき無料の職業紹介事業を行う者でないときは、前項の規定による指定をしてはならない。

3　都道府県知事は、第一項の規定による指定をしたときは、当該都道府県センターの名称、住所及び事務所の所在地を公示しなければならない。

4　都道府県センターは、その名称、住所又は事務所の所在地を変更しようとするときは、あらかじめ、その旨を都道府県知事に届け出

なければならない。

5　都道府県知事は、前項の規定による届出があつたときは、当該届出に係る事項を公示しなければならない。

（**業務**）

第九十四条　都道府県センターは、当該都道府県の区域内において、次に掲げる業務を行うものとする。

一　社会福祉事業等に関する啓発活動を行うこと。

二　社会福祉事業等従事者の確保に関する調査研究を行うこと。

三　社会福祉事業等を経営する者に対し、第八十九条第二項第二号に規定する措置の内容に即した措置の実施に関する技術的事項について相談その他の援助を行うこと。

四　社会福祉事業等の業務に関し、社会福祉事業等従事者及び社会福祉事業等に従事しようとする者に対して研修を行うこと。

五　社会福祉事業等従事者の確保に関する連絡を行うこと。

六　社会福祉事業等に従事しようとする者について、無料の職業紹介事業を行うこと。

七　社会福祉事業等に従事しようとする者に対し、その就業の促進に関する情報の提供、相談その他の援助を行うこと。

八　前各号に掲げるもののほか、社会福祉事業等従事者の確保を図るために必要な業務を行うこと。

（**関係機関等との連携**）

第九十五条　都道府県センターは、前条各号に掲げる業務を行うに当たつては、地方公共団体、公共職業安定所その他の関係機関及び他の社会福祉事業等従事者の確保に関する業務を行う団体との連携に努めなければならない。

（**情報の提供の求め**）

第九十五条の二　都道府県センターは、都道府県その他の官公署に対し、第九十四条第七号に掲げる業務を行うために必要な情報の提供を求めることができる。

（**介護福祉士等の届出等**）

第九十五条の三　社会福祉事業等従事者（介護福祉士その他厚生労働省令で定める資格を有する者に限る。次項において同じ。）は、離職した場合その他の厚生労働省令で定める場合には、住所、氏名その他の厚生労働省令で定める事項を、厚生労働省令で定めるところにより、都道府県センターに届け出るよう努めなければならない。

2　社会福祉事業等従事者は、前項の規定により届け出た事項に変更が生じた場合には、厚生労働省令で定めるところにより、その旨を都道府県センターに届け出るよう努めなければならない。

3　社会福祉事業等を経営する者その他厚生労働省令で定める者は、前二項の規定による届出が適切に行われるよう、必要な支援を行うよう努めるものとする。

（**秘密保持義務**）

第九十五条の四　都道府県センターの役員若しくは職員又はこれらの者であつた者は、正当な理由がないのに、第九十四条各号に掲げる業務に関して知り得た秘密を漏らしてはならない。

（**業務の委託**）

第九十五条の五　都道府県センターは、第九十四条各号（第六号を除く。）に掲げる業務の一部を厚生労働省令で定める者に委託することができる。

2　前項の規定による委託を受けた者若しくはその役員若しくは職員又はこれらの者であつた者は、正当な理由がないのに、当該委託に係る業務に関して知り得た秘密を漏らしてはならない。

（**事業計画等**）

第九十六条　都道府県センターは、毎事業年度、厚生労働省令の定めるところにより、事業計画書及び収支予算書を作成し、都道府県知事に提出しなければならない。これを変更しようとするときも、同様とする。

2　都道府県センターは、厚生労働省令の定めるところにより、毎事業年度終了後、事業報告書及び収支決算書を作成し、都道府県知事に提出しなければならない。

（**監督命令**）

第九十七条　都道府県知事は、この款の規定を施行するために必要な限度において、都道府県センターに対し、第九十四条各号に掲げる業務に関し監督上必要な命令をすることができる。

（**指定の取消し等**）

第九十八条　都道府県知事は、都道府県センターが次の各号のいずれかに該当するときは、第九十三条第一項の規定による指定（以下この条において「指定」という。）を取り消さなければならない。

一　第九十四条第六号に掲げる業務に係る無料の職業紹介事業につき、職業安定法第三十三条第一項の許可を取り消されたとき。

二　職業安定法第三十三条第三項に規定する許可の有効期間（当該許可の有効期間について、同条第四項において準用する同法第三十二条の六第二項の規定による更新を受けたときにあつては、当該更新を受けた許可の有効期間）の満了後、同法第三十三条第四項において準用する同法第三十二条の六第二項に規定する許可の有効期間の更新を受けていないとき。

2　都道府県知事は、都道府県センターが、次の各号のいずれかに該当するときは、指定を取り消すことができる。

一　第九十四条各号に掲げる業務を適正かつ確実に実施することができないと認められるとき。

二　指定に関し不正の行為があつたとき。

三　この款の規定又は当該規定に基づく命令若しくは処分に違反したとき。

3　都道府県知事は、前二項の規定により指定を取り消したときは、その旨を公示しなければならない。

第二款　中央福祉人材センター

（指定）

第九十九条　厚生労働大臣は、都道府県センターの業務に関する連絡及び援助を行うこと等により、都道府県センターの健全な発展を図るとともに、社会福祉事業等従事者の確保を図ることを目的として設立された社会福祉法人であつて、次条に規定する業務を適正かつ確実に行うことができると認められるものを、その申請により、全国を通じて一個に限り、中央福祉人材センター（以下「中央センター」という。）として指定することができる。

（業務）

第百条　中央センターは、次に掲げる業務を行うものとする。

一　都道府県センターの業務に関する啓発活動を行うこと。

二　二以上の都道府県の区域における社会福祉事業等従事者の確保に関する調査研究を行うこと。

三　社会福祉事業等の業務に関し、都道府県センターの業務に従事する者に対して研修を行うこと。

四　社会福祉事業等の業務に関し、社会福祉事業等従事者に対して研修を行うこと。

五　都道府県センターの業務について、連絡調整を図り、及び指導その他の援助を行うこと。

六　都道府県センターの業務に関する情報及び資料を収集し、並びにこれを都道府県センターその他の関係者に対し提供すること。

七　前各号に掲げるもののほか、都道府県センターの健全な発展及び社会福祉事業等従事者の確保を図るために必要な業務を行うこと。

（準用）

第百一条　第九十三条第三項から第五項まで、第九十五条の四及び第九十六条から第九十八条までの規定は、中央センターについて準用する。この場合において、これらの規定中「都道府県知事」とあるのは「厚生労働大臣」と、第九十三条第三項中「第一項」とあるのは「第九十九条」と、第九十五条の四中「第九十四条各号」とあるのは「第百条各号」と、第九十七条中「この款」とあるのは「次款」と、「第九十四条」とあるのは「第百条」と、第九十八条第一項中「第九十三条第一項」とあるのは「第九十九条」と、「第九十四条」とあるのは「第百条」と、「この款」とあるのは「次款」と読み替えるものとする。

第三節　福利厚生センター

（指定）

第百二条　厚生労働大臣は、社会福祉事業等に関する連絡及び助成を行うこと等により社会福祉事業等従事者の福利厚生の増進を図ることを目的として設立された社会福祉法人であつて、次条に規定する業務を適正かつ確実に行うことができると認められるものを、その申請により、全国を通じて一個に限り、福利厚生センターとして指定することができる。

（業務）

第百三条　福利厚生センターは、次に掲げる業務を行うものとする。

一　社会福祉事業等を経営する者に対し、社会福祉事業等従事者の福利厚生に関する啓発活動を行うこと。

二　社会福祉事業等従事者の福利厚生に関する調査研究を行うこと。

三　福利厚生契約（福利厚生センターが社会福祉事業等を経営する者に対してその者に使用される社会福祉事業等従事者の福利厚生の増進を図るための事業を行うことを約

する契約をいう。以下同じ。）に基づき、社会福祉事業等従事者の福利厚生の増進を図るための事業を実施すること。

四　社会福祉事業等従事者の福利厚生に関し、社会福祉事業等を経営する者との連絡を行い、及び社会福祉事業等を経営する者に対し助成を行うこと。

五　前各号に掲げるもののほか、社会福祉事業等従事者の福利厚生の増進を図るために必要な業務を行うこと。

（約款の認可等）

第百四条　福利厚生センターは、前条第三号に掲げる業務の開始前に、福利厚生契約に基づき実施する事業に関する約款（以下この条において「約款」という。）を定め、厚生労働大臣に提出してその認可を受けなければならない。これを変更しようとするときも、同様とする。

2　厚生労働大臣は、前項の認可をした約款が前条第三号に掲げる業務の適正かつ確実な実施上不適当となつたと認めるときは、その約款を変更すべきことを命ずることができる。

3　約款に記載すべき事項は、厚生労働省令で定める。

（契約の締結及び解除）

第百五条　福利厚生センターは、福利厚生契約の申込者が第六十二条第一項若しくは第二項、第六十七条第一項若しくは第二項、第六十八条の二第一項若しくは第二項又は第六十九条第一項（第七十三条の規定により読み替えて適用する場合を含む。）の規定に違反して社会福祉事業等を経営する者であるとき、その他厚生労働省令で定める正当な理由があるときを除いては、福利厚生契約の締結を拒絶してはならない。

2　福利厚生センターは、社会福祉事業等を経営する者がその事業を廃止したとき、その他厚生労働省令で定める正当な理由があるときを除いては、福利厚生契約を解除してはならない。

（準用）

第百六条　第九十三条第三項から第五項まで、第九十五条の四及び第九十六条から第九十八条までの規定は、福利厚生センターについて準用する。この場合において、これらの規定中「都道府県知事」とあるのは「厚生労働大臣」と、第九十三条第三項中「第一項」とあるのは「第百二条」と、第九十五条の四中「第九十四条各号」とあるのは「第百三条各号」と、第九十六条第一項中「に提出しなければ」とあるのは「の認可を受けなければ」と、第九十七条中「この款」とあるのは「次節」と、「第九十四条」とあるのは「第百三条」と、第九十八条第一項中「第九十三条第一項」とあるのは「第百二条」と、「第九十四条」とあるのは「第百三条」と、「この款」とあるのは「次節」と、「違反した」とあるのは「違反したとき、又は第百四条第一項の認可を受けた同項に規定する約款によらないで第百三条第三号に掲げる業務を行つた」と読み替えるものとする。

第十章　地域福祉の推進

第一節　包括的な支援体制の整備

（地域子育て支援拠点事業等を経営する者の責務）

第百六条の二　社会福祉を目的とする事業を経営する者のうち、次に掲げる事業を行うもの（市町村の委託を受けてこれらの事業を行う者を含む。）は、当該事業を行うに当たり自らがその解決に資する支援を行うことが困難な地域生活課題を把握したときは、当該地域生活課題を抱える地域住民の心身の状況、その置かれている環境その他の事情を勘案し、支援関係機関による支援の必要性を検討するよう努めるとともに、必要があると認めるときは、支援関係機関に対し、当該地域生活課題の解決に資する支援を求めるよう努めなければならない。

一　児童福祉法第六条の三第六項に規定する地域子育て支援拠点事業又は同法第十条の二第二項に規定するこども家庭センターが行う同項に規定する支援に係る事業若しくは母子保健法（昭和四十年法律第百四十一号）第二十二条第一項に規定する事業

二　介護保険法第百十五条の四十五第二項第一号に掲げる事業

三　障害者の日常生活及び社会生活を総合的に支援するための法律第七十七条第一項第三号に掲げる事業

四　子ども・子育て支援法（平成二十四年法律第六十五号）第五十九条第一号に掲げる事業

（包括的な支援体制の整備）

第百六条の三　市町村は、次条第二項に規定する重層的支援体制整備事業をはじめとする地域の実情に応じた次に掲げる施策の積極的な実施その他の各般の措置を通じ、地域住民等及び支援関係機関による、地域福祉の推進のための相互の協力が円滑に行われ、地域生活課題の解決に資する支援が包括的に提供される体制を整備するよう努めるものとする。

一　地域福祉に関する活動への地域住民の参加を促す活動を行う者に対する支援、地域住民等が相互に交流を図ることができる拠点の整備、地域住民等に対する研修の実施その他の地域住民等が地域福祉を推進するために必要な環境の整備に関する施策

二　地域住民等が自ら他の地域住民が抱える地域生活課題に関する相談に応じ、必要な情報の提供及び助言を行い、必要に応じて、支援関係機関に対し、協力を求めることができる体制の整備に関する施策

三　生活困窮者自立支援法第三条第二項に規定する生活困窮者自立相談支援事業を行う者その他の支援関係機関が、地域生活課題を解決するために、相互の有機的な連携の下、その解決に資する支援を一体的かつ計画的に行う体制の整備に関する施策

2　厚生労働大臣は、次条第二項に規定する重層的支援体制整備事業をはじめとする前項各号に掲げる施策に関して、その適切かつ有効な実施を図るため必要な指針を公表するものとする。

（重層的支援体制整備事業）

第百六条の四　市町村は、地域生活課題の解決に資する包括的な支援体制を整備するため、前条第一項各号に掲げる施策として、厚生労働省令で定めるところにより、重層的支援体制整備事業を行うことができる。

2　前項の「重層的支援体制整備事業」とは、次に掲げるこの法律に基づく事業及び他の法律に基づく事業を一体のものとして実施することにより、地域生活課題を抱える地域住民及びその世帯に対する支援体制並びに地域住民等による地域福祉の推進のために必要な環境を一体的かつ重層的に整備する事業をいう。

一　地域生活課題を抱える地域住民及びその家族その他の関係者からの相談に包括的に応じ、利用可能な福祉サービスに関する情報の提供及び助言、支援関係機関との連絡調整並びに高齢者、障害者等に対する虐待の防止及びその早期発見のための援助その他厚生労働省令で定める便宜の提供を行うため、次に掲げる全ての事業を一体的に行う事業

イ　介護保険法第百十五条の四十五第二項第一号から第三号までに掲げる事業

ロ　障害者の日常生活及び社会生活を総合的に支援するための法律第七十七条第一項第三号に掲げる事業

ハ　子ども・子育て支援法第五十九条第一号に掲げる事業

ニ　生活困窮者自立支援法第三条第二項各号に掲げる事業

二　地域生活課題を抱える地域住民であつて、社会生活を円滑に営む上での困難を有するものに対し、支援関係機関と民間団体との連携による支援体制の下、活動の機会の提供、訪問による必要な情報の提供及び助言その他の社会参加のために必要な便宜の提供として厚生労働省令で定めるものを行う事業

三　地域住民が地域において自立した日常生活を営み、地域社会に参加する機会を確保するための支援並びに地域生活課題の発生の防止又は解決に係る体制の整備及び地域住民相互の交流を行う拠点の開設その他厚生労働省令で定める援助を行うため、次に掲げる全ての事業を一体的に行う事業

イ　介護保険法第百十五条の四十五第一項第二号に掲げる事業のうち厚生労働大臣が定めるもの

ロ　介護保険法第百十五条の四十五第二項第五号に掲げる事業

ハ　障害者の日常生活及び社会生活を総合的に支援するための法律第七十七条第一項第九号に掲げる事業

ニ　子ども・子育て支援法第五十九条第九号に掲げる事業

四　地域社会からの孤立が長期にわたる者その他の継続的な支援を必要とする地域住民及びその世帯に対し、訪問により状況を把握した上で相談に応じ、利用可能な福祉サービスに関する情報の提供及び助言その他の厚生労働省令で定める便宜の提供を包括的かつ継続的に行う事業

五　複数の支援関係機関相互間の連携による支援を必要とする地域住民及びその世帯に対し、複数の支援関係機関が、当該地域住民及びその世帯が抱える地域生活課題を解決するために、相互の有機的な連携の下、その解決に資する支援を一体的かつ計画的に行う体制を整備する事業

六　前号に掲げる事業による支援が必要であ

ると市町村が認める地域住民に対し、当該地域住民に対する支援の種類及び内容その他の厚生労働省令で定める事項を記載した計画の作成その他の包括的かつ計画的な支援として厚生労働省令で定めるものを行う事業

3　市町村は、重層的支援体制整備事業（前項に規定する重層的支援体制整備事業をいう。以下同じ。）を実施するに当たつては、児童福祉法第十条の二第二項に規定するこども家庭センター、介護保険法第百十五条の四十六第一項に規定する地域包括支援センター、障害者の日常生活及び社会生活を総合的に支援するための法律第七十七条の二第一項に規定する基幹相談支援センター、生活困窮者自立支援法第三条第二項各号に掲げる事業を行う者その他の支援関係機関相互間の緊密な連携が図られるよう努めるものとする。

4　市町村は、第二項各号に掲げる事業の一体的な実施が確保されるよう必要な措置を講じた上で、重層的支援体制整備事業の事務の全部又は一部を当該市町村以外の厚生労働省令で定める者に委託することができる。

5　前項の規定による委託を受けた者若しくはその役員若しくは職員又はこれらの者であつた者は、正当な理由がないのに、その委託を受けた事務に関して知り得た秘密を漏らしてはならない。

（重層的支援体制整備事業実施計画）

第百六条の五　市町村は、重層的支援体制整備事業を実施するときは、第百六条の三第二項の指針に則して、重層的支援体制整備事業を適切かつ効果的に実施するため、重層的支援体制整備事業の提供体制に関する事項その他厚生労働省令で定める事項を定める計画（以下この条において「重層的支援体制整備事業実施計画」という。）を策定するよう努めるものとする。

2　市町村は、重層的支援体制整備事業実施計画を策定し、又はこれを変更するときは、地域住民、支援関係機関その他の関係者の意見を適切に反映するよう努めるものとする。

3　重層的支援体制整備事業実施計画は、第百七条第一項に規定する市町村地域福祉計画、介護保険法第百十七条第一項に規定する市町村介護保険事業計画、障害者の日常生活及び社会生活を総合的に支援するための法律第八十八条第一項に規定する市町村障害福祉計画、子ども・子育て支援法第六十一条第一項に規定する市町村子ども・子育て支援事業計画その他の法律の規定による計画であつて地域福祉の推進に関する事項を定めるものと調和が保たれたものでなければならない。

4　市町村は、重層的支援体制整備事業実施計画を策定し、又はこれを変更したときは、遅滞なく、これを公表するよう努めるものとする。

5　前各項に定めるもののほか、重層的支援体制整備事業実施計画の策定及び変更に関し必要な事項は、厚生労働省令で定める。

（支援会議）

第百六条の六　市町村は、支援関係機関、第百六条の四第四項の規定による委託を受けた者、地域生活課題を抱える地域住民に対する支援に従事する者その他の関係者（第三項及び第四項において「支援関係機関等」という。）により構成される会議（以下この条において「支援会議」という。）を組織することができる。

2　支援会議は、重層的支援体制整備事業の円滑な実施を図るために必要な情報の交換を行うとともに、地域住民が地域において日常生活及び社会生活を営むのに必要な支援体制に関する検討を行うものとする。

3　支援会議は、前項に規定する情報の交換及び検討を行うために必要があると認めるときは、支援関係機関等に対し、地域生活課題を抱える地域住民及びその世帯に関する資料又は情報の提供、意見の開陳その他必要な協力を求めることができる。

4　支援関係機関等は、前項の規定による求めがあつた場合には、これに協力するよう努めるものとする。

5　支援会議の事務に従事する者又は従事していた者は、正当な理由がないのに、支援会議の事務に関して知り得た秘密を漏らしてはならない。

6　前各項に定めるもののほか、支援会議の組織及び運営に関し必要な事項は、支援会議が定める。

（市町村の支弁）

第百六条の七　重層的支援体制整備事業の実施に要する費用は、市町村の支弁とする。

（市町村に対する交付金の交付）

第百六条の八　国は、政令で定めるところにより、市町村に対し、次に掲げる額を合算した額を交付金として交付する。

一　前条の規定により市町村が支弁する費用のうち、重層的支援体制整備事業として行

う第百六条の四第二項第三号イに掲げる事業に要する費用として政令で定めるところにより算定した額の百分の二十に相当する額

二　前条の規定により市町村が支弁する費用のうち、重層的支援体制整備事業として行う第百六条の四第二項第三号イに掲げる事業に要する費用として政令で定めるところにより算定した額を基礎として、介護保険法第九条第一号に規定する第一号被保険者（以下この号において「第一号被保険者」という。）の年齢階級別の分布状況、第一号被保険者の所得の分布状況等を考慮して、政令で定めるところにより算定した額

三　前条の規定により市町村が支弁する費用のうち、重層的支援体制整備事業として行う第百六条の四第二項第一号イ及び第三号ロに掲げる事業に要する費用として政令で定めるところにより算定した額に、介護保険法第百二十五条第二項に規定する第二号被保険者負担率（第百六条の十第二号において「第二号被保険者負担率」という。）に百分の五十を加えた率を乗じて得た額（次条第二号において「特定地域支援事業支援額」という。）の百分の五十に相当する額

四　前条の規定により市町村が支弁する費用のうち、重層的支援体制整備事業として行う第百六条の四第二項第一号ニに掲げる事業に要する費用として政令で定めるところにより算定した額の四分の三に相当する額

五　前条の規定により市町村が支弁する費用のうち、第一号及び前二号に規定する事業以外の事業に要する費用として政令で定めるところにより算定した額の一部に相当する額として予算の範囲内で交付する額

第百六条の九　都道府県は、政令で定めるところにより、市町村に対し、次に掲げる額を合算した額を交付金として交付する。

一　前条第一号に規定する政令で定めるところにより算定した額の百分の十二・五に相当する額

二　特定地域支援事業支援額の百分の二十五に相当する額

三　第百六条の七の規定により市町村が支弁する費用のうち、前条第一号及び第三号に規定する事業以外の事業に要する費用として政令で定めるところにより算定した額の一部に相当する額として当該都道府県の予算の範囲内で交付する額

（市町村の一般会計への繰入れ）

第百六条の十　市町村は、当該市町村について次に定めるところにより算定した額の合計額を、政令で定めるところにより、介護保険法第三条第二項の介護保険に関する特別会計から一般会計に繰り入れなければならない。

一　第百六条の八第一号に規定する政令で定めるところにより算定した額の百分の五十五に相当する額から同条第二号の規定により算定した額を控除した額

二　第百六条の八第三号に規定する政令で定めるところにより算定した額に百分の五十から第二号被保険者負担率を控除して得た率を乗じて得た額に相当する額

（重層的支援体制整備事業と介護保険法等との調整）

第百六条の十一　市町村が重層的支援体制整備事業を実施する場合における介護保険法第百二十二条の二（第三項を除く。）並びに第百二十三条第三項及び第四項の規定の適用については、同法第百二十二条の二第一項中「費用」とあるのは「費用（社会福祉法第百六条の四第二項に規定する重層的支援体制整備事業（以下「重層的支援体制整備事業」という。）として行う同項第三号イに掲げる事業に要する費用を除く。次項及び第百二十三条第三項において同じ。）」と、同条第四項中「費用」とあるのは「費用（重層的支援体制整備事業として行う社会福祉法第百六条の四第二項第一号イ及び第三号ロに掲げる事業に要する費用を除く。）」とする。

2　市町村が重層的支援体制整備事業を実施する場合における障害者の日常生活及び社会生活を総合的に支援するための法律第九十二条の規定の適用については、同条第六号中「費用」とあるのは、「費用（社会福祉法第百六条の四第二項に規定する重層的支援体制整備事業として行う同項第一号ロ及び第三号ハに掲げる事業に要する費用を除く。）」とする。

3　市町村が重層的支援体制整備事業を実施する場合における子ども・子育て支援法第六十五条の規定の適用については、同条第六号中「費用」とあるのは、「費用（社会福祉法第百六条の四第二項に規定する重層的支援体制整備事業として行う同項第一号ハ及び第三号ニに掲げる事業に要する費用を除く。）」とする。

4　市町村が重層的支援体制整備事業を実施する場合における生活困窮者自立支援法第十二

条、第十四条及び第十五条第一項の規定の適用については、同法第十二条第一号中「費用」とあるのは「費用（社会福祉法第百六条の四第二項に規定する重層的支援体制整備事業（以下「重層的支援体制整備事業」という。）として行う同項第一号ニに掲げる事業の実施に要する費用を除く。）」と、同法第十四条中「費用」とあるのは「費用（重層的支援体制整備事業として行う事業の実施に要する費用を除く。）」と、同法第十五条第一項第一号中「額」とあるのは「額（重層的支援体制整備事業として行う社会福祉法第百六条の四第二項第一号ニに掲げる事業に要する費用として政令で定めるところにより算定した額を除く。）」とする。

第二節　地域福祉計画

（市町村地域福祉計画）

第百七条　市町村は、地域福祉の推進に関する事項として次に掲げる事項を一体的に定める計画（以下「市町村地域福祉計画」という。）を策定するよう努めるものとする。

一　地域における高齢者の福祉、障害者の福祉、児童の福祉その他の福祉に関し、共通して取り組むべき事項

二　地域における福祉サービスの適切な利用の推進に関する事項

三　地域における社会福祉を目的とする事業の健全な発達に関する事項

四　地域福祉に関する活動への住民の参加の促進に関する事項

五　地域生活課題の解決に資する支援が包括的に提供される体制の整備に関する事項

2　市町村は、市町村地域福祉計画を策定し、又は変更しようとするときは、あらかじめ、地域住民等の意見を反映させるよう努めるとともに、その内容を公表するよう努めるものとする。

3　市町村は、定期的に、その策定した市町村地域福祉計画について、調査、分析及び評価を行うよう努めるとともに、必要があると認めるときは、当該市町村地域福祉計画を変更するものとする。

（都道府県地域福祉支援計画）

第百八条　都道府県は、市町村地域福祉計画の達成に資するために、各市町村を通ずる広域的な見地から、市町村の地域福祉の支援に関する事項として次に掲げる事項を一体的に定める計画（以下「都道府県地域福祉支援計画」という。）を策定するよう努めるものとする。

一　地域における高齢者の福祉、障害者の福祉、児童の福祉その他の福祉に関し、共通して取り組むべき事項

二　市町村の地域福祉の推進を支援するための基本的方針に関する事項

三　社会福祉を目的とする事業に従事する者の確保又は資質の向上に関する事項

四　福祉サービスの適切な利用の推進及び社会福祉を目的とする事業の健全な発達のための基盤整備に関する事項

五　市町村による地域生活課題の解決に資する支援が包括的に提供される体制の整備の実施の支援に関する事項

2　都道府県は、都道府県地域福祉支援計画を策定し、又は変更しようとするときは、あらかじめ、公聴会の開催等住民その他の者の意見を反映させるよう努めるとともに、その内容を公表するよう努めるものとする。

3　都道府県は、定期的に、その策定した都道府県地域福祉支援計画について、調査、分析及び評価を行うよう努めるとともに、必要があると認めるときは、当該都道府県地域福祉支援計画を変更するものとする。

第三節　社会福祉協議会

（市町村社会福祉協議会及び地区社会福祉協議会）

第百九条　市町村社会福祉協議会は、一又は同一都道府県内の二以上の市町村の区域内において次に掲げる事業を行うことにより地域福祉の推進を図ることを目的とする団体であつて、その区域内における社会福祉を目的とする事業を経営する者及び社会福祉に関する活動を行う者が参加し、かつ、指定都市にあつてはその区域内における地区社会福祉協議会の過半数及び社会福祉事業又は更生保護事業を経営する者の過半数が、指定都市以外の市及び町村にあつてはその区域内における社会福祉事業又は更生保護事業を経営する者の過半数が参加するものとする。

一　社会福祉を目的とする事業の企画及び実施

二　社会福祉に関する活動への住民の参加のための援助

三　社会福祉を目的とする事業に関する調査、普及、宣伝、連絡、調整及び助成

四　前三号に掲げる事業のほか、社会福祉を目的とする事業の健全な発達を図るために

必要な事業

2　地区社会福祉協議会は、一又は二以上の区（地方自治法第二百五十二条の二十に規定する区及び同法第二百五十二条の二十の二に規定する総合区をいう。）の区域内において前項各号に掲げる事業を行うことにより地域福祉の推進を図ることを目的とする団体であつて、その区域内における社会福祉を目的とする事業を経営する者及び社会福祉に関する活動を行う者が参加し、かつ、その区域内において社会福祉事業又は更生保護事業を経営する者の過半数が参加するものとする。

3　市町村社会福祉協議会のうち、指定都市の区域を単位とするものは、第一項各号に掲げる事業のほか、その区域内における地区社会福祉協議会の相互の連絡及び事業の調整の事業を行うものとする。

4　市町村社会福祉協議会及び地区社会福祉協議会は、広域的に事業を実施することにより効果的な運営が見込まれる場合には、その区域を越えて第一項各号に掲げる事業を実施することができる。

5　関係行政庁の職員は、市町村社会福祉協議会及び地区社会福祉協議会の役員となることができる。ただし、役員の総数の五分の一を超えてはならない。

6　市町村社会福祉協議会及び地区社会福祉協議会は、社会福祉を目的とする事業を経営する者又は社会福祉に関する活動を行う者から参加の申出があつたときは、正当な理由がないのにこれを拒んではならない。

（都道府県社会福祉協議会）

第百十条　都道府県社会福祉協議会は、都道府県の区域内において次に掲げる事業を行うことにより地域福祉の推進を図ることを目的とする団体であつて、その区域内における市町村社会福祉協議会の過半数及び社会福祉事業又は更生保護事業を経営する者の過半数が参加するものとする。

一　前条第一項各号に掲げる事業であつて各市町村を通ずる広域的な見地から行うことが適切なもの

二　社会福祉を目的とする事業に従事する者の養成及び研修

三　社会福祉を目的とする事業の経営に関する指導及び助言

四　市町村社会福祉協議会の相互の連絡及び事業の調整

2　前条第五項及び第六項の規定は、都道府県社会福祉協議会について準用する。

（社会福祉協議会連合会）

第百十一条　都道府県社会福祉協議会は、相互の連絡及び事業の調整を行うため、全国を単位として、社会福祉協議会連合会を設立することができる。

2　第百九条第五項の規定は、社会福祉協議会連合会について準用する。

第四節　共同募金

（共同募金）

第百十二条　この法律において「共同募金」とは、都道府県の区域を単位として、毎年一回、厚生労働大臣の定める期間内に限つてあまねく行う寄附金の募集であつて、その区域内における地域福祉の推進を図るため、その寄附金をその区域内において社会福祉事業、更生保護事業その他の社会福祉を目的とする事業を経営する者（国及び地方公共団体を除く。以下この節において同じ。）に配分することを目的とするものをいう。

（共同募金会）

第百十三条　共同募金を行う事業は、第二条の規定にかかわらず、第一種社会福祉事業とする。

2　共同募金事業を行うことを目的として設立される社会福祉法人を共同募金会と称する。

3　共同募金会以外の者は、共同募金事業を行つてはならない。

4　共同募金会及びその連合会以外の者は、その名称中に、「共同募金会」又はこれと紛らわしい文字を用いてはならない。

（共同募金会の認可）

第百十四条　第三十条第一項の所轄庁は、共同募金会の設立の認可に当たつては、第三十二条に規定する事項のほか、次に掲げる事項をも審査しなければならない。

一　当該共同募金の区域内に都道府県社会福祉協議会が存すること。

二　特定人の意思によつて事業の経営が左右されるおそれがないものであること。

三　当該共同募金の配分を受ける者が役員、評議員又は配分委員会の委員に含まれないこと。

四　役員、評議員又は配分委員会の委員が、当該共同募金の区域内における民意を公正に代表するものであること。

（配分委員会）

第百十五条　寄附金の公正な配分に資するため、共同募金会に配分委員会を置く。

2　第四十条第一項の規定は、配分委員会の委員について準用する。
3　共同募金会の役員は、配分委員会の委員となることができる。ただし、委員の総数の三分の一を超えてはならない。
4　この節に規定するもののほか、配分委員会に関し必要な事項は、政令で定める。

（**共同募金の性格**）
第百十六条　共同募金は、寄附者の自発的な協力を基礎とするものでなければならない。

（**共同募金の配分**）
第百十七条　共同募金は、社会福祉を目的とする事業を経営する者以外の者に配分してはならない。
2　共同募金会は、寄附金の配分を行うに当たつては、配分委員会の承認を得なければならない。
3　共同募金会は、第百十二条に規定する期間が満了した日の属する会計年度の翌年度の末日までに、その寄附金を配分しなければならない。
4　国及び地方公共団体は、寄附金の配分について干渉してはならない。

（**準備金**）
第百十八条　共同募金会は、前条第三項の規定にかかわらず、災害救助法（昭和二十二年法律第百十八号）第二条第一項に規定する災害の発生その他厚生労働省令で定める特別の事情がある場合に備えるため、共同募金の寄附金の額に厚生労働省令で定める割合を乗じて得た額を限度として、準備金を積み立てることができる。
2　共同募金会は、前項の災害の発生その他特別の事情があつた場合には、第百十二条の規定にかかわらず、当該共同募金会が行う共同募金の区域以外の区域において社会福祉を目的とする事業を経営する者に配分することを目的として、拠出の趣旨を定め、同項の準備金の全部又は一部を他の共同募金会に拠出することができる。
3　前項の規定による拠出を受けた共同募金会は、拠出された金額を、同項の拠出の趣旨に従い、当該共同募金会の区域において社会福祉を目的とする事業を経営する者に配分しなければならない。
4　共同募金会は、第一項に規定する準備金の積立て、第二項に規定する準備金の拠出及び前項の規定に基づく配分を行うに当たつては、配分委員会の承認を得なければならない。

（**計画の公告**）
第百十九条　共同募金会は、共同募金を行うには、あらかじめ、都道府県社会福祉協議会の意見を聴き、及び配分委員会の承認を得て、共同募金の目標額、受配者の範囲及び配分の方法を定め、これを公告しなければならない。

（**結果の公告**）
第百二十条　共同募金会は、寄附金の配分を終了したときは、一月以内に、募金の総額、配分を受けた者の氏名又は名称及び配分した額並びに第百十八条第一項の規定により新たに積み立てられた準備金の額及び準備金の総額を公告しなければならない。
2　共同募金会は、第百十八条第二項の規定により準備金を拠出した場合には、速やかに、同項の拠出の趣旨、拠出先の共同募金会及び拠出した額を公告しなければならない。
3　共同募金会は、第百十八条第三項の規定により配分を行つた場合には、配分を終了した後三月以内に、拠出を受けた総額及び拠出された金額の配分を受けた者の氏名又は名称を公告するとともに、当該拠出を行つた共同募金会に対し、拠出された金額の配分を受けた者の氏名又は名称を通知しなければならない。

（**共同募金会に対する解散命令**）
第百二十一条　第三十条第一項の所轄庁は、共同募金会については、第五十六条第八項の事由が生じた場合のほか、第百十四条各号に規定する基準に適合しないと認められるに至つた場合においても、解散を命ずることができる。ただし、他の方法により監督の目的を達することができない場合に限る。

（**受配者の寄附金募集の禁止**）
第百二十二条　共同募金の配分を受けた者は、その配分を受けた後一年間は、その事業の経営に必要な資金を得るために寄附金を募集してはならない。

第百二十三条　削除

（**共同募金会連合会**）
第百二十四条　共同募金会は、相互の連絡及び事業の調整を行うため、全国を単位として、共同募金会連合会を設立することができる。

第十一章　社会福祉連携推進法人

第一節　認定等

（**社会福祉連携推進法人の認定**）
第百二十五条　次に掲げる業務（以下この章において「社会福祉連携推進業務」という。）

を行おうとする一般社団法人は、第百二十七条各号に掲げる基準に適合する一般社団法人であることについての所轄庁の認定を受けることができる。

一　地域福祉の推進に係る取組を社員が共同して行うための支援

二　災害が発生した場合における社員（社会福祉事業を経営する者に限る。次号、第五号及び第六号において同じ。）が提供する福祉サービスの利用者の安全を社員が共同して確保するための支援

三　社員が経営する社会福祉事業の経営方法に関する知識の共有を図るための支援

四　資金の貸付けその他の社員（社会福祉法人に限る。）が社会福祉事業に係る業務を行うのに必要な資金を調達するための支援として厚生労働省令で定めるもの

五　社員が経営する社会福祉事業の従事者の確保のための支援及びその資質の向上を図るための研修

六　社員が経営する社会福祉事業に必要な設備又は物資の供給

（**認定申請**）

第百二十六条　前条の認定（以下この章において「社会福祉連携推進認定」という。）の申請は、厚生労働省令で定める事項を記載した申請書に、定款、社会福祉連携推進方針その他厚生労働省令で定める書類を添えてしなければならない。

2　前項の社会福祉連携推進方針には、次に掲げる事項を記載しなければならない。

一　社員の氏名又は名称

二　社会福祉連携推進業務を実施する区域

三　社会福祉連携推進業務の内容

四　前条第四号に掲げる業務を行おうとする場合には、同号に掲げる業務により支援を受けようとする社員及び支援の内容その他厚生労働省令で定める事項

（**認定の基準**）

第百二十七条　所轄庁は、社会福祉連携推進認定の申請をした一般社団法人が次に掲げる基準に適合すると認めるときは、当該法人について社会福祉連携推進認定をすることができる。

一　その設立の目的について、社員の社会福祉に係る業務の連携を推進し、並びに地域における良質かつ適切な福祉サービスの提供及び社会福祉法人の経営基盤の強化に資することが主たる目的であること。

二　社員の構成について、社会福祉法人その他社会福祉事業を経営する者又は社会福祉法人の経営基盤を強化するために必要な者として厚生労働省令で定める者を社員とし、社会福祉法人である社員の数が社員の過半数であること。

三　社会福祉連携推進業務を適切かつ確実に行うに足りる知識及び能力並びに財産的基礎を有するものであること。

四　社員の資格の得喪に関して、第一号の目的に照らし、不当に差別的な取扱いをする条件その他の不当な条件を付していないものであること。

五　定款において、一般社団法人及び一般財団法人に関する法律第十一条第一項各号に掲げる事項のほか、次に掲げる事項を記載し、又は記録していること。

イ　社員が社員総会において行使できる議決権の数、議決権を行使することができる事項、議決権の行使の条件その他厚生労働省令で定める社員の議決権に関する事項

ロ　役員について、次に掲げる事項

(1)　理事六人以上及び監事二人以上を置く旨

(2)　理事のうちに、各理事について、その配偶者又は三親等以内の親族その他各理事と厚生労働省令で定める特殊の関係がある者が三人を超えて含まれず、並びに当該理事並びにその配偶者及び三親等以内の親族その他各理事と厚生労働省令で定める特殊の関係がある者が理事の総数の三分の一を超えて含まれないこととする旨

(3)　監事のうちに、各役員について、その配偶者又は三親等以内の親族その他各役員と厚生労働省令で定める特殊の関係がある者が含まれないこととする旨

(4)　理事又は監事について、社会福祉連携推進業務について識見を有する者その他厚生労働省令で定める者を含むこととする旨

ハ　代表理事を一人置く旨

ニ　理事会を置く旨及びその理事会に関する事項

ホ　その事業の規模が政令で定める基準を超える一般社団法人においては、次に掲げる事項

(1)　理事の職務の執行が法令及び定款に

適合することを確保するための体制その他当該一般社団法人の業務の適正を確保するために必要なものとして厚生労働省令で定める体制の整備に関する事項は理事会において決議すべき事項である旨

(2) 会計監査人を置く旨及び会計監査人が監査する事項その他厚生労働省令で定める事項

へ 次に掲げる要件を満たす評議会（第百三十六条において「社会福祉連携推進評議会」という。）を置く旨並びにその構成員の選任及び解任の方法

(1) 福祉サービスを受ける立場にある者、社会福祉に関する団体、学識経験を有する者その他の関係者をもつて構成していること。

(2) 当該一般社団法人がトの承認をするに当たり、必要があると認めるときは、社員総会及び理事会において意見を述べることができるものであること。

(3) 社会福祉連携推進方針に照らし、当該一般社団法人の業務の実施の状況について評価を行い、必要があると認めるときは、社員総会及び理事会において意見を述べることができるものであること。

ト 第百二十五条第四号の支援を受ける社会福祉法人である社員が当該社会福祉法人の予算の決定又は変更その他厚生労働省令で定める事項を決定するに当たつては、あらかじめ、当該一般社団法人の承認を受けなければならないこととする旨

チ 資産に関する事項

リ 会計に関する事項

ヌ 解散に関する事項

ル 第百四十五条第一項又は第二項の規定による社会福祉連携推進認定の取消しの処分を受けた場合において、第百四十六条第二項に規定する社会福祉連携推進目的取得財産残額があるときは、これに相当する額の財産を当該社会福祉連携推進認定の取消しの処分の日から一月以内に国、地方公共団体又は次条第一号イに規定する社会福祉連携推進法人、社会福祉法人その他の厚生労働省令で定める者（ヲにおいて「国等」という。）に贈与する旨

ヲ 清算をする場合において残余財産を国等に帰属させる旨

ワ 定款の変更に関する事項

六 前各号に掲げるもののほか、社会福祉連携推進業務を適切に行うために必要なものとして厚生労働省令で定める要件に該当するものであること。

（欠格事由）

第百二十八条 次の各号のいずれかに該当する一般社団法人は、社会福祉連携推進認定を受けることができない。

一 その理事及び監事のうちに、次のいずれかに該当する者があるもの

イ 社会福祉連携推進認定を受けた一般社団法人（以下この章、第百五十五条第一項及び第百六十五条において「社会福祉連携推進法人」という。）が第百四十五条第一項又は第二項の規定により社会福祉連携推進認定を取り消された場合において、その取消しの原因となつた事実があつた日以前一年内に当該社会福祉連携推進法人の業務を行う理事であつた者でその取消しの日から五年を経過しないもの

ロ この法律その他社会福祉に関する法律で政令で定めるものの規定により罰金以上の刑に処せられ、その執行を終わり、又は執行を受けることがなくなつた日から五年を経過しない者（ハに該当する者を除く。）

ハ 禁錮以上の刑に処せられ、その刑の執行を終わり、又は刑の執行を受けることがなくなつた日から五年を経過しない者

ニ 暴力団員等

二 第百四十五条第一項又は第二項の規定により社会福祉連携推進認定を取り消され、その取消しの日から五年を経過しないもの

三 暴力団員等がその事業活動を支配するもの

（認定の通知及び公示）

第百二十九条 所轄庁は、社会福祉連携推進認定をしたときは、厚生労働省令で定めるところにより、その旨をその申請をした者に通知するとともに、公示しなければならない。

（名称）

第百三十条 社会福祉連携推進法人は、その名称中に社会福祉連携推進法人という文字を用いなければならない。

2 社会福祉連携推進認定を受けたことによる名称の変更の登記の申請書には、社会福祉連

携推進認定を受けたことを証する書面を添付しなければならない。

3　社会福祉連携推進法人でない者は、その名称又は商号中に、社会福祉連携推進法人であると誤認されるおそれのある文字を用いてはならない。

4　社会福祉連携推進法人は、不正の目的をもつて、他の社会福祉連携推進法人であると誤認されるおそれのある名称又は商号を使用してはならない。

（**準用**）

第百三十一条　第三十条の規定は、社会福祉連携推進認定の所轄庁について準用する。この場合において、同条第一項第二号中「もの及び第百九条第二項に規定する地区社会福祉協議会である社会福祉法人」とあるのは、「もの」と読み替えるものとする。

第二節　業務運営等

（**社会福祉連携推進法人の業務運営**）

第百三十二条　社会福祉連携推進法人は、社員の社会福祉に係る業務の連携の推進及びその運営の透明性の確保を図り、地域における良質かつ適切な福祉サービスの提供及び社会福祉法人の経営基盤の強化に資する役割を積極的に果たすよう努めなければならない。

2　社会福祉連携推進法人は、社会福祉連携推進業務を行うに当たり、当該一般社団法人の社員、理事、監事、職員その他の政令で定める関係者に対し特別の利益を与えてはならない。

3　社会福祉連携推進法人は、社会福祉連携推進業務以外の業務を行う場合には、社会福祉連携推進業務以外の業務を行うことによつて社会福祉連携推進業務の実施に支障を及ぼさないようにしなければならない。

4　社会福祉連携推進法人は、社会福祉事業を行うことができない。

（**社員の義務**）

第百三十三条　社会福祉連携推進法人の社員（社会福祉事業を経営する者に限る。次条第一項において同じ。）は、その提供する福祉サービスに係る業務を行うに当たり、その所属する社会福祉連携推進法人の社員である旨を明示しておかなければならない。

（**委託募集の特例等**）

第百三十四条　社会福祉連携推進法人の社員が、当該社会福祉連携推進法人をして社会福祉事業に従事する労働者の募集に従事させようとする場合において、当該社会福祉連携推進法人が社会福祉連携推進業務として当該募集に従事しようとするときは、職業安定法第三十六条第一項及び第三項の規定は、当該社員については、適用しない。

2　社会福祉連携推進法人は、前項に規定する募集に従事するときは、あらかじめ、厚生労働省令で定めるところにより、募集時期、募集人員、募集地域その他の労働者の募集に関する事項で厚生労働省令で定めるものを厚生労働大臣に届け出なければならない。

3　職業安定法第三十七条第二項の規定は前項の規定による届出があつた場合について、同法第五条の三第一項及び第四項、第五条の四第一項及び第二項、第五条の五、第三十九条、第四十一条第二項、第四十二条、第四十八条の三第一項、第四十八条の四、第五十条第一項及び第二項並びに第五十一条の規定は前項の規定による届出をして労働者の募集に従事する者について、同法第四十条の規定は同項の規定による届出をして労働者の募集に従事する者に対する報酬の供与について、同法第五十条第三項及び第四項の規定はこの項において準用する同条第二項に規定する職権を行う場合について、それぞれ準用する。この場合において、同法第三十七条第二項中「労働者の募集を行おうとする者」とあるのは「社会福祉法第百三十四条第二項の規定による届出をして労働者の募集に従事しようとする者」と、同法第四十一条第二項中「当該労働者の募集の業務の廃止を命じ、又は期間」とあるのは「期間」と読み替えるものとする。

4　社会福祉連携推進法人が第一項に規定する募集に従事しようとする場合における職業安定法第三十六条第二項及び第四十二条の二の規定の適用については、同項中「前項の」とあるのは「被用者以外の者をして労働者の募集に従事させようとする者がその被用者以外の者に与えようとする」と、同条中「第三十九条に規定する募集受託者をいう。同項」とあるのは「社会福祉法第百三十四条第二項の規定による届出をして労働者の募集に従事する者をいう。次項」とする。

第百三十五条　公共職業安定所は、前条第二項の規定による届出をして労働者の募集に従事する社会福祉連携推進法人に対して、当該募集が効果的かつ適切に実施されるよう、雇用情報及び職業に関する調査研究の成果を提供し、かつ、これらに基づき当該募集の内容又は方法について指導を行うものとする。

（評価の結果の公表等）

第百三十六条　社会福祉連携推進法人は、第百二十七条第五号ヘ(3)の社会福祉連携推進評議会による評価の結果を公表しなければならない。

2　社会福祉連携推進法人は、第百二十七条第五号ヘ(3)の社会福祉連携推進評議会による意見を尊重するものとする。

（社会福祉連携推進目的事業財産）

第百三十七条　社会福祉連携推進法人は、次に掲げる財産を社会福祉連携推進業務を行うために使用し、又は処分しなければならない。ただし、厚生労働省令で定める正当な理由がある場合は、この限りでない。

一　社会福祉連携推進認定を受けた日以後に寄附を受けた財産（寄附をした者が社会福祉連携推進業務以外のために使用すべき旨を定めたものを除く。）

二　社会福祉連携推進認定を受けた日以後に交付を受けた補助金その他の財産（財産を交付した者が社会福祉連携推進業務以外のために使用すべき旨を定めたものを除く。）

三　社会福祉連携推進認定を受けた日以後に行つた社会福祉連携推進業務に係る活動の対価として得た財産

四　社会福祉連携推進認定を受けた日以後に行つた社会福祉連携推進業務以外の業務から生じた収益に厚生労働省令で定める割合を乗じて得た額に相当する財産

五　前各号に掲げる財産を支出することにより取得した財産

六　社会福祉連携推進認定を受けた日の前に取得した財産であつて同日以後に厚生労働省令で定める方法により社会福祉連携推進業務の用に供するものである旨を表示した財産

七　前各号に掲げるもののほか、当該社会福祉連携推進法人が社会福祉連携推進業務を行うことにより取得し、又は社会福祉連携推進業務を行うために保有していると認められるものとして厚生労働省令で定める財産

（計算書類等）

第百三十八条　第四十五条の二十三、第四十五条の三十二第四項、第四十五条の三十四及び第四十五条の三十五の規定は、社会福祉連携推進法人の計算について準用する。この場合において、次の表の上欄に掲げる規定中同表の中欄に掲げる字句は、それぞれ同表の下欄に掲げる字句に読み替えるものとする。

第四十五条の三十二第四項及び第四十五条の三十四第四項	評議員	社員
第四十五条の三十二第四項第一号	計算書類等	計算書類等（各事業年度に係る計算書類及び事業報告並びにこれらの附属明細書並びに監査報告（会計監査人を設置する場合にあつては、会計監査報告を含む。）をいう。次号において同じ。）
第四十五条の三十四第一項	社会福祉法人が成立した日	社会福祉連携推進法人が第百二十六条第一項に規定する社会福祉連携推進認定を受けた日
	当該成立した日	当該日
第四十五条の三十四第一項第二号並びに第四十五条の三十五第一項及び第三項	理事、監事及び評議員	理事及び監事
第四十五条の三十四第一項第三号	第五十九条の二第一項第二号	第百四十四条において準用する第五十九条の二第一項第二号
第四十五条の三十五第二項	評議員会	社員総会

2　社会福祉連携推進法人の計算書類等（各事業年度に係る計算書類及び事業報告並びにこ

れらの附属明細書並びに監査報告（会計監査人を設置する場合にあつては、会計監査報告を含む。）をいう。）に関する一般社団法人及び一般財団法人に関する法律第百二十条第一項、第百二十三条第一項及び第二項並びに第百二十四条第一項及び第二項の規定の適用については、同法第百二十条第一項、第百二十三条第一項及び第二項並びに第百二十四条第一項及び第二項中「法務省令」とあるのは「厚生労働省令」と、同法第百二十三条第一項中「その成立の日」とあるのは「社会福祉法第百二十六条第一項に規定する社会福祉連携推進認定を受けた日」とする。

（**定款の変更等**）

第百三十九条　定款の変更（厚生労働省令で定める事項に係るものを除く。）は、社会福祉連携推進認定をした所轄庁（以下この章において「認定所轄庁」という。）の認可を受けなければ、その効力を生じない。

2　認定所轄庁は、前項の規定による認可の申請があつたときは、その定款の内容が法令の規定に違反していないかどうか等を審査した上で、当該定款の認可を決定しなければならない。

3　社会福祉連携推進法人は、第一項の厚生労働省令で定める事項に係る定款の変更をしたときは、遅滞なくその旨を認定所轄庁に届け出なければならない。

4　第三十四条の二第三項の規定は、社会福祉連携推進法人の定款の閲覧について準用する。この場合において、同項中「評議員」とあるのは、「社員」と読み替えるものとする。

（**社会福祉連携推進方針の変更**）

第百四十条　社会福祉連携推進法人は、社会福祉連携推進方針を変更しようとするときは、認定所轄庁の認定を受けなければならない。

第三節　解散及び清算

第百四十一条　第四十六条第三項、第四十六条の二、第四十六条の六第四項及び第五項並びに第四十七条の四から第四十七条の六までの規定は、社会福祉連携推進法人の解散及び清算について準用する。この場合において、第四十六条第三項中「第一項第二号又は第五号」とあるのは「一般社団法人及び一般財団法人に関する法律第百四十八条各号」と、「所轄庁」とあるのは「認定所轄庁（第百三十九条第一項に規定する認定所轄庁をいう。第四十六条の六第四項及び第五項並びに第四十七条の五において同じ。）」と、第四十六条の六第四項及び第五項並びに第四十七条の五中「所轄庁」とあるのは「認定所轄庁」と、第四十七条の六第二項中「第四十六条の十三」とあるのは「一般社団法人及び一般財団法人に関する法律第二百十六条」と、「準用する。この場合において、同条中「清算人及び監事」とあるのは、「社会福祉法人及び検査役」と読み替えるものとする」とあるのは「準用する」と読み替えるものとする。

第四節　監督等

（**代表理事の選定及び解職**）

第百四十二条　代表理事の選定及び解職は、認定所轄庁の認可を受けなければ、その効力を生じない。

（**役員等に欠員を生じた場合の措置等**）

第百四十三条　第四十五条、第四十五条の六第二項及び第三項並びに第四十五条の七の規定は、社会福祉連携推進法人の役員及び会計監査人について準用する。この場合において、第四十五条中「定時評議員会」とあるのは「定時社員総会」と、第四十五条の六第二項中「前項に規定する」とあるのは「この法律若しくは定款で定めた社会福祉連携推進法人の役員の員数又は代表理事が欠けた」と、「所轄庁」とあるのは「認定所轄庁（第百三十九条第一項に規定する認定所轄庁をいう。）」と、「一時役員」とあるのは「一時役員又は代表理事」と読み替えるものとする。

2　社会福祉連携推進法人の監事に関する一般社団法人及び一般財団法人に関する法律第百条の規定の適用については、同条中「理事会設置一般社団法人にあっては、理事会」とあるのは、「社会福祉法第百三十九条第一項に規定する認定所轄庁、社員総会又は理事会」とする。

（**監督等**）

第百四十四条　第五十六条（第八項を除く。）、第五十七条の二、第五十九条、第五十九条の二（第二項を除く。）及び第五十九条の三の規定は、社会福祉連携推進法人について準用する。この場合において、次の表の上欄に掲げる規定中同表の中欄に掲げる字句は、それぞれ同表の下欄に掲げる字句に読み替えるものとする。

第五十六条第一項	所轄庁	認定所轄庁（第百三十九条第一項に規定する認

		定所轄庁をいう。以下同じ。）
第五十六条第四項から第七項まで、第九項及び第十一項、第五十七条の二、第五十九条並びに第五十九条の二第四項	所轄庁	認定所轄庁
第五十七条の二第二項	及び第四項から第九項まで並びに前条	、第四項から第七項まで及び第九項
第五十九条第一号	第四十五条の三十二第一項	一般社団法人及び一般財団法人に関する法律第百二十九条第一項
第五十九条第二号	第四十五条の三十四第二項	第百三十八条第一項において準用する第四十五条の三十四第二項
第五十九条の二第一項第一号	第三十一条第一項若しくは第四十	第百三十九条第一項

	五条の三十六第二項	
	同条第四項	同条第三項
第五十九条の二第一項第二号	第四十五条の三十五第二項	第百三十八条第一項において準用する第四十五条の三十五第二項
第五十九条の二第三項	前項前段の事務	当該都道府県の区域内に主たる事務所を有する社会福祉連携推進法人（厚生労働大臣が認定所轄庁であるものを除く。）の活動の状況その他の厚生労働省令で定める事項について、調査、分析及び必要な統計その他の資料の作成
	所轄庁（市長に限る。次項において同じ。）	認定所轄庁

（社会福祉連携推進認定の取消し）

第百四十五条　認定所轄庁は、社会福祉連携推進法人が、次の各号のいずれかに該当するときは、社会福祉連携推進認定を取り消さなければならない。

一　第百二十八条第一号又は第三号に該当するに至つたとき。

二　偽りその他不正の手段により社会福祉連携推進認定を受けたとき。

2　認定所轄庁は、社会福祉連携推進法人が、次の各号のいずれかに該当するときは、社会福祉連携推進認定を取り消すことができる。

一　第百二十七条各号（第五号を除く。）に掲げる基準のいずれかに適合しなくなつたとき。

二　社会福祉連携推進法人から社会福祉連携推進認定の取消しの申請があつたとき。

三　この法律若しくはこの法律に基づく命令又はこれらに基づく処分に違反したとき。

3　認定所轄庁は、前二項の規定により社会福祉連携推進認定を取り消したときは、厚生労働省令で定めるところにより、その旨を公示しなければならない。

4　第一項又は第二項の規定により社会福祉連携推進認定を取り消された社会福祉連携推進法人は、その名称中の社会福祉連携推進法人という文字を一般社団法人と変更する定款の変更をしたものとみなす。

5　公益社団法人及び公益財団法人の認定等に関する法律（平成十八年法律第四十九号）第二十九条第六項及び第七項の規定は、認定所轄庁が第一項又は第二項の規定により社会福祉連携推進認定を取り消した場合について準用する。この場合において、同条第六項中「行政庁は、第一項又は第二項の規定による公益認定」とあるのは、「社会福祉法第百三十九条第一項に規定する認定所轄庁は、同法第百二十六条第一項に規定する社会福祉連携推進認定」と読み替えるものとする。

（**社会福祉連携推進認定の取消しに伴う贈与**）

第百四十六条　認定所轄庁が社会福祉連携推進認定の取消しをした場合において、第百二十七条第五号ルに規定する定款の定めに従い、当該社会福祉連携推進認定の取消しの日から一月以内に社会福祉連携推進目的取得財産残額に相当する額の財産の贈与に係る書面による契約が成立しないときは、認定所轄庁が当該社会福祉連携推進目的取得財産残額に相当する額の金銭について、同号ルに規定する定款で定める贈与を当該社会福祉連携推進認定の取消しを受けた法人（第四項において「認定取消法人」という。）から受ける旨の書面による契約が成立したものとみなす。当該社会福祉連携推進認定の取消しの日から一月以内に当該社会福祉連携推進目的取得財産残額の一部に相当する額の財産について同号ルに規定する定款で定める贈与に係る書面による契約が成立した場合における残余の部分についても、同様とする。

2　前項の「社会福祉連携推進目的取得財産残額」とは、第一号に掲げる財産から第二号に掲げる財産を除外した残余の財産の価額の合計額から第三号に掲げる額を控除して得た額をいう。

一　当該社会福祉連携推進法人が取得した全ての社会福祉連携推進目的事業財産（第百三十七条各号に掲げる財産をいう。以下この項において同じ。）

二　当該社会福祉連携推進法人が社会福祉連携推進認定を受けた日以後に社会福祉連携推進業務を行うために費消し、又は譲渡した社会福祉連携推進目的事業財産

三　社会福祉連携推進目的事業財産以外の財産であつて当該社会福祉連携推進法人が社会福祉連携推進認定を受けた日以後に社会福祉連携推進業務を行うために費消し、又は譲渡したもの及び同日以後に社会福祉連携推進業務の実施に伴い負担した公租公課の支払その他厚生労働省令で定めるものの額の合計額

3　前項に定めるもののほか、社会福祉連携推進目的取得財産残額の算定の細目その他その算定に関し必要な事項は、厚生労働省令で定める。

4　認定所轄庁は、第一項の場合には、認定取消法人に対し、前二項の規定により算定した社会福祉連携推進目的取得財産残額及び第一項の規定により当該認定取消法人と認定所轄庁との間に当該社会福祉連携推進目的取得財産残額又はその一部に相当する額の金銭の贈与に係る契約が成立した旨を通知しなければならない。

5　社会福祉連携推進法人は、第百二十七条第五号ルに規定する定款の定めを変更することができない。

第五節　雑則

（**一般社団法人及び一般財団法人に関する法律の適用除外**）

第百四十七条　社会福祉連携推進法人については、一般社団法人及び一般財団法人に関する法律第五条第一項、第六十七条第一項及び第三項、第百二十八条並びに第五章の規定は、適用しない。

（**政令及び厚生労働省令への委任**）

第百四十八条　この章に定めるもののほか、社会福祉連携推進認定及び社会福祉連携推進法人の監督に関し必要な事項は政令で、第百三十九条第一項及び第百四十二条の認可の申請に関し必要な事項は厚生労働省令で、それぞれ定める。

第十二章　雑則

（**芸能、出版物等の推薦等**）

第百四十九条　社会保障審議会は、社会福祉の増進を図るため、芸能、出版物等を推薦し、又はそれらを製作し、興行し、若しくは販売する者等に対し、必要な勧告をすることができる。

（**大都市等の特例**）

第百五十条　第七章及び第八章の規定により都道府県が処理することとされている事務のうち政令で定めるものは、指定都市及び中核市においては、政令の定めるところにより、指定都市又は中核市（以下「指定都市等」という。）が処理するものとする。この場合においては、これらの章中都道府県に関する規定は、指定都市等に関する規定として、指定都市等に適用があるものとする。

（**事務の区分**）

第百五十一条　別表の上欄に掲げる地方公共団体がそれぞれ同表の下欄に掲げる規定により処理することとされている事務は、地方自治法第二条第九項第一号に規定する第一号法定受託事務とする。

（権限の委任）

第百五十二条　この法律に規定する厚生労働大臣の権限は、厚生労働省令で定めるところにより、地方厚生局長に委任することができる。

２　前項の規定により地方厚生局長に委任された権限は、厚生労働省令で定めるところにより、地方厚生支局長に委任することができる。

（経過措置）

第百五十三条　この法律の規定に基づき政令を制定し、又は改廃する場合においては、その政令で、その制定又は改廃に伴い合理的に必要と判断される範囲内において、所要の経過措置（罰則に関する経過措置を含む。）を定めることができる。

（厚生労働省令への委任）

第百五十四条　この法律に規定するもののほか、この法律の実施のため必要な手続その他の事項は、厚生労働省令で定める。

第十三章　罰則

第百五十五条　次に掲げる者が、自己若しくは第三者の利益を図り又は社会福祉法人若しくは社会福祉連携推進法人に損害を加える目的で、その任務に背く行為をし、当該社会福祉法人又は社会福祉連携推進法人に財産上の損害を加えたときは、七年以下の懲役若しくは五百万円以下の罰金に処し、又はこれを併科する。

一　評議員、理事又は監事

二　民事保全法第五十六条に規定する仮処分命令により選任された評議員、理事又は監事の職務を代行する者

三　第四十二条第二項又は第四十五条の六第二項（第四十五条の十七第三項及び第百四十三条第一項において準用する場合を含む。）の規定により選任された一時評議員、理事、監事又は理事長の職務を行うべき者

２　次に掲げる者が、自己若しくは第三者の利益を図り又は清算法人に損害を加える目的で、その任務に背く行為をし、当該清算法人に財産上の損害を加えたときも、前項と同様とする。

一　清算人

二　民事保全法第五十六条に規定する仮処分命令により選任された清算人の職務を代行する者

三　第四十六条の七第三項において準用する一般社団法人及び一般財団法人に関する法律第七十五条第二項の規定により選任された一時清算人又は清算法人の監事の職務を行うべき者

四　第四十六条の十一第七項において準用する一般社団法人及び一般財団法人に関する法律第七十九条第二項の規定により選任された一時代表清算人の職務を行うべき者

五　第四十六条の七第三項において準用する一般社団法人及び一般財団法人に関する法律第百七十五条第二項の規定により選任された一時清算法人の評議員の職務を行うべき者

３　前二項の罪の未遂は、罰する。

第百五十六条　次に掲げる者が、その職務に関し、不正の請託を受けて、財産上の利益を収受し、又はその要求若しくは約束をしたときは、五年以下の懲役又は五百万円以下の罰金に処する。

一　前条第一項各号又は第二項各号に掲げる者

二　社会福祉法人の会計監査人又は第四十五条の六第三項（第百四十三条第一項において準用する場合を含む。）の規定により選任された一時会計監査人の職務を行うべき者

２　前項の利益を供与し、又はその申込み若しくは約束をした者は、三年以下の懲役又は三百万円以下の罰金に処する。

３　第一項の場合において、犯人の収受した利益は、没収する。その全部又は一部を没収することができないときは、その価額を追徴する。

第百五十七条　第百五十五条及び前条第一項の罪は、日本国外においてこれらの罪を犯した者にも適用する。

２　前条第二項の罪は、刑法（明治四十年法律第四十五号）第二条の例に従う。

第百五十八条　第百五十六条第一項第二号に掲げる者が法人であるときは、同項の規定は、その行為をした会計監査人又は一時会計監査人の職務を行うべき者に対して適用する。

第百五十九条　次の各号のいずれかに該当する場合には、当該違反行為をした者は、一年以下の懲役又は百万円以下の罰金に処する。

一　第百六条の四第五項の規定に違反して秘密を漏らしたとき。

二　第百六条の六第五項の規定に違反して秘密を漏らしたとき。

三　第百三十四条第三項において準用する職業安定法第四十一条第二項の規定による業

務の停止の命令に違反して、労働者の募集に従事したとき。

第百六十条　第九十五条の四（第百一条及び第百六条において準用する場合を含む。）又は第九十五条の五第二項の規定に違反した者は、一年以下の懲役又は五十万円以下の罰金に処する。

第百六十一条　次の各号のいずれかに該当する場合には、当該違反行為をした者は、六月以下の懲役又は五十万円以下の罰金に処する。

一　第五十七条に規定する停止命令に違反して引き続きその事業を行つたとき。

二　第六十二条第二項又は第六十七条第二項の規定に違反して社会福祉事業を経営したとき。

三　第七十二条第一項から第三項まで（これらの規定を第七十三条の規定により読み替えて適用する場合を含む。）に規定する制限若しくは停止の命令に違反したとき又は第七十二条第一項若しくは第二項の規定により許可を取り消されたにもかかわらず、引き続きその社会福祉事業を経営したとき。

第百六十二条　次の各号のいずれかに該当する場合には、当該違反行為をした者は、六月以下の懲役又は三十万円以下の罰金に処する。

一　第百三十四条第二項の規定による届出をしないで、労働者の募集に従事したとき。

二　第百三十四条第三項において準用する職業安定法第三十七条第二項の規定による指示に従わなかつたとき。

三　第百三十四条第三項において準用する職業安定法第三十九条又は第四十条の規定に違反したとき。

第百六十三条　次の各号のいずれかに該当する場合には、当該違反行為をした者は、三十万円以下の罰金に処する。

一　第百三十四条第三項において準用する職業安定法第五十条第一項の規定による報告をせず、又は虚偽の報告をしたとき。

二　第百三十四条第三項において準用する職業安定法第五十条第二項の規定による立入り若しくは検査を拒み、妨げ、若しくは忌避し、又は質問に対して答弁をせず、若しくは虚偽の陳述をしたとき。

三　第百三十四条第三項において準用する職業安定法第五十一条第一項の規定に違反して秘密を漏らしたとき。

第百六十四条　法人の代表者又は法人若しくは人の代理人、使用人その他の従業者が、その法人又は人の事業に関し、第百五十九条第三号又は前三条の違反行為をしたときは、行為者を罰するほか、その法人又は人に対しても各本条の罰金刑を科する。

第百六十五条　社会福祉法人の評議員、理事、監事、会計監査人若しくはその職務を行うべき社員、清算人、民事保全法第五十六条に規定する仮処分命令により選任された評議員、理事、監事若しくは清算人の職務を代行する者、第百五十五条第一項第三号に規定する一時評議員、理事、監事若しくは理事長の職務を行うべき者、同条第二項第三号に規定する一時清算人若しくは清算法人の監事の職務を行うべき者、同項第四号に規定する一時代表清算人の職務を行うべき者、同項第五号に規定する一時清算法人の評議員の職務を行うべき者若しくは第百五十六条第一項第二号に規定する一時会計監査人の職務を行うべき者又は社会福祉連携推進法人の理事、監事、会計監査人若しくはその職務を行うべき社員、同法第五十六条に規定する仮処分命令により選任された理事若しくは監事の職務を代行する者、第百四十三条第一項において準用する第四十五条の六第二項の規定により選任された一時理事、監事若しくは代表理事の職務を行うべき者、一般社団法人及び一般財団法人に関する法律第三百三十四条第一項第六号に規定する一時理事、監事若しくは代表理事の職務を行うべき者、第百四十三条第一項において準用する第四十五条の六第三項の規定により選任された一時会計監査人の職務を行うべき者若しくは同法第三百三十七条第一項第二号に規定する一時会計監査人の職務を行うべき者は、次のいずれかに該当する場合には、二十万円以下の過料に処する。ただし、その行為について刑を科すべきときは、この限りでない。

一　この法律に基づく政令の規定による登記をすることを怠つたとき。

二　第四十六条の十二第一項、第四十六条の三十第一項、第五十三条第一項、第五十四条の三第一項又は第五十四条の九第一項の規定による公告を怠り、又は不正の公告をしたとき。

三　第三十四条の二第二項若しくは第三項（第百三十九条第四項において準用する場合を含む。）、第四十五条の十一第四項、第四十五条の十五第二項若しくは第三項、第四十五条の十九第三項、第四十五条の二十

社会福祉

五、第四十五条の三十二第三項若しくは第四項（第百三十八条第一項において準用する場合を含む。）、第四十五条の三十四第三項（第百三十八条第一項において準用する場合を含む。）、第四十六条の二十第二項若しくは第三項、第四十六条の二十六第二項、第五十一条第二項、第五十四条第二項、第五十四条の四第三項、第五十四条の七第二項若しくは第五十四条の十一第三項の規定又は第四十五条の九第十項において準用する一般社団法人及び一般財団法人に関する法律第百九十四条第三項の規定に違反して、正当な理由がないのに、書類若しくは電磁的記録に記録された事項を厚生労働省令で定める方法により表示したものの閲覧若しくは謄写又は書類の謄本若しくは抄本の交付、電磁的記録に記録された事項を電磁的方法により提供すること若しくはその事項を記載した書面の交付を拒んだとき。

四　第四十五条の三十六第四項又は第百三十九条第三項の規定に違反して、届出をせず、又は虚偽の届出をしたとき。

五　定款、議事録、財産目録、会計帳簿、貸借対照表、収支計算書、事業報告、事務報告、第四十五条の二十七第二項若しくは第四十六条の二十四第一項の附属明細書、監査報告、会計監査報告、決算報告又は第五十一条第一項、第五十四条第一項、第五十四条の四第一項、第五十四条の七第一項若しくは第五十四条の十一第一項の書面若しくは電磁的記録に記載し、若しくは記録すべき事項を記載せず、若しくは記録せず、又は虚偽の記載若しくは記録をしたとき。

六　第三十四条の二第一項、第四十五条の十五第一項、第四十五条の三十二第一項若しくは第二項、第四十五条の三十四第一項（第百三十八条第一項において準用する場合を含む。）、第四十六条の二十第一項、第四十六条の二十六第一項、第五十一条第一項、第五十四条第一項、第五十四条の四第二項、第五十四条の七第一項若しくは第五十四条の十一第二項の規定又は第四十五条の九第十項において準用する一般社団法人及び一般財団法人に関する法律第百九十四条第二項の規定に違反して、帳簿又は書類若しくは電磁的記録を備え置かなかつたとき。

七　第四十六条の二第二項（第百四十一条において準用する場合を含む。）又は第四十六条の十二第一項の規定に違反して、破産手続開始の申立てを怠つたとき。

八　清算の結了を遅延させる目的で、第四十六条の三十第一項の期間を不当に定めたとき。

九　第四十六条の三十一第一項の規定に違反して、債務の弁済をしたとき。

十　第四十六条の三十三の規定に違反して、清算法人の財産を引き渡したとき。

十一　第五十三条第三項、第五十四条の三第三項又は第五十四条の九第三項の規定に違反して、吸収合併又は新設合併をしたとき。

十二　第五十六条第一項（第百四十四条において準用する場合を含む。以下この号において同じ。）の規定による報告をせず、若しくは虚偽の報告をし、又は同項の規定による検査を拒み、妨げ、若しくは忌避したとき。

第百六十六条　第二十三条、第百十三条第四項又は第百三十条第三項若しくは第四項の規定に違反した者は、十万円以下の過料に処する。

別表（第百五十一条関係）

都道府県	第三十一条第一項、第四十二条第二項、第四十五条の六第二項（第四十五条の十七第三項において準用する場合を含む。）、第四十五条の九第五項、第四十五条の三十六第二項及び第四項、第四十六条第一項第六号、第二項及び第三項、第四十六条の六第四項及び第五項、第四十七条の五、第五十条第三項、第五十四条の六第二項、第五十五条の二第一項、第五十五条の三第一項、第五十五条の四、第五十六条第一項、第四項から第八項まで及び第九項（第五十八条第四項において準用する場合を含む。）、第五十七条、第五十八条第二項、第五十九条、第百十四条並びに第百二十一条
市	第三十一条第一項、第四十二

	条第二項、第四十五条の六第二項（第四十五条の十七第三項において準用する場合を含む。）、第四十五条の九第五項、第四十五条の三十六第二項及び第四項、第四十六条第一項第六号、第二項及び第三項、第四十六条の六第四項及び第五項、第四十七条の五、第五十条第三項、第五十四条の六第二項、第五十五条の二第一項、第五十五条の三第一項、第五十五条の四、第五十六条第一項、第四項から第八項まで及び第九項（第五十八条第四項において準用する場合を含む。）、第五十七条、第五十八条第一項、第五十九条、第百十四条並びに第百二十一条
町村	第五十八条第二項及び同条第四項において準用する第五十六条第九項

・刑法等の一部を改正する法律の施行に伴う関係法律の整理等に関する法律（令和四・六・一七法律六八）

附則　抄

（施行期日）

1　この法律は、刑法等一部改正法施行日から施行する。〈略〉

人権擁護委員法

（昭和二四・五・三一　法律一三九）

最新改正　令和四法律六八

（この法律の目的）

第一条　この法律は、国民に保障されている基本的人権を擁護し、自由人権思想の普及高揚を図るため、全国に人権擁護委員を置き、これに適用すべき各般の基準を定め、もつて人権の擁護に遺漏なきを期することを目的とする。

（委員の使命）

第二条　人権擁護委員は、国民の基本的人権が侵犯されることのないように監視し、若し、これが侵犯された場合には、その救済のため、すみやかに適切な処置を採るとともに、常に自由人権思想の普及高揚に努めることをもつてその使命とする。

（委員の設置区域）

第三条　人権擁護委員は、市町村（特別区を含む。以下同じ。）の区域に置くものとする。

（委員の定数）

第四条　人権擁護委員の定数は、全国を通じて二万人を越えないものとする。

2　各市町村ごとの人権擁護委員の定数は、その土地の人口、経済、文化その他の事情を考慮し、法務大臣が定める。

3　第十六条第二項に規定する都道府県人権擁護委員連合会は、前項の人権擁護委員の定数につき、法務大臣に意見を述べることができる。

（委員の性格）

第五条　人権擁護委員には、国家公務員法（昭和二十二年法律第百二十号）は、適用されない。

（委員の推薦及び委嘱）

第六条　人権擁護委員は、法務大臣が委嘱する。

2　前項の法務大臣の委嘱は、市町村長（特別区の区長を含む。以下同じ。）が推薦した者の中から、当該市町村を包括する都道府県の区域（北海道にあつては、第十六条第二項ただし書の規定により法務大臣が定める区域とする。以下第五項において同じ。）内の弁護士会及び都道府県人権擁護委員連合会の意見を聴いて、行わなければならない。

3　市町村長は、法務大臣に対し、当該市町村の議会の議員の選挙権を有する住民で、人格識見高く、広く社会の実情に通じ、人権擁護について理解のある社会事業家、教育者、報道新聞の業務に携わる者等及び弁護士会その他婦人、労働者、青年等の団体であつて直接間接に人権の擁護を目的とし、又はこれを支持する団体の構成員の中から、その市町村の議会の意見を聞いて、人権擁護委員の候補者を推薦しなければならない。

4　法務大臣は、市町村長が推薦した候補者が、人権擁護委員として適当でないと認めるときは、市町村長に対し、相当の期間を定めて、さらに他の候補者を推薦すべきことを求めることができる。

5　前項の場合において、市町村長が、同項の期間内に他の候補者を推薦しないときは、法務大臣は、第二項の規定にかかわらず、第三項に規定する者の中から、当該市町村を包括する都道府県の区域内の弁護士会及び都道府県人権擁護委員連合会の意見を聴いて、人権擁護委員を委嘱することができる。

6　人権擁護委員の推薦及び委嘱に当つては、すべての国民は、平等に取り扱われ、人種、信条、性別、社会的身分、門地又は第七条第一項第四号に規定する場合を除く外、政治的意見若しくは政治的所属関係によつて差別されてはならない。

7　法務大臣は、人権擁護委員を委嘱したときは、当該人権擁護委員の氏名と職務をその関係住民に周知せしめるよう、適当な措置を採らなければならない。

8　市町村長は、法務大臣から求められたときは、前項の措置に協力しなければならない。

（**委員の欠格条項**）

第七条　左の各号のいずれかに該当する者は、人権擁護委員になることはできない。

一　禁錮以上の刑に処せられ、その執行を終わるまで又は執行を受けることがなくなるまでの者

二　前号に該当する者を除くほか、人権の侵犯に当たる犯罪行為のあつた者

三　日本国憲法施行の日以後において、日本国憲法又はその下に成立した政府を暴力で破壊することを主張する政党その他の団体を結成し、又はこれに加入した者

2　人権擁護委員が、前項各号の一に該当するに至つたときは、当然失職する。

（**委員の給与**）

第八条　人権擁護委員には、給与を支給しないものとする。

2　人権擁護委員は、政令の定めるところにより、予算の範囲内で、職務を行うために要する費用の弁償を受けることができる。

（**委員の任期**）

第九条　人権擁護委員の任期は、三年とする。但し、任期満了後も、後任者が委嘱されるまでの間、その職務を行う。

（**委員の職務執行区域**）

第十条　人権擁護委員は、その者の置かれている市町村の区域内において、職務を行うものとする。但し、特に必要がある場合においては、その区域外においても、職務を行うことができる。

（**委員の職務**）

第十一条　人権擁護委員の職務は、左の通りとする。

一　自由人権思想に関する啓もう及び宣伝をなすこと。

二　民間における人権擁護運動の助長に努めること。

三　人権侵犯事件につき、その救済のため、調査及び情報の収集をなし、法務大臣への報告、関係機関への勧告等適切な処置を講ずること。

四　貧困者に対し訴訟援助その他その人権擁護のため適切な救済方法を講ずること。

五　その他人権の擁護に努めること。

（**委員の服務**）

第十二条　人権擁護委員は、その使命を自覚し、常に人格識見の向上とその職務を行う上に必要な法律上の知識及び技術の修得に努め、積極的態度をもつてその職務を遂行しなければならない。

2　人権擁護委員は、その職務を執行するに当つては、関係者の身上に関する秘密を守り、人種、信条、性別、社会的身分、門地又は政治的意見若しくは政治的所属関係によつて、差別的又は優先的な取扱をしてはならない。

第十三条　人権擁護委員は、その職務上の地位又はその職務の執行を政党又は政治的目的のために利用してはならない。

2　人権擁護委員は、その職務を公正に行うのにふさわしくない事業を営み、又はそのような事業を営むことを目的とする会社その他の団体の役職員となつてはならない。

（**委員の監督**）

第十四条　人権擁護委員は、職務に関して、法務大臣の指揮監督を受ける。

（**委員の解嘱**）

第十五条　法務大臣は、人権擁護委員が、左の各号の一に該当するに至つたときは、関係都道府県人権擁護委員連合会の意見を聞き、これを解嘱することができる。

一　職務上の義務に違反し、又は職務を怠つた場合

二　心身の故障のため、職務の遂行に支障があり、又はこれに堪えない場合

三　人権擁護委員たるにふさわしくない非行のあつた場合

2　前項の規定による解嘱は、当該人権擁護委員に、解嘱の理由が説明され、且つ、弁明の機会が与えられた後でなければ行うことができない。

（**協議会、連合会及び全国連合会**）

第十六条　人権擁護委員は、法務大臣が各都道府県の区域を数個に分けて定める区域ごと

に、人権擁護委員協議会を組織する。

2 人権擁護委員協議会は、都道府県ごとに都道府県人権擁護委員連合会を組織する。但し、北海道にあつては、法務大臣が定める区域ごとに組織するものとする。

3 全国の都道府県人権擁護委員連合会は、全国人権擁護委員連合会を組織する。

（**協議会の任務**）

第十七条 人権擁護委員協議会の任務は、左の通りとする。

一 人権擁護委員の職務に関する連絡及び調整をすること。

二 人権擁護委員の職務に関し必要な資料及び情報の収集をすること。

三 人権擁護委員の職務に関する研究及び意見の発表をすること。

四 人権擁護上必要がある場合に、関係機関に対し意見を述べること。

五 その他人権擁護上必要と認める事項を行うこと。

2 人権擁護委員協議会は、定期的に、又は必要に応じて、その業績を当該都道府県人権擁護委員連合会に報告しなければならない。

（**連合会の任務**）

第十八条 都道府県人権擁護委員連合会の任務は、左の通りとする。

一 人権擁護委員協議会の任務に関する連絡及び調整をすること。

二 人権擁護委員の職務に関し必要な資料及び情報の収集をすること。

三 人権擁護委員の職務に関する研究及び意見の発表をすること。

四 人権擁護上必要がある場合に、関係機関に対し意見を述べること。

五 その他人権擁護上必要と認める事項を行うこと。

2 都道府県人権擁護委員連合会は、定期的に、又は必要に応じて、その業績を法務大臣に報告しなければならない。

（**全国連合会の任務**）

第十八条の二 全国人権擁護委員連合会の任務は、左の通りとする。

一 都道府県人権擁護委員連合会の任務に関する連絡及び調整をすること。

二 人権擁護委員の職務に関し必要な資料及び情報の収集をすること。

三 人権擁護委員の職務に関する研究及び意見の発表をすること。

四 人権擁護上必要がある場合に、関係機関に対し意見を述べること。

五 その他人権擁護上必要と認める事項を行うこと。

2 全国人権擁護委員連合会は、定期的に、又は必要に応じて、その業績を法務大臣に報告しなければならない。

（**委員の表彰**）

第十九条 法務大臣は、人権擁護委員、人権擁護委員協議会、都道府県人権擁護委員連合会又は全国人権擁護委員連合会が、職務上特別な功労があると認めるときは、これを表彰し、その業績を一般に周知せしめることに意を用いなければならない。

第二十条 この法律の実施のための手続、その他その執行について必要な事項は、法務省令で定める。

・刑法等の一部を改正する法律の施行に伴う関係法律の整理等に関する法律（令和四・六・一七法律六八）

附則 抄

（施行期日）

1 この法律は、刑法等一部改正法施行日から施行する。〈略〉

社会福祉

自殺対策基本法

（平成一八・六・二一）
（法律八五）

最新改正　平成二八法律一一

第一章　総則

（目的）

第一条　この法律は、近年、我が国において自殺による死亡者数が高い水準で推移している状況にあり、誰も自殺に追い込まれることのない社会の実現を目指して、これに対処していくことが重要な課題となっていることに鑑み、自殺対策に関し、基本理念を定め、及び国、地方公共団体等の責務を明らかにするとともに、自殺対策の基本となる事項を定めること等により、自殺対策を総合的に推進して、自殺の防止を図り、あわせて自殺者の親族等の支援の充実を図り、もって国民が健康で生きがいを持って暮らすことのできる社会の実現に寄与することを目的とする。

（基本理念）

第二条　自殺対策は、生きることの包括的な支援として、全ての人がかけがえのない個人として尊重されるとともに、生きる力を基礎として生きがいや希望を持って暮らすことができるよう、その妨げとなる諸要因の解消に資するための支援とそれを支えかつ促進するための環境の整備充実が幅広くかつ適切に図られることを旨として、実施されなければならない。

2　自殺対策は、自殺が個人的な問題としてのみ捉えられるべきものではなく、その背景に様々な社会的な要因があることを踏まえ、社会的な取組として実施されなければならない。

3　自殺対策は、自殺が多様かつ複合的な原因及び背景を有するものであることを踏まえ、単に精神保健的観点からのみならず、自殺の実態に即して実施されるようにしなければならない。

4　自殺対策は、自殺の事前予防、自殺発生の危機への対応及び自殺が発生した後又は自殺が未遂に終わった後の事後対応の各段階に応じた効果的な施策として実施されなければならない。

5　自殺対策は、保健、医療、福祉、教育、労働その他の関連施策との有機的な連携が図られ、総合的に実施されなければならない。

（国及び地方公共団体の責務）

第三条　国は、前条の基本理念（次項において「基本理念」という。）にのっとり、自殺対策を総合的に策定し、及び実施する責務を有する。

2　地方公共団体は、基本理念にのっとり、自殺対策について、国と協力しつつ、当該地域の状況に応じた施策を策定し、及び実施する責務を有する。

3　国は、地方公共団体に対し、前項の責務が十分に果たされるように必要な助言その他の援助を行うものとする。

（事業主の責務）

第四条　事業主は、国及び地方公共団体が実施する自殺対策に協力するとともに、その雇用する労働者の心の健康の保持を図るため必要な措置を講ずるよう努めるものとする。

（国民の責務）

第五条　国民は、生きることの包括的な支援としての自殺対策の重要性に関する理解と関心を深めるよう努めるものとする。

（国民の理解の増進）

第六条　国及び地方公共団体は、教育活動、広報活動等を通じて、自殺対策に関する国民の理解を深めるよう必要な措置を講ずるものとする。

（自殺予防週間及び自殺対策強化月間）

第七条　国民の間に広く自殺対策の重要性に関する理解と関心を深めるとともに、自殺対策の総合的な推進に資するため、自殺予防週間及び自殺対策強化月間を設ける。

2　自殺予防週間は九月十日から九月十六日までとし、自殺対策強化月間は三月とする。

3　国及び地方公共団体は、自殺予防週間においては、啓発活動を広く展開するものとし、それにふさわしい事業を実施するよう努めるものとする。

4　国及び地方公共団体は、自殺対策強化月間においては、自殺対策を集中的に展開するものとし、関係機関及び関係団体と相互に連携協力を図りながら、相談事業その他それにふさわしい事業を実施するよう努めるものとする。

（関係者の連携協力）

第八条　国、地方公共団体、医療機関、事業主、学校（学校教育法（昭和二十二年法律第二十六号）第一条に規定する学校をいい、幼稚園及び特別支援学校の幼稚部を除く。第十七条第一項及び第三項において同じ。）、自殺対策に係る活動を行う民間の団体その他の関係者は、自殺対策の総合的かつ効果的な推進のため、相互に連携を図りながら協力するものとする。

（名誉及び生活の平穏への配慮）
第九条 自殺対策の実施に当たっては、自殺者及び自殺未遂者並びにそれらの者の親族等の名誉及び生活の平穏に十分配慮し、いやしくもこれらを不当に侵害することのないようにしなければならない。

（法制上の措置等）
第十条 政府は、この法律の目的を達成するため、必要な法制上又は財政上の措置その他の措置を講じなければならない。

（年次報告）
第十一条 政府は、毎年、国会に、我が国における自殺の概況及び講じた自殺対策に関する報告書を提出しなければならない。

第二章 自殺総合対策大綱及び都道府県自殺対策計画等

（自殺総合対策大綱）
第十二条 政府は、政府が推進すべき自殺対策の指針として、基本的かつ総合的な自殺対策の大綱（次条及び第二十三条第二項第一号において「自殺総合対策大綱」という。）を定めなければならない。

（都道府県自殺対策計画等）
第十三条 都道府県は、自殺総合対策大綱及び地域の実情を勘案して、当該都道府県の区域内における自殺対策についての計画（次項及び次条において「都道府県自殺対策計画」という。）を定めるものとする。

2 市町村は、自殺総合対策大綱及び都道府県自殺対策計画並びに地域の実情を勘案して、当該市町村の区域内における自殺対策についての計画（次条において「市町村自殺対策計画」という。）を定めるものとする。

（都道府県及び市町村に対する交付金の交付）
第十四条 国は、都道府県自殺対策計画又は市町村自殺対策計画に基づいて当該地域の状況に応じた自殺対策のために必要な事業、その総合的かつ効果的な取組等を実施する都道府県又は市町村に対し、当該事業等の実施に要する経費に充てるため、推進される自殺対策の内容その他の事項を勘案して、厚生労働省令で定めるところにより、予算の範囲内で、交付金を交付することができる。

第三章 基本的施策

（調査研究等の推進及び体制の整備）
第十五条 国及び地方公共団体は、自殺対策の総合的かつ効果的な実施に資するため、自殺の実態、自殺の防止、自殺者の親族等の支援の在り方、地域の状況に応じた自殺対策の在り方、自殺対策の実施の状況等又は心の健康の保持増進についての調査研究及び検証並びにその成果の活用を推進するとともに、自殺対策について、先進的な取組に関する情報その他の情報の収集、整理及び提供を行うものとする。

2 国及び地方公共団体は、前項の施策の効率的かつ円滑な実施に資するための体制の整備を行うものとする。

（人材の確保等）
第十六条 国及び地方公共団体は、大学、専修学校、関係団体等との連携協力を図りながら、自殺対策に係る人材の確保、養成及び資質の向上に必要な施策を講ずるものとする。

（心の健康の保持に係る教育及び啓発の推進等）
第十七条 国及び地方公共団体は、職域、学校、地域等における国民の心の健康の保持に係る教育及び啓発の推進並びに相談体制の整備、事業主、学校の教職員等に対する国民の心の健康の保持に関する研修の機会の確保等必要な施策を講ずるものとする。

2 国及び地方公共団体は、前項の施策で大学及び高等専門学校に係るものを講ずるに当たっては、大学及び高等専門学校における教育の特性に配慮しなければならない。

3 学校は、当該学校に在籍する児童、生徒等の保護者、地域住民その他の関係者との連携を図りつつ、当該学校に在籍する児童、生徒等に対し、各人がかけがえのない個人として共に尊重し合いながら生きていくことについての意識の涵養等に資する教育又は啓発、困難な事態、強い心理的負担を受けた場合等における対処の仕方を身に付ける等のための教育又は啓発その他当該学校に在籍する児童、生徒等の心の健康の保持に係る教育又は啓発を行うよう努めるものとする。

（医療提供体制の整備）
第十八条 国及び地方公共団体は、心の健康の保持に支障を生じていることにより自殺のおそれがある者に対し必要な医療が早期かつ適切に提供されるよう、精神疾患を有する者が精神保健に関して学識経験を有する医師（以下この条において「精神科医」という。）の診療を受けやすい環境の整備、良質かつ適切な精神医療が提供される体制の整備、身体の傷害又は疾病についての診療の初期の段階における当該診療を行う医師と精神科医との適切な連携の確保、救急医療を行う医師と精神科医との適切な連携の確保、精神科医とその地域において自殺対策に係る活動を行うその他の心理、保健福祉等に関する専門家、民間の団体等の関係者との円滑な連携の確保等必要な施策を講ずるものとする。

（自殺発生回避のための体制の整備等）

第十九条　国及び地方公共団体は、自殺をする危険性が高い者を早期に発見し、相談その他の自殺の発生を回避するための適切な対処を行う体制の整備及び充実に必要な施策を講ずるものとする。

（自殺未遂者等の支援）

第二十条　国及び地方公共団体は、自殺未遂者が再び自殺を図ることのないよう、自殺未遂者等への適切な支援を行うために必要な施策を講ずるものとする。

（自殺者の親族等の支援）

第二十一条　国及び地方公共団体は、自殺又は自殺未遂が自殺者又は自殺未遂者の親族等に及ぼす深刻な心理的影響が緩和されるよう、当該親族等への適切な支援を行うために必要な施策を講ずるものとする。

（民間団体の活動の支援）

第二十二条　国及び地方公共団体は、民間の団体が行う自殺の防止、自殺者の親族等の支援等に関する活動を支援するため、助言、財政上の措置その他の必要な施策を講ずるものとする。

第四章　自殺総合対策会議等

（設置及び所掌事務）

第二十三条　厚生労働省に、特別の機関として、自殺総合対策会議（以下「会議」という。）を置く。

2　会議は、次に掲げる事務をつかさどる。

一　自殺総合対策大綱の案を作成すること。

二　自殺対策について必要な関係行政機関相互の調整をすること。

三　前二号に掲げるもののほか、自殺対策に関する重要事項について審議し、及び自殺対策の実施を推進すること。

（会議の組織等）

第二十四条　会議は、会長及び委員をもって組織する。

2　会長は、厚生労働大臣をもって充てる。

3　委員は、厚生労働大臣以外の国務大臣のうちから、厚生労働大臣の申出により、内閣総理大臣が指定する者をもって充てる。

4　会議に、幹事を置く。

5　幹事は、関係行政機関の職員のうちから、厚生労働大臣が任命する。

6　幹事は、会議の所掌事務について、会長及び委員を助ける。

7　前各項に定めるもののほか、会議の組織及び運営に関し必要な事項は、政令で定める。

（必要な組織の整備）

第二十五条　前二条に定めるもののほか、政府は、自殺対策を推進するにつき、必要な組織の整備を図るものとする。

社会福祉士及び介護福祉士法

（昭和六二・五・二六　法律三〇）

最新改正　令和四法律六八

第一章　総則

（目的）

第一条　この法律は、社会福祉士及び介護福祉士の資格を定めて、その業務の適正を図り、もつて社会福祉の増進に寄与することを目的とする。

（定義）

第二条　この法律において「社会福祉士」とは、第二十八条の登録を受け、社会福祉士の名称を用いて、専門的知識及び技術をもつて、身体上若しくは精神上の障害があること又は環境上の理由により日常生活を営むのに支障がある者の福祉に関する相談に応じ、助言、指導、福祉サービスを提供する者又は医師その他の保健医療サービスを提供する者その他の関係者（第四十七条において「福祉サービス関係者等」という。）との連絡及び調整その他の援助を行うこと（第七条及び第四十七条の二において「相談援助」という。）を業とする者をいう。

2　この法律において「介護福祉士」とは、第四十二条第一項の登録を受け、介護福祉士の名称を用いて、専門的知識及び技術をもつて、身体上又は精神上の障害があることにより日常生活を営むのに支障がある者につき心身の状況に応じた介護（喀痰吸引その他のその者が日常生活を営むのに必要な行為であつて、医師の指示の下に行われるもの（厚生労働省令で定めるものに限る。以下「喀痰吸引等」という。）を含む。）を行い、並びにその者及びその介護者に対して介護に関する指導を行うこと（以下「介護等」という。）を業とする者をいう。

（欠格事由）

第三条 次の各号のいずれかに該当する者は、社会福祉士又は介護福祉士となることができない。

一 心身の故障により社会福祉士又は介護福祉士の業務を適正に行うことができない者として厚生労働省令で定めるもの

二 禁錮以上の刑に処せられ、その執行を終わり、又は執行を受けることがなくなつた日から起算して二年を経過しない者

三 この法律の規定その他社会福祉又は保健医療に関する法律の規定であつて政令で定めるものにより、罰金の刑に処せられ、その執行を終わり、又は執行を受けることがなくなつた日から起算して二年を経過しない者

四 第三十二条第一項第二号又は第二項（これらの規定を第四十二条第二項において準用する場合を含む。）の規定により登録を取り消され、その取消しの日から起算して二年を経過しない者

第二章 社会福祉士

（社会福祉士の資格）

第四条 社会福祉士試験に合格した者は、社会福祉士となる資格を有する。

（社会福祉士試験）

第五条 社会福祉士試験は、社会福祉士として必要な知識及び技能について行う。

（社会福祉士試験の実施）

第六条 社会福祉士試験は、毎年一回以上、厚生労働大臣が行う。

（受験資格）

第七条 社会福祉士試験は、次の各号のいずれかに該当する者でなければ、受けることができない。

一 学校教育法（昭和二十二年法律第二十六号）に基づく大学（短期大学を除く。以下この条において同じ。）において文部科学省令・厚生労働省令で定める社会福祉に関する科目（以下この条において「指定科目」という。）を修めて卒業した者その他その者に準ずるものとして厚生労働省令で定める者

二 学校教育法に基づく大学において文部科学省令・厚生労働省令で定める社会福祉に関する基礎科目（以下この条において「基礎科目」という。）を修めて卒業した者その他その者に準ずるものとして厚生労働省令で定める者であつて、文部科学大臣及び厚生労働大臣の指定した学校又は都道府県知事の指定した養成施設（以下「社会福祉士短期養成施設等」という。）において六月以上社会福祉士として必要な知識及び技能を修得したもの

三 学校教育法に基づく大学を卒業した者その他その者に準ずるものとして厚生労働省令で定める者であつて、文部科学大臣及び厚生労働大臣の指定した学校又は都道府県知事の指定した養成施設（以下「社会福祉士一般養成施設等」という。）において一年以上社会福祉士として必要な知識及び技能を修得したもの

四 学校教育法に基づく短期大学（修業年限が三年であるものに限り、同法に基づく専門職大学の三年の前期課程を含む。次号及び第六号において同じ。）において指定科目を修めて卒業した者（同法に基づく専門職大学の前期課程にあつては、修了した者。以下この条において同じ。）（夜間において授業を行う学科又は通信による教育を行う学科を卒業した者を除く。）その他その者に準ずるものとして厚生労働省令で定める者であつて、厚生労働省令で定める施設（以下この条において「指定施設」という。）において一年以上相談援助の業務に従事したもの

五 学校教育法に基づく短期大学において基礎科目を修めて卒業した者（夜間において授業を行う学科又は通信による教育を行う学科を卒業した者を除く。）その他その者に準ずるものとして厚生労働省令で定める者であつて、指定施設において一年以上相談援助の業務に従事した後、社会福祉士短期養成施設等において六月以上社会福祉士として必要な知識及び技能を修得したもの

六 学校教育法に基づく短期大学を卒業した者（夜間において授業を行う学科又は通信による教育を行う学科を卒業した者を除く。）その他その者に準ずるものとして厚生労働省令で定める者であつて、指定施設において一年以上相談援助の業務に従事し

た後、社会福祉士一般養成施設等において一年以上社会福祉士として必要な知識及び技能を修得したもの

七　学校教育法に基づく短期大学（同法に基づく専門職大学の前期課程を含む。次号及び第十号において同じ。）において指定科目を修めて卒業した者その他その者に準ずるものとして厚生労働省令で定める者であつて、指定施設において二年以上相談援助の業務に従事したもの

八　学校教育法に基づく短期大学において基礎科目を修めて卒業した者その他その者に準ずるものとして厚生労働省令で定める者であつて、指定施設において二年以上相談援助の業務に従事した後、社会福祉士短期養成施設等において六月以上社会福祉士として必要な知識及び技能を修得したもの

九　社会福祉法（昭和二十六年法律第四十五号）第十九条第一項第二号に規定する養成機関の課程を修了した者であつて、指定施設において二年以上相談援助の業務に従事した後、社会福祉士短期養成施設等において六月以上社会福祉士として必要な知識及び技能を修得したもの

十　学校教育法に基づく短期大学又は高等専門学校を卒業した者その他その者に準ずるものとして厚生労働省令で定める者であつて、指定施設において二年以上相談援助の業務に従事した後、社会福祉士一般養成施設等において一年以上社会福祉士として必要な知識及び技能を修得したもの

十一　指定施設において四年以上相談援助の業務に従事した後、社会福祉士一般養成施設等において一年以上社会福祉士として必要な知識及び技能を修得した者

十二　児童福祉法（昭和二十二年法律第百六十四号）に定める児童福祉司、身体障害者福祉法（昭和二十四年法律第二百八十三号）に定める身体障害者福祉司、社会福祉法に定める福祉に関する事務所に置かれる同法第十五条第一項第一号に規定する所員、知的障害者福祉法（昭和三十五年法律第三十七号）に定める知的障害者福祉司並びに老人福祉法（昭和三十八年法律第百三十三号）第六条及び第七条に規定する社会福祉主事であつた期間が四年以上となつた後、社会福祉士短期養成施設等において六月以上社会福祉士として必要な知識及び技能を修得した者

（**社会福祉士試験の無効等**）

第八条　厚生労働大臣は、社会福祉士試験に関して不正の行為があつた場合には、その不正行為に関係のある者に対しては、その受験を停止させ、又はその試験を無効とすることができる。

2　厚生労働大臣は、前項の規定による処分を受けた者に対し、期間を定めて社会福祉士試験を受けることができないものとすることができる。

（**受験手数料**）

第九条　社会福祉士試験を受けようとする者は、実費を勘案して政令で定める額の受験手数料を国に納付しなければならない。

2　前項の受験手数料は、これを納付した者が社会福祉士試験を受けない場合においても、返還しない。

（**指定試験機関の指定**）

第十条　厚生労働大臣は、厚生労働省令で定めるところにより、その指定する者（以下この章において「指定試験機関」という。）に、社会福祉士試験の実施に関する事務（以下この章において「試験事務」という。）を行わせることができる。

2　指定試験機関の指定は、厚生労働省令で定めるところにより、試験事務を行おうとする者の申請により行う。

3　厚生労働大臣は、他に指定を受けた者がなく、かつ、前項の申請が次の要件を満たしていると認めるときでなければ、指定試験機関の指定をしてはならない。

一　職員、設備、試験事務の実施の方法その他の事項についての試験事務の実施に関する計画が、試験事務の適正かつ確実な実施のために適切なものであること。

二　前号の試験事務の実施に関する計画の適正かつ確実な実施に必要な経理的及び技術的な基礎を有するものであること。

4　厚生労働大臣は、第二項の申請が次のいずれかに該当するときは、指定試験機関の指定をしてはならない。

一　申請者が、一般社団法人又は一般財団法人以外の者であること。

二　申請者が、その行う試験事務以外の業務により試験事務を公正に実施することができないおそれがあること。

三　申請者が、第二十二条の規定により指定を取り消され、その取消しの日から起算して二年を経過しない者であること。

四　申請者の役員のうちに、次のいずれかに

該当する者があること。
イ　この法律に違反して、刑に処せられ、その執行を終わり、又は執行を受けることがなくなつた日から起算して二年を経過しない者
ロ　次条第二項の規定による命令により解任され、その解任の日から起算して二年を経過しない者

（指定試験機関の役員の選任及び解任）
第十一条　指定試験機関の役員の選任及び解任は、厚生労働大臣の認可を受けなければ、その効力を生じない。
2　厚生労働大臣は、指定試験機関の役員が、この法律（この法律に基づく命令又は処分を含む。）若しくは第十三条第一項に規定する試験事務規程に違反する行為をしたとき、又は試験事務に関し著しく不適当な行為をしたときは、指定試験機関に対し、当該役員の解任を命ずることができる。

（事業計画の認可等）
第十二条　指定試験機関は、毎事業年度、事業計画及び収支予算を作成し、当該事業年度の開始前に（指定を受けた日の属する事業年度にあつては、その指定を受けた後遅滞なく）、厚生労働大臣の認可を受けなければならない。これを変更しようとするときも、同様とする。
2　指定試験機関は、毎事業年度の経過後三月以内に、その事業年度の事業報告書及び収支決算書を作成し、厚生労働大臣に提出しなければならない。

（試験事務規程）
第十三条　指定試験機関は、試験事務の開始前に、試験事務の実施に関する規程（以下この章において「試験事務規程」という。）を定め、厚生労働大臣の認可を受けなければならない。これを変更しようとするときも、同様とする。
2　試験事務規程で定めるべき事項は、厚生労働省令で定める。
3　厚生労働大臣は、第一項の認可をした試験事務規程が試験事務の適正かつ確実な実施上不適当となつたと認めるときは、指定試験機関に対し、これを変更すべきことを命ずることができる。

（社会福祉士試験委員）
第十四条　指定試験機関は、試験事務を行う場合において、社会福祉士として必要な知識及び技能を有するかどうかの判定に関する事務については、社会福祉士試験委員（以下この章において「試験委員」という。）に行わせなければならない。
2　指定試験機関は、試験委員を選任しようとするときは、厚生労働省令で定める要件を備える者のうちから選任しなければならない。
3　指定試験機関は、試験委員を選任したときは、厚生労働省令で定めるところにより、厚生労働大臣にその旨を届け出なければならない。試験委員に変更があつたときも、同様とする。
4　第十一条第二項の規定は、試験委員の解任について準用する。

（規定の適用等）
第十五条　指定試験機関が試験事務を行う場合における第八条第一項及び第九条第一項の規定の適用については、第八条第一項中「厚生労働大臣」とあり、及び第九条第一項中「国」とあるのは、「指定試験機関」とする。
2　前項の規定により読み替えて適用する第九条第一項の規定により指定試験機関に納められた受験手数料は、指定試験機関の収入とする。

（秘密保持義務等）
第十六条　指定試験機関の役員若しくは職員（試験委員を含む。次項において同じ。）又はこれらの職にあつた者は、試験事務に関して知り得た秘密を漏らしてはならない。
2　試験事務に従事する指定試験機関の役員又は職員は、刑法（明治四十年法律第四十五号）その他の罰則の適用については、法令により公務に従事する職員とみなす。

（帳簿の備付け等）
第十七条　指定試験機関は、厚生労働省令で定めるところにより、試験事務に関する事項で厚生労働省令で定めるものを記載した帳簿を備え、これを保存しなければならない。

（監督命令）
第十八条　厚生労働大臣は、この法律を施行するため必要があると認めるときは、指定試験機関に対し、試験事務に関し監督上必要な命令をすることができる。

（報告）
第十九条　厚生労働大臣は、この法律を施行するため必要があると認めるときは、その必要な限度で、厚生労働省令で定めるところにより、指定試験機関に対し、報告をさせることができる。

（立入検査）
第二十条　厚生労働大臣は、この法律を施行す

るため必要があると認めるときは、その必要な限度で、その職員に、指定試験機関の事務所に立ち入り、指定試験機関の帳簿、書類その他必要な物件を検査させ、又は関係者に質問させることができる。

2　前項の規定により立入検査を行う職員は、その身分を示す証明書を携帯し、かつ、関係者の請求があるときは、これを提示しなければならない。

3　第一項に規定する権限は、犯罪捜査のために認められたものと解釈してはならない。

（**試験事務の休廃止**）

第二十一条　指定試験機関は、厚生労働大臣の許可を受けなければ、試験事務の全部又は一部を休止し、又は廃止してはならない。

（**指定の取消し等**）

第二十二条　厚生労働大臣は、指定試験機関が第十条第四項各号（第三号を除く。）のいずれかに該当するに至つたときは、その指定を取り消さなければならない。

2　厚生労働大臣は、指定試験機関が次の各号のいずれかに該当するに至つたときは、その指定を取り消し、又は期間を定めて試験事務の全部若しくは一部の停止を命ずることができる。

一　第十条第三項各号の要件を満たさなくなつたと認められるとき。

二　第十一条第二項（第十四条第四項において準用する場合を含む。）、第十三条第三項又は第十八条の規定による命令に違反したとき。

三　第十二条、第十四条第一項から第三項まで又は前条の規定に違反したとき。

四　第十三条第一項の認可を受けた試験事務規程によらないで試験事務を行つたとき。

五　次条第一項の条件に違反したとき。

（**指定等の条件**）

第二十三条　第十条第一項、第十一条第一項、第十二条第一項、第十三条第一項又は第二十一条の規定による指定、認可又は許可には、条件を付し、及びこれを変更することができる。

2　前項の条件は、当該指定、認可又は許可に係る事項の確実な実施を図るため必要な最小限度のものに限り、かつ、当該指定、認可又は許可を受ける者に不当な義務を課することとなるものであつてはならない。

第二十四条　削除

（**指定試験機関がした処分等に係る審査請求**）

第二十五条　指定試験機関が行う試験事務に係る処分又はその不作為について不服がある者は、厚生労働大臣に対し、審査請求をすることができる。この場合において、厚生労働大臣は、行政不服審査法（平成二十六年法律第六十八号）第二十五条第二項及び第三項、第四十六条第一項及び第二項、第四十七条並びに第四十九条第三項の規定の適用については、指定試験機関の上級行政庁とみなす。

（**厚生労働大臣による試験事務の実施等**）

第二十六条　厚生労働大臣は、指定試験機関の指定をしたときは、試験事務を行わないものとする。

2　厚生労働大臣は、指定試験機関が第二十一条の規定による許可を受けて試験事務の全部若しくは一部を休止したとき、第二十二条第二項の規定により指定試験機関に対し試験事務の全部若しくは一部の停止を命じたとき、又は指定試験機関が天災その他の事由により試験事務の全部若しくは一部を実施することが困難となつた場合において必要があると認めるときは、試験事務の全部又は一部を自ら行うものとする。

（**公示**）

第二十七条　厚生労働大臣は、次の場合には、その旨を官報に公示しなければならない。

一　第十条第一項の規定による指定をしたとき。

二　第二十一条の規定による許可をしたとき。

三　第二十二条の規定により指定を取り消し、又は試験事務の全部若しくは一部の停止を命じたとき。

四　前条第二項の規定により試験事務の全部若しくは一部を自ら行うこととするとき、又は自ら行つていた試験事務の全部若しくは一部を行わないこととするとき。

（**登録**）

第二十八条　社会福祉士となる資格を有する者が社会福祉士となるには、社会福祉士登録簿に、氏名、生年月日その他厚生労働省令で定める事項の登録を受けなければならない。

（**社会福祉士登録簿**）

第二十九条　社会福祉士登録簿は、厚生労働省に備える。

（**社会福祉士登録証**）

第三十条　厚生労働大臣は、社会福祉士の登録をしたときは、申請者に第二十八条に規定する事項を記載した社会福祉士登録証（以下この章において「登録証」という。）を交付す

社会福祉

る。

（登録事項の変更の届出等）

第三十一条　社会福祉士は、登録を受けた事項に変更があつたときは、遅滞なく、その旨を厚生労働大臣に届け出なければならない。

2　社会福祉士は、前項の規定による届出をするときは、当該届出に登録証を添えて提出し、その訂正を受けなければならない。

（登録の取消し等）

第三十二条　厚生労働大臣は、社会福祉士が次の各号のいずれかに該当する場合には、その登録を取り消さなければならない。

一　第三条各号（第四号を除く。）のいずれかに該当するに至つた場合

二　虚偽又は不正の事実に基づいて登録を受けた場合

2　厚生労働大臣は、社会福祉士が第四十五条及び第四十六条の規定に違反したときは、その登録を取り消し、又は期間を定めて社会福祉士の名称の使用の停止を命ずることができる。

（登録の消除）

第三十三条　厚生労働大臣は、社会福祉士の登録がその効力を失つたときは、その登録を消除しなければならない。

（変更登録等の手数料）

第三十四条　登録証の記載事項の変更を受けようとする者及び登録証の再交付を受けようとする者は、実費を勘案して政令で定める額の手数料を国に納付しなければならない。

（指定登録機関の指定等）

第三十五条　厚生労働大臣は、厚生労働省令で定めるところにより、その指定する者（以下この章において「指定登録機関」という。）に社会福祉士の登録の実施に関する事務（以下この章において「登録事務」という。）を行わせることができる。

2　指定登録機関の指定は、厚生労働省令で定めるところにより、登録事務を行おうとする者の申請により行う。

第三十六条　指定登録機関が登録事務を行う場合における第二十九条、第三十条、第三十一条第一項、第三十三条及び第三十四条の規定の適用については、これらの規定中「厚生労働省」とあり、「厚生労働大臣」とあり、及び「国」とあるのは、「指定登録機関」とする。

2　指定登録機関が登録を行う場合において、社会福祉士の登録を受けようとする者は、実費を勘案して政令で定める額の手数料を指定登録機関に納付しなければならない。

3　第一項の規定により読み替えて適用する第三十四条及び前項の規定により指定登録機関に納められた手数料は、指定登録機関の収入とする。

（準用）

第三十七条　第十条第三項及び第四項、第十一条から第十三条まで、第十六条から第二十三条まで並びに第二十五条から第二十七条までの規定は、指定登録機関について準用する。この場合において、これらの規定中「試験事務」とあるのは「登録事務」と、「試験事務規程」とあるのは「登録事務規程」と、第十条第三項中「前項」とあり、及び同条第四項各号列記以外の部分中「第二項」とあるのは「第三十五条第二項」と、第十六条第一項中「職員（試験委員を含む。次項において同じ。）」とあるのは「職員」と、第二十二条第二項第二号中「第十一条第二項（第十四条第四項において準用する場合を含む。）」とあるのは「第十一条第二項」と、同項第三号中「、第十四条第一項から第三項まで又は前条」とあるのは「又は前条」と、第二十三条第一項及び第二十七条第一号中「第十条第一項」とあるのは「第三十五条第一項」と読み替えるものとする。

（政令及び厚生労働省令への委任）

第三十八条　この章に定めるもののほか、社会福祉士短期養成施設等及び社会福祉士一般養成施設等の指定に関し必要な事項は政令で、社会福祉士試験、指定試験機関、社会福祉士の登録、指定登録機関その他この章の規定の施行に関し必要な事項は厚生労働省令で定める。

第三章　介護福祉士

（介護福祉士の資格）

第三十九条　介護福祉士試験に合格した者は、介護福祉士となる資格を有する。

（介護福祉士試験）

第四十条　介護福祉士試験は、介護福祉士として必要な知識及び技能について行う。

2　介護福祉士試験は、次の各号のいずれかに該当する者でなければ、受けることができない。

一　学校教育法第九十条第一項の規定により大学に入学することができる者（この号の規定により文部科学大臣及び厚生労働大臣の指定した学校が大学である場合におい

て、当該大学に入学させた者を含む。）であつて、文部科学大臣及び厚生労働大臣の指定した学校又は都道府県知事の指定した養成施設において二年以上介護福祉士として必要な知識及び技能を修得したもの

二　学校教育法に基づく大学において文部科学省令・厚生労働省令で定める社会福祉に関する科目を修めて卒業した者（当該科目を修めて同法に基づく専門職大学の前期課程を修了した者を含む。）その他その者に準ずるものとして厚生労働省令で定める者であつて、文部科学大臣及び厚生労働大臣の指定した学校又は都道府県知事の指定した養成施設において一年以上介護福祉士として必要な知識及び技能を修得したもの

三　学校教育法第九十条第一項の規定により大学に入学することができる者（この号の厚生労働省令で定める学校が大学である場合において、当該大学が同条第二項の規定により当該大学に入学させた者を含む。）であつて、厚生労働省令で定める学校又は養成所を卒業した後、文部科学大臣及び厚生労働大臣の指定した学校又は都道府県知事の指定した養成施設において一年以上介護福祉士として必要な知識及び技能を修得したもの

四　学校教育法に基づく高等学校又は中等教育学校であつて文部科学大臣及び厚生労働大臣の指定したものにおいて三年以上（専攻科において二年以上必要な知識及び技能を修得する場合にあつては、二年以上）介護福祉士として必要な知識及び技能を修得した者

五　三年以上介護等の業務に従事した者であつて、文部科学大臣及び厚生労働大臣の指定した学校又は都道府県知事の指定した養成施設において六月以上介護福祉士として必要な知識及び技能を修得したもの

六　前各号に掲げる者と同等以上の知識及び技能を有すると認められる者であつて、厚生労働省令で定めるもの

3　第六条、第八条及び第九条の規定は、介護福祉士試験について準用する。

（指定試験機関の指定等）

第四十一条　厚生労働大臣は、厚生労働省令で定めるところにより、その指定する者（以下この章において「指定試験機関」という。）に、介護福祉士試験の実施に関する事務（以下この章において「試験事務」という。）を行わせることができる。

2　指定試験機関の指定は、厚生労働省令で定めるところにより、試験事務を行おうとする者の申請により行う。

3　第十条第三項及び第四項、第十一条から第二十三条まで並びに第二十五条から第二十七条までの規定は、指定試験機関について準用する。この場合において、第十条第三項第一号中「、試験事務の実施」とあるのは「、第四十一条第一項に規定する試験事務（以下単に「試験事務」という。）の実施」と、第十四条第一項中「社会福祉士として」とあるのは「介護福祉士として」と、「社会福祉士試験委員」とあるのは「介護福祉士試験委員」と、第二十三条第一項及び第二十七条第一号中「第十条第一項」とあるのは「第四十一条第一項」と読み替えるものとする。

（登録）

第四十二条　介護福祉士となる資格を有する者が介護福祉士となるには、介護福祉士登録簿に、氏名、生年月日その他厚生労働省令で定める事項の登録を受けなければならない。

2　第二十九条から第三十四条までの規定は、介護福祉士の登録について準用する。この場合において、第二十九条中「社会福祉士登録簿」とあるのは「介護福祉士登録簿」と、第三十条中「第二十八条」とあるのは「第四十二条第一項」と、「社会福祉士登録証」とあるのは「介護福祉士登録証」と、第三十一条並びに第三十二条第一項及び第二項中「社会福祉士」とあるのは「介護福祉士」と読み替えるものとする。

（指定登録機関の指定等）

第四十三条　厚生労働大臣は、厚生労働省令で定めるところにより、その指定する者（以下この章において「指定登録機関」という。）に介護福祉士の登録の実施に関する事務（以下この章において「登録事務」という。）を行わせることができる。

2　指定登録機関の指定は、厚生労働省令の定めるところにより、登録事務を行おうとする者の申請により行う。

3　第十条第三項及び第四項、第十一条から第十三条まで、第十六条から第二十三条まで、第二十五条から第二十七条まで並びに第三十六条の規定は、指定登録機関について準用する。この場合において、これらの規定中「試験事務」とあるのは「登録事務」と、「試験事務規程」とあるのは「登録事務規程」と、

第十条第三項中「前項」とあり、及び同条第四項各号列記以外の部分中「第二項」とあるのは「第四十三条第二項」と、同項第二号中「その行う」とあるのは「その行う職業安定法（昭和二十二年法律第百四十一号）第四条第一項に規定する職業紹介の事業（その取り扱う職種が介護等を含むものに限る。）その他の」と、第十六条第一項中「職員（試験委員を含む。次項において同じ。）」とあるのは「職員」と、第二十二条第二項第二号中「第十一条第二項（第十四条第四項において準用する場合を含む。）」とあるのは「第十一条第二項」と、同項第三号中「、第十四条第一項から第三項まで又は前条」とあるのは「又は前条」と、第二十三条第一項及び第二十七条第一号中「第十条第一項」とあるのは「第四十三条第一項」と、第三十六条第二項中「社会福祉士」とあるのは「介護福祉士」と読み替えるものとする。

（政令及び厚生労働省令への委任）

第四十四条　この章に規定するもののほか、第四十条第二項第一号から第三号まで及び第五号に規定する学校及び養成施設の指定並びに同項第四号に規定する高等学校及び中等教育学校の指定に関し必要な事項は政令で、介護福祉士試験、指定試験機関、介護福祉士の登録、指定登録機関その他この章の規定の施行に関し必要な事項は厚生労働省令で定める。

第四章　社会福祉士及び介護福祉士の義務等

（誠実義務）

第四十四条の二　社会福祉士及び介護福祉士は、その担当する者が個人の尊厳を保持し、自立した日常生活を営むことができるよう、常にその者の立場に立つて、誠実にその業務を行わなければならない。

（信用失墜行為の禁止）

第四十五条　社会福祉士又は介護福祉士は、社会福祉士又は介護福祉士の信用を傷つけるような行為をしてはならない。

（秘密保持義務）

第四十六条　社会福祉士又は介護福祉士は、正当な理由がなく、その業務に関して知り得た人の秘密を漏らしてはならない。社会福祉士又は介護福祉士でなくなつた後においても、同様とする。

（連携）

第四十七条　社会福祉士は、その業務を行うに当たつては、その担当する者に、福祉サービス及びこれに関連する保健医療サービスその他のサービス（次項において「福祉サービス等」という。）が総合的かつ適切に提供されるよう、地域に即した創意と工夫を行いつつ、福祉サービス関係者等との連携を保たなければならない。

2　介護福祉士は、その業務を行うに当たつては、その担当する者に、認知症（介護保険法（平成九年法律第百二十三号）第五条の二第一項に規定する認知症をいう。）であること等の心身の状況その他の状況に応じて、福祉サービス等が総合的かつ適切に提供されるよう、福祉サービス関係者等との連携を保たなければならない。

（資質向上の責務）

第四十七条の二　社会福祉士又は介護福祉士は、社会福祉及び介護を取り巻く環境の変化による業務の内容の変化に適応するため、相談援助又は介護等に関する知識及び技能の向上に努めなければならない。

（名称の使用制限）

第四十八条　社会福祉士でない者は、社会福祉士という名称を使用してはならない。

2　介護福祉士でない者は、介護福祉士という名称を使用してはならない。

（保健師助産師看護師法との関係）

第四十八条の二　介護福祉士は、保健師助産師看護師法（昭和二十三年法律第二百三号）第三十一条第一項及び第三十二条の規定にかかわらず、診療の補助として喀痰吸引等を行うことを業とすることができる。

2　前項の規定は、第四十二条第二項において準用する第三十二条第二項の規定により介護福祉士の名称の使用の停止を命ぜられている者については、適用しない。

（喀痰吸引等業務の登録）

第四十八条の三　自らの事業又はその一環として、喀痰吸引等（介護福祉士が行うものに限る。）の業務（以下「喀痰吸引等業務」という。）を行おうとする者は、その事業所ごとに、その所在地を管轄する都道府県知事の登録を受けなければならない。

2　前項の登録（以下この章において「登録」という。）を受けようとする者は、厚生労働省令で定めるところにより、次に掲げる事項を記載した申請書を都道府県知事に提出しなければならない。

一　氏名又は名称及び住所並びに法人にあつては、その代表者の氏名

二　事業所の名称及び所在地
三　喀痰吸引等業務開始の予定年月日
四　その他厚生労働省令で定める事項

（**欠格条項**）
第四十八条の四　次の各号のいずれかに該当する者は、登録を受けることができない。
一　禁錮以上の刑に処せられ、その執行を終わり、又は執行を受けることがなくなつた日から起算して二年を経過しない者
二　この法律の規定その他社会福祉又は保健医療に関する法律の規定であつて政令で定めるものにより、罰金の刑に処せられ、その執行を終わり、又は執行を受けることがなくなつた日から起算して二年を経過しない者
三　第四十八条の七の規定により登録を取り消され、その取消しの日から起算して二年を経過しない者
四　法人であつて、その業務を行う役員のうちに前三号のいずれかに該当する者があるもの

（**登録基準**）
第四十八条の五　都道府県知事は、第四十八条の三第二項の規定により登録を申請した者が次に掲げる要件の全てに適合しているときは、登録をしなければならない。
一　医師、看護師その他の医療関係者との連携が確保されているものとして厚生労働省令で定める基準に適合していること。
二　喀痰吸引等の実施に関する記録が整備されていることその他喀痰吸引等を安全かつ適正に実施するために必要な措置として厚生労働省令で定める措置が講じられていること。
三　医師、看護師その他の医療関係者による喀痰吸引等の実施のための体制が充実しているため介護福祉士が喀痰吸引等を行う必要性が乏しいものとして厚生労働省令で定める場合に該当しないこと。
2　登録は、登録簿に次に掲げる事項を記載してするものとする。
一　登録年月日及び登録番号
二　第四十八条の三第二項各号に掲げる事項

（**変更等の届出**）
第四十八条の六　登録を受けた者（以下「登録喀痰吸引等事業者」という。）は、第四十八条の三第二項第一号から第三号までに掲げる事項を変更しようとするときはあらかじめ、同項第四号に掲げる事項に変更があつたときは遅滞なく、その旨を都道府県知事に届け出なければならない。
2　登録喀痰吸引等事業者は、喀痰吸引等業務を行う必要がなくなつたときは、遅滞なく、その旨を都道府県知事に届け出なければならない。
3　前項の規定による届出があつたときは、当該登録喀痰吸引等事業者の登録は、その効力を失う。

（**登録の取消し等**）
第四十八条の七　都道府県知事は、登録喀痰吸引等事業者が次の各号のいずれかに該当するときは、その登録を取り消し、又は期間を定めて喀痰吸引等業務の停止を命ずることができる。
一　第四十八条の四各号（第三号を除く。）のいずれかに該当するに至つたとき。
二　第四十八条の五第一項各号に掲げる要件に適合しなくなつたとき。
三　前条第一項の規定による届出をせず、又は虚偽の届出をしたとき。
四　虚偽又は不正の事実に基づいて登録を受けたとき。

（**公示**）
第四十八条の八　都道府県知事は、次に掲げる場合には、その旨を公示しなければならない。
一　登録をしたとき。
二　第四十八条の六第一項の規定による届出（氏名若しくは名称若しくは住所又は事業所の名称若しくは所在地に係るものに限る。）があつたとき。
三　第四十八条の六第二項の規定による届出があつたとき。
四　前条の規定により登録を取り消し、又は喀痰吸引等業務の停止を命じたとき。

（**準用**）
第四十八条の九　第十九条及び第二十条の規定は、登録喀痰吸引等事業者について準用する。この場合において、これらの規定中「厚生労働大臣」とあるのは、「都道府県知事」と読み替えるものとする。

（**厚生労働省令への委任**）
第四十八条の十　第四十八条の三から前条までに規定するもののほか、喀痰吸引等業務の登録に関し必要な事項は、厚生労働省令で定める。

（**権限の委任**）
第四十八条の十一　この法律に規定する厚生労働大臣の権限は、厚生労働省令で定めるとこ

ろにより、地方厚生局長に委任することができる。

2　前項の規定により地方厚生局長に委任された権限は、厚生労働省令で定めるところにより、地方厚生支局長に委任することができる。

（経過措置）

第四十九条　この法律の規定に基づき命令を制定し、又は改廃する場合においては、その命令で、その制定又は改廃に伴い合理的に必要と判断される範囲内において、所要の経過措置（罰則に関する経過措置を含む。）を定めることができる。

第五章　罰則

第五十条　第四十六条の規定に違反した者は、一年以下の懲役又は三十万円以下の罰金に処する。

2　前項の罪は、告訴がなければ公訴を提起することができない。

第五十一条　第十六条第一項（第三十七条、第四十一条第三項及び第四十三条第三項において準用する場合を含む。）の規定に違反した者は、一年以下の懲役又は三十万円以下の罰金に処する。

第五十二条　第二十二条第二項（第三十七条、第四十一条第三項及び第四十三条第三項において準用する場合を含む。）の規定による第十条第一項若しくは第四十一条第一項に規定する試験事務（第五十四条において単に「試験事務」という。）又は第三十五条第一項若しくは第四十三条第一項に規定する登録事務（第五十四条において単に「登録事務」という。）の停止の命令に違反したときは、その違反行為をした第十条第一項若しくは第四十一条第一項に規定する指定試験機関（第五十四条において単に「指定試験機関」という。）又は第三十五条第一項若しくは第四十三条第一項に規定する指定登録機関（第五十四条において単に「指定登録機関」という。）の役員又は職員は、一年以下の懲役又は三十万円以下の罰金に処する。

第五十三条　次の各号のいずれかに該当する者は、三十万円以下の罰金に処する。

一　第三十二条第二項の規定により社会福祉士の名称の使用の停止を命ぜられた者で、当該停止を命ぜられた期間中に、社会福祉士の名称を使用したもの

二　第四十二条第二項において準用する第三十二条第二項の規定により介護福祉士の名称の使用の停止を命ぜられた者で、当該停止を命ぜられた期間中に、介護福祉士の名称を使用したもの

三　第四十八条第一項又は第二項の規定に違反した者

四　第四十八条の三第一項の規定に違反して、同項の登録を受けないで、喀痰吸引等業務を行つた者

五　第四十八条の七の規定による喀痰吸引等業務の停止の命令に違反した者

第五十四条　次の各号のいずれかに該当するときは、その違反行為をした指定試験機関又は指定登録機関の役員又は職員は、二十万円以下の罰金に処する。

一　第十七条（第三十七条、第四十一条第三項及び第四十三条第三項において準用する場合を含む。）の規定に違反して帳簿を備えず、帳簿に記載せず、若しくは帳簿に虚偽の記載をし、又は帳簿を保存しなかったとき。

二　第十九条（第三十七条、第四十一条第三項及び第四十三条第三項において準用する場合を含む。）の規定による報告をせず、又は虚偽の報告をしたとき。

三　第二十条第一項（第三十七条、第四十一条第三項及び第四十三条第三項において準用する場合を含む。）の規定による立入り若しくは検査を拒み、妨げ、若しくは忌避し、又は質問に対して陳述をせず、若しくは虚偽の陳述をしたとき。

四　第二十一条（第三十七条、第四十一条第三項及び第四十三条第三項において準用する場合を含む。）の許可を受けないで試験事務又は登録事務の全部を廃止したとき。

第五十五条　次の各号のいずれかに該当するときは、その違反行為をした者は、二十万円以下の罰金に処する。

一　第四十八条の九において準用する第十九条の規定による報告をせず、又は虚偽の報告をしたとき。

二　第四十八条の九において準用する第二十条第一項の規定による立入り若しくは検査を拒み、妨げ、若しくは忌避し、又は質問に対して陳述をせず、若しくは虚偽の陳述をしたとき。

第五十六条　法人の代表者又は法人若しくは人の代理人、使用人その他の従業者が、その法人又は人の業務に関して第五十三条第四号若しくは第五号又は前条の違反行為をしたとき

は、行為者を罰するほか、その法人又は人に対しても各本条の罰金刑を科する。

・デジタル社会の形成を図るための関係法律の整備に関する法律（令和三・五・一九法律三七）

附則　抄

（施行期日）

第一条　この法律は、令和三年九月一日から施行する。ただし、次の各号に掲げる規定は、当該各号に定める日から施行する。

十　（略）公布の日から起算して四年を超えない範囲内において政令で定める日

・刑法等の一部を改正する法律の施行に伴う関係法律の整理等に関する法律（令和四・六・一七法律六八）

附則　抄

（施行期日）

1　この法律は、刑法等一部改正法施行日から施行する。（略）

精神保健福祉士法

（平成九・一二・一九 法律 一三一）

最新改正　令和四法律一〇四

第一章　総則

（**目的**）

第一条　この法律は、精神保健福祉士の資格を定めて、その業務の適正を図り、もって精神保健の向上及び精神障害者の福祉の増進に寄与することを目的とする。

（**定義**）

第二条　この法律において「精神保健福祉士」とは、第二十八条の登録を受け、精神保健福祉士の名称を用いて、精神障害者の保健及び福祉に関する専門的知識及び技術をもって、精神科病院その他の医療施設において精神障害の医療を受け、若しくは精神障害者の社会復帰の促進を図ることを目的とする施設を利用している者の地域相談支援（障害者の日常生活及び社会生活を総合的に支援するための法律（平成十七年法律第百二十三号）第五条第十八項に規定する地域相談支援をいう。第四十一条第一項において同じ。）の利用に関する相談その他の社会復帰に関する相談又は精神障害者及び精神保健に関する課題を抱える者の精神保健に関する相談に応じ、助言、指導、日常生活への適応のために必要な訓練その他の援助を行うこと（以下「相談援助」という。）を業とする者をいう。

（**欠格事由**）

第三条　次の各号のいずれかに該当する者は、精神保健福祉士となることができない。

一　心身の故障により精神保健福祉士の業務を適正に行うことができない者として厚生労働省令で定めるもの

二　禁錮以上の刑に処せられ、その執行を終わり、又は執行を受けることがなくなった日から起算して二年を経過しない者

三　この法律の規定その他精神障害者の保健又は福祉に関する法律の規定であって政令で定めるものにより、罰金の刑に処せられ、その執行を終わり、又は執行を受けることがなくなった日から起算して二年を経過しない者

四　第三十二条第一項第二号又は第二項の規定により登録を取り消され、その取消しの日から起算して二年を経過しない者

第二章　試験

（**資格**）

第四条　精神保健福祉士試験（以下「試験」という。）に合格した者は、精神保健福祉士となる資格を有する。

（**試験**）

第五条　試験は、精神保健福祉士として必要な知識及び技能について行う。

（**試験の実施**）

第六条　試験は、毎年一回以上、厚生労働大臣が行う。

（**受験資格**）

第七条　試験は、次の各号のいずれかに該当する者でなければ、受けることができない。

一　学校教育法（昭和二十二年法律第二十六

号）に基づく大学（短期大学を除く。以下この条において同じ。）において文部科学省令・厚生労働省令で定める精神障害者の保健及び福祉に関する科目（以下この条において「指定科目」という。）を修めて卒業した者その他その者に準ずるものとして厚生労働省令で定める者

二　学校教育法に基づく大学において文部科学省令・厚生労働省令で定める精神障害者の保健及び福祉に関する基礎科目（以下この条において「基礎科目」という。）を修めて卒業した者その他その者に準ずるものとして厚生労働省令で定める者であって、文部科学大臣及び厚生労働大臣の指定した学校又は都道府県知事の指定した養成施設（以下「精神保健福祉士短期養成施設等」という。）において六月以上精神保健福祉士として必要な知識及び技能を修得したもの

三　学校教育法に基づく大学を卒業した者その他その者に準ずるものとして厚生労働省令で定める者であって、文部科学大臣及び厚生労働大臣の指定した学校又は都道府県知事の指定した養成施設（以下「精神保健福祉士一般養成施設等」という。）において一年以上精神保健福祉士として必要な知識及び技能を修得したもの

四　学校教育法に基づく短期大学（修業年限が三年であるものに限り、同法に基づく専門職大学の三年の前期課程を含む。次号及び第六号において同じ。）において指定科目を修めて卒業した者（同法に基づく専門職大学の前期課程にあっては、修了した者。以下この条において同じ。）（夜間において授業を行う学科又は通信による教育を行う学科を卒業した者を除く。）その他その者に準ずるものとして厚生労働省令で定める者であって、厚生労働省令で定める施設（以下この条において「指定施設」という。）において一年以上相談援助の業務に従事したもの

五　学校教育法に基づく短期大学において基礎科目を修めて卒業した者（夜間において授業を行う学科又は通信による教育を行う学科を卒業した者を除く。）その他その者に準ずるものとして厚生労働省令で定める者であって、指定施設において一年以上相談援助の業務に従事した後、精神保健福祉士短期養成施設等において六月以上精神保健福祉士として必要な知識及び技能を修得したもの

六　学校教育法に基づく短期大学を卒業した者（夜間において授業を行う学科又は通信による教育を行う学科を卒業した者を除く。）その他その者に準ずるものとして厚生労働省令で定める者であって、指定施設において一年以上相談援助の業務に従事した後、精神保健福祉士一般養成施設等において一年以上精神保健福祉士として必要な知識及び技能を修得したもの

七　学校教育法に基づく短期大学（同法に基づく専門職大学の前期課程を含む。次号及び第九号において同じ。）において指定科目を修めて卒業した者その他その者に準ずるものとして厚生労働省令で定める者であって、指定施設において二年以上相談援助の業務に従事したもの

八　学校教育法に基づく短期大学において基礎科目を修めて卒業した者その他その者に準ずるものとして厚生労働省令で定める者であって、指定施設において二年以上相談援助の業務に従事した後、精神保健福祉士短期養成施設等において六月以上精神保健福祉士として必要な知識及び技能を修得したもの

九　学校教育法に基づく短期大学又は高等専門学校を卒業した者その他その者に準ずるものとして厚生労働省令で定める者であって、指定施設において二年以上相談援助の業務に従事した後、精神保健福祉士一般養成施設等において一年以上精神保健福祉士として必要な知識及び技能を修得したもの

十　指定施設において四年以上相談援助の業務に従事した後、精神保健福祉士一般養成施設等において一年以上精神保健福祉士として必要な知識及び技能を修得したもの

十一　社会福祉士であって、精神保健福祉士短期養成施設等において六月以上精神保健福祉士として必要な知識及び技能を修得したもの

（試験の無効等）

第八条　厚生労働大臣は、試験に関して不正の行為があった場合には、その不正行為に関係のある者に対しては、その受験を停止させ、又はその試験を無効とすることができる。

2　厚生労働大臣は、前項の規定による処分を受けた者に対し、期間を定めて試験を受けることができないものとすることができる。

（受験手数料）

第九条　試験を受けようとする者は、実費を勘案して政令で定める額の受験手数料を国に納付しなければならない。

2　前項の受験手数料は、これを納付した者が試験を受けない場合においても、返還しない。

（指定試験機関の指定）

第十条　厚生労働大臣は、厚生労働省令で定めるところにより、その指定する者（以下「指定試験機関」という。）に、試験の実施に関する事務（以下「試験事務」という。）を行わせることができる。

2　指定試験機関の指定は、厚生労働省令で定めるところにより、試験事務を行おうとする者の申請により行う。

3　厚生労働大臣は、他に指定を受けた者がなく、かつ、前項の申請が次の要件を満たしていると認めるときでなければ、指定試験機関の指定をしてはならない。

一　職員、設備、試験事務の実施の方法その他の事項についての試験事務の実施に関する計画が、試験事務の適正かつ確実な実施のために適切なものであること。

二　前号の試験事務の実施に関する計画の適正かつ確実な実施に必要な経理的及び技術的な基礎を有するものであること。

4　厚生労働大臣は、第二項の申請が次のいずれかに該当するときは、指定試験機関の指定をしてはならない。

一　申請者が、一般社団法人又は一般財団法人以外の者であること。

二　申請者がその行う試験事務以外の業務により試験事務を公正に実施することができないおそれがあること。

三　申請者が、第二十二条の規定により指定を取り消され、その取消しの日から起算して二年を経過しない者であること。

四　申請者の役員のうちに、次のいずれかに該当する者があること。

イ　この法律に違反して、刑に処せられ、その執行を終わり、又は執行を受けることがなくなった日から起算して二年を経過しない者

ロ　次条第二項の規定による命令により解任され、その解任の日から起算して二年を経過しない者

（指定試験機関の役員の選任及び解任）

第十一条　指定試験機関の役員の選任及び解任は、厚生労働大臣の認可を受けなければ、その効力を生じない。

2　厚生労働大臣は、指定試験機関の役員が、この法律（この法律に基づく命令又は処分を含む。）若しくは第十三条第一項に規定する試験事務規程に違反する行為をしたとき、又は試験事務に関し著しく不適当な行為をしたときは、指定試験機関に対し、当該役員の解任を命ずることができる。

（事業計画の認可等）

第十二条　指定試験機関は、毎事業年度、事業計画及び収支予算を作成し、当該事業年度の開始前に（指定を受けた日の属する事業年度にあっては、その指定を受けた後遅滞なく）、厚生労働大臣の認可を受けなければならない。これを変更しようとするときも、同様とする。

2　指定試験機関は、毎事業年度の経過後三月以内に、その事業年度の事業報告書及び収支決算書を作成し、厚生労働大臣に提出しなければならない。

（試験事務規程）

第十三条　指定試験機関は、試験事務の開始前に、試験事務の実施に関する規程（以下この章において「試験事務規程」という。）を定め、厚生労働大臣の認可を受けなければならない。これを変更しようとするときも、同様とする。

2　試験事務規程で定めるべき事項は、厚生労働省令で定める。

3　厚生労働大臣は、第一項の認可をした試験事務規程が試験事務の適正かつ確実な実施上不適当となったと認めるときは、指定試験機関に対し、これを変更すべきことを命ずることができる。

（精神保健福祉士試験委員）

第十四条　指定試験機関は、試験事務を行う場合において、精神保健福祉士として必要な知識及び技能を有するかどうかの判定に関する事務については、精神保健福祉士試験委員（以下この章において「試験委員」という。）に行わせなければならない。

2　指定試験機関は、試験委員を選任しようとするときは、厚生労働省令で定める要件を備える者のうちから選任しなければならない。

3　指定試験機関は、試験委員を選任したときは、厚生労働省令で定めるところにより、厚生労働大臣にその旨を届け出なければならない。試験委員に変更があったときも、同様とする。

4　第十一条第二項の規定は、試験委員の解任

について準用する。

（**規定の適用等**）

第十五条　指定試験機関が試験事務を行う場合における第八条第一項及び第九条第一項の規定の適用については、第八条第一項中「厚生労働大臣」とあり、及び第九条第一項中「国」とあるのは、「指定試験機関」とする。

２　前項の規定により読み替えて適用する第九条第一項の規定により指定試験機関に納められた受験手数料は、指定試験機関の収入とする。

（**秘密保持義務等**）

第十六条　指定試験機関の役員若しくは職員（試験委員を含む。次項において同じ。）又はこれらの職にあった者は、試験事務に関して知り得た秘密を漏らしてはならない。

２　試験事務に従事する指定試験機関の役員又は職員は、刑法（明治四十年法律第四十五号）その他の罰則の適用については、法令により公務に従事する職員とみなす。

（**帳簿の備付け等**）

第十七条　指定試験機関は、厚生労働省令で定めるところにより、試験事務に関する事項で厚生労働省令で定めるものを記載した帳簿を備え、これを保存しなければならない。

（**監督命令**）

第十八条　厚生労働大臣は、この法律を施行するため必要があると認めるときは、指定試験機関に対し、試験事務に関し監督上必要な命令をすることができる。

（**報告**）

第十九条　厚生労働大臣は、この法律を施行するため必要があると認めるときは、その必要な限度で、厚生労働省令で定めるところにより、指定試験機関に対し、報告をさせることができる。

（**立入検査**）

第二十条　厚生労働大臣は、この法律を施行するため必要があると認めるときは、その必要な限度で、その職員に、指定試験機関の事務所に立ち入り、指定試験機関の帳簿、書類その他必要な物件を検査させ、又は関係者に質問させることができる。

２　前項の規定により立入検査を行う職員は、その身分を示す証明書を携帯し、かつ、関係者の請求があるときは、これを提示しなければならない。

３　第一項に規定する権限は、犯罪捜査のために認められたものと解釈してはならない。

（**試験事務の休廃止**）

第二十一条　指定試験機関は、厚生労働大臣の許可を受けなければ、試験事務の全部又は一部を休止し、又は廃止してはならない。

（**指定の取消し等**）

第二十二条　厚生労働大臣は、指定試験機関が第十条第四項各号（第三号を除く。）のいずれかに該当するに至ったときは、その指定を取り消さなければならない。

２　厚生労働大臣は、指定試験機関が次の各号のいずれかに該当するに至ったときは、その指定を取り消し、又は期間を定めて試験事務の全部若しくは一部の停止を命ずることができる。

一　第十条第三項各号の要件を満たさなくなったと認められるとき。

二　第十一条第二項（第十四条第四項において準用する場合を含む。）、第十三条第三項又は第十八条の規定による命令に違反したとき。

三　第十二条、第十四条第一項から第三項まで又は前条の規定に違反したとき。

四　第十三条第一項の認可を受けた試験事務規程によらないで試験事務を行ったとき。

五　次条第一項の条件に違反したとき。

（**指定等の条件**）

第二十三条　第十条第一項、第十一条第一項、第十二条第一項、第十三条第一項又は第二十一条の規定による指定、認可又は許可には、条件を付し、及びこれを変更することができる。

２　前項の条件は、当該指定、認可又は許可に係る事項の確実な実施を図るため必要な最小限度のものに限り、かつ、当該指定、認可又は許可を受ける者に不当な義務を課することとなるものであってはならない。

（**指定試験機関がした処分等に係る審査請求**）

第二十四条　指定試験機関が行う試験事務に係る処分又はその不作為について不服がある者は、厚生労働大臣に対し、審査請求をすることができる。この場合において、厚生労働大臣は、行政不服審査法（平成二十六年法律第六十八号）第二十五条第二項及び第三項、第四十六条第一項及び第二項、第四十七条並びに第四十九条第三項の規定の適用については、指定試験機関の上級行政庁とみなす。

（**厚生労働大臣による試験事務の実施等**）

第二十五条　厚生労働大臣は、指定試験機関の指定をしたときは、試験事務を行わないものとする。

2　厚生労働大臣は、指定試験機関が第二十一条の規定による許可を受けて試験事務の全部若しくは一部を休止したとき、第二十二条第二項の規定により指定試験機関に対し試験事務の全部若しくは一部の停止を命じたとき、又は指定試験機関が天災その他の事由により試験事務の全部若しくは一部を実施することが困難となった場合において必要があると認めるときは、試験事務の全部又は一部を自ら行うものとする。

（公示）

第二十六条　厚生労働大臣は、次の場合には、その旨を官報に公示しなければならない。

一　第十条第一項の規定による指定をしたとき。

二　第二十一条の規定による許可をしたとき。

三　第二十二条の規定により指定を取り消し、又は試験事務の全部若しくは一部の停止を命じたとき。

四　前条第二項の規定により試験事務の全部若しくは一部を自ら行うこととするとき、又は自ら行っていた試験事務の全部若しくは一部を行わないこととするとき。

（試験の細目等）

第二十七条　この章に規定するもののほか、試験、精神保健福祉士短期養成施設等、精神保健福祉士一般養成施設等、指定試験機関その他この章の規定の施行に関し必要な事項は、厚生労働省令で定める。

第三章　登録

（登録）

第二十八条　精神保健福祉士となる資格を有する者が精神保健福祉士となるには、精神保健福祉士登録簿に、氏名、生年月日その他厚生労働省令で定める事項の登録を受けなければならない。

（精神保健福祉士登録簿）

第二十九条　精神保健福祉士登録簿は、厚生労働省に備える。

（精神保健福祉士登録証）

第三十条　厚生労働大臣は、精神保健福祉士の登録をしたときは、申請者に第二十八条に規定する事項を記載した精神保健福祉士登録証（以下この章において「登録証」という。）を交付する。

（登録事項の変更の届出等）

第三十一条　精神保健福祉士は、登録を受けた事項に変更があったときは、遅滞なく、その旨を厚生労働大臣に届け出なければならない。

2　精神保健福祉士は、前項の規定による届出をするときは、当該届出に登録証を添えて提出し、その訂正を受けなければならない。

（登録の取消し等）

第三十二条　厚生労働大臣は、精神保健福祉士が次の各号のいずれかに該当する場合には、その登録を取り消さなければならない。

一　第三条各号（第四号を除く。）のいずれかに該当するに至った場合

二　虚偽又は不正の事実に基づいて登録を受けた場合

2　厚生労働大臣は、精神保健福祉士が第三十九条、第四十条又は第四十一条第二項の規定に違反したときは、その登録を取り消し、又は期間を定めて精神保健福祉士の名称の使用の停止を命ずることができる。

（登録の消除）

第三十三条　厚生労働大臣は、精神保健福祉士の登録がその効力を失ったときは、その登録を消除しなければならない。

（変更登録等の手数料）

第三十四条　登録証の記載事項の変更を受けようとする者及び登録証の再交付を受けようとする者は、実費を勘案して政令で定める額の手数料を国に納付しなければならない。

（指定登録機関の指定等）

第三十五条　厚生労働大臣は、厚生労働省令で定めるところにより、その指定する者（以下「指定登録機関」という。）に、精神保健福祉士の登録の実施に関する事務（以下「登録事務」という。）を行わせることができる。

2　指定登録機関の指定は、厚生労働省令で定めるところにより、登録事務を行おうとする者の申請により行う。

第三十六条　指定登録機関が登録事務を行う場合における第二十九条、第三十条、第三十一条第一項、第三十三条及び第三十四条の規定の適用については、これらの規定中「厚生労働省」とあり、「厚生労働大臣」とあり、及び「国」とあるのは、「指定登録機関」とする。

2　指定登録機関が登録を行う場合において、精神保健福祉士の登録を受けようとする者は、実費を勘案して政令で定める額の手数料を指定登録機関に納付しなければならない。

3　第一項の規定により読み替えて適用する第三十四条及び前項の規定により指定登録機関

に納められた手数料は、指定登録機関の収入とする。

（準用）

第三十七条　第十条第三項及び第四項、第十一条から第十三条まで並びに第十六条から第二十六条までの規定は、指定登録機関について準用する。この場合において、これらの規定中「試験事務」とあるのは「登録事務」と、「試験事務規程」とあるのは「登録事務規程」と、第十条第三項中「前項の申請」とあり、及び同条第四項中「第二項の申請」とあるのは「第三十五条第二項の申請」と、第十六条第一項中「職員（試験委員を含む。次項において同じ。）」とあるのは「職員」と、第二十二条第二項第二号中「第十一条第二項（第十四条第四項において準用する場合を含む。）」とあるのは「第十一条第二項」と、同項第三号中「、第十四条第一項から第三項まで又は前条」とあるのは「又は前条」と、第二十三条第一項及び第二十六条第一号中「第十条第一項」とあるのは「第三十五条第一項」と読み替えるものとする。

（厚生労働省令への委任）

第三十八条　この章に規定するもののほか、精神保健福祉士の登録、指定登録機関その他この章の規定の施行に関し必要な事項は、厚生労働省令で定める。

第四章　義務等

（誠実義務）

第三十八条の二　精神保健福祉士は、その担当する者が個人の尊厳を保持し、自立した生活を営むことができるよう、常にその者の立場に立って、誠実にその業務を行わなければならない。

（信用失墜行為の禁止）

第三十九条　精神保健福祉士は、精神保健福祉士の信用を傷つけるような行為をしてはならない。

（秘密保持義務）

第四十条　精神保健福祉士は、正当な理由がなく、その業務に関して知り得た人の秘密を漏らしてはならない。精神保健福祉士でなくなった後においても、同様とする。

（連携等）

第四十一条　精神保健福祉士は、その業務を行うに当たっては、その担当する者に対し、保健医療サービス、障害者の日常生活及び社会生活を総合的に支援するための法律第五条第一項に規定する障害福祉サービス、地域相談支援に関するサービスその他のサービスが密接な連携の下で総合的かつ適切に提供されるよう、これらのサービスを提供する者その他の関係者等との連携を保たなければならない。

2　精神保健福祉士は、その業務を行うに当たって精神障害者に主治の医師があるときは、その指導を受けなければならない。

（資質向上の責務）

第四十一条の二　精神保健福祉士は、精神保健及び精神障害者の福祉を取り巻く環境の変化による業務の内容の変化に適応するため、相談援助に関する知識及び技能の向上に努めなければならない。

（名称の使用制限）

第四十二条　精神保健福祉士でない者は、精神保健福祉士という名称を使用してはならない。

（権限の委任）

第四十二条の二　この法律に規定する厚生労働大臣の権限は、厚生労働省令で定めるところにより、地方厚生局長に委任することができる。

2　前項の規定により地方厚生局長に委任された権限は、厚生労働省令で定めるところにより、地方厚生支局長に委任することができる。

（経過措置）

第四十三条　この法律の規定に基づき命令を制定し、又は改廃する場合においては、その命令で、その制定又は改廃に伴い合理的に必要と判断される範囲内において、所要の経過措置（罰則に関する経過措置を含む。）を定めることができる。

第五章　罰則

第四十四条　第四十条の規定に違反した者は、一年以下の懲役又は三十万円以下の罰金に処する。

2　前項の罪は、告訴がなければ公訴を提起することができない。

第四十五条　第十六条第一項（第三十七条において準用する場合を含む。）の規定に違反した者は、一年以下の懲役又は三十万円以下の罰金に処する。

第四十六条　第二十二条第二項（第三十七条において準用する場合を含む。）の規定による試験事務又は登録事務の停止の命令に違反したときは、その違反行為をした指定試験機関又は指定登録機関の役員又は職員は、一年以下の懲役又は三十万円以下の罰金に処する。

第四十七条　次の各号のいずれかに該当する者は、三十万円以下の罰金に処する。

一　第三十二条第二項の規定により精神保健福祉士の名称の使用の停止を命ぜられた者で、当該停止を命ぜられた期間中に、精神保健福祉士の名称を使用したもの

二　第四十二条の規定に違反した者

第四十八条　次の各号のいずれかに該当するときは、その違反行為をした指定試験機関又は指定登録機関の役員又は職員は、二十万円以下の罰金に処する。

一　第十七条（第三十七条において準用する場合を含む。）の規定に違反して帳簿を備えず、帳簿に記載せず、若しくは帳簿に虚偽の記載をし、又は帳簿を保存しなかったとき。

二　第十九条（第三十七条において準用する場合を含む。）の規定による報告をせず、又は虚偽の報告をしたとき。

三　第二十条第一項（第三十七条において準用する場合を含む。）の規定による立入り若しくは検査を拒み、妨げ、若しくは忌避し、又は質問に対して陳述をせず、若しくは虚偽の陳述をしたとき。

四　第二十一条（第三十七条において準用する場合を含む。）の許可を受けないで試験事務又は登録事務の全部を廃止したとき。

・デジタル社会の形成を図るための関係法律の整備に関する法律（令和三・五・一九法律三七）

附則　抄

（施行期日）

第一条　この法律は、令和三年九月一日から施行する。ただし、次の各号に掲げる規定は、当該各号に定める日から施行する。

十　〈略〉公布の日から起算して四年を超えない範囲内において政令で定める日

・刑法等の一部を改正する法律の施行に伴う関係法律の整理等に関する法律（令和四・六・一七法律六八）

附則　抄

（施行期日）

1　この法律は、刑法等一部改正法施行日から施行する。〈略〉

・障害者の日常生活及び社会生活を総合的に支援するための法律等の一部を改正する法律（令和四・一二・一六法律一〇四）

附則　抄

（施行期日）

第一条　この法律は、令和六年四月一日から施行する。ただし、次の各号に掲げる規定は、当該各号に定める日から施行する。

四　〈略〉公布の日から起算して三年を超えない範囲内において政令で定める日

社会福祉士の倫理綱領

（二〇〇五・六・三、採択の「ソーシャルワーカーの倫理綱領」を改定。二〇二〇・六・三〇社団法人日本社会福祉士会採択）

前文

われわれ社会福祉士は、すべての人が人間としての尊厳を有し、価値ある存在であり、平等であることを深く認識する。われわれは平和を擁護し、社会正義、人権、集団的責任、多様性尊重および全人的存在の原理に則り、人々がつながりを実感できる社会への変革と社会的包摂の実現をめざす専門職であり、多様な人々や組織と協働することを言明する。

われわれは、社会システムおよび自然的・地理的環境と人々の生活が相互に関連していることに着目する。社会変動が環境破壊および人間疎外をもたらしている状況にあって、この専門職が社会にとって不可欠であることを自覚するとともに、社会福祉士の職責についての一般社会及び市民の理解を深め、その啓発に努める。

われわれは、われわれの加盟する国際ソーシャルワーカー連盟と国際ソーシャルワーク教育学校連盟が採択した、次の「ソーシャルワーク専門職のグローバル定義」（二〇一四年七月）を、ソーシャルワーク実践の基盤となるものとして認識し、その実践の拠り所とする。

ソーシャルワーク専門職のグローバル定義

ソーシャルワークは、社会変革と社会開発、社会的結束、および人々のエンパワメン

社会福祉

トと解放を促進する、実践に基づいた専門職であり学問である。社会正義、人権、集団的責任、および多様性尊重の諸原理は、ソーシャルワークの中核をなす。ソーシャルワークの理論、社会科学、人文学、および地域・民族固有の知を基盤として、ソーシャルワークは、生活課題に取り組みウェルビーイングを高めるよう、人々やさまざまな構造に働きかける。

この定義は、各国および世界の各地域で展開してもよい。（IFSW、二〇一四・七）※注1

われわれは、ソーシャルワークの知識、技術の専門性と倫理性の維持、向上が専門職の責務であることを認識し、本綱領を制定してこれを遵守することを誓約する。

原理

Ⅰ（人間の尊厳）

社会福祉士は、すべての人々を、出自、人種、民族、国籍、性別、性自認、性的指向、年齢、身体的精神的状況、宗教的文化的背景、社会的地位、経済状況などの違いにかかわらず、かけがえのない存在として尊重する。

Ⅱ（人権）

社会福祉士は、すべての人々を生まれながらにして侵すことのできない権利を有する存在であることを認識し、いかなる理由によってもその権利の抑圧・侵害・略奪を容認しない。

Ⅲ（社会正義）

社会福祉士は、差別、貧困、抑圧、排除、無関心、暴力、環境破壊などの無い、自由、平等、共生に基づく社会正義の実現をめざす。

Ⅳ（集団的責任）

社会福祉士は、集団の有する力と責任を認識し、人と環境の双方に働きかけて、互恵的な社会の実現に貢献する。

Ⅴ（多様性の尊重）

社会福祉士は、個人、家族、集団、地域社会に存在する多様性を認識し、それらを尊重する社会の実現をめざす。

Ⅵ（全人的存在）

社会福祉士は、すべての人々を生物的、心理的、社会的、文化的、スピリチュアルな側面からなる全人的な存在として認識する。

倫理基準

Ⅰ　クライエントに対する倫理責任

1（クライエントとの関係）

社会福祉士は、クライエントとの専門的援助関係を最も大切にし、それを自己の利益のために利用しない。

2（クライエントの利益の最優先）

社会福祉士は、業務の遂行に際して、クライエントの利益を最優先に考える。

3（受容）

社会福祉士は、自らの先入観や偏見を排し、クライエントをあるがままに受容する。

4（説明責任）

社会福祉士は、クライエントに必要な情報を適切な方法・わかりやすい表現を用いて提供する。

5（クライエントの自己決定の尊重）

社会福祉士は、クライエントの自己決定を尊重し、クライエントがその権利を十分に理解し、活用できるようにする。また、社会福祉士は、クライエントの自己決定が本人の生命や健康を大きく損ねる場合や、他者の権利を脅かすような場合は、人と環境の相互作用の視点からクライエントとそこに関係する人々相互のウェルビーイングの調和を図ることに努める。

6（参加の促進）

社会福祉士は、クライエントが自らの人生に影響を及ぼす決定や行動のすべての局面において、完全な関与と参加を促進する。

7（クライエントの意思決定への対応）

社会福祉士は、意思決定が困難なクライエントに対して、常に最善の方法を用いて利益と権利を擁護する。

8（プライバシーの尊重と秘密の保持）

社会福祉士は、クライエントのプライバシーを尊重し秘密を保持する。

9（記録の開示）

社会福祉士は、クライエントから記録の開示の要求があった場合、非開示とすべき正当な事由がない限り、クライエントに記録を開示する。

10（差別や虐待の禁止）

社会福祉士は、クライエントに対していかなる差別・虐待もしない。

11（権利擁護）

社会福祉士は、クライエントの権利を擁護し、その権利の行使を促進する。

12（情報処理技術の適切な使用）社会福祉士は、情報処理技術の利用がクライエントの権利を侵害する危険性があることを認識し、その適切な使用に努める。

Ⅱ 組織・職場に対する倫理責任

1（最良の実践を行う責務）社会福祉士は、自らが属する組織・職場の基本的な使命や理念を認識し、最良の業務を遂行する。

2（同僚などへの敬意）社会福祉士は、組織・職場内のどのような立場にあっても、同僚および他の専門職などに敬意を払う。

3（倫理綱領の理解の促進）社会福祉士は、組織・職場において本倫理綱領が認識されるよう働きかける。

4（倫理的実践の推進）社会福祉士は、組織・職場の方針、規則、業務命令がソーシャルワークの倫理的実践を妨げる場合は、適切・妥当な方法・手段によって提言し、改善を図る。

5（組織内アドボカシーの促進）社会福祉士は、組織・職場におけるあらゆる虐待または差別的・抑圧的な行為の予防および防止の促進を図る。

6（組織改革）社会福祉士は、人々のニーズや社会状況の変化に応じて組織・職場の機能を評価し必要な改革を図る。

Ⅲ 社会に対する倫理責任

1（ソーシャル・インクルージョン）社会福祉士は、あらゆる差別、貧困、抑圧、排除、無関心、暴力、環境破壊などに立ち向かい、包摂的な社会をめざす。

2（社会への働きかけ）社会福祉士は、人権と社会正義の増進において変革と開発が必要であるとみなすとき、人々の主体性を活かしながら、社会に働きかける。

3（グローバル社会への働きかけ）社会福祉士は、人権と社会正義に関する課題を解決するため、全世界のソーシャルワーカーと連帯し、グローバル社会に働きかける。

Ⅳ 専門職としての倫理責任

1（専門性の向上）社会福祉士は、最良の実践を行うために、必要な資格を所持し、専門性の向上に努める。

2（専門職の啓発）社会福祉士は、クライエント・他の専門職・市民に専門職としての実践を適切な手段をもって伝え、社会的信用を高めるよう努める。

3（信用失墜行為の禁止）社会福祉士は、自分の権限の乱用や品位を傷つける行いなど、専門職全体の信用失墜となるような行為をしてはならない。

4（社会的信用の保持）社会福祉士は、他の社会福祉士が専門職業の社会的信用を損なうような場合、本人にその事実を知らせ、必要な対応を促す。

5（専門職の擁護）社会福祉士は、不当な批判を受けることがあれば、専門職として連帯し、その立場を擁護する。

6（教育・訓練・管理における責務）社会福祉士は、教育・訓練・管理を行う場合、それらを受ける人の人権を尊重し、専門性の向上に寄与する。

7（調査・研究）社会福祉士は、すべての調査・研究過程で、クライエントを含む研究対象の権利を尊重し、研究対象との関係に十分に注意を払い、倫理性を確保する。

8（自己管理）社会福祉士は、何らかの個人的・社会的な困難に直面し、それが専門的判断や業務遂行に影響する場合、クライエントや他の人々を守るために必要な対応を行い、自己管理に努める。

注1　本綱領には「ソーシャルワーク専門職のグローバル定義」の本文のみを掲載してある。なお、アジア太平洋（二〇一六年）および日本（二〇一七年）における展開が制定されている。

注2　本綱領にいう「社会福祉士」とは、本倫理綱領を遵守することを誓約し、ソーシャルワークに携わる者をさす。

注3　本綱領にいう「クライエント」とは、「ソーシャルワーク専門職のグローバル定義」に照らし、ソーシャルワーカーに支援を求める人々、ソーシャルワークが必要な人々および変革や開発、結束の必要な社会に含まれるすべての人々をさす。

社会福祉

精神保健福祉士の倫理綱領

（一九八八・六・一六・日本精神医学ソーシャルワーカー協会制定／二〇一三・四・二一・公益社団法人日本精神保健福祉士協会採択／最新改訂二〇一八・六・一七）

前　文

われわれ精神保健福祉士は、個人としての尊厳を尊び、人と環境の関係を捉える視点を持ち、共生社会の実現をめざし、社会福祉学を基盤とする精神保健福祉士の価値・理論・実践をもって精神保健福祉の向上に努めるとともに、クライエントの社会的復権・権利擁護と福祉のための専門的・社会的活動を行う専門職としての資質の向上に努め、誠実に倫理綱領に基づく責務を担う。

目　的

この倫理綱領は、精神保健福祉士の倫理の原則および基準を示すことにより、以下の点を実現することを目的とする。

1　精神保健福祉士の専門職としての価値を示す
2　専門職としての価値に基づき実践する
3　クライエントおよび社会から信頼を得る
4　精神保健福祉士としての価値、倫理原則、倫理基準を遵守する
5　他の専門職や全てのソーシャルワーカーと連携する
6　すべての人が個人として尊重され、共に生きる社会の実現をめざす

倫理原則

1　クライエントに対する責務

(1)　クライエントへの関わり
精神保健福祉士は、クライエントの基本的人権を尊重し、個人としての尊厳、法の下の平等、健康で文化的な生活を営む権利を擁護する。

(2)　自己決定の尊重
精神保健福祉士は、クライエントの自己決定を尊重し、その自己実現に向けて援助する。

(3)　プライバシーと秘密保持
精神保健福祉士は、クライエントのプライバシーを尊重し、その秘密を保持する。

(4)　クライエントの批判に対する責務
精神保健福祉士は、クライエントの批判・評価を謙虚に受けとめ、改善する。

(5)　一般的責務
精神保健福祉士は、不当な金品の授受に関与してはならない。また、クライエントの人格を傷つける行為をしてはならない。

2　専門職としての責務

(1)　専門性の向上
精神保健福祉士は、専門職としての価値に基づき、理論と実践の向上に努める。

(2)　専門職自律の責務
精神保健福祉士は同僚の業務を尊重するとともに、相互批判を通じて専門職としての自律性を高める。

(3)　地位利用の禁止
精神保健福祉士は、職務の遂行にあたり、クライエントの利益を最優先し、自己の利益のためにその地位を利用してはならない。

(4)　批判に関する責務
精神保健福祉士は、自己の業務に対する批判・評価を謙虚に受けとめ、専門性の向上に努める。

(5)　連携の責務
精神保健福祉士は、他職種・他機関の専門性と価値を尊重し、連携・協働する。

3　機関に対する責務
精神保健福祉士は、所属機関がクライエントの社会的復権を目指した理念・目的に添って業務が遂行できるように努める。

4　社会に対する責務
精神保健福祉士は、人々の多様な価値を尊重し、福祉と平和のために、社会的・政治的・文化的活動を通し社会に貢献する。

倫理基準

1　クライエントに対する責務

(1)　クライエントへの関わり
精神保健福祉士は、クライエントをかけがえのない一人の人として尊重し、専門的援助関係を結び、クライエントとともに問題の解決を図る。

(2)　自己決定の尊重
a　クライエントの知る権利を尊重し、クライエントが必要とする支援、信頼のおける情報を適切な方法で説明し、クライエントが決定できるよう援助する。
b　業務遂行に関して、サービスを利用する権利および利益、不利益について説明し、疑問に十分応えた後、援助を行う。援助の開始にあたっては、所属する機関や精神保健福祉士の業務について契約関係を明確にする。
c　クライエントが決定することが困難な

場合、クライエントの利益を守るため最大限の努力をする。

(3) プライバシーと秘密保持

精神保健福祉士は、クライエントのプライバシーの権利を擁護し、業務上知り得た個人情報について秘密を保持する。なお、業務を辞めたあとでも、秘密を保持する義務は継続する。

a 第三者から情報の開示の要求がある場合、クライエントの同意を得た上で開示する。クライエントに不利益を及ぼす可能性がある時には、クライエントの秘密保持を優先する。

b 秘密を保持することにより、クライエントまたは第三者の生命、財産に緊急の被害が予測される場合は、クライエントとの協議を含め慎重に対処する。

c 複数の機関による支援やケースカンファレンス等を行う場合には、本人の了承を得て行い、個人情報の提供は必要最小限にとどめる。また、その秘密保持に関しては、細心の注意を払う。クライエントに関係する人々の個人情報に関しても同様の配慮を行う。

d クライエントを他機関に紹介する時には、個人情報や記録の提供についてクライエントとの協議を経て決める。

e 研究等の目的で事例検討を行うときには、本人の了承を得るとともに、個人を特定できないように留意する。

f クライエントから要求がある時は、クライエントの個人情報を開示する。ただし、記録の中にある第三者の秘密を保護しなければならない。

g 電子機器等によりクライエントの情報を伝達する場合、その情報の秘密性を保証できるよう最善の方策を用い、慎重に行う。

(4) クライエントの批判に対する責務

精神保健福祉士は、自己の業務におけるクライエントからの批判・評価を受けとめ、改善に努める。

(5) 一般的責務

a 精神保健福祉士は、職業的立場を認識し、いかなる事情の下でも精神的・身体的・性的いやがらせ等人格を傷つける行為をしてはならない。

b 精神保健福祉士は、機関が定めた契約による報酬や公的基準で定められた以外の金品の要求・授受をしてはならない。

2 専門職としての責務

(1) 専門性の向上

a 精神保健福祉士は専門職としての価値・理論に基づく実践の向上に努め、継続的に研修や教育に参加しなければならない。

b スーパービジョンと教育指導に関する責務

① 精神保健福祉士はスーパービジョンを行う場合、自己の限界を認識し、専門職として利用できる最新の情報と知識に基づいた指導を行う。

② 精神保健福祉士は、専門職として利用できる最新の情報と知識に基づき学生等の教育や実習指導を積極的に行う。

③ 精神保健福祉士は、スーパービジョンや学生等の教育・実習指導を行う場合、公正で適切な指導を行い、スーパーバイジーや学生等に対して差別・酷使・精神的・身体的・性的いやがらせ等人格を傷つける行為をしてはならない。

(2) 専門職自律の責務

a 精神保健福祉士は、適切な調査研究、論議、責任ある相互批判、専門職組織活動への参加を通じて、専門職としての自律性を高める。

b 精神保健福祉士は、個人的問題のためにクライエントの援助や業務の遂行に支障をきたす場合には、同僚等に速やかに相談する。また、業務の遂行に支障をきたさないよう、自らの心身の健康に留意する。

(3) 地位利用の禁止

精神保健福祉士は業務の遂行にあたりクライエントの利益を最優先し、自己の個人的・宗教的・政治的利益のために自己の地位を利用してはならない。また、専門職の立場を利用し、不正、搾取、ごまかしに参画してはならない。

(4) 批判に関する責務

a 精神保健福祉士は、同僚の業務を尊重する。

b 精神保健福祉士は、自己の業務に関する批判・評価を謙虚に受けとめ、改善に努める。

c 精神保健福祉士は、他の精神保健福祉士の非倫理的行動を防止し、改善するよう適切な方法をとる。

(5) 連携の責務

a 精神保健福祉士は、クライエントや地域社会の持つ力を尊重し、協働する。

b 精神保健福祉士は、クライエントや地域社会の福祉向上のため、他の専門職や他機関等と協働する。

c 精神保健福祉士は、所属する機関のソーシャルワーカーの業務について、点検・評価し同僚と協働し改善に努める。

d 精神保健福祉士は、職業的関係や立場を認識し、いかなる事情の下でも同僚または関係者への精神的・身体的・性的いやがらせ等人格を傷つける行為をしてはならない。

3 機関に対する責務

精神保健福祉士は、所属機関等が、クライエントの人権を尊重し、業務の改善や向上が必要な際には、機関に対して適切・妥当な方法・手段によって、提言できるように努め、改善を図る。

4 社会に対する責務

精神保健福祉士は、専門職としての価値・理論・実践をもって、地域および社会の活動に参画し、社会の変革と精神保健福祉の向上に貢献する。

日本介護福祉士会倫理綱領

（一九九五・一一・一七）

（日本介護福祉士会）

前文

私たち介護福祉士は、介護福祉ニーズを有するすべての人々が、住み慣れた地域において安心して老いることができ、そして暮らし続けていくことのできる社会の実現を願っています。

そのため、私たち日本介護福祉士会は、一人ひとりの心豊かな暮らしを支える介護福祉の専門職として、ここに倫理綱領を定め、自らの専門的知識・技術及び倫理的自覚をもって最善の介護福祉サービスの提供に努めます。

（利用者本位、自立支援）

1 介護福祉士はすべての人々の基本的人権を擁護し、一人ひとりの住民が心豊かな暮らしと老後が送れるよう利用者本位の立場から自己決定を最大限尊重し、自立に向けた介護福祉サービスを提供していきます。

（専門的サービスの提供）

2 介護福祉士は、常に専門的知識・技術の研鑽に励むとともに、豊かな感性と的確な判断力を培い、深い洞察力をもって専門的サービスの提供に努めます。

また、介護福祉士は、介護福祉サービスの質的向上に努め、自己の実施した介護福祉サービスについては、常に専門職としての責任を負います。

（プライバシーの保護）

3 介護福祉士は、プライバシーを保護するため、職務上知り得た個人の情報を守ります。

（総合的サービスの提供と積極的な連携、協力）

4 介護福祉士は、利用者に最適なサービスを総合的に提供していくため、福祉、医療、保健その他関連する業務に従事する者と積極的な連携を図り、協力して行動します。

（利用者ニーズの代弁）

5 介護福祉士は、暮らしを支える視点から利用者の真のニーズを受けとめ、それを代弁していくことも重要な役割であると確認したうえで、考え、行動します。

（地域福祉の推進）

6 介護福祉士は、地域において生じる介護問題を解決していくために、専門職として常に積極的な態度で住民と接し、介護問題に対する深い理解が得られるよう努めるとともに、その介護力の強化に協力していきます。

（後継者の育成）

7 介護福祉士は、すべての人々が将来にわたり安心して質の高い介護を受ける権利を享受できるよう、介護福祉士に関する教育水準の向上と後継者の育成に力を注ぎます。

社会福祉

全国保育士会倫理綱領

（二〇〇三・一一・二九宣言／社会福祉法人全国社会福祉協議会・全国保育協議会・全国保育士会）

すべての子どもは、豊かな愛情のなかで心身ともに健やかに育てられ、自ら伸びていく無限の可能性を持っています。

私たちは、子どもが現在（いま）を幸せに生活し、未来（あす）を生きる力を育てる保育の仕事に誇りと責任をもって、自らの人間性と専門性の向上に努め、一人ひとりの子どもを心から尊重し、次のことを行います。

私たちは、子どもの育ちを支えます。

私たちは、保護者の子育てを支えます。

私たちは、子どもと子育てにやさしい社会をつくります。

（子どもの最善の利益の尊重）

1　私たちは、一人ひとりの子どもの最善の利益を第一に考え、保育を通してその福祉を積極的に増進するよう努めます。

（子どもの発達保障）

2　私たちは、養護と教育が一体となった保育を通して、一人ひとりの子どもが心身ともに健康、安全で情緒の安定した生活ができる環境を用意し、生きる喜びと力を育むことを基本として、その健やかな育ちを支えます。

（保護者との協力）

3　私たちは、子どもと保護者のおかれた状況や意向を受けとめ、保護者とより良い協力関係を築きながら、子どもの育ちや子育てを支えます。

（プライバシーの保護）

4　私たちは、一人ひとりのプライバシーを保護するため、保育を通して知り得た個人の情報や秘密を守ります。

（チームワークと自己評価）

5　私たちは、職場におけるチームワークや、関係する他の専門機関との連携を大切にします。

また、自らの行う保育について、常に子どもの視点に立って自己評価を行い、保育の質の向上を図ります。

（利用者の代弁）

6　私たちは、日々の保育や子育て支援の活動を通して子どものニーズを受けとめ、子どもの立場に立ってそれを代弁します。

また、子育てをしているすべての保護者のニーズを受けとめ、それを代弁していくことも重要な役割と考え、行動します。

（地域の子育て支援）

7　私たちは、地域の人々や関係機関とともに子育てを支援し、そのネットワークにより、地域で子どもを育てる環境づくりに努めます。

（専門職としての責務）

8　私たちは、研修や自己研鑽を通して、常に自らの人間性と専門性の向上に努め、専門職としての責務を果たします。

生活保護法

（昭和二五・五・四法律一四四）

最新改正　令和五法律三一

第一章　総則

（この法律の目的）

第一条　この法律は、日本国憲法第二十五条に規定する理念に基き、国が生活に困窮するすべての国民に対し、その困窮の程度に応じ、必要な保護を行い、その最低限度の生活を保障するとともに、その自立を助長することを目的とする。

（無差別平等）

第二条　すべて国民は、この法律の定める要件を満たす限り、この法律による保護（以下「保護」という。）を、無差別平等に受けることができる。

（最低生活）

第三条　この法律により保障される最低限度の生活は、健康で文化的な生活水準を維持することができるものでなければならない。

（保護の補足性）

第四条　保護は、生活に困窮する者が、その利用し得る資産、能力その他あらゆるものを、その最低限度の生活の維持のために活用することを要件として行われる。

2　民法（明治二十九年法律第八十九号）に定める扶養義務者の扶養及び他の法律に定める扶助は、すべてこの法律による保護に優先して行われるものとする。

3　前二項の規定は、急迫した事由がある場合に、必要な保護を行うことを妨げるものではない。

（**この法律の解釈及び運用**）

第五条　前四条に規定するところは、この法律の基本原理であつて、この法律の解釈及び運用は、すべてこの原理に基いてされなければならない。

（**用語の定義**）

第六条　この法律において「被保護者」とは、現に保護を受けている者をいう。

2　この法律において「要保護者」とは、現に保護を受けているといないとにかかわらず、保護を必要とする状態にある者をいう。

3　この法律において「保護金品」とは、保護として給与し、又は貸与される金銭及び物品をいう。

4　この法律において「金銭給付」とは、金銭の給与又は貸与によつて、保護を行うことをいう。

5　この法律において「現物給付」とは、物品の給与又は貸与、医療の給付、役務の提供その他金銭給付以外の方法で保護を行うことをいう。

第二章　保護の原則

（**申請保護の原則**）

第七条　保護は、要保護者、その扶養義務者又はその他の同居の親族の申請に基いて開始するものとする。但し、要保護者が急迫した状況にあるときは、保護の申請がなくても、必要な保護を行うことができる。

（**基準及び程度の原則**）

第八条　保護は、厚生労働大臣の定める基準により測定した要保護者の需要を基とし、そのうち、その者の金銭又は物品で満たすことのできない不足分を補う程度において行うものとする。

2　前項の基準は、要保護者の年齢別、性別、世帯構成別、所在地域別その他保護の種類に応じて必要な事情を考慮した最低限度の生活の需要を満たすに十分なものであつて、且つ、これをこえないものでなければならない。

（**必要即応の原則**）

第九条　保護は、要保護者の年齢別、性別、健康状態等その個人又は世帯の実際の必要の相違を考慮して、有効且つ適切に行うものとする。

（**世帯単位の原則**）

第十条　保護は、世帯を単位としてその要否及び程度を定めるものとする。但し、これによりがたいときは、個人を単位として定めることができる。

第三章　保護の種類及び範囲

（**種類**）

第十一条　保護の種類は、次のとおりとする。

一　生活扶助
二　教育扶助
三　住宅扶助
四　医療扶助
五　介護扶助
六　出産扶助
七　生業扶助
八　葬祭扶助

2　前項各号の扶助は、要保護者の必要に応じ、単給又は併給として行われる。

（**生活扶助**）

第十二条　生活扶助は、困窮のため最低限度の生活を維持することのできない者に対して、左に掲げる事項の範囲内において行われる。

一　衣食その他日常生活の需要を満たすために必要なもの
二　移送

（**教育扶助**）

第十三条　教育扶助は、困窮のため最低限度の生活を維持することのできない者に対して、左に掲げる事項の範囲内において行われる。

一　義務教育に伴つて必要な教科書その他の学用品
二　義務教育に伴つて必要な通学用品
三　学校給食その他義務教育に伴つて必要なもの

（**住宅扶助**）

第十四条　住宅扶助は、困窮のため最低限度の生活を維持することのできない者に対して、左に掲げる事項の範囲内において行われる。

一　住居
二　補修その他住宅の維持のために必要なもの

（**医療扶助**）

第十五条　医療扶助は、困窮のため最低限度の生活を維持することのできない者に対して、左に掲げる事項の範囲内において行われる。

一　診察
二　薬剤又は治療材料
三　医学的処置、手術及びその他の治療並びに施術

社会福祉

四　居宅における療養上の管理及びその療養に伴う世話その他の看護
五　病院又は診療所への入院及びその療養に伴う世話その他の看護
六　移送

（介護扶助）
第十五条の二　介護扶助は、困窮のため最低限度の生活を維持することのできない要介護者（介護保険法（平成九年法律第百二十三号）第七条第三項に規定する要介護者をいう。第三項において同じ。）に対して、第一号から第四号まで及び第九号に掲げる事項の範囲内において行われ、困窮のため最低限度の生活を維持することのできない要支援者（同条第四項に規定する要支援者をいう。以下この項及び第六項において同じ。）に対して、第五号から第九号までに掲げる事項の範囲内において行われ、困窮のため最低限度の生活を維持することのできない居宅要支援被保険者等（同法第百十五条の四十五第一項第一号に規定する居宅要支援被保険者等をいう。）に相当する者（要支援者を除く。）に対して、第八号及び第九号に掲げる事項の範囲内において行われる。
一　居宅介護（居宅介護支援計画に基づき行うものに限る。）
二　福祉用具
三　住宅改修
四　施設介護
五　介護予防（介護予防支援計画に基づき行うものに限る。）
六　介護予防福祉用具
七　介護予防住宅改修
八　介護予防・日常生活支援（介護予防支援計画又は介護保険法第百十五条の四十五第一項第一号ニに規定する第一号介護予防支援事業による援助に相当する援助に基づき行うものに限る。）
九　移送

2　前項第一号に規定する居宅介護とは、介護保険法第八条第二項に規定する訪問介護、同条第三項に規定する訪問入浴介護、同条第四項に規定する訪問看護、同条第五項に規定する訪問リハビリテーション、同条第六項に規定する居宅療養管理指導、同条第七項に規定する通所介護、同条第八項に規定する通所リハビリテーション、同条第九項に規定する短期入所生活介護、同条第十項に規定する短期入所療養介護、同条第十一項に規定する特定施設入居者生活介護、同条第十二項に規定する福祉用具貸与、同条第十五項に規定する定期巡回・随時対応型訪問介護看護、同条第十六項に規定する夜間対応型訪問介護、同条第十七項に規定する地域密着型通所介護、同条第十八項に規定する認知症対応型通所介護、同条第十九項に規定する小規模多機能型居宅介護、同条第二十項に規定する認知症対応型共同生活介護、同条第二十一項に規定する地域密着型特定施設入居者生活介護及び同条第二十三項に規定する複合型サービス並びにこれらに相当するサービスをいう。

3　第一項第一号に規定する居宅介護支援計画とは、居宅において生活を営む要介護者が居宅介護その他居宅において日常生活を営むために必要な保健医療サービス及び福祉サービス（以下この項において「居宅介護等」という。）の適切な利用等をすることができるようにするための当該要介護者が利用する居宅介護等の種類、内容等を定める計画をいう。

4　第一項第四号に規定する施設介護とは、介護保険法第八条第二十二項に規定する地域密着型介護老人福祉施設入所者生活介護、同条第二十七項に規定する介護福祉施設サービス、同条第二十八項に規定する介護保健施設サービス及び同条第二十九項に規定する介護医療院サービスをいう。

5　第一項第五号に規定する介護予防とは、介護保険法第八条の二第二項に規定する介護予防訪問入浴介護、同条第三項に規定する介護予防訪問看護、同条第四項に規定する介護予防訪問リハビリテーション、同条第五項に規定する介護予防居宅療養管理指導、同条第六項に規定する介護予防通所リハビリテーション、同条第七項に規定する介護予防短期入所生活介護、同条第八項に規定する介護予防短期入所療養介護、同条第九項に規定する介護予防特定施設入居者生活介護、同条第十項に規定する介護予防福祉用具貸与、同条第十三項に規定する介護予防認知症対応型通所介護、同条第十四項に規定する介護予防小規模多機能型居宅介護及び同条第十五項に規定する介護予防認知症対応型共同生活介護並びにこれらに相当するサービスをいう。

6　第一項第五号及び第八号に規定する介護予防支援計画とは、居宅において生活を営む要支援者が介護予防その他身体上又は精神上の障害があるために入浴、排せつ、食事等の日常生活における基本的な動作の全部若しくは一部について常時介護を要し、又は日常生活を営むのに支障がある状態の軽減又は悪化の防止に資する保健医療サービス及び福祉サービス（以下この項において「介護予防等」という。）の適切な利用等をすることができるようにするための当該要支援者が利用する介護予防等の種類、内容等を定める計画であつて、介護保険法第百十五条の四十六第一項に規定する地域包括支援センターの職員及び同法第四十六条第一項に規定する指定居宅介護支援を行う事業所の従業者のうち同法第八条の二第十六項の厚生労働省令で定める者が作成したものをいう。

7　第一項第八号に規定する介護予防・日常生活支援とは、介護保険法第百十五条の四十五第一項第一号イに規定する第一号訪問事業、同号ロに規定する第一号通所事業及び同号ハに規定する第一号生活支援事業による支援に相当する支援をいう。

（**出産扶助**）

第十六条　出産扶助は、困窮のため最低限度の生活を維持することのできない者に対して、左に掲げる事項の範囲内において行われる。

一　分べんの介助

二　分べん前及び分べん後の処置

三　脱脂綿、ガーゼその他の衛生材料

（**生業扶助**）

第十七条　生業扶助は、困窮のため最低限度の生活を維持することのできない者又はそのおそれのある者に対して、左に掲げる事項の範囲内において行われる。但し、これによつて、その者の収入を増加させ、又はその自立を助長することのできる見込のある場合に限る。

一　生業に必要な資金、器具又は資料

二　生業に必要な技能の修得

三　就労のために必要なもの

（**葬祭扶助**）

第十八条　葬祭扶助は、困窮のため最低限度の生活を維持することのできない者に対して、左に掲げる事項の範囲内において行われる。

一　検案

二　死体の運搬

三　火葬又は埋葬

四　納骨その他葬祭のために必要なもの

2　左に掲げる場合において、その葬祭を行う者があるときは、その者に対して、前項各号の葬祭扶助を行うことができる。

一　被保護者が死亡した場合において、その者の葬祭を行う扶養義務者がないとき。

二　死者に対しその葬祭を行う扶養義務者がない場合において、その遺留した金品で、葬祭を行うに必要な費用を満たすことのできないとき。

第四章　保護の機関及び実施

（**実施機関**）

第十九条　都道府県知事、市長及び社会福祉法（昭和二十六年法律第四十五号）に規定する福祉に関する事務所（以下「福祉事務所」という。）を管理する町村長は、次に掲げる者に対して、この法律の定めるところにより、保護を決定し、かつ、実施しなければならない。

一　その管理に属する福祉事務所の所管区域内に居住地を有する要保護者

二　居住地がないか、又は明らかでない要保護者であつて、その管理に属する福祉事務所の所管区域内に現在地を有するもの

2　居住地が明らかである要保護者であつても、その者が急迫した状況にあるときは、その急迫した事由が止むまでは、その者に対する保護は、前項の規定にかかわらず、その者の現在地を所管する福祉事務所を管理する都道府県知事又は市町村長が行うものとする。

3　第三十条第一項ただし書の規定により被保護者を救護施設、更生施設若しくはその他の適当な施設に入所させ、若しくはこれらの施設に入所を委託し、若しくは私人の家庭に養護を委託した場合又は第三十四条の二第二項の規定により被保護者に対する次の各号に掲げる介護扶助を当該各号に定める者若しくは施設に委託して行う場合においては、当該入所又は委託の継続中、その者に対して保護を行うべき者は、その者に係る入所又は委託前の居住地又は現在地によつて定めるものとする。

一　居宅介護（第十五条の二第二項に規定する居宅介護をいう。以下同じ。）（特定施設入居者生活介護（同項に規定する特定施設入居者生活介護をいう。）に限る。）　居宅介護を行う者

二　施設介護（第十五条の二第四項に規定する施設介護をいう。以下同じ。）　介護老人福祉施設（介護保険法第八条第二十七項に規定する介護老人福祉施設をいう。以下同じ。）

三　介護予防（第十五条の二第五項に規定する介護予防をいう。以下同じ。）（介護予防特定施設入居者生活介護（同項に規定する

介護予防特定施設入居者生活介護をいう。）に限る。） 介護予防を行う者

4 前三項の規定により保護を行うべき者（以下「保護の実施機関」という。）は、保護の決定及び実施に関する事務の全部又は一部を、その管理に属する行政庁に限り、委任することができる。

5 保護の実施機関は、保護の決定及び実施に関する事務の一部を、政令の定めるところにより、他の保護の実施機関に委託して行うことを妨げない。

6 福祉事務所を設置しない町村の長（以下「町村長」という。）は、その町村の区域内において特に急迫した事由により放置することができない状況にある要保護者に対して、応急的処置として、必要な保護を行うものとする。

7 町村長は、保護の実施機関又は福祉事務所の長（以下「福祉事務所長」という。）が行う保護事務の執行を適切ならしめるため、次に掲げる事項を行うものとする。

一 要保護者を発見し、又は被保護者の生計その他の状況の変動を発見した場合においては、速やかに、保護の実施機関又は福祉事務所長にその旨を通報すること。

二 第二十四条第十項の規定により保護の開始又は変更の申請を受け取つた場合において、これを保護の実施機関に送付すること。

三 保護の実施機関又は福祉事務所長から求められた場合において、被保護者等に対して、保護金品を交付すること。

四 保護の実施機関又は福祉事務所長から求められた場合において、要保護者に関する調査を行うこと。

（**職権の委任**）

第二十条 都道府県知事は、この法律に定めるその職権の一部を、その管理に属する行政庁に委任することができる。

（**補助機関**）

第二十一条 社会福祉法に定める社会福祉主事は、この法律の施行について、都道府県知事又は市町村長の事務の執行を補助するものとする。

（**民生委員の協力**）

第二十二条 民生委員法（昭和二十三年法律第百九十八号）に定める民生委員は、この法律の施行について、市町村長、福祉事務所長又は社会福祉主事の事務の執行に協力するものとする。

（**事務監査**）

第二十三条 厚生労働大臣は都道府県知事及び市町村長の行うこの法律の施行に関する事務について、都道府県知事は市町村長の行うこの法律の施行に関する事務について、その指定する職員に、その監査を行わせなければならない。

2 前項の規定により指定された職員は、都道府県知事又は市町村長に対し、必要と認める資料の提出若しくは説明を求め、又は必要と認める指示をすることができる。

3 第一項の規定により指定すべき職員の資格については、政令で定める。

（**申請による保護の開始及び変更**）

第二十四条 保護の開始を申請する者は、厚生労働省令で定めるところにより、次に掲げる事項を記載した申請書を保護の実施機関に提出しなければならない。ただし、当該申請書を作成することができない特別の事情があるときは、この限りでない。

一 要保護者の氏名及び住所又は居所

二 申請者が要保護者と異なるときは、申請者の氏名及び住所又は居所並びに要保護者との関係

三 保護を受けようとする理由

四 要保護者の資産及び収入の状況（生業若しくは就労又は求職活動の状況、扶養義務者の扶養の状況及び他の法律に定める扶助の状況を含む。以下同じ。）

五 その他要保護者の保護の要否、種類、程度及び方法を決定するために必要な事項として厚生労働省令で定める事項

2 前項の申請書には、要保護者の保護の要否、種類、程度及び方法を決定するために必要な書類として厚生労働省令で定める書類を添付しなければならない。ただし、当該書類を添付することができない特別の事情があるときは、この限りでない。

3 保護の実施機関は、保護の開始の申請があつたときは、保護の要否、種類、程度及び方法を決定し、申請者に対して書面をもつて、これを通知しなければならない。

4 前項の書面には、決定の理由を付さなければならない。

5 第三項の通知は、申請のあつた日から十四日以内にしなければならない。ただし、扶養義務者の資産及び収入の状況の調査に日時を要する場合その他特別な理由がある場合には、これを三十日まで延ばすことができる。

6　保護の実施機関は、前項ただし書の規定により同項本文に規定する期間内に第三項の通知をしなかつたときは、同項の書面にその理由を明示しなければならない。

7　保護の申請をしてから三十日以内に第三項の通知がないときは、申請者は、保護の実施機関が申請を却下したものとみなすことができる。

8　保護の実施機関は、知れたる扶養義務者が民法の規定による扶養義務を履行していないと認められる場合において、保護の開始の決定をしようとするときは、厚生労働省令で定めるところにより、あらかじめ、当該扶養義務者に対して書面をもつて厚生労働省令で定める事項を通知しなければならない。ただし、あらかじめ通知することが適当でない場合として厚生労働省令で定める場合は、この限りでない。

9　第一項から第七項までの規定は、第七条に規定する者からの保護の変更の申請について準用する。

10　保護の開始又は変更の申請は、町村長を経由してすることもできる。町村長は、申請を受け取つたときは、五日以内に、その申請に、要保護者に対する扶養義務者の有無、資産及び収入の状況その他保護に関する決定をするについて参考となるべき事項を記載した書面を添えて、これを保護の実施機関に送付しなければならない。

（**職権による保護の開始及び変更**）

第二十五条　保護の実施機関は、要保護者が急迫した状況にあるときは、すみやかに、職権をもつて保護の種類、程度及び方法を決定し、保護を開始しなければならない。

2　保護の実施機関は、常に、被保護者の生活状態を調査し、保護の変更を必要とすると認めるときは、速やかに、職権をもつてその決定を行い、書面をもつて、これを被保護者に通知しなければならない。前条第四項の規定は、この場合に準用する。

3　町村長は、要保護者が特に急迫した事由により放置することができない状況にあるときは、すみやかに、職権をもつて第十九条第六項に規定する保護を行わなければならない。

（**保護の停止及び廃止**）

第二十六条　保護の実施機関は、被保護者が保護を必要としなくなつたときは、速やかに、保護の停止又は廃止を決定し、書面をもつて、これを被保護者に通知しなければならない。第二十八条第五項又は第六十二条第三項の規定により保護の停止又は廃止をするときも、同様とする。

（**指導及び指示**）

第二十七条　保護の実施機関は、被保護者に対して、生活の維持、向上その他保護の目的達成に必要な指導又は指示をすることができる。

2　前項の指導又は指示は、被保護者の自由を尊重し、必要の最少限度に止めなければならない。

3　第一項の規定は、被保護者の意に反して、指導又は指示を強制し得るものと解釈してはならない。

（**相談及び助言**）

第二十七条の二　保護の実施機関は、第五十五条の七第一項に規定する被保護者就労支援事業及び第五十五条の八第一項に規定する被保護者健康管理支援事業を行うほか、要保護者から求めがあつたときは、要保護者の自立を助長するために、要保護者からの相談に応じ、必要な助言をすることができる。

（**報告、調査及び検診**）

第二十八条　保護の実施機関は、保護の決定若しくは実施又は第七十七条若しくは第七十八条（第三項を除く。次項及び次条第一項において同じ。）の規定の施行のため必要があると認めるときは、要保護者の資産及び収入の状況、健康状態その他の事項を調査するために、厚生労働省令で定めるところにより、当該要保護者に対して、報告を求め、若しくは当該職員に、当該要保護者の居住の場所に立ち入り、これらの事項を調査させ、又は当該要保護者に対して、保護の実施機関の指定する医師若しくは歯科医師の検診を受けるべき旨を命ずることができる。

2　保護の実施機関は、保護の決定若しくは実施又は第七十七条若しくは第七十八条の規定の施行のため必要があると認めるときは、保護の開始又は変更の申請書及びその添付書類の内容を調査するために、厚生労働省令で定めるところにより、要保護者の扶養義務者若しくはその他の同居の親族又は保護の開始若しくは変更の申請の当時要保護者若しくはこれらの者であつた者に対して、報告を求めることができる。

3　第一項の規定によつて立入調査を行う当該職員は、厚生労働省令の定めるところにより、その身分を示す証票を携帯し、かつ、関係人の請求があるときは、これを提示しなければならない。

4　第一項の規定による立入調査の権限は、犯罪捜査のために認められたものと解してはならない。

5　保護の実施機関は、要保護者が第一項の規定による報告をせず、若しくは虚偽の報告をし、若しくは立入調査を拒み、妨げ、若しくは忌避し、又は医師若しくは歯科医師の検診を受けるべき旨の命令に従わないときは、保護の開始若しくは変更の申請を却下し、又は保護の変更、停止若しくは廃止をすることができる。

（資料の提供等）

第二十九条　保護の実施機関及び福祉事務所長は、保護の決定若しくは実施又は第七十七条若しくは第七十八条の規定の施行のために必要があると認めるときは、次の各号に掲げる者の当該各号に定める事項につき、官公署、日本年金機構若しくは国民年金法（昭和三十四年法律第百四十一号）第三条第二項に規定する共済組合等（次項において「共済組合等」という。）に対し、必要な書類の閲覧若しくは資料の提供を求め、又は銀行、信託会社、次の各号に掲げる者の雇主その他の関係人に、報告を求めることができる。

一　要保護者又は被保護者であつた者　氏名及び住所又は居所、資産及び収入の状況、健康状態、他の保護の実施機関における保護の決定及び実施の状況その他政令で定める事項（被保護者であつた者にあつては、氏名及び住所又は居所、健康状態並びに他の保護の実施機関における保護の決定及び実施の状況を除き、保護を受けていた期間における事項に限る。）

二　前号に掲げる者の扶養義務者　氏名及び住所又は居所、資産及び収入の状況その他政令で定める事項（被保護者であつた者の扶養義務者にあつては、氏名及び住所又は居所を除き、当該被保護者であつた者が保護を受けていた期間における事項に限る。）

2　別表第一の上欄に掲げる官公署の長、日本年金機構又は共済組合等は、それぞれ同表の下欄に掲げる情報につき、保護の実施機関又は福祉事務所長から前項の規定による求めがあつたときは、速やかに、当該情報を記載し、若しくは記録した書類を閲覧させ、又は資料の提供を行うものとする。

（行政手続法の適用除外）

第二十九条の二　この章の規定による処分については、行政手続法（平成五年法律第八十八号）第三章（第十二条及び第十四条を除く。）の規定は、適用しない。

第五章　保護の方法

（生活扶助の方法）

第三十条　生活扶助は、被保護者の居宅において行うものとする。ただし、これによることができないとき、これによつては保護の目的を達しがたいとき、又は被保護者が希望したときは、被保護者を救護施設、更生施設、日常生活支援住居施設（社会福祉法第二条第三項第八号に規定する事業の用に供する施設その他の施設であつて、被保護者に対する日常生活上の支援の実施に必要なものとして厚生労働省令で定める要件に該当すると都道府県知事が認めたものをいう。第六十二条第一項及び第七十条第一号ハにおいて同じ。）若しくはこれらの他の適当な施設に入所させ、若しくはこれらの施設に入所を委託し、又は私人の家庭に養護を委託して行うことができる。

2　前項ただし書の規定は、被保護者の意に反して、入所又は養護を強制することができるものと解釈してはならない。

3　保護の実施機関は、被保護者の親権者又は後見人がその権利を適切に行わない場合においては、その異議があつても、家庭裁判所の許可を得て、第一項但書の措置をとることができる。

第三十一条　生活扶助は、金銭給付によつて行うものとする。但し、これによることができないとき、これによることが適当でないとき、その他保護の目的を達するために必要があるときは、現物給付によつて行うことができる。

2　生活扶助のための保護金品は、一月分以内を限度として前渡するものとする。但し、これによりがたいときは、一月分をこえて前渡することができる。

3　居宅において生活扶助を行う場合の保護金品は、世帯単位に計算し、世帯主又はこれに準ずる者に対して交付するものとする。但し、これによりがたいときは、被保護者に対して個々に交付することができる。

4　地域密着型介護老人福祉施設（介護保険法第八条第二十二項に規定する地域密着型介護老人福祉施設をいう。以下同じ。）、介護老人福祉施設、介護老人保健施設（同条第二十八項に規定する介護老人保健施設をいう。以下同じ。）又は介護医療院（同条第二十九項に規定する介護医療院をいう。以下同じ。）であつて第五十四条の二第一項の規定により指定を受けたもの（同条第二項本文の規定により同条第一項の指定を受けたものとみなされたものを含む。）において施設介護を受ける被保護者に対して生活扶助を行う場合の保護金品を前項に規定する者に交付することが適当でないときその他保護の目的を達するために必要があるときは、同項の規定にかかわらず、当該地域密着型介護老人福祉施設若しくは介護老人福祉施設の長又は当該介護老人保健施設若しくは介護医療院の管理者に対して交付することができる。

5　前条第一項ただし書の規定により生活扶助を行う場合の保護金品は、被保護者又は施設の長若しくは養護の委託を受けた者に対して交付するものとする。

（教育扶助の方法）

第三十二条　教育扶助は、金銭給付によつて行うものとする。但し、これによることができないとき、これによることが適当でないとき、その他保護の目的を達するために必要があるときは、現物給付によつて行うことができる。

2　教育扶助のための保護金品は、被保護者、その親権者若しくは未成年後見人又は被保護者の通学する学校の長に対して交付するものとする。

（住宅扶助の方法）

第三十三条　住宅扶助は、金銭給付によつて行うものとする。但し、これによることができないとき、これによることが適当でないとき、その他保護の目的を達するために必要があるときは、現物給付によつて行うことができる。

2　住宅扶助のうち、住居の現物給付は、宿所提供施設を利用させ、又は宿所提供施設にこれを委託して行うものとする。

3　第三十条第二項の規定は、前項の場合に準用する。

4　住宅扶助のための保護金品は、世帯主又はこれに準ずる者に対して交付するものとする。

（医療扶助の方法）

第三十四条　医療扶助は、現物給付によつて行うものとする。ただし、これによることができないとき、これによることが適当でないとき、その他保護の目的を達するために必要があるときは、金銭給付によつて行うことができる。

2　前項に規定する現物給付のうち、医療の給付は、医療保護施設を利用させ、又は医療保護施設若しくは第四十九条の規定により指定を受けた医療機関（以下「指定医療機関」という。）にこれを委託して行うものとする。

3　前項に規定する医療の給付のうち、医療を担当する医師又は歯科医師が医学的知見に基づき後発医薬品（医薬品、医療機器等の品質、有効性及び安全性の確保等に関する法律（昭和三十五年法律第百四十五号）第十四条又は第十九条の二の規定による製造販売の承認を受けた医薬品のうち、同法第十四条の四第一項各号に掲げる医薬品と有効成分、分量、用法、用量、効能及び効果が同一性を有すると認められたものであつて厚生労働省令で定めるものをいう。以下この項において同じ。）を使用することができると認めたものについては、原則として、後発医薬品によりその給付を行うものとする。

4　第二項に規定する医療の給付のうち、あん摩マツサージ指圧師、はり師、きゆう師等に関する法律（昭和二十二年法律第二百十七号）又は柔道整復師法（昭和四十五年法律第十九号）の規定によりあん摩マツサージ指圧師、はり師、きゆう師又は柔道整復師（以下「施術者」という。）が行うことのできる範囲の施術については、第五十五条第一項の規定により指定を受けた施術者に委託してその給付を行うことを妨げない。

5　被保護者は、第二項に規定する医療の給付のうち、指定医療機関に委託して行うものを受けるときは、厚生労働省令で定めるところにより、当該指定医療機関から、電子資格確認その他厚生労働省令で定める方法により、医療扶助を受給する被保護者であることの確認を受けるものとする。

6　前項の「電子資格確認」とは、被保護者が、保護の実施機関に対し、個人番号カード（行政手続における特定の個人を識別するための番号の利用等に関する法律（平成二十五年法律第二十七号）第二条第七項に規定する個人番号カードをいう。）に記録された利用者証明用電子証明書（電子署名等に係る地方公共団体情報システム機構の認証業務に関する法律（平成十四年法律第百五十三号）第二十二条第一項に規定する利用者証明用電子証明書をいう。）を送信する方法その他の厚生労働省令で定める方法により、被保護者の医療扶助の受給資格に係る情報（医療の給付に係る費用の請求に必要な情報を含む。）の照会を行い、電子情報処理組織を使用する方法その他の情報通信の技術を利用する方法により、保護の実施機関から回答を受けて当該情報を医療の給付を受ける医療機関に提供し、当該医療機関から医療扶助を受給する被保護者であることの確認を受けることをいう。

7　急迫した事情その他やむを得ない事情がある場合においては、被保護者は、第二項及び第四項の規定にかかわらず、指定を受けない医療機関について医療の給付を受け、又は指定を受けない施術者について施術の給付を受けることができる。

8　医療扶助のための保護金品は、被保護者に対して交付するものとする。

（**介護扶助の方法**）

第三十四条の二　介護扶助は、現物給付によつて行うものとする。ただし、これによることができないとき、これによることが適当でないとき、その他保護の目的を達するために必要があるときは、金銭給付によつて行うことができる。

2　前項に規定する現物給付のうち、居宅介護、福祉用具の給付、施設介護、介護予防、介護予防福祉用具及び介護予防・日常生活支援（第十五条の二第七項に規定する介護予防・日常生活支援をいう。第五十四条の二第一項において同じ。）の給付は、介護機関（その事業として居宅介護を行う者及びその事業として居宅介護支援計画（第十五条の二第三項に規定する居宅介護支援計画をいう。第五十四条の二第一項及び別表第二において同じ。）を作成する者、その事業として介護保険法第八条第十三項に規定する特定福祉用具販売を行う者（第五十四条の二第一項及び別表第二において「特定福祉用具販売事業者」という。）、地域密着型介護老人福祉施設、介護老人福祉施設、介護老人保健施設及び介護医療院、その事業として介護予防を行う者及びその事業として介護予防支援計画（第十五条の二第六項に規定する介護予防支援計画をいう。第五十四条の二第一項及び別表第二において同じ。）を作成する者、その事業として同法第八条の二第十一項に規定する特定介護予防福祉用具販売を行う者（第五十四条の二第一項及び別表第二において「特定介護予防福祉用具販売事業者」という。）並びに介護予防・日常生活支援事業者（その事業として同法第百十五条の四十五第一項第一号に規定する第一号事業を行う者をいう。以下同じ。）であつて、第五十四条の二第一項の規定により指定を受けたもの（同条第二項本文の規定により同条第一項の指定を受けたものとみなされたものを含む。）にこれを委託して行うものとする。

3　前条第七項及び第八項の規定は、介護扶助について準用する。

（**出産扶助の方法**）

第三十五条　出産扶助は、金銭給付によつて行うものとする。ただし、これによることができないとき、これによることが適当でないとき、その他保護の目的を達するために必要があるときは、現物給付によつて行うことができる。

2　前項ただし書に規定する現物給付のうち、助産の給付は、第五十五条第一項の規定により指定を受けた助産師に委託して行うものとする。

3　第三十四条第七項及び第八項の規定は、出産扶助について準用する。

（**生業扶助の方法**）

第三十六条　生業扶助は、金銭給付によつて行うものとする。但し、これによることができないとき、これによることが適当でないとき、その他保護の目的を達するために必要があるときは、現物給付によつて行うことができる。

2　前項但書に規定する現物給付のうち、就労のために必要な施設の供用及び生業に必要な技能の授与は、授産施設若しくは訓練を目的とするその他の施設を利用させ、又はこれらの施設にこれを委託して行うものとする。

3　生業扶助のための保護金品は、被保護者に対して交付するものとする。但し、施設の供用又は技能の授与のために必要な金品は、授産施設の長に対して交付することができる。

（**葬祭扶助の方法**）

第三十七条　葬祭扶助は、金銭給付によつて行うものとする。但し、これによることができないとき、これによることが適当でないとき、その他保護の目的を達するために必要があるときは、現物給付によつて行うことができる。

2　葬祭扶助のための保護金品は、葬祭を行う者に対して交付するものとする。

（**保護の方法の特例**）

第三十七条の二　保護の実施機関は、保護の目的を達するために必要があるときは、第三十一条第三項本文若しくは第三十三条第四項の規定により世帯主若しくはこれに準ずる者に対して交付する保護金品、第三十一条第三項ただし書若しくは第五項、第三十四条第八項（第三十四条の二第三項及び第三十五条第三項において準用する場合を含む。）若しくは第三十六条第三項の規定により被保護者に対して交付する保護金品、第三十二条第二項の規定により被保護者若しくはその親権者若しくは未成年後見人に対して交付する保護金品（以下この条において「教育扶助のための保護金品」という。）又は前条第二項の規定により葬祭を行う者に対して交付する保護金品のうち、介護保険料（介護保険法第百二十九条第一項に規定する保険料をいう。）その他の被保護者（教育扶助のための保護金品にあつては、その親権者又は未成年後見人を含む。以下この条において同じ。）が支払うべき費用であつて政令で定めるものの額に相当する金銭について、被保護者に代わり、政令で定める者に支払うことができる。この場合において、当該支払があつたときは、これらの規定により交付すべき者に対し当該保護金品の交付があつたものとみなす。

第六章　保護施設

（種類）

第三十八条　保護施設の種類は、左の通りとする。

一　救護施設
二　更生施設
三　医療保護施設
四　授産施設
五　宿所提供施設

2　救護施設は、身体上又は精神上著しい障害があるために日常生活を営むことが困難な要保護者を入所させて、生活扶助を行うことを目的とする施設とする。

3　更生施設は、身体上又は精神上の理由により養護及び生活指導を必要とする要保護者を入所させて、生活扶助を行うことを目的とする施設とする。

4　医療保護施設は、医療を必要とする要保護者に対して、医療の給付を行うことを目的とする施設とする。

5　授産施設は、身体上若しくは精神上の理由又は世帯の事情により就業能力の限られている要保護者に対して、就労又は技能の修得のために必要な機会及び便宜を与えて、その自立を助長することを目的とする施設とする。

6　宿所提供施設は、住居のない要保護者の世帯に対して、住宅扶助を行うことを目的とする施設とする。

（保護施設の基準）

第三十九条　都道府県は、保護施設の設備及び運営について、条例で基準を定めなければならない。

2　都道府県が前項の条例を定めるに当たつては、第一号から第三号までに掲げる事項については厚生労働省令で定める基準に従い定めるものとし、第四号に掲げる事項については厚生労働省令で定める基準を標準として定めるものとし、その他の事項については厚生労働省令で定める基準を参酌するものとする。

一　保護施設に配置する職員及びその員数
二　保護施設に係る居室の床面積
三　保護施設の運営に関する事項であつて、利用者の適切な処遇及び安全の確保並びに秘密の保持に密接に関連するものとして厚生労働省令で定めるもの
四　保護施設の利用定員

3　保護施設の設置者は、第一項の基準を遵守しなければならない。

（都道府県、市町村及び地方独立行政法人の保護施設）

第四十条　都道府県は、保護施設を設置することができる。

2　市町村及び地方独立行政法人（地方独立行政法人法（平成十五年法律第百十八号）第二条第一項に規定する地方独立行政法人をいう。以下同じ。）は、保護施設を設置しようとするときは、あらかじめ、厚生労働省令で定める事項を都道府県知事に届け出なければならない。

3　保護施設を設置した都道府県、市町村及び地方独立行政法人は、現に入所中の被保護者の保護に支障のない限り、その保護施設を廃止し、又はその事業を縮少し、若しくは休止することができる。

4　都道府県及び市町村の行う保護施設の設置及び廃止は、条例で定めなければならない。

（社会福祉法人及び日本赤十字社の保護施設の設置）

第四十一条　都道府県、市町村及び地方独立行政法人のほか、保護施設は、社会福祉法人及び日本赤十字社でなければ設置することができない。

2　社会福祉法人又は日本赤十字社は、保護施設を設置しようとするときは、あらかじめ、左に掲げる事項を記載した申請書を都道府県

知事に提出して、その認可を受けなければならない。
一　保護施設の名称及び種類
二　設置者たる法人の名称並びに代表者の氏名、住所及び資産状況
三　寄附行為、定款その他の基本約款
四　建物その他の設備の規模及び構造
五　取扱定員
六　事業開始の予定年月日
七　経営の責任者及び保護の実務に当る幹部職員の氏名及び経歴
八　経理の方針

3　都道府県知事は、前項の認可の申請があつた場合に、その施設が第三十九条第一項の基準のほか、次の各号の基準に適合するものであるときは、これを認可しなければならない。
一　設置しようとする者の経済的基礎が確実であること。
二　その保護施設の主として利用される地域における要保護者の分布状況からみて、当該保護施設の設置が必要であること。
三　保護の実務に当たる幹部職員が厚生労働大臣の定める資格を有するものであること。

4　第一項の認可をするに当つて、都道府県知事は、その保護施設の存続期間を限り、又は保護の目的を達するために必要と認める条件を附することができる。

5　第二項の認可を受けた社会福祉法人又は日本赤十字社は、同項第一号又は第三号から第八号までに掲げる事項を変更しようとするときは、あらかじめ、都道府県知事の認可を受けなければならない。この認可の申請があつた場合には、第三項の規定を準用する。

（社会福祉法人及び日本赤十字社の保護施設の休止又は廃止）

第四十二条　社会福祉法人又は日本赤十字社は、保護施設を休止し、又は廃止しようとするときは、あらかじめ、その理由、現に入所中の被保護者に対する措置及び財産の処分方法を明らかにし、かつ、第七十条、第七十二条又は第七十四条の規定により交付を受けた交付金又は補助金に残余額があるときは、これを返還して、休止又は廃止の時期について都道府県知事の認可を受けなければならない。

（指導）

第四十三条　都道府県知事は、保護施設の運営について、必要な指導をしなければならない。

2　社会福祉法人又は日本赤十字社の設置した保護施設に対する前項の指導については、市町村長が、これを補助するものとする。

（報告の徴収及び立入検査）

第四十四条　都道府県知事は、保護施設の管理者に対して、その業務若しくは会計の状況その他必要と認める事項の報告を命じ、又は当該職員に、その施設に立ち入り、その管理者からその設備及び会計書類、診療録その他の帳簿書類（その作成又は保存に代えて電磁的記録（電子的方式、磁気的方式その他人の知覚によつては認識することができない方式で作られる記録であつて、電子計算機による情報処理の用に供されるものをいう。）の作成又は保存がされている場合における当該電磁的記録を含む。以下同じ。）の閲覧及び説明を求めさせ、若しくはこれを検査させることができる。

2　第二十八条第三項及び第四項の規定は、前項の規定による立入検査について準用する。

（改善命令等）

第四十五条　厚生労働大臣は都道府県に対して、都道府県知事は市町村及び地方独立行政法人に対して、次に掲げる事由があるときは、その保護施設の設備若しくは運営の改善、その事業の停止又はその保護施設の廃止を命ずることができる。
一　その保護施設が第三十九条第一項の基準に適合しなくなつたとき。
二　その保護施設が存立の目的を失うに至つたとき。
三　その保護施設がこの法律若しくはこれに基づく命令又はこれらに基づいてする処分に違反したとき。

2　都道府県知事は、社会福祉法人又は日本赤十字社に対して、左に掲げる事由があるときは、その保護施設の設備若しくは運営の改善若しくはその事業の停止を命じ、又は第四十一条第二項の認可を取り消すことができる。
一　その保護施設が前項各号の一に該当するとき。
二　その保護施設が第四十一条第三項各号に規定する基準に適合しなくなつたとき。
三　その保護施設の経営につき営利を図る行為があつたとき。
四　正当な理由がないのに、第四十一条第二項第六号の予定年月日（同条第五項の規定により変更の認可を受けたときは、その認

可を受けた予定年月日）までに事業を開始しないとき。

五　第四十一条第五項の規定に違反したとき。

3　前項の規定による処分に係る行政手続法第十五条第一項又は第三十条の通知は、聴聞の期日又は弁明を記載した書面の提出期限（口頭による弁明の機会の付与を行う場合には、その日時）の十四日前までにしなければならない。

4　都道府県知事は、第二項の規定による認可の取消しに係る行政手続法第十五条第一項の通知をしたときは、聴聞の期日及び場所を公示しなければならない。

5　第二項の規定による認可の取消しに係る聴聞の期日における審理は、公開により行わなければならない。

（管理規程）

第四十六条　保護施設の設置者は、その事業を開始する前に、左に掲げる事項を明示した管理規程を定めなければならない。

一　事業の目的及び方針

二　職員の定数、区分及び職務内容

三　その施設を利用する者に対する処遇方法

四　その施設を利用する者が守るべき規律

五　入所者に作業を課する場合には、その作業の種類、方法、時間及び収益の処分方法

六　その他施設の管理についての重要事項

2　都道府県以外の者は、前項の管理規程を定めたときは、すみやかに、これを都道府県知事に届け出なければならない。届け出た管理規程を変更しようとするときも、同様とする。

3　都道府県知事は、前項の規定により届け出られた管理規程の内容が、その施設を利用する者に対する保護の目的を達するために適当でないと認めるときは、その管理規程の変更を命ずることができる。

（保護施設の義務）

第四十七条　保護施設は、保護の実施機関から保護のための委託を受けたときは、正当の理由なくして、これを拒んではならない。

2　保護施設は、要保護者の入所又は処遇に当たり、人種、信条、社会的身分又は門地により、差別的又は優先的な取扱いをしてはならない。

3　保護施設は、これを利用する者に対して、宗教上の行為、祝典、儀式又は行事に参加することを強制してはならない。

4　保護施設は、当該職員が第四十四条の規定によつて行う立入検査を拒んではならない。

（保護施設の長）

第四十八条　保護施設の長は、常に、その施設を利用する者の生活の向上及び更生を図ることに努めなければならない。

2　保護施設の長は、その施設を利用する者に対して、管理規程に従つて必要な指導をすることができる。

3　都道府県知事は、必要と認めるときは、前項の指導を制限し、又は禁止することができる。

4　保護施設の長は、その施設を利用する被保護者について、保護の変更、停止又は廃止を必要とする事由が生じたと認めるときは、すみやかに、保護の実施機関に、これを届け出なければならない。

第七章　医療機関、介護機関及び助産機関

（医療機関の指定）

第四十九条　厚生労働大臣は、国の開設した病院若しくは診療所又は薬局について、都道府県知事は、その他の病院若しくは診療所（これらに準ずるものとして政令で定めるものを含む。）又は薬局について、この法律による医療扶助のための医療を担当させる機関を指定する。

（指定の申請及び基準）

第四十九条の二　厚生労働大臣による前条の指定は、厚生労働省令で定めるところにより、病院若しくは診療所又は薬局の開設者の申請により行う。

2　厚生労働大臣は、前項の申請があつた場合において、次の各号のいずれかに該当するときは、前条の指定をしてはならない。

一　当該申請に係る病院若しくは診療所又は薬局が、健康保険法（大正十一年法律第七十号）第六十三条第三項第一号に規定する保険医療機関又は保険薬局でないとき。

二　申請者が、禁錮以上の刑に処せられ、その執行を終わり、又は執行を受けることがなくなるまでの者であるとき。

三　申請者が、この法律その他国民の保健医療若しくは福祉に関する法律で政令で定めるものの規定により罰金の刑に処せられ、その執行を終わり、又は執行を受けることがなくなるまでの者であるとき。

四　申請者が、第五十一条第二項の規定により指定を取り消され、その取消しの日から

起算して五年を経過しない者（当該取消しの処分に係る行政手続法第十五条の規定による通知があつた日前六十日以内に当該指定を取り消された病院若しくは診療所又は薬局の管理者であつた者で当該取消しの日から起算して五年を経過しないものを含む。）であるとき。ただし、当該指定の取消しの処分の理由となつた事実に関して申請者が有していた責任の程度を考慮して、この号本文に該当しないこととすることが相当であると認められるものとして厚生労働省令で定めるものに該当する場合を除く。

五　申請者が、第五十一条第二項の規定による指定の取消しの処分に係る行政手続法第十五条の規定による通知があつた日から当該処分をする日又は処分をしないことを決定する日までの間に第五十一条第一項の規定による指定の辞退の申出をした者（当該指定の辞退について相当の理由がある者を除く。）で、当該申出の日から起算して五年を経過しないものであるとき。

六　申請者が、第五十四条第一項の規定による検査が行われた日から聴聞決定予定日（当該検査の結果に基づき第五十一条第二項の規定による指定の取消しの処分に係る聴聞を行うか否かの決定をすることが見込まれる日として厚生労働省令で定めるところにより厚生労働大臣が当該申請者に当該検査が行われた日から十日以内に特定の日を通知した場合における当該特定の日をいう。）までの間に第五十一条第一項の規定による指定の辞退の申出をした者（当該指定の辞退について相当の理由がある者を除く。）で、当該申出の日から起算して五年を経過しないものであるとき。

七　第五号に規定する期間内に第五十一条第一項の規定による指定の辞退の申出があつた場合において、申請者（当該指定の辞退について相当の理由がある者を除く。）が、同号の通知の日前六十日以内に当該申出に係る病院若しくは診療所又は薬局の管理者であつた者で、当該申出の日から起算して五年を経過しないものであるとき。

八　申請者が、指定の申請前五年以内に被保護者の医療に関し不正又は著しく不当な行為をした者であるとき。

九　当該申請に係る病院若しくは診療所又は薬局の管理者が第二号から前号までのいずれかに該当する者であるとき。

3　厚生労働大臣は、第一項の申請があつた場合において、当該申請に係る病院若しくは診療所又は薬局が次の各号のいずれかに該当するときは、前条の指定をしないことができる。

一　被保護者の医療について、その内容の適切さを欠くおそれがあるとして重ねて第五十条第二項の規定による指導を受けたものであるとき。

二　前号のほか、医療扶助のための医療を担当させる機関として著しく不適当と認められるものであるとき。

4　前三項の規定は、都道府県知事による前条の指定について準用する。この場合において、第一項中「診療所」とあるのは「診療所（前条の政令で定めるものを含む。次項及び第三項において同じ。）」と、第二項第一号中「又は保険薬局」とあるのは「若しくは保険薬局又は厚生労働省令で定める事業所若しくは施設」と読み替えるものとする。

（**指定の更新**）

第四十九条の三　第四十九条の指定は、六年ごとにその更新を受けなければ、その期間の経過によつて、その効力を失う。

2　前項の更新の申請があつた場合において、同項の期間（以下この条において「指定の有効期間」という。）の満了の日までにその申請に対する処分がされないときは、従前の指定は、指定の有効期間の満了後もその処分がされるまでの間は、なおその効力を有する。

3　前項の場合において、指定の更新がされたときは、その指定の有効期間は、従前の指定の有効期間の満了の日の翌日から起算するものとする。

4　前条及び健康保険法第六十八条第二項の規定は、第一項の指定の更新について準用する。この場合において、必要な技術的読替えは、政令で定める。

（**指定医療機関の義務**）

第五十条　指定医療機関は、厚生労働大臣の定めるところにより、懇切丁寧に被保護者の医療を担当しなければならない。

2　指定医療機関は、被保護者の医療について、厚生労働大臣又は都道府県知事の行う指導に従わなければならない。

（**変更の届出等**）

第五十条の二　指定医療機関は、当該指定医療機関の名称その他厚生労働省令で定める事項に変更があつたとき、又は当該指定医療機関の事業を廃止し、休止し、若しくは再開したときは、厚生労働省令で定めるところにより、十日以内に、その旨を第四十九条の指定をした厚生労働大臣又は都道府県知事に届け出なければならない。

（**指定の辞退及び取消し**）

第五十一条　指定医療機関は、三十日以上の予告期間を設けて、その指定を辞退することができる。

2　指定医療機関が、次の各号のいずれかに該当するときは、厚生労働大臣の指定した医療機関については厚生労働大臣が、都道府県知事の指定した医療機関については都道府県知事が、その指定を取り消し、又は期間を定めてその指定の全部若しくは一部の効力を停止することができる。

一　指定医療機関が、第四十九条の二第二項第一号から第三号まで又は第九号のいずれかに該当するに至つたとき。

二　指定医療機関が、第四十九条の二第三項各号のいずれかに該当するに至つたとき。

三　指定医療機関が、第五十条又は次条の規定に違反したとき。

四　指定医療機関の診療報酬の請求に関し不正があつたとき。

五　指定医療機関が、第五十四条第一項の規定により報告若しくは診療録、帳簿書類その他の物件の提出若しくは提示を命ぜられてこれに従わず、又は虚偽の報告をしたとき。

六　指定医療機関の開設者又は従業者が、第五十四条第一項の規定により出頭を求められてこれに応ぜず、同項の規定による質問に対して答弁せず、若しくは虚偽の答弁をし、又は同項の規定による検査を拒み、妨げ、若しくは忌避したとき。ただし、当該指定医療機関の従業者がその行為をした場合において、その行為を防止するため、当該指定医療機関の開設者が相当の注意及び監督を尽くしたときを除く。

七　指定医療機関が、不正の手段により第四十九条の指定を受けたとき。

八　前各号に掲げる場合のほか、指定医療機関が、この法律その他国民の保健医療若しくは福祉に関する法律で政令で定めるもの又はこれらの法律に基づく命令若しくは処分に違反したとき。

九　前各号に掲げる場合のほか、指定医療機関が、被保護者の医療に関し不正又は著しく不当な行為をしたとき。

十　指定医療機関の管理者が指定の取消し又は指定の全部若しくは一部の効力の停止をしようとするとき前五年以内に被保護者の医療に関し不正又は著しく不当な行為をした者であるとき。

（**診療方針及び診療報酬**）

第五十二条　指定医療機関の診療方針及び診療報酬は、国民健康保険の診療方針及び診療報酬の例による。

2　前項に規定する診療方針及び診療報酬によることのできないとき、及びこれによることを適当としないときの診療方針及び診療報酬は、厚生労働大臣の定めるところによる。

（**医療費の審査及び支払**）

第五十三条　都道府県知事は、指定医療機関の診療内容及び診療報酬の請求を随時審査し、且つ、指定医療機関が前条の規定によつて請求することのできる診療報酬の額を決定することができる。

2　指定医療機関は、都道府県知事の行う前項の決定に従わなければならない。

3　都道府県知事は、第一項の規定により指定医療機関の請求することのできる診療報酬の額を決定するに当つては、社会保険診療報酬支払基金法（昭和二十三年法律第百二十九号）に定める審査委員会又は医療に関する審査機関で政令で定めるものの意見を聴かなければならない。

4　都道府県、市及び福祉事務所を設置する町村は、指定医療機関に対する診療報酬の支払に関する事務を、社会保険診療報酬支払基金又は厚生労働省令で定める者に委託することができる。

5　第一項の規定による診療報酬の額の決定については、審査請求をすることができない。

（**報告等**）

第五十四条　都道府県知事（厚生労働大臣の指定に係る指定医療機関については、厚生労働大臣又は都道府県知事）は、医療扶助に関して必要があると認めるときは、指定医療機関若しくは指定医療機関の開設者若しくは管理者、医師、薬剤師その他の従業者であつた者（以下この項において「開設者であつた者等」という。）に対して、必要と認める事項の報告若しくは診療録、帳簿書類その他の物件の提出若しくは提示を命じ、指定医療機関の開設者若しくは管理者、医師、薬剤師その他の従業者（開設者であつた者等を含む。）に対し出頭を求め、又は当該職員に、関係者に対して質問させ、若しくは当該指定医療機関について実地に、その設備若しくは診療録、帳簿書類その他の物件を検査させることができる。

2　第二十八条第三項及び第四項の規定は、前項の規定による検査について準用する。

（介護機関の指定等）

第五十四条の二　厚生労働大臣は、国の開設した地域密着型介護老人福祉施設、介護老人福祉施設、介護老人保健施設又は介護医療院について、都道府県知事は、その他の地域密着型介護老人福祉施設、介護老人福祉施設、介護老人保健施設若しくは介護医療院、その事業として居宅介護を行う者若しくはその事業として居宅介護支援計画を作成する者、特定福祉用具販売事業者、その事業として介護予防を行う者若しくはその事業として介護予防支援計画を作成する者、特定介護予防福祉用具販売事業者又は介護予防・日常生活支援事業者について、この法律による介護扶助のための居宅介護若しくは居宅介護支援計画の作成、福祉用具の給付、施設介護、介護予防若しくは介護予防支援計画の作成、介護予防福祉用具又は介護予防・日常生活支援の給付を担当させる機関を指定する。

2　介護機関について、別表第二の第一欄に掲げる介護機関の種類に応じ、それぞれ同表の第二欄に掲げる指定又は許可があつたときは、その介護機関は、その指定又は許可の時に前項の指定を受けたものとみなす。ただし、当該介護機関（地域密着型介護老人福祉施設及び介護老人福祉施設を除く。）が、厚生労働省令で定めるところにより、あらかじめ、別段の申出をしたときは、この限りではない。

3　前項の規定により第一項の指定を受けたものとみなされた別表第二の第一欄に掲げる介護機関に係る同項の指定は、当該介護機関が同表の第三欄に掲げる場合に該当するときは、その効力を失う。

4　第二項の規定により第一項の指定を受けたものとみなされた別表第二の第一欄に掲げる介護機関に係る同項の指定は、当該介護機関が同表の第四欄に掲げる場合に該当するときは、その該当する期間、その効力（それぞれ同欄に掲げる介護保険法の規定による指定又は許可の効力が停止された部分に限る。）を停止する。

5　第四十九条の二（第二項第一号を除く。）の規定は、第一項の指定（介護予防・日常生活支援事業者に係るものを除く。）について、第五十条から前条までの規定は、同項の規定により指定を受けた介護機関（第二項本文の規定により第一項の指定を受けたものとみなされたものを含み、同項の指定を受けた介護予防・日常生活支援事業者（第二項本文の規定により第一項の指定を受けたものとみなされたものを含む。）を除く。）について準用する。この場合において、第五十条第一項中「指定医療機関」とあるのは「第五十四条の二第一項の規定により指定を受けた介護機関（同条第二項本文の規定により同条第一項の指定を受けたものとみなされたものを含み、同項の指定を受けた介護予防・日常生活支援事業者（同条第二項本文の規定により同条第一項の指定を受けたものとみなされたものを含む。）を除く。以下この章において「指定介護機関」という。）」と、同条第二項及び第五十条の二中「指定医療機関」とあるのは「指定介護機関」と、第五十一条第一項中「指定医療機関」とあるのは「指定介護機関（地域密着型介護老人福祉施設及び介護老人福祉施設に係るものを除く。）」と、同条第二項、第五十二条第一項及び第五十三条第一項から第三項までの規定中「指定医療機関」とあるのは「指定介護機関」と、同項中「社会保険診療報酬支払基金法（昭和二十三年法律第百二十九号）に定める審査委員会又は医療に関する審査機関で政令で定めるもの」とあるのは「介護保険法に定める介護給付費等審査委員会」と、同条第四項中「指定医療機関」とあるのは「指定介護機関」と、「社会保険診療報酬支払基金又は厚生労働省令で定める者」とあるのは「国民健康保険団体連合会」と、前条第一項中「指定医療機関」とあるのは「指定介護機関」と読み替えるものとするほか、必要な技術的読替えは、政令で定める。

6　第四十九条の二第一項及び第三項の規定は、第一項の指定（介護予防・日常生活支援事業者に係るものに限る。）について、第五十条、第五十条の二、第五十一条（第二項第一号、第八号及び第十号を除く。）、第五十二条から前条までの規定は、第一項の規定により指定を受けた介護予防・日常生活支援事業者（第二項本文の規定により第一項の指定を受けたものとみなされたものを含む。）に限る。）について準用する。この場合において、第四十九条の二第一項及び第三項中「厚生労働大臣」とあるのは「都道府県知事」と、第五十条第一項中「指定医療機関」とあるのは「第五十四条の二第一項の規定により指定を受けた介護機関（同項の指定を受けた介護予防・日常生活支援事業者（同条第二項本文の規定により同条第一項の指定を受けたものとみなされたものを含む。）に限る。以下この章において「指定介護機関」という。）」と、同条第二項及び第五十条の二中「指定医療機関」とあるのは「指定介護機関」と、「厚生労働大臣又は都道府県知事」とあるのは「都道府県知事」と、第五十一条第一項中「指定医療機関」とあるのは「指定介護機関」と、同条第二項中「指定医療機関が、次の」とあるのは「指定介護機関が、次の」と、「厚生労働大臣の指定した医療機関については厚生労働大臣が、都道府県知事の指定した医療機関については都道府県知事が」とあるのは「都道府県知事は」と、同項第二号から第七号まで及び第九号、第五十二条第一項並びに第五十三条第一項から第三項までの規定中「指定医療機関」とあるのは「指定介護機関」と、同項中「社会保険診療報酬支払基金法（昭和二十三年法律第百二十九号）に定める審査委員会又は医療に関する審査機関で政令で定めるもの」とあるのは「介護保険法に定める介護給付費等審査委員会」と、同条第四項中「指定医療機関」とあるのは「指定介護機関」と、「社会保険診療報酬支払基金又は厚生労働省令で定める者」とあるのは「国民健康保険団体連合会」と、前条第一項中「都道府県知事（厚生労働大臣の指定に係る指定医療機関については、厚生労働大臣又は都道府県知事）」とあるのは「都道府県知事」と、「指定医療機関若しくは指定医療機関」とあるのは「指定介護機関若しくは指定介護機関」と、「命じ、指定医療機関」とあるのは「命じ、指定介護機関」と、「当該指定医療機関」とあるのは「当該指定介護機関」と読み替えるものとするほか、必要な技術的読替えは、政令で定める。

（助産機関及び施術機関の指定等）

第五十五条　都道府県知事は、助産師又はあん摩マッサージ指圧師、はり師、きゆう師若しくは柔道整復師について、この法律による出産扶助のための助産又はこの法律による医療扶助のための施術を担当させる機関を指定する。

2　第四十九条の二第一項、第二項（第一号、第四号ただし書、第七号及び第九号を除く。）及び第三項の規定は、前項の指定について、第五十条、第五十条の二、第五十一条（第二項第四号、第六号ただし書及び第十号を除く。）及び第五十四条の規定は、前項の規定により指定を受けた助産師並びにあん摩マッサージ指圧師、はり師、きゆう師及び柔道整復師について準用する。この場合において、第四十九条の二第一項及び第二項中「厚生労働大臣」とあるのは「都道府県知事」と、同項第四号中「者（当該取消しの処分に係る行政手続法第十五条の規定による通知があつた日前六十日以内に当該指定を取り消された病院若しくは診療所又は薬局の管理者であつた者で当該取消しの日から起算して五年を経過しないものを含む。）」とあるのは「者」と、同条第三項中「厚生労働大臣」とあるのは「都道府県知事」と、第五十条第一項中「指定医療機関」とあるのは「第五十五条第一項の規定により指定を受けた助産師又はあん摩マッサージ指圧師、はり師、きゆう師若しくは柔道整復師（以下この章においてそれぞれ「指定助産機関」又は「指定施術機関」という。）」と、同条第二項中「指定医療機関」とあるのは「指定助産機関又は指定施術機関」と、「厚生労働大臣又は都道府県知事」とあるのは「都道府県知事」と、第五十条の二中「指定医療機関は」とあるのは「指定助産機関又は指定施術機関は」と、「指定医療機関の」とあるのは「指定助産機関若しくは指定施術機関の」と、「厚生労働大臣又は都道府県知事」とあるのは「都道府県知事」と、第五十一条第一項中「指定医療機関」とあるのは「指定助産機関又は指定施術機関」と、同条第二項中「指定医療機関が、次の」とあるのは「指定助産機関又は指定施術機関が、次の」と、「厚生労働大臣の指定した医療機関については厚生労働大臣が、都道府県知事の指定した医療機関については都道府県知事が」とあるのは「都道府県知事は」と、同項第一号から第三号まで及び第五号中「指定医療機関」とあるのは「指定助産機関又は指定施術機関」と、同項第六号中「指定医療機関の開設者又は従業者」とあるのは「指定助産機関又は指定施術機関」と、同項第七号から第九号までの規定中「指定医療機関」とあるのは「指定助産機関又は指定施術機関」と、第五十四条第一項中「都道府県知事（厚生労働大臣の指定に係る指定医療機関については、厚生労働大臣又は都道府県知事）」とあるのは「都道府県知事」と、「指定医療機関若しくは指定医療機関の開設者若しくは管理者、医師、薬剤師その他の従業者であつた者（以下この項において「開設者であつた者等」という。）」とあり、及び「指定医療機関の開設者若しくは管理者、医師、薬剤師その他の従業者（開設者であつた者等を含む。）」とあるのは「指定助産機関若しくは指定施術機関若しくはこれらであつた者」と、「当該指定医療機関」とあるのは「当該指定助産機関若しくは指定施術機関」と読み替えるものとするほか、必要な技術的読替えは、政令で定める。

（医療保護施設への準用）

第五十五条の二　第五十二条及び第五十三条の規定は、医療保護施設について準用する。

（告示）

第五十五条の三　厚生労働大臣又は都道府県知事は、次に掲げる場合には、その旨を告示しなければならない。

一　第四十九条、第五十四条の二第一項又は第五十五条第一項の指定をしたとき。

二　第五十条の二（第五十四条の二第五項及び第六項並びに第五十五条第二項において準用する場合を含む。）の規定による届出があつたとき。

三　第五十一条第一項（第五十四条の二第五項及び第六項並びに第五十五条第二項において準用する場合を含む。）の規定による第四十九条、第五十四条の二第一項又は第五十五条第一項の指定の辞退があつたとき。

四　第五十一条第二項（第五十四条の二第五項及び第六項並びに第五十五条第二項において準用する場合を含む。）の規定により第四十九条、第五十四条の二第一項又は第五十五条第一項の指定を取り消したとき。

第八章　就労自立給付金及び進学準備給付金

（就労自立給付金の支給）

第五十五条の四　都道府県知事、市長及び福祉事務所を管理する町村長は、被保護者の自立の助長を図るため、その管理に属する福祉事務所の所管区域内に居住地を有する（居住地がないか、又は明らかでないときは、当該所管区域内にある）被保護者であつて、厚生労働省令で定める安定した職業に就いたことその他厚生労働省令で定める事由により保護を必要としなくなつたと認めたものに対して、厚生労働省令で定めるところにより、就労自立給付金を支給する。

2　前項の規定により就労自立給付金を支給する者は、就労自立給付金の支給に関する事務の全部又は一部を、その管理に属する行政庁に限り、委任することができる。

3　第一項の規定により就労自立給付金を支給する者は、就労自立給付金の支給に関する事務の一部を、政令で定めるところにより、他の就労自立給付金を支給する者に委託して行うことを妨げない。

（進学準備給付金の支給）

第五十五条の五　都道府県知事、市長及び福祉事務所を管理する町村長は、その管理に属する福祉事務所の所管区域内に居住地を有する（居住地がないか、又は明らかでないときは当該所管区域内にある）被保護者（十八歳に達する日以後の最初の三月三十一日までの間にある者その他厚生労働省令で定める者に限る。）であつて教育訓練施設のうち教育訓練の内容その他の事情を勘案して厚生労働省令で定めるもの（次条において「特定教育訓練施設」という。）に確実に入学すると見込まれるものに対して、厚生労働省令で定めるところにより、進学準備給付金を支給する。

2　前条第二項及び第三項の規定は、進学準備給付金の支給について準用する。

（報告）

第五十五条の六　第五十五条の四第一項の規定により就労自立給付金を支給する者又は前条第一項の規定により進学準備給付金を支給する者（第六十九条において「支給機関」という。）は、就労自立給付金若しくは進学準備給付金の支給又は第七十八条第三項の規定の施行のために必要があると認めるときは、被保護者若しくは被保護者であつた者又はこれらの者に係る雇主若しくは特定教育訓練施設の長その他の関係人に、報告を求めることができる。

第九章　被保護者就労支援事業及び被保護者健康管理支援事業

（被保護者就労支援事業）

第五十五条の七　保護の実施機関は、就労の支援に関する問題につき、被保護者からの相談に応じ、必要な情報の提供及び助言を行う事業（以下「被保護者就労支援事業」という。）を実施するものとする。

2　保護の実施機関は、被保護者就労支援事業の事務の全部又は一部を当該保護の実施機関以外の厚生労働省令で定める者に委託することができる。

3　前項の規定による委託を受けた者若しくはその役員若しくは職員又はこれらの者であつた者は、その委託を受けた事務に関して知り得た秘密を漏らしてはならない。

（被保護者健康管理支援事業）

第五十五条の八　保護の実施機関は、被保護者に対する必要な情報の提供、保健指導、医療の受診の勧奨その他の被保護者の健康の保持及び増進を図るための事業（以下「被保護者健康管理支援事業」という。）を実施するものとする。

2　保護の実施機関は、被保護者健康管理支援事業の実施に関し必要があると認めるときは、市町村長その他厚生労働省令で定める者に対し、被保護者に対する健康増進法（平成十四年法律第百三号）による健康増進事業の実施に関する情報その他厚生労働省令で定める必要な情報の提供を求めることができる。

3　前条第二項及び第三項の規定は、被保護者健康管理支援事業を行う場合について準用する。

（被保護者健康管理支援事業の実施のための調査及び分析等）

第五十五条の九　厚生労働大臣は、被保護者健康管理支援事業の実施に資するため、被保護者の年齢別及び地域別の疾病の動向その他被保護者の医療に関する情報について調査及び分析を行い、保護の実施機関に対して、当該調査及び分析の結果を提供するものとする。

2　保護の実施機関は、厚生労働大臣に対して、前項の規定による調査及び分析の実施に必要な情報を、厚生労働省令で定めるところにより提供しなければならない。

3　厚生労働大臣は、第一項の規定による調査及び分析に係る事務の一部を厚生労働省令で定める者に委託することができる。この場合において、厚生労働大臣は、委託を受けた者に対して、当該調査及び分析の実施に必要な範囲内において、当該調査及び分析に必要な情報を提供することができる。

4　前項の規定による委託を受けた者若しくはその役員若しくは職員又はこれらの者であつた者は、その委託を受けた事務に関して知り得た秘密を漏らしてはならない。

第十章　被保護者の権利及び義務

（不利益変更の禁止）

第五十六条　被保護者は、正当な理由がなければ、既に決定された保護を、不利益に変更されることがない。

（公課禁止）

第五十七条　被保護者は、保護金品及び進学準備給付金を標準として租税その他の公課を課せられることがない。

（差押禁止）

第五十八条　被保護者は、既に給与を受けた保護金品及び進学準備給付金又はこれらを受ける権利を差し押さえられることがない。

（譲渡禁止）

第五十九条　保護又は就労自立給付金若しくは進学準備給付金の支給を受ける権利は、譲り渡すことができない。

（生活上の義務）

第六十条　被保護者は、常に、能力に応じて勤労に励み、自ら、健康の保持及び増進に努め、収入、支出その他生計の状況を適切に把握するとともに支出の節約を図り、その他生活の維持及び向上に努めなければならない。

（届出の義務）

第六十一条　被保護者は、収入、支出その他生計の状況について変動があつたとき、又は居住地若しくは世帯の構成に異動があつたときは、すみやかに、保護の実施機関又は福祉事務所長にその旨を届け出なければならない。

（指示等に従う義務）

第六十二条　被保護者は、保護の実施機関が、第三十条第一項ただし書の規定により、被保護者を救護施設、更生施設、日常生活支援住居施設若しくはその他の適当な施設に入所させ、若しくはこれらの施設に入所を委託し、若しくは私人の家庭に養護を委託して保護を行うことを決定したとき、又は第二十七条の規定により、被保護者に対し、必要な指導又は指示をしたときは、これに従わなければならない。

2　保護施設を利用する被保護者は、第四十六条の規定により定められたその保護施設の管理規程に従わなければならない。

3　保護の実施機関は、被保護者が前二項の規定による義務に違反したときは、保護の変更、停止又は廃止をすることができる。

4　保護の実施機関は、前項の規定により保護の変更、停止又は廃止の処分をする場合には、当該被保護者に対して弁明の機会を与えなければならない。この場合においては、あ

社会福祉

らかじめ、当該処分をしようとする理由、弁明をすべき日時及び場所を通知しなければならない。

5　第三項の規定による処分については、行政手続法第三章（第十二条及び第十四条を除く。）の規定は、適用しない。

（**費用返還義務**）

第六十三条　被保護者が、急迫の場合等において資力があるにもかかわらず、保護を受けたときは、保護に要する費用を支弁した都道府県又は市町村に対して、すみやかに、その受けた保護金品に相当する金額の範囲内において保護の実施機関の定める額を返還しなければならない。

第十一章　不服申立て

（**審査庁**）

第六十四条　第十九条第四項の規定により市町村長が保護の決定及び実施に関する事務の全部又は一部をその管理に属する行政庁に委任した場合における当該事務に関する処分並びに第五十五条の四第二項（第五十五条の五第二項において準用する場合を含む。第六十六条第一項において同じ。）の規定により市町村長が就労自立給付金又は進学準備給付金の支給に関する事務の全部又は一部をその管理に属する行政庁に委任した場合における当該事務に関する処分についての審査請求は、都道府県知事に対してするものとする。

（**裁決をすべき期間**）

第六十五条　厚生労働大臣又は都道府県知事は、保護の決定及び実施に関する処分又は就労自立給付金若しくは進学準備給付金の支給に関する処分についての審査請求がされたときは、当該審査請求がされた日（行政不服審査法（平成二十六年法律第六十八号）第二十三条の規定により不備を補正すべきことを命じた場合にあつては、当該不備が補正された日）から次の各号に掲げる場合の区分に応じそれぞれ当該各号に定める期間内に、当該審査請求に対する裁決をしなければならない。

一　行政不服審査法第四十三条第一項の規定による諮問をする場合　七十日

二　前号に掲げる場合以外の場合　五十日

2　審査請求人は、審査請求をした日（行政不服審査法第二十三条の規定により不備を補正すべきことを命じられた場合にあつては、当該不備を補正した日。第一号において同じ。）から次の各号に掲げる場合の区分に応じそれぞれ当該各号に定める期間内に裁決がないときは、厚生労働大臣又は都道府県知事が当該審査請求を棄却したものとみなすことができる。

一　当該審査請求をした日から五十日以内に行政不服審査法第四十三条第三項の規定により通知を受けた場合　七十日

二　前号に掲げる場合以外の場合　五十日

（**再審査請求**）

第六十六条　市町村長がした保護の決定及び実施に関する処分若しくは第十九条第四項の規定による委任に基づいて行政庁がした処分に係る審査請求についての都道府県知事の裁決又は市町村長がした就労自立給付金若しくは進学準備給付金の支給に関する処分若しくは第五十五条の四第二項の規定による委任に基づいて行政庁がした処分に係る審査請求についての都道府県知事の裁決に不服がある者は、厚生労働大臣に対して再審査請求をすることができる。

2　前条第一項（各号を除く。）の規定は、再審査請求の裁決について準用する。この場合において、同項中「当該審査請求」とあるのは「当該再審査請求」と、「第二十三条」とあるのは「第六十六条第一項において読み替えて準用する同法第二十三条」と、「次の各号に掲げる場合の区分に応じそれぞれ当該各号に定める期間内」とあるのは「七十日以内」と読み替えるものとする。

第六十七条及び第六十八条　削除

（**審査請求と訴訟との関係**）

第六十九条　この法律の規定に基づき保護の実施機関又は支給機関がした処分の取消しの訴えは、当該処分についての審査請求に対する裁決を経た後でなければ、提起することができない。

第十二章　費用

（**市町村の支弁**）

第七十条　市町村は、次に掲げる費用を支弁しなければならない。

一　その長が第十九条第一項の規定により行う保護（同条第五項の規定により委託を受けて行う保護を含む。）に関する次に掲げる費用

イ　保護の実施に要する費用（以下「保護費」という。）

ロ　第三十条第一項ただし書、第三十三条第二項又は第三十六条第二項の規定により被保護者を保護施設に入所させ、若し

くは入所を委託し、又は保護施設を利用させ、若しくは保護施設にこれを委託する場合に、これに伴い必要な保護施設の事務費（以下「保護施設事務費」という。）

八　第三十条第一項ただし書の規定により被保護者を日常生活支援住居施設若しくはその他の適当な施設に入所させ、若しくはその入所をこれらの施設に委託し、又は私人の家庭に養護を委託する場合に、これに伴い必要な事務費（以下「委託事務費」という。）

二　その長の管理に属する福祉事務所の所管区域内に居住地を有する者に対して、都道府県知事又は他の市町村長が第十九条第二項の規定により行う保護（同条第五項の規定により委託を受けて行う保護を含む。）に関する保護費、保護施設事務費及び委託事務費

三　その長の管理に属する福祉事務所の所管区域内に居住地を有する者に対して、他の町村長が第十九条第六項の規定により行う保護に関する保護費、保護施設事務費及び委託事務費

四　その設置する保護施設の設備に要する費用（以下「設備費」という。）

五　その長が第五十五条の四第一項の規定により行う就労自立給付金の支給（同条第三項の規定により委託を受けて行うものを含む。）及び第五十五条の五第一項の規定により行う進学準備給付金の支給（同条第二項において準用する第五十五条の四第三項の規定により委託を受けて行うものを含む。）に要する費用

六　その長が第五十五条の七の規定により行う被保護者就労支援事業及び第五十五条の八の規定により行う被保護者健康管理支援事業の実施に要する費用

七　この法律の施行に伴い必要なその人件費

八　この法律の施行に伴い必要なその事務費（以下「行政事務費」という。）

（**都道府県の支弁**）

第七十一条　都道府県は、次に掲げる費用を支弁しなければならない。

一　その長が第十九条第一項の規定により行う保護（同条第五項の規定により委託を受けて行う保護を含む。）に関する保護費、保護施設事務費及び委託事務費

二　その長の管理に属する福祉事務所の所管区域内に居住地を有する者に対して、他の都道府県知事又は市町村長が第十九条第二項の規定により行う保護（同条第五項の規定により委託を受けて行う保護を含む。）に関する保護費、保護施設事務費及び委託事務費

三　その長の管理に属する福祉事務所の所管区域内に現在地を有する者（その所管区域外に居住地を有する者を除く。）に対して、町村長が第十九条第六項の規定により行う保護に関する保護費、保護施設事務費及び委託事務費

四　その設置する保護施設の設備費

五　その長が第五十五条の四第一項の規定により行う就労自立給付金の支給（同条第三項の規定により委託を受けて行うものを含む。）及び第五十五条の五第一項の規定により行う進学準備給付金の支給（同条第二項において準用する第五十五条の四第三項の規定により委託を受けて行うものを含む。）に要する費用

六　その長が第五十五条の七の規定により行う被保護者就労支援事業及び第五十五条の八の規定により行う被保護者健康管理支援事業の実施に要する費用

七　この法律の施行に伴い必要なその人件費

八　この法律の施行に伴い必要なその行政事務費

（**繰替支弁**）

第七十二条　都道府県、市及び福祉事務所を設置する町村は、政令の定めるところにより、その長の管理に属する福祉事務所の所管区域内の保護施設、指定医療機関その他これらに準ずる施設で厚生労働大臣の指定するものにある被保護者につき他の都道府県又は市町村が支弁すべき保護費及び保護施設事務費を一時繰替支弁しなければならない。

2　都道府県、市及び福祉事務所を設置する町村は、その長が第十九条第二項の規定により委託を受けて行う保護（同条第五項の規定により委託を受けて行う保護を含む。）に関する保護費、保護施設事務費及び委託事務費を一時繰替支弁しなければならない。

3　町村は、その長が第十九条第六項の規定により行う保護に関する保護費、保護施設事務費及び委託事務費を一時繰替支弁しなければならない。

（**都道府県の負担**）

第七十三条　都道府県は、政令で定めるところにより、次に掲げる費用を負担しなければな

らない。

一　居住地がないか、又は明らかでない被保護者につき市町村が支弁した保護費、保護施設事務費及び委託事務費の四分の一

二　宿所提供施設又は児童福祉法（昭和二十二年法律第百六十四号）第三十八条に規定する母子生活支援施設（第四号において「母子生活支援施設」という。）にある被保護者（これらの施設を利用するに至る前からその施設の所在する市町村の区域内に居住地を有していた被保護者を除く。同号において同じ。）につきこれらの施設の所在する市町村が支弁した保護費、保護施設事務費及び委託事務費の四分の一

三　居住地がないか、又は明らかでない被保護者につき市町村が支弁した就労自立給付金費（就労自立給付金の支給に要する費用をいう。以下同じ。）及び進学準備給付金費（進学準備給付金の支給に要する費用をいう。以下同じ。）の四分の一

四　宿所提供施設又は母子生活支援施設にある被保護者につきこれらの施設の所在する市町村が支弁した就労自立給付金費及び進学準備給付金費の四分の一

（**都道府県の補助**）

第七十四条　都道府県は、左に掲げる場合においては、第四十一条の規定により設置した保護施設の修理、改造、拡張又は整備に要する費用の四分の三以内を補助することができる。

一　その保護施設を利用することがその地域における被保護者の保護のため極めて効果的であるとき。

二　その地域に都道府県又は市町村の設置する同種の保護施設がないか、又はあつてもこれに収容若しくは供用の余力がないとき。

2　第四十三条から第四十五条までに規定するものの外、前項の規定により補助を受けた保護施設に対する監督については、左の各号による。

一　厚生労働大臣は、その保護施設に対して、その業務又は会計の状況について必要と認める事項の報告を命ずることができる。

二　厚生労働大臣及び都道府県知事は、その保護施設の予算が、補助の効果を上げるために不適当と認めるときは、その予算について、必要な変更をすべき旨を指示することができる。

三　厚生労働大臣及び都道府県知事は、その保護施設の職員が、この法律若しくはこれに基く命令又はこれらに基いてする処分に違反したときは、当該職員を解職すべき旨を指示することができる。

（**準用規定**）

第七十四条の二　社会福祉法第五十八条第二項から第四項までの規定は、国有財産特別措置法（昭和二十七年法律第二百十九号）第二条第二項第一号の規定又は同法第三条第一項第四号及び同条第二項の規定により普通財産の譲渡又は貸付を受けた保護施設に準用する。

（**国の負担及び補助**）

第七十五条　国は、政令で定めるところにより、次に掲げる費用を負担しなければならない。

一　市町村及び都道府県が支弁した保護費、保護施設事務費及び委託事務費の四分の三

二　市町村及び都道府県が支弁した就労自立給付金費及び進学準備給付金費の四分の三

三　市町村が支弁した被保護者就労支援事業及び被保護者健康管理支援事業に係る費用のうち、当該市町村における人口、被保護者の数その他の事情を勘案して政令で定めるところにより算定した額の四分の三

四　都道府県が支弁した被保護者就労支援事業及び被保護者健康管理支援事業に係る費用のうち、当該都道府県の設置する福祉事務所の所管区域内の町村における人口、被保護者の数その他の事情を勘案して政令で定めるところにより算定した額の四分の三

2　国は、政令の定めるところにより、都道府県が第七十四条第一項の規定により保護施設の設置者に対して補助した金額の三分の二以内を補助することができる。

（**遺留金品の処分**）

第七十六条　第十八条第二項の規定により葬祭扶助を行う場合においては、保護の実施機関は、その死者の遺留の金銭及び有価証券を保護費に充て、なお足りないときは、遺留の物品を売却してその代金をこれに充てることができる。

2　都道府県又は市町村は、前項の費用について、その遺留の物品の上に他の債権者の先取特権に対して優先権を有する。

（**損害賠償請求権**）

第七十六条の二　都道府県又は市町村は、被保護者の医療扶助又は介護扶助を受けた事由が第三者の行為によつて生じたときは、その支弁した保護費の限度において、被保護者が当該第三者に対して有する損害賠償の請求権を取得する。

（**時効**）

第七十六条の三　就労自立給付金又は進学準備給付金の支給を受ける権利は、これを行うことができる時から二年を経過したときは、時効によつて消滅する。

（**費用等の徴収**）

第七十七条　被保護者に対して民法の規定により扶養の義務を履行しなければならない者があるときは、その義務の範囲内において、保護費を支弁した都道府県又は市町村の長は、その費用の全部又は一部を、その者から徴収することができる。

2　前項の場合において、扶養義務者の負担すべき額について、保護の実施機関と扶養義務者の間に協議が調わないとき、又は協議をすることができないときは、保護の実施機関の申立により家庭裁判所が、これを定める。

第七十七条の二　急迫の場合等において資力があるにもかかわらず、保護を受けた者があるとき（徴収することが適当でないときとして厚生労働省令で定めるときを除く。）は、保護に要する費用を支弁した都道府県又は市町村の長は、第六十三条の保護の実施機関の定める額の全部又は一部をその者から徴収することができる。

2　前項の規定による徴収金は、この法律に別段の定めがある場合を除き、国税徴収の例により徴収することができる。

第七十八条　不実の申請その他不正な手段により保護を受け、又は他人をして受けさせた者があるときは、保護費を支弁した都道府県又は市町村の長は、その費用の額の全部又は一部を、その者から徴収するほか、その徴収する額に百分の四十を乗じて得た額以下の金額を徴収することができる。

2　偽りその他不正の行為によつて医療、介護又は助産若しくは施術の給付に要する費用の支払を受けた指定医療機関、第五十四条の二第一項の規定により指定を受けた介護機関（同条第二項本文の規定により同条第一項の指定を受けたものとみなされたものを含む。）又は第五十五条第一項の規定により指定を受けた助産師若しくはあん摩マッサージ指圧師、はり師、きゆう師若しくは柔道整復師（以下この項において「指定医療機関等」という。）があるときは、当該費用を支弁した都道府県又は市町村の長は、その支弁した額のうち返還させるべき額をその指定医療機関等から徴収するほか、その返還させるべき額に百分の四十を乗じて得た額以下の金額を徴収することができる。

3　偽りその他不正な手段により就労自立給付金若しくは進学準備給付金の支給を受け、又は他人をして受けさせた者があるときは、就労自立給付金費又は進学準備給付金費を支弁した都道府県又は市町村の長は、その費用の額の全部又は一部を、その者から徴収するほか、その徴収する額に百分の四十を乗じて得た額以下の金額を徴収することができる。

4　前条第二項の規定は、前三項の規定による徴収金について準用する。

第七十八条の二　保護の実施機関は、被保護者が、保護金品（金銭給付によつて行うものに限る。）の交付を受ける前に、厚生労働省令で定めるところにより、当該保護金品の一部を、第七十七条の二第一項又は前条第一項の規定により保護費を支弁した都道府県又は市町村の長が徴収することができる徴収金の納入に充てる旨を申し出た場合において、保護の実施機関が当該被保護者の生活の維持に支障がないと認めたときは、厚生労働省令で定めるところにより、当該被保護者に対して保護金品を交付する際に当該申出に係る徴収金を徴収することができる。

2　第五十五条の四第一項の規定により就労自立給付金を支給する者は、被保護者が、就労自立給付金の支給を受ける前に、厚生労働省令で定めるところにより、当該就労自立給付金の額の全部又は一部を、第七十七条の二第一項又は前条第一項の規定により保護費を支弁した都道府県又は市町村の長が徴収することができる徴収金の納入に充てる旨を申し出たときは、厚生労働省令で定めるところにより、当該被保護者に対して就労自立給付金を支給する際に当該申出に係る徴収金を徴収することができる。

3　前二項の規定により第七十七条の二第一項又は前条第一項の規定による徴収金が徴収されたときは、当該被保護者に対して当該保護金品（第一項の申出に係る部分に限る。）又は当該就労自立給付金（前項の申出に係る部分に限る。）の支給があつたものとみなす。

（**返還命令**）

第七十九条　国又は都道府県は、左に掲げる場合においては、補助金又は負担金の交付を受けた保護施設の設置者に対して、既に交付した補助金又は負担金の全部又は一部の返還を命ずることができる。

一　補助金又は負担金の交付条件に違反した

とき。

二　詐偽その他不正な手段をもつて、補助金又は負担金の交付を受けたとき。

三　保護施設の経営について、営利を図る行為があつたとき。

四　保護施設が、この法律若しくはこれに基く命令又はこれらに基いてする処分に違反したとき。

（返還の免除）

第八十条　保護の実施機関は、保護の変更、廃止又は停止に伴い、前渡した保護金品の全部又は一部を返還させるべき場合において、これを消費し、又は喪失した被保護者に、やむを得ない事由があると認めるときは、これを返還させないことができる。

第十三章　雑則

（受給者番号等の利用制限等）

第八十条の二　厚生労働大臣、保護の実施機関、都道府県知事、市町村長、指定医療機関その他の保護の決定若しくは実施に関する事務若しくは被保護者健康管理支援事業の実施に関する事務又はこれらに関連する事務（以下この項及び次項において「保護の決定・実施に関する事務等」という。）の遂行のため受給者番号等（公費負担者番号（厚生労働大臣が保護の決定・実施に関する事務等において保護の実施機関を識別するための番号として、保護の実施機関ごとに定めるものをいう。）及び受給者番号（保護の実施機関が被保護者に係る情報を管理するための番号として、被保護者ごとに定めるものをいう。）をいう。以下この条において同じ。）を利用する者として厚生労働省令で定める者（以下この条において「厚生労働大臣等」という。）は、当該保護の決定・実施に関する事務等の遂行のため必要がある場合を除き、何人に対しても、その者又はその者以外の者に係る受給者番号等を告知することを求めてはならない。

2　厚生労働大臣等以外の者は、保護の決定・実施に関する事務等の遂行のため受給者番号等の利用が特に必要な場合として厚生労働省令で定める場合を除き、何人に対しても、その者又はその者以外の者に係る受給者番号等を告知することを求めてはならない。

3　何人も、次に掲げる場合を除き、その者が業として行う行為に関し、その者に対し売買、貸借、雇用その他の契約（以下この項において「契約」という。）の申込みをしようとする者若しくは申込みをする者又はその者と契約の締結をした者に対し、当該者又は当該者以外の者に係る受給者番号等を告知することを求めてはならない。

一　厚生労働大臣等が、第一項に規定する場合に、受給者番号等を告知することを求めるとき。

二　厚生労働大臣等以外の者が、前項に規定する厚生労働省令で定める場合に、受給者番号等を告知することを求めるとき。

4　何人も、次に掲げる場合を除き、業として、受給者番号等の記録されたデータベース（その者以外の者に係る受給者番号等を含む情報の集合物であつて、それらの情報を電子計算機を用いて検索することができるように体系的に構成したものをいう。）であつて、当該データベースに記録された情報が他に提供されることが予定されているもの（以下この項において「提供データベース」という。）を構成してはならない。

一　厚生労働大臣等が、第一項に規定する場合に、提供データベースを構成するとき。

二　厚生労働大臣等以外の者が、第二項に規定する厚生労働省令で定める場合に、提供データベースを構成するとき。

5　厚生労働大臣は、前二項の規定に違反する行為が行われた場合において、当該行為をした者が更に反復してこれらの規定に違反する行為をするおそれがあると認めるときは、当該行為をした者に対し、当該行為を中止することを勧告し、又は当該行為が中止されることを確保するために必要な措置を講ずることを勧告することができる。

6　厚生労働大臣は、前項の規定による勧告を受けた者がその勧告に従わないときは、その者に対し、期限を定めて、当該勧告に従うべきことを命ずることができる。

（報告及び検査）

第八十条の三　厚生労働大臣は、前条第五項及び第六項の規定による措置に関し必要があると認めるときは、その必要と認められる範囲内において、同条第三項若しくは第四項の規定に違反していると認めるに足りる相当の理由がある者に対し、必要な事項に関し報告を求め、又は当該職員に当該者の事務所若しくは事業所に立ち入つて質問させ、若しくは帳簿書類その他の物件を検査させることができる。

2　第二十八条第三項の規定は前項の規定によ

る質問又は検査について、同条第四項の規定は前項の規定による権限について、それぞれ準用する。

（社会保険診療報酬支払基金等への事務の委託）

第八十条の四　保護の実施機関は、医療の給付、被保護者健康管理支援事業の実施その他の厚生労働省令で定める事務に係る被保護者又は被保護者であつた者に係る情報の収集若しくは整理又は利用若しくは提供に関する事務を、社会保険診療報酬支払基金又は国民健康保険団体連合会に委託することができる。

２　保護の実施機関は、前項の規定により事務を委託する場合は、他の保護の実施機関、社会保険診療報酬支払基金法第一条に規定する保険者及び法令の規定により医療に関する給付その他の事務を行う者であつて厚生労働省令で定めるものと共同して委託するものとする。

（関係者の連携及び協力）

第八十条の五　国、都道府県及び市町村並びに指定医療機関その他の関係者は、第三十四条第六項に規定する電子資格確認の仕組みの導入その他手続における情報通信の技術の利用の推進により、医療保険各法等（高齢者の医療の確保に関する法律（昭和五十七年法律第八十号）第七条第一項に規定する医療保険各法及び高齢者の医療の確保に関する法律をいう。）その他医療に関する給付を定める法令の規定により行われる事務が円滑に実施されるよう、相互に連携を図りながら協力するものとする。

（後見人選任の請求）

第八十一条　被保護者が未成年者又は成年被後見人である場合において、親権者及び後見人の職務を行う者がないときは、保護の実施機関は、すみやかに、後見人の選任を家庭裁判所に請求しなければならない。

（都道府県の援助等）

第八十一条の二　都道府県知事は、市町村長に対し、保護並びに就労自立給付金及び進学準備給付金の支給に関する事務の適正な実施のため、必要な助言その他の援助を行うことができる。

２　都道府県知事は、前項に規定するもののほか、市町村長に対し、被保護者就労支援事業及び被保護者健康管理支援事業の効果的かつ効率的な実施のため、必要な助言その他の援助を行うことができる。

（情報提供等）

第八十一条の三　保護の実施機関は、第二十六条の規定により保護の廃止を行うに際しては、当該保護を廃止される者が生活困窮者自立支援法（平成二十五年法律第百五号）第三条第一項に規定する生活困窮者に該当する場合には、当該者に対して、同法に基づく事業又は給付金についての情報の提供、助言その他適切な措置を講ずるよう努めるものとする。

（町村の一部事務組合等）

第八十二条　町村が一部事務組合又は広域連合を設けて福祉事務所を設置した場合には、この法律の適用については、その一部事務組合又は広域連合を福祉事務所を設置する町村とみなし、その一部事務組合の管理者（地方自治法（昭和二十二年法律第六十七号）第二百八十七条の三第二項の規定により管理者に代えて理事会を置く同法第二百八十五条の一部事務組合にあつては、理事会）又は広域連合の長（同法第二百九十一条の十三において準用する同法第二百八十七条の三第二項の規定により長に代えて理事会を置く広域連合にあつては、理事会）を福祉事務所を管理する町村長とみなす。

（保護の実施機関が変更した場合の経過規定）

第八十三条　町村の福祉事務所の設置又は廃止により保護の実施機関に変更があつた場合においては、変更前の保護の実施機関がした保護の開始又は変更の申請の受理及び保護に関する決定は、変更後の保護の実施機関がした申請の受理又は決定とみなす。但し、変更前に行われ、又は行われるべきであつた保護に関する費用の支弁及び負担については、変更がなかつたものとする。

（厚生労働大臣への通知）

第八十三条の二　都道府県知事は、指定医療機関について第五十一条第二項の規定によりその指定を取り消し、又は期間を定めてその指定の全部若しくは一部の効力を停止した場合において、健康保険法第八十条各号のいずれかに該当すると疑うに足りる事実があるときは、厚生労働省令で定めるところにより、厚生労働大臣に対し、その事実を通知しなければならない。

（実施命令）

第八十四条　この法律で政令に委任するものを除く外、この法律の実施のための手続その他その執行について必要な細則は、厚生労働省令で定める。

社会福祉

（大都市等の特例）

第八十四条の二　この法律中都道府県が処理することとされている事務で政令で定めるものは、地方自治法第二百五十二条の十九第一項の指定都市（以下「指定都市」という。）及び同法第二百五十二条の二十二第一項の中核市（以下「中核市」という。）においては、政令の定めるところにより、指定都市又は中核市（以下「指定都市等」という。）が処理するものとする。この場合においては、この法律中都道府県に関する規定は、指定都市等に関する規定として指定都市等に適用があるものとする。

2　第六十六条第一項の規定は、前項の規定により指定都市等の長がした処分に係る審査請求について準用する。

（保護の実施機関についての特例）

第八十四条の三　身体障害者福祉法（昭和二十四年法律第二百八十三号）第十八条第二項の規定により障害者の日常生活及び社会生活を総合的に支援するための法律（平成十七年法律第百二十三号）第五条第十一項に規定する障害者支援施設（以下この条において「障害者支援施設」という。）に入所している者、知的障害者福祉法（昭和三十五年法律第三十七号）第十六条第一項第二号の規定により障害者支援施設若しくは独立行政法人国立重度知的障害者総合施設のぞみの園法（平成十四年法律第百六十七号）第十一条第一号の規定により独立行政法人国立重度知的障害者総合施設のぞみの園が設置する施設（以下この条において「のぞみの園」という。）に入所している者、老人福祉法（昭和三十八年法律第百三十三号）第十一条第一項第一号の規定により養護老人ホームに入所し、若しくは同項第二号の規定により特別養護老人ホームに入所している者又は障害者の日常生活及び社会生活を総合的に支援するための法律第二十九条第一項若しくは第三十条第一項の規定により同法第十九条第一項に規定する介護給付費等の支給を受けて障害者支援施設、のぞみの園若しくは同法第五条第一項の主務省令で定める施設に入所している者に対する保護については、その者がこれらの施設に引き続き入所している間、その者は、第三十条第一項ただし書の規定により入所しているものとみなして、第十九条第三項の規定を適用する。

（緊急時における厚生労働大臣の事務執行）

第八十四条の四　第五十四条第一項（第五十四条の二第五項及び第六項並びに第五十五条第二項において準用する場合を含む。）の規定により都道府県知事の権限に属するものとされている事務は、被保護者の利益を保護する緊急の必要があると厚生労働大臣が認める場合にあつては、厚生労働大臣又は都道府県知事が行うものとする。この場合においては、この法律の規定中都道府県知事に関する規定（当該事務に係るものに限る。）は、厚生労働大臣に関する規定として厚生労働大臣に適用があるものとする。

2　前項の場合において、厚生労働大臣又は都道府県知事が当該事務を行うときは、相互に密接な連携の下に行うものとする。

（事務の区分）

第八十四条の五　別表第三の上欄に掲げる地方公共団体がそれぞれ同表の下欄に掲げる規定により処理することとされている事務は、地方自治法第二条第九項第一号に規定する第一号法定受託事務とする。

（権限の委任）

第八十四条の六　この法律に規定する厚生労働大臣の権限は、厚生労働省令で定めるところにより、地方厚生局長に委任することができる。

2　前項の規定により地方厚生局長に委任された権限は、厚生労働省令で定めるところにより、地方厚生支局長に委任することができる。

（罰則）

第八十五条　不実の申請その他不正な手段により保護を受け、又は他人をして受けさせた者は、三年以下の懲役又は百万円以下の罰金に処する。ただし、刑法（明治四十年法律第四十五号）に正条があるときは、刑法による。

2　偽りその他不正な手段により就労自立給付金若しくは進学準備給付金の支給を受け、又は他人をして受けさせた者は、三年以下の懲役又は百万円以下の罰金に処する。ただし、刑法に正条があるときは、刑法による。

第八十五条の二　第五十五条の七第三項（第五十五条の八第三項において準用する場合を含む。）及び第五十五条の九第四項の規定に違反して秘密を漏らした者は、一年以下の懲役又は百万円以下の罰金に処する。

第八十五条の三　第八十条の二第六項の規定による命令に違反した場合には、当該違反行為をした者は、一年以下の懲役又は五十万円以下の罰金に処する。

第八十六条　正当な理由がなくて第四十四条第一項、第五十四条第一項（第五十四条の二第五項及び第六項並びに第五十五条第二項において準用する場合を含む。以下この条において同じ。）、第五十五条の六、第七十四条第二項第一号若しくは第八十条の三第一項の規定による報告を怠り、若しくは虚偽の報告をし、正当な理由がなくて第五十四条第一項の規定による物件の提出若しくは提示をせず、若しくは虚偽の物件の提出若しくは提示をし、同項若しくは第八十条の三第一項の規定による当該職員の質問に対して、正当な理由がなくて答弁せず、若しくは虚偽の答弁をし、又は正当な理由がなくて第二十八条第一項（要保護者が違反した場合を除く。）、第四十四条第一項、第五十四条第一項若しくは第八十条の三第一項の規定による当該職員の調査若しくは検査を拒み、妨げ、若しくは忌避した場合には、当該違反行為をした者は、三十万円以下の罰金に処する。

第八十七条 法人（法人でない社団又は財団で代表者又は管理人の定めがあるもの（以下この条において「人格のない社団等」という。）を含む。以下この項において同じ。）の代表者（人格のない社団等の管理人を含む。）又は法人若しくは人の代理人、使用人その他の従業者が、その法人又は人の業務に関して、前二条の違反行為をしたときは、行為者を罰するほか、その法人又は人に対しても、各本条の罰金刑を科する。

2 人格のない社団等について前項の規定の適用がある場合においては、その代表者又は管理人がその訴訟行為につき当該人格のない社団等を代表するほか、法人を被告人又は被疑者とする場合の刑事訴訟に関する法律の規定を準用する。

別表第一（第二十九条関係）

<table>
<tr><td>一 総務大臣又は都道府県知事</td><td>恩給法（大正十二年法律第四十八号。他の法律において準用する場合を含む。）による年金である給付の支給に関する情報であつて厚生労働省令で定めるもの</td></tr>
<tr><td>二 厚生労働大臣</td><td>次に掲げる情報であつて厚生労働省令で定めるもの
一 労働者災害補償保険法（昭和二十二年法律第五十号）による給付の支給に関する情報
二 戦傷病者戦没者遺族等援護法（昭和二十七年法律第百二十七号）による援護に関する情報
三 未帰還者留守家族等援護法（昭和二十八年法律第百六十一号）による留守家族手当の支給に関する情報
四 戦傷病者特別援護法（昭和三十八年法律第百六十八号）による療養手当の支給に関する情報
五 雇用保険法（昭和四十九年法律第百十六号）による給付の支給に関する情報
六 石綿による健康被害の救済に関する法律（平成十八年法律第四号）による特別遺族給付金の支給に関する情報
七 職業訓練の実施等による特定求職者の就職の支援に関する法律（平成二十三年法律第四十七号）による職業訓練受講給付金の支給に関する情報
八 公共職業安定所が行う職業紹介又は職業指導に関する情報</td></tr>
<tr><td>三 市町村長</td><td>次に掲げる情報であつて厚生労働省令で定めるもの
一 予防接種法（昭和二十三年法律第六十八号）による障害児養育年金、障害年金又は遺族年金の支給に関する情報
二 児童手当法（昭和四十六年法律第七十三号）による児童手当又は同法附則第二条第一項に規定する特例給付の支給に関する情報
三 健康増進法による健康増進事業の実施に関する情報
四 戸籍又は除かれた戸籍に記載した事項に関する情報</td></tr>
<tr><td>四 国土交通大臣</td><td>次に掲げる情報であつて厚生労働省令で定めるもの
一 船員職業安定法（昭和二十三年法律第百三十号）に</td></tr>
</table>

社会福祉

	よる地方運輸局長（運輸監理部長を含む。）が行う船員職業紹介、職業指導又は部員職業補導に関する情報 二　道路運送車両法（昭和二十六年法律第百八十五号）第四条に規定する自動車登録ファイルに登録を受けた自動車に関する情報 三　漁業経営の改善及び再建整備に関する特別措置法（昭和五十一年法律第四十三号）による職業転換給付金の支給に関する情報 四　国際協定の締結等に伴う漁業離職者に関する臨時措置法（昭和五十二年法律第九十四号）による給付金の支給に関する情報 五　船員の雇用の促進に関する特別措置法（昭和五十二年法律第九十六号）による就職促進給付金の支給に関する情報 六　本州四国連絡橋の建設に伴う一般旅客定期航路事業等に関する特別措置法（昭和五十六年法律第七十二号）による給付金の支給に関する情報
五　税務署長	次に掲げる情報であって厚生労働省令で定めるもの 一　相続税法（昭和二十五年法律第七十三号）第二十七条から第二十九条までに規定する申告書、当該申告書に係る国税通則法（昭和三十七年法律第六十六号）第十八条第二項に規定する期限後申告書、同法第十九条第三項に規定する修正申告書又は同法第二十八条第一項に規定する更正通知書若しくは決定通知書に関する情報 二　所得税法（昭和四十年法律第三十三号）第百四十九条の規定により青色申告書に添付すべき書類（事業所得の金額の計算に関する明細書に限る。）に関する情報
六　都道府県知事、市長又は福祉事務所を管理する町村長	次に掲げる情報であって厚生労働省令で定めるもの 一　この法律による保護の決定及び実施又は就労自立給付金若しくは進学準備給付金の支給に関する情報 二　児童扶養手当法（昭和三十六年法律第二百三十八号）による児童扶養手当の支給に関する情報 三　母子及び父子並びに寡婦福祉法（昭和三十九年法律第百二十九号）による母子家庭自立支援給付金又は父子家庭自立支援給付金の支給に関する情報 四　特別児童扶養手当等の支給に関する法律（昭和三十九年法律第百三十四号）による障害児福祉手当又は特別障害者手当の支給に関する情報 五　国民年金法等の一部を改正する法律（昭和六十年法律第三十四号）附則第九十七条第一項の福祉手当の支給に関する情報 六　生活困窮者自立支援法による生活困窮者住居確保給付金の支給に関する情報
七　都道府県知事又は市町村長	次に掲げる情報であって厚生労働省令で定めるもの 一　地方税法（昭和二十五年法律第二百二十六号）その他の地方税に関する法律に基づく条例の規定により算定した税額又はその算定の基礎となる事項に関する情報 二　職業能力開発促進法（昭和四十四年法律第六十四号）による求職者に対する職業訓練の実施に関する情報

	三　障害者の日常生活及び社会生活を総合的に支援するための法律による自立支援医療費の支給に関する情報
八　厚生労働大臣若しくは日本年金機構又は日本私立学校振興・共済事業団、国家公務員共済組合連合会、地方公務員共済組合若しくは全国市町村職員共済組合連合会	次に掲げる情報であつて厚生労働省令で定めるもの 一　私立学校教職員共済法（昭和二十八年法律第二百四十五号）による年金である給付の支給に関する情報 二　厚生年金保険法（昭和二十九年法律第百十五号）による年金である保険給付の支給に関する情報 三　国家公務員共済組合法（昭和三十三年法律第百二十八号）による年金である給付の支給に関する情報 四　国民年金法による年金である給付の支給に関する情報 五　地方公務員等共済組合法（昭和三十七年法律第百五十二号）による年金である給付の支給に関する情報 六　特定障害者に対する特別障害給付金の支給に関する法律（平成十六年法律第百六十六号）による特別障害給付金の支給に関する情報 七　年金生活者支援給付金の支給に関する法律（平成二十四年法律第百二号）による年金生活者支援給付金の支給に関する情報
九　日本私立学校振興・共済事業団、国家公務員共済組合又は地方公務員共済組合	次に掲げる情報であつて厚生労働省令で定めるもの 一　私立学校教職員共済法による短期給付の支給に関する情報 二　国家公務員共済組合法による短期給付の支給に関する情報 三　地方公務員等共済組合法による短期給付の支給に関する情報
十　市町村長又は高齢者の医療の確保に関する法律第四十八条に規定する後期高齢者医療広域連合	次に掲げる情報であつて厚生労働省令で定めるもの 一　国民健康保険法（昭和三十三年法律第百九十二号）による傷病手当金の支給又は健康教育、健康相談及び健康診査並びに健康管理及び疾病の予防に係る被保険者の自助努力についての支援その他の被保険者の健康の保持増進のために必要な事業の実施に関する情報 二　高齢者の医療の確保に関する法律による特定健康診査若しくは特定保健指導の実施、傷病手当金の支給又は健康教育、健康相談、健康診査及び保健指導並びに健康管理及び疾病の予防に係る被保険者の自助努力についての支援その他の被保険者の健康の保持増進のために必要な事業の実施に関する情報
十一　厚生労働大臣又は都道府県知事	次に掲げる情報であつて厚生労働省令で定めるもの 一　特別児童扶養手当等の支給に関する法律による特別児童扶養手当の支給に関する情報 二　労働施策の総合的な推進並びに労働者の雇用の安定及び職業生活の充実等に関する法律（昭和四十一年法律第百三十二号）による職業転換給付金の支給に関する情報
十二　都道府県知事	公害健康被害の補償等に関する法律（昭和四十八年法律第百十一号）による補償給付（障害補償費、遺族補償費又は児童補償手当に限る。）の支給に関する情報であつて厚生労働省令で定めるもの
十三　都道府県知事又は広島市長若しくは長崎	原子爆弾被爆者に対する援護に関する法律（平成六年法律第百十七号）による手当等の支給に関する情報であつて厚生労働省令で定めるもの

市長	
十四　総務大臣	次に掲げる情報であつて厚生労働省令で定めるもの 一　国会議員互助年金法を廃止する法律（平成十八年法律第一号）又は同法附則第二条第一項の規定によりなおその効力を有することとされる同法による廃止前の国会議員互助年金法（昭和三十三年法律第七十号）による年金である給付の支給に関する情報 二　執行官法の一部を改正する法律（平成十九年法律第十八号）附則第三条第一項の規定によりなお従前の例により支給されることとされる同法による改正前の執行官法（昭和四十一年法律第百十一号）附則第十三条の規定による年金である給付の支給に関する情報
十五　その他政令で定める者	その他政令で定める事項に関する情報

備考　厚生労働大臣は、次の各号に掲げる厚生労働省令を定めようとするときは、当該各号に定める大臣に協議しなければならない。

一　一の項下欄、七の項下欄（第一号に係る部分に限る。）、八の項下欄（第五号に係る部分に限る。）、九の項下欄（第三号に係る部分に限る。）及び十四の項下欄の厚生労働省令　総務大臣

二　三の項下欄（第二号に係る部分に限る。）、六の項下欄（第二号及び第三号に係る部分に限る。）及び七の項下欄（第三号に係る部分に限る。）の厚生労働省令　内閣総理大臣

三　三の項下欄（第四号に係る部分に限る。）の厚生労働省令　法務大臣

四　四の項下欄の厚生労働省令　国土交通大臣

五　五の項下欄、八の項下欄（第三号に係る部分に限る。）及び九の項下欄（第二号に係る部分に限る。）の厚生労働省令　財務大臣

六　八の項下欄（第一号に係る部分に限る。）及び九の項下欄（第一号に係る部分に限る。）の厚生労働省令　文部科学大臣

七　十二の項下欄の厚生労働省令　環境大臣

別表第二（第五十四条の二関係）

その事業として居宅介護を行う者又は特定福祉用具販売事業者	介護保険法第四十一条第一項本文の指定	同法第七十五条第二項の規定による指定居宅サービスの事業の廃止があつたとき、同法第七十七条第一項若しくは第百十五条の三十五第六項の規定による同法第四十一条第一項本文の指定の取消しがあつたとき、又は同法第七十条の二第一項の規定により同法第四十一条第一項本文の指定の効力が失われたとき。	同法第七十七条第一項又は第百十五条の三十五第六項の規定による同法第四十一条第一項本文の指定の全部又は一部の効力の停止があつたとき。
	介護保険法第七十	同法第七十五条第	同法第七十七条第

一条第一項の規定により同法第四十一条第一項本文の指定があつたものとみなされた居宅サービスに係る同項本文の指定	二項の規定による指定居宅サービスの事業の廃止があつたとき、同法第七十七条第一項若しくは第百十五条の三十五第六項の規定による同法第四十一条第一項本文の指定の取消しがあつたとき、又は同法第七十条の二第一項若しくは第七十一条第二項の規定により同法第四十一条第一	一項又は第百十五条の三十五第六項の規定による同法第四十一条第一項本文の指定の全部又は一部の効力の停止があつたとき。
	項本文の指定の効力が失われたとき。	
介護保険法第七十二条第一項の規定により同法第四十一条第一項本文の指定があつたものとみなされた居宅サービスに係る同項本文の指定	同法第七十五条第二項の規定による指定居宅サービスの事業の廃止があつたとき、同法第七十七条第一項若しくは第百十五条の三十五第六項の規定による同法第四十一条第一項本文の指定の取消しがあつたとき、又は同法第七十条	同法第七十七条第一項又は第百十五条の三十五第六項の規定による同法第四十一条第一項本文の指定の全部又は一部の効力の停止があつたとき。
	の二第一項若しくは第七十二条第二項の規定により同法第四十一条第一項本文の指定の効力が失われたとき。	
介護保険法第四十二条の二第一項本文の指定（同法第八条第二十二項に規定する地域密着型介護老人福祉施設に係る指定及び同法第七十八条の十五第二項に規定	同法第七十八条の五第二項の規定による指定地域密着型サービスの事業の廃止があつたとき、同法第七十八条の十の規定による同法第四十二条の二第一項本文の	同法第七十八条の十の規定による同法第四十二条の二第一項本文の指定の全部又は一部の効力の停止があつたとき。

する指定期間開始時有効指定を除く。）	指定の取消しがあつたとき、又は同法第七十八条の十二において読み替えて準用する同法第七十条の二第一項の規定により同法第四十二条の二第一項本文の指定の効力が失われたとき。	
介護保険法第七十八条の十二において読み替えて準用する同法第七十一条第一項の規定に	同法第七十八条の十五第二項の規定による指定地域密着型サービスの事業の廃止があつたと	同法第七十八条の十の規定による同法第四十二条の二第一項本文の指定の全部又は一部の

より同法第四十二条の二第一項本文の指定があつたものとみなされた地域密着型サービスに係る同項本文の指定（同法第八条第二十二項に規定する地域密着型介護老人福祉施設に係る指定及び同法第七十八条の十五第二項に規定する指定期間開始時有効指定を除く。）	き、同法第七十八条の十の規定による同法第四十二条の二第一項本文の指定の取消しがあつたとき、又は同法第七十八条の十二において読み替えて準用する同法第七十条の二第一項若しくは第七十一条第一項の規定により同法第四十二条の二第一項本文の指定の効力が失われ	効力の停止があつたとき。

	たとき。	
介護保険法第七十八条の十二において読み替えて準用する同法第七十二条第一項の規定により同法第四十二条の二第一項本文の指定があつたものとみなされた地域密着型サービスに係る同項本文の指定（同法第八条第二十二項に規定する地域密着型介護老人福祉施設に	同法第七十八条の十五第二項の規定による指定地域密着型サービスの事業の廃止があつたとき、同法第七十八条の十の規定による同法第四十二条の二第一項本文の指定の取消しがあつたとき、又は同法第七十八条の十二において読み替えて準用する同法第七十条の二第	同法第七十八条の十の規定による同法第四十二条の二第一項本文の指定の全部又は一部の効力の停止があつたとき。

係る指定及び同法第七十八条の十五第二項に規定する指定期間開始時有効指定を除く。）	一項若しくは第七十二条第二項の規定により同法第四十二条の二第一項本文の指定の効力が失われたとき。	
介護保険法第七十八条の十三第一項の規定により公募により行う同項に規定する市町村長指定区域・サービス事業所に係る同法第四十二条の二第一項本文の指定	同法第七十八条の十七の規定により読み替えて適用する同法第七十八条の五第二項の規定による指定地域密着型サービスの事業の廃止があつたとき、同法第七十八条の十	同法第七十八条の十七の規定により読み替えて適用する同法第七十八条の十の規定による同法第四十二条の二第一項本文の指定の全部又は一部の効力の停止があつたと

	七の規定により読み替えて適用する同法第七十八条の十の規定による同法第四十二条の二第一項本文の指定の取消しがあつたとき、又は同法第七十八条の十五第一項の規定により同法第四十二条の二第一項本文の指定の効力が失われたとき。	き。
介護保険法第七十八条の十五第二項	同法第七十八条の五第二項の規定に	同法第七十八条の十の規定による同

に規定する指定期間開始時有効指定	よる指定地域密着型サービスの事業の廃止があつたとき、同法第七十八条の十の規定による同法第四十二条の二第一項本文の指定の取消しがあつたとき、又は同法第七十八条の十五第三項（同条第五項において準用する場合を含む。）の規定により同法第四十二条の二第一項本文の指定の効	法第四十二条の二第一項本文の指定の全部又は一部の効力の停止があつたとき。

		力が失われたとき。	
その事業として居宅介護支援計画を作成する者	介護保険法第四十六条第一項の指定	同法第八十二条第二項の規定による指定居宅介護支援の事業の廃止があつたとき、同法第八十四条第一項の規定による同法第四十六条第一項の指定の取消しがあつたとき、又は同法第七十九条の二第一項の規定により同法第四十六条第一項の指定の効力が失	同法第八十四条第一項の規定による同法第四十六条第一項の指定の全部又は一部の効力の停止があつたとき。

		われたとき。	
地域密着型介護老人福祉施設	介護保険法第四十二条の二第一項本文の指定	同法第七十八条の八の規定による同法第四十二条の二第一項本文の指定の辞退があつたとき、同法第七十八条の十の規定による同法第四十二条の二第一項本文の指定の取消しがあつたとき、又は同法第七十八条の十二において読み替えて準用する同法第七十条の二第	同法第七十八条の十の規定による同法第四十二条の二第一項本文の指定の全部又は一部の効力の停止があつたとき。

		一項の規定により同法第四十二条の二第一項本文の指定の効力が失われたとき。	
介護老人福祉施設	介護保険法第四十八条第一項第一号の指定	同法第九十一条の規定による同法第四十八条第一項第一号の指定の辞退があつたとき、同法第九十二条第一項若しくは第百十五条の三十五第六項の規定による同号の指定の取消しがあつたとき、又は同法第	同法第九十二条第一項又は第百十五条の三十五第六項の規定による同法第四十八条第一項第一号の指定の全部又は一部の効力の停止があつたとき。

社会福祉

		八十六条の二第一項の規定により同号の指定の効力が失われたとき。	
介護老人保健施設	介護保険法第九十四条第一項の許可	同法第九十九条第二項の規定による介護老人保健施設の廃止があつたとき、同法第百四条第一項若しくは第百十五条の三十五第六項の規定により同法第九十四条第一項の許可の取消しがあつたとき、又は同法第九十四条の二第一項の規定により同法第九十四条第一項の許可の効力が失われたとき。	同法第百四条第一項又は第百十五条の三十五第六項の規定による同法第九十四条第一項の許可の全部又は一部の効力の停止があつたとき。
介護医療院	介護保険法第百七条第一項の許可	同法第百十三条第二項の規定による介護医療院の廃止があつたとき、同法第百十四条の六第一項若しくは第百十五条の三十五第六項の規定により同法第百七条第一項の許可の取消しがあつたとき、又は同法第百八条第一項の規定により同法第百七条第一項の許可の効力が失われたとき。	同法第百十四条の六第一項又は第百十五条の三十五第六項の規定による同法第百七条第一項の許可の全部又は一部の効力の停止があつたとき。
その事業として介護予防を行う者又は特定介護予防福祉用具販売事業者	介護保険法第五十三条第一項本文の指定	同法第百十五条の五第二項の規定による指定介護予防サービスの事業の廃止があつたとき、同法第百十五条の九第一項若しくは第百十五条の三十五第六項の規定による同法第五十三条第一項本文	同法第百十五条の九第一項又は第百十五条の三十五第六項の規定による同法第五十三条第一項本文の指定の全部又は一部の効力の停止があつたとき。

介護保険法第百十五条の十一において読み替えて準用する同法第七十一条第一項の規定により同法

の指定の取消しがあつたとき、又は同法第百十五条の十一において読み替えて準用する同法第七十条の二第一項の規定により同法第五十三条第一項本文の指定の効力が失われたとき。

同法第百十五条の十五第二項の規定による指定介護予防サービスの事業の廃止があつたとき、同法

同法第百十五条の十九第一項又は第百十五条の三十五第六項の規定による同法第五十三条第一項本文

第五十三条第一項本文の指定があつたものとみなされた介護予防サービスに係る同項本文の指定

第百十五条の九第一項若しくは同法第百十五条の三十五第六項の規定による同法第五十三条第一項本文の指定の取消しがあつたとき、又は同法第百十五条の十一において読み替えて準用する同法第七十条の二第一項若しくは第七十一条第二項の規定により同法第五十三条第一項本文の指

の指定の全部又は一部の効力の停止があつたとき。

介護保険法第百十五条の十一において読み替えて準用する同法第七十二条第一項の規定により同法第五十三条第一項本文の指定があつたものとみなされた介護予防サービスに係る同項本文の指定

定の効力が失われたとき。

同法第百十五条の十五第二項の規定による指定介護予防サービスの事業の廃止があつたとき、同法第百十五条の九第一項若しくは同法第百十五条の三十五第六項の規定による同法第五十三条第一項本文の指定の取消しがあつたとき、又は同法第百十五条の十一

同法第百十五条の十九第一項又は第百十五条の三十五第六項の規定による同法第五十三条第一項本文の指定の全部又は一部の効力の停止があつたとき。

	において読み替えて準用する同法第七十条の二第一項若しくは第七十二条第二項の規定により同法第五十三条第一項本文の指定が失われたとき。	
介護保険法第五十四条の二第一項本文の指定	同法第百十五条の十五第二項の規定による指定地域密着型介護予防サービスの事業の廃止があつたとき、同法第百十五条の十九の規定	同法第百十五条の十九の規定による同法第五十四条の二第一項本文の指定の全部又は一部の効力の停止があつたとき。

		による同法第五十四条の二第一項本文の指定の取消しがあつたとき、又は同法第百十五条の二十一において準用する同法第七十条の二第一項の規定により同法第五十四条の二第一項本文の指定の効力が失われたとき。	
その事業として介護予防支援計画を作成する者	介護保険法第五十八条第一項の指定	同法第百十五条の二十五第二項の規定による指定介護予防支援	同法第百十五条の二十九の規定による同法第五十八条第一項の

		の事業の廃止があつたとき、同法第百十五条の二十九の規定による同法第五十八条第一項の指定の取消しがあつたとき、又は同法第百十五条の三十一において準用する同法第七十条の二第一項の規定により同法第五十八条第一項の指定の効力が失われたとき。	指定の全部又は一部の効力の停止があつたとき。
介護予防・日常	介護保険法第百十	同法第百十五条の	同法第百十五条の

生活支援事業者	五条の四十五の三第一項の指定	四十五の九の規定による同法第百十五条の四十五の三第一項の指定の取消しがあったとき、又は同法第百十五条の四十五の六第一項の規定により同法第百十五条の四十五の三第一項の指定の効力が失われたとき。	四十五の九の規定による同法第百十五条の四十五の三第一項の指定の全部又は一部の効力の停止があったとき。

別表第三（第八十四条の五関係）

都道府県、市及び福祉事務所を設置する町村	第十九条第一項から第五項まで、第二十四条第一項及び第三項（これらの規定を同条第九項において準用する場合を含む。）並びに第八項、第二十五条第一項及び第二項、第二十六条、第二十七条第一項、第二十八条第一項、第二項及び第五項、第二十九条、第三十条から第三十七条の二まで（第三十条第二項及び第三十三条第三項を除く。）、第四十七条第一項、第四十八条第四項、第五十三条第四項（第五十四条の二第五項及び第六項並びに第五十五条の二において準用する場合を含む。）、第五十五条の四第一項、同条第二項及び第三項（これらの規定を第五十五条の五第二項において準用する場合を含む。）、第五十五条の五第一項、第五十五条の六、第六十一条、第六十二条第三項及び第四項、第六十三条、第七十六条第一項、第七十七条第二項、第七十八条の二第一項及び第二項、第八十条並びに第八十一条
都道府県	第二十三条第一項及び第二項、第二十九条第二項、第四十条第二項、第四十一条第二項から第五項まで、第四十二条、第四十三条第一項、第四十四条第一項、第四十五条、第四十六条第二項及び第三項、第四十八条第三項、第四十九条、第四十九条の二第四項（第四十九条の三第四項及び第五十四条の二第五項において準用する場合を含む。）並びに第五十四条の二第六項及び第五十五条第二項において準用する第四十九条の二第一項、第四十九条の三第一項、第五十条第二項、第五十条の二及び第五十一条第二項（これらの規定を第五十四条の二第五項及び第六項並びに第五十五条第二項において準用する場合を含む。）、第五十三条第一項及び第三項（これらの規定を第五十四条の二第五項及び第六項並びに第五十五条の二において準用する場合を含む。）、第五十四条第一項（第五十四条の二第五項及び第六項並びに第五十五条第二項において準用する場合を含む。）、第五十四条の二第一項、第五十五条第一項、第五十五条の三、第六十五条第一項、第七十四条第二項第二号及び第三号、第七十七条第一項、第七十七条の二第一項、同条第二項（第七十八条第四項において準用する場合を含む。）、第七十八条第一項から第三項まで並びに第八十三条の二並びに第七十四条の二において準用する社会福祉法第五十八条第二項から第四項まで
市町村	第二十九条第二項、第四十三条第二項、第七十七条第一項、第七十七条の二第一項、同条第二

	項（第七十八条第四項において準用する場合を含む。）及び第七十八条第一項から第三項まで並びに第七十四条の二において準用する社会福祉法第五十八条第二項から第四項まで
福祉事務所を設置しない町村	第十九条第六項及び第七項、第二十四条第十項並びに第二十五条第三項

・刑法等の一部を改正する法律の施行に伴う関係法律の整理等に関する法律（令和四・六・一七法律六八）

附則　抄

（施行期日）

1　この法律は、刑法等一部改正法施行日から施行する。〈略〉

・全世代対応型の持続可能な社会保障制度を構築するための健康保険法等の一部を改正する法律（令和五・五・一九法律三一）

附則　抄

（施行期日）

第一条　この法律は、令和六年四月一日から施行する。ただし、次の各号に掲げる規定は、当該各号に定める日から施行する。

六　〈略〉公布の日から起算して四年を超えない範囲内において政令で定める日

生活保護法による保護の基準

（昭和三八・四・一）
（厚告一五八）

最新改正 令和五厚労告二一四

生活保護法（昭和二十五年法律第百四十四号）第八条第一項の規定により、生活保護法による保護の基準を次のように定め、生活保護法による保護の基準（昭和三十二年四月厚生省告示第九十五号）は、廃止する。

生活保護法による保護の基準

一　生活扶助、教育扶助、住宅扶助、医療扶助、介護扶助、出産扶助、生業扶助及び葬祭扶助の基準はそれぞれ別表第1から別表第8までに定めるところによる。

二　要保護者に特別の事由があつて、前項の基準によりがたいときは、厚生労働大臣が特別の基準を定める。

三　別表第1、別表第3、別表第6及び別表第8の基準額に係る地域の級地区分は、別表第9に定めるところによる。

市町村の廃置分合、境界変更又は市町村相互間の変更により、当該市町村の地域の級地区分に変更を生ずるときは、厚生労働大臣が別に定める。

別表第1　生活扶助基準

第1章　基準生活費

1　居宅

(1)　基準生活費の額（月額）

ア　1級地

(ア)　1級地―1

第1類

年齢別	基準額
0歳～2歳	44,580円
3歳～5歳	44,580
6歳～11歳	46,460
12歳～17歳	49,270
18歳・19歳	46,930
20歳～40歳	46,930
41歳～59歳	46,930
60歳～64歳	46,930
65歳～69歳	46,460
70歳～74歳	46,460
75歳以上	39,890

第2類

基準額及び加算額		世帯人員別				
		1人	2人	3人	4人	5人
基準額		27,790円	38,060円	44,730円	48,900円	49,180円
地区別冬季加算額	Ⅰ区(10月から4月まで)	12,780	18,140	20,620	22,270	22,890
	Ⅱ区(10月から4月まで)	9,030	12,820	14,570	15,740	16,170
	Ⅲ区(11月から4月まで)	7,460	10,590	12,030	13,000	13,350
	Ⅳ区(11月から4月まで)	6,790	9,630	10,950	11,820	12,150
	Ⅴ区(11月から3月まで)	4,630	6,580	7,470	8,070	8,300
	Ⅵ区(11月から3月まで)	2,630	3,730	4,240	4,580	4,710

基準額及び加算額		世帯人員別				
		6人	7人	8人	9人	10人以上1人を増すごとに加算する額
基準額		55,650円	58,920円	61,910円	64,670円	2,760円
地区別冬季加算額	Ⅰ区(10月から4月まで)	24,330	25,360	26,180	27,010	830
	Ⅱ区(10月から4月まで)	17,180	17,920	18,500	19,080	580
	Ⅲ区(11月から4月まで)	14,200	14,800	15,280	15,760	480
	Ⅳ区(11月から4月まで)	12,920	13,460	13,900	14,340	440
	Ⅴ区(11月から3月まで)	8,820	9,200	9,490	9,790	310
	Ⅵ区(11月から3月まで)	5,010	5,220	5,380	5,560	180

(イ)　1級地―2

第1類

年齢別	基準額
0歳～2歳	43,240円
3歳～5歳	43,240
6歳～11歳	45,060
12歳～17歳	47,790
18歳・19歳	45,520
20歳～40歳	45,520
41歳～59歳	45,520
60歳～64歳	45,520
65歳～69歳	45,060
70歳～74歳	45,060
75歳以上	38,690

第2類

基準額及び加算額		世帯人員別				
		1人	2人	3人	4人	5人
基準額		27,790円	38,060円	44,730円	48,900円	49,180円
地区別冬季加算額	Ⅰ区(10月から4月まで)	12,780	18,140	20,620	22,270	22,890
	Ⅱ区(10月から4月まで)	9,030	12,820	14,570	15,740	16,170
	Ⅲ区(11月から4月まで)	7,460	10,590	12,030	13,000	13,350
	Ⅳ区(11月から4月まで)	6,790	9,630	10,950	11,820	12,150
	Ⅴ区(11月から3月まで)	4,630	6,580	7,470	8,070	8,300
	Ⅵ区(11月から3月まで)	2,630	3,730	4,240	4,580	4,710

基準額及び加算額		世帯人員別				
		6人	7人	8人	9人	10人以上1人を増すごとに加算する額
基準額		55,650円	58,920円	61,910円	64,670円	2,760円
地区別冬季加算額	Ⅰ区(10月から4月まで)	24,330	25,360	26,180	27,010	830
	Ⅱ区(10月から4月まで)	17,180	17,920	18,500	19,080	580
	Ⅲ区(11月から4月まで)	14,200	14,800	15,280	15,760	480
	Ⅳ区(11月から4月まで)	12,920	13,460	13,900	14,340	440
	Ⅴ区(11月から3月まで)	8,820	9,200	9,490	9,790	310
	Ⅵ区(11月から3月まで)	5,010	5,220	5,380	5,560	180

イ　２級地

(ア)　２級地―１

第１類

年齢別	基準額
０歳～２歳	41,460円
３歳～５歳	41,460
６歳～11歳	43,200
12歳～17歳	45,820
18歳・19歳	43,640
20歳～40歳	43,640
41歳～59歳	43,640
60歳～64歳	43,640
65歳～69歳	43,200
70歳～74歳	43,200
75歳以上	37,100

第２類

基準額及び加算額		世帯人員別				
		１人	２人	３人	４人	５人
基準額		27,790円	38,060円	44,730円	48,900円	49,180円
地区別冬季加算額	Ⅰ区(10月から４月まで)	12,780	18,140	20,620	22,270	22,890
	Ⅱ区(10月から４月まで)	9,030	12,820	14,570	15,740	16,170
	Ⅲ区(11月から４月まで)	7,460	10,590	12,030	13,000	13,350
	Ⅳ区(11月から４月まで)	6,790	9,630	10,950	11,820	12,150
	Ⅴ区(11月から３月まで)	4,630	6,580	7,470	8,070	8,300
	Ⅵ区(11月から３月まで)	2,630	3,730	4,240	4,580	4,710

基準額及び加算額		世帯人員別				
		６人	７人	８人	９人	10人以上１人を増すごとに加算する額
基準額		55,650円	58,920円	61,910円	64,670円	2,760円
地区別冬季加算額	Ⅰ区(10月から４月まで)	24,330	25,360	26,180	27,010	830
	Ⅱ区(10月から４月まで)	17,180	17,920	18,500	19,080	580
	Ⅲ区(11月から４月まで)	14,200	14,800	15,280	15,760	480
	Ⅳ区(11月から４月まで)	12,920	13,460	13,900	14,340	440
	Ⅴ区(11月から３月まで)	8,820	9,200	9,490	9,790	310
	Ⅵ区(11月から３月まで)	5,010	5,220	5,380	5,560	180

(イ)　２級地―２

第１類

年齢別	基準額
０歳～２歳	39,680円
３歳～５歳	39,680
６歳～11歳	41,350
12歳～17歳	43,850
18歳・19歳	41,760
20歳～40歳	41,760
41歳～59歳	41,760
60歳～64歳	41,760
65歳～69歳	41,350
70歳～74歳	41,350
75歳以上	35,500

第２類

基準額及び加算額		世帯人員別				
		１人	２人	３人	４人	５人
基準額		27,790円	38,060円	44,730円	48,900円	49,180円
地区別冬季加算額	Ⅰ区(10月から４月まで)	12,780	18,140	20,620	22,270	22,890
	Ⅱ区(10月から４月まで)	9,030	12,820	14,570	15,740	16,170
	Ⅲ区(11月から４月まで)	7,460	10,590	12,030	13,000	13,350
	Ⅳ区(11月から４月まで)	6,790	9,630	10,950	11,820	12,150
	Ⅴ区(11月から３月まで)	4,630	6,580	7,470	8,070	8,300
	Ⅵ区(11月から３月まで)	2,630	3,730	4,240	4,580	4,710

基準額及び加算額		世帯人員別				
		６人	７人	８人	９人	10人以上１人を増すごとに加算する額
基準額		55,650円	58,920円	61,910円	64,670円	2,760円
地区別冬季加算額	Ⅰ区(10月から４月まで)	24,330	25,360	26,180	27,010	830
	Ⅱ区(10月から４月まで)	17,180	17,920	18,500	19,080	580
	Ⅲ区(11月から４月まで)	14,200	14,800	15,280	15,760	480
	Ⅳ区(11月から４月まで)	12,920	13,460	13,900	14,340	440
	Ⅴ区(11月から３月まで)	8,820	9,200	9,490	9,790	310
	Ⅵ区(11月から３月まで)	5,010	5,220	5,380	5,560	180

ウ　３級地

(ア)　３級地—１

第１類

年齢別	基準額
０歳～２歳	39,230円
３歳～５歳	39,230
６歳～11歳	40,880
12歳～17歳	43,360
18歳・19歳	41,290
20歳～40歳	41,290
41歳～59歳	41,290
60歳～64歳	41,290
65歳～69歳	40,880
70歳～74歳	40,880
75歳以上	35,100

第２類

基準額及び加算額		世帯人員別				
		１人	２人	３人	４人	５人
基準額		27,790円	38,060円	44,730円	48,900円	49,180円
地区別冬季加算額	Ⅰ区(10月から４月まで)	12,780	18,140	20,620	22,270	22,890
	Ⅱ区(10月から４月まで)	9,030	12,820	14,570	15,740	16,170
	Ⅲ区(11月から４月まで)	7,460	10,590	12,030	13,000	13,350
	Ⅳ区(11月から４月まで)	6,790	9,630	10,950	11,820	12,150
	Ⅴ区(11月から３月まで)	4,630	6,580	7,470	8,070	8,300
	Ⅵ区(11月から３月まで)	2,630	3,730	4,240	4,580	4,710

基準額及び加算額		世帯人員別				
		6人	7人	8人	9人	10人以上1人を増すごとに加算する額
基準額		55,650円	58,920円	61,910円	64,670円	2,760円
地区別冬季加算額	Ⅰ区(10月から4月まで)	24,330	25,360	26,180	27,010	830
	Ⅱ区(10月から4月まで)	17,180	17,920	18,500	19,080	580
	Ⅲ区(11月から4月まで)	14,200	14,800	15,280	15,760	480
	Ⅳ区(11月から4月まで)	12,920	13,460	13,900	14,340	440
	Ⅴ区(11月から3月まで)	8,820	9,200	9,490	9,790	310
	Ⅵ区(11月から3月まで)	5,010	5,220	5,380	5,560	180

(イ)　3級地―2

第1類

年齢別	基準額
0歳～2歳	37,000円
3歳～5歳	37,000
6歳～11歳	38,560
12歳～17歳	40,900
18歳・19歳	38,950
20歳～40歳	38,950
41歳～59歳	38,950
60歳～64歳	38,950
65歳～69歳	38,560
70歳～74歳	38,560
75歳以上	33,110

第2類

基準額及び加算額		世帯人員別				
		1人	2人	3人	4人	5人
基準額		27,790円	38,060円	44,730円	48,900円	49,180円
地区別冬季加算額	Ⅰ区(10月から4月まで)	12,780	18,140	20,620	22,270	22,890
	Ⅱ区(10月から4月まで)	9,030	12,820	14,570	15,740	16,170
	Ⅲ区(11月から4月まで)	7,460	10,590	12,030	13,000	13,350
	Ⅳ区(11月から4月まで)	6,790	9,630	10,950	11,820	12,150
	Ⅴ区(11月から3月まで)	4,630	6,580	7,470	8,070	8,300
	Ⅵ区(11月から3月まで)	2,630	3,730	4,240	4,580	4,710

基準額及び加算額		世帯人員別				
		6人	7人	8人	9人	10人以上1人を増すごとに加算する額
基準額		55,650円	58,920円	61,910円	64,670円	2,760円
地区別冬季加算額	Ⅰ区(10月から4月まで)	24,330	25,360	26,180	27,010	830
	Ⅱ区(10月から4月まで)	17,180	17,920	18,500	19,080	580
	Ⅲ区(11月から4月まで)	14,200	14,800	15,280	15,760	480
	Ⅳ区(11月から4月まで)	12,920	13,460	13,900	14,340	440
	Ⅴ区(11月から3月まで)	8,820	9,200	9,490	9,790	310
	Ⅵ区(11月から3月まで)	5,010	5,220	5,380	5,560	180

(2) 基準生活費の算定

ア 基準生活費は、世帯を単位として算定するものとし、その額は、次の算式により算定した額とし、その額に10円未満の端数が生じたときは、当該端数を10円に切り上げるものとする。

また、12月の基準生活費の額は、次の算式により算定した額に以下の期末一時扶助費の表に定める額を加えた額とする。

算式

A＋B＋C

算式の符号

A 第1類の表に定める世帯員の年齢別の基準額を世帯員ごとに合算した額に次の逓減率の表中率の項に掲げる世帯人員の数に応じた率を乗じて得た額及び第2類の表に定める基準額の合計額

B 次の経過的加算額（月額）の表に定める世帯人員の数に応じた世帯員の年齢別の加算額を世帯員ごとに合算した額

C 第2類の表に定める地区別冬季加算額

逓減率

第1類の表に定める世帯員の年齢別の基準額を世帯員ごとに合算した額に乗じる率	世帯人員別				
	1人	2人	3人	4人	5人
率	1.00	0.87	0.75	0.66	0.59

第1類の表に定める世帯員の年齢別の基準額を世帯員ごとに合算した額に乗じる率	世帯人員別				
	6人	7人	8人	9人	10人以上
率	0.58	0.55	0.52	0.50	0.50

期末一時扶助費

級地別	世帯人員別				
	1人	2人	3人	4人	5人
1級地—1	14,160円	23,080円	23,790円	26,760円	27,890円
1級地—2	13,520	22,030	22,720	25,550	26,630
2級地—1	12,880	21,000	21,640	24,340	25,370
2級地—2	12,250	19,970	20,580	23,160	24,130
3級地—1	11,610	18,920	19,510	21,940	22,870
3級地—2	10,970	17,880	18,430	20,730	21,620

級地別	世帯人員別				
	6人	7人	8人	9人	10人以上1人を増すごとに加算する額
1級地—1	31,720円	33,690円	35,680円	37,370円	1,710円
1級地—2	30,280	32,170	34,060	35,690	1,620
2級地—1	28,850	30,660	32,460	34,000	1,540
2級地—2	27,440	29,160	30,860	32,340	1,480
3級地—1	26,010	27,630	29,260	30,650	1,390
3級地—2	24,570	26,100	27,640	28,950	1,320

経過的加算額（月額）
(ア)　1級地
1級地―1

年　齢　別	世帯人員別				
	1人	2人	3人	4人	5人
0歳～2歳	150円	550円	0円	980円	2,340円
3歳～5歳	150	550	0	0	250
6歳～11歳	0	0	0	0	0
12歳～17歳	0	0	530	2,230	3,810
18歳・19歳	1,330	890	2,290	3,770	5,190
20歳～40歳	700	890	670	2,240	3,730
41歳～59歳	1,520	890	0	470	2,060
60歳～64歳	1,160	890	0	0	960
65歳～69歳	1,630	0	0	0	1,230
70歳～74歳	0	0	0	0	0
75歳以上	3,220	1,460	390	320	1,630

年　齢　別	世帯人員別				
	6人	7人	8人	9人	10人以上
0歳～2歳	1,270円	70円	0円	0円	0円
3歳～5歳	0	0	0	0	0
6歳～11歳	0	0	810	1,630	1,540
12歳～17歳	3,280	4,480	5,780	6,660	6,570
18歳・19歳	4,630	5,760	7,000	7,830	7,740
20歳～40歳	3,180	4,310	5,540	6,370	6,290
41歳～59歳	1,500	2,630	3,870	4,700	4,610
60歳～64歳	0	960	2,200	3,030	2,940
65歳～69歳	260	1,220	2,440	3,260	3,180
70歳～74歳	0	0	0	250	160
75歳以上	900	1,820	2,840	3,530	3,440

1級地―2

年　齢　別	世帯人員別				
	1人	2人	3人	4人	5人
0歳～2歳	0円	0円	0円	0円	1,840円
3歳～5歳	0	0	0	0	0
6歳～11歳	0	0	0	0	0
12歳～17歳	0	0	0	1,050	2,720
18歳・19歳	0	50	950	2,550	4,060
20歳～40歳	0	50	0	1,090	2,680
41歳～59歳	0	50	0	0	1,070
60歳～64歳	0	50	0	0	110
65歳～69歳	0	0	0	0	380
70歳～74歳	0	0	0	0	0
75歳以上	1,340	610	0	0	810

年　齢　別	世帯人員別				
	6人	7人	8人	9人	10人以上
0歳～2歳	860円	0円	0円	0円	0円
3歳～5歳	0	0	0	0	0

6歳～11歳	0	0	30	850	790
12歳～17歳	2,250	3,460	4,760	5,640	5,570
18歳・19歳	3,570	4,710	5,940	6,770	6,710
20歳～40歳	2,180	3,320	4,550	5,390	5,320
41歳～59歳	570	1,710	2,950	3,780	3,720
60歳～64歳	0	120	1,350	2,190	2,120
65歳～69歳	0	370	1,590	2,420	2,350
70歳～74歳	0	0	0	0	0
75歳以上	240	1,180	2,210	2,900	2,840

(イ) 2級地

2級地—1

年　齢　別	世帯人員別				
	1人	2人	3人	4人	5人
0歳～2歳	0円	0円	0円	0円	1,220円
3歳～5歳	0	0	0	0	0
6歳～11歳	0	0	0	0	0
12歳～17歳	0	0	0	190	1910
18歳・19歳	0	0	0	1630	3200
20歳～40歳	0	0	0	240	1880
41歳～59歳	0	0	0	0	340
60歳～64歳	0	0	0	0	0
65歳～69歳	0	0	0	0	0
70歳～74歳	0	0	0	0	0
75歳以上	0	320	0	0	0

年　齢　別	世帯人員別				
	6人	7人	8人	9人	10人以上
0歳～2歳	0円	0円	0円	0円	0円
3歳～5歳	0	0	0	0	0
6歳～11歳	0	0	0	290	250
12歳～17歳	1,490	2,690	3,960	4,830	4,790
18歳・19歳	2,750	3,880	5,100	5,920	5,880
20歳～40歳	1,430	2,560	3,780	4,600	4,560
41歳～59歳	0	1,030	2,240	3,070	3,030
60歳～64歳	0	0	730	1,550	1,510
65歳～69歳	0	0	960	1,770	1,730
70歳～74歳	0	0	0	0	0
75歳以上	0	360	1,380	2,080	2,040

2級地—2

年　齢　別	世帯人員別				
	1人	2人	3人	4人	5人
0歳～2歳	410円	990円	0円	0円	0円
3歳～5歳	410	990	0	0	0
6歳～11歳	0	350	0	0	0
12歳～17歳	0	0	0	0	1,120
18歳・19歳	910	1,380	0	720	2,350
20歳～40歳	910	1,380	0	0	1,090
41歳～59歳	910	1,380	0	0	0

60歳～64歳	910	1,380	0	0	10
65歳～69歳	0	90	0	0	0
70歳～74歳	0	90	0	0	0
75歳以上	1,180	1,710	0	0	0

年　齢　別	世帯人員別				
	6人	7人	8人	9人	10人以上
0歳～2歳	0円	1,370円	580円	0円	0円
3歳～5歳	0	0	0	0	0
6歳～11歳	0	0	0	0	0
12歳～17歳	740	1,940	3,200	4,050	4,040
18歳・19歳	1,960	3,090	4,280	5,100	5,090
20歳～40歳	690	1,830	3,020	3,840	3,820
41歳～59歳	0	380	1,570	2,390	2,380
60歳～64歳	0	0	130	950	930
65歳～69歳	0	0	340	1,150	1,140
70歳～74歳	0	0	0	0	0
75歳以上	0	20	1,030	1,720	1,710

(ウ)　3級地

3級地―1

年　齢　別	世帯人員別				
	1人	2人	3人	4人	5人
0歳～2歳	0円	0円	0円	0円	0円
3歳～5歳	0	0	0	0	0
6歳～11歳	0	0	0	0	0
12歳～17歳	0	0	0	0	0
18歳・19歳	0	0	0	0	650
20歳～40歳	0	0	0	0	0
41歳～59歳	0	0	0	0	0
60歳～64歳	0	0	0	0	0
65歳～69歳	0	0	0	0	0
70歳～74歳	0	0	0	0	0
75歳以上	0	0	0	0	0

年　齢　別	世帯人員別				
	6人	7人	8人	9人	10人以上
0歳～2歳	0円	170円	110円	0円	0円
3歳～5歳	0	0	0	0	0
6歳～11歳	0	0	0	0	0
12歳～17歳	0	350	1,630	2,510	2,520
18歳・19歳	320	1,490	2,710	3,550	3,550
20歳～40歳	0	300	1,520	2,350	2,360
41歳～59歳	0	0	150	980	990
60歳～64歳	0	0	0	0	0
65歳～69歳	0	0	0	0	0
70歳～74歳	0	0	0	0	0
75歳以上	0	0	0	230	240

3級地－2

年　齢　別	世帯人員別				
	1人	2人	3人	4人	5人
0歳～2歳	0円	0円	0円	0円	0円
3歳～5歳	0	0	0	0	0
6歳～11歳	0	0	0	0	0
12歳～17歳	0	0	0	0	0
18歳・19歳	0	0	0	0	70
20歳～40歳	0	0	0	0	0
41歳～59歳	0	0	0	0	0
60歳～64歳	0	0	0	0	0
65歳～69歳	0	0	0	0	0
70歳～74歳	0	0	0	0	0
75歳以上	0	450	0	0	0

年　齢　別	世帯人員別				
	6人	7人	8人	9人	10人以上
0歳～2歳	0円	0円	660円	430円	350円
3歳～5歳	0	0	0	0	0
6歳～11歳	0	0	0	0	0
12歳～17歳	0	0	1,110	1,970	2,010
18歳・19歳	0	940	2,130	2,950	2,980
20歳～40歳	0	0	1,000	1,820	1,860
41歳～59歳	0	0	0	520	560
60歳～64歳	0	0	0	0	0
65歳～69歳	0	0	0	0	0
70歳～74歳	0	0	0	0	0
75歳以上	0	0	0	160	200

イ　第2類の表におけるⅠ区からⅥ区までの区分は次の表に定めるところによる。

地区別	Ⅰ区	Ⅱ区	Ⅲ区	Ⅳ区	Ⅴ区	Ⅵ区
都道府県名	北海道 青森県 秋田県	岩手県 山形県 新潟県	宮城県 福島県 富山県 長野県	石川県 福井県	栃木県 群馬県 山梨県 岐阜県 鳥取県 島根県	その他の都府県

ウ　入院患者日用品費又は介護施設入所者基本生活費が算定される者の基準生活費の算定は、別に定めるところによる。

2　救護施設等

(1)　基準生活費の額（月額）

ア　基準額

級地別	救護施設及びこれに準ずる施設	更生施設及びこれに準ずる施設
1級地	64,140円	67,950円
2級地	60,940	64,550
3級地	57,730	61,150

イ　地区別冬季加算額

Ⅰ区(10月から4月まで)	Ⅱ区(10月から4月まで)	Ⅲ区(11月から4月まで)	Ⅳ区(11月から4月まで)	Ⅴ区(11月から3月まで)	Ⅵ区(11月から3月まで)
5,900円	4,480円	4,260円	3,760円	2,910円	2,050円

(2)　基準生活費の算定

ア　基準生活費の額は、(1)に定める額とする。ただし、12月の基準生活費の額は、次の表に定める期末一時扶助費の額を加えた額とする。

級地別	期末一時扶助費
1級地	5,070円
2級地	4,610
3級地	4,150

イ　表におけるⅠ区からⅥ区までの区分は、1の(2)のイの表に定めるところによる。

3　職業能力開発校附属宿泊施設等に入所又は寄宿している者についての特例

次に表の左欄に掲げる施設に入所又は寄宿している者（特別支援学校に附属する寄宿舎に寄宿している者にあつては、これらの学校の高等部の別科に就学する場合に限る。）に係る基準生活費の額は、1の規定にかかわらず、それぞれ同表の右欄に掲げる額とする。

施設	基準生活費の額	
	基準月額	地区別冬季加算額及び期末一時扶助費の額
職業能力開発促進法（昭和44年法律第64号）にいう職業能力開発校、障害者職業能力開発校又はこれらに準ずる施設に附属する宿泊施設 特別支援学校に附属する寄宿舎	食費として施設に支払うべき額と入院患者日用品費の基準額の合計額	地区別冬季加算額は、2の(1)のイの表に定めるところにより、期末一時扶助費の額は、2の(2)のアの表に定めるところによる。
独立行政法人国立重度知的障害者総合施設のぞみの園が設置する施設 障害者の日常生活及び社会生活を総合的に支援するための法律（平成17年法律第123号）第5条第11項に規定する障害者支援施設 児童福祉法（昭和22年法律第164号）第42条第1号に規定する福祉型障害児入所施設	食費及び居住に要する費用として施設に支払うべき額と入院患者日用品費の額の合計額	
児童福祉法第42条第2号に規定する医療型障害児入所施設（以下「医療型障害児入所施設」という。） 児童福祉法にいう指定発達支援医療機関	入院患者日用品費の額	

4　特例加算

1から3までの基準生活費の算出にあたっては、1から3までにより算定される額に世帯人員一人につき月額1,000円を加えるものとする。

第２章　加算

1　妊産婦加算

(1)　加算額（月額）

級地別	妊　婦		産　婦
	妊娠６か月未満	妊娠６か月以上	
１級地及び２級地	9,130円	13,790円	8,480円
３級地	7,760	11,720	7,210

(2)　妊婦についての加算は、妊娠の事実を確認した日の属する月の翌月から行う。

(3)　産婦についての加算は、出産の日の属する月から行い、期間は６箇月を限度として別に定める。

(4)　(3)の規定にかかわらず、保護受給中の者については、その出産の日の属する月は妊婦についての加算を行い、翌月から５箇月を限度として別に定めるところにより産婦についての加算を行う。

(5)　妊産婦加算は、病院又は診療所において給食を受けている入院患者については、行わない。

2　障害者加算

(1)　加算額（月額）

		(2)のアに該当する者	(2)のイに該当する者
在宅者	１級地	26,810円	17,870円
	２級地	24,940	16,620
	３級地	23,060	15,380
入院患者又は社会福祉施設若しくは介護施設の入所者		22,310	14,870

（注）　社会福祉施設とは保護施設、障害者の日常生活及び社会生活を総合的に支援するための法律第５条第11項に規定する障害者支援施設、児童福祉法第42条第１号に規定する福祉型障害児入所施設又は老人福祉法（昭和38年法律第133号）にいう老人福祉施設をいい、介護施設とは介護保険法（平成９年法律第123号）にいう介護保険施設をいうものであること（以下同じ。）。

(2)　障害者加算は、次に掲げる者について行う。

ア　身体障害者福祉法施行規則（昭和25年厚生省令第15号）別表第５号の身体障害者障害程度等級表（以下「障害等級表」という。）の１級若しくは２級又は国民年金法施行令（昭和34年政令第184号）別表に定める１級のいずれかに該当する障害のある者（症状が固定している者及び症状が固定してはいないが障害の原因となつた傷病について初めて医師又は歯科医師の診療を受けた後１年６月を経過した者に限る。）

イ　障害等級表の３級又は国民年金法施行令（昭和34年政令第184号）別表に定める２級のいずれかに該当する障害のある者（症状が固定している者及び症状が固定してはいないが障害の原因となつた傷病について初めて医師又は歯科医師の診療を受けた後１年６月を経過した者に限る。）。ただし、アに該当する者を除く。

(3)　特別児童扶養手当等の支給に関する法律施行令（昭和50年政令第207号）別表第１に定める程度の障害の状態にあるため、日常生活において常時の介護を必要とする者（児童福祉法に規定する障害児入所施設、老人福祉法に規定する養護老人ホーム及び特別養護老人ホーム並びに障害児福祉手当及び特別障害者手当の支給に関する省令（昭和50年厚生省令第34号）第１条に規定する施設に入所している者を除く。）については、別に15,220円を算定するものとする。

(4)　(2)のアに該当する障害のある者であつて当該障害により日常生活の全てについて介護を必要とするものを、その者と同一世帯に属する者が介護する場合においては、別に12,760円を算定するものとする。この場合においては、(5)の規定は適用しないものとする。

(5) 介護人をつけるための費用を要する場合においては、別に、70,520円の範囲内において必要な額を算定するものとする。

3 介護施設入所者加算

介護施設入所者加算は、介護施設入所者基本生活費が算定されている者であつて、障害者加算又は8に定める母子加算が算定されていないものについて行い、加算額（月額）は、9,880円の範囲内の額とする。

4 在宅患者加算

(1) 加算額（月額）

級地別	加算額
1級地及び2級地	13,270円
3級地	11,280円

(2) 在宅患者加算は、次に掲げる在宅患者であつて現に療養に専念しているものについて行う。

ア 結核患者であつて現に治療を受けているもの及び結核患者であつて現に治療を受けてはいないが、保護の実施機関の指定する医師の診断により栄養の補給を必要とすると認められるもの

イ 結核患者以外の患者であつて3箇月以上の治療を必要とし、かつ、保護の実施機関の指定する医師の診断により栄養の補給を必要とすると認められるもの

5 放射線障害者加算

放射線障害者加算は、次に掲げる者について行い、その額は、(1)に該当する者にあつては月額44,620円、(2)に該当する者にあつては月額22,310円とする。

(1) ア 原子爆弾被爆者に対する援護に関する法律（平成6年法律第117号）第11条第1項の認定を受けた者であつて、同項の認定に係る負傷又は疾病の状態にあるもの（同法第24条第2項に規定する都道府県知事の認定を受けた者に限る。）

イ 放射線（広島市及び長崎市に投下された原子爆弾の放射線を除く。以下(2)において同じ。）を多量に浴びたことに起因する負傷又は疾病の患者であつて、当該負傷又は疾病が放射線を多量に浴びたことに起因する旨の厚生労働大臣の認定を受けたもの

(2) ア 原子爆弾被爆者に対する援護に関する法律第11条第1項の認定を受けた者（同法第25条第2項に規定する都道府県知事の認定を受けた者であつて、(1)のアに該当しないものに限る。）

イ 放射線を多量に浴びたことに起因する負傷又は疾病の患者であつた者であつて、当該負傷又は疾病が放射線を多量に浴びたことに起因する旨の厚生労働大臣の認定を受けたもの

6 児童養育加算

(1) 加算額（月額）

児童養育加算は、児童の養育に当たる者について行い、その加算額（月額）は、高等学校等修了前の児童（18歳に達する日以後の最初の3月31日までの間にある児童をいう。）1人につき10,190円とする。

(2) 児童養育加算に係る経過的加算額（月額）

次に掲げる児童の養育に当たる者については、(1)の額に次に掲げる児童1人につき4,330円を加えるものとする。

ア 4人以上の世帯に属する3歳に満たない児童（月の初日に生まれた児童については、出生の日から3年を経過しない児童とする。以下同じ。）

イ 3人以下の世帯に属する3歳に満たない児童（当該児童について第1章の2若しくは3又は第3章の1(1)に掲げる額を算定する場合に限る。）

ウ 第3子以降の児童のうち、3歳以上の児童（月の初日に生まれた児童については、出生の日から3年を経過した児童とする。）であつて小学校修了前のもの（12歳に達する日以後の最初の3月31日までの間にある児童をいう。）

7 介護保険料加算

介護保険料加算は、介護保険の第一号被保険者であつて、介護保険法第131条に規定する

普通徴収の方法によつて保険料を納付する義務を負うものに対して行い、その加算額は、当該者が被保険者となる介護保険を行う市町村に対して納付すべき保険料の実費とする。

8　母子加算

(1)　加算額（月額）

		児　童　1　人	児童が2人の場合に加える額	児童が3人以上1人を増すごとに加える額
在宅者	1　級　地 2　級　地 3　級　地	18,800円 17,400 16,100	4,800円 4,400 4,100	2,900円 2,700 2,500
入院患者又は社会福祉施設若しくは介護施設の入所者		19,350	1,560	770

(2)　母子加算に係る経過的加算額（月額）

次に掲げる児童の養育に当たる者については、(1)の表に掲げる額に次の表に掲げる額を加えるものとする。

ア　3人以上の世帯に属する児童（当該児童が1人の場合に限る。）

(ア)　3人世帯

児童の年齢	1級地の1	1級地の2	2級地の1	2級地の2	3級地の1	3級地の2
0～5歳	3,330円	3,330円	0円	0円	0円	0円
6～11歳	3,330	3,330	3,200	0	0	0
12～14歳	3,330	3,330	3,200	2,780	1,760	0
15～17歳	0	0	0	0	0	0
18歳以上20歳未満	3,330	3,330	3,200	2,780	1,760	0

(イ)　4人世帯

児童の年齢	1級地の1	1級地の2	2級地の1	2級地の2	3級地の1	3級地の2
0～2歳	3,330円	3,330円	3,200円	3,200円	2,900円	0円
3～14歳	3,330	3,330	3,200	3,200	2,900	2,900
15～17歳	0	0	0	0	0	0
18歳以上20歳未満	3,330	3,330	3,200	3,200	2,900	2,900

(ウ)　5人以上の世帯

児童の年齢	1級地の1	1級地の2	2級地の1	2級地の2	3級地の1	3級地の2
0～14歳	3,330円	3,330円	3,200円	3,200円	2,900円	2,900円
15～17歳	0	0	0	0	0	0
18歳以上20歳未満	3,330	3,330	3,200	3,200	2,900	2,900

イ　(3)の養育に当たる者が第1章の1の基準生活費を算定される世帯に属する児童（当該児童全てが第3章の1(2)に掲げる児童又は医療型障害児施設に入所する児童であり、かつ同一世帯に属する当該児童が2人以下である場合に限る。）

	1級地の1	1級地の2	2級地の1	2級地の2	3級地の1	3級地の2
児童1人	3,330円	3,330円	3,200円	3,200円	2,900円	2,900円
児童2人	280	280	460	460	350	350

(3)　母子加算は、父母の一方若しくは両方が欠けているか又はこれに準ずる状態にあるため、父母の他方又は父母以外の者が児童（18歳に達する日以後の最初の3月31日までの間にある者又は20歳未満で2の(2)に掲げる者をいう。）を養育しなければならない場合に、

社会福祉

当該養育に当たる者について行う。ただし、当該養育に当たる者が父又は母である場合であつて、その者が児童の養育に当たることができる者と婚姻関係（婚姻の届出をしていないが事実上婚姻と同様の事情にある場合を含む。）にあり、かつ、同一世帯に属するときは、この限りでない。

9　重複調整等

障害者加算又は母子加算について、同一の者がいずれの加算事由にも該当する場合には、いずれか高い加算額（同額の場合にはいずれか一方の加算額）を算定するものとし、相当期間にわたり加算額の全額を必要としないものと認められる場合には、当該加算額の範囲内において必要な額を算定するものとする。ただし、障害者加算のうち2の(4)又は(5)に該当することにより行われる障害者加算額及び母子加算のうち児童が2人以上の場合に児童1人につき加算する額は、重複調整を行わないで算定するものとする。

第3章　入院患者日用品費、介護施設入所者基本生活費及び移送費

1　入院患者日用品費

(1)　基準額及び加算額（月額）

基準額	地区別冬季加算額（11月から3月まで）		
	Ⅰ区及びⅡ区	Ⅲ区及びⅣ区	Ⅴ区及びⅥ区
23,110円以内	3,600円	2,110円	1,000円

(2)　入院患者日用品費は、次に掲げる者について算定する。

ア　病院又は診療所（介護療養型医療施設を除く。以下同じ。）に1箇月以上入院する者

イ　救護施設、更生施設又は老人福祉法にいう養護老人ホーム若しくは特別養護老人ホームから病院又は診療所に入院する者

ウ　介護施設から病院又は診療所に入院する者

(3)　(1)の表におけるⅠ区からⅥ区までの区分は、第1章の1の(2)のイの表に定めるところによる。

2　介護施設入所者基本生活費

(1)　基準額及び加算額（月額）

基準額	地区別冬季加算額（11月から3月まで）		
	Ⅰ区及びⅡ区	Ⅲ区及びⅣ区	Ⅴ区及びⅥ区
9,880円以内	3,600円	2,110円	1,000円

(2)　介護施設入所者基本生活費は、介護施設に入所する者について算定する。

(3)　(1)の表におけるⅠ区からⅥ区までの区分は、第1章の1の(2)のイの表に定めるところによる。

3　移送費

移送費の額は、移送に必要な最小限度の額とする。

別表第2　教育扶助基準

区分＼学校別	次に掲げる学校 一　小学校 二　義務教育学校の前期課程 三　特別支援学校の小学部	次に掲げる学校 一　中学校 二　義務教育学校の後期課程 三　中等教育学校の前期課程（保護の実施機関が就学を認めた場合に限る。） 四　特別支援学校の中学部
基準額（月額）	2,600円	5,100円
教材代	正規の教材として学校長又は教育委員会が指定するものの購入又は利用に必要な額	
学校給食費	保護者が負担すべき給食費の額	

通学のための交通費	通学に必要な最小限度の額	
学習支援費(年間上限額)	16,000円以内	59,800円以内

別表第３　住宅扶助基準

１　基準額

級地別＼区分	家賃、間代、地代等の額(月額)	補修費等住宅維持費の額(年額)
１級地及び２級地	13,000円以内	128,000円以内
３級地	8,000円以内	

２　家賃、間代、地代等については、当該費用が１の表に定める額を超えるときは、都道府県又は地方自治法（昭和22年法律第67号）第252条の19第１項の指定都市（以下「指定都市」という。）若しくは同法第252条の22第１項の中核市（以下「中核市」という。）ごとに、厚生労働大臣が別に定める額の範囲内の額とする。

別表第４　医療扶助基準

1	指定医療機関等において診療を受ける場合の費用	生活保護法第52条の規定による診療方針及び診療報酬に基づきその者の診療に必要な最小限度の額
2	薬剤又は治療材料に係る費用（１の費用に含まれる場合を除く。）	25,000円以内の額
3	施術のための費用	都道府県知事又は指定都市若しくは中核市の長が施術者のそれぞれの組合と協定して定めた額以内の額
4	移送費	移送に必要な最小限度の額

別表第５　介護扶助基準

1	居宅介護、福祉用具、住宅改修又は施設介護に係る費用	生活保護法第54条の２第５項において準用する同法第52条の規定による介護の方針及び介護の報酬に基づきその者の介護サービスに必要な最小限度の額
2	移送費	移送に必要な最小限度の額

別表第６　出産扶助基準

１　基準額

区分	基準額
出産に要する費用	311,000円以内

２　病院、助産所等施設において分べんする場合は、入院（８日以内の実入院日数）に要する必要最小限度の額を基準に加算する。

３　衛生材料費を必要とする場合は、6,000円の範囲内の額を基準額に加算する。

別表第７　生業扶助基準

１　基準額

<table>
<tr><th colspan="3">区　分</th><th>基　準　額</th></tr>
<tr><td colspan="3">生　業　費</td><td>47,000円以内</td></tr>
<tr><td rowspan="8">技能修得費</td><td colspan="2">技能修得費（高等学校等就学費を除く。）</td><td>87,000円以内</td></tr>
<tr><td rowspan="7">高等学校等就学費</td><td>基本額（月額）</td><td>5,300円</td></tr>
<tr><td>教材代</td><td>正規の授業で使用する教材の購入又は利用に必要な額</td></tr>
<tr><td>授業料（高等学校等就学支援金の支給に関する法律（平成22年法律第18号）第２条各号に掲げるものに在学する場合（同法第３条第１項の高等学校等就学支援金が支給されるときに限る。）を除く。）</td><td>高等学校等が所在する都道府県の条例に定める都道府県立の高等学校における額以内の額</td></tr>
<tr><td>入学料</td><td>高等学校等が所在する都道府県の条例に定める都道府県立の高等学校等における額以内の額。ただし、市町村立の高等学校等に通学する場合は、当該高等学校等が所在する市町村の条例に定める市町村立の高等学校等における額以内の額。</td></tr>
<tr><td>入学考査料</td><td>30,000円以内</td></tr>
<tr><td>通学のための交通費</td><td>通学に必要な最小限度の額</td></tr>
<tr><td>学習支援費（年間上限額）</td><td>84,600円以内</td></tr>
<tr><td colspan="3">就職支度費</td><td>33,000円以内</td></tr>
</table>

２　技能修得費（高等学校等就学費を除く。以下同じ。）は、技能修得（高等学校等への就学を除く。以下同じ。）の期間が１年以内の場合において、１年を限度として算定する。ただし、世帯の自立更生上特に効果があると認められる技能修得については、その期間は２年以内とし、１年につき技能修得費の範囲内の額を２年を限度として算定する。

３　技能修得のため交通費を必要とする場合は、１又は２に規定するところにより算定した技能修得費の額にその実費を加算する。

別表第８　葬祭扶助基準

１　基準額

級地別	基準額	
	大人	小人
１級地及び２級地	212,000円以内	169,600円以内
３級地	185,500円以内	148,400円以内

２　葬祭に要する費用の額が基準額を超える場合であつて、葬祭地の市町村条例に定める火葬に要する費用の額が次に掲げる額を超えるときは、当該超える額を基準額に加算する。

級地別	大人	小人
１級地及び２級地	600円	500円
３級地	480	400

3　葬祭に要する費用の額が基準額を超える場合であつて、自動車の料金その他死体の運搬に要する費用の額が次に掲げる額を超えるときは、23,060円から次に掲げる額を控除した額の範囲内において当該超える額を基準額に加算する。

級地別	金額
1級地及び2級地	15,580円
3級地	13,630

京都府	京都市
大阪府	大阪市 堺市 豊中市 池田市 吹田市 高槻市 守口市 枚方市 茨木市 八尾市 寝屋川市 松原市 大東市 箕面市 門真市 摂津市 東大阪市
兵庫県	神戸市 尼崎市 西宮市 芦屋市 伊丹市 宝塚市 川西市

(2)　1級地―2

次に掲げる市町村

都道府県別	市町村名
北海道	札幌市 江別市
宮城県	仙台市
埼玉県	所沢市 蕨市 戸田市 朝霞市 和光市

別表第9　地域の級地区分

1　1級地

(1)　1級地―1

次に掲げる市町村

都道府県別	市町村名
埼玉県	川口市 さいたま市
東京都	区の存する地域 八王子市 立川市 武蔵野市 三鷹市 府中市 昭島市 調布市 町田市 小金井市 小平市 日野市 東村山市 国分寺市 国立市 福生市 狛江市 東大和市 清瀬市 東久留米市 多摩市 稲城市 西東京市
神奈川県	横浜市 川崎市 鎌倉市 藤沢市 逗子市 大和市 三浦郡葉山町
愛知県	名古屋市

2　２級地

(1)　２級地―１

次に掲げる市町村

都道府県別	市町村名
北海道	函館市 小樽市 旭川市 室蘭市 釧路市 帯広市 苫小牧市 千歳市 恵庭市 北広島市
青森県	青森市
岩手県	盛岡市
秋田県	秋田市
山形県	山形市
福島県	福島市
茨城県	水戸市
栃木県	宇都宮市
群馬県	前橋市 高崎市 桐生市
埼玉県	川越市 熊谷市 春日部市 狭山市 上尾市 草加市 越谷市 入間市 志木市 桶川市 八潮市 富士見市 三郷市 ふじみ野市 入間郡三芳町
千葉県	野田市 佐倉市 柏市 市原市 流山市 八千代市 我孫子市
	新座市
千葉県	千葉市 市川市 船橋市 松戸市 習志野市 浦安市
東京都	青梅市 武蔵村山市
神奈川県	横須賀市 平塚市 小田原市 茅ヶ崎市 相模原市 三浦市 秦野市 厚木市 座間市
滋賀県	大津市
京都府	宇治市 向日市 長岡京市
大阪府	岸和田市 泉大津市 貝塚市 和泉市 高石市 藤井寺市 四條畷市 交野市 泉北郡忠岡町
兵庫県	姫路市 明石市
岡山県	岡山市 倉敷市
広島県	広島市 呉市 福山市 安芸郡府中町
福岡県	北九州市 福岡市

	京田辺市 乙訓郡　大山崎町 久世郡　久御山町
大阪府	泉佐野市 富田林市 河内長野市 柏原市 羽曳野市 泉南市 大阪狭山市 三島郡　島本町 泉南郡　熊取町 　　　　田尻町
奈良県	奈良市 生駒市
和歌山県	和歌山市
鳥取県	鳥取市
島根県	松江市
山口県	下関市 山口市
徳島県	徳島市
香川県	高松市
愛媛県	松山市
高知県	高知市
福岡県	久留米市
佐賀県	佐賀市
長崎県	長崎市
熊本県	熊本市
大分県	大分市 別府市
宮崎県	宮崎市
鹿児島県	鹿児島市
沖縄県	那覇市

(2)　２級地－２
次に掲げる市町村

都道府県別	市町村名
北海道	夕張市 岩見沢市 登別市
宮城県	塩竈市 名取市

	鎌ケ谷市 四街道市
東京都	羽村市 あきる野市 西多摩郡　瑞穂町
神奈川県	伊勢原市 海老名市 南足柄市 綾瀬市 高座郡　寒川町 中郡　大磯町 　　　二宮町 足柄上郡　大井町 　　　　松田町 　　　　開成町 足柄下郡　箱根町 　　　　真鶴町 　　　　湯河原町
新潟県	新潟市
富山県	富山市 高岡市
石川県	金沢市
福井県	福井市
山梨県	甲府市
長野県	長野市 松本市
岐阜県	岐阜市
静岡県	静岡市 浜松市 沼津市 熱海市 伊東市
愛知県	豊橋市 岡崎市 一宮市 春日井市 刈谷市 豊田市 知立市 尾張旭市 日進市
三重県	津市 四日市市
滋賀県	草津市
京都府	城陽市 八幡市

	直方市	
	飯塚市	
	田川市	
	行橋市	
	中間市	
	筑紫野市	
	春日市	
	大野城市	
	太宰府市	
	宗像市	
	古賀市	
	福津市	
	那珂川市	
	糟屋郡	宇美町
		篠栗町
		志免町
		須恵町
		新宮町
		久山町
		粕屋町
	遠賀郡	芦屋町
		水巻町
		岡垣町
		遠賀町
	京都郡	苅田町
長崎県	佐世保市	
	西海市	
熊本県	荒尾市	

3　3級地

(1)　3級地―1

次に掲げる市町村

都道府県別	市町村名	
北海道	北見市	
	網走市	
	留萌市	
	稚内市	
	美唄市	
	芦別市	
	赤平市	
	紋別市	
	士別市	
	名寄市	
	三笠市	
	根室市	
	滝川市	
	砂川市	
	歌志内市	
	多賀城市	
茨城県	日立市	
	土浦市	
	古河市	
	取手市	
栃木県	足利市	
新潟県	長岡市	
石川県	小松市	
長野県	上田市	
	岡谷市	
	諏訪市	
岐阜県	大垣市	
	多治見市	
	瑞浪市	
	土岐市	
	各務原市	
静岡県	三島市	
	富士市	
愛知県	瀬戸市	
	豊川市	
	安城市	
	東海市	
	大府市	
	岩倉市	
	豊明市	
	清須市	
	北名古屋市	
三重県	松阪市	
	桑名市	
兵庫県	加古川市	
	高砂市	
	加古郡	播磨町
奈良県	橿原市	
岡山県	玉野市	
広島県	三原市	
	尾道市	
	府中市	
	大竹市	
	廿日市市	
	安芸郡	海田町
		坂町
山口県	宇部市	
	防府市	
	岩国市	
	周南市	
福岡県	大牟田市	

	目梨郡	羅臼町
青森県	弘前市	
	八戸市	
	黒石市	
	五所川原市	
	十和田市	
	三沢市	
	むつ市	
岩手県	宮古市	
	大船渡市	
	花巻市	
	北上市	
	久慈市	
	遠野市	
	一関市	
	陸前高田市	
	釜石市	
	二戸市	
	奥州市	
	滝沢市	
宮城県	石巻市	
	気仙沼市	
	白石市	
	角田市	
	岩沼市	
	大崎市	
	富谷市	
	柴田郡	大河原町
		柴田町
	宮城郡	七ヶ浜町
		利府町
秋田県	能代市	
	横手市	
	大館市	
	男鹿市	
	湯沢市	
	鹿角市	
	由利本荘市	
	大仙市	
山形県	米沢市	
	鶴岡市	
	酒田市	
	新庄市	
	寒河江市	
	上山市	
	村山市	
	長井市	
	天童市	

	深川市	
	富良野市	
	伊達市	
	石狩市	
	北斗市	
	亀田郡	七飯町
	山越郡	長万部町
	檜山郡	江差町
	虻田郡	京極町
		倶知安町
	岩内郡	岩内町
	余市郡	余市町
	空知郡	奈井江町
		上砂川町
		南富良野町
	上川郡	鷹栖町
		東神楽町
		上川町
		東川町
		新得町
	勇払郡	占冠村
		安平町
	中川郡	音威子府村
		中川町
		幕別町
	天塩郡	天塩町
		幌延町
	宗谷郡	猿払村
	枝幸郡	浜頓別町
		枝幸町
	網走郡	美幌町
	斜里郡	斜里町
		清里町
	紋別郡	遠軽町
		滝上町
		興部町
		西興部村
		雄武町
	沙流郡	日高町
	浦河郡	浦河町
	日高郡	新ひだか町
	河東郡	音更町
	河西郡	芽室町
		中札内村
	足寄郡	陸別町
	釧路郡	釧路町
	川上郡	弟子屈町
	標津郡	中標津町
		標津町

	秩父市	
	飯能市	
	加須市	
	本荘市	
	東松山市	
	羽生市	
	鴻巣市	
	深谷市	
	久喜市	
	北本市	
	蓮田市	
	坂戸市	
	幸手市	
	鶴ヶ島市	
	日高市	
	吉川市	
	白岡市	
	北足立郡	伊奈町
	入間郡	毛呂山町
		越生町
	比企郡	嵐山町
		小川町
		鳩山町
	南埼玉郡	宮代町
	北葛飾郡	杉戸町
		松伏町
千葉県	銚子市	
	館山市	
	木更津市	
	茂原市	
	成田市	
	東金市	
	旭市	
	勝浦市	
	鴨川市	
	君津市	
	富津市	
	袖ケ浦市	
	白井市	
	匝瑳市	
	香取市	
	印旛郡	酒々井町
東京都	西多摩郡	日の出町
		檜原村
		奥多摩町
	大島町	
	利島村	
	新島村	
	神津島村	
	三宅村	

	東根市	
	尾花沢市	
	南陽市	
福島県	会津若松市	
	郡山市	
	いわき市	
	白河市	
	須賀川市	
	喜多方市	
	相馬市	
	二本松市	
	南相馬市	
茨城県	石岡市	
	龍ケ崎市	
	常陸太田市	
	高萩市	
	牛久市	
	つくば市	
	ひたちなか市	
	鹿嶋市	
	守谷市	
	筑西市	
	那珂郡	東海村
	稲敷郡	美浦村
	北相馬郡	利根町
栃木県	栃木市	
	佐野市	
	鹿沼市	
	日光市	
	小山市	
	真岡市	
	大田原市	
	矢板市	
	那須塩原市	
	下野市	
	河内郡	上三川町
	下都賀郡	壬生町
群馬県	伊勢崎市	
	太田市	
	沼田市	
	館林市	
	渋川市	
	藤岡市	
	富岡市	
	安中市	
	吾妻郡	草津町
	利根郡	みなかみ町
	邑楽郡	大泉町
埼玉県	行田市	

社会福祉

		内灘町
福井県	敦賀市	
	小浜市	
	大野市	
	勝山市	
	鯖江市	
	あわら市	
	越前市	
	坂井市	
	吉田郡	永平寺町
	南条郡	南越前町
	丹生郡	越前町
山梨県	富士吉田市	
	都留市	
	山梨市	
	大月市	
	韮崎市	
	甲斐市	
	笛吹市	
	上野原市	
	甲州市	
	中央市	
	中巨摩郡	昭和町
長野県	飯田市	
	須坂市	
	小諸市	
	伊那市	
	駒ヶ根市	
	中野市	
	大町市	
	飯山市	
	茅野市	
	塩尻市	
	佐久市	
	千曲市	
	東御市	
	安曇野市	
	北佐久郡	軽井沢町
	諏訪郡	下諏訪町
		富士見町
	上伊那郡	辰野町
		箕輪町
	木曽郡	木曽町
	埴科郡	坂城町
	上高井郡	小布施町
岐阜県	高山市	
	関市	
	中津川市	
	美濃市	

	御蔵島村	
	八丈町	
	青ヶ島村	
	小笠原村	
神奈川県	足柄上郡	中井町
		山北町
	愛甲郡	愛川町
		清川村
新潟県	三条市	
	柏崎市	
	新発田市	
	小千谷市	
	加茂市	
	十日町市	
	見附市	
	村上市	
	燕市	
	糸魚川市	
	五泉市	
	上越市	
	佐渡市	
	魚沼市	
	妙高市	
	南魚沼郡	湯沢町
	刈羽郡	刈羽村
富山県	魚津市	
	氷見市	
	滑川市	
	黒部市	
	砺波市	
	小矢部市	
	南砺市	
	射水市	
	中新川郡	舟橋村
		上市町
		立山町
	下新川郡	入善町
		朝日町
石川県	七尾市	
	輪島市	
	珠洲市	
	加賀市	
	羽咋市	
	かほく市	
	白山市	
	能美市	
	野々市市	
	能美郡	川北町
	河北郡	津幡町

		飛島村
	知多郡	阿久比町
		東浦町
		南知多町
		美浜町
		武豊町
	額田郡	幸田町
	北設楽郡	設楽町
		東栄町
三重県	伊勢市	
	鈴鹿市	
	名張市	
	尾鷲市	
	亀山市	
	鳥羽市	
	熊野市	
	志摩市	
	伊賀市	
	桑名郡	木曽岬町
	員弁郡	東員町
	三重郡	菰野町
		朝日町
		川越町
滋賀県	彦根市	
	長浜市	
	近江八幡市	
	守山市	
	栗東市	
	甲賀市	
	野洲市	
	湖南市	
	東近江市	
京都府	福知山市	
	舞鶴市	
	綾部市	
	宮津市	
	亀岡市	
	南丹市	
	木津川市	
	綴喜郡	井手町
		宇治田原町
	相楽郡	精華町
大阪府	阪南市	
	豊能郡	豊能町
		能勢町
	泉南郡	岬町
	南河内郡	太子町
		河南町
		千早赤阪村

	羽島市	
	恵那市	
	美濃加茂市	
	可児市	
	瑞穂市	
	羽島郡	岐南町
		笠松町
	本巣郡	北方町
静岡県	富士宮市	
	島田市	
	磐田市	
	焼津市	
	掛川市	
	藤枝市	
	御殿場市	
	袋井市	
	下田市	
	裾野市	
	湖西市	
	伊豆市	
	伊豆の国市	
	田方郡	函南町
	駿東郡	清水町
		長泉町
		小山町
愛知県	半田市	
	津島市	
	碧南市	
	西尾市	
	蒲郡市	
	犬山市	
	常滑市	
	江南市	
	小牧市	
	稲沢市	
	新城市	
	知多市	
	高浜市	
	田原市	
	愛西市	
	弥富市	
	みよし市	
	あま市	
	長久手市	
	愛知郡	東郷町
	西春日井郡	豊山町
	丹羽郡	大口町
		扶桑町
	海部郡	大治町
		蟹江町

社会福祉

	東牟婁郡	那智勝浦町
		太地町
		串本町
鳥取県	米子市	
	倉吉市	
	境港市	
	西伯郡	日吉津村
島根県	浜田市	
	出雲市	
	益田市	
	大田市	
	安来市	
	江津市	
	隠岐郡	隠岐の島町
岡山県	津山市	
	笠岡市	
	井原市	
	総社市	
	高梁市	
	新見市	
	備前市	
	瀬戸内市	
	赤磐市	
	浅口市	
	都窪郡	早島町
	浅口郡	里庄町
	小田郡	矢掛町
広島県	竹原市	
	三原市	
	庄原市	
	東広島市	
	安芸高田市	
	江田島市	
	安芸郡	熊野町
山口県	萩市	
	下松市	
	光市	
	長門市	
	柳井市	
	美祢市	
	山陽小野田市	
	玖珂郡	和木町
	熊毛郡	田布施町
		平生町
徳島県	鳴門市	
	小松島市	
	阿南市	
香川県	丸亀市	
兵庫県	洲本市	
	相生市	
	豊岡市	
	赤穂市	
	西脇市	
	三木市	
	小野市	
	三田市	
	加西市	
	たつの市	
	川辺郡	猪名川町
	加古郡	稲美町
	揖保郡	太子町
奈良県	大和高田市	
	大和郡山市	
	天理市	
	桜井市	
	五條市	
	御所市	
	香芝市	
	葛城市	
	宇陀市	
	生駒郡	平群町
		三郷町
		斑鳩町
		安堵町
	磯城郡	川西町
		三宅町
		田原本町
	高市郡	高取町
		明日香村
	北葛城郡	上牧町
		王寺町
		広陵町
		河合町
	吉野郡	吉野町
		大淀町
		下市町
和歌山県	海南市	
	橋本市	
	有田市	
	御坊市	
	田辺市	
	新宮市	
	岩出市	
	海草郡	紀美野町
	伊都郡	高野町
	有田郡	湯浅町
	日高郡	美浜町
	西牟婁郡	白浜町

	沖縄市 うるま市 宮古島市

(2)　3級地―2

1級地、2級地及び3級地―1以外の市町村

	坂出市 善通寺市 観音寺市 香川郡 綾歌郡 仲多度郡	 直島町 宇多津町 琴平町 多度津町
愛媛県	今治市 新居浜市 西条市 四国中央市	
福岡県	柳川市 八女市 筑後市 大川市 豊前市 小郡市 嘉麻市 朝倉市	
佐賀県	唐津市 鳥栖市	
長崎県	諫早市 大村市 西彼杵郡	 長与町 時津町
大分県	中津市	
宮崎県	都城市 延岡市	
鹿児島県	鹿屋市 枕崎市 阿久根市 出水市 伊佐市 指宿市 西之表市 垂水市 薩摩川内市 日置市 霧島市 いちき串木野市 南さつま市 奄美市 姶良市	
沖縄県	宜野湾市 石垣市 浦添市 名護市 糸満市	

救護施設、更生施設、授産施設及び宿所提供施設の設備及び運営に関する基準（抄）

（昭和四一・七・一）
（厚　令　一八）

最新改正　令和三厚労令八〇

第一章　総則

（趣旨）

第一条　生活保護法（昭和二十五年法律第百四十四号。以下「法」という。）第三十九条第二項の厚生労働省令で定める基準は、次の各号に掲げる基準に応じ、それぞれ当該各号に定める規定による基準とする。

（基本方針）

第二条　救護施設、更生施設、授産施設及び宿所提供施設（以下「救護施設等」という。）は、利用者に対し、健全な環境のもとで、社会福祉事業に関する熱意及び能力を有する職員による適切な処遇を行なうよう努めなければならない。

（苦情への対応）

第六条の二　救護施設等は、その行つた処遇に関する入所者からの苦情に迅速かつ適切に対応するために、苦情を受け付けるための窓口を設置する等の必要な措置を講じなければならない。

2　救護施設等は、その行つた処遇に関し、生活保護法第十九条第四項に規定する保護の実施機関から指導又は助言を受けた場合は、当該指導又は助言に従つて必要な改善を行なわなければならない。

3　救護施設等は、社会福祉法第八十三条に規定する運営適正化委員会が行う同法第八十五条第一項の規定による調査にできる限り協力しなければならない。

（就業環境の整備）

第六条の三　救護施設等は、利用者に対し適切な処遇を行う観点から、職場において行われる性的な言動又は優越的な関係を背景とした言動であつて業務上必要かつ相当な範囲を超えたものにより職員の就業環境が害されることを防止するための方針の明確化等の必要な措置を講じなければならない。

（業務継続計画の策定等）

第六条の四　救護施設等は、感染症や非常災害の発生時において、利用者に対する処遇を継続的に行うための、及び非常時の体制で早期の業務再開を図るための計画（以下「業務継続計画」という。）を策定し、当該業務継続計画に従い必要な措置を講じなければならない。

2　救護施設等は、職員に対し、業務継続計画について周知するとともに、必要な研修及び訓練を定期的に実施しなければならない。

3　救護施設等は、定期的に業務継続計画の見直しを行い、必要に応じて業務継続計画の変更を行うものとする。

第二章　救護施設

（健康管理）

第十四条　入所者については、その入所時及び毎年定期に二回以上健康診断を行なわなければならない。

（衛生管理等）

第十五条　救護施設は、入所者の使用する設備、食器等又は飲用に供する水については、衛生的な管理に努め、又は衛生上必要な措置を講ずるとともに、医薬品、衛生材料及び医療機械器具の管理を適正に行わなければならない。

2　救護施設は、当該救護施設において感染症又は食中毒が発生し、又はまん延しないように、次の各号に掲げる措置を講じなければならない。

一　当該救護施設における感染症及び食中毒の予防及びまん延の防止のための対策を検討する委員会（テレビ電話装置その他の情報通信機器を活用して行うことができるものとする。）を定期的に開催するとともに、その結果について、職員に周知徹底を図ること。

二　当該救護施設における感染症及び食中毒の予防及びまん延の防止のための指針を整備すること。

三　当該救護施設において、職員に対し、感染症及び食中毒の予防及びまん延の防止のための研修並びに感染症の予防及びまん延の防止のための訓練を定期的に実施すること。

（生活指導等）

第十六条　救護施設は、入所者に対し、生活の向上及び更生のための指導を受ける機会を与えなければならない。

2　救護施設は、入所者に対し、その精神的及び身体的条件に応じ、機能を回復し又は機能の減退を防止するための訓練又は作業に参加する機会を与えなければならない。

3　入所者の日常生活に充てられる場所は、必要に応じ、採暖のための措置を講じなければならない。

4　一週間に二回以上、入所者を入浴させ、又は清拭しなければならない。

5　教養娯楽設備等を備えるほか、適宜レクリエーション行事を行なわなければならない。

（給付金として支払を受けた金銭の管理）

第十六条の二　救護施設は、当該救護施設の設置者が入所者に係る厚生労働大臣が定める給付金（以下この条において「給付金」という。）の支給を受けたときは、給付金として支払を受けた金銭を次に掲げるところにより管理しなければならない。

一　当該入所者に係る当該金銭及びこれに準ずるもの（これらの運用により生じた収益を含む。以下この条において「入所者に係る金銭」という。）をその他の財産と区分すること。

二　入所者に係る金銭を給付金の支給の趣旨に従つて用いること。

三　入所者に係る金銭の収支の状況を明らかにする帳簿を整備すること。

四　当該入所者が退所した場合には、速やかに、入所者に係る金銭を当該入所者に取得させること。

第三章　更生施設

（生活指導等）

第二十条　更生施設は、入所者の勤労意欲を助長するとともに、入所者が退所後健全な社会生活を営むことができるよう入所者各人の精神及び身体の条件に適合する更生計画を作成し、これに基づく指導をしなければならない。

2　前項に定めるもののほか、生活指導等については、第十六条（第二項を除く。）の規定を準用する。

（作業指導）

第二十一条　更生施設は、入所者に対し、前条第一項の更生計画に従つて、入所者が退所後自立するのに必要な程度の技能を修得させなければならない。

2　作業指導の種目を決定するに当たつては、地域の実情及び入所者の職歴を考慮しなければならない。

第四章　授産施設

（工賃の支払）

第二十六条　授産施設は、利用者には、事業収入の額から、事業に必要な経費の額を控除した額に相当する額の工賃を支払わなければならない。

（自立指導）

第二十七条　授産施設は、利用者に対し、作業を通じて自立のために必要な指導を行なわなければならない。

第五章　宿所提供施設

（生活相談）

第三十二条　宿所提供施設は、生活の相談に応ずる等利用者の生活の向上を図ることに努めなければならない。

生活困窮者自立支援法

（平成二五・一二・一三　法律一〇五）

最新改正　令和四法律六八

第一章　総則

（目的）

第一条　この法律は、生活困窮者自立相談支援事業の実施、生活困窮者住居確保給付金の支給その他の生活困窮者に対する自立の支援に関する措置を講ずることにより、生活困窮者の自立の促進を図ることを目的とする。

（基本理念）

第二条　生活困窮者に対する自立の支援は、生活困窮者の尊厳の保持を図りつつ、生活困窮者の就労の状況、心身の状況、地域社会からの孤立の状況その他の状況に応じて、包括的かつ早期に行われなければならない。

2　生活困窮者に対する自立の支援は、地域における福祉、就労、教育、住宅その他の生活困窮者に対する支援に関する業務を行う関係機関（以下単に「関係機関」という。）及び民間団体との緊密な連携その他必要な支援体制の整備に配慮して行われなければならない。

（定義）

第三条　この法律において「生活困窮者」とは、就労の状況、心身の状況、地域社会との関係性その他の事情により、現に経済的に困窮し、最低限度の生活を維持することができなくなるおそれのある者をいう。

2　この法律において「生活困窮者自立相談支援事業」とは、次に掲げる事業をいう。
一　就労の支援その他の自立に関する問題につき、生活困窮者及び生活困窮者の家族その他の関係者からの相談に応じ、必要な情報の提供及び助言をし、並びに関係機関との連絡調整を行う事業
二　生活困窮者に対し、認定生活困窮者就労訓練事業（第十六条第三項に規定する認定生活困窮者就労訓練事業をいう。）の利用についてのあっせんを行う事業
三　生活困窮者に対し、生活困窮者に対する支援の種類及び内容その他の厚生労働省令で定める事項を記載した計画の作成その他の生活困窮者の自立の促進を図るための支援が包括的かつ計画的に行われるための援助として厚生労働省令で定めるものを行う事業
3　この法律において「生活困窮者住居確保給付金」とは、生活困窮者のうち離職又はこれに準ずるものとして厚生労働省令で定める事由により経済的に困窮し、居住する住宅の所有権若しくは使用及び収益を目的とする権利を失い、又は現に賃借して居住する住宅の家賃を支払うことが困難となったものであって、就職を容易にするため住居を確保する必要があると認められるものに対し支給する給付金をいう。
4　この法律において「生活困窮者就労準備支援事業」とは、雇用による就業が著しく困難な生活困窮者（当該生活困窮者及び当該生活困窮者と同一の世帯に属する者の資産及び収入の状況その他の事情を勘案して厚生労働省令で定めるものに限る。）に対し、厚生労働省令で定める期間にわたり、就労に必要な知識及び能力の向上のために必要な訓練を行う事業をいう。
5　この法律において「生活困窮者家計改善支援事業」とは、生活困窮者に対し、収入、支出その他家計の状況を適切に把握すること及び家計の改善の意欲を高めることを支援するとともに、生活に必要な資金の貸付けのあっせんを行う事業をいう。
6　この法律において「生活困窮者一時生活支援事業」とは、次に掲げる事業をいう。
一　一定の住居を持たない生活困窮者（当該生活困窮者及び当該生活困窮者と同一の世帯に属する者の資産及び収入の状況その他の事情を勘案して厚生労働省令で定めるものに限る。）に対し、厚生労働省令で定める期間にわたり、宿泊場所の供与、食事の提供その他当該宿泊場所において日常生活を営むのに必要な便宜として厚生労働省令で定める便宜を供与する事業
二　次に掲げる生活困窮者に対し、厚生労働省令で定める期間にわたり、訪問による必要な情報の提供及び助言その他の現在の住居において日常生活を営むのに必要な便宜として厚生労働省令で定める便宜を供与する事業（生活困窮者自立相談支援事業に該当するものを除く。）
イ　前号に掲げる事業を利用していた生活困窮者であって、現に一定の住居を有するもの
ロ　現在の住居を失うおそれのある生活困窮者であって、地域社会から孤立しているもの
7　この法律において「子どもの学習・生活支援事業」とは、次に掲げる事業をいう。
一　生活困窮者である子どもに対し、学習の援助を行う事業
二　生活困窮者である子ども及び当該子どもの保護者に対し、当該子どもの生活習慣及び育成環境の改善に関する助言を行う事業（生活困窮者自立相談支援事業に該当するものを除く。）
三　生活困窮者である子どもの進路選択その他の教育及び就労に関する問題につき、当該子ども及び当該子どもの保護者からの相談に応じ、必要な情報の提供及び助言をし、並びに関係機関との連絡調整を行う事業（生活困窮者自立相談支援事業に該当するものを除く。）

（市及び福祉事務所を設置する町村等の責務）

第四条　市（特別区を含む。）及び福祉事務所（社会福祉法（昭和二十六年法律第四十五号）に規定する福祉に関する事務所をいう。以下同じ。）を設置する町村（以下「市等」という。）は、この法律の実施に関し、関係機関との緊密な連携を図りつつ、適切に生活困窮者自立相談支援事業及び生活困窮者住居確保給付金の支給を行う責務を有する。
2　都道府県は、この法律の実施に関し、次に掲げる責務を有する。
一　市等が行う生活困窮者自立相談支援事業及び生活困窮者住居確保給付金の支給、生活困窮者就労準備支援事業並びに生活困窮者家計改善支援事業並びに生活困窮者一時生活支援事業、子どもの学習・生活支援事業

及びその他の生活困窮者の自立の促進を図るために必要な事業が適正かつ円滑に行われるよう、市等に対する必要な助言、情報の提供その他の援助を行うこと。

二　関係機関との緊密な連携を図りつつ、適切に生活困窮者自立相談支援事業及び生活困窮者住居確保給付金の支給を行うこと。

3　国は、都道府県及び市等（以下「都道府県等」という。）が行う生活困窮者自立相談支援事業及び生活困窮者住居確保給付金の支給、生活困窮者就労準備支援事業及び生活困窮者家計改善支援事業並びに生活困窮者一時生活支援事業、子どもの学習・生活支援事業及びその他の生活困窮者の自立の促進を図るために必要な事業が適正かつ円滑に行われるよう、都道府県等に対する必要な助言、情報の提供その他の援助を行わなければならない。

4　国及び都道府県等は、この法律の実施に関し、生活困窮者が生活困窮者に対する自立の支援を早期に受けることができるよう、広報その他必要な措置を講ずるように努めるものとする。

5　都道府県等は、この法律の実施に関し、生活困窮者に対する自立の支援を適切に行うために必要な人員を配置するように努めるものとする。

第二章　都道府県等による支援の実施

（生活困窮者自立相談支援事業）

第五条　都道府県等は、生活困窮者自立相談支援事業を行うものとする。

2　都道府県等は、生活困窮者自立相談支援事業の事務の全部又は一部を当該都道府県等以外の厚生労働省令で定める者に委託することができる。

3　前項の規定による委託を受けた者若しくはその役員若しくは職員又はこれらの者であった者は、その委託を受けた事務に関して知り得た秘密を漏らしてはならない。

（生活困窮者住居確保給付金の支給）

第六条　都道府県等は、その設置する福祉事務所の所管区域内に居住地を有する生活困窮者のうち第三条第三項に規定するもの（当該生活困窮者及び当該生活困窮者と同一の世帯に属する者の資産及び収入の状況その他の事情を勘案して厚生労働省令で定めるものに限る。）に対し、生活困窮者住居確保給付金を支給するものとする。

2　前項に規定するもののほか、生活困窮者住居確保給付金の額及び支給期間その他生活困窮者住居確保給付金の支給に関し必要な事項は、厚生労働省令で定める。

（生活困窮者就労準備支援事業等）

第七条　都道府県等は、生活困窮者自立相談支援事業及び生活困窮者住居確保給付金の支給のほか、生活困窮者就労準備支援事業及び生活困窮者家計改善支援事業を行うように努めるものとする。

2　都道府県等は、前項に規定するもののほか、次に掲げる事業を行うことができる。

一　生活困窮者一時生活支援事業
二　子どもの学習・生活支援事業
三　その他の生活困窮者の自立の促進を図るために必要な事業

3　第五条第二項及び第三項の規定は、前二項の規定により都道府県等が行う事業について準用する。

4　都道府県等は、第一項に規定する事業及び給付金の支給並びに第二項各号に掲げる事業を行うに当たっては、母子及び父子並びに寡婦福祉法（昭和三十九年法律第百二十九号）第三十一条の五第一項第二号に掲げる業務及び同法第三十一条の十一第一項第二号に掲げる業務並びに社会教育法（昭和二十四年法律第二百七号）第五条第一項第十三号（同法第六条第一項において引用する場合を含む。）に規定する学習の機会を提供する事業その他関連する施策との連携を図るように努めるものとする。

5　厚生労働大臣は、生活困窮者就労準備支援事業及び生活困窮者家計改善支援事業の適切な実施を図るために必要な指針を公表するものとする。

（利用勧奨等）

第八条　都道府県等は、福祉、就労、教育、税務、住宅その他のその所掌事務に関する業務の遂行に当たって、生活困窮者を把握したときは、当該生活困窮者に対し、この法律に基づく事業の利用及び給付金の受給の勧奨その他適切な措置を講ずるように努めるものとする。

（支援会議）

第九条　都道府県等は、関係機関、第五条第二項（第七条第三項において準用する場合を含む。）の規定による委託を受けた者、生活困窮者に対する支援に関係する団体、当該支援に関係する職務に従事する者その他の関係者（第三項及び第四項において「関係機関等」

という。）により構成される会議（以下この条において「支援会議」という。）を組織することができる。

2　支援会議は、生活困窮者に対する自立の支援を図るために必要な情報の交換を行うとともに、生活困窮者が地域において日常生活及び社会生活を営むのに必要な支援体制に関する検討を行うものとする。

3　支援会議は、前項の規定による情報の交換及び検討を行うために必要があると認めるときは、関係機関等に対し、生活困窮者に関する資料又は情報の提供、意見の開陳その他必要な協力を求めることができる。

4　関係機関等は、前項の規定による求めがあった場合には、これに協力するように努めるものとする。

5　支援会議の事務に従事する者又は従事していた者は、正当な理由がなく、支援会議の事務に関して知り得た秘密を漏らしてはならない。

6　前各項に定めるもののほか、支援会議の組織及び運営に関し必要な事項は、支援会議が定める。

（都道府県の市等の職員に対する研修等事業）

第十条　都道府県は、次に掲げる事業を行うように努めるものとする。

一　この法律の実施に関する事務に従事する市等の職員の資質を向上させるための研修の事業

二　この法律に基づく事業又は給付金の支給を効果的かつ効率的に行うための体制の整備、支援手法に関する市等に対する情報提供、助言その他の事業

2　第五条第二項の規定は、都道府県が前項の規定により事業を行う場合について準用する。

（福祉事務所を設置していない町村による相談等）

第十一条　福祉事務所を設置していない町村（次項、第十四条及び第十五条第三項において「福祉事務所未設置町村」という。）は、生活困窮者に対する自立の支援につき、生活困窮者及び生活困窮者の家族その他の関係者からの相談に応じ、必要な情報の提供及び助言、都道府県との連絡調整、生活困窮者自立相談支援事業の利用の勧奨その他必要な援助を行う事業を行うことができる。

2　第五条第二項及び第三項の規定は、福祉事務所未設置町村が前項の規定により事業を行う場合について準用する。

（市等の支弁）

第十二条　次に掲げる費用は、市等の支弁とする。

一　第五条第一項の規定により市等が行う生活困窮者自立相談支援事業の実施に要する費用

二　第六条第一項の規定により市等が行う生活困窮者住居確保給付金の支給に要する費用

三　第七条第一項及び第二項の規定により市等が行う生活困窮者就労準備支援事業及び生活困窮者一時生活支援事業の実施に要する費用

四　第七条第一項及び第二項の規定により市等が行う生活困窮者家計改善支援事業並びに子どもの学習・生活支援事業及び同項第三号に掲げる事業の実施に要する費用

（都道府県の支弁）

第十三条　次に掲げる費用は、都道府県の支弁とする。

一　第五条第一項の規定により都道府県が行う生活困窮者自立相談支援事業の実施に要する費用

二　第六条第一項の規定により都道府県が行う生活困窮者住居確保給付金の支給に要する費用

三　第七条第一項及び第二項の規定により都道府県が行う生活困窮者就労準備支援事業及び生活困窮者一時生活支援事業の実施に要する費用

四　第七条第一項及び第二項の規定により都道府県が行う生活困窮者家計改善支援事業並びに子どもの学習・生活支援事業及び同項第三号に掲げる事業の実施に要する費用

五　第十条第一項の規定により都道府県が行う事業の実施に要する費用

（福祉事務所未設置町村の支弁）

第十四条　第十一条第一項の規定により福祉事務所未設置町村が行う事業の実施に要する費用は、福祉事務所未設置町村の支弁とする。

（国の負担及び補助）

第十五条　国は、政令で定めるところにより、次に掲げるものの四分の三を負担する。

一　第十二条の規定により市等が支弁する同条第一号に掲げる費用のうち当該市等における人口、被保護者（生活保護法（昭和二十五年法律第百四十四号）第六条第一項に規定する被保護者をいう。第三号において同じ。）の数その他の事情を勘案して政令

で定めるところにより算定した額

二　第十二条の規定により市等が支弁する費用のうち、同条第二号に掲げる費用

三　第十三条の規定により都道府県が支弁する同条第一号に掲げる費用のうち当該都道府県の設置する福祉事務所の所管区域内の町村における人口、被保護者の数その他の事情を勘案して政令で定めるところにより算定した額

四　第十三条の規定により都道府県が支弁する費用のうち、同条第二号に掲げる費用

2　国は、予算の範囲内において、政令で定めるところにより、次に掲げるものを補助することができる。

一　第十二条及び第十三条の規定により市等及び都道府県が支弁する費用のうち、第十二条第三号及び第十三条第三号に掲げる費用の三分の二以内

二　第十二条及び第十三条の規定により市等及び都道府県が支弁する費用のうち、第十二条第四号並びに第十三条第四号及び第五号に掲げる費用の二分の一以内

3　前項に規定するもののほか、国は、予算の範囲内において、政令で定めるところにより、前条の規定により福祉事務所未設置町村が支弁する費用の四分の三以内を補助することができる。

4　生活困窮者就労準備支援事業及び生活困窮者家計改善支援事業が効果的かつ効率的に行われている場合として政令で定める場合に該当するときは、第二項の規定の適用については、同項第一号中「掲げる費用」とあるのは「掲げる費用並びに第七条第一項の規定により市等及び都道府県が行う生活困窮者家計改善支援事業の実施に要する費用」と、同項第二号中「並びに第十三条第四号及び第五号」とあるのは「及び第十三条第四号（いずれも第七条第一項の規定により市等及び都道府県が行う生活困窮者家計改善支援事業の実施に要する費用を除く。）並びに第十三条第五号」とする。

第三章　生活困窮者就労訓練事業の認定

第十六条　雇用による就業を継続して行うことが困難な生活困窮者に対し、就労の機会を提供するとともに、就労に必要な知識及び能力の向上のために必要な訓練その他の厚生労働省令で定める便宜を供与する事業（以下この条において「生活困窮者就労訓練事業」という。）を行う者は、厚生労働省令で定めるところにより、当該生活困窮者就労訓練事業が生活困窮者の就労に必要な知識及び能力の向上のための基準として厚生労働省令で定める基準に適合していることにつき、都道府県知事の認定を受けることができる。

2　都道府県知事は、生活困窮者就労訓練事業が前項の基準に適合していると認めるときは、同項の認定をするものとする。

3　都道府県知事は、第一項の認定に係る生活困窮者就労訓練事業（次項及び第二十一条第二項において「認定生活困窮者就労訓練事業」という。）が第一項の基準に適合しないものとなったと認めるときは、同項の認定を取り消すことができる。

4　国及び地方公共団体は、認定生活困窮者就労訓練事業を行う者の受注の機会の増大を図るように努めるものとする。

第四章　雑則

（雇用の機会の確保）

第十七条　国及び地方公共団体は、生活困窮者の雇用の機会の確保を図るため、職業訓練の実施、就職のあっせんその他の必要な措置を講ずるように努めるものとする。

2　国及び地方公共団体は、生活困窮者の雇用の機会の確保を図るため、国の講ずる措置と地方公共団体の講ずる措置が密接な連携の下に円滑かつ効果的に実施されるように相互に連絡し、及び協力するものとする。

3　公共職業安定所は、生活困窮者の雇用の機会の確保を図るため、求人に関する情報の収集及び提供、生活困窮者を雇用する事業主に対する援助その他必要な措置を講ずるように努めるものとする。

4　公共職業安定所は、生活困窮者の雇用の機会の確保を図るため、職業安定法（昭和二十二年法律第百四十一号）第二十九条第一項の規定により無料の職業紹介事業を行う都道府県等が求人に関する情報の提供を希望するときは、当該都道府県等に対して、当該求人に関する情報を電磁的方法（電子情報処理組織を使用する方法その他の情報通信の技術を利用する方法をいう。）その他厚生労働省令で定める方法により提供するものとする。

（不正利得の徴収）

第十八条　偽りその他不正の手段により生活困窮者住居確保給付金の支給を受けた者があるときは、都道府県等は、その者から、その支

給を受けた生活困窮者住居確保給付金の額に相当する金額の全部又は一部を徴収することができる。

2　前項の規定による徴収金は、地方自治法（昭和二十二年法律第六十七号）第二百三十一条の三第三項に規定する法律で定める歳入とする。

（受給権の保護）

第十九条　生活困窮者住居確保給付金の支給を受けることとなった者の当該支給を受ける権利は、譲り渡し、担保に供し、又は差し押さえることができない。

（公課の禁止）

第二十条　租税その他の公課は、生活困窮者住居確保給付金として支給を受けた金銭を標準として課することができない。

（報告等）

第二十一条　都道府県等は、生活困窮者住居確保給付金の支給に関して必要があると認めるときは、この法律の施行に必要な限度において、当該生活困窮者住居確保給付金の支給を受けた生活困窮者又は生活困窮者であった者に対し、報告若しくは文書その他の物件の提出若しくは提示を命じ、又は当該職員に質問させることができる。

2　都道府県知事は、この法律の施行に必要な限度において、認定生活困窮者就労訓練事業を行う者又は認定生活困窮者就労訓練事業を行っていた者に対し、報告を求めることができる。

3　第一項の規定による質問を行う場合においては、当該職員は、その身分を示す証明書を携帯し、かつ、関係者の請求があるときは、これを提示しなければならない。

4　第一項の規定による権限は、犯罪捜査のために認められたものと解釈してはならない。

（資料の提供等）

第二十二条　都道府県等は、生活困窮者住居確保給付金の支給又は生活困窮者就労準備支援事業若しくは生活困窮者一時生活支援事業（第三条第六項第一号に掲げる事業に限る。）の実施に関して必要があると認めるときは、生活困窮者、生活困窮者の配偶者若しくは生活困窮者の属する世帯の世帯主その他その世帯に属する者又はこれらの者であった者の資産又は収入の状況につき、官公署に対し必要な文書の閲覧若しくは資料の提供を求め、又は銀行、信託会社その他の機関若しくは生活困窮者の雇用主その他の関係者に報告を求めることができる。

2　都道府県等は、生活困窮者住居確保給付金の支給に関して必要があると認めるときは、当該生活困窮者住居確保給付金の支給を受ける生活困窮者若しくは当該生活困窮者に対し当該生活困窮者が居住する住宅を賃貸する者若しくはその役員若しくは職員又はこれらの者であった者に、当該住宅の状況につき、報告を求めることができる。

（情報提供等）

第二十三条　都道府県等は、第七条第一項に規定する事業及び給付金の支給並びに同条第二項各号に掲げる事業を行うに当たって、生活保護法第六条第二項に規定する要保護者となるおそれが高い者を把握したときは、当該者に対し、同法に基づく保護又は給付金若しくは事業についての情報の提供、助言その他適切な措置を講ずるものとする。

（町村の一部事務組合等）

第二十四条　町村が一部事務組合又は広域連合を設けて福祉事務所を設置した場合には、この法律の適用については、その一部事務組合又は広域連合を福祉事務所を設置する町村とみなす。

（大都市等の特例）

第二十五条　この法律中都道府県が処理することとされている事務で政令で定めるものは、地方自治法第二百五十二条の十九第一項の指定都市（以下この条において「指定都市」という。）及び同法第二百五十二条の二十二第一項の中核市（以下この条において「中核市」という。）においては、政令の定めるところにより、指定都市又は中核市が処理するものとする。この場合においては、この法律中都道府県に関する規定は、指定都市又は中核市に関する規定として指定都市又は中核市に適用があるものとする。

（実施規定）

第二十六条　この法律に特別の規定があるものを除くほか、この法律の実施のための手続その他その執行について必要な細則は、厚生労働省令で定める。

第五章　罰則

第二十七条　偽りその他不正の手段により生活困窮者住居確保給付金の支給を受け、又は他人をして受けさせた者は、三年以下の懲役又は百万円以下の罰金に処する。ただし、刑法（明治四十年法律第四十五号）に正条があるときは、刑法による。

第二十八条　第五条第三項（第七条第三項及び第十一条第二項において準用する場合を含む。）又は第九条第五項の規定に違反して秘密を漏らした者は、一年以下の懲役又は百万円以下の罰金に処する。

第二十九条　次の各号のいずれかに該当する者は、三十万円以下の罰金に処する。

一　第二十一条第一項の規定による命令に違反して、報告若しくは物件の提出若しくは提示をせず、若しくは虚偽の報告若しくは虚偽の物件の提出若しくは提示をし、又は同項の規定による当該職員の質問に対して、答弁せず、若しくは虚偽の答弁をした者

二　第二十一条第二項の規定による報告をせず、又は虚偽の報告をした者

第三十条　法人の代表者又は法人若しくは人の代理人、使用人その他の従業者が、その法人又は人の業務に関して第二十七条又は前条第二号の違反行為をしたときは、行為者を罰するほか、その法人又は人に対して各本条の罰金刑を科する。

・刑法等の一部を改正する法律の施行に伴う関係法律の整理等に関する法律（令和四・六・一七法律六八）

附則　抄

（施行期日）

1　この法律は、刑法等一部改正法施行日から施行する。（略）

ホームレスの自立の支援等に関する特別措置法

（平成一四・八・七法律一〇五）

最新改正　平成二九法律六八

第一章　総則

（目的）

第一条　この法律は、自立の意思がありながらホームレスとなることを余儀なくされた者が多数存在し、健康で文化的な生活を送ることができないでいるとともに、地域社会とのあつれきが生じつつある現状にかんがみ、ホームレスの自立の支援、ホームレスとなることを防止するための生活上の支援等に関し、国等の果たすべき責務を明らかにするとともに、ホームレスの人権に配慮し、かつ、地域社会の理解と協力を得つつ、必要な施策を講ずることにより、ホームレスに関する問題の解決に資することを目的とする。

（定義）

第二条　この法律において「ホームレス」とは、都市公園、河川、道路、駅舎その他の施設を故なく起居の場所とし、日常生活を営んでいる者をいう。

（ホームレスの自立の支援等に関する施策の目標等）

第三条　ホームレスの自立の支援等に関する施策の目標は、次に掲げる事項とする。

一　自立の意思があるホームレスに対し、安定した雇用の場の確保、職業能力の開発等による就業の機会の確保、住宅への入居の支援等による安定した居住の場所の確保並びに健康診断、医療の提供等による保健及び医療の確保に関する施策並びに生活に関する相談及び指導を実施することにより、これらの者を自立させること。

二　ホームレスとなることを余儀なくされるおそれのある者が多数存在する地域を中心として行われる、これらの者に対する就業の機会の確保、生活に関する相談及び指導の実施その他の生活上の支援により、これらの者がホームレスとなることを防止すること。

三　前二号に掲げるもののほか、宿泊場所の一時的な提供、日常生活の需要を満たすために必要な物品の支給その他の緊急に行うべき援助、生活保護法（昭和二十五年法律第百四十四号）による保護の実施、国民への啓発活動等によるホームレスの人権の擁護、地域における生活環境の改善及び安全の確保等により、ホームレスに関する問題の解決を図ること。

2　ホームレスの自立の支援等に関する施策については、ホームレスの自立のためには就業の機会が確保されることが最も重要であることに留意しつつ、前項の目標に従って総合的に推進されなければならない。

（ホームレスの自立への努力）

第四条　ホームレスは、その自立を支援するための国及び地方公共団体の施策を活用すること等により、自らの自立に努めるものとする。

（国の責務）

第五条　国は、第三条第一項各号に掲げる事項につき、総合的な施策を策定し、及びこれを実施するものとする。

（地方公共団体の責務）

第六条　地方公共団体は、第三条第一項各号に掲げる事項につき、当該地方公共団体におけるホームレスに関する問題の実情に応じた施策を策定し、及びこれを実施するものとする。

（国民の協力）

第七条　国民は、ホームレスに関する問題について理解を深めるとともに、地域社会において、国及び地方公共団体が実施する施策に協力すること等により、ホームレスの自立の支援等に努めるものとする。

第二章　基本方針及び実施計画

（基本方針）

第八条　厚生労働大臣及び国土交通大臣は、第十四条の規定による全国調査を踏まえ、ホームレスの自立の支援等に関する基本方針（以下「基本方針」という。）を策定しなければならない。

2　基本方針は、次に掲げる事項について策定するものとする。

一　ホームレスの就業の機会の確保、安定した居住の場所の確保、保健及び医療の確保並びに生活に関する相談及び指導に関する事項

二　ホームレス自立支援事業（ホームレスに対し、一定期間宿泊場所を提供した上、健康診断、身元の確認並びに生活に関する相談及び指導を行うとともに、就業の相談及びあっせん等を行うことにより、その自立を支援する事業をいう。）その他のホームレスの個々の事情に対応したその自立を総合的に支援する事業の実施に関する事項

三　ホームレスとなることを余儀なくされるおそれのある者が多数存在する地域を中心として行われるこれらの者に対する生活上の支援に関する事項

四　ホームレスに対し緊急に行うべき援助に関する事項、生活保護法による保護の実施に関する事項、ホームレスの人権の擁護に関する事項並びに地域における生活環境の改善及び安全の確保に関する事項

五　ホームレスの自立の支援等を行う民間団体との連携に関する事項

六　前各号に掲げるもののほか、ホームレスの自立の支援等に関する基本的な事項

3　厚生労働大臣及び国土交通大臣は、基本方針を策定しようとするときは、総務大臣その他関係行政機関の長と協議しなければならない。

（実施計画）

第九条　都道府県は、ホームレスに関する問題の実情に応じた施策を実施するため必要があると認められるときは、基本方針に即し、当該施策を実施するための計画を策定しなければならない。

2　前項の計画を策定した都道府県の区域内の市町村（特別区を含む。以下同じ。）は、ホームレスに関する問題の実情に応じた施策を実施するため必要があると認めるときは、基本方針及び同項の計画に即し、当該施策を実施するための計画を策定しなければならない。

3　都道府県又は市町村は、第一項又は前項の計画を策定するに当たっては、地域住民及びホームレスの自立の支援等を行う民間団体の意見を聴くように努めるものとする。

第三章　財政上の措置等

（財政上の措置等）

第十条　国は、ホームレスの自立の支援等に関する施策を推進するため、その区域内にホームレスが多数存在する地方公共団体及びホームレスの自立の支援等を行う民間団体を支援するための財政上の措置その他必要な措置を講ずるように努めなければならない。

（公共の用に供する施設の適正な利用の確保）

第十一条　都市公園その他の公共の用に供する施設を管理する者は、当該施設をホームレスが起居の場所とすることによりその適正な利用が妨げられているときは、ホームレスの自立の支援等に関する施策との連携を図りつつ、法令の規定に基づき、当該施設の適正な利用を確保するために必要な措置をとるものとする。

第四章　民間団体の能力の活用等

（民間団体の能力の活用等）

第十二条　国及び地方公共団体は、ホームレスの自立の支援等に関する施策を実施するに当たっては、ホームレスの自立の支援等について民間団体が果たしている役割の重要性に留意し、これらの団体との緊密な連携の確保に努めるとともに、その能力の積極的な活用を図るものとする。

（**国及び地方公共団体の連携**）
第十三条　国及び地方公共団体は、ホームレスの自立の支援等に関する施策を実施するに当たっては、相互の緊密な連携の確保に努めるものとする。

（**ホームレスの実態に関する全国調査**）
第十四条　国は、ホームレスの自立の支援等に関する施策の策定及び実施に資するため、地方公共団体の協力を得て、ホームレスの実態に関する全国調査を行わなければならない。

附　則

（**施行期日**）
第一条　この法律は、公布の日から施行する。

（**この法律の失効**）
第二条　この法律は、この法律の施行の日から起算して二十五年を経過した日に、その効力を失う。

（**検討**）
第三条　この法律の規定については、この法律の施行後五年を目途として、その施行の状況等を勘案して検討が加えられ、その結果に基づいて必要な措置が講ぜられるものとする。

児童憲章

（昭和二六・五・五）

われらは、日本国憲法の精神にしたがい、児童に対する正しい観念を確立し、すべての児童の幸福をはかるために、この憲章を定める。

児童は、人として尊ばれる。
児童は、社会の一員として重んぜられる。
児童は、よい環境のなかで育てられる。

一　すべての児童は、心身ともに、健やかにうまれ、育てられ、その生活を保障される。
二　すべての児童は、家庭で、正しい愛情と知識と技術をもつて育てられ、家庭に恵まれない児童には、これにかわる環境が与えられる。
三　すべての児童は、適当な栄養と住居と被服が与えられ、また、疾病と災害からまもられる。
四　すべての児童は、個性と能力に応じて教育され、社会の一員としての責任を自主的に果すように、みちびかれる。
五　すべての児童は、自然を愛し、科学と芸術を尊ぶように、みちびかれ、また、道徳的心情がつちかわれる。
六　すべての児童は、就学のみちを確保され、また、十分に整つた教育の施設を用意される。
七　すべての児童は、職業指導を受ける機会が与えられる。
八　すべての児童は、その労働において、心身の発育が阻害されず、教育を受ける機会が失われず、また児童としての生活がさまたげられないように、十分に保護される。
九　すべての児童は、よい遊び場と文化財を用意され、わるい環境からまもられる。
十　すべての児童は、虐待、酷使、放任その他不当な取扱からまもられる。あやまちをおかした児童は、適切に保護指導される。
十一　すべての児童は、身体が不自由な場合、または精神の機能が不十分な場合に、適切な治療と教育と保護が与えられる。
十二　すべての児童は、愛とまことによつて結ばれ、よい国民として人類の平和と文化に貢献するように、みちびかれる。

児童権利宣言

（一九五九・一一・二〇）
（国連総会）

前文

国際連合の諸国民は、国際連合憲章において、基本的人権と人間の尊厳及び価値とに関する信念をあらためて確認し、かつ、一層大きな自由の中で社会的進歩と生活水準の向上とを促進することを決意したので、

国際連合は、世界人権宣言において、すべて人は、人種、皮膚の色、性、言語、宗教、政治上その他の意見、国民的若しくは社会的出身、財産、門地その他の地位又はこれに類するいかなる事由による差別をも受けることなく、同宣言に掲げるすべての権利と自由とを享有する権利を有すると宣言したので、

児童は、身体的及び精神的に未熟であるため、その出生の前後において、適当な法律上の保護を含めて、特別にこれを守り、かつ、世話することが必要であるので、

このような特別の保護が必要であることは、一九二四年のジュネーヴ児童権利宣言に述べられており、また、世界人権宣言並びに児童の福祉に関係のある専門機関及び国際機関の規約により認められているので、

人類は、児童に対し、最善のものを与える義務を負うものであるので、

よつて、ここに、国際連合総会は、

児童が、幸福な生活を送り、かつ、自己と社会の福利のためにこの宣言に掲げる権利と自由を享有することができるようにするため、この児童権利宣言を公布し、また、両親、個人としての男女、民間団体、地方行政機関及び政府に対し、これらの権利を認識し、次の原則に従つて漸進的に執られる立法その他の措置によつてこれらの権利を守るよう努力することを要請する。

第一条　児童は、この宣言に掲げるすべての権利を有する。すべての児童は、いかなる例外もなく、自己又はその家族のいづれについても、その人種、皮膚の色、性、言語、宗教、政治上その他の意見、国民的若しくは社会的出身、財産、門地その他の地位のため差別を受けることなく、これらの権利を与えられなければならない。

第二条　児童は、特別の保護を受け、また、健全、かつ、正常な方法及び自由と尊厳の状態の下で身体的、知能的、道徳的、精神的及び社会的に成長することができるための機会及び便益を、法律その他の手段によつて与えられなければならない。この目的のために法律を制定するに当つては、児童の最善の利益について、最高の考慮が払われなければならない。

第三条　児童は、その出生の時から姓名及び国籍をもつ権利を有する。

第四条　児童は、社会保障の恩恵を受ける権利を有する。児童は、健康に発育し、かつ、成長する権利を有する。この目的のため、児童とその母は、出産前後の適当な世話を含む特別の世話及び保護を与えられなければならない。児童は、適当な栄養、住居、レクリエーション及び医療を与えられる権利を有する。

第五条　身体的、精神的又は社会的に障害のある児童は、その特殊な事情により必要とされる特別の治療、教育及び保護を与えられなければならない。

第六条　児童は、その人格の完全な、かつ、調和した発展のため、愛情と理解とを必要とする。児童は、できるかぎり、その両親の愛護と責任の下で、また、いかなる場合においても、愛情と道徳的及び物質的保障とのある環境の下で育てられなければならない。幼児は、例外的な場合を除き、その母から引き離されてはならない。社会及び公の機関は、家庭のない児童及び適当な生活維持の方法のない児童に対して特別の養護を与える義務を有する。子供の多い家庭に属する児童については、その援助のため、国その他の機関による費用の負担が望ましい。

第七条　児童は、教育を受ける権利を有する。その教育は、少なくとも初等の段階においては、無償、かつ、義務的でなければならない。児童は、その一般的な教養を高め、機会均等の原則に基づいて、その能力、判断力並びに道徳的及び社会的責任感を発達させ、社会の有用な一員となりうるような教育を与えられなければならない。

児童の教育及び指導について責任を有する者は、児童の最善の利益をその指導の原則としなければならない。その責任は、まず第一に児童の両親にある。

児童は、遊戯及びレクリエーションのための充分な機会を与えられる権利を有する。その遊戯及びレクリエーションは、教育と同じような目的に向けられなければならない。社会及び公の機関は、この権利の享有を促進す

るために努力しなければならない。

第八条　児童は、あらゆる状況にあつて、最初に保護及び救済を受けるべき者の中に含められなければならない。

第九条　児童は、あらゆる放任、虐待及び搾取から保護されなければならない。児童は、いかなる形態においても、売買の対象にされてはならない。

児童は、適当な最低年齢に達する前に雇用されてはならない。児童は、いかなる場合にも、その健康及び教育に有害であり、又はその身体的、精神的若しくは道徳的発達を妨げる職業若しくは雇用に、従事させられ又は従事することを許されてはならない。

第十条　児童は、人種的、宗教的その他の形態による差別を助長するおそれのある慣行から保護されなければならない。児童は、理解、寛容、諸国民間の友愛、平和及び四海同胞の精神の下に、また、その力と才能が、人類のために捧げられるべきであるという充分な意識のなかで、育てられなければならない。

こども基本法

（令和四・六・二二
法　律　七　七）

第一章　総則

（目的）

第一条　この法律は、日本国憲法及び児童の権利に関する条約の精神にのっとり、次代の社会を担う全てのこどもが、生涯にわたる人格形成の基礎を築き、自立した個人としてひとしく健やかに成長することができ、心身の状況、置かれている環境等にかかわらず、その権利の擁護が図られ、将来にわたって幸福な生活を送ることができる社会の実現を目指して、社会全体としてこども施策に取り組むことができるよう、こども施策に関し、基本理念を定め、国の責務等を明らかにし、及びこども施策の基本となる事項を定めるとともに、こども政策推進会議を設置すること等により、こども施策を総合的に推進することを目的とする。

（定義）

第二条　この法律において「こども」とは、心身の発達の過程にある者をいう。

2　この法律において「こども施策」とは、次に掲げる施策その他のこどもに関する施策及びこれと一体的に講ずべき施策をいう。

一　新生児期、乳幼児期、学童期及び思春期の各段階を経て、おとなになるまでの心身の発達の過程を通じて切れ目なく行われるこどもの健やかな成長に対する支援

二　子育てに伴う喜びを実感できる社会の実現に資するため、就労、結婚、妊娠、出産、育児等の各段階に応じて行われる支援

三　家庭における養育環境その他のこどもの養育環境の整備

（基本理念）

第三条　こども施策は、次に掲げる事項を基本理念として行われなければならない。

一　全てのこどもについて、個人として尊重され、その基本的人権が保障されるとともに、差別的取扱いを受けることがないようにすること。

二　全てのこどもについて、適切に養育されること、その生活を保障されること、愛され保護されること、その健やかな成長及び発達並びにその自立が図られることその他の福祉に係る権利が等しく保障されるとともに、教育基本法（平成十八年法律第百二十号）の精神にのっとり教育を受ける機会が等しく与えられること。

三　全てのこどもについて、その年齢及び発達の程度に応じて、自己に直接関係する全ての事項に関して意見を表明する機会及び多様な社会的活動に参画する機会が確保されること。

四　全てのこどもについて、その年齢及び発達の程度に応じて、その意見が尊重され、その最善の利益が優先して考慮されること。

五　こどもの養育については、家庭を基本として行われ、父母その他の保護者が第一義的責任を有するとの認識の下、これらの者に対してこどもの養育に関し十分な支援を

行うとともに、家庭での養育が困難なこどもにはできる限り家庭と同様の養育環境を確保することにより、こどもが心身ともに健やかに育成されるようにすること。

六　家庭や子育てに夢を持ち、子育てに伴う喜びを実感できる社会環境を整備すること。

（**国の責務**）

第四条　国は、前条の基本理念（以下単に「基本理念」という。）にのっとり、こども施策を総合的に策定し、及び実施する責務を有する。

（**地方公共団体の責務**）

第五条　地方公共団体は、基本理念にのっとり、こども施策に関し、国及び他の地方公共団体との連携を図りつつ、その区域内におけるこどもの状況に応じた施策を策定し、及び実施する責務を有する。

（**事業主の努力**）

第六条　事業主は、基本理念にのっとり、その雇用する労働者の職業生活及び家庭生活の充実が図られるよう、必要な雇用環境の整備に努めるものとする。

（**国民の努力**）

第七条　国民は、基本理念にのっとり、こども施策について関心と理解を深めるとともに、国又は地方公共団体が実施するこども施策に協力するよう努めるものとする。

（**年次報告**）

第八条　政府は、毎年、国会に、我が国におけるこどもをめぐる状況及び政府が講じたこども施策の実施の状況に関する報告を提出するとともに、これを公表しなければならない。

2　前項の報告は、次に掲げる事項を含むものでなければならない。

一　少子化社会対策基本法（平成十五年法律第百三十三号）第九条第一項に規定する少子化の状況及び少子化に対処するために講じた施策の概況

二　子ども・若者育成支援推進法（平成二十一年法律第七十一号）第六条第一項に規定する我が国における子ども・若者の状況及び政府が講じた子ども・若者育成支援施策の実施の状況

三　子どもの貧困対策の推進に関する法律（平成二十五年法律第六十四号）第七条第一項に規定する子どもの貧困の状況及び子どもの貧困対策の実施の状況

第二章　基本的施策

（**こども施策に関する大綱**）

第九条　政府は、こども施策を総合的に推進するため、こども施策に関する大綱（以下「こども大綱」という。）を定めなければならない。

2　こども大綱は、次に掲げる事項について定めるものとする。

一　こども施策に関する基本的な方針

二　こども施策に関する重要事項

三　前二号に掲げるもののほか、こども施策を推進するために必要な事項

3　こども大綱は、次に掲げる事項を含むものでなければならない。

一　少子化社会対策基本法第七条第一項に規定する総合的かつ長期的な少子化に対処するための施策

二　子ども・若者育成支援推進法第八条第二項各号に掲げる事項

三　子どもの貧困対策の推進に関する法律第八条第二項各号に掲げる事項

4　こども大綱に定めるこども施策については、原則として、当該こども施策の具体的な目標及びその達成の期間を定めるものとする。

5　内閣総理大臣は、こども大綱の案につき閣議の決定を求めなければならない。

6　内閣総理大臣は、前項の規定による閣議の決定があったときは、遅滞なく、こども大綱を公表しなければならない。

7　前二項の規定は、こども大綱の変更について準用する。

（**都道府県こども計画等**）

第十条　都道府県は、こども大綱を勘案して、当該都道府県におけるこども施策についての計画（以下この条において「都道府県こども計画」という。）を定めるよう努めるものとする。

2　市町村は、こども大綱（都道府県こども計画が定められているときは、こども大綱及び都道府県こども計画）を勘案して、当該市町村におけるこども施策についての計画（以下この条において「市町村こども計画」という。）を定めるよう努めるものとする。

3　都道府県又は市町村は、都道府県こども計画又は市町村こども計画を定め、又は変更したときは、遅滞なく、これを公表しなければならない。

4　都道府県こども計画は、子ども・若者育成支援推進法第九条第一項に規定する都道府県

子ども・若者計画、子どもの貧困対策の推進に関する法律第九条第一項に規定する都道府県計画その他法令の規定により都道府県が作成する計画であってこども施策に関する事項を定めるものと一体のものとして作成することができる。

5　市町村こども計画は、子ども・若者育成支援推進法第九条第二項に規定する市町村子ども・若者計画、子どもの貧困対策の推進に関する法律第九条第二項に規定する市町村計画その他法令の規定により市町村が作成する計画であってこども施策に関する事項を定めるものと一体のものとして作成することができる。

（こども施策に対するこども等の意見の反映）

第十一条　国及び地方公共団体は、こども施策を策定し、実施し、及び評価するに当たっては、当該こども施策の対象となるこども又はこどもを養育する者その他の関係者の意見を反映させるために必要な措置を講ずるものとする。

（こども施策に係る支援の総合的かつ一体的な提供のための体制の整備等）

第十二条　国は、こども施策に係る支援が、支援を必要とする事由、支援を行う関係機関、支援の対象となる者の年齢又は居住する地域等にかかわらず、切れ目なく行われるようにするため、当該支援を総合的かつ一体的に行う体制の整備その他の必要な措置を講ずるものとする。

（関係者相互の有機的な連携の確保等）

第十三条　国は、こども施策が適正かつ円滑に行われるよう、医療、保健、福祉、教育、療育等に関する業務を行う関係機関相互の有機的な連携の確保に努めなければならない。

2　都道府県及び市町村は、こども施策が適正かつ円滑に行われるよう、前項に規定する業務を行う関係機関及び地域においてこどもに関する支援を行う民間団体相互の有機的な連携の確保に努めなければならない。

3　都道府県又は市町村は、前項の有機的な連携の確保に資するため、こども施策に係る事務の実施に係る協議及び連絡調整を行うための協議会を組織することができる。

4　前項の協議会は、第二項の関係機関及び民間団体その他の都道府県又は市町村が必要と認める者をもって構成する。

第十四条　国は、前条第一項の有機的な連携の確保に資するため、個人情報の適正な取扱いを確保しつつ、同項の関係機関が行うこどもに関する支援に資する情報の共有を促進するための情報通信技術の活用その他の必要な措置を講ずるものとする。

2　都道府県及び市町村は、前条第二項の有機的な連携の確保に資するため、個人情報の適正な取扱いを確保しつつ、同項の関係機関及び民間団体が行うこどもに関する支援に資する情報の共有を促進するための情報通信技術の活用その他の必要な措置を講ずるよう努めるものとする。

（この法律及び児童の権利に関する条約の趣旨及び内容についての周知）

第十五条　国は、この法律及び児童の権利に関する条約の趣旨及び内容について、広報活動等を通じて国民に周知を図り、その理解を得るよう努めるものとする。

（こども施策の充実及び財政上の措置等）

第十六条　政府は、こども大綱の定めるところにより、こども施策の幅広い展開その他のこども施策の一層の充実を図るとともに、その実施に必要な財政上の措置その他の措置を講ずるよう努めなければならない。

第三章　こども政策推進会議

（設置及び所掌事務等）

第十七条　こども家庭庁に、特別の機関として、こども政策推進会議（以下「会議」という。）を置く。

2　会議は、次に掲げる事務をつかさどる。

一　こども大綱の案を作成すること。

二　前号に掲げるもののほか、こども施策に関する重要事項について審議し、及びこども施策の実施を推進すること。

三　こども施策について必要な関係行政機関相互の調整をすること。

四　前三号に掲げるもののほか、他の法令の規定により会議に属させられた事務

3　会議は、前項の規定によりこども及びこどもを養育する者、学識経験者、地域においてこどもに関する支援を行う民間団体その他の関係者の意見を反映させるために必要な措置を講ずるものとする。

（組織等）

第十八条　会議は、会長及び委員をもって組織する。

2　会長は、内閣総理大臣をもって充てる。

3　委員は、次に掲げる者をもって充てる。

一　内閣府設置法（平成十一年法律第八十九

号）第九条第一項に規定する特命担当大臣であつて、同項の規定により命を受けて同法第十一条の三に規定する事務を掌理するもの

二　会長及び前号に掲げる者以外の国務大臣のうちから、内閣総理大臣が指定する者

（**資料提出の要求等**）

第十九条　会議は、その所掌事務を遂行するために必要があると認めるときは、関係行政機関の長に対し、資料の提出、意見の開陳、説明その他必要な協力を求めることができる。

2　会議は、その所掌事務を遂行するために特に必要があると認めるときは、前項に規定する者以外の者に対しても、必要な協力を依頼することができる。

（**政令への委任**）

第二十条　前三条に定めるもののほか、会議の組織及び運営に関し必要な事項は、政令で定める。

児童福祉法

（昭和二二・一二・一二　法律一六四）

最新改正　令和五法律六三

第一章　総則

第一条　全て児童は、児童の権利に関する条約の精神にのつとり、適切に養育されること、その生活を保障されること、愛され、保護されること、その心身の健やかな成長及び発達並びにその自立が図られることその他の福祉を等しく保障される権利を有する。

第二条　全て国民は、児童が良好な環境において生まれ、かつ、社会のあらゆる分野において、児童の年齢及び発達の程度に応じて、その意見が尊重され、その最善の利益が優先して考慮され、心身ともに健やかに育成されるよう努めなければならない。

②　児童の保護者は、児童を心身ともに健やかに育成することについて第一義的責任を負う。

③　国及び地方公共団体は、児童の保護者とともに、児童を心身ともに健やかに育成する責任を負う。

第三条　前二条に規定するところは、児童の福祉を保障するための原理であり、この原理は、すべて児童に関する法令の施行にあたつて、常に尊重されなければならない。

第一節　国及び地方公共団体の責務

第三条の二　国及び地方公共団体は、児童が家庭において心身ともに健やかに養育されるよう、児童の保護者を支援しなければならない。ただし、児童及びその保護者の心身の状況、これらの者の置かれている環境その他の状況を勘案し、児童を家庭において養育することが困難であり又は適当でない場合にあつては児童が家庭における養育環境と同様の養育環境において継続的に養育されるよう、児童を家庭及び当該養育環境において養育することが適当でない場合にあつては児童ができる限り良好な家庭的環境において養育されるよう、必要な措置を講じなければならない。

第三条の三　市町村（特別区を含む。以下同じ。）は、児童が心身ともに健やかに育成されるよう、基礎的な地方公共団体として、第十条第一項各号に掲げる業務の実施、障害児通所給付費の支給、第二十四条第一項の規定による保育の実施その他この法律に基づく児童の身近な場所における児童の福祉に関する支援に係る業務を適切に行わなければならない。

②　都道府県は、市町村の行うこの法律に基づく児童の福祉に関する業務が適正かつ円滑に行われるよう、市町村に対する必要な助言及び適切な援助を行うとともに、児童が心身ともに健やかに育成されるよう、専門的な知識及び技術並びに各市町村の区域を超えた広域的な対応が必要な業務として、第十一条第一項各号に掲げる業務の実施、小児慢性特定疾病医療費の支給、障害児入所給付費の支給、第二十七条第一項第三号の規定による委託又は入所の措置その他この法律に基づく児童の

福祉に関する業務を適切に行わなければならない。

③　国は、市町村及び都道府県の行うこの法律に基づく児童の福祉に関する業務が適正かつ円滑に行われるよう、児童が適切に養育される体制の確保に関する施策、市町村及び都道府県に対する助言及び情報の提供その他の必要な各般の措置を講じなければならない。

第二節　定義

第四条　この法律で、児童とは、満十八歳に満たない者をいい、児童を左のように分ける。

一　乳児　満一歳に満たない者

二　幼児　満一歳から、小学校就学の始期に達するまでの者

三　少年　小学校就学の始期から、満十八歳に達するまでの者

②　この法律で、障害児とは、身体に障害のある児童、知的障害のある児童、精神に障害のある児童（発達障害者支援法（平成十六年法律第百六十七号）第二条第二項に規定する発達障害児を含む。）又は治療方法が確立していない疾病その他の特殊の疾病であつて障害者の日常生活及び社会生活を総合的に支援するための法律（平成十七年法律第百二十三号）第四条第一項の政令で定めるものによる障害の程度が同項の主務大臣が定める程度である児童をいう。

第五条　この法律で、妊産婦とは、妊娠中又は出産後一年以内の女子をいう。

第六条　この法律で、保護者とは、親権を行う者、未成年後見人その他の者で、児童を現に監護する者をいう。

第六条の二　この法律で、小児慢性特定疾病とは、児童又は児童以外の満二十歳に満たない者（以下「児童等」という。）が当該疾病にかかつていることにより、長期にわたり療養を必要とし、及びその生命に危険が及ぶおそれがあるものであつて、療養のために多額の費用を要するものとして厚生労働大臣が社会保障審議会の意見を聴いて定める疾病をいう。

②　この法律で、小児慢性特定疾病児童等とは、次に掲げる者をいう。

一　都道府県知事が指定する医療機関（以下「指定小児慢性特定疾病医療機関」という。）に通い、又は入院する小児慢性特定疾病にかかつている児童（以下「小児慢性特定疾病児童」という。）

二　指定小児慢性特定疾病医療機関に通い、又は入院する小児慢性特定疾病にかかつている児童以外の満二十歳に満たない者（政令で定めるものに限る。以下「成年患者」という。）

③　この法律で、小児慢性特定疾病医療支援とは、小児慢性特定疾病児童等であつて、当該疾病の状態が当該小児慢性特定疾病ごとに厚生労働大臣が社会保障審議会の意見を聴いて定める程度であるものに対し行われる医療（当該小児慢性特定疾病に係るものに限る。）をいう。

第六条の二の二　この法律で、障害児通所支援とは、児童発達支援、放課後等デイサービス、居宅訪問型児童発達支援及び保育所等訪問支援をいい、障害児通所支援事業とは、障害児通所支援を行う事業をいう。

②　この法律で、児童発達支援とは、障害児につき、児童発達支援センターその他の内閣府令で定める施設に通わせ、日常生活における基本的な動作及び知識技能の習得並びに集団生活への適応のための支援その他の内閣府令で定める便宜を供与し、又はこれに併せて児童発達支援センターにおいて治療（上肢、下肢又は体幹の機能の障害（以下「肢体不自由」という。）のある児童に対して行われるものに限る。第二十一条の五の二第一号及び第二十一条の五の二十九第一項において同じ。）を行うことをいう。

③　この法律で、放課後等デイサービスとは、学校教育法（昭和二十二年法律第二十六号）第一条に規定する学校（幼稚園及び大学を除く。）又は専修学校等（同法第百二十四条に規定する専修学校及び同法第百三十四条第一項に規定する各種学校をいう。以下この項において同じ。）に就学している障害児（専修学校等に就学している障害児にあつては、その福祉の増進を図るため、授業の終了後又は休業日における支援の必要があると市町村長（特別区の区長を含む。以下同じ。）が認める者に限る。）につき、授業の終了後又は休業日に児童発達支援センターその他の内閣府令で定める施設に通わせ、生活能力の向上のために必要な支援、社会との交流の促進その他の便宜を供与することをいう。

④　この法律で、居宅訪問型児童発達支援とは、重度の障害の状態その他これに準ずるものとして内閣府令で定める状態にある障害児であつて、児童発達支援又は放課後等デイサービスを受けるために外出することが著し

く困難なものにつき、当該障害児の居宅を訪問し、日常生活における基本的な動作及び知識技能の習得並びに生活能力の向上のために必要な支援その他の内閣府令で定める便宜を供与することをいう。

⑤　この法律で、保育所等訪問支援とは、保育所その他の児童が集団生活を営む施設として内閣府令で定めるものに通う障害児又は乳児院その他の児童が集団生活を営む施設として内閣府令で定めるものに入所する障害児につき、当該施設を訪問し、当該施設における障害児以外の児童との集団生活への適応のための専門的な支援その他の便宜を供与することをいう。

⑥　この法律で、障害児相談支援とは、障害児支援利用援助及び継続障害児支援利用援助を行うことをいい、障害児相談支援事業とは、障害児相談支援を行う事業をいう。

⑦　この法律で、障害児支援利用援助とは、第二十一条の五の六第一項又は第二十一条の五の八第一項の申請に係る障害児の心身の状況、その置かれている環境、当該障害児又はその保護者の障害児通所支援の利用に関する意向その他の事情を勘案し、利用する障害児通所支援の種類及び内容その他の内閣府令で定める事項を定めた計画（以下「障害児支援利用計画案」という。）を作成し、第二十一条の五の五第一項に規定する通所給付決定（次項において「通所給付決定」という。）又は第二十一条の五の八第二項に規定する通所給付決定の変更の決定（次項において「通所給付決定の変更の決定」という。）（以下この条及び第二十四条の二十六第一項第一号において「給付決定等」と総称する。）が行われた後に、第二十一条の五の三第一項に規定する指定障害児通所支援事業者その他の者（次項において「関係者」という。）との連絡調整その他の便宜を供与するとともに、当該給付決定等に係る障害児通所支援の種類及び内容、これを担当する者その他の内閣府令で定める事項を記載した計画（次項において「障害児支援利用計画」という。）を作成することをいう。

⑧　この法律で、継続障害児支援利用援助とは、通所給付決定に係る障害児の保護者（以下「通所給付決定保護者」という。）が、第二十一条の五の七第八項に規定する通所給付決定の有効期間内において、継続して障害児通所支援を適切に利用することができるよう、当該通所給付決定に係る障害児支援利用計画（この項の規定により変更されたものを含む。以下この項において同じ。）が適切であるかどうかにつき、内閣府令で定める期間ごとに、当該通所給付決定保護者の障害児通所支援の利用状況を検証し、その結果及び当該通所給付決定に係る障害児の心身の状況、その置かれている環境、当該障害児又はその保護者の障害児通所支援の利用に関する意向その他の事情を勘案し、障害児支援利用計画の見直しを行い、その結果に基づき、次のいずれかの便宜の供与を行うことをいう。

一　障害児支援利用計画を変更するとともに、関係者との連絡調整その他の便宜の供与を行うこと。

二　新たな通所給付決定又は通所給付決定の変更の決定が必要であると認められる場合において、当該給付決定等に係る障害児の保護者に対し、給付決定等に係る申請の勧奨を行うこと。

第六条の三　この法律で、児童自立生活援助事業とは、次に掲げる者に対しこれらの者が共同生活を営むべき住居その他内閣府令で定める場所における相談その他の日常生活上の援助及び生活指導並びに就業の支援（以下「児童自立生活援助」という。）を行い、あわせて児童自立生活援助の実施を解除された者に対し相談その他の援助を行う事業をいう。

一　義務教育を終了した児童又は児童以外の満二十歳に満たない者であつて、措置解除者等（第二十七条第一項第三号に規定する措置（政令で定めるものに限る。）を解除された者その他政令で定める者をいう。以下同じ。）であるもの（以下「満二十歳未満義務教育終了児童等」という。）

二　満二十歳以上の措置解除者等であつて政令で定めるもののうち、学校教育法第五十条に規定する高等学校の生徒であること、同法第八十三条に規定する大学の学生であることその他の政令で定めるやむを得ない事情により児童自立生活援助の実施が必要であると都道府県知事が認めたもの

②　この法律で、放課後児童健全育成事業とは、小学校に就学している児童であつて、その保護者が労働等により昼間家庭にいないものに、授業の終了後に児童厚生施設等の施設を利用して適切な遊び及び生活の場を与えて、その健全な育成を図る事業をいう。

③　この法律で、子育て短期支援事業とは、保護者の疾病その他の理由により家庭において

養育を受けることが一時的に困難となつた児童について、内閣府令で定めるところにより、児童養護施設その他の内閣府令で定める施設に入所させ、又は里親（次条第三号に掲げる者を除く。）その他の内閣府令で定める者に委託し、当該児童につき必要な保護その他の支援（保護者の心身の状況、児童の養育環境その他の状況を勘案し、児童と共にその保護者に対して支援を行うことが必要である場合にあつては、当該保護者への支援を含む。）を行う事業をいう。

④　この法律で、乳児家庭全戸訪問事業とは、一の市町村の区域内における原則として全ての乳児のいる家庭を訪問することにより、内閣府令で定めるところにより、子育てに関する情報の提供並びに乳児及びその保護者の心身の状況及び養育環境の把握を行うほか、養育についての相談に応じ、助言その他の援助を行う事業をいう。

⑤　この法律で、養育支援訪問事業とは、内閣府令で定めるところにより、乳児家庭全戸訪問事業の実施その他により把握した保護者の養育を支援することが特に必要と認められる児童（第八項に規定する要保護児童に該当するものを除く。以下「要支援児童」という。）若しくは保護者に監護させることが不適当であると認められる児童及びその保護者又は出産後の養育について出産前において支援を行うことが特に必要と認められる妊婦（以下「特定妊婦」という。）（以下「要支援児童等」という。）に対し、その養育が適切に行われるよう、当該要支援児童等の居宅において、養育に関する相談、指導、助言その他必要な支援を行う事業をいう。

⑥　この法律で、地域子育て支援拠点事業とは、内閣府令で定めるところにより、乳児又は幼児及びその保護者が相互の交流を行う場所を開設し、子育てについての相談、情報の提供、助言その他の援助を行う事業をいう。

⑦　この法律で、一時預かり事業とは、次に掲げる者について、内閣府令で定めるところにより、主として昼間において、保育所、認定こども園（就学前の子どもに関する教育、保育等の総合的な提供の推進に関する法律（平成十八年法律第七十七号。以下「認定こども園法」という。）第二条第六項に規定する認定こども園をいい、保育所であるものを除く。第二十四条第二項を除き、以下同じ。）その他の場所（第二号において「保育所等」という。）において、一時的に預かり、必要な保護を行う事業をいう。

一　家庭において保育（養護及び教育（第三十九条の二第一項に規定する満三歳以上の幼児に対する教育を除く。）を行うことをいう。以下同じ。）を受けることが一時的に困難となつた乳児又は幼児

二　子育てに係る保護者の負担を軽減するため、保育所等において一時的に預かることが望ましいと認められる乳児又は幼児

⑧　この法律で、小規模住居型児童養育事業とは、第二十七条第一項第三号の措置に係る児童について、内閣府令で定めるところにより、保護者のない児童又は保護者に監護させることが不適当であると認められる児童（以下「要保護児童」という。）の養育に関し相当の経験を有する者その他の内閣府令で定める者（次条に規定する里親を除く。）の住居において養育を行う事業をいう。

⑨　この法律で、家庭的保育事業とは、次に掲げる事業をいう。

一　子ども・子育て支援法（平成二十四年法律第六十五号）第十九条第二号の内閣府令で定める事由により家庭において必要な保育を受けることが困難である乳児又は幼児（以下「保育を必要とする乳児・幼児」という。）であつて満三歳未満のものについて、家庭的保育者（市町村長が行う研修を修了した保育士その他の内閣府令で定める者であつて、当該保育を必要とする乳児・幼児の保育を行う者として市町村長が適当と認めるものをいう。以下同じ。）の居宅その他の場所（当該保育を必要とする乳児・幼児の居宅を除く。）において、家庭的保育者による保育を行う事業（利用定員が五人以下であるものに限る。次号において同じ。）

二　満三歳以上の幼児に係る保育の体制の整備の状況その他の地域の事情を勘案して、保育が必要と認められる児童であつて満三歳以上のものについて、家庭的保育者の居宅その他の場所（当該保育が必要と認められる児童の居宅を除く。）において、家庭的保育者による保育を行う事業

⑩　この法律で、小規模保育事業とは、次に掲げる事業をいう。

一　保育を必要とする乳児・幼児であつて満三歳未満のものについて、当該保育を必要とする乳児・幼児を保育することを目的とする施設（利用定員が六人以上十九人以下

であるものに限る。）において、保育を行う事業
二　満三歳以上の幼児に係る保育の体制の整備の状況その他の地域の事情を勘案して、保育が必要と認められる児童であつて満三歳以上のものについて、前号に規定する施設において、保育を行う事業
⑪　この法律で、居宅訪問型保育事業とは、次に掲げる事業をいう。
一　保育を必要とする乳児・幼児であつて満三歳未満のものについて、当該保育を必要とする乳児・幼児の居宅において家庭的保育者による保育を行う事業
二　満三歳以上の幼児に係る保育の体制の整備の状況その他の地域の事情を勘案して、保育が必要と認められる児童であつて満三歳以上のものについて、当該保育が必要と認められる児童の居宅において家庭的保育者による保育を行う事業
⑫　この法律で、事業所内保育事業とは、次に掲げる事業をいう。
一　保育を必要とする乳児・幼児であつて満三歳未満のものについて、次に掲げる施設において、保育を行う事業
イ　事業主がその雇用する労働者の監護する乳児若しくは幼児及びその他の乳児若しくは幼児を保育するために自ら設置する施設又は事業主から委託を受けて当該事業主が雇用する労働者の監護する乳児若しくは幼児及びその他の乳児若しくは幼児の保育を実施する施設
ロ　事業主団体がその構成員である事業主の雇用する労働者の監護する乳児若しくは幼児及びその他の乳児若しくは幼児を保育するために自ら設置する施設又は事業主団体から委託を受けてその構成員である事業主の雇用する労働者の監護する乳児若しくは幼児及びその他の乳児若しくは幼児の保育を実施する施設
ハ　地方公務員等共済組合法（昭和三十七年法律第百五十二号）の規定に基づく共済組合その他の内閣府令で定める組合（以下ハにおいて「共済組合等」という。）が当該共済組合等の構成員として内閣府令で定める者（以下ハにおいて「共済組合等の構成員」という。）の監護する乳児若しくは幼児及びその他の乳児若しくは幼児を保育するために自ら設置する施設又は共済組合等から委託を受けて当該共済組合等の構成員の監護する乳児若しくは幼児及びその他の乳児若しくは幼児の保育を実施する施設
二　満三歳以上の幼児に係る保育の体制の整備の状況その他の地域の事情を勘案して、保育が必要と認められる児童であつて満三歳以上のものについて、前号に規定する施設において、保育を行う事業
⑬　この法律で、病児保育事業とは、保育を必要とする乳児・幼児又は保護者の労働若しくは疾病その他の事由により家庭において保育を受けることが困難となつた小学校に就学している児童であつて、疾病にかかつているものについて、保育所、認定こども園、病院、診療所その他内閣府令で定める施設において、保育を行う事業をいう。
⑭　この法律で、子育て援助活動支援事業とは、内閣府令で定めるところにより、次に掲げる援助のいずれか又は全てを受けることを希望する者と当該援助を行うことを希望する者（個人に限る。以下この項において「援助希望者」という。）との連絡及び調整並びに援助希望者への講習の実施その他の必要な支援を行う事業をいう。
一　児童を一時的に預かり、必要な保護（宿泊を伴つて行うものを含む。）を行うこと。
二　児童が円滑に外出することができるよう、その移動を支援すること。
⑮　この法律で、親子再統合支援事業とは、内閣府令で定めるところにより、親子の再統合を図ることが必要と認められる児童及びその保護者に対して、児童虐待の防止等に関する法律（平成十二年法律第八十二号）第二条に規定する児童虐待（以下単に「児童虐待」という。）の防止に資する情報の提供、相談及び助言その他の必要な支援を行う事業をいう。
⑯　この法律で、社会的養護自立支援拠点事業とは、内閣府令で定めるところにより、措置解除者等又はこれに類する者が相互の交流を行う場所を開設し、これらの者に対する情報の提供、相談及び助言並びにこれらの者の支援に関連する関係機関との連絡調整その他の必要な支援を行う事業をいう。
⑰　この法律で、意見表明等支援事業とは、第三十三条の三の三に規定する意見聴取等措置の対象となる児童の同条各号に規定する措置を行うことに係る意見又は意向及び第二十七条第一項第三号の措置その他の措置が採られている児童その他の者の当該措置における処遇に係る意見又は意向について、児童の福祉

に関し知識又は経験を有する者が、意見聴取その他これらの者の状況に応じた適切な方法により把握するとともに、これらの意見又は意向を勘案して児童相談所、都道府県その他の関係機関との連絡調整その他の必要な支援を行う事業をいう。

⑱　この法律で、妊産婦等生活援助事業とは、家庭生活に支障が生じている特定妊婦その他これに類する者及びその者の監護すべき児童を、生活すべき住居に入居させ、又は当該事業に係る事業所その他の場所に通わせ、食事の提供その他日常生活を営むのに必要な便宜の供与、児童の養育に係る相談及び助言、母子生活支援施設その他の関係機関との連絡調整、民法（明治二十九年法律第八十九号）第八百十七条の二第一項に規定する特別養子縁組（以下単に「特別養子縁組」という。）に係る情報の提供その他の必要な支援を行う事業をいう。

⑲　この法律で、子育て世帯訪問支援事業とは、内閣府令で定めるところにより、要支援児童の保護者その他の内閣府令で定める者に対し、その居宅において、子育てに関する情報の提供並びに家事及び養育に係る援助その他の必要な支援を行う事業をいう。

⑳　この法律で、児童育成支援拠点事業とは、養育環境等に関する課題を抱える児童について、当該児童に生活の場を与えるための場所を開設し、情報の提供、相談及び関係機関との連絡調整を行うとともに、必要に応じて当該児童の保護者に対し、情報の提供、相談及び助言その他の必要な支援を行う事業をいう。

㉑　この法律で、親子関係形成支援事業とは、内閣府令で定めるところにより、親子間における適切な関係性の構築を目的として、児童及びその保護者に対し、当該児童の心身の発達の状況等に応じた情報の提供、相談及び助言その他の必要な支援を行う事業をいう。

第六条の四　この法律で、里親とは、次に掲げる者をいう。

一　内閣府令で定める人数以下の要保護児童を養育することを希望する者（都道府県知事が内閣府令で定めるところにより行う研修を修了したことその他の内閣府令で定める要件を満たす者に限る。）のうち、第三十四条の十九に規定する養育里親名簿に登録されたもの（以下「養育里親」という。）

二　前号に規定する内閣府令で定める人数以下の要保護児童を養育すること及び養子縁組によつて養親となることを希望する者（都道府県知事が内閣府令で定めるところにより行う研修を修了した者に限る。）のうち、第三十四条の十九に規定する養子縁組里親名簿に登録されたもの（以下「養子縁組里親」という。）

三　第一号に規定する内閣府令で定める人数以下の要保護児童を養育することを希望する者（当該要保護児童の父母以外の親族であつて、内閣府令で定めるものに限る。）のうち、都道府県知事が第二十七条第一項第三号の規定により児童を委託する者として適当と認めるもの

第七条　この法律で、児童福祉施設とは、助産施設、乳児院、母子生活支援施設、保育所、幼保連携型認定こども園、児童厚生施設、児童養護施設、障害児入所施設、児童発達支援センター、児童心理治療施設、児童自立支援施設、児童家庭支援センター及び里親支援センターとする。

②　この法律で、障害児入所支援とは、障害児入所施設に入所し、又は独立行政法人国立病院機構若しくは国立研究開発法人国立精神・神経医療研究センターの設置する医療機関であつて内閣総理大臣が指定するもの（以下「指定発達支援医療機関」という。）に入院する障害児に対して行われる保護、日常生活における基本的な動作及び独立自活に必要な知識技能の習得のための支援並びに障害児入所施設に入所し、又は指定発達支援医療機関に入院する障害児のうち知的障害のある児童、肢体不自由のある児童又は重度の知的障害及び重度の肢体不自由が重複している児童（以下「重症心身障害児」という。）に対し行われる治療をいう。

第三節　児童福祉審議会等

第八条　第九項、第十八条の二十の二第二項、第二十七条第六項、第三十三条の十五第三項、第三十五条第六項、第四十六条第四項及び第五十九条第五項の規定によりその権限に属させられた事項を調査審議するため、都道府県に児童福祉に関する審議会その他の合議制の機関を置くものとする。ただし、社会福祉法（昭和二十六年法律第四十五号）第十二条第一項の規定により同法第七条第一項に規定する地方社会福祉審議会（第九項において「地方社会福祉審議会」という。）に児童福祉に関する事項を調査審議させる都道府県にあ

つては、この限りでない。

② 前項に規定する審議会その他の合議制の機関（以下「都道府県児童福祉審議会」という。）は、同項に定めるもののほか、児童、妊産婦及び知的障害者の福祉に関する事項を調査審議することができる。

③ 市町村は、第三十四条の十五第四項の規定によりその権限に属させられた事項及び前項の事項を調査審議するため、児童福祉に関する審議会その他の合議制の機関を置くことができる。

④ 都道府県児童福祉審議会は、都道府県知事の、前項に規定する審議会その他の合議制の機関（以下「市町村児童福祉審議会」という。）は、市町村長の管理に属し、それぞれその諮問に答え、又は関係行政機関に意見を具申することができる。

⑤ 都道府県児童福祉審議会及び市町村児童福祉審議会（以下「児童福祉審議会」という。）は、特に必要があると認めるときは、関係行政機関に対し、所属職員の出席説明及び資料の提出を求めることができる。

⑥ 児童福祉審議会は、特に必要があると認めるときは、児童、妊産婦及び知的障害者、これらの者の家族その他の関係者に対し、第一項本文及び第二項の事項を調査審議するため必要な報告若しくは資料の提出を求め、又はその者の出席を求め、その意見を聴くことができる。

⑦ 児童福祉審議会は、前項の規定により意見を聴く場合においては、意見を述べる者の心身の状況、その者の置かれている環境その他の状況に配慮しなければならない。

⑧ こども家庭審議会、社会保障審議会及び児童福祉審議会は、必要に応じ、相互に資料を提供する等常に緊密な連絡をとらなければならない。

⑨ こども家庭審議会、社会保障審議会及び都道府県児童福祉審議会（第一項ただし書に規定する都道府県にあつては、地方社会福祉審議会とする。第十八条の二十の二第二項、第二十七条第六項、第三十三条の十二第一項及び第三項、第三十三条の十三、第三十三条の十五、第三十五条第六項、第四十六条第四項並びに第五十九条第五項及び第六項において同じ。）は、児童及び知的障害者の福祉を図るため、芸能、出版物、玩具、遊戯等を推薦し、又はそれらを製作し、興行し、若しくは販売する者等に対し、必要な勧告をすることができる。

第九条 児童福祉審議会の委員は、児童福祉審議会の権限に属する事項に関し公正な判断をすることができる者であつて、かつ、児童又は知的障害者の福祉に関する事業に従事する者及び学識経験のある者のうちから、都道府県知事又は市町村長が任命する。

② 児童福祉審議会において、特別の事項を調査審議するため必要があるときは、臨時委員を置くことができる。

③ 児童福祉審議会の臨時委員は、前項の事項に関し公正な判断をすることができる者であつて、かつ、児童又は知的障害者の福祉に関する事業に従事する者及び学識経験のある者のうちから、都道府県知事又は市町村長が任命する。

④ 児童福祉審議会に、委員の互選による委員長及び副委員長各一人を置く。

第四節 実施機関

第十条 市町村は、この法律の施行に関し、次に掲げる業務を行わなければならない。

一 児童及び妊産婦の福祉に関し、必要な実情の把握に努めること。

二 児童及び妊産婦の福祉に関し、必要な情報の提供を行うこと。

三 児童及び妊産婦の福祉に関し、家庭その他からの相談に応ずること並びに必要な調査及び指導を行うこと並びにこれらに付随する業務を行うこと。

四 児童及び妊産婦の福祉に関し、心身の状況等に照らし包括的な支援を必要とすると認められる要支援児童等その他の者に対して、これらの者に対する支援の種類及び内容その他の内閣府令で定める事項を記載した計画の作成その他の包括的かつ計画的な支援を行うこと。

五 前各号に掲げるもののほか、児童及び妊産婦の福祉に関し、家庭その他につき、必要な支援を行うこと。

② 市町村長は、前項第三号に掲げる業務のうち専門的な知識及び技術を必要とするものについては、児童相談所の技術的援助及び助言を求めなければならない。

③ 市町村長は、第一項第三号に掲げる業務を行うに当たつて、医学的、心理学的、教育学的、社会学的及び精神保健上の判定を必要とする場合には、児童相談所の判定を求めなければならない。

④ 市町村は、この法律による事務を適切に行

うために必要な体制の整備に努めるとともに、当該事務に従事する職員の人材の確保及び資質の向上のために必要な措置を講じなければならない。

⑤ 国は、市町村における前項の体制の整備及び措置の実施に関し、必要な支援を行うように努めなければならない。

第十条の二 市町村は、こども家庭センターの設置に努めなければならない。

② こども家庭センターは、次に掲げる業務を行うことにより、児童及び妊産婦の福祉に関する包括的な支援を行うことを目的とする施設とする。

一 前条第一項第一号から第四号までに掲げる業務を行うこと。

二 児童及び妊産婦の福祉に関する機関との連絡調整を行うこと。

三 児童及び妊産婦の福祉並びに児童の健全育成に資する支援を行う者の確保、当該支援を行う者が相互の有機的な連携の下で支援を円滑に行うための体制の整備その他の児童及び妊産婦の福祉並びに児童の健全育成に係る支援を促進すること。

四 前三号に掲げるもののほか、児童及び妊産婦の福祉に関し、家庭その他につき、必要な支援を行うこと。

③ こども家庭センターは、前項各号に掲げる業務を行うに当たつて、次条第一項に規定する地域子育て相談機関と密接に連携を図るものとする。

第十条の三 市町村は、地理的条件、人口、交通事情その他の社会的条件、子育てに関する施設の整備の状況等を総合的に勘案して定める区域ごとに、その住民からの子育てに関する相談に応じ、必要な助言を行うことができる地域子育て相談機関（当該区域に所在する保育所、認定こども園、地域子育て支援拠点事業を行う場所その他の内閣府令で定める場所であつて、的確な相談及び助言を行うに足りる体制を有すると市町村が認めるものをいう。以下この条において同じ。）の整備に努めなければならない。

② 地域子育て相談機関は、前項の相談及び助言を行うほか、必要に応じ、こども家庭センターと連絡調整を行うとともに、地域の住民に対し、子育て支援に関する情報の提供を行うよう努めなければならない。

③ 市町村は、その住民に対し、地域子育て相談機関の名称、所在地その他必要な情報を提供するよう努めなければならない。

第十一条 都道府県は、この法律の施行に関し、次に掲げる業務を行わなければならない。

一 第十条第一項各号に掲げる市町村の業務の実施に関し、市町村相互間の連絡調整、市町村に対する情報の提供、市町村職員の研修その他必要な援助を行うこと及びこれらに付随する業務を行うこと。

二 児童及び妊産婦の福祉に関し、主として次に掲げる業務を行うこと。

イ 各市町村の区域を超えた広域的な見地から、実情の把握に努めること。

ロ 児童に関する家庭その他からの相談のうち、専門的な知識及び技術を必要とするものに応ずること。

ハ 児童及びその家庭につき、必要な調査並びに医学的、心理学的、教育学的、社会学的及び精神保健上の判定を行うこと。

ニ 児童及びその保護者につき、ハの調査又は判定に基づいて心理又は児童の健康及び心身の発達に関する専門的な知識及び技術を必要とする指導その他必要な指導を行うこと。

ホ 児童の一時保護を行うこと。

ヘ 児童の権利の保護の観点から、一時保護の解除後の家庭その他の環境の調整、当該児童の状況の把握その他の措置により当該児童の安全を確保すること。

ト 里親に関する次に掲げる業務を行うこと。

(1) 里親に関する普及啓発を行うこと。

(2) 里親につき、その相談に応じ、必要な情報の提供、助言、研修その他の援助を行うこと。

(3) 里親と第二十七条第一項第三号の規定により入所の措置が採られて乳児院、児童養護施設、児童心理治療施設又は児童自立支援施設に入所している児童及び里親相互の交流の場を提供すること。

(4) 第二十七条第一項第三号の規定による里親への委託に資するよう、里親の選定及び里親と児童との間の調整を行うこと。

(5) 第二十七条第一項第三号の規定により里親に委託しようとする児童及びその保護者並びに里親の意見を聴いて、当該児童の養育の内容その他の内閣府令で定める事項について当該児童の養育に関する計画を作成すること。
チ　養子縁組により養子となる児童、その父母及び当該養子となる児童の養親となる者、養子縁組により養子となつた児童、その養親となつた者及び当該養子となつた児童の父母（特別養子縁組により親族関係が終了した当該養子となつた児童の実方の父母を含む。）その他の児童を養子とする養子縁組に関する者につき、その相談に応じ、必要な情報の提供、助言その他の援助を行うこと。
リ　児童養護施設その他の施設への入所の措置、一時保護の措置その他の措置の実施及びこれらの措置の実施中における処遇に対する児童の意見又は意向に関し、都道府県児童福祉審議会その他の機関の調査審議及び意見の具申が行われるようにすることその他の児童の権利の擁護に係る環境の整備を行うこと。
ヌ　措置解除者等の実情を把握し、その自立のために必要な援助を行うこと。
三　前二号に掲げるもののほか、児童及び妊産婦の福祉に関し、広域的な対応が必要な業務並びに家庭その他につき専門的な知識及び技術を必要とする支援を行うこと。
② 都道府県知事は、市町村の第十条第一項各号に掲げる業務の適切な実施を確保するため必要があると認めるときは、市町村に対し、体制の整備その他の措置について必要な助言を行うことができる。
③ 都道府県知事は、第一項又は前項の規定による都道府県の事務の全部又は一部を、その管理に属する行政庁に委任することができる。
④ 都道府県知事は、第一項第二号トに掲げる業務（以下「里親支援事業」という。）に係る事務の全部又は一部を内閣府令で定める者に委託することができる。
⑤ 前項の規定により行われる里親支援事業に係る事務に従事する者又は従事していた者は、その事務に関して知り得た秘密を漏らしてはならない。
⑥ 都道府県は、この法律による事務を適切に行うために必要な体制の整備に努めるとともに、当該事務に従事する職員の人材の確保及び資質の向上のために必要な措置を講じなければならない。
⑦ 国は、都道府県における前項の体制の整備及び措置の実施に関し、必要な支援を行うように努めなければならない。

第十二条　都道府県は、児童相談所を設置しなければならない。
② 児童相談所の管轄区域は、地理的条件、人口、交通事情その他の社会的条件について政令で定める基準を参酌して都道府県が定めるものとする。
③ 児童相談所は、児童の福祉に関し、主として前条第一項第一号に掲げる業務（市町村職員の研修を除く。）並びに同項第二号（イを除く。）及び第三号に掲げる業務並びに障害者の日常生活及び社会生活を総合的に支援するための法律第二十二条第二項及び第三項並びに第二十六条第一項に規定する業務を行うものとする。
④ 都道府県は、児童相談所が前項に規定する業務のうち第二十八条第一項各号に掲げる措置を採ることその他の法律に関する専門的な知識経験を必要とするものについて、常時弁護士による助言又は指導の下で適切かつ円滑に行うため、児童相談所における弁護士の配置又はこれに準ずる措置を行うものとする。
⑤ 児童相談所は、必要に応じ、巡回して、第三項に規定する業務（前条第一項第二号ホに掲げる業務を除く。）を行うことができる。
⑥ 児童相談所長は、その管轄区域内の社会福祉法に規定する福祉に関する事務所（以下「福祉事務所」という。）の長（以下「福祉事務所長」という。）に必要な調査を委嘱することができる。
⑦ 都道府県知事は、第三項に規定する業務の質の評価を行うことその他必要な措置を講ずることにより、当該業務の質の向上に努めなければならない。
⑧ 国は、前項の措置を援助するために、児童相談所の業務の質の適切な評価の実施に資するための措置を講ずるよう努めなければならない。

第十二条の二　児童相談所には、所長及び所員を置く。
② 所長は、都道府県知事の監督を受け、所務を掌理する。
③ 所員は、所長の監督を受け、前条に規定する業務をつかさどる。
④ 児童相談所には、第一項に規定するもののほか、必要な職員を置くことができる。

第十二条の三　児童相談所の所長及び所員は、都道府県知事の補助機関である職員とする。
② 所長は、次の各号のいずれかに該当する者

でなければならない。

一　医師であつて、精神保健に関して学識経験を有する者

二　学校教育法に基づく大学又は旧大学令（大正七年勅令第三百八十八号）に基づく大学において、心理学を専修する学科又はこれに相当する課程を修めて卒業した者（当該学科又は当該課程を修めて同法に基づく専門職大学の前期課程を修了した者を含む。）

三　社会福祉士

四　精神保健福祉士

五　公認心理師

六　児童の福祉に関する事務をつかさどる職員（以下「児童福祉司」という。）として二年以上勤務した者又は児童福祉司たる資格を得た後二年以上所員として勤務した者

七　前各号に掲げる者と同等以上の能力を有すると認められる者であつて、内閣府令で定めるもの

③　所長は、内閣総理大臣が定める基準に適合する研修を受けなければならない。

④　相談及び調査をつかさどる所員は、児童福祉司たる資格を有する者でなければならない。

⑤　判定をつかさどる所員の中には、第二項第一号に該当する者又はこれに準ずる資格を有する者及び同項第二号に該当する者若しくはこれに準ずる資格を有する者又は同項第五号に該当する者が、それぞれ一人以上含まれなければならない。

⑥　心理に関する専門的な知識及び技術を必要とする指導をつかさどる所員の中には、第二項第一号に該当する者若しくはこれに準ずる資格を有する者、同項第二号に該当する者又は同項第五号に該当する者が含まれなければならない。

⑦　前項に規定する指導をつかさどる所員の数は、政令で定める基準を標準として都道府県が定めるものとする。

⑧　児童の健康及び心身の発達に関する専門的な知識及び技術を必要とする指導をつかさどる所員の中には、医師及び保健師が、それぞれ一人以上含まれなければならない。

第十二条の四　児童相談所には、必要に応じ、児童を一時保護する施設（以下「一時保護施設」という。）を設けなければならない。

②　都道府県は、一時保護施設の設備及び運営について、条例で基準を定めなければならない。この場合において、その基準は、児童の身体的、精神的及び社会的な発達のために必要な生活水準を確保するものでなければならない。

③　都道府県が前項の条例を定めるに当たつては、次に掲げる事項については内閣府令で定める基準に従い定めるものとし、その他の事項については内閣府令で定める基準を参酌するものとする。

一　一時保護施設に配置する従業者及びその員数

二　一時保護施設に係る居室の床面積その他一時保護施設の設備に関する事項であつて、児童の適切な処遇の確保に密接に関連するものとして内閣府令で定めるもの

三　一時保護施設の運営に関する事項であつて、児童の適切な処遇及び安全の確保並びに秘密の保持に密接に関連するものとして内閣府令で定めるもの

第十二条の五　この法律で定めるもののほか、当該都道府県内の児童相談所を援助する中央児童相談所の指定その他児童相談所に関し必要な事項は、命令でこれを定める。

第十二条の六　保健所は、この法律の施行に関し、主として次の業務を行うものとする。

一　児童の保健について、正しい衛生知識の普及を図ること。

二　児童の健康相談に応じ、又は健康診査を行い、必要に応じ、保健指導を行うこと。

三　身体に障害のある児童及び疾病により長期にわたり療養を必要とする児童の療育について、指導を行うこと。

四　児童福祉施設に対し、栄養の改善その他衛生に関し、必要な助言を与えること。

②　児童相談所長は、相談に応じた児童、その保護者又は妊産婦について、保健所に対し、保健指導その他の必要な協力を求めることができる。

第五節　児童福祉司

第十三条　都道府県は、その設置する児童相談所に、児童福祉司を置かなければならない。

②　児童福祉司の数は、各児童相談所の管轄区域内の人口、児童虐待に係る相談に応じた件数、第二十七条第一項第三号の規定による里親への委託の状況及び市町村におけるこの法律による事務の実施状況その他の条件を総合的に勘案して政令で定める基準を標準として都道府県が定めるものとする。

③　児童福祉司は、都道府県知事の補助機関である職員とし、次の各号のいずれかに該当する者のうちから、任用しなければならない。

一　児童虐待を受けた児童の保護その他児童の福祉に関する専門的な対応を要する事項について、児童及びその保護者に対する相談及び必要な指導等を通じて的確な支援を実施できる十分な知識及び技術を有する者として内閣府令で定めるもの

二　都道府県知事の指定する児童福祉司若しくは児童福祉施設の職員を養成する学校その他の施設を卒業し、又は都道府県知事の指定する講習会の課程を修了した者

三　学校教育法に基づく大学又は旧大学令に基づく大学において、心理学、教育学若しくは社会学を専修する学科又はこれらに相当する課程を修めて卒業した者（当該学科又は当該課程を修めて同法に基づく専門職大学の前期課程を修了した者を含む。）であつて、内閣府令で定める施設において一年以上相談援助業務（児童その他の者の福祉に関する相談に応じ、助言、指導その他の援助を行う業務をいう。第八号及び第六項において同じ。）に従事したもの

四　医師

五　社会福祉士

六　精神保健福祉士

七　公認心理師

八　社会福祉主事として二年以上相談援助業務に従事した者であつて、内閣総理大臣が定める講習会の課程を修了したもの

九　第二号から前号までに掲げる者と同等以上の能力を有すると認められる者であつて、内閣府令で定めるもの

④　児童福祉司は、児童相談所長の命を受けて、児童の保護その他児童の福祉に関する事項について、相談に応じ、専門的技術に基づいて必要な指導を行う等児童の福祉増進に努める。

⑤　児童福祉司の中には、他の児童福祉司が前項の職務を行うため必要な専門的技術に関する指導及び教育を行う児童福祉司（次項及び第七項において「指導教育担当児童福祉司」という。）が含まれなければならない。

⑥　指導教育担当児童福祉司は、児童福祉司としておおむね五年以上（第三項第一号に規定する者のうち、内閣府令で定める施設において二年以上相談援助業務に従事した者その他の内閣府令で定めるものにあつては、おおむね三年以上）勤務した者であつて、内閣総理大臣が定める基準に適合する研修の課程を修了したものでなければならない。

⑦　指導教育担当児童福祉司の数は、政令で定める基準を参酌して都道府県が定めるものとする。

⑧　児童福祉司は、児童相談所長が定める担当区域により、第四項の職務を行い、担当区域内の市町村長に協力を求めることができる。

⑨　児童福祉司は、内閣総理大臣が定める基準に適合する研修を受けなければならない。

⑩　第三項第二号の施設及び講習会の指定に関し必要な事項は、政令で定める。

第十四条　市町村長は、前条第四項に規定する事項に関し、児童福祉司に必要な状況の通報及び資料の提供並びに必要な援助を求めることができる。

②　児童福祉司は、その担当区域内における児童に関し、必要な事項につき、その担当区域を管轄する児童相談所長又は市町村長にその状況を通知し、併せて意見を述べなければならない。

第十五条　この法律で定めるもののほか、児童福祉司の任用叙級その他児童福祉司に関し必要な事項は、命令でこれを定める。

第六節　児童委員

第十六条　市町村の区域に児童委員を置く。

②　民生委員法（昭和二十三年法律第百九十八号）による民生委員は、児童委員に充てられたものとする。

③　厚生労働大臣は、児童委員のうちから、主任児童委員を指名する。

④　前項の規定による厚生労働大臣の指名は、民生委員法第五条の規定による推薦によつて行う。

第十七条　児童委員は、次に掲げる職務を行う。

一　児童及び妊産婦につき、その生活及び取り巻く環境の状況を適切に把握しておくこと。

二　児童及び妊産婦につき、その保護、保健その他福祉に関し、サービスを適切に利用するために必要な情報の提供その他の援助及び指導を行うこと。

三　児童及び妊産婦に係る社会福祉を目的とする事業を経営する者又は児童の健やかな育成に関する活動を行う者と密接に連携し、その事業又は活動を支援すること。

四　児童福祉司又は福祉事務所の社会福祉主

事の行う職務に協力すること。

五　児童の健やかな育成に関する気運の醸成に努めること。

六　前各号に掲げるもののほか、必要に応じて、児童及び妊産婦の福祉の増進を図るための活動を行うこと。

②　主任児童委員は、前項各号に掲げる児童委員の職務について、児童の福祉に関する機関と児童委員（主任児童委員である者を除く。以下この項において同じ。）との連絡調整を行うとともに、児童委員の活動に対する援助及び協力を行う。

③　前項の規定は、主任児童委員が第一項各号に掲げる児童委員の職務を行うことを妨げるものではない。

④　児童委員は、その職務に関し、都道府県知事の指揮監督を受ける。

第十八条　市町村長は、前条第一項又は第二項に規定する事項に関し、児童委員に必要な状況の通報及び資料の提供を求め、並びに必要な指示をすることができる。

②　児童委員は、その担当区域内における児童又は妊産婦に関し、必要な事項につき、その担当区域を管轄する児童相談所長又は市町村長にその状況を通知し、併せて意見を述べなければならない。

③　児童委員が、児童相談所長に前項の通知をするときは、緊急の必要があると認める場合を除き、市町村長を経由するものとする。

④　児童相談所長は、その管轄区域内の児童委員に必要な調査を委嘱することができる。

第十八条の二　都道府県知事は、児童委員の研修を実施しなければならない。

第十八条の二の二　内閣総理大臣及び厚生労働大臣は、児童委員の制度の運用に当たつては、必要な情報交換を行う等相互に連携を図りながら協力しなければならない。

第十八条の三　この法律で定めるもののほか、児童委員に関し必要な事項は、命令でこれを定める。

第七節　保育士

第十八条の四　この法律で、保育士とは、第十八条の十八第一項の登録を受け、保育士の名称を用いて、専門的知識及び技術をもつて、児童の保育及び児童の保護者に対する保育に関する指導を行うことを業とする者をいう。

第十八条の五　次の各号のいずれかに該当する者は、保育士となることができない。

一　心身の故障により保育士の業務を適正に行うことができない者として内閣府令で定めるもの

二　禁錮以上の刑に処せられた者

三　この法律の規定その他児童の福祉に関する法律の規定であつて政令で定めるものにより、罰金の刑に処せられ、その執行を終わり、又は執行を受けることがなくなつた日から起算して三年を経過しない者

四　第十八条の十九第一項第二号若しくは第三号又は第二項の規定により登録を取り消され、その取消しの日から起算して三年を経過しない者

五　国家戦略特別区域法（平成二十五年法律第百七号）第十二条の五第八項において準用する第十八条の十九第一項第二号若しくは第三号又は第二項の規定により登録を取り消され、その取消しの日から起算して三年を経過しない者

第十八条の六　次の各号のいずれかに該当する者は、保育士となる資格を有する。

一　都道府県知事の指定する保育士を養成する学校その他の施設（以下「指定保育士養成施設」という。）を卒業した者（学校教育法に基づく専門職大学の前期課程を修了した者を含む。）

二　保育士試験に合格した者

第十八条の七　都道府県知事は、保育士の養成の適切な実施を確保するため必要があると認めるときは、その必要な限度で、指定保育士養成施設の長に対し、教育方法、設備その他の事項に関し報告を求め、若しくは指導をし、又は当該職員に、その帳簿書類その他の物件を検査させることができる。

②　前項の規定による検査を行う場合においては、当該職員は、その身分を示す証明書を携帯し、関係者の請求があるときは、これを提示しなければならない。

③　第一項の規定による権限は、犯罪捜査のために認められたものと解釈してはならない。

第十八条の八　保育士試験は、内閣総理大臣の定める基準により、保育士として必要な知識及び技能について行う。

②　保育士試験は、毎年一回以上、都道府県知事が行う。

③　保育士として必要な知識及び技能を有するかどうかの判定に関する事務を行わせるため、都道府県に保育士試験委員（次項において「試験委員」という。）を置く。ただし、次条第一項の規定により指定された者に当該

事務を行わせることとした場合は、この限りでない。

④　試験委員又は試験委員であつた者は、前項に規定する事務に関して知り得た秘密を漏らしてはならない。

第十八条の九　都道府県知事は、内閣府令で定めるところにより、一般社団法人又は一般財団法人であつて、保育士試験の実施に関する事務（以下「試験事務」という。）を適正かつ確実に実施することができると認められるものとして当該都道府県知事が指定する者（以下「指定試験機関」という。）に、試験事務の全部又は一部を行わせることができる。

②　都道府県知事は、前項の規定により指定試験機関に試験事務の全部又は一部を行わせることとしたときは、当該試験事務の全部又は一部を行わないものとする。

③　都道府県は、地方自治法（昭和二十二年法律第六十七号）第二百二十七条の規定に基づき保育士試験に係る手数料を徴収する場合においては、第一項の規定により指定試験機関が行う保育士試験を受けようとする者に、条例で定めるところにより、当該手数料の全部又は一部を当該指定試験機関へ納めさせ、その収入とすることができる。

第十八条の十　指定試験機関の役員の選任及び解任は、都道府県知事の認可を受けなければ、その効力を生じない。

②　都道府県知事は、指定試験機関の役員が、この法律（この法律に基づく命令又は処分を含む。）若しくは第十八条の十三第一項に規定する試験事務規程に違反する行為をしたとき、又は試験事務に関し著しく不適当な行為をしたときは、当該指定試験機関に対し、当該役員の解任を命ずることができる。

第十八条の十一　指定試験機関は、試験事務を行う場合において、保育士として必要な知識及び技能を有するかどうかの判定に関する事務については、保育士試験委員（次項及び次条第一項において「試験委員」という。）に行わせなければならない。

②　前条第一項の規定は試験委員の選任及び解任について、同条第二項の規定は試験委員の解任について、それぞれ準用する。

第十八条の十二　指定試験機関の役員若しくは職員（試験委員を含む。次項において同じ。）又はこれらの職にあつた者は、試験事務に関して知り得た秘密を漏らしてはならない。

②　試験事務に従事する指定試験機関の役員又は職員は、刑法（明治四十年法律第四十五号）その他の罰則の適用については、法令により公務に従事する職員とみなす。

第十八条の十三　指定試験機関は、試験事務の開始前に、試験事務の実施に関する規程（以下「試験事務規程」という。）を定め、都道府県知事の認可を受けなければならない。これを変更しようとするときも、同様とする。

②　都道府県知事は、前項の認可をした試験事務規程が試験事務の適正かつ確実な実施上不適当となつたと認めるときは、指定試験機関に対し、これを変更すべきことを命ずることができる。

第十八条の十四　指定試験機関は、毎事業年度、事業計画及び収支予算を作成し、当該事業年度の開始前に（指定を受けた日の属する事業年度にあつては、その指定を受けた後遅滞なく）、都道府県知事の認可を受けなければならない。これを変更しようとするときも、同様とする。

第十八条の十五　都道府県知事は、試験事務の適正かつ確実な実施を確保するため必要があると認めるときは、指定試験機関に対し、試験事務に関し監督上必要な命令をすることができる。

第十八条の十六　都道府県知事は、試験事務の適正かつ確実な実施を確保するため必要があると認めるときは、その必要な限度で、指定試験機関に対し、報告を求め、又は当該職員に、関係者に対し質問させ、若しくは指定試験機関の事務所に立ち入り、その帳簿書類その他の物件を検査させることができる。

②　前項の規定による質問又は立入検査を行う場合においては、当該職員は、その身分を示す証明書を携帯し、関係者の請求があるときは、これを提示しなければならない。

③　第一項の規定による権限は、犯罪捜査のために認められたものと解釈してはならない。

第十八条の十七　指定試験機関が行う試験事務に係る処分又はその不作為について不服がある者は、都道府県知事に対し、審査請求をすることができる。この場合において、都道府県知事は、行政不服審査法（平成二十六年法律第六十八号）第二十五条第二項及び第三項、第四十六条第一項及び第二項、第四十七条並びに第四十九条第三項の規定の適用については、指定試験機関の上級行政庁とみなす。

第十八条の十八　保育士となる資格を有する者が保育士となるには、保育士登録簿に、氏名、生年月日その他内閣府令で定める事項の登録を受けなければならない。

② 保育士登録簿は、都道府県に備える。

③ 都道府県知事は、保育士の登録をしたときは、申請者に第一項に規定する事項を記載した保育士登録証を交付する。

第十八条の十九 都道府県知事は、保育士が次の各号のいずれかに該当する場合には、その登録を取り消さなければならない。

一 第十八条の五各号（第四号を除く。）のいずれかに該当するに至つた場合

二 虚偽又は不正の事実に基づいて登録を受けた場合

三 第一号に掲げる場合のほか、児童生徒性暴力等（教育職員等による児童生徒性暴力等の防止等に関する法律（令和三年法律第五十七号）第二条第三項に規定する児童生徒性暴力等をいう。以下同じ。）を行つたと認められる場合

② 都道府県知事は、保育士が第十八条の二十一又は第十八条の二十二の規定に違反したときは、その登録を取り消し、又は期間を定めて保育士の名称の使用の停止を命ずることができる。

第十八条の二十 都道府県知事は、保育士の登録がその効力を失つたときは、その登録を消除しなければならない。

第十八条の二十の二 都道府県知事は、次に掲げる者（第十八条の五各号のいずれかに該当する者を除く。以下この条において「特定登録取消者」という。）については、その行つた児童生徒性暴力等の内容等を踏まえ、当該特定登録取消者の改善更生の状況その他のその後の事情により保育士の登録を行うのが適当であると認められる場合に限り、保育士の登録を行うことができる。

一 児童生徒性暴力等を行つたことにより保育士又は国家戦略特別区域限定保育士（国家戦略特別区域法第十二条の五第二項に規定する国家戦略特別区域限定保育士をいう。次号及び第三項において同じ。）の登録を取り消された者

二 前号に掲げる者以外の者であつて、保育士又は国家戦略特別区域限定保育士の登録を取り消されたもののうち、保育士又は国家戦略特別区域限定保育士の登録を受けた日以後の行為が児童生徒性暴力等に該当していたと判明した者

② 都道府県知事は、前項の規定により保育士の登録を行うに当たつては、あらかじめ、都道府県児童福祉審議会の意見を聴かなければならない。

③ 都道府県知事は、第一項の規定による保育士の登録を行おうとする際に必要があると認めるときは、第十八条の十九の規定により保育士の登録を取り消した都道府県知事（国家戦略特別区域法第十二条の五第八項において準用する第十八条の十九の規定により国家戦略特別区域限定保育士の登録を取り消した都道府県知事を含む。）その他の関係機関に対し、当該特定登録取消者についてその行つた児童生徒性暴力等の内容等を調査し、保育士の登録を行うかどうかを判断するために必要な情報の提供を求めることができる。

第十八条の二十の三 保育士を任命し、又は雇用する者は、その任命し、又は雇用する保育士について、第十八条の五第二号若しくは第三号に該当すると認めたとき、又は当該保育士が児童生徒性暴力等を行つたと思料するときは、速やかにその旨を都道府県知事に報告しなければならない。

② 刑法の秘密漏示罪の規定その他の守秘義務に関する法律の規定は、前項の規定による報告（虚偽であるもの及び過失によるものを除く。）をすることを妨げるものと解釈してはならない。

第十八条の二十の四 国は、次に掲げる者について、その氏名、保育士の登録の取消しの事由、行つた児童生徒性暴力等に関する情報その他の内閣総理大臣が定める事項に係るデータベースを整備するものとする。

一 児童生徒性暴力等を行つたことにより保育士の登録を取り消された者

二 前号に掲げる者以外の者であつて、保育士の登録を取り消されたもののうち、保育士の登録を受けた日以後の行為が児童生徒性暴力等に該当していたと判明した者

② 都道府県知事は、保育士が児童生徒性暴力等を行つたことによりその登録を取り消したとき、又は保育士の登録を取り消された者（児童生徒性暴力等を行つたことにより保育士の登録を取り消された者を除く。）の保育士の登録を受けた日以後の行為が児童生徒性暴力等に該当していたことが判明したときは、前項の情報を同項のデータベースに迅速に記録することその他必要な措置を講ずるものとする。

③ 保育士を任命し、又は雇用する者は、保育士を任命し、又は雇用しようとするときは、

第一項のデータベース（国家戦略特別区域法第十二条の五第八項において準用する第一項のデータベースを含む。）を活用するものとする。

第十八条の二十一　保育士は、保育士の信用を傷つけるような行為をしてはならない。

第十八条の二十二　保育士は、正当な理由がなく、その業務に関して知り得た人の秘密を漏らしてはならない。保育士でなくなつた後においても、同様とする。

第十八条の二十三　保育士でない者は、保育士又はこれに紛らわしい名称を使用してはならない。

第十八条の二十四　この法律に定めるもののほか、指定保育士養成施設、保育士試験、指定試験機関、保育士の登録その他保育士に関し必要な事項は、政令でこれを定める。

第二章　福祉の保障

第一節　療育の指導、小児慢性特定疾病医療費の支給等

第一款　療育の指導

第十九条　保健所長は、身体に障害のある児童につき、診査を行ない、又は相談に応じ、必要な療育の指導を行なわなければならない。

② 保健所長は、疾病により長期にわたり療養を必要とする児童につき、診査を行い、又は相談に応じ、必要な療育の指導を行うことができる。

③ 保健所長は、身体障害者福祉法（昭和二十四年法律第二百八十三号）第十五条第四項の規定により身体障害者手帳の交付を受けた児童（身体に障害のある十五歳未満の児童については、身体障害者手帳の交付を受けたその保護者とする。以下同じ。）につき、同法第十六条第二項第一号又は第二号に掲げる事由があると認めるときは、その旨を都道府県知事に報告しなければならない。

第二款　小児慢性特定疾病医療費の支給

第一目　小児慢性特定疾病医療費の支給

第十九条の二　都道府県は、次条第三項に規定する医療費支給認定（以下この条において「医療費支給認定」という。）に係る小児慢性特定疾病児童又は医療費支給認定を受けた成年患者（以下この条において「医療費支給認定患者」という。）が、次条第六項に規定する医療費支給認定の有効期間内において、指定小児慢性特定疾病医療機関（同条第五項の規定により定められたものに限る。）から当該医療費支給認定に係る小児慢性特定疾病医療支援（以下「指定小児慢性特定疾病医療支援」という。）を受けたときは、厚生労働省令で定めるところにより、当該小児慢性特定疾病児童に係る同条第七項に規定する医療費支給認定保護者（次項において「医療費支給認定保護者」という。）又は当該医療費支給認定患者に対し、当該指定小児慢性特定疾病医療支援に要した費用について、小児慢性特定疾病医療費を支給する。

② 小児慢性特定疾病医療費の額は、一月につき、次に掲げる額の合算額とする。

一　同一の月に受けた指定小児慢性特定疾病医療支援（食事療養（健康保険法（大正十一年法律第七十号）第六十三条第二項第一号に規定する食事療養をいう。次号、第二十一条の五の二十九第二項及び第二十四条の二十第二項において同じ。）を除く。）につき健康保険の療養に要する費用の額の算定方法の例により算定した額から、当該医療費支給認定保護者又は当該医療費支給認定患者の家計の負担能力、当該医療費支給認定に係る小児慢性特定疾病児童等の治療の状況又は身体の状態、当該医療費支給認定保護者又は当該医療費支給認定患者と同一の世帯に属する他の医療費支給認定に係る小児慢性特定疾病児童等及び難病の患者に対する医療等に関する法律（平成二十六年法律第五十号）第七条第一項に規定する支給認定を受けた指定難病（同法第五条第一項に規定する指定難病をいう。）の患者の数その他の事情をしん酌して政令で定める額（当該政令で定める額が当該算定した額の百分の二十に相当する額を超えるときは、当該相当する額）を控除して得た額

二　当該指定小児慢性特定疾病医療支援（食事療養に限る。）につき健康保険の療養に要する費用の額の算定方法の例により算定した額から、健康保険法第八十五条第二項に規定する食事療養標準負担額、医療費支給認定保護者又は医療費支給認定患者の所得の状況その他の事情を勘案して厚生労働大臣が定める額を控除した額

③ 前項に規定する療養に要する費用の額の算

社会福祉

定方法の例によることができないとき、及びこれによることを適当としないときの小児慢性特定疾病医療支援に要する費用の額の算定方法は、厚生労働大臣の定めるところによる。

第十九条の三　小児慢性特定疾病児童の保護者又は成年患者は、前条第一項の規定により小児慢性特定疾病医療費の支給を受けようとするときは、都道府県知事の定める医師（以下「指定医」という。）の診断書（小児慢性特定疾病児童等が小児慢性特定疾病にかかつており、かつ、当該小児慢性特定疾病の状態が第六条の二第三項に規定する厚生労働大臣が定める程度であることを証する書面として厚生労働省令で定めるものをいう。）を添えて、都道府県に申請しなければならない。

② 指定医の指定の手続その他指定医に関し必要な事項は、厚生労働省令で定める。

③ 都道府県は、第一項の申請に係る小児慢性特定疾病児童等が小児慢性特定疾病にかかつており、かつ、当該小児慢性特定疾病の状態が第六条の二第三項に規定する厚生労働大臣が定める程度であると認められる場合には、小児慢性特定疾病医療費を支給する旨の認定（以下「医療費支給認定」という。）を行うものとする。

④ 都道府県は、第一項の申請があつた場合において、医療費支給認定をしないこととするとき（申請の形式上の要件に適合しない場合として厚生労働省令で定める場合を除く。）は、あらかじめ、次条第一項に規定する小児慢性特定疾病審査会に当該申請に係る小児慢性特定疾病児童の保護者又は成年患者について医療費支給認定をしないことに関し審査を求めなければならない。

⑤ 都道府県は、医療費支給認定をしたときは、厚生労働省令で定めるところにより、指定小児慢性特定疾病医療機関の中から、当該医療費支給認定に係る小児慢性特定疾病児童等が小児慢性特定疾病医療支援を受けるものを定めるものとする。

⑥ 医療費支給認定は、厚生労働省令で定める期間（次項及び第十九条の六第一項第二号において「医療費支給認定の有効期間」という。）内に限り、その効力を有する。

⑦ 都道府県は、医療費支給認定をしたときは、当該医療費支給認定を受けた小児慢性特定疾病児童の保護者（以下「医療費支給認定保護者」という。）又は当該医療費支給認定を受けた成年患者（以下「医療費支給認定患者」という。）に対し、厚生労働省令で定めるところにより、医療費支給認定の有効期間を記載した医療受給者証（以下「医療受給者証」という。）を交付しなければならない。

⑧ 医療費支給認定は、指定医が当該医療費支給認定に係る小児慢性特定疾病児童等の小児慢性特定疾病の状態が第六条の二第三項に規定する厚生労働大臣が定める程度であると診断した日、又は当該医療費支給認定の申請のあつた日から当該申請に通常要する期間を勘案して政令で定める一定の期間前の日のいずれか遅い日に遡つてその効力を生ずる。

⑨ 指定小児慢性特定疾病医療支援を受けようとする医療費支給認定保護者又は医療費支給認定患者は、厚生労働省令で定めるところにより、第五項の規定により定められた指定小児慢性特定疾病医療機関に医療受給者証を提示して指定小児慢性特定疾病医療支援を受けるものとする。ただし、緊急の場合その他やむを得ない事由のある場合については、医療受給者証を提示することを要しない。

⑩ 医療費支給認定に係る小児慢性特定疾病児童等が第五項の規定により定められた指定小児慢性特定疾病医療機関から指定小児慢性特定疾病医療支援を受けたとき（当該小児慢性特定疾病児童に係る医療費支給認定保護者又は当該医療費支給認定患者が当該指定小児慢性特定疾病医療機関に医療受給者証を提示したときに限る。）は、都道府県は、当該医療費支給認定保護者又は当該医療費支給認定患者が当該指定小児慢性特定疾病医療機関に支払うべき当該指定小児慢性特定疾病医療支援に要した費用について、小児慢性特定疾病医療費として当該医療費支給認定保護者又は当該医療費支給認定患者に支給すべき額の限度において、当該医療費支給認定保護者又は当該医療費支給認定患者に代わり、当該指定小児慢性特定疾病医療機関に支払うことができる。

⑪ 前項の規定による支払があつたときは、当該医療費支給認定保護者又は当該医療費支給認定患者に対し、小児慢性特定疾病医療費の支給があつたものとみなす。

第十九条の四　前条第四項の規定による審査を行わせるため、都道府県に、小児慢性特定疾病審査会を置く。

② 小児慢性特定疾病審査会の委員は、小児慢性特定疾病に関し知見を有する医師その他の関係者のうちから、都道府県知事が任命する。

③ 委員の任期は、二年とする。

④ この法律に定めるもののほか、小児慢性特定疾病審査会に必要な事項は、厚生労働省令で定める。

第十九条の五 医療費支給認定保護者又は医療費支給認定患者は、現に受けている医療費支給認定に係る第十九条の三第五項の規定により定められた指定小児慢性特定疾病医療機関その他の厚生労働省令で定める事項を変更する必要があるときは、都道府県に対し、当該医療費支給認定の変更の申請をすることができる。

② 都道府県は、前項の申請又は職権により、医療費支給認定保護者又は医療費支給認定患者に対し、必要があると認めるときは、厚生労働省令で定めるところにより、医療費支給認定の変更の認定を行うことができる。

③ 都道府県は、前項の医療費支給認定の変更の認定を行う場合において、必要があると認めるときは、当該医療費支給認定保護者又は当該医療費支給認定患者に対し、医療受給者証の提出を求めることができる。この場合において、都道府県は、当該医療受給者証に当該変更の認定に係る事項を記載し、これを返還するものとする。

第十九条の六 医療費支給認定を行つた都道府県は、次に掲げる場合には、当該医療費支給認定を取り消すことができる。

一 医療費支給認定に係る小児慢性特定疾病児童等が、その疾病の状態、治療の状況等からみて指定小児慢性特定疾病医療支援を受ける必要がなくなつたと認めるとき。

二 医療費支給認定保護者又は医療費支給認定患者が、医療費支給認定の有効期間内に、当該都道府県以外の都道府県の区域内に居住地を有するに至つたと認めるとき。

三 その他政令で定めるとき。

② 前項の規定により医療費支給認定の取消しを行つた都道府県は、厚生労働省令で定めるところにより、当該取消しに係る医療費支給認定保護者又は医療費支給認定患者に対し、医療受給者証の返還を求めるものとする。

第十九条の七 小児慢性特定疾病医療費の支給は、当該小児慢性特定疾病の状態につき、健康保険法の規定による家族療養費その他の法令に基づく給付であつて政令で定めるもののうち小児慢性特定疾病医療費の支給に相当するものを受けることができるときは政令で定める限度において、当該政令で定める給付以外の給付であつて国又は地方公共団体の負担において小児慢性特定疾病医療費の支給に相当するものが行われたときはその限度において、行わない。

第十九条の八 この目に定めるもののほか、小児慢性特定疾病医療費の支給に関し必要な事項は、厚生労働省令で定める。

第二目 指定小児慢性特定疾病医療機関

第十九条の九 第六条の二第二項第一号の指定（以下「指定小児慢性特定疾病医療機関の指定」という。）は、厚生労働省令で定めるところにより、病院若しくは診療所（これらに準ずるものとして政令で定めるものを含む。以下同じ。）又は薬局の開設者の申請があつたものについて行う。

② 都道府県知事は、前項の申請があつた場合において、次の各号のいずれかに該当するときは、指定小児慢性特定疾病医療機関の指定をしてはならない。

一 申請者が、禁錮以上の刑に処せられ、その執行を終わり、又は執行を受けることがなくなるまでの者であるとき。

二 申請者が、この法律その他国民の保健医療若しくは福祉に関する法律で政令で定めるものの規定により罰金の刑に処せられ、その執行を終わり、又は執行を受けることがなくなるまでの者であるとき。

三 申請者が、労働に関する法律の規定であつて政令で定めるものにより罰金の刑に処せられ、その執行を終わり、又は執行を受けることがなくなるまでの者であるとき。

四 申請者が、第十九条の十八の規定により指定小児慢性特定疾病医療機関の指定を取り消され、その取消しの日から起算して五年を経過しない者（当該指定小児慢性特定疾病医療機関の指定を取り消された者が法人である場合においては、当該取消しの処分に係る行政手続法（平成五年法律第八十八号）第十五条の規定による通知があつた日前六十日以内に当該法人の役員又はその医療機関の管理者（以下「役員等」という。）であつた者で当該取消しの日から起算して五年を経過しないものを含み、当該指定小児慢性特定疾病医療機関の指定を取り消された者が法人でない場合においては、当該通知があつた日前六十日以内に当該者の管理者であつた者で当該取消しの日から起算して五年を経過しないものを含む。）であるとき。ただし、当該取消しが、指定小児慢性特定疾病医療機関の指定の取消しのうち当該取消しの処分の理由となつた事実及び当該事実に関して当該指定小児慢性特定疾病医療機関の開設者が有していた責任の程度を考慮して、この号本文に規定する指定小児慢性特定疾病医療機関の指定の取消しに該当しないこととすることが相当であると認められるものとして厚生労働省令で定めるものに該当する場合を除く。

五　申請者が、第十九条の十八の規定による指定小児慢性特定疾病医療機関の指定の取消しの処分に係る行政手続法第十五条の規定による通知があつた日（第七号において「通知日」という。）から当該処分をする日又は処分をしないことを決定する日までの間に第十九条の十五の規定による指定小児慢性特定疾病医療機関の指定の辞退の申出をした者（当該辞退について相当の理由がある者を除く。）で、当該申出の日から起算して五年を経過しないものであるとき。

六　申請者が、第十九条の十六第一項の規定による検査が行われた日から聴聞決定予定日（当該検査の結果に基づき第十九条の十八の規定による指定小児慢性特定疾病医療機関の指定の取消しの処分に係る聴聞を行うか否かの決定をすることが見込まれる日として厚生労働省令で定めるところにより都道府県知事が当該申請者に当該検査が行われた日から十日以内に特定の日を通知した場合における当該特定の日をいう。）までの間に第十九条の十五の規定による指定小児慢性特定疾病医療機関の指定の辞退の申出をした者（当該辞退について相当の理由がある者を除く。）で、当該申出の日から起算して五年を経過しないものであるとき。

七　第五号に規定する期間内に第十九条の十五の規定による指定小児慢性特定疾病医療機関の指定の辞退の申出があつた場合において、申請者が、通知日前六十日以内に当該申出に係る法人（当該辞退について相当の理由がある法人を除く。）の役員等又はその管理者であつた者で、当該申出の日から起算して五年を経過しないものであるとき。

八　申請者が、前項の申請前五年以内に小児慢性特定疾病医療支援に関し不正又は著しく不当な行為をした者であるとき。

九　申請者が、法人で、その役員等のうちに前各号のいずれかに該当する者のあるものであるとき。

十　申請者が、法人でない者で、その管理者が第一号から第八号までのいずれかに該当する者であるとき。

③　都道府県知事は、第一項の申請があつた場合において、次の各号のいずれかに該当するときは、指定小児慢性特定疾病医療機関の指定をしないことができる。

一　当該申請に係る病院若しくは診療所又は薬局が、健康保険法第六十三条第三項第一号に規定する保険医療機関若しくは保険薬局又は厚生労働省令で定める事業所若しくは施設でないとき。

二　当該申請に係る病院若しくは診療所若しくは薬局又は申請者が、小児慢性特定疾病医療費の支給に関し診療又は調剤の内容の適切さを欠くおそれがあるとして重ねて第十九条の十三の規定による指導又は第十九条の十七第一項の規定による勧告を受けたものであるとき。

三　申請者が、第十九条の十七第三項の規定による命令に従わないものであるとき。

四　前三号に掲げる場合のほか、当該申請に係る病院若しくは診療所又は薬局が、指定小児慢性特定疾病医療機関として著しく不適当と認めるものであるとき。

第十九条の十　指定小児慢性特定疾病医療機関の指定は、六年ごとにその更新を受けなければ、その期間の経過によつて、その効力を失う。

②　健康保険法第六十八条第二項の規定は、前項の更新について準用する。この場合において、必要な技術的読替えは、政令で定める。

第十九条の十一　指定小児慢性特定疾病医療機関は、厚生労働大臣の定めるところにより、良質かつ適切な小児慢性特定疾病医療支援を行わなければならない。

第十九条の十二　指定小児慢性特定疾病医療機関の診療方針は、健康保険の診療方針の例による。

②　前項に規定する診療方針によることができないとき、及びこれによることを適当としないときの診療方針は、厚生労働大臣が定めるところによる。

第十九条の十三　指定小児慢性特定疾病医療機関は、小児慢性特定疾病医療支援の実施に関し、都道府県知事の指導を受けなければならない。

第十九条の十四　指定小児慢性特定疾病医療機関は、当該指定に係る医療機関の名称及び所在地その他厚生労働省令で定める事項に変更があつたときは、厚生労働省令で定めるところにより、十日以内に、その旨を都道府県知事に届け出なければならない。

第十九条の十五　指定小児慢性特定疾病医療機関は、一月以上の予告期間を設けて、指定小児慢性特定疾病医療機関の指定を辞退することができる。

第十九条の十六　都道府県知事は、小児慢性特定疾病医療支援の実施に関して必要があると認めるときは、指定小児慢性特定疾病医療機関若しくは指定小児慢性特定疾病医療機関の開設者若しくは管理者、医師、薬剤師その他の従業者であつた者（以下この項において「開設者であつた者等」という。）に対し、報告若しくは診療録、帳簿書類その他の物件の提出若しくは提示を命じ、指定小児慢性特定疾病医療機関の開設者若しくは管理者、医師、薬剤師その他の従業者（開設者であつた者等を含む。）に対し出頭を求め、又は当該職員に、関係者に対し質問させ、若しくは当該指定小児慢性特定疾病医療機関について設備若しくは診療録、帳簿書類その他の物件を検査させることができる。

② 前項の規定による質問又は検査を行う場合においては、当該職員は、その身分を示す証明書を携帯し、かつ、関係者の請求があるときは、これを提示しなければならない。

③ 第一項の規定による権限は、犯罪捜査のために認められたものと解釈してはならない。

④ 指定小児慢性特定疾病医療機関が、正当な理由がないのに、第一項の規定により報告若しくは提出若しくは提示を命ぜられてこれに従わず、若しくは虚偽の報告をし、又は同項の規定による検査を拒み、妨げ、若しくは忌避したときは、都道府県知事は、当該指定小児慢性特定疾病医療機関に対する小児慢性特定疾病医療費の支払を一時差し止めることができる。

第十九条の十七　都道府県知事は、指定小児慢性特定疾病医療機関が、第十九条の十一又は第十九条の十二の規定に従つて小児慢性特定疾病医療支援を行つていないと認めるときは、当該指定小児慢性特定疾病医療機関の開設者に対し、期限を定めて、第十九条の十一又は第十九条の十二の規定を遵守すべきことを勧告することができる。

② 都道府県知事は、前項の規定による勧告をした場合において、その勧告を受けた指定小児慢性特定疾病医療機関の開設者が、同項の期限内にこれに従わなかつたときは、その旨を公表することができる。

③ 都道府県知事は、第一項の規定による勧告を受けた指定小児慢性特定疾病医療機関の開設者が、正当な理由がなくてその勧告に係る措置をとらなかつたときは、当該指定小児慢性特定疾病医療機関の開設者に対し、期限を定めて、その勧告に係る措置をとるべきことを命ずることができる。

④ 都道府県知事は、前項の規定による命令をしたときは、その旨を公示しなければならない。

第十九条の十八　都道府県知事は、次の各号のいずれかに該当する場合においては、当該指定小児慢性特定疾病医療機関に係る指定小児慢性特定疾病医療機関の指定を取り消し、又は期間を定めてその指定小児慢性特定疾病医療機関の指定の全部若しくは一部の効力を停止することができる。

一 指定小児慢性特定疾病医療機関が、第十九条の九第二項第一号から第三号まで、第九号又は第十号のいずれかに該当するに至つたとき。

二 指定小児慢性特定疾病医療機関が、第十九条の九第三項各号のいずれかに該当するに至つたとき。

三 指定小児慢性特定疾病医療機関が、第十九条の十一又は第十九条の十二の規定に違反したとき。

四 小児慢性特定疾病医療費の請求に関し不正があつたとき。

五 指定小児慢性特定疾病医療機関が、第十九条の十六第一項の規定により報告若しくは診療録、帳簿書類その他の物件の提出若しくは提示を命ぜられてこれに従わず、又は虚偽の報告をしたとき。

六 指定小児慢性特定疾病医療機関の開設者又は従業者が、第十九条の十六第一項の規定により出頭を求められてこれに応ぜず、同項の規定による質問に対して答弁せず、若しくは虚偽の答弁をし、又は同項の規定による検査を拒み、妨げ、若しくは忌避したとき。ただし、当該指定小児慢性特定疾病医療機関の従業者がその行為をした場合において、その行為を防止するため、当該指定小児慢性特定疾病医療機関の開設者が相当の注意及び監督を尽くしたときを除く。

七　指定小児慢性特定疾病医療機関が、不正の手段により指定小児慢性特定疾病医療機関の指定を受けたとき。

八　前各号に掲げる場合のほか、指定小児慢性特定疾病医療機関が、この法律その他国民の保健医療若しくは福祉に関する法律で政令で定めるもの又はこれらの法律に基づく命令若しくは処分に違反したとき。

九　前各号に掲げる場合のほか、指定小児慢性特定疾病医療機関が、小児慢性特定疾病医療支援に関し不正又は著しく不当な行為をしたとき。

十　指定小児慢性特定疾病医療機関が法人である場合において、その役員等のうちに指定小児慢性特定疾病医療機関の指定の取消し又は指定小児慢性特定疾病医療機関の指定の全部若しくは一部の効力の停止をしようとするとき前五年以内に小児慢性特定疾病医療支援に関し不正又は著しく不当な行為をした者があるに至つたとき。

十一　指定小児慢性特定疾病医療機関が法人でない場合において、その管理者が指定小児慢性特定疾病医療機関の指定の取消し又は指定小児慢性特定疾病医療機関の指定の全部若しくは一部の効力の停止をしようとするとき前五年以内に小児慢性特定疾病医療支援に関し不正又は著しく不当な行為をした者であるに至つたとき。

第十九条の十九　都道府県知事は、次に掲げる場合には、その旨を公示しなければならない。

一　指定小児慢性特定疾病医療機関の指定をしたとき。

二　第十九条の十四の規定による届出（同条の厚生労働省令で定める事項の変更に係るものを除く。）があつたとき。

三　第十九条の十五の規定による指定小児慢性特定疾病医療機関の指定の辞退があつたとき。

四　前条の規定により指定小児慢性特定疾病医療機関の指定を取り消したとき。

第十九条の二十　都道府県知事は、指定小児慢性特定疾病医療機関の診療内容及び小児慢性特定疾病医療費の請求を随時審査し、かつ、指定小児慢性特定疾病医療機関が第十九条の三第十項の規定によつて請求することができる小児慢性特定疾病医療費の額を決定することができる。

②　指定小児慢性特定疾病医療機関は、都道府県知事が行う前項の決定に従わなければならない。

③　都道府県知事は、第一項の規定により指定小児慢性特定疾病医療機関が請求することができる小児慢性特定疾病医療費の額を決定するに当たつては、社会保険診療報酬支払基金法（昭和二十三年法律第百二十九号）に定める審査委員会、国民健康保険法（昭和三十三年法律第百九十二号）に定める国民健康保険診療報酬審査委員会その他政令で定める医療に関する審査機関の意見を聴かなければならない。

④　都道府県は、指定小児慢性特定疾病医療機関に対する小児慢性特定疾病医療費の支払に関する事務を社会保険診療報酬支払基金、国民健康保険法第四十五条第五項に規定する国民健康保険団体連合会（以下「連合会」という。）その他厚生労働省令で定める者に委託することができる。

⑤　第一項の規定による小児慢性特定疾病医療費の額の決定については、審査請求をすることができない。

第十九条の二十一　この目に定めるもののほか、指定小児慢性特定疾病医療機関に関し必要な事項は、厚生労働省令で定める。

第三目　小児慢性特定疾病児童等自立支援事業

第十九条の二十二　都道府県は、小児慢性特定疾病児童等自立支援事業として、小児慢性特定疾病児童等に対する医療及び小児慢性特定疾病児童等の福祉に関する各般の問題につき、小児慢性特定疾病児童等、その家族その他の関係者からの相談に応じ、必要な情報の提供及び助言を行うとともに、関係機関との連絡調整その他の厚生労働省令で定める便宜を供与する事業を行うものとする。

②　都道府県は、前項に規定する事業のほか、地域における小児慢性特定疾病児童等の実情の把握その他の次項各号に掲げる事業の実施に関し必要な情報の収集、整理、分析及び評価に関する事業として厚生労働省令で定める事業を行うよう努めるものとする。

③　都道府県は、前二項に規定する事業の実施等により把握した地域の実情を踏まえ、小児慢性特定疾病児童等自立支援事業として、次に掲げる事業のうち必要があると認めるものを行うよう努めるものとする。

一　小児慢性特定疾病児童等について、医療機関その他の場所において、一時的に預かり、必要な療養上の管理、日常生活上の世話その他の必要な支援を行う事業
二　小児慢性特定疾病児童等が相互の交流を行う機会の提供その他の厚生労働省令で定める便宜を供与する事業
三　小児慢性特定疾病児童等に対し、雇用情報の提供その他小児慢性特定疾病児童等の就職に関し必要な支援を行う事業
四　小児慢性特定疾病児童等を現に介護する者の支援のため必要な事業
五　その他小児慢性特定疾病児童等の自立の支援のため必要な事業

④　都道府県は、前三項に規定する事業のほか、小児慢性特定疾病にかかつている児童等が、地域における自立した日常生活の支援のための施策を円滑に利用できるようにするため、小児慢性特定疾病要支援者証明事業（小児慢性特定疾病にかかつている児童の保護者又は小児慢性特定疾病にかかつている児童以外の満二十歳に満たない者のうち厚生労働省令で定める者に対し、小児慢性特定疾病にかかつている児童等が小児慢性特定疾病にかかつている旨その他の厚生労働省令で定める事項を書面その他の厚生労働省令で定める方法により証明する事業をいう。）を行うよう努めるものとする。

⑤　都道府県は、第三項各号に掲げる事業を行うに当たつては、関係機関並びに小児慢性特定疾病児童等及びその家族その他の関係者の意見を聴くものとする。

⑥　前各項に規定するもののほか、小児慢性特定疾病児童等自立支援事業の実施に関し必要な事項は、厚生労働省令で定める。

第四目　小児慢性特定疾病対策地域協議会

第十九条の二十三　都道府県、地方自治法第二百五十二条の十九第一項の指定都市（以下「指定都市」という。）及び同法第二百五十二条の二十二第一項の中核市（以下「中核市」という。）並びに第五十九条の四第一項に規定する児童相談所設置市は、単独で又は共同して、小児慢性特定疾病児童等への支援の体制の整備を図るため、関係機関、関係団体並びに小児慢性特定疾病児童等及びその家族並びに小児慢性特定疾病児童等に対する医療又は小児慢性特定疾病児童等の福祉、教育若しくは雇用に関連する職務に従事する者その他の関係者（次項において「関係機関等」という。）により構成される小児慢性特定疾病対策地域協議会（以下この目において「協議会」という。）を置くよう努めるものとする。

②　協議会は、関係機関等が相互の連絡を図ることにより、地域における小児慢性特定疾病児童等への支援体制に関する課題について情報を共有し、関係機関等の連携の緊密化を図るとともに、地域の実情に応じた体制の整備について協議を行うものとする。

③　協議会の事務に従事する者又は当該者であつた者は、正当な理由がなく、協議会の事務に関して知り得た秘密を漏らしてはならない。

④　第一項の規定により協議会が置かれた都道府県、指定都市及び中核市並びに第五十九条の四第一項に規定する児童相談所設置市の区域について難病の患者に対する医療等に関する法律第三十二条第一項の規定により難病対策地域協議会が置かれている場合には、当該協議会及び難病対策地域協議会は、小児慢性特定疾病児童等及び難病（同法第一条に規定する難病をいう。第二十一条の四第二項において同じ。）の患者への支援体制の整備を図り、かつ、小児慢性特定疾病児童等に対し必要な医療等を切れ目なく提供するため、相互に連携を図るよう努めるものとする。

第十九条の二十四　前条に定めるもののほか、協議会の組織及び運営に関し必要な事項は、協議会が定める。

第三款　療育の給付

第二十条　都道府県は、結核にかかつている児童に対し、療養に併せて学習の援助を行うため、これを病院に入院させて療育の給付を行うことができる。

②　療育の給付は、医療並びに学習及び療養生活に必要な物品の支給とする。

③　前項の医療は、次に掲げる給付とする。
一　診察
二　薬剤又は治療材料の支給
三　医学的処置、手術及びその他の治療並びに施術
四　病院又は診療所への入院及びその療養に伴う世話その他の看護
五　移送

④　第二項の医療に係る療育の給付は、都道府県知事が次項の規定により指定する病院（以下「指定療育機関」という。）に委託して行

うものとする。

⑤　都道府県知事は、病院の開設者の同意を得て、第二項の医療を担当させる機関を指定する。

⑥　前項の指定は、政令で定める基準に適合する病院について行うものとする。

⑦　指定療育機関は、三十日以上の予告期間を設けて、その指定を辞退することができる。

⑧　都道府県知事は、指定療育機関が第六項の規定に基づく政令で定める基準に適合しなくなつたとき、次条の規定に違反したとき、その他指定療育機関に第二項の医療を担当させるについて著しく不適当であると認められる理由があるときは、その指定を取り消すことができる。

第二十一条　指定療育機関は、内閣総理大臣の定めるところにより、前条第二項の医療を担当しなければならない。

第二十一条の二　第十九条の十二及び第十九条の二十の規定は、指定療育機関について準用する。この場合において、第十九条の十二第二項中「厚生労働大臣」とあるのは「内閣総理大臣」と、第十九条の二十第四項中「厚生労働省令」とあるのは「内閣府令」と読み替えるほか、必要な技術的読替えは、政令で定める。

第二十一条の三　都道府県知事は、指定療育機関の診療報酬の請求が適正であるかどうかを調査するため必要があると認めるときは、指定療育機関の管理者に対して必要な報告を求め、又は当該職員をして、指定療育機関について、その管理者の同意を得て、実地に診療録、帳簿書類その他の物件を検査させることができる。

②　指定療育機関の管理者が、正当な理由がなく、前項の報告の求めに応ぜず、若しくは虚偽の報告をし、又は同項の同意を拒んだときは、都道府県知事は、当該指定療育機関に対する都道府県の診療報酬の支払を一時差し止めることを指示し、又は差し止めることができる。

③　内閣総理大臣は、前項に規定する都道府県知事の権限に属する事務について、児童の利益を保護する緊急の必要があると認めるときは、都道府県知事に対し同項の事務を行うことを指示することができる。

第四款　雑則

第二十一条の四　国は、小児慢性特定疾病の治療方法その他小児慢性特定疾病その他の疾病にかかつていることにより長期にわたり療養を必要とする児童等（第三項及び第二十一条の五第一項において「疾病児童等」という。）の健全な育成に資する調査及び研究を推進するものとする。

②　国は、前項に規定する調査及び研究の推進に当たつては、難病の患者に対する良質かつ適切な医療の確保を図るための基盤となる難病の発病の機構、診断及び治療方法に関する調査及び研究並びに難病の患者の療養生活の質の維持向上を図るための調査及び研究との適切な連携を図るよう留意するものとする。

③　厚生労働大臣は、第一項に規定する調査及び研究の成果を適切な方法により地方公共団体、小児慢性特定疾病の治療方法その他疾病児童等の健全な育成に資する調査及び研究を行う者、医師、疾病児童等及びその家族その他の関係者に対して積極的に提供するものとする。

④　厚生労働大臣は、前項の規定により第一項に規定する調査及び研究の成果を提供するに当たつては、個人情報の保護に留意しなければならない。

⑤　都道府県は、厚生労働大臣に対し、医療費支給認定に係る小児慢性特定疾病児童又は医療費支給認定患者その他厚生労働省令で定める者に係る小児慢性特定疾病の病名、病状の程度その他の厚生労働省令で定める小児慢性特定疾病児童等に関する情報（厚生労働省令で定めるところにより医療費支給認定保護者又は医療費支給認定患者その他厚生労働省令で定める者の同意を得た情報に限る。以下「同意小児慢性特定疾病関連情報」という。）を、厚生労働省令で定める方法により提供しなければならない。

第二十一条の四の二　厚生労働大臣は、小児慢性特定疾病に関する調査及び研究の推進並びに国民保健の向上に資するため、匿名小児慢性特定疾病関連情報（同意小児慢性特定疾病関連情報に係る特定の小児慢性特定疾病児童等（次条において「本人」という。）を識別すること及びその作成に用いる同意小児慢性特定疾病関連情報を復元することができないようにするために厚生労働省令で定める基準に従い加工した同意小児慢性特定疾病関連情報をいう。以下同じ。）を利用し、又は厚生労働省令で定めるところにより、次の各号に掲げる者であつて、匿名小児慢性特定疾病関連情報の提供を受けて行うことについて相当の公益性を有すると認められる業務としてそれぞれ当該各号に定めるものを行うものに提供することができる。

一　国の他の行政機関及び地方公共団体　小児慢性特定疾病に係る対策に関する施策の企画及び立案に関する調査

二　大学その他の研究機関　小児慢性特定疾病児童等に対する良質かつ適切な医療の確保又は小児慢性特定疾病児童等の療養生活の質の維持向上に資する研究

三　民間事業者その他の厚生労働省令で定める者　小児慢性特定疾病児童等に対する医療又は小児慢性特定疾病児童等の福祉の分野の研究開発に資する分析その他の厚生労働省令で定める業務（特定の商品又は役務の広告又は宣伝に利用するために行うものを除く。）

② 厚生労働大臣は、前項の規定による匿名小児慢性特定疾病関連情報の利用又は提供を行う場合には、当該匿名小児慢性特定疾病関連情報を難病の患者に対する医療等に関する法律第二十七条の二第一項に規定する匿名指定難病関連情報その他の厚生労働省令で定めるものと連結して利用し、又は連結して利用することができる状態で提供することができる。

③ 厚生労働大臣は、第一項の規定により匿名小児慢性特定疾病関連情報を提供しようとする場合には、あらかじめ、社会保障審議会の意見を聴かなければならない。

第二十一条の四の三　前条第一項の規定により匿名小児慢性特定疾病関連情報の提供を受け、これを利用する者（以下「匿名小児慢性特定疾病関連情報利用者」という。）は、匿名小児慢性特定疾病関連情報を取り扱うに当たつては、当該匿名小児慢性特定疾病関連情報の作成に用いられた同意小児慢性特定疾病関連情報に係る本人を識別するために、当該同意小児慢性特定疾病関連情報から削除された記述等（文書、図画若しくは電磁的記録（電磁的方式（電子的方式、磁気的方式その他人の知覚によつては認識することができない方式をいう。）で作られる記録をいう。）に記載され、若しくは記録され、又は音声、動作その他の方法を用いて表された一切の事項をいう。）若しくは匿名小児慢性特定疾病関連情報の作成に用いられた加工の方法に関する情報を取得し、又は当該匿名小児慢性特定疾病関連情報を他の情報と照合してはならない。

第二十一条の四の四　匿名小児慢性特定疾病関連情報利用者は、提供を受けた匿名小児慢性特定疾病関連情報を利用する必要がなくなつたときは、遅滞なく、当該匿名小児慢性特定疾病関連情報を消去しなければならない。

第二十一条の四の五　匿名小児慢性特定疾病関連情報利用者は、匿名小児慢性特定疾病関連情報の漏えい、滅失又は毀損の防止その他の当該匿名小児慢性特定疾病関連情報の安全管理のために必要かつ適切なものとして厚生労働省令で定める措置を講じなければならない。

第二十一条の四の六　匿名小児慢性特定疾病関連情報利用者又は匿名小児慢性特定疾病関連情報利用者であつた者は、匿名小児慢性特定疾病関連情報の利用に関して知り得た匿名小児慢性特定疾病関連情報の内容をみだりに他人に知らせ、又は不当な目的に利用してはならない。

第二十一条の四の七　厚生労働大臣は、この款（第二十一条の四を除く。）の規定の施行に必要な限度において、匿名小児慢性特定疾病関連情報利用者（国の他の行政機関を除く。以下この項及び次条において同じ。）に対し報告若しくは帳簿書類の提出若しくは提示を命じ、又は当該職員に関係者に対して質問させ、若しくは匿名小児慢性特定疾病関連情報利用者の事務所その他の事業所に立ち入り、匿名小児慢性特定疾病関連情報利用者の帳簿書類その他の物件を検査させることができる。

② 第十九条の十六第二項の規定は前項の規定による質問又は検査について、同条第三項の規定は前項の規定による権限について準用する。

第二十一条の四の八　厚生労働大臣は、匿名小児慢性特定疾病関連情報利用者が第二十一条の四の三から第二十一条の四の六までの規定に違反していると認めるときは、その者に対し、当該違反を是正するため必要な措置をとるべきことを命ずることができる。

第二十一条の四の九　厚生労働大臣は、第二十一条の四第一項に規定する調査及び研究並びに第二十一条の四の二第一項の規定による利用又は提供に係る事務の全部又は一部を国立研究開発法人国立成育医療研究センターその他厚生労働省令で定める者（次条第一項及び第三項において「国立成育医療研究センター等」という。）に委託することができる。

第二十一条の四の十　匿名小児慢性特定疾病関連情報利用者は、実費を勘案して政令で定める額の手数料を国（前条の規定により厚生労働大臣からの委託を受けて、国立成育医療研究センター等が第二十一条の四の二第一項の規定による匿名小児慢性特定疾病関連情報の提供に係る事務の全部を行う場合にあつては、国立成育医療研究センター等）に納めなければならない。

② 厚生労働大臣は、前項の手数料を納めようとする者が都道府県その他の小児慢性特定疾病に関する調査及び研究の推進並びに国民保健の向上に資するために特に重要な役割を果たす者として政令で定める者であるときは、政令で定めるところにより、当該手数料を減額し、又は免除することができる。

③ 第一項の規定により国立成育医療研究センター等に納められた手数料は、国立成育医療研究センター等の収入とする。

第二十一条の五　厚生労働大臣は、良質かつ適切な小児慢性特定疾病医療支援の実施その他の疾病児童等の健全な育成に係る施策の推進を図るための基本的な方針を定めるものとする。

② 厚生労働大臣は、前項の基本的な方針を定め、又は変更するときは、あらかじめ、関係行政機関の長に協議しなければならない。

第二節　居宅生活の支援

第一款　障害児通所給付費、特例障害児通所給付費及び高額障害児通所給付費の支給

第二十一条の五の二　障害児通所給付費及び特例障害児通所給付費の支給は、次に掲げる障害児通所支援に関して次条及び第二十一条の五の四の規定により支給する給付とする。

一　児童発達支援（治療に係るものを除く。）

二　放課後等デイサービス

三　居宅訪問型児童発達支援

四　保育所等訪問支援

第二十一条の五の三　市町村は、通所給付決定保護者が、第二十一条の五の七第八項に規定する通所給付決定の有効期間内において、都道府県知事が指定する障害児通所支援事業を行う者（以下「指定障害児通所支援事業者」という。）から障害児通所支援（以下「指定通所支援」という。）を受けたときは、当該通所給付決定保護者に対し、当該指定通所支援（同条第七項に規定する支給量の範囲内のものに限る。以下この条及び次条において同じ。）に要した費用（食事の提供に要する費用その他の日常生活に要する費用のうち内閣府令で定める費用（以下「通所特定費用」という。）を除く。）について、障害児通所給付費を支給する。

② 障害児通所給付費の額は、一月につき、第一号に掲げる額から第二号に掲げる額を控除して得た額とする。

一　同一の月に受けた指定通所支援について、障害児通所支援の種類ごとに指定通所支援に通常要する費用（通所特定費用を除く。）につき、内閣総理大臣が定める基準により算定した費用の額（その額が現に当該指定通所支援に要した費用（通所特定費用を除く。）の額を超えるときは、当該現に指定通所支援に要した費用の額）を合計した額

二　当該通所給付決定保護者の家計の負担能力その他の事情をしん酌して政令で定める額（当該政令で定める額が前号に掲げる額の百分の十に相当する額を超えるときは、当該相当する額）

第二十一条の五の四　市町村は、次に掲げる場合において、必要があると認めるときは、内閣府令で定めるところにより、当該指定通所支援又は第二号に規定する基準該当通所支援（第二十一条の五の七第七項に規定する支給量の範囲内のものに限る。）に要した費用（通所特定費用を除く。）について、特例障害児通所給付費を支給することができる。

一　通所給付決定保護者が、第二十一条の五の六第一項の申請をした日から当該通所給付決定の効力が生じた日の前日までの間に、緊急その他やむを得ない理由により指定通所支援を受けたとき。

二　通所給付決定保護者が、指定通所支援以外の障害児通所支援（第二十一条の五の十九第一項の都道府県の条例で定める基準又は同条第二項の都道府県の条例で定める指定通所支援の事業の設備及び運営に関する基準に定める事項のうち都道府県の条例で定めるものを満たすと認められる事業を行う事業所により行われるものに限る。以下

社会福祉

「基準該当通所支援」という。）を受けたとき。

三　その他政令で定めるとき。

② 都道府県が前項第二号の条例を定めるに当たつては、第一号から第三号までに掲げる事項については内閣府令で定める基準に従い定めるものとし、第四号に掲げる事項については内閣府令で定める基準を標準として定めるものとし、その他の事項については内閣府令で定める基準を参酌するものとする。

一　基準該当通所支援に従事する従業者及びその員数

二　基準該当通所支援の事業に係る居室の床面積その他基準該当通所支援の事業の設備に関する事項であつて障害児の健全な発達に密接に関連するものとして内閣府令で定めるもの

三　基準該当通所支援の事業の運営に関する事項であつて、障害児の保護者のサービスの適切な利用の確保、障害児の安全の確保及び秘密の保持に密接に関連するものとして内閣府令で定めるもの

四　基準該当通所支援の事業に係る利用定員

③ 特例障害児通所給付費の額は、一月につき、同一の月に受けた次の各号に掲げる障害児通所支援の区分に応じ、当該各号に定める額を合計した額から、それぞれ当該通所給付決定保護者の家計の負担能力その他の事情をしん酌して政令で定める額（当該政令で定める額が当該合計した額の百分の十に相当する額を超えるときは、当該相当する額）を控除して得た額を基準として、市町村が定める。

一　指定通所支援　前条第二項第一号の内閣総理大臣が定める基準により算定した費用の額（その額が現に当該指定通所支援に要した費用（通所特定費用を除く。）の額を超えるときは、当該現に指定通所支援に要した費用の額）

二　基準該当通所支援　障害児通所支援の種類ごとに基準該当通所支援に通常要する費用（通所特定費用を除く。）につき内閣総理大臣が定める基準により算定した費用の額（その額が現に当該基準該当通所支援に要した費用（通所特定費用を除く。）の額を超えるときは、当該現に基準該当通所支援に要した費用の額）

第二十一条の五の五　障害児通所給付費又は特例障害児通所給付費（以下この款において「障害児通所給付費等」という。）の支給を受けようとする障害児の保護者は、市町村の障害児通所給付費等を支給する旨の決定（以下「通所給付決定」という。）を受けなければならない。

② 通所給付決定は、障害児の保護者の居住地の市町村が行うものとする。ただし、障害児の保護者が居住地を有しないとき、又は明らかでないときは、その障害児の保護者の現在地の市町村が行うものとする。

第二十一条の五の六　通所給付決定を受けようとする障害児の保護者は、内閣府令で定めるところにより、市町村に申請しなければならない。

② 市町村は、前項の申請があつたときは、次条第一項に規定する通所支給要否決定を行うため、内閣府令で定めるところにより、当該職員をして、当該申請に係る障害児又は障害児の保護者に面接をさせ、その心身の状況、その置かれている環境その他内閣府令で定める事項について調査をさせるものとする。この場合において、市町村は、当該調査を障害者の日常生活及び社会生活を総合的に支援するための法律第五十一条の十四第一項に規定する指定一般相談支援事業者その他の内閣府令で定める者（以下この条において「指定障害児相談支援事業者等」という。）に委託することができる。

③ 前項後段の規定により委託を受けた指定障害児相談支援事業者等は、障害児の保健又は福祉に関する専門的知識及び技術を有するものとして内閣府令で定める者に当該委託に係る調査を行わせるものとする。

④ 第二項後段の規定により委託を受けた指定障害児相談支援事業者等の役員（業務を執行する社員、取締役、執行役又はこれらに準ずる者をいい、相談役、顧問その他いかなる名称を有する者であるかを問わず、法人に対し業務を執行する社員、取締役、執行役又はこれらに準ずる者と同等以上の支配力を有するものと認められる者を含む。次項並びに第二十一条の五の十五第三項第六号（第二十四条の九第三項（第二十四条の十第四項において準用する場合を含む。）及び第二十四条の二十八第二項（第二十四条の二十九第四項において準用する場合を含む。）において準用する場合を含む。）、第二十四条の十七第十一号及び第二十四条の三十六第十一号において同じ。）若しくは前項の内閣府令で定める者又はこれらの職にあつた者は、正当な理由なしに、当該委託業務に関して知り得た個人の秘

密を漏らしてはならない。

⑤　第二項後段の規定により委託を受けた指定障害児相談支援事業者等の役員又は第三項の内閣府令で定める者で、当該委託業務に従事するものは、刑法その他の罰則の適用については、法令により公務に従事する職員とみなす。

第二十一条の五の七　市町村は、前条第一項の申請が行われたときは、当該申請に係る障害児の心身の状態、当該障害児の介護を行う者の状況、当該障害児及びその保護者の障害児通所支援の利用に関する意向その他の内閣府令で定める事項を勘案して障害児通所給付費等の支給の要否の決定（以下この条及び第三十三条の二十三の二第一項第二号において「通所支給要否決定」という。）を行うものとする。

②　市町村は、通所支給要否決定を行うに当たつて必要があると認めるときは、児童相談所その他内閣府令で定める機関（次項、第二十一条の五の十及び第二十一条の五の十三第三項において「児童相談所等」という。）の意見を聴くことができる。

③　児童相談所等は、前項の意見を述べるに当たつて必要があると認めるときは、当該通所支給要否決定に係る障害児、その保護者及び家族、医師その他の関係者の意見を聴くことができる。

④　市町村は、通所支給要否決定を行うに当たつて必要と認められる場合として内閣府令で定める場合には、内閣府令で定めるところにより、前条第一項の申請に係る障害児の保護者に対し、第二十四条の二十六第一項第一号に規定する指定障害児相談支援事業者が作成する障害児支援利用計画案の提出を求めるものとする。

⑤　前項の規定により障害児支援利用計画案の提出を求められた障害児の保護者は、内閣府令で定める場合には、同項の障害児支援利用計画案に代えて内閣府令で定める障害児支援利用計画案を提出することができる。

⑥　市町村は、前二項の障害児支援利用計画案の提出があつた場合には、第一項の内閣府令で定める事項及び当該障害児支援利用計画案を勘案して通所支給要否決定を行うものとする。

⑦　市町村は、通所給付決定を行う場合には、障害児通所支援の種類ごとに月を単位として内閣府令で定める期間において障害児通所給付費等を支給する障害児通所支援の量（以下「支給量」という。）を定めなければならない。

⑧　通所給付決定は、内閣府令で定める期間（以下「通所給付決定の有効期間」という。）内に限り、その効力を有する。

⑨　市町村は、通所給付決定をしたときは、当該通所給付決定保護者に対し、内閣府令で定めるところにより、支給量、通所給付決定の有効期間その他の内閣府令で定める事項を記載した通所受給者証（以下「通所受給者証」という。）を交付しなければならない。

⑩　指定通所支援を受けようとする通所給付決定保護者は、内閣府令で定めるところにより、指定障害児通所支援事業者に通所受給者証を提示して当該指定通所支援を受けるものとする。ただし、緊急の場合その他やむを得ない事由のある場合については、この限りでない。

⑪　通所給付決定保護者が指定障害児通所支援事業者から指定通所支援を受けたとき（当該通所給付決定保護者が当該指定障害児通所支援事業者に通所受給者証を提示したときに限る。）は、市町村は、当該通所給付決定保護者が当該指定障害児通所支援事業者に支払うべき当該指定通所支援に要した費用（通所特定費用を除く。）について、障害児通所給付費として当該通所給付決定保護者に支給すべき額の限度において、当該通所給付決定保護者に代わり、当該指定障害児通所支援事業者に支払うことができる。

⑫　前項の規定による支払があつたときは、当該通所給付決定保護者に対し障害児通所給付費の支給があつたものとみなす。

⑬　市町村は、指定障害児通所支援事業者から障害児通所給付費の請求があつたときは、第二十一条の五の三第二項第一号の内閣総理大臣が定める基準及び第二十一条の五の十九第二項の指定通所支援の事業の設備及び運営に関する基準（指定通所支援の取扱いに関する部分に限る。）に照らして審査の上、支払うものとする。

⑭　市町村は、前項の規定による審査及び支払に関する事務を連合会に委託することができる。

第二十一条の五の八　通所給付決定保護者は、現に受けている通所給付決定に係る障害児通所支援の支給量その他の内閣府令で定める事項を変更する必要があるときは、内閣府令で定めるところにより、市町村に対し、当該通所給付決定の変更の申請をすることができる。

② 市町村は、前項の申請又は職権により、前条第一項の内閣府令で定める事項を勘案し、通所給付決定保護者につき、必要があると認めるときは、通所給付決定の変更の決定を行うことができる。この場合において、市町村は、当該決定に係る通所給付決定保護者に対し通所受給者証の提出を求めるものとする。

③ 第二十一条の五の五第二項、第二十一条の五の六（第一項を除く。）及び前条（第一項を除く。）の規定は、前項の通所給付決定の変更の決定について準用する。この場合において、必要な技術的読替えは、政令で定める。

④ 市町村は、第二項の通所給付決定の変更の決定を行つた場合には、通所受給者証に当該決定に係る事項を記載し、これを返還するものとする。

第二十一条の五の九 通所給付決定を行つた市町村は、次に掲げる場合には、当該通所給付決定を取り消すことができる。

一 通所給付決定に係る障害児が、指定通所支援及び基準該当通所支援を受ける必要がなくなつたと認めるとき。

二 通所給付決定保護者が、通所給付決定の有効期間内に、当該市町村以外の市町村の区域内に居住地を有するに至つたと認めるとき。

三 通所給付決定に係る障害児又はその保護者が、正当な理由なしに第二十一条の五の六第二項（前条第三項において準用する場合を含む。）の規定による調査に応じないとき。

四 その他政令で定めるとき。

② 前項の規定により通所給付決定の取消しを行つた市町村は、内閣府令で定めるところにより、当該取消しに係る通所給付決定保護者に対し通所受給者証の返還を求めるものとする。

第二十一条の五の十 都道府県は、市町村の求めに応じ、市町村が行う第二十一条の五の五から前条までの規定による業務に関し、その設置する児童相談所等による技術的事項についての協力その他市町村に対する必要な援助を行うものとする。

第二十一条の五の十一 市町村が、災害その他の内閣府令で定める特別の事情があることにより、障害児通所支援に要する費用を負担することが困難であると認めた通所給付決定保護者が受ける障害児通所給付費の支給について第二十一条の五の三第二項の規定を適用する場合においては、同項第二号中「額）」とあるのは、「額）の範囲内において市町村が定める額」とする。

② 前項に規定する通所給付決定保護者が受ける特例障害児通所給付費の支給について第二十一条の五の四第三項の規定を適用する場合においては、同項中「を控除して得た額を基準として、市町村が定める」とあるのは、「の範囲内において市町村が定める額を控除して得た額とする」とする。

第二十一条の五の十二 市町村は、通所給付決定保護者が受けた障害児通所支援に要した費用の合計額（内閣総理大臣が定める基準により算定した費用の額（その額が現に要した費用の額を超えるときは、当該現に要した額）の合計額を限度とする。）から当該費用につき支給された障害児通所給付費及び特例障害児通所給付費の合計額を控除して得た額が、著しく高額であるときは、当該通所給付決定保護者に対し、高額障害児通所給付費を支給する。

② 前項に定めるもののほか、高額障害児通所給付費の支給要件、支給額その他高額障害児通所給付費の支給に関し必要な事項は、指定通所支援に要する費用の負担の家計に与える影響を考慮して、政令で定める。

第二十一条の五の十三 市町村は、第二十一条の五の三第一項、第二十一条の五の四第一項又は前条第一項の規定にかかわらず、放課後等デイサービスを受けている障害児（以下この項において「通所者」という。）について、引き続き放課後等デイサービスを受けなければその福祉を損なうおそれがあると認めるときは、当該通所者が満十八歳に達した後においても、当該通所者からの申請により、当該通所者が満二十歳に達するまで、内閣府令で定めるところにより、引き続き放課後等デイサービスに係る障害児通所給付費、特例障害児通所給付費又は高額障害児通所給付費（次項において「放課後等デイサービス障害児通所給付費等」という。）を支給することができる。ただし、当該通所者が障害者の日常生活及び社会生活を総合的に支援するための法律第五条第七項に規定する生活介護その他の支援を受けることができる場合は、この限りでない。

② 前項の規定により放課後等デイサービス障

害児通所給付費等を支給することができることとされた者については、その者を障害児又は障害児の保護者とみなして、第二十一条の五の三から前条までの規定を適用する。この場合において、必要な技術的読替えその他これらの規定の適用に関し必要な事項は、政令で定める。

③　市町村は、第一項の場合において必要があると認めるときは、児童相談所等の意見を聴くことができる。

第二十一条の五の十四　この款に定めるもののほか、障害児通所給付費、特例障害児通所給付費又は高額障害児通所給付費の支給及び指定障害児通所支援事業者の障害児通所給付費の請求に関し必要な事項は、内閣府令で定める。

第二款　指定障害児通所支援事業者

第二十一条の五の十五　第二十一条の五の三第一項の指定は、内閣府令で定めるところにより、障害児通所支援事業を行う者の申請により、障害児通所支援の種類及び障害児通所支援事業を行う事業所（以下「障害児通所支援事業所」という。）ごとに行う。

②　放課後等デイサービスその他の内閣府令で定める障害児通所支援（以下この項及び第五項並びに第二十一条の五の二十第一項において「特定障害児通所支援」という。）に係る第二十一条の五の三第一項の指定は、当該特定障害児通所支援の量を定めてするものとする。

③　都道府県知事は、第一項の申請があつた場合において、次の各号のいずれかに該当するときは、指定障害児通所支援事業者の指定をしてはならない。

一　申請者が都道府県の条例で定める者でないとき。

二　当該申請に係る障害児通所支援事業所の従業者の知識及び技能並びに人員が、第二十一条の五の十九第一項の都道府県の条例で定める基準を満たしていないとき。

三　申請者が、第二十一条の五の十九第二項の都道府県の条例で定める指定通所支援の事業の設備及び運営に関する基準に従つて適正な障害児通所支援事業の運営をすることができないと認められるとき。

四　申請者が禁錮以上の刑に処せられ、その執行を終わり、又は執行を受けることがなくなるまでの者であるとき。

五　申請者が、この法律その他国民の保健医療若しくは福祉に関する法律で政令で定めるものの規定により罰金の刑に処せられ、その執行を終わり、又は執行を受けることがなくなるまでの者であるとき。

五の二　申請者が、労働に関する法律の規定であつて政令で定めるものにより罰金の刑に処せられ、その執行を終わり、又は執行を受けることがなくなるまでの者であるとき。

六　申請者が、第二十一条の五の二十四第一項又は第三十三条の十八第六項の規定により指定を取り消され、その取消しの日から起算して五年を経過しない者（当該指定を取り消された者が法人である場合においては、当該取消しの処分に係る行政手続法第十五条の規定による通知があつた日前六十日以内に当該法人の役員又はその障害児通所支援事業所を管理する者その他の政令で定める使用人（以下この条及び第二十一条の五の二十四第一項第十二号において「役員等」という。）であつた者で当該取消しの日から起算して五年を経過しないものを含み、当該指定を取り消された者が法人でない場合においては、当該通知があつた日前六十日以内に当該者の管理者であつた者で当該取消しの日から起算して五年を経過しないものを含む。）であるとき。ただし、当該指定の取消しが、指定障害児通所支援事業者の指定の取消しのうち当該指定の取消しの処分の理由となつた事実及び当該事実の発生を防止するための当該指定障害児通所支援事業者による業務管理体制の整備についての取組の状況その他の当該事実に関して当該指定障害児通所支援事業者が有していた責任の程度を考慮して、この号本文に規定する指定の取消しに該当しないこととすることが相当であると認められるものとして内閣府令で定めるものに該当する場合を除く。

七　申請者と密接な関係を有する者（申請者（法人に限る。以下この号において同じ。）の株式の所有その他の事由を通じて当該申請者の事業を実質的に支配し、若しくはその事業に重要な影響を与える関係にある者として内閣府令で定めるもの（以下この号において「申請者の親会社等」という。）、申請者の親会社等が株式の所有その他の事由を通じてその事業を実質的に支配し、若しくはその事業に重要な影響を与える関係にある者として内閣府令で定めるもの又は当該申請者が株式の所有その他の事由を通じてその事業を実質的に支配し、若しくはその事業に重要な影響を与える関係にある者として内閣府令で定めるもののうち、当該申請者と内閣府令で定める密接な関係を有する法人をいう。）が、第二十一条の五の二十四第一項又は第三十三条の十八第六項の規定により指定を取り消され、その取消しの日から起算して五年を経過していないとき。ただし、当該指定の取消しが、指定障害児通所支援事業者の指定の取消しのうち当該指定の取消しの処分の理由となつた事実及び当該事実の発生を防止するための当該指定障害児通所支援事業者による業務管理体制の整備についての取組の状況その他の当該事実に関して当該指定障害児通所支援事業者が有していた責任の程度を考慮して、この号本文に規定する指定の取消しに該当しないこととすることが相当であると認められるものとして内閣府令で定めるものに該当する場合を除く。

八　削除

九　申請者が、第二十一条の五の二十四第一項又は第三十三条の十八第六項の規定による指定の取消しの処分に係る行政手続法第十五条の規定による通知があつた日から当該処分をする日又は処分をしないことを決定する日までの間に第二十一条の五の二十第四項の規定による事業の廃止の届出をした者（当該事業の廃止について相当の理由がある者を除く。）で、当該届出の日から起算して五年を経過しないものであるとき。

十　申請者が、第二十一条の五の二十二第一項の規定による検査が行われた日から聴聞決定予定日（当該検査の結果に基づき第二十一条の五の二十四第一項の規定による指定の取消しの処分に係る聴聞を行うか否かの決定をすることが見込まれる日として内閣府令で定めるところにより都道府県知事が当該申請者に当該検査が行われた日から十日以内に特定の日を通知した場合における当該特定の日をいう。）までの間に第二十一条の五の二十第四項の規定による事業の廃止の届出をした者（当該事業の廃止について相当の理由がある者を除く。）で、当該届出の日から起算して五年を経過しないものであるとき。

十一　第九号に規定する期間内に第二十一条の五の二十第四項の規定による事業の廃止の届出があつた場合において、申請者が、同号の通知の日前六十日以内に当該事業の廃止の届出に係る法人（当該事業の廃止について相当の理由がある法人を除く。）の役員等又は当該届出に係る法人でない者（当該事業の廃止について相当の理由がある者を除く。）の管理者であつた者で、当該届出の日から起算して五年を経過しないものであるとき。

十二　申請者が、指定の申請前五年以内に障害児通所支援に関し不正又は著しく不当な行為をした者であるとき。

十三　申請者が、法人で、その役員等のうちに第四号から第六号まで又は第九号から前号までのいずれかに該当する者のあるものであるとき。

十四　申請者が、法人でない者で、その管理者が第四号から第六号まで又は第九号から第十二号までのいずれかに該当する者であるとき。

④　都道府県が前項第一号の条例を定めるに当たつては、内閣府令で定める基準に従い定めるものとする。

⑤　都道府県知事は、特定障害児通所支援につき第一項の申請があつた場合において、当該都道府県又は当該申請に係る障害児通所支援事業所の所在地を含む区域（第三十三条の二十二第二項第二号の規定により都道府県が定める区域をいう。）における当該申請に係る種類ごとの指定通所支援の量が、同条第一項の規定により当該都道府県が定める都道府県障害児福祉計画において定める当該都道府県若しくは当該区域の当該指定通所支援の必要な量に既に達しているか、又は当該申請に係る事業者の指定によつてこれを超えることになると認めるとき、その他の当該都道府県障害児福祉計画の達成に支障を生ずるおそれがあると認めるときは、第二十一条の五の三第一項の指定をしないことができる。

⑥　関係市町村長は、内閣府令で定めるところにより、都道府県知事に対し、第二十一条の五の三第一項の指定について、当該指定をしようとするときは、あらかじめ、当該関係市町村長にその旨を通知するよう求めることができる。この場合において、当該都道府県知事は、その求めに応じなければならない。

⑦　関係市町村長は、前項の規定による通知を

受けたときは、内閣府令で定めるところにより、第二十一条の五の三第一項の指定に関し、都道府県知事に対し、当該関係市町村の第三十三条の二十第一項に規定する市町村障害児福祉計画との調整を図る見地からの意見を申し出ることができる。

⑧　都道府県知事は、前項の意見を勘案し、第二十一条の五の三第一項の指定を行うに当たつて、当該事業の適正な運営を確保するために必要と認める条件を付することができる。

第二十一条の五の十六　第二十一条の五の三第一項の指定は、六年ごとにその更新を受けなければ、その期間の経過によつて、その効力を失う。

②　前項の更新の申請があつた場合において、同項の期間（以下この条において「指定の有効期間」という。）の満了の日までにその申請に対する処分がされないときは、従前の指定は、指定の有効期間の満了後もその処分がされるまでの間は、なおその効力を有する。

③　前項の場合において、指定の更新がされたときは、その指定の有効期間は、従前の指定の有効期間の満了の日の翌日から起算するものとする。

④　前条の規定は、第一項の指定の更新について準用する。この場合において、必要な技術的読替えは、政令で定める。

第二十一条の五の十七　児童発達支援その他内閣府令で定める障害児通所支援に係る障害児通所支援事業所について、介護保険法（平成九年法律第百二十三号）第四十一条第一項本文の指定（当該障害児通所支援事業所により行われる障害児通所支援の種類に応じて内閣府令で定める種類の同法第八条第一項に規定する居宅サービスに係るものに限る。）、同法第四十二条の二第一項本文の指定（当該障害児通所支援事業所により行われる障害児通所支援の種類に応じて内閣府令で定める種類の同法第八条第十四項に規定する地域密着型サービスに係るものに限る。）、同法第五十三条第一項本文の指定（当該障害児通所支援事業所により行われる障害児通所支援の種類に応じて内閣府令で定める種類の同法第八条の二第一項に規定する介護予防サービスに係るものに限る。）若しくは同法第五十四条の二第一項本文の指定（当該障害児通所支援事業所により行われる障害児通所支援の種類に応じて内閣府令で定める種類の同法第八条の二第十二項に規定する地域密着型介護予防サービスに係るものに限る。）又は障害者の日常生活及び社会生活を総合的に支援するための法律第二十九条第一項の指定障害福祉サービス事業者の指定（当該障害児通所支援事業所により行われる障害児通所支援の種類に応じて内閣府令で定める種類の同法第五条第一項に規定する障害福祉サービスに係るものに限る。）を受けている者から当該障害児通所支援事業所に係る第二十一条の五の十五第一項（前条第四項において準用する場合を含む。）の申請があつた場合において、次の各号のいずれにも該当するときにおける第二十一条の五の十五第三項（前条第四項において準用する場合を含む。以下この項において同じ。）の規定の適用については、第二十一条の五の十五第三項第二号中「第二十一条の五の十九第一項の」とあるのは「第二十一条の五の十七第一項第一号の指定通所支援に従事する従業者に係る」と、同項第三号中「第二十一条の五の十九第二項」とあるのは「第二十一条の五の十七第一項第二号」とする。ただし、申請者が、内閣府令で定めるところにより、別段の申出をしたときは、この限りでない。

一　当該申請に係る障害児通所支援事業所の従業者の知識及び技能並びに人員が、指定通所支援に従事する従業者に係る都道府県の条例で定める基準を満たしていること。

二　申請者が、都道府県の条例で定める指定通所支援の事業の設備及び運営に関する基準に従つて適正な障害児通所支援事業の運営をすることができると認められること。

②　都道府県が前項各号の条例を定めるに当たつては、第一号から第三号までに掲げる事項については内閣府令で定める基準に従い定めるものとし、第四号に掲げる事項については内閣府令で定める基準を標準として定めるものとし、その他の事項については内閣府令で定める基準を参酌するものとする。

一　指定通所支援に従事する従業者及びその員数

二　指定通所支援の事業に係る居室の床面積その他指定通所支援の事業の設備に関する事項であつて障害児の健全な発達に密接に関連するものとして内閣府令で定めるもの

三　指定通所支援の事業の運営に関する事項であつて、障害児の保護者のサービスの適切な利用の確保並びに障害児の適切な処遇及び安全の確保並びに秘密の保持に密接に関連するものとして内閣府令で定めるもの

四　指定通所支援の事業に係る利用定員

③　第一項の場合において、同項に規定する者が同項の申請に係る第二十一条の五の三第一項の指定を受けたときは、その者に対しては、第二十一条の五の十九第三項の規定は適用せず、次の表の上欄に掲げる規定の適用については、これらの規定中同表の中欄に掲げる字句は、それぞれ同表の下欄に掲げる字句とする。

第二十一条の五の七第十三項	第二十一条の五の十九第二項	第二十一条の五の十七第一項第二号
第二十一条の五の十九第一項	都道府県	第二十一条の五の十七第一項第一号の指定通所支援に従事する従業者に係る都道府県
第二十一条の五の十九第二項	指定通所支援の事業	第二十一条の五の十七第一項第二号の指定通所支援の事業
第二十一条の五の二十三第一項第二号	第二十一条の五の十九第一項の	第二十一条の五の十七第一項第一号の指定通所支援に従事する従業者に係る
第二十一条の五の二十三第一項第三号	第二十一条の五の十九第二項	第二十一条の五の十七第一項第二号
第二十一条の五の二十三第一項第四号	第二十一条の五の十九第一項の	第二十一条の五の十七第一項第一号の指定通所支援に従事する従業者に係る
第二十一条の五の二十三第一項第五号	第二十一条の五の十九第二項	第二十一条の五の十七第一項第二号

④　第一項に規定する者であつて、同項の申請に係る第二十一条の五の三第一項の指定を受けたものから、次の各号のいずれかの届出があつたときは、当該指定に係る指定通所支援の事業について、第二十一条の五の二十第四項の規定による事業の廃止又は休止の届出があつたものとみなす。

一　介護保険法第四十一条第一項に規定する指定居宅サービスの事業（当該指定に係る障害児通所支援事業所において行うものに限る。）に係る同法第七十五条第二項の規定による事業の廃止又は休止の届出

二　介護保険法第五十三条第一項に規定する指定介護予防サービスの事業（当該指定に係る障害児通所支援事業所において行うものに限る。）に係る同法第百十五条の五第二項の規定による事業の廃止又は休止の届出

三　障害者の日常生活及び社会生活を総合的に支援するための法律第二十九条第一項に規定する指定障害福祉サービスの事業（当該指定に係る障害児通所支援事業所において行うものに限る。）に係る同法第四十六条第二項の規定による事業の廃止又は休止の届出

⑤　第一項に規定する者であつて、同項の申請に係る第二十一条の五の三第一項の指定を受けたものは、介護保険法第四十二条の二第一項に規定する指定地域密着型サービスの事業（当該指定に係る障害児通所支援事業所において行うものに限る。）又は同法第五十四条の二第一項に規定する指定地域密着型介護予防サービスの事業（当該指定に係る障害児通所支援事業所において行うものに限る。）を廃止し、又は休止しようとするときは、内閣府令で定めるところにより、その廃止又は休止の日の一月前までに、その旨を当該指定を行つた都道府県知事に届け出なければならない。この場合において、当該届出があつたときは、当該指定に係る指定通所支援の事業について、第二十一条の五の二十第四項の規定による事業の廃止又は休止の届出があつたものとみなす。

第二十一条の五の十八　指定障害児通所支援事業者は、障害児が自立した日常生活又は社会生活を営むことができるよう、障害児及びその保護者の意思をできる限り尊重するとともに、行政機関、教育機関その他の関係機関との緊密な連携を図りつつ、障害児通所支援を当該障害児の意向、適性、障害の特性その他の事情に応じ、常に障害児及びその保護者の立場に立つて効果的に行うように努めなければならない。

②　指定障害児通所支援事業者は、その提供する障害児通所支援の質の評価を行うことその

他の措置を講ずることにより、障害児通所支援の質の向上に努めなければならない。

③　指定障害児通所支援事業者は、障害児の人格を尊重するとともに、この法律又はこの法律に基づく命令を遵守し、障害児及びその保護者のため忠実にその職務を遂行しなければならない。

第二十一条の五の十九　指定障害児通所支援事業者は、都道府県の条例で定める基準に従い、当該指定に係る障害児通所支援事業所ごとに、当該指定通所支援に従事する従業者を有しなければならない。

②　指定障害児通所事業者は、都道府県の条例で定める指定通所支援の事業の設備及び運営に関する基準に従い、指定通所支援を提供しなければならない。

③　都道府県が前二項の条例を定めるに当たつては、第一号から第三号までに掲げる事項については内閣府令で定める基準に従い定めるものとし、第四号に掲げる事項については内閣府令で定める基準を標準として定めるものとし、その他の事項については内閣府令で定める基準を参酌するものとする。

一　指定通所支援に従事する従業者及びその員数

二　指定通所支援の事業に係る居室及び病室の床面積その他指定通所支援の事業の設備に関する事項であつて障害児の健全な発達に密接に関連するものとして内閣府令で定めるもの

三　指定通所支援の事業の運営に関する事項であつて、障害児の保護者のサービスの適切な利用の確保並びに障害児の適切な処遇及び安全の確保並びに秘密の保持に密接に関連するものとして内閣府令で定めるもの

四　指定通所支援の事業に係る利用定員

④　指定障害児通所支援事業者は、次条第四項の規定による事業の廃止又は休止の届出をしたときは、当該届出の日前一月以内に当該指定通所支援を受けていた者であつて、当該事業の廃止又は休止の日以後においても引き続き当該指定通所支援に相当する支援の提供を希望する者に対し、必要な障害児通所支援が継続的に提供されるよう、他の指定障害児通所支援事業者その他関係者との連絡調整その他の便宜の提供を行わなければならない。

第二十一条の五の二十　指定障害児通所支援事業者は、第二十一条の五の三第一項の指定に係る特定障害児通所支援の量を増加しようとするときは、内閣府令で定めるところにより、同項の指定の変更を申請することができる。

②　第二十一条の五の十五第三項から第五項までの規定は、前項の指定の変更の申請があつた場合について準用する。この場合において、必要な技術的読替えは、政令で定める。

③　指定障害児通所支援事業者は、当該指定に係る障害児通所支援事業所の名称及び所在地その他内閣府令で定める事項に変更があつたとき、又は休止した当該指定通所支援の事業を再開したときは、内閣府令で定めるところにより、十日以内に、その旨を都道府県知事に届け出なければならない。

④　指定障害児通所支援事業者は、当該指定通所支援の事業を廃止し、又は休止しようとするときは、内閣府令で定めるところにより、その廃止又は休止の日の一月前までに、その旨を都道府県知事に届け出なければならない。

第二十一条の五の二十一　都道府県知事又は市町村長は、第二十一条の五の十九第四項に規定する便宜の提供が円滑に行われるため必要があると認めるときは、当該指定障害児通所支援事業者その他の関係者相互間の連絡調整又は当該指定障害児通所支援事業者その他の関係者に対する助言その他の援助を行うことができる。

②　内閣総理大臣は、同一の指定障害児通所支援事業者について二以上の都道府県知事が前項の規定による連絡調整又は援助を行う場合において、第二十一条の五の十九第四項に規定する便宜の提供が円滑に行われるため必要があると認めるときは、当該都道府県知事相互間の連絡調整又は当該指定障害児通所支援事業者に対する都道府県の区域を超えた広域的な見地からの助言その他の援助を行うことができる。

第二十一条の五の二十二　都道府県知事又は市町村長は、必要があると認めるときは、指定障害児通所支援事業者若しくは指定障害児通所支援事業者であつた者若しくは当該指定に係る障害児通所支援事業所の従業者であつた者（以下この項において「指定障害児通所支援事業者であつた者等」という。）に対し、報告若しくは帳簿書類その他の物件の提出若しくは提示を命じ、指定障害児通所支援事業者若しくは当該指定に係る障害児通所支援事業所の従業者若しくは指定障害児通所支援事業者であつた者等に対し出頭を求め、又は当

該職員に、関係者に対し質問させ、若しくは当該指定障害児通所支援事業者の当該指定に係る障害児通所支援事業所、事務所その他当該指定通所支援の事業に関係のある場所に立ち入り、その設備若しくは帳簿書類その他の物件を検査させることができる。

② 第十九条の十六第二項の規定は前項の規定による質問又は検査について、同条第三項の規定は第一項（前項において準用する場合を含む。）の規定による権限について準用する。

第二十一条の五の二十三 都道府県知事は、指定障害児通所支援事業者が、次の各号に掲げる場合に該当すると認めるときは、当該指定障害児事業者等に対し、期限を定めて、当該各号に定める措置をとるべきことを勧告することができる。

一 第二十一条の五の十五第八項（第二十一条の五の十六第四項において準用する場合を含む。）の規定により付された条件に従わない場合 当該条件に従うこと。

二 当該指定に係る障害児通所支援事業所の従業者の知識若しくは技能又は人員について第二十一条の五の十九第一項の都道府県の条例で定める基準に適合していない場合 当該基準を遵守すること。

三 第二十一条の五の十九第二項の都道府県の条例で定める指定通所支援の事業の設備及び運営に関する基準に従つて適正な指定通所支援の事業の運営をしていない場合 当該基準を遵守すること。

四 第二十一条の五の十九第四項に規定する便宜の提供を適正に行つていない場合 当該便宜の提供を適正に行うこと。

② 都道府県知事は、前項の規定による勧告をした場合において、その勧告を受けた指定障害児通所支援事業者が、同項の期限内にこれに従わなかつたときは、その旨を公表することができる。

③ 都道府県知事は、第一項の規定による勧告を受けた指定障害児通所支援事業者が、正当な理由がなくてその勧告に係る措置をとらなかつたときは、当該指定障害児通所支援事業者に対し、期限を定めて、その勧告に係る措置をとるべきことを命ずることができる。

④ 都道府県知事は、前項の規定による命令をしたときは、その旨を公示しなければならない。

⑤ 市町村は、障害児通所給付費の支給に係る指定通所支援を行つた指定障害児通所支援事業者について、第一項各号に掲げる場合のいずれかに該当すると認めるときは、その旨を当該指定に係る障害児通所支援事業所の所在地の都道府県知事に通知しなければならない。

第二十一条の五の二十四 都道府県知事は、次の各号のいずれかに該当する場合においては、当該指定障害児通所支援事業者に係る第二十一条の五の三第一項の指定を取り消し、又は期間を定めてその指定の全部若しくは一部の効力を停止することができる。

一 指定障害児通所支援事業者が、第二十一条の五の十五第三項第四号から第五号の二まで、第十三号又は第十四号のいずれかに該当するに至つたとき。

二 指定障害児通所支援事業者が、第二十一条の五の十五第八項（第二十一条の五の十六第四項において準用する場合を含む。）の規定により付された条件に違反したと認められるとき。

三 指定障害児通所支援事業者が、第二十一条の五の十八第三項の規定に違反したと認められるとき。

四 指定障害児通所支援事業者が、当該指定に係る障害児通所支援事業所の従業者の知識若しくは技能又は人員について、第二十一条の五の十九第一項の都道府県の条例で定める基準を満たすことができなくなつたとき。

五 指定障害児通所支援事業者が、第二十一条の五の十九第二項の都道府県の条例で定める指定通所支援の事業の設備及び運営に関する基準に従つて適正な指定通所支援の事業の運営をすることができなくなつたとき。

六 障害児通所給付費又は肢体不自由児通所医療費の請求に関し不正があつたとき。

七 指定障害児通所支援事業者が、第二十一条の五の二十二第一項の規定により報告又は帳簿書類その他の物件の提出若しくは提示を命ぜられてこれに従わず、又は虚偽の報告をしたとき。

八 指定障害児通所支援事業者又は当該指定に係る障害児通所支援事業所の従業者が、第二十一条の五の二十二第一項の規定により出頭を求められてこれに応ぜず、同項の規定による質問に対して答弁せず、若しくは虚偽の答弁をし、又は同項の規定による立入り若しくは検査を拒み、妨げ、若しくは忌避したとき。ただし、当該指定に係る障害児通所支援事業所の従業者がその行為をした場合において、その行為を防止するため、当該指定障害児通所支援事業者が相当の注意及び監督を尽くしたときを除く。

九　指定障害児通所支援事業者が、不正の手段により第二十一条の五の三第一項の指定を受けたとき。

十　前各号に掲げる場合のほか、指定障害児通所支援事業者が、この法律その他国民の保健医療若しくは福祉に関する法律で政令で定めるもの又はこれらの法律に基づく命令若しくは処分に違反したとき。

十一　前各号に掲げる場合のほか、指定障害児通所支援事業者が、障害児通所支援に関し不正又は著しく不当な行為をしたとき。

十二　指定障害児通所支援事業者が法人である場合において、その役員等のうちに指定の取消し又は指定の全部若しくは一部の効力の停止をしようとするとき前五年以内に障害児通所支援に関し不正又は著しく不当な行為をした者があるとき。

十三　指定障害児通所支援事業者が法人でない場合において、その管理者が指定の取消し又は指定の全部若しくは一部の効力の停止をしようとするとき前五年以内に障害児通所支援に関し不正又は著しく不当な行為をした者であるとき。

② 市町村は、障害児通所給付費等の支給に係る障害児通所支援又は肢体不自由児通所医療費の支給に係る第二十一条の五の二十九第一項に規定する肢体不自由児通所医療を行つた指定障害児通所支援事業者について、前項各号のいずれかに該当すると認めるときは、その旨を当該指定に係る障害児通所支援事業所の所在地の都道府県知事に通知しなければならない。

第二十一条の五の二十五　都道府県知事は、次に掲げる場合には、その旨を公示しなければならない。

一　第二十一条の五の三第一項の指定障害児通所支援事業者の指定をしたとき。

二　第二十一条の五の二十第四項の規定による事業の廃止の届出があつたとき。

三　前条第一項又は第三十三条の十八第六項の規定により指定障害児通所支援事業者の指定を取り消したとき。

第三款　業務管理体制の整備等

第二十一条の五の二十六　指定障害児通所支援事業者は、第二十一条の五の十八第三項に規定する義務の履行が確保されるよう、内閣府令で定める基準に従い、業務管理体制を整備しなければならない。

② 指定障害児通所支援事業者は、次の各号に掲げる区分に応じ、当該各号に定める者に対し、内閣府令で定めるところにより、業務管理体制の整備に関する事項を届け出なければならない。

一　次号から第四号までに掲げる指定障害児通所支援事業者以外の指定障害児通所支援事業者　都道府県知事

二　当該指定に係る障害児通所支援事業所が一の指定都市の区域に所在する指定障害児通所支援事業者　指定都市の長

三　当該指定に係る障害児通所支援事業所が一の中核市の区域に所在する指定障害児通所支援事業者　中核市の長

四　当該指定に係る障害児通所支援事業所が二以上の都道府県の区域に所在する指定障害児通所支援事業者　内閣総理大臣

③ 前項の規定により届出をした指定障害児通所支援事業者は、その届け出た事項に変更があつたときは、内閣府令で定めるところにより、遅滞なく、その旨を当該届出をした内閣総理大臣、都道府県知事又は指定都市若しくは中核市の長（以下この款において「内閣総理大臣等」という。）に届け出なければならない。

④ 第二項の規定による届出をした指定障害児通所支援事業者は、同項各号に掲げる区分の変更により、同項の規定により当該届出をした内閣総理大臣等以外の内閣総理大臣等に届出を行うときは、内閣府令で定めるところにより、その旨を当該届出をした内閣総理大臣等にも届け出なければならない。

⑤ 内閣総理大臣等は、前三項の規定による届出が適正になされるよう、相互に密接な連携を図るものとする。

第二十一条の五の二十七　前条第二項の規定による届出を受けた内閣総理大臣等は、当該届出をした指定障害児通所支援事業者（同条第四項の規定による届出を受けた内閣総理大臣等にあつては、同項の規定による届出をした指定障害児通所支援事業者を除く。）における同条第一項の規定による業務管理体制の整備に関して必要があると認めるときは、当該指定障害児通所支援事業者に対し、報告若しくは帳簿書類その他の物件の提出若しくは提示を命じ、当該指定障害児通所支援事業者若しくは当該指定障害児通所支援事業者の従業者に対し出頭を求め、又は当該職員に、関係者に対し質問させ、若しくは当該指定障害児通所支援事業所、事務所その他の指定に係る障害児通所支援事業者の当該指定通所支援の提供に関係のある場所に立ち入り、その設備若しくは帳簿書類その他の物件を検査させることができる。

② 内閣総理大臣又は指定都市若しくは中核市の長が前項の権限を行うときは、当該指定障害児通所支援事業者に係る指定を行つた都道府県知事（次条第五項において「関係都道府県知事」という。）と密接な連携の下に行うものとする。

③ 都道府県知事は、その行つた又はその行おうとする指定に係る指定障害児通所支援事業者における前条第一項の規定による業務管理体制の整備に関して必要があると認めるときは、内閣総理大臣又は指定都市若しくは中核市の長に対し、第一項の権限を行うよう求めることができる。

④ 内閣総理大臣又は指定都市若しくは中核市の長は、前項の規定による都道府県知事の求めに応じて第一項の権限を行つたときは、内閣府令で定めるところにより、その結果を当該権限を行うよう求めた都道府県知事に通知しなければならない。

⑤ 第十九条の十六第二項の規定は第一項の規定による質問又は検査について、同条第三項の規定は第一項の規定による権限について準用する。

第二十一条の五の二十八 第二十一条の五の二十六第二項の規定による届出を受けた内閣総理大臣等は、当該届出をした指定障害児通所支援事業者（同条第四項の規定による届出を受けた内閣総理大臣等にあつては、同項の規定による届出をした指定障害児通所支援事業者を除く。）が、同条第一項の内閣府令で定める基準に従つて適正な業務管理体制の整備をしていないと認めるときは、当該指定障害児通所支援事業者に対し、期限を定めて、当該内閣府令で定める基準に従つて適正な業務管理体制を整備すべきことを勧告することができる。

② 内閣総理大臣等は、前項の規定による勧告をした場合において、その勧告を受けた指定障害児通所支援事業者が、同項の期限内にこれに従わなかつたときは、その旨を公表することができる。

③ 内閣総理大臣等は、第一項の規定による勧告を受けた指定障害児通所支援事業者が、正当な理由がなくてその勧告に係る措置をとらなかつたときは、当該指定障害児通所支援事業者に対し、期限を定めて、その勧告に係る措置をとるべきことを命ずることができる。

④ 内閣総理大臣等は、前項の規定による命令をしたときは、その旨を公示しなければならない。

⑤ 内閣総理大臣又は指定都市若しくは中核市の長は、指定障害児通所支援事業者が第三項の規定による命令に違反したときは、内閣府令で定めるところにより、当該違反の内容を関係都道府県知事に通知しなければならない。

第四款 肢体不自由児通所医療費の支給

第二十一条の五の二十九 市町村は、通所給付決定に係る障害児が、通所給付決定の有効期間内において、指定障害児通所支援事業者（病院その他内閣府令で定める施設に限る。以下この款において同じ。）から児童発達支援のうち治療に係るもの（以下この条において「肢体不自由児通所医療」という。）を受けたときは、当該障害児に係る通所給付決定保護者に対し、当該肢体不自由児通所医療に要した費用について、肢体不自由児通所医療費を支給する。

② 肢体不自由児通所医療費の額は、一月につき、肢体不自由児通所医療（食事療養を除く。）につき健康保険の療養に要する費用の額の算定方法の例により算定した額から、当該通所給付決定保護者の家計の負担能力その他の事情をしん酌して政令で定める額（当該政令で定める額が当該算定した額の百分の十に相当する額を超えるときは、当該相当する額）を控除して得た額とする。

③ 通所給付決定に係る障害児が指定障害児通所支援事業者から肢体不自由児通所医療を受けたときは、市町村は、当該障害児に係る通所給付決定保護者が当該指定障害児通所支援事業者に支払うべき当該肢体不自由児通所医療に要した費用について、肢体不自由児通所医療費として当該通所給付決定保護者に支給すべき額の限度において、当該通所給付決定保護者に代わり、当該指定障害児通所支援事業者に支払うことができる。

社会福祉

④　前項の規定による支払があつたときは、当該通所給付決定保護者に対し肢体不自由児通所医療費の支給があつたものとみなす。

第二十一条の五の三十　第十九条の十二及び第十九条の二十の規定は指定障害児通所支援事業者に対する肢体不自由児通所医療費の支給について、第二十一条の規定は指定障害児通所支援事業者について、それぞれ準用する。この場合において、第十九条の十二第二項中「厚生労働大臣」とあるのは「内閣総理大臣」と、第十九条の二十第四項中「厚生労働省令」とあるのは「内閣府令」と読み替えるほか、必要な技術的読替えは、政令で定める。

第二十一条の五の三十一　肢体不自由児通所医療費の支給は、当該障害の状態につき、健康保険法の規定による家族療養費その他の法令に基づく給付であつて政令で定めるもののうち肢体不自由児通所医療費の支給に相当するものを受けることができるときは政令で定める限度において、当該政令で定める給付以外の給付であつて国又は地方公共団体の負担において肢体不自由児通所医療費の支給に相当するものが行われたときはその限度において、行わない。

第二十一条の五の三十二　この款に定めるもののほか、肢体不自由児通所医療費の支給及び指定障害児通所支援事業者の肢体不自由児通所医療費の請求に関し必要な事項は、内閣府令で定める。

第五款　障害児通所支援及び障害福祉サービスの措置

第二十一条の六　市町村は、障害児通所支援又は障害者の日常生活及び社会生活を総合的に支援するための法律第五条第一項に規定する障害福祉サービス（以下「障害福祉サービス」という。）を必要とする障害児の保護者が、やむを得ない事由により障害児通所給付費若しくは特例障害児通所給付費又は同法に規定する介護給付費若しくは特例介護給付費（第五十六条の六第一項において「介護給付費等」という。）の支給を受けることが著しく困難であると認めるときは、当該障害児につき、政令で定める基準に従い、障害児通所支援若しくは障害福祉サービスを提供し、又は当該市町村以外の者に障害児通所支援若しくは障害福祉サービスの提供を委託することができる。

第二十一条の七　障害児通所支援事業を行う者及び障害者の日常生活及び社会生活を総合的に支援するための法律第五条第一項に規定する障害福祉サービス事業を行う者は、前条の規定による委託を受けたときは、正当な理由がない限り、これを拒んではならない。

第六款　子育て支援事業

第二十一条の八　市町村は、次条に規定する子育て支援事業に係る福祉サービスその他地域の実情に応じたきめ細かな福祉サービスが積極的に提供され、保護者が、その児童及び保護者の心身の状況、これらの者の置かれている環境その他の状況に応じて、当該児童を養育するために最も適切な支援が総合的に受けられるように、福祉サービスを提供する者又はこれに参画する者の活動の連携及び調整を図るようにすることその他の地域の実情に応じた体制の整備に努めなければならない。

第二十一条の九　市町村は、児童の健全な育成に資するため、その区域内において、放課後児童健全育成事業、子育て短期支援事業、乳児家庭全戸訪問事業、養育支援訪問事業、地域子育て支援拠点事業、一時預かり事業、病児保育事業、子育て援助活動支援事業、子育て世帯訪問支援事業、児童育成支援拠点事業及び親子関係形成支援事業並びに次に掲げる事業であつて主務省令で定めるもの（以下「子育て支援事業」という。）が着実に実施されるよう、必要な措置の実施に努めなければならない。

一　児童及びその保護者又はその他の者の居宅において保護者の児童の養育を支援する事業

二　保育所その他の施設において保護者の児童の養育を支援する事業

三　地域の児童の養育に関する各般の問題につき、保護者からの相談に応じ、必要な情報の提供及び助言を行う事業

第二十一条の十　市町村は、児童の健全な育成に資するため、地域の実情に応じた放課後児童健全育成事業を行うとともに、当該市町村以外の放課後児童健全育成事業を行う者との連携を図る等により、第六条の三第二項に規定する児童の放課後児童健全育成事業の利用の促進に努めなければならない。

第二十一条の十の二　市町村は、児童の健全な育成に資するため、乳児家庭全戸訪問事業及び養育支援訪問事業を行うよう努めるとともに、乳児家庭全戸訪問事業により要支援児童等（特定妊婦を除く。）を把握したとき又は

当該市町村の長が第二十六条第一項第三号の規定による送致若しくは同項第八号の規定による通知若しくは児童虐待の防止等に関する法律第八条第二項第二号の規定による送致若しくは同項第四号の規定による通知を受けたときは、養育支援訪問事業の実施その他の必要な支援を行うものとする。

② 市町村は、母子保健法（昭和四十年法律第百四十一号）第十条、第十一条第一項若しくは第二項（同法第十九条第二項において準用する場合を含む。）、第十七条第一項又は第十九条第一項の指導に併せて、乳児家庭全戸訪問事業を行うことができる。

③ 市町村は、乳児家庭全戸訪問事業又は養育支援訪問事業の事務の全部又は一部を当該市町村以外の内閣府令で定める者に委託することができる。

④ 前項の規定により行われる乳児家庭全戸訪問事業又は養育支援訪問事業の事務に従事する者又は従事していた者は、その事務に関して知り得た秘密を漏らしてはならない。

第二十一条の十の三 市町村は、乳児家庭全戸訪問事業又は養育支援訪問事業の実施に当たつては、母子保健法に基づく母子保健に関する事業との連携及び調和の確保に努めなければならない。

第二十一条の十の四 都道府県知事は、母子保健法に基づく母子保健に関する事業又は事務の実施に際して要支援児童等と思われる者を把握したときは、これを当該者の現在地の市町村長に通知するものとする。

第二十一条の十の五 病院、診療所、児童福祉施設、学校その他児童又は妊産婦の医療、福祉又は教育に関する機関及び医師、歯科医師、保健師、助産師、看護師、児童福祉施設の職員、学校の教職員その他児童又は妊産婦の医療、福祉又は教育に関連する職務に従事する者は、要支援児童等と思われる者を把握したときは、当該者の情報をその現在地の市町村に提供するよう努めなければならない。

② 刑法の秘密漏示罪の規定その他の守秘義務に関する法律の規定は、前項の規定による情報の提供をすることを妨げるものと解釈してはならない。

第二十一条の十一 市町村は、子育て支援事業に関し必要な情報の収集及び提供を行うとともに、保護者から求めがあつたときは、当該保護者の希望、その児童の養育の状況、当該児童に必要な支援の内容その他の事情を勘案し、当該保護者が最も適切な子育て支援事業の利用ができるよう、相談に応じ、必要な助言を行うものとする。

② 市町村は、前項の助言を受けた保護者から求めがあつた場合には、必要に応じて、子育て支援事業の利用についてあつせん又は調整を行うとともに、子育て支援事業を行う者に対し、当該保護者の利用の要請を行うものとする。

③ 市町村は、第一項の情報の収集及び提供、相談並びに助言並びに前項のあつせん、調整及び要請の事務を当該市町村以外の者に委託することができる。

④ 子育て支援事業を行う者は、前三項の規定により行われる情報の収集、あつせん、調整及び要請に対し、できる限り協力しなければならない。

第二十一条の十二 前条第三項の規定により行われる情報の提供、相談及び助言並びにあつせん、調整及び要請の事務（次条及び第二十一条の十四第一項において「調整等の事務」という。）に従事する者又は従事していた者は、その事務に関して知り得た秘密を漏らしてはならない。

第二十一条の十三 市町村長は、第二十一条の十一第三項の規定により行われる調整等の事務の適正な実施を確保するため必要があると認めるときは、その事務を受託した者に対し、当該事務に関し監督上必要な命令をすることができる。

第二十一条の十四 市町村長は、第二十一条の十一第三項の規定により行われる調整等の事務の適正な実施を確保するため必要があると認めるときは、その必要な限度で、その事務を受託した者に対し、報告を求め、又は当該職員に、関係者に対し質問させ、若しくは当該事務を受託した者の事務所に立ち入り、その帳簿書類その他の物件を検査させることができる。

② 第十八条の十六第二項及び第三項の規定は、前項の場合について準用する。

第二十一条の十五 国、都道府県及び市町村以外の子育て支援事業を行う者は、内閣府令で定めるところにより、その事業に関する事項を市町村長に届け出ることができる。

第二十一条の十六 国及び地方公共団体は、子育て支援事業を行う者に対して、情報の提供、相談その他の適当な援助をするように努めなければならない。

第二十一条の十七 国及び都道府県は、子育て支援事業を行う者が行う福祉サービスの質の向上のための措置を援助するための研究その他保護者の児童の養育を支援し、児童の福祉を増進するために必要な調査研究の推進に努めなければならない。

第二十一条の十八　市町村は、第十条第一項第四号に規定する計画が作成された者、第二十六条第一項第八号の規定による通知を受けた児童その他の者その他の子育て短期支援事業、養育支援訪問事業、一時預かり事業、子育て世帯訪問支援事業、児童育成支援拠点事業又は親子関係形成支援事業（以下この条において「家庭支援事業」という。）の提供が必要であると認められる者について、当該者に必要な家庭支援事業（当該市町村が実施するものに限る。）の利用を勧奨し、及びその利用ができるよう支援しなければならない。

②　市町村は、前項に規定する者が、同項の規定による勧奨及び支援を行つても、なおやむを得ない事由により当該勧奨及び支援に係る家庭支援事業を利用することが著しく困難であると認めるときは、当該者について、家庭支援事業による支援を提供することができる。

第三節　助産施設、母子生活支援施設及び保育所への入所等

第二十二条　都道府県、市及び福祉事務所を設置する町村（以下「都道府県等」という。）は、それぞれその設置する福祉事務所の所管区域内における妊産婦が、保健上必要があるにもかかわらず、経済的理由により、入院助産を受けることができない場合において、その妊産婦から申込みがあつたときは、その妊産婦に対し助産施設において助産を行わなければならない。ただし、付近に助産施設がない等やむを得ない事由があるときは、この限りでない。

②　前項に規定する妊産婦であつて助産施設における助産の実施（以下「助産の実施」という。）を希望する者は、内閣府令の定めるところにより、入所を希望する助産施設その他内閣府令の定める事項を記載した申込書を都道府県等に提出しなければならない。この場合において、助産施設は、内閣府令の定めるところにより、当該妊産婦の依頼を受けて、当該申込書の提出を代わつて行うことができる。

③　都道府県等は、第二十五条の七第二項第三号、第二十五条の八第三号又は第二十六条第一項第五号の規定による報告又は通知を受けた妊産婦について、必要があると認めるときは、当該妊産婦に対し、助産の実施の申込みを勧奨しなければならない。

④　都道府県等は、第一項に規定する妊産婦の助産施設の選択及び助産施設の適正な運営の確保に資するため、内閣府令の定めるところにより、当該都道府県等の設置する福祉事務所の所管区域内における助産施設の設置者、設備及び運営の状況その他の内閣府令の定める事項に関し情報の提供を行わなければならない。

第二十三条　都道府県等は、それぞれその設置する福祉事務所の所管区域内における保護者が、配偶者のない女子又はこれに準ずる事情にある女子であつて、その者の監護すべき児童の福祉に欠けるところがある場合において、その保護者から申込みがあつたときは、その保護者及び児童を母子生活支援施設において保護しなければならない。ただし、やむを得ない事由があるときは、適当な施設への入所のあつせん、生活保護法（昭和二十五年法律第百四十四号）の適用等適切な保護を行わなければならない。

②　前項に規定する保護者であつて母子生活支援施設における保護の実施（以下「母子保護の実施」という。）を希望するものは、内閣府令の定めるところにより、入所を希望する母子生活支援施設その他内閣府令の定める事項を記載した申込書を都道府県等に提出しなければならない。この場合において、母子生活支援施設は、内閣府令の定めるところにより、当該保護者の依頼を受けて、当該申込書の提出を代わつて行うことができる。

③　都道府県等は、前項に規定する保護者が特別な事情により当該都道府県等の設置する福祉事務所の所管区域外の母子生活支援施設への入所を希望するときは、当該施設への入所について必要な連絡及び調整を図らなければならない。

④　都道府県等は、第二十五条の七第二項第三号、第二十五条の八第三号若しくは第二十六条第一項第五号又は困難な問題を抱える女性への支援に関する法律（令和四年法律第五十二号）第十条の規定による報告又は通知を受けた保護者及び児童について、必要があると認めるときは、その保護者に対し、母子保護の実施の申込みを勧奨しなければならない。

⑤　都道府県等は、第一項に規定する保護者の

母子生活支援施設の選択及び母子生活支援施設の適正な運営の確保に資するため、内閣府令の定めるところにより、母子生活支援施設の設置者、設備及び運営の状況その他の内閣府令の定める事項に関し情報の提供を行わなければならない。

第二十三条の二　都道府県等は、児童及び妊産婦の福祉のため、それぞれその設置する福祉事務所の所管区域内において、妊産婦等生活援助事業が着実に実施されるよう、必要な措置の実施に努めなければならない。

第二十三条の三　妊産婦等生活援助事業を行う都道府県等は、第二十五条の七第二項第三号、第二十五条の八第三号若しくは第二十六条第一項第五号又は困難な問題を抱える女性への支援に関する法律第十条の規定による報告又は通知を受けた妊産婦又はその者の監護すべき児童について、必要があると認めるときは、当該妊産婦に対し、妊産婦等生活援助事業の利用を勧奨しなければならない。

第二十四条　市町村は、この法律及び子ども・子育て支援法の定めるところにより、保護者の労働又は疾病その他の事由により、その監護すべき乳児、幼児その他の児童について保育を必要とする場合において、次項に定めるところによるほか、当該児童を保育所（認定こども園法第三条第一項の認定を受けたもの及び同条第十項の規定による公示がされたものを除く。）において保育しなければならない。

②　市町村は、前項に規定する児童に対し、認定こども園法第二条第六項に規定する認定こども園（子ども・子育て支援法第二十七条第一項の確認を受けたものに限る。）又は家庭的保育事業等（家庭的保育事業、小規模保育事業、居宅訪問型保育事業又は事業所内保育事業をいう。以下同じ。）により必要な保育を確保するための措置を講じなければならない。

③　市町村は、保育の需要に応ずるに足りる保育所、認定こども園（子ども・子育て支援法第二十七条第一項の確認を受けたものに限る。以下この項及び第四十六条の二第二項において同じ。）又は家庭的保育事業等が不足し、又は不足するおそれがある場合その他必要と認められる場合には、保育所、認定こども園（保育所であるものを含む。）又は家庭的保育事業等の利用について調整を行うとともに、認定こども園の設置者又は家庭的保育事業等を行う者に対し、前項に規定する児童の利用の要請を行うものとする。

④　市町村は、第二十五条の八第三号又は第二十六条第一項第五号の規定による報告又は通知を受けた児童その他の優先的に保育を行う必要があると認められる児童について、その保護者に対し、保育所若しくは幼保連携型認定こども園において保育を受けること又は家庭的保育事業等による保育を受けること（以下「保育の利用」という。）の申込みを勧奨し、及び保育を受けることができるよう支援しなければならない。

⑤　市町村は、前項に規定する児童が、同項の規定による勧奨及び支援を行っても、なおやむを得ない事由により子ども・子育て支援法に規定する施設型給付費若しくは特例施設型給付費（同法第二十八条第一項第二号に係るものを除く。次項において同じ。）又は同法に規定する地域型保育給付費若しくは特例地域型保育給付費（同法第三十条第一項第二号に係るものを除く。次項において同じ。）の支給に係る保育を受けることが著しく困難であると認めるときは、当該児童を当該市町村の設置する保育所若しくは幼保連携型認定こども園に入所させ、又は当該市町村以外の者の設置する保育所若しくは幼保連携型認定こども園に入所を委託して、保育を行わなければならない。

⑥　市町村は、前項に定めるほか、保育を必要とする乳児・幼児が、子ども・子育て支援法第四十二条第一項又は第五十四条第一項の規定によるあつせん又は要請その他市町村による支援等を受けたにもかかわらず、なお保育が利用できないなど、やむを得ない事由により同法に規定する施設型給付費若しくは特例施設型給付費又は同法に規定する地域型保育給付費若しくは特例地域型保育給付費の支給に係る保育を受けることが著しく困難であると認めるときは、次の措置を採ることができる。

一　当該保育を必要とする乳児・幼児を当該市町村の設置する保育所若しくは幼保連携型認定こども園に入所させ、又は当該市町村以外の者の設置する保育所若しくは幼保連携型認定こども園に入所を委託して、保育を行うこと。

二　当該保育を必要とする乳児・幼児に対して当該市町村が行う家庭的保育事業等により保育を行い、又は家庭的保育事業等を行う当該市町村以外の者に当該家庭的保育事業等により保育を行うことを委託すること。

⑦ 市町村は、第三項の規定による調整及び要請並びに第四項の規定による勧奨及び支援を適切に実施するとともに、地域の実情に応じたきめ細かな保育が積極的に提供され、児童が、その置かれている環境等に応じて、必要な保育を受けることができるよう、保育を行う事業その他児童の福祉を増進することを目的とする事業を行う者の活動の連携及び調整を図る等地域の実情に応じた体制の整備を行うものとする。

第四節 障害児入所給付費、高額障害児入所給付費及び特定入所障害児食費等給付費並びに障害児入所医療費の支給

第一款 障害児入所給付費、高額障害児入所給付費及び特定入所障害児食費等給付費の支給

第二十四条の二 都道府県は、次条第六項に規定する入所給付決定保護者（以下この条において「入所給付決定保護者」という。）が、次条第四項の規定により定められた期間内において、都道府県知事が指定する障害児入所施設（以下「指定障害児入所施設」という。）又は指定発達支援医療機関（以下「指定障害児入所施設等」と総称する。）に入所又は入院（以下「入所等」という。）の申込みを行い、当該指定障害児入所施設等から障害児入所支援（以下「指定入所支援」という。）を受けたときは、当該入所給付決定保護者に対し、当該指定入所支援に要した費用（食事の提供に要する費用、居住又は滞在に要する費用その他の日常生活に要する費用のうち内閣府令で定める費用及び治療に要する費用（以下「入所特定費用」という。）を除く。）について、障害児入所給付費を支給する。

② 障害児入所給付費の額は、一月につき、第一号に掲げる額から第二号に掲げる額を控除して得た額とする。

一 同一の月に受けた指定入所支援について、指定入所支援に通常要する費用（入所特定費用を除く。）につき、内閣総理大臣が定める基準により算定した費用の額（その額が現に当該指定入所支援に要した費用（入所特定費用を除く。）の額を超えるときは、当該現に指定入所支援に要した費用の額）を合計した額

二 当該入所給付決定保護者の家計の負担能力その他の事情をしん酌して政令で定める額（当該政令で定める額が前号に掲げる額の百分の十に相当する額を超えるときは、当該相当する額）

第二十四条の三 障害児の保護者は、前条第一項の規定により障害児入所給付費の支給を受けようとするときは、内閣府令で定めるところにより、都道府県に申請しなければならない。

② 都道府県は、前項の申請が行われたときは、当該申請に係る障害児の心身の状態、当該障害児の介護を行う者の状況、当該障害児の保護者の障害児入所給付費の受給の状況その他の内閣府令で定める事項を勘案して、障害児入所給付費の支給の要否を決定するものとする。

③ 前項の規定による決定を行う場合には、児童相談所長の意見を聴かなければならない。

④ 障害児入所給付費を支給する旨の決定（以下「入所給付決定」という。）を行う場合には、障害児入所給付費を支給する期間を定めなければならない。

⑤ 前項の期間は、内閣府令で定める期間を超えることができないものとする。

⑥ 都道府県は、入所給付決定をしたときは、当該入所給付決定を受けた障害児の保護者（以下「入所給付決定保護者」という。）に対し、内閣府令で定めるところにより、第四項の規定により定められた期間（以下「給付決定期間」という。）を記載した入所受給者証（以下「入所受給者証」という。）を交付しなければならない。

⑦ 指定入所支援を受けようとする入所給付決定保護者は、内閣府令で定めるところにより、指定障害児入所施設等に入所受給者証を提示して当該指定入所支援を受けるものとする。ただし、緊急の場合その他やむを得ない事由のある場合については、この限りでない。

⑧ 入所給付決定保護者が指定障害児入所施設等から指定入所支援を受けたとき（当該入所給付決定保護者が当該指定障害児入所施設等に入所受給者証を提示したときに限る。）は、都道府県は、当該入所給付決定保護者が当該指定障害児入所施設等に支払うべき当該指定入所支援に要した費用（入所特定費用を除

く。）について、障害児入所給付費として当該入所給付決定保護者に支給すべき額の限度において、当該入所給付決定保護者に代わり、当該指定障害児入所施設等に支払うことができる。

⑨　前項の規定による支払があつたときは、当該入所給付決定保護者に対し障害児入所給付費の支給があつたものとみなす。

⑩　都道府県は、指定障害児入所施設等から障害児入所給付費の請求があつたときは、前条第二項第一号の内閣総理大臣が定める基準及び第二十四条の十二第二項の指定障害児入所施設等の設備及び運営に関する基準（指定入所支援の取扱いに関する部分に限る。）に照らして審査の上、支払うものとする。

⑪　都道府県は、前項の規定による審査及び支払に関する事務を連合会に委託することができる。

第二十四条の四　入所給付決定を行つた都道府県は、次に掲げる場合には、当該入所給付決定を取り消すことができる。

一　入所給付決定に係る障害児が、指定入所支援を受ける必要がなくなつたと認めるとき。

二　入所給付決定保護者が、給付決定期間内に、当該都道府県以外の都道府県の区域内に居住地を有するに至つたと認めるとき。

三　その他政令で定めるとき。

②　前項の規定により入所給付決定の取消しを行つた都道府県は、内閣府令で定めるところにより、当該取消しに係る入所給付決定保護者に対し入所受給者証の返還を求めるものとする。

第二十四条の五　都道府県が、災害その他の内閣府令で定める特別の事情があることにより、障害児入所支援に要する費用を負担することが困難であると認めた入所給付決定保護者が受ける障害児入所給付費の支給について第二十四条の二第二項の規定を適用する場合においては、同項第二号中「額）」とあるのは、「額）の範囲内において都道府県が定める額」とする。

第二十四条の六　都道府県は、入所給付決定保護者が受けた指定入所支援に要した費用の合計額（内閣総理大臣が定める基準により算定した費用の額（その額が現に要した費用の額を超えるときは、当該現に要した額）の合計額を限度とする。）から当該費用につき支給された障害児入所給付費の合計額を控除して得た額が、著しく高額であるときは、当該入所給付決定保護者に対し、高額障害児入所給付費を支給する。

②　前項に定めるもののほか、高額障害児入所給付費の支給要件、支給額その他高額障害児入所給付費の支給に関し必要な事項は、指定入所支援に要する費用の負担の家計に与える影響を考慮して、政令で定める。

第二十四条の七　都道府県は、入所給付決定保護者のうち所得の状況その他の事情をしん酌して内閣府令で定めるものに係る障害児が、給付決定期間内において、指定障害児入所施設等に入所等をし、当該指定障害児入所施設等から指定入所支援を受けたときは、当該入所給付決定保護者に対し、当該指定障害児入所施設等における食事の提供に要した費用及び居住に要した費用について、政令で定めるところにより、特定入所障害児食費等給付費を支給する。

②　第二十四条の三第七項から第十一項までの規定は、特定入所障害児食費等給付費の支給について準用する。この場合において、必要な技術的読替えは、政令で定める。

第二十四条の八　この款に定めるもののほか、障害児入所給付費、高額障害児入所給付費又は特定入所障害児食費等給付費の支給及び指定障害児入所施設等の障害児入所給付費又は特定入所障害児食費等給付費の請求に関し必要な事項は、内閣府令で定める。

第二款　指定障害児入所施設等

第二十四条の九　第二十四条の二第一項の指定は、内閣府令で定めるところにより、障害児入所施設の設置者の申請により、当該障害児入所施設の入所定員を定めて、行う。

②　都道府県知事は、前項の申請があつた場合において、当該都道府県における当該申請に係る指定障害児入所施設の入所定員の総数が、第三十三条の二十二第一項の規定により当該都道府県が定める都道府県障害児福祉計画において定める当該都道府県の当該指定障害児入所施設の必要入所定員総数に既に達しているか、又は当該申請に係る施設の指定によつてこれを超えることになると認めるとき、その他の当該都道府県障害児福祉計画の達成に支障を生ずるおそれがあると認めるときは、第二十四条の二第一項の指定をしないことができる。

③　第二十一条の五の十五第三項（第七号を除く。）及び第四項の規定は、第二十四条の二

第一項の指定障害児入所施設の指定について準用する。この場合において、必要な技術的読替えは、政令で定める。

第二十四条の十　第二十四条の二第一項の指定は、六年ごとにその更新を受けなければ、その期間の経過によつて、その効力を失う。

② 前項の更新の申請があつた場合において、同項の期間（以下この条において「指定の有効期間」という。）の満了の日までにその申請に対する処分がされないときは、従前の指定は、指定の有効期間の満了後もその処分がされるまでの間は、なおその効力を有する。

③ 前項の場合において、指定の更新がされたときは、その指定の有効期間は、従前の指定の有効期間の満了の日の翌日から起算するものとする。

④ 前条の規定は、第一項の指定の更新について準用する。この場合において、必要な技術的読替えは、政令で定める。

第二十四条の十一　指定障害児入所施設等の設置者は、障害児が自立した日常生活又は社会生活を営むことができるよう、障害児及びその保護者の意思をできる限り尊重するとともに、行政機関、教育機関その他の関係機関との緊密な連携を図りつつ、障害児入所支援を当該障害児の意向、適性、障害の特性その他の事情に応じ、常に障害児及びその保護者の立場に立つて効果的に行うように努めなければならない。

② 指定障害児入所施設等の設置者は、その提供する障害児入所支援の質の評価を行うことその他の措置を講ずることにより、障害児入所支援の質の向上に努めなければならない。

③ 指定障害児入所施設等の設置者は、障害児の人格を尊重するとともに、この法律又はこの法律に基づく命令を遵守し、障害児及びその保護者のため忠実にその職務を遂行しなければならない。

第二十四条の十二　指定障害児入所施設等の設置者は、都道府県の条例で定める基準に従い、指定入所支援に従事する従業者を有しなければならない。

② 指定障害児入所施設等の設置者は、都道府県の条例で定める指定障害児入所施設等の設備及び運営に関する基準に従い、指定入所支援を提供しなければならない。

③ 都道府県が前二項の条例を定めるに当たつては、次に掲げる事項については内閣府令で定める基準に従い定めるものとし、その他の事項については内閣府令で定める基準を参酌するものとする。

一　指定入所支援に従事する従業者及びその員数

二　指定障害児入所施設等に係る居室及び病室の床面積その他指定障害児入所施設等の設備に関する事項であつて障害児の健全な発達に密接に関連するものとして内閣府令で定めるもの

三　指定障害児入所施設等の運営に関する事項であつて、障害児の保護者のサービスの適切な利用の確保並びに障害児の適切な処遇及び安全の確保並びに秘密の保持に密接に関連するものとして内閣府令で定めるもの

④ 第一項及び第二項の都道府県の条例で定める基準は、知的障害のある児童、盲児（強度の弱視児を含む。）、ろうあ児（強度の難聴児を含む。）、肢体不自由のある児童、重症心身障害児その他の指定障害児入所施設等に入所等をする障害児についてそれぞれの障害の特性に応じた適切な支援が確保されるものでなければならない。

⑤ 指定障害児入所施設の設置者は、第二十四条の十四の規定による指定の辞退をするときは、同条に規定する予告期間の開始日の前日に当該指定入所支援を受けていた者であつて、当該指定の辞退の日以後においても引き続き当該指定入所支援に相当するサービスの提供を希望する者に対し、必要な障害児入所支援が継続的に提供されるよう、他の指定障害児入所施設等の設置者その他関係者との連絡調整その他の便宜の提供を行わなければならない。

第二十四条の十三　指定障害児入所施設の設置者は、第二十四条の二第一項の指定に係る入所定員を増加しようとするときは、内閣府令で定めるところにより、同項の指定の変更を申請することができる。

② 第二十四条の九第一項及び第三項の規定は、前項の指定の変更の申請があつた場合について準用する。この場合において、必要な技術的読替えは、政令で定める。

③ 指定障害児入所施設の設置者は、設置者の住所その他の内閣府令で定める事項に変更があつたときは、十日以内に、その旨を都道府県知事に届け出なければならない。

第二十四条の十四　指定障害児入所施設は、三月以上の予告期間を設けて、その指定を辞退

することができる。

第二十四条の十四の二　第二十一条の五の二十一の規定は、指定障害児入所施設の設置者による第二十四条の十二第五項に規定する便宜の提供について準用する。この場合において、第二十一条の五の二十一第一項中「都道府県知事又は市町村長」とあるのは、「都道府県知事」と読み替えるものとする。

第二十四条の十五　都道府県知事は、必要があると認めるときは、指定障害児入所施設等の設置者若しくは当該指定障害児入所施設等の長その他の従業者（以下この項において「指定施設設置者等」という。）である者若しくは指定施設設置者等であつた者に対し、報告若しくは帳簿書類その他の物件の提出若しくは提示を命じ、指定施設設置者等である者若しくは指定施設設置者等であつた者に対し出頭を求め、又は当該職員に、関係者に対し質問させ、若しくは当該指定障害児入所施設等、当該指定障害児入所施設等の設置者の事務所その他当該指定障害児入所施設等の運営に関係のある場所に立ち入り、その設備若しくは帳簿書類その他の物件を検査させることができる。

② 第十九条の十六第二項の規定は前項の規定による質問又は検査について、同条第三項の規定は前項の規定による権限について準用する。

第二十四条の十六　都道府県知事は、指定障害児入所施設等の設置者が、次の各号（指定発達支援医療機関の設置者にあつては、第三号を除く。以下この項において同じ。）に掲げる場合に該当すると認めるときは、当該指定障害児入所施設等の設置者に対し、期限を定めて、当該各号に定める措置をとるべきことを勧告することができる。

一 指定障害児入所施設等の従業者の知識若しくは技能又は人員について第二十四条の十二第一項の都道府県の条例で定める基準に適合していない場合　当該基準を遵守すること。

二 第二十四条の十二第二項の都道府県の条例で定める指定障害児入所施設等の設備及び運営に関する基準に従つて適正な指定障害児入所施設等の運営をしていない場合　当該基準を遵守すること。

三 第二十四条の十二第五項に規定する便宜の提供を適正に行つていない場合　当該便宜の提供を適正に行うこと。

② 都道府県知事は、前項の規定による勧告をした場合において、その勧告を受けた指定障害児入所施設等の設置者が、同項の期限内にこれに従わなかつたときは、その旨を公表することができる。

③ 都道府県知事は、第一項の規定による勧告を受けた指定障害児入所施設等の設置者が、正当な理由がなくてその勧告に係る措置をとらなかつたときは、当該指定障害児入所施設等の設置者に対し、期限を定めて、その勧告に係る措置をとるべきことを命ずることができる。

④ 都道府県知事は、前項の規定による命令をしたときは、その旨を公示しなければならない。

第二十四条の十七　都道府県知事は、次の各号のいずれかに該当する場合においては、当該指定障害児入所施設に係る第二十四条の二第一項の指定を取り消し、又は期間を定めてその指定の全部若しくは一部の効力を停止することができる。

一 指定障害児入所施設の設置者が、第二十四条の九第三項において準用する第二十一条の五の十五第三項第四号から第五号の二まで、第十三号又は第十四号のいずれかに該当するに至つたとき。

二 指定障害児入所施設の設置者が、第二十四条の十一第三項の規定に違反したと認められるとき。

三 指定障害児入所施設の設置者が、当該指定障害児入所施設の従業者の知識若しくは技能又は人員について、第二十四条の十二第一項の都道府県の条例で定める基準を満たすことができなくなつたとき。

四 指定障害児入所施設の設置者が、第二十四条の十二第二項の都道府県の条例で定める指定障害児入所施設等の設備及び運営に関する基準に従つて適正な指定障害児入所施設の運営をすることができなくなつたとき。

五 障害児入所給付費、特定入所障害児食費等給付費又は障害児入所医療費の請求に関し不正があつたとき。

六 指定障害児入所施設の設置者又は当該指定障害児入所施設の長その他の従業者（次号において「指定入所施設設置者等」という。）が、第二十四条の十五第一項の規定により報告又は提示を命ぜられてこれに従わず、又は虚偽の報告をしたとき。

七　指定入所施設設置者等が、第二十四条の十五第一項の規定により出頭を求められてこれに応ぜず、同項の規定による質問に対して答弁せず、若しくは虚偽の答弁をし、又は同項の規定による立入り若しくは検査を拒み、妨げ、若しくは忌避したとき。ただし、当該指定障害児入所施設の従業者がその行為をした場合において、その行為を防止するため、当該指定障害児入所施設の設置者又は当該指定障害児入所施設の長が相当の注意及び監督を尽くしたときを除く。

八　指定障害児入所施設の設置者が、不正の手段により第二十四条の二第一項の指定を受けたとき。

九　前各号に掲げる場合のほか、指定障害児入所施設の設置者が、この法律その他国民の保健医療若しくは福祉に関する法律で政令で定めるもの又はこれらの法律に基づく命令若しくは処分に違反したとき。

十　前各号に掲げる場合のほか、指定障害児入所施設の設置者が、障害児入所支援に関し不正又は著しく不当な行為をしたとき。

十一　指定障害児入所施設の設置者が法人である場合において、その役員又は当該指定障害児入所施設の長のうちに指定の取消し又は指定の全部若しくは一部の効力の停止をしようとするとき前五年以内に障害児入所支援に関し不正又は著しく不当な行為をした者があるとき。

十二　指定障害児入所施設の設置者が法人でない場合において、その管理者が指定の取消し又は指定の全部若しくは一部の効力の停止をしようとするとき前五年以内に障害児入所支援に関し不正又は著しく不当な行為をした者であるとき。

第二十四条の十八　都道府県知事は、次に掲げる場合には、その旨を公示しなければならない。

一　第二十四条の二第一項の指定障害児入所施設の指定をしたとき。

二　第二十四条の十四の規定による指定障害児入所施設の指定の辞退があつたとき。

三　前条又は第三十三条の十八第六項の規定により指定障害児入所施設の指定を取り消したとき。

第二十四条の十九　都道府県は、指定障害児入所施設等に関し必要な情報の提供を行うとともに、その利用に関し相談に応じ、及び助言を行わなければならない。

②　都道府県は、障害児又は当該障害児の保護者から求めがあつたときは、指定障害児入所施設等の利用についてあつせん又は調整を行うとともに、必要に応じて、指定障害児入所施設等の設置者に対し、当該障害児の利用についての要請を行うものとする。

③　指定障害児入所施設等の設置者は、前項のあつせん、調整及び要請に対し、できる限り協力しなければならない。

④　都道府県は、障害児入所施設に在所し、又は指定発達支援医療機関に入院している障害児並びに第二十四条の二十四第一項又は第二項の規定により同条第一項に規定する障害児入所給付費等の支給を受けている者及び第三十一条第二項若しくは第三項又は第三十一条の二第一項若しくは第二項の規定により障害児入所施設に在所し、又は指定発達支援医療機関に入院している者が、障害福祉サービスその他のサービスを利用しつつ自立した日常生活又は社会生活を営むことができるよう、自立した日常生活又は社会生活への移行について、市町村その他の関係者との協議の場を設け、市町村その他の関係者との連携及び調整を図ることその他の必要な措置を講じなければならない。

第三款　業務管理体制の整備等

第二十四条の十九の二　第二節第三款の規定（中核市の長に係る部分を除く。）は、指定障害児入所施設等の設置者について準用する。この場合において、必要な技術的読替えは、政令で定める。

第四款　障害児入所医療費の支給

第二十四条の二十　都道府県は、入所給付決定に係る障害児が、給付決定期間内において、指定障害児入所施設等（病院その他内閣府令で定める施設に限る。以下この条、次条及び第二十四条の二十三において同じ。）から障害児入所支援のうち治療に係るもの（以下この条において「障害児入所医療」という。）を受けたときは、内閣府令で定めるところにより、当該障害児に係る入所給付決定保護者に対し、当該障害児入所医療に要した費用について、障害児入所医療費を支給する。

②　障害児入所医療費の額は、一月につき、次に掲げる額の合算額とする。

一　同一の月に受けた障害児入所医療（食事療養を除く。）につき健康保険の療養に要する費用の額の算定方法の例により算定した額から、当該入所給付決定保護者の家計の負担能力その他の事情をしん酌して政令で定める額（当該政令で定める額が当該算定した額の百分の十に相当する額を超えるときは、当該相当する額）を控除して得た額

二　当該障害児入所医療（食事療養に限る。）につき健康保険の療養に要する費用の額の算定方法の例により算定した額から、健康保険法第八十五条第二項に規定する食事療養標準負担額、入所給付決定保護者の所得の状況その他の事情を勘案して内閣総理大臣が定める額を控除した額

③　入所給付決定に係る障害児が指定障害児入所施設等から障害児入所医療を受けたときは、都道府県は、当該障害児に係る入所給付決定保護者が当該指定障害児入所施設等に支払うべき当該障害児入所医療に要した費用について、障害児入所医療費として当該入所給付決定保護者に支給すべき額の限度において、当該入所給付決定保護者に代わり、当該指定障害児入所施設等に支払うことができる。

④　前項の規定による支払があつたときは、当該入所給付決定保護者に対し障害児入所医療費の支給があつたものとみなす。

第二十四条の二十一　第十九条の十二及び第十九条の二十の規定は指定障害児入所施設等に対する障害児入所医療費の支給について、第二十一条の規定は指定障害児入所施設等について、それぞれ準用する。この場合において、第十九条の十二第二項中「厚生労働大臣」とあるのは「内閣総理大臣」と、第十九条の二十第四項中「厚生労働省令」とあるのは「内閣府令」と読み替えるほか、必要な技術的読替えは、政令で定める。

第二十四条の二十二　障害児入所医療費の支給は、当該障害の状態につき、健康保険法の規定による家族療養費その他の法令に基づく給付であつて政令で定めるもののうち障害児入所医療費の支給に相当するものを受けることができるときは政令で定める限度において、当該政令で定める給付以外の給付であつて国又は地方公共団体の負担において障害児入所医療費の支給に相当するものが行われたときはその限度において、行わない。

第二十四条の二十三　この款に定めるもののほか、障害児入所医療費の支給及び指定障害児入所施設等の障害児入所医療費の請求に関し必要な事項は、内閣府令で定める。

第五款　障害児入所給付費、高額障害児入所給付費及び特定入所障害児食費等給付費並びに障害児入所医療費の支給の特例

第二十四条の二十四　都道府県は、第二十四条の二第一項、第二十四条の六第一項、第二十四条の七第一項又は第二十四条の二十第一項の規定にかかわらず、内閣府令で定める指定障害児入所施設等に入所等をした障害児（以下この項において「入所者」という。）について、引き続き指定入所支援を受けなければその福祉を損なうおそれがあると認めるときは、当該入所者が満十八歳に達した後においても、当該入所者からの申請により、当該入所者が満二十歳に達するまで、内閣府令で定めるところにより、引き続き第五十条第六号の三に規定する障害児入所給付費等（次項及び第三項において「障害児入所給付費等」という。）を支給することができる。ただし、当該入所者が障害者の日常生活及び社会生活を総合的に支援するための法律第五条第六項に規定する療養介護その他の支援を受けることができる場合は、この限りでない。

②　都道府県は、前項の規定にかかわらず、同項の規定により障害児入所給付費等の支給を受けている者であつて、障害福祉サービスその他のサービスを利用しつつ自立した日常生活又は社会生活を営むことが著しく困難なものとして内閣府令で定める者について、満二十歳に到達してもなお引き続き指定入所支援を受けなければその福祉を損なうおそれがあると認めるときは、当該者が満二十歳に達した後においても、当該者からの申請により、当該者が満二十三歳に達するまで、内閣府令で定めるところにより、引き続き障害児入所給付費等を支給することができる。この場合においては、同項ただし書の規定を準用する。

③　前二項の規定により障害児入所給付費等を支給することができることとされた者については、その者を障害児又は障害児の保護者とみなして、第二十四条の二から第二十四条の七まで、第二十四条の十九（第四項を除く。）及び第二十四条の二十から第二十四条の二十二までの規定を適用する。この場合において、必要な技術的読替えその他これらの規定

の適用に関し必要な事項は、政令で定める。

④　第一項又は第二項の場合においては、都道府県知事は、児童相談所長の意見を聴かなければならない。

第五節　障害児相談支援給付費及び特例障害児相談支援給付費の支給

第一款　障害児相談支援給付費及び特例障害児相談支援給付費の支給

第二十四条の二十五　障害児相談支援給付費及び特例障害児相談支援給付費の支給は、障害児相談支援に関して次条及び第二十四条の二十七の規定により支給する給付とする。

第二十四条の二十六　市町村は、次の各号に掲げる者（以下この条及び次条第一項において「障害児相談支援対象保護者」という。）に対し、当該各号に定める場合の区分に応じ、当該各号に規定する障害児相談支援に要した費用について、障害児相談支援給付費を支給する。

一　第二十一条の五の七第四項（第二十一条の五の八第三項において準用する場合を含む。）の規定により、障害児支援利用計画案の提出を求められた第二十一条の五の六第一項又は第二十一条の五の八第一項の申請に係る障害児の保護者　市町村長が指定する障害児相談支援事業を行う者（以下「指定障害児相談支援事業者」という。）から当該指定に係る障害児支援利用援助（次項において「指定障害児支援利用援助」という。）を受けた場合であつて、当該申請に係る給付決定等を受けたとき。

二　通所給付決定保護者　指定障害児相談支援事業者から当該指定に係る継続障害児支援利用援助（次項において「指定継続障害児支援利用援助」という。）を受けたとき。

②　障害児相談支援給付費の額は、指定障害児支援利用援助又は指定継続障害児支援利用援助（以下「指定障害児相談支援」という。）に通常要する費用につき、内閣総理大臣が定める基準により算定した費用の額（その額が現に当該指定障害児相談支援に要した費用の額を超えるときは、当該現に指定障害児相談支援に要した費用の額）とする。

③　障害児相談支援対象保護者が指定障害児相談支援事業者から指定障害児相談支援を受けたときは、市町村は、当該障害児相談支援対象保護者が当該指定障害児相談支援事業者に支払うべき当該指定障害児相談支援に要した費用について、障害児相談支援給付費として当該障害児相談支援対象保護者に対し支給すべき額の限度において、当該障害児相談支援対象保護者に代わり、当該指定障害児相談支援事業者に支払うことができる。

④　前項の規定による支払があつたときは、障害児相談支援対象保護者に対し障害児相談支援給付費の支給があつたものとみなす。

⑤　市町村は、指定障害児相談支援事業者から障害児相談支援給付費の請求があつたときは、第二項の内閣総理大臣が定める基準及び第二十四条の三十一第二項の内閣府令で定める指定障害児相談支援の事業の運営に関する基準（指定障害児相談支援の取扱いに関する部分に限る。）に照らして審査の上、支払うものとする。

⑥　市町村は、前項の規定による審査及び支払に関する事務を連合会に委託することができる。

⑦　前各項に定めるもののほか、障害児相談支援給付費の支給及び指定障害児相談支援事業者の障害児相談支援給付費の請求に関し必要な事項は、内閣府令で定める。

第二十四条の二十七　市町村は、障害児相談支援対象保護者が、指定障害児相談支援以外の障害児相談支援（第二十四条の三十一第一項の内閣府令で定める基準及び同条第二項の内閣府令で定める指定障害児相談支援の事業の運営に関する基準に定める事項のうち内閣府令で定めるものを満たすと認められる事業を行う事業所により行われるものに限る。以下この条において「基準該当障害児相談支援」という。）を受けた場合において、必要があると認めるときは、内閣府令で定めるところにより、基準該当障害児相談支援に要した費用について、特例障害児相談支援給付費を支給することができる。

②　特例障害児相談支援給付費の額は、当該基準該当障害児相談支援について前条第二項の内閣総理大臣が定める基準により算定した費用の額（その額が現に当該基準該当障害児相談支援に要した費用の額を超えるときは、当該現に基準該当障害児相談支援に要した費用の額）を基準として、市町村が定める。

③　前二項に定めるもののほか、特例障害児相談支援給付費の支給に関し必要な事項は、内閣府令で定める。

第二款　指定障害児相談支援事業者

第二十四条の二十八　第二十四条の二十六第一項第一号の指定障害児相談支援事業者の指定は、内閣府令で定めるところにより、総合的に障害者の日常生活及び社会生活を総合的に支援するための法律第五条第十八項に規定する相談支援を行う者として内閣府令で定める基準に該当する者の申請により、障害児相談支援事業を行う事業所（以下「障害児相談支援事業所」という。）ごとに行う。

② 第二十一条の五の十五第三項（第四号、第十一号及び第十四号を除く。）の規定は、第二十四条の二十六第一項第一号の指定障害児相談支援事業者の指定について準用する。この場合において、第二十一条の五の十五第三項第一号中「都道府県の条例で定める者」とあるのは、「法人」と読み替えるほか、必要な技術的読替えは、政令で定める。

第二十四条の二十九　第二十四条の二十六第一項第一号の指定は、六年ごとにその更新を受けなければ、その期間の経過によつて、その効力を失う。

② 前項の更新の申請があつた場合において、同項の期間（以下この条において「指定の有効期間」という。）の満了の日までにその申請に対する処分がされないときは、従前の指定は、指定の有効期間の満了後もその処分がされるまでの間は、なおその効力を有する。

③ 前項の場合において、指定の更新がされたときは、その指定の有効期間は、従前の指定の有効期間の満了の日の翌日から起算するものとする。

④ 前条の規定は、第一項の指定の更新について準用する。この場合において、必要な技術的読替えは、政令で定める。

第二十四条の三十　指定障害児相談支援事業者は、障害児が自立した日常生活又は社会生活を営むことができるよう、障害児及びその保護者の意思をできる限り尊重するとともに、行政機関、教育機関その他の関係機関との緊密な連携を図りつつ、障害児相談支援を当該障害児の意向、適性、障害の特性その他の事情に応じ、常に障害児及びその保護者の立場に立つて効果的に行うように努めなければならない。

② 指定障害児相談支援事業者は、その提供する障害児相談支援の質の評価を行うことその他の措置を講ずることにより、障害児相談支援の質の向上に努めなければならない。

③ 指定障害児相談支援事業者は、障害児の人格を尊重するとともに、この法律又はこの法律に基づく命令を遵守し、障害児及びその保護者のため忠実にその職務を遂行しなければならない。

第二十四条の三十一　指定障害児相談支援事業者は、当該指定に係る障害児相談支援事業所ごとに、内閣府令で定める基準に従い、当該指定障害児相談支援に従事する従業者を有しなければならない。

② 指定障害児相談支援事業者は、内閣府令で定める指定障害児相談支援の事業の運営に関する基準に従い、指定障害児相談支援を提供しなければならない。

③ 指定障害児相談支援事業者は、次条第二項の規定による事業の廃止又は休止の届出をしたときは、当該届出の日前一月以内に当該指定障害児相談支援を受けていた者であつて、当該事業の廃止又は休止の日以後においても引き続き当該指定障害児相談支援に相当する支援の提供を希望する者に対し、必要な障害児相談支援が継続的に提供されるよう、他の指定障害児相談支援事業者その他関係者との連絡調整その他の便宜の提供を行わなければならない。

第二十四条の三十二　指定障害児相談支援事業者は、当該指定に係る障害児相談支援事業所の名称及び所在地その他内閣府令で定める事項に変更があつたとき、又は休止した当該指定障害児相談支援の事業を再開したときは、内閣府令で定めるところにより、十日以内に、その旨を市町村長に届け出なければならない。

② 指定障害児相談支援事業者は、当該指定障害児相談支援の事業を廃止し、又は休止しようとするときは、内閣府令で定めるところにより、その廃止又は休止の日の一月前までに、その旨を市町村長に届け出なければならない。

第二十四条の三十三　市町村長は、指定障害児相談支援事業者による第二十四条の三十一第三項に規定する便宜の提供が円滑に行われるため必要があると認めるときは、当該指定障害児相談支援事業者その他の関係者相互間の連絡調整又は当該指定障害児相談支援事業者その他の関係者に対する助言その他の援助を行うことができる。

第二十四条の三十四　市町村長は、必要があると認めるときは、指定障害児相談支援事業者若しくは指定障害児相談支援事業者であつた者若しくは当該指定に係る障害児相談支援事業所の従業者であつた者（以下この項において「指定障害児相談支援事業者であつた者等」という。）に対し、報告若しくは帳簿書類その他の物件の提出若しくは提示を命じ、指定障害児相談支援事業者若しくは当該指定に係る障害児相談支援事業所の従業者若しくは指定障害児相談支援事業者であつた者等に対し出頭を求め、又は当該職員に、関係者に対し質問させ、若しくは当該指定障害児相談支援事業者の当該指定に係る障害児相談支援事業所、事務所その他指定障害児相談支援の事業に関係のある場所に立ち入り、その設備若しくは帳簿書類その他の物件を検査させることができる。

② 第十九条の十六第二項の規定は前項の規定による質問又は検査について、同条第三項の規定は前項の規定による権限について準用する。

第二十四条の三十五　市町村長は、指定障害児相談支援事業者が、次の各号に掲げる場合に該当すると認めるときは、当該指定障害児相談支援事業者に対し、期限を定めて、当該各号に定める措置をとるべきことを勧告することができる。

一　当該指定に係る障害児相談支援事業所の従業者の知識若しくは技能又は人員について第二十四条の三十一第一項の内閣府令で定める基準に適合していない場合　当該基準を遵守すること。

二　第二十四条の三十一第二項の内閣府令で定める指定障害児相談支援の事業の運営に関する基準に従つて適正な指定障害児相談支援の事業の運営をしていない場合　当該基準を遵守すること。

三　第二十四条の三十一第三項に規定する便宜の提供を適正に行つていない場合　当該便宜の提供を適正に行うこと。

② 市町村長は、前項の規定による勧告をした場合において、その勧告を受けた指定障害児相談支援事業者が、同項の期限内にこれに従わなかつたときは、その旨を公表することができる。

③ 市町村長は、第一項の規定による勧告を受けた指定障害児相談支援事業者が、正当な理由がなくてその勧告に係る措置をとらなかつたときは、当該指定障害児相談支援事業者に対し、期限を定めて、その勧告に係る措置をとるべきことを命ずることができる。

④ 市町村長は、前項の規定による命令をしたときは、その旨を公示しなければならない。

第二十四条の三十六　市町村長は、次の各号のいずれかに該当する場合においては、当該指定障害児相談支援事業者に係る第二十四条の二十六第一項第一号の指定を取り消し、又は期間を定めてその指定の全部若しくは一部の効力を停止することができる。

一　指定障害児相談支援事業者が、第二十四条の二十八第二項において準用する第二十一条の五の十五第三項第五号、第五号の二又は第十三号のいずれかに該当するに至つたとき。

二　指定障害児相談支援事業者が、第二十四条の三十第三項の規定に違反したと認められるとき。

三　指定障害児相談支援事業者が、当該指定に係る障害児相談支援事業所の従業者の知識若しくは技能又は人員について、第二十四条の三十一第一項の内閣府令で定める基準を満たすことができなくなつたとき。

四　指定障害児相談支援事業者が、第二十四条の三十一第二項の内閣府令で定める指定障害児相談支援の事業の運営に関する基準に従つて適正な指定障害児相談支援の事業の運営をすることができなくなつたとき。

五　障害児相談支援給付費の請求に関し不正があつたとき。

六　指定障害児相談支援事業者が、第二十四条の三十四第一項の規定により報告又は帳簿書類その他の物件の提出若しくは提示を命ぜられてこれに従わず、又は虚偽の報告をしたとき。

七　指定障害児相談支援事業者又は当該指定に係る障害児相談支援事業所の従業者が、第二十四条の三十四第一項の規定により出頭を求められてこれに応ぜず、同項の規定による質問に対して答弁せず、若しくは虚偽の答弁をし、又は同項の規定による立入り若しくは検査を拒み、妨げ、若しくは忌避したとき。ただし、当該指定に係る障害児相談支援事業所の従業者がその行為をした場合において、その行為を防止するため、当該指定障害児相談支援事業者が相当の注意及び監督を尽くしたときを除く。

八　指定障害児相談支援事業者が、不正の手段により第二十四条の二十六第一項第一号の指定を受けたとき。

九　前各号に掲げる場合のほか、指定障害児相談支援事業者が、この法律その他国民の福祉に関する法律で政令で定めるもの又はこれらの法律に基づく命令若しくは処分に違反したとき。

十　前各号に掲げる場合のほか、指定障害児相談支援事業者が、障害児相談支援に関し不正又は著しく不当な行為をしたとき。

十一　指定障害児相談支援事業者の役員又は当該指定に係る障害児相談支援事業所を管理する者その他の政令で定める使用人のうちに指定の取消し又は指定の全部若しくは一部の効力の停止をしようとするとき前五年以内に障害児相談支援に関し不正又は著しく不当な行為をした者があるとき。

第二十四条の三十七　市町村長は、次に掲げる場合には、その旨を公示しなければならない。

一　第二十四条の二十六第一項第一号の指定障害児相談支援事業者の指定をしたとき。

二　第二十四条の三十二第二項の規定による事業の廃止の届出があつたとき。

三　前条の規定により指定障害児相談支援事業者の指定を取り消したとき。

第三款　業務管理体制の整備等

第二十四条の三十八　指定障害児相談支援事業者は、第二十四条の三十第三項に規定する義務の履行が確保されるよう、内閣府令で定める基準に従い、業務管理体制を整備しなければならない。

②　指定障害児相談支援事業者は、次の各号に掲げる区分に応じ、当該各号に定める者に対し、内閣府令で定めるところにより、業務管理体制の整備に関する事項を届け出なければならない。

一　次号及び第三号に掲げる指定障害児相談支援事業者以外の指定障害児相談支援事業者　都道府県知事

二　指定障害児相談支援事業者であつて、当該指定に係る障害児相談支援事業所が一の市町村の区域に所在するもの　市町村長

三　当該指定に係る障害児相談支援事業所が二以上の都道府県の区域に所在する指定障害児相談支援事業者　内閣総理大臣

③　前項の規定により届出をした指定障害児相談支援事業者は、その届け出た事項に変更があつたときは、内閣府令で定めるところにより、遅滞なく、その旨を当該届出をした内閣総理大臣、都道府県知事又は市町村長（以下この款において「内閣総理大臣等」という。）に届け出なければならない。

④　第二項の規定による届出をした指定障害児相談支援事業者は、同項各号に掲げる区分の変更により、同項の規定により当該届出をした内閣総理大臣等以外の内閣総理大臣等に届出を行うときは、内閣府令で定めるところにより、その旨を当該届出をした内閣総理大臣等にも届け出なければならない。

⑤　内閣総理大臣等は、前三項の規定による届出が適正になされるよう、相互に密接な連携を図るものとする。

第二十四条の三十九　前条第二項の規定による届出を受けた内閣総理大臣等は、当該届出をした指定障害児相談支援事業者（同条第四項の規定による届出を受けた内閣総理大臣等にあつては、同項の規定による届出をした指定障害児相談支援事業者を除く。）における同条第一項の規定による業務管理体制の整備に関して必要があると認めるときは、当該指定障害児相談支援事業者に対し、報告若しくは帳簿書類その他の物件の提出若しくは提示を命じ、当該指定障害児相談支援事業者若しくは当該指定障害児相談支援事業者の従業者に対し出頭を求め、又は当該職員に、関係者に対し質問させ、若しくは当該指定障害児相談支援事業者の当該指定に係る障害児相談支援事業所、事務所その他の指定障害児相談支援の提供に関係のある場所に立ち入り、その設備若しくは帳簿書類その他の物件を検査させることができる。

②　内閣総理大臣が前項の権限を行うときは当該指定障害児相談支援事業者に係る指定を行つた市町村長（以下この項及び次条第五項において「関係市町村長」という。）と、都道府県知事が前項の権限を行うときは関係市町村長と密接な連携の下に行うものとする。

③　市町村長は、その行つた又はその行おうとする指定に係る指定障害児相談支援事業者における前条第一項の規定による業務管理体制の整備に関して必要があると認めるときは、内閣総理大臣又は都道府県知事に対し、第一項の権限を行うよう求めることができる。

④　内閣総理大臣又は都道府県知事は、前項の規定による市町村長の求めに応じて第一項の権限を行つたときは、内閣府令で定めるところにより、その結果を当該権限を行うよう求めた市町村長に通知しなければならない。

⑤　第十九条の十六第二項の規定は第一項の規

定による質問又は検査について、同条第三項の規定は第一項の規定による権限について準用する。

第二十四条の四十　第二十四条の三十八第二項の規定による届出を受けた内閣総理大臣等は、当該届出をした指定障害児相談支援事業者（同条第四項の規定による届出を受けた内閣総理大臣等にあつては、同項の規定による届出をした指定障害児相談支援事業者を除く。）が、同条第一項の内閣府令で定める基準に従つて適正な業務管理体制の整備をしていないと認めるときは、当該指定障害児相談支援事業者に対し、期限を定めて、当該内閣府令で定める基準に従つて適正な業務管理体制を整備すべきことを勧告することができる。

②　内閣総理大臣等は、前項の規定による勧告をした場合において、その勧告を受けた指定障害児相談支援事業者が、同項の期限内にこれに従わなかつたときは、その旨を公表することができる。

③　内閣総理大臣等は、第一項の規定による勧告を受けた指定障害児相談支援事業者が、正当な理由がなくてその勧告に係る措置をとらなかつたときは、当該指定障害児相談支援事業者に対し、期限を定めて、その勧告に係る措置をとるべきことを命ずることができる。

④　内閣総理大臣等は、前項の規定による命令をしたときは、その旨を公示しなければならない。

⑤　内閣総理大臣又は都道府県知事は、指定障害児相談支援事業者が第三項の規定による命令に違反したときは、内閣府令で定めるところにより、当該違反の内容を関係市町村長に通知しなければならない。

第六節　要保護児童の保護措置等

第二十五条　要保護児童を発見した者は、これを市町村、都道府県の設置する福祉事務所若しくは児童相談所又は児童委員を介して市町村、都道府県の設置する福祉事務所若しくは児童相談所に通告しなければならない。ただし、罪を犯した満十四歳以上の児童については、この限りでない。この場合においては、これを家庭裁判所に通告しなければならない。

②　刑法の秘密漏示罪の規定その他の守秘義務に関する法律の規定は、前項の規定による通告をすることを妨げるものと解釈してはならない。

第二十五条の二　地方公共団体は、単独で又は共同して、要保護児童（第三十一条第四項に規定する延長者及び第三十三条第十項に規定する保護延長者を含む。次項において同じ。）の適切な保護又は要支援児童若しくは特定妊婦への適切な支援を図るため、関係機関、関係団体及び児童の福祉に関連する職務に従事する者その他の関係者（以下「関係機関等」という。）により構成される要保護児童対策地域協議会（以下「協議会」という。）を置くように努めなければならない。

②　協議会は、要保護児童若しくは要支援児童及びその保護者又は特定妊婦（以下この項及び第五項において「支援対象児童等」という。）に関する情報その他要保護児童の適切な保護又は要支援児童若しくは特定妊婦への適切な支援を図るために必要な情報の交換を行うとともに、支援対象児童等に対する支援の内容に関する協議を行うものとする。

③　地方公共団体の長は、協議会を設置したときは、内閣府令で定めるところにより、その旨を公示しなければならない。

④　協議会を設置した地方公共団体の長は、協議会を構成する関係機関等のうちから、一に限り要保護児童対策調整機関を指定する。

⑤　要保護児童対策調整機関は、協議会に関する事務を総括するとともに、支援対象児童等に対する支援が適切に実施されるよう、内閣府令で定めるところにより、支援対象児童等に対する支援の実施状況を的確に把握し、必要に応じて、児童相談所、養育支援訪問事業を行う者、こども家庭センターその他の関係機関等との連絡調整を行うものとする。

⑥　市町村の設置した協議会（市町村が地方公共団体（市町村を除く。）と共同して設置したものを含む。）に係る要保護児童対策調整機関は、内閣府令で定めるところにより、専門的な知識及び技術に基づき前項の業務に係る事務を適切に行うことができる者として内閣府令で定めるもの（次項及び第八項において「調整担当者」という。）を置くものとする。

⑦　地方公共団体（市町村を除く。）の設置した協議会（当該地方公共団体が市町村と共同して設置したものを含む。）に係る要保護児童対策調整機関は、内閣府令で定めるところにより、調整担当者を置くように努めなければならない。

⑧　要保護児童対策調整機関に置かれた調整担

当者は、内閣総理大臣が定める基準に適合する研修を受けなければならない。

第二十五条の三　協議会は、前条第二項に規定する情報の交換及び協議を行うため必要があると認めるときは、関係機関等に対し、資料又は情報の提供、意見の開陳その他必要な協力を求めることができる。

②　関係機関等は、前項の規定に基づき、協議会から資料又は情報の提供、意見の開陳その他必要な協力の求めがあつた場合には、これに応ずるよう努めなければならない。

第二十五条の四　前二条に定めるもののほか、協議会の組織及び運営に関し必要な事項は、協議会が定める。

第二十五条の五　次の各号に掲げる協議会を構成する関係機関等の区分に従い、当該各号に定める者は、正当な理由がなく、協議会の職務に関して知り得た秘密を漏らしてはならない。

一　国又は地方公共団体の機関　当該機関の職員又は職員であつた者

二　法人　当該法人の役員若しくは職員又はこれらの職にあつた者

三　前二号に掲げる者以外の者　協議会を構成する者又はその職にあつた者

第二十五条の六　市町村、都道府県の設置する福祉事務所又は児童相談所は、第二十五条第一項の規定による通告を受けた場合において必要があると認めるときは、速やかに、当該児童の状況の把握を行うものとする。

第二十五条の七　市町村（次項に規定する町村を除く。）は、要保護児童若しくは要支援児童及びその保護者又は特定妊婦（次項において「要保護児童等」という。）に対する支援の実施状況を的確に把握するものとし、第二十五条第一項の規定による通告を受けた児童及び相談に応じた児童又はその保護者（以下「通告児童等」という。）について、必要があると認めたときは、次の各号のいずれかの措置を採らなければならない。

一　第二十七条の措置を要すると認める者並びに医学的、心理学的、教育学的、社会学的及び精神保健上の判定を要すると認める者は、これを児童相談所に送致すること。

二　通告児童等を当該市町村の設置する福祉事務所の知的障害者福祉法（昭和三十五年法律第三十七号）第九条第六項に規定する知的障害者福祉司（以下「知的障害者福祉司」という。）又は社会福祉主事に指導させること。

三　児童自立生活援助の実施又は社会的養護自立支援拠点事業の実施が適当であると認める児童は、これをその実施に係る都道府県知事に報告すること。

四　児童虐待の防止等に関する法律第八条の二第一項の規定による出頭の求め及び調査若しくは質問、第二十九条若しくは同法第九条第一項の規定による立入り及び調査若しくは質問又は第三十三条第一項若しくは第二項の規定による一時保護の実施が適当であると認める者は、これを都道府県知事又は児童相談所長に通知すること。

②　福祉事務所を設置していない町村は、要保護児童等に対する支援の実施状況を的確に把握するものとし、通告児童等又は妊産婦について、必要があると認めたときは、次の各号のいずれかの措置を採らなければならない。

一　第二十七条の措置を要すると認める者並びに医学的、心理学的、教育学的、社会学的及び精神保健上の判定を要すると認める者は、これを児童相談所に送致すること。

二　次条第二号の措置が適当であると認める者は、これを当該町村の属する都道府県の設置する福祉事務所に送致すること。

三　妊産婦等生活援助事業の実施、助産の実施又は母子保護の実施が適当であると認める者は、これをそれぞれその実施に係る都道府県知事に報告すること。

四　児童自立生活援助の実施又は社会的養護自立支援拠点事業の実施が適当であると認める児童は、これをその実施に係る都道府県知事に報告すること。

五　児童虐待の防止等に関する法律第八条の二第一項の規定による出頭の求め及び調査若しくは質問、第二十九条若しくは同法第九条第一項の規定による立入り及び調査若しくは質問又は第三十三条第一項若しくは第二項の規定による一時保護の実施が適当であると認める者は、これを都道府県知事又は児童相談所長に通知すること。

第二十五条の八　都道府県の設置する福祉事務所の長は、第二十五条第一項の規定による通告又は前条第二項第二号若しくは次条第一項第四号の規定による送致を受けた児童及び相談に応じた児童、その保護者又は妊産婦について、必要があると認めたときは、次の各号のいずれかの措置を採らなければならない。

一　第二十七条の措置を要すると認める者並びに医学的、心理学的、教育学的、社会学的及び精神保健上の判定を要すると認める者は、これを児童相談所に送致すること。

二　児童又はその保護者をその福祉事務所の知的障害者福祉司又は社会福祉主事に指導させること。

三　妊産婦等生活援助事業の実施又は保育の利用等（助産の実施、母子保護の実施又は保育の利用若しくは第二十四条第五項の規定による措置をいう。以下同じ。）が適当であると認める者は、これをそれぞれその保育の利用等に係る都道府県又は市町村の長に報告し、又は通知すること。

四　児童自立生活援助の実施又は社会的養護自立支援拠点事業の実施が適当であると認める児童は、これをその実施に係る都道府県知事に報告すること。

五　第二十一条の六の規定による措置が適当であると認める者は、これをその措置に係る市町村の長に報告し、又は通知すること。

第二十六条　児童相談所長は、第二十五条第一項の規定による通告を受けた児童、第二十五条の七第一項第一号若しくは第二項第一号、前条第一号又は少年法（昭和二十三年法律第百六十八号）第六条の六第一項若しくは第十八条第一項の規定による送致を受けた児童及び相談に応じた児童、その保護者又は妊産婦について、必要があると認めたときは、次の各号のいずれかの措置を採らなければならない。

一　次条の措置を要すると認める者は、これを都道府県知事に報告すること。

二　児童又はその保護者を児童相談所その他の関係機関若しくは関係団体の事業所若しくは事務所に通わせ当該事業所若しくは事務所において、又は当該児童若しくはその保護者の住所若しくは居所において、児童福祉司若しくは児童委員に指導させ、又は市町村、都道府県以外の者の設置する児童家庭支援センター、都道府県以外の障害者の日常生活及び社会生活を総合的に支援するための法律第五条第十八項に規定する一般相談支援事業若しくは特定相談支援事業（次条第一項第二号及び第三十四条の七において「障害者等相談支援事業」という。）を行う者その他当該指導を適切に行うことができる者として内閣府令で定めるものに委託して指導させること。

三　児童及び妊産婦の福祉に関し、情報を提供すること、相談（専門的な知識及び技術を必要とするものを除く。）に応ずること、調査及び指導（医学的、心理学的、教育学的、社会学的及び精神保健上の判定を必要とする場合を除く。）を行うことその他の支援（専門的な知識及び技術を必要とするものを除く。）を行うことを要すると認める者（次条の措置を要すると認める者を除く。）は、これを市町村に送致すること。

四　第二十五条の七第一項第二号又は前条第二号の措置が適当であると認める者は、これを福祉事務所に送致すること。

五　妊産婦等生活援助事業の実施又は保育の利用等が適当であると認める者は、これをそれぞれその保育の利用等に係る都道府県又は市町村の長に報告し、又は通知すること。

六　児童自立生活援助の実施又は社会的養護自立支援拠点事業の実施が適当であると認める児童は、これをその実施に係る都道府県知事に報告すること。

七　第二十一条の六の規定による措置が適当であると認める者は、これをその措置に係る市町村の長に報告し、又は通知すること。

八　放課後児童健全育成事業、子育て短期支援事業、養育支援訪問事業、地域子育て支援拠点事業、一時預かり事業、子育て援助活動支援事業、子育て世帯訪問支援事業、児童育成支援拠点事業、親子関係形成支援事業、子ども・子育て支援法第五十九条第一号に掲げる事業その他市町村が実施する児童の健全な育成に資する事業の実施が適当であると認める者は、これをその事業の実施に係る市町村の長に通知すること。

②　前項第一号の規定による報告書には、児童の住所、氏名、年齢、履歴、性行、健康状態及び家庭環境、同号に規定する措置についての当該児童及びその保護者の意向その他児童の福祉増進に関し、参考となる事項を記載しなければならない。

第二十七条　都道府県は、前条第一項第一号の規定による報告又は少年法第十八条第二項の規定による送致のあつた児童につき、次の各号のいずれかの措置を採らなければならない。

一　児童又はその保護者に訓戒を加え、又は誓約書を提出させること。

二　児童又はその保護者を児童相談所その他の関係機関若しくは関係団体の事業所若し

くは事務所に通わせ当該事業所若しくは事務所において、又は当該児童若しくはその保護者の住所若しくは居所において、児童福祉司、知的障害者福祉司、社会福祉主事、児童委員若しくは当該都道府県の設置する児童家庭支援センター若しくは当該都道府県が行う障害者等相談支援事業に係る職員に指導させ、又は市町村、当該都道府県以外の者の設置する児童家庭支援センター、当該都道府県以外の障害者等相談支援事業を行う者若しくは前条第一項第二号に規定する内閣府令で定める者に委託して指導させること。

三　児童を小規模住居型児童養育事業を行う者若しくは里親に委託し、又は乳児院、児童養護施設、障害児入所施設、児童心理治療施設若しくは児童自立支援施設に入所させること。

四　家庭裁判所の審判に付することが適当であると認める児童は、これを家庭裁判所に送致すること。

②都道府県は、肢体不自由のある児童又は重症心身障害児については、前項第三号の措置に代えて、指定発達支援医療機関に対し、これらの児童を入院させて障害児入所施設（第四十二条第二号に規定する医療型障害児入所施設に限る。）におけると同様な治療等を行うことを委託することができる。

③都道府県知事は、少年法第十八条第二項の規定による送致のあつた児童につき、第一項の措置を採るにあたつては、家庭裁判所の決定による指示に従わなければならない。

④第一項第三号又は第二項の措置は、児童に親権を行う者（第四十七条第一項の規定により親権を行う児童福祉施設の長を除く。以下同じ。）又は未成年後見人があるときは、前項の場合を除いては、その親権を行う者又は未成年後見人の意に反して、これを採ることができない。

⑤都道府県知事は、第一項第二号若しくは第三号若しくは第二項の措置を解除し、停止し、又は他の措置に変更する場合には、児童相談所長の意見を聴かなければならない。

⑥都道府県知事は、政令の定めるところにより、第一項第一号から第三号までの措置（第三項の規定により採るもの及び第二十八条第一項第一号又は第二号ただし書の規定により採るものを除く。）若しくは第二項の措置を採る場合又は第一項第二号若しくは第三号若しくは第二項の措置を解除し、停止し、若しくは他の措置に変更する場合には、都道府県児童福祉審議会の意見を聴かなければならない。

第二十七条の二　都道府県は、少年法第二十四条第一項又は第二十六条の四第一項の規定により同法第二十四条第一項第二号の保護処分の決定を受けた児童につき、当該決定に従つて児童自立支援施設に入所させる措置（保護者の下から通わせて行うものを除く。）又は児童養護施設に入所させる措置を採らなければならない。

②前項に規定する措置は、この法律の適用については、前条第一項第三号の児童自立支援施設又は児童養護施設に入所させる措置とみなす。ただし、同条第四項及び第六項（措置を解除し、停止し、又は他の措置に変更する場合に係る部分を除く。）並びに第二十八条の規定の適用については、この限りでない。

第二十七条の三　都道府県知事は、たまたま児童の行動の自由を制限し、又はその自由を奪うような強制的措置を必要とするときは、第三十三条、第三十三条の二及び第四十七条の規定により認められる場合を除き、事件を家庭裁判所に送致しなければならない。

第二十七条の四　第二十六条第一項第二号又は第二十七条第一項第二号の規定により行われる指導（委託に係るものに限る。）の事務に従事する者又は従事していた者は、その事務に関して知り得た秘密を漏らしてはならない。

第二十八条　保護者が、その児童を虐待し、著しくその監護を怠り、その他保護者に監護させることが著しく当該児童の福祉を害する場合において、第二十七条第一項第三号の措置を採ることが児童の親権を行う者又は未成年後見人の意に反するときは、都道府県は、次の各号の措置を採ることができる。

一　保護者が親権を行う者又は未成年後見人であるときは、家庭裁判所の承認を得て、第二十七条第一項第三号の措置を採ること。

二　保護者が親権を行う者又は未成年後見人でないときは、その児童を親権を行う者又は未成年後見人に引き渡すこと。ただし、その児童を親権を行う者又は未成年後見人に引き渡すことが児童の福祉のため不適当であると認めるときは、家庭裁判所の承認を得て、第二十七条第一項第三号の措置を採ること。

② 前項第一号及び第二号ただし書の規定による措置の期間は、当該措置を開始した日から二年を超えてはならない。ただし、当該措置に係る保護者に対する指導措置（第二十七条第一項第二号の措置をいう。以下この条並びに第三十三条第二項及び第九項において同じ。）の効果等に照らし、当該措置を継続しなければ保護者がその児童を虐待し、著しくその監護を怠り、その他著しく当該児童の福祉を害するおそれがあると認めるときは、都道府県は、家庭裁判所の承認を得て、当該期間を更新することができる。

③ 都道府県は、前項ただし書の規定による更新に係る承認の申立てをした場合において、やむを得ない事情があるときは、当該措置の期間が満了した後も、当該申立てに対する審判が確定するまでの間、引き続き当該措置を採ることができる。ただし、当該申立てを却下する審判があつた場合は、当該審判の結果を考慮してもなお当該措置を採る必要があると認めるときに限る。

④ 家庭裁判所は、第一項第一号若しくは第二号ただし書又は第二項ただし書の承認（以下「措置に関する承認」という。）の申立てがあつた場合は、都道府県に対し、期限を定めて、当該申立てに係る保護者に対する指導措置を採るよう勧告すること、当該申立てに係る保護者に対する指導措置に関し報告及び意見を求めること、又は当該申立てに係る児童及びその保護者に関する必要な資料の提出を求めることができる。

⑤ 家庭裁判所は、前項の規定による勧告を行つたときは、その旨を当該保護者に通知するものとする。

⑥ 家庭裁判所は、措置に関する承認の申立てに対する承認の審判をする場合において、当該措置の終了後の家庭その他の環境の調整を行うため当該保護者に対する指導措置を採ることが相当であると認めるときは、都道府県に対し、当該指導措置を採るよう勧告することができる。

⑦ 家庭裁判所は、第四項の規定による勧告を行つた場合において、措置に関する承認の申立てを却下する審判をするときであつて、家庭その他の環境の調整を行うため当該勧告に係る当該保護者に対する指導措置を採ることが相当であると認めるときは、都道府県に対し、当該指導措置を採るよう勧告することができる。

⑧ 第五項の規定は、前二項の規定による勧告について準用する。

第二十九条 都道府県知事は、前条の規定による措置をとるため、必要があると認めるときは、児童委員又は児童の福祉に関する事務に従事する職員をして、児童の住所若しくは居所又は児童の従業する場所に立ち入り、必要な調査又は質問をさせることができる。この場合においては、その身分を証明する証票を携帯させ、関係者の請求があつたときは、これを提示させなければならない。

第三十条 四親等内の児童以外の児童を、その親権を行う者又は未成年後見人から離して、自己の家庭（単身の世帯を含む。）に、三月（乳児については、一月）を超えて同居させる意思をもつて同居させた者又は継続して二月以上（乳児については、二十日以上）同居させた者（法令の定めるところにより児童を委託された者及び児童を単に下宿させた者を除く。）は、同居を始めた日から三月以内（乳児については、一月以内）に、市町村長を経て、都道府県知事に届け出なければならない。ただし、その届出期間内に同居をやめたときは、この限りでない。

② 前項に規定する届出をした者が、その同居をやめたときは、同居をやめた日から一月以内に、市町村長を経て、都道府県知事に届け出なければならない。

③ 保護者は、経済的理由等により、児童をそのもとにおいて養育しがたいときは、市町村、都道府県の設置する福祉事務所、児童相談所、児童福祉司又は児童委員に相談しなければならない。

第三十条の二 都道府県知事は、小規模住居型児童養育事業を行う者、里親（第二十七条第一項第三号の規定により委託を受けた里親に限る。第三十三条の八第二項、第三十三条の十、第三十三条の十四第二項、第四十四条の四、第四十五条の二、第四十六条第一項、第四十七条、第四十八条及び第四十八条の三において同じ。）及び児童福祉施設の長並びに前条第一項に規定する者に、児童の保護について、必要な指示をし、又は必要な報告をさせることができる。

第三十一条 都道府県等は、第二十三条第一項本文の規定により母子生活支援施設に入所した児童については、その保護者から申込みがあり、かつ、必要があると認めるときは、満二十歳に達するまで、引き続きその者を母子生活支援施設において保護することができる。

②　都道府県は、第二十七条第一項第三号の規定により小規模住居型児童養育事業を行う者若しくは里親に委託され、又は児童養護施設、障害児入所施設（第四十二条第一号に規定する福祉型障害児入所施設に限る。次条第一項において同じ。）、児童心理治療施設若しくは児童自立支援施設に入所した児童については満二十歳に達するまで、引き続き第二十七条第一項第三号の規定による委託を継続し、若しくはその者をこれらの児童福祉施設に在所させ、又はこれらの措置を相互に変更する措置を採ることができる。

③　都道府県は、第二十七条第一項第三号の規定により障害児入所施設（第四十二条第二号に規定する医療型障害児入所施設に限る。次条第二項において同じ。）に入所した児童又は第二十七条第二項の規定による委託により指定発達支援医療機関に入院した肢体不自由のある児童若しくは重症心身障害児については満二十歳に達するまで、引き続きその者をこれらの児童福祉施設に在所させ、若しくは同項の規定による委託を継続し、又はこれらの措置を相互に変更する措置を採ることができる。

④　都道府県は、延長者（児童以外の満二十歳に満たない者のうち、次の各号のいずれかに該当するものをいう。）について、第二十七条第一項第一号から第三号まで又は第二項の措置を採ることができる。

一　第二項からこの項までの規定による措置が採られている者

二　第三十三条第八項から第十一項までの規定による一時保護が行われている者（前号に掲げる者を除く。）

⑤　前各項の規定による保護又は措置は、この法律の適用については、母子保護の実施又は第二十七条第一項第一号から第三号まで若しくは第二項の規定による措置とみなす。

⑥　第二項から第四項までの場合においては、都道府県知事は、児童相談所長の意見を聴かなければならない。

第三十一条の二　都道府県は、前条第二項の規定にかかわらず、同項の規定により障害児入所施設に在所している者であつて、障害福祉サービスその他のサービスを利用しつつ自立した日常生活又は社会生活を営むことが著しく困難なものとして内閣府令で定める者について、満二十歳に到達してもなお引き続き在所させる措置を採らなければその福祉を損なうおそれがあると認めるときは、当該者が満二十三歳に達するまで、引き続き当該者を障害児入所施設に在所させる措置を採ることができる。

②　都道府県は、前条第三項の規定にかかわらず、同項の規定により障害児入所施設に在所している者又は委託を継続して指定発達支援医療機関に入院している肢体不自由のある者若しくは重度の知的障害及び重度の肢体不自由が重複している者であつて、障害福祉サービスその他のサービスを利用しつつ自立した日常生活又は社会生活を営むことが著しく困難なものとして内閣府令で定める者について、満二十歳に到達してもなお引き続き在所又は入院させる措置を採らなければその福祉を損なうおそれがあると認めるときは、当該者が満二十三歳に達するまで、引き続き当該者をこれらの施設に在所させ、若しくは同項の規定による委託を継続し、又はこれらの措置を相互に変更する措置を採ることができる。

③　前二項の規定による措置は、この法律の適用については、第二十七条第一項第三号又は第二項の規定による措置とみなす。

④　第一項又は第二項の場合においては、都道府県知事は、児童相談所長の意見を聴かなければならない。

第三十二条　都道府県知事は、第二十七条第一項若しくは第二項の措置を採る権限又は児童自立生活援助の実施の権限の全部又は一部を児童相談所長に委任することができる。

②　都道府県知事又は市町村長は、第二十一条の六の措置を採る権限又は助産の実施若しくは母子保護の実施の権限、第二十一条の十八第一項の規定による勧奨及び支援並びに同条第二項の規定による措置に関する権限、第二十三条第一項ただし書に規定する保護の権限並びに第二十四条の二から第二十四条の七まで及び第二十四条の二十の規定による権限の全部又は一部を、それぞれその管理する福祉事務所の長に委任することができる。

③　市町村長は、保育所における保育を行うことの権限並びに第二十四条第三項の規定による調整及び要請、同条第四項の規定による勧奨及び支援並びに同条第五項又は第六項の規定による措置に関する権限の全部又は一部を、その管理する福祉事務所の長又は当該市町村に置かれる教育委員会に委任することができる。

第三十三条　児童相談所長は、必要があると認めるときは、第二十六条第一項の措置を採るに至るまで、児童の安全を迅速に確保し適切な保護を図るため、又は児童の心身の状況、その置かれている環境その他の状況を把握するため、児童の一時保護を行い、又は適当な者に委託して、当該一時保護を行わせることができる。

②　都道府県知事は、必要があると認めるときは、第二十七条第一項又は第二項の措置（第二十八条第四項の規定による勧告を受けて採る指導措置を除く。）を採るに至るまで、児童の安全を迅速に確保し適切な保護を図るため、又は児童の心身の状況、その置かれている環境その他の状況を把握するため、児童相談所長をして、児童の一時保護を行わせ、又は適当な者に当該一時保護を行うことを委託させることができる。

③　前二項の規定による一時保護の期間は、当該一時保護を開始した日から二月を超えてはならない。

④　前項の規定にかかわらず、児童相談所長又は都道府県知事は、必要があると認めるときは、引き続き第一項又は第二項の規定による一時保護を行うことができる。

⑤　前項の規定により引き続き一時保護を行うことが当該児童の親権を行う者又は未成年後見人の意に反する場合においては、児童相談所長又は都道府県知事が引き続き一時保護を行おうとするとき、及び引き続き一時保護を行つた後二月を超えて引き続き一時保護を行おうとするときごとに、児童相談所長又は都道府県知事は、家庭裁判所の承認を得なければならない。ただし、当該児童に係る第二十八条第一項第一号若しくは第二号ただし書の承認の申立て又は当該児童の親権者に係る第三十三条の七の規定による親権喪失若しくは親権停止の審判の請求若しくは当該児童の未成年後見人に係る第三十三条の九の規定による未成年後見人の解任の請求がされている場合は、この限りでない。

⑥　児童相談所長又は都道府県知事は、前項本文の規定による引き続いての一時保護に係る承認の申立てをした場合において、やむを得ない事情があるときは、一時保護を開始した日から二月を経過した後又は同項の規定により引き続き一時保護を行つた後二月を経過した後も、当該申立てに対する審判が確定するまでの間、引き続き一時保護を行うことができる。ただし、当該申立てを却下する審判があつた場合は、当該審判の結果を考慮してもなお引き続き一時保護を行う必要があると認めるときに限る。

⑦　前項本文の規定により引き続き一時保護を行つた場合において、第五項本文の規定による引き続いての一時保護に係る承認の申立てに対する審判が確定した場合における同項の規定の適用については、同項中「引き続き一時保護を行おうとするとき、及び引き続き一時保護を行つた」とあるのは、「引き続いての一時保護に係る承認の申立てに対する審判が確定した」とする。

⑧　児童相談所長は、特に必要があると認めるときは、第一項の規定により一時保護が行われた児童については満二十歳に達するまでの間、次に掲げる措置を採るに至るまで、引き続き一時保護を行い、又は一時保護を行わせることができる。

一　第三十一条第四項の規定による措置を要すると認める者は、これを都道府県知事に報告すること。

二　児童自立生活援助の実施又は社会的養護自立支援拠点事業の実施が適当であると認める満二十歳未満義務教育終了児童等は、これをその実施に係る都道府県知事に報告すること。

⑨　都道府県知事は、特に必要があると認めるときは、第二項の規定により一時保護が行われた児童については満二十歳に達するまでの間、第三十一条第四項の規定による措置（第二十八条第四項の規定による勧告を受けて採る指導措置を除く。第十一項において同じ。）を採るに至るまで、児童相談所長をして、引き続き一時保護を行わせ、又は一時保護を行うことを委託させることができる。

⑩　児童相談所長は、特に必要があると認めるときは、第八項各号に掲げる措置を採るに至るまで、保護延長者（児童以外の満二十歳に満たない者のうち、第三十一条第二項から第四項までの規定による措置が採られているものをいう。以下この項及び次項において同じ。）の安全を迅速に確保し適切な保護を図るため、又は保護延長者の心身の状況、その置かれている環境その他の状況を把握するため、保護延長者の一時保護を行い、又は適当な者に委託して、当該一時保護を行わせることができる。

⑪　都道府県知事は、特に必要があると認めるときは、第三十一条第四項の規定による措置

社会福祉

を採るに至るまで、保護延長者の安全を迅速に確保し適切な保護を図るため、又は保護延長者の心身の状況、その置かれている環境その他の状況を把握するため、児童相談所長をして、保護延長者の一時保護を行わせ、又は適当な者に当該一時保護を行うことを委託させることができる。

⑫　第八項から前項までの規定による一時保護は、この法律の適用については、第一項又は第二項の規定による一時保護とみなす。

第三十三条の二　児童相談所長は、一時保護が行われた児童で親権を行う者又は未成年後見人のないものに対し、親権を行う者又は未成年後見人があるに至るまでの間、親権を行う。ただし、民法第七百九十七条の規定による縁組の承諾をするには、内閣府令の定めるところにより、都道府県知事の許可を得なければならない。

②　児童相談所長は、一時保護が行われた児童で親権を行う者又は未成年後見人のあるものについても、監護及び教育に関し、その児童の福祉のため必要な措置をとることができる。この場合において、児童相談所長は、児童の人格を尊重するとともに、その年齢及び発達の程度に配慮しなければならず、かつ、体罰その他の児童の心身の健全な発達に有害な影響を及ぼす言動をしてはならない。

③　前項の児童の親権を行う者又は未成年後見人は、同項の規定による措置を不当に妨げてはならない。

④　第二項の規定による措置は、児童の生命又は身体の安全を確保するため緊急の必要があると認めるときは、その親権を行う者又は未成年後見人の意に反しても、これをとることができる。

第三十三条の二の二　児童相談所長は、一時保護が行われた児童の所持する物であつて、一時保護中本人に所持させることが児童の福祉を損なうおそれがあるものを保管することができる。

②　児童相談所長は、前項の規定により保管する物で、腐敗し、若しくは滅失するおそれがあるもの又は保管に著しく不便なものは、これを売却してその代価を保管することができる。

③　児童相談所長は、前二項の規定により保管する物について当該児童以外の者が返還請求権を有することが明らかな場合には、これをその権利者に返還しなければならない。

④　児童相談所長は、前項に規定する返還請求権を有する者を知ることができないとき、又はその者の所在を知ることができないときは、返還請求権を有する者は、六月以内に申し出るべき旨を公告しなければならない。

⑤　前項の期間内に同項の申出がないときは、その物は、当該児童相談所を設置した都道府県に帰属する。

⑥　児童相談所長は、一時保護を解除するときは、第三項の規定により返還する物を除き、その保管する物を当該児童に返還しなければならない。この場合において、当該児童に交付することが児童の福祉のため不適当であると認めるときは、これをその保護者に交付することができる。

⑦　第一項の規定による保管、第二項の規定による売却及び第四項の規定による公告に要する費用は、その物の返還を受ける者があるときは、その者の負担とする。

第三十三条の三　児童相談所長は、一時保護が行われている間に児童が逃走し、又は死亡した場合において、遺留物があるときは、これを保管し、かつ、前条第三項の規定により権利者に返還しなければならない物を除き、これを当該児童の保護者若しくは親族又は相続人に交付しなければならない。

②　前条第二項、第四項、第五項及び第七項の規定は、前項の場合に、これを準用する。

第三十三条の三の二　都道府県知事又は児童相談所長は、次に掲げる措置に関して必要があると認めるときは、地方公共団体の機関、病院、診療所、医学に関する大学（大学の学部を含む。）、児童福祉施設、当該措置に係る児童が在籍する又は在籍していた学校その他必要な関係機関、関係団体及び児童の福祉に関連する職務に従事する者その他の関係者に対し、資料又は情報の提供、意見の開陳その他必要な協力を求めることができる。

一　第二十六条第一項第二号に規定する措置

二　第二十七条第一項第二号若しくは第三号又は第二項に規定する措置

三　第三十三条第一項又は第二項に規定する措置

②　前項の規定により都道府県知事又は児童相談所長から資料又は情報の提供、意見の開陳その他必要な協力を求められた者は、これに応ずるよう努めなければならない。

第三十三条の三の三　都道府県知事又は児童相談所長は、次に掲げる場合においては、児童の最善の利益を考慮するとともに、児童の意見又は意向を勘案して措置を行うために、あらかじめ、年齢、発達の状況その他の当該児童の事情に応じ意見聴取その他の措置（以下この条において「意見聴取等措置」という。）をとらなければならない。ただし、児童の生命又は心身の安全を確保するため緊急を要する場合で、あらかじめ意見聴取等措置をとるいとまがないときは、次に規定する措置を行つた後速やかに意見聴取等措置をとらなければならない。

一　第二十六条第一項第二号の措置を採る場合又は当該措置を解除し、停止し、若しくは他の措置に変更する場合

二　第二十七条第一項第二号若しくは第三号若しくは第二項の措置を採る場合又はこれらの措置を解除し、停止し、若しくは他の措置に変更する場合

三　第二十八条第二項ただし書の規定に基づき第二十七条第一項第三号の措置の期間を更新する場合

四　第三十三条第一項又は第二項の規定による一時保護を行う場合又はこれを解除する場合

第三十三条の四　都道府県知事、市町村長、福祉事務所長又は児童相談所長は、次の各号に掲げる措置又は助産の実施、母子保護の実施若しくは児童自立生活援助の実施を解除する場合には、あらかじめ、当該各号に定める者に対し、当該措置又は助産の実施、母子保護の実施若しくは児童自立生活援助の実施の解除の理由について説明するとともに、その意見を聴かなければならない。ただし、当該各号に定める者から当該措置又は助産の実施、母子保護の実施若しくは児童自立生活援助の実施の解除の申出があつた場合その他内閣府令で定める場合においては、この限りでない。

一　第二十一条の六、第二十一条の十八第二項、第二十四条第五項及び第六項、第二十五条の七第一項第二号、第二十五条の八第二号、第二十六条第一項第二号並びに第二十七条第一項第二号の措置　当該措置に係る児童の保護者

二　助産の実施　当該助産の実施に係る妊産婦

三　母子保護の実施　当該母子保護の実施に係る児童の保護者

四　第二十七条第一項第三号及び第二項の措置　当該措置に係る児童の親権を行う者又はその未成年後見人

五　児童自立生活援助の実施　当該児童自立生活援助の実施に係る措置解除者等

第三十三条の五　第二十一条の六、第二十一条の十八第二項、第二十四条第五項若しくは第六項、第二十五条の七第一項第二号、第二十五条の八第二号、第二十六条第一項第二号若しくは第二十七条第一項第二号若しくは第三号若しくは第二項の措置を解除する処分又は助産の実施、母子保護の実施若しくは児童自立生活援助の実施の解除については、行政手続法第三章（第十二条及び第十四条を除く。）の規定は、適用しない。

第三十三条の六　都道府県は、その区域内における第六条の三第一項各号に掲げる者（以下この条において「児童自立生活援助対象者」という。）の自立を図るため必要がある場合において、その児童自立生活援助対象者から申込みがあつたときは、自ら又は児童自立生活援助事業を行う者（都道府県を除く。次項において同じ。）に委託して、その満二十歳未満義務教育終了児童等に対し、内閣府令で定めるところにより、児童自立生活援助を行わなければならない。ただし、やむを得ない事由があるときは、その他の適切な援助を行わなければならない。

②　児童自立生活援助対象者であつて児童自立生活援助の実施を希望するものは、内閣府令の定めるところにより、入居を希望する住居その他内閣府令の定める事項を記載した申込書を都道府県に提出しなければならない。この場合において、児童自立生活援助事業を行う者は、内閣府令の定めるところにより、児童自立生活援助対象者の依頼を受けて、当該申込書の提出を代わつて行うことができる。

③　都道府県は、児童自立生活援助対象者が特別な事情により当該都道府県の区域外の住居への入居を希望するときは、当該住居への入居について必要な連絡及び調整を図らなければならない。

④　都道府県は、第二十五条の七第一項第三号若しくは第二項第四号、第二十五条の八第四号若しくは第二十六条第一項第六号の規定による報告を受けた児童又は第三十三条第八項第二号の規定による報告を受けた満二十歳未満義務教育終了児童等について、必要があると認めるときは、これらの者に対し、児童自立生活援助の実施の申込みを勧奨しなければならない。

⑤　都道府県は、児童自立生活援助対象者の住

居の選択及び児童自立生活援助事業の適正な運営の確保に資するため、内閣府令の定めるところにより、その区域内における児童自立生活援助事業を行う者、当該事業の運営の状況その他の内閣府令の定める事項に関し情報の提供を行わなければならない。

第三十三条の六の二　都道府県は、児童の健全な育成及び措置解除者等の自立に資するため、その区域内において、親子再統合支援事業、社会的養護自立支援拠点事業及び意見表明等支援事業が着実に実施されるよう、必要な措置の実施に努めなければならない。

第三十三条の六の三　社会的養護自立支援拠点事業を行う都道府県は、第二十五条の七第一項第三号若しくは第二項第四号、第二十五条の八第四号若しくは第二十六条第一項第六号の規定による報告を受けた児童又は第三十三条第八項第二号の規定による報告を受けた満二十歳未満義務教育終了児童等について、必要があると認めるときは、これらの者に対し、社会的養護自立支援拠点事業の利用を勧奨しなければならない。

第三十三条の六の四　児童相談所長は、児童について、家庭裁判所に対し、養親としての適格性を有する者との間における特別養子縁組について、家事事件手続法（平成二十三年法律第五十二号）第百六十四条第二項に規定する特別養子適格の確認を請求することができる。

②　児童相談所長は、前項の規定による請求に係る児童について、特別養子縁組によつて養親となることを希望する者が現に存しないときは、養子縁組里親その他の適当な者に対し、当該児童に係る民法第八百十七条の二第一項に規定する請求を行うことを勧奨するよう努めるものとする。

第三十三条の六の五　児童相談所長は、児童に係る特別養子適格の確認の審判事件（家事事件手続法第三条の五に規定する特別養子適格の確認の審判事件をいう。）の手続に参加することができる。

②　前項の規定により手続に参加する児童相談所長は、家事事件手続法第四十二条第七項に規定する利害関係参加人とみなす。

第三十三条の七　児童の親権者に係る民法第八百三十四条本文、第八百三十四条の二第一項、第八百三十五条又は第八百三十六条の規定による親権喪失、親権停止若しくは管理権喪失の審判の請求又はこれらの審判の取消しの請求は、これらの規定に定める者のほか、児童相談所長も、これを行うことができる。

第三十三条の八　児童相談所長は、親権を行う者のない児童について、その福祉のため必要があるときは、家庭裁判所に対し未成年後見人の選任を請求しなければならない。

②　児童相談所長は、前項の規定による未成年後見人の選任の請求に係る児童（小規模住居型児童養育事業を行う者若しくは里親に委託中、児童福祉施設に入所中又は一時保護中の児童を除く。）に対し、親権を行う者又は未成年後見人があるに至るまでの間、親権を行う。ただし、民法第七百九十七条の規定による縁組の承諾をするには、内閣府令の定めるところにより、都道府県知事の許可を得なければならない。

第三十三条の九　児童の未成年後見人に、不正な行為、著しい不行跡その他後見の任務に適しない事由があるときは、民法第八百四十六条の規定による未成年後見人の解任の請求は、同条に定める者のほか、児童相談所長も、これを行うことができる。

第三十三条の九の二　国は、要保護児童の保護に係る事例の分析その他要保護児童の健全な育成に資する調査及び研究を推進するものとする。

第七節　被措置児童等虐待の防止等

第三十三条の十　この法律で、被措置児童等虐待とは、小規模住居型児童養育事業に従事する者、里親若しくはその同居人、乳児院、児童養護施設、障害児入所施設、児童心理治療施設若しくは児童自立支援施設の長、その職員その他の従業者、指定発達支援医療機関の管理者その他の従業者、一時保護施設を設けている児童相談所の所長、当該施設の職員その他の従業者又は第三十三条第一項若しくは第二項の委託を受けて児童の一時保護を行う業務に従事する者（以下「施設職員等」と総称する。）が、委託された児童、入所する児童又は一時保護が行われた児童（以下「被措置児童等」という。）について行う次に掲げる行為をいう。

一　被措置児童等の身体に外傷が生じ、又は生じるおそれのある暴行を加えること。

二　被措置児童等にわいせつな行為をすること又は被措置児童等をしてわいせつな行為をさせること。

三　被措置児童等の心身の正常な発達を妨げ

るような著しい減食又は長時間の放置、同居人若しくは生活を共にする他の児童による前二号又は次号に掲げる行為の放置その他の施設職員等としての養育又は業務を著しく怠ること。

四　被措置児童等に対する著しい暴言又は著しく拒絶的な対応その他の被措置児童等に著しい心理的外傷を与える言動を行うこと。

第三十三条の十一　施設職員等は、被措置児童等虐待その他被措置児童等の心身に有害な影響を及ぼす行為をしてはならない。

第三十三条の十二　被措置児童等虐待を受けたと思われる児童を発見した者は、速やかに、これを都道府県の設置する福祉事務所、児童相談所、第三十三条の十四第一項若しくは第二項に規定する措置を講ずる権限を有する都道府県の行政機関（以下この節において「都道府県の行政機関」という。）、都道府県児童福祉審議会若しくは市町村又は児童委員を介して、都道府県の設置する福祉事務所、児童相談所、都道府県の行政機関、都道府県児童福祉審議会若しくは市町村に通告しなければならない。

②　被措置児童等虐待を受けたと思われる児童を発見した者は、当該被措置児童等虐待を受けたと思われる児童が、児童虐待を受けたと思われる児童にも該当する場合において、前項の規定による通告をしたときは、児童虐待の防止等に関する法律第六条第一項の規定による通告をすることを要しない。

③　被措置児童等は、被措置児童等虐待を受けたときは、その旨を児童相談所、都道府県の行政機関又は都道府県児童福祉審議会に届け出ることができる。

④　刑法の秘密漏示罪の規定その他の守秘義務に関する法律の規定は、第一項の規定による通告（虚偽であるもの及び過失によるものを除く。次項において同じ。）をすることを妨げるものと解釈してはならない。

⑤　施設職員等は、第一項の規定による通告をしたことを理由として、解雇その他不利益な取扱いを受けない。

第三十三条の十三　都道府県の設置する福祉事務所、児童相談所、都道府県の行政機関、都道府県児童福祉審議会又は市町村が前条第一項の規定による通告又は同条第三項の規定による届出を受けた場合においては、当該通告若しくは届出を受けた都道府県の設置する福祉事務所若しくは児童相談所の所長、所員その他の職員、都道府県の行政機関若しくは市町村の職員、都道府県児童福祉審議会の委員若しくは臨時委員又は当該通告を仲介した児童委員は、その職務上知り得た事項であつて当該通告又は届出をした者を特定させるものを漏らしてはならない。

第三十三条の十四　都道府県は、第三十三条の十二第一項の規定による通告、同条第三項の規定による届出若しくは第三項若しくは次条第一項の規定による通知を受けたとき又は相談に応じた児童について必要があると認めるときは、速やかに、当該被措置児童等の状況の把握その他当該通告、届出、通知又は相談に係る事実について確認するための措置を講ずるものとする。

②　都道府県は、前項に規定する措置を講じた場合において、必要があると認めるときは、小規模住居型児童養育事業、里親、乳児院、児童養護施設、障害児入所施設、児童心理治療施設、児童自立支援施設、指定発達支援医療機関、一時保護施設又は第三十三条第一項若しくは第二項の委託を受けて一時保護を行う者における事業若しくは業務の適正な運営又は適切な養育を確保することにより、当該通告、届出、通知又は相談に係る被措置児童等に対する被措置児童等虐待の防止並びに当該被措置児童等及び当該被措置児童等と生活を共にする他の被措置児童等の保護を図るため、適切な措置を講ずるものとする。

③　都道府県の設置する福祉事務所、児童相談所又は市町村が第三十三条の十二第一項の規定による通告若しくは同条第三項の規定による届出を受けたとき、又は児童虐待の防止等に関する法律に基づく措置を講じた場合において、第一項の措置が必要であると認めるときは、都道府県の設置する福祉事務所の長、児童相談所の所長又は市町村の長は、速やかに、都道府県知事に通知しなければならない。

第三十三条の十五　都道府県児童福祉審議会は、第三十三条の十二第一項の規定による通告又は同条第三項の規定による届出を受けたときは、速やかに、その旨を都道府県知事に通知しなければならない。

②　都道府県知事は、前条第一項又は第二項に規定する措置を講じたときは、速やかに、当該措置の内容、当該被措置児童等の状況その他の内閣府令で定める事項を都道府県児童福祉審議会に報告しなければならない。

③　都道府県児童福祉審議会は、前項の規定による報告を受けたときは、その報告に係る事項について、都道府県知事に対し、意見を述べることができる。

④　都道府県児童福祉審議会は、前項に規定する事務を遂行するため特に必要があると認めるときは、施設職員等その他の関係者に対し、出席説明及び資料の提出を求めることができる。

第三十三条の十六　都道府県知事は、毎年度、被措置児童等虐待の状況、被措置児童等虐待があつた場合に講じた措置その他内閣府令で定める事項を公表するものとする。

第三十三条の十七　国は、被措置児童等虐待の事例の分析を行うとともに、被措置児童等虐待の予防及び早期発見のための方策並びに被措置児童等虐待があつた場合の適切な対応方法に資する事項についての調査及び研究を行うものとする。

第八節　情報公表対象支援の利用に資する情報の報告及び公表

第三十三条の十八　指定障害児通所支援事業者及び指定障害児相談支援事業者並びに指定障害児入所施設等の設置者（以下この条及び第三十三条の二十三の二第三項において「対象事業者」という。）は、指定通所支援、指定障害児相談支援又は指定入所支援（以下この条において「情報公表対象支援」という。）の提供を開始しようとするとき、その他内閣府令で定めるときは、内閣府令で定めるところにより、情報公表対象支援情報（その提供する情報公表対象支援の内容及び情報公表対象支援を提供する事業者又は施設の運営状況に関する情報であつて、情報公表対象支援を利用し、又は利用しようとする障害児の保護者が適切かつ円滑に当該情報公表対象支援を利用する機会を確保するために公表されることが適当なものとして内閣府令で定めるものをいう。第八項において同じ。）を、当該情報公表対象支援を提供する事業所又は施設の所在地を管轄する都道府県知事に報告しなければならない。

②　都道府県知事は、前項の規定による報告を受けた後、内閣府令で定めるところにより、当該報告の内容を公表しなければならない。

③　都道府県知事は、前項の規定による公表を行うため必要があると認めるときは、第一項の規定による報告が真正であることを確認するのに必要な限度において、当該報告をした対象事業者に対し、当該報告の内容について、調査を行うことができる。

④　都道府県知事は、対象事業者が第一項の規定による報告をせず、若しくは虚偽の報告をし、又は前項の規定による調査を受けず、若しくは調査を妨げたときは、期間を定めて、当該対象事業者に対し、その報告を行い、若しくはその報告の内容を是正し、又はその調査を受けることを命ずることができる。

⑤　都道府県知事は、指定障害児相談支援事業者に対して前項の規定による処分をしたときは、遅滞なく、その旨をその指定をした市町村長に通知しなければならない。

⑥　都道府県知事は、指定障害児通所支援事業者又は指定障害児入所施設の設置者が第四項の規定による命令に従わないときは、当該指定障害児通所支援事業者又は指定障害児入所施設の指定を取り消し、又は期間を定めてその指定の全部若しくは一部の効力を停止することができる。

⑦　都道府県知事は、指定障害児相談支援事業者が第四項の規定による命令に従わない場合において、当該指定障害児相談支援事業者の指定を取り消し、又は期間を定めてその指定の全部若しくは一部の効力を停止することが適当であると認めるときは、理由を付して、その旨をその指定をした市町村長に通知しなければならない。

⑧　都道府県知事は、情報公表対象支援を利用し、又は利用しようとする障害児の保護者が適切かつ円滑に当該情報公表対象支援を利用する機会の確保に資するため、情報公表対象支援の質及び情報公表対象支援に従事する従業者に関する情報（情報公表対象支援情報に該当するものを除く。）であつて内閣府令で定めるものの提供を希望する対象事業者から提供を受けた当該情報について、公表を行うよう配慮するものとする。

第九節　障害児福祉計画

第三十三条の十九　内閣総理大臣は、障害児通所支援、障害児入所支援及び障害児相談支援（以下この項、次項並びに第三十三条の二十二第一項及び第二項において「障害児通所支援等」という。）の提供体制を整備し、障害児通所支援等の円滑な実施を確保するための基本的な指針（以下この条、次条第一項及び第三十三条の二十二第一項において「基本指針」という。）を定めるものとする。

② 基本指針においては、次に掲げる事項を定めるものとする。

一 障害児通所支援等の提供体制の確保に関する基本的事項

二 障害児通所支援等の提供体制の確保に係る目標に関する事項

三 次条第一項に規定する市町村障害児福祉計画及び第三十三条の二十二第一項に規定する都道府県障害児福祉計画の作成に関する事項

四 その他障害児通所支援等の円滑な実施を確保するために必要な事項

③ 基本指針は、障害者の日常生活及び社会生活を総合的に支援するための法律第八十七条第一項に規定する基本指針と一体のものとして作成することができる。

④ 内閣総理大臣は、基本指針の案を作成し、又は基本指針を変更しようとするときは、あらかじめ、障害児及びその家族その他の関係者の意見を反映させるために必要な措置を講ずるものとする。

⑤ 内閣総理大臣は、障害児の生活の実態、障害児を取り巻く環境の変化その他の事情を勘案して必要があると認めるときは、速やかに基本指針を変更するものとする。

⑥ 内閣総理大臣は、基本指針を定め、又はこれを変更したときは、遅滞なく、これを公表しなければならない。

第三十三条の二十 市町村は、基本指針に即して、障害児通所支援及び障害児相談支援の提供体制の確保その他障害児通所支援及び障害児相談支援の円滑な実施に関する計画（以下「市町村障害児福祉計画」という。）を定めるものとする。

② 市町村障害児福祉計画においては、次に掲げる事項を定めるものとする。

一 障害児通所支援及び障害児相談支援の提供体制の確保に係る目標に関する事項

二 各年度における指定通所支援又は指定障害児相談支援の種類ごとの必要な見込量

③ 市町村障害児福祉計画においては、前項各号に掲げるもののほか、次に掲げる事項について定めるよう努めるものとする。

一 前項第二号の指定通所支援又は指定障害児相談支援の種類ごとの必要な見込量の確保のための方策

二 前項第二号の指定通所支援又は指定障害児相談支援の提供体制の確保に係る医療機関、教育機関その他の関係機関との連携に関する事項

④ 市町村障害児福祉計画は、当該市町村の区域における障害児の数及びその障害の状況を勘案して作成されなければならない。

⑤ 市町村は、当該市町村の区域における障害児の心身の状況、その置かれている環境その他の事情を正確に把握するとともに、第三十三条の二十三の二第一項の規定により公表された結果その他のこの法律に基づく業務の実施の状況に関する情報を分析した上で、当該事情及び当該分析の結果を勘案して、市町村障害児福祉計画を作成するよう努めるものとする。

⑥ 市町村障害児福祉計画は、障害者の日常生活及び社会生活を総合的に支援するための法律第八十八条第一項に規定する市町村障害福祉計画と一体のものとして作成することができる。

⑦ 市町村障害児福祉計画は、障害者基本法（昭和四十五年法律第八十四号）第十一条第三項に規定する市町村障害者計画、社会福祉法第百七条第一項に規定する市町村地域福祉計画その他の法律の規定による計画であつて障害児の福祉に関する事項を定めるものと調和が保たれたものでなければならない。

⑧ 市町村は、市町村障害児福祉計画を定め、又は変更しようとするときは、あらかじめ、住民の意見を反映させるために必要な措置を講ずるよう努めるものとする。

⑨ 市町村は、障害者の日常生活及び社会生活を総合的に支援するための法律第八十九条の三第一項に規定する協議会を設置したときは、市町村障害児福祉計画を定め、又は変更しようとする場合において、あらかじめ、当該協議会の意見を聴くよう努めなければならない。

⑩ 障害者基本法第三十六条第四項の合議制の機関を設置する市町村は、市町村障害児福祉計画を定め、又は変更しようとするときは、あらかじめ、当該機関の意見を聴かなければならない。

⑪ 市町村は、市町村障害児福祉計画を定め、又は変更しようとするときは、第二項に規定する事項について、あらかじめ、都道府県の意見を聴かなければならない。

⑫ 市町村は、市町村障害児福祉計画を定め、又は変更したときは、遅滞なく、これを都道府県知事に提出しなければならない。

第三十三条の二十一 市町村は、定期的に、前

条第二項各号に掲げる事項（市町村障害児福祉計画に同条第三項各号に掲げる事項を定める場合にあつては、当該各号に掲げる事項を含む。）について、調査、分析及び評価を行い、必要があると認めるときは、当該市町村障害児福祉計画を変更することその他の必要な措置を講ずるものとする。

第三十三条の二十二　都道府県は、基本指針に即して、市町村障害児福祉計画の達成に資するため、各市町村を通ずる広域的な見地から、障害児通所支援等の提供体制の確保その他障害児通所支援等の円滑な実施に関する計画（以下「都道府県障害児福祉計画」という。）を定めるものとする。

②　都道府県障害児福祉計画においては、次に掲げる事項を定めるものとする。

一　障害児通所支援等の提供体制の確保に係る目標に関する事項

二　当該都道府県が定める区域ごとの各年度の指定通所支援又は指定障害児相談支援の種類ごとの必要な見込量

三　各年度の指定障害児入所施設等の必要入所定員総数

③　都道府県障害児福祉計画においては、前項各号に掲げる事項のほか、次に掲げる事項について定めるよう努めるものとする。

一　前項第二号の区域ごとの指定通所支援の種類ごとの必要な見込量の確保のための方策

二　前項第二号の区域ごとの指定通所支援又は指定障害児相談支援の質の向上のために講ずる措置に関する事項

三　指定障害児入所施設等の障害児入所支援の質の向上のために講ずる措置に関する事項

四　前項第二号の区域ごとの指定通所支援の提供体制の確保に係る医療機関、教育機関その他の関係機関との連携に関する事項

④　都道府県は、第三十三条の二十三の二第一項の規定により公表された結果その他のこの法律に基づく業務の実施の状況に関する情報を分析した上で、当該分析の結果を勘案して、都道府県障害児福祉計画を作成するよう努めるものとする。

⑤　都道府県障害児福祉計画は、障害者の日常生活及び社会生活を総合的に支援するための法律第八十九条第一項に規定する都道府県障害福祉計画と一体のものとして作成することができる。

⑥　都道府県障害児福祉計画は、障害者基本法第十一条第二項に規定する都道府県障害者計画、社会福祉法第百八条第一項に規定する都道府県地域福祉支援計画その他の法律の規定による計画であつて障害児の福祉に関する事項を定めるものと調和が保たれたものでなければならない。

⑦　都道府県は、障害者の日常生活及び社会生活を総合的に支援するための法律第八十九条の三第一項に規定する協議会を設置したときは、都道府県障害児福祉計画を定め、又は変更しようとする場合において、あらかじめ、当該協議会の意見を聴くよう努めなければならない。

⑧　都道府県は、都道府県障害児福祉計画を定め、又は変更しようとするときは、あらかじめ、障害者基本法第三十六条第一項の合議制の機関の意見を聴かなければならない。

⑨　都道府県は、都道府県障害児福祉計画を定め、又は変更したときは、遅滞なく、これを内閣総理大臣に提出しなければならない。

第三十三条の二十三　都道府県は、定期的に、前条第二項各号に掲げる事項（都道府県障害児福祉計画に同条第三項各号に掲げる事項を定める場合にあつては、当該各号に掲げる事項を含む。）について、調査、分析及び評価を行い、必要があると認めるときは、当該都道府県障害児福祉計画を変更することその他の必要な措置を講ずるものとする。

第三十三条の二十三の二　内閣総理大臣は、市町村障害児福祉計画及び都道府県障害児福祉計画の作成、実施及び評価並びに障害児の福祉の増進に資するため、次に掲げる事項に関する情報（第三項において「障害児福祉等関連情報」という。）のうち、第一号に掲げる事項について調査及び分析を行い、その結果を公表するものとするとともに、第二号及び第三号に掲げる事項について調査及び分析を行い、その結果を公表するよう努めるものとする。

一　障害児通所給付費等（第五十七条の二第一項に規定する障害児通所給付費等をいう。）及び障害児入所給付費等（第五十条第六号の三に規定する障害児入所給付費等をいう。）に要する費用の額に関する地域別又は年齢別の状況その他の内閣府令で定める事項

二　通所支給要否決定における調査に関する状況その他の内閣府令で定める事項

三　障害児通所支援、障害児入所支援又は障

害児相談支援を利用する障害児の心身の状況、当該障害児に提供される当該障害児通所支援、障害児入所支援又は障害児相談支援の内容その他の内閣府令で定める事項

② 市町村及び都道府県は、内閣総理大臣に対し、前項第一号に掲げる事項に関する情報を、内閣府令で定める方法により提供しなければならない。

③ 内閣総理大臣は、必要があると認めるときは、市町村及び都道府県並びに対象事業者に対し、障害児福祉等関連情報を、内閣府令で定める方法により提供するよう求めることができる。

第三十三条の二十三の三　内閣総理大臣は、前条第一項に規定する調査及び分析に係る事務の全部又は一部を連合会その他内閣府令で定める者に委託することができる。

第三十三条の二十四　都道府県知事は、市町村に対し、市町村障害児福祉計画の作成上の技術的事項について必要な助言をすることができる。

② 内閣総理大臣は、都道府県に対し、都道府県障害児福祉計画の作成の手法その他都道府県障害児福祉計画の作成上の重要な技術的事項について必要な助言をすることができる。

第三十三条の二十五　国は、市町村又は都道府県が、市町村障害児福祉計画又は都道府県障害児福祉計画に定められた事業を実施しようとするときは、当該事業が円滑に実施されるように必要な助言その他の援助の実施に努めるものとする。

第十節　雑則

第三十四条　何人も、次に掲げる行為をしてはならない。

一　身体に障害又は形態上の異常がある児童を公衆の観覧に供する行為

二　児童にこじきをさせ、又は児童を利用してこじきをする行為

三　公衆の娯楽を目的として、満十五歳に満たない児童にかるわざ又は曲馬をさせる行為

四　満十五歳に満たない児童に戸々について、又は道路その他これに準ずる場所で歌謡、遊芸その他の演技を業務としてさせる行為

四の二　児童に午後十時から午前三時までの間、戸々について、又は道路その他これに準ずる場所で物品の販売、配布、展示若しくは拾集又は役務の提供を業務としてさせる行為

四の三　戸々について、又は道路その他これに準ずる場所で物品の販売、配布、展示若しくは拾集又は役務の提供を業務として行う満十五歳に満たない児童を、当該業務を行うために、風俗営業等の規制及び業務の適正化等に関する法律（昭和二十三年法律第百二十二号）第二条第四項の接待飲食等営業、同条第六項の店舗型性風俗特殊営業及び同条第九項の店舗型電話異性紹介営業に該当する営業を営む場所に立ち入らせる行為

五　満十五歳に満たない児童に酒席に侍する行為を業務としてさせる行為

六　児童に淫行をさせる行為

七　前各号に掲げる行為をするおそれのある者その他児童に対し、刑罰法令に触れる行為をなすおそれのある者に、情を知つて、児童を引き渡す行為及び当該引渡し行為のなされるおそれがあるの情を知つて、他人に児童を引き渡す行為

八　成人及び児童のための正当な職業紹介の機関以外の者が、営利を目的として、児童の養育をあつせんする行為

九　児童の心身に有害な影響を与える行為をさせる目的をもつて、これを自己の支配下に置く行為

② 児童養護施設、障害児入所施設、児童発達支援センター又は児童自立支援施設においては、それぞれ第四十一条から第四十三条まで及び第四十四条に規定する目的に反して、入所した児童を酷使してはならない。

第三十四条の二　この法律に定めるもののほか、福祉の保障に関し必要な事項は、政令でこれを定める。

第三章　事業、養育里親及び養子縁組里親並びに施設

第三十四条の三　都道府県は、障害児通所支援事業又は障害児相談支援事業（以下「障害児通所支援事業等」という。）を行うことができる。

② 国及び都道府県以外の者は、内閣府令で定めるところにより、あらかじめ、内閣府令で定める事項を都道府県知事に届け出て、障害児通所支援事業等を行うことができる。

③ 国及び都道府県以外の者は、前項の規定により届け出た事項に変更が生じたときは、変更の日から一月以内に、その旨を都道府県知

事に届け出なければならない。

④ 国及び都道府県以外の者は、障害児通所支援事業等を廃止し、又は休止しようとするときは、あらかじめ、内閣府令で定める事項を都道府県知事に届け出なければならない。

第三十四条の四 国及び都道府県以外の者は、内閣府令の定めるところにより、あらかじめ、内閣府令で定める事項を都道府県知事に届け出て、児童自立生活援助事業又は小規模住居型児童養育事業を行うことができる。

② 国及び都道府県以外の者は、前項の規定により届け出た事項に変更を生じたときは、変更の日から一月以内に、その旨を都道府県知事に届け出なければならない。

③ 国及び都道府県以外の者は、児童自立生活援助事業又は小規模住居型児童養育事業を廃止し、又は休止しようとするときは、あらかじめ、内閣府令で定める事項を都道府県知事に届け出なければならない。

第三十四条の五 都道府県知事は、児童の福祉のために必要があると認めるときは、障害児通所支援事業等、児童自立生活援助事業若しくは小規模住居型児童養育事業を行う者に対して、必要と認める事項の報告を求め、又は当該職員に、関係者に対して質問させ、若しくはその事務所若しくは施設に立ち入り、設備、帳簿書類その他の物件を検査させることができる。

② 第十八条の十六第二項及び第三項の規定は、前項の場合について準用する。

第三十四条の六 都道府県知事は、障害児通所支援事業等、児童自立生活援助事業又は小規模住居型児童養育事業を行う者が、この法律若しくはこれに基づく命令若しくはこれらに基づいてする処分に違反したとき、その事業に関し不当に営利を図り、若しくはその事業に係る児童の処遇につき不当な行為をしたとき、又は障害児通所支援事業者が第二十一条の七の規定に違反したときは、その者に対し、その事業の制限又は停止を命ずることができる。

第三十四条の七 障害者等相談支援事業、小規模住居型児童養育事業又は児童自立生活援助事業を行う者は、第二十六条第一項第二号、第二十七条第一項第二号若しくは第三号又は第三十三条の六第一項の規定による委託を受けたときは、正当な理由がない限り、これを拒んではならない。

第三十四条の七の二 都道府県は、親子再統合支援事業、社会的養護自立支援拠点事業又は意見表明等支援事業を行うことができる。

② 国及び都道府県以外の者は、内閣府令の定めるところにより、あらかじめ、内閣府令で定める事項を都道府県知事に届け出て、親子再統合支援事業、社会的養護自立支援拠点事業又は意見表明等支援事業を行うことができる。

③ 国及び都道府県以外の者は、前項の規定により届け出た事項に変更を生じたときは、変更の日から一月以内に、その旨を都道府県知事に届け出なければならない。

④ 国及び都道府県以外の者は、親子再統合支援事業、社会的養護自立支援拠点事業又は意見表明等支援事業を廃止し、又は休止しようとするときは、あらかじめ、内閣府令で定める事項を都道府県知事に届け出なければならない。

⑤ 親子再統合支援事業、社会的養護自立支援拠点事業又は意見表明等支援事業に従事する者は、その職務を遂行するに当たつては、個人の身上に関する秘密を守らなければならない。

第三十四条の七の三 都道府県知事は、児童の福祉のために必要があると認めるときは、親子再統合支援事業、社会的養護自立支援拠点事業若しくは意見表明等支援事業を行う者に対して、必要と認める事項の報告を求め、又は当該職員に、関係者に対して質問させ、若しくはその事務所若しくは施設に立ち入り、設備、帳簿書類その他の物件を検査させることができる。

② 第十八条の十六第二項及び第三項の規定は、前項の場合について準用する。

第三十四条の七の四 都道府県知事は、親子再統合支援事業、社会的養護自立支援拠点事業又は意見表明等支援事業を行う者が、この法律若しくはこれに基づく命令若しくはこれらに基づいてする処分に違反したとき、又はその事業に関し不当に営利を図り、若しくはその事業に係る児童若しくはその保護者の処遇につき不当な行為をしたときは、その者に対し、その事業の制限又は停止を命ずることができる。

第三十四条の七の五 都道府県は、妊産婦等生活援助事業を行うことができる。

② 国及び都道府県以外の者は、内閣府令の定めるところにより、あらかじめ、内閣府令で定める事項を都道府県知事に届け出て、妊産婦等生活援助事業を行うことができる。

③　国及び都道府県以外の者は、前項の規定により届け出た事項に変更を生じたときは、変更の日から一月以内に、その旨を都道府県知事に届け出なければならない。

④　国及び都道府県以外の者は、妊産婦等生活援助事業を廃止し、又は休止しようとするときは、あらかじめ、内閣府令で定める事項を都道府県知事に届け出なければならない。

⑤　妊産婦等生活援助事業に従事する者は、その職務を遂行するに当たつては、個人の身上に関する秘密を守らなければならない。

第三十四条の七の六　都道府県知事は、児童及び妊産婦の福祉のために必要があると認めるときは、妊産婦等生活援助事業を行う者に対して、必要と認める事項の報告を求め、又は当該職員に、関係者に対して質問させ、若しくはその事務所若しくは施設に立ち入り、設備、帳簿書類その他の物件を検査させることができる。

②　第十八条の十六第二項及び第三項の規定は、前項の場合について準用する。

第三十四条の七の七　都道府県知事は、妊産婦等生活援助事業を行う者が、この法律若しくはこれに基づく命令若しくはこれらに基づいてする処分に違反したとき、又はその事業に関し不当に営利を図り、若しくはその事業に係る妊産婦、児童若しくはその保護者の処遇につき不当な行為をしたときは、その者に対し、その事業の制限又は停止を命ずることができる。

第三十四条の八　市町村は、放課後児童健全育成事業を行うことができる。

②　国、都道府県及び市町村以外の者は、内閣府令で定めるところにより、あらかじめ、内閣府令で定める事項を市町村長に届け出て、放課後児童健全育成事業を行うことができる。

③　国、都道府県及び市町村以外の者は、前項の規定により届け出た事項に変更を生じたときは、変更の日から一月以内に、その旨を市町村長に届け出なければならない。

④　国、都道府県及び市町村以外の者は、放課後児童健全育成事業を廃止し、又は休止しようとするときは、あらかじめ、内閣府令で定める事項を市町村長に届け出なければならない。

第三十四条の八の二　市町村は、放課後児童健全育成事業の設備及び運営について、条例で基準を定めなければならない。この場合において、その基準は、児童の身体的、精神的及び社会的な発達のために必要な水準を確保するものでなければならない。

②　市町村が前項の条例を定めるに当たつては、内閣府令で定める基準を参酌するものとする。

③　放課後児童健全育成事業を行う者は、第一項の基準を遵守しなければならない。

第三十四条の八の三　市町村長は、前条第一項の基準を維持するため、放課後児童健全育成事業を行う者に対して、必要と認める事項の報告を求め、又は当該職員に、関係者に対して質問させ、若しくはその事業を行う場所に立ち入り、設備、帳簿書類その他の物件を検査させることができる。

②　第十八条の十六第二項及び第三項の規定は、前項の場合について準用する。

③　市町村長は、放課後児童健全育成事業が前条第一項の基準に適合しないと認められるに至つたときは、その事業を行う者に対し、当該基準に適合するために必要な措置を採るべき旨を命ずることができる。

④　市町村長は、放課後児童健全育成事業を行う者が、この法律若しくはこれに基づく命令若しくはこれらに基づいてする処分に違反したとき、又はその事業に関し不当に営利を図り、若しくはその事業に係る児童の処遇につき不当な行為をしたときは、その者に対し、その事業の制限又は停止を命ずることができる。

第三十四条の九　市町村は、内閣府令で定めるところにより、子育て短期支援事業を行うことができる。

第三十四条の十　市町村は、第二十一条の十の二第一項の規定により乳児家庭全戸訪問事業又は養育支援訪問事業を行う場合には、社会福祉法の定めるところにより行うものとする。

第三十四条の十一　市町村、社会福祉法人その他の者は、社会福祉法の定めるところにより、地域子育て支援拠点事業、子育て世帯訪問支援事業又は親子関係形成支援事業を行うことができる。

②　地域子育て支援拠点事業、子育て世帯訪問支援事業又は親子関係形成支援事業に従事する者は、その職務を遂行するに当たつては、個人の身上に関する秘密を守らなければならない。

第三十四条の十二　市町村、社会福祉法人その他の者は、内閣府令の定めるところにより、あらかじめ、内閣府令で定める事項を都道府県知事に届け出て、一時預かり事業を行うことができる。

② 市町村、社会福祉法人その他の者は、前項の規定により届け出た事項に変更を生じたときは、変更の日から一月以内に、その旨を都道府県知事に届け出なければならない。

③ 市町村、社会福祉法人その他の者は、一時預かり事業を廃止し、又は休止しようとするときは、あらかじめ、内閣府令で定める事項を都道府県知事に届け出なければならない。

第三十四条の十三 一時預かり事業を行う者は、その事業を実施するために必要なものとして内閣府令で定める基準を遵守しなければならない。

第三十四条の十四 都道府県知事は、前条の基準を維持するため、一時預かり事業を行う者に対して、必要と認める事項の報告を求め、又は当該職員に、関係者に対して質問させ、若しくはその事業を行う場所に立ち入り、設備、帳簿書類その他の物件を検査させることができる。

② 第十八条の十六第二項及び第三項の規定は、前項の場合について準用する。

③ 都道府県知事は、一時預かり事業が前条の基準に適合しないと認められるに至つたときは、その事業を行う者に対し、当該基準に適合するために必要な措置を採るべき旨を命ずることができる。

④ 都道府県知事は、一時預かり事業を行う者が、この法律若しくはこれに基づく命令若しくはこれらに基づいてする処分に違反したとき、又はその事業に関し不当に営利を図り、若しくはその事業に係る乳児若しくは幼児の処遇につき不当な行為をしたときは、その者に対し、その事業の制限又は停止を命ずることができる。

第三十四条の十五 市町村は、家庭的保育事業等を行うことができる。

② 国、都道府県及び市町村以外の者は、内閣府令の定めるところにより、市町村長の認可を得て、家庭的保育事業等を行うことができる。

③ 市町村長は、家庭的保育事業等に関する前項の認可の申請があつたときは、次条第一項の条例で定める基準に適合するかどうかを審査するほか、次に掲げる基準（当該認可の申請をした者が社会福祉法人又は学校法人である場合にあつては、第四号に掲げる基準に限る。）によつて、その申請を審査しなければならない。

一 当該家庭的保育事業等を行うために必要な経済的基礎があること。

二 当該家庭的保育事業等を行う者（その者が法人である場合にあつては、経営担当役員（業務を執行する社員、取締役、執行役又はこれらに準ずる者をいう。第三十五条第五項第二号において同じ。）とする。）が社会的信望を有すること。

三 実務を担当する幹部職員が社会福祉事業に関する知識又は経験を有すること。

四 次のいずれにも該当しないこと。

イ 申請者が、禁錮以上の刑に処せられ、その執行を終わり、又は執行を受けることがなくなるまでの者であるとき。

ロ 申請者が、この法律その他国民の福祉に関する法律で政令で定めるものの規定により罰金の刑に処せられ、その執行を終わり、又は執行を受けることがなくなるまでの者であるとき。

ハ 申請者が、労働に関する法律の規定であつて政令で定めるものにより罰金の刑に処せられ、その執行を終わり、又は執行を受けることがなくなるまでの者であるとき。

ニ 申請者が、第五十八条第二項の規定により認可を取り消され、その取消しの日から起算して五年を経過しない者（当該認可を取り消された者が法人である場合においては、当該取消しの処分に係る行政手続法第十五条の規定による通知があつた日前六十日以内に当該法人の役員（業務を執行する社員、取締役、執行役又はこれらに準ずる者をいい、相談役、顧問その他いかなる名称を有する者であるかを問わず、法人に対し業務を執行する社員、取締役、執行役又はこれらに準ずる者と同等以上の支配力を有するものと認められる者を含む。ホにおいて同じ。）又はその事業を管理する者その他の政令で定める使用人（以下この号及び第三十五条第五項第四号において「役員等」という。）であつた者で当該取消しの日から起算して五年を経過しないものを含み、当該認可を取り消された者が法人でない場合においては、当該通知があつた日前六十日以内に当該事業を行う者の管理者であつた者で当該取消しの日から起算して五年を経過しないものを含む。）であるとき。ただし、当該認可の取消しが、家庭的保育事業等の認可の取消しのうち当該認可の取消しの処分の理由となつた事実及び当該事実の発生を防止するための当該家庭的保育事業等を行う者による業務管理体制の整備についての取組の状況その他の当該事実に関して当該家庭的保育事業等を行う者が有していた責任の程度を考慮して、ニ本文に規定する認可の取消しに該当しないこととすることが相当であると認められるものとして内閣府令で定めるものに該当する場合を除く。

ホ　申請者と密接な関係を有する者（申請者（法人に限る。以下ホにおいて同じ。）の役員に占めるその役員の割合が二分の一を超え、若しくは当該申請者の株式の所有その他の事由を通じて当該申請者の事業を実質的に支配し、若しくはその事業に重要な影響を与える関係にある者として内閣府令で定めるもの（以下ホにおいて「申請者の親会社等」という。）、申請者の親会社等の役員と同一の者がその役員に占める割合が二分の一を超え、若しくは申請者の親会社等が株式の所有その他の事由を通じてその事業を実質的に支配し、若しくはその事業に重要な影響を与える関係にある者として内閣府令で定めるもの又は当該申請者の役員と同一の者がその役員に占める割合が二分の一を超え、若しくは当該申請者が株式の所有その他の事由を通じてその事業を実質的に支配し、若しくはその事業に重要な影響を与える関係にある者として内閣府令で定めるもののうち、当該申請者と内閣府令で定める密接な関係を有する法人をいう。第三十五条第五項第四号ホにおいて同じ。）が、第五十八条第二項の規定により認可を取り消され、その取消しの日から起算して五年を経過していないとき。ただし、当該認可の取消しが、家庭的保育事業等の認可の取消しのうち当該認可の取消しの処分の理由となつた事実及び当該事実の発生を防止するための当該家庭的保育事業等を行う者による業務管理体制の整備についての取組の状況その他の当該事実に関して当該家庭的保育事業等を行う者が有していた責任の程度を考慮して、ホ本文に規定する認可の取消しに該当しないこととすることが相当であると認められるものとして内閣府令で定めるものに該当する場合を除く。

ヘ　申請者が、第五十八条第二項の規定による認可の取消しの処分に係る行政手続法第十五条の規定による通知があつた日から当該処分をする日又は処分をしないことを決定する日までの間に第七項の規定による事業の廃止をした者（当該廃止について相当の理由がある者を除く。）で、当該事業の廃止の承認の日から起算して五年を経過しないものであるとき。

ト　申請者が、第三十四条の十七第一項の規定による検査が行われた日から聴聞決定予定日（当該検査の結果に基づき第五十八条第二項の規定による認可の取消しの処分に係る聴聞を行うか否かの決定をすることが見込まれる日として内閣府令で定めるところにより市町村長が当該申請者に当該検査が行われた日から十日以内に特定の日を通知した場合における当該特定の日をいう。）までの間に第七項の規定による事業の廃止をした者（当該廃止について相当の理由がある者を除く。）で、当該事業の廃止の承認の日から起算して五年を経過しないものであるとき。

チ　ヘに規定する期間内に第七項の規定による事業の廃止の承認の申請があつた場合において、申請者が、ヘの通知の日前六十日以内に当該申請に係る法人（当該事業の廃止について相当の理由がある法人を除く。）の役員等又は当該申請に係る法人でない事業を行う者（当該事業の廃止について相当の理由があるものを除く。）の管理者であつた者で、当該事業の廃止の承認の日から起算して五年を経過しないものであるとき。

リ　申請者が、認可の申請前五年以内に保育に関し不正又は著しく不当な行為をした者であるとき。

ヌ　申請者が、法人で、その役員等のうちにイからニまで又はヘからリまでのいずれかに該当する者のあるものであるとき。

ル　申請者が、法人でない者で、その管理者がイからニまで又はヘからリまでのいずれかに該当する者であるとき。

④　市町村長は、第二項の認可をしようとするときは、あらかじめ、市町村児童福祉審議会

を設置している場合にあつてはその意見を、その他の場合にあつては児童の保護者その他児童福祉に係る当事者の意見を聴かなければならない。

⑤ 市町村長は、第三項に基づく審査の結果、その申請が次条第一項の条例で定める基準に適合しており、かつ、その事業を行う者が第三項各号に掲げる基準（その者が社会福祉法人又は学校法人である場合にあつては、同項第四号に掲げる基準に限る。）に該当すると認めるときは、第二項の認可をするものとする。ただし、市町村長は、当該申請に係る家庭的保育事業等の所在地を含む教育・保育提供区域（子ども・子育て支援法第六十一条第二項第一号の規定により当該市町村が定める教育・保育提供区域とする。以下この項において同じ。）における特定地域型保育事業所（同法第二十九条第三項第一号に規定する特定地域型保育事業所をいい、事業所内保育事業における同法第四十三条第一項に規定する労働者等の監護する小学校就学前子どもに係る部分を除く。以下この項において同じ。）の利用定員の総数（同法第十九条第三号に掲げる小学校就学前子どもの区分に係るものに限る。）が、同法第六十一条第一項の規定により当該市町村が定める市町村子ども・子育て支援事業計画において定める当該教育・保育提供区域の特定地域型保育事業所に係る必要利用定員総数（同法第十九条第三号に掲げる小学校就学前子どもの区分に係るものに限る。）に既に達しているか、又は当該申請に係る家庭的保育事業等の開始によつてこれを超えることになると認めるとき、その他の当該市町村子ども・子育て支援事業計画の達成に支障を生ずるおそれがある場合として内閣府令で定める場合に該当すると認めるときは、第二項の認可をしないことができる。

⑥ 市町村長は、家庭的保育事業等に関する第二項の申請に係る認可をしないときは、速やかにその旨及び理由を通知しなければならない。

⑦ 国、都道府県及び市町村以外の者は、家庭的保育事業等を廃止し、又は休止しようとするときは、内閣府令の定めるところにより、市町村長の承認を受けなければならない。

第三十四条の十六 市町村は、家庭的保育事業等の設備及び運営について、条例で基準を定めなければならない。この場合において、その基準は、児童の身体的、精神的及び社会的な発達のために必要な保育の水準を確保するものでなければならない。

② 市町村が前項の条例を定めるに当たつては、次に掲げる事項については内閣府令で定める基準に従い定めるものとし、その他の事項については内閣府令で定める基準を参酌するものとする。

一 家庭的保育事業等に従事する者及びその員数

二 家庭的保育事業等の運営に関する事項であつて、児童の適切な処遇及び安全の確保並びに秘密の保持並びに児童の健全な発達に密接に関連するものとして内閣府令で定めるもの

③ 家庭的保育事業等を行う者は、第一項の基準を遵守しなければならない。

第三十四条の十七 市町村長は、前条第一項の基準を維持するため、家庭的保育事業等を行う者に対して、必要と認める事項の報告を求め、又は当該職員に、関係者に対して質問させ、若しくは家庭的保育事業等を行う場所に立ち入り、設備、帳簿書類その他の物件を検査させることができる。

② 第十八条の十六第二項及び第三項の規定は、前項の場合について準用する。

③ 市町村長は、家庭的保育事業等が前条第一項の基準に適合しないと認められるに至つたときは、その事業を行う者に対し、当該基準に適合するために必要な措置を採るべき旨を勧告し、又はその事業を行う者がその勧告に従わず、かつ、児童福祉に有害であると認められるときは、必要な改善を命ずることができる。

④ 市町村長は、家庭的保育事業等が、前条第一項の基準に適合せず、かつ、児童福祉に著しく有害であると認められるときは、その事業を行う者に対し、その事業の制限又は停止を命ずることができる。

第三十四条の十七の二 市町村は、児童育成支援拠点事業を行うことができる。

② 国、都道府県及び市町村以外の者は、内閣府令で定めるところにより、あらかじめ、内閣府令で定める事項を市町村長に届け出て、児童育成支援拠点事業を行うことができる。

③ 国、都道府県及び市町村以外の者は、前項の規定により届け出た事項に変更を生じたときは、変更の日から一月以内に、その旨を市町村長に届け出なければならない。

④ 国、都道府県及び市町村以外の者は、児童育成支援拠点事業を廃止し、又は休止しよう

とするときは、あらかじめ、内閣府令で定める事項を市町村長に届け出なければならない。

⑤　児童育成支援拠点事業に従事する者は、その職務を遂行するに当たつては、個人の身上に関する秘密を守らなければならない。

第三十四条の十七の三　市町村長は、児童の福祉のために必要があると認めるときは、児童育成支援拠点事業を行う者に対して、必要と認める事項の報告を求め、又は当該職員に、関係者に対して質問させ、若しくはその事業を行う場所に立ち入り、設備、帳簿書類その他の物件を検査させることができる。

②　第十八条の十六第二項及び第三項の規定は、前項の場合について準用する。

③　市町村長は、児童育成支援拠点事業を行う者が、この法律若しくはこれに基づく命令若しくはこれらに基づいてする処分に違反したとき、又はその事業に関し不当に営利を図り、若しくはその事業に係る児童若しくはその保護者の処遇につき不当な行為をしたときは、その者に対し、その事業の制限又は停止を命ずることができる。

第三十四条の十八　国及び都道府県以外の者は、内閣府令で定めるところにより、あらかじめ、内閣府令で定める事項を都道府県知事に届け出て、病児保育事業を行うことができる。

②　国及び都道府県以外の者は、前項の規定により届け出た事項に変更を生じたときは、変更の日から一月以内に、その旨を都道府県知事に届け出なければならない。

③　国及び都道府県以外の者は、病児保育事業を廃止し、又は休止しようとするときは、あらかじめ、内閣府令で定める事項を都道府県知事に届け出なければならない。

第三十四条の十八の二　都道府県知事は、児童の福祉のために必要があると認めるときは、病児保育事業を行う者に対して、必要と認める事項の報告を求め、又は当該職員に、関係者に対して質問させ、若しくはその事業を行う場所に立ち入り、設備、帳簿書類その他の物件を検査させることができる。

②　第十八条の十六第二項及び第三項の規定は、前項の場合について準用する。

③　都道府県知事は、病児保育事業を行う者が、この法律若しくはこれに基づく命令若しくはこれらに基づいてする処分に違反したとき、又はその事業に関し不当に営利を図り、若しくはその事業に係る児童の処遇につき不当な行為をしたときは、その者に対し、その事業の制限又は停止を命ずることができる。

第三十四条の十八の三　国及び都道府県以外の者は、社会福祉法の定めるところにより、子育て援助活動支援事業を行うことができる。

②　子育て援助活動支援事業に従事する者は、その職務を遂行するに当たつては、個人の身上に関する秘密を守らなければならない。

第三十四条の十九　都道府県知事は、第二十七条第一項第三号の規定により児童を委託するため、内閣府令で定めるところにより、養育里親名簿及び養子縁組里親名簿を作成しておかなければならない。

第三十四条の二十　本人又はその同居人が次の各号のいずれかに該当する者は、養育里親及び養子縁組里親となることができない。

一　禁錮以上の刑に処せられ、その執行を終わり、又は執行を受けることがなくなるまでの者

二　この法律、児童買春、児童ポルノに係る行為等の規制及び処罰並びに児童の保護等に関する法律（平成十一年法律第五十二号）その他国民の福祉に関する法律で政令で定めるものの規定により罰金の刑に処せられ、その執行を終わり、又は執行を受けることがなくなるまでの者

三　児童虐待又は被措置児童等虐待を行つた者その他児童の福祉に関し著しく不適当な行為をした者

②　都道府県知事は、養育里親若しくは養子縁組里親又はその同居人が前項各号のいずれかに該当するに至つたときは、当該養育里親又は養子縁組里親を直ちに養育里親名簿又は養子縁組里親名簿から抹消しなければならない。

第三十四条の二十一　この法律に定めるもののほか、養育里親名簿又は養子縁組里親名簿の登録のための手続その他養育里親又は養子縁組里親に関し必要な事項は、内閣府令で定める。

第三十五条　国は、政令の定めるところにより、児童福祉施設（助産施設、母子生活支援施設、保育所及び幼保連携型認定こども園を除く。）を設置するものとする。

②　都道府県は、政令の定めるところにより、児童福祉施設（幼保連携型認定こども園を除く。以下この条、第四十五条、第四十六条、第四十九条、第五十条第九号、第五十一条第七号、第五十六条の二、第五十七条及び第五十八条において同じ。）を設置しなければな

らない。

③ 市町村は、内閣府令の定めるところにより、あらかじめ、内閣府令で定める事項を都道府県知事に届け出て、児童福祉施設を設置することができる。

④ 国、都道府県及び市町村以外の者は、内閣府令の定めるところにより、都道府県知事の認可を得て、児童福祉施設を設置することができる。

⑤ 都道府県知事は、保育所に関する前項の認可の申請があつたときは、第四十五条第一項の条例で定める基準（保育所に係るものに限る。第八項において同じ。）に適合するかどうかを審査するほか、次に掲げる基準（当該認可の申請をした者が社会福祉法人又は学校法人である場合にあつては、第四号に掲げる基準に限る。）によつて、その申請を審査しなければならない。

一 当該保育所を経営するために必要な経済的基礎があること。

二 当該保育所の経営者（その者が法人である場合にあつては、経営担当役員とする。）が社会的信望を有すること。

三 実務を担当する幹部職員が社会福祉事業に関する知識又は経験を有すること。

四 次のいずれにも該当しないこと。

イ 申請者が、禁錮以上の刑に処せられ、その執行を終わり、又は執行を受けることがなくなるまでの者であるとき。

ロ 申請者が、この法律その他国民の福祉若しくは学校教育に関する法律で政令で定めるものの規定により罰金の刑に処せられ、その執行を終わり、又は執行を受けることがなくなるまでの者であるとき。

ハ 申請者が、労働に関する法律の規定であつて政令で定めるものにより罰金の刑に処せられ、その執行を終わり、又は執行を受けることがなくなるまでの者であるとき。

ニ 申請者が、第五十八条第一項の規定により認可を取り消され、その取消しの日から起算して五年を経過しない者（当該認可を取り消された者が法人である場合においては、当該取消しの処分に係る行政手続法第十五条の規定による通知があつた日前六十日以内に当該法人の役員等であつた者で当該取消しの日から起算して五年を経過しないものを含み、当該認可を取り消された者が法人でない場合においては、当該通知があつた日前六十日以内に当該保育所の管理者であつた者で当該取消しの日から起算して五年を経過しないものを含む。）であるとき。ただし、当該認可の取消しが、保育所の設置の認可の取消しのうち当該認可の取消しの処分の理由となつた事実及び当該事実の発生を防止するための当該保育所の設置者による業務管理体制の整備についての取組の状況その他の当該事実に関して当該保育所の設置者が有していた責任の程度を考慮して、ニ本文に規定する認可の取消しに該当しないこととすることが相当であると認められるものとして内閣府令で定めるものに該当する場合を除く。

ホ 申請者と密接な関係を有する者が、第五十八条第一項の規定により認可を取り消され、その取消しの日から起算して五年を経過していないとき。ただし、当該認可の取消しが、保育所の設置の認可の取消しのうち当該認可の取消しの処分の理由となつた事実及び当該事実の発生を防止するための当該保育所の設置者による業務管理体制の整備についての取組の状況その他の当該事実に関して当該保育所の設置者が有していた責任の程度を考慮して、ホ本文に規定する認可の取消しに該当しないこととすることが相当であると認められるものとして内閣府令で定めるものに該当する場合を除く。

ヘ 申請者が、第五十八条第一項の規定による認可の取消しの処分に係る行政手続法第十五条の規定による通知があつた日から当該処分をする日又は処分をしないことを決定する日までの間に第十二項の規定による保育所の廃止をした者（当該廃止について相当の理由がある者を除く。）で、当該保育所の廃止の承認の日から起算して五年を経過しないものであるとき。

ト 申請者が、第四十六条第一項の規定による検査が行われた日から聴聞決定予定日（当該検査の結果に基づき第五十八条第一項の規定による認可の取消しの処分に係る聴聞を行うか否かの決定をすることが見込まれる日として内閣府令で定めるところにより都道府県知事が当該申請者に当該検査が行われた日から十日以内に特定の日を通知した場合における当該特定の日をいう。）までの間に第十二項の規定による保育所の廃止をした者（当該廃止について相当の理由がある者を除く。）で、当該保育所の廃止の承認の日から起算して五年を経過しないものであるとき。

チ　へに規定する期間内に第十二項の規定による保育所の廃止の承認の申請があつた場合において、申請者が、への通知の日前六十日以内に当該申請に係る法人（当該保育所の廃止について相当の理由がある法人を除く。）の役員等又は当該申請に係る法人でない保育所（当該保育所の廃止について相当の理由があるものを除く。）の管理者であつた者で、当該保育所の廃止の承認の日から起算して五年を経過しないものであるとき。

リ　申請者が、認可の申請前五年以内に保育に関し不正又は著しく不当な行為をした者であるとき。

ヌ　申請者が、法人で、その役員等のうちにイからニまで又はへからリまでのいずれかに該当する者のあるものであるとき。

ル　申請者が、法人でない者で、その管理者がイからニまで又はへからリまでのいずれかに該当する者であるとき。

⑥　都道府県知事は、第四項の規定により保育所の設置の認可をしようとするときは、あらかじめ、都道府県児童福祉審議会の意見を聴かなければならない。

⑦　都道府県知事は、第四項の規定により保育所の設置の認可をしようとするときは、あらかじめ、内閣府令で定めるところにより、当該認可の申請に係る保育所が所在する市町村の長に協議しなければならない。

⑧　都道府県知事は、第五項に基づく審査の結果、その申請が第四十五条第一項の条例で定める基準に適合しており、かつ、その設置者が第五項各号に掲げる基準（その者が社会福祉法人又は学校法人である場合にあつては、同項第四号に掲げる基準に限る。）に該当すると認めるときは、第四項の認可をするものとする。ただし、都道府県知事は、当該申請に係る保育所の所在地を含む区域（子ども・子育て支援法第六十二条第二項第一号の規定により当該都道府県が定める区域とする。以下この項において同じ。）における特定教育・保育施設（同法第二十七条第一項に規定する特定教育・保育施設をいう。以下この項において同じ。）の利用定員の総数（同法第十九条第二号及び第三号に掲げる小学校就学前子どもに係るものに限る。）が、同法第六十二条第一項の規定により当該都道府県が定める都道府県子ども・子育て支援事業支援計画において定める当該区域の特定教育・保育施設に係る必要利用定員総数（同法第十九条第二号及び第三号に掲げる小学校就学前子どもの区分に係るものに限る。）に既に達しているか、又は当該申請に係る保育所の設置によつてこれを超えることになると認めるとき、その他の当該都道府県子ども・子育て支援事業支援計画の達成に支障を生ずるおそれがある場合として内閣府令で定める場合に該当すると認めるときは、第四項の認可をしないことができる。

⑨　都道府県知事は、保育所に関する第四項の申請に係る認可をしないときは、速やかにその旨及び理由を通知しなければならない。

⑩　児童福祉施設には、児童福祉施設の職員の養成施設を附置することができる。

⑪　市町村は、児童福祉施設を廃止し、又は休止しようとするときは、その廃止又は休止の日の一月前（当該児童福祉施設が保育所である場合には三月前）までに、内閣府令で定める事項を都道府県知事に届け出なければならない。

⑫　国、都道府県及び市町村以外の者は、児童福祉施設を廃止し、又は休止しようとするときは、内閣府令の定めるところにより、都道府県知事の承認を受けなければならない。

第三十六条　助産施設は、保健上必要があるにもかかわらず、経済的理由により、入院助産を受けることができない妊産婦を入所させて、助産を受けさせることを目的とする施設とする。

第三十七条　乳児院は、乳児（保健上、安定した生活環境の確保その他の理由により特に必要のある場合には、幼児を含む。）を入院させて、これを養育し、あわせて退院した者について相談その他の援助を行うことを目的とする施設とする。

第三十八条　母子生活支援施設は、配偶者のない女子又はこれに準ずる事情にある女子及びその者の監護すべき児童を入所させて、これらの者を保護するとともに、これらの者の自立の促進のためにその生活を支援し、あわせて退所した者について相談その他の援助を行うことを目的とする施設とする。

第三十九条　保育所は、保育を必要とする乳児・幼児を日々保護者の下から通わせて保育を行うことを目的とする施設（利用定員が二十人以上であるものに限り、幼保連携型認定こども園を除く。）とする。

② 保育所は、前項の規定にかかわらず、特に必要があるときは、保育を必要とするその他の児童を日々保護者の下から通わせて保育することができる。

第三十九条の二　幼保連携型認定こども園は、義務教育及びその後の教育の基礎を培うものとしての満三歳以上の幼児に対する教育（教育基本法（平成十八年法律第百二十号）第六条第一項に規定する法律に定める学校において行われる教育をいう。）及び保育を必要とする乳児・幼児に対する保育を一体的に行い、これらの乳児又は幼児の健やかな成長が図られるよう適当な環境を与えて、その心身の発達を助長することを目的とする施設とする。

② 幼保連携型認定こども園に関しては、この法律に定めるもののほか、認定こども園法の定めるところによる。

第四十条　児童厚生施設は、児童遊園、児童館等児童に健全な遊びを与えて、その健康を増進し、又は情操をゆたかにすることを目的とする施設とする。

第四十一条　児童養護施設は、保護者のない児童（乳児を除く。ただし、安定した生活環境の確保その他の理由により特に必要のある場合には、乳児を含む。以下この条において同じ。）、虐待されている児童その他環境上養護を要する児童を入所させて、これを養護し、あわせて退所した者に対する相談その他の自立のための援助を行うことを目的とする施設とする。

第四十二条　障害児入所施設は、次の各号に掲げる区分に応じ、障害児を入所させて、当該各号に定める支援を行うことを目的とする施設とする。

一　福祉型障害児入所施設　保護並びに日常生活における基本的な動作及び独立自活に必要な知識技能の習得のための支援

二　医療型障害児入所施設　保護、日常生活における基本的な動作及び独立自活に必要な知識技能の習得のための支援並びに治療

第四十三条　児童発達支援センターは、地域の障害児の健全な発達において中核的な役割を担う機関として、障害児を日々保護者の下から通わせて、高度の専門的な知識及び技術を必要とする児童発達支援を提供し、あわせて障害児の家族、指定障害児通所支援事業者その他の関係者に対し、相談、専門的な助言その他の必要な援助を行うことを目的とする施設とする。

第四十三条の二　児童心理治療施設は、家庭環境、学校における交友関係その他の環境上の理由により社会生活への適応が困難となつた児童を、短期間、入所させ、又は保護者の下から通わせて、社会生活に適応するために必要な心理に関する治療及び生活指導を主として行い、あわせて退所した者について相談その他の援助を行うことを目的とする施設とする。

第四十四条　児童自立支援施設は、不良行為をなし、又はなすおそれのある児童及び家庭環境その他の環境上の理由により生活指導等を要する児童を入所させ、又は保護者の下から通わせて、個々の児童の状況に応じて必要な指導を行い、その自立を支援し、あわせて退所した者について相談その他の援助を行うことを目的とする施設とする。

第四十四条の二　児童家庭支援センターは、地域の児童の福祉に関する各般の問題につき、児童に関する家庭その他からの相談のうち、専門的な知識及び技術を必要とするものに応じ、必要な助言を行うとともに、市町村の求めに応じ、技術的助言その他必要な援助を行うほか、第二十六条第一項第二号及び第二十七条第一項第二号の規定による指導を行い、あわせて児童相談所、児童福祉施設等との連絡調整その他内閣府令の定める援助を総合的に行うことを目的とする施設とする。

② 児童家庭支援センターの職員は、その職務を遂行するに当たつては、個人の身上に関する秘密を守らなければならない。

第四十四条の三　里親支援センターは、里親支援事業を行うほか、里親及び里親になろうとする者について相談その他の援助を行うことを目的とする施設とする。

② 里親支援センターの長は、里親支援事業及び前項に規定する援助を行うに当たつては、都道府県、市町村、児童相談所、児童家庭支援センター、他の児童福祉施設、教育機関その他の関係機関と相互に協力し、緊密な連携を図るよう努めなければならない。

第四十四条の四　第六条の三各項に規定する事

業を行う者、里親及び児童福祉施設（指定障害児入所施設及び指定通所支援に係る児童発達支援センターを除く。）の設置者は、児童、妊産婦その他これらの事業を利用する者又は当該児童福祉施設に入所する者の人格を尊重するとともに、この法律又はこの法律に基づく命令を遵守し、これらの者のため忠実にその職務を遂行しなければならない。

第四十五条　都道府県は、児童福祉施設の設備及び運営について、条例で基準を定めなければならない。この場合において、その基準は、児童の身体的、精神的及び社会的な発達のために必要な生活水準を確保するものでなければならない。

② 都道府県が前項の条例を定めるに当たつては、次に掲げる事項については内閣府令で定める基準に従い定めるものとし、その他の事項については内閣府令で定める基準を参酌するものとする。

一　児童福祉施設に配置する従業者及びその員数

二　児童福祉施設に係る居室及び病室の床面積その他児童福祉施設の設備に関する事項であつて児童の健全な発達に密接に関連するものとして内閣府令で定めるもの

三　児童福祉施設の運営に関する事項であつて、保育所における保育の内容その他児童（助産施設にあつては、妊産婦）の適切な処遇及び安全の確保並びに秘密の保持並びに児童の健全な発達に密接に関連するものとして内閣府令で定めるもの

③ 内閣総理大臣は、前項の内閣府令で定める基準（同項第三号の保育所における保育の内容に関する事項に限る。）を定めるに当たつては、学校教育法第二十五条第一項の規定により文部科学大臣が定める幼稚園の教育課程その他の保育内容に関する事項並びに認定こども園法第十条第一項の規定により主務大臣が定める幼保連携型認定こども園の教育課程その他の教育及び保育の内容に関する事項との整合性の確保並びに小学校及び義務教育学校における教育との円滑な接続に配慮しなければならない。

④ 内閣総理大臣は、前項の内閣府令で定める基準を定めるときは、あらかじめ、文部科学大臣に協議しなければならない。

⑤ 児童福祉施設の設置者は、第一項の基準を遵守しなければならない。

⑥ 児童福祉施設の設置者は、児童福祉施設の設備及び運営についての水準の向上を図ることに努めるものとする。

第四十五条の二　内閣総理大臣は、里親の行う養育について、基準を定めなければならない。この場合において、その基準は、児童の身体的、精神的及び社会的な発達のために必要な生活水準を確保するものでなければならない。

② 里親は、前項の基準を遵守しなければならない。

第四十六条　都道府県知事は、第四十五条第一項及び前条第一項の基準を維持するため、児童福祉施設の設置者、児童福祉施設の長及び里親に対して、必要な報告を求め、児童の福祉に関する事務に従事する職員に、関係者に対して質問させ、若しくはその施設に立ち入り、設備、帳簿書類その他の物件を検査させることができる。

② 第十八条の十六第二項及び第三項の規定は、前項の場合について準用する。

③ 都道府県知事は、児童福祉施設の設備又は運営が第四十五条第一項の基準に達しないときは、その施設の設置者に対し、必要な改善を勧告し、又はその施設の設置者がその勧告に従わず、かつ、児童福祉に有害であると認められるときは、必要な改善を命ずることができる。

④ 都道府県知事は、児童福祉施設の設備又は運営が第四十五条第一項の基準に達せず、かつ、児童福祉に著しく有害であると認められるときは、都道府県児童福祉審議会の意見を聴き、その施設の設置者に対し、その事業の停止を命ずることができる。

第四十六条の二　児童福祉施設の長は、都道府県知事又は市町村長（第三十二条第三項の規定により第二十四条第五項又は第六項の規定による措置に関する権限が当該市町村に置かれる教育委員会に委任されている場合にあつては、当該教育委員会）からこの法律の規定に基づく措置又は助産の実施若しくは母子保護の実施のための委託を受けたときは、正当な理由がない限り、これを拒んではならない。

② 保育所若しくは認定こども園の設置者又は家庭的保育事業等を行う者は、第二十四条第三項の規定により行われる調整及び要請に対し、できる限り協力しなければならない。

第四十七条　児童福祉施設の長は、入所中の児童で親権を行う者又は未成年後見人のないものに対し、親権を行う者又は未成年後見人が

あるに至るまでの間、親権を行う。ただし、民法第七百九十七条の規定による縁組の承諾をするには、内閣府令の定めるところにより、都道府県知事の許可を得なければならない。

② 児童相談所長は、小規模住居型児童養育事業を行う者又は里親に委託中の児童で親権を行う者又は未成年後見人のないものに対し、親権を行う者又は未成年後見人があるに至るまでの間、親権を行う。ただし、民法第七百九十七条の規定による縁組の承諾をするには、内閣府令の定めるところにより、都道府県知事の許可を得なければならない。

③ 児童福祉施設の長、その住居において養育を行う第六条の三第八項に規定する内閣府令で定める者又は里親（以下この項において「施設長等」という。）は、入所中又は受託中の児童で親権を行う者又は未成年後見人のあるものについても、監護及び教育に関し、その児童の福祉のため必要な措置をとることができる。この場合において、施設長等は、児童の人格を尊重するとともに、その年齢及び発達の程度に配慮しなければならず、かつ、体罰その他の児童の心身の健全な発達に有害な影響を及ぼす言動をしてはならない。

④ 前項の児童の親権を行う者又は未成年後見人は、同項の規定による措置を不当に妨げてはならない。

⑤ 第三項の規定による措置は、児童の生命又は身体の安全を確保するため緊急の必要があると認めるときは、その親権を行う者又は未成年後見人の意に反しても、これをとることができる。この場合において、児童福祉施設の長、小規模住居型児童養育事業を行う者又は里親は、速やかに、そのとつた措置について、当該児童に係る通所給付決定若しくは入所給付決定、第二十一条の六、第二十四条第五項若しくは第六項若しくは第二十七条第一項第三号の措置、助産の実施若しくは母子保護の実施又は当該児童に係る子ども・子育て支援法第二十条第四項に規定する教育・保育給付認定を行つた都道府県又は市町村の長に報告しなければならない。

第四十八条　児童養護施設、障害児入所施設、児童心理治療施設及び児童自立支援施設の長、その住居において養育を行う第六条の三第八項に規定する内閣府令で定める者並びに里親は、学校教育法に規定する保護者に準じて、その施設に入所中又は受託中の児童を就学させなければならない。

第四十八条の二　乳児院、母子生活支援施設、児童養護施設、児童心理治療施設及び児童自立支援施設の長は、その行う児童の保護に支障がない限りにおいて、当該施設の所在する地域の住民につき、児童の養育に関する相談に応じ、及び助言を行うよう努めなければならない。

第四十八条の三　乳児院、児童養護施設、障害児入所施設、児童心理治療施設及び児童自立支援施設の長並びに小規模住居型児童養育事業を行う者及び里親は、当該施設に入所し、又は小規模住居型児童養育事業を行う者若しくは里親に委託された児童及びその保護者に対して、市町村、児童相談所、児童家庭支援センター、里親支援センター、教育機関、医療機関その他の関係機関との緊密な連携を図りつつ、親子の再統合のための支援その他の当該児童が家庭（家庭における養育環境と同様の養育環境及び良好な家庭的環境を含む。）で養育されるために必要な措置を採らなければならない。

第四十八条の四　保育所は、当該保育所が主として利用される地域の住民に対して、その行う保育に関し情報の提供を行わなければならない。

② 保育所は、当該保育所が主として利用される地域の住民に対して、その行う保育に支障がない限りにおいて、乳児、幼児等の保育に関する相談に応じ、及び助言を行うよう努めなければならない。

③ 保育所に勤務する保育士は、乳児、幼児等の保育に関する相談に応じ、及び助言を行うために必要な知識及び技能の修得、維持及び向上に努めなければならない。

第四十九条　この法律で定めるもののほか、第六条の三各項に規定する事業及び児童福祉施設の職員その他児童福祉施設に関し必要な事項は、命令で定める。

第四章　費用

第四十九条の二　国庫は、都道府県が、第二十七条第一項第三号に規定する措置により、国の設置する児童福祉施設に入所させた者につき、その入所後に要する費用を支弁する。

第五十条　次に掲げる費用は、都道府県の支弁とする。

一　都道府県児童福祉審議会に要する費用
二　児童福祉司及び児童委員に要する費用
三　児童相談所に要する費用（第九号の費用

を除く。）
四　削除
五　第二十条の措置に要する費用
五の二　小児慢性特定疾病医療費の支給に要する費用
五の三　小児慢性特定疾病児童等自立支援事業に要する費用
六　都道府県の設置する助産施設又は母子生活支援施設において市町村が行う助産の実施又は母子保護の実施に要する費用（助産の実施又は母子保護の実施につき第四十五条第一項の基準を維持するために要する費用をいう。次号及び次条第三号において同じ。）
六の二　都道府県が行う助産の実施又は母子保護の実施に要する費用
六の三　障害児入所給付費、高額障害児入所給付費若しくは特定入所障害児食費等給付費又は障害児入所医療費（以下「障害児入所給付費等」という。）の支給に要する費用
六の四　児童相談所長が第二十六条第一項第二号に規定する指導を委託した場合又は都道府県が第二十七条第一項第二号に規定する指導を委託した場合におけるこれらの指導に要する費用
七　都道府県が、第二十七条第一項第三号に規定する措置を採つた場合において、入所又は委託に要する費用及び入所後の保護又は委託後の養育につき、第四十五条第一項又は第四十五条の二第一項の基準を維持するために要する費用（国の設置する乳児院、児童養護施設、障害児入所施設、児童心理治療施設又は児童自立支援施設に入所させた児童につき、その入所後に要する費用を除き、里親支援センターにおいて行う里親支援事業に要する費用を含む。）
七の二　都道府県が、第二十七条第二項に規定する措置を採つた場合において、委託及び委託後の治療等に要する費用
七の三　都道府県が行う児童自立生活援助の実施に要する費用
八　一時保護に要する費用
九　児童相談所の設備並びに都道府県の設置する児童福祉施設の設備及び職員の養成施設に要する費用

第五十一条　次に掲げる費用は、市町村の支弁とする。
一　障害児通所給付費、特例障害児通所給付費若しくは高額障害児通所給付費又は肢体不自由児通所医療費の支給に要する費用
二　第二十一条の六の措置に要する費用
二の二　第二十一条の十八第二項の措置に要する費用
三　市町村が行う助産の実施又は母子保護の実施に要する費用（都道府県の設置する助産施設又は母子生活支援施設に係るものを除く。）
四　第二十四条第五項又は第六項の措置（都道府県若しくは市町村の設置する保育所若しくは幼保連携型認定こども園又は都道府県若しくは市町村の行う家庭的保育事業等に係るものに限る。）に要する費用
五　第二十四条第五項又は第六項の措置（都道府県及び市町村以外の者の設置する保育所若しくは幼保連携型認定こども園又は都道府県及び市町村以外の者の行う家庭的保育事業等に係るものに限る。）に要する費用
六　障害児相談支援給付費又は特例障害児相談支援給付費の支給に要する費用
七　市町村の設置する児童福祉施設の設備及び職員の養成施設に要する費用
八　市町村児童福祉審議会に要する費用

第五十二条　第二十四条第五項又は第六項の規定による措置に係る児童が、子ども・子育て支援法第二十七条第一項、第二十八条第一項（第二号に係るものを除く。）、第二十九条第一項又は第三十条第一項（第二号に係るものを除く。）の規定により施設型給付費、特例施設型給付費、地域型保育給付費又は特例地域型保育給付費の支給を受けることができる保護者の児童であるときは、市町村は、その限度において、前条第四号又は第五号の規定による費用の支弁をすることを要しない。

第五十三条　国庫は、第五十条（第一号から第三号まで及び第九号を除く。）及び第五十一条（第四号、第七号及び第八号を除く。）に規定する地方公共団体の支弁する費用に対しては、政令の定めるところにより、その二分の一を負担する。

第五十四条　削除

第五十五条　都道府県は、第五十一条第一号から第三号まで、第五号及び第六号の費用に対しては、政令の定めるところにより、その四分の一を負担しなければならない。

第五十六条　国庫が支弁した場合においては、内閣総理大臣は、本人又はその扶養義務者（民法に定め

る扶養義務者をいう。以下同じ。）から、都道府県知事の認定するその負担能力に応じ、その費用の全部又は一部を徴収することができる。

② 第五十条第五号、第六号、第六号の二若しくは第七号から第七号の三までに規定する費用（同条第七号に規定する里親支援センターにおいて行う里親支援事業に要する費用を除く。）を支弁した都道府県又は第五十一条第二号から第五号までに規定する費用を支弁した市町村の長は、本人又はその扶養義務者から、その負担能力に応じ、その費用の全部又は一部を徴収することができる。

③ 都道府県知事又は市町村長は、第一項の規定による負担能力の認定又は前項の規定による費用の徴収に関し必要があると認めるときは、本人又はその扶養義務者の収入の状況につき、本人若しくはその扶養義務者に対し報告を求め、又は官公署に対し必要な書類の閲覧若しくは資料の提供を求めることができる。

④ 第一項又は第二項の規定による費用の徴収は、これを本人又はその扶養義務者の居住地又は財産所在地の都道府県又は市町村に嘱託することができる。

⑤ 第一項又は第二項の規定により徴収される費用を、指定の期限内に納付しない者があるときは、第一項に規定する費用については国税の、第二項に規定する費用については地方税の滞納処分の例により処分することができる。この場合における徴収金の先取特権の順位は、国税及び地方税に次ぐものとする。

⑥ 保育所又は幼保連携型認定こども園の設置者が、次の各号に掲げる乳児又は幼児の保護者から、善良な管理者と同一の注意をもつて、当該各号に定める額のうち当該保護者が当該保育所又は幼保連携型認定こども園に支払うべき金額に相当する金額の支払を受けることに努めたにもかかわらず、なお当該保護者が当該金額の全部又は一部を支払わない場合において、当該保育所又は幼保連携型認定こども園における保育に支障が生じ、又は生ずるおそれがあり、かつ、市町村が第二十四条第一項の規定により当該保育所における保育を行うため必要であると認めるとき又は同条第二項の規定により当該幼保連携型認定こども園における保育を確保するため必要であると認めるときは、市町村は、当該設置者の請求に基づき、地方税の滞納処分の例によりこれを処分することができる。この場合における徴収金の先取特権の順位は、国税及び地方税に次ぐものとする。

一 子ども・子育て支援法第二十七条第一項に規定する特定教育・保育を受けた乳児又は幼児 同条第三項第一号に掲げる額から同条第五項の規定により支払がなされた額を控除して得た額（当該支払がなされなかつたときは、同号に掲げる額）又は同法第二十八条第二項第一号の規定による特例施設型給付費の額及び同号に規定する政令で定める額を限度として市町村が定める額（当該市町村が定める額が現に当該特定教育・保育に要した費用の額を超えるときは、当該現に特定教育・保育に要した費用の額）の合計額

二 子ども・子育て支援法第二十八条第一項第二号に規定する特別利用保育を受けた幼児 同条第二項第二号の規定による特例施設型給付費の額及び同号に規定する市町村が定める額（当該市町村が定める額が現に当該特別利用保育に要した費用の額を超えるときは、当該現に特別利用保育に要した費用の額）の合計額から同条第四項において準用する同法第二十七条第五項の規定により支払がなされた額を控除して得た額（当該支払がなされなかつたときは、当該合計額）

⑦ 家庭的保育事業等を行う者が、次の各号に掲げる乳児又は幼児の保護者から、善良な管理者と同一の注意をもつて、当該各号に定める額のうち当該保護者が当該家庭的保育事業等を行う者に支払うべき金額に相当する金額の支払を受けることに努めたにもかかわらず、なお当該保護者が当該金額の全部又は一部を支払わない場合において、当該家庭的保育事業等による保育に支障が生じ、又は生ずるおそれがあり、かつ、市町村が第二十四条第二項の規定により当該家庭的保育事業等による保育を確保するため必要であると認めるときは、市町村は、当該家庭的保育事業等を行う者の請求に基づき、地方税の滞納処分の例によりこれを処分することができる。この場合における徴収金の先取特権の順位は、国税及び地方税に次ぐものとする。

一 子ども・子育て支援法第二十九条第一項に規定する特定地域型保育（同法第三十条第一項第二号に規定する特別利用地域型保育（次号において「特別利用地域型保育」という。）及び同項第二号に規定する特定

利用地域型保育（第三号において「特定利用地域型保育」という。）を除く。）を受けた乳児又は幼児　同法第二十九条第三項第一号に掲げる額から同条第五項の規定により支払がなされた額を控除して得た額（当該支払がなされなかつたときは、同号に掲げる額）又は同法第三十条第二項第一号の規定による特例地域型保育給付費の額及び同号に規定する政令で定める額を限度として市町村が定める額（当該市町村が定める額が現に当該特定地域型保育に要した費用の額を超えるときは、当該現に特定地域型保育に要した費用の額）の合計額

二　特別利用地域型保育を受けた幼児　子ども・子育て支援法第三十条第二項第二号の規定による特例地域型保育給付費の額及び同号に規定する市町村が定める額（当該市町村が定める額が現に当該特別利用地域型保育に要した費用の額を超えるときは、当該現に特別利用地域型保育に要した費用の額）の合計額から同条第四項において準用する同法第二十九条第五項の規定により支払がなされた額を控除して得た額（当該支払がなされなかつたときは、当該合計額）

三　特定利用地域型保育を受けた幼児　子ども・子育て支援法第三十条第二項第三号の規定による特例地域型保育給付費の額及び同号に規定する市町村が定める額（当該市町村が定める額が現に当該特定利用地域型保育に要した費用の額を超えるときは、当該現に特定利用地域型保育に要した費用の額）の合計額から同条第四項において準用する同法第二十九条第五項の規定により支払がなされた額を控除して得た額（当該支払がなされなかつたときは、当該合計額）

第五十六条の二　都道府県及び市町村は、次の各号に該当する場合においては、第三十五条第四項の規定により、国、都道府県及び市町村以外の者が設置する児童福祉施設（保育所を除く。以下この条において同じ。）について、その新設（社会福祉法第三十一条第一項の規定により設立された社会福祉法人が設置する児童福祉施設の新設に限る。）、修理、改造、拡張又は整備（以下「新設等」という。）に要する費用の四分の三以内を補助することができる。ただし、一の児童福祉施設について都道府県及び市町村が補助する金額の合計額は、当該児童福祉施設の新設等に要する費用の四分の三を超えてはならない。

一　その児童福祉施設が、社会福祉法第三十一条第一項の規定により設立された社会福祉法人、日本赤十字社又は公益社団法人若しくは公益財団法人の設置するものであること。

二　その児童福祉施設が主として利用される地域において、この法律の規定に基づく障害児入所給付費の支給、入所させる措置又は助産の実施若しくは母子保護の実施を必要とする児童、その保護者又は妊産婦の分布状況からみて、同種の児童福祉施設が必要とされるにかかわらず、その地域に、国、都道府県又は市町村の設置する同種の児童福祉施設がないか、又はあつてもこれが十分でないこと。

②　前項の規定により、児童福祉施設に対する補助がなされたときは、内閣総理大臣、都道府県知事及び市町村長は、その補助の目的が有効に達せられることを確保するため、当該児童福祉施設に対して、第四十六条及び第五十八条第一項に規定するもののほか、次に掲げる権限を有する。

一　その児童福祉施設の予算が、補助の効果をあげるために不適当であると認めるときは、その予算について必要な変更をすべき旨を指示すること。

二　その児童福祉施設の職員が、この法律若しくはこれに基づく命令又はこれらに基づいてする処分に違反したときは、当該職員を解職すべき旨を指示すること。

③　国庫は、第一項の規定により都道府県が障害児入所施設又は児童発達支援センターについて補助した金額の三分の二以内を補助することができる。

第五十六条の三　都道府県及び市町村は、次に掲げる場合においては、補助金の交付を受けた児童福祉施設の設置者に対して、既に交付した補助金の全部又は一部の返還を命ずることができる。

一　補助金の交付条件に違反したとき。

二　詐欺その他の不正な手段をもつて、補助金の交付を受けたとき。

三　児童福祉施設の経営について、営利を図る行為があつたとき。

四　児童福祉施設が、この法律若しくはこれに基づく命令又はこれらに基いてする処分に違反したとき。

第五十六条の四　国庫は、第五十条第二号に規定する児童委員に要する費用のうち、内閣総理大臣の定める事項に関するものについて

は、予算の範囲内で、その一部を補助することができる。

第五十六条の四の二　市町村は、保育を必要とする乳児・幼児に対し、必要な保育を確保するために必要があると認めるときは、当該市町村における保育所及び幼保連携型認定こども園（次項第一号及び第二号並びに次条第二項において「保育所等」という。）の整備に関する計画（以下「市町村整備計画」という。）を作成することができる。

②　市町村整備計画においては、おおむね次に掲げる事項について定めるものとする。

一　保育提供区域（市町村が、地理的条件、人口、交通事情その他の社会的条件、保育を提供するための施設の整備の状況その他の条件を総合的に勘案して定める区域をいう。以下同じ。）ごとの当該保育提供区域における保育所等の整備に関する目標及び計画期間

二　前号の目標を達成するために必要な保育所等を整備する事業に関する事項

三　その他内閣府令で定める事項

③　市町村整備計画は、子ども・子育て支援法第六十一条第一項に規定する市町村子ども・子育て支援事業計画と調和が保たれたものでなければならない。

④　市町村は、市町村整備計画を作成し、又はこれを変更したときは、次条第一項の規定により当該市町村整備計画を内閣総理大臣に提出する場合を除き、遅滞なく、都道府県にその写しを送付しなければならない。

第五十六条の四の三　市町村は、次項の交付金を充てて市町村整備計画に基づく事業又は事務（同項において「事業等」という。）の実施をしようとするときは、当該市町村整備計画を、当該市町村の属する都道府県の知事を経由して、内閣総理大臣に提出しなければならない。

②　国は、市町村に対し、前項の規定により提出された市町村整備計画に基づく事業等（国、都道府県及び市町村以外の者が設置する保育所等に係るものに限る。）の実施に要する経費に充てるため、保育所等の整備の状況その他の事項を勘案して内閣府令で定めるところにより、予算の範囲内で、交付金を交付することができる。

③　前二項に定めるもののほか、前項の交付金の交付に関し必要な事項は、内閣府令で定める。

第五十六条の五　社会福祉法第五十八条第二項から第四項までの規定は、児童福祉施設の用に供するため国有財産特別措置法（昭和二十七年法律第二百十九号）第二条第二項第二号の規定又は同法第三条第一項第四号及び同条第二項の規定により普通財産の譲渡又は貸付けを受けた社会福祉法人に準用する。この場合において、社会福祉法第五十八条第二項中「厚生労働大臣」とあるのは、「内閣総理大臣」と読み替えるものとする。

第五章　国民健康保険団体連合会の児童福祉法関係業務

第五十六条の五の二　連合会は、国民健康保険法の規定による業務のほか、第二十四条の三第十一項（第二十四条の七第二項において準用する場合を含む。）の規定により都道府県から委託を受けて行う障害児入所給付費及び特定入所障害児食費等給付費又は第二十一条の五の七第十四項及び第二十四条の二十六第六項の規定により市町村から委託を受けて行う障害児通所給付費及び障害児相談支援給付費の審査及び支払に関する業務を行う。

第五十六条の五の三　連合会が前条の規定により行う業務（次条において「児童福祉法関係業務」という。）については、国民健康保険法第八十六条において準用する同法第二十九条の規定にかかわらず、内閣府令で定めるところにより、規約をもつて議決権に関する特段の定めをすることができる。

第五十六条の五の四　連合会は、児童福祉法関係業務に係る経理については、その他の経理と区分して整理しなければならない。

第六章　審査請求

第五十六条の五の五　市町村の障害児通所給付費又は特例障害児通所給付費に係る処分に不服がある障害児の保護者は、都道府県知事に対して審査請求をすることができる。

②　前項の審査請求については、障害者の日常生活及び社会生活を総合的に支援するための法律第八章（第九十七条第一項を除く。）の規定を準用する。この場合において、必要な技術的読替えは、政令で定める。

第七章　雑則

第五十六条の六　地方公共団体は、児童の福祉を増進するため、障害児通所給付費、特例障害児通所給付費、高額障害児通所給付費、障害児相談支援給付費、特例障害児相談支援給

付費、介護給付費等、障害児入所給付費、高額障害児入所給付費又は特定入所障害児食費等給付費の支給、第二十一条の六、第二十一条の十八第二項、第二十四条第五項若しくは第六項又は第二十七条第一項若しくは第二項の規定による措置及び保育の利用等並びにその他の福祉の保障が適切に行われるように、相互に連絡及び調整を図らなければならない。

② 地方公共団体は、人工呼吸器を装着している障害児その他の日常生活を営むために医療を要する状態にある障害児が、その心身の状況に応じた適切な保健、医療、福祉その他の各関連分野の支援を受けられるよう、保健、医療、福祉その他の各関連分野の支援を行う機関との連絡調整を行うための体制の整備に関し、必要な措置を講ずるように努めなければならない。

③ 児童自立生活援助事業、社会的養護自立支援拠点事業又は放課後児童健全育成事業を行う者及び児童福祉施設の設置者は、その事業を行い、又はその施設を運営するに当たつては、相互に連携を図りつつ、児童及びその家庭からの相談に応ずることその他の地域の実情に応じた積極的な支援を行うように努めなければならない。

第五十六条の七　市町村は、必要に応じ、公有財産（地方自治法第二百三十八条第一項に規定する公有財産をいう。次項において同じ。）の貸付けその他の必要な措置を積極的に講ずることにより、社会福祉法人その他の多様な事業者の能力を活用した保育所の設置又は運営を促進し、保育の利用に係る供給を効率的かつ計画的に増大させるものとする。

② 市町村は、必要に応じ、公有財産の貸付けその他の必要な措置を積極的に講ずることにより、社会福祉法人その他の多様な事業者の能力を活用した放課後児童健全育成事業の実施を促進し、放課後児童健全育成事業に係る供給を効率的かつ計画的に増大させるものとする。

③ 国及び都道府県は、前二項の市町村の措置に関し、必要な支援を行うものとする。

第五十六条の八　市町村長は、当該市町村における保育の実施に対する需要の状況等に照らし適当であると認めるときは、公私連携型保育所（次項に規定する協定に基づき、当該市町村から必要な設備の貸付け、譲渡その他の協力を得て、当該市町村との連携の下に保育及び子育て支援事業（以下この条において「保育等」という。）を行う保育所をいう。以下この条において同じ。）の運営を継続的かつ安定的に行うことができる能力を有するものであると認められるもの（法人に限る。）を、その申請により、公私連携型保育所の設置及び運営を目的とする法人（以下この条において「公私連携保育法人」という。）として指定することができる。

② 市町村長は、前項の規定による指定（第十一項において単に「指定」という。）をしようとするときは、あらかじめ、当該指定をしようとする法人と、次に掲げる事項を定めた協定（以下この条において単に「協定」という。）を締結しなければならない。

一　協定の目的となる公私連携型保育所の名称及び所在地

二　公私連携型保育所における保育等に関する基本的事項

三　市町村による必要な設備の貸付け、譲渡その他の協力に関する基本的事項

四　協定の有効期間

五　協定に違反した場合の措置

六　その他公私連携型保育所の設置及び運営に関し必要な事項

③ 公私連携保育法人は、第三十五条第四項の規定にかかわらず、市町村長を経由し、都道府県知事に届け出ることにより、公私連携型保育所を設置することができる。

④ 市町村長は、公私連携保育法人が前項の規定による届出をした際に、当該公私連携型保育所における保育等を行うために設備の整備を必要とする場合には、当該協定に定めるところにより、当該公私連携保育法人に対し、当該設備を無償又は時価よりも低い対価で貸し付け、又は譲渡するものとする。

⑤ 前項の規定は、地方自治法第九十六条及び第二百三十七条から第二百三十八条の五までの規定の適用を妨げない。

⑥ 公私連携保育法人は、第三十五条第十二項の規定による廃止又は休止の承認の申請を行おうとするときは、市町村長を経由して行わなければならない。この場合において、当該市町村長は、当該申請に係る事項に関し意見を付すことができる。

⑦ 市町村長は、公私連携型保育所の運営を適切にさせるため、必要があると認めるときは、公私連携保育法人若しくは公私連携型保育所の長に対して、必要な報告を求め、又は

当該職員に、関係者に対して質問させ、若しくはその施設に立ち入り、設備、帳簿書類その他の物件を検査させることができる。

⑧　第十八条の十六第二項及び第三項の規定は、前項の場合について準用する。

⑨　第七項の規定により、公私連携型保育所の長に対し報告を求め、又は当該職員に、関係者に対し質問させ、若しくは公私連携型保育所に立入検査をさせた市町村長は、当該公私連携型保育所につき、第四十六条第三項又は第四項の規定による処分が行われる必要があると認めるときは、理由を付して、その旨を都道府県知事に通知しなければならない。

⑩　市町村長は、公私連携型保育所が正当な理由なく協定に従つて保育等を行つていないと認めるときは、公私連携保育法人に対し、協定に従つて保育等を行うことを勧告することができる。

⑪　市町村長は、前項の規定により勧告を受けた公私連携保育法人が当該勧告に従わないときは、指定を取り消すことができる。

⑫　公私連携保育法人は、前項の規定による指定の取消しの処分を受けたときは、当該処分に係る公私連携型保育所について、第三十五条第十二項の規定による廃止の承認を都道府県知事に申請しなければならない。

⑬　公私連携保育法人は、前項の規定による廃止の承認の申請をしたときは、当該申請の日前一月以内に保育等を受けていた者であつて、当該廃止の日以後においても引き続き当該保育等に相当する保育等の提供を希望する者に対し、必要な保育等が継続的に提供されるよう、他の保育所及び認定こども園その他関係者との連絡調整その他の便宜の提供を行わなければならない。

第五十七条　都道府県、市町村その他の公共団体は、左の各号に掲げる建物及び土地に対しては、租税その他の公課を課することができない。但し、有料で使用させるものについては、この限りでない。

一　主として児童福祉施設のために使う建物

二　前号に掲げる建物の敷地その他主として児童福祉施設のために使う土地

第五十七条の二　市町村は、偽りその他不正の手段により障害児通所給付費、特例障害児通所給付費若しくは高額障害児通所給付費若しくは肢体不自由児通所医療費又は障害児相談支援給付費若しくは特例障害児相談支援給付費（以下この章において「障害児通所給付費等」という。）の支給を受けた者があるときは、その者から、その障害児通所給付費等の額に相当する金額の全部又は一部を徴収することができる。

②　市町村は、指定障害児通所支援事業者又は指定障害児相談支援事業者が、偽りその他不正の行為により障害児通所給付費、肢体不自由児通所医療費又は障害児相談支援給付費の支給を受けたときは、当該指定障害児通所支援事業者又は指定障害児相談支援事業者に対し、その支払つた額につき返還させるほか、その返還させる額に百分の四十を乗じて得た額を支払わせることができる。

③　都道府県は、偽りその他不正の手段により小児慢性特定疾病医療費又は障害児入所給付費等の支給を受けた者があるときは、その者から、その小児慢性特定疾病医療費又は障害児入所給付費等の額に相当する金額の全部又は一部を徴収することができる。

④　都道府県は、指定小児慢性特定疾病医療機関が、偽りその他不正の行為により小児慢性特定疾病医療費の支給を受けたときは、当該指定小児慢性特定疾病医療機関に対し、その支払つた額につき返還させるほか、その返還させる額に百分の四十を乗じて得た額を支払わせることができる。

⑤　都道府県は、指定障害児入所施設等が、偽りその他不正の行為により障害児入所給付費若しくは特定入所障害児食費等給付費又は障害児入所医療費の支給を受けたときは、当該指定障害児入所施設等に対し、その支払つた額につき返還させるほか、その返還させる額に百分の四十を乗じて得た額を支払わせることができる。

⑥　前各項の規定による徴収金は、地方自治法第二百三十一条の三第三項に規定する法律で定める歳入とする。

第五十七条の三　市町村は、障害児通所給付費等の支給に関して必要があると認めるときは、障害児の保護者若しくは障害児の属する世帯の世帯主その他その世帯に属する者又はこれらの者であつた者に対し、報告若しくは文書その他の物件の提出若しくは提示を命じ、又は当該職員に質問させることができる。

②　都道府県は、小児慢性特定疾病医療費の支給に関して必要があると認めるときは、小児慢性特定疾病児童の保護者若しくは成年患者若しくは小児慢性特定疾病児童等の属する世

帯の世帯主その他その世帯に属する者又はこれらの者であつた者に対し、報告若しくは文書その他の物件の提出若しくは提示を命じ、又は当該職員に質問させることができる。

③ 都道府県は、障害児入所給付費等の支給に関して必要があると認めるときは、障害児の保護者若しくは障害児の属する世帯の世帯主その他その世帯に属する者又はこれらの者であつた者に対し、報告若しくは文書その他の物件の提出若しくは提示を命じ、又は当該職員に質問させることができる。

④ 第十九条の十六第二項の規定は前三項の規定による質問について、同条第三項の規定は前三項の規定による権限について準用する。

第五十七条の三の二　市町村は、障害児通所給付費等の支給に関して必要があると認めるときは、当該障害児通所給付費等の支給に係る障害児通所支援若しくは障害児相談支援を行う者若しくはこれらを使用する者若しくはこれらの者であつた者に対し、報告若しくは文書その他の物件の提出若しくは提示を命じ、又は当該職員に、関係者に対し質問させ、若しくは当該障害児通所支援若しくは障害児相談支援の事業を行う事業所若しくは施設に立ち入り、その設備若しくは帳簿書類その他の物件を検査させることができる。

② 第十九条の十六第二項の規定は前項の規定による質問又は検査について、同条第三項の規定は前項の規定による権限について準用する。

第五十七条の三の三　内閣総理大臣又は都道府県知事は、障害児通所給付費等の支給に関して必要があると認めるときは、当該障害児通所給付費等の支給に係る障害児の保護者又は障害児の保護者であつた者に対し、当該障害児通所給付費等の支給に係る障害児通所支援若しくは障害児相談支援の内容に関し、報告若しくは文書その他の物件の提出若しくは提示を命じ、又は当該職員に質問させることができる。

② 厚生労働大臣は、小児慢性特定疾病医療費の支給に関して緊急の必要があると認めるときは、当該都道府県の知事との密接な連携の下に、当該小児慢性特定疾病医療費の支給に係る小児慢性特定疾病児童の保護者若しくは成年患者又はこれらの者であつた者に対し、当該小児慢性特定疾病医療費の支給に係る小児慢性特定疾病医療支援の内容に関し、報告若しくは文書その他の物件の提出若しくは提示を命じ、又は当該職員に質問させることができる。

③ 内閣総理大臣は、障害児入所給付費等の支給に関して必要があると認めるときは、当該障害児入所給付費等の支給に係る障害児の保護者又は障害児の保護者であつた者に対し、当該障害児入所給付費等の支給に係る障害児入所支援の内容に関し、報告若しくは文書その他の物件の提出若しくは提示を命じ、又は当該職員に質問させることができる。

④ 内閣総理大臣又は都道府県知事は、障害児通所給付費等の支給に関して必要があると認めるときは、障害児通所支援若しくは障害児相談支援を行つた者若しくはこれを使用した者に対し、その行つた障害児通所支援若しくは障害児相談支援に関し、報告若しくは当該障害児通所支援若しくは障害児相談支援の提供の記録、帳簿書類その他の物件の提出若しくは提示を命じ、又は当該職員に関係者に対し質問させることができる。

⑤ 厚生労働大臣は、小児慢性特定疾病医療費の支給に関して緊急の必要があると認めるときは、当該都道府県の知事との密接な連携の下に、小児慢性特定疾病医療支援を行つた者又はこれを使用した者に対し、その行つた小児慢性特定疾病医療支援に関し、報告若しくは当該小児慢性特定疾病医療支援の提供の記録、帳簿書類その他の物件の提出若しくは提示を命じ、又は当該職員に関係者に対し質問させることができる。

⑥ 内閣総理大臣は、障害児入所給付費等の支給に関して必要があると認めるときは、障害児入所支援を行つた者若しくはこれを使用した者に対し、その行つた障害児入所支援に関し、報告若しくは当該障害児入所支援の提供の記録、帳簿書類その他の物件の提出若しくは提示を命じ、又は当該職員に関係者に対し質問させることができる。

⑦ 第十九条の十六第二項の規定は前各項の規定による質問について、同条第三項の規定は前各項の規定による権限について準用する。

第五十七条の三の四　市町村及び都道府県は、次に掲げる事務の一部を、法人であつて内閣府令で定める要件に該当し、当該事務を適正に実施することができると認められるものとして都道府県知事が指定するもの（以下「指定事務受託法人」という。）に委託することができる。

一　第五十七条の三第一項及び第三項、第五十七条の三の二第一項並びに前条第一項及び第四項に規定する事務（これらの規定による命令及び質問の対象となる者並びに立入検査の対象となる事業所及び施設の選定に係るもの並びに当該命令及び当該立入検査を除く。）

二　その他内閣府令で定める事務（前号括弧書に規定するものを除く。）

②　指定事務受託法人の役員若しくは職員又はこれらの職にあつた者は、正当な理由なしに、当該委託事務に関して知り得た秘密を漏らしてはならない。

③　指定事務受託法人の役員又は職員で、当該委託事務に従事するものは、刑法その他の罰則の適用については、法令により公務に従事する職員とみなす。

④　市町村又は都道府県は、第一項の規定により事務を委託したときは、内閣府令で定めるところにより、その旨を公示しなければならない。

⑤　第十九条の十六第二項の規定は、第一項の規定により委託を受けて行う第五十七条の三第一項及び第三項、第五十七条の三の二第一項並びに前条第一項及び第四項の規定による質問について準用する。

⑥　前各項に定めるもののほか、指定事務受託法人に関し必要な事項は、政令で定める。

第五十七条の四　市町村は、障害児通所給付費等の支給に関して必要があると認めるときは、障害児の保護者又は障害児の属する世帯の世帯主その他その世帯に属する者の資産又は収入の状況につき、官公署に対し必要な文書の閲覧若しくは資料の提供を求め、又は銀行、信託会社その他の機関若しくは障害児の保護者の雇用主その他の関係人に報告を求めることができる。

②　都道府県は、小児慢性特定疾病医療費の支給に関して必要があると認めるときは、小児慢性特定疾病児童の保護者若しくは成年患者又は小児慢性特定疾病児童等の属する世帯の世帯主その他その世帯に属する者の資産又は収入の状況につき、官公署に対し必要な文書の閲覧若しくは資料の提供を求め、又は銀行、信託会社その他の機関若しくは小児慢性特定疾病児童の保護者若しくは成年患者の雇用主その他の関係人に報告を求めることができる。

③　都道府県は、障害児入所給付費等の支給に関して必要があると認めるときは、障害児の保護者又は障害児の属する世帯の世帯主その他その世帯に属する者の資産又は収入の状況につき、官公署に対し必要な文書の閲覧若しくは資料の提供を求め、又は銀行、信託会社その他の機関若しくは障害児の保護者の雇用主その他の関係人に報告を求めることができる。

第五十七条の四の二　連合会について国民健康保険法第百六条及び第百八条の規定を適用する場合において、同法第百六条第一項中「事業」とあるのは「事業（児童福祉法（昭和二十二年法律第百六十四号）第五十六条の五の三に規定する児童福祉法関係業務を含む。第百八条第一項及び第五項において同じ。）」と、同項第一号及び同法第百八条中「厚生労働大臣」とあるのは「内閣総理大臣」とする。

第五十七条の五　租税その他の公課は、この法律により支給を受けた金品を標準として、これを課することができない。

②　小児慢性特定疾病医療費、障害児通所給付費等及び障害児入所給付費等を受ける権利は、譲り渡し、担保に供し、又は差し押さえることができない。

③　前項に規定するもののほか、この法律による支給金品は、既に支給を受けたものであるとないとにかかわらず、これを差し押さえることができない。

第五十八条　第三十五条第四項の規定により設置した児童福祉施設が、この法律若しくはこの法律に基づいて発する命令又はこれらに基づいてなす処分に違反したときは、都道府県知事は、同項の認可を取り消すことができる。

②　第三十四条の十五第二項の規定により開始した家庭的保育事業等が、この法律若しくはこの法律に基づいて発する命令又はこれらに基づいてなす処分に違反したときは、市町村長は、同項の認可を取り消すことができる。

第五十九条　都道府県知事は、児童の福祉のため必要があると認めるときは、第六条の三第九項から第十二項まで若しくは第三十六条から第四十四条まで（第三十九条の二を除く。）に規定する業務を目的とする施設であつて第三十五条第三項の届出若しくは認定こども園法第十六条の届出をしていないもの又は第三十四条の十五第二項若しくは第三十五条第四項の認可若しくは認定こども園法第十七条第一項の認可を受けていないもの（前条の規定により児童福祉施設若しくは家庭的保育事業等の認可を取り消されたもの又は認定こども園法第二十二条第一項の規定により幼保連携型認定こども園の認可を取り消されたものを含む。）については、その施設の設置者若しくは管理者に対し、必要と認める事項の報告を求め、又は当該職員をして、その事務所若しくは施設に立ち入り、その施設の設備若しくは運営について必要な調査若しくは質問をさせることができる。この場合においては、その身分を証明する証票を携帯させなければならない。

② 第十八条の十六第三項の規定は、前項の場合について準用する。

③ 都道府県知事は、児童の福祉のため必要があると認めるときは、第一項に規定する施設の設置者に対し、その施設の設備又は運営の改善その他の勧告をすることができる。

④ 都道府県知事は、前項の勧告を受けた施設の設置者がその勧告に従わなかつたときは、その旨を公表することができる。

⑤ 都道府県知事は、第一項に規定する施設について、児童の福祉のため必要があると認めるときは、都道府県児童福祉審議会の意見を聴き、その事業の停止又は施設の閉鎖を命ずることができる。

⑥ 都道府県知事は、児童の生命又は身体の安全を確保するため緊急を要する場合で、あらかじめ都道府県児童福祉審議会の意見を聴くいとまがないときは、当該手続を経ないで前項の命令をすることができる。

⑦ 都道府県知事は、第三項の勧告又は第五項の命令をするために必要があると認めるときは、他の都道府県知事に対し、その勧告又は命令の対象となるべき施設の設置者に関する情報その他の参考となるべき情報の提供を求めることができる。

⑧ 都道府県知事は、第三項の勧告又は第五項の命令をした場合には、その旨を当該施設の所在地の市町村長に通知するものとする。

⑨ 都道府県知事は、第五項の命令をした場合には、その旨を公表することができる。

第五十九条の二　第六条の三第九項から第十二項までに規定する業務又は第三十九条第一項に規定する業務を目的とする施設（少数の乳児又は幼児を対象とするものその他の内閣府令で定めるものを除く。）であつて第三十四条の十五第二項若しくは第三十五条第四項の認可又は認定こども園法第十七条第一項の認可を受けていないもの（第五十八条の規定により児童福祉施設若しくは家庭的保育事業等の認可を取り消されたもの又は認定こども園法第二十二条第一項の規定により幼保連携型認定こども園の認可を取り消されたものを含む。）については、その施設の設置者は、その事業の開始の日（第五十八条の規定により児童福祉施設若しくは家庭的保育事業等の認可を取り消された施設又は認定こども園法第二十二条第一項の規定により幼保連携型認定こども園の認可を取り消された施設にあつては、当該認可の取消しの日）から一月以内に、次に掲げる事項を都道府県知事に届け出なければならない。

一　施設の名称及び所在地
二　設置者の氏名及び住所又は名称及び所在地
三　建物その他の設備の規模及び構造
四　事業を開始した年月日
五　施設の管理者の氏名及び住所
六　その他内閣府令で定める事項

② 前項に規定する施設の設置者は、同項の規定により届け出た事項のうち内閣府令で定めるものに変更を生じたときは、変更の日から一月以内に、その旨を都道府県知事に届け出なければならない。その事業を廃止し、又は休止したときも、同様とする。

③ 都道府県知事は、前二項の規定による届出があつたときは、当該届出に係る事項を当該施設の所在地の市町村長に通知するものとする。

第五十九条の二の二　前条第一項に規定する施設の設置者は、次に掲げる事項について、当該施設において提供されるサービスを利用しようとする者の見やすい場所に掲示するとともに、内閣府令で定めるところにより、電気通信回線に接続して行う自動公衆送信（公衆によつて直接受信されることを目的として公衆からの求めに応じ自動的に送信を行うことをいい、放送又は有線放送に該当するものを除く。）により公衆の閲覧に供しなければならない。

一　設置者の氏名又は名称及び施設の管理者の氏名
二　建物その他の設備の規模及び構造
三　その他内閣府令で定める事項

第五十九条の二の三　第五十九条の二第一項に規定する施設の設置者は、当該施設において提供されるサービスを利用しようとする者からの申込みがあつた場合には、その者に対し、当該サービスを利用するための契約の内容及びその履行に関する事項について説明するように努めなければならない。

第五十九条の二の四　第五十九条の二第一項に規定する施設の設置者は、当該施設において提供されるサービスを利用するための契約が成立したときは、その利用者に対し、遅滞なく、次に掲げる事項を記載した書面を交付しなければならない。

一　設置者の氏名及び住所又は名称及び所在地

二　当該サービスの提供につき利用者が支払うべき額に関する事項

三　その他内閣府令で定める事項

第五十九条の二の五　第五十九条の二第一項に規定する施設の設置者は、毎年、内閣府令で定めるところにより、当該施設の運営の状況を都道府県知事に報告しなければならない。

②　都道府県知事は、毎年、前項の報告に係る施設の運営の状況その他第五十九条の二第一項に規定する施設に関し児童の福祉のため必要と認める事項を取りまとめ、これを各施設の所在地の市町村長に通知するとともに、公表するものとする。

第五十九条の二の六　都道府県知事は、第五十九条、第五十九条の二及び前条に規定する事務の執行及び権限の行使に関し、市町村長に対し、必要な協力を求めることができる。

第五十九条の二の七　町村が一部事務組合又は広域連合を設けて福祉事務所を設置した場合には、この法律の適用については、その一部事務組合又は広域連合を福祉事務所を設置する町村とみなす。

第五十九条の三　町村の福祉事務所の設置又は廃止により助産の実施及び母子保護の実施に係る都道府県又は市町村に変更があつた場合においては、この法律又はこの法律に基づいて発する命令の規定により、変更前の当該助産の実施若しくは母子保護の実施に係る都道府県又は市町村の長がした行為は、変更後の当該助産の実施若しくは母子保護の実施に係る都道府県又は市町村の長がした行為とみなす。ただし、変更前に行われ、又は行われるべきであつた助産の実施若しくは母子保護の実施に関する費用の支弁及び負担については、変更がなかつたものとする。

第五十九条の四　この法律中都道府県が処理することとされている事務で政令で定めるものは、指定都市及び中核市並びに児童相談所を設置する市（特別区を含む。以下この項において同じ。）として政令で定める市（以下「児童相談所設置市」という。）においては、政令で定めるところにより、指定都市若しくは中核市又は児童相談所設置市（以下「指定都市等」という。）が処理するものとする。この場合においては、この法律中都道府県に関する規定は、指定都市等に関する規定として指定都市等に適用があるものとする。

②　前項の規定により指定都市等の長がした処分（地方自治法第二条第九項第一号に規定する第一号法定受託事務（次項及び第五十九条の六において「第一号法定受託事務」という。）に係るものに限る。）に係る審査請求についての都道府県知事の裁決に不服がある者は、内閣総理大臣に対して再審査請求をすることができる。

③　指定都市等の長が第一項の規定によりその処理することとされた事務のうち第一号法定受託事務に係る処分をする権限をその補助機関である職員又はその管理に属する行政機関の長に委任した場合において、委任を受けた職員又は行政機関の長がその委任に基づいてした処分につき、地方自治法第二百五十五条の二第二項の再審査請求の裁決があつたときは、当該裁決に不服がある者は、同法第二百五十二条の十七の四第五項から第七項までの規定の例により、内閣総理大臣に対して再々審査請求をすることができる。

④　都道府県知事は、児童相談所設置市の長に対し、当該児童相談所の円滑な運営が確保されるように必要な勧告、助言又は援助をすることができる。

⑤　この法律に定めるもののほか、児童相談所設置市に関し必要な事項は、政令で定める。

第五十九条の五　第二十一条の三第一項、第三十四条の五第一項、第三十四条の六、第四十六条及び第五十九条の規定により都道府県知事の権限に属するものとされている事務は、児童の利益を保護する緊急の必要があると内閣総理大臣が認める場合にあつては、内閣総理大臣又は都道府県知事が行うものとする。

②　前項の場合においては、この法律の規定中都道府県知事に関する規定（当該事務に係るものに限る。）は、内閣総理大臣に関する規定として内閣総理大臣に適用があるものとする。この場合において、第四十六条第四項中「都道府県児童福祉審議会の意見を聴き、その施設の」とあるのは「その施設の」と、第五十九条第五項中「都道府県児童福祉審議会の意見を聴き、その事業の」とあるのは「その事業の」とする。

③　第一項の場合において、厚生労働大臣又は都道府県知事が当該事務を行うときは、相互に密接な連携の下に行うものとする。

④　第一項、第二項前段及び前項の規定は、第十九条の十六第一項の規定により都道府県知事の権限に属するものとされている事務について準用する。この場合において、第一項、第二項前段及び前項中「内閣総理大臣」とあるのは、「厚生労働大臣」と読み替えるものとする。

第五十九条の六　第五十六条第一項の規定により都道府県が処理することとされている事務は、第一号法定受託事務とする。

第五十九条の七　この法律における主務省令は、内閣府令とする。ただし、第二十一条の九各号に掲げる事業に該当する事業のうち内閣総理大臣以外の大臣が所管するものに関する事項については、内閣総理大臣及びその事業を所管する大臣の発する命令とする。

第五十九条の八　内閣総理大臣は、この法律に規定する内閣総理大臣の権限（政令で定めるものを除く。）をこども家庭庁長官に委任する。

②　こども家庭庁長官は、政令で定めるところにより、前項の規定により委任された権限の一部を地方厚生局長又は地方厚生支局長に委任することができる。

③　厚生労働大臣は、厚生労働省令で定めるところにより、第十六条第三項、第五十七条の三の三第二項及び第五項並びに第五十九条の五第四項において読み替えて準用する同条第一項に規定する厚生労働大臣の権限を地方厚生局長に委任することができる。

④　前項の規定により地方厚生局長に委任された権限は、厚生労働省令で定めるところにより、地方厚生支局長に委任することができる。

第八章　罰則

第六十条　第三十四条第一項第六号の規定に違反したときは、当該違反行為をした者は、十年以下の懲役若しくは三百万円以下の罰金に処し、又はこれを併科する。

②　第三十四条第一項第一号から第五号まで又は第七号から第九号までの規定に違反したときは、当該違反行為をした者は、三年以下の懲役若しくは百万円以下の罰金に処し、又はこれを併科する。

③　第三十四条第二項の規定に違反したときは、当該違反行為をした者は、一年以下の懲役又は五十万円以下の罰金に処する。

④　児童を使用する者は、児童の年齢を知らないことを理由として、前三項の規定による処罰を免れることができない。ただし、過失のないときは、この限りでない。

⑤　第一項及び第二項（第三十四条第一項第七号又は第九号の規定に違反した者に係る部分に限る。）の罪は、刑法第四条の二の例に従う。

第六十条の二　小児慢性特定疾病審査会の委員又はその委員であつた者が、正当な理由がないのに、職務上知り得た小児慢性特定疾病医療支援を行つた者の業務上の秘密又は個人の秘密を漏らしたときは、一年以下の懲役又は百万円以下の罰金に処する。

②　第五十六条の五の五第二項において準用する障害者の日常生活及び社会生活を総合的に支援するための法律第九十八条第一項に規定する不服審査会の委員若しくは連合会の役員若しくは職員又はこれらの者であつた者が、正当な理由がないのに、職務上知り得た障害児通所支援、障害児入所支援又は障害児相談支援を行つた者の業務上の秘密又は個人の秘密を漏らしたときは、一年以下の懲役又は百万円以下の罰金に処する。

③　第十九条の二十三第三項、第二十一条の五の六第四項（第二十一条の五の八第三項において準用する場合を含む。）又は第五十七条の三の四第二項の規定に違反した者は、一年以下の懲役又は百万円以下の罰金に処する。

第六十条の三　次の各号のいずれかに該当する場合には、当該違反行為をした者は、一年以下の拘禁刑若しくは五十万円以下の罰金に処し、又はこれを併科する。

一　第二十一条の四の六の規定に違反して、匿名小児慢性特定疾病関連情報の利用に関して知り得た匿名小児慢性特定疾病関連情報の内容をみだりに他人に知らせ、又は不当な目的に利用したとき。

二　第二十一条の四の八の規定による命令に違反したとき。

第六十一条　児童相談所において、相談、調査及び判定に従事した者が、正当な理由なく、その職務上取り扱つたことについて知得した人の秘密を漏らしたときは、これを一年以下の懲役又は五十万円以下の罰金に処する。

第六十一条の二　第十八条の二十二の規定に違反した者は、一年以下の懲役又は五十万円以下の罰金に処する。

②　前項の罪は、告訴がなければ公訴を提起す

ることができない。

第六十一条の三　第十一条第五項、第十八条の八第四項、第十八条の十二第一項、第二十一条の十の二第四項、第二十一条の十二、第二十五条の五又は第二十七条の四の規定に違反した者は、一年以下の懲役又は五十万円以下の罰金に処する。

第六十一条の四　第四十六条第四項又は第五十九条第五項の規定による事業の停止又は施設の閉鎖の命令に違反した者は、六月以下の懲役若しくは禁錮又は五十万円以下の罰金に処する。

第六十一条の五　正当な理由がないのに、第二十一条の四の七第一項の規定による報告若しくは帳簿書類の提出若しくは提示をせず、若しくは虚偽の報告若しくは虚偽の帳簿書類の提出若しくは提示をし、又は同項の規定による質問に対して答弁をせず、若しくは虚偽の答弁をし、若しくは同項の規定による立入り若しくは検査を拒み、妨げ、若しくは忌避したときは、当該違反行為をした者は、五十万円以下の罰金に処する。

② 正当な理由がないのに、第二十九条の規定による児童委員若しくは児童の福祉に関する事務に従事する職員の職務の執行を拒み、妨げ、若しくは忌避し、又はその質問に対して答弁をせず、若しくは虚偽の答弁をし、若しくは児童に答弁をさせず、若しくは虚偽の答弁をさせた者は、五十万円以下の罰金に処する。

第六十一条の六　正当な理由がないのに、第十八条の十六第一項の規定による報告をせず、若しくは虚偽の報告をし、又は同項の規定による質問に対して答弁をせず、若しくは虚偽の答弁をし、若しくは検査を拒み、妨げ、若しくは忌避したときは、その違反行為をした指定試験機関の役員又は職員は、三十万円以下の罰金に処する。

第六十二条　正当な理由がないのに、第十九条の十六第一項、第二十一条の五の二十二第一項、第二十一条の五の二十七第一項（第二十四条の十九の二において準用する場合を含む。）、第二十四条の十五第一項、第二十四条の三十四第一項若しくは第二十四条の三十九第一項の規定による報告若しくは物件の提出若しくは提示をせず、若しくは虚偽の報告若しくは虚偽の物件の提出若しくは提示をし、又はこれらの規定による質問に対して答弁をせず、若しくは虚偽の答弁をし、若しくはこれらの規定による立入り若しくは検査を拒み、妨げ、若しくは忌避したときは、当該違反行為をした者は、三十万円以下の罰金に処する。

② 次の各号のいずれかに該当する者は、三十万円以下の罰金に処する。

一　第十八条の十九第二項の規定により保育士の名称の使用の停止を命ぜられた者で、当該停止を命ぜられた期間中に、保育士の名称を使用したもの

二　第十八条の二十三の規定に違反した者

三　正当な理由がないのに、第二十一条の十四第一項の規定による報告をせず、若しくは虚偽の報告をし、又は同項の規定による質問に対して答弁をせず、若しくは虚偽の答弁をし、若しくは同項の規定による立入り若しくは検査を拒み、妨げ、若しくは忌避した者

四　第三十条第一項に規定する届出を怠つた者

五　正当な理由がないのに、第五十七条の三の三第一項から第三項までの規定による報告若しくは物件の提出若しくは提示をせず、若しくは虚偽の報告若しくは虚偽の物件の提出若しくは提示をし、又はこれらの規定による当該職員の質問若しくは第五十七条の三の四第一項の規定により委託を受けた指定事務受託法人の職員の第五十七条の三の三第一項の規定による質問に対して、答弁せず、若しくは虚偽の答弁をした者

六　正当な理由がないのに、第五十九条第一項の規定による報告をせず、若しくは虚偽の報告をし、又は同項の規定による立入調査を拒み、妨げ、若しくは忌避し、若しくは同項の規定による質問に対して答弁をせず、若しくは虚偽の答弁をした者

第六十二条の二　正当な理由がないのに、第五十六条の五の五第二項において準用する障害者の日常生活及び社会生活を総合的に支援するための法律第百三条第一項の規定による処分に違反して、出頭せず、陳述をせず、報告をせず、若しくは虚偽の陳述若しくは報告をし、又は診断その他の調査をしなかつた者は、三十万円以下の罰金に処する。ただし、第五十六条の五の五第二項において準用する同法第九十八条第一項に規定する不服審査会の行う審査の手続における請求人又は第五十六条の五の五第二項において準用する同法第

百二条の規定により通知を受けた市町村その他の利害関係人は、この限りでない。

第六十二条の三　第六十条の三の罪は、日本国外において同条の罪を犯した者にも適用する。

第六十二条の四　法人の代表者又は法人若しくは人の代理人、使用人その他の従業者が、その法人又は人の業務に関して、第六十条第一項から第三項まで、第六十条の三、第六十一条の五第一項又は第六十二条第一項の違反行為をしたときは、行為者を罰するほか、その法人又は人に対しても、各本条の罰金刑を科する。

第六十二条の五　第五十九条の二第一項又は第二項の規定による届出をせず、又は虚偽の届出をした者は、五十万円以下の過料に処する。

第六十二条の六　次の各号のいずれかに該当する者は、十万円以下の過料に処する。

一　正当な理由がなく、第五十六条第三項（同条第二項の規定による第五十条第五号、第六号、第六号の二若しくは第七号の三又は第五十一条第三号に規定する費用の徴収に関する部分を除く。）の規定による報告をせず、又は虚偽の報告をした者

二　第五十七条の三の三第四項から第六項までの規定による報告若しくは物件の提出若しくは提示をせず、若しくは虚偽の報告若しくは虚偽の物件の提出若しくは提示をし、又はこれらの規定による当該職員の質問に対して、答弁せず、若しくは虚偽の答弁をした者

三　第五十七条の三の四第一項の規定により委託を受けた指定事務受託法人の職員の第五十七条の三の三第四項の規定による質問に対して、答弁せず、又は虚偽の答弁をした者

第六十二条の七　都道府県は、条例で、次の各号のいずれかに該当する者に対し十万円以下の過料を科する規定を設けることができる。

一　第十九条の六第二項の規定による医療受給者証又は第二十四条の四第二項の規定による入所受給者証の返還を求められてこれに応じない者

二　正当の理由がないのに、第五十七条の三第二項若しくは第三項の規定による報告若しくは物件の提出若しくは提示をせず、若しくは虚偽の報告若しくは虚偽の物件の提出若しくは提示をし、又はこれらの規定による当該職員の質問若しくは第五十七条の三の四第一項の規定により委託を受けた指定事務受託法人の職員の第五十七条の三第三項の規定による質問に対して答弁をせず、若しくは虚偽の答弁をした者

第六十二条の八　市町村は、条例で、次の各号のいずれかに該当する者に対し十万円以下の過料を科する規定を設けることができる。

一　第二十一条の五の八第二項又は第二十一条の五の九第二項の規定による通所受給者証の提出又は返還を求められてこれに応じない者

二　正当の理由がないのに、第五十七条の三第一項の規定による報告若しくは物件の提出若しくは提示をせず、若しくは虚偽の報告若しくは虚偽の物件の提出若しくは提示をし、又は同項の規定による当該職員の質問若しくは第五十七条の三の四第一項の規定により委託を受けた指定事務受託法人の職員の第五十七条の三第一項の規定による質問に対して、答弁せず、若しくは虚偽の答弁をした者

三　正当の理由がないのに、第五十七条の三の二第一項の規定による報告若しくは物件の提出若しくは提示をせず、若しくは虚偽の報告若しくは虚偽の物件の提出若しくは提示をし、又は同項の規定による当該職員の質問若しくは第五十七条の三の四第一項の規定により委託を受けた指定事務受託法人の職員の第五十七条の三の二第一項の規定による質問に対して、答弁せず、若しくは虚偽の答弁をし、若しくは同項の規定による検査を拒み、妨げ、若しくは忌避した者

附　則（抄）

第六十三条　この法律は、昭和二十三年一月一日から、これを施行する。但し、第十九条、第二十二条から第二十四条まで、第五十条第四号、第六号、第七号及び第九号（児童相談所の設備に関する部分を除く。）、第五十一条、第五十四条及び第五十五条の規定並びに第五十二条、第五十三条及び第五十六条の規定中これらの規定に関する部分は、昭和二十三年四月一日から、これを施行する。

第六十三条の二　児童相談所長は、当分の間、第二十六条第一項に規定する児童のうち身体障害者福祉法第十五条第四項の規定により身体障害者手帳の交付を受けた十五歳以上の者について、障害者の日常生活及び社会生活を

に規定する障害者支援施設（次条において「障害者支援施設」という。）に入所すること又は障害福祉サービス（同法第四条第一項に規定する障害者のみを対象とするものに限る。次条において同じ。）を利用することが適当であると認めるときは、その旨を身体障害者福祉法第九条又は障害者の日常生活及び社会生活を総合的に支援するための法律第十九条第二項若しくは第三項に規定する市町村の長に通知することができる。

第六十三条の三　児童相談所長は、当分の間、第二十六条第一項に規定する児童のうち十五歳以上の者について、障害者支援施設に入所すること又は障害福祉サービスを利用することが適当であると認めるときは、その旨を知的障害者福祉法第九条又は障害者の日常生活及び社会生活を総合的に支援するための法律第十九条第二項若しくは第三項に規定する市町村の長に通知することができる。

第六十五条　児童虐待防止法及び少年教護法は、これを廃止する。但し、これらの法律廃止前に、なした行為に関する罰則の適用については、これらの法律は、なおその効力を有する。

第六十六条　児童虐待防止法第二条の規定により、都道府県知事のなした処分は、これをこの法律中の各相当規定による措置とみなす。

第六十七条　この法律施行の際、現に存する少年教護法の規定による少年教護院及び職員養成所は、これをこの法律の規定により設置した教護院及び職員養成施設とみなし、少年教護院に在院中の者は、これを第二十七条第一項第三号の規定により、教護院に入院させられた者とみなす。

第六十八条　少年教護法第二十四条第一項但書の規定により、その教科につき、文部大臣の承認を受けた少年教護院であつて、この法律施行の際、現に存するものは、第四十八条第三項の規定により、教科に関する事項につき、学校教育法第二十条又は第三十八条の監督庁の承認を受けたものとみなす。

第六十九条　この法律施行の際、現に存する生活保護法の規定による保護施設中の児童保護施設は、これをこの法律の規定により設置した児童福祉施設とみなす。

第七十条　この法律施行の際、現に存する児童福祉施設であつて、第六十七条及び前条の規定に該当しないものは、命令の定めるところにより、行政庁の認可を得て、この法律による児童福祉施設として存続することができる。

第七十一条　満十四歳以上の児童で、学校教育法第九十六条の規定により、義務教育の課程又はこれと同等以上と認める課程を修了した者については、第三十四条第一項第三号から第五号までの規定は、これを適用しない。

第七十二条　国は、当分の間、都道府県（第五十九条の四第一項の規定により、都道府県が処理することとされている第五十六条の二第一項の事務を指定都市等が処理する場合にあつては、当該指定都市等を含む。以下この項及び第七項において同じ。）に対し、第五十六条の二第三項の規定により国がその費用について補助することができる知的障害児施設等の新設等で日本電信電話株式会社の株式の売払収入の活用による社会資本の整備の促進に関する特別措置法（昭和六十二年法律第八十六号。以下「社会資本整備特別措置法」という。）第二条第一項第二号に該当するものにつき、社会福祉法第三十一条第一項の規定により設立された社会福祉法人、日本赤十字社又は公益社団法人若しくは公益財団法人に対し当該都道府県が補助する費用に充てる資金について、予算の範囲内において、第五十六条の二第三項の規定（この規定による国の補助の割合について、この規定と異なる定めをした法令の規定がある場合には、当該異なる定めをした法令の規定を含む。以下同じ。）により国が補助することができる金額に相当する金額を無利子で貸し付けることができる。

② 国は、当分の間、都道府県又は市町村に対し、児童家庭支援センターの新設、修理、改造、拡張又は整備で社会資本整備特別措置法第二条第一項第二号に該当するものに要する費用に充てる資金の一部を、予算の範囲内において、無利子で貸し付けることができる。

③ 国は、当分の間、都道府県又は指定都市等に対し、児童の保護を行う事業又は児童の健全な育成を図る事業を目的とする施設の新設、修理、改造、拡張又は整備（第五十六条の二第三項の規定により国がその費用について補助するものを除く。）で社会資本整備特別措置法第二条第一項第二号に該当するものにつき、当該都道府県又は指定都市等が自ら行う場合にあつてはその要する費用に充てる資金の一部を、指定都市等以外の市町村又は社会福祉法人が行う場合にあつてはその者に

対し当該都道府県又は指定都市等が補助する費用に充てる資金の一部を、予算の範囲内において、無利子で貸し付けることができる。

④　国は、当分の間、都道府県、市町村又は長期にわたり医療施設において療養を必要とする児童（以下「長期療養児童」という。）の療養環境の向上のために必要な事業を行う者に対し、長期療養児童の家族が宿泊する施設の新設、修理、改造、拡張又は整備で社会資本整備特別措置法第二条第一項第二号に該当するものに要する費用に充てる資金の一部を、予算の範囲内において、無利子で貸し付けることができる。

⑤　前各項の国の貸付金の償還期間は、五年（二年以内の据置期間を含む。）以内で政令で定める期間とする。

⑥　前項に定めるもののほか、第一項から第四項までの規定による貸付金の償還方法、償還期限の繰上げその他償還に関し必要な事項は、政令で定める。

⑦　国は、第一項の規定により都道府県に対し貸付けを行つた場合には、当該貸付けの対象である事業について、第五十六条の二第三項の規定による当該貸付金に相当する金額の補助を行うものとし、当該補助については、当該貸付金の償還時において、当該貸付金の償還金に相当する金額を交付することにより行うものとする。

⑧　国は、第二項から第四項までの規定により都道府県、市町村又は長期療養児童の療養環境の向上のために必要な事業を行う者に対し貸付けを行つた場合には、当該貸付けの対象である事業について、当該貸付金に相当する金額の補助を行うものとし、当該補助については、当該貸付金の償還時において、当該貸付金の償還金に相当する金額を交付することにより行うものとする。

⑨　都道府県、市町村又は長期療養児童の療養環境の向上のために必要な事業を行う者が、第一項から第四項までの規定による貸付けを受けた無利子貸付金について、第五項及び第六項の規定に基づき定められる償還期限を繰り上げて償還を行つた場合（政令で定める場合を除く。）における前二項の規定の適用については、当該償還は、当該償還期限の到来時に行われたものとみなす。

第七十三条　第二十四条第三項の規定の適用については、当分の間、同項中「市町村は、保育の需要に応ずるに足りる保育所、認定こども園（子ども・子育て支援法第二十七条第一項の確認を受けたものに限る。以下この項及び第四十六条の二第二項において同じ。）又は家庭的保育事業等が不足し、又は不足するおそれがある場合その他必要と認められる場合には、保育所、認定こども園」とあるのは、「市町村は、保育所、認定こども園（子ども・子育て支援法第二十七条第一項の確認を受けたものに限る。以下この項及び第四十六条の二第二項において同じ。）」とするほか、必要な技術的読替えは、政令で定める。

②　第四十六条の二第一項の規定の適用については、当分の間、同項中「第二十四条第五項」とあるのは「保育所における保育を行うことの権限及び第二十四条第五項」と、「母子保護の実施のための委託」とあるのは「母子保護の実施のための委託若しくは保育所における保育を行うことの委託」とするほか、必要な技術的読替えは、政令で定める。

・児童福祉法等の一部を改正する法律（令和四・六・一五法律六六）

附則　抄

（施行期日）

第一条　この法律は、令和六年四月一日から施行する。ただし、次の各号に掲げる規定は、当該各号に定める日から施行する。

五　〈略〉公布の日から起算して三年を超えない範囲内において政令で定める日

・刑法等の一部を改正する法律の施行に伴う関係法律の整理等に関する法律（令和四・六・一七法律六八）

附則　抄

（施行期日）

1　この法律は、刑法等一部改正法施行日から施行する。〈略〉

・障害者の日常生活及び社会生活を総合的に支援するための法律等の一部を改正する法律（令和四・一二・一六法律一〇四）

附則　抄

（施行期日）

第一条　この法律は、令和六年四月一日から施行する。ただし、次の各号に掲げる規定は、当該各号に定める日から施行する。

四　〈略〉公布の日から起算して三年を超えない範囲内において政令で定める日

社会福祉

児童福祉施設の設備及び運営に関する基準（抄）

（昭和二三・一二・二九）
（厚　令　六三）

最新改正　令和五厚労令六八

第一章　総則

（趣旨）

第一条　児童福祉法（昭和二十二年法律第百六十四号。以下「法」という。）第四十五条第二項の内閣府令で定める基準（以下「設備運営基準」という。）は、次の各号に掲げる基準に応じ、それぞれ当該各号に定める規定による基準とする。

（最低基準の目的）

第二条　法第四十五条第一項の規定により都道府県が条例で定める基準（以下「最低基準」という。）は、都道府県知事の監督に属する児童福祉施設に入所している者が、明るくて、衛生的な環境において、素養があり、かつ、適切な訓練を受けた職員の指導により、心身ともに健やかにして、社会に適応するように育成されることを保障するものとする。

（非常災害対策）

第六条の二　障害児入所施設等は、消火設備その他非常災害の際に必要な設備を設けるとともに、非常災害に対する具体的計画を立て、非常災害の発生時の関係機関への通報及び連絡体制を整備し、それらを定期的に職員に周知しなければならない。

2　障害児入所施設等は、非常災害に備えるため、避難及び消火に対する訓練にあつては毎月一回、救出その他必要な訓練にあつては定期的に行わなければならない。

3　障害児入所施設等は、前項に規定する訓練の実施に当たつて、地域住民の参加が得られるよう連携に努めなければならない。

（入所した者を平等に取り扱う原則）

第九条　児童福祉施設においては、入所している者の国籍、信条、社会的身分又は入所に要する費用を負担するか否かによつて、差別的取扱いをしてはならない。

（虐待等の禁止）

第九条の二　児童福祉施設の職員は、入所中の児童に対し、法第三十三条の十各号に掲げる行為その他当該児童の心身に有害な影響を与える行為をしてはならない。

（業務継続計画の策定等）

第九条の三　児童福祉施設は、感染症や非常災害の発生時において、利用者に対する支援の提供を継続的に実施するための、及び非常時の体制で早期の業務再開を図るための計画（以下この条において「業務継続計画」という。）を策定し、当該業務継続計画に従い必要な措置を講ずるよう努めなければならない。

2　児童福祉施設は、職員に対し、業務継続計画について周知するとともに、必要な研修及び訓練を定期的に実施するよう努めなければならない。

3　児童福祉施設は、定期的に業務継続計画の見直しを行い、必要に応じて業務継続計画の変更を行うよう努めるものとする。

第九条の四　障害児入所施設等は、感染症や非常災害の発生時において、利用者に対する障害児入所支援又は児童発達支援の提供を継続的に実施するための、及び非常時の体制で早期の業務再開を図るための計画（以下この条において「業務継続計画」という。）を策定し、当該業務継続計画に従い必要な措置を講じなければならない。

2　障害児入所施設等は、職員に対し、業務継続計画について周知するとともに、必要な研修及び訓練を定期的に実施しなければならない。

3　障害児入所施設等は、定期的に業務継続計画の見直しを行い、必要に応じて業務継続計画の変更を行うものとする。

（秘密保持等）

第十四条の二　児童福祉施設の職員は、正当な理由がなく、その業務上知り得た利用者又はその家族の秘密を漏らしてはならない。

2　児童福祉施設は、職員であつた者が、正当な理由がなく、その業務上知り得た利用者又はその家族の秘密を漏らすことがないよう、必要な措置を講じなければならない。

（苦情への対応）

第十四条の三　児童福祉施設は、その行つた援助に関する入所している者又はその保護者等からの苦情に迅速かつ適切に対応するために、苦情を受け付けるための窓口を設置する等の必要な措置を講じなければならない。

2　乳児院、児童養護施設、障害児入所施設、児童発達支援センター、児童心理治療施設及び児童自立支援施設は、前項の必要な措置として、苦情の公正な解決を図るために、苦情の解決に当たつて当該児童福祉施設の職員以外の者を関与させなければならない。

3　児童福祉施設は、その行つた援助に関し、当該措置又は助産の実施、母子保護の実施若しくは保育の提供若しくは法第二十四条第五項若しくは第六項の規定による措置に係る都道府県又は市町村から指導又は助言を受けた場合は、当該指導又は助言に従つて必要な改善を行わなければならない。

4　児童福祉施設は、社会福祉法第八十三条に規定する運営適正化委員会が行う同法第八十五条第一項の規定による調査にできる限り協力しなければならない。

第十二章　雑則

（電磁的記録）

第八十八条の五　児童福祉施設及びその職員は、記録、作成その他これらに類するもののうち、この府令の規定において書面（書面、書類、文書、謄本、抄本、正本、副本、複本その他文字、図形等人の知覚によつて認識することができる情報が記載された紙その他の有体物をいう。以下この条において同じ。）で行うことが規定されている又は想定されるものについては、書面に代えて、当該書面に係る電磁的記録（電子的方式、磁気的方式その他人の知覚によつては認識することができない方式で作られる記録であつて、電子計算機による情報処理の用に供されるものをいう。）により行うことができる。

児童福祉法に基づく指定通所支援の事業等の人員、設備及び運営に関する基準（抄）

（平成二四・二・三
厚労令一五）

最新改正　令和五厚労令四八

第一章　総則

（趣旨）

第一条　児童福祉法（昭和二十二年法律第百六十四号。以下「法」という。）第二十一条の五の四第二項、第二十一条の五の十七第二項及び第二十一条の五の十九第三項の内閣府令で定める基準は、次の各号に掲げる基準に応じ、それぞれ当該各号に定める規定による基準とする。

（定義）

第二条　この府令において、次の各号に掲げる用語の定義は、それぞれ当該各号に定めるところによる。

一　通所給付決定保護者　法第六条の二の二第九項に規定する通所給付決定保護者をいう。

二　指定障害児通所支援事業者等　法第二十一条の五の三第一項に規定する指定障害児通所支援事業者等をいう。

三　指定通所支援　法第二十一条の五の三第一項に規定する指定通所支援をいう。

四　指定通所支援費用基準額　法第二十一条の五の三第二項第一号（法第二十一条の五の十三第二項の規定により、同条第一項に規定する放課後等デイサービス障害児通所給付費等の支給について適用する場合を含む。）に掲げる額をいう。

五　通所利用者負担額　法第二十一条の五の三第二項第二号（法第二十一条の五の十三第二項の規定により、同条第一項に規定する放課後等デイサービス障害児通所給付費等の支給について適用する場合を含む。）に掲げる額及び肢体不自由児通所医療（法第二十一条の五の二十九第一項に規定する肢体不自由児通所医療をいう。以下同じ。）につき健康保険の療養に要する費用の額の算定方法の例により算定した費用の額から当該肢体不自由児通所医療につき支給された肢体不自由児通所医療費の額を控除して得た額の合計額をいう。

六　通所給付決定　法第二十一条の五の五第一項に規定する通所給付決定をいう。

七　支給量　法第二十一条の五の七第七項に規定する支給量をいう。

八　通所給付決定の有効期間　法第二十一条の五の七第八項に規定する通所給付決定の有効期間をいう。

九　通所受給者証　法第二十一条の五の七第九項に規定する通所受給者証をいう。

十　法定代理受領　法第二十一条の五の七第十一項（法第二十一条の五の十三第二項の規定により、同条第一項に規定する放課後等デイサービス障害児通所給付費等の支給について適用する場合を含む。）の規定により通所給付決定保護者に代わり市町村（特別区を含む。以下同じ。）が支払う指定通所支援に要した費用の額又は法第二十一条の五の二十九第三項の規定により通所給付決定保護者に代わり市町村が支払う肢体不自由児通所医療に要した費用の額の一部を指定障害児通所支援事業者等が受けることをいう。

十一　共生型通所支援　法第二十一条の五の十七第一項の申請に係る法第二十一条の五の三第一項の指定を受けた者による指定通所支援をいう。

十二　児童発達支援センター　法第四十三条に規定する児童発達支援センターをいう。

十三　多機能型事業所　第四条に規定する指定児童発達支援の事業、第五十五条に規定する指定医療型児童発達支援の事業、第六十五条に規定する指定放課後等デイサービスの事業、第七十一条の七に規定する指定居宅訪問型児童発達支援の事業及び第七十二条に規定する指定保育所等訪問支援の事業並びに障害者の日常生活及び社会生活を総合的に支援するための法律に基づく指定障害福祉サービスの事業等の人員、設備及び運営に関する基準（平成十八年厚生労働省令第百七十一号。以下「指定障害福祉サービス等基準」という。）第七十七条に規定する指定生活介護の事業、指定障害福祉サービス等基準第百五十五条に規定する指定自立訓練（機能訓練）の事業、指定障害福祉サービス等基準第百六十五条に規定する指定自立訓練（生活訓練）の事業、指定障害福祉サービス等基準第百七十四条に規定する指定就労移行支援の事業、指定障害福祉サービス等基準第百八十五条に規定する指定就労継続支援A型の事業及び指定障害福祉サービス等基準第百九十八条に規定する指定就労継続支援B型の事業のうち二以上の事業を一体的に行う事業所（指定障害福祉サービス等基準に規定する事業のみを行う事業所を除く。）のことをいう。

第二章　児童発達支援

第一節　基本方針

第四条　児童発達支援に係る指定通所支援（以下「指定児童発達支援」という。）の事業は、障害児が日常生活における基本的動作及び知識技能を習得し、並びに集団生活に適応することができるよう、当該障害児の身体及び精神の状況並びにその置かれている環境に応じて適切かつ効果的な指導及び訓練を行うものでなければならない。

第四節　運営に関する基準

（内容及び手続の説明及び同意）

第十二条　指定児童発達支援事業者は、通所給付決定保護者が指定児童発達支援の利用の申込みを行ったときは、当該利用申込を行った通所給付決定保護者（以下「利用申込者」という。）に係る障害児の障害の特性に応じた適切な配慮をしつつ、当該利用申込者に対し、第三十七条に規定する運営規程の概要、従業者の勤務体制その他の利用申込者のサービスの選択に資すると認められる重要事項を記した文書を交付して説明を行い、当該指定児童発達支援の提供の開始について当該利用申込者の同意を得なければならない。

2　指定児童発達支援事業者は、社会福祉法（昭和二十六年法律第四十五号）第七十七条の規定に基づき書面の交付を行う場合は、利用申込者に係る障害児の障害の特性に応じた適切な配慮をしなければならない。

（指定児童発達支援の取扱方針）

第二十六条　指定児童発達支援事業者は、次条第一項に規定する児童発達支援計画に基づき、障害児の心身の状況等に応じて、その者の支援を適切に行うとともに、指定児童発達支援の提供が漫然かつ画一的なものとならないよう配慮しなければならない。

2　指定児童発達支援事業所の従業者は、指定児童発達支援の提供に当たっては、懇切丁寧を旨とし、通所給付決定保護者及び障害児に対し、支援上必要な事項について、理解しやすいように説明を行わなければならない。

3　指定児童発達支援事業者は、その提供する指定児童発達支援の質の評価を行い、常にその改善を図らなければならない。

4　指定児童発達支援事業者は、前項の規定により、その提供する指定児童発達支援の質の評価及び改善を行うに当たっては、次に掲げる事項について、自ら評価を行うとともに、当該指定児童発達支援事業者を利用する障害児の保護者による評価を受けて、その改善を図らなければならない。

一　当該指定児童発達支援事業者を利用する障害児及びその保護者の意向、障害児の適性、障害の特性その他の事情を踏まえた支援を提供するための体制の整備の状況

二　従業者の勤務の体制及び資質の向上のための取組の状況

三　指定児童発達支援の事業の用に供する設

備及び備品等の状況

四　関係機関及び地域との連携、交流等の取組の状況

五　当該指定児童発達支援事業者を利用する障害児及びその保護者に対する必要な情報の提供、助言その他の援助の実施状況

六　緊急時等における対応方法及び非常災害対策

七　指定児童発達支援の提供に係る業務の改善を図るための措置の実施状況

5　指定児童発達支援事業者は、おおむね一年に一回以上、前項の評価及び改善の内容をインターネットの利用その他の方法により公表しなければならない。

（**業務継続計画の策定等**）

第三十八条の二　指定児童発達支援事業者は、感染症や非常災害の発生時において、利用者に対する指定児童発達支援の提供を継続的に実施するための、及び非常時の体制で早期の業務再開を図るための計画（以下「業務継続計画」という。）を策定し、当該業務継続計画に従い必要な措置を講じなければならない。

2　指定児童発達支援事業者は、従業者に対し、業務継続計画について周知するとともに、必要な研修及び訓練を定期的に実施しなければならない。

3　指定児童発達支援事業者は、定期的に業務継続計画の見直しを行い、必要に応じて業務継続計画の変更を行うものとする。

（**身体拘束等の禁止**）

第四十四条　指定児童発達支援事業者は、指定児童発達支援の提供に当たっては、障害児又は他の障害児の生命又は身体を保護するため緊急やむを得ない場合を除き、身体的拘束その他障害児の行動を制限する行為（以下この条において「身体拘束等」という。）を行ってはならない。

2　指定児童発達支援事業者は、やむを得ず身体拘束等を行う場合には、その態様及び時間、その際の障害児の心身の状況並びに緊急やむを得ない理由その他必要な事項を記録しなければならない。

3　指定児童発達支援事業者は、身体拘束等の適正化を図るため、次に掲げる措置を講じなければならない。

一　身体拘束等の適正化のための対策を検討する委員会（テレビ電話装置等を活用して行うことができるものとする。）を定期的に開催するとともに、その結果について、従業者に周知徹底を図ること。

二　身体拘束等の適正化のための指針を整備すること。

三　従業者に対し、身体拘束等の適正化のための研修を定期的に実施すること。

（**虐待等の禁止**）

第四十五条　指定児童発達支援事業所の従業者は、障害児に対し、児童虐待の防止等に関する法律（平成十二年法律第八十二号）第二条各号に掲げる行為その他当該障害児の心身に有害な影響を与える行為をしてはならない。

2　指定児童発達支援事業者は、虐待の発生又はその再発を防止するため、次の各号に掲げる措置を講じなければならない。

一　当該指定児童発達支援事業所における虐待の防止のための対策を検討する委員会（テレビ電話装置等を活用して行うことができるものとする。）を定期的に開催するとともに、その結果について、従業者に周知徹底を図ること。

二　当該指定児童発達支援事業所において、従業者に対し、虐待の防止のための研修を定期的に実施すること。

三　前二号に掲げる措置を適切に実施するための担当者を置くこと。

第四十六条　削除

（**秘密保持等**）

第四十七条　指定児童発達支援事業所の従業者及び管理者は、正当な理由がなく、その業務上知り得た障害児又はその家族の秘密を漏らしてはならない。

2　指定児童発達支援事業者は、従業者及び管理者であった者が、正当な理由がなく、その業務上知り得た障害児又はその家族の秘密を漏らすことがないよう、必要な措置を講じなければならない。

3　指定児童発達支援事業者は、指定障害児入所施設等（法第二十四条の二第一項に規定する指定障害児入所施設等をいう。）、指定障害福祉サービス事業者等（障害者の日常生活及び社会生活を総合的に支援するための法律第二十九条第二項に規定する指定障害福祉サービス事業者等をいう。）その他の福祉サービスを提供する者等に対して、障害児又はその家族に関する情報を提供する際は、あらかじめ文書により当該障害児又はその家族の同意を得ておかなければならない。

（**苦情解決**）

第五十条　指定児童発達支援事業者は、その提

供した指定児童発達支援に関する障害児又は通所給付決定保護者その他の当該障害児の家族からの苦情に迅速かつ適切に対応するために、苦情を受け付けるための窓口を設置する等の必要な措置を講じなければならない。

2　指定児童発達支援事業者は、前項の苦情を受け付けた場合には、当該苦情の内容等を記録しなければならない。

3　指定児童発達支援事業者は、その提供した指定児童発達支援に関し、法第二十一条の五の二十二第一項の規定により都道府県知事（指定都市にあっては指定都市の市長とし、児童相談所設置市にあっては児童相談所設置市の長とする。）又は市町村長（以下この項及び次項において「都道府県知事等」という。）が行う報告若しくは帳簿書類その他の物件の提出若しくは提示の命令又は当該職員からの質問若しくは指定児童発達支援事業者の設備若しくは帳簿書類その他の物件の検査に応じ、及び障害児又は通所給付決定保護者その他の当該障害児の家族からの苦情に関して都道府県知事等が行う調査に協力するとともに、都道府県知事等から指導又は助言を受けた場合は、当該指導又は助言に従って必要な改善を行わなければならない。

4　指定児童発達支援事業者は、都道府県知事等からの求めがあった場合には、前項の改善の内容を都道府県知事等に報告しなければならない。

5　指定児童発達支援事業者は、社会福祉法第八十三条に規定する運営適正化委員会が同法第八十五条の規定により行う調査又はあっせんにできる限り協力しなければならない。

第八章　雑則

（電磁的記録等）

第八十三条　指定障害児通所支援事業者等及びその従業者は、作成、保存その他これらに類するもののうち、この府令の規定において書面（書面、書類、文書、謄本、抄本、正本、副本、複本その他文字、図形等人の知覚によって認識することができる情報が記載された紙その他の有体物をいう。以下この条において同じ。）で行うことが規定されている又は想定されるもの（第十三条第一項（第五十四条の五、第五十四条の九、第六十四条、第七十一条、第七十一条の二、第七十一条の六、第七十一条の十四及び第七十九条において準用する場合を含む。）、第十七条（第五十四条の五、第五十四条の九、第六十四条、第七十一条、第七十一条の二、第七十一条の六、第七十一条の十四及び第七十九条において準用する場合を含む。）及び次項に規定するものを除く。）については、書面に代えて、当該書面に係る電磁的記録（電子的方式、磁気的方式その他人の知覚によっては認識することができない方式で作られる記録であって、電子計算機による情報処理の用に供されるものをいう。）により行うことができる。

2　指定障害児通所支援事業者等及びその従業者は、交付、説明、同意その他これらに類するもの（以下「交付等」という。）のうち、この府令の規定において書面で行うことが規定されている又は想定されるものについては、当該交付等の相手方の承諾を得て、当該交付等の相手方が障害児又は通所給付決定保護者である場合には当該障害児又は当該通所給付決定保護者に係る障害児の障害の特性に応じた適切な配慮をしつつ、書面に代えて、電磁的方法（電子的方法、磁気的方法その他人の知覚によって認識することができない方法をいう。）によることができる。

児童福祉法に基づく指定障害児入所施設等の人員、設備及び運営に関する基準（抄）

（平成二四・二・三　厚労令一六）
最新改正　令和五厚労令四八

第一章　総則

（趣旨）
第一条　児童福祉法（昭和二十二年法律第百六十四号。以下「法」という。）第二十四条の十二第三項の内閣府令で定める基準は、次の各号に掲げる基準に応じ、それぞれ当該各号に定める規定による基準とする。

（定義）
第二条　この府令において、次の各号に掲げる用語の定義は、それぞれ当該各号に定めるところによる。
一　指定福祉型障害児入所施設　法第二十四条の二第一項に規定する指定障害児入所施設のうち法第四十二条第一号に規定する福祉型障害児入所施設であるものをいう。
二　指定医療型障害児入所施設　法第二十四条の二第一項に規定する指定障害児入所施設のうち法第四十二条第二号に規定する医療型障害児入所施設であるものをいう。
三　指定障害児入所施設等　法第二十四条の二第一項に規定する指定障害児入所施設等をいう。
四　指定入所支援　法第二十四条の二第一項に規定する指定入所支援をいう。
五　指定入所支援費用基準額　指定入所支援に係る法第二十四条の二第二項第一号（法第二十四条の二十四第二項の規定により、同条第一項に規定する障害児入所給付費等の支給について適用する場合を含む。）に掲げる額をいう。
六　入所利用者負担額　法第二十四条の二第二項第二号（法第二十四条の二十四第二項の規定により、同条第一項に規定する障害児入所給付費等の支給について適用する場合を含む。）に掲げる額及び障害児入所医療（法第二十四条の二十第一項に規定する障害児入所医療をいう。以下同じ。）につき健康保険の療養に要する費用の額の算定方法の例により算定した費用の額から当該障害児入所医療につき支給された障害児入所医療費の額を控除して得た額の合計額をいう。
七　入所給付決定　法第二十四条の三第四項に規定する入所給付決定をいう。
八　入所給付決定保護者　法第二十四条の三第六項に規定する入所給付決定保護者をいう。
九　給付決定期間　法第二十四条の三第六項に規定する給付決定期間をいう。
十　入所受給者証　法第二十四条の三第六項に規定する入所受給者証をいう。
十一　法定代理受領　法第二十四条の三第八項（法第二十四条の七第二項において準用する場合及び法第二十四条の二十四第二項の規定により同条第一項に規定する障害児入所給付費等の支給について適用する場合を含む。）の規定により入所給付決定保護者に代わり都道府県が支払う指定入所支援に要した費用の額又は法第二十四条の二十第三項（法第二十四条の二十四第二項の規定により、同条第一項に規定する障害児入所給付費等の支給について適用する場合を含む。）の規定により入所給付決定保護者に代わり都道府県が支払う指定入所医療に要した費用の額の一部を指定障害児入所施設等が受けることをいう。

第二章　指定福祉型障害児入所施設の人員、設備及び運営に関する基準

第三節　運営に関する基準

（内容及び手続の説明及び同意）
第六条　指定福祉型障害児入所施設は、入所給付決定保護者が指定入所支援の利用の申込みを行ったときは、当該利用申込を行った入所給付決定保護者（以下「利用申込者」という。）に係る障害児の障害の特性に応じた適切な配慮をしつつ、当該利用申込者に対し、第三十四条に規定する運営規程の概要、従業者の勤務体制その他の利用申込者のサービスの選択に資すると認められる重要事項を記した文書を交付して説明を行い、当該指定入所支援の提供の開始について当該利用申込者の同意を得なければならない。
2　指定福祉型障害児入所施設は、社会福祉法（昭和二十六年法律第四十五号）第七十七条の規定に基づき書面の交付を行う場合は、利用申込者に係る障害児の障害の特性に応じた適切な配慮をしなければならない。

（**指定入所支援の取扱方針**）

第二十条　指定福祉型障害児入所施設は、入所支援計画に基づき、障害児の心身の状況等に応じて、その者の支援を適切に行うとともに、指定入所支援の提供が漫然かつ画一的なものとならないよう配慮しなければならない。

2　指定福祉型障害児入所施設の従業者は、指定入所支援の提供に当たっては、懇切丁寧を旨とし、入所給付決定保護者及び障害児に対し、支援上必要な事項について、理解しやすいように説明を行わなければならない。

3　指定福祉型障害児入所施設は、その提供する指定入所支援の質の評価を行い、常にその改善を図らなければならない。

（**障害児の入院期間中の取扱い**）

第三十条　指定福祉型障害児入所施設は、障害児について、病院又は診療所に入院する必要が生じた場合であって、入院後おおむね三月以内に退院することが見込まれるときは、当該障害児及び当該障害児に係る入所給付決定保護者の希望等を勘案し、必要に応じて適切な便宜を供与するとともに、やむを得ない事情がある場合を除き、退院後再び当該指定福祉型障害児入所施設に円滑に入所することができるようにしなければならない。

（**業務継続計画の策定等**）

第三十五条の二　指定福祉型障害児入所施設は、感染症や非常災害の発生時において、利用者に対する指定入所支援の提供を継続的に実施するための、及び非常時の体制で早期の業務再開を図るための計画（以下「業務継続計画」という。）を策定し、当該業務継続計画に従い必要な措置を講じなければならない。

2　指定福祉型障害児入所施設は、従業者に対し、業務継続計画について周知するとともに、必要な研修及び訓練を定期的に実施しなければならない。

3　指定福祉型障害児入所施設は、定期的に業務継続計画の見直しを行い、必要に応じて業務継続計画の変更を行うものとする。

（**身体拘束等の禁止**）

第四十一条　指定福祉型障害児入所施設は、指定入所支援の提供に当たっては、当該障害児又は他の障害児の生命又は身体を保護するため緊急やむを得ない場合を除き、身体的拘束その他障害児の行動を制限する行為（以下この条において「身体拘束等」という。）を行ってはならない。

2　指定福祉型障害児入所施設は、やむを得ず身体拘束等を行う場合には、その態様及び時間、その際の障害児の心身の状況並びに緊急やむを得ない理由その他必要な事項を記録しなければならない。

3　指定福祉型障害児入所施設は、身体拘束等の適正化を図るため、次に掲げる措置を講じなければならない。

一　身体拘束等の適正化のための対策を検討する委員会（テレビ電話装置等を活用して行うことができるものとする。）を定期的に開催するとともに、その結果について、従業者に周知徹底を図ること。

二　身体拘束等の適正化のための指針を整備すること。

三　従業者に対し、身体拘束等の適正化のための研修を定期的に実施すること。

（**虐待等の禁止**）

第四十二条　指定福祉型障害児入所施設の従業者は、障害児に対し、法第三十三条の十各号に掲げる行為その他当該障害児の心身に有害な影響を与える行為をしてはならない。

2　指定福祉型障害児入所施設は、虐待の発生又はその再発を防止するため、次の各号に掲げる措置を講じなければならない。

一　当該指定福祉型障害児入所施設における虐待の防止のための対策を検討する委員会（テレビ電話装置等を活用して行うことができるものとする。）を定期的に開催するとともに、その結果について、従業者に周知徹底を図ること。

二　当該指定福祉型障害児入所施設において、従業者に対し、虐待の防止のための研修を定期的に実施すること。

三　前二号に掲げる措置を適切に実施するための担当者を置くこと。

第四十三条　削除

（**秘密保持等**）

第四十四条　指定福祉型障害児入所施設の従業者及び管理者は、正当な理由がなく、その業務上知り得た障害児又はその家族の秘密を漏らしてはならない。

2　指定福祉型障害児入所施設は、従業者及び管理者であった者が、正当な理由がなく、その業務上知り得た障害児又はその家族の秘密を漏らすことがないよう、必要な措置を講じなければならない。

3　指定福祉型障害児入所施設は、法第二十一条の五の三第一項に規定する指定障害児通所支援事業者、障害者の日常生活及び社会生活を総合的に支援するための法律第二十九条第二項に規定する指定障害福祉サービス事業者等その他の福祉サービスを提供する者等に対して、障害児又はその家族に関する情報を提供する際は、あらかじめ文書により当該障害児又はその家族の同意を得ておかなければならない。

（苦情解決）

第四十七条　指定福祉型障害児入所施設は、その提供した指定入所支援に関する障害児又は入所給付決定保護者その他の当該障害児の家族からの苦情に迅速かつ適切に対応するために、苦情を受け付けるための窓口を設置する等の必要な措置を講じなければならない。

2　指定福祉型障害児入所施設は、前項の苦情を受け付けた場合には、当該苦情の内容等を記録しなければならない。

3　指定福祉型障害児入所施設は、その提供した指定入所支援に関し、法第二十四条の十五第一項の規定により都道府県知事（指定都市にあっては指定都市の市長とし、児童相談所設置市にあっては児童相談所設置市の長とする。以下この項及び次項において同じ。）が行う報告若しくは帳簿書類その他の物件の提出若しくは提示の命令又は当該職員からの質問若しくは指定福祉型障害児入所施設の設備若しくは帳簿書類その他の物件の検査に応じ、及び障害児又は入所給付決定保護者その他の当該障害児の家族からの苦情に関して都道府県知事が行う調査に協力するとともに、都道府県知事から指導又は助言を受けた場合は、当該指導又は助言に従って必要な改善を行わなければならない。

4　指定福祉型障害児入所施設は、都道府県知事からの求めがあった場合には、前項の改善の内容を都道府県知事に報告しなければならない。

5　指定福祉型障害児入所施設は、社会福祉法第八十三条に規定する運営適正化委員会が同法第八十五条の規定により行う調査又はあっせんにできる限り協力しなければならない。

第四章　雑則

（電磁的記録等）

第五十八条　指定障害児入所施設等及びその従業者は、作成、保存その他これらに類するもののうち、この府令の規定において書面（書面、書類、文書、謄本、抄本、正本、副本、複本その他文字、図形等人の知覚によって認識することができる情報が記載された紙その他の有体物をいう。以下この条において同じ。）で行うことが規定されている又は想定されるもの（第十条（第五十七条において準用する場合を含む。）、第十四条第一項（第五十七条において準用する場合を含む。）及び次項に規定するものを除く。）については、書面に代えて、当該書面に係る電磁的記録（電子的方式、磁気的方式その他人の知覚によっては認識することができない方式で作られる記録であって、電子計算機による情報処理の用に供されるものをいう。）により行うことができる。

2　指定障害児入所施設等及びその従業者は、交付、説明、同意その他これらに類するもの（以下「交付等」という。）のうち、この府令の規定において書面で行うことが規定されている又は想定されるものについては、当該交付等の相手方の承諾を得て、当該交付等の相手方が障害児又は入所給付決定保護者である場合には当該障害児又は当該入所給付決定保護者に係る障害児の障害の特性に応じた適切な配慮をしつつ、書面に代えて、電磁的方法（電子的方法、磁気的方法その他人の知覚によって認識することができない方法をいう。）によることができる。

児童福祉法に基づく指定障害児相談支援の事業の人員及び運営に関する基準（抄）

（平成二四・三・一三）
（厚労令二九）
最新改正　令和五厚労令四八

第一章　総則

（定義）
第一条　この府令において、次の各号に掲げる用語の意義は、それぞれ当該各号に定めるところによる。
一　障害児支援利用計画案　児童福祉法（昭和二十二年法律第百六十四号。以下「法」という。）第六条の二の二第八項に規定する障害児支援利用計画案をいう。
二　障害児支援利用計画　法第六条の二の二第八項に規定する障害児支援利用計画をいう。
三　指定障害児通所支援事業者等　法第二十一条の五の三第一項に規定する指定障害児通所支援事業者等をいう。
四　指定通所支援　法第二十一条の五の三第一項に規定する指定通所支援をいう。
五　通所給付決定　法第二十一条の五の五第一項に規定する通所給付決定をいう。
六　通所給付決定の有効期間　法第二十一条の五の七第八項に規定する通所給付決定の有効期間をいう。
七　指定障害児入所施設等　法第二十四条の二第一項に規定する指定障害児入所施設等をいう。
八　障害児相談支援対象保護者　法第二十四条の二十六第一項に規定する障害児相談支援対象保護者をいう。
九　指定障害児相談支援事業者　法第二十四条の二十六第一項第一号に規定する指定障害児相談支援事業者をいう。
十　指定障害児相談支援　法第二十四条の二十六第二項に規定する指定障害児相談支援をいう。
十一　法定代理受領　法第二十四条の二十六第三項の規定により障害児相談支援対象保護者に代わり市町村（特別区を含む。以下同じ。）が支払う指定障害児相談支援に要した費用の全部又は一部を指定障害児相談支援事業者が受けることをいう。

第二章　指定障害児相談支援の事業の人員及び運営に関する基準

第一節　基本方針

第二条　指定障害児相談支援の事業は、障害児又は障害児の保護者（以下「障害児等」という。）の意思及び人格を尊重し、常に当該障害児等の立場に立って、行われるものでなければならない。
2　指定障害児相談支援の事業は、障害児が自立した日常生活又は社会生活を営むことができるように配慮して行われるものでなければならない。
3　指定障害児相談支援の事業は、障害児の心身の状況、その置かれている環境等に応じて、障害児等の選択に基づき、適切な保健、医療、福祉、教育等のサービス（以下「福祉サービス等」という。）が、多様な事業者から、総合的かつ効率的に提供されるよう配慮して行われるものでなければならない。
4　指定障害児相談支援の事業は、当該障害児等に提供される福祉サービス等が特定の種類又は特定の障害児通所支援事業を行う者に不当に偏ることのないよう、公正中立に行われるものでなければならない。
5　指定障害児相談支援事業者は、市町村、障害児通所支援事業を行う者等との連携を図り、地域において必要な社会資源の改善及び開発に努めなければならない。
6　指定障害児相談支援事業者は、自らその提供する指定障害児相談支援の評価を行い、常にその改善を図らなければならない。
7　指定障害児相談支援事業者は、当該指定障害児相談支援事業所を利用する障害児の人権の擁護、虐待の防止等のため、必要な体制の整備を行うとともに、その従業者に対し、研修を実施する等の措置を講じなければならない。
8　指定障害児相談支援事業者は、指定障害児相談支援の提供の終了に際しては、利用者又はその家族に対して適切な援助を行うとともに、福祉サービス等を提供する者との密接な連携に努めなければならない。

第二節　人員に関する基準

（従たる事業所を設置する場合における特例）
第四条の二　指定障害児相談支援事業者は、指定障害児相談支援事業所における主たる事業所（次項において「主たる事業所」という。）

と一体的に管理運営を行う事業所（次項において「従たる事業所」という。）を設置することができる。

2　従たる事業所を設置する場合においては、主たる事業所及び従たる事業所の従業者のうちそれぞれ一人以上は、専ら当該主たる事業所又は従たる事業所の職務に従事する相談支援専門員でなければならない。

第三節　運営に関する基準

（内容及び手続の説明及び同意）

第五条　指定障害児相談支援事業者は、障害児相談支援対象保護者が指定障害児相談支援の利用の申込みを行ったときは、当該利用の申込みを行った障害児相談支援対象保護者（以下「利用申込者」という。）に係る障害児の障害の特性に応じた適切な配慮をしつつ、当該利用申込者に対し、第十九条に規定する運営規程の概要その他の利用申込者のサービスの選択に資すると認められる重要事項を記した文書を交付して説明を行い、当該指定障害児相談支援の提供の開始について当該利用申込者の同意を得なければならない。

2　指定障害児相談支援事業者は、社会福祉法（昭和二十六年法律第四十五号）第七十七条の規定に基づき書面の交付を行う場合は、利用申込者に係る障害児の障害の特性に応じた適切な配慮をしなければならない。

（指定障害児相談支援の具体的取扱方針）

第十五条　指定障害児相談支援の方針は、第二条に規定する基本方針に基づき、次の各号に掲げるところによるものとする。

一　指定障害児相談支援事業所の管理者は、相談支援専門員に障害児支援利用計画の作成に関する業務を担当させるものとする。

二　指定障害児相談支援の提供に当たっては、障害児等の立場に立って懇切丁寧に行うことを旨とし、障害児又はその家族に対し、サービスの提供方法等について理解しやすいように説明を行うとともに、必要に応じ、同じ障害を有する障害児の家族による支援等適切な手法を通じて行うものとする。

2　指定障害児相談支援における指定障害児支援利用援助（法第二十四条の二十六第一項第一号に規定する指定障害児支援利用援助をいう。）の方針は、第二条に規定する基本方針及び前項に規定する方針に基づき、次に掲げるところによるものとする。

一　相談支援専門員は、障害児支援利用計画の作成に当たっては、障害児等の希望等を踏まえて作成するよう努めなければならない。

二　相談支援専門員は、障害児支援利用計画の作成に当たっては、障害児の自立した日常生活の支援を効果的に行うため、障害児の心身又は家族の状況等に応じ、継続的かつ計画的に適切な福祉サービス等の利用が行われるようにしなければならない。

三　相談支援専門員は、障害児支援利用計画の作成に当たっては、障害児の日常生活全般を支援する観点から、指定通所支援に加えて、指定通所支援以外の福祉サービス等、当該地域の住民による自発的な活動によるサービス等の利用も含めて障害児支援利用計画上に位置付けるよう努めなければならない。

四　相談支援専門員は、障害児支援利用計画の作成の開始に当たっては、障害児等によるサービスの選択に資するよう、当該地域における指定障害児通所支援事業者等に関するサービスの内容、利用料等の情報を適正に障害児又はその家族に対して提供しなければならない。

五　相談支援専門員は、障害児支援利用計画の作成に当たっては、適切な方法により、障害児について、その心身の状況、その置かれている環境及び日常生活全般の状況等の評価を通じて障害児の希望する生活や障害児が自立した日常生活を営むことができるよう支援する上で解決すべき課題等の把握（以下この項及び第三十条第二項第二号ロにおいて「アセスメント」という。）を行わなければならない。

六　相談支援専門員は、アセスメントに当たっては、障害児の居宅を訪問し、障害児及びその家族に面接しなければならない。この場合において、相談支援専門員は、面接の趣旨を障害児及びその家族に対して十分に説明し、理解を得なければならない。

七　相談支援専門員は、障害児についてのアセスメントに基づき、当該地域における指定通所支援が提供される体制を勘案して、当該アセスメントにより把握された解決すべき課題等に対応するための最も適切な福祉サービス等の組合せについて検討し、障害児及びその家族の生活に対する意向、総合的な援助の方針、生活全般の解決すべき課題、提供される福祉サービス等の目標及びその達成時期、福祉サービス等の種類、内容、量、福祉サービス等を提供する上での留意事項、法第六条の二の二第九項に規定する内閣府令で定める期間に係る提案等を記載した障害児支援利用計画案を作成しなければならない。

八　相談支援専門員は、障害児支援利用計画案に位置付けた福祉サービス等について、法第二十一条の五の五第一項に規定する障害児通所給付費等の対象となるかどうかを区分した上で、当該障害児支援利用計画案の内容について、障害児及びその家族に対して説明し、文書により障害児等の同意を得なければならない。

九　相談支援専門員は、障害児支援利用計画案を作成した際には、当該障害児支援利用計画案を障害児等に交付しなければならない。

十　相談支援専門員は、通所給付決定を踏まえて障害児支援利用計画案の変更を行い、指定障害児通所支援事業者等その他の者との連絡調整等を行うとともに、サービス担当者会議（相談支援専門員が障害児支援利用計画の作成のために当該変更を行った障害児支援利用計画案に位置付けた福祉サービス等の担当者（以下この条において「担当者」という。）を招集して行う会議をいい、テレビ電話装置その他の情報機器（第二十二条第三項第一号及び第二十八条の二第一号において「テレビ電話装置等」という。）を活用して行うことができるものとする。以下同じ。）の開催等により、当該障害児支援利用計画案の内容について説明を行うとともに、担当者から、専門的な見地からの意見を求めなければならない。

十一　相談支援専門員は、サービス担当者会議を踏まえた障害児支援利用計画案の内容について、障害児及びその家族に対して説明し、文書により障害児等の同意を得なければならない。

十二　相談支援専門員は、障害児支援利用計画を作成した際には、当該障害児支援利用計画を障害児等及び担当者に交付しなければならない。

3　指定障害児相談支援における指定継続障害児支援利用援助（法第二十四条の二十六第一項第二号に規定する指定継続障害児支援利用援助をいう。）の方針は、第二条に規定する基本方針及び前二項に規定する方針に基づき、次に掲げるところによるものとする。

一　相談支援専門員は、障害児支援利用計画の作成後、障害児支援利用計画の実施状況の把握（障害児についての継続的な評価を含む。次号及び第三十条第二号ニにおいて「モニタリング」という。）を行い、必要に応じて障害児支援利用計画の変更、福祉サービス等の事業を行う者等との連絡調整その他の便宜の提供を行うとともに、新たな通所給付決定が必要であると認められる場合には、障害児等に対し、通所給付決定に係る申請の勧奨を行うものとする。

二　相談支援専門員は、モニタリングに当たっては、障害児及びその家族、福祉サービス等の事業を行う者等との連絡を継続的に行うこととし、法第六条の二の二第九項に規定する内閣府令で定める期間ごとに障害児の居宅を訪問し、障害児等に面接するほか、その結果を記録しなければならない。

三　前項第一号から第七号まで及び第十号から第十二号までの規定は、第一号に規定する障害児支援利用計画の変更について準用する。

四　相談支援専門員は、適切な福祉サービス等が総合的かつ効率的に提供された場合においても、障害児がその居宅において日常生活を営むことが困難となったと認める場合又は障害児等が指定障害児入所施設等への入所又は入院を希望する場合には、指定障害児入所施設等への紹介その他の便宜の提供を行うものとする。

五　相談支援専門員は、指定障害児入所施設等から退所又は退院しようとする障害児又はその家族から依頼があった場合には、居宅における生活へ円滑に移行できるよう、あらかじめ、必要な情報の提供及び助言を行う等の援助を行うものとする。

（業務継続計画の策定等）

第二十条の二　指定障害児相談支援事業者は、感染症や非常災害の発生時において、利用者に対する指定障害児相談支援の提供を継続的に実施するための、及び非常時の体制で早期の業務再開を図るための計画（以下「業務継続計画」という。）を策定し、当該業務継続計画に従い必要な措置を講じなければならない。

2　指定障害児相談支援事業者は、従業者に対し、業務継続計画について周知するとともに、必要な研修及び訓練を定期的に実施しなければならない。

3　指定障害児相談支援事業者は、定期的に業務継続計画の見直しを行い、必要に応じて業務継続計画の変更を行うものとする。

（**秘密保持等**）

第二十四条　指定障害児相談支援事業所の従業者及び管理者は、正当な理由がなく、その業務上知り得た障害児又はその家族の秘密を漏らしてはならない。

2　指定障害児相談支援事業者は、従業者及び管理者であった者が、正当な理由がなく、その業務上知り得た障害児又はその家族の秘密を漏らすことがないよう、必要な措置を講じなければならない。

3　指定障害児相談支援事業者は、サービス担当者会議等において、障害児又はその家族の個人情報を用いる場合は、あらかじめ文書により当該障害児又はその家族の同意を得ておかなければならない。

（**苦情解決**）

第二十七条　指定障害児相談支援事業者は、その提供した指定障害児相談支援又は障害児支援利用計画に位置付けた福祉サービス等に関する障害児又はその家族からの苦情に迅速かつ適切に対応するために、苦情を受け付けるための窓口を設置する等の必要な措置を講じなければならない。

2　指定障害児相談支援事業者は、前項の苦情を受け付けた場合には、当該苦情の内容等を記録しなければならない。

3　指定障害児相談支援事業者は、その提供した指定障害児相談支援に関し、法第二十四条の三十四第一項の規定により市町村長が行う報告若しくは帳簿書類その他の物件の提出若しくは提示の命令又は当該職員からの質問若しくは指定障害児相談支援事業所の設備若しくは帳簿書類その他の物件の検査に応じ、及び障害児又はその家族からの苦情に関して市町村長が行う調査に協力するとともに、市町村長から指導又は助言を受けた場合は、当該指導又は助言に従って必要な改善を行わなければならない。

4　指定障害児相談支援事業者は、その提供した指定障害児相談支援に関し、法第五十七条の三の二第一項の規定により市町村が行う報告若しくは文書その他の物件の提出若しくは提示の命令又は当該職員からの質問若しくは指定障害児相談支援事業所の設備若しくは帳簿書類その他の物件の検査に応じ、及び障害児又はその家族からの苦情に関して市町村が行う調査に協力するとともに、市町村から指導又は助言を受けた場合は、当該指導又は助言に従って必要な改善を行わなければならない。

5　指定障害児相談支援事業者は、その提供した指定障害児相談支援に関し、法第五十七条の三の三第四項の規定により都道府県知事が行う報告若しくは指定障害児相談支援の提供の記録、帳簿書類その他の物件の提出若しくは提示の命令又は当該職員からの質問に応じ、及び障害児又はその家族からの苦情に関して都道府県知事が行う調査に協力するとともに、都道府県知事から指導又は助言を受けた場合は、当該指導又は助言に従って必要な改善を行わなければならない。

6　指定障害児相談支援事業者は、都道府県知事、市町村又は市町村長から求めがあった場合には、前三項の改善の内容を都道府県知事又は市町村長に報告しなければならない。

7　指定障害児相談支援事業者は、社会福祉法第八十三条に規定する運営適正化委員会が同法第八十五条の規定により行う調査又はあっせんにできる限り協力しなければならない。

（**虐待の防止**）

第二十八条の二　指定障害児相談支援事業者は、虐待の発生又はその再発を防止するため、次の各号に掲げる措置を講じなければならない。

一　当該指定障害児相談支援事業所における虐待の防止のための対策を検討する委員会（テレビ電話装置等を活用して行うことができるものとする。）を定期的に開催するとともに、その結果について、従業者に周知徹底を図ること。

二　当該指定障害児相談支援事業所において、従業者に対し、虐待の防止のための研修を定期的に実施すること。

三　前二号に掲げる措置を適切に実施するための担当者を置くこと。

第三章　雑則

（**電磁的記録等**）

第三十一条　指定障害児相談支援事業者及びその従業者は、作成、保存その他これらに類するもののうち、この府令の規定において書面（書面、書類、文書、謄本、抄本、正本、副本、複本その他文字、図形等人の知覚によって認識することができる情報が記載された紙その他の有体物をいう。以下この条において同じ。）で行うことが規定されている又は想定されるもの（次項に規定するものを除く。）については、書面に代えて、当該書面に係る電磁的記録（電子的方式、磁気的方式その他人の知覚によっては認識することができない方式で作られる記録であって、電子計算機による情報処理の用に供されるものをいう。）により行うことができる。

2　指定障害児相談支援事業者及びその従業者は、交付、説明、同意その他これらに類するもの（以下「交付等」という。）のうち、この府令の規定において書面で行うことが規定されている又は想定されるものについては、当該交付等の相手方の承諾を得て、当該交付等の相手方が障害児又は障害児相談支援対象保護者である場合には当該障害児又は当該障害児相談支援対象保護者に係る障害児の障害の特性に応じた適切な配慮をしつつ、書面に代えて、電磁的方法（電子的方法、磁気的方法その他人の知覚によって認識することができない方法をいう。）によることができる。

里親が行う養育に関する最低基準

（平成一四・九・五　厚労令一一六）

最新改正　令和五厚労令四八

（この府令の趣旨）

第一条　児童福祉法（昭和二十二年法律第百六十四号。以下「法」という。）第二十七条第一項第三号の規定により里親に委託された児童（以下「委託児童」という。）について里親が行う養育に関する最低基準（以下「最低基準」という。）は、この府令の定めるところによる。

（最低基準の向上）

第二条　都道府県知事は、その管理に属する法第八条第二項に規定する都道府県児童福祉審議会（社会福祉法（昭和二十六年法律第四十五号）第十二条第一項の規定により同法第七条第一項に規定する地方社会福祉審議会（以下この項において「地方社会福祉審議会」という。）に児童福祉に関する事項を調査審議させる都道府県にあっては、地方社会福祉審議会）の意見を聴いて、その監督に属する里親に対し、最低基準を超えて当該里親が行う養育の内容を向上させるよう、指導又は助言をすることができる。

2　地方自治法（昭和二十二年法律第六十七号）第二百五十二条の十九第一項の指定都市（以下「指定都市」という。）にあっては、前項中「都道府県知事」とあるのは「指定都市の市長」と、「都道府県」とあるのは「指定都市」と読み替えるものとする。

3　法第五十九条の四第一項の児童相談所設置市（以下「児童相談所設置市」という。）にあっては、第一項中「都道府県知事」とあるのは「児童相談所設置市の長」と、「法第八条第二項に規定する都道府県児童福祉審議会（社会福祉法（昭和二十六年法律第四十五号）第十二条第一項の規定により同法第七条第一項に規定する地方社会福祉審議会（以下この項において「地方社会福祉審議会」という。）に児童福祉に関する事務を調査審議させる都道府県にあっては、地方社会福祉審議会）」とあるのは「法第八条第三項に規定する児童福祉に関する審議会その他の合議制の機関」と読み替えるものとする。

4　内閣総理大臣は、最低基準を常に向上させるように努めるものとする。

（最低基準と里親）

第三条　里親は、最低基準を超えて、常に、その行う養育の内容を向上させるように努めなければならない。

（養育の一般原則）

第四条　里親が行う養育は、委託児童の自主性を尊重し、基本的な生活習慣を確立するとともに、豊かな人間性及び社会性を養い、委託児童の自立を支援することを目的として行われなければならない。

2　里親は、前項の養育を効果的に行うため、都道府県（指定都市及び児童相談所設置市を含む。）が行う研修を受け、その資質の向上を図るように努めなければならない。

（児童を平等に養育する原則）

第五条　里親は、委託児童に対し、自らの子若しくは他の児童と比して、又は委託児童の国籍、信条若しくは社会的身分によって、差別的な養育をしてはならない。

（虐待等の禁止）

第六条　里親は、委託児童に対し、法第三十三条の十各号に掲げる行為その他当該委託児童の心身に有害な影響を与える行為をしてはならない。

（教育）

第七条　里親は、委託児童に対し、学校教育法（昭和二十二年法律第二十六号）の規定に基づく義務教育のほか、必要な教育を受けさせるよう努めなければならない。

（健康管理等）

第八条　里親は、常に委託児童の健康の状況に注意し、必要に応じて健康保持のための適切な措置を採らなければならない。

2　委託児童への食事の提供は、当該委託児童について、その栄養の改善及び健康の増進を図るとともに、その日常生活における食事についての正しい理解と望ましい習慣を養うことを目的として行わなければならない。

（衛生管理）

第九条　里親は、委託児童の使用する食器その他の設備又は飲用する水について、衛生的な管理に努め、又は衛生上必要な措置を講じなければならない。

（給付金として支払を受けた金銭の管理）

第九条の二　里親は、委託児童に係るこども家庭庁長官が定める給付金（以下この条において「給付金」という。）の支給を受けたときは、給付金として支払を受けた金銭を次に掲げるところにより管理しなければならない。

一　当該委託児童に係る当該金銭及びこれに準ずるもの（これらの運用により生じた収益を含む。以下この条において「委託児童に係る金銭」という。）をその他の財産と区分すること。

二　委託児童に係る金銭を給付金の支給の趣旨に従って用いること。

三　委託児童に係る金銭の収支の状況を明らかにする記録を整備すること。

四　当該委託児童の委託が解除された場合には、速やかに、委託児童に係る金銭を当該委託児童に取得させること。

（自立支援計画の遵守）

第十条　里親は、児童相談所長があらかじめ作成する自立支援計画（法第十一条第一項第二号ト(5)に規定する計画をいう。）に従って、委託児童を養育しなければならない。

（秘密保持）

第十一条　里親は、正当な理由なく、その業務上知り得た委託児童又はその家族の秘密を漏らしてはならない。

（記録の整備）

第十二条　里親は、委託児童の養育の状況に関する記録を整備しておかなければならない。

（苦情等への対応）

第十三条　里親は、その行った養育に関する委託児童からの苦情その他の意思表示に対し、迅速かつ適切に対応しなければならない。

2　里親は、その行った養育に関し、都道府県知事（指定都市にあっては市長とし、児童相談所設置市にあっては児童相談所設置市の長とする。以下同じ。）から指導又は助言を受けたときは、当該指導又は助言に従って必要な改善を行わなければならない。

（都道府県知事への報告）

第十四条　里親は、都道府県知事からの求めに応じ、次に掲げる事項に関し、定期的に報告を行わなければならない。

一　委託児童の心身の状況

二　委託児童に対する養育の状況

三　その他都道府県知事が必要と認める事項

2　里親は、委託児童について事故が発生したときは、遅滞なく、これを都道府県知事に届け出なければならない。

3　里親は、病気その他やむを得ない事由により当該委託児童の養育を継続することが困難となつたときは、遅滞なく、理由を付してその旨を都道府県知事に届け出なければならない。

（関係機関との連携）

第十五条　里親は、委託児童の養育に関し、児童相談所、法第十一条第四項の規定により同条第一項第二号へに掲げる業務に係る事務の委託を受けた者、当該委託児童の就学する学校その他の関係機関と密接に連携しなければならない。

（養育する委託児童の年齢）

第十六条　里親が養育する委託児童は、十八歳未満（法第三十一条第四項に定める延長者にあっては二十歳未満）の者とする。

2　前項の規定にかかわらず、都道府県知事が委託児童、その保護者及び児童相談所長からの意見を勘案して必要と認めるときは、法第三十一条第二項の規定に基づき当該委託児童が満二十歳に達する日までの間、養育を継続することができる。

（養育する委託児童の人数の限度）

第十七条　里親が同時に養育する委託児童及び当該委託児童以外の児童の人数の合計は、六人（委託児童については四人）を超えることができない。

2　専門里親（児童福祉法施行規則（昭和二十三年厚生省令第十一号）第一条の三十六に規定する専門里親をいう。以下同じ。）が同時に養育する委託児童の人数は、同条各号に掲げる者については、二人を超えることができない。

（委託児童を養育する期間の限度）

第十八条　専門里親による委託児童（児童福祉法施行規則第一条の三十六各号に掲げる者に限る。）の養育は、当該養育を開始した日から起算して二年を超えることができない。ただし、都道府県知事が当該委託児童、その保護者及び児童相談所長からの意見を勘案して必要と認めるときは、当該期間を更新することができる。

（再委託の制限）

第十九条　里親は、次に掲げる場合を除き、委託児童を他の者に委託してはならない。

一　都道府県知事が、里親からの申請に基づき、児童相談所長と協議して、当該里親の心身の状況等にかんがみ、当該里親が養育する委託児童を一時的に他の者に委託することが適当であると認めるとき。

二　前号に掲げる場合のほか、特にやむを得ない事情があると都道府県知事が認めるとき。

（家庭環境の調整への協力）

第二十条　専門里親は、児童相談所長が児童家庭支援センター、法第十一条第四項の規定により同条第一項第二号ヘに掲げる業務に係る事務の委託を受けた者、児童委員、福祉事務所等の関係機関と連携して行う委託児童の家庭環境の調整に協力しなければならない。

児童虐待の防止等に関する法律

（平成一二・五・二四　法律八二）

最新改正　令和四法律一〇四

（目的）

第一条　この法律は、児童虐待が児童の人権を著しく侵害し、その心身の成長及び人格の形成に重大な影響を与えるとともに、我が国における将来の世代の育成にも懸念を及ぼすことにかんがみ、児童に対する虐待の禁止、児童虐待の予防及び早期発見その他の児童虐待の防止に関する国及び地方公共団体の責務、児童虐待を受けた児童の保護及び自立の支援のための措置等を定めることにより、児童虐待の防止等に関する施策を促進し、もって児童の権利利益の擁護に資することを目的とする。

（児童虐待の定義）

第二条　この法律において、「児童虐待」とは、保護者（親権を行う者、未成年後見人その他の者で、児童を現に監護するものをいう。以下同じ。）がその監護する児童（十八歳に満たない者をいう。以下同じ。）について行う次に掲げる行為をいう。

一　児童の身体に外傷が生じ、又は生じるおそれのある暴行を加えること。

二　児童にわいせつな行為をすること又は児童をしてわいせつな行為をさせること。

三　児童の心身の正常な発達を妨げるような著しい減食又は長時間の放置、保護者以外の同居人による前二号又は次号に掲げる行為と同様の行為の放置その他の保護者としての監護を著しく怠ること。

四　児童に対する著しい暴言又は著しく拒絶的な対応、児童が同居する家庭における配偶者に対する暴力（配偶者（婚姻の届出をしていないが、事実上婚姻関係と同様の事情にある者を含む。）の身体に対する不法な攻撃であって生命又は身体に危害を及ぼすもの及びこれに準ずる心身に有害な影響を及ぼす言動をいう。）その他の児童に著しい心理的外傷を与える言動を行うこと。

（児童に対する虐待の禁止）

第三条　何人も、児童に対し、虐待をしてはならない。

（国及び地方公共団体の責務等）

第四条　国及び地方公共団体は、児童虐待の予防及び早期発見、迅速かつ適切な児童虐待を受けた児童の保護及び自立の支援（児童虐待を受けた後十八歳となった者に対する自立の支援を含む。第三項及び次条第二項において同じ。）並びに児童虐待を行った保護者に対する親子の再統合の促進への配慮その他の児童虐待を受けた児童が家庭（家庭における養育環境と同様の養育環境及び良好な家庭的環境を含む。）で生活するために必要な配慮をした適切な指導及び支援を行うため、関係省庁相互間又は関係地方公共団体相互間、市町村、児童相談所、福祉事務所、配偶者からの暴力の防止及び被害者の保護等に関する法律（平成十三年法律第三十一号）第三条第一項に規定する配偶者暴力相談支援センター（次条第一項において単に「配偶者暴力相談支援センター」という。）、学校及び医療機関の間その他関係機関及び民間団体の間の連携の強化、民間団体の支援、医療の提供体制の整備その他児童虐待の防止等のために必要な体制の整備に努めなければならない。

2　国及び地方公共団体は、児童相談所等関係機関の職員及び学校の教職員、児童福祉施設の職員、医師、歯科医師、保健師、助産師、看護師、弁護士その他児童の福祉に職務上関係のある者が児童虐待を早期に発見し、その他児童虐待の防止に寄与することができるよう、研修等必要な措置を講ずるものとする。

3　国及び地方公共団体は、児童虐待を受けた児童の保護及び自立の支援を専門的知識に基づき適切に行うことができるよう、児童相談所等関係機関の職員、学校の教職員、児童福祉施設の職員その他児童虐待を受けた児童の保護及び自立の支援の職務に携わる者の人材の確保及び資質の向上を図るため、研修等必要な措置を講ずるものとする。

4　国及び地方公共団体は、児童虐待の防止に資するため、児童の人権、児童虐待が児童に及ぼす影響、児童虐待に係る通告義務等について必要な広報その他の啓発活動に努めなければならない。

5　国及び地方公共団体は、児童虐待を受けた児童がその心身に著しく重大な被害を受けた事例の分析を行うとともに、児童虐待の予防及び早期発見のための方策、児童虐待を受けた児童のケア並びに児童虐待を行った保護者の指導及び支援のあり方、学校の教職員及び児童福祉施設の職員が児童虐待の防止に果たすべき役割その他児童虐待の防止等のために必要な事項についての調査研究及び検証を行うものとする。

6　児童相談所の所長は、児童虐待を受けた児童が住所又は居所を当該児童相談所の管轄区域外に移転する場合においては、当該児童の家庭環境その他の環境の変化による影響に鑑み、当該児童及び当該児童虐待を行った保護者について、その移転の前後において指導、助言その他の必要な支援が切れ目なく行われるよう、移転先の住所又は居所を管轄する児童相談所の所長に対し、速やかに必要な情報の提供を行うものとする。この場合において、当該情報の提供を受けた児童相談所長は、児童福祉法（昭和二十二年法律第百六十四号）第二十五条の二第一項に規定する要保護児童対策地域協議会が速やかに当該情報の交換を行うことができるための措置その他の緊密な連携を図るために必要な措置を講ずるものとする。

7　児童の親権を行う者は、児童を心身ともに健やかに育成することについて第一義的責任を有するものであって、親権を行うに当たっては、できる限り児童の利益を尊重するよう努めなければならない。

8　何人も、児童の健全な成長のために、家庭（家庭における養育環境と同様の養育環境及び良好な家庭的環境を含む。）及び近隣社会の連帯が求められていることに留意しなければならない。

（児童虐待の早期発見等）

第五条　学校、児童福祉施設、病院、都道府県警察、女性相談支援センター、教育委員会、配偶者暴力相談支援センターその他児童の福祉に業務上関係のある団体及び学校の教職員、児童福祉施設の職員、医師、歯科医師、保健師、助産師、看護師、弁護士、警察官、女性相談支援員その他児童の福祉に職務上関係のある者は、児童虐待を発見しやすい立場にあることを自覚し、児童虐待の早期発見に努めなければならない。

2　前項に規定する者は、児童虐待の予防その他の児童虐待の防止並びに児童虐待を受けた児童の保護及び自立の支援に関する国及び地方公共団体の施策に協力するよう努めなければならない。

3　第一項に規定する者は、正当な理由がなく、その職務に関して知り得た児童虐待を受けたと思われる児童に関する秘密を漏らしてはならない。

4　前項の規定その他の守秘義務に関する法律の規定は、第二項の規定による国及び地方公共団体の施策に協力するように努める義務の遵守を妨げるものと解釈してはならない。

5　学校及び児童福祉施設は、児童及び保護者に対して、児童虐待の防止のための教育又は啓発に努めなければならない。

（児童虐待に係る通告）

第六条　児童虐待を受けたと思われる児童を発見した者は、速やかに、これを市町村、都道府県の設置する福祉事務所若しくは児童相談所又は児童委員を介して市町村、都道府県の設置する福祉事務所若しくは児童相談所に通告しなければならない。

2　前項の規定による通告は、児童福祉法第二十五条第一項の規定による通告とみなして、同法の規定を適用する。

3　刑法（明治四十年法律第四十五号）の秘密漏示罪の規定その他の守秘義務に関する法律の規定は、第一項の規定による通告をする義務の遵守を妨げるものと解釈してはならない。

第七条　市町村、都道府県の設置する福祉事務所又は児童相談所が前条第一項の規定による通告を受けた場合においては、当該通告を受けた市町村、都道府県の設置する福祉事務所又は児童相談所の所長、所員その他の職員及び当該通告を仲介した児童委員は、その職務上知り得た事項であって当該通告をした者を特定させるものを漏らしてはならない。

（通告又は送致を受けた場合の措置）

第八条　市町村又は都道府県の設置する福祉事務所が第六条第一項の規定による通告を受けたときは、市町村又は福祉事務所の長は、必要に応じ近隣住民、学校の教職員、児童福祉施設の職員その他の者の協力を得つつ、当該児童との面会その他の当該児童の安全の確認を行うための措置を講ずるとともに、必要に応じ次に掲げる措置を採るものとする。

一　児童福祉法第二十五条の七第一項第一号若しくは第二項第一号又は第二十五条の八第一号の規定により当該児童を児童相談所に送致すること。

二　当該児童のうち次条第一項の規定による出頭の求め及び調査若しくは質問、第九条第一項の規定による立入り及び調査若しくは質問又は児童福祉法第三十三条第一項若しくは第二項の規定による一時保護の実施が適当であると認めるものを都道府県知事又は児童相談所長へ通知すること。

2　児童相談所が第六条第一項の規定による通告又は児童福祉法第二十五条の七第一項第一号若しくは第二項第一号若しくは第二十五条の八第一号の規定による送致を受けたときは、児童相談所長は、必要に応じ近隣住民、学校の教職員、児童福祉施設の職員その他の者の協力を得つつ、当該児童との面会その他の当該児童の安全の確認を行うための措置を講ずるとともに、必要に応じ次に掲げる措置を採るものとする。

一　児童福祉法第三十三条第一項の規定により当該児童の一時保護を行い、又は適当な者に委託して、当該一時保護を行わせること。

二　児童福祉法第二十六条第一項第三号の規定により当該児童のうち第六条第一項の規定による通告を受けたものを市町村に送致すること。

三　当該児童のうち児童福祉法第六条の三第十八項に規定する妊産婦等生活援助事業の実施又は同法第二十五条の八第三号に規定する保育の利用等（以下この号において「保育の利用等」という。）が適当であると認めるものをその妊産婦等生活援助事業の実施又は保育の利用等に係る都道府県又は市町村の長へ報告し、又は通知すること。

四　当該児童のうち児童福祉法第六条の三第二項に規定する放課後児童健全育成事業、同条第三項に規定する子育て短期支援事業、同条第五項に規定する養育支援訪問事業、同条第六項に規定する地域子育て支援拠点事業、同条第七項に規定する一時預かり事業、同条第十四項に規定する子育て援助活動支援事業、同条第十九項に規定する子育て世帯訪問支援事業、同条第二十項に規定する児童育成支援拠点事業、同条第二十一項に規定する親子関係形成支援事業、子ども・子育て支援法（平成二十四年法律第六十五号）第五十九条第一号に掲げる事業その他市町村が実施する児童の健全な育成に資する事業の実施が適当であると認めるものをその事業の実施に係る市町村の長へ通知すること。

3　前二項の児童の安全の確認を行うための措置、市町村若しくは児童相談所への送致又は一時保護を行う者は、速やかにこれを行うものとする。

（出頭要求等）

第八条の二　都道府県知事は、児童虐待が行われているおそれがあると認めるときは、当該児童の保護者に対し、当該児童を同伴して出頭することを求め、児童委員又は児童の福祉に関する事務に従事する職員をして、必要な調査又は質問をさせることができる。この場合においては、その身分を証明する証票を携帯させ、関係者の請求があったときは、これを提示させなければならない。

2　都道府県知事は、前項の規定により当該児童の保護者の出頭を求めようとするときは、内閣府令で定めるところにより、当該保護者に対し、出頭を求める理由となった事実の内容、出頭を求める日時及び場所、同伴すべき児童の氏名その他必要な事項を記載した書面により告知しなければならない。

3　都道府県知事は、第一項の保護者が同項の規定による出頭の求めに応じない場合は、次条第一項の規定による児童委員又は児童の福祉に関する事務に従事する職員の立入り及び調査又は質問その他の必要な措置を講ずるものとする。

（立入調査等）

第九条　都道府県知事は、児童虐待が行われているおそれがあると認めるときは、児童委員又は児童の福祉に関する事務に従事する職員をして、児童の住所又は居所に立ち入り、必要な調査又は質問をさせることができる。この場合においては、その身分を証明する証票を携帯させ、関係者の請求があったときは、これを提示させなければならない。

2　前項の規定による児童委員又は児童の福祉に関する事務に従事する職員の立入り及び調査又は質問は、児童福祉法第二十九条の規定による児童委員又は児童の福祉に関する事務に従事する職員の立入り及び調査又は質問とみなして、同法第六十一条の五第二項の規定を適用する。

（再出頭要求等）

第九条の二　都道府県知事は、第八条の二第一項の保護者又は前条第一項の児童の保護者が正当な理由なく同項の規定による児童委員又は児童の福祉に関する事務に従事する職員の立入り又は調査を拒み、妨げ、又は忌避した場合において、児童虐待が行われているおそれがあると認めるときは、当該保護者に対し、当該児童を同伴して出頭することを求め、児童委員又は児童の福祉に関する事務に従事する職員をして、必要な調査又は質問をさせることができる。この場合においては、その身分を証明する証票を携帯させ、関係者の請求があったときは、これを提示させなければならない。

2　第八条の二第二項の規定は、前項の規定による出頭の求めについて準用する。

（臨検、捜索等）

第九条の三　都道府県知事は、第八条の二第一項の保護者又は第九条第一項の児童の保護者が正当な理由なく同項の規定による児童委員又は児童の福祉に関する事務に従事する職員の立入り又は調査を拒み、妨げ、又は忌避した場合において、児童虐待が行われている疑いがあるときは、当該児童の安全の確認を行い、又はその安全を確保するため、児童の福祉に関する事務に従事する職員をして、当該児童の住所又は居所の所在地を管轄する地方裁判所、家庭裁判所又は簡易裁判所の裁判官があらかじめ発する許可状により、当該児童の住所若しくは居所に臨検させ、又は当該児童を捜索させることができる。

2　都道府県知事は、前項の規定による臨検又は捜索をさせるときは、児童の福祉に関する事務に従事する職員をして、必要な調査又は質問をさせることができる。

3　都道府県知事は、第一項の許可状（以下「許可状」という。）を請求する場合においては、児童虐待が行われている疑いがあると認められる資料、臨検させようとする住所又は居所に当該児童が現在すると認められる資料及び当該児童の保護者が第九条第一項の規定による立入り又は調査を拒み、妨げ、又は忌避したことを証する資料を提出しなければならない。

4　前項の請求があった場合においては、地方裁判所、家庭裁判所又は簡易裁判所の裁判官は、臨検すべき場所又は捜索すべき児童の氏名並びに有効期間、その期間経過後は執行に着手することができずこれを返還しなければならない旨、交付の年月日及び裁判所名を記載し、自己の記名押印した許可状を都道府県知事に交付しなければならない。

5　都道府県知事は、許可状を児童の福祉に関する事務に従事する職員に交付して、第一項の規定による臨検又は捜索をさせるものとする。

6　第一項の規定による臨検又は捜索に係る制度は、児童虐待が保護者がその監護する児童に対して行うものであるために他人から認知されること及び児童がその被害から自ら逃れることが困難である等の特別の事情から児童の生命又は身体に重大な危険を生じさせるおそれがあることにかんがみ特に設けられたものであることを十分に踏まえた上で、適切に運用されなければならない。

（臨検又は捜索の夜間執行の制限）

第九条の四　前条第一項の規定による臨検又は捜索は、許可状に夜間でもすることができる旨の記載がなければ、日没から日の出までの間には、してはならない。

2　日没前に開始した前条第一項の規定による臨検又は捜索は、必要があると認めるときは、日没後まで継続することができる。

（許可状の提示）

第九条の五　第九条の三第一項の規定による臨検又は捜索の許可状は、これらの処分を受ける者に提示しなければならない。

（身分の証明）

第九条の六　児童の福祉に関する事務に従事する職員は、第九条の三第一項の規定による臨検若しくは捜索又は同条第二項の規定による調査若しくは質問（以下「臨検等」という。）をするときは、その身分を示す証票を携帯し、関係者の請求があったときは、これを提示しなければならない。

（臨検又は捜索に際しての必要な処分）

第九条の七　児童の福祉に関する事務に従事する職員は、第九条の三第一項の規定による臨検又は捜索をするに当たって必要があるときは、錠をはずし、その他必要な処分をすることができる。

（臨検等をする間の出入りの禁止）

第九条の八　児童の福祉に関する事務に従事する職員は、臨検等をする間は、何人に対しても、許可を受けないでその場所に出入りすることを禁止することができる。

（責任者等の立会い）

第九条の九　児童の福祉に関する事務に従事する職員は、第九条の三第一項の規定による臨検又は捜索をするときは、当該児童の住所若しくは居所の所有者若しくは管理者（これらの者の代表者、代理人その他これらの者に代わるべき者を含む。）又は同居の親族で成年に達した者を立ち会わせなければならない。

2　前項の場合において、同項に規定する者を立ち会わせることができないときは、その隣人で成年に達した者又はその地の地方公共団体の職員を立ち会わせなければならない。

（警察署長に対する援助要請等）

第十条　児童相談所長は、第八条第二項の児童の安全の確認を行おうとする場合、又は同項第一号の一時保護を行おうとし、若しくは行わせようとする場合において、これらの職務の執行に際し必要があると認めるときは、当該児童の住所又は居所の所在地を管轄する警察署長に対し援助を求めることができる。都道府県知事が、第九条第一項の規定による立入り及び調査若しくは質問をさせ、又は臨検等をさせようとする場合についても、同様とする。

2　児童相談所長又は都道府県知事は、児童の安全の確認及び安全の確保に万全を期する観点から、必要に応じ迅速かつ適切に、前項の規定により警察署長に対し援助を求めなければならない。

3　警察署長は、第一項の規定による援助の求めを受けた場合において、児童の生命又は身体の安全を確認し、又は確保するため必要と認めるときは、速やかに、所属の警察官に、同項の職務の執行を援助するために必要な警察官職務執行法（昭和二十三年法律第百三十六号）その他の法令の定めるところによる措置を講じさせるよう努めなければならない。

（調書）

第十条の二　児童の福祉に関する事務に従事する職員は、第九条の三第一項の規定による臨検又は捜索をしたときは、これらの処分をした年月日及びその結果を記載した調書を作成し、立会人に示し、当該立会人とともにこれに署名押印しなければならない。ただし、立会人が署名押印をせず、又は署名押印することができないときは、その旨を付記すれば足りる。

（都道府県知事への報告）

第十条の三　児童の福祉に関する事務に従事す

る職員は、臨検等を終えたときは、その結果を都道府県知事に報告しなければならない。

（行政手続法の適用除外）

第十条の四　臨検等に係る処分については、行政手続法（平成五年法律第八十八号）第三章の規定は、適用しない。

（審査請求の制限）

第十条の五　臨検等に係る処分については、審査請求をすることができない。

（行政事件訴訟の制限）

第十条の六　臨検等に係る処分については、行政事件訴訟法（昭和三十七年法律第百三十九号）第三十七条の四の規定による差止めの訴えを提起することができない。

（児童虐待を行った保護者に対する指導等）

第十一条　都道府県知事又は児童相談所長は、児童虐待を行った保護者について児童福祉法第二十七条第一項第二号又は第二十六条第一項第二号の規定により指導を行う場合は、当該保護者について、児童虐待の再発を防止するため、医学的又は心理学的知見に基づく指導を行うよう努めるものとする。

2　児童虐待を行った保護者について児童福祉法第二十七条第一項第二号の規定により行われる指導は、親子の再統合への配慮その他の児童虐待を受けた児童が家庭（家庭における養育環境と同様の養育環境及び良好な家庭的環境を含む。）で生活するために必要な配慮の下に適切に行われなければならない。

3　児童虐待を行った保護者について児童福祉法第二十七条第一項第二号の措置が採られた場合においては、当該保護者は、同号の指導を受けなければならない。

4　前項の場合において保護者が同項の指導を受けないときは、都道府県知事は、当該保護者に対し、同項の指導を受けるよう勧告することができる。

5　都道府県知事は、前項の規定による勧告を受けた保護者が当該勧告に従わない場合において必要があると認めるときは、児童福祉法第三十三条第二項の規定により児童相談所長をして児童虐待を受けた児童の一時保護を行わせ、又は適当な者に当該一時保護を行うことを委託させ、同法第二十七条第一項第三号又は第二十八条第一項の規定による措置を採る等の必要な措置を講ずるものとする。

6　児童相談所長は、第四項の規定による勧告を受けた保護者が当該勧告に従わず、その監護する児童に対し親権を行わせることが著しく当該児童の福祉を害する場合には、必要に応じて、適切に、児童福祉法第三十三条の七の規定による請求を行うものとする。

7　都道府県は、保護者への指導（第二項の指導及び児童虐待を行った保護者に対する児童福祉法第十一条第一項第二号ニの規定による指導をいう。以下この項において同じ。）を効果的に行うため、同法第十三条第五項に規定する指導教育担当児童福祉司に同項に規定する指導及び教育のほか保護者への指導を行う者に対する専門的技術に関する指導及び教育を行わせるとともに、第八条の二第一項の規定による調査若しくは質問、第九条第一項の規定による立入り及び調査若しくは質問、第九条の二第一項の規定による調査若しくは質問、第九条の三第一項の規定による臨検若しくは捜索又は同条第二項の規定による調査若しくは質問をした児童の福祉に関する事務に従事する職員並びに同法第三十三条第一項又は第二項の規定による児童の一時保護を行った児童福祉司以外の者に当該児童に係る保護者への指導を行わせることその他の必要な措置を講じなければならない。

（面会等の制限等）

第十二条　児童虐待を受けた児童について児童福祉法第二十七条第一項第三号の措置（以下「施設入所等の措置」という。）が採られ、又は同法第三十三条第一項若しくは第二項の規定による一時保護が行われた場合において、児童虐待の防止及び児童虐待を受けた児童の保護のため必要があると認めるときは、児童相談所長及び当該児童について施設入所等の措置が採られている場合における当該施設入所等の措置に係る同号に規定する施設の長は、内閣府令で定めるところにより、当該児童虐待を行った保護者について、次に掲げる行為の全部又は一部を制限することができる。

一　当該児童との面会

二　当該児童との通信

2　前項の施設の長は、同項の規定による制限を行った場合又は行わなくなった場合は、その旨を児童相談所長に通知するものとする。

3　児童虐待を受けた児童について施設入所等の措置（児童福祉法第二十八条の規定によるものに限る。）が採られ、又は同法第三十三条第一項若しくは第二項の規定による一時保護が行われた場合において、当該児童虐待を行った保護者に対し当該児童の住所又は居所を明らかにしたとすれば、当該保護者が当該児童を連れ戻すおそれがある等再び児童虐待が行われるおそれがあり、又は当該児童の保護に支障をきたすと認めるときは、児童相談所長は、当該保護者に対し、当該児童の住所又は居所を明らかにしないものとする。

第十二条の二　児童虐待を受けた児童について施設入所等の措置（児童福祉法第二十八条の規定によるものを除く。以下この項において同じ。）が採られた場合において、当該児童虐待を行った保護者に当該児童を引き渡した場合には再び児童虐待が行われるおそれがあると認められるにもかかわらず、当該保護者が当該児童の引渡しを求めること、当該保護者が前条第一項の規定による制限に従わないことその他の事情から当該児童について当該施設入所等の措置を採ることが当該保護者の意に反し、これを継続することが困難であると認めるときは、児童相談所長は、次項の報告を行うに至るまで、同法第三十三条第一項の規定により当該児童の一時保護を行い、又は適当な者に委託して、当該一時保護を行わせることができる。

2　児童相談所長は、前項の一時保護を行った、又は行わせた場合には、速やかに、児童福祉法第二十六条第一項第一号の規定に基づき、同法第二十八条の規定による施設入所等の措置を要する旨を都道府県知事に報告しなければならない。

第十二条の三　児童相談所長は、児童福祉法第三十三条第一項の規定により、児童虐待を受けた児童について一時保護を行っている、又は適当な者に委託して、一時保護を行わせている場合（前条第一項の一時保護を行っている、又は行わせている場合を除く。）において、当該児童について施設入所等の措置を要すると認めるときであって、当該児童虐待を行った保護者に当該児童を引き渡した場合には再び児童虐待が行われるおそれがあると認められるにもかかわらず、当該保護者が当該児童の引渡しを求めること、当該保護者が第十二条第一項の規定による制限に従わないことその他の事情から当該児童について施設入所等の措置を採ることが当該保護者の意に反すると認めるときは、速やかに、同法第二十六条第一項第一号の規定に基づき、同法第二十八条の規定による施設入所等の措置を要する旨を都道府県知事に報告しなければならない。

第十二条の四　都道府県知事又は児童相談所長は、児童虐待を受けた児童について施設入所等の措置が採られ、又は児童福祉法第三十三条第一項若しくは第二項の規定による一時保護が行われ、かつ、第十二条第一項の規定により、当該児童虐待を行った保護者について、同項各号に掲げる行為の全部が制限されている場合において、児童虐待の防止及び児童虐待を受けた児童の保護のため特に必要があると認めるときは、内閣府令で定めるところにより、六月を超えない期間を定めて、当該保護者に対し、当該児童の住所若しくは居所、就学する学校その他の場所において当該児童の身辺につきまとい、又は当該児童の住所若しくは居所、就学する学校その他その通常所在する場所（通学路その他の当該児童が日常生活又は社会生活を営むために通常移動する経路を含む。）の付近をはいかいしてはならないことを命ずることができる。

2　都道府県知事又は児童相談所長は、前項に規定する場合において、引き続き児童虐待の防止及び児童虐待を受けた児童の保護のため特に必要があると認めるときは、六月を超えない期間を定めて、同項の規定による命令に係る期間を更新することができる。

3　都道府県知事又は児童相談所長は、第一項の規定による命令をしようとするとき（前項の規定により第一項の規定による命令に係る期間を更新しようとするときを含む。）は、行政手続法第十三条第一項の規定による意見陳述のための手続の区分にかかわらず、聴聞を行わなければならない。

4　第一項の規定による命令をするとき（第二項の規定により第一項の規定による命令に係る期間を更新するときを含む。）は、内閣府令で定める事項を記載した命令書を交付しなければならない。

5　第一項の規定による命令が発せられた後に施設入所等の措置が解除され、停止され、若しくは他の措置に変更された場合、児童福祉法第三十三条第一項若しくは第二項の規定による一時保護が解除された場合又は第十二条第一項の規定による制限の全部若しくは一部が行われなくなった場合は、当該命令は、その効力を失う。同法第二十八条第三項の規定により引き続き施設入所等の措置が採られ、又は同法第三十三条第六項の規定により引き続き一時保護が行われている場合において、第一項の規定による命令が発せられたときであって、当該命令に係る期間が経過する前に同法第二十八条第二項の規定による当該施設入所等の措置の期間の更新に係る承認の申立てに対する審判又は同法第三十三条第五項本文の規定による引き続いての一時保護に係る承認の申立てに対する審判が確定したときも、同様とする。

6　都道府県知事又は児童相談所長は、第一項の規定による命令をした場合において、その必要がなくなつたと認めるときは、内閣府令で定めるところにより、その命令を取り消さなければならない。

（施設入所等の措置の解除等）

第十三条　都道府県知事は、児童虐待を受けた児童について施設入所等の措置が採られ、及び当該児童の保護者について児童福祉法第二十七条第一項第二号の措置が採られた場合において、当該児童について採られた施設入所等の措置を解除しようとするときは、当該児童の保護者について同号の指導を行うこととされた児童福祉司等の意見を聴くとともに、当該児童の保護者に対し採られた当該指導の効果、当該児童に対し再び児童虐待が行われることを予防するために採られる措置について見込まれる効果、当該児童の家庭環境その他内閣府令で定める事項を勘案しなければならない。

2　都道府県知事は、児童虐待を受けた児童について施設入所等の措置が採られ、又は児童福祉法第三十三条第二項の規定による一時保護が行われた場合において、当該児童について採られた施設入所等の措置又は行われた一時保護を解除するときは、当該児童の保護者に対し、親子の再統合の促進その他の児童虐待を受けた児童が家庭で生活することを支援するために必要な助言を行うことができる。

3　都道府県知事は、前項の助言に係る事務の全部又は一部を内閣府令で定める者に委託することができる。

4　前項の規定により行われる助言に係る事務に従事する者又は従事していた者は、正当な理由がなく、その事務に関して知り得た秘密を漏らしてはならない。

（施設入所等の措置の解除時の安全確認等）

第十三条の二　都道府県は、児童虐待を受けた児童について施設入所等の措置が採られ、又は児童福祉法第三十三条第二項の規定による一時保護が行われた場合において、当該児童について採られた施設入所等の措置若しくは行われた一時保護を解除するとき又は当該児童が一時的に帰宅するときは、必要と認める期間、市町村、児童福祉施設その他の関係機関との緊密な連携を図りつつ、当該児童の家庭を継続的に訪問することにより当該児童の安全の確認を行うとともに、当該児童の保護者からの相談に応じ、当該児童の養育に関する指導、助言その他の必要な支援を行うものとする。

（児童虐待を受けた児童等に対する支援）

第十三条の三　市町村は、子ども・子育て支援法第二十七条第一項に規定する特定教育・保育施設（次項において「特定教育・保育施設」という。）又は同法第四十三条第二項に規定する特定地域型保育事業（次項において「特定地域型保育事業」という。）の利用について、同法第四十二条第一項若しくは第五十四条第一項の規定により相談、助言若しくはあっせん若しくは要請を行う場合又は児童福祉法第二十四条第三項の規定により調整若しくは要請を行う場合には、児童虐待の防止に寄与するため、特別の支援を要する家庭の福祉に配慮をしなければならない。

2　特定教育・保育施設の設置者又は子ども・子育て支援法第二十九条第一項に規定する特定地域型保育事業者は、同法第三十三条第二項又は第四十五条第二項の規定により当該特定教育・保育施設を利用する児童（同法第十九条第二号又は第三号に該当する児童に限る。以下この項において同じ。）又は当該特定地域型保育事業者に係る特定地域型保育事業を利用する児童を選考するときは、児童虐待の防止に寄与するため、特別の支援を要する家庭の福祉に配慮をしなければならない。

3　国及び地方公共団体は、児童虐待を受けた児童がその年齢及び能力に応じ充分な教育が受けられるようにするため、教育の内容及び方法の改善及び充実を図る等必要な施策を講じなければならない。

4　国及び地方公共団体は、居住の場所の確保、進学又は就業の支援その他の児童虐待を受けた者の自立の支援のための施策を講じなければならない。

（資料又は情報の提供）

第十三条の四　地方公共団体の機関及び病院、診療所、児童福祉施設、学校その他児童の医療、福祉又は教育に関係する機関（地方公共団体の機関を除く。）並びに医師、歯科医師、保健師、助産師、看護師、児童福祉施設の職員、学校の教職員その他児童の医療、福祉又は教育に関連する職務に従事する者は、市町村長、都道府県の設置する福祉事務所の長又は児童相談所長から児童虐待に係る児童又はその保護者の心身の状況、これらの者の置かれている環境その他児童虐待の防止等に係る当該児童、その保護者その他の関係者に関する資料又は情報の提供を求められたときは、当該資料又は情報について、当該市町村長、都道府県の設置する福祉事務所の長又は児童相談所長が児童虐待の防止等に関する事務又は業務の遂行に必要な限度で利用し、かつ、利用することに相当の理由があるときは、これを提供することができる。ただし、当該資料又は情報を提供することによって、当該資料又は情報に係る児童、その保護者その他の関係者又は第三者の権利利益を不当に侵害するおそれがあると認められるときは、この限りでない。

（都道府県児童福祉審議会等への報告）

第十三条の五　都道府県知事は、児童福祉法第八条第二項に規定する都道府県児童福祉審議会（同条第一項ただし書に規定する都道府県にあっては、地方社会福祉審議会）に、第九条第一項の規定による立入り及び調査又は質問、臨検等並びに児童虐待を受けた児童に行われた同法第三十三条第一項又は第二項の規定による一時保護の実施状況、児童の心身に著しく重大な被害を及ぼした児童虐待の事例その他の内閣府令で定める事項を報告しなければならない。

（児童の人格の尊重等）

第十四条　児童の親権を行う者は、児童のしつけに際して、児童の人格を尊重するとともに、その年齢及び発達の程度に配慮しなければならず、かつ、体罰その他の児童の心身の健全な発達に有害な影響を及ぼす言動をしてはならない。

2　児童の親権を行う者は、児童虐待に係る暴行罪、傷害罪その他の犯罪について、当該児童の親権を行う者であることを理由として、その責めを免れることはない。

（親権の喪失の制度の適切な運用）

第十五条　民法（明治二十九年法律第八十九号）に規定する親権の喪失の制度は、児童虐待の防止及び児童虐待を受けた児童の保護の観点からも、適切に運用されなければならない。

（大都市等の特例）

第十六条　この法律中都道府県が処理することとされている事務で政令で定めるものは、地方自治法（昭和二十二年法律第六十七号）第二百五十二条の十九第一項の指定都市（以下「指定都市」という。）及び同法第二百五十二条の二十二第一項の中核市（以下「中核市」という。）並びに児童福祉法第五十九条の四第一項に規定する児童相談所設置市においては、政令で定めるところにより、指定都市若しくは中核市又は児童相談所設置市（以下「指定都市等」という。）が処理するものとする。この場合においては、この法律中都道府県に関する規定は、指定都市等に関する規定として指定都市等に適用があるものとする。

（罰則）

第十七条　第十二条の四第一項の規定による命令（同条第二項の規定により同条第一項の規定による命令に係る期間が更新された場合における当該命令を含む。）に違反した者は、一年以下の懲役又は百万円以下の罰金に処する。

第十八条　第十三条第四項の規定に違反した者は、一年以下の懲役又は五十万円以下の罰金に処する。

・児童福祉法等の一部を改正する法律（令和四・六・一五法律六六）

附則　抄

（施行期日）

第一条　この法律は、令和六年四月一日から施行する。ただし、次の各号に掲げる規定は、当該各号に定める日から施行する。

五　（略）公布の日から起算して三年を超えない範囲内において政令で定める日

・刑法等の一部を改正する法律の施行に伴う関係法律の整理等に関する法律（令和四・六・一七法律六八）

附則　抄

（施行期日）

1　この法律は、刑法等一部改正法施行日から施行する。（略）

児童虐待の防止等に関する法律施行規則

（平成二〇・三・一一）
（厚労令三〇）

最新改正　令和五厚労令四八

（出頭要求等）

第一条　都道府県知事は、児童虐待の防止等に関する法律（平成十二年法律第八十二号。以下「法」という。）第八条の二第一項の規定に基づき児童（十八歳に満たない者をいう。以下同じ。）の保護者（親権を行う者、未成年後見人その他の者で、児童を現に監護するものをいう。以下同じ。）の出頭を求めようとするときは、当該保護者に対し、出頭を求める理由となった事実の内容、出頭を求める日時及び場所、当該保護者の氏名、住所及び生年月日（保護者が法人であるときは、その名称及び主たる事務所の所在地）、同伴すべき児童の氏名及び生年月日その他必要な事項を記載した書面により行うものとする。

2　前項の規定は、法第九条の二第一項の規定に基づき児童の保護者の出頭を求めようとする場合について準用する。

（面会等の制限）

第二条　児童相談所長及び児童虐待を受けた児童について児童福祉法（昭和二十二年法律第百六十四号）第二十七条第一項第三号の措置（以下「施設入所等の措置」という。）が採られている場合における当該施設入所等の措置に係る同号に規定する施設の長は、当該児童虐待を行った保護者について、法第十二条第一項の規定に基づき当該児童との面会又は通信の全部又は一部を制限しようとするときは、当該保護者に対し、当該児童との面会又は通信の全部又は一部を制限する旨、制限を行う理由となった事実の内容、当該保護者の氏名、住所及び生年月日（保護者が法人であるときは、その名称及び主たる事務所の所在地）、当該児童の氏名及び生年月日その他必要な事項を記載した書面により行うものとする。

2　児童相談所長は、法第十二条第一項の規定による制限を行った場合又は行わなくなった場合は、その旨を都道府県知事に通知するものとする。同条第二項の規定に基づき前項に規定する施設の長から通知を受けた場合についても、同様とする。

（接近禁止命令）

第三条　都道府県知事又は児童相談所長が法第十二条の四第一項の規定に基づき命令をする場合における期間は、初日を含めて六月を超えない期間とする。

2　都道府県知事は、法第十二条の四第一項の規定による命令をしたときは、その旨を児童相談所長に連絡するものとする。

第四条　法第十二条の四第四項に規定する内閣府令で定める事項は、同条第一項の規定による命令をする理由となった事実の内容、当該命令を受ける保護者の氏名、住所及び生年月日（保護者が法人であるときは、その名称及び主たる事務所の所在地）、当該命令に係る児童の氏名及び生年月日その他必要な事項とする。

（接近禁止命令の取消し）

第五条　都道府県知事又は児童相談所長は、法第十二条の四第六項の規定に基づき同条第一項の規定による命令を取り消そうとするときは、命令を受けた保護者に対し、当該命令を取り消す理由となった事実の内容、当該保護者の氏名、住所及び生年月日（保護者が法人であるときは、その名称及び主たる事務所の所在地）、当該命令に係る児童の氏名及び生年月日その他必要な事項を記載した書面により行うものとする。

2　都道府県知事は、法第十二条の四第六項の規定に基づき同条第一項の規定による命令を取り消したときは、その旨を児童相談所長に連絡するものとする。

（施設入所等の措置の解除）

第六条　法第十三条第一項に規定する内閣府令で定める事項は、施設入所等の措置を解除しようとする児童及びその保護者の心身の状況、現に当該児童の保護に当たっている小規模住居型児童養育事業（児童福祉法第六条の三第八項に規定する小規模住居型児童養育事業をいう。）を行う者若しくは里親（同法第六条の四に規定する里親をいう。）又は児童福祉施設の長の意見その他必要な事項とする。

2　法第十三条第三項に規定する内閣府令で定める者は、委託に係る事務を適正かつ円滑に遂行しうる能力を有する人員を十分に有している者であって、職員又は職員であった者が、正当な理由がなく、その業務上知り得た児童又はその家族の秘密を漏らすことがないよう、必要な措置を講じているものとする。

（都道府県児童福祉審議会等への報告）

第七条　法第十三条の五に規定する内閣府令で定める事項は、法第八条第一項第二号又は児童福祉法第二十五条の七第一項第四号若しくは同条第二項第五号の規定による通知に係る措置の実施状況、法第九条第一項の規定による立入り及び調査又は質問の実施状況、法第九条の六に規定する臨検等の実施状況、児童虐待を受けた児童に行われた児童福祉法第三十三条第一項又は第二項の規定による一時保護の実施状況、児童の心身に著しく重大な被害を及ぼした児童虐待の事例その他必要な事項とする。

（指定都市の特例）

第八条　児童虐待の防止等に関する法律施行令（平成十二年政令第四百七十二号。以下「令」という。）第一条の規定により地方自治法（昭和二十二年法律第六十七号）第二百五十二条の十九第一項の指定都市が児童虐待の防止等に関する事務を処理する場合においては、この府令の規定中「都道府県知事」とあるのは、「指定都市の長」と読み替えるものとする。

（児童相談所設置市の特例）

第九条　令第二条の規定により児童福祉法第五十九条の四第一項の児童相談所設置市が児童虐待の防止等に関する事務を処理する場合においては、この府令の規定中「都道府県知事」とあるのは、「児童相談所設置市の長」と読み替えるものとする。

子ども・子育て支援法

（平成二四・八・二二）
（法律六五）

最新改正　令和五法律五八

第一章　総則

（目的）

第一条　この法律は、我が国における急速な少子化の進行並びに家庭及び地域を取り巻く環境の変化に鑑み、児童福祉法（昭和二十二年法律第百六十四号）その他の子どもに関する法律による施策と相まって、子ども・子育て支援給付その他の子ども及び子どもを養育している者に必要な支援を行い、もって一人一人の子どもが健やかに成長することができる社会の実現に寄与することを目的とする。

（基本理念）

第二条　子ども・子育て支援は、父母その他の保護者が子育てについての第一義的責任を有するという基本的認識の下に、家庭、学校、地域、職域その他の社会のあらゆる分野における全ての構成員が、各々の役割を果たすとともに、相互に協力して行われなければならない。

2　子ども・子育て支援給付その他の子ども・子育て支援の内容及び水準は、全ての子どもが健やかに成長するように支援するものであって、良質かつ適切なものであり、かつ、子どもの保護者の経済的負担の軽減について適切に配慮されたものでなければならない。

3　子ども・子育て支援給付その他の子ども・子育て支援は、地域の実情に応じて、総合的かつ効率的に提供されるよう配慮して行われなければならない。

（市町村等の責務）

第三条　市町村（特別区を含む。以下同じ。）は、この法律の実施に関し、次に掲げる責務を有する。

一　子どもの健やかな成長のために適切な環境が等しく確保されるよう、子ども及びその保護者に必要な子ども・子育て支援給付及び地域子ども・子育て支援事業を総合的かつ計画的に行うこと。

二　子ども及びその保護者が、確実に子ども・子育て支援給付を受け、及び地域子ども・子育て支援事業その他の子ども・子育て支援を円滑に利用するために必要な援助を行うとともに、関係機関との連絡調整その他の便宜の提供を行うこと。

三　子ども及びその保護者が置かれている環境に応じて、子どもの保護者の選択に基づき、多様な施設又は事業者から、良質かつ適切な教育及び保育その他の子ども・子育て支援が総合的かつ効率的に提供されるよう、その提供体制を確保すること。

2　都道府県は、市町村が行う子ども・子育て支援給付及び地域子ども・子育て支援事業が適正かつ円滑に行われるよう、市町村に対する必要な助言及び適切な援助を行うとともに、子ども・子育て支援のうち、特に専門性の高い施策及び各市町村の区域を超えた広域的な対応が必要な施策を講じなければならない。

3　国は、市町村が行う子ども・子育て支援給付及び地域子ども・子育て支援事業その他この法律に基づく業務が適正かつ円滑に行われるよう、市町村及び都道府県と相互に連携を図りながら、子ども・子育て支援の提供体制の確保に関する施策その他の必要な各般の措置を講じなければならない。

（事業主の責務）

第四条 事業主は、その雇用する労働者に係る多様な労働条件の整備その他の労働者の職業生活と家庭生活との両立が図られるようにするために必要な雇用環境の整備を行うことにより当該労働者の子育ての支援に努めるとともに、国又は地方公共団体が講ずる子ども・子育て支援に協力しなければならない。

（国民の責務）

第五条 国民は、子ども・子育て支援の重要性に対する関心と理解を深めるとともに、国又は地方公共団体が講ずる子ども・子育て支援に協力しなければならない。

（定義）

第六条 この法律において「子ども」とは、十八歳に達する日以後の最初の三月三十一日までの間にある者をいい、「小学校就学前子ども」とは、子どものうち小学校就学の始期に達するまでの者をいう。

2　この法律において「保護者」とは、親権を行う者、未成年後見人その他の者で、子どもを現に監護する者をいう。

第七条 この法律において「子ども・子育て支援」とは、全ての子どもの健やかな成長のために適切な環境が等しく確保されるよう、国若しくは地方公共団体又は地域における子育ての支援を行う者が実施する子ども及び子どもの保護者に対する支援をいう。

2　この法律において「教育」とは、満三歳以上の小学校就学前子どもに対して義務教育及びその後の教育の基礎を培うものとして教育基本法（平成十八年法律第百二十号）第六条第一項に規定する法律に定める学校において行われる教育をいう。

3　この法律において「保育」とは、児童福祉法第六条の三第七項第一号に規定する保育をいう。

4　この法律において「教育・保育施設」とは、就学前の子どもに関する教育、保育等の総合的な提供の推進に関する法律（平成十八年法律第七十七号。以下「認定こども園法」という。）第二条第六項に規定する認定こども園（以下「認定こども園」という。）、学校教育法（昭和二十二年法律第二十六号）第一条に規定する幼稚園（認定こども園法第三条第一項又は第三項の認定を受けたもの及び同条第十項の規定による公示がされたものを除く。以下「幼稚園」という。）及び児童福祉法第三十九条第一項に規定する保育所（認定こども園法第三条第一項の認定を受けたもの及び同条第十一項の規定による公示がされたものを除く。以下「保育所」という。）をいう。

5　この法律において「地域型保育」とは、家庭的保育、小規模保育、居宅訪問型保育及び事業所内保育をいい、「地域型保育事業」とは、地域型保育を行う事業をいう。

6　この法律において「家庭的保育」とは、児童福祉法第六条の三第九項に規定する家庭的保育事業として行われる保育をいう。

7　この法律において「小規模保育」とは、児童福祉法第六条の三第十項に規定する小規模保育事業として行われる保育をいう。

8　この法律において「居宅訪問型保育」とは、児童福祉法第六条の三第十一項に規定する居宅訪問型保育事業として行われる保育をいう。

9　この法律において「事業所内保育」とは、児童福祉法第六条の三第十二項に規定する事業所内保育事業として行われる保育をいう。

10　この法律において「子ども・子育て支援施設等」とは、次に掲げる施設又は事業をいう。

一　認定こども園（保育所等（認定こども園法第二条第五項に規定する保育所等をいう。第五号において同じ。）であるもの及び第二十七条第一項に規定する特定教育・保育施設であるものを除く。第三十条の十一第一項第一号、第五十八条の四第一項第一号、第五十八条の十第一項第二号、第五十九条第三号ロ及び第六章において同じ。）

二　幼稚園（第二十七条第一項に規定する特定教育・保育施設であるものを除く。第三十条の十一第一項第二号、第三章第二節（第五十八条の九第六項第三号ロを除く。）、第五十九条第三号ロ及び第六章において同じ。）

三　特別支援学校（学校教育法第一条に規定する特別支援学校をいい、同法第七十六条第二項に規定する幼稚部に限る。以下同じ。）

四　児童福祉法第五十九条の二第一項に規定する施設（同項の規定による届出がされた

ものに限り、次に掲げるものを除く。）のうち、当該施設に配置する従業者及びその員数その他の事項について内閣府令で定める基準を満たすもの

イ　認定こども園法第三条第一項又は第三項の認定を受けたもの

ロ　認定こども園法第三条第十項の規定による公示がされたもの

ハ　第五十九条の二第一項の規定による助成を受けているもののうち政令で定めるもの

五　認定こども園、幼稚園又は特別支援学校において行われる教育・保育（教育又は保育をいう。以下同じ。）であって、次のイ又はロに掲げる当該施設の区分に応じそれぞれイ又はロに定める一日当たりの時間及び期間の範囲外において、家庭において保育を受けることが一時的に困難となった当該イ又はロに掲げる施設に在籍している小学校就学前子どもに対して行われるものを提供する事業のうち、その事業を実施するために必要なものとして内閣府令で定める基準を満たすもの

イ　認定こども園（保育所等であるものを除く。）、幼稚園又は特別支援学校　当該施設における教育に係る標準的な一日当たりの時間及び期間

ロ　認定こども園（保育所等であるものに限る。）　イに定める一日当たりの時間及び期間を勘案して内閣府令で定める一日当たりの時間及び期間

六　児童福祉法第六条の三第七項に規定する一時預かり事業（前号に掲げる事業に該当するものを除く。）

七　児童福祉法第六条の三第十三項に規定する病児保育事業のうち、当該事業に従事する従業者及びその員数その他の事項について内閣府令で定める基準を満たすもの

八　児童福祉法第六条の三第十四項に規定する子育て援助活動支援事業（同項第一号に掲げる援助を行うものに限る。）のうち、市町村が実施するものであることその他の内閣府令で定める基準を満たすもの

第二章　子ども・子育て支援給付

第一節　通則

（子ども・子育て支援給付の種類）

第八条　子ども・子育て支援給付は、子どものための現金給付、子どものための教育・保育給付及び子育てのための施設等利用給付とする。

第二節　子どものための現金給付

第九条　子どものための現金給付は、児童手当（児童手当法（昭和四十六年法律第七十三号）に規定する児童手当をいう。以下同じ。）の支給とする。

第十条　子どものための現金給付については、この法律に別段の定めがあるものを除き、児童手当法の定めるところによる。

第三節　子どものための教育・保育給付

第一款　通則

（子どものための教育・保育給付）

第十一条　子どものための教育・保育給付は、施設型給付費、特例施設型給付費、地域型保育給付費及び特例地域型保育給付費の支給とする。

（不正利得の徴収）

第十二条　市町村は、偽りその他不正の手段により子どものための教育・保育給付を受けた者があるときは、その者から、その子どものための教育・保育給付の額に相当する金額の全部又は一部を徴収することができる。

2　市町村は、第二十七条第一項に規定する特定教育・保育施設又は第二十九条第一項に規定する特定地域型保育事業者が、偽りその他不正の行為により第二十七条第五項（第二十八条第四項において準用する場合を含む。）又は第二十九条第五項（第三十条第四項において準用する場合を含む。）の規定による支払を受けたときは、当該特定教育・保育施設又は特定地域型保育事業者から、その支払った額につき返還させるべき額を徴収するほか、その返還させるべき額に百分の四十を乗じて得た額を徴収することができる。

3　前二項の規定による徴収金は、地方自治法（昭和二十二年法律第六十七号）第二百三十一条の三第三項に規定する法律で定める歳入とする。

（報告等）

第十三条　市町村は、子どものための教育・保育給付に関して必要があると認めるときは、この法律の施行に必要な限度において、小学校就学前子ども、小学校就学前子どもの保護者若しくは小学校就学前子どもの属する世帯

の世帯主その他その世帯に属する者又はこれらの者であった者に対し、報告若しくは文書その他の物件の提出若しくは提示を命じ、又は当該職員に質問させることができる。

2　前項の規定による質問を行う場合においては、当該職員は、その身分を示す証明書を携帯し、かつ、関係人の請求があるときは、これを提示しなければならない。

3　第一項の規定による権限は、犯罪捜査のために認められたものと解釈してはならない。

第十四条　市町村は、子どものための教育・保育給付に関して必要があると認めるときは、この法律の施行に必要な限度において、当該子どものための教育・保育給付に係る教育・保育を行う者若しくはこれを使用する者若しくはこれらの者であった者に対し、報告若しくは文書その他の物件の提出若しくは提示を命じ、又は当該職員に関係者に対して質問させ、若しくは当該教育・保育を行う施設若しくは事業所に立ち入り、その設備若しくは帳簿書類その他の物件を検査させることができる。

2　前条第二項の規定は前項の規定による質問又は検査について、同条第三項の規定は前項の規定による権限について、それぞれ準用する。

（内閣総理大臣又は都道府県知事の教育・保育に関する調査等）

第十五条　内閣総理大臣又は都道府県知事は、子どものための教育・保育給付に関して必要があると認めるときは、この法律の施行に必要な限度において、子どものための教育・保育給付に係る小学校就学前子ども若しくは小学校就学前子どもの保護者又はこれらの者であった者に対し、当該子どものための教育・保育給付に係る教育・保育の内容に関し、報告若しくは文書その他の物件の提出若しくは提示を命じ、又は当該職員に質問させることができる。

2　内閣総理大臣又は都道府県知事は、子どものための教育・保育給付に関して必要があると認めるときは、この法律の施行に必要な限度において、教育・保育を行った者若しくはこれを使用した者に対し、その行った教育・保育に関し、報告若しくは当該教育・保育の提供の記録、帳簿書類その他の物件の提出若しくは提示を命じ、又は当該職員に関係者に対して質問させることができる。

3　第十三条第二項の規定は前二項の規定による質問について、同条第三項の規定は前二項の規定による権限について、それぞれ準用する。

（資料の提供等）

第十六条　市町村は、子どものための教育・保育給付に関して必要があると認めるときは、この法律の施行に必要な限度において、小学校就学前子ども、小学校就学前子どもの保護者又は小学校就学前子どもの扶養義務者（民法（明治二十九年法律第八十九号）に規定する扶養義務者をいう。附則第六条において同じ。）の資産又は収入の状況につき、官公署に対し必要な文書の閲覧若しくは資料の提供を求め、又は銀行、信託会社その他の機関若しくは小学校就学前子どもの保護者の雇用主その他の関係人に報告を求めることができる。

（受給権の保護）

第十七条　子どものための教育・保育給付を受ける権利は、譲り渡し、担保に供し、又は差し押さえることができない。

（租税その他の公課の禁止）

第十八条　租税その他の公課は、子どものための教育・保育給付として支給を受けた金品を標準として、課することができない。

第二款　教育・保育給付認定等

（支給要件）

第十九条　子どものための教育・保育給付は、次に掲げる小学校就学前子どもの保護者に対し、その小学校就学前子どもの第二十七条第一項に規定する特定教育・保育、第二十八条第一項第二号に規定する特別利用保育、同項第三号に規定する特別利用教育、第二十九条第一項に規定する特定地域型保育又は第三十条第一項第四号に規定する特例保育の利用について行う。

一　満三歳以上の小学校就学前子ども（次号に掲げる小学校就学前子どもに該当するものを除く。）

二　満三歳以上の小学校就学前子どもであって、保護者の労働又は疾病その他の内閣府令で定める事由により家庭において必要な保育を受けることが困難であるもの

三　満三歳未満の小学校就学前子どもであって、前号の内閣府令で定める事由により家庭において必要な保育を受けることが困難であるもの

（市町村の認定等）

第二十条　前条各号に掲げる小学校就学前子ど

もの保護者は、子どものための教育・保育給付を受けようとするときは、内閣府令で定めるところにより、市町村に対し、その小学校就学前子どもごとに、子どものための教育・保育給付を受ける資格を有すること及びその該当する同条各号に掲げる小学校就学前子どもの区分についての認定を申請し、その認定を受けなければならない。

2　前項の認定は、小学校就学前子どもの保護者の居住地の市町村が行うものとする。ただし、小学校就学前子どもの保護者が居住地を有しないとき、又は明らかでないときは、その小学校就学前子どもの保護者の現在地の市町村が行うものとする。

3　市町村は、第一項の規定による申請があった場合において、当該申請に係る小学校就学前子どもが前条第二号又は第三号に掲げる小学校就学前子どもに該当すると認めるときは、政令で定めるところにより、当該小学校就学前子どもに係る保育必要量（月を単位として内閣府令で定める期間において施設型給付費、特例施設型給付費、地域型保育給付費又は特例地域型保育給付費を支給する保育の量をいう。以下同じ。）の認定を行うものとする。

4　市町村は、第一項及び前項の認定（以下「教育・保育給付認定」という。）を行ったときは、その結果を当該教育・保育給付認定に係る保護者（以下「教育・保育給付認定保護者」という。）に通知しなければならない。この場合において、市町村は、内閣府令で定めるところにより、当該教育・保育給付認定に係る小学校就学前子ども（以下「教育・保育給付認定子ども」という。）の該当する前条各号に掲げる小学校就学前子どもの区分、保育必要量その他の内閣府令で定める事項を記載した認定証（以下「支給認定証」という。）を交付するものとする。

5　市町村は、第一項の規定による申請について、当該保護者が子どものための教育・保育給付を受ける資格を有すると認められないときは、理由を付して、その旨を当該申請に係る保護者に通知するものとする。

6　第一項の規定による申請に対する処分は、当該申請のあった日から三十日以内にしなければならない。ただし、当該申請に係る保護者の労働又は疾病の状況の調査に日時を要することその他の特別な理由がある場合には、当該申請のあった日から三十日以内に、当該保護者に対し、当該申請に対する処分をするためになお要する期間（次項において「処理見込期間」という。）及びその理由を通知し、これを延期することができる。

7　第一項の規定による申請をした日から三十日以内に当該申請に対する処分がされないとき、若しくは前項ただし書の規定による通知がないとき、又は処理見込期間が経過した日までに当該申請に対する処分がされないときは、当該申請に係る保護者は、市町村が当該申請を却下したものとみなすことができる。

（**教育・保育給付認定の有効期間**）

第二十一条　教育・保育給付認定は、内閣府令で定める期間（以下「教育・保育給付認定の有効期間」という。）内に限り、その効力を有する。

（**届出**）

第二十二条　教育・保育給付認定保護者は、教育・保育給付認定の有効期間内において、内閣府令で定めるところにより、市町村に対し、その労働又は疾病の状況その他の内閣府令で定める事項を届け出、かつ、内閣府令で定める書類その他の物件を提出しなければならない。

（**教育・保育給付認定の変更**）

第二十三条　教育・保育給付認定保護者は、現に受けている教育・保育給付認定に係る当該教育・保育給付認定子どもの該当する第十九条各号に掲げる小学校就学前子どもの区分、保育必要量その他の内閣府令で定める事項を変更する必要があるときは、内閣府令で定めるところにより、市町村に対し、教育・保育給付認定の変更の認定を申請することができる。

2　市町村は、前項の規定による申請により、教育・保育給付認定保護者につき、必要があると認めるときは、教育・保育給付認定の変更の認定を行うことができる。この場合において、市町村は、当該変更の認定に係る教育・保育給付認定保護者に対し、支給認定証の提出を求めるものとする。

3　第二十条第二項、第三項、第四項前段及び第五項から第七項までの規定は、前項の教育・保育給付認定の変更の認定について準用する。この場合において、必要な技術的読替えは、政令で定める。

4　市町村は、職権により、教育・保育給付認定保護者につき、第十九条第三号に掲げる小学校就学前子どもに該当する教育・保育給付認定子ども（以下「満三歳未満保育認定子ども」という。）が満三歳に達したときその他必要があると認めるときは、内閣府令で定めるところにより、教育・保育給付認定の変更の認定を行うことができる。この場合において、市町村は、内閣府令で定めるところにより、当該変更の認定に係る教育・保育給付認定保護者に対し、支給認定証の提出を求めるものとする。

5　第二十条第二項、第三項及び第四項前段の規定は、前項の教育・保育給付認定の変更の認定について準用する。この場合において、必要な技術的読替えは、政令で定める。

6　市町村は、第二項又は第四項の教育・保育給付認定の変更の認定を行った場合には、内閣府令で定めるところにより、支給認定証に当該変更の認定に係る事項を記載し、これを返還するものとする。

（教育・保育給付認定の取消し）

第二十四条　教育・保育給付認定を行った市町村は、次に掲げる場合には、当該教育・保育給付認定を取り消すことができる。

一　当該教育・保育給付認定に係る満三歳未満の小学校就学前子どもが、教育・保育給付認定の有効期間内に、第十九条第三号に掲げる小学校就学前子どもに該当しなくなったとき。

二　当該教育・保育給付認定保護者が、教育・保育給付認定の有効期間内に、当該市町村以外の市町村の区域内に居住地を有するに至ったと認めるとき。

三　その他政令で定めるとき。

2　前項の規定により教育・保育給付認定の取消しを行った市町村は、内閣府令で定めるところにより、当該取消しに係る教育・保育給付認定保護者に対し支給認定証の返還を求めるものとする。

（都道府県による援助等）

第二十五条　都道府県は、市町村が行う第二十条、第二十三条及び前条の規定による業務に関し、その設置する福祉事務所（社会福祉法（昭和二十六年法律第四十五号）に定める福祉に関する事務所をいう。）、児童相談所又は保健所による技術的事項についての協力その他市町村に対する必要な援助を行うことができる。

（内閣府令への委任）

第二十六条　この款に定めるもののほか、教育・保育給付認定の申請その他の手続に関し必要な事項は、内閣府令で定める。

第三款　施設型給付費及び地域型保育給付費等の支給

（施設型給付費の支給）

第二十七条　市町村は、教育・保育給付認定子どもが、教育・保育給付認定の有効期間内において、市町村長（特別区の区長を含む。以下同じ。）が施設型給付費の支給に係る施設として確認する教育・保育施設（以下「特定教育・保育施設」という。）から当該確認に係る教育・保育（地域型保育を除き、第十九条第一号に掲げる小学校就学前子どもに該当する教育・保育給付認定子どもにあっては認定こども園において受ける教育・保育（保育にあっては、同号に掲げる小学校就学前子どもに該当する教育・保育給付認定子どもに対して提供される教育に係る標準的な一日当たりの時間及び期間を勘案して内閣府令で定める一日当たりの時間及び期間の範囲内において行われるものに限る。）又は幼稚園において受ける教育に限り、同条第二号に掲げる小学校就学前子どもにあっては認定こども園において受ける教育・保育又は保育所において受ける保育に限り、満三歳未満保育認定子どもにあっては認定こども園又は保育所において受ける保育に限る。以下「特定教育・保育」という。）を受けたときは、内閣府令で定めるところにより、当該教育・保育給付認定子どもに係る教育・保育給付認定保護者に対し、当該特定教育・保育（保育にあっては、保育必要量の範囲内のものに限る。以下「支給認定教育・保育」という。）に要した費用について、施設型給付費を支給する。

2　特定教育・保育施設から支給認定教育・保育を受けようとする教育・保育給付認定子どもに係る教育・保育給付認定保護者は、内閣府令で定めるところにより、特定教育・保育施設に支給認定証を提示して当該支給認定教育・保育を当該教育・保育給付認定子どもに受けさせるものとする。ただし、緊急の場合その他やむを得ない事由のある場合については、この限りでない。

3　施設型給付費の額は、一月につき、第一号に掲げる額から第二号に掲げる額を控除して得た額（当該額が零を下回る場合には、零とする。）とする。

一　第十九条各号に掲げる小学校就学前子どもの区分、保育必要量、当該特定教育・保育施設の所在する地域等を勘案して算定される特定教育・保育に通常要する費用の額を勘案して内閣総理大臣が定める基準により算定した費用の額（その額が現に当該支給認定教育・保育に要した費用の額を超えるときは、当該現に支給認定教育・保育に要した費用の額）

二　政令で定める額を限度として当該教育・保育給付認定保護者の属する世帯の所得の状況その他の事情を勘案して市町村が定める額

4　内閣総理大臣は、第一項の一日当たりの時間及び期間を定める内閣府令並びに前項第一号の基準を定め、又は変更しようとするときは、文部科学大臣に協議するとともに、こども家庭審議会の意見を聴かなければならない。

5　教育・保育給付認定子どもが特定教育・保育施設から支給認定教育・保育を受けたときは、市町村は、当該教育・保育給付認定子どもに係る教育・保育給付認定保護者が当該特定教育・保育施設に支払うべき当該支給認定教育・保育に要した費用について、施設型給付費として当該教育・保育給付認定保護者に支給すべき額の限度において、当該教育・保育給付認定保護者に代わり、当該特定教育・保育施設に支払うことができる。

6　前項の規定による支払があったときは、教育・保育給付認定保護者に対し施設型給付費の支給があったものとみなす。

7　市町村は、特定教育・保育施設から施設型給付費の請求があったときは、第三項第一号の内閣総理大臣が定める基準及び第三十四条第二項の市町村の条例で定める特定教育・保育施設の運営に関する基準（特定教育・保育の取扱いに関する部分に限る。）に照らして審査の上、支払うものとする。

8　前各項に定めるもののほか、施設型給付費の支給及び特定教育・保育施設の施設型給付費の請求に関し必要な事項は、内閣府令で定める。

（**特例施設型給付費の支給**）

第二十八条　市町村は、次に掲げる場合において、必要があると認めるときは、内閣府令で定めるところにより、第一号に規定する特定教育・保育に要した費用、第二号に規定する特別利用保育に要した費用又は第三号に規定する特別利用教育に要した費用について、特例施設型給付費を支給することができる。

一　教育・保育給付認定子どもが、当該教育・保育給付認定保護者が第二十条第一項の規定による申請をした日から当該教育・保育給付認定の効力が生じた日の前日までの間に、緊急その他やむを得ない理由により特定教育・保育を受けたとき。

二　第十九条第一号に掲げる小学校就学前子どもに該当する教育・保育給付認定子どもが、特定教育・保育施設（保育所に限る。）から特別利用保育（同号に掲げる小学校就学前子どもに該当する教育・保育給付認定子どもに対して提供される教育に係る標準的な一日当たりの時間及び期間を勘案して内閣府令で定める一日当たりの時間及び期間の範囲内において行われる保育（地域型保育を除く。）をいう。以下同じ。）を受けたとき（地域における教育の体制の整備の状況その他の事情を勘案して必要があると市町村が認めるときに限る。）。

三　第十九条第二号に掲げる小学校就学前子どもに該当する教育・保育給付認定子どもが、特定教育・保育施設（幼稚園に限る。）から特別利用教育（教育のうち同号に掲げる小学校就学前子どもに該当する教育・保育給付認定子どもに対して提供されるものをいい、特定教育・保育を除く。以下同じ。）を受けたとき。

2　特例施設型給付費の額は、一月につき、次の各号に掲げる区分に応じ、当該各号に定める額とする。

一　特定教育・保育　前条第三項第一号の内閣総理大臣が定める基準により算定した費用の額（その額が現に当該特定教育・保育に要した費用の額を超えるときは、当該現に特定教育・保育に要した費用の額）から政令で定める額を限度として当該教育・保育給付認定保護者の属する世帯の所得の状況その他の事情を勘案して市町村が定める額を控除して得た額（当該額が零を下回る場合には、零とする。）を基準として市町村が定める額

二　特別利用保育　特別利用保育に通常要する費用の額を勘案して内閣総理大臣が定める基準により算定した費用の額（その額が現に当該特別利用保育に要した費用の額を超えるときは、当該現に特別利用保育に要した費用の額）から政令で定める額を限度として当該教育・保育給付認定保護者の属する世帯の所得の状況その他の事情を勘案して市町村が定める額を控除して得た額

（当該額が零を下回る場合には、零とする。）

三　特別利用教育　特別利用教育に通常要する費用の額を勘案して内閣総理大臣が定める基準により算定した費用の額（その額が現に当該特別利用教育に要した費用の額を超えるときは、当該現に特別利用教育に要した費用の額）から政令で定める額を限度として当該教育・保育給付認定保護者の属する世帯の所得の状況その他の事情を勘案して市町村が定める額を控除して得た額（当該額が零を下回る場合には、零とする。）

3　内閣総理大臣は、第一項第二号の内閣府令並びに前項第二号及び第三号の基準を定め、又は変更しようとするときは、文部科学大臣に協議するとともに、こども家庭審議会の意見を聴かなければならない。

4　前条第二項及び第五項から第七項までの規定は、特例施設型給付費（第一項第一号に係るものを除く。第四十条第一項第四号において同じ。）の支給について準用する。この場合において、必要な技術的読替えは、政令で定める。

5　前各項に定めるもののほか、特例施設型給付費の支給及び特定教育・保育施設の特例施設型給付費の請求に関し必要な事項は、内閣府令で定める。

（**地域型保育給付費の支給**）

第二十九条　市町村は、満三歳未満保育認定子どもが、教育・保育給付認定の有効期間内において、市町村長が地域型保育給付費の支給に係る事業を行う者として確認する地域型保育を行う事業者（以下「特定地域型保育事業者」という。）から当該確認に係る地域型保育（以下「特定地域型保育」という。）を受けたときは、内閣府令で定めるところにより、当該満三歳未満保育認定子どもに係る教育・保育給付認定保護者に対し、当該特定地域型保育（保育必要量の範囲内のものに限る。以下「満三歳未満保育認定地域型保育」という。）に要した費用について、地域型保育給付費を支給する。

2　特定地域型保育事業者から満三歳未満保育認定地域型保育を受けようとする満三歳未満保育認定子どもに係る教育・保育給付認定保護者は、内閣府令で定めるところにより、特定地域型保育事業者に支給認定証を提示して当該満三歳未満保育認定地域型保育を当該満三歳未満保育認定子どもに受けさせるものとする。ただし、緊急の場合その他やむを得ない事由のある場合については、この限りでない。

3　地域型保育給付費の額は、一月につき、第一号に掲げる額から第二号に掲げる額を控除して得た額（当該額が零を下回る場合には、零とする。）とする。

一　地域型保育の種類ごとに、保育必要量、当該地域型保育の種類に係る特定地域型保育の事業を行う事業所（以下「特定地域型保育事業所」という。）の所在する地域等を勘案して算定される当該特定地域型保育に通常要する費用の額を勘案して内閣総理大臣が定める基準により算定した費用の額（その額が現に当該満三歳未満保育認定地域型保育に要した費用の額を超えるときは、当該現に満三歳未満保育認定地域型保育に要した費用の額）

二　政令で定める額を限度として当該教育・保育給付認定保護者の属する世帯の所得の状況その他の事情を勘案して市町村が定める額

4　内閣総理大臣は、前項第一号の基準を定め、又は変更しようとするときは、こども家庭審議会の意見を聴かなければならない。

5　満三歳未満保育認定子どもが特定地域型保育事業者から満三歳未満保育認定地域型保育を受けたときは、市町村は、当該満三歳未満保育認定子どもに係る教育・保育給付認定保護者が当該特定地域型保育事業者に支払うべき当該満三歳未満保育認定地域型保育に要した費用について、地域型保育給付費として当該教育・保育給付認定保護者に支給すべき額の限度において、当該教育・保育給付認定保護者に代わり、当該特定地域型保育事業者に支払うことができる。

6　前項の規定による支払があったときは、教育・保育給付認定保護者に対し地域型保育給付費の支給があったものとみなす。

7　市町村は、特定地域型保育事業者から地域型保育給付費の請求があったときは、第三項第一号の内閣総理大臣が定める基準及び第四十六条第二項の市町村の条例で定める特定地域型保育事業の運営に関する基準（特定地域型保育の取扱いに関する部分に限る。）に照らして審査の上、支払うものとする。

8　前各項に定めるもののほか、地域型保育給付費の支給及び特定地域型保育事業者の地域型保育給付費の請求に関し必要な事項は、内閣府令で定める。

（特例地域型保育給付費の支給）

第三十条　市町村は、次に掲げる場合において、必要があると認めるときは、内閣府令で定めるところにより、当該特定地域型保育（第三号に規定する特定利用地域型保育にあっては、保育必要量の範囲内のものに限る。）に要した費用又は第四号に規定する特例保育（第十九条第二号又は第三号に掲げる小学校就学前子どもに該当する教育・保育給付認定子ども（以下「保育認定子ども」という。）に係るものにあっては、保育必要量の範囲内のものに限る。）に要した費用について、特例地域型保育給付費を支給することができる。

一　満三歳未満保育認定子どもが、当該満三歳未満保育認定子どもに係る教育・保育給付認定保護者が第二十条第一項の規定による申請をした日から当該教育・保育給付認定の効力が生じた日の前日までの間に、緊急その他やむを得ない理由により特定地域型保育を受けたとき。

二　第十九条第一号に掲げる小学校就学前子どもに該当する教育・保育給付認定子どもが、特定地域型保育事業者から特定地域型保育（同号に掲げる小学校就学前子どもに該当する教育・保育給付認定子どもに対して提供される教育に係る標準的な一日当たりの時間及び期間を勘案して内閣府令で定める一日当たりの時間及び期間の範囲内において行われるものに限る。次項及び附則第九条第一項第三号イにおいて「特別利用地域型保育」という。）を受けたとき（地域における教育の体制の整備の状況その他の事情を勘案して必要があると市町村が認めるときに限る。）。

三　第十九条第二号に掲げる小学校就学前子どもに該当する教育・保育給付認定子どもが、特定地域型保育事業者から特定利用地域型保育（特定地域型保育のうち同号に掲げる小学校就学前子どもに該当する教育・保育給付認定子どもに対して提供されるものをいう。次項において同じ。）を受けたとき（地域における同号に掲げる小学校就学前子どもに該当する教育・保育給付認定子どもに係る教育・保育の体制の整備の状況その他の事情を勘案して必要があると市町村が認めるときに限る。）。

四　特定教育・保育及び特定地域型保育の確保が著しく困難である離島その他の地域であって内閣総理大臣が定める基準に該当するものに居住地を有する教育・保育給付認定保護者に係る教育・保育給付認定子どもが、特例保育（特定教育・保育及び特定地域型保育以外の保育をいい、第十九条第一号に掲げる小学校就学前子どもに該当する教育・保育給付認定子どもに係るものにあっては、同号に掲げる小学校就学前子どもに該当する教育・保育給付認定子どもに対して提供される教育に係る標準的な一日当たりの時間及び期間を勘案して内閣府令で定める一日当たりの時間及び期間の範囲内において行われるものに限る。以下同じ。）を受けたとき。

2　特例地域型保育給付費の額は、一月につき、次の各号に掲げる区分に応じ、当該各号に定める額とする。

一　特定地域型保育（特別利用地域型保育及び特定利用地域型保育を除く。以下この号において同じ。）　前条第三項第一号の内閣総理大臣が定める基準により算定した費用の額（その額が現に当該特定地域型保育に要した費用の額を超えるときは、当該現に特定地域型保育に要した費用の額）から政令で定める額を限度として当該教育・保育給付認定保護者の属する世帯の所得の状況その他の事情を勘案して市町村が定める額を控除して得た額（当該額が零を下回る場合には、零とする。）を基準として市町村が定める額

二　特別利用地域型保育　特別利用地域型保育に通常要する費用の額を勘案して内閣総理大臣が定める基準により算定した費用の額（その額が現に当該特別利用地域型保育に要した費用の額を超えるときは、当該現に特別利用地域型保育に要した費用の額）から政令で定める額を限度として当該教育・保育給付認定保護者の属する世帯の所得の状況その他の事情を勘案して市町村が定める額を控除して得た額（当該額が零を下回る場合には、零とする。）

三　特定利用地域型保育　特定利用地域型保育に通常要する費用の額を勘案して内閣総理大臣が定める基準により算定した費用の額（その額が現に当該特定利用地域型保育に要した費用の額を超えるときは、当該現に特定利用地域型保育に要した費用の額）から政令で定める額を限度として当該教育・保育給付認定保護者の属する世帯の所

得の状況その他の事情を勘案して市町村が定める額を控除して得た額（当該額が零を下回る場合には、零とする。）

四　特例保育　特例保育に通常要する費用の額を勘案して内閣総理大臣が定める基準により算定した費用の額（その額が現に当該特例保育に要した費用の額を超えるときは、当該現に特例保育に要した費用の額）から政令で定める額を限度として当該教育・保育給付認定保護者の属する世帯の所得の状況その他の事情を勘案して市町村が定める額を控除して得た額（当該額が零を下回る場合には、零とする。）を基準として市町村が定める額

3　内閣総理大臣は、第一項第二号及び第四号の内閣府令並びに前項第二号及び第四号の基準を定め、又は変更しようとするときは、文部科学大臣に協議するとともに、こども家庭審議会の意見を聴かなければならない。

4　前条第二項及び第五項から第七項までの規定は、特例地域型保育給付費（第一項第二号及び第三号に係るものに限る。第五十二条第一項第四号において同じ。）の支給について準用する。この場合において、必要な技術的読替えは、政令で定める。

5　前各項に定めるもののほか、特例地域型保育給付費の支給及び特定地域型保育事業者の特例地域型保育給付費の請求に関し必要な事項は、内閣府令で定める。

第四節　子育てのための施設等利用給付

第一款　通則

（**子育てのための施設等利用給付**）

第三十条の二　子育てのための施設等利用給付は、施設等利用費の支給とする。

（**準用**）

第三十条の三　第十二条から第十八条までの規定は、子育てのための施設等利用給付について準用する。この場合において、必要な技術的読替えは、政令で定める。

第二款　施設等利用給付認定等

（**支給要件**）

第三十条の四　子育てのための施設等利用給付は、次に掲げる小学校就学前子ども（保育認定子どもに係る教育・保育給付認定保護者が、現に施設型給付費、特例施設型給付費（第二十八条第一項第三号に係るものを除く。次条第七項において同じ。）、地域型保育給付費若しくは特例地域型保育給付費の支給を受けている場合における当該保育認定子ども又は第七条第十項第四号ハの政令で定める施設を利用している小学校就学前子どもを除く。以下この節及び第五十八条の三において同じ。）の保護者に対し、その小学校就学前子どもの第三十条の十一第一項に規定する特定子ども・子育て支援の利用について行う。

一　満三歳以上の小学校就学前子ども（次号及び第三号に掲げる小学校就学前子どもに該当するものを除く。）

二　満三歳に達する日以後の最初の三月三十一日を経過した小学校就学前子どもであって、第十九条第二号の内閣府令で定める事由により家庭において必要な保育を受けることが困難であるもの

三　満三歳に達する日以後の最初の三月三十一日までの間にある小学校就学前子どもであって、第十九条第二号の内閣府令で定める事由により家庭において必要な保育を受けることが困難であるもののうち、その保護者及び当該保護者と同一の世帯に属する者が第三十条の十一第一項に規定する特定子ども・子育て支援のあった月の属する年度（政令で定める場合にあっては、前年度）分の地方税法（昭和二十五年法律第二百二十六号）の規定による市町村民税（同法の規定による特別区民税を含み、同法第三百二十八条の規定によって課する所得割を除く。以下この号において同じ。）を課されない者（これに準ずる者として政令で定める者を含むものとし、当該市町村民税の賦課期日において同法の施行地に住所を有しない者を除く。次条第七項第二号において「市町村民税世帯非課税者」という。）であるもの

（**市町村の認定等**）

第三十条の五　前条各号に掲げる小学校就学前子どもの保護者は、子育てのための施設等利用給付を受けようとするときは、内閣府令で定めるところにより、市町村に対し、その小学校就学前子どもごとに、子育てのための施設等利用給付を受ける資格を有すること及びその該当する同条各号に掲げる小学校就学前子どもの区分についての認定を申請し、その認定を受けなければならない。

2　前項の認定（以下「施設等利用給付認定」

という。）は、小学校就学前子どもの保護者の居住地の市町村が行うものとする。ただし、小学校就学前子どもの保護者が居住地を有しないとき、又は明らかでないときは、その小学校就学前子どもの保護者の現在地の市町村が行うものとする。

3　市町村は、施設等利用給付認定を行ったときは、内閣府令で定めるところにより、その結果その他の内閣府令で定める事項を当該施設等利用給付認定に係る保護者（以下「施設等利用給付認定保護者」という。）に通知するものとする。

4　市町村は、第一項の規定による申請について、当該保護者が子育てのための施設等利用給付を受ける資格を有すると認められないときは、理由を付して、その旨を当該申請に係る保護者に通知するものとする。

5　第一項の規定による申請に対する処分は、当該申請のあった日から三十日以内にしなければならない。ただし、当該申請に係る保護者の労働又は疾病の状況の調査に日時を要することその他の特別な理由がある場合には、当該申請のあった日から三十日以内に、当該保護者に対し、当該申請に対する処分をするためになお要する期間（次項において「処理見込期間」という。）及びその理由を通知し、これを延期することができる。

6　第一項の規定による申請をした日から三十日以内に当該申請に対する処分がされないとき、若しくは前項ただし書の規定による通知がないとき、又は処理見込期間が経過した日までに当該申請に対する処分がされないときは、当該申請に係る保護者は、市町村が当該申請を却下したものとみなすことができる。

7　次の各号に掲げる教育・保育給付認定保護者であって、その保育認定子どもについて現に施設型給付費、特例施設型給付費、地域型保育給付費又は特例地域型保育給付費の支給を受けていないものは、第一項の規定にかかわらず、施設等利用給付認定の申請をすることを要しない。この場合において、当該教育・保育給付認定保護者は、子育てのための施設等利用給付を受ける資格を有すること及び当該保育認定子どもが当該各号に定める小学校就学前子どもの区分に該当することについての施設等利用給付認定を受けたものとみなす。

一　第十九条第二号に掲げる小学校就学前子どもに該当する教育・保育給付認定子ども（満三歳に達する日以後の最初の三月三十一日までの間にあるものを除く。）に係る教育・保育給付認定保護者　前条第二号に掲げる小学校就学前子ども

二　第十九条第二号に掲げる小学校就学前子どもに該当する教育・保育給付認定子ども（満三歳に達する日以後の最初の三月三十一日までの間にあるものに限る。）又は満三歳未満保育認定子どもに係る教育・保育給付認定保護者（その者及びその者と同一の世帯に属する者が市町村民税世帯非課税者である場合に限る。）　前条第三号に掲げる小学校就学前子ども

（施設等利用給付認定の有効期間）

第三十条の六　施設等利用給付認定は、内閣府令で定める期間（以下「施設等利用給付認定の有効期間」という。）内に限り、その効力を有する。

（届出）

第三十条の七　施設等利用給付認定保護者は、施設等利用給付認定の有効期間内において、内閣府令で定めるところにより、市町村に対し、その労働又は疾病の状況その他の内閣府令で定める事項を届け出、かつ、内閣府令で定める書類その他の物件を提出しなければならない。

（施設等利用給付認定の変更）

第三十条の八　施設等利用給付認定保護者は、現に受けている施設等利用給付認定に係る小学校就学前子ども（以下「施設等利用給付認定子ども」という。）の該当する第三十条の四各号に掲げる小学校就学前子どもの区分その他の内閣府令で定める事項を変更する必要があるときは、内閣府令で定めるところにより、市町村に対し、施設等利用給付認定の変更の認定を申請することができる。

2　市町村は、前項の規定による申請により、施設等利用給付認定保護者につき、必要があると認めるときは、施設等利用給付認定の変更の認定を行うことができる。

3　第三十条の五第二項から第六項までの規定は、前項の施設等利用給付認定の変更の認定について準用する。この場合において、必要な技術的読替えは、政令で定める。

4　市町村は、職権により、施設等利用給付認定保護者につき、第三十条の四第三号に掲げる小学校就学前子どもに該当する施設等利用給付認定子どもが満三歳に達する日以後の最初の三月三十一日を経過した日以後引き続き同一の特定子ども・子育て支援施設等（第三

十条の十一第一項に規定する特定子ども・子育て支援施設等をいう。）を利用するときその他必要があると認めるときは、内閣府令で定めるところにより、施設等利用給付認定の変更の認定を行うことができる。

5　第三十条の五第二項及び第三項の規定は、前項の施設等利用給付認定の変更の認定について準用する。この場合において、必要な技術的読替えは、政令で定める。

（**施設等利用給付認定の取消し**）

第三十条の九　施設等利用給付認定を行った市町村は、次に掲げる場合には、当該施設等利用給付認定を取り消すことができる。

一　当該施設等利用給付認定に係る満三歳未満の小学校就学前子どもが、施設等利用給付認定の有効期間内に、第三十条の四第三号に掲げる小学校就学前子どもに該当しなくなったとき。

二　当該施設等利用給付認定保護者が、施設等利用給付認定の有効期間内に、当該市町村以外の市町村の区域内に居住地を有するに至ったと認めるとき。

三　その他政令で定めるとき。

2　市町村は、前項の規定により施設等利用給付認定の取消しを行ったときは、理由を付して、その旨を当該取消しに係る施設等利用給付認定保護者に通知するものとする。

（**内閣府令への委任**）

第三十条の十　この款に定めるもののほか、施設等利用給付認定の申請その他の手続に関し必要な事項は、内閣府令で定める。

第三款　施設等利用費の支給

第三十条の十一　市町村は、施設等利用給付認定子どもが、施設等利用給付認定の有効期間内において、市町村長が施設等利用費の支給に係る施設又は事業として確認する子ども・子育て支援施設等（以下「特定子ども・子育て支援施設等」という。）から当該確認に係る教育・保育その他の子ども・子育て支援（次の各号に掲げる子ども・子育て支援施設等の区分に応じ、当該各号に定める小学校就学前子どもに該当する施設等利用給付認定子どもが受けるものに限る。以下「特定子ども・子育て支援」という。）を受けたときは、内閣府令で定めるところにより、当該施設等利用給付認定子どもに係る施設等利用給付認定保護者に対し、当該特定子ども・子育て支援に要した費用（食事の提供に要する費用その他の日常生活に要する費用のうち内閣府令で定める費用を除く。）について、施設等利用費を支給する。

一　認定こども園　第三十条の四各号に掲げる小学校就学前子ども

二　幼稚園又は特別支援学校　第三十条の四第一号若しくは第二号に掲げる小学校就学前子ども又は同条第三号に掲げる小学校就学前子ども（満三歳以上のものに限る。）

三　第七条第十項第四号から第八号までに掲げる子ども・子育て支援施設等　第三十条の四第二号又は第三号に掲げる小学校就学前子ども

2　施設等利用費の額は、一月につき、第三十条の四各号に掲げる小学校就学前子どもの区分ごとに、子どものための教育・保育給付との均衡、子ども・子育て支援施設等の利用に要する標準的な費用の状況その他の事情を勘案して政令で定めるところにより算定した額とする。

3　施設等利用給付認定子どもが特定子ども・子育て支援施設等から特定子ども・子育て支援を受けたときは、市町村は、当該施設等利用給付認定子どもに係る施設等利用給付認定保護者が当該特定子ども・子育て支援施設等である施設の設置者又は事業を行う者（以下「特定子ども・子育て支援提供者」という。）に支払うべき当該特定子ども・子育て支援に要した費用について、施設等利用費として当該施設等利用給付認定保護者に支給すべき額の限度において、当該施設等利用給付認定保護者に代わり、当該特定子ども・子育て支援提供者に支払うことができる。

4　前項の規定による支払があったときは、施設等利用給付認定保護者に対し施設等利用費の支給があったものとみなす。

5　前各項に定めるもののほか、施設等利用費の支給に関し必要な事項は、内閣府令で定める。

第三章　特定教育・保育施設及び特定地域型保育事業者並びに特定子ども・子育て支援施設等

第一節　特定教育・保育施設及び特定地域型保育事業者

第一款　特定教育・保育施設

（**特定教育・保育施設の確認**）

第三十一条　第二十七条第一項の確認は、内閣府令で定めるところにより、教育・保育施設の設置者（国立大学法人法（平成十五年法律第百十二号）第二条第一項に規定する国立大学法人を含む。第五十八条の九第二項、第三項及び第六項、第六十五条第四号及び第五号並びに附則第七条において同じ。）及び公立大学法人（地方独立行政法人法（平成十五年法律第百十八号）第六十八条第一項に規定する公立大学法人をいう。第五十八条の四第一項第一号、第五十八条の九第二項並びに第六十五条第三号及び第四号において同じ。）を除き、法人に限る。以下同じ。）の申請により、次の各号に掲げる教育・保育施設の区分に応じ、当該各号に定める小学校就学前子どもの区分ごとの利用定員を定めて、市町村長が行う。

一 認定こども園 第十九条各号に掲げる小学校就学前子どもの区分

二 幼稚園 第十九条第一号に掲げる小学校就学前子どもの区分

三 保育所 第十九条第二号に掲げる小学校就学前子どもの区分及び同条第三号に掲げる小学校就学前子どもの区分

2 市町村長は、前項の規定により特定教育・保育施設の利用定員を定めようとするときは、第七十二条第一項の審議会その他の合議制の機関を設置している場合にあってはその意見を、その他の場合にあっては子どもの保護者その他子ども・子育て支援に係る当事者の意見を聴かなければならない。

3 市町村長は、第一項の規定により特定教育・保育施設の利用定員を定めたときは、内閣府令で定めるところにより、都道府県知事に届け出なければならない。

（特定教育・保育施設の確認の変更）

第三十二条 特定教育・保育施設の設置者は、利用定員（第二十七条第一項の確認において定められた利用定員をいう。第三十四条第三項第一号を除き、以下この款において同じ。）を増加しようとするときは、内閣府令で定めるところにより、当該特定教育・保育施設に係る第二十七条第一項の確認の変更を申請することができる。

2 前条第三項の規定は、前項の確認の変更の申請があった場合について準用する。この場合において、必要な技術的読替えは、政令で定める。

3 市町村長は、前項の規定により前条第三項の規定を準用する場合のほか、利用定員を変更したときは、内閣府令で定めるところにより、都道府県知事に届け出なければならない。

（特定教育・保育施設の設置者の責務）

第三十三条 特定教育・保育施設の設置者は、教育・保育給付認定保護者から利用の申込みを受けたときは、正当な理由がなければ、これを拒んではならない。

2 特定教育・保育施設の設置者は、第十九条各号に掲げる小学校就学前子どもの区分ごとの当該特定教育・保育施設における前項の申込みに係る教育・保育給付認定子ども及び当該特定教育・保育施設を現に利用している教育・保育給付認定子どもの総数が、当該区分に応ずる当該特定教育・保育施設の利用定員の総数を超える場合においては、内閣府令で定めるところにより、同項の申込みに係る教育・保育給付認定子どもを公正な方法で選考しなければならない。

3 内閣総理大臣は、前項の内閣府令を定め、又は変更しようとするときは、文部科学大臣に協議しなければならない。

4 特定教育・保育施設の設置者は、教育・保育給付認定子どもに対し適切な特定教育・保育を提供するとともに、市町村、児童相談所、児童福祉施設（第四十五条第三項及び第五十八条の三第一項において「児童福祉施設」という。）、教育機関その他の関係機関との緊密な連携を図りつつ、良質な特定教育・保育を小学校就学前子どもの置かれている状況その他の事情に応じ、効果的に行うように努めなければならない。

5 特定教育・保育施設の設置者は、その提供する特定教育・保育の質の評価を行うことその他の措置を講ずることにより、特定教育・保育の質の向上に努めなければならない。

6 特定教育・保育施設の設置者は、小学校就学前子どもの人格を尊重するとともに、この法律及びこの法律に基づく命令を遵守し、誠実にその職務を遂行しなければならない。

（特定教育・保育施設の基準）

第三十四条 特定教育・保育施設の設置者は、次の各号に掲げる教育・保育施設の区分に応じ、当該各号に定める基準（以下「教育・保育施設の認可基準」という。）を遵守しなければならない。

一 認定こども園 認定こども園法第三条第一項の規定により都道府県（地方自治法第二百五十二条の十九第一項の指定都市又は

同法第二百五十二条の二十二第一項の中核市（以下「指定都市等」という。）の区域内に所在する認定こども園（都道府県が設置するものを除く。以下「指定都市等所在認定こども園」という。）については、当該指定都市等。以下この号において同じ。）の条例で定める要件（当該認定こども園が認定こども園法第三条第一項の認定を受けたものである場合又は同項の規定により都道府県の条例で定める要件に適合しているものとして同条第十項の規定による公示がされたものである場合に限る。）、認定こども園法第三条第三項の規定により都道府県の条例で定める要件（当該認定こども園が同項の認定を受けたものである場合又は同項の規定により都道府県の条例で定める要件に適合しているものとして同条第十項の規定による公示がされたものである場合に限る。）又は認定こども園法第十三条第一項の規定により都道府県の条例で定める設備及び運営についての基準（当該認定こども園が幼保連携型認定こども園（認定こども園法第二条第七項に規定する幼保連携型認定こども園をいう。）である場合に限る。）

二　幼稚園　学校教育法第三条に規定する学校の設備、編制その他に関する設置基準（第五十八条の四第一項第二号及び第三号並びに第五十八条の九第二項において「設置基準」という。）（幼稚園に係るものに限る。）

三　保育所　児童福祉法第四十五条第一項の規定により都道府県（指定都市等又は同法第五十九条の四第一項に規定する児童相談所設置市（以下「児童相談所設置市」という。）の区域内に所在する保育所（都道府県が設置するものを除く。第三十九条第二項及び第四十条第一項第二号において「指定都市等所在保育所」という。）については、当該指定都市等又は児童相談所設置市）の条例で定める児童福祉施設の設備及び運営についての基準（保育所に係るものに限る。）

2　特定教育・保育施設の設置者は、市町村の条例で定める特定教育・保育施設の運営に関する基準に従い、特定教育・保育（特定教育・保育施設が特別利用保育又は特別利用教育を行う場合にあっては、特別利用保育又は特別利用教育を含む。以下この款において同じ。）を提供しなければならない。

3　市町村が前項の条例を定めるに当たっては、次に掲げる事項については内閣府令で定める基準に従い定めるものとし、その他の事項については内閣府令で定める基準を参酌するものとする。

一　特定教育・保育施設に係る利用定員（第二十七条第一項の確認において定める利用定員をいう。第七十二条第一項第一号において同じ。）

二　特定教育・保育施設の運営に関する事項であって、小学校就学前子どもの適切な処遇の確保及び秘密の保持並びに小学校就学前子どもの健全な発達に密接に関連するものとして内閣府令で定めるもの

4　内閣総理大臣は、前項に規定する内閣府令で定める基準及び同項第二号の内閣府令を定め、又は変更しようとするときは、文部科学大臣に協議するとともに、特定教育・保育の取扱いに関する部分についてこども家庭審議会の意見を聴かなければならない。

5　特定教育・保育施設の設置者は、次条第二項の規定による利用定員の減少の届出をしたとき又は第三十六条の規定による確認の辞退をするときは、当該届出の日又は同条に規定する予告期間の開始日の前一月以内に当該特定教育・保育を受けていた者であって、当該利用定員の減少又は確認の辞退の日以後においても引き続き当該特定教育・保育に相当する教育・保育の提供を希望する者に対し、必要な教育・保育が継続的に提供されるよう、他の特定教育・保育施設の設置者その他関係者との連絡調整その他の便宜の提供を行わなければならない。

（変更の届出等）

第三十五条　特定教育・保育施設の設置者は、設置者の住所その他の内閣府令で定める事項に変更があったときは、内閣府令で定めるところにより、十日以内に、その旨を市町村長に届け出なければならない。

2　特定教育・保育施設の設置者は、当該利用定員の減少をしようとするときは、内閣府令で定めるところにより、その利用定員の減少の日の三月前までに、その旨を市町村長に届け出なければならない。

（確認の辞退）

第三十六条　特定教育・保育施設の設置者は、三月以上の予告期間を設けて、当該特定教育・保育施設に係る第二十七条第一項の確認を辞退することができる。

（市町村長等による連絡調整又は援助）

第三十七条 市町村長は、特定教育・保育施設の設置者による第三十四条第五項に規定する便宜の提供が円滑に行われるため必要があると認めるときは、当該特定教育・保育施設の設置者及び他の特定教育・保育施設の設置者その他の関係者相互間の連絡調整又は当該特定教育・保育施設の設置者及び当該関係者に対する助言その他の援助を行うことができる。

2 都道府県知事は、同一の特定教育・保育施設の設置者について二以上の市町村長が前項の規定による連絡調整又は援助を行う場合において、当該特定教育・保育施設の設置者による第三十四条第五項に規定する便宜の提供が円滑に行われるため必要があると認めるときは、当該市町村長相互間の連絡調整又は当該特定教育・保育施設の設置者に対する市町村の区域を超えた広域的な見地からの助言その他の援助を行うことができる。

3 内閣総理大臣は、同一の特定教育・保育施設の設置者について二以上の都道府県知事が前項の規定による連絡調整又は援助を行う場合において、当該特定教育・保育施設の設置者による第三十四条第五項に規定する便宜の提供が円滑に行われるため必要があると認めるときは、当該都道府県知事相互間の連絡調整又は当該特定教育・保育施設の設置者に対する都道府県の区域を超えた広域的な見地からの助言その他の援助を行うことができる。

（報告等）

第三十八条 市町村長は、必要があると認めるときは、この法律の施行に必要な限度において、特定教育・保育施設若しくは特定教育・保育施設の設置者若しくは特定教育・保育施設の設置者であった者若しくは特定教育・保育施設の職員であった者（以下この項において「特定教育・保育施設の設置者であった者等」という。）に対し、報告若しくは帳簿書類その他の物件の提出若しくは提示を命じ、特定教育・保育施設の設置者若しくは特定教育・保育施設の職員若しくは特定教育・保育施設の設置者であった者等に対し出頭を求め、又は当該市町村の職員に関係者に対して質問させ、若しくは特定教育・保育施設、特定教育・保育施設の設置者の事務所その他特定教育・保育施設の運営に関係のある場所に立ち入り、その設備若しくは帳簿書類その他の物件を検査させることができる。

2 第十三条第二項の規定は前項の規定による質問又は検査について、同条第三項の規定は前項の規定による権限について、それぞれ準用する。

（勧告、命令等）

第三十九条 市町村長は、特定教育・保育施設の設置者が、次の各号に掲げる場合に該当すると認めるときは、当該特定教育・保育施設の設置者に対し、期限を定めて、当該各号に定める措置をとるべきことを勧告することができる。

一 第三十四条第二項の市町村の条例で定める特定教育・保育施設の運営に関する基準に従って施設型給付費の支給に係る施設として適正な特定教育・保育施設の運営をしていない場合 当該基準を遵守すること。

二 第三十四条第五項に規定する便宜の提供を施設型給付費の支給に係る施設として適正に行っていない場合 当該便宜の提供を適正に行うこと。

2 市町村長（指定都市等所在認定こども園については当該指定都市等の長を除き、指定都市等所在保育所については当該指定都市等又は児童相談所設置市の長を除く。第五項において同じ。）は、特定教育・保育施設（指定都市等所在認定こども園及び指定都市等所在保育所を除く。以下この項及び第五項において同じ。）の設置者が教育・保育施設の認可基準に従って施設型給付費の支給に係る施設として適正な教育・保育施設の運営をしていないと認めるときは、遅滞なく、その旨を、当該特定教育・保育施設に係る教育・保育施設の認可等（教育・保育施設に係る認定こども園法第十七条第一項、学校教育法第四条第一項若しくは児童福祉法第三十五条第四項の認可又は認定こども園法第三条第一項若しくは第三項の認定をいう。第五項及び次条第一項第二号において同じ。）を行った都道府県知事に通知しなければならない。

3 市町村長は、第一項の規定による勧告をした場合において、その勧告を受けた特定教育・保育施設の設置者が、同項の期限内にこれに従わなかったときは、その旨を公表することができる。

4 市町村長は、第一項の規定による勧告を受けた特定教育・保育施設の設置者が、正当な理由がなくてその勧告に係る措置をとらなかったときは、当該特定教育・保育施設の設置者に対し、期限を定めて、その勧告に係る措置をとるべきことを命ずることができる。

5　市町村長は、前項の規定による命令をしたときは、その旨を公示するとともに、遅滞なく、その旨を、当該特定教育・保育施設に係る教育・保育施設の認可等を行った都道府県知事に通知しなければならない。

（確認の取消し等）

第四十条　市町村長は、次の各号のいずれかに該当する場合においては、当該特定教育・保育施設に係る第二十七条第一項の確認を取り消し、又は期間を定めてその確認の全部若しくは一部の効力を停止することができる。

一　特定教育・保育施設の設置者が、第三十三条第六項の規定に違反したと認められるとき。

二　特定教育・保育施設の設置者が、教育・保育施設の認可基準に従って施設型給付費の支給に係る施設として適正な教育・保育施設の運営をすることができなくなったとき（当該特定教育・保育施設に係る教育・保育施設の認可等を行った都道府県知事（指定都市等所在認定こども園については当該指定都市等の長とし、指定都市等所在保育所については当該指定都市等又は児童相談所設置市の長とする。）が認めたとき。

三　特定教育・保育施設の設置者が、第三十四条第二項の市町村の条例で定める特定教育・保育施設の運営に関する基準に従って施設型給付費の支給に係る施設として適正な特定教育・保育施設の運営をすることができなくなったとき。

四　施設型給付費又は特例施設型給付費の請求に関し不正があったとき。

五　特定教育・保育施設の設置者が、第三十八条第一項の規定により報告若しくは帳簿書類その他の物件の提出若しくは提示を命ぜられてこれに従わず、又は虚偽の報告をしたとき。

六　特定教育・保育施設の設置者又はその職員が、第三十八条第一項の規定により出頭を求められてこれに応ぜず、同項の規定による質問に対して答弁せず、若しくは虚偽の答弁をし、又は同項の規定による検査を拒み、妨げ、若しくは忌避したとき。ただし、当該特定教育・保育施設の職員がその行為をした場合において、その行為を防止するため、当該特定教育・保育施設の設置者が相当の注意及び監督を尽くしたときを除く。

七　特定教育・保育施設の設置者が、不正の手段により第二十七条第一項の確認を受けたとき。

八　前各号に掲げる場合のほか、特定教育・保育施設の設置者が、この法律その他国民の福祉若しくは学校教育に関する法律で政令で定めるもの又はこれらの法律に基づく命令若しくは処分に違反したとき。

九　前各号に掲げる場合のほか、特定教育・保育施設の設置者が、教育・保育に関し不正又は著しく不当な行為をしたとき。

十　特定教育・保育施設の設置者の役員（業務を執行する社員、取締役、執行役又はこれらに準ずる者をいい、相談役、顧問その他いかなる名称を有する者であるかを問わず、法人に対し業務を執行する社員、取締役、執行役又はこれらに準ずる者と同等以上の支配力を有するものと認められる者を含む。以下同じ。）又はその長のうちに過去五年以内に教育・保育に関し不正又は著しく不当な行為をした者があるとき。

2　前項の規定により第二十七条第一項の確認を取り消された教育・保育施設の設置者（政令で定める者を除く。）及びこれに準ずる者として政令で定める者は、その取消しの日又はこれに準ずる日として政令で定める日から起算して五年を経過するまでの間は、第三十一条第一項の申請をすることができない。

（公示）

第四十一条　市町村長は、次に掲げる場合には、遅滞なく、当該特定教育・保育施設の設置者の名称、当該特定教育・保育施設の所在地その他の内閣府令で定める事項を都道府県知事に届け出るとともに、これを公示しなければならない。

一　第二十七条第一項の確認をしたとき。

二　第三十六条の規定による第二十七条第一項の確認の辞退があったとき。

三　前条第一項の規定により第二十七条第一項の確認を取り消し、又は同項の確認の全部若しくは一部の効力を停止したとき。

（市町村によるあっせん及び要請）

第四十二条　市町村は、特定教育・保育施設に関し必要な情報の提供を行うとともに、教育・保育給付認定保護者から求めがあった場合その他必要と認められる場合には、特定教育・保育施設を利用しようとする教育・保育給付認定子どもに係る教育・保育給付認定保護者の教育・保育に係る希望、当該教育・保育給付認定子どもの養育の状況、当該教育・保育給付認定保護者に必要な支援の内容その他の事情を勘案し、当該教育・保育給付認定子どもが適切に特定教育・保育施設を利用できるよう、相談に応じ、必要な助言又は特定教育・保育施設の利用についてのあっせんを行うとともに、必要に応じて、特定教育・保育施設の設置者に対し、当該教育・保育給付認定子どもの利用の要請を行うものとする。

2　特定教育・保育施設の設置者は、前項の規定により行われるあっせん及び要請に対し、協力しなければならない。

第二款　特定地域型保育事業者

（**特定地域型保育事業者の確認**）

第四十三条　第二十九条第一項の確認は、内閣府令で定めるところにより、地域型保育事業を行う者の申請により、地域型保育の種類及び当該地域型保育の種類に係る地域型保育事業を行う事業所（以下「地域型保育事業所」という。）ごとに、第十九条第三号に掲げる小学校就学前子どもに係る利用定員（事業所内保育の事業を行う事業所（以下「事業所内保育事業所」という。）にあっては、その雇用する労働者の監護する小学校就学前子どもを保育するため当該事業所内保育の事業を自ら施設を設置し、又は委託して行う事業主に係る当該小学校就学前子ども（当該事業所内保育の事業が、事業主団体に係るものにあっては事業主団体の構成員である事業主の雇用する労働者の監護する小学校就学前子どもとし、共済組合等（児童福祉法第六条の三第十二項第一号ハに規定する共済組合等をいう。）に係るものにあっては共済組合等の構成員（同号ハに規定する共済組合等の構成員をいう。）の監護する小学校就学前子どもとする。以下「労働者等の監護する小学校就学前子ども」という。）及びその他の小学校就学前子どもごとに定める第十九条第三号に掲げる小学校就学前子どもに係る利用定員とする。）を定めて、市町村長が行う。

2　市町村長は、前項の規定により特定地域型保育事業（特定地域型保育を行う事業をいう。以下同じ。）の利用定員を定めようとするときは、第七十二条第一項の審議会その他の合議制の機関を設置している場合にあってはその意見を、その他の場合にあっては子どもの保護者その他子ども・子育て支援に係る当事者の意見を聴かなければならない。

（**特定地域型保育事業者の確認の変更**）

第四十四条　特定地域型保育事業者は、利用定員（第二十九条第一項の確認において定められた利用定員をいう。第四十六条第三項第一号を除き、以下この款において同じ。）を増加しようとするときは、内閣府令で定めるところにより、当該特定地域型保育事業者に係る第二十九条第一項の確認の変更を申請することができる。

（**特定地域型保育事業者の責務**）

第四十五条　特定地域型保育事業者は、教育・保育給付認定保護者から利用の申込みを受けたときは、正当な理由がなければ、これを拒んではならない。

2　特定地域型保育事業者は、前項の申込みに係る満三歳未満保育認定子ども及び当該特定地域型保育事業者に係る特定地域型保育事業を現に利用している満三歳未満保育認定子どもの総数が、その利用定員の総数を超える場合においては、内閣府令で定めるところにより、同項の申込みに係る満三歳未満保育認定子どもを公正な方法で選考しなければならない。

3　特定地域型保育事業者は、満三歳未満保育認定子どもに対し適切な地域型保育を提供するとともに、市町村、教育・保育施設、児童相談所、児童福祉施設、教育機関その他の関係機関との緊密な連携を図りつつ、良質な地域型保育を小学校就学前子どもの置かれている状況その他の事情に応じ、効果的に行うように努めなければならない。

4　特定地域型保育事業者は、その提供する地域型保育の質の評価を行うことその他の措置を講ずることにより、地域型保育の質の向上に努めなければならない。

5　特定地域型保育事業者は、小学校就学前子どもの人格を尊重するとともに、この法律及びこの法律に基づく命令を遵守し、誠実にその職務を遂行しなければならない。

（**特定地域型保育事業の基準**）

第四十六条　特定地域型保育事業者は、地域型保育の種類に応じ、児童福祉法第三十四条の十六第一項の規定により市町村の条例で定める設備及び運営についての基準（以下「地域型保育事業の認可基準」という。）を遵守しなければならない。

2　特定地域型保育事業者は、市町村の条例で定める特定地域型保育事業の運営に関する基準に従い、特定地域型保育を提供しなければならない。

3　市町村が前項の条例を定めるに当たっては、次に掲げる事項については内閣府令で定める基準に従い定めるものとし、その他の事項については内閣府令で定める基準を参酌するものとする。

一　特定地域型保育事業に係る利用定員（第二十九条第一項の確認において定める利用定員をいう。第七十二条第一項第二号において同じ。）

二　特定地域型保育事業の運営に関する事項であって、小学校就学前子どもの適切な処遇の確保及び秘密の保持等並びに小学校就学前子どもの健全な発達に密接に関連するものとして内閣府令で定めるもの

4　内閣総理大臣は、前項に規定する内閣府令で定める基準及び同項第二号の内閣府令を定め、又は変更しようとするときは、特定地域型保育の取扱いに関する部分についてこども家庭審議会の意見を聴かなければならない。

5　特定地域型保育事業者は、次条第二項の規定による利用定員の減少の届出をしたとき又は第四十八条の規定による確認の辞退をするときは、当該届出の日又は同条に規定する予告期間の開始日の前一月以内に当該特定地域型保育を受けていた者であって、当該利用定員の減少又は確認の辞退の日以後においても引き続き当該特定地域型保育に相当する地域型保育の提供を希望する者に対し、必要な地域型保育が継続的に提供されるよう、他の特定地域型保育事業者その他関係者との連絡調整その他の便宜の提供を行わなければならない。

（**変更の届出等**）

第四十七条　特定地域型保育事業者は、当該特定地域型保育事業所の名称及び所在地その他内閣府令で定める事項に変更があったときは、内閣府令で定めるところにより、十日以内に、その旨を市町村長に届け出なければならない。

2　特定地域型保育事業者は、当該特定地域型保育事業の利用定員の減少をしようとするときは、内閣府令で定めるところにより、その利用定員の減少の日の三月前までに、その旨を市町村長に届け出なければならない。

（**確認の辞退**）

第四十八条　特定地域型保育事業者は、三月以上の予告期間を設けて、当該特定地域型保育事業者に係る第二十九条第一項の確認を辞退することができる。

（**市町村長等による連絡調整又は援助**）

第四十九条　市町村長は、特定地域型保育事業者による第四十六条第五項に規定する便宜の提供が円滑に行われるため必要があると認めるときは、当該特定地域型保育事業者及び他の特定地域型保育事業者その他の関係者相互間の連絡調整又は当該特定地域型保育事業者及び当該関係者に対する助言その他の援助を行うことができる。

2　都道府県知事は、同一の特定地域型保育事業者について二以上の市町村長が前項の規定による連絡調整又は援助を行う場合において、当該特定地域型保育事業者による第四十六条第五項に規定する便宜の提供が円滑に行われるため必要があると認めるときは、当該市町村長相互間の連絡調整又は当該特定地域型保育事業者に対する市町村の区域を超えた広域的な見地からの助言その他の援助を行うことができる。

3　内閣総理大臣は、同一の特定地域型保育事業者について二以上の都道府県知事が前項の規定による連絡調整又は援助を行う場合において、当該特定地域型保育事業者による第四十六条第五項に規定する便宜の提供が円滑に行われるため必要があると認めるときは、当該都道府県知事相互間の連絡調整又は当該特定地域型保育事業者に対する都道府県の区域を超えた広域的な見地からの助言その他の援助を行うことができる。

（**報告等**）

第五十条　市町村長は、必要があると認めるときは、この法律の施行に必要な限度において、特定地域型保育事業者若しくは特定地域型保育事業者であった者若しくは特定地域型保育事業所の職員であった者（以下この項において「特定地域型保育事業者であった者等」という。）に対し、報告若しくは帳簿書類その他の物件の提出若しくは提示を命じ、特定地域型保育事業者若しくは特定地域型保育事業所の職員若しくは特定地域型保育事業者であった者等に対し出頭を求め、又は当該市町村の職員に関係者に対して質問させ、若しくは特定地域型保育事業者の特定地域型保育事業所、事務所その他特定地域型保育事業に関係のある場所に立ち入り、その設備若しくは帳簿書類その他の物件を検査させることができる。

2　第十三条第二項の規定は前項の規定による質問又は検査について、同条第三項の規定は前項の規定による権限について、それぞれ準用する。

（**勧告、命令等**）

第五十一条　市町村長は、特定地域型保育事業者が、次の各号に掲げる場合に該当すると認めるときは、当該特定地域型保育事業者に対し、期限を定めて、当該各号に定める措置をとるべきことを勧告することができる。

一　地域型保育事業の認可基準に従って地域型保育給付費の支給に係る事業を行う者として適正な地域型保育事業の運営をしていない場合　当該基準を遵守すること。

二　第四十六条第二項の市町村の条例で定める特定地域型保育事業の運営に関する基準に従って地域型保育給付費の支給に係る事業を行う者として適正な特定地域型保育事業の運営をしていない場合　当該基準を遵守すること。

三　第四十六条第五項に規定する便宜の提供を地域型保育給付費の支給に係る事業を行う者として適正に行っていない場合　当該便宜の提供を適正に行うこと。

2　市町村長は、前項の規定による勧告をした場合において、その勧告を受けた特定地域型保育事業者が、同項の期限内にこれに従わなかったときは、その旨を公表することができる。

3　市町村長は、第一項の規定による勧告を受けた特定地域型保育事業者が、正当な理由がなくてその勧告に係る措置をとらなかったときは、当該特定地域型保育事業者に対し、期限を定めて、その勧告に係る措置をとるべきことを命ずることができる。

4　市町村長は、前項の規定による命令をしたときは、その旨を公示しなければならない。

（確認の取消し等）

第五十二条　市町村長は、次の各号のいずれかに該当する場合においては、当該特定地域型保育事業者に係る第二十九条第一項の確認を取り消し、又は期間を定めてその確認の全部若しくは一部の効力を停止することができる。

一　特定地域型保育事業者が、第四十五条第五項の規定に違反したと認められるとき。

二　特定地域型保育事業者が、地域型保育事業の認可基準に従って地域型保育給付費の支給に係る事業を行う者として適正な地域型保育事業の運営をすることができなくなったとき。

三　特定地域型保育事業者が、第四十六条第二項の市町村の条例で定める特定地域型保育事業の運営に関する基準に従って地域型保育給付費の支給に係る事業を行う者として適正な特定地域型保育事業の運営をすることができなくなったとき。

四　地域型保育給付費又は特例地域型保育給付費の請求に関し不正があったとき。

五　特定地域型保育事業者が、第五十条第一項の規定により報告若しくは帳簿書類その他の物件の提出若しくは提示を命ぜられてこれに従わず、又は虚偽の報告をしたとき。

六　特定地域型保育事業者又はその特定地域型保育事業所の職員が、第五十条第一項の規定により出頭を求められてこれに応ぜず、同項の規定による質問に対して答弁せず、若しくは虚偽の答弁をし、又は同項の規定による検査を拒み、妨げ、若しくは忌避したとき。ただし、当該特定地域型保育事業所の職員がその行為をした場合において、その行為を防止するため、当該特定地域型保育事業者が相当の注意及び監督を尽くしたときを除く。

七　特定地域型保育事業者が、不正の手段により第二十九条第一項の確認を受けたとき。

八　前各号に掲げる場合のほか、特定地域型保育事業者が、この法律その他国民の福祉に関する法律で政令で定めるもの又はこれらの法律に基づく命令若しくは処分に違反したとき。

九　前各号に掲げる場合のほか、特定地域型保育事業者が、保育に関し不正又は著しく不当な行為をしたとき。

十　特定地域型保育事業者が法人である場合において、当該法人の役員又はその事業所を管理する者その他の政令で定める使用人のうちに過去五年以内に保育に関し不正又は著しく不当な行為をした者があるとき。

十一　特定地域型保育事業者が法人でない場合において、その管理者が過去五年以内に保育に関し不正又は著しく不当な行為をした者であるとき。

2　前項の規定により第二十九条第一項の確認を取り消された地域型保育事業を行う者（政令で定める者を除く。）及びこれに準ずる者として政令で定める者は、その取消しの日又はこれに準ずる日として政令で定める日から起算して五年を経過するまでの間は、第四十三条第一項の申請をすることができない。

（公示）

第五十三条　市町村長は、次に掲げる場合には、遅滞なく、当該特定地域型保育事業者の名称、当該特定地域型保育事業所の所在地その他の内閣府令で定める事項を都道府県知事に届け出るとともに、これを公示しなければならない。

一　第二十九条第一項の確認をしたとき。

二　第四十八条の規定による第二十九条第一項の確認の辞退があったとき。

三　前条第一項の規定により第二十九条第一項の確認を取り消し、又は同項の確認の全部若しくは一部の効力を停止したとき。

（**市町村によるあっせん及び要請**）

第五十四条　市町村は、特定地域型保育事業に関し必要な情報の提供を行うとともに、教育・保育給付認定保護者から求めがあった場合その他必要と認められる場合には、特定地域型保育事業を利用しようとする満三歳未満保育認定子どもに係る教育・保育給付認定保護者の地域型保育に係る希望、当該満三歳未満保育認定子どもの養育の状況、当該教育・保育給付認定保護者に必要な支援の内容その他の事情を勘案し、当該満三歳未満保育認定子どもが適切に特定地域型保育事業を利用できるよう、相談に応じ、必要な助言又は特定地域型保育事業の利用についてのあっせんを行うとともに、必要に応じて、特定地域型保育事業者に対し、当該満三歳未満保育認定子どもの利用の要請を行うものとする。

2　特定地域型保育事業者は、前項の規定により行われるあっせん及び要請に対し、協力しなければならない。

第三款　業務管理体制の整備等

（**業務管理体制の整備等**）

第五十五条　特定教育・保育施設の設置者及び特定地域型保育事業者（以下「特定教育・保育提供者」という。）は、第三十三条第六項又は第四十五条第五項に規定する義務の履行が確保されるよう、内閣府令で定める基準に従い、業務管理体制を整備しなければならない。

2　特定教育・保育提供者は、次の各号に掲げる区分に応じ、当該各号に定める者に対し、内閣府令で定めるところにより、業務管理体制の整備に関する事項を届け出なければならない。

一　その確認に係る全ての教育・保育施設又は地域型保育事業所（その確認に係る地域型保育の種類が異なるものを含む。次号において同じ。）が一の市町村の区域に所在する特定教育・保育提供者　市町村長

二　その確認に係る教育・保育施設又は地域型保育事業所が二以上の都道府県の区域に所在する特定教育・保育提供者　内閣総理大臣

三　前二号に掲げる特定教育・保育提供者以外の特定教育・保育提供者　都道府県知事

3　前項の規定による届出を行った特定教育・保育提供者は、その届け出た事項に変更があったときは、内閣府令で定めるところにより、遅滞なく、その旨を当該届出を行った同項各号に定める者（以下この款において「市町村長等」という。）に届け出なければならない。

4　第二項の規定による届出を行った特定教育・保育提供者は、同項各号に掲げる区分の変更により、同項の規定により当該届出を行った市町村長等以外の市町村長等に届出を行うときは、内閣府令で定めるところにより、その旨を当該届出を行った市町村長等にも届け出なければならない。

5　市町村長等は、前三項の規定による届出が適正になされるよう、相互に密接な連携を図るものとする。

（**報告等**）

第五十六条　前条第二項の規定による届出を受けた市町村長等は、当該届出を行った特定教育・保育提供者（同条第四項の規定による届出を受けた市町村長等にあっては、同項の規定による届出を行った特定教育・保育提供者を除く。）における同条第一項の規定による業務管理体制の整備に関して必要があると認めるときは、この法律の施行に必要な限度において、当該特定教育・保育提供者に対し、報告若しくは帳簿書類その他の物件の提出若しくは提示を命じ、当該特定教育・保育提供者若しくは当該特定教育・保育提供者の職員に対し出頭を求め、又は当該市町村長等の職員に関係者に対し質問させ、若しくは当該特定教育・保育提供者の当該確認に係る教育・保育施設若しくは地域型保育事業所、事務所その他の教育・保育の提供に関係のある場所に立ち入り、その設備若しくは帳簿書類その他の物件を検査させることができる。

2　内閣総理大臣又は都道府県知事が前項の権限を行うときは、当該特定教育・保育提供者に係る確認を行った市町村長（次条第五項において「確認市町村長」という。）と密接な連携の下に行うものとする。

3　市町村長は、その行った又はその行おうとする確認に係る特定教育・保育提供者における前条第一項の規定による業務管理体制の整備に関して必要があると認めるときは、内閣総理大臣又は都道府県知事に対し、第一項の権限を行うよう求めることができる。

4　内閣総理大臣又は都道府県知事は、前項の規定による市町村長の求めに応じて第一項の権限を行ったときは、内閣府令で定めるところにより、その結果を当該権限を行うよう求めた市町村長に通知しなければならない。

5　第十三条第二項の規定は第一項の規定による質問又は検査について、同条第三項の規定は第一項の規定による権限について、それぞれ準用する。

（**勧告、命令等**）

第五十七条　第五十五条第二項の規定による届出を受けた市町村長等は、当該届出を行った特定教育・保育提供者（同条第四項の規定による届出を受けた市町村長等にあっては、同項の規定による届出を行った特定教育・保育提供者を除く。）が、同条第一項に規定する内閣府令で定める基準に従って施設型給付費の支給に係る施設又は地域型保育給付費の支給に係る事業を行う者として適正な業務管理体制の整備をしていないと認めるときは、当該特定教育・保育提供者に対し、期限を定めて、当該内閣府令で定める基準に従って適正な業務管理体制を整備すべきことを勧告することができる。

2　市町村長等は、前項の規定による勧告をした場合において、その勧告を受けた特定教育・保育提供者が同項の期限内にこれに従わなかったときは、その旨を公表することができる。

3　市町村長等は、第一項の規定による勧告を受けた特定教育・保育提供者が、正当な理由がなくてその勧告に係る措置をとらなかったときは、当該特定教育・保育提供者に対し、期限を定めて、その勧告に係る措置をとるべきことを命ずることができる。

4　市町村長等は、前項の規定による命令をしたときは、その旨を公示しなければならない。

5　内閣総理大臣又は都道府県知事は、特定教育・保育提供者が第三項の規定による命令に違反したときは、内閣府令で定めるところにより、当該違反の内容を確認市町村長に通知しなければならない。

第四款　教育・保育に関する情報の報告及び公表

第五十八条　特定教育・保育提供者は、特定教育・保育施設又は特定地域型保育事業者（以下「特定教育・保育施設等」という。）の確認を受け、教育・保育の提供を開始しようとするときその他内閣府令で定めるときは、政令で定めるところにより、その提供する教育・保育に係る教育・保育情報（教育・保育の内容及び教育・保育を提供する施設又は事業者の運営状況に関する情報であって、小学校就学前子どもに教育・保育を受けさせ、又は受けさせようとする小学校就学前子どもの保護者が適切かつ円滑に教育・保育を小学校就学前子どもに受けさせる機会を確保するために公表されることが必要なものとして内閣府令で定めるものをいう。以下同じ。）を、教育・保育を提供する施設又は事業所の所在地の都道府県知事に報告しなければならない。

2　都道府県知事は、前項の規定による報告を受けた後、内閣府令で定めるところにより、当該報告の内容を公表しなければならない。

3　都道府県知事は、第一項の規定による報告に関して必要があると認めるときは、この法律の施行に必要な限度において、当該報告をした特定教育・保育提供者に対し、教育・保育情報のうち内閣府令で定めるものについて、調査を行うことができる。

4　都道府県知事は、特定教育・保育提供者が第一項の規定による報告をせず、若しくは虚偽の報告をし、又は前項の規定による調査を受けず、若しくは調査の実施を妨げたときは、期間を定めて、当該特定教育・保育提供者に対し、その報告を行い、若しくはその報告の内容を是正し、又はその調査を受けることを命ずることができる。

5　都道府県知事は、特定教育・保育提供者に対して前項の規定による処分をしたときは、遅滞なく、その旨を、当該特定教育・保育施設等の確認をした市町村長に通知しなければならない。

6　都道府県知事は、特定教育・保育提供者が、第四項の規定による命令に従わない場合において、当該特定教育・保育施設等の確認を取り消し、又は期間を定めてその確認の全部若しくは一部の効力を停止することが適当であると認めるときは、理由を付して、その旨をその確認をした市町村長に通知しなければ

社会福祉

ばならない。

7　都道府県知事は、小学校就学前子どもに教育・保育を受けさせ、又は受けさせようとする小学校就学前子どもの保護者が適切かつ円滑に教育・保育を小学校就学前子どもに受けさせる機会の確保に資するため、教育・保育の質及び教育・保育を担当する職員に関する情報（教育・保育情報に該当するものを除く。）であって内閣府令で定めるものの提供を希望する特定教育・保育提供者から提供を受けた当該情報について、公表を行うよう配慮するものとする。

第二節　特定子ども・子育て支援施設等

（**特定子ども・子育て支援施設等の確認**）

第五十八条の二　第三十条の十一第一項の確認は、内閣府令で定めるところにより、子ども・子育て支援施設等である施設の設置者又は事業を行う者の申請により、市町村長が行う。

（**特定子ども・子育て支援提供者の責務**）

第五十八条の三　特定子ども・子育て支援提供者は、施設等利用給付認定子どもに対し適切な特定子ども・子育て支援を提供するとともに、市町村、児童相談所、児童福祉施設、教育機関その他の関係機関との緊密な連携を図りつつ、良質な特定子ども・子育て支援を小学校就学前子どもの置かれている状況その他の事情に応じ、効果的に行うように努めなければならない。

2　特定子ども・子育て支援提供者は、小学校就学前子どもの人格を尊重するとともに、この法律及びこの法律に基づく命令を遵守し、誠実にその職務を遂行しなければならない。

（**特定子ども・子育て支援施設等の基準**）

第五十八条の四　特定子ども・子育て支援提供者は、次の各号に掲げる子ども・子育て支援施設等の区分に応じ、当該各号に定める基準を遵守しなければならない。

一　認定こども園　認定こども園法第三条第一項の規定により都道府県（指定都市等所在認定こども園（都道府県が単独で又は他の地方公共団体と共同して設立する公立大学法人が設置するものを除く。）については、当該指定都市等。以下この号において同じ。）の条例で定める要件（当該認定こども園が同項の認定を受けたものである場合に限る。）、同条第三項の規定により都道府県の条例で定める要件（当該認定こども園が同項の認定を受けたものである場合に限る。）又は認定こども園法第十三条第一項の規定により都道府県の条例で定める設備及び運営についての基準（当該認定こども園が幼保連携型認定こども園である場合に限る。）

二　幼稚園　設置基準（幼稚園に係るものに限る。）

三　特別支援学校　設置基準（特別支援学校に係るものに限る。）

四　第七条第十項第四号に掲げる施設　同号の内閣府令で定める基準

五　第七条第十項第五号に掲げる事業　同号の内閣府令で定める基準

六　第七条第十項第六号に掲げる事業　児童福祉法第三十四条の十三の内閣府令で定める基準（第五十八条の九第三項において「一時預かり事業基準」という。）

七　第七条第十項第七号に掲げる事業　同号の内閣府令で定める基準

八　第七条第十項第八号に掲げる事業　同号の内閣府令で定める基準

2　特定子ども・子育て支援提供者は、内閣府令で定める特定子ども・子育て支援施設等の運営に関する基準に従い、特定子ども・子育て支援を提供しなければならない。

3　内閣総理大臣は、前項の内閣府令で定める基準を定め、又は変更しようとするときは、文部科学大臣に協議しなければならない。

（**変更の届出**）

第五十八条の五　特定子ども・子育て支援提供者は、特定子ども・子育て支援を提供する施設又は事業所の名称及び所在地その他の内閣府令で定める事項に変更があったときは、内閣府令で定めるところにより、十日以内に、その旨を市町村長に届け出なければならない。

（**確認の辞退**）

第五十八条の六　特定子ども・子育て支援提供者は、三月以上の予告期間を設けて、当該特定子ども・子育て支援施設等に係る第三十条の十一第一項の確認を辞退することができる。

2　特定子ども・子育て支援提供者は、前項の規定による確認の辞退をするときは、同項に規定する予告期間の開始日の前一月以内に当該特定子ども・子育て支援を受けていた者で

社会福祉

あって、確認の辞退の日以後においても引き続き当該特定子ども・子育て支援に相当する教育・保育その他の子ども・子育て支援の提供を希望する者に対し、必要な教育・保育その他の子ども・子育て支援が継続的に提供されるよう、他の特定子ども・子育て支援提供者その他関係者との連絡調整その他の便宜の提供を行わなければならない。

（市町村長等による連絡調整又は援助）

第五十八条の七　市町村長は、特定子ども・子育て支援提供者による前条第二項に規定する便宜の提供が円滑に行われるため必要があると認めるときは、当該特定子ども・子育て支援提供者及び他の特定子ども・子育て支援提供者その他の関係者相互間の連絡調整又は当該特定子ども・子育て支援提供者及び当該関係者に対する助言その他の援助を行うことができる。

2　第三十七条第二項及び第三項の規定は、特定子ども・子育て支援提供者による前条第二項に規定する便宜の提供について準用する。

（報告等）

第五十八条の八　市町村長は、必要があると認めるときは、この法律の施行に必要な限度において、特定子ども・子育て支援を提供する施設若しくは特定子ども・子育て支援提供者若しくは特定子ども・子育て支援提供者であった者若しくは特定子ども・子育て支援を提供する施設若しくは事業所の職員であった者（以下この項において「特定子ども・子育て支援提供者であった者等」という。）に対し、報告若しくは帳簿書類その他の物件の提出若しくは提示を命じ、特定子ども・子育て支援提供者若しくは特定子ども・子育て支援を提供する施設若しくは事業所の職員若しくは特定子ども・子育て支援提供者であった者等に対し出頭を求め、又は当該市町村の職員に関係者に対して質問させ、若しくは特定子ども・子育て支援を提供する施設若しくは事業所、特定子ども・子育て支援提供者の事務所その他特定子ども・子育て支援施設等の運営に関係のある場所に立ち入り、その設備若しくは帳簿書類その他の物件を検査させることができる。

2　第十三条第二項の規定は前項の規定による質問又は検査について、同条第三項の規定は前項の規定による権限について、それぞれ準用する。

（勧告、命令等）

第五十八条の九　市町村長は、特定子ども・子育て支援提供者が、次の各号に掲げる場合に該当すると認めるときは、当該特定子ども・子育て支援提供者に対し、期限を定めて、当該各号に定める措置をとるべきことを勧告することができる。

一　第七条第十項各号（第一号から第三号まで及び第六号を除く。以下この号において同じ。）に掲げる施設又は事業の区分に応じ、当該各号の内閣府令で定める基準に従って施設等利用費の支給に係る施設又は事業として適正な特定子ども・子育て支援施設等の運営をしていない場合　当該基準を遵守すること。

二　第五十八条の四第二項の内閣府令で定める特定子ども・子育て支援施設等の運営に関する基準に従って施設等利用費の支給に係る施設又は事業として適正な特定子ども・子育て支援施設等の運営をしていない場合　当該基準を遵守すること。

三　第五十八条の六第二項に規定する便宜の提供を施設等利用費の支給に係る施設又は事業として適正に行っていない場合　当該便宜の提供を適正に行うこと。

2　市町村長は、特定子ども・子育て支援施設等である幼稚園又は特別支援学校の設置者（国及び地方公共団体（公立大学法人を含む。次項及び第六項において同じ。）を除く。）が設置基準（幼稚園又は特別支援学校に係るものに限る。）に従って施設等利用費の支給に係る施設として適正な子ども・子育て支援施設等の運営をしていないと認めるときは、遅滞なく、その旨を、当該幼稚園又は特別支援学校に係る学校教育法第四条第一項の認可を行った都道府県知事に通知しなければならない。

3　市町村長（指定都市等又は児童相談所設置市の長を除く。）は、特定子ども・子育て支援施設等である第七条第十項第六号に掲げる事業を行う者（国及び地方公共団体を除く。）が一時預かり事業基準に従って施設等利用費の支給に係る事業として適正な子ども・子育て支援施設等の運営をしていないと認めるときは、遅滞なく、その旨を、当該同号に掲げる事業に係る児童福祉法第三十四条の十二第一項の規定による届出を受けた都道府県知事に通知しなければならない。

4　市町村長は、第一項の規定による勧告をした場合において、その勧告を受けた特定子ども・子育て支援提供者が、同項の期限内にこれに従わなかったときは、その旨を公表することができる。

5　市町村長は、第一項の規定による勧告を受けた特定子ども・子育て支援提供者が、正当な理由がなくてその勧告に係る措置をとらなかったときは、当該特定子ども・子育て支援提供者に対し、期限を定めて、その勧告に係る措置をとるべきことを命ずることができる。

6　市町村長（指定都市等所在届出保育施設（指定都市等又は児童相談所設置市の区域内に所在する第七条第十項第四号に掲げる施設をいい、都道府県が設置するものを除く。第二号及び次条第一項第二号において同じ。）については当該指定都市等又は児童相談所設置市の長を除き、指定都市等所在認定こども園において行われる第七条第十項第五号に掲げる事業については当該指定都市等の長を除き、指定都市等又は児童相談所設置市の区域内において行われる同項第六号又は第七号に掲げる事業については当該指定都市等又は児童相談所設置市の長を除く。）は、前項の規定による命令をしたときは、その旨を公示するとともに、遅滞なく、その旨を、次の各号に掲げる子ども・子育て支援施設等（国又は地方公共団体が設置し、又は行うものを除く。）の区分に応じ、当該各号に定める認可若しくは認定を行い、又は届出を受けた都道府県知事に通知しなければならない。

一　幼稚園又は特別支援学校　当該施設に係る学校教育法第四条第一項の認可

二　第七条第十項第四号に掲げる施設（指定都市等所在届出保育施設を除く。）　当該施設に係る児童福祉法第五十九条の二第一項の規定による届出

三　第七条第十項第五号に掲げる事業　当該事業が行われる次のイ又はロに掲げる施設の区分に応じ、それぞれイ又はロに定める認可又は認定

イ　認定こども園（指定都市等所在認定こども園を除く。）　当該施設に係る認定こども園法第十七条第一項の認可又は認定こども園法第三条第一項若しくは第三項の認定

ロ　幼稚園又は特別支援学校　当該施設に係る学校教育法第四条第一項の認可

四　第七条第十項第六号に掲げる事業（指定都市等又は児童相談所設置市の区域内において行われるものを除く。）　当該事業に係る児童福祉法第三十四条の十二第一項の規定による届出

五　第七条第十項第七号に掲げる事業（指定都市等又は児童相談所設置市の区域内において行われるものを除く。）　当該事業に係る児童福祉法第三十四条の十八第一項の規定による届出

（確認の取消し等）

第五十八条の十　市町村長は、次の各号のいずれかに該当する場合においては、当該特定子ども・子育て支援施設等に係る第三十条の十一第一項の確認を取り消し、又は期間を定めてその確認の全部若しくは一部の効力を停止することができる。

一　特定子ども・子育て支援提供者が、第五十八条の三第二項の規定に違反したと認められるとき。

二　特定子ども・子育て支援提供者（認定こども園の設置者及び第七条第十項第八号に掲げる事業を行う者を除く。）が、前条第六項各号に掲げる子ども・子育て支援施設等の区分に応じ、当該各号に定める認可若しくは認定を受け、又は届出を行った施設等利用費の支給に係る施設又は事業として適正な子ども・子育て支援施設等の運営をすることができなくなったと当該認可若しくは認定を行い、又は届出を受けた都道府県知事（指定都市等所在届出保育施設については当該指定都市等又は児童相談所設置市の長とし、指定都市等所在認定こども園において行われる第七条第十項第五号に掲げる事業については当該指定都市等の長とし、指定都市等又は児童相談所設置市の区域内において行われる同項第六号又は第七号に掲げる事業については当該指定都市等又は児童相談所設置市の長とする。）が認めたとき。

三　特定子ども・子育て支援提供者（第七条第十項第四号に掲げる施設の設置者又は同項第五号、第七号若しくは第八号に掲げる事業を行う者に限る。）が、それぞれ同項第四号、第五号、第七号又は第八号の内閣府令で定める基準に従って施設等利用費の支給に係る施設又は事業として適正な特定子ども・子育て支援施設等の運営をすることができなくなったとき。

四　特定子ども・子育て支援提供者が、第五十八条の四第二項の内閣府令で定める特定子ども・子育て支援施設等の運営に関する基準に従って施設等利用費の支給に係る施

設又は事業として適正な特定子ども・子育て支援施設等の運営をすることができなくなったとき。

五　特定子ども・子育て支援提供者が、第五十八条の八第一項の規定により報告若しくは帳簿書類その他の物件の提出若しくは提示を命ぜられてこれに従わず、又は虚偽の報告をしたとき。

六　特定子ども・子育て支援提供者又は特定子ども・子育て支援を提供する施設若しくは事業所の職員が、第五十八条の八第一項の規定により出頭を求められてこれに応ぜず、同項の規定による質問に対して答弁せず、若しくは虚偽の答弁をし、又は同項の規定による検査を拒み、妨げ、若しくは忌避したとき。ただし、当該職員がその行為をした場合において、その行為を防止するため、当該特定子ども・子育て支援提供者が相当の注意及び監督を尽くしたときを除く。

七　特定子ども・子育て支援提供者が、不正の手段により第三十条の十一第一項の確認を受けたとき。

八　前各号に掲げる場合のほか、特定子ども・子育て支援提供者が、この法律その他国民の福祉若しくは学校教育に関する法律で政令で定めるもの又はこれらの法律に基づく命令若しくは処分に違反したとき。

九　前各号に掲げる場合のほか、特定子ども・子育て支援提供者が、教育・保育その他の子ども・子育て支援に関し不正又は著しく不当な行為をしたとき。

十　特定子ども・子育て支援提供者が法人である場合において、当該法人の役員若しくはその長又はその事業所を管理する者その他の政令で定める使用人のうちに過去五年以内に教育・保育その他の子ども・子育て支援に関し不正又は著しく不当な行為をした者があるとき。

十一　特定子ども・子育て支援提供者が法人でない場合において、その管理者が過去五年以内に教育・保育その他の子ども・子育て支援に関し不正又は著しく不当な行為をした者であるとき。

2　前項の規定により第三十条の十一第一項の確認を取り消された子ども・子育て支援施設等である施設の設置者又は事業を行う者（政令で定める者を除く。）及びこれに準ずる者として政令で定める者は、その取消しの日又はこれに準ずる日として政令で定める日から起算して五年を経過するまでの間は、第五十八条の二の申請をすることができない。

（公示）

第五十八条の十一　市町村長は、次に掲げる場合には、遅滞なく、当該特定子ども・子育て支援を提供する施設又は事業所の名称及び所在地その他の内閣府令で定める事項を公示しなければならない。

一　第三十条の十一第一項の確認をしたとき。

二　第五十八条の六第一項の規定による第三十条の十一第一項の確認の辞退があったとき。

三　前条第一項の規定により第三十条の十一第一項の確認を取り消し、又は同項の確認の全部若しくは一部の効力を停止したとき。

（都道府県知事に対する協力要請）

第五十八条の十二　市町村長は、第三十条の十一第一項及び第五十八条の八から第五十八条の十までに規定する事務の執行及び権限の行使に関し、都道府県知事に対し、必要な協力を求めることができる。

第四章　地域子ども・子育て支援事業

第五十九条　市町村は、内閣府令で定めるところにより、第六十一条第一項に規定する市町村子ども・子育て支援事業計画に従って、地域子ども・子育て支援事業として、次に掲げる事業を行うものとする。

一　子ども及びその保護者が、確実に子ども・子育て支援給付を受け、及び地域子ども・子育て支援事業その他の子ども・子育て支援を円滑に利用できるよう、子ども及びその保護者の身近な場所において、地域の子ども・子育て支援に関する各般の問題につき、子ども又は子どもの保護者からの相談に応じ、必要な情報の提供及び助言を行うとともに、関係機関との連絡調整その他の内閣府令で定める便宜の提供を総合的に行う事業

二　教育・保育給付認定保護者であって、その保育認定子どもが、やむを得ない理由により利用日及び利用時間帯（当該教育・保育給付認定保護者が特定教育・保育施設等又は特例保育を行う事業者と締結した特定保育（特定教育・保育（保育に限る。）、特定地域型保育又は特例保育をいう。以下この号において同じ。）の提供に関する契約

において、当該保育認定子どもが当該特定教育・保育施設等又は特例保育を行う事業者による特定保育を受ける日及び時間帯として定められた日及び時間帯をいう。）以外の日及び時間において当該特定教育・保育施設等又は特例保育を行う事業者による保育（保育必要量の範囲内のものを除く。以下この号において「時間外保育」という。）を受けたものに対し、内閣府令で定めるところにより、当該教育・保育給付認定保護者が支払うべき時間外保育の費用の全部又は一部の助成を行うことにより、必要な保育を確保する事業

三　教育・保育給付認定保護者又は施設等利用給付認定保護者のうち、その属する世帯の所得の状況その他の事情を勘案して市町村が定める基準に該当するものに対し、当該教育・保育給付認定保護者又は施設等利用給付認定保護者が支払うべき次に掲げる費用の全部又は一部を助成する事業

イ　当該教育・保育給付認定保護者に係る教育・保育給付認定子どもが特定教育・保育、特別利用保育、特別利用教育、特定地域型保育又は特例保育（以下このイにおいて「特定教育・保育等」という。）を受けた場合における日用品、文房具その他の特定教育・保育等に必要な物品の購入に要する費用又は特定教育・保育等に係る行事への参加に要する費用その他これらに類する費用として市町村が定めるもの

ロ　当該施設等利用給付認定保護者に係る施設等利用給付認定子どもが特定子ども・子育て支援（特定子ども・子育て支援施設等である認定こども園又は幼稚園が提供するものに限る。）を受けた場合における食事の提供に要する費用として内閣府令で定めるもの

四　特定教育・保育施設等への民間事業者の参入の促進に関する調査研究その他多様な事業者の能力を活用した特定教育・保育施設等の設置又は運営を促進するための事業

五　児童福祉法第六条の三第二項に規定する放課後児童健全育成事業

六　児童福祉法第六条の三第三項に規定する子育て短期支援事業

七　児童福祉法第六条の三第四項に規定する乳児家庭全戸訪問事業

八　児童福祉法第六条の三第五項に規定する養育支援訪問事業その他同法第二十五条の二第一項に規定する要保護児童対策地域協議会その他の者による同法第二十五条の七第一項に規定する要保護児童等に対する支援に資する事業

九　児童福祉法第六条の三第六項に規定する地域子育て支援拠点事業

十　児童福祉法第六条の三第七項に規定する一時預かり事業

十一　児童福祉法第六条の三第十三項に規定する病児保育事業

十二　児童福祉法第六条の三第十四項に規定する子育て援助活動支援事業

十三　母子保健法（昭和四十年法律第百四十一号）第十三条第一項の規定に基づき妊婦に対して健康診査を実施する事業

第四章の二　仕事・子育て両立支援事業

第五十九条の二　政府は、仕事と子育てとの両立に資する子ども・子育て支援の提供体制の充実を図るため、仕事・子育て両立支援事業として、児童福祉法第五十九条の二第一項に規定する施設（同項の規定による届出がされたものに限る。）のうち同法第六条の三第十二項に規定する業務を目的とするものその他事業主と連携して当該事業主が雇用する労働者の監護する乳児又は幼児の保育を行う業務に係るものの設置者に対し、助成及び援助を行う事業を行うことができる。

2　全国的な事業主の団体は、仕事・子育て両立支援事業の内容に関し、内閣総理大臣に対して意見を申し出ることができる。

第五章　子ども・子育て支援事業計画

（基本指針）

第六十条　内閣総理大臣は、教育・保育及び地域子ども・子育て支援事業の提供体制を整備し、子ども・子育て支援給付並びに地域子ども・子育て支援事業及び仕事・子育て両立支援事業の円滑な実施の確保その他子ども・子育て支援のための施策を総合的に推進するための基本的な指針（以下「基本指針」という。）を定めるものとする。

2　基本指針においては、次に掲げる事項について定めるものとする。

一　子ども・子育て支援の意義並びに子どものための教育・保育給付に係る教育・保育を一体的に提供する体制その他の教育・保育

育を提供する体制の確保、子育てのための施設等利用給付の円滑な実施の確保並びに地域子ども・子育て支援事業及び仕事・子育て両立支援事業の実施に関する基本的事項

二　次条第一項に規定する市町村子ども・子育て支援事業計画において教育・保育及び地域子ども・子育て支援事業の量の見込みを定めるに当たって参酌すべき標準その他当該市町村子ども・子育て支援事業計画及び第六十二条第一項に規定する都道府県子ども・子育て支援事業支援計画の作成に関する事項

三　児童福祉法その他の関係法律による専門的な知識及び技術を必要とする児童の福祉増進のための施策との連携に関する事項

四　労働者の職業生活と家庭生活との両立が図られるようにするために必要な雇用環境の整備に関する施策との連携に関する事項

五　前各号に掲げるもののほか、子ども・子育て支援給付並びに地域子ども・子育て支援事業及び仕事・子育て両立支援事業の円滑な実施の確保その他子ども・子育て支援のための施策の総合的な推進のために必要な事項

3　内閣総理大臣は、基本指針を定め、又は変更しようとするときは、文部科学大臣その他の関係行政機関の長に協議するとともに、こども家庭審議会の意見を聴かなければならない。

4　内閣総理大臣は、基本指針を定め、又はこれを変更したときは、遅滞なく、これを公表しなければならない。

（市町村子ども・子育て支援事業計画）

第六十一条　市町村は、基本指針に即して、五年を一期とする教育・保育及び地域子ども・子育て支援事業の提供体制の確保その他この法律に基づく業務の円滑な実施に関する計画（以下「市町村子ども・子育て支援事業計画」という。）を定めるものとする。

2　市町村子ども・子育て支援事業計画においては、次に掲げる事項を定めるものとする。

一　市町村が、地理的条件、人口、交通事情その他の社会的条件、教育・保育を提供するための施設の整備の状況その他の条件を総合的に勘案して定める区域（以下「教育・保育提供区域」という。）ごとの当該教育・保育提供区域における各年度の特定教育・保育施設に係る必要利用定員総数（第十九条各号に掲げる小学校就学前子どもの区分ごとの必要利用定員総数とする。）、特定地域型保育事業所（事業所内保育事業所における労働者等の監護する小学校就学前子どもに係る部分を除く。）に係る必要利用定員総数（同条第三号に掲げる小学校就学前子どもに係るものに限る。）その他の教育・保育の量の見込み並びに実施しようとする教育・保育の提供体制の確保の内容及びその実施時期

二　教育・保育提供区域ごとの当該教育・保育提供区域における各年度の地域子ども・子育て支援事業の量の見込み並びに実施しようとする地域子ども・子育て支援事業の提供体制の確保の内容及びその実施時期

三　子どものための教育・保育給付に係る教育・保育の一体的提供及び当該教育・保育の推進に関する体制の確保の内容

四　子育てのための施設等利用給付の円滑な実施の確保の内容

3　市町村子ども・子育て支援事業計画においては、前項各号に規定するもののほか、次に掲げる事項について定めるよう努めるものとする。

一　産後の休業及び育児休業後における特定教育・保育施設等の円滑な利用の確保に関する事項

二　保護を要する子どもの養育環境の整備、児童福祉法第四条第二項に規定する障害児に対して行われる保護並びに日常生活上の指導及び知識技能の付与その他の子どもに関する専門的な知識及び技術を要する支援に関する都道府県が行う施策との連携に関する事項

三　労働者の職業生活と家庭生活との両立が図られるようにするために必要な雇用環境の整備に関する施策との連携に関する事項

四　地域子ども・子育て支援事業を行う市町村その他の当該市町村において子ども・子育て支援の提供を行う関係機関相互の連携の推進に関する事項

4　市町村子ども・子育て支援事業計画は、教育・保育提供区域における子どもの数、子どもの保護者の特定教育・保育施設等及び地域子ども・子育て支援事業の利用に関する意向その他の事情を勘案して作成されなければならない。

5　市町村は、教育・保育提供区域における子ども及びその保護者の置かれている環境その他の事情を正確に把握した上で、これらの事

情を勘案して、市町村子ども・子育て支援事業計画を作成するよう努めるものとする。

6　市町村子ども・子育て支援事業計画は、社会福祉法第百七条第一項に規定する市町村地域福祉計画、教育基本法第十七条第二項の規定により市町村が定める教育の振興のための施策に関する基本的な計画（次条第四項において「教育振興基本計画」という。）その他の法律の規定による計画であって子どもの福祉又は教育に関する事項を定めるものと調和が保たれたものでなければならない。

7　市町村は、市町村子ども・子育て支援事業計画を定め、又は変更しようとするときは、第七十二条第一項の審議会その他の合議制の機関を設置している場合にあってはその意見を、その他の場合にあっては子どもの保護者その他子ども・子育て支援に係る当事者の意見を聴かなければならない。

8　市町村は、市町村子ども・子育て支援事業計画を定め、又は変更しようとするときは、インターネットの利用その他の内閣府令で定める方法により広く住民の意見を求めることその他の住民の意見を反映させるために必要な措置を講ずるよう努めるものとする。

9　市町村は、市町村子ども・子育て支援事業計画を定め、又は変更しようとするときは、都道府県に協議しなければならない。

10　市町村は、市町村子ども・子育て支援事業計画を定め、又は変更したときは、遅滞なく、これを都道府県知事に提出しなければならない。

（都道府県子ども・子育て支援事業支援計画）

第六十二条　都道府県は、基本指針に即して、五年を一期とする教育・保育及び地域子ども・子育て支援事業の提供体制の確保その他この法律に基づく業務の円滑な実施に関する計画（以下「都道府県子ども・子育て支援事業支援計画」という。）を定めるものとする。

2　都道府県子ども・子育て支援事業支援計画においては、次に掲げる事項を定めるものとする。

一　都道府県が当該都道府県内の市町村が定める教育・保育提供区域を勘案して定める区域ごとの当該区域における各年度の特定教育・保育施設に係る必要利用定員総数（第十九条各号に掲げる小学校就学前子どもの区分ごとの必要利用定員総数とする。）その他の教育・保育の量の見込み並びに実施しようとする教育・保育の提供体制の確保の内容及びその実施時期

二　子どものための教育・保育給付に係る教育・保育の一体的提供及び当該教育・保育の推進に関する体制の確保の内容

三　子育てのための施設等利用給付の円滑な実施の確保を図るために必要な市町村との連携に関する事項

四　特定教育・保育及び特定地域型保育を行う者並びに地域子ども・子育て支援事業に従事する者の確保及び資質の向上のために講ずる措置に関する事項

五　保護を要する子どもの養育環境の整備、児童福祉法第四条第二項に規定する障害児に対して行われる保護並びに日常生活上の指導及び知識技能の付与その他の子どもに関する専門的な知識及び技術を要する支援に関する施策の実施に関する事項

六　前号の施策の円滑な実施を図るために必要な市町村との連携に関する事項

3　都道府県子ども・子育て支援事業支援計画においては、前項各号に掲げる事項のほか、次に掲げる事項について定めるよう努めるものとする。

一　市町村の区域を超えた広域的な見地から行う調整に関する事項

二　教育・保育情報の公表に関する事項

三　労働者の職業生活と家庭生活との両立が図られるようにするために必要な雇用環境の整備に関する施策との連携に関する事項

4　都道府県子ども・子育て支援事業支援計画は、社会福祉法第百八条第一項に規定する都道府県地域福祉支援計画、教育基本法第十七条第二項の規定により都道府県が定める教育振興基本計画その他の法律の規定による計画であって子どもの福祉又は教育に関する事項を定めるものと調和が保たれたものでなければならない。

5　都道府県は、都道府県子ども・子育て支援事業支援計画を定め、又は変更しようとするときは、第七十二条第四項の審議会その他の合議制の機関を設置している場合にあってはその意見を、その他の場合にあっては子どもの保護者その他子ども・子育て支援に係る当事者の意見を聴かなければならない。

6　都道府県は、都道府県子ども・子育て支援事業支援計画を定め、又は変更したときは、遅滞なく、これを内閣総理大臣に提出しなければならない。

（都道府県知事の助言等）

第六十三条　都道府県知事は、市町村に対し、

市町村子ども・子育て支援事業計画の作成上の技術的事項について必要な助言その他の援助の実施に努めるものとする。

2　内閣総理大臣は、都道府県に対し、都道府県子ども・子育て支援事業支援計画の作成の手法その他都道府県子ども・子育て支援事業支援計画の作成上重要な技術的事項について必要な助言その他の援助の実施に努めるものとする。

（**国の援助**）

第六十四条　国は、市町村又は都道府県が、市町村子ども・子育て支援事業計画又は都道府県子ども・子育て支援事業支援計画に定められた事業を実施しようとするときは、当該事業が円滑に実施されるように必要な助言その他の援助の実施に努めるものとする。

第六章　費用等

（**市町村の支弁**）

第六十五条　次に掲げる費用は、市町村の支弁とする。

一　市町村が設置する特定教育・保育施設に係る施設型給付費及び特例施設型給付費の支給に要する費用

二　都道府県及び市町村以外の者が設置する特定教育・保育施設に係る施設型給付費及び特例施設型給付費並びに地域型保育給付費及び特例地域型保育給付費の支給に要する費用

三　市町村（市町村が単独で又は他の市町村と共同して設立する公立大学法人を含む。次号及び第五号において同じ。）が設置する特定子ども・子育て支援施設等（認定こども園、幼稚園及び特別支援学校に限る。）に係る施設等利用費の支給に要する費用

四　国、都道府県（都道府県が単独で又は他の地方公共団体と共同して設立する公立大学法人を含む。次号及び次条第二号において同じ。）又は市町村が設置し、又は行う特定子ども・子育て支援施設等（認定こども園、幼稚園及び特別支援学校を除く。）に係る施設等利用費の支給に要する費用

五　国、都道府県及び市町村以外の者が設置し、又は行う特定子ども・子育て支援施設等に係る施設等利用費の支給に要する費用

六　地域子ども・子育て支援事業に要する費用

（**都道府県の支弁**）

第六十六条　次に掲げる費用は、都道府県の支弁とする。

一　都道府県が設置する特定教育・保育施設に係る施設型給付費及び特例施設型給付費の支給に要する費用

二　都道府県が設置する特定子ども・子育て支援施設等（認定こども園、幼稚園及び特別支援学校に限る。）に係る施設等利用費の支給に要する費用

（**国の支弁**）

第六十六条の二　国（国立大学法人法第二条第一項に規定する国立大学法人を含む。）が設置する特定子ども・子育て支援施設等（認定こども園、幼稚園及び特別支援学校に限る。）に係る施設等利用費の支給に要する費用は、国の支弁とする。

（**拠出金の施設型給付費等支給費用への充当**）

第六十六条の三　第六十五条の規定により市町村が支弁する同条第二号に掲げる費用のうち、国、都道府県その他の者が負担すべきものの算定の基礎となる額として政令で定めるところにより算定した額（以下「施設型給付費等負担対象額」という。）であって、満三歳未満保育認定子ども（第十九条第二号に掲げる小学校就学前子どもに該当する教育・保育給付認定子どものうち、満三歳に達する日以後の最初の三月三十一日までの間にある者を含む。第六十九条第一項及び第七十条第二項において同じ。）に係るものについては、その額の五分の一を超えない範囲内で政令で定める割合に相当する額（次条第一項及び第六十八条第一項において「拠出金充当額」という。）を第六十九条第一項に規定する拠出金をもって充てる。

2　全国的な事業主の団体は、前項の割合に関し、内閣総理大臣に対して意見を申し出ることができる。

（**都道府県の負担等**）

第六十七条　都道府県は、政令で定めるところにより、第六十五条の規定により市町村が支弁する同条第二号に掲げる費用のうち、施設型給付費等負担対象額から拠出金充当額を控除した額の四分の一を負担する。

2　都道府県は、政令で定めるところにより、第六十五条の規定により市町村が支弁する同条第四号及び第五号に掲げる費用のうち、国及び都道府県が負担すべきものの算定の基礎となる額として政令で定めるところにより算定した額の四分の一を負担する。

3　都道府県は、政令で定めるところにより、市町村に対し、第六十五条の規定により市町

村が支弁する同条第六号に掲げる費用に充てるため、当該都道府県の予算の範囲内で、交付金を交付することができる。

（**市町村に対する交付金の交付等**）

第六十八条　国は、政令で定めるところにより、第六十五条の規定により市町村が支弁する同条第二号に掲げる費用のうち、施設型給付費等負担対象額から拠出金充当額を控除した額の二分の一を負担するものとし、市町村に対し、国が負担する額及び拠出金充当額を合算した額を交付する。

2　国は、政令で定めるところにより、第六十五条の規定により市町村が支弁する同条第四号及び第五号に掲げる費用のうち、前条第二項の政令で定めるところにより算定した額の二分の一を負担するものとし、市町村に対し、国が負担する額を交付する。

3　国は、政令で定めるところにより、市町村に対し、第六十五条の規定により市町村が支弁する同条第六号に掲げる費用に充てるため、予算の範囲内で、交付金を交付することができる。

（**拠出金の徴収及び納付義務**）

第六十九条　政府は、児童手当の支給に要する費用（児童手当法第十八条第一項に規定するものに限る。次条第二項において「拠出金対象児童手当費用」という。）、第六十五条の規定により市町村が支弁する同条第二号に掲げる費用（施設型給付費等負担対象額のうち、満三歳未満保育認定子どもに係るものに相当する費用に限る。次条第二項において「拠出金対象施設型給付費等費用」という。）、地域子ども・子育て支援事業（第五十九条第二号、第五号及び第十一号に掲げるものに限る。）に要する費用（次条第二項において「拠出金対象地域子ども・子育て支援事業費用」という。）及び仕事・子育て両立支援事業に要する費用（同項において「仕事・子育て両立支援事業費用」という。）に充てるため、次に掲げる者（次項において「一般事業主」という。）から、拠出金を徴収する。

一　厚生年金保険法（昭和二十九年法律第百十五号）第八十二条第一項に規定する事業主（次号から第四号までに掲げるものを除く。）

二　私立学校教職員共済法（昭和二十八年法律第二百四十五号）第二十八条第一項に規定する学校法人等

三　地方公務員等共済組合法（昭和三十七年法律第百五十二号）第百四十四条の三第一項に規定する団体その他同法に規定する団体で政令で定めるもの

四　国家公務員共済組合法（昭和三十三年法律第百二十八号）第百二十六条第一項に規定する連合会その他同法に規定する団体で政令で定めるもの

2　一般事業主は、拠出金を納付する義務を負う。

（**拠出金の額**）

第七十条　拠出金の額は、厚生年金保険法に基づく保険料の計算の基礎となる標準報酬月額及び標準賞与額（育児休業、介護休業等育児又は家族介護を行う労働者の福祉に関する法律（平成三年法律第七十六号）第二条第一号に規定する育児休業若しくは同法第二十三条第二項の育児休業に関する制度に準ずる措置若しくは同法第二十四条第一項（第二号に係る部分に限る。）の規定により同項第二号に規定する育児休業に関する制度に準じて講ずる措置による休業、国会職員の育児休業等に関する法律（平成三年法律第百八号）第三条第一項に規定する育児休業、国家公務員の育児休業等に関する法律（平成三年法律第百九号）第三条第一項（同法第二十七条第一項及び裁判所職員臨時措置法（昭和二十六年法律第二百九十九号）（第七号に係る部分に限る。）において準用する場合を含む。）に規定する育児休業若しくは地方公務員の育児休業等に関する法律（平成三年法律第百十号）第二条第一項に規定する育児休業又は厚生年金保険法第二十三条の三第一項に規定する産前産後休業をしている被用者について、当該育児休業若しくは休業又は当該産前産後休業をしたことにより、厚生年金保険法に基づき保険料の徴収を行わないこととされた場合にあっては、当該被用者に係るものを除く。次項において「賦課標準」という。）に拠出金率を乗じて得た額の総額とする。

2　前項の拠出金率は、拠出金対象児童手当費用、拠出金対象施設型給付費等費用及び拠出金対象地域子ども・子育て支援事業費用並びに仕事・子育て両立支援事業費用の予想総額、賦課標準の予想総額並びに第六十八条第一項の規定により国が負担する額（満三歳未満保育認定子どもに係るものに限る。）、同条第三項の規定により国が交付する額及び児童手当法第十八条第一項の規定により国庫が負担する額等の予想総額に照らし、おおむね五年を通じ財政の均衡を保つことができるものでなければならないものとし、千分の四・五以内において、政令で定める。

3　内閣総理大臣は、前項の規定により拠出金率を定めようとするときは、厚生労働大臣に協議しなければならない。

4　全国的な事業主の団体は、第一項の拠出金率に関し、内閣総理大臣に対して意見を申し出ることができる。

（**拠出金の徴収方法**）

第七十一条　拠出金の徴収については、厚生年金保険の保険料その他の徴収金の徴収の例による。

2　前項の拠出金及び当該拠出金に係る厚生年金保険の保険料その他の徴収金の例により徴収する徴収金（以下「拠出金等」という。）の徴収に関する政府の権限で政令で定めるものは、厚生労働大臣が行う。

3　前項の規定により厚生労働大臣が行う権限のうち、国税滞納処分の例による処分その他政令で定めるものに係る事務は、政令で定めるところにより、日本年金機構（以下この条において「機構」という。）に行わせるものとする。

4　厚生労働大臣は、前項の規定により機構に行わせるものとしたその権限に係る事務について、機構による当該権限に係る事務の実施が困難と認める場合その他政令で定める場合には、当該権限を自ら行うことができる。この場合において、厚生労働大臣は、その権限の一部を、政令で定めるところにより、財務大臣に委任することができる。

5　財務大臣は、政令で定めるところにより、前項の規定により委任された権限を、国税庁長官に委任する。

6　国税庁長官は、政令で定めるところにより、前項の規定により委任された権限の全部又は一部を当該権限に係る拠出金等を納付する義務を負う者（次項において「納付義務者」という。）の事業所又は事務所の所在地を管轄する国税局長に委任することができる。

7　国税局長は、政令で定めるところにより、前項の規定により委任された権限の全部又は一部を当該権限に係る納付義務者の事業所又は事務所の所在地を管轄する税務署長に委任することができる。

8　厚生労働大臣は、第三項で定めるもののほか、政令で定めるところにより、第二項の規定による権限のうち厚生労働省令で定めるものに係る事務（当該権限を行使する事務を除く。）を機構に行わせるものとする。

9　政府は、拠出金等の取立てに関する事務を、当該拠出金等の取立てについて便宜を有する法人で政令で定めるものに取り扱わせることができる。

10　第一項から第八項までの規定による拠出金等の徴収並びに前項の規定による拠出金等の取立て及び政府への納付について必要な事項は、政令で定める。

第七章　市町村等における合議制の機関

第七十二条　市町村は、条例で定めるところにより、次に掲げる事務を処理するため、審議会その他の合議制の機関を置くよう努めるものとする。

一　特定教育・保育施設の利用定員の設定に関し、第三十一条第二項に規定する事項を処理すること。

二　特定地域型保育事業の利用定員の設定に関し、第四十三条第二項に規定する事項を処理すること。

三　市町村子ども・子育て支援事業計画に関し、第六十一条第七項に規定する事項を処理すること。

四　当該市町村における子ども・子育て支援に関する施策の総合的かつ計画的な推進に関し必要な事項及び当該施策の実施状況を調査審議すること。

2　前項の合議制の機関は、同項各号に掲げる事務を処理するに当たっては、地域の子ども及び子育て家庭の実情を十分に踏まえなければならない。

3　前二項に定めるもののほか、第一項の合議制の機関の組織及び運営に関し必要な事項は、市町村の条例で定める。

4　都道府県は、条例で定めるところにより、次に掲げる事務を処理するため、審議会その他の合議制の機関を置くよう努めるものとする。

一　都道府県子ども・子育て支援事業支援計画に関し、第六十二条第五項に規定する事項を処理すること。

二　当該都道府県における子ども・子育て支援に関する施策の総合的かつ計画的な推進に関し必要な事項及び当該施策の実施状況を調査審議すること。

5　第二項及び第三項の規定は、前項の規定により都道府県に合議制の機関が置かれた場合に準用する。

第八章　雑則

（時効）

第七十三条　子どものための教育・保育給付及び子育てのための施設等利用給付を受ける権利並びに拠出金等その他この法律の規定による徴収金を徴収する権利は、これらを行使することができる時から二年を経過したときは、時効によって消滅する。

2　子どものための教育・保育給付及び子育てのための施設等利用給付の支給に関する処分についての審査請求は、時効の完成猶予及び更新に関しては、裁判上の請求とみなす。

3　拠出金等その他この法律の規定による徴収金の納入の告知又は催促は、時効の更新の効力を有する。

（**期間の計算**）

第七十四条　この法律又はこの法律に基づく命令に規定する期間の計算については、民法の期間に関する規定を準用する。

（**審査請求**）

第七十五条　第七十一条第二項から第七項までの規定による拠出金等の徴収に関する処分に不服がある者は、厚生労働大臣に対して審査請求をすることができる。

（**権限の委任**）

第七十六条　内閣総理大臣は、この法律に規定する内閣総理大臣の権限（政令で定めるものを除く。）をこども家庭庁長官に委任する。

2　こども家庭庁長官は、政令で定めるところにより、前項の規定により委任された権限の一部を地方厚生局長又は地方厚生支局長に委任することができる。

（**実施規定**）

第七十七条　この法律に特別の規定があるものを除くほか、この法律の実施のための手続その他その執行について必要な細則は、内閣府令で定める。

第九章　罰則

第七十八条　第十五条第一項（第三十条の三において準用する場合を含む。以下この条において同じ。）の規定による報告若しくは物件の提出若しくは提示をせず、若しくは虚偽の報告若しくは虚偽の物件の提出若しくは提示をし、又は同項の規定による当該職員の質問に対して、答弁せず、若しくは虚偽の答弁をした者は、三十万円以下の罰金に処する。

第七十九条　第三十八条第一項、第五十条第一項若しくは第五十八条の八第一項の規定による報告若しくは物件の提出若しくは提示をせず、若しくは虚偽の報告若しくは虚偽の物件の提出若しくは提示をし、又はこれらの規定による当該職員の質問に対して答弁をせず、若しくは虚偽の答弁をし、若しくはこれらの規定による検査を拒み、妨げ、若しくは忌避した者は、三十万円以下の罰金に処する。

第八十条　法人の代表者又は法人若しくは人の代理人、使用人その他の従業者が、その法人又は人の業務に関して前条の違反行為をしたときは、行為者を罰するほか、その法人又は人に対しても、同条の刑を科する。

第八十一条　第十五条第二項（第三十条の三において準用する場合を含む。以下この条において同じ。）の規定による報告若しくは物件の提出若しくは提示をせず、若しくは虚偽の報告若しくは虚偽の物件の提出若しくは提示をし、又は同項の規定による当該職員の質問に対して、答弁せず、若しくは虚偽の答弁をした者は、十万円以下の過料に処する。

第八十二条　市町村は、条例で、正当な理由なしに、第十三条第一項（第三十条の三において準用する場合を含む。以下この項において同じ。）の規定による報告若しくは物件の提出若しくは提示をせず、若しくは虚偽の報告若しくは虚偽の物件の提出若しくは提示をし、又は第十三条第一項の規定による当該職員の質問に対して、答弁せず、若しくは虚偽の答弁をした者に対し十万円以下の過料を科する規定を設けることができる。

2　市町村は、条例で、正当な理由なしに、第十四条第一項（第三十条の三において準用する場合を含む。以下この項において同じ。）の規定による報告若しくは物件の提出若しくは提示をせず、若しくは虚偽の報告若しくは虚偽の物件の提出若しくは提示をし、又は第十四条第一項の規定による当該職員の質問に対して、答弁せず、若しくは虚偽の答弁をし、若しくは同項の規定による検査を拒み、妨げ、若しくは忌避した者に対し十万円以下の過料を科する規定を設けることができる。

3　市町村は、条例で、第二十三条第二項若しくは第四項又は第二十四条第二項の規定による支給認定証の提出又は返還を求められてこれに応じない者に対し十万円以下の過料を科する規定を設けることができる。

子どもの貧困対策の推進に関する法律

（平成二五・六・二六）
（法　律　六　四）

最新改正　令和四法律七七

第一章　総則

（目的）

第一条　この法律は、子どもの現在及び将来がその生まれ育った環境によって左右されることのないよう、全ての子どもが心身ともに健やかに育成され、及びその教育の機会均等が保障され、子ども一人一人が夢や希望を持つことができるようにするため、子どもの貧困の解消に向けて、児童の権利に関する条約の精神にのっとり、子どもの貧困対策に関し、基本理念を定め、国等の責務を明らかにし、及び子どもの貧困対策の基本となる事項を定めることにより、子どもの貧困対策を総合的に推進することを目的とする。

（基本理念）

第二条　子どもの貧困対策は、社会のあらゆる分野において、子どもの年齢及び発達の程度に応じて、その意見が尊重され、その最善の利益が優先して考慮され、子どもが心身ともに健やかに育成されることを旨として、推進されなければならない。

2　子どもの貧困対策は、子ども等に対する教育の支援、生活の安定に資するための支援、職業生活の安定と向上に資するための就労の支援、経済的支援等の施策を、子どもの現在及び将来がその生まれ育った環境によって左右されることのない社会を実現することを旨として、子ども等の生活及び取り巻く環境の状況に応じて包括的かつ早期に講ずることにより、推進されなければならない。

3　子どもの貧困対策は、子どもの貧困の背景に様々な社会的な要因があることを踏まえ、推進されなければならない。

4　子どもの貧困対策は、国及び地方公共団体の関係機関相互の密接な連携の下に、関連分野における総合的な取組として行われなければならない。

（国の責務）

第三条　国は、前条の基本理念（次条において「基本理念」という。）にのっとり、子どもの貧困対策を総合的に策定し、及び実施する責務を有する。

（地方公共団体の責務）

第四条　地方公共団体は、基本理念にのっとり、子どもの貧困対策に関し、国と協力しつつ、当該地域の状況に応じた施策を策定し、及び実施する責務を有する。

（国民の責務）

第五条　国民は、国又は地方公共団体が実施する子どもの貧困対策に協力するよう努めなければならない。

（法制上の措置等）

第六条　政府は、この法律の目的を達成するため、必要な法制上又は財政上の措置その他の措置を講じなければならない。

（年次報告）

第七条　政府は、毎年、国会に、子どもの貧困の状況及び子どもの貧困対策の実施の状況に関する報告を提出するとともに、これを公表しなければならない。

2　こども基本法（令和四年法律第七十七号）第八条第一項の規定による国会への報告及び公表がされたときは、前項の規定による国会への報告及び公表がされたものとみなす。

第二章　基本的施策

（子どもの貧困対策に関する大綱）

第八条　政府は、子どもの貧困対策を総合的に推進するため、子どもの貧困対策に関する大綱（以下「大綱」という。）を定めなければならない。

2　大綱は、次に掲げる事項について定めるものとする。

一　子どもの貧困対策に関する基本的な方針

二　子どもの貧困率、一人親世帯の貧困率、生活保護世帯に属する子どもの高等学校等進学率、生活保護世帯に属する子どもの大学等進学率等子どもの貧困に関する指標及び当該指標の改善に向けた施策

三　教育の支援、生活の安定に資するための支援、保護者に対する職業生活の安定と向上に資するための就労の支援、経済的支援その他の子どもの貧困対策に関する事項

四　子どもの貧困に関する調査及び研究に関する事項

五　子どもの貧困対策に関する施策の実施状況についての検証及び評価その他の子どもの貧困対策に関する施策の推進体制に関する事項

3　こども基本法第九条第一項の規定により定められた同項のこども大綱のうち前項各号に

掲げる事項に係る部分は、第一項の規定により定められた大綱とみなす。

4　第二項第二号の「子どもの貧困率」、「一人親世帯の貧困率」、「生活保護世帯に属する子どもの高等学校等進学率」及び「生活保護世帯に属する子どもの大学等進学率」の定義は、政令で定める。

（**都道府県計画等**）

第九条　都道府県は、大綱を勘案して、当該都道府県における子どもの貧困対策についての計画（次項及び第三項において「都道府県計画」という。）を定めるよう努めるものとする。

2　市町村は、大綱（都道府県計画が定められているときは、大綱及び都道府県計画）を勘案して、当該市町村における子どもの貧困対策についての計画（次項において「市町村計画」という。）を定めるよう努めるものとする。

3　都道府県又は市町村は、都道府県計画又は市町村計画を定め、又は変更したときは、遅滞なく、これを公表しなければならない。

（**教育の支援**）

第十条　国及び地方公共団体は、教育の機会均等が図られるよう、就学の援助、学資の援助、学習の支援その他の貧困の状況にある子どもの教育に関する支援のために必要な施策を講ずるものとする。

（**生活の安定に資するための支援**）

第十一条　国及び地方公共団体は、貧困の状況にある子ども及びその保護者に対する生活に関する相談、貧困の状況にある子どもに対する社会との交流の機会の提供その他の貧困の状況にある子どもの生活の安定に資するための支援に関し必要な施策を講ずるものとする。

（**保護者に対する職業生活の安定と向上に資するための就労の支援**）

第十二条　国及び地方公共団体は、貧困の状況にある子どもの保護者に対する職業訓練の実施及び就職のあっせんその他の貧困の状況にある子どもの保護者の所得の増大その他の職業生活の安定と向上に資するための就労の支援に関し必要な施策を講ずるものとする。

（**経済的支援**）

第十三条　国及び地方公共団体は、各種の手当等の支給、貸付金の貸付けその他の貧困の状況にある子どもに対する経済的支援のために必要な施策を講ずるものとする。

（**調査研究**）

第十四条　国及び地方公共団体は、子どもの貧困対策を適正に策定し、及び実施するため、子どもの貧困に関する指標に関する研究その他の子どもの貧困に関する調査及び研究その他の必要な施策を講ずるものとする。

母子保健法

（昭和四〇・八・一八　法律一四一）

最新改正　令和四法律七六

第一章　総則

（**目的**）

第一条　この法律は、母性並びに乳児及び幼児の健康の保持及び増進を図るため、母子保健に関する原理を明らかにするとともに、母性並びに乳児及び幼児に対する保健指導、健康診査、医療その他の措置を講じ、もつて国民保健の向上に寄与することを目的とする。

（**母性の尊重**）

第二条　母性は、すべての児童がすこやかに生まれ、かつ、育てられる基盤であることにかんがみ、尊重され、かつ、保護されなければならない。

（**乳幼児の健康の保持増進**）

第三条　乳児及び幼児は、心身ともに健全な人として成長してゆくために、その健康が保持され、かつ、増進されなければならない。

（**母性及び保護者の努力**）

第四条　母性は、みずからすすんで、妊娠、出産又は育児についての正しい理解を深め、その健康の保持及び増進に努めなければならない。

2　乳児又は幼児の保護者は、みずからすすんで、育児についての正しい理解を深め、乳児又は幼児の健康の保持及び増進に努めなければならない。

（国及び地方公共団体の責務）

第五条　国及び地方公共団体は、母性並びに乳児及び幼児の健康の保持及び増進に努めなければならない。

2　国及び地方公共団体は、母性並びに乳児及び幼児の健康の保持及び増進に関する施策を講ずるに当たつては、当該施策が乳児及び幼児に対する虐待の予防及び早期発見に資するものであることに留意するとともに、その施策を通じて、前三条に規定する母子保健の理念が具現されるように配慮しなければならない。

（用語の定義）

第六条　この法律において「妊産婦」とは、妊娠中又は出産後一年以内の女子をいう。

2　この法律において「乳児」とは、一歳に満たない者をいう。

3　この法律において「幼児」とは、満一歳から小学校就学の始期に達するまでの者をいう。

4　この法律において「保護者」とは、親権を行う者、未成年後見人その他の者で、乳児又は幼児を現に監護する者をいう。

5　この法律において「新生児」とは、出生後二十八日を経過しない乳児をいう。

6　この法律において「未熟児」とは、身体の発育が未熟のまま出生した乳児であつて、正常児が出生時に有する諸機能を得るに至るまでのものをいう。

（都道府県児童福祉審議会等の権限）

第七条　児童福祉法（昭和二十二年法律第百六十四号）第八条第二項に規定する都道府県児童福祉審議会（同条第一項ただし書に規定する都道府県にあつては、地方社会福祉審議会。以下この条において同じ。）及び同条第四項に規定する市町村児童福祉審議会は、母子保健に関する事項につき、調査審議するほか、同条第二項に規定する都道府県児童福祉審議会は都道府県知事の、同条第四項に規定する市町村児童福祉審議会は市町村長の諮問にそれぞれ答え、又は関係行政機関に意見を具申することができる。

（都道府県の援助等）

第八条　都道府県は、この法律の規定により市町村が行う母子保健に関する事業の実施に関し、市町村相互間の連絡調整を行い、及び市町村の求めに応じ、その設置する保健所による技術的事項についての指導、助言その他当該市町村に対する必要な技術的援助を行うものとする。

（実施の委託）

第八条の二　市町村は、この法律に基づく母子保健に関する事業の一部について、病院若しくは診療所又は医師、助産師その他適当と認められる者に対し、その実施を委託することができる。

（連携及び調和の確保）

第八条の三　都道府県及び市町村は、この法律に基づく母子保健に関する事業の実施に当たつては、学校保健安全法（昭和三十三年法律第五十六号）、児童福祉法その他の法令に基づく母性及び児童の保健及び福祉に関する事業との連携及び調和の確保に努めなければならない。

第二章　母子保健の向上に関する措置

（知識の普及）

第九条　都道府県及び市町村は、母性又は乳児若しくは幼児の健康の保持及び増進のため、妊娠、出産又は育児に関し、個別的又は集団的に、必要な指導及び助言を行い、並びに地域住民の活動を支援すること等により、母子保健に関する知識の普及に努めなければならない。

（相談及び支援）

第九条の二　市町村は、母性又は乳児若しくは幼児の健康の保持及び増進のため、母子保健に関する相談に応じなければならない。

2　市町村は、母性並びに乳児及び幼児の心身の状態に応じ、健康の保持及び増進に関する支援を必要とする者について、母性並びに乳児及び幼児に対する支援に関する計画の作成その他の内閣府令で定める支援を行うものとする。

（保健指導）

第十条　市町村は、妊産婦若しくはその配偶者又は乳児若しくは幼児の保護者に対して、妊娠、出産又は育児に関し、必要な保健指導を行い、又は医師、歯科医師、助産師若しくは保健師について保健指導を受けることを勧奨しなければならない。

（新生児の訪問指導）

第十一条　市町村長は、前条の場合において、当該乳児が新生児であつて、育児上必要があると認めるときは、医師、保健師、助産師又はその他の職員をして当該新生児の保護者を訪問させ、必要な指導を行わせるものとする。ただし、当該新生児につき、第十九条の規定による指導が行われるときは、この限りでない。

2　前項の規定による新生児に対する訪問指導は、当該新生児が新生児でなくなつた後においても、継続することができる。

（**健康診査**）

第十二条　市町村は、次に掲げる者に対し、内閣府令の定めるところにより、健康診査を行わなければならない。

一　満一歳六か月を超え満二歳に達しない幼児

二　満三歳を超え満四歳に達しない幼児

2　前項の厚生労働省令は、健康増進法（平成十四年法律第百三号）第九条第一項に規定する健康診査等指針（第十六条第四項において単に「健康診査等指針」という。）と調和が保たれたものでなければならない。

第十三条　前条の健康診査のほか、市町村は、必要に応じ、妊産婦又は乳児若しくは幼児に対して、健康診査を行い、又は健康診査を受けることを勧奨しなければならない。

2　内閣総理大臣は、前項の規定による妊婦に対する健康診査についての望ましい基準を定めるものとする。

（**栄養の摂取に関する援助**）

第十四条　市町村は、妊産婦又は乳児若しくは幼児に対して、栄養の摂取につき必要な援助をするように努めるものとする。

（**妊娠の届出**）

第十五条　妊娠した者は、内閣府令で定める事項につき、速やかに、市町村長に妊娠の届出をするようにしなければならない。

（**母子健康手帳**）

第十六条　市町村は、妊娠の届出をした者に対して、母子健康手帳を交付しなければならない。

2　妊産婦は、医師、歯科医師、助産師又は保健師について、健康診査又は保健指導を受けたときは、その都度、母子健康手帳に必要な事項の記載を受けなければならない。乳児又は幼児の健康診査又は保健指導を受けた当該乳児又は幼児の保護者についても、同様とする。

3　母子健康手帳の様式は、内閣府令で定める。

4　前項の内閣府令は、健康診査等指針と調和が保たれたものでなければならない。

（**妊産婦の訪問指導等**）

第十七条　第十三条第一項の規定による健康診査を行つた市町村の長は、その結果に基づき、当該妊産婦の健康状態に応じ、保健指導を要する者については、医師、助産師、保健師又はその他の職員をして、その妊産婦を訪問させて必要な指導を行わせ、妊娠又は出産に支障を及ぼすおそれがある疾病にかかつている疑いのある者については、医師又は歯科医師の診療を受けることを勧奨するものとする。

2　市町村は、妊産婦が前項の勧奨に基づいて妊娠又は出産に支障を及ぼすおそれがある疾病につき医師又は歯科医師の診療を受けるために必要な援助を与えるように努めなければならない。

（**産後ケア事業**）

第十七条の二　市町村は、出産後一年を経過しない女子及び乳児の心身の状態に応じた保健指導、療養に伴う世話又は育児に関する指導、相談その他の援助（以下この項において「産後ケア」という。）を必要とする出産後一年を経過しない女子及び乳児につき、次の各号のいずれかに掲げる事業（以下この条において「産後ケア事業」という。）を行うよう努めなければならない。

一　病院、診療所、助産所その他内閣府令で定める施設であつて、産後ケアを行うもの（次号において「産後ケアセンター」という。）に産後ケアを必要とする出産後一年を経過しない女子及び乳児を短期間入所させ、産後ケアを行う事業

二　産後ケアセンターその他の内閣府令で定める施設に産後ケアを必要とする出産後一年を経過しない女子及び乳児を通わせ、産後ケアを行う事業

三　産後ケアを必要とする出産後一年を経過しない女子及び乳児の居宅を訪問し、産後ケアを行う事業

2　市町村は、産後ケア事業を行うに当たつては、産後ケア事業の人員、設備及び運営に関する基準として内閣府令で定める基準に従つて行わなければならない。

3　市町村は、産後ケア事業の実施に当たつては、妊娠中から出産後に至る支援を切れ目なく行う観点から、児童福祉法第十条の二第一項のこども家庭センター（次章において単に「こども家庭センター」という。）その他の関係機関との必要な連絡調整並びにこの法律に基づく母子保健に関する他の事業並びに児童福祉法その他の法令に基づく母性及び乳児の保健及び福祉に関する事業との連携を図ることにより、妊産婦及び乳児に対する支援の一

体的な実施その他の措置を講ずるよう努めなければならない。

（低体重児の届出）

第十八条 体重が二千五百グラム未満の乳児が出生したときは、その保護者は、速やかに、その旨をその乳児の現在地の市町村に届け出なければならない。

（未熟児の訪問指導）

第十九条 市町村長は、その区域内に現在地を有する未熟児について、養育上必要があると認めるときは、医師、保健師、助産師又はその他の職員をして、その未熟児の保護者を訪問させ、必要な指導を行わせるものとする。

2 第十一条第二項の規定は、前項の規定による訪問指導に準用する。

（健康診査に関する情報の提供の求め）

第十九条の二 市町村は、妊産婦若しくは乳児若しくは幼児であつて、かつて当該市町村以外の市町村（以下この項において「他の市町村」という。）に居住していた者又は当該妊産婦の配偶者若しくは当該乳児若しくは幼児の保護者に対し、第九条の二第一項の相談、同条第二項の支援、第十条の保健指導、第十一条、第十七条第一項若しくは前条の訪問指導、第十二条第一項若しくは第十三条第一項の健康診査又は第二十二条第一項第二号から第五号までに掲げる事業を行うために必要があると認めるときは、当該他の市町村に対し、内閣府令で定めるところにより、当該妊産婦又は乳児若しくは幼児に対する第十二条第一項又は第十三条第一項の健康診査に関する情報の提供を求めることができる。

2 市町村は、前項の規定による情報の提供の求めについては、電子情報処理組織を使用する方法その他の情報通信の技術を利用する方法であつて内閣府令で定めるものにより行うよう努めなければならない。

（養育医療）

第二十条 市町村は、養育のため病院又は診療所に入院することを必要とする未熟児に対し、その養育に必要な医療（以下「養育医療」という。）の給付を行い、又はこれに代えて養育医療に要する費用を支給することができる。

2 前項の規定による費用の支給は、養育医療の給付が困難であると認められる場合に限り、行なうことができる。

3 養育医療の給付の範囲は、次のとおりとする。

一 診察

二 薬剤又は治療材料の支給

三 医学的処置、手術及びその他の治療

四 病院又は診療所への入院及びその療養に伴う世話その他の看護

五 移送

4 養育医療の給付は、都道府県知事が次項の規定により指定する病院若しくは診療所又は薬局（以下「指定養育医療機関」という。）に委託して行うものとする。

5 都道府県知事は、病院若しくは診療所又は薬局の開設者の同意を得て、第一項の規定による養育医療を担当させる機関を指定する。

6 第一項の規定により支給する費用の額は、次項の規定により準用する児童福祉法第十九条の十二の規定により指定養育医療機関が請求することができる診療報酬の例により算定した額のうち、本人及びその扶養義務者（民法（明治二十九年法律第八十九号）に定める扶養義務者をいう。第二十一条の四第一項において同じ。）が負担することができないと認められる額とする。

7 児童福祉法第十九条の十二、第十九条の二十及び第二十一条の三の規定は養育医療の給付について、同法第二十条第七項及び第八項並びに第二十一条の規定は指定養育医療機関について、それぞれ準用する。この場合において、同法第十九条の十二中「診療方針」とあるのは「診療方針及び診療報酬」と、同条第二項中「厚生労働大臣」とあるのは「内閣総理大臣」と、同法第十九条の二十（第二項を除く。）中「小児慢性特定疾病医療費の」とあるのは「診療報酬の」と、同条第一項中「第十九条の三第十項」とあるのは「母子保健法第二十条第七項において読み替えて準用する第十九条の十二」と、同条第四項中「都道府県」とあるのは「市町村」と、「厚生労働省令」とあるのは「内閣府令」と、同法第二十一条の三第二項中「都道府県の」とあるのは「市町村の」と読み替えるものとする。

（医療施設の整備）

第二十条の二 国及び地方公共団体は、妊産婦並びに乳児及び幼児の心身の特性に応じた高度の医療が適切に提供されるよう、必要な医療施設の整備に努めなければならない。

（調査研究の推進）

第二十条の三 国は、乳児及び幼児の障害の予防のための研究その他母性並びに乳児及び幼児の健康の保持及び増進のため必要な調査研究の推進に努めなければならない。

（費用の支弁）

第二十一条　市町村が行う第十二条第一項の規定による健康診査に要する費用及び第二十条の規定による措置に要する費用は、当該市町村の支弁とする。

（都道府県の負担）

第二十一条の二　都道府県は、政令の定めるところにより、前条の規定により市町村が支弁する費用のうち、第二十条の規定による措置に要する費用については、その四分の一を負担するものとする。

（国の負担）

第二十一条の三　国は、政令の定めるところにより、第二十一条の規定により市町村が支弁する費用のうち、第二十条の規定による措置に要する費用については、その二分の一を負担するものとする。

（費用の徴収）

第二十一条の四　第二十条の規定による養育医療の給付に要する費用を支弁した市町村長は、当該措置を受けた者又はその扶養義務者から、その負担能力に応じて、当該措置に要する費用の全部又は一部を徴収することができる。

2　前項の規定による費用の徴収は、徴収されるべき者の居住地又は財産所在地の市町村に嘱託することができる。

3　第一項の規定により徴収される費用を、指定の期限内に納付しない者があるときは、地方税の滞納処分の例により処分することができる。この場合における徴収金の先取特権の順位は、国税及び地方税に次ぐものとする。

第三章　こども家庭センターの母子保健事業

第二十二条　こども家庭センターは、児童福祉法第十条の二第二項各号に掲げる業務のほか、母性並びに乳児及び幼児の健康の保持及び増進に関する包括的な支援を行うことを目的として、第一号から第四号までに掲げる事業又はこれらの事業に併せて第五号に掲げる事業を行うものとする。

一　母性並びに乳児及び幼児の健康の保持及び増進に関する支援に必要な実情の把握を行うこと。

二　母子保健に関する各種の相談に応ずること。

三　母性並びに乳児及び幼児に対する保健指導を行うこと。

四　母性及び児童の保健医療に関する機関との連絡調整並びに第九条の二第二項の支援を行うこと。

五　健康診査、助産その他の母子保健に関する事業を行うこと（前各号に掲げる事業を除く。）。

2　市町村は、こども家庭センターにおいて、第九条の指導及び助言、第九条の二第一項の相談並びに第十条の保健指導を行うに当たつては、児童福祉法第二十一条の十一第一項の情報の収集及び提供、相談並びに助言並びに同条第二項のあつせん、調整及び要請と一体的に行うように努めなければならない。

第四章　雑則

（非課税）

第二十三条　第二十条の規定により支給を受けた金品を標準として、租税その他の公課を課することができない。

（差押えの禁止）

第二十四条　第二十条の規定により金品の支給を受けることとなつた者の当該支給を受ける権利は、差し押えることができない。

第二十五条　削除

（大都市等の特例）

第二十六条　この法律中都道府県が処理することとされている事務で政令で定めるものは、地方自治法（昭和二十二年法律第六十七号）第二百五十二条の十九第一項の指定都市（以下「指定都市」という。）及び同法第二百五十二条の二十二第一項の中核市（以下「中核市」という。）においては、政令の定めるところにより、指定都市又は中核市（以下「指定都市等」という。）が処理するものとする。この場合においては、この法律中都道府県に関する規定は、指定都市等に関する規定として、指定都市等に適用があるものとする。

（緊急時における内閣総理大臣の事務執行）

第二十七条　第二十条第七項において準用する児童福祉法第二十一条の三第一項の規定により都道府県知事の権限に属するものとされている事務は、未熟児の利益を保護する緊急の必要があると内閣総理大臣が認める場合にあつては、内閣総理大臣又は都道府県知事が行うものとする。この場合においては、第二十条第七項において準用する同法の規定中都道府県知事に関する規定（当該事務に係るものに限る。）は、内閣総理大臣に関する規定として内閣総理大臣に適用があるものとする。

2　前項の場合において、内閣総理大臣又は都道府県知事が当該事務を行うときは、相互に密接な連携の下に行うものとする。

（権限の委任）

第二十八条　内閣総理大臣は、この法律に規定する内閣総理大臣の権限（政令で定めるものを除く。）をこども家庭庁長官に委任する。

2　こども家庭庁長官は、政令で定めるところにより、前項の規定により委任された権限の一部を地方厚生局長又は地方厚生支局長に委任することができる。

配偶者からの暴力の防止及び被害者の保護等に関する法律

（平成一三・四・一三）
（法　律　三　一）

最新改正　令和五法律五三

我が国においては、日本国憲法に個人の尊重と法の下の平等がうたわれ、人権の擁護と男女平等の実現に向けた取組が行われている。

ところが、配偶者からの暴力は、犯罪となる行為をも含む重大な人権侵害であるにもかかわらず、被害者の救済が必ずしも十分に行われてこなかった。また、配偶者からの暴力の被害者は、多くの場合女性であり、経済的自立が困難である女性に対して配偶者が暴力を加えることは、個人の尊厳を害し、男女平等の実現の妨げとなっている。

このような状況を改善し、人権の擁護と男女平等の実現を図るためには、配偶者からの暴力を防止し、被害者を保護するための施策を講ずることが必要である。このことは、女性に対する暴力を根絶しようと努めている国際社会における取組にも沿うものである。

ここに、配偶者からの暴力に係る通報、相談、保護、自立支援等の体制を整備することにより、配偶者からの暴力の防止及び被害者の保護を図るため、この法律を制定する。

第一章　総則

（定義）

第一条　この法律において「配偶者からの暴力」とは、配偶者からの身体に対する暴力（身体に対する不法な攻撃であって生命又は身体に危害を及ぼすものをいう。以下同じ。）又はこれに準ずる心身に有害な影響を及ぼす言動（以下この項及び第二十八条の二において「身体に対する暴力等」と総称する。）をいい、配偶者からの身体に対する暴力等を受けた後に、その者が離婚をし、又はその婚姻が取り消された場合にあっては、当該配偶者であった者から引き続き受ける身体に対する暴力等を含むものとする。

2　この法律において「被害者」とは、配偶者からの暴力を受けた者をいう。

3　この法律にいう「配偶者」には、婚姻の届出をしていないが事実上婚姻関係と同様の事情にある者を含み、「離婚」には、婚姻の届出をしていないが事実上婚姻関係と同様の事情にあった者が、事実上離婚したと同様の事情に入ることを含むものとする。

（国及び地方公共団体の責務）

第二条　国及び地方公共団体は、配偶者からの暴力を防止するとともに、被害者の自立を支援することを含む。以下同じ。）を図る責務を有する。

第一章の二　基本方針及び都道府県基本計画等

（基本方針）

第二条の二　内閣総理大臣、国家公安委員会、法務大臣及び厚生労働大臣（以下この条及び次条第五項において「主務大臣」という。）は、配偶者からの暴力の防止及び被害者の保護のための施策に関する基本的な方針（以下この条並びに次条第一項及び第三項において

「基本方針」という。）を定めなければならない。

2　基本方針においては、次に掲げる事項につき、次条第一項の都道府県基本計画及び同条第三項の市町村基本計画の指針となるべきものを定めるものとする。

一　配偶者からの暴力の防止及び被害者の保護に関する基本的な事項

二　配偶者からの暴力の防止及び被害者の保護のための施策の内容に関する事項

三　配偶者からの暴力の防止及び被害者の保護のための施策を実施するために必要な国、地方公共団体及び民間の団体の連携及び協力に関する事項

四　前三号に掲げるもののほか、配偶者からの暴力の防止及び被害者の保護のための施策に関する重要事項

3　主務大臣は、基本方針を定め、又はこれを変更しようとするときは、あらかじめ、関係行政機関の長に協議しなければならない。

4　主務大臣は、基本方針を定め、又はこれを変更したときは、遅滞なく、これを公表しなければならない。

（都道府県基本計画等）

第二条の三　都道府県は、基本方針に即して、当該都道府県における配偶者からの暴力の防止及び被害者の保護のための施策の実施に関する基本的な計画（以下この条において「都道府県基本計画」という。）を定めなければならない。

2　都道府県基本計画においては、次に掲げる事項を定めるものとする。

一　配偶者からの暴力の防止及び被害者の保護に関する基本的な方針

二　配偶者からの暴力の防止及び被害者の保護のための施策の実施内容に関する事項

三　配偶者からの暴力の防止及び被害者の保護のための施策を実施するために必要な当該都道府県、関係地方公共団体及び民間の団体の連携及び協力に関する事項

四　前三号に掲げるもののほか、配偶者からの暴力の防止及び被害者の保護のための施策の実施に関する重要事項

3　市町村（特別区を含む。以下同じ。）は、基本方針に即し、かつ、都道府県基本計画を勘案して、当該市町村における配偶者からの暴力の防止及び被害者の保護のための施策の実施に関する基本的な計画（以下この条において「市町村基本計画」という。）を定めるよう努めなければならない。

4　都道府県又は市町村は、都道府県基本計画又は市町村基本計画を定め、又は変更したときは、遅滞なく、これを公表しなければならない。

5　主務大臣は、都道府県又は市町村に対し、都道府県基本計画又は市町村基本計画の作成のために必要な助言その他の援助を行うよう努めなければならない。

第二章　配偶者暴力相談支援センター等

（配偶者暴力相談支援センター）

第三条　都道府県は、当該都道府県が設置する女性相談支援センターその他の適切な施設において、当該各施設が配偶者暴力相談支援センターとしての機能を果たすようにするものとする。

2　市町村は、当該市町村が設置する適切な施設において、当該各施設が配偶者暴力相談支援センターとしての機能を果たすようにするよう努めるものとする。

3　配偶者暴力相談支援センターは、配偶者からの暴力の防止及び被害者の保護のため、次に掲げる業務を行うものとする。

一　被害者に関する各般の問題について、相談に応ずること又は女性相談支援員若しくは相談を行う機関を紹介すること。

二　被害者の心身の健康を回復させるため、医学的又は心理学的な指導その他の必要な指導を行うこと。

三　被害者（被害者がその家族を同伴する場合にあっては、被害者及びその同伴する家族。次号、第六号、第五条、第八条の三及び第九条において同じ。）の緊急時における安全の確保及び一時保護を行うこと。

四　被害者が自立して生活することを促進するため、就業の促進、住宅の確保、援護等に関する制度の利用等について、情報の提供、助言、関係機関との連絡調整その他の援助を行うこと。

五　第四章に定める保護命令の制度の利用について、情報の提供、助言、関係機関への連絡その他の援助を行うこと。

六　被害者を居住させ保護する施設の利用について、情報の提供、助言、関係機関との連絡調整その他の援助を行うこと。

4　前項第三号の一時保護は、女性相談支援センターが、自ら行い、又は厚生労働大臣が定める基準を満たす者に委託して行うものとす

る。

5　前項の規定による委託を受けた者若しくはその役員若しくは職員又はこれらの者であった者は、正当な理由がなく、その委託を受けた業務に関して知り得た秘密を漏らしてはならない。

6　配偶者暴力相談支援センターは、その業務を行うに当たっては、必要に応じ、配偶者からの暴力の防止及び被害者の保護を図るための活動を行う民間の団体との連携に努めるものとする。

（**女性相談支援員による相談等**）

第四条　女性相談支援員は、被害者の相談に応じ、必要な援助を行うことができる。

（**女性自立支援施設における保護**）

第五条　都道府県は、女性自立支援施設において被害者の保護を行うことができる。

（**協議会**）

第五条の二　都道府県は、単独で又は共同して、配偶者からの暴力の防止及び被害者の保護を図るため、関係機関、関係団体、配偶者からの暴力の防止及び被害者の保護に関連する職務に従事する者その他の関係者（第五項において「関係機関等」という。）により構成される協議会（以下「協議会」という。）を組織するよう努めなければならない。

2　市町村は、単独で又は共同して、協議会を組織することができる。

3　協議会は、被害者に関する情報その他被害者の保護を図るために必要な情報の交換を行うとともに、被害者に対する支援の内容に関する協議を行うものとする。

4　協議会が組織されたときは、当該地方公共団体は、内閣府令で定めるところにより、その旨を公表しなければならない。

5　協議会は、第三項に規定する情報の交換及び協議を行うため必要があると認めるときは、関係機関等に対し、資料又は情報の提供、意見の開陳その他必要な協力を求めることができる。

（**秘密保持義務**）

第五条の三　協議会の事務に従事する者又は従事していた者は、正当な理由がなく、協議会の事務に関して知り得た秘密を漏らしてはならない。

（**協議会の定める事項**）

第五条の四　前二条に定めるもののほか、協議会の組織及び運営に関し必要な事項は、協議会が定める。

第三章　被害者の保護

（**配偶者からの暴力の発見者による通報等**）

第六条　配偶者からの暴力（配偶者又は配偶者であった者からの身体に対する暴力に限る。以下この章において同じ。）を受けている者を発見した者は、その旨を配偶者暴力相談支援センター又は警察官に通報するよう努めなければならない。

2　医師その他の医療関係者は、その業務を行うに当たり、配偶者からの暴力によって負傷し又は疾病にかかったと認められる者を発見したときは、その旨を配偶者暴力相談支援センター又は警察官に通報することができる。この場合において、その者の意思を尊重するよう努めるものとする。

3　刑法（明治四十年法律第四十五号）の秘密漏示罪の規定その他の守秘義務に関する法律の規定は、前二項の規定により通報することを妨げるものと解釈してはならない。

4　医師その他の医療関係者は、その業務を行うに当たり、配偶者からの暴力によって負傷し又は疾病にかかったと認められる者を発見したときは、その者に対し、配偶者暴力相談支援センター等の利用について、その有する情報を提供するよう努めなければならない。

（**配偶者暴力相談支援センターによる保護についての説明等**）

第七条　配偶者暴力相談支援センターは、被害者に関する通報又は相談を受けた場合には、必要に応じ、被害者に対し、第三条第三項の規定により配偶者暴力相談支援センターが行う業務の内容について説明及び助言を行うとともに、必要な保護を受けることを勧奨するものとする。

（**警察官による被害の防止**）

第八条　警察官は、通報等により配偶者からの暴力が行われていると認めるときは、警察法（昭和二十九年法律第百六十二号）、警察官職務執行法（昭和二十三年法律第百三十六号）その他の法令の定めるところにより、暴力の制止、被害者の保護その他の配偶者からの暴力による被害の発生を防止するために必要な措置を講ずるよう努めなければならない。

（**警察本部長等の援助**）

第八条の二　警視総監若しくは道府県警察本部長（道警察本部の所在地を包括する方面を除く方面については、方面本部長。第十五条第三項において同じ。）又は警察署長は、配偶者からの暴力を受けている者から、配偶者からの暴力による被害を自ら防止するための援助を受けたい旨の申出があり、その申出を相当と認めるときは、当該配偶者からの暴力を受けている者に対し、国家公安委員会規則で定めるところにより、当該被害を自ら防止するための措置の教示その他配偶者からの暴力による被害の発生を防止するために必要な援助を行うものとする。

（**福祉事務所による自立支援**）

第八条の三　社会福祉法（昭和二十六年法律第四十五号）に定める福祉に関する事務所（次条において「福祉事務所」という。）は、生活保護法（昭和二十五年法律第百四十四号）、児童福祉法（昭和二十二年法律第百六十四号）、母子及び父子並びに寡婦福祉法（昭和三十九年法律第百二十九号）その他の法令の定めるところにより、被害者の自立を支援するために必要な措置を講ずるよう努めなければならない。

（**被害者の保護のための関係機関の連携協力**）

第九条　配偶者暴力相談支援センター、都道府県警察、福祉事務所、児童相談所その他の都道府県又は市町村の関係機関その他の関係機関は、被害者の保護を行うに当たっては、その適切な保護が行われるよう、相互に連携を図りながら協力するよう努めるものとする。

（**苦情の適切かつ迅速な処理**）

第九条の二　前条の関係機関は、被害者の保護に係る職員の職務の執行に関して被害者から苦情の申出を受けたときは、適切かつ迅速にこれを処理するよう努めるものとする。

第四章　保護命令

（**接近禁止命令等**）

第十条　被害者（配偶者からの身体に対する暴力又は生命、身体、自由、名誉若しくは財産に対し害を加える旨を告知してする脅迫（以下この章において「身体に対する暴力等」という。）を受けた者に限る。以下この条並びに第十二条第一項第三号及び第四号において同じ。）が、配偶者（配偶者からの身体に対する暴力等を受けた後に、被害者が離婚をし、又はその婚姻が取り消された場合にあっては、当該配偶者であった者。以下この条及び第十二条第一項第二号から第四号までにおいて同じ。）からの更なる身体に対する暴力等により、その生命又は心身に重大な危害を受けるおそれが大きいときは、裁判所は、被害者の申立てにより、当該配偶者に対し、命令の効力が生じた日から起算して一年間、被害者の住居（当該配偶者と共に生活の本拠としている住居を除く。以下この項において同じ。）その他の場所において被害者の身辺につきまとい、又は被害者の住居、勤務先その他その通常所在する場所の付近をはいかいしてはならないことを命ずるものとする。

2　前項の場合において、同項の規定による命令（以下「接近禁止命令」という。）を発する裁判所又は発した裁判所は、被害者の申立てにより、当該配偶者に対し、命令の効力が生じた日以後、接近禁止命令の効力が生じた日から起算して一年を経過する日までの間、被害者に対して次に掲げる行為をしてはならないことを命ずるものとする。

一　面会を要求すること。

二　その行動を監視していると思わせるような事項を告げ、又はその知り得る状態に置くこと。

三　著しく粗野又は乱暴な言動をすること。

四　電話をかけて何も告げず、又は緊急やむを得ない場合を除き、連続して、電話をかけ、文書を送付し、通信文その他の情報（電気通信（電気通信事業法（昭和五十九年法律第八十六号）第二条第一号に規定する電気通信をいう。以下この号及び第六項第一号において同じ。）の送信元、送信先、通信日時その他の電気通信を行うために必要な情報を含む。以下この条において「通信文等」という。）をファクシミリ装置を用いて送信し、若しくは電子メールの送信等をすること。

五　緊急やむを得ない場合を除き、午後十時から午前六時までの間に、電話をかけ、通信文等をファクシミリ装置を用いて送信し、又は電子メールの送信等をすること。

六　汚物、動物の死体その他の著しく不快又は嫌悪の情を催させるような物を送付し、又はその知り得る状態に置くこと。

七　その名誉を害する事項を告げ、又はその知り得る状態に置くこと。

八　その性的羞恥心を害する事項を告げ、若しくはその知り得る状態に置き、その性的羞恥心を害する文書、図画、電磁的記録（電子的方式、磁気的方式その他人の知覚によっては認識することができない方式で作られる記録であって、電子計算機による情報処理の用に供されるものをいう。以下この号において同じ。）に係る記録媒体その他の物を送付し、若しくはその知り得る状態に置き、又はその性的羞恥心を害する電磁的記録その他の記録を送信し、若しくはその知り得る状態に置くこと。

九　その承諾を得ないで、その所持する位置情報記録・送信装置（当該装置の位置に係る位置情報（地理空間情報活用推進基本法（平成十九年法律第六十三号）第二条第一項第一号に規定する位置情報をいう。以下この号において同じ。）を記録し、又は送信する機能を有する装置で政令で定めるものをいう。以下この号及び次号において同じ。）（同号に規定する行為がされた位置情報記録・送信装置を含む。）により記録され、又は送信される当該位置情報記録・送信装置の位置に係る位置情報を政令で定める方法により取得すること。

十　その承諾を得ないで、その所持する物に位置情報記録・送信装置を取り付けること、位置情報記録・送信装置を取り付けた物を交付することその他その移動に伴い位置情報記録・送信装置を移動し得る状態にする行為として政令で定める行為をすること。

3　第一項の場合において、被害者がその成年に達しない子（以下この項及び次項並びに第十二条第一項第三号において単に「子」という。）と同居しているときであって、配偶者が幼年の子を連れ戻すと疑うに足りる言動を行っていることその他の事情があることから被害者がその同居している子に関して配偶者と面会することを余儀なくされることを防止するため必要があると認めるときは、接近禁止命令を発する裁判所又は発した裁判所は、被害者の申立てにより、当該配偶者に対し、命令の効力が生じた日以後、接近禁止命令の効力が生じた日から起算して一年を経過する日までの間、当該子の住居（当該配偶者と共に生活の本拠としている住居を除く。以下この項において同じ。）、就学する学校その他の場所において当該子の身辺につきまとい、又は当該子の住居、就学する学校その他その通常所在する場所の付近をはいかいしてはならないこと及び当該子に対して前項第二号から第十号までに掲げる行為（同項第五号に掲げる行為にあっては、電話をかけること及び通信文等をファクシミリ装置を用いて送信することに限る。）をしてはならないことを命ずるものとする。ただし、当該子が十五歳以上であるときは、その同意がある場合に限る。

4　第一項の場合において、配偶者が被害者の親族その他被害者と社会生活において密接な関係を有する者（被害者と同居している子及び配偶者と同居している者を除く。以下この項及び次項並びに第十二条第一項第四号において「親族等」という。）の住居に押し掛けて著しく粗野又は乱暴な言動を行っていることその他の事情があることから被害者がその親族等に関して配偶者と面会することを余儀なくされることを防止するため必要があると認めるときは、接近禁止命令を発する裁判所又は発した裁判所は、被害者の申立てにより、当該配偶者に対し、命令の効力が生じた日以後、接近禁止命令の効力が生じた日から起算して一年を経過する日までの間、当該親族等の住居（当該配偶者と共に生活の本拠としている住居を除く。以下この項において同じ。）その他の場所において当該親族等の身辺につきまとい、又は当該親族等の住居、勤務先その他その通常所在する場所の付近をはいかいしてはならないことを命ずるものとする。

5　前項の申立ては、当該親族等（被害者の十五歳未満の子を除く。以下この項において同じ。）の同意（当該親族等が十五歳未満の者又は成年被後見人である場合にあっては、その法定代理人の同意）がある場合に限り、することができる。

6　第二項第四号及び第五号の「電子メールの送信等」とは、次の各号のいずれかに掲げる行為（電話をかけること及び通信文等をファクシミリ装置を用いて送信することを除く。）をいう。

一　電子メール（特定電子メールの送信の適正化等に関する法律（平成十四年法律第二十六号）第二条第一号に規定する電子メールをいう。）その他のその受信をする者を特定して情報を伝達するために用いられる電気通信の送信を行うこと。

二　前号に掲げるもののほか、電子情報処理組織を使用する方法その他の情報通信の技術を利用する方法であって、内閣府令で定めるものを用いて通信文等の送信を行うこと。

（退去等命令）

第十条の二　被害者（配偶者からの身体に対する暴力又は生命等に対する脅迫（被害者の生命又は身体に対し害を加える旨を告知してする脅迫をいう。以下この章において同じ。）を受けた者に限る。以下この条及び第十八条第一項において同じ。）が、配偶者（配偶者からの身体に対する暴力又は生命等に対する脅迫を受けた後に、被害者が離婚をし、又はその婚姻が取り消された場合にあっては、当該配偶者であった者。以下この条、第十二条第二項第二号及び第十八条第一項において同じ。）から更に身体に対する暴力を受けることにより、その生命又は身体に重大な危害を受けるおそれが大きいときは、裁判所は、被害者の申立てにより、当該配偶者に対し、命令の効力が生じた日から起算して二月間（被害者及び当該配偶者が生活の本拠として使用する建物又は区分建物（不動産登記法（平成十六年法律第百二十三号）第二条第二十二号に規定する区分建物をいう。）の所有者又は賃借人が被害者のみである場合において、被害者の申立てがあったときは、六月間）、被害者と共に生活の本拠としている住居から退去すること及び当該住居の付近をはいかいしてはならないことを命ずるものとする。ただし、申立ての時において被害者及び当該配偶者が生活の本拠を共にする場合に限る。

（管轄裁判所）

第十一条　接近禁止命令及び前条の規定による命令（以下「退去等命令」という。）の申立てに係る事件は、相手方の住所（日本国内に住所がないとき又は住所が知れないときは居所）の所在地を管轄する地方裁判所の管轄に属する。

2　接近禁止命令の申立ては、次の各号に掲げる地を管轄する地方裁判所にもすることができる。

一　申立人の住所又は居所の所在地

二　当該申立てに係る配偶者からの身体に対する暴力等が行われた地

3　退去等命令の申立ては、次の各号に掲げる地を管轄する地方裁判所にもすることができる。

一　申立人の住所又は居所の所在地

二　当該申立てに係る配偶者からの身体に対する暴力又は生命等に対する脅迫が行われた地

（接近禁止命令等の申立て等）

第十二条　接近禁止命令及び第十条第二項から第四項までの規定による命令の申立ては、次に掲げる事項を記載した書面でしなければならない。

一　配偶者からの身体に対する暴力等を受けた状況（当該身体に対する暴力等を受けた後に、被害者が離婚をし、又はその婚姻が取り消された場合であって、当該配偶者であった者からの身体に対する暴力等を受けたときにあっては、当該配偶者であった者からの身体に対する暴力等を受けた状況を含む。）

二　前号に掲げるもののほか、配偶者からの更なる身体に対する暴力等により、生命又は身心に重大な危害を受けるおそれが大きいと認めるに足りる申立ての時における事情

三　第十条第三項の規定による命令（以下この号並びに第十七条第三項及び第四項において「三項命令」という。）の申立てをする場合にあっては、被害者が当該同居している子に関して配偶者と面会することを余儀なくされることを防止するため当該三項命令を発する必要があると認めるに足りる申立ての時における事情

四　第十条第四項の規定による命令の申立てをする場合にあっては、被害者が当該親族等に関して配偶者と面会することを余儀なくされることを防止するため当該命令を発する必要があると認めるに足りる申立ての時における事情

五　配偶者暴力相談支援センターの職員又は警察職員に対し、前各号に掲げる事項について相談し、又は援助若しくは保護を求めた事実の有無及びその事実があるときは、次に掲げる事項

イ　当該配偶者暴力相談支援センター又は当該警察職員の所属官署の名称

ロ　相談し、又は援助若しくは保護を求めた日時及び場所

ハ　相談又は求めた援助若しくは保護の内容

ニ　相談又は申立人の求めに対して執られた措置の内容

2　退去等命令の申立ては、次に掲げる事項を記載した書面でしなければならない。

一　配偶者からの身体に対する暴力又は生命等に対する脅迫を受けた状況（当該身体に対する暴力又は生命等に対する脅迫を受けた後に、被害者が離婚をし、又はその婚姻が取り消された場合であって、当該配偶者であった者からの身体に対する暴力又は生命等に対する脅迫を受けたときにあっては、当該配偶者であった者からの身体に対する暴力又は生命等に対する脅迫を受けた状況を含む。）

二　前号に掲げるもののほか、配偶者から更に身体に対する暴力を受けることにより、生命又は身体に重大な危害を受けるおそれが大きいと認めるに足りる申立ての時における事情

三　配偶者暴力相談支援センターの職員又は警察職員に対し、前二号に掲げる事項について相談し、又は援助若しくは保護を求めた事実の有無及びその事実があるときは、次に掲げる事項

イ　当該配偶者暴力相談支援センター又は当該警察職員の所属官署の名称

ロ　相談し、又は援助若しくは保護を求めた日時及び場所

ハ　相談又は求めた援助若しくは保護の内容

ニ　相談又は申立人の求めに対して執られた措置の内容

3　前二項の書面（以下「申立書」という。）に第一項第五号イからニまで又は前項第三号イからニまでに掲げる事項の記載がない場合には、申立書には、第一項第一号から第四号まで又は前項第一号及び第二号に掲げる事項についての申立人の供述を記載した書面で公証人法（明治四十一年法律第五十三号）第五十八条ノ二第一項の認証を受けたものを添付しなければならない。

（迅速な裁判）

第十三条　裁判所は、接近禁止命令、第十条第二項から第四項までの規定による命令及び退去等命令（以下「保護命令」という。）の申立てに係る事件については、速やかに裁判をするものとする。

（保護命令事件の審理の方法）

第十四条　保護命令は、口頭弁論又は相手方が立ち会うことができる審尋の期日を経なければ、これを発することができない。ただし、その期日を経ることにより保護命令の申立ての目的を達することができない事情があるときは、この限りでない。

2　申立書に第十二条第一項第五号イからニまで又は同条第二項第三号イからニまでに掲げる事項の記載がある場合には、裁判所は、当該配偶者暴力相談支援センター又は当該所属官署の長に対し、申立人が相談し、又は援助若しくは保護を求めた際の状況及びこれに対して執られた措置の内容を記載した書面の提出を求めるものとする。この場合において、当該配偶者暴力相談支援センター又は当該所属官署の長は、これに速やかに応ずるものとする。

3　裁判所は、必要があると認める場合には、前項の配偶者暴力相談支援センター若しくは所属官署の長又は申立人から相談を受け、若しくは援助若しくは保護を求められた職員に対し、同項の規定により書面の提出を求めた事項に関して更に説明を求めることができる。

（期日の呼出し）

第十四条の二　保護命令に関する手続における期日の呼出しは、呼出状の送達、当該事件について出頭した者に対する期日の告知その他相当と認める方法によってする。

2　呼出状の送達及び当該事件について出頭した者に対する期日の告知以外の方法による期日の呼出しをしたときは、期日に出頭しない者に対し、法律上の制裁その他期日の不遵守による不利益を帰することができない。ただし、その者が期日の呼出しを受けた旨を記載した書面を提出したときは、この限りでない。

（公示送達の方法）

第十四条の三　保護命令に関する手続における公示送達は、裁判所書記官が送達すべき書類を保管し、いつでも送達を受けるべき者に交付すべき旨を裁判所の掲示場に掲示してする。

（電子情報処理組織による申立て等）

第十四条の四　保護命令に関する手続における申立てその他の申述（以下この条において「申立て等」という。）のうち、当該申立て等に関するこの法律その他の法令の規定により書面等（書面、書類、文書、謄本、抄本、正本、副本、複本その他文字、図形等人の知覚によって認識することができる情報が記載された紙その他の有体物をいう。次項及び第四項において同じ。）をもってするものとされているものであって、最高裁判所の定める裁判所に対してするもの（当該裁判所の裁判長、受命裁判官、受託裁判官又は裁判所書記官に対してするものを含む。）については、当該法令の規定にかかわらず、最高裁判所規則で定めるところにより、電子情報処理組織（裁判所の使用に係る電子計算機（入出力装置を含む。以下この項及び第三項において同じ。）と申立て等をする者の使用に係る電子計算機とを電気通信回線で接続した電子情報処理組織をいう。）を用いてすることができる。

2　前項の規定によりされた申立て等について

は、当該申立て等を書面等をもってするものとして規定した申立て等に関する法令の規定に規定する書面等をもってされたものとみなして、当該申立て等に関する法令の規定を適用する。

3　第一項の規定によりされた申立て等は、同項の裁判所の使用に係る電子計算機に備えられたファイルへの記録がされた時に、当該裁判所に到達したものとみなす。

4　第一項の場合において、当該申立て等に関する他の法令の規定により署名等（署名、記名、押印その他氏名又は名称を書面等に記載することをいう。以下この項において同じ。）をすることとされているものについては、当該申立て等をする者は、当該法令の規定にかかわらず、当該署名等に代えて、最高裁判所規則で定めるところにより、氏名又は名称を明らかにする措置を講じなければならない。

5　第一項の規定によりされた申立て等が第三項に規定するファイルに記録されたときは、第一項の裁判所は、当該ファイルに記録された情報の内容を書面に出力しなければならない。

6　第一項の規定によりされた申立て等に係るこの法律その他の法令の規定による事件の記録の閲覧若しくは謄写又はその正本、謄本若しくは抄本の交付は、前項の書面をもってするものとする。当該申立て等に係る書類の送達又は送付も、同様とする。

（保護命令の申立てについての決定等）

第十五条　保護命令の申立てについての決定には、理由を付さなければならない。ただし、口頭弁論を経ないで決定をする場合には、理由の要旨を示せば足りる。

2　保護命令は、相手方に対する決定書の送達又は相手方が出頭した口頭弁論若しくは審尋の期日における言渡しによって、その効力を生ずる。

3　保護命令を発したときは、裁判所書記官は、速やかにその旨及びその内容を申立人の住所又は居所を管轄する警視総監又は道府県警察本部長に通知するものとする。

4　保護命令を発した場合において、申立人が配偶者暴力相談支援センターの職員に対し相談し、又は援助若しくは保護を求めた事実があり、かつ、申立書に当該事実に係る第十二条第一項第五号イからニまで又は同条第二項第三号イからニまでに掲げる事項の記載があるときは、裁判所書記官は、速やかに、保護命令を発した旨及びその内容を、当該申立書に名称が記載された配偶者暴力相談支援センター（当該申立書に名称が記載された配偶者暴力相談支援センターが二以上ある場合にあっては、申立人がその職員に対し相談し、又は援助若しくは保護を求めた日時が最も遅い配偶者暴力相談支援センター）の長に通知するものとする。

5　保護命令は、執行力を有しない。

（即時抗告）

第十六条　保護命令の申立てについての裁判に対しては、即時抗告をすることができる。

2　前項の即時抗告は、保護命令の効力に影響を及ぼさない。

3　即時抗告があった場合において、保護命令の取消しの原因となることが明らかな事情があることにつき疎明があったときに限り、抗告裁判所は、申立てにより、即時抗告についての裁判が効力を生ずるまでの間、保護命令の効力の停止を命ずることができる。事件の記録が原裁判所に存する間は、原裁判所も、この処分を命ずることができる。

4　前項の規定により接近禁止命令の効力の停止を命ずる場合において、第十条第二項から第四項までの規定による命令が発せられているときは、裁判所は、当該命令の効力の停止をも命じなければならない。

5　前二項の規定による裁判に対しては、不服を申し立てることができない。

6　抗告裁判所が接近禁止命令を取り消す場合において、第十条第二項から第四項までの規定による命令が発せられているときは、抗告裁判所は、当該命令をも取り消さなければならない。

7　前条第四項の規定による通知がされている保護命令について、第三項若しくは第四項の規定によりその効力の停止を命じたとき又は抗告裁判所がこれを取り消したときは、裁判所書記官は、速やかに、その旨及びその内容を当該通知をした配偶者暴力相談支援センターの長に通知するものとする。

8　前条第三項の規定は、第三項及び第四項の場合並びに抗告裁判所が保護命令を取り消した場合について準用する。

（保護命令の取消し）

第十七条　保護命令を発した裁判所は、当該保護命令の申立てをした者の申立てがあった場合には、当該保護命令を取り消さなければならない。接近禁止命令又は第十条第二項から第四項までの規定による命令にあっては接近禁止命令が効力を生じた日から起算して三月を経過した日以後において、退去等命令にあっては当該退去等命令が効力を生じた日から起算して二週間を経過した後において、これらの命令を受けた者が申し立て、当該裁判所がこれらの命令の申立てをした者に異議がないことを確認したときも、同様とする。

2 前条第六項の規定は、接近禁止命令を発した裁判所が前項の規定により当該接近禁止命令を取り消す場合について準用する。

3 三項命令を受けた者は、接近禁止命令が効力を生じた日から起算して六月を経過した日又は当該三項命令が効力を生じた日から起算して三月を経過した日のいずれか遅い日以後において、当該三項命令を発した裁判所に対し、第十条第三項に規定する要件を欠くに至ったことを理由として、当該三項命令の取消しの申立てをすることができる。

4 裁判所は、前項の取消しの裁判をするときは、当該取消しに係る三項命令の申立てをした者の意見を聴かなければならない。

5 第三項の取消しの申立てについての裁判に対しては、即時抗告をすることができる。

6 第三項の取消しの裁判は、確定しなければその効力を生じない。

7 第十五条第三項及び前条第七項の規定は、第一項から第三項までの場合について準用する。

（退去等命令の再度の申立て）

第十八条 退去等命令が発せられた後に当該発せられた退去等命令の申立ての理由となった身体に対する暴力又は生命等に対する脅迫と同一の事実を理由とする退去等命令の再度の申立てがあったときは、裁判所は、配偶者と共に生活の本拠としている住居から転居しようとする被害者がその責めに帰することのできない事由により当該発せられた命令の期間までに当該住居からの転居を完了することができないことその他の退去等命令を再度発する必要があると認めるべき事情があるときに限り、退去等命令を発するものとする。ただし、当該退去等命令を発することにより当該配偶者の生活に特に著しい支障を生ずると認めるときは、当該命令を発しないことができる。

2 前項の申立てをする場合における第十二条の規定の適用については、同条第二項各号列記以外の部分中「事項」とあるのは「事項及び第十八条第一項本文の事情」と、同項第三号中「事項に」とあるのは「事項及び第十八条第一項本文の事情に」と、同条第三項中「事項に」とあるのは「事項並びに第十八条第一項本文の事情に」とする。

（事件の記録の閲覧等）

第十九条 保護命令に関する手続について、当事者は、裁判所書記官に対し、事件の記録の閲覧若しくは謄写、その正本、謄本若しくは抄本の交付又は事件に関する事項の証明書の交付を請求することができる。ただし、相手方にあっては、保護命令の申立てに関し口頭弁論若しくは相手方を呼び出す審尋の期日の指定があり、又は相手方に対する保護命令の送達があるまでの間は、この限りでない。

第二十条 削除

（民事訴訟法の準用）

第二十一条 この法律に特別の定めがある場合を除き、保護命令に関する手続に関しては、その性質に反しない限り、民事訴訟法（平成八年法律第百九号）第一編から第四編までの規定（同法第七十一条第二項、第九十一条の二、第九十二条第九項及び第十項、第九十二条の二第二項、第九十四条、第百条第二項、第一編第五章第四節第三款、第百十一条、第一編第七章、第百三十三条の二第五項及び第六項、第百三十三条の三第二項、第百五十一条第三項、第百六十条第二項、第百八十五条第三項、第二百五条第二項、第二百十五条第二項、第二百二十七条第二項並びに第二百三十二条の二の規定を除く。）を準用する。この場合において、次の表の上欄に掲げる同法の規定中同表の中欄に掲げる字句は、それぞれ同表の下欄に掲げる字句に読み替えるものとする。

第百十二条第一項本文	前条の規定による措置を開始した	裁判所書記官が送達すべき書類を保管し、いつでも送達を受けるべき者に交付すべき旨の裁判所の掲示場への掲示を始めた
第百十二条第一項ただし書	前条の規定による措置を開始した	当該掲示を始めた

社会福祉

第百十三条	書類又は電磁的記録	書類
	記載又は記録	記載
	第百十一条の規定による措置を開始した	裁判所書記官が送達すべき書類を保管し、いつでも送達を受けるべき者に交付すべき旨の裁判所の掲示場への掲示を始めた
第百三十三条の三第一項	記載され、又は記録された書面又は電磁的記録	記載された書面
	当該書面又は電磁的記録	当該書面
	又は電磁的記録その他これに類する書面又は電磁的記録	その他これに類する書面
第百五十一条第二項及び第二百三十一条の二第二項	方法又は最高裁判所規則で定める電子情報処理組織を使用する方法	方法
第百六十条第一項	最高裁判所規則で定めるところにより、電子調書（期日又は期日外における手続の方式、内容及び経過等の記録及び公証をするためにこの法律その他の法令の規定により裁判所書記官が作成する電磁的記録をいう。以下同じ。）	調書
第百六十条第三項	前項の規定によりファイルに記録された電子調書の内容に	調書の記載について
第百六十条第四項	第二項の規定によりファイルに記録された電子調書	調書
	当該電子調書	当該調書
第百六十条の二第一項	前条第二項の規定によりファイルに記録された電子調書の内容	調書の記載
第百六十条の二第二項	その旨をファイルに記録して	調書を作成して
第二百五条第三項	事項又は前項の規定によりファイルに記録された事項若しくは同項の記録媒体に記録された事項	事項
第二百十五条第四項	事項又は第二項の規定によりファイルに記録された事項若しくは同項の記録媒体に記録された事項	事項
第二百三十一条の三第二項	若しくは送付し、又は最高裁判所規則で定める電子情報処理組織を使用する	又は送付する
第二百六十一条第四項	電子調書	調書
	記録しなければ	記載しなければ

（最高裁判所規則）

第二十二条　この法律に定めるもののほか、保護命令に関する手続に関し必要な事項は、最高裁判所規則で定める。

第五章　雑則

（職務関係者による配慮等）

第二十三条　配偶者からの暴力に係る被害者の保護、捜査、裁判等に職務上関係のある者（次項において「職務関係者」という。）は、その職務を行うに当たり、被害者の心身の状況、その置かれている環境等を踏まえ、被害者の国籍、障害の有無等を問わずその人権を尊重するとともに、その安全の確保及び秘密の保持に十分な配慮をしなければならない。

2　国及び地方公共団体は、職務関係者に対し、被害者の人権、配偶者からの暴力の特性等に関する理解を深めるために必要な研修及び啓発を行うものとする。

（教育及び啓発）

第二十四条　国及び地方公共団体は、配偶者からの暴力の防止に関する国民の理解を深めるための教育及び啓発に努めるものとする。

（調査研究の推進等）

第二十五条　国及び地方公共団体は、配偶者からの暴力の防止及び被害者の保護に資するため、加害者の更生のための指導の方法、被害者の心身の健康を回復させるための方法等に関する調査研究の推進並びに被害者の保護に係る人材の養成及び資質の向上に努めるものとする。

（民間の団体に対する援助）

第二十六条　国及び地方公共団体は、配偶者からの暴力の防止及び被害者の保護を図るための活動を行う民間の団体に対し、必要な援助を行うよう努めるものとする。

（都道府県及び市町村の支弁）

第二十七条　都道府県は、次の各号に掲げる費用を支弁しなければならない。

一　第三条第三項の規定に基づき同項に掲げる業務を行う女性相談支援センターの運営に要する費用（次号に掲げる費用を除く。）

二　第三条第三項第三号の規定に基づき女性相談支援センターが行う一時保護（同条第四項に規定する厚生労働大臣が定める基準を満たす者に委託して行う場合を含む。）及びこれに伴い必要な事務に要する費用

三　第四条の規定に基づき都道府県が置く女性相談支援員が行う業務に要する費用

四　第五条の規定に基づき都道府県が行う保護（市町村、社会福祉法人その他適当と認める者に委託して行う場合を含む。）及びこれに伴い必要な事務に要する費用

2　市町村は、第四条の規定に基づき市町村が置く女性相談支援員が行う業務に要する費用を支弁しなければならない。

（国の負担及び補助）

第二十八条　国は、政令の定めるところにより、都道府県が前条第一項の規定により支弁した費用のうち、同項第一号及び第二号に掲げるものについては、その十分の五を負担するものとする。

2　国は、予算の範囲内において、次の各号に掲げる費用の十分の五以内を補助することができる。

一　都道府県が前条第一項の規定により支弁した費用のうち、同項第三号及び第四号に掲げるもの

二　市町村が前条第二項の規定により支弁した費用

第五章の二　補則

（この法律の準用）

第二十八条の二　第二条及び第一章の二から前章までの規定は、生活の本拠を共にする交際（婚姻関係における共同生活に類する共同生活を営んでいないものを除く。）をする関係にある相手からの暴力（当該関係にある相手からの身体に対する暴力等をいい、当該関係にある相手からの身体に対する暴力等を受けた後に、その者が当該関係を解消した場合にあっては、当該関係にあった者から引き続き受ける身体に対する暴力等を含む。）及び当該暴力を受けた者について準用する。この場合において、これらの規定（同条を除く。）中「配偶者からの暴力」とあるのは、「特定関係者からの暴力」と読み替えるほか、次の表の上欄に掲げる規定中同表の中欄に掲げる字句は、それぞれ同表の下欄に掲げる字句に読み替えるものとする。

第二条	配偶者	第二十八条の二に規定する関係にある相手（以下「特定関係者」という。）
	、被害者	、被害者（特定関係者からの暴力を受けた者をいう。以下同じ。）
第六条第一項	配偶者又は配偶者であった者	特定関係者又は同条に規定する関係にある相手であった者
第十条第一項から第四項まで、第十条の二、第十一条第二項第二号及び第三項第二号、第十二条第一項第一号から第四号まで並びに第二項第一号及び第二号並びに第十八条第一項	配偶者	特定関係者

第十条第一項、第十条の二並びに第十二条第一項第一号及び第二項第一号	離婚をし、又はその婚姻が取り消された場合	第二十八条の二に規定する関係を解消した場合

第六章　罰則

第二十九条　保護命令（前条において読み替えて準用する第十条第一項から第四項まで及び第十条の二の規定によるものを含む。第三十一条において同じ。）に違反した者は、二年以下の懲役又は二百万円以下の罰金に処する。

第三十条　第三条第五項又は第五条の三の規定に違反して秘密を漏らした者は、一年以下の拘禁刑又は五十万円以下の罰金に処する。

第三十一条　第十二条第一項若しくは第二項（第十八条第二項の規定により読み替えて適用する場合を含む。）又は第二十八条の二において読み替えて準用する第十二条第一項（第二十八条の二において準用する第十八条第二項の規定により読み替えて適用する場合を含む。）の規定により記載すべき事項について虚偽の記載のある申立書により保護命令の申立てをした者は、十万円以下の過料に処する。

・刑法等の一部を改正する法律の施行に伴う関係法律の整理等に関する法律（令和四・六・一七法律六八）

附則　抄

（施行期日）

1　この法律は、刑法等一部改正法施行日から施行する。〈略〉

・民事関係手続等における情報通信技術の活用等の推進を図るための関係法律の整備に関する法律（令和五・六・一四法律五三）

附則　抄

この法律は、公布の日から起算して五年を超えない範囲内において政令で定める日から施行する。ただし、次の各号に掲げる規定は、当該各号に定める日から施行する。

二　〈略〉公布の日から起算して二年六月を超えない範囲内において政令で定める日

母子及び父子並びに寡婦福祉法

（昭和三九・七・一　法律一二九）

最新改正　令和四法律七六

第一章　総則

（目的）

第一条　この法律は、母子家庭等及び寡婦の福祉に関する原理を明らかにするとともに、母子家庭等及び寡婦に対し、その生活の安定と向上のために必要な措置を講じ、もつて母子家庭等及び寡婦の福祉を図ることを目的とする。

（基本理念）

第二条　全て母子家庭等には、児童が、その置かれている環境にかかわらず、心身ともに健やかに育成されるために必要な諸条件と、その母子家庭の母及び父子家庭の父の健康で文化的な生活とが保障されるものとする。

2　寡婦には、母子家庭の母及び父子家庭の父に準じて健康で文化的な生活が保障されるものとする。

（国及び地方公共団体の責務）

第三条　国及び地方公共団体は、母子家庭等及び寡婦の福祉を増進する責務を有する。

2　国及び地方公共団体は、母子家庭等又は寡婦の福祉に関係のある施策を講ずるに当たつては、その施策を通じて、前条に規定する理念が具現されるように配慮しなければならない。

（関係機関の責務）

第三条の二　第八条第一項に規定する母子・父子自立支援員、福祉事務所（社会福祉法（昭和二十六年法律第四十五号）に定める福祉に関する事務所をいう。以下同じ。）その他母子家庭の福祉に関する機関、児童福祉法（昭和二十二年法律第百六十四号）に定める児童委員、困難な問題を抱える女性への支援に関する法律（令和四年法律第五十二号）第十一条第一項に規定する女性相談支援員、児童福祉法第四十四条の二第一項に規定する児童家庭支援センター、同法第三十八条に規定する母子生活支援施設、第十七条第一項、第三十条第三項又は第三十一条の五第二項の規定により都道府県又は市（特別区を含む。以下同じ。）町村から委託を受けている者、第三十八条に規定する母子・父子福祉施設、母子・父子福祉団体、公共職業安定所その他母子家庭の支援を行う関係機関は、母子家庭の母及び児童の生活の安定と向上のために相互に協力しなければならない。

2　第八条第一項に規定する母子・父子自立支援員、福祉事務所その他父子家庭の福祉に関する機関、児童福祉法に定める児童委員、同法第四十四条の二第一項に規定する児童家庭支援センター、第三十一条の七第一項、第三十一条の九第三項又は第三十一条の十一第二項の規定により都道府県又は市町村から委託を受けている者、第三十八条に規定する母子・父子福祉施設、母子・父子福祉団体、公共職業安定所その他父子家庭の支援を行う関係機関は、父子家庭の父及び児童の生活の安定と向上のために相互に協力しなければならない。

3　第八条第一項に規定する母子・父子自立支援員、福祉事務所その他寡婦の福祉に関する機関、第三十三条第一項、第三十五条第三項又は第三十五条の二第二項の規定により都道府県又は市町村から委託を受けている者、第三十八条に規定する母子・父子福祉施設、母子・父子福祉団体、公共職業安定所その他寡婦の支援を行う関係機関は、寡婦の生活の安定と向上のために相互に協力しなければならない。

（自立への努力）

第四条　母子家庭の母及び父子家庭の父並びに寡婦は、自ら進んでその自立を図り、家庭生活及び職業生活の安定と向上に努めなければならない。

（扶養義務の履行）

第五条　母子家庭等の児童の親は、当該児童が心身ともに健やかに育成されるよう、当該児童の養育に必要な費用の負担その他当該児童についての扶養義務を履行するように努めなければならない。

2　母子家庭等の児童の親は、当該児童が心身ともに健やかに育成されるよう、当該児童を監護しない親の当該児童についての扶養義務の履行を確保するように努めなければならない。

3　国及び地方公共団体は、母子家庭等の児童が心身ともに健やかに育成されるよう、当該児童を監護しない親の当該児童についての扶養義務の履行を確保するために広報その他適切な措置を講ずるように努めなければならない。

（定義）

第六条　この法律において「配偶者のない女子」とは、配偶者（婚姻の届出をしていないが、事実上婚姻関係と同様の事情にある者を含む。以下同じ。）と死別した女子であつて、現に婚姻（婚姻の届出をしていないが、事実上婚姻関係と同様の事情にある場合を含む。以下同じ。）をしていないもの及びこれに準ずる次に掲げる女子をいう。

一　離婚した女子であつて現に婚姻をしていないもの
二　配偶者の生死が明らかでない女子
三　配偶者から遺棄されている女子
四　配偶者が海外にあるためその扶養を受けることができない女子
五　配偶者が精神又は身体の障害により長期にわたつて労働能力を失つている女子
六　前各号に掲げる者に準ずる女子であつて政令で定めるもの

2　この法律において「配偶者のない男子」とは、配偶者と死別した男子であつて、現に婚姻をしていないもの及びこれに準ずる次に掲げる男子をいう。

一　離婚した男子であつて現に婚姻をしていないもの
二　配偶者の生死が明らかでない男子
三　配偶者から遺棄されている男子
四　配偶者が海外にあるためその扶養を受けることができない男子
五　配偶者が精神又は身体の障害により長期にわたつて労働能力を失つている男子
六　前各号に掲げる者に準ずる男子であつて政令で定めるもの

3　この法律において「児童」とは、二十歳に満たない者をいう。

4　この法律において「寡婦」とは、配偶者のない女子であつて、かつて配偶者のない女子として民法（明治二十九年法律第八十九号）第八百七十七条の規定により児童を扶養していたことのあるものをいう。

5　この法律において「母子家庭等」とは、母子家庭及び父子家庭をいう。

6　この法律において「母子・父子福祉団体」とは、配偶者のない者で現に児童を扶養しているもの（配偶者のない女子であつて民法第八百七十七条の規定により現に児童を扶養しているもの（以下「配偶者のない女子で現に児童を扶養しているもの」という。）又は配偶者のない男子であつて同条の規定により現に児童を扶養しているもの（以下「配偶者のない男子で現に児童を扶養しているもの」という。）をいう。第八条第二項において同じ。）の福祉又はこれに併せて寡婦の福祉を増進することを主たる目的とする次の各号に掲げる法人であつて当該各号に定めるその役員の過半数が配偶者のない女子又は配偶者のない男子であるものをいう。

一　社会福祉法人　理事

二　前号に掲げるもののほか、営利を目的としない法人であつて内閣府令で定めるもの　内閣府令で定める役員

（都道府県児童福祉審議会等の権限）

第七条　次の各号に掲げる機関は、母子家庭等の福祉に関する事項につき、調査審議するほか、当該各号に定める者の諮問に答え、又は関係行政機関に意見を具申することができる。

一　児童福祉法第八条第二項に規定する都道府県児童福祉審議会（同条第一項ただし書に規定する都道府県にあつては、社会福祉法第七条第一項に規定する地方社会福祉審議会）　都道府県知事

二　児童福祉法第八条第四項に規定する市町村児童福祉審議会　市町村長（特別区の区長を含む。以下同じ。）

（母子・父子自立支援員）

第八条　都道府県知事、市長（特別区の区長を含む。）及び福祉事務所を管理する町村長（以下「都道府県知事等」という。）は、社会的信望があり、かつ、次項に規定する職務を行うに必要な熱意と識見を持つている者のうちから、母子・父子自立支援員を委嘱するものとする。

2　母子・父子自立支援員は、この法律の施行に関し、主として次の業務を行うものとする。

一　配偶者のない者で現に児童を扶養しているもの及び寡婦に対し、相談に応じ、その自立に必要な情報提供及び指導を行うこと。

二　配偶者のない者で現に児童を扶養しているもの及び寡婦に対し、職業能力の向上及び求職活動に関する支援を行うこと。

3　都道府県、市及び福祉事務所を設置する町村（以下「都道府県等」という。）は、母子・父子自立支援員の研修の実施その他の措置を講ずることにより、母子・父子自立支援員その他の母子家庭の母及び父子家庭の父並びに寡婦の自立の支援に係る事務に従事する人材の確保及び資質の向上を図るよう努めるものとする。

（福祉事務所）

第九条　福祉事務所は、この法律の施行に関し、主として次の業務を行うものとする。

一　母子家庭等及び寡婦並びに母子・父子福祉団体の実情その他必要な実情の把握に努めること。

二　母子家庭等及び寡婦の福祉に関する相談に応じ、必要な調査及び指導を行うこと、並びにこれらに付随する業務を行うこと。

（児童委員の協力）

第十条　児童福祉法に定める児童委員は、この法律の施行について、福祉事務所の長又は母子・父子自立支援員の行う職務に協力するものとする。

（母子家庭等及び寡婦の生活の安定と向上のための措置の積極的かつ計画的な実施等）

第十条の二　都道府県等は、母子家庭等及び寡婦が母子家庭等及び寡婦の生活の安定と向上のために最も適切な支援を総合的に受けられるようにするため、地域の実情に応じた母子家庭等及び寡婦の生活の安定と向上のための措置の積極的かつ計画的な実施及び周知並びに母子家庭等及び寡婦の生活の安定と向上のための支援を行う者の活動の連携及び調整を図るよう努めなければならない。

第二章　基本方針等

（基本方針）

第十一条　内閣総理大臣は、母子家庭等及び寡婦の生活の安定と向上のための措置に関する基本的な方針（以下「基本方針」という。）

を定めるものとする。

2　基本方針に定める事項は、次のとおりとする。

一　母子家庭等及び寡婦の家庭生活及び職業生活の動向に関する事項

二　母子家庭等及び寡婦の生活の安定と向上のため講じようとする施策の基本となるべき事項

三　都道府県等が、次条の規定に基づき策定する母子家庭等及び寡婦の生活の安定と向上のための措置に関する計画（以下「自立促進計画」という。）の指針となるべき基本的な事項

四　前三号に掲げるもののほか、母子家庭等及び寡婦の生活の安定と向上のための措置に関する重要事項

3　内閣総理大臣は、基本方針を定め、又は変更するときは、あらかじめ、関係行政機関の長に協議するものとする。

4　内閣総理大臣は、基本方針を定め、又は変更したときは、遅滞なく、これを公表するものとする。

（自立促進計画）

第十二条　都道府県等は、基本方針に即し、次に掲げる事項を定める自立促進計画を策定し、又は変更しようとするときは、法律の規定による計画であつて母子家庭等及び寡婦の福祉に関する事項を定めるものとの調和を保つよう努めなければならない。

一　当該都道府県等の区域における母子家庭等及び寡婦の家庭生活及び職業生活の動向に関する事項

二　当該都道府県等の区域において母子家庭等及び寡婦の生活の安定と向上のため講じようとする施策の基本となるべき事項

三　福祉サービスの提供、職業能力の向上の支援その他母子家庭等及び寡婦の生活の安定と向上のために講ずべき具体的な措置に関する事項

四　前三号に掲げるもののほか、母子家庭等及び寡婦の生活の安定と向上のための措置に関する重要事項

2　都道府県等は、自立促進計画を策定し、又は変更するときは、あらかじめ、母子家庭等及び寡婦の置かれている環境、母子家庭等及び寡婦に対する福祉の措置の利用に関する母子家庭等及び寡婦の意向その他の母子家庭等及び寡婦の事情を勘案するよう努めなければならない。

3　都道府県等は、自立促進計画を策定し、又は変更するときは、あらかじめ、第七条各号に掲げる機関、子ども・子育て支援法（平成二十四年法律第六十五号）第七十二条第一項又は第四項に規定する機関その他の母子家庭等及び寡婦の福祉に関する事項を調査審議する合議制の機関の意見を聴くよう努めなければならない。

4　都道府県等は、自立促進計画を策定し、又は変更するときは、あらかじめ、母子・父子福祉団体の意見を反映させるために必要な措置を講ずるものとする。

5　前項に定めるもののほか、都道府県等は、自立促進計画を策定し、又は変更するときは、あらかじめ、インターネットの利用その他の内閣府令で定める方法により広く母子家庭等及び寡婦の意見を求めることその他の住民の意見を反映させるために必要な措置を講ずるよう努めなければならない。

第三章　母子家庭に対する福祉の措置

（母子福祉資金の貸付け）

第十三条　都道府県は、配偶者のない女子で現に児童を扶養しているもの又はその扶養している児童（配偶者のない女子で現に児童を扶養しているものが同時に民法第八百七十七条の規定により二十歳以上である子その他これに準ずる者を扶養している場合におけるその二十歳以上である子その他これに準ずる者を含む。以下この項及び第三項において同じ。）に対し、配偶者のない女子の経済的自立の助成と生活意欲の助長を図り、あわせてその扶養している児童の福祉を増進するため、次に掲げる資金を貸し付けることができる。

一　事業を開始し、又は継続するのに必要な資金

二　配偶者のない女子が扶養している児童の修学に必要な資金

三　配偶者のない女子又はその者が扶養している児童が事業を開始し、又は就職するために必要な知識技能を習得するのに必要な資金

四　前三号に掲げるもののほか、配偶者のない女子及びその者が扶養している児童の福祉のために必要な資金であつて政令で定めるもの

2　都道府県は、前項に規定する資金のうち、その貸付けの目的を達成するために一定の期間継続して貸し付ける必要がある資金で政令で定めるものについては、その貸付けの期間

中に当該配偶者のない女子が民法第八百七十七条の規定により扶養している全ての児童が二十歳に達した後でも、政令で定めるところにより、なお継続してその貸付けを行うことができる。

3　都道府県は、第一項に規定する資金のうち、その貸付けの目的が児童の修学又は知識技能の習得に係る資金であつて政令で定めるものを配偶者のない女子で現に児童を扶養しているものに貸し付けている場合において、その修学又は知識技能の習得の中途において当該配偶者のない女子が死亡したときは、政令で定めるところにより、当該児童（前項の規定による貸付けに係る二十歳以上である者を含む。）がその修学又は知識技能の習得を終了するまでの間、当該児童に対して、当該資金の貸付けを行うことができる。

（母子・父子福祉団体に対する貸付け）

第十四条　都道府県は、政令で定める事業を行う母子・父子福祉団体であつてその事業に使用される者が主として次の各号に掲げる者のいずれかであるもの又は第一号に掲げる者の自立の促進を図るための事業として政令で定めるものを行う母子・父子福祉団体に対し、これらの事業につき、前条第一項第一号に掲げる資金を貸し付けることができる。

一　配偶者のない女子で現に児童を扶養しているもの

二　前号に掲げる者及び配偶者のない男子で現に児童を扶養しているもの

三　第一号に掲げる者及び寡婦

四　第二号に掲げる者及び寡婦

（償還の免除）

第十五条　都道府県は、第十三条の規定による貸付金の貸付けを受けた者が死亡したとき、又は精神若しくは身体に著しい障害を受けたため、当該貸付金を償還することができなくなつたと認められるときは、議会の議決を経て、当該貸付金の償還未済額の全部又は一部の償還を免除することができる。ただし、政令で定める場合は、この限りでない。

2　都道府県は、第十三条第一項第四号に掲げる資金のうち政令で定めるものの貸付けを受けた者が、所得の状況その他政令で定める事由により当該貸付金を償還することができなくなつたと認められるときは、条例で定めるところにより、当該貸付金の償還未済額の一部の償還を免除することができる。

（政令への委任）

第十六条　前三条に定めるもののほか、第十三条及び第十四条の規定による貸付金（以下「母子福祉資金貸付金」という。）の貸付金額の限度、貸付方法、償還その他母子福祉資金貸付金の貸付けに関して必要な事項は、政令で定める。

（母子家庭日常生活支援事業）

第十七条　都道府県又は市町村は、配偶者のない女子で現に児童を扶養しているものがその者の疾病その他の理由により日常生活に支障を生じたと認められるときは、政令で定める基準に従い、その者につき、その者の居宅その他内閣府令で定める場所において、乳幼児の保育若しくは食事の世話若しくは専門的知識をもつて行う生活及び生業に関する助言、指導その他の日常生活を営むのに必要な便宜であつて内閣府令で定めるものを供与し、又は当該都道府県若しくは市町村以外の者に当該便宜を供与することを委託する措置を採ることができる。

2　前項の規定による委託に係る事務に従事する者又は従事していた者は、正当な理由がなく、当該事務に関して知り得た秘密を漏らしてはならない。

（措置の解除に係る説明等）

第十八条　都道府県知事又は市町村長は、前条第一項の措置を解除する場合には、あらかじめ、当該措置に係る者に対し、当該措置の解除の理由について説明するとともに、その意見を聴かなければならない。ただし、当該措置に係る者から当該措置の解除の申出があつた場合その他内閣府令で定める場合においては、この限りでない。

（行政手続法の適用除外）

第十九条　第十七条第一項の措置を解除する処分については、行政手続法（平成五年法律第八十八号）第三章（第十二条及び第十七条第一項を除く。）の規定は、適用しない。

（事業の開始）

第二十条　国及び都道府県以外の者は、内閣府令で定めるところにより、あらかじめ、内閣府令で定める事項を都道府県知事に届け出て、母子家庭日常生活支援事業（第十七条第一項の措置に係る者につき同項の内閣府令で定める便宜を供与する事業をいう。以下同じ。）を行うことができる。

（廃止又は休止）

第二十一条　母子家庭日常生活支援事業を行う者は、その事業を廃止し、又は休止するときは、あらかじめ、内閣府令で定める事項を都道府県知事に届け出なければならない。

（報告の徴収等）

第二十二条 都道府県知事は、母子家庭の福祉のために必要があると認めるときは、母子家庭日常生活支援事業を行う者に対し、必要と認める事項の報告を求め、又は当該職員に、関係者に対して質問させ、若しくはその事務所に立ち入り、帳簿書類その他の物件を検査させることができる。

2 前項の規定による質問又は立入検査を行う場合においては、当該職員は、その身分を示す証明書を携帯し、関係者の請求があるときは、これを提示しなければならない。

3 第一項の規定による権限は、犯罪捜査のために認められたものと解釈してはならない。

（事業の停止等）

第二十三条 都道府県知事は、母子家庭日常生活支援事業を行う者が、この法律若しくはこれに基づく命令若しくはこれらに基づいてする処分に違反したとき、又はその事業に関し不当に営利を図り、若しくは第十七条第一項の措置に係る配偶者のない女子で現に児童を扶養しているもの等の処遇につき不当な行為をしたときは、その事業を行う者に対し、その事業の制限又は停止を命ずることができる。

（受託義務）

第二十四条 母子家庭日常生活支援事業を行う者は、第十七条第一項の規定による委託を受けたときは、正当な理由がなく、これを拒んではならない。

（売店等の設置の許可）

第二十五条 国又は地方公共団体の設置した事務所その他の公共的施設の管理者は、配偶者のない女子で現に児童を扶養しているもの又は母子・父子福祉団体からの申請があつたときは、その公共的施設内において、新聞、雑誌、たばこ、事務用品、食料品その他の物品を販売し、又は理容業、美容業等の業務を行うために、売店又は理容所、美容所等の施設を設置することを許すように努めなければならない。

2 前項の規定により売店その他の施設を設置することを許された者は、病気その他正当な理由がある場合のほかは、自らその業務に従事し、又は当該母子・父子福祉団体が使用する配偶者のない女子で現に児童を扶養しているものをその業務に従事させなければならない。

3 都道府県知事は、第一項に規定する売店その他の施設の設置及びその運営を円滑にするため、当該都道府県の区域内の公共的施設の管理者と協議を行い、かつ、公共的施設内における売店等の設置の可能な場所、販売物品の種類等を調査し、その結果を配偶者のない女子で現に児童を扶養しているもの及び母子・父子福祉団体に知らせる措置を講じなければならない。

（製造たばこの小売販売業の許可）

第二十六条 配偶者のない女子で現に児童を扶養しているものがたばこ事業法（昭和五十九年法律第六十八号）第二十二条第一項の規定による小売販売業の許可を申請した場合において同法第二十三条各号の規定に該当しないときは、財務大臣は、その者に当該許可を与えるように努めなければならない。

2 前条第二項の規定は、前項の規定によりたばこ事業法第二十二条第一項の許可を受けた者について準用する。

（公営住宅の供給に関する特別の配慮）

第二十七条 地方公共団体は、公営住宅法（昭和二十六年法律第百九十三号）による公営住宅の供給を行う場合には、母子家庭の福祉が増進されるように特別の配慮をしなければならない。

（特定教育・保育施設の利用等に関する特別の配慮）

第二十八条 市町村は、子ども・子育て支援法第二十七条第一項に規定する特定教育・保育施設（次項において「特定教育・保育施設」という。）又は同法第四十三条第二項に規定する特定地域型保育事業（次項において「特定地域型保育事業」という。）の利用について、同法第四十二条第一項若しくは第五十四条第一項の規定により相談、助言若しくはあつせん若しくは要請を行う場合又は児童福祉法第二十四条第三項の規定により調整若しくは要請を行う場合には、母子家庭の福祉が増進されるように特別の配慮をしなければならない。

2 特定教育・保育施設の設置者又は子ども・子育て支援法第二十九条第一項に規定する特定地域型保育事業者は、同法第三十三条第二項又は第四十五条第二項の規定により当該特定教育・保育施設を利用する児童（同法第十九条第二号又は第三号に該当する児童に限る。以下この項において同じ。）又は当該特定地域型保育事業者に係る特定地域型保育事業を利用する児童を選考するときは、母子家庭の福祉が増進されるように特別の配慮をしなければならない。

3　市町村は、児童福祉法第六条の三第二項に規定する放課後児童健全育成事業その他の内閣府令で定める事業を行う場合には、母子家庭の福祉が増進されるように特別の配慮をしなければならない。

（雇用の促進）

第二十九条　国及び地方公共団体は、就職を希望する母子家庭の母及び児童の雇用の促進を図るため、事業主その他国民一般の理解を高めるとともに、職業訓練の実施、就職のあつせん、公共的施設における雇入れの促進等必要な措置を講ずるように努めるものとする。

2　公共職業安定所は、母子家庭の母の雇用の促進を図るため、求人に関する情報の収集及び提供、母子家庭の母を雇用する事業主に対する援助その他必要な措置を講ずるように努めるものとする。

（母子家庭就業支援事業等）

第三十条　国は、前条第二項の規定に基づき公共職業安定所が講ずる措置のほか、次に掲げる業務を行うものとする。

一　母子家庭の母及び児童の雇用の促進に関する調査及び研究を行うこと。

二　母子家庭の母及び児童の雇用の促進に関する業務に従事する者その他の関係者に対する研修を行うこと。

三　都道府県が行う次項に規定する業務（以下「母子家庭就業支援事業」という。）について、都道府県に対し、情報の提供その他の援助を行うこと。

2　都道府県は、就職を希望する母子家庭の母及び児童の雇用の促進を図るため、母子・父子福祉団体と緊密な連携を図りつつ、次に掲げる業務を総合的かつ一体的に行うことができる。

一　母子家庭の母及び児童に対し、就職に関する相談に応じること。

二　母子家庭の母及び児童に対し、職業能力の向上のために必要な措置を講ずること。

三　母子家庭の母及び児童並びに事業主に対し、雇用情報及び就職の支援に関する情報の提供その他母子家庭の母及び児童の就職に関し必要な支援を行うこと。

3　都道府県は、母子家庭就業支援事業に係る事務の全部又は一部を内閣府令で定める者に委託することができる。

4　前項の規定による委託に係る事務に従事する者又は従事していた者は、正当な理由がなく、当該事務に関して知り得た秘密を漏らしてはならない。

（母子家庭自立支援給付金）

第三十一条　都道府県等は、配偶者のない女子で現に児童を扶養しているものの雇用の安定及び就職の促進を図るため、政令で定めるところにより、配偶者のない女子で現に児童を扶養しているもの又は事業主に対し、次に掲げる給付金（以下「母子家庭自立支援給付金」という。）を支給することができる。

一　配偶者のない女子で現に児童を扶養しているものが、内閣府令で定める教育訓練を受け、当該教育訓練を修了した場合に、その者に支給する給付金（以下「母子家庭自立支援教育訓練給付金」という。）

二　配偶者のない女子で現に児童を扶養しているものが、安定した職業に就くことを容易にするため必要な資格として内閣府令で定めるものを取得するため養成機関において修業する場合に、その修業と生活との両立を支援するためその者に支給する給付金（以下「母子家庭高等職業訓練促進給付金」という。）

三　前二号に掲げる給付金以外の給付金であつて、政令で定めるもの

（不正利得の徴収）

第三十一条の二　偽りその他不正の手段により母子家庭自立支援給付金の支給を受けた者があるときは、都道府県知事等は、受給額に相当する金額の全部又は一部をその者から徴収することができる。

（受給権の保護）

第三十一条の三　母子家庭自立支援教育訓練給付金又は母子家庭高等職業訓練促進給付金の支給を受ける権利は、譲り渡し、担保に供し、又は差し押えることができない。

（公課の禁止）

第三十一条の四　租税その他の公課は、母子家庭自立支援教育訓練給付金又は母子家庭高等職業訓練促進給付金として支給を受けた金銭を標準として、課することができない。

（母子家庭生活向上事業）

第三十一条の五　都道府県及び市町村は、母子家庭の母及び児童の生活の向上を図るため、母子・父子福祉団体と緊密な連携を図りつつ、次に掲げる業務（以下「母子家庭生活向上事業」という。）を行うことができる。

一　母子家庭の母及び児童に対し、家庭生活及び職業生活に関する相談に応じ、又は母

子・父子福祉団体による支援その他の母子家庭の母及び児童に対する支援に係る情報の提供を行うこと。

二　母子家庭の児童に対し、生活に関する相談に応じ、又は学習に関する支援を行うこと。

三　母子家庭の母及び児童に対し、母子家庭相互の交流の機会を提供することその他の必要な支援を行うこと。

2　都道府県及び市町村は、母子家庭生活向上事業に係る事務の全部又は一部を内閣府令で定める者に委託することができる。

3　前項の規定による委託に係る事務に従事する者又は従事していた者は、正当な理由がなく、当該事務に関して知り得た秘密を漏らしてはならない。

第四章　父子家庭に対する福祉の措置

（父子福祉資金の貸付け）

第三十一条の六　都道府県は、配偶者のない男子で現に児童を扶養しているもの又はその扶養している児童（配偶者のない男子で現に児童を扶養しているものが同時に民法第八百七十七条の規定により二十歳以上である子その他これに準ずる者を扶養している場合におけるその二十歳以上である子その他これに準ずる者を含む。以下この項及び第三項において同じ。）に対し、配偶者のない男子の経済的自立の助成と生活意欲の助長を図り、あわせてその扶養している児童の福祉を増進するため、次に掲げる資金を貸し付けることができる。

一　事業を開始し、又は継続するのに必要な資金

二　配偶者のない男子が扶養している児童の修学に必要な資金

三　配偶者のない男子又はその者が扶養している児童が事業を開始し、又は就職するために必要な知識技能を習得するのに必要な資金

四　前三号に掲げるもののほか、配偶者のない男子及びその者が扶養している児童の福祉のために必要な資金であつて政令で定めるもの

2　都道府県は、前項に規定する資金のうち、その貸付けの目的を達成するために一定の期間継続して貸し付ける必要がある資金で政令で定めるものについては、その貸付けの期間中に当該配偶者のない男子が民法第八百七十七条の規定により扶養している全ての児童が二十歳に達した後でも、政令で定めるところにより、なお継続してその貸付けを行うことができる。

3　都道府県は、第一項に規定する資金のうち、その貸付けの目的が児童の修学又は知識技能の習得に係る資金であつて政令で定めるものを配偶者のない男子で現に児童を扶養しているものに貸し付けている場合において、その修学又は知識技能の習得の中途において当該配偶者のない男子が死亡したときは、政令で定めるところにより、当該児童（前項の規定による貸付けに係る二十歳以上である者を含む。）がその修学又は知識技能の習得を終了するまでの間、当該児童に対して、当該資金の貸付けを行うことができる。

4　第十四条（各号を除く。）の規定は、政令で定める事業を行う母子・父子福祉団体であつてその事業に使用される者が主として次の各号に掲げる者のいずれかであるもの又は第一号に掲げる者の自立の促進を図るための事業として政令で定めるものを行う母子・父子福祉団体について準用する。この場合において、同条中「次の各号」とあるのは「第三十一条の六第四項各号」と、「又は第一号」とあるのは「又は同項第一号」と、「前条第一項第一号」とあるのは「同条第一項第一号」と読み替えるものとする。

一　配偶者のない男子で現に児童を扶養しているもの

二　前号に掲げる者及び寡婦

5　第十五条第一項の規定は第一項から第三項までの規定による貸付金の貸付けを受けた者について、同条第二項の規定は第一項第四号に掲げる資金のうち政令で定めるものの貸付けを受けた者について、それぞれ準用する。

6　都道府県は、母子福祉資金貸付金の貸付けを受けることができる母子・父子福祉団体については、第一項から第三項まで及び第四項において読み替えて準用する第十四条の規定による貸付金（以下「父子福祉資金貸付金」という。）の貸付けを行わない。

7　第一項から第三項まで、第四項において読み替えて準用する第十四条、第五項において準用する第十五条及び前項に定めるもののほか、父子福祉資金貸付金の貸付金額の限度、貸付方法、償還その他父子福祉資金貸付金の貸付けに関して必要な事項は、政令で定める。

（父子家庭日常生活支援事業）

第三十一条の七　都道府県又は市町村は、配偶者のない男子で現に児童を扶養しているものがその者の疾病その他の理由により日常生活に支障を生じたと認められるときは、政令で定める基準に従い、その者につき、その者の居宅その他内閣府令で定める場所において、乳幼児の保育若しくは食事の世話若しくは専門的知識をもつて行う生活及び生業に関する助言、指導その他の日常生活を営むのに必要な便宜であつて内閣府令で定めるものを供与し、又は当該都道府県若しくは市町村以外の者に当該便宜を供与することを委託する措置を採ることができる。

2　前項の規定による委託に係る事務に従事する者又は従事していた者は、正当な理由がなく、当該事務に関して知り得た秘密を漏らしてはならない。

3　第十八条及び第十九条の規定は、第一項の措置について準用する。

4　第二十条の規定は父子家庭日常生活支援事業（第一項の措置に係る配偶者のない男子で現に児童を扶養しているものにつき同項の内閣府令で定める便宜を供与する事業をいう。以下同じ。）について、第二十一条から第二十四条までの規定は父子家庭日常生活支援事業を行う者について、それぞれ準用する。この場合において、第二十二条第一項中「母子家庭の」とあるのは「父子家庭の」と、第二十三条中「第十七条第一項」とあるのは「第三十一条の七第一項」と、「配偶者のない女子で現に児童を扶養しているもの」とあるのは「配偶者のない男子で現に児童を扶養しているもの」と、第二十四条中「第十七条第一項」とあるのは「第三十一条の七第一項」と読み替えるものとする。

（公営住宅の供給に関する特別の配慮等）

第三十一条の八　第二十七条及び第二十九条第一項の規定は父子家庭について、第二十八条の規定は父子家庭の父及び児童について、同条第二項の規定は父子家庭の父について、それぞれ準用する。

（父子家庭就業支援事業等）

第三十一条の九　国は、前条において準用する第二十九条第二項の規定に基づき公共職業安定所が講ずる措置のほか、次に掲げる業務を行うものとする。

一　父子家庭の父及び児童の雇用の促進に関する調査及び研究を行うこと。

二　父子家庭の父及び児童の雇用の促進に関する業務に従事する者その他の関係者に対する研修を行うこと。

三　都道府県が行う次項に規定する業務（以下「父子家庭就業支援事業」という。）について、都道府県に対し、情報の提供その他の援助を行うこと。

2　都道府県は、就職を希望する父子家庭の父及び児童の雇用の促進を図るため、母子・父子福祉団体と緊密な連携を図りつつ、次に掲げる業務を総合的かつ一体的に行うことができる。

一　父子家庭の父及び児童に対し、就職に関する相談に応じること。

二　父子家庭の父及び児童に対し、職業能力の向上のために必要な措置を講ずること。

三　父子家庭の父及び児童並びに事業主に対し、雇用情報及び就職の支援に関する情報の提供その他父子家庭の父及び児童の就職に関し必要な支援を行うこと。

3　都道府県は、父子家庭就業支援事業に係る事務の全部又は一部を内閣府令で定める者に委託することができる。

4　前項の規定による委託に係る事務に従事する者又は従事していた者は、正当な理由がなく、当該事務に関して知り得た秘密を漏らしてはならない。

（父子家庭自立支援給付金）

第三十一条の十　第三十一条から第三十一条の四までの規定は、配偶者のない男子で現に児童を扶養しているものについて準用する。この場合において、第三十一条中「母子家庭自立支援給付金」とあるのは「父子家庭自立支援給付金」と、同条第一号中「母子家庭自立支援教育訓練給付金」とあるのは「父子家庭自立支援教育訓練給付金」と、同条第二号中「母子家庭高等職業訓練促進給付金」とあるのは「父子家庭高等職業訓練促進給付金」と、第三十一条の二中「母子家庭自立支援給付金」とあるのは「父子家庭自立支援給付金」と、第三十一条の三及び第三十一条の四中「母子家庭自立支援教育訓練給付金又は母子家庭高等職業訓練促進給付金」とあるのは「父子家庭自立支援教育訓練給付金又は父子家庭高等職業訓練促進給付金」と読み替えるものとする。

（父子家庭生活向上事業）

第三十一条の十一　都道府県及び市町村は、父子家庭の父及び児童の生活の向上を図るため、母子・父子福祉団体と緊密な連携を図りつつ、次に掲げる業務（以下「父子家庭生活向上事業」という。）を行うことができる。

一　父子家庭の父及び児童に対し、家庭生活及び職業生活に関する相談に応じ、又は母子・父子福祉団体による支援その他の父子家庭の父及び児童に対する支援に係る情報の提供を行うこと。

二　父子家庭の児童に対し、生活に関する相談に応じ、又は学習に関する支援を行うこと。

三　父子家庭の父及び児童に対し、父子家庭相互の交流の機会を提供することその他の必要な支援を行うこと。

2　都道府県及び市町村は、父子家庭生活向上事業に係る事務の全部又は一部を内閣府令で定める者に委託することができる。

3　前項の規定による委託に係る事務に従事する者又は従事していた者は、正当な理由がなく、当該事務に関して知り得た秘密を漏らしてはならない。

第五章　寡婦に対する福祉の措置

（寡婦福祉資金の貸付け）

第三十二条　都道府県は、寡婦又は寡婦が民法第八百七十七条の規定により扶養している二十歳以上である子その他これに準ずる者（以下この項及び次項において「寡婦の被扶養者」という。）に対し、寡婦の経済的自立の助成と生活意欲の助長を図り、あわせて寡婦の被扶養者の福祉を増進するため、次に掲げる資金を貸し付けることができる。

一　事業を開始し、又は継続するのに必要な資金

二　寡婦の被扶養者の修学に必要な資金

三　寡婦又は寡婦の被扶養者が事業を開始し、又は就職するために必要な知識技能を習得するのに必要な資金

四　前三号に掲げるもののほか、寡婦及び寡婦の被扶養者の福祉のために必要な資金であつて政令で定めるもの

2　都道府県は、前項に規定する資金のうち、その貸付けの目的が寡婦の被扶養者の修学又は知識技能の習得に係る資金であつて政令で定めるものを寡婦に貸し付けている場合において、当該寡婦の被扶養者の修学又は知識技能の習得の中途において当該寡婦が死亡したときは、政令で定めるところにより、当該寡婦の被扶養者であつた者が修学又は知識技能の習得を終了するまでの間、当該寡婦の被扶養者であつた者に対して、当該資金の貸付けを行うことができる。

3　民法第八百七十七条の規定により現に扶養する子その他これに準ずる者のない寡婦については、当該寡婦の収入が政令で定める基準を超えるときは、第一項の規定による貸付金の貸付けは、行わない。ただし、政令で定める特別の事情がある者については、この限りでない。

4　第十四条（各号を除く。）の規定は、政令で定める事業を行う母子・父子福祉団体であつてその事業に使用される者が主として寡婦であるもの又は寡婦の自立の促進を図るための事業として政令で定めるものを行う母子・父子福祉団体について準用する。この場合において、同条中「前条第一項第一号」とあるのは、「第三十二条第一項第一号」と読み替えるものとする。

5　第十五条第一項の規定は、第一項及び第二項の規定による貸付金の貸付けを受けた者について準用する。

6　都道府県は、母子福祉資金貸付金の貸付けを受けることができる寡婦又は母子福祉資金貸付金若しくは父子福祉資金貸付金の貸付けを受けることができる母子・父子福祉団体については、第一項及び第二項並びに第四項において読み替えて準用する第十四条の規定による貸付金（以下「寡婦福祉資金貸付金」という。）の貸付けを行わない。

7　第一項から第三項まで、第四項において読み替えて準用する第十四条、第五項において準用する第十五条第一項及び前項に定めるもののほか、寡婦福祉資金貸付金の貸付金額の限度、貸付方法、償還その他寡婦福祉資金貸付金の貸付けに関して必要な事項は、政令で定める。

（寡婦日常生活支援事業）

第三十三条　都道府県又は市町村は、寡婦がその者の疾病その他の理由により日常生活に支障を生じたと認められるときは、政令で定める基準に従い、その者につき、その者の居宅その他内閣府令で定める場所において、食事の世話若しくは専門的知識をもつて行う生活及び生業に関する助言、指導その他の日常生活を営むのに必要な便宜であつて内閣府令で定めるものを供与し、又は当該都道府県若しくは市町村以外の者に当該便宜を供与することを委託する措置を採ることができる。

2　前項の規定による委託に係る事務に従事する者又は従事していた者は、正当な理由がなく、当該事務に関して知り得た秘密を漏らし

てはならない。

3　第十八条及び第十九条の規定は、第一項の措置について準用する。

4　母子家庭日常生活支援事業を行う者は、内閣府令で定めるところにより、あらかじめ、内閣府令で定める事項を都道府県知事に届け出て、寡婦日常生活支援事業（第一項の措置に係る寡婦につき同項の内閣府令で定める便宜を供与する事業をいう。以下同じ。）を行うことができる。

5　第二十一条から第二十四条までの規定は、寡婦日常生活支援事業を行う者について準用する。この場合において、第二十二条第一項中「母子家庭の」とあるのは「寡婦の」と、第二十三条中「第十七条第一項」とあるのは「第三十三条第一項」と、「配偶者のない者で現に児童を扶養しているもの」とあるのは「寡婦」と、第二十四条中「第十七条第一項」とあるのは「第三十三条第一項」と読み替えるものとする。

（売店等の設置の許可等）

第三十四条　第二十五条、第二十六条及び第二十九条の規定は、寡婦について準用する。この場合において、第二十五条第一項中「配偶者のない女子で現に児童を扶養しているもの又は母子・父子福祉団体」とあり、及び同条第三項中「配偶者のない女子で現に児童を扶養しているもの及び母子・父子福祉団体」とあるのは、「寡婦」と読み替えるものとする。

2　第二十五条第一項の規定により売店その他の施設を設置することを許された母子・父子福祉団体は、同条第二項の規定にかかわらず、当該母子・父子福祉団体が使用する寡婦をその業務に従事させることができる。

（寡婦就業支援事業等）

第三十五条　国は、前条第一項において準用する第二十九条第二項の規定に基づき公共職業安定所が講ずる措置のほか、次に掲げる業務を行うものとする。

一　寡婦の雇用の促進に関する調査及び研究を行うこと。

二　寡婦の雇用の促進に関する業務に従事する者その他の関係者に対する研修を行うこと。

三　都道府県が行う次項に規定する業務（以下「寡婦就業支援事業」という。）について、都道府県に対し、情報の提供その他の援助を行うこと。

2　都道府県は、就職を希望する寡婦の雇用の促進を図るため、母子・父子福祉団体と緊密な連携を図りつつ、次に掲げる業務を総合的かつ一体的に行うことができる。

一　寡婦に対し、就職に関する相談に応じること。

二　寡婦に対し、職業能力の向上のために必要な措置を講ずること。

三　寡婦及び事業主に対し、雇用情報及び就職の支援に関する情報の提供その他寡婦の就職に関し必要な支援を行うこと。

3　都道府県は、寡婦就業支援事業に係る事務の全部又は一部を内閣府令で定める者に委託することができる。

4　前項の規定による委託に係る事務に従事する者又は従事していた者は、正当な理由がなく、当該事務に関して知り得た秘密を漏らしてはならない。

（寡婦生活向上事業）

第三十五条の二　都道府県及び市町村は、寡婦の生活の向上を図るため、母子・父子福祉団体と緊密な連携を図りつつ、寡婦に対し、家庭生活及び職業生活に関する相談に応じ、又は母子・父子福祉団体による支援に係る情報の提供その他の必要な支援を行うことができる。

2　都道府県及び市町村は、前項に規定する業務（以下「寡婦生活向上事業」という。）に係る事務の全部又は一部を内閣府令で定める者に委託することができる。

3　前項の規定による委託に係る事務に従事する者又は従事していた者は、正当な理由がなく、当該事務に関して知り得た秘密を漏らしてはならない。

第六章　福祉資金貸付金に関する特別会計等

（特別会計）

第三十六条　都道府県は、母子福祉資金貸付金、父子福祉資金貸付金及び寡婦福祉資金貸付金（以下「福祉資金貸付金」と総称する。）の貸付けを行うについては、特別会計を設けなければならない。

2　前項の特別会計においては、一般会計からの繰入金、次条第一項の規定による国からの借入金（以下「国からの借入金」という。）、福祉資金貸付金の償還金（当該福祉資金貸付金に係る政令で定める収入を含む。以下同じ。）及び附属雑収入をもつてその歳入とし、福祉資金貸付金、同条第二項及び第四項の規定による国への償還金、同条第五項の規定による一般会計への繰入金並びに貸付けに関する事務に要する費用をもつてその歳出とする。

3 都道府県は、毎年度の特別会計の決算上剰余金を生じたときは、これを当該年度の翌年度の特別会計の歳入に繰り入れなければならない。

4 第二項に規定する貸付けに関する事務に要する費用の額は、同項の規定に基づく政令で定める収入のうち収納済となつたものの額に政令で定める割合を乗じて得た額と、当該経費に充てるための一般会計からの繰入金の額との合計額を超えてはならない。

（国の貸付け等）

第三十七条 国は、都道府県が福祉資金貸付金の財源として特別会計に繰り入れる金額の二倍に相当する金額を、当該繰入れが行われる年度において、無利子で、当該都道府県に貸し付けるものとする。

2 都道府県は、毎年度、当該年度の前々年度の特別会計の決算上の剰余金の額が、政令で定める額を超えるときは、その超える額に第一号に掲げる金額の第二号に掲げる金額に対する割合を乗じて得た額に相当する金額を、政令で定めるところにより国に償還しなければならない。

一 当該年度の前々年度までの国からの借入金の総額（この項及び第四項の規定により国に償還した金額を除く。）

二 前号に掲げる額と当該都道府県が当該年度の前々年度までに福祉資金貸付金の財源として特別会計に繰り入れた金額の総額（第五項の規定により一般会計に繰り入れた金額を除く。）との合計額

3 前項の政令で定める額は、当該都道府県の福祉資金貸付金の貸付けの需要等の見通しからみて、同項の剰余金の額が著しく多額である都道府県について同項の規定が適用されるように定めるものとする。

4 都道府県は、第二項に規定するもののほか、毎年度、福祉資金貸付金の貸付業務に支障が生じない限りにおいて、国からの借入金の総額の一部に相当する金額を国に償還することができる。

5 都道府県は、毎年度、第二項又は前項の規定により国への償還を行つた場合に限り、政令で定める額を限度として、福祉資金貸付金の財源として特別会計に繰り入れた金額の総額の一部に相当する金額を、政令で定めるところにより一般会計に繰り入れることができる。

6 都道府県は、福祉資金貸付金の貸付業務を廃止したときは、その際における福祉資金貸付金の未貸付額及びその後において支払を受けた福祉資金貸付金の償還金の額に、それぞれ第一号に掲げる金額の第二号に掲げる金額に対する割合を乗じて得た額の合計額を、政令で定めるところにより国に償還しなければならない。

一 国からの借入金の総額（第二項及び第四項の規定により国に償還した金額を除く。）

二 前号に掲げる額と当該都道府県が福祉資金貸付金の財源として特別会計に繰り入れた金額の総額（前項の規定により一般会計に繰り入れた金額を除く。）との合計額

7 第一項の規定による国の貸付け並びに第二項、第四項及び前項の規定による国への償還の手続に関し必要な事項は、内閣府令で定める。

第七章 母子・父子福祉施設

（母子・父子福祉施設）

第三十八条 都道府県、市町村、社会福祉法人その他の者は、母子家庭の母及び父子家庭の父並びに児童が、その心身の健康を保持し、生活の向上を図るために利用する母子・父子福祉施設を設置することができる。

（施設の種類）

第三十九条 母子・父子福祉施設の種類は、次のとおりとする。

一 母子・父子福祉センター

二 母子・父子休養ホーム

2 母子・父子福祉センターは、無料又は低額な料金で、母子家庭等に対して、各種の相談に応ずるとともに、生活指導及び生業の指導を行う等母子家庭等の福祉のための便宜を総合的に供与することを目的とする施設とする。

3 母子・父子休養ホームは、無料又は低額な料金で、母子家庭等に対して、レクリエーションその他休養のための便宜を供与することを目的とする施設とする。

（施設の設置）

第四十条 市町村、社会福祉法人その他の者が母子・父子福祉施設を設置する場合には、社会福祉法の定めるところによらなければならない。

（寡婦の施設の利用）

第四十一条 母子・父子福祉施設の設置者は、

寡婦に、母子家庭等に準じて母子・父子福祉施設を利用させることができる。

第八章　費用

（**市町村の支弁**）

第四十二条　次に掲げる費用は、市町村の支弁とする。

一　第十七条第一項の規定により市町村が行う母子家庭日常生活支援事業の実施に要する費用

二　第三十一条の規定により市町村が行う母子家庭自立支援給付金の支給に要する費用

三　第三十一条の五第一項の規定により市町村が行う母子家庭生活向上事業の実施に要する費用

四　第三十一条の七第一項の規定により市町村が行う父子家庭日常生活支援事業の実施に要する費用

五　第三十一条の十の規定により市町村が行う父子家庭自立支援給付金の支給に要する費用

六　第三十一条の十一第一項の規定により市町村が行う父子家庭生活向上事業の実施に要する費用

七　第三十三条第一項の規定により市町村が行う寡婦日常生活支援事業の実施に要する費用

八　第三十五条の二第一項の規定により市町村が行う寡婦生活向上事業の実施に要する費用

（**都道府県の支弁**）

第四十三条　次に掲げる費用は、都道府県の支弁とする。

一　第十七条第一項の規定により都道府県が行う母子家庭日常生活支援事業の実施に要する費用

二　第三十条第二項の規定により都道府県が行う母子家庭就業支援事業の実施に要する費用

三　第三十一条の規定により都道府県が行う母子家庭自立支援給付金の支給に要する費用

四　第三十一条の五第一項の規定により都道府県が行う母子家庭生活向上事業の実施に要する費用

五　第三十一条の七第一項の規定により都道府県が行う父子家庭日常生活支援事業の実施に要する費用

六　第三十一条の九第二項の規定により都道府県が行う父子家庭就業支援事業の実施に要する費用

七　第三十一条の十の規定により都道府県が行う父子家庭自立支援給付金の支給に要する費用

八　第三十一条の十一第一項の規定により都道府県が行う父子家庭生活向上事業の実施に要する費用

九　第三十三条第一項の規定により都道府県が行う寡婦日常生活支援事業の実施に要する費用

十　第三十五条第二項の規定により都道府県が行う寡婦就業支援事業の実施に要する費用

十一　第三十五条の二第一項の規定により都道府県が行う寡婦生活向上事業の実施に要する費用

（**都道府県の補助**）

第四十四条　都道府県は、政令で定めるところにより、第四十二条の規定により市町村が支弁した費用のうち、同条第一号、第三号、第四号及び第六号から第八号までの費用については、その四分の一以内を補助することができる。

（**国の補助**）

第四十五条　国は、政令で定めるところにより、第四十二条の規定により市町村が支弁した費用のうち、同条第一号、第三号、第四号及び第六号から第八号までの費用についてはその二分の一以内を、同条第二号及び第五号の費用についてはその四分の三以内を補助することができる。

2　国は、政令で定めるところにより、第四十三条の規定により都道府県が支弁した費用のうち、同条第一号、第二号、第四号、第五号、第六号及び第八号から第十一号までの費用についてはその二分の一以内を、同条第三号及び第七号の費用についてはその四分の三以内を補助することができる。

第九章　雑則

（**大都市等の特例**）

第四十六条　この法律中都道府県が処理することとされている事務で政令で定めるものは、地方自治法（昭和二十二年法律第六十七号）第二百五十二条の十九第一項の指定都市（以下「指定都市」という。）及び同法第二百五十二条の二十二第一項の中核市（以下「中核市」という。）においては、政令で定めるところにより、指定都市又は中核市（以下「指定都市等」という。）が処理するものとする。この場合においては、この法律中都道府県に関する規定は、指定都市等に関する規定として、指定都市等に適用があるものとする。

（**実施命令**）

第四十七条　この法律に特別の規定があるものを除くほか、この法律の実施のための手続その他その執行について必要な細則は、内閣府令で定める。

第十章　罰則

第四十八条　第十七条第二項、第三十条第四項、第三十一条の五第三項、第三十一条の七第二項、第三十一条の九第四項、第三十一条の十一第三項、第三十三条第二項、第三十五条第四項又は第三十五条の二第三項の規定に違反して秘密を漏らした者は、一年以下の懲役又は五十万円以下の罰金に処する。

・刑法等の一部を改正する法律の施行に伴う関係法律の整理等に関する法律（令和四・六・一七法律六八）

附則　抄

（施行期日）

1　この法律は、刑法等一部改正法施行日から施行する。（略）

高齢社会対策基本法

（平成七・一一・一五　法律一二九）

最新改正　令和三法律三六

我が国は、国民のたゆまぬ努力により、かつてない経済的繁栄を築き上げるとともに、人類の願望である長寿を享受できる社会を実現しつつある。今後、長寿をすべての国民が喜びの中で迎え、高齢者が安心して暮らすことのできる社会の形成が望まれる。そのような社会は、すべての国民が安心して暮らすことができる社会でもある。

しかしながら、我が国の人口構造の高齢化は極めて急速に進んでおり、遠からず世界に例を見ない水準の高齢社会が到来するものと見込まれているが、高齢化の進展の速度に比べて国民の意識や社会のシステムの対応は遅れている。早急に対応すべき課題は多岐にわたるが、残されている時間は極めて少ない。

このような事態に対処して、国民一人一人が生涯にわたって真に幸福を享受できる高齢社会を築き上げていくためには、雇用、年金、医療、福祉、教育、社会参加、生活環境等に係る社会のシステムが高齢社会にふさわしいものとなるよう、不断に見直し、適切なものとしていく必要があり、そのためには、国及び地方公共団体はもとより、企業、地域社会、家庭及び個人が相互に協力しながらそれぞれの役割を積極的に果たしていくことが必要である。

ここに、高齢社会対策の基本理念を明らかにしてその方向を示し、国を始め社会全体として高齢社会対策を総合的に推進していくため、この法律を制定する。

第一章　総則

（**目的**）

第一条　この法律は、我が国における急速な高齢化の進展が経済社会の変化と相まって、国民生活に広範な影響を及ぼしている状況にかんがみ、高齢化の進展に適切に対処するための施策（以下「高齢社会対策」という。）に関し、基本理念を定め、並びに国及び地方公共団体の責務等を明らかにするとともに、高齢社会対策の基本となる事項を定めること等により、高齢社会対策を総合的に推進し、もって経済社会の健全な発展及び国民生活の安定向上を図ることを目的とする。

（**基本理念**）

第二条　高齢社会対策は、次の各号に掲げる社会が構築されることを基本理念として、行われなければならない。

一　国民が生涯にわたって就業その他の多様な社会的活動に参加する機会が確保される公正で活力ある社会

二　国民が生涯にわたって社会を構成する重要な一員として尊重され、地域社会が自立と連帯の精神に立脚して形成される社会

三　国民が生涯にわたって健やかで充実した生活を営むことができる豊かな社会

（**国の責務**）

第三条　国は、前条の基本理念（次条において「基本理念」という。）にのっとり、高齢社会対策を総合的に策定し、及び実施する責務を有する。

社会福祉

（地方公共団体の責務）
第四条　地方公共団体は、基本理念にのっとり、高齢社会対策に関し、国と協力しつつ、当該地域の社会的、経済的状況に応じた施策を策定し、及び実施する責務を有する。

（国民の努力）
第五条　国民は、高齢化の進展に伴う経済社会の変化についての理解を深め、及び相互の連帯を一層強めるとともに、自らの高齢期において健やかで充実した生活を営むことができることとなるよう努めるものとする。

（施策の大綱）
第六条　政府は、政府が推進すべき高齢社会対策の指針として、基本的かつ総合的な高齢社会対策の大綱を定めなければならない。

（法制上の措置等）
第七条　政府は、この法律の目的を達成するため、必要な法制上又は財政上の措置その他の措置を講じなければならない。

（年次報告）
第八条　政府は、毎年、国会に、高齢化の状況及び政府が講じた高齢社会対策の実施の状況に関する報告書を提出しなければならない。

2　政府は、毎年、前項の報告に係る高齢化の状況を考慮して講じようとする施策を明らかにした文書を作成し、これを国会に提出しなければならない。

第二章　基本的施策

（就業及び所得）
第九条　国は、活力ある社会の構築に資するため、高齢者がその意欲と能力に応じて就業することができる多様な機会を確保し、及び勤労者が長期にわたる職業生活を通じて職業能力を開発し、高齢期までその能力を発揮することができるよう必要な施策を講ずるものとする。

2　国は、高齢期の生活の安定に資するため、公的年金制度について雇用との連携を図りつつ適正な給付水準を確保するよう必要な施策を講ずるものとする。

3　国は、高齢期のより豊かな生活の実現に資するため、国民の自主的な努力による資産の形成等を支援するよう必要な施策を講ずるものとする。

（健康及び福祉）
第十条　国は、高齢期の健全で安らかな生活を確保するため、国民が生涯にわたって自らの健康の保持増進に努めることができるよう総合的な施策を講ずるものとする。

2　国は、高齢者の保健及び医療並びに福祉に関する多様な需要に的確に対応するため、地域における保健及び医療並びに福祉の相互の有機的な連携を図りつつ適正な保健医療サービス及び福祉サービスを総合的に提供する体制の整備を図るとともに、民間事業者が提供する保健医療サービス及び福祉サービスについて健全な育成及び活用を図るよう必要な施策を講ずるものとする。

3　国は、介護を必要とする高齢者が自立した日常生活を営むことができるようにするため、適切な介護のサービスを受けることができる基盤の整備を推進するよう必要な施策を講ずるものとする。

（学習及び社会参加）
第十一条　国は、国民が生きがいを持って豊かな生活を営むことができるようにするため、生涯学習の機会を確保するよう必要な施策を講ずるものとする。

2　国は、活力ある地域社会の形成を図るため、高齢者の社会的活動への参加を促進し、及びボランティア活動の基盤を整備するよう必要な施策を講ずるものとする。

（生活環境）
第十二条　国は、高齢者が自立した日常生活を営むことができるようにするため、高齢者に適した住宅等の整備を促進し、及び高齢者のための住宅を確保し、並びに高齢者の円滑な利用に配慮された公共的施設の整備を促進するよう必要な施策を講ずるものとする。

2　国は、高齢者が不安のない生活を営むことができるようにするため、高齢者の交通の安全を確保するとともに、高齢者を犯罪の被害、災害等から保護する体制を整備するよう必要な施策を講ずるものとする。

（調査研究等の推進）
第十三条　国は、高齢者の健康の確保、自立した日常生活への支援等を図るため、高齢者に特有の疾病の予防及び治療についての調査研究、福祉用具についての研究開発等を推進するよう努めるものとする。

（国民の意見の反映）
第十四条　国は、高齢社会対策の適正な策定及び実施に資するため、国民の意見を国の施策に反映させるための制度を整備する等必要な施策を講ずるものとする。

第三章　高齢社会対策会議

（設置及び所掌事務）

第十五条　内閣府に、特別の機関として、高齢社会対策会議（以下「会議」という。）を置く。

2　会議は、次に掲げる事務をつかさどる。

一　第六条の大綱の案を作成すること。

二　高齢社会対策について必要な関係行政機関相互の調整をすること。

三　前二号に掲げるもののほか、高齢社会対策に関する重要事項について審議し、及び高齢社会対策の実施を推進すること。

（組織等）

第十六条　会議は、会長及び委員をもって組織する。

2　会長は、内閣総理大臣をもって充てる。

3　委員は、内閣官房長官、関係行政機関の長、内閣府設置法（平成十一年法律第八十九号）第九条第一項に規定する特命担当大臣及びデジタル大臣のうちから、内閣総理大臣が任命する。

4　会議に、幹事を置く。

5　幹事は、関係行政機関の職員のうちから、内閣総理大臣が任命する。

6　幹事は、会議の所掌事務について、会長及び委員を助ける。

7　前各項に定めるもののほか、会議の組織及び運営に関し必要な事項は、政令で定める。

老人福祉法

（昭和三八・七・一一　法律　一　三　三）

最新改正　令和五法律三一

第一章　総則

（目的）

第一条　この法律は、老人の福祉に関する原理を明らかにするとともに、老人に対し、その心身の健康の保持及び生活の安定のために必要な措置を講じ、もつて老人の福祉を図ることを目的とする。

（基本的理念）

第二条　老人は、多年にわたり社会の進展に寄与してきた者として、かつ、豊富な知識と経験を有する者として敬愛されるとともに、生きがいを持てる健全で安らかな生活を保障されるものとする。

第三条　老人は、老齢に伴つて生ずる心身の変化を自覚して、常に心身の健康を保持し、又は、その知識と経験を活用して、社会的活動に参加するように努めるものとする。

2　老人は、その希望と能力とに応じ、適当な仕事に従事する機会その他社会的活動に参加する機会を与えられるものとする。

（老人福祉増進の責務）

第四条　国及び地方公共団体は、老人の福祉を増進する責務を有する。

2　国及び地方公共団体は、老人の福祉に関係のある施策を講ずるに当たつては、その施策を通じて、前二条に規定する基本的理念が具現されるように配慮しなければならない。

3　老人の生活に直接影響を及ぼす事業を営む者は、その事業の運営に当たつては、老人の福祉が増進されるように努めなければならない。

（老人の日及び老人週間）

第五条　国民の間に広く老人の福祉についての関心と理解を深めるとともに、老人に対し自らの生活の向上に努める意欲を促すため、老人の日及び老人週間を設ける。

2　老人の日は九月十五日とし、老人週間は同日から同月二十一日までとする。

3　国は、老人の日においてその趣旨にふさわしい事業を実施するよう努めるものとし、国及び地方公共団体は、老人週間において老人の団体その他の者によつてその趣旨にふさわしい行事が実施されるよう奨励しなければならない。

（定義）

第五条の二　この法律において、「老人居宅生活支援事業」とは、老人居宅介護等事業、老人デイサービス事業、老人短期入所事業、小規模多機能型居宅介護事業、認知症対応型老人共同生活援助事業及び複合型サービス福祉事業をいう。

2　この法律において、「老人居宅介護等事業」とは、第十条の四第一項第一号の措置に係る者又は介護保険法（平成九年法律第百二十三号）の規定による訪問介護に係る居宅介護サービス費若しくは定期巡回・随時対応型訪問介護看護若しくは夜間対応型訪問介護に係る地域密着型介護サービス費の支給に係る者その他の政令で定める者につき、これらの者の居宅において入浴、排せつ、食事等の介護その他の日常生活を営むのに必要な便宜であつて厚生労働省令で定めるものを供与する事業又は同法第百十五条の四十五第一項第一号イに規定する第一号訪問事業（以下「第一号訪問事業」という。）であつて厚生労働省令で定めるものをいう。

3　この法律において、「老人デイサービス事業」とは、第十条の四第一項第二号の措置に係る者又は介護保険法の規定による通所介護に係る居宅介護サービス費、地域密着型通所介護若しくは認知症対応型通所介護に係る地域密着型介護サービス費若しくは介護予防認知症対応型通所介護に係る地域密着型介護予防サービス費の支給に係る者その他の政令で定める者（その者を現に養護する者を含む。）を特別養護老人ホームその他の厚生労働省令で定める施設に通わせ、これらの者につき入浴、排せつ、食事等の介護、機能訓練、介護方法の指導その他の厚生労働省令で定める便宜を供与する事業又は同法第百十五条の四十五第一項第一号ロに規定する第一号通所事業（以下「第一号通所事業」という。）であつて厚生労働省令で定めるものをいう。

4　この法律において、「老人短期入所事業」とは、第十条の四第一項第三号の措置に係る者又は介護保険法の規定による短期入所生活介護に係る居宅介護サービス費若しくは介護予防短期入所生活介護に係る介護予防サービス費の支給に係る者その他の政令で定める者を特別養護老人ホームその他の厚生労働省令で定める施設に短期間入所させ、養護する事業をいう。

5　この法律において、「小規模多機能型居宅介護事業」とは、第十条の四第一項第四号の措置に係る者又は介護保険法の規定による小規模多機能型居宅介護に係る地域密着型介護サービス費若しくは介護予防小規模多機能型居宅介護に係る地域密着型介護予防サービス費の支給に係る者その他の政令で定める者につき、これらの者の心身の状況、置かれている環境等に応じて、それらの者の選択に基づき、それらの者の居宅において、又は厚生労働省令で定めるサービスの拠点に通わせ、若しくは短期間宿泊させ、当該拠点において、入浴、排せつ、食事等の介護その他の日常生活を営むのに必要な便宜であつて厚生労働省令で定めるもの及び機能訓練を供与する事業をいう。

6　この法律において、「認知症対応型老人共同生活援助事業」とは、第十条の四第一項第五号の措置に係る者又は介護保険法の規定による認知症対応型共同生活介護に係る地域密着型介護サービス費若しくは介護予防認知症対応型共同生活介護に係る地域密着型介護予防サービス費の支給に係る者その他の政令で定める者につき、これらの者が共同生活を営むべき住居において入浴、排せつ、食事等の介護その他の日常生活上の援助を行う事業をいう。

7　この法律において、「複合型サービス福祉事業」とは、第十条の四第一項第六号の措置に係る者又は介護保険法の規定による複合型サービス（訪問介護、通所介護、短期入所生活介護、定期巡回・随時対応型訪問介護看護、夜間対応型訪問介護、地域密着型通所介護、認知症対応型通所介護又は小規模多機能型居宅介護（以下「訪問介護等」という。）を含むものに限る。）に係る地域密着型介護サービス費の支給に係る者その他の政令で定める者につき、同法に規定する訪問介護、訪問入浴介護、訪問看護、訪問リハビリテーション、居宅療養管理指導、通所介護、通所リハビリテーション、短期入所生活介護、短期入所療養介護、定期巡回・随時対応型訪問介護看護、夜間対応型訪問介護、地域密着型通所介護、認知症対応型通所介護又は小規模多機能型居宅介護を二種類以上組み合わせることにより提供されるサービスのうち、同法第八条第二十三項第一号に掲げるものその他の居宅要介護者について一体的に提供されることが特に効果的かつ効率的なサービスの組合せにより提供されるサービスとして厚生労働省令で定めるものを供与する事業をいう。

第五条の三　この法律において、「老人福祉施設」とは、老人デイサービスセンター、老人短期入所施設、養護老人ホーム、特別養護老人ホーム、軽費老人ホーム、老人福祉センター及び老人介護支援センターをいう。

（福祉の措置の実施者）

第五条の四　六十五歳以上の者（六十五歳未満の者であつて特に必要があると認められるものを含む。以下同じ。）又はその者を現に養護する者（以下「養護者」という。）に対する第十条の四及び第十一条の規定による福祉の措置は、その六十五歳以上の者が居住地を有するときは、その居住地の市町村が、居住地を有しないか、又はその居住地が明らかでないときは、その現在地の市町村が行うものとする。ただし、同条第一項第一号若しくは第二号の規定により入所している六十五歳以上の者又は生活保護法（昭和二十五年法律第百四十四号）第三十条第一項ただし書の規定により同法第三十八条第二項に規定する救護施設、同条第三項に規定する更生施設若しくは同法第三十条第一項ただし書に規定するその他の適当な施設に入所している六十五歳以上の者については、これらの者が入所前に居住地を有した者であるときは、その居住地の市町村が、これらの者が入所前に居住地を有しないか、又はその居住地が明らかでなかつた者であるときは、入所前におけるこれらの者の所在地の市町村が行うものとする。

2　市町村は、この法律の施行に関し、次に掲げる業務を行わなければならない。

一　老人の福祉に関し、必要な実情の把握に努めること。

二　老人の福祉に関し、必要な情報の提供を行い、並びに相談に応じ、必要な調査及び指導を行い、並びにこれらに付随する業務を行うこと。

（市町村の福祉事務所）

第五条の五　市町村の設置する福祉事務所（社会福祉法（昭和二十六年法律第四十五号）に定める福祉に関する事務所をいう。以下同じ。）は、この法律の施行に関し、主として前条第二項各号に掲げる業務を行うものとする。

（市町村の福祉事務所の社会福祉主事）

第六条　市及び福祉事務所を設置する町村は、その設置する福祉事務所に、福祉事務所の長（以下「福祉事務所長」という。）の指揮監督を受けて、主として次に掲げる業務を行う所員として、社会福祉主事を置かなければならない。

一　福祉事務所の所員に対し、老人の福祉に関する技術的指導を行うこと。

二　第五条の四第二項第二号に規定する業務のうち、専門的技術を必要とする業務を行うこと。

（連絡調整等の実施者）

第六条の二　都道府県は、この法律の施行に関し、次に掲げる業務を行わなければならない。

一　この法律に基づく福祉の措置の実施に関し、市町村相互間の連絡調整、市町村に対する情報の提供その他必要な援助を行うこと及びこれらに付随する業務を行うこと。

二　老人の福祉に関し、各市町村の区域を超えた広域的な見地から、実情の把握に努めること。

2　都道府県知事は、この法律に基づく福祉の措置の適切な実施を確保するため必要があると認めるときは、市町村に対し、必要な助言を行うことができる。

3　都道府県知事は、この法律の規定による都道府県の事務の全部又は一部を、その管理する福祉事務所長に委任することができる。

（都道府県の福祉事務所の社会福祉主事）

第七条　都道府県は、その設置する福祉事務所に、福祉事務所長の指揮監督を受けて、主として前条第一項第一号に掲げる業務のうち専門的技術を必要とするものを行う所員として、社会福祉主事を置くことができる。

（保健所の協力）

第八条　保健所は、老人の福祉に関し、老人福祉施設等に対し、栄養の改善その他衛生に関する事項について必要な協力を行うものとする。

（民生委員の協力）

第九条　民生委員法（昭和二十三年法律第百九十八号）に定める民生委員は、この法律の施行について、市町村長、福祉事務所長又は社会福祉主事の事務の執行に協力するものとする。

（介護等に関する措置）

第十条　身体上又は精神上の障害があるために日常生活を営むのに支障がある老人の介護等に関する措置については、この法律に定めるもののほか、介護保険法の定めるところによる。

（連携及び調整）

第十条の二　この法律に基づく福祉の措置の実施に当たつては、前条に規定する介護保険法に基づく措置との連携及び調整に努めなければならない。

第二章　福祉の措置

（支援体制の整備等）

第十条の三　市町村は、六十五歳以上の者であつて、身体上又は精神上の障害があるために日常生活を営むのに支障があるものが、心身の状況、その置かれている環境等に応じて、自立した日常生活を営むために最も適切な支援が総合的に受けられるように、次条及び第十一条の措置その他地域の実情に応じたきめ細かな措置の積極的な実施に努めるとともに、これらの措置、介護保険法に規定する居宅サービス、地域密着型サービス、居宅介護支援、施設サービス、介護予防サービス、地域密着型介護予防サービス及び介護予防支援、生活支援等（心身の状況の把握その他の六十五歳以上の者の地域における自立した日常生活の支援及び要介護状態若しくは要支援状態となることの予防又は要介護状態若しくは要支援状態の軽減若しくは悪化の防止をいう。第十二条の三において同じ。）並びに老人クラブその他老人の福祉を増進することを目的とする事業を行う者及び民生委員の活動の連携及び調整を図る等地域の実情に応じた体制の整備に努めなければならない。

2　市町村は、前項の体制の整備に当たつては、六十五歳以上の者が身体上又は精神上の障害があるために日常生活を営むのに支障が生じた場合においても、引き続き居宅において日常生活を営むことができるよう配慮しなければならない。

（居宅における介護等）

第十条の四　市町村は、必要に応じて、次の措置を採ることができる。

一　六十五歳以上の者であつて、身体上又は精神上の障害があるために日常生活を営むのに支障があるものが、やむを得ない事由により介護保険法に規定する訪問介護、定期巡回・随時対応型訪問介護看護（厚生労働省令で定める部分に限る。第二十条の八第四項において同じ。）若しくは夜間対応型訪問介護又は第一号訪問事業を利用することが著しく困難であると認めるときは、その者につき、政令で定める基準に従い、その者の居宅において第五条の二第二項の厚生労働省令で定める便宜を供与し、又は当該市町村以外の者に当該便宜を供与することを委託すること。

二　六十五歳以上の者であつて、身体上又は精神上の障害があるために日常生活を営むのに支障があるものが、やむを得ない事由により介護保険法に規定する通所介護、地域密着型通所介護、認知症対応型通所介護若しくは介護予防認知症対応型通所介護又は第一号通所事業を利用することが著しく困難であると認めるときは、その者（養護者を含む。）を、政令で定める基準に従い、当該市町村の設置する老人デイサービスセンター若しくは第五条の二第三項の厚生労働省令で定める施設（以下「老人デイサービスセンター等」という。）に通わせ、同項の厚生労働省令で定める便宜を供与し、又は当該市町村以外の者の設置する老人デイサービスセンター等に通わせ、当該便宜を供与することを委託すること。

三　六十五歳以上の者であつて、養護者の疾病その他の理由により、居宅において介護を受けることが一時的に困難となつたものが、やむを得ない事由により介護保険法に規定する短期入所生活介護又は介護予防短期入所生活介護を利用することが著しく困難であると認めるときは、その者を、政令で定める基準に従い、当該市町村の設置する老人短期入所施設若しくは第五条の二第四項の厚生労働省令で定める施設（以下「老人短期入所施設等」という。）に短期間入所させ、養護を行い、又は当該市町村以外の者の設置する老人短期入所施設等に短期間入所させ、養護することを委託すること。

四　六十五歳以上の者であつて、身体上又は精神上の障害があるために日常生活を営むのに支障があるものが、やむを得ない事由により介護保険法に規定する小規模多機能型居宅介護又は介護予防小規模多機能型居宅介護を利用することが著しく困難であると認めるときは、その者につき、政令で定める基準に従い、その者の居宅において、又は第五条の二第五項の厚生労働省令で定めるサービスの拠点に通わせ、若しくは短期間宿泊させ、当該拠点において、同項の厚生労働省令で定める便宜及び機能訓練を供与し、又は当該市町村以外の者に当該便宜及び機能訓練を供与することを委託すること。

五　六十五歳以上の者であつて、認知症（介護保険法第五条の二第一項に規定する認知症をいう。以下同じ。）であるために日常生活を営むのに支障があるもの（その者の認知症の原因となる疾患が急性の状態にある者を除く。）が、やむを得ない事由により同法に規定する認知症対応型共同生活介護又は介護予防認知症対応型共同生活介護を利用することが著しく困難であると認めるときは、その者につき、政令で定める基準に従い、第五条の二第六項に規定する住居において入浴、排せつ、食事等の介護その他の日常生活上の援助を行い、又は当該市町村以外の者に当該住居において入浴、排せつ、食事等の介護その他の日常生活上の援助を行うことを委託すること。

六　六十五歳以上の者であつて、身体上又は精神上の障害があるために日常生活を営むのに支障があるものが、やむを得ない事由により介護保険法に規定する複合型サービス（訪問介護等（定期巡回・随時対応型訪問介護看護にあつては、厚生労働省令で定める部分に限る。）に係る部分に限る。第二十条の八第四項において同じ。）を利用することが著しく困難であると認めるときは、その者につき、政令で定める基準に従い、第五条の二第七項の厚生労働省令で定めるサービスを供与し、又は当該市町村以外の者に当該サービスを供与することを委託すること。

2　市町村は、六十五歳以上の者であつて、身体上又は精神上の障害があるために日常生活を営むのに支障があるものにつき、前項各号の措置を採るほか、その福祉を図るため、必要に応じて、日常生活上の便宜を図るための用具であつて厚生労働大臣が定めるものを給付し、若しくは貸与し、又は当該市町村以外の者にこれを給付し、若しくは貸与することを委託する措置を採ることができる。

（老人ホームへの入所等）

第十一条　市町村は、必要に応じて、次の措置を採らなければならない。

一　六十五歳以上の者であつて、環境上の理由及び経済的理由（政令で定めるものに限る。）により居宅において養護を受けることが困難なものを当該市町村の設置する養護老人ホームに入所させ、又は当該市町村以外の者の設置する養護老人ホームに入所を委託すること。

二　六十五歳以上の者であつて、身体上又は精神上著しい障害があるために常時の介護を必要とし、かつ、居宅においてこれを受けることが困難なものが、やむを得ない事由により介護保険法に規定する地域密着型介護老人福祉施設又は介護老人福祉施設に入所することが著しく困難であると認めるときは、その者を当該市町村の設置する特別養護老人ホームに入所させ、又は当該市町村以外の者の設置する特別養護老人ホームに入所を委託すること。

三　六十五歳以上の者であつて、養護者がないか、又は養護者があつてもこれに養護させることが不適当であると認められるものの養護を養護受託者（老人を自己の下に預つて養護することを希望する者であつて、市町村長が適当と認めるものをいう。以下同じ。）のうち政令で定めるものに委託すること。

2　市町村は、前項の規定により養護老人ホーム若しくは特別養護老人ホームに入所させ、若しくは入所を委託し、又はその養護を養護受託者に委託した者が死亡した場合において、その葬祭（葬祭のために必要な処理を含む。以下同じ。）を行う者がないときは、その葬祭を行い、又はその者を入所させ、若しくは養護していた養護老人ホーム、特別養護老人ホーム若しくは養護受託者にその葬祭を行うことを委託する措置を採ることができる。

（措置の解除に係る説明等）

第十二条　市町村長は、第十条の四又は前条第一項の措置を解除しようとするときは、あらかじめ、当該措置に係る者に対し、当該措置の解除の理由について説明するとともに、その意見を聴かなければならない。ただし、当該措置に係る者から当該措置の解除の申出があつた場合その他厚生労働省令で定める場合においては、この限りでない。

（行政手続法の適用除外）

第十二条の二　第十条の四又は第十一条第一項の措置を解除する処分については、行政手続法（平成五年法律第八十八号）第三章（第十二条及び第十四条を除く。）の規定は、適用しない。

（生活支援等に関する情報の公表）

第十二条の三　市町村は、生活支援等を行う者から提供を受けた当該生活支援等の内容に関する情報その他厚生労働省令で定める情報について、公表を行うよう努めなければならない。

（老人福祉の増進のための事業）

第十三条　地方公共団体は、老人の心身の健康の保持に資するための教養講座、レクリエーションその他広く老人が自主的かつ積極的に参加することができる事業（以下「老人健康保持事業」という。）を実施するように努めなければならない。

2　地方公共団体は、老人の福祉を増進することを目的とする事業の振興を図るとともに、老人クラブその他当該事業を行う者に対して、適当な援助をするように努めなければならない。

（研究開発の推進）

第十三条の二　国は、老人の心身の特性に応じた介護方法の研究開発並びに老人の日常生活上の便宜を図るための用具及び機能訓練のための用具であつて身体上又は精神上の障害があるために日常生活を営むのに支障がある者に使用させることを目的とするものの研究開発の推進に努めなければならない。

第三章　事業及び施設

（**老人居宅生活支援事業の開始**）
第十四条　国及び都道府県以外の者は、厚生労働省令の定めるところにより、あらかじめ、厚生労働省令で定める事項を都道府県知事に届け出て、老人居宅生活支援事業を行うことができる。

（**変更**）
第十四条の二　前条の規定による届出をした者は、厚生労働省令で定める事項に変更を生じたときは、変更の日から一月以内に、その旨を都道府県知事に届け出なければならない。

（**廃止又は休止**）
第十四条の三　国及び都道府県以外の者は、老人居宅生活支援事業を廃止し、又は休止しようとするときは、その廃止又は休止の日の一月前までに、厚生労働省令で定める事項を都道府県知事に届け出なければならない。

（**家賃等以外の金品受領の禁止等**）
第十四条の四　認知症対応型老人共同生活援助事業を行う者は、家賃、敷金及び入浴、排せつ、食事等の介護その他の日常生活上必要な便宜の供与の対価として受領する費用を除くほか、権利金その他の金品を受領してはならない。

2　認知症対応型老人共同生活援助事業を行う者のうち、終身にわたつて受領すべき家賃その他厚生労働省令で定めるものの全部又は一部を前払金として一括して受領するものは、当該前払金の算定の基礎を書面で明示し、かつ、当該前払金について返還債務を負うこととなる場合に備えて厚生労働省令で定めるところにより必要な保全措置を講じなければならない。

3　認知症対応型老人共同生活援助事業を行う者は、前項に規定する前払金を受領する場合においては、第五条の二第六項に規定する住居に入居した日から厚生労働省令で定める一定の期間を経過する日までの間に、当該入居及び入浴、排せつ、食事等の介護その他の日常生活上の援助につき契約が解除され、又は入居者の死亡により終了した場合に当該前払金の額から厚生労働省令で定める方法により算定される額を控除した額に相当する額を返還する旨の契約を締結しなければならない。

（**施設の設置**）
第十五条　都道府県は、老人福祉施設を設置することができる。

2　国及び都道府県以外の者は、厚生労働省令の定めるところにより、あらかじめ、厚生労働省令で定める事項を都道府県知事に届け出て、老人デイサービスセンター、老人短期入所施設又は老人介護支援センターを設置することができる。

3　市町村及び地方独立行政法人（地方独立行政法人法（平成十五年法律第百十八号）第二条第一項に規定する地方独立行政法人をいう。第十六条第二項において同じ。）は、厚生労働省令の定めるところにより、あらかじめ、厚生労働省令で定める事項を都道府県知事に届け出て、養護老人ホーム又は特別養護老人ホームを設置することができる。

4　社会福祉法人は、厚生労働省令の定めるところにより、都道府県知事の認可を受けて、養護老人ホーム又は特別養護老人ホームを設置することができる。

5　国及び都道府県以外の者は、社会福祉法の定めるところにより、軽費老人ホーム又は老人福祉センターを設置することができる。

6　都道府県知事は、第四項の認可の申請があつた場合において、当該申請に係る養護老人ホーム若しくは特別養護老人ホームの所在地を含む区域（介護保険法第百十八条第二項第一号の規定により当該都道府県が定める区域とする。）における養護老人ホーム若しくは特別養護老人ホームの入所定員の総数が、第二十条の九第一項の規定により当該都道府県が定める都道府県老人福祉計画において定めるその区域の養護老人ホーム若しくは特別養護老人ホームの必要入所定員総数に既に達しているか、又は当該申請に係る養護老人ホーム若しくは特別養護老人ホームの設置によつてこれを超えることになると認めるとき、その他の当該都道府県老人福祉計画の達成に支障を生ずるおそれがあると認めるときは、第四項の認可をしないことができる。

（**変更**）
第十五条の二　前条第二項の規定による届出をした者は、厚生労働省令で定める事項に変更を生じたときは、変更の日から一月以内に、その旨を都道府県知事に届け出なければならない。

2　前条第三項の規定による届出をし、又は同条第四項の規定による認可を受けた者は、厚生労働省令で定める事項を変更しようとするときは、あらかじめ、その旨を都道府県知事に届け出なければならない。

（廃止、休止若しくは入所定員の減少又は入所定員の増加）

第十六条　国及び都道府県以外の者は、老人デイサービスセンター、老人短期入所施設又は老人介護支援センターを廃止し、又は休止しようとするときは、その廃止又は休止の日の一月前までに、厚生労働省令で定める事項を都道府県知事に届け出なければならない。

2　市町村及び地方独立行政法人は、養護老人ホーム又は特別養護老人ホームを廃止し、休止し、若しくはその入所定員を減少し、又はその入所定員を増加しようとするときは、その廃止、休止若しくは入所定員の減少又は入所定員の増加の日の一月前までに、厚生労働省令で定める事項を都道府県知事に届け出なければならない。

3　社会福祉法人は、養護老人ホーム又は特別養護老人ホームを廃止し、休止し、若しくはその入所定員を減少し、又はその入所定員を増加しようとするときは、厚生労働省令で定めるところにより、その廃止、休止若しくは入所定員の減少の時期又は入所定員の増加について、都道府県知事の認可を受けなければならない。

4　第十五条第六項の規定は、前項の規定により社会福祉法人が養護老人ホーム又は特別養護老人ホームの入所定員の増加の認可の申請をした場合について準用する。

（施設の基準）

第十七条　都道府県は、養護老人ホーム及び特別養護老人ホームの設備及び運営について、条例で基準を定めなければならない。

2　都道府県が前項の条例を定めるに当たつては、第一号から第三号までに掲げる事項については厚生労働省令で定める基準に従い定めるものとし、第四号に掲げる事項については厚生労働省令で定める基準を標準として定めるものとし、その他の事項については厚生労働省令で定める基準を参酌するものとする。

一　養護老人ホーム及び特別養護老人ホームに配置する職員及びその員数

二　養護老人ホーム及び特別養護老人ホームに係る居室の床面積

三　養護老人ホーム及び特別養護老人ホームの運営に関する事項であつて、入所する老人の適切な処遇及び安全の確保並びに秘密の保持に密接に関連するものとして厚生労働省令で定めるもの

四　養護老人ホームの入所定員

3　養護老人ホーム及び特別養護老人ホームの設置者は、第一項の基準を遵守しなければならない。

（報告の徴収等）

第十八条　都道府県知事は、老人の福祉のために必要があると認めるときは、老人居宅生活支援事業を行う者又は老人デイサービスセンター、老人短期入所施設若しくは老人介護支援センターの設置者に対して、必要と認める事項の報告を求め、又は当該職員に、関係者に対して質問させ、若しくはその事務所若しくは施設に立ち入り、設備、帳簿書類その他の物件を検査させることができる。

2　都道府県知事は、前条第一項の基準を維持するため、養護老人ホーム又は特別養護老人ホームの長に対して、必要と認める事項の報告を求め、又は当該職員に、関係者に対して質問させ、若しくはその施設に立ち入り、設備、帳簿書類その他の物件を検査させることができる。

3　前二項の規定による質問又は立入検査を行う場合においては、当該職員は、その身分を示す証明書を携帯し、関係者の請求があるときは、これを提示しなければならない。

4　第一項及び第二項の規定による権限は、犯罪捜査のために認められたものと解釈してはならない。

（改善命令等）

第十八条の二　都道府県知事は、認知症対応型老人共同生活援助事業を行う者が第十四条の四の規定に違反したと認めるときは、当該者に対して、その改善に必要な措置を採るべきことを命ずることができる。

2　都道府県知事は、老人居宅生活支援事業を行う者又は老人デイサービスセンター、老人短期入所施設若しくは老人介護支援センターの設置者が、この法律若しくはこれに基づく命令若しくはこれらに基づいてする処分に違反したとき、又はその事業に関し不当に営利を図り、若しくは第五条の二第二項から第七項まで、第二十条の二の二若しくは第二十条の三に規定する者の処遇につき不当な行為をしたときは、当該事業を行う者又は当該施設の設置者に対して、その事業の制限又は停止を命ずることができる。

3　都道府県知事は、前項の規定により、老人

居宅生活支援事業又は老人デイサービスセンター、老人短期入所施設若しくは老人介護支援センターにつき、その事業の制限又は停止を命ずる場合（第一項の命令に違反したことに基づいて認知症対応型老人共同生活援助事業の制限又は停止を命ずる場合を除く。）には、あらかじめ、社会福祉法第七条第一項に規定する地方社会福祉審議会の意見を聴かなければならない。

第十九条　都道府県知事は、養護老人ホーム又は特別養護老人ホームの設置者がこの法律若しくはこれに基づく命令若しくはこれらに基づいてする処分に違反したとき、又は当該施設が第十七条第一項の基準に適合しなくなつたときは、その設置者に対して、その施設の設備若しくは運営の改善若しくはその事業の停止若しくは廃止を命じ、又は第十五条第四項の規定による認可を取り消すことができる。

2　都道府県知事は、前項の規定により、養護老人ホーム又は特別養護老人ホームにつき、その事業の廃止を命じ、又は設置の認可を取り消す場合には、あらかじめ、社会福祉法第七条第一項に規定する地方社会福祉審議会の意見を聞かなければならない。

（**措置の受託義務**）

第二十条　老人居宅生活支援事業を行う者並びに老人デイサービスセンター及び老人短期入所施設の設置者は、第十条の四第一項の規定による委託を受けたときは、正当な理由がない限り、これを拒んではならない。

2　養護老人ホーム及び特別養護老人ホームの設置者は、第十一条の規定による入所の委託を受けたときは、正当な理由がない限り、これを拒んではならない。

（**処遇の質の評価等**）

第二十条の二　老人居宅生活支援事業を行う者及び老人福祉施設の設置者は、自らその行う処遇の質の評価を行うことその他の措置を講ずることにより、常に処遇を受ける者の立場に立つてこれを行うように努めなければならない。

（**老人デイサービスセンター**）

第二十条の二の二　老人デイサービスセンターは、第十条の四第一項第二号の措置に係る者又は介護保険法の規定による通所介護に係る居宅介護サービス費、地域密着型通所介護若しくは認知症対応型通所介護に係る地域密着型介護サービス費若しくは介護予防認知症対応型通所介護に係る地域密着型介護予防サービス費の支給に係る者若しくは第一号通所事業であつて厚生労働省令で定めるものを利用する者その他の政令で定める者（その者を現に養護する者を含む。）を通わせ、第五条の二第三項の厚生労働省令で定める便宜を供与することを目的とする施設とする。

（**老人短期入所施設**）

第二十条の三　老人短期入所施設は、第十条の四第一項第三号の措置に係る者又は介護保険法の規定による短期入所生活介護に係る居宅介護サービス費若しくは介護予防短期入所生活介護に係る介護予防サービス費の支給に係る者その他の政令で定める者を短期間入所させ、養護することを目的とする施設とする。

（**養護老人ホーム**）

第二十条の四　養護老人ホームは、第十一条第一項第一号の措置に係る者を入所させ、養護するとともに、その者が自立した日常生活を営み、社会的活動に参加するために必要な指導及び訓練その他の援助を行うことを目的とする施設とする。

（**特別養護老人ホーム**）

第二十条の五　特別養護老人ホームは、第十一条第一項第二号の措置に係る者又は介護保険法の規定による地域密着型介護老人福祉施設入所者生活介護に係る地域密着型介護サービス費若しくは介護福祉施設サービスに係る施設介護サービス費の支給に係る者その他の政令で定める者を入所させ、養護することを目的とする施設とする。

（**軽費老人ホーム**）

第二十条の六　軽費老人ホームは、無料又は低額な料金で、老人を入所させ、食事の提供その他日常生活上必要な便宜を供与することを目的とする施設（第二十条の二の二から前条までに定める施設を除く。）とする。

（**老人福祉センター**）

第二十条の七　老人福祉センターは、無料又は低額な料金で、老人に関する各種の相談に応ずるとともに、老人に対して、健康の増進、教養の向上及びレクリエーションのための便宜を総合的に供与することを目的とする施設とする。

（**老人介護支援センター**）

第二十条の七の二　老人介護支援センターは、地域の老人の福祉に関する各般の問題につき、老人、その者を現に養護する者、地域住民その他の者からの相談に応じ、必要な助言を行うとともに、主として居宅において介護

社会福祉

を受ける老人又はその者を現に養護する者と市町村、老人居宅生活支援事業を行う者、老人福祉施設、医療施設、老人クラブその他老人の福祉を増進することを目的とする事業を行う者等との連絡調整その他の厚生労働省令で定める援助を総合的に行うことを目的とする施設とする。

2 老人介護支援センターの設置者（設置者が法人である場合にあつては、その役員）若しくはその職員又はこれらの職にあつた者は、正当な理由なしに、その業務に関して知り得た秘密を漏らしてはならない。

第三章の二　老人福祉計画

（**市町村老人福祉計画**）

第二十条の八　市町村は、老人居宅生活支援事業及び老人福祉施設による事業（以下「老人福祉事業」という。）の供給体制の確保に関する計画（以下「市町村老人福祉計画」という。）を定めるものとする。

2 市町村老人福祉計画においては、当該市町村の区域において確保すべき老人福祉事業の量の目標を定めるものとする。

3 市町村老人福祉計画においては、前項の目標のほか、次に掲げる事項について定めるよう努めるものとする。

一 前項の老人福祉事業の量の確保のための方策に関する事項

二 老人福祉事業に従事する者の確保及び資質の向上並びにその業務の効率化及び質の向上のために講ずる都道府県と連携した措置に関する事項

4 市町村は、第二項の目標（老人居宅生活支援事業、老人デイサービスセンター、老人短期入所施設及び特別養護老人ホームに係るものに限る。）を定めるに当たつては、介護保険法第百十七条第二項第一号に規定する介護給付等対象サービスの種類ごとの量の見込み（同法に規定する訪問介護、通所介護、短期入所生活介護、定期巡回・随時対応型訪問介護看護、夜間対応型訪問介護、認知症対応型通所介護、小規模多機能型居宅介護、地域密着型通所介護、認知症対応型共同生活介護、地域密着型介護老人福祉施設入所者生活介護、複合型サービス及び介護福祉施設サービス並びに介護予防短期入所生活介護、介護予防認知症対応型通所介護、介護予防小規模多機能型居宅介護及び介護予防認知症対応型共同生活介護に係るものに限る。）並びに第一号訪問事業及び第一号通所事業の量の見込みを勘案しなければならない。

5 厚生労働大臣は、市町村が第二項の目標（養護老人ホーム、軽費老人ホーム、老人福祉センター及び老人介護支援センターに係るものに限る。）を定めるに当たつて参酌すべき標準を定めるものとする。

6 市町村は、当該市町村の区域における身体上又は精神上の障害があるために日常生活を営むのに支障がある老人の人数、その障害の状況、その養護の実態その他の事情を勘案して、市町村老人福祉計画を作成するよう努めるものとする。

7 市町村老人福祉計画は、介護保険法第百十七条第一項に規定する市町村介護保険事業計画と一体のものとして作成されなければならない。

8 市町村老人福祉計画は、社会福祉法第百七条第一項に規定する市町村地域福祉計画その他の法律の規定による計画であつて老人の福祉に関する事項を定めるものと調和が保たれたものでなければならない。

9 市町村は、市町村老人福祉計画（第二項に規定する事項に係る部分に限る。）を定め、又は変更しようとするときは、あらかじめ、都道府県の意見を聴かなければならない。

10 市町村は、市町村老人福祉計画を定め、又は変更したときは、遅滞なく、これを都道府県知事に提出しなければならない。

（**都道府県老人福祉計画**）

第二十条の九　都道府県は、市町村老人福祉計画の達成に資するため、各市町村を通ずる広域的な見地から、老人福祉事業の供給体制の確保に関する計画（以下「都道府県老人福祉計画」という。）を定めるものとする。

2 都道府県老人福祉計画においては、介護保険法第百十八条第二項第一号の規定により当該都道府県が定める区域ごとの当該区域における養護老人ホーム及び特別養護老人ホームの必要入所定員総数その他老人福祉事業の量の目標を定めるものとする。

3 都道府県老人福祉計画においては、前項に規定する事項のほか、次に掲げる事項について定めるよう努めるものとする。

一 老人福祉施設の整備及び老人福祉施設相互間の連携のために講ずる措置に関する事項

二 老人福祉事業に従事する者の確保及び資質の向上並びにその業務の効率化及び質の向上のために講ずる措置に関する事項

社会福祉

4　都道府県は、第二項の特別養護老人ホームの必要入所定員総数を定めるに当たつては、介護保険法第百十八条第二項第一号に規定する地域密着型介護老人福祉施設入所者生活介護に係る必要利用定員総数及び介護保険施設の種類ごとの必要入所定員総数（同法に規定する介護老人福祉施設に係るものに限る。）を勘案しなければならない。

5　都道府県老人福祉計画は、介護保険法第百十八条第一項に規定する都道府県介護保険事業支援計画と一体のものとして作成されなければならない。

6　都道府県老人福祉計画は、社会福祉法第百八条第一項に規定する都道府県地域福祉支援計画その他の法律の規定による計画であつて老人の福祉に関する事項を定めるものと調和が保たれたものでなければならない。

7　都道府県は、都道府県老人福祉計画を定め、又は変更したときは、遅滞なく、これを厚生労働大臣に提出しなければならない。

（**都道府県知事の助言等**）

第二十条の十　都道府県知事は、市町村に対し、市町村老人福祉計画の作成上の技術的事項について必要な助言をすることができる。

2　厚生労働大臣は、都道府県に対し、都道府県老人福祉計画の作成の手法その他都道府県老人福祉計画の作成上重要な技術的事項について必要な助言をすることができる。

（**援助**）

第二十条の十一　国及び地方公共団体は、市町村老人福祉計画又は都道府県老人福祉計画の達成に資する事業を行う者に対し、当該事業の円滑な実施のために必要な援助を与えるように努めなければならない。

第四章　費用

（**費用の支弁**）

第二十一条　次に掲げる費用は、市町村の支弁とする。

一　第十条の四第一項第一号から第四号まで及び第六号の規定により市町村が行う措置に要する費用

一の二　第十条の四第一項第五号の規定により市町村が行う措置に要する費用

二　第十一条第一項第一号及び第三号並びに同条第二項の規定により市町村が行う措置に要する費用

三　第十一条第一項第二号の規定により市町村が行う措置に要する費用

（**介護保険法による給付等との調整**）

第二十一条の二　第十条の四第一項各号又は第十一条第一項第二号の措置に係る者が、介護保険法の規定により当該措置に相当する居宅サービス、地域密着型サービス、施設サービス、介護予防サービス若しくは地域密着型介護予防サービスに係る保険給付を受け、又は第一号訪問事業若しくは第一号通所事業を利用することができる者であるときは、市町村は、その限度において、前条第一号、第一号の二又は第三号の規定による費用の支弁をすることを要しない。

第二十二条及び第二十三条　削除

（**都道府県の補助**）

第二十四条　都道府県は、政令の定めるところにより、市町村が第二十一条第一号の規定により支弁する費用については、その四分の一以内（居住地を有しないか、又は明らかでない第五条の四第一項に規定する六十五歳以上の者についての措置に要する費用については、その二分の一以内）を補助することができる。

2　都道府県は、前項に規定するもののほか、市町村又は社会福祉法人に対し、老人の福祉のための事業に要する費用の一部を補助することができる。

（**準用規定**）

第二十五条　社会福祉法第五十八条第二項から第四項までの規定は、前条の規定により補助金の交付を受け、又は国有財産特別措置法（昭和二十七年法律第二百十九号）第二条第二項第四号の規定若しくは同法第三条第一項第四号及び同条第二項の規定により普通財産の譲渡若しくは貸付けを受けた社会福祉法人に準用する。

（**国の補助**）

第二十六条　国は、政令の定めるところにより、市町村が第二十一条第一号の規定により支弁する費用については、その二分の一以内を補助することができる。

2　国は、前項に規定するもののほか、都道府県又は市町村に対し、この法律に定める老人の福祉のための事業に要する費用の一部を補助することができる。

（**遺留金品の処分**）

第二十七条　市町村は、第十一条第二項の規定により葬祭の措置を採る場合においては、その死者の遺留の金銭及び有価証券を当該措置に要する費用に充て、なお足りないときは、遺留の物品を売却してその代金をこれに充てることができる。

2　市町村は、前項の費用について、その遺留の物品の上に他の債権者の先取特権に対して優先権を有する。

（**費用の徴収**）

第二十八条　第十条の四第一項及び第十一条の規定による措置に要する費用については、これを支弁した市町村の長は、当該措置に係る者又はその扶養義務者（民法（明治二十九年法律第八十九号）に定める扶養義務者をいう。以下同じ。）から、その負担能力に応じて、当該措置に要する費用の全部又は一部を徴収することができる。

2　前項の規定による費用の徴収は、徴収されるべき者の居住地又は財産所在地の市町村に嘱託することができる。

第四章の二　有料老人ホーム

（**届出等**）

第二十九条　有料老人ホーム（老人を入居させ、入浴、排せつ若しくは食事の介護、食事の提供又はその他の日常生活上必要な便宜であつて厚生労働省令で定めるもの（以下「介護等」という。）の供与（他に委託して供与をする場合及び将来において供与をすることを約する場合を含む。第十三項を除き、以下この条において同じ。）をする事業を行う施設であつて、老人福祉施設、認知症対応型老人共同生活援助事業を行う住居その他厚生労働省令で定める施設でないものをいう。以下同じ。）を設置しようとする者は、あらかじめ、その施設を設置しようとする地の都道府県知事に、次の各号に掲げる事項を届け出なければならない。

一　施設の名称及び設置予定地

二　設置しようとする者の氏名及び住所又は名称及び所在地

三　その他厚生労働省令で定める事項

2　前項の規定による届出をした者は、厚生労働省令で定める事項に変更を生じたときは、変更の日から一月以内に、その旨を当該都道府県知事に届け出なければならない。

3　第一項の規定による届出をした者は、その事業を廃止し、又は休止しようとするときは、その廃止又は休止の日の一月前までに、その旨を当該都道府県知事に届け出なければならない。

4　都道府県知事は、前三項の規定による届出がされたときは、遅滞なく、その旨を、当該届出に係る有料老人ホームの設置予定地又は所在地の市町村長に通知しなければならない。

5　市町村長は、第一項から第三項までの規定による届出がされていない疑いがある有料老人ホーム（高齢者の居住の安定確保に関する法律（平成十三年法律第二十六号）第七条第五項に規定する登録住宅を除く。）を発見したときは、遅滞なく、その旨を、当該有料老人ホームの設置予定地又は所在地の都道府県知事に通知するよう努めるものとする。

6　有料老人ホームの設置者は、当該有料老人ホームの事業について、厚生労働省令で定めるところにより、帳簿を作成し、これを保存しなければならない。

7　有料老人ホームの設置者は、厚生労働省令で定めるところにより、当該有料老人ホームに入居する者又は入居しようとする者に対して、当該有料老人ホームにおいて供与をする介護等の内容その他の厚生労働省令で定める事項に関する情報を開示しなければならない。

8　有料老人ホームの設置者は、家賃、敷金及び介護等その他の日常生活上必要な便宜の供与の対価として受領する費用を除くほか、権利金その他の金品を受領してはならない。

9　有料老人ホームの設置者のうち、終身にわたつて受領すべき家賃その他厚生労働省令で定めるものの全部又は一部を前払金として一括して受領するものは、当該前払金の算定の基礎を書面で明示し、かつ、当該前払金について返還債務を負うこととなる場合に備えて厚生労働省令で定めるところにより必要な保全措置を講じなければならない。

10　有料老人ホームの設置者は、前項に規定する前払金を受領する場合においては、当該有料老人ホームに入居した日から厚生労働省令で定める一定の期間を経過する日までの間に、当該入居及び介護等の供与につき契約が解除され、又は入居者の死亡により終了した場合に当該前払金の額から厚生労働省令で定める方法により算定される額を控除した額に相当する額を返還する旨の契約を締結しなければならない。

11　有料老人ホームの設置者は、当該有料老人ホームに係る有料老人ホーム情報（有料老人ホームにおいて供与をする介護等の内容及び有料老人ホームの運営状況に関する情報であつて、有料老人ホームに入居しようとする者が有料老人ホームの選択を適切に行うために必要なものとして厚生労働省令で定めるものをいう。）を、厚生労働省令で定めるところにより、当該有料老人ホームの所在地の都道府県知事に対して報告しなければならない。

12　都道府県知事は、厚生労働省令で定めるところにより、前項の規定により報告された事項を公表しなければならない。

13　都道府県知事は、この法律の目的を達成するため、有料老人ホームの設置者若しくは管理者若しくは設置者から介護等の供与（将来において供与をすることを含む。）を委託された者（以下「介護等受託者」という。）に対して、その運営の状況に関する事項その他必要と認める事項の報告を求め、又は当該職員に、関係者に対して質問させ、若しくは当該有料老人ホーム若しくは当該介護等受託者の事務所若しくは事業所に立ち入り、設備、帳簿書類その他の物件を検査させることができる。

14　第十八条第三項及び第四項の規定は、前項の規定による質問又は立入検査について準用する。

15　都道府県知事は、有料老人ホームの設置者が第六項から第十一項までの規定に違反したと認めるとき、入居者の処遇に関し不当な行為をし、又はその運営に関し入居者の利益を害する行為をしたと認めるとき、その他入居者の保護のため必要があると認めるときは、当該設置者に対して、その改善に必要な措置をとるべきことを命ずることができる。

16　都道府県知事は、有料老人ホームの設置者がこの法律その他老人の福祉に関する法律で政令で定めるもの若しくはこれに基づく命令又はこれらに基づく処分に違反した場合であつて、入居者の保護のため特に必要があると認めるときは、当該設置者に対して、その事業の制限又は停止を命ずることができる。

17　都道府県知事は、前二項の規定による命令をしたときは、その旨を公示しなければならない。

18　都道府県知事は、介護保険法第四十二条の二第一項本文の指定（地域密着型特定施設入居者生活介護の指定に係るものに限る。）を受けた有料老人ホームの設置者に対して第十六項の規定による命令をしたときは、遅滞なく、その旨を、当該指定をした市町村長に通知しなければならない。

19　都道府県知事は、有料老人ホームの設置者が第十六項の規定による命令を受けたとき、その他入居者の心身の健康の保持及び生活の安定を図るため必要があると認めるときは、当該入居者に対し、介護等の供与を継続的に受けるために必要な助言その他の援助を行うように努めるものとする。

（有料老人ホーム協会）

第三十条　その名称中に有料老人ホーム協会という文字を用いる一般社団法人は、有料老人ホームの入居者の保護を図るとともに、有料老人ホームの健全な発展に資することを目的とし、かつ、有料老人ホームの設置者を社員（以下この章において「会員」という。）とする旨の定款の定めがあるものに限り、設立することができる。

2　前項に規定する定款の定めは、これを変更することができない。

3　第一項に規定する一般社団法人（以下「協会」という。）は、成立したときは、成立の日から二週間以内に、登記事項証明書及び定款の写しを添えて、その旨を、厚生労働大臣に届け出なければならない。

4　協会は、会員の名簿を公衆の縦覧に供しなければならない。

（名称の使用制限）

第三十一条　協会でない者は、その名称中に有料老人ホーム協会という文字を用いてはならない。

2　協会に加入していない者は、その名称中に有料老人ホーム協会会員という文字を用いてはならない。

（協会の業務）

第三十一条の二　協会は、その目的を達成するため、次に掲げる業務を行う。

一　有料老人ホームを運営するに当たり、この法律その他の法令の規定を遵守させるための会員に対する指導、勧告その他の業務

二　会員の設置する有料老人ホームの運営に関し、契約内容の適正化その他入居者の保護を図り、及び入所者の立場に立つた処遇を行うため必要な指導、勧告その他の業務

三　会員の設置する有料老人ホームの設備及び運営に対する入居者等からの苦情の解決

四　有料老人ホームの職員の資質の向上のための研修

五　有料老人ホームに関する広報その他協会の目的を達成するため必要な業務

2　協会は、その会員の設置する有料老人ホームの入居者等から当該有料老人ホームの設備及び運営に関する苦情について解決の申出があつた場合において必要があると認めるとき

は、当該会員に対して、文書若しくは口頭による説明を求め、又は資料の提出を求めることができる。

3　会員は、協会から前項の規定による求めがあつたときは、正当な理由がない限り、これを拒んではならない。

（監督）

第三十一条の三　協会の業務は、厚生労働大臣の監督に属する。

2　厚生労働大臣は、前条第一項に規定する業務の適正な実施を確保するため必要があると認めるときは、協会に対し、当該業務に関し監督上必要な命令をすることができる。

（厚生労働大臣に対する協力）

第三十一条の四　厚生労働大臣は、この章の規定の円滑な実施を図るため、厚生労働省令の定めるところにより、当該規定に基づく届出、報告その他必要な事項について、協会に協力させることができる。

（立入検査等）

第三十一条の五　厚生労働大臣は、この章の規定の施行に必要な限度において、協会に対して、その業務若しくは財産に関して報告若しくは資料の提出を命じ、又は当該職員に、関係者に対して質問させ、若しくは協会の事務所に立ち入り、その業務若しくは財産の状況若しくは帳簿書類その他の物件を検査させることができる。

2　第十八条第三項及び第四項の規定は、前項の規定による質問又は立入検査について準用する。この場合において、同条第三項中「前二項」とあり、及び同条第四項中「第一項及び第二項」とあるのは、「第三十一条の五第一項」と読み替えるものとする。

第五章　雑則

（審判の請求）

第三十二条　市町村長は、六十五歳以上の者につき、その福祉を図るため特に必要があると認めるときは、民法第七条、第十一条、第十三条第二項、第十五条第一項、第十七条第一項、第八百七十六条の四第一項又は第八百七十六条の九第一項に規定する審判の請求をすることができる。

（後見等に係る体制の整備等）

第三十二条の二　市町村は、前条の規定による審判の請求の円滑な実施に資するよう、民法に規定する後見、保佐及び補助（以下「後見等」という。）の業務を適正に行うことができる人材の育成及び活用を図るため、研修の実施、後見等の業務を適正に行うことができる者の家庭裁判所への推薦その他の必要な措置を講ずるよう努めなければならない。

2　都道府県は、市町村と協力して後見等の業務を適正に行うことができる人材の育成及び活用を図るため、前項に規定する措置の実施に関し助言その他の援助を行うように努めなければならない。

（町村の一部事務組合等）

第三十三条　町村が一部事務組合又は広域連合を設けて福祉事務所を設置した場合には、この法律の適用については、その一部事務組合又は広域連合を福祉事務所を設置する町村とみなす。

（大都市等の特例）

第三十四条　この法律中都道府県が処理することとされている事務で政令で定めるものは、地方自治法（昭和二十二年法律第六十七号）第二百五十二条の十九第一項の指定都市（以下「指定都市」という。）及び同法第二百五十二条の二十二第一項の中核市（以下「中核市」という。）においては、政令の定めるところにより、指定都市又は中核市（以下「指定都市等」という。）が処理するものとする。この場合においては、この法律中都道府県に関する規定は、指定都市等に関する規定として、指定都市等に適用があるものとする。

（緊急時における厚生労働大臣の事務執行）

第三十四条の二　第十八条第二項及び第十九条第一項の規定により都道府県知事の権限に属するものとされている事務（同項の規定による認可の取消しを除く。）又は第二十九条第十三項、第十五項及び第十六項の規定により都道府県知事の権限に属するものとされている事務は、養護老人ホーム若しくは特別養護老人ホーム又は有料老人ホームの入居者の保護のため緊急の必要があると厚生労働大臣が認める場合にあつては、厚生労働大臣又は都道府県知事が行うものとする。

2　前項の場合において、この法律の規定中都道府県知事に関する規定（当該事務に係るもの（第十九条第二項を除く。）に限る。）は、厚生労働大臣に関する規定として厚生労働大臣に適用があるものとする。

3　第一項の場合において、厚生労働大臣又は都道府県知事が当該事務を行うときは、相互に密接な連携の下に行うものとする。

（日本赤十字社）

第三十五条　日本赤十字社は、この法律の適用については、社会福祉法人とみなす。

（調査の嘱託及び報告の請求）

第三十六条 市町村は、福祉の措置に関し必要があると認めるときは、当該措置を受け、若しくは受けようとする老人又はその扶養義務者の資産又は収入の状況につき、官公署に調査を嘱託し、又は銀行、信託会社、当該老人若しくはその扶養義務者、その雇主その他の関係人に報告を求めることができる。

（実施命令）

第三十七条 この法律に特別の規定があるものを除くほか、この法律の実施のための手続その他その執行について必要な細則は、厚生労働省令で定める。

第六章　罰則

第三十八条 第二十条の七の二第二項の規定又は第二十九条第十六項の規定による命令に違反した場合には、当該違反行為をした者は、一年以下の懲役又は百万円以下の罰金に処する。

第三十九条 第十八条の二第一項又は第二十九条第十五項の規定による命令に違反した場合には、当該違反行為をした者は、六月以下の懲役又は五十万円以下の罰金に処する。

第四十条 次の各号のいずれかに該当する場合には、当該違反行為をした者は、三十万円以下の罰金に処する。

一　第二十九条第一項から第三項までの規定による届出をせず、又は虚偽の届出をしたとき。

二　第二十九条第十三項の規定による報告をせず、若しくは虚偽の報告をし、又は同項の規定による質問に対して答弁をせず、若しくは虚偽の答弁をし、若しくは同項の規定による検査を拒み、妨げ、若しくは忌避したとき。

三　第三十一条第二項の規定に違反して、その名称中に有料老人ホーム協会会員という文字を用いたとき。

四　第三十一条の五第一項の規定による報告若しくは資料の提出をせず、若しくは虚偽の報告若しくは虚偽の資料の提出をし、又は同項の規定による質問に対して答弁をせず、若しくは虚偽の答弁をし、若しくは同項の規定による検査を拒み、妨げ、若しくは忌避したとき。

第四十一条 法人の代表者又は法人若しくは人の代理人、使用人その他の従業者が、その法人又は人の業務に関し、第三十八条（第二十九条第十六項に係る部分に限る。）又は前二条の違反行為をしたときは、行為者を罰するほか、その法人又は人に対しても、各本条の罰金刑を科する。

第四十二条 次の各号のいずれかに該当する者は、五十万円以下の過料に処する。

一　第三十条第三項の規定による届出をせず、又は虚偽の届出をした者

二　第三十条第四項の規定に違反して、同項の会員の名簿を公衆の縦覧に供しない者

三　第三十一条の三第二項の命令に違反した者

第四十三条 次の各号のいずれかに該当する者は、十万円以下の過料に処する。

一　第三十一条第一項の規定に違反して、その名称中に有料老人ホーム協会という文字を用いた者

二　第十条の四第一項又は第十一条の規定による措置を受けた老人又はその扶養義務者であつて、正当な理由がなく、第三十六条の規定による報告をせず、又は虚偽の報告をしたもの

附則　抄

・刑法等の一部を改正する法律の施行に伴う関係法律の整理等に関する法律（令和四・六・一七法律六八）

（施行期日）

1　この法律は、刑法等一部改正法施行日から施行する。〈略〉

社会福祉

高齢者虐待の防止、高齢者の養護者に対する支援等に関する法律

（平成一七・一一・九）
（法　律　一　二　四）
最新改正　令和四法律六八

第一章　総則

（目的）

第一条　この法律は、高齢者に対する虐待が深刻な状況にあり、高齢者の尊厳の保持にとって高齢者に対する虐待を防止することが極めて重要であること等にかんがみ、高齢者虐待の防止等に関する国等の責務、高齢者虐待を受けた高齢者に対する保護のための措置、養護者の負担の軽減を図ること等の養護者に対する養護者による高齢者虐待の防止に資する支援（以下「養護者に対する支援」という。）のための措置等を定めることにより、高齢者虐待の防止、養護者に対する支援等に関する施策を促進し、もって高齢者の権利利益の擁護に資することを目的とする。

（定義等）

第二条　この法律において「高齢者」とは、六十五歳以上の者をいう。

2　この法律において「養護者」とは、高齢者を現に養護する者であって養介護施設従事者等（第五項第一号の施設の業務に従事する者及び同項第二号の事業において業務に従事する者をいう。以下同じ。）以外のものをいう。

3　この法律において「高齢者虐待」とは、養護者による高齢者虐待及び養介護施設従事者等による高齢者虐待をいう。

4　この法律において「養護者による高齢者虐待」とは、次のいずれかに該当する行為をいう。

一　養護者がその養護する高齢者について行う次に掲げる行為

イ　高齢者の身体に外傷が生じ、又は生じるおそれのある暴行を加えること。

ロ　高齢者を衰弱させるような著しい減食又は長時間の放置、養護者以外の同居人によるイ、ハ又はニに掲げる行為と同様の行為の放置等養護を著しく怠ること。

ハ　高齢者に対する著しい暴言又は著しく拒絶的な対応その他の高齢者に著しい心理的外傷を与える言動を行うこと。

ニ　高齢者にわいせつな行為をすること又は高齢者をしてわいせつな行為をさせること。

二　養護者又は高齢者の親族が当該高齢者の財産を不当に処分することその他当該高齢者から不当に財産上の利益を得ること。

5　この法律において「養介護施設従事者等による高齢者虐待」とは、次のいずれかに該当する行為をいう。

一　老人福祉法（昭和三十八年法律第百三十三号）第五条の三に規定する老人福祉施設若しくは同法第二十九条第一項に規定する有料老人ホーム又は介護保険法（平成九年法律第百二十三号）第八条第二十二項に規定する地域密着型介護老人福祉施設、同条第二十七項に規定する介護老人福祉施設、同条第二十八項に規定する介護老人保健施設、同条第二十九項に規定する介護医療院若しくは同法第百十五条の四十六第一項に規定する地域包括支援センター（以下「養介護施設」という。）の業務に従事する者が、当該養介護施設に入所し、その他当該養介護施設を利用する高齢者について行う次に掲げる行為

イ　高齢者の身体に外傷が生じ、又は生じるおそれのある暴行を加えること。

ロ　高齢者を衰弱させるような著しい減食又は長時間の放置その他の高齢者を養護すべき職務上の義務を著しく怠ること。

ハ　高齢者に対する著しい暴言又は著しく拒絶的な対応その他の高齢者に著しい心理的外傷を与える言動を行うこと。

ニ　高齢者にわいせつな行為をすること又は高齢者をしてわいせつな行為をさせること。

ホ　高齢者の財産を不当に処分することその他当該高齢者から不当に財産上の利益を得ること。

二　老人福祉法第五条の二第一項に規定する老人居宅生活支援事業又は介護保険法第八条第一項に規定する居宅サービス事業、同条第十四項に規定する地域密着型サービス事業、同条第二十四項に規定する居宅介護支援事業、同法第八条の二第一項に規定する介護予防サービス事業、同条第十二項に規定する地域密着型介護予防サービス事業若しくは同条第十六項に規定する介護予防支援事業（以下「養介護事業」という。）において業務に従事する者が、当該養介護事業に係るサービスの提供を受ける高齢者について行う前号イからホまでに掲げる行

為

6　六十五歳未満の者であって養介護施設に入所し、その他養介護施設を利用し、又は養介護事業に係るサービスの提供を受ける障害者（障害者基本法（昭和四十五年法律第八十四号）第二条第一号に規定する障害者をいう。）については、高齢者とみなして、養介護施設従事者等による高齢者虐待に関する規定を適用する。

（国及び地方公共団体の責務等）

第三条　国及び地方公共団体は、高齢者虐待の防止、高齢者虐待を受けた高齢者の迅速かつ適切な保護及び適切な養護者に対する支援を行うため、関係省庁相互間その他関係機関及び民間団体の間の連携の強化、民間団体の支援その他必要な体制の整備に努めなければならない。

2　国及び地方公共団体は、高齢者虐待の防止及び高齢者虐待を受けた高齢者の保護並びに養護者に対する支援が専門的知識に基づき適切に行われるよう、これらの職務に携わる専門的な人材の確保及び資質の向上を図るため、関係機関の職員の研修等必要な措置を講ずるよう努めなければならない。

3　国及び地方公共団体は、高齢者虐待の防止及び高齢者虐待を受けた高齢者の保護に資するため、高齢者虐待に係る通報義務、人権侵犯事件に係る救済制度等について必要な広報その他の啓発活動を行うものとする。

（国民の責務）

第四条　国民は、高齢者虐待の防止、養護者に対する支援等の重要性に関する理解を深めるとともに、国又は地方公共団体が講ずる高齢者虐待の防止、養護者に対する支援等のための施策に協力するよう努めなければならない。

（高齢者虐待の早期発見等）

第五条　養介護施設、病院、保健所その他高齢者の福祉に業務上関係のある団体及び養介護施設従事者等、医師、保健師、弁護士その他高齢者の福祉に職務上関係のある者は、高齢者虐待を発見しやすい立場にあることを自覚し、高齢者虐待の早期発見に努めなければならない。

2　前項に規定する者は、国及び地方公共団体が講ずる高齢者虐待の防止のための啓発活動及び高齢者虐待を受けた高齢者の保護のための施策に協力するよう努めなければならない。

第二章　養護者による高齢者虐待の防止、養護者に対する支援等

（相談、指導及び助言）

第六条　市町村は、養護者による高齢者虐待の防止及び養護者による高齢者虐待を受けた高齢者の保護のため、高齢者及び養護者に対して、相談、指導及び助言を行うものとする。

（養護者による高齢者虐待に係る通報等）

第七条　養護者による高齢者虐待を受けたと思われる高齢者を発見した者は、当該高齢者の生命又は身体に重大な危険が生じている場合は、速やかに、これを市町村に通報しなければならない。

2　前項に定める場合のほか、養護者による高齢者虐待を受けたと思われる高齢者を発見した者は、速やかに、これを市町村に通報するよう努めなければならない。

3　刑法（明治四十年法律第四十五号）の秘密漏示罪の規定その他の守秘義務に関する法律の規定は、前二項の規定による通報をすることを妨げるものと解釈してはならない。

第八条　市町村が前条第一項若しくは第二項の規定による通報又は次条第一項に規定する届出を受けた場合においては、当該通報又は届出を受けた市町村の職員は、その職務上知り得た事項であって当該通報又は届出をした者を特定させるものを漏らしてはならない。

（通報等を受けた場合の措置）

第九条　市町村は、第七条第一項若しくは第二項の規定による通報又は高齢者からの養護者による高齢者虐待を受けた旨の届出を受けたときは、速やかに、当該高齢者の安全の確認その他当該通報又は届出に係る事実の確認のための措置を講ずるとともに、第十六条の規定により当該市町村と連携協力する者（以下「高齢者虐待対応協力者」という。）とその対応について協議を行うものとする。

2　市町村又は市町村長は、第七条第一項若しくは第二項の規定による通報又は前項に規定する届出があった場合には、当該通報又は届出に係る高齢者に対する養護者による高齢者虐待の防止及び当該高齢者の保護が図られるよう、養護者による高齢者虐待により生命又は身体に重大な危険が生じているおそれがあると認められる高齢者を一時的に保護するため迅速に老人短期入所施設等に入所させる等、適切に、老人福祉法第二十条の三に規定する老人短期入所施設等に入所させる等、適切に、同法第十条の四第一項若しくは第十一条第一項の規定による措置を講じ、又は、適切

に、同法第三十二条の規定により審判の請求をするものとする。

（居室の確保）

第十条 市町村は、養護者による高齢者虐待を受けた高齢者について老人福祉法第十条の四第一項第三号又は第十一条第一項第一号若しくは第二号の規定による措置を採るために必要な居室を確保するための措置を講ずるものとする。

（立入調査）

第十一条 市町村長は、養護者による高齢者虐待により高齢者の生命又は身体に重大な危険が生じているおそれがあると認めるときは、介護保険法第百十五条の四十六第二項の規定により設置する地域包括支援センターの職員その他の高齢者の福祉に関する事務に従事する職員をして、当該高齢者の住所又は居所に立ち入り、必要な調査又は質問をさせることができる。

2 前項の規定による立入り及び調査又は質問を行う場合においては、当該職員は、その身分を示す証明書を携帯し、関係者の請求があるときは、これを提示しなければならない。

3 第一項の規定による立入り及び調査又は質問を行う権限は、犯罪捜査のために認められたものと解釈してはならない。

（警察署長に対する援助要請等）

第十二条 市町村長は、前条第一項の規定による立入り及び調査又は質問をさせようとする場合において、これらの職務の執行に際し必要があると認めるときは、当該高齢者の住所又は居所の所在地を管轄する警察署長に対し援助を求めることができる。

2 市町村長は、高齢者の生命又は身体の安全の確保に万全を期する観点から、必要に応じ適切に、前項の規定により警察署長に対し援助を求めなければならない。

3 警察署長は、第一項の規定による援助の求めを受けた場合において、高齢者の生命又は身体の安全を確保するため必要と認めるときは、速やかに、所属の警察官に、同項の職務の執行を援助するために必要な警察官職務執行法（昭和二十三年法律第百三十六号）その他の法令の定めるところによる措置を講じさせるよう努めなければならない。

（面会の制限）

第十三条 養護者による高齢者虐待を受けた高齢者について老人福祉法第十一条第一項第二号又は第三号の措置が採られた場合においては、市町村長又は当該措置に係る養介護施設の長は、養護者による高齢者虐待の防止及び当該高齢者の保護の観点から、当該養護者による高齢者虐待を行った養護者について当該高齢者との面会を制限することができる。

（養護者の支援）

第十四条 市町村は、第六条に規定するもののほか、養護者の負担の軽減のため、養護者に対する相談、指導及び助言その他必要な措置を講ずるものとする。

2 市町村は、前項の措置として、養護者の心身の状態に照らしその養護の負担の軽減を図るため緊急の必要があると認める場合に高齢者が短期間養護を受けるために必要となる居室を確保するための措置を講ずるものとする。

（専門的に従事する職員の確保）

第十五条 市町村は、養護者による高齢者虐待の防止、養護者による高齢者虐待を受けた高齢者の保護及び養護者に対する支援を適切に実施するために、これらの事務に専門的に従事する職員を確保するよう努めなければならない。

（連携協力体制）

第十六条 市町村は、養護者による高齢者虐待の防止、養護者による高齢者虐待を受けた高齢者の保護及び養護者に対する支援を適切に実施するため、老人福祉法第二十条の七の二第一項に規定する老人介護支援センター、介護保険法第百十五条の四十六第三項の規定により設置された地域包括支援センターその他関係機関、民間団体等との連携協力体制を整備しなければならない。この場合において、養護者による高齢者虐待にいつでも迅速に対応することができるよう、特に配慮しなければならない。

（事務の委託）

第十七条 市町村は、高齢者虐待対応協力者のうち適当と認められるものに、第六条の規定による相談、指導及び助言、第七条第一項若しくは第二項の規定による通報又は第九条第一項に規定する届出の受理、同項の規定による高齢者の安全の確認その他通報又は届出に係る事実の確認のための措置並びに第十四条第一項の規定による養護者の負担の軽減のための措置に関する事務の全部又は一部を委託することができる。

2 前項の規定による委託を受けた高齢者虐待対応協力者若しくはその役員若しくは職員又はこれらの者であった者は、正当な理由なし

社会福祉

に、その委託を受けた事務に関して知り得た秘密を漏らしてはならない。

3　第一項の規定により第七条第一項若しくは第二項の規定による通報又は第九条第一項に規定する届出の受理に関する事務の委託を受けた高齢者虐待対応協力者が第七条第一項若しくは第二項の規定による通報又は第九条第一項に規定する届出を受けた場合には、当該通報又は届出を受けた高齢者虐待対応協力者又はその役員若しくは職員は、その職務上知り得た事項であって当該通報又は届出をした者を特定させるものを漏らしてはならない。

（周知）

第十八条　市町村は、養護者による高齢者虐待の防止、第七条第一項若しくは第二項の規定による通報又は第九条第一項に規定する届出の受理、養護者による高齢者虐待を受けた高齢者の保護、養護者に対する支援等に関する事務についての窓口となる部局及び高齢者虐待対応協力者の名称を明示すること等により、当該部局及び高齢者虐待対応協力者を周知させなければならない。

（**都道府県の援助等**）

第十九条　都道府県は、この章の規定により市町村が行う措置の実施に関し、市町村相互間の連絡調整、市町村に対する情報の提供その他必要な援助を行うものとする。

2　都道府県は、この章の規定により市町村が行う措置の適切な実施を確保するため必要があると認めるときは、市町村に対し、必要な助言を行うことができる。

第三章　養介護施設従事者等による高齢者虐待の防止等

（**養介護施設従事者等による高齢者虐待の防止等のための措置**）

第二十条　養介護施設の設置者又は養介護事業を行う者は、養介護施設従事者等の研修の実施、当該養介護施設に入所し、その他当該養介護施設を利用し、又は当該養介護事業に係るサービスの提供を受ける高齢者及びその家族からの苦情の処理の体制の整備その他の養介護施設従事者等による高齢者虐待の防止等のための措置を講ずるものとする。

（**養介護施設従事者等による高齢者虐待に係る通報等**）

第二十一条　養介護施設従事者等は、当該養介護施設従事者等がその業務に従事している養介護施設又は養介護事業（当該養介護施設の設置者若しくは当該養介護事業を行う者が設置する養介護施設又はこれらの者が行う養介護事業を含む。）において業務に従事する養介護施設従事者等による高齢者虐待を受けたと思われる高齢者を発見した場合は、速やかに、これを市町村に通報しなければならない。

2　前項に定める場合のほか、養介護施設従事者等による高齢者虐待を受けたと思われる高齢者を発見した者は、当該高齢者の生命又は身体に重大な危険が生じている場合は、速やかに、これを市町村に通報しなければならない。

3　前二項に定める場合のほか、養介護施設従事者等による高齢者虐待を受けたと思われる高齢者を発見した者は、速やかに、これを市町村に通報するよう努めなければならない。

4　養介護施設従事者等による高齢者虐待を受けた高齢者は、その旨を市町村に届け出ることができる。

5　第十八条の規定は、第一項から第三項までの規定による通報又は前項の規定による届出の受理に関する事務を担当する部局の周知について準用する。

6　刑法の秘密漏示罪の規定その他の守秘義務に関する法律の規定は、第一項から第三項までの規定による通報（虚偽であるもの及び過失によるものを除く。次項において同じ。）をすることを妨げるものと解釈してはならない。

7　養介護施設従事者等は、第一項から第三項までの規定による通報をしたことを理由として、解雇その他不利益な取扱いを受けない。

第二十二条　市町村は、前条第一項から第三項までの規定による通報又は同条第四項の規定による届出を受けたときは、厚生労働省令で定めるところにより、当該通報又は届出に係る養介護施設従事者等による高齢者虐待に関する事項を、当該養介護施設従事者等による高齢者虐待に係る養介護施設又は当該養介護施設従事者等による高齢者虐待に係る養介護事業の事業所の所在地の都道府県に報告しなければならない。

2　前項の規定は、地方自治法（昭和二十二年法律第六十七号）第二百五十二条の十九第一項の指定都市及び同法第二百五十二条の二十二第一項の中核市については、厚生労働省令で定める場合を除き、適用しない。

第二十三条　市町村が第二十一条第一項から第

三項までの規定による通報又は同条第四項の規定による届出を受けた場合においては、当該通報又は届出を受けた市町村の職員は、その職務上知り得た事項であって当該通報又は届出をした者を特定させるものを漏らしてはならない。都道府県が前条第一項の規定による報告を受けた場合における当該報告を受けた都道府県の職員についても、同様とする。

（通報等を受けた場合の措置）

第二十四条 市町村が第二十一条第一項から第三項までの規定による通報若しくは同条第四項の規定による届出を受け、又は都道府県が第二十二条第一項の規定による報告を受けたときは、市町村長又は都道府県知事は、養介護施設の業務又は養介護事業の適正な運営を確保することにより、当該通報又は届出に係る高齢者に対する養介護施設従事者等による高齢者虐待の防止及び当該高齢者の保護を図るため、老人福祉法又は介護保険法の規定による権限を適切に行使するものとする。

（公表）

第二十五条 都道府県知事は、毎年度、養介護施設従事者等による高齢者虐待の状況、養介護施設従事者等による高齢者虐待があった場合にとった措置その他厚生労働省令で定める事項を公表するものとする。

第四章　雑則

（調査研究）

第二十六条 国は、高齢者虐待の事例の分析を行うとともに、高齢者虐待があった場合の適切な対応方法、高齢者に対する適切な養護の方法その他の高齢者虐待の防止、高齢者虐待を受けた高齢者の保護及び養護者に対する支援に資する事項について調査及び研究を行うものとする。

（財産上の不当取引による被害の防止等）

第二十七条 市町村は、養護者、高齢者の親族又は養介護施設従事者等以外の者が不当に財産上の利益を得る目的で高齢者と行う取引（以下「財産上の不当取引」という。）による高齢者の被害について、相談に応じ、若しくは消費生活に関する業務を担当する部局その他の関係機関を紹介し、又は高齢者虐待対応協力者に、財産上の不当取引による高齢者の被害に係る相談若しくは関係機関の紹介の実施を委託するものとする。

2　市町村長は、財産上の不当取引の被害を受け、又は受けるおそれのある高齢者について、適切に、老人福祉法第三十二条の規定により審判の請求をするものとする。

（成年後見制度の利用促進）

第二十八条 国及び地方公共団体は、高齢者虐待の防止及び高齢者虐待を受けた高齢者の保護並びに財産上の不当取引による高齢者の被害の防止及び救済を図るため、成年後見制度の周知のための措置、成年後見制度の利用に係る経済的負担の軽減のための措置等を講ずることにより、成年後見制度が広く利用されるようにしなければならない。

第五章　罰則

第二十九条 第十七条第二項の規定に違反した者は、一年以下の懲役又は百万円以下の罰金に処する。

第三十条 正当な理由がなく、第十一条第一項の規定による立入調査を拒み、妨げ、若しくは忌避し、又は同項の規定による質問に対して答弁をせず、若しくは虚偽の答弁をし、若しくは高齢者に答弁をさせず、若しくは虚偽の答弁をさせた者は、三十万円以下の罰金に処する。

附則　抄

・刑法等の一部を改正する法律の施行に伴う関係法律の整理等に関する法律（令和四・六・一七法律六八）

（施行期日）

1　この法律は、刑法等一部改正法施行日から施行する。（略）

高齢者虐待の防止、高齢者の養護者に対する支援等に関する法律施行規則

（平成一八・三・三一）
（厚労令九四）

最新改正　平成一八厚労令一一九

（市町村からの報告）
第一条　市町村は、高齢者虐待の防止、高齢者の養護者に対する支援等に関する法律（平成十七年法律第百二十四号。以下「法」という。）第二十一条第一項から第三項までの規定による通報又は同条第四項の規定による届出を受け、当該通報又は届出に係る事実の確認を行った結果、養介護施設従事者等による高齢者虐待（以下「虐待」という。）の事実が認められた場合、又は更に都道府県と共同して事実の確認を行う必要が生じた場合には、次に掲げる事項を当該虐待に係る法第二条第五項第一号に規定する養介護施設又は同項第二号に規定する養介護事業の事業所（以下「養介護施設等」という。）の所在地の都道府県に報告しなければならない。
一　養介護施設等の名称、所在地及び種別
二　虐待を受けた又は受けたと思われる高齢者の性別、年齢及び要介護状態区分（介護保険法（平成九年法律第百二十三号）第七条第一項に規定する要介護状態区分をいう。）又は要支援状態区分（同条第二項に規定する要支援状態区分をいう。）その他の心身の状況
三　虐待の種別、内容及び発生要因
四　虐待を行った養介護施設従事者等（法第二条第二項に規定する養介護施設従事者等をいう。以下同じ。）の氏名、生年月日及び職種
五　市町村が行った対応
六　虐待が行われた養介護施設等において改善措置が採られている場合にはその内容

（指定都市及び中核市の例外）
第二条　法第二十二条第二項の厚生労働省令で定める場合は、養介護施設等について法第二十一条第一項から第三項までの規定による通報又は同条第四項の規定による届出があった場合とする。

（都道府県知事による公表事項）
第三条　法第二十五条の厚生労働省令で定める事項は、次のとおりとする。
一　虐待があった養介護施設等の種別
二　虐待を行った養介護施設従事者等の職種

高年齢者等の雇用の安定等に関する法律

（昭和四六・五・二五）
（法律六八）

最新改正　令和四法律一二

第一章　総則

（目的）
第一条　この法律は、定年の引上げ、継続雇用制度の導入等による高年齢者の安定した雇用の確保の促進、高年齢者等の再就職の促進、定年退職者その他の高年齢退職者に対する就業の機会の確保等の措置を総合的に講じ、もつて高年齢者等の職業の安定その他福祉の増進を図るとともに、経済及び社会の発展に寄与することを目的とする。

（定義）
第二条　この法律において「高年齢者」とは、厚生労働省令で定める年齢以上の者をいう。
2　この法律において「高年齢者等」とは、高年齢者及び次に掲げる者で高年齢者に該当しないものをいう。
一　中高年齢者（厚生労働省令で定める年齢以上の者をいう。次項において同じ。）である求職者（次号に掲げる者を除く。）
二　中高年齢失業者等（厚生労働省令で定める範囲の年齢の失業者その他就職が特に困難な厚生労働省令で定める失業者をいう。第三章第三節において同じ。）
3　この法律において「特定地域」とは、中高年齢者である失業者が就職することが著しく

る地域として厚生労働大臣が指定する地域をいう。

（**基本的理念**）
第三条　高年齢者等は、その職業生活の全期間を通じて、その意欲及び能力に応じ、雇用の機会その他の多様な就業の機会が確保され、職業生活の充実が図られるように配慮されるものとする。

2　労働者は、高齢期における職業生活の充実のため、自ら進んで、高齢期における職業生活の設計を行い、その設計に基づき、その能力の開発及び向上並びにその健康の保持及び増進に努めるものとする。

（**事業主の責務**）
第四条　事業主は、その雇用する高年齢者について職業能力の開発及び向上並びに作業施設の改善その他の諸条件の整備を行い、並びにその雇用する高年齢者等について再就職の援助等を行うことにより、その意欲及び能力に応じてその者のための雇用の機会の確保等が図られるよう努めるものとする。

2　事業主は、その雇用する労働者が高齢期においてその意欲及び能力に応じて就業することにより職業生活の充実を図ることができるようにするため、その高齢期における職業生活の設計について必要な援助を行うよう努めるものとする。

（**国及び地方公共団体の責務**）
第五条　国及び地方公共団体は、事業主、労働者その他の関係者の自主的な努力を尊重しつつその実情に応じてこれらの者に対し必要な援助等を行うとともに、高年齢者等の再就職の促進のために必要な職業紹介、職業訓練等の体制の整備を行う等、高年齢者等の意欲及び能力に応じた雇用の機会その他の多様な就業の機会の確保等を図るために必要な施策を総合的かつ効果的に推進するように努めるものとする。

（**高年齢者等職業安定対策基本方針**）
第六条　厚生労働大臣は、高年齢者等の職業の安定に関する施策の基本となるべき方針（以下「高年齢者等職業安定対策基本方針」という。）を策定するものとする。

2　高年齢者等職業安定対策基本方針に定める事項は、次のとおりとする。
一　高年齢者等の就業の動向に関する事項
二　高年齢者の就業の機会の増大の目標に関する事項
三　第四条第一項の事業主が行うべき職業能力の開発及び向上、作業施設の改善その他の諸条件の整備、再就職の援助等並びに同条第二項の事業主が行うべき高齢期における職業生活の設計の援助に関して、その適切かつ有効な実施を図るため必要な指針となるべき事項
四　高年齢者雇用確保措置等（第九条第一項に規定する高年齢者雇用確保措置及び第十条の二第四項に規定する高年齢者就業確保措置をいう。第十一条において同じ。）の円滑な実施を図るため講じようとする施策の基本となるべき事項
五　高年齢者等の再就職の促進のため講じようとする施策の基本となるべき事項
六　前各号に掲げるもののほか、高年齢者等の職業の安定を図るため講じようとする施策の基本となるべき事項

3　厚生労働大臣は、高年齢者等職業安定対策基本方針を定めるに当たつては、あらかじめ、関係行政機関の長と協議するとともに、労働政策審議会の意見を聴かなければならない。

4　厚生労働大臣は、高年齢者等職業安定対策基本方針を定めたときは、遅滞なく、その概要を公表しなければならない。

5　前二項の規定は、高年齢者等職業安定対策基本方針の変更について準用する。

（**適用除外**）
第七条　この法律は、船員職業安定法（昭和二十三年法律第百三十号）第六条第一項に規定する船員については、適用しない。

2　前条、次章、第三章第二節、第四十九条及び第五十二条の規定は、国家公務員及び地方公務員については、適用しない。

第二章　定年の引上げ、継続雇用制度の導入等による高年齢者の安定した雇用の確保の促進等

（**定年を定める場合の年齢**）
第八条　事業主がその雇用する労働者の定年（以下単に「定年」という。）の定めをする場合には、当該定年は、六十歳を下回ることができない。ただし、当該事業主が雇用する労働者のうち、高年齢者が従事することが困難であると認められる業務として厚生労働省令で定める業務に従事している労働者については、この限りでない。

（**高年齢者雇用確保措置**）
第九条　定年（六十五歳未満のものに限る。以下この条において同じ。）の定めをしている

事業主は、その雇用する高年齢者の六十五歳までの安定した雇用を確保するため、次の各号に掲げる措置（以下「高年齢者雇用確保措置」という。）のいずれかを講じなければならない。
一　当該定年の引上げ
二　継続雇用制度（現に雇用している高年齢者が希望するときは、当該高年齢者をその定年後も引き続いて雇用する制度をいう。以下同じ。）の導入
三　当該定年の定めの廃止

2　継続雇用制度には、事業主が、特殊関係事業主（当該事業主の経営を実質的に支配することが可能となる関係にある事業主その他の当該事業主と特殊の関係のある事業主として厚生労働省令で定める事業主をいう。以下この項及び第十条の二第一項において同じ。）との間で、当該事業主の雇用する高年齢者であつてその定年後に雇用されることを希望するものをその定年後に当該特殊関係事業主が引き続いて雇用することを約する契約を締結し、当該契約に基づき当該高年齢者の雇用を確保する制度が含まれるものとする。

3　厚生労働大臣は、第一項の事業主が講ずべき高年齢者雇用確保措置の実施及び運用（心身の故障のため業務の遂行に堪えない者等の継続雇用制度における取扱いを含む。）に関する指針（次項において「指針」という。）を定めるものとする。

4　第六条第三項及び第四項の規定は、指針の策定及び変更について準用する。

（**公表等**）
第十条　厚生労働大臣は、前条第一項の規定に違反している事業主に対し、必要な指導及び助言をすることができる。

2　厚生労働大臣は、前項の規定による指導又は助言をした場合において、その事業主がなお前条第一項の規定に違反していると認めるときは、当該事業主に対し、高年齢者雇用確保措置を講ずべきことを勧告することができる。

3　厚生労働大臣は、前項の規定による勧告をした場合において、その勧告を受けた者がこれに従わなかつたときは、その旨を公表することができる。

（**高年齢者就業確保措置**）
第十条の二　定年（六十五歳以上七十歳未満のものに限る。以下この条において同じ。）の定めをしている事業主又は継続雇用制度（高年齢者を七十歳以上まで引き続いて雇用する制度を除く。以下この項において同じ。）を導入している事業主は、その雇用する高年齢者（第九条第二項の契約に基づき、当該事業主と当該契約を締結した特殊関係事業主に現に雇用されている者を含み、厚生労働省令で定める者を除く。以下この条において同じ。）について、次に掲げる措置を講ずることにより、六十五歳から七十歳までの安定した雇用を確保するよう努めなければならない。ただし、当該事業主が、労働者の過半数で組織する労働組合がある場合においてはその労働組合の、労働者の過半数で組織する労働組合がない場合においては労働者の過半数を代表する者の同意を厚生労働省令で定めるところにより得た創業支援等措置を講ずることにより、その雇用する高年齢者について、定年後等（定年後又は継続雇用制度の対象となる年齢の上限に達した後をいう。以下この条において同じ。）又は第二号の六十五歳以上継続雇用制度の対象となる年齢の上限に達した後七十歳までの間の就業を確保する場合は、この限りでない。
一　当該定年の引上げ
二　六十五歳以上継続雇用制度（その雇用する高年齢者が希望するときは、当該高年齢者をその定年後等も引き続いて雇用する制度をいう。以下この条及び第五十二条第一項において同じ。）の導入
三　当該定年の定めの廃止

2　前項の創業支援等措置は、次に掲げる措置をいう。
一　その雇用する高年齢者が希望するときは、当該高年齢者が新たに事業を開始する場合（厚生労働省令で定める場合を含む。）に、事業主が、当該事業を開始する当該高年齢者（厚生労働省令で定める者を含む。以下この号において「創業高年齢者等」という。）との間で、当該事業に係る委託契約その他の契約（労働契約を除き、当該委託契約その他の契約に基づき当該事業主が当該事業を開始する当該創業高年齢者等に金銭を支払うものに限る。）を締結し、当該契約に基づき当該高年齢者の就業を確保する措置
二　その雇用する高年齢者が希望するときは、次に掲げる事業（ロ又はハの事業については、事業主と当該事業を実施する者との間で、当該事業を実施する者が当該高年齢者に対して当該事業に従事する機会を提

供することを約する契約を締結したものに限る。）について、当該事業を実施する者が、当該高年齢者との間で、当該事業に係る委託契約その他の契約（労働契約を除き、当該委託契約その他の契約に基づき当該事業を実施する者が当該高年齢者に金銭を支払うものに限る。）を締結し、当該契約に基づき当該高年齢者の就業を確保する措置（前号に掲げる措置に該当するものを除く。）

イ 当該事業主が実施する社会貢献事業（社会貢献活動その他不特定かつ多数の者の利益の増進に寄与することを目的とする事業をいう。以下この号において同じ。）

ロ 法人その他の団体が当該事業主から委託を受けて実施する社会貢献事業

ハ 法人その他の団体が実施する社会貢献事業であつて、当該事業主が当該社会貢献事業の円滑な実施に必要な資金の提供その他の援助を行つているもの

3 六十五歳以上継続雇用制度には、事業主が、他の事業主との間で、当該事業主の雇用する高年齢者であつてその定年後等に雇用されることを希望するものをその定年後等に当該他の事業主が引き続いて雇用することを約する契約を締結し、当該契約に基づき当該高年齢者の雇用を確保する制度が含まれるものとする。

4 厚生労働大臣は、第一項各号に掲げる措置及び創業支援等措置（次条第一項及び第二項において「高年齢者就業確保措置」という。）の実施及び運用（心身の故障のため業務の遂行に堪えない者等の六十五歳以上継続雇用制度及び創業支援等措置における取扱いを含む。）に関する指針（次項において「指針」という。）を定めるものとする。

5 第六条第三項及び第四項の規定は、指針の策定及び変更について準用する。

（高年齢者就業確保措置に関する計画）

第十条の三 厚生労働大臣は、高年齢者等職業安定対策基本方針に照らして、高年齢者の六十五歳から七十歳までの安定した雇用の確保その他就業機会の確保のため必要があると認めるときは、事業主に対し、高年齢者就業確保措置の実施について必要な指導及び助言をすることができる。

2 厚生労働大臣は、前項の規定による指導又は助言をした場合において、高年齢者就業確保措置の実施に関する状況が改善していないと認めるときは、当該事業主に対し、厚生労働省令で定めるところにより、高年齢者就業確保措置の実施に関する計画の作成を勧告することができる。

3 事業主は、前項の計画を作成したときは、厚生労働省令で定めるところにより、これを厚生労働大臣に提出するものとする。これを変更したときも、同様とする。

4 厚生労働大臣は、第二項の計画が著しく不適当であると認めるときは、当該計画を作成した事業主に対し、その変更を勧告することができる。

（高年齢者雇用等推進者）

第十一条 事業主は、厚生労働省令で定めるところにより、高年齢者雇用確保措置等を推進するため、作業施設の改善その他の諸条件の整備を図るための業務を担当する者を選任するように努めなければならない。

第三章 高年齢者等の再就職の促進等

第一節 国による高年齢者等の再就職の促進等

（再就職の促進等の措置の効果的な推進）

第十二条 国は、高年齢者等の再就職の促進等を図るため、高年齢者等に係る職業指導、職業紹介、職業訓練その他の措置が効果的に関連して実施されるように配慮するものとする。

（求人の開拓等）

第十三条 公共職業安定所は、高年齢者等の再就職の促進等を図るため、高年齢者等の雇用の機会が確保されるように求人の開拓等を行うとともに、高年齢者等に係る求人及び求職に関する情報を収集し、並びに高年齢者等である求職者及び事業主に対して提供するように努めるものとする。

（求人者等に対する指導及び援助）

第十四条 公共職業安定所は、高年齢者等にその能力に適合する職業を紹介するため必要があるときは、求人者に対して、年齢その他の求人の条件について指導するものとする。

2 公共職業安定所は、高年齢者等を雇用し、又は雇用しようとする者に対して、雇入れ、配置、作業の設備又は環境等高年齢者等の雇用に関する技術的事項について、必要な助言その他の援助を行うことができる。

第二節　事業主による高年齢者等の再就職の援助等

（**再就職援助措置**）

第十五条　事業主は、その雇用する高年齢者等（厚生労働省令で定める者に限る。）その他厚生労働省令で定める者（以下この項及び次条第一項において「再就職援助対象高年齢者等」という。）が解雇（自己の責めに帰すべき理由によるものを除く。）その他の厚生労働省令で定める理由により離職する場合において、当該再就職援助対象高年齢者等が再就職を希望するときは、求人の開拓その他当該再就職援助対象高年齢者等の再就職の援助に関し必要な措置（以下「再就職援助措置」という。）を講ずるように努めなければならない。

2　公共職業安定所は、前項の規定により事業主が講ずべき再就職援助措置について、当該事業主の求めに応じて、必要な助言その他の援助を行うものとする。

（**多数離職の届出**）

第十六条　事業主は、再就職援助対象高年齢者等のうち厚生労働省令で定める数以上の者が前条第一項に規定する厚生労働省令で定める理由により離職する場合には、あらかじめ、厚生労働省令で定めるところにより、その旨を公共職業安定所長に届け出なければならない。

2　前項の場合における離職者の数の算定は、厚生労働省令で定める算定方法により行うものとする。

（**求職活動支援書の作成等**）

第十七条　事業主は、厚生労働省令で定めるところにより、解雇（自己の責めに帰すべき理由によるものを除く。）その他これに類するものとして厚生労働省令で定める理由（以下この項において「解雇等」という。）により離職することとなつている高年齢者等（厚生労働省令で定める者に限る。）が希望するときは、その円滑な再就職を促進するため、当該高年齢者等の職務の経歴、職業能力その他の当該高年齢者等の再就職に資する事項（解雇等の理由を除く。）として厚生労働省令で定める事項及び事業主が講ずる再就職援助措置を明らかにする書面（以下「求職活動支援書」という。）を作成し、当該高年齢者等に交付しなければならない。

2　前項の規定により求職活動支援書を作成した事業主は、その雇用する者のうちから再就職援助担当者を選任し、その者に、当該求職活動支援書に基づいて、厚生労働省令で定めるところにより、公共職業安定所と協力して、当該求職活動支援書に係る高年齢者等の再就職の援助に関する業務を行わせるものとする。

（**指導、助言及び勧告**）

第十八条　厚生労働大臣は、前条第一項の規定に違反している事業主に対し、必要な指導及び助言をすることができる。

2　厚生労働大臣は、前項の規定による指導又は助言をした場合において、その事業主がなお前条第一項の規定に違反していると認めるときは、当該事業主に対し、求職活動支援書を作成し、当該求職活動支援書に係る高年齢者等に交付すべきことを勧告することができる。

（**求職活動支援書に係る労働者に対する助言その他の援助**）

第十九条　求職活動支援書の交付を受けた労働者は、公共職業安定所に求職の申込みを行うときは、公共職業安定所に、当該求職活動支援書を提示することができる。

2　公共職業安定所は、前項の規定により求職活動支援書の提示を受けたときは、当該求職活動支援書の記載内容を参酌し、当該求職者に対し、その職務の経歴等を明らかにする書面の作成に関する助言その他の援助を行うものとする。

3　公共職業安定所長は、前項の助言その他の援助を行うに当たり、必要と認めるときは、当該求職活動支援書を作成した事業主に対し、情報の提供その他必要な協力を求めることができる。

（**募集及び採用についての理由の提示等**）

第二十条　事業主は、労働者の募集及び採用をする場合において、やむを得ない理由により一定の年齢（六十五歳以下のものに限る。）を下回ることを条件とするときは、求職者に対し、厚生労働省令で定める方法により、当該理由を示さなければならない。

2　厚生労働大臣は、前項に規定する理由の提示の有無又は当該理由の内容に関して必要があると認めるときは、事業主に対して、報告を求め、又は助言、指導若しくは勧告をすることができる。

（**定年退職等の場合の退職準備援助の措置**）

第二十一条　事業主は、その雇用する高年齢者が定年その他これに準ずる理由により退職した後においてその希望に応じ職業生活から円滑に引退することができるようにするために必要な備えをすることを援助するため、当該高年齢者に対し、引退後の生活に関する必要な知識の取得の援助その他の措置を講ずるように努めなければならない。

第三節　中高年齢失業者等に対する特別措置

（**中高年齢失業者等求職手帳の発給**）

第二十二条　公共職業安定所長は、中高年齢失業者等であつて、次の各号に該当するものに対して、その者の申請に基づき、中高年齢失業者等求職手帳（以下「手帳」という。）を発給する。

一　公共職業安定所に求職の申込みをしていること。

二　誠実かつ熱心に就職活動を行う意欲を有すると認められること。

三　第二十五条第一項各号に掲げる措置を受ける必要があると認められること。

四　前三号に掲げるもののほか、生活の状況その他の事項について厚生労働大臣が労働政策審議会の意見を聴いて定める要件に該当すること。

（**手帳の有効期間**）

第二十三条　手帳は、厚生労働省令で定める期間、その効力を有する。

2　公共職業安定所長は、手帳の発給を受けた者であつて、前項の手帳の有効期間を経過してもなお就職が困難であり、引き続き第二十五条第一項各号に掲げる措置を実施する必要があると認められるものについて、その手帳の有効期間を厚生労働省令で定める期間延長することができる。

3　前二項の厚生労働省令で定める期間を定めるに当たつては、特定地域に居住する者について特別の配慮をすることができる。

（**手帳の失効**）

第二十四条　手帳は、公共職業安定所長が当該手帳の発給を受けた者が次の各号のいずれかに該当すると認めたときは、その効力を失う。

一　新たに安定した職業に就いたとき。

二　第二十二条各号に掲げる要件のいずれかを欠くに至つたとき。

三　前二号に掲げるもののほか、厚生労働大臣が労働政策審議会の意見を聴いて定める要件に該当するとき。

2　前項の場合においては、公共職業安定所長は、その旨を当該手帳の発給を受けた者に通知するものとする。

（**計画の作成**）

第二十五条　厚生労働大臣は、手帳の発給を受けた者の就職を容易にするため、次の各号に掲げる措置が効果的に関連して実施されるための計画を作成するものとする。

一　職業指導及び職業紹介

二　公共職業能力開発施設の行う職業訓練（職業能力開発総合大学校の行うものを含む。）

三　国又は地方公共団体が実施する訓練（前号に掲げるものを除く。）であつて、失業者に作業環境に適応することを容易にさせ、又は就職に必要な知識及び技能を習得させるために行われるもの（国又は地方公共団体の委託を受けたものが行うものを含む。）

四　前三号に掲げるもののほか、厚生労働省令で定めるもの

2　厚生労働大臣は、前項の計画を作成しようとする場合には、労働政策審議会の意見を聴かなければならない。

（**公共職業安定所長の指示**）

第二十六条　公共職業安定所長は、手帳を発給するときは、手帳の発給を受ける者に対して、その者の知識、技能、職業経験その他の事情に応じ、当該手帳の有効期間中前条第一項の計画に準拠した同項各号に掲げる措置（以下「就職促進の措置」という。）の全部又は一部を受けることを指示するものとする。

2　公共職業安定所長は、手帳の発給を受けた者について当該手帳の有効期間を延長するときは、改めて、その延長された有効期間中就職促進の措置の全部又は一部を受けることを指示するものとする。

3　公共職業安定所長は、前二項の指示を受けた者の就職促進の措置の効果を高めるために必要があると認めたときは、その者に対する指示を変更することができる。

（**関係機関等の責務**）

第二十七条　職業安定機関、地方公共団体及び独立行政法人高齢・障害・求職者雇用支援機構（第四十九条第二項及び第三項において「機構」という。）は、前条第一項又は第二項の指示を受けた者の就職促進の措置の円滑な実施を図るため、相互に密接に連絡し、及び協力するように努めなければならない。

2　前条第一項又は第二項の指示を受けた者は、その就職促進の措置の実施に当たる職員

の指導又は指示に従うとともに、自ら進んで、速やかに職業に就くように努めなければならない。

（**手当の支給**）

第二十八条　国及び都道府県は、第二十六条第一項又は第二項の指示を受けて就職促進の措置を受ける者に対して、その就職活動を容易にし、かつ、生活の安定を図るため、手帳の有効期間中、労働施策の総合的な推進並びに労働者の雇用の安定及び職業生活の充実等に関する法律（昭和四十一年法律第百三十二号）の規定に基づき、手当を支給することができる。

（**就職促進指導官**）

第二十九条　就職促進の措置としての職業指導は、職業安定法（昭和二十二年法律第百四十一号）第九条の二第一項の就職促進指導官に行わせるものとする。

（**報告の請求**）

第三十条　公共職業安定所長は、第二十六条第一項又は第二項の指示を受けて就職促進の措置を受ける者に対し、その就職活動の状況について報告を求めることができる。

（**特定地域における措置**）

第三十一条　厚生労働大臣は、特定地域に居住する中高年齢失業者等について、職業紹介、職業訓練等の実施、就業の機会の増大を図るための事業の実施その他これらの者の雇用を促進するため必要な事項に関する計画を作成し、その計画に基づき必要な措置を講ずるものとする。

第三十二条　厚生労働大臣は、特定地域における中高年齢失業者等の就職の状況等からみて必要があると認めるときは、当該特定地域において計画実施される公共事業（国及び特別の法律により特別の設立行為をもつて設立された法人（その資本金の全部若しくは大部分が国からの出資による法人又はその事業の運営のために必要な経費の主たる財源を国からの交付金若しくは補助金によつて得ている法人であつて、政令で定めるものに限る。）（次項において「国等」という。）自ら又は国の負担金の交付を受け、若しくは国庫の補助により地方公共団体等が計画実施する公共的な建設又は復旧の事業をいう。以下同じ。）について、その事業種別に従い、職種別又は地域別に、当該事業に使用される労働者の数とそのうちの中高年齢失業者等の数との比率（以下「失業者吸収率」という。）を定めることができる。

2　失業者吸収率の定められている公共事業を計画実施する国等又は地方公共団体等（これらのものとの請負契約その他の契約に基づいて、その事業を施行する者を含む。以下「公共事業の事業主体等」という。）は、公共職業安定所の紹介により、常に失業者吸収率に該当する数の中高年齢失業者等を雇い入れていなければならない。

3　公共事業の事業主体等は、前項の規定により雇入れを必要とする数の中高年齢失業者等を公共職業安定所の紹介により雇い入れることが困難な場合には、その困難な数の労働者を、公共職業安定所の書面による承諾を得て、直接雇い入れることができる。

（**厚生労働省令への委任**）

第三十三条　この節に定めるもののほか、手帳の発給、手帳の返納その他手帳に関し必要な事項、第二十六条第一項又は第二項の指示の手続に関し必要な事項及び公共事業への中高年齢失業者等の吸収に関し必要な事項は、厚生労働省令で定める。

第四章　地域の実情に応じた高年齢者の多様な就業の機会の確保

（**地域の実情に応じた高年齢者の多様な就業の機会の確保に関する計画**）

第三十四条　地方公共団体は、単独で又は共同して、次条第一項の協議会における協議を経て、地域の実情に応じた高年齢者の多様な就業の機会の確保に関する計画（以下この条及び同項において「地域高年齢者就業機会確保計画」という。）を策定し、厚生労働大臣に協議し、その同意を求めることができる。

2　地域高年齢者就業機会確保計画においては、次に掲げる事項を定めるものとする。

一　地域高年齢者就業機会確保計画の対象となる区域（次項第一号において「計画区域」という。）

二　地域の特性を生かして重点的に高年齢者の就業の機会の確保を図る業種に関する事項

三　国が実施する高年齢者の雇用に資する事業に関する事項

四　計画期間

3　地域高年齢者就業機会確保計画においては、前項各号に掲げる事項のほか、次に掲げる事項を定めるよう努めるものとする。

一　計画区域における高年齢者の就業の機会の確保の目標に関する事項

二　地方公共団体及び次条第一項の協議会の構成員その他の関係者が実施する高年齢者の就業の機会の確保に資する事業に関する事項

4　地方公共団体は、第一項の同意を得た地域高年齢者就業機会確保計画を変更しようとするときは、厚生労働大臣に協議し、その同意を得なければならない。

5　政府は、第一項の同意を得た地域高年齢者就業機会確保計画（前項の規定による変更の同意があつたときは、その変更後のもの）に係る第二項第三号に規定する事業について、雇用保険法（昭和四十九年法律第百十六号）第六十二条の雇用安定事業又は同法第六十三条の能力開発事業として行うものとする。

（協議会）

第三十五条　地方公共団体、関係機関、第三十七条第二項に規定するシルバー人材センター、事業主団体、高年齢者の就業に関連する業務に従事する者その他の関係者は、高年齢者の多様な就業の機会の確保に関する地域の課題について情報を共有し、連携の緊密化を図るとともに、地域高年齢者就業機会確保計画に関し必要な事項その他地域の実情に応じた高年齢者の多様な就業の機会の確保の方策について協議を行うための協議会を組織することができる。

2　前項の協議会において協議が調つた事項については、当該協議会の構成員は、その協議の結果を尊重しなければならない。

第五章　定年退職者等に対する就業の機会の確保

（国及び地方公共団体の講ずる措置）

第三十六条　国及び地方公共団体は、定年退職者その他の高年齢退職者の職業生活の充実その他福祉の増進に資するため、臨時的かつ短期的な就業又は次条第一項の軽易な業務に係る就業を希望するこれらの者について、就業に関する相談を実施し、その希望に応じた就業の機会を提供する団体を育成し、その他その就業の機会の確保のために必要な措置を講ずるように努めるものとする。

第六章　シルバー人材センター等

第一節　シルバー人材センター

（指定等）

第三十七条　都道府県知事は、定年退職者その他の高年齢退職者の希望に応じた就業で、臨時的かつ短期的なもの又はその他の軽易な業務（当該業務に係る労働力の需給の状況、当該業務の処理の実情等を考慮して厚生労働大臣が定めるものに限る。次条において同じ。）に係るものの機会を確保し、及びこれらの者に対して組織的に提供することにより、その就業を援助して、これらの者の能力の積極的な活用を図ることができるようにし、もつて高年齢者の福祉の増進に資することを目的とする一般社団法人又は一般財団法人（次項及び第四十四条第一項において「高年齢者就業援助法人」という。）であつて、次条に規定する業務に関し次に掲げる基準に適合すると認められるものを、その申請により、市町村（特別区を含む。第三十九条及び第四十四条において同じ。）の区域（当該地域における臨時的かつ短期的な就業の機会の状況その他の事情を考慮して厚生労働省令で定める基準に従い、次条第一項第一号及び第二号に掲げる業務の円滑な運営を確保するために必要と認められる場合には、都道府県知事が指定する二以上の市町村の区域）ごとに一個に限り、同条に規定する業務を行う者として指定することができる。ただし、第四十四条第一項の指定を受けた者（以下「シルバー人材センター連合」という。）に係る同項の指定に係る区域（同条第二項又は第四項の変更があつたときは、その変更後の区域。以下「連合の指定区域」という。）については、この項の指定に係る区域とすることはできない。

一　職員、業務の方法その他の事項についての業務の実施に関する計画が適正なものであり、かつ、その計画を確実に遂行するに足りる経理的及び技術的な基礎を有すると認められること。

二　前号に定めるもののほか、業務の運営が適正かつ確実に行われ、高年齢者の福祉の増進に資すると認められること。

2　前項の指定は、その会員に同項の指定を受けた者（以下「シルバー人材センター」という。）を二以上有する高年齢者就業援助法人に対してはすることができない。

3　都道府県知事は、第一項の指定をしたときは、シルバー人材センターの名称及び住所、事務所の所在地並びに当該指定に係る地域を公示しなければならない。

4　シルバー人材センターは、その名称及び住所並びに事務所の所在地を変更しようとするときは、あらかじめ、その旨を都道府県知事に届け出なければならない。

5　都道府県知事は、前項の届出があつたときは、当該届出に係る事項を公示しなければならない。

（業務等）

第三十八条　シルバー人材センターは、前条第一項の指定に係る区域（以下「センターの指定区域」という。）において、次に掲げる業務を行うものとする。

一　臨時的かつ短期的な就業（雇用によるものを除く。）又はその他の軽易な業務に係る就業（雇用によるものを除く。）を希望する高年齢退職者のために、これらの就業の機会を確保し、及び組織的に提供すること。

二　臨時的かつ短期的な雇用による就業又はその他の軽易な業務に係る就業（雇用によるものに限る。）を希望する高年齢退職者のために、職業紹介事業を行うこと。

三　高年齢退職者に対し、臨時的かつ短期的な就業及びその他の軽易な業務に係る就業に必要な知識及び技能の付与を目的とした講習を行うこと。

四　前三号に掲げるもののほか、高年齢退職者のための臨時的かつ短期的な就業及びその他の軽易な業務に係る就業に関し必要な業務を行うこと。

2　シルバー人材センターは、職業安定法第三十条第一項の規定にかかわらず、厚生労働省令で定めるところにより、厚生労働大臣に届け出て、前項第二号の業務として、有料の職業紹介事業を行うことができる。

3　前項の規定による有料の職業紹介事業に関しては、シルバー人材センターを職業安定法第四条第十項に規定する職業紹介事業者若しくは同法第三十二条の三第一項に規定する有料職業紹介事業者又は労働施策の総合的な推進並びに労働者の雇用の安定及び職業生活の充実等に関する法律第二条に規定する職業紹介機関と、前項の規定による届出を職業安定法第三十条第一項の規定による許可とみなして、同法第五条の二から第五条の八まで、第十八条の二、第三十二条の三、第三十二条の四第二項、第三十二条の八第一項、第三十二条の九第二項、第三十二条の十から第三十二条の十三まで、第三十二条の十五、第三十二条の十六、第三十三条の五から第三十四条まで、第四十八条から第四十八条の四まで、第五十一条及び第六十四条から第六十七条までの規定並びに労働施策の総合的な推進並びに労働者の雇用の安定及び職業生活の充実等に関する法律第三章の規定を適用する。この場合において、職業安定法第十八条の二中「第三十二条の九第二項」とあるのは「高年齢者等の雇用の安定等に関する法律第三十八条第三項の規定により適用される第三十二条の九第二項」と、同法第三十二条の三第一項中「第三十条第一項の許可を受けた者」とあるのは「高年齢者等の雇用の安定等に関する法律第三十八条第二項の規定により届け出て、有料の職業紹介事業を行う者」と、同法第三十二条の四第二項中「許可証の交付を受けた者は、当該許可証」とあるのは「高年齢者等の雇用の安定等に関する法律第三十八条第二項の規定により届出書を提出した者は、当該届出書を提出した旨その他厚生労働省令で定める事項を記載した書類」と、同法第三十二条の九第二項中「前項第二号」とあるのは「前項第二号又は第三号」とする。

4　前二項に定めるもののほか、第二項の規定による有料の職業紹介事業に関し必要な事項は、厚生労働省令で定める。

5　シルバー人材センターは、労働者派遣事業の適正な運営の確保及び派遣労働者の保護等に関する法律（昭和六十年法律第八十八号。以下「労働者派遣法」という。）第五条第一項の規定にかかわらず、厚生労働省令で定めるところにより、厚生労働大臣に届け出て、第一項第四号の業務として、その構成員である高年齢退職者のみを対象として労働者派遣法第二条第三号に規定する労働者派遣事業（以下「労働者派遣事業」という。）を行うことができる。

6　前項の規定による労働者派遣事業に関しては、労働者派遣法第五条第五項、第七条、第八条第一項及び第三項、第九条、第十条、第十一条第三項及び第四項、第十三条第二項、第十四条第一項第三号、第三十条、第三十七条第一項第九号並びに第五十四条の規定は適用しないものとし、労働者派遣法の他の規定の適用については、シルバー人材センターを労働者派遣法第二条第四号に規定する派遣元事業主と、前項の規定による届出を労働者派遣法第五条第一項の規定による許可とみなす。この場合において、次の表の上欄に掲げる労働者派遣法の規定中同表の中欄に掲げる字句は、同表の下欄に掲げる字句とする。

第五	前項の許可を	高年齢者等の雇用の

社会福祉

条第二項	受けようとする者	安定等に関する法律（昭和四十六年法律第六十八号）第三十八条第五項の規定により届け出て労働者派遣事業を行おうとする者
	申請書	届出書
第五条第三項	申請書	届出書
第六条	前条第一項の許可を受けることができない	新たに労働者派遣事業の事業所を設けて当該労働者派遣事業を行つてはならない
第六条第五号	労働者派遣事業の許可を取り消され、当該取消しの日	労働者派遣事業の廃止を命じられ、当該命令の日
第六条第六号	第十四条第一項の規定により労働者派遣事業の許可を取り消された者が法人である場合（同項第一号の規定により許可を取り消された場合については、当該法人	シルバー人材センターが第十四条第一項の規定により労働者派遣事業の廃止を命じられた場合（同項第一号の規定により廃止を命じられた場合については、当該シルバー人材センター
	取消し	命令
	当該法人の	当該シルバー人材センターの
第六条第七号	労働者派遣事業の許可の取消し	労働者派遣事業の廃止の命令
第六条第八号	前号	シルバー人材センターが、前号
	届出をした者が法人である	届出をした
	当該法人（当該事業の廃止について相当の理由がある法人を除く。）	当該シルバー人材センター（当該事業の廃止について相当の理由があるものを除く。）
第八条第二項	許可証の交付を受けた者は、当該許可証	第五条第二項の規定による届出書を提出した者は、当該届出書を提出した旨その他厚生労働省令で定める事項を記載した書類
第十四条第一項	、第五条第一項の許可を取り消すことができる	労働者派遣事業の廃止を、当該労働者派遣事業（二以上の事業所を設けて労働者派遣事業を行う場合にあつては、各事業所ごとの労働者派遣事業。以下この項において同じ。）の開始の当時第六条第五号から第八号までのいずれかに該当するときは当該労働者派遣事業の廃止を、命ずることができる
第十四条第一項第四号	、第二十三条の二又は第三十条第二項の規定により読み替えて適用する同条第一項	又は第二十三条の二
第二十六条第三項	第五条第一項の許可を受けている	第五条第二項の規定により届出書を提出している
第三十条の七	第三十条から前条まで	第三十条の二から前条まで
第五十九条第四項	第十四条第二項	第十四条
第六十一条第	第五条第二項（第十条第五項において準	第五条第二項に規定する届出書又は同条第三項に規定する書

一号	用する場合を含む。）に規定する申請書又は第五条第三項（第十条第五項において準用する場合を含む。）に規定する書類	類

7　前二項に定めるもののほか、第五項の規定による労働者派遣事業に関し必要な事項は、厚生労働省令で定める。

（**業務拡大に係る業種及び職種の指定等**）

第三十九条　都道府県知事は、シルバー人材センターが行う前条第一項第二号及び第四号に掲げる業務に関し、労働力の確保が必要な地域においてその取り扱う範囲を拡張することにより高年齢退職者の就業の機会の確保に相当程度寄与することが見込まれる業種及び職種であつて、労働力の需給の状況、同項第二号及び第四号に掲げる業務（同号に掲げる業務にあつては、労働者派遣事業に限る。）と同種の業務を営む事業者の事業活動に与える影響等を考慮して厚生労働省令で定める基準に適合するものを、センターの指定区域内の市町村の区域ごとに指定することができる。

2　都道府県知事は、前項の指定をしようとするときは、あらかじめ、次に掲げる者の意見を聴かなければならない。

一　当該指定に係る市町村の長

二　当該指定に係るシルバー人材センター

三　指定しようとする業種及び職種に係る有料の職業紹介事業若しくは労働者派遣事業又はこれらと同種の事業を当該指定に係る市町村の区域において営む事業者を代表する者

四　当該指定に係る市町村の区域の労働者を代表する者

3　都道府県知事は、第一項の指定をしようとするときは、あらかじめ、厚生労働大臣に協議しなければならない。

4　都道府県知事は、第一項の指定をしたときは、当該指定をした業種及び職種並びに当該指定に係る市町村の区域を公示しなければならない。

5　第一項の指定に係る市町村の区域において、シルバー人材センターが同項の規定により指定された業種及び職種について前条第二項の規定により有料の職業紹介事業（就業の場所が当該市町村の区域内にある求人に係るものに限る。）を行う場合における同条第一項第二号の規定の適用については、同号中「軽易な業務」とあるのは、「軽易な業務若しくはその能力を活用して行う業務」とする。

6　第一項の指定に係る市町村の区域において、シルバー人材センターが同項の規定により指定された業種及び職種について前条第五項の規定により労働者派遣事業（派遣就業（労働者派遣法第二十三条の二に規定する派遣就業をいう。）の場所が当該市町村の区域内にある場合に限る。）を行う場合における前条第一項第四号の規定の適用については、同号中「及びその他の軽易な業務」とあるのは、「並びにその他の軽易な業務及びその能力を活用して行う業務」とする。

第四十条　都道府県知事は、前条第一項の指定をした業種及び職種が同項に規定する基準に適合しなくなつたときは、遅滞なく、その指定を取り消すものとする。

2　前条第四項の規定は、前項の規定による取消しについて準用する。

（**事業計画等**）

第四十一条　シルバー人材センターは、毎事業年度、厚生労働省令で定めるところにより、事業計画書及び収支予算書を作成し、都道府県知事に提出しなければならない。これを変更しようとするときも、同様とする。

2　シルバー人材センターは、厚生労働省令で定めるところにより、毎事業年度終了後、事業報告書及び収支決算書を作成し、都道府県知事に提出しなければならない。

（**監督命令**）

第四十二条　都道府県知事は、この節の規定を施行するために必要な限度において、シルバー人材センターに対し、第三十八条第一項（第三十九条第五項及び第六項の規定により読み替えて適用する場合を含む。次条において同じ。）に規定する業務に関し監督上必要な命令をすることができる。

（**指定の取消し等**）

第四十三条　都道府県知事は、シルバー人材センターが次の各号のいずれかに該当するときは、第三十七条第一項の指定（以下この条において「指定」という。）を取り消すことができる。

一　第三十八条第一項に規定する業務を適正かつ確実に実施することができないと認め

られるとき。
二　指定に関し不正の行為があつたとき。
三　この節の規定又は当該規定に基づく命令に違反したとき。
四　前条の規定に基づく処分に違反したとき。
五　第五十三条第一項の条件に違反したとき。

2　都道府県知事は、前項の規定により指定を取り消したときは、その旨を公示しなければならない。

第二節　シルバー人材センター連合

（**指定等**）

第四十四条　都道府県知事は、その会員に二以上のシルバー人材センターを有する高年齢者就業援助法人であつて、次条において準用する第三十八条第一項に規定する業務に関し第三十七条第一項各号に掲げる基準に適合すると認められるものを、その申請により、当該高年齢者就業援助法人の会員であるシルバー人材センターに係るセンターの指定区域と当該地域における臨時的かつ短期的な就業の機会の状況その他の事情を考慮して厚生労働省令で定める基準に従つて必要と認められる市町村の区域を併せた区域ごとに一個に限り、次条において準用する第三十八条第一項に規定する業務を行う者として指定することができる。ただし、当該指定をするに当たつては、当該市町村の区域から、当該指定に係る申請をした高年齢者就業援助法人の会員でないシルバー人材センターに係るセンターの指定区域及び連合の指定区域を除外するものとする。

2　シルバー人材センターがシルバー人材センター連合の会員となつたときは、当該シルバー人材センター連合は、その旨を都道府県知事に届け出なければならない。当該届出があつたときは、当該シルバー人材センター連合に係る連合の指定区域と当該シルバー人材センターに係るセンターの指定区域を併せた区域を当該シルバー人材センター連合に係る連合の指定区域とするものとする。

3　第一項の指定又は前項の届出があつたときは、当該指定又は届出に係るシルバー人材センター連合の会員であるシルバー人材センターに係る第三十七条第一項の指定は、その効力を失うものとする。

4　都道府県知事は、第二項の届出があつた場合において、シルバー人材センター連合からその連合の指定区域の変更に関する申出があつたときは、当該連合の指定区域を変更し、当該連合の指定区域と第一項の厚生労働省令で定める基準に従つて必要と認められる市町村の区域を併せた区域を当該シルバー人材センター連合に係る連合の指定区域とすることができる。ただし、当該変更をするに当たつては、当該市町村の区域から、センターの指定区域及び連合の指定区域を除外するものとする。

（**準用**）

第四十五条　第三十七条第三項から第五項まで及び第三十八条から第四十二条までの規定は、シルバー人材センター連合について準用する。この場合において、第三十七条第三項中「第一項の指定をしたとき」とあるのは「第四十四条第一項の指定をしたとき並びに同条第二項の連合の指定区域の変更があつたとき及び同条第四項の連合の指定区域の変更をしたとき」と、「所在地並びに当該指定に係る地域」とあるのは「所在地並びに当該指定に係る地域（当該変更があつたときは、当該変更後の地域）」と、第三十八条第一項中「前条第一項の指定に係る区域（以下「センターの指定区域」という。）」とあるのは「連合の指定区域」と、同条第三項中「第三十八条第二項」とあるのは「第四十五条において準用する同法第三十八条第二項」と、同条第五項中「その構成員である高年齢退職者のみ」とあるのは「その直接又は間接の構成員である高年齢退職者のみ」と、同条第六項の表第五条第二項の項中「第三十八条第五項」とあるのは「第四十五条において準用する同法第三十八条第五項」と、同表第六条第六号の項及び第六条第八号の項中「シルバー人材センター」とあるのは「シルバー人材センター連合」と、第三十九条第一項中「センターの指定区域」とあるのは「連合の指定区域」と、第四十二条中「この節」とあるのは「第六章第二節」と、第四十三条第一項中「第三十七条第一項」とあるのは「第四十四条第一項」と、同項第三号中「この節」とあるのは「第六章第二節」と読み替えるものとする。

第三節　全国シルバー人材センター事業協会

（**指定**）

第四十六条　厚生労働大臣は、シルバー人材センター及びシルバー人材センター連合の健全な発展を図るとともに、定年退職者その他の高年齢退職者の能力の積極的な活用を促進することにより、高年齢者の福祉の増進に資することを目的とする一般社団法人又は一般財団法人であつて、次条に規定する業務を適正かつ確実に行うことができると認められるものを、その申請により、全国を通じて一個に限り、同条に規定する業務を行う者として指定することができる。

（業務）

第四十七条　前条の指定を受けた者（以下「全国シルバー人材センター事業協会」という。）は、次に掲げる業務を行うものとする。

一　シルバー人材センター及びシルバー人材センター連合の業務に関し啓発活動を行うこと。

二　シルバー人材センター又はシルバー人材センター連合の業務に従事する者に対する研修を行うこと。

三　シルバー人材センター及びシルバー人材センター連合の業務について、連絡調整を図り、及び指導その他の援助を行うこと。

四　シルバー人材センター及びシルバー人材センター連合の業務に関する情報及び資料を収集し、並びにシルバー人材センター、シルバー人材センター連合その他の関係者に対し提供すること。

五　前各号に掲げるもののほか、シルバー人材センター及びシルバー人材センター連合の健全な発展並びに定年退職者その他の高年齢退職者の能力の積極的な活用を促進するために必要な業務を行うこと。

（準用）

第四十八条　第三十七条第三項から第五項まで及び第四十一条から第四十三条までの規定は、全国シルバー人材センター事業協会について準用する。この場合において、第三十七条第三項から第五項まで及び第四十一条から第四十三条までの規定中「都道府県知事」とあるのは「厚生労働大臣」と、第三十七条第三項中「第一項」とあるのは「第四十六条」と、「、事務所の所在地並びに当該指定に係る地域」とあるのは「並びに事務所の所在地」と、第四十二条中「この節」とあるのは「第六章第三節」と、「第三十八条第一項（第三十九条第五項及び第六項の規定により読み替えて適用する場合を含む。次条において同じ。）」とあるのは「第四十七条」と、第四十三条第一項中「第三十七条第一項」とあるのは「第四十六条」と、同項第一号中「第三十八条第一項」とあるのは「第四十七条」と、同項第三号中「この節」とあるのは「第六章第三節」と読み替えるものとする。

第七章　国による援助等

（事業主等に対する援助等）

第四十九条　国は、高年齢者等（厚生労働省令で定める者を除く。以下この項において同じ。）の職業の安定その他福祉の増進を図るため、高年齢者等職業安定対策基本方針に従い、事業主、労働者その他の関係者に対し、次に掲げる措置その他の援助等の措置を講ずることができる。

一　定年の引上げ、継続雇用制度の導入、再就職の援助等高年齢者等の雇用の機会の増大に資する措置を講ずる事業主又はその事業主の団体に対して給付金を支給すること。

二　高年齢者等の雇用に関する技術的事項について、事業主その他の関係者に対して相談その他の援助を行うこと。

三　労働者がその高齢期における職業生活の設計を行うことを容易にするため、労働者に対して、必要な助言又は指導を行うこと。

2　厚生労働大臣は、前項各号に掲げる措置の実施に関する事務の全部又は一部を機構に行わせるものとする。

3　機構は、第一項第一号に掲げる措置の実施に関する事務を行う場合において当該事務に関し必要があると認めるときは、事業主に対し、必要な事項についての報告を求めることができる。

（雇用管理の改善の研究等）

第五十条　国は、高年齢者の雇用の安定その他福祉の増進に資するため、高年齢者の職域の拡大その他の雇用管理の改善、職業能力の開発及び向上等の事項に関し必要な調査、研究及び資料の整備に努めるものとする。

（職業紹介等を行う施設の整備等）

第五十一条　国は、高年齢者に対する職業紹介等を効果的に行うために必要な施設の整備に努めるものとする。

2　国は、地方公共団体等が、高年齢者に対し職業に関する相談に応ずる業務を行う施設を設置する等高年齢者の雇用を促進するための措置を講ずる場合には、必要な援助を行うことができる。

第八章　雑則

（雇用状況等の報告）

第五十二条　事業主は、毎年一回、厚生労働省令で定めるところにより、定年、継続雇用制度、六十五歳以上継続雇用制度及び創業支援等措置の状況その他高年齢者の就業の機会の確保に関する状況を厚生労働大臣に報告しなければならない。

2　厚生労働大臣は、前項の毎年一回の報告のほか、この法律を施行するために必要があると認めるときは、厚生労働省令で定めるところにより、事業主に対し、同項に規定する状況について必要な事項の報告を求めることができる。

（指定の条件）

第五十三条　この法律の規定による指定には、条件を付け、及びこれを変更することができる。

2　前項の条件は、当該指定に係る事項の確実な実施を図るために必要な最小限度のものに限り、かつ、当該指定を受ける者に不当な義務を課することとなるものであってはならない。

（経過措置）

第五十三条の二　この法律の規定に基づき政令又は厚生労働省令を制定し、又は改廃する場合においては、それぞれ政令又は厚生労働省令で、その制定又は改廃に伴い合理的に必要と判断される範囲内において、所要の経過措置（罰則に関する経過措置を含む。）を定めることができる。

（権限の委任）

第五十四条　この法律に定める厚生労働大臣の権限は、厚生労働省令で定めるところにより、その一部を都道府県労働局長に委任することができる。

2　前項の規定により都道府県労働局長に委任された権限は、厚生労働省令で定めるところにより、公共職業安定所長に委任することができる。

第九章　罰則

第五十五条　第四十九条第三項の規定による報告をせず、又は虚偽の報告をした者は、五十万円以下の罰金に処する。

第五十六条　法人の代表者又は法人若しくは人の代理人、使用人その他の従業者が、その法人又は人の業務に関して前条の違反行為をしたときは、行為者を罰するほか、その法人又は人に対しても、同条の刑を科する。

第五十七条　第十六条第一項の規定による届出をせず、又は虚偽の届出をした者（法人であるときは、その代表者）は、十万円以下の過料に処する。

高齢者、障害者等の移動等の円滑化の促進に関する法律

（平成一八・六・二一　法律九一）

最新改正　令和五法律五八

第一章　総則

（目的）

第一条　この法律は、高齢者、障害者等の自立した日常生活及び社会生活を確保することの重要性に鑑み、公共交通機関の旅客施設及び車両等、道路、路外駐車場、公園施設並びに建築物の構造及び設備を改善するための措置、一定の地区における旅客施設、建築物等及びこれらの間の経路を構成する道路、駅前広場、通路その他の施設の一体的な整備を推進するための措置、移動等円滑化に関する国民の理解の増進及び協力の確保を図るための措置その他の措置を講ずることにより、高齢者、障害者等の移動上及び施設の利用上の利便性及び安全性の向上の促進を図り、もって公共の福祉の増進に資することを目的とする。

（基本理念）

第一条の二　この法律に基づく措置は、高齢者、障害者等にとって日常生活又は社会生活を営む上で障壁となるような社会における事物、制度、慣行、観念その他一切のものの除去に資すること及び全ての国民が年齢、障害の有無その他の事情によって分け隔てられることなく共生する社会の実現に資することを

旨として、行われなければならない。

（**定義**）

第二条　この法律において次の各号に掲げる用語の意義は、それぞれ当該各号に定めるところによる。

一　高齢者、障害者等　高齢者又は障害者で日常生活又は社会生活に身体の機能上の制限を受けるものその他日常生活又は社会生活に身体の機能上の制限を受ける者をいう。

二　移動等円滑化　高齢者、障害者等の移動又は施設の利用に係る身体の負担を軽減することにより、その移動上又は施設の利用上の利便性及び安全性を向上することをいう。

三　施設設置管理者　公共交通事業者等、道路管理者、路外駐車場管理者等、公園管理者等及び建築主等をいう。

四　高齢者障害者等用施設等　高齢者、障害者等が円滑に利用することができる施設又は設備であって、主としてこれらの者の利用のために設けられたものであることその他の理由により、これらの者の円滑な利用が確保されるために適正な配慮が必要となるものとして主務省令で定めるものをいう。

五　公共交通事業者等　次に掲げる者をいう。

イ　鉄道事業法（昭和六十一年法律第九十二号）による鉄道事業者（旅客の運送を行うもの及び旅客の運送を行う鉄道事業者に鉄道施設を譲渡し、又は使用させるものに限る。）

ロ　軌道法（大正十年法律第七十六号）による軌道経営者（旅客の運送を行うものに限る。第二十六号ハにおいて同じ。）

ハ　道路運送法（昭和二十六年法律第百八十三号）による一般乗合旅客自動車運送事業者（路線を定めて定期に運行する自動車により乗合旅客の運送を行うものに限る。以下この条において同じ。）、一般貸切旅客自動車運送事業者及び一般乗用旅客自動車運送事業者

ニ　自動車ターミナル法（昭和三十四年法律第百三十六号）によるバスターミナル事業を営む者

ホ　海上運送法（昭和二十四年法律第百八十七号）による一般旅客定期航路事業（日本の国籍を有する者及び日本の法令により設立された法人その他の団体以外の者が営む同法による対外旅客定期航路事業を除く。次号ニにおいて同じ。）を営む者及び旅客不定期航路事業者

ヘ　航空法（昭和二十七年法律第二百三十一号）による本邦航空運送事業者（旅客の運送を行うものに限る。）

ト　イからヘまでに掲げる者以外の者で次号イ、ニ又はホに掲げる旅客施設を設置し、又は管理するもの

六　旅客施設　次に掲げる施設であって、公共交通機関を利用する旅客の乗降、待合いその他の用に供するものをいう。

イ　鉄道事業法による鉄道施設

ロ　軌道法による軌道施設

ハ　自動車ターミナル法によるバスターミナル

ニ　海上運送法による輸送施設（船舶を除き、同法による一般旅客定期航路事業又は旅客不定期航路事業の用に供するものに限る。）

ホ　航空旅客ターミナル施設

七　特定旅客施設　旅客施設のうち、利用者が相当数であること又は相当数であると見込まれることその他の政令で定める要件に該当するものをいう。

八　車両等　公共交通事業者等が旅客の運送を行うためその事業の用に供する車両、自動車（一般乗合旅客自動車運送事業者が旅客の運送を行うためその事業の用に供する自動車にあっては道路運送法第五条第一項第三号に規定する路線定期運行の用に供するもの、一般貸切旅客自動車運送事業者又は一般乗用旅客自動車運送事業者が旅客の運送を行うためこれらの事業の用に供する自動車にあっては高齢者、障害者等が移動のための車椅子その他の用具を使用したまま車内に乗り込むことが可能なものその他主務省令で定めるものに限る。）、船舶及び航空機をいう。

九　道路管理者　道路法（昭和二十七年法律第百八十号）第十八条第一項に規定する道路管理者をいう。

十　特定道路　移動等円滑化が特に必要なものとして政令で定める道路法による道路をいう。

十一　路外駐車場管理者等　駐車場法（昭和三十二年法律第百六号）第十二条に規定する路外駐車場管理者又は都市計画法（昭和四十三年法律第百号）第四条第二項の都市

計画区域外において特定路外駐車場を設置する者をいう。

十二　旅客特定車両停留施設　道路法第二条第二項第八号に規定する特定車両停留施設であって、公共交通機関を利用する旅客の乗降、待合いその他の用に供するものをいう。

十三　特定路外駐車場　駐車場法第二条第二号に規定する路外駐車場（道路法第二条第二項第七号に規定する自動車駐車場、都市公園法（昭和三十一年法律第七十九号）第二条第二項に規定する公園施設（以下「公園施設」という。）、建築物又は建築物特定施設であるものを除く。）であって、自動車の駐車の用に供する部分の面積が五百平方メートル以上であるものであり、かつ、その利用について駐車料金を徴収するものをいう。

十四　公園管理者等　都市公園法第五条第一項に規定する公園管理者（以下「公園管理者」という。）又は同項の規定による許可を受けて公園施設（特定公園施設に限る。）を設け若しくは管理し、若しくは設け若しくは管理しようとする者をいう。

十五　特定公園施設　移動等円滑化が特に必要なものとして政令で定める公園施設をいう。

十六　建築主等　建築物の建築をしようとする者又は建築物の所有者、管理者若しくは占有者をいう。

十七　建築物　建築基準法（昭和二十五年法律第二百一号）第二条第一号に規定する建築物をいう。

十八　特定建築物　学校、病院、劇場、観覧場、集会場、展示場、百貨店、ホテル、事務所、共同住宅、老人ホームその他の多数の者が利用する政令で定める建築物又はその部分をいい、これらに附属する建築物特定施設を含むものとする。

十九　特別特定建築物　不特定かつ多数の者が利用し、又は主として高齢者、障害者等が利用する特定建築物その他の特定建築物であって、移動等円滑化が特に必要なものとして政令で定めるものをいう。

二十　建築物特定施設　出入口、廊下、階段、エレベーター、便所、敷地内の通路、駐車場その他の建築物又はその敷地に設けられる施設で政令で定めるものをいう。

二十一　建築　建築物を新築し、増築し、又は改築することをいう。

二十二　所管行政庁　建築基準法の規定により建築主事又は建築副主事を置く市町村又は特別区の区域については当該市町村又は特別区の長をいい、その他の市町村又は特別区の区域については都道府県知事をいう。ただし、同法第九十七条の二第一項若しくは第二項又は第九十七条の三第一項若しくは第二項の規定により建築主事又は建築副主事を置く市町村又は特別区の区域内の政令で定める建築物については、都道府県知事とする。

二十三　移動等円滑化促進地区　次に掲げる要件に該当する地区をいう。

イ　生活関連施設（高齢者、障害者等が日常生活又は社会生活において利用する旅客施設、官公庁施設、福祉施設その他の施設をいう。以下同じ。）の所在地を含み、かつ、生活関連施設相互間の移動が通常徒歩で行われる地区であること。

ロ　生活関連施設及び生活関連経路（生活関連施設相互間の経路をいう。以下同じ。）を構成する一般交通用施設（道路、駅前広場、通路その他の一般交通の用に供する施設をいう。以下同じ。）について移動等円滑化を促進することが特に必要であると認められる地区であること。

ハ　当該地区において移動等円滑化を促進することが、総合的な都市機能の増進を図る上で有効かつ適切であると認められる地区であること。

二十四　重点整備地区　次に掲げる要件に該当する地区をいう。

イ　前号イに掲げる要件

ロ　生活関連施設及び生活関連経路を構成する一般交通用施設について移動等円滑化のための事業が実施されることが特に必要であると認められる地区であること。

ハ　当該地区において移動等円滑化のための事業を重点的かつ一体的に実施することが、総合的な都市機能の増進を図る上で有効かつ適切であると認められる地区であること。

二十五　特定事業　公共交通特定事業、道路特定事業、路外駐車場特定事業、都市公園特定事業、建築物特定事業、交通安全特定事業及び教育啓発特定事業をいう。

二十六　公共交通特定事業　次に掲げる事業をいう。

イ　特定旅客施設内において実施するエレベーター、エスカレーターその他の移動等円滑化のために必要な設備の整備に関する事業

ロ　イに掲げる事業に伴う特定旅客施設の構造の変更に関する事業

ハ　特定車両（軌道経営者、一般乗合旅客自動車運送事業者、一般貸切旅客自動車運送事業者又は一般乗用旅客自動車運送事業者が旅客の運送を行うために使用する車両等をいう。以下同じ。）を床面の低いものとすることその他の特定車両に関する移動等円滑化のために必要な事業

二十七　道路特定事業　次に掲げる道路法による道路の新設又は改築に関する事業（これと併せて実施する必要がある移動等円滑化のための施設又は設備の整備に関する事業を含む。）をいう。

イ　歩道、道路用エレベーター、通行経路の案内標識その他の移動等円滑化のために必要な施設又は工作物の設置に関する事業

ロ　歩道の拡幅又は路面の構造の改善その他の移動等円滑化のために必要な道路の構造の改良に関する事業

二十八　路外駐車場特定事業　特定路外駐車場において実施する車椅子を使用している者が円滑に利用することができる駐車施設その他の移動等円滑化のために必要な施設の整備に関する事業をいう。

二十九　都市公園特定事業　都市公園の移動等円滑化のために必要な特定公園施設の整備に関する事業をいう。

三十　建築物特定事業　次に掲げる事業をいう。

イ　特別特定建築物（第十四条第三項の条例で定める特定建築物を含む。ロにおいて同じ。）の移動等円滑化のために必要な建築物特定施設の整備に関する事業

ロ　特定建築物（特別特定建築物を除き、その全部又は一部が生活関連経路であるものに限る。）における生活関連経路の移動等円滑化のために必要な建築物特定施設の整備に関する事業

三十一　交通安全特定事業　次に掲げる事業をいう。

イ　高齢者、障害者等による道路の横断の安全を確保するための機能を付加した信号機、道路交通法（昭和三十五年法律第百五号）第九条の歩行者用道路であることを表示する道路標識、横断歩道であることを表示する道路標示その他の移動等円滑化のために必要な信号機、道路標識又は道路標示（第三十六条第二項において「信号機等」という。）の同法第四条第一項の規定による設置に関する事業

ロ　違法駐車行為（道路交通法第五十一条の四第一項の違法駐車行為をいう。以下この号において同じ。）に係る車両の取締りの強化、違法駐車行為の防止についての広報活動及び啓発活動その他の移動等円滑化のために必要な生活関連経路を構成する道路における違法駐車行為の防止のための事業

三十二　教育啓発特定事業　市町村又は施設設置管理者（第三十六条の二において「市町村等」という。）が実施する次に掲げる事業をいう。

イ　移動等円滑化の促進に関する児童、生徒又は学生の理解を深めるために学校と連携して行う教育活動の実施に関する事業

ロ　移動等円滑化の促進に関する住民その他の関係者の理解の増進又は移動等円滑化の実施に関するこれらの者の協力の確保のために必要な啓発活動の実施に関する事業（イに掲げる事業を除く。）

第二章　基本方針等

（基本方針）

第三条　主務大臣は、移動等円滑化を総合的かつ計画的に推進するため、移動等円滑化の促進に関する基本方針（以下「基本方針」という。）を定めるものとする。

2　基本方針には、次に掲げる事項について定めるものとする。

一　移動等円滑化の意義及び目標に関する事項

二　移動等円滑化のために施設設置管理者が講ずべき措置に関する基本的な事項

三　第二十四条の二第一項の移動等円滑化促進方針の指針となるべき次に掲げる事項

イ　移動等円滑化促進地区における移動等円滑化の促進の意義に関する事項

ロ　移動等円滑化促進地区の位置及び区域に関する基本的な事項

ハ　生活関連施設及び生活関連経路並びにこれらにおける移動等円滑化の促進に関する基本的な事項

ニ　移動等円滑化の促進に関する住民その他の関係者の理解の増進及び移動等円滑化の実施に関するこれらの者の協力の確保に関する基本的な事項

ホ　イからニまでに掲げるもののほか、移動等円滑化促進地区における移動等円滑化の促進のために必要な事項

四　第二十五条第一項の基本構想の指針となるべき次に掲げる事項

イ　重点整備地区における移動等円滑化の意義に関する事項

ロ　重点整備地区の位置及び区域に関する基本的な事項

ハ　生活関連施設及び生活関連経路並びにこれらにおける移動等円滑化に関する基本的な事項

ニ　生活関連施設、特定車両及び生活関連経路を構成する一般交通用施設について移動等円滑化のために実施すべき特定事業その他の事業に関する基本的な事項

ホ　ニに規定する事業と併せて実施する土地区画整理事業（土地区画整理法（昭和二十九年法律第百十九号）による土地区画整理事業をいう。以下同じ。）、市街地再開発事業（都市再開発法（昭和四十四年法律第三十八号）による市街地再開発事業をいう。以下同じ。）その他の市街地開発事業（都市計画法第四条第七項に規定する市街地開発事業をいう。以下同じ。）に関し移動等円滑化のために考慮すべき基本的な事項、自転車その他の車両の駐車のための施設の整備に関する事項その他の重点整備地区における移動等円滑化に資する市街地の整備改善に関する基本的な事項その他重点整備地区における移動等円滑化のために必要な事項

五　移動等円滑化の促進に関する国民の理解の増進及び移動等円滑化の実施に関する国民の協力の確保に関する基本的な事項

六　移動等円滑化に関する情報提供に関する基本的な事項

七　移動等円滑化の促進のための施策に関する基本的な事項その他移動等円滑化の促進に関する事項

3　主務大臣は、情勢の推移により必要が生じたときは、基本方針を変更するものとする。

4　主務大臣は、基本方針を定め、又はこれを変更したときは、遅滞なく、これを公表しなければならない。

（**国の責務**）

第四条　国は、高齢者、障害者等、地方公共団体、施設設置管理者その他の関係者と協力して、基本方針及びこれに基づく施設設置管理者の講ずべき措置の内容その他の移動等円滑化の促進のための施策の内容について、移動等円滑化の進展の状況等を勘案しつつ、関係行政機関及びこれらの者で構成する会議における定期的な評価その他これらの者の意見を反映させるために必要な措置を講じた上で、適時に、かつ、適切な方法により検討を加え、その結果に基づいて必要な措置を講ずるよう努めなければならない。

2　国は、教育活動、広報活動等を通じて、移動等円滑化の促進に関する国民の理解を深めるとともに、高齢者、障害者等が公共交通機関を利用して移動するために必要となる支援、これらの者の高齢者障害者等用施設等の円滑な利用を確保する上で必要となる適正な配慮その他の移動等円滑化の実施に関する国民の協力を求めるよう努めなければならない。

（**地方公共団体の責務**）

第五条　地方公共団体は、国の施策に準じて、移動等円滑化を促進するために必要な措置を講ずるよう努めなければならない。

（**施設設置管理者等の責務**）

第六条　施設設置管理者その他の高齢者、障害者等が日常生活又は社会生活において利用する施設を設置し、又は管理する者は、移動等円滑化のために必要な措置を講ずるよう努めなければならない。

（**国民の責務**）

第七条　国民は、高齢者、障害者等の自立した日常生活及び社会生活を確保することの重要性について理解を深めるとともに、これらの者が公共交通機関を利用して移動するために必要となる支援、これらの者の高齢者障害者等用施設等の円滑な利用を確保する上で必要となる適正な配慮その他のこれらの者の円滑な移動及び施設の利用を確保するために必要な協力をするよう努めなければならない。

第三章　移動等円滑化のために施設設置管理者が講ずべき措置

（**公共交通事業者等の基準適合義務等**）

第八条　公共交通事業者等は、旅客施設を新たに建設し、若しくは旅客施設について主務省令で定める大規模な改良を行うとき又は車両等を新たにその事業の用に供するときは、当

該旅客施設又は車両等（以下「新設旅客施設等」という。）を、移動等円滑化のために必要な旅客施設又は車両等の構造及び設備に関する主務省令で定める基準（以下「公共交通移動等円滑化基準」という。）に適合させなければならない。

2　公共交通事業者等は、その事業の用に供する新設旅客施設等を公共交通移動等円滑化基準に適合するように維持するとともに、当該新設旅客施設等を使用した役務の提供の方法に関し移動等円滑化のために必要なものとして主務省令で定める基準を遵守しなければならない。

3　公共交通事業者等は、その事業の用に供する旅客施設及び車両等（新設旅客施設等を除く。）について、公共交通移動等円滑化基準に適合させるために必要な措置を講ずるよう努めるとともに、当該旅客施設及び車両等を使用した役務の提供の方法に関し移動等円滑化のために必要なものとして主務省令で定める基準を遵守するよう努めなければならない。

4　公共交通事業者等は、高齢者、障害者等に対し、これらの者が公共交通機関を利用して移動するために必要となる乗降についての介助、旅客施設における誘導その他の支援を適切に行うよう努めなければならない。

5　公共交通事業者等は、高齢者、障害者等に対し、これらの者が公共交通機関を利用して移動するために必要となる情報を適切に提供するよう努めなければならない。

6　公共交通事業者等は、その職員に対し、移動等円滑化を図るために必要な教育訓練を行うよう努めなければならない。

7　公共交通事業者等は、その事業の用に供する新設旅客施設等の利用者に対し、高齢者、障害者等が当該新設旅客施設等における高齢者障害者等用施設等を円滑に利用するために必要となる適正な配慮についての広報活動及び啓発活動を行うよう努めなければならない。

8　公共交通事業者等は、高齢者、障害者等である旅客の乗継ぎを円滑に行うため、他の公共交通事業者等その他の関係者と相互に協力して、前各項の措置を講ずるよう努めなければならない。

9　公共交通事業者等又は道路管理者（旅客特定車両停留施設を管理する道路管理者に限る。第十条第十項において同じ。）が他の公共交通事業者等に対し前項又は同条第九項の措置に関する協議を求めたときは、当該他の公共交通事業者等は、当該措置により旅客施設の有する機能に著しい支障を及ぼすおそれがあるときその他の正当な理由がある場合を除き、これに応じなければならない。

（旅客施設及び車両等に係る基準適合性審査等）

第九条　主務大臣は、新設旅客施設等について鉄道事業法その他の法令の規定で政令で定めるものによる許可、認可その他の処分の申請があった場合には、当該処分に係る法令に定める基準のほか、公共交通移動等円滑化基準に適合するかどうかを審査しなければならない。この場合において、主務大臣は、当該新設旅客施設等が公共交通移動等円滑化基準に適合しないと認めるときは、これらの規定による許可、認可その他の処分をしてはならない。

2　公共交通事業者等は、前項の申請又は鉄道事業法その他の法令の規定で政令で定めるものによる届出をしなければならない場合を除くほか、旅客施設の建設又は前条第一項の主務省令で定める大規模な改良を行おうとするときは、あらかじめ、主務省令で定めるところにより、その旨を主務大臣に届け出なければならない。その届け出た事項を変更しようとするときも、同様とする。

3　主務大臣は、新設旅客施設等のうち車両等（第一項の規定により審査を行うものを除く。）若しくは前項の政令で定める法令の規定若しくは同項の規定による届出に係る旅客施設について前条第一項の規定に違反している事実があり、又は新設旅客施設等若しくは当該新設旅客施設等を使用した役務の提供の方法について同条第二項の規定に違反している事実があると認めるときは、公共交通事業者等に対し、当該違反を是正するために必要な措置をとるべきことを命ずることができる。

（公共交通事業者等の判断の基準となるべき事項）

第九条の二　主務大臣は、旅客施設及び車両等の移動等円滑化を促進するため、次に掲げる事項並びに移動等円滑化のために公共交通事業者等が講ずる措置によって達成すべき目標及び当該目標を達成するために当該事項と併せて講ずべき措置に関し、公共交通事業者等の判断の基準となるべき事項を定め、これを公表するものとする。

一　旅客施設及び車両等を公共交通移動等円滑化基準に適合させるために必要な措置
二　旅客施設及び車両等を使用した役務の提供の方法に関し第八条第二項及び第三項の主務省令で定める基準を遵守するために必要な措置
三　高齢者、障害者等が公共交通機関を利用して移動するために必要となる乗降についての介助、旅客施設における誘導その他の支援
四　高齢者、障害者等が公共交通機関を利用して移動するために必要となる情報の提供
五　移動等円滑化を図るために必要な教育訓練
六　高齢者、障害者等が高齢者障害者等用施設等を円滑に利用するために必要となる適正な配慮についての旅客施設及び車両等の利用者に対する広報活動及び啓発活動

2　前項に規定する判断の基準となるべき事項は、移動等円滑化の進展の状況、旅客施設及び車両等の移動等円滑化に関する技術水準その他の事情を勘案して定めるものとし、これらの事情の変動に応じて必要な改定をするものとする。

（**指導及び助言**）

第九条の三　主務大臣は、旅客施設及び車両等の移動等円滑化を促進するため必要があると認めるときは、公共交通事業者等に対し、前条第一項に規定する判断の基準となるべき事項を勘案して、同項各号に掲げる事項の実施について必要な指導及び助言をすることができる。

（**計画の作成**）

第九条の四　公共交通事業者等（旅客が相当数であることその他の主務省令で定める要件に該当する者に限る。次条から第九条の七までにおいて同じ。）は、毎年度、主務省令で定めるところにより、第九条の二第一項に規定する判断の基準となるべき事項において定められた同項の目標に関し、その達成のための計画を作成し、主務大臣に提出しなければならない。

（**定期の報告**）

第九条の五　公共交通事業者等は、毎年度、主務省令で定めるところにより、前条の計画に基づく措置の実施の状況その他主務省令で定める事項を主務大臣に報告しなければならない。

（**公表**）

第九条の六　公共交通事業者等は、毎年度、主務省令で定めるところにより、第九条の四の計画の内容、当該計画に基づく措置の実施状況その他主務省令で定める移動等円滑化に関する情報を公表しなければならない。

（**勧告等**）

第九条の七　主務大臣は、公共交通事業者等の事業の用に供する旅客施設及び車両等の移動等円滑化の状況が第九条の二第一項に規定する判断の基準となるべき事項に照らして著しく不十分であると認めるときは、当該公共交通事業者等に対し、当該旅客施設及び車両等の移動等円滑化に関する技術水準その他の事情を勘案し、その判断の根拠を示して、当該旅客施設及び車両等に係る移動等円滑化に関し必要な措置をとるべき旨の勧告をすることができる。

2　主務大臣は、前項に規定する勧告を受けた公共交通事業者等がその勧告に従わなかったときは、その旨を公表することができる。

（**道路管理者の基準適合義務等**）

第十条　道路管理者は、特定道路又は旅客特定車両停留施設の新設又は改築を行うときは、当該特定道路（以下この条において「新設特定道路」という。）又は当該旅客特定車両停留施設（第三項において「新設旅客特定車両停留施設」という。）を、移動等円滑化のために必要な道路の構造に関する条例（国道（道路法第三条第二号の一般国道をいう。以下同じ。）にあっては、主務省令）で定める基準（以下この条において「道路移動等円滑化基準」という。）に適合させなければならない。

2　前項の規定に基づく条例は、主務省令で定める基準を参酌して定めるものとする。

3　道路管理者は、その管理する新設特定道路及び新設旅客特定車両停留施設（以下この条において「新設特定道路等」という。）を道路移動等円滑化基準に適合するように維持するとともに、当該新設旅客特定車両停留施設を使用した役務の提供の方法に関し移動等円滑化のために必要なものとして主務省令で定める基準を遵守しなければならない。

4　道路管理者は、その管理する道路（新設特定道路を除く。）について、道路移動等円滑化基準に適合させるために必要な措置を講ずるよう努めるとともに、当該道路のうち旅客特定車両停留施設を使用した役務の提供の方法に関し移動等円滑化のために必要なものとして主務省令で定める基準を遵守するよう努

めなければならない。

5　道路管理者は、高齢者、障害者等に対し、その管理する旅客特定車両停留施設における誘導その他の支援を適切に行うよう努めなければならない。

6　道路管理者は、高齢者、障害者等に対し、その管理する新設特定道路についてこれらの者が当該新設特定道路を円滑に利用するために必要となる情報を、その管理する旅客特定車両停留施設についてこれらの者が公共交通機関を利用して移動するために必要となる情報を、それぞれ適切に提供するよう努めなければならない。

7　道路管理者は、その職員に対し、その管理する旅客特定車両停留施設における移動等円滑化を図るために必要な教育訓練を行うよう努めなければならない。

8　道路管理者は、その管理する新設特定道路等の利用者に対し、高齢者、障害者等が当該新設特定道路等における高齢者障害者等用施設等を円滑に利用するために必要となる適正な配慮についての広報活動及び啓発活動を行うよう努めなければならない。

9　道路管理者は、その管理する旅客特定車両停留施設に係る高齢者、障害者等である旅客の乗継ぎを円滑に行うため、公共交通事業者等その他の関係者と相互に協力して、前各項（第二項を除く。）の措置を講ずるよう努めなければならない。

10　公共交通事業者等又は道路管理者が他の道路管理者に対し第八条第八項又は前項の措置に関する協議を求めたときは、当該他の道路管理者は、当該措置により旅客特定車両停留施設の有する機能に著しい支障を及ぼすおそれがあるときその他の正当な理由がある場合を除き、これに応じなければならない。

11　新設特定道路等についての道路法第三十三条第一項及び第三十六条第二項の規定の適用については、これらの規定中「政令で定める基準」とあるのは「政令で定める基準及び高齢者、障害者等の移動等の円滑化の促進に関する法律（平成十八年法律第九十一号）第二条第二号に規定する移動等円滑化のために必要なものとして国土交通省令で定める基準」と、同法第三十三条第一項中「同条第一項」とあるのは「前条第一項」とする。

（**路外駐車場管理者等の基準適合義務等**）

第十一条　路外駐車場管理者等は、特定路外駐車場を設置するときは、当該特定路外駐車場（以下この条において「新設特定路外駐車場」という。）を、移動等円滑化のために必要な特定路外駐車場の構造及び設備に関する主務省令で定める基準（以下「路外駐車場移動等円滑化基準」という。）に適合させなければならない。

2　路外駐車場管理者等は、その管理する新設特定路外駐車場を路外駐車場移動等円滑化基準に適合するように維持しなければならない。

3　地方公共団体は、その地方の自然的社会的条件の特殊性により、前二項の規定のみによっては、高齢者、障害者等が特定路外駐車場を円滑に利用できるようにする目的を十分に達成することができないと認める場合においては、路外駐車場移動等円滑化基準に条例で必要な事項を付加することができる。

4　路外駐車場管理者等は、その管理する特定路外駐車場（新設特定路外駐車場を除く。）を路外駐車場移動等円滑化基準（前項の条例で付加した事項を含む。第五十三条第二項において同じ。）に適合させるために必要な措置を講ずるよう努めなければならない。

5　路外駐車場管理者等は、その管理する新設特定路外駐車場について、高齢者、障害者等に対し、これらの者が当該新設特定路外駐車場を円滑に利用するために必要となる情報を適切に提供するよう努めなければならない。

6　路外駐車場管理者等は、その管理する新設特定路外駐車場の利用者に対し、高齢者、障害者等が当該新設特定路外駐車場における高齢者障害者等用施設等を円滑に利用するために必要となる適正な配慮についての広報活動及び啓発活動を行うよう努めなければならない。

（**特定路外駐車場に係る基準適合命令等**）

第十二条　路外駐車場管理者等は、特定路外駐車場を設置するときは、あらかじめ、主務省令で定めるところにより、その旨を都道府県知事（市の区域内にあっては、当該市の長。以下「知事等」という。）に届け出なければならない。ただし、駐車場法第十二条の規定による届出をしなければならない場合にあっては、同条の規定により知事等に提出すべき届出書に主務省令で定める書面を添付して届け出たときは、この限りでない。

2　前項本文の規定により届け出た事項を変更しようとするときも、同項と同様とする。

3　知事等は、前条第一項から第三項までの規定に違反している事実があると認めるときは、路外駐車場管理者等に対し、当該違反を是正するために必要な措置をとるべきことを命ずることができる。

（公園管理者等の基準適合義務等）

第十三条 公園管理者等は、特定公園施設の新設、増設又は改築を行うときは、当該特定公園施設（以下この条において「新設特定公園施設」という。）を、移動等円滑化のために必要な特定公園施設の設置に関する条例（国の設置に係る都市公園にあっては、主務省令）で定める基準（以下この条において「都市公園移動等円滑化基準」という。）に適合させなければならない。

2 前項の規定に基づく条例は、主務省令で定める基準を参酌して定めるものとする。

3 公園管理者は、新設特定公園施設について都市公園法第五条第一項の規定による許可の申請があった場合には、同法第四条に定める基準のほか、都市公園移動等円滑化基準に適合するかどうかを審査しなければならない。この場合において、公園管理者は、当該新設特定公園施設が都市公園移動等円滑化基準に適合しないと認めるときは、同項の規定による許可をしてはならない。

4 公園管理者等は、その管理する新設特定公園施設を都市公園移動等円滑化基準に適合するように維持しなければならない。

5 公園管理者等は、その管理する特定公園施設（新設特定公園施設を除く。）を都市公園移動等円滑化基準に適合させるために必要な措置を講ずるよう努めなければならない。

6 公園管理者等は、その管理する新設特定公園施設について、高齢者、障害者等に対し、これらの者が当該新設特定公園施設を円滑に利用するために必要となる情報を適切に提供するよう努めなければならない。

7 公園管理者等は、その管理する新設特定公園施設の利用者に対し、高齢者、障害者等が当該新設特定公園施設における高齢者障害者等用施設等を円滑に利用するために必要となる適正な配慮についての広報活動及び啓発活動を行うよう努めなければならない。

（特別特定建築物の建築主等の基準適合義務等）

第十四条 建築主等は、特別特定建築物の政令で定める規模以上の建築（用途の変更をして特別特定建築物にすることを含む。以下この条において同じ。）をしようとするときは、当該特別特定建築物（以下この条において「新築特別特定建築物」という。）を、移動等円滑化のために必要な建築物特定施設の構造及び配置に関する政令で定める基準（以下「建築物移動等円滑化基準」という。）に適合させなければならない。

2 建築主等は、その所有し、管理し、又は占有する新築特別特定建築物を建築物移動等円滑化基準に適合するように維持しなければならない。

3 地方公共団体は、その地方の自然的社会的条件の特殊性により、前二項の規定のみによっては、高齢者、障害者等が特定建築物を円滑に利用できるようにする目的を十分に達成することができないと認める場合においては、特別特定建築物に条例で定める特定建築物を追加し、第一項の建築の規模を条例で同項の政令で定める規模未満で別に定め、又は建築物移動等円滑化基準に条例で必要な事項を付加することができる。

4 前三項の規定は、建築基準法第六条第一項に規定する建築基準関係規定とみなす。

5 建築主等（第一項から第三項までの規定が適用される者を除く。）は、その建築をしようとし、又は所有し、管理し、若しくは占有する特別特定建築物（同項の条例で定める特定建築物を含む。以下同じ。）を建築物移動等円滑化基準（同項の条例で付加した事項を含む。第十七条第三項第一号を除き、以下同じ。）に適合させるために必要な措置を講ずるよう努めなければならない。

6 建築主等は、その所有し、管理し、又は占有する新築特別特定建築物について、高齢者、障害者等に対し、これらの者が当該新築特別特定建築物を円滑に利用するために必要となる情報を適切に提供するよう努めなければならない。

7 建築主等は、その所有し、管理し、又は占有する新築特別特定建築物の利用者に対し、高齢者、障害者等が当該新築特別特定建築物における高齢者障害者等用施設等を円滑に利用するために必要となる適正な配慮についての広報活動及び啓発活動を行うよう努めなければならない。

（特別特定建築物に係る基準適合命令等）

第十五条 所管行政庁は、前条第一項から第三項までの規定に違反している事実があると認めるときは、建築主等に対し、当該違反を是正するために必要な措置をとるべきことを命ずることができる。

2 国、都道府県又は建築主事若しくは建築副主事を置く市町村の特別特定建築物については、前項の規定は、適用しない。この場合において、所管行政庁は、国、都道府県又は建築主事を置く市町村の特別特定建築物が前条第一項から第三項までの規定に違反している事実があると認めるときは、直ちに、その旨を当該特別特定建築物を管理する機関の長に通知し、前項に規定する措置をとるべきことを要請しなければならない。

3　所管行政庁は、前条第五項に規定する措置の適確な実施を確保するため必要があると認めるときは、建築主等に対し、建築物移動等円滑化基準を勘案して、特別特定建築物の設計及び施工に係る事項その他の移動等円滑化に係る事項について必要な指導及び助言をすることができる。

（特定建築物の建築主等の努力義務等）

第十六条　建築主等は、特定建築物（特別特定建築物を除く。以下この条において同じ。）の建築（用途の変更をして特定建築物にすることを含む。次条第一項において同じ。）をしようとするときは、当該特定建築物を建築物移動等円滑化基準に適合させるために必要な措置を講ずるよう努めなければならない。

2　建築主等は、特定建築物の建築物特定施設の修繕又は模様替をしようとするときは、当該建築物特定施設を建築物移動等円滑化基準に適合させるために必要な措置を講ずるよう努めなければならない。

3　所管行政庁は、特定建築物について前二項に規定する措置の適確な実施を確保するため必要があると認めるときは、建築主等に対し、建築物移動等円滑化基準を勘案して、特定建築物又はその建築物特定施設の設計及び施工に係る事項について必要な指導及び助言をすることができる。

（特定建築物の建築等及び維持保全の計画の認定）

第十七条　建築主等は、特定建築物の建築、修繕又は模様替（修繕又は模様替にあっては、建築物特定施設に係るものに限る。以下「建築等」という。）をしようとするときは、主務省令で定めるところにより、特定建築物の建築等及び維持保全の計画を作成し、所管行政庁の認定を申請することができる。

2　前項の計画には、次に掲げる事項を記載しなければならない。

一　特定建築物の位置

二　特定建築物の延べ面積、構造方法及び用途並びに敷地面積

三　計画に係る建築物特定施設の構造及び配置並びに維持保全に関する事項

四　特定建築物の建築等の事業に関する資金計画

五　その他主務省令で定める事項

3　所管行政庁は、第一項の申請があった場合において、当該申請に係る特定建築物の建築等及び維持保全の計画が次に掲げる基準に適合すると認めるときは、認定をすることができる。

一　前項第三号に掲げる事項が、建築物移動等円滑化基準を超え、かつ、高齢者、障害者等が円滑に利用できるようにするために誘導すべき主務省令で定める建築物特定施設の構造及び配置に関する基準に適合すること。

二　前項第四号に掲げる資金計画が、特定建築物の建築等の事業を確実に遂行するため適切なものであること。

4　前項の認定の申請をする者は、所管行政庁に対し、当該申請に併せて、建築基準法第六条第一項（同法第八十七条第一項において準用する場合を含む。第七項において同じ。）の規定による確認の申請書を提出して、当該申請に係る特定建築物の建築等の計画が同法第六条第一項の建築基準関係規定に適合する旨の建築主事又は建築副主事の通知（以下この条において「適合通知」という。）を受けるよう申し出ることができる。

5　前項の申出を受けた所管行政庁は、速やかに当該申出に係る特定建築物の建築等の計画を建築主事又は建築副主事に通知しなければならない。

6　建築基準法第十八条第三項及び第十四項の規定は、建築主事又は建築副主事が前項の通知を受けた場合について準用する。この場合においては、建築主事又は建築副主事は、申請に係る特定建築物の建築等の計画が第十四条第一項の規定に適合するかどうかを審査することを要しないものとする。

7　所管行政庁が、適合通知を受けて第三項の認定をしたときは、当該認定に係る特定建築物の建築等の計画は、建築基準法第六条第一項の規定による確認済証の交付があったものとみなす。

8　建築基準法第十二条第八項、第九十三条及び第九十三条の二の規定は、建築主事又は建築副主事が適合通知をする場合について準用する。

（特定建築物の建築等及び維持保全の計画の変更）

第十八条　前条第三項の認定を受けた者（以下「認定建築主等」という。）は、当該認定を受けた計画の変更（主務省令で定める軽微な変更を除く。）をしようとするときは、所管行政庁の認定を受けなければならない。

2　前条の規定は、前項の場合について準用する。

（認定特定建築物の容積率の特例）

第十九条　建築基準法第五十二条第一項、第二項、第七項、第十二項及び第十四項、第五十七条の二第三項第二号、第五十七条の三第二項、第五十九条第一項及び第三項、第五十九条の二第一項、第六十条第一項、第六十条の二第一項及び第四項、第六十八条の三第一項、第六十八条の四、第六十八条の五（第二号イを除く。）、第六十八条の五の二（第二号イを除く。）、第六十八条の五の三第一項（第一号ロを除く。）、第六十八条の五の四（第一号ロを除く。）、第六十八条の五の五第一項第一号ロ、第六十八条の八、第六十八条の九第一項、第八十六条第三項及び第四項、第八十六条の二第二項及び第三項、第八十六条の五第三項並びに第八十六条の六第一項に規定する建築物の容積率（同法第五十九条第一項、第六十条の二第一項及び第六十八条の九第一項に規定するものについては、これらの規定に規定する建築物の容積率の最高限度に係る場合に限る。）の算定の基礎となる延べ面積には、同法第五十二条第三項及び第六項に定めるもののほか、第十七条第三項の認定を受けた計画（前条第一項の規定による変更の認定があったときは、その変更後のもの。第二十一条において同じ。）に係る特定建築物（以下「認定特定建築物」という。）の建築物特定施設の床面積のうち、移動等円滑化の措置をとることにより通常の建築物の建築物特定施設の床面積を超えることとなる場合における政令で定める床面積は、算入しないものとする。

（認定特定建築物の表示等）

第二十条　認定建築主等は、認定特定建築物の建築等をしたときは、当該認定特定建築物、その敷地又はその利用に関する広告その他の主務省令で定めるもの（次項において「広告等」という。）に、主務省令で定めるところにより、当該認定特定建築物が第十七条第三項の認定を受けている旨の表示を付することができる。

2　何人も、前項の規定による場合を除くほか、建築物、その敷地又はその利用に関する広告等に、同項の表示又はこれと紛らわしい表示を付してはならない。

（認定建築主等に対する改善命令）

第二十一条　所管行政庁は、認定建築主等が第十七条第三項の認定を受けた計画に従って認定特定建築物の建築等又は維持保全を行っていないと認めるときは、当該認定建築主等に対し、その改善に必要な措置をとるべきことを命ずることができる。

（特定建築物の建築等及び維持保全の計画の認定の取消し）

第二十二条　所管行政庁は、認定建築主等が前条の規定による処分に違反したときは、第十七条第三項の認定を取り消すことができる。

（協定建築物の建築等及び維持保全の計画の認定等）

第二十二条の二　建築主等は、次の各号のいずれかに該当する建築物特定施設（以下この条において「協定建築物特定施設」という。）と一体的に利用に供しなければ公共交通移動等円滑化基準に適合させることが構造上その他の理由により著しく困難であると主務省令で定めるところにより主務大臣が認める旅客施設（次の各号の公共交通事業者等の事業の用に供するものに限る。次項において「移動等円滑化困難旅客施設」という。）の敷地に隣接し、又は近接する土地において協定建築物特定施設を有する建築物（以下「協定建築物」という。）の建築等をしようとするときは、主務省令で定めるところにより、協定建築物の建築等及び維持保全の計画を作成し、所管行政庁の認定を申請することができる。

一　建築主等が公共交通事業者等と締結する第四十一条第一項に規定する移動等円滑化経路協定の目的となる経路を構成する建築物特定施設

二　建築主等が公共交通事業者等と締結する第五十一条の二第一項に規定する移動等円滑化施設協定の目的となる建築物特定施設

2　前項の申請に係る協定建築物特定施設（協定建築物特定施設と移動等円滑化困難旅客施設との間に同項第一号の経路がある場合にあっては、協定建築物特定施設及び当該経路を構成する一般交通用施設（以下この項において「特定経路施設」という。））は、協定建築物特定施設等維持保全基準（移動等円滑化困難旅客施設の公共交通移動等円滑化基準への継続的な確保のために必要な協定建築物特定施設及び特定経路施設の維持保全に関する主務省令で定める基準をいう。）に適合するものとして、主務省令で定めるところにより主務大臣の認定を受けたものでなければならない。

3 第一項の計画には、次に掲げる事項を記載しなければならない。

一 協定建築物の位置

二 協定建築物の延べ面積、構造方法及び用途並びに敷地面積

三 計画に係る協定建築物特定施設の構造及び配置並びに維持保全に関する事項

四 協定建築物の建築等の事業に関する資金計画

五 その他主務省令で定める事項

4 所管行政庁は、第一項の申請があった場合において、当該申請に係る協定建築物の建築等及び維持保全の計画が次に掲げる基準に適合すると認めるときは、認定をすることができる。

一 前項第三号に掲げる事項が、建築物移動等円滑化基準を超え、かつ、第十七条第三項第一号に規定する主務省令で定める建築物特定施設の構造及び配置に関する基準に適合すること。

二 前項第四号に掲げる資金計画が、協定建築物の建築等の事業を確実に遂行するため適切なものであること。

5 第十八条、第十九条、第二十一条及び前条の規定は、前項の認定を受けた者（第五十三条第五項において「認定協定建築主等」という。）に係る当該認定を受けた計画について準用する。この場合において、第十八条第二項中「前条」とあるのは「第二十二条の二第一項から第四項まで」と、第十九条中「特定建築物（以下「認定特定建築物」という。）の建築物特定施設」とあるのは「第二十二条の二第一項に規定する協定建築物（第二十一条において「認定協定建築物」という。）の同項に規定する協定建築物特定施設」と、第二十一条中「認定特定建築物」とあるのは「認定協定建築物」と読み替えるものとする。

（既存の特定建築物に設けるエレベーターについての建築基準法の特例）

第二十三条 この法律の施行の際現に存する特定建築物に専ら車椅子を使用している者の利用に供するエレベーターを設置する場合において、当該エレベーターが次に掲げる基準に適合し、所管行政庁が防火上及び避難上支障がないと認めたときは、当該特定建築物に対する建築基準法第二十七条第二項の規定の適用については、当該エレベーターの構造は耐火構造（同法第二条第七号に規定する耐火構造をいう。）とみなす。

一 エレベーター及び当該エレベーターの設置に係る特定建築物の主要構造部の部分の構造が主務省令で定める安全上及び防火上の基準に適合していること。

二 エレベーターの制御方法及びその作動状態の監視方法が主務省令で定める安全上の基準に適合していること。

2 建築基準法第九十三条第一項本文及び第二項の規定は、前項の規定により所管行政庁が防火上及び避難上支障がないと認める場合について準用する。

（高齢者、障害者等が円滑に利用できる建築物の容積率の特例）

第二十四条 建築物特定施設（建築基準法第五十二条第六項第一号に規定する昇降機並びに同項第二号に規定する共同住宅及び老人ホーム等の共用の廊下及び階段を除く。）の床面積が高齢者、障害者等の円滑な利用を確保するため通常の床面積よりも著しく大きい建築物で、主務大臣が高齢者、障害者等の円滑な利用を確保する上で有効と認めて定める基準に適合するものについては、当該建築物を同条第十四項第一号に規定する建築物とみなして、同項の規定を適用する。

第三章の二 移動等円滑化促進地区における移動等円滑化の促進に関する措置

（移動等円滑化促進方針）

第二十四条の二 市町村は、基本方針に基づき、単独で又は共同して、当該市町村の区域内の移動等円滑化促進地区について、移動等円滑化の促進に関する方針（以下「移動等円滑化促進方針」という。）を作成するよう努めるものとする。

2 移動等円滑化促進方針には、次に掲げる事項について定めるものとする。

一 移動等円滑化促進地区の位置及び区域

二 生活関連施設及び生活関連経路並びにこれらにおける移動等円滑化の促進に関する事項

三 移動等円滑化の促進に関する住民その他の関係者の理解の増進及び移動等円滑化の実施に関するこれらの者の協力の確保に関

する事項

四　前三号に掲げるもののほか、移動等円滑化促進地区における移動等円滑化の促進のために必要な事項

3　前項各号に掲げるもののほか、移動等円滑化促進方針には、移動等円滑化促進地区における移動等円滑化の促進に関する基本的な方針について定めるよう努めるものとする。

4　移動等円滑化促進方針には、市町村が行う移動等円滑化促進地区に所在する旅客施設の構造及び配置その他の移動等円滑化に関する情報の収集、整理及び提供に関する事項を定めることができる。

5　移動等円滑化促進方針は、都市計画、都市計画法第十八条の二の市町村の都市計画に関する基本的な方針及び地域公共交通の活性化及び再生に関する法律（平成十九年法律第五十九号）第五条第一項に規定する地域公共交通計画との調和が保たれたものでなければならない。

6　市町村は、移動等円滑化促進方針を作成しようとするときは、あらかじめ、住民、生活関連施設を利用する高齢者、障害者等その他利害関係者、関係する施設設置管理者及び都道府県公安委員会（以下「公安委員会」という。）の意見を反映させるために必要な措置を講ずるものとする。

7　市町村は、移動等円滑化促進方針を作成したときは、遅滞なく、これを公表するとともに、主務大臣、都道府県並びに関係する施設設置管理者及び公安委員会に送付しなければならない。

8　主務大臣は、前項の規定により移動等円滑化促進方針の送付を受けたときは、市町村に対し、必要な助言をすることができる。

9　都道府県は、市町村に対し、その求めに応じ、移動等円滑化促進方針の作成及びその円滑かつ確実な実施に関し、各市町村の区域を超えた広域的な見地から、必要な助言その他の援助を行うよう努めなければならない。

10　第六項から前項までの規定は、移動等円滑化促進方針の変更について準用する。

（移動等円滑化促進方針の評価等）

第二十四条の三　市町村は、移動等円滑化促進方針を作成した場合においては、おおむね五年ごとに、当該移動等円滑化促進方針において定められた移動等円滑化促進地区における移動等円滑化に関する措置の実施の状況についての調査、分析及び評価を行うよう努めるとともに、必要があると認めるときは、移動等円滑化促進方針を変更するものとする。

（協議会）

第二十四条の四　移動等円滑化促進方針を作成しようとする市町村は、移動等円滑化促進方針の作成に関する協議及び移動等円滑化促進方針の実施（実施の状況についての調査、分析及び評価を含む。）に係る連絡調整を行うための協議会（以下この条において「協議会」という。）を組織することができる。

2　協議会は、次に掲げる者をもって構成する。

一　移動等円滑化促進方針を作成しようとする市町村

二　関係する施設設置管理者、公安委員会その他移動等円滑化促進地区における移動等円滑化の促進に関し密接な関係を有する者

三　高齢者、障害者等、学識経験者その他の当該市町村が必要と認める者

3　第一項の規定により協議会を組織する市町村は、同項に規定する協議を行う旨を前項第二号に掲げる者に通知するものとする。

4　前項の規定による通知を受けた者は、正当な理由がある場合を除き、当該通知に係る協議に応じなければならない。

5　協議会において協議が調った事項については、協議会の構成員はその協議の結果を尊重しなければならない。

6　前各項に定めるもののほか、協議会の運営に関し必要な事項は、協議会が定める。

（移動等円滑化促進方針の作成等の提案）

第二十四条の五　次に掲げる者は、市町村に対して、移動等円滑化促進方針の作成又は変更をすることを提案することができる。この場合においては、基本方針に即して、当該提案に係る移動等円滑化促進方針の素案を作成して、これを提示しなければならない。

一　施設設置管理者その他の生活関連施設又は生活関連経路を構成する一般交通用施設の管理者

二　高齢者、障害者等その他の生活関連施設又は生活関連経路を構成する一般交通用施設の利用に関し利害関係を有する者

2　前項の規定による提案を受けた市町村は、当該提案に基づき移動等円滑化促進方針の作成又は変更をするか否かについて、遅滞なく、当該提案をした者に通知しなければならない。この場合において、移動等円滑化促進方針の作成又は変更をしないこととするときは、その理由を明らかにしなければならな

い。

（行為の届出等）
第二十四条の六 移動等円滑化促進方針において定められた移動等円滑化促進地区の区域において、旅客施設の建設、道路の新設その他の行為であって当該区域における移動等円滑化の促進に支障を及ぼすおそれのあるものとして政令で定めるものをしようとする公共交通事業者等又は道路管理者は、当該行為に着手する日の三十日前までに、主務省令で定めるところにより、行為の種類、場所、設計又は施行方法、着手予定日その他主務省令で定める事項を市町村に届け出なければならない。ただし、非常災害のため必要な応急措置として行う行為については、この限りでない。

2 前項の規定による届出をした者は、その届出に係る事項のうち主務省令で定める事項を変更しようとするときは、当該事項の変更に係る行為に着手する日の三十日前までに、主務省令で定めるところにより、その旨を市町村に届け出なければならない。

3 市町村は、前二項の規定による届出があった場合において、その届出に係る行為が移動等円滑化促進地区における移動等円滑化の促進を図る上で支障があると認めるときは、その届出をした者に対し、その届出に係る行為に関し旅客施設又は道路の構造の変更その他の必要な措置の実施を要請することができる。

4 市町村は、前項の規定による要請を受けた者が当該要請に応じないときは、その旨を主務大臣に通知することができる。

5 主務大臣は、前項の規定による通知があった場合において、第三項の規定による要請を受けた者が正当な理由がなくて同項の措置を実施していないと認めるときは、当該要請を受けた者に対し、当該措置を実施すべきことを勧告することができる。

（市町村による情報の収集、整理及び提供）
第二十四条の七 第二十四条の二第四項の規定により移動等円滑化促進方針において市町村が行う移動等円滑化に関する情報の収集、整理及び提供に関する事項が定められたときは、市町村は、当該移動等円滑化促進方針に基づき移動等円滑化に関する事項についての情報の収集、整理及び提供を行うものとする。

（施設設置管理者による市町村に対する情報の提供）
第二十四条の八 公共交通事業者等及び道路管理者は、前条の規定により情報の収集、整理及び提供を行う市町村の求めがあったときは、主務省令で定めるところにより、高齢者、障害者等が旅客施設及び特定道路を利用するために必要となる情報を当該市町村に提供しなければならない。

2 路外駐車場管理者等、公園管理者等及び建築主等は、前条の規定により情報の収集、整理及び提供を行う市町村の求めがあったときは、主務省令で定めるところにより、高齢者、障害者等が特定路外駐車場、特定公園施設及び特別特定建築物を利用するために必要となる情報を当該市町村に提供するよう努めなければならない。

第四章 重点整備地区における移動等円滑化に係る事業の重点的かつ一体的な実施

（移動等円滑化基本構想）
第二十五条 市町村は、基本方針（移動等円滑化促進方針が作成されているときは、基本方針及び移動等円滑化促進方針。以下同じ。）に基づき、単独で又は共同して、当該市町村の区域内の重点整備地区について、移動等円滑化に係る事業の重点的かつ一体的な推進に関する基本的な構想（以下「基本構想」という。）を作成するよう努めるものとする。

2 基本構想には、次に掲げる事項について定めるものとする。

一 重点整備地区の位置及び区域

二 生活関連施設及び生活関連経路並びにこれらにおける移動等円滑化に関する事項

三 生活関連施設、特定車両及び生活関連経路を構成する一般交通用施設について移動等円滑化のために実施すべき特定事業その他の事業に関する事項（旅客施設の所在地を含まない重点整備地区にあっては、当該重点整備地区と同一の市町村の区域内に所在する特定旅客施設との間の円滑な移動のために実施すべき特定事業その他の事業に関する事項を含む。）

四 前号に掲げる事業と併せて実施する土地区画整理事業、市街地再開発事業その他の市街地開発事業に関し移動等円滑化のために考慮すべき事項、自転車その他の車両の駐車のための施設の整備に関する事項その他の重点整備地区における移動等円滑化に

資する市街地の整備改善に関する事項その他重点整備地区における移動等円滑化のために必要な事項

3 前項各号に掲げるもののほか、基本構想には、重点整備地区における移動等円滑化に関する基本的な方針について定めるよう努めるものとする。

4 市町村は、特定旅客施設の所在地を含む重点整備地区について基本構想を作成する場合には、当該基本構想に当該特定旅客施設を第二項第二号及び第三号の生活関連施設として定めなければならない。

5 基本構想には、道路法第十二条ただし書及び第十五条並びに道路法の一部を改正する法律（昭和三十九年法律第百六十三号。以下「昭和三十九年道路法改正法」という。）附則第三項の規定にかかわらず、国道又は都道府県道（道路法第三条第三号の都道府県道をいう。第三十二条第一項において同じ。）（道路法第十二条ただし書及び第十五条並びに昭和三十九年道路法改正法附則第三項の規定により都道府県が新設又は改築を行うこととされているもの（道路法第十七条第一項から第四項までの規定により同条第一項の指定市、同条第二項の指定市以外の市、同条第三項の町村又は同条第四項の指定市以外の市町村が行うこととされているものを除く。）に限る。以下同じ。）に係る道路特定事業を実施する者として、市町村（他の市町村又は道路管理者と共同して実施する場合にあっては、市町村及び他の市町村又は道路管理者。第三十二条において同じ。）を定めることができる。

6 市町村は、基本構想を作成しようとするときは、あらかじめ、住民、生活関連施設を利用する高齢者、障害者等その他利害関係者の意見を反映させるために必要な措置を講ずるものとする。

7 市町村は、基本構想を作成しようとする場合において、第二十六条第一項の協議会が組織されていないときは、これに定めようとする特定事業に関する事項について、関係する施設設置管理者及び公安委員会と協議をしなければならない。

8 市町村は、第二十六条第一項の協議会が組織されていない場合には、基本構想を作成するに当たり、あらかじめ、関係する施設設置管理者及び公安委員会に対し、特定事業に関する事項について基本構想の案を作成し、当該市町村に提出するよう求めることができる。

9 前項の案の提出を受けた市町村は、基本構想を作成するに当たっては、当該案の内容が十分に反映されるよう努めるものとする。

10 第二十四条の二第四項、第五項及び第七項から第九項までの規定は、基本構想の作成について準用する。この場合において、同条第四項中「移動等円滑化促進地区」とあるのは、「重点整備地区」と読み替えるものとする。

11 第二十四条の二第七項から第九項まで及びこの条第六項から第九項までの規定は、基本構想の変更について準用する。

（基本構想の評価等）

第二十五条の二 市町村は、基本構想を作成した場合においては、おおむね五年ごとに、当該基本構想において定められた重点整備地区における特定事業その他の事業の実施の状況についての調査、分析及び評価を行うよう努めるとともに、必要があると認めるときは、基本構想を変更するものとする。

（協議会）

第二十六条 基本構想を作成しようとする市町村は、基本構想の作成に関する協議及び基本構想の実施（実施の状況についての調査、分析及び評価を含む。）に係る連絡調整を行うための協議会（以下この条において「協議会」という。）を組織することができる。

2 協議会は、次に掲げる者をもって構成する。

一 基本構想を作成しようとする市町村

二 関係する施設設置管理者、公安委員会その他基本構想に定めようとする特定事業その他の事業を実施すると見込まれる者

三 高齢者、障害者等、学識経験者その他当該市町村が必要と認める者

3 第一項の規定により協議会を組織する市町村は、同項に規定する協議を行う旨を前項第二号に掲げる者に通知するものとする。

4 前項の規定による通知を受けた者は、正当な理由がある場合を除き、当該通知に係る協議に応じなければならない。

5 協議会において協議が調った事項については、協議会の構成員はその協議の結果を尊重しなければならない。

6 前各項に定めるもののほか、協議会の運営に関し必要な事項は、協議会が定める。

（基本構想の作成等の提案）

第二十七条 次に掲げる者は、市町村に対して、基本構想の作成又は変更をすることを提

案することができる。この場合においては、基本方針に即して、当該提案に係る基本構想の素案を作成して、これを提示しなければならない。

一　施設設置管理者、公安委員会その他基本構想に定めようとする特定事業その他の事業を実施しようとする者

二　高齢者、障害者等その他の生活関連施設又は生活関連経路を構成する一般交通用施設の利用に関し利害関係を有する者

2　前項の規定による提案を受けた市町村は、当該提案に基づき基本構想の作成又は変更をするか否かについて、遅滞なく、当該提案をした者に通知しなければならない。この場合において、基本構想の作成又は変更をしないこととするときは、その理由を明らかにしなければならない。

（**公共交通特定事業の実施**）

第二十八条　第二十五条第一項の規定により基本構想が作成されたときは、関係する公共交通事業者等は、単独で又は共同して、当該基本構想に即して公共交通特定事業を実施するための計画（以下「公共交通特定事業計画」という。）を作成し、これに基づき、当該公共交通特定事業を実施するものとする。

2　公共交通特定事業計画においては、実施しようとする公共交通特定事業について次に掲げる事項を定めるものとする。

一　公共交通特定事業を実施する特定旅客施設又は特定車両

二　公共交通特定事業の内容

三　公共交通特定事業の実施予定期間並びにその実施に必要な資金の額及びその調達方法

四　その他公共交通特定事業の実施に際し配慮すべき重要事項

3　公共交通事業者等は、公共交通特定事業計画を定めようとするときは、あらかじめ、関係する市町村及び施設設置管理者の意見を聴かなければならない。

4　公共交通事業者等は、公共交通特定事業計画を定めたときは、遅滞なく、これを関係する市町村及び施設設置管理者に送付しなければならない。

5　前二項の規定は、公共交通特定事業計画の変更について準用する。

（**公共交通特定事業計画の認定**）

第二十九条　公共交通事業者等は、主務省令で定めるところにより、主務大臣に対し、公共交通特定事業計画が重点整備地区における移動等円滑化を適切かつ確実に推進するために適当なものである旨の認定を申請することができる。

2　主務大臣は、前項の規定による認定の申請があった場合において、前条第二項第二号に掲げる事項が基本方針及び公共交通移動等円滑化基準に照らして適切なものであり、かつ、同号及び同項第三号に掲げる事項が当該公共交通特定事業を確実に遂行するために技術上及び資金上適切なものであると認めるときは、その認定をするものとする。

3　前項の認定を受けた者は、当該認定に係る公共交通特定事業計画を変更しようとするときは、主務大臣の認定を受けなければならない。

4　第二項の規定は、前項の認定について準用する。

5　主務大臣は、第二項の認定を受けた者が当該認定に係る公共交通特定事業計画（第三項の規定による変更の認定があったときは、その変更後のもの。次条において同じ。）に従って公共交通特定事業を実施していないと認めるときは、その認定を取り消すことができる。

（**公共交通特定事業計画に係る地方債の特例**）

第三十条　地方公共団体が、前条第二項の認定に係る公共交通特定事業計画に基づく公共交通特定事業で主務省令で定めるものに関する助成を行おうとする場合においては、当該助成に要する経費であって地方財政法（昭和二十三年法律第百九号）第五条各号に規定する経費のいずれにも該当しないものは、同条第五号に規定する経費とみなす。

（**道路特定事業の実施**）

第三十一条　第二十五条第一項の規定により基本構想が作成されたときは、関係する道路管理者は、単独で又は共同して、当該基本構想に即して道路特定事業を実施するための計画（以下「道路特定事業計画」という。）を作成し、これに基づき、当該道路特定事業を実施するものとする。

2　道路特定事業計画においては、基本構想において定められた道路特定事業について定めるほか、当該重点整備地区内の道路において実施するその他の道路特定事業について定めることができる。

3　道路特定事業計画においては、実施しようとする道路特定事業について次に掲げる事項を定めるものとする。

一　道路特定事業を実施する道路の区間
二　前号の道路の区間ごとに実施すべき道路特定事業の内容及び実施予定期間
三　その他道路特定事業の実施に際し配慮すべき重要事項

4　道路管理者は、道路特定事業計画を定めようとするときは、あらかじめ、関係する市町村、施設設置管理者及び公安委員会の意見を聴かなければならない。

5　道路管理者は、道路特定事業計画において、道路法第二十条第一項に規定する他の工作物について実施し、又は同法第二十三条第一項の規定に基づき実施する道路特定事業について定めるときは、あらかじめ、当該道路特定事業を実施する工作物又は施設の管理者と協議しなければならない。この場合において、当該道路特定事業の費用の負担を当該工作物又は施設の管理者に求めるときは、当該道路特定事業計画に当該道路特定事業の実施に要する費用の概算及び道路管理者と当該工作物又は施設の管理者との分担割合を定めるものとする。

6　道路管理者は、道路特定事業計画を定めたときは、遅滞なく、これを公表するよう努めるとともに、関係する市町村、施設設置管理者及び公安委員会並びに前項に規定する工作物又は施設の管理者に送付しなければならない。

7　前三項の規定は、道路特定事業計画の変更について準用する。

（**市町村による国道等に係る道路特定事業の実施**）

第三十二条　第二十五条第五項の規定により基本構想において道路特定事業を実施する者として市町村（道路法第十七条第一項の指定市を除く。以下この条及び第五十五条から第五十七条までにおいて同じ。）が定められたときは、前条第一項、同法第十二条ただし書及び第十五条並びに昭和三十九年道路法改正法附則第三項の規定にかかわらず、市町村は、単独で又は他の市町村若しくは道路管理者と共同して、国道又は都道府県道に係る道路特定事業計画を作成し、これに基づき、当該道路特定事業を実施するものとする。

2　前条第二項から第七項までの規定は、前項の場合について準用する。この場合において、同条第四項から第六項までの規定中「道路管理者」とあるのは、「次条第一項の規定により道路特定事業を実施する市町村（他の市町村又は道路管理者と共同して実施する場合にあっては、市町村及び他の市町村又は道路管理者）」と読み替えるものとする。

3　市町村は、第一項の規定により国道に係る道路特定事業を実施しようとする場合においては、主務省令で定めるところにより、主務大臣に協議し、その同意を得なければならない。ただし、主務省令で定める軽易なものについては、この限りでない。

4　市町村は、第一項の規定により道路特定事業に関する工事を行おうとするとき、及び当該道路特定事業に関する工事の全部又は一部を完了したときは、主務省令で定めるところにより、その旨を公示しなければならない。

5　市町村は、第一項の規定により道路特定事業を実施する場合においては、政令で定めるところにより、当該道路の道路管理者に代わってその権限を行うものとする。

6　市町村が第一項の規定により道路特定事業を実施する場合には、その実施に要する費用の負担並びにその費用に関する国の補助及び交付金の交付については、都道府県が自ら当該道路特定事業を実施するものとみなす。

7　前項の規定により国が当該都道府県に対し交付すべき負担金、補助金及び交付金は、市町村に交付するものとする。

8　前項の場合には、市町村は、補助金等に係る予算の執行の適正化に関する法律（昭和三十年法律第百七十九号）の規定の適用については、同法第二条第三項に規定する補助事業者等とみなす。

（**路外駐車場特定事業の実施**）

第三十三条　第二十五条第一項の規定により基本構想が作成されたときは、関係する路外駐車場管理者等は、単独で又は共同して、当該基本構想に即して路外駐車場特定事業を実施するための計画（以下この条において「路外駐車場特定事業計画」という。）を作成し、これに基づき、当該路外駐車場特定事業を実施するものとする。

2　路外駐車場特定事業計画においては、実施しようとする路外駐車場特定事業について次に掲げる事項を定めるものとする。
一　路外駐車場特定事業を実施する特定路外駐車場
二　路外駐車場特定事業の内容及び実施予定期間
三　その他路外駐車場特定事業の実施に際し配慮すべき重要事項

3　路外駐車場管理者等は、路外駐車場特定事

業計画を定めようとするときは、あらかじめ、関係する市町村及び施設設置管理者の意見を聴かなければならない。

4　路外駐車場管理者等は、路外駐車場特定事業計画を定めたときは、遅滞なく、これを関係する市町村及び施設設置管理者に送付しなければならない。

5　前二項の規定は、路外駐車場特定事業計画の変更について準用する。

（都市公園特定事業の実施）

第三十四条　第二十五条第一項の規定により基本構想が作成されたときは、関係する公園管理者等は、単独で又は共同して、当該基本構想に即して都市公園特定事業を実施するための計画（以下この条において「都市公園特定事業計画」という。）を作成し、これに基づき、当該都市公園特定事業を実施するものとする。ただし、都市公園法第五条第一項の規定による許可を受けて公園施設（特定公園施設に限る。）を設け若しくは管理し、又は設け若しくは管理しようとする者が都市公園特定事業計画を作成する場合にあっては、公園管理者と共同して作成するものとする。

2　都市公園特定事業計画においては、実施しようとする都市公園特定事業について次に掲げる事項を定めるものとする。

一　都市公園特定事業を実施する都市公園

二　都市公園特定事業の内容及び実施予定期間

三　その他都市公園特定事業の実施に際し配慮すべき重要事項

3　公園管理者等は、都市公園特定事業計画を定めようとするときは、あらかじめ、関係する市町村及び施設設置管理者の意見を聴かなければならない。

4　公園管理者は、都市公園特定事業計画において、都市公園法第五条の十第一項に規定する他の工作物について実施する都市公園特定事業について定めるときは、あらかじめ、当該他の工作物の管理者と協議しなければならない。この場合において、当該都市公園特定事業の費用の負担を当該他の工作物の管理者に求めるときは、当該都市公園特定事業計画に当該都市公園特定事業の実施に要する費用の概算及び公園管理者と当該他の工作物の管理者との分担割合を定めるものとする。

5　公園管理者等は、都市公園特定事業計画を定めたときは、遅滞なく、これを公表するよう努めるとともに、関係する市町村及び施設設置管理者並びに前項に規定する他の工作物の管理者に送付しなければならない。

6　前三項の規定は、都市公園特定事業計画の変更について準用する。

（建築物特定事業の実施）

第三十五条　第二十五条第一項の規定により基本構想が作成されたときは、関係する建築主等は、単独で又は共同して、当該基本構想に即して建築物特定事業を実施するための計画（以下この条において「建築物特定事業計画」という。）を作成し、これに基づき、当該建築物特定事業を実施するものとする。

2　建築物特定事業計画においては、実施しようとする建築物特定事業について次に掲げる事項を定めるものとする。

一　建築物特定事業を実施する特定建築物

二　建築物特定事業の内容

三　建築物特定事業の実施予定期間並びにその実施に必要な資金の額及びその調達方法

四　その他建築物特定事業の実施に際し配慮すべき重要事項

3　建築主等は、建築物特定事業計画を定めようとするときは、あらかじめ、関係する市町村及び施設設置管理者の意見を聴かなければならない。

4　建築主等は、建築物特定事業計画を定めたときは、遅滞なく、これを関係する市町村及び施設設置管理者に送付しなければならない。

5　前二項の規定は、建築物特定事業計画の変更について準用する。

（交通安全特定事業の実施）

第三十六条　第二十五条第一項の規定により基本構想が作成されたときは、関係する公安委員会は、単独で又は共同して、当該基本構想に即して交通安全特定事業を実施するための計画（以下「交通安全特定事業計画」という。）を作成し、これに基づき、当該交通安全特定事業を実施するものとする。

2　前項の交通安全特定事業（第二条第三十一号イに掲げる事業に限る。）は、当該交通安全特定事業により設置される信号機等が、重点整備地区における移動等円滑化のために必要な信号機等に関する主務省令で定める基準を参酌して都道府県の条例で定める基準に適合するよう実施されなければならない。

3　交通安全特定事業計画においては、実施しようとする交通安全特定事業について次に掲げる事項を定めるものとする。

一　交通安全特定事業を実施する道路の区間

二　前号の道路の区間ごとに実施すべき交通安全特定事業の内容及び実施予定期間

三　その他交通安全特定事業の実施に際し配慮すべき重要事項

4　公安委員会は、交通安全特定事業計画を定めようとするときは、あらかじめ、関係する市町村及び道路管理者の意見を聴かなければならない。

5　公安委員会は、交通安全特定事業計画を定めたときは、遅滞なく、これを公表するよう努めるとともに、関係する市町村及び道路管理者に送付しなければならない。

6　前二項の規定は、交通安全特定事業計画の変更について準用する。

（教育啓発特定事業の実施）

第三十六条の二　第二十五条第一項の規定により基本構想が作成されたときは、関係する市町村等は、単独で又は共同して、当該基本構想に即して教育啓発特定事業を実施するための計画（以下この条において「教育啓発特定事業計画」という。）を作成し、これに基づき、当該教育啓発特定事業を実施するものとする。

2　教育啓発特定事業計画においては、実施しようとする教育啓発特定事業について次に掲げる事項を定めるものとする。

一　教育啓発特定事業の内容及び実施予定期間

二　その他教育啓発特定事業の実施に際し配慮すべき重要事項

3　市町村等は、教育啓発特定事業計画を定めようとするときは、あらかじめ、関係する市町村及び施設設置管理者（第二条第三十二号イに掲げる事業について定めようとする場合にあっては、関係する市町村、施設設置管理者及び学校）の意見を聴かなければならない。

4　市町村等は、教育啓発特定事業計画を定めたときは、遅滞なく、これを関係する市町村及び施設設置管理者（第二条第三十二号イに掲げる事業について定めた場合にあっては、関係する市町村、施設設置管理者及び学校）に送付しなければならない。

5　前二項の規定は、教育啓発特定事業計画の変更について準用する。

（生活関連施設又は一般交通用施設の整備等）

第三十七条　国及び地方公共団体は、基本構想において定められた生活関連施設又は一般交通用施設の整備、土地区画整理事業、市街地再開発事業その他の市街地開発事業の施行その他の必要な措置を講ずるよう努めなければならない。

2　基本構想において定められた生活関連施設又は一般交通用施設の管理者（国又は地方公共団体を除く。）は、当該基本構想の達成に資するよう、その管理する施設について移動等円滑化のための事業の実施に努めなければならない。

（基本構想に基づく事業の実施に係る命令等）

第三十八条　市町村は、第二十八条第一項の公共交通特定事業、第三十三条第一項の路外駐車場特定事業、第三十四条第一項の都市公園特定事業（公園管理者が実施すべきものを除く。）又は第三十五条第一項の建築物特定事業若しくは第三十六条の二第一項の教育啓発特定事業（いずれも国又は地方公共団体が実施すべきものを除く。）（以下この条において「公共交通特定事業等」と総称する。）が実施されていないと認めるときは、当該公共交通特定事業等を実施すべき者に対し、その実施を要請することができる。

2　市町村は、前項の規定による要請を受けた者が当該要請に応じないときは、その旨を主務大臣等（公共交通特定事業又は教育啓発特定事業にあっては主務大臣、路外駐車場特定事業にあっては知事等、都市公園特定事業にあっては公園管理者、建築物特定事業にあっては所管行政庁。以下この条において同じ。）に通知することができる。

3　主務大臣等は、前項の規定による通知があった場合において、第一項の規定による要請を受けた者が正当な理由がなくて公共交通特定事業等を実施していないと認めるときは、当該要請を受けた者に対し、当該公共交通特定事業等を実施すべきことを勧告することができる。

4　主務大臣等は、前項の規定による勧告を受けた者が正当な理由がなくてその勧告に係る措置を講じない場合において、当該勧告を受けた者の事業について移動等円滑化を阻害している事実があると認めるときは、第九条第三項、第十二条第三項及び第十五条第一項の規定により違反を是正するために必要な措置をとるべきことを命ずることができる場合を除くほか、当該勧告を受けた者に対し、移動等円滑化のために必要な措置をとるべきことを命ずることができる。

（土地区画整理事業の換地計画において定める保留地の特例）

第三十九条　基本構想において定められた土地区画整理事業であって土地区画整理法第三条第四項、第三条の二又は第三条の三の規定により施行するものの換地計画（基本構想において定められた重点整備地区の区域内の宅地について定められたものに限る。）においては、重点整備地区の区域内の住民その他の者の共同の福祉又は利便のために必要な生活関連施設又は一般交通用施設で国、地方公共団体、公共交通事業者等その他政令で定める者が設置するもの（同法第二条第五項に規定する公共施設を除き、基本構想において第二十五条第二項第四号に掲げる事項として土地区画整理事業の実施に関しその整備を考慮すべきものと定められたものに限る。）の用に供するため、一定の土地を換地として定めないで、その土地を保留地として定めることができる。この場合においては、当該保留地の地積について、当該土地区画整理事業を施行する土地の区域内の宅地について所有権、地上権、永小作権、賃借権その他の宅地を使用し、又は収益することができる権利を有する全ての者の同意を得なければならない。

2　土地区画整理法第百四条第十一項及び第百八条第一項の規定は、前項の規定により換地計画において定められた保留地について準用する。この場合において、同条第一項中「第三条第四項若しくは第五項」とあるのは、「第三条第四項」と読み替えるものとする。

3　施行者は、第一項の規定により換地計画において定められた保留地を処分したときは、土地区画整理法第百三条第四項の規定による公告があった日における従前の宅地について所有権、地上権、永小作権、賃借権その他の宅地を使用し、又は収益することができる権利を有する者に対して、政令で定める基準に従い、当該保留地の対価に相当する金額を交付しなければならない。同法第百九条第二項の規定は、この場合について準用する。

4　土地区画整理法第八十五条第五項の規定は、この条の規定による処分及び決定について準用する。

5　第一項に規定する土地区画整理事業に関する土地区画整理法第百二十三条、第百二十六条、第百二十七条の二及び第百二十九条の規定の適用については、同項から第三項までの規定は、同法の規定とみなす。

（地方債についての配慮）

第四十条　地方公共団体が、基本構想を達成するために行う事業に要する経費に充てるために起こす地方債については、法令の範囲内において、資金事情及び当該地方公共団体の財政事情が許す限り、特別の配慮をするものとする。

（市町村による情報の収集、整理及び提供等）

第四十条の二　第二十五条第十項において読み替えて準用する第二十四条の二第四項の規定により基本構想において市町村が行う移動等円滑化に関する情報の収集、整理及び提供に関する事項が定められたときは、市町村は、当該基本構想に基づき移動等円滑化に関する事項についての情報の収集、整理及び提供を行うものとする。

2　第二十四条の八の規定は、前項の規定により情報の収集、整理及び提供を行う市町村の求めがあった場合について準用する。

第五章　移動等円滑化経路協定

（移動等円滑化経路協定の締結等）

第四十一条　移動等円滑化促進地区内又は重点整備地区内の一団の土地の所有者及び建築物その他の工作物の所有を目的とする借地権その他の当該土地を使用する権利（臨時設備その他一時使用のため設定されたことが明らかなものを除く。以下「借地権等」という。）を有する者（土地区画整理法第九十八条第一項（大都市地域における住宅及び住宅地の供給の促進に関する特別措置法（昭和五十年法律第六十七号。第四十五条第二項において「大都市住宅等供給法」という。）第八十三条において準用する場合を含む。以下同じ。）の規定により仮換地として指定された土地にあっては、当該土地に対応する従前の土地の所有者及び借地権等を有する者。以下「土地所有者等」と総称する。）は、その全員の合意により、当該土地の区域における移動等円滑化のための経路の整備又は管理に関する協定（以下「移動等円滑化経路協定」という。）を締結することができる。ただし、当該土地（土地区画整理法第九十八条第一項の規定により仮換地として指定された土地にあっては、当該土地に対応する従前の土地）の区域内に借地権等の目的となっている土地がある場合（当該借地権等が地下又は空間について上下の範囲を定めて設定されたもので、当該土地の所有者が当該土地を使用している場合を除く。）においては、当該借地権等の目的となっている土地の所有者の合意を要しない。

2 移動等円滑化経路協定においては、次に掲げる事項を定めるものとする。

一 移動等円滑化経路協定の目的となる土地の区域（以下「移動等円滑化経路協定区域」という。）及び経路の位置

二 次に掲げる移動等円滑化のための経路の整備又は管理に関する事項のうち、必要なもの

イ 前号の経路における移動等円滑化に関する基準

ロ 前号の経路を構成する施設（エレベーター、エスカレーターその他の移動等円滑化のために必要な設備を含む。）の整備又は管理に関する事項

ハ その他移動等円滑化のための経路の整備又は管理に関する事項

三 移動等円滑化経路協定の有効期間

四 移動等円滑化経路協定に違反した場合の措置

3 移動等円滑化経路協定は、市町村長の認可を受けなければならない。

（認可の申請に係る移動等円滑化経路協定の縦覧等）

第四十二条 市町村長は、前条第三項の認可の申請があったときは、主務省令で定めるところにより、その旨を公告し、当該移動等円滑化経路協定を公告の日から二週間関係人の縦覧に供さなければならない。

2 前項の規定による公告があったときは、関係人は、同項の縦覧期間満了の日までに、当該移動等円滑化経路協定について、市町村長に意見書を提出することができる。

（移動等円滑化経路協定の認可）

第四十三条 市町村長は、第四十一条第三項の認可の申請が次の各号のいずれにも該当するときは、同項の認可をしなければならない。

一 申請手続が法令に違反しないこと。

二 土地又は建築物その他の工作物の利用を不当に制限するものでないこと。

三 第四十一条第二項各号に掲げる事項について主務省令で定める基準に適合するものであること。

2 市町村長は、第四十一条第三項の認可をしたときは、主務省令で定めるところにより、その旨を公告し、かつ、当該移動等円滑化経路協定を当該市町村の事務所に備えて公衆の縦覧に供するとともに、移動等円滑化経路協定区域である旨を当該移動等円滑化経路協定区域内に明示しなければならない。

（移動等円滑化経路協定の変更）

第四十四条 移動等円滑化経路協定区域内における土地所有者等（当該移動等円滑化経路協定の効力が及ばない者を除く。）は、移動等円滑化経路協定において定めた事項を変更しようとする場合においては、その全員の合意をもってその旨を定め、市町村長の認可を受けなければならない。

2 前二条の規定は、前項の変更の認可について準用する。

（移動等円滑化経路協定区域からの除外）

第四十五条 移動等円滑化経路協定区域内の土地（土地区画整理法第九十八条第一項の規定により仮換地として指定された土地にあっては、当該土地に対応する従前の土地）で当該移動等円滑化経路協定の効力が及ばない者の所有するものの全部又は一部について借地権等が消滅した場合においては、当該借地権等の目的となっていた土地（同項の規定により仮換地として指定された土地に対応する従前の土地にあっては、当該土地についての仮換地として指定された土地）は、当該移動等円滑化経路協定区域から除外されるものとする。

2 移動等円滑化経路協定区域内の土地で土地区画整理法第九十八条第一項の規定により仮換地として指定されたものが、同法第八十六条第一項の換地計画又は大都市住宅等供給法第七十二条第一項の換地計画において当該土地に対応する従前の土地についての換地として定められず、かつ、土地区画整理法第九十一条第三項（大都市住宅等供給法第八十二条第一項において準用する場合を含む。）の規定により当該土地に対応する従前の土地の所有者に対してその共有持分を与えるように定められた土地としても定められなかったときは、当該土地は、土地区画整理法第百三条第四項（大都市住宅等供給法第八十三条において準用する場合を含む。）の公告があった日が終了した時において当該移動等円滑化経路協定区域から除外されるものとする。

3 前二項の規定により移動等円滑化経路協定区域内の土地が当該移動等円滑化経路協定区域から除外された場合においては、当該借地権等を有していた者又は当該仮換地として指定されていた土地に対応する従前の土地に係る土地所有者等（当該移動等円滑化経路協定の効力が及ばない者を除く。）は、遅滞なく、その旨を市町村長に届け出なければならない。

4　第四十三条第二項の規定は、前項の規定による届出があった場合その他市町村長が第一項又は第二項の規定により移動等円滑化経路協定区域内の土地が当該移動等円滑化経路協定区域から除外されたことを知った場合について準用する。

（**移動等円滑化経路協定の効力**）

第四十六条　第四十三条第二項（第四十四条第二項において準用する場合を含む。）の規定による認可の公告のあった移動等円滑化経路協定は、その公告のあった後において当該移動等円滑化経路協定区域内の土地所有者等となった者（当該移動等円滑化経路協定について第四十一条第一項又は第四十四条第一項の規定による合意をしなかった者の有する土地の所有権を承継した者を除く。）に対しても、その効力があるものとする。

（**移動等円滑化経路協定の認可の公告のあった後移動等円滑化経路協定に加わる手続等**）

第四十七条　移動等円滑化経路協定区域内の土地の所有者（土地区画整理法第九十八条第一項の規定により仮換地として指定された土地にあっては、当該土地に対応する従前の土地の所有者）で当該移動等円滑化経路協定の効力が及ばないものは、第四十三条第二項（第四十四条第二項において準用する場合を含む。）の規定による認可の公告があった後いつでも、市町村長に対して書面でその意思を表示することによって、当該移動等円滑化経路協定に加わることができる。

2　第四十三条第二項の規定は、前項の規定による意思の表示があった場合について準用する。

3　移動等円滑化経路協定は、第一項の規定により当該移動等円滑化経路協定に加わった者がその時において所有し、又は借地権等を有していた当該移動等円滑化経路協定区域内の土地（土地区画整理法第九十八条第一項の規定により仮換地として指定された土地にあっては、当該土地に対応する従前の土地）について、前項において準用する第四十三条第二項の規定による公告のあった後において土地所有者等となった者（前条の規定の適用がある者を除く。）に対しても、その効力があるものとする。

（**移動等円滑化経路協定の廃止**）

第四十八条　移動等円滑化経路協定区域内の土地所有者等（当該移動等円滑化経路協定の効力が及ばない者を除く。）は、第四十一条第一項又は第四十四条第一項の認可を受けた移動等円滑化経路協定を廃止しようとする場合においては、その過半数の合意をもってその旨を定め、市町村長の認可を受けなければならない。

2　市町村長は、前項の認可をしたときは、その旨を公告しなければならない。

（**土地の共有者等の取扱い**）

第四十九条　土地又は借地権等が数人の共有に属するときは、第四十一条第一項、第四十四条第一項、第四十七条第一項及び前条第一項の規定の適用については、合わせて一の所有者又は借地権等を有する者とみなす。

（**一の所有者による移動等円滑化経路協定の設定**）

第五十条　移動等円滑化促進地区内又は重点整備地区内の一団の土地で、一の所有者以外に土地所有者等が存しないものの所有者は、移動等円滑化のため必要があると認めるときは、市町村長の認可を受けて、当該土地の区域を移動等円滑化経路協定区域とする移動等円滑化経路協定を定めることができる。

2　市町村長は、前項の認可の申請が第四十三条第一項各号のいずれにも該当し、かつ、当該移動等円滑化経路協定が移動等円滑化のため必要であると認める場合に限り、前項の認可をするものとする。

3　第四十三条第二項の規定は、第一項の認可について準用する。

4　第一項の認可を受けた移動等円滑化経路協定は、認可の日から起算して三年以内において当該移動等円滑化経路協定区域内の土地に二以上の土地所有者等が存することになった時から、第四十三条第二項の規定による認可の公告のあった移動等円滑化経路協定と同一の効力を有する移動等円滑化経路協定となる。

（**借主の地位**）

第五十一条　移動等円滑化経路協定に定める事項が建築物その他の工作物の借主の権限に係る場合においては、その移動等円滑化経路協定については、当該建築物その他の工作物の借主を土地所有者等とみなして、この章の規定を適用する。

第五章の二　移動等円滑化施設協定

第五十一条の二　移動等円滑化促進地区内又は重点整備地区内の一団の土地の土地所有者等は、その全員の合意により、高齢者、障害者等が円滑に利用することができる案内所その他の当該土地の区域における移動等円滑化に資する施設（移動等円滑化経路協定の目的となる経路を構成するものを除き、高齢者、障害者等の利用に供しない施設であって移動等円滑化のための事業の実施に伴い移転が必要となるものを含む。次項において同じ。）の整備又は管理に関する協定（以下この条において「移動等円滑化施設協定」という。）を締結することができる。ただし、当該土地（土地区画整理法第九十八条第一項の規定により仮換地として指定された土地にあっては、当該土地に対応する従前の土地）の区域内に借地権等の目的となっている土地がある場合（当該借地権等が地下又は空間について上下の範囲を定めて設定されたもので、当該土地の所有者が当該土地を使用している場合を除く。）においては、当該借地権等の目的となっている土地の所有者の合意を要しない。

2　移動等円滑化施設協定においては、次に掲げる事項を定めるものとする。

一　移動等円滑化施設協定の目的となる土地の区域及び施設の位置

二　次に掲げる移動等円滑化に資する施設の整備又は管理に関する事項のうち、必要なもの

イ　前号の施設の移動等円滑化に関する基準

ロ　前号の施設の整備又は管理に関する事項

三　移動等円滑化施設協定の有効期間

四　移動等円滑化施設協定に違反した場合の措置

3　前章（第四十一条第一項及び第二項を除く。）の規定は、移動等円滑化施設協定について準用する。この場合において、第四十三条第一項第三号中「第四十一条第二項各号」とあるのは「第五十一条の二第二項各号」と、同条第二項中「、移動等円滑化経路協定区域」とあるのは「、第五十一条の二第二項第一号の区域（以下この章において「移動等円滑化施設協定区域」という。）」と、「移動等円滑化経路協定区域内」とあるのは「移動等円滑化施設協定区域内」と、第四十四条第一項、第四十五条、第四十六条、第四十七条第一項及び第三項、第四十八条第一項並びに第五十条第一項及び第四項中「移動等円滑化経路協定区域」とあるのは「移動等円滑化施設協定区域」と、第四十六条及び第四十九条中「第四十一条第一項」とあるのは「第五十一条の二第一項」と読み替えるものとする。

第六章　雑則

（国の援助）

第五十二条　国は、地方公共団体が移動等円滑化の促進に関する施策を円滑に実施することができるよう、地方公共団体に対し、助言、指導その他の必要な援助を行うよう努めなければならない。

（資金の確保等）

第五十二条の二　国は、移動等円滑化を促進するために必要な資金の確保その他の措置を講ずるよう努めなければならない。

2　国は、移動等円滑化に関する研究開発の推進及びその成果の普及に努めなければならない。

（情報提供の確保）

第五十二条の三　国は、移動等円滑化に関する情報提供の確保に努めなければならない。

2　国は、前項の情報提供の確保を行うに当たっては、生活の本拠の周辺地域以外の場所における移動等円滑化が高齢者、障害者等の自立した日常生活及び社会生活を確保する上で重要な役割を果たすことに鑑み、これらの者による観光施設その他の施設の円滑な利用のために必要と認める用具の備付けその他のこれらの施設における移動等円滑化に関する措置に係る情報が適切に提供されるよう、必要な措置を講ずるものとする。

（移動等円滑化の進展の状況に関する評価）

第五十二条の四　国は、移動等円滑化を促進するため、関係行政機関及び高齢者、障害者等、地方公共団体、施設設置管理者その他の関係者で構成する会議を設け、定期的に、移動等円滑化の進展の状況を把握し、及び評価するよう努めなければならない。

（報告及び立入検査）

第五十三条　主務大臣は、この法律の施行に必要な限度において、主務省令で定めるところにより、公共交通事業者等に対し、移動等円滑化のための事業に関し報告をさせ、又はその職員に、公共交通事業者等の事務所その他の事業場若しくは車両等に立ち入り、旅客施設、車両等若しくは帳簿、書類その他の物件を検査させ、若しくは関係者に質問させることができる。

2　知事等は、この法律の施行に必要な限度において、路外駐車場管理者等に対し、特定路外駐車場の路外駐車場移動等円滑化基準への

適合に関する事項に関し報告をさせ、又はその職員に、特定路外駐車場若しくはその業務に関係のある場所に立ち入り、特定路外駐車場の施設若しくは業務に関し検査させ、若しくは関係者に質問させることができる。

3　所管行政庁は、政令で定めるところにより、この法律の施行に必要な限度において、建築主等に対し、特定建築物の建築物移動等円滑化基準への適合に関する事項に関し報告をさせ、又はその職員に、特定建築物若しくはその工事現場に立ち入り、特定建築物、建築設備、書類その他の物件を検査させ、若しくは関係者に質問させることができる。

4　所管行政庁は、認定建築主等に対し、認定特定建築物の建築等又は維持保全の状況について報告をさせることができる。

5　所管行政庁は、認定協定建築主等に対し、第二十二条の二第四項の認定を受けた計画（同条第五項において準用する第十八条第一項の規定による変更の認定があったときは、その変更後のもの）に係る協定建築物の建築等又は維持保全の状況について報告をさせることができる。

6　第一項から第三項までの規定により立入検査をする職員は、その身分を示す証明書を携帯し、関係者の請求があったときは、これを提示しなければならない。

7　第一項から第三項までの規定による立入検査の権限は、犯罪捜査のために認められたものと解釈してはならない。

（**主務大臣等**）

第五十四条　第三条第一項、第三項及び第四項における主務大臣は、同条第二項第二号に掲げる事項については国土交通大臣とし、その他の事項については国土交通大臣、国家公安委員会、総務大臣及び文部科学大臣とする。

2　第九条、第九条の二第一項、第九条の三から第九条の五まで、第九条の七、第二十二条の二第一項及び第二項（これらの規定を同条第五項において読み替えて準用する場合を含む。）、第二十四条、第二十四条の六第四項及び第五項、第二十九条第一項、第二項（同条第四項において準用する場合を含む。）、第三項及び第五項、第三十二条第三項、第三十八条第二項、前条第一項並びに次条における主務大臣は国土交通大臣とし、第二十四条の二第七項及び第八項（これらの規定を同条第十項並びに第二十五条第十項及び第十一項において準用する場合を含む。）における主務大臣は国土交通大臣、国家公安委員会、総務大臣及び文部科学大臣とする。

3　この法律における主務省令は、国土交通省令とする。ただし、第三十条における主務省令は、総務省令とし、第三十六条第二項における主務省令は、国家公安委員会規則とする。

4　この法律による国土交通大臣の権限は、国土交通省令で定めるところにより、地方支分部局の長に委任することができる。

（**不服申立て**）

第五十五条　市町村が第三十二条第五項の規定により道路管理者に代わってした処分に不服がある者は、当該市町村の長に対して審査請求をし、その裁決に不服がある者は、主務大臣に対して再審査請求をすることができる。

（**事務の区分**）

第五十六条　第三十二条の規定により国道に関して市町村が処理することとされている事務（費用の負担及び徴収に関するものを除く。）は、地方自治法（昭和二十二年法律第六十七号）第二条第九項第一号に規定する第一号法定受託事務とする。

（**道路法の適用**）

第五十七条　第三十二条第五項の規定により道路管理者に代わってその権限を行う市町村は、道路法第八章の規定の適用については、道路管理者とみなす。

（**経過措置**）

第五十八条　この法律に基づき命令を制定し、又は改廃する場合においては、その命令で、その制定又は改廃に伴い合理的に必要と判断される範囲内において、所要の経過措置（罰則に関する経過措置を含む。）を定めることができる。

第七章　罰則

第五十九条　第九条第三項、第十二条第三項又は第十五条第一項の規定による命令に違反した者は、三百万円以下の罰金に処する。

第六十条　次の各号のいずれかに該当する者は、百万円以下の罰金に処する。

一　第九条第二項の規定に違反して、届出をせず、又は虚偽の届出をした者

二　第三十八条第四項の規定による命令に違反した者

三　第五十三条第一項の規定による報告をせず、若しくは虚偽の報告をし、又は同項の規定による検査を拒み、妨げ、若しくは忌避し、若しくは質問に対して陳述をせず、

若しくは虚偽の陳述をした者

第六十一条　次の各号のいずれかに該当する者は、五十万円以下の罰金に処する。

一　第九条の四の規定による提出をしなかった者

二　第九条の五の規定による報告をせず、又は虚偽の報告をした者

三　第十二条第一項又は第二項の規定に違反して、届出をせず、又は虚偽の届出をした者

第六十二条　次の各号のいずれかに該当する者は、三十万円以下の罰金に処する。

一　第二十条第二項の規定に違反して、表示を付した者

二　第二十四条の六第一項又は第二項の規定に違反して、届出をせず、又は虚偽の届出をして、同条第一項本文又は第二項に規定する行為をした者

三　第五十三条第三項の規定による報告をせず、若しくは虚偽の報告をし、又は同項の規定による検査を拒み、妨げ、若しくは忌避し、若しくは質問に対して陳述をせず、若しくは虚偽の陳述をした者

第六十三条　次の各号のいずれかに該当する者は、二十万円以下の罰金に処する。

一　第五十三条第二項の規定による報告をせず、若しくは虚偽の報告をし、又は同項の規定による検査を拒み、妨げ、若しくは忌避し、若しくは質問に対して陳述をせず、若しくは虚偽の陳述をした者

二　第五十三条第四項又は第五項の規定による報告をせず、又は虚偽の報告をした者

第六十四条　法人の代表者又は法人若しくは人の代理人、使用人その他の従業者が、その法人又は人の業務に関し、第五十九条から前条までの違反行為をしたときは、行為者を罰するほか、その法人又は人に対しても各本条の刑を科する。

第六十五条　第九条の六の規定による公表をせず、又は虚偽の公表をした者は、五十万円以下の過料に処する。

第六十六条　第二十四条の八第一項（第四十条の二第二項において準用する場合を含む。）の規定による情報の提供をせず、又は虚偽の情報の提供をした者は、二十万円以下の過料に処する。

・海上運送法等の一部を改正する法律（令和五・五・一二法律二四）

附則　抄

（施行期日）

第一条　この法律は、公布の日から起算して一年を超えない範囲内において政令で定める日から施行する。ただし、次の各号に掲げる規定は、当該各号に定める日から施行する。

四　（略）公布の日から起算して二年を超えない範囲内において政令で定める日

福祉用具の研究開発及び普及の促進に関する法律

（平成五・五・六　法律三八）

最新改正　平成二六法律六七

第一章　総則

（目的）

第一条　この法律は、心身の機能が低下し日常生活を営むのに支障のある老人及び心身障害者の自立の促進並びにこれらの者の介護を行う者の負担の軽減を図るため、福祉用具の研究開発及び普及を促進し、もってこれらの者の福祉の増進に寄与し、あわせて産業技術の向上に資することを目的とする。

（定義）

第二条　この法律において「福祉用具」とは、心身の機能が低下し日常生活を営むのに支障のある老人（以下単に「老人」という。）又は心身障害者の日常生活上の便宜を図るための用具及びこれらの者の機能訓練のための用具並びに補装具をいう。

第二章　基本方針等

（基本方針）

第三条　厚生労働大臣及び経済産業大臣は、福祉用具の研究開発及び普及を促進するための措置に関する基本的な方針（以下「基本方針」という。）を定めなければならない。

2　基本方針に定める事項は、次のとおりとする。

一　福祉用具の研究開発及び普及の動向に関する事項
二　福祉用具の研究開発及び普及の目標に関する事項
三　福祉用具の研究開発及び普及を促進するため講じようとする施策の基本となるべき事項
四　福祉用具の研究開発及び普及を促進するため第五条各項に規定する事業者及び施設の開設者が講ずべき措置に関する事項
五　前各号に掲げるもののほか、福祉用具の研究開発及び普及の促進に関する重要事項

3　厚生労働大臣及び経済産業大臣は、基本方針を定めるに当たっては、老人及び心身障害者の心身の特性並びにこれらの者の置かれている環境並びに福祉用具に係る技術の動向を十分に踏まえるとともに、福祉用具の研究開発と普及が相互に連携して行われるように留意しなければならない。

4　厚生労働大臣及び経済産業大臣は、基本方針を定め、又はこれを変更したときは、遅滞なく、これを公表しなければならない。

（**国及び地方公共団体の責務**）
第四条　国は、この法律の目的を達成するために必要な福祉用具の研究開発及び普及の促進を図るための財政上及び金融上の措置その他の措置を講ずるように努めなければならない。

2　地方公共団体は、福祉用具の普及の促進を図るために必要な措置を講ずるように努めなければならない。

3　国及び地方公共団体は、広報活動等を通じて、福祉用具に対する国民の関心と理解を深めるように努めなければならない。

（**事業者等の責務**）
第五条　福祉用具の製造の事業を行う者は、常に、老人及び心身障害者の心身の特性並びにこれらの者の置かれている環境を踏まえ、その製造する福祉用具の品質の向上及び利用者等からの苦情の適切な処理に努めなければならない。

2　福祉用具の販売又は賃貸の事業を行う者は、常に、老人及び心身障害者の心身の特性並びにこれらの者の置かれている環境を踏まえ、その管理に係る福祉用具を衛生的に取り扱うとともに、福祉用具の利用者の相談に応じて、当該利用者がその心身の状況及びその置かれている環境に応じた福祉用具を適切に利用できるように努めなければならない。

3　老人福祉施設、障害者支援施設その他の厚生労働省令で定める施設の開設者は、常に、老人及び心身障害者の心身の特性並びに当該施設の入所者等の心身の状況を踏まえ、必要な福祉用具の導入に努めなければならない。

（**国有施設の使用**）
第六条　国は、政令の定めるところにより、福祉用具の研究開発を行う者に国有の試験研究施設を使用させる場合において、福祉用具の研究開発を促進するため特に必要があると認めるときは、その使用の対価を時価よりも低く定めることができる。

第三章　国立研究開発法人新エネルギー・産業技術総合開発機構の業務

第七条　国立研究開発法人新エネルギー・産業技術総合開発機構（以下「機構」という。）は、福祉用具に関する産業技術の研究開発を促進するため、次の業務を行う。
一　産業技術の実用化に関する研究開発であって、福祉用具に係る技術の向上に資するものを助成すること。
二　福祉用具に関する産業技術に係る情報の収集及び前号の業務の対象となる者に対する当該情報の提供その他の援助を行うこと。
三　前二号の業務に附帯する業務を行うこと。

第四章　地方公共団体の講ずる措置等

（**市町村の講ずる措置**）
第八条　市町村は、福祉用具の利用者がその心身の状況及びその置かれている環境に応じて、福祉用具を適切に利用できるよう、福祉用具に関する情報の提供、相談その他必要な措置を講ずるように努めなければならない。

（**都道府県の講ずる措置**）
第九条　都道府県は、福祉用具に関する情報の提供及び相談のうち専門的な知識及び技術を必要とするものを行うとともに、前条に規定する措置の実施に関し助言その他の援助を行うように努めなければならない。

（**関係機関等との連携**）
第十条　都道府県及び市町村は、前二条に規定する措置の実施に当たっては、関係機関及び関係団体等との連携に努めなければならない。

介護保険法

（平成九・一二・一七）
（法律一二三）

最新改正 令和五法律三一

第一章 総則

（目的）

第一条 この法律は、加齢に伴って生ずる心身の変化に起因する疾病等により要介護状態となり、入浴、排せつ、食事等の介護、機能訓練並びに看護及び療養上の管理その他の医療を要する者等について、これらの者が尊厳を保持し、その有する能力に応じ自立した日常生活を営むことができるよう、必要な保健医療サービス及び福祉サービスに係る給付を行うため、国民の共同連帯の理念に基づき介護保険制度を設け、その行う保険給付等に関して必要な事項を定め、もって国民の保健医療の向上及び福祉の増進を図ることを目的とする。

（介護保険）

第二条 介護保険は、被保険者の要介護状態又は要支援状態（以下「要介護状態等」という。）に関し、必要な保険給付を行うものとする。

2 前項の保険給付は、要介護状態等の軽減又は悪化の防止に資するよう行われるとともに、医療との連携に十分配慮して行われなければならない。

3 第一項の保険給付は、被保険者の心身の状況、その置かれている環境等に応じて、被保険者の選択に基づき、適切な保健医療サービス及び福祉サービスが、多様な事業者又は施設から、総合的かつ効率的に提供されるよう配慮して行われなければならない。

4 第一項の保険給付の内容及び水準は、被保険者が要介護状態となった場合においても、可能な限り、その居宅において、その有する能力に応じ自立した日常生活を営むことができるように配慮されなければならない。

（保険者）

第三条 市町村及び特別区は、この法律の定めるところにより、介護保険を行うものとする。

2 市町村及び特別区は、介護保険に関する収入及び支出について、政令で定めるところにより、特別会計を設けなければならない。

（国民の努力及び義務）

第四条 国民は、自ら要介護状態となることを予防するため、加齢に伴って生ずる心身の変化を自覚して常に健康の保持増進に努めるとともに、要介護状態となった場合においても、進んでリハビリテーションその他の適切な保健医療サービス及び福祉サービスを利用することにより、その有する能力の維持向上に努めるものとする。

2 国民は、共同連帯の理念に基づき、介護保険事業に要する費用を公平に負担するものとする。

（国及び地方公共団体の責務）

第五条 国は、介護保険事業の運営が健全かつ円滑に行われるよう保健医療サービス及び福祉サービスを提供する体制の確保に関する施策その他の必要な各般の措置を講じなければならない。

2 都道府県は、介護保険事業の運営が健全かつ円滑に行われるように、必要な助言及び適切な援助をしなければならない。

3 都道府県は、前項の助言及び援助をするに当たっては、介護サービスを提供する事業所又は施設における業務の効率化、介護サービスの質の向上その他の生産性の向上に資する取組が促進されるよう努めなければならない。

4 国及び地方公共団体は、被保険者が、可能な限り、住み慣れた地域でその有する能力に応じ自立した日常生活を営むことができるよう、保険給付に係る保健医療サービス及び福祉サービスに関する施策、要介護状態等となることの予防又は要介護状態等の軽減若しくは悪化の防止のための施策並びに地域における自立した日常生活の支援のための施策を、医療及び居住に関する施策との有機的な連携を図りつつ包括的に推進するよう努めなければならない。

5 国及び地方公共団体は、前項の規定により同項に掲げる施策を包括的に推進するに当たっては、障害者その他の者の福祉に関する施策との有機的な連携を図るよう努めるとともに、地域住民が相互に人格と個性を尊重し合いながら、参加し、共生する地域社会の実現に資するよう努めなければならない。

（認知症に関する施策の総合的な推進等）

第五条の二 国及び地方公共団体は、認知症（アルツハイマー病その他の神経変性疾患、脳血管疾患その他の疾患により日常生活に支障が生じる程度にまで認知機能が低下した状態として政令で定める状態をいう。以下同じ。）に対する国民の関心及び理解を深め、認知症である者への支援が適切に行われるよう、認知症に関する知識の普及及び啓発に努めなければならない。

2　国及び地方公共団体は、被保険者に対して認知症に係る適切な保健医療サービス及び福祉サービスを提供するため、研究機関、医療機関、介護サービス事業者（第百十五条の三十二第一項に規定する介護サービス事業者をいう。）等と連携し、認知症の予防、診断及び治療並びに認知症である者の心身の特性に応じたリハビリテーション及び介護方法に関する調査研究の推進に努めるとともに、その成果を普及し、活用し、及び発展させるよう努めなければならない。

3　国及び地方公共団体は、地域における認知症である者への支援体制を整備すること、認知症である者を現に介護する者の支援並びに認知症である者の支援に係る人材の確保及び資質の向上を図るために必要な措置を講ずることその他の認知症に関する施策を総合的に推進するよう努めなければならない。

4　国及び地方公共団体は、前三項の施策の推進に当たっては、認知症である者及びその家族の意向の尊重に配慮するとともに、認知症である者が地域社会において尊厳を保持しつつ他の人々と共生することができるように努めなければならない。

（医療保険者の協力）

第六条　医療保険者は、介護保険事業が健全かつ円滑に行われるよう協力しなければならない。

（定義）

第七条　この法律において「要介護状態」とは、身体上又は精神上の障害があるために、入浴、排せつ、食事等の日常生活における基本的な動作の全部又は一部について、厚生労働省令で定める期間にわたり継続して、常時介護を要すると見込まれる状態であって、その介護の必要の程度に応じて厚生労働省令で定める区分（以下「要介護状態区分」という。）のいずれかに該当するもの（要支援状態に該当するものを除く。）をいう。

2　この法律において「要支援状態」とは、身体上若しくは精神上の障害があるために入浴、排せつ、食事等の日常生活における基本的な動作の全部若しくは一部について厚生労働省令で定める期間にわたり継続して常時介護を要する状態の軽減若しくは悪化の防止に特に資する支援を要すると見込まれ、又は身体上若しくは精神上の障害があるために厚生労働省令で定める期間にわたり継続して日常生活を営むのに支障があると見込まれる状態であって、支援の必要の程度に応じて厚生労働省令で定める区分（以下「要支援状態区分」という。）のいずれかに該当するものをいう。

3　この法律において「要介護者」とは、次の各号のいずれかに該当する者をいう。

一　要介護状態にある六十五歳以上の者

二　要介護状態にある四十歳以上六十五歳未満の者であって、その要介護状態の原因である身体上又は精神上の障害が加齢に伴って生ずる心身の変化に起因する疾病であって政令で定めるもの（以下「特定疾病」という。）によって生じたものであるもの

4　この法律において「要支援者」とは、次の各号のいずれかに該当する者をいう。

一　要支援状態にある六十五歳以上の者

二　要支援状態にある四十歳以上六十五歳未満の者であって、その要支援状態の原因である身体上又は精神上の障害が特定疾病によって生じたものであるもの

5　この法律において「介護支援専門員」とは、要介護者又は要支援者（以下「要介護者等」という。）からの相談に応じ、及び要介護者等がその心身の状況等に応じ適切な居宅サービス、地域密着型サービス、施設サービス、介護予防サービス若しくは地域密着型介護予防サービス又は特定介護予防・日常生活支援総合事業（第百十五条の四十五第一項第一号イに規定する第一号訪問事業、同号ロに規定する第一号通所事業又は同号ハに規定する第一号生活支援事業をいう。以下同じ。）を利用できるよう市町村、居宅サービス事業を行う者、地域密着型サービス事業を行う者、介護保険施設、介護予防サービス事業を行う者、地域密着型介護予防サービス事業を行う者、特定介護予防・日常生活支援総合事業を行う者等との連絡調整等を行う者であって、要介護者等が自立した日常生活を営むのに必要な援助に関する専門的知識及び技術を有するものとして第六十九条の七第一項の介護支援専門員証の交付を受けたものをいう。

6　この法律において「医療保険各法」とは、次に掲げる法律をいう。

一　健康保険法（大正十一年法律第七十号）

二　船員保険法（昭和十四年法律第七十三

号）

三　国民健康保険法（昭和三十三年法律第百九十二号）

四　国家公務員共済組合法（昭和三十三年法律第百二十八号）

五　地方公務員等共済組合法（昭和三十七年法律第百五十二号）

六　私立学校教職員共済法（昭和二十八年法律第二百四十五号）

7　この法律において「医療保険者」とは、医療保険各法の規定により医療に関する給付を行う全国健康保険協会、健康保険組合、都道府県及び市町村（特別区を含む。）、国民健康保険組合、共済組合又は日本私立学校振興・共済事業団をいう。

8　この法律において「医療保険加入者」とは、次に掲げる者をいう。

一　健康保険法の規定による被保険者。ただし、同法第三条第二項の規定による日雇特例被保険者を除く。

二　船員保険法の規定による被保険者

三　国民健康保険法の規定による被保険者

四　国家公務員共済組合法又は地方公務員等共済組合法に基づく共済組合の組合員

五　私立学校教職員共済法の規定による私立学校教職員共済制度の加入者

六　健康保険法、船員保険法、国家公務員共済組合法（他の法律において準用する場合を含む。）又は地方公務員等共済組合法の規定による被扶養者。ただし、健康保険法第三条第二項の規定による日雇特例被保険者の同法の規定による被扶養者を除く。

七　健康保険法第百二十六条の規定により日雇特例被保険者手帳の交付を受け、その手帳に健康保険印紙をはり付けるべき余白がなくなるに至るまでの間にある者及び同法の規定によるその者の被扶養者。ただし、同法第三条第二項ただし書の規定による承認を受けて同項の規定による日雇特例被保険者とならない期間内にある者及び同法第百二十六条第三項の規定により当該日雇特例被保険者手帳を返納した者並びに同法の規定によるその者の被扶養者を除く。

9　この法律において「社会保険各法」とは、次に掲げる法律をいう。

一　この法律

二　第六項各号（第四号を除く。）に掲げる法律

三　厚生年金保険法（昭和二十九年法律第百十五号）

四　国民年金法（昭和三十四年法律第百四十一号）

第八条　この法律において「居宅サービス」とは、訪問介護、訪問入浴介護、訪問看護、訪問リハビリテーション、居宅療養管理指導、通所介護、通所リハビリテーション、短期入所生活介護、短期入所療養介護、特定施設入居者生活介護、福祉用具貸与及び特定福祉用具販売をいい、「居宅サービス事業」とは、居宅サービスを行う事業をいう。

2　この法律において「訪問介護」とは、要介護者であって、居宅（老人福祉法（昭和三十八年法律第百三十三号）第二十条の六に規定する軽費老人ホーム、同法第二十九条第一項に規定する有料老人ホーム（以下「有料老人ホーム」という。）その他の厚生労働省令で定める施設における居室を含む。以下同じ。）において介護を受けるもの（以下「居宅要介護者」という。）について、その者の居宅において介護福祉士その他政令で定める者により行われる入浴、排せつ、食事等の介護その他の日常生活上の世話であって、厚生労働省令で定めるもの（定期巡回・随時対応型訪問介護看護（第十五項第二号に掲げるものに限る。）又は夜間対応型訪問介護に該当するものを除く。）をいう。

3　この法律において「訪問入浴介護」とは、居宅要介護者について、その者の居宅を訪問し、浴槽を提供して行われる入浴の介護をいう。

4　この法律において「訪問看護」とは、居宅要介護者（主治の医師がその治療の必要の程度につき厚生労働省令で定める基準に適合していると認めたものに限る。）について、その者の居宅において看護師その他厚生労働省令で定める者により行われる療養上の世話又は必要な診療の補助をいう。

5　この法律において「訪問リハビリテーション」とは、居宅要介護者（主治の医師がその治療の必要の程度につき厚生労働省令で定める基準に適合していると認めたものに限る。）について、その者の居宅において、その心身の機能の維持回復を図り、日常生活の自立を助けるために行われる理学療法、作業療法その他必要なリハビリテーションをいう。

6　この法律において「居宅療養管理指導」とは、居宅要介護者について、病院、診療所又は薬局（以下「病院等」という。）の医師、歯科医師、薬剤師その他厚生労働省令で定め

る者により行われる療養上の管理及び指導であって、厚生労働省令で定めるものをいう。

7　この法律において「通所介護」とは、居宅要介護者について、老人福祉法第五条の二第三項の厚生労働省令で定める施設又は同法第二十条の二の二に規定する老人デイサービスセンターに通わせ、当該施設において入浴、排せつ、食事等の介護その他の日常生活上の世話であって厚生労働省令で定めるもの及び機能訓練を行うこと（利用定員が厚生労働省令で定める数以上であるものに限り、認知症対応型通所介護に該当するものを除く。）をいう。

8　この法律において「通所リハビリテーション」とは、居宅要介護者（主治の医師がその治療の必要の程度につき厚生労働省令で定める基準に適合していると認めたものに限る。）について、介護老人保健施設、介護医療院、病院、診療所その他の厚生労働省令で定める施設に通わせ、当該施設において、その心身の機能の維持回復を図り、日常生活の自立を助けるために行われる理学療法、作業療法その他必要なリハビリテーションをいう。

9　この法律において「短期入所生活介護」とは、居宅要介護者について、老人福祉法第五条の二第四項の厚生労働省令で定める施設又は同法第二十条の三に規定する老人短期入所施設に短期間入所させ、当該施設において入浴、排せつ、食事等の介護その他の日常生活上の世話及び機能訓練を行うことをいう。

10　この法律において「短期入所療養介護」とは、居宅要介護者（その治療の必要の程度につき厚生労働省令で定めるものに限る。）について、介護老人保健施設、介護医療院その他の厚生労働省令で定める施設に短期間入所させ、当該施設において看護、医学的管理の下における介護及び機能訓練その他必要な医療並びに日常生活上の世話を行うことをいう。

11　この法律において「特定施設」とは、有料老人ホームその他厚生労働省令で定める施設であって、第二十一項に規定する地域密着型特定施設でないものをいい、「特定施設入居者生活介護」とは、特定施設に入居している要介護者について、当該特定施設が提供するサービスの内容、これを担当する者その他厚生労働省令で定める事項を定めた計画に基づき行われる入浴、排せつ、食事等の介護その他の日常生活上の世話であって厚生労働省令で定めるもの、機能訓練及び療養上の世話をいう。

12　この法律において「福祉用具貸与」とは、居宅要介護者について福祉用具（心身の機能が低下し日常生活を営むのに支障がある要介護者等の日常生活上の便宜を図るための用具及び要介護者等の機能訓練のための用具であって、要介護者等の日常生活の自立を助けるためのものをいう。次項並びに次条第十項及び第十一項において同じ。）のうち厚生労働大臣が定めるものの政令で定めるところにより行われる貸与をいう。

13　この法律において「特定福祉用具販売」とは、居宅要介護者について福祉用具のうち入浴又は排せつの用に供するものその他の厚生労働大臣が定めるもの（以下「特定福祉用具」という。）の政令で定めるところにより行われる販売をいう。

14　この法律において「地域密着型サービス」とは、定期巡回・随時対応型訪問介護看護、夜間対応型訪問介護、地域密着型通所介護、認知症対応型通所介護、小規模多機能型居宅介護、認知症対応型共同生活介護、地域密着型特定施設入居者生活介護、地域密着型介護老人福祉施設入所者生活介護及び複合型サービスをいい、「特定地域密着型サービス」とは、定期巡回・随時対応型訪問介護看護、夜間対応型訪問介護、地域密着型通所介護、認知症対応型通所介護、小規模多機能型居宅介護及び複合型サービスをいい、「地域密着型サービス事業」とは、地域密着型サービスを行う事業をいう。

15　この法律において「定期巡回・随時対応型訪問介護看護」とは、次の各号のいずれかに該当するものをいう。

一　居宅要介護者について、定期的な巡回訪問により、又は随時通報を受け、その者の居宅において、介護福祉士その他第二項の政令で定める者により行われる入浴、排せつ、食事等の介護その他の日常生活上の世話であって、厚生労働省令で定めるものを行うとともに、看護師その他厚生労働省令で定める者により行われる療養上の世話又は必要な診療の補助を行うこと。ただし、療養上の世話又は必要な診療の補助にあっては、主治の医師がその治療の必要の程度につき厚生労働省令で定める基準に適合していると認めた居宅要介護者についてのものに限る。

二　居宅要介護者について、定期的な巡回訪問により、又は随時通報を受け、訪問看護を行う事業所と連携しつつ、その者の居宅において介護福祉士その他第二項の政令で定める者により行われる入浴、排せつ、食事等の介護その他の日常生活上の世話であって、厚生労働省令で定めるものを行うこと。

16　この法律において「夜間対応型訪問介護」とは、居宅要介護者について、夜間において、定期的な巡回訪問により、又は随時通報を受け、その者の居宅において介護福祉士その他第二項の政令で定める者により行われる入浴、排せつ、食事等の介護その他の日常生活上の世話であって、厚生労働省令で定めるもの（定期巡回・随時対応型訪問介護看護に該当するものを除く。）をいう。

17　この法律において「地域密着型通所介護」とは、居宅要介護者について、老人福祉法第五条の二第三項の厚生労働省令で定める施設又は同法第二十条の二の二に規定する老人デイサービスセンターに通わせ、当該施設において入浴、排せつ、食事等の介護その他の日常生活上の世話であって厚生労働省令で定めるもの及び機能訓練を行うこと（利用定員が第七項の厚生労働省令で定める数未満であるものに限り、認知症対応型通所介護に該当するものを除く。）をいう。

18　この法律において「認知症対応型通所介護」とは、居宅要介護者であって、認知症であるものについて、老人福祉法第五条の二第三項の厚生労働省令で定める施設又は同法第二十条の二の二に規定する老人デイサービスセンターに通わせ、当該施設において入浴、排せつ、食事等の介護その他の日常生活上の世話であって厚生労働省令で定めるもの及び機能訓練を行うことをいう。

19　この法律において「小規模多機能型居宅介護」とは、居宅要介護者について、その者の心身の状況、その置かれている環境等に応じて、その者の選択に基づき、その者の居宅において、又は厚生労働省令で定めるサービスの拠点に通わせ、若しくは短期間宿泊させ、当該拠点において、入浴、排せつ、食事等の介護その他の日常生活上の世話であって厚生労働省令で定めるもの及び機能訓練を行うことをいう。

20　この法律において「認知症対応型共同生活介護」とは、要介護者であって認知症であるもの（その者の認知症の原因となる疾患が急性の状態にある者を除く。）について、その共同生活を営むべき住居において、入浴、排せつ、食事等の介護その他の日常生活上の世話及び機能訓練を行うことをいう。

21　この法律において「地域密着型特定施設入居者生活介護」とは、有料老人ホームその他第十一項の厚生労働省令で定める施設であって、その入居者が要介護者、その配偶者その他厚生労働省令で定める者に限られるもの（以下「介護専用型特定施設」という。）のうち、その入居定員が二十九人以下であるもの（以下この項において「地域密着型特定施設」という。）に入居している要介護者について、当該地域密着型特定施設が提供するサービスの内容、これを担当する者その他厚生労働省令で定める事項を定めた計画に基づき行われる入浴、排せつ、食事等の介護その他の日常生活上の世話であって厚生労働省令で定めるもの、機能訓練及び療養上の世話をいう。

22　この法律において「地域密着型介護老人福祉施設」とは、老人福祉法第二十条の五に規定する特別養護老人ホーム（入所定員が二十九人以下であるものに限る。以下この項において同じ。）であって、当該特別養護老人ホームに入所する要介護者（厚生労働省令で定める要介護状態区分に該当する状態である者その他居宅において日常生活を営むことが困難な者として厚生労働省令で定めるものに限る。以下この項及び第二十七項において同じ。）に対し、地域密着型施設サービス計画（地域密着型介護老人福祉施設に入所している要介護者について、当該施設が提供するサービスの内容、これを担当する者その他厚生労働省令で定める事項を定めた計画をいう。以下この項において同じ。）に基づいて、入浴、排せつ、食事等の介護その他の日常生活上の世話、機能訓練、健康管理及び療養上の世話を行うことを目的とする施設をいい、「地域密着型介護老人福祉施設入所者生活介護」とは、地域密着型介護老人福祉施設に入所する要介護者に対し、地域密着型施設サービス計画に基づいて行われる入浴、排せつ、食事等の介護その他の日常生活上の世話、機能訓練、健康管理及び療養上の世話をいう。

23　この法律において「複合型サービス」とは、居宅要介護者について、訪問介護、訪問入浴介護、訪問看護、訪問リハビリテーション、居宅療養管理指導、通所介護、通所リハビリテーション、短期入所生活介護、短期入所療養介護、定期巡回・随時対応型訪問介護看護、夜間対応型訪問介護、地域密着型通所介護、認知症対応型通所介護又は小規模多機能型居宅介護を二種類以上組み合わせることにより提供されるサービスのうち次に掲げるものをいう。

一　訪問看護及び小規模多機能型居宅介護を一体的に提供することにより、居宅要介護者について、その者の居宅において、又は第十九項の厚生労働省令で定めるサービスの拠点に通わせ、若しくは短期間宿泊させ、日常生活上の世話及び機能訓練並びに療養上の世話又は必要な診療の補助を行うもの

二　前号に掲げるもののほか、居宅要介護者について一体的に提供されることが特に効果的かつ効率的なサービスの組合せにより提供されるサービスとして厚生労働省令で定めるもの

24　この法律において「居宅介護支援」とは、居宅要介護者が第四十一条第一項に規定する指定居宅サービス又は特例居宅介護サービス費に係る居宅サービス若しくはこれに相当するサービス、第四十二条の二第一項に規定する指定地域密着型サービス又は特例地域密着型介護サービス費に係る地域密着型サービス若しくはこれに相当するサービス及びその他の居宅において日常生活を営むために必要な保健医療サービス又は福祉サービス（以下この項において「指定居宅サービス等」という。）の適切な利用等をすることができるよう、当該居宅要介護者の依頼を受けて、その心身の状況、その置かれている環境、当該居宅要介護者及びその家族の希望等を勘案し、利用する指定居宅サービス等の種類及び内容、これを担当する者その他厚生労働省令で定める事項を定めた計画（以下この項、第百十五条の四十五第二項第三号及び別表において「居宅サービス計画」という。）を作成するとともに、当該居宅サービス計画に基づく指定居宅サービス等の提供が確保されるよう、第四十一条第一項に規定する指定居宅サービス事業者、第四十二条の二第一項に規定する指定地域密着型サービス事業者その他の者との連絡調整その他の便宜の提供を行い、並びに当該居宅要介護者が地域密着型介護老人福祉施設又は介護保険施設への入所を要する場合にあっては、地域密着型介護老人福祉施設又は介護保険施設への紹介その他の便宜の提供を行うことをいい、「居宅介護支援事業」とは、居宅介護支援を行う事業をいう。

25　この法律において「介護保険施設」とは、第四十八条第一項第一号に規定する指定介護老人福祉施設、介護老人保健施設及び介護医療院をいう。

26　この法律において「施設サービス」とは、介護福祉施設サービス、介護保健施設サービス及び介護医療院サービスをいい、「施設サービス計画」とは、介護老人福祉施設、介護老人保健施設又は介護医療院に入所している要介護者について、これらの施設が提供するサービスの内容、これを担当する者その他厚生労働省令で定める事項を定めた計画をいう。

27　この法律において「介護老人福祉施設」とは、老人福祉法第二十条の五に規定する特別養護老人ホーム（入所定員が三十人以上であるものに限る。以下この項において同じ。）であって、当該特別養護老人ホームに入所する要介護者に対し、施設サービス計画に基づいて、入浴、排せつ、食事等の介護その他の日常生活上の世話、機能訓練、健康管理及び療養上の世話を行うことを目的とする施設をいい、「介護福祉施設サービス」とは、介護老人福祉施設に入所する要介護者に対し、施設サービス計画に基づいて行われる入浴、排せつ、食事等の介護その他の日常生活上の世話、機能訓練、健康管理及び療養上の世話をいう。

28　この法律において「介護老人保健施設」とは、要介護者であって、主としてその心身の機能の維持回復を図り、居宅における生活を営むことができるようにするための支援が必要である者（その治療の必要の程度につき厚生労働省令で定めるものに限る。以下この項において単に「要介護者」という。）に対し、施設サービス計画に基づいて、看護、医学的管理の下における介護及び機能訓練その他必要な医療並びに日常生活上の世話を行うことを目的とする施設として、第九十四条第一項の都道府県知事の許可を受けたものをいい、「介護保健施設サービス」とは、介護老人保健施設に入所する要介護者に対し、施設サービス計画に基づいて行われる看護、医学的管理の下における介護及び機能訓練その他必要な医療並びに日常生活上の世話をいう。

29　この法律において「介護医療院」とは、要介護者であって、主として長期にわたり療養が必要である者（その治療の必要の程度につ

き厚生労働省令で定めるものに限る。以下この項において単に「要介護者」という。）に対し、施設サービス計画に基づいて、療養上の管理、看護、医学的管理の下における介護及び機能訓練その他必要な医療並びに日常生活上の世話を行うことを目的とする施設として、第百七条第一項の都道府県知事の許可を受けたものをいい、「介護医療院サービス」とは、介護医療院に入所する要介護者に対し、施設サービス計画に基づいて行われる療養上の管理、看護、医学的管理の下における介護及び機能訓練その他必要な医療並びに日常生活上の世話をいう。

第八条の二　この法律において「介護予防サービス」とは、介護予防訪問入浴介護、介護予防訪問看護、介護予防訪問リハビリテーション、介護予防居宅療養管理指導、介護予防通所リハビリテーション、介護予防短期入所生活介護、介護予防短期入所療養介護、介護予防特定施設入居者生活介護、介護予防福祉用具貸与及び特定介護予防福祉用具販売をいい、「介護予防サービス事業」とは、介護予防サービスを行う事業をいう。

2　この法律において「介護予防訪問入浴介護」とは、要支援者であって、居宅において支援を受けるもの（以下「居宅要支援者」という。）について、その介護予防（身体上又は精神上の障害があるために入浴、排せつ、食事等の日常生活における基本的な動作の全部若しくは一部について常時介護を要し、又は日常生活を営むのに支障がある状態の軽減又は悪化の防止をいう。以下同じ。）を目的として、厚生労働省令で定める場合に、その者の居宅を訪問し、厚生労働省令で定める期間にわたり浴槽を提供して行われる入浴の介護をいう。

3　この法律において「介護予防訪問看護」とは、居宅要支援者（主治の医師がその治療の必要の程度につき厚生労働省令で定める基準に適合していると認めたものに限る。）について、その者の居宅において、その介護予防を目的として、看護師その他厚生労働省令で定める者により、厚生労働省令で定める期間にわたり行われる療養上の世話又は必要な診療の補助をいう。

4　この法律において「介護予防訪問リハビリテーション」とは、居宅要支援者（主治の医師がその治療の必要の程度につき厚生労働省令で定める基準に適合していると認めたものに限る。）について、その者の居宅において、その介護予防を目的として、厚生労働省令で定める期間にわたり行われる理学療法、作業療法その他必要なリハビリテーションをいう。

5　この法律において「介護予防居宅療養管理指導」とは、居宅要支援者について、その介護予防を目的として、病院等の医師、歯科医師、薬剤師その他厚生労働省令で定める者により行われる療養上の管理及び指導であって、厚生労働省令で定めるものをいう。

6　この法律において「介護予防通所リハビリテーション」とは、居宅要支援者（主治の医師がその治療の必要の程度につき厚生労働省令で定める基準に適合していると認めたものに限る。）について、介護老人保健施設、介護医療院、病院、診療所その他の厚生労働省令で定める施設に通わせ、当該施設において、その介護予防を目的として、厚生労働省令で定める期間にわたり行われる理学療法、作業療法その他必要なリハビリテーションをいう。

7　この法律において「介護予防短期入所生活介護」とは、居宅要支援者について、老人福祉法第五条の二第四項の厚生労働省令で定める施設又は同法第二十条の三に規定する老人短期入所施設に短期間入所させ、その介護予防を目的として、厚生労働省令で定める期間にわたり、当該施設において入浴、排せつ、食事等の介護その他の日常生活上の支援及び機能訓練を行うことをいう。

8　この法律において「介護予防短期入所療養介護」とは、居宅要支援者（その治療の必要の程度につき厚生労働省令で定めるものに限る。）について、介護老人保健施設、介護医療院その他の厚生労働省令で定める施設に短期間入所させ、その介護予防を目的として、厚生労働省令で定める期間にわたり、当該施設において看護、医学的管理の下における介護及び機能訓練その他必要な医療並びに日常生活上の支援を行うことをいう。

9　この法律において「介護予防特定施設入居者生活介護」とは、特定施設（介護専用型特定施設を除く。）に入居している要支援者について、その介護予防を目的として、当該特定施設が提供するサービスの内容、これを担当する者その他厚生労働省令で定める事項を定めた計画に基づき行われる入浴、排せつ、食事等の介護その他の日常生活上の支援であって厚生労働省令で定めるもの、機能訓練及び療養上の世話をいう。

10　この法律において「介護予防福祉用具貸与」とは、居宅要支援者について福祉用具のうちその介護予防に資するものとして厚生労働大臣が定めるものの政令で定めるところにより行われる貸与をいう。

11　この法律において「特定介護予防福祉用具販売」とは、居宅要支援者について福祉用具のうちその介護予防に資するものであって入浴又は排せつの用に供するものその他の厚生労働大臣が定めるもの（以下「特定介護予防福祉用具」という。）の政令で定めるところにより行われる販売をいう。

12　この法律において「地域密着型介護予防サービス」とは、介護予防認知症対応型通所介護、介護予防小規模多機能型居宅介護及び介護予防認知症対応型共同生活介護をいい、「特定地域密着型介護予防サービス」とは、介護予防認知症対応型通所介護及び介護予防小規模多機能型居宅介護をいい、「地域密着型介護予防サービス事業」とは、地域密着型介護予防サービスを行う事業をいう。

13　この法律において「介護予防認知症対応型通所介護」とは、居宅要支援者であって、認知症であるものについて、その介護予防を目的として、老人福祉法第五条の二第三項の厚生労働省令で定める施設又は同法第二十条の二の二に規定する老人デイサービスセンターに通わせ、当該施設において、厚生労働省令で定める期間にわたり、入浴、排せつ、食事等の介護その他の日常生活上の支援であって厚生労働省令で定めるもの及び機能訓練を行うことをいう。

14　この法律において「介護予防小規模多機能型居宅介護」とは、居宅要支援者について、その者の心身の状況、その置かれている環境等に応じて、その者の選択に基づき、その者の居宅において、又は厚生労働省令で定めるサービスの拠点に通わせ、若しくは短期間宿泊させ、当該拠点において、その介護予防を目的として、入浴、排せつ、食事等の介護その他の日常生活上の支援であって厚生労働省令で定めるもの及び機能訓練を行うことをいう。

15　この法律において「介護予防認知症対応型共同生活介護」とは、要支援者（厚生労働省令で定める要支援状態区分に該当する状態である者に限る。）であって認知症であるもの（その者の認知症の原因となる疾患が急性の状態にある者を除く。）について、その共同生活を営むべき住居において、その介護予防を目的として、入浴、排せつ、食事等の介護その他の日常生活上の支援及び機能訓練を行うことをいう。

16　この法律において「介護予防支援」とは、居宅要支援者が第五十三条第一項に規定する指定介護予防サービス又は特例介護予防サービス費に係る介護予防サービス若しくはこれに相当するサービス、第五十四条の二第一項に規定する指定地域密着型介護予防サービス又は特例地域密着型介護予防サービス費に係る地域密着型介護予防サービス若しくはこれに相当するサービス、特定介護予防・日常生活支援総合事業（市町村、第百十五条の四十五の三第一項に規定する指定事業者又は第百十五条の四十七第七項の受託者が行うものに限る。以下この項及び第三十二条第四項第二号において同じ。）及びその他の介護予防に資する保健医療サービス又は福祉サービス（以下この項において「指定介護予防サービス等」という。）の適切な利用等をすることができるよう、第百十五条の四十六第一項に規定する地域包括支援センターの職員及び第四十六条第一項に規定する指定居宅介護支援を行う事業所の従業者のうち厚生労働省令で定める者が、当該居宅要支援者の依頼を受けて、その心身の状況、その置かれている環境、当該居宅要支援者及びその家族の希望等を勘案し、利用する指定介護予防サービス等の種類及び内容、これを担当する者その他厚生労働省令で定める事項を定めた計画（以下この項、第百十五条の三十の二第一項、第百十五条の四十五第二項第三号及び別表において「介護予防サービス計画」という。）を作成するとともに、当該介護予防サービス計画に基づく指定介護予防サービス等の提供が確保されるよう、第五十三条第一項に規定する指定介護予防サービス事業者、第五十四条の二第一項に規定する指定地域密着型介護予防サービス事業者、特定介護予防・日常生活支援総合事業を行う者その他の者との連絡調整その他の便宜の提供を行うことをいい、「介護予防支援事業」とは、介護予防支援を行う事業をいう。

第二章　被保険者

（**被保険者**）

第九条　次の各号のいずれかに該当する者は、市町村又は特別区（以下単に「市町村」という。）が行う介護保険の被保険者とする。
一　市町村の区域内に住所を有する六十五歳以上の者（以下「第一号被保険者」という。）
二　市町村の区域内に住所を有する四十歳以上六十五歳未満の医療保険加入者（以下「第二号被保険者」という。）

（資格取得の時期）
第十条　前条の規定による当該市町村が行う介護保険の被保険者は、次の各号のいずれかに該当するに至った日から、その資格を取得する。
一　当該市町村の区域内に住所を有する医療保険加入者が四十歳に達したとき。
二　四十歳以上六十五歳未満の医療保険加入者又は六十五歳以上の者が当該市町村の区域内に住所を有するに至ったとき。
三　当該市町村の区域内に住所を有する四十歳以上六十五歳未満の者が医療保険加入者となったとき。
四　当該市町村の区域内に住所を有する者（医療保険加入者を除く。）が六十五歳に達したとき。

（資格喪失の時期）
第十一条　第九条の規定による当該市町村が行う介護保険の被保険者は、当該市町村の区域内に住所を有しなくなった日の翌日から、その資格を喪失する。ただし、当該市町村の区域内に住所を有しなくなった日に他の市町村の区域内に住所を有するに至ったときは、その日から、その資格を喪失する。
2　第二号被保険者は、医療保険加入者でなくなった日から、その資格を喪失する。

（届出等）
第十二条　第一号被保険者は、厚生労働省令で定めるところにより、被保険者の資格の取得及び喪失に関する事項その他必要な事項を市町村に届け出なければならない。ただし、第十条第四号に該当するに至ったことにより被保険者の資格を取得した場合（厚生労働省令で定める場合を除く。）については、この限りでない。
2　第一号被保険者の属する世帯の世帯主は、その世帯に属する第一号被保険者に代わって、当該第一号被保険者に係る前項の規定による届出をすることができる。
3　被保険者は、市町村に対し、当該被保険者に係る被保険者証の交付を求めることができる。
4　被保険者は、その資格を喪失したときは、厚生労働省令で定めるところにより、速やかに、被保険者証を返還しなければならない。
5　住民基本台帳法（昭和四十二年法律第八十一号）第二十二条から第二十四条まで、第二十五条、第三十条の四十六又は第三十条の四十七の規定による届出があったとき（当該届出に係る書面に同法第二十八条の三の規定による付記がされたときに限る。）は、その届出と同一の事由に基づく第一項本文の規定による届出があったものとみなす。
6　前各項に規定するもののほか、被保険者に関する届出及び被保険者証に関して必要な事項は、厚生労働省令で定める。

（住所地特例対象施設に入所又は入居中の被保険者の特例）
第十三条　次に掲げる施設（以下「住所地特例対象施設」という。）に入所又は入居（以下「入所等」という。）をすることにより当該住所地特例対象施設の所在する場所に住所を変更したと認められる被保険者（第三号に掲げる施設に入所することにより当該施設の所在する場所に住所を変更したと認められる被保険者にあっては、老人福祉法第十一条第一項第一号の規定による入所措置がとられた者に限る。以下この項及び次項において「住所地特例対象被保険者」という。）であって、当該住所地特例対象施設に入所等をした際他の市町村（当該住所地特例対象施設が所在する市町村以外の市町村をいう。）の区域内に住所を有していたと認められるものは、第九条の規定にかかわらず、当該他の市町村が行う介護保険の被保険者とする。ただし、二以上の住所地特例対象施設に継続して入所等をしている住所地特例対象被保険者であって、現に入所等をしている住所地特例対象施設（以下この項及び次項において「現入所施設」という。）に入所等をする直前に入所等をしていた住所地特例対象施設（以下この項において「直前入所施設」という。）及び現入所施設のそれぞれに入所等をすることにより直前入所施設及び現入所施設のそれぞれの所在する場所に順次住所を変更したと認められるもの（次項において「特定継続入所被保険者」という。）については、この限りでない。
一　介護保険施設
二　特定施設
三　老人福祉法第二十条の四に規定する養護老人ホーム
2　特定継続入所被保険者のうち、次の各号に

社会福祉

掲げるものは、第九条の規定にかかわらず、当該各号に定める市町村が行う介護保険の被保険者とする。

一　継続して入所等をしている二以上の住所地特例対象施設のそれぞれに入所等をすることによりそれぞれの住所地特例対象施設の所在する場所に順次住所を変更したと認められる住所地特例対象被保険者であって、当該二以上の住所地特例対象施設のうち最初の住所地特例対象施設に入所等をした際他の市町村（現入所施設が所在する市町村以外の市町村をいう。）の区域内に住所を有していたと認められるもの　当該他の市町村

二　継続して入所等をしている二以上の住所地特例対象施設のうち一の住所地特例対象施設から継続して他の住所地特例対象施設に入所等をすること（以下この号において「継続入所等」という。）により当該一の住所地特例対象施設の所在する場所以外の場所から当該他の住所地特例対象施設の所在する場所への住所の変更（以下この号において「特定住所変更」という。）を行ったと認められる住所地特例対象被保険者であって、最後に行った特定住所変更に係る継続入所等の際他の市町村（現入所施設が所在する市町村以外の市町村をいう。）の区域内に住所を有していたと認められるもの　当該他の市町村

3　第一項の規定により同項に規定する当該他の市町村が行う介護保険の被保険者とされた者又は前項の規定により同項各号に定める当該他の市町村が行う介護保険の被保険者とされた者（以下「住所地特例適用被保険者」という。）が入所等をしている住所地特例対象施設は、当該住所地特例対象施設の所在する市町村（以下「施設所在市町村」という。）及び当該住所地特例適用被保険者に対し介護保険を行う市町村に、必要な協力をしなければならない。

第三章　介護認定審査会

（**介護認定審査会**）

第十四条　第三十八条第二項に規定する審査判定業務を行わせるため、市町村に介護認定審査会（以下「認定審査会」という。）を置く。

（**委員**）

第十五条　認定審査会の委員の定数は、政令で定める基準に従い条例で定める数とする。

2　委員は、要介護者等の保健、医療又は福祉に関する学識経験を有する者のうちから、市町村長（特別区にあっては、区長。以下同じ。）が任命する。

（**共同設置の支援**）

第十六条　都道府県は、認定審査会について地方自治法（昭和二十二年法律第六十七号）第二百五十二条の七第一項の規定による共同設置をしようとする市町村の求めに応じ、市町村相互間における必要な調整を行うことができる。

2　都道府県は、認定審査会を共同設置した市町村に対し、その円滑な運営が確保されるように必要な技術的な助言その他の援助をすることができる。

（**政令への委任規定**）

第十七条　この法律に定めるもののほか、認定審査会に関し必要な事項は、政令で定める。

第四章　保険給付

第一節　通則

（**保険給付の種類**）

第十八条　この法律による保険給付は、次に掲げる保険給付とする。

一　被保険者の要介護状態に関する保険給付（以下「介護給付」という。）

二　被保険者の要支援状態に関する保険給付（以下「予防給付」という。）

三　前二号に掲げるもののほか、要介護状態等の軽減又は悪化の防止に資する保険給付として条例で定めるもの（第五節において「市町村特別給付」という。）

（**市町村の認定**）

第十九条　介護給付を受けようとする被保険者は、要介護者に該当すること及びその該当する要介護状態区分について、市町村の認定（以下「要介護認定」という。）を受けなければならない。

2　予防給付を受けようとする被保険者は、要支援者に該当すること及びその該当する要支援状態区分について、市町村の認定（以下「要支援認定」という。）を受けなければならない。

（**他の法令による給付との調整**）

第二十条　介護給付又は予防給付（以下「介護給付等」という。）は、当該要介護状態等につき、労働者災害補償保険法（昭和二十二年法律第五十号）の規定による療養補償給付、複数事業労働者療養給付若しくは療養給付そ

社会福祉

の他の法令に基づく給付であって政令で定めるもののうち介護給付等に相当するものを受けることができるときは政令で定める限度において、又は当該政令で定める給付以外の給付であって国若しくは地方公共団体の負担において介護給付等に相当するものが行われたときはその限度において、行わない。

（損害賠償請求権）

第二十一条　市町村は、給付事由が第三者の行為によって生じた場合において、保険給付を行ったときは、その給付の価額の限度において、被保険者が第三者に対して有する損害賠償の請求権を取得する。

2　前項に規定する場合において、保険給付を受けるべき者が第三者から同一の事由について損害賠償を受けたときは、市町村は、その価額の限度において、保険給付を行う責めを免れる。

3　市町村は、第一項の規定により取得した請求権に係る損害賠償金の徴収又は収納の事務を国民健康保険法第四十五条第五項に規定する国民健康保険団体連合会（以下「連合会」という。）であって厚生労働省令で定めるものに委託することができる。

（不正利得の徴収等）

第二十二条　偽りその他不正の行為によって保険給付を受けた者があるときは、市町村は、その者からその給付の価額の全部又は一部を徴収することができるほか、当該偽りその他不正の行為によって受けた保険給付が第五十一条の三第一項の規定による特定入所者介護サービス費の支給、第五十一条の四第一項の規定による特例特定入所者介護サービス費の支給、第六十一条の三第一項の規定による特定入所者介護予防サービス費の支給又は第六十一条の四第一項の規定による特例特定入所者介護予防サービス費の支給であるときは、市町村は、厚生労働大臣の定める基準により、その者から当該偽りその他不正の行為によって支給を受けた額の百分の二百に相当する額以下の金額を徴収することができる。

2　前項に規定する場合において、訪問看護、訪問リハビリテーション、通所リハビリテーション若しくは短期入所療養介護、定期巡回・随時対応型訪問介護看護又は介護予防訪問看護、介護予防訪問リハビリテーション、介護予防通所リハビリテーション若しくは介護予防短期入所療養介護についてその治療の必要の程度につき診断する医師その他居宅サービス若しくはこれに相当するサービス、地域密着型サービス若しくはこれに相当するサービス、施設サービス又は介護予防サービス若しくはこれに相当するサービスに従事する医師又は歯科医師が、市町村に提出されるべき診断書に虚偽の記載をしたため、その保険給付が行われたものであるときは、市町村は、当該医師又は歯科医師に対し、保険給付を受けた者に連帯して同項の徴収金を納付すべきことを命ずることができる。

3　市町村は、第四十一条第一項に規定する指定居宅サービス事業者、第四十二条の二第一項に規定する指定地域密着型サービス事業者、第四十六条第一項に規定する指定居宅介護支援事業者、介護保険施設、第五十三条第一項に規定する指定介護予防サービス事業者、第五十四条の二第一項に規定する指定地域密着型介護予防サービス事業者又は第五十八条第一項に規定する指定介護予防支援事業者（以下この項において「指定居宅サービス事業者等」という。）が、偽りその他不正の行為により第四十一条第六項、第四十二条の二第六項、第四十六条第四項、第四十八条第四項、第五十一条の三第四項、第五十三条第四項、第五十四条の二第六項、第五十八条第四項又は第六十一条の三第四項の規定による支払を受けたときは、当該指定居宅サービス事業者等から、その支払った額につき返還させるべき額を徴収するほか、その返還させるべき額に百分の四十を乗じて得た額を徴収することができる。

（文書の提出等）

第二十三条　市町村は、保険給付に関して必要があると認めるときは、当該保険給付を受ける者若しくは当該保険給付に係る居宅サービス等（居宅サービス（これに相当するサービスを含む。）、地域密着型サービス（これに相当するサービスを含む。）、居宅介護支援（これに相当するサービスを含む。）、施設サービス、介護予防サービス（これに相当するサービスを含む。）、地域密着型介護予防サービス（これに相当するサービスを含む。）若しくは介護予防支援（これに相当するサービスを含む。）をいう。以下同じ。）を担当する者若しくは保険給付に係る第四十五条第一項に規定する住宅改修を行う者又はこれらの者であった者（第二十四条の二第一項第一号において「照会等対象者」という。）に対し、文書その他の物件の提出若しくは提示を求め、若しくは依頼し、又は当該職員に質問若しくは照会をさせることができる。

（**帳簿書類の提示等**）

第二十四条　厚生労働大臣又は都道府県知事は、介護給付等（居宅介護住宅改修費の支給及び介護予防住宅改修費の支給を除く。次項及び第二百八条において同じ。）に関して必要があると認めるときは、居宅サービス等を行った者又はこれを使用する者に対し、その行った居宅サービス等に関し、報告若しくは当該居宅サービス等の提供の記録、帳簿書類その他の物件の提示を命じ、又は当該職員に質問させることができる。

2　厚生労働大臣又は都道府県知事は、必要があると認めるときは、介護給付等を受けた被保険者又は被保険者であった者に対し、当該介護給付等に係る居宅サービス等（以下「介護給付等対象サービス」という。）の内容に関し、報告を命じ、又は当該職員に質問させることができる。

3　前二項の規定による質問を行う場合においては、当該職員は、その身分を示す証明書を携帯し、かつ、関係人の請求があるときは、これを提示しなければならない。

4　第一項及び第二項の規定による権限は、犯罪捜査のために認められたものと解釈してはならない。

（**指定市町村事務受託法人**）

第二十四条の二　市町村は、次に掲げる事務の一部を、法人であって厚生労働省令で定める要件に該当し、当該事務を適正に実施することができると認められるものとして都道府県知事が指定するもの（以下この条において「指定市町村事務受託法人」という。）に委託することができる。

一　第二十三条に規定する事務（照会等対象者の選定に係るものを除く。）

二　第二十七条第二項（第二十八条第四項、第二十九条第二項、第三十条第二項、第三十一条第二項及び第三十二条第二項（第三十三条第四項、第三十三条の二第二項、第三十三条の三第二項及び第三十四条第二項において準用する場合を含む。）において準用する場合を含む。）の規定による調査に関する事務

三　その他厚生労働省令で定める事務

2　指定市町村事務受託法人は、前項第二号の事務を行うときは、介護支援専門員その他厚生労働省令で定める者に当該委託に係る調査を行わせるものとする。

3　指定市町村事務受託法人の役員若しくは職員（前項の介護支援専門員その他厚生労働省令で定める者を含む。次項において同じ。）又はこれらの職にあった者は、正当な理由なしに、当該委託事務に関して知り得た秘密を漏らしてはならない。

4　指定市町村事務受託法人の役員又は職員で、当該委託事務に従事するものは、刑法（明治四十年法律第四十五号）その他の罰則の適用については、法令により公務に従事する職員とみなす。

5　市町村は、第一項の規定により同項第一号又は第三号に掲げる事務を委託したときは、厚生労働省令で定めるところにより、その旨を公示しなければならない。

6　前各項に定めるもののほか、指定市町村事務受託法人に関し必要な事項は、政令で定める。

（**指定都道府県事務受託法人**）

第二十四条の三　都道府県は、次に掲げる事務の一部を、法人であって厚生労働省令で定める要件に該当し、当該事務を適正に実施することができると認められるものとして都道府県知事が指定するもの（以下「指定都道府県事務受託法人」という。）に委託することができる。

一　第二十四条第一項及び第二項に規定する事務（これらの項の規定による命令及び質問の対象となる者の選定に係るもの並びに当該命令を除く。）

二　その他厚生労働省令で定める事務

2　指定都道府県事務受託法人の役員若しくは職員又はこれらの職にあった者は、正当な理由なしに、当該委託事務に関して知り得た秘密を漏らしてはならない。

3　指定都道府県事務受託法人の役員又は職員で、当該委託事務に従事するものは、刑法その他の罰則の適用については、法令により公務に従事する職員とみなす。

4　都道府県は、第一項の規定により事務を委託したときは、厚生労働省令で定めるところにより、その旨を公示しなければならない。

5　第二十四条第三項の規定は、第一項の規定により委託を受けて行う同条第一項及び第二項の規定による質問について準用する。

6　前各項に定めるもののほか、指定都道府県事務受託法人に関し必要な事項は、政令で定める。

（**受給権の保護**）

第二十五条　保険給付を受ける権利は、譲り渡

し、担保に供し、又は差し押さえることができない。

（租税その他の公課の禁止）
第二十六条　租税その他の公課は、保険給付として支給を受けた金品を標準として、課することができない。

第二節　認定

（要介護認定）
第二十七条　要介護認定を受けようとする被保険者は、厚生労働省令で定めるところにより、申請書に被保険者証を添付して市町村に申請をしなければならない。この場合において、当該被保険者は、厚生労働省令で定めるところにより、第四十六条第一項に規定する指定居宅介護支援事業者、地域密着型介護老人福祉施設若しくは介護保険施設であって厚生労働省令で定めるもの又は第百十五条の四十六第一項に規定する地域包括支援センターに、当該申請に関する手続を代わって行わせることができる。

2　市町村は、前項の申請があったときは、当該職員をして、当該申請に係る被保険者に面接させ、その心身の状況、その置かれている環境その他厚生労働省令で定める事項について調査をさせるものとする。この場合において、市町村は、当該被保険者が遠隔の地に居所を有するときは、当該調査を他の市町村に嘱託することができる。

3　市町村は、第一項の申請があったときは、当該申請に係る被保険者の主治の医師に対し、当該被保険者の身体上又は精神上の障害の原因である疾病又は負傷の状況等につき意見を求めるものとする。ただし、当該被保険者に係る主治の医師がないときその他当該意見を求めることが困難なときは、市町村は、当該被保険者に対して、その指定する医師又は当該職員で医師であるものの診断を受けるべきことを命ずることができる。

4　市町村は、第二項の調査（第二十四条の二第一項第二号の規定により委託された場合にあっては、当該委託に係る調査を含む。）の結果、前項の主治の医師の意見又は指定する医師若しくは当該職員で医師であるものの診断の結果その他厚生労働省令で定める事項を認定審査会に通知し、第一項の申請に係る被保険者について、次の各号に掲げる被保険者の区分に応じ、当該各号に定める事項に関し審査及び判定を求めるものとする。

一　第一号被保険者　要介護状態に該当すること及びその該当する要介護状態区分

二　第二号被保険者　要介護状態に該当すること、その該当する要介護状態区分及びその要介護状態の原因である身体上又は精神上の障害が特定疾病によって生じたものであること。

5　認定審査会は、前項の規定により審査及び判定を求められたときは、厚生労働大臣が定める基準に従い、当該審査及び判定に係る被保険者について、同項各号に規定する事項に関し審査及び判定を行い、その結果を市町村に通知するものとする。この場合において、認定審査会は、必要があると認めるときは、次に掲げる事項について、市町村に意見を述べることができる。

一　当該被保険者の要介護状態の軽減又は悪化の防止のために必要な療養に関する事項

二　第四十一条第一項に規定する指定居宅サービス、第四十二条の二第一項に規定する指定地域密着型サービス又は第四十八条第一項に規定する指定施設サービス等の適切かつ有効な利用等に関し当該被保険者が留意すべき事項

6　認定審査会は、前項前段の審査及び判定をするに当たって必要があると認めるときは、当該審査及び判定に係る被保険者、その家族、第三項の主治の医師その他の関係者の意見を聴くことができる。

7　市町村は、第五項前段の規定により通知された認定審査会の審査及び判定の結果に基づき、要介護認定をしたときは、その結果を当該要介護認定に係る被保険者に通知しなければならない。この場合において、市町村は、次に掲げる事項を当該被保険者の被保険者証に記載し、これを返付するものとする。

一　該当する要介護状態区分

二　第五項第二号に掲げる事項に係る認定審査会の意見

8　要介護認定は、その申請のあった日にさかのぼってその効力を生ずる。

9　市町村は、第五項前段の規定により通知された認定審査会の審査及び判定の結果に基づき、要介護者に該当しないと認めたときは、理由を付して、その旨を第一項の申請に係る被保険者に通知するとともに、当該被保険者の被保険者証を返付するものとする。

10　市町村は、第一項の申請に係る被保険者が、正当な理由なしに、第二項の規定による調査（第二十四条の二第一項第二号の規定に

より委託された場合にあっては、当該委託に係る調査を含む。）に応じないとき、又は第三項ただし書の規定による診断命令に従わないときは、第一項の申請を却下することができる。

11　第一項の申請に対する処分は、当該申請のあった日から三十日以内にしなければならない。ただし、当該申請に係る被保険者の心身の状況の調査に日時を要する等特別な理由がある場合には、当該申請のあった日から三十日以内に、当該被保険者に対し、当該申請に対する処分をするためになお要する期間（次項において「処理見込期間」という。）及びその理由を通知し、これを延期することができる。

12　第一項の申請をした日から三十日以内に当該申請に対する処分がされないとき、若しくは前項ただし書の通知がないとき、又は処理見込期間が経過した日までに当該申請に対する処分がされないときは、当該申請に係る被保険者は、市町村が当該申請を却下したものとみなすことができる。

（要介護認定の更新）

第二十八条　要介護認定は、要介護状態区分に応じて厚生労働省令で定める期間（以下この条において「有効期間」という。）内に限り、その効力を有する。

2　要介護認定を受けた被保険者は、有効期間の満了後においても要介護状態に該当すると見込まれるときは、厚生労働省令で定めるところにより、市町村に対し、当該要介護認定の更新（以下「要介護更新認定」という。）の申請をすることができる。

3　前項の申請をすることができる被保険者が、災害その他やむを得ない理由により当該申請に係る要介護認定の有効期間の満了前に当該申請をすることができなかったときは、当該被保険者は、その理由のやんだ日から一月以内に限り、要介護更新認定の申請をすることができる。

4　前条（第八項を除く。）の規定は、前二項の申請及び当該申請に係る要介護更新認定について準用する。この場合において、同条の規定に関し必要な技術的読替えは、政令で定める。

5　市町村は、前項において準用する前条第二項の調査を第四十六条第一項に規定する指定居宅介護支援事業者、地域密着型介護老人福祉施設、介護保険施設その他の厚生労働省令で定める事業者若しくは施設（以下この条において「指定居宅介護支援事業者等」という。）又は介護支援専門員であって厚生労働省令で定めるものに委託することができる。

6　前項の規定により委託を受けた指定居宅介護支援事業者等は、介護支援専門員その他厚生労働省令で定める者に当該委託に係る調査を行わせるものとする。

7　第五項の規定により委託を受けた指定居宅介護支援事業者等（その者が法人である場合にあっては、その役員。次項において同じ。）若しくはその職員（前項の介護支援専門員その他厚生労働省令で定める者を含む。次項において同じ。）若しくは介護支援専門員又はこれらの職にあった者は、正当な理由なしに、当該委託業務に関して知り得た個人の秘密を漏らしてはならない。

8　第五項の規定により委託を受けた指定居宅介護支援事業者等若しくはその職員又は介護支援専門員で、当該委託業務に従事するものは、刑法その他の罰則の適用については、法令により公務に従事する職員とみなす。

9　第三項の申請に係る要介護更新認定は、当該申請に係る要介護認定の有効期間の満了日の翌日にさかのぼってその効力を生ずる。

10　第一項の規定は、要介護更新認定について準用する。この場合において、同項中「厚生労働省令で定める期間」とあるのは、「有効期間の満了日の翌日から厚生労働省令で定める期間」と読み替えるものとする。

（要介護状態区分の変更の認定）

第二十九条　要介護認定を受けた被保険者は、その介護の必要の程度が現に受けている要介護認定に係る要介護状態区分以外の要介護状態区分に該当すると認めるときは、厚生労働省令で定めるところにより、市町村に対し、要介護状態区分の変更の認定の申請をすることができる。

2　第二十七条及び前条第五項から第八項までの規定は、前項の申請及び当該申請に係る要介護状態区分の変更の認定について準用する。この場合において、これらの規定に関し必要な技術的読替えは、政令で定める。

第三十条　市町村は、要介護認定を受けた被保険者について、その介護の必要の程度が低下したことにより当該要介護認定に係る要介護状態区分以外の要介護状態区分に該当するに至ったと認めるときは、要介護状態区分の変更の認定をすることができる。この場合において、市町村は、厚生労働省令で定めるところにより、当該変更の認定に係る被保険者に対しその被保険者証の提出を求め、これに当該変更の認定に係る要介護状態区分及び次項において準用する第二十七条第五項後段の規定による認定審査会の意見（同項第二号に掲げる事項に係るものに限る。）を記載し、これを返付するものとする。

2　第二十七条第二項から第六項まで及び第七項前段並びに第二十八条第五項から第八項までの規定は、前項の要介護状態区分の変更の認定について準用する。この場合において、これらの規定に関し必要な技術的読替えは、政令で定める。

（**要介護認定の取消し**）

第三十一条　市町村は、要介護認定を受けた被保険者が次の各号のいずれかに該当するときは、当該要介護認定を取り消すことができる。この場合において、市町村は、厚生労働省令で定めるところにより、当該取消しに係る被保険者に対しその被保険者証の提出を求め、第二十七条第七項各号に掲げる事項の記載を消除し、これを返付するものとする。

一　要介護者に該当しなくなったと認めるとき。

二　正当な理由なしに、前条第二項若しくは次項において準用する第二十七条第二項の規定による調査（第二十四条の二第一項第二号又は前条第二項若しくは次項において準用する第二十八条第五項の規定により委託された場合にあっては、当該委託に係る調査を含む。）に応じないとき、又は前条第二項若しくは次項において準用する第二十七条第三項ただし書の規定による診断命令に従わないとき。

2　第二十七条第二項から第四項まで、第五項前段、第六項及び第七項前段並びに第二十八条第五項から第八項までの規定は、前項第一号の規定による要介護認定の取消しについて準用する。この場合において、これらの規定に関し必要な技術的読替えは、政令で定める。

（**要支援認定**）

第三十二条　要支援認定を受けようとする被保険者は、厚生労働省令で定めるところにより、申請書に被保険者証を添付して市町村に申請をしなければならない。この場合において、当該被保険者は、厚生労働省令で定めるところにより、第四十六条第一項に規定する指定居宅介護支援事業者、地域密着型介護老人福祉施設若しくは介護保険施設であって厚生労働省令で定めるもの又は第百十五条の四十六第一項に規定する地域包括支援センターに、当該申請に関する手続を代わって行わせることができる。

2　第二十七条第二項及び第三項の規定は、前項の申請に係る調査並びに同項の申請に係る被保険者の主治の医師の意見及び当該被保険者に対する診断命令について準用する。

3　市町村は、前項において準用する第二十七条第二項の調査（第二十四条の二第一項第二号の規定により委託された場合にあっては、当該委託に係る調査を含む。）の結果、前項において準用する第二十七条第三項の主治の医師の意見又は指定する医師若しくは当該職員で医師であるものの診断の結果その他厚生労働省令で定める事項を認定審査会に通知し、第一項の申請に係る被保険者について、次の各号に掲げる被保険者の区分に応じ、当該各号に定める事項に関し審査及び判定を求めるものとする。

一　第一号被保険者　要支援状態に該当すること及びその該当する要支援状態区分

二　第二号被保険者　要支援状態に該当すること、その該当する要支援状態区分及びその要支援状態の原因である身体上又は精神上の障害が特定疾病によって生じたものであること。

4　認定審査会は、前項の規定により審査及び判定を求められたときは、厚生労働大臣が定める基準に従い、当該審査及び判定に係る被保険者について、同項各号に規定する事項に関し審査及び判定を行い、その結果を市町村に通知するものとする。この場合において、認定審査会は、必要があると認めるときは、次に掲げる事項について、市町村に意見を述べることができる。

一　当該被保険者の要支援状態の軽減又は悪化の防止のために必要な療養及び家事に係る援助に関する事項

二　第五十三条第一項に規定する指定介護予防サービス若しくは第五十四条の二第一項に規定する指定地域密着型介護予防サービス又は特定介護予防・日常生活支援総合事業の適切かつ有効な利用等に関し当該被保険者が留意すべき事項

5　第二十七条第六項の規定は、前項前段の審査及び判定について準用する。

6　市町村は、第四項前段の規定により通知された認定審査会の審査及び判定の結果に基づ

社会福祉

き、要支援認定をしたときは、その結果を当該要支援認定に係る被保険者に通知しなければならない。この場合において、市町村は、次に掲げる事項を当該被保険者の被保険者証に記載し、これを返付するものとする。

一　該当する要支援状態区分

二　第四項第二号に掲げる事項に係る認定審査会の意見

7　要支援認定は、その申請のあった日にさかのぼってその効力を生ずる。

8　市町村は、第四項前段の規定により通知された認定審査会の審査及び判定の結果に基づき、要支援者に該当しないと認めたときは、理由を付して、その旨を第一項の申請に係る被保険者に通知するとともに、当該被保険者の被保険者証を返付するものとする。

9　第二十七条第十項から第十二項までの規定は、第一項の申請及び当該申請に対する処分について準用する。

（要支援認定の更新）

第三十三条　要支援認定は、要支援状態区分に応じて厚生労働省令で定める期間（以下この条において「有効期間」という。）内に限り、その効力を有する。

2　要支援認定を受けた被保険者は、有効期間の満了後においても要支援状態に該当すると見込まれるときは、厚生労働省令で定めるところにより、市町村に対し、当該要支援認定の更新（以下「要支援更新認定」という。）の申請をすることができる。

3　前項の申請をすることができる被保険者が、災害その他やむを得ない理由により当該申請に係る要支援認定の有効期間の満了前に当該申請をすることができなかったときは、当該被保険者は、その理由のやんだ日から一月以内に限り、要支援更新認定の申請をすることができる。

4　前条（第七項を除く。）及び第二十八条第五項から第八項までの規定は、前二項の申請及び当該申請に係る要支援更新認定について準用する。この場合において、これらの規定に関し必要な技術的読替えは、政令で定める。

5　第三項の申請に係る要支援更新認定は、当該申請に係る要支援認定の有効期間の満了日の翌日にさかのぼってその効力を生ずる。

6　第一項の規定は、要支援更新認定について準用する。この場合において、同項中「厚生労働省令で定める期間」とあるのは、「有効期間の満了日の翌日から厚生労働省令で定める期間」と読み替えるものとする。

（要支援状態区分の変更の認定）

第三十三条の二　要支援認定を受けた被保険者は、その支援の必要の程度が現に受けている要支援認定に係る要支援状態区分以外の要支援状態区分に該当すると認めるときは、厚生労働省令で定めるところにより、市町村に対し、要支援状態区分の変更の認定の申請をすることができる。

2　第二十八条第五項から第八項まで及び第三十二条の規定は、前項の申請及び当該申請に係る要支援状態区分の変更について準用する。この場合において、これらの規定に関し必要な技術的読替えは、政令で定める。

第三十三条の三　市町村は、要支援認定を受けた被保険者について、その支援の必要の程度が低下したことにより当該要支援認定に係る要支援状態区分以外の要支援状態区分に該当するに至ったと認めるときは、要支援状態区分の変更の認定をすることができる。この場合において、市町村は、厚生労働省令で定めるところにより、当該変更の認定に係る被保険者に対しその被保険者証の提出を求め、これに当該変更の認定に係る要支援状態区分及び次項において準用する第三十二条第四項後段の規定による認定審査会の意見（同項第二号に掲げる事項に係るものに限る。）を記載し、これを返付するものとする。

2　第二十八条第五項から第八項まで並びに第三十二条第二項から第五項まで及び第六項前段の規定は、前項の要支援状態区分の変更の認定について準用する。この場合において、これらの規定に関し必要な技術的読替えは、政令で定める。

（要支援認定の取消し）

第三十四条　市町村は、要支援認定を受けた被保険者が次の各号のいずれかに該当するときは、当該要支援認定を取り消すことができる。この場合において、市町村は、厚生労働省令で定めるところにより、当該取消しに係る被保険者に対しその被保険者証の提出を求め、第三十二条第六項各号に掲げる事項の記載を消除し、これを返付するものとする。

一　要支援者に該当しなくなったと認めるとき。

二　正当な理由なしに、前条第二項若しくは次項において準用する第三十二条第二項の規定により準用される第二十七条第二項の規定による調査（第二十四条の二第一項第二号又は前条第二項若しくは次項において準用する第二十八条第五項の規定により委託された場合にあっては、当該委託に係る調査を含む。）に応じないとき、又は次項において準用する第三十二条第二項の規定により準用される第二十七条第三項ただし書の規定による診断命令に従わないとき。

2　第二十八条第五項から第八項まで並びに第三十二条第二項、第三項、第四項前段、第五項及び第六項前段の規定は、前項第一号の規定による要支援認定の取消しについて準用する。この場合において、これらの規定に関し必要な技術的読替えは、政令で定める。

（要介護認定等の手続の特例）

第三十五条　認定審査会は、第二十七条第四項（第二十八条第四項において準用する場合を含む。）の規定により審査及び判定を求められた被保険者について、要介護者に該当しないと認める場合であっても、要支援者に該当すると認めるときは、第二十七条第五項（第二十八条第四項において準用する場合を含む。）の規定にかかわらず、その旨を市町村に通知することができる。

2　市町村は、前項の規定による通知があったときは、当該通知に係る被保険者について、第三十二条第一項の申請がなされ、同条第三項の規定により認定審査会に審査及び判定を求め、同条第四項の規定により認定審査会の通知を受けたものとみなし、要支援認定をすることができる。この場合において、市町村は、当該被保険者に、要支援認定をした旨を通知するとともに、同条第六項各号に掲げる事項を当該被保険者の被保険者証に記載し、これを返付するものとする。

3　認定審査会は、第三十二条第三項（第三十三条第四項において準用する場合を含む。）の規定により審査及び判定を求められた被保険者について、要介護者に該当すると認めるときは、第三十二条第四項（第三十三条第四項において準用する場合を含む。）の規定にかかわらず、その旨を市町村に通知することができる。

4　市町村は、前項の規定による通知があったときは、当該通知に係る被保険者について、第二十七条第一項の申請がなされ、同条第四項の規定により認定審査会に審査及び判定を求め、同条第五項の規定により認定審査会の通知を受けたものとみなし、要介護認定をすることができる。この場合において、市町村は、当該被保険者に、要介護認定をした旨を通知するとともに、同条第七項各号に掲げる事項を当該被保険者の被保険者証に記載し、これを返付するものとする。

5　認定審査会は、第三十一条第二項において準用する第二十七条第四項の規定により審査及び判定を求められた被保険者について、要介護者に該当しないと認める場合であっても、要支援者に該当すると認めるときは、第三十一条第二項において準用する第二十七条第五項の規定にかかわらず、その旨を市町村に通知することができる。

6　市町村は、前項の規定による通知があったときは、当該通知に係る被保険者について、第三十二条第一項の申請がなされ、同条第三項の規定により認定審査会に審査及び判定を求め、同条第四項の規定により認定審査会の通知を受けたものとみなし、要支援認定をすることができる。この場合において、市町村は、厚生労働省令で定めるところにより、当該通知に係る被保険者に対しその被保険者証の提出を求め、これに同条第六項各号に掲げる事項を記載し、これを返付するものとする。

（住所移転後の要介護認定及び要支援認定）

第三十六条　市町村は、他の市町村による要介護認定又は要支援認定を受けている者が当該市町村の行う介護保険の被保険者となった場合において、当該被保険者が、その資格を取得した日から十四日以内に、当該他の市町村から交付された当該要介護認定又は要支援認定に係る事項を証明する書面を添えて、要介護認定又は要支援認定の申請をしたときは、第二十七条第四項及び第七項前段又は第三十二条第三項及び第六項前段の規定にかかわらず、認定審査会の審査及び判定を経ることなく、当該書面に記載されている事項に即して、要介護認定又は要支援認定をすることができる。

（介護給付等対象サービスの種類の指定）

第三十七条　市町村は、要介護認定、要介護更新認定、第二十九条第二項において準用する第二十七条第七項若しくは第三十条第一項の規定による要介護状態区分の変更の認定、要支援認定、要支援更新認定又は第三十三条の二第二項において準用する第三十二条第六項若しくは第三十三条の三第一項の規定による要支援状態区分の変更の認定（以下この項において単に「認定」という。）をするに当たっては、第二十七条第五項第一号（第二十八条第四項、第二十九条第二項及び第三十条第二項において準用する場合を含む。）又は第三十二条第四項第一号（第三十三条第四項、第三十三条の二第二項及び第三十三条の三第二項において準用する場合を含む。）に掲げる事項に係る認定審査会の意見に基づき、当該認定に係る被保険者が受けることができる居宅介護サービス費若しくは特例居宅介護サービス費に係る居宅サービス、地域密着型介護サービス費若しくは特例地域密着型介護サービス費に係る地域密着型サービス、施設介護サービス費若しくは特例施設介護サービス費に係る施設サービス、介護予防サービス費若しくは特例介護予防サービス費に係る介護予防サービス又は地域密着型介護予防サービス費若しくは特例地域密着型介護予防サービス費に係る地域密着型介護予防サービスの種類を指定することができる。この場合において、市町村は、当該被保険者の被保険者証に、第二十七条第七項後段（第二十八条第四項及び第二十九条第二項において準用する場合を含む。）、第三十条第一項後段若しくは第三十五条第四項後段又は第三十二条第六項後段（第三十三条第四項及び第三十三条の二第二項において準用する場合を含む。）、第三十三条の三第一項後段若しくは第三十五条第六項後段の規定による記載に併せて、当該指定に係る居宅サービス、地域密着型サービス、施設サービス、介護予防サービス又は地域密着型介護予防サービスの種類を記載するものとする。

2　前項前段の規定による指定を受けた被保険者は、当該指定に係る居宅サービス、地域密着型サービス、施設サービス、介護予防サービス又は地域密着型介護予防サービスの種類の変更の申請をすることができる。

3　前項の申請は、厚生労働省令で定めるところにより、被保険者証を添付して行うものとする。

4　市町村は、第二項の申請があった場合において、厚生労働省令で定めるところにより、認定審査会の意見を聴き、必要があると認めるときは、当該指定に係る居宅サービス、地域密着型サービス、施設サービス、介護予防サービス又は地域密着型介護予防サービスの種類の変更をすることができる。

5　市町村は、前項の規定により第二項の申請に係る被保険者について第一項前段の規定による指定に係る居宅サービス、地域密着型サービス、施設サービス、介護予防サービス又は地域密着型介護予防サービスの種類を変更したときは、その結果を当該被保険者に通知するとともに、当該被保険者の被保険者証に変更後の居宅サービス、地域密着型サービス、施設サービス、介護予防サービス又は地域密着型介護予防サービスの種類を記載し、これを返付するものとする。

（**都道府県の援助等**）

第三十八条　都道府県は、市町村が行う第二十七条から第三十五条まで及び前条の規定による業務に関し、その設置する福祉事務所（社会福祉法（昭和二十六年法律第四十五号）に定める福祉に関する事務所をいう。）又は保健所による技術的事項についての協力その他市町村に対する必要な援助を行うことができる。

2　地方自治法第二百五十二条の十四第一項の規定により市町村の委託を受けて審査判定業務（第二十七条から第三十五条まで及び前条の規定により認定審査会が行う業務をいう。以下この条において同じ。）を行う都道府県に、当該審査判定業務を行わせるため、都道府県介護認定審査会を置く。

3　第十五条及び第十七条の規定は、前項の都道府県介護認定審査会について準用する。この場合において、第十五条中「市町村長（特別区にあっては、区長。以下同じ。）」とあるのは、「都道府県知事」と読み替えるものとする。

4　審査判定業務を都道府県に委託した市町村について第二十七条（第二十八条第四項、第二十九条第二項、第三十条第二項、第三十一条第二項及び第三十二条第五項において準用する場合を含む。）、第三十条、第三十二条（第三十三条第四項、第三十三条の二第二項、第三十三条の三第二項及び第三十四条第二項において準用する場合を含む。）、第三十三条の三及び第三十五条から前条までの規定を適用する場合においては、これらの規定中「認定審査会」とあるのは、「都道府県介護認定審査会」とする。

（**厚生労働省令への委任**）

第三十九条　この節に定めるもののほか、要介護認定及び要支援認定の申請その他の手続に関し必要な事項は、厚生労働省令で定める。

第三節　介護給付

（**介護給付の種類**）

第四十条　介護給付は、次に掲げる保険給付とする。

一　居宅介護サービス費の支給
二　特例居宅介護サービス費の支給
三　地域密着型介護サービス費の支給
四　特例地域密着型介護サービス費の支給
五　居宅介護福祉用具購入費の支給
六　居宅介護住宅改修費の支給
七　居宅介護サービス計画費の支給
八　特例居宅介護サービス計画費の支給
九　施設介護サービス費の支給
十　特例施設介護サービス費の支給
十一　高額介護サービス費の支給
十一の二　高額医療合算介護サービス費の支給
十二　特定入所者介護サービス費の支給
十三　特例特定入所者介護サービス費の支給

（居宅介護サービス費の支給）

第四十一条　市町村は、要介護認定を受けた被保険者（以下「要介護被保険者」という。）のうち居宅において介護を受けるもの（以下「居宅要介護被保険者」という。）が、都道府県知事が指定する者（以下「指定居宅サービス事業者」という。）から当該指定に係る居宅サービス事業を行う事業所により行われる居宅サービス（以下「指定居宅サービス」という。）を受けたときは、当該居宅要介護被保険者に対し、当該指定居宅サービスに要した費用（特定福祉用具の購入に要した費用を除き、通所介護、通所リハビリテーション、短期入所生活介護、短期入所療養介護及び特定施設入居者生活介護に要した費用については、食事の提供に要する費用、滞在に要する費用その他の日常生活に要する費用として厚生労働省令で定める費用を除く。以下この条において同じ。）について、居宅介護サービス費を支給する。ただし、当該居宅要介護被保険者が、第三十七条第一項の規定による指定を受けている場合において、当該指定に係る種類以外の居宅サービスを受けたときは、この限りでない。

2　居宅介護サービス費は、厚生労働省令で定めるところにより、市町村が必要と認める場合に限り、支給するものとする。

3　指定居宅サービスを受けようとする居宅要介護被保険者は、厚生労働省令で定めるところにより、自己の選定する指定居宅サービス事業者について、被保険者証を提示して、当該指定居宅サービスを受けるものとする。

4　居宅介護サービス費の額は、次の各号に掲げる居宅サービスの区分に応じ、当該各号に定める額とする。

一　訪問介護、訪問入浴介護、訪問看護、訪問リハビリテーション、居宅療養管理指導、通所介護、通所リハビリテーション及び福祉用具貸与　これらの居宅サービスの種類ごとに、当該居宅サービスの種類に係る指定居宅サービスの内容、当該指定居宅サービスの事業を行う事業所の所在する地域等を勘案して算定される当該指定居宅サービスに要する平均的な費用（通所介護及び通所リハビリテーションに要する費用については、食事の提供に要する費用その他の日常生活に要する費用として厚生労働省令で定める費用を除く。）の額を勘案して厚生労働大臣が定める基準により算定した費用の額（その額が現に当該指定居宅サービスに要した費用の額を超えるときは、当該現に指定居宅サービスに要した費用の額とする。）の百分の九十に相当する額

二　短期入所生活介護、短期入所療養介護及び特定施設入居者生活介護　これらの居宅サービスの種類ごとに、要介護状態区分、当該居宅サービスの種類に係る指定居宅サービスの事業を行う事業所の所在する地域等を勘案して算定される当該指定居宅サービスに要する平均的な費用（食事の提供に要する費用、滞在に要する費用その他の日常生活に要する費用として厚生労働省令で定める費用を除く。）の額を勘案して厚生労働大臣が定める基準により算定した費用の額（その額が現に当該指定居宅サービスに要した費用の額を超えるときは、当該現に指定居宅サービスに要した費用の額とする。）の百分の九十に相当する額

5　厚生労働大臣は、前項各号の基準を定めようとするときは、あらかじめ社会保障審議会の意見を聴かなければならない。

6　居宅要介護被保険者が指定居宅サービス事業者から指定居宅サービスを受けたとき（当該居宅要介護被保険者が第四十六条第四項の規定により指定居宅介護支援を受けることにつきあらかじめ市町村に届け出ている場合であって、当該指定居宅サービスが当該指定居宅介護支援の対象となっている場合その他の厚生労働省令で定める場合に限る。）は、市町村は、当該居宅要介護被保険者が当該指定居宅サービス事業者に支払うべき当該指定居宅サービスに要した費用について、居宅介護

サービス費として当該居宅要介護被保険者に対し支給すべき額の限度において、当該居宅要介護被保険者に代わり、当該指定居宅サービス事業者に支払うことができる。

7 前項の規定による支払があったときは、居宅要介護被保険者に対し居宅介護サービス費の支給があったものとみなす。

8 指定居宅サービス事業者は、指定居宅サービスその他のサービスの提供に要した費用につき、その支払を受ける際、当該支払をした居宅要介護被保険者に対し、厚生労働省令で定めるところにより、領収証を交付しなければならない。

9 市町村は、指定居宅サービス事業者から居宅介護サービス費の請求があったときは、第四項各号の厚生労働大臣が定める基準及び第七十四条第二項に規定する指定居宅サービスの事業の設備及び運営に関する基準（指定居宅サービスの取扱いに関する部分に限る。）に照らして審査した上、支払うものとする。

10 市町村は、前項の規定による審査及び支払に関する事務を連合会に委託することができる。

11 前項の規定による委託を受けた連合会は、当該委託をした市町村の同意を得て、厚生労働省令で定めるところにより、当該委託を受けた事務の一部を、営利を目的としない法人であって厚生労働省令で定める要件に該当するものに委託することができる。

12 前各項に規定するもののほか、居宅介護サービス費の支給及び指定居宅サービス事業者の居宅介護サービス費の請求に関して必要な事項は、厚生労働省令で定める。

（**特例居宅介護サービス費の支給**）

第四十二条 市町村は、次に掲げる場合には、居宅要介護被保険者に対し、特例居宅介護サービス費を支給する。

一 居宅要介護被保険者が、当該要介護認定の効力が生じた日前に、緊急その他やむを得ない理由により指定居宅サービスを受けた場合において、必要があると認めるとき。

二 居宅要介護被保険者が、指定居宅サービス以外の居宅サービス又はこれに相当するサービス（指定居宅サービスの事業に係る第七十四条第一項の都道府県の条例で定める基準及び同項の都道府県の条例で定める員数並びに同条第二項に規定する指定居宅サービスの事業の設備及び運営に関する基準のうち、都道府県の条例で定めるものを満たすと認められる事業を行う事業所により行われるものに限る。次号及び次項において「基準該当居宅サービス」という。）を受けた場合において、必要があると認めるとき。

三 指定居宅サービス及び基準該当居宅サービスの確保が著しく困難である離島その他の地域であって厚生労働大臣が定める基準に該当するものに住所を有する居宅要介護被保険者が、指定居宅サービス及び基準該当居宅サービス以外の居宅サービス又はこれに相当するサービスを受けた場合において、必要があると認めるとき。

四 その他政令で定めるとき。

2 都道府県が前項第二号の条例を定めるに当たっては、第一号から第三号までに掲げる事項については厚生労働省令で定める基準に従い定めるものとし、第四号に掲げる事項については厚生労働省令で定める基準を標準として定めるものとし、その他の事項については厚生労働省令で定める基準を参酌するものとする。

一 基準該当居宅サービスに従事する従業者に係る基準及び当該従業者の員数

二 基準該当居宅サービスの事業に係る居室の床面積

三 基準該当居宅サービスの事業の運営に関する事項であって、利用する要介護者のサービスの適切な利用、適切な処遇及び安全の確保並びに秘密の保持等に密接に関連するものとして厚生労働省令で定めるもの

四 基準該当居宅サービスの事業に係る利用定員

3 特例居宅介護サービス費の額は、当該居宅サービス又はこれに相当するサービスについて前条第四項各号の厚生労働大臣が定める基準により算定した費用の額（その額が現に当該居宅サービス又はこれに相当するサービスに要した費用（特定福祉用具の購入に要した費用を除き、通所介護、通所リハビリテーション、短期入所生活介護、短期入所療養介護及び特定施設入居者生活介護並びにこれらに相当するサービスに要した費用については、食事の提供に要する費用、滞在に要する費用その他の日常生活に要する費用として厚生労働省令で定める費用を除く。）の額を超えるときは、当該現に居宅サービス又はこれに相当するサービスに要した費用の額とする。）の百分の九十に相当する額を基準とし

て、市町村が定める。

4　市町村長は、特例居宅介護サービス費の支給に関して必要があると認めるときは、当該支給に係る居宅サービス若しくはこれに相当するサービスを担当する者若しくは担当した者（以下この項において「居宅サービス等を担当する者等」という。）に対し、報告若しくは帳簿書類の提出若しくは提示を命じ、若しくは出頭を求め、又は当該職員に関係者に対して質問させ、若しくは当該居宅サービス等を担当する者等の当該支給に係る事業所に立ち入り、その設備若しくは帳簿書類その他の物件を検査させることができる。

5　第二十四条第三項の規定は前項の規定による質問又は検査について、同条第四項の規定は前項の規定による権限について準用する。

（地域密着型介護サービス費の支給）

第四十二条の二　市町村は、要介護被保険者が、当該市町村（住所地特例適用被保険者である要介護被保険者（以下「住所地特例適用要介護被保険者」という。）に係る特定地域密着型サービスにあっては、施設所在市町村を含む。）の長が指定する者（以下「指定地域密着型サービス事業者」という。）から当該指定に係る地域密着型サービス事業を行う事業所により行われる地域密着型サービス（以下「指定地域密着型サービス」という。）を受けたときは、当該要介護被保険者に対し、当該指定地域密着型サービスに要した費用（地域密着型通所介護、認知症対応型通所介護、小規模多機能型居宅介護、認知症対応型共同生活介護、地域密着型特定施設入居者生活介護及び地域密着型介護老人福祉施設入所者生活介護に要した費用については、食事の提供に要する費用、居住に要する費用その他の日常生活に要する費用として厚生労働省令で定める費用を除く。以下この条において同じ。）について、地域密着型介護サービス費を支給する。ただし、当該要介護被保険者が、第三十七条第一項の規定による指定を受けている場合において、当該指定に係る種類以外の地域密着型サービスを受けたときは、この限りでない。

2　地域密着型介護サービス費の額は、次の各号に掲げる地域密着型サービスの区分に応じ、当該各号に定める額とする。

一　定期巡回・随時対応型訪問介護看護及び複合型サービス　これらの地域密着型サービスの種類ごとに、当該地域密着型サービスの種類に係る指定地域密着型サービスの内容、要介護状態区分、当該指定地域密着型サービスの事業を行う事業所の所在する地域等を勘案して算定される当該指定地域密着型サービスに要する平均的な費用（複合型サービス（厚生労働省令で定めるものに限る。次条第二項において同じ。）に要する費用については、食事の提供に要する費用、宿泊に要する費用その他の日常生活に要する費用として厚生労働省令で定める費用を除く。）の額を勘案して厚生労働大臣が定める基準により算定した費用の額（その額が現に当該指定地域密着型サービスに要した費用の額を超えるときは、当該現に指定地域密着型サービスに要した費用の額とする。）の百分の九十に相当する額

二　夜間対応型訪問介護、地域密着型通所介護及び認知症対応型通所介護　これらの地域密着型サービスの種類ごとに、当該地域密着型サービスの種類に係る指定地域密着型サービスの内容、当該指定地域密着型サービスの事業を行う事業所の所在する地域等を勘案して算定される当該指定地域密着型サービスに要する平均的な費用（地域密着型通所介護及び認知症対応型通所介護に要する費用については、食事の提供に要する費用その他の日常生活に要する費用として厚生労働省令で定める費用を除く。）の額を勘案して厚生労働大臣が定める基準により算定した費用の額（その額が現に当該指定地域密着型サービスに要した費用の額を超えるときは、当該現に指定地域密着型サービスに要した費用の額とする。）の百分の九十に相当する額

三　小規模多機能型居宅介護、認知症対応型共同生活介護、地域密着型特定施設入居者生活介護及び地域密着型介護老人福祉施設入所者生活介護　これらの地域密着型サービスの種類ごとに、要介護状態区分、当該地域密着型サービスの種類に係る指定地域密着型サービスの事業を行う事業所の所在する地域等を勘案して算定される当該指定地域密着型サービスに要する平均的な費用（食事の提供に要する費用、居住に要する費用その他の日常生活に要する費用として厚生労働省令で定める費用を除く。）の額を勘案して厚生労働大臣が定める基準により算定した費用の額（その額が現に当該指定地域密着型サービスに要した費用の額を超えるときは、当該現に指定地域密着型

サービスに要した費用の額とする。）の百分の九十に相当する額

3　厚生労働大臣は、前項各号の基準を定めようとするときは、あらかじめ社会保障審議会の意見を聴かなければならない。

4　市町村は、第二項各号の規定にかかわらず、地域密着型サービスの種類その他の事情を勘案して厚生労働大臣が定める基準により算定した額を限度として、同項各号に定める地域密着型介護サービス費の額に代えて、当該市町村（施設所在市町村の長が第一項本文の指定をした指定地域密着型サービス事業者から指定地域密着型サービスを受けた住所地特例適用要介護被保険者に係る地域密着型介護サービス費（特定地域密着型サービスに係るものに限る。）の額にあっては、施設所在市町村）が定める額を、当該市町村における地域密着型介護サービス費の額とすることができる。

5　市町村は、前項の当該市町村における地域密着型介護サービス費の額を定めようとするときは、あらかじめ、当該市町村が行う介護保険の被保険者その他の関係者の意見を反映させ、及び学識経験を有する者の知見の活用を図るために必要な措置を講じなければならない。

6　要介護被保険者が指定地域密着型サービス事業者から指定地域密着型サービスを受けたとき（当該要介護被保険者が第四十六条第四項の規定により指定居宅介護支援を受けることにつきあらかじめ市町村に届け出ている場合であって、当該指定地域密着型サービスが当該指定居宅介護支援の対象となっている場合その他の厚生労働省令で定める場合に限る。）は、市町村は、当該要介護被保険者が当該指定地域密着型サービス事業者に支払うべき当該指定地域密着型サービスに要した費用について、地域密着型介護サービス費として当該要介護被保険者に対し支給すべき額の限度において、当該要介護被保険者に代わり、当該指定地域密着型サービス事業者に支払うことができる。

7　前項の規定による支払があったときは、要介護被保険者に対し地域密着型介護サービス費の支給があったものとみなす。

8　市町村は、指定地域密着型サービス事業者から地域密着型介護サービス費の請求があったときは、第二項各号の厚生労働大臣が定める基準又は第四項の規定により市町村（施設所在市町村の長が第一項本文の指定をした指定地域密着型サービス事業者から指定地域密着型サービスを受けた住所地特例適用要介護被保険者に係る地域密着型介護サービス費（特定地域密着型サービスに係るものに限る。）の請求にあっては、施設所在市町村）が定める額及び第七十八条の四第二項又は第五項の規定により市町村（施設所在市町村の長が第一項本文の指定をした指定地域密着型サービス事業者から指定地域密着型サービスを受けた住所地特例適用要介護被保険者に係る地域密着型介護サービス費（特定地域密着型サービスに係るものに限る。）の請求にあっては、施設所在市町村）が定める指定地域密着型サービスの事業の設備及び運営に関する基準（指定地域密着型サービスの取扱いに関する部分に限る。）に照らして審査した上、支払うものとする。

9　第四十一条第二項、第三項、第十項及び第十一項の規定は地域密着型介護サービス費の支給について、同条第八項の規定は指定地域密着型サービス事業者について準用する。この場合において、これらの規定に関し必要な技術的読替えは、政令で定める。

10　前各項に規定するもののほか、地域密着型介護サービス費の支給及び指定地域密着型サービス事業者の地域密着型介護サービス費の請求に関して必要な事項は、厚生労働省令で定める。

（特例地域密着型介護サービス費の支給）

第四十二条の三　市町村は、次に掲げる場合には、要介護被保険者に対し、特例地域密着型介護サービス費を支給する。

一　要介護被保険者が、当該要介護認定の効力が生じた日前に、緊急その他やむを得ない理由により指定地域密着型サービスを受けた場合において、必要があると認めるとき。

二　指定地域密着型サービス（地域密着型介護老人福祉施設入所者生活介護を除く。以下この号において同じ。）の確保が著しく困難である離島その他の地域であって厚生労働大臣が定める基準に該当するものに住所を有する要介護被保険者が、指定地域密着型サービス以外の地域密着型サービス（地域密着型介護老人福祉施設入所者生活介護を除く。）又はこれに相当するサービスを受けた場合において、必要があると認めるとき。

三　その他政令で定めるとき。

2　特例地域密着型介護サービス費の額は、当該地域密着型サービス又はこれに相当するサービスについて前条第二項各号の厚生労働大臣が定める基準により算定した費用の額（その額が現に当該地域密着型サービス又はこれに相当するサービスに要した費用（地域密着型通所介護、認知症対応型通所介護、小規模多機能型居宅介護、認知症対応型共同生活介護、地域密着型特定施設入居者生活介護、地域密着型介護老人福祉施設入所者生活介護及び複合型サービス並びにこれらに相当するサービスに要した費用については、食事の提供に要する費用、居住に要する費用その他の日常生活に要する費用として厚生労働省令で定める費用を除く。）の額を超えるときは、当該現に地域密着型サービス又はこれに相当するサービスに要した費用の額とする。）の百分の九十に相当する額又は同条第四項の規定により市町村（施設所在市町村の長が同条第一項本文の指定をした指定地域密着型サービス事業者から指定地域密着型サービスを受けた住所地特例適用要介護被保険者その他の厚生労働省令で定める者に係る特例地域密着型介護サービス費（特定地域密着型サービスに係るものに限る。）の額にあっては、施設所在市町村）が定めた額を基準として、市町村が定める。

3　市町村長は、特例地域密着型介護サービス費の支給に関して必要があると認めるときは、当該支給に係る地域密着型サービス若しくはこれに相当するサービスを担当する者若しくは担当した者（以下この項において「地域密着型サービス等を担当する者等」という。）に対し、報告若しくは帳簿書類の提出若しくは提示を命じ、若しくは出頭を求め、又は当該職員に関係者に対して質問させ、若しくは当該地域密着型サービス等を担当する者等の当該支給に係る事業所に立ち入り、その設備若しくは帳簿書類その他の物件を検査させることができる。

4　第二十四条第三項の規定は前項の規定による質問又は検査について、同条第四項の規定は前項の規定による権限について準用する。

（居宅介護サービス費等に係る支給限度額）

第四十三条　居宅要介護被保険者が居宅サービス等区分（居宅サービス（これに相当するサービスを含む。以下この条において同じ。）及び地域密着型サービス（これに相当するサービスを含み、地域密着型介護老人福祉施設入所者生活介護を除く。以下この条において同じ。）について、その種類ごとの相互の代替性の有無等を勘案して厚生労働大臣が定める二以上の種類からなる区分をいう。以下同じ。）ごとに月を単位として厚生労働省令で定める期間において受けた一の居宅サービス等区分に係る居宅サービスにつき支給する居宅介護サービス費の額の総額及び特例居宅介護サービス費の額の総額並びに地域密着型サービスにつき支給する地域密着型介護サービス費の額の総額及び特例地域密着型介護サービス費の額の総額の合計額は、居宅介護サービス費等区分支給限度基準額を基礎として、厚生労働省令で定めるところにより算定した額の百分の九十に相当する額を超えることができない。

2　前項の居宅介護サービス費等区分支給限度基準額は、居宅サービス等区分ごとに、同項に規定する厚生労働省令で定める期間における当該居宅サービス等区分に係る居宅サービス及び地域密着型サービスの要介護状態区分に応じた標準的な利用の態様、当該居宅サービス及び地域密着型サービスに係る第四十一条第四項各号及び第四十二条の二第二項各号の厚生労働大臣が定める基準等を勘案して厚生労働大臣が定める額とする。

3　市町村は、前項の規定にかかわらず、条例で定めるところにより、第一項の居宅介護サービス費等区分支給限度基準額に代えて、その額を超える額を、当該市町村における居宅介護サービス費等区分支給限度基準額とすることができる。

4　市町村は、居宅要介護被保険者が居宅サービス及び地域密着型サービスの種類（居宅サービス等区分に含まれるものであって厚生労働大臣が定めるものに限る。次項において同じ。）ごとに月を単位として厚生労働省令で定める期間において受けた一の種類の居宅サービスにつき支給する居宅介護サービス費の額の総額及び特例居宅介護サービス費の額の総額の合計額並びに一の種類の地域密着型サービスにつき支給する地域密着型介護サービス費の額の総額及び特例地域密着型介護サービス費の額の総額の合計額について、居宅介護サービス費等種類支給限度基準額を基礎として、厚生労働省令で定めるところにより算定した額の百分の九十に相当する額を超えることができないこととすることができる。

5　前項の居宅介護サービス費等種類支給限度基準額は、居宅サービス及び地域密着型サービスの種類ごとに、同項に規定する厚生労働省令で定める期間における当該居宅サービス及び地域密着型サービスの要介護状態区分に応じた標準的な利用の態様、当該居宅サービス及び地域密着型サービスに係る第四十一条第四項各号及び第四十二条の二第二項各号の厚生労働大臣が定める基準等を勘案し、当該居宅サービス及び地域密着型サービスを含む居宅サービス等区分に係る第一項の居宅介護サービス費等区分支給限度基準額（第三項の規定に基づき条例を定めている市町村にあっては、当該条例による措置が講じられた額とする。）の範囲内において、市町村が条例で定める額とする。

6　居宅介護サービス費若しくは特例居宅介護サービス費又は地域密着型介護サービス費若しくは特例地域密着型介護サービス費を支給することにより第一項に規定する合計額が同項に規定する百分の九十に相当する額を超える場合又は第四項に規定する合計額が同項に規定する百分の九十に相当する額を超える場合における当該居宅介護サービス費若しくは特例居宅介護サービス費又は地域密着型介護サービス費若しくは特例地域密着型介護サービス費の額は、第四十一条第四項各号若しくは第四十二条第三項又は第四十二条の二第二項各号若しくは第四項若しくは前条第二項の規定にかかわらず、政令で定めるところにより算定した額とする。

（居宅介護福祉用具購入費の支給）

第四十四条　市町村は、居宅要介護被保険者が、特定福祉用具販売に係る指定居宅サービス事業者から当該指定に係る居宅サービス事業を行う事業所において販売される特定福祉用具を購入したときは、当該居宅要介護被保険者に対し、居宅介護福祉用具購入費を支給する。

2　居宅介護福祉用具購入費は、厚生労働省令で定めるところにより、市町村が必要と認める場合に限り、支給するものとする。

3　居宅介護福祉用具購入費の額は、現に当該特定福祉用具の購入に要した費用の額の百分の九十に相当する額とする。

4　居宅要介護被保険者が月を単位として厚生労働省令で定める期間において購入した特定福祉用具につき支給する居宅介護福祉用具購入費の額の総額は、居宅介護福祉用具購入費支給限度基準額を基礎として、厚生労働省令で定めるところにより算定した額の百分の九十に相当する額を超えることができない。

5　前項の居宅介護福祉用具購入費支給限度基準額は、同項に規定する厚生労働省令で定める期間における特定福祉用具の購入に通常要する費用を勘案して厚生労働大臣が定める額とする。

6　市町村は、前項の規定にかかわらず、条例で定めるところにより、第四項の居宅介護福祉用具購入費支給限度基準額に代えて、その額を超える額を、当該市町村における居宅介護福祉用具購入費支給限度基準額とすることができる。

7　居宅介護福祉用具購入費を支給することにより第四項に規定する総額が同項に規定する百分の九十に相当する額を超える場合における当該居宅介護福祉用具購入費の額は、第三項の規定にかかわらず、政令で定めるところにより算定した額とする。

（居宅介護住宅改修費の支給）

第四十五条　市町村は、居宅要介護被保険者が、手すりの取付けその他の厚生労働大臣が定める種類の住宅の改修（以下「住宅改修」という。）を行ったときは、当該居宅要介護被保険者に対し、居宅介護住宅改修費を支給する。

2　居宅介護住宅改修費は、厚生労働省令で定めるところにより、市町村が必要と認める場合に限り、支給するものとする。

3　居宅介護住宅改修費の額は、現に当該住宅改修に要した費用の額の百分の九十に相当する額とする。

4　居宅要介護被保険者が行った一の種類の住宅改修につき支給する居宅介護住宅改修費の額の総額は、居宅介護住宅改修費支給限度基準額を基礎として、厚生労働省令で定めるところにより算定した額の百分の九十に相当する額を超えることができない。

5　前項の居宅介護住宅改修費支給限度基準額は、住宅改修の種類ごとに、通常要する費用を勘案して厚生労働大臣が定める額とする。

6　市町村は、前項の規定にかかわらず、条例で定めるところにより、第四項の居宅介護住宅改修費支給限度基準額に代えて、その額を超える額を、当該市町村における居宅介護住宅改修費支給限度基準額とすることができる。

7　居宅介護住宅改修費を支給することにより第四項に規定する総額が同項に規定する百分の九十に相当する額を超える場合における当該居宅介護住宅改修費の額は、第三項の規定にかかわらず、政令で定めるところにより算定した額とする。

8　市町村長は、居宅介護住宅改修費の支給に関して必要があると認めるときは、当該支給に係る住宅改修を行う者若しくは住宅改修を行った者（以下この項において「住宅改修を行う者等」という。）に対し、報告若しくは帳簿書類の提出若しくは提示を命じ、若しくは出頭を求め、又は当該職員に関係者に対して質問させ、若しくは当該住宅改修を行う者等の当該支給に係る事業所に立ち入り、その帳簿書類その他の物件を検査させることができる。

9　第二十四条第三項の規定は前項の規定による質問又は検査について、同条第四項の規定は前項の規定による権限について準用する。

（居宅介護サービス計画費の支給）

第四十六条　市町村は、居宅要介護被保険者が、当該市町村の長又は他の市町村の長が指定する者（以下「指定居宅介護支援事業者」という。）から当該指定に係る居宅介護支援事業を行う事業所により行われる居宅介護支援（以下「指定居宅介護支援」という。）を受けたときは、当該居宅要介護被保険者に対し、当該指定居宅介護支援に要した費用について、居宅介護サービス計画費を支給する。

2　居宅介護サービス計画費の額は、指定居宅介護支援の事業を行う事業所の所在する地域等を勘案して算定される指定居宅介護支援に要する平均的な費用の額を勘案して厚生労働大臣が定める基準により算定した費用の額（その額が現に当該指定居宅介護支援に要した費用の額を超えるときは、当該現に指定居宅介護支援に要した費用の額とする。）とする。

3　厚生労働大臣は、前項の基準を定めようとするときは、あらかじめ社会保障審議会の意見を聴かなければならない。

4　居宅要介護被保険者が指定居宅介護支援事業者から指定居宅介護支援を受けたとき（当該居宅要介護被保険者が、厚生労働省令で定めるところにより、当該指定居宅介護支援を受けることにつきあらかじめ市町村に届け出ている場合に限る。）は、市町村は、当該居宅要介護被保険者が当該指定居宅介護支援事業者に支払うべき当該指定居宅介護支援に要した費用について、居宅介護サービス計画費として当該居宅要介護被保険者に対し支給すべき額の限度において、当該居宅要介護被保険者に代わり、当該指定居宅介護支援事業者に支払うことができる。

5　前項の規定による支払があったときは、居宅要介護被保険者に対し居宅介護サービス計画費の支給があったものとみなす。

6　市町村は、指定居宅介護支援事業者から居宅介護サービス計画費の請求があったときは、第二項の厚生労働大臣が定める基準及び第八十一条第二項に規定する指定居宅介護支援の事業の運営に関する基準（指定居宅介護支援の取扱いに関する部分に限る。）に照らして審査した上、支払うものとする。

7　第四十一条第二項、第三項、第十項及び第十一項の規定は、居宅介護サービス計画費の支給について、同条第八項の規定は、指定居宅介護支援事業者について準用する。この場合において、これらの規定に関し必要な技術的読替えは、政令で定める。

8　前各項に規定するもののほか、居宅介護サービス計画費の支給及び指定居宅介護支援事業者の居宅介護サービス計画費の請求に関して必要な事項は、厚生労働省令で定める。

（特例居宅介護サービス計画費の支給）

第四十七条　市町村は、次に掲げる場合には、居宅要介護被保険者に対し、特例居宅介護サービス計画費を支給する。

一　居宅要介護被保険者が、指定居宅介護支援以外の居宅介護支援又はこれに相当するサービス（指定居宅介護支援の事業に係る第八十一条第一項の市町村の条例で定める員数及び同条第二項に規定する指定居宅介護支援の事業の運営に関する基準のうち、当該市町村の条例で定めるものを満たすと認められる事業を行う事業所により行われるものに限る。次号及び次項において「基準該当居宅介護支援」という。）を受けた場合において、必要があると認めるとき。

二　指定居宅介護支援及び基準該当居宅介護支援の確保が著しく困難である離島その他の地域であって厚生労働大臣が定める基準に該当するものに住所を有する居宅要介護被保険者が、指定居宅介護支援及び基準該当居宅介護支援以外の居宅介護支援又はこれに相当するサービスを受けた場合において、必要があると認めるとき。

三　その他政令で定めるとき。

2　市町村が前項第一号の条例を定めるに当たっては、次に掲げる事項については厚生労働省令で定める基準に従い定めるものとし、その他の事項については厚生労働省令で定める基準を参酌するものとする。

一　基準該当居宅介護支援に従事する従業者に係る基準及び当該従業者の員数

二　基準該当居宅介護支援の事業の運営に関する事項であって、利用する要介護者のサービスの適切な利用、適切な処遇及び安全の確保並びに秘密の保持等に密接に関連するものとして厚生労働省令で定めるもの

3　特例居宅介護サービス計画費の額は、当該居宅介護支援又はこれに相当するサービスについて前条第二項の厚生労働大臣が定める基準により算定した費用の額（その額が現に当該居宅介護支援又はこれに相当するサービスに要した費用の額を超えるときは、当該現に居宅介護支援又はこれに相当するサービスに要した費用の額とする。）を基準として、市町村が定める。

4　市町村長は、特例居宅介護サービス計画費の支給に関して必要があると認めるときは、当該支給に係る居宅介護支援若しくはこれに相当するサービスを担当する者若しくは担当した者（以下この項において「居宅介護支援等を担当する者等」という。）に対し、報告若しくは帳簿書類の提出若しくは提示を命じ、若しくは出頭を求め、又は当該職員に関係者に対して質問させ、若しくは当該居宅介護支援等を担当する者等の当該支給に係る事業所に立ち入り、その帳簿書類その他の物件を検査させることができる。

5　第二十四条第三項の規定は前項の規定による質問又は検査について、同条第四項の規定は前項の規定による権限について準用する。

（施設介護サービス費の支給）

第四十八条　市町村は、要介護被保険者が、次に掲げる施設サービス（以下「指定施設サービス等」という。）を受けたときは、当該要介護被保険者に対し、当該指定施設サービス等に要した費用（食事の提供に要する費用、居住に要する費用その他の日常生活に要する費用として厚生労働省令で定める費用を除く。以下この条において同じ。）について、施設介護サービス費を支給する。ただし、当該要介護被保険者が、第三十七条第一項の規定による指定を受けている場合において、当該指定に係る種類以外の施設サービスを受けたときは、この限りでない。

一　都道府県知事が指定する介護老人福祉施設（以下「指定介護老人福祉施設」という。）により行われる介護福祉施設サービス（以下「指定介護福祉施設サービス」という。）

二　介護保健施設サービス

三　介護医療院サービス

2　施設介護サービス費の額は、施設サービスの種類ごとに、要介護状態区分、当該施設サービスの種類に係る指定施設サービス等を行う介護保険施設の所在する地域等を勘案して算定される当該指定施設サービス等に要する平均的な費用（食事の提供に要する費用、居住に要する費用その他の日常生活に要する費用として厚生労働省令で定める費用を除く。）の額を勘案して厚生労働大臣が定める基準により算定した費用の額（その額が現に当該指定施設サービス等に要した費用の額を超えるときは、当該現に指定施設サービス等に要した費用の額とする。）の百分の九十に相当する額とする。

3　厚生労働大臣は、前項の基準を定めようとするときは、あらかじめ社会保障審議会の意見を聴かなければならない。

4　要介護被保険者が、介護保険施設から指定施設サービス等を受けたときは、市町村は、当該要介護被保険者が当該介護保険施設に支払うべき当該指定施設サービス等に要した費用について、施設介護サービス費として当該要介護被保険者に支給すべき額の限度において、当該要介護被保険者に代わり、当該介護保険施設に支払うことができる。

5　前項の規定による支払があったときは、要介護被保険者に対し施設介護サービス費の支給があったものとみなす。

6　市町村は、介護保険施設から施設介護サービス費の請求があったときは、第二項の厚生労働大臣が定める基準及び第八十八条第二項に規定する指定介護老人福祉施設の設備及び運営に関する基準（指定介護福祉施設サービスの取扱いに関する部分に限る。）、第九十七条第三項に規定する介護老人保健施設の設備及び運営に関する基準（介護保健施設サービスの取扱いに関する部分に限る。）又は第百十一条第三項に規定する介護医療院の設備及び運営に関する基準（介護医療院サービスの取扱いに関する部分に限る。）に照らして審査した上、支払うものとする。

7　第四十一条第二項、第三項、第十項及び第十一項の規定は、施設介護サービス費の支給について、同条第八項の規定は、介護保険施設について準用する。この場合において、これらの規定に関し必要な技術的読替えは、政令で定める。

8　前各項に規定するもののほか、施設介護サービス費の支給及び介護保険施設の施設介護サービス費の請求に関して必要な事項は、厚生労働省令で定める。

（特例施設介護サービス費の支給）

第四十九条　市町村は、次に掲げる場合には、要介護被保険者に対し、特例施設介護サービス費を支給する。

一　要介護被保険者が、当該要介護認定の効力が生じた日前に、緊急その他やむを得ない理由により指定施設サービス等を受けた場合において、必要があると認めるとき。

二　その他政令で定めるとき。

2　特例施設介護サービス費の額は、当該施設サービスについて前条第二項の厚生労働大臣が定める基準により算定した費用の額（その額が現に当該施設サービスに要した費用（食事の提供に要する費用、居住に要する費用その他の日常生活に要する費用として厚生労働省令で定める費用を除く。）の額を超えるときは、当該現に施設サービスに要した費用の額とする。）の百分の九十に相当する額を基準として、市町村が定める。

3　市町村長は、特例施設介護サービス費の支給に関して必要があると認めるときは、当該支給に係る施設サービスを担当する者若しくは担当した者（以下この項において「施設サービスを担当する者等」という。）に対し、報告若しくは帳簿書類の提出若しくは提示を命じ、若しくは出頭を求め、又は当該職員に関係者に対して質問させ、若しくは当該施設サービスを担当する者等の当該支給に係る施設に立ち入り、その設備若しくは帳簿書類その他の物件を検査させることができる。

4　第二十四条第三項の規定は前項の規定による質問又は検査について、同条第四項の規定は前項の規定による権限について準用する。

（一定以上の所得を有する要介護被保険者に係る居宅介護サービス費等の額）

第四十九条の二　第一号被保険者であって政令で定めるところにより算定した所得の額が政令で定める額以上である要介護被保険者（次項に規定する要介護被保険者を除く。）が受ける次の各号に掲げる介護給付について当該各号に定める規定を適用する場合においては、これらの規定中「百分の九十」とあるのは、「百分の八十」とする。

一　居宅介護サービス費の支給　第四十一条第四項第一号及び第二号並びに第四十三条第一項、第四項及び第六項

二　特例居宅介護サービス費の支給　第四十二条第三項並びに第四十三条第一項、第四項及び第六項

三　地域密着型介護サービス費の支給　第四十二条の二第二項各号並びに第四十三条第一項、第四項及び第六項

四　特例地域密着型介護サービス費の支給　第四十二条の三第二項並びに第四十三条第一項、第四項及び第六項

五　施設介護サービス費の支給　第四十八条第二項

六　特例施設介護サービス費の支給　前条第二項

七　居宅介護福祉用具購入費の支給　第四十四条第三項、第四項及び第七項

八　居宅介護住宅改修費の支給　第四十五条第三項、第四項及び第七項

2　第一号被保険者であって政令で定めるところにより算定した所得の額が前項の政令で定める額を超える政令で定める額以上である要介護被保険者が受ける同項各号に掲げる介護給付について当該各号に定める規定を適用する場合においては、これらの規定中「百分の九十」とあるのは、「百分の七十」とする。

（居宅介護サービス費等の額の特例）

第五十条　市町村が、災害その他の厚生労働省令で定める特別の事情があることにより、居宅サービス（これに相当するサービスを含む。以下この条において同じ。）、地域密着型サービス（これに相当するサービスを含む。以下この条において同じ。）若しくは施設サービス又は住宅改修に必要な費用を負担することが困難であると認めた要介護被保険者が受ける前条第一項各号に掲げる介護給付について当該各号に定める規定を適用する場合（同条の規定により読み替えて適用する場合を除く。）においては、これらの規定中「百分の九十」とあるのは、「百分の九十を超え百分の百以下の範囲内において市町村が定めた割合」とする。

2　市町村が、災害その他の厚生労働省令で定める特別の事情があることにより、居宅サービス、地域密着型サービス若しくは施設サービス又は住宅改修に必要な費用を負担することが困難であると認めた要介護被保険者が受ける前条第一項各号に掲げる介護給付について当該各号に定める規定を適用する場合（同項の規定により読み替えて適用する場合に限る。）においては、同項の規定により読み替

え適用するこれらの規定中「百分の八十」とあるのは、「百分の八十を超え百分の百以下の範囲内において市町村が定めた割合」とする。

3　市町村が、災害その他の厚生労働省令で定める特別の事情があることにより、居宅サービス、地域密着型サービス若しくは施設サービス又は住宅改修に必要な費用を負担することが困難であると認めた要介護被保険者が受ける前条第一項各号に掲げる介護給付について当該各号に定める規定を適用する場合（同条第二項の規定により読み替えて適用する場合に限る。）においては、同条第二項の規定により読み替えて適用するこれらの規定中「百分の七十」とあるのは、「百分の七十を超え百分の百以下の範囲内において市町村が定めた割合」とする。

（高額介護サービス費の支給）

第五十一条　市町村は、要介護被保険者が受けた居宅サービス（これに相当するサービスを含む。）、地域密着型サービス（これに相当するサービスを含む。）又は施設サービスに要した費用の合計額として政令で定めるところにより算定した額から、当該費用につき支給された居宅介護サービス費、特例居宅介護サービス費、地域密着型介護サービス費、特例地域密着型介護サービス費、施設介護サービス費及び特例施設介護サービス費の合計額を控除して得た額（次条第一項において「介護サービス利用者負担額」という。）が、著しく高額であるときは、当該要介護被保険者に対し、高額介護サービス費を支給する。

2　前項に規定するもののほか、高額介護サービス費の支給要件、支給額その他高額介護サービス費の支給に関して必要な事項は、居宅サービス、地域密着型サービス又は施設サービスに必要な費用の負担の家計に与える影響を考慮して、政令で定める。

（高額医療合算介護サービス費の支給）

第五十一条の二　市町村は、要介護被保険者の介護サービス利用者負担額（前条第一項の高額介護サービス費が支給される場合にあっては、当該支給額に相当する額を控除して得た額）及び当該要介護被保険者に係る健康保険法第百十五条第一項に規定する一部負担金等の額（同項の高額療養費が支給される場合にあっては、当該支給額に相当する額を控除して得た額）その他の医療保険各法又は高齢者の医療の確保に関する法律（昭和五十七年法律第八十号）に規定するこれに相当する額として政令で定める額の合計額が、著しく高額であるときは、当該要介護被保険者に対し、高額医療合算介護サービス費を支給する。

2　前条第二項の規定は、高額医療合算介護サービス費の支給について準用する。

（特定入所者介護サービス費の支給）

第五十一条の三　市町村は、要介護被保険者のうち所得及び資産の状況その他の事情をしん酌して厚生労働省令で定めるものが、次に掲げる指定施設サービス等、指定地域密着型サービス又は指定居宅サービス（以下この条及び次条第一項において「特定介護サービス」という。）を受けたときは、当該要介護被保険者（以下この条及び次条第一項において「特定入所者」という。）に対し、当該特定介護サービスを行う介護保険施設、指定地域密着型サービス事業者又は指定居宅サービス事業者（以下この条において「特定介護保険施設等」という。）における食事の提供に要した費用及び居住又は滞在（以下「居住等」という。）に要した費用について、特定入所者介護サービス費を支給する。ただし、当該特定入所者が、第三十七条第一項の規定による指定を受けている場合において、当該指定に係る種類以外の特定介護サービスを受けたときは、この限りでない。

一　指定介護福祉施設サービス
二　介護保健施設サービス
三　介護医療院サービス
四　地域密着型介護老人福祉施設入所者生活介護
五　短期入所生活介護
六　短期入所療養介護

2　特定入所者介護サービス費の額は、第一号に規定する額及び第二号に規定する額の合計額とする。

一　特定介護保険施設等における食事の提供に要する平均的な費用の額を勘案して厚生労働大臣が定める費用の額（その額が現に当該食事の提供に要した費用の額を超えるときは、当該現に食事の提供に要した費用の額とする。以下この条及び次条第二項において「食費の基準費用額」という。）から、平均的な家計における食費の状況及び特定入所者の所得の状況その他の事情を勘案して厚生労働大臣が定める額（以下この条及び次条第二項において「食費の負担限度額」という。）を控除した額

二　特定介護保険施設等における居住等に要

する平均的な費用の額及び施設の状況その他の事情を勘案して厚生労働大臣が定める費用の額（その額が現に当該居住等に要した費用の額を超えるときは、当該現に居住等に要した費用の額とする。以下この条及び次条第二項において「居住費の基準費用額」という。）から、特定入所者の所得の状況その他の事情を勘案して厚生労働大臣が定める額（以下この条及び次条第二項において「居住費の負担限度額」という。）を控除した額

3　厚生労働大臣は、食費の基準費用額若しくは食費の負担限度額又は居住費の基準費用額若しくは居住費の負担限度額を定めた後に、特定介護保険施設等における食事の提供に要する費用又は居住等に要する費用の状況その他の事情が著しく変動したときは、速やかにそれらの額を改定しなければならない。

4　特定入所者が、特定介護保険施設等から特定介護サービスを受けたときは、市町村は、当該特定入所者が当該特定介護保険施設等に支払うべき食事の提供に要した費用及び居住等に要した費用について、特定入所者介護サービス費として当該特定入所者に対し支給すべき額の限度において、当該特定入所者に代わり、当該特定介護保険施設等に支払うことができる。

5　前項の規定による支払があったときは、特定入所者に対し特定入所者介護サービス費の支給があったものとみなす。

6　市町村は、第一項の規定にかかわらず、特定入所者が特定介護保険施設等に対し、食事の提供に要する費用又は居住等に要する費用として、食費の基準費用額又は居住費の基準費用額（前項の規定により特定入所者介護サービス費の支給があったものとみなされた特定入所者にあっては、食費の負担限度額又は居住費の負担限度額）を超える金額を支払った場合には、特定入所者介護サービス費を支給しない。

7　市町村は、特定介護保険施設等から特定入所者介護サービス費の請求があったときは、第一項、第二項及び前項の定めに照らして審査の上、支払うものとする。

8　第四十一条第三項、第十項及び第十一項の規定は特定入所者介護サービス費の支給について、同条第八項の規定は特定介護保険施設等について準用する。この場合において、これらの規定に関し必要な技術的読替えは、政令で定める。

9　前各項に規定するもののほか、特定入所者介護サービス費の支給及び特定介護保険施設等の特定入所者介護サービス費の請求に関して必要な事項は、厚生労働省令で定める。

（特例特定入所者介護サービス費の支給）

第五十一条の四　市町村は、次に掲げる場合には、特定入所者に対し、特例特定入所者介護サービス費を支給する。

一　特定入所者が、当該要介護認定の効力が生じた日前に、緊急その他やむを得ない理由により特定介護サービスを受けた場合において、必要があると認めるとき。

二　その他政令で定めるとき。

2　特例特定入所者介護サービス費の額は、当該食事の提供に要した費用について食費の基準費用額から食費の負担限度額を控除した額及び当該居住等に要した費用について居住費の基準費用額から居住費の負担限度額を控除した額の合計額を基準として、市町村が定める。

第四節　予防給付

（予防給付の種類）

第五十二条　予防給付は、次に掲げる保険給付とする。

一　介護予防サービス費の支給

二　特例介護予防サービス費の支給

三　地域密着型介護予防サービス費の支給

四　特例地域密着型介護予防サービス費の支給

五　介護予防福祉用具購入費の支給

六　介護予防住宅改修費の支給

七　介護予防サービス計画費の支給

八　特例介護予防サービス計画費の支給

九　高額介護予防サービス費の支給

九の二　高額医療合算介護予防サービス費の支給

十　特定入所者介護予防サービス費の支給

十一　特例特定入所者介護予防サービス費の支給

（介護予防サービス費の支給）

第五十三条　市町村は、要支援認定を受けた被保険者のうち居宅において支援を受けるもの（以下「居宅要支援被保険者」という。）が、都道府県知事が指定する者（以下「指定介護予防サービス事業者」という。）から当該指定に係る介護予防サービス事業を行う事業所により行われる介護予防サービス（以下「指定介護予防サービス」という。）を受けたと

き（当該居宅要支援被保険者が、第五十八条第四項の規定により同条第一項に規定する指定介護予防支援を受けることにつきあらかじめ市町村に届け出ている場合であって、当該指定介護予防サービスが当該指定介護予防支援の対象となっているときその他の厚生労働省令で定めるときに限る。）は、当該居宅要支援被保険者に対し、当該指定介護予防サービスに要した費用（特定介護予防福祉用具の購入に要した費用を除き、介護予防通所リハビリテーション、介護予防短期入所生活介護、介護予防短期入所療養介護及び介護予防特定施設入居者生活介護に要した費用については、食事の提供に要する費用、滞在に要する費用その他の日常生活に要する費用として厚生労働省令で定める費用を除く。以下この条において同じ。）について、介護予防サービス費を支給する。ただし、当該居宅要支援被保険者が、第三十七条第一項の規定による指定を受けている場合において、当該指定に係る種類以外の介護予防サービスを受けたときは、この限りでない。

2　介護予防サービス費の額は、次の各号に掲げる介護予防サービスの区分に応じ、当該各号に定める額とする。

一　介護予防訪問入浴介護、介護予防訪問看護、介護予防訪問リハビリテーション、介護予防居宅療養管理指導、介護予防通所リハビリテーション及び介護予防福祉用具貸与　これらの介護予防サービスの種類ごとに、当該介護予防サービスの種類に係る指定介護予防サービスの内容、当該指定介護予防サービスの事業を行う事業所の所在する地域等を勘案して算定される当該指定介護予防サービスに要する平均的な費用（介護予防通所リハビリテーションに要する費用については、食事の提供に要する費用その他の日常生活に要する費用として厚生労働省令で定める費用を除く。）の額を勘案して厚生労働大臣が定める基準により算定した費用の額（その額が現に当該指定介護予防サービスに要した費用の額を超えるときは、当該現に指定介護予防サービスに要した費用の額とする。）の百分の九十に相当する額

二　介護予防短期入所生活介護、介護予防短期入所療養介護及び介護予防特定施設入居者生活介護　これらの介護予防サービスの種類ごとに、要支援状態区分、当該介護予防サービスの種類に係る指定介護予防サービスの事業を行う事業所の所在する地域等を勘案して算定される当該指定介護予防サービスに要する平均的な費用（食事の提供に要する費用、滞在に要する費用その他の日常生活に要する費用として厚生労働省令で定める費用を除く。）の額を勘案して厚生労働大臣が定める基準により算定した費用の額（その額が現に当該指定介護予防サービスに要した費用の額を超えるときは、当該現に指定介護予防サービスに要した費用の額とする。）の百分の九十に相当する額

3　厚生労働大臣は、前項各号の基準を定めようとするときは、あらかじめ社会保障審議会の意見を聴かなければならない。

4　居宅要支援被保険者が指定介護予防サービス事業者から指定介護予防サービスを受けたときは、市町村は、当該居宅要支援被保険者が当該指定介護予防サービス事業者に支払うべき当該指定介護予防サービスに要した費用について、介護予防サービス費として当該居宅要支援被保険者に対し支給すべき額の限度において、当該居宅要支援被保険者に代わり、当該指定介護予防サービス事業者に支払うことができる。

5　前項の規定による支払があったときは、居宅要支援被保険者に対し介護予防サービス費の支給があったものとみなす。

6　市町村は、指定介護予防サービス事業者から介護予防サービス費の請求があったときは、第二項各号の厚生労働大臣が定める基準並びに第百十五条の四第二項に規定する指定介護予防サービスに係る介護予防のための効果的な支援の方法に関する基準及び指定介護予防サービスの事業の設備及び運営に関する基準（指定介護予防サービスの取扱いに関する部分に限る。）に照らして審査した上、支払うものとする。

7　第四十一条第二項、第三項、第十項及び第十一項の規定は、介護予防サービス費の支給について、同条第八項の規定は、指定介護予防サービス事業者について準用する。この場合において、これらの規定に関し必要な技術的読替えは、政令で定める。

8　前各項に規定するもののほか、介護予防サービス費の支給及び指定介護予防サービス事業者の介護予防サービス費の請求に関して必要な事項は、厚生労働省令で定める。

（特例介護予防サービス費の支給）

第五十四条　市町村は、次に掲げる場合には、居宅要支援被保険者に対し、特例介護予防サービス費を支給する。

一　居宅要支援被保険者が、当該要支援認定の効力が生じた日前に、緊急その他やむを得ない理由により指定介護予防サービスを受けた場合において、必要があると認めるとき。

二　居宅要支援被保険者が、指定介護予防サービス以外の介護予防サービス又はこれに相当するサービス（指定介護予防サービスの事業に係る第百十五条の四第一項の都道府県の条例で定める基準及び同項の都道府県の条例で定める員数並びに同条第二項に規定する指定介護予防サービスに係る介護予防のための効果的な支援の方法に関する基準及び指定介護予防サービスの事業の設備及び運営に関する基準のうち、都道府県の条例で定めるものを満たすと認められる事業を行う事業所により行われるものに限る。次号及び次項において「基準該当介護予防サービス」という。）を受けた場合において、必要があると認めるとき。

三　指定介護予防サービス及び基準該当介護予防サービスの確保が著しく困難である離島その他の地域であって厚生労働大臣が定める基準に該当するものに住所を有する居宅要支援被保険者が、指定介護予防サービス及び基準該当介護予防サービス以外の介護予防サービス又はこれに相当するサービスを受けた場合において、必要があると認めるとき。

四　その他政令で定めるとき。

2　都道府県が前項第二号の条例を定めるに当たっては、第一号から第三号までに掲げる事項については厚生労働省令で定める基準に従い定めるものとし、第四号に掲げる事項については厚生労働省令で定める基準を標準として定めるものとし、その他の事項については厚生労働省令で定める基準を参酌するものとする。

一　基準該当介護予防サービスに従事する従業者に係る基準及び当該従業者の員数

二　基準該当介護予防サービスの事業に係る居室の床面積

三　基準該当介護予防サービスの事業の運営に関する事項であって、利用する要支援者のサービスの適切な利用、適切な処遇及び安全の確保並びに秘密の保持等に密接に関連するものとして厚生労働省令で定めるもの

四　基準該当介護予防サービスの事業に係る利用定員

3　特例介護予防サービス費の額は、当該介護予防サービス又はこれに相当するサービスについて前条第二項各号の厚生労働大臣が定める基準により算定した費用の額（その額が現に当該介護予防サービス又はこれに相当するサービスに要した費用（特定介護予防福祉用具の購入に要した費用を除き、介護予防通所リハビリテーション、介護予防短期入所生活介護、介護予防短期入所療養介護及び介護予防特定施設入居者生活介護並びにこれらに相当するサービスに要した費用については、食事の提供に要する費用、滞在に要する費用その他の日常生活に要する費用として厚生労働省令で定める費用を除く。）の額を超えるときは、当該現に介護予防サービス又はこれに相当するサービスに要した費用の額とする。）の百分の九十に相当する額を基準として、市町村が定める。

4　市町村長は、特例介護予防サービス費の支給に関して必要があると認めるときは、当該支給に係る介護予防サービス若しくはこれに相当するサービスを担当する者若しくは担当した者（以下この項において「介護予防サービス等を担当する者等」という。）に対し、報告若しくは帳簿書類の提出若しくは提示を命じ、若しくは出頭を求め、又は当該職員に関係者に対して質問させ、若しくは当該介護予防サービス等を担当する者等の当該支給に係る事業所に立ち入り、その設備若しくは帳簿書類その他の物件を検査させることができる。

5　第二十四条第三項の規定は前項の規定による質問又は検査について、同条第四項の規定は前項の規定による権限について準用する。

（地域密着型介護予防サービス費の支給）

第五十四条の二　市町村は、居宅要支援被保険者が、当該市町村（住所地特例適用被保険者である居宅要支援被保険者（以下「住所地特例適用居宅要支援被保険者」という。）に係る特定地域密着型介護予防サービスにあっては、施設所在市町村を含む。）の長が指定する者（以下「指定地域密着型介護予防サービス事業者」という。）から当該指定に係る地域密着型介護予防サービス事業を行う事業所により行われる地域密着型介護予防サービス（以下「指定地域密着型介護予防サービス」

という。）を受けたとき（当該居宅要支援被保険者が、第五十八条第四項の規定により同条第一項に規定する指定介護予防支援を受けることにつきあらかじめ市町村に届け出ている場合であって、当該指定地域密着型介護予防サービスが当該指定介護予防支援の対象となっているときその他の厚生労働省令で定めるときに限る。）は、当該居宅要支援被保険者に対し、当該指定地域密着型介護予防サービスに要した費用（食事の提供に要する費用その他の日常生活に要する費用として厚生労働省令で定める費用を除く。以下この条において同じ。）について、地域密着型介護予防サービス費を支給する。ただし、当該居宅要支援被保険者が、第三十七条第一項の規定による指定を受けている場合において、当該指定に係る種類以外の地域密着型介護予防サービスを受けたときは、この限りでない。

2　地域密着型介護予防サービス費の額は、次の各号に掲げる地域密着型介護予防サービスの区分に応じ、当該各号に定める額とする。

一　介護予防認知症対応型通所介護　介護予防認知症対応型通所介護に係る指定地域密着型介護予防サービスの内容、当該指定地域密着型介護予防サービスの事業を行う事業所の所在する地域等を勘案して算定される当該指定地域密着型介護予防サービスに要する平均的な費用（食事の提供に要する費用その他の日常生活に要する費用として厚生労働省令で定める費用を除く。）の額を勘案して厚生労働大臣が定める基準により算定した費用の額（その額が現に当該指定地域密着型介護予防サービスに要した費用の額を超えるときは、当該現に指定地域密着型介護予防サービスに要した費用の額とする。）の百分の九十に相当する額

二　介護予防小規模多機能型居宅介護及び介護予防認知症対応型共同生活介護　これらの地域密着型介護予防サービスの種類ごとに、要支援状態区分、当該地域密着型介護予防サービスの種類に係る指定地域密着型介護予防サービスの事業を行う事業所の所在する地域等を勘案して算定される当該指定地域密着型介護予防サービスに要する平均的な費用（食事の提供に要する費用その他の日常生活に要する費用として厚生労働省令で定める費用を除く。）の額を勘案して厚生労働大臣が定める基準により算定した費用の額（その額が現に当該指定地域密着型介護予防サービスに要した費用の額を超えるときは、当該現に指定地域密着型介護予防サービスに要した費用の額とする。）の百分の九十に相当する額

3　厚生労働大臣は、前項各号の基準を定めようとするときは、あらかじめ社会保障審議会の意見を聴かなければならない。

4　市町村は、第二項各号の規定にかかわらず、地域密着型介護予防サービスの種類その他の事情を勘案して厚生労働大臣が定める基準により算定した額を限度として、同項各号に定める地域密着型介護予防サービス費の額に代えて、当該市町村（施設所在市町村の長が第一項本文の指定をした指定地域密着型介護予防サービス事業者から指定地域密着型介護予防サービスを受けた住所地特例適用居宅要支援被保険者に係る地域密着型介護予防サービス費（特定地域密着型介護予防サービスに係るものに限る。）の額にあっては、施設所在市町村）が定める額を、当該市町村における地域密着型介護予防サービス費の額とすることができる。

5　市町村は、前項の当該市町村における地域密着型介護予防サービス費の額を定めようとするときは、あらかじめ、当該市町村が行う介護保険の被保険者その他の関係者の意見を反映させ、及び学識経験を有する者の知見の活用を図るために必要な措置を講じなければならない。

6　居宅要支援被保険者が指定地域密着型介護予防サービス事業者から指定地域密着型介護予防サービスを受けたときは、市町村は、当該居宅要支援被保険者が当該指定地域密着型介護予防サービス事業者に支払うべき当該指定地域密着型介護予防サービスに要した費用について、地域密着型介護予防サービス費として当該居宅要支援被保険者に対し支給すべき額の限度において、当該居宅要支援被保険者に代わり、当該指定地域密着型介護予防サービス事業者に支払うことができる。

7　前項の規定による支払があったときは、居宅要支援被保険者に対し地域密着型介護予防サービス費の支給があったものとみなす。

8　市町村は、指定地域密着型介護予防サービス事業者から地域密着型介護予防サービス費の請求があったときは、第二項各号の厚生労働大臣が定める基準又は第四項の規定により市町村（施設所在市町村の長が第一項本文の指定をした指定地域密着型介護予防サービス事業者から指定地域密着型介護予防サービス

を受けた住所地特例適用居宅要支援被保険者に係る地域密着型介護予防サービス費（特定地域密着型介護予防サービスに係るものに限る。）の請求にあっては、施設所在市町村）が定める額並びに第百十五条の十四第二項又は第五項の規定により市町村（施設所在市町村の長が第一項本文の指定をした指定地域密着型介護予防サービスを受けた住所地特例適用居宅要支援被保険者に係る地域密着型介護予防サービス費（特定地域密着型介護予防サービスに係るものに限る。）の請求にあっては、施設所在市町村）が定める指定地域密着型介護予防サービスに係る介護予防のための効果的な支援の方法に関する基準及び指定地域密着型介護予防サービスの事業の設備及び運営に関する基準（指定地域密着型介護予防サービスの取扱いに関する部分に限る。）に照らして審査した上、支払うものとする。

9　第四十一条第二項、第三項、第十項及び第十一項の規定は地域密着型介護予防サービス費の支給について、同条第八項の規定は指定地域密着型介護予防サービス事業者について準用する。この場合において、これらの規定に関し必要な技術的読替えは、政令で定める。

10　前各項に規定するもののほか、地域密着型介護予防サービス費の支給及び指定地域密着型介護予防サービス事業者の地域密着型介護予防サービス費の請求に関して必要な事項は、厚生労働省令で定める。

（特例地域密着型介護予防サービス費の支給）

第五十四条の三　市町村は、次に掲げる場合には、居宅要支援被保険者に対し、特例地域密着型介護予防サービス費を支給する。

一　居宅要支援被保険者が、当該要支援認定の効力が生じた日前に、緊急その他やむを得ない理由により指定地域密着型介護予防サービスを受けた場合において、必要があると認めるとき。

二　指定地域密着型介護予防サービスの確保が著しく困難である離島その他の地域であって厚生労働大臣が定める基準に該当するものに住所を有する居宅要支援被保険者が、指定地域密着型介護予防サービス以外の地域密着型介護予防サービス又はこれに相当するサービスを受けた場合において、必要があると認めるとき。

三　その他政令で定めるとき。

2　特例地域密着型介護予防サービス費の額は、当該地域密着型介護予防サービス又はこれに相当するサービスについて前条第二項各号の厚生労働大臣が定める基準により算定した費用の額（その額が現に当該地域密着型介護予防サービス又はこれに相当するサービスに要した費用（食事の提供に要する費用その他の日常生活に要する費用として厚生労働省令で定める費用を除く。）の額を超えるときは、当該現に地域密着型介護予防サービス又はこれに相当するサービスに要した費用の額とする。）の百分の九十に相当する額又は同条第四項の規定により市町村（施設所在市町村の長が同条第一項本文の指定をした指定地域密着型介護予防サービス事業者から指定地域密着型介護予防サービスを受けた住所地特例適用居宅要支援被保険者その他の厚生労働省令で定める者に係る特例地域密着型介護予防サービス費（特定地域密着型介護予防サービスに係るものに限る。）の額にあっては、施設所在市町村）が定めた額を基準として、市町村が定める。

3　市町村長は、特例地域密着型介護予防サービス費の支給に関して必要があると認めるときは、当該支給に係る地域密着型介護予防サービス若しくはこれに相当するサービスを担当する者若しくは担当した者（以下この項において「地域密着型介護予防サービス等を担当する者等」という。）に対し、報告若しくは帳簿書類の提出若しくは提示を命じ、若しくは出頭を求め、又は当該職員に関係者に対して質問させ、若しくは当該地域密着型介護予防サービス等を担当する者等の当該支給に係る事業所に立ち入り、その設備若しくは帳簿書類その他の物件を検査させることができる。

4　第二十四条第三項の規定は前項の規定による質問又は検査について、同条第四項の規定は前項の規定による権限について準用する。

（介護予防サービス費等に係る支給限度額）

第五十五条　居宅要支援被保険者が介護予防サービス等区分（介護予防サービス（これに相当するサービスを含む。以下この条において同じ。）及び地域密着型介護予防サービス（これに相当するサービスを含む。以下この条において同じ。）について、その種類ごとの相互の代替性の有無等を勘案して厚生労働大臣が定める二以上の種類からなる区分をいう。以下この条において同じ。）ごとに月を単位として厚生労働省令で定める期間において受けた一の介護予防サービス等区分に係る介護予防サービスにつき支給する介護予防サービス費の額の総額及び特例介護予防サービス費の額の総額並びに地域密着型介護予防サービスにつき支給する地域密着型介護予防サービス費の額の総額及び特例地域密着型介護予防サービス費の額の総額の合計額は、介護予防サービス費等区分支給限度基準額を基礎として、厚生労働省令で定めるところにより算定した額の百分の九十に相当する額を超えることができない。

2　前項の介護予防サービス費等区分支給限度基準額は、介護予防サービス等区分ごとに、同項に規定する厚生労働省令で定める期間における当該介護予防サービス等区分に係る介護予防サービス及び地域密着型介護予防サービスの要支援状態区分に応じた標準的な利用の態様、当該介護予防サービス及び地域密着型介護予防サービスに係る第五十三条第二項各号及び第五十四条の二第二項各号の厚生労働大臣が定める基準等を勘案して厚生労働大臣が定める額とする。

3　市町村は、前項の規定にかかわらず、条例で定めるところにより、第一項の介護予防サービス費等区分支給限度基準額に代えて、その額を超える額を、当該市町村における介護予防サービス費等区分支給限度基準額とすることができる。

4　市町村は、居宅要支援被保険者が介護予防サービス及び地域密着型介護予防サービスの種類（介護予防サービス等区分に含まれるものであって厚生労働大臣が定めるものに限る。次項において同じ。）ごとに月を単位として厚生労働省令で定める期間において受けた一の種類の介護予防サービスにつき支給する介護予防サービス費の額の総額及び特例介護予防サービス費の額の総額の合計額並びに一の種類の地域密着型介護予防サービスにつき支給する地域密着型介護予防サービス費の額の総額及び特例地域密着型介護予防サービス費の額の総額の合計額について、介護予防サービス費等種類支給限度基準額を基礎として、厚生労働省令で定めるところにより算定した額の百分の九十に相当する額を超えることができないこととすることができる。

5　前項の介護予防サービス費等種類支給限度基準額は、介護予防サービス及び地域密着型介護予防サービスの種類ごとに、同項に規定する厚生労働省令で定める期間における当該介護予防サービス及び地域密着型介護予防サービスの要支援状態区分に応じた標準的な利用の態様、当該介護予防サービス及び地域密着型介護予防サービスに係る第五十三条第二項各号及び第五十四条の二第二項各号の厚生労働大臣が定める基準等を勘案し、当該介護予防サービス及び地域密着型介護予防サービスを含む介護予防サービス等区分に係る第一項の介護予防サービス費等区分支給限度基準額（第三項の規定に基づき条例を定めている市町村にあっては、当該条例による措置が講じられた額とする。）の範囲内において、市町村が条例で定める額とする。

6　介護予防サービス費若しくは特例介護予防サービス費又は地域密着型介護予防サービス費若しくは特例地域密着型介護予防サービス費を支給することにより第一項に規定する合計額が同項に規定する百分の九十に相当する額を超える場合又は第四項に規定する合計額が同項に規定する百分の九十に相当する額を超える場合における当該介護予防サービス費若しくは特例介護予防サービス費又は地域密着型介護予防サービス費若しくは特例地域密着型介護予防サービス費の額は、第五十三条第二項各号若しくは第五十四条第三項又は第五十四条の二第二項各号若しくは第四項若しくは前条第二項の規定にかかわらず、政令で定めるところにより算定した額とする。

（介護予防福祉用具購入費の支給）

第五十六条　市町村は、居宅要支援被保険者が、特定介護予防福祉用具販売に係る指定介護予防サービス事業者から当該指定に係る介護予防サービス事業を行う事業所において販売される特定介護予防福祉用具を購入したときは、当該居宅要支援被保険者に対し、介護予防福祉用具購入費を支給する。

2　介護予防福祉用具購入費は、厚生労働省令で定めるところにより、市町村が必要と認める場合に限り、支給するものとする。

3　介護予防福祉用具購入費の額は、現に当該特定介護予防福祉用具の購入に要した費用の額の百分の九十に相当する額とする。

4　居宅要支援被保険者が月を単位として厚生労働省令で定める期間において購入した特定介護予防福祉用具につき支給する介護予防福祉用具購入費の額の総額は、介護予防福祉用具購入費支給限度基準額を基礎として、厚生労働省令で定めるところにより算定した額の百分の九十に相当する額を超えることができない。

5　前項の介護予防福祉用具購入費支給限度基準額は、同項に規定する厚生労働省令で定める期間における特定介護予防福祉用具の購入に通常要する費用を勘案して厚生労働大臣が定める額とする。

6　市町村は、前項の規定にかかわらず、条例で定めるところにより、第四項の介護予防福祉用具購入費支給限度基準額に代えて、その額を超える額を、当該市町村における介護予防福祉用具購入費支給限度基準額とすることができる。

7　介護予防福祉用具購入費を支給することにより第四項に規定する総額が同項に規定する百分の九十に相当する額を超える場合における当該介護予防福祉用具購入費の額は、第三項の規定にかかわらず、政令で定めるところにより算定した額とする。

（**介護予防住宅改修費の支給**）

第五十七条　市町村は、居宅要支援被保険者が、住宅改修を行ったときは、当該居宅要支援被保険者に対し、介護予防住宅改修費を支給する。

2　介護予防住宅改修費は、厚生労働省令で定めるところにより、市町村が必要と認める場合に限り、支給するものとする。

3　介護予防住宅改修費の額は、現に当該住宅改修に要した費用の額の百分の九十に相当する額とする。

4　居宅要支援被保険者が行った一の種類の住宅改修につき支給する介護予防住宅改修費の額の総額は、介護予防住宅改修費支給限度基準額を基礎として、厚生労働省令で定めるところにより算定した額の百分の九十に相当する額を超えることができない。

5　前項の介護予防住宅改修費支給限度基準額は、住宅改修の種類ごとに、通常要する費用を勘案して厚生労働大臣が定める額とする。

6　市町村は、前項の規定にかかわらず、条例で定めるところにより、第四項の介護予防住宅改修費支給限度基準額に代えて、その額を超える額を、当該市町村における介護予防住宅改修費支給限度基準額とすることができる。

7　介護予防住宅改修費を支給することにより第四項に規定する総額が同項に規定する百分の九十に相当する額を超える場合における当該介護予防住宅改修費の額は、第三項の規定にかかわらず、政令で定めるところにより算定した額とする。

8　市町村長は、介護予防住宅改修費の支給に関して必要があると認めるときは、当該支給に係る住宅改修を行う者若しくは住宅改修を行った者（以下この項において「住宅改修を行う者等」という。）に対し、報告若しくは帳簿書類の提出若しくは提示を命じ、若しくは出頭を求め、又は当該職員に関係者に対して質問させ、若しくは当該住宅改修を行う者等の当該支給に係る事業所に立ち入り、その帳簿書類その他の物件を検査させることができる。

9　第二十四条第三項の規定は前項の規定による質問又は検査について、同条第四項の規定は前項の規定による権限について準用する。

（**介護予防サービス計画費の支給**）

第五十八条　市町村は、居宅要支援被保険者が、当該市町村（住所地特例適用居宅要支援被保険者に係る介護予防支援にあっては、施設所在市町村）の長が指定する者（以下「指定介護予防支援事業者」という。）から当該指定に係る介護予防支援事業を行う事業所により行われる介護予防支援（以下「指定介護予防支援」という。）を受けたときは、当該居宅要支援被保険者に対し、当該指定介護予防支援に要した費用について、介護予防サービス計画費を支給する。

2　介護予防サービス計画費の額は、指定介護予防支援の事業を行う事業所の所在する地域等を勘案して算定される当該指定介護予防支援に要する平均的な費用の額を勘案して厚生労働大臣が定める基準により算定した費用の額（その額が現に当該指定介護予防支援に要した費用の額を超えるときは、当該現に指定介護予防支援に要した費用の額とする。）とする。

3　厚生労働大臣は、前項の基準を定めようとするときは、あらかじめ社会保障審議会の意見を聴かなければならない。

4　居宅要支援被保険者が指定介護予防支援事業者から指定介護予防支援を受けたとき（当該居宅要支援被保険者が、厚生労働省令で定めるところにより、当該指定介護予防支援を受けることにつきあらかじめ市町村に届け出ている場合に限る。）は、市町村は、当該居宅要支援被保険者が当該指定介護予防支援事業者に支払うべき当該指定介護予防支援に要した費用について、介護予防サービス計画費として当該居宅要支援被保険者に対し支給すべき額の限度において、当該居宅要支援被保険者に代わり、当該指定介護予防支援事業者に支払うことができる。

5　前項の規定による支払があったときは、居宅要支援被保険者に対し介護予防サービス計画費の支給があったものとみなす。

6　市町村は、指定介護予防支援事業者から介護予防サービス計画費の請求があったときは、第二項の厚生労働大臣が定める基準並びに第百十五条の二十四第二項に規定する指定介護予防支援に係る介護予防のための効果的な支援の方法に関する基準及び指定介護予防支援の事業の運営に関する基準（指定介護予防支援の取扱いに関する部分に限る。）に照らして審査した上、支払うものとする。

7　第四十一条第二項、第三項、第十項及び第十一項の規定は介護予防サービス計画費の支給について、同条第八項の規定は指定介護予防支援事業者について準用する。この場合において、これらの規定に関し必要な技術的読替えは、政令で定める。

8　前各項に規定するもののほか、介護予防サービス計画費の支給及び指定介護予防支援事業者の介護予防サービス計画費の請求に関して必要な事項は、厚生労働省令で定める。

（特例介護予防サービス計画費の支給）

第五十九条　市町村は、次に掲げる場合には、居宅要支援被保険者に対し、特例介護予防サービス計画費を支給する。

一　居宅要支援被保険者が、指定介護予防支援以外の介護予防支援又はこれに相当するサービス（指定介護予防支援の事業に係る第百十五条の二十四第一項の市町村の条例で定める基準及び同項の市町村の条例で定める員数並びに同条第二項に規定する指定介護予防支援に係る介護予防のための効果的な支援の方法に関する基準及び指定介護予防支援の事業の運営に関する基準のうち、当該市町村の条例で定めるものを満たすと認められる事業を行う事業者により行われるものに限る。次号及び次項において「基準該当介護予防支援」という。）を受けた場合において、必要があると認めるとき。

二　指定介護予防支援及び基準該当介護予防支援の確保が著しく困難である離島その他の地域であって厚生労働大臣が定める基準に該当するものに住所を有する居宅要支援被保険者が、指定介護予防支援及び基準該当介護予防支援以外の介護予防支援又はこれに相当するサービスを受けた場合において、必要があると認めるとき。

三　その他政令で定めるとき。

2　市町村が前項第一号の条例を定めるに当たっては、次に掲げる事項については厚生労働省令で定める基準に従い定めるものとし、その他の事項については厚生労働省令で定める基準を参酌するものとする。

一　基準該当介護予防支援に従事する従業者に係る基準及び当該従業者の員数

二　基準該当介護予防支援の事業の運営に関する事項であって、利用する要支援者のサービスの適切な利用、適切な処遇及び安全の確保並びに秘密の保持等に密接に関連するものとして厚生労働省令で定めるもの

3　特例介護予防サービス計画費の額は、当該介護予防支援又はこれに相当するサービスについて前条第二項の厚生労働大臣が定める基準により算定した費用の額（その額が現に当該介護予防支援又はこれに相当するサービスに要した費用の額を超えるときは、当該現に介護予防支援又はこれに相当するサービスに要した費用の額とする。）を基準として、市町村が定める。

4　市町村長は、特例介護予防サービス計画費の支給に関して必要があると認めるときは、当該支給に係る介護予防支援若しくはこれに相当するサービスを担当する者若しくは担当した者（以下この項において「介護予防支援等を担当する者等」という。）に対し、報告若しくは帳簿書類の提出若しくは提示を命じ、若しくは出頭を求め、又は当該職員に関係者に対して質問させ、若しくは当該介護予防支援等を担当する者等の当該支給に係る事業所に立ち入り、その帳簿書類その他の物件を検査させることができる。

5　第二十四条第三項の規定は前項の規定による質問又は検査について、同条第四項の規定は前項の規定による権限について準用する。

（一定以上の所得を有する居宅要支援被保険者に係る介護予防サービス費等の額）

第五十九条の二　第一号被保険者であって政令で定めるところにより算定した所得の額が政令で定める額以上である居宅要支援被保険者（次項に規定する居宅要支援被保険者を除く。）が受ける次の各号に掲げる予防給付について当該各号に定める規定を適用する場合においては、これらの規定中「百分の九十」とあるのは、「百分の八十」とする。

一　介護予防サービス費の支給　第五十三条第二項第一号及び第二号並びに第五十五条

第一項、第四項及び第六項
二　特例介護予防サービス費の支給　第五十四条第三項並びに第五十五条第一項、第四項及び第六項
三　地域密着型介護予防サービス費の支給　第五十四条の二第二項第一号及び第二号並びに第五十五条第一項、第四項及び第六項
四　特例地域密着型介護予防サービス費の支給　第五十四条の三第二項並びに第五十五条第一項、第四項及び第六項
五　介護予防福祉用具購入費の支給　第五十六条第三項、第四項及び第七項
六　介護予防住宅改修費の支給　第五十七条第三項、第四項及び第七項

2　第一号被保険者であって政令で定めるところにより算定した所得の額が前項の政令で定める額を超える政令で定める額以上である居宅要支援被保険者が受ける同項各号に掲げる予防給付について当該各号に定める規定を適用する場合においては、これらの規定中「百分の九十」とあるのは、「百分の七十」とする。

（介護予防サービス費等の額の特例）

第六十条　市町村が、災害その他の厚生労働省令で定める特別の事情があることにより、介護予防サービス（これに相当するサービスを含む。以下この条において同じ。）、地域密着型介護予防サービス（これに相当するサービスを含む。以下この条において同じ。）又は住宅改修に必要な費用を負担することが困難であると認めた居宅要支援被保険者が受ける前条第一項各号に掲げる予防給付について当該各号に定める規定を適用する場合（同条の規定により読み替えて適用する場合を除く。）においては、これらの規定中「百分の九十」とあるのは、「百分の九十を超え百分の百以下の範囲内において市町村が定めた割合」とする。

2　市町村が、災害その他の厚生労働省令で定める特別の事情があることにより、介護予防サービス、地域密着型介護予防サービス又は住宅改修に必要な費用を負担することが困難であると認めた居宅要支援被保険者が受ける前条第一項各号に掲げる予防給付について当該各号に定める規定を適用する場合（同項の規定により読み替えて適用する場合に限る。）においては、同項の規定により読み替えて適用するこれらの規定中「百分の八十」とあるのは、「百分の八十を超え百分の百以下の範囲内において市町村が定めた割合」とする。

3　市町村が、災害その他の厚生労働省令で定める特別の事情があることにより、介護予防サービス、地域密着型介護予防サービス又は住宅改修に必要な費用を負担することが困難であると認めた居宅要支援被保険者が受ける前条第一項各号に掲げる予防給付について当該各号に定める規定を適用する場合（同条第二項の規定により読み替えて適用する場合に限る。）においては、同条第二項の規定により読み替えて適用するこれらの規定中「百分の七十」とあるのは、「百分の七十を超え百分の百以下の範囲内において市町村が定めた割合」とする。

（高額介護予防サービス費の支給）

第六十一条　市町村は、居宅要支援被保険者が受けた介護予防サービス（これに相当するサービスを含む。）又は地域密着型介護予防サービス（これに相当するサービスを含む。）に要した費用の合計額として政令で定めるところにより算定した額から、当該費用につき支給された介護予防サービス費、特例介護予防サービス費、地域密着型介護予防サービス費及び特例地域密着型介護予防サービス費の合計額を控除して得た額（次条第一項において「介護予防サービス利用者負担額」という。）が、著しく高額であるときは、当該居宅要支援被保険者に対し、高額介護予防サービス費を支給する。

2　前項に規定するもののほか、高額介護予防サービス費の支給要件、支給額その他高額介護予防サービス費の支給に関して必要な事項は、介護予防サービス又は地域密着型介護予防サービスに必要な費用の負担の家計に与える影響を考慮して、政令で定める。

（高額医療合算介護予防サービス費の支給）

第六十一条の二　市町村は、居宅要支援被保険者の介護予防サービス利用者負担額（前条第一項の高額介護予防サービス費が支給される場合にあっては、当該支給額に相当する額を控除して得た額）及び当該居宅要支援被保険者に係る健康保険法第百十五条第一項に規定する一部負担金等の額（同項の高額療養費が支給される場合にあっては、当該支給額に相当する額を控除して得た額）その他の医療保険各法又は高齢者の医療の確保に関する法律に規定するこれに相当する額として政令で定める額の合計額が、著しく高額であるときは、当該居宅要支援被保険者に対し、高額医療合算介護予防サービス費を支給する。

2　前条第二項の規定は、高額医療合算介護予防サービス費の支給について準用する。

（**特定入所者介護予防サービス費の支給**）

第六十一条の三　市町村は、居宅要支援被保険者のうち所得及び資産の状況その他の事情をしん酌して厚生労働省令で定めるものが、次に掲げる指定介護予防サービス（以下この条及び次条第一項において「特定介護予防サービス」という。）を受けたときは、当該居宅要支援被保険者（以下この条及び次条第一項において「特定入所者」という。）に対し、当該特定介護予防サービスを行う指定介護予防サービス事業者（以下この条において「特定介護予防サービス事業者」という。）における食事の提供に要した費用及び滞在に要した費用について、特定入所者介護予防サービス費を支給する。ただし、当該特定入所者が、第三十七条第一項の規定による指定を受けている場合において、当該指定に係る種類以外の特定介護予防サービスを受けたときは、この限りでない。

一　介護予防短期入所生活介護

二　介護予防短期入所療養介護

2　特定入所者介護予防サービス費の額は、第一号に規定する額及び第二号に規定する額の合計額とする。

一　特定介護予防サービス事業者における食事の提供に要する平均的な費用の額を勘案して厚生労働大臣が定める費用の額（その額が現に当該食事の提供に要した費用の額を超えるときは、当該現に食事の提供に要した費用の額とする。以下この条及び次条第二項において「食費の基準費用額」という。）から、平均的な家計における食費の状況及び特定入所者の所得の状況その他の事情を勘案して厚生労働大臣が定める額（以下この条及び次条第二項において「食費の負担限度額」という。）を控除した額

二　特定介護予防サービス事業者における滞在に要する平均的な費用の額及び事業所の状況その他の事情を勘案して厚生労働大臣が定める費用の額（その額が現に当該滞在に要した費用の額を超えるときは、当該現に滞在に要した費用の額とする。以下この条及び次条第二項において「滞在費の基準費用額」という。）から、特定入所者の所得の状況その他の事情を勘案して厚生労働大臣が定める額（以下この条及び次条第二項において「滞在費の負担限度額」という。）を控除した額

3　厚生労働大臣は、食費の基準費用額若しくは食費の負担限度額又は滞在費の基準費用額若しくは滞在費の負担限度額を定めた後に、特定介護予防サービス事業者における食事の提供に要する費用又は滞在に要する費用の状況その他の事情が著しく変動したときは、速やかにそれらの額を改定しなければならない。

4　特定入所者が、特定介護予防サービス事業者から特定介護予防サービスを受けたときは、市町村は、当該特定入所者が当該特定介護予防サービス事業者に支払うべき食事の提供に要した費用及び滞在に要した費用について、特定入所者介護予防サービス費として当該特定入所者に対し支給すべき額の限度において、当該特定入所者に代わり、当該特定介護予防サービス事業者に支払うことができる。

5　前項の規定による支払があったときは、特定入所者に対し特定入所者介護予防サービス費の支給があったものとみなす。

6　市町村は、第一項の規定にかかわらず、特定入所者が特定介護予防サービス事業者に対し、食事の提供に要する費用又は滞在に要する費用として、食費の基準費用額又は滞在費の基準費用額（前項の規定により特定入所者介護予防サービス費の支給があったものとみなされた特定入所者にあっては、食費の負担限度額又は滞在費の負担限度額）を超える金額を支払った場合には、特定入所者介護予防サービス費を支給しない。

7　市町村は、特定介護予防サービス事業者から特定入所者介護予防サービス費の請求があったときは、第一項、第二項及び前項の定めに照らして審査の上、支払うものとする。

8　第四十一条第三項、第十項及び第十一項の規定は特定入所者介護予防サービス費の支給について、同条第八項の規定は特定介護予防サービス事業者について準用する。この場合において、これらの規定に関し必要な技術的読替えは、政令で定める。

9　前各項に規定するもののほか、特定入所者介護予防サービス費の支給及び特定介護予防サービス事業者の特定入所者介護予防サービス費の請求に関して必要な事項は、厚生労働省令で定める。

（**特例特定入所者介護予防サービス費の支給**）

第六十一条の四　市町村は、次に掲げる場合には、特定入所者に対し、特例特定入所者介護

社会福祉

予防サービス費を支給する。

一　特定入所者が、当該要支援認定の効力が生じた日前に、緊急その他やむを得ない理由により特定介護予防サービスを受けた場合において、必要があると認めるとき。

二　その他政令で定めるとき。

2　特例特定入所者介護予防サービス費の額は、当該食事の提供に要した費用について食費の基準費用額から食費の負担限度額を控除した額及び当該滞在に要した費用について滞在費の基準費用額から滞在費の負担限度額を控除した額の合計額を基準として、市町村が定める。

第五節　市町村特別給付

第六十二条　市町村は、要介護被保険者又は居宅要支援被保険者（以下「要介護被保険者等」という。）に対し、前二節の保険給付のほか、条例で定めるところにより、市町村特別給付を行うことができる。

第六節　保険給付の制限等

（保険給付の制限）

第六十三条　刑事施設、労役場その他これらに準ずる施設に拘禁された者については、その期間に係る介護給付等は、行わない。

第六十四条　市町村は、自己の故意の犯罪行為若しくは重大な過失により、又は正当な理由なしに介護給付等対象サービスの利用若しくは居宅介護住宅改修費若しくは介護予防住宅改修費に係る住宅改修の実施に関する指示に従わないことにより、要介護状態等若しくはその原因となった事故を生じさせ、又は要介護状態等の程度を増進させた被保険者の当該要介護状態等については、これを支給事由とする介護給付等は、その全部又は一部を行わないことができる。

第六十五条　市町村は、介護給付等を受ける者が、正当な理由なしに、第二十三条の規定による求め（第二十四条の二第一項第一号の規定により委託された場合にあっては、当該委託に係る求めを含む。）に応ぜず、又は答弁を拒んだときは、介護給付等の全部又は一部を行わないことができる。

（保険料滞納者に係る支払方法の変更）

第六十六条　市町村は、保険料を滞納している第一号被保険者である要介護被保険者等（原子爆弾被爆者に対する援護に関する法律（平成六年法律第百十七号）による一般疾病医療費の支給その他厚生労働省令で定める医療に関する給付を受けることができるものを除く。）が、当該保険料の納期限から厚生労働省令で定める期間が経過するまでの間に当該保険料を納付しない場合においては、当該保険料の滞納につき災害その他の政令で定める特別の事情があると認める場合を除き、厚生労働省令で定めるところにより、当該要介護被保険者等に対し被保険者証の提出を求め、当該被保険者証に、第四十一条第六項、第四十二条の二第六項、第四十六条第四項、第四十八条第四項、第五十一条の三第四項、第五十三条第四項、第五十四条の二第六項、第五十八条第四項及び第六十一条の三第四項の規定を適用しない旨の記載（以下この条及び次条第三項において「支払方法変更の記載」という。）をするものとする。

2　市町村は、前項に規定する厚生労働省令で定める期間が経過しない場合においても、同項に規定する政令で定める特別の事情があると認める場合を除き、同項に規定する要介護被保険者等に対し被保険者証の提出を求め、当該被保険者証に支払方法変更の記載をすることができる。

3　市町村は、前二項の規定により支払方法変更の記載を受けた要介護被保険者等が滞納している保険料を完納したとき、又は当該要介護被保険者等に係る滞納額の著しい減少、災害その他の政令で定める特別の事情があると認めるときは、当該支払方法変更の記載を消除するものとする。

4　第一項又は第二項の規定により支払方法変更の記載を受けた要介護被保険者等が、当該支払方法の変更の記載がなされている間に受けた指定居宅サービス、指定地域密着型サービス、指定居宅介護支援、指定施設サービス等、指定介護予防サービス、指定地域密着型介護予防サービス及び指定介護予防支援に係る居宅介護サービス費の支給、地域密着型介護サービス費の支給、居宅介護サービス計画費の支給、施設介護サービス費の支給、特定入所者介護サービス費の支給、介護予防サービス費の支給、地域密着型介護予防サービス費の支給、介護予防サービス計画費の支給及び特定入所者介護予防サービス費の支給については、第四十一条第六項、第四十二条の二第六項、第四十六条第四項、第四十八条第四項、第五十一条の三第四項、第五十三条第四項、第五十四条の二第六項、第五十八条第四項及び第六十一条の三第四項の規定は適用しない。

（保険給付の支払の一時差止）

第六十七条　市町村は、保険給付を受けることができる第一号被保険者である要介護被保険者等が保険料を滞納しており、かつ、当該保険料の納期限から厚生労働省令で定める期間が経過するまでの間に当該保険料を納付しない場合においては、当該保険料の滞納につき災害その他の政令で定める特別の事情があると認める場合を除き、厚生労働省令で定めるところにより、保険給付の全部又は一部の支払を一時差し止めるものとする。

2　市町村は、前項に規定する厚生労働省令で定める期間が経過しない場合においても、保険給付を受けることができる第一号被保険者である要介護被保険者等が保険料を滞納している場合においては、当該保険料の滞納につき災害その他の政令で定める特別の事情があると認める場合を除き、厚生労働省令で定めるところにより、保険給付の全部又は一部の支払を一時差し止めることができる。

3　市町村は、前条第一項又は第二項の規定により支払方法変更の記載を受けている要介護被保険者等であって、前二項の規定による保険給付の全部又は一部の支払の一時差止がなされているものが、なお滞納している保険料を納付しない場合においては、厚生労働省令で定めるところにより、あらかじめ、当該要介護被保険者等に通知して、当該一時差止に係る保険給付の額から当該要介護被保険者等が滞納している保険料額を控除することができる。

（医療保険各法の規定による保険料等に未納がある者に対する保険給付の一時差止）

第六十八条　市町村は、保険給付を受けることができる第二号被保険者である要介護被保険者等について、医療保険各法の定めるところにより当該要介護被保険者等が納付義務又は払込義務を負う保険料（地方税法（昭和二十五年法律第二百二十六号）の規定による国民健康保険税を含む。）又は掛金であってその納期限又は払込期限までに納付しなかったもの（以下この項及び次項において「未納医療保険料等」という。）がある場合においては、未納医療保険料等があることにつき災害その他の政令で定める特別の事情があると認める場合を除き、厚生労働省令で定めるところにより、当該要介護被保険者等に対し被保険者証の提出を求め、当該被保険者証に、第四十一条第六項、第四十二条の二第六項、第四十六条第四項、第四十八条第四項、第五十一条の三第四項、第五十三条第四項、第五十四条の二第六項、第五十八条第四項及び第六十一条の三第四項の規定を適用しない旨並びに保険給付の全部又は一部の支払を差し止める旨の記載（以下この条において「保険給付差止の記載」という。）をすることができる。

2　市町村は、前項の規定により保険給付差止の記載を受けた要介護被保険者等が、未納医療保険料等を完納したとき、又は当該要介護被保険者等に係る未納医療保険料等の著しい減少、災害その他の政令で定める特別の事情があると認めるときは、当該保険給付差止の記載を消除するものとする。

3　第六十六条第四項の規定は、第一項の規定により保険給付差止の記載を受けた要介護被保険者等について準用する。

4　市町村は、第一項の規定により保険給付差止の記載を受けた要介護被保険者等について、保険給付の全部又は一部の支払を一時差し止めるものとする。

5　市町村は、要介護被保険者等についての保険給付差止の記載に関し必要があると認めるときは、当該要介護被保険者等の加入する医療保険者（当該要介護被保険者等が全国健康保険協会の管掌する健康保険の被保険者（健康保険法第三条第四項に規定する任意継続被保険者を除く。）若しくはその被扶養者又は船員保険の被保険者（船員保険法第二条第二項に規定する疾病任意継続被保険者を除く。）若しくはその被扶養者である場合には、厚生労働大臣とし、当該要介護被保険者等が国民健康保険法の定めるところにより都道府県が当該都道府県内の市町村とともに行う国民健康保険（以下「国民健康保険」という。）の被保険者である場合には、市町村とする。以下この条において同じ。）に対し、当該要介護被保険者等に係る医療保険各法の規定により徴収される保険料（地方税法の規定により徴収される国民健康保険税を含む。）又は掛金の納付状況その他厚生労働省令で定める事項について、厚生労働省令で定めるところにより、当該要介護被保険者等の加入する医療保険者に対し、情報の提供を求めることができる。

（保険料を徴収する権利が消滅した場合の保険給付の特例）

第六十九条　市町村は、要介護認定、要介護更新認定、第二十九条第二項において準用する第二十七条第七項若しくは第三十条第一項の規定による要介護状態区分の変更の認定、要支援認定、要支援更新認定、第三十三条の二第二項において準用する第三十二条第六項若しくは第三十三条の三第一項の規定による要支援状態区分の変更の認定（以下この項において単に「認定」という。）をした場合において、当該認定に係る第一号被保険者である要介護被保険者等について保険料徴収権消滅期間（当該期間に係る保険料を徴収する権利が時効によって消滅している期間につき政令で定めるところにより算定された期間をいう。以下この項において同じ。）があるときは、厚生労働省令で定めるところにより、当該要介護被保険者等の被保険者証に、当該認定に係る第二十七条第七項後段（第二十八条第四項及び第二十九条第二項において準用する場合を含む。）、第三十条第一項後段若しくは第三十五条第四項後段又は第三十二条第六項後段（第三十三条第四項及び第三十三条の二第二項において準用する場合を含む。）、第三十三条の三第一項後段若しくは第三十五条第二項後段若しくは第六項後段の規定による記載に併せて、介護給付等（居宅介護サービス計画費の支給、特例居宅介護サービス計画費の支給、介護予防サービス計画費の支給及び特例介護予防サービス計画費の支給、高額介護サービス費の支給、高額医療合算介護サービス費の支給、高額介護予防サービス費の支給及び高額医療合算介護予防サービス費の支給並びに特定入所者介護サービス費の支給、特例特定入所者介護サービス費の支給、特定入所者介護予防サービス費の支給及び特例特定入所者介護予防サービス費の支給を除く。）の額の減額を行う旨並びに高額介護サービス費、高額医療合算介護サービス費、高額介護予防サービス費及び高額医療合算介護予防サービス費並びに特定入所者介護サービス費、特例特定入所者介護サービス費、特定入所者介護予防サービス費及び特例特定入所者介護予防サービス費の支給を行わない旨並びにこれらの措置がとられる期間（市町村が、政令で定めるところにより、保険料徴収権消滅期間に応じて定める期間をいう。以下この条において「給付額減額期間」という。）の記載（以下この条において「給付額減額等の記載」という。）をするものとする。ただし、当該要介護被保険者等について、災害その他の政令で定める特別の事情があると認めるときは、この限りでない。

2　市町村は、前項の規定により給付額減額等の記載を受けた要介護被保険者等について、同項ただし書の政令で定める特別の事情があると認めるとき、又は給付額減額期間が経過したときは、当該給付額減額等の記載を消除するものとする。

3　第一項の規定により給付額減額等の記載を受けた要介護被保険者等が、当該記載を受けた日の属する月の翌月の初日から当該給付額減額期間が経過するまでの間に利用した居宅サービス（これに相当するサービスを含む。以下この条において同じ。）、地域密着型サービス（これに相当するサービスを含む。以下この条において同じ。）、施設サービス、介護予防サービス（これに相当するサービスを含む。以下この条において同じ。）及び地域密着型介護予防サービス（これに相当するサービスを含む。以下この条において同じ。）並びに行った住宅改修に係る次の各号に掲げる介護給付等について当該各号に定める規定を適用する場合（第四十九条の二又は第五十九条の二の規定により読み替えて適用する場合を除く。）においては、これらの規定中「百分の九十」とあるのは、「百分の七十」とする。

一　居宅介護サービス費の支給　第四十一条第四項第一号及び第二号並びに第四十三条第一項、第四項及び第六項

二　特例居宅介護サービス費の支給　第四十二条第三項並びに第四十三条第一項、第四項及び第六項

三　地域密着型介護サービス費の支給　第四十二条の二第二項各号並びに第四十三条第一項、第四項及び第六項

四　特例地域密着型介護サービス費の支給　第四十二条の三第二項並びに第四十三条第一項、第四項及び第六項

五　施設介護サービス費の支給　第四十八条第二項

六　特例施設介護サービス費の支給　第四十九条第二項

七　介護予防サービス費の支給　第五十三条第二項第一号及び第二号並びに第五十五条第一項、第四項及び第六項

八　特例介護予防サービス費の支給　第五十四条第三項並びに第五十五条第一項、第四項及び第六項

九　地域密着型介護予防サービス費の支給　第五十四条の二第二項第一号及び第二号並びに第五十五条第一項、第四項及び第六項

十　特例地域密着型介護予防サービス費の支給　第五十四条の三第二項並びに第五十五条第一項、第四項及び第六項

十一　居宅介護福祉用具購入費の支給　第四十四条第三項、第四項及び第七項

十二　介護予防福祉用具購入費の支給　第五十六条第三項、第四項及び第七項

十三　居宅介護住宅改修費の支給　第四十五条第三項、第四項及び第七項

十四　介護予防住宅改修費の支給　第五十七条第三項、第四項及び第七項

4　第一項の規定により給付額減額等の記載を受けた要介護被保険者等が、当該記載を受けた日の属する月の翌月の初日から当該給付額減額期間が経過するまでの間に利用した居宅サービス、地域密着型サービス、施設サービス、介護予防サービス及び地域密着型介護予防サービス並びに行った住宅改修に係る前項各号に掲げる介護給付等について当該各号に定める規定を適用する場合（第四十九条の二第一項又は第五十九条の二第一項の規定により読み替えて適用する場合に限る。）においては、第四十九条の二第一項又は第五十九条の二第一項の規定により読み替えて適用するこれらの規定中「百分の八十」とあるのは、「百分の七十」とする。

5　第一項の規定により給付額減額等の記載を受けた要介護被保険者等が、当該記載を受けた日の属する月の翌月の初日から当該給付額減額期間が経過するまでの間に利用した居宅サービス、地域密着型サービス、施設サービス、介護予防サービス及び地域密着型介護予防サービス並びに行った住宅改修に係る第三項各号に掲げる介護給付等について当該各号に定める規定を適用する場合（第四十九条の二第二項又は第五十九条の二第二項の規定により読み替えて適用する場合に限る。）においては、第四十九条の二第二項又は第五十九条の二第二項の規定により読み替えて適用するこれらの規定中「百分の七十」とあるのは、「百分の六十」とする。

6　第一項の規定により給付額減額等の記載を受けた要介護被保険者等が、当該記載を受けた日の属する月の翌月の初日から当該給付額減額期間が経過するまでの間に受けた居宅サービス、地域密着型サービス、施設サービス、介護予防サービス及び地域密着型介護予防サービスに要する費用については、第五十一条第一項、第五十一条の二第一項、第五十一条の三第一項、第五十一条の四第一項、第六十一条第一項、第六十一条の二第一項、第六十一条の三第一項及び第六十一条の四第一項の規定は、適用しない。

第五章　介護支援専門員並びに事業者及び施設

第一節　介護支援専門員

第一款　登録等

（介護支援専門員の登録）

第六十九条の二　厚生労働省令で定める実務の経験を有する者であって、都道府県知事が厚生労働省令で定めるところにより行う試験（以下「介護支援専門員実務研修受講試験」という。）に合格し、かつ、都道府県知事が厚生労働省令で定めるところにより行う研修（以下「介護支援専門員実務研修」という。）の課程を修了したものは、厚生労働省令で定めるところにより、当該都道府県知事の登録を受けることができる。ただし、次の各号のいずれかに該当する者については、この限りでない。

一　心身の故障により介護支援専門員の業務を適正に行うことができない者として厚生労働省令で定めるもの

二　禁錮以上の刑に処せられ、その執行を終わり、又は執行を受けることがなくなるまでの者

三　この法律その他国民の保健医療若しくは福祉に関する法律で政令で定めるものの規定により罰金の刑に処せられ、その執行を終わり、又は執行を受けることがなくなるまでの者

四　登録の申請前五年以内に居宅サービス等に関し不正又は著しく不当な行為をした者

五　第六十九条の三十八第三項の規定による禁止の処分を受け、その禁止の期間中に第六十九条の六第一号の規定によりその登録が消除され、まだその期間が経過しない者

六　第六十九条の三十九の規定による登録の消除の処分を受け、その処分の日から起算して五年を経過しない者

七　第六十九条の三十九の規定による登録の消除の処分に係る行政手続法（平成五年法律第八十八号）第十五条の規定による通知があった日から当該処分をする日又は処分をしないことを決定する日までの間に登録の消除の申請をした者（登録の消除の申請

について相当の理由がある者を除く。）であって、当該登録が消除された日から起算して五年を経過しないもの

2　前項の登録は、都道府県知事が、介護支援専門員資格登録簿に氏名、生年月日、住所その他厚生労働省令で定める事項並びに登録番号及び登録年月日を登載してするものとする。

（登録の移転）

第六十九条の三　前条第一項の登録を受けている者は、当該登録をしている都道府県知事の管轄する都道府県以外の都道府県に所在する指定居宅介護支援事業者その他厚生労働省令で定める事業者若しくは施設の業務に従事し、又は従事しようとするときは、当該事業者の事業所又は当該施設の所在地を管轄する都道府県知事に対し、当該登録をしている都道府県知事を経由して、登録の移転の申請をすることができる。ただし、その者が第六十九条の三十八第三項の規定による禁止の処分を受け、その禁止の期間が満了していないときは、この限りでない。

（登録事項の変更の届出）

第六十九条の四　第六十九条の二第一項の登録を受けている者は、当該登録に係る氏名その他厚生労働省令で定める事項に変更があったときは、遅滞なく、その旨を都道府県知事に届け出なければならない。

（死亡等の届出）

第六十九条の五　第六十九条の二第一項の登録を受けている者が次の各号のいずれかに該当することとなった場合には、当該各号に定める者は、その日（第一号の場合にあっては、その事実を知った日）から三十日以内に、その旨を当該登録をしている都道府県知事又は当該各号に定める者の住所地を管轄する都道府県知事に届け出なければならない。

一　死亡した場合　その相続人

二　第六十九条の二第一項第一号に該当するに至った場合　本人又はその法定代理人若しくは同居の親族

三　第六十九条の二第一項第二号又は第三号に該当するに至った場合　本人

（申請等に基づく登録の消除）

第六十九条の六　都道府県知事は、次の各号のいずれかに該当する場合には、第六十九条の二第一項の登録を消除しなければならない。

一　本人から登録の消除の申請があった場合

二　前条の規定による届出があった場合

三　前条の規定による届出がなくて同条各号のいずれかに該当する事実が判明した場合

四　第六十九条の三十一の規定により合格の決定を取り消された場合

（介護支援専門員証の交付等）

第六十九条の七　第六十九条の二第一項の登録を受けている者は、都道府県知事に対し、介護支援専門員証の交付を申請することができる。

2　介護支援専門員証の交付を受けようとする者は、都道府県知事が厚生労働省令で定めるところにより行う研修を受けなければならない。ただし、第六十九条の二第一項の登録を受けた日から厚生労働省令で定める期間以内に介護支援専門員証の交付を受けようとする者については、この限りでない。

3　介護支援専門員証（第五項の規定により交付された介護支援専門員証を除く。）の有効期間は、五年とする。

4　介護支援専門員証が交付された後第六十九条の三の規定により登録の移転があったときは、当該介護支援専門員証は、その効力を失う。

5　前項に規定する場合において、登録の移転の申請とともに介護支援専門員証の交付の申請があったときは、当該申請を受けた都道府県知事は、同項の介護支援専門員証の有効期間が経過するまでの期間を有効期間とする介護支援専門員証を交付しなければならない。

6　介護支援専門員は、第六十九条の二第一項の登録が消除されたとき、又は介護支援専門員証が効力を失ったときは、速やかに、介護支援専門員証をその交付を受けた都道府県知事に返納しなければならない。

7　介護支援専門員は、第六十九条の三十八第三項の規定による禁止の処分を受けたときは、速やかに、介護支援専門員証をその交付を受けた都道府県知事に提出しなければならない。

8　前項の規定により介護支援専門員証の提出を受けた都道府県知事は、同項の禁止の期間が満了した場合においてその提出者から返還の請求があったときは、直ちに、当該介護支援専門員証を返還しなければならない。

（介護支援専門員証の有効期間の更新）

第六十九条の八　介護支援専門員証の有効期間は、申請により更新する。

2　介護支援専門員証の有効期間の更新を受けようとする者は、都道府県知事が厚生労働省令で定めるところにより行う研修（以下「更新研修」という。）を受けなければならない。

社会福祉

ただし、現に介護支援専門員の業務に従事しており、かつ、更新研修の課程に相当するものとして都道府県知事が厚生労働省令で定めるところにより指定する研修の課程を修了した者については、この限りでない。

3　前条第三項の規定は、更新後の介護支援専門員証の有効期間について準用する。

（介護支援専門員証の提示）

第六十九条の九　介護支援専門員は、その業務を行うに当たり、関係者から請求があったときは、介護支援専門員証を提示しなければならない。

（厚生労働省令への委任）

第六十九条の十　この款に定めるもののほか、介護支援専門員証に関し必要な事項は、厚生労働省令で定める。

第二款　登録試験問題作成機関の登録、指定試験実施機関及び指定研修実施機関の指定等

（登録試験問題作成機関の登録）

第六十九条の十一　都道府県知事は、厚生労働大臣の登録を受けた法人（以下「登録試験問題作成機関」という。）に、介護支援専門員実務研修受講試験の実施に関する事務のうち試験の問題の作成及び合格の基準の設定に関するもの（以下「試験問題作成事務」という。）を行わせることができる。

2　前項の登録は、試験問題作成事務を行おうとする者の申請により行う。

3　都道府県知事は、第一項の規定により登録試験問題作成機関に試験問題作成事務を行わせるときは、試験問題作成事務を行わないものとする。

（欠格条項）

第六十九条の十二　次の各号のいずれかに該当する法人は、前条第一項の登録を受けることができない。

一　この法律の規定により刑に処せられ、その執行を終わり、又は執行を受けることがなくなった日から起算して二年を経過しない者であること。

二　第六十九条の二十四第一項又は第二項の規定により登録を取り消され、その取消しの日から起算して二年を経過しない者であること。

三　その役員のうちに、第一号に該当する者があること。

（登録の基準）

第六十九条の十三　厚生労働大臣は、第六十九条の十一第二項の規定により登録を申請した者が次に掲げる要件のすべてに適合しているときは、同条第一項の登録をしなければならない。この場合において、登録に関して必要な手続は、厚生労働省令で定める。

一　別表の上欄に掲げる科目について同表の下欄に掲げる試験委員が試験の問題の作成及び合格の基準の設定を行うものであること。

二　試験の信頼性の確保のための次に掲げる措置がとられていること。

イ　試験問題作成事務について専任の管理者を置くこと。

ロ　試験問題作成事務の管理（試験に関する秘密の保持及び試験の合格の基準に関することを含む。）に関する文書の作成その他の厚生労働省令で定める試験問題作成事務の信頼性を確保するための措置が講じられていること。

ハ　ロの文書に記載されたところに従い試験問題作成事務の管理を行う専任の部門を置くこと。

三　債務超過の状態にないこと。

（登録の公示等）

第六十九条の十四　厚生労働大臣は、第六十九条の十一第一項の登録をしたときは、当該登録を受けた者の名称及び主たる事務所の所在地並びに当該登録をした日を公示しなければならない。

2　登録試験問題作成機関は、その名称又は主たる事務所の所在地を変更しようとするときは、変更しようとする日の二週間前までに、その旨を厚生労働大臣及び第六十九条の十一第一項の規定により登録試験問題作成機関にその試験問題作成事務を行わせることとした都道府県知事（以下「委任都道府県知事」という。）に届け出なければならない。

3　厚生労働大臣は、前項の届出があったときは、その旨を公示しなければならない。

（役員の選任及び解任）

第六十九条の十五　登録試験問題作成機関は、役員を選任し、又は解任したときは、遅滞なく、その旨を厚生労働大臣に届け出なければならない。

（試験委員の選任及び解任）

第六十九条の十六　登録試験問題作成機関は、第六十九条の十三第一号の試験委員を選任

し、又は解任したときは、遅滞なく、その旨を厚生労働大臣に届け出なければならない。

（**秘密保持義務等**）

第六十九条の十七　登録試験問題作成機関の役員若しくは職員（第六十九条の十三第一号の試験委員を含む。次項において同じ。）又はこれらの職にあった者は、試験問題作成事務に関して知り得た秘密を漏らしてはならない。

2　試験問題作成事務に従事する登録試験問題作成機関の役員又は職員は、刑法その他の罰則の適用については、法令により公務に従事する職員とみなす。

（**試験問題作成事務規程**）

第六十九条の十八　登録試験問題作成機関は、試験問題作成事務の開始前に、厚生労働省令で定める試験問題作成事務の実施に関する事項について試験問題作成事務規程を定め、厚生労働大臣の認可を受けなければならない。これを変更しようとするときも、同様とする。

2　厚生労働大臣は、前項の規定により認可をした試験問題作成事務規程が試験問題作成事務の適正かつ確実な実施上不適当となったと認めるときは、登録試験問題作成機関に対し、これを変更すべきことを命ずることができる。

（**財務諸表等の備付け及び閲覧等**）

第六十九条の十九　登録試験問題作成機関は、毎事業年度経過後三月以内に、その事業年度の財産目録、貸借対照表及び損益計算書又は収支計算書並びに事業報告書（その作成に代えて電磁的記録（電子的方式、磁気的方式その他の人の知覚によっては認識することができない方式で作られる記録であって、電子計算機による情報処理の用に供されるものをいう。以下この条において同じ。）の作成がされている場合における当該電磁的記録を含む。次項及び第二百十一条の二において「財務諸表等」という。）を作成し、五年間登録試験問題作成機関の事務所に備えて置かなければならない。

2　介護支援専門員実務研修受講試験を受けようとする者その他の利害関係人は、登録試験問題作成機関の業務時間内は、いつでも、次に掲げる請求をすることができる。ただし、第二号又は第四号の請求をするには、登録試験問題作成機関の定めた費用を支払わなければならない。

一　財務諸表等が書面をもって作成されているときは、当該書面の閲覧又は謄写の請求

二　前号の書面の謄本又は抄本の請求

三　財務諸表等が電磁的記録をもって作成されているときは、当該電磁的記録に記録された事項を厚生労働省令で定める方法により表示したものの閲覧又は謄写の請求

四　前号の電磁的記録に記録された事項を電磁的方法であって厚生労働省令で定めるものにより提供することの請求又は当該事項を記載した書面の交付の請求

（**帳簿の備付け等**）

第六十九条の二十　登録試験問題作成機関は、厚生労働省令で定めるところにより、試験問題作成事務に関する事項で厚生労働省令で定めるものを記載した帳簿を備え、保存しなければならない。

（**適合命令**）

第六十九条の二十一　厚生労働大臣は、登録試験問題作成機関が第六十九条の十三各号のいずれかに適合しなくなったと認めるときは、その登録試験問題作成機関に対し、これらの規定に適合するため必要な措置をとるべきことを命ずることができる。

（**報告及び検査**）

第六十九条の二十二　厚生労働大臣は、試験問題作成事務の適正な実施を確保するため必要があると認めるときは、登録試験問題作成機関に対し、試験問題作成事務の状況に関し必要な報告を求め、又は当該職員に関係者に対して質問させ、若しくは登録試験問題作成機関の事務所に立ち入り、その帳簿書類その他の物件を検査させることができる。

2　委任都道府県知事は、その行わせることとした試験問題作成事務の適正な実施を確保するため必要があると認めるときは、登録試験問題作成機関に対し、試験問題作成事務の状況に関し必要な報告を求め、又は当該職員に関係者に対して質問させ、若しくは登録試験問題作成機関の事務所に立ち入り、その帳簿書類その他の物件を検査させることができる。

3　第二十四条第三項の規定は前二項の規定による質問又は検査について、同条第四項の規定は前二項の規定による権限について準用する。

（**試験問題作成事務の休廃止**）

第六十九条の二十三　登録試験問題作成機関は、厚生労働大臣の許可を受けなければ、試験問題作成事務の全部又は一部を休止し、又

は廃止してはならない。

2　厚生労働大臣は、前項の規定による許可をしようとするときは、関係委任都道府県知事の意見を聴かなければならない。

3　厚生労働大臣は、第一項の規定による許可をしたときは、その旨を、関係委任都道府県知事に通知するとともに、公示しなければならない。

（登録の取消し等）

第六十九条の二十四　厚生労働大臣は、登録試験問題作成機関が第六十九条の十二第一号又は第三号に該当するに至ったときは、当該登録試験問題作成機関の登録を取り消さなければならない。

2　厚生労働大臣は、登録試験問題作成機関が次の各号のいずれかに該当するときは、当該登録試験問題作成機関に対し、その登録を取り消し、又は期間を定めて試験問題作成事務の全部若しくは一部の停止を命ずることができる。

一　不正な手段により第六十九条の十一第一項の登録を受けたとき。

二　第六十九条の十四第二項、第六十九条の十五、第六十九条の十六、第六十九条の十九第一項、第六十九条の二十又は前条第一項の規定に違反したとき。

三　正当な理由がないのに第六十九条の十九第二項各号の規定による請求を拒んだとき。

四　第六十九条の十八第一項の認可を受けた試験問題作成事務規程によらないで試験問題作成事務を行ったとき。

五　第六十九条の十八第二項又は第六十九条の二十一の命令に違反したとき。

3　厚生労働大臣は、前二項の規定により登録を取り消し、又は前項の規定により試験問題作成事務の全部若しくは一部の停止を命じたときは、その旨を、関係委任都道府県知事に通知するとともに、公示しなければならない。

（委任都道府県知事による試験問題作成事務の実施）

第六十九条の二十五　委任都道府県知事は、登録試験問題作成機関が第六十九条の二十三第一項の規定により試験問題作成事務の全部若しくは一部を休止したとき、厚生労働大臣が前条第二項の規定により登録試験問題作成機関に対し試験問題作成事務の全部若しくは一部の停止を命じたとき、又は登録試験問題作成機関が天災その他の事由により試験問題作成事務の全部若しくは一部を実施することが困難となった場合において厚生労働大臣が必要があると認めるときは、第六十九条の十一第三項の規定にかかわらず、当該試験問題作成事務の全部又は一部を行うものとする。

2　厚生労働大臣は、委任都道府県知事が前項の規定により試験問題作成事務を行うこととなるとき、又は委任都道府県知事が同項の規定により試験問題作成事務を行うこととなる事由がなくなったときは、速やかにその旨を当該委任都道府県知事に通知しなければならない。

（試験問題作成事務に係る手数料）

第六十九条の二十六　委任都道府県知事は、地方自治法第二百二十七条の規定に基づき試験問題作成事務に係る手数料を徴収する場合においては、第六十九条の十一第一項の規定により登録試験問題作成機関が行う試験問題作成事務に係る介護支援専門員実務研修受講試験を受けようとする者に、条例で定めるところにより、当該手数料を当該登録試験問題作成機関に納めさせ、その収入とすることができる。

（指定試験実施機関の指定）

第六十九条の二十七　都道府県知事は、その指定する者（以下「指定試験実施機関」という。）に、介護支援専門員実務研修受講試験の実施に関する事務（試験問題作成事務を除く。以下「試験事務」という。）を行わせることができる。

2　前条の規定は、指定試験実施機関が行う試験事務に係る手数料について準用する。

（秘密保持義務等）

第六十九条の二十八　指定試験実施機関（その者が法人である場合にあっては、その役員。次項において同じ。）若しくはその職員又はこれらの職にあった者は、試験事務に関して知り得た秘密を漏らしてはならない。

2　試験事務に従事する指定試験実施機関又はその職員は、刑法その他の罰則の適用については、法令により公務に従事する職員とみなす。

（監督命令等）

第六十九条の二十九　都道府県知事は、試験事務の適正な実施を確保するため必要があると認めるときは、指定試験実施機関に対し、試験事務に関し監督上必要な命令をすることができる。

（報告及び検査）

第六十九条の三十　都道府県知事は、試験事務の適正な実施を確保するため必要があると認めるときは、指定試験実施機関に対し、試験事務の状況に関し必要な報告を求め、又は当該職員に関係者に対して質問させ、若しくは指定試験実施機関の事務所に立ち入り、その設備若しくは帳簿書類その他の物件を検査させることができる。

2　第二十四条第三項の規定は前項の規定による質問又は検査について、同条第四項の規定は前項の規定による権限について準用する。

（合格の取消し等）

第六十九条の三十一　都道府県知事は、不正の手段によって介護支援専門員実務研修受講試験を受け、又は受けようとした者に対しては、合格の決定を取り消し、又はその介護支援専門員実務研修受講試験を受けることを禁止することができる。

2　指定試験実施機関は、その指定をした都道府県知事の前項に規定する職権を行うことができる。

（政令への委任）

第六十九条の三十二　第六十九条の二十七から前条までに定めるもののほか、指定試験実施機関に関し必要な事項は、政令で定める。

（指定研修実施機関の指定等）

第六十九条の三十三　都道府県知事は、その指定する者（以下「指定研修実施機関」という。）に、介護支援専門員実務研修及び更新研修の実施に関する事務（以下「研修事務」という。）を行わせることができる。

2　第六十九条の二十七第二項、第六十九条の二十九及び第六十九条の三十の規定は、指定研修実施機関について準用する。この場合において、これらの規定中「指定試験実施機関」と、「試験事務」とあるのは「指定研修実施機関」と、「試験事務」とあるのは「研修事務」と読み替えるものとする。

3　前二項に定めるもののほか、指定研修実施機関に関し必要な事項は、政令で定める。

第三款　義務等

（介護支援専門員の義務）

第六十九条の三十四　介護支援専門員は、その担当する要介護者等の人格を尊重し、常に当該要介護者等の立場に立って、当該要介護者等に提供される居宅サービス、地域密着型サービス、施設サービス、介護予防サービス若しくは地域密着型介護予防サービス又は特定介護予防・日常生活支援総合事業が特定の種類又は特定の事業者若しくは施設に不当に偏ることのないよう、公正かつ誠実にその業務を行わなければならない。

2　介護支援専門員は、厚生労働省令で定める基準に従って、介護支援専門員の業務を行わなければならない。

3　介護支援専門員は、要介護者等が自立した日常生活を営むのに必要な援助に関する専門的知識及び技術の水準を向上させ、その他その資質の向上を図るよう努めなければならない。

（名義貸しの禁止等）

第六十九条の三十五　介護支援専門員は、介護支援専門員証を不正に使用し、又はその名義を他人に介護支援専門員の業務のため使用させてはならない。

（信用失墜行為の禁止）

第六十九条の三十六　介護支援専門員は、介護支援専門員の信用を傷つけるような行為をしてはならない。

（秘密保持義務）

第六十九条の三十七　介護支援専門員は、正当な理由なしに、その業務に関して知り得た人の秘密を漏らしてはならない。介護支援専門員でなくなった後においても、同様とする。

（報告等）

第六十九条の三十八　都道府県知事は、介護支援専門員の業務の適正な遂行を確保するため必要があると認めるときは、その登録を受けている介護支援専門員及び当該都道府県の区域内でその業務を行う介護支援専門員に対し、その業務について必要な報告を求めることができる。

2　都道府県知事は、その登録を受けている介護支援専門員若しくは当該都道府県の区域内でその業務を行う介護支援専門員が第六十九条の三十四第一項若しくは第二項の規定に違反していると認めるとき、又はその登録を受けている者で介護支援専門員証の交付を受けていないもの（以下この項において「介護支援専門員証未交付者」という。）が介護支援専門員として業務を行ったときは、当該介護支援専門員又は当該介護支援専門員証未交付者に対し、必要な指示をし、又は当該都道府県知事の指定する研修を受けるよう命ずることができる。

3　都道府県知事は、その登録を受けている介護支援専門員又は当該都道府県の区域内でその業務を行う介護支援専門員が前項の規定による指示又は命令に従わない場合には、当該介護支援専門員に対し、一年以内の期間を定めて、介護支援専門員として業務を行うことを禁止することができる。

4　都道府県知事は、他の都道府県知事の登録を受けている介護支援専門員に対して前二項の規定による処分をしたときは、遅滞なく、その旨を、当該介護支援専門員の登録をしている都道府県知事に通知しなければならない。

（登録の消除）

第六十九条の三十九　都道府県知事は、その登録を受けている介護支援専門員が次の各号のいずれかに該当する場合には、当該登録を消除しなければならない。

一　第六十九条の二第一項第一号から第三号までのいずれかに該当するに至った場合
二　不正の手段により第六十九条の二第一項の登録を受けた場合
三　不正の手段により介護支援専門員証の交付を受けた場合
四　前条第三項の規定による業務の禁止の処分に違反した場合

2　都道府県知事は、その登録を受けている介護支援専門員が次の各号のいずれかに該当する場合には、当該登録を消除することができる。

一　第六十九条の三十四第一項若しくは第二項又は第六十九条の三十五から第六十九条の三十七までの規定に違反した場合
二　前条第一項の規定により報告を求められて、報告をせず、又は虚偽の報告をした場合
三　前条第二項の規定による指示又は命令に違反し、情状が重い場合

3　第六十九条の二第一項の登録を受けている者で介護支援専門員証の交付を受けていないものが次の各号のいずれかに該当する場合には、当該登録をしている都道府県知事は、当該登録を消除しなければならない。

一　第六十九条の二第一項第一号から第三号までのいずれかに該当するに至った場合
二　不正の手段により第六十九条の二第一項の登録を受けた場合
三　介護支援専門員として業務を行い、情状が特に重い場合

第二節　指定居宅サービス事業者

（指定居宅サービス事業者の指定）

第七十条　第四十一条第一項本文の指定は、厚生労働省令で定めるところにより、居宅サービス事業を行う者の申請により、居宅サービスの種類及び当該居宅サービスの種類に係る居宅サービス事業を行う事業所（以下この節において単に「事業所」という。）ごとに行う。

2　都道府県知事は、前項の申請があった場合において、次の各号（病院等により行われる居宅療養管理指導又は病院若しくは診療所により行われる訪問看護、訪問リハビリテーション、通所リハビリテーション若しくは短期入所療養介護に係る指定の申請にあっては、第六号の二、第六号の三、第十号の二及び第十二号を除く。）のいずれかに該当するときは、第四十一条第一項本文の指定をしてはならない。

一　申請者が都道府県の条例で定める者でないとき。
二　当該申請に係る事業所の従業者の知識及び技能並びに人員が、第七十四条第一項の都道府県の条例で定める基準及び同項の都道府県の条例で定める員数を満たしていないとき。
三　申請者が、第七十四条第二項に規定する指定居宅サービスの事業の設備及び運営に関する基準に従って適正な居宅サービス事業の運営をすることができないと認められるとき。
四　申請者が、禁錮以上の刑に処せられ、その執行を終わり、又は執行を受けることがなくなるまでの者であるとき。
五　申請者が、この法律その他国民の保健医療若しくは福祉に関する法律で政令で定めるものの規定により罰金の刑に処せられ、その執行を終わり、又は執行を受けることがなくなるまでの者であるとき。
五の二　申請者が、労働に関する法律の規定であって政令で定めるものにより罰金の刑に処せられ、その執行を終わり、又は執行を受けることがなくなるまでの者であるとき。
五の三　申請者が、社会保険各法又は労働保険の保険料の徴収等に関する法律（昭和四十四年法律第八十四号）の定めるところにより納付義務を負う保険料、負担金又は掛金（地方税法の規定による国民健康保険税を含む。以下この号、第七十八条の二第四項第五号の三、第七十九条第二項第四号の三、第九十四条第三項第五号の三、第百七条第三項第七号、第百十五条の二第二項第

五号の三、第百十五条の十二第二項第五号の三、第百十五条の二十二第二項第四号の三及び第二百三条第二項において「保険料等」という。）について、当該申請をした日の前日までに、これらの法律の規定に基づく滞納処分を受け、かつ、当該処分を受けた日から正当な理由なく三月以上の期間にわたり、当該処分を受けた日以降に納期限の到来した保険料等の全て（当該処分を受けた者が、当該処分に係る保険料等の納付義務を負うことを定める法律によって納付義務を負う保険料等に限る。第七十八条の二第四項第五号の三、第七十九条第二項第四号の三、第九十四条第三項第五号の三、第百七条第三項第七号、第百十五条の二第二項第五号の三、第百十五条の十二第二項第五号の三及び第百十五条の二十二第二項第四号の三において同じ。）を引き続き滞納している者であるとき。

六　申請者（特定施設入居者生活介護に係る指定の申請者を除く。）が、第七十七条第一項又は第百十五条の三十五第六項の規定により指定（特定施設入居者生活介護に係る指定を除く。）を取り消され、その取消しの日から起算して五年を経過しない者（当該指定を取り消された者が法人である場合においては、当該取消しの処分に係る行政手続法第十五条の規定による通知があった日前六十日以内に当該法人の役員（業務を執行する社員、取締役、執行役又はこれらに準ずる者をいい、相談役、顧問その他いかなる名称を有する者であるかを問わず、法人に対し業務を執行する社員、取締役、執行役又はこれらに準ずる者と同等以上の支配力を有するものと認められる者を含む。第五節及び第二百三条第二項において同じ。）又はその事業所を管理する者その他の政令で定める使用人（以下「役員等」という。）であった者で当該取消しの日から起算して五年を経過しないものを含み、当該指定を取り消された者が法人でない事業所である場合においては、当該通知があった日前六十日以内に当該事業所の管理者であった者で当該取消しの日から起算して五年を経過しないものを含む。）であるとき。ただし、当該指定の取消しが、指定居宅サービス事業者の指定の取消しのうち当該指定の取消しの処分の理由となった事実及び当該事実の発生を防止するための当該指定居宅サービス事業者による業務管理体制の整備についての取組の状況その他の当該事実に関して当該指定居宅サービス事業者が有していた責任の程度を考慮して、この号本文に規定する指定の取消しに該当しないこととすることが相当であると認められるものとして厚生労働省令で定めるものに該当する場合を除く。

六の二　申請者（特定施設入居者生活介護に係る指定の申請者に限る。）が、第七十七条第一項又は第百十五条の三十五第六項の規定により指定（特定施設入居者生活介護に係る指定に限る。）を取り消され、その取消しの日から起算して五年を経過しない者（当該指定を取り消された者が法人である場合においては、当該取消しの処分に係る行政手続法第十五条の規定による通知があった日前六十日以内に当該法人の役員等であった者で当該取消しの日から起算して五年を経過しないものを含み、当該指定を取り消された者が法人でない事業所である場合においては、当該通知があった日前六十日以内に当該事業所の管理者であった者で当該取消しの日から起算して五年を経過しないものを含む。）であるとき。ただし、当該指定の取消しが、指定居宅サービス事業者の指定の取消しのうち当該指定の取消しの処分の理由となった事実及び当該事実の発生を防止するための当該指定居宅サービス事業者による業務管理体制の整備についての取組の状況その他の当該事実に関して当該指定居宅サービス事業者が有していた責任の程度を考慮して、この号本文に規定する指定の取消しに該当しないこととすることが相当であると認められるものとして厚生労働省令で定めるものに該当する場合を除く。

六の三　申請者と密接な関係を有する者（申請者（法人に限る。以下この号において同じ。）の株式の所有その他の事由を通じて当該申請者の事業を実質的に支配し、若しくはその事業に重要な影響を与える関係にある者として厚生労働省令で定めるもの（以下この号において「申請者の親会社等」という。）、申請者の親会社等が株式の所有その他の事由を通じてその事業を実質的に支配し、若しくはその事業に重要な影響を与える関係にある者として厚生労働省令で定めるもの又は当該申請者が株式の所有その他の事由を通じてその事業を実質的に支配し、若しくはその事業に重要な影響を与える関係にある者として厚生労働省令で定めるもののうち、当該申請者と厚生労働省令で定める密接な関係を有する法人をいう。以下この章において同じ。）が、第七十七条第一項又は第百十五条の三十五第六項の規定により指定を取り消され、その取消しの日から起算して五年を経過していないとき。ただし、当該指定の取消しが、指定居宅サービス事業者の指定の取消しのうち当該指定の取消しの処分の理由となった事実及び当該事実の発生を防止するための当該指定居宅サービス事業者による業務管理体制の整備についての取組の状況その他の当該事実に関して当該指定居宅サービス事業者が有していた責任の程度を考慮して、この号本文に規定する指定の取消しに該当しないこととすることが相当であると認められるものとして厚生労働省令で定めるものに該当する場合を除く。

七　申請者が、第七十七条第一項又は第百十五条の三十五第六項の規定による指定の取消しの処分に係る行政手続法第十五条の規定による通知があった日から当該処分をする日又は処分をしないことを決定する日までの間に第七十五条第二項の規定による事業の廃止の届出をした者（当該事業の廃止について相当の理由がある者を除く。）で、当該届出の日から起算して五年を経過しないものであるとき。

七の二　申請者が、第七十六条第一項の規定による検査が行われた日から聴聞決定予定日（当該検査の結果に基づき第七十七条第一項の規定による指定の取消しの処分に係る聴聞を行うか否かの決定をすることが見込まれる日として厚生労働省令で定めるところにより都道府県知事が当該申請者に当該検査が行われた日から十日以内に特定の日を通知した場合における当該特定の日をいう。）までの間に第七十五条第二項の規定による事業の廃止の届出をした者（当該事業の廃止について相当の理由がある者を除く。）で、当該届出の日から起算して五年を経過しないものであるとき。

八　第七号に規定する期間内に第七十五条第二項の規定による事業の廃止の届出があった場合において、申請者が、同号の通知の日前六十日以内に当該届出に係る法人（当該事業の廃止について相当の理由がある法人を除く。）の役員等又は当該届出に係る法人でない事業所（当該事業の廃止について相当の理由があるものを除く。）の管理者であった者で、当該届出の日から起算して五年を経過しないものであるとき。

九　申請者が、指定の申請前五年以内に居宅サービス等に関し不正又は著しく不当な行為をした者であるとき。

十　申請者（特定施設入居者生活介護に係る指定の申請者を除く。）が、法人で、その役員等のうちに第四号から第六号まで又は第七号から前号までのいずれかに該当する者のあるものであるとき。

十の二　申請者（特定施設入居者生活介護に係る指定の申請者に限る。）が、法人で、その役員等のうちに第四号から第五号の三まで、第六号の二又は第七号から第九号までのいずれかに該当する者のあるものであるとき。

十一　申請者（特定施設入居者生活介護に係る指定の申請者を除く。）が、法人でない事業所で、その管理者が第四号から第六号まで又は第七号から第九号までのいずれかに該当する者であるとき。

十二　申請者（特定施設入居者生活介護に係る指定の申請者に限る。）が、法人でない事業所で、その管理者が第四号から第五号の三まで、第六号の二又は第七号から第九号までのいずれかに該当する者であるとき。

3　都道府県が前項第一号の条例を定めるに当たっては、厚生労働省令で定める基準に従い定めるものとする。

4　都道府県知事は、介護専用型特定施設入居者生活介護（介護専用型特定施設に入居している要介護者について行われる特定施設入居者生活介護をいう。以下同じ。）につき第一項の申請があった場合において、当該申請に係る事業所の所在地を含む区域（第百十八条第二項第一号の規定により当該都道府県が定める区域とする。）における介護専用型特定施設入居者生活介護の利用定員の総数及び地域密着型特定施設入居者生活介護の利用定員の総数の合計数が、同条第一項の規定により当該都道府県が定める都道府県介護保険事業支援計画において定めるその区域の介護専用型特定施設入居者生活介護の必要利用定員総数及び地域密着型特定施設入居者生活介護の必要利用定員総数の合計数に既に達しているか、又は当該申請に係る事業者の指定によってこれを超えることになると認めるとき、その他の当該都道府県介護保険事業支援計画の達成に支障を生ずるおそれがあると認めるときは、第四十一条第一項本文の指定をしないことができる。

5　都道府県知事は、混合型特定施設入居者生活介護（介護専用型特定施設以外の特定施設に入居している要介護者について行われる特定施設入居者生活介護をいう。以下同じ。）につき第一項の申請があった場合において、当該申請に係る事業所の所在地を含む区域（第百十八条第二項第一号の規定により当該都道府県が定める区域とする。）における混合型特定施設入居者生活介護の推定利用定員（厚生労働省令で定めるところにより算定した定員をいう。）の総数が、同条第一項の規定により当該都道府県が定める都道府県介護保険事業支援計画において定めるその区域の混合型特定施設入居者生活介護の必要利用定員総数に既に達しているか、又は当該申請に係る事業者の指定によってこれを超えることになると認めるとき、その他の当該都道府県介護保険事業支援計画の達成に支障を生ずるおそれがあると認めるときは、第四十一条第一項本文の指定をしないことができる。

6　都道府県知事は、第四十一条第一項本文の指定（特定施設入居者生活介護その他の厚生労働省令で定める居宅サービスに係るものに限る。）をしようとするときは、関係市町村長に対し、厚生労働省令で定める事項を通知し、相当の期間を指定して、当該関係市町村の第百十七条第一項に規定する市町村介護保険事業計画との調整を図る見地からの意見を求めなければならない。

7　関係市町村長は、厚生労働省令で定めるところにより、都道府県知事に対し、第四十一条第一項本文の指定（前項の厚生労働省令で定める居宅サービスに係るものを除く。次項において同じ。）について、当該指定をしようとするときは、あらかじめ、当該関係市町村長にその旨を通知するよう求めることができる。この場合において、当該都道府県知事は、その求めに応じなければならない。

8　関係市町村長は、前項の規定による通知を受けたときは、厚生労働省令で定めるところにより、第四十一条第一項本文の指定に関し、都道府県知事に対し、当該関係市町村の第百十七条第一項に規定する市町村介護保険事業計画との調整を図る見地からの意見を申し出ることができる。

9　都道府県知事は、第六項又は前項の意見を勘案し、第四十一条第一項本文の指定を行うに当たって、当該事業の適正な運営を確保するために必要と認める条件を付することができる。

10　市町村長は、第四十二条の二第一項本文の指定を受けて定期巡回・随時対応型訪問介護看護等（認知症対応型共同生活介護、地域密着型特定施設入居者生活介護及び地域密着型介護老人福祉施設入所者生活介護以外の地域密着型サービスであって、定期巡回・随時対応型訪問介護看護、小規模多機能型居宅介護その他の厚生労働省令で定めるものをいう。以下この条において同じ。）の事業を行う者の当該指定に係る当該事業を行う事業所（以下この項において「定期巡回・随時対応型訪問介護看護等事業所」という。）が当該市町村の区域にある場合その他の厚生労働省令で定める場合であって、次の各号のいずれかに該当すると認めるときは、都道府県知事に対し、訪問介護、通所介護その他の厚生労働省令で定める居宅サービス（当該市町村の区域に所在する事業所が行うものに限る。）に係る第四十一条第一項本文の指定について、厚生労働省令で定めるところにより、当該市町村が定める市町村介護保険事業計画（第百十七条第一項に規定する市町村介護保険事業計画をいう。以下この項において同じ。）において定める当該市町村又は当該定期巡回・随時対応型訪問介護看護等事業所の所在地を含む区域（第百十七条第二項第一号の規定により当該市町村が定める区域とする。以下この項において「日常生活圏域」という。）における定期巡回・随時対応型訪問介護看護等の見込量を確保するため必要な協議を求めることができる。この場合において、当該都道府県知事は、その求めに応じなければならない。

一　当該市町村又は当該日常生活圏域における居宅サービス（この項の規定により協議を行うものとされたものに限る。以下この号及び次項において同じ。）の種類ごとの量が、当該市町村が定める市町村介護保険事業計画において定める当該市町村又は当該日常生活圏域における当該居宅サービスの種類ごとの見込量に既に達しているか、又は第一項の申請に係る事業者の指定によってこれを超えることになるとき。

二　その他当該市町村介護保険事業計画の達

成に支障を生ずるおそれがあるとき。

11　都道府県知事は、前項の規定による協議の結果に基づき、当該協議を求めた市町村長の管轄する区域に所在する事業所が行う居宅サービスにつき第一項の申請があった場合において、厚生労働省令で定める基準に従って、第四十一条第一項本文の指定をしないこととし、又は同項本文の指定を行うに当たって、定期巡回・随時対応型訪問介護看護等の事業の適正な運営を確保するために必要と認める条件を付することができる。

（**指定の更新**）

第七十条の二　第四十一条第一項本文の指定は、六年ごとにその更新を受けなければ、その期間の経過によって、その効力を失う。

2　前項の更新の申請があった場合において、同項の期間（以下この条において「指定の有効期間」という。）の満了の日までにその申請に対する処分がされないときは、従前の指定は、指定の有効期間の満了後もその処分がされるまでの間は、なおその効力を有する。

3　前項の場合において、指定の更新がされたときは、その指定の有効期間は、従前の指定の有効期間の満了の日の翌日から起算するものとする。

4　前条の規定は、第一項の指定の更新について準用する。

（**指定の変更**）

第七十条の三　第四十一条第一項本文の指定を受けて特定施設入居者生活介護の事業を行う者は、同項本文の指定に係る特定施設入居者生活介護の利用定員を増加しようとするときは、あらかじめ、厚生労働省令で定めるところにより、当該特定施設入居者生活介護に係る同項本文の指定の変更を申請することができる。

2　第七十条第四項から第六項までの規定は、前項の指定の変更の申請があった場合について準用する。この場合において、同条第四項及び第五項中「指定をしない」とあるのは、「指定の変更を拒む」と読み替えるものとする。

（**指定居宅サービス事業者の特例**）

第七十一条　病院等について、健康保険法第六十三条第三項第一号の規定による保険医療機関又は保険薬局の指定があったとき（同法第六十九条の規定により同号の指定があったものとみなされたときを含む。）は、その指定の時に、当該病院等の開設者について、当該病院等により行われる居宅サービス（病院又は診療所にあっては居宅療養管理指導その他厚生労働省令で定める種類の居宅サービスに限り、薬局にあっては居宅療養管理指導に限る。）に係る第四十一条第一項本文の指定があったものとみなす。ただし、当該病院等の開設者が、厚生労働省令で定めるところにより別段の申出をしたとき、又はその指定の時前に第七十七条第一項若しくは第百十五条の三十五第六項の規定により第四十一条第一項本文の指定を取り消されているときは、この限りでない。

2　前項の規定により指定居宅サービス事業者とみなされた者に係る第四十一条第一項本文の指定は、当該指定に係る病院等について、健康保険法第八十条の規定による保険医療機関又は保険薬局の指定の取消しがあったときは、その効力を失う。

第七十二条　介護老人保健施設又は介護医療院について、第九十四条第一項又は第百七条第一項の許可があったときは、その許可の時に、当該介護老人保健施設又は介護医療院の開設者について、当該介護老人保健施設又は介護医療院により行われる居宅サービス（短期入所療養介護その他厚生労働省令で定める居宅サービスの種類に限る。）に係る第四十一条第一項本文の指定があったものとみなす。ただし、当該介護老人保健施設又は介護医療院の開設者が、厚生労働省令で定めるところにより、別段の申出をしたときは、この限りでない。

2　前項の規定により指定居宅サービス事業者とみなされた者に係る第四十一条第一項本文の指定は、当該指定に係る介護老人保健施設又は介護医療院について、第九十四条の二第一項若しくは第百八条第一項の規定により許可の効力が失われたとき又は第百四条第一項、第百十四条の六第一項若しくは第百十五条の三十五第六項の規定により許可の取消しがあったときは、その効力を失う。

（**共生型居宅サービス事業者の特例**）

第七十二条の二　訪問介護、通所介護その他厚生労働省令で定める居宅サービスに係る事業所について、児童福祉法（昭和二十二年法律第百六十四号）第二十一条の五の三第一項の指定（当該事業所により行われる居宅サービスの種類に応じて厚生労働省令で定める種類の同法第六条の二の二第一項に規定する障害児通所支援（以下「障害児通所支援」という。）に係るものに限る。）又は障害者の日常生活及び社会生活を総合的に支援するための法律（平成十七年法律第百二十三号。以下「障害者総合支援法」という。）第二十九条第一項の指定障害福祉サービス事業者の指定（当該事業所により行われる居宅サービスの種類に応じて厚生労働省令で定める種類の障害者総合支援法第五条第一項に規定する障害福祉サービス（以下「障害福祉サービス」という。）に係るものに限る。）を受けている者から当該事業所に係る第七十条第一項（第七十条の二第四項において準用する場合を含む。）の申請があった場合において、次の各号のいずれにも該当するときにおける第七十条第二項（第七十条の二第四項において準用する場合を含む。以下この項において同じ。）の規定の適用については、第七十条第二項第二号中「第七十四条第一項の」とあるのは「第七十二条の二第一項第一号の指定居宅サービスに従事する従業者に係る」と、「同項」とあるのは「同号」と、同項第三号中「第七十四条第二項」とあるのは「第七十二条の二第一項第二号」とする。ただし、申請者が、厚生労働省令で定めるところにより、別段の申出をしたときは、この限りでない。

一　当該申請に係る事業所の従業者の知識及び技能並びに人員が、指定居宅サービスに従事する従業者に係る都道府県の条例で定める基準及び都道府県の条例で定める員数を満たしていること。

二　申請者が、都道府県の条例で定める指定居宅サービスの事業の設備及び運営に関する基準に従って適正な居宅サービス事業の運営をすることができると認められること。

2　都道府県が前項各号の条例を定めるに当たっては、第一号から第三号までに掲げる事項については厚生労働省令で定める基準に従い定めるものとし、第四号に掲げる事項については厚生労働省令で定める基準を標準として定めるものとし、その他の事項については厚生労働省令で定める基準を参酌するものとする。

一　指定居宅サービスに従事する従業者に係る基準及び当該従業者の員数

二　指定居宅サービスの事業に係る居室の床面積

三　指定居宅サービスの事業の運営に関する事項であって、利用する要介護者のサービスの適切な利用、適切な処遇及び安全の確保並びに秘密の保持等に密接に関連するものとして厚生労働省令で定めるもの

四　指定居宅サービスの事業に係る利用定員

3　厚生労働大臣は、前項に規定する厚生労働省令で定める基準（指定居宅サービスの取扱いに関する部分に限る。）を定めようとするときは、あらかじめ社会保障審議会の意見を聴かなければならない。

4　第一項の場合において、同項に規定する者が同項の申請に係る第四十一条第一項本文の指定を受けたときは、その者に対しては、第七十四条第二項から第四項までの規定は適用せず、次の表の上欄に掲げる規定の適用については、これらの規定中同表の中欄に掲げる字句は、それぞれ同表の下欄に掲げる字句とする。

第四十一条第九項	第七十四条第二項	第七十二条の二第一項第二号
第七十三条第一項	次条第二項	前条第一項第二号
第七十四条第一項	都道府県の条例で定める基準に従い	第七十二条の二第一項第一号の指定居宅サービスに従事する従業者に係る都道府県の条例で定める基準に従い同号の
第七十六条の二第一項第二号	第七十四条第一項の	第七十二条の二第一項第一号の指定居宅サービスに従事する従業者に係る
	同項	同号
第七十六条の二第一項第三号	第七十四条第二項	第七十二条の二第一項第二号
第七十七条第一項第三号	第七十四条第一項の	第七十二条の二第一項第一号の指定居宅サービスに従事する従業者に係る
	同項	同号
第七十七条第一項第四号	第七十四条第二項	第七十二条の二第一項第二号

5　第一項に規定する者であって、同項の申請に係る第四十一条第一項本文の指定を受けたものから、児童福祉法第二十一条の五の三第一項に規定する指定通所支援の事業（当該指定に係る事業所において行うものに限る。）について同法第二十一条の五の二十第四項の規定による事業の廃止若しくは休止の届出があったとき又は障害者総合支援法第二十九条第一項に規定する指定障害福祉サービスの事業（当該指定に係る事業所において行うものに限る。）について障害者総合支援法第四十六条第二項の規定による事業の廃止若しくは休止の届出があったときは、当該指定に係る指定居宅サービスの事業について、第七十五条第二項の規定による事業の廃止又は休止の届出があったものとみなす。

（指定居宅サービスの事業の基準）

第七十三条　指定居宅サービス事業者は、次条第二項に規定する指定居宅サービスの事業の設備及び運営に関する基準に従い、要介護者の心身の状況等に応じて適切な指定居宅サービスを提供するとともに、自らその提供する指定居宅サービスの質の評価を行うことその他の措置を講ずることにより常に指定居宅サービスを受ける者の立場に立ってこれを提供するように努めなければならない。

2　指定居宅サービス事業者は、指定居宅サービスを受けようとする被保険者から提示された被保険者証に、第二十七条第七項第二号（第二十八条第四項及び第二十九条第二項において準用する場合を含む。）若しくは第三十二条第六項第二号（第三十三条第四項及び第三十三条の二第二項において準用する場合を含む。）に掲げる意見又は第三十条第一項後段若しくは第三十三条の三第一項後段に規定する意見（以下「認定審査会意見」という。）が記載されているときは、当該認定審査会意見に配慮して、当該被保険者に当該指定居宅サービスを提供するように努めなければならない。

第七十四条　指定居宅サービス事業者は、当該指定に係る事業所ごとに、都道府県の条例で定める基準に従い都道府県の条例で定める員数の当該指定居宅サービスに従事する従業者を有しなければならない。

2　前項に規定するもののほか、指定居宅サービスの事業の設備及び運営に関する基準は、都道府県の条例で定める。

3　都道府県が前二項の条例を定めるに当たっては、第一号から第三号までに掲げる事項については厚生労働省令で定める基準に従い定めるものとし、第四号に掲げる事項については厚生労働省令で定める基準を標準として定めるものとし、その他の事項については厚生労働省令で定める基準を参酌するものとする。

一　指定居宅サービスに従事する従業者に係る基準及び当該従業者の員数

二　指定居宅サービスの事業に係る居室、療養室及び病室の床面積

三　指定居宅サービスの事業の運営に関する事項であって、利用する要介護者のサービスの適切な利用、適切な処遇及び安全の確保並びに秘密の保持等に密接に関連するものとして厚生労働省令で定めるもの

四　指定居宅サービスの事業に係る利用定員

4　厚生労働大臣は、前項に規定する厚生労働省令で定める基準（指定居宅サービスの取扱いに関する部分に限る。）を定めようとするときは、あらかじめ社会保障審議会の意見を聴かなければならない。

5　指定居宅サービス事業者は、次条第二項の規定による事業の廃止又は休止の届出をしたときは、当該届出の日前一月以内に当該指定居宅サービスを受けていた者であって、当該事業の廃止又は休止の日以後においても引き続き当該指定居宅サービスに相当するサービスの提供を希望する者に対し、必要な居宅サービス等が継続的に提供されるよう、指定居宅介護支援事業者、他の指定居宅サービス事業者その他関係者との連絡調整その他の便宜の提供を行わなければならない。

6　指定居宅サービス事業者は、要介護者の人格を尊重するとともに、この法律又はこの法律に基づく命令を遵守し、要介護者のため忠実にその職務を遂行しなければならない。

（変更の届出等）

第七十五条　指定居宅サービス事業者は、当該指定に係る事業所の名称及び所在地その他厚生労働省令で定める事項に変更があったとき、又は休止した当該指定居宅サービスの事業を再開したときは、厚生労働省令で定めるところにより、十日以内に、その旨を都道府県知事に届け出なければならない。

2　指定居宅サービス事業者は、当該指定居宅サービスの事業を廃止し、又は休止しようとするときは、厚生労働省令で定めるところにより、その廃止又は休止の日の一月前までに、その旨を都道府県知事に届け出なければ

ならない。

（都道府県知事等による連絡調整又は援助）

第七十五条の二　都道府県知事又は市町村長は、指定居宅サービス事業者による第七十四条第五項に規定する便宜の提供が円滑に行われるため必要があると認めるときは、当該指定居宅サービス事業者及び指定居宅介護支援事業者、他の指定居宅サービス事業者その他の関係者相互間の連絡調整又は当該指定居宅サービス事業者及び当該関係者に対する助言その他の援助を行うことができる。

2　厚生労働大臣は、同一の指定居宅サービス事業者について二以上の都道府県知事が前項の規定による連絡調整又は援助を行う場合において、当該指定居宅サービス事業者による第七十四条第五項に規定する便宜の提供が円滑に行われるため必要があると認めるときは、当該都道府県知事相互間の連絡調整又は当該指定居宅サービス事業者に対する都道府県の区域を超えた広域的な見地からの助言その他の援助を行うことができる。

（報告等）

第七十六条　都道府県知事又は市町村長は、居宅介護サービス費の支給に関して必要があると認めるときは、指定居宅サービス事業者若しくは指定居宅サービス事業者であった者若しくは当該指定に係る事業所の従業者であった者（以下この項において「指定居宅サービス事業者であった者等」という。）に対し、報告若しくは帳簿書類の提出若しくは提示を命じ、指定居宅サービス事業者若しくは当該指定に係る事業所の従業者若しくは指定居宅サービス事業者であった者等に対し出頭を求め、又は当該職員に関係者に対して質問させ、若しくは当該指定居宅サービス事業者の当該指定に係る事業所、事務所その他指定居宅サービスの事業に関係のある場所に立ち入り、その設備若しくは帳簿書類その他の物件を検査させることができる。

2　第二十四条第三項の規定は、前項の規定による質問又は検査について、同条第四項の規定は、前項の規定による権限について準用する。

（勧告、命令等）

第七十六条の二　都道府県知事は、指定居宅サービス事業者が、次の各号に掲げる場合に該当すると認めるときは、当該指定居宅サービス事業者に対し、期限を定めて、それぞれ当該各号に定める措置をとるべきことを勧告することができる。

一　第七十条第九項又は第十一項の規定により当該指定を行うに当たって付された条件に従わない場合　当該条件に従うこと。

二　当該指定に係る事業所の従業者の知識若しくは技能又は人員について第七十四条第一項の都道府県の条例で定める基準又は同項の都道府県の条例で定める員数を満たしていない場合　当該都道府県の条例で定める基準又は当該都道府県の条例で定める員数を満たすこと。

三　第七十四条第二項に規定する指定居宅サービスの事業の設備及び運営に関する基準に従って適正な指定居宅サービスの事業の運営をしていない場合　当該指定居宅サービスの事業の設備及び運営に関する基準に従って適正な指定居宅サービスの事業の運営をすること。

四　第七十四条第五項に規定する便宜の提供を適正に行っていない場合　当該便宜の提供を適正に行うこと。

2　都道府県知事は、前項の規定による勧告をした場合において、その勧告を受けた指定居宅サービス事業者が同項の期限内にこれに従わなかったときは、その旨を公表することができる。

3　都道府県知事は、第一項の規定による勧告を受けた指定居宅サービス事業者が、正当な理由がなくてその勧告に係る措置をとらなかったときは、当該指定居宅サービス事業者に対し、期限を定めて、その勧告に係る措置をとるべきことを命ずることができる。

4　都道府県知事は、前項の規定による命令をした場合においては、その旨を公示しなければならない。

5　市町村は、保険給付に係る指定居宅サービスを行った指定居宅サービス事業者について、第一項各号に掲げる場合のいずれかに該当すると認めるときは、その旨を当該指定に係る事業所の所在地の都道府県知事に通知しなければならない。

（指定の取消し等）

第七十七条　都道府県知事は、次の各号のいずれかに該当する場合においては、当該指定居宅サービス事業者に係る第四十一条第一項本文の指定を取り消し、又は期間を定めてその指定の全部若しくは一部の効力を停止することができる。

一　指定居宅サービス事業者が、第七十条第二項第四号から第五号の二まで、第十号

（第五号の三に該当する者のあるものであるときを除く。）、第十号の二（第五号の三に該当する者のあるものであるときを除く。）、第十一号（第五号の三に該当する者であるときを除く。）又は第十二号（第五号の三に該当する者であるときを除く。）のいずれかに該当するに至ったとき。

二　指定居宅サービス事業者が、第七十条第九項又は第十一項の規定により当該指定を行うに当たって付された条件に違反したと認められるとき。

三　指定居宅サービス事業者が、当該指定に係る事業所の従業者の知識若しくは技能又は人員について、第七十四条第一項の都道府県の条例で定める基準又は同項の都道府県の条例で定める員数を満たすことができなくなったとき。

四　指定居宅サービス事業者が、第七十四条第二項に規定する指定居宅サービスの事業の設備及び運営に関する基準に従って適正な指定居宅サービスの事業の運営をすることができなくなったとき。

五　指定居宅サービス事業者が、第七十四条第六項に規定する義務に違反したと認められるとき。

六　居宅介護サービス費の請求に関し不正があったとき。

七　指定居宅サービス事業者が、第七十六条第一項の規定により報告又は帳簿書類の提出若しくは提示を命ぜられてこれに従わず、又は虚偽の報告をしたとき。

八　指定居宅サービス事業者又は当該指定に係る事業所の従業者が、第七十六条第一項の規定により出頭を求められてこれに応ぜず、同項の規定による質問に対して答弁せず、若しくは虚偽の答弁をし、又は同項の規定による検査を拒み、妨げ、若しくは忌避したとき。ただし、当該指定に係る事業所の従業者がその行為をした場合において、その行為を防止するため、当該指定居宅サービス事業者が相当の注意及び監督を尽くしたときを除く。

九　指定居宅サービス事業者が、不正の手段により第四十一条第一項本文の指定を受けたとき。

十　前各号に掲げる場合のほか、指定居宅サービス事業者が、この法律その他国民の保健医療若しくは福祉に関する法律で政令で定めるもの又はこれらの法律に基づく命令若しくは処分に違反したとき。

十一　前各号に掲げる場合のほか、指定居宅サービス事業者が、居宅サービス等に関し不正又は著しく不当な行為をしたとき。

十二　指定居宅サービス事業者が法人である場合において、その役員等のうちに指定の取消し又は指定の全部若しくは一部の効力の停止をしようとするとき前五年以内に居宅サービス等に関し不正又は著しく不当な行為をした者があるとき。

十三　指定居宅サービス事業者が法人でない事業所である場合において、その管理者が指定の取消し又は指定の全部若しくは一部の効力の停止をしようとするとき前五年以内に居宅サービス等に関し不正又は著しく不当な行為をした者であるとき。

2　市町村は、保険給付に係る指定居宅サービスを行った指定居宅サービス事業者について、前項各号のいずれかに該当すると認めるときは、その旨を当該指定に係る事業所の所在地の都道府県知事に通知しなければならない。

（公示）

第七十八条　都道府県知事は、次に掲げる場合には、当該指定居宅サービス事業者の名称又は氏名、当該指定に係る事業所の所在地その他の厚生労働省令で定める事項を公示しなければならない。

一　第四十一条第一項本文の指定をしたとき。

二　第七十五条第二項の規定による事業の廃止の届出があったとき。

三　前条第一項又は第百十五条の三十五第六項の規定により第四十一条第一項本文の指定を取り消し、又は指定の全部若しくは一部の効力を停止したとき。

第三節　指定地域密着型サービス事業者

（指定地域密着型サービス事業者の指定）

第七十八条の二　第四十二条の二第一項本文の指定は、厚生労働省令で定めるところにより、地域密着型サービス事業を行う者（地域密着型介護老人福祉施設入所者生活介護を行う事業にあっては、老人福祉法第二十条の五に規定する特別養護老人ホームのうち、その入所定員が二十九人以下であって市町村の条例で定める数であるものの開設者）の申請により、地域密着型サービスの種類及び当該地域密着型サービスの種類に係る地域密着型サービス事業を行う事業所（第七十八条の十三第一項及び第七十八条の十四第一項を除き、以下この節において「事業所」という。）ごとに行い、当該指定をする市町村長がその長である市町村が行う介護保険の被保険者（特定地域密着型サービスに係る指定にあっては、当該市町村の区域内に所在する住所地特例対象施設に入所等をしている住所地特例適用要介護被保険者を含む。）に対する地域密着型介護サービス費及び特例地域密着型介護サービス費の支給について、その効力を有する。

2　市町村長は、第四十二条の二第一項本文の指定をしようとするときは、厚生労働省令で定めるところにより、あらかじめその旨を都道府県知事に届け出なければならない。

3　都道府県知事は、地域密着型特定施設入居者生活介護につき市町村長から前項の届出があった場合において、当該申請に係る事業所の所在地を含む区域（第百十八条第二項第一号の規定により当該都道府県が定める区域とする。）における介護専用型特定施設入居者生活介護の利用定員の総数及び地域密着型特定施設入居者生活介護の利用定員の総数の合計数が、同条第一項の規定により当該都道府県が定める都道府県介護保険事業支援計画において定めるその区域の介護専用型特定施設入居者生活介護の必要利用定員総数及び地域密着型特定施設入居者生活介護の必要利用定員総数の合計数に既に達しているか、又は当該申請に係る事業者の指定によってこれを超えることになると認めるとき、その他の当該都道府県介護保険事業支援計画の達成に支障を生ずるおそれがあると認めるときは、当該市町村長に対し、必要な助言又は勧告をすることができる。

4　市町村長は、第一項の申請があった場合において、次の各号（病院又は診療所により行われる複合型サービス（厚生労働省令で定めるものに限る。第六項において同じ。）に係る指定の申請にあっては、第六号の二、第六号の三、第十号及び第十二号を除く。）のいずれかに該当するときは、第四十二条の二第一項本文の指定をしてはならない。

一　申請者が市町村の条例で定める者でないとき。

二　当該申請に係る事業所の従業者の知識及び技能並びに人員が、第七十八条の四第一項の市町村の条例で定める基準若しくは同項の市町村の条例で定める員数又は同条第五項に規定する指定地域密着型サービスに従事する従業者に関する基準を満たしていないとき。

三　申請者が、第七十八条の四第二項又は第五項に規定する指定地域密着型サービスの事業の設備及び運営に関する基準に従って適正な地域密着型サービス事業の運営をすることができないと認められるとき。

四　当該申請に係る事業所が当該市町村の区域の外にある場合であって、その所在地の市町村長（以下この条において「所在地市町村長」という。）の同意を得ていないとき。

四の二　申請者が、禁錮以上の刑に処せられ、その執行を終わり、又は執行を受けることがなくなるまでの者であるとき。

五　申請者が、この法律その他国民の保健医療若しくは福祉に関する法律で政令で定めるものの規定により罰金の刑に処せられ、その執行を終わり、又は執行を受けることがなくなるまでの者であるとき。

五の二　申請者が、労働に関する法律の規定であって政令で定めるものにより罰金の刑に処せられ、その執行を終わり、又は執行を受けることがなくなるまでの者であるとき。

五の三　申請者が、保険料等について、当該申請をした日の前日までに、納付義務を定めた法律の規定に基づく滞納処分を受け、かつ、当該処分を受けた日から正当な理由なく三月以上の期間にわたり、当該処分を受けた日以降に納期限の到来した保険料等の全てを引き続き滞納している者であるとき。

六　申請者（認知症対応型共同生活介護、地域密着型特定施設入居者生活介護又は地域密着型介護老人福祉施設入所者生活介護に係る指定の申請者を除く。）が、第七十八条の十（第二号から第五号までを除く。）の規定により指定（認知症対応型共同生活介護、地域密着型特定施設入居者生活介護又は地域密着型介護老人福祉施設入所者生活介護に係る指定を除く。）を取り消され、その取消しの日から起算して五年を経過しない者（当該指定を取り消された者が法人である場合においては、当該取消しの処分に係る行政手続法第十五条の規定による通知があった日前六十日以内に当該法人の役員等であった者で当該取消しの日から起算して五年を経過しないものを含み、当該指定を取り消された者が法人でない事業所である場合においては、当該通知があった日前六十日以内に当該事業所の管理者であった者で当該取消しの日から起算して五年を経過しないものを含む。）であるとき。ただし、当該指定の取消しが、指定地域密着型サービス事業者の指定の取消しのうち当該指定の取消しの処分の理由となった事実及び当該事実の発生を防止するための当該指定地域密着型サービス事業者による業務管理体制の整備についての取組の状況その他の当該事実に関して当該指定地域密着型サービス事業者が有していた責任の程度を考慮して、この号本文に規定する指定の取消しに該当しないこととすることが相当であると認められるものとして厚生労働省令で定めるものに該当する場合を除く。

六の二　申請者（認知症対応型共同生活介護、地域密着型特定施設入居者生活介護又は地域密着型介護老人福祉施設入所者生活介護に係る指定の申請者に限る。）が、第七十八条の十（第二号から第五号までを除く。）の規定により指定（認知症対応型共同生活介護、地域密着型特定施設入居者生活介護又は地域密着型介護老人福祉施設入所者生活介護に係る指定に限る。）を取り消され、その取消しの日から起算して五年を経過しない者（当該指定を取り消された者が法人である場合においては、当該取消しの処分に係る行政手続法第十五条の規定による通知があった日前六十日以内に当該法人の役員等であった者で当該取消しの日から起算して五年を経過しないものを含み、当該指定を取り消された者が法人でない事業所である場合においては、当該通知があった日前六十日以内に当該事業所の管理者であった者で当該取消しの日から起算して五年を経過しないものを含む。）であるとき。ただし、当該指定の取消しが、指定地域密着型サービス事業者の指定の取消しのうち当該指定の取消しの処分の理由となった事実及び当該事実の発生を防止するための当該指定地域密着型サービス事業者による業務管理体制の整備についての取組の状況その他の当該事実に関して当該指定地域密着型サービス事業者が有していた責任の程度を考慮して、この号本文に規定する指定の取消しに該当しないこととすることが相当であると認められるものとして厚生労働省令で定めるものに該当する場合を除く。

六の三　申請者と密接な関係を有する者（地域密着型介護老人福祉施設入所者生活介護に係る指定の申請者と密接な関係を有する者を除く。）が、第七十八条の十（第二号から第五号までを除く。）の規定により指定を取り消され、その取消しの日から起算して五年を経過していないとき。ただし、当該指定の取消しが、指定地域密着型サービス事業者の指定の取消しのうち当該指定の取消しの処分の理由となった事実及び当該事実の発生を防止するための当該指定地域密着型サービス事業者による業務管理体制の整備についての取組の状況その他の当該事実に関して当該指定地域密着型サービス事業者が有していた責任の程度を考慮して、この号本文に規定する指定の取消しに該当しないこととすることが相当であると認められるものとして厚生労働省令で定めるものに該当する場合を除く。

七　申請者が、第七十八条の十（第二号から第五号までを除く。）の規定による指定の取消しの処分に係る行政手続法第十五条の規定による通知があった日から当該処分をする日又は処分をしないことを決定する日までの間に第七十八条の五第二項の規定による事業の廃止の届出をした者（当該事業の廃止について相当の理由がある者を除く。）又は第七十八条の八の規定による指定の辞退をした者（当該指定の辞退について相当の理由がある者を除く。）で、当該届出又は指定の辞退の日から起算して五年を経過しないものであるとき。

七の二　前号に規定する期間内に第七十八条の五第二項の規定による事業の廃止の届出又は第七十八条の八の規定による指定の辞退があった場合において、申請者が、同号の通知の日前六十日以内に当該届出に係る法人（当該事業の廃止について相当の理由がある法人を除く。）の役員等若しくは当該届出に係る法人でない事業所（当該事業の廃止について相当の理由があるものを除く。）の管理者であった者又は当該指定の辞退に係る法人（当該指定の辞退について相当の理由がある法人を除く。）の役員等若しくは当該指定の辞退に係る法人でない事業所（当該指定の辞退について相当の理由があるものを除く。）の管理者であった者で、当該届出又は指定の辞退の日から起算して五年を経過しないものであるとき。

八　申請者が、指定の申請前五年以内に居宅サービス等に関し不正又は著しく不当な行為をした者であるとき。

九　申請者（認知症対応型共同生活介護、地域密着型特定施設入居者生活介護又は地域密着型介護老人福祉施設入所者生活介護に係る指定の申請者を除く。）が、法人で、その役員等のうちに第四号の二から第六号まで又は前三号のいずれかに該当する者のあるものであるとき。

十　申請者（認知症対応型共同生活介護、地域密着型特定施設入居者生活介護又は地域密着型介護老人福祉施設入所者生活介護に係る指定の申請者に限る。）が、法人で、その役員等のうちに第四号の二から第五号の三まで、第六号の二又は第七号から第八号までのいずれかに該当する者のあるものであるとき。

十一　申請者（認知症対応型共同生活介護、地域密着型特定施設入居者生活介護又は地域密着型介護老人福祉施設入所者生活介護に係る指定の申請者を除く。）が、法人でない事業所で、その管理者が第四号の二から第六号まで又は第七号から第八号までのいずれかに該当する者であるとき。

十二　申請者（認知症対応型共同生活介護、地域密着型特定施設入居者生活介護又は地域密着型介護老人福祉施設入所者生活介護に係る指定の申請者に限る。）が、法人でない事業所で、その管理者が第四号の二から第五号の三まで、第六号の二又は第七号から第八号までのいずれかに該当する者であるとき。

5　市町村が前項第一号の条例を定めるに当たっては、厚生労働省令で定める基準に従い定めるものとする。

6　市町村長は、第一項の申請があった場合において、次の各号（病院又は診療所により行われる複合型サービスに係る指定の申請にあっては、第一号の二、第一号の三、第三号の二及び第三号の四から第五号までを除く。）のいずれかに該当するときは、第四十二条の二第一項本文の指定をしないことができる。

一　申請者（認知症対応型共同生活介護、地域密着型特定施設入居者生活介護又は地域密着型介護老人福祉施設入所者生活介護に係る指定の申請者を除く。）が、第七十八条の十第二号から第五号までの規定により指定（認知症対応型共同生活介護、地域密着型特定施設入居者生活介護又は地域密着型介護老人福祉施設入所者生活介護に係る指定を除く。）を取り消され、その取消しの日から起算して五年を経過しない者（当該指定を取り消された者が法人である場合においては、当該取消しの処分に係る行政手続法第十五条の規定による通知があった日前六十日以内に当該法人の役員等であった者で当該取消しの日から起算して五年を経過しないものを含み、当該指定を取り消された者が法人でない事業所である場合においては、当該通知があった日前六十日以内に当該事業所の管理者であった者で当該取消しの日から起算して五年を経過しないものを含む。）であるとき。

一の二　申請者（認知症対応型共同生活介護、地域密着型特定施設入居者生活介護又は地域密着型介護老人福祉施設入所者生活介護に係る指定の申請者に限る。）が、第七十八条の十第二号から第五号までの規定により指定（認知症対応型共同生活介護、地域密着型特定施設入居者生活介護又は地域密着型介護老人福祉施設入所者生活介護に係る指定に限る。）を取り消され、その取消しの日から起算して五年を経過しない者（当該指定を取り消された者が法人である場合においては、当該取消しの処分に係る行政手続法第十五条の規定による通知があった日前六十日以内に当該法人の役員等であった者で当該取消しの日から起算して五年を経過しないものを含み、当該指定を取り消された者が法人でない事業所である場合においては、当該通知があった日前六十日以内に当該事業所の管理者であった者で当該取消しの日から起算して五年を経過しないものを含む。）であるとき。

一の三　申請者と密接な関係を有する者（地域密着型介護老人福祉施設入所者生活介護に係る指定の申請者と密接な関係を有する者を除く。）が、第七十八条の十第二号から第五号までの規定により指定を取り消され、その取消しの日から起算して五年を経過していないとき。

二　申請者が、第七十八条の十第二号から第五号までの規定による指定の取消しの処分に係る行政手続法第十五条の規定による通知があった日から当該処分をする日又は処分をしないことを決定する日までの間に第七十八条の五第二項の規定による事業の廃止の届出をした者（当該事業の廃止について相当の理由がある者を除く。）又は第七十八条の八の規定による指定の辞退をした者（当該指定の辞退について相当の理由がある者を除く。）で、当該届出又は指定の辞退の日から起算して五年を経過しないものであるとき。

二の二　申請者が、第七十八条の七第一項の規定による検査が行われた日から聴聞決定予定日（当該検査の結果に基づき第七十八条の十の規定による指定の取消しの処分に係る聴聞を行うか否かの決定をすることが見込まれる日として厚生労働省令で定めるところにより市町村長が当該申請者に当該検査が行われた日から十日以内に特定の日を通知した場合における当該特定の日をいう。）までの間に第七十八条の五第二項の規定による事業の廃止の届出をした者（当該事業の廃止について相当の理由がある者を除く。）又は第七十八条の八の規定による指定の辞退をした者（当該指定の辞退について相当の理由がある者を除く。）で、当該届出又は指定の辞退の日から起算して五年を経過しないものであるとき。

二の三　第二号に規定する期間内に第七十八条の五第二項の規定による事業の廃止の届出又は第七十八条の八の規定による指定の辞退があった場合において、申請者が、同号の通知の日前六十日以内に当該届出に係る法人（当該事業の廃止について相当の理由がある法人を除く。）の役員等若しくは当該届出に係る法人でない事業所（当該事業の廃止について相当の理由があるものを除く。）の管理者であった者又は当該指定の辞退に係る法人（当該指定の辞退について相当の理由がある法人を除く。）の役員等若しくは当該指定の辞退に係る法人でない事業所（当該指定の辞退について相当の理由があるものを除く。）の管理者であった者で、当該届出又は指定の辞退の日から起算して五年を経過しないものであるとき。

三　申請者（認知症対応型共同生活介護、地域密着型特定施設入居者生活介護又は地域密着型介護老人福祉施設入所者生活介護に係る指定の申請者を除く。）が、法人で、その役員等のうちに第一号又は前三号のいずれかに該当する者のあるものであるとき。

三の二　申請者（認知症対応型共同生活介護、地域密着型特定施設入居者生活介護又は地域密着型介護老人福祉施設入所者生活介護に係る指定の申請者に限る。）が、法人で、その役員等のうちに第一号の二又は第二号から第二号の三までのいずれかに該当する者のあるものであるとき。

三の三　申請者（認知症対応型共同生活介護、地域密着型特定施設入居者生活介護又は地域密着型介護老人福祉施設入所者生活介護に係る指定の申請者を除く。）が、法人でない事業所で、その管理者が第一号又は第二号から第二号の三までのいずれかに該当する者であるとき。

三の四　申請者（認知症対応型共同生活介護、地域密着型特定施設入居者生活介護又は地域密着型介護老人福祉施設入所者生活介護に係る指定の申請者に限る。）が、法人でない事業所で、その管理者が第一号の二又は第二号から第二号の三までのいずれかに該当する者であるとき。

四　認知症対応型共同生活介護、地域密着型特定施設入居者生活介護又は地域密着型介護老人福祉施設入所者生活介護につき第一項の申請があった場合において、当該市町村又は当該申請に係る事業所の所在地を含む区域（第百十七条第二項第一号の規定により当該市町村が定める区域とする。以下この号及び次号イにおいて「日常生活圏域」という。）における当該地域密着型サービスの利用定員の総数が、同条第一項の規定により当該市町村が定める当該市町村介護保険事業計画において定める当該市町村又は当該日常生活圏域における当該地域密着型サービスの必要利用定員総数に既に達しているか、又は当該申請に係る事業者の指定によってこれを超えることになると認めるとき、その他の当該市町村介護保険事業計画の達成に支障を生ずるおそれがあると認めるとき。

五　地域密着型通所介護その他の厚生労働省令で定める地域密着型サービスにつき第一項の申請があった場合において、第四十二条の二第一項本文の指定を受けて定期巡回・随時対応型訪問介護看護等（認知症対応型共同生活介護、地域密着型特定施設入居者生活介護及び地域密着型介護老人福祉施設入所者生活介護以外の地域密着型サービスであって、定期巡回・随時対応型訪問介護看護、小規模多機能型居宅介護その他の厚生労働省令で定めるものをいう。）の事業を行う者の当該指定に係る当該事業を行う事業所（イにおいて「定期巡回・随時対応型訪問介護看護等事業所」という。）が当該市町村の区域にある場合その他の厚生労働省令で定める場合に該当し、かつ、当該市町村長が次のいずれかに該当すると認めるとき。

イ　当該市町村又は当該定期巡回・随時対応型訪問介護看護等事業所の所在地を含む日常生活圏域における地域密着型サービス（地域密着型通所介護その他の厚生労働省令で定めるものに限る。以下このイにおいて同じ。）の種類ごとの量が、第百十七条第一項の規定により当該市町村が定める市町村介護保険事業計画において定める当該市町村又は当該日常生活圏域における当該地域密着型サービスの種類ごとの見込量に既に達しているか、又は当該申請に係る事業者の指定によってこれを超えることになるとき。

ロ　その他第百十七条第一項の規定により当該市町村が定める市町村介護保険事業計画の達成に支障を生ずるおそれがあるとき。

7　市町村長は、第四十二条の二第一項本文の指定を行おうとするとき、又は前項第四号若しくは第五号の規定により同条第一項本文の指定をしないこととするときは、あらかじめ、当該市町村が行う介護保険の被保険者その他の関係者の意見を反映させるために必要な措置を講ずるよう努めなければならない。

8　市町村長は、第四十二条の二第一項本文の指定を行うに当たって、当該事業の適正な運営を確保するために必要と認める条件を付することができる。

9　第一項の申請を受けた市町村長（以下この条において「被申請市町村長」という。）と所在地市町村長との協議により、第四項第四号の規定による同意を要しないことについて所在地市町村長の同意があるときは、同号の規定は適用しない。

10　前項の規定により第四項第四号の規定が適用されない場合であって、第一項の申請に係る事業所（所在地市町村長の管轄する区域にあるものに限る。）について、次の各号に掲げるときは、それぞれ当該各号に定める時に、当該申請者について、被申請市町村長による第四十二条の二第一項本文の指定があったものとみなす。

一　所在地市町村長が第四十二条の二第一項本文の指定をしたとき　当該指定がされた時

二　所在地市町村長による第四十二条の二第一項本文の指定がされているとき　被申請市町村長が当該事業所に係る地域密着型サービス事業を行う者から第一項の申請を受けた時

11　第七十八条の十の規定による所在地市町村長による第四十二条の二第一項本文の指定の取消し若しくは効力の停止又は第七十八条の十二において準用する第七十条の二第一項若しくは第七十八条の十五第一項若しくは第三項（同条第五項において準用する場合を含む。）の規定による第四十二条の二第一項本文の指定の失効は、前項の規定により受けたものとみなされた被申請市町村長による第四十二条の二第一項本文の指定の効力に影響を及ぼさないものとする。

（共生型地域密着型サービス事業者の特例）

第七十八条の二の二　地域密着型通所介護その他厚生労働省令で定める地域密着型サービスに係る事業所について、児童福祉法第二十一条の五の三第一項の指定（当該事業所により行われる地域密着型サービスの種類に応じて厚生労働省令で定める種類の障害児通所支援に係るものに限る。）又は障害者総合支援法第二十九条第一項の指定障害福祉サービス事業者の指定（当該事業所により行われる地域密着型サービスの種類に応じて厚生労働省令で定める種類の障害福祉サービスに係るものに限る。）を受けている者から当該事業所に係る前条第一項（第七十八条の十二において準用する第七十条の二第四項において準用する場合を含む。）の申請があった場合において、次の各号のいずれにも該当するときにおける前条第四項（第七十八条の十二において準用する第七十条の二第四項において準用する場合を含む。以下この項において同じ。）の規定の適用については、前条第四項第二号中「第七十八条の四第一項の」とあるのは「次条第一項第一号の指定地域密着型サービスに従事する従業者に係る」と、「若しくは同項」とあるのは「又は同号」と、「員数又は同条第五項に規定する指定地域密着型サービスに従事する従業者に関する基準」とあるのは「員数」と、同項第三号中「第七十八条の四第二項又は第五項」とあるのは「次条第一項第二号」とする。ただし、申請者が、厚生労働省令で定めるところにより、別段の申出をしたときは、この限りでない。

一　当該申請に係る事業所の従業者の知識及び技能並びに人員が、指定地域密着型サービスに従事する従業者に係る市町村の条例で定める基準及び市町村の条例で定める員数を満たしていること。

二　申請者が、市町村の条例で定める指定地域密着型サービスの事業の設備及び運営に関する基準に従って適正な地域密着型サービス事業の運営をすることができると認められること。

2　市町村が前項各号の条例を定めるに当たっては、第一号から第四号までに掲げる事項については厚生労働省令で定める基準に従い定めるものとし、第五号に掲げる事項については厚生労働省令で定める基準を標準として定めるものとし、その他の事項については厚生労働省令で定める基準を参酌するものとする。

一　指定地域密着型サービスに従事する従業者に係る基準及び当該従業者の員数

二　指定地域密着型サービスの事業に係る居室の床面積

三　小規模多機能型居宅介護及び認知症対応型通所介護の事業に係る利用定員

四　指定地域密着型サービスの事業の運営に関する事項であって、利用する要介護者のサービスの適切な利用、適切な処遇及び安全の確保並びに秘密の保持等に密接に関連するものとして厚生労働省令で定めるもの

五　指定地域密着型サービスの事業（第三号に規定する事業を除く。）に係る利用定員

3　厚生労働大臣は、前項に規定する厚生労働省令で定める基準（指定地域密着型サービスの取扱いに関する部分に限る。）を定めようとするときは、あらかじめ社会保障審議会の意見を聴かなければならない。

4　第一項の場合において、同項に規定する者が同項の申請に係る第四十二条の二第一項本文の指定を受けたときは、その者に対しては、第七十八条の四第二項から第六項までの規定は適用せず、次の表の上欄に掲げる規定の適用については、これらの規定中同表の中欄に掲げる字句は、それぞれ同表の下欄に掲げる字句とする。

第四十二条の二第八項	第七十八条の四第二項又は第五項	第七十八条の二の二第一項第二号
第七十八条の三第一項	次条第二項又は第五項	前条第一項第二号
第七十八条の四第一項	市町村の条例で定める基準に従い	第七十八条の二の二第一項第一号の指定地域密着型サービスに従事する従業者に係る市町村の条例で定める基準に従い同号の
第七十八条の九第一項第二号	第七十八条の四第一項の	第七十八条の二の二第一項第一号の指定地域密着型サービスに従事する従業者に係る
	若しくは同項	又は同号
	員数又は同条第五項に規定する指定地域密着型サービスに従事する従業者に関する基準	員数
	若しくは当該市町村	又は当該市町村
	員数又は当該指定地域密着型サービスに従事する従業者に関する基準	員数
第七十八条の九第一項第三号	第七十八条の四第二項又は第五項	第七十八条の二の二第一項第二号
第七十八条の十第四号	第七十八条の四第一項の	第七十八条の二の二第一項第一号の指定地域密着型サービスに従事する従業者に係る
	若しくは同項	又は同号
	員数又は同条第	員数

		五項に規定する指定地域密着型サービスに従事する従業者に関する基準
第七十八条の十第五号	第七十八条の四第二項又は第五項	第七十八条の二の二第一項第二号

5　第一項に規定する者であって、同項の申請に係る第四十二条の二第一項本文の指定を受けたものは、児童福祉法第二十一条の五の三第一項に規定する指定通所支援の事業（当該指定に係る事業所において行うものに限る。）又は障害者総合支援法第二十九条第一項に規定する指定障害福祉サービスの事業（当該指定に係る事業所において行うものに限る。）を廃止し、又は休止しようとするときは、厚生労働省令で定めるところにより、その廃止又は休止の日の一月前までに、その旨を当該指定を行った市町村長に届け出なければならない。この場合において、当該届出があったときは、当該指定に係る指定地域密着型サービスの事業について、第七十八条の五第二項の規定による事業の廃止又は休止の届出があったものとみなす。

（**指定地域密着型サービスの事業の基準**）

第七十八条の三　指定地域密着型サービス事業者は、次条第二項又は第五項に規定する指定地域密着型サービスの事業の設備及び運営に関する基準に従い、要介護者の心身の状況等に応じて適切な指定地域密着型サービスを提供するとともに、自らその提供する指定地域密着型サービスの質の評価を行うことその他の措置を講ずることにより常に指定地域密着型サービスを受ける者の立場に立ってこれを提供するように努めなければならない。

2　指定地域密着型サービス事業者は、指定地域密着型サービスを受けようとする被保険者から提示された被保険者証に、認定審査会意見が記載されているときは、当該認定審査会意見に配慮して、当該被保険者に当該指定地域密着型サービスを提供するように努めなければならない。

第七十八条の四　指定地域密着型サービス事業者は、当該指定に係る事業所ごとに、市町村の条例で定める基準に従い市町村の条例で定める員数の当該指定地域密着型サービスに従事する従業者を有しなければならない。

2　前項に規定するもののほか、指定地域密着型サービスの事業の設備及び運営に関する基準は、市町村の条例で定める。

3　市町村が前二項の条例を定めるに当たっては、第一号から第四号までに掲げる事項については厚生労働省令で定める基準に従い定めるものとし、第五号に掲げる事項については厚生労働省令で定める基準を標準として定めるものとし、その他の事項については厚生労働省令で定める基準を参酌するものとする。

一　指定地域密着型サービスに従事する従業者に係る基準及び当該従業者の員数

二　指定地域密着型サービスの事業に係る居室の床面積

三　認知症対応型通所介護の事業に係る利用定員

四　指定地域密着型サービスの事業の運営に関する事項であって、利用又は入所する要介護者のサービスの適切な利用、適切な処遇及び安全の確保並びに秘密の保持等に密接に関連するものとして厚生労働省令で定めるもの

五　指定地域密着型サービスの事業（第三号に規定する事業を除く。）に係る利用定員

4　厚生労働大臣は、前項に規定する厚生労働省令で定める基準（指定地域密着型サービスの取扱いに関する部分に限る。）を定めようとするときは、あらかじめ社会保障審議会の意見を聴かなければならない。

5　市町村は、第三項の規定にかかわらず、同項第一号から第四号までに掲げる事項については、厚生労働省令で定める範囲内で、当該市町村における指定地域密着型サービスに従事する従業者に関する基準及び指定地域密着型サービスの事業の設備及び運営に関する基準を定めることができる。

6　市町村は、前項の当該市町村における指定地域密着型サービスに従事する従業者に関する基準及び指定地域密着型サービスの事業の設備及び運営に関する基準を定めようとするときは、あらかじめ、当該市町村が行う介護保険の被保険者その他の関係者の意見を反映させ、及び学識経験を有する者の知見の活用を図るために必要な措置を講じなければならない。

7　指定地域密着型サービス事業者は、次条第二項の規定による事業の廃止若しくは休止の届出をしたとき又は第七十八条の八の規定による指定の辞退をするときは、当該届出の日前一月以内に当該指定地域密着型サービス

（地域密着型介護老人福祉施設入所者生活介護を除く。）を受けていた者又は同条に規定する予告期間の開始日の前日に当該地域密着型介護老人福祉施設入所者生活介護を受けていた者であって、当該事業の廃止若しくは休止の日又は当該指定の辞退の日以後においても引き続き当該指定地域密着型サービスに相当するサービスの提供を希望する者に対し、必要な居宅サービス等が継続的に提供されるよう、指定居宅介護支援事業者、他の指定地域密着型サービス事業者その他関係者との連絡調整その他の便宜の提供を行わなければならない。

8　指定地域密着型サービス事業者は、要介護者の人格を尊重するとともに、この法律又はこの法律に基づく命令を遵守し、要介護者のため忠実にその職務を遂行しなければならない。

（変更の届出等）

第七十八条の五　指定地域密着型サービス事業者は、当該指定に係る事業所の名称及び所在地その他厚生労働省令で定める事項に変更があったとき、又は休止した当該指定地域密着型サービス（地域密着型介護老人福祉施設入所者生活介護を除く。）の事業を再開したときは、厚生労働省令で定めるところにより、十日以内に、その旨を市町村長に届け出なければならない。

2　指定地域密着型サービス事業者は、当該指定地域密着型サービス（地域密着型介護老人福祉施設入所者生活介護を除く。）の事業を廃止し、又は休止しようとするときは、厚生労働省令で定めるところにより、その廃止又は休止の日の一月前までに、その旨を市町村長に届け出なければならない。

（市町村長等による連絡調整又は援助）

第七十八条の六　市町村長は、指定地域密着型サービス事業者による第七十八条の四第七項に規定する便宜の提供が円滑に行われるため必要があると認めるときは、当該指定地域密着型サービス事業者及び指定居宅介護支援事業者、他の指定地域密着型サービス事業者その他の関係者相互間の連絡調整又は当該指定地域密着型サービス事業者及び当該関係者に対する助言その他の援助を行うことができる。

2　都道府県知事は、同一の指定地域密着型サービス事業者について二以上の市町村長が前項の規定による連絡調整又は援助を行う場合において、当該指定地域密着型サービス事業者による第七十八条の四第七項に規定する便宜の提供が円滑に行われるため必要があると認めるときは、当該市町村長相互間の連絡調整又は当該指定地域密着型サービス事業者に対する市町村の区域を超えた広域的な見地からの助言その他の援助を行うことができる。

3　厚生労働大臣は、同一の指定地域密着型サービス事業者について二以上の都道府県知事が前項の規定による連絡調整又は援助を行う場合において、当該指定地域密着型サービス事業者による第七十八条の四第七項に規定する便宜の提供が円滑に行われるため必要があると認めるときは、当該都道府県知事相互間の連絡調整又は当該指定地域密着型サービス事業者に対する都道府県の区域を超えた広域的な見地からの助言その他の援助を行うことができる。

（報告等）

第七十八条の七　市町村長は、地域密着型介護サービス費の支給に関して必要があると認めるときは、指定地域密着型サービス事業者若しくは指定地域密着型サービス事業者であった者若しくは当該指定に係る事業所の従業者であった者（以下この項において「指定地域密着型サービス事業者であった者等」という。）に対し、報告若しくは帳簿書類の提出若しくは提示を命じ、指定地域密着型サービス事業者若しくは当該指定に係る事業所の従業者若しくは指定地域密着型サービス事業者であった者等に対し出頭を求め、又は当該職員に関係者に対して質問させ、若しくは当該指定地域密着型サービス事業者の当該指定に係る事業所、事務所その他指定地域密着型サービスの事業に関係のある場所に立ち入り、その設備若しくは帳簿書類その他の物件を検査させることができる。

2　第二十四条第三項の規定は前項の規定による質問又は検査について、同条第四項の規定は前項の規定による権限について準用する。

（指定の辞退）

第七十八条の八　第四十二条の二第一項本文の指定を受けて地域密着型介護老人福祉施設入所者生活介護の事業を行う者は、一月以上の予告期間を設けて、その指定を辞退することができる。

（勧告、命令等）

第七十八条の九　市町村長は、指定地域密着型サービス事業者が、次の各号に掲げる場合に該当すると認めるときは、当該指定地域密着型サービス事業者に対し、期限を定めて、それぞれ当該各号に定める措置をとるべきことを勧告することができる。

一　第七十八条の二第八項の規定により当該指定を行うに当たって付された条件に従わない場合　当該条件に従うこと。

二　当該指定に係る事業所の従業者の知識若しくは技能又は人員について第七十八条の四第一項の市町村の条例で定める基準若しくは同項の市町村の条例で定める員数又は同条第五項に規定する指定地域密着型サービスに従事する従業者に関する基準を満たしていない場合　当該市町村の条例で定める基準若しくは当該市町村の条例で定める員数又は当該指定地域密着型サービスに従事する従業者に関する基準を満たすこと。

三　第七十八条の四第二項又は第五項に規定する指定地域密着型サービスの事業の設備及び運営に関する基準に従って適正な指定地域密着型サービスの事業の運営をしていない場合　当該指定地域密着型サービスの事業の設備及び運営に関する基準に従って適正な指定地域密着型サービスの事業の運営をすること。

四　第七十八条の四第七項に規定する便宜の提供を適正に行っていない場合　当該便宜の提供を適正に行うこと。

2　市町村長は、前項の規定による勧告をした場合において、その勧告を受けた指定地域密着型サービス事業者が同項の期限内にこれに従わなかったときは、その旨を公表することができる。

3　市町村長は、第一項の規定による勧告を受けた指定地域密着型サービス事業者が、正当な理由がなくてその勧告に係る措置をとらなかったときは、当該指定地域密着型サービス事業者に対し、期限を定めて、その勧告に係る措置をとるべきことを命ずることができる。

4　市町村長は、前項の規定による命令をした場合においては、その旨を公示しなければならない。

（指定の取消し等）

第七十八条の十　市町村長は、次の各号のいずれかに該当する場合においては、当該指定地域密着型サービス事業者に係る第四十二条の二第一項本文の指定を取り消し、又は期間を定めてその指定の全部若しくは一部の効力を停止することができる。

一　指定地域密着型サービス事業者が、第七十八条の二第四項第四号の二から第五号の二まで、第九号（第五号の三に該当する者のあるものであるときを除く。）、第十号（第五号の三に該当する者のあるものであるときを除く。）、第十一号（第五号の三に該当する者であるときを除く。）又は第十二号（第五号の三に該当する者であるときを除く。）のいずれかに該当するに至ったとき。

二　指定地域密着型サービス事業者が、第七十八条の二第六項第三号から第三号の四までのいずれかに該当するに至ったとき。

三　指定地域密着型サービス事業者が、第七十八条の二第八項の規定により当該指定を行うに当たって付された条件に違反したと認められるとき。

四　指定地域密着型サービス事業者が、当該指定に係る事業所の従業者の知識若しくは技能又は人員について、第七十八条の四第一項の市町村の条例で定める基準若しくは同項の市町村の条例で定める員数又は同条第五項に規定する指定地域密着型サービスに従事する従業者に関する基準を満たすことができなくなったとき。

五　指定地域密着型サービス事業者が、第七十八条の四第二項又は第五項に規定する指定地域密着型サービスの事業の設備及び運営に関する基準に従って適正な指定地域密着型サービスの事業の運営をすることができなくなったとき。

六　指定地域密着型サービス事業者が、第七十八条の四第八項に規定する義務に違反したと認められるとき。

七　指定地域密着型サービス事業者（地域密着型介護老人福祉施設入所者生活介護を行うものに限る。）が、第二十八条第五項（第二十九条第二項、第三十条第二項、第三十一条第二項、第三十三条第四項、第三十三条の二第二項、第三十三条の三第二項及び第三十四条第二項において準用する場合を含む。第八十四条、第九十二条、第百四条及び第百十四条の六において同じ。）の規定により調査の委託を受けた場合において、当該調査の結果について虚偽の報告をしたとき。

八　地域密着型介護サービス費の請求に関し不正があったとき。

九　指定地域密着型サービス事業者が、第七十八条の七第一項の規定により報告又は帳簿書類の提出若しくは提示を命ぜられてこれに従わず、又は虚偽の報告をしたとき。
十　指定地域密着型サービス事業者又は当該指定に係る事業所の従業者が、第七十八条の七第一項の規定により出頭を求められてこれに応ぜず、同項の規定による質問に対して答弁せず、若しくは虚偽の答弁をし、又は同項の規定による検査を拒み、妨げ、若しくは忌避したとき。ただし、当該指定に係る事業所の従業者がその行為をした場合において、その行為を防止するため、当該指定地域密着型サービス事業者が相当の注意及び監督を尽くしたときを除く。
十一　指定地域密着型サービス事業者が、不正の手段により第四十二条の二第一項本文の指定を受けたとき。
十二　前各号に掲げる場合のほか、指定地域密着型サービス事業者が、この法律その他国民の保健医療若しくは福祉に関する法律で政令で定めるもの又はこれらの法律に基づく命令若しくは処分に違反したとき。
十三　指定地域密着型サービス事業者に係る老人福祉法第二十九条第十八項の規定による通知を受けたとき。
十四　前各号に掲げる場合のほか、指定地域密着型サービス事業者が、居宅サービス等に関し不正又は著しく不当な行為をしたとき。
十五　指定地域密着型サービス事業者が法人である場合において、その役員等のうちに指定の取消し又は指定の全部若しくは一部の効力の停止をしようとするとき前五年以内に居宅サービス等に関し不正又は著しく不当な行為をした者があるとき。
十六　指定地域密着型サービス事業者が法人でない事業所である場合において、その管理者が指定の取消し又は指定の全部若しくは一部の効力の停止をしようとするとき前五年以内に居宅サービス等に関し不正又は著しく不当な行為をした者であるとき。

（公示）

第七十八条の十一　市町村長は、次に掲げる場合には、遅滞なく、当該指定地域密着型サービス事業者の名称、当該指定に係る事業所の所在地その他の厚生労働省令で定める事項を都道府県知事に届け出るとともに、これを公示しなければならない。
一　第四十二条の二第一項本文の指定をしたとき。
二　第七十八条の五第二項の規定による事業の廃止の届出があったとき。
三　第七十八条の八の規定による第四十二条の二第一項本文の指定の辞退があったとき。
四　前条の規定により第四十二条の二第一項本文の指定を取り消し、又は指定の全部若しくは一部の効力を停止したとき。

（準用）

第七十八条の十二　第七十条の二、第七十一条及び第七十二条の規定は、第四十二条の二第一項本文の指定について準用する。この場合において、第七十条の二第四項中「前条」とあるのは、「第七十八条の二」と読み替えるものとするほか、必要な技術的読替えは、政令で定める。

（公募指定）

第七十八条の十三　市町村長は、第百十七条第一項の規定により当該市町村が定める市町村介護保険事業計画において定める当該市町村又は同条第二項第一号の規定により当該市町村が定める区域における定期巡回・随時対応型訪問介護看護等（認知症対応型共同生活介護、地域密着型特定施設入居者生活介護及び地域密着型介護老人福祉施設入所者生活介護以外の地域密着型サービスであって、定期巡回・随時対応型訪問介護看護、小規模多機能型居宅介護その他の厚生労働省令で定めるものをいう。以下この項において同じ。）の見込量の確保及び質の向上のために特に必要があると認めるときは、その定める期間（以下「市町村長指定期間」という。）中は、当該見込量の確保のため公募により第四十二条の二第一項本文の指定を行うことが適当な区域として定める区域（以下「市町村長指定区域」という。）に所在する事業所（定期巡回・随時対応型訪問介護看護等のうち当該市町村長が定めるもの（以下「市町村長指定定期巡回・随時対応型訪問介護看護等」という。）の事業を行う事業所に限る。以下「市町村長指定区域・サービス事業所」という。）に係る同項本文の指定を、公募により行うものとする。
2　市町村長指定期間中における市町村長指定区域・サービス事業所に係る第四十二条の二第一項本文の指定については、第七十八条の二の規定は適用しない。
3　市町村長は、当該市町村長指定期間の開始日の前日までにされた市町村長指定区域・

サービス事業所に係る第七十八条の二第一項の指定の申請であって、当該市町村長指定期間の開始の際、指定をするかどうかの処分がなされていないものについては、前項の規定にかかわらず、当該申請に対する処分を行うものとする。

4　前項の規定は、市町村長が市町村長指定区域を拡張する場合又は市町村長指定定期巡回・随時対応型訪問介護看護等を追加する場合について準用する。この場合において、必要な技術的読替えは、政令で定める。

第七十八条の十四　前条第一項の規定により行われる第四十二条の二第一項本文の指定（以下「公募指定」という。）は、厚生労働省令で定めるところにより、市町村長指定定期巡回・随時対応型訪問介護看護等の種類及び当該市町村長指定定期巡回・随時対応型訪問介護看護等の種類に係る市町村長指定定期巡回・随時対応型訪問介護看護等の事業を行う事業所ごとに行い、当該公募指定をする市町村長がその長である市町村が行う介護保険の被保険者（特定地域密着型サービスに係る公募指定にあっては、当該市町村の区域内に所在する住所地特例対象施設に入所等をしている住所地特例適用要介護被保険者を含む。）に対する地域密着型介護サービス費及び特例地域密着型介護サービス費の支給について、その効力を有する。

2　市町村長は、公募指定をしようとするときは、厚生労働省令で定める基準に従い、その応募者のうちから公正な方法で選考をし、指定地域密着型サービス事業者を決定するものとする。

3　第七十八条の二第二項、第四項（第四号、第六号の二、第十号及び第十二号を除く。）、第五項、第六項（第一号の二、第三号の二及び第三号の四から第五号までを除く。）、第七項及び第八項の規定は、公募指定について準用する。この場合において、これらの規定に関し必要な技術的読替えは、政令で定める。

（公募指定の有効期間等）

第七十八条の十五　公募指定は、第七十八条の十二において準用する第七十条の二の規定にかかわらず、その指定の日から起算して六年を超えない範囲内で当該市町村長が定める期間を経過したときは、その効力を失う。

2　第七十八条の十二において準用する第七十条の二の規定は、市町村長指定期間の開始の際現に効力を有する市町村長指定区域・サービス事業所に係る第四十二条の二第一項本文の指定（公募指定を除く。）及び第七十八条の十三第三項の規定により行われた第四十二条の二第一項本文の指定（次項において「指定期間開始時有効指定」という。）については、適用しない。

3　指定期間開始時有効指定は、次の各号に掲げる区分に応じ、当該各号に定める期間を経過したときは、その効力を失う。

一　次号に掲げる指定期間開始時有効指定以外の指定期間開始時有効指定　当該指定期間開始時有効指定がされた日又は従前の第七十八条の十二において準用する第七十条の二第一項の期間（同号において「従前の指定の有効期間」という。）の満了の日の翌日のうち直近の日から六年

二　指定期間開始時有効指定を受けている指定地域密着型サービス事業者が、当該市町村長指定区域・サービス事業所に係る公募指定を受ける場合における当該指定期間開始時有効指定　当該指定期間開始時有効指定がされた日又は従前の指定の有効期間の満了の日の翌日のうち直近の日から当該公募指定がされた日の前日までの期間

4　市町村長は、当該市町村長指定期間の開始日の前日までにされた市町村長指定区域・サービス事業所に係る第七十八条の十二において準用する第七十条の二第一項の指定の更新の申請であって、当該市町村長指定期間の開始の際、指定の更新をするかどうかの処分がなされていないものについては、第二項の規定にかかわらず、当該申請に対する処分を行うものとする。

5　前三項の規定は、市町村長が市町村長指定区域を拡張する場合又は市町村長指定定期巡回・随時対応型訪問介護看護等を追加する場合について準用する。この場合において、必要な技術的読替えは、政令で定める。

（市町村長指定期間等の公示）

第七十八条の十六　市町村長は、市町村長指定期間、市町村長指定区域及び市町村長指定定期巡回・随時対応型訪問介護看護等を定めようとするときは、あらかじめ、その旨並びに市町村長指定区域及び市町村長指定定期巡回・随時対応型訪問介護看護等に係る効力が生ずる日を公示しなければならない。

2　前項の規定は、市町村長指定期間、市町村長指定区域又は市町村長指定定期巡回・随時対応型訪問介護看護等の変更について準用する。

（公募指定に関する読替え）
第七十八条の十七　公募指定に係る第七十八条の二第四項、第六項及び第十一項、第七十八条の五第二項並びに第七十八条の九から第七十八条の十一までの規定の適用については、同項中「地域密着型介護老人福祉施設入所者生活介護を除く」とあるのは「公募指定に係る市町村長指定定期巡回・随時対応型訪問介護看護等に限る」と、「一月前まで」とあるのは「一月以上前の日であって市町村長が定める日まで」とするほか、必要な技術的読替えは、政令で定める。

第四節　指定居宅介護支援事業者

（指定居宅介護支援事業者の指定）
第七十九条　第四十六条第一項の指定は、厚生労働省令で定めるところにより、居宅介護支援事業を行う者の申請により、居宅介護支援事業を行う事業所（以下この節において単に「事業所」という。）ごとに行う。

2　市町村長は、前項の申請があった場合において、次の各号のいずれかに該当するときは、第四十六条第一項の指定をしてはならない。

一　申請者が市町村の条例で定める者でないとき。

二　当該申請に係る事業所の介護支援専門員の人員が、第八十一条第一項の市町村の条例で定める員数を満たしていないとき。

三　申請者が、第八十一条第二項に規定する指定居宅介護支援の事業の運営に関する基準に従って適正な居宅介護支援事業の運営をすることができないと認められるとき。

三の二　申請者が、禁錮以上の刑に処せられ、その執行を終わり、又は執行を受けることがなくなるまでの者であるとき。

四　申請者が、この法律その他国民の保健医療若しくは福祉に関する法律で政令で定めるものの規定により罰金の刑に処せられ、その執行を終わり、又は執行を受けることがなくなるまでの者であるとき。

四の二　申請者が、労働に関する法律の規定であって政令で定めるものにより罰金の刑に処せられ、その執行を終わり、又は執行を受けることがなくなるまでの者であるとき。

四の三　申請者が、保険料等について、当該申請をした日の前日までに、納付義務を定めた法律の規定に基づく滞納処分を受け、かつ、当該処分を受けた日から正当な理由なく三月以上の期間にわたり、当該処分を受けた日以降に納期限の到来した保険料等の全てを引き続き滞納している者であるとき。

五　申請者が、第八十四条第一項又は第百十五条の三十五第六項の規定により指定を取り消され、その取消しの日から起算して五年を経過しない者（当該指定を取り消された者が法人である場合においては、当該取消しの処分に係る行政手続法第十五条の規定による通知があった日前六十日以内に当該法人の役員等であった者で当該取消しの日から起算して五年を経過しないものを含み、当該指定を取り消された者が法人でない事業所である場合においては、当該通知があった日前六十日以内に当該事業所の管理者であった者で当該取消しの日から起算して五年を経過しないものを含む。）であるとき。ただし、当該指定の取消しが、指定居宅介護支援事業者の指定の取消しのうち当該指定の取消しの処分の理由となった事実及び当該事実の発生を防止するための当該指定居宅介護支援事業者による業務管理体制の整備についての取組の状況その他の当該事実に関して当該指定居宅介護支援事業者が有していた責任の程度を考慮して、この号本文に規定する指定の取消しに該当しないこととすることが相当であると認められるものとして厚生労働省令で定めるものに該当する場合を除く。

五の二　申請者と密接な関係を有する者が、第八十四条第一項又は第百十五条の三十五第六項の規定により指定を取り消され、その取消しの日から起算して五年を経過していないとき。ただし、当該指定の取消しが、指定居宅介護支援事業者の指定の取消しのうち当該指定の取消しの処分の理由となった事実及び当該事実の発生を防止するための当該指定居宅介護支援事業者による業務管理体制の整備についての取組の状況その他の当該事実に関して当該指定居宅介護支援事業者が有していた責任の程度を考慮して、この号本文に規定する指定の取消しに該当しないこととすることが相当であると認められるものとして厚生労働省令で定めるものに該当する場合を除く。

六　申請者が、第八十四条第一項又は第百十五条の三十五第六項の規定による指定の取消しの処分に係る行政手続法第十五条の規定による通知があった日から当該処分をする日又は処分をしないことを決定する日までの間に第八十二条第二項の規定による事業の廃止の届出をした者（当該事業の廃止について相当の理由がある者を除く。）で、当該届出の日から起算して五年を経過しないものであるとき。

六の二　申請者が、第八十三条第一項の規定による検査が行われた日から聴聞決定予定日（当該検査の結果に基づき第八十四条第一項の規定による指定の取消しの処分に係る聴聞を行うか否かの決定をすることが見込まれる日として厚生労働省令で定めるところにより市町村長が当該申請者に当該検査が行われた日から十日以内に特定の日を通知した場合における当該特定の日をいう。）までの間に第八十二条第二項の規定による事業の廃止の届出をした者（当該事業の廃止について相当の理由がある者を除く。）で、当該届出の日から起算して五年を経過しないものであるとき。

六の三　第六号に規定する期間内に第八十二条第二項の規定による事業の廃止の届出があった場合において、申請者が、同号の通知の日前六十日以内に当該届出に係る法人（当該事業の廃止について相当の理由がある法人を除く。）の役員等又は当該届出に係る法人でない事業所（当該事業の廃止について相当の理由があるものを除く。）の管理者であった者で、当該届出の日から起算して五年を経過しないものであるとき。

七　申請者が、指定の申請前五年以内に居宅サービス等に関し不正又は著しく不当な行為をした者であるとき。

八　申請者が、法人で、その役員等のうちに第三号の二から第五号まで又は第六号から前号までのいずれかに該当する者のあるものであるとき。

九　申請者が、法人でない事業所で、その管理者が第三号の二から第五号まで又は第六号から第七号までのいずれかに該当する者であるとき。

3　市町村が前項第一号の条例を定めるに当たっては、厚生労働省令で定める基準に従い定めるものとする。

（**指定の更新**）

第七十九条の二　第四十六条第一項の指定は、六年ごとにその更新を受けなければ、その期間の経過によって、その効力を失う。

2　前項の更新の申請があった場合において、同項の期間（以下この条において「指定の有効期間」という。）の満了の日までにその申請に対する処分がされないときは、従前の指定は、指定の有効期間の満了後もその処分がされるまでの間は、なおその効力を有する。

3　前項の場合において、指定の更新がされたときは、その指定の有効期間は、従前の指定の有効期間の満了の日の翌日から起算するものとする。

4　前条の規定は、第一項の指定の更新について準用する。

（**指定居宅介護支援の事業の基準**）

第八十条　指定居宅介護支援事業者は、次条第二項に規定する指定居宅介護支援の事業の運営に関する基準に従い、要介護者の心身の状況等に応じて適切な指定居宅介護支援を提供するとともに、自らその提供する指定居宅介護支援の質の評価を行うことその他の措置を講ずることにより常に指定居宅介護支援を受ける者の立場に立ってこれを提供するように努めなければならない。

2　指定居宅介護支援事業者は、指定居宅介護支援を受けようとする被保険者から提示された被保険者証に、認定審査会意見が記載されているときは、当該認定審査会意見に配慮して、当該被保険者に当該指定居宅介護支援を提供するように努めなければならない。

第八十一条　指定居宅介護支援事業者は、当該指定に係る事業所ごとに、市町村の条例で定める員数の介護支援専門員を有しなければならない。

2　前項に規定するもののほか、指定居宅介護支援の事業の運営に関する基準は、市町村の条例で定める。

3　市町村が前二項の条例を定めるに当たっては、次に掲げる事項については厚生労働省令で定める基準に従い定めるものとし、その他の事項については厚生労働省令で定める基準を参酌するものとする。

一　指定居宅介護支援に従事する従業者に係る基準及び当該従業者の員数

二　指定居宅介護支援の事業の運営に関する事項であって、利用する要介護者のサービスの適切な利用、適切な処遇及び安全の確保並びに秘密の保持等に密接に関連するものとして厚生労働省令で定めるもの

4　厚生労働大臣は、前項に規定する厚生労働省令で定める基準（指定居宅介護支援の取扱いに関する部分に限る。）を定めようとする

ときは、あらかじめ社会保障審議会の意見を聴かなければならない。

5　指定居宅介護支援事業者は、次条第二項の規定による事業の廃止又は休止の届出をしたときは、当該届出の日前一月以内に当該指定居宅介護支援を受けていた者であって、当該事業の廃止又は休止の日以後においても引き続き当該指定居宅介護支援に相当するサービスの提供を希望する者に対し、必要な居宅サービス等が継続的に提供されるよう、他の指定居宅介護支援事業者その他関係者との連絡調整その他の便宜の提供を行わなければならない。

6　指定居宅介護支援事業者は、要介護者の人格を尊重するとともに、この法律又はこの法律に基づく命令を遵守し、要介護者のため忠実にその職務を遂行しなければならない。

（変更の届出等）

第八十二条　指定居宅介護支援事業者は、当該指定に係る事業所の名称及び所在地その他厚生労働省令で定める事項に変更があったとき、又は休止した当該指定居宅介護支援の事業を再開したときは、厚生労働省令で定めるところにより、十日以内に、その旨を市町村長に届け出なければならない。

2　指定居宅介護支援事業者は、当該指定居宅介護支援の事業を廃止し、又は休止しようとするときは、厚生労働省令で定めるところにより、その廃止又は休止の日の一月前までに、その旨を市町村長に届け出なければならない。

（市町村長等による連絡調整又は援助）

第八十二条の二　市町村長は、指定居宅介護支援事業者による第八十一条第五項に規定する便宜の提供が円滑に行われるため必要があると認めるときは、当該指定居宅介護支援事業者及び他の指定居宅介護支援事業者その他の関係者相互間の連絡調整又は当該指定居宅介護支援事業者及び当該関係者に対する助言その他の援助を行うことができる。

2　都道府県知事は、同一の指定居宅介護支援事業者について二以上の市町村長が前項の規定による連絡調整又は援助を行う場合において、当該指定居宅介護支援事業者による第八十一条第五項に規定する便宜の提供が円滑に行われるため必要があると認めるときは、当該市町村長相互間の連絡調整又は当該指定居宅介護支援事業者に対する市町村の区域を超えた広域的な見地からの助言その他の援助を行うことができる。

3　厚生労働大臣は、同一の指定居宅介護支援事業者について二以上の都道府県知事が前項の規定による連絡調整又は援助を行う場合において、当該指定居宅介護支援事業者による第八十一条第五項に規定する便宜の提供が円滑に行われるため必要があると認めるときは、当該都道府県知事相互間の連絡調整又は当該指定居宅介護支援事業者に対する都道府県の区域を超えた広域的な見地からの助言その他の援助を行うことができる。

（報告等）

第八十三条　市町村長は、必要があると認めるときは、指定居宅介護支援事業者若しくは指定居宅介護支援事業者であった者若しくは当該指定に係る事業所の従業者であった者（以下この項において「指定居宅介護支援事業者であった者等」という。）に対し、報告若しくは帳簿書類の提出若しくは提示を命じ、指定居宅介護支援事業者若しくは当該指定に係る事業所の従業者若しくは指定居宅介護支援事業者であった者等に対し出頭を求め、又は当該職員に関係者に対して質問させ、若しくは当該指定居宅介護支援事業者の当該指定に係る事業所、事務所その他指定居宅介護支援の事業に関係のある場所に立ち入り、その帳簿書類その他の物件を検査させることができる。

2　第二十四条第三項の規定は、前項の規定による質問又は検査について、同条第四項の規定は、前項の規定による権限について準用する。

（勧告、命令等）

第八十三条の二　市町村長は、指定居宅介護支援事業者が、次の各号に掲げる場合に該当すると認めるときは、当該指定居宅介護支援事業者に対し、期限を定めて、それぞれ当該各号に定める措置をとるべきことを勧告することができる。

一　当該指定に係る事業所の介護支援専門員の人員について第八十一条第一項の市町村の条例で定める員数を満たしていない場合　当該市町村の条例で定める員数を満たすこと。

二　第八十一条第二項に規定する指定居宅介護支援の事業の運営に関する基準に従って適正な指定居宅介護支援の事業の運営をしていない場合　当該指定居宅介護支援の事業の運営に関する基準に従って適正な指定居宅介護支援の事業の運営をすること。

三　第八十一条第五項に規定する便宜の提供を適正に行っていない場合　当該便宜の提供を適正に行うこと。

2　市町村長は、前項の規定による勧告をした場合において、その勧告を受けた指定居宅介護支援事業者が同項の期限内にこれに従わなかったときは、その旨を公表することができる。

3　市町村長は、第一項の規定による勧告を受けた指定居宅介護支援事業者が、正当な理由がなくてその勧告に係る措置をとらなかったときは、当該指定居宅介護支援事業者に対し、期限を定めて、その勧告に係る措置をとるべきことを命ずることができる。

4　市町村長は、前項の規定による命令をした場合においては、その旨を公示しなければならない。

5　市町村長は、保険給付に係る指定居宅介護支援を行った指定居宅介護支援事業者（他の市町村長が第四十六条第一項の指定をした者に限る。）について、第一項各号に掲げる場合のいずれかに該当すると認めるときは、その旨を当該他の市町村長に通知しなければならない。

（指定の取消し等）

第八十四条　市町村長は、次の各号のいずれかに該当する場合においては、当該指定居宅介護支援事業者に係る第四十六条第一項の指定を取り消し、又は期間を定めてその指定の全部若しくは一部の効力を停止することができる。

一　指定居宅介護支援事業者が、第七十九条第二項第三号の二から第四号の二まで、第八号（同項第四号の三に該当する者のあるものであるときを除く。）又は第九号（同項第四号の三に該当する者であるときを除く。）のいずれかに該当するに至ったとき。

二　指定居宅介護支援事業者が、当該指定に係る事業所の介護支援専門員の人員について、第八十一条第一項の市町村の条例で定める員数を満たすことができなくなったとき。

三　指定居宅介護支援事業者が、第八十一条第二項に規定する指定居宅介護支援の事業の運営に関する基準に従って適正な指定居宅介護支援の事業の運営をすることができなくなったとき。

四　指定居宅介護支援事業者が、第八十一条第六項に規定する義務に違反したと認められるとき。

五　第二十八条第五項の規定により調査の委託を受けた場合において、当該調査の結果について虚偽の報告をしたとき。

六　居宅介護サービス計画費の請求に関し不正があったとき。

七　指定居宅介護支援事業者が、第八十三条第一項の規定により報告又は帳簿書類の提出若しくは提示を命ぜられてこれに従わず、又は虚偽の報告をしたとき。

八　指定居宅介護支援事業者又は当該指定に係る事業所の従業者が、第八十三条第一項の規定により出頭を求められてこれに応ぜず、同項の規定による質問に対して答弁せず、若しくは虚偽の答弁をし、又は同項の規定による検査を拒み、妨げ、若しくは忌避したとき。ただし、当該指定に係る事業所の従業者がその行為をした場合において、その行為を防止するため、当該指定居宅介護支援事業者が相当の注意及び監督を尽くしたときを除く。

九　指定居宅介護支援事業者が、不正の手段により第四十六条第一項の指定を受けたとき。

十　前各号に掲げる場合のほか、指定居宅介護支援事業者が、この法律その他国民の保健医療若しくは福祉に関する法律で政令で定めるもの又はこれらの法律に基づく命令若しくは処分に違反したとき。

十一　前各号に掲げる場合のほか、指定居宅介護支援事業者が、居宅サービス等に関し不正又は著しく不当な行為をしたとき。

十二　指定居宅介護支援事業者の役員等のうちに、指定の取消し又は指定の全部若しくは一部の効力の停止をしようとするとき前五年以内に居宅サービス等に関し不正又は著しく不当な行為をした者があるとき。

2　市町村長は、保険給付に係る指定居宅介護支援又は第二十八条第五項の規定により委託した調査を行った指定居宅介護支援事業者（他の市町村長が第四十六条第一項の指定をした者に限る。）について、前項各号のいずれかに該当すると認めるときは、その旨を当該他の市町村長に通知しなければならない。

（公示）

第八十五条　市町村長は、次に掲げる場合には、当該指定居宅介護支援事業者の名称、当該指定に係る事業所の所在地その他の厚生労働省令で定める事項を公示しなければならない。

一　第四十六条第一項の指定をしたとき。
二　第八十二条第二項の規定による事業の廃止の届出があったとき。
三　前条第一項又は第百十五条の三十五第六項の規定により第四十六条第一項の指定を取り消し、又は指定の全部若しくは一部の効力を停止したとき。

第五節　介護保険施設

第一款　指定介護老人福祉施設

（指定介護老人福祉施設の指定）

第八十六条　第四十八条第一項第一号の指定は、厚生労働省令で定めるところにより、老人福祉法第二十条の五に規定する特別養護老人ホームのうち、その入所定員が三十人以上であって都道府県の条例で定める数であるものの開設者の申請があったものについて行う。

2　都道府県知事は、前項の申請があった場合において、当該特別養護老人ホームが次の各号のいずれかに該当するときは、第四十八条第一項第一号の指定をしてはならない。
一　第八十八条第一項に規定する人員を有しないとき。
二　第八十八条第二項に規定する指定介護老人福祉施設の設備及び運営に関する基準に従って適正な介護老人福祉施設の運営をすることができないと認められるとき。
三　当該特別養護老人ホームの開設者が、この法律その他国民の保健医療若しくは福祉に関する法律で政令で定めるものの規定により罰金の刑に処せられ、その執行を終わり、又は執行を受けることがなくなるまでの者であるとき。
三の二　当該特別養護老人ホームの開設者が、労働に関する法律の規定であって政令で定めるものにより罰金の刑に処せられ、その執行を終わり、又は執行を受けることがなくなるまでの者であるとき。
三の三　当該特別養護老人ホームの開設者が、健康保険法、地方公務員等共済組合法、厚生年金保険法又は労働保険の保険料の徴収等に関する法律の定めるところにより納付義務を負う保険料、負担金又は掛金について、当該申請をした日の前日までに、これらの法律の規定に基づく滞納処分を受け、かつ、当該処分を受けた日から正当な理由なく三月以上の期間にわたり、当該処分を受けた日以降に納期限の到来した保険料、負担金又は掛金の全て（当該処分を受けた者が、当該処分に係る保険料、負担金又は掛金の納付義務を負うことを定める法律によって納付義務を負う保険料、負担金又は掛金に限る。）を引き続き滞納している者であるとき。
四　当該特別養護老人ホームの開設者が、第九十二条第一項又は第百十五条の三十五第六項の規定により指定を取り消され、その取消しの日から起算して五年を経過しない者であるとき。ただし、当該指定の取消しが、指定介護老人福祉施設の指定の取消しのうち当該指定の取消しの処分の理由となった事実及び当該事実の発生を防止するための当該指定介護老人福祉施設の開設者による業務管理体制の整備についての取組の状況その他の当該事実に関して当該指定介護老人福祉施設の開設者が有していた責任の程度を考慮して、この号本文に規定する指定の取消しに該当しないこととすることが相当であると認められるものとして厚生労働省令で定めるものに該当する場合を除く。
五　当該特別養護老人ホームの開設者が、第九十二条第一項又は第百十五条の三十五第六項の規定による指定の取消しの処分に係る行政手続法第十五条の規定による通知があった日から当該処分をする日又は処分をしないことを決定する日までの間に第九十一条の規定による指定の辞退をした者（当該指定の辞退について相当の理由がある者を除く。）で、当該指定の辞退の日から起算して五年を経過しないものであるとき。
五の二　当該特別養護老人ホームの開設者が、第九十条第一項の規定による検査が行われた日から聴聞決定予定日（当該検査の結果に基づき第九十二条第一項の規定による指定の取消しの処分に係る聴聞を行うか否かの決定をすることが見込まれる日として厚生労働省令で定めるところにより都道府県知事が当該特別養護老人ホームの開設者に当該検査が行われた日から十日以内に特定の日を通知した場合における当該特定の日をいう。）までの間に第九十一条の規定による指定の辞退をした者（当該指定の辞退について相当の理由がある者を除く。）で、当該指定の辞退の日から起算して五年を経過しないものであるとき。
六　当該特別養護老人ホームの開設者が、指定の申請前五年以内に居宅サービス等に関し不正又は著しく不当な行為をした者であるとき。

七　当該特別養護老人ホームの開設者の役員又はその長のうちに次のいずれかに該当する者があるとき。

イ　禁錮以上の刑に処せられ、その執行を終わり、又は執行を受けることがなくなるまでの者

ロ　第三号、第三号の二又は前号に該当する者

ハ　この法律、国民健康保険法又は国民年金法の定めるところにより納付義務を負う保険料（地方税法の規定による国民健康保険税を含む。以下このハにおいて「保険料等」という。）について、当該申請をした日の前日までに、納付義務を定めた法律の規定に基づく滞納処分を受け、かつ、当該処分を受けた日から正当な理由なく三月以上の期間にわたり、当該処分を受けた日以降に納期限の到来した保険料等の全て（当該処分を受けた者が、当該処分に係る保険料等の納付義務を負うことを定める法律によって納付義務を負う保険料等に限る。）を引き続き滞納している者

ニ　第九十二条第一項又は第百十五条の三十五第六項の規定により指定を取り消された特別養護老人ホームにおいて、当該取消しの処分に係る行政手続法第十五条の規定による通知があった日前六十日以内にその開設者の役員又はその長であった者で当該取消しの日から起算して五年を経過しないもの（当該指定の取消しが、指定介護老人福祉施設の指定の取消しのうち当該指定の取消しの処分の理由となった事実及び当該事実の発生を防止するための当該指定介護老人福祉施設の開設者による業務管理体制の整備についての取組の状況その他の当該事実に関して当該指定介護老人福祉施設の開設者が有していた責任の程度を考慮して、この号に規定する指定の取消しに該当しないこととすることが相当であると認められるものとして厚生労働省令で定めるものに該当する場合を除く。）

ホ　第五号に規定する期間内に第九十一条の規定による指定の辞退をした特別養護老人ホーム（当該指定の辞退について相当の理由がある特別養護老人ホームを除く。）において、同号の通知の日前六十日以内にその開設者の役員又はその長であった者で当該指定の辞退の日から起算して五年を経過しないもの

3　都道府県知事は、第四十八条第一項第一号の指定をしようとするときは、関係市町村長に対し、厚生労働省令で定める事項を通知し、相当の期間を指定して、当該関係市町村の第百十七条第一項に規定する市町村介護保険事業計画との調整を図る見地からの意見を求めなければならない。

（**指定の更新**）

第八十六条の二　第四十八条第一項第一号の指定は、六年ごとにその更新を受けなければ、その期間の経過によって、その効力を失う。

2　前項の更新の申請があった場合において、同項の期間（以下この条において「指定の有効期間」という。）の満了の日までにその申請に対する処分がされないときは、従前の指定は、指定の有効期間の満了後もその処分がされるまでの間は、なおその効力を有する。

3　前項の場合において、指定の更新がされたときは、その指定の有効期間は、従前の指定の有効期間の満了の日の翌日から起算するものとする。

4　前条の規定は、第一項の指定の更新について準用する。

（**指定介護老人福祉施設の基準**）

第八十七条　指定介護老人福祉施設の開設者は、次条第二項に規定する指定介護老人福祉施設の設備及び運営に関する基準に従い、要介護者の心身の状況等に応じて適切な指定介護福祉施設サービスを提供するとともに、自らその提供する指定介護福祉施設サービスの質の評価を行うことその他の措置を講ずることにより常に指定介護福祉施設サービスを受ける者の立場に立ってこれを提供するように努めなければならない。

2　指定介護老人福祉施設の開設者は、指定介護福祉施設サービスを受けようとする被保険者から提示された被保険者証に、認定審査会意見が記載されているときは、当該認定審査会意見に配慮して、当該被保険者に当該指定介護福祉施設サービスを提供するように努めなければならない。

第八十八条　指定介護老人福祉施設は、都道府県の条例で定める員数の介護支援専門員その他の指定介護福祉施設サービスに従事する従業者を有しなければならない。

2　前項に規定するもののほか、指定介護老人福祉施設の設備及び運営に関する基準は、都道府県の条例で定める。

3　都道府県が前二項の条例を定めるに当たっては、次に掲げる事項については厚生労働省令で定める基準に従い定めるものとし、その他の事項については厚生労働省令で定める基準を参酌するものとする。

一　指定介護福祉施設サービスに従事する従業者及びその員数

二　指定介護老人福祉施設に係る居室の床面積

三　指定介護老人福祉施設の運営に関する事項であって、入所する要介護者のサービスの適切な利用、適切な処遇及び安全の確保並びに秘密の保持に密接に関連するものとして厚生労働省令で定めるもの

4　厚生労働大臣は、前項に規定する厚生労働省令で定める基準（指定介護福祉施設サービスの取扱いに関する部分に限る。）を定めようとするときは、あらかじめ社会保障審議会の意見を聴かなければならない。

5　指定介護老人福祉施設の開設者は、第九十一条の規定による指定の辞退をするときは、同条に規定する予告期間の開始日の前日に当該指定介護福祉施設サービスを受けていた者であって、当該指定の辞退の日以後においても引き続き当該指定介護福祉施設サービスに相当するサービスの提供を希望する者に対し、必要な居宅サービス等が継続的に提供されるよう、他の指定介護老人福祉施設の開設者その他関係者との連絡調整その他の便宜の提供を行わなければならない。

6　指定介護老人福祉施設の開設者は、要介護者の人格を尊重するとともに、この法律又はこの法律に基づく命令を遵守し、要介護者のため忠実にその職務を遂行しなければならない。

（変更の届出）

第八十九条　指定介護老人福祉施設の開設者は、開設者の住所その他の厚生労働省令で定める事項に変更があったときは、厚生労働省令で定めるところにより、十日以内に、その旨を都道府県知事に届け出なければならない。

（都道府県知事等による連絡調整又は援助）

第八十九条の二　都道府県知事又は市町村長は、指定介護老人福祉施設の開設者による第八十八条第五項に規定する便宜の提供が円滑に行われるため必要があると認めるときは、当該指定介護老人福祉施設の開設者及び他の指定介護老人福祉施設の開設者その他の関係者相互間の連絡調整又は当該指定介護老人福祉施設の開設者及び当該関係者に対する助言その他の援助を行うことができる。

2　厚生労働大臣は、同一の指定介護老人福祉施設の開設者について二以上の都道府県知事が前項の規定による連絡調整又は援助を行う場合において、当該指定介護老人福祉施設の開設者による第八十八条第五項に規定する便宜の提供が円滑に行われるため必要があると認めるときは、当該都道府県知事相互間の連絡調整又は当該指定介護老人福祉施設の開設者に対する都道府県の区域を超えた広域的な見地からの助言その他の援助を行うことができる。

（報告等）

第九十条　都道府県知事又は市町村長は、必要があると認めるときは、指定介護老人福祉施設若しくは指定介護老人福祉施設の開設者若しくはその長その他の従業者であった者（以下この項において「開設者であった者等」という。）に対し、報告若しくは帳簿書類の提出若しくは提示を命じ、指定介護老人福祉施設の開設者若しくはその長その他の従業者若しくは開設者であった者等に対し出頭を求め、又は当該職員に関係者に対して質問させ、若しくは指定介護老人福祉施設、指定介護老人福祉施設の開設者の事務所その他指定介護老人福祉施設の運営に関係のある場所に立ち入り、その設備若しくは帳簿書類その他の物件を検査させることができる。

2　第二十四条第三項の規定は、前項の規定による質問又は検査について、同条第四項の規定は、前項の規定による権限について準用する。

（指定の辞退）

第九十一条　指定介護老人福祉施設は、一月以上の予告期間を設けて、その指定を辞退することができる。

（勧告、命令等）

第九十一条の二　都道府県知事は、指定介護老人福祉施設が、次の各号に掲げる場合に該当すると認めるときは、当該指定介護老人福祉施設の開設者に対し、期限を定めて、それぞれ当該各号に定める措置をとるべきことを勧告することができる。

一　その行う指定介護福祉施設サービスに従事する従業者の人員について第八十八条第

一項の都道府県の条例で定める員数を満たしていない場合　当該都道府県の条例で定める員数を満たすこと。

二　第八十八条第二項に規定する指定介護老人福祉施設の設備及び運営に関する基準に従って適正な指定介護老人福祉施設の運営をしていない場合　当該指定介護老人福祉施設の設備及び運営に関する基準に従って適正な指定介護老人福祉施設の運営をすること。

三　第八十八条第五項に規定する便宜の提供を適正に行っていない場合　当該便宜の提供を適正に行うこと。

2　都道府県知事は、前項の規定による勧告をした場合において、その勧告を受けた指定介護老人福祉施設の開設者が同項の期限内にこれに従わなかったときは、その旨を公表することができる。

3　都道府県知事は、第一項の規定による勧告を受けた指定介護老人福祉施設の開設者が、正当な理由がなくてその勧告に係る措置をとらなかったときは、当該指定介護老人福祉施設の開設者に対し、期限を定めて、その勧告に係る措置をとるべきことを命ずることができる。

4　都道府県知事は、前項の規定による命令をした場合においては、その旨を公示しなければならない。

5　市町村は、保険給付に係る指定介護福祉施設サービスを行った指定介護老人福祉施設について、第一項各号に掲げる場合のいずれかに該当すると認めるときは、その旨を当該指定介護老人福祉施設の所在地の都道府県知事に通知しなければならない。

（**指定の取消し等**）

第九十二条　都道府県知事は、次の各号のいずれかに該当する場合においては、当該指定介護老人福祉施設に係る第四十八条第一項第一号の指定を取り消し、又は期間を定めてその指定の全部若しくは一部の効力を停止することができる。

一　指定介護老人福祉施設が、第八十六条第二項第三号、第三号の二又は第七号（ハに該当する者があるときを除く。）のいずれかに該当するに至ったとき。

二　指定介護老人福祉施設が、その行う指定介護福祉施設サービスに従事する従業者の人員について、第八十八条第一項の都道府県の条例で定める員数を満たすことができなくなったとき。

三　指定介護老人福祉施設が、第八十八条第二項に規定する指定介護老人福祉施設の設備及び運営に関する基準に従って適正な指定介護老人福祉施設の運営をすることができなくなったとき。

四　指定介護老人福祉施設の開設者が、第八十八条第六項に規定する義務に違反したと認められるとき。

五　第二十八条第五項の規定により調査の委託を受けた場合において、当該調査の結果について虚偽の報告をしたとき。

六　施設介護サービス費の請求に関し不正があったとき。

七　指定介護老人福祉施設が、第九十条第一項の規定により報告又は帳簿書類の提出若しくは提示を命ぜられてこれに従わず、又は虚偽の報告をしたとき。

八　指定介護老人福祉施設の開設者又はその長若しくは従業者が、第九十条第一項の規定により出頭を求められてこれに応ぜず、同項の規定による質問に対して答弁せず、若しくは虚偽の答弁をし、又は同項の規定による検査を拒み、妨げ、若しくは忌避したとき。ただし、当該指定介護老人福祉施設の従業者がその行為をした場合において、その行為を防止するため、当該指定介護老人福祉施設の開設者又はその長が相当の注意及び監督を尽くしたときを除く。

九　指定介護老人福祉施設の開設者が、不正の手段により第四十八条第一項第一号の指定を受けたとき。

十　前各号に掲げる場合のほか、指定介護老人福祉施設の開設者が、この法律その他国民の保健医療若しくは福祉に関する法律で政令で定めるもの又はこれらの法律に基づく命令若しくは処分に違反したとき。

十一　前各号に掲げる場合のほか、指定介護老人福祉施設の開設者が、居宅サービス等に関し不正又は著しく不当な行為をしたとき。

十二　指定介護老人福祉施設の開設者の役員又はその長のうちに、指定の取消し又は指定の全部若しくは一部の効力の停止をしようとするとき前五年以内に居宅サービス等に関し不正又は著しく不当な行為をした者があるとき。

2　市町村は、保険給付に係る指定介護福祉施設サービス又は第二十八条第五項の規定により委託した調査を行った指定介護老人福祉施設について、前項各号のいずれかに該当すると認めるときは、その旨を当該指定介護老人福祉施設の所在地の都道府県知事に通知しなければならない。

（公示）

第九十三条　都道府県知事は、次に掲げる場合には、当該指定介護老人福祉施設の開設者の名称、当該指定介護老人福祉施設の所在地その他の厚生労働省令で定める事項を公示しなければならない。

一　第四十八条第一項第一号の指定をしたとき。

二　第九十一条の規定による第四十八条第一項第一号の指定の辞退があったとき。

三　前条第一項又は第百十五条の三十五第六項の規定により第四十八条第一項第一号の指定を取り消し、又は指定の全部若しくは一部の効力を停止したとき。

第二款　介護老人保健施設

（**開設許可**）

第九十四条　介護老人保健施設を開設しようとする者は、厚生労働省令で定めるところにより、都道府県知事の許可を受けなければならない。

2　介護老人保健施設を開設した者が、当該介護老人保健施設の入所定員その他厚生労働省令で定める事項を変更しようとするときも、前項と同様とする。

3　都道府県知事は、前二項の許可の申請があった場合において、次の各号（前項の申請にあっては、第二号又は第三号）のいずれかに該当するときは、前二項の許可を与えることができない。

一　当該介護老人保健施設を開設しようとする者が、地方公共団体、医療法人、社会福祉法人その他厚生労働大臣が定める者でないとき。

二　当該介護老人保健施設が第九十七条第一項に規定する療養室、診察室及び機能訓練室並びに都道府県の条例で定める施設又は同条第二項の厚生労働省令及び都道府県の条例で定める人員を有しないとき。

三　第九十七条第三項に規定する介護老人保健施設の設備及び運営に関する基準に従って適正な介護老人保健施設の運営をすることができないと認められるとき。

四　申請者が、禁錮以上の刑に処せられ、その執行を終わり、又は執行を受けることがなくなるまでの者であるとき。

五　申請者が、この法律その他国民の保健医療若しくは福祉に関する法律で政令で定めるものの規定により罰金の刑に処せられ、その執行を終わり、又は執行を受けることがなくなるまでの者であるとき。

五の二　申請者が、労働に関する法律の規定であって政令で定めるものにより罰金の刑に処せられ、その執行を終わり、又は執行を受けることがなくなるまでの者であるとき。

五の三　申請者が、保険料等について、当該申請をした日の前日までに、納付義務を定めた法律の規定に基づく滞納処分を受け、かつ、当該処分を受けた日から正当な理由なく三月以上の期間にわたり、当該処分を受けた日以降に納期限の到来した保険料等の全てを引き続き滞納している者であるとき。

六　申請者が、第百四条第一項又は第百十五条の三十五第六項の規定により許可を取り消され、その取消しの日から起算して五年を経過しない者（当該許可を取り消された者が法人である場合においては、当該取消しの処分に係る行政手続法第十五条の規定による通知があった日前六十日以内に当該法人の役員又はその開設した介護老人保健施設の管理者であった者で当該取消しの日から起算して五年を経過しないものを含み、当該許可を取り消された者が第一号の厚生労働大臣が定める者のうち法人でないものである場合においては、当該通知があった日前六十日以内に当該者の開設した介護老人保健施設の管理者であった者で当該取消しの日から起算して五年を経過しないものを含む。）であるとき。ただし、当該許可の取消しが、介護老人保健施設の許可の取消しのうち当該許可の取消しの処分の理由となった事実及び当該事実の発生を防止するための当該介護老人保健施設の開設者による業務管理体制の整備についての取組の状況その他の当該事実に関して当該介護老人保健施設の開設者が有していた責任の程度を考慮して、この号本文に規定する許可の取消しに該当しないこととすることが相当であると認められるものとして厚生労働省令で定めるものに該当する場合を除く。

七　申請者が、第百四条第一項又は第百十五条の三十五第六項の規定による許可の取消しの処分に係る行政手続法第十五条の規定による通知があった日から当該処分をする日又は処分をしないことを決定する日までの間に第九十九条第二項の規定による廃止の届出をした者（当該廃止について相当の理由がある者を除く。）で、当該届出の日から起算して五年を経過しないものであるとき。

七の二　申請者が、第百条第一項の規定による検査が行われた日から聴聞決定予定日（当該検査の結果に基づき第百四条第一項の規定による許可の取消しの処分に係る聴聞を行うか否かの決定をすることが見込まれる日として厚生労働省令で定めるところにより都道府県知事が当該申請者に当該検査が行われた日から十日以内に特定の日を通知した場合における当該特定の日をいう。）までの間に第九十九条第二項の規定による廃止の届出をした者（当該廃止について相当の理由がある者を除く。）で、当該届出の日から起算して五年を経過しないものであるとき。

八　第七号に規定する期間内に第九十九条第二項の規定による廃止の届出があった場合において、申請者が、同号の通知の日前六十日以内に当該届出に係る法人（当該廃止について相当の理由がある法人を除く。）の役員若しくはその開設した介護老人保健施設の管理者又は当該届出に係る第一号の厚生労働大臣が定める者のうち法人でないもの（当該廃止について相当の理由があるものを除く。）の開設した介護老人保健施設の管理者であった者で、当該届出の日から起算して五年を経過しないものであるとき。

九　申請者が、許可の申請前五年以内に居宅サービス等に関し不正又は著しく不当な行為をした者であるとき。

十　申請者が、法人で、その役員等のうちに第四号から前号までのいずれかに該当する者のあるものであるとき。

十一　申請者が、第一号の厚生労働大臣が定める者のうち法人でないもので、その事業所を管理する者その他の政令で定める使用人のうちに第四号から第九号までのいずれかに該当する者のあるものであるとき。

4　都道府県知事は、営利を目的として、介護老人保健施設を開設しようとする者に対しては、第一項の許可を与えないことができる。

5　都道府県知事は、第一項の許可又は第二項の許可（入所定員の増加に係るものに限る。以下この項及び次項において同じ。）の申請があった場合において、当該申請に係る施設の所在地を含む区域（第百十八条第二項第一号の規定により当該都道府県が定める区域とする。）における介護老人保健施設の入所定員の総数が、同条第一項の規定により当該都道府県が定める都道府県介護保険事業支援計画において定めるその区域の介護老人保健施設の必要入所定員総数に既に達しているか、又は当該申請に係る施設の開設若しくは入所定員の増加によってこれを超えることになると認めるとき、その他の当該都道府県介護保険事業支援計画の達成に支障を生ずるおそれがあると認めるときは、第一項の許可又は第二項の許可を与えないことができる。

6　都道府県知事は、第一項の許可又は第二項の許可をしようとするときは、関係市町村長に対し、厚生労働省令で定める事項を通知し、相当の期間を指定して、当該関係市町村の第百十七条第一項に規定する市町村介護保険事業計画との調整を図る見地からの意見を求めなければならない。

（許可の更新）

第九十四条の二　前条第一項の許可は、六年ごとにその更新を受けなければ、その期間の経過によって、その効力を失う。

2　前項の更新の申請があった場合において、同項の期間（以下この条において「許可の有効期間」という。）の満了の日までにその申請に対する処分がされないときは、従前の許可は、許可の有効期間の満了後もその処分がされるまでの間は、なおその効力を有する。

3　前項の場合において、許可の更新がされたときは、その許可の有効期間は、従前の許可の有効期間の満了の日の翌日から起算するものとする。

4　前条の規定は、第一項の許可の更新について準用する。

（介護老人保健施設の管理）

第九十五条　介護老人保健施設の開設者は、都道府県知事の承認を受けた医師に当該介護老人保健施設を管理させなければならない。

2　前項の規定にかかわらず、介護老人保健施設の開設者は、都道府県知事の承認を受け、医師以外の者に当該介護老人保健施設を管理させることができる。

（介護老人保健施設の基準）

第九十六条　介護老人保健施設の開設者は、次条第三項に規定する介護老人保健施設の設備及び運営に関する基準に従い、要介護者の心身の状況等に応じて適切な介護保健施設サービスを提供するとともに、自らその提供する介護保健施設サービスの質の評価を行うことその他の措置を講ずることにより常に介護保健施設サービスを受ける者の立場に立ってこれを提供するように努めなければならない。

2　介護老人保健施設の開設者は、介護保健施設サービスを受けようとする被保険者から提示された被保険者証に、認定審査会意見が記載されているときは、当該認定審査会意見に配慮して、当該被保険者に当該介護保健施設サービスを提供するように努めなければならない。

第九十七条　介護老人保健施設は、厚生労働省令で定めるところにより療養室、診察室及び機能訓練室を有するほか、都道府県の条例で定める施設を有しなければならない。

2　介護老人保健施設は、厚生労働省令で定める員数の医師及び看護師のほか、都道府県の条例で定める員数の介護支援専門員及び介護その他の業務に従事する従業者を有しなければならない。

3　前二項に規定するもののほか、介護老人保健施設の設備及び運営に関する基準は、都道府県の条例で定める。

4　都道府県が前三項の条例を定めるに当たっては、次に掲げる事項については厚生労働省令で定める基準に従い定めるものとし、その他の事項については厚生労働省令で定める基準を参酌するものとする。

一　介護支援専門員及び介護その他の業務に従事する従業者並びにそれらの員数

二　介護老人保健施設の運営に関する事項であって、入所する要介護者のサービスの適切な利用、適切な処遇及び安全の確保並びに秘密の保持に密接に関連するものとして厚生労働省令で定めるもの

5　厚生労働大臣は、前項に規定する厚生労働省令で定める基準（介護保健施設サービスの取扱いに関する部分に限る。）を定めようとするときは、あらかじめ社会保障審議会の意見を聴かなければならない。

6　介護老人保健施設の開設者は、第九十九条第二項の規定による廃止又は休止の届出をしたときは、当該届出の日の前日に当該介護保健施設サービスを受けていた者であって、当該廃止又は休止の日以後においても引き続き当該介護保健施設サービスに相当するサービスの提供を希望する者に対し、必要な居宅サービス等が継続的に提供されるよう、他の介護老人保健施設の開設者その他関係者との連絡調整その他の便宜の提供を行わなければならない。

7　介護老人保健施設の開設者は、要介護者の人格を尊重するとともに、この法律又はこの法律に基づく命令を遵守し、要介護者のため忠実にその職務を遂行しなければならない。

（広告制限）

第九十八条　介護老人保健施設に関しては、文書その他いかなる方法によるを問わず、何人も次に掲げる事項を除くほか、これを広告してはならない。

一　介護老人保健施設の名称、電話番号及び所在の場所を表示する事項

二　介護老人保健施設に勤務する医師及び看護師の氏名

三　前二号に掲げる事項のほか、厚生労働大臣の定める事項

四　その他都道府県知事の許可を受けた事項

2　厚生労働大臣は、前項第三号に掲げる事項の広告の方法について、厚生労働省令で定めるところにより、必要な定めをすることができる。

（変更の届出等）

第九十九条　介護老人保健施設の開設者は、第九十四条第二項の規定による許可に係る事項を除き、当該介護老人保健施設の開設者の住所その他の厚生労働省令で定める事項に変更があったとき、又は休止した当該介護老人保健施設を再開したときは、厚生労働省令で定めるところにより、十日以内に、その旨を都道府県知事に届け出なければならない。

2　介護老人保健施設の開設者は、当該介護老人保健施設を廃止し、又は休止しようとするときは、厚生労働省令で定めるところにより、その廃止又は休止の日の一月前までに、その旨を都道府県知事に届け出なければならない。

（都道府県知事等による連絡調整又は援助）

第九十九条の二　都道府県知事又は市町村長は、介護老人保健施設の開設者による第九十七条第六項に規定する便宜の提供が円滑に行われるため必要があると認めるときは、当該介護老人保健施設の開設者及び他の介護老人保健施設の開設者その他の関係者相互間の連絡調整又は当該介護老人保健施設の開設者及び当該関係者に対する助言その他の援助を行

うことができる。

2　厚生労働大臣は、同一の介護老人保健施設の開設者について二以上の都道府県知事が前項の規定による連絡調整又は援助を行う場合において、当該介護老人保健施設の開設者による第九十七条第六項に規定する便宜の提供が円滑に行われるため必要があると認めるときは、当該都道府県知事相互間の連絡調整又は当該介護老人保健施設の開設者に対する都道府県の区域を超えた広域的な見地からの助言その他の援助を行うことができる。

（報告等）

第百条　都道府県知事又は市町村長は、必要があると認めるときは、介護老人保健施設の開設者、介護老人保健施設の管理者若しくは医師その他の従業者（以下「介護老人保健施設の開設者等」という。）に対し報告若しくは診療録その他の帳簿書類の提出若しくは提示を命じ、介護老人保健施設の開設者等に対し出頭を求め、又は当該職員に、介護老人保健施設の開設者等に対して質問させ、若しくは介護老人保健施設、介護老人保健施設の開設者の事務所その他介護老人保健施設の運営に関係のある場所に立ち入り、その設備若しくは診療録、帳簿書類その他の物件を検査させることができる。

2　第二十四条第三項の規定は、前項の規定による質問又は立入検査について、同条第四項の規定は、前項の規定による権限について準用する。

3　第一項の規定により、介護老人保健施設の開設者等に対し報告若しくは提出若しくは提示を命じ、若しくは出頭を求め、又は当該職員に介護老人保健施設の開設者等に対し質問させ、若しくは介護老人保健施設に立入検査をさせた市町村長は、当該介護老人保健施設につき次条、第百二条第一項、第百三条第三項又は第百四条第一項の規定による処分が行われる必要があると認めるときは、理由を付して、その旨を都道府県知事に通知しなければならない。

（設備の使用制限等）

第百一条　都道府県知事は、介護老人保健施設が、第九十七条第一項に規定する療養室、診察室及び機能訓練室並びに都道府県の条例で定める施設を有しなくなったとき、又は同条第三項に規定する介護老人保健施設の設備及び運営に関する基準（設備に関する部分に限る。）に適合しなくなったときは、当該介護老人保健施設の開設者に対し、期間を定めて、その全部若しくは一部の使用を制限し、若しくは禁止し、又は期限を定めて、修繕若しくは改築を命ずることができる。

（変更命令）

第百二条　都道府県知事は、介護老人保健施設の管理者が介護老人保健施設の管理者として不適当であると認めるときは、当該介護老人保健施設の開設者に対し、期限を定めて、介護老人保健施設の管理者の変更を命ずることができる。

2　厚生労働大臣は、前項に規定する都道府県知事の権限に属する事務について、介護老人保健施設に入所している者の生命又は身体の安全を確保するため緊急の必要があると認めるときは、都道府県知事に対し同項の事務を行うことを指示することができる。

（業務運営の勧告、命令等）

第百三条　都道府県知事は、介護老人保健施設が、次の各号に掲げる場合に該当すると認めるときは、当該介護老人保健施設の開設者に対し、期限を定めて、それぞれ当該各号に定める措置をとるべきことを勧告することができる。

一　その業務に従事する従業者の人員について第九十七条第二項の厚生労働省令又は都道府県の条例で定める員数を満たしていない場合　当該厚生労働省令又は都道府県の条例で定める員数を満たすこと。

二　第九十七条第三項に規定する介護老人保健施設の設備及び運営に関する基準（運営に関する部分に限る。）に適合していない場合　当該介護老人保健施設の設備及び運営に関する基準に適合すること。

三　第九十七条第六項に規定する便宜の提供を適正に行っていない場合　当該便宜の提供を適正に行うこと。

2　都道府県知事は、前項の規定による勧告をした場合において、その勧告を受けた介護老人保健施設の開設者が、同項の期限内にこれに従わなかったときは、その旨を公表することができる。

3　都道府県知事は、第一項の規定による勧告を受けた介護老人保健施設の開設者が、正当な理由がなくてその勧告に係る措置をとらなかったときは、当該介護老人保健施設の開設者に対し、期限を定めて、その勧告に係る措置をとるべきことを命じ、又は期間を定めて、その業務の停止を命ずることができる。

4　都道府県知事は、前項の規定による命令をした場合においては、その旨を公示しなければならない。

5　市町村は、保険給付に係る介護保健施設サービスを行った介護老人保健施設について、第一項各号に掲げる場合のいずれかに該当すると認めるときは、その旨を当該介護老人保健施設の所在地の都道府県知事に通知しなければならない。

（許可の取消し等）

第百四条　都道府県知事は、次の各号のいずれかに該当する場合においては、当該介護老人保健施設に係る第九十四条第一項の許可を取り消し、又は期間を定めてその許可の全部若しくは一部の効力を停止することができる。

一　介護老人保健施設の開設者が、第九十四条第一項の許可を受けた後正当の理由がないのに、六月以上その業務を開始しないとき。

二　介護老人保健施設が、第九十四条第三項第四号から第五号の二まで、第十号（第五号の三に該当する者のあるものであるときを除く。）又は第十一号（第五号の三に該当する者のあるものであるときを除く。）のいずれかに該当するに至ったとき。

三　介護老人保健施設の開設者が、第九十七条第七項に規定する義務に違反したと認められるとき。

四　介護老人保健施設の開設者に犯罪又は医事に関する不正行為があったとき。

五　第二十八条第五項の規定により調査の委託を受けた場合において、当該調査の結果について虚偽の報告をしたとき。

六　施設介護サービス費の請求に関し不正があったとき。

七　介護老人保健施設の開設者等が、第百条第一項の規定により報告又は診療録その他の帳簿書類の提出若しくは提示を命ぜられてこれに従わず、又は虚偽の報告をしたとき。

八　介護老人保健施設の開設者等が、第百条第一項の規定により出頭を求められてこれに応ぜず、同項の規定による質問に対して答弁せず、若しくは虚偽の答弁をし、又は同項の規定による検査を拒み、妨げ、若しくは忌避したとき。ただし、介護老人保健施設の従業者がその行為をした場合において、その行為を防止するため、当該介護老人保健施設の開設者又は管理者が相当の注意及び監督を尽くしたときを除く。

九　前各号に掲げる場合のほか、介護老人保健施設の開設者が、この法律その他国民の保健医療若しくは福祉に関する法律で政令で定めるもの又はこれらの法律に基づく命令若しくは処分に違反したとき。

十　前各号に掲げる場合のほか、介護老人保健施設の開設者が、居宅サービス等に関し不正又は著しく不当な行為をしたとき。

十一　介護老人保健施設の開設者が法人である場合において、その役員又は当該介護老人保健施設の管理者のうちに許可の取消し又は許可の全部若しくは一部の効力の停止をしようとするとき前五年以内に居宅サービス等に関し不正又は著しく不当な行為をした者があるとき。

十二　介護老人保健施設の開設者が第九十四条第三項第一号の厚生労働大臣が定める者のうち法人でないものである場合において、その管理者が許可の取消し又は許可の全部若しくは一部の効力の停止をしようとするとき前五年以内に居宅サービス等に関し不正又は著しく不当な行為をした者であるとき。

2　市町村は、第二十八条第五項の規定により委託した調査又は保険給付に係る介護保健施設サービスを行った介護老人保健施設について、前項各号のいずれかに該当すると認めるときは、その旨を当該介護老人保健施設の所在地の都道府県知事に通知しなければならない。

3　厚生労働大臣は、第一項に規定する都道府県知事の権限に属する事務について、介護老人保健施設に入所している者の生命又は身体の安全を確保するため緊急の必要があると認めるときは、都道府県知事に対し同項の事務を行うことを指示することができる。

（公示）

第百四条の二　都道府県知事は、次に掲げる場合には、介護老人保健施設の開設者の名称又は氏名、当該介護老人保健施設の所在地その他の厚生労働省令で定める事項を公示しなければならない。

一　第九十四条第一項の規定による許可をしたとき。

二　第九十九条第二項の規定による廃止の届出があったとき。

三　前条第一項又は第百十五条の三十五第六項の規定により第九十四条第一項の許可を取り消し、又は許可の全部若しくは一部の効力を停止したとき。

（医療法の準用）
第百五条 医療法（昭和二十三年法律第二百五号）第九条第二項の規定は、介護老人保健施設の開設者について、同法第十五条第一項及び第三項の規定は、介護老人保健施設の管理者について、同法第三十条の規定は、第百一条、第百二条第一項、第百三条第三項及び第百四条第一項の規定による処分について準用する。この場合において、これらの規定に関し必要な技術的読替えは、政令で定める。

（医療法との関係等）
第百六条 介護老人保健施設は、医療法にいう病院又は診療所ではない。ただし、同法及びこれに基づく命令以外の法令の規定（健康保険法、国民健康保険法その他の法令の政令で定める規定を除く。）において「病院」又は「診療所」とあるのは、介護老人保健施設（政令で定める法令の規定にあっては、政令で定めるものを除く。）を含むものとする。

第三款　介護医療院

（開設許可）
第百七条 介護医療院を開設しようとする者は、厚生労働省令で定めるところにより、都道府県知事の許可を受けなければならない。

2　介護医療院を開設した者が、当該介護医療院の入所定員その他厚生労働省令で定める事項を変更しようとするときも、前項と同様とする。

3　都道府県知事は、前二項の許可の申請があった場合において、次の各号（前項の申請にあっては、第二号又は第三号）のいずれかに該当するときは、前二項の許可を与えることができない。

一　当該介護医療院を開設しようとする者が、地方公共団体、医療法人、社会福祉法人その他厚生労働大臣が定める者でないとき。

二　当該介護医療院が第百十一条第一項に規定する療養室、診察室、処置室及び機能訓練室並びに都道府県の条例で定める施設又は同条第二項の厚生労働省令及び都道府県の条例で定める人員を有しないとき。

三　第百十一条第三項に規定する介護医療院の設備及び運営に関する基準に従って適正な介護医療院の運営をすることができないと認められるとき。

四　申請者が、禁錮以上の刑に処せられ、その執行を終わり、又は執行を受けることがなくなるまでの者であるとき。

五　申請者が、この法律その他国民の保健医療若しくは福祉に関する法律で政令で定めるものの規定により罰金の刑に処せられ、その執行を終わり、又は執行を受けることがなくなるまでの者であるとき。

六　申請者が、労働に関する法律の規定であって政令で定めるものにより罰金の刑に処せられ、その執行を終わり、又は執行を受けることがなくなるまでの者であるとき。

七　申請者が、保険料等について、当該申請をした日の前日までに、納付義務を定めた法律の規定に基づく滞納処分を受け、かつ、当該処分を受けた日から正当な理由なく三月以上の期間にわたり、当該処分を受けた日以降に納期限の到来した保険料等の全てを引き続き滞納している者であるとき。

八　申請者が、第百十四条の六第一項又は第百十五条の三十五第六項の規定により許可を取り消され、その取消しの日から起算して五年を経過しない者（当該許可を取り消された者が法人である場合においては、当該取消しの処分に係る行政手続法第十五条の規定による通知があった日前六十日以内に当該法人の役員又はその開設した介護医療院の管理者であった者で当該取消しの日から起算して五年を経過しないものを含み、当該許可を取り消された者が第一号の厚生労働大臣が定める者のうち法人でないものである場合においては、当該通知があった日前六十日以内に当該者の開設した介護医療院の管理者であった者で当該取消しの日から起算して五年を経過しないものを含む。）であるとき。ただし、当該許可の取消しが、介護医療院の許可の取消しのうち当該許可の取消しの処分の理由となった事実及び当該事実の発生を防止するための当該介護医療院の開設者による業務管理体制の整備についての取組の状況その他の当該事実に関して当該介護医療院の開設者が有していた責任の程度を考慮して、この号本文に規定する許可の取消しに該当しないこととすることが相当であると認められるものとして厚生労働省令で定めるものに該当する場合を除く。

九　申請者が、第百十四条の六第一項又は第百十五条の三十五第六項の規定による許可の取消しの処分に係る行政手続法第十五条の規定による通知があった日から当該処分をする日又は処分をしないことを決定する日までの間に第百十三条第二項の規定による廃止の届出をした者（当該廃止について相当の理由がある者を除く。）で、当該届出の日から起算して五年を経過しないものであるとき。

十　申請者が、第百十四条の二第一項の規定による検査が行われた日から聴聞決定予定日（当該検査の結果に基づき第百十四条の六第一項の規定による許可の取消しの処分に係る聴聞を行うか否かの決定をすることが見込まれる日として厚生労働省令で定めるところにより都道府県知事が当該申請者に当該検査が行われた日から十日以内に特定の日を通知した場合における当該特定の日をいう。）までの間に第百十三条第二項の規定による廃止の届出をした者（当該廃止について相当の理由がある者を除く。）で、当該届出の日から起算して五年を経過しないものであるとき。

十一　第九号に規定する期間内に第百十三条第二項の規定による廃止の届出があった場合において、申請者が、同号の通知の日前六十日以内に当該届出に係る法人（当該廃止について相当の理由がある法人を除く。）の役員若しくはその開設した介護医療院の管理者又は当該届出に係る第一号の厚生労働大臣が定める者のうち法人でないもの（当該廃止について相当の理由がある者を除く。）の開設した介護医療院の管理者であった者で、当該届出の日から起算して五年を経過しないものであるとき。

十二　申請者が、許可の申請前五年以内に居宅サービス等に関し不正又は著しく不当な行為をした者であるとき。

十三　申請者が、法人で、その役員等のうちに第四号から前号までのいずれかに該当する者のあるものであるとき。

十四　申請者が、第一号の厚生労働大臣が定める者のうち法人でないもので、その事業所を管理する者その他の政令で定める使用人のうちに第四号から第十二号までのいずれかに該当する者のあるものであるとき。

4　都道府県知事は、営利を目的として、介護医療院を開設しようとする者に対しては、第一項の許可を与えないことができる。

5　都道府県知事は、第一項の許可又は第二項の許可（入所定員の増加に係るものに限る。以下この項及び次項において同じ。）の申請があった場合において、当該申請に係る施設の所在地を含む区域（第百十八条第二項第一号の規定により当該都道府県が定める区域とする。）における介護医療院の入所定員の総数が、同条第一項の規定により当該都道府県が定める都道府県介護保険事業支援計画において定めるその区域の介護医療院の必要入所定員総数に既に達しているか、又は当該申請に係る施設の開設若しくは入所定員の増加によってこれを超えることになると認めるとき、その他の当該都道府県介護保険事業支援計画の達成に支障を生ずるおそれがあると認めるときは、第一項の許可又は第二項の許可を与えないことができる。

6　都道府県知事は、第一項の許可又は第二項の許可をしようとするときは、関係市町村長に対し、厚生労働省令で定める事項を通知し、相当の期間を指定して、当該関係市町村の第百十七条第一項に規定する市町村介護保険事業計画との調整を図る見地からの意見を求めなければならない。

（**許可の更新**）

第百八条　前条第一項の許可は、六年ごとにその更新を受けなければ、その期間の経過によって、その効力を失う。

2　前項の更新の申請があった場合において、同項の期間（以下この条において「許可の有効期間」という。）の満了の日までにその申請に対する処分がされないときは、従前の許可は、許可の有効期間の満了後もその処分がされるまでの間は、なおその効力を有する。

3　前項の場合において、許可の更新がされたときは、その許可の有効期間は、従前の許可の有効期間の満了の日の翌日から起算するものとする。

4　前条の規定は、第一項の許可の更新について準用する。

（**介護医療院の管理**）

第百九条　介護医療院の開設者は、都道府県知事の承認を受けた医師に当該介護医療院を管理させなければならない。

2　前項の規定にかかわらず、介護医療院の開設者は、都道府県知事の承認を受け、医師以外の者に当該介護医療院を管理させることができる。

（**介護医療院の基準**）

第百十条　介護医療院の開設者は、次条第三項に規定する介護医療院の設備及び運営に関する基準に従い、要介護者の心身の状況等に応じて適切な介護医療院サービスを提供するとともに、自らその提供する介護医療院サービスの質の評価を行うことその他の措置を講ずることにより常に介護医療院サービスを受ける者の立場に立ってこれを提供するように努めなければならない。

2　介護医療院の開設者は、介護医療院サービスを受けようとする被保険者から提示された被保険者証に、認定審査会意見が記載されているときは、当該認定審査会意見に配慮して、当該被保険者に当該介護医療院サービスを提供するように努めなければならない。

第百十一条　介護医療院は、厚生労働省令で定めるところにより療養室、診察室、処置室及び機能訓練室を有するほか、都道府県の条例で定める施設を有しなければならない。

2　介護医療院は、厚生労働省令で定める員数の医師及び看護師のほか、都道府県の条例で定める員数の介護支援専門員及び介護その他の業務に従事する従業者を有しなければならない。

3　前二項に規定するもののほか、介護医療院の設備及び運営に関する基準は、都道府県の条例で定める。

4　都道府県が前三項の条例を定めるに当たっては、次に掲げる事項については厚生労働省令で定める基準に従い定めるものとし、その他の事項については厚生労働省令で定める基準を参酌するものとする。

一　介護支援専門員及び介護その他の業務に従事する従業者並びにそれらの員数

二　介護医療院の運営に関する事項であって、入所する要介護者のサービスの適切な利用、適切な処遇及び安全の確保並びに秘密の保持に密接に関連するものとして厚生労働省令で定めるもの

5　厚生労働大臣は、前項に規定する厚生労働省令で定める基準（介護医療院サービスの取扱いに関する部分に限る。）を定めようとするときは、あらかじめ社会保障審議会の意見を聴かなければならない。

6　介護医療院の開設者は、第百十三条第二項の規定による廃止又は休止の届出をしたときは、当該届出の日の前日に当該介護医療院サービスを受けていた者であって、当該廃止又は休止の日以後においても引き続き当該介護医療院サービスに相当するサービスの提供を希望する者に対し、必要な居宅サービス等が継続的に提供されるよう、他の介護医療院の開設者その他関係者との連絡調整その他の便宜の提供を行わなければならない。

7　介護医療院の開設者は、要介護者の人格を尊重するとともに、この法律又はこの法律に基づく命令を遵守し、要介護者のため忠実にその職務を遂行しなければならない。

（広告制限）

第百十二条　介護医療院に関しては、文書その他いかなる方法によるを問わず、何人も次に掲げる事項を除くほか、これを広告してはならない。

一　介護医療院の名称、電話番号及び所在の場所を表示する事項

二　介護医療院に勤務する医師及び看護師の氏名

三　前二号に掲げる事項のほか、厚生労働大臣の定める事項

四　その他都道府県知事の許可を受けた事項

2　厚生労働大臣は、前項第三号に掲げる事項の広告の方法について、厚生労働省令で定めるところにより、必要な定めをすることができる。

（変更の届出等）

第百十三条　介護医療院の開設者は、第百七条第二項の規定による許可に係る事項を除き、当該介護医療院の開設者の住所その他の厚生労働省令で定める事項に変更があったとき、又は休止した当該介護医療院を再開したときは、厚生労働省令で定めるところにより、十日以内に、その旨を都道府県知事に届け出なければならない。

2　介護医療院の開設者は、当該介護医療院を廃止し、又は休止しようとするときは、厚生労働省令で定めるところにより、その廃止又は休止の日の一月前までに、その旨を都道府県知事に届け出なければならない。

（都道府県知事等による連絡調整又は援助）

第百十四条　都道府県知事又は市町村長は、介護医療院の開設者による第百十一条第六項に規定する便宜の提供が円滑に行われるため必要があると認めるときは、当該介護医療院の開設者及び他の介護医療院の開設者その他の関係者相互間の連絡調整又は当該介護医療院の開設者及び当該関係者に対する助言その他の援助を行うことができる。

2　厚生労働大臣は、同一の介護医療院の開設者について二以上の都道府県知事が前項の規定による連絡調整又は援助を行う場合において、当該介護医療院の開設者による第百十一条第六項に規定する便宜の提供が円滑に行わ

れるため必要があると認めるときは、当該都道府県知事相互間の連絡調整又は当該介護医療院の開設者に対する都道府県の区域を超えた広域的な見地からの助言その他の援助を行うことができる。

（**報告等**）

第百十四条の二　都道府県知事又は市町村長は、必要があると認めるときは、介護医療院の開設者、介護医療院の管理者若しくは医師その他の従業者（以下「介護医療院の開設者等」という。）に対し報告若しくは診療録その他の帳簿書類の提出若しくは提示を命じ、又は当該職員に、介護医療院の開設者等に対して質問させ、若しくは介護医療院、介護医療院の開設者の事務所その他介護医療院の運営に関係のある場所に立ち入り、その設備若しくは診療録、帳簿書類その他の物件を検査させることができる。

２　第二十四条第三項の規定は、前項の規定による質問又は立入検査について、同条第四項の規定は、前項の規定による権限について準用する。

３　第一項の規定により、介護医療院の開設者等に対し報告若しくは提出若しくは提示を命じ、若しくは出頭を求め、又は当該職員に介護医療院の開設者等に対し質問させ、若しくは介護医療院に立入検査をさせた市町村長は、当該介護医療院につき次条、第百十四条の四第一項、第百十四条の五第三項又は第百十四条の六第一項の規定による処分が行われる必要があると認めるときは、理由を付して、その旨を都道府県知事に通知しなければならない。

（**設備の使用制限等**）

第百十四条の三　都道府県知事は、介護医療院が、第百十一条第一項に規定する療養室、診察室、処置室及び機能訓練室並びに都道府県の条例で定める施設を有しなくなったとき、又は同条第三項に規定する介護医療院の設備及び運営に関する基準（設備に関する部分に限る。）に適合しなくなったときは、当該介護医療院の開設者に対し、期間を定めて、その全部若しくは一部の使用を制限し、若しくは禁止し、又は期限を定めて、修繕若しくは改築を命ずることができる。

（**変更命令**）

第百十四条の四　都道府県知事は、介護医療院の管理者が介護医療院の管理者として不適当であると認めるときは、当該介護医療院の開設者に対し、期限を定めて、介護医療院の管理者の変更を命ずることができる。

２　厚生労働大臣は、前項に規定する都道府県知事の権限に属する事務について、介護医療院に入所している者の生命又は身体の安全を確保するため緊急の必要があると認めるときは、都道府県知事に対し同項の事務を行うことを指示することができる。

（**業務運営の勧告、命令等**）

第百十四条の五　都道府県知事は、介護医療院が、次の各号に掲げる場合に該当すると認めるときは、当該介護医療院の開設者に対し、期限を定めて、それぞれ当該各号に定める措置をとるべきことを勧告することができる。

一　その業務に従事する従業者の人員について第百十一条第二項の厚生労働省令又は都道府県の条例で定める員数を満たしていない場合　当該厚生労働省令又は都道府県の条例で定める員数を満たすこと。

二　第百十一条第三項に規定する介護医療院の設備及び運営に関する基準（運営に関する部分に限る。）に適合していない場合　当該介護医療院の設備及び運営に関する基準に適合すること。

三　第百十一条第六項に規定する便宜の提供を適正に行っていない場合　当該便宜の提供を適正に行うこと。

２　都道府県知事は、前項の規定による勧告をした場合において、その勧告を受けた介護医療院の開設者が、同項の期限内にこれに従わなかったときは、その旨を公表することができる。

３　都道府県知事は、第一項の規定による勧告を受けた介護医療院の開設者が、正当な理由がなくてその勧告に係る措置をとらなかったときは、当該介護医療院の開設者に対し、期限を定めて、その勧告に係る措置をとるべきことを命じ、又は期間を定めて、その業務の停止を命ずることができる。

４　都道府県知事は、前項の規定による命令をした場合においては、その旨を公示しなければならない。

５　市町村は、保険給付に係る介護医療院サービスを行った介護医療院について、第一項各号に掲げる場合のいずれかに該当すると認めるときは、その旨を当該介護医療院の所在地の都道府県知事に通知しなければならない。

（**許可の取消し等**）

第百十四条の六　都道府県知事は、次の各号のいずれかに該当する場合においては、当該介護医療院に係る第百七条第一項の許可（以下この条において「許可」という。）を取り消し、又は期間を定めてその許可の全部若しくは一部の効力を停止することができる。

一　介護医療院の開設者が、許可を受けた後正当な理由がなく、六月以上その業務を開始しないとき。

二　介護医療院が、第百七条第三項第四号から第六号まで、第十三号（第七号に該当する者のあるものであるときを除く。）又は第十四号（第七号に該当する者のあるものであるときを除く。）のいずれかに該当するに至ったとき。

三　介護医療院の開設者が、第百十一条第七項に規定する義務に違反したと認められるとき。

四　介護医療院の開設者に犯罪又は医事に関する不正行為があったとき。

五　第二十八条第五項の規定により調査の委託を受けた場合において、当該調査の結果について虚偽の報告をしたとき。

六　施設介護サービス費の請求に関し不正があったとき。

七　介護医療院の開設者等が、第百十四条の二第一項の規定により報告又は診療録その他の帳簿書類の提出若しくは提示を命ぜられてこれに従わず、又は虚偽の報告をしたとき。

八　介護医療院の開設者等が、第百十四条の二第一項の規定により出頭を求められてこれに応ぜず、同項の規定による質問に対して答弁せず、若しくは虚偽の答弁をし、又は同項の規定による検査を拒み、妨げ、若しくは忌避したとき。ただし、介護医療院の従業者がその行為をした場合において、その行為を防止するため、当該介護医療院の開設者又は管理者が相当の注意及び監督を尽くしたときを除く。

九　前各号に掲げる場合のほか、介護医療院の開設者が、この法律その他国民の保健医療若しくは福祉に関する法律で政令で定めるもの又はこれらの法律に基づく命令若しくは処分に違反したとき。

十　前各号に掲げる場合のほか、介護医療院の開設者が、居宅サービス等に関し不正又は著しく不当な行為をしたとき。

十一　介護医療院の開設者が法人である場合において、その役員又は当該介護医療院の管理者のうちに許可の取消し又は許可の全部若しくは一部の効力の停止をしようとするとき前五年以内に居宅サービス等に関し不正又は著しく不当な行為をした者があるとき。

十二　介護医療院の開設者が第百七条第三項第一号の厚生労働大臣が定める者のうち法人でないものである場合において、その管理者が許可の取消し又は許可の全部若しくは一部の効力の停止をしようとするとき前五年以内に居宅サービス等に関し不正又は著しく不当な行為をした者であるとき。

2　市町村は、第二十八条第五項の規定により委託した調査又は保険給付に係る介護医療院サービスを行った介護医療院について、前項各号のいずれかに該当すると認めるときは、その旨を当該介護医療院の所在地の都道府県知事に通知しなければならない。

3　厚生労働大臣は、第一項に規定する都道府県知事の権限に属する事務について、介護医療院に入所している者の生命又は身体の安全を確保するため緊急の必要があると認めるときは、都道府県知事に対し同項の事務を行うことを指示することができる。

（公示）

第百十四条の七　都道府県知事は、次に掲げる場合には、当該介護医療院の開設者の名称又は氏名、当該介護医療院の所在地その他の厚生労働省令で定める事項を公示しなければならない。

一　第百七条第一項の規定による許可をしたとき。

二　第百十三条第二項の規定による廃止の届出があったとき。

三　前条第一項又は第百十五条の三十五第六項の規定により第百七条第一項の許可を取り消し、又は許可の全部若しくは一部の効力を停止したとき。

（医療法の準用）

第百十四条の八　医療法第九条第二項の規定は、介護医療院の開設者について、同法第十五条第一項及び第三項の規定は、介護医療院の管理者について、同法第三十条の規定は、第百十四条の三、第百十四条の四第一項、第百十四条の五第三項及び第百十四条の六第一項の規定による処分について準用する。この場合において、これらの規定に関し必要な技術的読替えは、政令で定める。

（医療法との関係等）

第百十五条　介護医療院は、医療法にいう病院又は診療所ではない。ただし、同法及びこれに基づく命令以外の法令の規定（健康保険法、国民健康保険法その他の法令の政令で定める規定を除く。）において「病院」又は「診療所」とあるのは、介護医療院（政令で定める法令の規定にあっては、政令で定めるものを除く。）を含むものとする。

２　介護医療院の開設者は、医療法第三条第一項の規定にかかわらず、当該介護医療院の名称中に介護医療院という文字を用いることができる。

第六節　指定介護予防サービス事業者

（指定介護予防サービス事業者の指定）

第百十五条の二　第五十三条第一項本文の指定は、厚生労働省令で定めるところにより、介護予防サービス事業を行う者の申請により、介護予防サービスの種類及び当該介護予防サービスの種類に係る介護予防サービス事業を行う事業所（以下この節において「事業所」という。）ごとに行う。

２　都道府県知事は、前項の申請があった場合において、次の各号（病院等により行われる介護予防居宅療養管理指導又は病院若しくは診療所により行われる介護予防訪問看護、介護予防訪問リハビリテーション、介護予防通所リハビリテーション若しくは介護予防短期入所療養介護に係る指定の申請にあっては、第六号の二、第六号の三、第十号の二及び第十二号を除く。）のいずれかに該当するときは、第五十三条第一項本文の指定をしてはならない。

一　申請者が都道府県の条例で定める者でないとき。

二　当該申請に係る事業所の従業者の知識及び技能並びに人員が、第百十五条の四第一項の都道府県の条例で定める基準及び同項の都道府県の条例で定める員数を満たしていないとき。

三　申請者が、第百十五条の四第二項に規定する指定介護予防サービスに係る介護予防のための効果的な支援の方法に関する基準又は指定介護予防サービスの事業の設備及び運営に関する基準に従って適正な介護予防サービス事業の運営をすることができないと認められるとき。

四　申請者が、禁錮以上の刑に処せられ、その執行を終わり、又は執行を受けることがなくなるまでの者であるとき。

五　申請者が、この法律その他国民の保健医療若しくは福祉に関する法律で政令で定めるものの規定により罰金の刑に処せられ、その執行を終わり、又は執行を受けることがなくなるまでの者であるとき。

五の二　申請者が、労働に関する法律の規定であって政令で定めるものにより罰金の刑に処せられ、その執行を終わり、又は執行を受けることがなくなるまでの者であるとき。

五の三　申請者が、保険料等について、当該申請をした日の前日までに、納付義務を定めた法律の規定に基づく滞納処分を受け、かつ、当該処分を受けた日から正当な理由なく三月以上の期間にわたり、当該処分を受けた日以降に納期限の到来した保険料等の全てを引き続き滞納している者であるとき。

六　申請者（介護予防特定施設入居者生活介護に係る指定の申請者を除く。）が、第百十五条の九第一項又は第百十五条の三十五第六項の規定により指定（介護予防特定施設入居者生活介護に係る指定を除く。）を取り消され、その取消しの日から起算して五年を経過しない者（当該指定を取り消された者が法人である場合においては、当該取消しの処分に係る行政手続法第十五条の規定による通知があった日前六十日以内に当該法人の役員等であった者で当該取消しの日から起算して五年を経過しないものを含み、当該指定を取り消された者が法人でない事業所である場合においては、当該通知があった日前六十日以内に当該事業所の管理者であった者で当該取消しの日から起算して五年を経過しないものを含む。）であるとき。ただし、当該指定の取消しが、指定介護予防サービス事業者の指定の取消しのうち当該指定の取消しの処分の理由となった事実及び当該事実の発生を防止するための当該指定介護予防サービス事業者による業務管理体制の整備についての取組の状況その他の当該事実に関して当該指定介護予防サービス事業者が有していた責任の程度を考慮して、この号本文に規定する指定の取消しに該当しないこととすることが相当であると認められるものとして厚生労働省令で定めるものに該当する場合を除く。

六の二　申請者（介護予防特定施設入居者生

活介護に係る指定の申請者に限る。）が、第百十五条の九第一項又は第百十五条の三十五第六項の規定により指定（介護予防特定施設入居者生活介護に係る指定に限る。）を取り消され、その取消しの日から起算して五年を経過しない者（当該指定を取り消された者が法人である場合においては、当該取消しの処分に係る行政手続法第十五条の規定による通知があった日前六十日以内に当該法人の役員等であった者で当該取消しの日から起算して五年を経過しないものを含み、当該指定を取り消された者が法人でない事業所である場合においては、当該通知があった日前六十日以内に当該事業所の管理者であった者で当該取消しの日から起算して五年を経過しないものを含む。）であるとき。ただし、当該指定の取消しが、指定介護予防サービス事業者の指定の取消しのうち当該指定の取消しの処分の理由となった事実及び当該事実の発生を防止するための当該指定介護予防サービス事業者による業務管理体制の整備についての取組の状況その他の当該事実に関して当該指定介護予防サービス事業者が有していた責任の程度を考慮して、この号本文に規定する指定の取消しに該当しないこととすることが相当であると認められるものとして厚生労働省令で定めるものに該当する場合を除く。

六の三　申請者と密接な関係を有する者が、第百十五条の九第一項又は第百十五条の三十五第六項の規定により指定を取り消され、その取消しの日から起算して五年を経過していないとき。ただし、当該指定の取消しが、指定介護予防サービス事業者の指定の取消しのうち当該指定の取消しの処分の理由となった事実及び当該事実の発生を防止するための当該指定介護予防サービス事業者による業務管理体制の整備についての取組の状況その他の当該事実に関して当該指定介護予防サービス事業者が有していた責任の程度を考慮して、この号本文に規定する指定の取消しに該当しないこととすることが相当であると認められるものとして厚生労働省令で定めるものに該当する場合を除く。

七　申請者が、第百十五条の九第一項又は第百十五条の三十五第六項の規定による指定の取消しの処分に係る行政手続法第十五条の規定による通知があった日から当該処分をする日又は処分をしないことを決定する日までの間に第百十五条の五第二項の規定による事業の廃止の届出をした者（当該事業の廃止について相当の理由がある者を除く。）で、当該届出の日から起算して五年を経過しないものであるとき。

七の二　申請者が、第百十五条の七第一項の規定による検査が行われた日から聴聞決定予定日（当該検査の結果に基づき第百十五条の九第一項の規定による指定の取消しの処分に係る聴聞を行うか否かの決定をすることが見込まれる日として厚生労働省令で定めるところにより都道府県知事が当該申請者に当該検査が行われた日から十日以内に特定の日を通知した場合における当該特定の日をいう。）までの間に第百十五条の五第二項の規定による事業の廃止の届出をした者（当該事業の廃止について相当の理由がある者を除く。）で、当該届出の日から起算して五年を経過しないものであるとき。

八　第七号に規定する期間内に第百十五条の五第二項の規定による事業の廃止の届出があった場合において、申請者が、同号の通知の日前六十日以内に当該届出に係る法人（当該事業の廃止について相当の理由がある法人を除く。）の役員等又は当該届出に係る法人でない事業所（当該事業の廃止について相当の理由があるものを除く。）の管理者であった者で、当該届出の日から起算して五年を経過しないものであるとき。

九　申請者が、指定の申請前五年以内に居宅サービス等に関し不正又は著しく不当な行為をした者であるとき。

十　申請者（介護予防特定施設入居者生活介護に係る指定の申請者を除く。）が、法人で、その役員等のうちに第四号から第六号まで又は第七号から前号までのいずれかに該当する者のあるものであるとき。

十の二　申請者（介護予防特定施設入居者生活介護に係る指定の申請者に限る。）が、法人で、その役員等のうちに第四号から第五号の三まで、第六号の二又は第七号から第九号までのいずれかに該当する者のあるものであるとき。

十一　申請者（介護予防特定施設入居者生活介護に係る指定の申請者を除く。）が、法人でない事業所で、その管理者が第四号から第六号まで又は第七号から第九号までのいずれかに該当する者であるとき。

十二　申請者（介護予防特定施設入居者生活介護に係る指定の申請者に限る。）が、法人でない事業所で、その管理者が第四号から第五号の三まで、第六号の二又は第七号から第九号までのいずれかに該当する者であるとき。

3　都道府県が前項第一号の条例を定めるに当たっては、厚生労働省令で定める基準に従い定めるものとする。

4　関係市町村長は、厚生労働省令で定めるところにより、都道府県知事に対し、第五十三条第一項本文の指定について、当該指定をしようとするときは、あらかじめ、当該関係市町村長にその旨を通知するよう求めることができる。この場合において、当該都道府県知事は、その求めに応じなければならない。

5　関係市町村長は、前項の規定による通知を受けたときは、厚生労働省令で定めるところにより、第五十三条第一項本文の指定に関し、都道府県知事に対し、当該関係市町村の第百十七条第一項に規定する市町村介護保険事業計画との調整を図る見地からの意見を申し出ることができる。

6　都道府県知事は、前項の意見を勘案し、第五十三条第一項本文の指定を行うに当たって、当該事業の適正な運営を確保するために必要と認める条件を付することができる。

（**共生型介護予防サービス事業者の特例**）

第百十五条の二の二　介護予防短期入所生活介護その他厚生労働省令で定める介護予防サービスに係る事業所について、児童福祉法第二十一条の五の三第一項の指定（当該事業所により行われる介護予防サービスの種類に応じて厚生労働省令で定める種類の障害児通所支援に係るものに限る。）又は障害者総合支援法第二十九条第一項の指定障害福祉サービス事業者の指定（当該事業所により行われる介護予防サービスの種類に応じて厚生労働省令で定める種類の障害福祉サービスに係るものに限る。）を受けている者から当該事業所に係る前条第一項（第百十五条の十一において準用する第七十条の二第四項において準用する場合を含む。）の申請があった場合において、次の各号のいずれにも該当するときにおける前条第二項（第百十五条の十一において準用する第七十条の二第四項において準用する場合を含む。以下この項において同じ。）の規定の適用については、前条第二項第二号中「第百十五条の四第一項の」とあるのは「次条第一項第一号の指定介護予防サービスに従事する従業者に係る」と、「同項」とあるのは「同号」と、同項第三号中「第百十五条の四第二項」とあるのは「次条第一項第二号」とする。ただし、申請者が、厚生労働省令で定めるところにより、別段の申出をしたときは、この限りでない。

一　当該申請に係る事業所の従業者の知識及び技能並びに人員が、指定介護予防サービスに従事する従業者に係る都道府県の条例で定める基準及び都道府県の条例で定める員数を満たしていること。

二　申請者が、都道府県の条例で定める指定介護予防サービスに係る介護予防のための効果的な支援の方法に関する基準及び指定介護予防サービスの事業の設備及び運営に関する基準に従って適正な介護予防サービス事業の運営をすることができると認められること。

2　都道府県が前項各号の条例を定めるに当たっては、第一号から第三号までに掲げる事項については厚生労働省令で定める基準に従い定めるものとし、第四号に掲げる事項については厚生労働省令で定める基準を標準として定めるものとし、その他の事項については厚生労働省令で定める基準を参酌するものとする。

一　指定介護予防サービスに従事する従業者に係る基準及び当該従業者の員数

二　指定介護予防サービスの事業に係る居室の床面積

三　指定介護予防サービスの事業の運営に関する事項であって、利用する要支援者のサービスの適切な利用、適切な処遇及び安全の確保並びに秘密の保持等に密接に関連するものとして厚生労働省令で定めるもの

四　指定介護予防サービスの事業に係る利用定員

3　厚生労働大臣は、前項に規定する厚生労働省令で定める基準（指定介護予防サービスの取扱いに関する部分に限る。）を定めようとするときは、あらかじめ社会保障審議会の意見を聴かなければならない。

4　第一項の場合において、同項に規定する者が同項の申請に係る第五十三条第一項本文の指定を受けたときは、その者に対しては、第百十五条の四第二項から第四項までの規定は適用せず、次の表の上欄に掲げる規定の適用については、これらの規定中同表の中欄に掲

げる字句は、それぞれ同表の下欄に掲げる字句とする。

第五十三条第六項	第百十五条の四第二項	第百十五条の二の二第一項第二号
第百十五条の三第一項	次条第二項	前条第一項第二号
第百十五条の四第一項	都道府県の条例で定める基準に従い	第百十五条の二の二第一項第一号の指定介護予防サービスに従事する従業者に係る都道府県の条例で定める基準に従い同号の
第百十五条の八第一項第二号	第百十五条の四第一項の	第百十五条の二の二第一項第一号の指定介護予防サービスに従事する従業者に係る
	同項	同号
第百十五条の八第一項第三号	第百十五条の四第二項	第百十五条の二の二第一項第二号
第百十五条の九第一項第三号	第百十五条の四第一項の	第百十五条の二の二第一項第一号の指定介護予防サービスに従事する従業者に係る
	同項	同号
第百十五条の九第一項第四号	第百十五条の四第二項	第百十五条の二の二第一項第二号

5　第一項に規定する者であって、同項の申請に係る第五十三条第一項本文の指定を受けたものから、児童福祉法第二十一条の五の三第一項に規定する指定通所支援の事業（当該指定に係る事業所において行うものに限る。）について同法第二十一条の五の二十第四項の規定による事業の廃止若しくは休止の届出があったとき又は障害者総合支援法第二十九条第一項に規定する指定障害福祉サービスの事業（当該指定に係る事業所において行うものに限る。）について障害者総合支援法第四十六条第二項の規定による事業の廃止若しくは休止の届出があったときは、当該指定に係る指定介護予防サービスの事業について、第百十五条の五第二項の規定による事業の廃止又は休止の届出があったものとみなす。

（指定介護予防サービスの事業の基準）

第百十五条の三　指定介護予防サービス事業者は、次条第二項に規定する指定介護予防サービスに係る介護予防のための効果的な支援の方法に関する基準及び指定介護予防サービスの事業の設備及び運営に関する基準に従い、要支援者の心身の状況等に応じて適切な指定介護予防サービスを提供するとともに、自らその提供する指定介護予防サービスの質の評価を行うことその他の措置を講ずることにより常に指定介護予防サービスを受ける者の立場に立ってこれを提供するように努めなければならない。

2　指定介護予防サービス事業者は、指定介護予防サービスを受けようとする被保険者から提示された被保険者証に、認定審査会意見が記載されているときは、当該認定審査会意見に配慮して、当該被保険者に当該指定介護予防サービスを提供するように努めなければならない。

第百十五条の四　指定介護予防サービス事業者は、当該指定に係る事業所ごとに、都道府県の条例で定める基準に従い都道府県の条例で定める員数の当該指定介護予防サービスに従事する従業者を有しなければならない。

2　前項に規定するもののほか、指定介護予防サービスに係る介護予防のための効果的な支援の方法に関する基準及び指定介護予防サービスの事業の設備及び運営に関する基準は、都道府県の条例で定める。

3　都道府県が前二項の条例を定めるに当たっては、第一号から第三号までに掲げる事項については厚生労働省令で定める基準に従い定めるものとし、第四号に掲げる事項については厚生労働省令で定める基準を標準として定めるものとし、その他の事項については厚生労働省令で定める基準を参酌するものとする。

一　指定介護予防サービスに従事する従業者に係る基準及び当該従業者の員数

二　指定介護予防サービスの事業に係る居室、療養室及び病室の床面積

三　指定介護予防サービスの事業の運営に関する事項であって、利用する要支援者のサービスの適切な利用、適切な処遇及び安全の確保並びに秘密の保持等に密接に関連するものとして厚生労働省令で定めるもの

四　指定介護予防サービスの事業に係る利用定員

4　厚生労働大臣は、前項に規定する厚生労働省令で定める基準（指定介護予防サービスの取扱いに関する部分に限る。）を定めようとするときは、あらかじめ社会保障審議会の意見を聴かなければならない。

5　指定介護予防サービス事業者は、次条第二項の規定による事業の廃止又は休止の届出をしたときは、当該届出の日前一月以内に当該指定介護予防サービスを受けていた者であって、当該事業の廃止又は休止の日以後においても引き続き当該指定介護予防サービスに相当するサービスの提供を希望する者に対し、必要な居宅サービス等が継続的に提供されるよう、指定介護予防支援事業者、他の指定介護予防サービス事業者その他関係者との連絡調整その他の便宜の提供を行わなければならない。

6　指定介護予防サービス事業者は、要支援者の人格を尊重するとともに、この法律又はこの法律に基づく命令を遵守し、要支援者のため忠実にその職務を遂行しなければならない。

（**変更の届出等**）

第百十五条の五　指定介護予防サービス事業者は、当該指定に係る事業所の名称及び所在地その他厚生労働省令で定める事項に変更があったとき、又は休止した当該指定介護予防サービスの事業を再開したときは、厚生労働省令で定めるところにより、十日以内に、その旨を都道府県知事に届け出なければならない。

2　指定介護予防サービス事業者は、当該指定介護予防サービスの事業を廃止し、又は休止しようとするときは、厚生労働省令で定めるところにより、その廃止又は休止の日の一月前までに、その旨を都道府県知事に届け出なければならない。

（**都道府県知事等による連絡調整又は援助**）

第百十五条の六　都道府県知事又は市町村長は、指定介護予防サービス事業者による第百十五条の四第五項に規定する便宜の提供が円滑に行われるため必要があると認めるときは、当該指定介護予防サービス事業者及び指定介護予防支援事業者、他の指定介護予防サービス事業者その他の関係者相互間の連絡調整又は当該指定介護予防サービス事業者及び当該関係者に対する助言その他の援助を行うことができる。

2　厚生労働大臣は、同一の指定介護予防サービス事業者について二以上の都道府県知事が前項の規定による連絡調整又は援助を行う場合において、当該指定介護予防サービス事業者による第百十五条の四第五項に規定する便宜の提供が円滑に行われるため必要があると認めるときは、当該都道府県知事相互間の連絡調整又は当該指定介護予防サービス事業者に対する都道府県の区域を超えた広域的な見地からの助言その他の援助を行うことができる。

（**報告等**）

第百十五条の七　都道府県知事又は市町村長は、介護予防サービス費の支給に関して必要があると認めるときは、指定介護予防サービス事業者若しくは指定介護予防サービス事業者であった者若しくは当該指定に係る事業所の従業者であった者（以下この項において「指定介護予防サービス事業者であった者等」という。）に対し、報告若しくは帳簿書類の提出若しくは提示を命じ、指定介護予防サービス事業者若しくは当該指定に係る事業所の従業者若しくは指定介護予防サービス事業者であった者等に対し出頭を求め、又は当該職員に関係者に対して質問させ、若しくは当該指定介護予防サービス事業者の当該指定に係る事業所、事務所その他指定介護予防サービスの事業に関係のある場所に立ち入り、その設備若しくは帳簿書類その他の物件を検査させることができる。

2　第二十四条第三項の規定は前項の規定による質問又は検査について、同条第四項の規定は前項の規定による権限について準用する。

（**勧告、命令等**）

第百十五条の八　都道府県知事は、指定介護予防サービス事業者が、次の各号に掲げる場合に該当すると認めるときは、当該指定介護予防サービス事業者に対し、期限を定めて、それぞれ当該各号に定める措置をとるべきことを勧告することができる。

一　第百十五条の二第六項の規定により当該指定を行うに当たって付された条件に従わない場合　当該条件に従うこと。

二　当該指定に係る事業所の従業者の知識若しくは技能又は人員について第百十五条の四第一項の都道府県の条例で定める基準又は同項の都道府県の条例で定める員数を満たしていない場合　当該都道府県の条例で定める基準又は当該都道府県の条例で定め

る員数を満たすこと。

三　第百十五条の四第二項に規定する指定介護予防サービスに係る介護予防のための効果的な支援の方法に関する基準又は指定介護予防サービスの事業の設備及び運営に関する基準に従って適正な指定介護予防サービスの事業の運営をしていない場合　当該指定介護予防サービスに係る介護予防のための効果的な支援の方法に関する基準又は指定介護予防サービスの事業の設備及び運営に関する基準に従って適正な指定介護予防サービスの事業の運営をすること。

四　第百十五条の四第五項に規定する便宜の提供を適正に行っていない場合　当該便宜の提供を適正に行うこと。

2　都道府県知事は、前項の規定による勧告をした場合において、その勧告を受けた指定介護予防サービス事業者が同項の期限内にこれに従わなかったときは、その旨を公表することができる。

3　都道府県知事は、第一項の規定による勧告を受けた指定介護予防サービス事業者が、正当な理由がなくてその勧告に係る措置をとらなかったときは、当該指定介護予防サービス事業者に対し、期限を定めて、その勧告に係る措置をとるべきことを命ずることができる。

4　都道府県知事は、前項の規定による命令をした場合においては、その旨を公示しなければならない。

5　市町村は、保険給付に係る指定介護予防サービスを行った指定介護予防サービス事業者について、第一項各号に掲げる場合のいずれかに該当すると認めるときは、その旨を当該指定に係る事業所の所在地の都道府県知事に通知しなければならない。

（指定の取消し等）

第百十五条の九　都道府県知事は、次の各号のいずれかに該当する場合においては、当該指定介護予防サービス事業者に係る第五十三条第一項本文の指定を取り消し、又は期間を定めてその指定の全部若しくは一部の効力を停止することができる。

一　指定介護予防サービス事業者が、第百十五条の二第二項第四号から第五号の二まで、第十号（第五号の三に該当する者のあるものであるときを除く。）、第十号の二（第五号の三に該当する者のあるものであるときを除く。）、第十一号（第五号の三に該当する者であるときを除く。）又は第十二号（第五号の三に該当する者であるときを除く。）のいずれかに該当するに至ったとき。

二　指定介護予防サービス事業者が、第百十五条の二第六項の規定により当該指定を行うに当たって付された条件に違反したと認められるとき。

三　指定介護予防サービス事業者が、当該指定に係る事業所の従業者の知識若しくは技能又は人員について、第百十五条の四第一項の都道府県の条例で定める基準又は同項の都道府県の条例で定める員数を満たすことができなくなったとき。

四　指定介護予防サービス事業者が、第百十五条の四第二項に規定する指定介護予防サービスに係る介護予防のための効果的な支援の方法に関する基準又は指定介護予防サービスの事業の設備及び運営に関する基準に従って適正な介護予防サービスの事業の運営をすることができなくなったとき。

五　指定介護予防サービス事業者が、第百十五条の四第六項に規定する義務に違反したと認められるとき。

六　介護予防サービス費の請求に関し不正があったとき。

七　指定介護予防サービス事業者が、第百十五条の七第一項の規定により報告又は帳簿書類の提出若しくは提示を命ぜられてこれに従わず、又は虚偽の報告をしたとき。

八　指定介護予防サービス事業者又は当該指定に係る事業所の従業者が、第百十五条の七第一項の規定により出頭を求められてこれに応ぜず、同項の規定による質問に対して答弁せず、若しくは虚偽の答弁をし、又は同項の規定による検査を拒み、妨げ、若しくは忌避したとき。ただし、当該指定に係る事業所の従業者がその行為をした場合において、その行為を防止するため、当該指定介護予防サービス事業者が相当の注意及び監督を尽くしたときを除く。

九　指定介護予防サービス事業者が、不正の手段により第五十三条第一項本文の指定を受けたとき。

十　前各号に掲げる場合のほか、指定介護予防サービス事業者が、この法律その他国民の保健医療若しくは福祉に関する法律で政令で定めるもの又はこれらの法律に基づく命令若しくは処分に違反したとき。

十一　前各号に掲げる場合のほか、指定介護予防サービス事業者が、居宅サービス等に関し不正又は著しく不当な行為をしたとき。

十二　指定介護予防サービス事業者が法人である場合において、その役員等のうちに指定の取消し又は指定の全部若しくは一部の効力の停止をしようとするとき前五年以内に居宅サービス等に関し不正又は著しく不当な行為をした者があるとき。

十三　指定介護予防サービス事業者が法人でない事業所である場合において、その管理者が指定の取消し又は指定の全部若しくは一部の効力の停止をしようとするとき前五年以内に居宅サービス等に関し不正又は著しく不当な行為をした者であるとき。

2　市町村は、保険給付に係る指定介護予防サービスを行った指定介護予防サービス事業者について、前項各号のいずれかに該当すると認めるときは、その旨を当該指定に係る事業所の所在地の都道府県知事に通知しなければならない。

（公示）

第百十五条の十　都道府県知事は、次に掲げる場合には、当該指定介護予防サービス事業者の名称又は氏名、当該指定に係る事業所の所在地その他の厚生労働省令で定める事項を公示しなければならない。

一　第五十三条第一項本文の指定をしたとき。

二　第百十五条の五第二項の規定による事業の廃止の届出があったとき。

三　前条第一項又は第百十五条の三十五第六項の規定により第五十三条第一項本文の指定を取り消し、又は指定の全部若しくは一部の効力を停止したとき。

（準用）

第百十五条の十一　第七十条の二、第七十一条及び第七十二条の規定は、第五十三条第一項本文の指定について準用する。この場合において、第七十条の二第四項中「前条」とあるのは、「第百十五条の二」と読み替えるものとするほか、必要な技術的読替えは、政令で定める。

第七節　指定地域密着型介護予防サービス事業者

（指定地域密着型介護予防サービス事業者の指定）

第百十五条の十二　第五十四条の二第一項本文の指定は、厚生労働省令で定めるところにより、地域密着型介護予防サービス事業を行う者の申請により、地域密着型介護予防サービスの種類及び当該地域密着型介護予防サービスの種類に係る地域密着型介護予防サービス事業を行う事業所（以下この節において「事業所」という。）ごとに行い、当該指定をする市町村長がその長である市町村が行う介護保険の被保険者（特定地域密着型介護予防サービスに係る指定にあっては、当該市町村の区域内に所在する住所地特例対象施設に入所等をしている住所地特例適用居宅要支援被保険者を含む。）に対する地域密着型介護予防サービス費及び特例地域密着型介護予防サービス費の支給について、その効力を有する。

2　市町村長は、前項の申請があった場合において、次の各号のいずれかに該当するときは、第五十四条の二第一項本文の指定をしてはならない。

一　申請者が市町村の条例で定める者でないとき。

二　当該申請に係る事業所の従業者の知識及び技能並びに人員が、第百十五条の十四第一項の市町村の条例で定める基準若しくは同項の市町村の条例で定める員数又は同条第五項に規定する指定地域密着型介護予防サービスに従事する従業者に関する基準を満たしていないとき。

三　申請者が、第百十五条の十四第二項又は第五項に規定する指定地域密着型介護予防サービスに係る介護予防のための効果的な支援の方法に関する基準又は指定地域密着型介護予防サービスの事業の設備及び運営に関する基準に従って適正な地域密着型介護予防サービス事業の運営をすることができないと認められるとき。

四　当該申請に係る事業所が当該市町村の区域の外にある場合であって、その所在地の市町村長の同意を得ていないとき。

四の二　申請者が、禁錮以上の刑に処せられ、その執行を終わり、又は執行を受けることがなくなるまでの者であるとき。

五　申請者が、この法律その他国民の保健医療若しくは福祉に関する法律で政令で定めるものの規定により罰金の刑に処せられ、その執行を終わり、又は執行を受けることがなくなるまでの者であるとき。

五の二　申請者が、労働に関する法律の規定であって政令で定めるものにより罰金の刑に処せられ、その執行を終わり、又は執行を受けることがなくなるまでの者であるとき。

五の三　申請者が、保険料等について、当該申請をした日の前日までに、納付義務を定めた法律の規定に基づく滞納処分を受け、かつ、当該処分を受けた日から正当な理由なく三月以上の期間にわたり、当該処分を受けた日以降に納期限の到来した保険料等の全てを引き続き滞納している者であるとき。

六　申請者（介護予防認知症対応型共同生活介護に係る指定の申請者を除く。）が、第百十五条の十九（第二号から第五号までを除く。）の規定により指定（介護予防認知症対応型共同生活介護に係る指定を除く。）を取り消され、その取消しの日から起算して五年を経過しない者（当該指定を取り消された者が法人である場合においては、当該取消しの処分に係る行政手続法第十五条の規定による通知があった日前六十日以内に当該法人の役員等であった者で当該取消しの日から起算して五年を経過しないものを含み、当該指定を取り消された者が法人でない事業所である場合においては、当該通知があった日前六十日以内に当該事業所の管理者であった者で当該取消しの日から起算して五年を経過しないものを含む。）であるとき。ただし、当該指定の取消しが、指定地域密着型介護予防サービス事業者の指定の取消しのうち当該指定の取消しの処分の理由となった事実及び当該事実の発生を防止するための当該指定地域密着型介護予防サービス事業者による業務管理体制の整備についての取組の状況その他の当該事実に関して当該指定地域密着型介護予防サービス事業者が有していた責任の程度を考慮して、この号本文に規定する指定の取消しに該当しないこととすることが相当であると認められるものとして厚生労働省令で定めるものに該当する場合を除く。

六の二　申請者（介護予防認知症対応型共同生活介護に係る指定の申請者に限る。）が、第百十五条の十九（第二号から第五号までを除く。）の規定により指定（介護予防認知症対応型共同生活介護に係る指定に限る。）を取り消され、その取消しの日から起算して五年を経過しない者（当該指定を取り消された者が法人である場合においては、当該取消しの処分に係る行政手続法第十五条の規定による通知があった日前六十日以内に当該法人の役員等であった者で当該取消しの日から起算して五年を経過しないものを含み、当該指定を取り消された者が法人でない事業所である場合においては、当該通知があった日前六十日以内に当該事業所の管理者であった者で当該取消しの日から起算して五年を経過しないものを含む。）であるとき。ただし、当該指定の取消しが、指定地域密着型介護予防サービス事業者の指定の取消しのうち当該指定の取消しの処分の理由となった事実の発生を防止するための当該指定地域密着型介護予防サービス事業者による業務管理体制の整備についての取組の状況その他の当該事実に関して当該指定地域密着型介護予防サービス事業者が有していた責任の程度を考慮して、この号本文に規定する指定の取消しに該当しないこととすることが相当であると認められるものとして厚生労働省令で定めるものに該当する場合を除く。

六の三　申請者と密接な関係を有する者が、第百十五条の十九（第二号から第五号までを除く。）の規定により指定を取り消され、その取消しの日から起算して五年を経過していないとき。ただし、当該指定の取消しが、指定地域密着型介護予防サービス事業者の指定の取消しのうち当該指定の取消しの処分の理由となった事実及び当該事実の発生を防止するための当該指定地域密着型介護予防サービス事業者による業務管理体制の整備についての取組の状況その他の当該事実に関して当該指定地域密着型介護予防サービス事業者が有していた責任の程度を考慮して、この号本文に規定する指定の取消しに該当しないこととすることが相当であると認められるものとして厚生労働省令で定めるものに該当する場合を除く。

七　申請者が、第百十五条の十九（第二号から第五号までを除く。）の規定による指定の取消しの処分に係る行政手続法第十五条の規定による通知があった日から当該処分をする日又は処分をしないことを決定する日までの間に第百十五条の十五第二項の規定による事業の廃止の届出をした者（当該事業の廃止について相当の理由がある者を除く。）で、当該届出の日から起算して五年を経過しないものであるとき。

七の二　前号に規定する期間内に第百十五条の十五第二項の規定による事業の廃止の届出があった場合において、申請者が、同号の通知の日前六十日以内に当該届出に係る法人（当該事業の廃止について相当の理由がある法人を除く。）の役員等又は当該届出に係る法人でない事業所（当該事業の廃止について相当の理由があるものを除く。）の管理者であった者で、当該届出の日から起算して五年を経過しないものであるとき。

八　申請者が、指定の申請前五年以内に居宅サービス等に関し不正又は著しく不当な行為をした者であるとき。

九　申請者（介護予防認知症対応型共同生活介護に係る指定の申請者を除く。）が、法人で、その役員等のうちに第四号の二から第六号まで又は前三号のいずれかに該当する者のあるものであるとき。

十　申請者（介護予防認知症対応型共同生活介護に係る指定の申請者に限る。）が、法人で、その役員等のうちに第四号の二から第五号の三まで、第六号の二又は第七号から第八号までのいずれかに該当する者のあるものであるとき。

十一　申請者（介護予防認知症対応型共同生活介護に係る指定の申請者を除く。）が、法人でない事業所で、その管理者が第四号の二から第六号まで又は第七号から第八号までのいずれかに該当する者であるとき。

十二　申請者（介護予防認知症対応型共同生活介護に係る指定の申請者に限る。）が、法人でない事業所で、その管理者が第四号の二から第五号の三まで、第六号の二又は第七号から第八号までのいずれかに該当する者であるとき。

3　市町村が前項第一号の条例を定めるに当たっては、厚生労働省令で定める基準に従い定めるものとする。

4　市町村長は、第一項の申請があった場合において、次の各号のいずれかに該当するときは、第五十四条の二第一項本文の指定をしないことができる。

一　申請者（介護予防認知症対応型共同生活介護に係る指定の申請者を除く。）が、第百十五条の十九第二号から第五号までの規定により指定（介護予防認知症対応型共同生活介護に係る指定を除く。）を取り消され、その取消しの日から起算して五年を経過しない者（当該指定を取り消された者が法人である場合においては、当該取消しの処分に係る行政手続法第十五条の規定による通知があった日前六十日以内に当該法人の役員等であった者で当該取消しの日から起算して五年を経過しないものを含み、当該指定を取り消された者が法人でない事業所である場合においては、当該通知があった日前六十日以内に当該事業所の管理者であった者で当該取消しの日から起算して五年を経過しないものを含む。）であるとき。

一の二　申請者（介護予防認知症対応型共同生活介護に係る指定の申請者に限る。）が、第百十五条の十九第二号から第五号までの規定により指定（介護予防認知症対応型共同生活介護に係る指定に限る。）を取り消され、その取消しの日から起算して五年を経過しない者（当該指定を取り消された者が法人である場合においては、当該取消しの処分に係る行政手続法第十五条の規定による通知があった日前六十日以内に当該法人の役員等であった者で当該取消しの日から起算して五年を経過しないものを含み、当該指定を取り消された者が法人でない事業所である場合においては、当該通知があった日前六十日以内に当該事業所の管理者であった者で当該取消しの日から起算して五年を経過しないものを含む。）であるとき。

一の三　申請者と密接な関係を有する者が、第百十五条の十九第二号から第五号までの規定により指定を取り消され、その取消しの日から起算して五年を経過していないとき。

二　申請者が、第百十五条の十九第二号から第五号までの規定による指定の取消しの処分に係る行政手続法第十五条の規定による通知があった日から当該処分をする日又は処分をしないことを決定する日までの間に第百十五条の十五第二項の規定による事業の廃止の届出をした者（当該事業の廃止について相当の理由がある者を除く。）で、当該届出の日から起算して五年を経過しないものであるとき。

二の二　申請者が、第百十五条の十七第一項の規定による検査が行われた日から聴聞決定予定日（当該検査の結果に基づき第百十五条の十九の規定による指定の取消しの処分に係る聴聞を行うか否かの決定をすることが見込まれる日として厚生労働省令で定めるところにより市町村長が当該申請者に当該検査が行われた日から十日以内に特定の日を通知した場合における当該特定の日をいう。）までの間に第百十五条の十五第二項の規定による事業の廃止の届出をした者（当該事業の廃止について相当の理由がある者を除く。）で、当該届出の日から起算して五年を経過しないものであるとき。

二の三　第二号に規定する期間内に第百十五条の十五第二項の規定による事業の廃止の届出があった場合において、申請者が、同号の通知の日前六十日以内に当該届出に係る法人（当該事業の廃止について相当の理由がある法人を除く。）の役員等又は当該届出に係る法人でない事業所（当該事業の廃止について相当の理由があるものを除く。）の管理者であった者で、当該届出の日から起算して五年を経過しないものであるとき。

三　申請者（介護予防認知症対応型共同生活介護に係る指定の申請者を除く。）が、法人で、その役員等のうちに第一号又は前三号のいずれかに該当する者のあるものであるとき。

四　申請者（介護予防認知症対応型共同生活介護に係る指定の申請者に限る。）が、法人で、その役員等のうちに第一号の二又は第二号から第二号の三までのいずれかに該当する者のあるものであるとき。

五　申請者（介護予防認知症対応型共同生活介護に係る指定の申請者を除く。）が、法人でない事業所で、その管理者が第一号又は第二号から第二号の三までのいずれかに該当する者であるとき。

六　申請者（介護予防認知症対応型共同生活介護に係る指定の申請者に限る。）が、法人でない事業所で、その管理者が第一号の二又は第二号から第二号の三までのいずれかに該当する者であるとき。

5　市町村長は、第五十四条の二第一項本文の指定を行おうとするときは、あらかじめ、当該市町村が行う介護保険の被保険者その他の関係者の意見を反映させるために必要な措置を講ずるよう努めなければならない。

6　市町村長は、第五十四条の二第一項本文の指定を行うに当たって、当該事業の適正な運営を確保するために必要と認める条件を付することができる。

7　第七十八条の二第九項から第十一項までの規定は、第五十四条の二第一項本文の指定について準用する。この場合において、これらの規定に関し必要な技術的読替えは、政令で定める。

（共生型地域密着型介護予防サービス事業者の特例）

第百十五条の十二の二　厚生労働省令で定める地域密着型介護予防サービスに係る事業所について、児童福祉法第二十一条の五の三第一項の指定（当該事業所により行われる地域密着型介護予防サービスの種類に応じて厚生労働省令で定める種類の障害児通所支援に係るものに限る。）又は障害者総合支援法第二十九条第一項の指定障害福祉サービス事業者の指定（当該事業所により行われる地域密着型介護予防サービスの種類に応じて厚生労働省令で定める種類の障害福祉サービスに係るものに限る。）を受けている者から当該事業所に係る前条第一項（第百十五条の二十一において準用する第七十条の二第四項において準用する場合を含む。）の申請があった場合において、次の各号のいずれにも該当するときにおける前条第二項（第百十五条の二十一において準用する第七十条の二第四項において準用する場合を含む。以下この項において同じ。）の規定の適用については、前条第二項第二号中「第百十五条の十四第一項の」とあるのは「次条第一項第一号の指定地域密着型介護予防サービスに従事する従業者に係る」と、「若しくは同項」とあるのは「又は同号」と、「員数又は同条第五項に規定する指定地域密着型介護予防サービスに従事する従業者に関する基準」とあるのは「員数」と、同項第三号中「第百十五条の十四第二項又は第五項」とあるのは「次条第一項第二号」とする。ただし、申請者が、厚生労働省令で定めるところにより、別段の申出をしたときは、この限りでない。

一　当該申請に係る事業所の従業者の知識及び技能並びに人員が、指定地域密着型介護予防サービスに従事する従業者に係る市町村の条例で定める基準及び市町村の条例で定める員数を満たしていること。

二　申請者が、市町村の条例で定める指定地域密着型介護予防サービスに係る介護予防のための効果的な支援の方法に関する基準並びに指定地域密着型介護予防サービスの事業の設備及び運営に関する基準に従って適正な地域密着型介護予防サービス事業の運営をすることができると認められること。

2　市町村が前項各号の条例を定めるに当たっては、第一号から第四号までに掲げる事項については厚生労働省令で定める基準に従い定めるものとし、第五号に掲げる事項については厚生労働省令で定める基準を標準として定めるものとし、その他の事項については厚生労働省令で定める基準を参酌するものとする。

一　指定地域密着型介護予防サービスに従事する従業者に係る基準及び当該従業者の員数

二　指定地域密着型介護予防サービスの事業に係る居室の床面積

三　介護予防小規模多機能型居宅介護及び介護予防認知症対応型通所介護の事業に係る利用定員

四　指定地域密着型介護予防サービスの事業の運営に関する事項であって、利用する要支援者のサービスの適切な利用、適切な処遇及び安全の確保並びに秘密の保持に密接に関連するものとして厚生労働省令で定めるもの

五　指定地域密着型介護予防サービスの事業（第三号に規定する事業を除く。）に係る利用定員

3　厚生労働大臣は、前項に規定する厚生労働省令で定める基準（指定地域密着型介護予防サービスの取扱いに関する部分に限る。）を定めようとするときは、あらかじめ社会保障審議会の意見を聴かなければならない。

4　第一項の場合において、同項に規定する者が同項の申請に係る第五十四条の二第一項本文の指定を受けたときは、その者に対しては、第百十五条の十四第二項から第六項までの規定は適用せず、次の表の上欄に掲げる規定の適用については、これらの規定中同表の中欄に掲げる字句は、それぞれ同表の下欄に掲げる字句とする。

第五十四条の二第八項	第百十五条の十四第二項又は第五項	第百十五条の十二の二第一項第二号
第百十五条の十三第一項	次条第二項又は第五項	前条第一項第二号
第百十五条の十四第一項	市町村の条例で定める基準に従い	第百十五条の十二の二第一項第一号の指定地域密着型介護予防サービスに従事する従業者に係る市町村の条例で定める基準に従い同号の
第百十五条の十八第一項第二号	第百十五条の十四第一項の	第百十五条の十二の二第一項第一号の指定地域密着型介護予防サービスに従事する従業者に係る
	若しくは同項	又は同号
	員数又は同条第五項に規定する指定地域密着型介護予防サービスに従事する従業者に関する基準	員数
	若しくは当該市町村	又は当該市町村
	員数又は当該指定地域密着型介護予防サービスに従事する従業者に関する基準	員数
第百十五条の十八第一項第三号	第百十五条の十四第二項又は第五項	第百十五条の十二の二第一項第二号
第百十五条の十九第四号	第百十五条の十四第一項の	第百十五条の十二の二第一項第一号の指定地域密着型介護予防サービスに従事する従業者に係る
	若しくは同項	又は同号
	員数又は同条第五項に規定する指定地域密着型介護予防サービスに従事する従	員数

社会福祉

	業者に関する基準	
第百十五条の十九第五号	第百十五条の十四第二項又は第五項	第百十五条の十二の二第一項第二号

5　第一項に規定する者であって、同項の申請に係る第五十四条の二第一項本文の指定を受けたものは、児童福祉法第二十一条の五の三第一項に規定する指定通所支援の事業（当該指定に係る事業所において行うものに限る。）又は障害者総合支援法第二十九条第一項に規定する指定障害福祉サービスの事業（当該指定に係る事業所において行うものに限る。）を廃止し、又は休止しようとするときは、厚生労働省令で定めるところにより、その廃止又は休止の日の一月前までに、その旨を当該指定を行った市町村長に届け出なければならない。この場合において、当該届出があったときは、当該指定に係る指定地域密着型介護予防サービスの事業について、第百十五条の十五第二項の規定による事業の廃止又は休止の届出があったものとみなす。

（指定地域密着型介護予防サービスの事業の基準）

第百十五条の十三　指定地域密着型介護予防サービス事業者は、次条第二項又は第五項に規定する指定地域密着型介護予防サービスに係る介護予防のための効果的な支援の方法に関する基準及び指定地域密着型介護予防サービスの事業の設備及び運営に関する基準に従い、要支援者の心身の状況等に応じて適切な指定地域密着型介護予防サービスを提供するとともに、自らその提供する指定地域密着型介護予防サービスの質の評価を行うことその他の措置を講ずることにより常に指定地域密着型介護予防サービスを受ける者の立場に立ってこれを提供するように努めなければならない。

2　指定地域密着型介護予防サービス事業者は、指定地域密着型介護予防サービスを受けようとする被保険者から提示された被保険者証に、認定審査会意見が記載されているときは、当該認定審査会意見に配慮して、当該被保険者に当該指定地域密着型介護予防サービスを提供するように努めなければならない。

第百十五条の十四　指定地域密着型介護予防サービス事業者は、当該指定に係る事業所ごとに、市町村の条例で定める基準に従い市町村の条例で定める員数の当該指定地域密着型介護予防サービスに従事する従業者を有しなければならない。

2　前項に規定するもののほか、指定地域密着型介護予防サービスに係る介護予防のための効果的な支援の方法に関する基準及び指定地域密着型介護予防サービスの事業の設備及び運営に関する基準は、市町村の条例で定める。

3　市町村が前二項の条例を定めるに当たっては、第一号から第四号までに掲げる事項については厚生労働省令で定める基準に従い定めるものとし、第五号に掲げる事項については厚生労働省令で定める基準を標準として定めるものとし、その他の事項については厚生労働省令で定める基準を参酌するものとする。

一　指定地域密着型介護予防サービスに従事する従業者に係る基準及び当該従業者の員数

二　指定地域密着型介護予防サービスの事業に係る居室の床面積

三　介護予防認知症対応型通所介護の事業に係る利用定員

四　指定地域密着型介護予防サービスの事業の運営に関する事項であって、利用する要支援者のサービスの適切な利用、適切な処遇及び安全の確保並びに秘密の保持に密接に関連するものとして厚生労働省令で定めるもの

五　指定地域密着型介護予防サービスの事業（第三号に規定する事業を除く。）に係る利用定員

4　厚生労働大臣は、前項に規定する厚生労働省令で定める基準（指定地域密着型介護予防サービスの取扱いに関する部分に限る。）を定めようとするときは、あらかじめ社会保障審議会の意見を聴かなければならない。

5　市町村は、第三項の規定にかかわらず、同項第一号から第四号までに掲げる事項については、厚生労働省令で定める範囲内で、当該市町村における指定地域密着型介護予防サービスに従事する従業者に関する基準並びに指定地域密着型介護予防サービスに係る介護予防のための効果的な支援の方法に関する基準及び指定地域密着型介護予防サービスの事業の設備及び運営に関する基準を定めることができる。

6　市町村は、前項の当該市町村における指定地域密着型介護予防サービスに従事する従業者に関する基準並びに指定地域密着型介護予

防サービスに係る介護予防のための効果的な支援の方法に関する基準及び指定地域密着型介護予防サービスの事業の設備及び運営に関する基準を定めようとするときは、あらかじめ、当該市町村が行う介護保険の被保険者その他の関係者の意見を反映させ、及び学識経験を有する者の知見の活用を図るために必要な措置を講じなければならない。

7　指定地域密着型介護予防サービス事業者は、次条第二項の規定による事業の廃止又は休止の届出をしたときは、当該届出の日前一月以内に当該指定地域密着型介護予防サービスを受けていた者であって、当該事業の廃止又は休止の日以後においても引き続き当該指定地域密着型介護予防サービスに相当するサービスの提供を希望する者に対し、必要な居宅サービス等が継続的に提供されるよう、指定介護予防支援事業者、他の指定地域密着型介護予防サービス事業者その他関係者との連絡調整その他の便宜の提供を行わなければならない。

8　指定地域密着型介護予防サービス事業者は、要支援者の人格を尊重するとともに、この法律又はこの法律に基づく命令を遵守し、要支援者のため忠実にその職務を遂行しなければならない。

（変更の届出等）

第百十五条の十五　指定地域密着型介護予防サービス事業者は、当該指定に係る事業所の名称及び所在地その他厚生労働省令で定める事項に変更があったとき、又は休止した当該指定地域密着型介護予防サービスの事業を再開したときは、厚生労働省令で定めるところにより、十日以内に、その旨を市町村長に届け出なければならない。

2　指定地域密着型介護予防サービス事業者は、当該指定地域密着型介護予防サービスの事業を廃止し、又は休止しようとするときは、厚生労働省令で定めるところにより、その廃止又は休止の日の一月前までに、その旨を市町村長に届け出なければならない。

（市町村長等による連絡調整又は援助）

第百十五条の十六　市町村長は、指定地域密着型介護予防サービス事業者による第百十五条の十四第七項に規定する便宜の提供が円滑に行われるため必要があると認めるときは、当該指定地域密着型介護予防サービス事業者及び指定介護予防支援事業者、他の指定地域密着型介護予防サービス事業者その他の関係者相互間の連絡調整又は当該指定地域密着型介護予防サービス事業者及び当該関係者に対する助言その他の援助を行うことができる。

2　都道府県知事は、同一の指定地域密着型介護予防サービス事業者について二以上の市町村長が前項の規定による連絡調整又は援助を行う場合において、当該指定地域密着型介護予防サービス事業者による第百十五条の十四第七項に規定する便宜の提供が円滑に行われるため必要があると認めるときは、当該市町村長相互間の連絡調整又は当該指定地域密着型介護予防サービス事業者に対する市町村の区域を超えた広域的な見地からの助言その他の援助を行うことができる。

3　厚生労働大臣は、同一の指定地域密着型介護予防サービス事業者について二以上の都道府県知事が前項の規定による連絡調整又は援助を行う場合において、当該指定地域密着型介護予防サービス事業者による第百十五条の十四第七項に規定する便宜の提供が円滑に行われるため必要があると認めるときは、当該都道府県知事相互間の連絡調整又は当該指定地域密着型介護予防サービス事業者に対する都道府県の区域を超えた広域的な見地からの助言その他の援助を行うことができる。

（報告等）

第百十五条の十七　市町村長は、地域密着型介護予防サービス費の支給に関して必要があると認めるときは、指定地域密着型介護予防サービス事業者若しくは指定地域密着型介護予防サービス事業者であった者若しくは当該指定に係る事業所の従業者であった者（以下この項において「指定地域密着型介護予防サービス事業者であった者等」という。）に対し、報告若しくは帳簿書類の提出若しくは提示を命じ、指定地域密着型介護予防サービス事業者若しくは当該指定に係る事業所の従業者若しくは指定地域密着型介護予防サービス事業者であった者等に対し出頭を求め、又は当該職員に関係者に対して質問させ、若しくは当該指定地域密着型介護予防サービス事業者の当該指定に係る事業所、事務所その他指定地域密着型介護予防サービスの事業に関係のある場所に立ち入り、その設備若しくは帳簿書類その他の物件を検査させることができる。

2　第二十四条第三項の規定は前項の規定による質問又は検査について、同条第四項の規定は前項の規定による権限について準用する。

（勧告、命令等）

第百十五条の十八　市町村長は、指定地域密着型介護予防サービス事業者が、次の各号に掲げる場合に該当すると認めるときは、当該指定地域密着型介護予防サービス事業者に対し、期限を定めて、それぞれ当該各号に定める措置をとるべきことを勧告することができる。

一　第百十五条の十二第六項の規定により当該指定を行うに当たって付された条件に従わない場合　当該条件に従うこと。

二　当該指定に係る事業所の従業者の知識若しくは技能又は人員について第百十五条の十四第一項の市町村の条例で定める基準若しくは同項の市町村の条例で定める員数又は同条第五項に規定する指定地域密着型介護予防サービスに従事する従業者に関する基準を満たしていない場合　当該市町村の条例で定める基準若しくは当該市町村の条例で定める員数又は当該指定地域密着型介護予防サービスに従事する従業者に関する基準を満たすこと。

三　第百十五条の十四第二項又は第五項に規定する指定地域密着型介護予防サービスに係る介護予防のための効果的な支援の方法に関する基準又は指定地域密着型介護予防サービスの事業の設備及び運営に関する基準に従って適正な指定地域密着型介護予防サービスの事業の運営をしていない場合　当該指定地域密着型介護予防サービスに係る介護予防のための効果的な支援の方法に関する基準又は指定地域密着型介護予防サービスの事業の設備及び運営に関する基準に従って適正な指定地域密着型介護予防サービスの事業の運営をすること。

四　第百十五条の十四第七項に規定する便宜の提供を適正に行っていない場合　当該便宜の提供を適正に行うこと。

2　市町村長は、前項の規定による勧告をした場合において、その勧告を受けた指定地域密着型介護予防サービス事業者が同項の期限内にこれに従わなかったときは、その旨を公表することができる。

3　市町村長は、第一項の規定による勧告を受けた指定地域密着型介護予防サービス事業者が、正当な理由がなくてその勧告に係る措置をとらなかったときは、当該指定地域密着型介護予防サービス事業者に対し、期限を定めて、その勧告に係る措置をとるべきことを命ずることができる。

4　市町村長は、前項の規定による命令をした場合においては、その旨を公示しなければならない。

（指定の取消し等）

第百十五条の十九　市町村長は、次の各号のいずれかに該当する場合においては、当該指定地域密着型介護予防サービス事業者に係る第五十四条の二第一項本文の指定を取り消し、又は期間を定めてその指定の全部若しくは一部の効力を停止することができる。

一　指定地域密着型介護予防サービス事業者が、第百十五条の十二第二項第四号の二から第五号の二まで、第九号（第五号の三に該当する者のあるものであるときを除く。）、第十号（第五号の三に該当する者のあるものであるときを除く。）、第十一号（第五号の三に該当する者であるときを除く。）又は第十二号（第五号の三に該当する者であるときを除く。）のいずれかに該当するに至ったとき。

二　指定地域密着型介護予防サービス事業者が、第百十五条の十二第四項第三号から第六号までのいずれかに該当するに至ったとき。

三　指定地域密着型介護予防サービス事業者が、第百十五条の十二第六項の規定により当該指定を行うに当たって付された条件に違反したと認められるとき。

四　指定地域密着型介護予防サービス事業者が、当該指定に係る事業所の従業者の知識若しくは技能又は人員について、第百十五条の十四第一項の市町村の条例で定める基準若しくは同項の市町村の条例で定める員数又は同条第五項に規定する指定地域密着型介護予防サービスに従事する従業者に関する基準を満たすことができなくなったとき。

五　指定地域密着型介護予防サービス事業者が、第百十五条の十四第二項又は第五項に規定する指定地域密着型介護予防サービスに係る介護予防のための効果的な支援の方法に関する基準又は指定地域密着型介護予防サービスの事業の設備及び運営に関する基準に従って適正な指定地域密着型介護予防サービスの事業の運営をすることができなくなったとき。

六　指定地域密着型介護予防サービス事業者が、第百十五条の十四第八項に規定する義務に違反したと認められるとき。

七　地域密着型介護予防サービス費の請求に

社会福祉

関し不正があったとき。

八　指定地域密着型介護予防サービス事業者が、第百十五条の十七第一項の規定により報告又は帳簿書類の提出若しくは提示を命ぜられてこれに従わず、又は虚偽の報告をしたとき。

九　指定地域密着型介護予防サービス事業者又は当該指定に係る事業所の従業者が、第百十五条の十七第一項の規定により出頭を求められてこれに応ぜず、同項の規定による質問に対して答弁せず、若しくは虚偽の答弁をし、又は同項の規定による検査を拒み、妨げ、若しくは忌避したとき。ただし、当該指定に係る事業所の従業者がその行為をした場合において、その行為を防止するため、当該指定地域密着型介護予防サービス事業者が相当の注意及び監督を尽くしたときを除く。

十　指定地域密着型介護予防サービス事業者が、不正の手段により第五十四条の二第一項本文の指定を受けたとき。

十一　前各号に掲げる場合のほか、指定地域密着型介護予防サービス事業者が、この法律その他国民の保健医療若しくは福祉に関する法律で政令で定めるもの又はこれらの法律に基づく命令若しくは処分に違反したとき。

十二　前各号に掲げる場合のほか、指定地域密着型介護予防サービス事業者が、居宅サービス等に関し不正又は著しく不当な行為をしたとき。

十三　指定地域密着型介護予防サービス事業者が法人である場合において、その役員等のうちに指定の取消し又は指定の全部若しくは一部の効力の停止をしようとするとき前五年以内に居宅サービス等に関し不正又は著しく不当な行為をした者があるとき。

十四　指定地域密着型介護予防サービス事業者が法人でない事業所である場合において、その管理者が指定の取消し又は指定の全部若しくは一部の効力の停止をしようとするとき前五年以内に居宅サービス等に関し不正又は著しく不当な行為をした者であるとき。

（公示）

第百十五条の二十　市町村長は、次に掲げる場合には、遅滞なく、当該指定地域密着型介護予防サービス事業者の名称、当該指定に係る事業所の所在地その他の厚生労働省令で定める事項を都道府県知事に届け出るとともに、これを公示しなければならない。

一　第五十四条の二第一項本文の指定をしたとき。

二　第百十五条の十五第二項の規定による事業の廃止の届出があったとき。

三　前条の規定により第五十四条の二第一項本文の指定を取り消し、又は指定の全部若しくは一部の効力を停止したとき。

（準用）

第百十五条の二十一　第七十条の二の規定は、第五十四条の二第一項本文の指定について準用する。この場合において、第七十条の二第四項中「前条」とあるのは、「第百十五条の十二」と読み替えるものとするほか、必要な技術的読替えは、政令で定める。

第八節　指定介護予防支援事業者

（指定介護予防支援事業者の指定）

第百十五条の二十二　第五十八条第一項の指定は、厚生労働省令で定めるところにより、第百十五条の四十六第一項に規定する地域包括支援センターの設置者又は指定居宅介護支援事業者の申請により、介護予防支援事業を行う事業所（以下この節において「事業所」という。）ごとに行い、当該指定をする市町村長がその長である市町村が行う介護保険の被保険者（当該市町村が行う介護保険の住所地特例適用居宅要支援被保険者を除き、当該市町村の区域内に所在する住所地特例対象施設に入所等をしている住所地特例適用居宅要支援被保険者を含む。）に対する介護予防サービス計画費及び特例介護予防サービス計画費の支給について、その効力を有する。

2　市町村長は、前項の申請があった場合において、次の各号のいずれかに該当するときは、第五十八条第一項の指定をしてはならない。

一　申請者が市町村の条例で定める者でないとき。

二　当該申請に係る事業所の従業者の知識及び技能並びに人員が、第百十五条の二十四第一項の市町村の条例で定める基準及び同項の市町村の条例で定める員数を満たしていないとき。

三　申請者が、第百十五条の二十四第二項に規定する指定介護予防支援に係る介護予防のための効果的な支援の方法に関する基準又は指定介護予防支援の事業の運営に関する基準に従って適正な介護予防支援事業の運営をすることができないと認められるとき。

三の二　申請者が、禁錮以上の刑に処せられ、その執行を終わり、又は執行を受けることがなくなるまでの者であるとき。

四　申請者が、この法律その他国民の保健医療若しくは福祉に関する法律で政令で定めるものの規定により罰金の刑に処せられ、その執行を終わり、又は執行を受けることがなくなるまでの者であるとき。

四の二　申請者が、労働に関する法律の規定であって政令で定めるものにより罰金の刑に処せられ、その執行を終わり、又は執行を受けることがなくなるまでの者であるとき。

四の三　申請者が、保険料等について、当該申請をした日の前日までに、納付義務を定めた法律の規定に基づく滞納処分を受け、かつ、当該処分を受けた日から正当な理由なく三月以上の期間にわたり、当該処分を受けた日以降に納期限の到来した保険料等の全てを引き続き滞納している者であるとき。

五　申請者が、第百十五条の二十九の規定により指定を取り消され、その取消しの日から起算して五年を経過しない者（当該指定を取り消された者が法人である場合においては、当該取消しの処分に係る行政手続法第十五条の規定による通知があった日前六十日以内に当該法人の役員等であった者で当該取消しの日から起算して五年を経過しないものを含み、当該指定を取り消された者が法人でない事業所である場合においては、当該通知があった日前六十日以内に当該事業所の管理者であった者で当該取消しの日から起算して五年を経過しないものを含む。）であるとき。ただし、当該指定の取消しが、指定介護予防支援事業者の指定の取消しのうち当該指定の取消しの処分の理由となった事実及び当該事実の発生を防止するための当該指定介護予防支援事業者による業務管理体制の整備についての取組の状況その他の当該事実に関して当該指定介護予防支援事業者が有していた責任の程度を考慮して、この号本文に規定する指定の取消しに該当しないこととすることが相当であると認められるものとして厚生労働省令で定めるものに該当する場合を除く。

五の二　申請者と密接な関係を有する者が、第百十五条の二十九の規定により指定を取り消され、その取消しの日から起算して五年を経過していないとき。ただし、当該指定の取消しが、指定介護予防支援事業者の指定の取消しのうち当該指定の取消しの処分の理由となった事実及び当該事実の発生を防止するための当該指定介護予防支援事業者による業務管理体制の整備についての取組の状況その他の当該事実に関して当該指定介護予防支援事業者が有していた責任の程度を考慮して、この号本文に規定する指定の取消しに該当しないこととすることが相当であると認められるものとして厚生労働省令で定めるものに該当する場合を除く。

六　申請者が、第百十五条の二十九の規定による指定の取消しの処分に係る行政手続法第十五条の規定による通知があった日から当該処分をする日又は処分をしないことを決定する日までの間に第百十五条の二十五第二項の規定による事業の廃止の届出をした者（当該事業の廃止について相当の理由がある者を除く。）で、当該届出の日から起算して五年を経過しないものであるとき。

六の二　申請者が、第百十五条の二十七第一項の規定による検査が行われた日から聴聞決定予定日（当該検査の結果に基づき第百十五条の二十九の規定による指定の取消しの処分に係る聴聞を行うか否かの決定をすることが見込まれる日として厚生労働省令で定めるところにより市町村長が当該申請者に当該検査が行われた日から十日以内に特定の日を通知した場合における当該特定の日をいう。）までの間に第百十五条の二十五第二項の規定による事業の廃止の届出をした者（当該事業の廃止について相当の理由がある者を除く。）で、当該届出の日から起算して五年を経過しないものであるとき。

六の三　第六号に規定する期間内に第百十五条の二十五第二項の規定による事業の廃止の届出があった場合において、申請者が、同号の通知の日前六十日以内に当該届出に係る法人（当該事業の廃止について相当の理由がある法人を除く。）の役員等又は当該届出に係る法人でない事業所（当該事業の廃止について相当の理由があるものを除く。）の管理者であった者で、当該届出の日から起算して五年を経過しないものであるとき。

七　申請者が、指定の申請前五年以内に居宅サービス等に関し不正又は著しく不当な行為をした者であるとき。

八　申請者が、法人で、その役員等のうちに第三号の二から第五号まで又は第六号から前号までのいずれかに該当する者のあるものであるとき。

九　申請者が、法人でない事業所で、その管理者が第三号の二から第五号まで又は第六号から第七号までのいずれかに該当する者であるとき。

3　市町村が前項第一号の条例を定めるに当たっては、厚生労働省令で定める基準に従い定めるものとする。

4　市町村長は、第五十八条第一項の指定を行おうとするときは、あらかじめ、当該市町村が行う介護保険の被保険者その他の関係者の意見を反映させるために必要な措置を講じなければならない。

（**指定介護予防支援の事業の基準**）

第百十五条の二十三　指定介護予防支援事業者は、次条第二項に規定する指定介護予防支援に係る介護予防のための効果的な支援の方法に関する基準及び指定介護予防支援の事業の運営に関する基準に従い、要支援者の心身の状況等に応じて適切な指定介護予防支援を提供するとともに、自らその提供する指定介護予防支援の質の評価を行うことその他の措置を講ずることにより常に指定介護予防支援を受ける者の立場に立ってこれを提供するように努めなければならない。

2　指定介護予防支援事業者は、指定介護予防支援を受けようとする被保険者から提示された被保険者証に、認定審査会意見が記載されているときは、当該認定審査会意見に配慮して、当該被保険者に当該指定介護予防支援を提供するように努めなければならない。

3　第百十五条の四十六第一項に規定する地域包括支援センターの設置者である指定介護予防支援事業者は、厚生労働省令で定めるところにより、指定介護予防支援の一部を、厚生労働省令で定める者に委託することができる。

第百十五条の二十四　指定介護予防支援事業者は、当該指定に係る事業所ごとに、市町村の条例で定める基準に従い市町村の条例で定める員数の当該指定介護予防支援に従事する従業者を有しなければならない。

2　前項に規定するもののほか、指定介護予防支援に係る介護予防のための効果的な支援の方法に関する基準及び指定介護予防支援の事業の運営に関する基準は、市町村の条例で定める。

3　市町村が前二項の条例を定めるに当たっては、次に掲げる事項については厚生労働省令で定める基準に従い定めるものとし、その他の事項については厚生労働省令で定める基準を参酌するものとする。

一　指定介護予防支援に従事する従業者に係る基準及び当該従業者の員数

二　指定介護予防支援の事業の運営に関する事項であって、利用する要支援者のサービスの適切な利用、適切な処遇及び安全の確保並びに秘密の保持等に密接に関連するものとして厚生労働省令で定めるもの

4　厚生労働大臣は、前項に規定する厚生労働省令で定める基準（指定介護予防支援の取扱いに関する部分に限る。）を定めようとするときは、あらかじめ社会保障審議会の意見を聴かなければならない。

5　指定介護予防支援事業者は、次条第二項の規定による事業の廃止又は休止の届出をしたときは、当該届出の日前一月以内に当該指定介護予防支援を受けていた者であって、当該事業の廃止又は休止の日以後においても引き続き当該指定介護予防支援に相当するサービスの提供を希望する者に対し、必要な居宅サービス等が継続的に提供されるよう、他の指定介護予防支援事業者その他関係者との連絡調整その他の便宜の提供を行わなければならない。

6　指定介護予防支援事業者は、要支援者の人格を尊重するとともに、この法律又はこの法律に基づく命令を遵守し、要支援者のため忠実にその職務を遂行しなければならない。

（**変更の届出等**）

第百十五条の二十五　指定介護予防支援事業者は、当該指定に係る事業所の名称及び所在地その他厚生労働省令で定める事項に変更があったとき、又は休止した当該指定介護予防支援の事業を再開したときは、厚生労働省令で定めるところにより、十日以内に、その旨を市町村長に届け出なければならない。

2　指定介護予防支援事業者は、当該指定介護予防支援の事業を廃止し、又は休止しようとするときは、厚生労働省令で定めるところにより、その廃止又は休止の日の一月前まで

に、その旨を市町村長に届け出なければならない。

（**市町村長等による連絡調整又は援助**）

第百十五条の二十六　市町村長は、指定介護予防支援事業者による第百十五条の二十四第五項に規定する便宜の提供が円滑に行われるため必要があると認めるときは、当該指定介護予防支援事業者及び他の指定介護予防支援事業者その他の関係者相互間の連絡調整又は当該指定介護予防支援事業者及び当該関係者に対する助言その他の援助を行うことができる。

2　都道府県知事は、同一の指定介護予防支援事業者について二以上の市町村長が前項の規定による連絡調整又は援助を行う場合において、当該指定介護予防支援事業者による第百十五条の二十四第五項に規定する便宜の提供が円滑に行われるため必要があると認めるときは、当該市町村長相互間の連絡調整又は当該指定介護予防支援事業者に対する市町村の区域を超えた広域的な見地からの助言その他の援助を行うことができる。

3　厚生労働大臣は、同一の指定介護予防支援事業者について二以上の都道府県知事が前項の規定による連絡調整又は援助を行う場合において、当該指定介護予防支援事業者による第百十五条の二十四第五項に規定する便宜の提供が円滑に行われるため必要があると認めるときは、当該都道府県知事相互間の連絡調整又は当該指定介護予防支援事業者に対する都道府県の区域を超えた広域的な見地からの助言その他の援助を行うことができる。

（**報告等**）

第百十五条の二十七　市町村長は、必要があると認めるときは、指定介護予防支援事業者若しくは指定介護予防支援事業者であった者若しくは当該指定に係る事業所の従業者であった者（以下この項において「指定介護予防支援事業者であった者等」という。）に対し、報告若しくは帳簿書類の提出若しくは提示を命じ、指定介護予防支援事業者若しくは当該指定に係る事業所の従業者若しくは指定介護予防支援事業者であった者等に対し出頭を求め、又は当該職員に関係者に対して質問させ、若しくは当該指定介護予防支援事業者の当該指定に係る事業所、事務所その他指定介護予防支援の事業に関係のある場所に立ち入り、その帳簿書類その他の物件を検査させることができる。

2　第二十四条第三項の規定は前項の規定による質問又は検査について、同条第四項の規定は前項の規定による権限について準用する。

（**勧告、命令等**）

第百十五条の二十八　市町村長は、指定介護予防支援事業者が、次の各号に掲げる場合に該当すると認めるときは、当該指定介護予防支援事業者に対し、期限を定めて、それぞれ当該各号に定める措置をとるべきことを勧告することができる。

一　当該指定に係る事業所の従業者の知識若しくは技能又は人員について第百十五条の二十四第一項の市町村の条例で定める基準又は同項の市町村の条例で定める員数を満たしていない場合　当該市町村の条例で定める基準又は当該市町村の条例で定める員数を満たすこと。

二　第百十五条の二十四第二項に規定する指定介護予防のための効果的な支援の方法に関する基準又は指定介護予防支援の事業の運営に関する基準に従って適正な指定介護予防支援の事業の運営をしていない場合　当該指定介護予防支援に係る介護予防のための効果的な支援の方法に関する基準又は指定介護予防支援の事業の運営に関する基準に従って適正な指定介護予防支援の事業の運営をすること。

三　第百十五条の二十四第五項に規定する便宜の提供を適正に行っていない場合　当該便宜の提供を適正に行うこと。

2　市町村長は、前項の規定による勧告をした場合において、その勧告を受けた指定介護予防支援事業者が同項の期限内にこれに従わなかったときは、その旨を公表することができる。

3　市町村長は、第一項の規定による勧告を受けた指定介護予防支援事業者が、正当な理由がなくてその勧告に係る措置をとらなかったときは、当該指定介護予防支援事業者に対し、期限を定めて、その勧告に係る措置をとるべきことを命ずることができる。

4　市町村長は、前項の規定による命令をした場合においては、その旨を公示しなければならない。

（**指定の取消し等**）

第百十五条の二十九　市町村長は、次の各号のいずれかに該当する場合においては、当該指定介護予防支援事業者に係る第五十八条第一項の指定を取り消し、又は期間を定めてその指定の全部若しくは一部の効力を停止することができる。
一　指定介護予防支援事業者が、第百十五条の二十二第二項第三号の二から第四号の二まで、第八号（同項第四号の三に該当する者のあるものであるときを除く。）又は第九号（同項第四号の三に該当する者であるときを除く。）のいずれかに該当するに至ったとき。
二　指定介護予防支援事業者が、当該指定に係る事業所の従業者の知識若しくは技能又は人員について、第百十五条の二十四第一項の市町村の条例で定める基準又は同項の市町村の条例で定める員数を満たすことができなくなったとき。
三　指定介護予防支援事業者が、第百十五条の二十四第二項に規定する指定介護予防支援に係る介護予防のための効果的な支援の方法に関する基準又は指定介護予防支援の事業の運営に関する基準に従って適正な指定介護予防支援の事業の運営をすることができなくなったとき。
四　指定介護予防支援事業者が、第百十五条の二十四第六項に規定する義務に違反したと認められるとき。
五　介護予防サービス計画費の請求に関し不正があったとき。
六　指定介護予防支援事業者が、第百十五条の二十七第一項の規定により報告又は帳簿書類の提出若しくは提示を命ぜられてこれに従わず、又は虚偽の報告をしたとき。
七　指定介護予防支援事業者又は当該指定に係る事業所の従業者が、第百十五条の二十七第一項の規定により出頭を求められてこれに応ぜず、同項の規定による質問に対して答弁せず、若しくは虚偽の答弁をし、又は同項の規定による検査を拒み、妨げ、若しくは忌避したとき。ただし、当該指定に係る事業所の従業者がその行為をした場合において、その行為を防止するため、当該指定介護予防支援事業者が相当の注意及び監督を尽くしたときを除く。
八　指定介護予防支援事業者が、不正の手段により第五十八条第一項の指定を受けたとき。
九　前各号に掲げる場合のほか、指定介護予防支援事業者が、この法律その他国民の保健医療若しくは福祉に関する法律で政令で定めるもの又はこれらの法律に基づく命令若しくは処分に違反したとき。
十　前各号に掲げる場合のほか、指定介護予防支援事業者が、居宅サービス等に関し不正又は著しく不当な行為をしたとき。
十一　指定介護予防支援事業者の役員等のうちに、指定の取消し又は指定の全部若しくは一部の効力の停止をしようとするとき前五年以内に居宅サービス等に関し不正又は著しく不当な行為をした者があるとき。

（公示）
第百十五条の三十　市町村長は、次に掲げる場合には、当該指定介護予防支援事業者の名称、当該指定に係る事業所の所在地その他の厚生労働省令で定める事項を公示しなければならない。
一　第五十八条第一項の指定をしたとき。
二　第百十五条の二十五第二項の規定による事業の廃止の届出があったとき。
三　前条の規定により第五十八条第一項の指定を取り消し、又は指定の全部若しくは一部の効力を停止したとき。

（介護予防支援事業に関する情報提供の求め等）
第百十五条の三十の二　市町村長は、第百十五条の四十五第二項第三号の規定による介護予防サービス計画の検証の実施に当たって必要があると認めるときは、指定介護予防支援事業者に対し、介護予防サービス計画の実施状況その他の厚生労働省令で定める事項に関する情報の提供を求めることができる。
2　指定居宅介護支援事業者である指定介護予防支援事業者は、当該指定介護予防支援の事業の適切かつ有効な実施のために必要があるときは、第百十五条の四十六第一項に規定する地域包括支援センターに対し、必要な助言を求めることができる。

（準用）
第百十五条の三十一　第七十条の二の規定は、第五十八条第一項の指定について準用する。この場合において、必要な技術的読替えは、政令で定める。

第九節　業務管理体制の整備

（業務管理体制の整備等）
第百十五条の三十二　指定居宅サービス事業者、指定地域密着型サービス事業者、指定居宅介護支援事業者、指定介護予防サービス事業者、指定地域密着型介護予防サービス事業者及び指定介護予防支援事業者並びに指定介護老人福祉施設、介護老人保健施設及び介護医療院の開設者（以下「介護サービス事業者」という。）は、第七十四条第六項、第七十八条の四第八項、第八十一条第六項、第八十八条第六項、第九十七条第七項、第百十一条第七項、第百十五条の四第六項、第百十五条の十四第八項又は第百十五条の二十四第六項に規定する義務の履行が確保されるよう、厚生労働省令で定める基準に従い、業務管理体制を整備しなければならない。

2　介護サービス事業者は、次の各号に掲げる区分に応じ、当該各号に定める者に対し、厚生労働省令で定めるところにより、業務管理体制の整備に関する事項を届け出なければならない。

一　次号から第六号までに掲げる介護サービス事業者以外の介護サービス事業者　都道府県知事

二　次号から第六号までに掲げる介護サービス事業者以外の介護サービス事業者であって、当該指定に係る事業所又は当該指定若しくは許可に係る施設（当該指定又は許可に係る居宅サービス等の種類が異なるものを含む。）が二以上の都道府県の区域に所在し、かつ、二以下の地方厚生局の管轄区域に所在するもの　当該介護サービス事業者の主たる事務所の所在地の都道府県知事

三　第五号に掲げる介護サービス事業者以外の介護サービス事業者であって、当該指定に係る全ての事業所又は当該指定若しくは許可に係る全ての施設（当該指定又は許可に係る居宅サービス等の種類が異なるものを含む。）が一の地方自治法第二百五十二条の十九第一項の指定都市（以下「指定都市」という。）の区域に所在するもの　指定都市の長

四　次号に掲げる介護サービス事業者以外の介護サービス事業者であって、当該指定に係る全ての事業所又は当該指定若しくは許可に係る全ての施設（当該指定又は許可に係る居宅サービス等の種類が異なるものを含む。）が一の地方自治法第二百五十二条の二十二第一項の中核市（以下「中核市」という。）の区域に所在するもの　中核市の長

五　地域密着型サービス事業又は地域密着型介護予防サービス事業のみを行う介護サービス事業者であって、当該指定に係る全ての事業所（当該指定に係る地域密着型サービス又は地域密着型介護予防サービスの種類が異なるものを含む。）が一の市町村の区域に所在するもの　市町村長

六　当該指定に係る事業所又は当該指定若しくは許可に係る施設（当該指定又は許可に係る居宅サービス等の種類が異なるものを含む。）が三以上の地方厚生局の管轄区域に所在する介護サービス事業者　厚生労働大臣

3　前項の規定により届出を行った介護サービス事業者は、その届け出た事項に変更があったときは、厚生労働省令で定めるところにより、遅滞なく、その旨を当該届出を行った厚生労働大臣、都道府県知事、指定都市の長、中核市の長又は市町村長（以下この節において「厚生労働大臣等」という。）に届け出なければならない。

4　第二項の規定による届出を行った介護サービス事業者は、同項各号に掲げる区分の変更により、同項の規定により当該届出を行った厚生労働大臣等以外の厚生労働大臣等に届出を行うときは、厚生労働省令で定めるところにより、その旨を当該届出を行った厚生労働大臣等にも届け出なければならない。

5　厚生労働大臣等は、前三項の規定による届出が適正になされるよう、相互に密接な連携を図るものとする。

（報告等）

第百十五条の三十三　前条第二項の規定による届出を受けた厚生労働大臣等は、当該届出を行った介護サービス事業者（同条第四項の規定による届出を受けた厚生労働大臣等にあっては、同項の規定による届出を行った介護サービス事業者を除く。）における同条第一項の規定による業務管理体制の整備に関して必要があると認めるときは、当該介護サービス事業者に対し、報告若しくは帳簿書類の提出若しくは提示を命じ、当該介護サービス事業者若しくは当該介護サービス事業者の従業者に対し出頭を求め、又は当該職員に関係者に対し質問させ、若しくは当該介護サービス事業者の当該指定に係る事業所若しくは当該指定若しくは許可に係る施設、事務所その他の居宅サービス等の提供に関係のある場所に立ち入り、その設備若しくは帳簿書類その他の物件を検査させることができる。

2　厚生労働大臣又は前条第二項第二号に定める都道府県知事が前項の権限を行うときは当該介護サービス事業者に係る指定若しくは許可を行った都道府県知事（次条第五項において「関係都道府県知事」という。）又は当該介護サービス事業者に係る指定を行った市町

村長（以下この項及び次条第五項において「関係市町村長」という。）と、前条第二項第一号に定める都道府県知事が前項の権限を行うときは関係市町村長と密接な連携の下に行うものとする。

3　都道府県知事は、その行った又はその行おうとする指定又は許可に係る介護サービス事業者における前条第一項の規定による業務管理体制の整備に関して必要があると認めるときは、厚生労働大臣又は同条第二項第二号に定める都道府県知事に対し、市町村長は、その行った又はその行おうとする指定に係る介護サービス事業者における同条第一項の規定による業務管理体制の整備に関して必要があると認めるときは、厚生労働大臣又は同条第二項第一号若しくは第二号に定める都道府県知事に対し、第一項の権限を行うよう求めることができる。

4　厚生労働大臣又は都道府県知事は、前項の規定による都道府県知事又は市町村長の求めに応じて第一項の権限を行ったときは、厚生労働省令で定めるところにより、その結果を当該権限を行うよう求めた都道府県知事又は市町村長に通知しなければならない。

5　第二十四条第三項の規定は第一項の規定による質問又は検査について、同条第四項の規定は第一項の規定による権限について準用する。

（勧告、命令等）

第百十五条の三十四　第百十五条の三十二第二項の規定による届出を受けた厚生労働大臣等は、当該届出を行った介護サービス事業者（同条第四項の規定による届出を受けた厚生労働大臣等にあっては、同項の規定による届出を行った介護サービス事業者を除く。）が、同条第一項に規定する厚生労働省令で定める基準に従って適正な業務管理体制の整備をしていないと認めるときは、当該介護サービス事業者に対し、期限を定めて、当該厚生労働省令で定める基準に従って適正な業務管理体制を整備すべきことを勧告することができる。

2　厚生労働大臣等は、前項の規定による勧告をした場合において、その勧告を受けた介護サービス事業者が同項の期限内にこれに従わなかったときは、その旨を公表することができる。

3　厚生労働大臣等は、第一項の規定による勧告を受けた介護サービス事業者が、正当な理由がなくてその勧告に係る措置をとらなかったときは、当該介護サービス事業者に対し、期限を定めて、その勧告に係る措置をとるべきことを命ずることができる。

4　厚生労働大臣等は、前項の規定による命令をした場合においては、その旨を公示しなければならない。

5　介護サービス事業者が第三項の規定による命令に違反したときは、厚生労働省令で定めるところにより、厚生労働大臣又は第百十五条の三十二第二項第二号に定める都道府県知事は関係都道府県知事又は関係市町村長に対し、同項第一号に定める都道府県知事は関係市町村長に対し当該違反の内容を通知しなければならない。

第十節　介護サービス情報の公表

（介護サービス情報の報告及び公表）

第百十五条の三十五　介護サービス事業者は、指定居宅サービス事業者、指定地域密着型サービス事業者、指定居宅介護支援事業者、指定介護老人福祉施設、指定介護予防サービス事業者、指定地域密着型介護予防サービス事業者若しくは指定介護予防支援事業者の指定又は介護老人保健施設若しくは介護医療院の許可を受け、訪問介護、訪問入浴介護その他の厚生労働省令で定めるサービス（以下「介護サービス」という。）の提供を開始しようとするときその他厚生労働省令で定めるときは、政令で定めるところにより、その提供する介護サービスに係る介護サービス情報（介護サービスの内容及び介護サービスを提供する事業者又は施設の運営状況に関する情報であって、介護サービスを利用し、又は利用しようとする要介護者等が適切かつ円滑に当該介護サービスを利用する機会を確保するために公表されることが必要なものとして厚生労働省令で定めるものをいう。以下同じ。）を、当該介護サービスを提供する事業所又は施設の所在地を管轄する都道府県知事に報告しなければならない。

2　都道府県知事は、前項の規定による報告を受けた後、厚生労働省令で定めるところにより、当該報告の内容を公表しなければならない。

3　都道府県知事は、第一項の規定による報告に関して必要があると認めるときは、当該報告をした介護サービス事業者に対し、介護サービス情報のうち厚生労働省令で定めるものについて、調査を行うことができる。

4　都道府県知事は、介護サービス事業者が第一項の規定による報告をせず、若しくは虚偽の報告をし、又は前項の規定による調査の実施を妨げたときは、期間を定めて、当該介護サービス事業者に対し、その報告を行い、若しくはその報告の内容を是正し、又はその調査を受けることを命ずることができる。

5　都道府県知事は、指定地域密着型サービス事業者、指定居宅介護支援事業者、指定地域密着型介護予防サービス事業者又は指定介護予防支援事業者に対して前項の規定による処分をしたときは、遅滞なく、その旨を、当該指定地域密着型サービス事業者、指定居宅介護支援事業者、指定地域密着型介護予防サービス事業者又は指定介護予防支援事業者の指定をした市町村長に通知しなければならない。

6　都道府県知事は、指定居宅サービス事業者若しくは指定介護予防サービス事業者又は指定介護老人福祉施設、介護老人保健施設若しくは介護医療院の開設者が第四項の規定による命令に従わないときは、当該指定居宅サービス事業者、指定介護予防サービス事業者若しくは指定介護老人福祉施設の指定若しくは介護老人保健施設若しくは介護医療院の許可を取り消し、又は期間を定めてその指定若しくは許可の全部若しくは一部の効力を停止することができる。

7　都道府県知事は、指定地域密着型サービス事業者、指定居宅介護支援事業者、指定地域密着型介護予防サービス事業者又は指定介護予防支援事業者が第四項の規定による命令に従わない場合において、当該指定地域密着型サービス事業者、指定居宅介護支援事業者又は指定地域密着型介護予防サービス事業者の指定を取り消し、又は期間を定めてその指定の全部若しくは一部の効力を停止することが適当であると認めるときは、理由を付して、その旨をその指定をした市町村長に通知しなければならない。

（指定調査機関の指定）

第百十五条の三十六　都道府県知事は、その指定する者（以下「指定調査機関」という。）に、前条第三項の調査の実施に関する事務（以下「調査事務」という。）を行わせることができる。

2　前項の指定は、都道府県の区域ごとに、その指定を受けようとする者の申請により、当該都道府県知事が行う。

（調査員）

第百十五条の三十七　指定調査機関は、調査事務を行うときは、厚生労働省令で定める方法に従い、調査員に調査事務を実施させなければならない。

2　調査員は、調査事務に関する専門的知識及び技術を有するものとして政令で定める要件を備える者のうちから選任しなければならない。

（秘密保持義務等）

第百十五条の三十八　指定調査機関（その者が法人である場合にあっては、その役員。次項において同じ。）若しくはその職員（調査員を含む。同項において同じ。）又はこれらの職にあった者は、調査事務に関して知り得た秘密を漏らしてはならない。

2　指定調査機関及びその職員で調査事務に従事する者は、刑法その他の罰則の適用については、法令により公務に従事する職員とみなす。

（帳簿の備付け等）

第百十五条の三十九　指定調査機関は、厚生労働省令で定めるところにより、調査事務に関する事項で厚生労働省令で定めるものを記載した帳簿を備え、保存しなければならない。

（報告等）

第百十五条の四十　都道府県知事は、調査事務の公正かつ適確な実施を確保するため必要があると認めるときは、指定調査機関に対し、調査事務に関し必要な報告を求め、又は当該職員に関係者に対して質問させ、若しくは指定調査機関の事務所に立ち入り、その設備若しくは帳簿書類その他の物件を検査させることができる。

2　第二十四条第三項の規定は前項の規定による質問又は検査について、同条第四項の規定は前項の規定による権限について準用する。

（業務の休廃止等）

第百十五条の四十一　指定調査機関は、都道府県知事の許可を受けなければ、調査事務の全部又は一部を休止し、又は廃止してはならない。

（指定情報公表センターの指定）

第百十五条の四十二　都道府県知事は、その指定する者（以下「指定情報公表センター」という。）に、介護サービス情報の報告の受理及び公表並びに指定調査機関の指定に関する事務で厚生労働省令で定めるもの（以下「情報公表事務」という。）の全部又は一部を行わせることができる。

2　前項の指定は、都道府県の区域ごとに、その指定を受けようとする者の申請により、当該都道府県知事が行う。

3　第百十五条の三十八から前条までの規定は、指定情報公表センターについて準用する。この場合において、これらの規定中「調査事務」とあるのは「情報公表事務」と、「指定調査機関」とあるのは「指定情報公表センター」と、「職員（調査員を含む。同項において同じ。）」とあるのは「職員」と読み替えるものとするほか、必要な技術的読替えは、政令で定める。

（政令への委任）

第百十五条の四十三　この節に定めるもののほか、指定調査機関及び指定情報公表センターに関し必要な事項は、政令で定める。

（都道府県知事による情報の公表の推進）

第百十五条の四十四　都道府県知事は、介護サービスを利用し、又は利用しようとする要介護者等が適切かつ円滑に当該介護サービスを利用する機会の確保に資するため、介護サービスの質及び介護サービスに従事する従業者に関する情報（介護サービス情報に該当するものを除く。）であって厚生労働省令で定めるものの提供を希望する介護サービス事業者から提供を受けた当該情報について、公表を行うよう配慮するものとする。

第十一節　介護サービス事業者経営情報の調査及び分析等

第百十五条の四十四の二　都道府県知事は、地域において必要とされる介護サービスの確保のため、当該都道府県の区域内に介護サービスを提供する事業所又は施設を有する介護サービス事業者（厚生労働省令で定める者を除く。以下この条において同じ。）の当該事業所又は施設ごとの収益及び費用その他の厚生労働省令で定める事項（次項及び第三項において「介護サービス事業者経営情報」という。）について、調査及び分析を行い、その内容を公表するよう努めるものとする。

2　介護サービス事業者は、厚生労働省令で定めるところにより、介護サービス事業者経営情報を、当該事業所又は施設の所在地を管轄する都道府県知事に報告しなければならない。

3　厚生労働大臣は、介護サービス事業者経営情報を収集し、整理し、及び当該整理した情報の分析の結果を国民にインターネットその他の高度情報通信ネットワークの利用を通じて迅速に提供することができるよう必要な施策を実施するものとする。

4　厚生労働大臣は、前項の施策を実施するため必要があると認めるときは、都道府県知事に対し、当該都道府県の区域内に介護サービスを提供する事業所又は施設を有する介護サービス事業者の当該事業所又は施設に係る活動の状況その他の厚生労働省令で定める事項に関する情報の提供を求めることができる。

5　都道府県知事は、前項の規定による厚生労働大臣の求めに応じて情報を提供するときは、電磁的方法その他の厚生労働省令で定める方法によるものとする。

6　都道府県知事は、介護サービス事業者が第二項の規定による報告をせず、又は虚偽の報告をしたときは、期間を定めて、当該介護サービス事業者に対し、その報告を行い、又はその報告の内容を是正することを命ずることができる。

7　都道府県知事は、指定地域密着型サービス事業者、指定居宅介護支援事業者、指定地域密着型介護予防サービス事業者又は指定介護予防支援事業者に対して前項の規定による処分をしたときは、遅滞なく、その旨を、当該指定地域密着型サービス事業者、指定居宅介護支援事業者、指定地域密着型介護予防サービス事業者又は指定介護予防支援事業者の指定をした市町村長に通知しなければならない。

8　都道府県知事は、指定居宅サービス事業者若しくは指定介護予防サービス事業者又は指定介護老人福祉施設、介護老人保健施設若しくは介護医療院の開設者が第六項の規定による命令に従わないときは、当該指定居宅サービス事業者、指定介護予防サービス事業者若しくは指定介護老人福祉施設の指定若しくは介護老人保健施設若しくは介護医療院の許可を取り消し、又は期間を定めてその指定若しくは許可の全部若しくは一部の効力を停止することができる。

9　都道府県知事は、指定地域密着型サービス事業者、指定居宅介護支援事業者、指定地域密着型介護予防サービス事業者又は指定介護予防支援事業者が第六項の規定による命令に従わない場合において、当該指定地域密着型サービス事業者、指定居宅介護支援事業者、指定地域密着型介護予防サービス事業者又は指定介護予防支援事業者の指定を取り消し、又は期間を定めてその指定の全部若しくは一部の効力を停止することが適当であると認めるときは、理由を付して、その旨をその指定をした市町村長に通知しなければならない。

第六章　地域支援事業等

（**地域支援事業**）

第百十五条の四十五　市町村は、被保険者（当該市町村が行う介護保険の住所地特例適用被保険者を除き、当該市町村の区域内に所在する住所地特例対象施設に入所等をしている住所地特例適用被保険者を含む。第三項第三号及び第百十五条の四十九を除き、以下この章において同じ。）の要介護状態等となることの予防又は要介護状態等の軽減若しくは悪化の防止及び地域における自立した日常生活の支援のための施策を総合的かつ一体的に行うため、厚生労働省令で定める基準に従って、地域支援事業として、次に掲げる事業（以下「介護予防・日常生活支援総合事業」という。）を行うものとする。

一　居宅要支援被保険者その他の厚生労働省令で定める被保険者（以下「居宅要支援被保険者等」という。）に対して、次に掲げる事業を行う事業（以下「第一号事業」という。）

イ　居宅要支援被保険者等の介護予防を目的として、当該居宅要支援被保険者等の居宅において、厚生労働省令で定める基準に従って、厚生労働省令で定める期間にわたり日常生活上の支援を行う事業（以下この項において「第一号訪問事業」という。）

ロ　居宅要支援被保険者等の介護予防を目的として、厚生労働省令で定める施設において、厚生労働省令で定める基準に従って、厚生労働省令で定める期間にわたり日常生活上の支援又は機能訓練を行う事業（以下この項において「第一号通所事業」という。）

ハ　厚生労働省令で定める基準に従って、介護予防サービス事業若しくは地域密着型介護予防サービス事業又は第一号訪問事業若しくは第一号通所事業と一体的に行われる場合に効果があると認められる居宅要支援被保険者等の地域における自立した日常生活の支援として厚生労働省令で定めるものを行う事業（ニにおいて「第一号生活支援事業」という。）

ニ　居宅要支援被保険者等（指定介護予防支援又は特例介護予防サービス計画費に係る介護予防支援を受けている者を除く。）の介護予防を目的として、厚生労働省令で定める基準に従って、その心身の状況、その置かれている環境その他の状況に応じて、その選択に基づき、第一号訪問事業、第一号通所事業又は第一号生活支援事業その他の適切な事業が包括的かつ効率的に提供されるよう必要な援助を行う事業（以下「第一号介護予防支援事業」という。）

二　被保険者（第一号被保険者に限る。）の要介護状態等となることの予防又は要介護状態等の軽減若しくは悪化の防止のため必要な事業（介護予防サービス事業及び地域密着型介護予防サービス事業並びに第一号訪問事業及び第一号通所事業を除く。）

2　市町村は、介護予防・日常生活支援総合事業のほか、被保険者が要介護状態等となることを予防するとともに、要介護状態等となった場合においても、可能な限り、地域において自立した日常生活を営むことができるよう支援するため、地域支援事業として、次に掲げる事業を行うものとする。

一　被保険者の心身の状況、その居宅における生活の実態その他の必要な実情の把握、保健医療、公衆衛生、社会福祉その他の関連施策に関する総合的な情報の提供、関係機関との連絡調整その他の被保険者の保健医療の向上及び福祉の増進を図るための総合的な支援を行う事業

二　被保険者に対する虐待の防止及びその早期発見のための事業その他の被保険者の権利擁護のため必要な援助を行う事業

三　保健医療及び福祉に関する専門的知識を有する者による被保険者の居宅サービス計画、施設サービス計画及び介護予防サービス計画の検証、その心身の状況、介護給付等対象サービスの利用状況その他の状況に関する定期的な協議その他の取組を通じ、当該被保険者が地域において自立した日常生活を営むことができるよう、包括的かつ継続的な支援を行う事業

四　医療に関する専門的知識を有する者が、介護サービス事業者、居宅における医療を提供する医療機関その他の関係者の連携を推進するものとして厚生労働省令で定める事業（前号に掲げる事業を除く。）

社会福祉

五　被保険者の地域における自立した日常生活の支援及び要介護状態等となることの予防又は要介護状態等の軽減若しくは悪化の防止に係る体制の整備その他のこれらを促進する事業

六　保健医療及び福祉に関する専門的知識を有する者による認知症の早期における症状の悪化の防止のための支援その他の認知症である又はその疑いのある被保険者に対する総合的な支援を行う事業

3　市町村は、介護予防・日常生活支援総合事業及び前項各号に掲げる事業のほか、厚生労働省令で定めるところにより、地域支援事業として、次に掲げる事業を行うことができる。

一　介護給付等に要する費用の適正化のための事業

二　介護方法の指導その他の要介護被保険者を現に介護する者の支援のため必要な事業

三　その他介護保険事業の運営の安定化及び被保険者（当該市町村の区域内に所在する住所地特例対象施設に入所等をしている住所地特例適用被保険者を含む。）の地域における自立した日常生活の支援のため必要な事業

4　地域支援事業は、当該市町村における介護予防に関する事業の実施状況、介護保険の運営の状況、七十五歳以上の被保険者の数その他の状況を勘案して政令で定める額の範囲内で行うものとする。

5　市町村は、地域支援事業を行うに当たっては、第百十八条の二第一項に規定する介護保険等関連情報その他必要な情報を活用し、適切かつ有効に実施するよう努めるものとする。

6　市町村は、地域支援事業を行うに当たっては、高齢者保健事業（高齢者の医療の確保に関する法律第百二十五条第一項に規定する高齢者保健事業をいう。以下この条及び第百十七条第三項第十号において同じ。）を行う後期高齢者医療広域連合（同法第四十八条に規定する後期高齢者医療広域連合をいう。以下この条において同じ。）との連携を図るとともに、高齢者の身体的、精神的及び社会的な特性を踏まえ、地域支援事業を効果的かつ効率的で被保険者の状況に応じたきめ細かなものとするため、高齢者保健事業及び国民健康保険法第八十二条第五項に規定する高齢者の心身の特性に応じた事業（同号において「国民健康保険保健事業」という。）と一体的に実施するよう努めるものとする。

7　市町村は、前項の規定により地域支援事業を行うに当たって必要があると認めるときは、他の市町村及び後期高齢者医療広域連合に対し、被保険者に係る保健医療サービス若しくは福祉サービスに関する情報、高齢者の医療の確保に関する法律の規定による療養に関する情報若しくは同法第百二十五条第一項に規定する健康診査若しくは保健指導に関する記録の写し若しくは同法第十八条第一項に規定する特定健康診査若しくは特定保健指導に関する記録の写し又は国民健康保険法の規定による療養に関する情報その他地域支援事業を効果的かつ効率的に実施するために必要な情報として厚生労働省令で定めるものの提供を求めることができる。

8　前項の規定により、情報又は記録の写しの提供を求められた市町村及び後期高齢者医療広域連合は、厚生労働省令で定めるところにより、当該情報又は記録の写しを提供しなければならない。

9　市町村は、第六項の規定により地域支援事業を実施するため、前項の規定により提供を受けた情報又は記録の写しに加え、自らが保有する当該被保険者に係る保健医療サービス若しくは福祉サービスに関する情報、高齢者の医療の確保に関する法律第十八条第一項に規定する特定健康診査若しくは特定保健指導に関する記録又は国民健康保険法の規定による療養に関する情報を併せて活用することができる。

10　市町村は、地域支援事業の利用者に対し、厚生労働省令で定めるところにより、利用料を請求することができる。

（介護予防・日常生活支援総合事業の指針等）

第百十五条の四十五の二　厚生労働大臣は、市町村が行う介護予防・日常生活支援総合事業に関して、その適切かつ有効な実施を図るため必要な指針を公表するものとする。

2　市町村は、定期的に、介護予防・日常生活支援総合事業の実施状況について、調査、分析及び評価を行うよう努めるとともに、その結果に基づき必要な措置を講ずるよう努めるものとする。

（指定事業者による第一号事業の実施）

第百十五条の四十五の三　市町村は、第一号事業（第一号介護予防支援事業にあっては、居宅要支援被保険者に係るものに限る。）については、居宅要支援被保険者等が、当該市町

村の長が指定する者（以下「指定事業者」という。）の当該指定に係る第一号事業を行う事業所により行われる当該第一号事業を利用した場合において、当該居宅要支援被保険者等に対し、当該第一号事業に要した費用について、第一号事業支給費を支給することにより行うことができる。

2　前項の第一号事業支給費（以下「第一号事業支給費」という。）の額は、第一号事業に要する費用の額を勘案して、厚生労働省令で定めるところにより算定する額とする。

3　居宅要支援被保険者等が、指定事業者の当該指定に係る第一号事業を行う事業所により行われる当該第一号事業を利用したときは、市町村は、当該居宅要支援被保険者等が当該指定事業者に支払うべき当該第一号事業に要した費用について、第一号事業支給費として当該居宅要支援被保険者等に対し支給すべき額の限度において、当該居宅要支援被保険者等に代わり、当該指定事業者に支払うことができる。

4　前項の規定による支払があったときは、居宅要支援被保険者等に対し第一号事業支給費の支給があったものとみなす。

5　市町村は、指定事業者から第一号事業支給費の請求があったときは、厚生労働省令で定めるところにより審査した上、支払うものとする。

6　市町村は、前項の規定による審査及び支払に関する事務を連合会に委託することができる。

7　前項の規定による委託を受けた連合会は、当該委託をした市町村の同意を得て、厚生労働省令で定めるところにより、当該委託を受けた事務の一部を、営利を目的としない法人であって厚生労働省令で定める要件に該当するものに委託することができる。

（租税その他の公課の禁止）

第百十五条の四十五の四　租税その他の公課は、第一号事業支給費として支給を受けた金銭を標準として、課することができない。

（指定事業者の指定）

第百十五条の四十五の五　第百十五条の四十五の三第一項の指定（第百十五条の四十五の七第一項を除き、以下この章において「指定事業者の指定」という。）は、厚生労働省令で定めるところにより、第一号事業を行う者の申請により、当該事業の種類及び当該事業の種類に係る当該第一号事業を行う事業所ごとに行う。

2　市町村長は、前項の申請があった場合において、申請者が、厚生労働省令で定める基準に従って適正に第一号事業を行うことができないと認められるときは、指定事業者の指定をしてはならない。

（指定の更新）

第百十五条の四十五の六　指定事業者の指定は、厚生労働省令で定める期間ごとにその更新を受けなければ、その期間の経過によって、その効力を失う。

2　前項の更新の申請があった場合において、同項の期間（以下この条において「有効期間」という。）の満了の日までにその申請に対する処分がされないときは、従前の指定事業者の指定は、有効期間の満了後もその処分がされるまでの間は、なおその効力を有する。

3　前項の場合において、指定事業者の指定の更新がされたときは、その有効期間は、従前の有効期間の満了の日の翌日から起算するものとする。

4　前条の規定は、指定事業者の指定の更新について準用する。

（報告等）

第百十五条の四十五の七　市町村長は、第一号事業支給費の支給に関して必要があると認めるときは、指定事業者若しくは指定事業者であった者若しくは当該第百十五条の四十五の三第一項の指定に係る事業所の従業者であった者（以下この項において「指定事業者であった者等」という。）に対し、報告若しくは帳簿書類の提出若しくは提示を命じ、指定事業者若しくは当該指定に係る事業所の従業者若しくは指定事業者であった者等に対し出頭を求め、又は当該職員に、関係者に対して質問させ、若しくは当該指定事業者の当該指定に係る事業所、事務所その他当該指定事業者が行う第一号事業に関係のある場所に立ち入り、その設備若しくは帳簿書類その他の物件を検査させることができる。

2　第二十四条第三項の規定は前項の規定による質問又は検査について、同条第四項の規定は前項の規定による権限について、それぞれ準用する。

（勧告、命令等）

第百十五条の四十五の八　市町村長は、指定事業者が、第百十五条の四十五第一項第一号イからニまで又は第百十五条の四十五の五第二項の厚生労働省令で定める基準に従って第一

社会福祉

号事業を行っていないと認めるときは、当該指定事業者に対し、期限を定めて、これらの厚生労働省令で定める基準に従って第一号事業を行うことを勧告することができる。

2　市町村長は、前項の規定による勧告をした場合において、その勧告を受けた指定事業者が同項の期限内にこれに従わなかったときは、その旨を公表することができる。

3　市町村長は、第一項の規定による勧告を受けた指定事業者が、正当な理由がなくてその勧告に係る措置をとらなかったときは、当該指定事業者に対し、期限を定めて、その勧告に係る措置をとるべきことを命ずることができる。

4　市町村長は、前項の規定による命令をした場合においては、その旨を公示しなければならない。

（指定事業者の指定の取消し等）

第百十五条の四十五の九　市町村長は、次の各号のいずれかに該当する場合においては、当該指定事業者に係る指定事業者の指定を取り消し、又は期間を定めてその指定事業者の指定の全部若しくは一部の効力を停止することができる。

一　指定事業者が、第百十五条の四十五第一項第一号イからニまで又は第百十五条の四十五の五第二項の厚生労働省令で定める基準に従って第一号事業を行うことができなくなったとき。

二　第一号事業支給費の請求に関し不正があったとき。

三　指定事業者が、第百十五条の四十五の七第一項の規定により報告又は帳簿書類の提出若しくは提示を命ぜられてこれに従わず、又は虚偽の報告をしたとき。

四　指定事業者又は当該指定事業者の指定に係る事業所の従業者が、第百十五条の四十五の七第一項の規定により出頭を求められてこれに応ぜず、同項の規定による質問に対して答弁せず、若しくは虚偽の答弁をし、又は同項の規定による検査を拒み、妨げ、若しくは忌避したとき。ただし、当該指定事業者の指定に係る事業所の従業者がその行為をした場合において、その行為を防止するため、当該指定事業者が相当の注意及び監督を尽くしたときを除く。

五　指定事業者が、不正の手段により指定事業者の指定を受けたとき。

六　前各号に掲げる場合のほか、指定事業者が、この法律その他国民の保健医療若しくは福祉に関する法律で政令で定めるもの又はこれらの法律に基づく命令若しくは処分に違反したとき。

七　前各号に掲げる場合のほか、指定事業者が、地域支援事業又は居宅サービス等に関し不正又は著しく不当な行為をしたとき。

（市町村の連絡調整等）

第百十五条の四十五の十　市町村は、介護予防・日常生活支援総合事業及び第百十五条の四十五第二項各号に掲げる事業の円滑な実施のために必要な関係者相互間の連絡調整を行うことができる。

2　市町村が行う介護予防・日常生活支援総合事業及び第百十五条の四十五第二項各号に掲げる事業の関係者は、当該事業に協力するよう努めなければならない。

3　都道府県は、市町村が行う介護予防・日常生活支援総合事業及び第百十五条の四十五第二項各号に掲げる事業に関し、情報の提供その他市町村に対する支援に努めるものとする。

（政令への委任）

第百十五条の四十五の十一　第百十五条の四十五から前条までに規定するもののほか、地域支援事業の実施に関し必要な事項は、政令で定める。

（地域包括支援センター）

第百十五条の四十六　地域包括支援センターは、第一号介護予防支援事業（居宅要支援被保険者に係るものを除く。）及び第百十五条の四十五第二項各号に掲げる事業（以下「包括的支援事業」という。）その他厚生労働省令で定める事業を実施し、地域住民の心身の健康の保持及び生活の安定のために必要な援助を行うことにより、その保健医療の向上及び福祉の増進を包括的に支援することを目的とする施設とする。

2　市町村は、地域包括支援センターを設置することができる。

3　次条第一項の規定による委託を受けた者（第百十五条の四十五第二項第四号から第六号までに掲げる事業のみの委託を受けたものを除く。）は、包括的支援事業その他第一項の厚生労働省令で定める事業を実施するため、厚生労働省令で定めるところにより、あらかじめ、厚生労働省令で定める事項を市町村長に届け出て、地域包括支援センターを設置することができる。

4　地域包括支援センターの設置者は、自らその実施する事業の質の評価を行うことその他必要な措置を講ずることにより、その実施する事業の質の向上を図らなければならない。

5　地域包括支援センターの設置者は、包括的支援事業を実施するために必要なものとして市町村の条例で定める基準を遵守しなければならない。

6　市町村が前項の条例を定めるに当たっては、地域包括支援センターの職員に係る基準及び当該職員の員数については厚生労働省令で定める基準に従い定めるものとし、その他の事項については厚生労働省令で定める基準を参酌するものとする。

7　地域包括支援センターの設置者は、包括的支援事業の効果的な実施のために、介護サービス事業者、医療機関、民生委員法（昭和二十三年法律第百九十八号）に定める民生委員、被保険者の地域における自立した日常生活の支援又は要介護状態等となることの予防若しくは要介護状態等の軽減若しくは悪化の防止のための事業を行う者その他の関係者との連携に努めなければならない。

8　地域包括支援センターの設置者（設置者が法人である場合にあっては、その役員）若しくはその職員又はこれらの職にあった者は、正当な理由なしに、その業務に関して知り得た秘密を漏らしてはならない。

9　市町村は、定期的に、地域包括支援センターにおける事業の実施状況について、評価を行うとともに、必要があると認めるときは、次条第一項の方針の変更その他の必要な措置を講じなければならない。

10　市町村は、地域包括支援センターが設置されたとき、その他厚生労働省令で定めるときは、厚生労働省令で定めるところにより、当該地域包括支援センターの事業の内容及び運営状況に関する情報を公表するよう努めなければならない。

11　第六十九条の十四の規定は、地域包括支援センターについて準用する。この場合において、同条の規定に関し必要な技術的読替えは、政令で定める。

12　前各項に規定するもののほか、地域包括支援センターに関し必要な事項は、政令で定める。

（実施の委託）

第百十五条の四十七　市町村は、老人福祉法第二十条の七の二第一項に規定する老人介護支援センターの設置者その他の厚生労働省令で定める者に対し、厚生労働省令で定めるところにより、包括的支援事業の実施に係る方針を示して、当該包括的支援事業を委託することができる。

2　前項の規定による委託は、包括的支援事業（第百十五条の四十五第二項第四号から第六号までに掲げる事業を除く。）の全てにつき一括して行わなければならない。

3　前条第七項及び第八項の規定は、第一項の規定による委託を受けた者について準用する。

4　地域包括支援センターの設置者は、指定居宅介護支援事業者その他の厚生労働省令で定める者に対し、厚生労働省令で定めるところにより、第百十五条の四十五第二項第一号に掲げる事業の一部を委託することができる。この場合において、当該委託を受けた者は、第一項の方針（地域包括支援センターの設置者が市町村である場合にあっては、厚生労働省令で定めるところにより当該市町村が示す当該事業の実施に係る方針）に従って、当該事業を実施するものとする。

5　市町村は、介護予防・日常生活支援総合事業（第一号介護予防支援事業にあっては、居宅要支援被保険者に係るものに限る。）については、当該介護予防・日常生活支援総合事業を適切に実施することができるものとして厚生労働省令で定める基準に適合する者に対して、当該介護予防・日常生活支援総合事業の実施を委託することができる。

6　前項の規定により第一号介護予防支援事業の実施の委託を受けた者は、厚生労働省令で定めるところにより、当該委託を受けた事業の一部を、厚生労働省令で定める者に委託することができる。

7　市町村長は、介護予防・日常生活支援総合事業について、第一項又は第五項の規定により、その実施を委託した場合には、当該委託を受けた者（第九項、第百八十条第一項並びに第百八十一条第二項及び第三項において「受託者」という。）に対する当該実施に必要な費用の支払決定に係る審査及び支払の事務を連合会に委託することができる。

8　前項の規定による委託を受けた連合会は、当該委託をした市町村長の同意を得て、厚生労働省令で定めるところにより、当該委託を受けた事務の一部を、営利を目的としない法人であって厚生労働省令で定める要件に該当するものに委託することができる。

9　受託者は、介護予防・日常生活支援総合事

業の利用者に対し、厚生労働省令で定めるところにより、利用料を請求することができる。

10　市町村は、第百十五条の四十五第三項各号に掲げる事業の全部又は一部について、老人福祉法第二十条の七の二第一項に規定する老人介護支援センターの設置者その他の当該市町村が適当と認める者に対し、その実施を委託することができる。

（会議）

第百十五条の四十八　市町村は、第百十五条の四十五第二項第三号に掲げる事業の効果的な実施のために、介護支援専門員、保健医療及び福祉に関する専門的知識を有する者、民生委員その他の関係者、関係機関及び関係団体（以下この条において「関係者等」という。）により構成される会議（以下この条において「会議」という。）を置くように努めなければならない。

2　会議は、厚生労働省令で定めるところにより、要介護被保険者その他の厚生労働省令で定める被保険者（以下この項において「支援対象被保険者」という。）への適切な支援を図るために必要な検討を行うとともに、支援対象被保険者が地域において自立した日常生活を営むために必要な支援体制に関する検討を行うものとする。

3　会議は、前項の検討を行うため必要があると認めるときは、関係者等に対し、資料又は情報の提供、意見の開陳その他必要な協力を求めることができる。

4　関係者等は、前項の規定に基づき、会議から資料又は情報の提供、意見の開陳その他必要な協力の求めがあった場合には、これに協力するよう努めなければならない。

5　会議の事務に従事する者又は従事していた者は、正当な理由がなく、会議の事務に関して知り得た秘密を漏らしてはならない。

6　前各項に定めるもののほか、会議の組織及び運営に関し必要な事項は、会議が定める。

（保健福祉事業）

第百十五条の四十九　市町村は、地域支援事業のほか、要介護被保険者を現に介護する者の支援のために必要な事業、被保険者が要介護状態等となることを予防するために必要な事業、指定居宅サービス及び指定居宅介護支援の事業並びに介護保険施設の運営その他の保険給付のために必要な事業、被保険者が利用する介護給付等対象サービスのための費用に係る資金の貸付けその他の必要な事業を行うことができる。

第七章　介護保険事業計画

（基本指針）

第百十六条　厚生労働大臣は、地域における医療及び介護の総合的な確保の促進に関する法律（平成元年法律第六十四号）第三条第一項に規定する総合確保方針に即して、介護保険事業に係る保険給付の円滑な実施を確保するための基本的な指針（以下「基本指針」という。）を定めるものとする。

2　基本指針においては、次に掲げる事項について定めるものとする。

一　介護給付等対象サービスを提供する体制の確保及び地域支援事業の実施に関する基本的事項

二　次条第一項に規定する市町村介護保険事業計画において同条第二項第一号の介護給付等対象サービスの種類ごとの量の見込みを定めるに当たって参酌すべき標準その他当該市町村介護保険事業計画及び第百十八条第一項に規定する都道府県介護保険事業支援計画の作成に関する事項

三　その他介護保険事業に係る保険給付の円滑な実施を確保するために必要な事項

3　厚生労働大臣は、基本指針を定め、又はこれを変更するに当たっては、あらかじめ、総務大臣その他関係行政機関の長に協議しなければならない。

4　厚生労働大臣は、基本指針を定め、又はこれを変更したときは、遅滞なく、これを公表しなければならない。

（市町村介護保険事業計画）

第百十七条　市町村は、基本指針に即して、三年を一期とする当該市町村が行う介護保険事業に係る保険給付の円滑な実施に関する計画（以下「市町村介護保険事業計画」という。）を定めるものとする。

2　市町村介護保険事業計画においては、次に掲げる事項を定めるものとする。

一　当該市町村が、その住民が日常生活を営んでいる地域として、地理的条件、人口、交通事情その他の社会的条件、介護給付等対象サービスを提供するための施設の整備の状況その他の条件を総合的に勘案して定める区域ごとの当該区域における各年度の認知症対応型共同生活介護、地域密着型特定施設入居者生活介護及び地域密着型介護老人福祉施設入所者生活介護に係る必要利

用定員総数その他の介護給付等対象サービスの種類ごとの量の見込み

二　各年度における地域支援事業の量の見込み

三　被保険者の地域における自立した日常生活の支援、要介護状態等となることの予防又は要介護状態等の軽減若しくは悪化の防止及び介護給付等に要する費用の適正化に関し、市町村が取り組むべき施策に関する事項

四　前号に掲げる事項の目標に関する事項

3　市町村介護保険事業計画においては、前項各号に掲げる事項のほか、次に掲げる事項について定めるよう努めるものとする。

一　前項第一号の必要利用定員総数その他の介護給付等対象サービスの種類ごとの見込量の確保のための方策

二　各年度における地域支援事業に要する費用の額及び地域支援事業の見込量の確保のための方策

三　介護給付等対象サービスの種類ごとの量、保険給付に要する費用の額、地域支援事業の量、地域支援事業に要する費用の額及び保険料の水準に関する中長期的な推計

四　介護支援専門員その他の介護給付等対象サービス及び地域支援事業に従事する者の確保及び資質の向上に資する都道府県と連携した取組に関する事項

五　介護給付等対象サービスの提供又は地域支援事業の実施のための事業所又は施設における業務の効率化、介護サービスの質の向上その他の生産性の向上に資する都道府県と連携した取組に関する事項

六　指定居宅サービスの事業、指定地域密着型サービスの事業又は指定居宅介護支援の事業を行う者相互間の連携の確保に関する事業その他の介護給付等対象サービス（介護給付に係るものに限る。）の円滑な提供を図るための事業に関する事項

七　指定介護予防サービスの事業、指定地域密着型介護予防サービスの事業又は指定介護予防支援の事業を行う者相互間の連携の確保に関する事業その他の介護給付等対象サービス（予防給付に係るものに限る。）の円滑な提供及び地域支援事業の円滑な実施を図るための事業に関する事項

八　認知症である被保険者の地域における自立した日常生活の支援に関する事項、教育、地域づくり及び雇用に関する施策その他の関連施策との有機的な連携に関する事項その他の認知症に関する施策の総合的な推進に関する事項

九　前項第一号の区域ごとの当該区域における老人福祉法第二十九条第一項の規定による届出が行われている有料老人ホーム及び高齢者の居住の安定確保に関する法律（平成十三年法律第二十六号）第七条第五項に規定する登録住宅（次条第三項第七号において「登録住宅」という。）のそれぞれの入居定員総数（特定施設入居者生活介護、地域密着型特定施設入居者生活介護又は介護予防特定施設入居者生活介護の事業を行う事業所に係る第四十一条第一項本文、第四十二条の二第一項本文又は第五十三条第一項本文の指定を受けていないものに係るものに限る。次条第三項第六号において同じ。）

十　地域支援事業と高齢者保健事業及び国民健康保険保健事業の一体的な実施に関する事項、居宅要介護被保険者及び居宅要支援被保険者に係る医療その他の医療との連携に関する事項、高齢者の居住に係る施策との連携に関する事項その他の被保険者の地域における自立した日常生活の支援のため必要な事項

4　市町村介護保険事業計画は、当該市町村の区域における人口構造の変化の見通し、要介護者等の人数、要介護者等の介護給付等対象サービスの利用に関する意向その他の事情を勘案して作成されなければならない。

5　市町村は、第二項第一号の規定により当該市町村が定める区域ごとにおける被保険者の心身の状況、その置かれている環境その他の事情を正確に把握するとともに、第百十八条の二第一項の規定により公表された結果その他の介護保険事業の実施の状況に関する情報を分析した上で、当該事情及び当該分析の結果を勘案して、市町村介護保険事業計画を作成するよう努めるものとする。

6　市町村介護保険事業計画は、老人福祉法第二十条の八第一項に規定する市町村老人福祉計画と一体のものとして作成されなければならない。

7　市町村は、第二項第三号に規定する施策の実施状況及び同項第四号に規定する目標の達成状況に関する調査及び分析を行い、市町村介護保険事業計画の実績に関する評価を行うものとする。

8　市町村は、前項の評価の結果を公表するよ

う努めるとともに、これを都道府県知事に報告するものとする。

9　市町村介護保険事業計画は、地域における医療及び介護の総合的な確保の促進に関する法律第五条第一項に規定する市町村計画との整合性の確保が図られたものでなければならない。

10　市町村介護保険事業計画は、社会福祉法第百七条第一項に規定する市町村地域福祉計画、高齢者の居住の安定確保に関する法律第四条の二第一項に規定する市町村高齢者居住安定確保計画その他の法律の規定による計画であって要介護者等の保健、医療、福祉又は居住に関する事項を定めるものと調和が保たれたものでなければならない。

11　市町村は、市町村介護保険事業計画を定め、又は変更しようとするときは、あらかじめ、被保険者の意見を反映させるために必要な措置を講ずるものとする。

12　市町村は、市町村介護保険事業計画（第二項第一号及び第二号に掲げる事項に係る部分に限る。）を定め、又は変更しようとするときは、あらかじめ、都道府県の意見を聴かなければならない。

13　市町村は、市町村介護保険事業計画を定め、又は変更したときは、遅滞なく、これを都道府県知事に提出しなければならない。

（**都道府県介護保険事業支援計画**）

第百十八条　都道府県は、基本指針に即して、三年を一期とする介護保険事業に係る保険給付の円滑な実施の支援に関する計画（以下「都道府県介護保険事業支援計画」という。）を定めるものとする。

2　都道府県介護保険事業支援計画においては、次に掲げる事項を定めるものとする。

一　当該都道府県が定める区域ごとに当該区域における各年度の介護専用型特定施設入居者生活介護、地域密着型特定施設入居者生活介護及び地域密着型介護老人福祉施設入所者生活介護に係る必要利用定員総数、介護保険施設の種類ごとの必要入所定員総数その他の介護給付等対象サービスの量の見込み

二　都道府県内の市町村によるその被保険者の地域における自立した日常生活の支援、要介護状態等となることの予防又は要介護状態等の軽減若しくは悪化の防止及び介護給付等に要する費用の適正化に関する取組への支援に関し、都道府県が取り組むべき施策に関する事項

三　前号に掲げる事項の目標に関する事項

3　都道府県介護保険事業支援計画においては、前項各号に掲げる事項のほか、次に掲げる事項について定めるよう努めるものとする。

一　介護保険施設その他の介護給付等対象サービスを提供するための施設における生活環境の改善を図るための事業に関する事項

二　介護サービス情報の公表に関する事項

三　介護支援専門員その他の介護給付等対象サービス及び地域支援事業に従事する者の確保及び資質の向上に資する事業に関する事項

四　介護給付等対象サービスの提供又は地域支援事業の実施のための事業所又は施設における業務の効率化、介護サービスの質の向上その他の生産性の向上に資する事業に関する事項

五　介護保険施設相互間の連携の確保に関する事業その他の介護給付等対象サービスの円滑な提供を図るための事業に関する事項

六　介護予防・日常生活支援総合事業及び第百十五条の四十五第二項各号に掲げる事業に関する市町村相互間の連絡調整を行う事業に関する事項

七　前項第一号の区域ごとの当該区域における老人福祉法第二十九条第一項の規定による届出が行われている有料老人ホーム及び登録住宅のそれぞれの入居定員総数

4　都道府県介護保険事業支援計画においては、第二項各号に掲げる事項及び前項各号に掲げる事項のほか、第二項第一号の規定により当該都道府県が定める区域ごとに当該区域における各年度の混合型特定施設入居者生活介護に係る必要利用定員総数を定めることができる。

5　都道府県は、次条第一項の規定により公表された結果その他の介護保険事業の実施の状況に関する情報を分析した上で、当該分析の結果を勘案して、都道府県介護保険事業支援計画を作成するよう努めるものとする。

6　都道府県は、都道府県介護保険事業支援計画の作成に当たっては、住民の加齢に伴う身体的、精神的及び社会的な特性を踏まえた医療及び介護の効果的かつ効率的な提供の重要性に留意するものとする。

7　都道府県介護保険事業支援計画は、老人福祉法第二十条の九第一項に規定する都道府県

老人福祉計画と一体のものとして作成されなければならない。

8　都道府県は、第二項第二号に規定する施策の実施状況及び同項第三号に規定する目標の達成状況に関する調査及び分析を行い、都道府県介護保険事業支援計画の実績に関する評価を行うものとする。

9　都道府県は、前項の評価の結果を公表するよう努めるとともに、当該結果及び都道府県内の市町村の前条第八項の評価の結果を厚生労働大臣に報告するものとする。

10　都道府県介護保険事業支援計画は、地域における医療及び介護の総合的な確保の促進に関する法律第四条第一項に規定する都道府県計画及び医療法第三十条の四第一項に規定する医療計画との整合性の確保が図られたものでなければならない。

11　都道府県介護保険事業支援計画は、社会福祉法第百八条第一項に規定する都道府県地域福祉支援計画、高齢者の居住の安定確保に関する法律第四条第一項に規定する都道府県高齢者居住安定確保計画その他の法律の規定による計画であって要介護者等の保健、医療、福祉又は居住に関する事項を定めるものと調和が保たれたものでなければならない。

12　都道府県は、都道府県介護保険事業支援計画を定め、又は変更したときは、遅滞なく、これを厚生労働大臣に提出しなければならない。

（市町村介護保険事業計画の作成等のための調査及び分析等）

第百十八条の二　厚生労働大臣は、市町村介護保険事業計画及び都道府県介護保険事業支援計画の作成、実施及び評価並びに国民の健康の保持増進及びその有する能力の維持向上に資するため、次に掲げる事項に関する情報（以下「介護保険等関連情報」という。）のうち、第一号及び第二号に掲げる事項について調査及び分析を行い、その結果を公表するものとするとともに、第三号及び第四号に掲げる事項について調査及び分析を行い、その結果を公表するよう努めるものとする。

一　介護給付等に要する費用の額に関する地域別、年齢別又は要介護認定及び要支援認定別の状況その他の厚生労働省令で定める事項

二　被保険者の要介護認定及び要支援認定における調査に関する状況その他の厚生労働省令で定める事項

三　訪問介護、訪問入浴介護その他の厚生労働省令で定めるサービスを利用する要介護者等の心身の状況等、当該要介護者等に提供される当該サービスの内容その他の厚生労働省令で定める事項

四　地域支援事業の実施の状況その他の厚生労働省令で定める事項

2　市町村は、厚生労働大臣に対し、前項第一号及び第二号に掲げる事項に関する情報を、厚生労働省令で定める方法により提供しなければならない。

3　厚生労働大臣は、必要があると認めるときは、都道府県、市町村、介護サービス事業者及び特定介護予防・日常生活支援総合事業を行う者に対し、介護保険等関連情報を、厚生労働省令で定める方法により提供するよう求めることができる。

（国民の保健医療の向上及び福祉の増進のための匿名介護保険等関連情報の利用又は提供）

第百十八条の三　厚生労働大臣は、国民の保健医療の向上及び福祉の増進に資するため、匿名介護保険等関連情報（介護保険等関連情報に係る特定の被保険者その他の厚生労働省令で定める者（次条において「本人」という。）を識別すること及びその作成に用いる介護保険等関連情報を復元することができないようにするために厚生労働省令で定める基準に従い加工した介護保険等関連情報をいう。以下同じ。）を利用し、又は厚生労働省令で定めるところにより、次の各号に掲げる者であって、匿名介護保険等関連情報の提供を受けて行うことについて相当の公益性を有すると認められる業務としてそれぞれ当該各号に定めるものを行うものに提供することができる。

一　国の他の行政機関及び地方公共団体　保険給付に係る保健医療サービス及び福祉サービスに関する施策、要介護状態等となることの予防又は要介護状態等の軽減若しくは悪化の防止のための施策並びに地域における自立した日常生活の支援のための施策の企画及び立案に関する調査

二　大学その他の研究機関　国民の健康の保持増進及びその有する能力の維持向上並びに介護保険事業に関する研究

三　民間事業者その他の厚生労働省令で定める者　介護分野の調査研究に関する分析その他の厚生労働省令で定める業務（特定の商品又は役務の広告又は宣伝に利用するために行うものを除く。）

2　厚生労働大臣は、前項の規定による利用又

は提供を行う場合には、当該匿名介護保険等関連情報を健康保険法第百五十条の二第一項に規定する匿名診療等関連情報及び高齢者の医療の確保に関する法律第十六条の二第一項に規定する匿名医療保険等関連情報その他の厚生労働省令で定めるものと連結して利用し、又は連結して利用することができる状態で提供することができる。

3　厚生労働大臣は、第一項の規定により匿名介護保険等関連情報を提供しようとする場合には、あらかじめ、社会保障審議会の意見を聴かなければならない。

（**照合等の禁止**）

第百十八条の四　前条第一項の規定により匿名介護保険等関連情報の提供を受け、これを利用する者（以下「匿名介護保険等関連情報利用者」という。）は、匿名介護保険等関連情報を取り扱うに当たっては、当該匿名介護保険等関連情報の作成に用いられた介護保険等関連情報に係る本人を識別するために、当該介護保険等関連情報から削除された記述等（文書、図画若しくは電磁的記録（電磁的方式（電子的方式、磁気的方式その他人の知覚によっては認識することができない方式をいう。）で作られる記録をいう。）に記載され、若しくは記録され、又は音声、動作その他の方法を用いて表された一切の事項をいう。）若しくは匿名介護保険等関連情報の作成に用いられた加工の方法に関する情報を取得し、又は当該匿名介護保険等関連情報を他の情報と照合してはならない。

（**消去**）

第百十八条の五　匿名介護保険等関連情報利用者は、提供を受けた匿名介護保険等関連情報を利用する必要がなくなったときは、遅滞なく、当該匿名介護保険等関連情報を消去しなければならない。

（**安全管理措置**）

第百十八条の六　匿名介護保険等関連情報利用者は、匿名介護保険等関連情報の漏えい、滅失又は毀損の防止その他の当該匿名介護保険等関連情報の安全管理のために必要かつ適切なものとして厚生労働省令で定める措置を講じなければならない。

（**利用者の義務**）

第百十八条の七　匿名介護保険等関連情報利用者又は匿名介護保険等関連情報利用者であった者は、匿名介護保険等関連情報の利用に関して知り得た匿名介護保険等関連情報の内容をみだりに他人に知らせ、又は不当な目的に利用してはならない。

（**立入検査等**）

第百十八条の八　厚生労働大臣は、この章の規定の施行に必要な限度において、匿名介護保険等関連情報利用者（国の他の行政機関を除く。以下この項及び次条において同じ。）に対し報告若しくは帳簿書類の提出若しくは提示を命じ、又は当該職員に匿名介護保険等関連情報利用者に対して質問させ、若しくは匿名介護保険等関連情報利用者の事務所その他匿名介護保険等関連情報の利用に関係のある場所に立ち入り、その帳簿書類その他の物件を検査させることができる。

2　第二十四条第三項の規定は前項の規定による質問又は検査について、同条第四項の規定は前項の規定による権限について、それぞれ準用する。

（**是正命令**）

第百十八条の九　厚生労働大臣は、匿名介護保険等関連情報利用者が第百十八条の四から第百十八条の七までの規定に違反していると認めるときは、その者に対し、当該違反を是正するため必要な措置をとるべきことを命ずることができる。

（**支払基金等への委託**）

第百十八条の十　厚生労働大臣は、第百十八条の二第一項に規定する調査及び分析並びに第百十八条の三第一項の規定による利用又は提供に係る事務の全部又は一部を社会保険診療報酬支払基金法（昭和二十三年法律第百二十九号）による社会保険診療報酬支払基金（以下「支払基金」という。）又は連合会その他厚生労働省令で定める者（次条において「支払基金等」という。）に委託することができる。

（**手数料**）

第百十八条の十一　匿名介護保険等関連情報利用者は、実費を勘案して政令で定める額の手数料を国（前条の規定により厚生労働大臣からの委託を受けて、支払基金等が第百十八条の三第一項の規定による匿名介護保険等関連情報の提供に係る事務の全部を行う場合にあっては、支払基金等）に納めなければならない。

2　厚生労働大臣は、前項の手数料を納めようとする者が都道府県その他の国民の保健医療の向上及び福祉の増進のために特に重要な役割を果たす者として政令で定める者であるときは、政令で定めるところにより、当該手数料を減額し、又は免除することができる。

3　第一項の規定により支払基金等に納められた手数料は、支払基金等の収入とする。

（都道府県知事の助言等）

第百十九条　都道府県知事は、市町村に対し、市町村介護保険事業計画の作成上の技術的事項について必要な助言をすることができる。

2　厚生労働大臣は、都道府県に対し、都道府県介護保険事業支援計画の作成の手法その他都道府県介護保険事業支援計画の作成上重要な技術的事項について必要な助言をすることができる。

（国の援助）

第百二十条　国は、市町村又は都道府県が、市町村介護保険事業計画又は都道府県介護保険事業支援計画に定められた事業を実施しようとするときは、当該事業が円滑に実施されるように必要な情報の提供、助言その他の援助の実施に努めるものとする。

（都道府県の支援）

第百二十条の二　都道府県は、第百十七条第五項の規定による市町村の分析を支援するよう努めるものとする。

2　都道府県は、都道府県内の市町村によるその被保険者の地域における自立した日常生活の支援、要介護状態等となることの予防又は要介護状態等の軽減若しくは悪化の防止及び介護給付等に要する費用の適正化に関する取組を支援する事業として厚生労働省令で定める事業を行うよう努めるものとする。

第八章　費用等

第一節　費用の負担

（国の負担）

第百二十一条　国は、政令で定めるところにより、市町村に対し、介護給付及び予防給付に要する費用の額について、次の各号に掲げる費用の区分に応じ、当該各号に定める割合に相当する額を負担する。

一　介護給付（次号に掲げるものを除く。）及び予防給付（同号に掲げるものを除く。）に要する費用　百分の二十

二　介護給付（介護保険施設及び特定施設入居者生活介護に係るものに限る。）及び予防給付（介護予防特定施設入居者生活介護に係るものに限る。）に要する費用　百分の十五

2　第四十三条第三項、第四十四条第六項、第四十五条第六項、第五十五条第三項、第五十六条第六項又は第五十七条第六項の規定に基づき条例を定めている市町村に対する前項の規定の適用については、同項に規定する介護給付及び予防給付に要する費用の額は、当該条例による措置が講ぜられないものとして、政令で定めるところにより算定した当該介護給付及び予防給付に要する費用の額に相当する額とする。

（調整交付金等）

第百二十二条　国は、介護保険の財政の調整を行うため、第一号被保険者の年齢階級別の分布状況、第一号被保険者の所得の分布状況等を考慮して、政令で定めるところにより、市町村に対して調整交付金を交付する。

2　前項の規定による調整交付金の総額は、各市町村の前条第一項に規定する介護給付及び予防給付に要する費用の額（同条第二項の規定の適用がある場合にあっては、同項の規定を適用して算定した額。次項において同じ。）の総額の百分の五に相当する額とする。

3　毎年度分として交付すべき調整交付金の総額は、当該年度における各市町村の前条第一項に規定する介護給付及び予防給付に要する費用の額の見込額の総額の百分の五に相当する額に当該年度の前年度以前の年度における調整交付金で、まだ交付していない額を加算し、又は当該前年度以前の年度において交付すべきであった額を超えて交付した額を当該見込額の総額の百分の五に相当する額から減額した額とする。

第百二十二条の二　国は、政令で定めるところにより、市町村に対し、介護予防・日常生活支援総合事業に要する費用の額の百分の二十に相当する額を交付する。

2　国は、介護保険の財政の調整を行うため、市町村に対し、介護予防・日常生活支援総合事業に要する費用の額について、第一号被保険者の年齢階級別の分布状況、第一号被保険者の所得の分布状況等を考慮して、政令で定めるところにより算定した額を交付する。

3　前項の規定により交付する額（社会福祉法第百六条の八（第二号に係る部分に限る。）の規定により交付する額を含む。）の総額は、各市町村の介護予防・日常生活支援総合事業に要する費用の額の総額の百分の五に相当する額とする。

4　国は、政令で定めるところにより、市町村に対し、地域支援事業（介護予防・日常生活

社会福祉

支援総合事業を除く。）に要する費用の額に、第百二十五条第一項の第二号被保険者負担率に百分の五十を加えた率を乗じて得た額（以下「特定地域支援事業支援額」という。）の百分の五十に相当する額を交付する。

第百二十二条の三　国は、前二条に定めるもののほか、市町村によるその被保険者の地域における自立した日常生活の支援、要介護状態等となることの予防又は要介護状態等の軽減若しくは悪化の防止及び介護給付等に要する費用の適正化に関する取組を支援するため、政令で定めるところにより、市町村に対し、予算の範囲内において、交付金を交付する。

2　国は、都道府県による第百二十条の二第一項の規定による支援及び同条第二項の規定による事業に係る取組を支援するため、政令で定めるところにより、都道府県に対し、予算の範囲内において、交付金を交付する。

（都道府県の負担等）

第百二十三条　都道府県は、政令で定めるところにより、市町村に対し、介護給付及び予防給付に要する費用の額について、次の各号に掲げる費用の区分に応じ、当該各号に定める割合に相当する額を負担する。

一　介護給付（次号に掲げるものを除く。）及び予防給付（同号に掲げるものを除く。）に要する費用　百分の十二・五

二　介護給付（介護保険施設及び特定施設入居者生活介護に係るものに限る。）及び予防給付（介護予防特定施設入居者生活介護に係るものに限る。）に要する費用　百分の十七・五

2　第百二十一条第二項の規定は、前項に規定する介護給付及び予防給付に要する費用の額について準用する。

3　都道府県は、政令で定めるところにより、市町村に対し、介護予防・日常生活支援総合事業に要する費用の額の百分の十二・五に相当する額を交付する。

4　都道府県は、政令で定めるところにより、市町村に対し、特定地域支援事業支援額の百分の二十五に相当する額を交付する。

（市町村の一般会計における負担）

第百二十四条　市町村は、政令で定めるところにより、その一般会計において、介護給付及び予防給付に要する費用の額の百分の十二・五に相当する額を負担する。

2　第百二十一条第二項の規定は、前項に規定する介護給付及び予防給付に要する費用の額について準用する。

3　市町村は、政令で定めるところにより、その一般会計において、介護予防・日常生活支援総合事業に要する費用の額の百分の十二・五に相当する額を負担する。

4　市町村は、政令で定めるところにより、その一般会計において、特定地域支援事業支援額の百分の二十五に相当する額を負担する。

（市町村の特別会計への繰入れ等）

第百二十四条の二　市町村は、政令で定めるところにより、一般会計から、所得の少ない者について条例の定めるところにより行う保険料の減額賦課に基づき第一号被保険者に係る保険料につき減額した額の総額を基礎として政令で定めるところにより算定した額を介護保険に関する特別会計に繰り入れなければならない。

2　国は、政令で定めるところにより、前項の規定による繰入金の二分の一に相当する額を負担する。

3　都道府県は、政令で定めるところにより、第一項の規定による繰入金の四分の一に相当する額を負担する。

（住所地特例適用被保険者に係る地域支援事業に要する費用の負担金）

第百二十四条の三　市町村は、政令で定めるところにより、当該市町村が行う介護保険の住所地特例適用被保険者に対して、当該住所地特例対象施設の所在する施設所在市町村が行う地域支援事業に要する費用について、政令で定めるところにより算定した額を、地域支援事業に要する費用として負担するものとする。

（介護給付費交付金）

第百二十五条　市町村の介護保険に関する特別会計において負担する費用のうち、介護給付及び予防給付に要する費用の額に第二号被保険者負担率を乗じて得た額（以下「医療保険納付対象額」という。）については、政令で定めるところにより、支払基金が市町村に対して交付する介護給付費交付金をもって充てる。

2　前項の第二号被保険者負担率は、すべての市町村に係る被保険者の見込数の総数に対するすべての市町村に係る第二号被保険者の見込数の総数の割合に二分の一を乗じて得た率を基準として設定するものとし、三年ごとに、当該割合の推移を勘案して政令で定める。

3　第百二十一条第二項の規定は、第一項に規定する介護給付及び予防給付に要する費用の額について準用する。

4　第一項の介護給付費交付金は、第百五十条第一項の規定により支払基金が徴収する納付金をもって充てる。

（**地域支援事業支援交付金**）

第百二十六条　市町村の介護保険に関する特別会計において負担する費用のうち、介護予防・日常生活支援総合事業に要する費用の額に前条第一項の第二号被保険者負担率を乗じて得た額（以下「介護予防・日常生活支援総合事業医療保険納付対象額」という。）については、政令で定めるところにより、支払基金が市町村に対して交付する地域支援事業支援交付金をもって充てる。

2　前項の地域支援事業支援交付金は、第百五十条第一項の規定により支払基金が徴収する納付金をもって充てる。

（**国の補助**）

第百二十七条　国は、第百二十一条から第百二十二条の三まで及び第百二十四条の二に規定するもののほか、予算の範囲内において、介護保険事業に要する費用の一部を補助することができる。

（**都道府県の補助**）

第百二十八条　都道府県は、第百二十三条及び第百二十四条の二に規定するもののほか、介護保険事業に要する費用の一部を補助することができる。

（**保険料**）

第百二十九条　市町村は、介護保険事業に要する費用（財政安定化基金拠出金の納付に要する費用を含む。）に充てるため、保険料を徴収しなければならない。

2　前項の保険料は、第一号被保険者に対し、政令で定める基準に従い条例で定めるところにより算定された保険料率により算定された保険料額によって課する。

3　前項の保険料率は、市町村介護保険事業計画に定める介護給付等対象サービスの見込量等に基づいて算定した保険給付に要する費用の予想額、財政安定化基金拠出金の納付に要する費用の予想額、第百四十七条第一項第二号の規定による都道府県からの借入金の償還に要する費用の予定額並びに地域支援事業及び保健福祉事業に要する費用の予定額、第一号被保険者の所得の分布状況及びその見通し並びに国庫負担等の額等に照らし、おおむね三年を通じ財政の均衡を保つことができるものでなければならない。

4　市町村は、第一項の規定にかかわらず、第二号被保険者からは保険料を徴収しない。

（**賦課期日**）

第百三十条　保険料の賦課期日は、当該年度の初日とする。

（**保険料の徴収の方法**）

第百三十一条　第百二十九条の保険料の徴収については、第百三十五条の規定により特別徴収（国民年金法による老齢基礎年金その他の同法又は厚生年金保険法による老齢、障害又は死亡を支給事由とする年金たる給付であって政令で定めるもの及びその他これらの年金たる給付に類する老齢若しくは退職、障害又は死亡を支給事由とする年金たる給付であって政令で定めるもの（以下「老齢等年金給付」という。）の支払をする者（以下「年金保険者」という。）に保険料を徴収させ、かつ、その徴収すべき保険料を納入させることをいう。以下同じ。）の方法による場合を除くほか、普通徴収（市町村が、保険料を課せられた第一号被保険者又は当該第一号被保険者の属する世帯の世帯主若しくは当該第一号被保険者の配偶者（婚姻の届出をしていないが、事実上婚姻関係と同様の事情にある者を含む。以下同じ。）に対し、地方自治法第二百三十一条の規定により納入の通知をすることによって保険料を徴収することをいう。以下同じ。）の方法によらなければならない。

（**普通徴収に係る保険料の納付義務**）

第百三十二条　第一号被保険者は、市町村がその者の保険料を普通徴収の方法によって徴収しようとする場合においては、当該保険料を納付しなければならない。

2　世帯主は、市町村が当該世帯に属する第一号被保険者の保険料を普通徴収の方法によって徴収しようとする場合において、当該保険料を連帯して納付する義務を負う。

3　配偶者の一方は、市町村が第一号被保険者たる他方の保険料を普通徴収の方法によって徴収しようとする場合において、当該保険料を連帯して納付する義務を負う。

（**普通徴収に係る保険料の納期**）

第百三十三条　普通徴収の方法によって徴収する保険料の納期は、当該市町村の条例で定める。

（**年金保険者の市町村に対する通知**）

第百三十四条　年金保険者は、毎年厚生労働省令で定める期日までに、当該年の四月一日現在において当該年金保険者から老齢等年金給付の支払を受けている者であって六十五歳以上のもの（次に掲げるものを除く。）の氏名、住所その他厚生労働省令で定める事項を、その者が同日現在において住所を有する市町村（第十三条第一項又は第二項の規定によりその者が他の市町村が行う介護保険の第一号被保険者であるときは、当該他の市町村とする。次項（第三号を除く。）から第六項まで及び第九項において同じ。）に通知しなければならない。

一　当該年の六月一日から翌年の五月三十一日までの間に支払を受けるべき当該老齢等年金給付の額の総額が、当該年の四月一日の現況において政令で定める額未満である者

二　当該老齢等年金給付の支給が停止されていることその他の厚生労働省令で定める特別の事情を有する者

2　年金保険者は、毎年厚生労働省令で定める期日までに、当該年の四月二日から六月一日までの間に次の各号のいずれかに該当するに至った者（当該年の三月一日から四月一日までの間に第一号に該当するに至った者であって、当該年の四月一日現在において当該年金保険者から老齢等年金給付の支払を受けていないものを含み、当該年の八月一日から翌年の五月三十一日までの間に支払を受けるべき当該老齢等年金給付の額の総額を基礎として厚生労働省令で定めるところにより算定した年金額の見込額が、当該年の六月一日の現況において政令で定める額未満である者及び前項第二号に該当する者を除く。）の氏名、住所その他厚生労働省令で定める事項を、その者が当該年の六月一日現在において住所を有する市町村に通知しなければならない。

一　老齢等年金給付を受ける権利の裁定を受け、当該年金保険者から当該老齢等年金給付の支払を受けることとなった六十五歳以上の者

二　当該年金保険者から老齢等年金給付の支払を受けている者のうち六十五歳に達したもの（六十五歳以後も引き続き当該老齢等年金給付の受給権を有する者に限る。）

三　当該年金保険者から老齢等年金給付の支払を受けている者のうち、当該年金保険者に対し市町村の区域を越える住所の変更の届出を行った六十五歳以上のもの

3　年金保険者は、毎年厚生労働省令で定める期日までに、当該年の六月二日から八月一日までの間に前項各号のいずれかに該当するに至った者（当該年の十月一日から翌年の五月三十一日までの間に支払を受けるべき当該老齢等年金給付の額の総額を基礎として厚生労働省令で定めるところにより算定した年金額の見込額が、当該年の八月一日の現況において政令で定める額未満である者及び第一項第二号に該当する者を除く。）の氏名、住所その他厚生労働省令で定める事項を、その者が当該年の八月一日現在において住所を有する市町村に通知しなければならない。

4　年金保険者は、毎年厚生労働省令で定める期日までに、当該年の八月二日から十月一日までの間に第二項各号のいずれかに該当するに至った者（当該年の十二月一日から翌年の五月三十一日までの間に支払を受けるべき当該老齢等年金給付の額の総額を基礎として厚生労働省令で定めるところにより算定した年金額の見込額が、当該年の十月一日の現況において政令で定める額未満である者及び第一項第二号に該当する者を除く。）の氏名、住所その他厚生労働省令で定める事項を、その者が当該年の十月一日現在において住所を有する市町村に通知しなければならない。

5　年金保険者は、毎年厚生労働省令で定める期日までに、当該年の前年の十月二日から十二月一日までの間に第二項各号のいずれかに該当するに至った者（当該年の二月一日から五月三十一日までの間に支払を受けるべき当該老齢等年金給付の額の総額を基礎として厚生労働省令で定めるところにより算定した年金額の見込額が、当該年の前年の十二月一日の現況において政令で定める額未満である者及び第一項第二号に該当する者を除く。）の氏名、住所その他厚生労働省令で定める事項を、その者が当該年の前年の十二月一日現在において住所を有する市町村に通知しなければならない。

6　年金保険者は、毎年厚生労働省令で定める期日までに、当該年の前年の十二月二日から当該年の二月一日までの間に第二項各号のいずれかに該当するに至った者（当該年の四月一日から五月三十一日までの間に支払を受けるべき当該老齢等年金給付の額の総額を基礎として厚生労働省令で定めるところにより算定した年金額の見込額が、当該年の二月一日の現況において政令で定める額未満である者及び第一項第二号に該当する者を除く。）の氏名、住所その他厚生労働省令で定める事項

を、その者が当該年の二月一日現在において住所を有する市町村に通知しなければならない。

7 年金保険者（厚生労働大臣に限る。）は、前各項の規定による通知を行う場合においては、政令で定めるところにより、連合会及び国民健康保険法第四十五条第六項に規定する厚生労働大臣が指定する法人（以下「指定法人」という。）を経由して行うものとする。

8 年金保険者（厚生労働大臣及び地方公務員共済組合（全国市町村職員共済組合連合会を含む。第十項、第百三十六条第三項及び第六項並びに第百三十七条第二項において同じ。）を除く。）は、第一項から第六項までの規定による通知を行う場合においては、厚生労働大臣の同意を得て、当該年金保険者が行う当該通知の全部を厚生労働大臣を経由して行うことができる。

9 前項において、厚生労働大臣を経由して市町村に通知を行う場合においては、政令で定めるところにより、連合会及び指定法人を経由して行うものとする。

10 地方公務員共済組合は、第一項から第六項までの規定による通知を行う場合においては、政令で定めるところにより、連合会、指定法人及び地方公務員共済組合連合会を経由して行うものとする。

11 厚生労働大臣は、第八項の同意をしたときは、当該同意に係る年金保険者（第百三十六条において「特定年金保険者」という。）を公示しなければならない。

12 年金保険者（厚生労働大臣に限る。）は、日本年金機構に、第一項から第六項までの規定による通知に係る事務（第八項の規定による経由に係る事務を含み、当該通知を除く。）を行わせるものとする。

13 厚生年金保険法第百条の十第二項及び第三項の規定は、前項に規定する事務について準用する。

（保険料の特別徴収）

第百三十五条 市町村は、前条第一項の規定による通知が行われた場合においては、当該通知に係る第一号被保険者（災害その他の特別の事情があることにより、特別徴収の方法によって保険料を徴収することが著しく困難であると認めるものその他政令で定めるものを除く。次項及び第三項において同じ。）に対して課する当該年度の保険料の全部（厚生労働省令で定める場合にあっては、その一部）を、特別徴収の方法によって徴収するものとする。ただし、当該通知に係る第一号被保険者が少ないことその他の特別の事情があることにより、特別徴収を行うことが適当でないと認められる市町村においては、特別徴収の方法によらないことができる。

2 市町村（前項ただし書に規定する市町村を除く。次項において同じ。）は、前条第二項又は第三項の規定による通知が行われた場合においては、当該通知に係る第一号被保険者に対して課する当該年度の保険料の一部を、特別徴収の方法によって徴収することができる。

3 市町村は、前条第二項若しくは第三項の規定による通知が行われた場合（前項の規定により当該通知に係る第一号被保険者に対して課する当該年度の保険料の一部を特別徴収の方法によって徴収する場合を除く。）又は同条第四項から第六項までの規定による通知が行われた場合において、当該通知に係る第一号被保険者について、翌年度の初日から九月三十日までの間において当該通知に係る老齢等年金給付が支払われるときは、その支払に係る保険料額として、支払回数割保険料額の見込額（当該額によることが適当でないと認められる特別な事情がある場合においては、所得の状況その他の事情を勘案して市町村が定める額とする。）を、厚生労働省令で定めるところにより、特別徴収の方法によって徴収するものとする。

4 前項の支払回数割保険料額の見込額は、当該第一号被保険者につき、当該年度の保険料額を基礎として厚生労働省令で定めるところにより算定した額を、当該年度の翌年度の初日（前条第五項の規定による通知に係る第一号被保険者については同年度の六月一日とし、同条第六項の規定による通知に係る第一号被保険者については同年度の八月一日とする。）から九月三十日までの間における当該老齢等年金給付の支払の回数で除して得た額とする。

5 市町村は、第一項本文、第二項又は第三項の規定により特別徴収の方法によって保険料を徴収しようとする場合においては、第一項本文、第二項又は第三項に規定する第一号被保険者（以下「特別徴収対象被保険者」という。）について、当該特別徴収対象被保険者に係る年金保険者（以下「特別徴収義務者」という。）に当該保険料を徴収させなければならない。

6　市町村は、同一の特別徴収対象被保険者について前条第一項から第六項までの規定による通知に係る老齢等年金給付（以下「特別徴収対象年金給付」という。）が二以上ある場合においては、政令で定めるところにより一の特別徴収対象年金給付について保険料を徴収させるものとする。

（特別徴収額の通知等）

第百三十六条　市町村は、第百三十四条第一項の規定による通知が行われた場合において、前条第一項並びに第五項及び第六項（同条第一項に係る部分に限る。）の規定により特別徴収の方法によって保険料を徴収しようとするときは、特別徴収対象被保険者に係る保険料を特別徴収の方法によって徴収する旨、当該特別徴収対象被保険者に係る支払回数割保険料額その他厚生労働省令で定める事項を、特別徴収義務者及び特別徴収対象被保険者に通知しなければならない。

2　前項の支払回数割保険料額は、厚生労働省令で定めるところにより、当該特別徴収対象被保険者につき、特別徴収の方法によって徴収する保険料額（以下「特別徴収対象保険料額」という。）から、前条第三項並びに第百四十条第一項及び第二項の規定により当該年の四月一日から九月三十日までの間に徴収される保険料額の合計額を控除して得た額を、当該年の十月一日から翌年三月三十一日までの間における当該特別徴収対象年金給付の支払の回数で除して得た額とする。

3　第一項の規定による特別徴収義務者に対する通知（厚生労働大臣及び特定年金保険者並びに地方公務員共済組合に係るものを除く。）は、当該年度の初日の属する年の八月三十一日までにしなければならない。

4　第一項の規定による特別徴収義務者に対する通知（厚生労働大臣に係るものに限る。）は、当該年度の初日の属する年の七月三十一日までに、政令で定めるところにより、連合会及び指定法人を経由してしなければならない。

5　第一項の規定による特別徴収義務者に対する通知（特定年金保険者に係るものに限る。）は、当該年度の初日の属する年の七月三十一日までに、政令で定めるところにより、連合会、指定法人及び厚生労働大臣を経由してしなければならない。

6　第一項の規定による特別徴収義務者に対する通知（地方公務員共済組合に係るものに限る。）は、当該年度の初日の属する年の七月三十一日までに、政令で定めるところにより、連合会、指定法人及び地方公務員共済組合連合会を経由してしなければならない。

7　厚生労働大臣は、日本年金機構に、第一項の規定による通知の受理に係る事務（第五項の規定による経由に係る事務を含み、当該受理を除く。）を行わせるものとする。

8　厚生年金保険法第百条の十第二項及び第三項の規定は、前項に規定する事務について準用する。

（特別徴収の方法によって徴収した保険料額の納入の義務等）

第百三十七条　特別徴収義務者は、前条第一項の規定による通知を受けた場合においては、同項に規定する支払回数割保険料額を、厚生労働省令で定めるところにより、当該年の十月一日から翌年三月三十一日までの間において特別徴収対象年金給付の支払をする際徴収し、その徴収した日の属する月の翌月の十日までに、これを当該市町村に納入する義務を負う。

2　地方公務員共済組合は、前項の規定により市町村に納入する場合においては、地方公務員共済組合連合会を経由して行うものとする。

3　特別徴収義務者が、特別徴収対象年金給付の支払をする際特別徴収対象被保険者から徴収しなかった保険料額に相当する額を第一項の規定により市町村に納入した場合においては、その徴収しなかった保険料額に相当する額を、当該納入をしたとき以後に当該特別徴収対象被保険者に支払うべき当該特別徴収対象年金給付から控除することができる。

4　特別徴収義務者は、第百三十五条の規定により当該特別徴収義務者が徴収すべき保険料に係る特別徴収対象被保険者が当該特別徴収対象年金給付の支払を受けないこととなった場合その他厚生労働省令で定める場合においては、その事由が発生した日の属する月の翌月以降徴収すべき保険料額は、これを徴収して納入する義務を負わない。

5　前項に規定する場合においては、特別徴収義務者は、厚生労働省令で定めるところにより、特別徴収対象年金給付の支払を受けないこととなった特別徴収対象被保険者その他厚生労働省令で定める者の氏名、当該特別徴収対象被保険者に係る保険料徴収の実績その他必要な事項を、特別徴収に係る納入金を納入すべき市町村に通知しなければならない。

6　特別徴収義務者は、厚生労働省令で定めるところにより、第一項の規定により徴収する支払回数割保険料額を、特別徴収対象被保険者に対し通知するものとする。

7　特別徴収義務者（厚生労働大臣に限る。）は、日本年金機構に、第一項及び第四項の規定による徴収及び納入に係る事務（当該徴収及び納入を除く。）を行わせるものとする。

8　厚生年金保険法第百条の十第二項及び第三項の規定は、前項に規定する事務について準用する。

9　第百三十四条第七項から第十三項までの規定は第五項の規定による通知について、同条第十二項及び第十三項の規定は第六項の規定による特別徴収義務者（厚生労働大臣に限る。）の通知について準用する。

（被保険者資格喪失等の場合の市町村の特別徴収義務者等に対する通知）

第百三十八条　市町村は、第百三十六条第一項の規定により支払回数割保険料額を特別徴収義務者に通知した後に当該通知に係る特別徴収対象被保険者が被保険者資格を喪失した場合その他厚生労働省令で定める場合においては、厚生労働省令で定めるところにより、その旨を当該特別徴収義務者及び当該特別徴収対象被保険者に通知しなければならない。

2　第百三十六条第四項から第八項までの規定は、前項の規定による特別徴収義務者に対する通知について準用する。この場合において、これらの規定に関し必要な技術的読替えは、政令で定める。

3　特別徴収義務者は、第一項の規定による通知を受けた場合においては、その通知を受けた日以降特別徴収対象保険料額を徴収して納入する義務を負わない。この場合において、特別徴収対象被保険者は、直ちに当該通知に係る特別徴収対象被保険者に係る保険料徴収の実績その他必要な事項を当該通知をした市町村に通知しなければならない。

4　第百三十四条第七項から第十三項までの規定は、前項の規定による通知について準用する。

（普通徴収保険料額への繰入）

第百三十九条　市町村は、第一号被保険者が特別徴収対象年金給付の支払を受けなくなったこと等により保険料を特別徴収の方法によって徴収されないこととなった場合においては、特別徴収の方法によって徴収されないこととなった額に相当する保険料額を、その特別徴収の方法によって徴収されないこととなった日以後において到来する第百三十三条の納期がある場合においてはそのそれぞれの納期において、その日以後に到来する同条の納期がない場合においては直ちに、普通徴収の方法によって徴収しなければならない。

2　特別徴収義務者から当該市町村に納入された第一号被保険者についての保険料額の合計額が当該第一号被保険者について特別徴収の方法によって徴収すべき保険料額を超える場合（特別徴収の方法によって徴収すべき保険料額がない場合を含む。）においては、市町村は、当該過納又は誤納に係る保険料額（当該過納又は誤納に係る保険料額が当該第一号被保険者が死亡したことにより生じたものであるときは、当該過納又は誤納に係る保険料額から厚生労働省令で定めるところにより算定した額とする。次項において「過誤納額」という。）を当該第一号被保険者に還付しなければならない。

3　市町村は、前項の規定により過誤納額を還付すべき場合において、当該第一号被保険者の未納に係る保険料その他この法律の規定による徴収金があるときは、同項の規定にかかわらず、厚生労働省令で定めるところにより、当該過誤納額をこれに充当することができる。

（仮徴収）

第百四十条　市町村は、前年度の初日の属する年の十月一日から翌年の三月三十一日までの間における特別徴収対象年金給付の支払の際第百三十六条第一項に規定する支払回数割保険料額を徴収されていた第一号被保険者について、当該年度の初日からその日の属する年の五月三十一日までの間において当該支払回数割保険料額の徴収に係る老齢等年金給付が支払われるときは、その支払に係る保険料額として、当該支払回数割保険料額に相当する額を、厚生労働省令で定めるところにより、特別徴収の方法によって徴収するものとする。

2　市町村は、前項に規定する第一号被保険者について、当該年度の初日の属する年の六月一日から九月三十日までの間において同項に規定する老齢等年金給付が支払われるときは、それぞれの支払に係る保険料額として、当該第一号被保険者に係る同項に規定する支払回数割保険料額に相当する額（当該額によることが適当でないと認められる特別な事情がある場合においては、所得の状況その他の事情を勘案して市町村が定める額とする。）を、厚生労働省令で定めるところにより、特別徴収の方法によって徴収するものとする。

3　第百三十六条から前条まで（第百三十六条第二項を除く。）の規定は、前二項の規定による特別徴収について準用する。この場合において、これらの規定に関し必要な技術的読替えは、政令で定める。

4　第一項の規定による特別徴収については、前項において準用する第百三十六条の規定による通知があったものとみなし、第二項の規定による特別徴収については、前項において準用する同条の規定による通知が期日までに行われないときは、第一項に規定する老齢等年金給付のそれぞれの支払に係る保険料額として、第二項に規定する支払回数割保険料額に相当する額を特別徴収の方法によって徴収する旨の同条の規定による通知があったものとみなす。

（住所地特例対象施設に入所等中の被保険者の特例に係る特別徴収義務者への通知）

第百四十一条　市町村は、その行う介護保険の特別徴収対象被保険者が住所地特例適用被保険者に該当するに至ったときは、速やかに、当該特別徴収対象被保険者に係る特別徴収義務者に、その旨を通知するものとする。

2　第百三十六条第四項から第八項までの規定は、前項の規定による特別徴収義務者に対する通知について準用する。この場合において、これらの規定に関し必要な技術的読替えは、政令で定める。

（政令への委任）

第百四十一条の二　第百三十四条第二項から第六項までの規定により通知が行われた場合において、市町村が第百三十五条第二項から第六項までの規定により特別徴収の方法によって保険料を徴収しようとするときの特別徴収額の通知、特別徴収の方法によって徴収した保険料額の納入の義務その他の取扱いについては、政令で定める。

（保険料の減免等）

第百四十二条　市町村は、条例で定めるところにより、特別の理由がある者に対し、保険料を減免し、又はその徴収を猶予することができる。

（地方税法の準用）

第百四十三条　保険料その他この法律の規定による徴収金（第百五十条第一項に規定する納付金及び第百五十七条第一項に規定する延滞金を除く。）については、地方税法第九条、第十三条の二、第二十条、第二十条の二及び第二十条の四の規定を準用する。

（滞納処分）

第百四十四条　市町村が徴収する保険料その他この法律の規定による徴収金は、地方自治法第二百三十一条の三第三項に規定する法律で定める歳入とする。

（保険料納付原簿）

第百四十五条　市町村は、保険料納付原簿を備え、これに第一号被保険者の氏名、住所、保険料の納付状況その他厚生労働省令で定める事項を記録するものとする。

（条例等への委任）

第百四十六条　この節に規定するもののほか、保険料の賦課及び徴収等に関する事項（特別徴収に関するものを除く。）は政令で定める基準に従って条例で、特別徴収に関して必要な事項は政令又は政令で定める基準に従って条例で定める。

第二節　財政安定化基金等

（財政安定化基金）

第百四十七条　都道府県は、次に掲げる介護保険の財政の安定化に資する事業に必要な費用に充てるため、財政安定化基金を設けるものとする。

一　実績保険料収納額が予定保険料収納額に不足すると見込まれ、かつ、基金事業対象収入額が基金事業対象費用額に不足すると見込まれる市町村に対し、政令で定めるところにより、イに掲げる額（イに掲げる額がロに掲げる額を超えるときは、ロに掲げる額とする。）の二分の一に相当する額を基礎として、当該市町村及びその他の市町村における保険料の収納状況を勘案して政令で定めるところにより算定した額を交付すること。

イ　実績保険料収納額が予定保険料収納額に不足すると見込まれる額

ロ　基金事業対象収入額が基金事業対象費用額に不足すると見込まれる額

二　基金事業対象収入額及び基金事業交付額の合計額が、基金事業対象費用額に不足すると見込まれる市町村に対し、政令で定めるところにより、当該不足すると見込まれる額を基礎として、当該市町村及びその他の市町村における保険料の収納状況を勘案して政令で定めるところにより算定した額の範囲内の額を貸し付けること。

2　前項において次の各号に掲げる用語の意義は、当該各号に定めるところによる。

一　予定保険料収納額　市町村において当該市町村が定める市町村介護保険事業計画の計画期間（以下「計画期間」という。）中に収納が見込まれた保険料の額の合計額のうち、介護給付及び予防給付に要する費用の額、地域支援事業に要する費用の額、財政安定化基金拠出金の納付に要する費用の額並びに前項第二号の規定による都道府県からの借入金（以下この項及び次条において「基金事業借入金」という。）の償還に要する費用の額に充てるものとして政令で定めるところにより算定した額

二　実績保険料収納額　市町村において計画期間中に収納した保険料の額の合計額のうち、介護給付及び予防給付に要した費用の額、地域支援事業に要した費用の額、財政安定化基金拠出金の納付に要した費用の額並びに基金事業借入金の償還に要した費用の額に充てるものとして政令で定めるところにより算定した額

三　基金事業対象収入額　市町村の介護保険に関する特別会計において計画期間中に収入した金額（第五号の基金事業交付額及び基金事業借入金の額を除く。）の合計額のうち、介護給付及び予防給付に要した費用の額、地域支援事業に要した費用の額、財政安定化基金拠出金の納付に要した費用の額並びに基金事業借入金の償還に要した費用の額に充てるものとして政令で定めるところにより算定した額

四　基金事業対象費用額　市町村において計画期間中に介護給付及び予防給付に要した費用の額、地域支援事業に要した費用の額、財政安定化基金拠出金の納付に要した費用の額並びに基金事業借入金の償還に要した費用の額の合計額として政令で定めるところにより算定した額

五　基金事業交付額　市町村が計画期間中に前項第一号の規定により交付を受けた額

3　都道府県は、財政安定化基金に充てるため、政令で定めるところにより、市町村から財政安定化基金拠出金を徴収するものとする。

4　市町村は、前項の規定による財政安定化基金拠出金を納付する義務を負う。

5　都道府県は、政令で定めるところにより、第三項の規定により市町村から徴収した財政安定化基金拠出金の総額の三倍に相当する額を財政安定化基金に繰り入れなければならない。

6　国は、政令で定めるところにより、前項の規定により都道府県が繰り入れた額の三分の一に相当する額を負担する。

7　財政安定化基金から生ずる収入は、すべて財政安定化基金に充てなければならない。

8　第百二十一条第二項の規定は、第二項第一号に規定する介護給付及び予防給付に要する費用の額並びに同項第二号から第四号までに規定する介護給付及び予防給付に要した費用の額について準用する。

（市町村相互財政安定化事業）

第百四十八条　市町村は、介護保険の財政の安定化を図るため、その介護保険に関する特別会計において負担する費用のうち介護給付及び予防給付に要する費用（第四十三条第三項、第四十四条第六項、第四十五条第六項、第五十五条第三項、第五十六条第六項又は第五十七条第六項の規定に基づき条例を定めている市町村に係る当該介護給付及び予防給付に要する費用については、当該条例による措置が講じられないものとして政令で定めるところにより算定した当該介護給付及び予防給付に要する費用とする。次項において同じ。）、地域支援事業に要する費用、財政安定化基金拠出金の納付に要する費用並びに基金事業借入金の償還に要する費用の財源について、政令で定めるところにより、他の市町村と共同して、調整保険料率に基づき、市町村相互間において調整する事業（以下この条及び次条において「市町村相互財政安定化事業」という。）を行うことができる。

2　前項の調整保険料率は、市町村相互財政安定化事業を行う市町村（以下この条及び次条第二項において「特定市町村」という。）のそれぞれが、それぞれの第一号被保険者に対し、当該調整保険料率により算定した保険料額によって保険料を課するとしたならば、当該特定市町村につき事業実施期間（市町村相互財政安定化事業を実施する期間として特定市町村が次項の規約により定める三年を一期とする期間をいう。以下この項及び第四項において同じ。）において収納される保険料の額の合計額が、当該事業実施期間における当該特定市町村の介護給付及び予防給付に要する費用の額（当該介護給付及び予防給付に要

する費用の額につき第百二十一条第一項、第百二十二条第一項、第百二十三条第一項、第百二十四条第一項及び第百二十五条第一項の規定により、国、都道府県、市町村の一般会計及び支払基金が負担し、又は交付する額を除く。）、地域支援事業に要する費用の額（当該地域支援事業に要する費用の額につき第百二十二条の二第一項、第二項及び第四項、第百二十三条第三項及び第四項、第百二十四条第三項及び第四項並びに第百二十六条第一項の規定により、国、都道府県、市町村の一般会計及び支払基金が負担し、又は交付する額（社会福祉法第百六条の八（第一号から第三号までに係る部分に限る。）及び第百六条の九（第一号及び第二号に係る部分に限る。）の規定により交付する額を含む。）を除く。）、財政安定化基金拠出金の納付に要する費用の額並びに基金事業借入金の償還に要する費用の額の合計額と均衡を保つことができるものであって、当該特定市町村が政令で定める基準に従い定めるものとする。

3　市町村は、市町村相互財政安定化事業を行おうとするときは、その議会の議決を経てする協議により規約を定め、これを都道府県知事に届け出なければならない。

4　前項の規約には、次に掲げる事項につき規定を設けなければならない。

一　特定市町村
二　調整保険料率
三　事業実施期間
四　市町村相互財政安定化事業に係る資金の負担及び交付の方法
五　前各号に掲げる事項のほか、市町村相互財政安定化事業の実施に関し必要な事項

5　第三項の規定は、同項の規約を変更し、又は市町村相互財政安定化事業をとりやめようとする場合について準用する。

6　特定市町村が第百二十九条第二項の規定によりその条例で定める保険料率について同条第三項の規定を適用する場合においては、同項中「償還に要する費用の予定額」とあるのは「償還に要する費用の予定額、第百四十八条第一項に規定する市町村相互財政安定化事業により負担する額の予想額」と、「並びに国庫負担等の額等に照らし、おおむね三年」とあるのは「、国庫負担等の額並びに同項に規定する市町村相互財政安定化事業により交付される額の予想額等に照らし、おおむね第百四十八条第二項に規定する事業実施期間」とする。

7　特定市町村について前条第二項の規定を適用する場合においては、同項第一号中「並びに前項第二号の規定による都道府県からの借入金（以下「基金事業借入金」という。）の償還に要する費用の額」とあるのは「、前項第二号の規定による都道府県からの借入金（以下「基金事業借入金」という。）の償還に要する費用の額並びに市町村相互財政安定化事業（次条第一項に規定する市町村相互財政安定化事業をいう。以下この項において同じ。）により負担する額」と、同項第二号中「並びに基金事業借入金の償還に要した費用の額」とあるのは「、基金事業借入金の償還に要した費用の額並びに市町村相互財政安定化事業により負担した額」と、同項第三号中「収入した金額（第五号の基金事業交付額及び基金事業借入金の額を除く。）」とあるのは「収入した金額（市町村相互財政安定化事業により交付された額を含み、第五号の基金事業交付額及び基金事業借入金の額を除く。）」と、「並びに基金事業借入金の償還に要した費用の額」とあるのは「、基金事業借入金の償還に要した費用の額並びに市町村相互財政安定化事業により負担した額」と、同項第四号中「並びに基金事業借入金の償還に要した費用の額」とあるのは「、基金事業借入金の償還に要した費用の額並びに市町村相互財政安定化事業により負担した額」とする。

8　特定市町村は、厚生労働省令で定めるところにより、市町村相互財政安定化事業のうち資金の負担及び交付に関する事務の一部を、当該特定市町村が出資者又は構成員となっている営利を目的としない法人であって、厚生労働省令で定める要件に該当するものに委託することができる。

第百四十九条　都道府県は、市町村相互財政安定化事業を行おうとする市町村の求めに応じ、市町村相互間における必要な調整を行うものとする。

2　都道府県は、特定市町村の求めに応じ、当該市町村相互財政安定化事業に係る調整保険料率についての基準を示す等必要な助言又は情報の提供をすることができる。

第三節　医療保険者の納付金

（**納付金の徴収及び納付義務**）

第百五十条　支払基金は、第百六十条第一項に規定する業務に要する費用に充てるため、年度（毎年四月一日から翌年三月三十一日まで

をいう。以下この節及び次章において同じ。）ごとに、医療保険者（国民健康保険にあっては、都道府県。次項及び第百六十一条を除き、以下同じ。）から、介護給付費・地域支援事業支援納付金（以下「納付金」という。）を徴収する。

2 医療保険者（国民健康保険にあっては、市町村）は、納付金の納付に充てるため医療保険各法又は地方税法の規定により保険料若しくは掛金又は国民健康保険税を徴収する義務を負う。

3 医療保険者は、納付金を納付する義務を負う。

（**納付金の額**）

第百五十一条 前条第一項の規定により各医療保険者から徴収する納付金の額は、当該年度の概算納付金の額とする。ただし、前々年度の概算納付金の額が前々年度の確定納付金の額を超えるときは、当該年度の概算納付金の額からその超える額とその超える額に係る調整金額との合計額を控除して得た額とするものとし、前々年度の概算納付金の額が前々年度の確定納付金の額に満たないときは、当該年度の概算納付金の額にその満たない額とその満たない額に係る調整金額との合計額を加算して得た額とする。

2 前項ただし書の調整金額は、前々年度におけるすべての医療保険者に係る概算納付金の額と確定納付金の額との過不足額につき生ずる利子その他の事情を勘案して厚生労働省令で定めるところにより各医療保険者ごとに算定される額とする。

（**概算納付金**）

第百五十二条 前条第一項の概算納付金の額は、次の各号に掲げる医療保険者の区分に応じ、当該各号に定める額とする。

一 被用者保険等保険者（高齢者の医療の確保に関する法律第七条第三項に規定する被用者保険等保険者をいう。以下同じ。） 当該年度における全ての市町村の医療保険納付対象額及び介護予防・日常生活支援総合事業医療保険納付対象額の見込額の総額を厚生労働省令で定めるところにより算定した同年度における全ての医療保険者に係る第二号被保険者の見込数の総数で除して得た額に、厚生労働省令で定めるところにより算定した同年度における全ての被用者保険等保険者に係る第二号被保険者の見込数の総数を乗じて得た額を同年度におけるイに掲げる額で除して得た数に、同年度におけるロに掲げる額を乗じて得た額

イ 全ての被用者保険等保険者に係る第二号被保険者標準報酬総額の見込額（第二号被保険者標準報酬総額の見込額として厚生労働省令で定めるところにより算定される額をいう。ロにおいて同じ。）の合計額

ロ 当該被用者保険等保険者に係る第二号被保険者標準報酬総額の見込額

二 被用者保険等保険者以外の医療保険者 当該年度における全ての市町村の医療保険納付対象額及び介護予防・日常生活支援総合事業医療保険納付対象額の見込額の総額を厚生労働省令で定めるところにより算定した同年度における全ての医療保険者に係る第二号被保険者の見込数の総数で除して得た額に、厚生労働省令で定めるところにより算定した同年度における当該医療保険者に係る第二号被保険者の見込数を乗じて得た額

2 前項第一号イの第二号被保険者標準報酬総額は、次の各号に掲げる被用者保険等保険者の区分に応じ、各年度の当該各号に定める額の合計額の総額を、それぞれ政令で定めるところにより補正して得た額とする。

一 全国健康保険協会及び健康保険組合 第二号被保険者である被保険者ごとの健康保険法又は船員保険法に規定する標準報酬月額及び標準賞与額

二 共済組合 第二号被保険者である組合員ごとの国家公務員共済組合法又は地方公務員等共済組合法に規定する標準報酬の月額及び標準期末手当等の額

三 日本私立学校振興・共済事業団 第二号被保険者である加入者ごとの私立学校教職員共済法に規定する標準報酬月額及び標準賞与額

四 国民健康保険組合（被用者保険等保険者であるものに限る。） 第二号被保険者である組合員ごとの前三号に定める額に相当するものとして厚生労働省令で定める額

（**確定納付金**）

第百五十三条 第百五十一条第一項ただし書の確定納付金の額は、次の各号に掲げる医療保険者の区分に応じ、当該各号に定める額とする。

一 被用者保険等保険者 前々年度における全ての市町村の医療保険納付対象額及び介護予防・日常生活支援総合事業医療保険納付

付対象額の総額を厚生労働省令で定めるところにより算定した同年度における全ての医療保険者に係る第二号被保険者の総数で除して得た額に、厚生労働省令で定めるところにより算定した同年度における全ての被用者保険等保険者に係る第二号被保険者の総数を乗じて得た額を同年度におけるイに掲げる額で除して得た数に、同年度におけるロに掲げる額を乗じて得た額

イ　全ての被用者保険等保険者に係る第二号被保険者標準報酬総額（前条第二項に規定する第二号被保険者標準報酬総額をいう。ロにおいて同じ。）の合計額

ロ　当該被用者保険等保険者に係る第二号被保険者標準報酬総額

二　被用者保険等保険者以外の医療保険者　前々年度における全ての市町村の医療保険納付対象額及び介護予防・日常生活支援総合事業医療保険納付対象額の総額を厚生労働省令で定めるところにより算定した同年度における全ての医療保険者に係る第二号被保険者の総数で除して得た額に、厚生労働省令で定めるところにより算定した同年度における当該医療保険者に係る第二号被保険者の数を乗じて得た額

（医療保険者が合併、分割及び解散をした場合における納付金の額の特例）

第百五十四条　合併又は分割により成立した医療保険者、合併又は分割後存続する医療保険者及び解散をした医療保険者の権利義務を承継した医療保険者に係る納付金の額の算定の特例については、政令で定める。

（納付金の額の決定、通知等）

第百五十五条　支払基金は、各年度につき、各医療保険者が納付すべき納付金の額を決定し、当該各医療保険者に対し、その者が納付すべき納付金の額、納付の方法及び納付すべき期限その他必要な事項を通知しなければならない。

2　前項の規定により納付金の額が定められた後、納付金の額を変更する必要が生じたときは、支払基金は、当該各医療保険者が納付すべき納付金の額を変更し、当該各医療保険者に対し、変更後の納付金の額を通知しなければならない。

3　支払基金は、医療保険者が納付した納付金の額が、前項の規定による変更後の納付金の額に満たない場合には、その不足する額について、同項の規定による通知とともに納付の方法及び納付すべき期限その他必要な事項を通知し、同項の規定による変更後の納付金の額を超える場合には、その超える額について、未納の納付金その他この法律の規定による支払基金の徴収金があるときはこれに充当し、なお残余があれば還付し、未納の徴収金がないときはこれを還付しなければならない。

（督促及び滞納処分）

第百五十六条　支払基金は、医療保険者が、納付すべき期限までに納付金を納付しないときは、期限を指定してこれを督促しなければならない。

2　支払基金は、前項の規定により督促をするときは、当該医療保険者に対し、督促状を発する。この場合において、督促状により指定すべき期限は、督促状を発する日から起算して十日以上経過した日でなければならない。

3　支払基金は、第一項の規定による督促を受けた医療保険者がその指定期限までにその督促状に係る納付金及び次条の規定による延滞金を完納しないときは、政令で定めるところにより、その徴収を、厚生労働大臣又は都道府県知事に請求するものとする。

4　前項の規定による徴収の請求を受けたときは、厚生労働大臣又は都道府県知事は、国税滞納処分の例により処分することができる。

（延滞金）

第百五十七条　前条第一項の規定により納付金の納付を督促したときは、支払基金は、その督促に係る納付金の額につき年十四・五パーセントの割合で、納付期日の翌日からその完納又は財産差押えの日の前日までの日数により計算した延滞金を徴収する。ただし、督促に係る納付金の額が千円未満であるときは、この限りでない。

2　前項の場合において、納付金の額の一部につき納付があったときは、その納付の日以降の期間に係る延滞金の額の計算の基礎となる納付金の額は、その納付のあった納付金の額を控除した額とする。

3　延滞金の計算において、前二項の納付金の額に千円未満の端数があるときは、その端数は、切り捨てる。

4　前三項の規定によって計算した延滞金の額に百円未満の端数があるときは、その端数は、切り捨てる。

5　延滞金は、次の各号のいずれかに該当する場合には、徴収しない。ただし、第三号の場合には、その執行を停止し、又は猶予した期

間に対応する部分の金額に限る。

一　督促状に指定した期限までに納付金を完納したとき。

二　延滞金の額が百円未満であるとき。

三　納付金について滞納処分の執行を停止し、又は猶予したとき。

四　納付金を納付しないことについてやむを得ない理由があると認められるとき。

（納付の猶予）

第百五十八条　支払基金は、やむを得ない事情により、医療保険者が納付金を納付することが著しく困難であると認められるときは、厚生労働省令で定めるところにより、当該医療保険者の申請に基づき、厚生労働大臣の承認を受けて、その納付すべき期限から一年以内の期間を限り、その一部の納付を猶予することができる。

2　支払基金は、前項の規定による猶予をしたときは、その旨、猶予に係る納付金の額、猶予期間その他必要な事項を医療保険者に通知しなければならない。

3　支払基金は、第一項の規定による猶予をしたときは、その猶予期間内は、その猶予に係る納付金につき新たに第百五十六条第一項の規定による督促及び同条第三項の規定による徴収の請求をすることができない。

（通知）

第百五十九条　市町村は、厚生労働省令で定めるところにより、支払基金に対し、各年度における医療保険納付対象額その他厚生労働省令で定める事項を通知しなければならない。

2　市町村は、前項の規定による通知の事務を連合会に委託することができる。

第九章　社会保険診療報酬支払基金の介護保険関係業務

（支払基金の業務）

第百六十条　支払基金は、社会保険診療報酬支払基金法第十五条に規定する業務のほか、第一条に規定する目的を達成するため、次に掲げる業務を行う。

一　医療保険者から納付金を徴収すること。

二　市町村に対し第百二十五条第一項の介護給付費交付金を交付すること。

三　市町村に対し第百二十六条第一項の地域支援事業支援交付金を交付すること。

四　前三号に掲げる業務に附帯する業務を行うこと。

2　前項に規定する業務は、介護保険関係業務という。

（業務の委託）

第百六十一条　支払基金は、厚生労働大臣の認可を受けて、介護保険関係業務の一部を医療保険者が加入している団体で厚生労働大臣が定めるものに委託することができる。

（業務方法書）

第百六十二条　支払基金は、介護保険関係業務に関し、当該業務の開始前に、業務方法書を作成し、厚生労働大臣の認可を受けなければならない。これを変更するときも、同様とする。

2　前項の業務方法書に記載すべき事項は、厚生労働省令で定める。

（報告等）

第百六十三条　支払基金は、医療保険者に対し、毎年度、医療保険加入者（四十歳以上六十五歳未満のものに限る。）の数その他の厚生労働省令で定める事項に関する報告を求めるほか、第百六十条第一項第一号に掲げる業務に関し必要があると認めるときは、文書その他の物件の提出を求めることができる。

（区分経理）

第百六十四条　支払基金は、介護保険関係業務に係る経理については、その他の業務に係る経理と区分して、特別の会計を設けて行わなければならない。

（予算等の認可）

第百六十五条　支払基金は、介護保険関係業務に関し、毎事業年度、予算、事業計画及び資金計画を作成し、当該事業年度の開始前に、厚生労働大臣の認可を受けなければならない。これを変更するときも、同様とする。

（財務諸表等）

第百六十六条　支払基金は、介護保険関係業務に関し、毎事業年度、財産目録、貸借対照表及び損益計算書（以下この条において「財務諸表」という。）を作成し、当該事業年度の終了後三月以内に厚生労働大臣に提出し、その承認を受けなければならない。

2　支払基金は、前項の規定により財務諸表を厚生労働大臣に提出するときは、厚生労働省令で定めるところにより、これに当該事業年度の事業報告書及び予算の区分に従い作成した決算報告書並びに財務諸表及び決算報告書に関する監事の意見書を添付しなければならない。

3　支払基金は、第一項の規定による厚生労働大臣の承認を受けたときは、遅滞なく、財務諸表又はその要旨を官報に公告し、かつ、財務諸表及び附属明細書並びに前項の事業報告書、決算報告書及び監事の意見書を、主たる事務所に備えて置き、厚生労働省令で定める期間、一般の閲覧に供しなければならない。

（**利益及び損失の処理**）

第百六十七条　支払基金は、介護保険関係業務に関し、毎事業年度、損益計算において利益を生じたときは、前事業年度から繰り越した損失をうめ、なお残余があるときは、その残余の額は、積立金として整理しなければならない。

2　支払基金は、介護保険関係業務に関し、毎事業年度、損益計算において損失を生じたときは、前項の規定による積立金を減額して整理し、なお不足があるときは、その不足額は繰越欠損金として整理しなければならない。

3　支払基金は、予算をもって定める金額に限り、第一項の規定による積立金を第百六十条第一項第二号及び第三号に掲げる業務に要する費用に充てることができる。

（**借入金及び債券**）

第百六十八条　支払基金は、介護保険関係業務に関し、厚生労働大臣の認可を受けて、長期借入金若しくは短期借入金をし、又は債券を発行することができる。

2　前項の規定による長期借入金及び債券は、二年以内に償還しなければならない。

3　第一項の規定による短期借入金は、当該事業年度内に償還しなければならない。ただし、資金の不足のため償還することができないときは、その償還することができない金額に限り、厚生労働大臣の認可を受けて、これを借り換えることができる。

4　前項ただし書の規定により借り換えられた短期借入金は、一年以内に償還しなければならない。

5　支払基金は、第一項の規定による債券を発行する場合においては、割引の方法によることができる。

6　第一項の規定による債券の債権者は、支払基金の財産について他の債権者に先立って自己の債権の弁済を受ける権利を有する。

7　前項の先取特権の順位は、民法（明治二十九年法律第八十九号）の規定による一般の先取特権に次ぐものとする。

8　支払基金は、厚生労働大臣の認可を受けて、第一項の規定による債券の発行に関する事務の全部又は一部を銀行又は信託会社に委託することができる。

9　会社法（平成十七年法律第八十六号）第七百五条第一項及び第二項並びに第七百九条の規定は、前項の規定により委託を受けた銀行又は信託会社について準用する。

10　第一項及び第二項並びに第五項から前項までに定めるもののほか、第一項の規定による債券に関し必要な事項は、政令で定める。

（**政府保証**）

第百六十九条　政府は、法人に対する政府の財政援助の制限に関する法律（昭和二十一年法律第二十四号）第三条の規定にかかわらず、国会の議決を経た金額の範囲内で、支払基金による第百二十五条第一項の介護給付費交付金及び第百二十六条第一項の地域支援事業支援交付金の円滑な交付のために必要があると認めるときは、前条の規定による支払基金の長期借入金、短期借入金又は債券に係る債務について、保証することができる。

（**余裕金の運用**）

第百七十条　支払基金は、次の方法によるほか、介護保険関係業務に係る業務上の余裕金を運用してはならない。

一　国債、地方債その他厚生労働大臣が指定する有価証券の保有

二　銀行その他厚生労働大臣が指定する金融機関への預金

三　信託業務を営む金融機関（金融機関の信託業務の兼営等に関する法律（昭和十八年法律第四十三号）第一条第一項の認可を受けた金融機関をいう。）への金銭信託

（**協議**）

第百七十条の二　厚生労働大臣は、次の場合には、あらかじめ、財務大臣に協議しなければならない。

一　第百六十八条第一項、第三項又は第八項の認可をしようとするとき。

二　前条第一号又は第二号の指定をしようとするとき。

（**厚生労働省令への委任**）

第百七十一条　この章に定めるもののほか、介護保険関係業務に係る支払基金の財務及び会計に関し必要な事項は、厚生労働省令で定める。

（**報告の徴収等**）

第百七十二条　厚生労働大臣又は都道府県知事は、支払基金又は第百六十一条の規定による委託を受けた者（以下この項及び第二百七条第二項において「受託者」という。）について、介護保険関係業務に関し必要があると認

めるときは、その業務又は財産の状況に関する報告を徴し、又は当該職員に実地にその状況を検査させることができる。ただし、受託者に対しては、当該受託業務の範囲内に限る。

2　第二十四条第三項の規定は、前項の規定による検査について、同条第四項の規定は、前項の規定による権限について準用する。

3　都道府県知事は、支払基金につき介護保険関係業務に関し社会保険診療報酬支払基金法第二十九条の規定による処分が行われる必要があると認めるとき、又は支払基金の理事長、理事若しくは監事につき介護保険関係業務に関し同法第十一条第二項若しくは第三項の規定による処分が行われる必要があると認めるときは、理由を付して、その旨を厚生労働大臣に通知しなければならない。

（**社会保険診療報酬支払基金法の適用の特例**）

第百七十三条　介護保険関係業務は、社会保険診療報酬支払基金法第三十二条第二項の規定の適用については、同法第十五条に規定する業務とみなす。

（**審査請求**）

第百七十四条　この法律に基づく支払基金の処分又はその不作為に不服のある者は、厚生労働大臣に対し、審査請求をすることができる。この場合において、厚生労働大臣は、行政不服審査法（平成二十六年法律第六十八号）第二十五条第二項及び第三項、第四十六条第一項及び第二項、第四十七条並びに第四十九条第三項の規定の適用については、支払基金の上級行政庁とみなす。

第百七十五条　削除

第十章　国民健康保険団体連合会の介護保険事業関係業務

（**連合会の業務**）

第百七十六条　連合会は、国民健康保険法の規定による業務のほか、次に掲げる業務を行う。

一　第四十一条第十項（第四十二条の二第九項、第四十六条第七項、第四十八条第七項、第五十一条の三第八項、第五十三条第七項、第五十四条の二第九項、第五十八条第七項及び第六十一条の三第八項において準用する場合を含む。）の規定により市町村から委託を受けて行う居宅介護サービス費、地域密着型介護サービス費、居宅介護サービス計画費、施設介護サービス費、特定入所者介護サービス費、介護予防サービス費、地域密着型介護予防サービス費、介護予防サービス計画費及び特定入所者介護予防サービス費の請求に関する審査及び支払

二　第百十五条の四十五の三第六項の規定により市町村から委託を受けて行う第一号事業支給費の請求に関する審査及び支払並びに第百十五条の四十七第七項の規定により市町村から委託を受けて行う介護予防・日常生活支援総合事業の実施に必要な費用の支払決定に係る審査及び支払であって、前号に掲げる業務の内容との共通性その他の事情を勘案して厚生労働省令で定めるもの

三　指定居宅サービス、指定地域密着型サービス、指定居宅介護支援、指定施設サービス等、指定介護予防サービス、指定地域密着型介護予防サービス及び指定介護予防支援の質の向上に関する調査並びに指定居宅サービス事業者、指定居宅介護支援事業者、指定地域密着型サービス事業者、指定介護予防サービス事業者、介護保険施設、指定地域密着型介護予防サービス事業者及び指定介護予防支援事業者に対する必要な指導及び助言

2　連合会は、前項各号に掲げる業務のほか、介護保険事業の円滑な運営に資するため、次に掲げる業務を行うことができる。

一　第二十一条第三項の規定により市町村から委託を受けて行う第三者に対する損害賠償金の徴収又は収納の事務

二　指定居宅サービス、指定地域密着型サービス、指定居宅介護支援、指定介護予防サービス及び指定地域密着型介護予防サービスの事業並びに介護保険施設の運営

三　第百十五条の四十七第七項の規定により市町村から委託を受けて行う介護予防・日常生活支援総合事業の実施に必要な費用の支払決定に係る審査及び支払（前項第二号に掲げるものを除く。）

四　前三号に掲げるもののほか、介護保険事業の円滑な運営に資する事業

（**議決権の特例**）

第百七十七条　連合会が前条の規定により行う業務（以下「介護保険事業関係業務」という。）については、国民健康保険法第八十六条において準用する同法第二十九条の規定にかかわらず、厚生労働省令で定めるところにより、規約をもって議決権に関する特段の定めをすることができる。

（区分経理）
第百七十八条　連合会は、介護保険事業関係業務に係る経理については、その他の経理と区分して整理しなければならない。

第十一章　介護給付費等審査委員会

（**給付費等審査委員会**）
第百七十九条　第四十一条第十項（第四十二条の二第九項、第四十六条第七項、第四十八条第七項、第五十一条の三第八項、第五十三条第七項、第五十四条の二第九項、第五十八条第七項及び第六十一条の三第八項において準用する場合を含む。）並びに第百十五条の四十五の三第六項及び第百十五条の四十七第七項の規定による委託を受けて介護給付費請求書及び介護予防・日常生活支援総合事業費請求書の審査を行うため、連合会に、介護給付費等審査委員会（以下「給付費等審査委員会」という。）を置く。

（**給付費等審査委員会の組織**）
第百八十条　給付費等審査委員会は、規約で定めるそれぞれ同数の介護給付等対象サービス担当者（指定居宅サービス、指定地域密着型サービス、指定居宅介護支援、指定施設サービス等、指定介護予防サービス、指定地域密着型介護予防サービス又は指定介護予防支援を担当する者をいう。第三項並びに次条第一項及び第二項において同じ。）又は介護予防・日常生活支援総合事業担当者（指定事業者において第一号事業を担当する者又は受託者において介護予防・日常生活支援総合事業を担当する者をいう。第三項及び次条第二項において同じ。）を代表する委員、市町村を代表する委員及び公益を代表する委員をもって組織する。

2　委員は、連合会が委嘱する。

3　前項の委嘱は、介護給付等対象サービス担当者又は介護予防・日常生活支援総合事業担当者を代表する委員及び市町村を代表する委員については、それぞれ関係団体の推薦によって行わなければならない。

（**給付費等審査委員会の権限**）
第百八十一条　給付費等審査委員会は、介護給付費請求書の審査を行うため必要があると認めるときは、都道府県知事の承認を得て、当該指定居宅サービス事業者、指定介護予防サービス事業者若しくは介護保険施設に対して、報告若しくは帳簿書類の提出若しくは提示を求め、又は当該指定居宅サービス事業者、指定介護予防サービス事業者若しくは介護保険施設の開設者若しくは管理者若しくはその長若しくは当該指定居宅サービスの事業若しくは指定介護予防サービスの事業に係る事業所若しくは介護保険施設における介護給付等対象サービス担当者に対して、出頭若しくは説明を求めることができる。

2　給付費等審査委員会は、介護給付費請求書又は介護予防・日常生活支援総合事業費請求書の審査を行うため必要があると認めるときは、市町村長の承認を得て、当該指定地域密着型サービス事業者、指定居宅介護支援事業者、指定地域密着型介護予防サービス事業者若しくは指定介護予防支援事業者若しくは指定事業者若しくは受託者に対して、報告若しくは帳簿書類の提出若しくは提示を求め、又は当該指定地域密着型サービス事業者、指定居宅介護支援事業者、指定地域密着型介護予防サービス事業者若しくは指定介護予防支援事業者若しくは指定事業者若しくは受託者若しくは当該指定地域密着型サービスの事業、指定居宅介護支援の事業、指定地域密着型介護予防サービスの事業若しくは指定介護予防支援の事業に係る事業所における介護給付等対象サービス担当者若しくは指定事業者若しくは受託者における介護予防・日常生活支援総合事業担当者に対して、出頭若しくは説明を求めることができる。

3　連合会は、前二項の規定により給付費等審査委員会に出頭した者に対し、旅費、日当及び宿泊料を支給しなければならない。ただし、当該指定居宅サービス事業者、指定介護予防サービス事業者、介護保険施設、指定地域密着型サービス事業者、指定居宅介護支援事業者、指定地域密着型介護予防サービス事業者若しくは指定介護予防支援事業者又は指定事業者若しくは受託者が提出した介護給付費請求書若しくは介護予防・日常生活支援総合事業費請求書又は帳簿書類の記載が不備又は不当であったため出頭を求められて出頭した者に対しては、この限りでない。

（**厚生労働省令への委任**）
第百八十二条　この章に規定するもののほか、給付費等審査委員会に関して必要な事項は、厚生労働省令で定める。

第十二章　審査請求

（**審査請求**）
第百八十三条　保険給付に関する処分（被保険者証の交付の請求に関する処分及び要介護認

定又は要支援認定に関する処分を含む。）又は保険料その他この法律の規定による徴収金（財政安定化基金拠出金、納付金及び第百五十七条第一項に規定する延滞金を除く。）に関する処分に不服がある者は、介護保険審査会に審査請求をすることができる。

2　前項の審査請求は、時効の完成猶予及び更新に関しては、裁判上の請求とみなす。

（介護保険審査会の設置）

第百八十四条　介護保険審査会（以下「保険審査会」という。）は、各都道府県に置く。

（組織）

第百八十五条　保険審査会は、次の各号に掲げる委員をもって組織し、その定数は、当該各号に定める数とする。

一　被保険者を代表する委員　三人

二　市町村を代表する委員　三人

三　公益を代表する委員　三人以上であって政令で定める基準に従い条例で定める員数

2　委員は、都道府県知事が任命する。

3　委員は、非常勤とする。

（委員の任期）

第百八十六条　委員の任期は、三年とする。ただし、補欠の委員の任期は、前任者の残任期間とする。

2　委員は、再任されることができる。

（会長）

第百八十七条　保険審査会に、公益を代表する委員のうちから委員が選挙する会長一人を置く。

2　会長に事故があるときは、前項の規定に準じて選挙された者が、その職務を代行する。

（専門調査員）

第百八十八条　保険審査会に、要介護認定又は要支援認定に関する処分に対する審査請求の事件に関し、専門の事項を調査させるため、専門調査員を置くことができる。

2　専門調査員は、要介護者等の保健、医療又は福祉に関する学識経験を有する者のうちから、都道府県知事が任命する。

3　専門調査員は、非常勤とする。

（合議体）

第百八十九条　保険審査会は、会長、被保険者を代表する委員及び市町村を代表する委員の全員並びに会長以外の公益を代表する委員のうちから保険審査会が指名する二人をもって構成する合議体で、審査請求（要介護認定又は要支援認定に関する処分に対するものを除く。）の事件を取り扱う。

2　要介護認定又は要支援認定に関する処分に対する審査請求の事件は、公益を代表する委員のうちから、保険審査会が指名する者をもって構成する合議体で取り扱う。

3　前項の合議体を構成する委員の定数は、都道府県の条例で定める数とする。

第百九十条　前条第一項の合議体は、被保険者を代表する委員、市町村を代表する委員及び公益を代表する委員各一人以上を含む過半数の委員の、同条第二項の合議体は、これを構成するすべての委員の出席がなければ、会議を開き、議決をすることができない。

2　前条第一項の合議体の議事は、出席した委員の過半数をもって決し、可否同数のときは、会長の決するところによる。

3　前条第二項の合議体の議事は、その合議体を構成する委員の過半数をもって決する。

（管轄保険審査会）

第百九十一条　審査請求は、当該処分をした市町村をその区域に含む都道府県の保険審査会に対してしなければならない。

2　審査請求が管轄違いであるときは、保険審査会は、速やかに、事件を所轄の保険審査会に移送し、かつ、その旨を審査請求人に通知しなければならない。

3　事件が移送されたときは、はじめから、移送を受けた保険審査会に審査請求があったものとみなす。

（審査請求の期間及び方式）

第百九十二条　審査請求は、処分があったことを知った日の翌日から起算して三月以内に、文書又は口頭でしなければならない。ただし、正当な理由により、この期間内に審査請求をすることができなかったことを疎明したときは、この限りでない。

（市町村に対する通知）

第百九十三条　保険審査会は、審査請求がされたときは、行政不服審査法第二十四条の規定により当該審査請求を却下する場合を除き、原処分をした市町村及びその他の利害関係人に通知しなければならない。

（審理のための処分）

第百九十四条　保険審査会は、審理を行うため必要があると認めるときは、審査請求人若しくは関係人に対して報告若しくは意見を求め、その出頭を命じて審問し、又は医師その他保険審査会の指定する者（次項において「医師等」という。）に診断その他の調査をさせることができる。

2　都道府県は、前項の規定により保険審査会に出頭した関係人又は診断その他の調査をした医師等に対し、政令で定めるところにより、旅費、日当及び宿泊料又は報酬を支給しなければならない。

（政令への委任）
第百九十五条　この章及び行政不服審査法に規定するもののほか、審査請求の手続及び保険審査会に関して必要な事項は、政令で定める。

（審査請求と訴訟との関係）
第百九十六条　第百八十三条第一項に規定する処分の取消しの訴えは、当該処分についての審査請求に対する裁決を経た後でなければ、提起することができない。

第十三章　雑則

（報告の徴収等）
第百九十七条　厚生労働大臣又は都道府県知事は、市町村に対し、保険給付の効果に関する評価のためその他必要があると認めるときは、その事業の実施の状況に関する報告を求めることができる。

2　厚生労働大臣は、都道府県知事又は市町村長に対し、当該都道府県知事又は市町村長が第五章の規定により行う事務に関し必要があると認めるときは、報告を求め、又は助言若しくは勧告をすることができる。

3　都道府県知事は、市町村長（指定都市及び中核市の長を除く。以下この項において同じ。）に対し、当該市町村長が第五章の規定により行う事務に関し必要があると認めるときは、報告を求め、又は助言若しくは勧告をすることができる。

4　厚生労働大臣又は都道府県知事は、医療保険者に対し、納付金の額の算定に関して必要があると認めるときは、その業務に関する報告を徴し、又は当該職員に実地にその状況を検査させることができる。

5　第二十四条第三項の規定は、前項の規定による検査について、同条第四項の規定は、前項の規定による権限について準用する。

第百九十七条の二　市町村長は、政令で定めるところにより、その事業の実施の状況を厚生労働大臣に報告しなければならない。

（連合会に対する監督）
第百九十八条　連合会について国民健康保険法第百六条及び第百八条の規定を適用する場合において、これらの規定中「事業」とあるのは、「事業（介護保険法（平成九年法律第百二十三号）第百七十七条に規定する介護保険事業関係業務を含む。）」とする。

（先取特権の順位）
第百九十九条　保険料その他この法律の規定による徴収金の先取特権の順位は、国税及び地方税に次ぐものとする。

（時効）
第二百条　保険料、納付金その他この法律の規定による徴収金を徴収し、又はその還付を受ける権利及び保険給付を受ける権利は、これらを行使することができる時から二年を経過したときは、時効によって消滅する。

2　保険料その他この法律の規定による徴収金の督促は、時効の更新の効力を生ずる。

（賦課決定の期間制限）
第二百条の二　保険料の賦課決定は、当該年度における最初の保険料の納期（この法律又はこれに基づく条例の規定により保険料を納付し、又は納入すべき期限をいい、当該納期後に保険料を課することができることとなった場合にあっては、当該保険料を課することができることとなった日とする。）の翌日から起算して二年を経過した日以後においては、することができない。

（期間の計算）
第二百一条　この法律又はこの法律に基づく命令に規定する期間の計算については、民法の期間に関する規定を準用する。

（被保険者等に関する調査）
第二百二条　市町村は、被保険者の資格、保険給付、地域支援事業及び保険料に関して必要があると認めるときは、被保険者、被保険者の配偶者若しくは被保険者の属する世帯の世帯主その他その世帯に属する者又はこれらであった者に対し、文書その他の物件の提出若しくは提示を命じ、又は当該職員に質問させることができる。

2　第二十四条第三項の規定は、前項の規定による質問について、同条第四項の規定は、前項の規定による権限について準用する。

（資料の提供等）
第二百三条　市町村は、保険給付、地域支援事業及び保険料に関して必要があると認めるときは、被保険者、被保険者の配偶者若しくは被保険者の属する世帯の世帯主その他その世帯に属する者の資産若しくは収入の状況又は被保険者に対する老齢等年金給付の支給状況につき、官公署若しくは年金保険者に対し必要な文書の閲覧若しくは資料の提供を求め、又は銀行、信託会社その他の機関若しくは被保険者の雇用主その他の関係人に報告を求めることができる。

2　都道府県知事又は市町村長は、第四十一条第一項本文、第四十二条の二第一項本文、第四十六条第一項、第四十八条第一項第一号、第五十三条第一項本文、第五十四条の二第一項本文、第五十八条第一項若しくは第百十五条の四十五の三第一項の指定又は第九十四条第一項若しくは第百七条第一項の許可に関し必要があると認めるときは、これらの指定又は許可に係る申請者若しくはその役員等若しくは開設者若しくはその役員又は病院等の管理者、特別養護老人ホームの長若しくは第九十四条第三項第十一号若しくは第百七条第三項第十四号に規定する使用人の保険料等の納付状況につき、当該保険料等を徴収する者に対し、必要な書類の閲覧又は資料の提供を求めることができる。

（大都市等の特例）

第二百三条の二　この法律中都道府県が処理することとされている事務で政令で定めるものは、指定都市及び中核市においては、政令の定めるところにより、指定都市又は中核市（以下「指定都市等」という。）が処理するものとする。この場合においては、この法律中都道府県に関する規定は、指定都市等に関する規定として、指定都市等に適用があるものとする。

（緊急時における厚生労働大臣の事務執行）

第二百三条の三　第百条第一項又は第百十四条の二第一項の規定により都道府県知事又は市町村長の権限に属するものとされている事務は、介護老人保健施設又は介護医療院に入所している者の生命又は身体の安全を確保するため緊急の必要があると厚生労働大臣が認める場合にあっては、厚生労働大臣又は都道府県知事若しくは市町村長が行うものとする。この場合において、この法律の規定中都道府県知事に関する規定（当該事務に係るものに限る。）は、厚生労働大臣に関する規定として厚生労働大臣に適用があるものとする。

2　前項の場合において、厚生労働大臣又は都道府県知事若しくは市町村長が当該事務を行うときは、相互に密接な連携の下に行うものとする。

（事務の区分）

第二百三条の四　第百五十六条第四項、第百七十二条第一項及び第三項並びに第百九十七条第四項の規定により都道府県が処理することとされている事務は、地方自治法第二条第九項第一号に規定する第一号法定受託事務とする。

（権限の委任）

第二百三条の五　この法律に規定する厚生労働大臣の権限は、厚生労働省令で定めるところにより、地方厚生局長に委任することができる。

2　前項の規定により地方厚生局長に委任された権限は、厚生労働省令で定めるところにより、地方厚生支局長に委任することができる。

（実施規定）

第二百四条　この法律に特別の規定があるものを除くほか、この法律の実施のための手続その他その執行について必要な細則は、厚生労働省令で定める。

第十四章　罰則

第二百五条　認定審査会、都道府県介護認定審査会、給付費等審査委員会若しくは保険審査会の委員、保険審査会の専門調査員若しくは連合会若しくは連合会から第四十一条第十一項（第四十二条の二第九項、第四十六条第七項、第四十八条第七項、第五十一条の三第八項、第五十三条第七項、第五十四条の二第九項、第五十八条第七項及び第六十一条の三第八項において準用する場合を含む。）、第百十五条の四十五の三第七項若しくは第百十五条の四十七第八項の規定により第四十一条第九項、第四十二条の二第八項、第四十六条第六項、第四十八条第六項、第五十一条の三第七項、第五十三条第六項、第五十四条の二第八項、第五十八条第六項、第六十一条の三第七項、第百十五条の四十五の三第五項若しくは第百十五条の四十七第七項に規定する審査及び支払に関する事務の委託を受けた法人の役員若しくは職員又はこれらの者であった者が、正当な理由がなく、職務上知り得た指定居宅サービス事業者、指定地域密着型サービス事業者、指定居宅介護支援事業者、介護保険施設の開設者、指定介護予防サービス事業者、指定地域密着型介護予防サービス事業者、指定介護予防支援事業者若しくは居宅サービス等を行った者若しくは第一号事業を行う者の業務上の秘密又は個人の秘密を漏らしたときは、一年以下の懲役又は百万円以下の罰金に処する。

2　第二十四条の二第三項、第二十四条の三第二項、第二十八条第七項（第二十九条第二

項、第三十条第二項、第三十一条第二項、第三十三条第四項、第三十三条の二第二項、第三十三条の三第二項及び第三十四条第二項において準用する場合を含む。）、第六十九条の十七第一項、第六十九条の二十八第一項、第六十九条の三十七、第百十五条の三十八第一項（第百十五条の四十二第三項において準用する場合を含む。）、第百十五条の四十六第八項（第百十五条の四十七第三項において準用する場合を含む。）又は第百十五条の四十八第五項の規定に違反した者は、一年以下の懲役又は百万円以下の罰金に処する。

第二百五条の二　第六十九条の二十四第二項の規定による命令に違反したときは、その違反行為をした者は、一年以下の懲役又は百万円以下の罰金に処する。

第二百五条の三　次の各号のいずれかに該当する者は、一年以下の懲役若しくは五十万円以下の罰金に処し、又はこれを併科する。

一　第百十八条の七の規定に違反して、匿名介護保険等関連情報の利用に関して知り得た匿名介護保険等関連情報の内容をみだりに他人に知らせ、又は不当な目的に利用した者

二　第百十八条の九の規定による命令に違反した者

第二百六条　次の各号のいずれかに該当する場合には、その違反行為をした者は、六月以下の懲役又は五十万円以下の罰金に処する。

一　第九十八条第一項各号に掲げる事項以外の事項を広告し、同項各号に掲げる事項に関し虚偽の広告をし、又は同項第三号に掲げる事項の広告の方法が同条第二項の規定による定めに違反したとき。

二　第百一条又は第百二条第一項の規定に基づく命令に違反したとき。

三　第百十二条第一項各号に掲げる事項以外の事項を広告し、同項各号に掲げる事項に関し虚偽の広告をし、又は同項第三号に掲げる事項の広告の方法が同条第二項の規定による定めに違反したとき。

四　第百十四条の三又は第百十四条の四第一項の規定に基づく命令に違反したとき。

第二百六条の二　次の各号のいずれかに該当する場合には、その違反行為をした者は、五十万円以下の罰金に処する。

一　第六十九条の二十又は第百十五条の三十九（第百十五条の四十二第三項において準用する場合を含む。）の規定に違反して帳簿を備えず、帳簿に記載せず、若しくは帳簿に虚偽の記載をし、又は帳簿を保存しなかったとき。

二　第六十九条の二十二第一項若しくは第二項、第六十九条の三十第一項（第六十九条の三十三第二項において準用する場合を含む。）又は第百十五条の四十第一項（第百十五条の四十二第三項において準用する場合を含む。）の規定による報告をせず、若しくは虚偽の報告をし、又はこれらの規定による質問に対して答弁をせず、若しくは虚偽の答弁をし、若しくはこれらの規定による検査を拒み、妨げ、若しくは忌避したとき。

三　第六十九条の二十三第一項の規定による許可を受けないで試験問題作成事務の全部を廃止し、第百十五条の四十一の規定による許可を受けないで調査事務の全部を廃止し、又は第百十五条の四十二第三項において準用する第百十五条の四十一の規定による許可を受けないで情報公表事務の全部を廃止したとき。

四　第百十八条の八第一項の規定による報告若しくは帳簿書類の提出若しくは提示をせず、若しくは虚偽の報告若しくは虚偽の帳簿書類の提出若しくは提示をし、又は同項の規定による質問に対して答弁をせず、若しくは虚偽の答弁をし、若しくは同項の規定による検査を拒み、妨げ、若しくは忌避したとき。

第二百七条　次の各号の一に該当する場合には、その違反行為をした健康保険組合、国民健康保険組合、共済組合又は日本私立学校振興・共済事業団の役員、清算人又は職員は、三十万円以下の罰金に処する。

一　第百六十三条の規定による報告若しくは文書その他の物件の提出をせず、又は虚偽の報告をし、若しくは虚偽の記載をした文書を提出したとき。

二　第百九十七条第四項の規定による報告をせず、若しくは虚偽の報告をし、又は同項の規定による検査を拒み、妨げ、若しくは忌避したとき。

2　第百七十二条第一項の規定による報告をせず、若しくは虚偽の報告をし、又は同項の規定による検査を拒み、妨げ、若しくは忌避した場合には、その違反行為をした支払基金又は受託者の役員又は職員は、三十万円以下の罰金に処する。

第二百八条　介護給付等を受けた者が、第二十

四条第二項の規定による報告をせず、若しくは虚偽の報告をし、又は同項の規定による当該職員の質問若しくは第二十四条の三第一項の規定により委託を受けた指定都道府県事務受託法人の職員の第二十四条第二項の規定による質問に対して、答弁せず、若しくは虚偽の答弁をしたときは、三十万円以下の罰金に処する。

第二百九条　次の各号のいずれかに該当する場合には、その違反行為をした者は、三十万円以下の罰金に処する。

一　第四十二条第四項、第四十二条の三第三項、第四十五条第八項、第四十七条第四項、第四十九条第三項、第五十四条第四項、第五十四条の三第三項、第五十七条第八項、第五十九条第四項、第七十六条第一項、第七十八条の七第一項、第八十三条第一項、第九十条第一項、第百条第一項、第百十四条の二第一項、第百十五条の七第一項、第百十五条の十七第一項、第百十五条の二十七第一項又は第百十五条の三十三第一項の規定による報告若しくは帳簿書類の提出若しくは提示をせず、若しくは虚偽の報告若しくは虚偽の帳簿書類の提出若しくは提示をし、又はこれらの規定による質問に対して答弁をせず、若しくは虚偽の答弁をし、若しくはこれらの規定による検査を拒み、妨げ、若しくは忌避したとき。

二　第九十五条の規定に違反したとき。

三　第九十九条第二項又は第百五条において準用する医療法第九条第二項の規定に違反したとき。

四　第百九条の規定に違反したとき。

五　第百十三条第二項又は第百十四条の八において準用する医療法第九条第二項の規定に違反したとき。

第二百十条　正当な理由なしに、第百九十四条第一項の規定による処分に違反して、出頭せず、陳述をせず、報告をせず、若しくは虚偽の陳述若しくは報告をし、又は診断その他の調査をしなかった者は、二十万円以下の罰金に処する。ただし、保険審査会の行う審査の手続における請求人又は第百九十三条の規定により通知を受けた市町村その他の利害関係人は、この限りでない。

第二百十条の二　第二百五条の三の罪は、日本国外において同条の罪を犯した者にも適用する。

第二百十一条　法人の代表者又は法人若しくは人の代理人、使用人その他の従業者が、その法人又は人の業務に関して第二百五条の二から第二百六条の二まで又は第二百九条の違反行為をしたときは、行為者を罰するほか、その法人又は人に対しても、各本条の罰金刑を科する。

第二百十一条の二　第六十九条の十九第一項の規定に違反して財務諸表等を備えて置かず、財務諸表等に記載すべき事項を記載せず、若しくは虚偽の記載をし、又は正当な理由がないのに同条第二項各号の規定による請求を拒んだ者は、二十万円以下の過料に処する。

第二百十二条　次の各号の一に該当する場合には、その違反行為をした支払基金の役員は、二十万円以下の過料に処する。

一　この法律により厚生労働大臣の認可又は承認を受けなければならない場合において、その認可又は承認を受けなかったとき。

二　第百七十条の規定に違反して業務上の余裕金を運用したとき。

第二百十三条　居宅サービス等を行った者又はこれを使用する者が、第二十四条第一項の規定による報告若しくは提示をせず、若しくは虚偽の報告をし、又は同項の規定による当該職員の質問若しくは第二十四条の三第一項の規定により委託を受けた指定都道府県事務受託法人の職員の第二十四条第一項の規定による質問に対して、答弁せず、若しくは虚偽の答弁をしたときは、十万円以下の過料に処する。

2　第六十九条の七第六項又は第七項の規定に違反した者は、十万円以下の過料に処する。

第二百十四条　市町村は、条例で、第一号被保険者が第十二条第一項本文の規定による届出をしないとき（同条第二項の規定により当該第一号被保険者の属する世帯の世帯主から届出がなされたときを除く。）又は虚偽の届出をしたときは、十万円以下の過料を科する規定を設けることができる。

2　市町村は、条例で、第三十条第一項後段、第三十一条第一項後段、第三十三条の三第一項後段、第三十四条第一項後段、第三十五条第六項後段、第六十六条第一項若しくは第二項又は第六十八条第一項の規定により被保険者証の提出を求められてこれに応じない者に対し十万円以下の過料を科する規定を設けることができる。

3　市町村は、条例で、被保険者、被保険者の配偶者若しくは被保険者の属する世帯の世帯主その他その世帯に属する者又はこれらであった者が正当な理由なしに、第二百二条第一項の規定により文書その他の物件の提出若しくは提示を命ぜられてこれに従わず、又は同項の規定による当該職員の質問に対して答弁せず、若しくは虚偽の答弁をしたときは、十万円以下の過料を科する規定を設けることができる。

4　市町村は、条例で、偽りその他不正の行為により保険料その他この法律の規定による徴収金（納付金及び第百五十七条第一項に規定する延滞金を除く。）の徴収を免れた者に対し、その徴収を免れた金額の五倍に相当する金額以下の過料を科する規定を設けることができる。

5　地方自治法第二百五十五条の三の規定は、前各項の規定による過料の処分について準用する。

第二百十五条　連合会は、規約の定めるところにより、その施設（介護保険事業関係業務に限る。）の使用に関し十万円以下の過怠金を徴収することができる。

別表（第六十九条の十三関係）

科目	試験委員
一　この法律その他関係法令に関する科目	一　学校教育法（昭和二十二年法律第二十六号）による大学において保健若しくは福祉に関する科目若しくは医学を担当する教授若しくは准教授の職にあり、又はこれらの職にあった者
二　居宅サービス計画、施設サービス計画及び介護予防サービス計画に関する科目	二　前号に掲げる者と同等以上の知識及び経験を有する者
三　介護給付等対象サービスその他の保健医療サービス及び福祉サービスに関する科目	
四　要介護認定及び要支援認定に関する科目	
備考　上欄に掲げる科目についての試験の問題及び合格の基準は、介護支援専門員実務研修を受講するために必要な専門的知識及び技術を有するかどうかを判定するためのものであること。	

・刑法等の一部を改正する法律の施行に伴う関係法律の整理等に関する法律（令和四・六・一七法律六八）

附則　抄

（施行期日）

1　この法律は、刑法等一部改正法施行日から施行する。〈略〉

・全世代対応型の持続可能な社会保障制度を構築するための健康保険法等の一部を改正する法律（令和五・五・一九法律三一）

附則　抄

（施行期日）

第一条　この法律は、令和六年四月一日から施行する。ただし、次の各号に掲げる規定は、当該各号に定める日から施行する。

四　〈略〉令和七年四月一日

六　〈略〉公布の日から起算して四年を超えない範囲内において政令で定める日

指定居宅サービス等の事業の人員、設備及び運営に関する基準（抄）

（平成一一・三・三一 厚　令　三　七）
最新改正　令和三厚労令九

第一章　総則

（趣旨）
第一条　基準該当居宅サービスの事業に係る介護保険法（平成九年法律第百二十三号。以下「法」という。）第四十二条第二項の厚生労働省令で定める基準、共生型居宅サービスの事業に係る法第七十二条の二第二項の厚生労働省令で定める基準及び指定居宅サービスの事業に係る法第七十四条第三項の厚生労働省令で定める基準は、次の各号に掲げる基準に応じ、それぞれ当該各号に定める基準とする。

（定義）
第二条　この省令において、次の各号に掲げる用語の意義は、それぞれ当該各号に定めるところによる。
一　居宅サービス事業者　法第八条第一項に規定する居宅サービス事業を行う者をいう。
二　指定居宅サービス事業者又は指定居宅サービス　それぞれ法第四十一条第一項に規定する指定居宅サービス事業者又は指定居宅サービスをいう。
三　利用料　法第四十一条第一項に規定する居宅介護サービス費の支給の対象となる費用に係る対価をいう。
四　居宅介護サービス費用基準額　法第四十一条第四項第一号又は第二号に規定する厚生労働大臣が定める基準により算定した費用の額（その額が現に当該指定居宅サービスに要した費用の額を超えるときは、当該現に指定居宅サービスに要した費用の額とする。）をいう。
五　法定代理受領サービス　法第四十一条第六項の規定により居宅介護サービス費が利用者に代わり当該指定居宅サービス事業者に支払われる場合の当該居宅介護サービス費に係る指定居宅サービスをいう。
六　基準該当居宅サービス　法第四十二条第一項第二号に規定する基準該当居宅サービスをいう。
七　共生型居宅サービス　法第七十二条の二第一項の申請に係る法第四十一条第一項本文の指定を受けた者による指定居宅サービスをいう。
八　常勤換算方法　当該事業所の従業者の勤務延時間数を当該事業所において常勤の従業者が勤務すべき時間数で除することにより、当該事業所の従業者の員数を常勤の従業者の員数に換算する方法をいう。

第二章　訪問介護

第一節　基本方針

（基本方針）
第四条　指定居宅サービスに該当する訪問介護（以下「指定訪問介護」という。）の事業は、要介護状態となった場合においても、その利用者が可能な限りその居宅において、その有する能力に応じ自立した日常生活を営むことができるよう、入浴、排せつ、食事の介護その他の生活全般にわたる援助を行うものでなければならない。

第四節　運営に関する基準

（内容及び手続の説明及び同意）
第八条　指定訪問介護事業者は、指定訪問介護の提供の開始に際し、あらかじめ、利用申込者又はその家族に対し、第二十九条に規定する運営規程の概要、訪問介護員等の勤務の体制その他の利用申込者のサービスの選択に資すると認められる重要事項を記した文書を交付して説明を行い、当該提供の開始について利用申込者の同意を得なければならない。
2　指定訪問介護事業者は、利用申込者又はその家族からの申出があった場合には、前項の規定による文書の交付に代えて、第五項で定めるところにより、当該利用申込者又はその家族の承諾を得て、当該文書に記すべき重要事項を電子情報処理組織を使用する方法その他の情報通信の技術を利用する方法であって次に掲げるもの（以下この条において「電磁的方法」という。）により提供することができる。この場合において、当該指定訪問介護事業者は、当該文書を交付したものとみなす。
一　電子情報処理組織を使用する方法のうちイ又はロに掲げるもの
イ　指定訪問介護事業者の使用に係る電子計算機と利用申込者又はその家族の使用に係る電子計算機とを接続する電気通信回線を通じて送信し、受信者の使用に係

る電子計算機に備えられたファイルに記録する方法

ロ　指定訪問介護事業者の使用に係る電子計算機に備えられたファイルに記録された前項に規定する重要事項を電気通信回線を通じて利用申込者又はその家族の閲覧に供し、当該利用申込者又はその家族の使用に係る電子計算機に備えられたファイルに当該重要事項を記録する方法（電磁的方法による提供を受ける旨の承諾又は受けない旨の申出をする場合にあっては、指定訪問介護事業者の使用に係る電子計算機に備えられたファイルにその旨を記録する方法）

二　磁気ディスク、シー・ディー・ロムその他これらに準ずる方法により一定の事項を確実に記録しておくことができる物をもって調製するファイルに前項に規定する重要事項を記録したものを交付する方法

3　前項に掲げる方法は、利用申込者又はその家族がファイルへの記録を出力することによる文書を作成することができるものでなければならない。

4　第二項第一号の「電子情報処理組織」とは、指定訪問介護事業者の使用に係る電子計算機と、利用申込者又はその家族の使用に係る電子計算機とを電気通信回線で接続した電子情報処理組織をいう。

5　指定訪問介護事業者は、第二項の規定により第一項に規定する重要事項を提供しようとするときは、あらかじめ、当該利用申込者又はその家族に対し、その用いる次に掲げる電磁的方法の種類及び内容を示し、文書又は電磁的方法による承諾を得なければならない。

一　第二項各号に規定する方法のうち指定訪問介護事業者が使用するもの

二　ファイルへの記録の方式

6　前項の規定による承諾を得た指定訪問介護事業者は、当該利用申込者又はその家族から文書又は電磁的方法により電磁的方法による提供を受けない旨の申出があったときは、当該利用申込者又はその家族に対し、第一項に規定する重要事項の提供を電磁的方法によってしてはならない。ただし、当該利用申込者又はその家族が再び前項の規定による承諾をした場合は、この限りでない。

（**指定訪問介護の基本取扱方針**）

第二十二条　指定訪問介護は、利用者の要介護状態の軽減又は悪化の防止に資するよう、その目標を設定し、計画的に行われなければならない。

2　指定訪問介護事業者は、自らその提供する指定訪問介護の質の評価を行い、常にその改善を図らなければならない。

（**指定訪問介護の具体的取扱方針**）

第二十三条　訪問介護員等の行う指定訪問介護の方針は、次に掲げるところによるものとする。

一　指定訪問介護の提供に当たっては、次条第一項に規定する訪問介護計画に基づき、利用者が日常生活を営むのに必要な援助を行う。

二　指定訪問介護の提供に当たっては、懇切丁寧に行うことを旨とし、利用者又はその家族に対し、サービスの提供方法等について、理解しやすいように説明を行う。

三　指定訪問介護の提供に当たっては、介護技術の進歩に対応し、適切な介護技術をもってサービスの提供を行う。

四　常に利用者の心身の状況、その置かれている環境等の的確な把握に努め、利用者又はその家族に対し、適切な相談及び助言を行う。

（**業務継続計画の策定等**）

第三十条の二　指定訪問介護事業者は、感染症や非常災害の発生時において、利用者に対する指定訪問介護の提供を継続的に実施するための、及び非常時の体制で早期の業務再開を図るための計画（以下「業務継続計画」という。）を策定し、当該業務継続計画に従い必要な措置を講じなければならない。

2　指定訪問介護事業者は、訪問介護員等に対し、業務継続計画について周知するとともに、必要な研修及び訓練を定期的に実施しなければならない。

3　指定訪問介護事業者は、定期的に業務継続計画の見直しを行い、必要に応じて業務継続計画の変更を行うものとする。

（**秘密保持等**）

第三十三条　指定訪問介護事業所の従業者は、正当な理由がなく、その業務上知り得た利用者又はその家族の秘密を漏らしてはならない。

2　指定訪問介護事業者は、当該指定訪問介護事業所の従業者であった者が、正当な理由がなく、その業務上知り得た利用者又はその家族の秘密を漏らすことがないよう、必要な措置を講じなければならない。

3　指定訪問介護事業者は、サービス担当者会

議等において、利用者の個人情報を用いる場合は利用者の同意を、利用者の家族の個人情報を用いる場合は当該家族の同意を、あらかじめ文書により得ておかなければならない。

（苦情処理）

第三十六条　指定訪問介護事業者は、提供した指定訪問介護に係る利用者及びその家族からの苦情に迅速かつ適切に対応するために、苦情を受け付けるための窓口を設置する等の必要な措置を講じなければならない。

2　指定訪問介護事業者は、前項の苦情を受け付けた場合には、当該苦情の内容等を記録しなければならない。

3　指定訪問介護事業者は、提供した指定訪問介護に関し、法第二十三条の規定により市町村が行う文書その他の物件の提出若しくは提示の求め又は当該市町村の職員からの質問若しくは照会に応じ、及び利用者からの苦情に関して市町村が行う調査に協力するとともに、市町村から指導又は助言を受けた場合においては、当該指導又は助言に従って必要な改善を行わなければならない。

4　指定訪問介護事業者は、市町村からの求めがあった場合には、前項の改善の内容を市町村に報告しなければならない。

5　指定訪問介護事業者は、提供した指定訪問介護に係る利用者からの苦情に関して国民健康保険団体連合会（国民健康保険法（昭和三十三年法律第百九十二号）第四十五条第五項に規定する国民健康保険団体連合会をいう。以下同じ。）が行う法第百七十六条第一項第三号の調査に協力するとともに、国民健康保険団体連合会から同号の指導又は助言を受けた場合においては、当該指導又は助言に従って必要な改善を行わなければならない。

6　指定訪問介護事業者は、国民健康保険団体連合会からの求めがあった場合には、前項の改善の内容を国民健康保険団体連合会に報告しなければならない。

（虐待の防止）

第三十七条の二　指定訪問介護事業者は、虐待の発生又はその再発を防止するため、次の各号に掲げる措置を講じなければならない。

一　当該指定訪問介護事業所における虐待の防止のための対策を検討する委員会（テレビ電話装置等を活用して行うことができるものとする。）を定期的に開催するとともに、その結果について、訪問介護員等に周知徹底を図ること。

二　当該指定訪問介護事業所における虐待の防止のための指針を整備すること。

三　当該指定訪問介護事業所において、訪問介護員等に対し、虐待の防止のための研修を定期的に実施すること。

四　前三号に掲げる措置を適切に実施するための担当者を置くこと。

第三章　訪問入浴介護

第一節　基本方針

（基本方針）

第四十四条　指定居宅サービスに該当する訪問入浴介護（以下「指定訪問入浴介護」という。）の事業は、要介護状態となった場合においても、その利用者が可能な限りその居宅において、その有する能力に応じ自立した日常生活を営むことができるよう、居宅における入浴の援助を行うことによって、利用者の身体の清潔の保持、心身機能の維持等を図るものでなければならない。

第四節　運営に関する基準

（指定訪問入浴介護の基本取扱方針）

第四十九条　指定訪問入浴介護は、利用者の要介護状態の軽減又は悪化の防止に資するよう、利用者の状態に応じて、適切に行われなければならない。

2　指定訪問入浴介護事業者は、自らその提供する指定訪問入浴介護の質の評価を行い、常にその改善を図らなければならない。

（指定訪問入浴介護の具体的取扱方針）

第五十条　訪問入浴介護従業者の行う指定訪問入浴介護の方針は、次に掲げるところによるものとする。

一　指定訪問入浴介護の提供に当たっては、常に利用者の心身の状況、希望及びその置かれている環境を踏まえ、必要なサービスを適切に提供する。

二　指定訪問入浴介護の提供に当たっては、懇切丁寧に行うことを旨とし、利用者又はその家族に対し、サービスの提供方法等について、理解しやすいように説明を行う。

三　指定訪問入浴介護の提供に当たっては、介護技術の進歩に対応し、適切な介護技術をもってサービスの提供を行う。

四　指定訪問入浴介護の提供は、一回の訪問につき、看護職員一人及び介護職員二人をもって行うものとし、これらの者のうち一人を当該サービスの提供の責任者とする。

ただし、利用者の身体の状況が安定していること等から、入浴により利用者の身体の状況等に支障を生ずるおそれがないと認められる場合においては、主治の医師の意見を確認した上で、看護職員に代えて介護職員を充てることができる。

五　指定訪問入浴介護の提供に当たっては、サービスの提供に用いる設備、器具その他の用品の使用に際して安全及び清潔の保持に留意し、特に利用者の身体に接触する設備、器具その他の用品については、サービスの提供ごとに消毒したものを使用する。

第四章　訪問看護

第一節　基本方針

（基本方針）

第五十九条　指定居宅サービスに該当する訪問看護（以下「指定訪問看護」という。）の事業は、要介護状態となった場合においても、その利用者が可能な限りその居宅において、その有する能力に応じ自立した日常生活を営むことができるよう、その療養生活を支援し、心身の機能の維持回復及び生活機能の維持又は向上を目指すものでなければならない。

第四節　運営に関する基準

（指定訪問看護の基本取扱方針）

第六十七条　指定訪問看護は、利用者の要介護状態の軽減又は悪化の防止に資するよう、療養上の目標を設定し、計画的に行われなければならない。

2　指定訪問看護事業者は、自らその提供する指定訪問看護の質の評価を行い、常にその改善を図らなければならない。

（指定訪問看護の具体的取扱方針）

第六十八条　看護師等の行う指定訪問看護の方針は、次に掲げるところによるものとする。

一　指定訪問看護の提供に当たっては、主治の医師との密接な連携及び第七十条第一項に規定する訪問看護計画書に基づき、利用者の心身の機能の維持回復を図るよう妥当適切に行う。

二　指定訪問看護の提供に当たっては、懇切丁寧に行うことを旨とし、利用者又はその家族に対し、療養上必要な事項について、理解しやすいように指導又は説明を行う。

三　指定訪問看護の提供に当たっては、医学の進歩に対応し、適切な看護技術をもって、これを行う。

四　指定訪問看護の提供に当たっては、常に利用者の病状、心身の状況及びその置かれている環境の的確な把握に努め、利用者又はその家族に対し、適切な指導を行う。

五　特殊な看護等については、これを行ってはならない。

（主治の医師との関係）

第六十九条　指定訪問看護事業所の管理者は、主治の医師の指示に基づき適切な指定訪問看護が行われるよう必要な管理をしなければならない。

2　指定訪問看護事業者は、指定訪問看護の提供の開始に際し、主治の医師による指示を文書で受けなければならない。

3　指定訪問看護事業者は、主治の医師に次条第一項に規定する訪問看護計画書及び訪問看護報告書を提出し、指定訪問看護の提供に当たって主治の医師との密接な連携を図らなければならない。

4　当該指定訪問看護事業所が指定訪問看護を担当する医療機関である場合にあっては、前二項の規定にかかわらず、第二項の主治の医師の文書による指示並びに前項の訪問看護計画書及び訪問看護報告書の提出は、診療録その他の診療に関する記録（以下「診療記録」という。）への記載をもって代えることができる。

第五章　訪問リハビリテーション

第一節　基本方針

（基本方針）

第七十五条　指定居宅サービスに該当する訪問リハビリテーション（以下「指定訪問リハビリテーション」という。）の事業は、要介護状態となった場合においても、その利用者が可能な限りその居宅において、その有する能力に応じ自立した日常生活を営むことができるよう生活機能の維持又は向上を目指し、利用者の居宅において、理学療法、作業療法その他必要なリハビリテーションを行うことにより、利用者の心身の機能の維持回復を図るものでなければならない。

第四節　運営に関する基準

（指定訪問リハビリテーションの基本取扱方針）

第七十九条　指定訪問リハビリテーションは、利用者の要介護状態の軽減又は悪化の防止に資するよう、リハビリテーションの目標を設定し、計画的に行われなければならない。

2　指定訪問リハビリテーション事業者は、自らその提供する指定訪問リハビリテーションの質の評価を行い、常にその改善を図らなければならない。

（指定訪問リハビリテーションの具体的取扱方針）

第八十条　指定訪問リハビリテーションの提供は理学療法士、作業療法士又は言語聴覚士が行うものとし、その方針は、次に掲げるところによるものとする。

一　指定訪問リハビリテーションの提供に当たっては、医師の指示及び次条第一項に規定する訪問リハビリテーション計画に基づき、利用者の心身機能の維持回復を図り、日常生活の自立に資するよう、妥当適切に行う。

二　指定訪問リハビリテーションの提供に当たっては、懇切丁寧に行うことを旨とし、利用者又はその家族に対し、リハビリテーションの観点から療養上必要とされる事項について、理解しやすいように指導又は説明を行う。

三　常に利用者の病状、心身の状況、希望及びその置かれている環境の的確な把握に努め、利用者に対し、適切なサービスを提供する。

四　それぞれの利用者について、次条第一項に規定する訪問リハビリテーション計画に従ったサービスの実施状況及びその評価について、速やかに診療記録を作成するとともに、医師に報告する。

五　指定訪問リハビリテーション事業者は、リハビリテーション会議（次条第一項に規定する訪問リハビリテーション計画又は第百十五条第一項に規定する通所リハビリテーション計画の作成のために、利用者及びその家族の参加を基本としつつ、医師、理学療法士、作業療法士、言語聴覚士、介護支援専門員、居宅サービス計画の原案に位置付けた指定居宅サービス等（法第八条第二十四項に規定する指定居宅サービス等をいう。）の担当者その他の関係者（以下「構成員」という。）により構成される会議（テレビ電話装置等を活用して行うことができるものとする。ただし、利用者又はその家族（以下この号において「利用者等」という。）が参加する場合にあっては、テレビ電話装置等の活用について当該利用者等の同意を得なければならない。）をいう。以下同じ。）の開催により、リハビリテーションに関する専門的な見地から利用者の状況等に関する情報を構成員と共有するよう努め、利用者に対し、適切なサービスを提供する。

第六章　居宅療養管理指導

第一節　基本方針

（基本方針）

第八十四条　指定居宅サービスに該当する居宅療養管理指導（以下「指定居宅療養管理指導」という。）の事業は、要介護状態となった場合においても、その利用者が可能な限りその居宅において、その有する能力に応じ自立した日常生活を営むことができるよう、医師、歯科医師、薬剤師、歯科衛生士（歯科衛生士が行う居宅療養管理指導に相当するものを行う保健師、看護師及び准看護師を含む。以下この章において同じ。）又は管理栄養士が、通院が困難な利用者に対して、その居宅を訪問して、その心身の状況、置かれている環境等を把握し、それらを踏まえて療養上の管理及び指導を行うことにより、その者の療養生活の質の向上を図るものでなければならない。

第四節　運営に関する基準

（指定居宅療養管理指導の基本取扱方針）

第八十八条　指定居宅療養管理指導は、利用者の要介護状態の軽減又は悪化の防止に資するよう、計画的に行われなければならない。

2　指定居宅療養管理指導事業者は、自らその提供する指定居宅療養管理指導の質の評価を行い、常にその改善を図らなければならない。

（指定居宅療養管理指導の具体的取扱方針）

第八十九条　医師又は歯科医師の行う指定居宅療養管理指導の方針は、次に掲げるところによるものとする。

一　指定居宅療養管理指導の提供に当たっては、訪問診療等により常に利用者の病状及び心身の状況を把握し、計画的かつ継続的な医学的管理又は歯科医学的管理に基づいて、居宅介護支援事業者に対する居宅サービス計画の作成等に必要な情報提供並びに利用者又はその家族に対し、居宅サービスの利用に関する留意事項、介護方法等についての指導、助言等を行う。

二　指定居宅療養管理指導の提供に当たっては、利用者又はその家族からの介護に関する相談に懇切丁寧に応ずるとともに、利用者又はその家族に対し、療養上必要な事項等について、理解しやすいように指導又は助言を行う。

三　前号に規定する利用者又はその家族に対する指導又は助言については、療養上必要な事項等を記載した文書を交付するよう努めなければならない。

四　指定居宅療養管理指導の提供に当たっては、療養上適切な居宅サービスが提供されるために必要があると認める場合又は居宅介護支援事業者若しくは居宅サービス事業者から求めがあった場合は、居宅介護支援事業者又は居宅サービス事業者に対し、居宅サービス計画の作成、居宅サービスの提供等に必要な情報提供又は助言を行う。

五　前号に規定する居宅介護支援事業者又は居宅サービス事業者に対する情報提供又は助言については、原則として、サービス担当者会議に参加することにより行わなければならない。

六　前号の場合において、サービス担当者会議への参加によることが困難な場合については、居宅介護支援事業者又は居宅サービス事業者に対して、原則として、情報提供又は助言の内容を記載した文書を交付して行わなければならない。

七　それぞれの利用者について、提供した指定居宅療養管理指導の内容について、速やかに診療録に記録する。

2　薬剤師の行う指定居宅療養管理指導の方針は、次に掲げるところによるものとする。

一　指定居宅療養管理指導の提供に当たっては、医師又は歯科医師の指示（薬局の薬剤師による指定居宅療養管理指導にあっては、医師又は歯科医師の指示に基づき当該薬剤師が策定した薬学的管理指導計画）に基づき、利用者の心身機能の維持回復を図り、居宅における日常生活の自立に資するよう、妥当適切に行う。

二　指定居宅療養管理指導の提供に当たっては、懇切丁寧に行うことを旨とし、利用者又はその家族に対し、療養上必要な事項について、理解しやすいように指導又は説明を行う。

三　常に利用者の病状、心身の状況及びその置かれている環境の的確な把握に努め、利用者に対し適切なサービスを提供する。

四　指定居宅療養管理指導の提供に当たっては、療養上適切な居宅サービスが提供されるために必要があると認める場合又は居宅介護支援事業者若しくは居宅サービス事業者から求めがあった場合は、居宅介護支援事業者又は居宅サービス事業者に対し、居宅サービス計画の作成、居宅サービスの提供等に必要な情報提供又は助言を行う。

五　前号に規定する居宅介護支援事業者又は居宅サービス事業者に対する情報提供又は助言については、原則として、サービス担当者会議に参加することにより行わなければならない。

六　前号の場合において、サービス担当者会議への参加によることが困難な場合については、居宅介護支援事業者又は居宅サービス事業者に対して、原則として、情報提供又は助言の内容を記載した文書を交付して行わなければならない。

七　それぞれの利用者について、提供した指定居宅療養管理指導の内容について、速やかに診療録を作成するとともに、医師又は歯科医師に報告する。

3　歯科衛生士又は管理栄養士の行う指定居宅療養管理指導の方針は、次に掲げるところによるものとする。

一　指定居宅療養管理指導の提供に当たっては、医師又は歯科医師の指示に基づき、利用者の心身機能の維持回復を図り、居宅における日常生活の自立に資するよう、妥当適切に行う。

二　指定居宅療養管理指導の提供に当たっては、懇切丁寧に行うことを旨とし、利用者又はその家族に対し、療養上必要な事項について、理解しやすいように指導又は説明を行う。

三　常に利用者の病状、心身の状況及びその置かれている環境の的確な把握に努め、利用者に対し適切なサービスを提供する。

四　それぞれの利用者について、提供した指定居宅療養管理指導の内容について、速やかに診療録を作成するとともに、医師又は歯科医師に報告する。

第七章　通所介護

第一節　基本方針

（基本方針）

第九十二条　指定居宅サービスに該当する通所介護（以下「指定通所介護」という。）の事業は、要介護状態となった場合においても、その利用者が可能な限りその居宅において、その有する能力に応じ自立した日常生活を営むことができるよう生活機能の維持又は向上を目指し、必要な日常生活上の世話及び機能訓練を行うことにより、利用者の社会的孤立感の解消及び心身の機能の維持並びに利用者の家族の身体的及び精神的負担の軽減を図るものでなければならない。

第四節　運営に関する基準

（**指定通所介護の基本取扱方針**）

第九十七条　指定通所介護は、利用者の要介護状態の軽減又は悪化の防止に資するよう、その目標を設定し、計画的に行われなければならない。

2　指定通所介護事業者は、自らその提供する指定通所介護の質の評価を行い、常にその改善を図らなければならない。

（**指定通所介護の具体的取扱方針**）

第九十八条　指定通所介護の方針は、次に掲げるところによるものとする。

一　指定通所介護の提供に当たっては、次条第一項に規定する通所介護計画に基づき、利用者の機能訓練及びその者が日常生活を営むことができるよう必要な援助を行う。

二　通所介護従業者は、指定通所介護の提供に当たっては、懇切丁寧に行うことを旨とし、利用者又はその家族に対し、サービスの提供方法等について、理解しやすいように説明を行う。

三　指定通所介護の提供に当たっては、介護技術の進歩に対応し、適切な介護技術をもってサービスの提供を行う。

四　指定通所介護は、常に利用者の心身の状況を的確に把握しつつ、相談援助等の生活指導、機能訓練その他必要なサービスを利用者の希望に添って適切に提供する。特に、認知症（法第五条の二第一項に規定する認知症をいう。以下同じ。）である要介護者に対しては、必要に応じ、その特性に対応したサービスの提供ができる体制を整える。

（**地域との連携等**）

第百四条の二　指定通所介護事業者は、その事業の運営に当たっては、地域住民又はその自発的な活動等との連携及び協力を行う等の地域との交流に努めなければならない。

2　指定通所介護事業者は、その事業の運営に当たっては、提供した指定通所介護に関する利用者からの苦情に関して、市町村等が派遣する者が相談及び援助を行う事業その他の市町村が実施する事業に協力するよう努めなければならない。

3　指定通所介護事業者は、指定通所介護事業所の所在する建物と同一の建物に居住する利用者に対して指定通所介護を提供する場合には、当該建物に居住する利用者以外の者に対しても指定通所介護の提供を行うよう努めなければならない。

第五節　共生型居宅サービスに関する基準

（**共生型通所介護の基準**）

第百五条の二　通所介護に係る共生型居宅サービス（以下この条及び次条において「共生型通所介護」という。）の事業を行う指定生活介護事業者（指定障害福祉サービス等基準第七十八条第一項に規定する指定生活介護事業者をいう。）、指定自立訓練（機能訓練）事業者（指定障害福祉サービス等基準第百五十六条第一項に規定する指定自立訓練（機能訓練）事業者をいう。）、指定自立訓練（生活訓練）事業者（指定障害福祉サービス等基準第百六十六条第一項に規定する指定自立訓練（生活訓練）事業者をいう。）、指定児童発達支援事業者（児童福祉法に基づく指定通所支援の事業等の人員、設備及び運営に関する基準（平成二十四年厚生労働省令第十五号。以下この条において「指定通所支援基準」という。）第五条第一項に規定する指定児童発達支援事業者をいい、主として重症心身障害児（児童福祉法（昭和二十二年法律第百六十四号）第七条第二項に規定する重症心身障害児をいう。以下この条において同じ。）を通わせる事業所において指定児童発達支援（指定通所支援基準第四条に規定する指定児童発達支援をいう。第一号において同じ。）を提供する事業者を除く。）及び指定放課後等デイサービス事業者（指定通所支援基準第六十六条第一項に規定する指定放課後等デイサービス事業者をいい、主として重症心身障害児を通わせる事業所において指定放課後等デイサービス（指定通所支援基準第六十五条に規定する指定放課後等デイサービスをいう。第一号において同じ。）を提供する事業者を除く。）が当該事業に関して満たすべき基準は、次のとおりとする。

一　指定生活介護事業所（指定障害福祉サービス等基準第七十八条第一項に規定する指定生活介護事業所をいう。）、指定自立訓練（機能訓練）事業所（指定障害福祉サービス等基準第百五十六条第一項に規定する指定自立訓練（機能訓練）事業所をいう。）、指定自立訓練（生活訓練）事業所（指定障害福祉サービス等基準第百六十六条第一項に規定する指定自立訓練（生活訓練）事業所をいう。）、指定児童発達支援事業所（指定通所支援基準第五条第一項に規定する指定児童発達支援事業所をいう。）又は指定放課後等デイサービス事業所（指定通所支援基準第六十六条第一項に規定する指定放課後等デイサービス事業所をいう。）（以下この号において「指定生活介護事業所等」という。）の従業者の員数が、当該指定生活介護事業所等が提供する指定生活介護（指定障害福祉サービス等基準第七十七条に規定する指定生活介護をいう。）、指定自立訓練（機能訓練）（指定障害福祉サービス等基準第百五十五条に規定する指定自立訓練（機能訓練）をいう。）、指定自立訓練（生活訓練）（指定障害福祉サービス等基準第百六十五条に規定する指定自立訓練（生活訓練）をいう。）、指定児童発達支援又は指定放課後等デイサービス（以下この号において「指定生活介護等」という。）の利用者の数を指定生活介護等の利用者及び共生型通所介護の利用者の数の合計数であるとした場合における当該指定生活介護事業所等として必要とされる数以上であること。

二　共生型通所介護の利用者に対して適切なサービスを提供するため、指定通所介護事業所その他の関係施設から必要な技術的支援を受けていること。

（準用）

第百五条の三　第八条から第十七条まで、第十九条、第二十一条、第二十六条、第二十七条、第三十条の二、第三十二条から第三十四条まで、第三十五条、第三十六条、第三十七条の二、第三十八条、第五十二条、第九十二条、第九十四条及び第九十五条第四項並びに前節（第百五条を除く。）の規定は、共生型通所介護の事業について準用する。この場合において、第八条第一項中「第二十九条に規定する運営規程」とあるのは「運営規程（第百条に規定する運営規程をいう。第三十二条第一項において同じ。）」と、「訪問介護員等」とあるのは「共生型通所介護の提供に当たる従業者（以下「共生型通所介護従業者」という。）」と、第二十七条、第三十条の二第二項、第三十二条第一項並びに第三十七条の二第一号及び第三号中「訪問介護員等」とあるのは「共生型通所介護従業者」と、第九十五条第四項中「前項ただし書の場合（指定通所介護事業者が第一項に掲げる設備を利用し、夜間及び深夜に指定通所介護以外のサービスを提供する場合に限る。）」とあるのは「共生型通所介護事業者が共生型通所介護事業所の設備を利用し、夜間及び深夜に共生型通所介護以外のサービスを提供する場合」と、第九十八条第二号、第九十九条第五項、第百一条第三項及び第四項並びに第百四条第二項第一号及び第三号中「通所介護従業者」とあるのは「共生型通所介護従業者」と、第百四条の四第二項第二号中「次条において準用する第十九条第二項」とあるのは「第十九条第二項」と、同項第三号中「次条において準用する第二十六条」とあるのは「第二十六条」と、同項第四号中「次条において準用する第三十六条第二項」とあるのは「第三十六条第二項」と読み替えるものとする。

第八章　通所リハビリテーション

第一節　基本方針

（基本方針）

第百十条　指定居宅サービスに該当する通所リハビリテーション（以下「指定通所リハビリテーション」という。）の事業は、要介護状態となった場合においても、その利用者が可能な限りその居宅において、その有する能力に応じ自立した日常生活を営むことができるよう生活機能の維持又は向上を目指し、理学療法、作業療法その他必要なリハビリテーションを行うことにより、利用者の心身の機能の維持回復を図るものでなければならない。

第四節　運営に関する基準

（指定通所リハビリテーションの基本取扱方針）

第百十三条　指定通所リハビリテーションは、利用者の要介護状態の軽減又は悪化の防止に資するよう、その目標を設定し、計画的に行われなければならない。

社会福祉

2　指定通所リハビリテーション事業者は、自らその提供する指定通所リハビリテーションの質の評価を行い、常にその改善を図らなければならない。

（指定通所リハビリテーションの具体的取扱方針）

第百十四条　指定通所リハビリテーションの方針は、次に掲げるところによるものとする。

一　指定通所リハビリテーションの提供に当たっては、医師の指示及び次条第一項に規定する通所リハビリテーション計画に基づき、利用者の心身の機能の維持回復を図り、日常生活の自立に資するよう、妥当適切に行う。

二　通所リハビリテーション従業者は、指定通所リハビリテーションの提供に当たっては、懇切丁寧に行うことを旨とし、利用者又はその家族に対し、リハビリテーションの観点から療養上必要とされる事項について、理解しやすいように指導又は説明を行う。

三　指定通所リハビリテーションの提供に当たっては、常に利用者の病状、心身の状況及びその置かれている環境の的確な把握に努め、利用者に対し適切なサービスを提供する。特に、認知症である要介護者に対しては、必要に応じ、その特性に対応したサービス提供ができる体制を整える。

四　指定通所リハビリテーション事業者は、リハビリテーション会議の開催により、リハビリテーションに関する専門的な見地から利用者の状況等に関する情報を構成員と共有するよう努め、利用者に対し、適切なサービスを提供する。

第九章　短期入所生活介護

第一節　基本方針

（基本方針）

第百二十条　指定居宅サービスに該当する短期入所生活介護（以下「指定短期入所生活介護」という。）の事業は、要介護状態となった場合においても、その利用者が可能な限りその居宅において、その有する能力に応じ自立した日常生活を営むことができるよう、入浴、排せつ、食事等の介護その他の日常生活上の世話及び機能訓練を行うことにより、利用者の心身の機能の維持並びに利用者の家族の身体的及び精神的負担の軽減を図るものでなければならない。

第四節　運営に関する基準

（内容及び手続の説明及び同意）

第百二十五条　指定短期入所生活介護事業者は、指定短期入所生活介護の提供の開始に際し、あらかじめ、利用申込者又はその家族に対し、第百三十七条に規定する運営規程の概要、短期入所生活介護従業者の勤務の体制その他の利用申込者のサービスの選択に資すると認められる重要事項を記した文書を交付して説明を行い、サービスの内容及び利用期間等について利用申込者の同意を得なければならない。

2　第八条第二項から第六項までの規定は、前項の規定による文書の交付について準用する。

（指定短期入所生活介護の取扱方針）

第百二十八条　指定短期入所生活介護事業者は、利用者の要介護状態の軽減又は悪化の防止に資するよう、認知症の状況等利用者の心身の状況を踏まえて、日常生活に必要な援助を妥当適切に行わなければならない。

2　指定短期入所生活介護は、相当期間以上にわたり継続して入所する利用者については、次条第一項に規定する短期入所生活介護計画に基づき、漫然かつ画一的なものとならないよう配慮して行われなければならない。

3　短期入所生活介護従業者は、指定短期入所生活介護の提供に当たっては、懇切丁寧を旨とし、利用者又はその家族に対し、サービスの提供方法等について、理解しやすいように説明を行わなければならない。

4　指定短期入所生活介護事業者は、指定短期入所生活介護の提供に当たっては、当該利用者又は他の利用者等の生命又は身体を保護するため緊急やむを得ない場合を除き、身体的拘束その他利用者の行動を制限する行為（以下「身体的拘束等」という。）を行ってはならない。

5　指定短期入所生活介護事業者は、前項の身体的拘束等を行う場合には、その態様及び時間、その際の利用者の心身の状況並びに緊急やむを得ない理由を記録しなければならない。

6　指定短期入所生活介護事業者は、自らその提供する指定短期入所生活介護の質の評価を行い、常にその改善を図らなければならない。

第五節　ユニット型指定短期入所生活介護の事業の基本方針並びに設備及び運営に関する基準

第一款　この節の趣旨及び基本方針

（この節の趣旨）

第百四十条の二　第一節、第三節及び前節の規定にかかわらず、ユニット型指定短期入所生活介護の事業（指定短期入所生活介護の事業であって、その全部において少数の居室及び当該居室に近接して設けられる共同生活室（当該居室の利用者が交流し、共同で日常生活を営むための場所をいう。以下この章において同じ。）により一体的に構成される場所（以下この章において「ユニット」という。）ごとに利用者の日常生活が営まれ、これに対する支援が行われるものをいう。以下同じ。）の基本方針並びに設備及び運営に関する基準については、この節に定めるところによる。

第三款　運営に関する基準

（指定短期入所生活介護の取扱方針）

第百四十条の七　指定短期入所生活介護は、利用者が、その有する能力に応じて、自らの生活様式及び生活習慣に沿って自律的な日常生活を営むことができるようにするため、利用者の日常生活上の活動について必要な援助を行うことにより、利用者の日常生活を支援するものとして行われなければならない。

2　指定短期入所生活介護は、各ユニットにおいて利用者がそれぞれの役割を持って生活を営むことができるよう配慮して行われなければならない。

3　指定短期入所生活介護は、利用者のプライバシーの確保に配慮して行われなければならない。

4　指定短期入所生活介護は、利用者の自立した生活を支援することを基本として、利用者の要介護状態の軽減又は悪化の防止に資するよう、その者の心身の状況等を常に把握しながら、適切に行われなければならない。

5　ユニット型指定短期入所生活介護事業所の従業者は、指定短期入所生活介護の提供に当たって、利用者又はその家族に対し、サービスの提供方法等について、理解しやすいように説明を行わなければならない。

6　ユニット型指定短期入所生活介護事業者は、指定短期入所生活介護の提供に当たっては、当該利用者又は他の利用者等の生命又は身体を保護するため緊急やむを得ない場合を除き、身体的拘束等を行ってはならない。

7　ユニット型指定短期入所生活介護事業者は、前項の身体的拘束等を行う場合には、その態様及び時間、その際の利用者の心身の状況並びに緊急やむを得ない理由を記録しなければならない。

8　ユニット型指定短期入所生活介護事業者は、自らその提供する指定短期入所生活介護の質の評価を行い、常にその改善を図らなければならない。

第十章　短期入所療養介護

第一節　基本方針

（基本方針）

第百四十一条　指定居宅サービスに該当する短期入所療養介護（以下「指定短期入所療養介護」という。）の事業は、要介護状態となった場合においても、その利用者が可能な限りその居宅において、その有する能力に応じ自立した日常生活を営むことができるよう、看護、医学的管理の下における介護及び機能訓練その他必要な医療並びに日常生活上の世話を行うことにより、療養生活の質の向上及び利用者の家族の身体的及び精神的負担の軽減を図るものでなければならない。

第四節　運営に関する基準

（指定短期入所療養介護の取扱方針）

第百四十六条　指定短期入所療養介護事業者は、利用者の要介護状態の軽減又は悪化の防止に資するよう、認知症の状況等利用者の心身の状況を踏まえて、当該利用者の療養を妥当適切に行わなければならない。

2　指定短期入所療養介護は、相当期間以上にわたり継続して入所する利用者については、次条第一項に規定する短期入所療養介護計画に基づき、漫然かつ画一的なものとならないよう配慮して行わなければならない。

3　短期入所療養介護従業者は、指定短期入所療養介護の提供に当たっては、懇切丁寧を旨とし、利用者又はその家族に対し、療養上必要な事項について、理解しやすいように指導又は説明を行わなければならない。

4　指定短期入所療養介護事業者は、指定短期

入所療養介護の提供に当たっては、当該利用者又は他の利用者等の生命又は身体を保護するため緊急やむを得ない場合を除き、身体的拘束等を行ってはならない。
5　指定短期入所療養介護事業者は、前項の身体的拘束等を行う場合には、その態様及び時間、その際の利用者の心身の状況並びに緊急やむを得ない理由を記録しなければならない。
6　指定短期入所療養介護事業者は、自らその提供する指定短期入所療養介護の質の評価を行い、常にその改善を図らなければならない。

第五節　ユニット型指定短期入所療養介護の事業の基本方針並びに設備及び運営に関する基準

第一款　この節の趣旨及び基本方針

（この節の趣旨）
第百五十五条の二　第一節、第三節及び前節の規定にかかわらず、ユニット型指定短期入所療養介護の事業（指定短期入所療養介護の事業であって、その全部において少数の療養室等及び当該療養室等に近接して設けられる共同生活室（当該療養室等の利用者が交流し、共同で日常生活を営むための場所をいう。以下この章において同じ。）により一体的に構成される場所（以下この章において「ユニット」という。）ごとに利用者の日常生活が営まれ、これに対する支援が行われるものをいう。以下同じ。）の基本方針並びに設備及び運営に関する基準については、この節に定めるところによる。

第三款　運営に関する基準

（指定短期入所療養介護の取扱方針）
第百五十五条の六　指定短期入所療養介護は、利用者が、その有する能力に応じて、自らの生活様式及び生活習慣に沿って自律的な日常生活を営むことができるようにするため、利用者の日常生活上の活動について必要な援助を行うことにより、利用者の日常生活を支援するものとして行われなければならない。
2　指定短期入所療養介護は、各ユニットにおいて利用者がそれぞれの役割を持って生活を営むことができるよう配慮して行われなければならない。
3　指定短期入所療養介護は、利用者のプライバシーの確保に配慮して行われなければならない。
4　指定短期入所療養介護は、利用者の自立した生活を支援することを基本として、利用者の要介護状態の軽減又は悪化の防止に資するよう、その者の心身の状況等を常に把握しながら、適切に行われなければならない。
5　ユニット型指定短期入所療養介護事業所の従業者は、指定短期入所療養介護の提供に当たって、利用者又はその家族に対し、サービスの提供方法等について、理解しやすいように説明を行わなければならない。
6　ユニット型指定短期入所療養介護事業者は、指定短期入所療養介護の提供に当たっては、当該利用者又は他の利用者等の生命又は身体を保護するため緊急やむを得ない場合を除き、身体的拘束等を行ってはならない。
7　ユニット型指定短期入所療養介護事業者は、前項の身体的拘束等を行う場合には、その態様及び時間、その際の利用者の心身の状況並びに緊急やむを得ない理由を記録しなければならない。
8　ユニット型指定短期入所療養介護事業者は、自らその提供する指定短期入所療養介護の質の評価を行い、常にその改善を図らなければならない。

第十二章　特定施設入居者生活介護

第一節　基本方針

（基本方針）
第百七十四条　指定居宅サービスに該当する特定施設入居者生活介護（以下「指定特定施設入居者生活介護」という。）の事業は、特定施設サービス計画（法第八条第十一項に規定する計画をいう。以下同じ。）に基づき、入浴、排せつ、食事等の介護その他の日常生活上の世話、機能訓練及び療養上の世話を行うことにより、要介護状態となった場合でも、当該指定特定施設入居者生活介護の提供を受ける入居者（以下この章において「利用者」という。）が当該指定特定施設（特定施設であって、当該指定特定施設入居者生活介護の事業が行われるものをいう。以下同じ。）においてその有する能力に応じ自立した日常生活を営むことができるようにするものでなければならない。
2　指定特定施設入居者生活介護の事業を行う者（以下「指定特定施設入居者生活介護事業者」という。）は、安定的かつ継続的な事業運営に努めなければならない。

第四節　運営に関する基準

（内容及び手続の説明及び契約の締結等）

第百七十八条　指定特定施設入居者生活介護事業者は、あらかじめ、入居申込者又はその家族に対し、第百八十九条の運営規程の概要、従業者の勤務の体制、利用料の額及びその改定の方法その他の入居申込者のサービスの選択に資すると認められる重要事項を記した文書を交付して説明を行い、入居及び指定特定施設入居者生活介護の提供に関する契約を文書により締結しなければならない。

2　指定特定施設入居者生活介護事業者は、前項の契約において、入居者の権利を不当に狭めるような契約解除の条件を定めてはならない。

3　指定特定施設入居者生活介護事業者は、より適切な指定特定施設入居者生活介護を提供するため利用者を介護居室又は一時介護室に移して介護を行うこととしている場合にあっては、利用者が介護居室又は一時介護室に移る際の当該利用者の意思の確認等の適切な手続をあらかじめ第一項の契約に係る文書に明記しなければならない。

4　第八条第二項から第六項までの規定は、第一項の規定による文書の交付について準用する。

（指定特定施設入居者生活介護の取扱方針）

第百八十三条　指定特定施設入居者生活介護事業者は、利用者の要介護状態の軽減又は悪化の防止に資するよう、認知症の状況等利用者の心身の状況を踏まえて、日常生活に必要な援助を妥当適切に行わなければならない。

2　指定特定施設入居者生活介護は、次条第一項に規定する特定施設サービス計画に基づき、漫然かつ画一的なものとならないよう配慮して行われなければならない。

3　指定特定施設の特定施設従業者は、指定特定施設入居者生活介護の提供に当たっては、懇切丁寧を旨とし、利用者又はその家族から求められたときは、サービスの提供方法等について、理解しやすいように説明を行わなければならない。

4　指定特定施設入居者生活介護事業者は、指定特定施設入居者生活介護の提供に当たっては、当該利用者又は他の利用者等の生命又は身体を保護するため緊急やむを得ない場合を除き、身体的拘束等を行ってはならない。

5　指定特定施設入居者生活介護事業者は、前項の身体的拘束等を行う場合には、その態様及び時間、その際の利用者の心身の状況並びに緊急やむを得ない理由を記録しなければならない。

6　指定特定施設入居者生活介護事業者は、身体的拘束等の適正化を図るため、次に掲げる措置を講じなければならない。

一　身体的拘束等の適正化のための対策を検討する委員会（テレビ電話装置等を活用して行うことができるものとする。）を三月に一回以上開催するとともに、その結果について、介護職員その他の従業者に周知徹底を図ること。

二　身体的拘束等の適正化のための指針を整備すること。

三　介護職員その他の従業者に対し、身体的拘束等の適正化のための研修を定期的に実施すること。

7　指定特定施設入居者生活介護事業者は、自らその提供する指定特定施設入居者生活介護の質の評価を行い、常にその改善を図らなければならない。

第五節　外部サービス利用型指定特定施設入居者生活介護の事業の基本方針、人員並びに設備及び運営に関する基準

第一款　この節の趣旨及び基本方針

（この節の趣旨）

第百九十二条の二　第一節から前節までの規定にかかわらず、外部サービス利用型指定特定施設入居者生活介護（指定特定施設入居者生活介護であって、当該指定特定施設の従業者により行われる特定施設サービス計画の作成、利用者の安否の確認、利用者の生活相談等（以下「基本サービス」という。）及び当該指定特定施設の事業者が委託する指定居宅サービス事業者（以下「受託居宅サービス事業者」という。）により、当該特定施設サービス計画に基づき行われる入浴、排せつ、食事等の介護その他の日常生活上の世話、機能訓練及び療養上の世話（以下「受託居宅サービス」という。）をいう。以下同じ。）の事業を行うものの基本方針、人員並びに設備及び運営に関する基準については、この節に定めるところによる。

第四款　運営に関する基準

（内容及び手続きの説明及び契約の締結等）

第百九十二条の七　外部サービス利用型指定特定施設入居者生活介護事業者は、あらかじめ、入居申込者又はその家族に対し、第百九十二条の九の運営規程の概要、従業者の勤務の体制、外部サービス利用型指定特定施設入居者生活介護事業者と受託居宅サービス事業者の業務の分担の内容、受託居宅サービス事業者及び受託居宅サービス事業者が受託居宅サービスの事業を行う事業所（以下「受託居宅サービス事業所」という。）の名称、受託居宅サービスの種類、利用料の額及びその改定の方法その他の入居申込者のサービスの選択に資すると認められる重要事項を記した文書を交付して説明を行い、入居（養護老人ホームに入居する場合は除く。）及び外部サービス利用型指定特定施設入居者生活介護の提供に関する契約を文書により締結しなければならない。

2　外部サービス利用型指定特定施設入居者生活介護事業者は、前項の契約において、入居者の権利を不当に狭めるような契約解除の条件を定めてはならない。

3　外部サービス利用型指定特定施設入居者生活介護事業者は、より適切な外部サービス利用型指定特定施設入居者生活介護を提供するため利用者を他の居室に移して介護を行うこととしている場合にあっては、利用者が当該居室に移る際の当該利用者の意思の確認等の適切な手続をあらかじめ第一項の契約に係る文書に明記しなければならない。

4　第八条第二項から第六項までの規定は、第一項の規定による文書の交付について準用する。

第十三章　福祉用具貸与

第一節　基本方針

（基本方針）

第百九十三条　指定居宅サービスに該当する福祉用具貸与（以下「指定福祉用具貸与」という。）の事業は、要介護状態となった場合においても、その利用者が可能な限りその居宅において、その有する能力に応じ自立した日常生活を営むことができるよう、利用者の心身の状況、希望及びその置かれている環境を踏まえた適切な福祉用具（法第八条第十二項の規定により厚生労働大臣が定める福祉用具をいう。以下この章において同じ。）の選定の援助、取付け、調整等を行い、福祉用具を貸与することにより、利用者の日常生活上の便宜を図り、その機能訓練に資するとともに、利用者を介護する者の負担の軽減を図るものでなければならない。

第四節　運営に関する基準

（指定福祉用具貸与の基本取扱方針）

第百九十八条　指定福祉用具貸与は、利用者の要介護状態の軽減又は悪化の防止並びに利用者を介護する者の負担の軽減に資するよう、その目標を設定し、計画的に行わなければならない。

2　指定福祉用具貸与事業者は、常に、清潔かつ安全で正常な機能を有する福祉用具を貸与しなければならない。

3　指定福祉用具貸与事業者は、自らその提供する指定福祉用具貸与の質の評価を行い、常にその改善を図らなければならない。

（指定福祉用具貸与の具体的取扱方針）

第百九十九条　福祉用具専門相談員の行う指定福祉用具貸与の方針は、次に掲げるところによるものとする。

一　指定福祉用具貸与の提供に当たっては、次条第一項に規定する福祉用具貸与計画に基づき、福祉用具が適切に選定され、かつ、使用されるよう、専門的知識に基づき相談に応じるとともに、目録等の文書を示して福祉用具の機能、使用方法、利用料、全国平均貸与価格等に関する情報を提供し、個別の福祉用具の貸与に係る同意を得るものとする。

二　指定福祉用具貸与の提供に当たっては、貸与する福祉用具の機能、安全性、衛生状態等に関し、点検を行う。

三　指定福祉用具貸与の提供に当たっては、利用者の身体の状況等に応じて福祉用具の調整を行うとともに、当該福祉用具の使用方法、使用上の留意事項、故障時の対応等を記載した文書を利用者に交付し、十分な説明を行った上で、必要に応じて利用者に実際に当該福祉用具を使用させながら使用方法の指導を行う。

四　指定福祉用具貸与の提供に当たっては、利用者等からの要請等に応じて、貸与した福祉用具の使用状況を確認し、必要な場合は、使用方法の指導、修理等を行う。

五　居宅サービス計画に指定福祉用具貸与が

位置づけられる場合には、当該計画に指定福祉用具貸与が必要な理由が記載されるとともに、当該利用者に係る介護支援専門員により、必要に応じて随時その必要性が検討された上で、継続が必要な場合にはその理由が居宅サービス計画に記載されるように必要な措置を講じるものとする。

六　指定福祉用具貸与の提供に当たっては、同一種目における機能又は価格帯の異なる複数の福祉用具に関する情報を利用者に提供するものとする。

第十四章　特定福祉用具販売

第一節　基本方針

（基本方針）

第二百七条　指定居宅サービスに該当する特定福祉用具販売（以下「指定特定福祉用具販売」という。）の事業は、要介護状態となった場合においても、その利用者が可能な限りその居宅において、その有する能力に応じ自立した日常生活を営むことができるよう、利用者の心身の状況、希望及びその置かれている環境を踏まえた適切な特定福祉用具（法第八条第十三項の規定により厚生労働大臣が定める特定福祉用具をいう。以下この章において同じ。）の選定の援助、取付け、調整等を行い、特定福祉用具を販売することにより、利用者の日常生活上の便宜を図り、その機能訓練に資するとともに、利用者を介護する者の負担の軽減を図るものでなければならない。

第四節　運営に関する基準

（指定特定福祉用具販売の具体的取扱方針）

第二百十四条　福祉用具専門相談員の行う指定特定福祉用具販売の方針は、次に掲げるところによるものとする。

一　指定特定福祉用具販売の提供に当たっては、次条第一項に規定する特定福祉用具販売計画に基づき、特定福祉用具が適切に選定され、かつ、使用されるよう、専門的知識に基づき相談に応じるとともに、目録等の文書を示して特定福祉用具の機能、使用方法、販売費用の額等に関する情報を提供し、個別の特定福祉用具の販売に係る同意を得るものとする。

二　指定特定福祉用具販売の提供に当たっては、販売する特定福祉用具の機能、安全性、衛生状態等に関し、点検を行う。

三　指定特定福祉用具販売の提供に当たっては、利用者の身体の状況等に応じて特定福祉用具の調整を行うとともに、当該特定福祉用具の使用方法、使用上の留意事項等を記載した文書を利用者に交付し、十分な説明を行った上で、必要に応じて利用者に実際に当該特定福祉用具を使用させながら使用方法の指導を行う。

四　居宅サービス計画に指定特定福祉用具販売が位置づけられる場合には、当該計画に特定福祉用具販売が必要な理由が記載されるように必要な措置を講じるものとする。

第十五章　雑則

（電磁的記録等）

第二百十七条　指定居宅サービス事業者及び指定居宅サービスの提供に当たる者は、作成、保存その他これらに類するもののうち、この省令の規定において書面（書面、書類、文書、謄本、抄本、正本、副本、複本その他文字、図形等人の知覚によって認識することができる情報が記載された紙その他の有体物をいう。以下この条において同じ。）で行うことが規定されている又は想定されるもの（第十一条第一項（第三十九条の三、第四十三条、第五十四条、第五十八条、第七十四条、第八十三条、第九十一条、第百五条、第百五条の三、第百九条、第百十九条、第百四十条（第百四十条の十三において準用する場合を含む。）、第百四十条の十五、第百四十条の三十二、第百五十五条（第百五十五条の十二において準用する場合を含む。）、第百九十二条、第百九十二条の十二、第二百五条、第二百六条及び第二百十六条において準用する場合を含む。）及び第百八十一条第一項（第百九十二条の十二において準用する場合を含む。）並びに次項に規定するものを除く。）については、書面に代えて、当該書面に係る電磁的記録（電子的方式、磁気的方式その他人の知覚によっては認識することができない方式で作られる記録であって、電子計算機による情報処理の用に供されるものをいう。）により行うことができる。

2　指定居宅サービス事業者及び指定居宅サービスの提供に当たる者は、交付、説明、同意、承諾、締結その他これらに類するもの（以下「交付等」という。）のうち、この省令の規定において書面で行うことが規定されている又は想定されるものについては、当該交付等の相手方の承諾を得て、書面に代えて、電磁的方法（電子的方法、磁気的方法その他人の知覚によって認識することができない方法をいう。）によることができる。

指定介護老人福祉施設の人員、設備及び運営に関する基準（抄）

（平成一一・三・三一 厚令三九）

最新改正 令和三厚労令九

第一章 趣旨及び基本方針

（**趣旨**）

第一条 指定介護老人福祉施設に係る介護保険法（平成九年法律第百二十三号。以下「法」という。）第八十八条第三項の厚生労働省令で定める基準は、次の各号に掲げる基準に応じ、それぞれ当該各号に定める基準とする。

（**基本方針**）

第一条の二 指定介護老人福祉施設は、施設サービス計画に基づき、可能な限り、居宅における生活への復帰を念頭に置いて、入浴、排せつ、食事等の介護、相談及び援助、社会生活上の便宜の供与その他の日常生活上の世話、機能訓練、健康管理及び療養上の世話を行うことにより、入所者がその有する能力に応じ自立した日常生活を営むことができるようにすることを目指すものでなければならない。

2 指定介護老人福祉施設は、入所者の意思及び人格を尊重し、常にその者の立場に立って指定介護福祉施設サービスを提供するように努めなければならない。

3 指定介護老人福祉施設は、明るく家庭的な雰囲気を有し、地域や家庭との結び付きを重視した運営を行い、市町村（特別区を含む。以下同じ。）、居宅介護支援事業者（居宅介護支援事業を行う者をいう。以下同じ。）、居宅サービス事業者（居宅サービス事業を行う者をいう。以下同じ。）、他の介護保険施設その他の保健医療サービス又は福祉サービスを提供する者との密接な連携に努めなければならない。

4 指定介護老人福祉施設は、入所者の人権の擁護、虐待の防止等のため、必要な体制の整備を行うとともに、その従業者に対し、研修を実施する等の措置を講じなければならない。

5 指定介護老人福祉施設は、指定介護福祉施設サービスを提供するに当たっては、法第百十八条の二第一項に規定する介護保険等関連情報その他必要な情報を活用し、適切かつ有効に行うよう努めなければならない。

第四章 運営に関する基準

（**内容及び手続の説明及び同意**）

第四条 指定介護老人福祉施設は、指定介護福祉施設サービスの提供の開始に際しては、あらかじめ、入所申込者又はその家族に対し、第二十三条に規定する運営規程の概要、従業者の勤務の体制その他の入所申込者のサービスの選択に資すると認められる重要事項を記した文書を交付して説明を行い、当該提供の開始について入所申込者の同意を得なければならない。

2 指定介護老人福祉施設は、入所申込者又はその家族からの申出があった場合には、前項の規定による文書の交付に代えて、第五項で定めるところにより、当該入所申込者又はそのの家族の承諾を得て、当該文書に記すべき重要事項を電子情報処理組織を使用する方法その他の情報通信の技術を利用する方法であって次に掲げるもの（以下この条において「電磁的方法」という。）により提供することができる。この場合において、当該指定介護老人福祉施設は、当該文書を交付したものとみなす。

一　電子情報処理組織を使用する方法のうちイ又はロに掲げるもの

イ　指定介護老人福祉施設の使用に係る電子計算機と入所申込者又はその家族の使用に係る電子計算機とを接続する電気通信回線を通じて送信し、受信者の使用に係る電子計算機に備えられたファイルに記録する方法

ロ　指定介護老人福祉施設の使用に係る電子計算機に備えられたファイルに記録された前項に規定する重要事項を電気通信回線を通じて入所申込者又はその家族の閲覧に供し、当該入所申込者又はその家族の使用に係る電子計算機に備えられたファイルに当該重要事項を記録する方法（電磁的方法による提供を受ける旨の承諾又は受けない旨の申出をする場合にあっては、指定介護老人福祉施設の使用に係る電子計算機に備えられたファイルにその旨を記録する方法）

二　磁気ディスク、シー・ディー・ロムその他これらに準ずる方法により一定の事項を確実に記録しておくことができる物をもって調製するファイルに前項に規定する重要事項を記録したものを交付する方法

3　前項に掲げる方法は、入所申込者又はその家族がファイルへの記録を出力することによる文書を作成することができるものでなければならない。

4　第二項第一号の「電子情報処理組織」とは、指定介護老人福祉施設の使用に係る電子計算機と、入所申込者又はその家族の使用に係る電子計算機とを電気通信回線で接続した電子情報処理組織をいう。

5　指定介護老人福祉施設は、第二項の規定により第一項に規定する重要事項を提供しようとするときは、あらかじめ、当該入所申込者又はその家族に対し、その用いる次に掲げる電磁的方法の種類及び内容を示し、文書又は電磁的方法による承諾を得なければならない。

一　第二項各号に規定する方法のうち指定介護老人福祉施設が使用するもの

二　ファイルへの記録の方式

6　前項の規定による承諾を得た指定介護老人福祉施設は、当該入所申込者又はその家族から文書又は電磁的方法により電磁的方法による提供を受けない旨の申出があったときは、当該入所申込者又はその家族に対し、第一項に規定する重要事項の提供を電磁的方法によってしてはならない。ただし、当該入所申込者又はその家族が再び前項の規定による承諾をした場合は、この限りでない。

（**指定介護福祉施設サービスの取扱方針**）

第十一条　指定介護老人福祉施設は、施設サービス計画に基づき、入所者の要介護状態の軽減又は悪化の防止に資するよう、その者の心身の状況等に応じて、その者の処遇を妥当適切に行わなければならない。

2　指定介護福祉施設サービスは、施設サービス計画に基づき、漫然かつ画一的なものとならないよう配慮して行われなければならない。

3　指定介護老人福祉施設の従業者は、指定介護福祉施設サービスの提供に当たっては、懇切丁寧を旨とし、入所者又はその家族に対し、処遇上必要な事項について、理解しやすいように説明を行わなければならない。

4　指定介護老人福祉施設は、指定介護福祉施設サービスの提供に当たっては、当該入所者又は他の入所者等の生命又は身体を保護するため緊急やむを得ない場合を除き、身体的拘束その他入所者の行動を制限する行為（以下「身体的拘束等」という。）を行ってはならない。

5　指定介護老人福祉施設は、前項の身体的拘束等を行う場合には、その態様及び時間、その際の入所者の心身の状況並びに緊急やむを得ない理由を記録しなければならない。

6　指定介護老人福祉施設は、身体的拘束等の適正化を図るため、次に掲げる措置を講じなければならない。

一　身体的拘束等の適正化のための対策を検討する委員会（テレビ電話装置その他の情報通信機器（以下「テレビ電話装置等」という。）を活用して行うことができるものとする。）を三月に一回以上開催するとともに、その結果について、介護職員その他の従業者に周知徹底を図ること。

二　身体的拘束等の適正化のための指針を整備すること。

三　介護職員その他の従業者に対し、身体的拘束等の適正化のための研修を定期的に実施すること。

7　指定介護老人福祉施設は、自らその提供する指定介護福祉施設サービスの質の評価を行い、常にその改善を図らなければならない。

（業務継続計画の策定等）

第二十四条の二　指定介護老人福祉施設は、感染症や非常災害の発生時において、入所者に対する指定介護福祉施設サービスの提供を継続的に実施するための、及び非常時の体制で早期の業務再開を図るための計画（以下「業務継続計画」という。）を策定し、当該業務継続計画に従い必要な措置を講じなければならない。

2　指定介護老人福祉施設は、従業者に対し、業務継続計画について周知するとともに、必要な研修及び訓練を定期的に実施しなければならない。

3　指定介護老人福祉施設は、定期的に業務継続計画の見直しを行い、必要に応じて業務継続計画の変更を行うものとする。

（秘密保持等）

第三十条　指定介護老人福祉施設の従業者は、正当な理由がなく、その業務上知り得た入所者又はその家族の秘密を漏らしてはならない。

2　指定介護老人福祉施設は、従業者であった者が、正当な理由がなく、その業務上知り得た入所者又はその家族の秘密を漏らすことがないよう、必要な措置を講じなければならない。

3　指定介護老人福祉施設は、居宅介護支援事業者等に対して、入所者に関する情報を提供する際には、あらかじめ文書により入所者の同意を得ておかなければならない。

（苦情処理）

第三十三条　指定介護老人福祉施設は、その提供した指定介護福祉施設サービスに関する入所者及びその家族からの苦情に迅速かつ適切に対応するために、苦情を受け付けるための窓口を設置する等の必要な措置を講じなければならない。

2　指定介護老人福祉施設は、前項の苦情を受け付けた場合には、当該苦情の内容等を記録しなければならない。

3　指定介護老人福祉施設は、提供した指定介護福祉施設サービスに関し、法第二十三条の規定による市町村が行う文書その他の物件の提出若しくは提示の求め又は当該市町村の職員からの質問若しくは照会に応じ、入所者からの苦情に関して市町村が行う調査に協力するとともに、市町村から指導又は助言を受けた場合は、当該指導又は助言に従って必要な改善を行わなければならない。

4　指定介護老人福祉施設は、市町村からの求めがあった場合には、前項の改善の内容を市町村に報告しなければならない。

5　指定介護老人福祉施設は、提供した指定介護福祉施設サービスに関する入所者からの苦情に関して国民健康保険団体連合会（国民健康保険法（昭和三十三年法律第百九十二号）第四十五条第五項に規定する国民健康保険団体連合会をいう。以下同じ。）が行う法第百七十六条第一項第三号の規定による調査に協力するとともに、国民健康保険団体連合会から同号の規定による指導又は助言を受けた場合は、当該指導又は助言に従って必要な改善を行わなければならない。

6　指定介護老人福祉施設は、国民健康保険団体連合会からの求めがあった場合には、前項の改善の内容を国民健康保険団体連合会に報告しなければならない。

（虐待の防止）

第三十五条の二　指定介護老人福祉施設は、虐待の発生又はその再発を防止するため、次の各号に掲げる措置を講じなければならない。

一　当該指定介護老人福祉施設における虐待の防止のための対策を検討する委員会（テレビ電話装置等を活用して行うことができるものとする。）を定期的に開催するとともに、その結果について、介護職員その他の従業者に周知徹底を図ること。

二　当該指定介護老人福祉施設における虐待の防止のための指針を整備すること。

三　当該指定介護老人福祉施設において、介護職員その他の従業者に対し、虐待の防止のための研修を定期的に実施すること。

四　前三号に掲げる措置を適切に実施するための担当者を置くこと。

第六章　雑則

（電磁的記録等）

第五十条　指定介護老人福祉施設及びその従業者は、作成、保存その他これらに類するもののうち、この省令の規定において書面（書面、書類、文書、謄本、抄本、正本、副本、複本その他文字、図形等人の知覚によって認識することができる情報が記載された紙その他の有体物をいう。以下この条において同じ。）で行うことが規定されている又は想定されるもの（第五条第一項（第四十九条において準用する場合を含む。）及び第八条第一項（第四十九条において準用する場合を含む。）並びに次項に規定するものを除く。）については、書面に代えて、当該書面に係る電磁的記録（電子的方式、磁気的方式その他人の知覚によっては認識することができない方式で作られる記録であって、電子計算機による情報処理の用に供されるものをいう。）により行うことができる。

2　指定介護老人福祉施設及びその従業者は、交付、説明、同意、承諾その他これらに類するもの（以下「交付等」という。）のうち、この省令の規定において書面で行うことが規定されている又は想定されるものについては、当該交付等の相手方の承諾を得て、書面に代えて、電磁的方法（電子的方法、磁気的方法その他人の知覚によって認識することができない方法をいう。）によることができる。

障害者の権利に関する条約

（平成二六・一・二二）
（条　約　一　号）

二〇〇六・一二・一三　国連総会で採択
二〇一四・二・一九　日本国について発効

前　文

この条約の締約国は、

(a)　国際連合憲章において宣明された原則が、人類社会の全ての構成員の固有の尊厳及び価値並びに平等のかつ奪い得ない権利が世界における自由、正義及び平和の基礎を成すものであると認めていることを想起し、

(b)　国際連合が、世界人権宣言及び人権に関する国際規約において、全ての人はいかなる差別もなしに同宣言及びこれらの規約に掲げる全ての権利及び自由を享有することができることを宣明し、及び合意したことを認め、

(c)　全ての人権及び基本的自由が普遍的であり、不可分のものであり、相互に依存し、かつ、相互に関連を有すること並びに障害者が全ての人権及び基本的自由を差別なしに完全に享有することを保障することが必要であることを再確認し、

(d)　経済的、社会的及び文化的権利に関する国際規約、市民的及び政治的権利に関する国際規約、あらゆる形態の人種差別の撤廃に関する国際条約、女子に対するあらゆる形態の差別の撤廃に関する条約、拷問及び他の残虐な、非人道的な又は品位を傷つける取扱い又は刑罰に関する条約、児童の権利に関する条約及び全ての移住労働者及びその家族の構成員の権利の保護に関する国際条約を想起し、

(e)　障害が発展する概念であることを認め、また、障害が、機能障害を有する者とこれらの者に対する態度及び環境による障壁との間の相互作用であって、これらの者が他の者との平等を基礎として社会に完全かつ効果的に参加することを妨げるものによって生ずることを認め、

(f)　障害者に関する世界行動計画及び障害者の機会均等化に関する標準規則に定める原則及び政策上の指針が、障害者の機会均等を更に促進するための国内的、地域的及び国際的な政策、計画及び行動の促進、作成及び評価に影響を及ぼす上で重要であることを認め、

(g)　持続可能な開発に関連する戦略の不可分の一部として障害に関する問題を主流に組み入れることが重要であることを強調し、

(h)　また、いかなる者に対する障害に基づく差別も、人間の固有の尊厳及び価値を侵害するものであることを認め、

(i)　さらに、障害者の多様性を認め、

(j)　全ての障害者（より多くの支援を必要とする障害者を含む。）の人権を促進し、及び保護することが必要であることを認め、

(k)　これらの種々の文書及び約束にもかかわらず、障害者が、世界の全ての地域において、社会の平等な構成員としての参加を妨げる障壁及び人権侵害に依然として直面していることを憂慮し、

(l) あらゆる国（特に開発途上国）における障害者の生活条件を改善するための国際協力が重要であることを認め、

(m) 障害者が地域社会における全般的な福祉及び多様性に対して既に貴重な貢献をしており、又は貴重な貢献をし得ることを認め、また、障害者による人権及び基本的自由の完全な享有並びに完全な参加を促進することにより、その帰属意識が高められること並びに社会の人的、社会的及び経済的開発並びに貧困の撲滅に大きな前進がもたらされることを認め、

(n) 障害者にとって、個人の自律及び自立（自ら選択する自由を含む。）が重要であることを認め、

(o) 障害者が、政策及び計画（障害者に直接関連する政策及び計画を含む。）に係る意思決定の過程に積極的に関与する機会を有すべきであることを考慮し、

(p) 人種、皮膚の色、性、言語、宗教、政治的意見その他の意見、国民的な、種族的な、先住民族としての若しくは社会的な出身、財産、出生、年齢又は他の地位に基づく複合的又は加重的な形態の差別を受けている障害者が直面する困難な状況を憂慮し、

(q) 障害のある女子が、家庭の内外で暴力、傷害若しくは虐待、放置若しくは怠慢な取扱い、不当な取扱い又は搾取を受ける一層大きな危険にしばしばさらされていることを認め、

(r) 障害のある児童が、他の児童との平等を基礎として全ての人権及び基本的自由を完全に享有すべきであることを認め、また、このため、児童の権利に関する条約の締約国が負う義務を想起し、

(s) 障害者による人権及び基本的自由の完全な享有を促進するためのあらゆる努力に性別の視点を組み込む必要があることを強調し、

(t) 障害者の大多数が貧困の状況下で生活している事実を強調し、また、この点に関し、貧困が障害者に及ぼす悪影響に対処することが真に必要であることを認め、

(u) 国際連合憲章に定める目的及び原則の十分な尊重並びに人権に関する適用可能な文書の遵守に基づく平和で安全な状況が、特に武力紛争及び外国による占領の期間中における障害者の十分な保護に不可欠であることに留意し、

(v) 障害者が全ての人権及び基本的自由を完全に享有することを可能とするに当たっては、物理的、社会的、経済的及び文化的な環境並びに健康及び教育を享受しやすいようにし、並びに情報及び通信を利用しやすいようにすることが重要であることを認め、

(w) 個人が、他人に対し及びその属する地域社会に対して義務を負うこと並びに国際人権章典において認められる権利の増進及び擁護のために努力する責任を有することを認識し、

(x) 家族が、社会の自然かつ基礎的な単位であること並びに社会及び国家による保護を受ける権利を有することを確信し、また、障害者及びその家族の構成員が、障害者の権利の完全かつ平等な享有に向けて家族が貢献することを可能とするために必要な保護及び支援を受けるべきであることを確信し、

(y) 障害者の権利及び尊厳を促進し、及び保護するための包括的かつ総合的な国際条約が、開発途上国及び先進国において、障害者の社会的に著しく不利な立場を是正することに重要な貢献を行うこと並びに障害者が市民的、政治的、経済的、社会的及び文化的分野に均等な機会により参加することを促進することを確信して、

次のとおり協定した。

第一条 目的

この条約は、全ての障害者によるあらゆる人権及び基本的自由の完全かつ平等な享有を促進し、保護し、及び確保すること並びに障害者の固有の尊厳の尊重を促進することを目的とする。

障害者には、長期的な身体的、精神的、知的又は感覚的な機能障害であって、様々な障壁との相互作用により他の者との平等を基礎として社会に完全かつ効果的に参加することを妨げ得るものを有する者を含む。

第二条 定義

この条約の適用上、

「意思疎通」とは、言語、文字の表示、点字、触覚を使った意思疎通、拡大文字、利用しやすいマルチメディア並びに筆記、音声、平易な言葉、朗読その他の補助的及び代替的な意思疎通の形態、手段及び様式（利用しやすい情報通信機器を含む。）をいう。

「言語」とは、音声言語及び手話その他の

社会福祉

形態の非音声言語をいう。

「障害に基づく差別」とは、障害に基づくあらゆる区別、排除又は制限であって、政治的、経済的、社会的、文化的、市民的その他のあらゆる分野において、他の者との平等を基礎として全ての人権及び基本的自由を認識し、享有し、又は行使することを害し、又は妨げる目的又は効果を有するものをいう。障害に基づく差別には、あらゆる形態の差別（合理的配慮の否定を含む。）を含む。

「合理的配慮」とは、障害者が他の者との平等を基礎として全ての人権及び基本的自由を享有し、又は行使することを確保するための必要かつ適当な変更及び調整であって、特定の場合において必要とされるものであり、かつ、均衡を失した又は過度の負担を課さないものをいう。

「ユニバーサルデザイン」とは、調整又は特別な設計を必要とすることなく、最大限可能な範囲で全ての人が使用することのできる製品、環境、計画及びサービスの設計をいう。ユニバーサルデザインは、特定の障害者の集団のための補装具が必要な場合には、これを排除するものではない。

第三条　一般原則

この条約の原則は、次のとおりとする。

(a) 固有の尊厳、個人の自律（自ら選択する自由を含む。）及び個人の自立の尊重

(b) 無差別

(c) 社会への完全かつ効果的な参加及び包容

(d) 差異の尊重並びに人間の多様性の一部及び人類の一員としての障害者の受入れ

(e) 機会の均等

(f) 施設及びサービス等の利用の容易さ

(g) 男女の平等

(h) 障害のある児童の発達しつつある能力の尊重及び障害のある児童がその同一性を保持する権利の尊重

第四条　一般的義務

1 締約国は、障害に基づくいかなる差別もなしに、全ての障害者のあらゆる人権及び基本的自由を完全に実現することを確保し、及び促進することを約束する。このため、締約国は、次のことを約束する。

(a) この条約において認められる権利の実現のため、全ての適当な立法措置、行政措置その他の措置をとること。

(b) 障害者に対する差別となる既存の法律、規則、慣習及び慣行を修正し、又は廃止するための全ての適当な措置（立法を含む。）をとること。

(c) 全ての政策及び計画において障害者の人権の保護及び促進を考慮に入れること。

(d) この条約と両立しないいかなる行為又は慣行も差し控えること。また、公の当局及び機関がこの条約に従って行動することを確保すること。

(e) いかなる個人、団体又は民間企業による障害に基づく差別も撤廃するための全ての適当な措置をとること。

(f) 第二条に規定するユニバーサルデザインの製品、サービス、設備及び施設であって、障害者に特有のニーズを満たすために必要な調整が可能な限り最小限であり、かつ、当該ニーズを満たすために必要な費用が最小限であるべきものについての研究及び開発を実施し、又は促進すること。また、当該ユニバーサルデザインの製品、サービス、設備及び施設の利用可能性及び使用を促進すること。さらに、基準及び指針を作成するに当たっては、ユニバーサルデザインが当該基準及び指針に含まれることを促進すること。

(g) 障害者に適した新たな機器（情報通信機器、移動補助具、補装具及び支援機器を含む。）についての研究及び開発を実施し、又は促進し、並びに当該新たな機器の利用可能性及び使用を促進すること。この場合において、締約国は、負担しやすい費用の機器を優先させる。

(h) 移動補助具、補装具及び支援機器（新たな機器を含む。）並びに他の形態の援助、支援サービス及び施設に関する情報であって、障害者にとって利用しやすいものを提供すること。

(i) この条約において認められる権利によって保障される支援及びサービスをより良く提供するため、障害者と共に行動する専門家及び職員に対する当該権利に関する研修を促進すること。

2 各締約国は、経済的、社会的及び文化的権利に関しては、これらの権利の完全な実現を漸進的に達成するため、自国における利用可能な手段を最大限に用いることにより、また、必要な場合には国際協力の枠内で、措置をとることを約束する。ただし、この条約に定める義務であって、国際法に従って直ちに適用されるものに影響を及ぼすものではない。

3　締約国は、この条約を実施するための法令及び政策の作成及び実施において、並びに障害者に関する問題についての他の意思決定過程において、障害者（障害のある児童を含む。以下この3において同じ。）を代表する団体を通じ、障害者と緊密に協議し、及び障害者を積極的に関与させる。

4　この条約のいかなる規定も、締約国の法律又は締約国について効力を有する国際法に含まれる規定であって障害者の権利の実現に一層貢献するものに影響を及ぼすものではない。この条約のいずれかの締約国において法律、条約、規則又は慣習によって認められ、又は存する人権及び基本的自由については、この条約がそれらの権利若しくは自由を認めていないこと又はその認める範囲がより狭いことを理由として、それらの権利及び自由を制限し、又は侵してはならない。

5　この条約は、いかなる制限又は例外もなしに、連邦国家の全ての地域について適用する。

第五条　平等及び無差別

1　締約国は、全ての者が、法律の前に又は法律に基づいて平等であり、並びにいかなる差別もなしに法律による平等の保護及び利益を受ける権利を有することを認める。

2　締約国は、障害に基づくあらゆる差別を禁止するものとし、いかなる理由による差別に対しても平等かつ効果的な法的保護を障害者に保障する。

3　締約国は、平等を促進し、及び差別を撤廃することを目的として、合理的配慮が提供されることを確保するための全ての適当な措置をとる。

4　障害者の事実上の平等を促進し、又は達成するために必要な特別の措置は、この条約に規定する差別と解してはならない。

第六条　障害のある女子

1　締約国は、障害のある女子が複合的な差別を受けていることを認識するものとし、この点に関し、障害のある女子が全ての人権及び基本的自由を完全かつ平等に享有することを確保するための措置をとる。

2　締約国は、女子に対してこの条約に定める人権及び基本的自由を行使し、及び享有することを保障することを目的として、女子の完全な能力開発、向上及び自律的な力の育成を確保するための全ての適当な措置をとる。

第七条　障害のある児童

1　締約国は、障害のある児童が他の児童との平等を基礎として全ての人権及び基本的自由を完全に享有することを確保するための全ての必要な措置をとる。

2　障害のある児童に関する全ての措置をとるに当たっては、児童の最善の利益が主として考慮されるものとする。

3　締約国は、障害のある児童が、自己に影響を及ぼす全ての事項について自由に自己の意見を表明する権利並びにこの権利を実現するための障害及び年齢に適した支援を提供される権利を有することを確保する。この場合において、障害のある児童の意見は、他の児童との平等を基礎として、その児童の年齢及び成熟度に従って相応に考慮されるものとする。

第八条　意識の向上

1　締約国は、次のことのための即時の、効果的なかつ適当な措置をとることを約束する。

(a)　障害者に関する社会全体（各家庭を含む。）の意識を向上させ、並びに障害者の権利及び尊厳に対する尊重を育成すること。

(b)　あらゆる活動分野における障害者に関する定型化された観念、偏見及び有害な慣行（性及び年齢に基づくものを含む。）と戦うこと。

(c)　障害者の能力及び貢献に関する意識を向上させること。

2　このため、1の措置には、次のことを含む。

(a)　次のことのための効果的な公衆の意識啓発活動を開始し、及び維持すること。

(i)　障害者の権利に対する理解を育てること。

(ii)　障害者に対する肯定的認識及び一層の社会の啓発を促進すること。

(iii)　障害者の技能、長所及び能力並びに職場及び労働市場に対する障害者の貢献についての認識を促進すること。

(b)　教育制度の全ての段階（幼年期からの全ての児童に対する教育制度を含む。）において、障害者の権利を尊重する態度を育成すること。

(c)　全ての報道機関が、この条約の目的に適合するように障害者を描写するよう奨励すること。

(d)　障害者及びその権利に関する啓発のための研修計画を促進すること。

第九条　施設及びサービス等の利用の容易さ

1　締約国は、障害者が自立して生活し、及び生活のあらゆる側面に完全に参加することを可能にすることを目的として、障害者が、他の者との平等を基礎として、都市及び農村の双方において、物理的環境、輸送機関、情報通信（情報通信機器及び情報通信システムを含む。）並びに公衆に開放され、又は提供される他の施設及びサービスを利用する機会を有することを確保するための適当な措置をとる。この措置は、施設及びサービス等の利用の容易さに対する妨げ及び障壁を特定し、及び撤廃することを含むものとし、特に次の事項について適用する。

(a)　建物、道路、輸送機関その他の屋内及び屋外の施設（学校、住居、医療施設及び職場を含む。）

(b)　情報、通信その他のサービス（電子サービス及び緊急事態に係るサービスを含む。）

2　締約国は、また、次のことのための適当な措置をとる。

(a)　公衆に開放され、又は提供される施設及びサービスの利用の容易さに関する最低基準及び指針を作成し、及び公表し、並びに当該最低基準及び指針の実施を監視すること。

(b)　公衆に開放され、又は提供される施設及びサービスを提供する民間の団体が、当該施設及びサービスの障害者にとっての利用の容易さについてあらゆる側面を考慮することを確保すること。

(c)　施設及びサービス等の利用の容易さに関して障害者が直面する問題についての研修を関係者に提供すること。

(d)　公衆に開放される建物その他の施設において、点字の表示及び読みやすく、かつ、理解しやすい形式の表示を提供すること。

(e)　公衆に開放される建物その他の施設の利用の容易さを促進するため、人又は動物による支援及び仲介する者（案内者、朗読者及び専門の手話通訳を含む。）を提供すること。

(f)　障害者が情報を利用する機会を有することを確保するため、障害者に対する他の適当な形態の援助及び支援を促進すること。

(g)　障害者が新たな情報通信機器及び情報通信システム（インターネットを含む。）を利用する機会を有することを促進すること。

(h)　情報通信機器及び情報通信システムを最小限の費用で利用しやすいものとするため、早い段階で、利用しやすい情報通信機器及び情報通信システムの設計、開発、生産及び流通を促進すること。

第十条　生命に対する権利

締約国は、全ての人間が生命に対する固有の権利を有することを再確認するものとし、障害者が他の者との平等を基礎としてその権利を効果的に享有することを確保するための全ての必要な措置をとる。

第十一条　危険な状況及び人道上の緊急事態

締約国は、国際法（国際人道法及び国際人権法を含む。）に基づく自国の義務に従い、危険な状況（武力紛争、人道上の緊急事態及び自然災害の発生を含む。）において障害者の保護及び安全を確保するための全ての必要な措置をとる。

第十二条　法律の前にひとしく認められる権利

1　締約国は、障害者が全ての場所において法律の前に人として認められる権利を有することを再確認する。

2　締約国は、障害者が生活のあらゆる側面において他の者との平等を基礎として法的能力を享有することを認める。

3　締約国は、障害者がその法的能力の行使に当たって必要とする支援を利用する機会を提供するための適当な措置をとる。

4　締約国は、法的能力の行使に関連する全ての措置において、濫用を防止するための適当かつ効果的な保障を国際人権法に従って定めることを確保する。当該保障は、法的能力の行使に関連する措置が、障害者の権利、意思及び選好を尊重すること、利益相反を生じさせず、及び不当な影響を及ぼさないこと、障害者の状況に応じ、かつ、適合すること、可能な限り短い期間に適用されること並びに権限のある、独立の、かつ、公平な当局又は司法機関による定期的な審査の対象となることを確保するものとする。当該保障は、当該措置が障害者の権利及び利益に及ぼす影響の程度に応じたものとする。

5　締約国は、この条の規定に従うことを条件として、障害者が財産を所有し、又は相続し、自己の会計を管理し、及び銀行貸付け、抵当その他の形態の金融上の信用を利用する均等な機会を有することについての平等の権利を確保するための全ての適当かつ効果的な措置をとるものとし、障害者がその財産を恣意的に奪われないことを確保する。

第十三条　司法手続の利用の機会

1　締約国は、障害者が全ての法的手続（捜査段階その他予備的な段階を含む。）において直接及び間接の参加者（証人を含む。）として効果的な役割を果たすことを容易にするため、手続上の配慮及び年齢に適した配慮が提供されること等により、障害者が他の者との平等を基礎として司法手続を利用する効果的な機会を有することを確保する。

2　締約国は、障害者が司法手続を利用する効果的な機会を有することを確保することに役立てるため、司法に係る分野に携わる者（警察官及び刑務官を含む。）に対する適当な研修を促進する。

第十四条　身体の自由及び安全

1　締約国は、障害者に対し、他の者との平等を基礎として、次のことを確保する。

(a)　身体の自由及び安全についての権利を享有すること。

(b)　不法に又は恣意的に自由を奪われないこと、いかなる自由の剥奪も法律に従って行われること及びいかなる場合においても自由の剥奪が障害の存在によって正当化されないこと。

2　締約国は、障害者がいずれの手続を通じて自由を奪われた場合であっても、当該障害者が、他の者との平等を基礎として国際人権法による保障を受ける権利を有すること並びにこの条約の目的及び原則に従って取り扱われること（合理的配慮の提供によるものを含む。）を確保する。

第十五条　拷問又は残虐な、非人道的な若しくは品位を傷つける取扱い若しくは刑罰からの自由

1　いかなる者も、拷問又は残虐な、非人道的な若しくは品位を傷つける取扱い若しくは刑罰を受けない。特に、いかなる者も、その自由な同意なしに医学的又は科学的実験を受けない。

2　締約国は、障害者が、他の者との平等を基礎として、拷問又は残虐な、非人道的な若しくは品位を傷つける取扱い若しくは刑罰を受けることがないようにするため、全ての効果的な立法上、行政上、司法上その他の措置をとる。

第十六条　搾取、暴力及び虐待からの自由

1　締約国は、家庭の内外におけるあらゆる形態の搾取、暴力及び虐待（性別に基づくものを含む。）から障害者を保護するための全ての適当な立法上、行政上、社会上、教育上その他の措置をとる。

2　また、締約国は、特に、障害者並びにその家族及び介護者に対する適当な形態の性別及び年齢に配慮した援助及び支援（搾取、暴力及び虐待の事案を防止し、認識し、及び報告する方法に関する情報及び教育を提供することによるものを含む。）を確保することにより、あらゆる形態の搾取、暴力及び虐待を防止するための全ての適当な措置をとる。締約国は、保護事業が年齢、性別及び障害に配慮したものであることを確保する。

3　締約国は、あらゆる形態の搾取、暴力及び虐待の発生を防止するため、障害者に役立つことを意図した全ての施設及び計画が独立した当局により効果的に監視されることを確保する。

4　締約国は、あらゆる形態の搾取、暴力又は虐待の被害者となる障害者の身体的、認知的及び心理的な回復、リハビリテーション並びに社会復帰を促進するための全ての適当な措置（保護事業の提供によるものを含む。）をとる。このような回復及び復帰は、障害者の健康、福祉、自尊心、尊厳及び自律を育成する環境において行われるものとし、性別及び年齢に応じたニーズを考慮に入れる。

5　締約国は、障害者に対する搾取、暴力及び虐待の事案が特定され、捜査され、及び適当な場合には訴追されることを確保するための効果的な法令及び政策（女子及び児童に重点を置いた法令及び政策を含む。）を策定する。

第十七条　個人をそのままの状態で保護すること

全ての障害者は、他の者との平等を基礎として、その心身がそのままの状態で尊重される権利を有する。

第十八条　移動の自由及び国籍

1　締約国は、障害者に対して次のことを確保することにより、障害者が他の者との平等を基礎として移動の自由、居住の自由及び国籍についての権利を有することを認める。

(a)　国籍を取得し、及び変更する権利を有すること並びにその国籍を恣意的に又は障害に基づいて奪われないこと。

(b)　国籍に係る文書若しくは身元に係る他の文書を入手し、所有し、及び利用すること又は移動の自由についての権利の行使を容易にするために必要とされる関連手続（例えば、出入国の手続）を利用することを、障害に基づいて奪われないこと。

(c)　いずれの国（自国を含む。）からも自由

に離れることができること。

(d) 自国に戻る権利を恣意的に又は障害に基づいて奪われないこと。

2 障害のある児童は、出生の後直ちに登録される。障害のある児童は、出生の時から氏名を有する権利及び国籍を取得する権利を有するものとし、また、できる限りその父母を知り、かつ、その父母によって養育される権利を有する。

第十九条 自立した生活及び地域社会への包容

この条約の締約国は、全ての障害者が他の者と平等の選択の機会をもって地域社会で生活する平等の権利を有することを認めるものとし、障害者が、この権利を完全に享受し、並びに地域社会に完全に包容され、及び参加することを容易にするための効果的かつ適当な措置をとる。この措置には、次のことを確保することによるものを含む。

(a) 障害者が、他の者との平等を基礎として、居住地を選択し、及びどこで誰と生活するかを選択する機会を有すること並びに特定の生活施設で生活する義務を負わないこと。

(b) 地域社会における生活及び地域社会への包容を支援し、並びに地域社会からの孤立及び隔離を防止するために必要な在宅サービス、居住サービスその他の地域社会支援サービス（個別の支援を含む。）を障害者が利用する機会を有すること。

(c) 一般住民向けの地域社会サービス及び施設が、障害者にとって他の者との平等を基礎として利用可能であり、かつ、障害者のニーズに対応していること。

第二十条 個人の移動を容易にすること

締約国は、障害者自身ができる限り自立して移動することを容易にすることを確保するための効果的な措置をとる。この措置には、次のことによるものを含む。

(a) 障害者自身が、自ら選択する方法で、自ら選択する時に、かつ、負担しやすい費用で移動することを容易にすること。

(b) 障害者が質の高い移動補助具、補装具、支援機器、人又は動物による支援及び仲介する者を利用する機会を得やすくすること（これらを負担しやすい費用で利用可能なものとすることを含む。）。

(c) 障害者及び障害者と共に行動する専門職員に対し、移動のための技能に関する研修を提供すること。

(d) 移動補助具、補装具及び支援機器を生産する事業体に対し、障害者の移動のあらゆる側面を考慮するよう奨励すること。

第二十一条 表現及び意見の自由並びに情報の利用の機会

締約国は、障害者が、第二条に定めるあらゆる形態の意思疎通であって自ら選択するものにより、表現及び意見の自由（他の者との平等を基礎として情報及び考えを求め、受け、及び伝える自由を含む。）についての権利を行使することができることを確保するための全ての適当な措置をとる。この措置には、次のことによるものを含む。

(a) 障害者に対し、様々な種類の障害に相応した利用しやすい様式及び機器により、適時に、かつ、追加の費用を伴わず、一般公衆向けの情報を提供すること。

(b) 公的な活動において、手話、点字、補助的及び代替的な意思疎通並びに障害者が自ら選択する他の全ての利用しやすい意思疎通の手段、形態及び様式を用いることを受け入れ、及び容易にすること。

(c) 一般公衆に対してサービス（インターネットによるものを含む。）を提供する民間の団体が情報及びサービスを障害者にとって利用しやすい又は使用可能な様式で提供するよう要請すること。

(d) マスメディア（インターネットを通じて情報を提供する者を含む。）がそのサービスを障害者にとって利用しやすいものとするよう奨励すること。

(e) 手話の使用を認め、及び促進すること。

第二十二条 プライバシーの尊重

1 いかなる障害者も、居住地又は生活施設のいかんを問わず、そのプライバシー、家族、住居又は通信その他の形態の意思疎通に対して恣意的に又は不法に干渉されず、また、名誉及び信用を不法に攻撃されない。障害者は、このような干渉又は攻撃に対する法律の保護を受ける権利を有する。

2 締約国は、他の者との平等を基礎として、障害者の個人、健康及びリハビリテーションに関する情報に係るプライバシーを保護する。

第二十三条 家庭及び家族の尊重

1 締約国は、他の者との平等を基礎として、婚姻、家族、親子関係及び個人的な関係に係る全ての事項に関し、障害者に対する差別を撤廃するための効果的かつ適当な措置をとる。この措置は、次のことを確保することを目的とする。

(a) 婚姻をすることができる年齢の全ての障害者が、両当事者の自由かつ完全な合意に基づいて婚姻をし、かつ、家族を形成する権利を認められること。

(b) 障害者が子の数及び出産の間隔を自由にかつ責任をもって決定する権利を認められ、また、障害者が生殖及び家族計画について年齢に適した情報及び教育を享受する権利を認められること。さらに、障害者がこれらの権利を行使することを可能とするために必要な手段を提供されること。

(c) 障害者（児童を含む。）が、他の者との平等を基礎として生殖能力を保持すること。

2 締約国は、子の後見、養子縁組又はこれらに類する制度が国内法令に存在する場合には、それらの制度に係る障害者の権利及び責任を確保する。あらゆる場合において、子の最善の利益は至上である。締約国は、障害者が子の養育についての責任を遂行するに当たり、当該障害者に対して適当な援助を与える。

3 締約国は、障害のある児童が家庭生活について平等の権利を有することを確保する。締約国は、この権利を実現し、並びに障害のある児童の隠匿、遺棄、放置及び隔離を防止するため、障害のある児童及びその家族に対し、包括的な情報、サービス及び支援を早期に提供することを約束する。

4 締約国は、児童がその父母の意思に反してその父母から分離されないことを確保する。ただし、権限のある当局が司法の審査に従うことを条件として適用のある法律及び手続に従いその分離が児童の最善の利益のために必要であると決定する場合は、この限りでない。いかなる場合にも、児童は、自己の障害又は父母の一方若しくは双方の障害に基づいて父母から分離されない。

5 締約国は、近親の家族が障害のある児童を監護することができない場合には、一層広い範囲の家族の中で代替的な監護を提供し、及びこれが不可能なときは、地域社会の中で家庭的な環境により代替的な監護を提供するようあらゆる努力を払う。

第二十四条 教育

1 締約国は、教育についての障害者の権利を認める。締約国は、この権利を差別なしに、かつ、機会の均等を基礎として実現するため、障害者を包容するあらゆる段階の教育制度及び生涯学習を確保する。当該教育制度及び生涯学習は、次のことを目的とする。

(a) 人間の潜在能力並びに尊厳及び自己の価値についての意識を十分に発達させ、並びに人権、基本的自由及び人間の多様性の尊重を強化すること。

(b) 障害者が、その人格、才能及び創造力並びに精神的及び身体的な能力をその可能な最大限度まで発達させること。

(c) 障害者が自由な社会に効果的に参加することを可能とすること。

2 締約国は、1の権利の実現に当たり、次のことを確保する。

(a) 障害者が障害に基づいて一般的な教育制度から排除されないこと及び障害のある児童が障害に基づいて無償のかつ義務的な初等教育から又は中等教育から排除されないこと。

(b) 障害者が、他の者との平等を基礎として、自己の生活する地域社会において、障害者を包容し、質が高く、かつ、無償の初等教育を享受することができること及び中等教育を享受することができること。

(c) 個人に必要とされる合理的配慮が提供されること。

(d) 障害者が、その効果的な教育を容易にするために必要な支援を一般的な教育制度の下で受けること。

(e) 学問的及び社会的な発達を最大にする環境において、完全な包容という目標に合致する効果的で個別化された支援措置がとられること。

3 締約国は、障害者が教育に完全かつ平等に参加し、及び地域社会の構成員として完全かつ平等に参加することを容易にするため、障害者が生活する上での技能及び社会的な発達のための技能を習得することを可能とする。このため、締約国は、次のことを含む適当な措置をとる。

(a) 点字、代替的な文字、意思疎通の補助的及び代替的な形態、手段及び様式並びに定位及び移動のための技能の習得並びに障害者相互による支援及び助言を容易にすること。

(b) 手話の習得及び聾社会の言語的な同一性の促進を容易にすること。

(c) 盲人、聾者又は盲聾者（特に盲人、聾者又は盲聾者である児童）の教育が、その個人にとって最も適当な言語並びに意思疎通の形態及び手段で、かつ、学問的及び社会的な発達を最大にする環境において行われることを確保すること。

4　締約国は、1の権利の実現の確保を助長することを目的として、手話又は点字について能力を有する教員（障害のある教員を含む。）を雇用し、並びに教育に従事する専門家及び職員（教育のいずれの段階において従事するかを問わない。）に対する研修を行うための適当な措置をとる。この研修には、障害についての意識の向上を組み入れ、また、適当な意思疎通の補助的及び代替的な形態、手段及び様式の使用並びに障害者を支援するための教育技法及び教材の使用を組み入れるものとする。

5　締約国は、障害者が、差別なしに、かつ、他の者との平等を基礎として、一般的な高等教育、職業訓練、成人教育及び生涯学習を享受することができることを確保する。このため、締約国は、合理的配慮が障害者に提供されることを確保する。

第二十五条　健康

締約国は、障害者が障害に基づく差別なしに到達可能な最高水準の健康を享受する権利を有することを認める。締約国は、障害者が性別に配慮した保健サービス（保健に関連するリハビリテーションを含む。）を利用する機会を有することを確保するための全ての適当な措置をとる。締約国は、特に、次のことを行う。

(a)　障害者に対して他の者に提供されるものと同一の範囲、質及び水準の無償の又は負担しやすい費用の保健及び保健計画（性及び生殖に係る健康並びに住民のための公衆衛生計画の分野のものを含む。）を提供すること。

(b)　障害者が特にその障害のために必要とする保健サービス（早期発見及び適当な場合には早期関与並びに特に児童及び高齢者の新たな障害を最小限にし、及び防止するためのサービスを含む。）を提供すること。

(c)　これらの保健サービスを、障害者自身が属する地域社会（農村を含む。）の可能な限り近くにおいて提供すること。

(d)　保健に従事する者に対し、特に、研修を通じて及び公私の保健に関する倫理基準を広く知らせることによって障害者の人権、尊厳、自律及びニーズに関する意識を高めることにより、他の者と同一の質の医療（例えば、事情を知らされた上での自由な同意を基礎とした医療）を障害者に提供するよう要請すること。

(e)　健康保険及び国内法により認められている場合には生命保険の提供に当たり、公正かつ妥当な方法で行い、及び障害者に対する差別を禁止すること。

(f)　保健若しくは保健サービス又は食糧及び飲料の提供に関し、障害に基づく差別的な拒否を防止すること。

第二十六条　ハビリテーション（適応のための技能の習得）及びリハビリテーション

1　締約国は、障害者が、最大限の自立並びに十分な身体的、精神的、社会的及び職業的な能力を達成し、及び維持し、並びに生活のあらゆる側面への完全な包容及び参加を達成し、及び維持することを可能とするための効果的かつ適当な措置（障害者相互による支援を通じたものを含む。）をとる。このため、締約国は、特に、保健、雇用、教育及び社会に係るサービスの分野において、ハビリテーション及びリハビリテーションについての包括的なサービス及びプログラムを企画し、強化し、及び拡張する。この場合において、これらのサービス及びプログラムは、次のようなものとする。

(a)　可能な限り初期の段階において開始し、並びに個人のニーズ及び長所に関する学際的な評価を基礎とするものであること。

(b)　地域社会及び社会のあらゆる側面への参加及び包容を支援し、自発的なものであり、並びに障害者自身が属する地域社会（農村を含む。）の可能な限り近くにおいて利用可能なものであること。

2　締約国は、ハビリテーション及びリハビリテーションのサービスに従事する専門家及び職員に対する初期研修及び継続的な研修の充実を促進する。

3　締約国は、障害者のために設計された補装具及び支援機器であって、ハビリテーション及びリハビリテーションに関連するものの利用可能性、知識及び使用を促進する。

第二十七条　労働及び雇用

1　締約国は、障害者が他の者との平等を基礎として労働についての権利を有することを認める。この権利には、障害者に対して開放され、障害者を包容し、及び障害者にとって利用しやすい労働市場及び労働環境において、障害者が自由に選択し、又は承諾する労働によって生計を立てる機会を有する権利を含む。締約国は、特に次のことのための適当な措置（立法によるものを含む。）をとることにより、労働についての障害者（雇用の過程で障害を有することとなった者を含む。）の権利が実現されることを保障し、及び促進する。

(a) あらゆる形態の雇用に係る全ての事項（募集、採用及び雇用の条件、雇用の継続、昇進並びに安全かつ健康的な作業条件を含む。）に関し、障害に基づく差別を禁止すること。

(b) 他の者との平等を基礎として、公正かつ良好な労働条件（均等な機会及び同一価値の労働についての同一報酬を含む。）、安全かつ健康的な作業条件（嫌がらせからの保護を含む。）及び苦情に対する救済についての障害者の権利を保護すること。

(c) 障害者が他の者との平等を基礎として労働及び労働組合についての権利を行使することができることを確保すること。

(d) 障害者が技術及び職業の指導に関する一般的な計画、職業紹介サービス並びに職業訓練及び継続的な訓練を利用する効果的な機会を有することを可能とすること。

(e) 労働市場において障害者の雇用機会の増大を図り、及びその昇進を促進すること並びに職業を求め、これに就き、これを継続し、及びこれに復帰する際の支援を促進すること。

(f) 自営活動の機会、起業家精神、協同組合の発展及び自己の事業の開始を促進すること。

(g) 公的部門において障害者を雇用すること。

(h) 適当な政策及び措置（積極的差別是正措置、奨励措置その他の措置を含めることができる。）を通じて、民間部門における障害者の雇用を促進すること。

(i) 職場において合理的配慮が障害者に提供されることを確保すること。

(j) 開かれた労働市場において障害者が職業経験を得ることを促進すること。

(k) 障害者の職業リハビリテーション、職業の保持及び職場復帰計画を促進すること。

2 締約国は、障害者が、奴隷の状態又は隷属状態に置かれないこと及び他の者との平等を基礎として強制労働から保護されることを確保する。

第二十八条 相当な生活水準及び社会的な保障

1 締約国は、障害者が、自己及びその家族の相当な生活水準（相当な食糧、衣類及び住居を含む。）についての権利並びに生活条件の不断の改善についての権利を有することを認めるものとし、障害に基づく差別なしにこの権利を実現することを保障し、及び促進するための適当な措置をとる。

2 締約国は、社会的な保障についての障害者の権利及び障害に基づく差別なしにこの権利を享受することについての障害者の権利を認めるものとし、この権利の実現を保障し、及び促進するための適当な措置をとる。この措置には、次のことを確保するための措置を含む。

(a) 障害者が清浄な水のサービスを利用する均等な機会を有し、及び障害者が障害に関連するニーズに係る適当なかつ費用の負担しやすいサービス、補装具その他の援助を利用する機会を有すること。

(b) 障害者（特に、障害のある女子及び高齢者）が社会的な保障及び貧困削減に関する計画を利用する機会を有すること。

(c) 貧困の状況において生活している障害者及びその家族が障害に関連する費用についての国の援助（適当な研修、カウンセリング、財政的援助及び介護者の休息のための一時的な介護を含む。）を利用する機会を有すること。

(d) 障害者が公営住宅計画を利用する機会を有すること。

(e) 障害者が退職に伴う給付及び計画を利用する均等な機会を有すること。

第二十九条 政治的及び公的活動への参加

締約国は、障害者に対して政治的権利を保障し、及び他の者との平等を基礎としてこの権利を享受する機会を保障するものとし、次のことを約束する。

(a) 特に次のことを行うことにより、障害者が、直接に、又は自由に選んだ代表者を通じて、他の者との平等を基礎として、政治的及び公的活動に効果的かつ完全に参加することができること（障害者が投票し、及び選挙される権利及び機会を含む。）を確保すること。

(i) 投票の手続、設備及び資料が適当な及び利用しやすいものであり、並びにその理解及び使用が容易であることを確保すること。

(ii) 障害者が、選挙及び国民投票において脅迫を受けることなく秘密投票によって投票し、選挙に立候補し、並びに政府のあらゆる段階において実質的に在職し、及びあらゆる公務を遂行する権利を保護すること。この場合において、適当なときは支援機器及び新たな機器の使用を容易にするものとする。

(iii) 選挙人としての障害者の意思の自由な表明を保障すること。このため、必要な場合には、障害者の要請に応じて、当該障害者により選択される者が投票の際に援助することを認めること。

(b) 障害者が、差別なしに、かつ、他の者との平等を基礎として、政治に効果的かつ完全に参加することができる環境を積極的に促進し、及び政治への障害者の参加を奨励すること。政治への参加には、次のことを含む。

(i) 国の公的及び政治的活動に関係のある非政府機関及び非政府団体に参加し、並びに政党の活動及び運営に参加すること。

(ii) 国際、国内、地域及び地方の各段階において障害者を代表するための障害者の組織を結成し、並びにこれに参加すること。

第三十条 文化的な生活、レクリエーション、余暇及びスポーツへの参加

1 締約国は、障害者が他の者との平等を基礎として文化的な生活に参加する権利を認めるものとし、次のことを確保するための全ての適当な措置をとる。

(a) 障害者が、利用しやすい様式を通じて、文化的な作品を享受する機会を有すること。

(b) 障害者が、利用しやすい様式を通じて、テレビジョン番組、映画、演劇その他の文化的な活動を享受する機会を有すること。

(c) 障害者が、文化的な公演又はサービスが行われる場所（例えば、劇場、博物館、映画館、図書館、観光サービス）を利用する機会を有し、並びに自国の文化的に重要な記念物及び場所を享受する機会をできる限り有すること。

2 締約国は、障害者が、自己の利益のためのみでなく、社会を豊かにするためにも、自己の創造的、芸術的及び知的な潜在能力を開発し、及び活用する機会を有することを可能とするための適当な措置をとる。

3 締約国は、国際法に従い、知的財産権を保護する法律が、障害者が文化的な作品を享受する機会を妨げる不当な又は差別的な障壁とならないことを確保するための全ての適当な措置をとる。

4 障害者は、他の者との平等を基礎として、その独自の文化的及び言語的な同一性（手話及び聾文化を含む。）の承認及び支持を受ける権利を有する。

5 締約国は、障害者が他の者との平等を基礎としてレクリエーション、余暇及びスポーツの活動に参加することを可能とすることを目的として、次のことのための適当な措置をとる。

(a) 障害者があらゆる水準の一般のスポーツ活動に可能な限り参加することを奨励し、及び促進すること。

(b) 障害者が障害に応じたスポーツ及びレクリエーションの活動を組織し、及び発展させ、並びにこれらに参加する機会を有することを確保すること。このため、適当な指導、研修及び資源が他の者との平等を基礎として提供されるよう奨励すること。

(c) 障害者がスポーツ、レクリエーション及び観光の場所を利用する機会を有することを確保すること。

(d) 障害のある児童が遊び、レクリエーション、余暇及びスポーツの活動（学校制度におけるこれらの活動を含む。）への参加について他の児童と均等な機会を有することを確保すること。

(e) 障害者がレクリエーション、観光、余暇及びスポーツの活動の企画に関与する者によるサービスを利用する機会を有することを確保すること。

第三十一条 統計及び資料の収集

1 締約国は、この条約を実効的なものとするための政策を立案し、及び実施することを可能とするための適当な情報（統計資料及び研究資料を含む。）を収集することを約束する。この情報を収集し、及び保持する過程においては、次のことを満たさなければならない。

(a) 障害者の秘密の保持及びプライバシーの尊重を確保するため、法令に定める保障措置（資料の保護に関する法令を含む。）を遵守すること。

(b) 人権及び基本的自由を保護するための国際的に受け入れられた規範並びに統計の収集及び利用に関する倫理上の原則を遵守すること。

2 この条の規定に従って収集された情報は、適宜分類されるものとし、この条約に基づく締約国の義務の履行の評価に役立てるため

に、並びに障害者がその権利を行使する際に直面する障壁を特定し、及び当該障壁に対処するために利用される。

3　締約国は、これらの統計の普及について責任を負うものとし、これらの統計が障害者及び他の者にとって利用しやすいことを確保する。

第三十二条　国際協力

1　締約国は、この条約の目的及び趣旨を実現するための自国の努力を支援するために国際協力及びその促進が重要であることを認識し、この点に関し、国家間において並びに適当な場合には関連のある国際的及び地域的機関並びに市民社会（特に障害者の組織）と連携して、適当かつ効果的な措置をとる。これらの措置には、特に次のことを含むことができる。

(a)　国際協力（国際的な開発計画を含む。）が、障害者を包容し、かつ、障害者にとって利用しやすいものであることを確保すること。

(b)　能力の開発（情報、経験、研修計画及び最良の実例の交換及び共有を通じたものを含む。）を容易にし、及び支援すること。

(c)　研究における協力を容易にし、並びに科学及び技術に関する知識を利用する機会を得やすくすること。

(d)　適当な場合には、技術援助及び経済援助（利用しやすい支援機器を利用する機会を得やすくし、及びこれらの機器の共有を容易にすることによる援助並びに技術移転を通じた援助を含む。）を提供すること。

2　この条の規定は、この条約に基づく義務を履行する各締約国の義務に影響を及ぼすものではない。

第三十三条　国内における実施及び監視

1　締約国は、自国の制度に従い、この条約の実施に関連する事項を取り扱う一又は二以上の中央連絡先を政府内に指定する。また、締約国は、異なる部門及び段階における関連のある活動を容易にするため、政府内における調整のための仕組みの設置又は指定に十分な考慮を払う。

2　締約国は、自国の法律上及び行政上の制度に従い、この条約の実施を促進し、保護し、及び監視するための枠組み（適当な場合には、一又は二以上の独立した仕組みを含む。）を自国内において維持し、強化し、指定し、又は設置する。締約国は、このような仕組みを指定し、又は設置する場合には、人権の保護及び促進のための国内機構の地位及び役割に関する原則を考慮に入れる。

3　市民社会（特に、障害者及び障害者を代表する団体）は、監視の過程に十分に関与し、かつ、参加する。

第三十四条　障害者の権利に関する委員会

1　障害者の権利に関する委員会（以下「委員会」という。）を設置する。委員会は、以下に定める任務を遂行する。

2　委員会は、この条約の効力発生の時は十二人の専門家で構成する。効力発生の時の締約国に加え更に六十の国がこの条約を批准し、又はこれに加入した後は、委員会の委員の数を六人増加させ、上限である十八人とする。

3　委員会の委員は、個人の資格で職務を遂行するものとし、徳望が高く、かつ、この条約が対象とする分野において能力及び経験を認められた者とする。締約国は、委員の候補者を指名するに当たり、第四条3の規定に十分な考慮を払うよう要請される。

4　委員会の委員については、締約国が、委員の配分が地理的に衡平に行われること、異なる文明形態及び主要な法体系が代表されること、男女が衡平に代表されること並びに障害のある専門家が参加することを考慮に入れて選出する。

5　委員会の委員は、締約国会議の会合において、締約国により当該締約国の国民の中から指名された者の名簿の中から秘密投票により選出される。締約国会議の会合は、締約国の三分の二をもって定足数とする。これらの会合においては、出席し、かつ、投票する締約国の代表によって投じられた票の最多数で、かつ、過半数の票を得た者をもって委員会に選出された委員とする。

6　委員会の委員の最初の選挙は、この条約の効力発生の日の後六箇月以内に行う。国際連合事務総長は、委員会の委員の選挙の日の遅くとも四箇月前までに、締約国に対し、自国が指名する者の氏名を二箇月以内に提出するよう書簡で要請する。その後、同事務総長は、指名された者のアルファベット順による名簿（これらの者を指名した締約国名を表示した名簿とする。）を作成し、この条約の締約国に送付する。

7　委員会の委員は、四年の任期で選出される。委員は、一回のみ再選される資格を有する。ただし、最初の選挙において選出された委員のうち六人の委員の任期は、二年で終了するものとし、これらの六人の委員は、最初の選挙の後直ちに、5に規定する会合の議長によりくじ引で選ばれる。

8　委員会の六人の追加的な委員の選挙は、この条の関連規定に従って定期選挙の際に行われる。

9　委員会の委員が死亡し、辞任し、又は他の理由のためにその職務を遂行することができなくなったことを宣言した場合には、当該委員を指名した締約国は、残余の期間その職務を遂行する他の専門家であって、資格を有し、かつ、この条の関連規定に定める条件を満たすものを任命する。

10　委員会は、その手続規則を定める。

11　国際連合事務総長は、委員会がこの条約に定める任務を効果的に遂行するために必要な職員及び便益を提供するものとし、委員会の最初の会合を招集する。

12　この条約に基づいて設置される委員会の委員は、国際連合総会が委員会の任務の重要性を考慮して決定する条件に従い、同総会の承認を得て、国際連合の財源から報酬を受ける。

13　委員会の委員は、国際連合の特権及び免除に関する条約の関連規定に規定する国際連合のための職務を遂行する専門家の便益、特権及び免除を享受する。

第三十五条　締約国による報告

1　各締約国は、この条約に基づく義務を履行するためにとった措置及びこれらの措置によりもたらされた進歩に関する包括的な報告を、この条約が自国について効力を生じた後二年以内に国際連合事務総長を通じて委員会に提出する。

2　その後、締約国は、少なくとも四年ごとに、更に委員会が要請するときはいつでも、その後の報告を提出する。

3　委員会は、報告の内容について適用される指針を決定する。

4　委員会に対して包括的な最初の報告を提出した締約国は、その後の報告においては、既に提供した情報を繰り返す必要はない。締約国は、委員会に対する報告を作成するに当たり、公開され、かつ、透明性のある過程において作成することを検討し、及び第四条3の規定に十分な考慮を払うよう要請される。

5　報告には、この条約に基づく義務の履行の程度に影響を及ぼす要因及び困難を記載することができる。

第三十六条　報告の検討

1　委員会は、各報告を検討する。委員会は、当該報告について、適当と認める提案及び一般的な性格を有する勧告を行うものとし、これらの提案及び一般的な性格を有する勧告を関係締約国に送付する。当該関係締約国は、委員会に対し、自国が選択する情報を提供することにより回答することができる。委員会は、この条約の実施に関連する追加の情報を当該関係締約国に要請することができる。

2　いずれかの締約国による報告の提出が著しく遅延している場合には、委員会は、委員会にとって利用可能な信頼し得る情報を基礎として当該締約国におけるこの条約の実施状況を審査することが必要であることについて当該締約国に通報（当該通報には、関連する報告が当該通報の後三箇月以内に行われない場合には審査する旨を含む。）を行うことができる。委員会は、当該締約国がその審査に参加するよう要請する。当該締約国が関連する報告を提出することにより回答する場合には、1の規定を適用する。

3　国際連合事務総長は、1の報告を全ての締約国が利用することができるようにする。

4　締約国は、1の報告を自国において公衆が広く利用することができるようにし、これらの報告に関連する提案及び一般的な性格を有する勧告を利用する機会を得やすくする。

5　委員会は、適当と認める場合には、締約国からの報告に記載されている技術的な助言若しくは援助の要請又はこれらの必要性の記載に対処するため、これらの要請又は必要性の記載に関する委員会の見解及び勧告がある場合には当該見解及び勧告とともに、国際連合の専門機関、基金及び計画その他の権限のある機関に当該報告を送付する。

第三十七条　締約国と委員会との間の協力

1　各締約国は、委員会と協力するものとし、委員の任務の遂行を支援する。

2　委員会は、締約国との関係において、この条約の実施のための当該締約国の能力を向上させる方法及び手段（国際協力を通じたものを含む。）に十分な考慮を払う。

第三十八条　委員会と他の機関との関係

この条約の効果的な実施を促進し、及びこの条約が対象とする分野における国際協力を奨励するため、

(a)　専門機関その他の国際連合の機関は、その任務の範囲内にある事項に関するこの条約の規定の実施についての検討に際し、代

表を出す権利を有する。委員会は、適当と認める場合には、専門機関その他の権限のある機関に対し、これらの機関の任務の範囲内にある事項に関するこの条約の実施について専門家の助言を提供するよう要請することができる。委員会は、専門機関その他の国際連合の機関に対し、これらの機関の任務の範囲内にある事項に関するこの条約の実施について報告を提出するよう要請することができる。

(b) 委員会は、その任務を遂行するに当たり、それぞれの報告に係る指針、提案及び一般的な性格を有する勧告の整合性を確保し、並びにその任務の遂行における重複を避けるため、適当な場合には、人権に関する国際条約によって設置された他の関連する組織と協議する。

第三十九条 委員会の報告

委員会は、その活動につき二年ごとに国際連合総会及び経済社会理事会に報告するものとし、また、締約国から得た報告及び情報の検討に基づく提案及び一般的な性格を有する勧告を行うことができる。これらの提案及び一般的な性格を有する勧告は、締約国から意見がある場合にはその意見とともに、委員会の報告に記載する。

第四十条 締約国会議

1　締約国は、この条約の実施に関する事項を検討するため、定期的に締約国会議を開催する。

2　締約国会議は、この条約が効力を生じた後六箇月以内に国際連合事務総長が招集する。その後の締約国会議は、二年ごとに又は締約国会議の決定に基づき同事務総長が招集する。

第四十一条 寄託者

この条約の寄託者は、国際連合事務総長とする。

第四十二条 署名

この条約は、二千七年三月三十日から、ニューヨークにある国際連合本部において、全ての国及び地域的な統合のための機関による署名のために開放しておく。

第四十三条 拘束されることについての同意

この条約は、署名国によって批准されなければならず、また、署名した地域的な統合のための機関によって正式確認されなければならない。この条約は、これに署名していない国及び地域的な統合のための機関による加入のために開放しておく。

第四十四条 地域的な統合のための機関

1　「地域的な統合のための機関」とは、特定の地域の主権国家によって構成される機関であって、この条約が規律する事項に関してその構成国から権限の委譲を受けたものをいう。地域的な統合のための機関は、この条約の規律する事項に関するその権限の範囲をこの条約の正式確認書又は加入書において宣言する。その後、当該機関は、その権限の範囲の実質的な変更を寄託者に通報する。

2　この条約において「締約国」についての規定は、地域的な統合のための機関の権限の範囲内で当該機関について適用する。

3　次条1並びに第四十七条2及び3の規定の適用上、地域的な統合のための機関が寄託する文書は、これを数に加えてはならない。

4　地域的な統合のための機関は、その権限の範囲内の事項について、この条約の締約国であるその構成国の数と同数の票を締約国会議において投ずる権利を行使することができる。当該機関は、その構成国が自国の投票権を行使する場合には、投票権を行使してはならない。その逆の場合も、同様とする。

第四十五条 効力発生

1　この条約は、二十番目の批准書又は加入書が寄託された後三十日目の日に効力を生ずる。

2　この条約は、二十番目の批准書又は加入書が寄託された後にこれを批准し、若しくは正式確認し、又はこれに加入する国又は地域的な統合のための機関については、その批准書、正式確認書又は加入書の寄託の後三十日目の日に効力を生ずる。

第四十六条 留保

1　この条約の趣旨及び目的と両立しない留保は、認められない。

2　留保は、いつでも撤回することができる。

第四十七条 改正

1　いずれの締約国も、この条約の改正を提案し、及び改正案を国際連合事務総長に提出することができる。同事務総長は、締約国に対し、改正案を送付するものとし、締約国による改正案の審議及び決定のための締約国の会議の開催についての賛否を通報するよう要請する。その送付の日から四箇月以内に締約国の三分の一以上が会議の開催に賛成する場合には、同事務総長は、国際連合の主催の下に会議を招集する。会議において出席し、かつ、投票する締約国の三分の二以上の多数に

社会福祉

よって採択された改正案は、同事務総長により、承認のために国際連合総会に送付され、その後受諾のために全ての締約国に送付される。

2　1の規定により採択され、かつ、承認された改正は、当該改正の採択の日における締約国の三分の二以上が受諾書を寄託した後三十日目の日に効力を生ずる。その後は、当該改正は、いずれの締約国についても、その受諾書の寄託の後三十日目の日に効力を生ずる。改正は、それを受諾した締約国のみを拘束する。

3　締約国会議がコンセンサス方式によって決定する場合には、1の規定により採択され、かつ、承認された改正であって、第三十四条及び第三十八条から第四十条までの規定にのみ関連するものは、当該改正の採択の日における締約国の三分の二以上が受諾書を寄託した後三十日目の日に全ての締約国について効力を生ずる。

第四十八条　廃棄

締約国は、国際連合事務総長に対して書面による通告を行うことにより、この条約を廃棄することができる。廃棄は、同事務総長がその通告を受領した日の後一年で効力を生ずる。

第四十九条　利用しやすい様式

この条約の本文は、利用しやすい様式で提供される。

第五十条　正文

この条約は、アラビア語、中国語、英語、フランス語、ロシア語及びスペイン語をひとしく正文とする。

以上の証拠として、下名の全権委員は、各自の政府から正当に委任を受けてこの条約に署名した。

（署名欄は省略）

障害者基本法

（昭和四五・五・二一 法律八四）

最新改正　平成二五法律六五

第一章　総則

（目的）

第一条　この法律は、全ての国民が、障害の有無にかかわらず、等しく基本的人権を享有するかけがえのない個人として尊重されるものであるとの理念にのつとり、全ての国民が、障害の有無によつて分け隔てられることなく、相互に人格と個性を尊重し合いながら共生する社会を実現するため、障害者の自立及び社会参加の支援等のための施策に関し、基本原則を定め、及び国、地方公共団体等の責務を明らかにするとともに、障害者の自立及び社会参加の支援等のための施策の基本となる事項を定めること等により、障害者の自立及び社会参加の支援等のための施策を総合的かつ計画的に推進することを目的とする。

（定義）

第二条　この法律において、次の各号に掲げる用語の意義は、それぞれ当該各号に定めるところによる。

一　障害者　身体障害、知的障害、精神障害（発達障害を含む。）その他の心身の機能の障害（以下「障害」と総称する。）がある者であつて、障害及び社会的障壁により継続的に日常生活又は社会生活に相当な制限を受ける状態にあるものをいう。

二　社会的障壁　障害がある者にとつて日常生活又は社会生活を営む上で障壁となるような社会における事物、制度、慣行、観念その他一切のものをいう。

（地域社会における共生等）
第三条　第一条に規定する社会の実現は、全ての障害者が、障害者でない者と等しく、基本的人権を享有する個人としてその尊厳が重んぜられ、その尊厳にふさわしい生活を保障される権利を有することを前提としつつ、次に掲げる事項を旨として図られなければならない。

一　全て障害者は、社会を構成する一員として社会、経済、文化その他あらゆる分野の活動に参加する機会が確保されること。

二　全て障害者は、可能な限り、どこで誰と生活するかについての選択の機会が確保され、地域社会において他の人々と共生することを妨げられないこと。

三　全て障害者は、可能な限り、言語（手話を含む。）その他の意思疎通のための手段についての選択の機会が確保されるとともに、情報の取得又は利用のための手段についての選択の機会の拡大が図られること。

（差別の禁止）
第四条　何人も、障害者に対して、障害を理由として、差別することその他の権利利益を侵害する行為をしてはならない。

2　社会的障壁の除去は、それを必要としている障害者が現に存し、かつ、その実施に伴う負担が過重でないときは、それを怠ることによつて前項の規定に違反することとならないよう、その実施について必要かつ合理的な配慮がされなければならない。

3　国は、第一項の規定に違反する行為の防止に関する啓発及び知識の普及を図るため、当該行為の防止を図るために必要となる情報の収集、整理及び提供を行うものとする。

（国際的協調）
第五条　第一条に規定する社会の実現は、そのための施策が国際社会における取組と密接な関係を有していることに鑑み、国際的協調の下に図られなければならない。

（国及び地方公共団体の責務）
第六条　国及び地方公共団体は、第一条に規定する社会の実現を図るため、前三条に定める基本原則（以下「基本原則」という。）にのつとり、障害者の自立及び社会参加の支援等のための施策を総合的かつ計画的に実施する責務を有する。

（国民の理解）
第七条　国及び地方公共団体は、基本原則に関する国民の理解を深めるよう必要な施策を講じなければならない。

（国民の責務）
第八条　国民は、基本原則にのつとり、第一条に規定する社会の実現に寄与するよう努めなければならない。

（障害者週間）
第九条　国民の間に広く基本原則に関する関心と理解を深めるとともに、障害者が社会、経済、文化その他あらゆる分野の活動に参加することを促進するため、障害者週間を設ける。

2　障害者週間は、十二月三日から十二月九日までの一週間とする。

3　国及び地方公共団体は、障害者の自立及び社会参加の支援等に関する活動を行う民間の団体等と相互に緊密な連携協力を図りながら、障害者週間の趣旨にふさわしい事業を実施するよう努めなければならない。

（施策の基本方針）
第十条　障害者の自立及び社会参加の支援等のための施策は、障害者の性別、年齢、障害の状態及び生活の実態に応じて、かつ、有機的連携の下に総合的に、策定され、及び実施されなければならない。

2　国及び地方公共団体は、障害者の自立及び社会参加の支援等のための施策を講ずるに当たつては、障害者その他の関係者の意見を聴き、その意見を尊重するよう努めなければならない。

（障害者基本計画等）
第十一条　政府は、障害者の自立及び社会参加の支援等のための施策の総合的かつ計画的な推進を図るため、障害者のための施策に関する基本的な計画（以下「障害者基本計画」という。）を策定しなければならない。

2　都道府県は、障害者基本計画を基本とするとともに、当該都道府県における障害者の状況等を踏まえ、当該都道府県における障害者のための施策に関する基本的な計画（以下「都道府県障害者計画」という。）を策定しなければならない。

3　市町村は、障害者基本計画及び都道府県障害者計画を基本とするとともに、当該市町村における障害者の状況等を踏まえ、当該市町村における障害者のための施策に関する基本的な計画（以下「市町村障害者計画」という。）を策定しなければならない。

4　内閣総理大臣は、関係行政機関の長に協議するとともに、障害者政策委員会の意見を聴いて、障害者基本計画の案を作成し、閣議の決定を求めなければならない。

5　都道府県は、都道府県障害者計画を策定するに当たつては、第三十六条第一項の合議制の機関の意見を聴かなければならない。

6　市町村は、市町村障害者計画を策定するに当たつては、第三十六条第四項の合議制の機関を設置している場合にあつてはその意見を、その他の場合にあつては障害者その他の関係者の意見を聴かなければならない。

7　政府は、障害者基本計画を策定したときは、これを国会に報告するとともに、その要旨を公表しなければならない。

8　第二項又は第三項の規定により都道府県障害者計画又は市町村障害者計画が策定されたときは、都道府県知事又は市町村長は、これを当該都道府県の議会又は当該市町村の議会に報告するとともに、その要旨を公表しなければならない。

9　第四項及び第七項の規定は障害者基本計画の変更について、第五項及び前項の規定は都道府県障害者計画の変更について、第六項及び前項の規定は市町村障害者計画の変更について準用する。

（法制上の措置等）

第十二条　政府は、この法律の目的を達成するため、必要な法制上及び財政上の措置を講じなければならない。

（年次報告）

第十三条　政府は、毎年、国会に、障害者のために講じた施策の概況に関する報告書を提出しなければならない。

第二章　障害者の自立及び社会参加の支援等のための基本的施策

（医療、介護等）

第十四条　国及び地方公共団体は、障害者が生活機能を回復し、取得し、又は維持するために必要な医療の給付及びリハビリテーションの提供を行うよう必要な施策を講じなければならない。

2　国及び地方公共団体は、前項に規定する医療及びリハビリテーションの研究、開発及び普及を促進しなければならない。

3　国及び地方公共団体は、障害者が、その性別、年齢、障害の状態及び生活の実態に応じ、医療、介護、保健、生活支援その他自立のための適切な支援を受けられるよう必要な施策を講じなければならない。

4　国及び地方公共団体は、第一項及び前項に規定する施策を講ずるために必要な専門的技術職員その他の専門的知識又は技能を有する職員を育成するよう努めなければならない。

5　国及び地方公共団体は、医療若しくは介護の給付又はリハビリテーションの提供を行うに当たつては、障害者が、可能な限りその身近な場所においてこれらを受けられるよう必要な施策を講ずるものとするほか、その人権を十分に尊重しなければならない。

6　国及び地方公共団体は、福祉用具及び身体障害者補助犬の給付又は貸与その他障害者が日常生活及び社会生活を営むのに必要な施策を講じなければならない。

7　国及び地方公共団体は、前項に規定する施策を講ずるために必要な福祉用具の研究及び開発、身体障害者補助犬の育成等を促進しなければならない。

（年金等）

第十五条　国及び地方公共団体は、障害者の自立及び生活の安定に資するため、年金、手当等の制度に関し必要な施策を講じなければならない。

（教育）

第十六条　国及び地方公共団体は、障害者が、その年齢及び能力に応じ、かつ、その特性を踏まえた十分な教育が受けられるようにするため、可能な限り障害者である児童及び生徒が障害者でない児童及び生徒と共に教育を受けられるよう配慮しつつ、教育の内容及び方法の改善及び充実を図る等必要な施策を講じなければならない。

2　国及び地方公共団体は、前項の目的を達成するため、障害者である児童及び生徒並びにその保護者に対し十分な情報の提供を行うとともに、可能な限りその意向を尊重しなければならない。

3　国及び地方公共団体は、障害者である児童及び生徒と障害者でない児童及び生徒との交流及び共同学習を積極的に進めることによつて、その相互理解を促進しなければならない。

4　国及び地方公共団体は、障害者の教育に関し、調査及び研究並びに人材の確保及び資質の向上、適切な教材等の提供、学校施設の整備その他の環境の整備を促進しなければならない。

（療育）
第十七条 国及び地方公共団体は、障害者である子どもが可能な限りその身近な場所において療育その他これに関連する支援を受けられるよう必要な施策を講じなければならない。
2 国及び地方公共団体は、療育に関し、研究、開発及び普及の促進、専門的知識又は技能を有する職員の育成その他の環境の整備を促進しなければならない。

（職業相談等）
第十八条 国及び地方公共団体は、障害者の職業選択の自由を尊重しつつ、障害者がその能力に応じて適切な職業に従事することができるようにするため、障害者の多様な就業の機会を確保するよう努めるとともに、個々の障害者の特性に配慮した職業相談、職業指導、職業訓練及び職業紹介の実施その他必要な施策を講じなければならない。
2 国及び地方公共団体は、障害者の多様な就業の機会の確保を図るため、前項に規定する施策に関する調査及び研究を促進しなければならない。
3 国及び地方公共団体は、障害者の地域社会における作業活動の場及び障害者の職業訓練のための施設の拡充を図るため、これに必要な費用の助成その他必要な施策を講じなければならない。

（雇用の促進等）
第十九条 国及び地方公共団体並びに事業者における障害者の雇用を促進するため、障害者の優先雇用その他の施策を講じなければならない。
2 事業主は、障害者の雇用に関し、その有する能力を正当に評価し、適切な雇用の機会を確保するとともに、個々の障害者の特性に応じた適正な雇用管理を行うことによりその雇用の安定を図るよう努めなければならない。
3 国及び地方公共団体は、障害者を雇用する事業主に対して、障害者の雇用のための経済的負担を軽減し、もつてその雇用の促進及び継続を図るため、障害者が雇用されるのに伴い必要となる施設又は設備の整備等に要する費用の助成その他必要な施策を講じなければならない。

（住宅の確保）
第二十条 国及び地方公共団体は、障害者が地域社会において安定した生活を営むことができるようにするため、障害者のための住宅を確保し、及び障害者の日常生活に適するような住宅の整備を促進するよう必要な施策を講じなければならない。

（公共的施設のバリアフリー化）
第二十一条 国及び地方公共団体は、障害者の利用の便宜を図ることによつて障害者の自立及び社会参加を支援するため、自ら設置する官公庁施設、交通施設（車両、船舶、航空機等の移動施設を含む。次項において同じ。）その他の公共的施設について、障害者が円滑に利用できるような施設の構造及び設備の整備等の計画的推進を図らなければならない。
2 交通施設その他の公共的施設を設置する事業者は、障害者の利用の便宜を図ることによつて障害者の自立及び社会参加を支援するため、当該公共的施設について、障害者が円滑に利用できるような施設の構造及び設備の整備等の計画的推進に努めなければならない。
3 国及び地方公共団体は、前二項の規定により行われる公共的施設の構造及び設備の整備等が総合的かつ計画的に推進されるようにするため、必要な施策を講じなければならない。
4 国、地方公共団体及び公共的施設を設置する事業者は、自ら設置する公共的施設を利用する障害者の補助を行う身体障害者補助犬の同伴について障害者の利用の便宜を図らなければならない。

（情報の利用におけるバリアフリー化等）
第二十二条 国及び地方公共団体は、障害者が円滑に情報を取得し及び利用し、その意思を表示し、並びに他人との意思疎通を図ることができるようにするため、障害者が利用しやすい電子計算機及びその関連装置その他情報通信機器の普及、電気通信及び放送の役務の利用に関する障害者の利便の増進、障害者に対して情報を提供する施設の整備、障害者の意思疎通を仲介する者の養成及び派遣等が図られるよう必要な施策を講じなければならない。
2 国及び地方公共団体は、災害その他非常の事態の場合に障害者に対しその安全を確保するため必要な情報が迅速かつ的確に伝えられるよう必要な施策を講ずるものとするほか、行政の情報化及び公共分野における情報通信技術の活用の推進に当たつては、障害者の利用の便宜が図られるよう特に配慮しなければならない。
3 電気通信及び放送その他の情報の提供に係る役務の提供並びに電子計算機及びその関連装置その他情報通信機器の製造等を行う事業

者は、当該役務の提供又は当該機器の製造等に当たつては、障害者の利用の便宜を図るよう努めなければならない。

（相談等）

第二十三条 国及び地方公共団体は、障害者の意思決定の支援に配慮しつつ、障害者及びその家族その他の関係者に対する相談業務、成年後見制度その他の障害者の権利利益の保護等のための施策又は制度が、適切に行われ又は広く利用されるようにしなければならない。

2 国及び地方公共団体は、障害者及びその家族その他の関係者からの各種の相談に総合的に応ずることができるようにするため、関係機関相互の有機的連携の下に必要な相談体制の整備を図るとともに、障害者の家族に対し、障害者の家族が互いに支え合うための活動の支援その他の支援を適切に行うものとする。

（経済的負担の軽減）

第二十四条 国及び地方公共団体は、障害者及び障害者を扶養する者の経済的負担の軽減を図り、又は障害者の自立の促進を図るため、税制上の措置、公共的施設の利用料等の減免その他必要な施策を講じなければならない。

（文化的諸条件の整備等）

第二十五条 国及び地方公共団体は、障害者が円滑に文化芸術活動、スポーツ又はレクリエーションを行うことができるようにするため、施設、設備その他の諸条件の整備、文化芸術、スポーツ等に関する活動の助成その他必要な施策を講じなければならない。

（防災及び防犯）

第二十六条 国及び地方公共団体は、障害者が地域社会において安全にかつ安心して生活を営むことができるようにするため、障害者の性別、年齢、障害の状態及び生活の実態に応じて、防災及び防犯に関し必要な施策を講じなければならない。

（消費者としての障害者の保護）

第二十七条 国及び地方公共団体は、障害者の消費者としての利益の擁護及び増進が図られるようにするため、適切な方法による情報の提供その他必要な施策を講じなければならない。

2 事業者は、障害者の消費者としての利益の擁護及び増進が図られるようにするため、適切な方法による情報の提供等に努めなければならない。

（選挙等における配慮）

第二十八条 国及び地方公共団体は、法律又は条例の定めるところにより行われる選挙、国民審査又は投票において、障害者が円滑に投票できるようにするため、投票所の施設又は設備の整備その他必要な施策を講じなければならない。

（司法手続における配慮等）

第二十九条 国又は地方公共団体は、障害者が、刑事事件若しくは少年の保護事件に関する手続その他これに準ずる手続の対象となつた場合又は裁判所における民事事件、家事事件若しくは行政事件に関する手続の当事者その他の関係人となつた場合において、障害者がその権利を円滑に行使できるようにするため、個々の障害者の特性に応じた意思疎通の手段を確保するよう配慮するとともに、関係職員に対する研修その他必要な施策を講じなければならない。

（国際協力）

第三十条 国は、障害者の自立及び社会参加の支援等のための施策を国際的協調の下に推進するため、外国政府、国際機関又は関係団体等との情報の交換その他必要な施策を講ずるように努めるものとする。

第三章 障害の原因となる傷病の予防に関する基本的施策

第三十一条 国及び地方公共団体は、障害の原因となる傷病及びその予防に関する調査及び研究を促進しなければならない。

2 国及び地方公共団体は、障害の原因となる傷病の予防のため、必要な知識の普及、母子保健等の保健対策の強化、当該傷病の早期発見及び早期治療の推進その他必要な施策を講じなければならない。

3 国及び地方公共団体は、障害の原因となる難病等の予防及び治療が困難であることに鑑み、障害の原因となる難病等の調査及び研究を推進するとともに、難病等に係る障害者に対する施策をきめ細かく推進するよう努めなければならない。

第四章 障害者政策委員会等

（障害者政策委員会の設置）

第三十二条 内閣府に、障害者政策委員会（以下「政策委員会」という。）を置く。

2 政策委員会は、次に掲げる事務をつかさどる。

一 障害者基本計画に関し、第十一条第四項

（同条第九項において準用する場合を含む。）に規定する事項を処理すること。

二　前号に規定する事項に関し、調査審議し、必要があると認めるときは、内閣総理大臣又は関係各大臣に対し、意見を述べること。

三　障害者基本計画の実施状況を監視し、必要があると認めるときは、内閣総理大臣又は内閣総理大臣を通じて関係各大臣に勧告すること。

四　障害を理由とする差別の解消の推進に関する法律（平成二十五年法律第六十五号）の規定によりその権限に属させられた事項を処理すること。

3　内閣総理大臣又は関係各大臣は、前項第三号の規定による勧告に基づき講じた施策について政策委員会に報告しなければならない。

（政策委員会の組織及び運営）

第三十三条　政策委員会は、委員三十人以内で組織する。

2　政策委員会の委員は、障害者、障害者の自立及び社会参加に関する事業に従事する者並びに学識経験のある者のうちから、内閣総理大臣が任命する。この場合において、委員の構成については、政策委員会が様々な障害者の意見を聴き障害者の実情を踏まえた調査審議を行うことができることとなるよう、配慮されなければならない。

3　政策委員会の委員は、非常勤とする。

第三十四条　政策委員会は、その所掌事務を遂行するため必要があると認めるときは、関係行政機関の長に対し、資料の提出、意見の表明、説明その他必要な協力を求めることができる。

2　政策委員会は、その所掌事務を遂行するため特に必要があると認めるときは、前項に規定する者以外の者に対しても、必要な協力を依頼することができる。

第三十五条　前二条に定めるもののほか、政策委員会の組織及び運営に関し必要な事項は、政令で定める。

（都道府県等における合議制の機関）

第三十六条　都道府県（地方自治法（昭和二十二年法律第六十七号）第二百五十二条の十九第一項の指定都市（以下「指定都市」という。）を含む。以下同じ。）に、次に掲げる事務を処理するため、審議会その他の合議制の機関を置く。

一　都道府県障害者計画に関し、第十一条第五項（同条第九項において準用する場合を含む。）に規定する事項を処理すること。

二　当該都道府県における障害者に関する施策の総合的かつ計画的な推進について必要な事項を調査審議し、及びその施策の実施状況を監視すること。

三　当該都道府県における障害者に関する施策の推進について必要な関係行政機関相互の連絡調整を要する事項を調査審議すること。

2　前項の合議制の機関の委員の構成については、当該機関が様々な障害者の意見を聴き障害者の実情を踏まえた調査審議を行うことができることとなるよう、配慮されなければならない。

3　前項に定めるもののほか、第一項の合議制の機関の組織及び運営に関し必要な事項は、条例で定める。

4　市町村（指定都市を除く。）は、条例で定めるところにより、次に掲げる事務を処理するため、審議会その他の合議制の機関を置くことができる。

一　市町村障害者計画に関し、第十一条第六項（同条第九項において準用する場合を含む。）に規定する事項を処理すること。

二　当該市町村における障害者に関する施策の総合的かつ計画的な推進について必要な事項を調査審議し、及びその施策の実施状況を監視すること。

三　当該市町村における障害者に関する施策の推進について必要な関係行政機関相互の連絡調整を要する事項を調査審議すること。

5　第二項及び第三項の規定は、前項の規定により合議制の機関が置かれた場合に準用する。

障害を理由とする差別の解消の推進に関する法律

（平成二五・六・二六）
（法　律　六　五）

最新改正　令和四法律六八

第一章　総則

（目的）

第一条　この法律は、障害者基本法（昭和四十五年法律第八十四号）の基本的な理念にのっとり、全ての障害者が、障害者でない者と等しく、基本的人権を享有する個人としてその尊厳が重んぜられ、その尊厳にふさわしい生活を保障される権利を有することを踏まえ、障害を理由とする差別の解消の推進に関する基本的な事項、行政機関等及び事業者における障害を理由とする差別を解消するための措置等を定めることにより、障害を理由とする差別の解消を推進し、もって全ての国民が、障害の有無によって分け隔てられることなく、相互に人格と個性を尊重し合いながら共生する社会の実現に資することを目的とする。

（定義）

第二条　この法律において、次の各号に掲げる用語の意義は、それぞれ当該各号に定めるところによる。

一　障害者　身体障害、知的障害、精神障害（発達障害を含む。）その他の心身の機能の障害（以下「障害」と総称する。）がある者であって、障害及び社会的障壁により継続的に日常生活又は社会生活に相当な制限を受ける状態にあるものをいう。

二　社会的障壁　障害がある者にとって日常生活又は社会生活を営む上で障壁となるような社会における事物、制度、慣行、観念その他一切のものをいう。

三　行政機関等　国の行政機関、独立行政法人等、地方公共団体（地方公営企業法（昭和二十七年法律第二百九十二号）第三章の規定の適用を受ける地方公共団体の経営する企業を除く。第七号、第十条及び附則第四条第一項において同じ。）及び地方独立行政法人をいう。

四　国の行政機関　次に掲げる機関をいう。

イ　法律の規定に基づき内閣に置かれる機関（内閣府を除く。）及び内閣の所轄の下に置かれる機関

ロ　内閣府、宮内庁並びに内閣府設置法（平成十一年法律第八十九号）第四十九条第一項及び第二項に規定する機関（これらの機関のうちニの政令で定める機関が置かれる機関にあっては、当該政令で定める機関を除く。）

ハ　国家行政組織法（昭和二十三年法律第百二十号）第三条第二項に規定する機関（ホの政令で定める機関が置かれる機関にあっては、当該政令で定める機関を除く。）

ニ　内閣府設置法第三十九条及び第五十五条並びに宮内庁法（昭和二十二年法律第七十号）第十六条第二項の機関並びに内閣府設置法第四十条及び第五十六条（宮内庁法第十八条第一項において準用する場合を含む。）の特別の機関で、政令で定めるもの

ホ　国家行政組織法第八条の二の施設等機関及び同法第八条の三の特別の機関で、政令で定めるもの

ヘ　会計検査院

五　独立行政法人等　次に掲げる法人をいう。

イ　独立行政法人（独立行政法人通則法（平成十一年法律第百三号）第二条第一項に規定する独立行政法人をいう。ロにおいて同じ。）

ロ　法律により直接に設立された法人、特別の法律により特別の設立行為をもって設立された法人（独立行政法人を除く。）又は特別の法律により設立され、かつ、その設立に関し行政庁の認可を要する法人のうち、政令で定めるもの

六　地方独立行政法人　地方独立行政法人法（平成十五年法律第百十八号）第二条第一項に規定する地方独立行政法人（同法第二十一条第三号に掲げる業務を行うものを除く。）をいう。

七　事業者　商業その他の事業を行う者（国、独立行政法人等、地方公共団体及び地方独立行政法人を除く。）をいう。

（**国及び地方公共団体の責務**）

第三条　国及び地方公共団体は、この法律の趣旨にのっとり、障害を理由とする差別の解消の推進に関して必要な施策を策定し、及びこれを実施しなければならない。

2　国及び地方公共団体は、障害を理由とする差別の解消の推進に関して必要な施策の効率

的かつ効果的な実施が促進されるよう、適切な役割分担を行うとともに、相互に連携を図りながら協力しなければならない。

（国民の責務）

第四条　国民は、第一条に規定する社会を実現する上で障害を理由とする差別の解消が重要であることに鑑み、障害を理由とする差別の解消の推進に寄与するよう努めなければならない。

（社会的障壁の除去の実施についての必要かつ合理的な配慮に関する環境の整備）

第五条　行政機関等及び事業者は、社会的障壁の除去の実施についての必要かつ合理的な配慮を的確に行うため、自ら設置する施設の構造の改善及び設備の整備、関係職員に対する研修その他の必要な環境の整備に努めなければならない。

第二章　障害を理由とする差別の解消の推進に関する基本方針

第六条　政府は、障害を理由とする差別の解消の推進に関する施策を総合的かつ一体的に実施するため、障害を理由とする差別の解消の推進に関する基本方針（以下「基本方針」という。）を定めなければならない。

2　基本方針は、次に掲げる事項について定めるものとする。

一　障害を理由とする差別の解消の推進に関する施策に関する基本的な方向

二　行政機関等が講ずべき障害を理由とする差別を解消するための措置に関する基本的な事項

三　事業者が講ずべき障害を理由とする差別を解消するための措置に関する基本的な事項

四　国及び地方公共団体による障害を理由とする差別を解消するための支援措置の実施に関する基本的な事項

五　その他障害を理由とする差別の解消の推進に関する施策に関する重要事項

3　内閣総理大臣は、基本方針の案を作成し、閣議の決定を求めなければならない。

4　内閣総理大臣は、基本方針の案を作成しようとするときは、あらかじめ、障害者その他の関係者の意見を反映させるために必要な措置を講ずるとともに、障害者政策委員会の意見を聴かなければならない。

5　内閣総理大臣は、第三項の規定による閣議の決定があったときは、遅滞なく、基本方針を公表しなければならない。

6　前三項の規定は、基本方針の変更について準用する。

第三章　行政機関等及び事業者における障害を理由とする差別を解消するための措置

（行政機関等における障害を理由とする差別の禁止）

第七条　行政機関等は、その事務又は事業を行うに当たり、障害を理由として障害者でない者と不当な差別的取扱いをすることにより、障害者の権利利益を侵害してはならない。

2　行政機関等は、その事務又は事業を行うに当たり、障害者から現に社会的障壁の除去を必要としている旨の意思の表明があった場合において、その実施に伴う負担が過重でないときは、障害者の権利利益を侵害することとならないよう、当該障害者の性別、年齢及び障害の状態に応じて、社会的障壁の除去の実施について必要かつ合理的な配慮をしなければならない。

（事業者における障害を理由とする差別の禁止）

第八条　事業者は、その事業を行うに当たり、障害を理由として障害者でない者と不当な差別的取扱いをすることにより、障害者の権利利益を侵害してはならない。

2　事業者は、その事業を行うに当たり、障害者から現に社会的障壁の除去を必要としている旨の意思の表明があった場合において、その実施に伴う負担が過重でないときは、障害者の権利利益を侵害することとならないよう、当該障害者の性別、年齢及び障害の状態に応じて、社会的障壁の除去の実施について必要かつ合理的な配慮をしなければならない。

（国等職員対応要領）

第九条　国の行政機関の長及び独立行政法人等は、基本方針に即して、第七条に規定する事項に関し、当該国の行政機関及び独立行政法人等の職員が適切に対応するために必要な要領（以下この条及び附則第三条において「国等職員対応要領」という。）を定めるものとする。

2　国の行政機関の長及び独立行政法人等は、国等職員対応要領を定めようとするときは、あらかじめ、障害者その他の関係者の意見を反映させるために必要な措置を講じなければならない。

3　国の行政機関の長及び独立行政法人等は、国等職員対応要領を定めたときは、遅滞なく、これを公表しなければならない。
4　前二項の規定は、国等職員対応要領の変更について準用する。

（**地方公共団体等職員対応要領**）
第十条　地方公共団体の機関及び地方独立行政法人は、基本方針に即して、第七条に規定する事項に関し、当該地方公共団体の機関及び地方独立行政法人の職員が適切に対応するために必要な要領（以下この条及び附則第四条において「地方公共団体等職員対応要領」という。）を定めるよう努めるものとする。
2　地方公共団体の機関及び地方独立行政法人は、地方公共団体等職員対応要領を定めようとするときは、あらかじめ、障害者その他の関係者の意見を反映させるために必要な措置を講ずるよう努めなければならない。
3　地方公共団体の機関及び地方独立行政法人は、地方公共団体等職員対応要領を定めたときは、遅滞なく、これを公表するよう努めなければならない。
4　国は、地方公共団体の機関及び地方独立行政法人による地方公共団体等職員対応要領の作成に協力しなければならない。
5　前三項の規定は、地方公共団体等職員対応要領の変更について準用する。

（**事業者のための対応指針**）
第十一条　主務大臣は、基本方針に即して、第八条に規定する事項に関し、事業者が適切に対応するために必要な指針（以下「対応指針」という。）を定めるものとする。
2　第九条第二項から第四項までの規定は、対応指針について準用する。

（**報告の徴収並びに助言、指導及び勧告**）
第十二条　主務大臣は、第八条の規定の施行に関し、特に必要があると認めるときは、対応指針に定める事項について、当該事業者に対し、報告を求め、又は助言、指導若しくは勧告をすることができる。

（**事業主による措置に関する特例**）
第十三条　行政機関等及び事業者が事業主としての立場で労働者に対して行う障害を理由とする差別を解消するための措置については、障害者の雇用の促進等に関する法律（昭和三十五年法律第百二十三号）の定めるところによる。

第四章　障害を理由とする差別を解消するための支援措置

（**相談及び紛争の防止等のための体制の整備**）
第十四条　国及び地方公共団体は、障害者及びその家族その他の関係者からの障害を理由とする差別に関する相談に的確に応ずるとともに、障害を理由とする差別に関する紛争の防止又は解決を図ることができるよう人材の育成及び確保のための措置その他の必要な体制の整備を図るものとする。

（**啓発活動**）
第十五条　国及び地方公共団体は、障害を理由とする差別の解消について国民の関心と理解を深めるとともに、特に、障害を理由とする差別の解消を妨げている諸要因の解消を図るため、必要な啓発活動を行うものとする。

（**情報の収集、整理及び提供**）
第十六条　国は、障害を理由とする差別を解消するための取組に資するよう、国内外における障害を理由とする差別及びその解消のための取組に関する情報の収集、整理及び提供を行うものとする。
2　地方公共団体は、障害を理由とする差別を解消するための取組に資するよう、地域における障害を理由とする差別及びその解消のための取組に関する情報の収集、整理及び提供を行うよう努めるものとする。

（**障害者差別解消支援地域協議会**）
第十七条　国及び地方公共団体の機関であって、医療、介護、教育その他の障害者の自立と社会参加に関連する分野の事務に従事するもの（以下この項及び次条第二項において「関係機関」という。）は、当該地方公共団体の区域において関係機関が行う障害を理由とする差別に関する相談及び当該相談に係る事例を踏まえた障害を理由とする差別を解消するための取組を効果的かつ円滑に行うため、関係機関により構成される障害者差別解消支援地域協議会（以下「協議会」という。）を組織することができる。
2　前項の規定により協議会を組織する国及び地方公共団体の機関は、必要があると認めるときは、協議会に次に掲げる者を構成員として加えることができる。
一　特定非営利活動促進法（平成十年法律第七号）第二条第二項に規定する特定非営利活動法人その他の団体
二　学識経験者
三　その他当該国及び地方公共団体の機関が必要と認める者

（**協議会の事務等**）

第十八条　協議会は、前条第一項の目的を達するため、必要な情報を交換するとともに、障害者からの相談及び当該相談に係る事例を踏まえた障害を理由とする差別を解消するための取組に関する協議を行うものとする。

2　関係機関及び前条第二項の構成員（次項において「構成機関等」という。）は、前項の協議の結果に基づき、当該相談に係る事例を踏まえた障害を理由とする差別を解消するための取組を行うものとする。

3　協議会は、第一項に規定する情報の交換及び協議を行うため必要があると認めるとき、又は構成機関等が行う相談及び当該相談に係る事例を踏まえた障害を理由とする差別を解消するための取組に関し他の構成機関等から要請があった場合において必要があると認めるときは、構成機関等に対し、相談を行った障害者及び差別に係る事案に関する情報の提供、意見の表明その他の必要な協力を求めることができる。

4　協議会の庶務は、協議会を構成する地方公共団体において処理する。

5　協議会が組織されたときは、当該地方公共団体は、内閣府令で定めるところにより、その旨を公表しなければならない。

（**秘密保持義務**）

第十九条　協議会の事務に従事する者又は協議会の事務に従事していた者は、正当な理由なく、協議会の事務に関して知り得た秘密を漏らしてはならない。

（**協議会の定める事項**）

第二十条　前三条に定めるもののほか、協議会の組織及び運営に関し必要な事項は、協議会が定める。

第五章　雑則

（**主務大臣**）

第二十一条　この法律における主務大臣は、対応指針の対象となる事業者の事業を所管する大臣又は国家公安委員会とする。

（**地方公共団体が処理する事務**）

第二十二条　第十二条に規定する主務大臣の権限に属する事務は、政令で定めるところにより、地方公共団体の長その他の執行機関が行うこととすることができる。

（**権限の委任**）

第二十三条　この法律の規定により主務大臣の権限に属する事項は、政令で定めるところにより、その所属の職員に委任することができる。

（**政令への委任**）

第二十四条　この法律に定めるもののほか、この法律の実施のため必要な事項は、政令で定める。

第六章　罰則

第二十五条　第十九条の規定に違反した者は、一年以下の懲役又は五十万円以下の罰金に処する。

第二十六条　第十二条の規定による報告をせず、又は虚偽の報告をした者は、二十万円以下の過料に処する。

・刑法等の一部を改正する法律の施行に伴う関係法律の整理等に関する法律（令和四・六・一七法律六八）

附則抄

（施行期日）

1　この法律は、刑法等一部改正法施行日から施行する。〈略〉

障害者虐待の防止、障害者の養護者に対する支援等に関する法律

（平成二三・六・二四
法律七九）
最新改正 令和四法律一〇四

第一章 総則

（目的）

第一条 この法律は、障害者に対する虐待が障害者の尊厳を害するものであり、障害者の自立及び社会参加にとって障害者に対する虐待を防止することが極めて重要であること等に鑑み、障害者に対する虐待の禁止、障害者虐待の予防及び早期発見その他の障害者虐待の防止等に関する国等の責務、障害者虐待を受けた障害者に対する保護及び自立の支援のための措置、養護者の負担の軽減を図ること等の養護者に対する養護者による障害者虐待の防止に資する支援（以下「養護者に対する支援」という。）のための措置等を定めることにより、障害者虐待の防止、養護者に対する支援等に関する施策を促進し、もって障害者の権利利益の擁護に資することを目的とする。

（定義）

第二条 この法律において「障害者」とは、障害者基本法（昭和四十五年法律第八十四号）第二条第一号に規定する障害者をいう。

2 この法律において「障害者虐待」とは、養護者による障害者虐待、障害者福祉施設従事者等による障害者虐待及び使用者による障害者虐待をいう。

3 この法律において「養護者」とは、障害者を現に養護する者であって障害者福祉施設従事者等及び使用者以外のものをいう。

4 この法律において「障害者福祉施設従事者等」とは、障害者の日常生活及び社会生活を総合的に支援するための法律（平成十七年法律第百二十三号）第五条第十一項に規定する障害者支援施設（以下「障害者支援施設」という。）若しくは独立行政法人国立重度知的障害者総合施設のぞみの園法（平成十四年法律第百六十七号）第十一条第一号の規定により独立行政法人国立重度知的障害者総合施設のぞみの園が設置する施設（以下「のぞみの園」という。）（以下「障害者福祉施設」という。）又は障害者の日常生活及び社会生活を総合的に支援するための法律第五条第一項に規定する障害福祉サービス事業、同条第十八項に規定する一般相談支援事業若しくは特定相談支援事業、同条第二十六項に規定する移動支援事業、同条第二十七項に規定する地域活動支援センターを経営する事業若しくは同条第二十八項に規定する福祉ホームを経営する事業その他厚生労働省令で定める事業（以下「障害福祉サービス事業等」という。）に係る業務に従事する者をいう。

5 この法律において「使用者」とは、障害者を雇用する事業主（当該障害者が派遣労働者（労働者派遣事業の適正な運営の確保及び派遣労働者の保護等に関する法律（昭和六十年法律第八十八号）第二条第二号に規定する派遣労働者をいう。以下同じ。）である場合において当該派遣労働者に係る労働者派遣（同条第一号に規定する労働者派遣をいう。）の役務の提供を受ける事業主その他これに類するものとして政令で定める事業主を含み、国及び地方公共団体を除く。以下同じ。）又は事業の経営担当者その他その事業の労働者に関する事項について事業主のために行為をする者をいう。

6 この法律において「養護者による障害者虐待」とは、次のいずれかに該当する行為をいう。

一 養護者がその養護する障害者について行う次に掲げる行為

イ 障害者の身体に外傷が生じ、若しくは生じるおそれのある暴行を加え、又は正当な理由なく障害者の身体を拘束すること。

ロ 障害者にわいせつな行為をすること又は障害者をしてわいせつな行為をさせること。

ハ 障害者に対する著しい暴言又は著しく拒絶的な対応その他の障害者に著しい心理的外傷を与える言動を行うこと。

ニ 障害者を衰弱させるような著しい減食又は長時間の放置、養護者以外の同居人によるイからハまでに掲げる行為と同様の行為の放置等養護を著しく怠ること。

二 養護者又は障害者の親族が当該障害者の財産を不当に処分することその他当該障害者から不当に財産上の利益を得ること。

7 この法律において「障害者福祉施設従事者等による障害者虐待」とは、障害者福祉施設従事者等が、当該障害者福祉施設に入所し、その他当該障害者福祉施設を利用する障害者

又は当該障害福祉サービス事業等に係るサービスの提供を受ける障害者について行う次のいずれかに該当する行為をいう。

一　障害者の身体に外傷が生じ、若しくは生じるおそれのある暴行を加え、又は正当な理由なく障害者の身体を拘束すること。

二　障害者にわいせつな行為をすること又は障害者をしてわいせつな行為をさせること。

三　障害者に対する著しい暴言、著しく拒絶的な対応又は不当な差別的言動その他の障害者に著しい心理的外傷を与える言動を行うこと。

四　障害者を衰弱させるような著しい減食又は長時間の放置、当該障害者福祉施設に入所し、その他当該障害者福祉施設を利用する他の障害者又は当該障害福祉サービス事業等に係るサービスの提供を受ける他の障害者による前三号に掲げる行為と同様の行為の放置その他の障害者を養護すべき職務上の義務を著しく怠ること。

五　障害者の財産を不当に処分することその他障害者から不当に財産上の利益を得ること。

8　この法律において「使用者による障害者虐待」とは、使用者が当該事業所に使用される障害者について行う次のいずれかに該当する行為をいう。

一　障害者の身体に外傷が生じ、若しくは生じるおそれのある暴行を加え、又は正当な理由なく障害者の身体を拘束すること。

二　障害者にわいせつな行為をすること又は障害者をしてわいせつな行為をさせること。

三　障害者に対する著しい暴言、著しく拒絶的な対応又は不当な差別的言動その他の障害者に著しい心理的外傷を与える言動を行うこと。

四　障害者を衰弱させるような著しい減食又は長時間の放置、当該事業所に使用される他の労働者による前三号に掲げる行為と同様の行為の放置その他これらに準ずる行為を行うこと。

五　障害者の財産を不当に処分することその他障害者から不当に財産上の利益を得ること。

（障害者に対する虐待の禁止）

第三条　何人も、障害者に対し、虐待をしてはならない。

（国及び地方公共団体の責務等）

第四条　国及び地方公共団体は、障害者虐待の予防及び早期発見その他の障害者虐待の防止、障害者虐待を受けた障害者の迅速かつ適切な保護及び自立の支援並びに適切な養護者に対する支援を行うため、関係省庁相互間その他関係機関及び民間団体の間の連携の強化、民間団体の支援その他必要な体制の整備に努めなければならない。

2　国及び地方公共団体は、障害者虐待の防止、障害者虐待を受けた障害者の保護及び自立の支援並びに養護者に対する支援が専門的知識に基づき適切に行われるよう、これらの職務に携わる専門的知識及び技術を有する人材その他必要な人材の確保及び資質の向上を図るため、関係機関の職員の研修等必要な措置を講ずるよう努めなければならない。

3　国及び地方公共団体は、障害者虐待の防止、障害者虐待を受けた障害者の保護及び自立の支援並びに養護者に対する支援に資するため、障害者虐待に係る通報義務、人権侵犯事件に係る救済制度等について必要な広報その他の啓発活動を行うものとする。

（国民の責務）

第五条　国民は、障害者虐待の防止、養護者に対する支援等の重要性に関する理解を深めるとともに、国又は地方公共団体が講ずる障害者虐待の防止、養護者に対する支援等のための施策に協力するよう努めなければならない。

（障害者虐待の早期発見等）

第六条　国及び地方公共団体の障害者の福祉に関する事務を所掌する部局その他の関係機関は、障害者虐待を発見しやすい立場にあることに鑑み、相互に緊密な連携を図りつつ、障害者虐待の早期発見に努めなければならない。

2　障害者福祉施設、学校、医療機関、保健所その他障害者の福祉に業務上関係のある団体並びに障害者福祉施設従事者等、学校の教職員、医師、歯科医師、保健師、弁護士その他障害者の福祉に職務上関係のある者及び使用者は、障害者虐待を発見しやすい立場にあることを自覚し、障害者虐待の早期発見に努めなければならない。

3　前項に規定する者は、国及び地方公共団体が講ずる障害者虐待の防止のための啓発活動並びに障害者虐待を受けた障害者の保護及び自立の支援のための施策に協力するよう努めなければならない。

第二章　養護者による障害者虐待の防止、養護者に対する支援等

（**養護者による障害者虐待に係る通報等**）

第七条　養護者による障害者虐待（十八歳未満の障害者について行われるものを除く。以下この章において同じ。）を受けたと思われる障害者を発見した者は、速やかに、これを市町村に通報しなければならない。

2　刑法（明治四十年法律第四十五号）の秘密漏示罪の規定その他の守秘義務に関する法律の規定は、前項の規定による通報をすることを妨げるものと解釈してはならない。

第八条　市町村が前条第一項の規定による通報又は次条第一項に規定する届出を受けた場合においては、当該通報又は届出を受けた市町村の職員は、その職務上知り得た事項であって当該通報又は届出をした者を特定させるものを漏らしてはならない。

（**通報等を受けた場合の措置**）

第九条　市町村は、第七条第一項の規定による通報又は障害者からの養護者による障害者虐待を受けた旨の届出を受けたときは、速やかに、当該障害者の安全の確認その他当該通報又は届出に係る事実の確認のための措置を講ずるとともに、第三十五条の規定により当該市町村と連携協力する者（以下「市町村障害者虐待対応協力者」という。）とその対応について協議を行うものとする。

2　市町村は、第七条第一項の規定による通報又は前項に規定する届出があった場合には、当該通報又は届出に係る障害者に対する養護者による障害者虐待の防止及び当該障害者の保護が図られるよう、養護者による障害者虐待により生命又は身体に重大な危険が生じているおそれがあると認められる障害者を一時的に保護するため迅速に当該市町村の設置する障害者支援施設又は障害者の日常生活及び社会生活を総合的に支援するための法律第五条第六項の主務省令で定める施設（以下「障害者支援施設等」という。）に入所させる等、適切に、身体障害者福祉法（昭和二十四年法律第二百八十三号）第十八条第一項若しくは知的障害者福祉法（昭和三十五年法律第三十七号）第十五条の四若しくは第十六条第一項第二号の規定による措置を講ずるものとする。この場合において、当該障害者が身体障害者福祉法第四条に規定する身体障害者（以下「身体障害者」という。）及び知的障害者福祉法にいう知的障害者（以下「知的障害者」という。）以外の障害者であるときは、当該障害者を身体障害者又は知的障害者とみなして、身体障害者福祉法第十八条第一項若しくは第二項又は知的障害者福祉法第十五条の四若しくは第十六条第一項第二号の規定を適用する。

3　市町村長は、第七条第一項の規定による通報又は第一項に規定する届出があった場合には、当該通報又は届出に係る障害者に対する養護者による障害者虐待の防止並びに当該障害者の保護及び自立の支援が図られるよう、適切に、精神保健及び精神障害者福祉に関する法律（昭和二十五年法律第百二十三号）第五十一条の十一の二又は知的障害者福祉法第二十八条の規定により審判の請求をするものとする。

（**居室の確保**）

第十条　市町村は、養護者による障害者虐待を受けた障害者について前条第二項の措置を採るために必要な居室を確保するための措置を講ずるものとする。

（**立入調査**）

第十一条　市町村長は、養護者による障害者虐待により障害者の生命又は身体に重大な危険が生じているおそれがあると認めるときは、障害者の福祉に関する事務に従事する職員をして、当該障害者の住所又は居所に立ち入り、必要な調査又は質問をさせることができる。

2　前項の規定による立入り及び調査又は質問を行う場合においては、当該職員は、その身分を示す証明書を携帯し、関係者の請求があるときは、これを提示しなければならない。

3　第一項の規定による立入り及び調査又は質問を行う権限は、犯罪捜査のために認められたものと解釈してはならない。

（**警察署長に対する援助要請等**）

第十二条　市町村長は、前条第一項の規定による立入り及び調査又は質問をさせようとする場合において、これらの職務の執行に際し必要があると認めるときは、当該障害者の住所又は居所の所在地を管轄する警察署長に対し援助を求めることができる。

2　市町村長は、障害者の生命又は身体の安全の確保に万全を期する観点から、必要に応じ適切に、前項の規定により警察署長に対し援助を求めなければならない。

3　警察署長は、第一項の規定による援助の求めを受けた場合において、障害者の生命又は

身体の安全を確保するため必要と認めるときは、速やかに、所属の警察官に、同項の職務の執行を援助するために必要な警察官職務執行法（昭和二十三年法律第百三十六号）その他の法令の定めるところによる措置を講じさせるよう努めなければならない。

（面会の制限）

第十三条　養護者による障害者虐待を受けた障害者について第九条第二項の措置が採られた場合においては、市町村長又は当該措置に係る障害者支援施設等若しくはのぞみの園の長若しくは当該措置に係る身体障害者福祉法第十八条第二項に規定する指定医療機関の管理者は、養護者による障害者虐待の防止及び当該障害者の保護の観点から、当該養護者による障害者虐待を行った養護者について当該障害者との面会を制限することができる。

（養護者の支援）

第十四条　市町村は、第三十二条第二項第二号に規定するもののほか、養護者の負担の軽減のため、養護者に対する相談、指導及び助言その他必要な措置を講ずるものとする。

2　市町村は、前項の措置として、養護者の心身の状態に照らしその養護の負担の軽減を図るため緊急の必要があると認める場合に障害者が短期間養護を受けるために必要となる居室を確保するための措置を講ずるものとする。

第三章　障害者福祉施設従事者等による障害者虐待の防止等

（障害者福祉施設従事者等による障害者虐待の防止等のための措置）

第十五条　障害者福祉施設の設置者又は障害福祉サービス事業等を行う者は、障害者福祉施設従事者等の研修の実施、当該障害者福祉施設に入所し、その他当該障害者福祉施設を利用し、又は当該障害福祉サービス事業等に係るサービスの提供を受ける障害者及びその家族からの苦情の処理の体制の整備その他の障害者福祉施設従事者等による障害者虐待の防止等のための措置を講ずるものとする。

（障害者福祉施設従事者等による障害者虐待に係る通報等）

第十六条　障害者福祉施設従事者等による障害者虐待を受けたと思われる障害者を発見した者は、速やかに、これを市町村に通報しなければならない。

2　障害者福祉施設従事者等による障害者虐待を受けた障害者は、その旨を市町村に届け出ることができる。

3　刑法の秘密漏示罪の規定その他の守秘義務に関する法律の規定は、第一項の規定による通報（虚偽であるもの及び過失によるものを除く。次項において同じ。）をすることを妨げるものと解釈してはならない。

4　障害者福祉施設従事者等は、第一項の規定による通報をしたことを理由として、解雇その他不利益な取扱いを受けない。

第十七条　市町村は、前条第一項の規定による通報又は同条第二項の規定による届出を受けたときは、厚生労働省令で定めるところにより、当該通報又は届出に係る障害者福祉施設従事者等による障害者虐待に関する事項を、当該障害者福祉施設従事者等による障害者虐待に係る障害者福祉施設又は当該障害者福祉施設従事者等による障害者虐待に係る障害福祉サービス事業等の事業所の所在地の都道府県に報告しなければならない。

第十八条　市町村が第十六条第一項の規定による通報又は同条第二項の規定による届出を受けた場合においては、当該通報又は届出を受けた市町村の職員は、その職務上知り得た事項であって当該通報又は届出をした者を特定させるものを漏らしてはならない。都道府県が前条の規定による報告を受けた場合における当該報告を受けた都道府県の職員についても、同様とする。

（通報等を受けた場合の措置）

第十九条　市町村が第十六条第一項の規定による通報若しくは同条第二項の規定による届出を受け、又は都道府県が第十七条の規定による報告を受けたときは、市町村長又は都道府県知事は、障害者福祉施設の業務又は障害福祉サービス事業等の適正な運営を確保することにより、当該通報又は届出に係る障害者に対する障害者福祉施設従事者等による障害者虐待の防止並びに当該障害者の保護及び自立の支援を図るため、社会福祉法（昭和二十六年法律第四十五号）、障害者の日常生活及び社会生活を総合的に支援するための法律その他関係法律の規定による権限を適切に行使するものとする。

（公表）

第二十条　都道府県知事は、毎年度、障害者福祉施設従事者等による障害者虐待の状況、障害者福祉施設従事者等による障害者虐待があった場合に採った措置その他厚生労働省令で定める事項を公表するものとする。

第四章　使用者による障害者虐待の防止等

（使用者による障害者虐待の防止等のための措置）

第二十一条　障害者を雇用する事業主は、労働者の研修の実施、当該事業所に使用される障害者及びその家族からの苦情の処理の体制の整備その他の使用者による障害者虐待の防止等のための措置を講ずるものとする。

（使用者による障害者虐待に係る通報等）

第二十二条　使用者による障害者虐待を受けたと思われる障害者を発見した者は、速やかに、これを市町村又は都道府県に通報しなければならない。

2　使用者による障害者虐待を受けた障害者は、その旨を市町村又は都道府県に届け出ることができる。

3　刑法の秘密漏示罪の規定その他の守秘義務に関する法律の規定は、第一項の規定による通報（虚偽であるもの及び過失によるものを除く。次項において同じ。）をすることを妨げるものと解釈してはならない。

4　労働者は、第一項の規定による通報又は第二項の規定による届出（虚偽であるもの及び過失によるものを除く。）をしたことを理由として、解雇その他不利益な取扱いを受けない。

第二十三条　市町村は、前条第一項の規定による通報又は同条第二項の規定による届出を受けたときは、厚生労働省令で定めるところにより、当該通報又は届出に係る使用者による障害者虐待に関する事項を、当該使用者による障害者虐待に係る事業所の所在地の都道府県に通知しなければならない。

第二十四条　都道府県は、第二十二条第一項の規定による通報、同条第二項の規定による届出又は前条の規定による通知を受けたときは、厚生労働省令で定めるところにより、当該通報、届出又は通知に係る使用者による障害者虐待に関する事項を、当該使用者による障害者虐待に係る事業所の所在地を管轄する都道府県労働局に報告しなければならない。

第二十五条　市町村又は都道府県が第二十二条第一項の規定による通報又は同条第二項の規定による届出を受けた場合においては、当該通報又は届出を受けた市町村又は都道府県の職員は、その職務上知り得た事項であって当該通報又は届出をした者を特定させるものを漏らしてはならない。都道府県が第二十三条の規定による通知を受けた場合における当該通知を受けた都道府県の職員及び都道府県労働局が前条の規定による報告を受けた場合における当該報告を受けた都道府県労働局の職員についても、同様とする。

（報告を受けた場合の措置）

第二十六条　都道府県労働局が第二十四条の規定による報告を受けたときは、都道府県労働局長又は労働基準監督署長若しくは公共職業安定所長は、事業所における障害者の適正な労働条件及び雇用管理を確保することにより、当該報告に係る障害者に対する使用者による障害者虐待の防止並びに当該障害者の保護及び自立の支援を図るため、当該報告に係る都道府県との連携を図りつつ、労働基準法（昭和二十二年法律第四十九号）、障害者の雇用の促進等に関する法律（昭和三十五年法律第百二十三号）、個別労働関係紛争の解決の促進に関する法律（平成十三年法律第百十二号）その他関係法律の規定による権限を適切に行使するものとする。

（船員に関する特例）

第二十七条　船員法（昭和二十二年法律第百号）の適用を受ける船員である障害者について行われる使用者による障害者虐待に係る前三条の規定の適用については、第二十四条中「厚生労働省令」とあるのは「国土交通省令」と、「当該使用者による障害者虐待に係る事業所の所在地を管轄する都道府県労働局」とあるのは「地方運輸局その他の関係行政機関」と、第二十五条中「都道府県労働局」とあるのは「地方運輸局その他の関係行政機関」と、前条中「都道府県労働局が」とあるのは「地方運輸局その他の関係行政機関が」と、「都道府県労働局長又は労働基準監督署長若しくは公共職業安定所長」とあるのは「地方運輸局その他の関係行政機関の長」と、「労働基準法（昭和二十二年法律第四十九号）」とあるのは「船員法（昭和二十二年法律第百号）」とする。

（公表）

第二十八条　厚生労働大臣は、毎年度、使用者による障害者虐待の状況、使用者による障害者虐待があった場合に採った措置その他厚生労働省令で定める事項を公表するものとする。

第五章　就学する障害者等に対する虐待の防止等

（就学する障害者に対する虐待の防止等）

第二十九条　学校（学校教育法（昭和二十二年法律第二十六号）第一条に規定する学校、同法第百二十四条に規定する専修学校又は同法第百三十四条第一項に規定する各種学校をいう。以下同じ。）の長は、教職員、児童、生徒、学生その他の関係者に対する障害及び障害者に関する理解を深めるための研修の実施及び普及啓発、就学する障害者に対する虐待に関する相談に係る体制の整備、就学する障害者に対する虐待に対処するための措置その他の当該学校に就学する障害者に対する虐待を防止するため必要な措置を講ずるものとする。

（保育所等に通う障害者に対する虐待の防止等）

第三十条　保育所等（児童福祉法（昭和二十二年法律第百六十四号）第三十九条第一項に規定する保育所若しくは同法第五十九条第一項に規定する施設のうち同法第三十九条第一項に規定する業務を目的とするもの（少数の乳児又は幼児を対象とするものその他の内閣府令・厚生労働省令で定めるものを除く。）又は就学前の子どもに関する教育、保育等の総合的な提供の推進に関する法律（平成十八年法律第七十七号）第二条第六項に規定する認定こども園をいう。以下同じ。）の長は、保育所等の職員その他の関係者に対する障害及び障害者に関する理解を深めるための研修の実施及び普及啓発、保育所等に通う障害者に対する虐待に関する相談に係る体制の整備、保育所等に通う障害者に対する虐待に対処するための措置その他の当該保育所等に通う障害者に対する虐待を防止するため必要な措置を講ずるものとする。

（医療機関を利用する障害者に対する虐待の防止等）

第三十一条　医療機関（医療法（昭和二十三年法律第二百五号）第一条の五第一項に規定する病院又は同条第二項に規定する診療所をいう。以下同じ。）の管理者は、医療機関の職員その他の関係者に対する障害及び障害者に関する理解を深めるための研修の実施及び普及啓発、医療機関を利用する障害者に対する虐待に関する相談に係る体制の整備、医療機関を利用する障害者に対する虐待に対処するための措置その他の当該医療機関を利用する障害者に対する虐待を防止するため必要な措置を講ずるものとする。

第六章　市町村障害者虐待防止センター及び都道府県障害者権利擁護センター

（市町村障害者虐待防止センター）

第三十二条　市町村は、障害者の福祉に関する事務を所掌する部局又は当該市町村が設置する施設において、当該部局又は施設が市町村障害者虐待防止センターとしての機能を果たすようにするものとする。

2　市町村障害者虐待防止センターは、次に掲げる業務を行うものとする。

一　第七条第一項、第十六条第一項若しくは第二十二条第一項の規定による通報又は第九条第一項に規定する届出若しくは第十六条第二項若しくは第二十二条第二項の規定による届出を受理すること。

二　養護者による障害者虐待の防止及び養護者による障害者虐待を受けた障害者の保護のため、障害者及び養護者に対して、相談、指導及び助言を行うこと。

三　障害者虐待の防止及び養護者に対する支援に関する広報その他の啓発活動を行うこと。

（市町村障害者虐待防止センターの業務の委託）

第三十三条　市町村は、市町村障害者虐待対応協力者のうち適当と認められるものに、前条第二項各号に掲げる業務の全部又は一部を委託することができる。

2　前項の規定による委託を受けた者若しくはその役員若しくは職員又はこれらの者であった者は、正当な理由なしに、その委託を受けた業務に関して知り得た秘密を漏らしてはならない。

3　第一項の規定により第七条第一項、第十六条第一項若しくは第二十二条第一項の規定による通報又は第九条第一項に規定する届出若しくは第十六条第二項若しくは第二十二条第二項の規定による届出の受理に関する業務の委託を受けた者が第七条第一項、第十六条第一項若しくは第二十二条第一項の規定による通報又は第九条第一項に規定する届出若しくは第十六条第二項若しくは第二十二条第二項の規定による届出を受けた場合には、当該通報若しくは届出を受けた者又はその役員若しくは職員は、その職務上知り得た事項であって当該通報又は届出をした者を特定させるものを漏らしてはならない。

（市町村等における専門的に従事する職員の確保）

第三十四条 市町村及び前条第一項の規定による委託を受けた者は、障害者虐待の防止、障害者虐待を受けた障害者の保護及び自立の支援並びに養護者に対する支援を適切に実施するために、障害者の福祉又は権利の擁護に関し専門的知識又は経験を有し、かつ、これらの事務に専門的に従事する職員を確保するよう努めなければならない。

（市町村における連携協力体制の整備）

第三十五条 市町村は、養護者による障害者虐待の防止、養護者による障害者虐待を受けた障害者の保護及び自立の支援並びに養護者に対する支援を適切に実施するため、社会福祉法に定める福祉に関する事務所（以下「福祉事務所」という。）その他関係機関、民間団体等との連携協力体制を整備しなければならない。この場合において、養護者による障害者虐待にいつでも迅速に対応することができるよう、特に配慮しなければならない。

（都道府県障害者権利擁護センター）

第三十六条 都道府県は、障害者の福祉に関する事務を所掌する部局又は当該都道府県が設置する施設において、当該部局又は施設が都道府県障害者権利擁護センターとしての機能を果たすようにするものとする。

2 都道府県障害者権利擁護センターは、次に掲げる業務を行うものとする。

一 第二十二条第一項の規定による通報又は同条第二項の規定による届出を受理すること。

二 この法律の規定により市町村が行う措置の実施に関し、市町村相互間の連絡調整、市町村に対する情報の提供、助言その他必要な援助を行うこと。

三 障害者虐待を受けた障害者に関する各般の問題及び養護者に対する支援に関し、相談に応ずること又は相談を行う機関を紹介すること。

四 障害者虐待を受けた障害者の支援及び養護者に対する支援のため、情報の提供、助言、関係機関との連絡調整その他の援助を行うこと。

五 障害者虐待の防止及び養護者に対する支援に関する情報を収集し、分析し、及び提供すること。

六 障害者虐待の防止及び養護者に対する支援に関する広報その他の啓発活動を行うこと。

七 その他障害者に対する虐待の防止等のために必要な支援を行うこと。

（都道府県障害者権利擁護センターの業務の委託）

第三十七条 都道府県は、第三十九条の規定により当該都道府県と連携協力する者（以下「都道府県障害者虐待対応協力者」という。）のうち適当と認められるものに、前条第二項第一号又は第三号から第七号までに掲げる業務の全部又は一部を委託することができる。

2 前項の規定による委託を受けた者若しくはその役員若しくは職員又はこれらの者であった者は、正当な理由なしに、その委託を受けた業務に関して知り得た秘密を漏らしてはならない。

3 第一項の規定により第二十二条第一項の規定による通報又は同条第二項に規定する届出の受理に関する業務の委託を受けた者が同条第一項の規定による通報又は同条第二項に規定する届出を受けた場合には、当該通報若しくは届出を受けた者又はその役員若しくは職員は、その職務上知り得た事項であって当該通報又は届出をした者を特定させるものを漏らしてはならない。

（都道府県等における専門的に従事する職員の確保）

第三十八条 都道府県及び前条第一項の規定による委託を受けた者は、障害者虐待の防止、障害者虐待を受けた障害者の保護及び自立の支援並びに養護者に対する支援を適切に実施するために、障害者の福祉又は権利の擁護に関し専門的知識又は経験を有し、かつ、これらの事務に専門的に従事する職員を確保するよう努めなければならない。

（都道府県における連携協力体制の整備）

第三十九条 都道府県は、障害者虐待の防止、障害者虐待を受けた障害者の保護及び自立の支援並びに養護者に対する支援を適切に実施するため、福祉事務所その他関係機関、民間団体等との連携協力体制を整備しなければならない。

第七章　雑則

（周知）

第四十条 市町村又は都道府県は、市町村障害者虐待防止センター又は都道府県障害者権利擁護センターとしての機能を果たす部局又は施設及び市町村障害者虐待対応協力者又は都道府県障害者虐待対応協力者の名称を明示すること等により、当該部局又は施設及び市町村障害者虐待対応協力者又は都道府県障害者虐待対応協力者を周知させなければならない。

（障害者虐待を受けた障害者の自立の支援）

第四十一条　国及び地方公共団体は、障害者虐待を受けた障害者が地域において自立した生活を円滑に営むことができるよう、居住の場所の確保、就業の支援その他の必要な施策を講ずるものとする。

（調査研究）

第四十二条　国及び地方公共団体は、障害者虐待を受けた障害者がその心身に著しく重大な被害を受けた事例の分析を行うとともに、障害者虐待の予防及び早期発見のための方策、障害者虐待があった場合の適切な対応方法、養護者に対する支援の在り方その他障害者虐待の防止、障害者虐待を受けた障害者の保護及び自立の支援並びに養護者に対する支援のために必要な事項についての調査及び研究を行うものとする。

（財産上の不当取引による被害の防止等）

第四十三条　市町村は、養護者、障害者の親族、障害者福祉施設従事者等及び使用者以外の者が不当に財産上の利益を得る目的で障害者と行う取引（以下「財産上の不当取引」という。）による障害者の被害について、相談に応じ、若しくは消費生活に関する業務を担当する部局その他の関係機関を紹介し、又は市町村障害者虐待対応協力者に、財産上の不当取引による障害者の被害に係る相談若しくは関係機関の紹介の実施を委託するものとする。

２　市町村長は、財産上の不当取引の被害を受け、又は受けるおそれのある障害者について、適切に、精神保健及び精神障害者福祉に関する法律第五十一条の十一の二又は知的障害者福祉法第二十八条の規定により審判の請求をするものとする。

（成年後見制度の利用促進）

第四十四条　国及び地方公共団体は、障害者虐待の防止並びに障害者虐待を受けた障害者の保護及び自立の支援並びに財産上の不当取引による障害者の被害の防止及び救済を図るため、成年後見制度の周知のための措置、成年後見制度の利用に係る経済的負担の軽減のための措置等を講ずることにより、成年後見制度が広く利用されるようにしなければならない。

第八章　罰則

第四十五条　第三十三条第二項又は第三十七条第二項の規定に違反した者は、一年以下の懲役又は百万円以下の罰金に処する。

第四十六条　正当な理由がなく、第十一条第一項の規定による立入調査を拒み、妨げ、若しくは忌避し、又は同項の規定による質問に対して答弁をせず、若しくは虚偽の答弁をし、若しくは障害者に答弁をさせず、若しくは虚偽の答弁をさせた者は、三十万円以下の罰金に処する。

・刑法等の一部を改正する法律の施行に伴う関係法律の整理等に関する法律（令和四・六・一七法律六八）

附則　抄

（施行期日）

１　この法律は、刑法等一部改正法施行日から施行する。（略）

・障害者の日常生活及び社会生活を総合的に支援するための法律等の一部を改正する法律（令和四・一二・一六法律一〇四）

附則　抄

（施行期日）

第一条　この法律は、令和六年四月一日から施行する。ただし、次の各号に掲げる規定は、当該各号に定める日から施行する。

四　〈略〉公布の日から起算して三年を超えない範囲内において政令で定める日

障害者の日常生活及び社会生活を総合的に支援するための法律

（平成一七・一一・七 法律 一二三）

最新改正 令和四法律一〇四

第一章 総則

（目的）

第一条 この法律は、障害者基本法（昭和四十五年法律第八十四号）の基本的な理念にのっとり、身体障害者福祉法（昭和二十四年法律第二百八十三号）、知的障害者福祉法（昭和三十五年法律第三十七号）、精神保健及び精神障害者福祉に関する法律（昭和二十五年法律第百二十三号）、児童福祉法（昭和二十二年法律第百六十四号）その他障害者及び障害児の福祉に関する法律と相まって、障害者及び障害児が基本的人権を享有する個人としての尊厳にふさわしい日常生活又は社会生活を営むことができるよう、必要な障害福祉サービスに係る給付、地域生活支援事業その他の支援を総合的に行い、もって障害者及び障害児の福祉の増進を図るとともに、障害の有無にかかわらず国民が相互に人格と個性を尊重し安心して暮らすことのできる地域社会の実現に寄与することを目的とする。

（基本理念）

第一条の二 障害者及び障害児が日常生活又は社会生活を営むための支援は、全ての国民が、障害の有無にかかわらず、等しく基本的人権を享有するかけがえのない個人として尊重されるものであるとの理念にのっとり、全ての国民が、障害の有無によって分け隔てられることなく、相互に人格と個性を尊重し合いながら共生する社会を実現するため、全ての障害者及び障害児が可能な限りその身近な場所において必要な日常生活又は社会生活を営むための支援を受けられることにより社会参加の機会が確保されること及びどこで誰と生活するかについての選択の機会が確保され、地域社会において他の人々と共生することを妨げられないこと並びに障害者及び障害児にとって日常生活又は社会生活を営む上で障壁となるような社会における事物、制度、慣行、観念その他一切のものの除去に資することを旨として、総合的かつ計画的に行わなければならない。

（市町村等の責務）

第二条 市町村（特別区を含む。以下同じ。）は、この法律の実施に関し、次に掲げる責務を有する。

一 障害者が自ら選択した場所に居住し、又は障害者若しくは障害児（以下「障害者等」という。）が自立した日常生活又は社会生活を営むことができるよう、当該市町村の区域における障害者等の生活の実態を把握した上で、公共職業安定所、障害者職業センター（障害者の雇用の促進等に関する法律（昭和三十五年法律第百二十三号）第十九条第一項に規定する障害者職業センターをいう。以下同じ。）、障害者就業・生活支援センター（同法第二十七条第二項に規定する障害者就業・生活支援センターをいう。以下同じ。）その他の職業リハビリテーション（同法第二条第七号に規定する職業リハビリテーションをいう。以下同じ。）の措置を実施する機関、教育機関その他の関係機関との緊密な連携を図りつつ、必要な自立支援給付及び地域生活支援事業を総合的かつ計画的に行うこと。

二 障害者等の福祉に関し、必要な情報の提供を行い、並びに相談に応じ、必要な調査及び指導を行い、並びにこれらに付随する業務を行うこと。

三 意思疎通について支援が必要な障害者等が障害福祉サービスを円滑に利用することができるよう必要な便宜を供与すること、障害者等に対する虐待の防止及びその早期発見のために関係機関と連絡調整を行うことその他障害者等の権利の擁護のために必要な援助を行うこと。

2 都道府県は、この法律の実施に関し、次に掲げる責務を有する。

一 市町村が行う自立支援給付及び地域生活支援事業が適正かつ円滑に行われるよう、市町村に対する必要な助言、情報の提供その他の援助を行うこと。

二 市町村と連携を図りつつ、必要な自立支援医療費の支給及び地域生活支援事業を総合的に行うこと。

三 障害者等に関する相談及び指導のうち、専門的な知識及び技術を必要とするものを行うこと。

四 市町村と協力して障害者等の権利の擁護のために必要な援助を行うとともに、市町村が行う障害者等の権利の擁護のために必要な援助が適正かつ円滑に行われるよう、市町村に対する必要な助言、情報の提供その他の援助を行うこと。

3　国は、市町村及び都道府県が行う自立支援給付、地域生活支援事業その他この法律に基づく業務が適正かつ円滑に行われるよう、市町村及び都道府県に対する必要な助言、情報の提供その他の援助を行わなければならない。

4　国及び地方公共団体は、障害者等が自立した日常生活又は社会生活を営むことができるよう、必要な障害福祉サービス、相談支援及び地域生活支援事業の提供体制の確保に努めなければならない。

（国民の責務）

第三条　すべての国民は、その障害の有無にかかわらず、障害者等が自立した日常生活又は社会生活を営めるような地域社会の実現に協力するよう努めなければならない。

（定義）

第四条　この法律において「障害者」とは、身体障害者福祉法第四条に規定する身体障害者、知的障害者福祉法にいう知的障害者のうち十八歳以上である者及び精神保健及び精神障害者福祉に関する法律第五条第一項に規定する精神障害者（発達障害者支援法（平成十六年法律第百六十七号）第二条第二項に規定する発達障害者を含み、知的障害者福祉法にいう知的障害者を除く。以下「精神障害者」という。）のうち十八歳以上である者並びに治療方法が確立していない疾病その他の特殊の疾病であって政令で定めるものによる障害の程度が主務大臣が定める程度である者であって十八歳以上であるものをいう。

2　この法律において「障害児」とは、児童福祉法第四条第二項に規定する障害児をいう。

3　この法律において「保護者」とは、児童福祉法第六条に規定する保護者をいう。

4　この法律において「障害支援区分」とは、障害者等の障害の多様な特性その他の心身の状態に応じて必要とされる標準的な支援の度合を総合的に示すものとして主務省令で定める区分をいう。

第五条　この法律において「障害福祉サービス」とは、居宅介護、重度訪問介護、同行援護、行動援護、療養介護、生活介護、短期入所、重度障害者等包括支援、施設入所支援、自立訓練、就労移行支援、就労継続支援、就労定着支援、自立生活援助及び共同生活援助をいい、「障害福祉サービス事業」とは、障害福祉サービス（障害者支援施設、独立行政法人国立重度知的障害者総合施設のぞみの園法（平成十四年法律第百六十七号）第十一条第一号の規定により独立行政法人国立重度知的障害者総合施設のぞみの園が設置する施設（以下「のぞみの園」という。）その他主務省令で定める施設において行われる施設障害福祉サービス（施設入所支援及び主務省令で定める障害福祉サービスをいう。以下同じ。）を除く。）を行う事業をいう。

2　この法律において「居宅介護」とは、障害者等につき、居宅において入浴、排せつ又は食事の介護その他の主務省令で定める便宜を供与することをいう。

3　この法律において「重度訪問介護」とは、重度の肢体不自由者その他の障害者であって常時介護を要するものとして主務省令で定めるものにつき、居宅又はこれに相当する場所として主務省令で定める場所における入浴、排せつ又は食事の介護その他の主務省令で定める便宜及び外出時における移動中の介護を総合的に供与することをいう。

4　この法律において「同行援護」とは、視覚障害により、移動に著しい困難を有する障害者等につき、外出時において、当該障害者等に同行し、移動に必要な情報を提供するとともに、移動の援護その他の主務省令で定める便宜を供与することをいう。

5　この法律において「行動援護」とは、知的障害又は精神障害により行動上著しい困難を有する障害者等であって常時介護を要するものにつき、当該障害者等が行動する際に生じ得る危険を回避するために必要な援護、外出時における移動中の介護その他の主務省令で定める便宜を供与することをいう。

6　この法律において「療養介護」とは、医療を要する障害者であって常時介護を要するものとして主務省令で定めるものにつき、主として昼間において、病院その他の主務省令で定める施設において行われる機能訓練、療養上の管理、看護、医学的管理の下における介護及び日常生活上の世話の供与をいい、「療養介護医療」とは、療養介護のうち医療に係るものをいう。

7　この法律において「生活介護」とは、常時介護を要する障害者として主務省令で定める者につき、主として昼間において、障害者支援施設その他の主務省令で定める施設において行われる入浴、排せつ又は食事の介護、創作的活動又は生産活動の機会の提供その他の主務省令で定める便宜を供与することをいう。

8　この法律において「短期入所」とは、居宅においてその介護を行う者の疾病その他の理由により、障害者支援施設その他の主務省令で定める施設への短期間の入所を必要とする障害者等につき、当該施設に短期間の入所をさせ、入浴、排せつ又は食事の介護その他の主務省令で定める便宜を供与することをいう。

9　この法律において「重度障害者等包括支援」とは、常時介護を要する障害者等であって、その介護の必要の程度が著しく高いものとして主務省令で定めるものにつき、居宅介護その他の主務省令で定める障害福祉サービスを包括的に提供することをいう。

10　この法律において「施設入所支援」とは、その施設に入所する障害者につき、主として夜間において、入浴、排せつ又は食事の介護その他の主務省令で定める便宜を供与することをいう。

11　この法律において「障害者支援施設」とは、障害者につき、施設入所支援を行うとともに、施設入所支援以外の施設障害福祉サービスを行う施設（のぞみの園及び第一項の主務省令で定める施設を除く。）をいう。

12　この法律において「自立訓練」とは、障害者につき、自立した日常生活又は社会生活を営むことができるよう、主務省令で定める期間にわたり、身体機能又は生活能力の向上のために必要な訓練その他の主務省令で定める便宜を供与することをいう。

13　この法律において「就労移行支援」とは、就労を希望する障害者及び通常の事業所に雇用されている障害者であって主務省令で定める事由により当該事業所での就労に必要な知識及び能力の向上のための支援を一時的に必要とするものにつき、主務省令で定める期間にわたり、生産活動その他の活動の機会の提供を通じて、就労に必要な知識及び能力の向上のために必要な訓練その他の主務省令で定める便宜を供与することをいう。

14　この法律において「就労継続支援」とは、通常の事業所に雇用されることが困難な障害者及び通常の事業所に雇用されている障害者であって主務省令で定める事由により当該事業所での就労に必要な知識及び能力の向上のための支援を一時的に必要とするものにつき、就労の機会を提供するとともに、生産活動その他の活動の機会の提供を通じて、その知識及び能力の向上のために必要な訓練その他の主務省令で定める便宜を供与することをいう。

15　この法律において「就労定着支援」とは、就労に向けた支援として主務省令で定めるものを受けて通常の事業所に新たに雇用された障害者につき、主務省令で定める期間にわたり、当該事業所での就労の継続を図るために必要な当該事業所の事業主、障害福祉サービス事業を行う者、医療機関その他の者との連絡調整その他の主務省令で定める便宜を供与することをいう。

16　この法律において「自立生活援助」とは、施設入所支援又は共同生活援助を受けていた障害者その他の主務省令で定める障害者が居宅における自立した日常生活を営む上での各般の問題につき、主務省令で定める期間にわたり、定期的な巡回訪問により、又は随時通報を受け、当該障害者からの相談に応じ、必要な情報の提供及び助言その他の主務省令で定める援助を行うことをいう。

17　この法律において「共同生活援助」とは、障害者につき、主として夜間において、共同生活を営むべき住居において相談、入浴、排せつ若しくは食事の介護その他の日常生活上の援助を行い、又はこれに併せて、居宅における自立した日常生活への移行を希望する入居者につき、当該日常生活への移行及び移行後の定着に関する相談その他の主務省令で定める援助を行うことをいう。

18　この法律において「相談支援」とは、基本相談支援、地域相談支援及び計画相談支援をいい、「地域相談支援」とは、地域移行支援及び地域定着支援をいい、「計画相談支援」とは、サービス利用支援及び継続サービス利用支援をいい、「一般相談支援事業」とは、基本相談支援及び地域相談支援のいずれも行う事業をいい、「特定相談支援事業」とは、基本相談支援及び計画相談支援のいずれも行う事業をいう。

19　この法律において「基本相談支援」とは、地域の障害者等の福祉に関する各般の問題につき、障害者等、障害児の保護者又は障害者等の介護を行う者からの相談に応じ、必要な情報の提供及び助言を行い、併せてこれらの者と市町村及び第二十九条第二項に規定する指定障害福祉サービス事業者等との連絡調整（サービス利用支援及び継続サービス利用支援に関するものを除く。）その他の主務省令で定める便宜を総合的に供与することをいう。

20　この法律において「地域移行支援」とは、障害者支援施設、のぞみの園若しくは第一項若しくは第六項の主務省令で定める施設に入所している障害者又は精神科病院（精神科病院以外の病院で精神病室が設けられているものを含む。第八十九条第七項において同じ。）に入院している精神障害者その他の地域における生活に移行するために重点的な支援を必要とする者であって主務省令で定めるものにつき、住居の確保その他の地域における生活に移行するための活動に関する相談その他の主務省令で定める便宜を供与することをいう。

21　この法律において「地域定着支援」とは、居宅において単身その他の主務省令で定める状況において生活する障害者につき、当該障害者との常時の連絡体制を確保し、当該障害者に対し、障害の特性に起因して生じた緊急の事態その他の主務省令で定める場合に相談その他の便宜を供与することをいう。

22　この法律において「サービス利用支援」とは、第二十条第一項若しくは第二十四条第一項の申請に係る障害者等又は第五十一条の六第一項若しくは第五十一条の九第一項の申請に係る障害者の心身の状況、その置かれている環境、当該障害者等又は障害児の保護者の障害福祉サービス又は地域相談支援の利用に関する意向その他の事情を勘案し、利用する障害福祉サービス又は地域相談支援の種類及び内容その他の主務省令で定める事項を定めた計画（以下「サービス等利用計画案」という。）を作成し、第十九条第一項に規定する支給決定（次項において「支給決定」という。）、第二十四条第二項に規定する支給決定の変更の決定（次項において「支給決定の変更の決定」という。）、第五十一条の五第一項に規定する地域相談支援給付決定（次項において「地域相談支援給付決定」という。）又は第五十一条の九第二項に規定する地域相談支援給付決定の変更の決定（次項において「地域相談支援給付決定の変更の決定」という。）（以下「支給決定等」と総称する。）が行われた後に、第二十九条第二項に規定する指定障害福祉サービス事業者等、第五十一条の十四第一項に規定する指定一般相談支援事業者その他の者（次項において「関係者」という。）との連絡調整その他の便宜を供与するとともに、当該支給決定等に係る障害福祉サービス又は地域相談支援の種類及び内容、これを担当する者その他の主務省令で定める事項を記載した計画（以下「サービス等利用計画」という。）を作成することをいう。

23　この法律において「継続サービス利用支援」とは、第十九条第一項の規定により支給決定を受けた障害者若しくは障害児の保護者（以下「支給決定障害者等」という。）又は第五十一条の五第一項の規定により地域相談支援給付決定を受けた障害者（以下「地域相談支援給付決定障害者」という。）が、第二十三条に規定する支給決定の有効期間又は第五十一条の八に規定する地域相談支援給付決定の有効期間内において継続して障害福祉サービス又は地域相談支援を適切に利用することができるよう、当該支給決定障害者等又は地域相談支援給付決定障害者に係るサービス等利用計画（この項の規定により変更されたものを含む。以下同じ。）が適切であるかどうかにつき、主務省令で定める期間ごとに、当該支給決定障害者等の障害福祉サービス又は当該地域相談支援給付決定障害者の地域相談支援の利用状況を検証し、その結果及び当該支給決定に係る障害者等又は当該地域相談支援給付決定に係る障害者の心身の状況、その置かれている環境、当該障害者等又は障害児の保護者の障害福祉サービス又は地域相談支援の利用に関する意向その他の事情を勘案し、サービス等利用計画の見直しを行い、その結果に基づき、次のいずれかの便宜の供与を行うことをいう。

一　サービス等利用計画を変更するとともに、関係者との連絡調整その他の便宜の供与を行うこと。

二　新たな支給決定若しくは地域相談支援給付決定又は支給決定の変更の決定若しくは地域相談支援給付決定の変更の決定が必要であると認められる場合において、当該支給決定等に係る障害者又は障害児の保護者に対し、支給決定等に係る申請の勧奨を行うこと。

24　この法律において「自立支援医療」とは、障害者等につき、その心身の障害の状態の軽減を図り、自立した日常生活又は社会生活を営むために必要な医療であって政令で定めるものをいう。

25　この法律において「補装具」とは、障害者等の身体機能を補完し、又は代替し、かつ、長期間にわたり継続して使用されるものその他の主務省令で定める基準に該当するものとして、義肢、装具、車椅子その他の主務大臣が定めるものをいう。

26　この法律において「移動支援事業」とは、障害者等が円滑に外出することができるよう、障害者等の移動を支援する事業をいう。

27　この法律において「地域活動支援センター」とは、障害者等を通わせ、創作的活動又は生産活動の機会の提供、社会との交流の促進その他の主務省令で定める便宜を供与する施設をいう。

28　この法律において「福祉ホーム」とは、現に住居を求めている障害者につき、低額な料金で、居室その他の設備を利用させるとともに、日常生活に必要な便宜を供与する施設をいう。

第二章　自立支援給付

第一節　通則

（自立支援給付）

第六条　自立支援給付は、介護給付費、特例介護給付費、訓練等給付費、特例訓練等給付費、特定障害者特別給付費、特例特定障害者特別給付費、地域相談支援給付費、特例地域相談支援給付費、計画相談支援給付費、特例計画相談支援給付費、自立支援医療費、療養介護医療費、基準該当療養介護医療費、補装具費及び高額障害福祉サービス等給付費の支給とする。

（他の法令による給付等との調整）

第七条　自立支援給付は、当該障害の状態につき、介護保険法（平成九年法律第百二十三号）の規定による介護給付、健康保険法（大正十一年法律第七十号）の規定による療養の給付その他の法令に基づく給付又は事業であって政令で定めるもののうち自立支援給付に相当するものを受け、又は利用することができるときは政令で定める限度において、当該政令で定める給付又は事業以外の給付であって国又は地方公共団体の負担において自立支援給付に相当するものが行われたときはその限度において、行わない。

（不正利得の徴収）

第八条　市町村（政令で定める医療に係る自立支援医療費の支給に関しては、都道府県とする。以下「市町村等」という。）は、偽りその他不正の手段により自立支援給付を受けた者があるときは、その者から、その自立支援給付の額に相当する金額の全部又は一部を徴収することができる。

2　市町村等は、第二十九条第二項に規定する指定障害福祉サービス事業者等、第五十一条の十四第一項に規定する指定一般相談支援事業者、第五十一条の十七第一項第一号に規定する指定特定相談支援事業者又は第五十四条第二項に規定する指定自立支援医療機関（以下この項において「事業者等」という。）が、偽りその他不正の行為により介護給付費、訓練等給付費、特定障害者特別給付費、地域相談支援給付費、計画相談支援給付費、自立支援医療費又は療養介護医療費の支給を受けたときは、当該事業者等に対し、その支払った額につき返還させるほか、その返還させる額に百分の四十を乗じて得た額を支払わせることができる。

3　前二項の規定による徴収金は、地方自治法（昭和二十二年法律第六十七号）第二百三十一条の三第三項に規定する法律で定める歳入とする。

（報告等）

第九条　市町村等は、自立支援給付に関して必要があると認めるときは、障害者等、障害児の保護者、障害者等の配偶者若しくは障害者等の属する世帯の世帯主その他その世帯に属する者又はこれらの者であった者に対し、報告若しくは文書その他の物件の提出若しくは提示を命じ、又は当該職員に質問させることができる。

2　前項の規定による質問を行う場合においては、当該職員は、その身分を示す証明書を携帯し、かつ、関係人の請求があるときは、これを提示しなければならない。

3　第一項の規定による権限は、犯罪捜査のために認められたものと解釈してはならない。

第十条　市町村等は、自立支援給付に関して必要があると認めるときは、当該自立支援給付に係る障害福祉サービス、相談支援、自立支援医療、療養介護医療若しくは補装具の販売、貸与若しくは修理（以下「自立支援給付対象サービス等」という。）を行う者若しくはこれらを使用する者若しくはこれらの者であった者に対し、報告若しくは文書その他の物件の提出若しくは提示を命じ、又は当該職員に関係者に対して質問させ、若しくは当該自立支援給付対象サービス等の事業を行う事業所若しくは施設に立ち入り、その設備若しくは帳簿書類その他の物件を検査させることができる。

2　前条第二項の規定は前項の規定による質問又は検査について、同条第三項の規定は前項の規定による権限について準用する。

（主務大臣又は都道府県知事の自立支援給付対象サービス等に関する調査等）

第十一条　主務大臣又は都道府県知事は、自立支援給付に関して必要があると認めるときは、自立支援給付に係る障害者等若しくは障害児の保護者又はこれらの者であった者に対し、当該自立支援給付に係る自立支援給付対象サービス等の内容に関し、報告若しくは文書その他の物件の提出若しくは提示を命じ、又は当該職員に質問させることができる。

2　主務大臣又は都道府県知事は、自立支援給付に関して必要があると認めるときは、自立支援給付対象サービス等を行った者若しくはこれらを使用した者に対し、その行った自立支援給付対象サービス等に関し、報告若しくは当該自立支援給付対象サービス等の提供の記録、帳簿書類その他の物件の提出若しくは提示を命じ、又は当該職員に関係者に対して質問させることができる。

3　第九条第二項の規定は前二項の規定による質問について、同条第三項の規定は前二項の規定による権限について準用する。

（指定事務受託法人）

第十一条の二　市町村及び都道府県は、次に掲げる事務の一部を、法人であって主務省令で定める要件に該当し、当該事務を適正に実施することができると認められるものとして都道府県知事が指定するもの（以下「指定事務受託法人」という。）に委託することができる。

一　第九条第一項、第十条第一項並びに前条第一項及び第二項に規定する事務（これらの規定による命令及び質問の対象となる者並びに立入検査の対象となる事業所及び施設の選定に係るもの並びに当該命令及び当該立入検査を除く。）

二　その他主務省令で定める事務（前号括弧書に規定するものを除く。）

2　指定事務受託法人の役員若しくは職員又はこれらの職にあった者は、正当な理由なしに、当該委託事務に関して知り得た秘密を漏らしてはならない。

3　指定事務受託法人の役員又は職員で、当該委託事務に従事するものは、刑法（明治四十年法律第四十五号）その他の罰則の適用については、法令により公務に従事する職員とみなす。

4　市町村又は都道府県は、第一項の規定により事務を委託したときは、主務省令で定めるところにより、その旨を公示しなければならない。

5　第九条第二項の規定は、第一項の規定により委託を受けて行う同条第一項、第十条第一項並びに前条第一項及び第二項の規定による質問について準用する。

6　前各項に定めるもののほか、指定事務受託法人に関し必要な事項は、政令で定める。

（資料の提供等）

第十二条　市町村等は、自立支援給付に関して必要があると認めるときは、障害者等、障害児の保護者、障害者等の配偶者又は障害者等の属する世帯の世帯主その他その世帯に属する者の資産又は収入の状況につき、官公署に対し必要な文書の閲覧若しくは資料の提供を求め、又は銀行、信託会社その他の機関若しくは障害者の雇用主その他の関係人に報告を求めることができる。

（受給権の保護）

第十三条　自立支援給付を受ける権利は、譲り渡し、担保に供し、又は差し押さえることができない。

（租税その他の公課の禁止）

第十四条　租税その他の公課は、自立支援給付として支給を受けた金品を標準として、課することができない。

第二節　介護給付費、特例介護給付費、訓練等給付費、特例訓練等給付費、特定障害者特別給付費及び特例特定障害者特別給付費の支給

第一款　市町村審査会

（市町村審査会）

第十五条　第二十六条第二項に規定する審査判定業務を行わせるため、市町村に第十九条第一項に規定する介護給付費等の支給に関する審査会（以下「市町村審査会」という。）を置く。

（委員）

第十六条　市町村審査会の委員の定数は、政令で定める基準に従い条例で定める数とする。

2　委員は、障害者等の保健又は福祉に関する学識経験を有する者のうちから、市町村長（特別区の区長を含む。以下同じ。）が任命す

る。

（共同設置の支援）

第十七条　都道府県は、市町村審査会について地方自治法第二百五十二条の七第一項の規定による共同設置をしようとする市町村の求めに応じ、市町村相互間における必要な調整を行うことができる。

2　都道府県は、市町村審査会を共同設置した市町村に対し、その円滑な運営が確保されるように必要な技術的な助言その他の援助をすることができる。

（政令への委任）

第十八条　この法律に定めるもののほか、市町村審査会に関し必要な事項は、政令で定める。

第二款　支給決定等

（介護給付費等の支給決定）

第十九条　介護給付費、特例介護給付費、訓練等給付費又は特例訓練等給付費（以下「介護給付費等」という。）の支給を受けようとする障害者又は障害児の保護者は、市町村の介護給付費等を支給する旨の決定（以下「支給決定」という。）を受けなければならない。

2　支給決定は、障害者又は障害児の保護者の居住地の市町村が行うものとする。ただし、障害者又は障害児の保護者が居住地を有しないとき、又は明らかでないときは、その障害者又は障害児の保護者の現在地の市町村が行うものとする。

3　前項の規定にかかわらず、第二十九条第一項若しくは第三十条第一項の規定により介護給付費等の支給を受けて又は身体障害者福祉法第十八条第二項若しくは知的障害者福祉法第十六条第一項の規定により入所措置が採られて障害者支援施設、のぞみの園又は第五条第一項若しくは第六項の主務省令で定める施設に入所している障害者、生活保護法（昭和二十五年法律第百四十四号）第三十条第一項ただし書の規定により同法第三十八条第二項に規定する救護施設（以下この項において「救護施設」という。）、同条第三項に規定する更生施設（以下この項において「更生施設」という。）又は同法第三十条第一項ただし書に規定するその他の適当な施設（以下この項において「その他の適当な施設」という。）に入所している障害者、介護保険法第八条第十一項に規定する特定施設（以下この項及び次項において「介護保険特定施設」という。）に入居し、又は同条第二十五項に規定する介護保険施設（以下この項及び次項において「介護保険施設」という。）に入所している障害者及び老人福祉法（昭和三十八年法律第百三十三号）第十一条第一項第一号の規定により入所措置が採られて同法第二十条の四に規定する養護老人ホーム（以下この項において「養護老人ホーム」という。）に入所している障害者（以下この項において「特定施設入所等障害者」と総称する。）については、その者が障害者支援施設、のぞみの園、第五条第一項若しくは第六項の主務省令で定める施設、救護施設、更生施設若しくはその他の適当な施設、介護保険特定施設若しくは介護保険施設又は養護老人ホーム（以下「特定施設」という。）への入所又は入居の前に有した居住地（継続して二以上の特定施設に入所又は入居をしている特定施設入所等障害者（以下この項において「継続入所等障害者」という。）については、最初に入所又は入居をした特定施設への入所又は入居の前に有した居住地）の市町村が、支給決定を行うものとする。ただし、特定施設への入所又は入居の前に居住地を有しないか、又は明らかでなかった特定施設入所等障害者については、入所又は入居の前におけるその者の所在地（継続入所等障害者については、最初に入所又は入居をした特定施設の入所又は入居の前に有した所在地）の市町村が、支給決定を行うものとする。

4　前二項の規定にかかわらず、児童福祉法第二十四条の二第一項若しくは第二十四条の二十四第一項若しくは第二項の規定により障害児入所給付費の支給を受けて又は同法第二十七条第一項第三号若しくは第二項の規定により措置（同法第三十一条第五項又は第三十一条の二第三項の規定により同法第二十七条第一項第三号又は第二項の規定による措置とみなされる場合を含む。）が採られて第五条第一項の主務省令で定める施設に入所していた障害者等が、継続して、第二十九条第一項若しくは第三十条第一項の規定により介護給付費等の支給を受けて、身体障害者福祉法第十八条第二項若しくは知的障害者福祉法第十六条第一項の規定により入所措置が採られて、生活保護法第三十条第一項ただし書の規定により、若しくは老人福祉法第十一条第一項第一号の規定により入所措置が採られて特定施設（介護保険特定施設及び介護保険施設を除く。）に入所した場合又は介護保険特定施設若しくは介護保険施設に入所若しくは入居をした場合は、当該障害者等が満十八歳となる日の前日に当該障害者等の保護者であった者（以下この項において「保護者であった者」という。）が有した居住地の市町村が、支給決定を行うものとする。ただし、当該障害者等が満十八歳となる日の前日に保護者であった者がいないか、保護者であった者が居住地を有しないか、又は保護者であった者の居住地が明らかでない障害者等については、当該障害者等が満十八歳となる日の前日におけるその者の所在地の市町村が支給決定を行うものとする。

5　前二項の規定の適用を受ける障害者等が入所し、又は入居している特定施設は、当該特定施設の所在する市町村及び当該障害者等に対し支給決定を行う市町村に、必要な協力をしなければならない。

（**申請**）

第二十条　支給決定を受けようとする障害者又は障害児の保護者は、主務省令で定めるところにより、市町村に申請をしなければならない。

2　市町村は、前項の申請があったときは、次条第一項及び第二十二条第一項の規定により障害支援区分の認定及び同項に規定する支給要否決定を行うため、主務省令で定めるところにより、当該職員をして、当該申請に係る障害者等又は障害児の保護者に面接をさせ、その心身の状況、その置かれている環境その他主務省令で定める事項について調査をさせるものとする。この場合において、市町村は、当該調査を第五十一条の十四第一項に規定する指定一般相談支援事業者その他の主務省令で定める者（以下この条において「指定一般相談支援事業者等」という。）に委託することができる。

3　前項後段の規定により委託を受けた指定一般相談支援事業者等は、障害者等の保健又は福祉に関する専門的知識及び技術を有するものとして主務省令で定める者に当該委託に係る調査を行わせるものとする。

4　第二項後段の規定により委託を受けた指定一般相談支援事業者等の役員（業務を執行する社員、取締役、執行役又はこれらに準ずる者をいい、相談役、顧問その他いかなる名称を有する者であるかを問わず、法人に対し業務を執行する社員、取締役、執行役又はこれらに準ずる者と同等以上の支配力を有するものと認められる者を含む。第百九条第一項を除き、以下同じ。）若しくは前項の主務省令で定める者又はこれらの職にあった者は、正当な理由なしに、当該委託業務に関して知り得た個人の秘密を漏らしてはならない。

5　第二項後段の規定により委託を受けた指定一般相談支援事業者等の役員又は第三項の主務省令で定める者で、当該委託業務に従事するものは、刑法その他の罰則の適用については、法令により公務に従事する職員とみなす。

6　第二項の場合において、市町村は、当該障害者等又は障害児の保護者が遠隔の地に居住地又は現在地を有するときは、当該調査を他の市町村に嘱託することができる。

（**障害支援区分の認定**）

第二十一条　市町村は、前条第一項の申請があったときは、政令で定めるところにより、市町村審査会が行う当該申請に係る障害者等の障害支援区分に関する審査及び判定の結果に基づき、障害支援区分の認定を行うものとする。

2　市町村審査会は、前項の審査及び判定を行うに当たって必要があると認めるときは、当該審査及び判定に係る障害者等、その家族、医師その他の関係者の意見を聴くことができる。

（**支給要否決定等**）

第二十二条　市町村は、第二十条第一項の申請に係る障害者等の障害支援区分、当該障害者等の介護を行う者の状況、当該障害者等の置かれている環境、当該申請に係る障害者等又は障害児の保護者の障害福祉サービスの利用に関する意向その他の主務省令で定める事項を勘案して介護給付費等の支給の要否の決定（以下この条及び第二十七条において「支給要否決定」という。）を行うものとする。

2　市町村は、支給要否決定を行うに当たって必要があると認めるときは、主務省令で定めるところにより、市町村審査会又は身体障害者福祉法第九条第七項に規定する身体障害者更生相談所（第七十四条及び第七十六条第三項において「身体障害者更生相談所」という。）、知的障害者福祉法第九条第六項に規定する知的障害者更生相談所、精神保健及び精神障害者福祉に関する法律第六条第一項に規定する精神保健福祉センター若しくは児童相談所（以下「身体障害者更生相談所等」と総称する。）その他主務省令で定める機関の意見を聴くことができる。

3　市町村審査会、身体障害者更生相談所等又は前項の主務省令で定める機関は、同項の意見を述べるに当たって必要があると認めるときは、当該支給要否決定に係る障害者等、その家族、医師その他の関係者の意見を聴くことができる。

4　市町村は、支給要否決定を行うに当たって必要と認められる場合として主務省令で定める場合には、主務省令で定めるところにより、第二十条第一項の申請に係る障害者又は障害児の保護者に対し、第五十一条の十七第一項第一号に規定する指定特定相談支援事業者が作成するサービス等利用計画案の提出を求めるものとする。

5　前項の規定によりサービス等利用計画案の提出を求められた障害者又は障害児の保護者は、主務省令で定める場合には、同項のサービス等利用計画案に代えて主務省令で定めるサービス等利用計画案を提出することができる。

6　市町村は、前二項のサービス等利用計画案の提出があった場合には、第一項の主務省令で定める事項及び当該サービス等利用計画案を勘案して支給要否決定を行うものとする。

7　市町村は、支給決定を行う場合には、障害福祉サービスの種類ごとに月を単位として主務省令で定める期間において介護給付費等を支給する障害福祉サービスの量（以下「支給量」という。）を定めなければならない。

8　市町村は、支給決定を行ったときは、当該支給決定障害者等に対し、主務省令で定めるところにより、支給量その他の主務省令で定める事項を記載した障害福祉サービス受給者証（以下「受給者証」という。）を交付しなければならない。

（支給決定の有効期間）

第二十三条　支給決定は、主務省令で定める期間（以下「支給決定の有効期間」という。）内に限り、その効力を有する。

（支給決定の変更）

第二十四条　支給決定障害者等は、現に受けている支給決定に係る障害福祉サービスの種類、支給量その他の主務省令で定める事項を変更する必要があるときは、主務省令で定めるところにより、市町村に対し、当該支給決定の変更の申請をすることができる。

2　市町村は、前項の申請又は職権により、第二十二条第一項の主務省令で定める事項を勘案し、支給決定障害者等につき、必要があると認めるときは、支給決定の変更の決定を行うことができる。この場合において、市町村は、当該決定に係る支給決定障害者等に対し受給者証の提出を求めるものとする。

3　第十九条（第一項を除く。）、第二十条（第一項を除く。）及び第二十二条（第一項を除く。）の規定は、前項の支給決定の変更の決定について準用する。この場合において、必要な技術的読替えは、政令で定める。

4　市町村は、第二項の支給決定の変更の決定を行うに当たり、必要があると認めるときは、障害支援区分の変更の認定を行うことができる。

5　第二十一条の規定は、前項の障害支援区分の変更の認定について準用する。この場合において、必要な技術的読替えは、政令で定める。

6　市町村は、第二項の支給決定の変更の決定を行った場合には、受給者証に当該決定に係る事項を記載し、これを返還するものとする。

（支給決定の取消し）

第二十五条　支給決定を行った市町村は、次に掲げる場合には、当該支給決定を取り消すことができる。

一　支給決定に係る障害者等が、第二十九条第一項に規定する指定障害福祉サービス等及び第三十条第一項第二号に規定する基準該当障害福祉サービスを受ける必要がなくなったと認めるとき。

二　支給決定障害者等が、支給決定の有効期間内に、当該市町村以外の市町村の区域内に居住地を有するに至ったと認めるとき（支給決定に係る障害者が特定施設に入所又は入居をすることにより当該市町村以外の市町村の区域内に居住地を有するに至ったと認めるときを除く。）。

三　支給決定に係る障害者等又は障害児の保護者が、正当な理由なしに第二十条第二項（前条第三項において準用する場合を含む。）の規定による調査に応じないとき。

四　その他政令で定めるとき。

2　前項の規定により支給決定の取消しを行った市町村は、主務省令で定めるところにより、当該取消しに係る支給決定障害者等に対し受給者証の返還を求めるものとする。

（都道府県による援助等）

第二十六条　都道府県は、市町村の求めに応じ、市町村が行う第十九条から第二十二条まで、第二十四条及び前条の規定による業務に関し、その設置する身体障害者更生相談所等による技術的事項についての協力その他市町村に対する必要な援助を行うものとする。

2　地方自治法第二百五十二条の十四第一項の規定により市町村の委託を受けて審査判定業務（第二十一条（第二十四条第五項において準用する場合を含む。第四項において同じ。）、第二十二条第二項及び第三項（これらの規定を第二十四条第三項において準用する場合を含む。第四項において同じ。）並びに第五十一条の七第二項及び第三項（これらの規定を第五十一条の九第三項において準用する場合を含む。）の規定により市町村審査会が行う業務をいう。以下この条及び第九十五条第二項第一項において同じ。）を行う都道府県に、当該審査判定業務を行わせるため、介護給付費等の支給に関する審査会（以下「都道府県審査会」という。）を置く。

3　第十六条及び第十八条の規定は、前項の都道府県審査会について準用する。この場合において、第十六条第二項中「市町村長（特別区の区長を含む。以下同じ。）」とあるのは、「都道府県知事」と読み替えるものとする。

4　審査判定業務を都道府県に委託した市町村について第二十一条並びに第二十二条第二項及び第三項の規定を適用する場合においては、これらの規定中「市町村審査会」とあるのは、「都道府県審査会」とする。

（政令への委任）

第二十七条　この款に定めるもののほか、障害支援区分に関する審査及び判定、支給決定、支給要否決定、受給者証、支給決定の変更の決定並びに支給決定の取消しに関し必要な事項は、政令で定める。

第三款　介護給付費、特例介護給付費、訓練等給付費及び特例訓練等給付費の支給

（介護給付費、特例介護給付費、訓練等給付費及び特例訓練等給付費の支給）

第二十八条　介護給付費及び特例介護給付費の支給は、次に掲げる障害福祉サービスに関して次条及び第三十条の規定により支給する給付とする。

一　居宅介護
二　重度訪問介護
三　同行援護
四　行動援護
五　療養介護（医療に係るものを除く。）
六　生活介護
七　短期入所
八　重度障害者等包括支援
九　施設入所支援

2　訓練等給付費及び特例訓練等給付費の支給は、次に掲げる障害福祉サービスに関して次条及び第三十条の規定により支給する給付とする。

一　自立訓練
二　就労移行支援
三　就労継続支援
四　就労定着支援
五　自立生活援助
六　共同生活援助

（介護給付費又は訓練等給付費）

第二十九条　市町村は、支給決定障害者等が、支給決定の有効期間内において、都道府県知事が指定する障害福祉サービス事業を行う者（以下「指定障害福祉サービス事業者」という。）若しくは障害者支援施設（以下「指定障害者支援施設」という。）から当該指定に係る障害福祉サービス（以下「指定障害福祉サービス」という。）を受けたとき、又はのぞみの園から施設障害福祉サービスを受けたときは、主務省令で定めるところにより、当該支給決定障害者等に対し、当該指定障害福祉サービス又は施設障害福祉サービス（支給量の範囲内のものに限る。以下「指定障害福祉サービス等」という。）に要した費用（食事の提供に要する費用、居住若しくは滞在に要する費用その他の日常生活に要する費用又は創作的活動若しくは生産活動に要する費用のうち主務省令で定める費用（以下「特定費用」という。）を除く。）について、介護給付費又は訓練等給付費を支給する。

2　指定障害福祉サービス等を受けようとする支給決定障害者等は、主務省令で定めるところにより、指定障害福祉サービス事業者、指定障害者支援施設又はのぞみの園（以下「指定障害福祉サービス事業者等」という。）に受給者証を提示して当該指定障害福祉サービス等を受けるものとする。ただし、緊急の場合その他やむを得ない事由のある場合については、この限りでない。

3　介護給付費又は訓練等給付費の額は、一月につき、第一号に掲げる額から第二号に掲げる額を控除して得た額とする。

一　同一の月に受けた指定障害福祉サービス等について、障害福祉サービスの種類ごとに指定障害福祉サービス等に通常要する費

社会福祉

用（特定費用を除く。）につき、主務大臣が定める基準により算定した費用の額（その額が現に当該指定障害福祉サービス等に要した費用（特定費用を除く。）の額を超えるときは、当該現に指定障害福祉サービス等に要した費用の額）を合計した額

二　当該支給決定障害者等の家計の負担能力その他の事情をしん酌して政令で定める額（当該政令で定める額が前号に掲げる額の百分の十に相当する額を超えるときは、当該相当する額）

4　支給決定障害者等が指定障害福祉サービス事業者等から指定障害福祉サービス等を受けたときは、市町村は、当該支給決定障害者等が当該指定障害福祉サービス事業者等に支払うべき当該指定障害福祉サービス等に要した費用（特定費用を除く。）について、介護給付費又は訓練等給付費として当該支給決定障害者等に支給すべき額の限度において、当該支給決定障害者等に代わり、当該指定障害福祉サービス事業者等に支払うことができる。

5　前項の規定による支払があったときは、支給決定障害者等に対し介護給付費又は訓練等給付費の支給があったものとみなす。

6　市町村は、指定障害福祉サービス事業者等から介護給付費又は訓練等給付費の請求があったときは、第三項第一号の主務大臣が定める基準及び第四十三条第二項の都道府県の条例で定める指定障害福祉サービスの事業の設備及び運営に関する基準（指定障害福祉サービスの取扱いに関する部分に限る。）又は第四十四条第二項の都道府県の条例で定める指定障害者支援施設等の設備及び運営に関する基準（施設障害福祉サービスの取扱いに関する部分に限る。）に照らして審査の上、支払うものとする。

7　市町村は、前項の規定による審査及び支払に関する事務を国民健康保険法（昭和三十三年法律第百九十二号）第四十五条第五項に規定する国民健康保険団体連合会（以下「連合会」という。）に委託することができる。

8　前各項に定めるもののほか、介護給付費及び訓練等給付費の支給並びに指定障害福祉サービス事業者等の介護給付費及び訓練等給付費の請求に関し必要な事項は、主務省令で定める。

（特例介護給付費又は特例訓練等給付費）

第三十条　市町村は、次に掲げる場合において、必要があると認めるときは、主務省令で定めるところにより、当該指定障害福祉サービス等又は第二号に規定する基準該当障害福祉サービス（支給量の範囲内のものに限る。）に要した費用（特定費用を除く。）について、特例介護給付費又は特例訓練等給付費を支給することができる。

一　支給決定障害者等が、第二十条第一項の申請をした日から当該支給決定の効力が生じた日の前日までの間に、緊急その他やむを得ない理由により指定障害福祉サービス等を受けたとき。

二　支給決定障害者等が、指定障害福祉サービス等以外の障害福祉サービス（次に掲げる事業所又は施設により行われるものに限る。以下「基準該当障害福祉サービス」という。）を受けたとき。

イ　第四十三条第一項の都道府県の条例で定める基準又は同条第二項の都道府県の条例で定める指定障害福祉サービスの事業の設備及び運営に関する基準に定める事項のうち都道府県の条例で定めるものを満たすと認められる事業を行う事業所（以下「基準該当事業所」という。）

ロ　第四十四条第一項の都道府県の条例で定める基準又は同条第二項の都道府県の条例で定める指定障害者支援施設等の設備及び運営に関する基準に定める事項のうち都道府県の条例で定めるものを満たすと認められる施設（以下「基準該当施設」という。）

三　その他政令で定めるとき。

2　都道府県が前項第二号イ及びロの条例を定めるに当たっては、第一号から第三号までに掲げる事項については主務省令で定める基準に従い定めるものとし、第四号に掲げる事項については主務省令で定める基準を標準として定めるものとし、その他の事項については主務省令で定める基準を参酌するものとする。

一　基準該当障害福祉サービスに従事する従業者及びその員数

二　基準該当障害福祉サービスの事業に係る居室及び病室の床面積

三　基準該当障害福祉サービスの事業の運営に関する事項であって、障害者又は障害児の保護者のサービスの適切な利用の確保、障害者等の安全の確保及び秘密の保持等に密接に関連するものとして主務省令で定めるもの

四　基準該当障害福祉サービスの事業に係る

利用定員

3　特例介護給付費又は特例訓練等給付費の額は、一月につき、同一の月に受けた次の各号に掲げる障害福祉サービスの区分に応じ、当該各号に定める額を合計した額から、それぞれ当該支給決定障害者等の家計の負担能力その他の事情をしん酌して政令で定める額（当該政令で定める額が当該合計した額の百分の十に相当する額を超えるときは、当該相当する額）を控除して得た額を基準として、市町村が定める。

一　指定障害福祉サービス等　前条第三項第一号の主務大臣が定める基準により算定した費用の額（その額が現に当該指定障害福祉サービス等に要した費用（特定費用を除く。）の額を超えるときは、当該現に指定障害福祉サービス等に要した費用の額）

二　基準該当障害福祉サービス　障害福祉サービスの種類ごとに基準該当障害福祉サービスに通常要する費用（特定費用を除く。）につき主務大臣が定める基準により算定した費用の額（その額が現に当該基準該当障害福祉サービスに要した費用（特定費用を除く。）の額を超えるときは、当該現に基準該当障害福祉サービスに要した費用の額）

4　前三項に定めるもののほか、特例介護給付費及び特例訓練等給付費の支給に関し必要な事項は、主務省令で定める。

（**介護給付費等の額の特例**）

第三十一条　市町村が、災害その他の主務省令で定める特別の事情があることにより、障害福祉サービスに要する費用を負担することが困難であると認めた支給決定障害者等が受ける介護給付費又は訓練等給付費の支給について第二十九条第三項の規定を適用する場合においては、同項第二号中「額）」とあるのは、「額）の範囲内において市町村が定める額」とする。

2　前項に規定する支給決定障害者等が受ける特例介護給付費又は特例訓練等給付費の支給について前条第三項の規定を適用する場合においては、同項中「を控除して得た額を基準として、市町村が定める」とあるのは、「の範囲内において市町村が定める額を控除して得た額とする」とする。

第四款　特定障害者特別給付費及び特例特定障害者特別給付費の支給

第三十二条及び第三十三条　削除

（**特定障害者特別給付費の支給**）

第三十四条　市町村は、施設入所支援、共同生活援助その他の政令で定める障害福祉サービス（以下この項において「特定入所等サービス」という。）に係る支給決定を受けた障害者のうち所得の状況その他の事情をしん酌して主務省令で定めるもの（以下この項及び次条第一項において「特定障害者」という。）が、支給決定の有効期間内において、指定障害者支援施設若しくはのぞみの園（以下「指定障害者支援施設等」という。）に入所し、又は共同生活援助を行う住居に入居して、当該指定障害者支援施設等又は指定障害福祉サービス事業者から特定入所等サービスを受けたときは、当該特定障害者に対し、当該指定障害者支援施設等又は共同生活援助を行う住居における食事の提供に要した費用又は居住に要した費用（同項において「特定入所等費用」という。）について、政令で定めるところにより、特定障害者特別給付費を支給する。

2　第二十九条第二項及び第四項から第七項までの規定は、特定障害者特別給付費の支給について準用する。この場合において、必要な技術的読替えは、政令で定める。

3　前二項に定めるもののほか、特定障害者特別給付費の支給及び指定障害者支援施設等又は指定障害福祉サービス事業者の特定障害者特別給付費の請求に関し必要な事項は、主務省令で定める。

（**特例特定障害者特別給付費の支給**）

第三十五条　市町村は、次に掲げる場合において、必要があると認めるときは、特定障害者に対し、当該指定障害者支援施設等若しくは基準該当施設又は共同生活援助を行う住居における特定入所等費用について、政令で定めるところにより、特例特定障害者特別給付費を支給することができる。

一　特定障害者が、第二十条第一項の申請をした日から当該支給決定の効力が生じた日の前日までの間に、緊急その他やむを得ない理由により指定障害福祉サービス等を受けたとき。

二　特定障害者が、基準該当障害福祉サービスを受けたとき。

2　前項に定めるもののほか、特例特定障害者特別給付費の支給に関し必要な事項は、主務省令で定める。

社会福祉

第五款　指定障害福祉サービス事業者及び指定障害者支援施設等

（**指定障害福祉サービス事業者の指定**）

第三十六条　第二十九条第一項の指定障害福祉サービス事業者の指定は、主務省令で定めるところにより、障害福祉サービス事業を行う者の申請により、障害福祉サービスの種類及び障害福祉サービス事業を行う事業所（以下この款において「サービス事業所」という。）ごとに行う。

2　就労継続支援その他の主務省令で定める障害福祉サービス（以下この条及び次条第一項において「特定障害福祉サービス」という。）に係る第二十九条第一項の指定障害福祉サービス事業者の指定は、当該特定障害福祉サービスの量を定めてするものとする。

3　都道府県知事は、第一項の申請があった場合において、次の各号（療養介護に係る指定の申請にあっては、第七号を除く。）のいずれかに該当するときは、指定障害福祉サービス事業者の指定をしてはならない。

一　申請者が都道府県の条例で定める者でないとき。

二　当該申請に係るサービス事業所の従業者の知識及び技能並びに人員が、第四十三条第一項の都道府県の条例で定める基準を満たしていないとき。

三　申請者が、第四十三条第二項の都道府県の条例で定める指定障害福祉サービスの事業の設備及び運営に関する基準に従って適正な障害福祉サービス事業の運営をすることができないと認められるとき。

四　申請者が、禁錮以上の刑に処せられ、その執行を終わり、又は執行を受けることがなくなるまでの者であるとき。

五　申請者が、この法律その他国民の保健医療若しくは福祉に関する法律で政令で定めるものの規定により罰金の刑に処せられ、その執行を終わり、又は執行を受けることがなくなるまでの者であるとき。

五の二　申請者が、労働に関する法律の規定であって政令で定めるものにより罰金の刑に処せられ、その執行を終わり、又は執行を受けることがなくなるまでの者であるとき。

六　申請者が、第五十条第一項（同条第三項において準用する場合を含む。以下この項において同じ。）、第五十一条の二十九第一項若しくは第二項又は第七十六条の三第六項の規定により指定を取り消され、その取消しの日から起算して五年を経過しない者（当該指定を取り消された者が法人である場合においては、当該取消しの処分に係る行政手続法（平成五年法律第八十八号）第十五条の規定による通知があった日前六十日以内に当該法人の役員又はそのサービス事業所を管理する者その他の政令で定める使用人（以下「役員等」という。）であった者で当該取消しの日から起算して五年を経過しないものを含み、当該指定を取り消された者が法人でない場合においては、当該通知があった日前六十日以内に当該者の管理者であった者で当該取消しの日から起算して五年を経過しないものを含む。）であるとき。ただし、当該指定の取消しが、指定障害福祉サービス事業者の指定の取消しのうち当該指定の取消しの処分の理由となった事実及び当該事実の発生を防止するための当該指定障害福祉サービス事業者による業務管理体制の整備についての取組の状況その他の当該事実に関して当該指定障害福祉サービス事業者が有していた責任の程度を考慮して、この号本文に規定する指定の取消しに該当しないこととすることが相当であると認められるものとして主務省令で定めるものに該当する場合を除く。

七　申請者と密接な関係を有する者（申請者（法人に限る。以下この号において同じ。）の株式の所有その他の事由を通じて当該申請者の事業を実質的に支配し、若しくはその事業に重要な影響を与える関係にある者として主務省令で定めるもの（以下この号において「申請者の親会社等」という。）、申請者の親会社等が株式の所有その他の事由を通じてその事業を実質的に支配し、若しくはその事業に重要な影響を与える関係にある者として主務省令で定めるもの又は当該申請者が株式の所有その他の事由を通じてその事業を実質的に支配し、若しくはその事業に重要な影響を与える関係にある者として主務省令で定めるもののうち、当該申請者と主務省令で定める密接な関係を有する法人をいう。）が、第五十条第一項、第五十一条の二十九第一項若しくは第二項又は第七十六条の三第六項の規定により指定を取り消され、その取消しの日から起算して五年を経過していないとき。ただし、当該指定の取消しが、指定障害福祉サービス事業者の指定の取消しのうち当該指定の取消しの処分の理由となった事実及び当該事実の発生を防止するための当該指定障害福祉サービス事業者による業務管理体制の整備についての取組の状況その他の当該事実に関して当該指定障害福祉サービス事業者が有していた責任の程度を考慮して、この号本文に規定する指定の取消しに該当しないこととすることが相当であると認められるものとして主務省令で定めるものに該当する場合を除く。

八　申請者が、第五十条第一項、第五十一条の二十九第一項若しくは第二項又は第七十六条の三第六項の規定による指定の取消しの処分に係る行政手続法第十五条の規定による通知があった日から当該処分をする日又は処分をしないことを決定する日までの間に第四十六条第二項又は第五十一条の二十五第二項若しくは第四項の規定による事業の廃止の届出をした者（当該事業の廃止について相当の理由がある者を除く。）で、当該届出の日から起算して五年を経過しないものであるとき。

九　申請者が、第四十八条第一項（同条第三項において準用する場合を含む。）又は第五十一条の二十七第一項若しくは第二項の規定による検査が行われた日から聴聞決定予定日（当該検査の結果に基づき第五十条第一項又は第五十一条の二十九第一項若しくは第二項の規定による指定の取消しの処分に係る聴聞を行うか否かの決定をすることが見込まれる日として主務省令で定めるところにより都道府県知事が当該申請者に当該検査が行われた日から十日以内に特定の日を通知した場合における当該特定の日をいう。）までの間に第四十六条第二項又は第五十一条の二十五第二項若しくは第四項の規定による事業の廃止の届出をした者（当該事業の廃止について相当の理由がある者を除く。）で、当該届出の日から起算して五年を経過しないものであるとき。

十　第八号に規定する期間内に第四十六条第二項又は第五十一条の二十五第二項若しくは第四項の規定による事業の廃止の届出があった場合において、申請者が、同号の通知の日前六十日以内に当該届出に係る法人（当該事業の廃止について相当の理由がある法人を除く。）の役員等又は当該届出に係る法人でない者（当該事業の廃止について相当の理由がある者を除く。）の管理者であった者で、当該届出の日から起算して五年を経過しないものであるとき。

十一　申請者が、指定の申請前五年以内に障害福祉サービスに関し不正又は著しく不当な行為をした者であるとき。

十二　申請者が、法人で、その役員等のうちに第四号から第六号まで又は第八号から前号までのいずれかに該当する者のあるものであるとき。

十三　申請者が、法人でない者で、その管理者が第四号から第六号まで又は第八号から第十一号までのいずれかに該当する者であるとき。

4　都道府県が前項第一号の条例を定めるに当たっては、主務省令で定める基準に従い定めるものとする。

5　都道府県知事は、特定障害福祉サービスにつき第一項の申請があった場合において、当該都道府県又は当該申請に係るサービス事業所の所在地を含む区域（第八十九条第二項第二号の規定により都道府県が定める区域をいう。）における当該申請に係る種類ごとの指定障害福祉サービスの量が、同条第一項の規定により当該都道府県が定める都道府県障害福祉計画において定める当該都道府県若しくは当該区域の当該指定障害福祉サービスの必要な量に既に達しているか、又は当該申請に係る事業者の指定によってこれを超えることになると認めるとき、その他の当該都道府県障害福祉計画の達成に支障を生ずるおそれがあると認めるときは、第二十九条第一項の指定をしないことができる。

6　関係市町村長は、主務省令で定めるところにより、都道府県知事に対し、第二十九条第一項の指定障害福祉サービス事業者の指定について、当該指定をしようとするときは、あらかじめ、当該関係市町村長にその旨を通知するよう求めることができる。この場合において、当該都道府県知事は、その求めに応じなければならない。

7　関係市町村長は、前項の規定による通知を受けたときは、主務省令で定めるところにより、第二十九条第一項の指定障害福祉サービス事業者の指定に関し、都道府県知事に対し、当該関係市町村の第八十八条第一項に規定する市町村障害福祉計画との調整を図る見地からの意見を申し出ることができる。

8　都道府県知事は、前項の意見を勘案し、第二十九条第一項の指定障害福祉サービス事業者の指定を行うに当たって、当該事業の適正な運営を確保するために必要と認める条件を付することができる。

（指定障害福祉サービス事業者の指定の変更）

第三十七条　指定障害福祉サービス事業者は、第二十九条第一項の指定に係る特定障害福祉サービスの量を増加しようとするときは、主務省令で定めるところにより、同項の指定の変更を申請することができる。

2　前条第三項から第五項までの規定は、前項の指定の変更の申請があった場合について準用する。この場合において、必要な技術的読替えは、政令で定める。

（指定障害者支援施設の指定）

第三十八条　第二十九条第一項の指定障害者支援施設の指定は、主務省令で定めるところにより、障害者支援施設の設置者の申請により、施設障害福祉サービスの種類及び当該障害者支援施設の入所定員を定めて、行う。

2　都道府県知事は、前項の申請があった場合において、当該都道府県における当該申請に係る指定障害者支援施設の入所定員の総数が、第八十九条第一項の規定により当該都道府県が定める都道府県障害福祉計画において定める当該都道府県の当該指定障害者支援施設の必要入所定員総数に既に達しているか、又は当該申請に係る施設の指定によってこれを超えることになると認めるとき、その他の当該都道府県障害福祉計画の達成に支障を生ずるおそれがあると認めるときは、第二十九条第一項の指定をしないことができる。

3　第三十六条第三項及び第四項の規定は、第二十九条第一項の指定障害者支援施設の指定について準用する。この場合において、必要な技術的読替えは、政令で定める。

（指定障害者支援施設の指定の変更）

第三十九条　指定障害者支援施設の設置者は、第二十九条第一項の指定に係る施設障害福祉サービスの種類を変更しようとするとき、又は当該指定に係る入所定員を増加しようとするときは、主務省令で定めるところにより、同項の指定の変更を申請することができる。

2　前条第二項及び第三項の規定は、前項の指定の変更の申請があった場合について準用する。この場合において、必要な技術的読替えは、政令で定める。

第四十条　削除

（指定の更新）

第四十一条　第二十九条第一項の指定障害福祉サービス事業者及び指定障害者支援施設の指定は、六年ごとにそれらの更新を受けなければ、その期間の経過によって、それらの効力を失う。

2　前項の更新の申請があった場合において、同項の期間（以下この条において「指定の有効期間」という。）の満了の日までにその申請に対する処分がされないときは、従前の指定は、指定の有効期間の満了後もその処分がされるまでの間は、なおその効力を有する。

3　前項の場合において、指定の更新がされたときは、その指定の有効期間は、従前の指定の有効期間の満了の日の翌日から起算するものとする。

4　第三十六条及び第三十八条の規定は、第一項の指定の更新について準用する。この場合において、必要な技術的読替えは、政令で定める。

（共生型障害福祉サービス事業者の特例）

第四十一条の二　居宅介護、生活介護その他主務省令で定める障害福祉サービスに係るサービス事業所について、児童福祉法第二十一条の五の三第一項の指定（当該サービス事業所により行われる障害福祉サービスの種類に応じて主務省令で定める種類の同法第六条の二の二第一項に規定する障害児通所支援に係るものに限る。）又は介護保険法第四十一条第一項本文の指定（当該サービス事業所により行われる障害福祉サービスの種類に応じて主務省令で定める種類の同法第八条第一項に規定する居宅サービスに係るものに限る。）、同法第四十二条の二第一項本文の指定（当該サービス事業所により行われる障害福祉サービスの種類に応じて主務省令で定める種類の同法第八条第十四項に規定する地域密着型サービスに係るものに限る。）、同法第五十三条第一項本文の指定（当該サービス事業所により行われる障害福祉サービスの種類に応じて主務省令で定める種類の同法第八条の二第一項に規定する介護予防サービスに係るものに限る。）若しくは同法第五十四条の二第一項本文の指定（当該サービス事業所により行われる障害福祉サービスの種類に応じて主務省令で定める種類の同法第八条の二第十二項に規定する地域密着型介護予防サービスに係るものに限る。）を受けている者から当該サービス事業所に係る第三十六条第一項（前条第四項において準用する場合を含む。）の申請があった場合において、次の各号のいずれにも該当するときにおける第三十六条第三項（前条第四項において準用する場合を含む。以下この項において同じ。）の規定の適用については、第三十六条第三項第二号中「第四十三条第一項の」とあるのは「第四十一条の二第一項第一号の指定障害福祉サービスに従事する従業者に係る」と、同項第三号中「第四十三条第二項」とあるのは「第四十一条の二第一項第二号」とする。ただし、申請者が、主務省令で定めるところにより、別段の申出をしたときは、この限りでない。

一　当該申請に係るサービス事業所の従業者の知識及び技能並びに人員が、指定障害福祉サービスに従事する従業者に係る都道府県の条例で定める基準を満たしていること。

二　申請者が、都道府県の条例で定める指定障害福祉サービスの事業の設備及び運営に関する基準に従って適正な障害福祉サービス事業の運営をすることができると認められること。

2　都道府県が前項各号の条例を定めるに当たっては、第一号から第三号までに掲げる事項については主務省令で定める基準に従い定めるものとし、第四号に掲げる事項については主務省令で定める基準を標準として定めるものとし、その他の事項については主務省令で定める基準を参酌するものとする。

一　指定障害福祉サービスに従事する従業者及びその員数

二　指定障害福祉サービスの事業に係る居室の床面積

三　指定障害福祉サービスの事業の運営に関する事項であって、障害者又は障害児の保護者のサービスの適切な利用の確保、障害者等の適切な処遇及び安全の確保並びに秘密の保持等に密接に関連するものとして主務省令で定めるもの

四　指定障害福祉サービスの事業に係る利用定員

3　第一項の場合において、同項に規定する者が同項の申請に係る第二十九条第一項の指定を受けたときは、その者に対しては、第四十三条第三項の規定は適用せず、次の表の上欄に掲げる規定の適用については、これらの規定中同表の中欄に掲げる字句は、それぞれ同表の下欄に掲げる字句とする。

第二十九条第六項	第四十三条第二項	第四十一条の二第一項第二号
第四十三条第一項	都道府県	第四十一条の二第一項第一号の指定障害福祉サービスに従事する従業者に係る都道府県
第四十三条第二項	指定障害福祉サービスの事業	第四十一条の二第一項第二号の指定障害福祉サービスの事業
第四十九条第一項第二号	第四十三条第一項の	第四十一条の二第一項第一号の指定障害福祉サービスに従事する従業者に係る
第四十九条第一項第三号	第四十三条第二項	第四十一条の二第一項第二号
第五十条第一項第四号	第四十三条第一項の	第四十一条の二第一項第一号の指定障害福祉サービスに従事する従業者に係る
第五十条第一項第五号	第四十三条第二項	第四十一条の二第一項第二号

4　第一項に規定する者であって、同項の申請に係る第二十九条第一項の指定を受けたものから、次の各号のいずれかの届出があったときは、当該指定に係る指定障害福祉サービスの事業について、第四十六条第二項の規定による事業の廃止又は休止の届出があったものとみなす。

一　児童福祉法第二十一条の五の三第一項に規定する指定通所支援の事業（当該指定に係るサービス事業所において行うものに限る。）に係る同法第二十一条の五の二十第四項の規定による事業の廃止又は休止の届出

二　介護保険法第四十一条第一項に規定する指定居宅サービスの事業（当該指定に係るサービス事業所において行うものに限る。）に係る同法第七十五条第二項の規定による事業の廃止又は休止の届出

三　介護保険法第五十三条第一項に規定する指定介護予防サービスの事業（当該指定に係るサービス事業所において行うものに限

る。）に係る同法第百十五条の五第二項の規定による事業の廃止又は休止の届出

5　第一項に規定する者であって、同項の申請に係る第二十九条第一項の指定を受けたものは、介護保険法第四十二条の二第一項に規定する指定地域密着型サービスの事業（当該指定に係るサービス事業所において行うものに限る。）又は同法第五十四条の二第一項に規定する指定地域密着型介護予防サービスの事業（当該指定に係るサービス事業所において行うものに限る。）を廃止し、又は休止しようとするときは、主務省令で定めるところにより、その廃止又は休止の日の一月前までに、その旨を当該指定を行った都道府県知事に届け出なければならない。この場合において、当該届出があったときは、当該指定に係る指定障害福祉サービスの事業について、第四十六条第二項の規定による事業の廃止又は休止の届出があったものとみなす。

（指定障害福祉サービス事業者及び指定障害者支援施設等の設置者の責務）

第四十二条　指定障害福祉サービス事業者及び指定障害者支援施設等の設置者（以下「指定事業者等」という。）は、障害者等が自立した日常生活又は社会生活を営むことができるよう、障害者等の意思決定の支援に配慮するとともに、市町村、公共職業安定所、障害者職業センター、障害者就業・生活支援センターその他の職業リハビリテーションの措置を実施する機関、教育機関その他の関係機関との緊密な連携を図りつつ、障害福祉サービスを当該障害者等の意向、適性、障害の特性その他の事情に応じ、常に障害者等の立場に立って効果的に行うように努めなければならない。

2　指定事業者等は、その提供する障害福祉サービスの質の評価を行うことその他の措置を講ずることにより、障害福祉サービスの質の向上に努めなければならない。

3　指定事業者等は、障害者等の人格を尊重するとともに、この法律又はこの法律に基づく命令を遵守し、障害者等のため忠実にその職務を遂行しなければならない。

（指定障害福祉サービスの事業の基準）

第四十三条　指定障害福祉サービス事業者は、当該指定に係るサービス事業所ごとに、都道府県の条例で定める基準に従い、当該指定障害福祉サービスに従事する従業者を有しなければならない。

2　指定障害福祉サービス事業者は、都道府県の条例で定める指定障害福祉サービスの事業の設備及び運営に関する基準に従い、指定障害福祉サービスを提供しなければならない。

3　都道府県が前二項の条例を定めるに当たっては、第一号から第三号までに掲げる事項については主務省令で定める基準に従い定めるものとし、第四号に掲げる事項については主務省令で定める基準を標準として定めるものとし、その他の事項については主務省令で定める基準を参酌するものとする。

一　指定障害福祉サービスに従事する従業者及びその員数

二　指定障害福祉サービスの事業に係る居室及び病室の床面積

三　指定障害福祉サービスの事業の運営に関する事項であって、障害者又は障害児の保護者のサービスの適切な利用の確保、障害者等の適切な処遇及び安全の確保並びに秘密の保持等に密接に関連するものとして主務省令で定めるもの

四　指定障害福祉サービスの事業に係る利用定員

4　指定障害福祉サービス事業者は、第四十六条第二項の規定による事業の廃止又は休止の届出をしたときは、当該届出の日前一月以内に当該指定障害福祉サービスを受けていた者であって、当該事業の廃止又は休止の日以後においても引き続き当該指定障害福祉サービスに相当するサービスの提供を希望する者に対し、必要な障害福祉サービスが継続的に提供されるよう、他の指定障害福祉サービス事業者その他関係者との連絡調整その他の便宜の提供を行わなければならない。

（指定障害者支援施設等の基準）

第四十四条　指定障害者支援施設等の設置者は、都道府県の条例で定める基準に従い、施設障害福祉サービスに従事する従業者を有しなければならない。

2　指定障害者支援施設等の設置者は、都道府県の条例で定める指定障害者支援施設等の設備及び運営に関する基準に従い、施設障害福祉サービスを提供しなければならない。

3　都道府県が前二項の条例を定めるに当たっては、次に掲げる事項については主務省令で定める基準に従い定めるものとし、その他の事項については主務省令で定める基準を参酌するものとする。

一　施設障害福祉サービスに従事する従業者及びその員数

二　指定障害者支援施設等に係る居室の床面積

三　指定障害者支援施設等の運営に関する事項であって、障害者のサービスの適切な利用、適切な処遇及び安全の確保並びに秘密の保持に密接に関連するものとして主務省令で定めるもの

4　指定障害者支援施設の設置者は、第四十七条の規定による指定の辞退をするときは、同条に規定する予告期間の開始日の前日に当該施設障害福祉サービスを受けていた者であって、当該指定の辞退の日以後においても引き続き当該施設障害福祉サービスに相当するサービスの提供を希望する者に対し、必要なサービスが継続的に提供されるよう、他の指定障害者支援施設等の設置者その他関係者との連絡調整その他の便宜の提供を行わなければならない。

第四十五条　削除

（変更の届出等）

第四十六条　指定障害福祉サービス事業者は、当該指定に係るサービス事業所の名称及び所在地その他主務省令で定める事項に変更があったとき、又は休止した当該指定障害福祉サービスの事業を再開したときは、主務省令で定めるところにより、十日以内に、その旨を都道府県知事に届け出なければならない。

2　指定障害福祉サービス事業者は、当該指定障害福祉サービスの事業を廃止し、又は休止しようとするときは、主務省令で定めるところにより、その廃止又は休止の日の一月前までに、その旨を都道府県知事に届け出なければならない。

3　指定障害者支援施設の設置者は、設置者の住所その他の主務省令で定める事項に変更があったときは、主務省令で定めるところにより、十日以内に、その旨を都道府県知事に届け出なければならない。

（指定の辞退）

第四十七条　指定障害者支援施設は、三月以上の予告期間を設けて、その指定を辞退することができる。

（都道府県知事等による連絡調整又は援助）

第四十七条の二　都道府県知事又は市町村長は、第四十三条第四項又は第四十四条第四項に規定する便宜の提供が円滑に行われるため必要があると認めるときは、当該指定障害福祉サービス事業者、指定障害者支援施設の設置者その他の関係者相互間の連絡調整又は当該指定障害福祉サービス事業者、指定障害者支援施設の設置者その他の関係者に対する助言その他の援助を行うことができる。

2　主務大臣は、同一の指定障害福祉サービス事業者又は指定障害者支援施設の設置者について二以上の都道府県知事が前項の規定による連絡調整又は援助を行う場合において、第四十三条第四項又は第四十四条第四項に規定する便宜の提供が円滑に行われるため必要があると認めるときは、当該都道府県知事相互間の連絡調整又は当該指定障害福祉サービス事業者若しくは指定障害者支援施設の設置者に対する都道府県の区域を超えた広域的な見地からの助言その他の援助を行うことができる。

（報告等）

第四十八条　都道府県知事又は市町村長は、必要があると認めるときは、指定障害福祉サービス事業者若しくは指定障害福祉サービス事業者であった者若しくは当該指定に係るサービス事業所の従業者であった者（以下この項において「指定障害福祉サービス事業者であった者等」という。）に対し、報告若しくは帳簿書類その他の物件の提出若しくは提示を命じ、指定障害福祉サービス事業者若しくは当該指定に係るサービス事業所の従業者若しくは指定障害福祉サービス事業者であった者等に対し出頭を求め、又は当該職員に関係者に対して質問させ、若しくは当該指定障害福祉サービス事業者の当該指定に係るサービス事業所、事務所その他当該指定障害福祉サービスの事業に関係のある場所に立ち入り、その設備若しくは帳簿書類その他の物件を検査させることができる。

2　第九条第二項の規定は前項の規定による質問又は検査について、同条第三項の規定は前項の規定による権限について準用する。

3　前二項の規定は、指定障害者支援施設等の設置者について準用する。この場合において、必要な技術的読替えは、政令で定める。

（勧告、命令等）

第四十九条　都道府県知事は、指定障害福祉サービス事業者が、次の各号に掲げる場合に該当すると認めるときは、当該指定障害福祉サービス事業者に対し、期限を定めて、当該各号に定める措置をとるべきことを勧告することができる。

一　第三十六条第八項（第四十一条第四項において準用する場合を含む。）の規定により付された条件に従わない場合　当該条件

に従うこと。

二　当該指定に係るサービス事業所の従業者の知識若しくは技能又は人員について第四十三条第一項の都道府県の条例で定める基準に適合していない場合　当該基準を遵守すること。

三　第四十三条第二項の都道府県の条例で定める指定障害福祉サービスの事業の設備及び運営に関する基準に従って適正な指定障害福祉サービスの事業の運営をしていない場合　当該基準を遵守すること。

四　第四十三条第四項に規定する便宜の提供を適正に行っていない場合　当該便宜の提供を適正に行うこと。

2　都道府県知事は、指定障害者支援施設等の設置者が、次の各号（のぞみの園の設置者にあっては、第三号を除く。以下この項において同じ。）に掲げる場合に該当すると認めるときは、当該指定障害者支援施設等の設置者に対し、期限を定めて、当該各号に定める措置をとるべきことを勧告することができる。

一　指定障害者支援施設等の従業者の知識若しくは技能又は人員について第四十四条第一項の都道府県の条例で定める基準に適合していない場合　当該基準を遵守すること。

二　第四十四条第二項の都道府県の条例で定める指定障害者支援施設等の設備及び運営に関する基準に従って適正な施設障害福祉サービスの事業の運営をしていない場合　当該基準を遵守すること。

三　第四十四条第四項に規定する便宜の提供を適正に行っていない場合　当該便宜の提供を適正に行うこと。

3　都道府県知事は、前二項の規定による勧告をした場合において、その勧告を受けた指定事業者等が、前二項の期限内にこれに従わなかったときは、その旨を公表することができる。

4　都道府県知事は、第一項又は第二項の規定による勧告を受けた指定事業者等が、正当な理由がなくてその勧告に係る措置をとらなかったときは、当該指定事業者等に対し、期限を定めて、その勧告に係る措置をとるべきことを命ずることができる。

5　都道府県知事は、前項の規定による命令をしたときは、その旨を公示しなければならない。

6　市町村は、介護給付費、訓練等給付費又は特定障害者特別給付費の支給に係る指定障害福祉サービス等を行った指定事業者等について、第一項各号又は第二項各号（のぞみの園の設置者にあっては、第三号を除く。）に掲げる場合のいずれかに該当すると認めるときは、その旨を当該指定に係るサービス事業所又は施設の所在地の都道府県知事に通知しなければならない。

（指定の取消し等）

第五十条　都道府県知事は、次の各号のいずれかに該当する場合においては、当該指定障害福祉サービス事業者に係る第二十九条第一項の指定を取り消し、又は期間を定めてその指定の全部若しくは一部の効力を停止することができる。

一　指定障害福祉サービス事業者が、第三十六条第三項第四号から第五号の二まで、第十二号又は第十三号のいずれかに該当するに至ったとき。

二　指定障害福祉サービス事業者が、第三十六条第八項（第四十一条第四項において準用する場合を含む。）の規定により付された条件に違反したと認められるとき。

三　指定障害福祉サービス事業者が、第四十二条第三項の規定に違反したと認められるとき。

四　指定障害福祉サービス事業者が、当該指定に係るサービス事業所の従業者の知識若しくは技能又は人員について、第四十三条第一項の都道府県の条例で定める基準を満たすことができなくなったとき。

五　指定障害福祉サービス事業者が、第四十三条第二項の都道府県の条例で定める指定障害福祉サービスの事業の設備及び運営に関する基準に従って適正な指定障害福祉サービスの事業の運営をすることができなくなったとき。

六　介護給付費若しくは訓練等給付費又は療養介護医療費の請求に関し不正があったとき。

七　指定障害福祉サービス事業者が、第四十八条第一項の規定により報告又は帳簿書類その他の物件の提出若しくは提示を命ぜられてこれに従わず、又は虚偽の報告をしたとき。

八　指定障害福祉サービス事業者又は当該指定に係るサービス事業所の従業者が、第四十八条第一項の規定により出頭を求められてこれに応ぜず、同項の規定による質問に対して答弁せず、若しくは虚偽の答弁をし、又は同項の規定による検査を拒み、妨げ、若しくは忌避したとき。ただし、当該指定に係るサービス事業所の従業者がその行為をした場合において、その行為を防止するため、当該指定障害福祉サービス事業者が相当の注意及び監督を尽くしたときを除く。

九　指定障害福祉サービス事業者が、不正の手段により第二十九条第一項の指定を受けたとき。

十　前各号に掲げる場合のほか、指定障害福祉サービス事業者が、この法律その他国民の保健医療若しくは福祉に関する法律で政令で定めるもの又はこれらの法律に基づく命令若しくは処分に違反したとき。

十一　前各号に掲げる場合のほか、指定障害福祉サービス事業者が、障害福祉サービスに関し不正又は著しく不当な行為をしたとき。

十二　指定障害福祉サービス事業者が法人である場合において、その役員等のうちに指定の取消し又は指定の全部若しくは一部の効力の停止をしようとするとき前五年以内に障害福祉サービスに関し不正又は著しく不当な行為をした者があるとき。

十三　指定障害福祉サービス事業者が法人でない場合において、その管理者が指定の取消し又は指定の全部若しくは一部の効力の停止をしようとするとき前五年以内に障害福祉サービスに関し不正又は著しく不当な行為をした者であるとき。

2　市町村は、自立支援給付に係る指定障害福祉サービスを行った指定障害福祉サービス事業者について、前項各号のいずれかに該当すると認めるときは、その旨を当該指定に係るサービス事業所の所在地の都道府県知事に通知しなければならない。

3　第一項（第二号を除く。）及び前項の規定は、指定障害者支援施設について準用する。この場合において、必要な技術的読替えは、政令で定める。

（公示）

第五十一条　都道府県知事は、次に掲げる場合には、その旨を公示しなければならない。

一　第二十九条第一項の指定障害福祉サービス事業者又は指定障害者支援施設の指定をしたとき。

二　第四十六条第二項の規定による事業の廃止の届出があったとき。

三　第四十七条の規定による指定障害者支援施設の指定の辞退があったとき。

四　前条第一項（同条第三項において準用する場合を含む。）又は第七十六条の三第六項の規定により指定障害福祉サービス事業者又は指定障害者支援施設の指定を取り消したとき。

第六款　業務管理体制の整備等

（業務管理体制の整備等）

第五十一条の二　指定事業者等は、第四十二条第三項に規定する義務の履行が確保されるよう、主務省令で定める基準に従い、業務管理体制を整備しなければならない。

2　指定事業者等は、次の各号に掲げる区分に応じ、当該各号に定める者に対し、主務省令で定めるところにより、業務管理体制の整備に関する事項を届け出なければならない。

一　次号から第四号までに掲げる指定事業者等以外の指定事業者等　都道府県知事

二　当該指定に係る事業所又は施設が一の地方自治法第二百五十二条の十九第一項の指定都市（以下「指定都市」という。）の区域に所在する指定事業者等　指定都市の長

三　当該指定に係る事業所又は施設が一の地方自治法第二百五十二条の二十二第一項の中核市（以下「中核市」という。）の区域に所在する指定事業者等　中核市の長

四　当該指定に係る事業所若しくは施設が二以上の都道府県の区域に所在する指定事業者等（のぞみの園の設置者を除く。第四項、次条第二項及び第三項並びに第五十一条の四第五項において同じ。）又はのぞみの園の設置者　主務大臣

3　前項の規定により届出をした指定事業者等は、その届け出た事項に変更があったときは、主務省令で定めるところにより、遅滞なく、その旨を当該届出をした主務大臣、都道府県知事又は指定都市若しくは中核市の長（以下この款において「主務大臣等」という。）に届け出なければならない。

4　第二項の規定による届出をした指定事業者等は、同項各号に掲げる区分の変更により、同項の規定により当該届出をした主務大臣等以外の主務大臣等に届出を行うときは、主務省令で定めるところにより、その旨を当該届出をした主務大臣等にも届け出なければならない。

5　主務大臣等は、前三項の規定による届出が適正になされるよう、相互に密接な連携を図るものとする。

（報告等）

第五十一条の三　前条第二項の規定による届出を受けた主務大臣等は、当該届出をした指定事業者等（同条第四項の規定による届出を受けた主務大臣等にあっては、同項の規定による届出をした指定事業者等を除く。）における同条第一項の規定による業務管理体制の整備に関して必要があると認めるときは、当該指定事業者等に対し、報告若しくは帳簿書類その他の物件の提出若しくは提示を命じ、当該指定事業者等若しくは当該指定事業者等の従業者に対し出頭を求め、又は当該職員に関係者に対して質問させ、若しくは当該指定事業者等の当該指定に係る事業所若しくは施設、事務所その他の指定障害福祉サービス等の提供に関係のある場所に立ち入り、その設備若しくは帳簿書類その他の物件を検査させることができる。

2　主務大臣又は指定都市若しくは中核市の長が前項の権限を行うときは、当該指定事業者等に係る指定を行った都道府県知事（次条第五項において「関係都道府県知事」という。）と密接な連携の下に行うものとする。

3　都道府県知事は、その行った又はその行おうとする指定に係る指定事業者等における前条第一項の規定による業務管理体制の整備に関して必要があると認めるときは、主務大臣又は指定都市若しくは中核市の長に対し、第一項の権限を行うよう求めることができる。

4　主務大臣又は指定都市若しくは中核市の長は、前項の規定による都道府県知事の求めに応じて第一項の権限を行ったときは、主務省令で定めるところにより、その結果を当該権限を行うよう求めた都道府県知事に通知しなければならない。

5　第九条第二項の規定は第一項の規定による質問又は検査について、同条第三項の規定は第一項の規定による権限について準用する。

（勧告、命令等）

第五十一条の四　第五十一条の二第二項の規定による届出を受けた主務大臣等は、当該届出をした指定事業者等（同条第四項の規定による届出を受けた主務大臣等にあっては、同項の規定による届出をした指定事業者等を除く。）が、同条第一項の主務省令で定める基準に従って適正な業務管理体制の整備をしていないと認めるときは、当該指定事業者等に対し、期限を定めて、当該主務省令で定める基準に従って適正な業務管理体制を整備すべきことを勧告することができる。

2　主務大臣等は、前項の規定による勧告をした場合において、その勧告を受けた指定事業者等が、同項の期限内にこれに従わなかったときは、その旨を公表することができる。

3　主務大臣等は、第一項の規定による勧告を受けた指定事業者等が、正当な理由がなくてその勧告に係る措置をとらなかったときは、当該指定事業者等に対し、期限を定めて、その勧告に係る措置をとるべきことを命ずることができる。

4　主務大臣等は、前項の規定による命令をしたときは、その旨を公示しなければならない。

5　主務大臣又は指定都市若しくは中核市の長は、指定事業者等が第三項の規定による命令に違反したときは、主務省令で定めるところにより、当該違反の内容を関係都道府県知事に通知しなければならない。

第三節　地域相談支援給付費、特例地域相談支援給付費、計画相談支援給付費及び特例計画相談支援給付費の支給

第一款　地域相談支援給付費及び特例地域相談支援給付費の支給

（地域相談支援給付費等の相談支援給付決定）

第五十一条の五　地域相談支援給付費又は特例地域相談支援給付費（以下「地域相談支援給付費等」という。）の支給を受けようとする障害者は、市町村の地域相談支援給付費等を支給する旨の決定（以下「地域相談支援給付決定」という。）を受けなければならない。

2　第十九条（第一項を除く。）の規定は、地域相談支援給付決定について準用する。この場合において、必要な技術的読替えは、政令で定める。

（申請）

第五十一条の六　地域相談支援給付決定を受けようとする障害者は、主務省令で定めるところにより、市町村に申請しなければならない。

2　第二十条（第一項を除く。）の規定は、前項の申請について準用する。この場合において、必要な技術的読替えは、政令で定める。

（給付要否決定等）

第五十一条の七　市町村は、前条第一項の申請

があったときは、当該申請に係る障害者の心身の状態、当該障害者の地域相談支援の利用に関する意向その他の主務省令で定める事項を勘案して地域相談支援給付費等の支給の要否の決定（以下この条及び第五十一条の十二において「給付要否決定」という。）を行うものとする。

2　市町村は、給付要否決定を行うに当たって必要があると認めるときは、主務省令で定めるところにより、市町村審査会、身体障害者更生相談所等その他主務省令で定める機関の意見を聴くことができる。

3　市町村審査会、身体障害者更生相談所等又は前項の主務省令で定める機関は、同項の意見を述べるに当たって必要があると認めるときは、当該給付要否決定に係る障害者、その家族、医師その他の関係者の意見を聴くことができる。

4　市町村は、給付要否決定を行うに当たって必要と認められる場合として主務省令で定める場合には、主務省令で定めるところにより、前条第一項の申請に係る障害者に対し、第五十一条の十七第一項第一号に規定する指定特定相談支援事業者が作成するサービス等利用計画案の提出を求めるものとする。

5　前項の規定によりサービス等利用計画案の提出を求められた障害者は、主務省令で定める場合には、同項のサービス等利用計画案に代えて主務省令で定めるサービス等利用計画案を提出することができる。

6　市町村は、前二項のサービス等利用計画案の提出があった場合には、第一項の主務省令で定める事項及び当該サービス等利用計画案を勘案して給付要否決定を行うものとする。

7　市町村は、地域相談支援給付決定を行う場合には、地域相談支援の種類ごとに月を単位として主務省令で定める期間において地域相談支援給付費等を支給する地域相談支援の量（以下「地域相談支援給付量」という。）を定めなければならない。

8　市町村は、地域相談支援給付決定を行ったときは、当該地域相談支援給付決定障害者に対し、主務省令で定めるところにより、地域相談支援給付量その他の主務省令で定める事項を記載した地域相談支援受給者証（以下「地域相談支援受給者証」という。）を交付しなければならない。

（地域相談支援給付決定の有効期間）

第五十一条の八　地域相談支援給付決定は、主務省令で定める期間（以下「地域相談支援給付決定の有効期間」という。）内に限り、その効力を有する。

（地域相談支援給付決定の変更）

第五十一条の九　地域相談支援給付決定障害者は、現に受けている地域相談支援給付決定に係る地域相談支援の種類、地域相談支援給付量その他の主務省令で定める事項を変更する必要があるときは、主務省令で定めるところにより、市町村に対し、当該地域相談支援給付決定の変更の申請をすることができる。

2　市町村は、前項の申請又は職権により、第五十一条の七第一項の主務省令で定める事項を勘案し、地域相談支援給付決定障害者につき、必要があると認めるときは、地域相談支援給付決定の変更の決定を行うことができる。この場合において、市町村は、当該決定に係る地域相談支援給付決定障害者に対し地域相談支援受給者証の提出を求めるものとする。

3　第十九条（第一項を除く。）、第二十条（第一項を除く。）及び第五十一条の七（第一項を除く。）の規定は、前項の地域相談支援給付決定の変更の決定について準用する。この場合において、必要な技術的読替えは、政令で定める。

4　市町村は、第二項の地域相談支援給付決定の変更の決定を行った場合には、地域相談支援受給者証に当該決定に係る事項を記載し、これを返還するものとする。

（地域相談支援給付決定の取消し）

第五十一条の十　地域相談支援給付決定を行った市町村は、次に掲げる場合には、当該地域相談支援給付決定を取り消すことができる。

一　地域相談支援給付決定に係る障害者が、第五十一条の十四第一項に規定する指定地域相談支援を受ける必要がなくなったと認めるとき。

二　地域相談支援給付決定障害者が、地域相談支援給付決定の有効期間内に、当該市町村以外の市町村の区域内に居住地を有するに至ったと認めるとき（地域相談支援給付決定に係る障害者が特定施設に入所又は入居をすることにより当該市町村以外の市町村の区域内に居住地を有するに至ったと認めるときを除く。）。

三　地域相談支援給付決定に係る障害者が、正当な理由なしに第五十一条の六第二項及び前条第三項において準用する第二十条第二項の規定による調査に応じないとき。

四　その他政令で定めるとき。

2　前項の規定により地域相談支援給付決定の取消しを行った市町村は、主務省令で定めるところにより、当該取消しに係る地域相談支援給付決定障害者に対し地域相談支援受給者証の返還を求めるものとする。

（**都道府県による援助等**）

第五十一条の十一　都道府県は、市町村の求めに応じ、市町村が行う第五十一条の五から第五十一条の七まで、第五十一条の九及び前条の規定による業務に関し、その設置する身体障害者更生相談所等による技術的事項についての協力その他市町村に対する必要な援助を行うものとする。

（**政令への委任**）

第五十一条の十二　第五十一条の五から前条までに定めるもののほか、地域相談支援給付決定、給付要否決定、地域相談支援受給者証、地域相談支援給付決定の変更の決定及び地域相談支援給付決定の取消しに関し必要な事項は、政令で定める。

（**地域相談支援給付費及び特例地域相談支援給付費の支給**）

第五十一条の十三　地域相談支援給付費及び特例地域相談支援給付費の支給は、地域相談支援に関して次条及び第五十一条の十五の規定により支給する給付とする。

（**地域相談支援給付費**）

第五十一条の十四　市町村は、地域相談支援給付決定障害者が、地域相談支援給付決定の有効期間内において、都道府県知事が指定する一般相談支援事業を行う者（以下「指定一般相談支援事業者」という。）から当該指定に係る地域相談支援（以下「指定地域相談支援」という。）を受けたときは、主務省令で定めるところにより、当該地域相談支援給付決定障害者に対し、当該指定地域相談支援（地域相談支援給付量の範囲内のものに限る。以下この条及び次条において同じ。）に要した費用について、地域相談支援給付費を支給する。

2　指定地域相談支援を受けようとする地域相談支援給付決定障害者は、主務省令で定めるところにより、指定一般相談支援事業者に地域相談支援受給者証を提示して当該指定地域相談支援を受けるものとする。ただし、緊急の場合その他やむを得ない事由のある場合については、この限りでない。

3　地域相談支援給付費の額は、指定地域相談支援の種類ごとに指定地域相談支援に通常要する費用につき、主務大臣が定める基準により算定した費用の額（その額が現に当該指定地域相談支援に要した費用の額を超えるときは、当該現に指定地域相談支援に要した費用の額）とする。

4　地域相談支援給付決定障害者が指定一般相談支援事業者から指定地域相談支援を受けたときは、市町村は、当該地域相談支援給付決定障害者が当該指定一般相談支援事業者に支払うべき当該指定地域相談支援に要した費用について、地域相談支援給付費として当該地域相談支援給付決定障害者に支給すべき額の限度において、当該地域相談支援給付決定障害者に代わり、当該指定一般相談支援事業者に支払うことができる。

5　前項の規定による支払があったときは、地域相談支援給付決定障害者に対し地域相談支援給付費の支給があったものとみなす。

6　市町村は、指定一般相談支援事業者から地域相談支援給付費の請求があったときは、第三項の主務大臣が定める基準及び第五十一条の二十三第二項の主務省令で定める指定地域相談支援の事業の運営に関する基準（指定地域相談支援の取扱いに関する部分に限る。）に照らして審査の上、支払うものとする。

7　市町村は、前項の規定による審査及び支払に関する事務を連合会に委託することができる。

8　前各項に定めるもののほか、地域相談支援給付費の支給及び指定一般相談支援事業者の地域相談支援給付費の請求に関し必要な事項は、主務省令で定める。

（**特例地域相談支援給付費**）

第五十一条の十五　市町村は、地域相談支援給付決定障害者が、第五十一条の六第一項の申請をした日から当該地域相談支援給付決定の効力が生じた日の前日までの間に、緊急その他やむを得ない理由により指定地域相談支援を受けた場合において、必要があると認めるときは、主務省令で定めるところにより、当該指定地域相談支援に要した費用について、特例地域相談支援給付費を支給することができる。

2　特例地域相談支援給付費の額は、前条第三項の主務大臣が定める基準により算定した費用の額（その額が現に当該指定地域相談支援に要した費用の額を超えるときは、当該現に指定地域相談支援に要した費用の額）を基準として、市町村が定める。

3 前二項に定めるもののほか、特例地域相談支援給付費の支給に関し必要な事項は、主務省令で定める。

第二款 計画相談支援給付費及び特例計画相談支援給付費の支給

（計画相談支援給付費及び特例計画相談支援給付費の支給）

第五十一条の十六 計画相談支援給付費及び特例計画相談支援給付費の支給は、計画相談支援に関して次条及び第五十一条の十八の規定により支給する給付とする。

（計画相談支援給付費）

第五十一条の十七 市町村は、次の各号に掲げる者（以下「計画相談支援対象障害者等」という。）に対し、当該各号に定める場合の区分に応じ、当該各号に規定する計画相談支援に要した費用について、計画相談支援給付費を支給する。

一 第二十二条第四項（第二十四条第三項において準用する場合を含む。）の規定により、サービス等利用計画案の提出を求められた第二十条第一項若しくは第二十四条第一項の申請に係る障害者若しくは障害児の保護者又は第五十一条の七第四項（第五十一条の九第三項において準用する場合を含む。）の規定により、サービス等利用計画案の提出を求められた第五十一条の六第一項若しくは第五十一条の九第一項の申請に係る障害者　市町村長が指定する特定相談支援事業を行う者（以下「指定特定相談支援事業者」という。）から当該指定に係るサービス利用支援（次項において「指定サービス利用支援」という。）を受けた場合であって、当該申請に係る支給決定等を受けたとき。

二 支給決定障害者等又は地域相談支援給付決定障害者　指定特定相談支援事業者から当該指定に係る継続サービス利用支援（次項において「指定継続サービス利用支援」という。）を受けたとき。

2 計画相談支援給付費の額は、指定サービス利用支援又は指定継続サービス利用支援（以下「指定計画相談支援」という。）に通常要する費用につき、主務大臣が定める基準により算定した費用の額（その額が現に当該指定計画相談支援に要した費用の額を超えるときは、当該現に指定計画相談支援に要した費用の額）とする。

3 計画相談支援対象障害者等が指定特定相談支援事業者から指定計画相談支援を受けたときは、市町村は、当該計画相談支援対象障害者等が当該指定特定相談支援事業者に支払うべき当該指定計画相談支援に要した費用について、計画相談支援給付費として当該計画相談支援対象障害者等に対し支給すべき額の限度において、当該計画相談支援対象障害者等に代わり、当該指定特定相談支援事業者に支払うことができる。

4 前項の規定による支払があったときは、計画相談支援対象障害者等に対し計画相談支援給付費の支給があったものとみなす。

5 市町村は、指定特定相談支援事業者から計画相談支援給付費の請求があったときは、第二項の主務大臣が定める基準及び第五十一条の二十四第二項の主務省令で定める指定計画相談支援の事業の運営に関する基準（指定計画相談支援の取扱いに関する部分に限る。）に照らして審査の上、支払うものとする。

6 市町村は、前項の規定による審査及び支払に関する事務を連合会に委託することができる。

7 前各項に定めるもののほか、計画相談支援給付費の支給及び指定特定相談支援事業者の計画相談支援給付費の請求に関し必要な事項は、主務省令で定める。

（特例計画相談支援給付費）

第五十一条の十八 市町村は、計画相談支援対象障害者等が、指定計画相談支援以外の計画相談支援（第五十一条の二十四第一項の主務省令で定める基準及び同条第二項の主務省令で定める指定計画相談支援の事業の運営に関する基準に定める事項のうち主務省令で定めるものを満たすと認められる事業を行う事業所により行われるものに限る。以下この条において「基準該当計画相談支援」という。）を受けた場合において、必要があると認めるときは、主務省令で定めるところにより、基準該当計画相談支援に要した費用について、特例計画相談支援給付費を支給することができる。

2 特例計画相談支援給付費の額は、当該基準該当計画相談支援について前条第二項の主務大臣が定める基準により算定した費用の額（その額が現に当該基準該当計画相談支援に要した費用の額を超えるときは、当該現に基準該当計画相談支援に要した費用の額）を基準として、市町村が定める。

3　前二項に定めるもののほか、特例計画相談支援給付費の支給に関し必要な事項は、主務省令で定める。

第三款　指定一般相談支援事業者及び指定特定相談支援事業者

（指定一般相談支援事業者の指定）

第五十一条の十九　第五十一条の十四第一項の指定一般相談支援事業者の指定は、主務省令で定めるところにより、一般相談支援事業を行う者の申請により、地域相談支援の種類及び一般相談支援事業を行う事業所（以下この款において「一般相談支援事業所」という。）ごとに行う。

2　第三十六条第三項（第四号、第十号及び第十三号を除く。）及び第六項から第八項までの規定は、第五十一条の十四第一項の指定一般相談支援事業者の指定について準用する。この場合において、第三十六条第三項第一号中「都道府県の条例で定める者」とあるのは、「法人」と読み替えるほか、必要な技術的読替えは、政令で定める。

（指定特定相談支援事業者の指定）

第五十一条の二十　第五十一条の十七第一項第一号の指定特定相談支援事業者の指定は、主務省令で定めるところにより、総合的に相談支援を行う者として主務省令で定める基準に該当する者の申請により、特定相談支援事業を行う事業所（以下この款において「特定相談支援事業所」という。）ごとに行う。

2　第三十六条第三項（第四号、第十号及び第十三号を除く。）の規定は、第五十一条の十七第一項第一号の指定特定相談支援事業者の指定について準用する。この場合において、第三十六条第三項第一号中「都道府県の条例で定める者」とあるのは、「法人」と読み替えるほか、必要な技術的読替えは、政令で定める。

（指定の更新）

第五十一条の二十一　第五十一条の十四第一項の指定一般相談支援事業者及び第五十一条の十七第一項第一号の指定特定相談支援事業者の指定は、六年ごとにそれらの更新を受けなければ、その期間の経過によって、それらの効力を失う。

2　第四十一条第二項及び第三項並びに前二条の規定は、前項の指定の更新について準用する。この場合において、必要な技術的読替えは、政令で定める。

（指定一般相談支援事業者及び指定特定相談支援事業者の責務）

第五十一条の二十二　指定一般相談支援事業者及び指定特定相談支援事業者（以下「指定相談支援事業者」という。）は、障害者等が自立した日常生活又は社会生活を営むことができるよう、障害者等の意思決定の支援に配慮するとともに、市町村、公共職業安定所、障害者職業センター、障害者就業・生活支援センターその他の職業リハビリテーションの措置を実施する機関、教育機関その他の関係機関との緊密な連携を図りつつ、相談支援を当該障害者等の意向、適性、障害の特性その他の事情に応じ、常に障害者等の立場に立って効果的に行うように努めなければならない。

2　指定相談支援事業者は、その提供する相談支援の質の評価を行うことその他の措置を講ずることにより、相談支援の質の向上に努めなければならない。

3　指定相談支援事業者は、障害者等の人格を尊重するとともに、この法律又はこの法律に基づく命令を遵守し、障害者等のため忠実にその職務を遂行しなければならない。

（指定地域相談支援の事業の基準）

第五十一条の二十三　指定一般相談支援事業者は、当該指定に係る一般相談支援事業所ごとに、主務省令で定める基準に従い、当該指定地域相談支援に従事する従業者を有しなければならない。

2　指定一般相談支援事業者は、主務省令で定める指定地域相談支援の事業の運営に関する基準に従い、指定地域相談支援を提供しなければならない。

3　指定一般相談支援事業者は、第五十一条の二十五第二項の規定による事業の廃止又は休止の届出をしたときは、当該届出の日前一月以内に当該指定地域相談支援を受けていた者であって、当該事業の廃止又は休止の日以後においても引き続き当該指定地域相談支援に相当するサービスの提供を希望する者に対し、必要な地域相談支援が継続的に提供されるよう、他の指定一般相談支援事業者その他関係者との連絡調整その他の便宜の提供を行わなければならない。

（指定計画相談支援の事業の基準）

第五十一条の二十四　指定特定相談支援事業者は、当該指定に係る特定相談支援事業所ごとに、主務省令で定める基準に従い、当該指定計画相談支援に従事する従業者を有しなければならない。

2　指定特定相談支援事業者は、主務省令で定める指定計画相談支援の事業の運営に関する基準に従い、指定計画相談支援を提供しなければならない。

3　指定特定相談支援事業者は、次条第四項の規定による事業の廃止又は休止の届出をしたときは、当該届出の日前一月以内に当該指定計画相談支援を受けていた者であって、当該事業の廃止又は休止の日以後においても引き続き当該指定計画相談支援に相当するサービスの提供を希望する者に対し、必要な計画相談支援が継続的に提供されるよう、他の指定特定相談支援事業者その他関係者との連絡調整その他の便宜の提供を行わなければならない。

（**変更の届出等**）

第五十一条の二十五　指定一般相談支援事業者は、当該指定に係る一般相談支援事業所の名称及び所在地その他主務省令で定める事項に変更があったとき、又は休止した当該指定地域相談支援の事業を再開したときは、主務省令で定めるところにより、十日以内に、その旨を都道府県知事に届け出なければならない。

2　指定一般相談支援事業者は、当該指定地域相談支援の事業を廃止し、又は休止しようとするときは、主務省令で定めるところにより、その廃止又は休止の日の一月前までに、その旨を都道府県知事に届け出なければならない。

3　指定特定相談支援事業者は、当該指定に係る特定相談支援事業所の名称及び所在地その他主務省令で定める事項に変更があったとき、又は休止した当該指定計画相談支援の事業を再開したときは、主務省令で定めるところにより、十日以内に、その旨を市町村長に届け出なければならない。

4　指定特定相談支援事業者は、当該指定計画相談支援の事業を廃止し、又は休止しようとするときは、主務省令で定めるところにより、その廃止又は休止の日の一月前までに、その旨を市町村長に届け出なければならない。

（**都道府県知事等による連絡調整又は援助**）

第五十一条の二十六　第四十七条の二の規定は、指定一般相談支援事業者が行う第五十一条の二十三第三項に規定する便宜の提供について準用する。

2　市町村長は、指定特定相談支援事業者による第五十一条の二十四第三項に規定する便宜の提供が円滑に行われるため必要があると認めるときは、当該指定特定相談支援事業者その他の関係者相互間の連絡調整又は当該指定特定相談支援事業者その他の関係者に対する助言その他の援助を行うことができる。

（**報告等**）

第五十一条の二十七　都道府県知事又は市町村長は、必要があると認めるときは、指定一般相談支援事業者若しくは指定一般相談支援事業者であった者若しくは当該指定に係る一般相談支援事業所の従業者であった者（以下この項において「指定一般相談支援事業者であった者等」という。）に対し、報告若しくは帳簿書類その他の物件の提出若しくは提示を命じ、指定一般相談支援事業者若しくは当該指定に係る一般相談支援事業所の従業者若しくは指定一般相談支援事業者であった者等に対し出頭を求め、又は当該職員に関係者に対して質問させ、若しくは当該指定一般相談支援事業者の当該指定に係る一般相談支援事業所、事務所その他当該指定地域相談支援の事業に関係のある場所に立ち入り、その設備若しくは帳簿書類その他の物件を検査させることができる。

2　市町村長は、必要があると認めるときは、指定特定相談支援事業者若しくは指定特定相談支援事業者であった者若しくは当該指定に係る特定相談支援事業所の従業者であった者（以下この項において「指定特定相談支援事業者であった者等」という。）に対し、報告若しくは帳簿書類その他の物件の提出若しくは提示を命じ、指定特定相談支援事業者若しくは当該指定に係る特定相談支援事業所の従業者若しくは指定特定相談支援事業者であった者等に対し出頭を求め、又は当該職員に関係者に対して質問させ、若しくは当該指定特定相談支援事業者の当該指定に係る特定相談支援事業所、事務所その他当該指定計画相談支援の事業に関係のある場所に立ち入り、その設備若しくは帳簿書類その他の物件を検査させることができる。

3　第九条第二項の規定は前二項の規定による質問又は検査について、同条第三項の規定は前二項の規定による権限について準用する。

（**勧告、命令等**）

第五十一条の二十八　都道府県知事は、指定一般相談支援事業者が、次の各号に掲げる場合に該当すると認めるときは、当該指定一般相談支援事業者に対し、期限を定めて、当該各号に定める措置をとるべきことを勧告することができる。

一　第五十一条の十九第二項（第五十一条の二十一第二項において準用する場合を含む。）において準用する第三十六条第八項の規定により付された条件に従わない場合　当該条件に従うこと。

二　当該指定に係る一般相談支援事業所の従業者の知識若しくは技能又は人員について第五十一条の二十三第一項の主務省令で定める基準に適合していない場合　当該基準を遵守すること。

三　第五十一条の二十三第二項の主務省令で定める指定地域相談支援の事業の運営に関する基準に従って適正な指定地域相談支援の事業の運営をしていない場合　当該基準を遵守すること。

四　第五十一条の二十三第三項に規定する便宜の提供を適正に行っていない場合　当該便宜の提供を適正に行うこと。

2　市町村長は、指定特定相談支援事業者が、次の各号に掲げる場合に該当すると認めるときは、当該指定特定相談支援事業者に対し、期限を定めて、当該各号に定める措置をとるべきことを勧告することができる。

一　当該指定に係る特定相談支援事業所の従業者の知識若しくは技能又は人員について第五十一条の二十四第一項の主務省令で定める基準に適合していない場合　当該基準を遵守すること。

二　第五十一条の二十四第二項の主務省令で定める指定計画相談支援の事業の運営に関する基準に従って適正な指定計画相談支援の事業の運営をしていない場合　当該基準を遵守すること。

三　第五十一条の二十四第三項に規定する便宜の提供を適正に行っていない場合　当該便宜の提供を適正に行うこと。

3　都道府県知事は、第一項の規定による勧告をした場合において、市町村長は、前項の規定による勧告をした場合において、その勧告を受けた指定相談支援事業者が、前二項の期限内にこれに従わなかったときは、その旨を公表することができる。

4　都道府県知事は、第一項の規定による勧告を受けた指定一般相談支援事業者が、正当な理由がなくてその勧告に係る措置をとらなかったとき、市町村長は、第二項の規定による勧告を受けた指定特定相談支援事業者が、正当な理由がなくてその勧告に係る措置をとらなかったときは、当該指定相談支援事業者に対し、期限を定めて、その勧告に係る措置をとるべきことを命ずることができる。

5　都道府県知事又は市町村長は、前項の規定による命令をしたときは、その旨を公示しなければならない。

6　市町村は、地域相談支援給付費の支給に係る指定地域相談支援を行った指定一般相談支援事業者について、第一項各号に掲げる場合のいずれかに該当すると認めるときは、その旨を当該指定に係る一般相談支援事業所の所在地の都道府県知事に通知しなければならない。

（指定の取消し等）

第五十一条の二十九　都道府県知事は、次の各号のいずれかに該当する場合においては、当該指定一般相談支援事業者に係る第五十一条の十四第一項の指定を取り消し、又は期間を定めてその指定の全部若しくは一部の効力を停止することができる。

一　指定一般相談支援事業者が、第五十一条の十九第二項において準用する第三十六条第三項第五号、第五号の二又は第十二号のいずれかに該当するに至ったとき。

二　指定一般相談支援事業者が、第五十一条の十九第二項（第五十一条の二十一第二項において準用する場合を含む。）において準用する第三十六条第八項の規定により付された条件に違反したと認められるとき。

三　指定一般相談支援事業者が、第五十一条の二十二第三項の規定に違反したと認められるとき。

四　指定一般相談支援事業者が、当該指定に係る一般相談支援事業所の従業者の知識若しくは技能又は人員について、第五十一条の二十三第一項の主務省令で定める基準を満たすことができなくなったとき。

五　指定一般相談支援事業者が、第五十一条の二十三第二項の主務省令で定める指定地域相談支援の事業の運営に関する基準に従って適正な指定地域相談支援の事業の運営をすることができなくなったとき。

六　地域相談支援給付費の請求に関し不正があったとき。

七　指定一般相談支援事業者が、第五十一条の二十七第一項の規定により報告又は帳簿書類その他の物件の提出若しくは提示を命ぜられてこれに従わず、又は虚偽の報告をしたとき。

八　指定一般相談支援事業者又は当該指定に係る一般相談支援事業所の従業者が、第五十一条の二十七第一項の規定により出頭を求められてこれに応ぜず、同項の規定による質問に対して答弁せず、若しくは虚偽の答弁をし、又は同項の規定による検査を拒み、妨げ、若しくは忌避したとき。ただし、当該指定に係る一般相談支援事業所の従業者がその行為をした場合において、その行為を防止するため、当該指定一般相談支援事業者が相当の注意及び監督を尽くしたときを除く。

九　指定一般相談支援事業者が、不正の手段により第五十一条の十四第一項の指定を受けたとき。

十　前各号に掲げる場合のほか、指定一般相談支援事業者が、この法律その他国民の福祉に関する法律で政令で定めるもの又はこれらの法律に基づく命令若しくは処分に違反したとき。

十一　前各号に掲げる場合のほか、指定一般相談支援事業者が、地域相談支援に関し不正又は著しく不当な行為をしたとき。

十二　指定一般相談支援事業者の役員又はその一般相談支援事業所を管理する者その他の政令で定める使用人のうちに指定の取消し又は指定の全部若しくは一部の効力の停止をしようとするとき前五年以内に地域相談支援に関し不正又は著しく不当な行為をした者があるとき。

2　市町村長は、次の各号のいずれかに該当する場合においては、当該指定特定相談支援事業者に係る第五十一条の十七第一項第一号の指定を取り消し、又は期間を定めてその指定の全部若しくは一部の効力を停止することができる。

一　指定特定相談支援事業者が、第五十一条の二十第二項において準用する第三十六条第三項第五号、第五号の二又は第十二号のいずれかに該当するに至ったとき。

二　指定特定相談支援事業者が、第五十一条の二十二第三項の規定に違反したと認められるとき。

三　指定特定相談支援事業者が、当該指定に係る特定相談支援事業所の従業者の知識若しくは技能又は人員について、第五十一条の二十四第一項の主務省令で定める基準を満たすことができなくなったとき。

四　指定特定相談支援事業者が、第五十一条の二十四第二項の主務省令で定める指定計画相談支援の事業の運営に関する基準に従って適正な指定計画相談支援の事業の運営をすることができなくなったとき。

五　計画相談支援給付費の請求に関し不正があったとき。

六　指定特定相談支援事業者が、第五十一条の二十七第二項の規定により報告又は帳簿書類その他の物件の提出若しくは提示を命ぜられてこれに従わず、又は虚偽の報告をしたとき。

七　指定特定相談支援事業者又は当該指定に係る特定相談支援事業所の従業者が、第五十一条の二十七第二項の規定により出頭を求められてこれに応ぜず、同項の規定による質問に対して答弁せず、若しくは虚偽の答弁をし、又は同項の規定による検査を拒み、妨げ、若しくは忌避したとき。ただし、当該指定に係る特定相談支援事業所の従業者がその行為をした場合において、その行為を防止するため、当該指定特定相談支援事業者が相当の注意及び監督を尽くしたときを除く。

八　指定特定相談支援事業者が、不正の手段により第五十一条の十七第一項第一号の指定を受けたとき。

九　前各号に掲げる場合のほか、指定特定相談支援事業者が、この法律その他国民の福祉に関する法律で政令で定めるもの又はこれらの法律に基づく命令若しくは処分に違反したとき。

十　前各号に掲げる場合のほか、指定特定相談支援事業者が、計画相談支援に関し不正又は著しく不当な行為をしたとき。

十一　指定特定相談支援事業者の役員又はその指定特定相談支援事業所を管理する者その他の政令で定める使用人のうちに指定の取消し又は指定の全部若しくは一部の効力の停止をしようとするとき前五年以内に計画相談支援に関し不正又は著しく不当な行為をした者があるとき。

3　市町村は、地域相談支援給付費の支給に係る指定地域相談支援を行った指定一般相談支援事業者について、第一項各号のいずれかに該当すると認めるときは、その旨を当該指定に係る一般相談支援事業所の所在地の都道府県知事に通知しなければならない。

（公示）

第五十一条の三十　都道府県知事は、次に掲げる場合には、その旨を公示しなければならない。

一　第五十一条の十四第一項の指定一般相談支援事業者の指定をしたとき。

二　第五十一条の二十五第二項の規定による事業の廃止の届出があったとき。

三　前条第一項又は第七十六条の三第六項の規定により指定一般相談支援事業者の指定を取り消したとき。

2　市町村長は、次に掲げる場合には、その旨を公示しなければならない。

一　第五十一条の十七第一項第一号の指定特定相談支援事業者の指定をしたとき。

二　第五十一条の二十五第四項の規定による事業の廃止の届出があったとき。

三　前条第二項の規定により指定特定相談支援事業者の指定を取り消したとき。

第四款　業務管理体制の整備等

（業務管理体制の整備等）

第五十一条の三十一　指定相談支援事業者は、第五十一条の二十二第三項に規定する義務の履行が確保されるよう、主務省令で定める基準に従い、業務管理体制を整備しなければならない。

2　指定相談支援事業者は、次の各号に掲げる区分に応じ、当該各号に定める者に対し、主務省令で定めるところにより、業務管理体制の整備に関する事項を届け出なければならない。

一　次号から第五号までに掲げる指定相談支援事業者以外の指定相談支援事業者　都道府県知事

二　特定相談支援事業のみを行う指定特定相談支援事業者であって、当該指定に係る事業所が一の市町村の区域に所在するもの　市町村長

三　当該指定に係る事業所が一の指定都市の区域に所在する指定相談支援事業者（前号に掲げるものを除く。）　指定都市の長

四　当該指定に係る事業所が一の中核市の区域に所在する指定相談支援事業者（第二号に掲げるものを除く。）　中核市の長

五　当該指定に係る事業所が二以上の都道府県の区域に所在する指定相談支援事業者　主務大臣

3　前項の規定により届出をした指定相談支援事業者は、その届け出た事項に変更があったときは、主務省令で定めるところにより、遅滞なく、その旨を当該届出をした主務大臣、都道府県知事、指定都市若しくは中核市の長又は市町村長（以下この款において「主務大臣等」という。）に届け出なければならない。

4　第二項の規定による届出をした指定相談支援事業者は、同項各号に掲げる区分の変更により、同項の規定により当該届出をした主務大臣等以外の主務大臣等に届出を行うときは、主務省令で定めるところにより、その旨を当該届出をした主務大臣等にも届け出なければならない。

5　主務大臣等は、前三項の規定による届出が適正になされるよう、相互に密接な連携を図るものとする。

（報告等）

第五十一条の三十二　前条第二項の規定による届出を受けた主務大臣等は、当該届出をした指定相談支援事業者（同条第四項の規定による届出を受けた主務大臣等にあっては、同項の規定による届出をした指定相談支援事業者を除く。）における同条第一項の規定による業務管理体制の整備に関して必要があると認めるときは、当該指定相談支援事業者に対し、報告若しくは帳簿書類その他の物件の提出若しくは提示を命じ、当該指定相談支援事業者若しくは当該指定相談支援事業者の従業者に対し出頭を求め、又は当該職員に関係者に対して質問させ、若しくは当該指定相談支援事業者の当該指定に係る事業所、事務所その他の指定地域相談支援若しくは指定計画相談支援の提供に関係のある場所に立ち入り、その設備若しくは帳簿書類その他の物件を検査させることができる。

2　主務大臣が前項の権限を行うときは当該指定一般相談支援事業者に係る指定を行った都道府県知事（以下この項及び次条第五項において「関係都道府県知事」という。）又は当該指定特定相談支援事業者に係る指定を行った市町村長（以下この項及び次条第五項において「関係市町村長」という。）と、都道府県知事が前項の権限を行うときは関係市町村長と、指定都市又は中核市の長が同項の権限を行うときは関係都道府県知事と密接な連携の下に行うものとする。

3　都道府県知事は、その行った又はその行おうとする指定に係る指定一般相談支援事業者における前条第一項の規定による業務管理体制の整備に関して必要があると認めるときは、主務大臣又は指定都市若しくは中核市の長に対し、市町村長は、その行った又はその

行おうとする指定に係る指定特定相談支援事業者における同項の規定による業務管理体制の整備に関して必要があると認めるときは、主務大臣又は都道府県知事に対し、第一項の権限を行うよう求めることができる。

4　主務大臣、都道府県知事又は指定都市若しくは中核市の長は、前項の規定による都道府県知事又は市町村長の求めに応じて第一項の権限を行ったときは、主務省令で定めるところにより、その結果を当該権限を行うよう求めた都道府県知事又は市町村長に通知しなければならない。

5　第九条第二項の規定は第一項の規定による質問又は検査について、同条第三項の規定は第一項の規定による権限について準用する。

（勧告、命令等）

第五十一条の三十三　第五十一条の三十一第二項の規定による届出を受けた主務大臣等は、当該届出をした指定相談支援事業者（同条第四項の規定による届出を受けた主務大臣等にあっては、同項の規定による届出をした指定相談支援事業者を除く。）が、同条第一項の主務省令で定める基準に従って適正な業務管理体制の整備をしていないと認めるときは、当該指定相談支援事業者に対し、期限を定めて、当該主務省令で定める基準に従って適正な業務管理体制を整備すべきことを勧告することができる。

2　主務大臣等は、前項の規定による勧告をした場合において、その勧告を受けた指定相談支援事業者が、同項の期限内にこれに従わなかったときは、その旨を公表することができる。

3　主務大臣等は、第一項の規定による勧告を受けた指定相談支援事業者が、正当な理由がなくてその勧告に係る措置をとらなかったときは、当該指定相談支援事業者に対し、期限を定めて、その勧告に係る措置をとるべきことを命ずることができる。

4　主務大臣等は、前項の規定による命令をしたときは、その旨を公示しなければならない。

5　主務大臣、都道府県知事又は指定都市若しくは中核市の長は、指定相談支援事業者が第三項の規定による命令に違反したときは、主務省令で定めるところにより、当該違反の内容を関係都道府県知事又は関係市町村長に通知しなければならない。

第四節　自立支援医療費、療養介護医療費及び基準該当療養介護医療費の支給

（自立支援医療費の支給認定）

第五十二条　自立支援医療費の支給を受けようとする障害者又は障害児の保護者は、市町村等の自立支援医療費を支給する旨の認定（以下「支給認定」という。）を受けなければならない。

2　第十九条第二項の規定は市町村等が行う支給認定について、同条第三項から第五項までの規定は市町村が行う支給認定について準用する。この場合において、必要な技術的読替えは、政令で定める。

（申請）

第五十三条　支給認定を受けようとする障害者又は障害児の保護者は、主務省令で定めるところにより、市町村等に申請をしなければならない。

2　前項の申請は、都道府県が支給認定を行う場合には、政令で定めるところにより、当該障害者又は障害児の保護者の居住地の市町村（障害者又は障害児の保護者が居住地を有しないか、又はその居住地が明らかでないときは、その障害者又は障害児の保護者の現在地の市町村）を経由して行うことができる。

（支給認定等）

第五十四条　市町村等は、前条第一項の申請に係る障害者等が、その心身の障害の状態からみて自立支援医療を受ける必要があり、かつ、当該障害者等又はその属する世帯の他の世帯員の所得の状況、治療状況その他の事情を勘案して政令で定める基準に該当する場合には、主務省令で定める自立支援医療の種類ごとに支給認定を行うものとする。ただし、当該障害者等が、自立支援医療のうち主務省令で定める種類の医療を、戦傷病者特別援護法（昭和三十八年法律第百六十八号）又は心神喪失等の状態で重大な他害行為を行った者の医療及び観察等に関する法律（平成十五年法律第百十号）の規定により受けることができるときは、この限りでない。

2　市町村等は、支給認定をしたときは、主務省令で定めるところにより、都道府県知事が指定する医療機関（以下「指定自立支援医療機関」という。）の中から、当該支給認定に係る障害者等が自立支援医療を受けるものを定めるものとする。

3　市町村等は、支給認定をしたときは、支給認定を受けた障害者又は障害児の保護者（以

下「支給認定障害者等」という。）に対し、主務省令で定めるところにより、次条に規定する支給認定の有効期間、前項の規定により定められた指定自立支援医療機関の名称その他の主務省令で定める事項を記載した自立支援医療受給者証（以下「医療受給者証」という。）を交付しなければならない。

（支給認定の有効期間）

第五十五条　支給認定は、主務省令で定める期間（以下「支給認定の有効期間」という。）内に限り、その効力を有する。

（支給認定の変更）

第五十六条　支給認定障害者等は、現に受けている支給認定に係る第五十四条第二項の規定により定められた指定自立支援医療機関その他の主務省令で定める事項について変更の必要があるときは、主務省令で定めるところにより、市町村等に対し、支給認定の変更の申請をすることができる。

2　市町村等は、前項の申請又は職権により、支給認定障害者等につき、同項の主務省令で定める事項について変更の必要があると認めるときは、主務省令で定めるところにより、支給認定の変更の認定を行うことができる。この場合において、市町村等は、当該支給認定障害者等に対し医療受給者証の提出を求めるものとする。

3　第十九条第二項の規定は市町村等が行う前項の支給認定の変更の認定について、同条第三項から第五項までの規定は市町村が行う前項の支給認定の変更の認定について準用する。この場合において、必要な技術的読替えは、政令で定める。

4　市町村等は、第二項の支給認定の変更の認定を行った場合には、医療受給者証に当該認定に係る事項を記載し、これを返還するものとする。

（支給認定の取消し）

第五十七条　支給認定を行った市町村等は、次に掲げる場合には、当該支給認定を取り消すことができる。

一　支給認定に係る障害者等が、その心身の障害の状態からみて自立支援医療を受ける必要がなくなったと認めるとき。

二　支給認定障害者等が、支給認定の有効期間内に、当該市町村等以外の市町村等の区域内に居住地を有するに至ったと認めるとき（支給認定に係る障害者が特定施設に入所又は入居をすることにより当該市町村以外の市町村の区域内に居住地を有するに至ったと認めるときを除く。）。

三　支給認定に係る障害者等が、正当な理由なしに第九条第一項の規定による命令に応じないとき。

四　その他政令で定めるとき。

2　前項の規定により支給認定の取消しを行った市町村等は、主務省令で定めるところにより、当該取消しに係る支給認定障害者等に対し医療受給者証の返還を求めるものとする。

（自立支援医療費の支給）

第五十八条　市町村等は、支給認定に係る障害者等が、支給認定の有効期間内において、第五十四条第二項の規定により定められた指定自立支援医療機関から当該指定に係る自立支援医療（以下「指定自立支援医療」という。）を受けたときは、主務省令で定めるところにより、当該支給認定障害者等に対し、当該指定自立支援医療に要した費用について、自立支援医療費を支給する。

2　指定自立支援医療を受けようとする支給認定障害者等は、主務省令で定めるところにより、指定自立支援医療機関に医療受給者証を提示して当該指定自立支援医療を受けるものとする。ただし、緊急の場合その他やむを得ない事由のある場合については、この限りでない。

3　自立支援医療費の額は、一月につき、第一号に掲げる額（当該指定自立支援医療に食事療養（健康保険法第六十三条第二項第一号に規定する食事療養をいう。以下この項において同じ。）が含まれるときは、当該額及び第二号に掲げる額の合算額、当該指定自立支援医療に生活療養（同条第二項第二号に規定する生活療養をいう。以下この項において同じ。）が含まれるときは、当該額及び第三号に掲げる額の合算額）とする。

一　同一の月に受けた指定自立支援医療（食事療養及び生活療養を除く。）につき健康保険の療養に要する費用の額の算定方法の例により算定した額から、当該支給認定障害者等の家計の負担能力、障害の状態その他の事情をしん酌して政令で定める額（当該政令で定める額が当該算定した額の百分の十に相当する額を超えるときは、当該相当する額）を控除して得た額

二　当該指定自立支援医療（食事療養に限る。）につき健康保険の療養に要する費用の額の算定方法の例により算定した額から、健康保険法第八十五条第二項に規定す

る食事療養標準負担額、支給認定障害者等の所得の状況その他の事情を勘案して主務大臣が定める額を控除した額

三　当該指定自立支援医療（生活療養に限る。）につき健康保険の療養に要する費用の額の算定方法の例により算定した額から、健康保険法第八十五条の二第二項に規定する生活療養標準負担額、支給認定障害者等の所得の状況その他の事情を勘案して主務大臣が定める額を控除した額

4　前項に規定する療養に要する費用の額の算定方法の例によることができないとき、及びこれによることを適当としないときの自立支援医療に要する費用の額の算定方法は、主務大臣の定めるところによる。

5　支給認定に係る障害者等が指定自立支援医療機関から指定自立支援医療を受けたときは、市町村等は、当該支給認定障害者等が当該指定自立支援医療機関に支払うべき当該指定自立支援医療に要した費用について、自立支援医療費として当該支給認定障害者等に支給すべき額の限度において、当該支給認定障害者等に代わり、当該指定自立支援医療機関に支払うことができる。

6　前項の規定による支払があったときは、支給認定障害者等に対し自立支援医療費の支給があったものとみなす。

（**指定自立支援医療機関の指定**）

第五十九条　第五十四条第二項の指定は、主務省令で定めるところにより、病院若しくは診療所（これらに準ずるものとして政令で定めるものを含む。以下同じ。）又は薬局の開設者の申請により、同条第一項の主務省令で定める自立支援医療の種類ごとに行う。

2　都道府県知事は、前項の申請があった場合において、次の各号のいずれかに該当するときは、指定自立支援医療機関の指定をしないことができる。

一　当該申請に係る病院若しくは診療所又は薬局が、健康保険法第六十三条第三項第一号に規定する保険医療機関若しくは保険薬局又は主務省令で定める事業所若しくは施設でないとき。

二　当該申請に係る病院若しくは診療所若しくは薬局又は申請者が、自立支援医療費の支給に関し診療又は調剤の内容の適切さを欠くおそれがあるとして重ねて第六十三条の規定による指導又は第六十七条第一項の規定による勧告を受けたものであるとき。

三　申請者が、第六十七条第三項の規定による命令に従わないものであるとき。

四　前三号のほか、当該申請に係る病院若しくは診療所又は薬局が、指定自立支援医療機関として著しく不適当と認めるものであるとき。

3　第三十六条第三項（第一号から第三号まで及び第七号を除く。）の規定は、指定自立支援医療機関の指定について準用する。この場合において、必要な技術的読替えは、政令で定める。

（**指定の更新**）

第六十条　第五十四条第二項の指定は、六年ごとにその更新を受けなければ、その期間の経過によって、その効力を失う。

2　健康保険法第六十八条第二項の規定は、前項の指定の更新について準用する。この場合において、同条第二項中「厚生労働省令」とあるのは、「主務省令」と読み替えるほか、必要な技術的読替えは、政令で定める。

（**指定自立支援医療機関の責務**）

第六十一条　指定自立支援医療機関は、主務省令で定めるところにより、良質かつ適切な自立支援医療を行わなければならない。

（**診療方針**）

第六十二条　指定自立支援医療機関の診療方針は、健康保険の診療方針の例による。

2　前項に規定する診療方針によることができないとき、及びこれによることを適当としないときの診療方針は、主務大臣が定めるところによる。

（**都道府県知事の指導**）

第六十三条　指定自立支援医療機関は、自立支援医療の実施に関し、都道府県知事の指導を受けなければならない。

（**変更の届出**）

第六十四条　指定自立支援医療機関は、当該指定に係る医療機関の名称及び所在地その他主務省令で定める事項に変更があったときは、主務省令で定めるところにより、その旨を都道府県知事に届け出なければならない。

（**指定の辞退**）

第六十五条　指定自立支援医療機関は、一月以上の予告期間を設けて、その指定を辞退することができる。

（**報告等**）

第六十六条　都道府県知事は、自立支援医療の実施に関して必要があると認めるときは、指定自立支援医療機関若しくは指定自立支援医療機関の開設者若しくは管理者、医師、薬剤

社会福祉

師その他の従業者であった者（以下この項において「開設者であった者等」という。）に対し報告若しくは診療録、帳簿書類その他の物件の提出若しくは提示を命じ、指定自立支援医療機関の開設者若しくは管理者、医師、薬剤師その他の従業者（開設者であった者等を含む。）に対し出頭を求め、又は当該職員に関係者に対して質問させ、若しくは指定自立支援医療機関について設備若しくは診療録、帳簿書類その他の物件を検査させることができる。

2　第九条第二項の規定は前項の規定による質問又は検査について、同条第三項の規定は前項の規定による権限について準用する。

3　指定自立支援医療機関が、正当な理由がなく、第一項の規定による報告若しくは提出若しくは提示をせず、若しくは虚偽の報告をし、又は同項の規定による検査を拒み、妨げ、若しくは忌避したときは、都道府県知事は、当該指定自立支援医療機関に対する市町村等の自立支援医療費の支払を一時差し止めることを指示し、又は差し止めることができる。

（**勧告、命令等**）

第六十七条　都道府県知事は、指定自立支援医療機関が、第六十一条又は第六十二条の規定に従って良質かつ適切な自立支援医療を行っていないと認めるときは、当該指定自立支援医療機関の開設者に対し、期限を定めて、第六十一条又は第六十二条の規定を遵守すべきことを勧告することができる。

2　都道府県知事は、前項の規定による勧告をした場合において、その勧告を受けた指定自立支援医療機関の開設者が、同項の期限内にこれに従わなかったときは、その旨を公表することができる。

3　都道府県知事は、第一項の規定による勧告を受けた指定自立支援医療機関の開設者が、正当な理由がなくてその勧告に係る措置をとらなかったときは、当該指定自立支援医療機関の開設者に対し、期限を定めて、その勧告に係る措置をとるべきことを命ずることができる。

4　都道府県知事は、前項の規定による命令をしたときは、その旨を公示しなければならない。

5　市町村は、指定自立支援医療を行った指定自立支援医療機関の開設者について、第六十一条又は第六十二条の規定に従って良質かつ適切な自立支援医療を行っていないと認めるときは、その旨を当該指定に係る医療機関の所在地の都道府県知事に通知しなければならない。

（**指定の取消し等**）

第六十八条　都道府県知事は、次の各号のいずれかに該当する場合においては、当該指定自立支援医療機関に係る第五十四条第二項の指定を取り消し、又は期間を定めてその指定の全部若しくは一部の効力を停止することができる。

一　指定自立支援医療機関が、第五十九条第二項各号のいずれかに該当するに至ったとき。

二　指定自立支援医療機関が、第五十九条第三項の規定により準用する第三十六条第三項第四号から第五号の二まで、第十二号又は第十三号のいずれかに該当するに至ったとき。

三　指定自立支援医療機関が、第六十一条又は第六十二条の規定に違反したとき。

四　自立支援医療費の請求に関し不正があったとき。

五　指定自立支援医療機関が、第六十六条第一項の規定により報告若しくは診療録、帳簿書類その他の物件の提出若しくは提示を命ぜられてこれに従わず、又は虚偽の報告をしたとき。

六　指定自立支援医療機関の開設者又は従業者が、第六十六条第一項の規定により出頭を求められてこれに応ぜず、同項の規定による質問に対して答弁せず、若しくは虚偽の答弁をし、又は同項の規定による検査を拒み、妨げ、若しくは忌避したとき。ただし、当該指定自立支援医療機関の従業者がその行為をした場合において、その行為を防止するため、当該指定自立支援医療機関の開設者が相当の注意及び監督を尽くしたときを除く。

2　第五十条第一項第九号から第十三号まで及び第二項の規定は、前項の指定自立支援医療機関の指定の取消し又は効力の停止について準用する。この場合において、必要な技術的読替えは、政令で定める。

（**公示**）

第六十九条　都道府県知事は、次に掲げる場合には、その旨を公示しなければならない。

一　第五十四条第二項の指定自立支援医療機関の指定をしたとき。

二　第六十四条の規定による届出（同条の主

務省令で定める事項の変更に係るものを除く。）があったとき。

三　第六十五条の規定による指定自立支援医療機関の指定の辞退があったとき。

四　前条の規定により指定自立支援医療機関の指定を取り消したとき。

（**療養介護医療費の支給**）

第七十条　市町村は、介護給付費（療養介護に係るものに限る。）に係る支給決定を受けた障害者が、支給決定の有効期間内において、指定障害福祉サービス事業者等から当該指定に係る療養介護医療を受けたときは、主務省令で定めるところにより、当該支給決定に係る障害者に対し、当該療養介護医療に要した費用について、療養介護医療費を支給する。

2　第五十八条第三項から第六項までの規定は、療養介護医療費について準用する。この場合において、必要な技術的読替えは、政令で定める。

（**基準該当療養介護医療費の支給**）

第七十一条　市町村は、特例介護給付費（療養介護に係るものに限る。）に係る支給決定を受けた障害者が、基準該当事業所又は基準該当施設から当該療養介護医療（以下「基準該当療養介護医療」という。）を受けたときは、主務省令で定めるところにより、当該支給決定に係る障害者に対し、当該基準該当療養介護医療に要した費用について、基準該当療養介護医療費を支給する。

2　第五十八条第三項及び第四項の規定は、基準該当療養介護医療費について準用する。この場合において、必要な技術的読替えは、政令で定める。

（**準用**）

第七十二条　第六十一条及び第六十二条の規定は、療養介護医療を行う指定障害福祉サービス事業者等又は基準該当療養介護医療を行う基準該当事業所若しくは基準該当施設について準用する。

（**自立支援医療費等の審査及び支払**）

第七十三条　都道府県知事は、指定自立支援医療機関、療養介護医療を行う指定障害福祉サービス事業者等又は基準該当療養介護医療を行う基準該当事業所若しくは基準該当施設（以下この条において「公費負担医療機関」という。）の診療内容並びに自立支援医療費、療養介護医療費及び基準該当療養介護医療費（以下この条及び第七十五条において「自立支援医療費等」という。）の請求を随時審査し、かつ、公費負担医療機関が第五十八条第五項（第七十条第二項において準用する場合を含む。）の規定によって請求することができる自立支援医療費等の額を決定することができる。

2　公費負担医療機関は、都道府県知事が行う前項の決定に従わなければならない。

3　都道府県知事は、第一項の規定により公費負担医療機関が請求することができる自立支援医療費等の額を決定するに当たっては、社会保険診療報酬支払基金法（昭和二十三年法律第百二十九号）に定める審査委員会、国民健康保険法に定める国民健康保険診療報酬審査委員会その他政令で定める医療に関する審査機関の意見を聴かなければならない。

4　市町村等は、公費負担医療機関に対する自立支援医療費等の支払に関する事務を社会保険診療報酬支払基金、連合会その他主務省令で定める者に委託することができる。

5　前各項に定めるもののほか、自立支援医療費等の請求に関し必要な事項は、主務省令で定める。

6　第一項の規定による自立支援医療費等の額の決定については、審査請求をすることができない。

（**都道府県による援助等**）

第七十四条　市町村は、支給認定又は自立支援医療費を支給しない旨の認定を行うに当たって必要があると認めるときは、主務省令で定めるところにより、身体障害者更生相談所その他主務省令で定める機関の意見を聴くことができる。

2　都道府県は、市町村の求めに応じ、市町村が行うこの節の規定による業務に関し、その設置する身体障害者更生相談所その他主務省令で定める機関による技術的事項についての協力その他市町村に対する必要な援助を行うものとする。

（**政令への委任**）

第七十五条　この節に定めるもののほか、支給認定、医療受給者証、支給認定の変更の認定及び支給認定の取消しその他自立支援医療費等に関し必要な事項は、政令で定める。

第五節　補装具費の支給

第七十六条　市町村は、障害者又は障害児の保護者から申請があった場合において、当該申請に係る障害者等の障害の状態からみて、当該障害者等が補装具の購入、借受け又は修理（以下この条及び次条において「購入等」という。）を必要とする者であると認めるとき（補装具の借受けにあっては、補装具の借受けによることが適当である場合として主務省令で定める場合に限る。）は、当該障害者又は障害児の保護者（以下この条において「補装具費支給対象障害者等」という。）に対し、当該補装具の購入等に要した費用について、補装具費を支給する。ただし、当該申請に係る障害者等又はその属する世帯の他の世帯員のうち政令で定める者の所得が政令で定める基準以上であるときは、この限りでない。

2　補装具費の額は、一月につき、同一の月に購入等をした補装具について、補装具の購入等に通常要する費用の額を勘案して主務大臣が定める基準により算定した費用の額（その額が現に当該補装具の購入等に要した費用の額を超えるときは、当該現に補装具の購入等に要した費用の額。以下この項において「基準額」という。）を合計した額から、当該補装具費支給対象障害者等の家計の負担能力その他の事情をしん酌して政令で定める額（当該政令で定める額が基準額を合計した額の百分の十に相当する額を超えるときは、当該相当する額）を控除して得た額とする。

3　市町村は、補装具費の支給に当たって必要があると認めるときは、主務省令で定めるところにより、身体障害者更生相談所その他主務省令で定める機関の意見を聴くことができる。

4　第十九条第二項から第五項までの規定は、補装具費の支給に係る市町村の認定について準用する。この場合において、必要な技術的読替えは、政令で定める。

5　主務大臣は、第二項の規定により主務大臣の定める基準を適正なものとするため、必要な調査を行うことができる。

6　前各項に定めるもののほか、補装具費の支給に関し必要な事項は、主務省令で定める。

第六節　高額障害福祉サービス等給付費の支給

第七十六条の二　市町村は、次に掲げる者が受けた障害福祉サービス及び介護保険法第二十四条第二項に規定する介護給付等対象サービスのうち政令で定めるもの並びに補装具の購入等に要した費用の合計額（それぞれ主務大臣が定める基準により算定した費用の額（その額が現に要した費用の額を超えるときは、当該現に要した額）の合計額を限度とする。）から当該費用につき支給された介護給付費等及び同法第二十条に規定する介護給付等のうち政令で定めるもの並びに補装具費の合計額を控除して得た額が、著しく高額であるときは、当該者に対し、高額障害福祉サービス等給付費を支給する。

一　支給決定障害者等

二　六十五歳に達する前に長期間にわたり障害福祉サービス（介護保険法第二十四条第二項に規定する介護給付等対象サービスに相当するものとして政令で定めるものに限る。）に係る支給決定を受けていた障害者であって、同項に規定する介護給付等対象サービス（障害福祉サービスに相当するものとして政令で定めるものに限る。）を受けているもの（支給決定を受けていない者に限る。）のうち、当該障害者の所得の状況及び障害の程度その他の事情を勘案して政令で定めるもの

2　前項に定めるもののほか、高額障害福祉サービス等給付費の支給要件、支給額その他高額障害福祉サービス等給付費の支給に関し必要な事項は、障害福祉サービス及び補装具の購入等に要する費用の負担の家計に与える影響を考慮して、政令で定める。

第七節　情報公表対象サービス等の利用に資する情報の報告及び公表

第七十六条の三　指定障害福祉サービス事業者、指定一般相談支援事業者及び指定特定相談支援事業者並びに指定障害者支援施設等の設置者（以下この条において「対象事業者」という。）は、指定障害福祉サービス等、指定地域相談支援又は指定計画相談支援（以下この条において「情報公表対象サービス等」という。）の提供を開始しようとするとき、その他主務省令で定めるときは、主務省令で定めるところにより、情報公表対象サービス等情報（その提供する情報公表対象サービス等の内容及び情報公表対象サービス等を提供する事業者又は施設の運営状況に関する情報であって、情報公表対象サービス等を利用し、又は利用しようとする障害者等が適切かつ円滑に当該情報公表対象サービス等を利用する機会を確保するために公表されることが適当なものとして主務省令で定めるものをいう。第八項において同じ。）を、当該情報公表対象サービス等を提供する事業所又は施設の所在地を管轄する都道府県知事に報告しな

ければならない。

2　都道府県知事は、前項の規定による報告を受けた後、主務省令で定めるところにより、当該報告の内容を公表しなければならない。

3　都道府県知事は、前項の規定による公表を行うため必要があると認めるときは、第一項の規定による報告が真正であることを確認するのに必要な限度において、当該報告をした対象事業者に対し、当該報告の内容について、調査を行うことができる。

4　都道府県知事は、対象事業者が第一項の規定による報告をせず、若しくは虚偽の報告をし、又は前項の規定による調査を受けず、若しくは調査を妨げたときは、期間を定めて、当該対象事業者に対し、その報告を行い、若しくはその報告の内容を是正し、又はその調査を受けることを命ずることができる。

5　都道府県知事は、指定特定相談支援事業者に対して前項の規定による処分をしたときは、遅滞なく、その旨をその指定をした市町村長に通知しなければならない。

6　都道府県知事は、指定障害福祉サービス事業者若しくは指定一般相談支援事業者又は指定障害者支援施設の設置者が第四項の規定による命令に従わないときは、当該指定障害福祉サービス事業者、指定一般相談支援事業者又は指定障害者支援施設の指定を取り消し、又は期間を定めてその指定の全部若しくは一部の効力を停止することができる。

7　都道府県知事は、指定特定相談支援事業者が第四項の規定による命令に従わない場合において、当該指定特定相談支援事業者の指定を取り消し、又は期間を定めてその指定の全部若しくは一部の効力を停止することが適当であると認めるときは、理由を付して、その旨をその指定をした市町村長に通知しなければならない。

8　都道府県知事は、情報公表対象サービス等を利用し、又は利用しようとする障害者等が適切かつ円滑に当該情報公表対象サービス等を利用する機会の確保に資するため、情報公表対象サービス等の質及び情報公表対象サービス等に従事する従業者に関する情報（情報公表対象サービス等情報に該当するものを除く。）であって主務省令で定めるものの提供を希望する対象事業者から提供を受けた当該情報について、公表を行うよう配慮するものとする。

第三章　地域生活支援事業

（市町村の地域生活支援事業）

第七十七条　市町村は、主務省令で定めるところにより、地域生活支援事業として、次に掲げる事業を行うものとする。

一　障害者等の自立した日常生活及び社会生活に関する理解を深めるための研修及び啓発を行う事業

二　障害者等、障害者等の家族、地域住民等により自発的に行われる障害者等が自立した日常生活及び社会生活を営むことができるようにするための活動に対する支援を行う事業

三　障害者等が障害福祉サービスその他のサービスを利用しつつ、自立した日常生活又は社会生活を営むことができるよう、地域の障害者等の福祉に関する各般の問題につき、障害者等、障害児の保護者又は障害者等の介護を行う者からの相談に応じ、必要な情報の提供及び助言その他の主務省令で定める便宜を供与するとともに、障害者等に対する虐待の防止及びその早期発見のための関係機関との連絡調整その他の障害者等の権利の擁護のために必要な援助を行う事業（次号に掲げるものを除く。）

四　障害福祉サービスの利用の観点から成年後見制度を利用することが有用であると認められる障害者で成年後見制度の利用に要する費用について補助を受けなければ成年後見制度の利用が困難であると認められるものにつき、当該費用のうち主務省令で定める費用を支給する事業

五　障害者に係る民法（明治二十九年法律第八十九号）に規定する後見、保佐及び補助の業務を適正に行うことができる人材の育成及び活用を図るための研修を行う事業

六　聴覚、言語機能、音声機能その他の障害のため意思疎通を図ることに支障がある障害者等その他の日常生活を営むのに支障がある障害者等につき、意思疎通支援（手話その他主務省令で定める方法により当該障害者等とその他の者の意思疎通を支援することをいう。以下同じ。）を行う者の派遣、日常生活上の便宜を図るための用具であって主務大臣が定めるものの給付又は貸与その他の主務省令で定める便宜を供与する事業

七　意思疎通支援を行う者を養成する事業

八　移動支援事業

九　障害者等につき、地域活動支援センター

その他の主務省令で定める施設に通わせ、創作的活動又は生産活動の機会の提供、社会との交流の促進その他の主務省令で定める便宜を供与する事業

2 都道府県は、市町村の地域生活支援事業の実施体制の整備の状況その他の地域の実情を勘案して、関係市町村の意見を聴いて、当該市町村に代わって前項各号に掲げる事業の一部を行うことができる。

3 市町村は、第一項各号に掲げる事業のほか、地域において生活する障害者等及び地域における生活に移行することを希望する障害者等（以下この項において「地域生活障害者等」という。）につき、地域において安心して自立した日常生活又は社会生活を営むことができるようにするため、次に掲げる事業を行うよう努めるものとする。

一 障害の特性に起因して生じる緊急の事態その他の主務省令で定める事態に対処し、又は当該事態に備えるため、地域生活障害者等、障害児（地域生活障害者等に該当するものに限る。次号において同じ。）の保護者又は地域生活障害者等の介護を行う者からの相談に応じるとともに、地域生活障害者等を支援するための体制の確保その他の必要な措置について、指定障害福祉サービス事業者等、医療機関、次条第一項に規定する基幹相談支援センターその他の関係機関（次号及び次項において「関係機関」という。）との連携及び調整を行い、又はこれに併せて当該事態が生じたときにおける宿泊場所の一時的な提供その他の必要な支援を行う事業

二 関係機関と協力して、地域生活障害者等に対し、地域における自立した日常生活又は社会生活を営むことができるよう、障害福祉サービスの利用の体験又は居宅における自立した日常生活若しくは社会生活の体験の機会を提供するとともに、これに伴う地域生活障害者等、障害児の保護者又は地域生活障害者等の介護を行う者からの相談に応じ、必要な情報の提供及び助言を行い、併せて関係機関との連携及び調整を行う事業

三 前二号に掲げる事業のほか、障害者等の保健又は福祉に関する専門的知識及び技術を有する人材の育成及び確保その他の地域生活障害者等が地域において安心して自立した日常生活又は社会生活を営むために必要な事業

4 市町村は、前項各号に掲げる事業を実施する場合には、これらの事業を効果的に実施するために、地域生活支援拠点等（これらの事業を実施するために必要な機能を有する拠点又は複数の関係機関が相互の有機的な連携の下でこれらの事業を実施する体制をいう。）を整備するものとする。

5 市町村は、第一項各号及び第三項各号に掲げる事業のほか、現に住居を求めている障害者につき低額な料金で福祉ホームその他の施設において当該施設の居室その他の設備を利用させ、日常生活に必要な便宜を供与する事業その他の障害者等が自立した日常生活又は社会生活を営むために必要な事業を行うことができる。

（基幹相談支援センター）

第七十七条の二 基幹相談支援センターは、地域における相談支援の中核的な役割を担う機関として、次に掲げる事業及び業務を総合的に行うことを目的とする施設とする。

一 前条第一項第三号及び第四号に掲げる事業

二 身体障害者福祉法第九条第五項第二号及び第三号、知的障害者福祉法第九条第五項第二号及び第三号並びに精神保健及び精神障害者福祉に関する法律第四十九条第一項に規定する業務

三 地域における相談支援又は児童福祉法第六条の二の二第六項に規定する障害児相談支援に従事する者に対し、これらの者が行う一般相談支援事業若しくは特定相談支援事業又は同項に規定する障害児相談支援事業に関する運営について、相談に応じ、必要な助言、指導その他の援助を行う業務

四 第八十九条の三第一項に規定する関係機関等の連携の緊密化を促進する業務

2 市町村は、基幹相談支援センターを設置するよう努めるものとする。

3 市町村は、一般相談支援事業を行う者その他の主務省令で定める者に対し、第一項各号の事業及び業務の実施を委託することができる。

4 前項の委託を受けた者は、第一項各号の事業及び業務を実施するため、主務省令で定めるところにより、あらかじめ、主務省令で定める事項を市町村長に届け出て、基幹相談支援センターを設置することができる。

5 基幹相談支援センターを設置する者は、第一項各号の事業及び業務の効果的な実施のた

めに、指定障害福祉サービス事業者等、医療機関、民生委員法（昭和二十三年法律第百九十八号）に定める民生委員、身体障害者福祉法第十二条の三第一項又は第二項の規定により委託を受けた身体障害者相談員、知的障害者福祉法第十五条の二第一項又は第二項の規定により委託を受けた知的障害者相談員、意思疎通支援を行う者を養成し、又は派遣する事業の関係者その他の関係者との連携に努めなければならない。

6　第三項の規定により委託を受けて第一項各号の事業及び業務を実施するため基幹相談支援センターを設置する者（その者が法人である場合にあっては、その役員）若しくはその職員又はこれらの職にあった者は、正当な理由なしに、その業務に関して知り得た秘密を漏らしてはならない。

7　都道府県は、市町村に対し、基幹相談支援センターの設置の促進及び適切な運営の確保のため、市町村の区域を超えた広域的な見地からの助言その他の援助を行うよう努めるものとする。

（**都道府県の地域生活支援事業**）

第七十八条　都道府県は、主務省令で定めるところにより、地域生活支援事業として、第七十七条第一項第三号、第六号及び第七号に掲げる事業のうち、特に専門性の高い相談支援に係る事業及び特に専門性の高い意思疎通支援を行う者を養成し、又は派遣する事業、意思疎通支援を行う者の派遣に係る市町村相互間の連絡調整その他の広域的な対応が必要な事業として主務省令で定める事業を行うものとする。

2　都道府県は、前項に定めるもののほか、第七十七条第三項各号に掲げる事業の実施体制の整備の促進及び適切な実施を確保するため、市町村に対し、市町村の区域を超えた広域的な見地からの助言その他の援助を行うよう努めるものとする。

3　都道府県は、前二項に定めるもののほか、障害福祉サービス又は相談支援の質の向上のために障害福祉サービス若しくは相談支援を提供する者又はこれらの者に対し必要な指導を行う者を育成する事業その他障害者等が自立した日常生活又は社会生活を営むために必要な事業を行うことができる。

第四章　事業及び施設

（**事業の開始等**）

第七十九条　都道府県は、次に掲げる事業を行うことができる。

一　障害福祉サービス事業
二　一般相談支援事業及び特定相談支援事業
三　移動支援事業
四　地域活動支援センターを経営する事業
五　福祉ホームを経営する事業

2　国及び都道府県以外の者は、主務省令で定めるところにより、あらかじめ、主務省令で定める事項を都道府県知事に届け出て、前項各号に掲げる事業を行うことができる。

3　前項の規定による届出をした者は、主務省令で定める事項に変更が生じたときは、変更の日から一月以内に、その旨を都道府県知事に届け出なければならない。

4　国及び都道府県以外の者は、第一項各号に掲げる事業を廃止し、又は休止しようとするときは、あらかじめ、主務省令で定める事項を都道府県知事に届け出なければならない。

（**障害福祉サービス事業、地域活動支援センター及び福祉ホームの基準**）

第八十条　都道府県は、障害福祉サービス事業（施設を必要とするものに限る。以下この条及び第八十二条第二項において同じ。）、地域活動支援センター及び福祉ホームの設備及び運営について、条例で基準を定めなければならない。

2　都道府県が前項の条例を定めるに当たっては、第一号から第三号までに掲げる事項については主務省令で定める基準に従い定めるものとし、第四号に掲げる事項については主務省令で定める基準を標準として定めるものとし、その他の事項については主務省令で定める基準を参酌するものとする。

一　障害福祉サービス事業に従事する従業者及びその員数並びに地域活動支援センター及び福祉ホームに配置する従業者及びその員数
二　障害福祉サービス事業に係る居室及び病室の床面積並びに福祉ホームに係る居室の床面積
三　障害福祉サービス事業の運営に関する事項であって、障害者の適切な処遇及び安全の確保並びに秘密の保持に密接に関連するものとして厚生労働省令で定めるもの並びに地域活動支援センター及び福祉ホームの運営に関する事項であって、障害者等の安全の確保及び秘密の保持に密接に関連するものとして厚生労働省令で定めるもの
四　障害福祉サービス事業、地域活動支援セ

ンター及び福祉ホームに係る利用定員

3　第一項の障害福祉サービス事業を行う者並びに地域活動支援センター及び福祉ホームの設置者は、同項の基準を遵守しなければならない。

（報告の徴収等）

第八十一条　都道府県知事は、障害者等の福祉のために必要があると認めるときは、障害福祉サービス事業、一般相談支援事業、特定相談支援事業若しくは移動支援事業を行う者若しくは地域活動支援センター若しくは福祉ホームの設置者に対して、報告若しくは帳簿書類その他の物件の提出若しくは提示を求め、又は当該職員に関係者に対して質問させ、若しくはその事業所若しくは施設に立ち入り、その設備若しくは帳簿書類その他の物件を検査させることができる。

2　第九条第二項の規定は前項の規定による質問又は検査について、同条第三項の規定は前項の規定による権限について準用する。

（事業の停止等）

第八十二条　都道府県知事は、障害福祉サービス事業、一般相談支援事業、特定相談支援事業又は移動支援事業を行う者が、この章の規定若しくは当該規定に基づく命令若しくはこれらに基づいてする処分に違反したとき、その事業に関し不当に営利を図り、若しくはその事業に係る者の処遇につき不当な行為をしたとき、又は身体障害者福祉法第十八条の二、知的障害者福祉法第二十一条若しくは児童福祉法第二十一条の七の規定に違反したときは、その事業を行う者に対して、その事業の制限又は停止を命ずることができる。

2　都道府県知事は、障害福祉サービス事業を行う者又は地域活動支援センター若しくは福祉ホームの設置者が、この章の規定若しくはこれらに基づいてする処分に違反したとき、当該障害福祉サービス事業、地域活動支援センター若しくは福祉ホームが第八十条第一項の基準に適合しなくなったとき、又は身体障害者福祉法第十八条の二、知的障害者福祉法第二十一条若しくは児童福祉法第二十一条の七の規定に違反したときは、その事業を行う者又はその設置者に対して、その施設の設備若しくは運営の改善又はその事業の停止若しくは廃止を命ずることができる。

（施設の設置等）

第八十三条　国は、障害者支援施設を設置しなければならない。

2　都道府県は、障害者支援施設を設置することができる。

3　市町村は、あらかじめ主務省令で定める事項を都道府県知事に届け出て、障害者支援施設を設置することができる。

4　国、都道府県及び市町村以外の者は、社会福祉法（昭和二十六年法律第四十五号）の定めるところにより、障害者支援施設を設置することができる。

5　前各項に定めるもののほか、障害者支援施設の設置、廃止又は休止に関し必要な事項は、政令で定める。

（施設の基準）

第八十四条　都道府県は、障害者支援施設の設備及び運営について、条例で基準を定めなければならない。

2　都道府県が前項の条例を定めるに当たっては、第一号から第三号までに掲げる事項については主務省令で定める基準に従い定めるものとし、第四号に掲げる事項については主務省令で定める基準を標準として定めるものとし、その他の事項については主務省令で定める基準を参酌するものとする。

一　障害者支援施設に配置する従業者及びその員数

二　障害者支援施設に係る居室の床面積

三　障害者支援施設の運営に関する事項であって、障害者の適切な処遇及び安全の確保並びに秘密の保持に密接に関連するものとして主務省令で定めるもの

四　障害者支援施設に係る利用定員

3　国、都道府県及び市町村以外の者が設置する障害者支援施設については、第一項の基準を社会福祉法第六十五条第一項の基準とみなして、同法第六十二条第四項、第六十五条第三項及び第七十一条の規定を適用する。

（報告の徴収等）

第八十五条　都道府県知事は、市町村が設置した障害者支援施設の運営を適切にさせるため、必要があると認めるときは、当該施設の長に対して、必要と認める事項の報告若しくは帳簿書類その他の物件の提出若しくは提示を求め、又は当該職員に関係者に対して質問させ、若しくはその施設に立ち入り、設備若しくは帳簿書類その他の物件を検査させることができる。

2　第九条第二項の規定は前項の規定による質問又は検査について、同条第三項の規定は前項の規定による権限について準用する。

（事業の停止等）

第八十六条　都道府県知事は、市町村が設置した障害者支援施設について、その設備又は運営が第八十四条第一項の基準に適合しなくなったと認め、又は法令の規定に違反すると認めるときは、その事業の停止又は廃止を命ずることができる。

2　都道府県知事は、前項の規定による処分をするには、文書をもって、その理由を示さなければならない。

第五章　障害福祉計画

（基本指針）

第八十七条　主務大臣は、障害福祉サービス及び相談支援並びに市町村及び都道府県の地域生活支援事業の提供体制を整備し、自立支援給付及び地域生活支援事業の円滑な実施を確保するための基本的な指針（以下「基本指針」という。）を定めるものとする。

2　基本指針においては、次に掲げる事項を定めるものとする。

一　障害福祉サービス及び相談支援の提供体制の確保に関する基本的事項

二　障害福祉サービス、相談支援並びに市町村及び都道府県の地域生活支援事業の提供体制の確保に係る目標に関する事項

三　次条第一項に規定する市町村障害福祉計画及び第八十九条第一項に規定する都道府県障害福祉計画の作成に関する事項

四　その他自立支援給付及び地域生活支援事業の円滑な実施を確保するために必要な事項

3　基本指針は、児童福祉法第三十三条の十九第一項に規定する基本指針と一体のものとして作成することができる。

4　主務大臣は、基本指針の案を作成し、又は基本指針を変更しようとするときは、あらかじめ、障害者等及びその家族その他の関係者の意見を反映させるために必要な措置を講ずるものとする。

5　主務大臣は、障害者等の生活の実態、障害者等を取り巻く環境の変化その他の事情を勘案して必要があると認めるときは、速やかに基本指針を変更するものとする。

6　主務大臣は、基本指針を定め、又はこれを変更したときは、遅滞なく、これを公表しなければならない。

（市町村障害福祉計画）

第八十八条　市町村は、基本指針に即して、障害福祉サービスの提供体制の確保その他この法律に基づく業務の円滑な実施に関する計画（以下「市町村障害福祉計画」という。）を定めるものとする。

2　市町村障害福祉計画においては、次に掲げる事項を定めるものとする。

一　障害福祉サービス、相談支援及び地域生活支援事業の提供体制の確保に係る目標に関する事項

二　各年度における指定障害福祉サービス、指定地域相談支援又は指定計画相談支援の種類ごとの必要な量の見込み

三　地域生活支援事業の種類ごとの実施に関する事項

3　市町村障害福祉計画においては、前項各号に掲げるもののほか、次に掲げる事項について定めるよう努めるものとする。

一　前項第二号の指定障害福祉サービス、指定地域相談支援又は指定計画相談支援の種類ごとの必要な見込量の確保のための方策

二　前項第二号の指定障害福祉サービス、指定地域相談支援又は指定計画相談支援及び同項第三号の地域生活支援事業の提供体制の確保に係る医療機関、教育機関、公共職業安定所、障害者職業センター、障害者就業・生活支援センターその他の職業リハビリテーションの措置を実施する機関その他の関係機関との連携に関する事項

4　市町村障害福祉計画は、当該市町村の区域における障害者等の数及びその障害の状況を勘案して作成されなければならない。

5　市町村は、当該市町村の区域における障害者等の心身の状況、その置かれている環境その他の事情を正確に把握するとともに、第八十九条の二の二第一項の規定により公表された結果その他のこの法律に基づく業務の実施の状況に関する情報を分析した上で、当該事情及び当該分析の結果を勘案して、市町村障害福祉計画を作成するよう努めるものとする。

6　市町村障害福祉計画は、児童福祉法第三十三条の二十第一項に規定する市町村障害児福祉計画と一体のものとして作成することができる。

7　市町村障害福祉計画は、障害者基本法第十一条第三項に規定する市町村障害者計画、社会福祉法第百七条第一項に規定する市町村地域福祉計画その他の法律の規定による計画であって障害者等の福祉に関する事項を定めるものと調和が保たれたものでなければならな

い。

8　市町村は、市町村障害福祉計画を定め、又は変更しようとするときは、あらかじめ、住民の意見を反映させるために必要な措置を講ずるよう努めるものとする。

9　市町村は、第八十九条の三第一項に規定する協議会を設置したときは、市町村障害福祉計画を定め、又は変更しようとする場合において、あらかじめ、当該協議会の意見を聴くよう努めなければならない。

10　障害者基本法第三十六条第四項の合議制の機関を設置する市町村は、市町村障害福祉計画を定め、又は変更しようとするときは、あらかじめ、当該機関の意見を聴かなければならない。

11　市町村は、市町村障害福祉計画を定め、又は変更しようとするときは、第二項に規定する事項について、あらかじめ、都道府県の意見を聴かなければならない。

12　市町村は、市町村障害福祉計画を定め、又は変更したときは、遅滞なく、これを都道府県知事に提出しなければならない。

第八十八条の二　市町村は、定期的に、前条第二項各号に掲げる事項（市町村障害福祉計画に同条第三項各号に掲げる事項を定める場合にあっては、当該各号に掲げる事項を含む。）について、調査、分析及び評価を行い、必要があると認めるときは、当該市町村障害福祉計画を変更することその他の必要な措置を講ずるものとする。

（**都道府県障害福祉計画**）

第八十九条　都道府県は、基本指針に即して、各市町村障害福祉計画の達成に資するため、各市町村を通ずる広域的な見地から、障害福祉サービスの提供体制の確保その他この法律に基づく業務の円滑な実施に関する計画（以下「都道府県障害福祉計画」という。）を定めるものとする。

2　都道府県障害福祉計画においては、次に掲げる事項を定めるものとする。

一　障害福祉サービス、相談支援及び地域生活支援事業の提供体制の確保に係る目標に関する事項

二　当該都道府県が定める区域ごとに当該区域における各年度の指定障害福祉サービス、指定地域相談支援又は指定計画相談支援の種類ごとの必要な量の見込み

三　各年度の指定障害者支援施設の必要入所定員総数

四　地域生活支援事業の種類ごとの実施に関する事項

3　都道府県障害福祉計画においては、前項各号に掲げる事項のほか、次に掲げる事項について定めるよう努めるものとする。

一　前項第二号の区域ごとの指定障害福祉サービス又は指定地域相談支援の種類ごとの必要な見込量の確保のための方策

二　前項第二号の区域ごとの指定障害福祉サービス、指定地域相談支援又は指定計画相談支援に従事する者の確保又は資質の向上のために講ずる措置に関する事項

三　指定障害者支援施設の施設障害福祉サービスの質の向上のために講ずる措置に関する事項

四　前項第二号の区域ごとの指定障害福祉サービス又は指定地域相談支援及び同項第四号の地域生活支援事業の提供体制の確保に係る医療機関、教育機関、公共職業安定所、障害者職業センター、障害者就業・生活支援センターその他の職業リハビリテーションの措置を実施する機関その他の関係機関との連携に関する事項

4　都道府県は、第八十九条の二の二第一項の規定により公表された結果その他のこの法律に基づく業務の実施の状況に関する情報を分析した上で、当該分析の結果を勘案して、都道府県障害福祉計画を作成するよう努めるものとする。

5　都道府県障害福祉計画は、児童福祉法第三十三条の二十二第一項に規定する都道府県障害児福祉計画と一体のものとして作成することができる。

6　都道府県障害福祉計画は、障害者基本法第十一条第二項に規定する都道府県障害者計画、社会福祉法第百八条第一項に規定する都道府県地域福祉支援計画その他の法律の規定による計画であって障害者等の福祉に関する事項を定めるものと調和が保たれたものでなければならない。

7　都道府県障害福祉計画は、医療法（昭和二十三年法律第二百五号）第三十条の四第一項に規定する医療計画と相まって、精神科病院に入院している精神障害者の退院の促進に資するものでなければならない。

8　都道府県は、第八十九条の三第一項に規定する協議会を設置したときは、都道府県障害福祉計画を定め、又は変更しようとする場合において、あらかじめ、当該協議会の意見を聴くよう努めなければならない。

9　都道府県は、都道府県障害福祉計画を定め、又は変更しようとするときは、あらかじめ、障害者基本法第三十六条第一項の合議制の機関の意見を聴かなければならない。
10　都道府県は、都道府県障害福祉計画を定め、又は変更したときは、遅滞なく、これを主務大臣に提出しなければならない。

第八十九条の二　都道府県は、定期的に、前条第二項各号に掲げる事項（都道府県障害福祉計画に同条第三項各号に掲げる事項を定める場合にあっては、当該各号に掲げる事項を含む。）について、調査、分析及び評価を行い、必要があると認めるときは、当該都道府県障害福祉計画を変更することその他の必要な措置を講ずるものとする。

（**障害福祉計画の作成等のための調査及び分析等**）

第八十九条の二の二　主務大臣は、市町村障害福祉計画及び都道府県障害福祉計画の作成、実施及び評価並びに障害者等の福祉の増進に資するため、次に掲げる事項に関する情報（第三項において「障害福祉等関連情報」という。）のうち、第一号及び第二号に掲げる事項について調査及び分析を行い、その結果を公表するものとするとともに、第三号及び第四号に掲げる事項について調査及び分析を行い、その結果を公表するよう努めるものとする。
一　自立支援給付に要する費用の額に関する地域別、年齢別又は障害支援区分別の状況その他の主務省令で定める事項
二　障害者等の障害支援区分の認定における調査に関する状況その他の主務省令で定める事項
三　障害福祉サービス又は相談支援を利用する障害者等の心身の状況、当該障害者等に提供される当該障害福祉サービス又は相談支援の内容その他の主務省令で定める事項
四　地域生活支援事業の実施の状況その他の主務省令で定める事項
2　市町村及び都道府県は、主務大臣に対し、前項第一号又は第二号に掲げる事項に関する情報を、主務省令で定める方法により提供しなければならない。
3　主務大臣は、必要があると認めるときは、市町村及び都道府県並びに第八条第二項に規定する事業者等に対し、障害福祉等関連情報を、主務省令で定める方法により提供するよう求めることができる。

（**連合会等への委託**）

第八十九条の二の三　主務大臣は、前条第一項に規定する調査及び分析に係る事務の全部又は一部を連合会その他主務省令で定める者に委託することができる。

（**協議会**）

第八十九条の三　地方公共団体は、単独で又は共同して、障害者等への支援の体制の整備を図るため、関係機関、関係団体並びに障害者等及びその家族並びに障害者等の福祉、医療、教育又は雇用に関連する職務に従事する者その他の関係者（以下この条において「関係機関等」という。）により構成される協議会（以下この条において単に「協議会」という。）を置くように努めなければならない。
2　協議会は、関係機関等が相互の連絡を図ることにより、地域における障害者等への適切な支援に関する情報及び支援体制に関する課題についての情報を共有し、関係機関等の連携の緊密化を図るとともに、地域の実情に応じた体制の整備について協議を行うものとする。
3　協議会は、前項の規定による情報の共有及び協議を行うために必要があると認めるときは、関係機関等に対し、資料又は情報の提供、意見の表明その他必要な協力を求めることができる。
4　関係機関等は、前項の規定による求めがあった場合には、これに協力するよう努めるものとする。
5　協議会の事務に従事する者又は従事していた者は、正当な理由なしに、協議会の事務に関して知り得た秘密を漏らしてはならない。
6　前各項に定めるもののほか、協議会の組織及び運営に関し必要な事項は、協議会が定める。

（**都道府県知事の助言等**）

第九十条　都道府県知事は、市町村に対し、市町村障害福祉計画の作成上の技術的事項について必要な助言をすることができる。
2　主務大臣は、都道府県に対し、都道府県障害福祉計画の作成の手法その他都道府県障害福祉計画の作成上の重要な技術的事項について必要な助言をすることができる。

（**国の援助**）

第九十一条　国は、市町村又は都道府県が、市町村障害福祉計画又は都道府県障害福祉計画に定められた事業を実施しようとするときは、当該事業が円滑に実施されるように必要な助言その他の援助の実施に努めるものとす

る。

第六章　費用

（市町村の支弁）

第九十二条　次に掲げる費用は、市町村の支弁とする。

一　介護給付費等、特定障害者特別給付費及び特例特定障害者特別給付費（以下「障害福祉サービス費等」という。）の支給に要する費用

二　地域相談支援給付費、特例地域相談支援給付費、計画相談支援給付費及び特例計画相談支援給付費（第九十四条第一項において「相談支援給付費等」という。）の支給に要する費用

三　自立支援医療費（第八条第一項の政令で定める医療に係るものを除く。）、療養介護医療費及び基準該当療養介護医療費の支給に要する費用

四　補装具費の支給に要する費用

五　高額障害福祉サービス等給付費の支給に要する費用

六　市町村が行う地域生活支援事業に要する費用

（都道府県の支弁）

第九十三条　次に掲げる費用は、都道府県の支弁とする。

一　自立支援医療費（第八条第一項の政令で定める医療に係るものに限る。）の支給に要する費用

二　都道府県が行う地域生活支援事業に要する費用

（都道府県の負担及び補助）

第九十四条　都道府県は、政令で定めるところにより、第九十二条の規定により市町村が支弁する費用について、次に掲げるものを負担する。

一　第九十二条第一号、第二号及び第五号に掲げる費用のうち、国及び都道府県が負担すべきものとして当該市町村における障害福祉サービス費等及び高額障害福祉サービス等給付費の支給に係る障害者等の障害支援区分ごとの人数、相談支援給付費等の支給に係る障害者等の人数その他の事情を勘案して政令で定めるところにより算定した額（以下「障害福祉サービス費等負担対象額」という。）の百分の二十五

二　第九十二条第三号及び第四号に掲げる費用のうち、その百分の二十五

2　都道府県は、当該都道府県の予算の範囲内において、政令で定めるところにより、第九十二条の規定により市町村が支弁する費用のうち、同条第六号に掲げる費用の百分の二十五以内を補助することができる。

（国の負担及び補助）

第九十五条　国は、政令で定めるところにより、次に掲げるものを負担する。

一　第九十二条の規定により市町村が支弁する費用のうち、障害福祉サービス費等負担対象額の百分の五十

二　第九十二条の規定により市町村が支弁する費用のうち、同条第三号及び第四号に掲げる費用の百分の五十

三　第九十三条の規定により都道府県が支弁する費用のうち、同条第一号に掲げる費用の百分の五十

2　国は、予算の範囲内において、政令で定めるところにより、次に掲げるものを補助することができる。

一　第十九条から第二十二条まで、第二十四条及び第二十五条の規定により市町村が行う支給決定に係る事務の処理に要する費用（地方自治法第二百五十二条の十四第一項の規定により市町村が審査判定業務を都道府県審査会に委託している場合にあっては、当該委託に係る費用を含む。）並びに第五十一条の五から第五十一条の七まで、第五十一条の九及び第五十一条の十の規定により市町村が行う地域相談支援給付決定に係る事務の百分の五十以内

二　第九十二条及び第九十三条の規定により市町村及び都道府県が支弁する費用のうち、第九十二条第六号及び第九十三条第二号に掲げる費用の百分の五十以内

（準用規定）

第九十六条　社会福祉法第五十八条第二項から第四項までの規定は、国有財産特別措置法（昭和二十七年法律第二百十九号）第二条第二項第三号の規定又は同法第三条第一項第四号及び第二項の規定により普通財産の譲渡又は貸付けを受けた社会福祉法人に準用する。この場合において、社会福祉法第五十八条第二項中「厚生労働大臣」とあるのは、「主務大臣」と読み替えるものとする。

第七章　国民健康保険団体連合会の障害者総合支援法関係業務

（連合会の業務）

第九十六条の二　連合会は、国民健康保険法の

規定による業務のほか、第二十九条第七項（第三十四条第二項において準用する場合を含む。）、第五十一条の十四第七項及び第五十一条の十七第六項の規定により市町村から委託を受けて行う介護給付費、訓練等給付費、特定障害者特別給付費、地域相談支援給付費及び計画相談支援給付費の審査及び支払に関する業務を行う。

（議決権の特例）

第九十六条の三　連合会が前条の規定により行う業務（次条において「障害者総合支援法関係業務」という。）については、国民健康保険法第八十六条において準用する同法第二十九条の規定にかかわらず、主務省令で定めるところにより、規約をもって議決権に関する特段の定めをすることができる。

（区分経理）

第九十六条の四　連合会は、障害者総合支援法関係業務に係る経理については、その他の経理と区分して整理しなければならない。

第八章　審査請求

（審査請求）

第九十七条　市町村の介護給付費等又は地域相談支援給付費等に係る処分に不服がある障害者又は障害児の保護者は、都道府県知事に対して審査請求をすることができる。

2　前項の審査請求は、時効の完成猶予及び更新に関しては、裁判上の請求とみなす。

（不服審査会）

第九十八条　都道府県知事は、条例で定めるところにより、前条第一項の審査請求の事件を取り扱わせるため、障害者介護給付費等不服審査会（以下「不服審査会」という。）を置くことができる。

2　不服審査会の委員の定数は、政令で定める基準に従い、条例で定める員数とする。

3　委員は、人格が高潔であって、介護給付費等又は地域相談支援給付費等に関する処分の審理に関し公正かつ中立な判断をすることができ、かつ、障害者等の保健又は福祉に関する学識経験を有する者のうちから、都道府県知事が任命する。

（委員の任期）

第九十九条　委員の任期は、三年とする。ただし、補欠の委員の任期は、前任者の残任期間とする。

2　委員は、再任されることができる。

（会長）

第百条　不服審査会に、委員のうちから委員が選挙する会長一人を置く。

2　会長に事故があるときは、前項の規定に準じて選挙された者が、その職務を代行する。

（審査請求の期間及び方式）

第百一条　審査請求は、処分があったことを知った日の翌日から起算して三月以内に、文書又は口頭でしなければならない。ただし、正当な理由により、この期間内に審査請求をすることができなかったことを疎明したときは、この限りでない。

（市町村に対する通知）

第百二条　都道府県知事は、審査請求がされたときは、行政不服審査法（平成二十六年法律第六十八号）第二十四条の規定により当該審査請求を却下する場合を除き、原処分をした市町村及びその他の利害関係人に通知しなければならない。

（審理のための処分）

第百三条　都道府県知事は、審理を行うため必要があると認めるときは、審査請求人若しくは関係人に対して報告若しくは意見を求め、その出頭を命じて審問し、又は医師その他都道府県知事の指定する者（次項において「医師等」という。）に診断その他の調査をさせることができる。

2　都道府県は、前項の規定により出頭した関係人又は診断その他の調査をした医師等に対し、政令で定めるところにより、旅費、日当及び宿泊料又は報酬を支給しなければならない。

（政令等への委任）

第百四条　この章及び行政不服審査法に定めるもののほか、審査請求の手続に関し必要な事項は政令で、不服審査会に関し必要な事項は当該不服審査会を設置した都道府県の条例で定める。

（審査請求と訴訟との関係）

第百五条　第九十七条第一項に規定する処分の取消しの訴えは、当該処分についての審査請求に対する裁決を経た後でなければ、提起することができない。

第九章　雑則

（連合会に対する監督）

第百五条の二　連合会について国民健康保険法第百六条及び第百八条の規定を適用する場合において、同法第百六条第一項中「事業」とあるのは「事業（障害者の日常生活及び社会生活を総合的に支援するための法律（平成十七年法律第百二十三号）第九十六条の三に規定する障害者総合支援法関係業務を含む。第百八条第一項及び第五項において同じ。）」と、同項第一号及び同法第百八条中「厚生労働大臣」とあるのは「主務大臣」とする。

（**大都市等の特例**）

第百六条　この法律中都道府県が処理することとされている事務に関する規定で政令で定めるものは、指定都市及び中核市並びに児童福祉法第五十九条の四第一項に規定する児童相談所設置市（以下「児童相談所設置市」という。）においては、政令で定めるところにより、指定都市若しくは中核市又は児童相談所設置市（以下「指定都市等」という。）が処理するものとする。この場合においては、この法律中都道府県に関する規定は、指定都市等に関する規定として指定都市等に適用があるものとする。

（**主務大臣等**）

第百六条の二　この法律における主務大臣は、厚生労働大臣とする。ただし、障害児に関する事項を含むものとして政令で定める事項については、内閣総理大臣及び厚生労働大臣とする。

２　この法律における主務省令は、主務大臣の発する命令とする。

（**権限の委任**）

第百七条　この法律による主務大臣の権限であって、前条第一項の規定により厚生労働大臣の権限とされるものは、厚生労働省令で定めるところにより、地方厚生局長に委任することができる。

２　前項の規定により地方厚生局長に委任された権限は、厚生労働省令で定めるところにより、地方厚生支局長に委任することができる。

３　この法律による主務大臣の権限であって、前条第一項ただし書の規定により内閣総理大臣の権限とされるもの（政令で定めるものを除く。）は、こども家庭庁長官に委任する。

４　前項の規定によりこども家庭庁長官に委任された権限の一部は、政令で定めるところにより、地方厚生局長又は地方厚生支局長に委任することができる。

（**実施規定**）

第百八条　この法律に特別の規定があるものを除くほか、この法律の実施のための手続その他その執行について必要な細則は、主務省令で定める。

第十章　罰則

第百九条　市町村審査会、都道府県審査会若しくは不服審査会の委員若しくは連合会の役員若しくは職員又はこれらの者であった者が、正当な理由なしに、職務上知り得た自立支援給付対象サービス等を行った者の業務上の秘密又は個人の秘密を漏らしたときは、一年以下の懲役又は百万円以下の罰金に処する。

２　第十一条の二第二項、第二十条第四項（第二十四条第三項、第五十一条の六第二項及び第五十一条の九第三項において準用する場合を含む。）、第七十七条の二第六項又は第八十九条の三第五項の規定に違反した者は、一年以下の懲役又は百万円以下の罰金に処する。

第百十条　第十一条第一項の規定による報告若しくは物件の提出若しくは提示をせず、若しくは虚偽の報告若しくは虚偽の物件の提出若しくは提示をし、又は同項の規定による当該職員の質問若しくは第十一条の二第一項の規定により委託を受けた指定事務受託法人の職員の第十一条第一項の規定による質問に対して、答弁せず、若しくは虚偽の答弁をした者は、三十万円以下の罰金に処する。

第百十一条　第四十八条第一項（同条第三項において準用する場合を含む。）、第五十一条の三第一項、第五十一条の二十七第一項若しくは第二項若しくは第五十一条の三十二第一項の規定による報告若しくは物件の提出若しくは提示をせず、若しくは虚偽の報告若しくは虚偽の物件の提出若しくは提示をし、又はこれらの規定による当該職員の質問に対して、答弁せず、若しくは虚偽の答弁をし、若しくはこれらの規定による検査を拒み、妨げ、若しくは忌避した者は、三十万円以下の罰金に処する。

第百十二条　法人の代表者又は法人若しくは人の代理人、使用人その他の従業者が、その法人又は人の業務に関して前条の違反行為をしたときは、行為者を罰するほか、その法人又は人に対しても、同条の刑を科する。

第百十三条　正当な理由なしに、第百三条第一項の規定による処分に違反して、出頭せず、陳述をせず、報告をせず、若しくは虚偽の陳述若しくは報告をし、又は診断その他の調査をしなかった者は、三十万円以下の罰金に処する。ただし、不服審査会の行う審査の手続における請求人又は第百二条の規定により通知を受けた市町村その他の利害関係人は、この限りでない。

第百十四条　第十一条第二項の規定による報告

若しくは物件の提出若しくは提示をせず、若しくは虚偽の報告若しくは虚偽の物件の提出若しくは提示をし、又は同項の規定による当該職員の質問若しくは第十一条の二第一項の規定により委託を受けた指定事務受託法人の職員の第十一条第二項の規定による質問に対して、答弁せず、若しくは虚偽の答弁をした者は、十万円以下の過料に処する。

第百十五条　市町村等は、条例で、正当な理由なしに、第九条第一項の規定による報告若しくは物件の提出若しくは提示をせず、若しくは虚偽の報告若しくは虚偽の物件の提出若しくは提示をし、又は同項の規定による当該職員の質問若しくは第十一条の二第一項の規定により委託を受けた指定事務受託法人の職員の第九条第一項の規定による質問に対して、答弁せず、若しくは虚偽の答弁をした者に対し十万円以下の過料を科する規定を設けることができる。

2　市町村等は、条例で、正当な理由なしに、第十条第一項の規定による報告若しくは物件の提出若しくは提示をせず、若しくは虚偽の報告若しくは虚偽の物件の提出若しくは提示をし、又は同項の規定による当該職員の質問若しくは第十一条の二第一項の規定により委託を受けた指定事務受託法人の職員の第十条第一項の規定による質問に対して、答弁せず、若しくは虚偽の答弁をし、若しくは同項の規定による検査を拒み、妨げ、若しくは忌避した者に対し十万円以下の過料を科する規定を設けることができる。

3　市町村は、条例で、第二十四条第二項、第二十五条第二項、第五十一条の九第二項又は第五十一条の十第二項の規定による受給者証又は地域相談支援受給者証の提出又は返還を求められてこれに応じない者に対し十万円以下の過料を科する規定を設けることができる。

・刑法等の一部を改正する法律の施行に伴う関係法律の整理等に関する法律（令和四・六・一七法律六八）

附則　抄

（施行期日）

1　この法律は、刑法等一部改正法施行日から施行する。〈略〉

・障害者の日常生活及び社会生活を総合的に支援するための法律等の一部を改正する法律（令和四・一二・一六法律一〇四）

附則　抄

（施行期日）

第一条　この法律は、令和六年四月一日から施行する。ただし、次の各号に掲げる規定は、当該各号に定める日から施行する。

四　〈略〉公布の日から起算して三年を超えない範囲内において政令で定める日

身体障害者福祉法

（昭和二四・一二・二六　法律二八三）

最新改正　令和四法律一〇四

第一章　総則

（法の目的）

第一条　この法律は、障害者の日常生活及び社会生活を総合的に支援するための法律（平成十七年法律第百二十三号）と相まつて、身体障害者の自立と社会経済活動への参加を促進するため、身体障害者を援助し、及び必要に応じて保護し、もつて身体障害者の福祉の増進を図ることを目的とする。

（自立への努力及び機会の確保）

第二条　すべて身体障害者は、自ら進んでその障害を克服し、その有する能力を活用することにより、社会経済活動に参加することができるように努めなければならない。

2　すべて身体障害者は、社会を構成する一員として社会、経済、文化その他あらゆる分野の活動に参加する機会を与えられるものとする。

（国、地方公共団体及び国民の責務）

第三条　国及び地方公共団体は、前条に規定する理念が実現されるように配慮して、身体障害者の自立と社会経済活動への参加を促進するための援助と必要な保護（以下「更生援護」という。）を総合的に実施するように努めなければならない。

2　国民は、社会連帯の理念に基づき、身体障害者がその障害を克服し、社会経済活動に参加しようとする努力に対し、協力するように努めなければならない。

第一節　定義

（身体障害者）

第四条　この法律において、「身体障害者」とは、別表に掲げる身体上の障害がある十八歳以上の者であつて、都道府県知事から身体障害者手帳の交付を受けたものをいう。

（事業）

第四条の二　この法律において、「身体障害者生活訓練等事業」とは、身体障害者に対する点字又は手話の訓練その他の身体障害者が日常生活又は社会生活を営むために必要な厚生労働省令で定める訓練その他の援助を提供する事業をいう。

2　この法律において、「手話通訳事業」とは、聴覚、言語機能又は音声機能の障害のため、音声言語により意思疎通を図ることに支障がある身体障害者（以下この項において「聴覚障害者等」という。）につき、手話通訳等（手話その他厚生労働省令で定める方法により聴覚障害者等とその他の者の意思疎通を仲介することをいう。第三十四条において同じ。）に関する便宜を供与する事業をいう。

3　この法律において、「介助犬訓練事業」とは、介助犬（身体障害者補助犬法（平成十四年法律第四十九号）第二条第三項に規定する介助犬をいう。以下同じ。）の訓練を行うとともに、肢体の不自由な身体障害者に対し、介助犬の利用に必要な訓練を行う事業をいい、「聴導犬訓練事業」とは、聴導犬（同条第四項に規定する聴導犬をいう。以下同じ。）の訓練を行うとともに、聴覚障害のある身体障害者に対し、聴導犬の利用に必要な訓練を行う事業をいう。

（施設）

第五条　この法律において、「身体障害者社会参加支援施設」とは、身体障害者福祉センター、補装具製作施設、盲導犬訓練施設及び視聴覚障害者情報提供施設をいう。

2　この法律において、「医療保健施設」とは、地域保健法（昭和二十二年法律第百一号）に基づく保健所並びに医療法（昭和二十三年法律第二百五号）に規定する病院及び診療所をいう。

第二節　削除

第六条から第八条まで　削除

第三節　実施機関等

（援護の実施者）

第九条　この法律に定める身体障害者又はその介護を行う者に対する援護は、その身体障害者の居住地の市町村（特別区を含む。以下同じ。）が行うものとする。ただし、身体障害者が居住地を有しないか、又は明らかでない者であるときは、その身体障害者の現在地の市町村が行うものとする。

2　前項の規定にかかわらず、第十八条第二項の規定により入所措置が採られて又は障害者の日常生活及び社会生活を総合的に支援するための法律第二十九条第一項若しくは第三十条第一項の規定により同法第十九条第一項に規定する介護給付費等（次項及び第十八条において「介護給付費等」という。）の支給を受けて同法第五条第一項若しくは第六項の主務省令で定める施設又は同条第十一項に規定する障害者支援施設（以下「障害者支援施設」という。）に入所している身体障害者、生活保護法（昭和二十五年法律第百四十四号）第三十条第一項ただし書の規定により同法第三十八条第二項に規定する救護施設（以下この項において「救護施設」という。）、同条第三項に規定する更生施設（以下この項において「更生施設」という。）又は同法第三十条第一項ただし書に規定するその他の適当な施設（以下この項において「その他の適当な施設」という。）に入所している身体障害者、介護保険法（平成九年法律第百二十三号）第八条第十一項に規定する特定施設（以下この項及び次項において「介護保険特定施設」という。）に入居し、又は同条第二十五項に規定する介護保険施設（以下この項及び次項において「介護保険施設」という。）に入所している身体障害者及び老人福祉法（昭和三十八年法律第百三十三号）第十一条第一項第一号の規定により入所措置が採られて同法第二十条の四に規定する養護老人ホーム（以下この項において「養護老人ホーム」という。）に入所している身体障害者（以下この項において「特定施設入所等身体障害者」という。）については、その者が障害者の日常生活及び社会生活を総合的に支援するための法律第五条第一項若しくは第六項の主務省令で定める施設、障害者支援施設、救護施設、更生施設若しくはその他の適当な施設、介護保険特定施設若しくは介護保険施設又は養護老人ホーム（以下この条において「特定施設」という。）への入所又は入居の前に有した居住地（継続して二以上の特定施設に入所又は入居をしている特定施設入所等身体障害者（以下この項において「継続入所等身体障害者」という。）については、最初に入所又は入居をした特定施設への入所又は入居の前に有した居住地）の市町村が、この法律に定める援護を行うものとする。ただし、特定施設への入所又は入居の前に居住地を有しないか、又は明らかでなかつた特定施設入所等身体障害者については、入所又は入居の前におけるその者の所在地（継続入所等身体障害者については、最初に入所又は入居をした特定施設への入所又は入居の前に有した所在地）の市町村が、この法律に定める援護を行うものとする。

3　前二項の規定にかかわらず、児童福祉法（昭和二十二年法律第百六十四号）第二十四条の二第一項若しくは第二十四条の二十四第一項若しくは第二項の規定により障害児入所給付費の支給を受けて又は同法第二十七条第一項第三号若しくは第二項の規定により措置（同法第三十一条第五項又は第三十一条の二第三項の規定により同法第二十七条第一項第三号又は第二項の規定による措置とみなされる場合を含む。）が採られて障害者の日常生活及び社会生活を総合的に支援するための法律第五条第一項の主務省令で定める施設に入所していた身体障害者又は身体に障害のある児童福祉法第四条第一項に規定する児童（以下この項において「身体障害者等」という。）が、継続して、第十八条第二項の規定により入所措置が採られて、障害者の日常生活及び社会生活を総合的に支援するための法律第二十九条第一項若しくは第三十条第一項の規定により介護給付費等の支給を受けて、生活保護法第三十条第一項ただし書の規定により、若しくは老人福祉法第十一条第一項第一号の規定により入所措置が採られて特定施設（介護保険特定施設及び介護保険施設を除く。）に入所した場合又は介護保険特定施設若しくは介護保険施設に入所若しくは入居をした場合は、当該身体障害者等が満十八歳となる日の前日に当該身体障害者等の保護者であつた者（以下この項において「保護者であつた者」という。）が有した居住地の市町村が、この法律に定める援護を行うものとする。ただし、当該身体障害者等が満十八歳となる日の前日に保護者であつた者がいないか、保護者であつた者が居住地を有しないか、又は保護者であつた者の居住地が明らかでない身体障害者等については、当該身体障害者等が満十八歳となる日の前日におけるその者の所在地の市町村がこの法律に定める援護を行うものとする。

4　前二項の規定の適用を受ける身体障害者が入所し、又は入居している特定施設の設置者は、当該特定施設の所在する市町村及び当該身体障害者に対しこの法律に定める援護を行う市町村に必要な協力をしなければならない。

5　市町村は、この法律の施行に関し、次に掲げる業務を行わなければならない。

一　身体に障害のある者を発見して、又はその相談に応じて、その福祉の増進を図るために必要な指導を行うこと。

二　身体障害者の福祉に関し、必要な情報の提供を行うこと。

三　身体障害者の相談に応じ、その生活の実情、環境等を調査し、更生援護の必要の有無及びその種類を判断し、本人に対して、直接に、又は間接に、社会的更生の方途を指導すること並びにこれに付随する業務を行うこと。

6　市町村は、前項第二号の規定による情報の提供並びに同項第三号の規定による相談及び指導のうち主として居宅において日常生活を営む身体障害者及びその介護を行う者に係るものについては、これを障害者の日常生活及び社会生活を総合的に支援するための法律第五条第十八項に規定する一般相談支援事業又は特定相談支援事業を行う当該市町村以外の者に委託することができる。

7　その設置する福祉事務所（社会福祉法（昭和二十六年法律第四十五号）に定める福祉に関する事務所をいう。以下同じ。）に身体障害者の福祉に関する事務をつかさどる職員（以下「身体障害者福祉司」という。）を置いていない市町村の長及び福祉事務所を設置していない町村の長は、第五項第三号に掲げる業務のうち専門的な知識及び技術を必要とするもの（次条第二項及び第三項において「専門的相談指導」という。）については、身体障害者の更生援護に関する相談所（以下「身体障害者更生相談所」という。）の技術的援助及び助言を求めなければならない。

8　市町村長（特別区の区長を含む。以下同じ。）は、第五項第三号に掲げる業務を行うに当たつて、特に医学的、心理学的及び職能的判定を必要とする場合には、身体障害者更生相談所の判定を求めなければならない。

9　市町村長は、この法律の規定による市町村の事務の全部又は一部をその管理に属する行政庁に委任することができる。

（**市町村の福祉事務所**）

第九条の二　市町村の設置する福祉事務所又はその長は、この法律の施行に関し、主として前条第五項各号に掲げる業務又は同条第七項及び第八項の規定による市町村長の業務を行うものとする。

2　市の設置する福祉事務所に身体障害者福祉司を置いている福祉事務所があるときは、当該市の身体障害者福祉司を置いていない福祉事務所の長は、専門的相談指導については、当該市の身体障害者福祉司の技術的援助及び助言を求めなければならない。

3　市町村の設置する福祉事務所のうち身体障害者福祉司を置いている福祉事務所の長は、専門的相談指導を行うに当たつて、特に専門的な知識及び技術を必要とする場合には、身体障害者更生相談所の技術的援助及び助言を求めなければならない。

（**連絡調整等の実施者**）

第十条　都道府県は、この法律の施行に関し、次に掲げる業務を行わなければならない。

一　市町村の援護の実施に関し、市町村相互間の連絡調整、市町村に対する情報の提供その他必要な援助を行うこと及びこれらに付随する業務を行うこと。

二　身体障害者の福祉に関し、主として次に掲げる業務を行うこと。

イ　各市町村の区域を超えた広域的な見地から、実情の把握に努めること。

ロ　身体障害者に関する相談及び指導のうち、専門的な知識及び技術を必要とするものを行うこと。

ハ　身体障害者の医学的、心理学的及び職能的判定を行うこと。

ニ　必要に応じ、障害者の日常生活及び社会生活を総合的に支援するための法律第五条第二十五項に規定する補装具の処方及び適合判定を行うこと。

2　都道府県知事は、市町村の援護の適切な実施を確保するため必要があると認めるときは、市町村に対し、必要な助言を行うことができる。

3　都道府県知事は、第一項又は前項の規定による都道府県の事務の全部又は一部を、その管理に属する行政庁に限り、委任することができる。

（**更生相談所**）

第十一条　都道府県は、身体障害者の更生援護の利便のため、及び市町村の援護の適切な実施の支援のため、必要の地に身体障害者更生相談所を設けなければならない。

2　身体障害者更生相談所は、身体障害者の福祉に関し、主として前条第一項第一号に掲げる業務（第十八条第二項の措置に係るものに限る。）及び前条第一項第二号ロからニまでに掲げる業務並びに障害者の日常生活及び社会生活を総合的に支援するための法律第二十二条第二項及び第三項、第二十六条第一項、第五十一条の七第二項及び第三項、第五十一条の十一、第七十四条並びに第七十六条第三項に規定する業務を行うものとする。

3　身体障害者更生相談所は、必要に応じ、巡回して、前項に規定する業務を行うことができる。

4　前各項に定めるもののほか、身体障害者更生相談所に関し必要な事項は、政令で定める。

（**身体障害者福祉司**）

第十一条の二　都道府県は、その設置する身体障害者更生相談所に、身体障害者福祉司を置かなければならない。

2　市及び町村は、その設置する福祉事務所に、身体障害者福祉司を置くことができる。

3　都道府県の身体障害者福祉司は、身体障害者更生相談所の長の命を受けて、次に掲げる業務を行うものとする。

一　第十条第一項第一号に掲げる業務のうち、専門的な知識及び技術を必要とするものを行うこと。

二　身体障害者の福祉に関し、第十条第一項第二号ロに掲げる業務を行うこと。

4　市町村の身体障害者福祉司は、当該市町村の福祉事務所の長の命を受けて、身体障害者の福祉に関し、次に掲げる業務を行うものとする。

一　福祉事務所の所員に対し、技術的指導を行うこと。

二　第九条第五項第三号に掲げる業務のうち、専門的な知識及び技術を必要とするものを行うこと。

5　市の身体障害者福祉司は、第九条の二第二項の規定により技術的援助及び助言を求められたときは、これに協力しなければならない。この場合において、特に専門的な知識及び技術が必要であると認めるときは、身体障害者更生相談所に当該技術的援助及び助言を求めるよう助言しなければならない。

第十二条 身体障害者福祉司は、都道府県知事又は市町村長の補助機関である職員とし、次の各号のいずれかに該当する者のうちから、任用しなければならない。

一 社会福祉法に定める社会福祉主事たる資格を有する者であつて、身体障害者の更生援護その他その福祉に関する事業に二年以上従事した経験を有するもの

二 学校教育法（昭和二十二年法律第二十六号）に基づく大学又は旧大学令（大正七年勅令第三百八十八号）に基づく大学において、厚生労働大臣の指定する社会福祉に関する科目を修めて卒業した者（当該科目を修めて同法に基づく専門職大学の前期課程を修了した者を含む。）

三 医師

四 社会福祉士

五 身体障害者の更生援護の事業に従事する職員を養成する学校その他の施設で都道府県知事の指定するものを卒業した者

六 前各号に準ずる者であつて、身体障害者福祉司として必要な学識経験を有するもの

（**民生委員の協力**）

第十二条の二 民生委員法（昭和二十三年法律第百九十八号）に定める民生委員は、この法律の施行について、市町村長、福祉事務所の長、身体障害者福祉司又は社会福祉主事の事務の執行に協力するものとする。

（**身体障害者相談員**）

第十二条の三 市町村は、身体に障害のある者の福祉の増進を図るため、身体に障害のある者の相談に応じ、及び身体に障害のある者の更生のために必要な援助を行うこと（次項において「相談援助」という。）を、社会的信望があり、かつ、身体に障害のある者の更生援護に熱意と識見を持つている者に委託することができる。

2 前項の規定にかかわらず、都道府県は、障害の特性その他の事情に応じた相談援助を委託することが困難であると認められる市町村がある場合にあつては、当該市町村の区域における当該相談援助を、社会的信望があり、かつ、身体に障害のある者の更生援護に熱意と識見を持つている者に委託することができる。

3 前二項の規定により委託を受けた者は、身体障害者相談員と称する。

4 身体障害者相談員は、その委託を受けた業務を行うに当たつては、身体に障害のある者が、障害者の日常生活及び社会生活を総合的に支援するための法律第五条第一項に規定する障害福祉サービス事業（第十八条の二において「障害福祉サービス事業」という。）、同法第五条第十八項に規定する一般相談支援事業その他の身体障害者の福祉に関する事業に係るサービスを円滑に利用することができるように配慮し、これらのサービスを提供する者その他の関係者等との連携を保つよう努めなければならない。

5 身体障害者相談員は、その委託を受けた業務を行うに当たつては、個人の人格を尊重し、その身上に関する秘密を守らなければならない。

第二章 更生援護

第一節 総則

（**指導啓発**）

第十三条 国及び地方公共団体は、疾病又は事故による身体障害の発生の予防及び身体に障害のある者の早期治療等について国民の関心を高め、かつ、身体に障害のある者の福祉に関する思想を普及するため、広く国民の指導啓発に努めなければならない。

（**調査**）

第十四条 厚生労働大臣は、身体に障害のある者の状況について、自ら調査を実施し、又は都道府県知事その他関係行政機関から調査報告を求め、その研究調査の結果に基づいて身体に障害のある者に対し十分な福祉サービスの提供が行われる体制が整備されるように努めなければならない。

（**支援体制の整備等**）

第十四条の二 市町村は、この章に規定する更生援護、障害者の日常生活及び社会生活を総合的に支援するための法律の規定による自立支援給付及び地域生活支援事業その他地域の実情に応じたきめ細かな福祉サービスが積極的に提供され、身体障害者が、心身の状況、その置かれている環境等に応じて、自立した日常生活及び社会生活を営むために最も適切な支援が総合的に受けられるように、福祉サービスを提供する者又はこれらに参画する者の活動の連携及び調整を図る等地域の実情に応じた体制の整備に努めなければならな

い。

2　市町村は、前項の体制の整備及びこの章に規定する更生援護の実施に当たつては、身体障害者が引き続き居宅において日常生活を営むことができるよう配慮しなければならない。

（**身体障害者手帳**）

第十五条　身体に障害のある者は、都道府県知事の定める医師の診断書を添えて、その居住地（居住地を有しないときは、その現在地）の都道府県知事に身体障害者手帳の交付を申請することができる。ただし、本人が十五歳に満たないときは、その保護者（親権を行う者及び後見人をいう。ただし、児童福祉法第二十七条第一項第三号又は第二十七条の二の規定により里親に委託され、又は児童福祉施設に入所した児童については、当該里親又は児童福祉施設の長とする。以下同じ。）が代わつて申請するものとする。

2　前項の規定により都道府県知事が医師を定めるときは、厚生労働大臣の定めるところに従い、かつ、その指定に当たつては、社会福祉法第七条第一項に規定する社会福祉に関する審議会その他の合議制の機関（以下「地方社会福祉審議会」という。）の意見を聴かなければならない。

3　第一項に規定する医師が、その身体に障害のある者に診断書を交付するときは、その者の障害が別表に掲げる障害に該当するか否かについて意見書をつけなければならない。

4　都道府県知事は、第一項の申請に基いて審査し、その障害が別表に掲げるものに該当すると認めたときは、申請者に身体障害者手帳を交付しなければならない。

5　前項に規定する審査の結果、その障害が別表に掲げるものに該当しないと認めたときは、都道府県知事は、理由を附して、その旨を申請者に通知しなければならない。

6　身体障害者手帳の交付を受けた者は、身体障害者手帳を譲渡し又は貸与してはならない。

7　身体に障害のある十五歳未満の者につき、その保護者が身体障害者手帳の交付を受けた場合において、本人が満十五歳に達したとき、又は本人が満十五歳に達する以前にその保護者が保護者でなくなつたときは、身体障害者手帳の交付を受けた保護者は、すみやかにこれを本人又は新たな保護者に引き渡さなければならない。

8　前項の場合において、本人が満十五歳に達する以前に、身体障害者手帳の交付を受けたその保護者が死亡したときは、その者の親族又は同居の縁故者でその身体障害者手帳を所持するものは、すみやかにこれを新たな保護者に引き渡さなければならない。

9　前二項の規定により本人又は新たな保護者が身体障害者手帳の引渡を受けたときは、その身体障害者手帳は、本人又は新たな保護者が交付を受けたものとみなす。

10　前各項に定めるものの外、身体障害者手帳に関し必要な事項は、政令で定める。

（**身体障害者手帳の返還**）

第十六条　身体障害者手帳の交付を受けた者又はその者の親族若しくは同居の縁故者でその身体障害者手帳を所持するものは、本人が別表に掲げる障害を有しなくなつたとき、又は死亡したときは、すみやかに身体障害者手帳を都道府県知事に返還しなければならない。

2　都道府県知事は、次に掲げる場合には、身体障害者手帳の交付を受けた者に対し身体障害者手帳の返還を命ずることができる。

一　本人の障害が別表に掲げるものに該当しないと認めたとき。

二　身体障害者手帳の交付を受けた者が正当な理由がなく、第十七条の二第一項の規定による診査又は児童福祉法第十九条第一項の規定による診査を拒み、又は忌避したとき。

三　身体障害者手帳の交付を受けた者がその身体障害者手帳を他人に譲渡し又は貸与したとき。

3　都道府県知事は、前項の規定による処分をするには、文書をもつて、その理由を示さなければならない。

4　市町村長は、身体障害者につき、第二項各号に掲げる事由があると認めるときは、その旨を都道府県知事に通知しなければならない。

第十七条　前条第二項の規定による処分に係る行政手続法（平成五年法律第八十八号）第十五条第一項の通知は、聴聞の期日の十日前までにしなければならない。

（**診査及び更生相談**）

第十七条の二　市町村は、身体障害者の診査及び更生相談を行い、必要に応じ、次に掲げる措置を採らなければならない。

一　医療又は保健指導を必要とする者に対しては、医療又は保健施設に紹介すること。

二　公共職業能力開発施設の行う職業訓練

（職業能力開発総合大学校の行うものを含む。）又は就職あっせんを必要とする者に対しては、公共職業安定所に紹介すること。

三　前二号に規定するもののほか、その更生に必要な事項につき指導すること。

2　医療保健施設又は公共職業安定所は、前項第一号又は第二号の規定により市町村から身体障害者の紹介があつたときは、その更生のために協力しなければならない。

第二節　障害福祉サービス、障害者支援施設等への入所等の措置

（障害福祉サービス、障害者支援施設等への入所等の措置）

第十八条　市町村は、障害者の日常生活及び社会生活を総合的に支援するための法律第五条第一項に規定する障害福祉サービス（同条第六項に規定する療養介護及び同条第十項に規定する施設入所支援（以下この条において「療養介護等」という。）を除く。以下「障害福祉サービス」という。）を必要とする身体障害者が、やむを得ない事由により介護給付費等（療養介護等に係るものを除く。）の支給を受けることが著しく困難であると認めるときは、その身体障害者につき、政令で定める基準に従い、障害福祉サービスを提供し、又は当該市町村以外の者に障害福祉サービスの提供を委託することができる。

2　市町村は、障害者支援施設又は障害者の日常生活及び社会生活を総合的に支援するための法律第五条第六項の主務省令で定める施設（以下「障害者支援施設等」という。）への入所を必要とする身体障害者が、やむを得ない事由により介護給付費等（療養介護等に係るものに限る。）の支給を受けることが著しく困難であると認めるときは、その身体障害者を当該市町村の設置する障害者支援施設等に入所させ、又は国、都道府県若しくは他の市町村若しくは社会福祉法人の設置する障害者支援施設等若しくは独立行政法人国立病院機構若しくは高度専門医療に関する研究等を行う国立研究開発法人に関する法律（平成二十年法律第九十三号）第三条の二に規定する国立高度専門医療研究センターの設置する医療機関であつて厚生労働大臣の指定するもの（以下「指定医療機関」という。）にその身体障害者の入所若しくは入院を委託しなければならない。

（措置の受託義務）

第十八条の二　障害福祉サービス事業を行う者又は障害者支援施設等若しくは指定医療機関の設置者は、前条の規定による委託を受けたときは、正当な理由がない限り、これを拒んではならない。

（措置の解除に係る説明等）

第十八条の三　市町村長は、第十七条の二第一項第三号又は第十八条の措置を解除する場合には、あらかじめ、当該措置に係る者に対し、当該措置の解除の理由について説明するとともに、その意見を聴かなければならない。ただし、当該措置に係る者から当該措置の解除の申出があつた場合その他厚生労働省令で定める場合においては、この限りでない。

（行政手続法の適用除外）

第十九条　第十七条の二第一項第三号又は第十八条の措置を解除する処分については、行政手続法第三章（第十二条及び第十四条を除く。）の規定は、適用しない。

第三節　盲導犬等の貸与

第二十条　都道府県は、視覚障害のある身体障害者、肢体の不自由な身体障害者又は聴覚障害のある身体障害者から申請があつたときは、その福祉を図るため、必要に応じ、盲導犬訓練施設において訓練を受けた盲導犬（身体障害者補助犬法第二条第二項に規定する盲導犬をいう。以下同じ。）、介助犬訓練事業を行う者により訓練を受けた介助犬又は聴導犬訓練事業を行う者により訓練を受けた聴導犬を貸与し、又は当該都道府県以外の者にこれを貸与することを委託することができる。

第四節　社会参加の促進等

（社会参加を促進する事業の実施）

第二十一条　地方公共団体は、視覚障害のある身体障害者及び聴覚障害のある身体障害者の意思疎通を支援する事業、身体障害者の盲導犬、介助犬又は聴導犬の使用を支援する事業、身体障害者のスポーツ活動への参加を促進する事業その他の身体障害者の社会、経済、文化その他あらゆる分野の活動への参加を促進する事業を実施するよう努めなければならない。

（売店の設置）

第二十二条　国又は地方公共団体の設置した事務所その他の公共的施設の管理者は、身体障

害者からの申請があつたときは、その公共的施設内において、新聞、書籍、たばこ、事務用品、食料品その他の物品を販売するために、売店を設置することを許すように努めなければならない。

２　前項の規定により公共的施設内に売店を設置することを許したときは、当該施設の管理者は、その売店の運営について必要な規則を定めて、これを監督することができる。

３　第一項の規定により、売店を設置することを許された身体障害者は、病気その他正当な理由がある場合の外は、自らその業務に従事しなければならない。

第二十三条　市町村は、前条に規定する売店の設置及びその運営を円滑にするため、その区域内の公共的施設の管理者と協議を行い、かつ、公共的施設における売店設置の可能な場所、販売物品の種類等を調査し、その結果を身体障害者に知らせなければならない。

（製造たばこの小売販売業の許可）

第二十四条　身体障害者がたばこ事業法（昭和五十九年法律第六十八号）第二十二条第一項の規定による小売販売業の許可を申請した場合において同法第二十三条各号の規定に該当しないときは、財務大臣は、当該身体障害者に当該許可を与えるように努めなければならない。

２　第二十二条第三項の規定は、前項の規定によりたばこ事業法第二十二条第一項の許可を受けた者について準用する。

（製作品の購買）

第二十五条　身体障害者の援護を目的とする社会福祉法人で厚生労働大臣の指定するものは、その援護する身体障害者の製作した政令で定める物品について、国又は地方公共団体の行政機関に対し、購買を求めることができる。

２　国又は地方公共団体の行政機関は、前項の規定により当該物品の購買を求められた場合において、適当と認められる価格により、且つ、自らの指定する期限内に購買することができるときは、自らの用に供する範囲において、その求に応じなければならない。但し、前項の社会福祉法人からその必要とする数量を購買することができないときは、この限りでない。

３　国の行政機関が、前二項の規定により当該物品を購買するときは、第一項の社会福祉法人の受註、納入等を円滑ならしめることを目的とする社会福祉法人で厚生労働大臣の指定するものを通じて行うことができる。

４　社会保障審議会は、この条に規定する業務の運営について必要があると認めるときは、国又は地方公共団体の機関に対し、勧告をすることができる。

（芸能、出版物等の推薦等）

第二十五条の二　社会保障審議会は、身体障害者の福祉を図るため、芸能、出版物等を推薦し、又はそれらを製作し、興行し、若しくは販売する者等に対し、必要な勧告をすることができる。

第三章　事業及び施設

（事業の開始等）

第二十六条　国及び都道府県以外の者は、厚生労働省令の定めるところにより、あらかじめ、厚生労働省令で定める事項を都道府県知事に届け出て、身体障害者生活訓練等事業又は介助犬訓練事業若しくは聴導犬訓練事業（以下「身体障害者生活訓練等事業等」という。）を行うことができる。

２　国及び都道府県以外の者は、前項の規定により届け出た事項に変更を生じたときは、変更の日から一月以内に、その旨を都道府県知事に届け出なければならない。

３　国及び都道府県以外の者は、身体障害者生活訓練等事業等を廃止し、又は休止しようとするときは、あらかじめ、厚生労働省令で定める事項を都道府県知事に届け出なければならない。

第二十七条　国及び都道府県以外の者は、社会福祉法の定めるところにより、手話通訳事業を行うことができる。

（施設の設置等）

第二十八条　都道府県は、身体障害者社会参加支援施設を設置することができる。

２　市町村は、あらかじめ厚生労働省令で定める事項を都道府県知事に届け出て、身体障害者社会参加支援施設を設置することができる。

３　社会福祉法人その他の者は、社会福祉法の定めるところにより、身体障害者社会参加支援施設を設置することができる。

４　身体障害者社会参加支援施設には、身体障害者の社会参加の支援の事務に従事する者の養成施設（以下「養成施設」という。）を附置することができる。ただし、市町村がこれを附置する場合には、あらかじめ、厚生労働省令で定める事項を都道府県知事に届け出なければならない。

5　前各項に定めるもののほか、身体障害者社会参加支援施設の設置、廃止又は休止に関し必要な事項は、政令で定める。

（**施設の基準**）

第二十九条　厚生労働大臣は、身体障害者社会参加支援施設及び養成施設の設備及び運営について、基準を定めなければならない。

2　社会福祉法人その他の者が設置する身体障害者社会参加支援施設については、前項の規定による基準を社会福祉法第六十五条第一項の規定による基準とみなして、同法第六十二条第四項、第六十五条第三項及び第七十一条の規定を適用する。

第三十条　削除

（**身体障害者福祉センター**）

第三十一条　身体障害者福祉センターは、無料又は低額な料金で、身体障害者に関する各種の相談に応じ、身体障害者に対し、機能訓練、教養の向上、社会との交流の促進及びレクリエーションのための便宜を総合的に供与する施設とする。

（**補装具製作施設**）

第三十二条　補装具製作施設は、無料又は低額な料金で、補装具の製作又は修理を行う施設とする。

（**盲導犬訓練施設**）

第三十三条　盲導犬訓練施設は、無料又は低額な料金で、盲導犬の訓練を行うとともに、視覚障害のある身体障害者に対し、盲導犬の利用に必要な訓練を行う施設とする。

（**視聴覚障害者情報提供施設**）

第三十四条　視聴覚障害者情報提供施設は、無料又は低額な料金で、点字刊行物、視覚障害者用の録音物、聴覚障害者用の録画物その他各種情報を記録した物であつて専ら視聴覚障害者が利用するものを製作し、若しくはこれらを視聴覚障害者の利用に供し、又は点訳（文字を点字に訳すことをいう。）若しくは手話通訳等を行う者の養成若しくは派遣その他の厚生労働省令で定める便宜を供与する施設とする。

第四章　費用

（**市町村の支弁**）

第三十五条　身体障害者の更生援護について、この法律において規定する事項に要する費用のうち、次に掲げるものは、市町村の支弁とする。

一　第十一条の二の規定により市町村が設置する身体障害者福祉司の設置及び運営に要する費用

二　第十二条の三の規定により市町村が行う委託に要する費用

三　第十三条、第十四条、第十七条の二及び第十八条の規定により市町村が行う行政措置に要する費用（国の設置する障害者支援施設等に対し第十八条第二項の規定による委託をした場合において、その委託後に要する費用を除く。）

四　第二十八条第二項及び第四項の規定により、市町村が設置する身体障害者社会参加支援施設及び養成施設の設置及び運営に要する費用

（**都道府県の支弁**）

第三十六条　身体障害者の更生援護について、この法律において規定する事項に要する費用のうち、次に掲げるものは、都道府県の支弁とする。

一　第十一条の二の規定により都道府県が設置する身体障害者福祉司の設置及び運営に要する費用

二　第十一条の規定により都道府県が設置する身体障害者更生相談所の設置及び運営に要する費用

二の二　第十二条の三の規定により都道府県が行う委託に要する費用

三　第十三条、第十四条、第十五条及び第二十条の規定により都道府県知事が行う行政措置に要する費用

四　第二十八条第一項及び第四項の規定により都道府県が設置する身体障害者社会参加支援施設及び養成施設の設置及び運営に要する費用

（**国の支弁**）

第三十六条の二　国は、第十八条第二項の規定により、国の設置する障害者支援施設等に入所した身体障害者の入所後に要する費用を支弁する。

（**都道府県の負担**）

第三十七条　都道府県は、政令の定めるところにより、第三十五条の規定により市町村が支弁する費用について、次に掲げるものを負担する。

一　第三十五条第三号の費用（第十八条の規定により市町村が行う行政措置に要する費用に限り、次号に掲げる費用を除く。）については、その四分の一

二　第三十五条第三号の費用（第九条第一項に規定する居住地を有しないか、又は明ら

かでない身体障害者についての第十八条の規定により市町村が行う行政措置に要する費用に限る。）については、その十分の五

（国の負担）

第三十七条の二　国は、政令の定めるところにより、第三十五条及び第三十六条の規定により市町村及び都道府県が支弁する費用について、次に掲げるものを負担する。

一　第三十五条第四号及び第三十六条第四号の費用（視聴覚障害者情報提供施設の運営に要する費用に限る。）については、その十分の五

二　第三十五条第三号の費用（第十七条の二の規定により市町村が行う行政措置に要する費用を除く。）及び第三十六条第三号の費用（第十五条及び第二十条の規定により都道府県知事が行う行政措置に要する費用を除く。）については、その十分の五

（費用の徴収）

第三十八条　第十八条第一項の規定により障害福祉サービスの提供若しくは提供の委託が行われた場合又は同条第二項の規定により障害者支援施設等への入所若しくは障害者支援施設等若しくは指定医療機関への入所若しくは入院の委託（国の設置する障害者支援施設等への入所の委託を除く。）が行われた場合においては、当該行政措置に要する費用を支弁した市町村の長は、当該身体障害者又はその扶養義務者（民法（明治二十九年法律第八十九号）に定める扶養義務者をいう。以下同じ。）から、その負担能力に応じ、その費用の全部又は一部を徴収することができる。

2　市町村により国の設置する障害者支援施設等への入所の委託が行われた場合においては、厚生労働大臣は、当該身体障害者又はその扶養義務者から、その負担能力に応じ、その費用の全部又は一部を徴収することができる。

3　厚生労働大臣又は市町村長は、前二項の規定による費用の徴収に関し必要があると認めるときは、当該身体障害者又はその扶養義務者の収入の状況につき、当該身体障害者若しくはその扶養義務者に対し報告を求め、又は官公署に対し必要な書類の閲覧若しくは資料の提供を求めることができる。

（準用規定）

第三十八条の二　社会福祉法第五十八条第二項から第四項までの規定は、国有財産特別措置法（昭和二十七年法律第二百十九号）第二条第二項第三号の規定又は同法第三条第一項第四号及び第二項の規定により普通財産の譲渡又は貸付けを受けた社会福祉法人に準用する。

第五章　雑則

（報告の徴収等）

第三十九条　都道府県知事は、身体障害者の福祉のために必要があると認めるときは、身体障害者生活訓練等事業等を行う者に対して、必要と認める事項の報告を求め、又は当該職員に、関係者に対して質問させ、若しくはその事務所若しくは施設に立ち入り、設備、帳簿書類その他の物件を検査させることができる。

2　都道府県知事は、第二十八条第二項の規定により市町村が設置する身体障害者社会参加支援施設の運営を適切にさせるため、必要があると認めるときは、当該施設の長に対して、必要と認める事項の報告を求め、又は当該職員に、関係者に対して質問させ、若しくはその施設に立ち入り、設備、帳簿書類その他の物件を検査させることができる。

3　前二項の規定による質問又は立入検査を行う場合においては、当該職員は、その身分を示す証明書を携帯し、関係者の請求があるときは、これを提示しなければならない。

4　第一項及び第二項の規定による権限は、犯罪捜査のために認められたものと解釈してはならない。

（事業の停止等）

第四十条　都道府県知事は、身体障害者生活訓練等事業等を行う者が、この法律若しくはこれに基づく命令若しくはこれらに基づいてする処分に違反したとき、又はその事業に関し不当に営利を図り、若しくはその事業に係る者の処遇につき不当な行為をしたときは、その事業を行う者に対し、その事業の制限又は停止を命ずることができる。

第四十一条　身体障害者社会参加支援施設又は養成施設について、その設備若しくは運営が第二十九条第一項の規定による基準にそわなくなつたと認められ、又は法令の規定に違反すると認められるときは、都道府県の設置したものについては厚生労働大臣が、市町村の設置したものについては都道府県知事が、それぞれ、その事業の停止又は廃止を命ずることができる。

2　厚生労働大臣又は都道府県知事は、前項の規定による処分をするには、文書をもつて、その理由を示さなければならない。

第四十二条　削除

（町村の一部事務組合等）

第四十三条　町村が一部事務組合又は広域連合を設けて福祉事務所を設置した場合には、この法律の適用については、その一部事務組合又は広域連合を福祉事務所を設置する町村とみなす。

（大都市等の特例）

第四十三条の二　この法律中都道府県が処理することとされている事務で政令で定めるものは、地方自治法（昭和二十二年法律第六十七号）第二百五十二条の十九第一項の指定都市（以下「指定都市」という。）及び同法第二百五十二条の二十二第一項の中核市（以下「中核市」という。）においては、政令で定めるところにより、指定都市又は中核市（以下「指定都市等」という。）が処理するものとする。この場合においては、この法律中都道府県に関する規定は、指定都市等に関する規定として指定都市等に適用があるものとする。

（権限の委任）

第四十四条　この法律に規定する厚生労働大臣の権限は、厚生労働省令で定めるところにより、地方厚生局長に委任することができる。

2　前項の規定により地方厚生局長に委任された権限は、厚生労働省令で定めるところにより、地方厚生支局長に委任することができる。

（実施命令）

第四十五条　この法律に特別の規定があるものを除くほか、この法律の実施のための手続その他その執行について必要な細則は、厚生労働省令で定める。

（罰則）

第四十六条　次の各号の一に該当する者は、十万円以下の罰金に処する。

一　第十五条第六項の規定に違反した者

二　第十六条第一項の規定に違反した者

第四十七条　偽りその他不正な手段により、身体障害者手帳の交付を受けた者又は受けさせた者は、六月以下の懲役又は二十万円以下の罰金に処する。

第四十八条　第十六条第二項の規定に基づく都道府県知事の命令に違反した者は、三月以下の懲役又は十万円以下の罰金に処する。

第四十九条　正当な理由がなく、第三十八条第三項の規定による報告をせず、又は虚偽の報告をした者は、十万円以下の過料に処する。

附　則（抄）

（更生援護の特例）

2　児童福祉法第六十三条の二の規定による通知に係る児童は、第九条から第十条まで、第十一条の二、第十八条及び第三十五条から第三十八条までの規定の適用については、身体障害者とみなす。

別表（第四条、第十五条、第十六条関係）

一　次に掲げる視覚障害で、永続するもの

1　両眼の視力（万国式試視力表によつて測つたものをいい、屈折異常がある者については、矯正視力について測つたものをいう。以下同じ。）がそれぞれ〇・一以下のもの

2　一眼の視力が〇・〇二以下、他眼の視力が〇・六以下のもの

3　両眼の視野がそれぞれ一〇度以内のもの

4　両眼による視野の二分の一以上が欠けているもの

二　次に掲げる聴覚又は平衡機能の障害で、永続するもの

1　両耳の聴力レベルがそれぞれ七〇デシベル以上のもの

2　一耳の聴力レベルが九〇デシベル以上、他耳の聴力レベルが五〇デシベル以上のもの

3　両耳による普通話声の最良の語音明瞭度が五〇パーセント以下のもの

4　平衡機能の著しい障害

三　次に掲げる音声機能、言語機能又はそしやく機能の障害

1　音声機能、言語機能又はそしやく機能の喪失

2　音声機能、言語機能又はそしやく機能の著しい障害で、永続するもの

四　次に掲げる肢体不自由

1　一上肢、一下肢又は体幹の機能の著しい障害で、永続するもの

2　一上肢のおや指を指骨間関節以上で欠くもの又はひとさし指を含めて一上肢の二指以上をそれぞれ第一指骨間関節以上で欠くもの

3　一下肢をリスフラン関節以上で欠くもの

4　両下肢のすべての指を欠くもの

5　一上肢のおや指の機能の著しい障害又はひとさし指を含めて一上肢の三指以上の機能の著しい障害で、永続するもの

6　1から5までに掲げるもののほか、そ

の程度が1から5までに掲げる障害の程度以上であると認められる障害

五　心臓、じん臓又は呼吸器の機能の障害その他政令で定める障害で、永続し、かつ、日常生活が著しい制限を受ける程度であると認められるもの

・刑法等の一部を改正する法律の施行に伴う関係法律の整理等に関する法律（令和四・六・一七法律六八）

附則　抄

（施行期日）

1　この法律は、刑法等一部改正法施行日から施行する。〈略〉

・障害者の日常生活及び社会生活を総合的に支援するための法律等の一部を改正する法律（令和四・一二・一六法律一〇四）

附則　抄

（施行期日）

第一条　この法律は、令和六年四月一日から施行する。ただし、次の各号に掲げる規定は、当該各号に定める日から施行する。

四　〈略〉公布の日から起算して三年を超えない範囲内において政令で定める日

身体障害者社会参加支援施設の設備及び運営に関する基準（抄）

（平成一五・三・一二　厚労令二一）

最新改正　令和三厚労令五五

第一章　総則

（趣旨）

第一条　身体障害者福祉法（昭和二十四年法律第二百八十三号。以下「法」という。）第二十八条第一項の規定による身体障害者社会参加支援施設の設備及び運営に関する基準は、この省令の定めるところによる。

（基本方針）

第二条　身体障害者社会参加支援施設は、入所者又は利用者（以下この章及び第六章において「入所者等」という。）に対し、その自立と社会経済活動への参加を促進する観点から、健全な環境の下で、社会福祉事業に関する熱意及び能力を有する職員による適切な支援を行うよう努めなければならない。

2　身体障害者社会参加支援施設は、入所者等の意思及び人格を尊重し、常にその者の立場に立って支援を行うよう努めなければならない。

3　身体障害者社会参加支援施設は、できる限り居宅に近い環境の中で、地域や家庭との結び付きを重視した運営を行い、市町村（特別区を含む。以下同じ。）、身体障害者の福祉を増進することを目的とする事業を行う者その他の保健医療サービス又は福祉サービスを提供する者との密接な連携に努めなければならない。

4　身体障害者社会参加支援施設は、入所者の人権の擁護、虐待の防止等のため、責任者を設置する等必要な体制の整備を行うとともに、その従業者に対し、研修を実施する等の措置を講じるよう努めなければならない。

（秘密保持等）

第九条　身体障害者社会参加支援施設の職員は、正当な理由がなく、その業務上知り得た入所者等又はその家族の秘密を漏らしてはならない。

2　身体障害者社会参加支援施設は、職員であった者が、正当な理由がなく、その業務上知り得た入所者等又はその家族の秘密を漏らすことがないよう、必要な措置を講じなければならない。

（苦情解決）

第十条　身体障害者社会参加支援施設は、その行った支援に関する入所者等からの苦情に迅速かつ適切に対応するために、苦情を受け付けるための窓口を設置する等の必要な措置を講じなければならない。

2　身体障害者社会参加支援施設は、その行った支援に関し、市町村から指導又は助言を受けた場合は、当該指導又は助言に従って必要な改善を行わなければならない。

3　身体障害者社会参加支援施設は、社会福祉法（昭和二十六年法律第四十五号）第八十三条に規定する運営適正化委員会が同法第八十五条の規定により行う調査又はあっせんにできる限り協力しなければならない。

第二章　身体障害者福祉センター

（**業務継続計画の策定等**）

第二十二条の二　身体障害者福祉センターは、感染症や非常災害の発生時において、利用者に対する支援の提供を継続的に実施するための、及び非常時の体制で早期の業務再開を図るための計画（以下「業務継続計画」という。）を策定し、当該業務継続計画に従い必要な措置を講じなければならない。

2　身体障害者福祉センターは、職員に対し、業務継続計画について周知するとともに、必要な研修及び訓練を定期的に実施しなければならない。

3　身体障害者福祉センターは、定期的に業務継続計画の見直しを行い、必要に応じて業務継続計画の変更を行うものとする。

第六章　雑則

（**電磁的記録等**）

第四十三条　身体障害者社会参加支援施設及びその職員は、記録、保存その他これらに類するもののうち、この省令の規定において書面（書面、書類、文書、謄本、抄本、正本、副本、複本その他文字、図形等人の知覚によって認識することができる情報が記載された紙その他の有体物をいう。以下この条において同じ。）で行うことが規定されている又は想定されるもの（次項に規定するものを除く。）については、書面に代えて、当該書面に係る電磁的記録（電子的方式、磁気的方式その他人の知覚によっては認識することができない方式で作られる記録であって、電子計算機による情報処理の用に供されるものをいう。）により行うことができる。

2　身体障害者社会参加支援施設及びその職員は、同意その他これに類するもの（以下「同意等」という。）のうち、この省令の規定において書面で行うことが規定されている又は想定されるものについては、当該同意等の相手方の承諾を得て、当該同意等の相手方が入所者等である場合には当該入所者等に係る障害の特性に応じた適切な配慮をしつつ、書面に代えて、電磁的方法（電子的方法、磁気的方法その他人の知覚によって認識することができない方法をいう。）によることができる。

身体障害者補助犬法

（平成一四・五・二九　法律四九）

最新改正　令和三法律三六

第一章　総則

（**目的**）

第一条　この法律は、身体障害者補助犬を訓練する事業を行う者及び身体障害者補助犬を使用する身体障害者の義務等を定めるとともに、身体障害者が国等が管理する施設、公共交通機関等を利用する場合において身体障害者補助犬を同伴することができるようにするための措置を講ずること等により、身体障害者補助犬の育成及びこれを使用する身体障害者の施設等の利用の円滑化を図り、もって身体障害者の自立及び社会参加の促進に寄与することを目的とする。

（**定義**）

第二条　この法律において「身体障害者補助犬」とは、盲導犬、介助犬及び聴導犬をいう。

2　この法律において「盲導犬」とは、道路交通法（昭和三十五年法律第百五号）第十四条第一項に規定する政令で定める盲導犬であって、第十六条第一項の認定を受けているものをいう。

3　この法律において「介助犬」とは、肢体不自由により日常生活に著しい支障がある身体障害者のために、物の拾い上げ及び運搬、着脱衣の補助、体位の変更、起立及び歩行の際の支持、扉の開閉、スイッチの操作、緊急の場合における救助の要請その他の肢体不自由を補う補助を行う犬であって、第十六条第一項の認定を受けているものをいう。

4　この法律において「聴導犬」とは、聴覚障害により日常生活に著しい支障がある身体障害者のために、ブザー音、電話の呼出音、その者を呼ぶ声、危険を意味する音等を聞き分け、その者に必要な情報を伝え、及び必要に応じ音源への誘導を行う犬であって、第十六条第一項の認定を受けているものをいう。

第二章　身体障害者補助犬の訓練

（**訓練事業者の義務**）

第三条　盲導犬訓練施設（身体障害者福祉法（昭和二十四年法律第二百八十三号）第三十三条に規定する盲導犬訓練施設をいう。）を経営する事業を行う者、介助犬訓練事業（同法第四条の二第三項に規定する介助犬訓練事業をいう。）を行う者及び聴導犬訓練事業（同項に規定する聴導犬訓練事業をいう。）を行う者（以下「訓練事業者」という。）は、身体障害者補助犬としての適性を有する犬を選択するとともに、必要に応じ医療を提供する者、獣医師等との連携を確保しつつ、これを使用しようとする各身体障害者に必要とされる補助を適確に把握し、その身体障害者の状況に応じた訓練を行うことにより、良質な身体障害者補助犬を育成しなければならない。

2　訓練事業者は、障害の程度の増進により必要とされる補助が変化することが予想される身体障害者のために前項の訓練を行うに当たっては、医療を提供する者との連携を確保することによりその身体障害者について将来必要となる補助を適確に把握しなければならない。

第四条　訓練事業者は、前条第二項に規定する身体障害者のために身体障害者補助犬を育成した場合には、その身体障害者補助犬の使用状況の調査を行い、必要に応じ再訓練を行わなければならない。

（**厚生労働省令への委任**）

第五条　前二条に規定する身体障害者補助犬の訓練に関し必要な事項は、厚生労働省令で定める。

第三章　身体障害者補助犬の使用に係る適格性

第六条　身体障害者補助犬を使用する身体障害者は、自ら身体障害者補助犬の行動を適切に管理することができる者でなければならない。

第四章　施設等における身体障害者補助犬の同伴等

（**国等が管理する施設における身体障害者補助犬の同伴等**）

第七条　国等（国及び地方公共団体並びに独立行政法人（独立行政法人通則法（平成十一年法律第百三号）第二条第一項に規定する独立行政法人をいう。）、特殊法人（法律により直接に設立された法人又は特別の法律により特別の設立行為をもって設立された法人であって、総務省設置法（平成十一年法律第九十一号）第四条第一項第八号の規定の適用を受けるものをいう。）その他の政令で定める公共法人をいう。以下同じ。）は、その管理する施設を身体障害者が利用する場合において身体障害者補助犬（第十二条第一項に規定する表示をしたものに限る。以下この項及び次項並びに次条から第十条までにおいて同じ。）を同伴することを拒んではならない。ただし、身体障害者補助犬の同伴により当該施設に著しい損害が発生し、又は当該施設を利用する者が著しい損害を受けるおそれがある場合その他のやむを得ない理由がある場合は、この限りでない。

2　前項の規定は、国等の事業所又は事務所に勤務する身体障害者が当該事業所又は事務所において身体障害者補助犬を使用する場合について準用する。この場合において、同項ただし書中「身体障害者補助犬の同伴により当該施設に著しい損害が発生し、又は当該施設を利用する者が著しい損害を受けるおそれがある場合」とあるのは、「身体障害者補助犬の使用により国等の事業の遂行に著しい支障が生ずるおそれがある場合」と読み替えるものとする。

3　第一項の規定は、国等が管理する住宅に居住する身体障害者が当該住宅において身体障害者補助犬を使用する場合について準用する。

（**公共交通機関における身体障害者補助犬の同伴**）

第八条　公共交通事業者等（高齢者、障害者等の移動等の円滑化の促進に関する法律（平成十八年法律第九十一号）第二条第五号に規定する公共交通事業者等をいう。以下同じ。）

は、その管理する旅客施設（同条第六号に規定する旅客施設をいう。以下同じ。）及び旅客の運送を行うためその事業の用に供する車両等（車両、自動車、船舶及び航空機をいう。以下同じ。）を身体障害者が利用する場合において身体障害者補助犬を同伴することを拒んではならない。ただし、身体障害者補助犬の同伴により当該旅客施設若しくは当該車両等に著しい損害が発生し、又はこれらを利用する者が著しい損害を受けるおそれがある場合その他のやむを得ない理由がある場合は、この限りでない。

（不特定かつ多数の者が利用する施設における身体障害者補助犬の同伴）

第九条　前二条に定めるもののほか、不特定かつ多数の者が利用する施設を管理する者は、当該施設を身体障害者が利用する場合において身体障害者補助犬を同伴することを拒んではならない。ただし、身体障害者補助犬の同伴により当該施設に著しい損害が発生し、又は当該施設を利用する者が著しい損害を受けるおそれがある場合その他のやむを得ない理由がある場合は、この限りでない。

（事業所又は事務所における身体障害者補助犬の使用）

第十条　障害者の雇用の促進等に関する法律（昭和三十五年法律第百二十三号）第四十三条第一項の規定により算定した同項に規定する法定雇用障害者数が一人以上である場合の同項の事業主が雇用する同項の労働者の数のうち最小の数を勘案して政令で定める数以上の同項の労働者を雇用している事業主（国等を除く。）並びに当該事業主が同法第四十四条第一項の親事業主である場合の同項の子会社及び当該事業主が同法第四十五条第一項に規定する親事業主である場合の同項の関係会社（以下「障害者雇用事業主」という。）は、その事業所又は事務所に勤務する身体障害者が当該事業所又は事務所において身体障害者補助犬を使用することを拒んではならない。ただし、身体障害者補助犬の使用により当該障害者雇用事業主の事業の遂行に著しい支障が生ずるおそれがある場合その他のやむを得ない理由がある場合は、この限りでない。

２　障害者雇用事業主以外の事業主（国等を除く。）は、その事業所又は事務所に勤務する身体障害者が当該事業所又は事務所において身体障害者補助犬を使用することを拒まないよう努めなければならない。

（住宅における身体障害者補助犬の使用）

第十一条　住宅を管理する者（国等を除く。）は、その管理する住宅に居住する身体障害者が当該住宅において身体障害者補助犬を使用することを拒まないよう努めなければならない。

（身体障害者補助犬の表示等）

第十二条　この章に規定する施設等（住宅を除く。）の利用等を行う場合において身体障害者補助犬を同伴し、又は使用する身体障害者は、厚生労働省令で定めるところにより、その身体障害者補助犬に、その者のために訓練された身体障害者補助犬である旨を明らかにするための表示をしなければならない。

２　この章に規定する施設等の利用等を行う場合において身体障害者補助犬を同伴し、又は使用する身体障害者は、その身体障害者補助犬が公衆衛生上の危害を生じさせるおそれがない旨を明らかにするため必要な厚生労働省令で定める書類を所持し、関係者の請求があるときは、これを提示しなければならない。

（身体障害者補助犬の行動の管理）

第十三条　この章に規定する施設等の利用等を行う場合において身体障害者補助犬を同伴し、又は使用する身体障害者は、その身体障害者補助犬が他人に迷惑を及ぼすことがないようその行動を十分管理しなければならない。

（表示の制限）

第十四条　何人も、この章に規定する施設等の利用等を行う場合において身体障害者補助犬以外の犬を同伴し、又は使用するときは、その犬に第十二条第一項の表示又はこれと紛らわしい表示をしてはならない。ただし、身体障害者補助犬となるため訓練中である犬又は第十六条第一項の認定を受けるため試験中である犬であって、その旨が明示されているものについては、この限りでない。

第五章　身体障害者補助犬に関する認定等

（法人の指定）

第十五条　厚生労働大臣は、厚生労働省令で定めるところにより、身体障害者補助犬の種類ごとに、身体障害者補助犬の訓練又は研究を目的とする一般社団法人若しくは一般財団法人又は社会福祉法（昭和二十六年法律第四十五号）第三十一条第一項の規定により設立された社会福祉法人であって、次条に規定する認定の業務を適切かつ確実に行うことができると認められるものを、その申請により、当該業務を行う者として指定することができる。

2　厚生労働大臣は、前項の規定による指定をしたときは、当該指定を受けた者（以下「指定法人」という。）の名称及び主たる事務所の所在地を公示しなければならない。

3　指定法人は、その名称又は主たる事務所の所在地を変更しようとするときは、あらかじめ、その旨を厚生労働大臣に届け出なければならない。

4　厚生労働大臣は、前項の規定による届出があったときは、当該届出に係る事項を公示しなければならない。

（同伴に係る身体障害者補助犬に必要な能力の認定）

第十六条　指定法人は、身体障害者補助犬とするために育成された犬（当該指定法人が訓練事業者として自ら育成した犬を含む。）であって当該指定法人に申請があったものについて、身体障害者がこれを同伴して不特定かつ多数の者が利用する施設等を利用する場合において他人に迷惑を及ぼさないことその他適切な行動をとる能力を有すると認める場合には、その旨の認定を行わなければならない。

2　指定法人は、前項の規定による認定をした身体障害者補助犬について、同項に規定する能力を欠くこととなったと認める場合には、当該認定を取り消さなければならない。

（改善命令）

第十七条　厚生労働大臣は、指定法人の前条に規定する認定の業務の適正な運営を確保するため必要があると認めるときは、当該指定法人に対し、その改善のために必要な措置をとるべきことを命ずることができる。

（指定の取消し等）

第十八条　厚生労働大臣は、指定法人が前条の規定による命令に違反したときは、その指定を取り消すことができる。

2　厚生労働大臣は、前項の規定により指定を取り消したときは、その旨を公示しなければならない。

（報告の徴収等）

第十九条　厚生労働大臣は、指定法人の第十六条に規定する認定の業務の適正な運営を確保するため必要があると認めるときは、当該指定法人に対し、その業務の状況に関し必要な報告を求め、又はその職員に、当該指定法人の事業所又は事務所に立ち入り、その業務の状況に関し必要な調査若しくは質問をさせることができる。

2　前項の規定により立入調査又は質問をする職員は、その身分を示す証明書を携帯し、関係者の請求があるときは、これを提示しなければならない。

3　第一項の規定による立入調査及び質問の権限は、犯罪捜査のために認められたものと解釈してはならない。

（厚生労働省令への委任）

第二十条　この章に定めるもののほか、指定法人及び身体障害者補助犬に関する認定に関し必要な事項は、厚生労働省令で定める。

第六章　身体障害者補助犬の衛生の確保等

（身体障害者補助犬の取扱い）

第二十一条　訓練事業者及び身体障害者補助犬を使用する身体障害者は、犬の保健衛生に関し獣医師の行う指導を受けるとともに、犬を苦しめることなく愛情をもって接すること等により、これを適正に取り扱わなければならない。

（身体障害者補助犬の衛生の確保）

第二十二条　身体障害者補助犬を使用する身体障害者は、その身体障害者補助犬について、体を清潔に保つとともに、予防接種及び検診を受けさせることにより、公衆衛生上の危害を生じさせないよう努めなければならない。

（国民の理解を深めるための措置）

第二十三条　国及び地方公共団体は、教育活動、広報活動等を通じて、身体障害者の自立及び社会参加の促進のために身体障害者補助犬が果たす役割の重要性について国民の理解を深めるよう努めなければならない。

（国民の協力）

第二十四条　国民は、身体障害者補助犬を使用する身体障害者に対し、必要な協力をするよう努めなければならない。

第七章　雑則

（苦情の申出等）

第二十五条　身体障害者又は第四章に規定する施設等を管理する者（事業所又は事務所にあっては当該事業所又は事務所の事業主とし、公共交通事業者等が旅客の運送を行うためその事業の用に供する車両等にあっては当該公共交通事業者等とする。以下同じ。）は、当該施設等の所在地（公共交通事業者等が旅客の運送を行うためその事業の用に供する車両等にあっては、当該公共交通事業者等の営業所の所在地）を管轄する都道府県知事に対し、当該施設等における当該身体障害者による身体障害者補助犬の同伴又は使用に関する苦情の申出をすることができる。

2　都道府県知事は、前項の苦情の申出があったときは、その相談に応ずるとともに、当該苦情に係る身体障害者又は第四章に規定する施設等を管理する者に対し、必要な助言、指導等を行うほか、必要に応じて、関係行政機関の紹介を行うものとする。

3　都道府県知事は、第一項の苦情の申出を受けた場合において当該苦情を適切に処理するため必要があると認めるときは、関係行政機関の長若しくは関係地方公共団体の長又は訓練事業者若しくは指定法人に対し、必要な資料の送付、情報の提供その他の協力を求めることができる。

（大都市等の特例）

第二十六条　前条の規定により都道府県知事の権限に属するものとされている事務は、地方自治法（昭和二十二年法律第六十七号）第二百五十二条の十九第一項の指定都市（以下「指定都市」という。）及び同法第二百五十二条の二十二第一項の中核市（以下「中核市」という。）においては、指定都市又は中核市（以下「指定都市等」という。）の長が行う。この場合においては、前条の規定中都道府県知事に関する規定は、指定都市等の長に関する規定として指定都市等の長に適用があるものとする。

第八章　罰則

第二十七条　第十九条第一項の規定による報告をせず、若しくは虚偽の報告をし、又は同項の規定による立入調査を拒み、妨げ、若しくは忌避し、若しくは質問に対して答弁をせず、若しくは虚偽の答弁をした場合には、その違反行為をした指定法人の役員又は職員は、二十万円以下の罰金に処する。

障害者の雇用の促進等に関する法律

（昭和三五・七・二五　法律一二三）

最新改正　令和五法律二一

第一章　総則

（目的）

第一条　この法律は、障害者の雇用義務等に基づく雇用の促進等のための措置、雇用の分野における障害者と障害者でない者との均等な機会及び待遇の確保並びに障害者がその有する能力を有効に発揮することができるようにするための措置、職業リハビリテーションの措置その他障害者がその能力に適合する職業に就くこと等を通じてその職業生活において自立することを促進するための措置を総合的に講じ、もつて障害者の職業の安定を図ることを目的とする。

（用語の意義）

第二条　この法律において、次の各号に掲げる用語の意義は、当該各号に定めるところによる。

一　障害者　身体障害、知的障害、精神障害（発達障害を含む。第六号において同じ。）その他の心身の機能の障害（以下「障害」と総称する。）があるため、長期にわたり、職業生活に相当の制限を受け、又は職業生活を営むことが著しく困難な者をいう。

二　身体障害者　障害者のうち、身体障害がある者であつて別表に掲げる障害があるものをいう。

三　重度身体障害者　身体障害者のうち、身体障害の程度が重い者であつて厚生労働省令で定めるものをいう。

四　知的障害者　障害者のうち、知的障害がある者であつて厚生労働省令で定めるものをいう。

五　重度知的障害者　知的障害者のうち、知的障害の程度が重い者であつて厚生労働省令で定めるものをいう。

六　精神障害者　障害者のうち、精神障害がある者であつて厚生労働省令で定めるものをいう。

七　職業リハビリテーション　障害者に対して職業指導、職業訓練、職業紹介その他この法律に定める措置を講じ、その職業生活における自立を図ることをいう。

（基本的理念）

第三条　障害者である労働者は、経済社会を構成する労働者の一員として、職業生活においてその能力を発揮する機会を与えられるものとする。

第四条　障害者である労働者は、職業に従事する者としての自覚を持ち、自ら進んで、その能力の開発及び向上を図り、有為な職業人として自立するように努めなければならない。

（事業主の責務）

第五条　全て事業主は、障害者の雇用に関し、社会連帯の理念に基づき、障害者である労働者が有為な職業人として自立しようとする努力に対して協力する責務を有するものであつて、その有する能力を正当に評価し、適当な雇用の場を与えるとともに適正な雇用管理並びに職業能力の開発及び向上に関する措置を行うことによりその雇用の安定を図るように努めなければならない。

（国及び地方公共団体の責務）

第六条　国及び地方公共団体は、自ら率先して障害者を雇用するとともに、障害者の雇用について事業主その他国民一般の理解を高めるほか、事業主、障害者その他の関係者に対する援助の措置及び障害者の特性に配慮した職業リハビリテーションの措置を講ずる等障害者の雇用の促進及びその職業の安定を図るために必要な施策を、障害者の福祉に関する施策との有機的な連携を図りつつ総合的かつ効果的に推進するように努めなければならない。

（障害者雇用対策基本方針）

第七条　厚生労働大臣は、障害者の雇用の促進及びその職業の安定に関する施策の基本となるべき方針（以下「障害者雇用対策基本方針」という。）を策定するものとする。

2　障害者雇用対策基本方針に定める事項は、次のとおりとする。

一　障害者の就業の動向に関する事項

二　職業リハビリテーションの措置の総合的かつ効果的な実施を図るため講じようとする施策の基本となるべき事項

三　前二号に掲げるもののほか、障害者の雇用の促進及びその職業の安定を図るため講じようとする施策の基本となるべき事項

3　厚生労働大臣は、障害者雇用対策基本方針を定めるに当たつては、あらかじめ、労働政策審議会の意見を聴くほか、都道府県知事の意見を求めるものとする。

4　厚生労働大臣は、障害者雇用対策基本方針を定めたときは、遅滞なく、その概要を公表しなければならない。

5　前二項の規定は、障害者雇用対策基本方針の変更について準用する。

（障害者活躍推進計画作成指針）

第七条の二　厚生労働大臣は、国及び地方公共団体が障害者である職員がその有する能力を有効に発揮して職業生活において活躍することの推進（次項、次条及び第七十八条第一項第二号において「障害者である職員の職業生活における活躍の推進」という。）に関する取組を総合的かつ効果的に実施することができるよう、障害者雇用対策基本方針に基づき、次条第一項に規定する障害者活躍推進計画（次項において「障害者活躍推進計画」という。）の作成に関する指針（以下この条及び次条第一項において「障害者活躍推進計画作成指針」という。）を定めるものとする。

2　障害者活躍推進計画作成指針においては、次に掲げる事項につき、障害者活躍推進計画の指針となるべきものを定めるものとする。

一　障害者活躍推進計画の作成に関する基本的な事項

二　障害者である職員の職業生活における活躍の推進に関する取組の内容に関する事項

三　その他障害者である職員の職業生活における活躍の推進に関する取組に関する重要事項

3　厚生労働大臣は、障害者活躍推進計画作成指針を定め、又は変更したときは、遅滞なく、これを公表しなければならない。

（障害者活躍推進計画の作成等）

第七条の三　国及び地方公共団体の任命権者

（委任を受けて任命権を行う者を除く。以下同じ。）は、障害者活躍推進計画作成指針に即して、当該機関（当該任命権者の委任を受けて任命権を行う者に係る機関を含む。）が実施する障害者である職員の職業生活における活躍の推進に関する取組に関する計画（以下この条及び第七十八条第一項第二号において「障害者活躍推進計画」という。）を作成しなければならない。

2　障害者活躍推進計画においては、次に掲げる事項を定めるものとする。

一　計画期間

二　障害者である職員の職業生活における活躍の推進に関する取組の実施により達成しようとする目標

三　実施しようとする障害者である職員の職業生活における活躍の推進に関する取組の内容及びその実施時期

3　厚生労働大臣は、国又は地方公共団体の任命権者の求めに応じ、障害者活躍推進計画の作成に関し必要な助言を行うことができる。

4　国及び地方公共団体の任命権者は、障害者活躍推進計画を作成し、又は変更したときは、遅滞なく、これを職員に周知させるための措置を講じなければならない。

5　国及び地方公共団体の任命権者は、障害者活躍推進計画を作成し、又は変更したときは、遅滞なく、これを公表しなければならない。

6　国及び地方公共団体の任命権者は、毎年少なくとも一回、障害者活躍推進計画に基づく取組の実施の状況を公表しなければならない。

7　国及び地方公共団体の任命権者は、障害者活躍推進計画に基づく取組を実施するとともに、障害者活躍推進計画に定められた目標を達成するように努めなければならない。

第二章　職業リハビリテーションの推進

第一節　通則

（職業リハビリテーションの原則）

第八条　職業リハビリテーションの措置は、障害者各人の障害の種類及び程度並びに希望、適性、職業経験等の条件に応じ、総合的かつ効果的に実施されなければならない。

2　職業リハビリテーションの措置は、必要に応じ、医学的リハビリテーション及び社会的リハビリテーションの措置との適切な連携の下に実施されるものとする。

第二節　職業紹介等

（求人の開拓等）

第九条　公共職業安定所は、障害者の雇用を促進するため、障害者の求職に関する情報を収集し、事業主に対して当該情報の提供、障害者の雇入れの勧奨等を行うとともに、その内容が障害者の能力に適合する求人の開拓に努めるものとする。

（求人の条件等）

第十条　公共職業安定所は、障害者にその能力に適合する職業を紹介するため必要があるときは、求人者に対して、身体的又は精神的な条件その他の求人の条件について指導するものとする。

2　公共職業安定所は、障害者について職業紹介を行う場合において、求人者から求めがあるときは、その有する当該障害者の職業能力に関する資料を提供するものとする。

（職業指導等）

第十一条　公共職業安定所は、障害者がその能力に適合する職業に就くことができるようにするため、適性検査を実施し、雇用情報を提供し、障害者に適応した職業指導を行う等必要な措置を講ずるものとする。

（障害者職業センターとの連携）

第十二条　公共職業安定所は、前条の適性検査、職業指導等を特に専門的な知識及び技術に基づいて行う必要があると認める障害者については、第十九条第一項に規定する障害者職業センターとの密接な連携の下に当該適性検査、職業指導等を行い、又は当該障害者職業センターにおいて当該適性検査、職業指導等を受けることについてあつせんを行うものとする。

（適応訓練）

第十三条　都道府県は、必要があると認めるときは、求職者である障害者（身体障害者、知的障害者又は精神障害者に限る。次条及び第十五条第二項において同じ。）について、その能力に適合する作業の環境に適応することを容易にすることを目的として、適応訓練を行うものとする。

2　適応訓練は、前項に規定する作業でその環境が標準的なものであると認められるものを行う事業主に委託して実施するものとする。

（適応訓練のあつせん）

第十四条　公共職業安定所は、その雇用の促進のために必要があると認めるときは、障害者に対して、適応訓練を受けることについてあつせんするものとする。

（適応訓練を受ける者に対する措置）

第十五条　適応訓練は、無料とする。

２　都道府県は、適応訓練を受ける障害者に対して、労働施策の総合的な推進並びに労働者の雇用の安定及び職業生活の充実等に関する法律（昭和四十一年法律第百三十二号）の規定に基づき、手当を支給することができる。

（厚生労働省令への委任）

第十六条　前三条に規定するもののほか、訓練期間その他適応訓練の基準については、厚生労働省令で定める。

（就職後の助言及び指導）

第十七条　公共職業安定所は、障害者の職業の安定を図るために必要があると認めるときは、その紹介により就職した障害者その他事業主に雇用されている障害者に対して、その作業の環境に適応させるために必要な助言又は指導を行うことができる。

（事業主に対する助言及び指導）

第十八条　公共職業安定所は、障害者の雇用の促進及びその職業の安定を図るために必要があると認めるときは、障害者を雇用し、又は雇用しようとする者に対して、雇入れ、配置、作業補助具、作業の設備又は環境その他障害者の雇用に関する技術的事項（次節において「障害者の雇用管理に関する事項」という。）についての助言又は指導を行うことができる。

第三節　障害者職業センター

（障害者職業センターの設置等の業務）

第十九条　厚生労働大臣は、障害者の職業生活における自立を促進するため、次に掲げる施設（以下「障害者職業センター」という。）の設置及び運営の業務を行う。

一　障害者職業総合センター

二　広域障害者職業センター

三　地域障害者職業センター

２　厚生労働大臣は、前項に規定する業務の全部又は一部を独立行政法人高齢・障害・求職者雇用支援機構（以下「機構」という。）に行わせるものとする。

（障害者職業総合センター）

第二十条　障害者職業総合センターは、次に掲げる業務を行う。

一　職業リハビリテーション（職業訓練を除く。第五号イ及び第二十五条第三項を除き、以下この節において同じ。）に関する調査及び研究を行うこと。

二　障害者の雇用に関する情報の収集、分析及び提供を行うこと。

三　第二十四条の障害者職業カウンセラー及び職場適応援助者（身体障害者、知的障害者、精神障害者その他厚生労働省令で定める障害者（以下「知的障害者等」という。）が職場に適応することを容易にするための援助を行う者をいう。以下同じ。）の養成及び研修を行うこと。

四　広域障害者職業センター、地域障害者職業センター、第二十七条第二項の障害者就業・生活支援センター、就労支援事業者（障害者の日常生活及び社会生活を総合的に支援するための法律（平成十七年法律第百二十三号）第五条第十三項に規定する就労移行支援を行う事業者をいう。第二十二条第五号において同じ。）その他の関係機関及びこれらの機関の職員に対する職業リハビリテーションに関する技術的事項についての助言、指導、研修その他の援助を行うこと。

五　前各号に掲げる業務に付随して、次に掲げる業務を行うこと。

イ　障害者に対する職業評価（障害者の職業能力、適性等を評価し、及び必要な職業リハビリテーションの措置を判定することをいう。以下同じ。）、職業指導、基本的な労働の習慣を体得させるための訓練（第二十二条第一号及び第二十八条第二号において「職業準備訓練」という。）並びに職業に必要な知識及び技能を習得させるための講習（以下「職業講習」という。）を行うこと。

ロ　事業主に雇用されている知的障害者等に対する職場への適応に関する事項についての助言又は指導を行うこと。

ハ　事業主に対する障害者の雇用管理に関する事項についての助言その他の援助を行うこと。

六　前各号に掲げる業務に附帯する業務を行うこと。

（広域障害者職業センター）

第二十一条　広域障害者職業センターは、広範囲の地域にわたり、系統的に職業リハビリテーションの措置を受けることを必要とする障害者に関して、障害者職業能力開発校又は独立行政法人労働者健康安全機構法（平成十四年法律第百七十一号）第十二条第一項第一号に掲げる療養施設その他の厚生労働省令で定める施設との密接な連携の下に、次に掲げる業務を行う。
一　厚生労働省令で定める障害者に対する職業評価、職業指導及び職業講習を系統的に行うこと。
二　前号の措置を受けた障害者を雇用し、又は雇用しようとする事業主に対する障害者の雇用管理に関する事項についての助言その他の援助を行うこと。
三　前二号に掲げる業務に附帯する業務を行うこと。

（地域障害者職業センター）
第二十二条　地域障害者職業センターは、都道府県の区域内において、次に掲げる業務を行う。
一　障害者に対する職業評価、職業指導、職業準備訓練及び職業講習を行うこと。
二　事業主に雇用されている知的障害者等に対する職場への適応に関する事項についての助言又は指導を行うこと。
三　事業主に対する障害者の雇用管理に関する事項についての助言その他の援助を行うこと。
四　職場適応援助者の養成及び研修を行うこと。
五　第二十七条第二項の障害者就業・生活支援センター、就労支援事業者その他の関係機関及びこれらの機関の職員に対する職業リハビリテーションに関する技術的事項についての助言、研修その他の援助を行うこと。
六　前各号に掲げる業務に附帯する業務を行うこと。

（名称使用の制限）
第二十三条　障害者職業センターでないものは、その名称中に障害者職業総合センター又は障害者職業センターという文字を用いてはならない。

（障害者職業カウンセラー）
第二十四条　機構は、障害者職業センターに、障害者職業カウンセラーを置かなければならない。
2　障害者職業カウンセラーは、厚生労働大臣が指定する試験に合格し、かつ、厚生労働大臣が指定する講習を修了した者その他厚生労働省令で定める資格を有する者でなければならない。

（障害者職業センター相互の連絡及び協力等）
第二十五条　障害者職業センターは、相互に密接に連絡し、及び協力して、障害者の職業生活における自立の促進に努めなければならない。
2　障害者職業センターは、精神障害者について、第二十条第五号、第二十一条第一号若しくは第二号又は第二十二条第一号から第三号までに掲げる業務を行うに当たつては、医師その他の医療関係者との連携に努めるものとする。
3　障害者職業センターは、公共職業安定所の行う職業紹介等の措置、第二十七条第二項の障害者就業・生活支援センターの行う業務並びに職業能力開発促進法（昭和四十四年法律第六十四号）第十五条の七第三項の公共職業能力開発施設及び同法第二十七条の職業能力開発総合大学校（第八十三条において「公共職業能力開発施設等」という。）の行う職業訓練と相まつて、効果的に職業リハビリテーションが推進されるように努めるものとする。

（職業リハビリテーションの措置の無料実施）
第二十六条　障害者職業センターにおける職業リハビリテーションの措置は、無料とするものとする。

第四節　障害者就業・生活支援センター

（指定）
第二十七条　都道府県知事は、職業生活における自立を図るために就業及びこれに伴う日常生活又は社会生活上の支援を必要とする障害者（以下この節において「支援対象障害者」という。）の職業の安定を図ることを目的とする一般社団法人若しくは一般財団法人、社会福祉法（昭和二十六年法律第四十五号）第二十二条に規定する社会福祉法人又は特定非営利活動促進法（平成十年法律第七号）第二条第二項に規定する特定非営利活動法人その他厚生労働省令で定める法人であつて、次条に規定する業務に関し次に掲げる基準に適合すると認められるものを、その申請により、同条に規定する業務を行う者として指定することができる。
一　職員、業務の方法その他の事項についての業務の実施に関する計画が適正なものであり、かつ、その計画を確実に遂行するに足りる経理的及び技術的な基礎を有すると認められること。

社会福祉

二　前号に定めるもののほか、業務の運営が適正かつ確実に行われ、支援対象障害者の雇用の促進その他福祉の増進に資すると認められること。

2　都道府県知事は、前項の規定による指定をしたときは、同項の規定による指定を受けた者（以下「障害者就業・生活支援センター」という。）の名称及び住所並びに事務所の所在地を公示しなければならない。

3　障害者就業・生活支援センターは、その名称及び住所並びに事務所の所在地を変更しようとするときは、あらかじめ、その旨を都道府県知事に届け出なければならない。

4　都道府県知事は、前項の規定による届出があつたときは、当該届出に係る事項を公示しなければならない。

（業務）

第二十八条　障害者就業・生活支援センターは、次に掲げる業務を行うものとする。

一　支援対象障害者からの相談に応じ、必要な指導及び助言を行うとともに、公共職業安定所、地域障害者職業センター、社会福祉施設、医療施設、特別支援学校その他の関係機関との連絡調整その他厚生労働省令で定める援助を総合的に行うこと。

二　支援対象障害者が障害者職業総合センター、地域障害者職業センターその他厚生労働省令で定める事業主により行われる職業準備訓練を受けることについてあつせんすること。

三　前二号に掲げるもののほか、支援対象障害者がその職業生活における自立を図るために必要な業務を行うこと。

（地域障害者職業センターとの関係）

第二十九条　障害者就業・生活支援センターは、地域障害者職業センターの行う支援対象障害者に対する職業評価に基づき、前条第二号に掲げる業務を行うものとする。

（事業計画等）

第三十条　障害者就業・生活支援センターは、毎事業年度、厚生労働省令で定めるところにより、事業計画書及び収支予算書を作成し、都道府県知事に提出しなければならない。これを変更しようとするときも、同様とする。

2　障害者就業・生活支援センターは、厚生労働省令で定めるところにより、毎事業年度終了後、事業報告書及び収支決算書を作成し、都道府県知事に提出しなければならない。

（監督命令）

第三十一条　都道府県知事は、この節の規定を施行するために必要な限度において、障害者就業・生活支援センターに対し、第二十八条に規定する業務に関し監督上必要な命令をすることができる。

（指定の取消し等）

第三十二条　都道府県知事は、障害者就業・生活支援センターが次の各号のいずれかに該当するときは、第二十七条第一項の規定による指定（以下この条において「指定」という。）を取り消すことができる。

一　第二十八条に規定する業務を適正かつ確実に実施することができないと認められるとき。

二　指定に関し不正の行為があつたとき。

三　この節の規定又は当該規定に基づく命令若しくは処分に違反したとき。

2　都道府県知事は、前項の規定により、指定を取り消したときは、その旨を公示しなければならない。

（秘密保持義務）

第三十三条　障害者就業・生活支援センターの役員若しくは職員又はこれらの職にあつた者は、第二十八条第一号に掲げる業務に関して知り得た秘密を漏らしてはならない。

第二章の二　障害者に対する差別の禁止等

（障害者に対する差別の禁止）

第三十四条　事業主は、労働者の募集及び採用について、障害者に対して、障害者でない者と均等な機会を与えなければならない。

第三十五条　事業主は、賃金の決定、教育訓練の実施、福利厚生施設の利用その他の待遇について、労働者が障害者であることを理由として、障害者でない者と不当な差別的取扱いをしてはならない。

（障害者に対する差別の禁止に関する指針）

第三十六条　厚生労働大臣は、前二条の規定に定める事項に関し、事業主が適切に対処するために必要な指針（次項において「差別の禁止に関する指針」という。）を定めるものとする。

2　第七条第三項及び第四項の規定は、差別の禁止に関する指針の策定及び変更について準用する。この場合において、同条第三項中「聴くほか、都道府県知事の意見を求める」とあるのは、「聴く」と読み替えるものとする。

（雇用の分野における障害者と障害者でない者との均等な機会の確保等を図るための措置）

第三十六条の二　事業主は、労働者の募集及び採用について、障害者と障害者でない者との均等な機会の確保の支障となつている事情を改善するため、労働者の募集及び採用に当たり障害者からの申出により当該障害者の障害の特性に配慮した必要な措置を講じなければならない。ただし、事業主に対して過重な負担を及ぼすこととなるときは、この限りでない。

第三十六条の三　事業主は、障害者である労働者について、障害者でない労働者との均等な待遇の確保又は障害者である労働者の有する能力の有効な発揮の支障となつている事情を改善するため、その雇用する障害者である労働者の障害の特性に配慮した職務の円滑な遂行に必要な施設の整備、援助を行う者の配置その他の必要な措置を講じなければならない。ただし、事業主に対して過重な負担を及ぼすこととなるときは、この限りでない。

第三十六条の四　事業主は、前二条に規定する措置を講ずるに当たつては、障害者の意向を十分に尊重しなければならない。

2　事業主は、前条に規定する措置に関し、その雇用する障害者である労働者からの相談に応じ、適切に対応するために必要な体制の整備その他の雇用管理上必要な措置を講じなければならない。

（雇用の分野における障害者と障害者でない者との均等な機会の確保等に関する指針）

第三十六条の五　厚生労働大臣は、前三条の規定に基づき事業主が講ずべき措置に関して、その適切かつ有効な実施を図るために必要な指針（次項において「均等な機会の確保等に関する指針」という。）を定めるものとする。

2　第七条第三項及び第四項の規定は、均等な機会の確保等に関する指針の策定及び変更について準用する。この場合において、同条第三項中「聴くほか、都道府県知事の意見を求める」とあるのは、「聴く」と読み替えるものとする。

（助言、指導及び勧告）

第三十六条の六　厚生労働大臣は、第三十四条、第三十五条及び第三十六条の二から第三十六条の四までの規定の施行に関し必要があると認めるときは、事業主に対して、助言、指導又は勧告をすることができる。

第三章　対象障害者の雇用義務等に基づく雇用の促進等

第一節　対象障害者の雇用義務等

（対象障害者の雇用に関する事業主の責務）

第三十七条　全て事業主は、対象障害者の雇用に関し、社会連帯の理念に基づき、適当な雇用の場を与える共同の責務を有するものであつて、進んで対象障害者の雇入れに努めなければならない。

2　この章、第八十六条第二号及び附則第三条から第六条までにおいて「対象障害者」とは、身体障害者、知的障害者又は精神障害者（精神保健及び精神障害者福祉に関する法律（昭和二十五年法律第百二十三号）第四十五条第二項の規定により精神障害者保健福祉手帳の交付を受けているものに限る。第四節及び第七十九条第一項を除き、以下同じ。）をいう。

（雇用に関する国及び地方公共団体の義務）

第三十八条　国及び地方公共団体の任命権者は、職員（当該機関（当該任命権者の委任を受けて任命権を行う者に係る機関を含む。以下同じ。）に常時勤務する職員であつて、警察官、自衛官その他の政令で定める職員以外のものに限る。第七十九条第一項及び第八十一条第二項を除き、以下同じ。）の採用について、当該機関に勤務する対象障害者である職員の数が、当該機関の職員の総数に、第四十三条第二項に規定する障害者雇用率を下回らない率であつて政令で定めるものを乗じて得た数（その数に一人未満の端数があるときは、その端数は、切り捨てる。）未満である場合には、対象障害者である職員の数がその率を乗じて得た数以上となるようにするため、政令で定めるところにより、対象障害者の採用に関する計画を作成しなければならない。

2　前項の職員の総数の算定に当たつては、短時間勤務職員（一週間の勤務時間が、当該機関に勤務する通常の職員の一週間の勤務時間に比し短く、かつ、第四十三条第三項の厚生労働大臣の定める時間数未満である常時勤務する職員をいう。以下同じ。）は、その一人をもつて、厚生労働省令で定める数の職員に相当するものとみなす。

3　第一項の対象障害者である職員の数の算定に当たつては、対象障害者である短時間勤務職員は、その一人をもつて、厚生労働省令で定める数の対象障害者である職員に相当するものとみなす。

4　第一項の対象障害者である職員の数の算定に当たつては、重度身体障害者又は重度知的障害者である職員（短時間勤務職員を除く。）は、その一人をもつて、政令で定める数の対象障害者である職員に相当するものとみなす。

5　第一項の対象障害者である職員の数の算定に当たつては、第三項の規定にかかわらず、重度身体障害者又は重度知的障害者である短時間勤務職員は、その一人をもつて、前項の政令で定める数に満たない範囲内において厚生労働省令で定める数の対象障害者である職員に相当するものとみなす。

6　当該機関に勤務する職員が対象障害者であるかどうかの確認は、厚生労働省令で定める書類により行うものとする。

7　厚生労働大臣は、必要があると認めるときは、国及び地方公共団体の任命権者に対して、前項の規定による確認の適正な実施に関し、勧告をすることができる。

（採用状況の通報等）

第三十九条　国及び地方公共団体の任命権者は、政令で定めるところにより、前条第一項の計画及びその実施状況を厚生労働大臣に通報しなければならない。

2　厚生労働大臣は、特に必要があると認めるときは、前条第一項の計画を作成した国及び地方公共団体の任命権者に対して、その適正な実施に関し、勧告をすることができる。

（任免に関する状況の通報等）

第四十条　国及び地方公共団体の任命権者は、毎年一回、政令で定めるところにより、当該機関における対象障害者である職員の任免に関する状況を厚生労働大臣に通報しなければならない。

2　国及び地方公共団体の任命権者は、厚生労働省令で定めるところにより、前項の規定により厚生労働大臣に通報した内容を公表しなければならない。

（国に勤務する職員に関する特例）

第四十一条　省庁（内閣府設置法（平成十一年法律第八十九号）第四十九条第一項に規定する機関又は国家行政組織法（昭和二十三年法律第百二十号）第三条第二項に規定する省若しくは庁をいう。以下同じ。）で、当該省庁の任命権者及び当該省庁に置かれる外局等（内閣府設置法第四十九条第二項に規定する機関、国家行政組織法第三条第二項に規定する委員会若しくは庁又は同法第八条の三に規定する特別の機関をいう。以下同じ。）の任命権者の申請に基づいて、一体として対象障害者である職員の採用の促進を図ることができるものとして厚生労働大臣の承認を受けたもの（以下「承認省庁」という。）に係る第三十八条第一項及び前条の規定の適用については、当該外局等に勤務する職員は当該承認省庁のみに勤務する職員と、当該外局等は当該承認省庁とみなす。

2　厚生労働大臣は、前項の規定による承認をした後において、承認省庁若しくは外局等が廃止されたとき、又は承認省庁若しくは外局等における対象障害者である職員の採用の促進を図ることができなくなつたと認めるときは、当該承認を取り消すことができる。

（地方公共団体に勤務する職員に関する特例）

第四十二条　地方公共団体の機関で、当該機関の任命権者及び当該機関以外の地方公共団体の機関（以下「その他機関」という。）の任命権者の申請に基づいて当該機関及び当該その他機関について次に掲げる基準に適合する旨の厚生労働大臣の認定を受けたもの（以下「認定地方機関」という。）に係る第三十八条第一項及び第四十条の規定の適用については、当該その他機関に勤務する職員は当該認定地方機関のみに勤務する職員と、当該その他機関は当該認定地方機関とみなす。

一　当該認定地方機関と当該その他機関との人的関係が緊密であること。

二　当該認定地方機関及び当該その他機関において、対象障害者である職員の採用の促進が確実に達成されると認められること。

2　厚生労働大臣は、前項の規定による認定をした後において、認定地方機関若しくはその他機関が廃止されたとき、又は前項各号に掲げる基準に適合しなくなつたと認めるときは、当該認定を取り消すことができる。

（一般事業主の雇用義務等）

第四十三条　事業主（常時雇用する労働者（以下単に「労働者」という。）を雇用する事業主をいい、国及び地方公共団体を除く。次章及び第八十一条の二を除き、以下同じ。）は、厚生労働省令で定める雇用関係の変動がある場合には、その雇用する労働者の数に障害者雇用率を乗じて得た数（その数に一人未満の端数があるときは、その端数は、切り捨てる。第四十六条第一項において「法定雇用障害者数」という。）以上であるようにしなければならない。

2　前項の障害者雇用率は、労働者（労働の意思及び能力を有するにもかかわらず、安定した職業に就くことができない状態にある者を含む。第五十四条第三項において同じ。）の総数に対する対象障害者である労働者（労働の意思及び能力を有するにもかかわらず、安定した職業に就くことができない状態にある対象障害者を含む。第五十四条第三項において同じ。）の総数の割合を基準として設定するものとし、少なくとも五年ごとに、当該割合の推移を勘案して政令で定める。

3　第一項の対象障害者である労働者の数及び前項の対象障害者である労働者の総数の算定に当たつては、対象障害者である短時間労働者（一週間の所定労働時間が、当該事業主の事業所に雇用する通常の労働者の一週間の所定労働時間に比し短く、かつ、厚生労働大臣の定める時間数未満である常時雇用する労働者をいう。以下同じ。）は、その一人をもつて、厚生労働省令で定める数の対象障害者である労働者に相当するものとみなす。

4　第一項の対象障害者である労働者の数及び第二項の対象障害者である労働者の総数の算定に当たつては、重度身体障害者又は重度知的障害者である労働者（短時間労働者を除く。）は、その一人をもつて、政令で定める数の対象障害者である労働者に相当するものとみなす。

5　第一項の対象障害者である労働者の数及び第二項の対象障害者である労働者の総数の算定に当たつては、第三項の規定にかかわらず、重度身体障害者又は重度知的障害者である短時間労働者は、その一人をもつて、前項の政令で定める数に満たない範囲内において厚生労働省令で定める数の対象障害者である労働者に相当するものとみなす。

6　第二項の規定にかかわらず、特殊法人（法律により直接に設立された法人、特別の法律により特別の設立行為をもつて設立された法人又は特別の法律により地方公共団体が設立者となつて設立された法人のうち、その資本金の全部若しくは大部分が国若しくは地方公共団体からの出資による法人又はその事業の運営のために必要な経費の主たる財源を国若しくは地方公共団体からの交付金若しくは補助金によつて得ている法人であつて、政令で定めるものをいう。以下同じ。）に係る第一項の障害者雇用率は、第二項の規定による率を下回らない率であつて政令で定めるものとする。

7　事業主（その雇用する労働者の数が常時厚生労働省令で定める数以上である事業主に限る。）は、毎年一回、厚生労働省令で定めるところにより、対象障害者である労働者の雇用に関する状況を厚生労働大臣に報告しなければならない。

8　第一項及び前項の雇用する労働者の数並びに第二項の労働者の総数の算定に当たつては、短時間労働者は、その一人をもつて、厚生労働省令で定める数の労働者に相当するものとみなす。

9　当該事業主が雇用する労働者が対象障害者であるかどうかの確認は、厚生労働省令で定める書類により行うものとする。

（子会社に雇用される労働者に関する特例）

第四十四条　特定の株式会社（第四十五条の三第一項の認定に係る組合員たる事業主であるものを除く。）と厚生労働省令で定める特殊の関係のある事業主で、当該事業主及び当該株式会社（以下「子会社」という。）の申請に基づいて当該子会社について次に掲げる基準に適合する旨の厚生労働大臣の認定を受けたもの（以下「親事業主」という。）に係る前条第一項及び第七項の規定の適用については、当該子会社が雇用する労働者は当該親事業主のみが雇用する労働者と、当該子会社の事業所は当該親事業主の事業所とみなす。

一　当該子会社の行う事業と当該事業主の行う事業との人的関係が緊密であること。

二　当該子会社が雇用する対象障害者である労働者の数及びその数の当該子会社が雇用する労働者の総数に対する割合が、それぞれ、厚生労働大臣が定める数及び率以上であること。

三　当該子会社がその雇用する対象障害者である労働者の雇用管理を適正に行うに足りる能力を有するものであること。

四　前二号に掲げるもののほか、当該子会社の行う事業において、当該子会社が雇用する重度身体障害者又は重度知的障害者その他の対象障害者である労働者の雇用の促進及びその雇用の安定が確実に達成されると認められること。

2　前項第二号の労働者の総数の算定に当たつては、短時間労働者は、その一人をもつて、厚生労働省令で定める数の労働者に相当するものとみなす。

3　第一項第二号の対象障害者である労働者の

数の算定に当たつては、対象障害者である短時間労働者は、その一人をもつて、厚生労働省令で定める数の対象障害者である労働者に相当するものとみなす。

4　厚生労働大臣は、第一項の規定による認定をした後において、親事業主が同項に定める特殊の関係についての要件を満たさなくなつたとき若しくは事業を廃止したとき、又は当該認定に係る子会社について同項各号に掲げる基準に適合しなくなつたと認めるときは、当該認定を取り消すことができる。

第四十五条　親事業主であつて、特定の株式会社（当該親事業主の子会社及び第四十五条の三第一項の認定に係る組合員たる事業主であるものを除く。）と厚生労働省令で定める特殊の関係にあるもので、当該親事業主、当該子会社及び当該株式会社（以下「関係会社」という。）の申請に基づいて当該親事業主及び当該関係会社について次に掲げる基準に適合する旨の厚生労働大臣の認定を受けたものに係る第四十三条第一項及び第七項の規定の適用については、当該関係会社が雇用する労働者は当該親事業主のみが雇用する労働者と、当該関係会社の事業所は当該親事業主の事業所とみなす。

一　当該関係会社の行う事業と当該子会社の行う事業との人的関係若しくは営業上の関係が緊密であること、又は当該関係会社が当該子会社に出資していること。

二　当該親事業主が第七十八条第二項各号に掲げる業務を担当する者を同項の規定により選任しており、かつ、その者が当該子会社及び当該関係会社についても同項第一号に掲げる業務を行うこととしていること。

三　当該親事業主が、自ら雇用する対象障害者である労働者並びに当該子会社及び当該関係会社に雇用される対象障害者である労働者の雇用の促進及び雇用の安定を確実に達成することができると認められること。

2　関係会社が、前条第一項又は次条第一項の認定を受けたものである場合は、前項の申請をすることができない。

3　前条第四項の規定は、第一項の場合について準用する。

（関係子会社に雇用される労働者に関する特例）

第四十五条の二　事業主であつて、当該事業主及びその全ての子会社の申請に基づいて当該事業主及び当該申請に係る子会社（以下「関係子会社」という。）について次に掲げる基準に適合する旨の厚生労働大臣の認定を受けたもの（以下「関係親事業主」という。）に係る第四十三条第一項及び第七項の規定の適用については、当該関係子会社が雇用する労働者は当該関係親事業主のみが雇用する労働者と、当該関係子会社の事業所は当該関係親事業主の事業所とみなす。

一　当該事業主が第七十八条第二項各号に掲げる業務を担当する者を同項の規定により選任しており、かつ、その者が当該関係子会社についても同項第一号に掲げる業務を行うこととしていること。

二　当該事業主が、自ら雇用する対象障害者である労働者及び当該関係子会社に雇用される対象障害者である労働者の雇用の促進及び雇用の安定を確実に達成することができると認められること。

三　当該関係子会社が雇用する対象障害者である労働者の数が、厚生労働大臣が定める数以上であること。

四　当該関係子会社がその雇用する対象障害者である労働者の雇用管理を適正に行うに足りる能力を有し、又は他の関係子会社が雇用する対象障害者である労働者の行う業務に関し、その行う事業と当該他の関係子会社の行う事業との人的関係若しくは営業上の関係が緊密であること。

2　関係子会社が第四十四条第一項又は前条第一項の認定を受けたものである場合については、これらの規定にかかわらず、当該子会社又は当該関係会社を関係子会社とみなして、前項（第三号及び第四号を除く。）の規定を適用する。

3　事業主であつて、その関係子会社に第一項の認定を受けたものがあるものは、同項の認定を受けることができない。

4　第一項第三号の対象障害者である労働者の数の算定に当たつては、対象障害者である短時間労働者は、その一人をもつて、厚生労働省令で定める数の対象障害者である労働者に相当するものとみなす。

5　第一項第三号の対象障害者である労働者の数の算定に当たつては、重度身体障害者又は重度知的障害者である労働者（短時間労働者を除く。）は、その一人をもつて、政令で定める数の対象障害者である労働者に相当するものとみなす。

6　第一項第三号の対象障害者である労働者の数の算定に当たつては、第四項の規定にかかわらず、重度身体障害者又は重度知的障害者である短時間労働者は、その一人をもつて、前項の政令で定める数に満たない範囲内において厚生労働省令で定める数の対象障害者である労働者に相当するものとみなす。

7 第四十四条第四項の規定は、第一項の場合について準用する。

（特定事業主に雇用される労働者に関する特例）

第四十五条の三 事業協同組合等であつて、当該事業協同組合等及び複数のその組合員たる事業主（その雇用する労働者の数が常時第四十三条第七項の厚生労働省令で定める数以上である事業主に限り、第四十四条第一項、第四十五条第一項、前条第一項又はこの項の認定に係る子会社、関係会社、関係子会社又は組合員たる事業主であるものを除く。以下「特定事業主」という。）の申請に基づいて当該事業協同組合等及び当該特定事業主について次に掲げる基準に適合する旨の厚生労働大臣の認定を受けたもの（以下「特定組合等」という。）に係る第四十三条第一項及び第七項の規定の適用については、当該特定事業主が雇用する労働者は当該特定組合等のみが雇用する労働者と、当該特定事業主の事業所は当該特定組合等の事業所とみなす。

一 当該事業協同組合等が自ら雇用する対象障害者である労働者が行う業務に関し、当該事業協同組合等の行う事業と当該特定事業主の行う事業との人的関係又は営業上の関係が緊密であること。

二 当該事業協同組合等の定款、規約その他これらに準ずるものにおいて、当該事業協同組合等が第五十三条第一項の障害者雇用納付金を徴収された場合に、特定事業主の対象障害者である労働者の雇用状況に応じて当該障害者雇用納付金に係る経費を特定事業主に賦課する旨の定めがあること。

三 当該事業協同組合等が、自ら雇用する対象障害者である労働者及び当該特定事業主に雇用される対象障害者である労働者の雇用の促進及び雇用の安定に関する事業（第三項において「雇用促進事業」という。）を適切に実施するための計画（以下この号及び同項において「実施計画」という。）を作成し、実施計画に従つて、当該対象障害者である労働者の雇用の促進及び雇用の安定を確実に達成することができると認められること。

四 当該事業協同組合等が自ら雇用する対象障害者である労働者の数及びその数の当該事業協同組合等が雇用する労働者の総数に対する割合が、それぞれ、厚生労働大臣が定める数及び率以上であること。

五 当該事業協同組合等が自ら雇用する対象障害者である労働者の雇用管理を適正に行うに足りる能力を有するものであること。

六 当該特定事業主が雇用する対象障害者である労働者の数が、厚生労働大臣が定める数以上であること。

2 この条において「事業協同組合等」とは、事業協同組合、有限責任事業組合契約に関する法律（平成十七年法律第四十号）第二条に規定する有限責任事業組合（中小企業者（中小企業基本法（昭和三十八年法律第百五十四号）第二条第一項各号に掲げるものに限る。）のみがその組合員となつていることその他厚生労働省令で定める要件を満たすものに限る。次項第四号及び第七項において「特定有限責任事業組合」という。）その他の特別の法律により設立された組合であつて厚生労働省令で定めるものをいう。

3 実施計画には、次に掲げる事項を記載しなければならない。

一 雇用促進事業の目標（事業協同組合等及び特定事業主がそれぞれ雇用しようとする対象障害者である労働者の数に関する目標を含む。）

二 雇用促進事業の内容

三 雇用促進事業の実施時期

四 特定有限責任事業組合にあつては、解散の事由が生じた場合に講ずることが必要な措置として厚生労働省令で定める措置のうち、当該特定有限責任事業組合が講ずることとするもの

4 特定事業主が、第四十四条第一項、前条第一項又は第一項の認定を受けたものである場合は、同項の申請をすることができない。

5 第四十三条第八項の規定は、第一項の雇用する労働者の数及び同項第四号の労働者の総数の算定について準用する。

6 前条第四項の規定は第一項第四号の対象障害者である労働者の数の算定について、同条第四項から第六項までの規定は第一項第六号の対象障害者である労働者の数の算定について準用する。

7 厚生労働大臣は、第一項の規定による認定をした後において、当該認定に係る事業協同組合等及び特定事業主について同項各号に掲

げる基準に適合しなくなつたと認めるとき、又は当該認定に係る特定有限責任事業組合が第二項の厚生労働省令で定める要件を満たさなくなつたと認めるときは、当該認定を取り消すことができる。

（一般事業主の対象障害者の雇入れに関する計画）

第四十六条　厚生労働大臣は、対象障害者の雇用を促進するため必要があると認める場合には、その雇用する対象障害者である労働者の数が法定雇用障害者数未満である事業主（特定組合等及び前条第一項の認定に係る特定事業主であるものを除く。以下この条及び次条において同じ。）に対して、対象障害者である労働者の数がその法定雇用障害者数以上となるようにするため、厚生労働省令で定めるところにより、対象障害者の雇入れに関する計画の作成を命ずることができる。

2　第四十五条の二第四項から第六項までの規定は、前項の対象障害者である労働者の数の算定について準用する。

3　親事業主又は関係親事業主に係る第一項の規定の適用については、当該子会社及び当該関係会社が雇用する労働者は当該親事業主のみが雇用する労働者と、当該関係子会社が雇用する労働者は当該関係親事業主のみが雇用する労働者とみなす。

4　事業主は、第一項の計画を作成したときは、厚生労働省令で定めるところにより、これを厚生労働大臣に提出しなければならない。これを変更したときも、同様とする。

5　厚生労働大臣は、第一項の計画が著しく不適当であると認めるときは、当該計画を作成した事業主に対してその変更を勧告することができる。

6　厚生労働大臣は、特に必要があると認めるときは、第一項の計画を作成した事業主に対して、その適正な実施に関し、勧告をすることができる。

（一般事業主についての公表）

第四十七条　厚生労働大臣は、前条第一項の計画を作成した事業主が、正当な理由がなく、同条第五項又は第六項の勧告に従わないときは、その旨を公表することができる。

（特定身体障害者）

第四十八条　国及び地方公共団体の任命権者は、特定職種（労働能力はあるが、別表に掲げる障害の程度が重いため通常の職業に就くことが特に困難である身体障害者の能力にも適合すると認められる職種で政令で定めるものをいう。以下この条において同じ。）の職員（短時間勤務職員を除く。以下この項、第三項及び第四項において同じ。）の採用について、当該機関に勤務する特定身体障害者（身体障害者のうち特定職種ごとに政令で定める者に該当する者をいう。以下この条において同じ。）である当該職種の職員の数が、当該機関に勤務する当該職種の職員の総数に、職種に応じて政令で定める特定身体障害者雇用率を乗じて得た数（その数に一人未満の端数があるときは、その端数は、切り捨てる。）未満である場合には、特定身体障害者である当該職種の職員の数がその特定身体障害者雇用率を乗じて得た数以上となるようにするため、政令で定めるところにより、特定身体障害者の採用に関する計画を作成しなければならない。

2　第三十九条の規定は、前項の計画について準用する。

3　承認省庁又は認定地方機関に係る第一項の規定の適用については、当該外局等又は当該その他機関に勤務する職員は、当該承認省庁又は当該認定地方機関のみに勤務する職員とみなす。

4　当該機関に勤務する職員が特定身体障害者であるかどうかの確認は、厚生労働省令で定める書類により行うものとする。

5　厚生労働大臣は、必要があると認めるときは、国及び地方公共団体の任命権者に対して、前項の規定による確認の適正な実施に関し、勧告をすることができる。

6　事業主は、特定職種の労働者（短時間労働者を除く。以下この項、次項及び第九項において同じ。）の雇入れについては、その雇用する特定身体障害者である当該職種の労働者の数が、その雇用する当該職種の労働者の総数に、職種に応じて厚生労働省令で定める特定身体障害者雇用率を乗じて得た数（その数に一人未満の端数があるときは、その端数は、切り捨てる。）以上であるように努めなければならない。

7　厚生労働大臣は、特定身体障害者の雇用を促進するため特に必要があると認める場合には、その雇用する特定身体障害者である特定職種の労働者の数が前項の規定により算定した数未満であり、かつ、その数を増加するのに著しい困難を伴わないと認められる事業主（その雇用する当該職種の労働者の数が職種に応じて厚生労働省令で定める数以上であるものに限る。）に対して、特定身体障害者である当該職種の労働者の数が同項の規定により算定した数以上となるようにするため、厚生労働省令で定めるところにより、特定身体障害者の雇入れに関する計画の作成を命ずることができる。

8 親事業主、関係親事業主又は特定組合等に係る前二項の規定の適用については、当該子会社及び当該関係会社が雇用する労働者は当該親事業主のみが雇用する労働者と、当該関係子会社が雇用する労働者は当該関係親事業主のみが雇用する労働者と、当該特定事業主が雇用する労働者は当該特定組合等のみが雇用する労働者とみなす。

9 当該事業主が雇用する労働者が特定身体障害者であるかどうかの確認は、厚生労働省令で定める書類により行うものとする。

10 第四十六条第四項及び第五項の規定は、第七項の計画について準用する。

第二節 障害者雇用調整金の支給等及び障害者雇用納付金の徴収

第一款 障害者雇用調整金の支給等

（納付金関係業務）

第四十九条 厚生労働大臣は、対象障害者の雇用に伴う経済的負担の調整並びにその雇用の促進及び継続を図るため、次に掲げる業務（以下「納付金関係業務」という。）を行う。

一 事業主（特殊法人を除く。以下この節及び第五節において同じ。）で次条第一項の規定に該当するものに対して、同項の障害者雇用調整金を支給すること。

二 対象障害者を労働者として雇い入れる事業主又は対象障害者である労働者を雇用する事業主に対して、これらの者の雇入れ又は雇用の継続のために必要となる施設又は設備の設置又は整備に要する費用に充てるための助成金を支給すること。

三 対象障害者である労働者を雇用する事業主又は当該事業主の加入している事業主の団体に対して、対象障害者である労働者の福祉の増進を図るための施設の設置又は整備に要する費用に充てるための助成金を支給すること。

四 対象障害者である労働者を雇用する事業主であつて、次のいずれかを行うものに対して、その要する費用に充てるための助成金を支給すること。

イ 身体障害者又は精神障害者となつた労働者の雇用の継続のために必要となる当該労働者が職場に適応することを容易にするための措置

ロ 加齢に伴つて生ずる心身の変化により職場への適応が困難となつた対象障害者である労働者の雇用の継続のために必要となる当該労働者が職場に適応することを容易にするための措置

ハ 対象障害者である労働者の雇用に伴い必要となる介助その他その雇用の安定を図るために必要な業務（対象障害者である労働者の通勤を容易にするための業務を除く。）を行う者を置くこと（次号ロに掲げるものを除く。）。

四の二 対象障害者に対する職場適応援助者による援助であつて、次のいずれかを行う者に対して、その要する費用に充てるための助成金を支給すること。

イ 社会福祉法第二十二条に規定する社会福祉法人その他対象障害者の雇用の促進に係る事業を行う法人が行う職場適応援助者による援助の事業

ロ 対象障害者である労働者を雇用する事業主が対象障害者である労働者の雇用に伴い必要となる援助を行う職場適応援助者を置くこと。

五 身体障害者（重度身体障害者その他の厚生労働省令で定める身体障害者に限る。以下この号において同じ。）、知的障害者若しくは精神障害者である労働者を雇用する事業主又は当該事業主の加入している事業主の団体に対して、身体障害者、知的障害者又は精神障害者である労働者の通勤を容易にするための措置に要する費用に充てるための助成金を支給すること。

六 重度身体障害者、知的障害者又は精神障害者である労働者を多数雇用する事業所の事業主に対して、当該事業所の事業の用に供する施設又は設備の設置又は整備に要する費用に充てるための助成金を支給すること。

七 対象障害者の職業に必要な能力を開発し、及び向上させるための教育訓練（厚生労働大臣が定める基準に適合するものに限る。以下この号において同じ。）の事業を行う次に掲げるものに対して、当該事業に要する費用に充てるための助成金を支給すること並びに対象障害者である労働者を雇用する事業主に対して、対象障害者である労働者の教育訓練の受講を容易にするための措置に要する費用に充てるための助成金を支給すること。
イ　事業主又はその団体
ロ　学校教育法（昭和二十二年法律第二十六号）第百二十四条に規定する専修学校又は同法第百三十四条第一項に規定する各種学校を設置する私立学校法（昭和二十四年法律第二百七十号）第三条に規定する学校法人又は同法第六十四条第四項に規定する法人
ハ　社会福祉法第二十二条に規定する社会福祉法人
ニ　その他対象障害者の雇用の促進に係る事業を行う法人
七の二　対象障害者の雇入れ及びその雇用の継続を図るために必要な対象障害者の一連の雇用管理に関する援助の事業を行うものに対して、当該援助の事業に要する費用に充てるための助成金を支給すること。
八　障害者の技能に関する競技大会に係る業務を行うこと。
九　対象障害者の雇用に関する技術的事項についての研究、調査若しくは講習の業務又は対象障害者の雇用について事業主その他国民一般の理解を高めるための啓発の業務を行うこと（前号に掲げる業務を除く。）。
十　第五十三条第一項に規定する障害者雇用納付金の徴収を行うこと。
十一　前各号に掲げる業務に附帯する業務を行うこと。

2　厚生労働大臣は、前項各号に掲げる業務の全部又は一部を機構に行わせるものとする。

（障害者雇用調整金の支給）

第五十条　機構は、政令で定めるところにより、各年度（四月一日から翌年三月三十一日までをいう。以下同じ。）ごとに、第五十四条第二項に規定する調整基礎額に当該年度に属する各月（当該年度の中途に事業を開始し、又は廃止した事業主にあつては、当該事業を開始した日の属する月の翌月以後の各月又は当該事業を廃止した日の属する月の前月以前の各月に限る。以下同じ。）ごとの初日におけるその雇用する対象障害者である労働者の数の合計数を乗じて得た額が同条第一項の規定により算定した額を超える事業主に対して、その差額に相当する額を当該調整基礎額で除して得た数（以下この項において「超過数」という。）を単位調整額に乗じて得た額（超過数が政令で定める数を超えるときは、当該政令で定める数を単位調整額に乗じて得た額に、当該超過数から当該政令で定める数を減じた数を次項の政令で定める金額に満たない範囲内において厚生労働省令で定める金額に乗じて得た額を加えた額）に相当する金額を、当該年度分の障害者雇用調整金（以下「調整金」という。）として支給する。

2　前項の単位調整額は、事業主がその雇用する労働者の数に第五十四条第三項に規定する基準雇用率を乗じて得た数を超えて新たに対象障害者である者を雇用するものとした場合に当該対象障害者である者一人につき通常追加的に必要とされる一月当たりの同条第二項に規定する特別費用の額の平均額を基準として、政令で定める金額とする。

3　第四十三条第八項の規定は、前項の雇用する労働者の数の算定について準用する。

4　第四十五条の二第四項から第六項までの規定は第一項の対象障害者である労働者の数の算定について、第四十八条第八項の規定は親事業主、関係親事業主又は特定組合等に係る第一項の規定の適用について準用する。

5　親事業主、関係親事業主又は特定組合等に係る第一項の規定の適用については、機構は、厚生労働省令で定めるところにより、当該親事業主、当該子会社若しくは当該関係会社、当該関係親事業主若しくは当該関係子会社又は当該特定組合等若しくは当該特定事業主に対して調整金を支給することができる。

6　第二項から前項までに定めるもののほか、法人である事業主が合併した場合又は個人である事業主について相続（包括遺贈を含む。第六十八条において同じ。）があつた場合における調整金の額の算定の特例その他調整金に関し必要な事項は、政令で定める。

（助成金の支給）

第五十一条　機構は、厚生労働省令で定める支給要件、支給額その他の支給の基準に従つて第四十九条第一項第二号から第七号の二までの助成金を支給する。

2　前項の助成金の支給については、対象障害者の職業の安定を図るため講じられるその他の措置と相まつて、対象障害者の雇用が最も効果的かつ効率的に促進され、及び継続されるように配慮されなければならない。

（資料の提出等）

第五十二条　機構は、第四十九条第一項第十号

に掲げる業務に関して必要な限度において、事業主に対し、対象障害者である労働者の雇用の状況その他の事項についての文書その他の物件の提出を求めることができる。

2　機構は、納付金関係業務に関し必要があると認めるときは、事業主、その団体、第四十九条第一項第四号の二イに規定する法人又は同項第七号ロからニまでに掲げる法人に対し、必要な事項についての報告を求めることができる。

第二款　障害者雇用納付金の徴収

（障害者雇用納付金の徴収及び納付義務）

第五十三条　機構は、第四十九条第一項第一号の調整金及び同項第二号から第七号の二までの助成金の支給に要する費用、同項第八号及び第九号の業務の実施に要する費用並びに同項各号に掲げる業務に係る事務の処理に要する費用に充てるため、この款に定めるところにより、事業主から、毎年度、障害者雇用納付金（以下「納付金」という。）を徴収する。

2　事業主は、納付金を納付する義務を負う。

（納付金の額等）

第五十四条　事業主が納付すべき納付金の額は、各年度につき、調整基礎額に、当該年度に属する各月ごとにその初日におけるその雇用する労働者の数に基準雇用率を乗じて得た数（その数に一人未満の端数があるときは、その端数は、切り捨てる。）の合計数を乗じて得た額とする。

2　前項の調整基礎額は、事業主がその雇用する労働者の数に基準雇用率を乗じて得た数に達するまでの数の対象障害者である者を雇用するものとした場合に当該対象障害者である者一人につき通常必要とされる一月当たりの特別費用（対象障害者である者を雇用する場合に必要な施設又は設備の設置又は整備その他の対象障害者である者の適正な雇用管理に必要な措置に通常要する費用その他対象障害者である者を雇用するために特別に必要とされる費用をいう。）の額の平均額を基準として、政令で定める金額とする。

3　前二項の基準雇用率は、労働者の総数に対する対象障害者である労働者の総数の割合を基準として設定するものとし、少なくとも五年ごとに、当該割合の推移を勘案して政令で定める。

4　第四十三条第八項の規定は、第一項及び第二項の雇用する労働者の数並びに前項の労働者の総数の算定について準用する。

5　第四十五条の二第四項から第六項までの規定は第三項の対象障害者である労働者の総数の算定について、第四十八条第八項の規定は親事業主、関係親事業主又は特定組合等に係る第一項の規定の適用について準用する。

第五十五条　前条第一項の場合において、当該事業主が当該年度において対象障害者である労働者を雇用しており、かつ、同条第二項に規定する調整基礎額に当該年度に属する各月ごとの初日における当該事業主の雇用する対象障害者である労働者の数の合計数を乗じて得た額が同条第一項の規定により算定した額に達しないときは、当該事業主が納付すべき納付金の額は、同項の規定にかかわらず、その差額（第七十四条の二第四項及び第五項において「算定額」という。）に相当する金額とする。

2　前条第一項の場合において、当該事業主が当該年度において対象障害者である労働者を雇用しており、かつ、同条第二項に規定する調整基礎額に当該年度に属する各月ごとの初日における当該事業主の雇用する対象障害者である労働者の数の合計数を乗じて得た額が同条第一項の規定により算定した額以上であるときは、当該事業主については、同項の規定にかかわらず、納付金は、徴収しない。

3　第四十五条の二第四項から第六項までの規定は前二項の対象障害者である労働者の数の算定について、第四十八条第八項の規定は親事業主、関係親事業主又は特定組合等に係る前二項の規定の適用について準用する。

（納付金の納付等）

第五十六条　事業主は、各年度ごとに、当該年度に係る納付金の額その他の厚生労働省令で定める事項を記載した申告書を翌年度の初日（当該年度の中途に事業を廃止した事業主にあつては、当該事業を廃止した日）から四十五日以内に機構に提出しなければならない。

2　事業主は、前項の申告に係る額の納付金を、同項の申告書の提出期限までに納付しなければならない。

3　第一項の申告書には、当該年度に属する各月ごとの初日における各事業所ごとの労働者の数及び対象障害者である労働者の数その他の厚生労働省令で定める事項を記載した書類を添付しなければならない。

4　機構は、事業主が第一項の申告書の提出期限までに同項の申告書を提出しないとき、又は同項の申告書の記載に誤りがあると認めたときは、納付金の額を決定し、事業主に納入の告知をする。

5　前項の規定による納入の告知を受けた事業主は、第一項の申告書を提出していないとき（納付すべき納付金の額がない旨の記載をした申告書を提出しているときを含む。）は前項の規定により機構が決定した額の納付金の全額を、第一項の申告に係る納付金の額が前項の規定により機構が決定した納付金の額に足りないときはその不足額を、その通知を受けた日から十五日以内に機構に納付しなければならない。

6　事業主が納付した納付金の額が、第四項の規定により機構が決定した納付金の額を超える場合には、機構は、その超える額について、未納の納付金その他この款の規定による徴収金があるときはこれに充当し、なお残余があれば還付し、未納の納付金その他この款の規定による徴収金がないときはこれを還付しなければならない。

7　第四十八条第八項の規定は、親事業主、関係親事業主又は特定組合等に係る第一項、第三項及び第四項の規定の適用について準用する。この場合において、同条第八項中「とみなす」とあるのは、「と、当該子会社及び当該関係会社の事業所は当該親事業主の事業所と、当該関係子会社の事業所は当該関係親事業主の事業所と、当該特定事業主の事業所は当該特定組合等の事業所とみなす」と読み替えるものとする。

（**納付金の延納**）

第五十七条　機構は、厚生労働省令で定めるところにより、事業主の申請に基づき、当該事業主の納付すべき納付金を延納させることができる。

（**追徴金**）

第五十八条　機構は、事業主が第五十六条第五項の規定による納付金の全額又はその不足額を納付しなければならない場合には、その納付すべき額（その額に千円未満の端数があるときは、その端数は、切り捨てる。）に百分の十を乗じて得た額の追徴金を徴収する。ただし、事業主が天災その他やむを得ない理由により、同項の規定による納付金の全額又はその不足額を納付しなければならなくなつた場合は、この限りでない。

2　前項の規定にかかわらず、同項に規定する納付金の全額又はその不足額が千円未満であるときは、同項の規定による追徴金は、徴収しない。

3　機構は、第一項の規定により追徴金を徴収する場合には、厚生労働省令で定めるところにより、事業主に対して、期限を指定して、その納付すべき追徴金の額を通知しなければならない。

（**徴収金の督促及び滞納処分**）

第五十九条　納付金その他この款の規定による徴収金を納付しない者があるときは、機構は、期限を指定して督促しなければならない。

2　前項の規定により督促するときは、機構は、納付義務者に対して督促状を発する。この場合において、督促状により指定すべき期限は、督促状を発する日から起算して十日以上経過した日でなければならない。

3　第一項の規定による督促を受けた者がその指定の期限までに納付金その他この款の規定による徴収金を完納しないときは、機構は、厚生労働大臣の認可を受けて、国税滞納処分の例により、滞納処分をすることができる。

（**延滞金**）

第六十条　前条第一項の規定により納付金の納付を督促したときは、機構は、その督促に係る納付金の額につき年十四・五パーセントの割合で、納付期限の翌日からその完納又は財産差押えの日の前日までの日数により計算した延滞金を徴収する。ただし、督促に係る納付金の額が千円未満であるときは、この限りでない。

2　前項の場合において、納付金の額の一部につき納付があつたときは、その納付の日以降の期間に係る延滞金の額の計算の基礎となる納付金の額は、その納付のあつた納付金の額を控除した額とする。

3　延滞金の計算において、前二項の納付金の額に千円未満の端数があるときは、その端数は、切り捨てる。

4　前三項の規定によつて計算した延滞金の額に百円未満の端数があるときは、その端数は、切り捨てる。

5　延滞金は、次の各号のいずれかに該当する場合には、徴収しない。ただし、第四号の場合には、その執行を停止し、又は猶予した期間に対応する部分の金額に限る。

一　督促状に指定した期限までに納付金を完納したとき。

二　納付義務者の住所又は居所がわからないため、公示送達の方法によつて督促したとき。
三　延滞金の額が百円未満であるとき。
四　納付金について滞納処分の執行を停止し、又は猶予したとき。
五　納付金を納付しないことについてやむを得ない理由があると認められるとき。

（先取特権の順位）
第六十一条　納付金その他この款の規定による徴収金の先取特権の順位は、国税及び地方税に次ぐものとする。

（徴収金の徴収手続等）
第六十二条　納付金その他この款の規定による徴収金は、この款に別段の定めがある場合を除き、国税徴収の例により徴収する。

（時効）
第六十三条　納付金その他この款の規定による徴収金を徴収し、又はその還付を受ける権利は、これらを行使することができる時から二年を経過したときは、時効によつて消滅する。
2　機構が行う納付金その他この款の規定による徴収金の納入の告知又は第五十九条第一項の規定による督促は、時効の更新の効力を生ずる。

（徴収金の帰属）
第六十四条　機構が徴収した納付金その他この款の規定による徴収金は、機構の収入とする。

（徴収金の徴収に関する審査請求）
第六十五条　納付金その他この款の規定による徴収金の賦課又は徴収の処分について不服がある者は、厚生労働大臣に対して審査請求をすることができる。この場合において、厚生労働大臣は、行政不服審査法（平成二十六年法律第六十八号）第二十五条第二項及び第三項、第四十六条第一項並びに第四十七条の規定の適用については、機構の上級行政庁とみなす。

第六十六条　削除

（行政手続法の適用除外）
第六十七条　納付金その他この款の規定による徴収金の賦課又は徴収の処分については、行政手続法（平成五年法律第八十八号）第二章及び第三章の規定は、適用しない。

（政令への委任）
第六十八条　この款に定めるもののほか、法人である事業主が合併した場合又は個人である事業主について相続があつた場合における納付金の額の算定の特例その他この款に定める納付金その他の徴収金に関し必要な事項は、政令で定める。

第三節　特定短時間労働者等に関する特例

（雇用義務に係る規定の特定短時間勤務職員についての適用に関する特例）
第六十九条　第三十八条第一項の対象障害者である職員の数の算定に当たつては、同条第三項及び第五項の規定にかかわらず、重度身体障害者、重度知的障害者又は精神障害者である特定短時間勤務職員（短時間勤務職員のうち、一週間の勤務時間が厚生労働大臣の定める時間の範囲内にある職員をいう。）は、その一人をもつて、第四十三条第五項の厚生労働省令で定める数に満たない範囲内において厚生労働省令で定める数の対象障害者である職員に相当するものとみなす。

（雇用義務に係る規定の特定短時間労働者についての適用に関する特例）
第七十条　第四十三条第一項、第四十四条第一項第二号、第四十五条の二第一項第三号、第四十五条の三第一項第四号及び第六号並びに第四十六条第一項の対象障害者である労働者の数の算定に当たつては、第四十三条第三項及び第五項、第四十四条第三項並びに第四十五条の二第四項及び第六項（第四十五条の三第六項及び第四十六条第二項において準用する場合を含む。）の規定にかかわらず、重度身体障害者、重度知的障害者又は精神障害者である特定短時間労働者（短時間労働者のうち、一週間の所定労働時間が厚生労働大臣の定める時間の範囲内にある労働者をいい、当該算定に係る事業主から障害者の日常生活及び社会生活を総合的に支援するための法律第二十九条第一項の指定障害福祉サービス（同法第五条第十四項に規定する就労継続支援であつて、厚生労働省令で定める便宜を供与するものに限る。）を受けている者を除く。以下同じ。）は、その一人をもつて、第四十三条第五項の厚生労働省令で定める数に満たない範囲内において厚生労働省令で定める数の対象障害者である労働者に相当するものとみなす。

（納付金関係業務に係る規定の特定短時間労働者についての適用に関する特例）
第七十一条　第五十条第一項並びに第五十五条第一項及び第二項の対象障害者である労働者の数の算定に当たつては、第五十条第四項及び第五十五条第三項において準用する第四十五条の二第四項及び第六項の規定にかかわらず、重度身体障害者、重度知的障害者又は精神障害者である特定短時間労働者は、その一人をもつて、第四十三条第五項の厚生労働省令で定める数に満たない範囲内において厚生労働省令で定める数の対象障害者である労働者に相当するものとみなす。

第七十二条　削除

第四節　対象障害者以外の障害者に関する特例

（精神障害者に関する助成金の支給業務の実施等）

第七十三条　厚生労働大臣は、精神障害者（精神保健及び精神障害者福祉に関する法律第四十五条第二項の規定により精神障害者保健福祉手帳の交付を受けているものを除く。）である労働者に関しても、第四十九条第一項第二号から第九号まで及び第十一号に掲げる業務に相当する業務を行うことができる。

2　厚生労働大臣は、前項に規定する業務の全部又は一部を機構に行わせるものとする。

3　前項の場合においては、当該業務は、第四十九条第一項第二号から第九号まで及び第十一号に掲げる業務に含まれるものとみなして、第五十一条及び第五十三条の規定を適用する。この場合において、第五十一条第二項中「対象障害者」とあるのは、「身体障害者、知的障害者又は第二条第六号に規定する精神障害者」とする。

（身体障害者、知的障害者及び精神障害者以外の障害者に関する助成金の支給業務の実施等）

第七十四条　厚生労働大臣は、障害者（身体障害者、知的障害者及び精神障害者を除く。）のうち厚生労働省令で定める者に関しても、第四十九条第一項第二号から第九号まで及び第十一号に掲げる業務であつて厚生労働省令で定めるものに相当する業務を行うことができる。

2　厚生労働大臣は、前項に規定する業務の全部又は一部を機構に行わせるものとする。

3　前項の場合においては、当該業務は、第四十九条第一項第二号から第九号まで及び第十一号に掲げる業務に含まれるものとみなして、第五十一条及び第五十三条の規定を適用する。

第五節　障害者の在宅就業に関する特例

（在宅就業障害者特例調整金）

第七十四条の二　厚生労働大臣は、在宅就業障害者の就業機会の確保を支援するため、事業主で次項の規定に該当するものに対して、同項の在宅就業障害者特例調整金を支給する業務を行うことができる。

2　厚生労働大臣は、厚生労働省令で定めるところにより、各年度ごとに、在宅就業障害者との間で書面により在宅就業契約を締結した事業主（次条第一項に規定する在宅就業支援団体を除く。以下この節において同じ。）であつて、在宅就業障害者に在宅就業契約に基づく業務の対価を支払つたものに対して、調整額に、当該年度に支払つた当該対価の総額（以下「対象額」という。）を評価額で除して得た数（その数に一未満の端数があるときは、その端数は切り捨てる。）を乗じて得た額に相当する金額を、当該年度分の在宅就業障害者特例調整金として支給する。ただし、在宅就業単位調整額に当該年度に属する各月ごとの初日における当該事業主の雇用する対象障害者である労働者の数の合計数を乗じて得た額に相当する金額を超えることができない。

3　この節、第四章、第五章及び附則第四条において、次の各号に掲げる用語の意義は、当該各号に定めるところによる。

一　在宅就業障害者　対象障害者であつて、自宅その他厚生労働省令で定める場所において物品の製造、役務の提供その他これらに類する業務を自ら行うもの（雇用されている者を除く。）

二　在宅就業契約　在宅就業障害者が物品の製造、役務の提供その他これらに類する業務を行う旨の契約

三　在宅就業単位調整額　第五十条第二項に規定する単位調整額以下の額で政令で定める額

四　調整額　在宅就業単位調整額に評価基準月数（在宅就業障害者の就業機会の確保に資する程度その他の状況を勘案して政令で定める月数をいう。以下同じ。）を乗じて得た額

五　評価額　障害者である労働者の平均的な給与の状況その他の状況を勘案して政令で定める額に評価基準月数を乗じて得た額

4　第五十五条第一項の場合において、当該事業主が当該年度において在宅就業障害者に在宅就業契約に基づく業務の対価を支払つており、かつ、第二項の規定により算定した在宅

就業障害者特例調整金の額が算定額に達しないときは、当該事業主が納付すべき納付金の額は、同条第一項の規定にかかわらず、その差額に相当する金額とする。この場合においては、当該事業主については、第二項の規定にかかわらず、在宅就業障害者特例調整金は支給しない。

5　第五十五条第一項の場合において、当該事業主が当該年度において在宅就業障害者に在宅就業契約に基づく業務の対価を支払つており、かつ、第二項の規定により算定した在宅就業障害者特例調整金の額が算定額以上であるときは、同項の規定にかかわらず、当該事業主に対して、その差額に相当する金額を、当該年度分の在宅就業障害者特例調整金として支給する。この場合においては、当該事業主については、同条第一項の規定にかかわらず、納付金は徴収しない。

6　厚生労働大臣は、第一項に規定する業務の全部又は一部を機構に行わせるものとする。

7　機構は、第一項に規定する業務に関し必要があると認めるときは、事業主又は在宅就業障害者に対し、必要な事項についての報告を求めることができる。

8　第六項の場合における第五十三条の規定の適用については、同条第一項中「並びに同項各号に掲げる業務」とあるのは、「、第七十四条の二第一項の在宅就業障害者特例調整金の支給に要する費用並びに第四十九条第一項各号に掲げる業務及び第七十四条の二第一項に規定する業務」とする。

9　親事業主、関係親事業主又は特定組合等に係る第二項、第四項及び第五項並びに第五十六条第一項及び第四項の規定の適用については、在宅就業契約に基づく業務の対価として在宅就業障害者に対して支払つた額に関し、当該子会社及び当該関係会社が支払つた額は当該親事業主のみが支払つた額と、当該関係子会社が支払つた額は当該関係親事業主のみが支払つた額と、当該特定事業主が支払つた額は当該特定組合等のみが支払つた額とみなす。

10　第四十五条の二第四項から第六項までの規定は第二項の対象障害者である労働者の数の算定について、第五十条第五項及び第六項の規定は第一項の在宅就業障害者特例調整金について準用する。

11　第二項の対象障害者である労働者の数の算定に当たつては、前項において準用する第四十五条の二第四項及び第六項の規定にかかわらず、重度身体障害者、重度知的障害者又は精神障害者である特定短時間労働者は、その一人をもつて、第四十三条第五項の厚生労働省令で定める数に満たない範囲内において厚生労働省令で定める数の対象障害者である労働者に相当するものとみなす。

（在宅就業支援団体）

第七十四条の三　各年度ごとに、事業主に在宅就業対価相当額（事業主が厚生労働大臣の登録を受けた法人（以下「在宅就業支援団体」という。）との間で締結した物品の製造、役務の提供その他これらに類する業務に係る契約に基づき当該事業主が在宅就業支援団体に対して支払つた金額のうち、当該契約の履行に当たり在宅就業支援団体が在宅就業障害者との間で締結した在宅就業契約に基づく業務の対価として支払つた部分の金額に相当する金額をいう。以下同じ。）があるときは、その総額を当該年度の対象額に加算する。この場合において、前条の規定の適用については、同条第二項中「当該対価の総額」とあるのは「当該対価の総額と次条第一項に規定する在宅就業対価相当額の総額とを合計した額」と、同条第九項中「に関し、」とあるのは「に関し」と、「とみなす」とあるのは「と、当該子会社及び当該関係会社に係る次条第一項に規定する在宅就業対価相当額（以下この項において「在宅就業対価相当額」という。）は当該親事業主のみに係る在宅就業対価相当額と、当該関係子会社に係る在宅就業対価相当額は当該関係親事業主のみに係る在宅就業対価相当額と、当該特定事業主に係る在宅就業対価相当額は当該特定組合等のみに係る在宅就業対価相当額とみなす」とする。

2　前項の登録は、在宅就業障害者の希望に応じた就業の機会を確保し、及び在宅就業障害者に対して組織的に提供することその他の在宅就業障害者に対する援助の業務を行う法人の申請により行う。

3　次の各号のいずれかに該当する法人は、第一項の登録を受けることができない。

一　この法律の規定その他労働に関する法律の規定であつて政令で定めるもの又は出入国管理及び難民認定法（昭和二十六年政令第三百十九号）第七十三条の二第一項の規定及び同項の規定に係る同法第七十六条の二の規定により、罰金の刑に処せられ、その執行を終わり、又は執行を受けることがなくなつた日から五年を経過しない法人

二　第十八項の規定により登録を取り消され、その取消しの日から五年を経過しない法人

三　役員のうちに、禁錮以上の刑に処せられ、又はこの法律の規定その他労働に関する法律の規定であつて政令で定めるもの若しくは暴力団員による不当な行為の防止等に関する法律（平成三年法律第七十七号）の規定（同法第五十条（第二号に係る部分に限る。）及び第五十二条の規定を除く。）により、若しくは刑法（明治四十年法律第四十五号）第二百四条、第二百六条、第二百八条、第二百八条の二、第二百二十二条若しくは第二百四十七条の罪、暴力行為等処罰に関する法律（大正十五年法律第六十号）の罪若しくは出入国管理及び難民認定法第七十三条の二第一項の罪を犯したことにより、罰金の刑に処せられ、その執行を終わり、又は執行を受けることがなくなつた日から五年を経過しない者のある法人

4　厚生労働大臣は、第二項の規定により登録を申請した法人が次に掲げる要件のすべてに適合しているときは、その登録をしなければならない。この場合において、登録に関して必要な手続は、厚生労働省令で定める。

一　常時五人以上の在宅就業障害者に対して、次に掲げる業務のすべてを継続的に実施していること。

イ　在宅就業障害者の希望に応じた就業の機会を確保し、及び在宅就業障害者に対して組織的に提供すること。

ロ　在宅就業障害者に対して、その業務を適切に行うために必要な知識及び技能を習得するための職業講習又は情報提供を行うこと。

ハ　在宅就業障害者に対して、その業務を適切に行うために必要な助言その他の援助を行うこと。

ニ　雇用による就業を希望する在宅就業障害者に対して、必要な助言その他の援助を行うこと。

二　前号イからニまでに掲げる業務（以下「実施業務」という。）の対象である障害者に係る障害に関する知識及び当該障害に係る障害者の援助を行う業務に従事した経験並びに在宅就業障害者に対して提供する就業の機会に係る業務の内容に関する知識を有する者（次号において「従事経験者」という。）が実施業務を実施していること。

三　前号に掲げる者のほか、実施業務を適正に行うための管理者（従事経験者である者に限る。）が置かれていること。

四　実施業務を行うために必要な施設及び設備を有すること。

5　登録は、在宅就業支援団体登録簿に次に掲げる事項を記載してするものとする。

一　登録年月日及び登録番号

二　在宅就業支援団体の名称及び住所並びにその代表者の氏名

三　在宅就業支援団体が在宅就業障害者に係る業務を行う事業所の所在地

6　第一項の登録は、三年以内において政令で定める期間ごとにその更新を受けなければ、その期間の経過によつて、その効力を失う。

7　第二項から第五項までの規定は、前項の登録の更新について準用する。

8　在宅就業支援団体は、物品の製造、役務の提供その他これらに類する業務に係る契約に基づき事業主から対価の支払を受けたときは、厚生労働省令で定めるところにより、当該事業主に対し、在宅就業対価相当額を証する書面を交付しなければならない。

9　在宅就業支援団体は、前項に定めるもののほか、第四項各号に掲げる要件及び厚生労働省令で定める基準に適合する方法により在宅就業障害者に係る業務を行わなければならない。

10　在宅就業支援団体は、第五項第二号又は第三号に掲げる事項を変更しようとするときは、変更しようとする日の二週間前までに、その旨を厚生労働大臣に届け出なければならない。

11　在宅就業支援団体は、在宅就業障害者に係る業務に関する規程（次項において「業務規程」という。）を定め、当該業務の開始前に、厚生労働大臣に届け出なければならない。これを変更しようとするときも、同様とする。

12　業務規程には、在宅就業障害者に係る業務の実施方法その他の厚生労働省令で定める事項を定めておかなければならない。

13　在宅就業支援団体は、在宅就業障害者に係る業務の全部又は一部を休止し、又は廃止しようとするときは、厚生労働省令で定めるところにより、あらかじめ、その旨を厚生労働大臣に届け出なければならない。

14　在宅就業支援団体は、毎事業年度経過後三月以内に、その事業年度の財産目録、貸借対照表及び損益計算書又は収支計算書並びに事業報告書（その作成に代えて電磁的記録（電

子的方式、磁気的方式その他の人の知覚によつては認識することができない方式で作られる記録であつて、電子計算機による情報処理の用に供されるものをいう。以下同じ。）の作成がされている場合における当該電磁的記録を含む。以下「財務諸表等」という。）を作成し、五年間事業所に備えて置かなければならない。

15　在宅就業障害者その他の利害関係人は、在宅就業支援団体の業務時間内は、いつでも、次に掲げる請求をすることができる。ただし、第二号又は第四号の請求をするには、在宅就業支援団体の定めた費用を支払わなければならない。

一　財務諸表等が書面をもつて作成されているときは、当該書面の閲覧又は謄写の請求

二　前号の書面の謄本又は抄本の請求

三　財務諸表等が電磁的記録をもつて作成されているときは、当該電磁的記録に記録された事項を厚生労働省令で定める方法により表示したものの閲覧又は謄写の請求

四　前号の電磁的記録に記録された事項を電磁的方法であつて厚生労働省令で定めるものにより提供することの請求又は当該事項を記載した書面の交付の請求

16　厚生労働大臣は、在宅就業支援団体が第四項各号のいずれかに適合しなくなつたと認めるときは、当該在宅就業支援団体に対し、これらの規定に適合するため必要な措置をとるべきことを命ずることができる。

17　厚生労働大臣は、在宅就業支援団体が第九項の規定に違反していると認めるときは、当該在宅就業支援団体に対し、在宅就業障害者に係る業務を行うべきこと又は当該業務の実施の方法その他の業務の方法の改善に関し必要な措置をとるべきことを命ずることができる。

18　厚生労働大臣は、在宅就業支援団体が次の各号のいずれかに該当するときは、その登録を取り消し、又は期間を定めて在宅就業障害者に係る業務の全部若しくは一部の停止を命ずることができる。

一　第三項第一号又は第三号に該当するに至つたとき。

二　第八項、第十項から第十四項まで又は次項の規定に違反したとき。

三　正当な理由がないのに第十五項各号の規定による請求を拒んだとき。

四　前二項の規定による命令に違反したとき。

五　不正の手段により第一項の登録を受けたとき。

19　在宅就業支援団体は、厚生労働省令で定めるところにより、帳簿を備え、在宅就業障害者に係る業務に関し厚生労働省令で定める事項を記載し、これを保存しなければならない。

20　機構は、第一項において読み替えて適用する前条第二項の場合における同条第一項の業務に関し必要があると認めるときは、事業主、在宅就業障害者又は在宅就業支援団体に対し、必要な事項についての報告を求めることができる。

21　在宅就業支援団体は、毎年一回、厚生労働省令で定めるところにより、在宅就業障害者に係る業務に関し厚生労働省令で定める事項を厚生労働大臣に報告しなければならない。

22　厚生労働大臣は、次に掲げる場合には、その旨を官報に公示しなければならない。

一　第一項の登録をしたとき。

二　第十項の規定による届出があつたとき。

三　第十三項の規定による届出があつたとき。

四　第十八項の規定により第一項の登録を取り消し、又は在宅就業障害者に係る業務の停止を命じたとき。

第三章の二　紛争の解決

第一節　紛争の解決の援助

（苦情の自主的解決）

第七十四条の四　事業主は、第三十五条及び第三十六条の三に定める事項に関し、障害者である労働者から苦情の申出を受けたときは、苦情処理機関（事業主を代表する者及び当該事業所の労働者を代表する者を構成員とする当該事業所の労働者の苦情を処理するための機関をいう。）に対し当該苦情の処理を委ねる等その自主的な解決を図るように努めなければならない。

（紛争の解決の促進に関する特例）

第七十四条の五　第三十四条、第三十五条、第三十六条の二及び第三十六条の三に定める事項についての障害者である労働者と事業主との間の紛争については、個別労働関係紛争の解決の促進に関する法律（平成十三年法律第百十二号）第四条、第五条及び第十二条から第十九条までの規定は適用せず、次条から第七十四条の八までに定めるところによる。

（紛争の解決の援助）

第七十四条の六　都道府県労働局長は、前条に規定する紛争に関し、当該紛争の当事者の双方又は一方からその解決につき援助を求められた場合には、当該紛争の当事者に対し、必要な助言、指導又は勧告をすることができる。

2　事業主は、障害者である労働者が前項の援助を求めたことを理由として、当該労働者に対して解雇その他不利益な取扱いをしてはならない。

第二節　調停

（調停の委任）

第七十四条の七　都道府県労働局長は、第七十四条の五に規定する紛争（労働者の募集及び採用についての紛争を除く。）について、当該紛争の当事者の双方又は一方から調停の申請があつた場合において当該紛争の解決のために必要があると認めるときは、個別労働関係紛争の解決の促進に関する法律第六条第一項の紛争調整委員会に調停を行わせるものとする。

2　前条第二項の規定は、障害者である労働者が前項の申請をした場合について準用する。

（調停）

第七十四条の八　雇用の分野における男女の均等な機会及び待遇の確保等に関する法律（昭和四十七年法律第百十三号）第十九条から第二十六条までの規定は、前条第一項の調停の手続について準用する。この場合において、同法第十九条第一項中「前条第一項」とあるのは「障害者の雇用の促進等に関する法律第七十四条の七第一項」と、同法第二十条中「関係当事者と同一の事業場に雇用される労働者」とあるのは「障害者の医療に関する専門的知識を有する者」と、同法第二十五条第一項中「第十八条第一項」とあるのは「障害者の雇用の促進等に関する法律第七十四条の七第一項」と読み替えるものとする。

第四章　雑則

（障害者の雇用の促進等に関する研究等）

第七十五条　国は、障害者の能力に適合する職業、その就業上必要な作業設備及び作業補助具その他障害者の雇用の促進及びその職業の安定に関し必要な事項について、調査、研究及び資料の整備に努めるものとする。

（障害者の雇用に関する広報啓発）

第七十六条　国及び地方公共団体は、障害者の雇用を妨げている諸要因の解消を図るため、障害者の雇用について事業主その他国民一般の理解を高めるために必要な広報その他の啓発活動を行うものとする。

（基準に適合する事業主の認定）

第七十七条　厚生労働大臣は、その雇用する労働者の数が常時三百人以下である事業主からの申請に基づき、厚生労働省令で定めるところにより、当該事業主について、障害者の雇用の促進及び雇用の安定に関する取組に関し、当該取組の実施状況が優良なものであることその他の厚生労働省令で定める基準に適合するものである旨の認定を行うことができる。

2　第四十三条第八項の規定は、前項の雇用する労働者の数の算定について準用する。

（表示等）

第七十七条の二　前条第一項の認定を受けた事業主（次条において「認定事業主」という。）は、商品、役務の提供の用に供する物、商品又は役務の広告又は取引に用いる書類若しくは通信その他の厚生労働省令で定めるもの（次項において「商品等」という。）に厚生労働大臣の定める表示を付することができる。

2　何人も、前項の規定による場合を除くほか、商品等に同項の表示又はこれと紛らわしい表示を付してはならない。

（認定の取消し）

第七十七条の三　厚生労働大臣は、認定事業主が次の各号のいずれかに該当するときは、第七十七条第一項の認定を取り消すことができる。

一　第七十七条第一項に規定する基準に適合しなくなつたと認めるとき。

二　この法律又はこの法律に基づく命令に違反したとき。

三　不正の手段により第七十七条第一項の認定を受けたとき。

（障害者雇用推進者）

第七十八条　国及び地方公共団体の任命権者は、厚生労働省令で定めるところにより、次に掲げる業務を担当する者を選任しなければならない。

一　障害者の雇用の促進及びその雇用の継続を図るために必要な施設又は設備の設置又は整備その他の諸条件の整備を図るための業務

二　障害者活躍推進計画の作成及び障害者である職員の職業生活における活躍の推進に

関する取組の円滑な実施を図るための業務

三　第三十八条第一項の計画の作成及び当該計画の円滑な実施を図るための業務

四　第三十八条第七項、第三十九条第二項及び第四十八条第五項の規定による勧告を受けたときは、当該勧告に係る厚生労働省との連絡に関する業務

五　第四十条第一項の規定による通報、同条第二項の規定による公表及び第八十一条第二項の規定による届出を行う業務

2　事業主は、その雇用する労働者の数が常時第四十三条第七項の厚生労働省令で定める数以上であるときは、厚生労働省令で定めるところにより、次に掲げる業務を担当する者を選任するように努めなければならない。

一　障害者の雇用の促進及びその雇用の継続を図るために必要な施設又は設備の設置又は整備その他の諸条件の整備を図るための業務

二　第四十三条第七項の規定による報告及び第八十一条第一項の規定による届出を行う業務

三　第四十六条第一項の規定による命令を受けたとき、又は同条第五項若しくは第六項の規定による勧告を受けたときは、当該命令若しくは勧告に係る国との連絡に関する業務又は同条第一項の計画の作成及び当該計画の円滑な実施を図るための業務

3　第四十三条第八項の規定は、前項の雇用する労働者の数の算定について準用する。

（障害者職業生活相談員）

第七十九条　国及び地方公共団体の任命権者は、厚生労働省令で定める数以上の障害者（身体障害者、知的障害者及び精神障害者（厚生労働省令で定める者に限る。）に限る。以下この条及び第八十一条において同じ。）である職員（常時勤務する職員に限る。以下この項及び第八十一条第二項において同じ。）が勤務する事業所においては、その勤務する職員であつて、厚生労働大臣が行う講習（以下この条において「資格認定講習」という。）を修了したものその他厚生労働省令で定める資格を有するもののうちから、厚生労働省令で定めるところにより、障害者職業生活相談員を選任し、その者にその勤務する障害者である職員の職業生活に関する相談及び指導を行わせなければならない。

2　事業主は、厚生労働省令で定める数以上の障害者である労働者を雇用する事業所においては、その雇用する労働者であつて、資格認定講習を修了したものその他厚生労働省令で定める資格を有するもののうちから、厚生労働省令で定めるところにより、障害者職業生活相談員を選任し、その者に当該事業所に雇用されている障害者である労働者の職業生活に関する相談及び指導を行わせなければならない。

3　厚生労働大臣は、資格認定講習に関する業務の全部又は一部を、第四十九条第一項第九号に掲げる業務として機構に行わせることができる。

（障害者である短時間労働者の待遇に関する措置）

第八十条　事業主は、その雇用する障害者である短時間労働者が、当該事業主の雇用する労働者の所定労働時間労働すること等の希望を有する旨の申出をしたときは、当該短時間労働者に対し、その有する能力に応じた適切な待遇を行うように努めなければならない。

（解雇の届出等）

第八十一条　事業主は、障害者である労働者を解雇する場合（労働者の責めに帰すべき理由により解雇する場合その他厚生労働省令で定める場合を除く。）には、厚生労働省令で定めるところにより、その旨を公共職業安定所長に届け出なければならない。

2　国及び地方公共団体の任命権者は、障害者である職員を免職する場合（職員の責めに帰すべき理由により免職する場合その他厚生労働省令で定める場合を除く。）には、厚生労働省令で定めるところにより、その旨を公共職業安定所長に届け出なければならない。

3　前二項の届出があつたときは、公共職業安定所は、当該届出に係る障害者である労働者について、速やかに求人の開拓、職業紹介等の措置を講ずるように努めるものとする。

（書類の保存）

第八十一条の二　労働者を雇用する事業主は、厚生労働省令で定めるところにより、第三十八条第六項、第四十三条第九項並びに第四十八条第四項及び第九項の規定による確認に関する書類（その保存に代えて電磁的記録の保存がされている場合における当該電磁的記録を含む。）で厚生労働省令で定めるものを保存しなければならない。

（報告等）

第八十二条　厚生労働大臣又は公共職業安定所長は、この法律を施行するため必要な限度において、厚生労働省令で定めるところによ

り、国又は地方公共団体の任命権者に対し、障害者の雇用の状況その他の事項についての報告を求めることができる。

2　厚生労働大臣又は公共職業安定所長は、この法律を施行するため必要な限度において、厚生労働省令で定めるところにより、事業主等（事業主、その団体、第四十九条第一項第四号の二イに規定する法人又は同項第七号ロからニまでに掲げる法人をいう。以下この項において同じ。）、在宅就業障害者又は在宅就業支援団体に対し、障害者の雇用の状況その他の事項についての報告を命じ、又はその職員に、事業主等若しくは在宅就業支援団体の事業所若しくは在宅就業障害者が業務を行う場所に立ち入り、関係者に対して質問させ、若しくは帳簿書類その他の物件の検査をさせることができる。

3　前項の規定により立入検査をする職員は、その身分を示す証明書を携帯し、関係者に提示しなければならない。

4　第二項の規定による立入検査の権限は、犯罪捜査のために認められたものと解釈してはならない。

（**連絡及び協力**）

第八十三条　公共職業安定所、機構、障害者就業・生活支援センター、公共職業能力開発施設等、社会福祉法に定める福祉に関する事務所、精神保健及び精神障害者福祉に関する法律第六条第一項に規定する精神保健福祉センターその他の障害者に対する援護の機関等の関係機関及び関係団体は、障害者の雇用の促進及びその職業の安定を図るため、相互に、密接に連絡し、及び協力しなければならない。

（**権限の委任**）

第八十四条　この法律に定める厚生労働大臣の権限は、厚生労働省令で定めるところにより、その一部を都道府県労働局長に委任することができる。

2　前項の規定により都道府県労働局長に委任された権限は、厚生労働省令で定めるところにより、公共職業安定所長に委任することができる。

（**厚生労働省令への委任**）

第八十五条　この法律に規定するもののほか、この法律の実施のため必要な手続その他の事項は、厚生労働省令で定める。

（**船員に関する特例**）

第八十五条の二　第七十四条の八の規定は、船員職業安定法（昭和二十三年法律第百三十号）第六条第一項に規定する船員及び同項に規定する船員になろうとする者（次項において「船員等」という。）に関しては、適用しない。

2　船員等に関しては、第三十六条第一項、第三十六条の五第一項、第三十六条の六及び第八十四条第一項中「厚生労働大臣」とあるのは「国土交通大臣」と、第三十六条第二項及び第三十六条の五第二項中「同条第三項中」とあるのは「同条第三項及び第四項中「厚生労働大臣」とあるのは「国土交通大臣」と、同条第三項中「労働政策審議会」とあるのは「交通政策審議会」と、」と、第七十四条の五中「から第七十四条の八まで」とあるのは「、第七十四条の七及び第八十五条の二第三項」と、第七十四条の六第一項、第七十四条の七第一項及び第八十四条第一項中「都道府県労働局長」とあるのは「地方運輸局長（運輸監理部長を含む。）」と、第七十四条の七第一項中「第六条第一項の紛争調整委員会」とあるのは「第二十一条第三項のあつせん員候補者名簿に記載されている者のうちから指名する調停員」と、第八十二条第二項中「厚生労働大臣又は公共職業安定所長」とあるのは「国土交通大臣」と、「事業主等（事業主、その団体、第四十九条第一項第四号の二イに規定する法人又は同項第七号ロからニまでに掲げる法人をいう。以下この項において同じ。）、在宅就業障害者又は在宅就業支援団体」とあるのは「事業主」と、「事業主等若しくは在宅就業支援団体の事業所若しくは在宅就業障害者が業務を行う場所」とあるのは「事業主の事業所」と、同項、第八十四条第一項及び前条中「厚生労働省令」とあるのは「国土交通省令」とする。

3　雇用の分野における男女の均等な機会及び待遇の確保等に関する法律第二十条から第二十六条まで並びに第三十一条第三項及び第四項の規定は、前項の規定により読み替えて適用する第七十四条の七第一項の規定により指名を受けて調停員が行う調停について準用する。この場合において、同法第二十条から第二十三条まで及び第二十六条中「委員会は」とあるのは「調停員は」と、同法第二十条中「関係当事者と同一の事業場に雇用される労働者」とあるのは「障害者の医療に関する専門的知識を有する者」と、同法第二十一条中「当該委員会が置かれる都道府県労働局」とあるのは「当該調停員を指名した地方運輸局長（運輸監理部長を含む。）が置かれる地方運輸局（運輸監理部を含む。）」と、同法第二十五条第一項中「第十八条第一項」とあるのは「障害者の雇用の促進等に関する法律第七十四条の七第一項」と、同法第二十六条中「当該委員会に係属している」とあるのは「当該調停員が取り扱つている」と、同法第三十一条第三項中「前項」とあるのは「障害者の雇用の促進等に関する法律第七十四条の七第一項」と読み替えるものとする。

（**適用除外**）

第八十五条の三　第三十四条から第三十六条まで、第三十六条の六及び前章の規定は、国家公務員及び地方公務員に、第三十六条の二から第三十六条の五までの規定は、一般職の国家公務員（行政執行法人の労働関係に関する法律（昭和二十三年法律第二百五十七号）第二条第二号の職員を除く。）、裁判所職員臨時措置法（昭和二十六年法律第二百九十九号）の適用を受ける裁判所職員、国会職員法（昭和二十二年法律第八十五号）の適用を受ける国会職員及び自衛隊法（昭和二十九年法律第百六十五号）第二条第五項に規定する隊員に関しては、適用しない。

第五章　罰則

第八十五条の四　第七十四条の三第十八項の規定による業務の停止の命令に違反したときは、その違反行為をした在宅就業支援団体の役員又は職員は、一年以下の懲役若しくは百万円以下の罰金に処し、又はこれを併科する。

第八十六条　事業主が次の各号のいずれかに該当するときは、三十万円以下の罰金に処する。

一　第四十三条第七項、第五十二条第二項、第七十四条の二第七項又は第七十四条の三第二十項の規定による報告をせず、又は虚偽の報告をしたとき。

二　第四十六条第一項の規定による命令に違反して対象障害者の雇入れに関する計画を作成せず、又は同条第四項の規定に違反して当該計画を提出しなかつたとき。

三　第五十二条第一項の規定による文書その他の物件の提出をせず、又は虚偽の記載をした文書の提出をしたとき。

四　第八十一条第一項の規定による届出をせず、又は虚偽の届出をしたとき。

五　第八十二条第二項の規定による報告をせず、若しくは虚偽の報告をし、又は同項の規定による当該職員の質問に対して答弁せず、若しくは虚偽の陳述をし、若しくは同項の規定による検査を拒み、妨げ、若しくは忌避したとき。

第八十六条の二　事業主の団体、第四十九条第一項第四号の二イに規定する法人又は同項第七号ロからニまでに掲げる法人が次の各号のいずれかに該当するときは、三十万円以下の罰金に処する。

一　第五十二条第二項の規定による報告をせず、又は虚偽の報告をしたとき。

二　第八十二条第二項の規定による報告をせず、若しくは虚偽の報告をし、又は同項の規定による当該職員の質問に対して答弁せず、若しくは虚偽の陳述をし、若しくは同項の規定による検査を拒み、妨げ、若しくは忌避したとき。

第八十六条の三　在宅就業支援団体が次の各号のいずれかに該当するときは、三十万円以下の罰金に処する。

一　第七十四条の三第二十項又は第二十一項の規定による報告をせず、又は虚偽の報告をしたとき。

二　第七十四条の三第八項の規定による書面の交付をせず、又は虚偽の記載をした書面の交付をしたとき。

三　第七十四条の三第十三項の規定による届出をせず、又は虚偽の届出をしたとき。

四　第七十四条の三第十九項の規定に違反して帳簿を備えず、帳簿に記載せず、若しくは虚偽の記載をし、又は帳簿を保存しなかつたとき。

五　第八十二条第二項の規定による報告をせず、若しくは虚偽の報告をし、又は同項の規定による当該職員の質問に対して答弁せず、若しくは虚偽の陳述をし、若しくは同項の規定による検査を拒み、妨げ、若しくは忌避したとき。

第八十六条の四　第七十七条の二第二項の規定に違反した者は、三十万円以下の罰金に処する。

第八十七条　法人（法人でない事業主の団体を含む。以下この項において同じ。）の代表者又は法人若しくは人の代理人、使用人その他の従業者が、その法人又は人の業務に関して第八十五条の四から前条までの違反行為をしたときは、行為者を罰するほか、その法人又は人に対しても、各本条の罰金刑を科する。

2　前項の規定により法人でない事業主の団体を処罰する場合においては、その代表者が訴訟行為につきその団体を代表するほか、法人を被告人又は被疑者とする場合の刑事訴訟に関する法律の規定を準用する。

第八十八条　第三十三条の規定に違反した者は、二十万円以下の過料に処する。

第八十九条　第五十九条第三項の規定により厚生労働大臣の認可を受けなければならない場合において、その認可を受けなかつたときは、その違反行為をした機構の役員は、二十万円以下の過料に処する。

第八十九条の二　第七十四条の三第十四項の規定に違反して財務諸表等を備えて置かず、財務諸表等に記載すべき事項を記載せず、若しくは虚偽の記載をし、又は正当な理由がないのに同条第十五項各号の規定による請求を拒んだ在宅就業支援団体は、二十万円以下の過料に処する。

第九十条　第二十三条の規定に違反したもの（法人その他の団体であるときは、その代表者）は、十万円以下の過料に処する。

第九十一条　在宅就業障害者が次の各号のいずれかに該当するときは、五万円以下の過料に処する。

一　第七十四条の二第七項又は第七十四条の三第二十項の規定による報告をせず、又は虚偽の報告をしたとき。

二　第八十二条第二項の規定による報告をせず、若しくは虚偽の報告をし、又は同項の規定による当該職員の質問に対して答弁せず、若しくは虚偽の陳述をし、若しくは同項の規定による検査を拒み、妨げ、若しくは忌避したとき。

別表　障害の範囲（第二条、第四十八条関係）

一　次に掲げる視覚障害で永続するもの

イ　両眼の視力（万国式試視力表によつて測つたものをいい、屈折異状がある者については、矯正視力について測つたものをいう。以下同じ。）がそれぞれ〇・一以下のもの

ロ　一眼の視力が〇・〇二以下、他眼の視力が〇・六以下のもの

ハ　両眼の視野がそれぞれ一〇度以内のもの

ニ　両眼による視野の二分の一以上が欠けているもの

二　次に掲げる聴覚又は平衡機能の障害で永続するもの

イ　両耳の聴力レベルがそれぞれ七〇デシベル以上のもの

ロ　一耳の聴力レベルが九〇デシベル以上、他耳の聴力レベルが五〇デシベル以上のもの

ハ　両耳による普通話声の最良の語音明瞭度が五〇パーセント以下のもの

ニ　平衡機能の著しい障害

三　次に掲げる音声機能、言語機能又はそしやく機能の障害

イ　音声機能、言語機能又はそしやく機能の喪失

ロ　音声機能、言語機能又はそしやく機能の著しい障害で、永続するもの

四　次に掲げる肢体不自由

イ　一上肢、一下肢又は体幹の機能の著しい障害で永続するもの

ロ　一上肢のおや指を指骨間関節以上で欠くもの又はひとさし指を含めて一上肢の二指以上をそれぞれ第一指骨間関節以上で欠くもの

ハ　一下肢をリスフラン関節以上で欠くもの

ニ　一上肢のおや指の機能の著しい障害又はひとさし指を含めて一上肢の三指以上の機能の著しい障害で、永続するもの

ホ　両下肢のすべての指を欠くもの

ヘ　イからホまでに掲げるもののほか、その程度がイからホまでに掲げる障害の程度以上であると認められる障害

五　心臓、じん臓又は呼吸器の機能の障害その他政令で定める障害で、永続し、かつ、日常生活が著しい制限を受ける程度であると認められるもの

・刑法等の一部を改正する法律の施行に伴う関係法律の整理等に関する法律（令和四・六・一七法律六八）

附則　抄

（施行期日）

1　この法律は、刑法等一部改正法施行日から施行する。〈略〉

・障害者の日常生活及び社会生活を総合的に支援するための法律等の一部を改正する法律（令和四・一二・一六法律一〇四）

附則　抄

（施行期日）

第一条　この法律は、令和六年四月一日か

ら施行する。ただし、次の各号に掲げる規定は、当該各号に定める日から施行する。

四〈略〉公布の日から起算して三年を超えない範囲内において政令で定める日

・私立学校法の一部を改正する法律（令和五・五・八法律二一）

附則 抄

（施行期日）

第一条　この法律は、令和七年四月一日から施行する。〈略〉

知的障害者福祉法

（昭和三五・三・三一）
（法律三七）

最新改正　令和四法律一〇四

第一章　総則

（この法律の目的）

第一条　この法律は、障害者の日常生活及び社会生活を総合的に支援するための法律（平成十七年法律第百二十三号）と相まつて、知的障害者の自立と社会経済活動への参加を促進するため、知的障害者を援助するとともに必要な保護を行い、もつて知的障害者の福祉を図ることを目的とする。

（自立への努力及び機会の確保）

第一条の二　すべての知的障害者は、その有する能力を活用することにより、進んで社会経済活動に参加するよう努めなければならない。

2　すべての知的障害者は、社会を構成する一員として、社会、経済、文化その他あらゆる分野の活動に参加する機会を与えられるものとする。

（国、地方公共団体及び国民の責務）

第二条　国及び地方公共団体は、前条に規定する理念が実現されるように配慮して、知的障害者の福祉について国民の理解を深めるとともに、知的障害者の自立と社会経済活動への参加を促進するための援助と必要な保護（以下「更生援護」という。）の実施に努めなければならない。

2　国民は、知的障害者の福祉について理解を深めるとともに、社会連帯の理念に基づき、知的障害者が社会経済活動に参加しようとする努力に対し、協力するように努めなければならない。

（関係職員の協力義務）

第三条　この法律及び児童福祉法（昭和二十二年法律第百六十四号）による更生援護の実施並びにその監督に当たる国及び地方公共団体の職員は、知的障害者に対する更生援護が児童から成人まで関連性をもつて行われるように相互に協力しなければならない。

第四条から第八条まで　削除

第二章　実施機関及び更生援護

第一節　実施機関等

（更生援護の実施者）

第九条　この法律に定める知的障害者又はその介護を行う者に対する市町村（特別区を含む。以下同じ。）による更生援護は、その知的障害者の居住地の市町村が行うものとする。ただし、知的障害者が居住地を有しないか、又は明らかでない者であるときは、その知的障害者の現在地の市町村が行うものとする。

2　前項の規定にかかわらず、第十六条第一項第二号の規定により入所措置が採られて又は障害者の日常生活及び社会生活を総合的に支援するための法律第二十九条第一項若しくは第三十条第一項の規定により同法第十九条第一項に規定する介護給付費等（次項、第十五条の四及び第十六条第一項第二号において

「介護給付費等」という。）の支給を受けて同法第五条第一項若しくは第六項の主務省令で定める施設、同条第十一項に規定する障害者支援施設（以下「障害者支援施設」という。）又は独立行政法人国立重度知的障害者総合施設のぞみの園法（平成十四年法律第百六十七号）第十一条第一号の規定により独立行政法人国立重度知的障害者総合施設のぞみの園が設置する施設（以下「のぞみの園」という。）に入所している知的障害者、生活保護法（昭和二十五年法律第百四十四号）第三十条第一項ただし書の規定により同法第三十八条第二項に規定する救護施設（以下この項において「救護施設」という。）、同条第三項に規定する更生施設（以下この項において「更生施設」という。）又は同法第三十条第一項ただし書に規定するその他の適当な施設（以下この項において「その他の適当な施設」という。）に入所している知的障害者、介護保険法（平成九年法律第百二十三号）第八条第十一項に規定する特定施設（以下この項及び次項において「介護保険特定施設」という。）に入居し、又は同条第二十五項に規定する介護保険施設（以下この項及び次項において「介護保険施設」という。）に入所している知的障害者及び老人福祉法（昭和三十八年法律第百三十三号）第十一条第一項第一号の規定により入所措置が採られて同法第二十条の四に規定する養護老人ホーム（以下この項において「養護老人ホーム」という。）に入所している知的障害者（以下この項において「特定施設入所等知的障害者」という。）については、その者が障害者の日常生活及び社会生活を総合的に支援するための法律第五条第一項若しくは第六項の主務省令で定める施設、障害者支援施設、のぞみの園、救護施設、更生施設若しくはその他の適当な施設、介護保険特定施設若しくは介護保険施設又は養護老人ホーム（以下この条において「特定施設」という。）への入所又は入居の前に有した居住地（継続して二以上の特定施設に入所又は入居をしている特定施設入所等知的障害者（以下この項において「継続入所等知的障害者」という。）については、最初に入所又は入居をした特定施設への入所又は入居の前に有した居住地）の市町村が、この法律に定める更生援護を行うものとする。ただし、特定施設への入所又は入居の前に居住地を有しないか、又は明らかでなかつた特定施設入所等知的障害者については、入所又は入居の前におけるその者の所在地（継続入所等知的障害者については、最初に入所又は入居をした特定施設への入所又は入居の前に有した所在地）の市町村が、この法律に定める更生援護を行うものとする。

3　前二項の規定にかかわらず、児童福祉法第二十四条の二第一項若しくは第二十四条の二十四第一項若しくは第二項の規定により障害児入所給付費の支給を受けて又は同法第二十七条第一項第三号若しくは第二項の規定により措置（同法第三十一条第五項又は第三十一条の二第三項の規定により同法第二十七条第一項第三号又は第二項の規定による措置とみなされる場合を含む。）が採られて障害者の日常生活及び社会生活を総合的に支援するための法律第五条第一項の主務省令で定める施設に入所していた知的障害者が、継続して、第十六条第一項第二号の規定により入所措置が採られて、同法第二十九条第一項若しくは第三十条第一項の規定により介護給付費等の支給を受けて、生活保護法第三十条第一項ただし書の規定により、若しくは老人福祉法第十一条第一項第一号の規定により入所措置が採られて特定施設（介護保険特定施設及び介護保険施設を除く。）に入所した場合又は介護保険特定施設若しくは介護保険施設に入所若しくは入居をした場合は、当該知的障害者が満十八歳となる日の前日に当該知的障害者の保護者であつた者（以下この項において「保護者であつた者」という。）が有した居住地の市町村が、この法律に定める更生援護を行うものとする。ただし、当該知的障害者が満十八歳となる日の前日に保護者であつた者がいないか、保護者であつた者が居住地を有しないか、又は保護者であつた者の居住地が明らかでない知的障害者については、当該知的障害者が満十八歳となる日の前日におけるその者の所在地の市町村がこの法律に定める更生援護を行うものとする。

4　前二項の規定の適用を受ける知的障害者が入所し、又は入居している特定施設の設置者は、当該特定施設の所在する市町村及び当該知的障害者に対しこの法律に定める更生援護を行う市町村に必要な協力をしなければならない。

5　市町村は、この法律の施行に関し、次に掲げる業務を行わなければならない。

一　知的障害者の福祉に関し、必要な実情の把握に努めること。

二　知的障害者の福祉に関し、必要な情報の提供を行うこと。

三　知的障害者の福祉に関する相談に応じ、必要な調査及び指導を行うこと並びにこれらに付随する業務を行うこと。

6　その設置する福祉事務所（社会福祉法（昭和二十六年法律第四十五号）に定める福祉に関する事務所をいう。以下同じ。）に知的障害者の福祉に関する事務をつかさどる職員（以下「知的障害者福祉司」という。）を置いていない市町村の長及び福祉事務所を設置していない町村の長は、前項第三号に掲げる業務のうち専門的な知識及び技術を必要とするもの（次条第二項及び第三項において「専門的相談指導」という。）であつて十八歳以上の知的障害者に係るものについては、知的障害者の更生援護に関する相談所（以下「知的障害者更生相談所」という。）の技術的援助及び助言を求めなければならない。

7　市町村長（特別区の区長を含む。以下同じ。）は、十八歳以上の知的障害者につき第五項第三号の業務を行うに当たつて、特に医学的、心理学的及び職能的判定を必要とする場合には、知的障害者更生相談所の判定を求めなければならない。

（市町村の福祉事務所）

第十条　市町村の設置する福祉事務所又はその長は、この法律の施行に関し、主として前条第五項各号に掲げる業務又は同条第六項及び第七項の規定による市町村長の業務を行うものとする。

2　市の設置する福祉事務所に知的障害者福祉司を置いている福祉事務所があるときは、当該市の知的障害者福祉司を置いていない福祉事務所の長は、十八歳以上の知的障害者に係る専門的相談指導については、当該市の知的障害者福祉司の技術的援助及び助言を求めなければならない。

3　市町村の設置する福祉事務所のうち知的障害者福祉司を置いている福祉事務所の長は、十八歳以上の知的障害者に係る専門的相談指導を行うに当たつて、特に専門的な知識及び技術を必要とする場合には、知的障害者更生相談所の技術的援助及び助言を求めなければならない。

（連絡調整等の実施者）

第十一条　都道府県は、この法律の施行に関し、次に掲げる業務を行わなければならない。

一　市町村の更生援護の実施に関し、市町村相互間の連絡及び調整、市町村に対する情報の提供その他必要な援助を行うこと並びにこれらに付随する業務を行うこと。

二　知的障害者の福祉に関し、次に掲げる業務を行うこと。

イ　各市町村の区域を超えた広域的な見地から、実情の把握に努めること。

ロ　知的障害者に関する相談及び指導のうち、専門的な知識及び技術を必要とするものを行うこと。

ハ　十八歳以上の知的障害者の医学的、心理学的及び職能的判定を行うこと。

2　都道府県は、前項第二号ロに規定する相談及び指導のうち主として居宅において日常生活を営む知的障害者及びその介護を行う者に係るものについては、これを障害者の日常生活及び社会生活を総合的に支援するための法律第五条第十八項に規定する一般相談支援事業又は特定相談支援事業を行う当該都道府県以外の者に委託することができる。

（知的障害者更生相談所）

第十二条　都道府県は、知的障害者更生相談所を設けなければならない。

2　知的障害者更生相談所は、知的障害者の福祉に関し、主として前条第一項第一号に掲げる業務（第十六条第一項第二号の措置に係るものに限る。）並びに前条第一項第二号ロ及びハに掲げる業務並びに障害者の日常生活及び社会生活を総合的に支援するための法律第二十二条第二項及び第三項、第二十六条第一項、第五十一条の七第二項及び第三項並びに第五十一条の十一に規定する業務を行うものとする。

3　知的障害者更生相談所は、必要に応じ、巡回して、前項の業務を行うことができる。

4　前三項に定めるもののほか、知的障害者更生相談所に関し必要な事項は、政令で定める。

（知的障害者福祉司）

第十三条　都道府県は、その設置する知的障害者更生相談所に、知的障害者福祉司を置かなければならない。

2　市町村は、その設置する福祉事務所に、知的障害者福祉司を置くことができる。

3　都道府県の知的障害者福祉司は、知的障害者更生相談所の長の命を受けて、次に掲げる業務を行うものとする。

一　第十一条第一項第一号に掲げる業務のうち、専門的な知識及び技術を必要とするものを行うこと。

二　知的障害者の福祉に関し、第十一条第一項第二号ロに掲げる業務を行うこと。

4　市町村の知的障害者福祉司は、福祉事務所の長（以下「福祉事務所長」という。）の命を受けて、知的障害者の福祉に関し、主として、次の業務を行うものとする。

一　福祉事務所の所員に対し、技術的指導を行うこと。

二　第九条第五項第二号に掲げる業務のうち、専門的な知識及び技術を必要とするものを行うこと。

5　市の知的障害者福祉司は、第十条第二項の規定により技術的援助及び助言を求められたときは、これに協力しなければならない。この場合において、特に専門的な知識及び技術が必要であると認めるときは、知的障害者更生相談所に当該技術的援助及び助言を求めるよう助言しなければならない。

第十四条　知的障害者福祉司は、都道府県知事又は市町村長の補助機関である職員とし、次の各号のいずれかに該当する者のうちから、任用しなければならない。

一　社会福祉法に定める社会福祉主事たる資格を有する者であつて、知的障害者の福祉に関する事業に二年以上従事した経験を有するもの

二　学校教育法（昭和二十二年法律第二十六号）に基づく大学又は旧大学令（大正七年勅令第三百八十八号）に基づく大学において、厚生労働大臣の指定する社会福祉に関する科目を修めて卒業した者（当該科目を修めて同法に基づく専門職大学の前期課程を修了した者を含む。）

三　医師

四　社会福祉士

五　知的障害者の福祉に関する事業に従事する職員を養成する学校その他の施設で都道府県知事の指定するものを卒業した者

六　前各号に準ずる者であつて、知的障害者福祉司として必要な学識経験を有するもの

（民生委員の協力）

第十五条　民生委員法（昭和二十三年法律第百九十八号）に定める民生委員は、この法律の施行について、市町村長、福祉事務所長、知的障害者福祉司又は社会福祉主事の事務の執行に協力するものとする。

（知的障害者相談員）

第十五条の二　市町村は、知的障害者の福祉の増進を図るため、知的障害者又はその保護者（配偶者、親権を行う者、後見人その他の者で、知的障害者を現に保護するものをいう。以下同じ。）の相談に応じ、及び知的障害者の更生のために必要な援助を行うこと（次項において「相談援助」という。）を、社会的信望があり、かつ、知的障害者に対する更生援護に熱意と識見を持つている者に委託することができる。

2　前項の規定にかかわらず、都道府県は、障害の特性その他の事情に応じた相談援助を委託することが困難であると認められる市町村がある場合にあつては、当該市町村の区域における当該相談援助を、社会的信望があり、かつ、知的障害者に対する更生援護に熱意と識見を持つている者に委託することができる。

3　前二項の規定により委託を受けた者は、知的障害者相談員と称する。

4　知的障害者相談員は、その委託を受けた業務を行うに当たつては、知的障害者又はその保護者が、障害者の日常生活及び社会生活を総合的に支援するための法律第五条第一項に規定する障害福祉サービス事業（第二十一条において「障害福祉サービス事業」という。）、同法第五条第十八項に規定する一般相談支援事業その他の知的障害者の福祉に関する事業に係るサービスを円滑に利用することができるように配慮し、これらのサービスを提供する者その他の関係者等との連携を保つよう努めなければならない。

5　知的障害者相談員は、その委託を受けた業務を行うに当たつては、個人の人格を尊重し、その身上に関する秘密を守らなければならない。

（支援体制の整備等）

第十五条の三　市町村は、知的障害者の意思決定の支援に配慮しつつ、この章に規定する更生援護、障害者の日常生活及び社会生活を総合的に支援するための法律の規定による自立支援給付及び地域生活支援事業その他地域の実情に応じたきめ細かな福祉サービスが積極的に提供され、知的障害者が、心身の状況、その置かれている環境等に応じて、自立した日常生活及び社会生活を営むために最も適切な支援が総合的に受けられるように、福祉サービスを提供する者又はこれらに参画する者の活動の連携及び調整を図る等地域の実情に応じた体制の整備に努めなければならない。

2　市町村は、前項の体制の整備及びこの章に規定する更生援護の実施に当たつては、知的障害者が引き続き居宅において日常生活を営むことができるよう配慮しなければならない。

第二節　障害福祉サービス、障害者支援施設等への入所等の措置

（**障害福祉サービス**）

第十五条の四　市町村は、障害者の日常生活及び社会生活を総合的に支援するための法律第五条第一項に規定する障害福祉サービス（同条第六項に規定する療養介護及び同条第十項に規定する施設入所支援（以下この条及び次条第一項第二号において「療養介護等」という。）を除く。以下「障害福祉サービス」という。）を必要とする知的障害者が、やむを得ない事由により介護給付費等（療養介護等に係るものを除く。）の支給を受けることが著しく困難であると認めるときは、その知的障害者につき、政令で定める基準に従い、障害福祉サービスを提供し、又は当該市町村以外の者に障害福祉サービスの提供を委託することができる。

（**障害者支援施設等への入所等の措置**）

第十六条　市町村は、十八歳以上の知的障害者につき、その福祉を図るため、必要に応じ、次の措置を採らなければならない。

一　知的障害者又はその保護者を知的障害者福祉司又は社会福祉主事に指導させること。

二　やむを得ない事由により介護給付費等（療養介護等に係るものに限る。）の支給を受けることが著しく困難であると認めるときは、当該市町村の設置する障害者支援施設若しくは障害者の日常生活及び社会生活を総合的に支援するための法律第五条第六項の主務省令で定める施設（以下「障害者支援施設等」という。）に入所させてその更生援護を行い、又は都道府県若しくは他の市町村若しくは社会福祉法人の設置する障害者支援施設等若しくはのぞみの園に入所させてその更生援護を行うことを委託すること。

三　知的障害者の更生援護を職親（知的障害者を自己の下に預かり、その更生に必要な指導訓練を行うことを希望する者であつて、市町村長が適当と認めるものをいう。）に委託すること。

2　市町村は、前項第二号又は第三号の措置を採るに当たつて、医学的、心理学的及び職能的判定を必要とする場合には、あらかじめ、知的障害者更生相談所の判定を求めなければならない。

（**措置の解除に係る説明等**）

第十七条　市町村長は、第十五条の四又は前条第一項の措置を解除する場合には、あらかじめ、当該措置に係る者又はその保護者に対し、当該措置の解除の理由について説明するとともに、その意見を聴かなければならない。ただし、当該措置に係る者又はその保護者から当該措置の解除の申出があつた場合その他厚生労働省令で定める場合においては、この限りでない。

（**行政手続法の適用除外**）

第十八条　第十五条の四又は第十六条第一項の措置を解除する処分については、行政手続法（平成五年法律第八十八号）第三章（第十二条及び第十四条を除く。）の規定は、適用しない。

第十九条及び第二十条　削除

（**受託義務**）

第二十一条　障害福祉サービス事業を行う者又は障害者支援施設等若しくはのぞみの園の設置者は、第十五条の四又は第十六条第一項第二号の規定による委託を受けたときは、正当な理由がない限り、これを拒んではならない。

第三章　費用

（**市町村の支弁**）

第二十二条　次に掲げる費用は、市町村の支弁とする。

一　第十三条第二項の規定により市町村が設置する知的障害者福祉司に要する費用

二　第十五条の二の規定により市町村が行う委託に要する費用

三　第十五条の四の規定により市町村が行う行政措置に要する費用

四　第十六条の規定により市町村が行う行政措置に要する費用

（**都道府県の支弁**）

第二十三条　次に掲げる費用は、都道府県の支弁とする。

一　第十二条第一項の規定により都道府県が設置する知的障害者更生相談所に要する費用

二　第十三条第一項の規定により都道府県が

社会福祉

設置する知的障害者福祉司に要する費用

三　第十五条の二の規定により都道府県が行う委託に要する費用

第二十四条　削除

（都道府県の負担）

第二十五条　都道府県は、政令の定めるところにより、第二十二条の規定により市町村が支弁した費用について、次に掲げるものを負担する。

一　第二十二条第三号の費用（次号に掲げる費用を除く。）については、その四分の一

二　第二十二条第三号の費用（第九条第一項に規定する居住地を有しないか、又は居住地が明らかでない知的障害者（第四号において「居住地不明知的障害者」という。）についての行政措置に要する費用に限る。）については、その十分の五

三　第二十二条第四号の費用（第十六条第一項第二号の規定による行政措置に要する費用に限り、次号に掲げる費用を除く。）については、その四分の一

四　第二十二条第四号の費用（居住地不明知的障害者について第十六条第一項第二号の規定により市町村が行う行政措置に要する費用に限る。）については、その十分の五

（国の負担）

第二十六条　国は、政令の定めるところにより、第二十二条の規定により市町村が支弁した費用について、次に掲げる費用の十分の五を負担する。

一　第二十二条第三号の費用

二　第二十二条第四号の費用のうち、第十六条第一項第二号の規定による行政措置に要する費用

（費用の徴収）

第二十七条　第十五条の四又は第十六条第一項第二号の規定による行政措置に要する費用を支弁すべき市町村の長は、当該知的障害者又はその扶養義務者（民法（明治二十九年法律第八十九号）に定める扶養義務者をいう。次項において同じ。）から、その負担能力に応じて、当該行政措置に要する費用の全部又は一部を徴収することができる。

2　市町村長は、前項の規定による費用の徴収に関し必要があると認めるときは、当該知的障害者又はその扶養義務者の収入の状況につき、当該知的障害者若しくはその扶養義務者に対し報告を求め、又は官公署に対し必要な書類の閲覧若しくは資料の提供を求めることができる。

（準用規定）

第二十七条の二　社会福祉法第五十八条第二項から第四項までの規定は、国有財産特別措置法（昭和二十七年法律第二百十九号）第二条第二項第三号の規定又は同法第三条第一項第四号及び第二項の規定により普通財産の譲渡又は貸付けを受けた社会福祉法人に準用する。

第四章　雑則

（審判の請求）

第二十八条　市町村長は、知的障害者につき、その福祉を図るため特に必要があると認めるときは、民法第七条、第十一条、第十三条第二項、第十五条第一項、第十七条第一項、第八百七十六条の四第一項又は第八百七十六条の九第一項に規定する審判の請求をすることができる。

（後見等を行う者の推薦等）

第二十八条の二　市町村は、前条の規定による審判の請求の円滑な実施に資するよう、民法に規定する後見、保佐及び補助（以下この条において「後見等」という。）の業務を適正に行うことができる人材の活用を図るため、後見等の業務を適正に行うことができる者の家庭裁判所への推薦その他の必要な措置を講ずるよう努めなければならない。

2　都道府県は、市町村と協力して後見等の業務を適正に行うことができる人材の活用を図るため、前項に規定する措置の実施に関し助言その他の援助を行うように努めなければならない。

（町村の一部事務組合等）

第二十九条　町村が一部事務組合又は広域連合を設けて福祉事務所を設置した場合には、この法律の適用については、その一部事務組合又は広域連合を福祉事務所を設置する町村とみなす。

（大都市等の特例）

第三十条　この法律の規定中都道府県が処理することとされている事務で政令で定めるものは、地方自治法（昭和二十二年法律第六十七号）第二百五十二条の十九第一項の指定都市（以下「指定都市」という。）及び同法第二百五十二条の二十二第一項の中核市（以下「中核市」という。）においては、政令の定めるところにより、指定都市又は中核市（以下「指定都市等」という。）が処理するものとする。この場合においては、この法律の規定中都道府県に関する規定は、指定都市等に関す

る規定として指定都市等に適用があるものとする。

（権限の委任）

第三十一条　この法律に規定する厚生労働大臣の権限は、厚生労働省令で定めるところにより、地方厚生局長に委任することができる。

2　前項の規定により地方厚生局長に委任された権限は、厚生労働省令で定めるところにより、地方厚生支局長に委任することができる。

（実施命令）

第三十二条　この法律に特別の規定があるものを除くほか、この法律の実施のための手続その他その執行について必要な細則は、厚生労働省令で定める。

第五章　罰則

第三十三条　正当な理由がなく、第二十七条第二項の規定による報告をせず、又は虚偽の報告をした者は、十万円以下の過料に処する。

・障害者の日常生活及び社会生活を総合的に支援するための法律等の一部を改正する法律（令和四・一二・一六法律一〇四）

附則　抄

（施行期日）

第一条　この法律は、令和六年四月一日から施行する。ただし、次の各号に掲げる規定は、当該各号に定める日から施行する。

四〈略〉公布の日から起算して三年を超えない範囲内において政令で定める日

精神保健及び精神障害者福祉に関する法律

（昭和二五・五・一）
（法　律　一二三）

最新改正　令和四法律一〇四

第一章　総則

（この法律の目的）

第一条　この法律は、障害者基本法（昭和四十五年法律第八十四号）の基本的な理念にのつとり、精神障害者の権利の擁護を図りつつ、その医療及び保護を行い、障害者の日常生活及び社会生活を総合的に支援するための法律（平成十七年法律第百二十三号）と相まつてその社会復帰の促進及びその自立と社会経済活動への参加の促進のために必要な援助を行い、並びにその発生の予防その他国民の精神的健康の保持及び増進に努めることによつて、精神障害者の福祉の増進及び国民の精神保健の向上を図ることを目的とする。

（国及び地方公共団体の義務）

第二条　国及び地方公共団体は、障害者の日常生活及び社会生活を総合的に支援するための法律の規定による自立支援給付及び地域生活支援事業と相まつて、医療施設及び教育施設を充実する等精神障害者の医療及び保護並びに保健及び福祉に関する施策を総合的に実施することによつて精神障害者が社会復帰をし、自立と社会経済活動への参加をすることができるように努力するとともに、精神保健に関する調査研究の推進及び知識の普及を図る等精神障害者の発生の予防その他国民の精神保健の向上のための施策を講じなければならない。

（国民の義務）

第三条　国民は、精神的健康の保持及び増進に努めるとともに、精神障害者に対する理解を深め、及び精神障害者がその障害を克服して社会復帰をし、自立と社会経済活動への参加をしようとする努力に対し、協力するように努めなければならない。

（精神障害者の社会復帰、自立及び社会参加への配慮）

第四条　医療施設の設置者は、その施設を運営するに当たつては、精神障害者の社会復帰の促進及び自立と社会経済活動への参加の促進を図るため、当該施設において医療を受ける精神障害者が、障害者の日常生活及び社会生活を総合的に支援するための法律第五条第一項に規定する障害福祉サービスに係る事業（以下「障害福祉サービス事業」という。）、同条第十八項に規定する一般相談支援事業（以下「一般相談支援事業」という。）その他の精神障害者の福祉に関する事業に係るサービスを円滑に利用することができるように配慮し、必要に応じ、これらの事業を行う者と連携を図るとともに、地域に即した創意と工夫を行い、及び地域住民等の理解と協力を得るように努めなければならない。

2　国、地方公共団体及び医療施設の設置者は、精神障害者の社会復帰の促進及び自立と社会経済活動への参加の促進を図るため、相互に連携を図りながら協力するよう努めなければならない。

（定義）

第五条　この法律で「精神障害者」とは、統合失調症、精神作用物質による急性中毒又はその依存症、知的障害その他の精神疾患を有する者をいう。

2　この法律で「家族等」とは、精神障害者の配偶者、親権を行う者、扶養義務者及び後見人又は保佐人をいう。ただし、次の各号のいずれかに該当する者を除く。

一　行方の知れない者

二　当該精神障害者に対して訴訟をしている者又はした者並びにその配偶者及び直系血族

三　家庭裁判所で免ぜられた法定代理人、保佐人又は補助人

四　当該精神障害者に対して配偶者からの暴力の防止及び被害者の保護等に関する法律（平成十三年法律第三十一号）第一条第一項に規定する身体に対する暴力等を行った配偶者その他の当該精神障害者の入院及び処遇についての意思表示を求めることが適切でない者として厚生労働省令で定めるもの

五　心身の故障により当該精神障害者の入院及び処遇についての意思表示を適切に行うことができない者として厚生労働省令で定めるもの

六　未成年者

第二章　精神保健福祉センター

（精神保健福祉センター）

第六条　都道府県は、精神保健の向上及び精神障害者の福祉の増進を図るための機関（以下「精神保健福祉センター」という。）を置くものとする。

2　精神保健福祉センターは、次に掲げる業務を行うものとする。

一　精神保健及び精神障害者の福祉に関する知識の普及を図り、及び調査研究を行うこと。

二　精神保健及び精神障害者の福祉に関する相談及び援助のうち複雑又は困難なものを行うこと。

三　精神医療審査会の事務を行うこと。

四　第四十五条第一項の申請に対する決定及び障害者の日常生活及び社会生活を総合的に支援するための法律第五十二条第一項に規定する支給認定（精神障害者に係るものに限る。）に関する事務のうち専門的な知識及び技術を必要とするものを行うこと。

五　障害者の日常生活及び社会生活を総合的に支援するための法律第二十二条第二項又は第五十一条の七第二項の規定により、市町村（特別区を含む。第四十七条第三項及び第四項並びに第四十八条の三第一項を除き、以下同じ。）が同法第二十二条第一項又は第五十一条の七第一項の支給の要否の決定を行うに当たり意見を述べること。

六　障害者の日常生活及び社会生活を総合的に支援するための法律第二十六条第一項又は第五十一条の十一の規定により、市町村に対し技術的事項についての協力その他必要な援助を行うこと。

（国の補助）

第七条　国は、都道府県が前条の施設を設置したときは、政令の定めるところにより、その設置に要する経費については二分の一、その運営に要する経費については三分の一を補助する。

（条例への委任）

第八条　この法律に定めるもののほか、精神保健福祉センターに関して必要な事項は、条例で定める。

第三章　地方精神保健福祉審議会及び精神医療審査会

（地方精神保健福祉審議会）

第九条　精神保健及び精神障害者の福祉に関する事項を調査審議させるため、都道府県は、条例で、精神保健福祉に関する審議会その他の合議制の機関（以下「地方精神保健福祉審議会」という。）を置くことができる。

2　地方精神保健福祉審議会は、都道府県知事の諮問に答えるほか、精神保健及び精神障害者の福祉に関する事項に関して都道府県知事に意見を具申することができる。

3　前二項に定めるもののほか、地方精神保健福祉審議会の組織及び運営に関し必要な事項は、都道府県の条例で定める。

第十条及び第十一条　削除

（精神医療審査会）

第十二条　第三十八条の三第二項（同条第六項において準用する場合を含む。）及び第三十八条の五第二項の規定による審査を行わせるため、都道府県に、精神医療審査会を置く。

（委員）

第十三条　精神医療審査会の委員は、精神障害者の医療に関し学識経験を有する者（第十八条第一項に規定する精神保健指定医である者

に限る。）、精神障害者の保健又は福祉に関し学識経験を有する者及び法律に関し学識経験を有する者のうちから、都道府県知事が任命する。

2　委員の任期は、二年（委員の任期を二年を超え三年以下の期間で都道府県が条例で定める場合にあつては、当該条例で定める期間）とする。

（**審査の案件の取扱い**）

第十四条　精神医療審査会は、その指名する委員五人をもつて構成する合議体で、審査の案件を取り扱う。

2　合議体を構成する委員は、次の各号に掲げる者とし、その員数は、当該各号に定める員数以上とする。

一　精神障害者の医療に関し学識経験を有する者　二

二　精神障害者の保健又は福祉に関し学識経験を有する者　一

三　法律に関し学識経験を有する者　一

（**政令への委任**）

第十五条　この法律で定めるもののほか、精神医療審査会に関し必要な事項は、政令で定める。

第十六条及び第十七条　削除

第四章　精神保健指定医、登録研修機関、精神科病院及び精神科救急医療体制

第一節　精神保健指定医

（**精神保健指定医**）

第十八条　厚生労働大臣は、その申請に基づき、次に該当する医師のうち第十九条の四に規定する職務を行うのに必要な知識及び技能を有すると認められる者を、精神保健指定医（以下「指定医」という。）に指定する。

一　五年以上診断又は治療に従事した経験を有すること。

二　三年以上精神障害の診断又は治療に従事した経験を有すること。

三　厚生労働大臣が定める精神障害につき厚生労働大臣が定める程度の診断又は治療に従事した経験を有すること。

四　厚生労働大臣の登録を受けた者が厚生労働省令で定めるところにより行う研修（申請前三年以内に行われたものに限る。）の課程を修了していること。

2　厚生労働大臣は、前項の規定にかかわらず、第十九条の二第一項又は第二項の規定により指定医の指定を取り消された後五年を経過していない者その他指定医として著しく不適当と認められる者については、前項の指定をしないことができる。

3　厚生労働大臣は、第一項第三号に規定する精神障害及びその診断又は治療に従事した経験の程度を定めようとするとき、同項の規定により指定医の指定をしようとするとき又は前項の規定により指定医の指定をしないものとするときは、あらかじめ、医道審議会の意見を聴かなければならない。

（**指定後の研修**）

第十九条　指定医は、五の年度（毎年四月一日から翌年三月三十一日までをいう。以下この条において同じ。）ごとに厚生労働大臣が定める年度において、厚生労働大臣の登録を受けた者が厚生労働省令で定めるところにより行う研修を受けなければならない。

2　前条第一項の規定による指定は、当該指定を受けた者が前項に規定する研修を受けなかつたときは、当該研修を受けるべき年度の終了の日にその効力を失う。ただし、当該研修を受けなかつたことにつき厚生労働省令で定めるやむを得ない理由が存すると厚生労働大臣が認めたときは、この限りでない。

（**指定の取消し等**）

第十九条の二　指定医がその医師免許を取り消され、又は期間を定めて医業の停止を命ぜられたときは、厚生労働大臣は、その指定を取り消さなければならない。

2　指定医がこの法律若しくはこの法律に基づく命令に違反したとき又はその職務に関し著しく不当な行為を行つたときその他指定医として著しく不適当と認められるときは、厚生労働大臣は、その指定を取り消し、又は期間を定めてその職務の停止を命ずることができる。

3　厚生労働大臣は、前項の規定による処分をしようとするときは、あらかじめ、医道審議会の意見を聴かなければならない。

4　都道府県知事は、指定医について第二項に該当すると思料するときは、その旨を厚生労働大臣に通知することができる。

第十九条の三　削除

（**職務**）

第十九条の四　指定医は、第二十一条第三項及び第二十九条の五の規定により入院を継続する必要があるかどうかの判定、第三十三条第一項及び第三十三条の六第一項の規定による

入院を必要とするかどうか及び第二十条の規定による入院が行われる状態にないかどうかの判定、第三十三条第六項第一号の規定による同条第一項第一号に掲げる者に該当するかどうかの判定、第三十六条第三項に規定する行動の制限を必要とするかどうかの判定、第三十八条の二第一項に規定する報告事項に係る入院中の者の診察並びに第四十条の規定により一時退院させて経過を見ることが適当かどうかの判定の職務を行う。

2　指定医は、前項に規定する職務のほか、公務員として、次に掲げる職務を行う。

一　第二十九条第一項及び第二十九条の二第一項の規定による入院を必要とするかどうかの判定

二　第二十九条の二の二第三項（第三十四条第四項において準用する場合を含む。）に規定する行動の制限を必要とするかどうかの判定

三　第二十九条の四第二項の規定により入院を継続する必要があるかどうかの判定

四　第三十四条第一項及び第三項の規定による移送を必要とするかどうかの判定

五　第三十八条の三第三項（同条第六項において準用する場合を含む。）及び第三十八条の五第四項の規定による診察

六　第三十八条の六第一項及び第四十条の五第一項の規定による立入検査、質問及び診察

七　第三十八条の七第二項の規定により入院を継続する必要があるかどうかの判定

八　第四十五条の二第四項の規定による診察

3　指定医は、その勤務する医療施設の業務に支障がある場合その他やむを得ない理由がある場合を除き、前項各号に掲げる職務を行うよう都道府県知事から求めがあつた場合には、これに応じなければならない。

（診療録の記載義務）

第十九条の四の二　指定医は、前条第一項に規定する職務を行つたときは、遅滞なく、当該指定医の氏名その他厚生労働省令で定める事項を診療録に記載しなければならない。

（指定医の必置）

第十九条の五　第二十九条第一項、第二十九条の二第一項、第三十三条第一項から第三項まで又は第三十三条の六第一項若しくは第二項の規定により精神障害者を入院させている精神科病院（精神科病院以外の病院で精神病室が設けられているものを含む。第十九条の十を除き、以下同じ。）の管理者は、厚生労働省令で定めるところにより、その精神科病院に常時勤務する指定医（第十九条の二第二項の規定によりその職務を停止されている者を除く。第五十三条第一項を除き、以下同じ。）を置かなければならない。

（政令及び省令への委任）

第十九条の六　この法律に規定するもののほか、指定医の指定に関して必要な事項は政令で、第十八条第一項第四号及び第十九条第一項の規定による研修に関して必要な事項は厚生労働省令で定める。

第二節　登録研修機関

（登録）

第十九条の六の二　第十八条第一項第四号又は第十九条第一項の登録（以下この節において「登録」という。）は、厚生労働省令で定めるところにより、第十八条第一項第四号又は第十九条第一項の研修（以下この節において「研修」という。）を行おうとする者の申請により行う。

（欠格条項）

第十九条の六の三　次の各号のいずれかに該当する者は、登録を受けることができない。

一　この法律若しくはこの法律に基づく命令又は障害者の日常生活及び社会生活を総合的に支援するための法律若しくは同法に基づく命令に違反し、罰金以上の刑に処せられ、その執行を終わり、又は執行を受けることがなくなつた日から二年を経過しない者

二　第十九条の六の十三の規定により登録を取り消され、その取消しの日から二年を経過しない者

三　法人であつて、その業務を行う役員のうちに前二号のいずれかに該当する者があるもの

（登録基準）

第十九条の六の四　厚生労働大臣は、第十九条の六の二の規定により登録を申請した者が次に掲げる要件のすべてに適合しているときは、その登録をしなければならない。

一　別表の第一欄に掲げる科目を教授し、その時間数が同表の第三欄又は第四欄に掲げる時間数以上であること。

二　別表の第二欄で定める条件に適合する学識経験を有する者が前号に規定する科目を教授するものであること。

2　登録は、研修機関登録簿に登録を受ける者

の氏名又は名称、住所、登録の年月日及び登録番号を記載してするものとする。

（登録の更新）

第十九条の六の五　登録は、五年ごとにその更新を受けなければ、その期間の経過によつて、その効力を失う。

2　前三条の規定は、前項の登録の更新について準用する。

（研修の実施義務）

第十九条の六の六　登録を受けた者（以下「登録研修機関」という。）は、正当な理由がある場合を除き、毎事業年度、研修の実施に関する計画（以下「研修計画」という。）を作成し、研修計画に従つて研修を行わなければならない。

2　登録研修機関は、公正に、かつ、第十八条第一項第四号又は第十九条第一項の厚生労働省令で定めるところにより研修を行わなければならない。

3　登録研修機関は、毎事業年度の開始前に、第一項の規定により作成した研修計画を厚生労働大臣に届け出なければならない。これを変更しようとするときも、同様とする。

（変更の届出）

第十九条の六の七　登録研修機関は、その氏名若しくは名称又は住所を変更しようとするときは、変更しようとする日の二週間前までに、その旨を厚生労働大臣に届け出なければならない。

（業務規程）

第十九条の六の八　登録研修機関は、研修の業務に関する規程（以下「業務規程」という。）を定め、研修の業務の開始前に、厚生労働大臣に届け出なければならない。これを変更しようとするときも、同様とする。

2　業務規程には、研修の実施方法、研修に関する料金その他の厚生労働省令で定める事項を定めておかなければならない。

（業務の休廃止）

第十九条の六の九　登録研修機関は、研修の業務の全部又は一部を休止し、又は廃止しようとするときは、厚生労働省令で定めるところにより、あらかじめ、その旨を厚生労働大臣に届け出なければならない。

（財務諸表等の備付け及び閲覧等）

第十九条の六の十　登録研修機関は、毎事業年度経過後三月以内に、当該事業年度の財産目録、貸借対照表及び損益計算書又は収支計算書並びに事業報告書（その作成に代えて電磁的記録（電子的方式、磁気的方式その他の人の知覚によつては認識することができない方式で作られる記録であつて、電子計算機による情報処理の用に供されるものをいう。以下同じ。）の作成がされている場合における当該電磁的記録を含む。次項及び第五十七条において「財務諸表等」という。）を作成し、五年間事務所に備えて置かなければならない。

2　研修を受けようとする者その他の利害関係人は、登録研修機関の業務時間内は、いつでも、次に掲げる請求をすることができる。ただし、第二号又は第四号の請求をするには、登録研修機関の定めた費用を支払わなければならない。

一　財務諸表等が書面をもつて作成されているときは、当該書面の閲覧又は謄写の請求

二　前号の書面の謄本又は抄本の請求

三　財務諸表等が電磁的記録をもつて作成されているときは、当該電磁的記録に記録された事項を厚生労働省令で定める方法により表示したものの閲覧又は謄写の請求

四　前号の電磁的記録に記録された事項を電磁的方法であつて厚生労働省令で定めるものにより提供することの請求又は当該事項を記載した書面の交付の請求

（適合命令）

第十九条の六の十一　厚生労働大臣は、登録研修機関が第十九条の六の四第一項各号のいずれかに適合しなくなつたと認めるときは、その登録研修機関に対し、これらの規定に適合するため必要な措置をとるべきことを命ずることができる。

（改善命令）

第十九条の六の十二　厚生労働大臣は、登録研修機関が第十九条の六の六第一項又は第二項の規定に違反していると認めるときは、その登録研修機関に対し、研修を行うべきこと又は研修の実施方法その他の業務の方法の改善に関し必要な措置をとるべきことを命ずることができる。

（登録の取消し等）

第十九条の六の十三　厚生労働大臣は、登録研修機関が次の各号のいずれかに該当するときは、その登録を取り消し、又は期間を定めて研修の業務の全部若しくは一部の停止を命ずることができる。

一　第十九条の六の三第一号又は第三号に該当するに至つたとき。

二　第十九条の六の六第三項、第十九条の六

の七、第十九条の六の八、第十九条の六の九、第十九条の六の十第一項又は次条の規定に違反したとき。

三　正当な理由がないのに第十九条の六の十第二項各号の規定による請求を拒んだとき。

四　第十九条の六の十一又は前条の規定による命令に違反したとき。

五　不正の手段により登録を受けたとき。

（帳簿の備付け）

第十九条の六の十四　登録研修機関は、厚生労働省令で定めるところにより、帳簿を備え、研修に関し厚生労働省令で定める事項を記載し、これを保存しなければならない。

（厚生労働大臣による研修業務の実施）

第十九条の六の十五　厚生労働大臣は、登録を受ける者がいないとき、第十九条の六の九の規定による研修の業務の全部又は一部の休止又は廃止の届出があつたとき、第十九条の六の十三の規定により登録を取り消し、又は登録研修機関に対し研修の業務の全部若しくは一部の停止を命じたとき、登録研修機関が天災その他の事由により研修の業務の全部又は一部を実施することが困難となつたときその他必要があると認めるときは、当該研修の業務の全部又は一部を自ら行うことができる。

2　前項の規定により厚生労働大臣が行う研修を受けようとする者は、実費を勘案して政令で定める金額の手数料を納付しなければならない。

3　厚生労働大臣が第一項の規定により研修の業務の全部又は一部を自ら行う場合における研修の業務の引継ぎその他の必要な事項については、厚生労働省令で定める。

（報告の徴収及び立入検査）

第十九条の六の十六　厚生労働大臣は、研修の業務の適正な運営を確保するために必要な限度において、登録研修機関に対し、必要と認める事項の報告を求め、又は当該職員に、その事務所に立ち入り、業務の状況若しくは帳簿書類その他の物件を検査させることができる。

2　前項の規定により立入検査を行う当該職員は、その身分を示す証票を携帯し、関係者の請求があつたときは、これを提示しなければならない。

3　第一項の規定による権限は、犯罪捜査のために認められたものと解釈してはならない。

（公示）

第十九条の六の十七　厚生労働大臣は、次の場合には、その旨を公示しなければならない。

一　登録をしたとき。

二　第十九条の六の七の規定による届出があつたとき。

三　第十九条の六の九の規定による届出があつたとき。

四　第十九条の六の十三の規定により登録を取り消し、又は研修の業務の停止を命じたとき。

五　第十九条の六の十五の規定により厚生労働大臣が研修の業務の全部若しくは一部を自ら行うものとするとき、又は自ら行つていた研修の業務の全部若しくは一部を行わないこととするとき。

第三節　精神科病院

（都道府県立精神科病院）

第十九条の七　都道府県は、精神科病院を設置しなければならない。ただし、次条の規定による指定病院がある場合においては、その設置を延期することができる。

2　都道府県又は都道府県及び都道府県以外の地方公共団体が設立した地方独立行政法人（地方独立行政法人法（平成十五年法律第百十八号）第二条第一項に規定する地方独立行政法人をいう。次条において同じ。）が精神科病院を設置している場合には、当該都道府県については、前項の規定は、適用しない。

（指定病院）

第十九条の八　都道府県知事は、国、都道府県並びに都道府県又は都道府県及び都道府県以外の地方公共団体が設立した地方独立行政法人（以下「国等」という。）以外の者が設置した精神科病院であつて厚生労働大臣の定める基準に適合するものの全部又は一部を、その設置者の同意を得て、都道府県が設置する精神科病院に代わる施設（以下「指定病院」という。）として指定することができる。

（指定の取消し）

第十九条の九　都道府県知事は、指定病院が、前条の基準に適合しなくなつたとき、又はその運営方法がその目的遂行のために不適当であると認めたときは、その指定を取り消すことができる。

2　都道府県知事は、前項の規定によりその指定を取り消そうとするときは、あらかじめ、地方精神保健福祉審議会（地方精神保健福祉審議会が置かれていない都道府県にあつては、医療法（昭和二十三年法律第二百五号）

第七十二条第一項に規定する都道府県医療審議会）の意見を聴かなければならない。

3　厚生労働大臣は、第一項に規定する都道府県知事の権限に属する事務について、指定病院に入院中の者の処遇を確保する緊急の必要があると認めるときは、都道府県知事に対し同項の事務を行うことを指示することができる。

（国の補助）

第十九条の十　国は、都道府県が設置する精神科病院及び精神科病院以外の病院に設ける精神病室の設置及び運営に要する経費（第三十条第一項の規定により都道府県が負担する費用を除く。次項において同じ。）に対し、政令の定めるところにより、その二分の一を補助する。

2　国は、営利を目的としない法人が設置する精神科病院及び精神科病院以外の病院に設ける精神病室の設置及び運営に要する経費に対し、政令の定めるところにより、その二分の一以内を補助することができる。

第四節　精神科救急医療の確保

第十九条の十一　都道府県は、精神障害の救急医療が適切かつ効率的に提供されるように、夜間又は休日において精神障害の医療を必要とする精神障害者又はその家族等その他の関係者からの相談に応ずること、精神障害の救急医療を提供する医療施設相互間の連携を確保することその他の地域の実情に応じた体制の整備を図るよう努めるものとする。

2　都道府県知事は、前項の体制の整備に当たつては、精神科病院その他の精神障害の医療を提供する施設の管理者、当該施設の指定医その他の関係者に対し、必要な協力を求めることができる。

第五章　医療及び保護

第一節　任意入院

第二十条　精神科病院の管理者は、精神障害者を入院させる場合においては、本人の同意に基づいて入院が行われるように努めなければならない。

第二十一条　精神障害者が自ら入院する場合においては、精神科病院の管理者は、その入院に際し、当該精神障害者に対して第三十八条の四の規定による退院等の請求に関することその他厚生労働省令で定める事項を書面で知らせ、当該精神障害者から自ら入院する旨を記載した書面を受けなければならない。

2　精神科病院の管理者は、自ら入院した精神障害者（以下「任意入院者」という。）から退院の申出があつた場合においては、その者を退院させなければならない。

3　前項に規定する場合において、精神科病院の管理者は、指定医による診察の結果、当該任意入院者の医療及び保護のため入院を継続する必要があると認めたときは、同項の規定にかかわらず、七十二時間を限り、その者を退院させないことができる。

4　前項に規定する場合において、精神科病院（厚生労働省令で定める基準に適合すると都道府県知事が認めるものに限る。）の管理者は、緊急その他やむを得ない理由があるときは、指定医に代えて指定医以外の医師（医師法（昭和二十三年法律第二百一号）第十六条の六第一項の規定による登録を受けていることその他厚生労働省令で定める基準に該当する者に限る。以下「特定医師」という。）に任意入院者の診察を行わせることができる。この場合において、診察の結果、当該任意入院者の医療及び保護のため入院を継続する必要があると認めたときは、前二項の規定にかかわらず、十二時間を限り、その者を退院させないことができる。

5　第十九条の四の二の規定は、前項の規定により診察を行つた場合について準用する。この場合において、同条中「指定医は、前条第一項」とあるのは「第二十一条第四項に規定する特定医師は、同項」と、「当該指定医」とあるのは「当該特定医師」と読み替えるものとする。

6　精神科病院の管理者は、第四項後段の規定による措置を採つたときは、遅滞なく、厚生労働省令で定めるところにより、当該措置に関する記録を作成し、これを保存しなければならない。

7　精神科病院の管理者は、第三項又は第四項後段の規定による措置を採る場合においては、当該任意入院者に対し、当該措置を採る旨及びその理由、第三十八条の四の規定による退院等の請求に関することその他厚生労働省令で定める事項を書面で知らせなければならない。

第二節　指定医の診察及び措置入院

（診察及び保護の申請）

第二十二条　精神障害者又はその疑いのある者を知つた者は、誰でも、その者について指定医の診察及び必要な保護を都道府県知事に申請することができる。

2　前項の申請をするには、次の事項を記載した申請書を最寄りの保健所長を経て都道府県知事に提出しなければならない。

一　申請者の住所、氏名及び生年月日

二　本人の現在場所、居住地、氏名、性別及び生年月日

三　症状の概要

四　現に本人の保護の任に当たつている者があるときはその者の住所及び氏名

（**警察官の通報**）

第二十三条　警察官は、職務を執行するに当たり、異常な挙動その他周囲の事情から判断して、精神障害のために自身を傷つけ又は他人に害を及ぼすおそれがあると認められる者を発見したときは、直ちに、その旨を、最寄りの保健所長を経て都道府県知事に通報しなければならない。

（**検察官の通報**）

第二十四条　検察官は、精神障害者又はその疑いのある被疑者又は被告人について、不起訴処分をしたとき、又は裁判（懲役若しくは禁錮の刑を言い渡し、その刑の全部の執行猶予の言渡しをせず、又は拘留の刑を言い渡す裁判を除く。）が確定したときは、速やかに、その旨を都道府県知事に通報しなければならない。ただし、当該不起訴処分をされ、又は裁判を受けた者について、心神喪失等の状態で重大な他害行為を行つた者の医療及び観察等に関する法律（平成十五年法律第百十号）第三十三条第一項の申立てをしたときは、この限りでない。

2　検察官は、前項本文に規定する場合のほか、精神障害者若しくはその疑いのある被疑者若しくは被告人又は心神喪失等の状態で重大な他害行為を行つた者の医療及び観察等に関する法律の対象者（同法第二条第二項に規定する対象者をいう。第二十六条の三及び第四十四条第一項において同じ。）について、特に必要があると認めたときは、速やかに、都道府県知事に通報しなければならない。

（**保護観察所の長の通報**）

第二十五条　保護観察所の長は、保護観察に付されている者が精神障害者又はその疑いのある者であることを知つたときは、速やかに、その旨を都道府県知事に通報しなければならない。

（**矯正施設の長の通報**）

第二十六条　矯正施設（拘置所、刑務所、少年刑務所、少年院及び少年鑑別所をいう。以下同じ。）の長は、精神障害者又はその疑いのある収容者を釈放、退院又は退所させようとするときは、あらかじめ、次の事項を本人の帰住地（帰住地がない場合は当該矯正施設の所在地）の都道府県知事に通報しなければならない。

一　本人の帰住地、氏名、性別及び生年月日

二　症状の概要

三　釈放、退院又は退所の年月日

四　引取人の住所及び氏名

（**精神科病院の管理者の届出**）

第二十六条の二　精神科病院の管理者は、入院中の精神障害者であつて、第二十九条第一項の要件に該当すると認められるものから退院の申出があつたときは、直ちに、その旨を、最寄りの保健所長を経て都道府県知事に届け出なければならない。

（**心神喪失等の状態で重大な他害行為を行つた者に係る通報**）

第二十六条の三　心神喪失等の状態で重大な他害行為を行つた者の医療及び観察等に関する法律第二条第五項に規定する指定通院医療機関の管理者及び保護観察所の長は、同法の対象者であつて同条第四項に規定する指定入院医療機関に入院していないものがその精神障害のために自身を傷つけ又は他人に害を及ぼすおそれがあると認めたときは、直ちに、その旨を、最寄りの保健所長を経て都道府県知事に通報しなければならない。

（**申請等に基づき行われる指定医の診察等**）

第二十七条　都道府県知事は、第二十二条から前条までの規定による申請、通報又は届出のあつた者について調査の上必要があると認めるときは、その指定する指定医をして診察をさせなければならない。

2　都道府県知事は、入院させなければ精神障害のために自身を傷つけ又は他人に害を及ぼすおそれがあることが明らかである者については、第二十二条から前条までの規定による申請、通報又は届出がない場合においても、その指定する指定医をして診察をさせることができる。

3　都道府県知事は、前二項の規定により診察をさせる場合には、当該職員を立ち会わせなければならない。

4　指定医及び前項の当該職員は、前三項の職

務を行うに当たつて必要な限度においてその者の居住する場所へ立ち入ることができる。

5　第十九条の六の十六第二項及び第三項の規定は、前項の規定による立入りについて準用する。この場合において、同条第二項中「前項」とあるのは「第二十七条第四項」と、「当該職員」とあるのは「指定医及び当該職員」と、同条第三項中「第一項」とあるのは「第二十七条第四項」と読み替えるものとする。

（**診察の通知**）

第二十八条　都道府県知事は、前条第一項の規定により診察をさせるに当つて現に本人の保護の任に当つている者がある場合には、あらかじめ、診察の日時及び場所をその者に通知しなければならない。

2　後見人又は保佐人、親権を行う者、配偶者その他現に本人の保護の任に当たつている者は、前条第一項の診察に立ち会うことができる。

（**判定の基準**）

第二十八条の二　第二十七条第一項又は第二項の規定により診察をした指定医は、厚生労働大臣の定める基準に従い、当該診察をした者が精神障害者であり、かつ、医療及び保護のために入院させなければその精神障害のために自身を傷つけ又は他人に害を及ぼすおそれがあるかどうかの判定を行わなければならない。

（**都道府県知事による入院措置**）

第二十九条　都道府県知事は、第二十七条の規定による診察の結果、その診察を受けた者が精神障害者であり、かつ、医療及び保護のために入院させなければその精神障害のために自身を傷つけ又は他人に害を及ぼすおそれがあると認めたときは、その者を国等の設置した精神科病院又は指定病院に入院させることができる。

2　前項の場合において都道府県知事がその者を入院させるには、その指定する二人以上の指定医の診察を経て、その者が精神障害者であり、かつ、医療及び保護のために入院させなければその精神障害のために自身を傷つけ又は他人に害を及ぼすおそれがあると認めることについて、各指定医の診察の結果が一致した場合でなければならない。

3　都道府県知事は、第一項の規定による入院措置を採る場合においては、当該精神障害者及びその家族等であつて第二十八条第一項の規定による通知を受けたもの又は同条第二項の規定による立会いを行つたものに対し、当該入院措置を採る旨及びその理由、第三十八条の四の規定による退院等の請求に関することその他厚生労働省令で定める事項を書面で知らせなければならない。

4　国等の設置した精神科病院及び指定病院の管理者は、病床（病院の一部について第十九条の八の指定を受けている指定病院にあつてはその指定に係る病床）に既に第一項又は次条第一項の規定により入院をさせた者がいるため余裕がない場合のほかは、第一項の精神障害者を入院させなければならない。

第二十九条の二　都道府県知事は、前条第一項の要件に該当すると認められる精神障害者又はその疑いのある者について、急速を要し、第二十七条、第二十八条及び前条の規定による手続を採ることができない場合において、その指定する指定医をして診察をさせた結果、その者が精神障害者であり、かつ、直ちに入院させなければその精神障害のために自身を傷つけ又は他人を害するおそれが著しいと認めたときは、その者を前条第一項に規定する精神科病院又は指定病院に入院させることができる。

2　都道府県知事は、前項の規定による措置を採つたときは、速やかに、その者につき、前条第一項の規定による入院措置を採るかどうかを決定しなければならない。

3　第一項の規定による入院の期間は、七十二時間を超えることができない。

4　第二十七条第四項及び第五項並びに第二十八条の二の規定は第一項の規定による診察について、前条第三項の規定は第一項の規定による入院措置を採る場合について、同条第四項の規定は第一項の規定により入院する者の入院について準用する。

第二十九条の二の二　都道府県知事は、第二十九条第一項又は前条第一項の規定による入院措置を採ろうとする精神障害者を、当該入院措置に係る病院に移送しなければならない。

2　都道府県知事は、前項の規定により移送を行う場合においては、当該精神障害者に対し、当該移送を行う旨その他厚生労働省令で定める事項を書面で知らせなければならない。

3　都道府県知事は、第一項の規定による移送を行うに当たつては、当該精神障害者を診察した指定医が必要と認めたときは、その者の医療又は保護に欠くことのできない限度において、厚生労働大臣があらかじめ社会保障審議会の意見を聴いて定める行動の制限を行うことができる。

第二十九条の三　第二十九条第一項に規定する精神科病院又は指定病院の管理者は、第二十九条の二第一項の規定により入院した者について、都道府県知事から、第二十九条第一項の規定による入院措置を採らない旨の通知を受けたとき、又は第二十九条の二第三項の期間内に第二十九条第一項の規定による入院措置を採る旨の通知がないときは、直ちに、その者を退院させなければならない。

（入院措置の解除）

第二十九条の四　都道府県知事は、第二十九条第一項の規定により入院した者（以下「措置入院者」という。）が、入院を継続しなくてもその精神障害のために自身を傷つけ又は他人に害を及ぼすおそれがないと認められるに至つたときは、直ちに、その者を退院させなければならない。この場合においては、都道府県知事は、あらかじめ、その者を入院させている同項に規定する精神科病院又は指定病院の管理者の意見を聞くものとする。

2　前項の場合において都道府県知事がその者を退院させるには、その者が入院を継続しなくてもその精神障害のために自身を傷つけ又は他人に害を及ぼすおそれがないと認められることについて、その指定する指定医による診察の結果又は次条の規定による診察の結果に基づく場合でなければならない。

第二十九条の五　措置入院者を入院させている第二十九条第一項に規定する精神科病院又は指定病院の管理者は、指定医による診察の結果、措置入院者が、入院を継続しなくてもその精神障害のために自身を傷つけ又は他人に害を及ぼすおそれがないと認められるに至つたときは、直ちに、その旨、その者の症状その他厚生労働省令で定める事項を最寄りの保健所長を経て都道府県知事に届け出なければならない。

（措置入院者の退院による地域における生活への移行を促進するための措置）

第二十九条の六　措置入院者を入院させている第二十九条第一項に規定する精神科病院又は指定病院の管理者は、精神保健福祉士その他厚生労働省令で定める資格を有する者のうちから、厚生労働省令で定めるところにより、退院後生活環境相談員を選任し、その者に措置入院者の退院後の生活環境に関し、措置入院者及びその家族等からの相談に応じさせ、及びこれらの者に対する必要な情報の提供、助言その他の援助を行わせなければならない。

第二十九条の七　措置入院者を入院させている第二十九条第一項に規定する精神科病院又は指定病院の管理者は、措置入院者又はその家族等から求めがあつた場合その他措置入院者の退院による地域における生活への移行を促進するために必要があると認められる場合には、これらの者に対して、厚生労働省令で定めるところにより、次に掲げる者（第三十三条の五において「地域援助事業者」という。）を紹介しなければならない。

一　一般相談支援事業又は障害者の日常生活及び社会生活を総合的に支援するための法律第五条第十九項に規定する特定相談支援事業（第四十九条第一項において「特定相談支援事業」という。）を行う者

二　障害者の日常生活及び社会生活を総合的に支援するための法律第七十七条第一項第三号又は第三項各号に掲げる事業を行う者

三　介護保険法（平成九年法律第百二十三号）第八条第二十四項に規定する居宅介護支援事業を行う者

四　前三号に掲げる者のほか、地域の精神障害者の保健又は福祉に関する各般の問題につき精神障害者又はその家族等からの相談に応じ必要な情報の提供、助言その他の援助を行う事業を行うことができると認められる者として厚生労働省令で定めるもの

（入院措置の場合の診療方針及び医療に要する費用の額）

第二十九条の八　第二十九条第一項及び第二十九条の二第一項の規定により入院する者について国等の設置した精神科病院又は指定病院が行う医療に関する診療方針及びその医療に要する費用の額の算定方法は、健康保険の診療方針及び療養に要する費用の額の算定方法の例による。

2　前項に規定する診療方針及び療養に要する費用の額の算定方法の例によることができないとき、及びこれによることを適当としないときの診療方針及び医療に要する費用の額の算定方法は、厚生労働大臣の定めるところによる。

（社会保険診療報酬支払基金への事務の委託）

第二十九条の九　都道府県は、第二十九条第一項及び第二十九条の二第一項の規定により入院する者について国等の設置した精神科病院

又は指定病院が行つた医療が前条に規定する診療方針に適合するかどうかについての審査及びその医療に要する費用の額の算定並びに国等又は指定病院の設置者に対する診療報酬の支払に関する事務を社会保険診療報酬支払基金に委託することができる。

（費用の負担）

第三十条　第二十九条第一項及び第二十九条の二第一項の規定により都道府県知事が入院させた精神障害者の入院に要する費用は、都道府県が負担する。

2　国は、都道府県が前項の規定により負担する費用を支弁したときは、政令の定めるところにより、その四分の三を負担する。

（他の法律による医療に関する給付との調整）

第三十条の二　前条第一項の規定により費用の負担を受ける精神障害者が、健康保険法（大正十一年法律第七十号）、国民健康保険法（昭和三十三年法律第百九十二号）、船員保険法（昭和十四年法律第七十三号）、労働者災害補償保険法（昭和二十二年法律第五十号）、国家公務員共済組合法（昭和三十三年法律第百二十八号。他の法律において準用し、又は例による場合を含む。）、地方公務員等共済組合法（昭和三十七年法律第百五十二号）、高齢者の医療の確保に関する法律（昭和五十七年法律第八十号）又は介護保険法の規定により医療に関する給付を受けることができる者であるときは、都道府県は、その限度において、同項の規定による負担をすることを要しない。

（費用の徴収）

第三十一条　都道府県知事は、第二十九条第一項及び第二十九条の二第一項の規定により入院させた精神障害者又はその扶養義務者が入院に要する費用を負担することができると認めたときは、その費用の全部又は一部を徴収することができる。

2　都道府県知事は、前項の規定による費用の徴収に関し必要があると認めるときは、当該精神障害者又はその扶養義務者の収入の状況につき、当該精神障害者若しくはその扶養義務者に対し報告を求め、又は官公署に対し必要な書類の閲覧若しくは資料の提供を求めることができる。

第三十二条　削除

第三節　医療保護入院等

（医療保護入院）

第三十三条　精神科病院の管理者は、次に掲げる者について、その家族等のうちいずれかの者の同意があるときは、本人の同意がなくても、六月以内で厚生労働省令で定める期間の範囲内の期間を定め、その者を入院させることができる。

一　指定医による診察の結果、精神障害者であり、かつ、医療及び保護のため入院の必要がある者であつて当該精神障害のために第二十条の規定による入院が行われる状態にないと判定されたもの

二　第三十四条第一項の規定により移送された者

2　精神科病院の管理者は、前項第一号に掲げる者について、その家族等がない場合又はその家族等の全員がその意思を表示することができず、若しくは同項の規定による同意若しくは不同意の意思表示を行わない場合において、その者の居住地（居住地がないか、又は明らかでないときは、その者の現在地。第四十五条第一項を除き、以下同じ。）を管轄する市町村長（特別区の長を含む。以下同じ。）の同意があるときは、本人の同意がなくても、六月以内で厚生労働省令で定める期間の範囲内の期間を定め、その者を入院させることができる。第三十四条第二項の規定により移送された者について、その者の居住地を管轄する市町村長の同意があるときも、同様とする。

3　前二項に規定する場合において、精神科病院（厚生労働省令で定める基準に適合すると都道府県知事が認めるものに限る。）の管理者は、緊急その他やむを得ない理由があるときは、指定医に代えて特定医師に診察を行わせることができる。この場合において、診察の結果、精神障害者であり、かつ、医療及び保護のため入院の必要がある者であつて当該精神障害のために第二十条の規定による入院が行われる状態にないと判定されたときは、第一項又は前項の規定にかかわらず、本人の同意がなくても、十二時間を限り、その者を入院させることができる。

4　第十九条の四の二の規定は、前項の規定により診察を行つた場合について準用する。この場合において、同条中「指定医は、前条第一項」とあるのは「第二十一条第四項に規定する特定医師は、第三十三条第三項」と、「当該指定医」とあるのは「当該特定医師」と読み替えるものとする。

5　精神科病院の管理者は、第三項後段の規定

による入院措置を採つたときは、遅滞なく、厚生労働省令で定めるところにより、当該入院措置に関する記録を作成し、これを保存しなければならない。

6　精神科病院の管理者は、第一項又は第二項の規定により入院した者（以下「医療保護入院者」という。）であつて次の各号のいずれにも該当する者について、厚生労働省令で定めるところによりその家族等のうちいずれかの者（同項の場合にあつては、その者の居住地を管轄する市町村長）の同意がなくても、六月以内で厚生労働省令で定める期間の範囲内の期間を定め、これらの規定による入院の期間（この項の規定により入院の期間が更新されたときは、その更新後の入院の期間）を更新することができる。

一　指定医による診察の結果、なお第一項第一号に掲げる者に該当すること。

二　厚生労働省令で定める者により構成される委員会において当該医療保護入院者の退院による地域における生活への移行を促進するための措置について審議が行われたこと

7　第二項に規定する市町村長は、同項又は前項の規定に基づく事務に関し、関係行政機関又は関係地方公共団体に対し、必要な事項を照会することができる。

8　精神科病院の管理者は、厚生労働省令で定めるところにより、医療保護入院者の家族等に第六項の規定によるその同意に関し必要な事項を通知しなければならない。この場合において、厚生労働省令で定める日までにその家族等のいずれの者からも同項の規定による入院の期間の更新について不同意の意思表示を受けなかつたときは、同項の規定による家族等の同意を得たものとみなすことができる。ただし、当該同意の趣旨に照らし適当でない場合として厚生労働省令で定める場合においては、この限りでない。

9　精神科病院の管理者は、第一項、第二項若しくは第三項後段の規定による入院措置を採つたとき、又は第六項の規定による入院の期間の更新をしたときは、十日以内に、その者の症状その他厚生労働省令で定める事項を当該入院又は当該入院の期間の更新について同意をした者の同意書を添え（前項の規定により家族等の同意を得たものとみなした場合にあつては、その旨を示し）、最寄りの保健所長を経て都道府県知事に届け出なければならない。

第三十三条の二　精神科病院の管理者は、医療保護入院者を退院させたときは、十日以内に、その旨及び厚生労働省令で定める事項を最寄りの保健所長を経て都道府県知事に届け出なければならない。

第三十三条の三　精神科病院の管理者は、第三十三条第一項、第二項若しくは第三項後段の規定による入院措置を採る場合又は同条第六項の規定による入院の期間の更新をする場合においては、当該精神障害者及びその家族等であつて同条第一項又は第六項の規定による同意をしたものに対し、当該入院措置を採る旨又は当該入院の期間の更新をする旨及びその理由、第三十八条の四の規定による退院等の請求に関することその他厚生労働省令で定める事項を書面で知らせなければならない。ただし、当該精神障害者については、当該入院措置を採つた日又は当該入院の期間の更新をした日から四週間を経過する日までの間であつて、その症状に照らし、その者の医療及び保護を図る上で支障があると認められる間においては、この限りでない。

2　精神科病院の管理者は、前項ただし書の規定により同項本文に規定する事項を書面で知らせなかつたときは、厚生労働省令で定めるところにより、厚生労働省令で定める事項を診療録に記載しなければならない。

第三十三条の四　第二十九条の六及び第二十九条の七の規定は、医療保護入院者を入院させている精神科病院の管理者について準用する。この場合において、これらの規定中「措置入院者」とあるのは、「医療保護入院者」と読み替えるものとする。

第三十三条の五　精神科病院の管理者は、前条において準用する第二十九条の六及び第二十九条の七に規定する措置のほか、厚生労働省令で定めるところにより、必要に応じて地域援助事業者と連携を図りながら、医療保護入院者の退院による地域における生活への移行を促進するために必要な体制の整備その他の当該精神科病院における医療保護入院者の退院による地域における生活への移行を促進するための措置を講じなければならない。

（応急入院）

第三十三条の六　厚生労働大臣の定める基準に適合するものとして都道府県知事が指定する精神科病院の管理者は、医療及び保護の依頼があつた者について、急速を要し、その家族等の同意を得ることができない場合において、その者が、次に該当する者であるときは、本人の同意がなくても、七十二時間を限り、その者を入院させることができる。

一　指定医の診察の結果、精神障害者であり、かつ、直ちに入院させなければその者の医療及び保護を図る上で著しく支障がある者であつて当該精神障害のために第二十条の規定による入院が行われる状態にないと判定されたもの

二　第三十四条第三項の規定により移送された者

2　前項に規定する場合において、同項に規定する精神科病院の管理者は、緊急その他やむを得ない理由があるときは、指定医に代えて特定医師に同項の医療及び保護の依頼があつた者の診察を行わせることができる。この場合において、診察の結果、その者が、精神障害者であり、かつ、直ちに入院させなければその者の医療及び保護を図る上で著しく支障がある者であつて当該精神障害のために第二十条の規定による入院が行われる状態にないと判定されたときは、同項の規定にかかわらず、本人の同意がなくても、十二時間を限り、その者を入院させることができる。

3　第十九条の四の二の規定は、前項の規定により診察を行つた場合について準用する。この場合において、同条中「指定医は、前条第一項」とあるのは「第二十一条第四項に規定する特定医師は、第三十三条の六第二項」と、「当該指定医」とあるのは「当該特定医師」と読み替えるものとする。

4　第一項に規定する精神科病院の管理者は、第二項後段の規定による入院措置を採つたときは、遅滞なく、厚生労働省令で定めるところにより、当該入院措置に関する記録を作成し、これを保存しなければならない。

5　第一項に規定する精神科病院の管理者は、同項又は第二項後段の規定による入院措置を採つたときは、直ちに、当該入院措置を採つた理由その他厚生労働省令で定める事項を最寄りの保健所長を経て都道府県知事に届け出なければならない。

6　都道府県知事は、第一項の指定を受けた精神科病院が同項の基準に適合しなくなつたと認めたときは、その指定を取り消すことができる。

7　厚生労働大臣は、前項に規定する都道府県知事の権限に属する事務について、第一項の指定を受けた精神科病院に入院中の者の処遇を確保する緊急の必要があると認めるときは、都道府県知事に対し前項の事務を行うことを指示することができる。

第三十三条の七　第十九条の九第二項の規定は、前条第六項の規定による処分をする場合について、第二十九条第三項の規定は精神科病院の管理者が前条第一項又は第二項後段の規定による入院措置を採る場合について準用する。この場合において、第二十九条第三項中「当該精神障害者及びその家族等であつて第二十八条第一項の規定による通知を受けたもの又は同条第二項の規定による立会いを行つたもの」とあるのは、「当該精神障害者」と読み替えるものとする。

（医療保護入院等のための移送）

第三十四条　都道府県知事は、その指定する指定医による診察の結果、精神障害者であり、かつ、直ちに入院させなければその者の医療及び保護を図る上で著しく支障がある者であつて当該精神障害のために第二十条の規定による入院が行われる状態にないと判定されたものにつき、その家族等のうちいずれかの者の同意があるときは、本人の同意がなくてもその者を第三十三条第一項の規定による入院をさせるため第三十三条の六第一項に規定する精神科病院に移送することができる。

2　都道府県知事は、前項に規定する精神障害者の家族等がない場合又はその家族等の全員がその意思を表示することができず、若しくは同項の規定による同意若しくは不同意の意思表示を行わない場合において、その者の居住地を管轄する市町村長の同意があるときは、本人の同意がなくてもその者を第三十三条第二項の規定による入院をさせるため第三十三条の六第一項に規定する精神科病院に移送することができる。

3　都道府県知事は、急速を要し、その者の家族等の同意を得ることができない場合において、その指定する指定医の診察の結果、その者が精神障害者であり、かつ、直ちに入院させなければその者の医療及び保護を図る上で著しく支障がある者であつて当該精神障害のために第二十条の規定による入院が行われる状態にないと判定されたときは、本人の同意がなくてもその者を第三十三条の六第一項の規定による入院をさせるため同項に規定する精神科病院に移送することができる。

4　第二十九条の二の二第二項及び第三項の規定は前三項の規定による移送を行う場合につ

いて、第三十三条第七項の規定による移送を行う場合について準用する。この場合において、同条第七項中「第二項」とあるのは「第三十四条第二項」と、「同項又は前項」とあるのは「同項」と、読み替えるものとする。

第三十五条　削除

第四節　入院者訪問支援事業

（**入院者訪問支援事業**）

第三十五条の二　都道府県は、精神科病院に入院している者のうち第三十三条第二項の規定により入院した者その他の外部との交流を促進するための支援を要するものとして厚生労働省令で定める者に対し、入院者訪問支援員（都道府県知事が厚生労働省令で定めるところにより行う研修を修了した者のうちから都道府県知事が選任した者をいう。次項及び次条において同じ。）が、その者の求めに応じ、訪問により、その者の話を誠実かつ熱心に聞くほか、入院中の生活に関する相談、必要な情報の提供その他の厚生労働省令で定める支援を行う事業（第三項及び次条において「入院者訪問支援事業」という。）を行うことができる。

2　入院者訪問支援員は、その支援を受ける者が個人の尊厳を保持し、自立した生活を営むことができるよう、常にその者の立場に立つて、誠実にその職務を行わなければならない。

3　入院者訪問支援事業に従事する者又は従事していた者は、正当な理由がなく、その職務に関して知り得た人の秘密を漏らしてはならない。

（**支援体制の整備**）

第三十五条の三　入院者訪問支援事業を行う都道府県は、精神科病院の協力を得て、精神科病院における入院者訪問支援員による支援の在り方及び支援に関する課題を検討し、支援の体制の整備を図るよう努めなければならない。

第五節　精神科病院における処遇等

（**処遇**）

第三十六条　精神科病院の管理者は、入院中の者につき、その医療又は保護に欠くことのできない限度において、その行動について必要な制限を行うことができる。

2　精神科病院の管理者は、前項の規定にかかわらず、信書の発受の制限、都道府県その他の行政機関の職員との面会の制限その他の行動の制限であつて、厚生労働大臣があらかじめ社会保障審議会の意見を聴いて定める行動の制限については、これを行うことができない。

3　第一項の規定による行動の制限のうち、厚生労働大臣があらかじめ社会保障審議会の意見を聴いて定める患者の隔離その他の行動の制限は、指定医が必要と認める場合でなければ行うことができない。

第三十七条　厚生労働大臣は、前条に定めるもののほか、精神科病院に入院中の者の処遇について必要な基準を定めることができる。

2　前項の基準が定められたときは、精神科病院の管理者は、その基準を遵守しなければならない。

3　厚生労働大臣は、第一項の基準を定めようとするときは、あらかじめ、社会保障審議会の意見を聴かなければならない。

（**指定医の精神科病院の管理者への報告等**）

第三十七条の二　指定医は、その勤務する精神科病院に入院中の者の処遇が第三十六条の規定に違反していると思料するとき又は前条第一項の基準に適合していないと認めるときその他精神科病院に入院中の者の処遇が著しく適当でないと認めるときは、当該精神科病院の管理者にその旨を報告すること等により、当該管理者において当該精神科病院に入院中の者の処遇の改善のために必要な措置が採られるよう努めなければならない。

（**相談、援助等**）

第三十八条　精神科病院その他の精神障害の医療を提供する施設の管理者は、当該施設において医療を受ける精神障害者の社会復帰の促進を図るため、当該施設の医師、看護師その他の医療従事者による有機的な連携の確保に配慮しつつ、その者の相談に応じ、必要に応じて一般相談支援事業を行う者と連携を図りながら、その者に必要な援助を行い、及びその家族等その他の関係者との連絡調整を行うように努めなければならない。

（**定期の報告等**）

第三十八条の二　措置入院者を入院させている第二十九条第一項に規定する精神科病院又は指定病院の管理者は、措置入院者の症状その他厚生労働省令で定める事項（以下この項において「報告事項」という。）を、厚生労働省令で定めるところにより、定期に、最寄りの保健所長を経て都道府県知事に報告しなければならない。この場合においては、報告事項のうち厚生労働省令で定める事項については、指定医による診察の結果に基づくものでなければならない。

2　都道府県知事は、条例で定めるところにより、精神科病院の管理者（第三十八条の七第一項、第二項若しくは第四項又は第四十条の六第一項若しくは第三項の規定による命令を受けたものであつて、当該命令を受けた日から起算して厚生労働省令で定める期間を経過しないものその他これに準ずる者として厚生労働省令で定めるものに限る。）に対し、当該精神科病院に入院中の任意入院者（厚生労働省令で定める基準に該当する者に限る。）の症状その他厚生労働省令で定める事項について報告を求めることができる。

（入院措置時及び定期の入院の必要性に関する審査）

第三十八条の三　都道府県知事は、第二十九条第一項の規定による入院措置を採つたとき、又は第三十三条第九項の規定による届出（同条第一項若しくは第二項の規定による入院措置又は同条第六項の規定による入院の期間の更新に係るものに限る。）若しくは前条第一項の規定による報告があつたときは、当該入院措置又は届出若しくは報告に係る入院中の者の症状その他厚生労働省令で定める事項を精神医療審査会に通知し、当該入院中の者についてその入院の必要があるかどうかに関し審査を求めなければならない。

2　精神医療審査会は、前項の規定により審査を求められたときは、当該審査に係る入院中の者についてその入院の必要があるかどうかに関し審査を行い、その結果を都道府県知事に通知しなければならない。

3　精神医療審査会は、前項の審査をするに当たつて必要があると認めるときは、当該審査に係る入院中の者に対して意見を求め、若しくはその者の同意を得て委員（指定医である者に限る。第三十八条の五第四項において同じ。）に診察させ、又はその者が入院している精神科病院の管理者その他関係者に対して報告若しくは意見を求め、診療録その他の帳簿書類の提出を命じ、若しくは出頭を命じて審問することができる。

4　都道府県知事は、第二項の規定により通知された精神医療審査会の審査の結果に基づき、その入院が必要でないと認められた者を退院させ、又は精神科病院の管理者に対しその者を退院させることを命じなければならない。

5　都道府県知事は、第一項に定めるもののほか、前条第二項の規定による報告を受けたときは、当該報告に係る入院中の者の症状その他厚生労働省令で定める事項を精神医療審査会に通知し、当該入院中の者についてその入院の必要があるかどうかに関し審査を求めることができる。

6　第二項及び第三項の規定は、前項の規定により都道府県知事が審査を求めた場合について準用する。

（退院等の請求）

第三十八条の四　精神科病院に入院中の者又はその家族等（その家族等がない場合又はその家族等の全員がその意思を表示することができない場合にあつてはその者の居住地を管轄する市町村長とし、その家族等の全員が第三十三条第一項若しくは第六項又は第三十四条第一項の規定による同意又は不同意の意思表示を行わなかつた場合にあつてはその者の居住地を管轄する市町村長を含む。）は、厚生労働省令で定めるところにより、都道府県知事に対し、その者を退院させ、又は精神科病院の管理者に対し、その者を退院させることを命じ、若しくはその者の処遇の改善のために必要な措置を採ることを命じることを求めることができる。

（退院等の請求による入院の必要性等に関する審査）

第三十八条の五　都道府県知事は、前条の規定による請求を受けたときは、当該請求の内容を精神医療審査会に通知し、当該請求に係る入院中の者について、その入院の必要があるかどうか、又はその処遇が適当であるかどうかに関し審査を求めなければならない。

2　精神医療審査会は、前項の規定により審査を求められたときは、当該審査に係る者について、その入院の必要があるかどうか、又はその処遇が適当であるかどうかに関し審査を行い、その結果を都道府県知事に通知しなければならない。

3　精神医療審査会は、前項の審査をするに当たつては、当該審査に係る前条の規定による請求をした者及び当該審査に係る入院中の者が入院している精神科病院の管理者の意見を聴かなければならない。ただし、精神医療審査会がこれらの者の意見を聴く必要がないと特に認めたときは、この限りでない。

4　精神医療審査会は、前項に定めるもののほか、第二項の審査をするに当たつて必要があると認めるときは、当該審査に係る入院中の者の同意を得て委員に診察させ、又はその者が入院している精神科病院の管理者その他関係者に対して報告を求め、診療録その他の帳簿書類の提出を命じ、若しくは出頭を命じて審問することができる。

5　都道府県知事は、第二項の規定により通知された精神医療審査会の審査の結果に基づき、その入院が必要でないと認められた者を退院させ、又は当該精神科病院の管理者に対しその者を退院させることを命じ若しくはその者の処遇の改善のために必要な措置を採ることを命じなければならない。

6　都道府県知事は、前条の規定による請求をした者に対し、当該請求に係る精神医療審査会の審査の結果及びこれに基づき採つた措置を通知しなければならない。

（**報告徴収等**）

第三十八条の六　厚生労働大臣又は都道府県知事は、必要があると認めるときは、精神科病院の管理者に対し、当該精神科病院に入院中の者の症状若しくは処遇に関し、報告を求め、若しくは診療録その他の帳簿書類の提出若しくは提示を命じ、当該職員若しくはその指定する指定医に、精神科病院に立ち入り、これらの事項に関し、診療録その他の帳簿書類（その作成又は保存に代えて電磁的記録の作成又は保存がされている場合における当該電磁的記録を含む。）を検査させ、若しくは当該精神科病院に入院中の者その他の関係者に質問させ、又はその指定する指定医に、精神科病院に立ち入り、当該精神科病院に入院中の者を診察させることができる。

2　厚生労働大臣又は都道府県知事は、必要があると認めるときは、精神科病院の管理者、精神科病院に入院中の者又は第三十三条第一項から第三項までの規定による入院若しくは同条第六項の規定による入院の期間の更新について同意をした者に対し、この法律による入院に必要な手続に関し、報告を求め、又は帳簿書類の提出若しくは提示を命じることができる。

3　第十九条の六の十六第二項及び第三項の規定は、第一項の規定による立入検査、質問又は診察について準用する。この場合において、同条第二項中「前項」とあるのは「第三十八条の六第一項」と、「当該職員」とあるのは「当該職員及び指定医」と、同条第三項中「第一項」とあるのは「第三十八条の六第一項」と読み替えるものとする。

（**改善命令等**）

第三十八条の七　厚生労働大臣又は都道府県知事は、精神科病院に入院中の者の処遇が第三十六条の規定に違反していると認めるとき又は第三十七条第一項の基準に適合していないと認めるときその他精神科病院に入院中の者の処遇が著しく適当でないと認めるときは、当該精神科病院の管理者に対し、措置を講ずべき事項及び期限を示して、処遇を確保するための改善計画の提出を求め、若しくは提出された改善計画の変更を命じ、又はその処遇の改善のために必要な措置を採ることを命ずることができる。

2　厚生労働大臣又は都道府県知事は、必要があると認めるときは、第二十一条第三項の規定により入院している者、医療保護入院者又は第三十三条第三項若しくは第三十三条の六第一項若しくは第二項の規定により入院した者について、その指定する二人以上の指定医に診察させ、各指定医の診察の結果がその入院を継続する必要があることに一致しない場合又はこれらの者の入院がこの法律若しくはこの法律に基づく命令に違反して行われた場合には、これらの者が入院している精神科病院の管理者に対し、その者を退院させることを命ずることができる。

3　都道府県知事は、前二項の規定による命令をした場合において、その命令を受けた精神科病院の管理者がこれに従わなかつたときは、その旨を公表することができる。

4　厚生労働大臣又は都道府県知事は、精神科病院の管理者が第一項又は第二項の規定による命令に従わないときは、当該精神科病院の管理者に対し、期間を定めて第二十一条第一項、第三十三条第一項から第三項まで並びに第三十三条の六第一項及び第二項の規定による精神障害者の入院に係る医療の提供の全部又は一部を制限することを命ずることができる。

5　都道府県知事は、前項の規定による命令をした場合においては、その旨を公示しなければならない。

（**無断退去者に対する措置**）

第三十九条　精神科病院の管理者は、入院中の者で自身を傷つけ又は他人に害を及ぼすおそれのあるものが無断で退去しその行方が不明になつたときは、所轄の警察署長に次の事項を通知してその探索を求めなければならない。

一　退去者の住所、氏名、性別及び生年月日

二　退去の年月日及び時刻

三　症状の概要

四　退去者を発見するために参考となるべき人相、服装その他の事項

五　入院年月日

六　退去者の家族等又はこれに準ずる者の住所、氏名その他厚生労働省令で定める事項

2　警察官は、前項の探索を求められた者を発見したときは、直ちに、その旨を当該精神科病院の管理者に通知しなければならない。この場合において、警察官は、当該精神科病院の管理者がその者を引き取るまでの間、二十四時間を限り、その者を、警察署、病院、救護施設等の精神障害者を保護するのに適当な場所に、保護することができる。

（**仮退院**）

第四十条　第二十九条第一項に規定する精神科病院又は指定病院の管理者は、指定医による診察の結果、措置入院者の症状に照らしその者を一時退院させて経過を見ることが適当であると認めるときは、都道府県知事の許可を得て、六月を超えない期間を限り仮に退院させることができる。

第六節　虐待の防止

（**虐待の防止等**）

第四十条の二　精神科病院の管理者は、当該精神科病院において医療を受ける精神障害者に対する虐待の防止に関する意識の向上のための措置、当該精神科病院において精神障害者の医療及び保護に係る業務に従事する者（以下「業務従事者」という。）その他の関係者に対する精神障害者の虐待の防止のための研修の実施及び普及啓発、当該精神科病院において医療を受ける精神障害者に対する虐待に関する相談に係る体制の整備及びこれに対処するための措置その他の当該精神科病院において医療を受ける精神障害者に対する虐待を防止するため必要な措置を講ずるものとする。

2　指定医は、その勤務する精神科病院の管理者において、前項の規定による措置が円滑かつ確実に実施されるように協力しなければならない。

（**障害者虐待に係る通報等**）

第四十条の三　精神科病院において業務従事者による障害者虐待（業務従事者が、当該精神科病院において医療を受ける精神障害者について行う次の各号のいずれかに該当する行為をいう。以下同じ。）を受けたと思われる精神障害者を発見した者は、速やかに、これを都道府県に通報しなければならない。

一　障害者虐待の防止、障害者の養護者に対する支援等に関する法律（平成二十三年法律第七十九号。次号において「障害者虐待防止法」という。）第二条第七項各号（第四号を除く。）のいずれかに該当すること。

二　精神障害者を衰弱させるような著しい減食又は長時間の放置、当該精神科病院において医療を受ける他の精神障害者による障害者虐待防止法第二条第七項第一号から第三号までに掲げる行為と同様の行為の放置その他の業務従事者としての業務を著しく怠ること。

2　業務従事者による障害者虐待を受けた精神障害者は、その旨を都道府県に届け出ることができる。

3　刑法（明治四十年法律第四十五号）の秘密漏示罪の規定その他の守秘義務に関する法律の規定は、第一項の規定による通報（虚偽であるもの及び過失によるものを除く。次項において同じ。）をすることを妨げるものと解釈してはならない。

4　業務従事者は、第一項の規定による通報をしたことを理由として、解雇その他不利益な取扱いを受けない。

（**秘密保持義務**）

第四十条の四　都道府県が前条第一項の規定による通報又は同条第二項の規定による届出を受けた場合においては、当該通報又は届出を受けた都道府県の職員は、その職務上知り得た事項であって当該通報又は届出をした者を特定させるものを漏らしてはならない。

（**報告徴収等**）

第四十条の五　厚生労働大臣又は都道府県知事は、必要があると認めるときは、第四十条の二第一項の措置又は第四十条の三第一項の規定による通報若しくは同条第二項の規定による届出に関し、精神科病院の管理者に対し、報告を求め、若しくは診療録その他の帳簿書類の提出若しくは提示を命じ、当該職員若しくはその指定する指定医に、精神科病院に立ち入り、診療録その他の帳簿書類（その作成又は保存に代えて電磁的記録の作成又は保存がされている場合における当該電磁的記録を含む。）を検査させ、若しくは当該精神科病

院に入院中の者その他の関係者に質問させ、又はその指定する指定医に、精神科病院に立ち入り、当該精神科病院に入院中の者を診察させることができる。

2　第十九条の六の十六第二項及び第三項の規定は、前項の規定による立入検査、質問又は診察について準用する。この場合において、同条第二項中「前項」とあるのは「第四十条の五第一項」と、「当該職員」とあるのは「当該職員及び指定医」と、同条第三項中「第一項」とあるのは「第四十条の五第一項」と読み替えるものとする。

（改善命令等）

第四十条の六　厚生労働大臣又は都道府県知事は、第四十条の二第一項の必要な措置が講じられていないと認めるとき、又は第四十条の三第一項の規定による通報若しくは同条第二項の規定による届出に係る精神科病院において業務従事者による障害者虐待が行われたと認めるときは、当該精神科病院の管理者に対し、措置を講ずべき事項及び期限を示して、改善計画の提出を求め、若しくは提出された改善計画の変更を命じ、又は必要な措置を採ることを命ずることができる。

2　都道府県知事は、前項の規定による命令をした場合において、その命令を受けた精神科病院の管理者がこれに従わなかつたときは、その旨を公表することができる。

3　厚生労働大臣又は都道府県知事は、精神科病院の管理者が第一項の規定による命令に従わないときは、当該精神科病院の管理者に対し、期間を定めて第二十一条第一項、第三十三条第一項から第三項まで並びに第三十三条の六第一項及び第二項の規定による精神障害者の入院に係る医療の提供の全部又は一部を制限することを命ずることができる。

4　都道府県知事は、前項の規定による命令をした場合においては、その旨を公示しなければならない。

（公表）

第四十条の七　都道府県知事は、毎年度、業務従事者による障害者虐待の状況、業務従事者による障害者虐待があつた場合に採つた措置その他厚生労働省令で定める事項を公表するものとする。

（調査及び研究）

第四十条の八　国は、業務従事者による障害者虐待の事例の分析を行うとともに、業務従事者による障害者虐待の予防及び早期発見のための方策並びに業務従事者による障害者虐待があつた場合の適切な対応方法に資する事項についての調査及び研究を行うものとする。

第七節　雑則

（指針）

第四十一条　厚生労働大臣は、精神障害者の障害の特性その他の心身の状態に応じた良質かつ適切な精神障害者に対する医療の提供を確保するための指針（以下この条において「指針」という。）を定めなければならない。

2　指針に定める事項は、次のとおりとする。

一　精神病床（病院の病床のうち、精神疾患を有する者を入院させるためのものをいう。）の機能分化に関する事項

二　精神障害者の居宅等（居宅その他の厚生労働省令で定める場所をいう。）における保健医療サービス及び福祉サービスの提供に関する事項

三　精神障害者に対する医療の提供に当たつての医師、看護師その他の医療従事者と精神保健福祉士その他の精神障害者の保健及び福祉に関する専門的知識を有する者との連携に関する事項

四　その他良質かつ適切な精神障害者に対する医療の提供の確保に関する重要事項

3　厚生労働大臣は、指針を定め、又はこれを変更したときは、遅滞なく、これを公表しなければならない。

第四十二条　削除

（刑事事件に関する手続等との関係）

第四十三条　この章の規定は、精神障害者又はその疑いのある者について、刑事事件若しくは少年の保護事件の処理に関する法令の規定による手続を行い、又は刑若しくは保護処分の執行のためこれらの者を矯正施設に収容することを妨げるものではない。

2　第二十四条、第二十六条及び第二十七条の規定を除くほか、この章の規定は矯正施設に収容中の者には適用しない。

（心神喪失等の状態で重大な他害行為を行つた者に係る手続等との関係）

第四十四条　この章の規定は、心神喪失等の状態で重大な他害行為を行つた者の医療及び観察等に関する法律の対象者について、同法又は同法に基づく命令の規定による手続又は処分をすることを妨げるものではない。

2　前各節の規定は、心神喪失等の状態で重大な他害行為を行つた者の医療及び観察等に関する法律第三十四条第一項前段若しくは第六

社会福祉

十条第一項前段の命令若しくは第三十七条第五項前段若しくは第六十二条第二項前段の決定により入院している者又は同法第四十二条第一項第一号若しくは第六十一条第一項第一号の決定により指定入院医療機関に入院している者については、適用しない。

第六章　保健及び福祉

第一節　精神障害者保健福祉手帳

（**精神障害者保健福祉手帳**）

第四十五条　精神障害者（知的障害者を除く。以下この章及び次章において同じ。）は、厚生労働省令で定める書類を添えて、その居住地（居住地を有しないときは、その現在地）の都道府県知事に精神障害者保健福祉手帳の交付を申請することができる。

2　都道府県知事は、前項の申請に基づいて審査し、申請者が政令で定める精神障害の状態にあると認めたときは、申請者に精神障害者保健福祉手帳を交付しなければならない。

3　前項の規定による審査の結果、申請者が同項の政令で定める精神障害の状態にないと認めたときは、都道府県知事は、理由を付して、その旨を申請者に通知しなければならない。

4　精神障害者保健福祉手帳の交付を受けた者は、厚生労働省令で定めるところにより、二年ごとに、第二項の政令で定める精神障害の状態にあることについて、都道府県知事の認定を受けなければならない。

5　第三項の規定は、前項の認定について準用する。

6　前各項に定めるもののほか、精神障害者保健福祉手帳に関し必要な事項は、政令で定める。

（**精神障害者保健福祉手帳の返還等**）

第四十五条の二　精神障害者保健福祉手帳の交付を受けた者は、前条第二項の政令で定める精神障害の状態がなくなつたときは、速やかに精神障害者保健福祉手帳を都道府県に返還しなければならない。

2　精神障害者保健福祉手帳の交付を受けた者は、精神障害者保健福祉手帳を譲渡し、又は貸与してはならない。

3　都道府県知事は、精神障害者保健福祉手帳の交付を受けた者について、前条第二項の政令で定める状態がなくなつたと認めるときは、その者に対し精神障害者保健福祉手帳の返還を命ずることができる。

4　都道府県知事は、前項の規定により、精神障害者保健福祉手帳の返還を命じようとするときは、あらかじめその指定する指定医をして診察させなければならない。

5　前条第三項の規定は、第三項の認定について準用する。

第二節　相談及び援助

（**精神障害者等に対する包括的支援の確保**）

第四十六条　この節に定める相談及び援助は、精神障害の有無及びその程度にかかわらず、地域の実情に応じて、精神障害者等（精神障害者及び日常生活を営む上での精神保健に関する課題を抱えるもの（精神障害者を除く。）として厚生労働省令で定める者をいう。以下同じ。）の心身の状態に応じた保健、医療、福祉、住まい、就労その他の適切な支援が包括的に確保されることを旨として、行われなければならない。

（**正しい知識の普及**）

第四十六条の二　都道府県及び市町村は、精神障害についての正しい知識の普及のための広報活動等を通じて、精神障害者の社会復帰及びその自立と社会経済活動への参加に対する地域住民の関心と理解を深めるように努めなければならない。

（**相談及び援助**）

第四十七条　都道府県、保健所を設置する市又は特別区（以下「都道府県等」という。）は、必要に応じて、次条第一項に規定する精神保健福祉相談員その他の職員又は都道府県知事若しくは保健所を設置する市若しくは特別区の長（以下「都道府県知事等」という。）が指定した医師をして、精神保健及び精神障害者の福祉に関し、精神障害者及びその家族等その他の関係者からの相談に応じさせ、及びこれらの者に対する必要な情報の提供、助言その他の援助を行わせなければならない。

2　都道府県等は、必要に応じて、医療を必要とする精神障害者に対し、その精神障害の状態に応じた適切な医療施設を紹介しなければならない。

3　市町村（保健所を設置する市を除く。次項において同じ。）は、前二項の規定により都道府県が行う精神障害者に関する事務に必要な協力をするとともに、必要に応じて、精神障害者の福祉に関し、精神障害者及びその家族等その他の関係者からの相談に応じ、及びこれらの者に対し必要な情報の提供、助言そ

社会福祉

の他の援助を行わなければならない。

4　市町村は、前項に定めるもののほか、必要に応じて、精神保健に関し、精神障害者及びその家族等その他の関係者からの相談に応じ、及びこれらの者に対し必要な情報の提供、助言その他の援助を行うように努めなければならない。

5　都道府県及び市町村は、精神保健に関し、第四十六条の厚生労働省令で定める者及びその家族等その他の関係者からの相談に応じ、及びこれらの者に対し必要な情報の提供、助言その他の援助を行うことができる。

6　市町村、精神保健福祉センター及び保健所は、精神保健及び精神障害者の福祉に関し、精神障害者等及びその家族等その他の関係者からの相談に応じ、又はこれらの者に対し必要な情報の提供、助言その他の援助を行うに当たつては、相互に、及び福祉事務所（社会福祉法（昭和二十六年法律第四十五号）に定める福祉に関する事務所をいう。）その他の関係行政機関と密接な連携を図るよう努めなければならない。

（精神保健福祉相談員）

第四十八条　都道府県及び市町村は、精神保健福祉センター及び保健所その他これらに準ずる施設に、精神保健及び精神障害者の福祉に関する相談に応じ、並びに精神障害者等及びその家族等その他の関係者を訪問して必要な情報の提供、助言その他の援助を行うための職員（次項において「精神保健福祉相談員」という。）を置くことができる。

2　精神保健福祉相談員は、精神保健福祉士その他政令で定める資格を有する者のうちから、都道府県知事又は市町村長が任命する。

（支援体制の整備）

第四十八条の二　都道府県及び市町村は、障害者の日常生活及び社会生活を総合的に支援するための法律第八十九条の三第一項に規定する協議会の活用等により、精神障害者等への支援の体制の整備について、関係機関、関係団体並びに精神障害者等及びその家族等並びに精神障害者等の保健医療及び福祉に関連する職務に従事する者その他の関係者による協議を行うように努めなければならない。

（都道府県の協力等）

第四十八条の三　都道府県は、市町村（保健所を設置する市を除く。）の求めに応じ、第四十七条第四項及び第五項の規定により当該市町村が行う業務の実施に関し、その設置する精神保健福祉センター及び保健所による技術的事項についての協力その他当該市町村に対する必要な援助を行うように努めなければならない。

2　都道府県は、保健所を設置する市（地方自治法（昭和二十二年法律第六十七号）第二百五十二条の十九第一項の指定都市（以下「指定都市」という。）を除く。）及び特別区の求めに応じ、第四十七条第一項、第二項及び第五項の規定により当該保健所を設置する市及び特別区が行う業務の実施に関し、その設置する精神保健福祉センターによる技術的事項についての協力その他当該保健所を設置する市及び特別区に対する必要な援助を行うように努めなければならない。

（事業の利用の調整等）

第四十九条　市町村は、精神障害者から求めがあつたときは、当該精神障害者の希望、精神障害の状態、社会復帰の促進及び自立と社会経済活動への参加の促進のために必要な訓練その他の援助の内容等を勘案し、当該精神障害者が最も適切な障害福祉サービス事業の利用ができるよう、相談に応じ、必要な助言を行うものとする。この場合において、市町村は、当該事務を一般相談支援事業又は特定相談支援事業を行う者に委託することができる。

2　市町村は、前項の助言を受けた精神障害者から求めがあつた場合には、必要に応じて、障害福祉サービス事業の利用についてあつせん又は調整を行うとともに、必要に応じて、障害福祉サービス事業を行う者に対し、当該精神障害者の利用についての要請を行うものとする。

3　都道府県は、前項の規定により市町村が行うあつせん、調整及び要請に関し、その設置する保健所による技術的事項についての協力その他市町村に対する必要な援助及び市町村相互間の連絡調整を行う。

4　障害福祉サービス事業を行う者は、第二項のあつせん、調整及び要請に対し、できる限り協力しなければならない。

第五十条及び第五十一条　削除

第七章　精神障害者社会復帰促進センター

（指定等）

第五十一条の二　厚生労働大臣は、精神障害者の社会復帰の促進を図るための訓練等に関する研究開発を行うこと等により精神障害者の社会復帰を促進することを目的とする一般社団法人又は一般財団法人であつて、次条に規定する業務を適正かつ確実に行うことができると認められるものを、その申請により、全国を通じて一個に限り、精神障害者社会復帰促進センター（以下「センター」という。）として指定することができる。

2　厚生労働大臣は、前項の規定による指定をしたときは、センターの名称、住所及び事務所の所在地を公示しなければならない。

3　センターは、その名称、住所又は事務所の所在地を変更しようとするときは、あらかじめ、その旨を厚生労働大臣に届け出なければならない。

4　厚生労働大臣は、前項の規定による届出があつたときは、当該届出に係る事項を公示しなければならない。

（業務）

第五十一条の三　センターは、次に掲げる業務を行うものとする。

一　精神障害者の社会復帰の促進に資するための啓発活動及び広報活動を行うこと。

二　精神障害者の社会復帰の実例に即して、精神障害者の社会復帰の促進を図るための訓練等に関する研究開発を行うこと。

三　前号に掲げるもののほか、精神障害者の社会復帰の促進に関する研究を行うこと。

四　精神障害者の社会復帰の促進を図るため、第二号の規定による研究開発の成果又は前号の規定による研究の成果を、定期的に又は時宜に応じて提供すること。

五　精神障害者の社会復帰の促進を図るための事業の業務に関し、当該事業に従事する者及び当該事業に従事しようとする者に対して研修を行うこと。

六　前各号に掲げるもののほか、精神障害者の社会復帰を促進するために必要な業務を行うこと。

（センターへの協力）

第五十一条の四　精神科病院その他の精神障害の医療を提供する施設の設置者及び障害福祉サービス事業を行う者は、センターの求めに応じ、センターが前条第二号及び第三号に掲げる業務を行うために必要な限度において、センターに対し、精神障害者の社会復帰の促進を図るための訓練に関する情報又は資料その他の必要な情報又は資料で厚生労働省令で定めるものを提供することができる。

（特定情報管理規程）

第五十一条の五　センターは、第五十一条の三第二号及び第三号に掲げる業務に係る情報及び資料（以下この条及び第五十一条の七において「特定情報」という。）の管理並びに使用に関する規程（以下この条及び第五十一条の七において「特定情報管理規程」という。）を作成し、厚生労働大臣の認可を受けなければならない。これを変更しようとするときも、同様とする。

2　厚生労働大臣は、前項の認可をした特定情報管理規程が特定情報の適正な管理又は使用を図る上で不適当となつたと認めるときは、センターに対し、当該特定情報管理規程を変更すべきことを命ずることができる。

3　特定情報管理規程に記載すべき事項は、厚生労働省令で定める。

（秘密保持義務）

第五十一条の六　センターの役員若しくは職員又はこれらの職にあつた者は、第五十一条の三第二号又は第三号に掲げる業務に関して知り得た秘密を漏らしてはならない。

（解任命令）

第五十一条の七　厚生労働大臣は、センターの役員又は職員が第五十一条の五第一項の認可を受けた特定情報管理規程によらないで特定情報の管理若しくは使用を行つたとき、又は前条の規定に違反したときは、センターに対し、当該役員又は職員を解任すべきことを命ずることができる。

（事業計画等）

第五十一条の八　センターは、毎事業年度の事業計画書及び収支予算書を作成し、当該事業年度の開始前に厚生労働大臣に提出しなければならない。これを変更しようとするときも、同様とする。

2　センターは、毎事業年度の事業報告書及び収支決算書を作成し、当該事業年度経過後三月以内に厚生労働大臣に提出しなければならない。

（報告及び検査）

第五十一条の九　厚生労働大臣は、第五十一条の三に規定する業務の適正な運営を確保するために必要な限度において、センターに対し、必要と認める事項の報告を求め、又は当該職員に、その事務所に立ち入り、業務の状況若しくは帳簿書類その他の物件を検査させることができる。

2　第十九条の六の十六第二項及び第三項の規定は、前項の規定による立入検査について準用する。この場合において、同条第二項中

社会福祉

「前項」とあるのは「第五十一条の九第一項」と、同条第三項中「第一項」とあるのは「第五十一条の九第一項」と読み替えるものとする。

（**監督命令**）

第五十一条の十　厚生労働大臣は、この章の規定を施行するため必要な限度において、センターに対し、第五十一条の三に規定する業務に関し、監督上必要な命令をすることができる。

（**指定の取消し等**）

第五十一条の十一　厚生労働大臣は、センターが次の各号のいずれかに該当するときは、第五十一条の二第一項の規定による指定を取り消すことができる。

一　第五十一条の三に規定する業務を適正かつ確実に実施することができないと認められるとき。

二　指定に関し不正な行為があつたとき。

三　この章の規定又は当該規定による命令若しくは処分に違反したとき。

2　厚生労働大臣は、前項の規定により指定を取り消したときは、その旨を公示しなければならない。

第八章　雑則

（**審判の請求**）

第五十一条の十一の二　市町村長は、精神障害者につき、その福祉を図るため特に必要があると認めるときは、民法（明治二十九年法律第八十九号）第七条、第十一条、第十三条第二項、第十五条第一項、第十七条第一項、第八百七十六条の四第一項又は第八百七十六条の九第一項に規定する審判の請求をすることができる。

（**後見等を行う者の推薦等**）

第五十一条の十一の三　市町村は、前条の規定による審判の請求の円滑な実施に資するよう、民法に規定する後見、保佐及び補助（以下この条において「後見等」という。）の業務を適正に行うことができる人材の活用を図るため、後見等の業務を適正に行うことができる者の家庭裁判所への推薦その他の必要な措置を講ずるよう努めなければならない。

2　都道府県は、市町村と協力して後見等の業務を適正に行うことができる人材の活用を図るため、前項に規定する措置の実施に関し助言その他の援助を行うように努めなければならない。

（**大都市の特例**）

第五十一条の十二　この法律の規定中都道府県が処理することとされている事務で政令で定めるものは、指定都市においては、政令の定めるところにより、指定都市が処理するものとする。この場合においては、この法律の規定中都道府県に関する規定は、指定都市に関する規定として指定都市に適用があるものとする。

2　前項の規定により指定都市の長がした処分（地方自治法第二条第九項第一号に規定する第一号法定受託事務（以下「第一号法定受託事務」という。）に係るものに限る。）に係る審査請求についての都道府県知事の裁決に不服がある者は、厚生労働大臣に対し再審査請求をすることができる。

3　指定都市の長が第一項の規定によりその処理することとされた事務のうち第一号法定受託事務に係る処分をする権限をその補助機関である職員又はその管理に属する行政機関の長に委任した場合において、委任を受けた職員又は行政機関の長がその委任に基づいてした処分につき、地方自治法第二百五十五条の二第二項の再審査請求の裁決があつたときは、当該裁決に不服がある者は、同法第二百五十二条の十七の四第五項から第七項までの規定の例により、厚生労働大臣に対して再々審査請求をすることができる。

（**事務の区分**）

第五十一条の十三　この法律（第一章から第三章まで、第十九条の二第四項、第十九条の七、第十九条の八、第十九条の九第一項、同条第二項（第三十三条の七において準用する場合を含む。）、第十九条の十一、第二十九条の九、第三十条第一項及び第三十一条、第三十三条の六第一項及び第六項、第五章第四節、第四十条の三、第四十条の七、第六章並びに第五十一条の十一の三第二項を除く。）の規定により都道府県が処理することとされている事務は、第一号法定受託事務とする。

2　この法律（第六章第二節を除く。）の規定により保健所を設置する市又は特別区が処理することとされている事務（保健所長に係るものに限る。）は、第一号法定受託事務とする。

3　第三十三条第二項及び第六項並びに第三十四条第二項の規定により市町村が処理することとされている事務は、第一号法定受託事務とする。

（**権限の委任**）

第五十一条の十四　この法律に規定する厚生労働大臣の権限は、厚生労働省令で定めるところにより、地方厚生局長に委任することができる。

2　前項の規定により地方厚生局長に委任された権限は、厚生労働省令で定めるところにより、地方厚生支局長に委任することができる。

（経過措置）

第五十一条の十五　この法律の規定に基づき命令を制定し、又は改廃する場合においては、その命令で、その制定又は改廃に伴い合理的に必要と判断される範囲内において、所要の経過措置（罰則に関する経過措置を含む。）を定めることができる。

第九章　罰則

第五十二条　次の各号のいずれかに該当する場合には、当該違反行為をした者は、三年以下の懲役又は百万円以下の罰金に処する。

一　第三十八条の三第四項の規定による命令に違反したとき。

二　第三十八条の五第五項の規定による退院の命令に違反したとき。

三　第三十八条の七第二項の規定による命令に違反したとき。

四　第三十八条の七第四項の規定による命令に違反したとき。

五　第四十条の六第三項の規定による命令に違反したとき。

第五十三条　精神科病院の管理者、指定医、地方精神保健福祉審議会の委員、精神医療審査会の委員、第二十一条第四項、第三十三条第三項若しくは第三十三条の六第二項の規定により診察を行つた特定医師若しくは第四十七条第一項の規定により都道府県知事等が指定した医師又はこれらの職にあつた者が、この法律の規定に基づく職務の執行に関して知り得た人の秘密を正当な理由がなく漏らしたときは、一年以下の懲役又は百万円以下の罰金に処する。

2　精神科病院の職員又はその職にあつた者が、この法律の規定に基づく精神科病院の管理者の職務の執行を補助するに際して知り得た人の秘密を正当な理由がなく漏らしたときも、前項と同様とする。

第五十三条の二　第五十一条の六の規定に違反した者は、一年以下の懲役又は百万円以下の罰金に処する。

第五十三条の三　第三十五条の二第三項の規定に違反した者は、一年以下の拘禁刑又は三十万円以下の罰金に処する。

2　前項の罪は、告訴がなければ公訴を提起することができない。

第五十四条　第十九条の六の十三の規定による停止の命令に違反したときは、当該違反行為をした者は、六月以下の懲役又は五十万円以下の罰金に処する。

2　虚偽の事実を記載して第二十二条第一項の申請をした者は、六月以下の拘禁刑又は五十万円以下の罰金に処する。

第五十五条　次の各号のいずれかに該当する場合には、当該違反行為をした者は、三十万円以下の罰金に処する。

一　第十九条の六の十六第一項の規定による報告をせず、若しくは虚偽の報告をし、又は同項の規定による検査を拒み、妨げ、若しくは忌避したとき。

二　第二十七条第一項又は第二項の規定による診察を拒み、妨げ、若しくは忌避し、又は同条第四項の規定による立入りを拒み、若しくは妨げたとき。

三　第二十九条の二第一項の規定による診察を拒み、妨げ、若しくは忌避し、又は同条第四項において準用する第二十七条第四項の規定による立入りを拒み、若しくは妨げたとき。

四　第三十八条の三第三項（同条第六項において準用する場合を含む。以下この号において同じ。）の規定による報告若しくは提出をせず、若しくは虚偽の報告をし、同条第三項の規定による診察を妨げ、又は同項の規定による出頭をせず、若しくは同項の規定による審問に対して、正当な理由がなく答弁せず、若しくは虚偽の答弁をしたとき。

五　第三十八条の五第四項の規定による報告若しくは提出をせず、若しくは虚偽の報告をし、同項の規定による診察を妨げ、又は同項の規定による出頭をせず、若しくは同項の規定による審問に対して、正当な理由がなく答弁せず、若しくは虚偽の答弁をしたとき。

六　第三十八条の六第一項の規定による報告若しくは提出若しくは提示をせず、若しくは虚偽の報告をし、同項の規定による検査若しくは診察を拒み、妨げ、若しくは忌避し、又は同項の規定による質問に対して、正当な理由がなく答弁せず、若しくは虚偽の答弁をしたとき。

七　精神科病院の管理者が、第三十八条の六第二項の規定による報告若しくは提出若しくは提示をせず、又は虚偽の報告をしたとき。

八　第四十条の五第一項の規定による報告若しくは提出若しくは提示をせず、若しくは虚偽の報告をし、同項の規定による検査若しくは診察を拒み、妨げ、若しくは忌避し、又は同項の規定による質問に対して、正当な理由がなく答弁せず、若しくは虚偽の答弁をしたとき。

九　第五十一条の九第一項の規定による報告をせず、若しくは虚偽の報告をし、又は同項の規定による検査を拒み、妨げ、若しくは忌避したとき。

第五十六条　法人の代表者又は法人若しくは人の代理人、使用人その他の従業者が、その法人又は人の業務に関して第五十二条、第五十四条第一項又は前条の違反行為をしたときは、行為者を罰するほか、その法人又は人に対しても各本条の罰金刑を科する。

第五十七条　次の各号のいずれかに該当する者は、十万円以下の過料に処する。

一　第十九条の四の二（第二十一条第五項、第三十三条第四項及び第三十三条の六第三項において準用する場合を含む。）の規定に違反した者

二　第十九条の六の九の規定による届出をせず、又は虚偽の届出をした者

三　第十九条の六の十第一項の規定に違反して財務諸表等を備えて置かず、財務諸表等に記載すべき事項を記載せず、若しくは虚偽の記載をし、又は正当な理由がないのに同条第二項各号の規定による請求を拒んだ者

四　第十九条の六の十四の規定に違反して同条に規定する事項の記載をせず、若しくは虚偽の記載をし、又は帳簿を保存しなかつた者

五　第二十一条第七項の規定に違反した者

六　正当な理由がなく、第三十一条第二項の規定による報告をせず、又は虚偽の報告をした者

七　第三十三条第九項の規定に違反した者

八　第三十三条の六第五項の規定に違反した者

九　第三十八条の二第一項の規定に違反した者

別表（第十九条の六の四関係）

科目	教授する者	第十八条第一項第四号に規定する研修の課程の時間数	第十九条第一項に規定する研修の課程の時間数
精神保健及び精神障害者福祉に関する法律及び障害者の日常生活及び社会生活を総合的に支援するための法律並びに精神保健福祉行政概論	この法律及び障害者の日常生活及び社会生活を総合的に支援するための法律並びに精神保健福祉行政に関し学識経験を有する者であること。	八時間	三時間
精神障害者の医療に関する法令及び実務	精神障害者の医療に関し学識経験を有する者として精神医療審査会の委員に任命されている者若しくはその職にあつた者又はこれらの者と同等以上の学識経験を有する者であること。		
精神障害者の人権に関する法令	法律に関し学識経験を有する者として精神医療審査会の委員に任命されている者若しくはその		

社会福祉

	職にあつた者又はこれらの者と同等以上の学識経験を有する者であること。		
精神医学	学校教育法（昭和二十二年法律第二十六号）に基づく大学において精神医学の教授若しくは准教授の職にある者若しくはこれらの職にあつた者又はこれらの者と同等以上の学識経験を有する者であること。	四時間	
精神障害者の社会復帰及び精神障害者福祉	精神障害者の社会復帰及び精神障害者福祉に関し学識経験を有する者であること。	二時間	一時間
精神障害者の医療に関する事例研究	次に掲げる者が共同して教授すること。 一　指定医として十年以上精神障害の診断又は治療に従事した経験を有する者 二　法律に関し学識経験を有する者として精神医療審査会の委員に任命されている者若しくはその職にあつた者又はこれらの者と同等以上の学識経験を有する者 三　この法律及び精神保健福祉行政に関し学識経験を有する者	四時間	三時間

備考　第一欄に掲げる精神障害者の医療に関する事例研究は、最新の事例を用いて教授すること。

・刑法等の一部を改正する法律の施行に伴う関係法律の整理等に関する法律（令和四・六・一七法律六八）

附則　抄

（施行期日）

1　この法律は、刑法等一部改正法施行日から施行する。〈略〉

・障害者の日常生活及び社会生活を総合的に支援するための法律等の一部を改正する法律（令和四・一二・一六法律一〇四）

附則　抄

（施行期日）

第一条　この法律は、令和六年四月一日から施行する。ただし、次の各号に掲げる規定は、当該各号に定める日から施行する。

四　〈略〉公布の日から起算して三年を超えない範囲内において政令で定める日

発達障害者支援法

（平成一六・一二・一〇）
（法　律　一　六　七）

最新改正　平成二八法律六四

第一章　総則

（目的）

第一条　この法律は、発達障害者の心理機能の適正な発達及び円滑な社会生活の促進のために発達障害の症状の発現後できるだけ早期に発達支援を行うとともに、切れ目なく発達障害者の支援を行うことが特に重要であることに鑑み、障害者基本法（昭和四十五年法律第八十四号）の基本的な理念にのっとり、発達障害者が基本的人権を享有する個人としての尊厳にふさわしい日常生活又は社会生活を営むことができるよう、発達障害を早期に発見し、発達支援を行うことに関する国及び地方公共団体の責務を明らかにするとともに、学校教育における発達障害者への支援、発達障害者の就労の支援、発達障害者支援センターの指定等について定めることにより、発達障害者の自立及び社会参加のためのその生活全般にわたる支援を図り、もって全ての国民が、障害の有無によって分け隔てられることなく、相互に人格と個性を尊重し合いながら共生する社会の実現に資することを目的とする。

（定義）

第二条　この法律において「発達障害」とは、自閉症、アスペルガー症候群その他の広汎性発達障害、学習障害、注意欠陥多動性障害その他これに類する脳機能の障害であってその症状が通常低年齢において発現するものとして政令で定めるものをいう。

2　この法律において「発達障害者」とは、発達障害がある者であって発達障害及び社会的障壁により日常生活又は社会生活に制限を受けるものをいい、「発達障害児」とは、発達障害者のうち十八歳未満のものをいう。

3　この法律において「社会的障壁」とは、発達障害がある者にとって日常生活又は社会生活を営む上で障壁となるような社会における事物、制度、慣行、観念その他一切のものをいう。

4　この法律において「発達支援」とは、発達障害者に対し、その心理機能の適正な発達を支援し、及び円滑な社会生活を促進するため行う個々の発達障害者の特性に対応した医療的、福祉的及び教育的援助をいう。

（基本理念）

第二条の二　発達障害者の支援は、全ての発達障害者が社会参加の機会が確保されること及びどこで誰と生活するかについての選択の機会が確保され、地域社会において他の人々と共生することを妨げられないことを旨として、行われなければならない。

2　発達障害者の支援は、社会的障壁の除去に資することを旨として、行われなければならない。

3　発達障害者の支援は、個々の発達障害者の性別、年齢、障害の状態及び生活の実態に応じて、かつ、医療、保健、福祉、教育、労働等に関する業務を行う関係機関及び民間団体相互の緊密な連携の下に、その意思決定の支援に配慮しつつ、切れ目なく行われなければならない。

（国及び地方公共団体の責務）

第三条　国及び地方公共団体は、発達障害者の心理機能の適正な発達及び円滑な社会生活の促進のために発達障害の症状の発現後できるだけ早期に発達支援を行うことが特に重要であることに鑑み、前条の基本理念（次項及び次条において「基本理念」という。）にのっとり、発達障害の早期発見のため必要な措置を講じるものとする。

2　国及び地方公共団体は、基本理念にのっとり、発達障害児に対し、発達障害の症状の発現後できるだけ早期に、その者の状況に応じて適切に、就学前の発達支援、学校における発達支援その他の発達支援が行われるとともに、発達障害者に対する就労、地域における生活等に関する支援及び発達障害者の家族その他の関係者に対する支援が行われるよう、必要な措置を講じるものとする。

3　国及び地方公共団体は、発達障害者及びその家族その他の関係者からの各種の相談に対し、個々の発達障害者の特性に配慮しつつ総合的に応ずることができるようにするため、医療、保健、福祉、教育、労働等に関する業務を行う関係機関及び民間団体相互の有機的連携の下に必要な相談体制の整備を行うものとする。

4　発達障害者の支援等の施策が講じられるに当たっては、発達障害者及び発達障害児の保護者（親権を行う者、未成年後見人その他の者で、児童を現に監護するものをいう。以下

社会福祉

同じ。）の意思ができる限り尊重されなければならないものとする。

5　国及び地方公共団体は、発達障害者の支援等の施策を講じるに当たっては、医療、保健、福祉、教育、労働等に関する業務を担当する部局の相互の緊密な連携を確保するとともに、発達障害者が被害を受けること等を防止するため、これらの部局と消費生活、警察等に関する業務を担当する部局その他の関係機関との必要な協力体制の整備を行うものとする。

（国民の責務）

第四条　国民は、個々の発達障害の特性その他発達障害に関する理解を深めるとともに、基本理念にのっとり、発達障害者の自立及び社会参加に協力するように努めなければならない。

第二章　児童の発達障害の早期発見及び発達障害者の支援のための施策

（児童の発達障害の早期発見等）

第五条　市町村は、母子保健法（昭和四十年法律第百四十一号）第十二条及び第十三条に規定する健康診査を行うに当たり、発達障害の早期発見に十分留意しなければならない。

2　市町村の教育委員会は、学校保健安全法（昭和三十三年法律第五十六号）第十一条に規定する健康診断を行うに当たり、発達障害の早期発見に十分留意しなければならない。

3　市町村は、児童に発達障害の疑いがある場合には、適切に支援を行うため、当該児童の保護者に対し、継続的な相談、情報の提供及び助言を行うよう努めるとともに、必要に応じ、当該児童が早期に医学的又は心理学的判定を受けることができるよう、当該児童の保護者に対し、第十四条第一項の発達障害者支援センター、第十九条の規定により都道府県が確保した医療機関その他の機関（次条第一項において「センター等」という。）を紹介し、又は助言を行うものとする。

4　市町村は、前三項の措置を講じるに当たっては、当該措置の対象となる児童及び保護者の意思を尊重するとともに、必要な配慮をしなければならない。

5　都道府県は、市町村の求めに応じ、児童の発達障害の早期発見に関する技術的事項についての指導、助言その他の市町村に対する必要な技術的援助を行うものとする。

（早期の発達支援）

第六条　市町村は、発達障害児が早期の発達支援を受けることができるよう、発達障害児の保護者に対し、その相談に応じ、センター等を紹介し、又は助言を行い、その他適切な措置を講じるものとする。

2　前条第四項の規定は、前項の措置を講じる場合について準用する。

3　都道府県は、発達障害児の早期の発達支援のために必要な体制の整備を行うとともに、発達障害児に対して行われる発達支援の専門性を確保するため必要な措置を講じるものとする。

（保育）

第七条　市町村は、児童福祉法（昭和二十二年法律第百六十四号）第二十四条第一項の規定により保育所における保育を行う場合又は同条第二項の規定による必要な保育を確保するための措置を講じる場合は、発達障害児の健全な発達が他の児童と共に生活することを通じて図られるよう適切な配慮をするものとする。

（教育）

第八条　国及び地方公共団体は、発達障害児（十八歳以上の発達障害者であって高等学校、中等教育学校及び特別支援学校並びに専修学校の高等課程に在学する者を含む。以下この項において同じ。）が、その年齢及び能力に応じ、かつ、その特性を踏まえた十分な教育を受けられるようにするため、可能な限り発達障害児が発達障害児でない児童と共に教育を受けられるよう配慮しつつ、適切な教育的支援を行うこと、個別の教育支援計画の作成（教育に関する業務を行う関係機関と医療、保健、福祉、労働等に関する業務を行う関係機関及び民間団体との連携の下に行う個別の長期的な支援に関する計画の作成をいう。）及び個別の指導に関する計画の作成の推進、いじめの防止等のための対策の推進その他の支援体制の整備を行うことその他必要な措置を講じるものとする。

2　大学及び高等専門学校は、個々の発達障害者の特性に応じ、適切な教育上の配慮をするものとする。

（放課後児童健全育成事業の利用）

第九条　市町村は、放課後児童健全育成事業について、発達障害児の利用の機会の確保を図るため、適切な配慮をするものとする。

（情報の共有の促進）

第九条の二　国及び地方公共団体は、個人情報の保護に十分配慮しつつ、福祉及び教育に関する業務を行う関係機関及び民間団体が医療、保健、労働等に関する業務を行う関係機関及び民間団体と連携を図りつつ行う発達障害者の支援に資する情報の共有を促進するため必要な措置を講じるものとする。

（就労の支援）

第十条 国及び都道府県は、発達障害者が就労することができるようにするため、発達障害者の就労を支援するため必要な体制の整備に努めるとともに、公共職業安定所、地域障害者職業センター（障害者の雇用の促進等に関する法律（昭和三十五年法律第百二十三号）第十九条第一項第三号の地域障害者職業センターをいう。）、障害者就業・生活支援センター（同法第二十七条第一項の規定による指定を受けた者をいう。）、社会福祉協議会、教育委員会その他の関係機関及び民間団体相互の連携を確保しつつ、個々の発達障害者の特性に応じた適切な就労の機会の確保、就労の定着のための支援その他の必要な支援に努めなければならない。

2 都道府県及び市町村は、必要に応じ、発達障害者が就労のための準備を適切に行えるようにするための支援が学校において行われるよう必要な措置を講じるものとする。

3 事業主は、発達障害者の雇用に関し、その有する能力を正当に評価し、適切な雇用の機会を確保するとともに、個々の発達障害者の特性に応じた適正な雇用管理を行うことによりその雇用の安定を図るよう努めなければならない。

（地域での生活支援）

第十一条 市町村は、発達障害者が、その希望に応じて、地域において自立した生活を営むことができるようにするため、発達障害者に対し、その性別、年齢、障害の状態及び生活の実態に応じて、社会生活への適応のために必要な訓練を受ける機会の確保、共同生活を営むべき住居その他の地域において生活を営むべき住居の確保その他必要な支援に努めなければならない。

（権利利益の擁護）

第十二条 国及び地方公共団体は、発達障害者が、その発達障害のために差別され、並びにいじめ及び虐待を受けること、消費生活における被害を受けること等権利利益を害されることがないようにするため、その差別の解消、いじめの防止等及び虐待の防止等のための対策を推進すること、成年後見制度が適切に行われ又は広く利用されるようにすることその他の発達障害者の権利利益の擁護のために必要な支援を行うものとする。

（司法手続における配慮）

第十二条の二 国及び地方公共団体は、発達障害者が、刑事事件若しくは少年の保護事件に関する手続その他これに準ずる手続の対象となった場合又は裁判所における民事事件、家事事件若しくは行政事件に関する手続の当事者その他の関係人となった場合において、発達障害者がその権利を円滑に行使できるようにするため、個々の発達障害者の特性に応じた意思疎通の手段の確保のための配慮その他の適切な配慮をするものとする。

（発達障害者の家族等への支援）

第十三条 都道府県及び市町村は、発達障害者の家族その他の関係者が適切な対応をすることができるようにすること等のため、児童相談所等関係機関と連携を図りつつ、発達障害者の家族その他の関係者に対し、相談、情報の提供及び助言、発達障害者の家族が互いに支え合うための活動の支援その他の支援を適切に行うよう努めなければならない。

第三章　発達障害者支援センター等

（発達障害者支援センター等）

第十四条 都道府県知事は、次に掲げる業務を、社会福祉法人その他の政令で定める法人であって当該業務を適正かつ確実に行うことができると認めて指定した者（以下「発達障害者支援センター」という。）に行わせ、又は自ら行うことができる。

一 発達障害の早期発見、早期の発達支援等に資するよう、発達障害者及びその家族その他の関係者に対し、専門的に、その相談に応じ、又は情報の提供若しくは助言を行うこと。

二 発達障害者に対し、専門的な発達支援及び就労の支援を行うこと。

三 医療、保健、福祉、教育、労働等に関する業務を行う関係機関及び民間団体並びにこれに従事する者に対し発達障害についての情報の提供及び研修を行うこと。

四 発達障害に関して、医療、保健、福祉、教育、労働等に関する業務を行う関係機関及び民間団体との連絡調整を行うこと。

五 前各号に掲げる業務に附帯する業務

2 前項の規定による指定は、当該指定を受けようとする者の申請により行う。

3　都道府県は、第一項に規定する業務を発達障害者支援センターに行わせ、又は自ら行うに当たっては、地域の実情を踏まえつつ、発達障害者及びその家族その他の関係者が可能な限りその身近な場所において必要な支援を受けられるよう適切な配慮をするものとする。

（秘密保持義務）

第十五条　発達障害者支援センターの役員若しくは職員又はこれらの職にあった者は、職務上知ることのできた個人の秘密を漏らしてはならない。

（報告の徴収等）

第十六条　都道府県知事は、発達障害者支援センターの第十四条第一項に規定する業務の適正な運営を確保するため必要があると認めるときは、当該発達障害者支援センターに対し、その業務の状況に関し必要な報告を求め、又はその職員に、当該発達障害者支援センターの事業所若しくは事務所に立ち入り、その業務の状況に関し必要な調査若しくは質問をさせることができる。

2　前項の規定により立入調査又は質問をする職員は、その身分を示す証明書を携帯し、関係者の請求があるときは、これを提示しなければならない。

3　第一項の規定による立入調査及び質問の権限は、犯罪捜査のために認められたものと解釈してはならない。

（改善命令）

第十七条　都道府県知事は、発達障害者支援センターの第十四条第一項に規定する業務の適正な運営を確保するため必要があると認めるときは、当該発達障害者支援センターに対し、その改善のために必要な措置をとるべきことを命ずることができる。

（指定の取消し）

第十八条　都道府県知事は、発達障害者支援センターが第十六条第一項の規定による報告をせず、若しくは虚偽の報告をし、若しくは同項の規定による立入調査を拒み、妨げ、若しくは忌避し、若しくは質問に対して答弁をせず、若しくは虚偽の答弁をした場合において、その業務の状況の把握に著しい支障が生じたとき、又は発達障害者支援センターが前条の規定による命令に違反したときは、その指定を取り消すことができる。

（専門的な医療機関の確保等）

第十九条　都道府県は、専門的に発達障害の診断及び発達支援を行うことができると認める病院又は診療所を確保しなければならない。

2　国及び地方公共団体は、前項の医療機関の相互協力を推進するとともに、同項の医療機関に対し、発達障害者の発達支援等に関する情報の提供その他必要な援助を行うものとする。

（発達障害者支援地域協議会）

第十九条の二　都道府県は、発達障害者の支援の体制の整備を図るため、発達障害者及びその家族、学識経験者その他の関係者並びに医療、保健、福祉、教育、労働等に関する業務を行う関係機関及び民間団体並びにこれに従事する者（次項において「関係者等」という。）により構成される発達障害者支援地域協議会を置くことができる。

2　前項の発達障害者支援地域協議会は、関係者等が相互の連絡を図ることにより、地域における発達障害者の支援体制に関する課題について情報を共有し、関係者等の連携の緊密化を図るとともに、地域の実情に応じた体制の整備について協議を行うものとする。

第四章　補則

（民間団体への支援）

第二十条　国及び地方公共団体は、発達障害者を支援するために行う民間団体の活動の活性化を図るよう配慮するものとする。

（国民に対する普及及び啓発）

第二十一条　国及び地方公共団体は、個々の発達障害の特性その他発達障害に関する国民の理解を深めるため、学校、地域、家庭、職域その他の様々な場を通じて、必要な広報その他の啓発活動を行うものとする。

（医療又は保健の業務に従事する者に対する知識の普及及び啓発）

第二十二条　国及び地方公共団体は、医療又は保健の業務に従事する者に対し、発達障害の発見のため必要な知識の普及及び啓発に努めなければならない。

（専門的知識を有する人材の確保等）

第二十三条　国及び地方公共団体は、個々の発達障害者の特性に応じた支援を適切に行うことができるよう発達障害に関する専門的知識を有する人材の確保、養成及び資質の向上を図るため、医療、保健、福祉、教育、労働等並びに捜査及び裁判に関する業務に従事する者に対し、個々の発達障害の特性その他発達障害に関する理解を深め、及び専門性を高めるため研修を実施することその他の必要な措置を講じるものとする。

（調査研究）

第二十四条　国は、性別、年齢その他の事情を考慮しつつ、発達障害者の実態の把握に努めるとともに、個々の発達障害の原因の究明及び診断、発達支援の方法等に関する必要な調査研究を行うものとする。

（大都市等の特例）

第二十五条　この法律中都道府県が処理することとされている事務で政令で定めるものは、地方自治法（昭和二十二年法律第六十七号）第二百五十二条の十九第一項の指定都市（以下「指定都市」という。）においては、政令で定めるところにより、指定都市が処理するものとする。この場合においては、この法律中都道府県に関する規定は、指定都市に関する規定として指定都市に適用があるものとする。

特定障害者に対する特別障害給付金の支給に関する法律

（平成一六・一二・一〇
法律　一六六）
最新改正　令和五法律三

第一章　総則

（目的）

第一条　この法律は、国民年金制度の発展過程において生じた特別な事情にかんがみ、障害基礎年金等の受給権を有していない障害者に特別障害給付金を支給することにより、その福祉の増進を図ることを目的とする。

（定義）

第二条　この法律において「特定障害者」とは、次の各号のいずれかに該当する者であって、国民年金法（昭和三十四年法律第百四十一号）の規定による障害基礎年金その他障害を支給事由とする政令で定める給付を受ける権利を有していないものをいう。

一　疾病にかかり、又は負傷し、かつ、その疾病又は負傷及びこれらに起因する疾病（以下「傷病」という。）について初めて医師又は歯科医師の診療を受けた日（以下「初診日」といい、昭和六十一年三月三十一日以前にあるものに限る。）において国民年金法等の一部を改正する法律（昭和六十年法律第三十四号）第一条の規定による改正前の国民年金法第七条第二項第七号又は第八号に該当し、かつ、同法附則第六条第一項の規定による被保険者でなかった者であって、その傷病により現に国民年金法第三十条第二項に規定する障害等級（以下「障害等級」という。）に該当する程度の障害の状態にあるもの（当該傷病による障害と当該傷病の初診日以前に初診日のある傷病による障害とを併合して障害等級に該当する程度の障害の状態にあるものを含み、六十五歳に達する日の前日までにおいて障害等級に該当する程度の障害の状態に該当するに至ったものに限る。次号において同じ。）

二　疾病にかかり、又は負傷し、かつ、当該傷病に係る初診日（昭和六十一年四月一日から平成三年三月三十一日までの間にあるものに限る。）において国民年金法等の一部を改正する法律（平成元年法律第八十六号）第一条の規定による改正前の国民年金法第七条第一項第一号イに該当し、かつ、同法附則第五条第一項の規定による被保険者でなかった者であって、その傷病により現に障害等級に該当する程度の障害の状態にあるもの

第二章　特別障害給付金の支給

（特別障害給付金の支給）

第三条　国は、特定障害者に対し、特別障害給付金を支給する。

2　前項の規定にかかわらず、特別障害給付金は、特定障害者が次の各号のいずれかに該当するとき（第二号に該当する場合にあっては、厚生労働省令で定める場合に限る。）は、支給しない。

一　日本国内に住所を有しないとき。

二　刑事施設、労役場その他これらに準ずる施設に拘禁されているとき。

（特別障害給付金の額）

第四条　特別障害給付金は、月を単位として支給するものとし、その額は、一月につき、四万円（障害の程度が障害等級の一級に該当する特定障害者にあっては、五万円）とする。

（特別障害給付金の額の自動改定）

第五条　前条に規定する特別障害給付金の額については、総務省において作成する年平均の全国消費者物価指数（以下「物価指数」という。）が平成十六年（この項の規定による特別障害給付金の額の改定の措置が講じられたときは、直近の当該措置が講じられた年の前年）の物価指数を超え、又は下回るに至った場合においては、その上昇し、又は低下した比率を基準として、その翌年の四月以降の当該特別障害給付金の額を改定する。

2　前項の規定による特別障害給付金の額の改定の措置は、政令で定める。

（認定）

第六条　特定障害者は、特別障害給付金の支給を受けようとするときは、六十五歳に達する日の前日までに、厚生労働大臣に対し、その受給資格及び特別障害給付金の額について認定の請求をしなければならない。

2　前項の認定を受けた者が、特別障害給付金の支給要件に該当しなくなった後再びその要件に該当するに至った場合において、その該当するに至った後の期間に係る特別障害給付金の支給を受けようとするときも、認定の請求の期限に係る部分を除き、同項と同様とする。

3　前二項の規定による認定の請求は、当該請求をする者の住所地の市町村長（特別区の区長を含む。以下同じ。）を経由してしなければならない。

（支給期間及び支払期月）

第七条　特別障害給付金の支給は、特定障害者が前条第一項又は第二項の規定による認定の請求をした日の属する月の翌月から始め、特別障害給付金を支給すべき事由が消滅した日の属する月で終わる。

2　特定障害者が災害その他やむを得ない理由により前条第一項又は第二項の規定による認定の請求をすることができなかった場合において、その理由がやんだ後十五日以内にその請求をしたときは、特別障害給付金の支給は、前項の規定にかかわらず、特定障害者がやむを得ない理由により認定の請求をすることができなくなった日の属する月の翌月から始める。

3　特別障害給付金は、毎年二月、四月、六月、八月、十月及び十二月の六期に、それぞれの前月までの分を支払う。ただし、前支払期月に支払うべきであった特別障害給付金又は支給すべき事由が消滅した場合におけるその期の特別障害給付金は、その支払期月でない月であっても、支払うものとする。

（特別障害給付金の額の改定時期）

第八条　特別障害給付金の支給を受けている者につき、障害の程度が増進した場合における特別障害給付金の額の改定は、その者がその改定後の額につき認定の請求をした日の属する月の翌月から行う。

2　前条第二項の規定は、前項の改定について準用する。

3　特別障害給付金の支給を受けている者につき、障害の程度が低下した場合における特別障害給付金の額の改定は、その低下した日の属する月の翌月から行う。

（支給の制限）

第九条　特別障害給付金は、特定障害者の前年の所得が、その者の所得税法（昭和四十年法律第三十三号）に規定する同一生計配偶者及び扶養親族（以下「扶養親族等」という。）の有無及び数に応じて、政令で定める額を超えるときは、その年の十月から翌年の九月までは、政令で定めるところにより、その額の全部又は二分の一に相当する部分を支給しない。

第十条　震災、風水害、火災その他これらに類する災害により、自己又は所得税法に規定する同一生計配偶者若しくは扶養親族の所有に係る住宅、家財又は政令で定めるその他の財産につき被害金額（保険金、損害賠償金等により補充された金額を除く。）がその価格のおおむね二分の一以上である損害を受けた者（以下「被災者」という。）がある場合においては、その損害を受けた月から翌年の九月までの特別障害給付金については、その損害を受けた年の前年又は前々年における当該被災者の所得に関しては、前条の規定を適用しない。

2　前項の規定により同項に規定する期間に係る特別障害給付金が支給された場合において、当該被災者の当該損害を受けた年の所得が、その者の扶養親族等の有無及び数に応じて、前条の政令で定める額を超えるときは、当該被災者に支給された特別障害給付金で同項に規定する期間に係るものに相当する金額の全部又は二分の一に相当する部分を国に返還しなければならない。

第十一条 第九条及び前条第二項に規定する所得の範囲及びその額の計算方法は、政令で定める。

第十二条 故意に障害又はその直接の原因となった事故を生じさせた者の当該障害については、これを支給事由とする特別障害給付金は、支給しない。

第十三条 故意の犯罪行為若しくは重大な過失により、又は正当な理由がなくて療養に関する指示に従わないことにより、障害若しくはその原因となった事故を生じさせ、又は障害の程度を増進させた者の当該障害については、これを支給事由とする特別障害給付金は、その額の全部又は一部を支給しないことができる。

第十四条 特別障害給付金は、次の各号のいずれかに該当する場合においては、その額の全部又は一部を支給しないことができる。

一 特定障害者が、正当な理由がなくて、第二十八条第一項の規定による命令に従わず、又は同項の規定による当該職員の質問に応じなかったとき。

二 特定障害者が、正当な理由がなくて、第二十八条第二項の規定による命令に従わず、又は同項の規定による当該職員の診断を拒んだとき。

第十五条 特別障害給付金の支給を受けている者が、正当な理由がなくて、第二十七条第一項の規定による届出をせず、又は書類その他の物件を提出しないときは、特別障害給付金の支払を一時差し止めることができる。

（**支給の調整**）

第十六条 特別障害給付金は、特定障害者が国民年金法の規定による老齢基礎年金その他政令で定める給付を受けることができるときは、政令で定めるところにより、その額の全部又は一部を支給しない。ただし、当該給付の全額につきその支給が停止されているときは、この限りでない。

（**未支払の特別障害給付金**）

第十六条の二 特定障害者が死亡した場合において、その死亡した者に支払うべき特別障害給付金でまだその者に支払っていなかったものがあるときは、その者の配偶者（婚姻の届出をしていないが、事実上婚姻関係と同様の事情にある者を含む。）、子、父母、孫、祖父母、兄弟姉妹又はこれらの者以外の三親等内の親族であって、その者の死亡の当時その者と生計を同じくしていたものは、自己の名で、その未支払の特別障害給付金の支払を請求することができる。

2 未支払の特別障害給付金を受けることができる者の順位は、政令で定める。

3 未支払の特別障害給付金を受けることができる同順位者が二人以上あるときは、その一人がした請求は、その全額について全員のためにしたものとみなし、その一人に対してした支払は、全員に対してしたものとみなす。

第三章 不服申立て

第十七条 厚生労働大臣のした特別障害給付金の支給に関する処分は、国民年金法に基づく処分とみなして、同法第百一条及び第百一条の二の規定並びに社会保険審査官及び社会保険審査会法（昭和二十八年法律第二百六号）の規定を適用する。

第四章 雑則

（**国民年金保険料の免除に関する特例**）

第十八条 特別障害給付金の支給を受けている者であって国民年金の被保険者であるものに係る国民年金法第九十条及び第九十条の二の規定の適用に関し必要な事項については、同法の規定にかかわらず、政令で特別の定めをすることができる。

（**費用の負担**）

第十九条 特別障害給付金の支給に要する費用は、その全額を国庫が負担する。

2 国庫は、毎年度、予算の範囲内で、特別障害給付金に関する事務の執行に要する費用を負担する。

（**事務費の交付**）

第二十条 国は、政令で定めるところにより、市町村（特別区を含む。以下同じ。）に対し、市町村長がこの法律又はこの法律に基づく政令の規定によって行う事務の処理に必要な費用を交付する。

（**時効**）

第二十一条 特別障害給付金の支給を受ける権利は、これを行使することができる時から五年を経過したときは、時効によって消滅する。

（**不正利得の徴収**）

第二十二条 偽りその他不正の手段により特別障害給付金の支給を受けた者があるときは、

厚生労働大臣は、国税徴収の例により、その者から、その支給を受けた額に相当する金額の全部又は一部を徴収することができる。

2　国民年金法第九十六条第一項から第五項まで、第九十七条及び第九十八条の規定は、前項の規定による徴収金の徴収について準用する。この場合において、同法第九十七条第一項中「年十四・六パーセント（当該督促が保険料に係るものであるときは、当該納期限の翌日から三月を経過する日までの期間については、年七・三パーセント）」とあるのは、「年十四・六パーセント」と読み替えるものとする。

（受給権の保護）

第二十三条　特別障害給付金の支給を受ける権利は、譲り渡し、担保に供し、又は差し押さえることができない。

（公課の禁止）

第二十四条　租税その他の公課は、特別障害給付金として支給を受けた金銭を標準として、課することができない。

（期間の計算）

第二十五条　この法律又はこの法律に基づく命令に規定する期間の計算については、民法（明治二十九年法律第八十九号）の期間に関する規定を準用する。

（戸籍事項の無料証明）

第二十六条　市町村長（地方自治法（昭和二十二年法律第六十七号）第二百五十二条の十九第一項の指定都市においては、区長又は総合区長とする。）は、厚生労働大臣又は特定障害者に対して、当該市町村の条例で定めるところにより、特定障害者の戸籍に関し、無料で証明を行うことができる。

（届出）

第二十七条　特別障害給付金の支給を受けている者は、厚生労働省令で定めるところにより、厚生労働大臣に対し、厚生労働省令で定める事項を届け出、かつ、厚生労働省令で定める書類その他の物件を提出しなければならない。

2　特別障害給付金の支給を受けている者が死亡したときは、戸籍法（昭和二十二年法律第二百二十四号）の規定による死亡の届出義務者は、厚生労働省令で定めるところにより、その旨を厚生労働大臣に届け出なければならない。

3　前二項の規定による届出又は提出は、当該届出又は提出をする者の住所地の市町村長を経由して行わなければならない。

（調査）

第二十八条　厚生労働大臣は、必要があると認めるときは、特定障害者に対して、受給資格の有無及び特別障害給付金の額の決定のために必要な事項に関する書類その他の物件を提出すべきことを命じ、又は当該職員をしてこれらの事項に関し特定障害者その他の関係者に質問させることができる。

2　厚生労働大臣は、必要があると認めるときは、特定障害者に対して、その指定する医師若しくは歯科医師の診断を受けるべきことを命じ、又は当該職員をして特定障害者の障害の状態を診断させることができる。

3　前二項の規定によって質問又は診断を行う当該職員は、その身分を示す証明書を携帯し、かつ、関係者の請求があるときは、これを提示しなければならない。

（資料の提供等）

第二十九条　厚生労働大臣は、特別障害給付金の支給に関する処分に関し必要があると認めるときは、特定障害者の資産若しくは収入の状況又は特定障害者に対する厚生年金保険法（昭和二十九年法律第百十五号）による年金たる保険給付（政府が支給するものを除く。）の支給状況若しくは第十六条の政令で定める給付の支給状況につき、官公署、国民年金法第三条第二項に規定する共済組合等若しくは第十六条の政令で定める給付に係る制度の管掌機関に対し必要な書類の閲覧若しくは資料の提供を求め、又は銀行、信託会社その他の機関若しくは特定障害者の雇用主その他の関係者に報告を求めることができる。

（特別障害給付金の支払の調整）

第三十条　特別障害給付金を支給すべきでないにもかかわらず、特別障害給付金の支給としての支払が行われたときは、その支払われた特別障害給付金は、その後に支払うべき特別障害給付金の内払とみなすことができる。第十条第二項の規定により既に支給を受けた特別障害給付金に相当する金額の全部又は二分の一に相当する部分を返還すべき場合におけるその返還すべき金額及び特別障害給付金の額を減額して改定すべき事由が生じたにもかかわらず、その事由が生じた日の属する月の翌月以降の分として減額しない額の特別障害給付金が支払われた場合における当該特別障害給付金の当該減額すべきであった部分についても、同様とする。

（市町村長が行う事務）

第三十一条　特別障害給付金の支給に関する事務の一部は、政令で定めるところにより、市町村長が行うこととすることができる。

（事務の区分）

第三十二条　第六条第三項及び第二十七条第三項の規定により市町村が処理することとされている事務は、地方自治法第二条第九項第一号に規定する第一号法定受託事務とする。

（機構への厚生労働大臣の権限に係る事務の委任）

第三十二条の二　次に掲げる厚生労働大臣の権限に係る事務（第三十一条の規定により市町村長が行うこととされたものを除く。）は、日本年金機構（以下「機構」という。）に行わせるものとする。ただし、第五号、第七号及び第八号に掲げる権限は、厚生労働大臣が自ら行うことを妨げない。

一　第六条第一項及び第二項並びに第七条第二項（第八条第二項において準用する場合を含む。）の規定による請求の受理

二　第二十二条第一項の規定により国税徴収の例によるものとされる徴収に係る権限（国税通則法（昭和三十七年法律第六十六号）第三十六条第一項の規定の例による納入の告知、同法第四十二条において準用する民法第四百二十三条第一項の規定の例による納付義務者に属する権利の行使、国税通則法第四十六条の規定の例による納付の猶予その他の厚生労働省令で定める権限並びに次号に掲げる質問、検査及び提示又は提出の要求、物件の留置き並びに捜索を除く。）

三　第二十二条第一項の規定によりその例によるものとされる国税徴収法（昭和三十四年法律第百四十七号）第百四十一条の規定による質問、検査及び提示又は提出の要求、同法第百四十一条の二の規定による物件の留置き並びに同法第百四十二条の規定による捜索

四　第二十二条第二項において準用する国民年金法第九十六条第四項の規定による国税滞納処分の例による処分及び同項の規定による市町村に対する処分の請求

五　第二十六条の規定による戸籍事項に関する証明書の受領

六　第二十七条第一項及び第二項の規定による届出の受理並びに同条第一項の規定による書類その他の物件の受領

七　第二十八条第一項の規定による命令及び質問並びに同条第二項の規定による命令及び診断

八　第二十九条の規定による書類の閲覧及び資料の提供の求め並びに報告の求め（第五号に掲げる証明書の受領を除く。）

九　前各号に掲げるもののほか、厚生労働省令で定める権限

2　機構は、前項第三号に掲げる権限及び同項第四号に掲げる国税滞納処分の例による処分（以下「滞納処分等」という。）その他同項各号に掲げる権限のうち厚生労働省令で定める権限に係る事務を効果的に行うため必要があると認めるときは、厚生労働省令で定めるところにより、厚生労働大臣に当該権限の行使に必要な情報を提供するとともに、厚生労働大臣自らその権限を行うよう求めることができる。

3　厚生労働大臣は、前項の規定による求めがあった場合において必要があると認めるとき、又は機構が天災その他の事由により第一項各号に掲げる権限に係る事務の全部若しくは一部を行うことが困難若しくは不適当となったと認めるときは、同項各号に掲げる権限の全部又は一部を自ら行うものとする。

4　国民年金法第百九条の四第四項から第七項までの規定は、機構による第一項各号に掲げる権限に係る事務の実施又は厚生労働大臣による同項各号に掲げる権限の行使について準用する。

（機構が行う滞納処分等に係る認可等）

第三十二条の三　機構は、滞納処分等を行う場合には、あらかじめ、厚生労働大臣の認可を受けるとともに、次条第一項に規定する滞納処分等実施規程に従い、徴収職員に行わせなければならない。

2　国民年金法第百九条の六第二項及び第三項の規定は、前項の規定による機構が行う滞納処分等について準用する。

（滞納処分等実施規程の認可等）

第三十二条の四　機構は、滞納処分等の実施に関する規程（次項において「滞納処分等実施規程」という。）を定め、厚生労働大臣の認可を受けなければならない。これを変更しようとするときも、同様とする。

2　国民年金法第百九条の七第二項及び第三項の規定は、滞納処分等実施規程の認可及び変更について準用する。

（機構が行う命令等に係る認可等）

第三十二条の五　機構は、第三十二条の二第一項第七号に掲げる権限に係る事務を行う場合

には、あらかじめ、厚生労働大臣の認可を受けなければならない。

2　機構が第三十二条の二第一項第七号に掲げる権限に係る事務を行う場合における第十四条及び第二十八条の規定の適用については、これらの規定中「当該職員」とあるのは、「機構の職員」とする。

（地方厚生局長等への権限の委任）

第三十二条の六　この法律に規定する厚生労働大臣の権限は、厚生労働省令で定めるところにより、地方厚生局長に委任することができる。

2　前項の規定により地方厚生局長に委任された権限は、厚生労働省令で定めるところにより、地方厚生支局長に委任することができる。

（機構への事務の委託）

第三十二条の七　厚生労働大臣は、機構に、次に掲げる事務（第三十一条の規定により市町村長が行うこととされたものを除く。）を行わせるものとする。

一　第三条、第九条、第十二条から第十四条まで及び第十六条の規定による特別障害給付金の支給に係る事務（当該特別障害給付金の支給の認定を除く。）

二　第六条第一項及び第二項の規定による認定に係る事務（第三十二条の二第一項第一号に掲げる請求の受理及び当該認定を除く。）

三　第十五条の規定による特別障害給付金の支払の一時差止めに係る事務（当該支払の一時差止めに係る決定を除く。）

四　第十六条の二第一項の規定による請求の内容の確認に係る事務

五　第二十二条第一項の規定による不正利得の徴収に係る事務（第三十二条の二第一項第二号から第四号までに掲げる権限を行使する事務及び次条第一項の規定により機構が行う収納、第二十二条第二項において準用する国民年金法第九十六条第一項の規定による督促その他の厚生労働省令で定める権限を行使する事務並びに次号及び第八号に掲げる事務を除く。）

六　第二十二条第二項において準用する国民年金法第九十六条第一項及び第二項の規定による督促に係る事務（当該督促及び督促状を発すること（督促状の発送に係る事務を除く。）を除く。）

七　第二十二条第二項において準用する国民年金法第九十七条第一項及び第四項の規定による延滞金の徴収に係る事務（第三十二条の二第一項第二号から第四号までに掲げる権限を行使する事務及び次条第一項の規定により機構が行う収納、第二十二条第二項において準用する国民年金法第九十六条第一項の規定による督促その他の厚生労働省令で定める権限を行使する事務並びに前号及び次号に掲げる事務を除く。）

八　第三十二条の二第一項第二号に規定する厚生労働省令で定める権限に係る事務（当該権限を行使する事務を除く。）

九　介護保険法（平成九年法律第百二十三号）第二百三条その他の厚生労働省令で定める法律の規定による求めに応じたこの法律の実施に関し厚生労働大臣が保有する情報の提供に係る事務（当該情報の提供及び厚生労働省令で定める事務を除く。）

十　前各号に掲げるもののほか、厚生労働省令で定める事務

2　国民年金法第百九条の十第二項及び第三項の規定は、前項の事務について準用する。

（機構が行う収納）

第三十二条の八　厚生労働大臣は、会計法（昭和二十二年法律第三十五号）第七条第一項の規定にかかわらず、政令で定める場合におけるこの法律の規定による徴収金の収納を、政令で定めるところにより、機構に行わせることができる。

2　国民年金法第百九条の十一第二項から第六項までの規定は、前項の規定による機構が行う収納について準用する。この場合において、必要な技術的読替えは、政令で定める。

（情報の提供等）

第三十二条の九　機構は、厚生労働大臣に対し、厚生労働省令で定めるところにより、特定障害者の障害の状態その他厚生労働大臣の権限の行使に関して必要な情報の提供を行うものとする。

2　厚生労働大臣及び機構は、この法律に基づく特別障害給付金の支給に関する事業が、適正かつ円滑に行われるよう、必要な情報交換を行うことその他相互の密接な連携の確保に努めるものとする。

（命令への委任）

第三十三条　この法律に定めるもののほか、この法律の実施に関し必要な事項は、命令で定める。

（経過措置）

第三十四条　この法律の規定に基づき命令を制

定し、又は改廃する場合においては、その命令で、その制定又は改廃に伴い合理的に必要とされる範囲内において、所要の経過措置（罰則に関する経過措置を含む。）を定めることができる。

（**罰則**）

第三十五条　偽りその他不正の手段により特別障害給付金を受けた者は、三年以下の懲役又は百万円以下の罰金に処する。ただし、刑法（明治四十年法律第四十五号）に正条があるときは、刑法による。

第三十六条　第二十七条第二項の規定に違反して届出をしなかった戸籍法の規定による死亡の届出義務者は、十万円以下の過料に処する。

・刑法等の一部を改正する法律の施行に伴う関係法律の整理等に関する法律（令和四・六・一七法律六八）

附則　抄

（施行期日）

1　この法律は、刑法等一部改正法施行日から施行する。〈略〉

地域保健法

（昭和二二・九・五　法律一〇一）

最新改正　令和五法律四七

第一章　総則

第一条　この法律は、地域保健対策の推進に関する基本指針、保健所の設置その他地域保健対策の推進に関し基本となる事項を定めることにより、母子保健法（昭和四十年法律第百四十一号）その他の地域保健対策に関する法律による対策が地域において総合的に推進されることを確保し、もつて地域住民の健康の保持及び増進に寄与することを目的とする。

第二条　地域住民の健康の保持及び増進を目的として国及び地方公共団体が講ずる施策は、我が国における急速な高齢化の進展、保健医療を取り巻く環境の変化等に即応し、地域における公衆衛生の向上及び増進を図るとともに、地域住民の多様化し、かつ、高度化する保健、衛生、生活環境等に関する需要に適確に対応することができるように、地域の特性及び社会福祉等の関連施策との有機的な連携に配慮しつつ、総合的に推進されることを基本理念とする。

第三条　市町村（特別区を含む。以下同じ。）は、当該市町村が行う地域保健対策が円滑に実施できるように、必要な施設の整備、人材の確保及び資質の向上等に努めなければならない。

②　都道府県は、当該都道府県が行う地域保健対策が円滑に実施できるように、必要な施設の整備、人材の確保及び資質の向上、調査及び研究等に努めるとともに、市町村に対し、前項の責務が十分に果たされるように、その求めに応じ、必要な技術的援助を与えることに努めなければならない。

③　国は、地域保健に関する情報の収集、整理及び活用並びに調査及び研究並びに地域保健対策に係る人材の養成及び資質の向上に努めるとともに、市町村及び都道府県に対し、前二項の責務が十分に果たされるように必要な技術的及び財政的援助を与えることに努めなければならない。

第二章　地域保健対策の推進に関する基本指針

第四条　厚生労働大臣は、地域保健対策の円滑な実施及び総合的な推進を図るため、地域保健対策の推進に関する基本的な指針（以下「基本指針」という。）を定めなければならない。

②　基本指針は、次に掲げる事項について定めるものとする。

一　地域保健対策の推進の基本的な方向

二　保健所及び市町村保健センターの整備及び運営に関する基本的事項

三　地域保健対策に係る人材の確保及び資質の向上並びに第二十四条第一項の人材確保支援計画の策定に関する基本的事項

四　地域保健に関する調査及び研究並びに試験及び検査に関する基本的事項

五　社会福祉等の関連施策との連携に関する基本的事項

六　その他地域保健対策の推進に関する重要事項

③　基本指針は、健康危機（国民の生命及び健康に重大な影響を与えるおそれがある疾病のまん延その他の公衆衛生上重大な危害が生じ、又は生じるおそれがある緊急の事態をいう。第二十一条第一項において同じ。）への対処を考慮して定めるものとする。

④　厚生労働大臣は、基本指針を定め、又はこれを変更したときは、遅滞なく、これを公表しなければならない。

第三章　保健所

第五条　保健所は、都道府県、地方自治法（昭和二十二年法律第六十七号）第二百五十二条の十九第一項の指定都市、同法第二百五十二条の二十二第一項の中核市その他の政令で定める市又は特別区が、これを設置する。

②　都道府県は、前項の規定により保健所を設置する場合においては、保健医療に係る施策と社会福祉に係る施策との有機的な連携を図るため、医療法（昭和二十三年法律第二百五号）第三十条の四第二項第十四号に規定する区域及び介護保険法（平成九年法律第百二十三号）第百十八条第二項第一号に規定する区域を参酌して、保健所の所管区域を設定しなければならない。

第六条　保健所は、次に掲げる事項につき、企画、調整、指導及びこれらに必要な事業を行う。

一　地域保健に関する思想の普及及び向上に関する事項

二　人口動態統計その他地域保健に係る統計

に関する事項
三　栄養の改善及び食品衛生に関する事項
四　住宅、水道、下水道、廃棄物の処理、清掃その他の環境の衛生に関する事項
五　医事及び薬事に関する事項
六　保健師に関する事項
七　公共医療事業の向上及び増進に関する事項
八　母性及び乳幼児並びに老人の保健に関する事項
九　歯科保健に関する事項
十　精神保健に関する事項
十一　治療方法が確立していない疾病その他の特殊の疾病により長期に療養を必要とする者の保健に関する事項
十二　感染症その他の疾病の予防に関する事項
十三　衛生上の試験及び検査に関する事項
十四　その他地域住民の健康の保持及び増進に関する事項

第七条　保健所は、前条に定めるもののほか、地域住民の健康の保持及び増進を図るため必要があるときは、次に掲げる事業を行うことができる。
一　所管区域に係る地域保健に関する情報を収集し、整理し、及び活用すること。
二　所管区域に係る地域保健に関する調査及び研究を行うこと。
三　歯科疾患その他厚生労働大臣の指定する疾病の治療を行うこと。
四　試験及び検査を行い、並びに医師、歯科医師、薬剤師その他の者に試験及び検査に関する施設を利用させること。

第八条　都道府県の設置する保健所は、前二条に定めるもののほか、所管区域内の市町村の地域保健対策の実施に関し、市町村相互間の連絡調整を行い、及び市町村の求めに応じ、技術的助言、市町村職員の研修その他必要な援助を行うことができる。

第九条　第五条第一項に規定する地方公共団体の長は、その職権に属する第六条各号に掲げる事項に関する事務を保健所長に委任することができる。

第十条　保健所に、政令の定めるところにより、所長その他所要の職員を置く。

第十一条　第五条第一項に規定する地方公共団体は、保健所の所管区域内の地域保健及び保健所の運営に関する事項を審議させるため、当該地方公共団体の条例で定めるところにより、保健所に、運営協議会を置くことができる。

第十二条　第五条第一項に規定する地方公共団体は、保健所の事業の執行の便を図るため、その支所を設けることができる。

第十三条　この法律による保健所でなければ、その名称中に、保健所たることを示すような文字を用いてはならない。

第十四条　保健所の施設の利用又は保健所で行う業務については、政令で定める場合を除いては、使用料、手数料又は治療料を徴収してはならない。

第十五条　国は、保健所の施設又は設備に要する費用を支出する地方公共団体に対し、予算の範囲内において、政令で定めるところにより、その費用の全部又は一部を補助することができる。

第十六条　厚生労働大臣は、政令の定めるところにより、第五条第一項に規定する地方公共団体の長に対し、保健所の運営に関し必要な報告を求めることができる。

②　厚生労働大臣は、第五条第一項に規定する地方公共団体に対し、保健所の設置及び運営に関し適切と認める技術的な助言又は勧告をすることができる。

第十七条　この章に定めるもののほか、保健所及び保健所支所の設置、廃止及び運営に関して必要な事項は、政令でこれを定める。

第四章　市町村保健センター

第十八条　市町村は、市町村保健センターを設置することができる。

②　市町村保健センターは、住民に対し、健康相談、保健指導及び健康診査その他地域保健に関し必要な事業を行うことを目的とする施設とする。

第十九条　国は、予算の範囲内において、市町村に対し、市町村保健センターの設置に要する費用の一部を補助することができる。

第二十条　国は、二十四条第一項の町村が市町村保健センターを整備しようとするときは、その整備が円滑に実施されるように適切な配慮をするものとする。

第五章　地域保健対策に係る人材の確保

第二十一条　第五条第一項に規定する地方公共団体の長は、感染症の予防及び感染症の患者に対する医療に関する法律（平成十年法律第百十四号）第十六条第二項に規定する新型イ

ンフルエンザ等感染症等に係る発生等の公表が行われた場合その他の健康危機が発生した場合におけるその管轄する区域内の地域保健対策に係る業務の状況を勘案して必要があると認めるときは、地域保健の専門的知識を有する者であつて厚生労働省令で定めるもののうち、あらかじめ、この項の規定による要請を受ける旨の承諾をした者に対し、当該地方公共団体の長が管轄する区域内の地域保健対策に係る業務に従事すること又は当該業務に関する助言を行うことを要請することができる。

② 前項の規定による要請を受けた者（以下「業務支援員」という。）を使用している者は、その業務の遂行に著しい支障のない限り、当該業務支援員が当該要請に応じて同項に規定する業務又は助言を行うことができるための配慮をするよう努めなければならない。

③ 業務支援員（地方公務員法（昭和二十五年法律第二百六十一号）第三条第二項に規定する一般職に属する職員として第一項に規定する業務又は助言を行う者を除く。以下この項において同じ。）は、第一項の規定による要請に応じて行つた同項に規定する助言に関して知り得た秘密を漏らしてはならない。業務支援員でなくなつた後においても、同様とする。

第二十二条 国及び第五条第一項に規定する地方公共団体は、前条第一項に規定する者に対し、同項に規定する業務又は助言に関する研修の機会の提供その他の必要な支援を行うものとする。

第二十三条 国は、第二十一条第一項に規定する者の確保及び資質の向上並びに業務支援員が行う業務又は助言が円滑に実施されるように、第五条第一項に規定する地方公共団体に対し、必要な助言、指導その他の援助の実施に努めるものとする。

第二十四条 都道府県は、当分の間、基本指針に即して、政令で定めるところにより、地域保健対策の実施に当たり特にその人材の確保又は資質の向上を支援する必要がある町村について、町村の申出に基づき、地域保健対策を円滑に実施するための人材の確保又は資質の向上の支援に関する計画（以下「人材確保支援計画」という。）を定めることができる。

② 人材確保支援計画は、次に掲げる事項について定めるものとする。

一 人材確保支援計画の対象となる町村（以下「特定町村」という。）

二 都道府県が実施する特定町村の地域保健対策を円滑に実施するための人材の確保又は資質の向上に資する事業の内容に関する事項

③ 前項各号に掲げる事項のほか、人材確保支援計画を定める場合には、特定町村の地域保健対策を円滑に実施するための人材の確保又は資質の向上の基本的方針に関する事項について定めるよう努めるものとする。

④ 都道府県は、人材確保支援計画を定め、又はこれを変更しようとするときは、あらかじめ、特定町村の意見を聴かなければならない。

⑤ 都道府県は、人材確保支援計画を定め、又はこれを変更したときは、遅滞なく、厚生労働大臣にこれを通知しなければならない。

第二十五条 国は、政令で定めるところにより、予算の範囲内において、人材確保支援計画に定められた前条第二項第二号の事業を実施する都道府県に対し、当該事業に要する費用の一部を補助することができる。

② 国は、前項に規定するもののほか、人材確保支援計画を定めた都道府県が、当該人材確保支援計画に定められた事業を実施しようとするときは、当該事業が円滑に実施されるように必要な助言、指導その他の援助の実施に努めるものとする。

第六章　地域保健に関する調査及び研究並びに試験及び検査に関する措置

第二十六条 第五条第一項に規定する地方公共団体は、地域保健対策に関する法律に基づく調査及び研究並びに試験及び検査であつて、専門的な知識及び技術を必要とするもの並びにこれらに関連する厚生労働省令で定める業務を行うため、必要な体制の整備、他の同項に規定する地方公共団体との連携の確保その他の必要な措置を講ずるものとする。

第二十七条 国は、前条の規定に基づいて実施する措置が円滑に実施されるように、第五条第一項に規定する地方公共団体に対し、必要な助言、指導その他の援助の実施に努めるものとする。

第七章　罰則

第二十八条 第二十一条第三項の規定に違反して秘密を漏らした者は、一年以下の拘禁刑又は五十万円以下の罰金に処する。

・国立健康危機管理研究機構法の施行に伴う関係法律の整備に関する法律（令和五・六・七法律四七）

附則 抄

（施行期日）

第一条 この法律は、国立健康危機管理研究機構法（令和五年法律第四十六号）の施行の日（以下「施行日」という。）から施行する。〈略〉

医療法

（昭和二三・七・三〇）
（法律二〇五）

最新改正 令和五法律四七

第一章 総則

第一条 この法律は、医療を受ける者による医療に関する適切な選択を支援するために必要な事項、医療の安全を確保するために必要な事項、病院、診療所及び助産所の開設及び管理に関し必要な事項並びにこれらの施設の整備並びに医療提供施設相互間の機能の分担及び業務の連携を推進するために必要な事項を定めること等により、医療を受ける者の利益の保護及び良質かつ適切な医療を効率的に提供する体制の確保を図り、もつて国民の健康の保持に寄与することを目的とする。

第一条の二 医療は、生命の尊重と個人の尊厳の保持を旨とし、医師、歯科医師、薬剤師、看護師その他の医療の担い手と医療を受ける者との信頼関係に基づき、及び医療を受ける者の心身の状況に応じて行われるとともに、その内容は、単に治療のみならず、疾病の予防のための措置及びリハビリテーションを含む良質かつ適切なものでなければならない。

2 医療は、国民自らの健康の保持増進のための努力を基礎として、医療を受ける者の意向を十分に尊重し、病院、診療所、介護老人保健施設、介護医療院、調剤を実施する薬局その他の医療を提供する施設（以下「医療提供施設」という。）、医療を受ける者の居宅等（居宅その他厚生労働省令で定める場所をいう。以下同じ。）において、医療提供施設の機能に応じ効率的に、かつ、福祉サービスその他の関連するサービスとの有機的な連携を図りつつ提供されなければならない。

第一条の三 国及び地方公共団体は、前条に規定する理念に基づき、国民に対し良質かつ適切な医療を効率的に提供する体制が確保されるよう努めなければならない。

第一条の四 医師、歯科医師、薬剤師、看護師その他の医療の担い手は、第一条の二に規定する理念に基づき、医療を受ける者に対し、良質かつ適切な医療を行うよう努めなければならない。

2 医師、歯科医師、薬剤師、看護師その他の医療の担い手は、医療を提供するに当たり、適切な説明を行い、医療を受ける者の理解を得るよう努めなければならない。

3 医療提供施設において診療に従事する医師及び歯科医師は、医療提供施設相互間の機能の分担及び業務の連携に資するため、必要に応じ、医療を受ける者を他の医療提供施設に紹介し、その診療に必要な限度において医療を受ける者の診療又は調剤に関する情報を他の医療提供施設において診療又は調剤に従事する医師若しくは歯科医師又は薬剤師に提供し、及びその他必要な措置を講ずるよう努めなければならない。

4 病院又は診療所の管理者は、当該病院又は診療所を退院する患者が引き続き療養を必要とする場合には、保健医療サービス又は福祉サービスを提供する者との連携を図り、当該患者が適切な環境の下で療養を継続することができるよう配慮しなければならない。

5　医療提供施設の開設者及び管理者は、医療技術の普及及び医療の効率的な提供に資するため、当該医療提供施設の建物又は設備を、当該医療提供施設に勤務しない医師、歯科医師、薬剤師、看護師その他の医療の担い手の診療、研究又は研修のために利用させるよう配慮しなければならない。

第一条の五　この法律において、「病院」とは、医師又は歯科医師が、公衆又は特定多数人のため医業又は歯科医業を行う場所であつて、二十人以上の患者を入院させるための施設を有するものをいう。病院は、傷病者が、科学的でかつ適正な診療を受けることができる便宜を与えることを主たる目的として組織され、かつ、運営されるものでなければならない。

2　この法律において、「診療所」とは、医師又は歯科医師が、公衆又は特定多数人のため医業又は歯科医業を行う場所であつて、患者を入院させるための施設を有しないもの又は十九人以下の患者を入院させるための施設を有するものをいう。

第一条の六　この法律において、「介護老人保健施設」とは、介護保険法（平成九年法律第百二十三号）の規定による介護老人保健施設をいう。

2　この法律において、「介護医療院」とは、介護保険法の規定による介護医療院をいう。

第二条　この法律において、「助産所」とは、助産師が公衆又は特定多数人のためその業務（病院又は診療所において行うものを除く。）を行う場所をいう。

2　助産所は、妊婦、産婦又はじよく婦十人以上の入所施設を有してはならない。

第三条　疾病の治療（助産を含む。）をなす場所であつて、病院又は診療所でないものは、これに病院、病院分院、産院、療養所、診療所、診察所、医院その他病院又は診療所に紛らわしい名称を附けてはならない。

2　診療所は、これに病院、病院分院、産院その他病院に紛らわしい名称を附けてはならない。

3　助産所でないものは、これに助産所その他助産師がその業務を行う場所に紛らわしい名称を付けてはならない。

第四条　国、都道府県、市町村、第四十二条の二第一項に規定する社会医療法人その他厚生労働大臣の定める者の開設する病院であつて、地域における医療の確保のために必要な支援に関する次に掲げる要件に該当するものは、その所在地の都道府県知事の承認を得て地域医療支援病院と称することができる。

一　他の病院又は診療所から紹介された患者に対し医療を提供し、かつ、当該病院の建物の全部若しくは一部、設備、器械又は器具を、当該病院に勤務しない医師、歯科医師、薬剤師、看護師その他の医療従事者（以下単に「医療従事者」という。）の診療、研究又は研修のために利用させるための体制が整備されていること。

二　救急医療を提供する能力を有すること。

三　地域の医療従事者の資質の向上を図るための研修を行わせる能力を有すること。

四　厚生労働省令で定める数以上の患者を入院させるための施設を有すること。

五　第二十一条第一項第二号から第八号まで及び第十号から第十二号まで並びに第二十二条第一号及び第四号から第九号までに規定する施設を有すること。

六　その施設の構造設備が第二十一条第一項及び第二十二条の規定に基づく厚生労働省令並びに同項の規定に基づく都道府県の条例で定める要件に適合するものであること。

2　都道府県知事は、前項の承認をするに当たつては、あらかじめ、都道府県医療審議会の意見を聴かなければならない。

3　地域医療支援病院でないものは、これに地域医療支援病院又はこれに紛らわしい名称を付けてはならない。

第四条の二　病院であつて、次に掲げる要件に該当するものは、厚生労働大臣の承認を得て特定機能病院と称することができる。

一　高度の医療を提供する能力を有すること。

二　高度の医療技術の開発及び評価を行う能力を有すること。

三　高度の医療に関する研修を行わせる能力を有すること。

四　医療の高度の安全を確保する能力を有すること。

五　その診療科名中に、厚生労働省令の定めるところにより、厚生労働省令で定める診療科名を有すること。

六　厚生労働省令で定める数以上の患者を入院させるための施設を有すること。

七　その有する人員が第二十二条の二の規定に基づく厚生労働省令で定める要件に適合するものであること。

八　第二十一条第一項第二号から第八号まで及び第十号から第十二号まで並びに第二十二条の二第二号、第五号及び第六号に規定する施設を有すること。
九　その施設の構造設備が第二十一条第一項及び第二十二条の二の規定に基づく厚生労働省令並びに同項の規定に基づく都道府県の条例で定める要件に適合するものであること。
2　厚生労働大臣は、前項の承認をするに当たつては、あらかじめ、社会保障審議会の意見を聴かなければならない。
3　特定機能病院でないものは、これに特定機能病院又はこれに紛らわしい名称を付けてはならない。

第四条の三　病院であつて、臨床研究の実施の中核的な役割を担うことに関する次に掲げる要件に該当するものは、厚生労働大臣の承認を得て臨床研究中核病院と称することができる。
一　特定臨床研究（厚生労働省令で定める基準に従つて行う臨床研究をいう。以下同じ。）に関する計画を立案し、及び実施する能力を有すること。
二　他の病院又は診療所と共同して特定臨床研究を実施する場合にあつては、特定臨床研究の実施の主導的な役割を果たす能力を有すること。
三　他の病院又は診療所に対し、特定臨床研究の実施に関する相談に応じ、必要な情報の提供、助言その他の援助を行う能力を有すること。
四　特定臨床研究に関する研修を行う能力を有すること。
五　その診療科名中に厚生労働省令で定める診療科名を有すること。
六　厚生労働省令で定める数以上の患者を入院させるための施設を有すること。
七　その有する人員が第二十二条の三の規定に基づく厚生労働省令で定める要件に適合するものであること。
八　第二十一条第一項第二号から第八号まで及び第十号から第十二号まで並びに第二十二条の三第二号、第五号及び第六号に規定する施設を有すること。
九　その施設の構造設備が第二十一条第一項及び第二十二条の三の規定に基づく厚生労働省令並びに同項の規定に基づく都道府県の条例で定める要件に適合するものであること。
十　前各号に掲げるもののほか、特定臨床研究の実施に関する厚生労働省令で定める要件に適合するものであること。
2　厚生労働大臣は、前項の承認をするに当たつては、あらかじめ、社会保障審議会の意見を聴かなければならない。
3　臨床研究中核病院でないものは、これに臨床研究中核病院又はこれに紛らわしい名称を称してはならない。

第五条　公衆又は特定多数人のため往診のみによつて診療に従事する医師若しくは歯科医師又は出張のみによつてその業務に従事する助産師については、第六条の四の二、第六条の五又は第六条の七、第八条及び第九条の規定の適用に関し、それぞれその住所をもつて診療所又は助産所とみなす。
2　都道府県知事、地域保健法（昭和二十二年法律第百一号）第五条第一項の規定に基づく政令で定める市（以下「保健所を設置する市」という。）の市長又は特別区の区長は、必要があると認めるときは、前項に規定する医師、歯科医師又は助産師に対し、必要な報告を命じ、又は検査のため診療録、助産録、帳簿書類その他の物件の提出を命ずることができる。

第五条の二　厚生労働大臣は、第七条第一項に規定する臨床研修等修了医師の申請に基づき、当該者が、医師の確保を特に図るべき区域（第三十条の四第六項に規定する区域その他厚生労働省令で定める区域をいう。以下同じ。）における医療の提供に関する知見を有するために必要な経験を有するものその他の厚生労働省令で定める経験を有するものであることの認定をすることができる。
2　厚生労働大臣は、前項の認定をしたときは、認定証明書を交付するものとする。
3　厚生労働大臣は、第一項の認定を受けた者が次の各号のいずれかに該当するときは、その認定を取り消すことができる。
一　医師がその免許を取り消され、又は医業の停止を命ぜられたとき。
二　偽りその他不正の手段により第一項の認定を受けたことが判明したとき。
三　罰金以上の刑に処せられたとき。
4　第一項の認定及びその認定の取消しに関して必要な事項は、政令で定める。

第六条　国の開設する病院、診療所及び助産所に関しては、この法律の規定の適用について、政令で特別の定をすることができる。

第二章　医療に関する選択の支援等

第一節　医療に関する情報の提供等

第六条の二　国及び地方公共団体は、医療を受ける者が病院、診療所又は助産所の選択に関して必要な情報を容易に得られるように、必要な措置を講ずるよう努めなければならない。

2　医療提供施設の開設者及び管理者は、医療を受ける者が保健医療サービスの選択を適切に行うことができるように、当該医療提供施設の提供する医療について、正確かつ適切な情報を提供するとともに、患者又はその家族からの相談に適切に応ずるよう努めなければならない。

3　国民は、良質かつ適切な医療の効率的な提供に資するよう、医療提供施設相互間の機能の分担及び業務の連携の重要性についての理解を深め、医療提供施設の機能に応じ、医療に関する選択を適切に行い、医療を適切に受けるよう努めなければならない。

第六条の三　病院、診療所又は助産所（以下この条において「病院等」という。）の管理者は、厚生労働省令で定めるところにより、医療を受ける者が病院等の選択を適切に行うために必要な情報として厚生労働省令で定める事項を当該病院等の所在地の都道府県知事に報告するとともに、当該事項を記載した書面を当該病院等において閲覧に供しなければならない。

2　病院等の管理者は、前項の規定により報告した事項について変更が生じたときは、厚生労働省令で定めるところにより、速やかに、当該病院等の所在地の都道府県知事に報告するとともに、同項に規定する書面の記載を変更しなければならない。

3　病院等の管理者は、第一項の規定による書面の閲覧に代えて、厚生労働省令で定めるところにより、当該書面に記載すべき事項を電磁的方法（電子情報処理組織を使用する方法その他の情報通信の技術を利用する方法をいう。以下同じ。）であつて厚生労働省令で定めるものにより提供することができる。

4　都道府県知事は、第一項又は第二項の規定による報告の内容を確認するために必要があると認めるときは、市町村その他の官公署に対し、当該都道府県の区域内に所在する病院等に関し必要な情報の提供を求めることができる。

5　都道府県知事は、第一項又は第二項の規定による報告を受けたときは、厚生労働省令で定めるところにより、その報告の内容を厚生労働大臣に報告するとともに、公表しなければならない。

6　病院等の管理者が、第一項又は第二項の規定による報告を、電磁的方法であつてその内容を当該管理者、当該病院等の所在地の都道府県知事及び厚生労働大臣が閲覧することができるものにより行つたときは、前項の規定による報告を受けた都道府県知事は、当該報告を行つたものとみなす。

7　厚生労働大臣は、第五項の規定による報告を受けたときは、都道府県の区域を超えた広域的な見地から必要とされる情報の提供のため、都道府県知事による同項の規定による公表に関し必要な助言、勧告その他の措置を行うものとする。

8　都道府県知事は、病院等の管理者が第一項若しくは第二項の規定による報告をせず、又は虚偽の報告をしたときは、期間を定めて、当該病院等の開設者に対し、当該管理者をしてその報告を行わせ、又はその報告の内容を是正させることを命ずることができる。

第六条の四　病院又は診療所の管理者は、患者を入院させたときは、厚生労働省令で定めるところにより、当該患者の診療を担当する医師又は歯科医師により、次に掲げる事項を記載した書面の作成並びに当該患者又はその家族への交付及びその適切な説明が行われるようにしなければならない。ただし、患者が短期間で退院することが見込まれる場合その他の厚生労働省令で定める場合は、この限りでない。

一　患者の氏名、生年月日及び性別
二　当該患者の診療を主として担当する医師又は歯科医師の氏名
三　入院の原因となつた傷病名及び主要な症状
四　入院中に行われる検査、手術、投薬その他の治療（入院中の看護及び栄養管理を含む。）に関する計画
五　その他厚生労働省令で定める事項

2　病院又は診療所の管理者は、患者又はその家族の承諾を得て、前項の書面の交付に代えて、厚生労働省令で定めるところにより、当該書面に記載すべき事項を電磁的方法であつて厚生労働省令で定めるものにより提供する

ことができる。

3 病院又は診療所の管理者は、患者を退院させるときは、退院後の療養に必要な保健医療サービス又は福祉サービスに関する事項を記載した書面の作成、交付及び適切な説明が行われるよう努めなければならない。

4 病院又は診療所の管理者は、第一項の書面の作成に当たつては、当該病院又は診療所に勤務する医師、歯科医師、薬剤師、看護師その他の従業者の有する知見を十分に反映させるとともに、当該書面に記載された内容に基づき、これらの者による有機的な連携の下で入院中の医療が適切に提供されるよう努めなければならない。

5 病院又は診療所の管理者は、第三項の書面の作成に当たつては、当該患者の退院後の療養に必要な保健医療サービス又は福祉サービスを提供する者との連携が図られるよう努めなければならない。

第六条の四の二 助産所の管理者（出張のみによつてその業務に従事する助産師にあつては当該助産師。次項において同じ。）は、妊婦又は産婦（以下この条及び第十九条第二項において「妊婦等」という。）の助産を行うことを約したときは、厚生労働省令で定めるところにより、当該妊婦等の助産を担当する助産師により、次に掲げる事項を記載した書面の当該妊婦等又はその家族への交付及びその適切な説明が行われるようにしなければならない。

一 妊婦等の氏名及び生年月日

二 当該妊婦等の助産を担当する助産師の氏名

三 当該妊婦等の助産及び保健指導に関する方針

四 当該助産所の名称、住所及び連絡先

五 当該妊婦等の異常に対応する病院又は診療所の名称、住所及び連絡先

六 その他厚生労働省令で定める事項

2 助産所の管理者は、妊婦等又はその家族の承諾を得て、前項の書面の交付に代えて、厚生労働省令で定めるところにより、当該書面に記載すべき事項を電磁的方法であつて厚生労働省令で定めるものにより提供することができる。

第六条の四の三 厚生労働大臣は、医薬品、医療機器又は再生医療等製品（医薬品、医療機器等の品質、有効性及び安全性の確保等に関する法律（昭和三十五年法律第百四十五号）第二条第一項、第四項及び第九項にそれぞれ規定する医薬品、医療機器及び再生医療等製品をいい、専ら動物のために使用されることが目的とされているものを除く。以下この項及び第三項において同じ。）について、生産の減少その他の事情によりその供給が不足し、又は不足するおそれがあるため、医療を受ける者の利益が大きく損なわれるおそれがある場合には、当該医薬品、医療機器又は再生医療等製品について、同法第十四条第一項に規定する製造販売の承認を受けた者、同法第二十三条の二の五第一項に規定する製造販売の承認を受けた者又は同法第二十三条の二十五第一項に規定する製造販売の承認を受けた者（以下この条において「製造販売業者」という。）に対して、当該医薬品、医療機器又は再生医療等製品の生産、輸入、販売又は貸付けの状況について報告を求めることができる。

2 製造販売業者は、厚生労働大臣から前項の規定による求めがあつたときは、その求めに応じなければならない。

3 厚生労働大臣は、第一項の規定に基づき製造販売業者から医薬品、医療機器又は再生医療等製品の生産、輸入、販売又は貸付けの状況について報告を受けた場合には、当該状況に関する情報を公表するものとする。

第二節 医業、歯科医業又は助産師の業務等の広告

第六条の五 何人も、医業若しくは歯科医業又は病院若しくは診療所に関して、文書その他いかなる方法によるを問わず、広告その他の医療を受ける者を誘引するための手段としての表示（以下この節において単に「広告」という。）をする場合には、虚偽の広告をしてはならない。

2 前項に規定する場合には、医療を受ける者による医療に関する適切な選択を阻害することがないよう、広告の内容及び方法が、次に掲げる基準に適合するものでなければならない。

一 他の病院又は診療所と比較して優良である旨の広告をしないこと。

二 誇大な広告をしないこと。

三 公の秩序又は善良の風俗に反する内容の広告をしないこと。

四 その他医療に関する適切な選択に関し必要な基準として厚生労働省令で定める基準

3 第一項に規定する場合において、次に掲げ

る事項以外の広告がされても医療を受ける者による医療に関する適切な選択が阻害されるおそれが少ない場合として厚生労働省令で定める場合を除いては、次に掲げる事項以外の広告をしてはならない。

一 医師又は歯科医師である旨
二 診療科名
三 当該病院又は診療所の名称、電話番号及び所在の場所を表示する事項並びに当該病院又は診療所の管理者の氏名
四 診療日若しくは診療時間又は予約による診療の実施の有無
五 法令の規定に基づき一定の医療を担うものとして指定を受けた病院若しくは診療所又は医師若しくは歯科医師である場合には、その旨
六 第五条の二第一項の認定を受けた医師である場合には、その旨
七 地域医療連携推進法人（第七十条の五第一項に規定する地域医療連携推進法人をいう。第三十条の四第十二項において同じ。）の参加病院等（第七十条の二第二項第二号に規定する参加病院等をいう。）である場合には、その旨
八 入院設備の有無、第七条第二項に規定する病床の種別ごとの数、医師、歯科医師、薬剤師、看護師その他の従業者の員数その他の当該病院又は診療所における施設、設備又は従業者に関する事項
九 当該病院又は診療所において診療に従事する医療従事者の氏名、年齢、性別、役職、略歴その他の当該医療従事者に関する事項であつて医療を受ける者による医療に関する適切な選択に資するものとして厚生労働大臣が定めるもの
十 患者又はその家族からの医療に関する相談に応ずるための措置、医療の安全を確保するための措置、個人情報の適正な取扱いを確保するための措置その他の当該病院又は診療所の管理又は運営に関する事項
十一 紹介をすることができる他の病院若しくは診療所又はその他の保健医療サービス若しくは福祉サービスを提供する者の名称、これらの者と当該病院又は診療所との間における施設、設備又は器具の共同利用の状況その他の当該病院又は診療所と保健医療サービス又は福祉サービスを提供する者との連携に関する事項
十二 診療録その他の診療に関する諸記録に係る情報の提供、第六条の四第三項に規定する書面の交付その他の当該病院又は診療所における医療に関する情報の提供に関する事項
十三 当該病院又は診療所において提供される医療の内容に関する事項（検査、手術その他の治療の方法については、医療を受ける者による医療に関する適切な選択に資するものとして厚生労働大臣が定めるものに限る。）
十四 当該病院又は診療所における患者の平均的な入院日数、平均的な外来患者又は入院患者の数その他の医療の提供の結果に関する事項であつて医療を受ける者による医療に関する適切な選択に資するものとして厚生労働大臣が定めるもの
十五 その他前各号に掲げる事項に準ずるものとして厚生労働大臣が定める事項

4 厚生労働大臣は、第二項第四号若しくは前項の厚生労働省令の制定若しくは改廃の立案又は同項第九号若しくは第十三号から第十五号までに掲げる事項の案の作成をしようとするときは、医療に関する専門的科学的知見に基づいて立案又は作成をするため、診療に関する学識経験者の団体の意見を聴かなければならない。

第六条の六 前条第三項第二号の規定による診療科名は、医業及び歯科医業につき政令で定める診療科名並びに当該診療科名以外の診療科名であつて当該診療に従事する医師又は歯科医師が厚生労働大臣の許可を受けたものとする。

2 厚生労働大臣は、前項の政令の制定又は改廃の立案をしようとするときは、医学医術に関する学術団体及び医道審議会の意見を聴かなければならない。

3 厚生労働大臣は、第一項の許可をするに当たつては、あらかじめ、医道審議会の意見を聴かなければならない。

4 第一項の規定による許可に係る診療科名について広告をするときは、当該診療科名につき許可を受けた医師又は歯科医師の氏名について、併せて広告をしなければならない。

第六条の七 何人も、助産師の業務又は助産所に関して、文書その他いかなる方法によるを問わず、広告をする場合には、虚偽の広告をしてはならない。

2 前項に規定する場合には、医療を受ける者による医療に関する適切な選択を阻害することがないよう、広告の内容及び方法が、次に

掲げる基準に適合するものでなければならない。

一　他の助産所と比較して優良である旨の広告をしないこと。

二　誇大な広告をしないこと。

三　公の秩序又は善良の風俗に反する内容の広告をしないこと。

四　その他医療に関する適切な選択に関し必要な基準として厚生労働省令で定める基準

3　第一項に規定する場合において、次に掲げる事項以外の広告がされても医療を受ける者による医療に関する適切な選択が阻害されるおそれが少ない場合として厚生労働省令で定める場合を除いては、次に掲げる事項以外の広告をしてはならない。

一　助産師である旨

二　当該助産所の名称、電話番号及び所在の場所を表示する事項並びに当該助産所の管理者の氏名

三　就業の日時又は予約による業務の実施の有無

四　入所施設の有無若しくはその定員、助産師その他の従業者の員数その他の当該助産所における施設、設備又は従業者に関する事項

五　当該助産所において業務に従事する助産師の氏名、年齢、役職、略歴その他の助産師に関する事項であつて医療を受ける者による医療に関する適切な選択に資するものとして厚生労働大臣が定めるもの

六　患者又はその家族からの医療に関する相談に応ずるための措置、医療の安全を確保するための措置、個人情報の適正な取扱いを確保するための措置その他の当該助産所の管理又は運営に関する事項

七　第十九条第一項に規定する嘱託する医師の氏名又は病院若しくは診療所の名称その他の当該助産所の業務に係る連携に関する事項

八　助産録に係る情報の提供その他の当該助産所における医療に関する情報の提供に関する事項

九　その他前各号に掲げる事項に準ずるものとして厚生労働大臣が定める事項

第六条の八　都道府県知事、保健所を設置する市の市長又は特別区の区長は、医業、歯科医業若しくは助産師の業務又は病院、診療所若しくは助産所に関する広告が第六条の五第一項から第三項まで又は前条の規定に違反しているおそれがあると認めるときは、当該広告をした者に対し、必要な報告を命じ、又は当該職員に、当該広告をした者の事務所に立ち入り、当該広告に関する文書その他の物件を検査させることができる。

2　都道府県知事、保健所を設置する市の市長又は特別区の区長は、医業、歯科医業若しくは助産師の業務又は病院、診療所若しくは助産所に関する広告が第六条の五第二項若しくは第三項又は前条第二項若しくは第三項の規定に違反していると認める場合には、当該広告をした者に対し、期限を定めて、当該広告を中止し、又はその内容を是正すべき旨を命ずることができる。

3　第一項の規定によつて立入検査をする当該職員は、その身分を示す証明書を携帯し、かつ、関係人の請求があるときは、これを提示しなければならない。

4　第一項の規定による権限は、犯罪捜査のために認められたものと解釈してはならない。

第三章　医療の安全の確保

第一節　医療の安全の確保のための措置

第六条の九　国並びに都道府県、保健所を設置する市及び特別区は、医療の安全に関する情報の提供、研修の実施、意識の啓発その他の医療の安全の確保に関し必要な措置を講ずるよう努めなければならない。

第六条の十　病院、診療所又は助産所（以下この章において「病院等」という。）の管理者は、医療事故（当該病院等に勤務する医療従事者が提供した医療に起因し、又は起因すると疑われる死亡又は死産であつて、当該管理者が当該死亡又は死産を予期しなかつたものとして厚生労働省令で定めるものをいう。以下この章において同じ。）が発生した場合には、厚生労働省令で定めるところにより、遅滞なく、当該医療事故の日時、場所及び状況その他厚生労働省令で定める事項を第六条の十五第一項の医療事故調査・支援センターに報告しなければならない。

2　病院等の管理者は、前項の規定による報告をするに当たつては、あらかじめ、医療事故に係る死亡した者の遺族又は医療事故に係る死産した胎児の父母その他厚生労働省令で定める者（以下この章において単に「遺族」という。）に対し、厚生労働省令で定める事項を説明しなければならない。ただし、遺族が

ないとき、又は遺族の所在が不明であるときは、この限りでない。

第六条の十一 病院等の管理者は、医療事故が発生した場合には、厚生労働省令で定めるところにより、速やかにその原因を明らかにするために必要な調査（以下この章において「医療事故調査」という。）を行わなければならない。

2 病院等の管理者は、医学医術に関する学術団体その他の厚生労働大臣が定める団体（法人でない団体にあつては、代表者又は管理人の定めのあるものに限る。次項及び第六条の二十二において「医療事故調査等支援団体」という。）に対し、医療事故調査を行うために必要な支援を求めるものとする。

3 医療事故調査等支援団体は、前項の規定により支援を求められたときは、医療事故調査に必要な支援を行うものとする。

4 病院等の管理者は、医療事故調査を終了したときは、厚生労働省令で定めるところにより、遅滞なく、その結果を第六条の十五第一項の医療事故調査・支援センターに報告しなければならない。

5 病院等の管理者は、前項の規定による報告をするに当たつては、あらかじめ、遺族に対し、厚生労働省令で定める事項を説明しなければならない。ただし、遺族がないとき、又は遺族の所在が不明であるときは、この限りでない。

第六条の十二 病院等の管理者は、前二条に規定するもののほか、厚生労働省令で定めるところにより、医療の安全を確保するための指針の策定、従業者に対する研修の実施その他の当該病院等における医療の安全を確保するための措置を講じなければならない。

第六条の十三 都道府県、保健所を設置する市及び特別区（以下この条及び次条において「都道府県等」という。）は、第六条の九に規定する措置を講ずるため、次に掲げる事務を実施する施設（以下「医療安全支援センター」という。）を設けるよう努めなければならない。

一 患者又はその家族からの当該都道府県等の区域内に所在する病院等における医療に関する苦情に対応し、又は相談に応ずるとともに、当該患者若しくはその家族又は当該病院等の管理者に対し、必要に応じ、助言を行うこと。

二 当該都道府県等の区域内に所在する病院等の開設者若しくは管理者若しくは従業者又は患者若しくはその家族若しくは住民に対し、医療の安全の確保に関し必要な情報の提供を行うこと。

三 当該都道府県等の区域内に所在する病院等の管理者又は従業者に対し、医療の安全に関する研修を実施すること。

四 前三号に掲げるもののほか、当該都道府県等の区域内における医療の安全の確保のために必要な支援を行うこと。

2 都道府県等は、前項の規定により医療安全支援センターを設けたときは、その名称及び所在地を公示しなければならない。

3 都道府県等は、一般社団法人、一般財団法人その他の厚生労働省令で定める者に対し、医療安全支援センターにおける業務を委託することができる。

4 医療安全支援センターの業務に従事する職員（前項の規定により委託を受けた者（その者が法人である場合にあつては、その役員）及びその職員を含む。）又はその職にあつた者は、正当な理由がなく、その業務に関して知り得た秘密を漏らしてはならない。

第六条の十四 国は、医療安全支援センターにおける事務の適切な実施に資するため、都道府県等に対し、医療の安全に関する情報の提供を行うほか、医療安全支援センターの運営に関し必要な助言その他の援助を行うものとする。

第二節　医療事故調査・支援センター

第六条の十五 厚生労働大臣は、医療事故調査を行うこと及び医療事故が発生した病院等の管理者が行う医療事故調査への支援を行うことにより医療の安全の確保に資することを目的とする一般社団法人又は一般財団法人であつて、次条に規定する業務を適切かつ確実に行うことができると認められるものを、その申請により、医療事故調査・支援センターとして指定することができる。

2 厚生労働大臣は、前項の規定による指定をしたときは、当該医療事故調査・支援センターの名称、住所及び事務所の所在地を公示しなければならない。

3 医療事故調査・支援センターは、その名称、住所又は事務所の所在地を変更しようとするときは、あらかじめ、その旨を厚生労働大臣に届け出なければならない。

4 厚生労働大臣は、前項の規定による届出があつたときは、当該届出に係る事項を公示しなければならない。

第六条の十六　医療事故調査・支援センターは、次に掲げる業務を行うものとする。

一　第六条の十一第四項の規定による報告により収集した情報の整理及び分析を行うこと。

二　第六条の十一第四項の規定による報告をした病院等の管理者に対し、前号の情報の整理及び分析の結果の報告を行うこと。

三　次条第一項の調査を行うとともに、その結果を同項の管理者及び遺族に報告すること。

四　医療事故調査に従事する者に対し医療事故調査に係る知識及び技能に関する研修を行うこと。

五　医療事故調査の実施に関する相談に応じ、必要な情報の提供及び支援を行うこと。

六　医療事故の再発の防止に関する普及啓発を行うこと。

七　前各号に掲げるもののほか、医療の安全の確保を図るために必要な業務を行うこと。

第六条の十七　医療事故調査・支援センターは、医療事故が発生した病院等の管理者又は遺族から、当該医療事故について調査の依頼があつたときは、必要な調査を行うことができる。

2　医療事故調査・支援センターは、前項の調査について必要があると認めるときは、同項の管理者に対し、文書若しくは口頭による説明を求め、又は資料の提出その他必要な協力を求めることができる。

3　第一項の管理者は、医療事故調査・支援センターから前項の規定による求めがあつたときは、これを拒んではならない。

4　医療事故調査・支援センターは、第一項の管理者が第二項の規定による求めを拒んだときは、その旨を公表することができる。

5　医療事故調査・支援センターは、第一項の調査を終了したときは、その調査の結果を同項の管理者及び遺族に報告しなければならない。

第六条の十八　医療事故調査・支援センターは、第六条の十六各号に掲げる業務（以下「調査等業務」という。）を行うときは、その開始前に、調査等業務の実施方法に関する事項その他の厚生労働省令で定める事項について調査等業務に関する規程（次項及び第六条の二十六第一項第三号において「業務規程」という。）を定め、厚生労働大臣の認可を受けなければならない。これを変更しようとするときも、同様とする。

2　厚生労働大臣は、前項の認可をした業務規程が調査等業務の適正かつ確実な実施上不適当となつたと認めるときは、当該業務規程を変更すべきことを命ずることができる。

第六条の十九　医療事故調査・支援センターは、毎事業年度、厚生労働省令で定めるところにより、調査等業務に関し事業計画書及び収支予算書を作成し、厚生労働大臣の認可を受けなければならない。これを変更しようとするときも、同様とする。

2　医療事故調査・支援センターは、厚生労働省令で定めるところにより、毎事業年度終了後、調査等業務に関し事業報告書及び収支決算書を作成し、厚生労働大臣に提出しなければならない。

第六条の二十　医療事故調査・支援センターは、厚生労働大臣の許可を受けなければ、調査等業務の全部又は一部を休止し、又は廃止してはならない。

第六条の二十一　医療事故調査・支援センターの役員若しくは職員又はこれらの者であつた者は、正当な理由がなく、調査等業務に関して知り得た秘密を漏らしてはならない。

第六条の二十二　医療事故調査・支援センターは、調査等業務の一部を医療事故調査等支援団体に委託することができる。

2　前項の規定による委託を受けた医療事故調査等支援団体の役員若しくは職員又はこれらの者であつた者は、正当な理由がなく、当該委託に係る業務に関して知り得た秘密を漏らしてはならない。

第六条の二十三　医療事故調査・支援センターは、厚生労働省令で定めるところにより、帳簿を備え、調査等業務に関し厚生労働省令で定める事項を記載し、これを保存しなければならない。

第六条の二十四　厚生労働大臣は、調査等業務の適正な運営を確保するために必要があると認めるときは、医療事故調査・支援センターに対し、調査等業務若しくは資産の状況に関し必要な報告を命じ、又は当該職員に、医療事故調査・支援センターの事務所に立ち入り、調査等業務の状況若しくは帳簿書類その他の物件を検査させることができる。

2　前項の規定により立入検査をする職員は、

その身分を示す証明書を携帯し、かつ、関係人にこれを提示しなければならない。

3　第一項の規定による権限は、犯罪捜査のために認められたものと解釈してはならない。

第六条の二十五　厚生労働大臣は、この節の規定を施行するために必要な限度において、医療事故調査・支援センターに対し、調査等業務に関し監督上必要な命令をすることができる。

第六条の二十六　厚生労働大臣は、医療事故調査・支援センターが次の各号のいずれかに該当するときは、第六条の十五第一項の規定による指定（以下この条において「指定」という。）を取り消すことができる。

一　調査等業務を適正かつ確実に実施することができないと認められるとき。

二　指定に関し不正の行為があつたとき。

三　この節の規定若しくは当該規定に基づく命令若しくは処分に違反したとき、又は第六条の十八第一項の認可を受けた業務規程によらないで調査等業務を行つたとき。

2　厚生労働大臣は、前項の規定により指定を取り消したときは、その旨を公示しなければならない。

第六条の二十七　この節に規定するもののほか、医療事故調査・支援センターに関し必要な事項は、厚生労働省令で定める。

第四章　病院、診療所及び助産所

第一節　開設等

第七条　病院を開設しようとするとき、医師法（昭和二十三年法律第二百一号）第十六条の六第一項の規定による登録を受けた者（同法第七条の二第一項の規定による厚生労働大臣の命令を受けた者にあつては、同条第二項の規定による登録を受けた者に限る。以下「臨床研修等修了医師」という。）及び歯科医師法（昭和二十三年法律第二百二号）第十六条の四第一項の規定による登録を受けた者（同法第七条の二第一項の規定による厚生労働大臣の命令を受けた者にあつては、同条第二項の規定による登録を受けた者に限る。以下「臨床研修等修了歯科医師」という。）でない者が診療所を開設しようとするとき、又は助産師（保健師助産師看護師法（昭和二十三年法律第二百三号）第十五条の二第一項の規定による厚生労働大臣の命令を受けた者にあつては、同条第三項の規定による登録を受けた者に限る。以下この条、第八条及び第十一条において同じ。）でない者が助産所を開設しようとするときは、開設地の都道府県知事（診療所又は助産所にあつては、その開設地が保健所を設置する市又は特別区の区域にある場合においては、当該保健所を設置する市の市長又は特別区の区長。第八条から第九条まで、第十二条、第十五条、第十八条、第二十四条、第二十四条の二、第二十七条及び第二十八条から第三十条までの規定において同じ。）の許可を受けなければならない。

2　病院を開設した者が、病床数、次の各号に掲げる病床の種別（以下「病床の種別」という。）その他厚生労働省令で定める事項を変更しようとするとき、又は臨床研修等修了医師及び臨床研修等修了歯科医師でない者で診療所を開設したもの若しくは助産師でない者で助産所を開設したものが、病床数その他厚生労働省令で定める事項を変更しようとするときも、厚生労働省令で定める場合を除き、前項と同様とする。

一　精神病床（病院の病床のうち、精神疾患を有する者を入院させるためのものをいう。以下同じ。）

二　感染症病床（病院の病床のうち、感染症の予防及び感染症の患者に対する医療に関する法律（平成十年法律第百十四号）第六条第二項に規定する一類感染症、同条第三項に規定する二類感染症（結核を除く。）、同条第七項に規定する新型インフルエンザ等感染症及び同条第八項に規定する指定感染症（同法第四十四条の九の規定により同法第十九条又は第二十条の規定を準用するものに限る。）の患者（同法第八条（同法第四十四条の九において準用する場合を含む。）の規定により一類感染症、二類感染症、新型インフルエンザ等感染症又は指定感染症の患者とみなされる者を含む。）並びに同法第六条第九項に規定する新感染症の所見がある者を入院させるためのものをいう。以下同じ。）

三　結核病床（病院の病床のうち、結核の患者を入院させるためのものをいう。以下同じ。）

四　療養病床（病院又は診療所の病床のうち、前三号に掲げる病床以外の病床であつて、主として長期にわたり療養を必要とする患者を入院させるためのものをいう。以下同じ。）

五　一般病床（病院又は診療所の病床のう

ち、前各号に掲げる病床以外のものをいう。以下同じ。）

3　診療所に病床を設けようとするとき、又は診療所の病床数、病床の種別その他厚生労働省令で定める事項を変更しようとするときは、厚生労働省令で定める場合を除き、当該診療所の所在地の都道府県知事の許可を受けなければならない。

4　都道府県知事又は保健所を設置する市の市長若しくは特別区の区長は、前三項の許可の申請があつた場合において、その申請に係る施設の構造設備及びその有する人員が第二十一条及び第二十三条の規定に基づく厚生労働省令並びに第二十一条の規定に基づく都道府県の条例の定める要件に適合するときは、前三項の許可を与えなければならない。

5　都道府県知事は、病院の開設の許可若しくは病院の病床数の増加若しくは病床の種別の変更の許可又は診療所の病床の設置の許可若しくは診療所の病床数の増加若しくは病床の種別の変更の許可の申請に対する許可には、当該申請に係る病床において、第三十条の十三第一項に規定する病床の機能区分（以下この項において「病床の機能区分」という。）のうち、当該申請に係る病院又は診療所の所在地を含む構想区域（第三十条の四第一項に規定する医療計画（以下この条、次条及び第七条の三第一項において「医療計画」という。）において定める第三十条の四第二項第七号に規定する構想区域をいう。第七条の三第一項において同じ。）における病床の機能区分に応じた既存の病床数が、医療計画において定める当該構想区域における同号イに規定する将来の病床数の必要量に達していないものに係る医療を提供することその他の医療計画において定める同号に規定する地域医療構想の達成の推進のために必要なものとして厚生労働省令で定める条件を付することができる。

6　都道府県が第三十条の四第十項の規定により第一項から第三項までの許可に係る事務を行う場合又は同条第十一項の規定によりこれらの許可に係る事務を行う場合におけるこれらの許可には、同条第十項の政令で定める事情がなくなつたと認められる場合又は同条第十一項の厚生労働省令で定める病床において当該病床に係る業務が行われなくなつた場合には、当該許可に係る病院又は診療所の所在地を含む地域（当該許可に係る病床（以下この項において「特例許可病床」という。）が療養病床又は一般病床（以下この項、次条及び第七条の三第一項において「療養病床等」という。）のみである場合は医療計画において定める第三十条の四第二項第十四号に規定する区域とし、特例許可病床が精神病床、感染症病床又は結核病床（以下この項及び次条第一項において「精神病床等」という。）のみである場合は当該都道府県の区域とし、特例許可病床が療養病床等及び精神病床等である場合は同号に規定する区域及び当該都道府県の区域とする。）における病院又は診療所の病床の当該許可に係る病床の種別に応じた数（特例許可病床が療養病床等のみである場合は、その地域における療養病床及び一般病床の数）のうち、第三十条の四第八項の厚生労働省令で定める基準に従い医療計画において定めるその地域の当該許可に係る病床の種別に応じた基準病床数（特例許可病床が療養病床等のみである場合は、その地域における療養病床及び一般病床に係る基準病床数）を超えている病床数の範囲内で特例許可病床の数を削減することを内容とする許可の変更のための措置をとることその他の第三十条の三第一項に規定する医療提供体制の確保のために必要なものとして厚生労働省令で定める条件を付することができる。

7　営利を目的として、病院、診療所又は助産所を開設しようとする者に対しては、第四項の規定にかかわらず、第一項の許可を与えないことができる。

第七条の二　都道府県知事は、次に掲げる者が病院の開設の許可又は病院の病床数の増加若しくは病床の種別の変更の許可の申請をした場合において、当該申請に係る病院の所在地を含む地域（当該申請に係る病床が療養病床等のみである場合は医療計画において定める第三十条の四第二項第十四号に規定する区域とし、当該申請に係る病床が精神病床等のみである場合は当該都道府県の区域とし、当該申請に係る病床が療養病床等及び精神病床等である場合は同号に規定する区域及び当該都道府県の区域とする。）における病院又は診療所の病床の当該申請に係る病床の種別に応じた数（当該申請に係る病床が療養病床等のみである場合は、その地域における療養病床及び一般病床の数）が、同条第八項の厚生労働省令で定める基準に従い医療計画において定めるその地域の当該申請に係る病床の種別に応じた基準病床数（当該申請に係る病床が療養病床等のみである場合は、その地域における療養病床及び一般病床に係る基準病床数）に既に達しているか、又は当該申請に係る病院の開設若しくは病床数の増加若しくは病床の種別の変更によつてこれを超えることになると認めるときは、前条第四項の規定にかかわらず、同条第一項又は第二項の許可を与えないことができる。

一　第三十一条に規定する者

二　国家公務員共済組合法（昭和三十三年法律第百二十八号）の規定に基づき設立された共済組合及びその連合会

三　地方公務員等共済組合法（昭和三十七年法律第百五十二号）の規定に基づき設立された共済組合

四　前二号に掲げるもののほか、政令で定める法律に基づき設立された共済組合及びその連合会

五　私立学校教職員共済法（昭和二十八年法律第二百四十五号）の規定により私立学校教職員共済制度を管掌することとされた日本私立学校振興・共済事業団

六　健康保険法（大正十一年法律第七十号）の規定に基づき設立された健康保険組合及びその連合会

七　国民健康保険法（昭和三十三年法律第百九十二号）の規定に基づき設立された国民健康保険組合及び国民健康保険団体連合会

八　独立行政法人地域医療機能推進機構

2　都道府県知事は、前項各号に掲げる者が診療所の病床の設置の許可又は診療所の病床数の増加の許可の申請をした場合において、当該申請に係る診療所の所在地を含む地域（医療計画において定める第三十条の四第二項第十四号に規定する区域をいう。）における療養病床及び一般病床の数が、同条第八項の厚生労働省令で定める基準に従い医療計画において定める当該区域の療養病床及び一般病床に係る基準病床数に既に達しているか、又は当該申請に係る病床の設置若しくは病床数の増加によつてこれを超えることになると認めるときは、前条第四項の規定にかかわらず、同条第三項の許可を与えないことができる。

3　都道府県知事は、第一項各号に掲げる者が開設する病院（療養病床等を有するものに限る。）又は診療所（前条第三項の許可を得て病床を設置するものに限る。）の所在地を含む地域（医療計画において定める第三十条の四第二項第十四号に規定する区域をいう。）における療養病床及び一般病床の数が、同条第八項の厚生労働省令で定める基準に従い医療計画において定める当該区域の療養病床及び一般病床に係る基準病床数を既に超えている場合において、当該病院又は診療所が、正当な理由がなく、前条第一項若しくは第二項の許可に係る療養病床等又は同条第三項の許可を受けた病床に係る業務の全部又は一部を行つていないときは、当該業務を行つていない病床数の範囲内で、当該病院又は診療所の開設者又は管理者に対し、病床数を削減することを内容とする許可の変更のための措置をとるべきことを命ずることができる。

4　前三項の場合において、都道府県知事は、当該地域における既存の病床数及び当該申請に係る病床数を算定するに当たつては、第三十条の四第八項の厚生労働省令で定める基準に従い都道府県の条例の定めるところにより、病院又は診療所の機能及び性格を考慮して、必要な補正を行わなければならない。

5　都道府県知事は、第一項若しくは第二項の規定により前条第一項から第三項までの許可を与えない処分をし、又は第三項の規定により命令しようとするときは、あらかじめ、都道府県医療審議会の意見を聴かなければならない。

6　都道府県知事は、第三項の規定による命令をした場合において、当該命令を受けた病院又は診療所の開設者又は管理者がこれに従わなかつたときは、その旨を公表することができる。

7　独立行政法人（独立行政法人通則法（平成十一年法律第百三号）第二条第一項に規定する独立行政法人をいう。）のうち政令で定めるものは、病院を開設し、若しくはその開設した病院につき病床数を増加させ、若しくは病床の種別を変更し、又は診療所に病床を設け、若しくは診療所の病床数を増加させ、若しくは病床の種別を変更しようとするときは、あらかじめ、その計画に関し、厚生労働大臣に協議（政令で特に定める場合は、通知）をしなければならない。その計画を変更しようとするときも、同様とする。

第七条の三　都道府県知事は、病院の開設の許可又は病院の病床数の増加の許可の申請（療養病床等に関するものに限る。）があつた場合において、当該申請に係る病院の所在地を含む構想区域における療養病床及び一般病床の数の合計が、医療計画において定める当該構想区域における第三十条の四第二項第七号

イに規定する将来の病床数の必要量の合計に既に達しているか、又は当該申請に係る病院の開設若しくは病院の病床数の増加によつてこれを超えることになると認めるときは、当該申請をした者（以下この条において「申請者」という。）に対し、当該構想区域において病院の開設又は病院の病床数の増加が必要である理由その他の厚生労働省令で定める事項（以下この条において「理由等」という。）を記載した書面の提出を求めることができる。

2　都道府県知事は、理由等が十分でないと認めるときは、申請者に対し、第三十条の十四第一項に規定する協議の場における協議に参加するよう求めることができる。

3　申請者は、前項の規定により都道府県知事から求めがあつたときは、これに応ずるよう努めなければならない。

4　都道府県知事は、第二項の協議の場における協議が調わないとき、その他の厚生労働省令で定めるときは、申請者に対し、都道府県医療審議会に出席し、理由等について説明をするよう求めることができる。

5　申請者は、前項の規定により都道府県知事から求めがあつたときは、都道府県医療審議会に出席し、理由等について説明をするよう努めなければならない。

6　都道府県知事は、第二項の協議の場における協議の内容及び第四項の説明の内容を踏まえ、理由等がやむを得ないものと認められないときは、申請者（前条第一項各号に掲げる者に限る。）に対し、第七条第四項の規定にかかわらず、同条第一項又は第二項の許可を与えないことができる。

7　都道府県知事は、前項の規定により第七条第一項又は第二項の許可を与えない処分をしようとするときは、あらかじめ、都道府県医療審議会の意見を聴かなければならない。

8　前各項の規定は、診療所の病床の設置の許可又は診療所の病床数の増加の許可の申請について準用する。この場合において、第六項中「同条第一項又は第二項」とあるのは「同条第三項」と、前項中「第七条第一項又は第二項」とあるのは「第七条第三項」と読み替えるものとする。

第八条　臨床研修等修了医師、臨床研修等修了歯科医師又は助産師が診療所又は助産所を開設したときは、開設後十日以内に、診療所又は助産所の所在地の都道府県知事に届け出なければならない。

第八条の二　病院、診療所又は助産所の開設者は、正当の理由がないのに、その病院、診療所又は助産所を一年を超えて休止してはならない。ただし、前条の規定による届出をして開設した診療所又は助産所の開設者については、この限りでない。

2　病院、診療所又は助産所の開設者が、その病院、診療所又は助産所を休止したときは、十日以内に、都道府県知事に届け出なければならない。休止した病院、診療所又は助産所を再開したときも、同様とする。

第九条　病院、診療所又は助産所の開設者が、その病院、診療所又は助産所を廃止したときは、十日以内に、都道府県知事に届け出なければならない。

2　病院、診療所又は助産所の開設者が死亡し、又は失そうの宣告を受けたときは、戸籍法（昭和二十二年法律第二百二十四号）の規定による死亡又は失そうの届出義務者は、十日以内に、その旨をその所在地の都道府県知事に届け出なければならない。

第二節　管理

第十条　病院（第三項の厚生労働省令で定める病院を除く。次項において同じ。）又は診療所の開設者は、その病院又は診療所が医業をなすものである場合は臨床研修等修了医師に、歯科医業をなすものである場合は臨床研修等修了歯科医師に、これを管理させなければならない。

2　病院又は診療所の開設者は、その病院又は診療所が、医業及び歯科医業を併せ行うものである場合は、それが主として医業を行うものであるときは臨床研修等修了医師に、主として歯科医業を行うものであるときは臨床研修等修了歯科医師に、これを管理させなければならない。

3　医師の確保を特に図るべき区域における医療の確保のために必要な支援を行う病院その他の厚生労働省令で定める病院の開設者は、その病院が医業をなすものである場合又は医業及び歯科医業を併せ行うものであつて主として医業を行うものである場合は、臨床研修等修了医師であつて第五条の二第一項の認定を受けたものに、これを管理させなければならない。ただし、地域における医療の提供に影響を与える場合その他の厚生労働省令で定める場合は、臨床研修等修了医師であつて当該認定を受けていないものに、これを管理させることができる。

第十条の二　特定機能病院の開設者は、前条の規定により管理させる場合は、厚生労働省令で定めるところにより、第十六条の三第一項各号に掲げる事項の実施その他の特定機能病院の管理及び運営に関する業務の遂行に関し必要な能力及び経験を有する者を管理者として選任しなければならない。

2　前項の規定による特定機能病院の管理者の選任は、厚生労働省令で定めるところにより、特定機能病院の開設者と厚生労働省令で定める特別の関係がある者以外の者を構成員に含む管理者となる者を選考するための合議体を設置し、その審査の結果を踏まえて行わなければならない。

第十一条　助産所の開設者は、助産師に、これを管理させなければならない。

第十二条　病院、診療所又は助産所の開設者が、病院、診療所又は助産所の管理者となることができる者である場合は、自らその病院、診療所又は助産所を管理しなければならない。ただし、病院、診療所又は助産所の所在地の都道府県知事の許可を受けた場合は、他の者にこれを管理させることができる。

2　病院、診療所又は助産所を管理する医師、歯科医師又は助産師は、次の各号のいずれかに該当するものとしてその病院、診療所又は助産所の所在地の都道府県知事の許可を受けた場合を除くほか、他の病院、診療所又は助産所を管理しない者でなければならない。

一　医師の確保を特に図るべき区域内に開設する診療所を管理しようとする場合

二　介護老人保健施設その他の厚生労働省令で定める施設に開設する診療所を管理しようとする場合

三　事業所等に従業員等を対象として開設される診療所を管理しようとする場合

四　地域における休日又は夜間の第三十条の三第一項に規定する医療提供体制の確保のために開設される診療所を管理しようとする場合

五　その他厚生労働省令で定める場合

第十二条の二　地域医療支援病院の開設者は、厚生労働省令の定めるところにより、業務に関する報告書を都道府県知事に提出しなければならない。

2　都道府県知事は、厚生労働省令で定めるところにより、前項の報告書の内容を公表しなければならない。

第十二条の三　特定機能病院の開設者は、厚生労働省令の定めるところにより、業務に関する報告書を厚生労働大臣に提出しなければならない。

2　厚生労働大臣は、厚生労働省令で定めるところにより、前項の報告書の内容を公表しなければならない。

第十二条の四　臨床研究中核病院の開設者は、厚生労働省令の定めるところにより、業務に関する報告書を厚生労働大臣に提出しなければならない。

2　厚生労働大臣は、厚生労働省令で定めるところにより、前項の報告書の内容を公表しなければならない。

第十三条　患者を入院させるための施設を有する診療所の管理者は、入院患者の病状が急変した場合においても適切な治療を提供することができるよう、当該診療所の医師が速やかに診療を行う体制を確保するよう努めるとともに、他の病院又は診療所との緊密な連携を確保しておかなければならない。

第十四条　助産所の管理者は、同時に十人以上の妊婦、産婦又はじよく婦を入所させてはならない。ただし、他に入院させ、又は入所させるべき適当な施設がない場合において、臨時応急のため入所させるときは、この限りでない。

第十四条の二　病院又は診療所の管理者は、厚生労働省令の定めるところにより、当該病院又は診療所に関し次に掲げる事項を当該病院又は診療所内に見やすいよう掲示しなければならない。

一　管理者の氏名

二　診療に従事する医師又は歯科医師の氏名

三　医師又は歯科医師の診療日及び診療時間

四　前三号に掲げるもののほか、厚生労働省令で定める事項

2　助産所の管理者は、厚生労働省令の定めるところにより、当該助産所に関し次に掲げる事項を当該助産所内に見やすいように掲示しなければならない。

一　管理者の氏名

二　業務に従事する助産師の氏名

三　助産師の就業の日時

四　前三号に掲げるもののほか、厚生労働省令で定める事項

第十五条　病院又は診療所の管理者は、この法律に定める管理者の責務を果たせるよう、当該病院又は診療所に勤務する医師、歯科医師、薬剤師その他の従業者を監督し、その他

当該病院又は診療所の管理及び運営につき、必要な注意をしなければならない。

2 助産所の管理者は、この法律に定める管理者の責務を果たせるよう、当該助産所に勤務する助産師その他の従業者を監督し、その他当該助産所の管理及び運営につき、必要な注意をしなければならない。

3 病院又は診療所の管理者は、病院又は診療所に診療の用に供するエックス線装置を備えたときその他厚生労働省令で定める場合においては、厚生労働省令の定めるところにより、病院又は診療所所在地の都道府県知事に届け出なければならない。

第十五条の二 病院、診療所又は助産所の管理者は、当該病院、診療所又は助産所において、臨床検査技師等に関する法律（昭和三十三年法律第七十六号）第二条に規定する検体検査（以下この条及び次条第一項において「検体検査」という。）の業務を行う場合は、検体検査の業務を行う施設の構造設備、管理組織、検体検査の精度の確保の方法その他の事項を検体検査の業務の適正な実施に必要なものとして厚生労働省令で定める基準に適合させなければならない。

第十五条の三 病院、診療所又は助産所の管理者は、検体検査の業務を委託しようとするときは、次に掲げる者に委託しなければならない。

一 臨床検査技師等に関する法律第二十条の三第一項の登録を受けた衛生検査所の開設者

二 病院又は診療所その他厚生労働省令で定める場所において検体検査の業務を行う者であつて、その者が検体検査の業務を行う施設の構造設備、管理組織、検体検査の精度の確保の方法その他の事項が検体検査の業務の適正な実施に必要なものとして厚生労働省令で定める基準に適合するもの

2 病院、診療所又は助産所の管理者は、前項に定めるもののほか、病院、診療所又は助産所の業務のうち、医師若しくは歯科医師の診療若しくは助産師の業務又は患者、妊婦、産婦若しくはじよく婦の入院若しくは入所に著しい影響を与えるものとして政令で定めるものを委託しようとするときは、当該病院、診療所又は助産所の業務の種類に応じ、当該業務を適正に行う能力のある者として厚生労働省令で定める基準に適合するものに委託しなければならない。

第十六条 医業を行う病院の管理者は、病院に医師を宿直させなければならない。ただし、当該病院の医師が当該病院に隣接した場所に待機する場合その他当該病院の入院患者の病状が急変した場合においても当該病院の医師が速やかに診療を行う体制が確保されている場合として厚生労働省令で定める場合は、この限りでない。

第十六条の二 地域医療支援病院の管理者は、厚生労働省令の定めるところにより、次に掲げる事項を行わなければならない。

一 当該病院の建物の全部若しくは一部、設備、器械又は器具を、当該病院に勤務しない医療従事者の診療、研究又は研修のために利用させること。

二 救急医療を提供すること。

三 地域の医療従事者の資質の向上を図るための研修を行わせること。

四 第二十二条第二号及び第三号に掲げる諸記録を体系的に管理すること。

五 当該地域医療支援病院に患者を紹介しようとする医師その他厚生労働省令で定める者から第二十二条第二号又は第三号に掲げる諸記録の閲覧を求められたときは、正当の理由がある場合を除き、当該諸記録のうち患者の秘密を害するおそれのないものとして厚生労働省令で定めるものを閲覧させること。

六 他の病院又は診療所から紹介された患者に対し、医療を提供すること。

七 その他厚生労働省令で定める事項

2 地域医療支援病院の管理者は、居宅等における医療を提供する医療提供施設、介護保険法第八条第四項に規定する訪問看護を行う同法第四十一条第一項に規定する指定居宅サービス事業者その他の居宅等における医療を提供する者（以下この項において「居宅等医療提供施設等」という。）における連携の緊密化のための支援、医療を受ける者又は地域の医療提供施設に対する居宅等医療提供施設等に関する情報の提供その他の居宅等医療提供施設等による居宅等における医療の提供の推進に関し必要な支援を行わなければならない。

第十六条の三 特定機能病院の管理者は、厚生労働省令の定めるところにより、次に掲げる事項を行わなければならない。

一 高度の医療を提供すること。

二 高度の医療技術の開発及び評価を行うこと。

三　高度の医療に関する研修を行わせること。
四　医療の高度の安全を確保すること。
五　第二十二条の二第三号及び第四号に掲げる諸記録を体系的に管理すること。
六　当該特定機能病院に患者を紹介しようとする医師その他厚生労働省令で定める者から第二十二条の二第三号又は第四号に掲げる諸記録の閲覧を求められたときは、正当の理由がある場合を除き、当該諸記録のうち患者の秘密を害するおそれのないものとして厚生労働省令で定めるものを閲覧させること。
七　他の病院又は診療所から紹介された患者に対し、医療を提供すること。
八　その他厚生労働省令で定める事項

2　特定機能病院の管理者は、特定機能病院の管理及び運営に関する事項のうち重要なものとして厚生労働省令で定めるものを行う場合には、厚生労働省令で定めるところにより、当該管理者並びに当該特定機能病院に勤務する医師、歯科医師、薬剤師及び看護師その他の者をもつて構成する合議体の決議に基づいて行わなければならない。

3　特定機能病院の管理者は、第三十条の四第二項第二号に規定する医療連携体制が適切に構築されるように配慮しなければならない。

第十六条の四　臨床研究中核病院の管理者は、厚生労働省令の定めるところにより、次に掲げる事項を行わなければならない。
一　特定臨床研究に関する計画を立案し、及び実施すること。
二　他の病院又は診療所と共同して特定臨床研究を実施する場合にあつては、特定臨床研究の実施の主導的な役割を果たすこと。
三　他の病院又は診療所に対し、特定臨床研究の実施に関する相談に応じ、必要な情報の提供、助言その他の援助を行うこと。
四　特定臨床研究に関する研修を行うこと。
五　第二十二条の三第三号及び第四号に掲げる諸記録を体系的に管理すること。
六　その他厚生労働省令で定める事項

第十七条　第六条の十から第六条の十二まで及び第十三条から前条までに定めるもののほか、病院、診療所又は助産所の管理者が、その構造設備、医薬品その他の物品の管理並びに患者、妊婦、産婦及びじよく婦の入院又は入所につき遵守すべき事項については、厚生労働省令で定める。

第十八条　病院又は診療所にあつては、その開設者は、厚生労働省令で定める基準に従い都道府県（診療所にあつては、その所在地が保健所を設置する市又は特別区の区域にある場合においては、当該保健所を設置する市又は特別区）の条例の定めるところにより、専属の薬剤師を置かなければならない。ただし、病院又は診療所所在地の都道府県知事の許可を受けた場合は、この限りでない。

第十九条　助産所の開設者は、厚生労働省令で定めるところにより、嘱託する医師及び病院又は診療所を定めておかなければならない。

2　出張のみによつてその業務に従事する助産師は、妊婦等の助産を行うことを約するときは、厚生労働省令で定めるところにより、当該妊婦等の異常に対応する病院又は診療所を定めなければならない。

第十九条の二　特定機能病院の開設者は、当該特定機能病院の管理者による当該特定機能病院の管理及び運営に関する業務が適切に遂行されるよう、厚生労働省令で定めるところにより、次に掲げる措置を講じなければならない。
一　当該特定機能病院の管理及び運営について当該管理者が有する権限を明らかにすること。
二　医療の安全の確保に関する監査委員会を設置すること。
三　当該管理者の業務の執行が法令に適合することを確保するための体制、当該開設者による当該特定機能病院の業務の監督に係る体制その他の当該特定機能病院の業務の適正を確保するために必要なものとして厚生労働省令で定める体制を整備すること。
四　その他当該管理者による当該特定機能病院の管理及び運営に関する業務の適切な遂行に必要なものとして厚生労働省令で定める措置

第二十条　病院、診療所又は助産所は、清潔を保持するものとし、その構造設備は、衛生上、防火上及び保安上安全と認められるようなものでなければならない。

第二十一条　病院は、厚生労働省令（第一号に掲げる従業者（医師及び歯科医師を除く。）及び第十二号に掲げる施設にあつては、都道府県の条例）の定めるところにより、次に掲げる人員及び施設を有し、かつ、記録を備えて置かなければならない。
一　当該病院の有する病床の種別に応じ、厚生労働省令で定める員数の医師及び歯科医

師のほか、都道府県の条例で定める員数の看護師その他の従業者

二　各科専門の診察室

三　手術室

四　処置室

五　臨床検査施設

六　エックス線装置

七　調剤所

八　給食施設

九　診療に関する諸記録

十　診療科名中に産婦人科又は産科を有する病院にあつては、分べん室及び新生児の入浴施設

十一　療養病床を有する病院にあつては、機能訓練室

十二　その他都道府県の条例で定める施設

2　療養病床を有する診療所は、厚生労働省令（第一号に掲げる従業者（医師及び歯科医師を除く。）及び第三号に掲げる施設にあつては、都道府県の条例）の定めるところにより、次に掲げる人員及び施設を有しなければならない。

一　厚生労働省令で定める員数の医師及び歯科医師のほか、都道府県の条例で定める員数の看護師及び看護の補助その他の業務の従業者

二　機能訓練室

三　その他都道府県の条例で定める施設

3　都道府県が前二項の条例を定めるに当たつては、病院及び療養病床を有する診療所の従業者及びその員数（厚生労働省令で定めるものに限る。）については厚生労働省令で定める基準に従い定めるものとし、その他の事項については厚生労働省令で定める基準を参酌するものとする。

第二十二条　地域医療支援病院は、前条第一項（第九号を除く。）に定めるもののほか、厚生労働省令の定めるところにより、次に掲げる施設を有し、かつ、記録を備えて置かなければならない。

一　集中治療室

二　診療に関する諸記録

三　病院の管理及び運営に関する諸記録

四　化学、細菌及び病理の検査施設

五　病理解剖室

六　研究室

七　講義室

八　図書室

九　その他厚生労働省令で定める施設

第二十二条の二　特定機能病院は、第二十一条第一項（第一号及び第九号を除く。）に定めるもののほか、厚生労働省令の定めるところにより、次に掲げる人員及び施設を有し、かつ、記録を備えて置かなければならない。

一　厚生労働省令で定める員数の医師、歯科医師、薬剤師、看護師その他の従業者

二　集中治療室

三　診療に関する諸記録

四　病院の管理及び運営に関する諸記録

五　前条第四号から第八号までに掲げる施設

六　その他厚生労働省令で定める施設

第二十二条の三　臨床研究中核病院は、第二十一条第一項（第一号及び第九号を除く。）に定めるもののほか、厚生労働省令の定めるところにより、次に掲げる人員及び施設を有し、かつ、記録を備えて置かなければならない。

一　厚生労働省令で定める員数の臨床研究に携わる医師、歯科医師、薬剤師、看護師その他の従業者

二　集中治療室

三　診療及び臨床研究に関する諸記録

四　病院の管理及び運営に関する諸記録

五　第二十二条第四号から第八号までに掲げる施設

六　その他厚生労働省令で定める施設

第二十三条　第二十一条から前条までに定めるもののほか、病院、診療所又は助産所の構造設備について、換気、採光、照明、防湿、保安、避難及び清潔その他衛生上遺憾のないように必要な基準は、厚生労働省令で定める。

2　前項の規定に基づく厚生労働省令の規定に違反した者については、政令で二十万円以下の罰金の刑を科する旨の規定を設けることができる。

第三節　監督

第二十三条の二　都道府県知事は、病院又は療養病床を有する診療所について、その人員の配置が、第二十一条第一項（第一号に係る部分に限る。）又は第二項（第一号に係る部分に限る。）の規定に基づく厚生労働省令又は都道府県の条例で定める基準に照らして著しく不十分であり、かつ、適正な医療の提供に著しい支障が生ずる場合として厚生労働省令で定める場合に該当するときは、その開設者に対し、期限を定めて、その人員の増員を命じ、又は期間を定めて、その業務の全部若しくは一部の停止を命ずることができる。

第二十四条 都道府県知事は、病院、診療所又は助産所が清潔を欠くとき、又はその構造設備が第二十一条第一項若しくは第二項若しくは第二十二条の規定若しくは第二十三条第一項の規定に基づく厚生労働省令の規定に違反し、若しくは衛生上有害若しくは保安上危険と認めるときは、その開設者に対し、期間を定めて、その全部若しくは一部の使用を制限し、若しくは禁止し、又は期限を定めて、修繕若しくは改築を命ずることができる。

2 厚生労働大臣は、特定機能病院又は臨床研究中核病院（以下この節において「特定機能病院等」という。）の構造設備が第二十二条の二又は第二十二条の三の規定に違反するときは、その開設者に対し、期限を定めて、その修繕又は改築を命ずることができる。

第二十四条の二 都道府県知事は、病院、診療所若しくは助産所の業務が法令若しくは法令に基づく処分に違反し、又はその運営が著しく適正を欠くと認めるとき（第二十三条の二又は前条第一項に規定する場合を除く。）は、この法律の施行に必要な限度において、当該病院、診療所又は助産所の開設者に対し、期限を定めて、必要な措置をとるべきことを命ずることができる。

2 前項の開設者が同項の規定による命令に従わないときは、都道府県知事は、当該開設者に対し、期間を定めて、その開設する病院、診療所又は助産所の業務の全部又は一部の停止を命ずることができる。

第二十五条 都道府県知事、保健所を設置する市の市長又は特別区の区長は、必要があると認めるときは、病院、診療所若しくは助産所の開設者若しくは管理者に対し、必要な報告を命じ、又は当該職員に、病院、診療所若しくは助産所に立ち入り、その有する人員若しくは清潔保持の状況、構造設備若しくは診療録、助産録、帳簿書類その他の物件を検査させることができる。

2 都道府県知事、保健所を設置する市の市長又は特別区の区長は、病院、診療所若しくは助産所の業務が法令若しくは法令に基づく処分に違反している疑いがあり、又はその運営が著しく適正を欠く疑いがあると認めるときは、この法律の施行に必要な限度において、当該病院、診療所若しくは助産所の開設者若しくは管理者に対し、診療録、助産録、帳簿書類その他の物件の提出を命じ、又は当該職員に、当該病院、診療所若しくは助産所の開設者の事務所その他当該病院、診療所若しくは助産所の運営に関係のある場所に立ち入り、帳簿書類その他の物件を検査させることができる。

3 厚生労働大臣は、必要があると認めるときは、特定機能病院等の開設者若しくは管理者に対し、必要な報告を命じ、又は当該職員に、特定機能病院等に立ち入り、その有する人員若しくは清潔保持の状況、構造設備若しくは診療録、助産録、帳簿書類その他の物件を検査させることができる。

4 厚生労働大臣は、特定機能病院等の業務が法令若しくは法令に基づく処分に違反している疑いがあり、又はその運営が著しく適正を欠く疑いがあると認めるときは、当該特定機能病院等の開設者又は管理者に対し、診療録、助産録、帳簿書類その他の物件の提出を命ずることができる。

5 第六条の八第三項の規定は第一項から第三項までの立入検査について、同条第四項の規定は前各項の権限について、準用する。

第二十五条の二 保健所を設置する市の市長及び特別区の区長は、厚生労働省令の定めるところにより、診療所及び助産所に関し、厚生労働省令で定める事項を都道府県知事に通知しなければならない。

第二十六条 第二十五条第一項及び第三項に規定する当該職員の職権を行わせるため、厚生労働大臣、都道府県知事、保健所を設置する市の市長又は特別区の区長は、厚生労働省、都道府県、保健所を設置する市又は特別区の職員のうちから、医療監視員を命ずるものとする。

2 前項に定めるもののほか、医療監視員に関し必要な事項は、厚生労働省令でこれを定める。

第二十七条 病院、患者を入院させるための施設を有する診療所又は入所施設を有する助産所は、その構造設備について、その所在地を管轄する都道府県知事の検査を受け、許可証の交付を受けた後でなければ、これを使用してはならない。

第二十七条の二 都道府県知事は、病院又は診療所の開設者又は管理者が、正当な理由がなく、第七条第五項又は第六項の規定により当該許可に付された条件に従わないときは、当該病院又は診療所の開設者又は管理者に対し、都道府県医療審議会の意見を聴いて、期限を定めて、当該条件に従うべきことを勧告することができる。

2　都道府県知事は、前項の規定による勧告を受けた病院又は診療所の開設者又は管理者が、正当な理由がなく、当該勧告に係る措置をとらなかつたときは、当該病院又は診療所の開設者又は管理者に対し、都道府県医療審議会の意見を聴いて、期限を定めて、当該勧告に係る措置をとるべきことを命ずることができる。

3　都道府県知事は、前項の規定による命令をした場合において、当該命令を受けた病院又は診療所の開設者又は管理者がこれに従わなかつたときは、その旨を公表することができる。

第二十八条　都道府県知事は、病院、診療所又は助産所の管理者に、犯罪若しくは医事に関する不正行為があり、又はその者が管理をなすのに適しないと認めるときは、その開設者に対し、期限を定めて、その変更を命ずることができる。

第二十九条　都道府県知事は、次の各号のいずれかに該当する場合においては、病院、診療所若しくは助産所の開設の許可を取り消し、又はその開設者に対し、期間を定めて、その閉鎖を命ずることができる。

一　開設の許可を受けた後、正当な理由がなく、六月以上その業務を開始しないとき。

二　病院、診療所（第八条の届出をして開設したものを除く。）又は助産所（同条の届出をして開設したものを除く。）が、休止した後、正当な理由がなく、一年以上業務を再開しないとき。

三　開設者が第六条の三第八項、第二十四条第一項、第二十四条の二第二項又は前条の規定に基づく命令又は処分に違反したとき。

四　開設者に犯罪又は医事に関する不正の行為があつたとき。

2　都道府県知事は、第七条第二項又は第三項の規定による許可を受けた後、正当な理由がなく、六月以上当該許可に係る業務を開始しないときは、当該許可を取り消すことができる。

3　都道府県知事は、次の各号のいずれかに該当する場合においては、地域医療支援病院の承認を取り消すことができる。

一　地域医療支援病院が第四条第一項各号に掲げる要件を欠くに至つたとき。

二　地域医療支援病院の開設者が第十二条の二第一項の規定に違反したとき。

三　地域医療支援病院の開設者が第二十四条第一項、第三十条の十三第五項又は第三十条の十八の二第二項の規定に基づく命令に違反したとき。

四　地域医療支援病院の管理者が第十六条の二第一項の規定に違反したとき。

五　地域医療支援病院の管理者が第三十条の十二の六第九項の指示に従わなかつたとき。

六　地域医療支援病院の開設者又は管理者が第七条の二第三項、第二十七条の二第二項又は第三十条の十五第六項の規定に基づく命令に違反したとき。

七　地域医療支援病院の開設者又は管理者が第三十条の十二第二項又は第三十条の十七の規定に基づく勧告に従わなかつたとき。

八　地域医療支援病院の開設者又は管理者が第三十条の十六第一項の規定に基づく指示に従わなかつたとき。

九　地域医療支援病院の管理者が感染症の予防及び感染症の患者に対する医療に関する法律第三十六条の四第一項又は第三項の指示に従わなかつたとき。

4　厚生労働大臣は、次の各号のいずれかに該当する場合においては、特定機能病院の承認を取り消すことができる。

一　特定機能病院が第四条の二第一項各号に掲げる要件を欠くに至つたとき。

二　特定機能病院の開設者が第十条の二、第十二条の三第一項又は第十九条の二の規定に違反したとき。

三　特定機能病院の開設者が第二十四条第二項、第三十条の十三第五項又は第三十条の十八の二第二項の規定に基づく命令に違反したとき。

四　特定機能病院の管理者が第十六条の三第一項又は第二項の規定に違反したとき。

五　特定機能病院の管理者が第三十条の十二の六第九項の指示に従わなかつたとき。

六　特定機能病院の開設者又は管理者が第七条の二第三項、第二十七条の二第二項又は第三十条の十五第六項の規定に基づく命令に違反したとき。

七　特定機能病院の開設者又は管理者が第三十条の十二第二項又は第三十条の十七の規定に基づく勧告に従わなかつたとき。

八　特定機能病院の開設者又は管理者が第三十条の十六第一項の規定に基づく指示に従わなかつたとき。

九　特定機能病院の管理者が感染症の予防及

び感染症の患者に対する医療に関する法律第三十六条の四第一項又は第三項の指示に従わなかつたとき。

5　厚生労働大臣は、次の各号のいずれかに該当する場合においては、臨床研究中核病院の承認を取り消すことができる。

一　臨床研究中核病院が第四条の三第一項各号に掲げる要件を欠くに至つたとき。

二　臨床研究中核病院の開設者が第十二条の四第一項の規定に違反したとき。

三　臨床研究中核病院の開設者が第二十四条第二項の規定に基づく命令に違反したとき。

四　臨床研究中核病院の管理者が第十六条の四の規定に違反したとき。

6　都道府県知事は、第三項の規定により地域医療支援病院の承認を取り消すに当たつては、あらかじめ、都道府県医療審議会の意見を聴かなければならない。

7　厚生労働大臣は、第四項又は第五項の規定により特定機能病院等の承認を取り消すに当たつては、あらかじめ、社会保障審議会の意見を聴かなければならない。

第二十九条の二　厚生労働大臣は、国民の健康を守るため緊急の必要があると認めるときは、都道府県知事に対し、第二十八条並びに前条第一項及び第二項の規定による処分を行うべきことを指示することができる。

第三十条　都道府県知事は、行政手続法（平成五年法律第八十八号）第十三条第二項第一号の規定により、あらかじめ弁明の機会の付与又は聴聞を行わないで第二十三条の二、第二十四条第一項、第二十四条の二、第二十八条又は第二十九条第一項若しくは第三項の規定による処分をしたときは、当該処分をした後三日以内に、当該処分を受けた者に対し、弁明の機会の付与を行わなければならない。

第四節　雑則

第三十条の二　この章に特に定めるものの外、病院、診療所及び助産所の開設及び管理に関して必要な事項は、政令でこれを定める。

第五章　医療提供体制の確保

第一節　基本方針

第三十条の三　厚生労働大臣は、地域における医療及び介護の総合的な確保の促進に関する法律（平成元年法律第六十四号）第三条第一項に規定する総合確保方針に即して、良質かつ適切な医療を効率的に提供する体制（以下「医療提供体制」という。）の確保を図るための基本的な方針（以下「基本方針」という。）を定めるものとする。

2　基本方針においては、次に掲げる事項について定めるものとする。

一　医療提供体制の確保のため講じようとする施策の基本となるべき事項

二　医療提供体制の確保に関する調査及び研究に関する基本的な事項

三　医療提供体制の確保に係る目標に関する事項

四　医療提供施設相互間の機能の分担及び業務の連携並びに医療を受ける者に対する医療提供施設の機能に関する情報の提供の推進に関する基本的な事項

五　第三十条の四第二項第七号に規定する地域医療構想に関する基本的な事項

六　地域における病床の機能（病院又は診療所の病床において提供する患者の病状に応じた医療の内容をいう。以下同じ。）の分化及び連携並びに医療を受ける者に対する病床の機能に関する情報の提供の推進に関する基本的な事項

七　外来医療に係る医療提供体制の確保に関する基本的な事項

八　医師の確保に関する基本的な事項

九　医療従事者（医師を除く。）の確保に関する基本的な事項

十　第三十条の四第一項に規定する医療計画の作成及び医療計画に基づく事業の実施状況の評価に関する基本的な事項

十一　その他医療提供体制の確保に関する重要事項

3　厚生労働大臣は、基本方針を定め、又はこれを変更しようとするときは、関係行政機関の長に協議するものとする。

4　厚生労働大臣は、基本方針を定め、又はこれを変更したときは、遅滞なく、これを公表するものとする。

第三十条の三の二　厚生労働大臣は、前条第二項第五号又は第六号に掲げる事項を定め、又はこれを変更するために必要があると認めるときは、都道府県知事又は第三十条の十三第一項に規定する病床機能報告対象病院等の開設者若しくは管理者に対し、厚生労働省令で定めるところにより、同項の規定による報告の内容その他の必要な情報の提供を求めることができる。

医療・年金

2　厚生労働大臣は、前条第二項第七号に掲げる事項を定め、又はこれを変更するために必要があると認めるときは、都道府県知事又は第三十条の十八の二第一項に規定する外来機能報告対象病院等若しくは第三十条の十八の三第一項に規定する無床診療所の開設者若しくは管理者に対し、厚生労働省令で定めるところにより、第三十条の十八の二第一項又は第三十条の十八の三第一項の規定による報告の内容その他の必要な情報の提供を求めることができる。

第二節　医療計画

第三十条の四　都道府県は、基本方針に即して、かつ、地域の実情に応じて、当該都道府県における医療提供体制の確保を図るための計画（以下「医療計画」という。）を定めるものとする。

2　医療計画においては、次に掲げる事項を定めるものとする。

一　都道府県において達成すべき第四号及び第五号の事業並びに居宅等における医療の確保の目標に関する事項

二　第四号及び第五号の事業並びに居宅等における医療の確保に係る医療連携体制（医療提供施設相互間の機能の分担及び業務の連携を確保するための体制をいう。以下同じ。）に関する事項

三　医療連携体制における医療提供施設の機能に関する情報の提供の推進に関する事項

四　生活習慣病その他の国民の健康の保持を図るために特に広範かつ継続的な医療の提供が必要と認められる疾病として厚生労働省令で定めるものの治療又は予防に係る事業に関する事項

五　次に掲げる医療の確保に必要な事業（以下「救急医療等確保事業」という。）に関する事項（ニに掲げる医療については、その確保が必要な場合に限る。）

イ　救急医療

ロ　災害時における医療

ハ　そのまん延により国民の生命及び健康に重大な影響を与えるおそれがある感染症がまん延し、又はそのおそれがあるときにおける医療

ニ　へき地の医療

ホ　周産期医療

ヘ　小児医療（小児救急医療を含む。）

ト　イからヘまでに掲げるもののほか、都道府県知事が当該都道府県における疾病の発生の状況等に照らして特に必要と認める医療

六　居宅等における医療の確保に関する事項

七　地域における病床の機能の分化及び連携を推進するための基準として厚生労働省令で定める基準に従い定める区域（以下「構想区域」という。）における次に掲げる事項を含む将来の医療提供体制に関する構想（以下「地域医療構想」という。）に関する事項

イ　構想区域における厚生労働省令で定めるところにより算定された第三十条の十三第一項に規定する病床の機能区分ごとの将来の病床数の必要量（以下単に「将来の病床数の必要量」という。）

ロ　イに掲げるもののほか、構想区域における病床の機能の分化及び連携の推進のために必要なものとして厚生労働省令で定める事項

八　地域医療構想の達成に向けた病床の機能の分化及び連携の推進に関する事項

九　病床の機能に関する情報の提供の推進に関する事項

十　外来医療に係る医療提供体制の確保に関する事項

十一　医師の確保に関する次に掲げる事項

イ　第十四号及び第十五号に規定する区域における医師の確保の方針

ロ　厚生労働省令で定める方法により算定された第十四号に規定する区域における医師の数に関する指標を踏まえて定める同号に規定する区域において確保すべき医師の数の目標

ハ　厚生労働省令で定める方法により算定された第十五号に規定する区域における医師の数に関する指標を踏まえて定める同号に規定する区域において確保すべき医師の数の目標

ニ　ロ及びハに掲げる目標の達成に向けた医師の派遣その他の医師の確保に関する施策

十二　医療従事者（医師を除く。）の確保に関する事項

十三　医療の安全の確保に関する事項

十四　主として病院の病床（次号に規定する病床並びに精神病床、感染症病床及び結核病床を除く。）及び診療所の病床の整備を図るべき地域的単位として区分する区域の設定に関する事項

十五　二以上の前号に規定する区域を併せた区域であつて、主として厚生労働省令で定める特殊な医療を提供する病院の療養病床又は一般病床であつて当該医療に係るものの整備を図るべき地域的単位としての区域の設定に関する事項

十六　第六項及び第七項に規定する区域を定めた場合には、当該区域の設定に関する事項

十七　療養病床及び一般病床に係る基準病床数、精神病床に係る基準病床数、感染症病床に係る基準病床数並びに結核病床に係る基準病床数に関する事項

3　医療計画においては、前項各号に掲げる事項のほか、次に掲げる事項について定めるよう努めるものとする。

一　地域医療支援病院の整備の目標その他医療提供施設の機能を考慮した医療提供施設の整備の目標に関する事項

二　前号に掲げるもののほか、医療提供体制の確保に関し必要な事項

4　都道府県は、第二項第二号に掲げる事項を定めるに当たつては、次に掲げる事項に配慮しなければならない。

一　医療連携体制の構築の具体的な方策について、第二項第四号の厚生労働省令で定める疾病又は同項第五号イからトまでに掲げる医療若しくは居宅等における医療ごとに定めること。

二　医療連携体制の構築の内容が、患者が退院後においても継続的に適切な医療を受けることができることを確保するものであること。

三　医療連携体制の構築の内容が、医療提供施設及び居宅等において提供される保健医療サービスと福祉サービスとの連携を含むものであること。

四　医療連携体制が、医療従事者、介護保険法に規定する介護サービス事業者、住民その他の地域の関係者による協議を経て構築されること。

5　都道府県は、地域医療構想に関する事項を定めるに当たつては、第三十条の十三第一項の規定による報告の内容並びに人口構造の変化の見通しその他の医療の需要の動向並びに医療従事者及び医療提供施設の配置の状況の見通しその他の事情を勘案しなければならない。

6　都道府県は、第二項第十一号に掲げる事項を定めるに当たつては、提供される医療の種別として厚生労働省令で定めるものごとに、同号ロに規定する指標に関し厚生労働省令で定める基準に従い、医師の数が少ないと認められる同項第十四号に規定する区域を定めることができる。

7　都道府県は、第二項第十一号に掲げる事項を定めるに当たつては、提供される医療の種別として厚生労働省令で定めるものごとに、同号ロに規定する指標に関し厚生労働省令で定める基準に従い、医師の数が多いと認められる同項第十四号に規定する区域を定めることができる。

8　第二項第十四号及び第十五号に規定する区域の設定並びに同項第十七号に規定する基準病床数に関する基準（療養病床及び一般病床に係る基準病床数に関する基準にあつては、それぞれの病床の種別に応じ算定した数の合計数を基にした基準）は、厚生労働省令で定める。

9　都道府県は、第二項第十七号に規定する基準病床数を定めようとする場合において、急激な人口の増加が見込まれることその他の政令で定める事情があるときは、政令で定めるところにより、同号に規定する基準病床数に関し、前項の基準によらないことができる。

10　都道府県は、第十八項の規定により当該都道府県の医療計画が公示された後に、急激な人口の増加が見込まれること、感染症の予防及び感染症の患者に対する医療に関する法律第十六条第二項に規定する新型インフルエンザ等感染症等に係る発生等の公表が行われたことその他の政令で定める事情があるときは、政令で定めるところにより算定した数を、政令で定める区域の第二項第十七号に規定する基準病床数とみなして、病院の開設の許可の申請その他の政令で定める申請に対する許可に係る事務を行うことができる。

11　都道府県は、第十八項の規定により当該都道府県の医療計画が公示された後に、厚生労働省令で定める病床を含む病院の開設の許可の申請その他の政令で定める申請があつた場合においては、政令で定めるところにより算定した数を、政令で定める区域の第二項第十七号に規定する基準病床数とみなして、当該申請に対する許可に係る事務を行うことができる。

12　都道府県は、第十八項の規定により当該都道府県の医療計画が公示された後に、地域医療連携推進法人の参加法人等（第七十条第一

項に規定する参加法人をいう。）から病院の開設の許可の申請その他の政令で定める申請があつた場合において、当該申請が当該医療計画において定める地域医療構想の達成を推進するために必要なものであることその他の厚生労働省令で定める要件に該当すると認めるときは、当該申請に係る当該医療計画において定められた第二項第十七号に規定する基準病床数に政令で定めるところにより算定した数を加えて得た数を、当該基準病床数とみなして、当該申請に対する許可に係る事務を行うことができる。

13　都道府県は、医療計画を作成するに当たつては、地域における医療及び介護の総合的な確保の促進に関する法律第四条第一項に規定する都道府県計画及び介護保険法第百十八条第一項に規定する都道府県介護保険事業支援計画並びに感染症の予防及び感染症の患者に対する医療に関する法律第十条第一項に規定する予防計画及び新型インフルエンザ等対策特別措置法（平成二十四年法律第三十一号）第七条第一項に規定する都道府県行動計画との整合性の確保を図らなければならない。

14　都道府県は、医療計画を作成するに当たつては、他の法律の規定による計画であつて医療の確保に関する事項を定めるものとの調和が保たれるようにするとともに、公衆衛生、薬事、社会福祉その他医療と密接な関連を有する施策との連携を図るように努めなければならない。

15　都道府県は、医療計画を作成するに当たつて、当該都道府県の境界周辺の地域における医療の需給の実情に照らし必要があると認めるときは、関係都道府県と連絡調整を行うものとする。

16　都道府県は、医療に関する専門的科学的知見に基づいて医療計画の案を作成するため、診療又は調剤に関する学識経験者の団体の意見を聴かなければならない。

17　都道府県は、医療計画を定め、又は第三十条の六の規定により医療計画を変更しようとするときは、あらかじめ、都道府県医療審議会、市町村（救急業務を処理する地方自治法（昭和二十二年法律第六十七号）第二百八十四条第一項の一部事務組合及び広域連合を含む。）及び高齢者の医療の確保に関する法律（昭和五十七年法律第八十号）第百五十七条の二第一項の保険者協議会の意見を聴かなければならない。

18　都道府県は、医療計画を定め、又は第三十条の六の規定により医療計画を変更したときは、遅滞なく、これを厚生労働大臣に提出するとともに、その内容を公示しなければならない。

第三十条の五　都道府県は、医療計画を作成し、又は医療計画に基づく事業を実施するために必要があると認めるときは、市町村その他の官公署、介護保険法第七条第七項に規定する医療保険者（第三十条の十四第一項及び第三十条の十八の四第一項において「医療保険者」という。）又は医療提供施設の開設者若しくは管理者に対し、当該都道府県の区域内における医療提供施設の機能に関する情報その他の必要な情報の提供を求めることができる。

第三十条の六　都道府県は、三年ごとに第三十条の四第二項第六号及び第十一号に掲げる事項並びに次の各号に掲げる事項のうち同項第六号及び第十一号に掲げる事項その他厚生労働省令で定める事項に関するもの（次項において「特定事項」という。）について、調査、分析及び評価を行い、必要があると認めるときは、当該都道府県の医療計画を変更するものとする。

一　第三十条の四第二項各号（第六号及び第十一号を除く。）に掲げる事項

二　医療計画に第三十条の四第三項各号に掲げる事項を定める場合にあつては、当該各号に掲げる事項

2　都道府県は、六年ごとに前項各号に掲げる事項（特定事項を除く。）について、調査、分析及び評価を行い、必要があると認めるときは、当該都道府県の医療計画を変更するものとする。

第三十条の七　医療提供施設の開設者及び管理者は、医療計画の達成の推進に資するため、医療連携体制の構築のために必要な協力をするよう努めるものとする。

2　医療提供施設のうち次の各号に掲げるものの開設者及び管理者は、前項の必要な協力をするに際しては、良質かつ適切な医療を効率的に提供するため、他の医療提供施設との業務の連携を図りつつ、それぞれ当該各号に定める役割を果たすよう努めるものとする。

一　病院　病床の機能に応じ、地域における病床の機能の分化及び連携の推進に協力し、地域において必要な医療を確保すること。

二　病床を有する診療所　その提供する医療

の内容に応じ、患者が住み慣れた地域で日常生活を営むことができるよう、次に掲げる医療の提供その他の地域において必要な医療を確保すること。

イ　病院を退院する患者が居宅等における療養生活に円滑に移行するために必要な医療を提供すること。

ロ　居宅等において必要な医療を提供すること。

ハ　患者の病状が急変した場合その他入院が必要な場合に入院させ、必要な医療を提供すること。

3　病院又は診療所の管理者は、医療計画の達成の推進に資するため、居宅等において医療を提供し、又は福祉サービスとの連携を図りつつ、居宅等における医療の提供に関し必要な支援を行うよう努めるものとする。

4　病院の開設者及び管理者は、医療計画の達成の推進に資するため、当該病院の医療業務に差し支えない限り、その建物の全部又は一部、設備、器械及び器具を当該病院に勤務しない医師、歯科医師又は薬剤師の診療、研究又は研修のために利用させるように努めるものとする。

第三十条の八　厚生労働大臣は、医療計画の作成の手法その他医療計画の作成上重要な技術的事項について、都道府県に対し、必要な助言をすることができる。

第三十条の九　国は、医療計画の達成を推進するため、都道府県に対し、予算の範囲内で、医療計画に基づく事業に要する費用の一部を補助することができる。

第三十条の十　国及び地方公共団体は、医療計画の達成を推進するため、病院又は診療所の不足している地域における病院又は診療所の整備、地域における病床の機能の分化及び連携の推進、医師の確保その他必要な措置を講ずるように努めるものとする。

2　国は、前項に定めるもののほか、都道府県の区域を超えた広域的な見地から必要とされる医療を提供する体制の整備に努めるものとする。

第三十条の十一　都道府県知事は、医療計画の達成の推進のため特に必要がある場合には、病院若しくは診療所を開設しようとする者又は病院若しくは診療所の開設者若しくは管理者に対し、都道府県医療審議会の意見を聴いて、病院の開設若しくは病院の病床数の増加若しくは病床の種別の変更又は診療所の病床の設置若しくは診療所の病床数の増加に関して勧告することができる。

第三十条の十二　第七条の二第三項から第五項までの規定は、医療計画の達成の推進のため特に必要がある場合において、同条第一項各号に掲げる者以外の者が開設する病院（療養病床又は一般病床を有するものに限る。）又は診療所（第七条第三項の許可を得て病床を設置するものに限る。）について準用する。この場合において、第七条の二第三項中「命ずる」とあるのは「要請する」と、同条第四項中「前三項」とあるのは「前項」と、「病床数及び当該申請に係る病床数」とあるのは「病床数」と、同条第五項中「第一項若しくは第二項の規定により前条第一項から第三項までの許可を与えない処分をし、又は第三項」とあるのは「第三項」と、「命令しよう」とあるのは「要請しよう」と読み替えるものとする。

2　都道府県知事は、前項において読み替えて準用する第七条の二第三項の規定による要請を受けた病院又は診療所の開設者又は管理者が、正当な理由がなく、当該要請に係る措置を講じていないと認めるときは、当該病院又は診療所の開設者又は管理者に対し、都道府県医療審議会の意見を聴いて、当該措置をとるべきことを勧告することができる。

3　都道府県知事は、前項の規定による勧告をした場合において、当該勧告を受けた病院又は診療所の開設者又は管理者がこれに従わなかつたときは、その旨を公表することができる。

第二節の二　災害・感染症医療確保事業に係る人材の確保等

第三十条の十二の二　厚生労働大臣は、都道府県知事の求めに応じて、災害が発生した区域又はそのまん延により国民の生命及び健康に重大な影響を与えるおそれがある感染症がまん延し、若しくはそのおそれがある区域に派遣されて第三十条の四第二項第五号ロ又はハに掲げる医療の確保に係る業務に従事する旨の承諾をした者（医師、看護師その他の当該業務に関する必要な知識及び技能を有する者であつて厚生労働大臣が実施する研修の課程を修了したことその他の厚生労働省令で定める基準を満たすものに限る。）を災害・感染症医療業務従事者として登録するものとする。

2　前項の登録は、厚生労働省令で定めるところにより、同項に定める業務に従事する旨の承諾をした者の申請により行う。

第三十条の十二の三　厚生労働大臣は、前条第一項の災害・感染症医療業務従事者（以下この節において「災害・感染症医療業務従事者」という。）について次の各号のいずれかに該当する場合においては、その登録を消除しなければならない。

一　本人から登録の消除の申請があつた場合

二　本人が死亡したことを知つた場合

2　厚生労働大臣は、災害・感染症医療業務従事者が次の各号のいずれかに該当する場合においては、その登録を消除することができる。

一　前条第一項の厚生労働省令で定める基準を満たさなくなつたと認められる場合

二　虚偽又は不正の事実に基づいて登録を受けた場合

三　前条第一項に規定する業務に関し犯罪又は不正の行為があつた場合

第三十条の十二の四　厚生労働大臣は、都道府県知事の求めに応じ、この節の規定の実施に必要な限度において、その保有する災害・感染症医療業務従事者に関する情報であつて厚生労働省令で定めるものを当該都道府県知事に提供することができる。

第三十条の十二の五　厚生労働大臣は、第三十条の十二の二第一項の研修及び登録に関する事務並びに前条の情報の提供に関する事務を厚生労働大臣が指定する者に委託することができる。

2　前項の規定により委託を受けた者は、厚生労働大臣の承認を得て、他の者に同項の規定により委託を受けた事務の全部又は一部を再委託することができる。

第三十条の十二の六　都道府県知事は、第三十条の四第二項第五号ロ又はハに掲げる医療の確保に必要な事業（以下この節において「災害・感染症医療確保事業」という。）を実施するため、当該都道府県の区域内に所在する病院又は診療所の管理者と協議し、合意が成立したときは、次に掲げる事項をその内容に含む協定（以下この条及び第三十条の十二の八第一項において「協定」という。）を締結するものとする。

一　都道府県知事による災害・感染症医療確保事業に係る災害・感染症医療業務従事者又は災害・感染症医療業務従事者の一隊（以下この条及び第三十条の十二の八第一項において「医療隊」という。）の派遣の求め及び当該求めに係る派遣に関すること。

二　都道府県知事の派遣の求めに応じ、他の都道府県知事の実施する災害・感染症医療確保事業に係る応援を行うため、災害・感染症医療業務従事者又は医療隊の派遣を行う場合には、その旨

三　前二号の規定により派遣する災害・感染症医療業務従事者又は医療隊が行う業務の内容

四　第一号又は第二号の規定による派遣に要する費用の負担の方法

五　協定の有効期間

六　協定に違反した場合の措置

七　その他協定の実施に関し必要な事項として厚生労働省令で定めるもの

2　前項の規定により締結する協定は、感染症の予防及び感染症の患者に対する医療に関する法律第三十六条の三第一項に規定する医療措置協定と一体のものとして締結することができる。

3　都道府県知事は、災害・感染症医療確保事業を実施するため必要があると認めるときは、厚生労働省令で定めるところにより、協定を締結した病院又は診療所（以下この条において「協定締結病院等」という。）の管理者に対し、協定に基づく災害・感染症医療業務従事者又は医療隊の派遣の状況その他の事項について報告を求めることができる。

4　協定締結病院等の管理者は、都道府県知事から前項の規定による求めがあつたときは、正当な理由がある場合を除き、その求めに応じなければならない。

5　都道府県知事は、第三項の規定による報告を受けたときは、厚生労働省令で定めるところにより、同項の規定により報告を受けた災害・感染症医療業務従事者又は医療隊の派遣の状況その他の事項に関し、厚生労働省令で定める事項を厚生労働大臣に報告しなければならない。

6　都道府県知事が第三項の規定により協定締結病院等の管理者に対し災害・感染症医療業務従事者又は医療隊の派遣の状況その他の事項の報告を求めた場合において、当該管理者が、当該報告を、電磁的方法であつてその内容を当該管理者、当該都道府県知事及び厚生労働大臣が閲覧することができるものにより行つたときは、当該報告を受けた都道府県知

事は、前項の規定による報告を行つたものとみなす。

7 厚生労働大臣は、第五項の規定による報告（前項の規定により報告を行つたものとみなされた場合を含む。）を受けた事項について、必要があると認めるときは、当該都道府県知事に対し、助言その他必要な援助をすることができる。

8 都道府県知事は、協定締結病院等の管理者が、正当な理由がなく、当該協定に基づく措置を講じていないと認めるときは、当該管理者に対し、当該措置をとるべきことを勧告することができる。

9 都道府県知事は、協定締結病院等の管理者が、正当な理由がなく、前項の勧告に従わないときは、当該管理者に対し、当該措置をとるべきことを指示することができる。

10 都道府県知事は、前項の規定による指示をした場合において、当該指示を受けた協定締結病院等の管理者がこれに従わなかつたときは、その旨を公表することができる。

11 前各項に定めるもののほか、協定に関して必要な事項は、厚生労働省令で定める。

第三十条の十二の七 国は、災害・感染症医療業務従事者に対する災害・感染症医療確保事業に係る業務に関する研修及び訓練の機会の提供その他必要な援助を行うものとする。

2 都道府県は、災害・感染症医療業務従事者に対する災害・感染症医療確保事業に係る業務に関する研修及び訓練の機会の提供その他必要な援助を行うよう努めるものとする。

3 国は、都道府県が行う災害・感染症医療業務従事者に係る事務が円滑に実施されるよう、当該都道府県に対し、助言その他必要な援助を行うよう努めるものとする。

第三十条の十二の八 法令に特別の定めがある場合又は予算の範囲内において特別の措置を講じている場合を除くほか、協定に基づく災害・感染症医療業務従事者又は医療隊の派遣に要する費用は、都道府県が支弁するものとする。

2 都道府県は、前項に規定する費用のうち、他の都道府県の知事により実施された災害・感染症医療確保事業につき行つた応援のため支弁した費用について、当該他の都道府県に対して、求償することができる。

第三十条の十二の九 この節に定めるもののほか、災害・感染症医療確保事業に係る人材の確保等について必要な事項は、厚生労働省令で定める。

第三節　地域における病床の機能の分化及び連携の推進

第三十条の十三 病院又は診療所であつて療養病床又は一般病床を有するもの（以下「病床機能報告対象病院等」という。）の管理者は、地域における病床の機能の分化及び連携の推進のため、厚生労働省令で定めるところにより、当該病床機能報告対象病院等の病床の機能に応じ厚生労働省令で定める区分（以下「病床の機能区分」という。）に従い、次に掲げる事項を当該病床機能報告対象病院等の所在地の都道府県知事に報告しなければならない。

一 厚生労働省令で定める日（次号において「基準日」という。）における病床の機能（以下「基準日病床機能」という。）

二 基準日から厚生労働省令で定める期間が経過した日における病床の機能の予定（以下「基準日後病床機能」という。）

三 当該病床機能報告対象病院等に入院する患者に提供する医療の内容

四 その他厚生労働省令で定める事項

2 病床機能報告対象病院等の管理者は、前項の規定により報告した基準日後病床機能について変更が生じたと認められるときとして厚生労働省令で定めるときは、厚生労働省令で定めるところにより、速やかに当該病床機能報告対象病院等の所在地の都道府県知事に報告しなければならない。

3 都道府県知事は、前二項の規定による報告の内容を確認するために必要があると認めるときは、市町村その他の官公署に対し、当該都道府県の区域内に所在する病床機能報告対象病院等に関し必要な情報の提供を求めることができる。

4 都道府県知事は、厚生労働省令で定めるところにより、第一項及び第二項の規定により報告された事項を公表しなければならない。

5 都道府県知事は、病床機能報告対象病院等の管理者が第一項若しくは第二項の規定による報告をせず、又は虚偽の報告をしたときは、期間を定めて、当該病床機能報告対象病院等の開設者に対し、当該管理者をしてその報告を行わせ、又はその報告の内容を是正させることを命ずることができる。

6 都道府県知事は、前項の規定による命令をした場合において、その命令を受けた病床機能報告対象病院等の開設者がこれに従わなかつたときは、その旨を公表することができる。

第三十条の十四　都道府県は、構想区域その他の当該都道府県の知事が適当と認める区域（第三十条の十六第一項及び第三十条の十八の四第三項において「構想区域等」という。）ごとに、診療に関する学識経験者の団体その他の医療関係者、医療保険者その他の関係者（以下この条において「関係者」という。）との協議の場（第三十条の十八の四第一項及び第二項並びに第三十条の二十三第一項を除き、以下「協議の場」という。）を設け、関係者との連携を図りつつ、医療計画において定める将来の病床数の必要量を達成するための方策その他の地域医療構想の達成を推進するために必要な事項について協議を行うものとする。

2　関係者は、前項の規定に基づき都道府県が行う協議に参加するよう都道府県から求めがあつた場合には、これに協力するよう努めるとともに、当該協議の場において関係者間の協議が調つた事項については、その実施に協力するよう努めなければならない。

3　第七条第五項に規定する申請をした者は、当該申請に係る病院の開設若しくは病院の病床数の増加若しくは病床の種別の変更又は診療所の病床の設置若しくは診療所の病床数の増加若しくは病床の種別の変更に関して、医療計画において定める地域医療構想の達成の推進のため、協議の場における協議に参加するよう都道府県知事から求めがあつたときは、これに応ずるよう努めなければならない。

第三十条の十五　都道府県知事は、第三十条の十三第一項の規定による報告に係る基準日病床機能と基準日後病床機能とが異なる場合その他の厚生労働省令で定める場合において、当該報告をした病床機能報告対象病院等（以下この条及び次条において「報告病院等」という。）の所在地を含む構想区域における病床機能報告対象病院等の病床の当該報告に係る基準日後病床機能に係る病床の機能区分に応じた数が、医療計画において定める当該構想区域における当該報告に係る基準日後病床機能に係る病床の機能区分に応じた将来の病床数の必要量に既に達しているときは、報告病院等の開設者又は管理者に対し、当該報告に係る基準日病床機能と基準日後病床機能とが異なる理由その他の厚生労働省令で定める事項（以下この条において「理由等」という。）を記載した書面の提出を求めることができる。

2　都道府県知事は、前項の書面に記載された理由等が十分でないと認めるときは、当該報告病院等の開設者又は管理者に対し、協議の場における協議に参加するよう求めることができる。

3　報告病院等の開設者又は管理者は、前項の規定により都道府県知事から求めがあつたときは、これに応ずるよう努めなければならない。

4　都道府県知事は、第二項の協議の場における協議が調わないとき、その他の厚生労働省令で定めるときは、当該報告病院等の開設者又は管理者に対し、都道府県医療審議会に出席し、当該理由等について説明をするよう求めることができる。

5　報告病院等の開設者又は管理者は、前項の規定により都道府県知事から求めがあつたときは、都道府県医療審議会に出席し、当該理由等について説明をするよう努めなければならない。

6　都道府県知事は、第二項の協議の場における協議の内容及び第四項の説明の内容を踏まえ、当該理由等がやむを得ないものと認められないときは、報告病院等（第七条の二第一項各号に掲げる者が開設するものに限る。）の開設者又は管理者に対し、都道府県医療審議会の意見を聴いて、第三十条の十三第一項の規定による報告に係る基準日病床機能を当該報告に係る基準日後病床機能に変更しないことその他必要な措置をとるべきことを命ずることができる。

7　前項の規定は、医療計画において定める地域医療構想の達成の推進のため特に必要がある場合において、第七条の二第一項各号に掲げる者以外の者が開設する報告病院等について準用する。この場合において、前項中「命ずる」とあるのは、「要請する」と読み替えるものとする。

第三十条の十六　都道府県知事は、医療計画において定める地域医療構想の達成を推進するために必要な事項について、協議の場における協議が調わないとき、その他の厚生労働省令で定めるときは、構想区域等における病床機能報告対象病院等（第七条の二第一項各号に掲げる者が開設するものに限る。）の開設者又は管理者に対し、都道府県医療審議会の意見を聴いて、病床の機能区分のうち、当該構想区域等に係る構想区域における病床の機能区分に応じた既存の病床数が、医療計画において定める当該構想区域における将来の病床数の必要量に達していないものに係る医療を提供することその他必要な措置をとるべきことを指示することができる。

2　前項の規定は、医療計画において定める地域医療構想の達成の推進のため特に必要がある場合において、第七条の二第一項各号に掲げる者以外の者が開設する病床機能報告対象病院等について準用する。この場合において、前項中「指示する」とあるのは、「要請する」と読み替えるものとする。

第三十条の十七　都道府県知事は、第三十条の十五第七項において読み替えて準用する同条第六項又は前条第二項において読み替えて準用する同条第一項の規定による要請を受けた病床機能報告対象病院等の開設者又は管理者が、正当な理由がなく、当該要請に係る措置を講じていないと認めるときは、当該病床機能報告対象病院等の開設者又は管理者に対し、都道府県医療審議会の意見を聴いて、当該措置を講ずべきことを勧告することができる。

第三十条の十八　都道府県知事は、第三十条の十五第六項の規定による命令、第三十条の十六第一項の規定による指示又は前条の規定による勧告をした場合において、当該命令、指示又は勧告を受けた病床機能報告対象病院等の開設者又は管理者がこれに従わなかつたときは、その旨を公表することができる。

第四節　地域における外来医療に係る医療提供体制の確保

第三十条の十八の二　病床機能報告対象病院等であつて外来医療を提供するもの（以下この条において「外来機能報告対象病院等」という。）の管理者は、地域における外来医療に係る病院及び診療所の機能の分化及び連携の推進のため、厚生労働省令で定めるところにより、次に掲げる事項を当該外来機能報告対象病院等の所在地の都道府県知事に報告しなければならない。

一　当該外来機能報告対象病院等において提供する外来医療のうち、その提供に当たつて医療従事者又は医薬品、医療機器その他の医療に関する物資を重点的に活用するものとして厚生労働省令で定める外来医療に該当するものの内容

二　当該外来機能報告対象病院等が地域において前号の厚生労働省令で定める外来医療を提供する基幹的な病院又は診療所としての役割を担う意向を有する場合は、その旨

三　その他厚生労働省令で定める事項

2　都道府県知事は、外来機能報告対象病院等の管理者が前項（第二号に係る部分を除く。）の規定による報告をせず、又は虚偽の報告をしたときは、期間を定めて、当該外来機能報告対象病院等の開設者に対し、当該管理者をしてその報告を行わせ、又はその報告の内容を是正させることを命ずることができる。

3　第三十条の十三第三項、第四項及び第六項の規定は、第一項の規定による報告について準用する。この場合において、同条第三項中「病床機能報告対象病院等」とあるのは「外来機能報告対象病院等」と、同条第六項中「前項」とあるのは「第三十条の十八の二第二項」と、「病床機能報告対象病院等」とあるのは「外来機能報告対象病院等」と読み替えるものとする。

第三十条の十八の三　患者を入院させるための施設を有しない診療所（以下この条において「無床診療所」という。）の管理者は、地域における外来医療に係る病院及び診療所の機能の分化及び連携の推進のため、厚生労働省令で定めるところにより、次に掲げる事項を当該無床診療所の所在地の都道府県知事に報告することができる。

一　当該無床診療所において提供する外来医療のうち、前条第一項第一号の厚生労働省令で定める外来医療に該当するものの内容

二　当該無床診療所が地域において前条第一項第一号の厚生労働省令で定める外来医療を提供する基幹的な診療所としての役割を担う意向を有する場合は、その旨

三　その他厚生労働省令で定める事項

2　第三十条の十三第三項及び第四項の規定は、前項の規定による報告について準用する。この場合において、同条第三項中「病床機能報告対象病院等」とあるのは、「無床診療所」と読み替えるものとする。

第三十条の十八の四　都道府県は、第三十条の四第二項第十四号に規定する区域その他の当該都道府県の知事が適当と認める区域（第三項において「対象区域」という。）ごとに、診療に関する学識経験者の団体その他の医療関係者、医療保険者その他の関係者（以下こ

の項及び次項において「関係者」という。）との協議の場を設け、関係者との連携を図りつつ、次に掲げる事項（第三号から第五号までに掲げる事項については、外来医療に係る医療提供体制の確保に関するものに限る。第三項において同じ。）について協議を行い、その結果を取りまとめ、公表するものとする。

一　第三十条の四第二項第十一号ロに規定する指標によつて示される医師の数に関する情報を踏まえた外来医療に係る医療提供体制の状況に関する事項

二　第三十条の十八の二第一項及び前条第一項の規定による報告を踏まえた第三十条の十八の二第一項第一号の厚生労働省令で定める外来医療を提供する基幹的な病院又は診療所に関する事項

三　前号に掲げるもののほか、病院及び診療所の機能の分化及び連携の推進に関する事項

四　複数の医師が連携して行う診療の推進に関する事項

五　医療提供施設の建物の全部又は一部、設備、器械及び器具の効率的な活用に関する事項

六　その他外来医療に係る医療提供体制を確保するために必要な事項

2　関係者は、前項の規定に基づき都道府県が行う協議に参加するよう都道府県から求めがあつた場合には、これに協力するよう努めるとともに、当該協議の場において関係者間の協議が調つた事項については、その実施に協力するよう努めなければならない。

3　都道府県は、対象区域が構想区域等と一致する場合には、当該対象区域における第一項の協議に代えて、当該構想区域等における協議の場において、同項各号に掲げる事項について協議を行うことができる。

4　前項に規定する場合には、第三十条の十四第一項に規定する関係者は、前項の規定に基づき都道府県が行う協議に参加するよう都道府県から求めがあつた場合には、これに協力するよう努めるとともに、当該協議の場において当該関係者間の協議が調つた事項については、その実施に協力するよう努めなければならない。

第五節　医療従事者の確保等に関する施策等

第三十条の十九　病院又は診療所の管理者は、当該病院又は診療所に勤務する医療従事者の勤務環境の改善その他の医療従事者の確保に資する措置を講ずるよう努めなければならない。

第三十条の二十　厚生労働大臣は、前条の規定に基づき病院又は診療所の管理者が講ずべき措置に関して、その適切かつ有効な実施を図るための指針となるべき事項を定め、これを公表するものとする。

第三十条の二十一　都道府県は、医療従事者の勤務環境の改善を促進するため、次に掲げる事務を実施するよう努めるものとする。

一　病院又は診療所に勤務する医療従事者の勤務環境の改善に関する相談に応じ、必要な情報の提供、助言その他の援助を行うこと。

二　病院又は診療所に勤務する医療従事者の勤務環境の改善に関する調査及び啓発活動を行うこと。

三　前二号に掲げるもののほか、医療従事者の勤務環境の改善のために必要な支援を行うこと。

2　都道府県は、前項各号に掲げる事務の全部又は一部を厚生労働省令で定める者に委託することができる。

3　都道府県又は前項の規定による委託を受けた者は、第一項各号に掲げる事務又は当該委託に係る事務を実施するに当たり、次に掲げる事項について特に留意するものとする。

一　医師の確保を特に図るべき区域に派遣される医師が勤務することとなる病院又は診療所における勤務環境の改善の重要性

二　医療従事者の勤務環境の改善を促進するための拠点としての機能の確保の重要性

4　都道府県又は第二項の規定による委託を受けた者は、第一項各号に掲げる事務又は当該委託に係る事務を実施するに当たつては、第三十条の二十五第三項に規定する地域医療支援事務又は同項の規定による委託に係る事務を実施する者と相互に連携を図らなければならない。

5　第二項の規定による委託を受けた者若しくはその役員若しくは職員又はこれらの者であつた者は、正当な理由がなく、当該委託に係る事務に関して知り得た秘密を漏らしてはならない。

第三十条の二十二　国は、前条第一項各号に掲げる事務の適切な実施に資するため、都道府県に対し、必要な情報の提供その他の協力を

行うものとする。

第三十条の二十三　都道府県は、次に掲げる者の管理者その他の関係者との協議の場（次項において「地域医療対策協議会」という。）を設け、これらの者の協力を得て、同項各号に掲げる医療計画において定める医師の確保に関する事項の実施に必要な事項について協議を行い、当該協議が調つた事項について、公表しなければならない。

一　特定機能病院

二　地域医療支援病院

三　第三十一条に規定する公的医療機関（第五号において「公的医療機関」という。）

四　医師法第十六条の二第一項に規定する都道府県知事の指定する病院

五　公的医療機関以外の病院（公的医療機関に準ずるものとして厚生労働省令で定めるものを除く。）

六　診療に関する学識経験者の団体

七　学校教育法（昭和二十二年法律第二十六号）第一条に規定する大学（以下単に「大学」という。）その他の医療従事者の養成に関係する機関

八　当該都道府県知事の認定を受けた第四十二条の二第一項に規定する社会医療法人

九　その他厚生労働省令で定める者

2　前項の規定により地域医療対策協議会において協議を行う事項は、次に掲げる事項とする。

一　医師の確保を特に図るべき区域における医師の確保に資するとともに、医師の確保を特に図るべき区域に派遣される医師の能力の開発及び向上を図ることを目的とするものとして厚生労働省令で定める計画に関する事項

二　医師の派遣に関する事項

三　第一号に規定する計画に基づき医師の確保を特に図るべき区域に派遣された医師の能力の開発及び向上に関する継続的な援助に関する事項

四　医師の確保を特に図るべき区域に派遣された医師の負担の軽減のための措置に関する事項

五　医師の確保を特に図るべき区域における医師の確保のために大学と都道府県とが連携して行う文部科学省令・厚生労働省令で定める取組に関する事項

六　医師法の規定によりその権限に属させられた事項

七　その他医療計画において定める医師の確保に関する事項

3　都道府県知事は、前項第二号に掲げる事項についての協議を行うに当たつては、医師の派遣が医師の確保を特に図るべき区域における医師の確保に資するものとなるよう、第三十条の四第二項第十一号ロに規定する指標によつて示される医師の数に関する情報を踏まえることその他の厚生労働省令で定める事項に配慮しなければならない。

4　第一項各号に掲げる者の管理者その他の関係者は、同項の規定に基づき都道府県が行う協議に参画するよう都道府県から求めがあつた場合には、これに協力するよう努めなければならない。

第三十条の二十四　都道府県知事は、前条第一項に規定する協議が調つた事項（次条第一項、第三十条の二十七及び第三十一条において「協議が調つた事項」という。）に基づき、特に必要があると認めるときは、前条第一項各号に掲げる者の開設者、管理者その他の関係者に対し、医師の派遣、研修体制の整備その他の医師の確保を特に図るべき区域の病院又は診療所における医師の確保に関し必要な協力を要請することができる。

第三十条の二十五　都道府県は、協議が調つた事項に基づき、地域において必要とされる医療を確保するため、次に掲げる事務を実施するよう努めるものとする。

一　第三十条の四第六項に規定する区域内に所在する病院及び診療所における医師の確保の動向、同条第七項に規定する区域内に所在する病院及び診療所において医師が確保されている要因その他の地域において必要とされる医療の確保に関する調査及び分析を行うこと。

二　病院及び診療所の開設者、管理者その他の関係者に対し、医師の確保に関する相談に応じ、必要な情報の提供、助言その他の援助を行うこと。

三　就業を希望する医師、大学の医学部において医学を専攻する学生その他の関係者に対し、就業に関する相談に応じ、必要な情報の提供、助言その他の援助を行うこと。

四　医師に対し、医療に関する研修その他の能力の開発及び向上に関する相談に応じ、必要な情報の提供、助言その他の援助を行うこと。

五　第三十条の二十三第二項第一号に規定する計画を策定すること。

六　第三十条の二十三第二項第二号から第四号までに掲げる事項の実施に関し必要な調整を行うこと。

七　前各号に掲げるもののほか、病院及び診療所における医師の確保を図るために必要な支援を行うこと。

2　都道府県は、前項各号に掲げる事務のほか、医師について職業安定法（昭和二十二年法律第百四十一号）第二十九条第一項の規定により無料の職業紹介事業を行うこと又は医業について労働者派遣事業の適正な運営の確保及び派遣労働者の保護等に関する法律（昭和六十年法律第八十八号）第五条第一項の許可を受けて労働者派遣事業を行うことができる。

3　都道府県は、第一項各号に掲げる事務及び前項に規定する事務（以下この条及び次条において「地域医療支援事務」という。）の全部又は一部を厚生労働省令で定める者に委託することができる。

4　都道府県又は前項の規定による委託を受けた者は地域医療支援事務又は当該委託に係る事務を実施するに当たり、地域において必要とされる医療を確保するための拠点としての機能の確保に努めるものとする。

5　都道府県又は第三項の規定による委託を受けた者は、地域医療支援事務又は当該委託に係る事務を実施するに当たつては、第三十条の二十一第一項各号に掲げる事務又は同条第二項の規定による委託に係る事務を実施する者と相互に連携を図らなければならない。

6　第三項の規定による委託を受けた者若しくはその役員若しくは職員又はこれらの者であつた者は、正当な理由がなく、当該委託に係る事務に関して知り得た秘密を漏らしてはならない。

第三十条の二十六　国は、地域医療支援事務の適切な実施に資するため、都道府県に対し、必要な情報の提供その他の協力を行うものとする。

第三十条の二十七　第三十条の二十三第一項各号（第三号を除く。）に掲げる者及び医療従事者は、協議が調つた事項その他当該都道府県において必要とされる医療の確保に関する事項の実施に協力するよう努めるとともに、第三十条の二十四の規定により協力を要請されたときは、当該要請に応じ、医師の確保に関し協力するよう努めなければならない。

第六節　公的医療機関

第三十一条　公的医療機関（都道府県、市町村その他厚生労働大臣の定める者の開設する病院又は診療所をいう。以下この節において同じ。）は、協議が調つた事項その他当該都道府県において必要とされる医療の確保に関する事項の実施に協力するとともに、第三十条の二十四の規定により協力を要請されたときは、当該要請に応じ、医師の確保に関し協力しなければならない。

第三十二条及び第三十三条　削除

第三十四条　厚生労働大臣は、医療の普及を図るため特に必要があると認めるときは、第三十一条に規定する者に対し、公的医療機関の設置を命ずることができる。

2　前項の場合においては、国庫は、予算の定める範囲内において、その設置に要する費用の一部を補助する。

第三十五条　厚生労働大臣又は都道府県知事は、公的医療機関の開設者又は管理者に対して、次の事項を命ずることができる。

一　当該病院又は診療所の医療業務に差し支えない限り、その建物の全部又は一部、設備、器械及び器具を当該公的医療機関に勤務しない医師又は歯科医師の診療又は研究のために利用させること。

二　医師法第十一条第二号若しくは歯科医師法第十一条第二号の規定による実地修練又は医師法第十六条の二第一項若しくは歯科医師法第十六条の二第一項の規定による臨床研修を行わせるのに必要な条件を整備すること。

三　当該公的医療機関の所在地の都道府県の医療計画に定められた救急医療等確保事業に係る医療の確保に関し必要な措置を講ずること。

2　前項各号に掲げる事項の外、厚生労働大臣又は都道府県知事は、公的医療機関の開設者に対して、その運営に関して必要な指示をすることができる。

第三十六条から第三十八条まで　削除

第六章　医療法人

第一節　通則

第三十九条　病院、医師若しくは歯科医師が常時勤務する診療所、介護老人保健施設又は介護医療院を開設しようとする社団又は財団は、この法律の規定により、これを法人とすることができる。

2　前項の規定による法人は、医療法人と称する。

第四十条　医療法人でない者は、その名称中に、医療法人という文字を用いてはならない。

第四十条の二　医療法人は、自主的にその運営基盤の強化を図るとともに、その提供する医療の質の向上及びその運営の透明性の確保を図り、その地域における医療の重要な担い手としての役割を積極的に果たすよう努めなければならない。

第四十一条　医療法人は、その業務を行うに必要な資産を有しなければならない。

2　前項の資産に関し必要な事項は、医療法人の開設する医療機関の規模等に応じ、厚生労働省令で定める。

第四十二条　医療法人は、その開設する病院、診療所、介護老人保健施設又は介護医療院（当該医療法人が地方自治法第二百四十四条の二第三項に規定する指定管理者として管理する公の施設である病院、診療所、介護老人保健施設又は介護医療院（以下「指定管理者として管理する病院等」という。）を含む。）の業務に支障のない限り、定款又は寄附行為の定めるところにより、次に掲げる業務の全部又は一部を行うことができる。

一　医療関係者の養成又は再教育

二　医学又は歯学に関する研究所の設置

三　第三十九条第一項に規定する診療所以外の診療所の開設

四　疾病予防のために有酸素運動（継続的に酸素を摂取して全身持久力に関する生理機能の維持又は回復のために行う身体の運動をいう。次号において同じ。）を行わせる施設であつて、診療所が附置され、かつ、その職員、設備及び運営方法が厚生労働大臣の定める基準に適合するものの設置

五　疾病予防のために温泉を利用させる施設であつて、有酸素運動を行う場所を有し、かつ、その職員、設備及び運営方法が厚生労働大臣の定める基準に適合するものの設置

六　前各号に掲げるもののほか、保健衛生に関する業務

七　社会福祉法（昭和二十六年法律第四十五号）第二条第二項及び第三項に掲げる事業のうち厚生労働大臣が定めるものの実施

八　老人福祉法（昭和三十八年法律第百三十三号）第二十九条第一項に規定する有料老人ホームの設置

第四十二条の二　医療法人のうち、次に掲げる要件に該当するものとして、政令で定めるところにより都道府県知事の認定を受けたもの（以下「社会医療法人」という。）は、その開設する病院、診療所、介護老人保健施設又は介護医療院（指定管理者として管理する病院等を含む。）の業務に支障のない限り、定款又は寄附行為の定めるところにより、その収益を当該社会医療法人が開設する病院、診療所、介護老人保健施設又は介護医療院の経営に充てることを目的として、厚生労働大臣が定める業務（以下「収益業務」という。）を行うことができる。

一　役員のうちには、各役員について、その役員、その配偶者及び三親等以内の親族その他各役員と厚生労働省令で定める特殊の関係がある者が役員の総数の三分の一を超えて含まれることがないこと。

二　社団たる医療法人の社員のうちには、各社員について、その社員、その配偶者及び三親等以内の親族その他各社員と厚生労働省令で定める特殊の関係がある者が社員の総数の三分の一を超えて含まれることがないこと。

三　財団たる医療法人の評議員のうちには、各評議員について、その評議員、その配偶者及び三親等以内の親族その他各評議員と厚生労働省令で定める特殊の関係がある者が評議員の総数の三分の一を超えて含まれることがないこと。

四　救急医療等確保事業（当該医療法人が開設する病院又は診療所の所在地の都道府県が作成する医療計画に記載されたものに限る。次条において同じ。）に係る業務を当該病院又は診療所の所在地の都道府県（次のイ又はロに掲げる医療法人にあつては、それぞれイ又はロに定める都道府県）において行つていること。

イ　二以上の都道府県において病院又は診療所を開設する医療法人（ロに掲げる者を除く。）　当該病院又は診療所の所在地の全ての都道府県

ロ　一の都道府県において病院を開設し、かつ、当該病院の所在地の都道府県の医療計画において定める第三十条の四第二項第十四号に規定する区域に隣接した当該都道府県以外の都道府県の医療計画において定める同号に規定する区域において診療所を開設する医療法人であつて、

当該病院及び当該診療所における医療の提供が一体的に行われているものとして厚生労働省令で定める基準に適合するもの 当該病院の所在地の都道府県

五 前号の業務について、次に掲げる事項に関し厚生労働大臣が定める基準に適合していること。

イ 当該業務を行う病院又は診療所の構造設備

ロ 当該業務を行うための体制

ハ 当該業務の実績

六 前各号に掲げるもののほか、公的な運営に関する厚生労働省令で定める要件に適合するものであること。

七 定款又は寄附行為において解散時の残余財産を国、地方公共団体又は他の社会医療法人に帰属させる旨を定めていること。

2 都道府県知事は、前項の認定をするに当たつては、あらかじめ、都道府県医療審議会の意見を聴かなければならない。

3 収益業務に関する会計は、当該社会医療法人が開設する病院、診療所、介護老人保健施設又は介護医療院（指定管理者として管理する病院等を含む。）の業務及び前条各号に掲げる業務に関する会計から区分し、特別の会計として経理しなければならない。

第四十二条の三 前条第一項の認定（以下この項及び第六十四条の二第一項において「社会医療法人の認定」という。）を受けた医療法人のうち、前条第一項第五号ハに掲げる要件を欠くに至つたこと（当該要件を欠くに至つたことが当該医療法人の責めに帰することができない事由として厚生労働省令で定める事由による場合に限る。）により第六十四条の二第一項第一号に該当し、同項の規定により社会医療法人の認定を取り消されたもの（前条第一項各号（第五号ハを除く。）に掲げる要件に該当するものに限る。）は、救急医療等確保事業に係る業務の継続的な実施に関する計画（以下この条において「実施計画」という。）を作成し、これを都道府県知事に提出して、その実施計画が適当である旨の認定を受けることができる。

2 前項の認定を受けた医療法人は、前条第一項及び第三項の規定の例により収益業務を行うことができる。

3 前条第二項の規定は、第一項の認定をする場合について準用する。

4 前三項に規定するもののほか、実施計画の認定及びその取消しに関し必要な事項は、政令で定める。

第四十三条 医療法人は、政令で定めるところにより、その設立、従たる事務所の新設、事務所の移転、その他登記事項の変更、解散、合併、分割、清算人の就任又はその変更及び清算の結了の各場合に、登記をしなければならない。

2 前項の規定により登記しなければならない事項は、登記の後でなければ、これをもつて第三者に対抗することはできない。

第二節 設立

第四十四条 医療法人は、その主たる事務所の所在地の都道府県知事（以下この章（第三項及び第六十六条の三を除く。）において単に「都道府県知事」という。）の認可を受けなければ、これを設立することができない。

2 医療法人を設立しようとする者は、定款又は寄附行為をもつて、少なくとも次に掲げる事項を定めなければならない。

一 目的

二 名称

三 その開設しようとする病院、診療所、介護老人保健施設又は介護医療院（地方自治法第二百四十四条の二第三項に規定する指定管理者として管理しようとする公の施設である病院、診療所、介護老人保健施設又は介護医療院を含む。）の名称及び開設場所

四 事務所の所在地

五 資産及び会計に関する規定

六 役員に関する規定

七 理事会に関する規定

八 社団たる医療法人にあつては、社員総会及び社員たる資格の得喪に関する規定

九 財団たる医療法人にあつては、評議員会及び評議員に関する規定

十 解散に関する規定

十一 定款又は寄附行為の変更に関する規定

十二 公告の方法

3 財団たる医療法人を設立しようとする者が、その名称、事務所の所在地又は理事の任免の方法を定めないで死亡したときは、都道府県知事は、利害関係人の請求により又は職権で、これを定めなければならない。

4 医療法人の設立当初の役員は、定款又は寄附行為をもつて定めなければならない。

5 第二項第十号に掲げる事項中に、残余財産の帰属すべき者に関する規定を設ける場合に

は、その者は、国若しくは地方公共団体又は医療法人その他の医療を提供する者であつて厚生労働省令で定めるもののうちから選定されるようにしなければならない。

6　この節に定めるもののほか、医療法人の設立認可の申請に関して必要な事項は、厚生労働省令で定める。

第四十五条　都道府県知事は、前条第一項の規定による認可の申請があつた場合には、当該申請にかかる医療法人の資産が第四十一条の要件に該当しているかどうか及びその定款又は寄附行為の内容が法令の規定に違反していないかどうかを審査した上で、その認可を決定しなければならない。

2　都道府県知事は、前条第一項の規定による認可をし、又は認可をしない処分をするに当たつては、あらかじめ、都道府県医療審議会の意見を聴かなければならない。

第四十六条　医療法人は、その主たる事務所の所在地において政令の定めるところにより設立の登記をすることによつて、成立する。

2　医療法人は、成立の時に財産目録を作成し、常にこれをその主たる事務所に備え置かなければならない。

第三節　機関

第一款　機関の設置

第四十六条の二　社団たる医療法人は、社員総会、理事、理事会及び監事を置かなければならない。

2　財団たる医療法人は、評議員、評議員会、理事、理事会及び監事を置かなければならない。

第二款　社員総会

第四十六条の三　社員総会は、この法律に規定する事項及び定款で定めた事項について決議をすることができる。

2　この法律の規定により社員総会の決議を必要とする事項について、理事、理事会その他の社員総会以外の機関が決定することができることを内容とする定款の定めは、その効力を有しない。

第四十六条の三の二　社団たる医療法人は、社員名簿を備え置き、社員の変更があるごとに必要な変更を加えなければならない。

2　社団たる医療法人の理事長は、少なくとも毎年一回、定時社員総会を開かなければならない。

3　理事長は、必要があると認めるときは、いつでも臨時社員総会を招集することができる。

4　理事長は、総社員の五分の一以上の社員から社員総会の目的である事項を示して臨時社員総会の招集を請求された場合には、その請求のあつた日から二十日以内に、これを招集しなければならない。ただし、総社員の五分の一の割合については、定款でこれを下回る割合を定めることができる。

5　社員総会の招集の通知は、その社員総会の日より少なくとも五日前に、その社員総会の目的である事項を示し、定款で定めた方法に従つてしなければならない。

6　社員総会においては、前項の規定によりあらかじめ通知をした事項についてのみ、決議をすることができる。ただし、定款に別段の定めがあるときは、この限りでない。

第四十六条の三の三　社員は、各一個の議決権を有する。

2　社員総会は、定款に別段の定めがある場合を除き、総社員の過半数の出席がなければ、その議事を開き、決議をすることができない。

3　社員総会の議事は、この法律又は定款に別段の定めがある場合を除き、出席者の議決権の過半数で決し、可否同数のときは、議長の決するところによる。

4　前項の場合において、議長は、社員として議決に加わることができない。

5　社員総会に出席しない社員は、書面で、又は代理人によつて議決をすることができる。ただし、定款に別段の定めがある場合は、この限りでない。

6　社員総会の決議について特別の利害関係を有する社員は、議決に加わることができない。

第四十六条の三の四　理事及び監事は、社員総会において、社員から特定の事項について説明を求められた場合には、当該事項について必要な説明をしなければならない。ただし、当該事項が社員総会の目的である事項に関しないものである場合その他正当な理由がある場合として厚生労働省令で定める場合は、この限りでない。

第四十六条の三の五　社員総会の議長は、社員総会において選任する。

2　社員総会の議長は、当該社員総会の秩序を維持し、議事を整理する。

3　社員総会の議長は、その命令に従わない者その他当該社員総会の秩序を乱す者を退場させることができる。

第四十六条の三の六　一般社団法人及び一般財団法人に関する法律（平成十八年法律第四十八号）第四十七条の二（各号列記以外の部分に限る。）、第四十七条の三第一項（各号列記以外の部分に限る。）、第四十七条の四第三項、第四十七条の五、第四十七条の六及び第五十七条の規定は、医療法人の社員総会について準用する。この場合において、同法第四十七条の二中「次に掲げる資料（第四十七条の四第三項において「社員総会参考書類等」という。）」とあるのは「医療法（昭和二十三年法律第二百五号）第五十一条の二第一項の事業報告書等」と、「法務省令」とあるのは「厚生労働省令」と、同法第四十七条の三第一項中「次に掲げる」とあり、及び同法第四十七条の五第一項中「第四十七条の三第一項各号に掲げる」とあるのは「医療法第五十一条の二第一項の事業報告書等に記載され、又は記録された事項並びに当該事項を修正したときは、その旨及び修正前の」と、同法第四十七条の六中「同項第六号」とあるのは「医療法第四十六条の三の六において読み替えて準用する同項」と、同法第五十七条第一項、第三項及び第四項第二号中「法務省令」とあるのは「厚生労働省令」と読み替えるものとするほか、必要な技術的読替えは、政令で定める。

第三款　評議員及び評議員会

第四十六条の四　評議員となる者は、次に掲げる者とする。
一　医療従事者のうちから、寄附行為の定めるところにより選任された者
二　病院、診療所、介護老人保健施設又は介護医療院の経営に関して識見を有する者のうちから、寄附行為の定めるところにより選任された者
三　医療を受ける者のうちから、寄附行為の定めるところにより選任された者
四　前三号に掲げる者のほか、寄附行為の定めるところにより選任された者

2　次の各号のいずれかに該当する者は、医療法人の評議員となることができない。
一　法人
二　心身の故障のため職務を適正に執行することができない者として厚生労働省令で定めるもの
三　この法律、医師法、歯科医師法その他医事に関する法律で政令で定めるものの規定により罰金以上の刑に処せられ、その執行を終わり、又は執行を受けることがなくなつた日から起算して二年を経過しない者
四　前号に該当する者を除くほか、禁錮以上の刑に処せられ、その執行を終わり、又は執行を受けることがなくなるまでの者

3　評議員は、当該財団たる医療法人の役員又は職員を兼ねてはならない。

4　財団たる医療法人と評議員との関係は、委任に関する規定に従う。

第四十六条の四の二　評議員会は、理事の定数を超える数の評議員（第四十六条の五第一項ただし書の認可を受けた医療法人にあつては、三人以上の評議員）をもつて、組織する。

2　評議員会は、第四十六条の四の五第一項の意見を述べるほか、この法律に規定する事項及び寄附行為で定めた事項に限り、決議をすることができる。

3　この法律の規定により評議員会の決議を必要とする事項について、理事、理事会その他の評議員会以外の機関が決定することができることを内容とする寄附行為の定めは、その効力を有しない。

第四十六条の四の三　財団たる医療法人の理事長は、少なくとも毎年一回、定時評議員会を開かなければならない。

2　理事長は、必要があると認めるときは、いつでも臨時評議員会を招集することができる。

3　評議員会に、議長を置く。

4　理事長は、総評議員の五分の一以上の評議員から評議員会の目的である事項を示して評議員会の招集を請求された場合には、その請求のあつた日から二十日以内に、これを招集しなければならない。ただし、総評議員の五分の一の割合については、寄附行為でこれを下回る割合を定めることができる。

5　評議員会の招集の通知は、その評議員会の日より少なくとも五日前に、その評議員会の目的である事項を示し、寄附行為で定めた方法に従つてしなければならない。

6　評議員会においては、前項の規定によりあらかじめ通知をした事項についてのみ、決議をすることができる。ただし、寄附行為に別段の定めがあるときは、この限りでない。

第四十六条の四の四　評議員会は、総評議員の

過半数の出席がなければ、その議事を開き、決議をすることができない。

2　評議員会の議事は、この法律に別段の定めがある場合を除き、出席者の議決権の過半数で決し、可否同数のときは、議長の決するところによる。

3　前項の場合において、議長は、評議員として議決に加わることができない。

4　評議員会の決議について特別の利害関係を有する評議員は、議決に加わることができない。

第四十六条の四の五　理事長は、医療法人が次に掲げる行為をするには、あらかじめ、評議員会の意見を聴かなければならない。

一　予算の決定又は変更

二　借入金（当該会計年度内の収入をもつて償還する一時の借入金を除く。）の借入れ

三　重要な資産の処分

四　事業計画の決定又は変更

五　合併及び分割

六　第五十五条第三項第二号に掲げる事由のうち、同条第一項第二号に掲げる事由による解散

七　その他医療法人の業務に関する重要事項として寄附行為で定めるもの

2　前項各号に掲げる事項については、評議員会の決議を要する旨を寄附行為で定めることができる。

第四十六条の四の六　評議員会は、医療法人の業務若しくは財産の状況又は役員の業務執行の状況について、役員に対して意見を述べ、若しくはその諮問に答え、又は役員から報告を徴することができる。

第四十六条の四の七　一般社団法人及び一般財団法人に関する法律第百九十三条の規定は、医療法人の評議員会について準用する。この場合において、同条第一項、第三項及び第四項第二号中「法務省令」とあるのは、「厚生労働省令」と読み替えるものとする。

第四款　役員の選任及び解任

第四十六条の五　医療法人には、役員として、理事三人以上及び監事一人以上を置かなければならない。ただし、理事について、都道府県知事の認可を受けた場合は、一人又は二人の理事を置けば足りる。

2　社団たる医療法人の役員は、社員総会の決議によつて選任する。

3　財団たる医療法人の役員は、評議員会の決議によつて選任する。

4　医療法人と役員との関係は、委任に関する規定に従う。

5　第四十六条の四第二項の規定は、医療法人の役員について準用する。

6　医療法人は、その開設する全ての病院、診療所、介護老人保健施設又は介護医療院（指定管理者として管理する病院等を含む。）の管理者を理事に加えなければならない。ただし、医療法人が病院、診療所、介護老人保健施設又は介護医療院を二以上開設する場合において、都道府県知事の認可を受けたときは、管理者（指定管理者として管理する病院等の管理者を除く。）の一部を理事に加えないことができる。

7　前項本文の理事は、管理者の職を退いたときは、理事の職を失うものとする。

8　監事は、当該医療法人の理事又は職員を兼ねてはならない。

9　役員の任期は、二年を超えることはできない。ただし、再任を妨げない。

第四十六条の五の二　社団たる医療法人の役員は、いつでも、社員総会の決議によつて解任することができる。

2　前項の規定により解任された者は、その解任について正当な理由がある場合を除き、社団たる医療法人に対し、解任によつて生じた損害の賠償を請求することができる。

3　社団たる医療法人は、出席者の三分の二（これを上回る割合を定款で定めた場合にあつては、その割合）以上の賛成がなければ、第一項の社員総会（監事を解任する場合に限る。）の決議をすることができない。

4　財団たる医療法人の役員が次のいずれかに該当するときは、評議員会の決議によつて、その役員を解任することができる。

一　職務上の義務に違反し、又は職務を怠つたとき。

二　心身の故障のため、職務の執行に支障があり、又はこれに堪えないとき。

5　財団たる医療法人は、出席者の三分の二（これを上回る割合を寄附行為で定めた場合にあつては、その割合）以上の賛成がなければ、前項の評議員会（監事を解任する場合に限る。）の決議をすることができない。

第四十六条の五の三　この法律又は定款若しくは寄附行為で定めた役員の員数が欠けた場合には、任期の満了又は辞任により退任した役員は、新たに選任された役員（次項の一時役員の職務を行うべき者を含む。）が就任する

まで、なお役員としての権利義務を有する。

2　前項に規定する場合において、医療法人の業務が遅滞することにより損害を生ずるおそれがあるときは、都道府県知事は、利害関係人の請求により又は職権で、一時役員の職務を行うべき者を選任しなければならない。

3　理事又は監事のうち、その定数の五分の一を超える者が欠けたときは、一月以内に補充しなければならない。

第四十六条の五の四　一般社団法人及び一般財団法人に関する法律第七十二条及び第七十四条（第四項を除く。）の規定は、社団たる医療法人及び財団たる医療法人の役員の選任及び解任について準用する。この場合において、社団たる医療法人の役員の選任及び解任について準用する同条第三項中「及び第三十八条第一項第一号に掲げる事項」とあるのは「並びに当該社員総会の日時及び場所」と読み替えるものとし、財団たる医療法人の役員の選任及び解任について準用する同法第七十二条及び第七十四条第一項から第三項までの規定中「社員総会」とあるのは「評議員会」と、同項中「及び第三十八条第一項第一号に掲げる事項」とあるのは「並びに当該評議員会の日時及び場所」と読み替えるものとする。

第五款　理事

第四十六条の六　医療法人（次項に規定する医療法人を除く。）の理事のうち一人は、理事長とし、医師又は歯科医師である理事のうちから選出する。ただし、都道府県知事の認可を受けた場合は、医師又は歯科医師でない理事のうちから選出することができる。

2　第四十六条の五第一項ただし書の認可を受けて一人の理事を置く医療法人にあつては、この章（次条第三項を除く。）の規定の適用については、当該理事を理事長とみなす。

第四十六条の六の二　理事長は、医療法人を代表し、医療法人の業務に関する一切の裁判上又は裁判外の行為をする権限を有する。

2　前項の権限に加えた制限は、善意の第三者に対抗することができない。

3　第四十六条の五の三第一項及び第二項の規定は、理事長が欠けた場合について準用する。

第四十六条の六の三　理事は、医療法人に著しい損害を及ぼすおそれのある事実があることを発見したときは、直ちに、当該事実を監事に報告しなければならない。

第四十六条の六の四　一般社団法人及び一般財団法人に関する法律第七十八条、第八十条、第八十二条から第八十四条まで、第八十八条（第二項を除く。）及び第八十九条の規定は、社団たる医療法人及び財団たる医療法人の理事について準用する。この場合において、当該理事について準用する同法第八十四条第一項中「社員総会」とあるのは「理事会」と、同法第八十八条第一項中「著しい」とあるのは「回復することができない」と読み替えるものとし、財団たる医療法人の理事について準用する同法第八十三条中「定款」とあるのは「寄附行為」と、「社員総会」とあるのは「評議員会」と、同法第八十八条の見出し及び同条第一項中「社員」とあるのは「評議員」と、同項及び同法第八十九条中「定款」とあるのは「寄附行為」と、同条中「社員総会」とあるのは「評議員会」と読み替えるものとするほか、必要な技術的読替えは、政令で定める。

第六款　理事会

第四十六条の七　理事会は、全ての理事で組織する。

2　理事会は、次に掲げる職務を行う。

一　医療法人の業務執行の決定

二　理事の職務の執行の監督

三　理事長の選出及び解職

3　理事会は、次に掲げる事項その他の重要な業務執行の決定を理事に委任することができない。

一　重要な資産の処分及び譲受け

二　多額の借財

三　重要な役割を担う職員の選任及び解任

四　従たる事務所その他の重要な組織の設置、変更及び廃止

五　社団たる医療法人にあつては、第四十七条の二第一項において準用する一般社団法人及び一般財団法人に関する法律第百十四条第一項の規定による定款の定めに基づく第四十七条第一項の責任の免除

六　財団たる医療法人にあつては、第四十七条の二第一項において準用する一般社団法人及び一般財団法人に関する法律第百十四条第一項の規定による寄附行為の定めに基づく第四十七条第四項において準用する同条第一項の責任の免除

第四十六条の七の二　一般社団法人及び一般財団法人に関する法律第九十一条から第九十八

条まで（第九十一条第一項各号及び第九十二条第一項を除く。）の規定は、社団たる医療法人及び財団たる医療法人の理事会について準用する。この場合において、当該理事会について準用する同法第九十一条第一項中「次に掲げる理事」とあり、及び同条第二項中「前項各号に掲げる理事」とあるのは「理事長」と、同法第九十五条第三項及び第四項並びに第九十七条第二項第二号中「法務省令」とあるのは「厚生労働省令」と読み替えるものとし、財団たる医療法人の理事会について準用する同法第九十一条第二項、第九十三条第一項、第九十四条第一項、第九十五条第一項及び第三項並びに第九十六条中「定款」とあるのは「寄附行為」と、同法第九十七条第二項中「社員は、その権利を行使するため必要があるときは、裁判所の許可を得て」とあるのは「評議員は、財団たる医療法人の業務時間内は、いつでも」と読み替えるものとするほか、必要な技術的読替えは、政令で定める。

2　前項において読み替えて準用する一般社団法人及び一般財団法人に関する法律第九十七条第二項及び第三項の許可については、同法第二百八十七条第一項、第二百八十八条、第二百八十九条（第一号に係る部分に限る。）、第二百九十条本文、第二百九十一条（第二号に係る部分に限る。）、第二百九十二条本文、第二百九十四条及び第二百九十五条の規定を準用する。

第七款　監事

第四十六条の八　監事の職務は、次のとおりとする。

一　医療法人の業務を監査すること。

二　医療法人の財産の状況を監査すること。

三　医療法人の業務又は財産の状況について、毎会計年度、監査報告書を作成し、当該会計年度終了後三月以内に社員総会又は評議員会及び理事会に提出すること。

四　第一号又は第二号の規定による監査の結果、医療法人の業務又は財産に関し不正の行為又は法令若しくは定款若しくは寄附行為に違反する重大な事実があることを発見したときは、これを都道府県知事、社員総会若しくは評議員会又は理事会に報告すること。

五　社団たる医療法人の監事にあつては、前号の規定による報告をするために必要があるときは、社員総会を招集すること。

六　財団たる医療法人の監事にあつては、第四号の規定による報告をするために必要があるときは、理事長に対して評議員会の招集を請求すること。

七　社団たる医療法人の監事にあつては、理事が社員総会に提出しようとする議案、書類その他厚生労働省令で定めるもの（次号において「議案等」という。）を調査すること。この場合において、法令若しくは定款に違反し、又は著しく不当な事項があると認めるときは、その調査の結果を社員総会に報告すること。

八　財団たる医療法人の監事にあつては、理事が評議員会に提出しようとする議案等を調査すること。この場合において、法令若しくは寄附行為に違反し、又は著しく不当な事項があると認めるときは、その調査の結果を評議員会に報告すること。

第四十六条の八の二　監事は理事会に出席し、必要があると認めるときは、意見を述べなければならない。

2　監事は、前条第四号に規定する場合において、必要があると認めるときは、理事（第四十六条の七の二第一項において準用する一般社団法人及び一般財団法人に関する法律第九十三条第一項ただし書に規定する場合にあつては、同条第二項に規定する招集権者）に対し、理事会の招集を請求することができる。

3　前項の規定による請求があつた日から五日以内に、その請求があつた日から二週間以内の日を理事会の日とする理事会の招集の通知が発せられない場合は、その請求をした監事は、理事会を招集することができる。

第四十六条の八の三　一般社団法人及び一般財団法人に関する法律第百三条から第百六条までの規定は、社団たる医療法人及び財団たる医療法人の監事について準用する。この場合において、財団たる医療法人の監事について準用する同法第百三条第一項中「定款」とあるのは「寄附行為」と、同法第百五条第一項及び第二項中「定款」とあるのは「寄附行為」と、「社員総会」とあるのは「評議員会」と、同条第三項中「社員総会」とあるのは「評議員会」と読み替えるものとする。

第八款　役員等の損害賠償責任

第四十七条　社団たる医療法人の理事又は監事は、その任務を怠つたときは、当該医療法人に対し、これによつて生じた損害を賠償する責任を負う。

2　社団たる医療法人の理事が第四十六条の六の四において読み替えて準用する一般社団法人及び一般財団法人に関する法律第八十四条第一項の規定に違反して同項第一号の取引をしたときは、当該取引によつて理事又は第三者が得た利益の額は、前項の損害の額と推定する。

3　第四十六条の六の四において読み替えて準用する一般社団法人及び一般財団法人に関する法律第八十四条第一項第二号又は第三号の取引によつて社団たる医療法人に損害が生じたときは、次に掲げる理事は、その任務を怠つたものと推定する。

一　第四十六条の六の四において読み替えて準用する一般社団法人及び一般財団法人に関する法律第八十四条第一項の理事

二　社団たる医療法人が当該取引をすることを決定した理事

三　当該取引に関する理事会の承認の決議に賛成した理事

4　前三項の規定は、財団たる医療法人の評議員又は理事若しくは監事について準用する。

第四十七条の二　一般社団法人及び一般財団法人に関する法律第百十二条から第百十六条までの規定は、前条第一項の社団たる医療法人の理事又は監事の責任及び同条第四項において準用する同条第一項の財団たる医療法人の評議員又は理事若しくは監事の責任について準用する。この場合において、これらの者の責任について準用する同法第百十三条第一項第二号及び第四項中「法務省令」とあるのは「厚生労働省令」と読み替えるものとし、財団たる医療法人の評議員又は理事若しくは監事の責任について準用する同法第百十二条中「総社員」とあるのは「総評議員」と、同法第百十三条中「社員総会」とあるのは「評議員会」と、同法第百十四条の見出し並びに同条第一項及び第二項中「定款」とあるのは「寄附行為」と、同項中「社員総会」とあるのは「評議員会」と、同条第三項中「定款」とあるのは「寄附行為」と、「社員」とあるのは「評議員」と、同条第四項中「総社員」とあるのは「総評議員」と、「定款」とあるのは「寄附行為」と、「社員が」とあるのは「評議員が」と、同条第五項並びに同法第百十五条第一項及び第三項中「定款」とあるのは「寄附行為」と、同項及び同条第四項中「社員総会」とあるのは「評議員会」と読み替えるものとするほか、必要な技術的読替えは、政令で定める。

2　社団たる医療法人は、出席者の三分の二（これを上回る割合を定款で定めた場合にあつては、その割合）以上の賛成がなければ、前項において読み替えて準用する一般社団法人及び一般財団法人に関する法律第百十三条第一項の社員総会の決議をすることができない。

3　財団たる医療法人は、出席者の三分の二（これを上回る割合を寄附行為で定めた場合にあつては、その割合）以上の賛成がなければ、第一項において読み替えて準用する一般社団法人及び一般財団法人に関する法律第百十三条第一項の評議員会の決議をすることができない。

第四十八条　医療法人の評議員又は理事若しくは監事（以下この項、次条及び第四十九条の三において「役員等」という。）がその職務を行うについて悪意又は重大な過失があつたときは、当該役員等は、これによつて第三者に生じた損害を賠償する責任を負う。

2　次の各号に掲げる者が、当該各号に定める行為をしたときも、前項と同様とする。ただし、その者が当該行為をすることについて注意を怠らなかつたことを証明したときは、この限りでない。

一　理事　次に掲げる行為

イ　第五十一条第一項の規定により作成すべきものに記載すべき重要な事項についての虚偽の記載

ロ　虚偽の登記

ハ　虚偽の公告

二　監事　監査報告に記載すべき重要な事項についての虚偽の記載

第四十九条　役員等が医療法人又は第三者に生じた損害を賠償する責任を負う場合において、他の役員等も当該損害を賠償する責任を負うときは、これらの者は、連帯債務者とする。

第四十九条の二　一般社団法人及び一般財団法人に関する法律第六章第二節第二款の規定は、社団たる医療法人について準用する。この場合において、同法第二百七十八条第一項中「法務省令」とあるのは「厚生労働省令」と、「設立時社員、設立時理事、役員等（第百十一条第一項に規定する役員等をいう。第三項において同じ。）又は清算人」とあるのは「理事又は監事」と、同条第三項中「設立時社員、設立時理事、役員等若しくは清算人」とあるのは「理事又は監事」と、「法務省令」とあるのは「厚生労働省令」と、同法第二百八十条第二項及び第二百八十条の二中「清算人並びにこれらの者」とあるのは「理事」と読み替えるものとする。

第四十九条の三　一般社団法人及び一般財団法人に関する法律第六章第二節第三款の規定は、医療法人の役員等の解任の訴えについて準用する。この場合において、同法第二百八十四条中「定款」とあるのは、「定款若しくは寄附行為」と読み替えるものとするほか、必要な技術的読替えは、政令で定める。

第九款　補償契約及び役員のために締結される保険契約

第四十九条の四　一般社団法人及び一般財団法人に関する法律第二章第三節第九款の規定は、社団たる医療法人及び財団たる医療法人について準用する。この場合において、これらの規定（同法第百十八条の三第一項及び第三項を除く。）中「役員等」とあるのは「役員」と、同条第一項中「役員等が」とあるのは「役員が」と、「役員等を」とあるのは「役員を」と、「役員等の」とあるのは「役員の」と、「法務省令」とあるのは「厚生労働省令」と、同項及び同条第三項中「役員等賠償責任保険契約」とあるのは「役員賠償責任保険契約」と読み替えるものとするほか、必要な技術的読替えは、政令で定める。

第四節　計算

第五十条　医療法人の会計は、この法律及びこの法律に基づく厚生労働省令の規定によるほか、一般に公正妥当と認められる会計の慣行に従うものとする。

第五十条の二　医療法人は、厚生労働省令で定めるところにより、適時に、正確な会計帳簿を作成しなければならない。

2　医療法人は、会計帳簿の閉鎖の時から十年間、その会計帳簿及びその事業に関する重要な資料を保存しなければならない。

第五十一条　医療法人は、毎会計年度終了後二月以内に、事業報告書、財産目録、貸借対照表、損益計算書、関係事業者（理事長の配偶者がその代表者であることその他の当該医療法人又はその役員と厚生労働省令で定める特殊の関係がある者をいう。）との取引の状況に関する報告書その他厚生労働省令で定める書類（以下「事業報告書等」という。）を作成しなければならない。

2　医療法人（その事業活動の規模その他の事情を勘案して厚生労働省令で定める基準に該当する者に限る。）は、厚生労働省令で定めるところにより、前項の貸借対照表及び損益計算書を作成しなければならない。

3　医療法人は、貸借対照表及び損益計算書を作成した時から十年間、当該貸借対照表及び損益計算書を保存しなければならない。

4　医療法人は、事業報告書等について、厚生労働省令で定めるところにより、監事の監査を受けなければならない。

5　第二項の医療法人は、財産目録、貸借対照表及び損益計算書について、厚生労働省令で定めるところにより、公認会計士又は監査法人の監査を受けなければならない。

6　医療法人は、前二項の監事又は公認会計士若しくは監査法人の監査を受けた事業報告書等について、理事会の承認を受けなければならない。

第五十一条の二　社団たる医療法人の理事は、前条第六項の承認を受けた事業報告書等を社員総会に提出しなければならない。

2　理事は、前項の社員総会の招集の通知に際して、厚生労働省令で定めるところにより、社員に対し、前条第六項の承認を受けた事業報告書等を提供しなければならない。

3　第一項の規定により提出された事業報告書等（貸借対照表及び損益計算書に限る。）は、社員総会の承認を受けなければならない。

4　理事は、第一項の規定により提出された事業報告書等（貸借対照表及び損益計算書を除く。）の内容を社員総会に報告しなければならない。

5　前各項の規定は、財団たる医療法人について準用する。この場合において、前各項中「社員総会」とあるのは「評議員会」と、第二項中「社員」とあるのは「評議員」と読み替えるものとする。

第五十一条の三　医療法人（その事業活動の規模その他の事情を勘案して厚生労働省令で定める基準に該当する者に限る。次項において同じ。）は、厚生労働省令で定めるところにより、前条第三項の承認をした社員総会又は同条第五項において読み替えて準用する同条第三項の承認をした評議員会の終結後遅滞なく、同項（同条第五項において読み替えて準用する場合を含む。）の承認を受けた事業報告書等（貸借対照表及び損益計算書に限る。）

を公告しなければならない。

2　前項の規定にかかわらず、その公告方法が厚生労働省令で定める方法である医療法人は、同項に規定する事業報告書等の要旨を公告することで足りる。

第五十一条の四　医療法人（次項に規定する者を除く。）は、次に掲げる書類をその主たる事務所に備えて置き、その社員若しくは評議員又は債権者から請求があつた場合には、正当な理由がある場合を除いて、厚生労働省令で定めるところにより、これを閲覧に供しなければならない。

一　事業報告書等

二　第四十六条の八第三号の監査報告書（以下「監事の監査報告書」という。）

三　定款又は寄附行為

2　社会医療法人及び第五十一条第二項の医療法人（社会医療法人を除く。）は、次に掲げる書類（第二号に掲げる書類にあつては、第五十一条第二項の医療法人に限る。）をその主たる事務所に備えて置き、請求があつた場合には、正当な理由がある場合を除いて、厚生労働省令で定めるところにより、これを閲覧に供しなければならない。

一　前項各号に掲げる書類

二　公認会計士又は監査法人の監査報告書（以下「公認会計士等の監査報告書」という。）

3　医療法人は、第五十一条の二第一項の社員総会の日（財団たる医療法人にあつては、同条第五項において読み替えて準用する同条第一項の評議員会の日）の一週間前の日から五年間、事業報告書等、監事の監査報告書及び公認会計士等の監査報告書をその主たる事務所に備え置かなければならない。

4　前三項の規定は、医療法人の従たる事務所における書類の備置き及び閲覧について準用する。この場合において、第一項中「書類」とあるのは「書類の写し」と、第二項中「限る。）」とあるのは「限る。）の写し」と、前項中「五年間」とあるのは「三年間」と、「事業報告書等」とあるのは「事業報告書等の写し」と、「監査報告書」とあるのは「監査報告書の写し」と読み替えるものとする。

第五十二条　医療法人は、厚生労働省令で定めるところにより、毎会計年度終了後三月以内に、次に掲げる書類を都道府県知事に届け出なければならない。

一　事業報告書等

二　監事の監査報告書

三　第五十一条第二項の医療法人にあつては、公認会計士等の監査報告書

2　都道府県知事は、定款若しくは寄附行為又は前項の届出に係る書類について請求があつた場合には、厚生労働省令で定めるところにより、これを閲覧に供しなければならない。

第五十三条　医療法人の会計年度は、四月一日に始まり、翌年三月三十一日に終るものとする。ただし、定款又は寄附行為に別段の定めがある場合は、この限りでない。

第五十四条　医療法人は、剰余金の配当をしてはならない。

第五節　社会医療法人債

第五十四条の二　社会医療法人は、救急医療等確保事業の実施に資するため、社員総会において議決された額又は寄附行為の定めるところにより評議員会において議決された額を限度として、社会医療法人債（第五十四条の七において準用する会社法（平成十七年法律第八十六号）の規定により社会医療法人が行う割当てにより発生する当該社会医療法人を債務者とする金銭債権であつて、次条第一項各号に掲げる事項についての定めに従い償還されるものをいう。以下同じ。）を発行することができる。

2　前項の社会医療法人は、社会医療法人債を発行したときは、社会医療法人債の発行収入金に相当する金額を第四十二条の二第三項に規定する特別の会計に繰り入れてはならない。

第五十四条の三　社会医療法人は、その発行する社会医療法人債を引き受ける者の募集をしようとするときは、その都度、募集社会医療法人債（当該募集に応じて当該社会医療法人債の引受けの申込みをした者に対して割り当てる社会医療法人債をいう。以下同じ。）について次に掲げる事項を定めなければならない。

一　募集社会医療法人債の発行により調達する資金の使途

二　募集社会医療法人債の総額

三　各募集社会医療法人債の金額

四　募集社会医療法人債の利率

五　募集社会医療法人債の償還の方法及び期限

六　利息支払の方法及び期限

七　社会医療法人債券（社会医療法人債を表示する証券をいう。以下同じ。）を発行す

るときは、その旨

八　社会医療法人債に係る債権者（以下「社会医療法人債権者」という。）が第五十四条の七において準用する会社法第六百九十八条の規定による請求の全部又は一部をすることができないこととするときは、その旨

八の二　社会医療法人債管理者を定めないこととするときは、その旨

九　社会医療法人債管理者が社会医療法人債権者集会の決議によらずに第五十四条の七において準用する会社法第七百六条第一項第二号に掲げる行為をすることができることとするときは、その旨

九の二　社会医療法人債管理補助者を定めることとするときは、その旨

十　各募集社会医療法人債の払込金額（各募集社会医療法人債と引換えに払い込む金銭の額をいう。）若しくはその最低金額又はこれらの算定方法

十一　募集社会医療法人債と引換えにする金銭の払込みの期日

十二　一定の日までに募集社会医療法人債の総額について割当てを受ける者を定めていない場合において、募集社会医療法人債の全部を発行しないこととするときは、その旨及びその一定の日

十三　前各号に掲げるもののほか、厚生労働省令で定める事項

2　前項第二号に掲げる事項その他の社会医療法人債を引き受ける者の募集に関する重要な事項として厚生労働省令で定める事項は、理事の過半数で決しなければならない。

第五十四条の四　社会医療法人は、社会医療法人債を発行した日以後遅滞なく、社会医療法人債原簿を作成し、これに次に掲げる事項を記載し、又は記録しなければならない。

一　前条第一項第四号から第九号の二までに掲げる事項その他の社会医療法人債の内容を特定するものとして厚生労働省令で定める事項（以下「種類」という。）

二　種類ごとの社会医療法人債の総額及び各社会医療法人債の金額

三　各社会医療法人債と引換えに払い込まれた金銭の額及び払込みの日

四　社会医療法人債権者（無記名社会医療法人債（無記名式の社会医療法人債券が発行されている社会医療法人債をいう。）の社会医療法人債権者を除く。）の氏名又は名称及び住所

五　前号の社会医療法人債権者が各社会医療法人債を取得した日

六　社会医療法人債券を発行したときは、社会医療法人債券の番号、発行の日、社会医療法人債券が記名式か、又は無記名式かの別及び無記名式の社会医療法人債券の数

七　前各号に掲げるもののほか、厚生労働省令で定める事項

第五十四条の五　社会医療法人は、社会医療法人債を発行する場合には、社会医療法人債管理者を定め、社会医療法人債権者のために、弁済の受領、債権の保全その他の社会医療法人債の管理を行うことを委託しなければならない。ただし、各社会医療法人債の金額が一億円以上である場合その他社会医療法人債権者の保護に欠けるおそれがないものとして厚生労働省令で定める場合は、この限りでない。

第五十四条の五の二　社会医療法人は、前条ただし書に規定する場合には、社会医療法人債管理補助者を定め、社会医療法人債権者のために、社会医療法人債の管理の補助を行うことを委託することができる。ただし、当該社会医療法人債が担保付社会医療法人債である場合は、この限りでない。

第五十四条の六　社会医療法人債権者は、社会医療法人債の種類ごとに社会医療法人債権者集会を組織する。

2　社会医療法人債権者集会は、この法律又は次条において準用する会社法に規定する事項及び社会医療法人債権者の利害に関する事項について決議をすることができる。

第五十四条の七　会社法第六百七十七条から第六百八十条まで、第六百八十二条、第六百八十三条、第六百八十四条（第四項及び第五項を除く。）、第六百八十五条から第七百一条まで、第七百三条から第七百十四条まで、第七百十四条の三から第七百十四条の七まで、第七百十七条から第七百四十二条まで、第七編第二章第七節、第八百六十八条第四項、第八百六十九条、第八百七十条第一項（第二号及び第七号から第九号までに係る部分に限る。）、第八百七十一条（第二号に係る部分に限る。）、第八百七十二条（第四号に係る部分に限る。）、第八百七十三条、第八百七十四条（第一号及び第四号に係る部分に限る。）、第八百七十五条及び第八百七十六条の規定は、社会医療法人が社会医療法人債を発行する場合における社会医療法人債、募集社会医療法人債、社会医療法

人債、社会医療法人債券、社会医療法人債権者、社会医療法人債管理者、社会医療法人債管理補助者、社会医療法人債権者集会又は社会医療法人債原簿について準用する。この場合において、必要な技術的読替えは、政令で定める。

第五十四条の八　社会医療法人債は、担保付社債信託法（明治三十八年法律第五十二号）その他の政令で定める法令の適用については、政令で定めるところにより、社債とみなす。

第六節　定款及び寄附行為の変更

第五十四条の九　社団たる医療法人が定款を変更するには、社員総会の決議によらなければならない。

2　財団たる医療法人が寄附行為を変更するには、あらかじめ、評議員会の意見を聴かなければならない。

3　定款又は寄附行為の変更（厚生労働省令で定める事項に係るものを除く。）は、都道府県知事の認可を受けなければ、その効力を生じない。

4　都道府県知事は、前項の規定による認可の申請があつた場合には、第四十五条第一項に規定する事項及び定款又は寄附行為の変更の手続が法令又は定款若しくは寄附行為に違反していないかどうかを審査した上で、その認可を決定しなければならない。

5　医療法人は、第三項の厚生労働省令で定める事項に係る定款又は寄附行為の変更をしたときは、遅滞なく、その変更した定款又は寄附行為を都道府県知事に届け出なければならない。

6　第四十四条第五項の規定は、定款又は寄附行為の変更により、残余財産の帰属すべき者に関する規定を設け、又は変更する場合について準用する。

第七節　解散及び清算

第五十五条　社団たる医療法人は、次の事由によつて解散する。

一　定款をもつて定めた解散事由の発生
二　目的たる業務の成功の不能
三　社員総会の決議
四　他の医療法人との合併（合併により当該医療法人が消滅する場合に限る。次条第一項及び第五十六条の三において同じ。）
五　社員の欠亡
六　破産手続開始の決定
七　設立認可の取消し

2　社団たる医療法人は、総社員の四分の三以上の賛成がなければ、前項第三号の社員総会の決議をすることができない。ただし、定款に別段の定めがあるときは、この限りでない。

3　財団たる医療法人は、次に掲げる事由によつて解散する。

一　寄附行為をもつて定めた解散事由の発生
二　第一項第二号、第四号、第六号又は第七号に掲げる事由

4　医療法人がその債務につきその財産をもつて完済することができなくなつた場合には、裁判所は、理事若しくは債権者の申立てにより又は職権で、破産手続開始の決定をする。

5　前項に規定する場合には、理事は、直ちに破産手続開始の申立てをしなければならない。

6　第一項第二号又は第三号に掲げる事由による解散は、都道府県知事の認可を受けなければ、その効力を生じない。

7　都道府県知事は、前項の認可をし、又は認可をしない処分をするに当たつては、あらかじめ、都道府県医療審議会の意見を聴かなければならない。

8　清算人は、第一項第一号若しくは第五号又は第三項第一号に掲げる事由によつて医療法人が解散した場合には、都道府県知事にその旨を届け出なければならない。

第五十六条　解散した医療法人の残余財産は、合併及び破産手続開始の決定による解散の場合を除くほか、定款又は寄附行為の定めるところにより、その帰属すべき者に帰属する。

2　前項の規定により処分されない財産は、国庫に帰属する。

第五十六条の二　解散した医療法人は、清算の目的の範囲内において、その清算の結了に至るまではなお存続するものとみなす。

第五十六条の三　医療法人が解散したときは、合併及び破産手続開始の決定による解散の場合を除き、理事がその清算人となる。ただし、定款若しくは寄附行為に別段の定めがあるとき、又は社員総会において理事以外の者を選任したときは、この限りでない。

第五十六条の四　前条の規定により清算人となる者がないとき、又は清算人が欠けたため損害を生ずるおそれがあるときは、裁判所は、利害関係人若しくは検察官の請求により又は職権で、清算人を選任することができる。

第五十六条の五　重要な事由があるときは、裁

判所は、利害関係人若しくは検察官の請求により又は職権で、清算人を解任することができる。

第五十六条の六　清算中に就職した清算人は、その氏名及び住所を都道府県知事に届け出なければならない。

第五十六条の七　清算人の職務は、次のとおりとする。

一　現務の結了

二　債権の取立て及び債務の弁済

三　残余財産の引渡し

2　清算人は、前項各号に掲げる職務を行うために必要な一切の行為をすることができる。

第五十六条の八　清算人は、その就職の日から二月以内に、少なくとも三回の公告をもつて、債権者に対し、一定の期間内にその債権の申出をすべき旨の催告をしなければならない。この場合において、その期間は、二月を下ることができない。

2　前項の公告には、債権者がその期間内に申出をしないときは清算から除斥されるべき旨を付記しなければならない。ただし、清算人は、判明している債権者を除斥することができない。

3　清算人は、判明している債権者には、各別にその申出の催告をしなければならない。

4　第一項の公告は、官報に掲載してする。

第五十六条の九　前条第一項の期間の経過後に申出をした債権者は、医療法人の債務が完済された後まだ権利の帰属すべき者に引き渡されていない財産に対してのみ、請求をすることができる。

第五十六条の十　清算中に医療法人の財産がその債務を完済するのに足りないことが明らかになつたときは、清算人は、直ちに破産手続開始の申立てをし、その旨を公告しなければならない。

2　清算人は、清算中の医療法人が破産手続開始の決定を受けた場合において、破産管財人にその事務を引き継いだときは、その任務を終了したものとする。

3　前項に規定する場合において、清算中の医療法人が既に債権者に支払い、又は権利の帰属すべき者に引き渡したものがあるときは、破産管財人は、これを取り戻すことができる。

4　第一項の規定による公告は、官報に掲載してする。

第五十六条の十一　清算が結了したときは、清算人は、その旨を都道府県知事に届け出なければならない。

第五十六条の十二　医療法人の解散及び清算は、裁判所の監督に属する。

2　裁判所は、職権で、いつでも前項の監督に必要な検査をすることができる。

3　医療法人の解散及び清算を監督する裁判所は、都道府県知事に対し、意見を求め、又は調査を嘱託することができる。

4　前項に規定する都道府県知事は、同項に規定する裁判所に対し、意見を述べることができる。

第五十六条の十三　医療法人の解散及び清算の監督並びに清算人に関する事件は、その主たる事務所の所在地を管轄する地方裁判所の管轄に属する。

第五十六条の十四　清算人の選任の裁判に対しては、不服を申し立てることができない。

第五十六条の十五　裁判所は、第五十六条の四の規定により清算人を選任した場合には、医療法人が当該清算人に対して支払う報酬の額を定めることができる。この場合においては、裁判所は、当該清算人及び監事の陳述を聴かなければならない。

第五十六条の十六　裁判所は、医療法人の解散及び清算の監督に必要な調査をさせるため、検査役を選任することができる。

2　前二条の規定は、前項の規定により裁判所が検査役を選任した場合について準用する。この場合において、前条中「清算人及び監事」とあるのは、「医療法人及び検査役」と読み替えるものとする。

第八節　合併及び分割

第一款　合併

第一目　通則

第五十七条　医療法人は、他の医療法人と合併をすることができる。この場合においては、合併をする医療法人は、合併契約を締結しなければならない。

第二目　吸収合併

第五十八条　医療法人が吸収合併（医療法人が他の医療法人とする合併であつて、合併により消滅する医療法人の権利義務の全部を合併後存続する医療法人に承継させるものをいう。以下この目において同じ。）をする場合には、吸収合併契約において、吸収合併後存続する医療法人（以下この目において「吸収合併存続医療法人」という。）及び吸収合併により消滅する医療法人（以下この目において「吸収合併消滅医療法人」という。）の名称及び主たる事務所の所在地その他厚生労働省令で定める事項を定めなければならない。

第五十八条の二　社団たる医療法人は、吸収合併契約について当該医療法人の総社員の同意を得なければならない。

2　財団たる医療法人は、寄附行為に吸収合併をすることができる旨の定めがある場合に限り、吸収合併をすることができる。

3　財団たる医療法人は、吸収合併契約について理事の三分の二以上の同意を得なければならない。ただし、寄附行為に別段の定めがある場合は、この限りでない。

4　吸収合併は、都道府県知事（吸収合併存続医療法人の主たる事務所の所在地の都道府県知事をいう。）の認可を受けなければ、その効力を生じない。

5　第五十五条第七項の規定は、前項の認可について準用する。

第五十八条の三　医療法人は、前条第四項の認可があつたときは、その認可の通知のあつた日から二週間以内に、財産目録及び貸借対照表を作成しなければならない。

2　医療法人は、前条第四項の認可を受けた吸収合併に係る合併の登記がされるまでの間、前項の規定により作成した財産目録及び貸借対照表を主たる事務所に備え置き、その債権者から請求があつた場合には、厚生労働省令で定めるところにより、これを閲覧に供しなければならない。

第五十八条の四　医療法人は、前条第一項の期間内に、その債権者に対し、異議があれば一定の期間内に述べるべき旨を公告し、かつ、判明している債権者に対しては、各別にこれを催告しなければならない。ただし、その期間は、二月を下ることができない。

2　債権者が前項の期間内に吸収合併に対して異議を述べなかつたときは、吸収合併を承認したものとみなす。

3　債権者が異議を述べたときは、医療法人は、これに弁済をし、若しくは相当の担保を提供し、又はその債権者に弁済を受けさせることを目的として信託会社等（信託会社及び信託業務を営む金融機関（金融機関の信託業務の兼営等に関する法律（昭和十八年法律第四十三号）第一条第一項の認可を受けた金融機関をいう。）をいう。以下同じ。）に相当の財産を信託しなければならない。ただし、吸収合併をしてもその債権者を害するおそれがないときは、この限りでない。

第五十八条の五　吸収合併存続医療法人は、吸収合併消滅医療法人の権利義務（当該医療法人がその行う事業に関し行政庁の許可その他の処分に基づいて有する権利義務を含む。）を承継する。

第五十八条の六　吸収合併は、吸収合併存続医療法人が、その主たる事務所の所在地において政令で定めるところにより合併の登記をすることによつて、その効力を生ずる。

第三目　新設合併

第五十九条　二以上の医療法人がする合併であつて、合併により消滅する医療法人の権利義務の全部を合併により設立する医療法人に承継させるもの（以下この目において「新設合併」という。）をいう。以下この目において同じ。）をする場合には、新設合併契約において、次に掲げる事項を定めなければならない。

一　新設合併により消滅する医療法人（以下この目において「新設合併消滅医療法人」という。）の名称及び主たる事務所の所在地

二　新設合併により設立する医療法人（以下この目において「新設合併設立医療法人」という。）の目的、名称及び主たる事務所の所在地

三　新設合併設立医療法人の定款又は寄附行為で定める事項

四　前三号に掲げる事項のほか、厚生労働省令で定める事項

第五十九条の二　第五十八条の二から第五十八条の四までの規定は、医療法人が新設合併をする場合について準用する。この場合において、第五十八条の二第一項及び第三項中「吸収合併契約」とあるのは「新設合併契約」と、同条第四項中「吸収合併存続医療法人」とあるのは「新設合併設立医療法人」と読み替えるものとする。

第五十九条の三　新設合併設立医療法人は、新設合併消滅医療法人の権利義務（当該医療法人がその行う事業に関し行政庁の許可その他の処分に基づいて有する権利義務を含む。）を承継する。

第五十九条の四　新設合併は、新設合併設立医療法人が、その主たる事務所の所在地において政令で定めるところにより合併の登記をす

ることによつて、その効力を生ずる。

第五十九条の五　第二節（第四十四条第二項、第四項及び第五項並びに第四十六条第二項を除く。）の規定は、新設合併設立医療法人の設立については、適用しない。

第二款　分割

第一目　吸収分割

第六十条　医療法人（社会医療法人その他の厚生労働省令で定める者を除く。以下この款において同じ。）は、吸収分割（医療法人がその事業に関して有する権利義務の全部又は一部を分割後他の医療法人に承継させることをいう。以下この目において同じ。）をすることができる。この場合においては、当該医療法人がその事業に関して有する権利義務の全部又は一部を当該医療法人から承継する医療法人（以下この目において「吸収分割承継医療法人」という。）との間で、吸収分割契約を締結しなければならない。

第六十条の二　医療法人が吸収分割をする場合には、吸収分割契約において、次に掲げる事項を定めなければならない。

一　吸収分割をする医療法人（以下この目において「吸収分割医療法人」という。）及び吸収分割承継医療法人の名称及び主たる事務所の所在地

二　吸収分割承継医療法人が吸収分割により吸収分割医療法人から承継する資産、債務、雇用契約その他の権利義務に関する事項

三　前二号に掲げる事項のほか、厚生労働省令で定める事項

第六十条の三　社団たる医療法人は、吸収分割契約について当該医療法人の総社員の同意を得なければならない。

2　財団たる医療法人は、寄附行為に吸収分割をすることができる旨の定めがある場合に限り、吸収分割をすることができる。

3　財団たる医療法人は、吸収分割契約について理事の三分の二以上の同意を得なければならない。ただし、寄附行為に別段の定めがある場合は、この限りでない。

4　吸収分割は、都道府県知事（吸収分割医療法人及び吸収分割承継医療法人の主たる事務所の所在地が二以上の都道府県の区域内に所在する場合にあつては、当該吸収分割医療法人及び吸収分割承継医療法人の主たる事務所の所在地の全ての都道府県知事）の認可を受けなければ、その効力を生じない。

5　第五十五条第七項の規定は、前項の認可について準用する。

第六十条の四　医療法人は、前条第四項の認可があつたときは、その認可の通知のあつた日から二週間以内に、財産目録及び貸借対照表を作成しなければならない。

2　医療法人は、前条第四項の認可を受けた吸収分割に係る分割の登記がされるまでの間、前項の規定により作成した財産目録及び貸借対照表を主たる事務所に備え置き、その債権者から請求があつた場合には、厚生労働省令で定めるところにより、これを閲覧に供しなければならない。

第六十条の五　医療法人は、前条第一項の期間内に、その債権者に対し、異議があれば一定の期間内に述べるべき旨を公告し、かつ、判明している債権者に対しては、各別にこれを催告しなければならない。ただし、その期間は、二月を下ることができない。

2　債権者が前項の期間内に吸収分割に対して異議を述べなかつたときは、吸収分割を承認したものとみなす。

3　債権者が異議を述べたときは、医療法人は、これに弁済をし、若しくは相当の担保を提供し、又はその債権者に弁済を受けさせることを目的として信託会社等に相当の財産を信託しなければならない。ただし、吸収分割をしてもその債権者を害するおそれがないときは、この限りでない。

第六十条の六　吸収分割承継医療法人は、吸収分割契約の定めに従い、吸収分割医療法人の権利義務（当該医療法人がその行う事業の用に供する施設に関しこの法律の規定による許可その他の処分に基づいて有する権利義務を含む。）を承継する。

2　前項の規定にかかわらず、吸収分割医療法人の債権者であつて、前条第一項の各別の催告を受けなかつたものは、吸収分割契約において吸収分割後に吸収分割医療法人に対して債務の履行を請求することができないものとされているときであつても、吸収分割医療法人に対して、吸収分割医療法人が次条の分割の登記のあつた日に有していた財産の価額を限度として、当該債務の履行を請求することができる。

3　第一項の規定にかかわらず、吸収分割医療法人の債権者であつて、前条第一項の各別の催告を受けなかつたものは、吸収分割契約に

おいて吸収分割後に吸収分割承継医療法人に対して債務の履行を請求することができないものとされているときであつても、吸収分割承継医療法人に対して、その承継した財産の価額を限度として、当該債務の履行を請求することができる。

第六十条の七　吸収分割は、吸収分割承継医療法人が、その主たる事務所の所在地において政令で定めるところにより分割の登記をすることによつて、その効力を生ずる。

第二目　新設分割

第六十一条　一又は二以上の医療法人は、新設分割（一又は二以上の医療法人がその事業に関して有する権利義務の全部又は一部を分割により設立する医療法人に承継させることをいう。以下この目において同じ。）をすることができる。この場合においては、新設分割計画を作成しなければならない。

2　二以上の医療法人が共同して新設分割をする場合には、当該二以上の医療法人は、共同して新設分割計画を作成しなければならない。

第六十一条の二　一又は二以上の医療法人が新設分割をする場合には、新設分割計画において、次に掲げる事項を定めなければならない。

一　新設分割により設立する医療法人（以下この目において「新設分割設立医療法人」という。）の目的、名称及び主たる事務所の所在地

二　新設分割設立医療法人の定款又は寄附行為で定める事項

三　新設分割設立医療法人が新設分割により新設分割をする医療法人（以下この目において「新設分割医療法人」という。）から承継する資産、債務、雇用契約その他の権利義務に関する事項

四　前三号に掲げる事項のほか、厚生労働省令で定める事項

第六十一条の三　第六十条の三から第六十条の五までの規定は、医療法人が新設分割をする場合について準用する。この場合において、第六十条の三第一項及び第三項中「吸収分割契約」とあるのは「新設分割計画」と、同条第四項中「吸収分割医療法人」とあるのは「新設分割医療法人」と、「吸収分割承継医療法人」とあるのは「新設分割設立医療法人」と読み替えるものとする。

第六十一条の四　新設分割設立医療法人は、新設分割計画の定めに従い、新設分割医療法人の権利義務（当該医療法人がその行う事業の用に供する施設に関しこの法律の規定による許可その他の処分に基づいて有する権利義務を含む。）を承継する。

2　前項の規定にかかわらず、新設分割医療法人の債権者であつて、前条において準用する第六十条の五第一項の各別の催告を受けなかつたものは、新設分割計画において新設分割後に新設分割医療法人に対して債務の履行を請求することができないものとされているときであつても、新設分割医療法人が次条の分割の登記のあつた日に有していた財産の価額を限度として、当該債務の履行を請求することができる。

3　第一項の規定にかかわらず、新設分割医療法人の債権者であつて、前条において準用する第六十条の五第一項の各別の催告を受けなかつたものは、新設分割計画において新設分割後に新設分割設立医療法人に対して債務の履行を請求することができないものとされているときであつても、新設分割設立医療法人に対して、その承継した財産の価額を限度として、当該債務の履行を請求することができる。

第六十一条の五　新設分割は、新設分割設立医療法人が、その主たる事務所の所在地において政令で定めるところにより分割の登記をすることによつて、その効力を生ずる。

第六十一条の六　第二節（第四十四条第二項、第四項及び第五項並びに第四十六条第二項を除く。）の規定は、新設分割設立医療法人の設立については、適用しない。

第三目　雑則

第六十二条　会社分割に伴う労働契約の承継等に関する法律（平成十二年法律第百三号）第二条から第八条まで（第二条第三項各号及び第四条第三項各号を除く。）及び商法等の一部を改正する法律（平成十二年法律第九十号）附則第五条第一項の規定は、この款の規定により医療法人が分割をする場合について準用する。この場合において、会社分割に伴う労働契約の承継等に関する法律第二条第一項及び第二項中「承継会社等」とあるのは「承継医療法人等」と、同項中「分割会社」とあるのは「分割医療法人」と、同条第三項中「次の各号に掲げる場合に応じ、当該各号に定める」とあるのは「医療法（昭和二十三

年法律第二百五号）第六十条の三第四項の認可の通知又は同法第六十一条の三において読み替えて準用する同法第六十条の三第四項の認可の通知のあった日から起算して、二週間を経過する」と、同法第三条から第八条まで（第四条第三項を除く。）の規定中「分割会社」とあるのは「分割医療法人」と、「承継会社等」とあるのは「承継医療法人等」と、同法第四条第三項中「次の各号に掲げる場合に応じ、当該各号に」とあるのは「医療法第六十条の三第四項の認可を受けた吸収分割又は同法第六十一条の三において読み替えて準用する同法第六十条の三第四項の認可を受けた新設分割に係る分割の登記のあった日の前日までの日で分割医療法人が」と読み替えるものとするほか、必要な技術的読替えは、政令で定める。

第六十二条の二　民法（明治二十九年法律第八十九号）第三百九十八条の九第三項から第五項まで並びに第三百九十八条の十第一項及び第二項の規定は、この款の規定により医療法人が分割をする場合について準用する。この場合において、同法第三百九十八条の九第三項中「前二項」とあるのは「医療法（昭和二十三年法律第二百五号）第六十二条の二において準用する次条第一項又は第二項」と、「前項」とあるのは「同項」と読み替えるものとする。

第三款　雑則

第六十二条の三　この節に特に定めるもののほか、医療法人の合併及び分割に関し必要な事項は、政令で定める。

第九節　監督

第六十三条　都道府県知事は、医療法人の業務若しくは会計が法令、法令に基づく都道府県知事の処分、定款若しくは寄附行為に違反している疑いがあり、又はその運営が著しく適正を欠く疑いがあると認めるときは、当該医療法人に対し、その業務若しくは会計の状況に関し報告を求め、又は当該職員に、その事務所に立ち入り、業務若しくは会計の状況を検査させることができる。

2　第六条の八第三項及び第四項の規定は、前項の規定による立入検査について準用する。

第六十四条　都道府県知事は、医療法人の業務若しくは会計が法令、法令に基づく都道府県知事の処分、定款若しくは寄附行為に違反し、又はその運営が著しく適正を欠くと認めるときは、当該医療法人に対し、期限を定めて、必要な措置をとるべき旨を命ずることができる。

2　医療法人が前項の命令に従わないときは、都道府県知事は、当該医療法人に対し、期間を定めて業務の全部若しくは一部の停止を命じ、又は役員の解任を勧告することができる。

3　都道府県知事は、前項の規定により、業務の停止を命じ、又は役員の解任を勧告するに当たつては、あらかじめ、都道府県医療審議会の意見を聴かなければならない。

第六十四条の二　都道府県知事は、社会医療法人が、次の各号のいずれかに該当する場合においては、社会医療法人の認定を取り消し、又は期間を定めて収益業務の全部若しくは一部の停止を命ずることができる。

一　第四十二条の二第一項各号に掲げる要件を欠くに至つたとき。

二　定款又は寄附行為で定められた業務以外の業務を行つたとき。

三　収益業務から生じた収益を当該社会医療法人が開設する病院、診療所、介護老人保健施設又は介護医療院の経営に充てないとき。

四　収益業務の継続が、社会医療法人が開設する病院、診療所、介護老人保健施設又は介護医療院（指定管理者として管理する病院等を含む。）の業務に支障があると認めるとき。

五　不正の手段により第四十二条の二第一項の認定を受けたとき。

六　この法律若しくはこの法律に基づく命令又はこれらに基づく処分に違反したとき。

2　都道府県知事は、前項の規定により認定を取り消すに当たつては、あらかじめ、都道府県医療審議会の意見を聴かなければならない。

第六十五条　都道府県知事は、医療法人が、成立した後又は全ての病院、診療所、介護老人保健施設及び介護医療院を休止若しくは廃止した後一年以内に正当な理由がなく病院、診療所、介護老人保健施設又は介護医療院を開設しないとき、又は再開しないときは、設立の認可を取り消すことができる。

第六十六条　都道府県知事は、医療法人が法令の規定に違反し、又は法令の規定に基づく都道府県知事の命令に違反した場合においては、他の方法により監督の目的を達することができないときに限り、設立の認可を取り消すことができる。

２　都道府県知事は、前項の規定により設立の認可を取り消すに当たつては、あらかじめ、都道府県医療審議会の意見を聴かなければならない。

第六十六条の二　厚生労働大臣は、第六十四条第一項及び第二項、第六十四条の二第一項、第六十五条並びに前条第一項の規定による処分を行わないことが著しく公益を害するおそれがあると認めるときは、都道府県知事に対し、これらの規定による処分を行うべきことを指示することができる。

第六十六条の三　関係都道府県知事（医療法人が開設する病院、診療所、介護老人保健施設又は介護医療院の所在地の都道府県知事であつて、当該医療法人の主たる事務所の所在地の都道府県知事以外の者をいう。）は、当該医療法人に対して適当な措置をとることが必要であると認めるときは、当該医療法人の主たる事務所の所在地の都道府県知事に対し、その旨の意見を述べることができる。

第六十七条　都道府県知事は、第四十四条第一項、第五十五条第六項、第五十八条の二第四項（第五十九条の二において読み替えて準用する場合を含む。）若しくは第六十条の三第四項（第六十一条の三において読み替えて準用する場合を含む。）の規定による認可をしない処分をし、又は第六十四条第二項の規定により役員の解任を勧告するに当たつては、当該処分の名宛人又は当該勧告の相手方に対し、その指名した職員又はその他の者に対して弁明する機会を与えなければならない。この場合においては、都道府県知事は、当該処分の名宛人又は当該勧告の相手方に対し、あらかじめ、書面をもつて、弁明をするべき日時、場所及び当該処分又は当該勧告をするべき事由を通知しなければならない。

２　前項の通知を受けた者は、代理人を出頭させ、かつ、自己に有利な証拠を提出することができる。

３　第一項の規定による弁明の聴取をした者は、聴取書を作り、これを保存するとともに、報告書を作成し、かつ、当該処分又は当該勧告をする必要があるかどうかについて都道府県知事に意見を述べなければならない。

第六十八条　一般社団法人及び一般財団法人に関する法律第四条、第百五十八条及び第百六十四条並びに会社法第六百六十二条、第六百六十四条、第八百六十八条第一項、第八百七十一条、第八百七十四条（第一号に係る部分に限る。）、第八百七十五条及び第八百七十六条の規定は、医療法人について準用する。この場合において、同法第六百六十四条中「社員に分配する」とあるのは「残余財産の帰属すべき者又は国庫に帰属させる」と、同法第八百六十八条第一項中「本店」とあるのは「主たる事務所」と読み替えるものとする。

第六十九条　この章に特に定めるもののほか、医療法人の監督に関し必要な事項は、政令で定める。

第十節　医療法人に関する情報の調査及び分析等

第六十九条の二　都道府県知事は、地域において必要とされる医療を確保するため、当該都道府県の区域内に主たる事務所を有する医療法人の活動の状況その他の厚生労働省令で定める事項について、調査及び分析を行い、その内容を公表するよう努めるものとする。

２　医療法人（厚生労働省令で定める者を除く。）は、厚生労働省令で定めるところにより、当該医療法人が開設する病院又は診療所ごとに、その収益及び費用その他の厚生労働省令で定める事項を都道府県知事に報告しなければならない。

３　厚生労働大臣は、医療法人の活動の状況その他の厚生労働省令で定める事項に関する情報を収集し、整理し、及び当該整理した情報の分析の結果を国民にインターネットその他の高度情報通信ネットワークの利用を通じて迅速に提供することができるよう必要な施策を実施するものとする。

４　厚生労働大臣は、前項の施策を実施するため必要があると認めるときは、都道府県知事に対し、当該都道府県の区域内に主たる事務所を有する医療法人の活動の状況その他の厚生労働省令で定める事項に関する情報の提供を求めることができる。

５　都道府県知事は、前項の規定による厚生労働大臣の求めに応じて情報を提供するときは、電磁的方法その他の厚生労働省令で定める方法によるものとする。

第六十九条の三　厚生労働大臣は、前条第三項の規定による情報の収集及び整理並びに分析の結果の提供に関する事務の全部又は一部を独立行政法人福祉医療機構に委託することができる。

医療・年金

第七章　地域医療連携推進法人

第一節　認定

第七十条　次に掲げる者（営利を目的とする事業を営む者を除く。以下この章において「参加法人等」という。）及び地域において良質かつ適切な医療を効率的に提供するために必要な者として厚生労働省令で定める者を社員とし、かつ、病院、診療所、介護老人保健施設又は介護医療院（以下この章において「病院等」という。）に係る業務の連携を推進するための方針（以下この章において「医療連携推進方針」という。）を定め、医療連携推進業務を行うことを目的とする一般社団法人は、定款において定める当該連携を推進する区域（以下「医療連携推進区域」という。）の属する都道府県（当該医療連携推進区域が二以上の都道府県にわたる場合にあつては、これらの都道府県のいずれか一の都道府県）の知事の認定を受けることができる。

一　医療連携推進区域において、病院等を開設する法人

二　医療連携推進区域において、介護事業（身体上又は精神上の障害があることにより日常生活を営むのに支障がある者に対し、入浴、排せつ、食事等の介護、機能訓練、看護及び療養上の管理その他のその者の能力に応じ自立した日常生活を営むことができるようにするための福祉サービス又は保健医療サービスを提供する事業をいう。）その他の地域包括ケアシステム（地域における医療及び介護の総合的な確保の促進に関する法律第二条第一項に規定する地域包括ケアシステムをいう。第七十条の七において同じ。）の構築に資する事業（以下この章において「介護事業等」という。）に係る施設又は事業所を開設し、又は管理する法人

2　前項の医療連携推進業務は、病院等に係る業務について、医療連携推進方針に沿つた連携の推進を図ることを目的として行う次に掲げる業務その他の業務をいう。

一　医療従事者の資質の向上を図るための研修

二　病院等に係る業務に必要な医薬品、医療機器その他の物資の供給

三　資金の貸付けその他の参加法人等（前項第三号及び第四号に掲げる者を除く。）が病院等に係る業務を行うのに必要な資金を調達するための支援として厚生労働省令で定めるもの

第七十条の二　前条第一項の認定（以下この章において「医療連携推進認定」という。）を受けようとする一般社団法人は、政令で定めるところにより、医療連携推進方針を添えて、都道府県知事に申請をしなければならない。

2　医療連携推進方針には、次に掲げる事項を記載しなければならない。

一　医療連携推進区域

二　参加法人等が医療連携推進区域において開設する病院等（第四項及び第七十条の十一において「参加病院等」という。）相互間の機能の分担及び業務の連携に関する事項

三　前号に掲げる事項の目標に関する事項

四　その他厚生労働省令で定める事項

3　医療連携推進区域は、当該医療連携推進区域の属する都道府県の医療計画において定める構想区域を考慮して定めなければならない。

4　医療連携推進方針には、第二項各号に掲げる事項のほか、参加病院等及び参加介護施設等（参加法人等が医療連携推進区域において開設し、又は管理する介護事業等に係る施設又は事業所をいう。第七十条の十一において同じ。）相互間の業務の連携に関する事項を記載することができる。

5　医療連携推進認定の申請に係る医療連携推進区域が二以上の都道府県にわたるときは、当該医療連携推進区域の属する都道府県の知事の協議により、医療連携推進認定に関する事務を行うべき都道府県知事を定めなければならない。この場合において、医療連携推進認定の申請を受けた都道府県知事は、医療連携推進認定の申請をした一般社団法人に対し、医療連携推進認定に関する事務を行う都道府県知事を通知するものとする。

第七十条の三　都道府県知事は、医療連携推進認定の申請をした一般社団法人が次に掲げる基準に適合すると認めるときは、当該一般社団法人について医療連携推進認定をすることができる。

一　医療連携推進業務（第七十条第二項に規定する医療連携推進業務をいう。以下この章において同じ。）を行うことを主たる目的とするものであること。

二　医療連携推進業務を行うのに必要な経理

的基礎及び技術的能力を有するものであること。

三　医療連携推進業務を行うに当たり、当該一般社団法人の社員、理事、監事、職員その他の政令で定める関係者に対し特別の利益を与えないものであること。

四　第七十条第一項第三号又は第四号に掲げる者が社員である場合には、同条第二項第三号に掲げる業務及び出資を行わない旨を定款で定めているものであること。

五　医療連携推進業務以外の業務を行う場合には、医療連携推進業務以外の業務を行うことによつて医療連携推進業務の実施に支障を及ぼすおそれがないものであること。

六　医療連携推進方針が前条第二項及び第三項の規定に違反していないものであること。

七　医療連携推進区域を定款で定めているものであること。

八　社員は、参加法人等及び医療連携推進区域において良質かつ適切な医療を効率的に提供するために必要な者として厚生労働省令で定める者に限る旨を定款で定めているものであること。

九　病院等を開設する参加法人等の数が二以上であるものであることその他の参加法人の構成が第七十条第一項に規定する目的（次号及び第十一号イにおいて「医療連携推進目的」という。）に照らし、適当と認められるものとして厚生労働省令で定める要件を満たすものであること。

十　社員の資格の得喪に関して、医療連携推進目的に照らし、不当に差別的な取扱いをする条件その他の不当な条件を付していないものであること。

十一　社員は、各一個の議決権を有するものであること。ただし、社員総会において行使できる議決権の数、議決権を行使することができる事項、議決権の行使の条件その他の社員の議決権に関する定款の定めが次のいずれにも該当する場合は、この限りでない。

イ　社員の議決権に関して、医療連携推進目的に照らし、不当に差別的な取扱いをしないものであること。

ロ　社員の議決権に関して、社員が当該一般社団法人に対して提供した金銭その他の財産の価額に応じて異なる取扱いをしないものであること。

十二　参加法人等の有する議決権の合計が総社員の議決権の過半を占めているものであること。

十三　営利を目的とする団体又はその役員と利害関係を有することその他の事情により社員総会の決議に不当な影響を及ぼすおそれがある者として厚生労働省令で定めるものを社員並びに理事及び監事（次号において「役員」という。）としない旨を定款で定めているものであること。

十四　役員について、次のいずれにも該当するものであること。

イ　役員として、理事三人以上及び監事一人以上を置くものであること。

ロ　役員のうちには、各役員について、その役員、その配偶者及び三親等以内の親族その他各役員と厚生労働省令で定める特殊の関係がある者が役員の総数の三分の一を超えて含まれることがないものであること。

ハ　理事のうち少なくとも一人は、診療に関する学識経験者の団体の代表者その他の医療連携推進業務の効果的な実施のために必要な者として厚生労働省令で定める者であるものであること。

十五　代表理事を一人置いているものであること。

十六　理事会を置いているものであること。

十七　次に掲げる要件を満たす評議会（第七十条の十三第二項において「地域医療連携推進評議会」という。）を置く旨を定款で定めているものであること。

イ　医療又は介護を受ける立場にある者、診療に関する学識経験者の団体その他の関係団体、学識経験を有する者その他の関係者をもつて構成するものであること。

ロ　当該一般社団法人が次号の意見を述べるに当たり、当該一般社団法人に対し、必要な意見を述べることができるものであること。

ハ　前条第二項第三号の目標に照らし、当該一般社団法人の業務の実施の状況について評価を行い、必要があると認めるときは、社員総会及び理事会において意見を述べることができるものであること。

十八　参加法人等が次に掲げる事項（その定款に第七十条第二項第三号に掲げる業務及び出資を行わない旨を定めている一般社団法人については、イ、ロ及びホに掲げる事項を除く。）その他重要な事項を決定するに当たつては、あらかじめ、当該一般社団法人に意見を求めなければならないものとする旨を定款で定めているものであること。

イ　予算の決定又は変更

ロ　借入金（当該会計年度内の収入をもつて償還する一時の借入金を除く。）の借入れ

ハ　事業に係る重要な資産の処分

ニ　事業計画の決定又は変更

ホ　定款又は寄附行為の変更

ヘ　法人の合併又は分割

ト　目的たる事業の成功の不能その他の厚生労働省令で定める事由による解散又は事業の廃止

十九　第七十条の二十一第一項又は第二項の規定による医療連携推進認定の取消しの処分を受けた場合において、第七十条の二十二において読み替えて準用する公益社団法人及び公益財団法人の認定等に関する法律（平成十八年法律第四十九号）第三十条第二項に規定する医療連携推進目的取得財産残額があるときは、これに相当する額の財産を当該医療連携推進認定の取消しの処分の日から一月以内に国若しくは地方公共団体又は医療法人その他の医療を提供する者であつて厚生労働省令で定めるもの（次号において「国等」という。）に贈与する旨を定款で定めているものであること。

二十　清算をする場合において残余財産を国等に帰属させる旨を定款で定めているものであること。

二十一　前各号に掲げるもののほか、医療連携推進業務を適切に行うために必要なものとして厚生労働省令で定める要件に該当するものであること。

2　都道府県知事は、医療連携推進認定をするに当たつては、当該都道府県の医療計画において定める地域医療構想との整合性に配慮するとともに、あらかじめ、都道府県医療審議会の意見を聴かなければならない。

第七十条の四　次のいずれかに該当する一般社団法人は、医療連携推進認定を受けることができない。

一　その理事及び監事のうちに、次のいずれかに該当する者があるもの

イ　地域医療連携推進法人（次条第一項に規定する地域医療連携推進法人をいう。）が第七十条の二十一第一項又は第二項の規定により医療連携推進認定を取り消された場合において、その取消しの原因となつた事実があつた日以前一年内に当該地域医療連携推進法人の業務を行う理事であつた者でその取消しの日から五年を経過しないもの

ロ　この法律その他保健医療又は社会福祉に関する法律で政令で定めるものの規定により罰金以上の刑に処せられ、その執行を終わり、又は執行を受けることがなくなつた日から起算して五年を経過しない者

ハ　禁錮以上の刑に処せられ、その刑の執行を終わり、又は刑の執行を受けることがなくなつた日から五年を経過しない者

ニ　暴力団員による不当な行為の防止等に関する法律（平成三年法律第七十七号）第二条第六号に規定する暴力団員（以下この号において「暴力団員」という。）又は暴力団員でなくなつた日から五年を経過しない者（第三号において「暴力団員等」という。）

二　第七十条の二十一第一項又は第二項の規定により医療連携推進認定を取り消され、その取消しの日から五年を経過しないもの

三　暴力団員等がその事業活動を支配するもの

第七十条の五　医療連携推進認定を受けた一般社団法人（以下「地域医療連携推進法人」という。）は、その名称中に地域医療連携推進法人という文字を用いなければならない。

2　地域医療連携推進法人は、その名称中の一般社団法人の文字を地域医療連携推進法人と変更する定款の変更をしたものとみなす。

3　前項の規定による名称の変更の登記の申請書には、医療連携推進認定を受けたことを証する書面を添付しなければならない。

4　地域医療連携推進法人でない者は、その名称又は商号中に、地域医療連携推進法人であると誤認されるおそれのある文字を用いてはならない。

5　地域医療連携推進法人は、不正の目的をもつて、他の地域医療連携推進法人であると誤認されるおそれのある名称又は商号を使用してはならない。

第七十条の六　都道府県知事は、医療連携推進認定をしたときは、厚生労働省令で定めるところにより、その旨を公示しなければならない。

第二節　業務等

第七十条の七　地域医療連携推進法人は、自主的にその運営基盤の強化を図るとともに、その医療連携推進区域において病院等を開設し、又は介護事業等に係る施設若しくは事業所を開設し、若しくは管理する参加法人等の業務の連携の推進及びその運営の透明性の確保を図り、地域医療構想の達成及び地域包括ケアシステムの構築に資する役割を積極的に果たすよう努めなければならない。

第七十条の八　地域医療連携推進法人は、医療連携推進方針において、第七十条の二第四項に規定する事項を記載した場合に限り、参加法人等が開設する病院等及び参加法人等が開設し、又は管理する介護事業等に係る施設又は事業所に係る業務について、医療連携推進方針に沿つた連携の推進を図ることを目的とする業務を行うことができる。

2　地域医療連携推進法人（その定款に第七十条第二項第三号に掲げる業務及び出資を行わない旨を定めている地域医療連携推進法人を除く。）は、次に掲げる要件に該当する場合に限り、出資を行うことができる。

一　出資を受ける事業者が医療連携推進区域における医療連携推進業務と関連する事業を行うものであること。

二　出資に係る収益を医療連携推進業務に充てるものであること。

三　その他医療連携推進業務の実施に支障を及ぼすおそれがないものとして厚生労働省令で定める要件に該当するものであること。

3　地域医療連携推進法人が、病院等を開設（地方自治法第二百四十四条の二第三項に規定する指定管理者として行う公の施設である病院等の管理を含む。）し、又は介護事業等に係る施設若しくは事業所であつて厚生労働省令で定めるものを開設し、若しくは管理しようとするときは、あらかじめ、医療連携推進業務の実施に支障のないことについて、医療連携推進認定をした都道府県知事（以下この章において「認定都道府県知事」という。）の確認を受けなければならない。

4　地域医療連携推進法人は、前項の確認を受けなければ、病院の開設の許可の申請、社会福祉法第六十二条第二項の許可（厚生労働省令で定める施設の設置に係るものに限る。）の申請その他の厚生労働省令で定める申請をすることができない。

5　認定都道府県知事は、第三項の確認をし、又は確認をしない処分をするに当たつては、あらかじめ、都道府県医療審議会の意見を聴かなければならない。

第七十条の九　公益社団法人及び公益財団法人の認定等に関する法律第十八条の規定は、地域医療連携推進法人について準用する。この場合において、同条中「公益目的事業財産」とあるのは「医療連携推進目的事業財産」と、「公益目的事業を」とあるのは「医療法（昭和二十三年法律第二百五号）第七十条第二項に規定する医療連携推進業務（以下この条において「医療連携推進業務」という。）を」と、「、内閣府令」とあるのは「、厚生労働省令」と、同条第一号中「公益認定」とあるのは「医療法第七十条の二第一項に規定する医療連携推進認定（以下この条において「医療連携推進認定」という。）」と、「公益目的事業」とあるのは「医療連携推進業務」と、同条第二号及び第三号中「公益認定」とあるのは「医療連携推進認定」と、「公益目的事業」とあるのは「医療連携推進業務」と、同条第四号中「公益認定」とあるのは「医療連携推進認定」と、「収益事業等」とあるのは「医療連携推進業務以外の業務」と、「内閣府令」とあるのは「厚生労働省令」と、同条第七号中「公益認定」とあるのは「医療連携推進認定」と、「内閣府令」とあるのは「厚生労働省令」と、「公益目的事業」とあるのは「医療連携推進業務」と、同条第八号中「公益目的事業」とあるのは「医療連携推進業務」と、「内閣府令」とあるのは「厚生労働省令」と読み替えるものとする。

第七十条の十　第四十一条の規定は、地域医療連携推進法人について準用する。この場合において、同条第二項中「医療法人の開設する医療機関の規模等」とあるのは、「第七十条の五第一項に規定する地域医療連携推進法人が行う第七十条第二項に規定する医療連携推進業務」と読み替えるものとする。

第七十条の十一　参加法人等は、その開設する参加病院等及び参加介護施設等に係る業務について、医療連携推進方針に沿つた連携の推進が図られることを示すための標章を当該参加病院等及び参加介護施設等に掲示しなければならない。

第七十条の十二　第四十六条の五の三第三項の規定は、地域医療連携推進法人の理事について準用し、第四十六条の五第九項及び第四十六条の五の三第三項の規定は、地域医療連携推進法人の監事について準用する。

2　地域医療連携推進法人の監事に関する一般社団法人及び一般財団法人に関する法律第百条の規定の適用については、同条中「理事（理事会設置一般社団法人にあっては、理事会）」とあるのは、「認定都道府県知事（医療法（昭和二十三年法律第二百五号）第七十条の八第三項に規定する認定都道府県知事をいう。）、社員総会又は理事会」とする。

第七十条の十三　地域医療連携推進法人は、第七十条の三第一項第十七号ハの評価の結果を公表しなければならない。

2　地域医療連携推進法人は、第七十条の三第一項第十六号ハの地域医療連携推進評議会の意見を尊重するものとする。

第七十条の十四　前章第四節（第五十条、第五十条の二、第五十一条の二第五項及び第五十一条の四第一項を除く。）の規定は、地域医療連携推進法人の計算について準用する。この場合において、第五十一条第一項中「関する報告書」とあるのは「関する報告書、第七十条第二項第三号の支援及び第七十条の八第二項の出資の状況に関する報告書」と、同条第二項中「医療法人（その事業活動の規模その他の事情を勘案して厚生労働省令で定める基準に該当する者に限る。）」とあるのは「地域医療連携推進法人」と、同条第五項中「第二項の医療法人」とあるのは「地域医療連携推進法人（その定款に第七十条第二項第三号に掲げる業務及び出資を行わない旨を定めている地域医療連携推進法人のうち、その事業活動の規模その他の事情を勘案して厚生労働省令で定める基準に該当しない者（以下「特定地域医療連携推進法人」という。）を除く。）」と、第五十一条の三第一項中「医療法人（その事業活動の規模その他の事情を勘案して厚生労働省令で定める基準に該当する者に限る。次項において同じ。）」とあるのは「地域医療連携推進法人」と、同項中「社員総会又は同条第五項において読み替えて準用する同条第三項の承認をした評議員会の終結後遅滞なく、同項（同条第五項において読み替えて準用する場合を含む。）」とあるのは「社員総会の終結後遅滞なく、同項」と、第五十一条の四第二項中「社会医療法人及び第五十一条第二項の医療法人（社会医療法人を除く。）」とあるのは「地域医療連携推進法人」と、「書類（第二号に掲げる書類にあつては、第五十一条第二項の医療法人に限る。）」とあるのは「書類（特定地域医療連携推進法人にあつては、第二号に掲げる書類を除く。）」と、同項第一号中「前項各号に掲げる書類」とあるのは「事業報告書等、第四十六条の八第三号の監査報告書及び定款」と、同条第三項中「監事の監査報告書」とあるのは「第四十六条の八第三号の監査報告書」と、同条第四項中「前三項」とあるのは「前二項」と、第五十二条第一項中「書類」とあるのは「書類（特定地域医療連携推進法人にあつては、第三号に掲げる書類を除く。）」と、同項第二号中「監事の監査報告書」とあるのは「第四十六条の八第三号の監査報告書」と、同項第三号中「第五十一条第二項の医療法人にあつては、公認会計士等」とあるのは「公認会計士等」と読み替えるものとする。

第七十条の十五　前章第七節（第五十五条第一項（第四号及び第七号に係る部分に限る。）及び第三項を除く。）の規定は、地域医療連携推進法人の解散及び清算について準用する。この場合において、同条第六項中「都道府県知事」とあるのは「認定都道府県知事（第七十条の八第三項に規定する認定都道府県知事をいう。以下この節において同じ。）」と、同条第七項及び第八項中「都道府県知事」とあるのは「認定都道府県知事」と、同項中「若しくは第五号又は第三項第一号」とあるのは「又は第五号」と、第五十六条第一項及び第五十六条の三中「合併及び破産手続開始」とあるのは「破産手続開始」と、第五十六条の六及び第五十六条の十一中「都道府県知事」とあるのは「認定都道府県知事」と、第五十六条の十二第一項中「清算」とあるのは「清算（第七十条の十五において読み替えて準用するこの節（第五十五条第一項（第四号及び第七号に係る部分に限る。）及び第三項を除く。）の規定による解散及び清算に係る部分に限る。）」と、同条第三項及び第四項中「都道府県知事」とあるのは「認定都道府県知事」と読み替えるものとする。

第七十条の十六　地域医療連携推進法人については、一般社団法人及び一般財団法人に関する法律第五条第一項、第四十九条第二項（第六号に係る部分（同法第百四十八条第三号の社員総会に係る部分に限る。）に限る。）、第六十七条第一項及び第三項並びに第五章の規定は、適用しない。

第三節　監督

第七十条の十七　一般社団法人及び一般財団法人に関する法律第十一条第一項各号に掲げる事項並びに第七十条の三第一項第四号、第七号、第八号、第十三号及び第十七号から第二十号までに規定する定款の定めのほか、地域医療連携推進法人は、その定款において、次に掲げる事項を定めなければならない。

一　資産及び会計に関する規定
二　役員に関する規定
三　理事会に関する規定
四　解散に関する規定
五　定款の変更に関する規定
六　開設している病院等（指定管理者として管理する病院等を含む。）又は開設し、若しくは管理している介護事業等に係る施設若しくは事業所であつて厚生労働省令で定めるものがある場合には、その名称及び所在地

第七十条の十八　第五十四条の九（第一項及び第二項を除く。）の規定は、地域医療連携推進法人の定款の変更について準用する。この場合において、同条第三項中「都道府県知事」とあるのは「認定都道府県知事（第七十条の八第三項に規定する認定都道府県知事をいう。次項及び第五項において同じ。）」と、同条第四項中「都道府県知事」とあるのは「認定都道府県知事」と、「第四十五条第一項に規定する事項及び」とあるのは「当該申請に係る地域医療連携推進法人（第七十条の五第一項に規定する地域医療連携推進法人をいう。）の資産が第七十条の十において読み替えて準用する第四十一条の要件に該当しているかどうか及び変更後の定款の内容が法令の規定に違反していないかどうか並びに」と、同条第五項中「都道府県知事」とあるのは「認定都道府県知事」と読み替えるものとする。

2　認定都道府県知事は、前項において読み替えて準用する第五十四条の九第三項の認可（前条第六号に掲げる事項その他の厚生労働省令で定める重要な事項に係るものに限る。以下この項において同じ。）をし、又は認可をしない処分をするに当たつては、あらかじめ、都道府県医療審議会の意見を聴かなければならない。

第七十条の十九　代表理事の選定及び解職は、認定都道府県知事の認可を受けなければ、その効力を生じない。ただし、代表理事を再任する場合については、この限りでない。

2　認定都道府県知事は、前項本文の認可をし、又は認可をしない処分をするに当たつては、あらかじめ、都道府県医療審議会の意見を聴かなければならない。

第七十条の二十　第六条の八第三項及び第四項、第六十三条第一項並びに第六十四条の規定は、地域医療連携推進法人について準用する。この場合において、第六条の八第三項及び第四項中「第一項」とあるのは「第七十条の二十において読み替えて準用する第六十三条第一項」と、第六十三条第一項中「都道府県知事は」とあるのは「認定都道府県知事（第七十条の八第三項に規定する認定都道府県知事をいう。以下この項及び次条において同じ。）は」と、「都道府県知事の」とあるのは「認定都道府県知事の」と、第六十四条中「都道府県知事」とあるのは「認定都道府県知事」と読み替えるものとする。

第七十条の二十一　認定都道府県知事は、地域医療連携推進法人が、次の各号のいずれかに該当する場合においては、その医療連携推進認定を取り消さなければならない。

一　第七十条の四第一号又は第三号に該当するに至つたとき。
二　偽りその他不正の手段により医療連携推進認定を受けたとき。

2　認定都道府県知事は、地域医療連携推進法人が、次の各号のいずれかに該当する場合においては、その医療連携推進認定を取り消すことができる。

一　第七十条の三第一項各号に掲げる基準のいずれかに適合しなくなつたとき。
二　地域医療連携推進法人から医療連携推進認定の取消しの申請があつたとき。
三　この法律若しくはこの法律に基づく命令又はこれらに基づく処分に違反したとき。

3　認定都道府県知事は、前二項の規定により医療連携推進認定を取り消すに当たつては、あらかじめ、都道府県医療審議会の意見を聴かなければならない。

4　認定都道府県知事は、第一項又は第二項の規定により医療連携推進認定を取り消したときは、厚生労働省令で定めるところにより、その旨を公示しなければならない。

5　第一項又は第二項の規定による医療連携推進認定の取消しの処分を受けた地域医療連携推進法人は、その名称中の地域医療連携推進法人という文字を一般社団法人と変更する定

款の変更をしたものとみなす。

6　認定都道府県知事は、第一項又は第二項の規定による医療連携推進認定の取消しをしたときは、遅滞なく、当該地域医療連携推進法人の主たる事務所の所在地を管轄する登記所に当該地域医療連携推進法人の名称の変更の登記を嘱託しなければならない。

7　前項の規定による名称の変更の登記の嘱託書には、当該登記の原因となる事由に係る処分を行つたことを証する書面を添付しなければならない。

第七十条の二十二　公益社団法人及び公益財団法人の認定等に関する法律第三十条の規定は、認定都道府県知事が前条第一項又は第二項の規定により医療連携推進認定を取り消した場合について準用する。この場合において、同法第三十条中「公益目的取得財産残額」とあるのは「医療連携推進目的取得財産残額」と、同条第一項中「場合又は公益法人が合併により消滅する場合（その権利義務を承継する法人が公益法人であるときを除く。）」とあるのは「場合」と、「第五条第十七号」とあるのは「医療法（昭和二十三年法律第二百五号）第七十条の三第一項第十九号」と、「日又は当該合併の日から」とあるのは「日から」と、「内閣総理大臣が行政庁である場合にあつては国、都道府県知事が行政庁である場合にあつては当該」とあるのは「認定都道府県知事（同法第七十条の八第三項に規定する認定都道府県知事をいう。第四項において同じ。）の管轄する」と、「法人又は当該合併により消滅する公益法人の権利義務を承継する法人」とあるのは「法人」と、「認定取消法人等」とあるのは「認定取消法人」と、同条第二項第一号中「公益目的事業財産（第十八条第六号に掲げる財産にあつては、公益認定を受けた日前に取得したものを除く。）」とあるのは「医療連携推進目的事業財産（医療法第七十条の九において読み替えて準用する第十八条に規定する医療連携推進目的事業財産をいう。次号及び第三号において同じ。）」と、同項第二号及び第三号中「公益目的事業」とあるのは「に医療連携推進業務」と、「公益目的事業財産」とあるのは「医療連携推進目的事業財産」と、同号及び同条第三項中「内閣府令」とあるのは「厚生労働省令」と、同条第四項中「認定取消法人等」とあるのは「認定取消法人」と、「国又は」とあるのは「認定都道府県知事の管轄する」と、同条第五項中「第五条第十七号」とあるのは「医療法第七十条の三第一項第十八号」と読み替えるものとする。

第七十条の二十三　第六十六条の二及び第六十七条の規定は、地域医療連携推進法人について準用する。この場合において、第六十六条の二中「第六十四条第一項及び第二項、第六十四条の二第一項、第六十五条並びに前条第一項」とあるのは「第七十条の二十において読み替えて準用する第六十四条第一項及び第二項並びに第七十条の二十一第一項及び第二項」と、「都道府県知事」とあるのは「認定都道府県知事（第七十条の八第三項に規定する認定都道府県知事をいう。第六十七条第一項及び第三項において同じ。）」と、第六十七条第一項中「都道府県知事」とあるのは「認定都道府県知事」と、「第四十四条第一項、第五十五条第六項、第五十八条の二第四項（第五十九条の二において読み替えて準用する場合を含む。）若しくは第六十条の三第四項（第六十一条の三において読み替えて準用する場合を含む。）」とあるのは「医療連携推進認定をしない処分若しくは第七十条の十五において読み替えて準用する第五十五条第六項」と、「第六十四条第二項」とあるのは「第七十条の二十において読み替えて準用する第六十四条第二項」と、同条第三項中「都道府県知事」とあるのは「認定都道府県知事」と読み替えるものとする。

第四節　雑則

第七十一条　この章に特に定めるもののほか、医療連携推進区域が二以上の都道府県にわたる場合における医療連携推進認定及び地域医療連携推進法人の監督その他の医療連携推進認定及び地域医療連携推進法人の監督に関し必要な事項は政令で、その他この章の規定の施行に関し必要な事項は厚生労働省令で、それぞれ定める。

第八章　雑則

第七十二条　この法律の規定によりその権限に属させられた事項を調査審議するほか、都道府県知事の諮問に応じ、当該都道府県における医療を提供する体制の確保に関する重要事項を調査審議するため、都道府県に、都道府県医療審議会を置く。

2　都道府県医療審議会の組織及び運営に関し必要な事項は、政令で定める。

第七十三条　この法律中都道府県が処理するこ

とされている事務で政令で定めるものは、地方自治法第二百五十二条の十九第一項の指定都市（以下この条において「指定都市」という。）においては、政令の定めるところにより、指定都市が処理するものとする。この場合においては、この法律中都道府県に関する規定は、指定都市に関する規定として、指定都市に適用があるものとする。

第七十四条　第五条第二項、第二十三条の二、第二十四条第一項、第二十四条の二並びに第二十五条第一項及び第二項の規定により都道府県知事、保健所を設置する市の市長又は特別区の区長の権限に属するものとされている事務は、国民の健康を守るため緊急の必要があると厚生労働大臣が認める場合にあつては、厚生労働大臣又は都道府県知事、保健所を設置する市の市長若しくは特別区の区長が行うものとする。この場合においては、この法律の規定中都道府県知事、保健所を設置する市の市長又は特別区の区長に関する規定（当該事務に係るものに限る。）は、厚生労働大臣に関する規定として厚生労働大臣に適用があるものとする。

2　前項の場合において、厚生労働大臣又は都道府県知事、保健所を設置する市の市長若しくは特別区の区長が当該事務を行うときは、相互に密接な連携の下に行うものとする。

第七十五条　この法律に規定する厚生労働大臣の権限は、厚生労働省令で定めるところにより、地方厚生局長に委任することができる。

2　前項の規定により地方厚生局長に委任された権限は、厚生労働省令で定めるところにより、地方厚生支局長に委任することができる。

第七十六条　この法律の規定に基づき命令を制定し、又は改廃する場合においては、その命令で、その制定又は改廃に伴い合理的に必要と判断される範囲内において、所要の経過措置（罰則に関する経過措置を含む。）を定めることができる。

第九章　罰則

第七十七条　社会医療法人の役員が、自己若しくは第三者の利益を図り又は社会医療法人に損害を加える目的で、その任務に背く行為をし、当該社会医療法人に財産上の損害を加えたときは、七年以下の懲役若しくは五百万円以下の罰金に処し、又はこれを併科する。

第七十八条　社会医療法人の代表社会医療法人債権者（第五十四条の七において準用する会社法第七百三十六条第一項の規定により選任された代表社会医療法人債権者をいう。第八十一条第一項及び第九十一条において同じ。）又は決議執行者（第五十四条の七において準用する同法第七百三十七条第二項に規定する決議執行者をいう。第八十一条第一項及び第九十一条において同じ。）が、自己若しくは第三者の利益を図り又は社会医療法人債権者に損害を加える目的で、その任務に背く行為をし、社会医療法人債権者に財産上の損害を加えたときは、五年以下の懲役若しくは五百万円以下の罰金に処し、又はこれを併科する。

第七十九条　前二条の罪の未遂は、罰する。

第八十条　社会医療法人の役員又は社会医療法人債を引き受ける者の募集の委託を受けた者が、社会医療法人債を引き受ける者の募集をするに当たり、社会医療法人の事業その他の事項に関する説明を記載した資料若しくは当該募集の広告その他の当該募集に関する文書であつて重要な事項について虚偽の記載のあるものを行使し、又はこれらの書類の作成に代えて電磁的記録（電子的方式、磁気的方式その他人の知覚によつては認識することができない方式で作られる記録であつて、電子計算機による情報処理の用に供されるものとして厚生労働省令で定めるものをいう。以下同じ。）の作成がされている場合における当該電磁的記録であつて重要な事項について虚偽の記録のあるものをその募集の事務の用に供したときは、五年以下の懲役若しくは五百万円以下の罰金に処し、又はこれを併科する。

2　社会医療法人債の売出しを行う者が、その売出しに関する文書であつて重要な事項について虚偽の記載のあるものを行使し、又は当該文書の作成に代えて電磁的記録の作成がされている場合における当該電磁的記録であつて重要な事項について虚偽の記録のあるものをその売出しの事務の用に供したときも、前項と同様とする。

第八十一条　社会医療法人の役員又は代表社会医療法人債権者若しくは決議執行者が、その職務に関し、不正の請託を受けて、財産上の利益を収受し、又はその要求若しくは約束をしたときは、五年以下の懲役又は五百万円以下の罰金に処する。

2　前項の利益を供与し、又はその申込み若しくは約束をした者は、三年以下の懲役又は三百万円以下の罰金に処する。

第八十二条　次に掲げる事項に関し、不正の請託を受けて、財産上の利益を収受し、又はその要求若しくは約束をした者は、五年以下の懲役又は五百万円以下の罰金に処する。

一　社会医療法人債権者集会における発言又は議決権の行使

二　社会医療法人債の総額（償還済みの額を除く。）の十分の一以上に当たる社会医療法人債を有する社会医療法人債権者の権利の行使

2　前項の利益を供与し、又はその申込み若しくは約束をした者も、同項と同様とする。

第八十三条　第八十一条第一項又は前条第一項の場合において、犯人の収受した利益は、没収する。その全部又は一部を没収することができないときは、その価額を追徴する。

第八十四条　第八十一条第一項及び第八十二条第一項の罪は、日本国外においてこれらの罪を犯した者にも適用する。

2　第八十一条第二項及び第八十二条第二項の罪は、刑法（明治四十年法律第四十五号）第二条の例に従う。

第八十五条　第七十八条、第八十条又は第八十一条第一項に規定する者が法人であるときは、これらの規定及び第七十九条の規定は、その行為をした取締役、執行役その他業務を執行する役員又は支配人に対してそれぞれ適用する。

第八十六条　第五条第二項若しくは第二十五条第二項若しくは第四項の規定による診療録若しくは助産録の提出又は同条第一項若しくは第三項の規定による診療録若しくは助産録の検査に関する事務に従事した公務員又は公務員であつた者が、その職務の執行に関して知り得た医師、歯科医師若しくは助産師の業務上の秘密又は個人の秘密を正当な理由がなく漏らしたときは、一年以下の懲役又は五十万円以下の罰金に処する。

2　職務上前項の秘密を知り得た他の公務員又は公務員であつた者が、正当な理由がなくその秘密を漏らしたときも、同項と同様とする。

3　第六条の十三第四項、第六条の二十一、第六条の二十二第二項、第三十条の二十一第五項又は第三十条の二十五第六項の規定に違反した者は、一年以下の懲役又は五十万円以下の罰金に処する。

第八十七条　次の各号のいずれかに該当する者は、六月以下の懲役又は三十万円以下の罰金に処する。

一　第六条の五第一項、第六条の六第四項、第六条の七第一項又は第七条第一項の規定に違反した者

二　第十四条の規定に違反した者

三　第六条の八第二項、第七条の二第三項、第二十三条の二、第二十四条、第二十八条、第二十九条第一項又は第三十条の十五第六項の規定に基づく命令又は処分に違反した者

第八十八条　次の各号のいずれかに該当するときは、その違反行為をした医療事故調査・支援センターの役員又は職員は、三十万円以下の罰金に処する。

一　第六条の二十の許可を受けないで、調査等業務の全部を廃止したとき。

二　第六条の二十三の規定による帳簿の記載をせず、虚偽の記載をし、又は帳簿を保存しなかつたとき。

三　第六条の二十四第一項の規定による報告を怠り、若しくは虚偽の報告をし、又は同項の規定による検査を拒み、妨げ、若しくは忌避したとき。

第八十九条　次の各号のいずれかに該当する者は、二十万円以下の罰金に処する。

一　第三条、第四条第三項、第四条の二第三項、第四条の三第三項、第八条、第八条の二第二項、第九条、第十条、第十一条、第十二条、第十六条、第十八条、第十九条第一項若しくは第二項、第二十一条第一項第二号から第十一号まで若しくは第二項第二号、第二十二条第一号若しくは第四号から第八号まで、第二十二条の二第二号若しくは第五号、第二十二条の三第二号若しくは第五号又は第二十七条の規定に違反した者

二　第五条第二項、第六条の八第一項若しくは第二十五条第一項から第四項までの規定による報告若しくは提出を怠り、若しくは虚偽の報告をし、又は第六条の八第一項若しくは第二十五条第一項から第三項までの規定による当該職員の検査を拒み、妨げ、若しくは忌避した者

三　第十四条の二第一項又は第二項の規定による掲示を怠り、又は虚偽の掲示をした者

第九十条　法人の代表者又は法人若しくは人の代理人、使用人その他の従業者が、その法人又は人の業務に関して第八十七条又は前条の違反行為をしたときは、行為者を罰するほか、その法人又は人に対しても各本条の罰金

刑を科する。

第九十一条 社会医療法人の役員、社会医療法人債原簿管理人（第五十四条の七において準用する会社法第六百八十三条に規定する者をいう。）、社会医療法人債管理者、事務を承継する社会医療法人債管理者（第五十四条の七において準用する会社法第七百十一条第一項又は第七百十四条第一項若しくは第三項の規定により社会医療法人債管理者の事務を承継する社会医療法人債管理者をいう。）、社会医療法人債管理補助者、事務を承継する社会医療法人債管理補助者（第五十四条の七において準用する会社法第七百十四条の七において準用する同法第七百十一条第一項又は第七百十四条第一項若しくは第三項の規定により社会医療法人債管理補助者の事務を承継する社会医療法人債管理補助者をいう。）、代表社会医療法人債権者又は決議執行者は、次の各号のいずれかに該当する場合には、百万円以下の過料に処する。ただし、その行為について刑を科すべきときは、この限りでない。

一　この法律において準用する会社法の規定による公告若しくは通知をすることを怠つたとき、又は不正の公告若しくは通知をしたとき。

二　この法律において準用する会社法の規定に違反して、正当な理由がないのに、書類若しくは電磁的記録に記録された事項を厚生労働省令で定める方法により表示したものの閲覧若しくは謄写又は書類の謄本若しくは抄本の交付、電磁的記録に記録された事項を電磁的方法により提供すること若しくはその事項を記載した書面の交付を拒んだとき。

三　この法律において準用する会社法の規定による調査を拒み、妨げ、又は忌避したとき。

四　社会医療法人債権者集会に対し、虚偽の申述を行い、又は事実を隠蔽したとき。

五　社会医療法人債原簿、議事録（第五十四条の七において準用する会社法第七百三十一条第一項の規定により作成する議事録をいう。次号において同じ。）、第五十四条の七において準用する同法第六百八十二条第一項若しくは第六百九十五条第一項の書面若しくは電磁的記録に記載し、若しくは記録すべき事項を記載せず、若しくは記録せず、又は虚偽の記載若しくは記録をしたとき。

六　第五十四条の七において準用する会社法第六百八十四条第一項又は第七百三十一条第二項の規定に違反して、社会医療法人債原簿又は議事録を備え置かなかつたとき。

七　社会医療法人債の発行の日前に社会医療法人債券を発行したとき。

八　第五十四条の七において準用する会社法第六百九十六条の規定に違反して、遅滞なく、社会医療法人債券を発行しなかつたとき。

九　社会医療法人債券に記載すべき事項を記載せず、又は虚偽の記載をしたとき。

十　第五十四条の五の規定に違反して社会医療法人債を発行し、又は第五十四条の七において準用する会社法第七百十一条第一項（第五十四条の七において準用する同法第七百十四条の七において準用する場合を含む。）の規定に違反して事務を承継する社会医療法人債管理者若しくは社会医療法人債管理補助者を定めなかつたとき。

第九十二条 第六条の四の三第一項の規定により報告を求められて、これに従わず、若しくは虚偽の報告をした者又は第三十条の十三第五項若しくは第三十条の十八の二第二項の規定による命令に違反した者は、三十万円以下の過料に処する。

第九十三条 次の各号のいずれかに該当する場合においては、医療法人の理事、監事若しくは清算人又は地域医療連携推進法人の理事、監事若しくは清算人は、これを二十万円以下の過料に処する。ただし、その行為について刑を科すべきときは、この限りでない。

一　この法律に基づく政令の規定による登記をすることを怠つたとき。

二　第四十六条第二項の規定による財産目録の備付けを怠り、又はこれに記載すべき事項を記載せず、若しくは虚偽の記載をしたとき。

三　第四十六条の三の六において読み替えて準用する一般社団法人及び一般財団法人に関する法律第四十七条の三第一項の規定に違反して、電子提供措置（電磁的方法により社員が情報の提供を受けることができる状態に置く措置であつて、厚生労働省令で定めるものをいう。）をとらなかつたとき。

四　第四十六条の三の六において準用する一般社団法人及び一般財団法人に関する法律第五十七条第二項から第四項まで、第四十六条の四の七において準用する同法第百九十三条第二項から第四項まで若しくは第四十六条の七の二第一項において準用する同法第九十七条第一項から第三項までの規定による議事録の備付けを怠り、これに記載し、若しくは記録すべき事項を記載せず、若しくは記録せず、若しくは虚偽の記載若しくは記録をし、又はこれらの規定による閲覧若しくは謄写を拒んだとき。

五　第五十一条の三第一項（第七十条の十四において準用する場合を含む。）の規定による公告を怠り、又は虚偽の公告をしたとき。

六　第五十一条の四第一項（同条第四項において準用する場合を含む。以下この号において同じ。）、第二項（同条第四項（第七十条の十四において読み替えて準用する場合を含む。以下この号において同じ。）及び第七十条の十四において読み替えて準用する場合を含む。以下この号において同じ。）若しくは第三項（第五十一条の四第四項及び第七十条の十四において読み替えて準用する場合を含む。）の規定による書類の備付けを怠り、その書類に記載すべき事項を記載せず、若しくは虚偽の記載をし、又は正当の理由がないのに第五十一条の四第一項若しくは第二項の規定による閲覧を拒んだとき。

七　第五十二条第一項（第七十条の十四において準用する場合を含む。）又は第五十四条の九第五項（第七十条の十八第一項において準用する場合を含む。）の規定に違反して、届出をせず、又は虚偽の届出をしたとき。

八　第五十四条（第七十条の十四において準用する場合を含む。）の規定に違反して剰余金の配当をしたとき。

九　第五十五条第五項又は第五十六条の十第一項（これらの規定を第七十条の十五において準用する場合を含む。）の規定による破産手続開始の申立てを怠つたとき。

十　第五十六条の八第一項又は第五十六条の十第一項（これらの規定を第七十条の十五において準用する場合を含む。）の規定による公告を怠り、又は虚偽の公告をしたとき。

十一　第五十八条の三第二項（第五十九条の二において準用する場合を含む。）又は第六十条の四第二項（第六十一条の三において準用する場合を含む。）の規定による書類の備付けを怠り、その書類に記載すべき事項を記載せず、若しくは虚偽の記載をし、又はこれらの規定による閲覧を拒んだとき。

十二　第五十八条の四第一項若しくは第三項（これらの規定を第五十九条の二において準用する場合を含む。）又は第六十条の五第一項若しくは第三項（これらの規定を第六十一条の三において準用する場合を含む。）の規定に違反して、吸収合併、新設合併、吸収分割又は新設分割をしたとき。

十三　第六十三条第一項（第七十条の二十において準用する場合を含む。以下この号において同じ。）の規定による報告を怠り、若しくは虚偽の報告をし、又は同項の規定による検査を拒み、妨げ、若しくは忌避したとき。

十四　第六十四条第二項（第七十条の二十において準用する場合を含む。）又は第六十四条の二第一項の規定による命令に違反して業務を行つたとき。

第九十四条　第四十条又は第七十条の五第四項若しくは第五項の規定に違反した者は、これを十万円以下の過料に処する。

・良質かつ適切な医療を効率的に提供する体制の確保を推進するための医療法等の一部を改正する法律（令和三・五・二八法律四九）

附則　抄

（施行期日）

第一条　この法律は、令和六年四月一日から施行する。ただし、次の各号に掲げる規定は、当該各号に定める日から施行する。

七　〈略〉令和七年四月一日

八　〈略〉令和八年四月一日

・刑法等の一部を改正する法律の施行に伴う関係法律の整理等に関する法律（令和四・六・一七法律六八）

附則　抄

（施行期日）

1　この法律は、刑法等一部改正法施行日から施行する。〈略〉

・全世代対応型の持続可能な社会保障制度を構築するための健康保険法等の一部を改正する法律（令和五・五・一九法律三一）

附則　抄

（施行期日）

第一条　この法律は、令和六年四月一日から施行する。ただし、次の各号に掲げる規定は、当該各号に定める日から施行する。

四 〈略〉令和七年四月一日

五 〈略〉公布の日から起算して三年を超えない範囲内において政令で定める日

・国立健康危機管理研究機構法の施行に伴う関係法律の整備に関する法律（令和五・六・七法律四七）

附則 抄

（施行期日）

第一条 この法律は、国立健康危機管理研究機構法（令和五年法律第四十六号）の施行の日（以下「施行日」という。）から施行する。〈略〉

医師法

（昭和二三・七・三〇 法律二〇一）

最新改正 令和五法律六三

第一章 総則

第一条 医師は、医療及び保健指導を掌ることによつて公衆衛生の向上及び増進に寄与し、もつて国民の健康な生活を確保するものとする。

第一条の二 国、都道府県、病院又は診療所の管理者、学校教育法（昭和二十二年法律第二十六号）に基づく大学（以下単に「大学」という。）、医学医術に関する学術団体、診療に関する学識経験者の団体その他の関係者は、公衆衛生の向上及び増進を図り、国民の健康な生活を確保するため、医師がその資質の向上を図ることができるよう、適切な役割分担を行うとともに、相互に連携を図りながら協力するよう努めなければならない。

第二章 免許

第二条 医師になろうとする者は、医師国家試験に合格し、厚生労働大臣の免許を受けなければならない。

第三条 未成年者には、免許を与えない。

第四条 次の各号のいずれかに該当する者には、免許を与えないことがある。

一 心身の障害により医師の業務を適正に行うことができない者として厚生労働省令で定めるもの

二 麻薬、大麻又はあへんの中毒者

三 罰金以上の刑に処せられた者

四 前号に該当する者を除くほか、医事に関し犯罪又は不正の行為のあつた者

第五条 厚生労働省に医籍を備え、登録年月日、第七条第一項の規定による処分に関する事項その他の医師免許に関する事項を登録する。

第六条 免許は、医師国家試験に合格した者の申請により、医籍に登録することによつて行う。

2 厚生労働大臣は、免許を与えたときは、医師免許証を交付する。

3 医師は、厚生労働省令で定める二年ごとの年の十二月三十一日現在における氏名、住所（医業に従事する者については、更にその場所）その他厚生労働省令で定める事項を、当該年の翌年一月十五日までに、その住所地の都道府県知事を経由して厚生労働大臣に届け出なければならない。ただし、情報通信技術を活用した行政の推進等に関する法律（平成十四年法律第百五十一号）第六条第一項の規定により当該届出を同項に規定する電子情報処理組織を使用して行うときは、都道府県知事を経由することを要しない。

第六条の二 厚生労働大臣は、医師免許を申請した者について、第四条第一号に掲げる者に該当すると認め、同条の規定により免許を与えないこととするときは、あらかじめ、当該申請者にその旨を通知し、その求めがあつたときは、厚生労働大臣の指定する職員にその意見を聴取させなければならない。

第七条 医師が第四条各号のいずれかに該当

し、又は医師としての品位を損するような行為のあつたときは、厚生労働大臣は、次に掲げる処分をすることができる。

一　戒告

二　三年以内の医業の停止

三　免許の取消し

2　前項の規定による取消処分を受けた者（第四条第三号若しくは第四号に該当し、又は医師としての品位を損するような行為のあつた者として同項の規定による取消処分を受けた者にあつては、その処分の日から起算して五年を経過しない者を除く。）であつても、その者がその取消しの理由となつた事項に該当しなくなつたときその他その後の事情により再び免許を与えるのが適当であると認められるに至つたときは、再免許を与えることができる。この場合においては、第六条第一項及び第二項の規定を準用する。

3　厚生労働大臣は、前二項に規定する処分をするに当たつては、あらかじめ、医道審議会の意見を聴かなければならない。

4　厚生労働大臣は、第一項の規定による免許の取消処分をしようとするときは、都道府県知事に対し、当該処分に係る者に対する意見の聴取を行うことを求め、当該意見の聴取をもつて、厚生労働大臣による聴聞に代えることができる。

5　行政手続法（平成五年法律第八十八号）第三章第二節（第二十五条、第二十六条及び第二十八条を除く。）の規定は、都道府県知事が前項の規定により意見の聴取を行う場合について準用する。この場合において、同節中「聴聞」とあるのは「意見の聴取」と、同法第十五条第一項中「行政庁」とあるのは「都道府県知事」と、同条第三項（同法第二十二条第三項において準用する場合を含む。）中「行政庁は」とあるのは「都道府県知事は」と、「当該行政庁が」とあるのは「当該都道府県知事が」と、「当該行政庁の」とあるのは「当該都道府県の」と、同法第十六条第四項並びに第十八条第一項及び第三項中「行政庁」とあるのは「都道府県知事」と、同法第十九条第一項中「行政庁が指名する職員その他政令で定める者」とあるのは「都道府県知事が指名する職員」と、同法第二十条第一項、第二項及び第四項中「行政庁」とあるのは「都道府県」と、同条第六項及び同法第二十四条第三項中「行政庁」とあるのは「都道府県知事」と読み替えるものとする。

6　厚生労働大臣は、都道府県知事から当該処分の原因となる事実を証する書類その他意見の聴取を行う上で必要となる書類を求められた場合には、速やかにそれらを当該都道府県知事あて送付しなければならない。

7　都道府県知事は、第四項の規定により意見の聴取を行う場合において、第五項において読み替えて準用する行政手続法第二十四条第三項の規定により同条第一項の調書及び同条第三項の報告書の提出を受けたときは、これらを保存するとともに、当該調書及び報告書の写しを厚生労働大臣に提出しなければならない。この場合において、当該処分の決定についての意見があるときは、当該写しのほか当該意見を記載した意見書を提出しなければならない。

8　厚生労働大臣は、意見の聴取の終結後に生じた事情に鑑み必要があると認めるときは、都道府県知事に対し、前項前段の規定により提出された調書及び報告書の写し並びに同項後段の規定により提出された意見書を返戻して主宰者に意見の聴取の再開を命ずるよう求めることができる。行政手続法第二十二条第二項本文及び第三項の規定は、この場合について準用する。

9　厚生労働大臣は、当該処分の決定をするときは、第七項の規定により提出された意見書並びに調書及び報告書の写しの内容を十分参酌してこれをしなければならない。

10　厚生労働大臣は、第一項の規定による医業の停止の命令をしようとするときは、都道府県知事に対し、当該処分に係る者に対する弁明の聴取を行うことを求め、当該弁明の聴取をもつて、厚生労働大臣による弁明の機会の付与に代えることができる。

11　前項の規定により弁明の聴取を行う場合において、都道府県知事は、弁明の聴取を行うべき日時までに相当な期間をおいて、当該処分に係る者に対し、次に掲げる事項を書面により通知しなければならない。

一　第一項の規定を根拠として当該処分をしようとする旨及びその内容

二　当該処分の原因となる事実

三　弁明の聴取の日時及び場所

12　厚生労働大臣は、第十項に規定する場合のほか、厚生労働大臣による弁明の機会の付与に代えて、医道審議会の委員に、当該処分に係る者に対する弁明の聴取を行わせることができる。この場合においては、前項中「前項」とあるのは「次項」と、「都道府県知事」

とあるのは「厚生労働大臣」と読み替えて、同項の規定を適用する。

13　第十一項（前項後段の規定により読み替えて適用する場合を含む。）の通知を受けた者は、代理人を出頭させ、かつ、証拠書類又は証拠物を提出することができる。

14　都道府県知事又は医道審議会の委員は、第十項又は第十二項前段の規定により弁明の聴取を行つたときは、聴取書を作り、これを保存するとともに、報告書を作成し、厚生労働大臣に提出しなければならない。この場合において、当該処分の決定についての意見があるときは、当該意見を報告書に記載しなければならない。

15　厚生労働大臣は、第四項又は第十項の規定により都道府県知事が意見の聴取又は弁明の聴取を行う場合においては、都道府県知事に対し、あらかじめ、次に掲げる事項を通知しなければならない。

一　当該処分に係る者の氏名及び住所

二　当該処分の内容及び根拠となる条項

三　当該処分の原因となる事実

16　第四項の規定により意見の聴取を行う場合における第五項において読み替えて準用する行政手続法第十五条第一項の通知又は第十項の規定により弁明の聴取を行う場合における第十一項の通知は、それぞれ、前項の規定により通知された内容に基づいたものでなければならない。

17　第四項若しくは第十項の規定により都道府県知事が意見の聴取若しくは弁明の聴取を行う場合又は第十二項前段の規定により医道審議会の委員が弁明の聴取を行う場合における当該処分については、行政手続法第三章（第十二条及び第十四条を除く。）の規定は、適用しない。

第七条の二　厚生労働大臣は、前条第一項第一号若しくは第二号に掲げる処分を受けた医師又は同条第二項の規定により再免許を受けようとする者に対し、医師としての倫理の保持又は医師として具有すべき知識及び技能に関する研修として厚生労働省令で定めるもの（以下「再教育研修」という。）を受けるよう命ずることができる。

2　厚生労働大臣は、前項の規定による再教育研修を修了した者について、その申請により、再教育研修を修了した旨を医籍に登録する。

3　厚生労働大臣は、前項の登録をしたときは、再教育研修修了登録証を交付する。

4　第二項の登録を受けようとする者及び再教育研修修了登録証の書換交付又は再交付を受けようとする者は、実費を勘案して政令で定める額の手数料を納めなければならない。

5　前条第十項から第十七項まで（第十二項を除く。）の規定は、第一項の規定による命令をしようとする場合について準用する。この場合において、必要な技術的読替えは、政令で定める。

第七条の三　厚生労働大臣は、医師について第七条第一項の規定による処分をすべきか否かを調査する必要があると認めるときは、当該事案に関係する者若しくは参考人から意見若しくは報告を徴し、診療録その他の物件の所有者に対し、当該物件の提出を命じ、又は当該職員をして当該事案に関係のある病院その他の場所に立ち入り、診療録その他の物件を検査させることができる。

2　前項の規定により立入検査をしようとする職員は、その身分を示す証明書を携帯し、関係人の請求があつたときは、これを提示しなければならない。

3　第一項の規定による立入検査の権限は、犯罪捜査のために認められたものと解してはならない。

第八条　この章に規定するもののほか、免許の申請、医籍の登録、訂正及び抹消、免許証の交付、書換交付、再交付、返納及び提出並びに住所の届出に関して必要な事項は政令で、第七条第一項の処分、第七条の二第一項の再教育研修の実施、同条第二項の医籍の登録並びに同条第三項の再教育研修修了登録証の交付、書換交付及び再交付に関して必要な事項は厚生労働省令で定める。

第三章　試験

第九条　医師国家試験は、臨床上必要な医学及び公衆衛生に関して、医師として具有すべき知識及び技能について、これを行う。

第十条　医師国家試験及び医師国家試験予備試験は、毎年少くとも一回、厚生労働大臣が、これを行う。

2　厚生労働大臣は、医師国家試験又は医師国家試験予備試験の科目又は実施若しくは合格者の決定の方法を定めようとするときは、あらかじめ、医道審議会の意見を聴かなければならない。

第十一条　医師国家試験は、次の各号のいずれかに該当する者でなければ、これを受けることができない。

一　大学において、医学の正規の課程を修めて卒業した者（大学において医学を専攻する学生が臨床実習を開始する前に修得すべき知識及び技能を具有しているかどうかを評価するために大学が共用する試験として厚生労働省令で定めるもの（第十七条の二において「共用試験」という。）に合格した者に限る。）

二　医師国家試験予備試験に合格した者で、合格した後一年以上の診療及び公衆衛生に関する実地修練を経たもの

三　外国の医学校を卒業し、又は外国で医師免許を得た者で、厚生労働大臣が前二号に掲げる者と同等以上の学力及び技能を有し、かつ、適当と認定したもの

2　厚生労働大臣は、前項第一号の厚生労働省令の制定又は改正の立案をしようとするときは、医道審議会の意見を聴かなければならない。

第十二条　医師国家試験予備試験は、外国の医学校を卒業し、又は外国で医師免許を得た者のうち、前条第一項第三号に該当しない者であつて、厚生労働大臣が適当と認定したものでなければ、これを受けることができない。

第十三条及び第十四条　削除

第十五条　医師国家試験又は医師国家試験予備試験に関して不正の行為があつた場合には、当該不正行為に関係のある者について、その受験を停止させ、又はその試験を無効とすることができる。この場合においては、なお、その者について、期間を定めて試験を受けることを許さないことができる。

第十六条　この章に規定するものの外、試験の科目、受験手続その他試験に関して必要な事項及び実地修練に関して必要な事項は、厚生労働省令でこれを定める。

第四章　研修

第一節　臨床研修

第十六条の二　診療に従事しようとする医師は、二年以上、都道府県知事の指定する病院又は外国の病院で厚生労働大臣の指定するものにおいて、臨床研修を受けなければならない。

2　前項の規定による指定は、臨床研修を行おうとする病院の開設者の申請により行う。

3　厚生労働大臣又は都道府県知事は、前項の申請に係る病院が、次に掲げる基準を満たすと認めるときでなければ、第一項の規定による指定をしてはならない。

一　臨床研修を行うために必要な診療科を置いていること。

二　臨床研修の実施に関し必要な施設及び設備を有していること。

三　臨床研修の内容が、適切な診療科での研修の実施により、基本的な診療能力を身に付けることのできるものであること。

四　前三号に掲げるもののほか、臨床研修の実施に関する厚生労働省令で定める基準に適合するものであること。

4　厚生労働大臣又は都道府県知事は、第一項の規定により指定した病院が臨床研修を行うについて不適当であると認めるに至つたときは、その指定を取り消すことができる。

5　厚生労働大臣は、第一項の規定による指定をし、若しくは前項の規定による指定の取消しをしようとするとき、又は第三項第四号の厚生労働省令の制定若しくは改廃の立案をしようとするときは、あらかじめ、医道審議会の意見を聴かなければならない。

6　都道府県知事は、第一項の規定による指定をし、又は第四項の規定による指定の取消しをしようとするときは、あらかじめ、医療法（昭和二十三年法律第二百五号）第三十条の二十三第一項に規定する地域医療対策協議会（以下「地域医療対策協議会」という。）の意見を聴かなければならない。

7　都道府県知事は、前項の規定により地域医療対策協議会の意見を聴いたときは、第一項の規定による指定又は第四項の規定による指定の取消しに当たり、当該意見を反映させるよう努めなければならない。

第十六条の三　厚生労働大臣は、毎年度、都道府県ごとの研修医（臨床研修病院（前条第一項に規定する都道府県知事の指定する病院をいう。第三項及び次条第一項において同じ。）において臨床研修を受ける医師をいう。以下この条及び第十六条の八において同じ。）の定員を定めるものとする。

2　厚生労働大臣は、前項の規定により研修医の定員を定めようとするときは、あらかじめ、医道審議会の意見を聴かなければならない。

3　都道府県知事は、第一項の規定により厚生労働大臣が定める都道府県ごとの研修医の定員の範囲内で、毎年度、当該都道府県の区域内に所在する臨床研修病院ごとの研修医の定

員を定めるものとする。

4　都道府県知事は、前項の規定により研修医の定員を定めようとするときは、医療法第五条の二第一項に規定する医師の確保を特に図るべき区域における医師の数の状況に配慮しなければならない。

5　都道府県知事は、第三項の規定により研修医の定員を定めようとするときは、あらかじめ、その内容について厚生労働大臣に通知しなければならない。

6　都道府県知事は、前項の規定による通知をしようとするときは、あらかじめ、地域医療対策協議会の意見を聴かなければならない。

7　都道府県知事は、前項の規定により地域医療対策協議会の意見を聴いたときは、第三項の規定により研修医の定員を定めるに当たり、当該意見を反映させるよう努めなければならない。

第十六条の四　都道府県知事は、臨床研修の業務の適正な実施を確保するため必要があると認めるときは、臨床研修病院の管理者又は開設者に対し、その業務に関し報告を求め、又は必要な指示をすることができる。

2　厚生労働大臣は、臨床研修の業務の適正な実施を確保するため必要があると認めるときは、第十六条の二第一項に規定する厚生労働大臣の指定する病院の管理者又は開設者に対し、その業務に関し報告を求め、又は必要な措置をとるべきことを請求することができる。

第十六条の五　臨床研修を受けている医師は、臨床研修に専念し、その資質の向上を図るように努めなければならない。

第十六条の六　厚生労働大臣は、第十六条の二第一項の規定による臨床研修を修了した者について、その申請により、臨床研修を修了した旨を医籍に登録する。

2　厚生労働大臣は、前項の登録をしたときは、臨床研修修了登録証を交付する。

第十六条の七　前条第一項の登録を受けようとする者及び臨床研修修了登録証の書換交付又は再交付を受けようとする者は、実費を勘案して政令で定める額の手数料を納めなければならない。

第十六条の八　この節に規定するもののほか、第十六条の二第一項の指定、第十六条の三第一項及び第三項の研修医の定員の定め、第十六条の六第一項の医籍の登録並びに同条第二項の臨床研修修了登録証の交付、書換交付及び再交付に関して必要な事項は、厚生労働省令で定める。

第二節　その他の研修

第十六条の九　国、都道府県、病院又は診療所の管理者、大学、医学医術に関する学術団体、診療に関する学識経験者の団体その他の関係者は、医療提供体制（医療法第三十条の三第一項に規定する医療提供体制をいう。次条第一項において同じ。）の確保に与える影響に配慮して医師の研修が行われるよう、適切な役割分担を行うとともに、相互に連携を図りながら協力するよう努めなければならない。

第十六条の十　医学医術に関する学術団体その他の厚生労働省令で定める団体は、医師の研修に関する計画を定め、又は変更しようとするとき（当該計画に基づき研修を実施することにより、医療提供体制の確保に重大な影響を与える場合として厚生労働省令で定める場合に限る。）は、あらかじめ、厚生労働大臣の意見を聴かなければならない。

2　厚生労働大臣は、前項の団体を定める厚生労働省令の制定又は改廃の立案をしようとするときは、医道審議会の意見を聴かなければならない。

3　厚生労働大臣は、第一項の規定により意見を述べるときは、あらかじめ、関係都道府県知事の意見を聴かなければならない。

4　都道府県知事は、前項の規定により意見を述べるときは、あらかじめ、地域医療対策協議会の意見を聴かなければならない。

5　第一項の厚生労働省令で定める団体は、同項の規定により厚生労働大臣の意見を聴いたときは、同項に規定する医師の研修に関する計画の内容に当該意見を反映させるよう努めなければならない。

第十六条の十一　厚生労働大臣は、医師が医療に関する最新の知見及び技能に関する研修を受ける機会を確保できるようにするため特に必要があると認めるときは、当該研修を行い、又は行おうとする医学医術に関する学術団体その他の厚生労働省令で定める団体に対し、当該研修の実施に関し、必要な措置の実施を要請することができる。

2　厚生労働大臣は、前項の厚生労働省令の制定又は改廃の立案をしようとするときは、医道審議会の意見を聴かなければならない。

3　第一項の厚生労働省令で定める団体は、同項の規定により、厚生労働大臣から研修の実施に関し、必要な措置の実施を要請されたときは、当該要請に応じるよう努めなければならない。

第五章　業務

第十七条　医師でなければ、医業をなしてはならない。

第十七条の二　大学において医学を専攻する学生であつて、共用試験に合格したものは、前条の規定にかかわらず、当該大学が行う臨床実習において、医師の指導監督の下に、医師として具有すべき知識及び技能の修得のために医業（政令で定めるものを除く。次条において同じ。）をすることができる。

第十七条の三　前条の規定により医業をする者は、正当な理由がある場合を除き、その業務上知り得た人の秘密を他に漏らしてはならない。同条の規定により医業をする者でなくなつた後においても、同様とする。

第十八条　医師でなければ、医師又はこれに紛らわしい名称を用いてはならない。

第十九条　診療に従事する医師は、診察治療の求があつた場合には、正当な事由がなければ、これを拒んではならない。

2　診察若しくは検案をし、又は出産に立ち会つた医師は、診断書若しくは検案書又は出生証明書若しくは死産証書の交付の求があつた場合には、正当の事由がなければ、これを拒んではならない。

第二十条　医師は、自ら診察しないで治療をし、若しくは診断書若しくは処方せんを交付し、自ら出産に立ち会わないで出生証明書若しくは死産証書を交付し、又は自ら検案をしないで検案書を交付してはならない。但し、診療中の患者が受診後二十四時間以内に死亡した場合に交付する死亡診断書については、この限りでない。

第二十一条　医師は、死体又は妊娠四月以上の死産児を検案して異状があると認めたときは、二十四時間以内に所轄警察署に届け出なければならない。

第二十二条　医師は、患者に対し治療上薬剤を調剤して投与する必要があると認めた場合には、患者又は現にその看護に当たつている者に対して処方箋を交付しなければならない。ただし、患者又は現にその看護に当たつている者が処方箋の交付を必要としない旨を申し出た場合及び次の各号のいずれかに該当する場合においては、この限りでない。

一　暗示的効果を期待する場合において、処方箋を交付することがその目的の達成を妨げるおそれがある場合

二　処方箋を交付することが診療又は疾病の予後について患者に不安を与え、その疾病の治療を困難にするおそれがある場合

三　病状の短時間ごとの変化に即応して薬剤を投与する場合

四　診断又は治療方法の決定していない場合

五　治療上必要な応急の措置として薬剤を投与する場合

六　安静を要する患者以外に薬剤の交付を受けることができる者がいない場合

七　覚醒剤を投与する場合

八　薬剤師が乗り組んでいない船舶内において薬剤を投与する場合

2　医師は、地域における医療及び介護の総合的な確保の促進に関する法律（平成元年法律第六十四号）第十二条の二第一項の規定により処方箋を提供した場合は、前項の患者又は現にその看護に当たつている者に対して処方箋を交付したものとみなす。

第二十三条　医師は、診療をしたときは、本人又はその保護者に対し、療養の方法その他保健の向上に必要な事項の指導をしなければならない。

第二十四条　医師は、診療をしたときは、遅滞なく診療に関する事項を診療録に記載しなければならない。

2　前項の診療録であつて、病院又は診療所に勤務する医師のした診療に関するものは、その病院又は診療所の管理者において、その他の診療に関するものは、その医師において、五年間これを保存しなければならない。

第二十四条の二　厚生労働大臣は、公衆衛生上重大な危害を生ずる虞がある場合において、その危害を防止するため特に必要があると認めるときは、医師に対して、医療又は保健指導に関し必要な指示をすることができる。

2　厚生労働大臣は、前項の規定による指示をするに当つては、あらかじめ、医道審議会の意見を聴かなければならない。

第六章　医師試験委員

第二十五条及び第二十六条　削除

第二十七条　医師国家試験及び医師国家試験予備試験に関する事務をつかさどらせるため、厚生労働省に医師試験委員を置く。

2　医師試験委員に関し必要な事項は、政令で定める。

第二十八条及び第二十九条 削除

第三十条 医師試験委員その他医師国家試験又は医師国家試験予備試験に関する事務をつかさどる者は、その事務の施行に当たつて厳正を保持し、不正の行為のないようにしなければならない。

第七章 雑則

第三十条の二 厚生労働大臣は、医療を受ける者その他国民による医師の資格の確認及び医療に関する適切な選択に資するよう、医師の氏名その他の政令で定める事項を公表するものとする。

第三十条の三 第六条第三項、第七条第四項及び第八項前段、同条第十項及び第十一項（これらの規定を第七条の二第五項において準用する場合を含む。）、第七条第五項において準用する行政手続法第十五条第一項及び第三項（同法第二十二条第三項において準用する場合を含む。）、第十六条第四項、第十八条第一項及び第三項、第十九条第一項、第二十条第六項並びに第二十四条第三項並びに第七条第八項後段において準用する同法第二十二条第三項において準用する同法第十五条第三項の規定により都道府県が処理することとされている事務は、地方自治法（昭和二十二年法律第六十七号）第二条第九項第一号に規定する第一号法定受託事務とする。

第八章 罰則

第三十一条 次の各号のいずれかに該当する者は、三年以下の懲役若しくは百万円以下の罰金に処し、又はこれを併科する。

一 第十七条の規定に違反した者

二 虚偽又は不正の事実に基づいて医師免許を受けた者

2 前項第一号の罪を犯した者が、医師又はこれに類似した名称を用いたものであるときは、三年以下の懲役若しくは二百万円以下の罰金に処し、又はこれを併科する。

第三十二条 第七条第一項の規定により医業の停止を命ぜられた者で、当該停止を命ぜられた期間中に、医業を行つたものは、一年以下の懲役若しくは五十万円以下の罰金に処し、又はこれを併科する。

第三十三条 第三十条の規定に違反して故意若しくは重大な過失により事前に試験問題を漏らし、又は故意に不正の採点をした者は、一年以下の懲役又は五十万円以下の罰金に処する。

第三十三条の二 第十七条の三の規定に違反して、業務上知り得た人の秘密を漏らした者は、六月以下の懲役又は十万円以下の罰金に処する。

2 前項の罪は、告訴がなければ公訴を提起することができない。

第三十三条の三 次の各号のいずれかに該当する者は、五十万円以下の罰金に処する。

一 第六条第三項、第十八条、第二十条、第二十一条、第二十二条第一項又は第二十四条の規定に違反した者

二 第七条の二第一項の規定による命令に違反して再教育研修を受けなかつた者

三 第七条の三第一項の規定による陳述をせず、報告をせず、若しくは虚偽の陳述若しくは報告をし、物件を提出せず、又は検査を拒み、妨げ、若しくは忌避した者

第三十三条の四 法人の代表者又は法人若しくは人の代理人、使用人その他の従業者が、その法人又は人の業務に関して前条第三号の違反行為をしたときは、行為者を罰するほか、その法人又は人に対しても同条の罰金刑を科する。

・良質かつ適切な医療を効率的に提供する体制の確保を推進するための医療法等の一部を改正する法律（令和三・五・二八法律四九）

附則 抄

（施行期日）

第一条 この法律は、令和六年四月一日から施行する。ただし、次の各号に掲げる規定は、当該各号に定める日から施行する。

七 〈略〉令和七年四月一日

・刑法等の一部を改正する法律の施行に伴う関係法律の整理等に関する法律（令和四・六・一七法律六八）

附則 抄

（施行期日）

1 この法律は、刑法等一部改正法施行日から施行する。〈略〉

・デジタル社会の形成を図るための規制改革を推進するためのデジタル社会形成基本法等の一部を改正する法律（令和五・六・一六法律六三）

附則 抄

（施行期日）

第一条 この法律は、公布の日から起算し

て一年を超えない範囲内において政令で定める日から施行する。ただし、次の各号に掲げる規定は、当該各号に定める日から施行する。

二 〈略〉公布の日から起算して三年を超えない範囲内において政令で定める日

保健師助産師看護師法

（昭和二三・七・三〇
法律二〇三）

最新改正 令和五法律六三

第一章 総則

第一条 この法律は、保健師、助産師及び看護師の資質を向上し、もつて医療及び公衆衛生の普及向上を図ることを目的とする。

第二条 この法律において「保健師」とは、厚生労働大臣の免許を受けて、保健師の名称を用いて、保健指導に従事することを業とする者をいう。

第三条 この法律において「助産師」とは、厚生労働大臣の免許を受けて、助産又は妊婦、じよく婦若しくは新生児の保健指導を行うことを業とする女子をいう。

第四条 削除

第五条 この法律において「看護師」とは、厚生労働大臣の免許を受けて、傷病者若しくはじよく婦に対する療養上の世話又は診療の補助を行うことを業とする者をいう。

第六条 この法律において「准看護師」とは、都道府県知事の免許を受けて、医師、歯科医師又は看護師の指示を受けて、前条に規定することを行うことを業とする者をいう。

第二章 免許

第七条 保健師になろうとする者は、保健師国家試験及び看護師国家試験に合格し、厚生労働大臣の免許を受けなければならない。

2 助産師になろうとする者は、助産師国家試験及び看護師国家試験に合格し、厚生労働大臣の免許を受けなければならない。

3 看護師になろうとする者は、看護師国家試験に合格し、厚生労働大臣の免許を受けなければならない。

第八条 准看護師になろうとする者は、准看護師試験に合格し、都道府県知事の免許を受けなければならない。

第九条 次の各号のいずれかに該当する者には、前二条の規定による免許（以下「免許」という。）を与えないことがある。

一 罰金以上の刑に処せられた者

二 前号に該当する者を除くほか、保健師、助産師、看護師又は准看護師の業務に関し犯罪又は不正の行為があつた者

三 心身の障害により保健師、助産師、看護師又は准看護師の業務を適正に行うことができない者として厚生労働省令で定めるもの

四 麻薬、大麻又はあへんの中毒者

第十条 厚生労働省に保健師籍、助産師籍及び看護師籍を備え、登録年月日、第十四条第一項の規定による処分に関する事項その他の保健師免許、助産師免許及び看護師免許に関する事項を登録する。

第十一条 都道府県に准看護師籍を備え、登録年月日、第十四条第二項の規定による処分に関する事項その他の准看護師免許に関する事項を登録する。

第十二条 保健師免許は、保健師国家試験及び看護師国家試験に合格した者の申請により、保健師籍に登録することによつて行う。

2　助産師免許は、助産師国家試験及び看護師国家試験に合格した者の申請により、助産師籍に登録することによつて行う。
3　看護師免許は、看護師国家試験に合格した者の申請により、看護師籍に登録することによつて行う。
4　准看護師免許は、准看護師試験に合格した者の申請により、准看護師籍に登録することによつて行う。
5　厚生労働大臣又は都道府県知事は、免許を与えたときは、それぞれ保健師免許証、助産師免許証若しくは看護師免許証又は准看護師免許証を交付する。

第十三条　厚生労働大臣は、保健師免許、助産師免許又は看護師免許を申請した者について、第九条第三号に掲げる者に該当すると認め、同条の規定により当該申請に係る免許を与えないこととするときは、あらかじめ、当該申請者にその旨を通知し、その求めがあつたときは、厚生労働大臣の指定する職員にその意見を聴取させなければならない。
2　都道府県知事は、准看護師免許を申請した者について、第九条第三号に掲げる者に該当すると認め、同条の規定により准看護師免許を与えないこととするときは、あらかじめ、当該申請者にその旨を通知し、その求めがあつたときは、当該都道府県知事の指定する職員にその意見を聴取させなければならない。

第十四条　保健師、助産師若しくは看護師が第九条各号のいずれかに該当するに至つたとき、又は保健師、助産師若しくは看護師としての品位を損するような行為のあつたときは、厚生労働大臣は、次に掲げる処分をすることができる。
一　戒告
二　三年以内の業務の停止
三　免許の取消し
2　准看護師が第九条各号のいずれかに該当するに至つたとき、又は准看護師としての品位を損するような行為のあつたときは、都道府県知事は、次に掲げる処分をすることができる。
一　戒告
二　三年以内の業務の停止
三　免許の取消し
3　前二項の規定による取消処分を受けた者（第九条第一号若しくは第二号に該当し、又は保健師、助産師、看護師若しくは准看護師としての品位を損するような行為のあつた者として前二項の規定による取消処分を受けた者にあつては、その処分の日から起算して五年を経過しない者を除く。）であつても、その者がその取消しの理由となつた事項に該当しなくなつたとき、その他その後の事情により再び免許を与えるのが適当であると認められるに至つたときは、再免許を与えることができる。この場合においては、第十二条の規定を準用する。

第十五条　厚生労働大臣は、前条第一項又は第三項に規定する処分をしようとするときは、あらかじめ医道審議会の意見を聴かなければならない。
2　都道府県知事は、前条第二項又は第三項に規定する処分をしようとするときは、あらかじめ准看護師試験委員の意見を聴かなければならない。
3　厚生労働大臣は、前条第一項の規定による免許の取消処分をしようとするときは、都道府県知事に対し、当該処分に係る者に対する意見の聴取を行うことを求め、当該意見の聴取をもつて、厚生労働大臣による聴聞に代えることができる。
4　行政手続法（平成五年法律第八十八号）第三章第二節（第二十五条、第二十六条及び第二十八条を除く。）の規定は、都道府県知事が前項の規定により意見の聴取を行う場合について準用する。この場合において、同節中「聴聞」とあるのは「意見の聴取」と、同法第十五条第一項中「行政庁」とあるのは「都道府県知事」と、同条第三項（同法第二十二条第三項において準用する場合を含む。）中「行政庁は」とあるのは「都道府県知事は」と、「当該行政庁が」とあるのは「当該都道府県知事が」と、「当該行政庁の」とあるのは「当該都道府県の」と、同法第十六条第四項並びに第十八条第一項及び第三項中「行政庁」とあるのは「都道府県知事」と、同法第十九条第一項中「行政庁が指名する職員その他政令で定める者」とあるのは「都道府県知事が指名する職員」と、同法第二十条第一項、第二項及び第四項中「行政庁」とあるのは「都道府県」と、同条第六項及び同法第二十四条第三項中「行政庁」とあるのは「都道府県知事」と読み替えるものとする。
5　厚生労働大臣は、都道府県知事から当該処分の原因となる事実を証する書類その他意見の聴取を行う上で必要となる書類を求められた場合には、速やかにそれらを当該都道府県知事あて送付しなければならない。

6　都道府県知事は、第三項の規定により意見の聴取を行う場合において、第四項において読み替えて準用する行政手続法第二十四条第三項の規定により同条第一項の調書及び同条第三項の報告書の提出を受けたときは、これらを保存するとともに、当該調書及び報告書の写しを厚生労働大臣に提出しなければならない。この場合において、当該処分の決定についての意見があるときは、当該写しのほか当該意見を記載した意見書を提出しなければならない。

7　厚生労働大臣は、意見の聴取の終結後に生じた事情に鑑み必要があると認めるときは、都道府県知事に対し、前項前段の規定により提出された調書及び報告書の写し並びに同項後段の規定により提出された意見書を返戻して主宰者に意見の聴取の再開を命ずるよう求めることができる。行政手続法第二十二条第二項本文及び第三項の規定は、この場合について準用する。

8　厚生労働大臣は、当該処分の決定をするときは、第六項の規定により提出された意見書並びに調書及び報告書の写しの内容を十分参酌してこれをしなければならない。

9　厚生労働大臣は、前条第一項の規定による業務の停止の命令をしようとするときは、都道府県知事に対し、当該処分に係る者に対する弁明の聴取を行うことを求め、当該弁明の聴取をもつて、厚生労働大臣による弁明の機会の付与に代えることができる。

10　前項の規定により弁明の聴取を行う場合において、都道府県知事は、弁明の聴取を行うべき日時までに相当な期間をおいて、当該処分に係る者に対し、次に掲げる事項を書面により通知しなければならない。

一　前条第一項の規定を根拠として当該処分をしようとする旨及びその内容

二　当該処分の原因となる事実

三　弁明の聴取の日時及び場所

11　厚生労働大臣は、第九項に規定する場合のほか、厚生労働大臣による弁明の機会の付与に代えて、医道審議会の委員に、当該処分に係る者に対する弁明の聴取を行わせることができる。この場合においては、前項中「前項」とあるのは「次項」と、「都道府県知事」とあるのは「厚生労働大臣」と読み替えて、同項の規定を適用する。

12　第十項（前項後段の規定により読み替えて適用する場合を含む。）の通知を受けた者は、代理人を出頭させ、かつ、証拠書類又は証拠物を提出することができる。

13　都道府県知事又は医道審議会の委員は、第九項又は第十一項前段の規定により弁明の聴取を行つたときは、聴取書を作り、これを保存するとともに、報告書を作成し、厚生労働大臣に提出しなければならない。この場合において、当該処分の決定についての意見があるときは、当該意見を報告書に記載しなければならない。

14　厚生労働大臣は、第三項又は第九項の規定により都道府県知事が意見の聴取又は弁明の聴取を行う場合においては、都道府県知事に対し、あらかじめ、次に掲げる事項を通知しなければならない。

一　当該処分に係る者の氏名及び住所

二　当該処分の内容及び根拠となる条項

三　当該処分の原因となる事実

15　第三項の規定により意見の聴取を行う場合における第四項において読み替えて準用する行政手続法第十五条第一項の通知又は第九項の規定により弁明の聴取を行う場合における第十項の通知は、それぞれ、前項の規定により通知された内容に基づいたものでなければならない。

16　都道府県知事は、前条第二項の規定による業務の停止の命令をしようとするときは、都道府県知事による弁明の機会の付与に代えて、准看護師試験委員に、当該処分に係る者に対する弁明の聴取を行わせることができる。

17　第十項、第十二項及び第十三項の規定は、准看護師試験委員が前項の規定により弁明の聴取を行う場合について準用する。この場合において、第十項中「前項」とあるのは「第十六項」と、第十二項中「第十項（前項後段の規定により読み替えて適用する場合を含む。）」とあるのは「第十七項において準用する第十項」と、第十三項中「都道府県知事又は医道審議会の委員」とあるのは「准看護師試験委員」と、「第九項又は第十一項前段」とあるのは「第十六項」と、「厚生労働大臣」とあるのは「都道府県知事」と読み替えるものとする。

18　第三項若しくは第九項の規定により都道府県知事が意見の聴取若しくは弁明の聴取を行う場合、第十一項前段の規定により医道審議会の委員が弁明の聴取を行う場合又は第十六項の規定により准看護師試験委員が弁明の聴取を行う場合における当該処分については、行政手続法第三章（第十二条及び第十四条を除く。）の規定は、適用しない。

第十五条の二　厚生労働大臣は、第十四条第一項第一号若しくは第二号に掲げる処分を受けた保健師、助産師若しくは看護師又は同条第三項の規定により保健師、助産師若しくは看護師に係る再免許を受けようとする者に対し、保健師、助産師若しくは看護師としての倫理の保持又は保健師、助産師若しくは看護師として必要な知識及び技能に関する研修として厚生労働省令で定めるもの（以下「保健師等再教育研修」という。）を受けるよう命ずることができる。

2　都道府県知事は、第十四条第二項第一号若しくは第二号に掲げる処分を受けた准看護師又は同条第三項の規定により准看護師に係る再免許を受けようとする者に対し、准看護師としての倫理の保持又は准看護師として必要な知識及び技能に関する研修として厚生労働省令で定めるもの（以下「准看護師再教育研修」という。）を受けるよう命ずることができる。

3　厚生労働大臣は、第一項の規定による保健師等再教育研修を修了した者について、その申請により、保健師等再教育研修を修了した旨を保健師籍、助産師籍又は看護師籍に登録する。

4　都道府県知事は、第二項の規定による准看護師再教育研修を修了した者について、その申請により、准看護師再教育研修を修了した旨を准看護師籍に登録する。

5　厚生労働大臣又は都道府県知事は、前二項の登録をしたときは、再教育研修修了登録証を交付する。

6　第三項の登録を受けようとする者及び保健師、助産師又は看護師に係る再教育研修修了登録証の書換交付又は再交付を受けようとする者は、実費を勘案して政令で定める額の手数料を納めなければならない。

7　前条第九項から第十五項まで（第十一項を除く。）及び第十八項の規定は、第一項の規定による命令をしようとする場合について準用する。この場合において、必要な技術的読替えは、政令で定める。

第十六条　この章に規定するもののほか、免許の申請、保健師籍、助産師籍、看護師籍及び准看護師籍の登録、訂正及び抹消、免許証の交付、書換交付、再交付、返納及び提出並びに住所の届出に関して必要な事項は政令で、前条第一項の保健師等再教育研修及び同条第二項の准看護師再教育研修の実施、同条第三項の保健師籍、助産師籍及び看護師籍の登録並びに同条第四項の准看護師籍の登録並びに同条第五項の再教育研修修了登録証の交付、書換交付及び再交付に関して必要な事項は厚生労働省令で定める。

第三章　試験

第十七条　保健師国家試験、助産師国家試験、看護師国家試験又は准看護師試験は、それぞれ保健師、助産師、看護師又は准看護師として必要な知識及び技能について、これを行う。

第十八条　保健師国家試験、助産師国家試験及び看護師国家試験は、厚生労働大臣が、准看護師試験は、都道府県知事が、厚生労働大臣の定める基準に従い、毎年少なくとも一回これを行う。

第十九条　保健師国家試験は、次の各号のいずれかに該当する者でなければ、これを受けることができない。

一　文部科学省令・厚生労働省令で定める基準に適合するものとして、文部科学大臣の指定した学校において一年以上保健師になるのに必要な学科を修めた者

二　文部科学省令・厚生労働省令で定める基準に適合するものとして、都道府県知事の指定した保健師養成所を卒業した者

三　外国の第二条に規定する業務に関する学校若しくは養成所を卒業し、又は外国において保健師免許に相当する免許を受けた者で、厚生労働大臣が前二号に掲げる者と同等以上の知識及び技能を有すると認めたもの

第二十条　助産師国家試験は、次の各号のいずれかに該当する者でなければ、これを受けることができない。

一　文部科学省令・厚生労働省令で定める基準に適合するものとして、文部科学大臣の指定した学校において一年以上助産に関する学科を修めた者

二　文部科学省令・厚生労働省令で定める基準に適合するものとして、都道府県知事の指定した助産師養成所を卒業した者

三　外国の第三条に規定する業務に関する学校若しくは養成所を卒業し、又は外国において助産師免許に相当する免許を受けた者で、厚生労働大臣が前二号に掲げる者と同

等以上の知識及び技能を有すると認めたもの

第二十一条 看護師国家試験は、次の各号のいずれかに該当する者でなければ、これを受けることができない。

一 文部科学省令・厚生労働省令で定める基準に適合するものとして、文部科学大臣の指定した学校教育法（昭和二十二年法律第二十六号）に基づく大学（短期大学を除く。第四号において同じ。）において看護師になるのに必要な学科を修めて卒業した者

二 文部科学省令・厚生労働省令で定める基準に適合するものとして、文部科学大臣の指定した学校において三年以上看護師になるのに必要な学科を修めた者

三 文部科学省令・厚生労働省令で定める基準に適合するものとして、都道府県知事の指定した看護師養成所を卒業した者

四 免許を得た後三年以上業務に従事している准看護師又は学校教育法に基づく高等学校若しくは中等教育学校を卒業している准看護師で前三号に規定する大学、学校又は養成所において二年以上修業したもの

五 外国の第五条に規定する業務に関する学校若しくは養成所を卒業し、又は外国において看護師免許に相当する免許を受けた者で、厚生労働大臣が第一号から第三号までに掲げる者と同等以上の知識及び技能を有すると認めたもの

第二十二条 准看護師試験は、次の各号のいずれかに該当する者でなければ、これを受けることができない。

一 文部科学省令・厚生労働省令で定める基準に適合するものとして、文部科学大臣の指定した学校において二年の看護に関する学科を修めた者

二 文部科学省令・厚生労働省令で定める基準に従い、都道府県知事の指定した准看護師養成所を卒業した者

三 前条第一号から第三号まで又は第五号に該当する者

四 外国の第五条に規定する業務に関する学校若しくは養成所を卒業し、又は外国において看護師免許に相当する免許を受けた者のうち、前条第五号に該当しない者で、厚生労働大臣の定める基準に従い、都道府県知事が適当と認めたもの

第二十三条 厚生労働大臣は、保健師国家試験、助産師国家試験若しくは看護師国家試験の科目若しくは実施若しくは合格者の決定の方法又は第十八条に規定する基準を定めようとするときは、あらかじめ、医道審議会の意見を聴かなければならない。

2 文部科学大臣又は厚生労働大臣は、第十九条第一号若しくは第二号、第二十条第一号若しくは第二号、第二十一条第一号から第三号まで又は前条第一号若しくは第二号に規定する基準を定めようとするときは、あらかじめ、医道審議会の意見を聴かなければならない。

第二十四条 保健師国家試験、助産師国家試験及び看護師国家試験の実施に関する事務をつかさどらせるため、厚生労働省に保健師助産師看護師試験委員を置く。

2 保健師助産師看護師試験委員に関し必要な事項は、政令で定める。

第二十五条 准看護師試験の実施に関する事務（以下「試験事務」という。）をつかさどらせるために、都道府県に准看護師試験委員を置く。

2 准看護師試験委員に関し必要な事項は、都道府県の条例で定める。

第二十六条 保健師助産師看護師試験委員、准看護師試験委員その他保健師国家試験、助産師国家試験、看護師国家試験又は准看護師試験の実施に関する事務をつかさどる者（指定試験機関（次条第一項に規定する指定試験機関をいう。）の役員又は職員（第二十七条の五第一項に規定する指定試験機関准看護師試験委員を含む。第二十七条の六において同じ。）を含む。）は、その事務の施行に当たつては厳正を保持し、不正の行為のないようにしなければならない。

第二十七条 都道府県知事は、厚生労働省令で定めるところにより、一般社団法人又は一般財団法人であつて、試験事務を適正かつ確実に実施することができると認められるものとして当該都道府県知事が指定する者（以下「指定試験機関」という。）に、試験事務の全部又は一部を行わせることができる。

2 都道府県知事は、前項の規定により指定試験機関に試験事務の全部又は一部を行わせることとしたときは、当該試験事務の全部又は一部を行わないものとする。

3 都道府県は、地方自治法（昭和二十二年法律第六十七号）第二百二十七条の規定に基づき准看護師試験に係る手数料を徴収する場合においては、准看護師試験（第一項の規定に

より指定試験機関が試験事務を行うものに限る。）を受けようとする者に、条例で定めるところにより、当該手数料の全部又は一部を当該指定試験機関へ納めさせ、その収入とすることができる。

第二十七条の二　試験事務に従事する指定試験機関の役員の選任及び解任は、都道府県知事の認可を受けなければ、その効力を生じない。

２　都道府県知事は、指定試験機関の役員が、この法律（この法律に基づく命令又は処分を含む。）若しくは第二十七条の四第一項に規定する試験事務規程に違反する行為をしたとき、又は試験事務に関し著しく不適当な行為をしたときは、当該指定試験機関に対し、当該役員の解任を命ずることができる。

第二十七条の三　指定試験機関は、毎事業年度、事業計画及び収支予算を作成し、当該事業年度の開始前に（指定を受けた日の属する事業年度にあつては、その指定を受けた後遅滞なく）、都道府県知事の認可を受けなければならない。これを変更しようとするときも、同様とする。

２　指定試験機関は、毎事業年度の経過後三月以内に、その事業年度の事業報告書及び収支決算書を作成し、都道府県知事に提出しなければならない。

第二十七条の四　指定試験機関は、試験事務の開始前に、試験事務の実施に関する規程（以下この条において「試験事務規程」という。）を定め、都道府県知事の認可を受けなければならない。これを変更しようとするときも、同様とする。

２　試験事務規程で定めるべき事項は、厚生労働省令で定める。

３　都道府県知事は、第一項の認可をした試験事務規程が試験事務の適正かつ確実な実施上不適当となつたと認めるときは、指定試験機関に対し、これを変更すべきことを命ずることができる。

第二十七条の五　指定試験機関は、試験事務を行う場合において、試験の問題の作成及び採点については、指定試験機関准看護師試験委員（以下この条において「試験委員」という。）に行わせなければならない。

２　指定試験機関は、試験委員を選任しようとするときは、厚生労働省令で定める要件を備える者のうちから選任しなければならない。

３　第二十七条の二第一項の規定は試験委員の選任及び解任について、同条第二項の規定は試験委員の解任について、それぞれ準用する。

第二十七条の六　指定試験機関の役員若しくは職員又はこれらの職にあつた者は、試験事務に関して知り得た秘密を漏らしてはならない。

２　試験事務に従事する指定試験機関の役員又は職員は、刑法（明治四十年法律第四十五号）その他の罰則の適用については、法令により公務に従事する職員とみなす。

第二十七条の七　指定試験機関は、厚生労働省令で定めるところにより、試験事務に関する事項で厚生労働省令で定めるものを記載した帳簿を備え、これを保存しなければならない。

第二十七条の八　都道府県知事は、試験事務の適正かつ確実な実施を確保するため必要があると認めるときは、指定試験機関に対し、試験事務に関し監督上必要な命令をすることができる。

第二十七条の九　都道府県知事は、試験事務の適正かつ確実な実施を確保するため必要があると認めるときは、その必要な限度で、指定試験機関に対し、報告を求め、又は当該職員に、関係者に対し質問させ、若しくは指定試験機関の事務所に立ち入り、その帳簿書類その他の物件を検査させることができる。

２　前項の規定による質問又は立入検査を行う場合においては、当該職員は、その身分を示す証明書を携帯し、関係者の請求があるときは、これを提示しなければならない。

３　第一項の規定による権限は、犯罪捜査のために認められたものと解釈してはならない。

第二十七条の十　指定試験機関は、都道府県知事の許可を受けなければ、試験事務の全部又は一部を休止し、又は廃止してはならない。

第二十七条の十一　都道府県知事は、指定試験機関が一般社団法人又は一般財団法人でなくなつたときその他厚生労働省令で定める場合には、その指定を取り消さなければならない。

２　都道府県知事は、試験事務の適正かつ確実な実施を確保するため必要があると認められる場合として厚生労働省令で定める場合には、指定試験機関の指定を取り消し、又は期間を定めて、指定試験機関に対し、試験事務の全部若しくは一部の停止を命ずることができる。

第二十七条の十二　第二十七条第一項、第二十

七条の二第一項（第二十七条の五第三項において準用する場合を含む。）、第二十七条の三第一項、第二十七条の四第一項又は第二十七条の十の規定による指定、認可又は許可には、条件を付し、及びこれを変更することができる。

2　前項の条件は、当該指定、認可又は許可に係る事項の確実な実施を図るため必要な最小限度のものに限り、かつ、当該指定、認可又は許可を受ける者に不当な義務を課することとなるものであつてはならない。

第二十七条の十三　指定試験機関が行う試験事務に係る処分又はその不作為について不服がある者は、都道府県知事に対し、審査請求をすることができる。この場合において、都道府県知事は、行政不服審査法（平成二十六年法律第六十八号）第二十五条第二項及び第三項、第四十六条第一項及び第二項、第四十七条並びに第四十九条第三項の規定の適用については、指定試験機関の上級行政庁とみなす。

第二十七条の十四　都道府県知事は、指定試験機関が第二十七条の十の規定による許可を受けて試験事務の全部若しくは一部を休止したとき、第二十七条の十一第二項の規定により指定試験機関に対し試験事務の全部若しくは一部の停止を命じたとき、又は指定試験機関が天災その他の事由により試験事務の全部若しくは一部を実施することが困難となつた場合において必要があると認めるときは、当該試験事務の全部又は一部を自ら行うものとする。

第二十七条の十五　都道府県知事は、次に掲げる場合には、その旨を公示しなければならない。

一　第二十七条第一項の規定による指定をしたとき。

二　第二十七条の十の規定による許可をしたとき。

三　第二十七条の十一の規定により指定を取り消し、又は試験事務の全部若しくは一部の停止を命じたとき。

四　前条の規定により試験事務の全部若しくは一部を自ら行うとき、又は同条の規定により自ら行つていた試験事務の全部若しくは一部を行わないこととしたとき。

第二十八条　この章に規定するもののほか、第十九条から第二十二条までの規定による学校の指定又は養成所に関して必要な事項は政令で、保健師国家試験、助産師国家試験、看護師国家試験又は准看護師試験の試験科目、受験手続、指定試験機関その他試験に関して必要な事項は厚生労働省令で定める。

第二十八条の二　保健師、助産師、看護師及び准看護師は、免許を受けた後も、臨床研修その他の研修（保健師等再教育研修及び准看護師再教育研修を除く。）を受け、その資質の向上を図るように努めなければならない。

第四章　業務

第二十九条　保健師でない者は、保健師又はこれに類似する名称を用いて、第二条に規定する業をしてはならない。

第三十条　助産師でない者は、第三条に規定する業をしてはならない。ただし、医師法（昭和二十三年法律第二百一号）の規定に基づいて行う場合は、この限りでない。

第三十一条　看護師でない者は、第五条に規定する業をしてはならない。ただし、医師法又は歯科医師法（昭和二十三年法律第二百二号）の規定に基づいて行う場合は、この限りでない。

2　保健師及び助産師は、前項の規定にかかわらず、第五条に規定する業を行うことができる。

第三十二条　准看護師でない者は、第六条に規定する業をしてはならない。ただし、医師法又は歯科医師法の規定に基づいて行う場合は、この限りでない。

第三十三条　業務に従事する保健師、助産師、看護師又は准看護師は、厚生労働省令で定める二年ごとの年の十二月三十一日現在における氏名、住所その他厚生労働省令で定める事項を、当該年の翌年一月十五日までに、その就業地の都道府県知事に届け出なければならない。

第三十四条　削除

第三十五条　保健師は、傷病者の療養上の指導を行うに当たつて主治の医師又は歯科医師があるときは、その指示を受けなければならない。

第三十六条　保健師は、その業務に関して就業地を管轄する保健所の長の指示を受けたときは、これに従わなければならない。ただし、前条の規定の適用を妨げない。

第三十七条　保健師、助産師、看護師又は准看護師は、主治の医師又は歯科医師の指示があつた場合を除くほか、診療機械を使用し、医薬品を授与し、医薬品について指示をしその他医師又は歯科医師が行うのでなければ衛生上危害を生ずるおそれのある行為をしてはならない。ただし、臨時応急の手当をし、又は助産師がへその緒を切り、浣腸を施しその他助産師の業務に当然に付随する行為をする場合は、この限りでない。

第三十七条の二　特定行為を手順書により行う看護師は、指定研修機関において、当該特定行為の特定行為区分に係る特定行為研修を受けなければならない。

2　この条、次条及び第四十二条の四において、次の各号に掲げる用語の意義は、当該各号に定めるところによる。

一　特定行為　診療の補助であつて、看護師が手順書により行う場合には、実践的な理解力、思考力及び判断力並びに高度かつ専門的な知識及び技能が特に必要とされるものとして厚生労働省令で定めるものをいう。

二　手順書　医師又は歯科医師が看護師に診療の補助を行わせるためにその指示として厚生労働省令で定めるところにより作成する文書又は電磁的記録（電子的方式、磁気的方式その他人の知覚によつては認識することができない方式で作られる記録であつて、電子計算機による情報処理の用に供されるものをいう。）であつて、看護師に診療の補助を行わせる患者の病状の範囲及び診療の補助の内容その他の厚生労働省令で定める事項が定められているものをいう。

三　特定行為区分　特定行為の区分であつて、厚生労働省令で定めるものをいう。

四　特定行為研修　看護師が手順書により特定行為を行う場合に特に必要とされる実践的な理解力、思考力及び判断力並びに高度かつ専門的な知識及び技能の向上を図るための研修であつて、特定行為区分ごとに厚生労働省令で定める基準に適合するものをいう。

五　指定研修機関　一又は二以上の特定行為区分に係る特定行為研修を行う学校、病院その他の者であつて、厚生労働大臣が指定するものをいう。

3　厚生労働大臣は、前項第一号及び第四号の厚生労働省令を定め、又はこれを変更しようとするときは、あらかじめ、医道審議会の意見を聴かなければならない。

第三十七条の三　前条第二項第五号の規定による指定（以下この条及び次条において単に「指定」という。）は、特定行為研修を行おうとする者の申請により行う。

2　厚生労働大臣は、前項の申請が、特定行為研修の業務を適正かつ確実に実施するために必要なものとして厚生労働省令で定める基準に適合していると認めるときでなければ、指定をしてはならない。

3　厚生労働大臣は、指定研修機関が前項の厚生労働省令で定める基準に適合しなくなつたと認めるとき、その他の厚生労働省令で定める場合に該当するときは、指定を取り消すことができる。

4　厚生労働大臣は、指定又は前項の規定による指定の取消しをしようとするときは、あらかじめ、医道審議会の意見を聴かなければならない。

第三十七条の四　前二条に規定するもののほか、指定に関して必要な事項は、厚生労働省令で定める。

第三十八条　助産師は、妊婦、産婦、じよく婦、胎児又は新生児に異常があると認めたときは、医師の診療を求めさせることを要し、自らこれらの者に対して処置をしてはならない。ただし、臨時応急の手当については、この限りでない。

第三十九条　業務に従事する助産師は、助産又は妊婦、じよく婦若しくは新生児の保健指導の求めがあつた場合は、正当な事由がなければ、これを拒んではならない。

2　分べんの介助又は死胎の検案をした助産師は、出生証明書、死産証書又は死胎検案書の交付の求めがあつた場合は、正当な事由がなければ、これを拒んではならない。

第四十条　助産師は、自ら分べんの介助又は死胎の検案をしないで、出生証明書、死産証書又は死胎検案書を交付してはならない。

第四十一条　助産師は、妊娠四月以上の死産児を検案して異常があると認めたときは、二十四時間以内に所轄警察署にその旨を届け出なければならない。

第四十二条　助産師が分べんの介助をしたときは、助産に関する事項を遅滞なく助産録に記載しなければならない。

2　前項の助産録であつて病院、診療所又は助産所に勤務する助産師が行つた助産に関するものは、その病院、診療所又は助産所の管理者において、その他の助産に関するものは、その助産師において、五年間これを保存しなければならない。

3　第一項の規定による助産録の記載事項に関

医療・年金

しては、厚生労働省令でこれを定める。

第四十二条の二　保健師、看護師又は准看護師は、正当な理由がなく、その業務上知り得た人の秘密を漏らしてはならない。保健師、看護師又は准看護師でなくなつた後においても、同様とする。

第四十二条の三　保健師でない者は、保健師又はこれに紛らわしい名称を使用してはならない。

2　助産師でない者は、助産師又はこれに紛らわしい名称を使用してはならない。

3　看護師でない者は、看護師又はこれに紛らわしい名称を使用してはならない。

4　准看護師でない者は、准看護師又はこれに紛らわしい名称を使用してはならない。

第四章の二　雑則

第四十二条の四　厚生労働大臣は、特定行為研修の業務の適正な実施を確保するため必要があると認めるときは、指定研修機関に対し、その業務の状況に関し報告させ、又は当該職員に、指定研修機関に立ち入り、帳簿書類その他の物件を検査させることができる。

2　前項の規定により立入検査をする職員は、その身分を示す証明書を携帯し、かつ、関係人にこれを提示しなければならない。

3　第一項の規定による権限は、犯罪捜査のために認められたものと解釈してはならない。

第四十二条の五　第十五条第三項及び第七項前段、同条第九項及び第十項（これらの規定を第十五条の二第七項において準用する場合を含む。）、第十五条第四項において準用する行政手続法第十五条第一項及び第三項（同法第二十二条第三項において準用する場合を含む。）、第十六条第四項、第十八条第一項及び第三項、第十九条第一項、第二十条第六項並びに第二十四条第三項並びに第十五条第七項後段において準用する同法第二十二条第三項において準用する同法第十五条第三項の規定により都道府県が処理することとされている事務は、地方自治法第二条第九項第一号に規定する第一号法定受託事務とする。

第四十二条の六　この法律に規定する厚生労働大臣の権限は、厚生労働省令で定めるところにより、地方厚生局長に委任することができる。

2　前項の規定により地方厚生局長に委任された権限は、厚生労働省令で定めるところにより、地方厚生支局長に委任することができる。

第五章　罰則

第四十三条　次の各号のいずれかに該当する者は、二年以下の懲役若しくは五十万円以下の罰金に処し、又はこれを併科する。

一　第二十九条から第三十二条までの規定に違反した者

二　虚偽又は不正の事実に基づいて免許を受けた者

2　前項第一号の罪を犯した者が、助産師、看護師、准看護師又はこれに類似した名称を用いたものであるときは、二年以下の懲役若しくは百万円以下の罰金に処し、又はこれを併科する。

第四十四条　次の各号のいずれかに該当する者は、一年以下の懲役又は五十万円以下の罰金に処する。

一　第二十六条の規定に違反して故意若しくは重大な過失により事前に試験問題を漏らし、又は故意に不正の採点をした者

二　第二十七条の六第一項の規定に違反して、試験事務に関して知り得た秘密を漏らした者

第四十四条の二　第二十七条の十一第二項の規定による試験事務の停止の命令に違反したときは、その違反行為をした指定試験機関の役員又は職員は、一年以下の懲役又は五十万円以下の罰金に処する。

第四十四条の三　次の各号のいずれかに該当する者は、六月以下の懲役若しくは五十万円以下の罰金に処し、又はこれを併科する。

一　第十四条第一項又は第二項の規定により業務の停止を命ぜられた者で、当該停止を命ぜられた期間中に、業務を行つたもの

二　第三十五条から第三十七条まで及び第三十八条の規定に違反した者

第四十四条の四　第四十二条の二の規定に違反して、業務上知り得た人の秘密を漏らした者は、六月以下の懲役又は十万円以下の罰金に処する。

2　前項の罪は、告訴がなければ公訴を提起することができない。

第四十五条　次の各号のいずれかに該当する者は、五十万円以下の罰金に処する。

一　第十五条の二第一項又は第二項の規定による命令に違反して保健師等再教育研修又は准看護師再教育研修を受けなかつた者

二　第三十三条又は第四十条から第四十二条までの規定に違反した者

第四十五条の二　次の各号のいずれかに該当する者は、三十万円以下の罰金に処する。
一　第四十二条の三の規定に違反した者
二　第四十二条の四第一項の規定による報告をせず、若しくは虚偽の報告をし、又は同項の規定による検査を拒み、妨げ、若しくは忌避した者

第四十五条の三　次の各号のいずれかに該当するときは、その違反行為をした指定試験機関の役員又は職員は、三十万円以下の罰金に処する。
一　第二十七条の七の規定に違反して帳簿を備えず、帳簿に記載せず、若しくは帳簿に虚偽の記載をし、又は帳簿を保存しなかつたとき。
二　第二十七条の九第一項の規定による報告をせず、若しくは虚偽の報告をし、同項の規定による質問に対して答弁をせず、若しくは虚偽の答弁をし、又は同項の規定による立入り若しくは検査を拒み、妨げ、若しくは忌避したとき。
三　第二十七条の十の許可を受けないで試験事務の全部又は一部を休止し、又は廃止したとき。

・刑法等の一部を改正する法律の施行に伴う関係法律の整理等に関する法律（令和四・六・一七法律六八）

附則　抄

（施行期日）
1　この法律は、刑法等一部改正法施行日から施行する。〈略〉

・デジタル社会の形成を図るための規制改革を推進するためのデジタル社会形成基本法等の一部を改正する法律（令和五・六・一六法律六三）

附則　抄

（施行期日）
第一条　この法律は、公布の日から起算して一年を超えない範囲内において政令で定める日から施行する。ただし、次の各号に掲げる規定は、当該各号に定める日から施行する。
二　〈略〉公布の日から起算して三年を超えない範囲内において政令で定める日

臓器の移植に関する法律

（平成九・七・一六）
（法律一〇四）

最新改正　令和五法律四八

（**目的**）
第一条　この法律は、臓器の移植についての基本的理念を定めるとともに、臓器の機能に障害がある者に対し臓器の機能の回復又は付与を目的として行われる臓器の移植術（以下単に「移植術」という。）に使用されるための臓器を死体から摘出すること、臓器売買等を禁止すること等につき必要な事項を規定することにより、移植医療の適正な実施に資することを目的とする。

（**基本的理念**）
第二条　死亡した者が生存中に有していた自己の臓器の移植術に使用されるための提供に関する意思は、尊重されなければならない。
2　移植術に使用されるための臓器の提供は、任意にされたものでなければならない。
3　臓器の移植は、移植術に使用されるための臓器が人道的精神に基づいて提供されるものであることにかんがみ、移植術を必要とする者に対して適切に行われなければならない。
4　移植術を必要とする者に係る移植術を受ける機会は、公平に与えられるよう配慮されなければならない。

（**国及び地方公共団体の責務**）
第三条　国及び地方公共団体は、移植医療について国民の理解を深めるために必要な措置を講ずるよう努めなければならない。

（医師の責務）

第四条　医師は、臓器の移植を行うに当たっては、診療上必要な注意を払うとともに、移植術を受ける者又はその家族に対し必要な説明を行い、その理解を得るよう努めなければならない。

（定義）

第五条　この法律において「臓器」とは、人の心臓、肺、肝臓、腎臓その他厚生労働省令で定める内臓及び眼球をいう。

（臓器の摘出）

第六条　医師は、次の各号のいずれかに該当する場合には、移植術に使用されるための臓器を、死体（脳死した者の身体を含む。以下同じ。）から摘出することができる。

一　死亡した者が生存中に当該臓器を移植術に使用されるために提供する意思を書面により表示している場合であって、その旨の告知を受けた遺族が当該臓器の摘出を拒まないとき又は遺族がないとき。

二　死亡した者が生存中に当該臓器を移植術に使用されるために提供する意思を書面により表示している場合及び当該意思がないことを表示している場合以外の場合であって、遺族が当該臓器の摘出について書面により承諾しているとき。

2　前項に規定する「脳死した者の身体」とは、脳幹を含む全脳の機能が不可逆的に停止するに至ったと判定された者の身体をいう。

3　臓器の摘出に係る前項の判定は、次の各号のいずれかに該当する場合に限り、行うことができる。

一　当該者が第一項第一号に規定する意思を書面により表示している場合であり、かつ、当該者が前項の判定に従う意思がないことを表示している場合以外の場合であって、その旨の告知を受けたその者の家族が当該判定を拒まないとき又は家族がないとき。

二　当該者が第一項第一号に規定する意思を書面により表示している場合及び当該意思がないことを表示している場合以外の場合であり、かつ、当該者が前項の判定に従う意思がないことを表示している場合以外の場合であって、その者の家族が当該判定を行うことを書面により承諾しているとき。

4　臓器の摘出に係る第二項の判定は、これを的確に行うために必要な知識及び経験を有する二人以上の医師（当該判定がなされた場合に当該脳死した者の身体から臓器を摘出し、又は当該臓器を使用した移植術を行うこととなる医師を除く。）の一般に認められている医学的知見に基づき厚生労働省令で定めるところにより行う判断の一致によって、行われるものとする。

5　前項の規定により第二項の判定を行った医師は、厚生労働省令で定めるところにより、直ちに、当該判定が的確に行われたことを証する書面を作成しなければならない。

6　臓器の摘出に係る第二項の判定に基づいて脳死した者の身体から臓器を摘出しようとする医師は、あらかじめ、当該脳死した者の身体に係る前項の書面の交付を受けなければならない。

（親族への優先提供の意思表示）

第六条の二　移植術に使用されるための臓器を死亡した後に提供する意思を書面により表示している者又は表示しようとする者は、その意思の表示に併せて、親族に対し当該臓器を優先的に提供する意思を書面により表示することができる。

（臓器の摘出の制限）

第七条　医師は、第六条の規定により死体から臓器を摘出しようとする場合において、当該死体について刑事訴訟法（昭和二十三年法律第百三十一号）第二百二十九条第一項の検視その他の犯罪捜査に関する手続が行われるときは、当該手続が終了した後でなければ、当該死体から臓器を摘出してはならない。

（礼意の保持）

第八条　第六条の規定により死体から臓器を摘出するに当たっては、礼意を失わないよう特に注意しなければならない。

（使用されなかった部分の臓器の処理）

第九条　病院又は診療所の管理者は、第六条の規定により死体から摘出された臓器であって、移植術に使用されなかった部分の臓器を、厚生労働省令で定めるところにより処理しなければならない。

（記録の作成、保存及び閲覧）

第十条　医師は、第六条第二項の判定、同条の規定による臓器の摘出又は当該臓器を使用した移植術（以下この項において「判定等」という。）を行った場合には、厚生労働省令で定めるところにより、判定等に関する記録を作成しなければならない。

2　前項の記録は、病院又は診療所に勤務する医師が作成した場合にあっては当該病院又は診療所の管理者が、病院又は診療所に勤務する医師以外の医師が作成した場合にあっては当該医師が、五年間保存しなければならない。

3　前項の規定により第一項の記録を保存する者は、移植術に使用されるための臓器を提供した遺族その他の厚生労働省令で定める者から当該記録の閲覧の請求があった場合には、厚生労働省令で定めるところにより、閲覧を拒むことについて正当な理由がある場合を除き、当該記録のうち個人の権利利益を不当に侵害するおそれがないものとして厚生労働省令で定めるものを閲覧に供するものとする。

（**臓器売買等の禁止**）

第十一条　何人も、移植術に使用されるための臓器を提供すること若しくは提供したことの対価として財産上の利益の供与を受け、又はその要求若しくは約束をしてはならない。

2　何人も、移植術に使用されるための臓器の提供を受けること若しくは受けたことの対価として財産上の利益を供与し、又はその申込み若しくは約束をしてはならない。

3　何人も、移植術に使用されるための臓器を提供すること若しくはその提供を受けることのあっせんをすること若しくはあっせんをしたことの対価として財産上の利益の供与を受け、又はその要求若しくは約束をしてはならない。

4　何人も、移植術に使用されるための臓器を提供すること若しくはその提供を受けることのあっせんを受けること若しくはあっせんを受けたことの対価として財産上の利益を供与し、又はその申込み若しくは約束をしてはならない。

5　何人も、臓器が前各項の規定のいずれかに違反する行為に係るものであることを知って、当該臓器を摘出し、又は移植術に使用してはならない。

6　第一項から第四項までの対価には、交通、通信、移植術に使用されるための臓器の摘出、保存若しくは移送又は移植術等に要する費用であって、移植術に使用されるための臓器を提供すること若しくはその提供を受けること又はそれらのあっせんをすることに関して通常必要であると認められるものは、含まれない。

（**業として行う臓器のあっせんの許可**）

第十二条　業として移植術に使用されるための臓器（死体から摘出されるもの又は摘出されたものに限る。）を提供すること又はその提供を受けることのあっせん（以下「業として行う臓器のあっせん」という。）をしようとする者は、厚生労働省令で定めるところにより、臓器の別ごとに、厚生労働大臣の許可を受けなければならない。

2　厚生労働大臣は、前項の許可の申請をした者が次の各号のいずれかに該当する場合には、同項の許可をしてはならない。

一　営利を目的とするおそれがあると認められる者

二　業として行う臓器のあっせんに当たって当該臓器を使用した移植術を受ける者の選択を公平かつ適正に行わないおそれがあると認められる者

（**秘密保持義務**）

第十三条　前条第一項の許可を受けた者（以下「臓器あっせん機関」という。）若しくはその役員若しくは職員又はこれらの者であった者は、正当な理由がなく、業として行う臓器のあっせんに関して職務上知り得た人の秘密を漏らしてはならない。

（**帳簿の備付け等**）

第十四条　臓器あっせん機関は、厚生労働省令で定めるところにより、帳簿を備え、その業務に関する事項を記載しなければならない。

2　臓器あっせん機関は、前項の帳簿を、最終の記載の日から五年間保存しなければならない。

（**報告の徴収等**）

第十五条　厚生労働大臣は、この法律を施行するため必要があると認めるときは、臓器あっせん機関に対し、その業務に関し報告をさせ、又はその職員に、臓器あっせん機関の事務所に立ち入り、帳簿、書類その他の物件を検査させ、若しくは関係者に質問させることができる。

2　前項の規定により立入検査又は質問をする職員は、その身分を示す証明書を携帯し、関係者に提示しなければならない。

3　第一項の規定による立入検査及び質問をする権限は、犯罪捜査のために認められたものと解してはならない。

（**指示**）

第十六条　厚生労働大臣は、この法律を施行するため必要があると認めるときは、臓器あっせん機関に対し、その業務に関し必要な指示を行うことができる。

（**許可の取消し**）

第十七条　厚生労働大臣は、臓器あっせん機関が前条の規定による指示に従わないときは、

第十二条第一項の許可を取り消すことができる。

（移植医療に関する啓発等）

第十七条の二　国及び地方公共団体は、国民があらゆる機会を通じて移植医療に対する理解を深めることができるよう、移植術に使用されるための臓器を死亡した後に提供する意思の有無を運転免許証及び個人番号カード（行政手続における特定の個人を識別するための番号の利用等に関する法律（平成二十五年法律第二十七号）第二条第七項に規定する個人番号カードをいう。）等に記載することができることとする等、移植医療に関する啓発及び知識の普及に必要な施策を講ずるものとする。

（経過措置）

第十八条　この法律の規定に基づき厚生労働省令を制定し、又は改廃する場合においては、その厚生労働省令で、その制定又は改廃に伴い合理的に必要と判断される範囲内において、所要の経過措置（罰則に関する経過措置を含む。）を定めることができる。

（厚生労働省令への委任）

第十九条　この法律に定めるもののほか、この法律の実施のための手続その他この法律の施行に関し必要な事項は、厚生労働省令で定める。

（罰則）

第二十条　第十一条第一項から第五項までの規定に違反した者は、五年以下の懲役若しくは五百万円以下の罰金に処し、又はこれを併科する。

2　前項の罪は、刑法（明治四十年法律第四十五号）第三条の例に従う。

第二十一条　第六条第五項の書面に虚偽の記載をした者は、三年以下の懲役又は五十万円以下の罰金に処する。

2　第六条第六項の規定に違反して同条第五項の書面の交付を受けないで臓器の摘出をした者は、一年以下の懲役又は三十万円以下の罰金に処する。

第二十二条　第十二条第一項の許可を受けないで、業として行う臓器のあっせんをした者は、一年以下の懲役若しくは百万円以下の罰金に処し、又はこれを併科する。

第二十三条　次の各号のいずれかに該当する者は、五十万円以下の罰金に処する。

一　第九条の規定に違反した者

二　第十条第一項の規定に違反して、記録を作成せず、若しくは虚偽の記録を作成し、又は同条第二項の規定に違反して記録を保存しなかった者

三　第十三条の規定に違反した者

四　第十四条第一項の規定に違反して、帳簿を備えず、帳簿に記載せず、若しくは虚偽の記載をし、又は同条第二項の規定に違反して帳簿を保存しなかった者

五　第十五条第一項の規定による報告をせず、若しくは虚偽の報告をし、又は同項の規定による立入検査を拒み、妨げ、若しくは忌避し、若しくは同項の規定による質問に対して答弁をせず、若しくは虚偽の答弁をした者

2　前項第三号の罪は、告訴がなければ公訴を提起することができない。

第二十四条　法人（法人でない団体で代表者又は管理人の定めのあるものを含む。以下この項において同じ。）の代表者若しくは管理人又は法人若しくは人の代理人、使用人その他の従業者が、その法人又は人の業務に関し、第二十条、第二十二条及び前条（同条第一項第三号を除く。）の違反行為をしたときは、行為者を罰するほか、その法人又は人に対しても、各本条の罰金刑を科する。

2　前項の規定により法人でない団体を処罰する場合には、その代表者又は管理人がその訴訟行為につきその団体を代表するほか、法人を被告人又は被疑者とする場合の刑事訴訟に関する法律の規定を準用する。

第二十五条　第二十条第一項の場合において供与を受けた財産上の利益は、没収する。その全部又は一部を没収することができないときは、その価額を追徴する。

・刑法等の一部を改正する法律の施行に伴う関係法律の整理等に関する法律（令和四・六・一七法律六八）

附則　抄

（施行期日）

1　この法律は、刑法等一部改正法施行日から施行する。〈略〉

医療・年金

母体保護法

（昭和二三・七・一三）
（法律一五六）

最新改正 令和四法律七六

第一章 総則

（この法律の目的）

第一条 この法律は、不妊手術及び人工妊娠中絶に関する事項を定めること等により、母性の生命健康を保護することを目的とする。

（定義）

第二条 この法律で不妊手術とは、生殖腺を除去することなしに、生殖を不能にする手術で内閣府令をもつて定めるものをいう。

2 この法律で人工妊娠中絶とは、胎児が、母体外において、生命を保続することのできない時期に、人工的に、胎児及びその附属物を母体外に排出することをいう。

第二章 不妊手術

第三条 医師は、次の各号の一に該当する者に対して、本人の同意及び配偶者（届出をしていないが、事実上婚姻関係と同様な事情にある者を含む。以下同じ。）があるときはその同意を得て、不妊手術を行うことができる。ただし、未成年者については、この限りでない。

一 妊娠又は分娩が、母体の生命に危険を及ぼすおそれのあるもの

二 現に数人の子を有し、かつ、分娩ごとに、母体の健康度を著しく低下するおそれのあるもの

2 前項各号に掲げる場合には、その配偶者についても同項の規定による不妊手術を行うことができる。

3 第一項の同意は、配偶者が知れないとき又はその意思を表示することができないときは本人の同意だけで足りる。

第四条から第十三条まで 削除

第三章 母性保護

（医師の認定による人工妊娠中絶）

第十四条 都道府県の区域を単位として設立された公益社団法人たる医師会の指定する医師（以下「指定医師」という。）は、次の各号の一に該当する者に対して、本人及び配偶者の同意を得て、人工妊娠中絶を行うことができる。

一 妊娠の継続又は分娩が身体的又は経済的理由により母体の健康を著しく害するおそれのあるもの

二 暴行若しくは脅迫によつて又は抵抗若しくは拒絶することができない間に姦淫されて妊娠したもの

2 前項の同意は、配偶者が知れないとき若しくはその意思を表示することができないとき又は妊娠後に配偶者がなくなつたときには本人の同意だけで足りる。

（受胎調節の実地指導）

第十五条 女子に対して内閣総理大臣が指定する避妊用の器具を使用する受胎調節の実地指導は、医師のほかは、都道府県知事の指定を受けた者でなければ業として行つてはならない。ただし、子宮腔内に避妊用の器具を挿入する行為は、医師でなければ業として行つてはならない。

2 前項の都道府県知事の指定を受けることができる者は、内閣総理大臣の定める基準に従つて都道府県知事の認定する講習を終了した助産師、保健師又は看護師とする。

3 前二項に定めるものの外、都道府県知事の指定又は認定に関して必要な事項は、政令でこれを定める。

第四章及び第五章 削除

第十六条から第二十四条まで 削除

第六章 届出、禁止その他

（届出）

第二十五条 医師又は指定医師は、第三条第一項又は第十四条第一項の規定によつて不妊手術又は人工妊娠中絶を行つた場合は、その月中の手術の結果を取りまとめて翌月十日までに、理由を記して、都道府県知事に届け出なければならない。

（通知）

第二十六条 不妊手術を受けた者は、婚姻しようとするときは、その相手方に対して、不妊手術を受けた旨を通知しなければならない。

（秘密の保持）

第二十七条 不妊手術又は人工妊娠中絶の施行の事務に従事した者は、職務上知り得た人の秘密を、漏らしてはならない。その職を退いた後においても同様とする。

（禁止）

第二十八条 何人も、この法律の規定による場合の外、故なく、生殖を不能にすることを目

的として手術又はレントゲン照射を行つてはならない。

第七章　罰則

（**第十五条第一項違反**）
第二十九条　第十五条第一項の規定に違反した者は、五十万円以下の罰金に処する。
第三十条及び第三十一条　削除
（**第二十五条違反**）
第三十二条　第二十五条の規定に違反して、届出をせず又は虚偽の届出をした者は、これを十万円以下の罰金に処する。
（**第二十七条違反**）
第三十三条　第二十七条の規定に違反して、故なく、人の秘密を漏らした者は、これを六月以下の懲役又は三十万円以下の罰金に処する。
（**第二十八条違反**）
第三十四条　第二十八条の規定に違反した者は、これを一年以下の懲役又は五十万円以下の罰金に処する。そのために、人を死に至らしめたときは、三年以下の懲役に処する。

附　則

（**施行期日**）
第三十五条　この法律は、公布の日から起算して六十日を経過した日から、これを施行する。
（**関係法律の廃止**）
第三十六条　国民優生法（昭和十五年法律第百七号）は、これを廃止する。
（**罰則規定の効力の存続**）
第三十七条　この法律施行前になした違反行為に対する罰則の適用については、この法律施行後も、なおその効力を有する。
（**届出の特例**）
第三十八条　第二十五条の規定は、昭和二十一年厚生省令第四十二号（死産の届出に関する規程）の規定による届出をした場合は、その範囲内で、これを適用しない。
（**受胎調節指導のために必要な医薬品**）
第三十九条　第十五条第一項の規定により都道府県知事の指定を受けた者は、平成二十七年七月三十一日までを限り、その実地指導を受ける者に対しては、受胎調節のために必要な医薬品で厚生労働大臣が指定するものに限り、医薬品、医療機器等の品質、有効性及び安全性の確保等に関する法律（昭和三十五年法律第百四十五号）第二十四条第一項の規定にかかわらず、販売することができる。
2　都道府県知事は、第十五条第一項の規定により都道府県知事の指定を受けた者が次の各号のいずれかに該当したときは、同項の指定を取り消すことができる。
一　前項の規定により厚生労働大臣が指定する医薬品につき医薬品、医療機器等の品質、有効性及び安全性の確保等に関する法律第四十三条第一項の規定の適用がある場合において、同項の規定による検定に合格しない当該医薬品を販売したとき
二　前項の規定により厚生労働大臣が指定する医薬品以外の医薬品を業として販売したとき
三　前二号のほか、受胎調節の実地指導を受ける者以外の者に対して、医薬品を業として販売したとき
3　前項の規定による処分に係る行政手続法（平成五年法律第八十八号）第十五条第一項の通知は、聴聞の期日の一週間前までにしなければならない。
（**指定医師を指定する医師会の特例**）
第四十条　第十四条第一項に規定する公益社団法人には、一般社団法人及び一般財団法人に関する法律及び公益社団法人及び公益財団法人の認定等に関する法律の施行に伴う関係法律の整備等に関する法律（平成十八年法律第五十号）第二百八十三条に規定するもののほか、公益社団法人及び特例社団法人（同法第四十二条第一項に規定する特例社団法人をいう。以下この項において同じ。）以外の一般社団法人であつて、母体保護法の一部を改正する法律（平成二十三年法律第七十五号）の施行の際特例社団法人であつたもの（次項において「特定法人」という。）を含むものとする。
2　内閣総理大臣は、都道府県の区域を単位として設立された特定法人たる医師会に対し、当該医師会が行う第十四条第一項の指定に関し必要があると認めるときは、報告を求め、又は助言若しくは勧告をすることができる。

・刑法等の一部を改正する法律の施行に伴う関係法律の整理等に関する法律（令和四・六・一七法律六八）

附則　抄

（施行期日）
1　この法律は、刑法等一部改正法施行日から施行する。〈略〉

健康保険法（抄）

（大正一一・四・二二）
（法　律　七　〇）

最新改正　令和五法律四八

第一章　総則

（目的）

第一条　この法律は、労働者又はその被扶養者の業務災害（労働者災害補償保険法（昭和二十二年法律第五十号）第七条第一項第一号に規定する業務災害をいう。）以外の疾病、負傷若しくは死亡又は出産に関して保険給付を行い、もって国民の生活の安定と福祉の向上に寄与することを目的とする。

（基本的理念）

第二条　健康保険制度については、これが医療保険制度の基本をなすものであることにかんがみ、高齢化の進展、疾病構造の変化、社会経済情勢の変化等に対応し、その他の医療保険制度及び後期高齢者医療制度並びにこれらに密接に関連する制度と併せてその在り方に関して常に検討が加えられ、その結果に基づき、医療保険の運営の効率化、給付の内容及び費用の負担の適正化並びに国民が受ける医療の質の向上を総合的に図りつつ、実施されなければならない。

（定義）

第三条　この法律において「被保険者」とは、適用事業所に使用される者及び任意継続被保険者をいう。ただし、次の各号のいずれかに該当する者は、日雇特例被保険者となる場合を除き、被保険者となることができない。

一　船員保険の被保険者（船員保険法（昭和十四年法律第七十三号）第二条第二項に規定する疾病任意継続被保険者を除く。）

二　臨時に使用される者であって、次に掲げるもの（イに掲げる者にあっては一月を超え、ロに掲げる者にあってはロに掲げる定めた期間を超え、引き続き使用されるに至った場合を除く。）

イ　日々雇い入れられる者

ロ　二月以内の期間を定めて使用される者であって、当該定めた期間を超えて使用されることが見込まれないもの

三　事業所又は事務所（第八十八条第一項及び第八十九条第一項を除き、以下単に「事業所」という。）で所在地が一定しないものに使用される者

四　季節的業務に使用される者（継続して四月を超えて使用されるべき場合を除く。）

五　臨時的事業の事業所に使用される者（継続して六月を超えて使用されるべき場合を除く。）

六　国民健康保険組合の事業所に使用される者

七　後期高齢者医療の被保険者（高齢者の医療の確保に関する法律（昭和五十七年法律第八十号）第五十条の規定による被保険者をいう。）及び同条各号のいずれかに該当する者で同法第五十一条の規定により後期高齢者医療の被保険者とならないもの（以下「後期高齢者医療の被保険者等」という。）

八　厚生労働大臣、健康保険組合又は共済組合の承認を受けた者（健康保険の被保険者でないことにより国民健康保険の被保険者であるべき期間に限る。）

九　事業所に使用される者であって、その一週間の所定労働時間が同一の事業所に使用される通常の労働者（当該事業所に使用される通常の労働者と同種の業務に従事する当該事業所に使用される者にあっては、厚生労働省令で定める場合を除き、当該者と同種の業務に従事する当該通常の労働者。以下この号において単に「通常の労働者」という。）の一週間の所定労働時間の四分の三未満である短時間労働者（一週間の所定労働時間が同一の事業所に使用される通常の労働者の一週間の所定労働時間に比し短い者をいう。以下この号において同じ。）又はその一月間の所定労働日数が同一の事業所に使用される通常の労働者の一月間の所定労働日数の四分の三未満である短時間労働者に該当し、かつ、イからハまでのいずれかの要件に該当するもの

イ　一週間の所定労働時間が二十時間未満であること。

ロ　報酬（最低賃金法（昭和三十四年法律第百三十七号）第四条第三項各号に掲げる賃金に相当するものとして厚生労働省令で定めるものを除く。）について、厚生労働省令で定めるところにより、第四十二条第一項の規定の例により算定した額が、八万八千円未満であること。

ハ　学校教育法（昭和二十二年法律第二十六号）第五十条に規定する高等学校の生徒、同法第八十三条に規定する大学の学

生その他の厚生労働省令で定める者であること。

2　この法律において「日雇特例被保険者」とは、適用事業所に使用される日雇労働者をいう。ただし、後期高齢者医療の被保険者等である者又は次の各号のいずれかに該当する者として厚生労働大臣の承認を受けたものは、この限りでない。

一　適用事業所において、引き続く二月間に通算して二十六日以上使用される見込みのないことが明らかであるとき。

二　任意継続被保険者であるとき。

三　その他特別の理由があるとき。

3　この法律において「適用事業所」とは、次の各号のいずれかに該当する事業所をいう。

一　次に掲げる事業の事業所であって、常時五人以上の従業員を使用するもの

イ　物の製造、加工、選別、包装、修理又は解体の事業

ロ　土木、建築その他工作物の建設、改造、保存、修理、変更、破壊、解体又はその準備の事業

ハ　鉱物の採掘又は採取の事業

ニ　電気又は動力の発生、伝導又は供給の事業

ホ　貨物又は旅客の運送の事業

ヘ　貨物積卸しの事業

ト　焼却、清掃又はと殺の事業

チ　物の販売又は配給の事業

リ　金融又は保険の事業

ヌ　物の保管又は賃貸の事業

ル　媒介周旋の事業

ヲ　集金、案内又は広告の事業

ワ　教育、研究又は調査の事業

カ　疾病の治療、助産その他医療の事業

ヨ　通信又は報道の事業

タ　社会福祉法（昭和二十六年法律第四十五号）に定める社会福祉事業及び更生保護事業法（平成七年法律第八十六号）に定める更生保護事業

レ　弁護士、公認会計士その他政令で定める者が法令の規定に基づき行うこととされている法律又は会計に係る業務を行う事業

二　前号に掲げるもののほか、国、地方公共団体又は法人の事業所であって、常時従業員を使用するもの

4　この法律において「任意継続被保険者」とは、適用事業所に使用されなくなったため、又は第一項ただし書に該当するに至ったため被保険者（日雇特例被保険者を除く。）の資格を喪失した者であって、喪失の日の前日まで継続して二月以上被保険者（日雇特例被保険者、任意継続被保険者又は共済組合の組合員である被保険者を除く。）であったもののうち、保険者に申し出て、継続して当該保険者の被保険者となった者をいう。ただし、船員保険の被保険者又は後期高齢者医療の被保険者等である者は、この限りでない。

5　この法律において「報酬」とは、賃金、給料、俸給、手当、賞与その他いかなる名称であるかを問わず、労働者が、労働の対償として受けるすべてのものをいう。ただし、臨時に受けるもの及び三月を超える期間ごとに受けるものは、この限りでない。

6　この法律において「賞与」とは、賃金、給料、俸給、手当、賞与その他いかなる名称であるかを問わず、労働者が、労働の対償として受けるすべてのもののうち、三月を超える期間ごとに受けるものをいう。

7　この法律において「被扶養者」とは、次に掲げる者で、日本国内に住所を有するもの又は外国において留学をする学生その他の日本国内に住所を有しないが渡航目的その他の事情を考慮して日本国内に生活の基礎があると認められるものとして厚生労働省令で定めるものをいう。ただし、後期高齢者医療の被保険者等である者その他この法律の適用を除外すべき特別の理由がある者として厚生労働省令で定める者は、この限りでない。

一　被保険者（日雇特例被保険者であった者を含む。以下この項において同じ。）の直系尊属、配偶者（届出をしていないが、事実上婚姻関係と同様の事情にある者を含む。以下この項において同じ。）、子、孫及び兄弟姉妹であって、主としてその被保険者により生計を維持するもの

二　被保険者の三親等内の親族で前号に掲げる者以外のものであって、その被保険者と同一の世帯に属し、主としてその被保険者により生計を維持するもの

三　被保険者の配偶者で届出をしていないが事実上婚姻関係と同様の事情にあるものの父母及び子であって、その被保険者と同一の世帯に属し、主としてその被保険者により生計を維持するもの

四　前号の配偶者の死亡後におけるその父母及び子であって、引き続きその被保険者と同一の世帯に属し、主としてその被保険者

により生計を維持するもの

8　この法律において「日雇労働者」とは、次の各号のいずれかに該当する者をいう。

一　臨時に使用される者であって、次に掲げるもの（同一の事業所において、イに掲げる者にあっては一月を超え、ロに掲げる者にあってはロに掲げる定めた期間を超え、引き続き使用されるに至った場合（所在地の一定しない事業所において引き続き使用されるに至った場合を除く。）を除く。）

イ　日々雇い入れられる者

ロ　二月以内の期間を定めて使用される者であって、当該定めた期間を超えて使用されることが見込まれないもの

二　季節的業務に使用される者（継続して四月を超えて使用されるべき場合を除く。）

三　臨時的事業の事業所に使用される者（継続して六月を超えて使用されるべき場合を除く。）

9　この法律において「賃金」とは、賃金、給料、手当、賞与その他いかなる名称であるかを問わず、日雇労働者が、労働の対償として受けるすべてのものをいう。ただし、三月を超える期間ごとに受けるものは、この限りでない。

10　この法律において「共済組合」とは、法律によって組織された共済組合をいう。

11　この法律において「保険者番号」とは、厚生労働大臣が健康保険事業において保険者を識別するための番号として、保険者ごとに定めるものをいう。

12　この法律において「被保険者等記号・番号」とは、保険者が被保険者又は被扶養者の資格を管理するための記号、番号その他の符号として、被保険者又は被扶養者ごとに定めるものをいう。

13　この法律において「電子資格確認」とは、保険医療機関等（第六十三条第三項各号に掲げる病院若しくは診療所又は薬局をいう。以下同じ。）から療養を受けようとする者又は第八十八条第一項に規定する指定訪問看護事業者から同項に規定する指定訪問看護を受けようとする者が、保険者に対し、個人番号カード（行政手続における特定の個人を識別するための番号の利用等に関する法律（平成二十五年法律第二十七号）第二条第七項に規定する個人番号カードをいう。）に記録された利用者証明用電子証明書（電子署名等に係る地方公共団体情報システム機構の認証業務に関する法律（平成十四年法律第百五十三号）第二十二条第一項に規定する利用者証明用電子証明書をいう。）を送信する方法その他の厚生労働省令で定める方法により、被保険者又は被扶養者の資格に係る情報（保険給付に係る費用の請求に必要な情報を含む。）の照会を行い、電子情報処理組織を使用する方法その他の情報通信の技術を利用する方法により、保険者から回答を受けて当該情報を当該保険医療機関等又は指定訪問看護事業者に提供し、当該保険医療機関等又は指定訪問看護事業者から被保険者又は被扶養者であることの確認を受けることをいう。

第二章　保険者

第一節　通則

（保険者）

第四条　健康保険（日雇特例被保険者の保険を除く。）の保険者は、全国健康保険協会及び健康保険組合とする。

（全国健康保険協会管掌健康保険）

第五条　全国健康保険協会は、健康保険組合の組合員でない被保険者（日雇特例被保険者を除く。次節、第五十一条の二、第六十三条第三項第二号、第百五十条第一項、第百七十二条第三号、第十章及び第十一章を除き、以下本則において同じ。）の保険を管掌する。

2　前項の規定により全国健康保険協会が管掌する健康保険の事業に関する業務のうち、被保険者の資格の取得及び喪失の確認、標準報酬月額及び標準賞与額の決定並びに保険料の徴収（任意継続被保険者に係るものを除く。）並びにこれらに附帯する業務は、厚生労働大臣が行う。

（組合管掌健康保険）

第六条　健康保険組合は、その組合員である被保険者の保険を管掌する。

第二節　全国健康保険協会

（設立及び業務）

第七条の二　健康保険組合の組合員でない被保険者（以下この節において単に「被保険者」という。）に係る健康保険事業を行うため、全国健康保険協会（以下「協会」という。）を設ける。

2　協会は、次に掲げる業務を行う。

一　第四章の規定による保険給付及び第五章第三節の規定による日雇特例被保険者に係る保険給付に関する業務

医療・年金

二　第六章の規定による保健事業及び福祉事業に関する業務
三　前二号に掲げる業務のほか、協会が管掌する健康保険の事業に関する業務であって第五条第二項の規定により厚生労働大臣が行う業務以外のもの
四　第一号及び第二号に掲げる業務のほか、日雇特例被保険者の保険の事業に関する業務であって第百二十三条第二項の規定により厚生労働大臣が行う業務以外のもの
五　第二百四条の七第一項に規定する権限に係る事務に関する業務
六　前各号に掲げる業務に附帯する業務

3　協会は、前項各号に掲げる業務のほか、船員保険法の規定による船員保険事業に関する業務（同法の規定により厚生労働大臣が行うものを除く。）並びに高齢者の医療の確保に関する法律の規定による前期高齢者納付金等（以下「前期高齢者納付金等」という。）並びに同法の規定による後期高齢者支援金、後期高齢者関係事務費拠出金及び出産育児関係事務費拠出金（以下「後期高齢者支援金等」という。）、介護保険法（平成九年法律第百二十三号）の規定による納付金（以下「介護納付金」という。）並びに感染症の予防及び感染症の患者に対する医療に関する法律（平成十年法律第百十四号）の規定による流行初期医療確保拠出金等（以下「流行初期医療確保拠出金等」という。）の納付に関する業務を行う。

（法人格）
第七条の三　協会は、法人とする。

（定款）
第七条の六　協会は、定款をもって、次に掲げる事項を定めなければならない。
一　目的
二　名称
三　事務所の所在地
四　役員に関する事項
五　運営委員会に関する事項
六　評議会に関する事項
七　保健事業に関する事項
八　福祉事業に関する事項
九　資産の管理その他財務に関する事項
十　その他組織及び業務に関する重要事項として厚生労働省令で定める事項

2　前項の定款の変更（厚生労働省令で定める事項に係るものを除く。）は、厚生労働大臣の認可を受けなければ、その効力を生じない。
3　協会は、前項の厚生労働省令で定める事項に係る定款の変更をしたときは、遅滞なく、これを厚生労働大臣に届け出なければならない。
4　協会は、定款の変更について第二項の認可を受けたとき、又は同項の厚生労働省令で定める事項に係る定款の変更をしたときは、遅滞なく、これを公告しなければならない。

（登記）
第七条の七　協会は、政令で定めるところにより、登記しなければならない。
2　前項の規定により登記しなければならない事項は、登記の後でなければ、これをもって第三者に対抗することができない。

第三節　健康保険組合

（組織）
第八条　健康保険組合は、適用事業所の事業主、その適用事業所に使用される被保険者及び任意継続被保険者をもって組織する。

（法人格）
第九条　健康保険組合は、法人とする。
2　健康保険組合の住所は、その主たる事務所の所在地にあるものとする。

（設立）
第十一条　一又は二以上の適用事業所について常時政令で定める数以上の被保険者を使用する事業主は、当該一又は二以上の適用事業所について、健康保険組合を設立することができる。
2　適用事業所の事業主は、共同して健康保険組合を設立することができる。この場合において、被保険者の数は、合算して常時政令で定める数以上でなければならない。

第十二条　適用事業所の事業主は、健康保険組合を設立しようとするときは、健康保険組合を設立しようとする適用事業所に使用される被保険者の二分の一以上の同意を得て、規約を作り、厚生労働大臣の認可を受けなければならない。
2　二以上の適用事業所について健康保険組合を設立しようとする場合においては、前項の同意は、各適用事業所について得なければならない。

（成立の時期）
第十五条　健康保険組合は、設立の認可を受けた時に成立する。

（規約）
第十六条　健康保険組合は、規約において、次に掲げる事項を定めなければならない。

一　名称
二　事務所の所在地
三　健康保険組合の設立に係る適用事業所の名称及び所在地
四　組合会に関する事項
五　役員に関する事項
六　組合員に関する事項
七　保険料に関する事項
八　準備金その他の財産の管理に関する事項
九　公告に関する事項
十　前各号に掲げる事項のほか、厚生労働省令で定める事項

2　前項の規約の変更（厚生労働省令で定める事項に係るものを除く。）は、厚生労働大臣の認可を受けなければ、その効力を生じない。

3　健康保険組合は、前項の厚生労働省令で定める事項に係る規約の変更をしたときは、遅滞なく、これを厚生労働大臣に届け出なければならない。

（組合員）

第十七条　健康保険組合が設立された適用事業所（以下「設立事業所」という。）の事業主及びその設立事業所に使用される被保険者は、当該健康保険組合の組合員とする。

2　前項の被保険者は、当該設立事業所に使用されなくなったときであっても、任意継続被保険者であるときは、なお当該健康保険組合の組合員とする。

第三章　被保険者

第一節　資格

（**適用事業所**）

第三十一条　適用事業所以外の事業所の事業主は、厚生労働大臣の認可を受けて、当該事業所を適用事業所とすることができる。

2　前項の認可を受けようとするときは、当該事業所の事業主は、当該事業所に使用される者（被保険者となるべき者に限る。）の二分の一以上の同意を得て、厚生労働大臣に申請しなければならない。

（**資格取得の時期**）

第三十五条　被保険者（任意継続被保険者を除く。以下この条から第三十八条までにおいて同じ。）は、適用事業所に使用されるに至った日若しくはその使用される事業所が適用事業所となった日又は第三条第一項ただし書の規定に該当しなくなった日から、被保険者の資格を取得する。

（**資格喪失の時期**）

第三十六条　被保険者は、次の各号のいずれかに該当するに至った日の翌日（その事実があった日に更に前条に該当するに至ったときは、その日）から、被保険者の資格を喪失する。

一　死亡したとき。
二　その事業所に使用されなくなったとき。
三　第三条第一項ただし書の規定に該当するに至ったとき。
四　第三十三条第一項の認可があったとき。

（**任意継続被保険者**）

第三十七条　第三条第四項の申出は、被保険者の資格を喪失した日から二十日以内にしなければならない。ただし、保険者は、正当な理由があると認めるときは、この期間を経過した後の申出であっても、受理することができる。

2　第三条第四項の申出をした者が、初めて納付すべき保険料をその納付期日までに納付しなかったときは、同項の規定にかかわらず、その者は、任意継続被保険者とならなかったものとみなす。ただし、その納付の遅延について正当な理由があると保険者が認めたときは、この限りでない。

（**資格の得喪の確認**）

第三十九条　被保険者の資格の取得及び喪失は、保険者等（被保険者が協会が管掌する健康保険の被保険者である場合にあっては厚生労働大臣、被保険者が健康保険組合が管掌する健康保険の被保険者である場合にあっては当該健康保険組合をいう。第百六十四条第二項及び第三項、第百八十条第一項、第二項及び第四項並びに第百八十一条第一項を除き、以下同じ。）の確認によって、その効力を生ずる。ただし、第三十六条第四号に該当したことによる被保険者の資格の喪失並びに任意継続被保険者の資格の取得及び喪失は、この限りでない。

2　前項の確認は、第四十八条の規定による届出若しくは第五十一条第一項の規定による請求により、又は職権で行うものとする。

3　第一項の確認については、行政手続法（平成五年法律第八十八号）第三章（第十二条及び第十四条を除く。）の規定は、適用しない。

第二節　標準報酬月額及び標準賞与額

（**標準報酬月額**）

第四十条　標準報酬月額は、被保険者の報酬月

額に基づき、次の等級区分（次項の規定により等級区分の改定が行われたときは、改定後の等級区分）によって定める。

標準報酬月額等級	標準報酬月額	報酬月額
第一級	五八、〇〇〇円	六三、〇〇〇円未満
第二級	六八、〇〇〇円	六三、〇〇〇円以上　七三、〇〇〇円未満
第三級	七八、〇〇〇円	七三、〇〇〇円以上　八三、〇〇〇円未満
第四級	八八、〇〇〇円	八三、〇〇〇円以上　九三、〇〇〇円未満
第五級	九八、〇〇〇円	九三、〇〇〇円以上　一〇一、〇〇〇円未満
第六級	一〇四、〇〇〇円	一〇一、〇〇〇円以上　一〇七、〇〇〇円未満
第七級	一一〇、〇〇〇円	一〇七、〇〇〇円以上　一一四、〇〇〇円未満
第八級	一一八、〇〇〇円	一一四、〇〇〇円以上　一二二、〇〇〇円未満
第九級	一二六、〇〇〇円	一二二、〇〇〇円以上　一三〇、〇〇〇円未満
第一〇級	一三四、〇〇〇円	一三〇、〇〇〇円以上　一三八、〇〇〇円未満
第一一級	一四二、〇〇〇円	一三八、〇〇〇円以上　一四六、〇〇〇円未満
第一二級	一五〇、〇〇〇円	一四六、〇〇〇円以上　一五五、〇〇〇円未満
第一三級	一六〇、〇〇〇円	一五五、〇〇〇円以上　一六五、〇〇〇円未満
第一四級	一七〇、〇〇〇円	一六五、〇〇〇円以上　一七五、〇〇〇円未満
第一五級	一八〇、〇〇〇円	一七五、〇〇〇円以上　一八五、〇〇〇円未満
第一六級	一九〇、〇〇〇円	一八五、〇〇〇円以上　一九五、〇〇〇円未満
第一七級	二〇〇、〇〇〇円	一九五、〇〇〇円以上　二一〇、〇〇〇円未満
第一八級	二二〇、〇〇〇円	二一〇、〇〇〇円以上　二三〇、〇〇〇円未満
第一九級	二四〇、〇〇〇円	二三〇、〇〇〇円以上　二五〇、〇〇〇円未満
第二〇級	二六〇、〇〇〇円	二五〇、〇〇〇円以上　二七〇、〇〇〇円未満
第二一級	二八〇、〇〇〇円	二七〇、〇〇〇円以上　二九〇、〇〇〇円未満
第二二級	三〇〇、〇〇〇円	二九〇、〇〇〇円以上　三一〇、〇〇〇円未満
第二三級	三二〇、〇〇〇円	三一〇、〇〇〇円以上　三三〇、〇〇〇円未満
第二四級	三四〇、〇〇〇円	三三〇、〇〇〇円以上　三五〇、〇〇〇円未満
第二五級	三六〇、〇〇〇円	三五〇、〇〇〇円以上　三七〇、〇〇〇円未満
第二六級	三八〇、〇〇〇円	三七〇、〇〇〇円以上　三九五、〇〇〇円未満
第二七級	四一〇、〇〇〇円	三九五、〇〇〇円以上　四二五、〇〇〇円未満
第二八級	四四〇、〇〇〇円	四二五、〇〇〇円以上　四五五、〇〇〇円未満
第二九級	四七〇、〇〇〇円	四五五、〇〇〇円以上　四八五、〇〇〇円未満
第三〇級	五〇〇、〇〇〇円	四八五、〇〇〇円以上　五一五、〇〇〇円未満
第三一級	五三〇、〇〇〇円	五一五、〇〇〇円以上　五四五、〇〇〇円未満
第三二級	五六〇、〇〇〇円	五四五、〇〇〇円以上　五七五、〇〇〇円未満
第三三級	五九〇、〇〇〇円	五七五、〇〇〇円以上　六〇五、〇〇〇円未満
第三四級	六二〇、〇〇〇円	六〇五、〇〇〇円以上　六三五、〇〇〇円未満
第三五級	六五〇、〇〇〇円	六三五、〇〇〇円以上　六六五、〇〇〇円未満
第三六級	六八〇、〇〇〇円	六六五、〇〇〇円以上　六九五、〇〇〇円未満
第三七級	七一〇、〇〇〇円	六九五、〇〇〇円以上　七三〇、〇〇〇円未満
第三八級	七五〇、〇〇〇円	七三〇、〇〇〇円以上　七七〇、〇〇〇円未満
第三九級	七九〇、〇〇〇円	七七〇、〇〇〇円以上　八一〇、〇〇〇円未満
第四〇級	八三〇、〇〇〇円	八一〇、〇〇〇円以上　八五五、〇〇〇円未満

第四一級	八八〇、〇〇〇円	八五五、〇〇〇円以上 九〇五、〇〇〇円未満
第四二級	九三〇、〇〇〇円	九〇五、〇〇〇円以上 九五五、〇〇〇円未満
第四三級	九八〇、〇〇〇円	九五五、〇〇〇円以上 一、〇〇五、〇〇〇円未満
第四四級	一、〇三〇、〇〇〇円	一、〇〇五、〇〇〇円以上 一、〇五五、〇〇〇円未満
第四五級	一、〇九〇、〇〇〇円	一、〇五五、〇〇〇円以上 一、一一五、〇〇〇円未満
第四六級	一、一五〇、〇〇〇円	一、一一五、〇〇〇円以上 一、一七五、〇〇〇円未満
第四七級	一、二一〇、〇〇〇円	一、一七五、〇〇〇円以上 一、二三五、〇〇〇円未満
第四八級	一、二七〇、〇〇〇円	一、二三五、〇〇〇円以上 一、二九五、〇〇〇円未満
第四九級	一、三三〇、〇〇〇円	一、二九五、〇〇〇円以上 一、三五五、〇〇〇円未満
第五〇級	一、三九〇、〇〇〇円	一、三五五、〇〇〇円以上

2　毎年三月三十一日における標準報酬月額等級の最高等級に該当する被保険者数の被保険者総数に占める割合が百分の一・五を超える場合において、その状態が継続すると認められるときは、その年の九月一日から、政令で、当該最高等級の上に更に等級を加える標準報酬月額の等級区分の改定を行うことができる。ただし、その年の三月三十一日において、改定後の標準報酬月額等級の最高等級に該当する被保険者数の同日における被保険者総数に占める割合が百分の〇・五を下回ってはならない。

3　厚生労働大臣は、前項の政令の制定又は改正について立案を行う場合には、社会保障審議会の意見を聴くものとする。

（定時決定）

第四十一条　保険者等は、被保険者が毎年七月一日現に使用される事業所において同日前三月間（その事業所で継続して使用された期間に限るものとし、かつ、報酬支払の基礎となった日数が十七日（厚生労働省令で定める者にあっては、十一日。第四十三条第一項、第四十三条の二第一項及び第四十三条の三第一項において同じ。）未満である月があるときは、その月を除く。）に受けた報酬の総額をその期間の月数で除して得た額を報酬月額として、標準報酬月額を決定する。

2　前項の規定によって決定された標準報酬月額は、その年の九月から翌年の八月までの各月の標準報酬月額とする。

3　第一項の規定は、六月一日から七月一日までの間に被保険者の資格を取得した者及び第四十三条、第四十三条の二又は第四十三条の三の規定により七月から九月までのいずれかの月から標準報酬月額を改定され、又は改定されるべき被保険者については、その年に限り適用しない。

（育児休業等を終了した際の改定）

第四十三条の二　保険者等は、育児休業、介護休業等育児又は家族介護を行う労働者の福祉に関する法律（平成三年法律第七十六号）第二条第一号に規定する育児休業、同法第二十三条第二項の育児休業に関する制度に準ずる措置若しくは同法第二十四条第一項（第二号に係る部分に限る。）の規定により同項第二号に規定する育児休業に関する制度に準じて講ずる措置による休業又は政令で定める法令に基づく育児休業（以下「育児休業等」という。）を終了した被保険者が、当該育児休業等を終了した日（以下この条において「育児休業等終了日」という。）において当該育児休業等に係る三歳に満たない子を養育する場合において、その使用される事業所の事業主を経由して厚生労働省令で定めるところにより保険者等に申出をしたときは、第四十一条の規定にかかわらず、育児休業等終了日の翌日が属する月以後三月間（育児休業等終了日の翌日において使用される事業所で継続して使用された期間に限るものとし、かつ、報酬支払の基礎となった日数が十七日未満である月があるときは、その月を除く。）に受けた報酬の総額をその期間の月数で除して得た額を報酬月額として、標準報酬月額を改定する。ただし、育児休業等終了日の翌日に次条第一項に規定する産前産後休業を開始している被保険者は、この限りでない。

2　前項の規定によって改定された標準報酬月額は、育児休業等終了日の翌日から起算して二月を経過した日の属する月の翌月からその年の八月（当該翌月が七月から十二月までのいずれかの月である場合は、翌年の八月）までの各月の標準報酬月額とする。

（産前産後休業を終了した際の改定）

第四十三条の三　保険者等は、産前産後休業（出産の日（出産の日が出産の予定日後であるときは、出産の予定日）以前四十二日（多胎妊娠の場合においては、九十八日）から出産の日後五十六日までの間において労務に服さないこと（妊娠又は出産に関する事由を理由として労務に服さない場合に限る。）をいう。以下同じ。）を終了した被保険者が、当該産前産後休業を終了した日（以下この条において「産前産後休業終了日」という。）において当該産前産後休業に係る子を養育する場合において、その使用される事業所の事業主を経由して厚生労働省令で定めるところにより保険者等に申出をしたときは、第四十一条の規定にかかわらず、産前産後休業終了日の翌日が属する月以後三月間（産前産後休業終了日の翌日において使用される事業所で継続して使用された期間に限るものとし、かつ、報酬支払の基礎となった日数が十七日未満である月があるときは、その月を除く。）に受けた報酬の総額をその期間の月数で除して得た額を報酬月額として、標準報酬月額を改定する。ただし、産前産後休業終了日の翌日に育児休業等を開始している被保険者は、この限りでない。

2　前項の規定によって改定された標準報酬月額は、産前産後休業終了日の翌日から起算して二月を経過した日の属する月の翌月からその年の八月（当該翌月が七月から十二月までのいずれかの月である場合は、翌年の八月）までの各月の標準報酬月額とする。

（**標準賞与額の決定**）

第四十五条　保険者等は、被保険者が賞与を受けた月において、その月に当該被保険者が受けた賞与額に基づき、これに千円未満の端数を生じたときは、これを切り捨てて、その月における標準賞与額を決定する。ただし、その月に当該被保険者が受けた賞与によりその年度（毎年四月一日から翌年三月三十一日までをいう。以下同じ。）における標準賞与額の累計額が五百七十三万円（第四十条第二項の規定による標準報酬月額の等級区分の改定が行われたときは、政令で定める額。以下この項において同じ。）を超えることとなる場合には、当該累計額が五百七十三万円となるようその月の標準賞与額を決定し、その年度においてその月の翌月以降に受ける賞与の標準賞与額は零とする。

2　第四十条第三項の規定は前項の政令の制定又は改正について、前条の規定は標準賞与額の算定について準用する。

第四章　保険給付

第一節　通則

（**保険給付の種類**）

第五十二条　被保険者に係るこの法律による保険給付は、次のとおりとする。

一　療養の給付並びに入院時食事療養費、入院時生活療養費、保険外併用療養費、療養費、訪問看護療養費及び移送費の支給

二　傷病手当金の支給

三　埋葬料の支給

四　出産育児一時金の支給

五　出産手当金の支給

六　家族療養費、家族訪問看護療養費及び家族移送費の支給

七　家族埋葬料の支給

八　家族出産育児一時金の支給

九　高額療養費及び高額介護合算療養費の支給

（**健康保険組合の付加給付**）

第五十三条　保険者が健康保険組合である場合においては、前条各号に掲げる給付に併せて、規約で定めるところにより、保険給付としてその他の給付を行うことができる。

（**保険給付の方法**）

第五十六条　入院時食事療養費、入院時生活療養費、保険外併用療養費、療養費、訪問看護療養費、移送費、傷病手当金、埋葬料、出産育児一時金、出産手当金、家族療養費、家族訪問看護療養費、家族移送費、家族埋葬料及び家族出産育児一時金の支給は、その都度、行わなければならない。第百条第二項（第百五条第二項において準用する場合を含む。）の規定による埋葬に要した費用に相当する金額の支給についても、同様とする。

2　傷病手当金及び出産手当金の支給は、前項の規定にかかわらず、毎月一定の期日に行うことができる。

（**損害賠償請求権**）

第五十七条　保険者は、給付事由が第三者の行為によって生じた場合において、保険給付を行ったときは、その給付の価額（当該保険給付が療養の給付であるときは、当該療養の給付に要する費用の額から当該療養の給付に関し被保険者が負担しなければならない一部負担金に相当する額を控除した額。次条第一項において同じ。）の限度において、保険給付を受ける権利を有する者（当該給付事由が被保険者の被扶養者について生じた場合には、

当該被扶養者を含む。次項において同じ。）が第三者に対して有する損害賠償の請求権を取得する。

2　前項の場合において、保険給付を受ける権利を有する者が第三者から同一の事由について損害賠償を受けたときは、保険者は、その価額の限度において、保険給付を行う責めを免れる。

（**受給権の保護**）

第六十一条　保険給付を受ける権利は、譲り渡し、担保に供し、又は差し押さえることができない。

（**租税その他の公課の禁止**）

第六十二条　租税その他の公課は、保険給付として支給を受けた金品を標準として、課することができない。

第二節　療養の給付及び入院時食事療養費等の支給

第一款　療養の給付並びに入院時食事療養費、入院時生活療養費、保険外併用療養費及び療養費の支給

（**療養の給付**）

第六十三条　被保険者の疾病又は負傷に関しては、次に掲げる療養の給付を行う。

一　診察

二　薬剤又は治療材料の支給

三　処置、手術その他の治療

四　居宅における療養上の管理及びその療養に伴う世話その他の看護

五　病院又は診療所への入院及びその療養に伴う世話その他の看護

2　次に掲げる療養に係る給付は、前項の給付に含まれないものとする。

一　食事の提供である療養であって前項第五号に掲げる療養と併せて行うもの（医療法（昭和二十三年法律第二百五号）第七条第二項第四号に規定する療養病床（以下「療養病床」という。）への入院及びその療養に伴う世話その他の看護であって、当該療養を受ける際、六十五歳に達する日の属する月の翌月以後である被保険者（以下「特定長期入院被保険者」という。）に係るものを除く。以下「食事療養」という。）

二　次に掲げる療養であって前項第五号に掲げる療養と併せて行うもの（特定長期入院被保険者に係るものに限る。以下「生活療養」という。）

イ　食事の提供である療養

ロ　温度、照明及び給水に関する適切な療養環境の形成である療養

三　厚生労働大臣が定める高度の医療技術を用いた療養その他の療養であって、前項の給付の対象とすべきものであるか否かについて、適正な医療の効率的な提供を図る観点から評価を行うことが必要な療養（次号の患者申出療養を除く。）として厚生労働大臣が定めるもの（以下「評価療養」という。）

四　高度の医療技術を用いた療養であって、当該療養を受けようとする者の申出に基づき、前項の給付の対象とすべきものであるか否かについて、適正な医療の効率的な提供を図る観点から評価を行うことが必要な療養として厚生労働大臣が定めるもの（以下「患者申出療養」という。）

五　被保険者の選定に係る特別の病室の提供その他の厚生労働大臣が定める療養（以下「選定療養」という。）

3　第一項の給付を受けようとする者は、厚生労働省令で定めるところにより、次に掲げる病院若しくは診療所又は薬局のうち、自己の選定するものから、電子資格確認その他厚生労働省令で定める方法（以下「電子資格確認等」という。）により、被保険者であることの確認を受け、同項の給付を受けるものとする。

一　厚生労働大臣の指定を受けた病院若しくは診療所（第六十五条の規定により病床の全部又は一部を除いて指定を受けたときは、その除外された病床を除く。以下「保険医療機関」という。）又は薬局（以下「保険薬局」という。）

二　特定の保険者が管掌する被保険者に対して診療又は調剤を行う病院若しくは診療所又は薬局であって、当該保険者が指定したもの

三　健康保険組合である保険者が開設する病院若しくは診療所又は薬局

4　第二項第四号の申出は、厚生労働大臣が定めるところにより、厚生労働大臣に対し、当該申出に係る療養を行う医療法第四条の三に規定する臨床研究中核病院（保険医療機関であるものに限る。）の開設者の意見書その他必要な書類を添えて行うものとする。

5　厚生労働大臣は、第二項第四号の申出を受

けた場合は、当該申出について速やかに検討を加え、当該申出に係る療養が同号の評価を行うことが必要な療養と認められる場合には、当該療養を患者申出療養として定めるものとする。

6　厚生労働大臣は、前項の規定により第二項第四号の申出に係る療養を患者申出療養として定めることとした場合には、その旨を当該申出を行った者に速やかに通知するものとする。

7　厚生労働大臣は、第五項の規定により第二項第四号の申出について検討を加え、当該申出に係る療養を患者申出療養として定めないこととした場合には、理由を付して、その旨を当該申出を行った者に速やかに通知するものとする。

（保険医又は保険薬剤師）

第六十四条　保険医療機関において健康保険の診療に従事する医師若しくは歯科医師又は保険薬局において健康保険の調剤に従事する薬剤師は、厚生労働大臣の登録を受けた医師若しくは歯科医師（以下「保険医」と総称する。）又は薬剤師（以下「保険薬剤師」という。）でなければならない。

（一部負担金）

第七十四条　第六十三条第三項の規定により保険医療機関又は保険薬局から療養の給付を受ける者は、その給付を受ける際、次の各号に掲げる場合の区分に応じ、当該給付につき第七十六条第二項又は第三項の規定により算定した額に当該各号に定める割合を乗じて得た額を、一部負担金として、当該保険医療機関又は保険薬局に支払わなければならない。

一　七十歳に達する日の属する月以前である場合　百分の三十

二　七十歳に達する日の属する月の翌月以後である場合（次号に掲げる場合を除く。）　百分の二十

三　七十歳に達する日の属する月の翌月以後である場合であって、政令で定めるところにより算定した報酬の額が政令で定める額以上であるとき　百分の三十

2　保険医療機関又は保険薬局は、前項の一部負担金（第七十五条の二第一項第一号の措置が採られたときは、当該減額された一部負担金）の支払を受けるべきものとし、保険医療機関又は保険薬局が善良な管理者と同一の注意をもってその支払を受けることに努めたにもかかわらず、なお療養の給付を受けた者が当該一部負担金の全部又は一部を支払わないときは、保険者は、当該保険医療機関又は保険薬局の請求に基づき、この法律の規定による徴収金の例によりこれを処分することができる。

（療養の給付に関する費用）

第七十六条　保険者は、療養の給付に関する費用を保険医療機関又は保険薬局に支払うものとし、保険医療機関又は保険薬局が療養の給付に関し保険者に請求することができる費用の額は、療養の給付に要する費用の額から、当該療養の給付に関し被保険者が当該保険医療機関又は保険薬局に対して支払わなければならない一部負担金に相当する額を控除した額とする。

2　前項の療養の給付に要する費用の額は、厚生労働大臣が定めるところにより、算定するものとする。

3　保険者は、厚生労働大臣の認可を受けて、当該保険医療機関又は保険薬局との契約により、当該保険医療機関又は保険薬局において行われる療養の給付に関する第一項の療養の給付に要する費用の額につき、前項の規定により算定される額の範囲内において、別段の定めをすることができる。

4　保険者は、保険医療機関又は保険薬局から療養の給付に関する費用の請求があったときは、第七十条第一項及び第七十二条第一項の厚生労働省令並びに前二項の定めに照らして審査の上、支払うものとする。

5　保険者は、前項の規定による審査及び支払に関する事務を社会保険診療報酬支払基金法（昭和二十三年法律第百二十九号）による社会保険診療報酬支払基金（以下「基金」という。）又は国民健康保険法第四十五条第五項に規定する国民健康保険団体連合会（以下「国保連合会」という。）に委託することができる。

6　前各項に定めるもののほか、保険医療機関又は保険薬局の療養の給付に関する費用の請求に関して必要な事項は、厚生労働省令で定める。

（保険医療機関等の指定の辞退又は保険医等の登録の抹消）

第七十九条　保険医療機関又は保険薬局は、一月以上の予告期間を設けて、その指定を辞退することができる。

2　保険医又は保険薬剤師は、一月以上の予告期間を設けて、その登録の抹消を求めることができる。

（保険医療機関又は保険薬局の指定の取消し）

第八十条 厚生労働大臣は、次の各号のいずれかに該当する場合においては、当該保険医療機関又は保険薬局に係る第六十三条第三項第一号の指定を取り消すことができる。

一 保険医療機関において診療に従事する保険医又は保険医療機関において調剤に従事する保険薬剤師が、第七十二条第一項（第八十五条第九項、第八十五条の二第五項、第八十六条第四項、第百十条第七項及び第百四十九条において準用する場合を含む。）の規定に違反したとき（当該違反を防止するため、当該保険医療機関又は保険薬局が相当の注意及び監督を尽くしたときを除く。）。

二 前号のほか、保険医療機関又は保険薬局が、第七十条第一項（第八十五条第九項、第八十五条の二第五項、第八十六条第四項、第百十条第七項及び第百四十九条において準用する場合を含む。）の規定に違反したとき。

三 療養の給付に関する費用の請求又は第八十五条第五項（第八十五条の二第五項及び第八十六条第四項において準用する場合を含む。）若しくは第百十条第四項（これらの規定を第百四十九条において準用する場合を含む。）の規定による支払に関する請求について不正があったとき。

四 保険医療機関又は保険薬局が、第七十八条第一項（第八十五条第九項、第八十五条の二第五項、第八十六条第四項、第百十条第七項及び第百四十九条において準用する場合を含む。次号において同じ。）の規定により報告若しくは診療録その他の帳簿書類の提出若しくは提示を命ぜられてこれに従わず、又は虚偽の報告をしたとき。

五 保険医療機関又は保険薬局の開設者又は従業者が、第七十八条第一項の規定により出頭を求められてこれに応ぜず、同項の規定による質問に対して答弁せず、若しくは虚偽の答弁をし、又は同項の規定による検査を拒み、妨げ、若しくは忌避したとき（当該保険医療機関又は保険薬局の従業者がその行為をした場合において、その行為を防止するため、当該保険医療機関又は保険薬局が相当の注意及び監督を尽くしたときを除く。）。

六 この法律以外の医療保険各法による療養の給付若しくは被保険者若しくは被扶養者の療養又は高齢者の医療の確保に関する法律による療養の給付、入院時食事療養費に係る療養、入院時生活療養費に係る療養若しくは保険外併用療養費に係る療養に関し、前各号のいずれかに相当する事由があったとき。

七 保険医療機関又は保険薬局の開設者又は管理者が、この法律その他国民の保健医療に関する法律で政令で定めるものの規定により罰金の刑に処せられ、その執行を終わり、又は執行を受けることがなくなるまでの者に該当するに至ったとき。

八 保険医療機関又は保険薬局の開設者又は管理者が、禁錮以上の刑に処せられ、その執行を終わり、又は執行を受けることがなくなるまでの者に該当するに至ったとき。

九 前各号に掲げる場合のほか、保険医療機関又は保険薬局の開設者が、この法律その他国民の保健医療に関する法律で政令で定めるもの又はこれらの法律に基づく命令若しくは処分に違反したとき。

（保険医又は保険薬剤師の登録の取消し）

第八十一条 厚生労働大臣は、次の各号のいずれかに該当する場合においては、当該保険医又は保険薬剤師に係る第六十四条の登録を取り消すことができる。

一 保険医又は保険薬剤師が、第七十二条第一項（第八十五条第九項、第八十五条の二第五項、第八十六条第四項、第百十条第七項及び第百四十九条において準用する場合を含む。）の規定に違反したとき。

二 保険医又は保険薬剤師が、第七十八条第一項（第八十五条第九項、第八十五条の二第五項、第八十六条第四項、第百十条第七項及び第百四十九条において準用する場合を含む。以下この号において同じ。）の規定により出頭を求められてこれに応ぜず、第七十八条第一項の規定による質問に対して答弁せず、若しくは虚偽の答弁をし、又は同項の規定による検査を拒み、妨げ、若しくは忌避したとき。

三 この法律以外の医療保険各法又は高齢者の医療の確保に関する法律による診療又は調剤に関し、前二号のいずれかに相当する事由があったとき。

四 保険医又は保険薬剤師が、この法律その他国民の保健医療に関する法律で政令で定めるものの規定により罰金の刑に処せられ、その執行を終わり、又は執行を受けることがなくなるまでの者に該当するに至ったとき。

五　保険医又は保険薬剤師が、禁錮以上の刑に処せられ、その執行を終わり、又は執行を受けることがなくなるまでの者に該当するに至ったとき。

六　前各号に掲げる場合のほか、保険医又は保険薬剤師が、この法律その他国民の保健医療に関する法律で政令で定めるもの又はこれらの法律に基づく命令若しくは処分に違反したとき。

（**入院時食事療養費**）

第八十五条　被保険者（特定長期入院被保険者を除く。）が、厚生労働省令で定めるところにより、第六十三条第三項各号に掲げる病院又は診療所のうち自己の選定するものから、電子資格確認等により、被保険者であることの確認を受け、同条第一項第五号に掲げる療養の給付と併せて受けた食事療養に要した費用について、入院時食事療養費を支給する。

2　入院時食事療養費の額は、当該食事療養につき食事療養に要する平均的な費用の額を勘案して厚生労働大臣が定める基準により算定した費用の額（その額が現に当該食事療養に要した費用の額を超えるときは、当該現に食事療養に要した費用の額）から、平均的な家計における食費の状況及び特定介護保険施設等（介護保険法第五十一条の三第一項に規定する特定介護保険施設等をいう。）における食事の提供に要する平均的な費用の額を勘案して厚生労働大臣が定める額（所得の状況その他の事情をしん酌して厚生労働省令で定める者については、別に定める額。以下「食事療養標準負担額」という。）を控除した額とする。

3　厚生労働大臣は、前項の基準を定めようとするときは、中央社会保険医療協議会に諮問するものとする。

4　厚生労働大臣は、食事療養標準負担額を定めた後に勘案又はしん酌すべき事項に係る事情が著しく変動したときは、速やかにその額を改定しなければならない。

5　被保険者（特定長期入院被保険者を除く。以下この条において同じ。）が第六十三条第三項第一号又は第二号に掲げる病院又は診療所から食事療養を受けたときは、保険者は、その被保険者が当該病院又は診療所に支払うべき食事療養に要した費用について、入院時食事療養費として被保険者に対し支給すべき額の限度において、被保険者に代わり、当該病院又は診療所に支払うことができる。

6　前項の規定による支払があったときは、被保険者に対し入院時食事療養費の支給があったものとみなす。

7　被保険者が第六十三条第三項第三号に掲げる病院又は診療所から食事療養を受けた場合において、保険者がその被保険者の支払うべき食事療養に要した費用のうち入院時食事療養費として被保険者に支給すべき額に相当する額の支払を免除したときは、入院時食事療養費の支給があったものとみなす。

8　第六十三条第三項各号に掲げる病院又は診療所は、食事療養に要した費用につき、その支払を受ける際、当該支払をした被保険者に対し、厚生労働省令で定めるところにより、領収証を交付しなければならない。

9　第六十四条、第七十条第一項、第七十二条第一項、第七十三条、第七十六条第三項から第六項まで、第七十八条及び前条第一項の規定は、第六十三条第三項各号に掲げる病院又は診療所から受けた食事療養及びこれに伴う入院時食事療養費の支給について準用する。

（**入院時生活療養費**）

第八十五条の二　特定長期入院被保険者が、厚生労働省令で定めるところにより、第六十三条第三項各号に掲げる病院又は診療所のうち自己の選定するものから、電子資格確認等により、被保険者であることの確認を受け、同条第一項第五号に掲げる療養の給付と併せて受けた生活療養に要した費用について、入院時生活療養費を支給する。

2　入院時生活療養費の額は、当該生活療養につき生活療養に要する平均的な費用の額を勘案して厚生労働大臣が定める基準により算定した費用の額（その額が現に当該生活療養に要した費用の額を超えるときは、当該現に生活療養に要した費用の額）から、平均的な家計における食費及び光熱水費の状況並びに病院及び診療所における生活療養に要する費用について介護保険法第五十一条の三第二項第一号に規定する食費の基準費用額及び同項第二号に規定する居住費の基準費用額に相当する費用の額を勘案して厚生労働大臣が定める額（所得の状況、病状の程度、治療の内容その他の事情をしん酌して厚生労働省令で定める者については、別に定める額。以下「生活療養標準負担額」という。）を控除した額とする。

3　厚生労働大臣は、前項の基準を定めようとするときは、中央社会保険医療協議会に諮問するものとする。

4　厚生労働大臣は、生活療養標準負担額を定めた後に勘案又はしん酌すべき事項に係る事情が著しく変動したときは、速やかにその額を改定しなければならない。

5　第六十四条、第七十条第一項、第七十二条第一項、第七十三条、第七十六条第三項から第六項まで、第七十八条、第八十四条第一項及び前条第五項から第八項までの規定は、第六十三条第三項各号に掲げる病院又は診療所から受けた生活療養及びこれに伴う入院時生活療養費の支給について準用する。

（保険外併用療養費）

第八十六条　被保険者が、厚生労働省令で定めるところにより、保険医療機関等のうち自己の選定するものから、電子資格確認等により、被保険者であることの確認を受け、評価療養、患者申出療養又は選定療養を受けたときは、その療養に要した費用について、保険外併用療養費を支給する。

2　保険外併用療養費の額は、第一号に掲げる額（当該療養に食事療養が含まれるときは当該額及び第二号に掲げる額の合算額、当該療養に生活療養が含まれるときは当該額及び第三号に掲げる額の合算額）とする。

一　当該療養（食事療養及び生活療養を除く。）につき第七十六条第二項の定めを勘案して厚生労働大臣が定めるところにより算定した費用の額（その額が現に当該療養に要した費用の額を超えるときは、当該現に療養に要した費用の額）から、その額に第七十四条第一項各号に掲げる場合の区分に応じ、同項各号に定める割合を乗じて得た額（療養の給付に係る同項の一部負担金について第七十五条の二第一項各号の措置が採られるべきときは、当該措置が採られたものとした場合の額）を控除した額

二　当該食事療養につき第八十五条第二項に規定する厚生労働大臣が定める基準により算定した費用の額（その額が現に当該食事療養に要した費用の額を超えるときは、当該現に食事療養に要した費用の額）から食事療養標準負担額を控除した額

三　当該生活療養につき前条第二項に規定する厚生労働大臣が定める基準により算定した費用の額（その額が現に当該生活療養に要した費用の額を超えるときは、当該現に生活療養に要した費用の額）から生活療養標準負担額を控除した額

3　厚生労働大臣は、前項第一号の定めをしようとするときは、中央社会保険医療協議会に諮問するものとする。

4　第六十四条、第七十条第一項、第七十二条第一項、第七十三条、第七十六条第三項から第六項まで、第七十七条、第七十八条、第八十四条第一項及び第八十五条第五項から第八項までの規定は、保険医療機関等から受けた評価療養、患者申出療養及び選定療養並びにこれらに伴う保険外併用療養費の支給について準用する。

5　第七十五条の規定は、前項の規定により準用する第八十五条第五項の場合において第二項の規定により算定した費用の額（その額が現に療養に要した費用の額を超えるときは、当該現に療養に要した費用の額）から当該療養に要した費用について保険外併用療養費として支給される額に相当する額を控除した額の支払について準用する。

（療養費）

第八十七条　保険者は、療養の給付若しくは入院時食事療養費、入院時生活療養費若しくは保険外併用療養費の支給（以下この項において「療養の給付等」という。）を行うことが困難であると認めるとき、又は被保険者が保険医療機関等以外の病院、診療所、薬局その他の者から診療、薬剤の支給若しくは手当を受けた場合において、保険者がやむを得ないものと認めるときは、療養の給付等に代えて、療養費を支給することができる。

2　療養費の額は、当該療養（食事療養及び生活療養を除く。）について算定した費用の額から、その額に第七十四条第一項各号に掲げる場合の区分に応じ、同項各号に定める割合を乗じて得た額を控除した額及び当該食事療養又は生活療養について算定した費用の額から食事療養標準負担額又は生活療養標準負担額を控除した額を基準として、保険者が定める。

3　前項の費用の額の算定については、療養の給付を受けるべき場合においては第七十六条第二項の費用の額の算定、入院時食事療養費の支給を受けるべき場合においては第八十五条第二項の費用の額の算定、入院時生活療養費の支給を受けるべき場合においては第八十五条の二第二項の費用の額の算定、保険外併用療養費の支給を受けるべき場合においては前条第二項の費用の額の算定の例による。ただし、その額は、現に療養に要した費用の額を超えることができない。

第二款　訪問看護療養費の支給

（**訪問看護療養費**）

第八十八条　被保険者が、厚生労働大臣が指定する者（以下「指定訪問看護事業者」という。）から当該指定に係る訪問看護事業（疾病又は負傷により、居宅において継続して療養を受ける状態にある者（主治の医師がその治療の必要の程度につき厚生労働省令で定める基準に適合していると認めたものに限る。）に対し、その者の居宅において看護師その他厚生労働省令で定める者が行う療養上の世話又は必要な診療の補助（保険医療機関等又は介護保険法第八条第二十八項に規定する介護老人保健施設若しくは同条第二十九項に規定する介護医療院によるものを除く。以下「訪問看護」という。）を行う事業をいう。）を行う事業所により行われる訪問看護（以下「指定訪問看護」という。）を受けたときは、その指定訪問看護に要した費用について、訪問看護療養費を支給する。

2　前項の訪問看護療養費は、厚生労働省令で定めるところにより、保険者が必要と認める場合に限り、支給するものとする。

3　指定訪問看護を受けようとする者は、厚生労働省令で定めるところにより、自己の選定する指定訪問看護事業者から、電子資格確認等により、被保険者であることの確認を受け、当該指定訪問看護を受けるものとする。

4　訪問看護療養費の額は、当該指定訪問看護につき指定訪問看護に要する平均的な費用の額を勘案して厚生労働大臣が定めるところにより算定した費用の額から、その額に第七十四条第一項各号に掲げる場合の区分に応じ、同項各号に定める割合を乗じて得た額（療養の給付に係る同項の一部負担金について第七十五条の二第一項各号の措置が採られるべきときは、当該措置が採られたものとした場合の額）を控除した額とする。

5　厚生労働大臣は、前項の定めをしようとするときは、中央社会保険医療協議会に諮問するものとする。

6　被保険者が指定訪問看護事業者から指定訪問看護を受けたときは、保険者は、その被保険者が当該指定訪問看護事業者に支払うべき当該指定訪問看護に要した費用について、訪問看護療養費として被保険者に対し支給すべき額の限度において、被保険者に代わり、当該指定訪問看護事業者に支払うことができる。

7　前項の規定による支払があったときは、被保険者に対し訪問看護療養費の支給があったものとみなす。

8　第七十五条の規定は、第六項の場合において第四項の規定により算定した費用の額から当該指定訪問看護に要した費用について訪問看護療養費として支給される額に相当する額を控除した額の支払について準用する。

9　指定訪問看護事業者は、指定訪問看護に要した費用につき、その支払を受ける際、当該支払をした被保険者に対し、厚生労働省令で定めるところにより、領収証を交付しなければならない。

10　保険者は、指定訪問看護事業者から訪問看護療養費の請求があったときは、第四項の定め及び第九十二条第二項に規定する指定訪問看護の事業の運営に関する基準（指定訪問看護の取扱いに関する部分に限る。）に照らして審査の上、支払うものとする。

11　保険者は、前項の規定による審査及び支払に関する事務を基金又は国保連合会に委託することができる。

12　指定訪問看護は、第六十三条第一項各号に掲げる療養に含まれないものとする。

13　前各項に定めるもののほか、指定訪問看護事業者の訪問看護療養費の請求に関して必要な事項は、厚生労働省令で定める。

第三款　移送費の支給

第九十七条　被保険者が療養の給付（保険外併用療養費に係る療養を含む。）を受けるため、病院又は診療所に移送されたときは、移送費として、厚生労働省令で定めるところにより算定した金額を支給する。

2　前項の移送費は、厚生労働省令で定めるところにより、保険者が必要であると認める場合に限り、支給するものとする。

第三節　傷病手当金、埋葬料、出産育児一時金及び出産手当金の支給

（**傷病手当金**）

第九十九条　被保険者（任意継続被保険者を除く。第百二条第一項において同じ。）が療養のため労務に服することができないときは、その労務に服することができなくなった日から起算して三日を経過した日から労務に服することができない期間、傷病手当金を支給する。

2　傷病手当金の額は、一日につき、傷病手当金の支給を始める日の属する月以前の直近の継続した十二月間の各月の標準報酬月額（被保険者が現に属する保険者等により定められたものに限る。以下この項において同じ。）を平均した額の三十分の一に相当する額（その額に、五円未満の端数があるときは、これを切り捨て、五円以上十円未満の端数があるときは、これを十円に切り上げるものとする。）の三分の二に相当する金額（その金額に、五十銭未満の端数があるときは、これを切り捨て、五十銭以上一円未満の端数があるときは、これを一円に切り上げるものとする。）とする。ただし、同日の属する月以前の直近の継続した期間において標準報酬月額が定められている月が十二月に満たない場合にあっては、次の各号に掲げる額のうちいずれか少ない額の三分の二に相当する金額（その金額に、五十銭未満の端数があるときは、これを切り捨て、五十銭以上一円未満の端数があるときは、これを一円に切り上げるものとする。）とする。

一　傷病手当金の支給を始める日の属する月以前の直近の継続した各月の標準報酬月額を平均した額の三十分の一に相当する額（その額に、五円未満の端数があるときは、これを切り捨て、五円以上十円未満の端数があるときは、これを十円に切り上げるものとする。）

二　傷病手当金の支給を始める日の属する年度の前年度の九月三十日における全被保険者の同月の標準報酬月額を平均した額を標準報酬月額の基礎となる報酬月額とみなしたときの標準報酬月額の三十分の一に相当する額（その額に、五円未満の端数があるときは、これを切り捨て、五円以上十円未満の端数があるときは、これを十円に切り上げるものとする。）

3　前項に規定するもののほか、傷病手当金の額の算定に関して必要な事項は、厚生労働省令で定める。

4　傷病手当金の支給期間は、同一の疾病又は負傷及びこれにより発した疾病に関しては、その支給を始めた日から通算して一年六月間とする。

（**埋葬料**）

第百条　被保険者が死亡したときは、その者により生計を維持していた者であって、埋葬を行うものに対し、埋葬料として、政令で定める金額を支給する。

2　前項の規定により埋葬料の支給を受けるべき者がない場合においては、埋葬を行った者に対し、同項の金額の範囲内においてその埋葬に要した費用に相当する金額を支給する。

（**出産育児一時金**）

第百一条　被保険者が出産したときは、出産育児一時金として、政令で定める金額を支給する。

（**出産手当金**）

第百二条　被保険者が出産したときは、出産の日（出産の日が出産の予定日後であるときは、出産の予定日）以前四十二日（多胎妊娠の場合においては、九十八日）から出産の日後五十六日までの間において労務に服さなかった期間、出産手当金を支給する。

2　第九十九条第二項及び第三項の規定は、出産手当金の支給について準用する。

（**出産手当金と傷病手当金との調整**）

第百三条　出産手当金を支給する場合（第百八条第三項又は第四項に該当するときを除く。）においては、その期間、傷病手当金は、支給しない。ただし、その受けることができる出産手当金の額（同条第二項ただし書の場合においては、同項ただし書に規定する報酬の額と同項ただし書の規定により算定される出産手当金の額との合算額）が、第九十九条第二項の規定により算定される額より少ないときは、その差額を支給する。

2　出産手当金を支給すべき場合において傷病手当金が支払われたときは、その支払われた傷病手当金（前項ただし書の規定により支払われたものを除く。）は、出産手当金の内払とみなす。

第四節　家族療養費、家族訪問看護療養費、家族移送費、家族埋葬料及び家族出産育児一時金の支給

（**家族療養費**）

第百十条　被保険者の被扶養者が保険医療機関等のうち自己の選定するものから療養を受けたときは、被保険者に対し、その療養に要した費用について、家族療養費を支給する。

2　家族療養費の額は、第一号に掲げる額（当該療養に食事療養が含まれるときは当該額及び第二号に掲げる額の合算額、当該療養に生活療養が含まれるときは当該額及び第三号に掲げる額の合算額）とする。

一　当該療養（食事療養及び生活療養を除

く。）につき算定した費用の額（その額が現に当該療養に要した費用の額を超えるときは、当該現に療養に要した費用の額）に次のイからニまでに掲げる場合の区分に応じ、当該イからニまでに定める割合を乗じて得た額

イ　被扶養者が六歳に達する日以後の最初の三月三十一日の翌日以後であって七十歳に達する日の属する月以前である場合　百分の七十

ロ　被扶養者が六歳に達する日以後の最初の三月三十一日以前である場合　百分の八十

ハ　被扶養者（ニに規定する被扶養者を除く。）が七十歳に達する日の属する月の翌月以後である場合　百分の八十

ニ　第七十四条第一項第三号に掲げる場合に該当する被保険者その他政令で定める被保険者の被扶養者が七十歳に達する日の属する月の翌月以後である場合　百分の七十

二　当該食事療養につき算定した費用の額（その額が現に当該食事療養に要した費用の額を超えるときは、当該現に食事療養に要した費用の額）から食事療養標準負担額を控除した額

三　当該生活療養につき算定した費用の額（その額が現に当該生活療養に要した費用の額を超えるときは、当該現に生活療養に要した費用の額）から生活療養標準負担額を控除した額

3　前項第一号の療養についての費用の額の算定に関しては、保険医療機関等から療養（評価療養、患者申出療養及び選定療養を除く。）を受ける場合にあっては第七十六条第二項の費用の額の算定、保険医療機関等から評価療養、患者申出療養又は選定療養を受ける場合にあっては第八十六条第二項第一号の費用の額の算定、前項第二号の食事療養についての費用の額の算定に関しては、第八十五条第二項の費用の額の算定、前項第三号の生活療養についての費用の額の算定に関しては、第八十五条の二第二項の費用の額の算定の例による。

4　被扶養者が第六十三条第三項第一号又は第二号に掲げる病院若しくは診療所又は薬局から療養を受けたときは、保険者は、その被扶養者が当該病院若しくは診療所又は薬局に支払うべき療養に要した費用について、家族療養費として被保険者に対し支給すべき額の限度において、被保険者に代わり、当該病院若しくは診療所又は薬局に支払うことができる。

5　前項の規定による支払があったときは、被保険者に対し家族療養費の支給があったものとみなす。

6　被扶養者が第六十三条第三項第三号に掲げる病院若しくは診療所又は薬局から療養を受けた場合において、保険者がその被扶養者の支払うべき療養に要した費用のうち家族療養費として被保険者に支給すべき額に相当する額の支払を免除したときは、被保険者に対し家族療養費の支給があったものとみなす。

7　第六十三条、第六十四条、第七十条第一項、第七十二条第一項、第七十三条、第七十六条第三項から第六項まで、第七十八条、第八十四条第一項、第八十五条第八項、第八十七条及び第九十八条の規定は、家族療養費の支給及び被扶養者の療養について準用する。

8　第七十五条の規定は、第四項の場合において療養につき第三項の規定により算定した費用の額（その額が現に療養に要した費用の額を超えるときは、当該現に療養に要した費用の額）から当該療養に要した費用について家族療養費として支給される額に相当する額を控除した額の支払について準用する。

（家族訪問看護療養費）

第百十一条　被保険者の被扶養者が指定訪問看護事業者から指定訪問看護を受けたときは、被保険者に対し、その指定訪問看護に要した費用について、家族訪問看護療養費を支給する。

2　家族訪問看護療養費の額は、当該指定訪問看護につき第八十八条第四項の厚生労働大臣の定めの例により算定した費用の額に第百十条第二項第一号イからニまでに掲げる場合の区分に応じ、同号イからニまでに定める割合を乗じて得た額（家族療養費の支給について前条第一項又は第二項の規定が適用されるべきときは、当該規定が適用されたものとした場合の額）とする。

3　第八十八条第二項、第三項、第六項から第十一項まで及び第十三項、第九十条第一項、第九十一条、第九十二条第二項及び第三項、第九十四条並びに第九十八条の規定は、家族訪問看護療養費の支給及び被扶養者の指定訪問看護について準用する。

（家族移送費）

第百十二条　被保険者の被扶養者が家族療養費

に係る療養を受けるため、病院又は診療所に移送されたときは、家族移送費として、被保険者に対し、第九十七条第一項の厚生労働省令で定めるところにより算定した金額を支給する。

2　第九十七条第二項及び第九十八条の規定は、家族移送費の支給について準用する。

（家族埋葬料）

第百十三条　被保険者の被扶養者が死亡したときは、家族埋葬料として、被保険者に対し、第百条第一項の政令で定める金額を支給する。

（家族出産育児一時金）

第百十四条　被保険者の被扶養者が出産したときは、家族出産育児一時金として、被保険者に対し、第百一条の政令で定める金額を支給する。

第五節　高額療養費及び高額介護合算療養費の支給

（高額療養費）

第百十五条　療養の給付について支払われた一部負担金の額又は療養（食事療養及び生活療養を除く。次項において同じ。）に要した費用の額からその療養に要した費用につき保険外併用療養費、療養費、訪問看護療養費、家族療養費若しくは家族訪問看護療養費として支給される額に相当する額を控除した額（次条第一項において「一部負担金等の額」という。）が著しく高額であるときは、その療養の給付又はその保険外併用療養費、療養費、訪問看護療養費、家族療養費若しくは家族訪問看護療養費の支給を受けた者に対し、高額療養費を支給する。

2　高額療養費の支給要件、支給額その他高額療養費の支給に関して必要な事項は、療養に必要な費用の負担の家計に与える影響及び療養に要した費用の額を考慮して、政令で定める。

（高額介護合算療養費）

第百十五条の二　一部負担金等の額（前条第一項の高額療養費が支給される場合にあっては、当該支給額に相当する額を控除して得た額）並びに介護保険法第五十一条第一項に規定する介護サービス利用者負担額（同項の高額介護サービス費が支給される場合にあっては、当該支給額を控除して得た額）及び同法第六十一条第一項に規定する介護予防サービス利用者負担額（同項の高額介護予防サービス費が支給される場合にあっては、当該支給額を控除して得た額）の合計額が著しく高額であるときは、当該一部負担金等の額に係る療養の給付又は保険外併用療養費、療養費、訪問看護療養費、家族療養費若しくは家族訪問看護療養費の支給を受けた者に対し、高額介護合算療養費を支給する。

2　前条第二項の規定は、高額介護合算療養費の支給について準用する。

第六節　保険給付の制限

第百十七条　被保険者が闘争、泥酔又は著しい不行跡によって給付事由を生じさせたときは、当該給付事由に係る保険給付は、その全部又は一部を行わないことができる。

第五章　日雇特例被保険者に関する特例

第六章　保健事業及び福祉事業

第七章　費用の負担

（国庫負担）

第百五十一条　国庫は、毎年度、予算の範囲内において、健康保険事業の事務（前期高齢者納付金等、後期高齢者支援金等及び第百七十三条の規定による拠出金、介護納付金並びに感染症の予防及び感染症の患者に対する医療に関する法律の規定による流行初期医療確保拠出金（第百五十三条及び第百五十四条第一項において「流行初期医療確保拠出金」という。）の納付に関する事務を含む。）の執行に要する費用を負担する。

第百五十二条　健康保険組合に対して交付する国庫負担金は、各健康保険組合における被保険者数を基準として、厚生労働大臣が算定する。

2　前項の国庫負担金については、概算払をすることができる。

（国庫補助）

第百五十三条　国庫は、第百五十一条に規定する費用のほか、協会が管掌する健康保険の事業の執行に要する費用のうち、被保険者に係る療養の給付並びに入院時食事療養費、入院時生活療養費、保険外併用療養費、療養費、訪問看護療養費、移送費、傷病手当金、出産手当金、家族療養費、家族訪問看護療養費、家族移送費、高額療養費及び高額介護合算療養費の支給に要する費用（療養の給付については、一部負担金に相当する額を控除するものとする。）の額（高齢者の医療の確保に関する法律第三十四条第一項各号の調整対象給付費見込額（第一号及び次条第一項において「調整対象給付費見込額」という。）の三分の一に相当する額を除く。）、同法の規定による前期高齢者納付金（以下「前期高齢者納付金」という。）の納付に要する費用の額に同号に掲げる額の第二号に掲げる額に対する割合を乗じて得た額並びに流行初期医療確保拠出金の納付に要する費用の額の合算額（同法の規定による前期高齢者交付金（以下「前期高齢者交付金」という。）がある場合には、当該合算額から当該前期高齢者交付金の額を基準として政令で定める額を控除した額）に千分の百三十から千分の二百までの範囲内において政令で定める割合を乗じて得た額を補助する。

一　調整対象給付費見込額の三分の二に相当する額に高齢者の医療の確保に関する法律第三十四条第七項に規定する概算加入者調整率を乗じて得た額から調整対象給付費見込額の三分の二に相当する額を控除した額（当該額が零を下回る場合には、零とする。）

二　高齢者の医療の確保に関する法律第三十八条第二項第一号イ及びロに掲げる額の合計額

（保険料）

第百五十五条　保険者等は、健康保険事業に要する費用（前期高齢者納付金等及び後期高齢者支援金等、介護納付金並びに流行初期医療確保拠出金等並びに健康保険組合においては、第百七十三条の規定による拠出金の納付に要する費用を含む。）に充てるため、保険料を徴収する。

2　前項の規定にかかわらず、協会が管掌する健康保険の任意継続被保険者に関する保険料は、協会が徴収する。

（保険料等の交付）

第百五十五条の二　政府は、協会が行う健康保険事業に要する費用に充てるため、協会に対し、政令で定めるところにより、厚生労働大臣が徴収した保険料その他この法律の規定による徴収金の額及び印紙をもつてする歳入金納付に関する法律（昭和二十三年法律第百四十二号）の規定による納付金に相当する額から厚生労働大臣が行う健康保険事業の事務の執行に要する費用に相当する額（第百五十一条の規定による当該費用に係る国庫負担金の額を除く。）を控除した額を交付する。

（被保険者の保険料額）

第百五十六条　被保険者に関する保険料額は、各月につき、次の各号に掲げる被保険者の区分に応じ、当該各号に定める額とする。

一　介護保険法第九条第二号に規定する被保険者（以下「介護保険第二号被保険者」という。）である被保険者　一般保険料額（各被保険者の標準報酬月額及び標準賞与額にそれぞれ一般保険料率（基本保険料率と特定保険料率とを合算した率をいう。以下同じ。）を乗じて得た額をいう。以下同じ。）と介護保険料額（各被保険者の標準報酬月額及び標準賞与額にそれぞれ介護保険料率を乗じて得た額をいう。以下同じ。）との合算額

二　介護保険第二号被保険者である被保険者以外の被保険者　一般保険料額

2　前項第一号の規定にかかわらず、介護保険第二号被保険者である被保険者が介護保険第二号被保険者に該当しなくなった場合においては、その月分の保険料額は、一般保険料額とする。ただし、その月に再び介護保険第二号被保険者となった場合その他政令で定める場合は、この限りでない。

3　前二項の規定にかかわらず、前月から引き続き被保険者である者がその資格を喪失した場合においては、その月分の保険料は、算定しない。

（任意継続被保険者の保険料）

第百五十七条　任意継続被保険者に関する保険料は、任意継続被保険者となった月から算定する。

2　前項の場合において、各月の保険料の算定方法は、前条の例による。

第百五十九条　育児休業等をしている被保険者（第百五十九条の三の規定の適用を受けている被保険者を除く。次項において同じ。）が使用される事業所の事業主が、厚生労働省令で定めるところにより保険者等に申出をしたときは、次の各号に掲げる場合の区分に応じ、当該各号に定める月の当該被保険者に関する保険料（その育児休業等の期間が一月以下である者については、標準報酬月額に係る保険料に限る。）は、徴収しない。

一　その育児休業等を開始した日の属する月とその育児休業等が終了する日の翌日が属する月とが異なる場合　その育児休業等を

開始した日の属する月からその育児休業等が終了する日の翌日が属する月の前月までの月

二　その育児休業等を開始した日の属する月とその育児休業等が終了する日の翌日が属する月とが同一であり、かつ、当該月における育児休業等の日数として厚生労働省令で定めるところにより計算した日数が十四日以上である場合　当該月

2　被保険者が連続する二以上の育児休業等をしている場合（これに準ずる場合として厚生労働省令で定める場合を含む。）における前項の規定の適用については、その全部を一の育児休業等とみなす。

第百五十九条の三　産前産後休業をしている被保険者が使用される事業所の事業主が、厚生労働省令で定めるところにより保険者等に申出をしたときは、その産前産後休業を開始した日の属する月からその産前産後休業が終了する日の翌日が属する月の前月までの期間、当該被保険者に関する保険料を徴収しない。

（保険料率）

第百六十条　協会が管掌する健康保険の被保険者に関する一般保険料率は、千分の三十から千分の百三十までの範囲内において、支部被保険者（各支部の都道府県に所在する適用事業所に使用される被保険者及び当該都道府県の区域内に住所又は居所を有する任意継続被保険者をいう。以下同じ。）を単位として協会が決定するものとする。

2　前項の規定により支部被保険者を単位として決定する一般保険料率（以下「都道府県単位保険料率」という。）は、当該支部被保険者に適用する。

3　都道府県単位保険料率は、支部被保険者を単位として、次に掲げる額に照らし、毎事業年度において財政の均衡を保つことができるものとなるよう、政令で定めるところにより算定するものとする。

一　第五十二条第一号に掲げる療養の給付その他の厚生労働省令で定める保険給付（以下この項及び次項において「療養の給付等」という。）のうち、当該支部被保険者に係るものに要する費用の額（当該支部被保険者に係る療養の給付等に関する第百五十三条の規定による国庫補助の額を除く。）に次項の規定に基づく調整を行うことにより得られると見込まれる額

二　保険給付（支部被保険者に係る療養の給付等を除く。）、前期高齢者納付金等及び後期高齢者支援金等並びに流行初期医療確保拠出金等に要する費用の予想額（第百五十二条の二に規定する出産育児交付金の額、第百五十三条及び第百五十四条の規定による国庫補助の額（前号の国庫補助の額を除く。）並びに第百七十三条の規定による拠出金の額を除く。）に総報酬按分率（当該都道府県の支部被保険者の総報酬額（標準報酬月額及び標準賞与額の合計額をいう。以下同じ。）の総額を協会が管掌する健康保険の被保険者の総報酬額の総額で除して得た率をいう。）を乗じて得た額

三　保健事業及び福祉事業に要する費用の額（第百五十四条の二の規定による国庫補助の額を除く。）並びに健康保険事業の事務の執行に要する費用及び次条の規定による準備金の積立ての予定額（第百五十一条の規定による国庫負担金の額を除く。）のうち当該支部被保険者が分担すべき額として協会が定める額

4　協会は、支部被保険者及びその被扶養者の年齢階級別の分布状況と協会が管掌する健康保険の被保険者及びその被扶養者の年齢階級別の分布状況との差異によって生ずる療養の給付等に要する費用の額の負担の不均衡並びに支部被保険者の総報酬額の平均額と協会が管掌する健康保険の被保険者の総報酬額の平均額との差異によって生ずる財政力の不均衡を是正するため、政令で定めるところにより、支部被保険者を単位とする健康保険の財政の調整を行うものとする。

5　協会は、二年ごとに、翌事業年度以降の五年間についての協会が管掌する健康保険の被保険者数及び総報酬額の見通し並びに保険給付に要する費用の額、保険料の額（各事業年度において財政の均衡を保つことができる保険料率の水準を含む。）その他の健康保険事業の収支の見通しを作成し、公表するものとする。

6　協会が都道府県単位保険料率を変更しようとするときは、あらかじめ、理事長が当該変更に係る都道府県に所在する支部の支部長の意見を聴いた上で、運営委員会の議を経なければならない。

7　支部長は、前項の意見を求められた場合のほか、都道府県単位保険料率の変更が必要と認める場合には、あらかじめ、当該支部に設けられた評議会の意見を聴いた上で、理事長に対し、当該都道府県単位保険料率の変更に

ついて意見の申出を行うものとする。

8　協会が都道府県単位保険料率を変更しようとするときは、理事長は、その変更について厚生労働大臣の認可を受けなければならない。

9　厚生労働大臣は、前項の認可をしたときは、遅滞なく、その旨を告示しなければならない。

10　厚生労働大臣は、都道府県単位保険料率が、当該都道府県における健康保険事業の収支の均衡を図る上で不適当であり、協会が管掌する健康保険の事業の健全な運営に支障があると認めるときは、協会に対し、相当の期間を定めて、当該都道府県単位保険料率の変更の認可を申請すべきことを命ずることができる。

11　厚生労働大臣は、協会が前項の期間内に同項の申請をしないときは、社会保障審議会の議を経て、当該都道府県単位保険料率を変更することができる。

12　第九項の規定は、前項の規定により行う都道府県単位保険料率の変更について準用する。

13　第一項及び第八項の規定は、健康保険組合が管掌する健康保険の一般保険料率について準用する。この場合において、第一項中「支部被保険者（各支部の都道府県に所在する適用事業所に使用される被保険者及び当該都道府県の区域内に住所又は居所を有する任意継続被保険者をいう。以下同じ。）を単位として協会が決定するものとする」とあるのは「決定するものとする」と、第八項中「都道府県単位保険料率」とあるのは「健康保険組合が管掌する健康保険の一般保険料率」と読み替えるものとする。

14　特定保険料率は、各年度において保険者が納付すべき前期高齢者納付金等の額及び後期高齢者支援金等の額並びに流行初期医療確保拠出金等の額（協会が管掌する健康保険及び日雇特例被保険者の保険においては、その額から第百五十三条及び第百五十四条の規定による国庫補助額を控除した額）の合算額（前期高齢者交付金がある場合には、これを控除した額）を当該年度における当該保険者が管掌する被保険者の総報酬額の総額の見込額で除して得た率を基準として、保険者が定める。

15　基本保険料率は、一般保険料率から特定保険料率を控除した率を基準として、保険者が定める。

16　介護保険料率は、各年度において保険者が納付すべき介護納付金（日雇特例被保険者に係るものを除く。）の額を当該年度における当該保険者が管掌する介護保険第二号被保険者である被保険者の総報酬額の総額の見込額で除して得た率を基準として、保険者が定める。

17　協会は、第十四項及び第十五項の規定により基本保険料率及び特定保険料率を定め、又は前項の規定により介護保険料率を定めたときは、遅滞なく、その旨を厚生労働大臣に通知しなければならない。

（**準備金**）

第百六十条の二　保険者は、政令で定めるところにより、健康保険事業に要する費用の支出に備えるため、毎事業年度末において、準備金を積み立てなければならない。

（**保険料の負担及び納付義務**）

第百六十一条　被保険者及び被保険者を使用する事業主は、それぞれ保険料額の二分の一を負担する。ただし、任意継続被保険者は、その全額を負担する。

2　事業主は、その使用する被保険者及び自己の負担する保険料を納付する義務を負う。

3　任意継続被保険者は、自己の負担する保険料を納付する義務を負う。

4　被保険者が同時に二以上の事業所に使用される場合における各事業主の負担すべき保険料の額及び保険料の納付義務については、政令で定めるところによる。

（**健康保険組合の保険料の負担割合の特例**）

第百六十二条　健康保険組合は、前条第一項の規定にかかわらず、規約で定めるところにより、事業主の負担すべき一般保険料額又は介護保険料額の負担の割合を増加することができる。

（**保険料の源泉控除**）

第百六十七条　事業主は、被保険者に対して通貨をもって報酬を支払う場合においては、被保険者の負担すべき前月の標準報酬月額に係る保険料（被保険者がその事業所に使用されなくなった場合においては、前月及びその月の標準報酬月額に係る保険料）を報酬から控除することができる。

2　事業主は、被保険者に対して通貨をもって賞与を支払う場合においては、被保険者の負担すべき標準賞与額に係る保険料に相当する額を当該賞与から控除することができる。

3　事業主は、前二項の規定によって保険料を控除したときは、保険料の控除に関する計算書を作成し、その控除額を被保険者に通知しなければならない。

第八章　健康保険組合連合会

第九章　不服申立て

（**審査請求及び再審査請求**）

第百八十九条　被保険者の資格、標準報酬又は保険給付に関する処分に不服がある者は、社会保険審査官に対して審査請求をし、その決定に不服がある者は、社会保険審査会に対して再審査請求をすることができる。

2　審査請求をした日から二月以内に決定がないときは、審査請求人は、社会保険審査官が審査請求を棄却したものとみなすことができる。

3　第一項の審査請求及び再審査請求は、時効の完成猶予及び更新に関しては、裁判上の請求とみなす。

4　被保険者の資格又は標準報酬に関する処分が確定したときは、その処分についての不服を当該処分に基づく保険給付に関する処分についての不服の理由とすることができない。

第百九十条　保険料等の賦課若しくは徴収の処分又は第百八十条の規定による処分に不服がある者は、社会保険審査会に対して審査請求をすることができる。

第十章　雑則

（**時効**）

第百九十三条　保険料等を徴収し、又はその還付を受ける権利及び保険給付を受ける権利は、これらを行使することができる時から二年を経過したときは、時効によって消滅する。

2　保険料等の納入の告知又は督促は、時効の更新の効力を有する。

（**共済組合に関する特例**）

第二百条　国に使用される被保険者、地方公共団体の事務所に使用される被保険者又は法人に使用される被保険者であって共済組合の組合員であるものに対しては、この法律による保険給付は、行わない。

2　共済組合の給付の種類及び程度は、この法律の給付の種類及び程度以上であることを要する。

第十一章　罰則

・刑法等の一部を改正する法律の施行に伴う関係法律の整理等に関する法律（令和四・六・一七法律六八）

附則　抄

（施行期日）

1　この法律は、刑法等一部改正法施行日から施行する。〈略〉

・全世代対応型の持続可能な社会保障制度を構築するための健康保険法等の一部を改正する法律（令和五・五・一九法律三一）

附則　抄

（施行期日）

第一条　この法律は、令和六年四月一日から施行する。ただし、次の各号に掲げる規定は、当該各号に定める日から施行する。

六　〈略〉公布の日から起算して四年を超えない範囲内において政令で定める日

厚生年金保険法（抄）

（昭和二九・五・一九 法律一一五）

最新改正　令和五法律五三

第一章　総則

（この法律の目的）

第一条　この法律は、労働者の老齢、障害又は死亡について保険給付を行い、労働者及びその遺族の生活の安定と福祉の向上に寄与することを目的とする。

（管掌）

第二条　厚生年金保険は、政府が、管掌する。

（年金額の改定）

第二条の二　この法律による年金たる保険給付の額は、国民の生活水準、賃金その他の諸事情に著しい変動が生じた場合には、変動後の諸事情に応ずるため、速やかに改定の措置が講ぜられなければならない。

（財政の均衡）

第二条の三　厚生年金保険事業の財政は、長期的にその均衡が保たれたものでなければならず、著しくその均衡を失すると見込まれる場合には、速やかに所要の措置が講ぜられなければならない。

（財政の現況及び見通しの作成）

第二条の四　政府は、少なくとも五年ごとに、保険料及び国庫負担の額並びにこの法律による保険給付に要する費用の額その他の厚生年金保険事業の財政に係る収支についてその現況及び財政均衡期間における見通し（以下「財政の現況及び見通し」という。）を作成しなければならない。

2　前項の財政均衡期間（第三十四条第一項及び第八十四条の六第三項第二号において「財政均衡期間」という。）は、財政の現況及び見通しが作成される年以降おおむね百年間とする。

3　政府は、第一項の規定により財政の現況及び見通しを作成したときは、遅滞なく、これを公表しなければならない。

（実施機関）

第二条の五　この法律における実施機関は、次の各号に掲げる事務の区分に応じ、当該各号に定める者とする。

一　次号から第四号までに規定する被保険者以外の厚生年金保険の被保険者（以下「第一号厚生年金被保険者」という。）の資格、第一号厚生年金被保険者に係る標準報酬（第二十八条に規定する標準報酬をいう。以下この項において同じ。）、事業所及び被保険者期間、第一号厚生年金被保険者であつた期間（以下「第一号厚生年金被保険者期間」という。）に基づくこの法律による保険給付、当該保険給付の受給権者、第一号厚生年金被保険者に係る国民年金法（昭和三十四年法律第百四十一号）第九十四条の二第一項の規定による基礎年金拠出金の負担、第一号厚生年金被保険者期間に係る保険料その他この法律の規定による徴収金並びに第一号厚生年金被保険者の保険料に係る運用に関する事務　厚生労働大臣

二　国家公務員共済組合の組合員たる厚生年金保険の被保険者（以下「第二号厚生年金被保険者」という。）の資格、第二号厚生年金被保険者に係る標準報酬、事業所及び被保険者期間、第二号厚生年金被保険者であつた期間（以下「第二号厚生年金被保険者期間」という。）に基づくこの法律による保険給付、当該保険給付の受給権者、第二号厚生年金被保険者に係る国民年金法第九十四条の二第二項の規定による基礎年金拠出金の納付及び第八十四条の五第一項の規定による拠出金の納付、第二号厚生年金被保険者期間に係る保険料その他この法律の規定による徴収金並びに第二号厚生年金被保険者の保険料に係る運用に関する事務　国家公務員共済組合及び国家公務員共済組合連合会

三　地方公務員共済組合の組合員たる厚生年金保険の被保険者（以下「第三号厚生年金被保険者」という。）の資格、第三号厚生年金被保険者に係る標準報酬、事業所及び被保険者期間、第三号厚生年金被保険者であつた期間（以下「第三号厚生年金被保険者期間」という。）に基づくこの法律による保険給付、当該保険給付の受給権者、第三号厚生年金被保険者に係る国民年金法第九十四条の二第二項の規定による基礎年金拠出金の納付及び第八十四条の五第一項の規定による拠出金の納付、第三号厚生年金被保険者期間に係る保険料その他この法律の規定による徴収金並びに第三号厚生年金被保険者の保険料に係る運用に関する事務　地方公務員共済組合、全国市町村職員共済組合連合会及び地方公務員共済組合連合会

四　私立学校教職員共済法（昭和二十八年法律第二百四十五号）の規定による私立学校教職員共済制度の加入者たる厚生年金保険の被保険者（以下「第四号厚生年金被保険者」という。）の資格、第四号厚生年金被保険者に係る標準報酬、事業所及び被保険者期間、第四号厚生年金被保険者であつた期間（以下「第四号厚生年金被保険者期間」という。）に基づくこの法律による保険給付、当該保険給付の受給権者、第四号厚生年金被保険者に係る国民年金法第九十四条の二第二項の規定による基礎年金拠出金の納付及び第八十四条の五第一項の規定による拠出金の納付、第四号厚生年金被保険者期間に係る保険料その他この法律の規定による徴収金並びに第四号厚生年金被保険者の保険料に係る運用に関する事務　日本私立学校振興・共済事業団

2　前項第二号又は第三号に掲げる事務のうち、第八十四条の三、第八十四条の五、第八十四条の六、第八十四条の八及び第八十四条の九の規定に係るものについては、国家公務員共済組合連合会又は地方公務員共済組合連合会が行い、その他の規定に係るものについては、政令で定めるところにより、同項第二号又は第三号に定める者のうち政令で定めるものが行う。

（**用語の定義**）

第三条　この法律において、次の各号に掲げる用語の意義は、それぞれ当該各号に定めるところによる。

一　保険料納付済期間　国民年金法第五条第一項に規定する保険料納付済期間をいう。

二　保険料免除期間　国民年金法第五条第二項に規定する保険料免除期間をいう。

三　報酬　賃金、給料、俸給、手当、賞与その他いかなる名称であるかを問わず、労働者が、労働の対償として受ける全てのものをいう。ただし、臨時に受けるもの及び三月を超える期間ごとに受けるものは、この限りでない。

四　賞与　賃金、給料、俸給、手当、賞与その他いかなる名称であるかを問わず、労働者が労働の対償として受ける全てのもののうち、三月を超える期間ごとに受けるものをいう。

2　この法律において、「配偶者」、「夫」及び「妻」には、婚姻の届出をしていないが、事実上婚姻関係と同様の事情にある者を含むものとする。

第二章　被保険者

第一節　資格

（**適用事業所**）

第六条　次の各号のいずれかに該当する事業所若しくは事務所（以下単に「事業所」という。）又は船舶を適用事業所とする。

一　次に掲げる事業の事業所又は事務所であつて、常時五人以上の従業員を使用するもの

イ　物の製造、加工、選別、包装、修理又は解体の事業

ロ　土木、建築その他工作物の建設、改造、保存、修理、変更、破壊、解体又はその準備の事業

ハ　鉱物の採掘又は採取の事業

ニ　電気又は動力の発生、伝導又は供給の事業

ホ　貨物又は旅客の運送の事業

ヘ　貨物積卸しの事業

ト　焼却、清掃又はと殺の事業

チ　物の販売又は配給の事業

リ　金融又は保険の事業

ヌ　物の保管又は賃貸の事業

ル　媒介周旋の事業

ヲ　集金、案内又は広告の事業

ワ　教育、研究又は調査の事業

カ　疾病の治療、助産その他医療の事業

ヨ　通信又は報道の事業

タ　社会福祉法（昭和二十六年法律第四十五号）に定める社会福祉事業及び更生保護事業法（平成七年法律第八十六号）に定める更生保護事業

レ　弁護士、公認会計士その他政令で定める者が法令の規定に基づき行うこととされている法律又は会計に係る業務を行う事業

二　前号に掲げるもののほか、国、地方公共団体又は法人の事業所又は事務所であつて、常時従業員を使用するもの

三　船員法（昭和二十二年法律第百号）第一条に規定する船員（以下単に「船員」という。）として船舶所有者（船員保険法（昭和十四年法律第七十三号）第三条に規定する場合にあつては、同条の規定により船舶所有者とされる者。以下単に「船舶所有者」という。）に使用される者が乗り組む船舶（第五十九条の二を除き、以下単に

「船舶」という。）

2　前項第三号に規定する船舶の船舶所有者は、適用事業所の事業主とみなす。

3　第一項の事業所以外の事業所の事業主は、厚生労働大臣の認可を受けて、当該事業所を適用事業所とすることができる。

4　前項の認可を受けようとするときは、当該事業所の事業主は、当該事業所に使用される者（第十二条に規定する者を除く。）の二分の一以上の同意を得て、厚生労働大臣に申請しなければならない。

第八条　第六条第三項の適用事業所の事業主は、厚生労働大臣の認可を受けて、当該事業所を適用事業所でなくすることができる。

2　前項の認可を受けようとするときは、当該事業所の事業主は、当該事業所に使用される者（第十二条に規定する者を除く。）の四分の三以上の同意を得て、厚生労働大臣に申請しなければならない。

（被保険者）

第九条　適用事業所に使用される七十歳未満の者は、厚生年金保険の被保険者とする。

第十条　適用事業所以外の事業所に使用される七十歳未満の者は、厚生労働大臣の認可を受けて、厚生年金保険の被保険者となることができる。

2　前項の認可を受けるには、その事業所の事業主の同意を得なければならない。

（適用除外）

第十二条　次の各号のいずれかに該当する者は、第九条及び第十条第一項の規定にかかわらず、厚生年金保険の被保険者としない。

一　臨時に使用される者（船舶所有者に使用される船員を除く。）であつて、次に掲げるもの。ただし、イに掲げる者にあつては一月を超え、ロに掲げる者にあつては定めた期間を超え、引き続き使用されるに至つた場合を除く。

イ　日々雇い入れられる者

ロ　二月以内の期間を定めて使用される者であつて、当該定めた期間を超えて使用されることが見込まれないもの

二　所在地が一定しない事業所に使用される者

三　季節的業務に使用される者（船舶所有者に使用される船員を除く。）。ただし、継続して四月を超えて使用されるべき場合は、この限りでない。

四　臨時的事業の事業所に使用される者。ただし、継続して六月を超えて使用されるべき場合は、この限りでない。

五　事業所に使用される者であつて、その一週間の所定労働時間が同一の事業所に使用される通常の労働者（当該事業所に使用される通常の労働者と同種の業務に従事する当該事業所に使用される者にあつては、厚生労働省令で定める場合を除き、当該者と同種の業務に従事する当該通常の労働者。以下この号において単に「通常の労働者」という。）の一週間の所定労働時間の四分の三未満である短時間労働者（一週間の所定労働時間が同一の事業所に使用される通常の労働者の一週間の所定労働時間に比し短い者をいう。以下この号において同じ。）又はその一月間の所定労働日数が同一の事業所に使用される通常の労働者の一月間の所定労働日数の四分の三未満である短時間労働者に該当し、かつ、イからハまでのいずれかの要件に該当するもの

イ　一週間の所定労働時間が二十時間未満であること。

ロ　報酬（最低賃金法（昭和三十四年法律第百三十七号）第四条第三項各号に掲げる賃金に相当するものとして厚生労働省令で定めるものを除く。）について、厚生労働省令で定めるところにより、第二十二条第一項の規定の例により算定した額が、八万八千円未満であること。

ハ　学校教育法（昭和二十二年法律第二十六号）第五十条に規定する高等学校の生徒、同法第八十三条に規定する大学の学生その他の厚生労働省令で定める者であること。

（資格取得の時期）

第十三条　第九条の規定による被保険者は、適用事業所に使用されるに至つた日若しくはその使用される事業所が適用事業所となつた日又は前条の規定に該当しなくなつた日に、被保険者の資格を取得する。

2　第十条第一項の規定による被保険者は、同項の認可があつた日に、被保険者の資格を取得する。

（資格喪失の時期）

第十四条　第九条又は第十条第一項の規定による被保険者は、次の各号のいずれかに該当するに至つた日の翌日（その事実があつた日に更に前条に該当するに至つたとき、又は第五号に該当するに至つたときは、その日）に、被保険者の資格を喪失する。

一　死亡したとき。
二　その事業所又は船舶に使用されなくなつたとき。
三　第八条第一項又は第十一条の認可があつたとき。
四　第十二条の規定に該当するに至つたとき。
五　七十歳に達したとき。

（**資格の得喪の確認**）
第十八条　被保険者の資格の取得及び喪失は、厚生労働大臣の確認によつて、その効力を生ずる。ただし、第十条第一項の規定による被保険者の資格の取得及び第十四条第三号に該当したことによる被保険者の資格の喪失は、この限りでない。
2　前項の確認は、第二十七条の規定による届出若しくは第三十一条第一項の規定による請求により、又は職権で行うものとする。
3　第一項の確認については、行政手続法（平成五年法律第八十八号）第三章（第十二条及び第十四条を除く。）の規定は、適用しない。
4　第二号厚生年金被保険者、第三号厚生年金被保険者及び第四号厚生年金被保険者の資格の取得及び喪失については、前三項の規定は、適用しない。

（**異なる被保険者の種別に係る資格の得喪**）
第十八条の二　第二号厚生年金被保険者、第三号厚生年金被保険者又は第四号厚生年金被保険者は、第十三条の規定にかかわらず、同時に、第一号厚生年金被保険者の資格を取得しない。
2　第一号厚生年金被保険者が同時に第二号厚生年金被保険者、第三号厚生年金被保険者又は第四号厚生年金被保険者の資格を有するに至つたときは、その日に、当該第一号厚生年金被保険者の資格を喪失する。

第二節　被保険者期間

第十九条　被保険者期間を計算する場合には、月によるものとし、被保険者の資格を取得した月からその資格を喪失した月の前月までをこれに算入する。
2　被保険者の資格を取得した月にその資格を喪失したときは、その月を一箇月として被保険者期間に算入する。ただし、その月に更に被保険者又は国民年金の被保険者（国民年金法第七条第一項第二号に規定する第二号被保険者を除く。）の資格を取得したときは、この限りでない。
3　被保険者の資格を喪失した後、更にその資格を取得した者については、前後の被保険者期間を合算する。
4　前三項の規定は、被保険者の種別ごとに適用する。
5　同一の月において被保険者の種別に変更があつたときは、前項の規定により適用するものとされた第二項の規定にかかわらず、その月は変更後の被保険者の種別の被保険者であつた月（二回以上にわたり被保険者の種別に変更があつたときは、最後の被保険者の種別の被保険者であつた月）とみなす。

第三節　標準報酬月額及び標準賞与額

（**標準報酬月額**）
第二十条　標準報酬月額は、被保険者の報酬月額に基づき、次の等級区分（次項の規定により等級区分の改定が行われたときは、改定後の等級区分）によつて定める。

標準報酬月額等級	標準報酬月額	報酬月額
第一級	八八、〇〇〇円	九三、〇〇〇円未満
第二級	九八、〇〇〇円	九三、〇〇〇円以上　一〇一、〇〇〇円未満
第三級	一〇四、〇〇〇円	一〇一、〇〇〇円以上　一〇七、〇〇〇円未満
第四級	一一〇、〇〇〇円	一〇七、〇〇〇円以上　一一四、〇〇〇円未満
第五級	一一八、〇〇〇円	一一四、〇〇〇円以上　一二二、〇〇〇円未満
第六級	一二六、〇〇〇円	一二二、〇〇〇円以上　一三〇、〇〇〇円未満
第七級	一三四、〇〇〇円	一三〇、〇〇〇円以上　一三八、〇〇〇円未満
第八級	一四二、〇〇〇円	一三八、〇〇〇円以上　一四六、〇〇〇円未満
第九級	一五〇、〇〇〇円	一四六、〇〇〇円以上　一五五、〇〇〇円未満
第一〇級	一六〇、〇〇〇円	一五五、〇〇〇円以上　一六五、〇〇〇円未満
第一一級	一七〇、〇〇〇円	一六五、〇〇〇円以上　一七五、〇〇〇円未満
第一二級	一八〇、〇〇〇円	一七五、〇〇〇円以上　一八五、〇〇〇円未満

等級	標準報酬月額	報酬月額
第一三級	一九〇、〇〇〇円	一八五、〇〇〇円以上 一九五、〇〇〇円未満
第一四級	二〇〇、〇〇〇円	一九五、〇〇〇円以上 二一〇、〇〇〇円未満
第一五級	二二〇、〇〇〇円	二一〇、〇〇〇円以上 二三〇、〇〇〇円未満
第一六級	二四〇、〇〇〇円	二三〇、〇〇〇円以上 二五〇、〇〇〇円未満
第一七級	二六〇、〇〇〇円	二五〇、〇〇〇円以上 二七〇、〇〇〇円未満
第一八級	二八〇、〇〇〇円	二七〇、〇〇〇円以上 二九〇、〇〇〇円未満
第一九級	三〇〇、〇〇〇円	二九〇、〇〇〇円以上 三一〇、〇〇〇円未満
第二〇級	三二〇、〇〇〇円	三一〇、〇〇〇円以上 三三〇、〇〇〇円未満
第二一級	三四〇、〇〇〇円	三三〇、〇〇〇円以上 三五〇、〇〇〇円未満
第二二級	三六〇、〇〇〇円	三五〇、〇〇〇円以上 三七〇、〇〇〇円未満
第二三級	三八〇、〇〇〇円	三七〇、〇〇〇円以上 三九五、〇〇〇円未満
第二四級	四一〇、〇〇〇円	三九五、〇〇〇円以上 四二五、〇〇〇円未満
第二五級	四四〇、〇〇〇円	四二五、〇〇〇円以上 四五五、〇〇〇円未満
第二六級	四七〇、〇〇〇円	四五五、〇〇〇円以上 四八五、〇〇〇円未満
第二七級	五〇〇、〇〇〇円	四八五、〇〇〇円以上 五一五、〇〇〇円未満
第二八級	五三〇、〇〇〇円	五一五、〇〇〇円以上 五四五、〇〇〇円未満
第二九級	五六〇、〇〇〇円	五四五、〇〇〇円以上 五七五、〇〇〇円未満
第三〇級	五九〇、〇〇〇円	五七五、〇〇〇円以上 六〇五、〇〇〇円未満
第三一級	六二〇、〇〇〇円	六〇五、〇〇〇円以上

2　毎年三月三十一日における全被保険者の標準報酬月額を平均した額の百分の二百に相当する額が標準報酬月額等級の最高等級の標準報酬月額を超える場合において、その状態が継続すると認められるときは、その年の九月一日から、健康保険法（大正十一年法律第七十号）第四十条第一項に規定する標準報酬月額の等級区分を参酌して、政令で、当該最高等級の上に更に等級を加える標準報酬月額の等級区分の改定を行うことができる。

（育児休業等を終了した際の改定）

第二十三条の二　実施機関は、育児休業、介護休業等育児又は家族介護を行う労働者の福祉に関する法律（平成三年法律第七十六号。以下この項において「育児・介護休業法」という。）第二条第一号に規定する育児休業若しくは育児・介護休業法第二十三条第二項の育児休業に関する制度に準ずる措置若しくは育児・介護休業法第二十四条第一項（第二号に係る部分に限る。）の規定により同項第二号に規定する育児休業に関する制度に準じて講ずる措置による休業、国会職員の育児休業等に関する法律（平成三年法律第百八号）第三条第一項の規定による育児休業、国家公務員の育児休業等に関する法律（平成三年法律第百九号）第三条第一項（同法第二十七条第一項及び裁判所職員臨時措置法（昭和二十六年法律第二百九十九号）（第七号に係る部分に限る。）において準用する場合を含む。）の規定による育児休業、地方公務員の育児休業等に関する法律（平成三年法律第百十号）第二条第一項の規定による育児休業又は裁判官の育児休業に関する法律（平成三年法律第百十一号）第二条第一項の規定による育児休業（以下「育児休業等」という。）を終了した被保険者が、当該育児休業等を終了した日（以下この条において「育児休業等終了日」という。）において育児・介護休業法第二条第一号に規定する子その他これに類する者として政令で定めるもの（第二十六条において「子」という。）であつて、当該育児休業等に係る三歳に満たないものを養育する場合において、その使用される事業所の事業主を経由して主務省令で定めるところにより実施機関に申出をしたときは、第二十一条の規定にかかわらず、育児休業等終了日の翌日が属する月以後三月間（育児休業等終了日の翌日において使用される事業所で継続して使用された期間に限るものとし、かつ、報酬支払の基礎となつた日数が十七日未満である月があるときは、その月を除く。）に受けた報酬の総額をその期間の月数で除して得た額を報酬月額として、標準報酬月額を改定する。ただし、育児休業等終了日の翌日に次条第一項に規定する産前産後休業を開始している被保険者は、この限りでない。

2　前項の規定によつて改定された標準報酬月額は、育児休業等終了日の翌日から起算して二月を経過した日の属する月の翌月からその年の八月（当該翌月が七月から十二月までのいずれかの月である場合は、翌年の八月）までの各月の標準報酬月額とする。

3　第二号厚生年金被保険者及び第三号厚生年金被保険者について、第一項の規定を適用する場合においては、同項中「その使用される事業所の事業主を経由して主務省令」とあるのは、「主務省令」とする。

（産前産後休業を終了した際の改定）

第二十三条の三　実施機関は、産前産後休業（出産の日（出産の日が出産の予定日後であるときは、出産の予定日）以前四十二日（多胎妊娠の場合においては、九十八日）から出産の日後五十六日までの間において労務に従事しないこと（妊娠又は出産に関する事由を理由として労務に従事しない場合に限る。）をいい、船員（国家公務員共済組合の組合員たる船員及び地方公務員共済組合の組合員たる船員を除く。以下同じ。）たる被保険者にあつては、船員法第八十七条第一項又は第二項の規定により職務に服さないことをいう。以下同じ。）を終了した被保険者が、当該産前産後休業を終了した日（以下この条において「産前産後休業終了日」という。）において当該産前産後休業に係る子を養育する場合において、その使用される事業所の事業主を経由して主務省令で定めるところにより実施機関に申出をしたときは、第二十一条の規定にかかわらず、産前産後休業終了日の翌日が属する月以後三月間（産前産後休業終了日の翌日において使用される事業所で継続して使用された期間に限るものとし、かつ、報酬支払の基礎となつた日数が十七日未満である月があるときは、その月を除く。）に受けた報酬の総額をその期間の月数で除して得た額を報酬月額として、標準報酬月額を改定する。ただし、産前産後休業終了日の翌日に育児休業等を開始している被保険者は、この限りでない。

2　前項の規定によつて改定された標準報酬月額は、産前産後休業終了日の翌日から起算して二月を経過した日の属する月の翌月からその年の八月（当該翌月が七月から十二月までのいずれかの月である場合は、翌年の八月）までの各月の標準報酬月額とする。

3　第二号厚生年金被保険者及び第三号厚生年金被保険者について、第一項の規定を適用する場合においては、同項中「その使用される事業所の事業主を経由して主務省令」とあるのは、「主務省令」とする。

（政令への委任）

第二十四条の三　第二十一条から第二十四条までに定めるもののほか、報酬月額の算定に関し必要な事項は、政令で定める。

（標準賞与額の決定）

第二十四条の四　実施機関は、被保険者が賞与を受けた月において、その月に当該被保険者が受けた賞与額に基づき、これに千円未満の端数を生じたときはこれを切り捨てて、その月における標準賞与額を決定する。この場合において、当該標準賞与額が百五十万円（第二十条第二項の規定による標準報酬月額の等級区分の改定が行われたときは、政令で定める額。以下この項において同じ。）を超えるときは、これを百五十万円とする。

2　第二十四条の規定は、標準賞与額の算定について準用する。

（三歳に満たない子を養育する被保険者等の標準報酬月額の特例）

第二十六条　三歳に満たない子を養育し、又は養育していた被保険者又は被保険者であつた者が、主務省令で定めるところにより実施機関に申出（被保険者にあつては、その使用される事業所の事業主を経由して行うものとする。）をしたときは、当該子を養育することとなつた日（厚生労働省令で定める事実が生じた日にあつては、その日）の属する月から次の各号のいずれかに該当するに至つた日の翌日の属する月の前月までの各月のうち、その標準報酬月額が当該子を養育することとなつた日の属する月の前月（当該月において被保険者でない場合にあつては、当該月前一年以内における被保険者であつた月のうち直近の月。以下この条において「基準月」という。）の標準報酬月額（この項の規定により当該子以外の子に係る基準月の標準報酬月額が標準報酬月額とみなされている場合にあつては、当該みなされた基準月の標準報酬月額。以下この項において「従前標準報酬月額」という。）を下回る月（当該申出が行われた日の属する月前の月にあつては、当該申出が行われた日の属する月の前月までの二年間のうちにあるものに限る。）については、従前標準報酬月額を当該下回る月の第四十三条第一項に規定する平均標準報酬額の計算の基礎となる標準報酬月額とみなす。

一　当該子が三歳に達したとき。

二　第十四条各号のいずれかに該当するに至つたとき。

三　当該子以外の子についてこの条の規定の適用を受ける場合における当該子以外の子を養育することとなつたときその他これに準ずる事実として厚生労働省令で定めるものが生じたとき。

四　当該子が死亡したときその他当該被保険者が当該子を養育しないこととなつたとき。

五　当該被保険者に係る第八十一条の二第一項の規定の適用を受ける育児休業等を開始したとき。

六　当該被保険者に係る第八十一条の二の二第一項の規定の適用を受ける産前産後休業を開始したとき。

2　前項の規定の適用による年金たる保険給付の額の改定その他前項の規定の適用に関し必要な事項は、政令で定める。

3　第一項第六号の規定に該当した者（同項の規定により当該子以外の子に係る基準月の標準報酬月額が基準月の標準報酬月額とみなされている場合を除く。）に対する同項の規定の適用については、同項中「この項の規定により当該子以外の子に係る基準月の標準報酬月額が標準報酬月額とみなされている場合にあつては、当該みなされた基準月の標準報酬月額」とあるのは、「第六号の規定の適用がなかつたとしたならば、この項の規定により当該子以外の子に係る基準月の標準報酬月額が標準報酬月額とみなされる場合にあつては、当該みなされることとなる基準月の標準報酬月額」とする。

4　第二号厚生年金被保険者であり、若しくはあつた者又は第三号厚生年金被保険者であり、若しくはあつた者について、第一項の規定を適用する場合においては、同項中「申出（被保険者にあつては、その使用される事業所の事業主を経由して行うものとする。）」とあるのは、「申出」とする。

第四節　届出、記録等

（被保険者に対する情報の提供）

第三十一条の二　実施機関は、厚生年金保険制度に対する国民の理解を増進させ、及びその信頼を向上させるため、主務省令で定めるところにより、被保険者に対し、当該被保険者の保険料納付の実績及び将来の給付に関する必要な情報を分かりやすい形で通知するものとする。

（適用除外）

第三十一条の三　第二号厚生年金被保険者であり、若しくはあつた者、第三号厚生年金被保険者であり、若しくはあつた者又は第四号厚生年金被保険者であり、若しくはあつた者及びこれらの者に係る事業主については、この節の規定（第二十八条及び前条を除く。）は、適用しない。

第三章　保険給付

第一節　通則

（保険給付の種類）

第三十二条　この法律による保険給付は、次のとおりとし、政府及び実施機関（厚生労働大臣を除く。第三十四条第一項、第四十条、第七十九条第一項及び第二項、第八十一条第一項、第八十四条の五第二項並びに第八十四条の六第二項並びに附則第二十三条の三において「政府等」という。）が行う。

一　老齢厚生年金

二　障害厚生年金及び障害手当金

三　遺族厚生年金

（裁定）

第三十三条　保険給付を受ける権利は、その権利を有する者（以下「受給権者」という。）の請求に基づいて、実施機関が裁定する。

（調整期間）

第三十四条　政府は、第二条の四第一項の規定により財政の現況及び見通しを作成するに当たり、厚生年金保険事業の財政が、財政均衡期間の終了時に保険給付の支給に支障が生じないようにするために必要な積立金（年金特別会計の厚生年金勘定の積立金及び第七十九条の二に規定する実施機関積立金をいう。）を政府等が保有しつつ当該財政均衡期間にわたつてその均衡を保つことができないと見込まれる場合には、保険給付の額を調整するものとし、政令で、保険給付の額を調整する期間（以下「調整期間」という。）の開始年度を定めるものとする。

2　財政の現況及び見通しにおいて、前項の調整を行う必要がなくなつたと認められるときは、政令で、調整期間の終了年度を定めるものとする。

3　政府は、調整期間において財政の現況及び見通しを作成するときは、調整期間の終了年度の見通しについても作成し、併せて、これを公表しなければならない。

（二月期支払の年金の加算）

第三十六条の二　前条第三項の規定による支払額に一円未満の端数が生じたときは、これを切り捨てるものとする。

2　毎年三月から翌年二月までの間において前項の規定により切り捨てた金額の合計額（一円未満の端数が生じたときは、これを切り捨てた額）については、これを当該二月の支払期月の年金額に加算するものとする。

（併給の調整）

第三十八条　障害厚生年金は、その受給権者が他の年金たる保険給付又は国民年金法による年金たる給付（当該障害厚生年金と同一の支給事由に基づいて支給される障害基礎年金を除く。）を受けることができるときは、その間、その支給を停止する。老齢厚生年金の受給権者が他の年金たる保険給付（遺族厚生年金を除く。）又は同法による年金たる給付（老齢基礎年金及び付加年金並びに障害基礎年金を除く。）を受けることができる場合における当該老齢厚生年金及び遺族厚生年金の受給権者が他の年金たる保険給付（老齢厚生年金を除く。）又は同法による年金たる給付（老齢基礎年金及び付加年金、障害基礎年金並びに当該遺族厚生年金と同一の支給事由に基づいて支給される遺族基礎年金を除く。）を受けることができる場合における当該遺族厚生年金についても、同様とする。

2　前項の規定によりその支給を停止するものとされた年金たる保険給付の受給権者は、同項の規定にかかわらず、その支給の停止の解除を申請することができる。ただし、その者に係る同項に規定する他の年金たる保険給付又は国民年金法による年金たる給付について、この項の本文若しくは次項又は他の法令の規定でこれらに相当するものとして政令で定めるものによりその支給の停止が解除されているときは、この限りでない。

3　第一項の規定によりその支給を停止するものとされた年金たる保険給付について、その支給を停止すべき事由が生じた日の属する月分の支給が行われる場合は、その事由が生じたときにおいて、当該年金たる保険給付に係る前項の申請があつたものとみなす。

4　第二項の申請（前項の規定により第二項の申請があつたものとみなされた場合における当該申請を含む。）は、いつでも、将来に向かつて撤回することができる。

（損害賠償請求権）

第四十条　政府等は、事故が第三者の行為によつて生じた場合において、保険給付をしたときは、その給付の価額の限度で、受給権者が第三者に対して有する損害賠償の請求権を取得する。

2　前項の場合において、受給権者が、当該第三者から同一の事由について損害賠償を受けたときは、政府等は、その価額の限度で、保険給付をしないことができる。

（受給権の保護及び公課の禁止）

第四十一条　保険給付を受ける権利は、譲り渡し、担保に供し、又は差し押えることができない。ただし、老齢厚生年金を受ける権利を国税滞納処分（その例による処分を含む。）により差し押える場合は、この限りでない。

2　租税その他の公課は、保険給付として支給を受けた金銭を標準として、課することができない。ただし、老齢厚生年金については、この限りでない。

第二節　老齢厚生年金

（受給権者）

第四十二条　老齢厚生年金は、被保険者期間を有する者が、次の各号のいずれにも該当するに至つたときに、その者に支給する。

一　六十五歳以上であること。

二　保険料納付済期間と保険料免除期間とを合算した期間が十年以上であること。

（年金額）

第四十三条　老齢厚生年金の額は、被保険者であつた全期間の平均標準報酬額（被保険者期間の計算の基礎となる各月の標準報酬月額と標準賞与額に、別表各号に掲げる受給権者の区分に応じてそれぞれ当該各号に定める率（以下「再評価率」という。）を乗じて得た額の総額を、当該被保険者期間の月数で除して得た額をいう。附則第十七条の六第一項及び第二十九条第三項を除き、以下同じ。）の千分の五・四八一に相当する額に被保険者期間の月数を乗じて得た額とする。

2　受給権者が毎年九月一日（以下この項において「基準日」という。）において被保険者である場合（基準日に被保険者の資格を取得した場合を除く。）の老齢厚生年金の額は、基準日の属する月前の被保険者であった期間をその計算の基礎とするものとし、基準日の属する月の翌月から、年金の額を改定する。ただし、基準日が被保険者の資格を喪失した日から再び被保険者の資格を取得した日までの間に到来し、かつ、当該被保険者の資格を喪失した日から再び被保険者の資格を取得した日までの期間が一月以内である場合は、基準日の属する月前の被保険者であった期間を老齢厚生年金の額の計算の基礎とするものとし、基準日の属する月の翌月から、年金の額を改定する。

3　被保険者である受給権者がその被保険者の資格を喪失し、かつ、被保険者となることなくして被保険者の資格を喪失した日から起算して一月を経過したときは、その被保険者の資格を喪失した月前における被保険者であった期間を老齢厚生年金の額の計算の基礎とするものとし、資格を喪失した日（第十四条第二号から第四号までのいずれかに該当するに至つた日にあつては、その日）から起算して一月を経過した日の属する月から、年金の額を改定する。

（再評価率の改定等）

第四十三条の二　再評価率については、毎年度、第一号に掲げる率（以下「物価変動率」という。）に第二号及び第三号に掲げる率を乗じて得た率（以下「名目手取り賃金変動率」という。）を基準として改定し、当該年度の四月以降の保険給付について適用する。

一　当該年度の初日の属する年の前々年の物価指数（総務省において作成する年平均の全国消費者物価指数をいう。以下同じ。）に対する当該年度の初日の属する年の前年の物価指数の比率

二　イに掲げる率をロに掲げる率で除して得た率の三乗根となる率

イ　当該年度の初日の属する年の五年前の年の四月一日の属する年度における被保険者に係る標準報酬平均額（各年度における被保険者に係る標準報酬の総額を各年度における被保険者の数で除して得た額を十二で除して得た額に相当する額として、被保険者の性別構成及び年齢別構成並びに標準報酬の分布状況の変動を参酌して政令で定めるところにより算定した額をいう。以下この号において同じ。）に対する当該年度の前々年度における被保険者に係る標準報酬平均額の比率

ロ　当該年度の初日の属する年の五年前の年における物価指数に対する当該年度の初日の属する年の前々年における物価指数の比率

三　イに掲げる率をロに掲げる率で除して得た率

イ　〇・九一〇から当該年度の初日の属する年の三年前の年の九月一日におけるこの法律の規定による保険料率（以下「保険料率」という。）の二分の一に相当する率を控除して得た率

ロ　〇・九一〇から当該年度の初日の属する年の四年前の年の九月一日における保険料率の二分の一に相当する率を控除して得た率

2　次の各号に掲げる再評価率の改定については、前項の規定にかかわらず、当該各号に定める率を基準とする。

一　当該年度の前年度に属する月の標準報酬（以下「前年度の標準報酬」という。）に係る再評価率　前項第三号に掲げる率（以下「可処分所得割合変化率」という。）

二　当該年度の前々年度又は当該年度の初日の属する年の三年前の年の四月一日の属する年度に属する月の標準報酬（以下「前々年度等の標準報酬」という。）に係る再評価率　物価変動率に可処分所得割合変化率を乗じて得た率

3　当該年度に属する月の標準報酬に係る再評価率については、当該年度の前年度における再評価率に可処分所得割合変化率を乗じて得た率を基準として設定する。

4　前三項の規定による再評価率の改定又は設定の措置は、政令で定める。

第四十三条の三　受給権者が六十五歳に達した日の属する年度の初日の属する年の三年後の年の四月一日の属する年度（第四十三条の五において「基準年度」という。）以後において適用される再評価率（以下「基準年度以後再評価率」という。）の改定については、前条の規定にかかわらず、物価変動率（物価変動率が名目手取り賃金変動率を上回るときは、名目手取り賃金変動率）を基準とする。

2　前年度の標準報酬及び前々年度等の標準報酬に係る基準年度以後再評価率の改定については、前項の規定にかかわらず、前条第二項各号の規定を適用する。

3　前二項の規定による基準年度以後再評価率の改定の措置は、政令で定める。

（調整期間における再評価率の改定等の特例）

第四十三条の四　調整期間における再評価率の改定については、前二条の規定にかかわらず、名目手取り賃金変動率に、調整率（第一号に掲げる率に第二号に掲げる率を乗じて得た率（当該率が一を上回るときは、一）をいう。以下この条及び次条において同じ。）に当該年度の前年度の特別調整率を乗じて得た率を乗じて得た率（当該率が一を下回るときは、一。以下この条において「算出率」という。）を基準とする。

一　当該年度の初日の属する年の五年前の年の四月一日の属する年度における公的年金の被保険者（この法律又は国民年金法の被保険者をいう。）の総数として政令で定めるところにより算定した数（以下この号において「公的年金被保険者総数」という。）に対する当該年度の前々年度における公的年金被保険者総数の比率の三乗根となる率

二　〇・九九七

2　調整期間における次の各号に掲げる再評価率の改定については、前項の規定にかかわらず、当該各号に定める率を基準とする。

一　前年度の標準報酬に係る再評価率　イに掲げる率にロに掲げる率を乗じて得た率（算出率が一となる場合にあつては、当該乗じて得た率に、一をハに掲げる率にロに掲げる率を乗じて得た率で除して得た率を乗じて得た率）

イ　可処分所得割合変化率

ロ　調整率に当該年度の前年度の特別調整率を乗じて得た率

ハ　名目手取り賃金変動率

二　前々年度等の標準報酬に係る再評価率　物価変動率に前号イに掲げる率及び同号ロに掲げる率を乗じて得た率（算出率が一となる場合にあつては、当該乗じて得た率に、一を同号ハに掲げる率に同号ロに掲げる率を乗じて得た率で除して得た率を乗じて得た率）

3　調整期間における当該年度に属する月の標準報酬に係る再評価率の設定については、第四十三条の二第三項の規定にかかわらず、当該年度の前年度におけるその年度に属する月の標準報酬に係る再評価率に、第一号に掲げる率及び第二号に掲げる率を乗じて得た率（算出率が一となる場合にあつては、当該乗じて得た率に、一を第三号に掲げる率に第二号に掲げる率を乗じて得た率で除して得た率を乗じて得た率）を基準とする。

一　可処分所得割合変化率

二　調整率に当該年度の前年度の特別調整率を乗じて得た率

三　名目手取り賃金変動率

4　名目手取り賃金変動率が一を下回る場合の調整期間における再評価率の改定又は設定については、前三項の規定にかかわらず、第四十三条の二第一項から第三項までの規定を適用する。

5　第一項から第三項までの特別調整率とは、第一号の規定により設定し、第二号の規定により改定した率をいう。

一　平成二十九年度における特別調整率は、一とする。

二　特別調整率については、毎年度、名目手取り賃金変動率に調整率を乗じて得た率を算出率で除して得た率（名目手取り賃金変動率が一を下回るときは、調整率）を基準として改定する。

6　前各項の規定による再評価率の改定又は設定の措置は、政令で定める。

第四十三条の五　調整期間における基準年度以後再評価率の改定については、前条の規定にかかわらず、第一号に掲げる率に第二号に掲げる率を乗じて得た率（当該率が一を下回るときは、一。以下この条において「基準年度以後算出率」という。）を基準とする。

一　物価変動率（物価変動率が名目手取り賃金変動率を上回るときは、名目手取り賃金変動率）

二　調整率に当該年度の前年度の基準年度以後特別調整率（当該年度が基準年度である場合にあつては、当該年度の前年度の前条第五項に規定する特別調整率。次項第一号ロ及び第三項第二号において同じ。）を乗じて得た率

2　調整期間における次の各号に掲げる基準年度以後再評価率の改定については、前項の規定にかかわらず、当該各号に定める率を基準とする。

一　前年度の標準報酬に係る基準年度以後再評価率　イに掲げる率にロに掲げる率を乗じて得た率（基準年度以後算出率が一となる場合にあつては、当該乗じて得た率に、一をハに掲げる率にロに掲げる率を乗じて得た率で除して得た率を乗じて得た率）

イ　可処分所得割合変化率

ロ　調整率に当該年度の前年度の基準年度以後特別調整率を乗じて得た率

ハ　物価変動率（物価変動率が名目手取り賃金変動率を上回るときは、名目手取り賃金変動率）

二　前々年度等の標準報酬に係る基準年度以後再評価率　物価変動率に前号イに掲げる率及び同号ロに掲げる率を乗じて得た率（基準年度以後算出率が一となる場合にあつては、当該乗じて得た率に、一を同号ハに掲げる率に同号ロに掲げる率を乗じて得た率で除して得た率を乗じて得た率）

3　調整期間における当該年度に属する月の標準報酬に係る基準年度以後再評価率の設定については、前条第三項の規定にかかわらず、当該年度の前年度におけるその年度に属する月の標準報酬に係る基準年度以後再評価率（当該年度が基準年度である場合にあつては、再評価率）に、第一号に掲げる率及び第二号に掲げる率を乗じて得た率（基準年度以後算出率が一となる場合にあつては、当該乗じて得た率に、一を第三号に掲げる率に第二号に掲げる率を乗じて得た率で除して得た率を乗じて得た率）を基準とする。

一　可処分所得割合変化率

二　調整率に当該年度の前年度の基準年度以後特別調整率を乗じて得た率

三　物価変動率（物価変動率が名目手取り賃金変動率を上回るときは、名目手取り賃金変動率）

4　物価変動率又は名目手取り賃金変動率が一を下回る場合の調整期間における基準年度以後再評価率の改定又は設定については、前三項の規定にかかわらず、第四十三条の二第三項並びに第四十三条の三第一項及び第二項の規定を適用する。

5　第一項から第三項までの基準年度以後特別調整率とは、第一号の規定により設定し、第二号の規定により改定した率をいう。

一　基準年度における基準年度以後特別調整率は、イに掲げる率にロに掲げる率を乗じて得た率とする。

イ　基準年度の前年度の前条第五項に規定する特別調整率

ロ　物価変動率（物価変動率が名目手取り賃金変動率を上回るときは、名目手取り賃金変動率）に調整率を乗じて得た率を基準年度以後算出率で除して得た率（物価変動率又は名目手取り賃金変動率が一を下回るときは、調整率）

二　基準年度以後特別調整率については、毎年度、前号ロに掲げる率を基準として改定する。

6　前各項の規定による基準年度以後再評価率の改定又は設定の措置は、政令で定める。

（**加給年金額**）

第四十四条　老齢厚生年金（その年金額の計算の基礎となる被保険者期間の月数が二百四十以上であるものに限る。）の額は、受給権者がその権利を取得した当時（その権利を取得した当時、当該老齢厚生年金の額の計算の基礎となる被保険者期間の月数が二百四十未満であつたときは、第四十三条第二項又は第三項の規定により当該月数が二百四十以上となるに至つた当時。第三項において同じ。）その者によつて生計を維持していたその者の六十五歳未満の配偶者又は子（十八歳に達する日以後の最初の三月三十一日までの間にある子及び二十歳未満で第四十七条第二項に規定する障害等級（以下この条において単に「障害等級」という。）の一級若しくは二級に該当する障害の状態にある子に限る。）があるときは、第四十三条の規定にかかわらず、同条に定める額に加給年金額を加算した額とする。ただし、国民年金法第三十三条の二第一項の規定により加算が行われている子があるとき（当該子について加算する額に相当する部分の全額につき支給を停止されているときを除く。）は、その間、当該子について加算する額に相当する部分の支給を停止する。

2　前項に規定する加給年金額は、同項に規定する配偶者については二十二万四千七百円に国民年金法第二十七条に規定する改定率であつて同法第二十七条の三及び第二十七条の五の規定の適用がないものとして改定したもの（以下この章において「改定率」という。）を乗じて得た額（その額に五十円未満の端数が生じたときは、これを切り捨て、五十円以上百円未満の端数が生じたときは、これを百円に切り上げるものとする。）とし、同項に規定する子については一人につき七万四千九百円に改定率を乗じて得た額（そのうち二人までについては、それぞれ二十二万四千七百円に改定率を乗じて得た額とし、それらの額に五十円未満の端数が生じたときは、これを切り捨て、五十円以上百円未満の端数が生じたときは、これを百円に切り上げるものとする。）とする。

3　受給権者がその権利を取得した当時胎児であつた子が出生したときは、第一項の規定の適用については、その子は、受給権者がその権利を取得した当時その者によつて生計を維持していた子とみなし、その出生の月の翌月から、年金の額を改定する。

4　第一項の規定によりその額が加算された老齢厚生年金については、配偶者又は子が次の各号のいずれかに該当するに至つたときは、同項の規定にかかわらず、その者に係る同項の加給年金額を加算しないものとし、次の各号のいずれかに該当するに至つた月の翌月から、年金の額を改定する。

一　死亡したとき。

二　受給権者による生計維持の状態がやんだとき。

三　配偶者が、離婚又は婚姻の取消しをしたとき。

四　配偶者が、六十五歳に達したとき。

五　子が、養子縁組によつて受給権者の配偶者以外の者の養子となつたとき。

六　養子縁組による子が、離縁をしたとき。

七　子が、婚姻をしたとき。

八　子（障害等級の一級又は二級に該当する障害の状態にある子を除く。）について、十八歳に達した日以後の最初の三月三十一日が終了したとき。

九　障害等級の一級又は二級に該当する障害の状態にある子（十八歳に達する日以後の最初の三月三十一日までの間にある子を除く。）について、その事情がやんだとき。

十　子が、二十歳に達したとき。

5　第一項又は前項第二号の規定の適用上、老齢厚生年金の受給権者によつて生計を維持していたこと又はその者による生計維持の状態がやんだことの認定に関し必要な事項は、政令で定める。

（支給の繰下げ）

第四十四条の三　老齢厚生年金の受給権を有する者であつてその受給権を取得した日から起算して一年を経過した日（以下この条において「一年を経過した日」という。）前に当該老齢厚生年金を請求していなかつたものは、実施機関に当該老齢厚生年金の支給繰下げの申出をすることができる。ただし、その者が当該老齢厚生年金の受給権を取得したときに、他の年金たる給付（他の年金たる保険給付又は国民年金法による年金たる給付（老齢基礎年金及び付加年金並びに障害基礎年金を除く。）をいう。以下この条において同じ。）の受給権者であつたとき、又は当該老齢厚生年金の受給権を取得した日から一年を経過した日までの間において他の年金たる給付の受給権者となつたときは、この限りでない。

2　一年を経過した日後に次の各号に掲げる者が前項の申出（第五項の規定により前項の申出があつたものとみなされた場合における当該申出を除く。以下この項において同じ。）をしたときは、当該各号に定める日において、前項の申出があつたものとみなす。

一　老齢厚生年金の受給権を取得した日から起算して十年を経過した日（次号において「十年を経過した日」という。）前に他の年金たる給付の受給権者となつた者　他の年金たる給付を支給すべき事由が生じた日

二　十年を経過した日後にある者（前号に該当する者を除く。）　十年を経過した日

3　第一項の申出（第五項の規定により第一項の申出があつたものとみなされた場合における当該申出を含む。次項において同じ。）をした者に対する老齢厚生年金の支給は、第三十六条第一項の規定にかかわらず、当該申出のあつた月の翌月から始めるものとする。

4　第一項の申出をした者に支給する老齢厚生年金の額は、第四十三条第一項及び第四十四条の規定にかかわらず、これらの規定により計算した額に、老齢厚生年金の受給権を取得した日の属する月の前月までの被保険者期間を基礎として第四十三条第一項の規定の例により計算した額及び第四十六条第一項の規定の例により計算したその支給を停止するものとされた額を勘案して政令で定める額を加算した額とする。

5　第一項の規定により老齢厚生年金の支給繰下げの申出をすることができる者が、その受給権を取得した日から起算して五年を経過した日後に当該老齢厚生年金を請求し、かつ、当該請求の際に同項の申出をしないときは、当該請求をした日の五年前の日に同項の申出があつたものとみなす。ただし、その者が次の各号のいずれかに該当する場合は、この限りでない。

一　当該老齢厚生年金の受給権を取得した日から起算して十五年を経過した日以後にあるとき。

二　当該請求をした日の五年前の日以前に他の年金たる給付の受給権者であつたとき。

（支給停止）

第四十六条　老齢厚生年金の受給権者が被保険者（前月以前の月に属する日から引き続き当該被保険者の資格を有する者に限る。）である日（厚生労働省令で定める日を除く。）、国

会議員若しくは地方公共団体の議会の議員（前月以前の月に属する日から引き続き当該国会議員又は地方公共団体の議会の議員である者に限る。）である日又は七十歳以上の使用される者（前月以前の月に属する日から引き続き当該適用事業所において第二十七条の厚生労働省令で定める要件に該当する者に限る。）である日が属する月において、その者の標準報酬月額とその月以前の一年間の標準賞与額の総額を十二で除して得た額とを合算して得た額（国会議員又は地方公共団体の議会の議員については、その者の標準報酬月額に相当する額として政令で定める額とその月以前の一年間の標準賞与額及び標準賞与額に相当する額として政令で定める額の総額を十二で除して得た額とを合算して得た額とし、七十歳以上の使用される者（国会議員又は地方公共団体の議会の議員を除く。次項において同じ。）については、その者の標準報酬月額に相当する額とその月以前の一年間の標準賞与額及び標準賞与額に相当する額の総額を十二で除して得た額とを合算して得た額とする。以下「総報酬月額相当額」という。）及び老齢厚生年金の額（第四十四条第一項に規定する加給年金額及び第四十四条の三第四項に規定する加算額を除く。以下この項において同じ。）を十二で除して得た額（以下この項において「基本月額」という。）との合計額が支給停止調整額を超えるときは、その月の分の当該老齢厚生年金について、総報酬月額相当額と基本月額との合計額から支給停止調整額を控除して得た額の二分の一に相当する額に十二を乗じて得た額（以下この項において「支給停止基準額」という。）に相当する部分の支給を停止する。ただし、支給停止基準額が老齢厚生年金の額以上であるときは、老齢厚生年金の全部（同条第四項に規定する加算額を除く。）の支給を停止するものとする。

2　第二十条から第二十五条までの規定は、前項の七十歳以上の使用される者の標準報酬月額に相当する額及び標準賞与額に相当する額を算定する場合に準用する。この場合において、これらの規定に関し必要な技術的読替えは、政令で定める。

3　第一項の支給停止調整額は、四十八万円とする。ただし、四十八万円に平成十七年度以後の各年度の物価変動率に第四十三条の二第一項第二号に掲げる率を乗じて得た率をそれぞれ乗じて得た額（その額に五千円未満の端数が生じたときは、これを切り捨て、五千円以上一万円未満の端数が生じたときは、これを一万円に切り上げるものとする。以下この項において同じ。）が四十八万円（この項の規定による支給停止調整額の改定の措置が講ぜられたときは、直近の当該措置により改定した額）を超え、又は下るに至つた場合においては、当該年度の四月以後の支給停止調整額を当該乗じて得た額に改定する。

4　前項ただし書の規定による支給停止調整額の改定の措置は、政令で定める。

5　第一項の規定により老齢厚生年金の全部又は一部の支給を停止する場合においては、第三十六条第二項の規定は適用しない。

6　第四十四条第一項の規定によりその額が加算された老齢厚生年金については、同項の規定によりその者について加算が行われている配偶者が、老齢厚生年金（その年金額の計算の基礎となる被保険者期間の月数が二百四十以上であるものに限る。）、障害厚生年金、国民年金法による障害基礎年金その他の年金たる給付のうち、老齢若しくは退職又は障害を支給事由とする給付であつて政令で定めるものの支給を受けることができるときは、その間、同項の規定により当該配偶者について加算する額に相当する部分の支給を停止する。

第三節　障害厚生年金及び障害手当金

（障害厚生年金の受給権者）

第四十七条　障害厚生年金は、疾病にかかり、又は負傷し、その疾病又は負傷及びこれらに起因する疾病（以下「傷病」という。）につき初めて医師又は歯科医師の診療を受けた日（以下「初診日」という。）において被保険者であつた者が、当該初診日から起算して一年六月を経過した日（その期間内にその傷病が治つた日（その症状が固定し治療の効果が期待できない状態に至つた日を含む。以下同じ。）があるときは、その日とし、以下「障害認定日」という。）において、その傷病により次項に規定する障害等級に該当する程度の障害の状態にある場合に、その障害の程度に応じて、その者に支給する。ただし、当該傷病に係る初診日の前日において、当該初診日の属する月の前々月までに国民年金の被保険者期間があり、かつ、当該被保険者期間に係る保険料納付済期間と保険料免除期間とを合算した期間が当該被保険者期間の三分の二に満たないときは、この限りでない。

2　障害等級は、障害の程度に応じて重度のものから一級、二級及び三級とし、各級の障害の状態は、政令で定める。

（障害厚生年金の額）

第五十条　障害厚生年金の額は、第四十三条第一項の規定の例により計算した額とする。この場合において、当該障害厚生年金の額の計算の基礎となる被保険者期間の月数が三百に満たないときは、これを三百とする。

2　障害の程度が障害等級の一級に該当する者に支給する障害厚生年金の額は、前項の規定にかかわらず、同項に定める額の百分の百二十五に相当する額とする。

3　障害厚生年金の給付事由となつた障害について国民年金法による障害基礎年金を受けることができない場合において、障害厚生年金の額が国民年金法第三十三条第一項に規定する障害基礎年金の額に四分の三を乗じて得た額（その額に五十円未満の端数が生じたときは、これを切り捨て、五十円以上百円未満の端数が生じたときは、これを百円に切り上げるものとする。）に満たないときは、前二項の規定にかかわらず、当該額をこれらの項に定める額とする。

4　第四十八条第一項の規定による障害厚生年金の額は、その額が同条第二項の規定により消滅した障害厚生年金の額より低額であるときは、第一項及び第二項の規定にかかわらず、従前の障害厚生年金の額に相当する額とする。

第五十条の二　障害の程度が障害等級の一級又は二級に該当する者に支給する障害厚生年金の額は、受給権者によつて生計を維持しているその者の六十五歳未満の配偶者があるときは、前条の規定にかかわらず、同条に定める額に加給年金額を加算した額とする。

2　前項に規定する加給年金額は、二十二万四千七百円に改定率を乗じて得た額（その額に五十円未満の端数が生じたときは、これを切り捨て、五十円以上百円未満の端数が生じたときは、これを百円に切り上げるものとする。）とする。

3　受給権者がその権利を取得した日の翌日以後にその者によつて生計を維持しているその者の六十五歳未満の配偶者を有するに至つたことにより第一項に規定する加給年金額を加算することとなつたときは、当該配偶者を有するに至つた日の属する月の翌月から、障害厚生年金の額を改定する。

4　第四十四条第四項（第五号から第十号までを除く。）の規定は、第一項の規定によりその額が加算された障害厚生年金について準用する。

5　第一項又は前項において準用する第四十四条第四項第二号の規定の適用上、障害厚生年金の受給権者によつて生計を維持していること又はその者による生計維持の状態がやんだことの認定に関し必要な事項は、政令で定める。

（障害手当金の受給権者）

第五十五条　障害手当金は、疾病にかかり、又は負傷し、その傷病に係る初診日において被保険者であつた者が、当該初診日から起算して五年を経過する日までの間におけるその傷病の治つた日において、その傷病により政令で定める程度の障害の状態にある場合に、その者に支給する。

2　第四十七条第一項ただし書の規定は、前項の場合に準用する。

（障害手当金の額）

第五十七条　障害手当金の額は、第五十条第一項の規定の例により計算した額の百分の二百に相当する額とする。ただし、その額が同条第三項に定める額に二を乗じて得た額に満たないときは、当該額とする。

第四節　遺族厚生年金

（受給権者）

第五十八条　遺族厚生年金は、被保険者又は被保険者であつた者が次の各号のいずれかに該当する場合に、その者の遺族に支給する。ただし、第一号又は第二号に該当する場合にあつては、死亡した者につき、死亡日の前日において、死亡日の属する月の前々月までに国民年金の被保険者期間があり、かつ、当該被保険者期間に係る保険料納付済期間と保険料免除期間とを合算した期間が当該被保険者期間の三分の二に満たないときは、この限りでない。

一　被保険者（失踪の宣告を受けた被保険者であつた者であつて、行方不明となつた当時被保険者であつたものを含む。）が、死亡したとき。

二　被保険者であつた者が、被保険者の資格を喪失した後に、被保険者であつた間に初診日がある傷病により当該初診日から起算して五年を経過する日前に死亡したとき。

三　障害等級の一級又は二級に該当する障害

の状態にある障害厚生年金の受給権者が、死亡したとき。

四　老齢厚生年金の受給権者（保険料納付済期間と保険料免除期間とを合算した期間が二十五年以上である者に限る。）又は保険料納付済期間と保険料免除期間とを合算した期間が二十五年以上である者が、死亡したとき。

2　前項の場合において、死亡した被保険者又は被保険者であつた者が同項第一号から第三号までのいずれかに該当し、かつ、同項第四号にも該当するときは、その遺族が遺族厚生年金を請求したときに別段の申出をした場合を除き、同項第一号から第三号までのいずれかのみに該当し、同項第四号には該当しないものとみなす。

（遺族）

第五十九条　遺族厚生年金を受けることができる遺族は、被保険者又は被保険者であつた者の配偶者、子、父母、孫又は祖父母（以下単に「配偶者」、「子」、「父母」、「孫」又は「祖父母」という。）であつて、被保険者又は被保険者であつた者の死亡の当時（失踪の宣告を受けた被保険者であつた者にあつては、行方不明となつた当時。以下この条において同じ。）その者によつて生計を維持したものとする。ただし、妻以外の者にあつては、次に掲げる要件に該当した場合に限るものとする。

一　夫、父母又は祖父母については、五十五歳以上であること。

二　子又は孫については、十八歳に達する日以後の最初の三月三十一日までの間にあるか、又は二十歳未満で障害等級の一級若しくは二級に該当する障害の状態にあり、かつ、現に婚姻をしていないこと。

2　前項の規定にかかわらず、父母は、配偶者又は子が、孫は、配偶者、子又は父母が、祖父母は、配偶者、子、父母又は孫が遺族厚生年金の受給権を取得したときは、それぞれ遺族厚生年金を受けることができる遺族としない。

3　被保険者又は被保険者であつた者の死亡の当時胎児であつた子が出生したときは、第一項の規定の適用については、将来に向つて、その子は、被保険者又は被保険者であつた者の死亡の当時その者によつて生計を維持していた子とみなす。

4　第一項の規定の適用上、被保険者又は被保険者であつた者によつて生計を維持していたことの認定に関し必要な事項は、政令で定める。

（年金額）

第六十条　遺族厚生年金の額は、次の各号に掲げる区分に応じ、当該各号に定める額とする。ただし、遺族厚生年金の受給権者が当該遺族厚生年金と同一の支給事由に基づく国民年金法による遺族基礎年金の支給を受けるときは、第一号に定める額とする。

一　第五十九条第一項に規定する遺族（次号に掲げる遺族を除く。）が遺族厚生年金の受給権を取得したとき　死亡した被保険者又は被保険者であつた者の被保険者期間を基礎として第四十三条第一項の規定の例により計算した額の四分の三に相当する額。ただし、第五十八条第一項第一号から第三号までのいずれかに該当することにより支給される遺族厚生年金については、その額の計算の基礎となる被保険者期間の月数が三百に満たないときは、これを三百として計算した額とする。

二　第五十九条第一項に規定する遺族のうち、老齢厚生年金の受給権を有する配偶者が遺族厚生年金の受給権を取得したとき　前号に定める額又は次のイ及びロに掲げる額を合算した額のうちいずれか多い額

イ　前号に定める額に三分の二を乗じて得た額

ロ　当該遺族厚生年金の受給権者の老齢厚生年金の額（第四十四条第一項の規定により加給年金額が加算された老齢厚生年金にあつては、同項の規定を適用しない額とする。次条第三項及び第六十四条の二において同じ。）に二分の一を乗じて得た額

2　配偶者以外の者に遺族厚生年金を支給する場合において、受給権者が二人以上であるときは、それぞれの遺族厚生年金の額は、前項第一号の規定にかかわらず、受給権者ごとに同号の規定により算定した額を受給権者の数で除して得た額とする。

3　前二項に定めるもののほか、遺族厚生年金の額の計算について必要な事項は、政令で定める。

第六十二条　遺族厚生年金（第五十八条第一項第四号に該当することにより支給されるものであつて、その額の計算の基礎となる被保険者期間の月数が二百四十未満であるものを除く。）の受給権者である妻であつてその権利

を取得した当時四十歳以上六十五歳未満であつたもの又は四十歳に達した当時当該被保険者若しくは被保険者であつた者の子で国民年金法第三十七条の二第一項に規定する要件に該当するもの（当該被保険者又は被保険者であつた者の死亡後に同法第三十九条第三項第二号から第八号までのいずれかに該当したことがあるものを除く。）と生計を同じくしていたものが六十五歳未満であるときは、第六十条第一項第一号の遺族厚生年金の額に同法第三十八条に規定する遺族基礎年金の額に四分の三を乗じて得た額（その額に五十円未満の端数が生じたときは、これを切り捨て、五十円以上百円未満の端数が生じたときは、これを百円に切り上げるものとする。）を加算する。

2　前項の加算を開始すべき事由又は同項の加算を廃止すべき事由が生じた場合における年金の額の改定は、それぞれ当該事由が生じた月の翌月から行う。

（**支給停止**）

第六十四条　遺族厚生年金は、当該被保険者又は被保険者であつた者の死亡について労働基準法第七十九条の規定による遺族補償の支給が行われるべきものであるときは、死亡の日から六年間、その支給を停止する。

第六十四条の二　遺族厚生年金（その受給権者が六十五歳に達しているものに限る。）は、その受給権者が老齢厚生年金の受給権を有するときは、当該老齢厚生年金の額に相当する部分の支給を停止する。

第六十五条の二　夫、父母又は祖父母に対する遺族厚生年金は、受給権者が六十歳に達するまでの期間、その支給を停止する。ただし、夫に対する遺族厚生年金については、当該被保険者又は被保険者であつた者の死亡について、夫が国民年金法による遺族基礎年金の受給権を有するときは、この限りでない。

第六十六条　子に対する遺族厚生年金は、配偶者が遺族厚生年金の受給権を有する期間、その支給を停止する。ただし、配偶者に対する遺族厚生年金が前条本文、次項本文又は次条の規定によりその支給を停止されている間は、この限りでない。

2　配偶者に対する遺族厚生年金は、当該被保険者又は被保険者であつた者の死亡について、配偶者が国民年金法による遺族基礎年金の受給権を有しない場合であつて子が当該遺族基礎年金の受給権を有するときは、その間、その支給を停止する。ただし、子に対する遺族厚生年金が次条の規定によりその支給を停止されている間は、この限りでない。

第三章の二　離婚等をした場合における特例

（**離婚等をした場合における標準報酬の改定の特例**）

第七十八条の二　第一号改定者（被保険者又は被保険者であつた者であつて、第七十八条の六第一項第一号及び第二項第一号の規定により標準報酬が改定されるものをいう。以下同じ。）又は第二号改定者（第一号改定者の配偶者であつた者であつて、同条第一項第二号及び第二項第二号の規定により標準報酬が改定され、又は決定されるものをいう。以下同じ。）は、離婚等（離婚（婚姻の届出をしていないが事実上婚姻関係と同様の事情にあつた者について、当該事情が解消した場合を除く。）、婚姻の取消しその他厚生労働省令で定める事由をいう。以下この章において同じ。）をした場合であつて、次の各号のいずれかに該当するときは、実施機関に対し、当該離婚等について対象期間（婚姻期間その他の厚生労働省令で定める期間をいう。以下同じ。）に係る被保険者期間の標準報酬（第一号改定者及び第二号改定者（以下これらの者を「当事者」という。）の標準報酬をいう。以下この章において同じ。）の改定又は決定を請求することができる。ただし、当該離婚等をしたときから二年を経過したときその他の厚生労働省令で定める場合に該当するときは、この限りでない。

一　当事者が標準報酬の改定又は決定の請求をすること及び請求すべき按分割合（当該改定又は決定後の当事者の次条第一項に規定する対象期間標準報酬総額の合計額に対する第二号改定者の対象期間標準報酬総額の割合をいう。以下同じ。）について合意しているとき。

二　次項の規定により家庭裁判所が請求すべき按分割合を定めたとき。

2　前項の規定による標準報酬の改定又は決定の請求（以下「標準報酬改定請求」という。）について、同項第一号の当事者の合意のための協議が調わないとき、又は協議をすることができないときは、当事者の一方の申立てにより、家庭裁判所は、当該対象期間における保険料納付に対する当事者の寄与の程度その他一切の事情を考慮して、請求すべき按分割合を定めることができる。

3　標準報酬改定請求は、当事者が標準報酬の改定又は決定の請求をすること及び請求すべき按分割合について合意している旨が記載された公正証書の添付その他の厚生労働省令で定める方法によりしなければならない。

（請求すべき按分割合）

第七十八条の三　請求すべき按分割合は、当事者それぞれの対象期間標準報酬総額（対象期間に係る被保険者期間の各月の標準報酬月額（第二十六条第一項の規定により同項に規定する従前標準報酬月額が当該月の標準報酬月額とみなされた月にあつては、従前標準報酬月額）と標準賞与額に当事者を受給権者とみなして対象期間の末日において適用される再評価率を乗じて得た額の総額をいう。以下同じ。）の合計額に対する第二号改定者の対象期間標準報酬総額の割合を超え二分の一以下の範囲（以下「按分割合の範囲」という。）内で定められなければならない。

2　次条第一項の規定により按分割合の範囲について情報の提供（第七十八条の五の規定により裁判所又は受命裁判官若しくは受託裁判官が受けた資料の提供を含み、これが複数あるときは、その最後のもの。以下この項において同じ。）を受けた日が対象期間の末日前であつて対象期間の末日までの間が一年を超えない場合その他の厚生労働省令で定める場合における標準報酬改定請求については、前項の規定にかかわらず、当該情報の提供を受けた按分割合の範囲を、同項の按分割合の範囲とすることができる。

（当事者等への情報の提供等）

第七十八条の四　当事者又はその一方は、実施機関に対し、主務省令で定めるところにより、標準報酬改定請求を行うために必要な情報であつて次項に規定するものの提供を請求することができる。ただし、当該請求が標準報酬改定請求後に行われた場合又は第七十八条の二第一項ただし書に該当する場合その他厚生労働省令で定める場合においては、この限りでない。

2　前項の情報は、対象期間標準報酬総額、按分割合の範囲、これらの算定の基礎となる期間その他厚生労働省令で定めるものとし、同項の請求があつた日において対象期間の末日が到来していないときは、同項の請求があつた日を対象期間の末日とみなして算定したものとする。

第七十八条の五　実施機関は、裁判所又は受命裁判官若しくは受託裁判官に対し、その求めに応じて、第七十八条の二第二項の規定による請求すべき按分割合に関する処分を行うために必要な資料を提供しなければならない。

（標準報酬の改定又は決定）

第七十八条の六　実施機関は、標準報酬改定請求があつた場合において、第一号改定者が標準報酬月額を有する対象期間に係る被保険者期間の各月ごとに、当事者の標準報酬月額をそれぞれ次の各号に定める額に改定し、又は決定することができる。

一　第一号改定者　改定前の標準報酬月額（第二十六条第一項の規定により同項に規定する従前標準報酬月額が当該月の標準報酬月額とみなされた月にあつては、従前標準報酬月額。次号において同じ。）に一から改定割合（按分割合を基礎として厚生労働省令で定めるところにより算定した率をいう。以下同じ。）を控除して得た率を乗じて得た額

二　第二号改定者　改定前の標準報酬月額（標準報酬月額を有しない月にあつては、零）に、第一号改定者の改定前の標準報酬月額に改定割合を乗じて得た額を加えて得た額

2　実施機関は、標準報酬改定請求があつた場合において、第一号改定者が標準賞与額を有する対象期間に係る被保険者期間の各月ごとに、当事者の標準賞与額をそれぞれ次の各号に定める額に改定し、又は決定することができる。

一　第一号改定者　改定前の標準賞与額に一から改定割合を控除して得た率を乗じて得た額

二　第二号改定者　改定前の標準賞与額（標準賞与額を有しない月にあつては、零）に、第一号改定者の改定前の標準賞与額に改定割合を乗じて得た額を加えて得た額

3　前二項の場合において、対象期間のうち第一号改定者の被保険者期間であつて第二号改定者の被保険者期間でない期間については、第二号改定者の被保険者期間であつたものとみなす。

4　第一項及び第二項の規定により改定され、又は決定された標準報酬は、当該標準報酬改定請求のあつた日から将来に向かつてのみその効力を有する。

（記録）

第七十八条の七　実施機関は、厚生年金保険原

簿に前条第三項の規定により被保険者期間であつたものとみなされた期間（以下「離婚時みなし被保険者期間」という。）を有する者の氏名、離婚時みなし被保険者期間、離婚時みなし被保険者期間に係る標準報酬その他主務省令で定める事項を記録しなければならない。

（通知）

第七十八条の八　実施機関は、第七十八条の六第一項及び第二項の規定により標準報酬の改定又は決定を行つたときは、その旨を当事者に通知しなければならない。

（標準報酬が改定され、又は決定された者に対する保険給付の特例）

第七十八条の十一　第七十八条の六第一項及び第二項の規定により標準報酬が改定され、又は決定された者に対する保険給付についてこの法律を適用する場合においては、次の表の上欄に掲げる規定（他の法令において、これらの規定を引用し、準用し、又はその例による場合を含む。）中同表の中欄に掲げる字句は、それぞれ同表の下欄に掲げる字句に読み替えるものとするほか、当該保険給付の額の計算及びその支給停止に関する規定その他政令で定める規定の適用に関し必要な読替えは、政令で定める。

第四十四条第一項	被保険者期間の月数が二百四十以上	被保険者期間（第七十八条の七に規定する離婚時みなし被保険者期間（以下「離婚時みなし被保険者期間」という。）を除く。以下この項において同じ。）の月数が二百四十以上
第四十六条第一項	の標準賞与額	の標準賞与額（第七十八条の六第二項の規定による改定前の標準賞与額とし、同項の規定により決定された標準賞与額を除く。）
第五十八条第一項	被保険者であつた者が次の	被保険者であつた者（第四号に該当する場合にあつては、離婚時みなし被保険者期間を有する者を含む。）が次の

第三章の三　被扶養配偶者である期間についての特例

（被扶養配偶者に対する年金たる保険給付の基本的認識）

第七十八条の十三　被扶養配偶者に対する年金たる保険給付に関しては、第三章に定めるもののほか、被扶養配偶者を有する被保険者が負担した保険料について、当該被扶養配偶者が共同して負担したものであるという基本的認識の下に、この章の定めるところによる。

（特定被保険者及び被扶養配偶者についての標準報酬の特例）

第七十八条の十四　被保険者（被保険者であつた者を含む。以下「特定被保険者」という。）が被保険者であつた期間中に被扶養配偶者（当該特定被保険者の配偶者として国民年金法第七条第一項第三号に該当していたものをいう。以下同じ。）を有する場合において、当該特定被保険者と離婚又は婚姻の取消しをしたときその他これに準ずるものとして厚生労働省令で定めるときは、実施機関に対し、特定期間（当該特定被保険者が被保険者であつた期間であり、かつ、その被扶養配偶者が当該特定被保険者の配偶者として同号に規定する第三号被保険者であつた期間をいう。以下同じ。）に係る被保険者期間（次項及び第三項の規定により既に標準報酬が改定され、及び決定された被保険者期間を除く。以下この条において同じ。）の標準報酬（特定被保険者及び被扶養配偶者の標準報酬をいう。以下この章において同じ。）の改定及び決定を請求することができる。ただし、当該請求をした日において当該特定被保険者が障害厚生年金（当該特定期間の全部又は一部をその額の計算の基礎とするものに限る。第七十八条の二十において同じ。）の受給権者であるときその他の厚生労働省令で定めるときは、この限りでない。

2　実施機関は、前項の請求があつた場合において、特定期間に係る被保険者期間の各月ごとに、当該特定被保険者及び被扶養配偶者の標準報酬月額を当該特定被保険者の標準報酬月額（第二十六条第一項の規定により同項に規定する従前標準報酬月額が当該月の標準報酬月額とみなされた月にあつては、従前標準報酬月額）に二分の一を乗じて得た額にそれぞれ改定し、及び決定することができる。

3　実施機関は、第一項の請求があつた場合において、当該特定被保険者が標準賞与額を有する特定期間に係る被保険者期間の各月ごとに、当該特定被保険者及び被扶養配偶者の標準賞与額を当該特定被保険者の標準賞与額に二分の一を乗じて得た額にそれぞれ改定し、及び決定することができる。

4　前二項の場合において、特定期間に係る被保険者期間については、被扶養配偶者の被保険者期間であつたものとみなす。

5　第二項及び第三項の規定により改定され、及び決定された標準報酬は、第一項の請求のあつた日から将来に向かつてのみその効力を有する。

（**記録**）

第七十八条の十五　実施機関は、厚生年金保険原簿に前条第四項の規定により被保険者期間であつたものとみなされた期間（以下「被扶養配偶者みなし被保険者期間」という。）を有する者の氏名、被扶養配偶者みなし被保険者期間、被扶養配偶者みなし被保険者期間に係る標準報酬その他主務省令で定める事項を記録しなければならない。

（**通知**）

第七十八条の十六　実施機関は、第七十八条の十四第二項及び第三項の規定により標準報酬の改定及び決定を行つたときは、その旨を特定被保険者及び被扶養配偶者に通知しなければならない。

（**省令への委任**）

第七十八条の十七　前三条に定めるもののほか、第七十八条の十四第一項の規定による請求並びに同条第二項及び第三項の規定による標準報酬の改定及び決定の手続に関し必要な事項は、主務省令で定める。

（**老齢厚生年金等の額の改定の特例**）

第七十八条の十八　老齢厚生年金の受給権者について、第七十八条の十四第二項及び第三項の規定により標準報酬の改定又は決定が行われたときは、第四十三条第一項の規定にかかわらず、改定又は決定後の標準報酬を老齢厚生年金の額の計算の基礎とするものとし、第七十八条の十四第一項の請求のあつた日の属する月の翌月から、年金の額を改定する。

2　第七十八条の十第二項の規定は、障害厚生年金の受給権者である被扶養配偶者について第七十八条の十四第二項及び第三項の規定により標準報酬の決定が行われた場合に準用する。この場合において、必要な読替えは、政令で定める。

（**標準報酬が改定され、及び決定された者に対する保険給付の特例**）

第七十八条の十九　第七十八条の十四第二項及び第三項の規定により標準報酬が改定され、及び決定された者に対する保険給付についてこの法律を適用する場合においては、次の表の上欄に掲げる規定（他の法令において、これらの規定を引用し、準用し、又はその例による場合を含む。）中同表の中欄に掲げる字句は、それぞれ同表の下欄に掲げる字句に読み替えるものとするほか、当該保険給付の額の計算及びその支給停止に関する規定その他政令で定める規定の適用に関し必要な読替えは、政令で定める。

第四十四条第一項	被保険者期間の月数が二百四十以上	被保険者期間（第七十八条の十五に規定する被扶養配偶者みなし被保険者期間（以下「被扶養配偶者みなし被保険者期間」という。）を除く。以下この項において同じ。）の月数が二百四十以上
第四十六条第一項	の標準賞与額	の標準賞与額（第七十八条の十四第三項の規定による改定前の標準賞与額とし、同項の規定により決定された標準賞与額を除く。）
第五十八条第一項	被保険者であつた者が次の	被保険者であつた者（第四号に該当する場合にあつては、被扶養配偶者みなし被保険者期間を有する者を含む。）が次の

（**標準報酬改定請求を行う場合の特例**）

第七十八条の二十　特定被保険者又は被扶養配

偶者が、離婚等（第七十八条の二第一項に規定する離婚等をいう。）をした場合において、第七十八条の十四第二項及び第三項の規定による標準報酬の改定及び決定が行われていない特定期間の全部又は一部を対象期間として第七十八条の二第一項の規定による標準報酬の改定又は決定の請求をしたときは、当該請求があつたものとみなす。ただし、第七十八条の十四第一項の請求をした日において当該特定被保険者が障害厚生年金の受給権者であるときは、この限りでない。

2　前項の場合において、第七十八条の三第一項の対象期間標準報酬総額の基礎となる当該特定期間に係る被保険者期間の標準報酬（標準報酬月額について、第二十六条第一項の規定により同項に規定する従前標準報酬月額が当該月の標準報酬月額とみなされた月にあつては、従前標準報酬月額）並びに第七十八条の六第一項及び第二項の当該特定期間に係る被保険者期間の改定前の標準報酬（標準報酬月額について、第二十六条第一項の規定により同項に規定する従前標準報酬月額が当該月の標準報酬月額とみなされた月にあつては、従前標準報酬月額）については、第七十八条の十四第二項及び第三項の規定による改定及び決定後の標準報酬とする。

3　第七十八条の十四第二項及び第三項の規定による標準報酬の改定及び決定が行われていない特定期間の全部又は一部を対象期間として第七十八条の四第一項の請求があつた場合において、同項の請求があつた日に特定被保険者が障害厚生年金の受給権を有しないときは、同条第二項に規定する情報は、第七十八条の十四第二項及び第三項の規定により当該対象期間中の特定期間に係る被保険者期間の標準報酬の改定及び決定が行われたとみなして算定したものとする。

4　前項の規定は、第七十八条の五の求めがあつた場合に準用する。

5　第二十六条第一項の規定により同項に規定する従前標準報酬月額が当該月の標準報酬月額とみなされた月の標準報酬月額について第七十八条の十四第二項の規定により改定された場合における第七十八条の三第一項及び第七十八条の六第一項の規定の適用については、第七十八条の三第一項中「標準報酬月額（第二十六条第一項の規定により同項に規定する従前標準報酬月額が当該月の標準報酬月額とみなされた月にあつては、従前標準報酬月額）」とあるのは「標準報酬月額」と、第七十八条の六第一項第一号中「標準報酬月額（第二十六条第一項の規定により同項に規定する従前標準報酬月額が当該月の標準報酬月額とみなされた月にあつては、従前標準報酬月額。次号において同じ。）」とあるのは「標準報酬月額」とする。

（**政令への委任**）

第七十八条の二十一　この章に定めるもののほか、被扶養配偶者である期間についての特例に関し必要な事項は、政令で定める。

第三章の四　二以上の種別の被保険者であつた期間を有する者の特例

（**年金たる保険給付の併給の調整の特例**）

第七十八条の二十二　第一号厚生年金被保険者期間、第二号厚生年金被保険者期間、第三号厚生年金被保険者期間又は第四号厚生年金被保険者期間（以下「各号の厚生年金被保険者期間」という。）のうち二以上の被保険者の種別に係る被保険者であつた期間を有する者（以下「二以上の種別の被保険者であつた期間を有する者」という。）であつて、一の被保険者の種別に係る被保険者であつた期間（以下「一の期間」という。）に基づく年金たる保険給付と同一の支給事由に基づく当該一の被保険者の種別と異なる他の被保険者の種別に係る被保険者であつた期間（以下「他の期間」という。）に基づく年金たる保険給付を受けることができるものについて、第三十八条の規定を適用する場合においては、同条第一項中「遺族厚生年金を除く」とあるのは「当該老齢厚生年金と同一の支給事由に基づいて支給される老齢厚生年金を除く」と、「老齢厚生年金及び遺族厚生年金を除く」とあるのは「老齢厚生年金及び当該遺族厚生年金と同一の支給事由に基づいて支給される遺族厚生年金を除く」とする。

（**年金たる保険給付の申出による支給停止の特例**）

第七十八条の二十三　二以上の種別の被保険者であつた期間を有する者に係る年金たる保険給付の受給権者について、一の期間に基づく第三十八条の二第一項に規定する年金たる保険給付についての同項の規定による申出又は同条第三項の規定による撤回は、当該一の期間に基づく年金たる保険給付と同一の支給事由に基づく他の期間に基づく年金たる保険給付についての当該申出又は当該撤回と同時に行わなければならない。

（年金の支払の調整の特例）

第七十八条の二十四　二以上の種別の被保険者であつた期間を有する者に係る保険給付の受給権者については、第三十九条第一項及び第二項の規定を適用する場合においては、同条第一項中「乙年金の受給権者」とあるのは「第七十八条の二十二に規定する各号の厚生年金被保険者期間（以下この条において「各号の厚生年金被保険者期間」という。）のうち第七十八条の二十二に規定する一の期間（以下この条において「一の期間」という。）に基づく乙年金（以下この項において「乙年金」という。）の受給権者」と、「甲年金の受給権」とあるのは「当該一の期間に基づく甲年金（以下この項において「甲年金」という。）の受給権」と、同条第二項中「年金の支給」とあるのは「各号の厚生年金被保険者期間のうち一の期間に基づく年金の支給」と、「年金が支払われたとき」とあるのは「当該年金が支払われたとき」と、「年金の内払」とあるのは「当該一の期間に基づく年金の内払」と、「年金を減額して」とあるのは「各号の厚生年金被保険者期間のうち一の期間に基づく年金を減額して」と、「年金が支払われた場合」とあるのは「当該一の期間に基づく年金が支払われた場合」とする。

（損害賠償請求権の特例）

第七十八条の二十五　二以上の種別の被保険者であつた期間を有する者に係る保険給付について、第四十条第二項の規定を適用する場合においては、同項中「その価額」とあるのは、「その価額をそれぞれの保険給付の価額に応じて按分した価額」とする。

（老齢厚生年金の受給権者及び年金額の特例）

第七十八条の二十六　二以上の種別の被保険者であつた期間を有する者に係る老齢厚生年金について、第四十二条（この法律及び他の法令において、引用し、準用し、又はその例による場合を含む。）の規定を適用する場合においては、各号の厚生年金被保険者期間ごとに適用する。

2　二以上の種別の被保険者であつた期間を有する者に係る老齢厚生年金について、第四十三条（この法律及び他の法令において、引用し、準用し、又はその例による場合を含む。）の規定を適用する場合においては、同条第一項に規定する被保険者であつた全期間並びに同条第二項及び第三項に規定する被保険者であつた期間は、各号の厚生年金被保険者期間ごとに適用し、同条第一項に規定する被保険者期間は、各号の厚生年金被保険者期間に係る被保険者期間ごとに適用し、同条第二項及び第三項に規定する被保険者の資格は、被保険者の種別ごとに適用する。

（老齢厚生年金に係る加給年金額の特例）

第七十八条の二十七　二以上の種別の被保険者であつた期間を有する者に係る老齢厚生年金の額については、その者の二以上の被保険者の種別に係る被保険者であつた期間に係る被保険者期間を合算し、一の期間に係る被保険者期間のみを有するものとみなして第四十四条（この法律及び他の法令において、引用し、準用し、又はその例による場合を含む。）の規定を適用する。この場合において、同条第一項に規定する加給年金額は、政令で定めるところにより、各号の厚生年金被保険者期間のうち一の期間に係る被保険者期間を計算の基礎とする老齢厚生年金の額に加算するものとする。

（老齢厚生年金の支給の繰下げの特例）

第七十八条の二十八　第四十四条の三の規定は、二以上の種別の被保険者であつた期間を有する者に係る老齢厚生年金について適用する。この場合において、同条第一項ただし書中「他の年金たる保険給付」とあるのは「他の年金たる保険給付（当該老齢厚生年金と同一の支給事由に基づいて支給される老齢厚生年金を除く。）」と、同条第四項中「第四十六条第一項」とあるのは「第七十八条の二十九の規定により読み替えて適用する第四十六条第一項」とするほか、同条の規定の適用に関し必要な読替えその他必要な事項は、政令で定める。

2　前項の規定により第四十四条の三第一項の規定を適用する場合においては、一の期間に基づく老齢厚生年金についての同項の規定による申出は、他の期間に基づく老齢厚生年金についての当該申出と同時に行わなければならない。

3　第一項の規定により第四十四条の三第五項の規定を適用する場合においては、一の期間に基づく老齢厚生年金の受給権を取得した日から起算して五年を経過した日後の同条第一項の申出をしないで行う当該一の期間に基づく老齢厚生年金の請求は、他の期間に基づく老齢厚生年金の受給権を取得した日から起算して五年を経過した日後に同項の申出をしないで行う当該他の期間に基づく老齢厚生年金の請求と同時に行わなければならない。

（老齢厚生年金の支給停止の特例）

第七十八条の二十九　二以上の種別の被保険者であつた期間を有する者について、第四十六条の規定を適用する場合においては、同条第一項中「老齢厚生年金の受給権者」とあるのは「第七十八条の二十二に規定する各号の厚生年金被保険者期間（以下この項において「各号の厚生年金被保険者期間」という。）のうち同条に規定する一の期間（第六項において「一の期間」という。）に係る被保険者期間を計算の基礎とする老齢厚生年金の受給権者」と、「及び老齢厚生年金の額」とあるのは「及び各号の厚生年金被保険者期間に係る被保険者期間を計算の基礎とする老齢厚生年金の額を合算して得た額」と、「第四十四条の三第四項に規定する加算額を除く。以下この項において同じ」とあるのは「各号の厚生年金被保険者期間に係る被保険者期間を計算の基礎とする第四十四条の三第四項に規定する加算額を合算して得た額を除く」と、「当該老齢厚生年金」とあるのは「当該一の期間に係る被保険者期間を計算の基礎とする老齢厚生年金」と、「控除して得た額」とあるのは「控除して得た額に当該一の期間に係る被保険者期間を計算の基礎とする老齢厚生年金の額（第四十四条第一項に規定する加給年金額及び第四十四条の三第四項に規定する加算額を除く。以下この項において同じ。）を十二で除して得た額を基本月額で除して得た数を乗じて得た額」と、「老齢厚生年金の額以上」とあるのは「当該一の期間に係る被保険者期間を計算の基礎とする老齢厚生年金の額以上」と、「老齢厚生年金の全部」とあるのは「当該一の期間に係る被保険者期間を計算の基礎とする老齢厚生年金の全部」と、同条第六項中「被保険者期間の月数」とあるのは「被保険者期間の月数（その者の二以上の被保険者の種別に係る被保険者であつた期間に係る被保険者期間を合算し、一の期間に係る被保険者期間のみを有するものとみなした場合における当該被保険者期間の月数とする。）」とするほか、同条の規定の適用に関し必要な読替えその他必要な事項は、政令で定める。

（障害厚生年金の額の特例）

第七十八条の三十　障害厚生年金の受給権者であつて、当該障害に係る障害認定日において二以上の種別の被保険者であつた期間を有する者に係る当該障害厚生年金の額については、その者の二以上の被保険者の種別に係る被保険者であつた期間を合算し、一の期間に係る被保険者期間のみを有するものとみなして、障害厚生年金の額の計算及びその支給停止に関する規定その他政令で定める規定を適用する。この場合において、必要な読替えその他必要な事項は、政令で定める。

（障害手当金の額の特例）

第七十八条の三十一　障害手当金の受給権者であつて、当該障害に係る障害認定日において二以上の種別の被保険者であつた期間を有する者に係る当該障害手当金の額については、前条の規定を準用する。この場合において、必要な読替えその他必要な事項は、政令で定める。

（遺族厚生年金の額の特例）

第七十八条の三十二　二以上の種別の被保険者であつた期間を有する者の遺族に係る遺族厚生年金（第五十八条第一項第一号から第三号までのいずれかに該当することにより支給されるものに限る。）の額については、死亡した者に係る二以上の被保険者の種別に係る被保険者であつた期間を合算し、一の期間に係る被保険者期間のみを有するものとみなして、遺族厚生年金の額の計算及びその支給停止に関する規定その他政令で定める規定を適用する。この場合において、必要な読替えその他必要な事項は、政令で定める。

2　二以上の種別の被保険者であつた期間を有する者の遺族に係る遺族厚生年金（第五十八条第一項第四号に該当することにより支給されるものに限る。）については、各号の厚生年金被保険者期間ごとに支給するものとし、そのそれぞれの額は、死亡した者に係る二以上の被保険者の種別に係る被保険者であつた期間を合算し、一の期間に係る被保険者期間のみを有するものとみなして、遺族厚生年金の額の計算に関する規定により計算した額をそれぞれ一の期間に係る被保険者期間を計算の基礎として第六十条第一項第一号の規定の例により計算した額に応じて按分した額とする。この場合において、必要な読替えその他必要な事項は、政令で定める。

3　前項の場合において、第六十二条第一項の規定による加算額は、政令で定めるところにより、各号の厚生年金被保険者期間のうち一の期間に係る被保険者期間を計算の基礎とする遺族厚生年金の額に加算するものとする。

4 前三項に定めるもののほか、遺族厚生年金の額の計算及びその支給の停止に関し必要な事項は、政令で定める。

（**障害厚生年金等に関する事務の特例**）

第七十八条の三十三 第七十八条の三十の規定による障害厚生年金及び第七十八条の三十一の規定による障害手当金の支給に関する事務は、政令で定めるところにより、当該障害に係る初診日における被保険者の種別に応じて、第二条の五第一項各号に定める者が行う。

2 前項の規定は、前条第一項の規定による遺族厚生年金の支給に関する事務について準用する。

（**遺族厚生年金の支給停止に係る申請の特例**）

第七十八条の三十四 二以上の種別の被保険者であつた期間を有する者の遺族について、二以上の被保険者の種別に係る被保険者であつた期間に基づく遺族厚生年金を受けることができる場合には、一の期間に基づく遺族厚生年金についての第六十七条又は第六十八条第一項若しくは第二項の規定による申請は、当該一の期間に基づく遺族厚生年金と同一の支給事由に基づく他の期間に基づく遺族厚生年金についての当該申請と同時に行わなければならない。

（**離婚等をした場合の特例**）

第七十八条の三十五 二以上の種別の被保険者であつた期間を有する者について、第七十八条の二第一項の規定を適用する場合においては、各号の厚生年金被保険者期間のうち一の期間に係る標準報酬についての同項の規定による請求は、他の期間に係る標準報酬についての当該請求と同時に行わなければならない。

2 前項の場合においては、その者の二以上の被保険者の種別に係る被保険者であつた期間を合算し、一の期間に係る被保険者期間のみを有する者とみなして第七十八条の三の規定を適用し、各号の厚生年金被保険者期間に係る被保険者期間ごとに第七十八条の六及び附則第十七条の十の規定を適用する。この場合において、必要な読替えその他必要な事項は、政令で定める。

（**被扶養配偶者である期間についての特例**）

第七十八条の三十六 二以上の種別の被保険者であつた期間を有する者について、第七十八条の十四第一項の規定を適用する場合においては、各号の厚生年金被保険者期間のうち一の期間に係る標準報酬についての同項の規定による請求は、他の期間に係る標準報酬についての当該請求と同時に行わなければならない。

2 前項の場合においては、その者の二以上の被保険者の種別に係る被保険者であつた期間を合算し、一の期間又は当該一の期間に係る被保険者期間のみを有する者とみなして第七十八条の十四第一項及び第七十八条の二十第一項の規定を適用し、各号の厚生年金被保険者期間に係る被保険者期間ごとに第七十八条の十四第二項及び第三項、第七十八条の二十第二項及び第五項並びに附則第十七条の十一から第十七条の十三までの規定を適用する。この場合において、必要な読替えその他必要な事項は、政令で定める。

（**政令への委任**）

第七十八条の三十七 この章に定めるもののほか、二以上の種別の被保険者であつた期間を有する者に係る保険給付の額の計算及びその支給停止その他この法律の規定の適用に関し必要な事項は、政令で定める。

第四章 厚生年金保険事業の円滑な実施を図るための措置

第七十九条 政府等は、厚生年金保険事業の円滑な実施を図るため、厚生年金保険に関し、次に掲げる事業を行うことができる。

一 教育及び広報を行うこと。

二 被保険者、受給権者その他の関係者（以下この条及び第百条の三の二第一項において「被保険者等」という。）に対し、相談その他の援助を行うこと。

三 被保険者等に対し、被保険者等が行う手続に関する情報その他の被保険者等の利便の向上に資する情報を提供すること。

2 政府等は、厚生年金保険事業の実施に必要な事務（国民年金法第九十四条の二第一項及び第二項の規定による基礎年金拠出金（以下「基礎年金拠出金」という。）の負担及び納付に伴う事務を含む。）を円滑に処理し、被保険者等の利便の向上に資するため、電子情報処理組織の運用を行うものとする。

3 政府は、第一項各号に掲げる事業及び前項に規定する運用の全部又は一部を日本年金機構（以下「機構」という。）に行わせることができる。

第四章の二 積立金の運用

第五章　費用の負担

（国庫負担等）

第八十条　国庫は、毎年度、厚生年金保険の実施者たる政府が負担する基礎年金拠出金の額の二分の一に相当する額を負担する。

2　国庫は、前項に規定する費用のほか、毎年度、予算の範囲内で、厚生年金保険事業の事務（基礎年金拠出金の負担に関する事務を含む。次項において同じ。）の執行（実施機関（厚生労働大臣を除く。）によるものを除く。）に要する費用を負担する。

3　実施機関（厚生労働大臣を除く。以下この項において同じ。）が納付する基礎年金拠出金及び実施機関による厚生年金保険事業の事務の執行に要する費用の負担については、この法律に定めるもののほか、共済各法の定めるところによる。

（保険料）

第八十一条　政府等は、厚生年金保険事業に要する費用（基礎年金拠出金を含む。）に充てるため、保険料を徴収する。

2　保険料は、被保険者期間の計算の基礎となる各月につき、徴収するものとする。

3　保険料額は、標準報酬月額及び標準賞与額にそれぞれ保険料率を乗じて得た額とする。

4　保険料率は、次の表の上欄に掲げる月分の保険料について、それぞれ同表の下欄に定める率とする。

平成十六年十月から平成十七年八月までの月分	千分の百三十九・三四
平成十七年九月から平成十八年八月までの月分	千分の百四十二・八八
平成十八年九月から平成十九年八月までの月分	千分の百四十六・四二
平成十九年九月から平成二十年八月までの月分	千分の百四十九・九六
平成二十年九月から平成二十一年八月までの月分	千分の百五十三・五〇
平成二十一年九月から平成二十二年八月までの月分	千分の百五十七・〇四
平成二十二年九月から平成二十三年八月までの月分	千分の百六十・五八
平成二十三年九月から平成二十四年八月までの月分	千分の百六十四・一二
平成二十四年九月から平成二十五年八月までの月分	千分の百六十七・六六
平成二十五年九月から平成二十六年八月までの月分	千分の百七十一・二〇
平成二十六年九月から平成二十七年八月までの月分	千分の百七十四・七四
平成二十七年九月から平成二十八年八月までの月分	千分の百七十八・二八
平成二十八年九月から平成二十九年八月までの月分	千分の百八十一・八二
平成二十九年九月以後の月分	千分の百八十三・〇〇

（育児休業期間中の保険料の徴収の特例）

第八十一条の二　育児休業等をしている被保険者（次条の規定の適用を受けている被保険者を除く。第三項において同じ。）が使用される事業所の事業主が、主務省令で定めるところにより実施機関に申出をしたときは、前条第二項の規定にかかわらず、次の各号に掲げる場合の区分に応じ、当該各号に定める月の当該被保険者に係る保険料（その育児休業等の期間が一月以下である者については、標準報酬月額に係る保険料に限る。）の徴収は行わない。

一　その育児休業等を開始した日の属する月とその育児休業等が終了する日の翌日が属する月とが異なる場合　その育児休業等を開始した日の属する月からその育児休業等が終了する日の翌日が属する月の前月までの月

二　その育児休業等を開始した日の属する月とその育児休業等が終了する日の翌日が属する月とが同一であり、かつ、当該月における育児休業等の日数として厚生労働省令で定めるところにより計算した日数が十四日以上である場合　当該月

2　第二号厚生年金被保険者又は第三号厚生年金被保険者に係る保険料について、前項の規定を適用する場合においては、同項中「同じ。）」が使用される事業所の事業主」とあるのは、「同じ。）」とする。

3　被保険者が連続する二以上の育児休業等をしている場合（これに準ずる場合として厚生労働省令で定める場合を含む。）における第一項の規定の適用については、その全部を一

の育児休業等とみなす。

（産前産後休業期間中の保険料の徴収の特例）

第八十一条の二の二 産前産後休業をしている被保険者が使用される事業所の事業主が、主務省令で定めるところにより実施機関に申出をしたときは、第八十一条第二項の規定にかかわらず、当該被保険者に係る保険料であつてその産前産後休業を開始した日の属する月からその産前産後休業が終了する日の翌日が属する月の前月までの期間に係るものの徴収は行わない。

2 第二号厚生年金被保険者又は第三号厚生年金被保険者に係る保険料について、前項の規定を適用する場合においては、同項中「被保険者が使用される事業所の事業主」とあるのは、「被保険者」とする。

（保険料の負担及び納付義務）

第八十二条 被保険者及び被保険者を使用する事業主は、それぞれ保険料の半額を負担する。

2 事業主は、その使用する被保険者及び自己の負担する保険料を納付する義務を負う。

3 被保険者が同時に二以上の事業所又は船舶に使用される場合における各事業主の負担すべき保険料の額及び保険料の納付義務については、政令の定めるところによる。

4 第二号厚生年金被保険者についての第一項の規定の適用については、同項中「事業主は」とあるのは、「事業主（国家公務員共済組合法第九十九条第六項に規定する職員団体その他政令で定める者を含む。）は、政令で定めるところにより」とする。

5 第三号厚生年金被保険者についての第一項の規定の適用については、同項中「事業主は」とあるのは、「事業主（市町村立学校職員給与負担法（昭和二十三年法律第百三十五号）第一条又は第二条の規定により給与を負担する都道府県その他政令で定める者を含む。）は、政令で定めるところにより」とする。

（保険料の納付）

第八十三条 毎月の保険料は、翌月末日までに、納付しなければならない。

2 厚生労働大臣は、納入の告知をした保険料額が当該納付義務者が納付すべき保険料額をこえていることを知つたとき、又は納付した保険料額が当該納付義務者が納付すべき保険料額をこえていることを知つたときは、そのこえている部分に関する納入の告知又は納付を、その納入の告知又は納付の日の翌日から六箇月以内の期日に納付されるべき保険料について納期を繰り上げてしたものとみなすことができる。

3 前項の規定によつて、納期を繰り上げて納入の告知又は納付をしたものとみなしたときは、厚生労働大臣は、その旨を当該納付義務者に通知しなければならない。

（保険料の源泉控除）

第八十四条 事業主は、被保険者に対して通貨をもつて報酬を支払う場合においては、被保険者の負担すべき前月の標準報酬月額に係る保険料（被保険者がその事業所又は船舶に使用されなくなつた場合においては、前月及びその月の標準報酬月額に係る保険料）を報酬から控除することができる。

2 事業主は、被保険者に対して通貨をもつて賞与を支払う場合においては、被保険者の負担すべき標準賞与額に係る保険料に相当する額を当該賞与から控除することができる。

3 事業主は、前二項の規定によつて保険料を控除したときは、保険料の控除に関する計算書を作成し、その控除額を被保険者に通知しなければならない。

（保険料の徴収等の特例）

第八十四条の二 第二号厚生年金被保険者、第三号厚生年金被保険者又は第四号厚生年金被保険者に係る保険料の徴収、納付及び源泉控除については、第八十一条の二第一項及び第三項、第八十一条の二の二第一項、第八十二条第二項及び第三項並びに前三条の規定にかかわらず、共済各法の定めるところによる。

（保険料の滞納処分等の特例）

第八十七条の二 第二号厚生年金被保険者、第三号厚生年金被保険者及び第四号厚生年金被保険者に係る保険料の繰上徴収、保険料その他この法律の規定による徴収金の督促及び滞納処分並びに延滞金の徴収については、前三条の規定にかかわらず、共済各法の定めるところによる。

（適用除外）

第八十九条の二 第二号厚生年金被保険者、第三号厚生年金被保険者及び第四号厚生年金被保険者に係る保険料その他この法律の規定による徴収金については、前二条の規定は、適用しない。

第六章　不服申立て

（審査請求及び再審査請求）

第九十条 厚生労働大臣による被保険者の資格、標準報酬又は保険給付に関する処分に不服がある者は、社会保険審査官に対して審査請求をし、その決定に不服がある者は、社会保険審査会に対して再審査請求をすることができる。ただし、第二十八条の四第一項又は第二項の規定による決定については、この限りでない。

2 次の各号に掲げる者による被保険者の資格又は保険給付に関する処分に不服がある者は、当該各号に定める者に対して審査請求をすることができる。

一 第二条の五第一項第二号に定める者 国家公務員共済組合法に規定する国家公務員共済組合審査会

二 第二条の五第一項第三号に定める者 地方公務員等共済組合法に規定する地方公務員共済組合審査会

三 第二条の五第一項第四号に定める者 私立学校教職員共済法に規定する日本私立学校振興・共済事業団の共済審査会

3 第一項の審査請求をした日から二月以内に決定がないときは、審査請求人は、社会保険審査官が審査請求を棄却したものとみなすことができる。

4 第一項及び第二項の審査請求並びに第一項の再審査請求は、時効の完成猶予及び更新に関しては、裁判上の請求とみなす。

5 被保険者の資格又は標準報酬に関する処分が確定したときは、その処分についての不服を当該処分に基づく保険給付に関する処分についての不服の理由とすることができない。

6 第二項、第四項及び前項に定めるもののほか、第二項に規定する処分についての審査請求については、共済各法の定めるところによる。

第九十一条 厚生労働大臣による保険料その他この法律の規定による徴収金の賦課若しくは徴収の処分又は第八十六条の規定による処分に不服がある者は、社会保険審査会に対して審査請求をすることができる。

2 前条第二項第一号及び第二号に掲げる者による保険料その他この法律の規定による徴収金の賦課又は徴収の処分に不服がある者は、当該各号に定める者に対して審査請求をすることができる。

3 前条第二項第三号に掲げる者による保険料その他この法律の規定による徴収金の賦課若しくは徴収の処分又は督促若しくは国税滞納処分の例による処分に不服がある者は、同号に定める者に対して審査請求をすることができる。

4 前二項に定めるもののほか、前二項の審査請求については、共済各法の定めるところによる。

（審査請求と訴訟との関係）

第九十一条の三 第九十条第一項に規定する処分の取消しの訴えは、当該処分についての審査請求に対する社会保険審査官の決定を経た後でなければ、提起することができない。

第七章 雑則

（時効）

第九十二条 保険料その他この法律の規定による徴収金を徴収し、又はその還付を受ける権利は、これらを行使することができる時から二年を経過したとき、保険給付を受ける権利は、その支給すべき事由が生じた日から五年を経過したとき、当該権利に基づき支払期月ごとに支払うものとされる保険給付の支給を受ける権利は、当該日の属する月の翌月以後に到来する当該保険給付の支給に係る第三十六条第三項本文に規定する支払期月の翌月の初日から五年を経過したとき、保険給付の返還を受ける権利は、これを行使することができる時から五年を経過したときは、時効によつて、消滅する。

2 保険料その他この法律の規定による徴収金を徴収し、若しくはその還付を受ける権利又は保険給付の返還を受ける権利の時効については、その援用を要せず、また、その利益を放棄することができないものとする。

3 年金たる保険給付を受ける権利の時効は、当該年金たる保険給付がその全額につき支給を停止されている間は、進行しない。

4 保険料その他この法律の規定による徴収金の納入の告知又は第八十六条第一項の規定による督促は、時効の更新の効力を有する。

5 第一項に規定する保険給付を受ける権利又は当該権利に基づき支払期月ごとに支払うものとされる保険給付の支給を受ける権利については、会計法（昭和二十二年法律第三十五号）第三十一条の規定を適用しない。

第八章 罰則

附則 抄

・雇用保険法等の一部を改正する法律（令和二・三・三一法律一四）

（施行期日）

第一条 この法律は、令和二年四月一日か

ら施行する。ただし、次の各号に掲げる規定は、当該各号に定める日から施行する。

六 〈略〉令和七年四月一日

・刑法等の一部を改正する法律の施行に伴う関係法律の整理等に関する法律（令和四・六・一七法律六八）

附則 抄

（施行期日）

1 この法律は、刑法等一部改正法施行日から施行する。〈略〉

・民事関係手続等における情報通信技術の活用等の推進を図るための関係法律の整備に関する法律（令和五・六・一四法律五三）

附則 抄

この法律は、公布の日から起算して五年を超えない範囲内において政令で定める日から施行する。ただし、次の各号に掲げる規定は、当該各号に定める日から施行する。

二 〈略〉公布の日から起算して二年六月を超えない範囲内において政令で定める日

国民健康保険法（抄）

（昭和三三・一二・二七 法律一九二）

最新改正 令和五法律四八

第一章 総則

（この法律の目的）

第一条 この法律は、国民健康保険事業の健全な運営を確保し、もつて社会保障及び国民保健の向上に寄与することを目的とする。

（国民健康保険）

第二条 国民健康保険は、被保険者の疾病、負傷、出産又は死亡に関して必要な保険給付を行うものとする。

（保険者）

第三条 都道府県は、当該都道府県内の市町村（特別区を含む。以下同じ。）とともに、この法律の定めるところにより、国民健康保険を行うものとする。

2 国民健康保険組合は、この法律の定めるところにより、国民健康保険を行うことができる。

第二章 都道府県及び市町村

（被保険者）

第五条 都道府県の区域内に住所を有する者は、当該都道府県が当該都道府県内の市町村とともに行う国民健康保険の被保険者とする。

（適用除外）

第六条 前条の規定にかかわらず、次の各号のいずれかに該当する者は、都道府県が当該都道府県内の市町村とともに行う国民健康保険（以下「都道府県等が行う国民健康保険」という。）の被保険者としない。

一 健康保険法（大正十一年法律第七十号）の規定による被保険者。ただし、同法第三条第二項の規定による日雇特例被保険者を除く。

二 船員保険法（昭和十四年法律第七十三号）の規定による被保険者

三 国家公務員共済組合法（昭和三十三年法律第百二十八号）又は地方公務員等共済組合法（昭和三十七年法律第百五十二号）に基づく共済組合の組合員

四 私立学校教職員共済法（昭和二十八年法律第二百四十五号）の規定による私立学校教職員共済制度の加入者

五 健康保険法の規定による被扶養者。ただし、同法第三条第二項の規定による日雇特例被保険者の同法の規定による被扶養者を除く。

六 船員保険法、国家公務員共済組合法（他の法律において準用する場合を含む。）又は地方公務員等共済組合法の規定による被扶養者

七 健康保険法第百二十六条の規定により日雇特例被保険者手帳の交付を受け、その手帳に健康保険印紙をはり付けるべき余白がなくなるに至るまでの間にある者及び同法の規定によるその者の被扶養者。ただし、同法第三条第二項ただし書の規定による承認を受けて同項の規定による日雇特例被保険者とならない期間内にある者及び同法第

百二十六条第三項の規定により当該日雇特例被保険者手帳を返納した者並びに同法の規定によるその者の被扶養者を除く。

八　高齢者の医療の確保に関する法律（昭和五十七年法律第八十号）の規定による被保険者

九　生活保護法（昭和二十五年法律第百四十四号）による保護を受けている世帯（その保護を停止されている世帯を除く。）に属する者

十　国民健康保険組合の被保険者

十一　その他特別の理由がある者で厚生労働省令で定めるもの

（**資格取得の時期**）

第七条　都道府県等が行う国民健康保険の被保険者は、都道府県の区域内に住所を有するに至つた日又は前条各号のいずれにも該当しなくなつた日から、その資格を取得する。

（**届出等**）

第九条　世帯主は、厚生労働省令で定めるところにより、その世帯に属する被保険者の資格の取得及び喪失に関する事項その他必要な事項を市町村に届け出なければならない。

2　世帯主と同一の世帯に属する全て又は一部の被保険者が第三十六条第三項に規定する電子資格確認を受けることができない状況にあるときは、当該世帯主は、厚生労働省令で定めるところにより、当該世帯主が住所を有する市町村に対し、当該状況にある被保険者の資格に係る情報として厚生労働省令で定める事項を記載した書面の交付又は当該事項の電磁的方法（電子情報処理組織を使用する方法その他の情報通信の技術を利用する方法であつて厚生労働省令で定めるものをいう。以下この項から第四項までにおいて同じ。）による提供を求めることができる。この場合において、当該市町村は、厚生労働省令で定めるところにより、速やかに、当該書面の交付の求めを行つた世帯主に対しては当該書面を交付するものとし、当該電磁的方法による提供の求めを行つた世帯主に対しては当該事項を電磁的方法により提供するものとする。

3　前項の規定により同項の書面の交付を受け、又は電磁的方法により同項の厚生労働省令で定める事項の提供を受けた世帯主と同一の世帯に属する被保険者は、当該書面又は当該事項を厚生労働省令で定める方法により表示したものを提示することにより、第三十六条第三項本文（第五十二条第六項、第五十二条の二第三項、第五十三条第三項及び第五十四条の三第六項において準用する場合を含む。）又は第五十四条の二第三項（第五十四条の三第六項において準用する場合を含む。）の確認を受けることができる。

4　世帯主は、その世帯に属する全て又は一部の被保険者の資格に係る事実の確認のため、厚生労働省令で定めるところにより、当該世帯主が住所を有する市町村に対し、当該事実を記載した書面の交付又は当該書面に記載すべき事項の電磁的方法による提供を求めることができる。この場合において、当該市町村は、厚生労働省令で定めるところにより、当該書面の交付の求めを行つた世帯主に対しては当該書面を交付するものとし、当該電磁的方法による提供の求めを行つた世帯主に対しては当該書面に記載すべき事項を電磁的方法により提供するものとする。

5　世帯主は、その世帯に属する被保険者がその資格を喪失したときは、厚生労働省令の定めるところにより、速やかに、市町村にその旨を届け出なければならない。

6　住民基本台帳法（昭和四十二年法律第八十一号）第二十二条から第二十四条まで、第二十五条、第三十条の四十六又は第三十条の四十七の規定による届出があつたとき（当該届出に係る書面に同法第二十八条の規定による付記がされたときに限る。）は、その届出と同一の事由に基づく第一項又は前項の規定による届出があつたものとみなす。

7　前各項に規定するもののほか、被保険者に関する届出及び被保険者の資格に関する確認に関して必要な事項は、厚生労働省令で定める。

（**国民健康保険事業の運営に関する協議会**）

第十一条　国民健康保険事業の運営に関する事項（この法律の定めるところにより都道府県が処理することとされている事務に係るものであつて、第七十五条の七第一項の規定による国民健康保険事業費納付金の徴収、第八十二条の二第一項の規定による都道府県国民健康保険運営方針の作成その他の重要事項に限る。）を審議させるため、都道府県に都道府県の国民健康保険事業の運営に関する協議会を置く。

2　国民健康保険事業の運営に関する事項（この法律の定めるところにより市町村が処理することとされている事務に係るものであつて、第四章の規定による保険給付、第七十六条第一項の規定による保険料の徴収その他の

重要事項に限る。）を審議させるため、市町村に市町村の国民健康保険事業の運営に関する協議会を置く。

3 前二項に定める協議会は、前二項に定めるもののほか、国民健康保険事業の運営に関する事項（第一項に定める協議会にあつてはこの法律の定めるところにより都道府県が処理することとされている事務に係るものに限り、前項に定める協議会にあつてはこの法律の定めるところにより市町村が処理することとされている事務に係るものに限る。）を審議することができる。

4 前三項に規定するもののほか、第一項及び第二項に定める協議会に関して必要な事項は、政令で定める。

第三章　国民健康保険組合

第四章　保険給付

第一節　療養の給付等

（療養の給付）

第三十六条　市町村及び組合は、被保険者の疾病及び負傷に関しては、次の各号に掲げる療養の給付を行う。ただし、当該被保険者の属する世帯の世帯主又は組合員が当該被保険者について第五十四条の三第一項又は第二項本文の規定の適用を受けている間は、この限りでない。

一 診察

二 薬剤又は治療材料の支給

三 処置、手術その他の治療

四 居宅における療養上の管理及びその療養に伴う世話その他の看護

五 病院又は診療所への入院及びその療養に伴う世話その他の看護

2 次に掲げる療養に係る給付は、前項の給付に含まれないものとする。

一 食事の提供たる療養であつて前項第五号に掲げる療養と併せて行うもの（医療法（昭和二十三年法律第二百五号）第七条第二項第四号に規定する療養病床への入院及びその療養に伴う世話その他の看護であつて、当該療養を受ける際、六十五歳に達する日の属する月の翌月以後である被保険者（以下「特定長期入院被保険者」という。）に係るものを除く。以下「食事療養」という。）

二 次に掲げる療養であつて前項第五号に掲げる療養と併せて行うもの（特定長期入院被保険者に係るものに限る。以下「生活療養」という。）

イ 食事の提供たる療養

ロ 温度、照明及び給水に関する適切な療養環境の形成たる療養

三 評価療養（健康保険法第六十三条第二項第三号に規定する評価療養をいう。以下同じ。）

四 患者申出療養（健康保険法第六十三条第二項第四号に規定する患者申出療養をいう。以下同じ。）

五 選定療養（健康保険法第六十三条第二項第五号に規定する選定療養をいう。以下同じ。）

3 被保険者が第一項の給付を受けようとするときは、自己の選定する保険医療機関等（健康保険法第六十三条第三項第一号に規定する保険医療機関又は保険薬局をいう。以下同じ。）から、電子資格確認（保険医療機関等から療養を受けようとする者又は第五十四条の二第一項に規定する指定訪問看護事業者から同項に規定する指定訪問看護を受けようとする者が、市町村又は組合に対し、個人番号カード（行政手続における特定の個人を識別するための番号の利用等に関する法律（平成二十五年法律第二十七号）第二条第七項に規定する個人番号カードをいう。）に記録された利用者証明用電子証明書（電子署名等に係る地方公共団体情報システム機構の認証業務に関する法律（平成十四年法律第百五十三号）第二十二条第一項に規定する利用者証明用電子証明書をいう。）を送信する方法その他の厚生労働省令で定める方法により、被保険者の資格に係る情報（保険給付に係る費用の請求に必要な情報を含む。）の照会を行い、電子情報処理組織を使用する方法その他の情報通信の技術を利用する方法により、市町村又は組合から回答を受けて当該情報を当該保険医療機関等又は指定訪問看護事業者に提供し、当該保険医療機関等又は指定訪問看護事業者から被保険者であることの確認を受けることをいう。以下同じ。）その他厚生労働省令で定める方法（以下「電子資格確認等」という。）により、被保険者であることの確認を受け、第一項の給付を受けるものとする。ただし、厚生労働省令で定める場合に該当するときは、当該確認を受けることを要しない。

（療養の給付を受ける場合の一部負担金）

第四十二条　第三十六条第三項の規定により保険医療機関等について療養の給付を受ける者は、その給付を受ける際、次の各号の区分に従い、当該給付につき第四十五条第二項又は第三項の規定により算定した額に当該各号に掲げる割合を乗じて得た額を、一部負担金として、当該保険医療機関等に支払わなければならない。

一　六歳に達する日以後の最初の三月三十一日の翌日以後であつて七十歳に達する日の属する月以前である場合　十分の三

二　六歳に達する日以後の最初の三月三十一日以前である場合　十分の二

三　七十歳に達する日の属する月の翌月以後である場合（次号に掲げる場合を除く。）　十分の二

四　七十歳に達する日の属する月の翌月以後である場合であつて、当該療養の給付を受ける者の属する世帯に属する被保険者（七十歳に達する日の属する月の翌月以後である場合に該当する者その他政令で定める者に限る。）について政令の定めるところにより算定した所得の額が政令で定める額以上であるとき　十分の三

2　保険医療機関等は、前項の一部負担金（第四十三条第一項の規定により一部負担金の割合が減ぜられたときは、同条第二項に規定する保険医療機関等にあつては、当該減ぜられた割合による一部負担金とし、第四十四条第一項第一号の措置が採られたときは、当該減額された一部負担金とする。）の支払を受けるべきものとし、保険医療機関等が善良な管理者と同一の注意をもつてその支払を受けることに努めたにもかかわらず、なお被保険者が当該一部負担金の全部又は一部を支払わないときは、市町村及び組合は、当該保険医療機関等の請求に基づき、この法律の規定による徴収金の例によりこれを処分することができる。

（保険医療機関等の診療報酬）

第四十五条　市町村及び組合は、療養の給付に関する費用を保険医療機関等に支払うものとし、保険医療機関等が療養の給付に関し市町村又は組合に請求することができる費用の額は、療養の給付に要する費用の額から、当該療養の給付に関し被保険者（第五十七条に規定する場合にあつては、当該被保険者の属する世帯の世帯主又は組合員）が当該保険医療機関等に対して支払わなければならない一部負担金に相当する額を控除した額とする。

2　前項の療養の給付に要する費用の額の算定については、健康保険法第七十六条第二項の規定による厚生労働大臣の定めの例による。

3　市町村及び組合は、都道府県知事の認可を受け、保険医療機関等との契約により、当該保険医療機関等において行われる療養の給付に関する第一項の療養の給付に要する費用の額につき、前項の規定により算定される額の範囲内において、別段の定めをすることができる。

4　市町村及び組合は、保険医療機関等から療養の給付に関する費用の請求があつたときは、第四十条に規定する準則並びに第二項に規定する額の算定方法及び前項の定めに照らして審査した上、支払うものとする。

5　市町村及び組合は、前項の規定による審査及び支払に関する事務を都道府県の区域を区域とする国民健康保険団体連合会（加入している都道府県、市町村及び組合の数がその区域内の都道府県、市町村及び組合の総数の三分の二に達しないものを除く。）又は社会保険診療報酬支払基金法（昭和二十三年法律第百二十九号）による社会保険診療報酬支払基金（以下「支払基金」という。）に委託することができる。

6　国民健康保険団体連合会は、前項の規定及び健康保険法第七十六条第五項の規定による委託を受けて行う診療報酬請求書の審査に関する事務のうち厚生労働大臣の定める診療報酬請求書の審査に係るものを、一般社団法人又は一般財団法人であつて、審査に関する組織その他の事項につき厚生労働省令で定める要件に該当し、当該事務を適正かつ確実に実施することができると認められるものとして厚生労働大臣が指定するものに委託することができる。

7　前項の規定により厚生労働大臣の定める診療報酬請求書の審査に係る事務の委託を受けた者は、当該診療報酬請求書の審査を厚生労働省令で定める要件に該当する者に行わせなければならない。

8　前各項に規定するもののほか、保険医療機関等の療養の給付に関する費用の請求に関して必要な事項は、厚生労働省令で定める。

（入院時食事療養費）

第五十二条　市町村及び組合は、被保険者（特定長期入院被保険者を除く。）が、自己の選定する保険医療機関について第三十六条第一項第五号に掲げる療養の給付と併せて受けた

食事療養に要した費用について、当該被保険者の属する世帯の世帯主又は組合員に対し、入院時食事療養費を支給する。ただし、当該世帯主又は組合員が当該被保険者について第五十四条の三第一項又は第二項本文の規定の適用を受けている間は、この限りでない。

2　入院時食事療養費の額は、当該食事療養につき健康保険法第八十五条第二項の規定による厚生労働大臣の定める基準の例により算定した費用の額（その額が現に当該食事療養に要した費用の額を超えるときは、当該現に食事療養に要した費用の額とする。）から、同項に規定する食事療養標準負担額（以下単に「食事療養標準負担額」という。）を控除した額とする。

3　被保険者が保険医療機関について食事療養を受けたときは、市町村及び組合は、当該被保険者の属する世帯の世帯主又は組合員が当該保険医療機関に支払うべき食事療養に要した費用について、入院時食事療養費として当該世帯主又は組合員に対し支給すべき額の限度において、当該世帯主又は組合員に代わり、当該保険医療機関に支払うことができる。

4　前項の規定による支払があつたときは、世帯主又は組合員に対し入院時食事療養費の支給があつたものとみなす。

5　保険医療機関は、食事療養に要した費用につき、その支払を受ける際、当該支払をした世帯主又は組合員に対し、厚生労働省令の定めるところにより、領収証を交付しなければならない。

6　健康保険法第六十四条並びに本法第三十六条第三項、第四十条、第四十一条、第四十五条第三項から第八項まで及び第四十五条の二の規定は、保険医療機関について受けた食事療養及びこれに伴う入院時食事療養費の支給について準用する。この場合において、これらの規定に関し必要な技術的読替えは、政令で定める。

（入院時生活療養費）

第五十二条の二　市町村及び組合は、特定長期入院被保険者が、自己の選定する保険医療機関について第三十六条第一項第五号に掲げる療養の給付と併せて受けた生活療養に要した費用について、当該特定長期入院被保険者の属する世帯の世帯主又は組合員に対し、入院時生活療養費を支給する。ただし、当該世帯主又は組合員が当該特定長期入院被保険者について第五十四条の三第一項又は第二項本文の規定の適用を受けている間は、この限りでない。

2　入院時生活療養費の額は、当該生活療養につき健康保険法第八十五条の二第二項の規定による厚生労働大臣の定める基準の例により算定した費用の額（その額が現に当該生活療養に要した費用の額を超えるときは、当該現に生活療養に要した費用の額とする。）から、同項に規定する生活療養標準負担額（以下「生活療養標準負担額」という。）を控除した額とする。

3　健康保険法第六十四条並びに本法第三十六条第三項、第四十条、第四十一条、第四十五条第三項から第八項まで、第四十五条の二及び前条第三項から第五項までの規定は、保険医療機関について受けた生活療養及びこれに伴う入院時生活療養費の支給について準用する。この場合において、これらの規定に関し必要な技術的読替えは、政令で定める。

（保険外併用療養費）

第五十三条　市町村及び組合は、被保険者が自己の選定する保険医療機関等について評価療養、患者申出療養又は選定療養を受けたときは、当該被保険者の属する世帯の世帯主又は組合員に対し、その療養に要した費用について、保険外併用療養費を支給する。ただし、当該世帯主又は組合員が当該被保険者について第五十四条の三第一項又は第二項本文の規定の適用を受けている間は、この限りでない。

2　保険外併用療養費の額は、第一号に規定する額（当該療養に食事療養が含まれるときは、当該額及び第二号に規定する額の合算額、当該療養に生活療養が含まれるときは、当該額及び第三号に規定する額の合算額）とする。

一　当該療養（食事療養及び生活療養を除く。）につき健康保険法第八十六条第二項第一号の規定による厚生労働大臣の定めの例により算定した費用の額（その額が現に当該療養に要した費用の額を超えるときは、当該現に療養に要した費用の額とする。）から、その額に第四十二条第一項各号の区分に応じ、同項各号に掲げる割合（第四十三条第一項の規定により一部負担金の割合が減ぜられたときは、当該減ぜられた割合とする。）を乗じて得た額（療養の給付に係る第四十二条第一項の一部負担金について第四十四条第一項各号の措置が

採られるべきときは、当該措置が採られたものとした場合の額とする。）を控除した額

二　当該食事療養につき健康保険法第八十五条第二項の規定による厚生労働大臣の定める基準の例により算定した費用の額（その額が現に当該食事療養に要した費用の額を超えるときは、当該現に食事療養に要した費用の額とする。）から、食事療養標準負担額を控除した額

三　当該生活療養につき健康保険法第八十五条の二第二項の規定による厚生労働大臣の定める基準の例により算定した費用の額（その額が現に当該生活療養に要した費用の額を超えるときは、当該現に生活療養に要した費用の額とする。）から、生活療養標準負担額を控除した額

3　健康保険法第六十四条並びに本法第三十六条第三項、第四十条、第四十一条、第四十五条第三項から第八項まで、第四十五条の二及び第五十二条第三項から第五項までの規定は、保険医療機関等について受けた評価療養、患者申出療養及び選定療養並びにこれらに伴う保険外併用療養費の支給について準用する。この場合において、これらの規定に関し必要な技術的読替えは、政令で定める。

4　第四十二条の二の規定は、前項において準用する第五十二条第三項の場合において当該療養につき第二項の規定により算定した費用の額（その額が現に療養に要した費用の額を超えるときは、当該現に療養に要した費用の額とする。）から当該療養に要した費用について保険外併用療養費として支給される額に相当する額を控除した額の支払について準用する。

（訪問看護療養費）

第五十四条の二　市町村及び組合は、被保険者が指定訪問看護事業者（健康保険法第八十八条第一項に規定する指定訪問看護事業者をいう。以下同じ。）について指定訪問看護（同項に規定する指定訪問看護をいう。以下同じ。）を受けたときは、当該被保険者の属する世帯の世帯主又は組合員に対し、その指定訪問看護に要した費用について、訪問看護療養費を支給する。ただし、当該世帯主又は組合員が当該被保険者について第五十四条の三第一項又は第二項本文の規定の適用を受けている間は、この限りでない。

2　前項の訪問看護療養費は、厚生労働省令で定めるところにより市町村又は組合が必要と認める場合に限り、支給するものとする。

3　被保険者が指定訪問看護を受けようとするときは、厚生労働省令で定めるところにより、自己の選定する指定訪問看護事業者から、電子資格確認等により、被保険者であることの確認を受け、当該指定訪問看護を受けるものとする。

4　訪問看護療養費の額は、当該指定訪問看護につき健康保険法第八十八条第四項の規定による厚生労働大臣の定めの例により算定した費用の額から、その額に第四十二条第一項各号の区分に応じ、同項各号に掲げる割合（第四十三条第一項の規定により一部負担金の割合が減ぜられたときは、当該減ぜられた割合とする。）を乗じて得た額（療養の給付について第四十四条第一項各号の措置が採られるべきときは、当該措置が採られたものとした場合の額とする。）を控除した額とする。

5　被保険者が指定訪問看護事業者について指定訪問看護を受けたときは、市町村及び組合は、当該被保険者の属する世帯の世帯主又は組合員が当該指定訪問看護事業者に支払うべき当該指定訪問看護に要した費用について、訪問看護療養費として当該世帯主又は組合員に対し支給すべき額の限度において、当該世帯主又は組合員に代わり、当該指定訪問看護事業者に支払うことができる。

6　前項の規定による支払があつたときは、世帯主又は組合員に対し訪問看護療養費の支給があつたものとみなす。

7　第四十二条の二の規定は、第五項の場合において第四項の規定により算定した費用の額から当該指定訪問看護に要した費用について訪問看護療養費として支給される額に相当する額を控除した額の支払について準用する。

8　指定訪問看護事業者は、指定訪問看護に要した費用につき、その支払を受ける際、当該支払をした世帯主又は組合員に対し、厚生労働省令の定めるところにより、領収証を交付しなければならない。

9　市町村及び組合は、指定訪問看護事業者から訪問看護療養費の請求があつたときは、第四項に規定する額の算定方法及び次項に規定する準則に照らして審査した上、支払うものとする。

10　指定訪問看護事業者が、国民健康保険の指定訪問看護を提供する場合の準則については、健康保険法第九十二条第二項に規定する指定訪問看護の事業の運営に関する基準（指

定訪問看護の取扱いに関する部分に限る。）の例によるものとし、これにより難いとき又はよることが適当と認められないときの準則については、厚生労働省令で定める。

11　指定訪問看護は、第三十六条第一項各号に掲げる療養に含まれないものとする。

12　健康保険法第九十二条第三項及び本法第四十五条第五項から第八項までの規定は、指定訪問看護事業者について受けた指定訪問看護及びこれに伴う訪問看護療養費の支給について準用する。この場合において、これらの規定に関し必要な技術的読替えは、政令で定める。

（**移送費**）

第五十四条の四　市町村及び組合は、被保険者が療養の給付（保険外併用療養費に係る療養及び特別療養費に係る療養を含む。）を受けるため病院又は診療所に移送されたときは、当該被保険者の属する世帯の世帯主又は組合員に対し、移送費として、厚生労働省令で定めるところにより算定した額を支給する。

2　前項の移送費は、厚生労働省令で定めるところにより市町村又は組合が必要であると認める場合に限り、支給するものとする。

（**高額療養費**）

第五十七条の二　市町村及び組合は、療養の給付について支払われた一部負担金の額又は療養（食事療養及び生活療養を除く。次項において同じ。）に要した費用の額からその療養に要した費用につき保険外併用療養費、療養費、訪問看護療養費若しくは特別療養費として支給される額若しくは第五十六条第二項の規定により支給される差額に相当する額を控除した額（次条第一項において「一部負担金等の額」という。）が著しく高額であるときは、世帯主又は組合員に対し、高額療養費を支給する。ただし、当該療養について療養の給付、保険外併用療養費の支給、療養費の支給、訪問看護療養費の支給若しくは特別療養費の支給又は第五十六条第二項の規定による差額の支給を受けなかつたときは、この限りでない。

2　高額療養費の支給要件、支給額その他高額療養費の支給に関して必要な事項は、療養に必要な費用の負担の家計に与える影響及び療養に要した費用の額を考慮して、政令で定める。

（**高額介護合算療養費**）

第五十七条の三　市町村及び組合は、一部負担金等の額（前条第一項の高額療養費が支給される場合にあつては、当該支給額に相当する額を控除して得た額）並びに介護保険法第五十一条第一項に規定する介護サービス利用者負担額（同項の高額介護サービス費が支給される場合にあつては、当該支給額を控除して得た額）及び同法第六十一条第一項に規定する介護予防サービス利用者負担額（同項の高額介護予防サービス費が支給される場合にあつては、当該支給額を控除して得た額）の合計額が著しく高額であるときは、世帯主又は組合員に対し、高額介護合算療養費を支給する。ただし、当該一部負担金等の額に係る療養の給付、保険外併用療養費の支給、療養費の支給、訪問看護療養費の支給若しくは特別療養費の支給又は第五十六条第二項の規定による差額の支給を受けなかつたときは、この限りでない。

2　前条第二項の規定は、高額介護合算療養費の支給について準用する。

第二節　その他の給付

第五十八条　市町村及び組合は、被保険者の出産及び死亡に関しては、条例又は規約の定めるところにより、出産育児一時金の支給又は葬祭費の支給若しくは葬祭の給付を行うものとする。ただし、特別の理由があるときは、その全部又は一部を行わないことができる。

2　市町村及び組合は、前項の保険給付のほか、条例又は規約の定めるところにより、傷病手当金の支給その他の保険給付を行うことができる。

3　市町村及び組合は、第一項の保険給付及び前項の傷病手当金の支給に関する事務を国民健康保険団体連合会又は支払基金に委託することができる。

第四節　雑則

（**受給権の保護**）

第六十七条　保険給付を受ける権利は、譲り渡し、担保に供し、又は差し押えることができない。

（**租税その他の公課の禁止**）

第六十八条　租税その他の公課は、保険給付として支給を受けた金品を標準として、課することができない。

第五章　費用の負担

（**国の負担**）

第六十九条　国は、政令の定めるところにより、組合に対して国民健康保険の事務（高齢者の医療の確保に関する法律の規定による前期高齢者納付金等（以下「前期高齢者納付金等」という。）並びに同法の規定による後期高齢者支援金、後期高齢者関係事務費拠出金及び出産育児関係事務費拠出金（以下「後期高齢者支援金等」という。）、介護保険法の規定による納付金（以下「介護納付金」という。）並びに感染症の予防及び感染症の患者に対する医療に関する法律（平成十年法律第百十四号）の規定による流行初期医療確保拠出金（以下「流行初期医療確保拠出金」という。）の納付に関する事務を含む。）の執行に要する費用を負担する。

第七十条　国は、都道府県等が行う国民健康保険の財政の安定化を図るため、政令で定めるところにより、都道府県に対し、当該都道府県内の市町村による療養の給付並びに入院時食事療養費、入院時生活療養費、保険外併用療養費、療養費、訪問看護療養費、特別療養費、移送費、高額療養費及び高額介護合算療養費の支給に要する費用（第七十三条第一項、第七十五条の二第一項、第七十六条第二項及び第百四条において「療養の給付等に要する費用」という。）並びに当該都道府県による高齢者の医療の確保に関する法律の規定による前期高齢者納付金（以下「前期高齢者納付金」という。）及び同法の規定による後期高齢者支援金（以下「後期高齢者支援金」という。）、介護納付金並びに流行初期医療確保拠出金の納付に要する費用について、次の各号に掲げる額の合算額の百分の三十二を負担する。

一　被保険者に係る療養の給付に要する費用の額から当該給付に係る一部負担金に相当する額を控除した額並びに入院時食事療養費、入院時生活療養費、保険外併用療養費、療養費、訪問看護療養費、特別療養費、移送費、高額療養費及び高額介護合算療養費の支給に要する費用の額の合算額から第七十二条の三第一項の規定による繰入金及び第七十二条の四第一項の規定による繰入金の合算額の二分の一に相当する額を控除した額

二　前期高齢者納付金及び後期高齢者支援金、介護納付金並びに流行初期医療確保拠出金の納付に要する費用の額（高齢者の医療の確保に関する法律の規定による前期高齢者交付金（以下「前期高齢者交付金」という。）がある場合には、これを控除した額）

2　第四十三条第一項の規定により一部負担金の割合を減じている市町村又は都道府県若しくは市町村が被保険者の全部若しくは一部についてその一部負担金に相当する額の全部若しくは一部を負担することとしている市町村が属する都道府県に対する前項の規定の適用については、同項第一号に掲げる額は、当該一部負担金の割合の軽減又は一部負担金に相当する額の全部若しくは一部の負担の措置が講ぜられないものとして、政令で定めるところにより算定した同号に掲げる額に相当する額とする。

3　国は、第一項に定めるもののほか、政令で定めるところにより、都道府県に対し、被保険者に係る全ての医療に関する給付に要する費用の額に対する高額な医療に関する給付に要する費用の割合等を勘案して、国民健康保険の財政に与える影響が著しい医療に関する給付として政令で定めるところにより算定する額以上の医療に関する給付に要する費用の合計額（第七十二条の二第二項において「高額医療費負担対象額」という。）の四分の一に相当する額を負担する。

（国庫負担金の減額）

第七十一条　都道府県又は当該都道府県内の市町村が確保すべき収入を不当に確保しなかつた場合においては、国は、政令で定めるところにより、前条の規定により当該都道府県に対して負担すべき額を減額することができる。

2　前項の規定により減額する額は、不当に確保しなかつた額をこえることができない。

（調整交付金等）

第七十二条　国は、都道府県等が行う国民健康保険について、都道府県及び当該都道府県内の市町村の財政の状況その他の事情に応じた財政の調整を行うため、政令で定めるところにより、都道府県に対して調整交付金を交付する。

2　前項の規定による調整交付金の総額は、次の各号に掲げる額の合算額とする。

一　第七十条第一項第一号に掲げる額（同条第二項の規定の適用がある場合にあつては、同項の規定を適用して算定した額）及び同条第一項第二号に掲げる額の合算額の見込額の総額（次条第一項において「算定対象額」という。）の百分の九に相当する額

二　第七十二条の三第一項の規定による繰入

金及び第七十二条の四第一項の規定による繰入金の合算額の総額の四分の一に相当する額

3　国は、第一項に定めるもののほか、被保険者の健康の保持増進、医療の効率的な提供の推進その他医療に要する費用の適正化（以下「医療費適正化」という。）等に係る都道府県及び当該都道府県内の市町村の取組を支援するため、政令で定めるところにより、都道府県に対し、予算の範囲内において、交付金を交付する。

（都道府県の特別会計への繰入れ）

第七十二条の二　都道府県は、都道府県等が行う国民健康保険の財政の安定化を図り、及び当該都道府県内の市町村の財政の状況その他の事情に応じた財政の調整を行うため、政令で定めるところにより、一般会計から、算定対象額の百分の九に相当する額を当該都道府県の国民健康保険に関する特別会計に繰り入れなければならない。

2　都道府県は、前項に定めるもののほか、政令で定めるところにより、一般会計から、高額医療費負担対象額の四分の一に相当する額を当該都道府県の国民健康保険に関する特別会計に繰り入れなければならない。

（市町村の特別会計への繰入れ等）

第七十二条の三　市町村は、政令で定めるところにより、一般会計から、所得の少ない者について条例で定めるところにより行う保険料の減額賦課又は地方税法第七百三条の五第一項に規定する国民健康保険税の減額に基づき被保険者に係る保険料又は同法の規定による国民健康保険税につき減額した額の総額を基礎とし、国民健康保険の財政の状況その他の事情を勘案して政令で定めるところにより算定した額を当該市町村の国民健康保険に関する特別会計に繰り入れなければならない。

2　都道府県は、政令の定めるところにより、前項の規定による繰入金の四分の三に相当する額を負担する。

第七十二条の三の二　市町村は、政令で定めるところにより、一般会計から、六歳に達する日以後の最初の三月三十一日以前である被保険者について条例で定めるところにより行う保険料の減額賦課又は地方税法第七百三条の五第二項に規定する国民健康保険税の減額に基づき被保険者に係る保険料又は同法の規定による国民健康保険税につき減額した額の総額を基礎とし、国民健康保険の財政の状況その他の事情を勘案して政令で定めるところにより算定した額を当該市町村の国民健康保険に関する特別会計に繰り入れなければならない。

2　国は、政令で定めるところにより、前項の規定による繰入金の二分の一に相当する額を負担する。

3　都道府県は、政令で定めるところにより、第一項の規定による繰入金の四分の一に相当する額を負担する。

第七十二条の四　市町村は、第七十二条の三第一項、第七十二条の三の二の第一項及び前条第一項の規定に基づき繰り入れる額のほか、政令で定めるところにより、一般会計から、所得の少ない者の数に応じて国民健康保険の財政の状況その他の事情を勘案して政令で定めるところにより算定した額を当該市町村の国民健康保険に関する特別会計に繰り入れなければならない。

2　国は、政令の定めるところにより、前項の規定による繰入金の二分の一に相当する額を負担する。

3　都道府県は、政令の定めるところにより、第一項の規定による繰入金の四分の一に相当する額を負担する。

（保険料）

第七十六条　市町村は、当該市町村の国民健康保険に関する特別会計において負担する国民健康保険事業費納付金の納付に要する費用（当該市町村が属する都道府県の国民健康保険に関する特別会計において負担する前期高齢者納付金等及び後期高齢者支援金等並びに介護納付金の納付に要する費用を含む。以下同じ。）、財政安定化基金拠出金の納付に要する費用その他の国民健康保険事業に要する費用に充てるため、被保険者の属する世帯の世帯主（当該市町村の区域内に住所を有する世帯主に限る。）から保険料を徴収しなければならない。ただし、地方税法の規定により国民健康保険税を課するときは、この限りでない。

2　組合は、療養の給付等に要する費用その他の国民健康保険事業に要する費用（前期高齢者納付金等及び後期高齢者支援金等並びに介護納付金の納付に要する費用を含み、健康保険法第百七十九条に規定する組合にあつては、同法の規定による日雇拠出金の納付に要する費用を含む。）に充てるため、組合員から保険料を徴収しなければならない。

3　前二項の規定による保険料のうち、介護納付金の納付に要する費用に充てるための保険料は、介護保険法第九条第二号に規定する被保険者である被保険者について賦課するものとする。

（**賦課期日**）

第七十六条の二　市町村による前条第一項の保険料の賦課期日は、当該年度の初日とする。

（**保険料の徴収の方法**）

第七十六条の三　市町村による第七十六条第一項の保険料の徴収については、特別徴収（市町村が老齢等年金給付を受ける被保険者である世帯主（政令で定めるものを除く。）から老齢等年金給付の支払をする者に保険料を徴収させ、かつ、その徴収すべき保険料を納入させることをいう。以下同じ。）の方法による場合を除くほか、普通徴収（市町村が世帯主に対し、地方自治法（昭和二十二年法律第六十七号）第二百三十一条の規定により納入の通知をすることによつて保険料を徴収することをいう。以下同じ。）の方法によらなければならない。

2　前項の老齢等年金給付は、国民年金法（昭和三十四年法律第百四十一号）による老齢基礎年金その他の同法又は厚生年金保険法（昭和二十九年法律第百十五号）による老齢、障害又は死亡を支給事由とする年金たる給付であつて政令で定めるもの及びこれらの年金たる給付に類する老齢若しくは退職、障害又は死亡を支給事由とする年金たる給付であつて政令で定めるものをいう。

（**介護保険法の準用**）

第七十六条の四　介護保険法第百三十四条から第百四十一条の二までの規定は、前条の規定により行う保険料の特別徴収について準用する。この場合において、必要な技術的読替えは、政令で定める。

（**保険料の減免等**）

第七十七条　市町村及び組合は、条例又は規約の定めるところにより、特別の理由がある者に対し、保険料を減免し、又はその徴収を猶予することができる。

第六章　保健事業

第六章の二　国民健康保険運営方針等

第七章　国民健康保険団体連合会

第八章　診療報酬審査委員会

第九章　審査請求

（**審査請求**）

第九十一条　保険給付に関する処分（第九条第二項及び第四項の規定による求めに対する処分を含む。）又は保険料その他この法律の規定による徴収金に関する処分に不服がある者は、国民健康保険審査会に審査請求をすることができる。

2　前項の審査請求は、時効の完成猶予及び更新に関しては、裁判上の請求とみなす。

第九章の二　保健事業等に関する援助等

第十章　監督

第十一章　雑則

第十二章　罰則

・刑法等の一部を改正する法律の施行に伴う関係法律の整理等に関する法律（令和四・六・一七法律六八）

附則　抄

（施行期日）

1　この法律は、刑法等一部改正法施行日から施行する。〈略〉

・全世代対応型の持続可能な社会保障制度を構築するための健康保険法等の一部を改正する法律（令和五・五・一九法律三一）

附則　抄

（施行期日）

第一条　この法律は、令和六年四月一日から施行する。ただし、次の各号に掲げる規定は、当該各号に定める日から施行する。

四　〈略〉令和七年四月一日

六　〈略〉公布の日から起算して四年を超えない範囲内において政令で定める日

国民年金法（抄）

（昭和三四・四・一六）
法律一四一

最新改正　令和五法律四八

第一章　総則

（国民年金制度の目的）

第一条　国民年金制度は、日本国憲法第二十五条第二項に規定する理念に基き、老齢、障害又は死亡によつて国民生活の安定がそこなわれることを国民の共同連帯によつて防止し、もつて健全な国民生活の維持及び向上に寄与することを目的とする。

（国民年金の給付）

第二条　国民年金は、前条の目的を達成するため、国民の老齢、障害又は死亡に関して必要な給付を行うものとする。

（管掌）

第三条　国民年金事業は、政府が、管掌する。

2　国民年金事業の事務の一部は、政令の定めるところにより、法律によつて組織された共済組合（以下単に「共済組合」という。）、国家公務員共済組合連合会、全国市町村職員共済組合連合会、地方公務員共済組合連合会又は私立学校教職員共済法（昭和二十八年法律第二百四十五号）の規定により私立学校教職員共済制度を管掌することとされた日本私立学校振興・共済事業団（以下「共済組合等」という。）に行わせることができる。

3　国民年金事業の事務の一部は、政令の定めるところにより、市町村長（特別区の区長を含む。以下同じ。）が行うこととすることができる。

（年金額の改定）

第四条　この法律による年金の額は、国民の生活水準その他の諸事情に著しい変動が生じた場合には、変動後の諸事情に応ずるため、速やかに改定の措置が講ぜられなければならない。

（財政の均衡）

第四条の二　国民年金事業の財政は、長期的にその均衡が保たれたものでなければならず、著しくその均衡を失すると見込まれる場合には、速やかに所要の措置が講ぜられなければならない。

（財政の現況及び見通しの作成）

第四条の三　政府は、少なくとも五年ごとに、保険料及び国庫負担の額並びにこの法律による給付に要する費用の額その他の国民年金事業の財政に係る収支についてその現況及び財政均衡期間における見通し（以下「財政の現況及び見通し」という。）を作成しなければならない。

2　前項の財政均衡期間（第十六条の二第一項において「財政均衡期間」という。）は、財政の現況及び見通しが作成される年以降おおむね百年間とする。

3　政府は、第一項の規定により財政の現況及び見通しを作成したときは、遅滞なく、これを公表しなければならない。

（用語の定義）

第五条　この法律において、「保険料納付済期間」とは、第七条第一項第一号に規定する被保険者としての被保険者期間のうち納付された保険料（第九十六条の規定により徴収された保険料を含み、第九十条の二第一項から第三項までの規定によりその一部の額につき納付することを要しないものとされた保険料につきその残余の額が納付又は徴収されたものを除く。以下同じ。）に係るもの及び第八十八条の二の規定により納付することを要しないものとされた保険料に係るもの、第七条第一項第二号に規定する被保険者としての被保険者期間並びに同項第三号に規定する被保険者としての被保険者期間を合算した期間をいう。

2　この法律において、「保険料免除期間」とは、保険料全額免除期間、保険料四分の三免除期間、保険料半額免除期間及び保険料四分の一免除期間を合算した期間をいう。

3　この法律において、「保険料全額免除期間」とは、第七条第一項第一号に規定する被保険者としての被保険者期間であつて第八十九条第一項、第九十条第一項又は第九十条の三第一項の規定により納付することを要しないものとされた保険料に係るもののうち、第九十四条第四項の規定により納付されたものとみなされる保険料に係る被保険者期間を除いたものを合算した期間をいう。

4　この法律において、「保険料四分の三免除期間」とは、第七条第一項第一号に規定する被保険者としての被保険者期間であつて第九十条の二第一項の規定によりその四分の三の額につき納付することを要しないものとされた保険料（納付することを要しないものとされた四分の三の額以外の四分の一の額につき納付されたものに限る。）に係るもののうち、

第九十四条第四項の規定により納付されたものとみなされる保険料に係る被保険者期間を除いたものを合算した期間をいう。

5　この法律において、「保険料半額免除期間」とは、第七条第一項第一号に規定する被保険者としての被保険者期間であつて第九十条の二第二項の規定によりその半額につき納付することを要しないものとされた保険料（納付することを要しないものとされた半額以外の半額につき納付されたものに限る。）に係るもののうち、第九十四条第四項の規定により納付されたものとみなされる保険料に係る被保険者期間を除いたものを合算した期間をいう。

6　この法律において、「保険料四分の一免除期間」とは、第七条第一項第一号に規定する被保険者としての被保険者期間であつて第九十条の二第三項の規定によりその四分の一の額につき納付することを要しないものとされた保険料（納付することを要しないものとされた四分の一の額以外の四分の三の額につき納付されたものに限る。）に係るもののうち、第九十四条第四項の規定により納付されたものとみなされる保険料に係る被保険者期間を除いたものを合算した期間をいう。

7　この法律において、「配偶者」、「夫」及び「妻」には、婚姻の届出をしていないが、事実上婚姻関係と同様の事情にある者を含むものとする。

8　この法律において、「政府及び実施機関」とは、厚生年金保険の実施者たる政府及び実施機関たる共済組合等をいう。

9　この法律において、「実施機関たる共済組合等」とは、厚生年金保険の実施機関たる国家公務員共済組合連合会、地方公務員共済組合連合会又は日本私立学校振興・共済事業団をいう。

第二章　被保険者

（被保険者の資格）

第七条　次の各号のいずれかに該当する者は、国民年金の被保険者とする。

一　日本国内に住所を有する二十歳以上六十歳未満の者であつて次号及び第三号のいずれにも該当しないもの（厚生年金保険法（昭和二十九年法律第百十五号）に基づく老齢を支給事由とする年金たる保険給付その他の老齢又は退職を支給事由とする給付であつて政令で定めるもの（以下「厚生年金保険法に基づく老齢給付等」という。）を受けることができる者その他この法律の適用を除外すべき特別の理由がある者として厚生労働省令で定める者を除く。以下「第一号被保険者」という。）

二　厚生年金保険の被保険者（以下「第二号被保険者」という。）

三　第二号被保険者の配偶者（日本国内に住所を有する者又は外国において留学をする学生その他の日本国内に住所を有しないが渡航目的その他の事情を考慮して日本国内に生活の基礎があると認められる者として厚生労働省令で定める者に限る。）であつて主として第二号被保険者の収入により生計を維持するもの（第二号被保険者である者その他この法律の適用を除外すべき特別の理由がある者として厚生労働省令で定める者を除く。以下「被扶養配偶者」という。）のうち二十歳以上六十歳未満のもの（以下「第三号被保険者」という。）

2　前項第三号の規定の適用上、主として第二号被保険者の収入により生計を維持することの認定に関し必要な事項は、政令で定める。

3　前項の認定については、行政手続法（平成五年法律第八十八号）第三章（第十二条及び第十四条を除く。）の規定は、適用しない。

（資格取得の時期）

第八条　前条の規定による被保険者は、同条第一項第二号及び第三号のいずれにも該当しない者については第一号から第三号までのいずれかに該当するに至つた日に、二十歳未満の者又は六十歳以上の者については第四号に該当するに至つた日に、その他の者については同号又は第五号のいずれかに該当するに至つた日に、それぞれ被保険者の資格を取得する。

一　二十歳に達したとき。

二　日本国内に住所を有するに至つたとき。

三　厚生年金保険法に基づく老齢給付等を受けることができる者その他この法律の適用を除外すべき特別の理由がある者として厚生労働省令で定める者でなくなつたとき。

四　厚生年金保険の被保険者の資格を取得したとき。

五　被扶養配偶者となつたとき。

（資格喪失の時期）

第九条　第七条の規定による被保険者は、次の各号のいずれかに該当するに至つた日の翌日（第二号に該当するに至つた日に更に第七条第一項第二号若しくは第三号に該当するに至つたとき又は第三号から第五号までのいずれかに該当するに至つたとき（第四号については、厚生年金保険法に基づく老齢給付等を受けることができる者となつたときに限る。）は、その日）に、被保険者の資格を喪失する。

一　死亡したとき。

二　日本国内に住所を有しなくなつたとき（第七条第一項第二号又は第三号に該当するときを除く。）。

三　六十歳に達したとき（第七条第一項第二号に該当するときを除く。）。

四　厚生年金保険法に基づく老齢給付等を受けることができる者その他この法律の適用を除外すべき特別の理由がある者として厚生労働省令で定める者となつたとき（第七条第一項第二号又は第三号に該当するときを除く。）。

五　厚生年金保険の被保険者の資格を喪失したとき（第七条第一項各号のいずれかに該当するときを除く。）。

六　被扶養配偶者でなくなつたとき（第七条第一項第一号又は第二号に該当するときを除く。）。

（**被保険者に対する情報の提供**）

第十四条の五　厚生労働大臣は、国民年金制度に対する国民の理解を増進させ、及びその信頼を向上させるため、厚生労働省令で定めるところにより、被保険者に対し、当該被保険者の保険料納付の実績及び将来の給付に関する必要な情報を分かりやすい形で通知するものとする。

第三章　給付

第一節　通則

（**給付の種類**）

第十五条　この法律による給付（以下単に「給付」という。）は、次のとおりとする。

一　老齢基礎年金

二　障害基礎年金

三　遺族基礎年金

四　付加年金、寡婦年金及び死亡一時金

（**調整期間**）

第十六条の二　政府は、第四条の三第一項の規定により財政の現況及び見通しを作成するに当たり、国民年金事業の財政が、財政均衡期間の終了時に給付の支給に支障が生じないようにするために必要な積立金（年金特別会計の国民年金勘定の積立金をいう。第五章において同じ。）を保有しつつ当該財政均衡期間にわたつてその均衡を保つことができないと見込まれる場合には、年金たる給付（付加年金を除く。）の額（以下この項において「給付額」という。）を調整するものとし、政令で、給付額を調整する期間（以下「調整期間」という。）の開始年度を定めるものとする。

2　財政の現況及び見通しにおいて、前項の調整を行う必要がなくなつたと認められるときは、政令で、調整期間の終了年度を定めるものとする。

3　政府は、調整期間において財政の現況及び見通しを作成するときは、調整期間の終了年度の見通しについても作成し、併せて、これを公表しなければならない。

（**損害賠償請求権**）

第二十二条　政府は、障害若しくは死亡又はこれらの直接の原因となつた事故が第三者の行為によつて生じた場合において、給付をしたときは、その給付の価額の限度で、受給権者が第三者に対して有する損害賠償の請求権を取得する。

2　前項の場合において、受給権者が第三者から同一の事由について損害賠償を受けたときは、政府は、その価額の限度で、給付を行う責を免かれる。

（**受給権の保護**）

第二十四条　給付を受ける権利は、譲り渡し、担保に供し、又は差し押えることができない。ただし、老齢基礎年金又は付加年金を受ける権利を国税滞納処分（その例による処分を含む。）により差し押える場合は、この限りでない。

（**公課の禁止**）

第二十五条　租税その他の公課は、給付として支給を受けた金銭を標準として、課することができない。ただし、老齢基礎年金及び付加年金については、この限りでない。

第二節　老齢基礎年金

（**支給要件**）

第二十六条　老齢基礎年金は、保険料納付済期間又は保険料免除期間（第九十条の三第一項の規定により納付することを要しないものとされた保険料に係るものを除く。）を有する者が六十五歳に達したときに、その者に支給する。ただし、その者の保険料納付済期間と保険料免除期間とを合算した期間が十年に満たないときは、この限りでない。

（**年金額**）

第二十七条　老齢基礎年金の額は、七十八万九百円に改定率（次条第一項の規定により設定し、同条（第一項を除く。）から第二十七条の五までの規定により改定した率をいう。以下同じ。）を乗じて得た額（その額に五十円未満の端数が生じたときは、これを切り捨て、五十円以上百円未満の端数が生じたときは、これを百円に切り上げるものとする。）とする。ただし、保険料納付済期間の月数が四百八十に満たない者に支給する場合は、当該額に、次の各号に掲げる月数を合算した月数（四百八十を限度とする。）を四百八十で除して得た数を乗じて得た額とする。

一　保険料納付済期間の月数

二　保険料四分の一免除期間の月数（四百八十から保険料納付済期間の月数を控除して得た月数を限度とする。）の八分の七に相当する月数

三　保険料四分の一免除期間の月数から前号に規定する保険料四分の一免除期間の月数を控除して得た月数の八分の三に相当する月数

四　保険料半額免除期間の月数（四百八十から保険料納付済期間の月数及び保険料四分の一免除期間の月数を合算した月数を控除して得た月数を限度とする。）の四分の三に相当する月数

五　保険料半額免除期間の月数から前号に規定する保険料半額免除期間の月数を控除して得た月数の四分の一に相当する月数

六　保険料四分の三免除期間の月数（四百八十から保険料納付済期間の月数、保険料四分の一免除期間の月数及び保険料半額免除期間の月数を合算した月数を控除して得た月数を限度とする。）の八分の五に相当する月数

七　保険料四分の三免除期間の月数から前号に規定する保険料四分の三免除期間の月数を控除して得た月数の八分の一に相当する月数

八　保険料全額免除期間（第九十条の三第一項の規定により納付することを要しないものとされた保険料に係るものを除く。）の月数（四百八十から保険料納付済期間の月数、保険料四分の一免除期間の月数、保険料半額免除期間の月数及び保険料四分の三免除期間の月数を合算した月数を控除して得た月数を限度とする。）の二分の一に相当する月数

（**改定率の改定等**）

第二十七条の二　平成十六年度における改定率は、一とする。

2　改定率については、毎年度、第一号に掲げる率（以下「物価変動率」という。）に第二号及び第三号に掲げる率を乗じて得た率（以下「名目手取り賃金変動率」という。）を基準として改定し、当該年度の四月以降の年金たる給付について適用する。

一　当該年度の初日の属する年の前々年の物価指数（総務省において作成する年平均の全国消費者物価指数をいう。以下同じ。）に対する当該年度の初日の属する年の前年の物価指数の比率

二　イに掲げる率をロに掲げる率で除して得た率の三乗根となる率

イ　当該年度の初日の属する年の五年前の年の四月一日の属する年度における厚生年金保険の被保険者に係る標準報酬平均額（厚生年金保険法第四十三条の二第一項第二号イに規定する標準報酬平均額をいう。以下この号及び第八十七条第五項第二号イにおいて同じ。）に対する当該年度の前々年度における厚生年金保険の被保険者に係る標準報酬平均額の比率

ロ　当該年度の初日の属する年の五年前の年における物価指数に対する当該年度の初日の属する年の前々年における物価指数の比率

三　イに掲げる率をロに掲げる率で除して得た率

イ　〇・九一〇から当該年度の初日の属する年の三年前の年の九月一日における厚生年金保険法の規定による保険料率（以下「保険料率」という。）の二分の一に相当する率を控除して得た率

ロ　〇・九一〇から当該年度の初日の属する年の四年前の年の九月一日における保険料率の二分の一に相当する率を控除して得た率

3　前項の規定による改定率の改定の措置は、政令で定める。

第二十七条の三　受給権者が六十五歳に達した日の属する年度の初日の属する年の三年後の年の四月一日の属する年度（第二十七条の五第一項第二号及び第三項第一号において「基準年度」という。）以後において適用される

改定率（以下「基準年度以後改定率」という。）の改定については、前条の規定にかかわらず、物価変動率（物価変動率が名目手取り賃金変動率を上回るときは、名目手取り賃金変動率）を基準とする。

2　前項の規定による基準年度以後改定率の改定の措置は、政令で定める。

（調整期間における改定率の改定の特例）

第二十七条の四　調整期間における改定率の改定については、前二条の規定にかかわらず、名目手取り賃金変動率に、調整率（第一号に掲げる率に第二号に掲げる率を乗じて得た率（当該率が一を上回るときは、一）をいう。以下同じ。）に当該年度の前年度の特別調整率を乗じて得た率を乗じて得た率（当該率が一を下回るときは、一。第三項第二号において「算出率」という。）を基準とする。

一　当該年度の初日の属する年度の五年前の年の四月一日の属する年度における公的年金の被保険者（この法律又は厚生年金保険法の被保険者をいう。）の総数として政令で定めるところにより算定した数（以下「公的年金被保険者総数」という。）に対する当該年度の前々年度における公的年金被保険者総数の比率の三乗根となる率

二　〇・九九七

2　名目手取り賃金変動率が一を下回る場合の調整期間における改定率の改定については、前項の規定にかかわらず、名目手取り賃金変動率を基準とする。

3　第一項の特別調整率とは、第一号の規定により設定し、第二号の規定により改定した率をいう。

一　平成二十九年度における特別調整率は、一とする。

二　特別調整率については、毎年度、名目手取り賃金変動率に調整率を乗じて得た率を算出率で除して得た率（名目手取り賃金変動率が一を下回るときは、調整率）を基準として改定する。

4　前三項の規定による改定率の改定の措置は、政令で定める。

第二十七条の五　調整期間における基準年度以後改定率の改定については、前条の規定にかかわらず、第一号に掲げる率に第二号に掲げる率を乗じて得た率（当該率が一を下回るときは、一。第三項第一号ロにおいて「基準年度以後算出率」という。）を基準とする。

一　物価変動率（物価変動率が名目手取り賃金変動率を上回るときは、名目手取り賃金変動率）

二　調整率に当該年度の前年度の基準年度以後特別調整率（当該年度が基準年度である場合にあつては、当該年度の前年度の前条第三項に規定する特別調整率）を乗じて得た率

2　次の各号に掲げる場合の調整期間における基準年度以後改定率の改定については、前項の規定にかかわらず、当該各号に定める率を基準とする。

一　物価変動率が一を下回るとき（次号に掲げる場合を除く。）　物価変動率

二　物価変動率が名目手取り賃金変動率を上回り、かつ、名目手取り賃金変動率が一を下回るとき　名目手取り賃金変動率

3　第一項の基準年度以後特別調整率とは、第一号の規定により設定し、第二号の規定により改定した率をいう。

一　基準年度における基準年度以後特別調整率は、イに掲げる率にロに掲げる率を乗じて得た率とする。

イ　基準年度の前年度の前条第三項に規定する特別調整率

ロ　物価変動率（物価変動率が名目手取り賃金変動率を上回るときは、名目手取り賃金変動率）に調整率を乗じて得た率を基準年度以後算出率で除して得た率（物価変動率又は名目手取り賃金変動率が一を下回るときは、調整率）

二　基準年度以後特別調整率については、毎年度、前号ロに掲げる率を基準として改定する。

4　前三項の規定による基準年度以後改定率の改定の措置は、政令で定める。

（支給の繰下げ）

第二十八条　老齢基礎年金の受給権を有する者であつて六十六歳に達する前に当該老齢基礎年金を請求していなかつたものは、厚生労働大臣に当該老齢基礎年金の支給繰下げの申出をすることができる。ただし、その者が六十五歳に達したときに、他の年金たる給付（他の年金給付（付加年金を除く。）又は厚生年金保険法による年金たる保険給付（老齢を支給事由とするものを除く。）をいう。以下この条において同じ。）の受給権者であつたとき、又は六十五歳に達した日から六十六歳に達した日までの間において他の年金たる給付の受給権者となつたときは、この限りでない。

2　六十六歳に達した日後に次の各号に掲げる者が前項の申出（第五項の規定により前項の申出があつたものとみなされた場合における当該申出を除く。以下この項において同じ。）をしたときは、当該各号に定める日において、前項の申出があつたものとみなす。

一　七十五歳に達する日前に他の年金たる給付の受給権者となつた者　他の年金たる給付を支給すべき事由が生じた日

二　七十五歳に達した日後にある者（前号に該当する者を除く。）　七十五歳に達した日

3　第一項の申出（第五項の規定により第一項の申出があつたものとみなされた場合における当該申出を含む。次項において同じ。）をした者に対する老齢基礎年金の支給は、第十八条第一項の規定にかかわらず、当該申出のあつた日の属する月の翌月から始めるものとする。

4　第一項の申出をした者に支給する老齢基礎年金の額は、第二十七条の規定にかかわらず、同条に定める額に政令で定める額を加算した額とする。

5　第一項の規定により老齢基礎年金の支給繰下げの申出をすることができる者が、七十歳に達した日後に当該老齢基礎年金を請求し、かつ、当該請求の際に同項の申出をしないときは、当該請求をした日の五年前の日に同項の申出があつたものとみなす。ただし、その者が次の各号のいずれかに該当する場合は、この限りでない。

一　八十歳に達した日以後にあるとき。

二　当該請求をした日の五年前の日以前に他の年金たる給付の受給権者であつたとき。

第三節　障害基礎年金

（支給要件）

第三十条　障害基礎年金は、疾病にかかり、又は負傷し、かつ、その疾病又は負傷及びこれらに起因する疾病（以下「傷病」という。）について初めて医師又は歯科医師の診療を受けた日（以下「初診日」という。）において次の各号のいずれかに該当した者が、当該初診日から起算して一年六月を経過した日（その期間内にその傷病が治つた場合においては、その治つた日（その症状が固定し治療の効果が期待できない状態に至つた日を含む。）とし、以下「障害認定日」という。）において、その傷病により次項に規定する障害等級に該当する程度の障害の状態にあるときに、その者に支給する。ただし、当該傷病に係る初診日の前日において、当該初診日の属する月の前々月までに被保険者期間があり、かつ、当該被保険者期間に係る保険料納付済期間と保険料免除期間とを合算した期間が当該被保険者期間の三分の二に満たないときは、この限りでない。

一　被保険者であること。

二　被保険者であつた者であつて、日本国内に住所を有し、かつ、六十歳以上六十五歳未満であること。

2　障害等級は、障害の程度に応じて重度のものから一級及び二級とし、各級の障害の状態は、政令で定める。

（**年金額**）

第三十三条　障害基礎年金の額は、七十八万九百円に改定率を乗じて得た額（その額に五十円未満の端数が生じたときは、これを切り捨て、五十円以上百円未満の端数が生じたときは、これを百円に切り上げるものとする。）とする。

2　障害の程度が障害等級の一級に該当する者に支給する障害基礎年金の額は、前項の規定にかかわらず、同項に定める額の百分の百二十五に相当する額とする。

第三十三条の二　障害基礎年金の額は、受給権者によつて生計を維持しているその者の子（十八歳に達する日以後の最初の三月三十一日までの間にある子及び二十歳未満であつて障害等級に該当する障害の状態にある子に限る。）があるときは、前条の規定にかかわらず、同条に定める額にその子一人につきそれぞれ七万四千九百円に改定率（第二十七条の三及び第二十七条の五の規定の適用がないものとして改定した改定率とする。以下この項において同じ。）を乗じて得た額（そのうち二人までについては、それぞれ二十二万四千七百円に改定率を乗じて得た額とし、それらの額に五十円未満の端数が生じたときは、これを切り捨て、五十円以上百円未満の端数が生じたときは、これを百円に切り上げるものとする。）を加算した額とする。

2　受給権者がその権利を取得した日の翌日以後にその者によつて生計を維持しているその者の子（十八歳に達する日以後の最初の三月三十一日までの間にある子及び二十歳未満であつて障害等級に該当する障害の状態にある子に限る。）を有するに至つたことにより、前項の規定によりその額を加算することとな

つたときは、当該子を有するに至つた日の属する月の翌月から、障害基礎年金の額を改定する。

3 第一項の規定によりその額が加算された障害基礎年金については、子のうちの一人又は二人以上が次の各号のいずれかに該当するに至つたときは、その該当するに至つた日の属する月の翌月から、その該当するに至つた子の数に応じて、年金額を改定する。

一 死亡したとき。

二 受給権者による生計維持の状態がやんだとき。

三 婚姻をしたとき。

四 受給権者の配偶者以外の者の養子となつたとき。

五 離縁によつて、受給権者の子でなくなつたとき。

六 十八歳に達した日以後の最初の三月三十一日が終了したとき。ただし、障害等級に該当する障害の状態にあるときを除く。

七 障害等級に該当する障害の状態にある子について、その事情がやんだとき。ただし、その子が十八歳に達する日以後の最初の三月三十一日までの間にあるときを除く。

八 二十歳に達したとき。

4 第一項又は前項第二号の規定の適用上、障害基礎年金の受給権者によつて生計を維持していること又はその者による生計維持の状態がやんだことの認定に関し必要な事項は、政令で定める。

第四節 遺族基礎年金

（**支給要件**）

第三十七条 遺族基礎年金は、被保険者又は被保険者であつた者が次の各号のいずれかに該当する場合に、その者の配偶者又は子に支給する。ただし、第一号又は第二号に該当する場合にあつては、死亡した者につき、死亡日の前日において、死亡日の属する月の前々月までに被保険者期間があり、かつ、当該被保険者期間に係る保険料納付済期間と保険料免除期間とを合算した期間が当該被保険者期間の三分の二に満たないときは、この限りでない。

一 被保険者が、死亡したとき。

二 被保険者であつた者であつて、日本国内に住所を有し、かつ、六十歳以上六十五歳未満であるものが、死亡したとき。

三 老齢基礎年金の受給権者（保険料納付済期間と保険料免除期間とを合算した期間が二十五年以上である者に限る。）が、死亡したとき。

四 保険料納付済期間と保険料免除期間とを合算した期間が二十五年以上である者が、死亡したとき。

（**遺族の範囲**）

第三十七条の二 遺族基礎年金を受けることができる配偶者又は子は、被保険者又は被保険者であつた者の配偶者又は子（以下単に「配偶者」又は「子」という。）であつて、被保険者又は被保険者であつた者の死亡の当時その者によつて生計を維持し、かつ、次に掲げる要件に該当したものとする。

一 配偶者については、被保険者又は被保険者であつた者の死亡の当時その者によつて生計を維持し、かつ、次号に掲げる要件に該当する子と生計を同じくすること。

二 子については、十八歳に達する日以後の最初の三月三十一日までの間にあるか又は二十歳未満であつて障害等級に該当する障害の状態にあり、かつ、現に婚姻をしていないこと。

2 被保険者又は被保険者であつた者の死亡の当時胎児であつた子が生まれたときは、前項の規定の適用については、将来に向かつて、その子は、被保険者又は被保険者であつた者の死亡の当時その者によつて生計を維持していたものとみなし、配偶者は、その者の死亡の当時その子と生計を同じくしていたものとみなす。

3 第一項の規定の適用上、被保険者又は被保険者であつた者によつて生計を維持していたことの認定に関し必要な事項は、政令で定める。

（**年金額**）

第三十八条 遺族基礎年金の額は、七十八万九百円に改定率を乗じて得た額（その額に五十円未満の端数が生じたときは、これを切り捨て、五十円以上百円未満の端数が生じたときは、これを百円に切り上げるものとする。）とする。

第三十九条 配偶者に支給する遺族基礎年金の額は、前条の規定にかかわらず、同条に定める額に配偶者が遺族基礎年金の受給権を取得した当時第三十七条の二第一項に規定する要件に該当し、かつ、その者と生計を同じくした子につきそれぞれ七万四千九百円に改定率（第二十七条の三及び第二十七条の五の規定の適用がないものとして改定した改定率とする。以下この項において同じ。）を乗じて得た額（そのうち二人までについては、それぞれ二十二万四千七百円に改定率を乗じて得た額とし、それらの額に五十円未満の端数が生じたときは、これを切り捨て、五十円以上百円未満の端数が生じたときは、これを百円に切り上げるものとする。）を加算した額とする。

2　配偶者が遺族基礎年金の受給権を取得した当時胎児であつた子が生まれたときは、前項の規定の適用については、その子は、配偶者がその権利を取得した当時第三十七条の二第一項に規定する要件に該当し、かつ、その者と生計を同じくした子とみなし、その生まれた日の属する月の翌月から、遺族基礎年金の額を改定する。

3　配偶者に支給する遺族基礎年金については、第一項に規定する子が二人以上ある場合であつて、その子のうち一人を除いた子の一人又は二人以上が次の各号のいずれかに該当するに至つたときは、その該当するに至つた日の属する月の翌月から、その該当するに至つた子の数に応じて、年金額を改定する。

一　死亡したとき。

二　婚姻（届出をしていないが、事実上婚姻関係と同様の事情にある場合を含む。以下同じ。）をしたとき。

三　配偶者以外の者の養子（届出をしていないが、事実上養子縁組関係と同様の事情にある者を含む。以下同じ。）となつたとき。

四　離縁によつて、死亡した被保険者又は被保険者であつた者の子でなくなつたとき。

五　配偶者と生計を同じくしなくなつたとき。

六　十八歳に達した日以後の最初の三月三十一日が終了したとき。ただし、障害等級に該当する障害の状態にあるときを除く。

七　障害等級に該当する障害の状態にある子について、その事情がやんだとき。ただし、その子が十八歳に達する日以後の最初の三月三十一日までの間にあるときを除く。

八　二十歳に達したとき。

第三十九条の二　子に支給する遺族基礎年金の額は、当該被保険者又は被保険者であつた者の死亡について遺族基礎年金の受給権を取得した子が二人以上あるときは、第三十八条の規定にかかわらず、同条に定める額にその子のうち一人を除いた子につきそれぞれ七万四千九百円に改定率（第二十七条の三及び第二十七条の五の規定の適用がないものとして改定した改定率とする。以下この項において同じ。）を乗じて得た額（そのうち一人については、二十二万四千七百円に改定率を乗じて得た額とし、それらの額に五十円未満の端数が生じたときは、これを切り捨て、五十円以上百円未満の端数が生じたときは、これを百円に切り上げるものとする。）を加算した額を、その子の数で除して得た額とする。

2　前項の場合において、遺族基礎年金の受給権を有する子の数に増減を生じたときは、増減を生じた日の属する月の翌月から、遺族基礎年金の額を改定する。

第五節　付加年金、寡婦年金及び死亡一時金

第一款　付加年金

（支給要件）

第四十三条　付加年金は、第八十七条の二第一項の規定による保険料に係る保険料納付済期間を有する者が老齢基礎年金の受給権を取得したときに、その者に支給する。

（年金額）

第四十四条　付加年金の額は、二百円に第八十七条の二第一項の規定による保険料に係る保険料納付済期間の月数を乗じて得た額とする。

第二款　寡婦年金

（支給要件）

第四十九条　寡婦年金は、死亡日の前日において死亡日の属する月の前月までの第一号被保険者としての被保険者期間に係る保険料納付済期間と保険料免除期間とを合算した期間が十年以上である夫（保険料納付済期間又は第九十条の三第一項の規定により納付することを要しないものとされた保険料に係る期間以外の保険料免除期間を有する者に限る。）が死亡した場合において、夫の死亡の当時夫によつて生計を維持し、かつ、夫との婚姻関係（届出をしていないが、事実上婚姻関係と同様の事情にある場合を含む。）が十年以上継続した六十五歳未満の妻があるときに、その者に支給する。ただし、老齢基礎年金又は障害基礎年金の支給を受けたことがある夫が死亡したときは、この限りでない。

2　第三十七条の二第三項の規定は、前項の場合に準用する。この場合において、同条第三項中「被保険者又は被保険者であつた者」とあるのは、「夫」と読み替えるものとする。

3　六十歳未満の妻に支給する寡婦年金は、第十八条第一項の規定にかかわらず、妻が六十歳に達した日の属する月の翌月から、その支給を始める。

（**年金額**）

第五十条　寡婦年金の額は、死亡日の属する月の前月までの第一号被保険者としての被保険者期間に係る死亡日の前日における保険料納付済期間及び保険料免除期間につき、第二十七条の規定の例によつて計算した額の四分の三に相当する額とする。

第三款　死亡一時金

（**支給要件**）

第五十二条の二　死亡一時金は、死亡日の前日において死亡日の属する月の前月までの第一号被保険者としての被保険者期間に係る保険料納付済期間の月数、保険料四分の一免除期間の月数の四分の三に相当する月数、保険料半額免除期間の月数の二分の一に相当する月数及び保険料四分の三免除期間の月数の四分の一に相当する月数を合算した月数が三十六月以上である者が死亡した場合において、その者に遺族があるときに、その遺族に支給する。ただし、老齢基礎年金又は障害基礎年金の支給を受けたことがある者が死亡したときは、この限りでない。

2　前項の規定にかかわらず、死亡一時金は、次の各号のいずれかに該当するときは、支給しない。

一　死亡した者の死亡日においてその者の死亡により遺族基礎年金を受けることができる者があるとき。ただし、当該死亡日の属する月に当該遺族基礎年金の受給権が消滅したときを除く。

二　死亡した者の死亡日において胎児である子がある場合であつて、当該胎児であつた子が生まれた日においてその子又は死亡した者の配偶者が死亡した者の死亡により遺族基礎年金を受けることができるに至つたとき。ただし、当該胎児であつた子が生まれた日の属する月に当該遺族基礎年金の受給権が消滅したときを除く。

3　第一項に規定する死亡した者の子がその者の死亡により遺族基礎年金の受給権を取得した場合（その者の死亡によりその者の配偶者が遺族基礎年金の受給権を取得した場合を除く。）であつて、その受給権を取得した当時その子と生計を同じくするその子の父又は母があることにより第四十一条第二項の規定によつて当該遺族基礎年金の支給が停止されるものであるときは、前項の規定は適用しない。

（**遺族の範囲及び順位等**）

第五十二条の三　死亡一時金を受けることができる遺族は、死亡した者の配偶者、子、父母、孫、祖父母又は兄弟姉妹であつて、その者の死亡の当時その者と生計を同じくしていたものとする。ただし、前条第三項の規定に該当する場合において支給する死亡一時金を受けることができる遺族は、死亡した者の配偶者であつて、その者の死亡の当時その者と生計を同じくしていたものとする。

2　死亡一時金（前項ただし書に規定するものを除く。次項において同じ。）を受けるべき者の順位は、前項に規定する順序による。

3　死亡一時金を受けるべき同順位の遺族が二人以上あるときは、その一人のした請求は、全員のためその全額につきしたものとみなし、その一人に対してした支給は、全員に対してしたものとみなす。

（**金額**）

第五十二条の四　死亡一時金の額は、死亡日の属する月の前月までの第一号被保険者としての被保険者期間に係る死亡日の前日における保険料納付済期間の月数、保険料四分の一免除期間の月数の四分の三に相当する月数、保険料半額免除期間の月数の二分の一に相当する月数及び保険料四分の三免除期間の月数の四分の一に相当する月数を合算した月数に応じて、それぞれ次の表の下欄に定める額とする。

死亡日の属する月の前月までの第一号被保険者期間に係る死亡日の前日における保険料納付済期間の月数、保険料四分の一免除期間の月数の四分の三に相当する月数、保険料半額免除期間の月数の二分の一に相当する月数及び保険料四分の三免除期間の月数の四分の一に相当する月数を合算した月数	金額

月数	
三六月以上一八〇月未満	一二〇、〇〇〇円
一八〇月以上二四〇月未満	一四五、〇〇〇円
二四〇月以上三〇〇月未満	一七〇、〇〇〇円
三〇〇月以上三六〇月未満	二二〇、〇〇〇円
三六〇月以上四二〇月未満	二七〇、〇〇〇円
四二〇月以上	三二〇、〇〇〇円

2　死亡日の属する月の前月までの第一号被保険者としての被保険者期間に係る死亡日の前日における第八十七条の二第一項の規定による保険料に係る保険料納付済期間が三年以上である者の遺族に支給する死亡一時金の額は、前項の規定にかかわらず、同項に定める額に八千五百円を加算した額とする。

第四章　国民年金事業の円滑な実施を図るための措置

第七十四条　政府は、国民年金事業の円滑な実施を図るため、国民年金に関し、次に掲げる事業を行うことができる。

一　教育及び広報を行うこと。

二　被保険者、受給権者その他の関係者（以下この条において「被保険者等」という。）に対し、相談その他の援助を行うこと。

三　被保険者等に対し、被保険者等が行う手続に関する情報その他の被保険者等の利便の向上に資する情報を提供すること。

2　政府は、国民年金事業の実施に必要な事務を円滑に処理し、被保険者等の利便の向上に資するため、電子情報処理組織の運用を行うものとする。

3　政府は、第一項各号に掲げる事業及び前項に規定する運用の全部又は一部を日本年金機構（以下「機構」という。）に行わせることができる。

第五章　積立金の運用

第六章　費用

（国庫負担）

第八十五条　国庫は、毎年度、国民年金事業に要する費用（次項に規定する費用を除く。）に充てるため、次に掲げる額を負担する。

一　当該年度における基礎年金（老齢基礎年金、障害基礎年金及び遺族基礎年金をいう。以下同じ。）の給付に要する費用の総額（次号及び第三号に掲げる額を除く。以下「保険料・拠出金算定対象額」という。）から第二十七条第三号、第五号及び第七号に規定する月数を基礎として計算したものを控除して得た額に、一から各政府及び実施機関に係る第九十四条の三第一項に規定する政令で定めるところにより算定した率を合算した率を控除して得た率を乗じて得た額の二分の一に相当する額

二　当該年度における保険料免除期間を有する者に係る老齢基礎年金（第二十七条ただし書の規定によつてその額が計算されるものに限る。）の給付に要する費用の額に、イに掲げる数をロに掲げる数で除して得た数を乗じて得た額の合算額

イ　次に掲げる数を合算した数

(1)　当該保険料四分の一免除期間の月数（四百八十から当該保険料納付済期間の月数を控除して得た月数を限度とする。）に八分の一を乗じて得た数

(2)　当該保険料半額免除期間の月数（四百八十から当該保険料納付済期間の月数及び当該保険料四分の一免除期間の月数を合算した月数を控除して得た月数を限度とする。）に四分の一を乗じて得た数

(3)　当該保険料四分の三免除期間の月数（四百八十から当該保険料納付済期間の月数、当該保険料四分の一免除期間の月数及び当該保険料半額免除期間の月数を合算した月数を控除して得た月数を限度とする。）に八分の三を乗じて得た数

(4)　当該保険料全額免除期間（第九十条の三第一項の規定により納付することを要しないものとされた保険料に係るものを除く。）の月数（四百八十から当該保険料納付済期間の月数、当該保険料四分の一免除期間の月数、当該保険料半額免除期間の月数及び当該保険料四分の三免除期間の月数を合算した月数を控除して得た月数を限度とする。）に二分の一を乗じて得た数

ロ　第二十七条各号に掲げる月数を合算し

た数

三　当該年度における第三十条の四の規定による障害基礎年金の給付に要する費用の百分の二十に相当する額

2　国庫は、毎年度、予算の範囲内で、国民年金事業の事務の執行に要する費用を負担する。

（事務費の交付）

第八十六条　政府は、政令の定めるところにより、市町村（特別区を含む。以下同じ。）に対し、市町村長がこの法律又はこの法律に基づく政令の規定によつて行う事務の処理に必要な費用を交付する。

（保険料）

第八十七条　政府は、国民年金事業に要する費用に充てるため、保険料を徴収する。

2　保険料は、被保険者期間の計算の基礎となる各月につき、徴収するものとする。

3　保険料の額は、次の表の上欄に掲げる月分についてそれぞれ同表の下欄に定める額に保険料改定率を乗じて得た額（その額に五円未満の端数が生じたときは、これを切り捨て、五円以上十円未満の端数が生じたときは、これを十円に切り上げるものとする。）とする。

平成十七年度に属する月の月分	一万三千五百八十円
平成十八年度に属する月の月分	一万三千八百六十円
平成十九年度に属する月の月分	一万四千百四十円
平成二十年度に属する月の月分	一万四千四百二十円
平成二十一年度に属する月の月分	一万四千七百円
平成二十二年度に属する月の月分	一万四千九百八十円
平成二十三年度に属する月の月分	一万五千二百六十円
平成二十四年度に属する月の月分	一万五千五百四十円
平成二十五年度に属する月の月分	一万五千八百二十円
平成二十六年度に属する月の月分	一万六千百円
平成二十七年度に属する月の月分	一万六千三百八十円
平成二十八年度に属する月の月分	一万六千六百六十円
平成二十九年度及び平成三十年度に属する月の月分	一万六千九百円
令和元年度以後の年度に属する月の月分	一万七千円

4　平成十七年度における前項の保険料改定率は、一とする。

5　第三項の保険料改定率は、毎年度、当該年度の前年度の保険料改定率に次に掲げる率を乗じて得た率を基準として改定し、当該年度に属する月の月分の保険料について適用する。

一　当該年度の初日の属する年の三年前の年の物価指数に対する当該年度の初日の属する年の前々年の物価指数の比率

二　イに掲げる率をロに掲げる率で除して得た率の三乗根となる率

イ　当該年度の初日の属する年の六年前の年の四月一日の属する年度における厚生年金保険の被保険者に係る標準報酬平均額に対する当該年度の初日の属する年の三年前の年の四月一日の属する年度における厚生年金保険の被保険者に係る標準報酬平均額の比率

ロ　当該年度の初日の属する年の六年前の年における物価指数に対する当該年度の初日の属する年の三年前の年における物価指数の比率

6　前項の規定による保険料改定率の改定の措置は、政令で定める。

第八十七条の二　第一号被保険者（第八十九条第一項、第九十条第一項又は第九十条の三第一項の規定により保険料を納付することを要しないものとされている者、第九十条の二第一項から第三項までの規定によりその一部の額につき保険料を納付することを要しないものとされている者及び国民年金基金の加入員を除く。）は、厚生労働大臣に申し出て、その申出をした日の属する月以後の各月につき、前条第三項に定める額の保険料のほか、四百円の保険料を納付する者となることができる。

2　前項の規定による保険料の納付は、前条第三項に定める額の保険料の納付が行われた月（第九十四条第四項の規定により保険料が納付されたものとみなされた月を除く。）又は第八十八条の二の規定により納付することを要しないものとされた保険料に係る期間の各月についてのみ行うことができる。

3　第一項の規定により保険料を納付する者となつたものは、いつでも、厚生労働大臣に申し出て、その申出をした日の属する月の前月以後の各月に係る保険料（既に納付されたもの及び第九十三条第一項の規定により前納されたもの（国民年金基金の加入員となつた日の属する月以後の各月に係るものを除く。）を除く。）につき第一項の規定により保険料を納付する者でなくなることができる。

4　第一項の規定により保険料を納付する者となつたものが、国民年金基金の加入員となつたときは、その加入員となつた日に、前項の申出をしたものとみなす。

（保険料の納付義務）

第八十八条　被保険者は、保険料を納付しなければならない。

2　世帯主は、その世帯に属する被保険者の保険料を連帯して納付する義務を負う。

3　配偶者の一方は、被保険者たる他方の保険料を連帯して納付する義務を負う。

第八十八条の二　被保険者は、出産の予定日（厚生労働省令で定める場合にあつては、出産の日。第百六条第一項及び第百八条第二項において「出産予定日」という。）の属する月（以下この条において「出産予定月」という。）の前月（多胎妊娠の場合においては、三月前）から出産予定月の翌々月までの期間に係る保険料は、納付することを要しない。

第八十九条　被保険者（前条及び第九十条の二第一項から第三項までの規定の適用を受ける被保険者を除く。）が次の各号のいずれかに該当するに至つたときは、その該当するに至つた日の属する月の前月からこれに該当しなくなる日の属する月までの期間に係る保険料は、既に納付されたものを除き、納付することを要しない。

一　障害基礎年金又は厚生年金保険法に基づく障害を支給事由とする年金たる給付その他の障害を支給事由とする給付であつて政令で定めるものの受給権者（最後に同法第四十七条第二項に規定する障害等級に該当する程度の障害の状態（以下この号において「障害状態」という。）に該当しなくなつた日から起算して障害状態に該当することなく三年を経過した障害基礎年金の受給権者（現に障害状態に該当しない者に限る。）その他の政令で定める者を除く。）であるとき。

二　生活保護法（昭和二十五年法律第百四十四号）による生活扶助その他の援助であつて厚生労働省令で定めるものを受けるとき。

三　前二号に掲げるもののほか、厚生労働省令で定める施設に入所しているとき。

2　前項の規定により納付することを要しないものとされた保険料について、被保険者又は被保険者であつた者（次条から第九十条の三までにおいて「被保険者等」という。）から当該保険料に係る期間の各月につき、保険料を納付する旨の申出があつたときは、当該申出のあつた期間に係る保険料に限り、同項の規定は適用しない。

第九十条　次の各号のいずれかに該当する被保険者等から申請があつたときは、厚生労働大臣は、その指定する期間（次条第一項から第三項までの規定の適用を受ける期間又は学校教育法（昭和二十二年法律第二十六号）第五十条に規定する高等学校の生徒、同法第八十三条に規定する大学の学生その他の生徒若しくは学生であつて政令で定めるもの（以下「学生等」という。）である期間若しくは学生等であつた期間を除く。）に係る保険料につき、既に納付されたものを除き、これを納付することを要しないものとし、申請のあつた日以後、当該保険料に係る期間を第五条第三項に規定する保険料全額免除期間（第九十四条第一項の規定により追納が行われた場合にあつては、当該追納に係る期間を除く。）に算入することができる。ただし、世帯主又は配偶者のいずれかが次の各号のいずれにも該当しないときは、この限りでない。

一　当該保険料を納付することを要しないものとすべき月の属する年の前年の所得（一月から厚生労働省令で定める月までの月分の保険料については、前々年の所得とする。以下この章において同じ。）が、その者の扶養親族等の有無及び数に応じて、政令で定める額以下であるとき。

二　被保険者又は被保険者の属する世帯の他の世帯員が生活保護法による生活扶助以外の扶助その他の援助であつて厚生労働省令で定めるものを受けるとき。

三　地方税法（昭和二十五年法律第二百二十六号）に定める障害者、寡婦その他の同法の規定による市町村民税が課されない者として政令で定める者であつて、当該保険料を納付することを要しないものとすべき月の属する年の前年の所得が政令で定める額以下であるとき。

四　保険料を納付することが著しく困難である場合として天災その他の厚生労働省令で定める事由があるとき。

2　前項の規定による処分があつたときは、年金給付の支給要件及び額に関する規定の適用については、その処分は、当該申請のあつた日にされたものとみなす。

3　第一項の規定による処分を受けた被保険者から当該処分の取消しの申請があつたときは、厚生労働大臣は、当該申請があつた日の属する月の前月以後の各月の保険料について、当該処分を取り消すことができる。

4　第一項第一号及び第三号に規定する所得の範囲及びその額の計算方法は、政令で定める。

第九十条の二　次の各号のいずれかに該当する被保険者等から申請があつたときは、厚生労働大臣は、その指定する期間（前条第一項若しくは次項若しくは第三項の規定の適用を受ける期間又は学生等である期間若しくは学生等であつた期間を除く。）に係る保険料につき、既に納付されたものを除き、その四分の三を納付することを要しないものとし、申請のあつた日以後、当該保険料に係る期間を第五条第四項に規定する保険料四分の三免除期間（第九十四条第一項の規定により追納が行われた場合にあつては、当該追納に係る期間を除く。）に算入することができる。ただし、世帯主又は配偶者のいずれかが次の各号のいずれにも該当しないときは、この限りでない。

一　当該保険料を納付することを要しないものとすべき月の属する年の前年の所得が、その者の扶養親族等の有無及び数に応じて、政令で定める額以下であるとき。

二　前条第一項第二号及び第三号に該当するとき。

三　保険料を納付することが著しく困難である場合として天災その他の厚生労働省令で定める事由があるとき。

2　次の各号のいずれかに該当する被保険者等から申請があつたときは、厚生労働大臣は、その指定する期間（前条第一項若しくは前項若しくは次項の規定の適用を受ける期間又は学生等である期間若しくは学生等であつた期間を除く。）に係る保険料につき、既に納付されたものを除き、その半額を納付することを要しないものとし、申請のあつた日以後、当該保険料に係る期間を第五条第五項に規定する保険料半額免除期間（第九十四条第一項の規定により追納が行われた場合にあつては、当該追納に係る期間を除く。）に算入することができる。ただし、世帯主又は配偶者のいずれかが次の各号のいずれにも該当しないときは、この限りでない。

一　当該保険料を納付することを要しないものとすべき月の属する年の前年の所得が、その者の扶養親族等の有無及び数に応じて、政令で定める額以下であるとき。

二　前条第一項第二号及び第三号に該当するとき。

三　保険料を納付することが著しく困難である場合として天災その他の厚生労働省令で定める事由があるとき。

3　次の各号のいずれかに該当する被保険者等から申請があつたときは、厚生労働大臣は、その指定する期間（前条第一項若しくは前二項の規定の適用を受ける期間又は学生等である期間若しくは学生等であつた期間を除く。）に係る保険料につき、既に納付されたものを除き、その四分の一を納付することを要しないものとし、申請のあつた日以後、当該保険料に係る期間を第五条第六項に規定する保険料四分の一免除期間（第九十四条第一項の規定により追納が行われた場合にあつては、当該追納に係る期間を除く。）に算入することができる。ただし、世帯主又は配偶者のいずれかが次の各号のいずれにも該当しないときは、この限りでない。

一　当該保険料を納付することを要しないものとすべき月の属する年の前年の所得が、その者の扶養親族等の有無及び数に応じて、政令で定める額以下であるとき。

二　前条第一項第二号及び第三号に該当するとき。

三　保険料を納付することが著しく困難である場合として天災その他の厚生労働省令で定める事由があるとき。

4　前条第三項の規定は、前三項の規定による処分を受けた被保険者から当該処分の取消しの申請があつたときに準用する。

5　第一項第一号、第二項第一号及び第三項第

一号に規定する所得の範囲及びその額の計算方法は、政令で定める。

6　第一項から第三項までの規定により納付することを要しないものとされたその一部の額以外の残余の額に五円未満の端数が生じたときは、これを切り捨て、五円以上十円未満の端数が生じたときは、これを十円に切り上げるものとする。

第九十条の三　次の各号のいずれかに該当する学生等である被保険者又は学生等であつた被保険者等から申請があつたときは、厚生労働大臣は、その指定する期間（学生等である期間又は学生等であつた期間に限る。）に係る保険料につき、既に納付されたものを除き、これを納付することを要しないものとし、申請のあつた日以後、当該保険料に係る期間を第五条第三項に規定する保険料全額免除期間（第九十四条第一項の規定により追納が行われた場合にあつては、当該追納に係る期間を除く。）に算入することができる。

一　当該保険料を納付することを要しないものとすべき月の属する年の前年の所得が、その者の扶養親族等の有無及び数に応じて、政令で定める額以下であるとき。

二　第九十条第一項第二号及び第三号に該当するとき。

三　保険料を納付することが著しく困難である場合として天災その他の厚生労働省令で定める事由があるとき。

2　第九十条第二項の規定は、前項の場合に準用する。

3　第一項第一号に規定する所得の範囲及びその額の計算方法は、政令で定める。

（保険料の追納）

第九十四条　被保険者又は被保険者であつた者（老齢基礎年金の受給権者を除く。）は、厚生労働大臣の承認を受け、第八十九条第一項、第九十条第一項又は第九十条の三第一項の規定により納付することを要しないものとされた保険料及び第九十条の二第一項から第三項までの規定によりその一部の額につき納付することを要しないものとされた保険料（承認の日の属する月前十年以内の期間に係るものに限る。）の全部又は一部につき追納をすることができる。ただし、同条第一項から第三項までの規定によりその一部の額につき納付することを要しないものとされた保険料については、その残余の額につき納付されたときに限る。

2　前項の場合において、その一部につき追納をするときは、追納は、第九十条の三第一項の規定により納付することを要しないものとされた保険料につき行い、次いで第八十九条第一項若しくは第九十条第一項の規定により納付することを要しないものとされた保険料又は第九十条の二第一項から第三項までの規定によりその一部の額につき納付することを要しないものとされた保険料につき行うものとし、これらの保険料のうちにあつては、先に経過した月の分から順次に行うものとする。ただし、第九十条の三第一項の規定により納付することを要しないものとされた保険料より前に納付義務が生じ、第八十九条第一項若しくは第九十条第一項の規定により納付することを要しないものとされた保険料又は第九十条の二第一項から第三項までの規定によりその一部の額につき納付することを要しないものとされた保険料があるときは、当該保険料について、先に経過した月の分の保険料から追納をすることができるものとする。

3　第一項の場合において追納すべき額は、当該追納に係る期間の各月の保険料の額に政令で定める額を加算した額とする。

4　第一項の規定により追納が行われたときは、追納が行われた日に、追納に係る月の保険料が納付されたものとみなす。

5　前各項に定めるもののほか、保険料の追納手続その他保険料の追納について必要な事項は、政令で定める。

（基礎年金拠出金）

第九十四条の二　厚生年金保険の実施者たる政府は、毎年度、基礎年金の給付に要する費用に充てるため、基礎年金拠出金を負担する。

2　実施機関たる共済組合等は、毎年度、基礎年金の給付に要する費用に充てるため、基礎年金拠出金を納付する。

3　財政の現況及び見通しが作成されるときは、厚生労働大臣は、厚生年金保険の実施者たる政府が負担し、又は実施機関たる共済組合等が納付すべき基礎年金拠出金について、その将来にわたる予想額を算定するものとする。

第九十四条の三　基礎年金拠出金の額は、保険料・拠出金算定対象額に当該年度における被保険者の総数に対する当該年度における当該政府及び実施機関に係る被保険者（厚生年金保険の実施者たる政府にあつては、第一号厚生年金被保険者である第二号被保険者及びその被扶養配偶者である第三号被保険者とし、実施機関たる共済組合等にあつては、当該実施機関たる共済組合等に係る被保険者（国家公務員共済組合連合会にあつては当該連合会を組織する共済組合に係る第二号厚生年金被保険者である第二号被保険者及びその被扶養配偶者である第三号被保険者とし、地方公務員共済組合連合会にあつては当該連合会を組織する共済組合に係る第三号厚生年金被保険者である第二号被保険者及びその被扶養配偶者である第三号被保険者とし、日本私立学校振興・共済事業団にあつては第四号厚生年金被保険者である第二号被保険者及びその被扶養配偶者である第三号被保険者とする。以下同じ。）とする。）の総数の比率に相当するものとして毎年度政令で定めるところにより算定した率を乗じて得た額とする。

2　前項の場合において被保険者の総数並びに政府及び実施機関に係る被保険者の総数は、第一号被保険者、第二号被保険者及び第三号被保険者の適用の態様の均衡を考慮して、これらの被保険者のうち政令で定める者を基礎として計算するものとする。

3　前二項に規定するもののほか、実施機関たる共済組合等に係る基礎年金拠出金の納付に関し必要な事項は、政令で定める。

（第二号被保険者及び第三号被保険者に係る特例）

第九十四条の六　第八十七条第一項及び第二項並びに第八十八条第一項の規定にかかわらず、第二号被保険者としての被保険者期間及び第三号被保険者としての被保険者期間については、政府は、保険料を徴収せず、被保険者は、保険料を納付することを要しない。

（徴収）

第九十五条　保険料その他この法律（第十章を除く。以下この章から第八章までにおいて同じ。）の規定による徴収金は、この法律に別段の規定があるものを除くほか、国税徴収の例によつて徴収する。

第七章　不服申立て

（不服申立て）

第百一条　被保険者の資格に関する処分、給付に関する処分（共済組合等が行つた障害基礎年金に係る障害の程度の診査に関する処分を除く。）又は保険料その他この法律の規定による徴収金に関する処分に不服がある者は、社会保険審査官に対して審査請求をし、その決定に不服がある者は、社会保険審査会に対して再審査請求をすることができる。ただし、第十四条の四第一項又は第二項の規定による決定については、この限りでない。

2　審査請求をした日から二月以内に決定がないときは、審査請求人は、社会保険審査官が審査請求を棄却したものとみなすことができる。

3　第一項の審査請求及び再審査請求は、時効の完成猶予及び更新に関しては、裁判上の請求とみなす。

4　被保険者の資格に関する処分が確定したときは、その処分についての不服を当該処分に基づく給付に関する処分の不服の理由とすることができない。

5　第一項の審査請求及び再審査請求については、行政不服審査法（平成二十六年法律第六十八号）第二章（第二十二条を除く。）及び第四章の規定は、適用しない。

6　共済組合等が行つた障害基礎年金に係る障害の程度の診査に関する処分に不服がある者は、当該共済組合等に係る共済各法（国家公務員共済組合法（昭和三十三年法律第百二十八号）、地方公務員等共済組合法（昭和三十七年法律第百五十二号）及び私立学校教職員共済法をいう。以下この項において同じ。）の定めるところにより、当該共済各法に定める審査機関に審査請求をすることができる。

7　前項の規定による共済組合等が行つた障害の程度の診査に関する処分が確定したときは、その処分についての不服を当該処分に基づく障害基礎年金に関する処分についての不服の理由とすることができない。

第八章　雑則

（時効）

第百二条　年金給付を受ける権利は、その支給すべき事由が生じた日から五年を経過したとき、当該権利に基づき支払期月ごとに支払うものとされる年金給付の支給を受ける権利は、当該日の属する月の翌月以後に到来する当該年金給付の支給に係る第十八条第三項本文に規定する支払期月の翌月の初日から五年を経過したときは、時効によつて、消滅する。

2　前項の時効は、当該年金給付がその全額につき支給を停止されている間は、進行しない。

3　第一項に規定する年金給付を受ける権利又は当該権利に基づき支払期月ごとに支払うものとされる年金給付の支給を受ける権利につ

いては、会計法（昭和二十二年法律第三十五号）第三十一条の規定を適用しない。

4　保険料その他この法律の規定による徴収金を徴収し、又はその還付を受ける権利及び死亡一時金を受ける権利は、これらを行使することができる時から二年を経過したときは、時効によつて消滅する。

5　保険料その他この法律の規定による徴収金についての第九十六条第一項の規定による督促は、時効の更新の効力を有する。

6　保険料その他この法律の規定による徴収金については、会計法第三十二条の規定を適用しない。

（全額免除申請の事務手続に関する特例）

第百九条の二　第九十条第一項の申請（以下この条において「全額免除申請」という。）に関する事務を適正かつ確実に実施することができると認められる者であつて、厚生労働大臣が当該者からの申請に基づき指定するもの（以下この条において「指定全額免除申請事務取扱者」という。）は、同項各号のいずれかに該当する被保険者又は被保険者であつた者（厚生労働省令で定める者に限る。以下この条において「全額免除要件該当被保険者等」という。）の委託を受けて、全額免除要件該当被保険者等に係る全額免除申請をすることができる。

2　全額免除要件該当被保険者等が指定全額免除申請事務取扱者に全額免除申請の委託をしたときは、第九十条第一項及び第二項の規定の適用については、当該委託をした日に、全額免除申請があつたものとみなす。

3　指定全額免除申請事務取扱者は、全額免除要件該当被保険者等から全額免除申請の委託を受けたときは、遅滞なく、厚生労働省令で定めるところにより、当該全額免除申請をしなければならない。

4　厚生労働大臣は、指定全額免除申請事務取扱者が第一項の事務を適正かつ確実に実施するために必要な限度において、全額免除要件該当被保険者等が第九十条第一項各号のいずれかに該当することの事実に関する情報を提供することができる。

5　厚生労働大臣は、指定全額免除申請事務取扱者がその行うべき事務の処理を怠り、又はその処理が著しく不当であると認めるときは、指定全額免除申請事務取扱者に対し、その改善に必要な措置を採るべきことを命ずることができる。

6　厚生労働大臣は、指定全額免除申請事務取扱者が前項の規定による命令に違反したときは、第一項の指定を取り消すことができる。

7　指定全額免除申請事務取扱者（その者が法人である場合にあつては、その役員）若しくはその職員又はこれらの者であつた者は、正当な理由なく、第一項の事務に関して知り得た秘密を漏らしてはならない。

8　第一項の指定の手続その他前各項の規定の実施に関し必要な事項は、厚生労働省令で定める。

（学生納付特例の事務手続に関する特例）

第百九条の二の二　国及び地方公共団体並びに国立大学法人法（平成十五年法律第百十二号）第二条第一項に規定する国立大学法人、地方独立行政法人法（平成十五年法律第百十八号）第六十八条第一項に規定する公立大学法人及び私立学校法（昭和二十四年法律第二百七十号）第三条に規定する学校法人その他の政令で定める法人であつて、厚生労働大臣がこれらの法人からの申請に基づき、第九十条の三第一項の申請（以下この条において「学生納付特例申請」という。）に関する事務を適正かつ確実に実施することができると認められるものとして指定するもの（以下この条において「学生納付特例事務法人」という。）は、その設置する学校教育法第八十三条に規定する大学その他の政令で定める教育施設において当該教育施設の学生等である被保険者（以下この条において「学生等被保険者」という。）の委託を受けて、学生等被保険者に係る学生納付特例申請をすることができる。

2　学生等被保険者が学生納付特例事務法人に学生納付特例申請の委託をしたときは、第九十条の三第一項の規定及び同条第二項において準用する第九十条第二項の規定の適用については、当該委託をした日に、学生納付特例申請があつたものとみなす。

3　学生納付特例事務法人は、学生等被保険者から学生納付特例申請の委託を受けたときは、遅滞なく、厚生労働省令で定めるところにより、当該学生納付特例申請をしなければならない。

4　厚生労働大臣は、学生納付特例事務法人がその行うべき事務の処理を怠り、又はその処理が著しく不当であると認めるときは、学生納付特例事務法人に対し、その改善に必要な措置を採るべきことを命ずることができる。

5　厚生労働大臣は、学生納付特例事務法人が前項の規定による命令に違反したときは、第一項の指定を取り消すことができる。

6　第一項の指定の手続その他前各項の規定の実施に関し必要な事項は、厚生労働省令で定める。

（保険料納付確認団体）

第百九条の三　同種の事業又は業務に従事する被保険者を構成員とする団体その他これに類する団体で政令で定めるものであつて、厚生労働大臣がこれらの団体からの申請に基づき、次項の業務を適正かつ確実に行うことができると認められるものとして指定するもの（以下この条において「保険料納付確認団体」という。）は、同項の業務を行うことができる。

2　保険料納付確認団体は、当該団体の構成員その他これに類する者である被保険者からの委託により、当該被保険者に係る保険料が納期限までに納付されていない事実（次項において「保険料滞納事実」という。）の有無について確認し、その結果を当該被保険者に通知する業務を行うものとする。

3　厚生労働大臣は、保険料納付確認団体の求めに応じ、保険料納付確認団体が前項の業務を適正に行うために必要な限度において、保険料滞納事実に関する情報を提供することができる。

4　厚生労働大臣は、保険料納付確認団体がその行うべき業務の処理を怠り、又はその処理が著しく不当であると認めるときは、保険料納付確認団体に対し、その改善に必要な措置を採るべきことを命ずることができる。

5　厚生労働大臣は、保険料納付確認団体が前項の規定による命令に違反したときは、第一項の指定を取り消すことができる。

6　保険料納付確認団体の役員若しくは職員又はこれらの職にあつた者は、正当な理由なく、第二項の業務に関して知り得た秘密を漏らしてはならない。

7　第一項の指定の手続その他保険料納付確認団体に関し必要な事項は、厚生労働省令で定める。

第九章　罰則

第十章　国民年金基金及び国民年金基金連合会

第一節　国民年金基金

第一款　通則

（基金の給付）

第百十五条　国民年金基金（以下「基金」という。）は、第一条の目的を達成するため、加入員の老齢に関して必要な給付を行なうものとする。

（種類）

第百十五条の二　基金は、地域型国民年金基金（以下「地域型基金」という。）及び職能型国民年金基金（以下「職能型基金」という。）とする。

（組織）

第百十六条　地域型基金は、第一号被保険者（第八十九条第一項、第九十条第一項又は第九十条の三第一項の規定により保険料を納付することを要しないものとされている者、第九十条の二第一項から第三項までの規定によりその一部の額につき保険料を納付することを要しないものとされている者及び農業者年金の被保険者を除く。次項及び第百二十七条第一項において同じ。）であつて、基金の地区内に住所を有する者をもつて組織する。

2　職能型基金は、第一号被保険者であつて、基金の地区内において同種の事業又は業務に従事する者をもつて組織する。

3　前二項に規定する者は、加入員たる資格を有する者という。

第五款　基金の行う業務

（基金の業務）

第百二十八条　基金は、加入員又は加入員であつた者に対し、年金の支給を行ない、あわせて加入員又は加入員であつた者の死亡に関し、一時金の支給を行なうものとする。

2　基金は、加入員及び加入員であつた者の福祉を増進するため、必要な施設をすることができる。

3　基金は、信託会社（信託業法（平成十六年法律第百五十四号）第三条又は第五十三条第一項の免許を受けたものに限る。以下同じ。）、信託業務を営む金融機関（金融機関の信託業務の兼営等に関する法律（昭和十八年法律第四十三号）第一条第一項の認可を受けた金融機関をいう。以下同じ。）、生命保険会社、農業協同組合連合会（全国を地区とし、農業協同組合法（昭和二十二年法律第百三十二号）第十条第一項第十号の事業を行うものに限る。以下同じ。）若しくは共済水産業協同組合連合会（全国を地区とするものに限る。以下同じ。）又は金融商品取引業者（金融商品取引法（昭和二十三年法律第二十五号）第二条第九項に規定する金融商品取引業者をいう。以下同じ。）と、当該基金が支給する年金又は一時金に要する費用に関して信託、保険若しくは共済の契約又は投資一任契約（同条第八項第十二号ロに規定する契約をいう。以下同じ。）を締結するときは、政令の定めるところによらなければならない。

4　信託会社、信託業務を営む金融機関、生命保険会社、農業協同組合連合会若しくは共済水産業協同組合連合会又は金融商品取引業者は、正当な理由がある場合を除き、前項に規定する契約（運用方法を特定する信託の契約であつて、政令で定めるものを除く。）の締結を拒絶してはならない。

5　基金は、政令で定めるところにより、厚生労働大臣の認可を受けて、その業務（加入員又は加入員であつた者に年金又は一時金の支給を行うために必要となるその者に関する情報の収集、整理又は分析を含む。）の一部を信託会社、信託業務を営む金融機関、生命保険会社、農業協同組合連合会、共済水産業協同組合連合会、国民年金基金連合会その他の法人に委託することができる。

6　銀行その他の政令で定める金融機関は、他の法律の規定にかかわらず、前項の業務（第百二十七条第一項の申出の受理に関する業務に限る。）を受託することができる。

・刑法等の一部を改正する法律の施行に伴う関係法律の整理等に関する法律（令和四・六・一七法律六八）

附則　抄

（施行期日）

1　この法律は、刑法等一部改正法施行日から施行する。〈略〉

地方自治法

(昭和二二・四・一七　法律六七)

最新改正　令和五法律六三

第一編　総則

第一条　この法律は、地方自治の本旨に基いて、地方公共団体の区分並びに地方公共団体の組織及び運営に関する事項の大綱を定め、併せて国と地方公共団体との間の基本的関係を確立することにより、地方公共団体における民主的にして能率的な行政の確保を図るとともに、地方公共団体の健全な発達を保障することを目的とする。

第一条の二　地方公共団体は、住民の福祉の増進を図ることを基本として、地域における行政を自主的かつ総合的に実施する役割を広く担うものとする。

② 国は、前項の規定の趣旨を達成するため、国においては国際社会における国家としての存立にかかわる事務、全国的に統一して定めることが望ましい国民の諸活動若しくは地方自治に関する基本的な準則に関する事務又は全国的な規模で若しくは全国的な視点に立つて行わなければならない施策及び事業の実施その他の国が本来果たすべき役割を重点的に担い、住民に身近な行政はできる限り地方公共団体にゆだねることを基本として、地方公共団体との間で適切に役割を分担するとともに、地方公共団体に関する制度の策定及び施策の実施に当たつて、地方公共団体の自主性及び自立性が十分に発揮されるようにしなければならない。

第一条の三　地方公共団体は、普通地方公共団体及び特別地方公共団体とする。

② 普通地方公共団体は、都道府県及び市町村とする。

③ 特別地方公共団体は、特別区、地方公共団体の組合及び財産区とする。

第二条　地方公共団体は、法人とする。

② 普通地方公共団体は、地域における事務及びその他の事務で法律又はこれに基づく政令により処理することとされるものを処理する。

③ 市町村は、基礎的な地方公共団体として、第五項において都道府県が処理するものとされているものを除き、一般的に、前項の事務を処理するものとする。

④ 市町村は、前項の規定にかかわらず、次項に規定する事務のうち、その規模又は性質において一般の市町村が処理することが適当でないと認められるものについては、当該市町村の規模及び能力に応じて、これを処理することができる。

⑤ 都道府県は、市町村を包括する広域の地方公共団体として、第二項の事務で、広域にわたるもの、市町村に関する連絡調整に関するもの及びその規模又は性質において一般の市町村が処理することが適当でないと認められるものを処理するものとする。

⑥ 都道府県及び市町村は、その事務を処理するに当つては、相互に競合しないようにしなければならない。

⑦ 特別地方公共団体は、この法律の定めるところにより、その事務を処理する。

⑧ この法律において「自治事務」とは、地方公共団体が処理する事務のうち、法定受託事務以外のものをいう。

⑨ この法律において「法定受託事務」とは、次に掲げる事務をいう。

一　法律又はこれに基づく政令により都道府県、市町村又は特別区が処理することとされる事務のうち、国が本来果たすべき役割に係るものであつて、国においてその適正な処理を特に確保する必要があるものとして法律又はこれに基づく政令に特に定めるもの(以下「第一号法定受託事務」という。)

二　法律又はこれに基づく政令により市町村又は特別区が処理することとされる事務のうち、都道府県が本来果たすべき役割に係るものであつて、都道府県においてその適正な処理を特に確保する必要があるものとして法律又はこれに基づく政令に特に定めるもの(以下「第二号法定受託事務」という。)

⑩ この法律又はこれに基づく政令に規定するもののほか、法律に定める法定受託事務は第一号法定受託事務にあつては別表第一の上欄に掲げる法律についてそれぞれ同表の下欄に、第二号法定受託事務にあつては別表第二の上欄に掲げる法律についてそれぞれ同表の下欄に掲げるとおりであり、政令に定める法定受託事務はこの法律に基づく政令に示すとおりである。

⑪ 地方公共団体に関する法令の規定は、地方自治の本旨に基づき、かつ、国と地方公共団

体との適切な役割分担を踏まえたものでなければならない。

⑫　地方公共団体に関する法令の規定は、地方自治の本旨に基づいて、かつ、国と地方公共団体との適切な役割分担を踏まえて、これを解釈し、及び運用するようにしなければならない。この場合において、特別地方公共団体に関する法令の規定は、この法律に定める特別地方公共団体の特性にも照応するように、これを解釈し、及び運用しなければならない。

⑬　法律又はこれに基づく政令により地方公共団体が処理することとされる事務が自治事務である場合においては、国は、地方公共団体が地域の特性に応じて当該事務を処理することができるよう特に配慮しなければならない。

⑭　地方公共団体は、その事務を処理するに当つては、住民の福祉の増進に努めるとともに、最少の経費で最大の効果を挙げるようにしなければならない。

⑮　地方公共団体は、常にその組織及び運営の合理化に努めるとともに、他の地方公共団体に協力を求めてその規模の適正化を図らなければならない。

⑯　地方公共団体は、法令に違反してその事務を処理してはならない。なお、市町村及び特別区は、当該都道府県の条例に違反してその事務を処理してはならない。

⑰　前項の規定に違反して行つた地方公共団体の行為は、これを無効とする。

第三条　地方公共団体の名称は、従来の名称による。

②　都道府県の名称を変更しようとするときは、法律でこれを定める。

③　都道府県以外の地方公共団体の名称を変更しようとするときは、この法律に特別の定めのあるものを除くほか、条例でこれを定める。

④　地方公共団体の長は、前項の規定により当該地方公共団体の名称を変更しようとするときは、あらかじめ都道府県知事に協議しなければならない。

⑤　地方公共団体は、第三項の規定により条例を制定し又は改廃したときは、直ちに都道府県知事に当該地方公共団体の変更後の名称及び名称を変更する日を報告しなければならない。

⑥　都道府県知事は、前項の規定による報告があつたときは、直ちにその旨を総務大臣に通知しなければならない。

⑦　前項の規定による通知を受けたときは、総務大臣は、直ちにその旨を告示するとともに、これを国の関係行政機関の長に通知しなければならない。

第四条　地方公共団体は、その事務所の位置を定め又はこれを変更しようとするときは、条例でこれを定めなければならない。

②　前項の事務所の位置を定め又はこれを変更するに当つては、住民の利用に最も便利であるように、交通の事情、他の官公署との関係等について適当な考慮を払わなければならない。

③　第一項の条例を制定し又は改廃しようとするときは、当該地方公共団体の議会において出席議員の三分の二以上の者の同意がなければならない。

第四条の二　地方公共団体の休日は、条例で定める。

②　前項の地方公共団体の休日は、次に掲げる日について定めるものとする。

一　日曜日及び土曜日

二　国民の祝日に関する法律（昭和二十三年法律第百七十八号）に規定する休日

三　年末又は年始における日で条例で定めるもの

③　前項各号に掲げる日のほか、当該地方公共団体において特別な歴史的、社会的意義を有し、住民がこぞつて記念することが定着している日で、当該地方公共団体の休日とすることについて広く国民の理解を得られるようなものは、第一項の地方公共団体の休日として定めることができる。この場合においては、当該地方公共団体の長は、あらかじめ総務大臣に協議しなければならない。

④　地方公共団体の行政庁に対する申請、届出その他の行為の期限で法律又は法律に基づく命令で規定する期間（時をもつて定める期間を除く。）をもつて定めるものが第一項の規定に基づき条例で定められた地方公共団体の休日に当たるときは、地方公共団体の休日の翌日をもつてその期限とみなす。ただし、法律又は法律に基づく命令に別段の定めがある場合は、この限りでない。

第二編　普通地方公共団体

第一章　通則

第五条　普通地方公共団体の区域は、従来の区域による。

② 都道府県は、市町村を包括する。

第六条 都道府県の廃置分合又は境界変更をしようとするときは、法律でこれを定める。

② 都道府県の境界にわたつて市町村の設置又は境界の変更があつたときは、都道府県の境界も、また、自ら変更する。従来地方公共団体の区域に属しなかつた地域を市町村の区域に編入したときも、また、同様とする。

③ 前二項の場合において財産処分を必要とするときは、関係地方公共団体が協議してこれを定める。但し、法律に特別の定があるときは、この限りでない。

④ 前項の協議については、関係地方公共団体の議会の議決を経なければならない。

第六条の二 前条第一項の規定によるほか、二以上の都道府県の廃止及びそれらの区域の全部による一の都道府県の設置又は都道府県の区域の全部の他の一の都道府県の区域への編入は、関係都道府県の申請に基づき、内閣が国会の承認を経てこれを定めることができる。

② 前項の申請については、関係都道府県の議会の議決を経なければならない。

③ 第一項の申請は、総務大臣を経由して行うものとする。

④ 第一項の規定による処分があつたときは、総務大臣は、直ちにその旨を告示しなければならない。

⑤ 第一項の規定による処分は、前項の規定による告示によりその効力を生ずる。

第七条 市町村の廃置分合又は市町村の境界変更は、関係市町村の申請に基き、都道府県知事が当該都道府県の議会の議決を経てこれを定め、直ちにその旨を総務大臣に届け出なければならない。

② 前項の規定により市の廃置分合をしようとするときは、都道府県知事は、あらかじめ総務大臣に協議し、その同意を得なければならない。

③ 都道府県の境界にわたる市町村の設置を伴う市町村の廃置分合又は市町村の境界の変更は、関係のある普通地方公共団体の申請に基づき、総務大臣がこれを定める。

④ 前項の規定により都道府県の境界にわたる市町村の設置の処分を行う場合においては、当該市町村の属すべき都道府県について、関係のある普通地方公共団体の申請に基づき、総務大臣が当該処分と併せてこれを定める。

⑤ 第一項及び第三項の場合において財産処分を必要とするときは、関係市町村が協議してこれを定める。

⑥ 第一項及び前三項の申請又は協議については、関係のある普通地方公共団体の議会の議決を経なければならない。

⑦ 第一項の規定による届出を受理したとき、又は第三項若しくは第四項の規定による処分をしたときは、総務大臣は、直ちにその旨を告示するとともに、これを国の関係行政機関の長に通知しなければならない。

⑧ 第一項、第三項又は第四項の規定による処分は、前項の規定による告示によりその効力を生ずる。

第七条の二 法律で別に定めるものを除く外、従来地方公共団体の区域に属しなかつた地域を都道府県又は市町村の区域に編入する必要があると認めるときは、内閣がこれを定める。この場合において、利害関係があると認められる都道府県又は市町村があるときは、予めその意見を聴かなければならない。

② 前項の意見については、関係のある普通地方公共団体の議会の議決を経なければならない。

③ 第一項の規定による処分があつたときは、総務大臣は、直ちにその旨を告示しなければならない。前条第八項の規定は、この場合にこれを準用する。

第八条 市となるべき普通地方公共団体は、左に掲げる要件を具えていなければならない。

一 人口五万以上を有すること。

二 当該普通地方公共団体の中心の市街地を形成している区域内に在る戸数が、全戸数の六割以上であること。

三 商工業その他の都市的業態に従事する者及びその者と同一世帯に属する者の数が、全人口の六割以上であること。

四 前各号に定めるものの外、当該都道府県の条例で定める都市的施設その他の都市としての要件を具えていること。

② 町となるべき普通地方公共団体は、当該都道府県の条例で定める町としての要件を具えていなければならない。

③ 町村を市とし又は市を町村とする処分は第七条第一項、第二項及び第六項から第八項までの例により、村を町とし又は町を村とする処分は同条第一項及び第六項から第八項までの例により、これを行うものとする。

第八条の二 都道府県知事は、市町村が第二条第十五項の規定によりその規模の適正化を図るのを援助するため、市町村の廃置分合又は市町村の境界変更の計画を定め、これを関係市町村に勧告することができる。

② 前項の計画を定め又はこれを変更しようとするときは、都道府県知事は、関係市町村、当該都道府県の議会、当該都道府県の区域内の市町村の議会又は長の連合組織その他の関係のある機関及び学識経験を有する者等の意見を聴かなければならない。

③ 前項の関係市町村の意見については、当該市町村の議会の議決を経なければならない。

④ 都道府県知事は、第一項の規定により勧告をしたときは、直ちにその旨を公表するとともに、総務大臣に報告しなければならない。

⑤ 総務大臣は、前項の規定による報告を受けたときは、国の関係行政機関の長に対し直ちにその旨を通知するものとする。

⑥ 第一項の規定による勧告に基く市町村の廃置分合又は市町村の境界変更については、国の関係行政機関は、これを促進するため必要な措置を講じなければならない。

第九条 市町村の境界に関し争論があるときは、都道府県知事は、関係市町村の申請に基づき、これを第二百五十一条の二の規定による調停に付することができる。

② 前項の規定によりすべての関係市町村の申請に基いてなされた調停により市町村の境界が確定しないとき、又は市町村の境界に関し争論がある場合においてすべての関係市町村から裁定を求める旨の申請があるときは、都道府県知事は、関係市町村の境界について裁定することができる。

③ 前項の規定による裁定は、文書を以てこれをし、その理由を附けてこれを関係市町村に交付しなければならない。

④ 第一項又は第二項の申請については、関係市町村の議会の議決を経なければならない。

⑤ 第一項の規定による調停又は第二項の規定による裁定により市町村の境界が確定したときは、都道府県知事は、直ちにその旨を総務大臣に届け出なければならない。

⑥ 前項の規定による届出を受理したとき、又は第十項の規定による通知があつたときは、総務大臣は、直ちにその旨を告示するとともに、これを国の関係行政機関の長に通知しなければならない。

⑦ 前項の規定による告示があつたときは、関係市町村の境界について第七条第一項又は第三項及び第七項の規定による処分があつたものとみなし、これらの処分の効力は、当該告示により生ずる。

⑧ 第二項の規定による都道府県知事の裁定に不服があるときは、関係市町村は、裁定書の交付を受けた日から三十日以内に裁判所に出訴することができる。

⑨ 市町村の境界に関し争論がある場合において、都道府県知事が第一項の規定による調停又は第二項の規定による裁定に適しないと認めてその旨を通知したときは、関係市町村は、裁判所に市町村の境界の確定の訴を提起することができる。第一項又は第二項の規定による申請をした日から九十日以内に、第一項の規定による調停に付されないとき、若しくは同項の規定による調停により市町村の境界が確定しないとき、又は第二項の規定による裁定がないときも、また、同様とする。

⑩ 前項の規定による訴訟の判決が確定したときは、当該裁判所は、直ちに判決書の写を添えてその旨を総務大臣及び関係のある都道府県知事に通知しなければならない。

⑪ 前十項の規定は、政令の定めるところにより、市町村の境界の変更に関し争論がある場合にこれを準用する。

第九条の二 市町村の境界が判明でない場合において、その境界に関し争論がないときは、都道府県知事は、関係市町村の意見を聴いてこれを決定することができる。

② 前項の規定による決定は、文書を以てこれをし、その理由を附けてこれを関係市町村に交付しなければならない。

③ 第一項の意見については、関係市町村の議会の議決を経なければならない。

④ 第一項の規定による都道府県知事の決定に不服があるときは、関係市町村は、決定書の交付を受けた日から三十日以内に裁判所に出訴することができる。

⑤ 第一項の規定による決定が確定したときは、都道府県知事は、直ちにその旨を総務大臣に届け出なければならない。

⑥ 前条第六項及び第七項の規定は、前項の規定による届出があつた市町村の境界の決定にこれを準用する。

第九条の三 公有水面のみに係る市町村の境界変更は、第七条第一項の規定にかかわらず、関係市町村の同意を得て都道府県知事が当該都道府県の議会の議決を経てこれを定め、直ちにその旨を総務大臣に届け出なければならない。

② 公有水面のみに係る市町村の境界変更で都

道府県の境界にわたるものは、第七条第三項の規定にかかわらず、関係のある普通地方公共団体の同意を得て総務大臣がこれを定める。

③　公有水面のみに係る市町村の境界に関し争論があるときは、第九条第一項及び第二項の規定にかかわらず、都道府県知事は、職権によりこれを第二百五十一条の二の規定による調停に付し、又は当該調停により市町村の境界が確定しないとき、若しくはすべての関係市町村の裁定することについての同意があるときは、これを裁定することができる。

④　第一項若しくは第二項の規定による公有水面のみに係る市町村の境界変更又は前項の規定による公有水面のみに係る市町村の境界の裁定は、当該公有水面の埋立て（干拓を含む。以下同じ。）が行なわれる場合においては、前三項の規定にかかわらず、公有水面の埋立てに関する法令により当該埋立ての竣功の認可又は通知がなされる時までこれをすることができる。

⑤　第一項から第三項までの同意については、関係のある普通地方公共団体の議会の議決を経なければならない。

⑥　第七条第七項及び第八項の規定は第一項及び第二項の場合に、第九条第三項、第五項から第八項まで、第九項前段及び第十項の規定は第三項の場合にこれを準用する。

第九条の四　総務大臣又は都道府県知事は、公有水面の埋立てが行なわれる場合において、当該埋立てにより造成されるべき土地の所属すべき市町村を定めるため必要があると認めるときは、できる限りすみやかに、前二条に規定する措置を講じなければならない。

第九条の五　市町村の区域内にあらたに土地を生じたときは、市町村長は、当該市町村の議会の議決を経てその旨を確認し、都道府県知事に届け出なければならない。

②　前項の規定による届出を受理したときは、都道府県知事は、直ちにこれを告示しなければならない。

第二章　住民

第十条　市町村の区域内に住所を有する者は、当該市町村及びこれを包括する都道府県の住民とする。

②　住民は、法律の定めるところにより、その属する普通地方公共団体の役務の提供をひとしく受ける権利を有し、その負担を分任する義務を負う。

第十一条　日本国民たる普通地方公共団体の住民は、この法律の定めるところにより、その属する普通地方公共団体の選挙に参与する権利を有する。

第十二条　日本国民たる普通地方公共団体の住民は、この法律の定めるところにより、その属する普通地方公共団体の条例（地方税の賦課徴収並びに分担金、使用料及び手数料の徴収に関するものを除く。）の制定又は改廃を請求する権利を有する。

②　日本国民たる普通地方公共団体の住民は、この法律の定めるところにより、その属する普通地方公共団体の事務の監査を請求する権利を有する。

第十三条　日本国民たる普通地方公共団体の住民は、この法律の定めるところにより、その属する普通地方公共団体の議会の解散を請求する権利を有する。

②　日本国民たる普通地方公共団体の住民は、この法律の定めるところにより、その属する普通地方公共団体の議会の議員、長、副知事若しくは副市町村長、第二百五十二条の十九第一項に規定する指定都市の総合区長、選挙管理委員若しくは監査委員又は公安委員会の委員の解職を請求する権利を有する。

③　日本国民たる普通地方公共団体の住民は、法律の定めるところにより、その属する普通地方公共団体の教育委員会の教育長又は委員の解職を請求する権利を有する。

第十三条の二　市町村は、別に法律の定めるところにより、その住民につき、住民たる地位に関する正確な記録を常に整備しておかなければならない。

第三章　条例及び規則

第十四条　普通地方公共団体は、法令に違反しない限りにおいて第二条第二項の事務に関し、条例を制定することができる。

②　普通地方公共団体は、義務を課し、又は権利を制限するには、法令に特別の定めがある場合を除くほか、条例によらなければならない。

③　普通地方公共団体は、法令に特別の定めがあるものを除くほか、その条例中に、条例に違反した者に対し、二年以下の懲役若しくは禁錮、百万円以下の罰金、拘留、科料若しくは没収の刑又は五万円以下の過料を科する旨の規定を設けることができる。

第十五条　普通地方公共団体の長は、法令に違反しない限りにおいて、その権限に属する事務に関し、規則を制定することができる。

② 普通地方公共団体の長は、法令に特別の定めがあるものを除くほか、普通地方公共団体の規則中に、規則に違反した者に対し、五万円以下の過料を科する旨の規定を設けることができる。

第十六条 普通地方公共団体の議会の議長は、条例の制定又は改廃の議決があつたときは、その日から三日以内にこれを当該普通地方公共団体の長に送付しなければならない。

② 普通地方公共団体の長は、前項の規定により条例の送付を受けた場合は、その日から二十日以内にこれを公布しなければならない。ただし、再議その他の措置を講じた場合は、この限りでない。

③ 条例は、条例に特別の定があるものを除く外、公布の日から起算して十日を経過した日から、これを施行する。

④ 当該普通地方公共団体の長の署名、施行期日の特例その他条例の公布に関し必要な事項は、条例でこれを定めなければならない。

⑤ 前二項の規定は、普通地方公共団体の規則並びにその機関の定める規則及びその他の規程で公表を要するものにこれを準用する。但し、法令又は条例に特別の定があるときは、この限りでない。

第四章　選挙

第十七条 普通地方公共団体の議会の議員及び長は、別に法律の定めるところにより、選挙人が投票によりこれを選挙する。

第十八条 日本国民たる年齢満十八年以上の者で引き続き三箇月以上市町村の区域内に住所を有するものは、別に法律の定めるところにより、その属する普通地方公共団体の議会の議員及び長の選挙権を有する。

第十九条 普通地方公共団体の議会の議員の選挙権を有する者で年齢満二十五年以上のものは、別に法律の定めるところにより、普通地方公共団体の議会の議員の被選挙権を有する。

② 日本国民で年齢満三十年以上のものは、別に法律の定めるところにより、都道府県知事の被選挙権を有する。

③ 日本国民で年齢満二十五年以上のものは、別に法律の定めるところにより、市町村長の被選挙権を有する。

第二十条乃至第七十三条 削除

第五章　直接請求

第一節　条例の制定及び監査の請求

第七十四条 普通地方公共団体の議会の議員及び長の選挙権を有する者（以下この編において「選挙権を有する者」という。）は、政令で定めるところにより、その総数の五十分の一以上の者の連署をもつて、その代表者から、普通地方公共団体の長に対し、条例（地方税の賦課徴収並びに分担金、使用料及び手数料の徴収に関するものを除く。）の制定又は改廃の請求をすることができる。

② 前項の請求があつたときは、当該普通地方公共団体の長は、直ちに請求の要旨を公表しなければならない。

③ 普通地方公共団体の長は、第一項の請求を受理した日から二十日以内に議会を招集し、意見を付けてこれを議会に付議し、その結果を同項の代表者（以下この条において「代表者」という。）に通知するとともに、これを公表しなければならない。

④ 議会は、前項の規定により付議された事件の審議を行うに当たつては、政令で定めるところにより、代表者に意見を述べる機会を与えなければならない。

⑤ 第一項の選挙権を有する者とは、公職選挙法（昭和二十五年法律第百号）第二十二条第一項又は第三項の規定による選挙人名簿の登録が行われた日において選挙人名簿に登録されている者とし、その総数の五十分の一の数は、当該普通地方公共団体の選挙管理委員会において、その登録が行われた日後直ちに告示しなければならない。

⑥ 選挙権を有する者のうち次に掲げるものは、代表者となり、又は代表者であることができない。

一 公職選挙法第二十七条第一項又は第二項の規定により選挙人名簿にこれらの項の表示をされている者（都道府県に係る請求にあつては、同法第九条第三項の規定により当該都道府県の議会の議員及び長の選挙権を有するものとされた者（同法第十一条第一項若しくは第二百五十二条又は政治資金規正法（昭和二十三年法律第百九十四号）第二十八条の規定により選挙権を有しなくなつた旨の表示をされている者を除く。）を除く。）

二 前項の選挙人名簿の登録が行われた日以

後に公職選挙法第二十八条の規定により選挙人名簿から抹消された者

三　第一項の請求に係る普通地方公共団体（当該普通地方公共団体が、都道府県である場合には当該都道府県の区域内の市町村並びに第二百五十二条の十九第一項に規定する指定都市（以下この号において「指定都市」という。）の区及び総合区を含み、指定都市である場合には当該市の区及び総合区を含む。）の選挙管理委員会の委員又は職員である者

⑦　第一項の場合において、当該地方公共団体の区域内で衆議院議員、参議院議員又は地方公共団体の議会の議員若しくは長の選挙が行われることとなるときは、政令で定める期間、当該選挙が行われる区域内においては請求のための署名を求めることができない。

⑧　選挙権を有する者は、心身の故障その他の事由により条例の制定又は改廃の請求者の署名簿に署名することができないときは、その者の属する市町村の選挙権を有する者（代表者及び代表者の委任を受けて当該市町村の選挙権を有する者に対し当該署名簿に署名することを求める者を除く。）に委任して、自己の氏名（以下「請求者の氏名」という。）を当該署名簿に記載させることができる。この場合において、委任を受けた者による当該請求者の氏名の記載は、第一項の規定による請求者の署名とみなす。

⑨　前項の規定により委任を受けた者（以下「氏名代筆者」という。）が請求者の氏名を条例の制定又は改廃の請求者の署名簿に記載する場合には、氏名代筆者は、当該署名簿に氏名代筆者としての署名をしなければならない。

第七十四条の二　条例の制定又は改廃の請求者の代表者は、条例の制定又は改廃の請求者の署名簿を市町村の選挙管理委員会に提出してこれに署名した者が選挙人名簿に登録された者であることの証明を求めなければならない。この場合においては、当該市町村の選挙管理委員会は、その日から二十日以内に審査を行い、署名の効力を決定し、その旨を証明しなければならない。

②　市町村の選挙管理委員会は、前項の規定による署名簿の署名の証明が終了したときは、その日から七日間、その指定した場所において署名簿を関係人の縦覧に供さなければならない。

③　前項の署名簿の縦覧の期間及び場所については、市町村の選挙管理委員会は、予めこれを告示し、且つ、公衆の見易い方法によりこれを公表しなければならない。

④　署名簿の署名に関し異議があるときは、関係人は、第二項の規定による縦覧期間内に当該市町村の選挙管理委員会にこれを申し出ることができる。

⑤　市町村の選挙管理委員会は、前項の規定による異議の申出を受けた場合においては、その申出を受けた日から十四日以内にこれを決定しなければならない。この場合において、その申出を正当であると決定したときは、直ちに第一項の規定による証明を修正し、その旨を申出人及び関係人に通知し、併せてこれを告示し、その申出を正当でないと決定したときは、直ちにその旨を申出人に通知しなければならない。

⑥　市町村の選挙管理委員会は、第二項の規定による縦覧期間内に関係人の異議の申出がないとき、又は前項の規定によるすべての異議についての決定をしたときは、その旨及び有効署名の総数を告示するとともに、署名簿を条例の制定又は改廃の請求者の代表者に返付しなければならない。

⑦　都道府県の条例の制定又は改廃の請求者の署名簿の署名に関し第五項の規定による決定に不服がある者は、その決定のあつた日から十日以内に都道府県の選挙管理委員会に審査を申し立てることができる。

⑧　市町村の条例の制定又は改廃の請求者の署名簿の署名に関し第五項の規定による決定に不服がある者は、その決定のあつた日から十四日以内に地方裁判所に出訴することができる。その判決に不服がある者は、控訴することはできないが最高裁判所に上告することができる。

⑨　第七項の規定による審査の申立てに対する裁決に不服がある者は、その裁決書の交付を受けた日から十四日以内に高等裁判所に出訴することができる。

⑩　審査の申立てに対する裁決又は判決が確定したときは、当該都道府県の選挙管理委員会又は当該裁判所は、直ちに裁決書又は判決書の写を関係市町村の選挙管理委員会に送付しなければならない。この場合においては、送付を受けた当該市町村の選挙管理委員会は、直ちに条例の制定又は改廃の請求者の代表者にその旨を通知しなければならない。

⑪　署名簿の署名に関する争訟については、審

査の申立てに対する裁決は審査の申立てを受理した日から二十日以内にこれをするものとし、訴訟の判決は事件を受理した日から百日以内にこれをするように努めなければならない。

⑫　第八項及び第九項の訴えは、当該決定又は裁決をした選挙管理委員会の所在地を管轄する地方裁判所又は高等裁判所の専属管轄とする。

⑬　第八項及び第九項の訴えについては、行政事件訴訟法（昭和三十七年法律第百三十九号）第四十三条の規定にかかわらず、同法第十三条の規定を準用せず、また、同法第十六条から第十九条までの規定は、署名簿の署名の効力を争う数個の請求に関してのみ準用する。

第七十四条の三　条例の制定又は改廃の請求者の署名で左に掲げるものは、これを無効とする。

一　法令の定める成規の手続によらない署名

二　何人であるかを確認し難い署名

②　前条第四項の規定により詐偽又は強迫に基く旨の異議の申出があつた署名で市町村の選挙管理委員会がその申出を正当であると決定したものは、これを無効とする。

③　市町村の選挙管理委員会は、署名の効力を決定する場合において必要があると認めるときは、関係人の出頭及び証言を求めることができる。

④　第百条第二項、第三項、第七項及び第八項の規定は、前項の規定による関係人の出頭及び証言にこれを準用する。

第七十四条の四　条例の制定又は改廃の請求者の署名に関し、次の各号に掲げる行為をした者は、四年以下の懲役若しくは禁錮又は百万円以下の罰金に処する。

一　署名権者又は署名運動者に対し、暴行若しくは威力を加え、又はこれをかどわかしたとき。

二　交通若しくは集会の便を妨げ、又は演説を妨害し、その他偽計詐術等不正の方法をもつて署名の自由を妨害したとき。

三　署名権者若しくは署名運動者又はその関係のある社寺、学校、会社、組合、市町村等に対する用水、小作、債権、寄附その他特殊の利害関係を利用して署名権者又は署名運動者を威迫したとき。

②　条例の制定若しくは改廃の請求者の署名を偽造し若しくはその数を増減した者又は署名簿その他の条例の制定若しくは改廃の請求に必要な関係書類を抑留、毀壊若しくは奪取した者は、三年以下の懲役若しくは禁錮又は五十万円以下の罰金に処する。

③　条例の制定又は改廃の請求者の署名に関し、選挙権を有する者の委任を受けずに又は選挙権を有する者が心身の故障その他の事由により請求者の署名簿に署名することができないときでないのに、氏名代筆者として請求者の氏名を請求者の署名簿に記載した者は、三年以下の懲役若しくは禁錮又は五十万円以下の罰金に処する。

④　選挙権を有する者が心身の故障その他の事由により条例の制定又は改廃の請求者の署名簿に署名することができない場合において、当該選挙権を有する者の委任を受けて請求者の氏名を請求者の署名簿に記載した者が、当該署名簿に氏名代筆者としての署名をせず又は虚偽の署名をしたときは、三年以下の懲役若しくは禁錮又は五十万円以下の罰金に処する。

⑤　条例の制定又は改廃の請求者の署名に関し、次に掲げる者が、その地位を利用して署名運動をしたときは、二年以下の禁錮又は三十万円以下の罰金に処する。

一　国若しくは地方公共団体の公務員又は行政執行法人（独立行政法人通則法（平成十一年法律第百三号）第二条第四項に規定する行政執行法人をいう。）若しくは特定地方独立行政法人（地方独立行政法人法（平成十五年法律第百十八号）第二条第二項に規定する特定地方独立行政法人をいう。）の役員若しくは職員

二　沖縄振興開発金融公庫の役員又は職員

⑥　条例の制定又は改廃の請求に関し、政令で定める請求書及び請求代表者証明書を付していない署名簿、政令で定める署名を求めるための請求代表者の委任状を付していない署名簿その他法令の定める所定の手続によらない署名簿を用いて署名を求めた者又は政令で定める署名を求めることができる期間外の時期に署名を求めた者は、十万円以下の罰金に処する。

第七十五条　選挙権を有する者（道の方面公安委員会については、当該方面公安委員会の管理する方面本部の管轄区域内において選挙権を有する者）は、政令で定めるところにより、その総数の五十分の一以上の者の連署をもつて、その代表者から、普通地方公共団体の監査委員に対し、当該普通地方公共団体の

事務の執行に関し、監査の請求をすることができる。

② 前項の請求があつたときは、監査委員は、直ちに当該請求の要旨を公表しなければならない。

③ 監査委員は、第一項の請求に係る事項につき監査し、監査の結果に関する報告を決定し、これを同項の代表者（第五項及び第六項において「代表者」という。）に送付し、かつ、公表するとともに、これを当該普通地方公共団体の議会及び長並びに関係のある教育委員会、選挙管理委員会、人事委員会若しくは公平委員会、公安委員会、労働委員会、農業委員会その他法律に基づく委員会又は委員に提出しなければならない。

④ 前項の規定による監査の結果に関する報告の決定は、監査委員の合議によるものとする。

⑤ 監査委員は、第三項の規定による監査の結果に関する報告の決定について、各監査委員の意見が一致しないことにより、前項の合議により決定することができない事項がある場合には、その旨及び当該事項についての各監査委員の意見を代表者に送付し、かつ、公表するとともに、これらを当該普通地方公共団体の議会及び長並びに関係のある教育委員会、選挙管理委員会、人事委員会若しくは公平委員会、公安委員会、労働委員会、農業委員会その他法律に基づく委員会又は委員に提出しなければならない。

⑥ 第七十四条第五項の規定は第一項の選挙権を有する者及びその総数の五十分の一の数について、同条第六項の規定は代表者について、同条第七項から第九項まで及び第七十四条の二から前条までの規定は第一項の規定による請求者の署名について、それぞれ準用する。この場合において、第七十四条第六項第三号中「区域内」とあるのは、「区域内（道の方面公安委員会に係る請求については、当該方面公安委員会の管理する方面本部の管轄区域内）」と読み替えるものとする。

第二節　解散及び解職の請求

第七十六条　選挙権を有する者は、政令の定めるところにより、その総数の三分の一（その総数が四十万を超え八十万以下の場合にあつてはその四十万を超える数に六分の一を乗じて得た数と四十万に三分の一を乗じて得た数とを合算して得た数、その総数が八十万を超える場合にあつてはその八十万を超える数に八分の一を乗じて得た数と四十万に六分の一を乗じて得た数と四十万に三分の一を乗じて得た数とを合算して得た数）以上の者の連署をもつて、その代表者から、普通地方公共団体の選挙管理委員会に対し、当該普通地方公共団体の議会の解散の請求をすることができる。

② 前項の請求があつたときは、委員会は、直ちに請求の要旨を公表しなければならない。

③ 第一項の請求があつたとき、委員会は、これを選挙人の投票に付さなければならない。

④ 第七十四条第五項の規定は第一項の選挙権を有する者及びその総数の三分の一の数（その総数が四十万を超え八十万以下の場合にあつてはその四十万を超える数に六分の一を乗じて得た数と四十万に三分の一を乗じて得た数とを合算して得た数、その総数が八十万を超える場合にあつてはその八十万を超える数に八分の一を乗じて得た数と四十万に六分の一を乗じて得た数と四十万に三分の一を乗じて得た数とを合算して得た数）について、同条第六項の規定は第一項の代表者について、同条第七項から第九項まで及び第七十四条の二から第七十四条の四までの規定は第一項の規定による請求者の署名について準用する。

第七十七条　解散の投票の結果が判明したときは、選挙管理委員会は、直ちにこれを前条第一項の代表者及び当該普通地方公共団体の議会の議長に通知し、かつ、これを公表するとともに、都道府県にあつては都道府県知事に、市町村にあつては市町村長に報告しなければならない。その投票の結果が確定したときも、また、同様とする。

第七十八条　普通地方公共団体の議会は、第七十六条第三項の規定による解散の投票において過半数の同意があつたときは、解散するものとする。

第七十九条　第七十六条第一項の規定による普通地方公共団体の議会の解散の請求は、その議会の議員の一般選挙のあつた日から一年間及び同条第三項の規定による解散の投票のあつた日から一年間は、これをすることができない。

第八十条　選挙権を有する者は、政令の定めるところにより、所属の選挙区におけるその総数の三分の一（その総数が四十万を超え八十万以下の場合にあつてはその四十万を超える数に六分の一を乗じて得た数と四十万に三分の一を乗じて得た数とを合算して得た数、その総数が八十万を超える場合にあつてはその八十万を超える数に八分の一を乗じて得た数と四十万に六分の一を乗じて得た数と四十万に三分の一を乗じて得た数とを合算して得た数）以上の者の連署をもつて、その代表者から、普通地方公共団体の選挙管理委員会に対し、当該選挙区に属する普通地方公共団体の議会の議員の解職の請求をすることができる。この場合において選挙区がないときは、選挙権を有する者の総数の三分の一（その総数が四十万を超え八十万以下の場合にあつてはその四十万を超える数に六分の一を乗じて得た数と四十万に三分の一を乗じて得た数とを合算して得た数、その総数が八十万を超える場合にあつてはその八十万を超える数に八分の一を乗じて得た数と四十万に六分の一を乗じて得た数と四十万に三分の一を乗じて得た数とを合算して得た数）以上の者の連署をもつて、議員の解職の請求をすることができる。

② 前項の請求があつたときは、委員会は、直ちに請求の要旨を関係区域内に公表しなければならない。

③ 第一項の請求があつたときは、委員会は、これを当該選挙区の選挙人の投票に付さなければならない。この場合において選挙区がないときは、すべての選挙人の投票に付さなければならない。

④ 第七十四条第五項の規定は第一項の選挙権を有する者及びその総数の三分の一の数（その総数が四十万を超え八十万以下の場合にあつてはその四十万を超える数に六分の一を乗じて得た数と四十万に三分の一を乗じて得た数とを合算して得た数、その総数が八十万を超える場合にあつてはその八十万を超える数に八分の一を乗じて得た数と四十万に六分の一を乗じて得た数と四十万に三分の一を乗じて得た数とを合算して得た数）について、同条第六項の規定は第一項の代表者について、同条第七項から第九項まで及び第七十四条の二から第七十四条の四までの規定は第一項の規定による請求者の署名について準用する。この場合において、第七十四条第六項第三号中「都道府県の区域内の」とあり、及び「市の」とあるのは、「選挙区の区域の全部又は一部が含まれる」と読み替えるものとする。

第八十一条　選挙権を有する者は、政令の定めるところにより、その総数の三分の一（その総数が四十万を超え八十万以下の場合にあつてはその四十万を超える数に六分の一を乗じて得た数と四十万に三分の一を乗じて得た数とを合算して得た数、その総数が八十万を超える場合にあつてはその八十万を超える数に八分の一を乗じて得た数と四十万に六分の一を乗じて得た数と四十万に三分の一を乗じて得た数とを合算して得た数）以上の者の連署をもつて、その代表者から、普通地方公共団体の選挙管理委員会に対し、当該普通地方公共団体の長の解職の請求をすることができる。

② 第七十四条第五項の規定は前項の選挙権を有する者及びその総数の三分の一の数（その総数が四十万を超え八十万以下の場合にあつてはその四十万を超える数に六分の一を乗じて得た数と四十万に三分の一を乗じて得た数とを合算して得た数、その総数が八十万を超える場合にあつてはその八十万を超える数に八分の一を乗じて得た数と四十万に六分の一を乗じて得た数と四十万に三分の一を乗じて得た数とを合算して得た数）について、同条第六項の規定は前項の代表者について、同条第七項から第九項まで及び第七十四条の二から第七十四条の四までの規定は前項の規定による請求者の署名について、第七十六条第二項及び第三項の規定は前項の請求について準用する。

第八十二条　第八十条第三項の規定による解職の投票の結果が判明したときは、普通地方公共団体の選挙管理委員会は、直ちにこれを同条第一項の代表者並びに当該普通地方公共団体の議会の関係議員及び議長に通知し、かつ、これを公表するとともに、都道府県にあつては都道府県知事に、市町村にあつては市町村長に報告しなければならない。その投票の結果が確定したときも、また、同様とする。

② 前条第二項の規定による解職の投票の結果が判明したときは、委員会は、直ちにこれを同条第一項の代表者並びに当該普通地方公共団体の長及び議会の議長に通知し、かつ、これを公表しなければならない。その投票の結果が確定したときも、また、同様とする。

第八十三条　普通地方公共団体の議会の議員又は長は、第八十条第三項又は第八十一条第二項の規定による解職の投票において、過半数の同意があつたときは、その職を失う。

第八十四条　第八十条第一項又は第八十一条第一項の規定による普通地方公共団体の議会の議員又は長の解職の請求は、その就職の日から一年間及び第八十条第三項又は第八十一条第二項の規定による解職の投票の日から一年間は、これをすることができない。ただし、公職選挙法第百条第六項の規定により当選人と定められ普通地方公共団体の議会の議員又は長となつた者に対する解職の請求は、その就職の日から一年以内においても、これをすることができる。

第八十五条　政令で特別の定をするものを除く外、公職選挙法中普通地方公共団体の選挙に関する規定は、第七十六条第三項の規定による解散の投票並びに第八十条第三項及び第八十一条第二項の規定による解職の投票にこれを準用する。

② 前項の投票は、政令の定めるところにより、普通地方公共団体の選挙と同時にこれを行うことができる。

第八十六条　選挙権を有する者（第二百五十二条の十九第一項に規定する指定都市（以下この項において「指定都市」という。）の総合区長については当該総合区の区域内において選挙権を有する者、指定都市の区又は総合区の選挙管理委員については当該区又は総合区の区域内において選挙権を有する者、道の方面公安委員会の委員については当該方面公安委員会の管理する方面本部の管轄区域内において選挙権を有する者）は、政令の定めるところにより、その総数の三分の一（その総数が四十万を超え八十万以下の場合にあつてはその四十万を超える数に六分の一を乗じて得た数と四十万に三分の一を乗じて得た数とを合算して得た数、その総数が八十万を超える場合にあつてはその八十万を超える数に八分の一を乗じて得た数と四十万に六分の一を乗じて得た数と四十万に三分の一を乗じて得た数とを合算して得た数）以上の者の連署をもつて、その代表者から、普通地方公共団体の長に対し、副知事若しくは副市町村長、指定都市の総合区長、選挙管理委員若しくは監査委員又は公安委員会の委員の解職の請求をすることができる。

② 前項の請求があつたときは、当該普通地方公共団体の長は、直ちに請求の要旨を公表しなければならない。

③ 第一項の請求があつたときは、当該普通地方公共団体の長は、これを議会に付議し、その結果を同項の代表者及び関係者に通知し、かつ、これを公表しなければならない。

④ 第七十四条第五項の規定は第一項の選挙権を有する者及びその総数の三分の一の数（その総数が四十万を超え八十万以下の場合にあつてはその四十万を超える数に六分の一を乗じて得た数と四十万に三分の一を乗じて得た数とを合算して得た数、その総数が八十万を超える場合にあつてはその八十万を超える数に八分の一を乗じて得た数と四十万に六分の一を乗じて得た数と四十万に三分の一を乗じて得た数とを合算して得た数）について、同条第六項の規定は第一項の代表者について、同条第七項から第九項まで及び第七十四条の二から第七十四条の四までの規定は第一項の規定による請求者の署名について準用する。この場合において、第七十四条第六項第三号中「区域内」とあるのは「区域内（道の方面公安委員会の委員に係る請求については、当該方面公安委員会の管理する方面本部の管轄区域内）」と、「市の区及び総合区」とあるのは「市の区及び総合区（総合区長に係る請求については当該総合区、区又は総合区の選挙管理委員に係る請求については当該区又は総合区に限る。）」と読み替えるものとする。

第八十七条　前条第一項に掲げる職に在る者は、同条第三項の場合において、当該普通地方公共団体の議会の議員の三分の二以上の者が出席し、その四分の三以上の者の同意があつたときは、その職を失う。

② 第百十八条第五項の規定は、前条第三項の規定による議決についてこれを準用する。

第八十八条　第八十六条第一項の規定による副知事若しくは副市町村長又は第二百五十二条の十九第一項に規定する指定都市の総合区長の解職の請求は、その就職の日から一年間及び第八十六条第三項の規定による議会の議決の日から一年間は、これをすることができない。

② 第八十六条第一項の規定による選挙管理委員若しくは監査委員又は公安委員会の委員の解職の請求は、その就職の日から六箇月間及び同条第三項の規定による議会の議決の日から六箇月間は、これをすることができない。

第六章　議会

第一節　組織

第八十九条　普通地方公共団体に、その議事機関として、当該普通地方公共団体の住民が選挙した議員をもつて組織される議会を置く。

② 普通地方公共団体の議会は、この法律の定めるところにより当該普通地方公共団体の重

要な意思決定に関する事件を議決し、並びにこの法律に定める検査及び調査その他の権限を行使する。

③　前項に規定する議会の権限の適切な行使に資するため、普通地方公共団体の議会の議員は、住民の負託を受け、誠実にその職務を行わなければならない。

第九十条　都道府県の議会の議員の定数は、条例で定める。

②　前項の規定による議員の定数の変更は、一般選挙の場合でなければ、これを行うことができない。

③　第六条の二第一項の規定による処分により、著しく人口の増加があつた都道府県においては、前項の規定にかかわらず、議員の任期中においても、議員の定数を増加することができる。

④　第六条の二第一項の規定により都道府県の設置をしようとする場合において、その区域の全部が当該新たに設置される都道府県の区域の一部となる都道府県（以下本条において「設置関係都道府県」という。）は、その協議により、あらかじめ、新たに設置される都道府県の議会の議員の定数を定めなければならない。

⑤　前項の規定により新たに設置される都道府県の議会の議員の定数を定めたときは、設置関係都道府県は、直ちに当該定数を告示しなければならない。

⑥　前項の規定により告示された新たに設置される都道府県の議会の議員の定数は、第一項の規定に基づく当該都道府県の条例により定められたものとみなす。

⑦　第四項の協議については、設置関係都道府県の議会の議決を経なければならない。

第九十一条　市町村の議会の議員の定数は、条例で定める。

②　前項の規定による議員の定数の変更は、一般選挙の場合でなければ、これを行うことができない。

③　第七条第一項又は第三項の規定による処分により、著しく人口の増減があつた市町村においては、前項の規定にかかわらず、議員の任期中においても、議員の定数を増減することができる。

④　前項の規定により議員の任期中にその定数を減少した場合において当該市町村の議会の議員の職に在る者の数がその減少した定数を超えているときは、当該議員の任期中は、その数を以て定数とする。但し、議員に欠員を生じたときは、これに応じて、その定数は、当該定数に至るまで減少するものとする。

⑤　第七条第一項又は第三項の規定により市町村の設置を伴う市町村の廃置分合をしようとする場合において、その区域の全部又は一部が当該廃置分合により新たに設置される市町村の区域の全部又は一部となる市町村（以下本条において「設置関係市町村」という。）は、設置関係市町村が二以上のときは設置関係市町村の協議により、設置関係市町村が一のときは当該設置関係市町村の議会の議決を経て、あらかじめ、新たに設置される市町村の議会の議員の定数を定めなければならない。

⑥　前項の規定により新たに設置される市町村の議会の議員の定数を定めたときは、設置関係市町村は、直ちに当該定数を告示しなければならない。

⑦　前項の規定により告示された新たに設置される市町村の議会の議員の定数は、第一項の規定に基づく当該市町村の条例により定められたものとみなす。

⑧　第五項の協議については、設置関係市町村の議会の議決を経なければならない。

第九十二条　普通地方公共団体の議会の議員は、衆議院議員又は参議院議員と兼ねることができない。

②　普通地方公共団体の議会の議員は、地方公共団体の議会の議員並びに常勤の職員及び地方公務員法（昭和二十五年法律第二百六十一号）第二十八条の五第一項に規定する短時間勤務の職を占める職員（以下「短時間勤務職員」という。）と兼ねることができない。

第九十二条の二　普通地方公共団体の議会の議員は、当該普通地方公共団体に対し請負（業として行う工事の完成若しくは作業その他の役務の給付又は物件の納入その他の取引で当該普通地方公共団体が対価の支払をすべきものをいう。以下この条、第百四十二条、第百八十条の五第六項及び第二百五十二条の二十八第三項第十二号において同じ。）をする者（各会計年度において支払を受ける当該請負の対価の総額が普通地方公共団体の議会の適正な運営の確保のための環境の整備を図る観点から政令で定める額を超えない者を除く。）及びその支配人又は主として同一の行為をする法人の無限責任社員、取締役、執行役若しくは監査役若しくはこれらに準ずべき者、支配人及び清算人たることができない。

第九十三条 普通地方公共団体の議会の議員の任期は、四年とする。

② 前項の任期の起算、補欠議員の在任期間及び議員の定数に異動を生じたためあらたに選挙された議員の在任期間については、公職選挙法第二百五十八条及び第二百六十条の定めるところによる。

第九十四条 町村は、条例で、第八十九条第一項の規定にかかわらず、議会を置かず、選挙権を有する者の総会を設けることができる。

第九十五条 前条の規定による町村総会に関しては、町村の議会に関する規定を準用する。

第二節 権限

第九十六条 普通地方公共団体の議会は、次に掲げる事件を議決しなければならない。

一 条例を設け又は改廃すること。

二 予算を定めること。

三 決算を認定すること。

四 法律又はこれに基づく政令に規定するものを除くほか、地方税の賦課徴収又は分担金、使用料、加入金若しくは手数料の徴収に関すること。

五 その種類及び金額について政令で定める基準に従い条例で定める契約を締結すること。

六 条例で定める場合を除くほか、財産を交換し、出資の目的とし、若しくは支払手段として使用し、又は適正な対価なくしてこれを譲渡し、若しくは貸し付けること。

七 不動産を信託すること。

八 前二号に定めるものを除くほか、その種類及び金額について政令で定める基準に従い条例で定める財産の取得又は処分をすること。

九 負担付きの寄附又は贈与を受けること。

十 法律若しくはこれに基づく政令又は条例に特別の定めがある場合を除くほか、権利を放棄すること。

十一 条例で定める重要な公の施設につき条例で定める長期かつ独占的な利用をさせること。

十二 普通地方公共団体がその当事者である審査請求その他の不服申立て、訴えの提起（普通地方公共団体の行政庁の処分又は裁決（行政事件訴訟法第三条第二項に規定する処分又は同条第三項に規定する裁決をいう。以下この号、第百五条の二、第百九十二条及び第百九十九条の三第三項において同じ。）に係る同法第十一条第一項（同法第三十八条第一項（同法第四十三条第二項において準用する場合を含む。）又は同法第四十三条第一項において準用する場合を含む。）の規定による普通地方公共団体を被告とする訴訟（以下この号、第百五条の二、第百九十二条及び第百九十九条の三第三項において「普通地方公共団体を被告とする訴訟」という。）に係るものを除く。）、和解（普通地方公共団体の行政庁の処分又は裁決に係る普通地方公共団体を被告とする訴訟に係るものを除く。）、あつせん、調停及び仲裁に関すること。

十三 法律上その義務に属する損害賠償の額を定めること。

十四 普通地方公共団体の区域内の公共的団体等の活動の総合調整に関すること。

十五 その他法律又はこれに基づく政令（これらに基づく条例を含む。）により議会の権限に属する事項

② 前項に定めるものを除くほか、普通地方公共団体は、条例で普通地方公共団体に関する事件（法定受託事務に係るものにあつては、国の安全に関することその他の事由により議会の議決すべきものとすることが適当でないものとして政令で定めるものを除く。）につき議会の議決すべきものを定めることができる。

第九十七条 普通地方公共団体の議会は、法律又はこれに基く政令によりその権限に属する選挙を行わなければならない。

② 議会は、予算について、増額してこれを議決することを妨げない。但し、普通地方公共団体の長の予算の提出の権限を侵すことはできない。

第九十八条 普通地方公共団体の議会は、当該普通地方公共団体の事務（自治事務にあつては労働委員会及び収用委員会の権限に属する事務で政令で定めるものを除き、法定受託事務にあつては国の安全を害するおそれがあることその他の事由により議会の検査の対象とすることが適当でないものとして政令で定めるものを除く。）に関する書類及び計算書を検閲し、当該普通地方公共団体の長、教育委員会、選挙管理委員会、人事委員会若しくは公平委員会、公安委員会、労働委員会、農業委員会又は監査委員その他法律に基づく委員会又は委員の報告を請求して、当該事務の管理、議決の執行及び出納を検査することができる。

行政法

② 議会は、監査委員に対し、当該普通地方公共団体の事務（自治事務にあつては労働委員会及び収用委員会の権限に属する事務で政令で定めるものを除き、法定受託事務にあつては国の安全を害するおそれがあることその他の事由により本項の監査の対象とすることが適当でないものとして政令で定めるものを除く。）に関する監査を求め、監査の結果に関する報告を請求することができる。この場合における監査の実施については、第百九十九条第二項後段の規定を準用する。

第九十九条　普通地方公共団体の議会は、当該普通地方公共団体の公益に関する事件につき意見書を国会又は関係行政庁に提出することができる。

第百条　普通地方公共団体の議会は、当該普通地方公共団体の事務（自治事務にあつては労働委員会及び収用委員会の権限に属する事務で政令で定めるものを除き、法定受託事務にあつては国の安全を害するおそれがあることその他の事由により議会の調査の対象とすることが適当でないものとして政令で定めるものを除く。次項において同じ。）に関する調査を行うことができる。この場合において、当該調査を行うため特に必要があると認めるときは、選挙人その他の関係人の出頭及び証言並びに記録の提出を請求することができる。

② 民事訴訟に関する法令の規定中証人の訊問に関する規定は、この法律に特別の定めがあるものを除くほか、前項後段の規定により議会が当該普通地方公共団体の事務に関する調査のため選挙人その他の関係人の証言を請求する場合に、これを準用する。ただし、過料、罰金、拘留又は勾引に関する規定は、この限りでない。

③ 第一項後段の規定により出頭又は記録の提出の請求を受けた選挙人その他の関係人が、正当の理由がないのに、議会に出頭せず若しくは記録を提出しないとき又は証言を拒んだときは、六箇月以下の禁錮又は十万円以下の罰金に処する。

④ 議会は、選挙人その他の関係人が公務員たる地位において知り得た事実については、その者から職務上の秘密に属するものである旨の申立を受けたときは、当該官公署の承認がなければ、当該事実に関する証言又は記録の提出を請求することができない。この場合において当該官公署が承認を拒むときは、その理由を疏明しなければならない。

⑤ 議会が前項の規定による疏明を理由がないと認めるときは、当該官公署に対し、当該証言又は記録の提出が公の利益を害する旨の声明を要求することができる。

⑥ 当該官公署が前項の規定による要求を受けた日から二十日以内に声明をしないときは、選挙人その他の関係人は、証言又は記録の提出をしなければならない。

⑦ 第二項において準用する民事訴訟に関する法令の規定により宣誓した選挙人その他の関係人が虚偽の陳述をしたときは、これを三箇月以上五年以下の禁錮に処する。

⑧ 前項の罪を犯した者が議会において調査が終了した旨の議決がある前に自白したときは、その刑を減軽し又は免除することができる。

⑨ 議会は、選挙人その他の関係人が、第三項又は第七項の罪を犯したものと認めるときは、告発しなければならない。但し、虚偽の陳述をした選挙人その他の関係人が、議会の調査が終了した旨の議決がある前に自白したときは、告発しないことができる。

⑩ 議会が第一項の規定による調査を行うため当該普通地方公共団体の区域内の団体等に対し照会をし又は記録の送付を求めたときは、当該団体等は、その求めに応じなければならない。

⑪ 議会は、第一項の規定による調査を行う場合においては、予め、予算の定額の範囲内において、当該調査のため要する経費の額を定めて置かなければならない。その額を超えて経費の支出を必要とするときは、更に議決を経なければならない。

⑫ 議会は、会議規則の定めるところにより、議案の審査又は議会の運営に関し協議又は調整を行うための場を設けることができる。

⑬ 議会は、議案の審査又は当該普通地方公共団体の事務に関する調査のためその他議会において必要があると認めるときは、会議規則の定めるところにより、議員を派遣することができる。

⑭ 普通地方公共団体は、条例の定めるところにより、その議会の議員の調査研究その他の活動に資するため必要な経費の一部として、その議会における会派又は議員に対し、政務活動費を交付することができる。この場合において、当該政務活動費の交付の対象、額及び交付の方法並びに当該政務活動費を充てることができる経費の範囲は、条例で定めなけ

ればならない。

⑮　前項の政務活動費の交付を受けた会派又は議員は、条例の定めるところにより、当該政務活動費に係る収入及び支出の状況を書面又は電磁的記録（電子的方式、磁気的方式その他人の知覚によつては認識することができない方式で作られる記録であつて、電子計算機による情報処理の用に供されるものをいう。以下同じ。）をもつて議長に報告するものとする。

⑯　議長は、第十四項の政務活動費については、その使途の透明性の確保に努めるものとする。

⑰　政府は、都道府県の議会に官報及び政府の刊行物を、市町村の議会に官報及び市町村に特に関係があると認める政府の刊行物を送付しなければならない。

⑱　都道府県は、当該都道府県の区域内の市町村の議会及び他の都道府県の議会に、公報及び適当と認める刊行物を送付しなければならない。

⑲　議会は、議員の調査研究に資するため、図書室を附置し前二項の規定により送付を受けた官報、公報及び刊行物を保管して置かなければならない。

⑳　前項の図書室は、一般にこれを利用させることができる。

第百条の二　普通地方公共団体の議会は、議案の審査又は当該普通地方公共団体の事務に関する調査のために必要な専門的事項に係る調査を学識経験を有する者等にさせることができる。

第三節　招集及び会期

第百一条　普通地方公共団体の議会は、普通地方公共団体の長がこれを招集する。

②　議長は、議会運営委員会の議決を経て、当該普通地方公共団体の長に対し、会議に付議すべき事件を示して臨時会の招集を請求することができる。

③　議員の定数の四分の一以上の者は、当該普通地方公共団体の長に対し、会議に付議すべき事件を示して臨時会の招集を請求することができる。

④　前二項の規定による請求があつたときは、当該普通地方公共団体の長は、請求のあつた日から二十日以内に臨時会を招集しなければならない。

⑤　第二項の規定による請求のあつた日から二十日以内に当該普通地方公共団体の長が臨時会を招集しないときは、第一項の規定にかかわらず、議長は、臨時会を招集することができる。

⑥　第三項の規定による請求のあつた日から二十日以内に当該普通地方公共団体の長が臨時会を招集しないときは、第一項の規定にかかわらず、議長は、第三項の規定による請求をした者の申出に基づき、当該申出のあつた日から、都道府県及び市にあつては十日以内、町村にあつては六日以内に臨時会を招集しなければならない。

⑦　招集は、開会の日前、都道府県及び市にあつては七日、町村にあつては三日までにこれを告示しなければならない。ただし、緊急を要する場合は、この限りでない。

⑧　前項の規定による招集の告示をした後に当該招集に係る開会の日に会議を開くことが災害その他やむを得ない事由により困難であると認めるときは、当該告示をした者は、当該招集に係る開会の日の変更をすることができる。この場合においては、変更後の開会の日及び変更の理由を告示しなければならない。

第百二条　普通地方公共団体の議会は、定例会及び臨時会とする。

②　定例会は、毎年、条例で定める回数これを招集しなければならない。

③　臨時会は、必要がある場合において、その事件に限りこれを招集する。

④　臨時会に付議すべき事件は、普通地方公共団体の長があらかじめこれを告示しなければならない。

⑤　前条第五項又は第六項の場合においては、前項の規定にかかわらず、議長が、同条第二項又は第三項の規定による請求において示された会議に付議すべき事件を臨時会に付議すべき事件として、あらかじめ告示しなければならない。

⑥　臨時会の開会中に緊急を要する事件があるときは、前三項の規定にかかわらず、直ちにこれを会議に付議することができる。

⑦　普通地方公共団体の議会の会期及びその延長並びにその開閉に関する事項は、議会がこれを定める。

第百二条の二　普通地方公共団体の議会は、前条の規定にかかわらず、条例で定めるところにより、定例会及び臨時会とせず、毎年、条例で定める日から翌年の当該日の前日までを会期とすることができる。

② 前項の議会は、第四項の規定により招集しなければならないものとされる場合を除き、前項の条例で定める日の到来をもつて、普通地方公共団体の長が当該日にこれを招集したものとみなす。

③ 第一項の会期中において、議員の任期が満了したとき、議会が解散されたとき又は議員が全てなくなつたときは、同項の規定にかかわらず、その任期満了の日、その解散の日又はその議員が全てなくなつた日をもつて、会期は終了するものとする。

④ 前項の規定により会期が終了した場合には、普通地方公共団体の長は、同項に規定する事由により行われた一般選挙により選出された議員の任期が始まる日から三十日以内に議会を招集しなければならない。この場合においては、その招集の日から同日後の最初の第一項の条例で定める日の前日までを会期とするものとする。

⑤ 第三項の規定は、前項後段に規定する会期について準用する。

⑥ 第一項の議会は、条例で、定期的に会議を開く日（以下「定例日」という。）を定めなければならない。

⑦ 普通地方公共団体の長は、第一項の議会の議長に対し、会議に付議すべき事件を示して定例日以外の日において会議を開くことを請求することができる。この場合において、議長は、当該請求のあつた日から、都道府県及び市にあつては七日以内、町村にあつては三日以内に会議を開かなければならない。

⑧ 第一項の場合における第七十四条第三項、第百二十一条第一項、第二百四十三条の三第二項及び第三項並びに第二百五十二条の三十九第四項の規定の適用については、第七十四条第三項中「二十日以内に議会を招集し、」とあるのは「二十日以内に」と、第百二十一条第一項中「議会の審議」とあるのは「定例日に開かれる会議の審議又は議案の審議」と、第二百四十三条の三第二項及び第三項中「次の議会」とあるのは「次の定例日に開かれる会議」と、第二百五十二条の三十九第四項中「二十日以内に議会を招集し」とあるのは「二十日以内に」とする。

第四節　議長及び副議長

第百三条　普通地方公共団体の議会は、議員の中から議長及び副議長一人を選挙しなければならない。

② 議長及び副議長の任期は、議員の任期による。

第百四条　普通地方公共団体の議会の議長は、議場の秩序を保持し、議事を整理し、議会の事務を統理し、議会を代表する。

第百五条　普通地方公共団体の議会の議長は、委員会に出席し、発言することができる。

第百五条の二　普通地方公共団体の議会又は議長（第百三十八条の二第一項及び第二項において「議会等」という。）の処分又は裁決に係る普通地方公共団体を被告とする訴訟については、議長が当該普通地方公共団体を代表する。

第百六条　普通地方公共団体の議会の議長に事故があるとき、又は議長が欠けたときは、副議長が議長の職務を行う。

② 議長及び副議長にともに事故があるときは、仮議長を選挙し、議長の職務を行わせる。

③ 議会は、仮議長の選任を議長に委任することができる。

第百七条　第百三条第一項及び前条第二項の規定による選挙を行う場合において、議長の職務を行う者がないときは、年長の議員が臨時に議長の職務を行う。

第百八条　普通地方公共団体の議会の議長及び副議長は、議会の許可を得て辞職することができる。但し、副議長は、議会の閉会中においては、議長の許可を得て辞職することができる。

第五節　委員会

第百九条　普通地方公共団体の議会は、条例で、常任委員会、議会運営委員会及び特別委員会を置くことができる。

② 常任委員会は、その部門に属する当該普通地方公共団体の事務に関する調査を行い、議案、請願等を審査する。

③ 議会運営委員会は、次に掲げる事項に関する調査を行い、議案、請願等を審査する。

一　議会の運営に関する事項

二　議会の会議規則、委員会に関する条例等に関する事項

三　議長の諮問に関する事項

④ 特別委員会は、議会の議決により付議された事件を審査する。

⑤ 第百十五条の二の規定は、委員会について準用する。

⑥ 委員会は、議会の議決すべき事件のうちその部門に属する当該普通地方公共団体の事務

に関するものにつき、議会に議案を提出することができる。ただし、予算については、この限りでない。

⑦　前項の規定による議案の提出は、文書をもつてしなければならない。

⑧　委員会は、議会の議決により付議された特定の事件については、閉会中も、なお、これを審査することができる。

⑨　前各項に定めるもののほか、委員の選任その他委員会に関し必要な事項は、条例で定める。

第百十条及び第百十一条　削除

第六節　会議

第百十二条　普通地方公共団体の議会の議員は、議会の議決すべき事件につき、議会に議案を提出することができる。但し、予算については、この限りでない。

②　前項の規定により議案を提出するに当たつては、議員の定数の十二分の一以上の者の賛成がなければならない。

③　第一項の規定による議案の提出は、文書を以てこれをしなければならない。

第百十三条　普通地方公共団体の議会は、議員の定数の半数以上の議員が出席しなければ、会議を開くことができない。但し、第百十七条の規定による除斥のため半数に達しないとき、同一の事件につき再度招集してもなお半数に達しないとき、又は招集に応じても出席議員が定数を欠き議長において出席を催告してもなお半数に達しないとき若しくは半数に達してもその後半数に達しなくなつたときは、この限りでない。

第百十四条　普通地方公共団体の議会の議員の定数の半数以上の者から請求があるときは、議長は、その日の会議を開かなければならない。この場合において議長がなお会議を開かないときは、第百六条第一項又は第二項の例による。

②　前項の規定により会議を開いたとき、又は議員中に異議があるときは、議長は、会議の議決によらない限り、その日の会議を閉じ又は中止することができない。

第百十五条　普通地方公共団体の議会の会議は、これを公開する。但し、議長又は議員三人以上の発議により、出席議員の三分の二以上の多数で議決したときは、秘密会を開くことができる。

②　前項但書の議長又は議員の発議は、討論を行わないでその可否を決しなければならない。

第百十五条の二　普通地方公共団体の議会は、会議において、予算その他重要な議案、請願等について公聴会を開き、真に利害関係を有する者又は学識経験を有する者等から意見を聴くことができる。

②　普通地方公共団体の議会は、会議において、当該普通地方公共団体の事務に関する調査又は審査のため必要があると認めるときは、参考人の出頭を求め、その意見を聴くことができる。

第百十五条の三　普通地方公共団体の議会が議案に対する修正の動議を議題とするに当たつては、議員の定数の十二分の一以上の者の発議によらなければならない。

第百十六条　この法律に特別の定がある場合を除く外、普通地方公共団体の議会の議事は、出席議員の過半数でこれを決し、可否同数のときは、議長の決するところによる。

②　前項の場合においては、議長は、議員として議決に加わる権利を有しない。

第百十七条　普通地方公共団体の議会の議長及び議員は、自己若しくは父母、祖父母、配偶者、子、孫若しくは兄弟姉妹の一身上に関する事件又は自己若しくはこれらの者の従事する業務に直接の利害関係のある事件については、その議事に参与することができない。但し、議会の同意があつたときは、会議に出席し、発言することができる。

第百十八条　法律又はこれに基づく政令により普通地方公共団体の議会において行う選挙については、公職選挙法第四十六条第一項及び第四項、第四十七条、第四十八条、第六十八条第一項並びに普通地方公共団体の議会の議員の選挙に関する第九十五条の規定を準用する。その投票の効力に関し異議があるときは、議会がこれを決定する。

②　議会は、議員中に異議がないときは、前項の選挙につき指名推選の方法を用いることができる。

③　指名推選の方法を用いる場合においては、被指名人を以て当選人と定めるべきかどうかを会議に諮り、議員の全員の同意があつた者を以て当選人とする。

④　一の選挙を以て二人以上を選挙する場合においては、被指名人を区分して前項の規定を適用してはならない。

⑤　第一項の規定による決定に不服がある者は、決定があつた日から二十一日以内に、都

道府県にあつては総務大臣、市町村にあつては都道府県知事に審査を申し立て、その裁決に不服がある者は、裁決のあつた日から二十一日以内に裁判所に出訴することができる。

⑥　第一項の規定による決定は、文書を以てし、その理由を附けてこれを本人に交付しなければならない。

第百十九条　会期中に議決に至らなかつた事件は、後会に継続しない。

第百二十条　普通地方公共団体の議会は、会議規則を設けなければならない。

第百二十一条　普通地方公共団体の長、教育委員会の教育長、選挙管理委員会の委員長、人事委員会の委員長又は公平委員会の委員長、公安委員会の委員長、労働委員会の委員、農業委員会の会長及び監査委員その他法律に基づく委員会の代表者又は委員並びにその委任又は嘱託を受けた者は、議会の審議に必要な説明のため議長から出席を求められたときは、議場に出席しなければならない。ただし、出席すべき日時に議場に出席できないことについて正当な理由がある場合において、その旨を議長に届け出たときは、この限りでない。

②　第百二条の二第一項の議会の議長は、前項本文の規定により議場への出席を求めるに当たつては、普通地方公共団体の執行機関の事務に支障を及ぼすことのないよう配慮しなければならない。

第百二十二条　普通地方公共団体の長は、議会に、第二百十一条第二項に規定する予算に関する説明書その他当該普通地方公共団体の事務に関する説明書を提出しなければならない。

第百二十三条　議長は、事務局長又は書記長（書記長を置かない町村においては書記）に書面又は電磁的記録により会議録を作成させ、並びに会議の次第及び出席議員の氏名を記載させ、又は記録させなければならない。

②　会議録が書面をもつて作成されているときは、議長及び議会において定めた二人以上の議員がこれに署名しなければならない。

③　会議録が電磁的記録をもつて作成されているときは、議長及び議会において定めた二人以上の議員が当該電磁的記録に総務省令で定める署名に代わる措置をとらなければならない。

④　議長は、会議録が書面をもつて作成されているときはその写しを、会議録が電磁的記録をもつて作成されているときは当該電磁的記録に記録された事項を記載した書面又は当該事項を添えて会議の結果を普通地方公共団体の長に報告しなければならない。

第七節　請願

第百二十四条　普通地方公共団体の議会に請願しようとする者は、議員の紹介により請願書を提出しなければならない。

第百二十五条　普通地方公共団体の議会は、その採択した請願で当該普通地方公共団体の長、教育委員会、選挙管理委員会、人事委員会若しくは公平委員会、公安委員会、労働委員会、農業委員会又は監査委員その他法律に基づく委員会又は委員において措置することが適当と認めるものは、これらの者にこれを送付し、かつ、その請願の処理の経過及び結果の報告を請求することができる。

第八節　議員の辞職及び資格の決定

第百二十六条　普通地方公共団体の議会の議員は、議会の許可を得て辞職することができる。但し、閉会中においては、議長の許可を得て辞職することができる。

第百二十七条　普通地方公共団体の議会の議員が被選挙権を有しない者であるとき、又は第九十二条の二（第二百八十七条の二第七項において準用する場合を含む。以下この項において同じ。）の規定に該当するときは、その職を失う。その被選挙権の有無又は第九十二条の二の規定に該当するかどうかは、議員が公職選挙法第十一条、第十一条の二若しくは第二百五十二条又は政治資金規正法第二十八条の規定に該当するため被選挙権を有しない場合を除くほか、議会がこれを決定する。この場合においては、出席議員の三分の二以上の多数によりこれを決定しなければならない。

②　前項の場合においては、議員は、第百十七条の規定にかかわらず、その会議に出席して自己の資格に関し弁明することはできるが決定に加わることができない。

③　第百十八条第五項及び第六項の規定は、第一項の場合について準用する。

第百二十八条　普通地方公共団体の議会の議員は、公職選挙法第二百二条第一項若しくは第二百六条第一項の規定による異議の申出、同法第二百二条第二項若しくは第二百六条第二項の規定による審査の申立て、同法第二百三条第一項、第二百七条第一項、第二百十条若しくは第二百十一条の訴訟の提起に対する決定、裁決又は判決が確定するまでの間（同法第二百十条第一項の規定による訴訟を提起することができる場合において、当該訴訟が提起されなかつたとき、当該訴訟についての訴えを却下し若しくは訴状を却下する裁判が確定したとき、又は当該訴訟が取り下げられたときは、それぞれ同項に規定する出訴期間が経過するまで、当該裁判が確定するまで又は当該取下げが行われるまでの間）は、その職を失わない。

第九節　紀律

第百二十九条　普通地方公共団体の議会の会議中この法律又は会議規則に違反しその他議場の秩序を乱す議員があるときは、議長は、これを制止し、又は発言を取り消させ、その命令に従わないときは、その日の会議が終るまで発言を禁止し、又は議場の外に退去させることができる。

② 議長は、議場が騒然として整理することが困難であると認めるときは、その日の会議を閉じ、又は中止することができる。

第百三十条　傍聴人が公然と可否を表明し、又は騒ぎ立てる等会議を妨害するときは、普通地方公共団体の議会の議長は、これを制止し、その命令に従わないときは、これを退場させ、必要がある場合においては、これを当該警察官に引き渡すことができる。

② 傍聴席が騒がしいときは、議長は、すべての傍聴人を退場させることができる。

③ 前二項に定めるものを除くほか、議長は、会議の傍聴に関し必要な規則を設けなければならない。

第百三十一条　議場の秩序を乱し又は会議を妨害するものがあるときは、議員は、議長の注意を喚起することができる。

第百三十二条　普通地方公共団体の議会の会議又は委員会においては、議員は、無礼の言葉を使用し、又は他人の私生活にわたる言論をしてはならない。

第百三十三条　普通地方公共団体の議会の会議又は委員会において、侮辱を受けた議員は、これを議会に訴えて処分を求めることができる。

第十節　懲罰

第百三十四条　普通地方公共団体の議会は、この法律並びに会議規則及び委員会に関する条例に違反した議員に対し、議決により懲罰を科することができる。

② 懲罰に関し必要な事項は、会議規則中にこれを定めなければならない。

第百三十五条　懲罰は、左の通りとする。

一　公開の議場における戒告
二　公開の議場における陳謝
三　一定期間の出席停止
四　除名

② 懲罰の動議を議題とするに当つては、議員の定数の八分の一以上の者の発議によらなければならない。

③ 第一項第四号の除名については、当該普通地方公共団体の議会の議員の三分の二以上の者が出席し、その四分の三以上の者の同意がなければならない。

第百三十六条　普通地方公共団体の議会は、除名された議員で再び当選した議員を拒むことができない。

第百三十七条　普通地方公共団体の議会の議員が正当な理由がなくて招集に応じないため、又は正当な理由がなくて会議に欠席したため、議長が、特に招状を発しても、なお故なく出席しない者は、議長において、議会の議決を経て、これに懲罰を科することができる。

第十一節　議会の事務局及び事務局長、書記長、書記その他の職員

第百三十八条　都道府県の議会に事務局を置く。

② 市町村の議会に条例の定めるところにより、事務局を置くことができる。

③ 事務局に事務局長、書記その他の職員を置く。

④ 事務局を置かない市町村の議会に書記長、書記その他の職員を置く。ただし、町村においては、書記長を置かないことができる。

⑤ 事務局長、書記長、書記その他の職員は、議長がこれを任免する。

⑥ 事務局長、書記長、書記その他の常勤の職員の定数は、条例でこれを定める。ただし、臨時の職については、この限りでない。

⑦ 事務局長及び書記長は議長の命を受け、書記その他の職員は上司の指揮を受けて、議会に関する事務に従事する。

⑧ 事務局長、書記長、書記その他の職員に関する任用、人事評価、給与、勤務時間その他

の勤務条件、分限及び懲戒、服務、退職管理、研修、福祉及び利益の保護その他身分取扱いに関しては、この法律に定めるものを除くほか、地方公務員法の定めるところによる。

第十二節　雑則

第百三十八条の二　議会等に対して行われる通知のうちこの章（第百条第十五項を除く。）の規定において文書その他の人の知覚によつて認識することができる情報が記載された紙その他の有体物（次項において「文書等」という。）により行うことが規定されているもの（情報通信技術を活用した行政の推進等に関する法律（平成十四年法律第百五十一号）第七条第一項の規定が適用されるものを除く。）については、当該通知に関するこの章の規定にかかわらず、総務省令で定めるところにより、総務省令で定める電子情報処理組織（議会等の使用に係る電子計算機（入出力装置を含む。以下この項及び第四項において同じ。）とその通知の相手方の使用に係る電子計算機とを電気通信回線で接続した電子情報処理組織をいう。以下この条において同じ。）を使用する方法により行うことができる。

② 議会等が行う通知のうちこの章（第百二十三条第四項を除く。）の規定により行うことが規定されているもの（情報通信技術を活用した行政の推進等に関する法律第六条第一項の規定が適用されるものを除く。）については、当該通知に関するこの章の規定にかかわらず、総務省令で定めるところにより、総務省令で定める電子情報処理組織を使用する方法により行うことができる。ただし、当該通知のうち第九十九条の規定によるもの以外のものにあつては、当該通知を受ける者が当該電子情報処理組織を使用する方法により受ける旨の総務省令で定める方式による表示をする場合に限る。

③ 前二項の電子情報処理組織を使用する方法により行われた通知については、当該通知に関するこの章の規定に規定する方法により行われたものとみなして、この法律その他の当該通知に関する法令の規定を適用する。

④ 第一項又は第二項の電子情報処理組織を使用する方法により行われた通知は、当該通知を受ける者の使用に係る電子計算機に備えられたファイルへの記録がされた時に当該者に到達したものとみなす。

第七章　執行機関

第一節　通則

第百三十八条の二の二　普通地方公共団体の執行機関は、当該普通地方公共団体の条例、予算その他の議会の議決に基づく事務及び法令、規則その他の規程に基づく当該普通地方公共団体の事務を、自らの判断と責任において、誠実に管理し及び執行する義務を負う。

第百三十八条の三　普通地方公共団体の執行機関の組織は、普通地方公共団体の長の所轄の下に、それぞれ明確な範囲の所掌事務と権限を有する執行機関によつて、系統的にこれを構成しなければならない。

② 普通地方公共団体の執行機関は、普通地方公共団体の長の所轄の下に、執行機関相互の連絡を図り、すべて、一体として、行政機能を発揮するようにしなければならない。

③ 普通地方公共団体の長は、当該普通地方公共団体の執行機関相互の間にその権限につき疑義が生じたときは、これを調整するように努めなければならない。

第百三十八条の四　普通地方公共団体にその執行機関として普通地方公共団体の長の外、法律の定めるところにより、委員会又は委員を置く。

② 普通地方公共団体の委員会は、法律の定めるところにより、法令又は普通地方公共団体の条例若しくは規則に違反しない限りにおいて、その権限に属する事務に関し、規則その他の規程を定めることができる。

③ 普通地方公共団体は、法律又は条例の定めるところにより、執行機関の附属機関として自治紛争処理委員、審査会、審議会、調査会その他の調停、審査、諮問又は調査のための機関を置くことができる。ただし、政令で定める執行機関については、この限りでない。

第二節　普通地方公共団体の長

第一款　地位

第百三十九条　都道府県に知事を置く。

② 市町村に市町村長を置く。

第百四十条　普通地方公共団体の長の任期は、四年とする。

② 前項の任期の起算については、公職選挙法第二百五十九条及び第二百五十九条の二の定めるところによる。

第百四十一条　普通地方公共団体の長は、衆議院議員又は参議院議員と兼ねることができない。

② 普通地方公共団体の長は、地方公共団体の議会の議員並びに常勤の職員及び短時間勤務職員と兼ねることができない。

第百四十二条　普通地方公共団体の長は、当該普通地方公共団体に対し請負をする者及びその支配人又は主として同一の行為をする法人（当該普通地方公共団体が出資している法人で政令で定めるものを除く。）の無限責任社員、取締役、執行役若しくは監査役若しくはこれらに準ずべき者、支配人及び清算人たることができない。

第百四十三条　普通地方公共団体の長が、被選挙権を有しなくなつたとき又は前条の規定に該当するときは、その職を失う。その被選挙権の有無又は同条の規定に該当するかどうかは、普通地方公共団体の長が公職選挙法第十一条、第十一条の二若しくは第二百五十二条又は政治資金規正法第二十八条の規定に該当するため被選挙権を有しない場合を除くほか、当該普通地方公共団体の選挙管理委員会がこれを決定しなければならない。

② 前項の規定による決定は、文書をもつてし、その理由をつけてこれを本人に交付しなければならない。

③ 第一項の規定による決定についての審査請求は、都道府県にあつては総務大臣、市町村にあつては都道府県知事に対してするものとする。

④ 前項の審査請求に関する行政不服審査法（平成二十六年法律第六十八号）第十八条第一項本文の期間は、第一項の決定があつた日の翌日から起算して二十一日とする。

第百四十四条　普通地方公共団体の長は、公職選挙法第二百二条第一項若しくは第二百六条第一項の規定による異議の申出、同法第二百二条第二項若しくは第二百六条第二項の規定による審査の申立て、同法第二百三条第一項、第二百七条第一項、第二百十条若しくは第二百十一条の訴訟の提起に対する決定、裁決又は判決が確定するまでの間（同法第二百十条第一項の規定による訴訟を提起することができる場合において、当該訴訟が提起されなかつたとき、当該訴訟についての訴えを却下し若しくは訴状を却下する裁判が確定したとき、又は当該訴訟が取り下げられたときは、それぞれ同項に規定する出訴期間が経過するまで、当該裁判が確定するまで又は当該取下げが行われるまでの間）は、その職を失わない。

第百四十五条　普通地方公共団体の長は、退職しようとするときは、その退職しようとする日前、都道府県知事にあつては三十日、市町村長にあつては二十日までに、当該普通地方公共団体の議会の議長に申し出なければならない。但し、議会の同意を得たときは、その期日前に退職することができる。

第百四十六条　削除

第二款　権限

第百四十七条　普通地方公共団体の長は、当該普通地方公共団体を統轄し、これを代表する。

第百四十八条　普通地方公共団体の長は、当該普通地方公共団体の事務を管理し及びこれを執行する。

第百四十九条　普通地方公共団体の長は、概ね左に掲げる事務を担任する。

一　普通地方公共団体の議会の議決を経べき事件につきその議案を提出すること。
二　予算を調製し、及びこれを執行すること。
三　地方税を賦課徴収し、分担金、使用料、加入金又は手数料を徴収し、及び過料を科すること。
四　決算を普通地方公共団体の議会の認定に付すること。
五　会計を監督すること。
六　財産を取得し、管理し、及び処分すること。
七　公の施設を設置し、管理し、及び廃止すること。
八　証書及び公文書類を保管すること。
九　前各号に定めるものを除く外、当該普通地方公共団体の事務を執行すること。

第百五十条　都道府県知事及び第二百五十二条の十九第一項に規定する指定都市（以下この条において「指定都市」という。）の市長は、その担任する事務のうち次に掲げるものの管理及び執行が法令に適合し、かつ、適正に行われることを確保するための方針を定め、及びこれに基づき必要な体制を整備しなければならない。

一　財務に関する事務その他総務省令で定める事務
二　前号に掲げるもののほか、その管理及び執行が法令に適合し、かつ、適正に行われ

行政法

ることを特に確保する必要がある事務として当該都道府県知事又は指定都市の市長が認めるもの

② 市町村長（指定都市の市長を除く。第二号及び第四項において同じ。）は、その担任する事務のうち次に掲げるものの管理及び執行が法令に適合し、かつ、適正に行われることを確保するための方針を定め、及びこれに基づき必要な体制を整備するよう努めなければならない。

一 前項第一号に掲げる事務

二 前号に掲げるもののほか、その管理及び執行が法令に適合し、かつ、適正に行われることを特に確保する必要がある事務として当該市町村長が認めるもの

③ 都道府県知事又は市町村長は、第一項若しくは前項の方針を定め、又はこれを変更したときは、遅滞なく、これを公表しなければならない。

④ 都道府県知事、指定都市の市長及び第二項の方針を定めた市町村長（以下この条において「都道府県知事等」という。）は、毎会計年度少なくとも一回以上、総務省令で定めるところにより、第一項又は第二項の方針及びこれに基づき整備した体制について評価した報告書を作成しなければならない。

⑤ 都道府県知事等は、前項の報告書を監査委員の審査に付さなければならない。

⑥ 都道府県知事等は、前項の規定により監査委員の審査に付した報告書を監査委員の意見を付けて議会に提出しなければならない。

⑦ 前項の規定による意見の決定は、監査委員の合議によるものとする。

⑧ 都道府県知事等は、第六項の規定により議会に提出した報告書を公表しなければならない。

⑨ 前各項に定めるもののほか、第一項又は第二項の方針及びこれに基づき整備する体制に関し必要な事項は、総務省令で定める。

第百五十一条 削除

第百五十二条 普通地方公共団体の長に事故があるとき、又は長が欠けたときは、副知事又は副市町村長がその職務を代理する。この場合において副知事又は副市町村長が二人以上あるときは、あらかじめ当該普通地方公共団体の長が定めた順序、又はその定めがないときは席次の上下により、席次の上下が明らかでないときは年齢の多少により、年齢が同じであるときはくじにより定めた順序で、その職務を代理する。

② 副知事若しくは副市町村長にも事故があるとき若しくは副知事若しくは副市町村長も欠けたとき又は副知事若しくは副市町村長を置かない普通地方公共団体において当該普通地方公共団体の長に事故があるとき若しくは当該普通地方公共団体の長が欠けたときは、その補助機関である職員のうちから当該普通地方公共団体の長の指定する職員がその職務を代理する。

③ 前項の場合において、同項の規定により普通地方公共団体の長の職務を代理する者がないときは、その補助機関である職員のうちから当該普通地方公共団体の規則で定めた上席の職員がその職務を代理する。

第百五十三条 普通地方公共団体の長は、その権限に属する事務の一部をその補助機関である職員に委任し、又はこれに臨時に代理させることができる。

② 普通地方公共団体の長は、その権限に属する事務の一部をその管理に属する行政庁に委任することができる。

第百五十四条 普通地方公共団体の長は、その補助機関である職員を指揮監督する。

第百五十四条の二 普通地方公共団体の長は、その管理に属する行政庁の処分が法令、条例又は規則に違反すると認めるときは、その処分を取り消し、又は停止することができる。

第百五十五条 普通地方公共団体の長は、その権限に属する事務を分掌させるため、条例で、必要な地に、都道府県にあつては支庁（道にあつては支庁出張所を含む。以下これに同じ。）及び地方事務所、市町村にあつては支所又は出張所を設けることができる。

② 支庁若しくは地方事務所又は支所若しくは出張所の位置、名称及び所管区域は、条例でこれを定めなければならない。

③ 第四条第二項の規定は、前項の支庁若しくは地方事務所又は支所若しくは出張所の位置及び所管区域にこれを準用する。

第百五十六条 普通地方公共団体の長は、前条第一項に定めるものを除くほか、法律又は条例で定めるところにより、保健所、警察署その他の行政機関を設けるものとする。

② 前項の行政機関の位置、名称及び所管区域は、条例で定める。

③ 第四条第二項の規定は、第一項の行政機関の位置及び所管区域について準用する。

④ 国の地方行政機関（駐在機関を含む。以下この項において同じ。）は、国会の承認を経

なければ、設けてはならない。国の地方行政機関の設置及び運営に要する経費は、国において負担しなければならない。

⑤　前項前段の規定は、司法行政及び懲戒機関、地方出入国在留管理局の支局及び出張所並びに支局の出張所、警察機関、官民人材交流センターの支所、検疫機関、防衛省の機関、税関の出張所及び監視署、税関支署並びにその出張所及び監視署、税務署及びその支署、国税不服審判所の支部、地方航空局の事務所その他の航空現業官署、総合通信局の出張所、電波観測所、文教施設、国立の病院及び療養施設、気象官署、海上警備救難機関、航路標識及び水路官署、森林管理署並びに専ら国費をもつて行う工事の施行機関については、適用しない。

第百五十七条　普通地方公共団体の長は、当該普通地方公共団体の区域内の公共的団体等の活動の綜合調整を図るため、これを指揮監督することができる。

②　前項の場合において必要があるときは、普通地方公共団体の長は、当該普通地方公共団体の区域内の公共的団体等をして事務の報告をさせ、書類及び帳簿を提出させ及び実地について事務を視察することができる。

③　普通地方公共団体の長は、当該普通地方公共団体の区域内の公共的団体等の監督上必要な処分をし又は当該公共的団体等の監督官庁の措置を申請することができる。

④　前項の監督官庁は、普通地方公共団体の長の処分を取り消すことができる。

第百五十八条　普通地方公共団体の長は、その権限に属する事務を分掌させるため、必要な内部組織を設けることができる。この場合において、当該普通地方公共団体の長の直近下位の内部組織の設置及びその分掌する事務については、条例で定めるものとする。

②　普通地方公共団体の長は、前項の内部組織の編成に当たつては、当該普通地方公共団体の事務及び事業の運営が簡素かつ効率的なものとなるよう十分配慮しなければならない。

第百五十九条　普通地方公共団体の長の事務の引継ぎに関する規定は、政令でこれを定める。

②　前項の政令には、正当の理由がなくて事務の引継ぎを拒んだ者に対し、十万円以下の過料を科する規定を設けることができる。

第百六十条　一部事務組合の管理者（第二百八十七条の三第二項の規定により管理者に代えて理事会を置く第二百八十五条の一部事務組合にあつては、理事会）又は広域連合の長（第二百九十一条の十三において準用する第二百八十七条の三第二項の規定により長に代えて理事会を置く広域連合にあつては、理事会）に係る第百五十条第一項又は第二項の方針及びこれに基づき整備する体制については、これらの者を市町村長（第二百五十二条の十九第一項に規定する指定都市の市長を除く。）とみなして、第百五十条第二項から第九項までの規定を準用する。

第三款　補助機関

第百六十一条　都道府県に副知事を、市町村に副市町村長を置く。ただし、条例で置かないことができる。

②　副知事及び副市町村長の定数は、条例で定める。

第百六十二条　副知事及び副市町村長は、普通地方公共団体の長が議会の同意を得てこれを選任する。

第百六十三条　副知事及び副市町村長の任期は、四年とする。ただし、普通地方公共団体の長は、任期中においてもこれを解職することができる。

第百六十四条　公職選挙法第十一条第一項又は第十一条の二の規定に該当する者は、副知事又は副市町村長となることができない。

②　副知事又は副市町村長は、公職選挙法第十一条第一項の規定に該当するに至つたときは、その職を失う。

第百六十五条　普通地方公共団体の長の職務を代理する副知事又は副市町村長は、退職しようとするときは、その退職しようとする日前二十日までに、当該普通地方公共団体の議会の議長に申し出なければならない。ただし、議会の承認を得たときは、その期日前に退職することができる。

②　前項に規定する場合を除くほか、副知事又は副市町村長は、その退職しようとする日前二十日までに、当該普通地方公共団体の長に申し出なければならない。ただし、当該普通地方公共団体の長の承認を得たときは、その期日前に退職することができる。

第百六十六条　副知事及び副市町村長は、検察官、警察官若しくは収税官吏又は普通地方公共団体における公安委員会の委員と兼ねることができない。

②　第百四十一条、第百四十二条及び第百五十九条の規定は、副知事及び副市町村長にこれ

を準用する。

③ 普通地方公共団体の長は、副知事又は副市町村長が前項において準用する第百四十二条の規定に該当するときは、これを解職しなければならない。

第百六十七条 副知事及び副市町村長は、普通地方公共団体の長を補佐し、普通地方公共団体の長の命を受け政策及び企画をつかさどり、その補助機関である職員の担任する事務を監督し、別に定めるところにより、普通地方公共団体の長の職務を代理する。

② 前項に定めるもののほか、副知事及び副市町村長は、普通地方公共団体の長の権限に属する事務の一部について、第百五十三条第一項の規定により委任を受け、その事務を執行する。

③ 前項の場合においては、普通地方公共団体の長は、直ちに、その旨を告示しなければならない。

第百六十八条 普通地方公共団体に会計管理者一人を置く。

② 会計管理者は、普通地方公共団体の長の補助機関である職員のうちから、普通地方公共団体の長が命ずる。

第百六十九条 普通地方公共団体の長、副知事若しくは副市町村長又は監査委員と親子、夫婦又は兄弟姉妹の関係にある者は、会計管理者となることができない。

② 会計管理者は、前項に規定する関係が生じたときは、その職を失う。

第百七十条 法律又はこれに基づく政令に特別の定めがあるものを除くほか、会計管理者は、当該普通地方公共団体の会計事務をつかさどる。

② 前項の会計事務を例示すると、おおむね次のとおりである。

一 現金（現金に代えて納付される証券及び基金に属する現金を含む。）の出納及び保管を行うこと。

二 小切手を振り出すこと。

三 有価証券（公有財産又は基金に属するものを含む。）の出納及び保管を行うこと。

四 物品（基金に属する動産を含む。）の出納及び保管（使用中の物品に係る保管を除く。）を行うこと。

五 現金及び財産の記録管理を行うこと。

六 支出負担行為に関する確認を行うこと。

七 決算を調製し、これを普通地方公共団体の長に提出すること。

③ 普通地方公共団体の長は、会計管理者に事故がある場合において必要があるときは、当該普通地方公共団体の長の補助機関である職員にその事務を代理させることができる。

第百七十一条 会計管理者の事務を補助させるため出納員その他の会計職員を置く。ただし、町村においては、出納員を置かないことができる。

② 出納員その他の会計職員は、普通地方公共団体の長の補助機関である職員のうちから、普通地方公共団体の長がこれを命ずる。

③ 出納員は、会計管理者の命を受けて現金の出納（小切手の振出しを含む。）若しくは保管又は物品の出納若しくは保管の事務をつかさどり、その他の会計職員は、上司の命を受けて当該普通地方公共団体の会計事務をつかさどる。

④ 普通地方公共団体の長は、会計管理者をしてその事務の一部を出納員に委任させ、又は当該出納員をしてさらに当該委任を受けた事務の一部を出納員以外の会計職員に委任させることができる。この場合においては、普通地方公共団体の長は、直ちに、その旨を告示しなければならない。

⑤ 普通地方公共団体の長は、会計管理者の権限に属する事務を処理させるため、規則で、必要な組織を設けることができる。

第百七十二条 前十一条に定める者を除くほか、普通地方公共団体に職員を置く。

② 前項の職員は、普通地方公共団体の長がこれを任免する。

③ 第一項の職員の定数は、条例でこれを定める。ただし、臨時又は非常勤の職については、この限りでない。

④ 第一項の職員に関する任用、人事評価、給与、勤務時間その他の勤務条件、分限及び懲戒、服務、退職管理、研修、福祉及び利益の保護その他身分取扱いに関しては、この法律に定めるものを除くほか、地方公務員法の定めるところによる。

第百七十三条 削除

第百七十四条 普通地方公共団体は、常設又は臨時の専門委員を置くことができる。

② 専門委員は、専門の学識経験を有する者の中から、普通地方公共団体の長がこれを選任する。

③ 専門委員は、普通地方公共団体の長の委託を受け、その権限に属する事務に関し必要な事項を調査する。

④ 専門委員は、非常勤とする。

第百七十五条　都道府県の支庁若しくは地方事務所又は市町村の支所の長は、当該普通地方公共団体の長の補助機関である職員をもつて充てる。

② 前項に規定する機関の長は、普通地方公共団体の長の定めるところにより、上司の指揮を受け、その主管の事務を掌理し部下の職員を指揮監督する。

第四款　議会との関係

第百七十六条　普通地方公共団体の議会の議決について異議があるときは、当該普通地方公共団体の長は、この法律に特別の定めがあるものを除くほか、その議決の日（条例の制定若しくは改廃又は予算に関する議決については、その送付を受けた日）から十日以内に理由を示してこれを再議に付することができる。

② 前項の規定による議会の議決が再議に付された議決と同じ議決であるときは、その議決は、確定する。

③ 前項の規定による議決のうち条例の制定若しくは改廃又は予算に関するものについては、出席議員の三分の二以上の者の同意がなければならない。

④ 普通地方公共団体の議会の議決又は選挙がその権限を超え又は法令若しくは会議規則に違反すると認めるときは、当該普通地方公共団体の長は、理由を示してこれを再議に付し又は再選挙を行わせなければならない。

⑤ 前項の規定による議会の議決又は選挙がなおその権限を超え又は法令若しくは会議規則に違反すると認めるときは、都道府県知事にあつては総務大臣、市町村長にあつては都道府県知事に対し、当該議決又は選挙があつた日から二十一日以内に、審査を申し立てることができる。

⑥ 前項の規定による申立てがあつた場合において、総務大臣又は都道府県知事は、審査の結果、議会の議決又は選挙がその権限を超え又は法令若しくは会議規則に違反すると認めるときは、当該議決又は選挙を取り消す旨の裁定をすることができる。

⑦ 前項の裁定に不服があるときは、普通地方公共団体の議会又は長は、裁定のあつた日から六十日以内に、裁判所に出訴することができる。

⑧ 前項の訴えのうち第四項の規定による議会の議決又は選挙の取消しを求めるものは、当該議会を被告として提起しなければならない。

第百七十七条　普通地方公共団体の議会において次に掲げる経費を削除し又は減額する議決をしたときは、その経費及びこれに伴う収入について、当該普通地方公共団体の長は、理由を示してこれを再議に付さなければならない。

一　法令により負担する経費、法律の規定に基づき当該行政庁の職権により命ずる経費その他の普通地方公共団体の義務に属する経費

二　非常の災害による応急若しくは復旧の施設のために必要な経費又は感染症予防のために必要な経費

② 前項第一号の場合において、議会の議決がなお同号に掲げる経費を削除し又は減額したときは、当該普通地方公共団体の長は、その経費及びこれに伴う収入を予算に計上してその経費を支出することができる。

③ 第一項第二号の場合において、議会の議決がなお同号に掲げる経費を削除し又は減額したときは、当該普通地方公共団体の長は、その議決を不信任の議決とみなすことができる。

第百七十八条　普通地方公共団体の議会において、当該普通地方公共団体の長の不信任の議決をしたときは、直ちに議長からその旨を当該普通地方公共団体の長に通知しなければならない。この場合においては、普通地方公共団体の長は、その通知を受けた日から十日以内に議会を解散することができる。

② 議会において当該普通地方公共団体の長の不信任の議決をした場合において、前項の期間内に議会を解散しないとき、又はその解散後初めて招集された議会において再び不信任の議決があり、議長から当該普通地方公共団体の長に対しその旨の通知があつたときは、普通地方公共団体の長は、同項の期間が経過した日又は議長から通知があつた日においてその職を失う。

③ 前二項の規定による不信任の議決については、議員数の三分の二以上の者が出席し、第一項の場合においてはその四分の三以上の者の、前項の場合においてはその過半数の者の同意がなければならない。

第百七十九条　普通地方公共団体の議会が成立しないとき、第百十三条ただし書の場合においてなお会議を開くことができないとき、普通地方公共団体の長において議会の議決すべ

き事件について特に緊急を要するため議会を招集する時間的余裕がないことが明らかであると認めるとき、又は議会において議決すべき事件を議決しないときは、当該普通地方公共団体の長は、その議決すべき事件を処分することができる。ただし、第百六十二条の規定による副知事又は副市町村長の選任の同意及び第二百五十二条の二十の二第四項の規定による第二百五十二条の十九第一項に規定する指定都市の総合区長の選任の同意については、この限りでない。

② 議会の決定すべき事件に関しては、前項の例による。

③ 前二項の規定による処置については、普通地方公共団体の長は、次の会議においてこれを議会に報告し、その承認を求めなければならない。

④ 前項の場合において、条例の制定若しくは改廃又は予算に関する処置について承認を求める議案が否決されたときは、普通地方公共団体の長は、速やかに、当該処置に関して必要と認める措置を講ずるとともに、その旨を議会に報告しなければならない。

第百八十条 普通地方公共団体の議会の権限に属する軽易な事項で、その議決により特に指定したものは、普通地方公共団体の長において、これを専決処分にすることができる。

② 前項の規定により専決処分をしたときは、普通地方公共団体の長は、これを議会に報告しなければならない。

第五款 他の執行機関との関係

第百八十条の二 普通地方公共団体の長は、その権限に属する事務の一部を、当該普通地方公共団体の委員会又は委員と協議して、普通地方公共団体の委員会、委員会の委員長（教育委員会にあつては、教育長）、委員若しくはこれらの執行機関の事務を補助する職員若しくはこれらの執行機関の管理に属する機関の職員に委任し、又はこれらの執行機関の事務を補助する職員若しくはこれらの執行機関の管理に属する機関の職員をして補助執行させることができる。ただし、政令で定める普通地方公共団体の委員会又は委員については、この限りでない。

第百八十条の三 普通地方公共団体の長は、当該普通地方公共団体の委員会又は委員と協議して、その補助機関である職員を、当該執行機関の事務を補助する職員若しくはこれらの執行機関の管理に属する機関の職員と兼ねさせ、若しくは当該執行機関の事務を補助する職員若しくはこれらの執行機関の管理に属する機関の職員に充て、又は当該執行機関の事務に従事させることができる。

第百八十条の四 普通地方公共団体の長は、各執行機関を通じて組織及び運営の合理化を図り、その相互の間に権衡を保持するため、必要があると認めるときは、当該普通地方公共団体の委員会若しくは委員の事務局又は委員会若しくは委員の管理に属する事務を掌る機関（以下本条中「事務局等」という。）の組織、事務局等に属する職員の定数又はこれらの職員の身分取扱について、委員会又は委員に必要な措置を講ずべきことを勧告することができる。

② 普通地方公共団体の委員会又は委員は、事務局等の組織、事務局等に属する職員の定数又はこれらの職員の身分取扱で当該委員会又は委員の権限に属する事項の中政令で定めるものについて、当該委員会又は委員の規則その他の規程を定め、又は変更しようとする場合においては、予め当該普通地方公共団体の長に協議しなければならない。

第三節 委員会及び委員

第一款 通則

第百八十条の五 執行機関として法律の定めるところにより普通地方公共団体に置かなければならない委員会及び委員は、左の通りである。

一 教育委員会
二 選挙管理委員会
三 人事委員会又は人事委員会を置かない普通地方公共団体にあつては公平委員会
四 監査委員

② 前項に掲げるもののほか、執行機関として法律の定めるところにより都道府県に置かなければならない委員会は、次のとおりである。

一 公安委員会
二 労働委員会
三 収用委員会
四 海区漁業調整委員会
五 内水面漁場管理委員会

③ 第一項に掲げるものの外、執行機関として法律の定めるところにより市町村に置かなければならない委員会は、左の通りである。

一 農業委員会

二　固定資産評価審査委員会

④　前三項の委員会若しくは委員の事務局又は委員会の管理に属する事務を掌る機関で法律により設けられなければならないものとされているものの組織を定めるに当たつては、当該普通地方公共団体の長が第百五十八条第一項の規定により設けるその内部組織との間に権衡を失しないようにしなければならない。

⑤　普通地方公共団体の委員会の委員又は委員は、法律に特別の定があるものを除く外、非常勤とする。

⑥　普通地方公共団体の委員会の委員（教育委員会にあつては、教育長及び委員）又は委員は、当該普通地方公共団体に対しその職務に関し請負をする者及びその支配人又は主として同一の行為をする法人（当該普通地方公共団体が出資している法人で政令で定めるものを除く。）の無限責任社員、取締役、執行役若しくは監査役若しくはこれらに準ずべき者、支配人及び清算人たることができない。

⑦　法律に特別の定めがあるものを除くほか、普通地方公共団体の委員会の委員（教育委員会にあつては、教育長及び委員）又は委員が前項の規定に該当するときは、その職を失う。その同項の規定に該当するかどうかは、その選任権者がこれを決定しなければならない。

⑧　第百四十三条第二項から第四項までの規定は、前項の場合にこれを準用する。

第百八十条の六　普通地方公共団体の委員会又は委員は、左に掲げる権限を有しない。但し、法律に特別の定があるものは、この限りでない。

一　普通地方公共団体の予算を調製し、及びこれを執行すること。

二　普通地方公共団体の議会の議決を経べき事件につきその議案を提出すること。

三　地方税を賦課徴収し、分担金若しくは加入金を徴収し、又は過料を科すること。

四　普通地方公共団体の決算を議会の認定に付すること。

第百八十条の七　普通地方公共団体の委員会又は委員は、その権限に属する事務の一部を、当該普通地方公共団体の長と協議して、普通地方公共団体の長の補助機関である職員若しくはその管理に属する支庁若しくは地方事務所、支所若しくは出張所、第二百二条の四第二項に規定する地域自治区の事務所、第二百五十二条の十九第一項に規定する指定都市の区若しくは総合区の事務所若しくはその出張所、保健所その他の行政機関の長に委任し、若しくは普通地方公共団体の長の補助機関である職員若しくはその管理に属する行政機関に属する職員をして補助執行させ、又は専門委員に委託して必要な事項を調査させることができる。ただし、政令で定める事務については、この限りではない。

第二款　教育委員会

第百八十条の八　教育委員会は、別に法律の定めるところにより、学校その他の教育機関を管理し、学校の組織編制、教育課程、教科書その他の教材の取扱及び教育職員の身分取扱に関する事務を行い、並びに社会教育その他教育、学術及び文化に関する事務を管理し及びこれを執行する。

第三款　公安委員会

第百八十条の九　公安委員会は、別に法律の定めるところにより、都道府県警察を管理する。

②　都道府県警察に、別に法律の定めるところにより、地方警務官、地方警務官以外の警察官その他の職員を置く。

第四款　選挙管理委員会

第百八十一条　普通地方公共団体に選挙管理委員会を置く。

②　選挙管理委員会は、四人の選挙管理委員を以てこれを組織する。

第百八十二条　選挙管理委員は、選挙権を有する者で、人格が高潔で、政治及び選挙に関し公正な識見を有するもののうちから、普通地方公共団体の議会においてこれを選挙する。

②　議会は、前項の規定による選挙を行う場合においては、同時に、同項に規定する者のうちから委員と同数の補充員を選挙しなければならない。補充員がすべてなくなつたときも、また、同様とする。

③　委員中に欠員があるときは、選挙管理委員会の委員長は、補充員の中からこれを補欠する。その順序は、選挙の時が異なるときは選挙の前後により、選挙の時が同時であるときは得票数により、得票数が同じであるときはくじにより、これを定める。

④　法律の定めるところにより行なわれる選挙、投票又は国民審査に関する罪を犯し刑に処せられた者は、委員又は補充員となることができない。

⑤ 委員又は補充員は、それぞれその中の二人が同時に同一の政党その他の政治団体に属する者となることとなつてはならない。

⑥ 第一項又は第二項の規定による選挙において、同一の政党その他の政治団体に属する者が前項の制限を超えて選挙された場合及び第三項の規定により委員の補欠を行えば同一の政党その他の政治団体に属する委員の数が前項の制限を超える場合等に関し必要な事項は、政令でこれを定める。

⑦ 委員は、地方公共団体の議会の議員及び長と兼ねることができない。

⑧ 委員又は補充員の選挙を行うべき事由が生じたときは、選挙管理委員会の委員長は、直ちにその旨を当該普通地方公共団体の議会及び長に通知しなければならない。

第百八十三条 選挙管理委員の任期は、四年とする。但し、後任者が就任する時まで在任する。

② 補欠委員の任期は、前任者の残任期間とする。

③ 補充員の任期は、委員の任期による。

④ 委員及び補充員は、その選挙に関し第百十八条第五項の規定による裁決又は判決が確定するまでは、その職を失わない。

第百八十四条 選挙管理委員は、選挙権を有しなくなつたとき、第百八十条の五第六項の規定に該当するとき又は第百八十二条第四項に規定する者に該当するときは、その職を失う。その選挙権の有無又は第百八十条の五第六項の規定に該当するかどうかは、選挙管理委員が公職選挙法第十一条若しくは同法第二百五十二条又は政治資金規正法第二十八条の規定に該当するため選挙権を有しない場合を除くほか、選挙管理委員会がこれを決定する。

② 第百四十三条第二項から第四項までの規定は、前項の場合にこれを準用する。

第百八十四条の二 普通地方公共団体の議会は、選挙管理委員が心身の故障のため職務の遂行に堪えないと認めるとき、又は選挙管理委員に職務上の義務違反その他選挙管理委員たるに適しない非行があると認めるときは、議決によりこれを罷免することができる。この場合においては、議会の常任委員会又は特別委員会において公聴会を開かなければならない。

② 委員は、前項の規定による場合を除くほか、その意に反して罷免されることがない。

第百八十五条 選挙管理委員会の委員長が退職しようとするときは、当該選挙管理委員会の承認を得なければならない。

② 委員が退職しようとするときは、委員長の承認を得なければならない。

第百八十五条の二 選挙管理委員は、職務上知り得た秘密を漏らしてはならない。その職を退いた後も、同様とする。

第百八十六条 選挙管理委員会は、法律又はこれに基づく政令の定めるところにより、当該普通地方公共団体が処理する選挙に関する事務及びこれに関係のある事務を管理する。

第百八十七条 選挙管理委員会は、委員の中から委員長を選挙しなければならない。

② 委員長は、委員会に関する事務を処理し、委員会を代表する。

③ 委員長に事故があるとき、又は委員長が欠けたときは、委員長の指定する委員がその職務を代理する。

第百八十八条 選挙管理委員会は、委員長がこれを招集する。委員から委員会の招集の請求があるときは、委員長は、これを招集しなければならない。

第百八十九条 選挙管理委員会は、三人以上の委員が出席しなければ、会議を開くことができない。

② 委員長及び委員は、自己若しくは父母、祖父母、配偶者、子、孫若しくは兄弟姉妹の一身上に関する事件又は自己若しくはこれらの者の従事する業務に直接の利害関係のある事件については、その議事に参与することができない。但し、委員会の同意を得たときは、会議に出席し、発言することができる。

③ 前項の規定により委員の数が減少して第一項の数に達しないときは、委員長は、補充員でその事件に関係のないものを以て第百八十二条第三項の順序により、臨時にこれに充てなければならない。委員の事故に因り委員の数が第一項の数に達しないときも、また、同様とする。

第百九十条 選挙管理委員会の議事は、出席委員の過半数を以てこれを決する。可否同数のときは、委員長の決するところによる。

第百九十一条 都道府県及び市の選挙管理委員会に書記長、書記その他の職員を置き、町村の選挙管理委員会に書記その他の職員を置く。

② 書記長、書記その他の常勤の職員の定数は、条例でこれを定める。但し、臨時の職については、この限りでない。

③　書記長は委員長の命を受け、書記その他の職員又は第百八十条の三の規定による職員は上司の指揮を受け、それぞれ委員会に関する事務に従事する。

第百九十二条　選挙管理委員会の処分又は裁決に係る普通地方公共団体を被告とする訴訟については、選挙管理委員会が当該普通地方公共団体を代表する。

第百九十三条　第百四十一条第一項及び第百六十六条第一項の規定は選挙管理委員について、第百五十三条第一項、第百五十四条及び第百五十九条の規定は選挙管理委員会の委員長について、第百七十二条第二項及び第四項の規定は選挙管理委員会の書記長、書記その他の職員について、それぞれ準用する。

第百九十四条　この法律及びこれに基く政令に規定するものを除く外、選挙管理委員会に関し必要な事項は、委員会がこれを定める。

第五款　監査委員

第百九十五条　普通地方公共団体に監査委員を置く。

②　監査委員の定数は、都道府県及び政令で定める市にあつては四人とし、その他の市及び町村にあつては二人とする。ただし、条例でその定数を増加することができる。

第百九十六条　監査委員は、普通地方公共団体の長が、議会の同意を得て、人格が高潔で、普通地方公共団体の財務管理、事業の経営管理その他行政運営に関し優れた識見を有する者（議員である者を除く。以下この款において「識見を有する者」という。）及び議員のうちから、これを選任する。ただし、条例で議員のうちから監査委員を選任しないことができる。

②　識見を有する者のうちから選任される監査委員の数が二人以上である普通地方公共団体にあつては、少なくともその数から一を減じた人数以上は、当該普通地方公共団体の職員で政令で定めるものでなかつた者でなければならない。

③　監査委員は、地方公共団体の常勤の職員及び短時間勤務職員と兼ねることができない。

④　識見を有する者のうちから選任される監査委員は、常勤とすることができる。

⑤　都道府県及び政令で定める市にあつては、識見を有する者のうちから選任される監査委員のうち少なくとも一人以上は、常勤としなければならない。

⑥　議員のうちから選任される監査委員の数は、都道府県及び前条第二項の政令で定める市にあつては二人又は一人、その他の市及び町村にあつては一人とする。

第百九十七条　監査委員の任期は、識見を有する者のうちから選任される者にあつては四年とし、議員のうちから選任される者にあつては議員の任期による。ただし、後任者が選任されるまでの間は、その職務を行うことを妨げない。

第百九十七条の二　普通地方公共団体の長は、監査委員が心身の故障のため職務の遂行に堪えないと認めるとき、又は監査委員に職務上の義務違反その他監査委員たるに適しない非行があると認めるときは、議会の同意を得て、これを罷免することができる。この場合においては、議会の常任委員会又は特別委員会において公聴会を開かなければならない。

②　監査委員は、前項の規定による場合を除くほか、その意に反して罷免されることがない。

第百九十八条　監査委員は、退職しようとするときは、普通地方公共団体の長の承認を得なければならない。

第百九十八条の二　普通地方公共団体の長又は副知事若しくは副市町村長と親子、夫婦又は兄弟姉妹の関係にある者は、監査委員となることができない。

②　監査委員は、前項に規定する関係が生じたときは、その職を失う。

第百九十八条の三　監査委員は、その職務を遂行するに当たつては、法令に特別の定めがある場合を除くほか、監査基準（法令の規定により監査委員が行うこととされている監査、検査、審査その他の行為（以下この項において「監査等」という。）の適切かつ有効な実施を図るための基準をいう。次条において同じ。）に従い、常に公正不偏の態度を保持して、監査等をしなければならない。

②　監査委員は、職務上知り得た秘密を漏らしてはならない。その職を退いた後も、同様とする。

第百九十八条の四　監査基準は、監査委員が定めるものとする。

②　前項の規定による監査基準の策定は、監査委員の合議によるものとする。

③　監査委員は、監査基準を定めたときは、直ちに、これを普通地方公共団体の議会、長、教育委員会、選挙管理委員会、人事委員会又は公平委員会、公安委員会、労働委員会、農業委員会その他法律に基づく委員会及び委員

に通知するとともに、これを公表しなければならない。

④ 前二項の規定は、監査基準の変更について準用する。

⑤ 総務大臣は、普通地方公共団体に対し、監査基準の策定又は変更について、指針を示すとともに、必要な助言を行うものとする。

第百九十九条 監査委員は、普通地方公共団体の財務に関する事務の執行及び普通地方公共団体の経営に係る事業の管理を監査する。

② 監査委員は、前項に定めるもののほか、必要があると認めるときは、普通地方公共団体の事務（自治事務にあつては労働委員会及び収用委員会の権限に属する事務で政令で定めるものを除き、法定受託事務にあつては国の安全を害するおそれがあることその他の事由により監査委員の監査の対象とすることが適当でないものとして政令で定めるものを除く。）の執行について監査をすることができる。この場合において、当該監査の実施に関し必要な事項は、政令で定める。

③ 監査委員は、第一項又は前項の規定による監査をするに当たつては、当該普通地方公共団体の財務に関する事務の執行及び当該普通地方公共団体の経営に係る事業の管理又は同項に規定する事務の執行が第二条第十四項及び第十五項の規定の趣旨にのつとつてなされているかどうかについて、特に、意を用いなければならない。

④ 監査委員は、毎会計年度少なくとも一回以上期日を定めて第一項の規定による監査をしなければならない。

⑤ 監査委員は、前項に定める場合のほか、必要があると認めるときは、いつでも第一項の規定による監査をすることができる。

⑥ 監査委員は、当該普通地方公共団体の長から当該普通地方公共団体の事務の執行に関し監査の要求があつたときは、その要求に係る事項について監査をしなければならない。

⑦ 監査委員は、必要があると認めるとき、又は普通地方公共団体の長の要求があるときは、当該普通地方公共団体が補助金、交付金、負担金、貸付金、損失補償、利子補給その他の財政的援助を与えているものの出納その他の事務の執行で当該財政的援助に係るものを監査することができる。当該普通地方公共団体が出資しているもので政令で定めるもの、当該普通地方公共団体が借入金の元金又は利子の支払を保証しているもの、当該普通地方公共団体が受益権を有する信託で政令で定めるものの受託者及び当該普通地方公共団体が第二百四十四条の二第三項の規定に基づき公の施設の管理を行わせているものについても、同様とする。

⑧ 監査委員は、監査のため必要があると認めるときは、関係人の出頭を求め、若しくは関係人について調査し、若しくは関係人に対し帳簿、書類その他の記録の提出を求め、又は学識経験を有する者等から意見を聴くことができる。

⑨ 監査委員は、第九十八条第二項の請求若しくは第六項の要求に係る事項についての監査又は第一項、第二項若しくは第七項の規定による監査について、監査の結果に関する報告を決定し、これを普通地方公共団体の議会及び長並びに関係のある教育委員会、選挙管理委員会、人事委員会若しくは公平委員会、公安委員会、労働委員会、農業委員会その他法律に基づく委員会又は委員に提出するとともに、これを公表しなければならない。

⑩ 監査委員は、監査の結果に基づいて必要があると認めるときは、当該普通地方公共団体の組織及び運営の合理化に資するため、第七十五条第三項又は前項の規定による監査の結果に関する報告に添えてその意見を提出することができる。この場合において、監査委員は、当該意見の内容を公表しなければならない。

⑪ 監査委員は、第七十五条第三項の規定又は第九項の規定による監査の結果に関する報告のうち、普通地方公共団体の議会、長、教育委員会、選挙管理委員会、人事委員会若しくは公平委員会、公安委員会、労働委員会、農業委員会その他法律に基づく委員会又は委員において特に措置を講ずる必要があると認める事項については、その者に対し、理由を付して、必要な措置を講ずべきことを勧告することができる。この場合において、監査委員は、当該勧告の内容を公表しなければならない。

⑫ 第九項の規定による監査の結果に関する報告の決定、第十項の規定による意見の決定又は前項の規定による勧告の決定は、監査委員の合議によるものとする。

⑬ 監査委員は、第九項の規定による監査の結果に関する報告の決定について、各監査委員の意見が一致しないことにより、前項の合議により決定することができない事項がある場合には、その旨及び当該事項についての各監

査委員の意見を普通地方公共団体の議会及び長並びに関係のある教育委員会、選挙管理委員会、人事委員会若しくは公平委員会、公安委員会、労働委員会、農業委員会その他法律に基づく委員会又は委員に提出するとともに、これらを公表しなければならない。

⑭ 監査委員から第七十五条第三項の規定又は第九項の規定による監査の結果に関する報告の提出があつた場合において、当該監査の結果に関する報告の提出を受けた普通地方公共団体の議会、長、教育委員会、選挙管理委員会、人事委員会若しくは公平委員会、公安委員会、労働委員会、農業委員会その他法律に基づく委員会又は委員は、当該監査の結果に基づき、又は当該監査の結果を参考として措置（次項に規定する措置を除く。以下この項において同じ。）を講じたときは、当該措置の内容を監査委員に通知しなければならない。この場合において、監査委員は、当該措置の内容を公表しなければならない。

⑮ 監査委員から第十一項の規定による勧告を受けた普通地方公共団体の議会、長、教育委員会、選挙管理委員会、人事委員会若しくは公平委員会、公安委員会、労働委員会、農業委員会その他法律に基づく委員会又は委員は、当該勧告に基づき必要な措置を講ずるとともに、当該措置の内容を監査委員に通知しなければならない。この場合において、監査委員は、当該措置の内容を公表しなければならない。

第百九十九条の二　監査委員は、自己若しくは父母、祖父母、配偶者、子、孫若しくは兄弟姉妹の一身上に関する事件又は自己若しくはこれらの者の従事する業務に直接の利害関係のある事件については、監査することができない。

第百九十九条の三　監査委員は、識見を有する者のうちから選任される監査委員の一人（監査委員の定数が二人の場合において、そのうち一人が議員のうちから選任される監査委員であるときは、識見を有する者のうちから選任される監査委員）を代表監査委員としなければならない。

② 代表監査委員は、監査委員に関する庶務及び次項又は第二百四十二条の三第五項に規定する訴訟に関する事務を処理する。

③ 代表監査委員又は監査委員の処分又は裁決に係る普通地方公共団体を被告とする訴訟については、代表監査委員が当該普通地方公共団体を代表する。

④ 代表監査委員に事故があるとき、又は代表監査委員が欠けたときは、監査委員の定数が三人以上の場合には代表監査委員の指定する監査委員が、二人の場合には他の監査委員がその職務を代理する。

第二百条　都道府県の監査委員に事務局を置く。

② 市町村の監査委員に条例の定めるところにより、事務局を置くことができる。

③ 事務局に事務局長、書記その他の職員を置く。

④ 事務局を置かない市町村の監査委員の事務を補助させるため書記その他の職員を置く。

⑤ 事務局長、書記その他の職員は、代表監査委員がこれを任免する。

⑥ 事務局長、書記その他の常勤の職員の定数は、条例でこれを定める。ただし、臨時の職については、この限りでない。

⑦ 事務局長は監査委員の命を受け、書記その他の職員又は第百八十条の三の規定による職員は上司の指揮を受け、それぞれ監査委員に関する事務に従事する。

第二百条の二　監査委員に常設又は臨時の監査専門委員を置くことができる。

② 監査専門委員は、専門の学識経験を有する者の中から、代表監査委員が、代表監査委員以外の監査委員の意見を聴いて、これを選任する。

③ 監査専門委員は、監査委員の委託を受け、その権限に属する事務に関し必要な事項を調査する。

④ 監査専門委員は、非常勤とする。

第二百一条　第百四十一条第一項、第百五十四条、第百五十九条、第百六十四条及び第百六十六条第一項の規定は監査委員に、第百五十三条第一項の規定は代表監査委員に、第百七十二条第四項の規定は監査委員の事務局長、書記その他の職員にこれを準用する。

第二百二条　法令に特別の定めがあるものを除くほか、監査委員に関し必要な事項は、条例でこれを定める。

第六款　人事委員会、公平委員会、労働委員会、農業委員会その他の委員会

第二百二条の二　人事委員会は、別に法律の定めるところにより、人事行政に関する調査、研究、企画、立案、勧告等を行い、職員の競争試験及び選考を実施し、並びに職員の勤務

行政法

条件に関する措置の要求及び職員に対する不利益処分を審査し、並びにこれについて必要な措置を講ずる。

② 公平委員会は、別に法律の定めるところにより、職員の勤務条件に関する措置の要求及び職員に対する不利益処分を審査し、並びにこれについて必要な措置を講ずる。

③ 労働委員会は、別に法律の定めるところにより、労働組合の資格の立証を受け及び証明を行い、並びに不当労働行為に関し調査し、審問し、命令を発し及び和解を勧め、労働争議のあつせん、調停及び仲裁を行い、その他労働関係に関する事務を執行する。

④ 農業委員会は、別に法律の定めるところにより、農地等の利用関係の調整、農地の交換分合その他農地に関する事務を執行する。

⑤ 収用委員会は別に法律の定めるところにより土地の収用に関する裁決その他の事務を行い、海区漁業調整委員会又は内水面漁場管理委員会は別に法律の定めるところにより漁業調整のため必要な指示その他の事務を行い、固定資産評価審査委員会は別に法律の定めるところにより固定資産課税台帳に登録された価格に関する不服の審査決定その他の事務を行う。

第七款　附属機関

第二百二条の三　普通地方公共団体の執行機関の附属機関は、法律若しくはこれに基く政令又は条例の定めるところにより、その担任する事項について調停、審査、審議又は調査等を行う機関とする。

② 附属機関を組織する委員その他の構成員は、非常勤とする。

③ 附属機関の庶務は、法律又はこれに基く政令に特別の定があるものを除く外、その属する執行機関において掌るものとする。

第四節　地域自治区

（**地域自治区の設置**）

第二百二条の四　市町村は、市町村長の権限に属する事務を分掌させ、及び地域の住民の意見を反映させつつこれを処理させるため、条例で、その区域を分けて定める区域ごとに地域自治区を設けることができる。

2　地域自治区に事務所を置くものとし、事務所の位置、名称及び所管区域は、条例で定める。

3　地域自治区の事務所の長は、当該普通地方公共団体の長の補助機関である職員をもつて充てる。

4　第四条第二項の規定は第二項の地域自治区の事務所の位置及び所管区域について、第百七十五条第二項の規定は前項の事務所の長について準用する。

（**地域協議会の設置及び構成員**）

第二百二条の五　地域自治区に、地域協議会を置く。

2　地域協議会の構成員は、地域自治区の区域内に住所を有する者のうちから、市町村長が選任する。

3　市町村長は、前項の規定による地域協議会の構成員の選任に当たつては、地域協議会の構成員の構成が、地域自治区の区域内に住所を有する者の多様な意見が適切に反映されるものとなるよう配慮しなければならない。

4　地域協議会の構成員の任期は、四年以内において条例で定める期間とする。

5　第二百三条の二第一項の規定にかかわらず、地域協議会の構成員には報酬を支給しないこととすることができる。

（**地域協議会の会長及び副会長**）

第二百二条の六　地域協議会に、会長及び副会長を置く。

2　地域協議会の会長及び副会長の選任及び解任の方法は、条例で定める。

3　地域協議会の会長及び副会長の任期は、地域協議会の構成員の任期による。

4　地域協議会の会長は、地域協議会の事務を掌理し、地域協議会を代表する。

5　地域協議会の副会長は、地域協議会の会長に事故があるとき又は地域協議会の会長が欠けたときは、その職務を代理する。

（**地域協議会の権限**）

第二百二条の七　地域協議会は、次に掲げる事項のうち、市町村長その他の市町村の機関により諮問されたもの又は必要と認めるものについて、審議し、市町村長その他の市町村の機関に意見を述べることができる。

一　地域自治区の事務所が所掌する事務に関する事項

二　前号に掲げるもののほか、市町村が処理する地域自治区の区域に係る事務に関する事項

三　市町村の事務処理に当たつての地域自治区の区域内に住所を有する者との連携の強化に関する事項

2　市町村長は、条例で定める市町村の施策に関する重要事項であつて地域自治区の区域に

係るものを決定し、又は変更しようとする場合においては、あらかじめ、地域協議会の意見を聴かなければならない。

3　市町村長その他の市町村の機関は、前二項の意見を勘案し、必要があると認めるときは、適切な措置を講じなければならない。

（地域協議会の組織及び運営）

第二百二条の八　この法律に定めるもののほか、地域協議会の構成員の定数その他の地域協議会の組織及び運営に関し必要な事項は、条例で定める。

（政令への委任）

第二百二条の九　この法律に規定するものを除くほか、地域自治区に関し必要な事項は、政令で定める。

第八章　給与その他の給付

第二百三条　普通地方公共団体は、その議会の議員に対し、議員報酬を支給しなければならない。

②　普通地方公共団体の議会の議員は、職務を行うため要する費用の弁償を受けることができる。

③　普通地方公共団体は、条例で、その議会の議員に対し、期末手当を支給することができる。

④　議員報酬、費用弁償及び期末手当の額並びにその支給方法は、条例でこれを定めなければならない。

第二百三条の二　普通地方公共団体は、その委員会の非常勤の委員、非常勤の監査委員、自治紛争処理委員、審査会、審議会及び調査会等の委員その他の構成員、専門委員、監査専門委員、投票管理者、開票管理者、選挙長、投票立会人、開票立会人及び選挙立会人その他普通地方公共団体の非常勤の職員（短時間勤務職員及び地方公務員法第二十二条の二第一項第二号に掲げる職員を除く。）に対し、報酬を支給しなければならない。

②　前項の者に対する報酬は、その勤務日数に応じてこれを支給する。ただし、条例で特別の定めをした場合は、この限りでない。

③　第一項の者は、職務を行うため要する費用の弁償を受けることができる。

④　普通地方公共団体は、条例で、第一項の者のうち地方公務員法第二十二条の二第一項第一号に掲げる職員に対し、期末手当又は勤勉手当を支給することができる。

⑤　報酬、費用弁償、期末手当及び勤勉手当の額並びにその支給方法は、条例でこれを定めなければならない。

第二百四条　普通地方公共団体は、普通地方公共団体の長及びその補助機関たる常勤の職員、委員会の常勤の委員（教育委員会にあつては、教育長）、常勤の監査委員、議会の事務局長又は書記長、書記その他の常勤の職員、委員会の事務局長若しくは書記長、委員の事務局長又は委員会若しくは委員の事務を補助する書記その他の常勤の職員その他普通地方公共団体の常勤の職員並びに短時間勤務職員及び地方公務員法第二十二条の二第一項第二号に掲げる職員に対し、給料及び旅費を支給しなければならない。

②　普通地方公共団体は、条例で、前項の者に対し、扶養手当、地域手当、住居手当、初任給調整手当、通勤手当、単身赴任手当、特殊勤務手当、特地勤務手当（これに準ずる手当を含む。）、へき地手当（これに準ずる手当を含む。）、時間外勤務手当、宿日直手当、管理職員特別勤務手当、夜間勤務手当、休日勤務手当、管理職手当、期末手当、勤勉手当、寒冷地手当、特定任期付職員業績手当、任期付研究員業績手当、義務教育等教員特別手当、定時制通信教育手当、産業教育手当、農林漁業普及指導手当、災害派遣手当（武力攻撃災害等派遣手当及び特定新型インフルエンザ等対策派遣手当を含む。）又は退職手当を支給することができる。

③　給料、手当及び旅費の額並びにその支給方法は、条例でこれを定めなければならない。

第二百四条の二　普通地方公共団体は、いかなる給与その他の給付も法律又はこれに基づく条例に基づかずには、これをその議会の議員、第二百三条の二第一項の者及び前条第一項の者に支給することができない。

第二百五条　第二百四条第一項の者は、退職年金又は退職一時金を受けることができる。

第二百六条　普通地方公共団体の長以外の機関がした第二百三条から第二百四条まで又は前条の規定による給与その他の給付に関する処分についての審査請求は、法律に特別の定めがある場合を除くほか、普通地方公共団体の長が当該機関の最上級行政庁でない場合においても、当該普通地方公共団体の長に対してするものとする。

②　普通地方公共団体の長は、第二百三条から第二百四条まで又は前条の規定による給与その他の給付に関する処分についての審査請求がされた場合には、当該審査請求が不適法で

あり、却下するときを除き、議会に諮問した上、当該審査請求に対する裁決をしなければならない。

③　議会は、前項の規定による諮問を受けた日から二十日以内に意見を述べなければならない。

④　普通地方公共団体の長は、第二項の規定による諮問をしないで同項の審査請求を却下したときは、その旨を議会に報告しなければならない。

第二百七条　普通地方公共団体は、条例の定めるところにより、第七十四条の三第三項及び第百条第一項後段（第二百八十七条の二第七項において準用する場合を含む。）の規定により出頭した選挙人その他の関係人、第百十五条の二第二項（第百九条第五項において準用する場合を含む。）の規定により出頭した参考人、第百九十九条第八項の規定により出頭した関係人、第二百五十一条の二第九項の規定により出頭した当事者及び関係人並びに第百十五条の二第一項（第百九条第五項において準用する場合を含む。）の規定による公聴会に参加した者の要した実費を弁償しなければならない。

第九章　財務

第一節　会計年度及び会計の区分

（会計年度及びその独立の原則）

第二百八条　普通地方公共団体の会計年度は、毎年四月一日に始まり、翌年三月三十一日に終わるものとする。

2　各会計年度における歳出は、その年度の歳入をもつて、これに充てなければならない。

（会計の区分）

第二百九条　普通地方公共団体の会計は、一般会計及び特別会計とする。

2　特別会計は、普通地方公共団体が特定の事業を行なう場合その他特定の歳入をもつて特定の歳出に充て一般の歳入歳出と区分して経理する必要がある場合において、条例でこれを設置することができる。

第二節　予算

（総計予算主義の原則）

第二百十条　一会計年度における一切の収入及び支出は、すべてこれを歳入歳出予算に編入しなければならない。

（予算の調製及び議決）

第二百十一条　普通地方公共団体の長は、毎会計年度予算を調製し、年度開始前に、議会の議決を経なければならない。この場合において、普通地方公共団体の長は、遅くとも年度開始前、都道府県及び第二百五十二条の十九第一項に規定する指定都市にあつては三十日、その他の市及び町村にあつては二十日までに当該予算を議会に提出するようにしなければならない。

2　普通地方公共団体の長は、予算を議会に提出するときは、政令で定める予算に関する説明書をあわせて提出しなければならない。

（継続費）

第二百十二条　普通地方公共団体の経費をもつて支弁する事件でその履行に数年度を要するものについては、予算の定めるところにより、その経費の総額及び年割額を定め、数年度にわたつて支出することができる。

2　前項の規定により支出することができる経費は、これを継続費という。

（繰越明許費）

第二百十三条　歳出予算の経費のうちその性質上又は予算成立後の事由に基づき年度内にその支出を終わらない見込みのあるものについては、予算の定めるところにより、翌年度に繰り越して使用することができる。

2　前項の規定により翌年度に繰り越して使用することができる経費は、これを繰越明許費という。

（債務負担行為）

第二百十四条　歳出予算の金額、継続費の総額又は繰越明許費の金額の範囲内におけるものを除くほか、普通地方公共団体が債務を負担する行為をするには、予算で債務負担行為として定めておかなければならない。

（予算の内容）

第二百十五条　予算は、次の各号に掲げる事項に関する定めから成るものとする。

一　歳入歳出予算
二　継続費
三　繰越明許費
四　債務負担行為
五　地方債
六　一時借入金
七　歳出予算の各項の経費の金額の流用

（歳入歳出予算の区分）

第二百十六条　歳入歳出予算は、歳入にあつては、その性質に従つて款に大別し、かつ、各款中においてはこれを項に区分し、歳出にあつては、その目的に従つてこれを款項に区分しなければならない。

（予備費）

第二百十七条　予算外の支出又は予算超過の支出に充てるため、歳入歳出予算に予備費を計上しなければならない。ただし、特別会計にあつては、予備費を計上しないことができる。

2　予備費は、議会の否決した費途に充てることができない。

（補正予算、暫定予算等）

第二百十八条　普通地方公共団体の長は、予算の調製後に生じた事由に基づいて、既定の予算に追加その他の変更を加える必要が生じたときは、補正予算を調製し、これを議会に提出することができる。

2　普通地方公共団体の長は、必要に応じて、一会計年度のうちの一定期間に係る暫定予算を調製し、これを議会に提出することができる。

3　前項の暫定予算は、当該会計年度の予算が成立したときは、その効力を失うものとし、その暫定予算に基づく支出又は債務の負担があるときは、その支出又は債務の負担は、これを当該会計年度の予算に基づく支出又は債務の負担とみなす。

4　普通地方公共団体の長は、特別会計のうちその事業の経費を主として当該事業の経営に伴う収入をもつて充てるもので条例で定めるものについて、業務量の増加により業務のため直接必要な経費に不足を生じたときは、当該業務量の増加により増加する収入に相当する金額を当該経費（政令で定める経費を除く。）に使用することができる。この場合においては、普通地方公共団体の長は、次の会議においてその旨を議会に報告しなければならない。

（予算の送付及び公表）

第二百十九条　普通地方公共団体の議会の議長は、予算を定める議決があつたときは、その日から三日以内にこれを当該普通地方公共団体の長に送付しなければならない。

2　普通地方公共団体の長は、前項の規定により予算の送付を受けた場合において、再議その他の措置を講ずる必要がないと認めるときは、直ちに、その要領を住民に公表しなければならない。

（予算の執行及び事故繰越し）

第二百二十条　普通地方公共団体の長は、政令で定める基準に従つて予算の執行に関する手続を定め、これに従つて予算を執行しなければならない。

2　歳出予算の経費の金額は、各款の間又は各項の間において相互にこれを流用することができない。ただし、歳出予算の各項の経費の金額は、予算の執行上必要がある場合に限り、予算の定めるところにより、これを流用することができる。

3　繰越明許費の金額を除くほか、毎会計年度の歳出予算の経費の金額は、これを翌年度において使用することができない。ただし、歳出予算の経費の金額のうち、年度内に支出負担行為をし、避けがたい事故のため年度内に支出を終わらなかつたもの（当該支出負担行為に係る工事その他の事業の遂行上の必要に基づきこれに関連して支出を要する経費の金額を含む。）は、これを翌年度に繰り越して使用することができる。

（予算の執行に関する長の調査権等）

第二百二十一条　普通地方公共団体の長は、予算の執行の適正を期するため、委員会若しくは委員又はこれらの管理に属する機関で権限を有するものに対して、収入及び支出の実績若しくは見込みについて報告を徴し、予算の執行状況を実地について調査し、又はその結果に基づいて必要な措置を講ずべきことを求めることができる。

2　普通地方公共団体の長は、予算の執行の適正を期するため、工事の請負契約者、物品の納入者、補助金、交付金、貸付金等の交付若しくは貸付けを受けた者（補助金、交付金、貸付金等の終局の受領者を含む。）又は調査、試験、研究等の委託を受けた者に対して、その状況を調査し、又は報告を徴することができる。

3　前二項の規定は、普通地方公共団体が出資している法人で政令で定めるもの、普通地方公共団体が借入金の元金若しくは利子の支払を保証し、又は損失補償を行う等その者のために債務を負担している法人で政令で定めるもの及び普通地方公共団体が受益権を有する信託で政令で定めるものの受託者にこれを準用する。

（予算を伴う条例、規則等についての制限）

第二百二十二条　普通地方公共団体の長は、条例その他議会の議決を要すべき案件があらたに予算を伴うこととなるものであるときは、必要な予算上の措置が適確に講ぜられる見込みが得られるまでの間は、これを議会に提出してはならない。

2　普通地方公共団体の長、委員会若しくは委員又はこれらの管理に属する機関は、その権限に属する事務に関する規則その他の規程の制定又は改正があらたに予算を伴うこととなるものであるときは、必要な予算上の措置が適確に講ぜられることとなるまでの間は、これを制定し、又は改正してはならない。

第三節　収入

（地方税）

第二百二十三条　普通地方公共団体は、法律の定めるところにより、地方税を賦課徴収することができる。

（分担金）

第二百二十四条　普通地方公共団体は、政令で定める場合を除くほか、数人又は普通地方公共団体の一部に対し利益のある事件に関し、その必要な費用に充てるため、当該事件により特に利益を受ける者から、その受益の限度において、分担金を徴収することができる。

（使用料）

第二百二十五条　普通地方公共団体は、第二百三十八条の四第七項の規定による許可を受けてする行政財産の使用又は公の施設の利用につき使用料を徴収することができる。

（旧慣使用の使用料及び加入金）

第二百二十六条　市町村は、第二百三十八条の六の規定による公有財産の使用につき使用料を徴収することができるほか、同条第二項の規定により使用の許可を受けた者から加入金を徴収することができる。

（手数料）

第二百二十七条　普通地方公共団体は、当該普通地方公共団体の事務で特定の者のためにするものにつき、手数料を徴収することができる。

（分担金等に関する規制及び罰則）

第二百二十八条　分担金、使用料、加入金及び手数料に関する事項については、条例でこれを定めなければならない。この場合において、手数料について全国的に統一して定めることが特に必要と認められるものとして政令で定める事務（以下本項において「標準事務」という。）について手数料を徴収する場合においては、当該標準事務に係る事務のうち政令で定めるものにつき、政令で定める金額の手数料を徴収することを標準として条例を定めなければならない。

2　分担金、使用料、加入金及び手数料の徴収に関しては、次項に定めるものを除くほか、条例で五万円以下の過料を科する規定を設けることができる。

3　詐欺その他不正の行為により、分担金、使用料、加入金又は手数料の徴収を免れた者については、条例でその徴収を免れた金額の五倍に相当する金額（当該五倍に相当する金額が五万円を超えないときは、五万円とする。）以下の過料を科する規定を設けることができる。

（分担金等の徴収に関する処分についての審査請求）

第二百二十九条　普通地方公共団体の長以外の機関がした分担金、使用料、加入金又は手数料の徴収に関する処分についての審査請求は、普通地方公共団体の長が当該機関の最上級行政庁でない場合においても、当該普通地方公共団体の長に対してするものとする。

2　普通地方公共団体の長は、分担金、使用料、加入金又は手数料の徴収に関する処分についての審査請求がされた場合には、当該審査請求が不適法であり、却下するときを除き、議会に諮問した上、当該審査請求に対する裁決をしなければならない。

3　議会は、前項の規定による諮問を受けた日から二十日以内に意見を述べなければならない。

4　普通地方公共団体の長は、第二項の規定による諮問をしないで同項の審査請求を却下したときは、その旨を議会に報告しなければならない。

5　第二項の審査請求に対する裁決を経た後でなければ、同項の処分については、裁判所に出訴することができない。

（地方債）

第二百三十条　普通地方公共団体は、別に法律で定める場合において、予算の定めるところにより、地方債を起こすことができる。

2　前項の場合において、地方債の起債の目的、限度額、起債の方法、利率及び償還の方法は、予算でこれを定めなければならない。

（歳入の収入の方法）

第二百三十一条　普通地方公共団体の歳入を収入するときは、政令の定めるところにより、これを調定し、納入義務者に対して納入の通知をしなければならない。

（証紙による収入の方法等）

第二百三十一条の二　普通地方公共団体は、使用料又は手数料の徴収については、条例の定めるところにより、証紙による収入の方法によることができる。

2　証紙による収入の方法による場合においては、証紙の売りさばき代金をもつて歳入とする。

3　証紙による収入の方法によるものを除くほか、普通地方公共団体の歳入は、第二百三十五条の規定により金融機関が指定されている場合においては、政令の定めるところにより、口座振替の方法により、又は証券をもつて納付することができる。

4　前項の規定により納付された証券を支払の提示期間内又は有効期間内に提示し、支払の請求をした場合において、支払の拒絶があつたときは、当該歳入は、はじめから納付がなかつたものとみなす。この場合における当該証券の処分に関し必要な事項は、政令で定める。

5　証紙による収入の方法によるものを除くほか、普通地方公共団体の歳入については、第二百三十五条の規定により金融機関を指定していない市町村においては、政令の定めるところにより、納入義務者から証券の提供を受け、その証券の取立て及びその取り立てた金銭による納付の委託を受けることができる。

（**指定納付受託者に対する納付の委託**）

第二百三十一条の二の二　普通地方公共団体の歳入（第二百三十五条の四第三項に規定する歳入歳出外現金を含む。以下「歳入等」という。）を納付しようとする者は、指定納付受託者（次条第一項に規定する指定納付受託者をいう。第二号において同じ。）に納付を委託することができる。

一　歳入等の納付の通知に係る書面で総務省令で定めるものに基づき納付しようとするとき。

二　電子情報処理組織を使用して行う指定納付受託者に対する通知で総務省令で定めるものに基づき納付しようとするとき。

（**指定納付受託者**）

第二百三十一条の二の三　歳入等の納付に関する事務（以下「納付事務」という。）を適切かつ確実に遂行することができる者として政令で定める者のうち普通地方公共団体の長が総務省令で定めるところにより指定するもの（以下「指定納付受託者」という。）は、総務省令で定めるところにより、歳入等を納付しようとする者の委託を受けて、納付事務を行うことができる。

2　普通地方公共団体の長は、前項の規定による指定をしたときは、指定納付受託者の名称、住所又は事務所の所在地、指定納付受託者が行う納付事務に係る歳入等その他総務省令で定める事項を告示しなければならない。

3　指定納付受託者は、その名称、住所又は事務所の所在地を変更しようとするときは、総務省令で定めるところにより、あらかじめ、その旨を普通地方公共団体の長に届け出なければならない。

4　普通地方公共団体の長は、前項の規定による届出があつたときは、当該届出に係る事項を告示しなければならない。

（**納付事務の委託**）

第二百三十一条の二の四　第二百三十一条の二の二の規定により歳入等を納付しようとする者の委託を受けた指定納付受託者は、当該委託を受けた納付事務の一部を、納付事務を適切かつ確実に遂行することができる者として政令で定める者に委託することができる。

（**指定納付受託者の納付**）

第二百三十一条の二の五　指定納付受託者は、第二百三十一条の二の二の規定により歳入等を納付しようとする者の委託を受けたときは、普通地方公共団体が指定する日までに当該委託を受けた歳入等を納付しなければならない。

2　指定納付受託者は、第二百三十一条の二の二の規定により歳入等を納付しようとする者の委託を受けたときは、遅滞なく、総務省令で定めるところにより、その旨及び当該委託を受けた年月日を普通地方公共団体の長に報告しなければならない。

3　第一項の場合において、当該指定納付受託者が同項の指定する日までに当該歳入等を納付したときは、当該委託を受けた日に当該歳入等の納付がされたものとみなす。

（**指定納付受託者の帳簿保存等の義務**）

第二百三十一条の二の六　指定納付受託者は、総務省令で定めるところにより、帳簿を備え付け、これに納付事務に関する事項を記載し、及びこれを保存しなければならない。

2　普通地方公共団体の長は、前三条、この条及び第二百三十一条の四の規定を施行するため必要があると認めるときは、その必要な限度で、総務省令で定めるところにより、指定納付受託者に対し、報告をさせることができる。

3　普通地方公共団体の長は、前三条、この条及び第二百三十一条の四の規定を施行するため必要があると認めるときは、その必要な限度で、その職員に、指定納付受託者の事務所に立ち入り、指定納付受託者の帳簿書類（その作成又は保存に代えて電磁的記録の作成又は保存がされている場合における当該電磁的記録を含む。第二百四十三条の二の二第三項において同じ。）その他必要な物件を検査させ、又は関係者に質問させることができる。

4　前項の規定により立入検査を行う職員は、その身分を示す証明書を携帯し、かつ、関係者の請求があるときは、これを提示しなければならない。

5　第三項に規定する権限は、犯罪捜査のために認められたものと解してはならない。

（指定納付受託者の指定の取消し）

第二百三十一条の二の七　普通地方公共団体の長は、指定納付受託者が次の各号のいずれかに該当するときは、総務省令で定めるところにより、第二百三十一条の二の三第一項の規定による指定を取り消すことができる。

一　第二百三十一条の二の三第一項に規定する政令で定める者に該当しなくなつたとき。

二　第二百三十一条の二の五第二項又は前条第二項の規定による報告をせず、又は虚偽の報告をしたとき。

三　前条第一項の規定に違反して、帳簿を備え付けず、帳簿に記載せず、若しくは帳簿に虚偽の記載をし、又は帳簿を保存しなかつたとき。

四　前条第三項の規定による立入り若しくは検査を拒み、妨げ、若しくは忌避し、又は同項の規定による質問に対して陳述をせず、若しくは虚偽の陳述をしたとき。

2　普通地方公共団体の長は、前項の規定により指定を取り消したときは、その旨を告示しなければならない。

（督促、滞納処分等）

第二百三十一条の三　分担金、使用料、加入金、手数料、過料その他の普通地方公共団体の歳入を納期限までに納付しない者があるときは、普通地方公共団体の長は、期限を指定してこれを督促しなければならない。

2　普通地方公共団体の長は、前項の歳入について同項の規定による督促をした場合には、条例で定めるところにより、手数料及び延滞金を徴収することができる。

3　普通地方公共団体の長は、分担金、加入金、過料又は法律で定める使用料その他の普通地方公共団体の歳入（以下この項及び次条第一項において「分担金等」という。）につき第一項の規定による督促を受けた者が同項の規定により指定された期限までにその納付すべき金額を納付しないときは、当該分担金等並びに当該分担金等に係る前項の手数料及び延滞金について、地方税の滞納処分の例により処分することができる。この場合におけるこれらの徴収金の先取特権の順位は、国税及び地方税に次ぐものとする。

4　第一項の歳入並びに第二項の手数料及び延滞金の還付並びにこれらの徴収金の徴収又は還付に関する書類の送達及び公示送達については、地方税の例による。

5　普通地方公共団体の長以外の機関がした前各項の規定による処分についての審査請求は、普通地方公共団体の長が当該機関の最上級行政庁でない場合においても、当該普通地方公共団体の長に対してするものとする。

6　第三項の規定により普通地方公共団体の長が地方税の滞納処分の例によりした処分についての審査請求については、地方税法（昭和二十五年法律第二百二十六号）第十九条の四の規定を準用する。

7　普通地方公共団体の長は、第一項から第四項までの規定による処分についての審査請求がされた場合には、当該審査請求が不適法であり、却下するときを除き、議会に諮問した上、当該審査請求に対する裁決をしなければならない。

8　議会は、前項の規定による諮問を受けた日から二十日以内に意見を述べなければならない。

9　普通地方公共団体の長は、第七項の規定による諮問をしないで同項の審査請求を却下したときは、その旨を議会に報告しなければならない。

10　第七項の審査請求に対する裁決を経た後でなければ、第一項から第四項までの規定による処分については、裁判所に出訴することができない。

11　第三項の規定による処分中差押物件の公売は、その処分が確定するまで執行を停止する。

12　第三項の規定による処分は、当該普通地方公共団体の区域外においても、することができる。

（指定納付受託者からの歳入等の徴収等）

第二百三十一条の四　指定納付受託者が第二百三十一条の二の五第一項の歳入等（分担金等

であるものに限る。以下この項において同じ。）を同条第一項の指定する日までに納付しない場合における当該歳入等の徴収については、地方税法第十三条の四の規定を準用する。この場合における当該歳入等に係る徴収金の先取特権の順位は、国税及び地方税に次ぐものとする。

2　普通地方公共団体の長以外の機関がした前項前段において準用する地方税法第十三条の四第一項の規定による処分についての審査請求は、普通地方公共団体の長が当該機関の最上級行政庁でない場合においても、当該普通地方公共団体の長に対してするものとする。

3　第一項前段において準用する地方税法第十三条の四第一項の規定により普通地方公共団体の長がした処分についての審査請求については、同法第十九条の四の規定を準用する。

4　普通地方公共団体の長は、第一項前段において準用する地方税法第十三条の四第一項の規定による処分についての審査請求がされた場合には、当該審査請求が不適法であり、却下するときを除き、議会に諮問した上、当該審査請求に対する裁決をしなければならない。

5　議会は、前項の規定による諮問を受けた日から二十日以内に意見を述べなければならない。

6　普通地方公共団体の長は、第四項の規定による諮問をしないで同項の審査請求を却下したときは、その旨を議会に報告しなければならない。

7　第四項の審査請求に対する裁決を経た後でなければ、第一項前段において準用する地方税法第十三条の四第一項の規定による処分については、裁判所に出訴することができない。

8　第一項前段において準用する地方税法第十三条の四第一項の規定による処分中差押物件の公売は、その処分が確定するまで執行を停止する。

9　第一項前段において準用する地方税法第十三条の四第一項の規定による処分は、当該普通地方公共団体の区域外においても、することができる。

第四節　支出

（経費の支弁等）

第二百三十二条　普通地方公共団体は、当該普通地方公共団体の事務を処理するために必要な経費その他法律又はこれに基づく政令により当該普通地方公共団体の負担に属する経費を支弁するものとする。

2　法律又はこれに基づく政令により普通地方公共団体に対し事務の処理を義務付ける場合においては、国は、そのために要する経費の財源につき必要な措置を講じなければならない。

（寄附又は補助）

第二百三十二条の二　普通地方公共団体は、その公益上必要がある場合においては、寄附又は補助をすることができる。

（支出負担行為）

第二百三十二条の三　普通地方公共団体の支出の原因となるべき契約その他の行為（これを支出負担行為という。）は、法令又は予算の定めるところに従い、これをしなければならない。

（支出の方法）

第二百三十二条の四　会計管理者は、普通地方公共団体の長の政令で定めるところによる命令がなければ、支出をすることができない。

2　会計管理者は、前項の命令を受けた場合においても、当該支出負担行為が法令又は予算に違反していないこと及び当該支出負担行為に係る債務が確定していることを確認したうえでなければ、支出をすることができない。

第二百三十二条の五　普通地方公共団体の支出は、債権者のためでなければ、これをすることができない。

2　普通地方公共団体の支出は、政令の定めるところにより、資金前渡、概算払、前金払、繰替払、隔地払又は口座振替の方法によつてこれをすることができる。

（小切手の振出し及び公金振替書の交付）

第二百三十二条の六　第二百三十五条の規定により金融機関を指定している普通地方公共団体における支出は、政令の定めるところにより、現金の交付に代え、当該金融機関を支払人とする小切手を振り出し、又は公金振替書を当該金融機関に交付してこれをするものとする。ただし、小切手を振り出すべき場合において、債権者から申出があるときは、会計管理者は、自ら現金で小口の支払をし、又は当該金融機関をして現金で支払をさせることができる。

2　前項の金融機関は、会計管理者の振り出した小切手の提示を受けた場合において、その小切手が振出日付から十日以上を経過しているものであつても一年を経過しないものであるときは、その支払をしなければならない。

第五節　決算

（**決算**）

第二百三十三条　会計管理者は、毎会計年度、政令で定めるところにより、決算を調製し、出納の閉鎖後三箇月以内に、証書類その他政令で定める書類と併せて、普通地方公共団体の長に提出しなければならない。

2　普通地方公共団体の長は、決算及び前項の書類を監査委員の審査に付さなければならない。

3　普通地方公共団体の長は、前項の規定により監査委員の審査に付した決算を監査委員の意見を付けて次の通常予算を議する会議までに議会の認定に付さなければならない。

4　前項の規定による意見の決定は、監査委員の合議によるものとする。

5　普通地方公共団体の長は、第三項の規定により決算を議会の認定に付するに当たつては、当該決算に係る会計年度における主要な施策の成果を説明する書類その他政令で定める書類を併せて提出しなければならない。

6　普通地方公共団体の長は、第三項の規定により議会の認定に付した決算の要領を住民に公表しなければならない。

7　普通地方公共団体の長は、第三項の規定による決算の認定に関する議案が否決された場合において、当該議決を踏まえて必要と認める措置を講じたときは、速やかに、当該措置の内容を議会に報告するとともに、これを公表しなければならない。

（**歳計剰余金の処分**）

第二百三十三条の二　各会計年度において決算上剰余金を生じたときは、翌年度の歳入に編入しなければならない。ただし、条例の定めるところにより、又は普通地方公共団体の議会の議決により、剰余金の全部又は一部を翌年度に繰り越さないで基金に編入することができる。

第六節　契約

（**契約の締結**）

第二百三十四条　売買、貸借、請負その他の契約は、一般競争入札、指名競争入札、随意契約又はせり売りの方法により締結するものとする。

2　前項の指名競争入札、随意契約又はせり売りは、政令で定める場合に該当するときに限り、これによることができる。

3　普通地方公共団体は、一般競争入札又は指名競争入札（以下この条において「競争入札」という。）に付する場合においては、政令の定めるところにより、契約の目的に応じ、予定価格の制限の範囲内で最高又は最低の価格をもつて申込みをした者を契約の相手方とするものとする。ただし、普通地方公共団体の支出の原因となる契約については、政令の定めるところにより、予定価格の制限の範囲内の価格をもつて申込みをした者のうち最低の価格をもつて申込みをした者以外の者を契約の相手方とすることができる。

4　普通地方公共団体が競争入札につき入札保証金を納付させた場合において、落札者が契約を締結しないときは、その者の納付に係る入札保証金（政令の定めるところによりその納付に代えて提供された担保を含む。）は、当該普通地方公共団体に帰属するものとする。

5　普通地方公共団体が契約につき契約書又は契約内容を記録した電磁的記録を作成する場合においては、当該普通地方公共団体の長又はその委任を受けた者が契約の相手方とともに、契約書に記名押印し、又は契約内容を記録した電磁的記録に当該普通地方公共団体の長若しくはその委任を受けた者及び契約の相手方の作成に係るものであることを示すために講ずる措置であつて、当該電磁的記録が改変されているかどうかを確認することができる等これらの者の作成に係るものであることを確実に示すことができるものとして総務省令で定めるものを講じなければ、当該契約は、確定しないものとする。

6　競争入札に加わろうとする者に必要な資格、競争入札における公告又は指名の方法、随意契約及びせり売りの手続その他契約の締結の方法に関し必要な事項は、政令でこれを定める。

（**契約の履行の確保**）

第二百三十四条の二　普通地方公共団体が工事若しくは製造その他についての請負契約又は物件の買入れその他の契約を締結した場合においては、当該普通地方公共団体の職員は、政令の定めるところにより、契約の適正な履行を確保するため又はその受ける給付の完了の確認（給付の完了前に代価の一部を支払う必要がある場合において行なう工事若しくは製造の既済部分又は物件の既納部分の確認を含む。）をするため必要な監督又は検査をしなければならない。

2　普通地方公共団体が契約の相手方をして契約保証金を納付させた場合において、契約の相手方が契約上の義務を履行しないときは、その契約保証金（政令の定めるところによりその納付に代えて提供された担保を含む。）は、当該普通地方公共団体に帰属するものとする。ただし、損害の賠償又は違約金について契約で別段の定めをしたときは、その定めたところによるものとする。

（長期継続契約）

第二百三十四条の三　普通地方公共団体は、第二百十四条の規定にかかわらず、翌年度以降にわたり、電気、ガス若しくは水の供給若しくは電気通信役務の提供を受ける契約又は不動産を借りる契約その他政令で定める契約を締結することができる。この場合においては、各年度におけるこれらの経費の予算の範囲内においてその給付を受けなければならない。

第七節　現金及び有価証券

（金融機関の指定）

第二百三十五条　都道府県は、政令の定めるところにより、金融機関を指定して、都道府県の公金の収納又は支払の事務を取り扱わせなければならない。

2　市町村は、政令の定めるところにより、金融機関を指定して、市町村の公金の収納又は支払の事務を取り扱わせることができる。

（現金出納の検査及び公金の収納等の監査）

第二百三十五条の二　普通地方公共団体の現金の出納は、毎月例日を定めて監査委員がこれを検査しなければならない。

2　監査委員は、必要があると認めるとき、又は普通地方公共団体の長の要求があるときは、前条の規定により指定された金融機関が取り扱う当該普通地方公共団体の公金の収納又は支払の事務について監査することができる。

3　監査委員は、第一項の規定による検査の結果に関する報告又は前項の規定による監査の結果に関する報告を普通地方公共団体の議会及び長に提出しなければならない。

（一時借入金）

第二百三十五条の三　普通地方公共団体の長は、歳出予算内の支出をするため、一時借入金を借り入れることができる。

2　前項の規定による一時借入金の借入れの最高額は、予算でこれを定めなければならない。

3　第一項の規定による一時借入金は、その会計年度の歳入をもつて償還しなければならない。

（現金及び有価証券の保管）

第二百三十五条の四　普通地方公共団体の歳入歳出に属する現金（以下「歳計現金」という。）は、政令の定めるところにより、最も確実かつ有利な方法によりこれを保管しなければならない。

2　債権の担保として徴するもののほか、普通地方公共団体の所有に属しない現金又は有価証券は、法律又は政令の規定によるのでなければ、これを保管することができない。

3　法令又は契約に特別の定めがあるものを除くほか、普通地方公共団体が保管する前項の現金（以下「歳入歳出外現金」という。）には、利子を付さない。

（出納の閉鎖）

第二百三十五条の五　普通地方公共団体の出納は、翌年度の五月三十一日をもつて閉鎖する。

第八節　時効

（金銭債権の消滅時効）

第二百三十六条　金銭の給付を目的とする普通地方公共団体の権利は、時効に関し他の法律に定めがあるものを除くほか、これを行使することができる時から五年間行使しないときは、時効によつて消滅する。普通地方公共団体に対する権利で、金銭の給付を目的とするものについても、また同様とする。

2　金銭の給付を目的とする普通地方公共団体の権利の時効による消滅については、法律に特別の定めがある場合を除くほか、時効の援用を要せず、また、その利益を放棄することができないものとする。普通地方公共団体に対する権利で、金銭の給付を目的とするものについても、また同様とする。

3　金銭の給付を目的とする普通地方公共団体の権利について、消滅時効の完成猶予、更新その他の事項（前項に規定する事項を除く。）に関し、適用すべき法律の規定がないときは、民法（明治二十九年法律第八十九号）の規定を準用する。普通地方公共団体に対する権利で、金銭の給付を目的とするものについても、また同様とする。

4　法令の規定により普通地方公共団体がする納入の通知及び督促は、時効の更新の効力を有する。

第九節　財産

（財産の管理及び処分）

第二百三十七条　この法律において「財産」とは、公有財産、物品及び債権並びに基金をいう。

2　第二百三十八条の四第一項の規定の適用がある場合を除き、普通地方公共団体の財産は、条例又は議会の議決による場合でなければ、これを交換し、出資の目的とし、若しくは支払手段として使用し、又は適正な対価なくしてこれを譲渡し、若しくは貸し付けてはならない。

3　普通地方公共団体の財産は、第二百三十八条の五第二項の規定の適用がある場合で議会の議決によるとき又は同条第三項の規定の適用がある場合でなければ、これを信託してはならない。

第一款　公有財産

（公有財産の範囲及び分類）

第二百三十八条　この法律において「公有財産」とは、普通地方公共団体の所有に属する財産のうち次に掲げるもの（基金に属するものを除く。）をいう。

一　不動産
二　船舶、浮標、浮桟橋及び浮ドック並びに航空機
三　前二号に掲げる不動産及び動産の従物
四　地上権、地役権、鉱業権その他これらに準ずる権利
五　特許権、著作権、商標権、実用新案権その他これらに準ずる権利
六　株式、社債（特別の法律により設立された法人の発行する債券に表示されるべき権利を含み、短期社債等を除く。）、地方債及び国債その他これらに準ずる権利
七　出資による権利
八　財産の信託の受益権

2　前項第六号の「短期社債等」とは、次に掲げるものをいう。

一　社債、株式等の振替に関する法律（平成十三年法律第七十五号）第六十六条第一号に規定する短期社債
二　投資信託及び投資法人に関する法律（昭和二十六年法律第百九十八号）第百三十九条の十二第一項に規定する短期投資法人債
三　信用金庫法（昭和二十六年法律第二百三十八号）第五十四条の四第一項に規定する短期債
四　保険業法（平成七年法律第百五号）第六十一条の十第一項に規定する短期社債
五　資産の流動化に関する法律（平成十年法律第百五号）第二条第八項に規定する特定短期社債
六　農林中央金庫法（平成十三年法律第九十三号）第六十二条の二第一項に規定する短期農林債

3　公有財産は、これを行政財産と普通財産とに分類する。

4　行政財産とは、普通地方公共団体において公用又は公共用に供し、又は供することと決定した財産をいい、普通財産とは、行政財産以外の一切の公有財産をいう。

（公有財産に関する長の総合調整権）

第二百三十八条の二　普通地方公共団体の長は、公有財産の効率的運用を図るため必要があると認めるときは、委員会若しくは委員又はこれらの管理に属する機関で権限を有するものに対し、公有財産の取得又は管理について、報告を求め、実地について調査し、又はその結果に基づいて必要な措置を講ずべきことを求めることができる。

2　普通地方公共団体の委員会若しくは委員又はこれらの管理に属する機関で権限を有するものは、公有財産を取得し、又は行政財産の用途を変更し、若しくは第二百三十八条の四第二項若しくは第三項（同条第四項において準用する場合を含む。）の規定による行政財産である土地の貸付け若しくはこれに対する地上権若しくは地役権の設定若しくは同条第七項の規定による行政財産の使用の許可で当該普通地方公共団体の長が指定するものをしようとするときは、あらかじめ当該普通地方公共団体の長に協議しなければならない。

3　普通地方公共団体の委員会若しくは委員又はこれらの管理に属する機関で権限を有するものは、その管理に属する行政財産の用途を廃止したときは、直ちにこれを当該普通地方公共団体の長に引き継がなければならない。

（職員の行為の制限）

第二百三十八条の三　公有財産に関する事務に従事する職員は、その取扱いに係る公有財産を譲り受け、又は自己の所有物と交換することができない。

2　前項の規定に違反する行為は、これを無効とする。

（行政財産の管理及び処分）

第二百三十八条の四　行政財産は、次項から第四項までに定めるものを除くほか、これを貸し付け、交換し、売り払い、譲与し、出資の目的とし、若しくは信託し、又はこれに私権を設定することができない。

2　行政財産は、次に掲げる場合には、その用途又は目的を妨げない限度において、貸し付け、又は私権を設定することができる。

一　当該普通地方公共団体以外の者が行政財産である土地の上に政令で定める堅固な建物その他の土地に定着する工作物であつて当該行政財産である土地の供用の目的を効果的に達成することに資すると認められるものを所有し、又は所有しようとする場合（当該普通地方公共団体と一棟の建物を区分して所有する場合を除く。）において、その者（当該行政財産を管理する普通地方公共団体が当該行政財産の適正な方法による管理を行う上で適当と認める者に限る。）に当該土地を貸し付けるとき。

二　普通地方公共団体が国、他の地方公共団体又は政令で定める法人と行政財産である土地の上に一棟の建物を区分して所有するためその者に当該土地を貸し付ける場合

三　普通地方公共団体が行政財産である土地及びその隣接地の上に当該普通地方公共団体以外の者と一棟の建物を区分して所有するためその者（当該建物のうち行政財産である部分を管理する普通地方公共団体が当該行政財産の適正な方法による管理を行う上で適当と認める者に限る。）に当該土地を貸し付ける場合

四　行政財産のうち庁舎その他の建物及びその附帯施設並びにこれらの敷地（以下この号において「庁舎等」という。）についてその床面積又は敷地に余裕がある場合として政令で定める場合において、当該普通地方公共団体以外の者（当該庁舎等を管理する普通地方公共団体が当該庁舎等の適正な方法による管理を行う上で適当と認める者に限る。）に当該余裕がある部分を貸し付けるとき（前三号に掲げる場合に該当する場合を除く。）。

五　行政財産である土地を国、他の地方公共団体又は政令で定める法人の経営する鉄道、道路その他政令で定める施設の用に供する場合において、その者のために当該土地に地上権を設定するとき。

六　行政財産である土地を国、他の地方公共団体又は政令で定める法人の使用する電線路その他政令で定める施設の用に供する場合において、その者のために当該土地に地役権を設定するとき。

3　前項第二号に掲げる場合において、当該行政財産である土地の貸付けを受けた者が当該土地の上に所有する一棟の建物の一部（以下この項及び次項において「特定施設」という。）を当該普通地方公共団体以外の者に譲渡しようとするときは、当該特定施設を譲り受けようとする者（当該行政財産を管理する普通地方公共団体が当該行政財産の適正な方法による管理を行う上で適当と認める者に限る。）に当該土地を貸し付けることができる。

4　前項の規定は、同項（この項において準用する場合を含む。）の規定により行政財産である土地の貸付けを受けた者が当該特定施設を譲渡しようとする場合について準用する。

5　前三項の場合においては、次条第四項及び第五項の規定を準用する。

6　第一項の規定に違反する行為は、これを無効とする。

7　行政財産は、その用途又は目的を妨げない限度においてその使用を許可することができる。

8　前項の規定による許可を受けてする行政財産の使用については、借地借家法（平成三年法律第九十号）の規定は、これを適用しない。

9　第七項の規定により行政財産の使用を許可した場合において、公用若しくは公共用に供するため必要を生じたとき、又は許可の条件に違反する行為があると認めるときは、普通地方公共団体の長又は委員会は、その許可を取り消すことができる。

（普通財産の管理及び処分）

第二百三十八条の五　普通財産は、これを貸し付け、交換し、売り払い、譲与し、若しくは出資の目的とし、又はこれに私権を設定することができる。

2　普通財産である土地（その土地の定着物を含む。）は、当該普通地方公共団体を受益者として政令で定める信託の目的により、これを信託することができる。

3　普通財産のうち国債その他の政令で定める有価証券（以下この項において「国債等」という。）は、当該普通地方公共団体を受益者として、指定金融機関その他の確実な金融機関に国債等をその価額に相当する担保の提供を受けて貸し付ける方法により当該国債等を

運用することを信託の目的とする場合に限り、信託することができる。

4　普通財産を貸し付けた場合において、その貸付期間中に国、地方公共団体その他公共団体において公用又は公共用に供するため必要を生じたときは、普通地方公共団体の長は、その契約を解除することができる。

5　前項の規定により契約を解除した場合においては、借受人は、これによつて生じた損失につきその補償を求めることができる。

6　普通地方公共団体の長が一定の用途並びにその用途に供しなければならない期日及び期間を指定して普通財産を貸し付けた場合において、借受人が指定された期日を経過してもなおこれをその用途に供せず、又はこれをその用途に供した後指定された期間内にその用途を廃止したときは、当該普通地方公共団体の長は、その契約を解除することができる。

7　第四項及び第五項の規定は貸付け以外の方法により普通財産を使用させる場合に、前項の規定は普通財産を売り払い、又は譲与する場合に準用する。

8　第四項から第六項までの規定は、普通財産である土地（その土地の定着物を含む。）を信託する場合に準用する。

9　第七項に定めるもののほか普通財産の売払いに関し必要な事項及び普通財産の交換に関し必要な事項は、政令でこれを定める。

（旧慣による公有財産の使用）

第二百三十八条の六　旧来の慣行により市町村の住民中特に公有財産を使用する権利を有する者があるときは、その旧慣による。その旧慣を変更し、又は廃止しようとするときは、市町村の議会の議決を経なければならない。

2　前項の公有財産をあらたに使用しようとする者があるときは、市町村長は、議会の議決を経て、これを許可することができる。

（行政財産を使用する権利に関する処分についての審査請求）

第二百三十八条の七　第二百三十八条の四の規定により普通地方公共団体の長以外の機関がした行政財産を使用する権利に関する処分についての審査請求は、普通地方公共団体の長が当該機関の最上級行政庁でない場合においても、当該普通地方公共団体の長に対してするものとする。

2　普通地方公共団体の長は、行政財産を使用する権利に関する処分についての審査請求が不適法であり、却下するときを除き、議会に諮問した上、当該審査請求に対する裁決をしなければならない。

3　議会は、前項の規定による諮問を受けた日から二十日以内に意見を述べなければならない。

4　普通地方公共団体の長は、第二項の規定による諮問をしないで同項の審査請求を却下したときは、その旨を議会に報告しなければならない。

第二款　物品

（物品）

第二百三十九条　この法律において「物品」とは、普通地方公共団体の所有に属する動産で次の各号に掲げるもの以外のもの及び普通地方公共団体が使用のために保管する動産（政令で定める動産を除く。）をいう。

一　現金（現金に代えて納付される証券を含む。）

二　公有財産に属するもの

三　基金に属するもの

2　物品に関する事務に従事する職員は、その取扱いに係る物品（政令で定める物品を除く。）を普通地方公共団体から譲り受けることができない。

3　前項の規定に違反する行為は、これを無効とする。

4　前二項に定めるもののほか、物品の管理及び処分に関し必要な事項は、政令でこれを定める。

5　普通地方公共団体の所有に属しない動産で普通地方公共団体が保管するもの（使用のために保管するものを除く。）のうち政令で定めるもの（以下「占有動産」という。）の管理に関し必要な事項は、政令でこれを定める。

第三款　債権

（債権）

第二百四十条　この章において「債権」とは、金銭の給付を目的とする普通地方公共団体の権利をいう。

2　普通地方公共団体の長は、債権について、政令の定めるところにより、その督促、強制執行その他その保全及び取立てに関し必要な措置をとらなければならない。

3　普通地方公共団体の長は、債権について、政令の定めるところにより、その徴収停止、履行期限の延長又は当該債権に係る債務の免除をすることができる。

4　前二項の規定は、次の各号に掲げる債権については、これを適用しない。

一　地方税法の規定に基づく徴収金に係る債権

二　過料に係る債権

三　証券に化体されている債権（国債に関する法律（明治三十九年法律第三十四号）の規定により登録されたもの及び社債、株式等の振替に関する法律の規定により振替口座簿に記載され、又は記録されたものを含む。）

四　電子記録債権法（平成十九年法律第百二号）第二条第一項に規定する電子記録債権

五　預金に係る債権

六　歳入歳出外現金となるべき金銭の給付を目的とする債権

七　寄附金に係る債権

八　基金に属する債権

第四款　基金

（基金）

第二百四十一条　普通地方公共団体は、条例の定めるところにより、特定の目的のために財産を維持し、資金を積み立て、又は定額の資金を運用するための基金を設けることができる。

2　基金は、これを前項の条例で定める特定の目的に応じ、及び確実かつ効率的に運用しなければならない。

3　第一項の規定により特定の目的のために財産を取得し、又は資金を積み立てるための基金を設けた場合においては、当該目的のためでなければこれを処分することができない。

4　基金の運用から生ずる収益及び基金の管理に要する経費は、それぞれ毎会計年度の歳入歳出予算に計上しなければならない。

5　第一項の規定により特定の目的のために定額の資金を運用するための基金を設けた場合においては、普通地方公共団体の長は、毎会計年度、その運用の状況を示す書類を作成し、これを監査委員の審査に付し、その意見を付けて、第二百三十三条第五項の書類と併せて議会に提出しなければならない。

6　前項の規定による意見の決定は、監査委員の合議によるものとする。

7　基金の管理については、基金に属する財産の種類に応じ、収入若しくは支出の手続、歳計現金の出納若しくは保管、公有財産若しくは物品の管理若しくは処分又は債権の管理の例による。

8　第二項から前項までに定めるもののほか、基金の管理及び処分に関し必要な事項は、条例でこれを定めなければならない。

第十節　住民による監査請求及び訴訟

（住民監査請求）

第二百四十二条　普通地方公共団体の住民は、当該普通地方公共団体の長若しくは委員会若しくは委員又は当該普通地方公共団体の職員について、違法若しくは不当な公金の支出、財産の取得、管理若しくは処分、契約の締結若しくは履行若しくは債務その他の義務の負担がある（当該行為がなされることが相当の確実さをもつて予測される場合を含む。）と認めるとき、又は違法若しくは不当に公金の賦課若しくは徴収若しくは財産の管理を怠る事実（以下「怠る事実」という。）があると認めるときは、これらを証する書面を添え、監査委員に対し、監査を求め、当該行為を防止し、若しくは是正し、若しくは当該怠る事実を改め、又は当該行為若しくは怠る事実によつて当該普通地方公共団体の被つた損害を補塡するために必要な措置を講ずべきことを請求することができる。

2　前項の規定による請求は、当該行為のあつた日又は終わつた日から一年を経過したときは、これをすることができない。ただし、正当な理由があるときは、この限りでない。

3　第一項の規定による請求があつたときは、監査委員は、直ちに当該請求の要旨を当該普通地方公共団体の議会及び長に通知しなければならない。

4　第一項の規定による請求があつた場合において、当該行為が違法であると思料するに足りる相当な理由があり、当該行為により当該普通地方公共団体に生ずる回復の困難な損害を避けるため緊急の必要があり、かつ、当該行為を停止することによつて人の生命又は身体に対する重大な危害の発生の防止その他公共の福祉を著しく阻害するおそれがないと認めるときは、監査委員は、当該普通地方公共団体の長その他の執行機関又は職員に対し、理由を付して次項の手続が終了するまでの間当該行為を停止すべきことを勧告することができる。この場合において、監査委員は、当該勧告の内容を第一項の規定による請求人（以下この条において「請求人」という。）に通知するとともに、これを公表しなければならない。

5　第一項の規定による請求があつた場合には、監査委員は、監査を行い、当該請求に理由がないと認めるときは、理由を付してその旨を書面により請求人に通知するとともに、これを公表し、当該請求に理由があると認めるときは、当該普通地方公共団体の議会、長その他の執行機関又は職員に対し期間を示して必要な措置を講ずべきことを勧告するとともに、当該勧告の内容を請求人に通知し、かつ、これを公表しなければならない。

6　前項の規定による監査委員の監査及び勧告は、第一項の規定による請求があつた日から六十日以内に行わなければならない。

7　監査委員は、第五項の規定による監査を行うに当たつては、請求人に証拠の提出及び陳述の機会を与えなければならない。

8　監査委員は、前項の規定による陳述の聴取を行う場合又は関係のある当該普通地方公共団体の長その他の執行機関若しくは職員の陳述の聴取を行う場合において、必要があると認めるときは、関係のある当該普通地方公共団体の長その他の執行機関若しくは職員又は請求人を立ち会わせることができる。

9　第五項の規定による監査委員の勧告があつたときは、当該勧告を受けた議会、長その他の執行機関又は職員は、当該勧告に示された期間内に必要な措置を講ずるとともに、その旨を監査委員に通知しなければならない。この場合において、監査委員は、当該通知に係る事項を請求人に通知するとともに、これを公表しなければならない。

10　普通地方公共団体の議会は、第一項の規定による請求があつた後に、当該請求に係る行為又は怠る事実に関する損害賠償又は不当利得返還の請求権その他の権利の放棄に関する議決をしようとするときは、あらかじめ監査委員の意見を聴かなければならない。

11　第四項の規定による勧告、第五項の規定による監査及び勧告並びに前項の規定による意見についての決定は、監査委員の合議によるものとする。

（住民訴訟）

第二百四十二条の二　普通地方公共団体の住民は、前条第一項の規定による請求をした場合において、同条第五項の規定による監査委員の監査の結果若しくは勧告若しくは同条第九項の規定による普通地方公共団体の議会、長その他の執行機関若しくは職員の措置に不服があるとき、又は監査委員が同条第五項の規定による監査若しくは勧告を同条第六項の期間内に行わないとき、若しくは議会、長その他の執行機関若しくは職員が同条第九項の規定による措置を講じないときは、裁判所に対し、同条第一項の請求に係る違法な行為又は怠る事実につき、訴えをもつて次に掲げる請求をすることができる。

一　当該執行機関又は職員に対する当該行為の全部又は一部の差止めの請求

二　行政処分たる当該行為の取消し又は無効確認の請求

三　当該執行機関又は職員に対する当該怠る事実の違法確認の請求

四　当該職員又は当該行為若しくは怠る事実に係る相手方に損害賠償又は不当利得返還の請求をすることを当該普通地方公共団体の執行機関又は職員に対して求める請求。ただし、当該職員又は当該行為若しくは怠る事実に係る相手方が第二百四十三条の二の八第三項の規定による賠償の命令の対象となる者である場合には、当該賠償の命令をすることを求める請求

2　前項の規定による訴訟は、次の各号に掲げる場合の区分に応じ、当該各号に定める期間内に提起しなければならない。

一　監査委員の監査の結果又は勧告に不服がある場合　当該監査の結果又は当該勧告の内容の通知があつた日から三十日以内

二　監査委員の勧告を受けた議会、長その他の執行機関又は職員の措置に不服がある場合　当該措置に係る監査委員の通知があつた日から三十日以内

三　監査委員が請求をした日から六十日を経過しても監査又は勧告を行わない場合　当該六十日を経過した日から三十日以内

四　監査委員の勧告を受けた議会、長その他の執行機関又は職員が措置を講じない場合　当該勧告に示された期間を経過した日から三十日以内

3　前項の期間は、不変期間とする。

4　第一項の規定による訴訟が係属しているときは、当該普通地方公共団体の他の住民は、別訴をもつて同一の請求をすることができない。

5　第一項の規定による訴訟は、当該普通地方公共団体の事務所の所在地を管轄する地方裁判所の管轄に専属する。

6　第一項第一号の規定による請求に基づく差

止めは、当該行為を差し止めることによって人の生命又は身体に対する重大な危害の発生の防止その他公共の福祉を著しく阻害するおそれがあるときは、することができない。

7　第一項第四号の規定による訴訟が提起された場合には、当該職員又は当該行為若しくは怠る事実の相手方に対して、当該普通地方公共団体の執行機関又は職員は、遅滞なく、その訴訟の告知をしなければならない。

8　前項の訴訟告知があつたときは、第一項第四号の規定による訴訟が終了した日から六月を経過するまでの間は、当該訴訟に係る損害賠償又は不当利得返還の請求権の時効は、完成しない。

9　民法第百五十三条第二項の規定は、前項の規定による時効の完成猶予について準用する。

10　第一項に規定する違法な行為又は怠る事実については、民事保全法（平成元年法律第九十一号）に規定する仮処分をすることができない。

11　第二項から前項までに定めるもののほか、第一項の規定による訴訟については、行政事件訴訟法第四十三条の規定の適用があるものとする。

12　第一項の規定による訴訟を提起した者が勝訴（一部勝訴を含む。）した場合において、弁護士、弁護士法人又は弁護士・外国法事務弁護士共同法人に報酬を支払うべきときは、当該普通地方公共団体に対し、その報酬額の範囲内で相当と認められる額の支払を請求することができる。

（**訴訟の提起**）

第二百四十二条の三　前条第一項第四号本文の規定による訴訟について、損害賠償又は不当利得返還の請求を命ずる判決が確定した場合においては、普通地方公共団体の長は、当該判決が確定した日から六十日以内の日を期限として、当該請求に係る損害賠償金又は不当利得の返還金の支払を請求しなければならない。

2　前項に規定する場合において、当該判決が確定した日から六十日以内に当該請求に係る損害賠償金又は不当利得による返還金が支払われないときは、当該普通地方公共団体は、当該損害賠償又は不当利得返還の請求を目的とする訴訟を提起しなければならない。

3　前項の訴訟の提起については、第九十六条第一項第十二号の規定にかかわらず、当該普通地方公共団体の議会の議決を要しない。

4　前条第一項第四号本文の規定による訴訟の裁判が同条第七項の訴訟告知を受けた者に対してもその効力を有するときは、当該訴訟の裁判は、当該普通地方公共団体と当該訴訟告知を受けた者との間においてもその効力を有する。

5　前条第一項第四号本文の規定による訴訟について、普通地方公共団体の執行機関又は職員に損害賠償又は不当利得返還の請求を命ずる判決が確定した場合において、当該普通地方公共団体がその長に対し当該損害賠償又は不当利得返還の請求を目的とする訴訟を提起するときは、当該訴訟については、代表監査委員が当該普通地方公共団体を代表する。

第十一節　雑則

（**私人の公金取扱いの制限**）

第二百四十三条　普通地方公共団体は、法律若しくはこれに基づく政令に特別の定めがある場合又は次条第一項の規定により委託する場合を除くほか、公金の徴収若しくは収納又は支出の権限を私人に委任し、又は私人をして行わせてはならない。

（**指定公金事務取扱者**）

第二百四十三条の二　普通地方公共団体の長は、公金の徴収若しくは収納又は支出に関する事務（以下この条及び次条第一項において「公金事務」という。）を適切かつ確実に遂行することができる者として政令で定める者のうち当該普通地方公共団体の長が総務省令で定めるところにより指定するものに、この条から第二百四十三条の二の六までの規定の定めるところにより、公金事務を委託することができる。

2　普通地方公共団体の長は、前項の規定による委託をしたときは、当該委託を受けた者（以下「指定公金事務取扱者」という。）の名称、住所又は事務所の所在地、指定公金事務取扱者に委託した公金事務に係る歳入等又は歳出その他総務省令で定める事項を告示しなければならない。

3　指定公金事務取扱者は、その名称、住所又は事務所の所在地を変更しようとするときは、総務省令で定めるところにより、あらかじめ、その旨を普通地方公共団体の長に届け出なければならない。

4　普通地方公共団体の長は、前項の規定による届出があつたときは、当該届出に係る事項を告示しなければならない。

5　指定公金事務取扱者は、第一項の規定により委託を受けた公金事務の一部について、公金事務を適切かつ確実に遂行することができる者として政令で定める者に委託をすることができる。この場合において、指定公金事務取扱者は、あらかじめ、当該委託について普通地方公共団体の長の承認を受けなければならない。

6　前項の規定により公金事務の一部の委託を受けた者は、当該委託をした指定公金事務取扱者の許諾を得た場合であつて、かつ、公金事務を適切かつ確実に遂行することができる者として政令で定める者に対してするときに限り、その一部の再委託をすることができる。この場合において、指定公金事務取扱者は、あらかじめ、当該再委託について普通地方公共団体の長の承認を受けなければならない。

7　前項の規定により公金事務の一部の再委託を受けた者は、当該公金事務の一部の委託を受けた者とみなして、同項の規定を適用する。

8　会計管理者は、指定公金事務取扱者について、定期及び臨時に公金事務の状況を検査しなければならない。

9　会計管理者は、前項の規定による検査をしたときは、その結果に基づき、指定公金事務取扱者に対して必要な措置を講ずべきことを求めることができる。

10　監査委員は、第八項の規定による検査について、会計管理者に対し報告を求めることができる。

（指定公金事務取扱者の帳簿保存等の義務）

第二百四十三条の二の二　指定公金事務取扱者は、総務省令で定めるところにより、帳簿を備え付け、これに公金事務に関する事項を記載し、及びこれを保存しなければならない。

2　普通地方公共団体の長は、前条、この条及び第二百四十三条の二の四から第二百四十三条の二の六までの規定を施行するため必要があると認めるときは、その必要な限度で、総務省令で定めるところにより、指定公金事務取扱者に対し、報告をさせることができる。

3　普通地方公共団体の長は、前条、この条及び第二百四十三条の二の四から第二百四十三条の二の六までの規定を施行するため必要があると認めるときは、その必要な限度で、その職員に、指定公金事務取扱者の事務所に立ち入り、指定公金事務取扱者の帳簿書類その他必要な物件を検査させ、又は関係者に質問させることができる。

4　前項の規定により立入検査を行う職員は、その身分を示す証明書を携帯し、かつ、関係者の請求があるときは、これを提示しなければならない。

5　第三項に規定する権限は、犯罪捜査のために認められたものと解してはならない。

（指定公金事務取扱者の指定の取消し）

第二百四十三条の二の三　普通地方公共団体の長は、指定公金事務取扱者が次の各号のいずれかに該当するときは、総務省令で定めるところにより、第二百四十三条の二第一項の規定による指定を取り消すことができる。

一　第二百四十三条の二第一項に規定する政令で定める者に該当しなくなつたとき。

二　前条第一項の規定に違反して、帳簿を備え付けず、帳簿に記載せず、若しくは帳簿に虚偽の記載をし、又は帳簿を保存しなかつたとき。

三　前条第二項又は第二百四十三条の二の六第三項の規定による報告をせず、又は虚偽の報告をしたとき。

四　前条第三項の規定による立入り若しくは検査を拒み、妨げ、若しくは忌避し、又は同項の規定による質問に対して陳述をせず、若しくは虚偽の陳述をしたとき。

2　普通地方公共団体の長は、前項の規定により指定を取り消したときは、その旨を告示しなければならない。

（公金の徴収の委託）

第二百四十三条の二の四　普通地方公共団体の長が第二百四十三条の二第一項の規定によりその徴収に関する事務を委託することができる歳入は、他の法律又はこれに基づく政令に特別の定めがあるものを除くほか、政令で定めるものとする。

2　指定公金事務取扱者（歳入の徴収に関する事務の委託を受けた者に限る。以下この条において同じ。）は、現金の納付その他総務省令で定める方法により納入義務者から歳入の納付を受けるものとする。

3　前項の場合において、普通地方公共団体の歳入の納入義務は、納入義務者が指定公金事務取扱者に当該歳入を納付したときに履行されたものとする。

4　指定公金事務取扱者は、政令の定めるところにより、その徴収した歳入を普通地方公共団体に払い込まなければならない。

（公金の収納の委託）

第二百四十三条の二の五　普通地方公共団体の長が第二百四十三条の二第一項の規定によりその収納に関する事務を委託することができる歳入等は、次の各号のいずれにも該当するものとして当該普通地方公共団体の長が定めるものとする。
一　指定公金事務取扱者が収納することにより、その収入の確保及び住民の便益の増進に寄与すると認められるもの
二　その性質上その収納に関する事務を委託することが適当でないものとして総務省令で定めるもの以外のもの
2　指定公金事務取扱者（歳入等の収納に関する事務の委託を受けた者に限る。次項において同じ。）は、第二百三十一条の規定による納入の通知（その性質上納入の通知を必要としない歳入等にあつては、普通地方公共団体の長が定める方法）に基づかなければ、歳入等の収納をすることができない。
3　前条第二項から第四項までの規定は、指定公金事務取扱者が歳入等の収納をする場合について準用する。

（**公金の支出の委託**）
第二百四十三条の二の六　普通地方公共団体の長が第二百四十三条の二第一項の規定によりその支出に関する事務を委託することができる歳出は、他の法律又はこれに基づく政令に特別の定めがあるものを除くほか、政令で定めるものとする。
2　普通地方公共団体の長は、指定公金事務取扱者（歳出の支出に関する事務の委託を受けた者に限る。次項において同じ。）に対し、当該支出に必要な資金を交付するものとする。
3　指定公金事務取扱者は、普通地方公共団体の規則の定めるところにより、その支出の結果を会計管理者に報告しなければならない。

（**普通地方公共団体の長等の損害賠償責任の一部免責**）
第二百四十三条の二の七　普通地方公共団体は、条例で、当該普通地方公共団体の長若しくは委員会の委員若しくは委員又は当該普通地方公共団体の職員（次条第三項の規定による賠償の命令の対象となる者を除く。以下この項において「普通地方公共団体の長等」という。）の当該普通地方公共団体に対する損害を賠償する責任を、普通地方公共団体の長等が職務を行うにつき善意でかつ重大な過失がないときは、普通地方公共団体の長等が賠償の責任を負う額から、普通地方公共団体の長等の職責その他の事情を考慮して政令で定める基準を参酌して、政令で定める額以上で当該条例で定める額を控除して得た額について免れさせる旨を定めることができる。
2　普通地方公共団体の議会は、前項の条例の制定又は改廃に関する議決をしようとするときは、あらかじめ監査委員の意見を聴かなければならない。
3　前項の規定による意見の決定は、監査委員の合議によるものとする。

（**職員の賠償責任**）
第二百四十三条の二の八　会計管理者若しくは会計管理者の事務を補助する職員、資金前渡を受けた職員、占有動産を保管している職員又は物品を使用している職員が故意又は重大な過失（現金については、故意又は過失）により、その保管に係る現金、有価証券、物品（基金に属する動産を含む。）若しくは占有動産又はその使用に係る物品を亡失し、又は損傷したときは、これによつて生じた損害を賠償しなければならない。次に掲げる行為をする権限を有する職員又はその権限に属する事務を直接補助する職員で普通地方公共団体の規則で指定したものが故意又は重大な過失により法令の規定に違反して当該行為をしたこと又は怠つたことにより普通地方公共団体に損害を与えたときも、同様とする。
一　支出負担行為
二　第二百三十二条の四第一項の命令又は同条第二項の確認
三　支出又は支払
四　第二百三十四条の二第一項の監督又は検査
2　前項の場合において、その損害が二人以上の職員の行為により生じたものであるときは、当該職員は、それぞれの職分に応じ、かつ、当該行為が当該損害の発生の原因となつた程度に応じて賠償の責めに任ずるものとする。
3　普通地方公共団体の長は、第一項の職員が同項に規定する行為により当該普通地方公共団体に損害を与えたと認めるときは、監査委員に対し、その事実があるかどうかを監査し、賠償責任の有無及び賠償額を決定することを求め、その決定に基づき、期限を定めて賠償を命じなければならない。
4　第二百四十二条の二第一項第四号ただし書の規定による訴訟について、賠償の命令を命ずる判決が確定した場合には、普通地方公共

行政法

団体の長は、当該判決が確定した日から六十日以内の日を期限として、賠償を命じなければならない。この場合においては、前項の規定による監査委員の監査及び決定を求めることを要しない。

5　前項の規定により賠償を命じた場合において、当該判決が確定した日から六十日以内に当該賠償の命令に係る損害賠償金が支払われないときは、当該普通地方公共団体は、当該損害賠償の請求を目的とする訴訟を提起しなければならない。

6　前項の訴訟の提起については、第九十六条第一項第十二号の規定にかかわらず、当該普通地方公共団体の議会の議決を要しない。

7　第二百四十二条の二第一項第四号ただし書の規定による訴訟の判決に従いなされた賠償の命令について取消訴訟が提起されているときは、裁判所は、当該取消訴訟の判決が確定するまで、当該賠償の命令に係る損害賠償の請求を目的とする訴訟の訴訟手続を中止しなければならない。

8　第三項の規定により監査委員が賠償責任があると決定した場合において、普通地方公共団体の長は、当該職員からなされた当該損害が避けることのできない事故その他やむを得ない事情によるものであることの証明を相当と認めるときは、議会の同意を得て、賠償責任の全部又は一部を免除することができる。この場合においては、あらかじめ監査委員の意見を聴き、その意見を付けて議会に付議しなければならない。

9　第三項の規定による決定又は前項後段の規定による意見の決定は、監査委員の合議によるものとする。

10　第二百四十二条の二第一項第四号ただし書の規定による訴訟の判決に従い第三項の規定による処分がなされた場合には、当該処分については、審査請求をすることができない。

11　普通地方公共団体の長は、第三項の規定による処分についての審査請求がされた場合には、当該審査請求が不適法であり、却下するときを除き、議会に諮問した上、当該審査請求に対する裁決をしなければならない。

12　議会は、前項の規定による諮問を受けた日から二十日以内に意見を述べなければならない。

13　普通地方公共団体の長は、第十一項の規定による諮問をしないで同項の審査請求を却下したときは、その旨を議会に報告しなければならない。

14　第一項の規定により損害を賠償しなければならない場合には、同項の職員の賠償責任については、賠償責任に関する民法の規定は、適用しない。

（財政状況の公表等）

第二百四十三条の三　普通地方公共団体の長は、条例の定めるところにより、毎年二回以上歳入歳出予算の執行状況並びに財産、地方債及び一時借入金の現在高その他財政に関する事項を住民に公表しなければならない。

2　普通地方公共団体の長は、第二百二十一条第三項の法人について、毎事業年度、政令で定めるその経営状況を説明する書類を作成し、これを次の議会に提出しなければならない。

3　普通地方公共団体の長は、第二百二十一条第三項の信託について、信託契約に定める計算期ごとに、当該信託に係る事務の処理状況を説明する政令で定める書類を作成し、これを次の議会に提出しなければならない。

（普通地方公共団体の財政の運営に関する事項等）

第二百四十三条の四　普通地方公共団体の財政の運営、普通地方公共団体の財政と国の財政との関係等に関する基本原則については、この法律に定めるもののほか、別に法律でこれを定める。

（政令への委任）

第二百四十三条の五　歳入及び歳出の会計年度所属区分、予算及び決算の調整の様式、過年度収入及び過年度支出並びに翌年度歳入の繰上充用その他財務に関し必要な事項は、この法律に定めるもののほか、政令でこれを定める。

第十章　公の施設

（公の施設）

第二百四十四条　普通地方公共団体は、住民の福祉を増進する目的をもつてその利用に供するための施設（これを公の施設という。）を設けるものとする。

2　普通地方公共団体（次条第三項に規定する指定管理者を含む。次項において同じ。）は、正当な理由がない限り、住民が公の施設を利用することを拒んではならない。

3　普通地方公共団体は、住民が公の施設を利用することについて、不当な差別的取扱いをしてはならない。

（公の施設の設置、管理及び廃止）

第二百四十四条の二　普通地方公共団体は、法律又はこれに基づく政令に特別の定めがあるものを除くほか、公の施設の設置及びその管理に関する事項は、条例でこれを定めなければならない。

2　普通地方公共団体は、条例で定める重要な公の施設のうち条例で定める特に重要なものについて、これを廃止し、又は条例で定める長期かつ独占的な利用をさせようとするときは、議会において出席議員の三分の二以上の者の同意を得なければならない。

3　普通地方公共団体は、公の施設の設置の目的を効果的に達成するため必要があると認めるときは、条例の定めるところにより、法人その他の団体であつて当該普通地方公共団体が指定するもの（以下本条及び第二百四十四条の四において「指定管理者」という。）に、当該公の施設の管理を行わせることができる。

4　前項の条例には、指定管理者の指定の手続、指定管理者が行う管理の基準及び業務の範囲その他必要な事項を定めるものとする。

5　指定管理者の指定は、期間を定めて行うものとする。

6　普通地方公共団体は、指定管理者の指定をしようとするときは、あらかじめ、当該普通地方公共団体の議会の議決を経なければならない。

7　指定管理者は、毎年度終了後、その管理する公の施設の管理の業務に関し事業報告書を作成し、当該公の施設を設置する普通地方公共団体に提出しなければならない。

8　普通地方公共団体は、適当と認めるときは、指定管理者にその管理する公の施設の利用に係る料金（次項において「利用料金」という。）を当該指定管理者の収入として収受させることができる。

9　前項の場合における利用料金は、公益上必要があると認める場合を除くほか、条例の定めるところにより、指定管理者が定めるものとする。この場合において、指定管理者は、あらかじめ当該利用料金について当該普通地方公共団体の承認を受けなければならない。

10　普通地方公共団体の長又は委員会は、指定管理者の管理する公の施設の管理の適正を期するため、指定管理者に対して、当該管理の業務又は経理の状況に関し報告を求め、実地について調査し、又は必要な指示をすることができる。

11　普通地方公共団体は、指定管理者が前項の指示に従わないときその他当該指定管理者による管理を継続することが適当でないと認めるときは、その指定を取り消し、又は期間を定めて管理の業務の全部又は一部の停止を命ずることができる。

（公の施設の区域外設置及び他の団体の公の施設の利用）

第二百四十四条の三　普通地方公共団体は、その区域外においても、また、関係普通地方公共団体との協議により、公の施設を設けることができる。

2　普通地方公共団体は、他の普通地方公共団体との協議により、当該他の普通地方公共団体の公の施設を自己の住民の利用に供させることができる。

3　前二項の協議については、関係普通地方公共団体の議会の議決を経なければならない。

（公の施設を利用する権利に関する処分についての審査請求）

第二百四十四条の四　普通地方公共団体の長以外の機関（指定管理者を含む。）がした公の施設を利用する権利に関する処分についての審査請求は、普通地方公共団体の長が当該機関の最上級行政庁でない場合においても、当該普通地方公共団体の長に対してするものとする。

2　普通地方公共団体の長は、公の施設を利用する権利に関する処分についての審査請求がされた場合には、当該審査請求が不適法であり、却下するときを除き、議会に諮問した上、当該審査請求に対する裁決をしなければならない。

3　議会は、前項の規定による諮問を受けた日から二十日以内に意見を述べなければならない。

4　普通地方公共団体の長は、第二項の規定による諮問をしないで同項の審査請求を却下したときは、その旨を議会に報告しなければならない。

第十一章　国と普通地方公共団体との関係及び普通地方公共団体相互間の関係

第一節　普通地方公共団体に対する国又は都道府県の関与等

第一款　普通地方公共団体に対する国又は都道府県の関与等

（関与の意義）

第二百四十五条　本章において「普通地方公共団体に対する国又は都道府県の関与」とは、普通地方公共団体の事務の処理に関し、国の行政機関（内閣府設置法（平成十一年法律第八十九号）第四条第三項に規定する事務をつかさどる機関たる内閣府、宮内庁、同法第四十九条第一項若しくは第二項に規定する機関、デジタル庁設置法（令和三年法律第三十六号）第四条第二項に規定する事務をつかさどる機関たるデジタル庁、国家行政組織法（昭和二十三年法律第百二十号）第三条第二項に規定する機関、法律の規定に基づき内閣の所轄の下に置かれる機関又はこれらに置かれる機関をいう。以下本章において同じ。）又は都道府県の機関が行う次に掲げる行為（普通地方公共団体がその固有の資格において当該行為の名あて人となるものに限り、国又は都道府県の普通地方公共団体に対する支出金の交付及び返還に係るものを除く。）をいう。

一　普通地方公共団体に対する次に掲げる行為

イ　助言又は勧告

ロ　資料の提出の要求

ハ　是正の要求（普通地方公共団体の事務の処理が法令の規定に違反しているとき又は著しく適正を欠き、かつ、明らかに公益を害しているときに当該普通地方公共団体に対して行われる当該違反の是正又は改善のため必要な措置を講ずべきことの求めであつて、当該求めを受けた普通地方公共団体がその違反の是正又は改善のため必要な措置を講じなければならないものをいう。）

ニ　同意

ホ　許可、認可又は承認

ヘ　指示

ト　代執行（普通地方公共団体の事務の処理が法令の規定に違反しているとき又は当該普通地方公共団体がその事務の処理を怠つているときに、その是正のための措置を当該普通地方公共団体に代わつて行うことをいう。）

二　普通地方公共団体との協議

三　前二号に掲げる行為のほか、一定の行政目的を実現するため普通地方公共団体に対して具体的かつ個別的に関わる行為（相反する利害を有する者の間の利害の調整を目的としてされる裁定その他の行為（その双方を名あて人とするものに限る。）及び審査請求その他の不服申立てに対する裁決、決定その他の行為を除く。）

（関与の法定主義）

第二百四十五条の二　普通地方公共団体は、その事務の処理に関し、法律又はこれに基づく政令によらなければ、普通地方公共団体に対する国又は都道府県の関与を受け、又は要することとされることはない。

（関与の基本原則）

第二百四十五条の三　国は、普通地方公共団体が、その事務の処理に関し、普通地方公共団体に対する国又は都道府県の関与を受け、又は要することとする場合には、その目的を達成するために必要な最小限度のものとするとともに、普通地方公共団体の自主性及び自立性に配慮しなければならない。

2　国は、できる限り、普通地方公共団体が、自治事務の処理に関しては普通地方公共団体に対する国又は都道府県の関与のうち第二百四十五条第一号ト及び第三号に規定する行為を、法定受託事務の処理に関しては普通地方公共団体に対する国又は都道府県の関与のうち同号に規定する行為を受け、又は要することとすることのないようにしなければならない。

3　国は、国又は都道府県の計画と普通地方公共団体の計画との調和を保つ必要がある場合等国又は都道府県の施策と普通地方公共団体の施策との間の調整が必要な場合を除き、普通地方公共団体の事務の処理に関し、普通地方公共団体が、普通地方公共団体に対する国又は都道府県の関与のうち第二百四十五条第二号に規定する行為を要することとすることのないようにしなければならない。

4　国は、法令に基づき国がその内容について財政上又は税制上の特例措置を講ずるものとされている計画を普通地方公共団体が作成する場合等国又は都道府県の施策と普通地方公共団体の施策との整合性を確保しなければこれらの施策の実施に著しく支障が生ずると認められる場合を除き、自治事務の処理に関し、普通地方公共団体が、普通地方公共団体に対する国又は都道府県の関与のうち第二百四十五条第一号ニに規定する行為を要することすることのないようにしなければならない。

5　国は、普通地方公共団体が特別の法律により法人を設立する場合等自治事務の処理について国の行政機関又は都道府県の機関の許可、認可又は承認を要することとすること以外の方法によってその処理の適正を確保することが困難であると認められる場合を除き、自治事務の処理に関し、普通地方公共団体が、普通地方公共団体に対する国又は都道府県の関与のうち第二百四十五条第一号ホに規定する行為を要することとすることのないようにしなければならない。

6　国は、国民の生命、身体又は財産の保護のため緊急に自治事務の的確な処理を確保する必要がある場合等特に必要と認められる場合を除き、自治事務の処理に関し、普通地方公共団体が、普通地方公共団体に対する国又は都道府県の関与のうち第二百四十五条第一号へに規定する行為に従わなければならないこととすることのないようにしなければならない。

（技術的な助言及び勧告並びに資料の提出の要求）

第二百四十五条の四　各大臣（内閣府設置法第四条第三項若しくはデジタル庁設置法第四条第二項に規定する事務を分担管理する大臣たる内閣総理大臣又は国家行政組織法第五条第一項に規定する各省大臣をいう。以下本章、次章及び第十四章において同じ。）又は都道府県知事その他の都道府県の執行機関は、その担任する事務に関し、普通地方公共団体に対し、普通地方公共団体の事務の運営その他の事項について適切と認める技術的な助言若しくは勧告をし、又は当該助言若しくは勧告をするため若しくは普通地方公共団体の事務の適正な処理に関する情報を提供するため必要な資料の提出を求めることができる。

2　各大臣は、その担任する事務に関し、都道府県知事その他の都道府県の執行機関に対し、前項の規定による市町村に対する助言若しくは勧告又は資料の提出の求めに関し、必要な指示をすることができる。

3　普通地方公共団体の長その他の執行機関は、各大臣又は都道府県知事その他の都道府県の執行機関に対し、その担任する事務の管理及び執行について技術的な助言若しくは勧告又は必要な情報の提供を求めることができる。

（是正の要求）

第二百四十五条の五　各大臣は、その担任する事務に関し、都道府県の自治事務の処理が法令の規定に違反していると認めるとき、又は著しく適正を欠き、かつ、明らかに公益を害していると認めるときは、当該都道府県に対し、当該自治事務の処理について違反の是正又は改善のため必要な措置を講ずべきことを求めることができる。

2　各大臣は、その担任する事務に関し、市町村の次の各号に掲げる事務の処理が法令の規定に違反していると認めるとき、又は著しく適正を欠き、かつ、明らかに公益を害していると認めるときは、当該各号に定める都道府県の執行機関に対し、当該事務の処理について違反の是正又は改善のため必要な措置を講ずべきことを当該市町村に求めるよう指示をすることができる。

一　市町村長その他の市町村の執行機関（教育委員会及び選挙管理委員会を除く。）の担任する事務（第一号法定受託事務を除く。次号及び第三号において同じ。）　都道府県知事

二　市町村教育委員会の担任する事務　都道府県教育委員会

三　市町村選挙管理委員会の担任する事務　都道府県選挙管理委員会

3　前項の指示を受けた都道府県の執行機関は、当該市町村に対し、当該事務の処理について違反の是正又は改善のため必要な措置を講ずべきことを求めなければならない。

4　各大臣は、第二項の規定によるほか、その担任する事務に関し、市町村の事務（第一号法定受託事務を除く。）の処理が法令の規定に違反していると認める場合、又は著しく適正を欠き、かつ、明らかに公益を害していると認める場合において、緊急を要するときその他特に必要があると認めるときは、自ら当該市町村に対し、当該事務の処理について違反の是正又は改善のため必要な措置を講ずべきことを求めることができる。

5　普通地方公共団体は、第一項、第三項又は前項の規定による求めを受けたときは、当該事務の処理について違反の是正又は改善のための必要な措置を講じなければならない。

（是正の勧告）

第二百四十五条の六　次の各号に掲げる都道府県の執行機関は、市町村の当該各号に定める自治事務の処理が法令の規定に違反していると認めるとき、又は著しく適正を欠き、か

つ、明らかに公益を害していると認めるときは、当該市町村に対し、当該自治事務の処理について違反の是正又は改善のため必要な措置を講ずべきことを勧告することができる。

一　都道府県知事　市町村長その他の市町村の執行機関（教育委員会及び選挙管理委員会を除く。）の担任する自治事務

二　都道府県教育委員会　市町村教育委員会の担任する自治事務

三　都道府県選挙管理委員会　市町村選挙管理委員会の担任する自治事務

（是正の指示）

第二百四十五条の七　各大臣は、その所管する法律又はこれに基づく政令に係る都道府県の法定受託事務の処理が法令の規定に違反していると認めるとき、又は著しく適正を欠き、かつ、明らかに公益を害していると認めるときは、当該都道府県に対し、当該法定受託事務の処理について違反の是正又は改善のため講ずべき措置に関し、必要な指示をすることができる。

2　次の各号に掲げる都道府県の執行機関は、市町村の当該各号に定める法定受託事務の処理が法令の規定に違反していると認めるとき、又は著しく適正を欠き、かつ、明らかに公益を害していると認めるときは、当該市町村に対し、当該法定受託事務の処理について違反の是正又は改善のため講ずべき措置に関し、必要な指示をすることができる。

一　都道府県知事　市町村長その他の市町村の執行機関（教育委員会及び選挙管理委員会を除く。）の担任する法定受託事務

二　都道府県教育委員会　市町村教育委員会の担任する法定受託事務

三　都道府県選挙管理委員会　市町村選挙管理委員会の担任する法定受託事務

3　各大臣は、その所管する法律又はこれに基づく政令に係る市町村の第一号法定受託事務の処理について、前項各号に掲げる都道府県の執行機関に対し、同項の規定による市町村に対する指示に関し、必要な指示をすることができる。

4　各大臣は、前項の規定によるほか、その所管する法律又はこれに基づく政令に係る市町村の第一号法定受託事務の処理が法令の規定に違反していると認める場合、又は著しく適正を欠き、かつ、明らかに公益を害していると認める場合において、緊急を要するときその他特に必要があると認めるときは、自ら当該市町村に対し、当該第一号法定受託事務の処理について違反の是正又は改善のため講ずべき措置に関し、必要な指示をすることができる。

（代執行等）

第二百四十五条の八　各大臣は、その所管する法律若しくはこれに基づく政令に係る都道府県知事の法定受託事務の管理若しくは執行が法令の規定若しくは当該各大臣の処分に違反するものがある場合又は当該法定受託事務の管理若しくは執行を怠るものがある場合において、本項から第八項までに規定する措置以外の方法によつてその是正を図ることが困難であり、かつ、それを放置することにより著しく公益を害することが明らかであるときは、文書により、当該都道府県知事に対して、その旨を指摘し、期限を定めて、当該違反を是正し、又は当該怠る法定受託事務の管理若しくは執行を改めるべきことを勧告することができる。

2　各大臣は、都道府県知事が前項の期限までに同項の規定による勧告に係る事項を行わないときは、文書により、当該都道府県知事に対し、期限を定めて当該事項を行うべきことを指示することができる。

3　各大臣は、都道府県知事が前項の期限までに当該事項を行わないときは、高等裁判所に対し、訴えをもつて、当該事項を行うべきことを命ずる旨の裁判を請求することができる。

4　各大臣は、高等裁判所に対し前項の規定により訴えを提起したときは、直ちに、文書により、その旨を当該都道府県知事に通告するとともに、当該高等裁判所に対し、その通告をした日時、場所及び方法を通知しなければならない。

5　当該高等裁判所は、第三項の規定により訴えが提起されたときは、速やかに口頭弁論の期日を定め、当事者を呼び出さなければならない。その期日は、同項の訴えの提起があつた日から十五日以内の日とする。

6　当該高等裁判所は、各大臣の請求に理由があると認めるときは、当該都道府県知事に対し、期限を定めて当該事項を行うべきことを命ずる旨の裁判をしなければならない。

7　第三項の訴えは、当該都道府県の区域を管轄する高等裁判所の専属管轄とする。

8　各大臣は、都道府県知事が第六項の裁判に従い同項の期限までに、なお、当該事項を行わないときは、当該都道府県知事に代わつて

当該事項を行うことができる。この場合においては、各大臣は、あらかじめ当該都道府県知事に対し、当該事項を行う日時、場所及び方法を通知しなければならない。

9　第三項の訴えに係る高等裁判所の判決に対する上告の期間は、一週間とする。

10　前項の上告は、執行停止の効力を有しない。

11　各大臣の請求に理由がない旨の判決が確定した場合において、既に第八項の規定に基づき第二項の規定による指示に係る事項が行われているときは、都道府県知事は、当該判決の確定後三月以内にその処分を取り消し、又は原状の回復その他必要な措置を執ることができる。

12　前各項の規定は、市町村長の法定受託事務の管理若しくは執行が法令の規定若しくは各大臣若しくは都道府県知事の処分に違反するものがある場合又は当該法定受託事務の管理若しくは執行を怠るものがある場合において、本項に規定する措置以外の方法によつてその是正を図ることが困難であり、かつ、それを放置することにより著しく公益を害することが明らかであるときについて準用する。この場合においては、前各項の規定中「各大臣」とあるのは「都道府県知事」と、「都道府県知事」とあるのは「市町村長」と、「当該都道府県の区域」とあるのは「当該市町村の区域」と読み替えるものとする。

13　各大臣は、その所管する法律又はこれに基づく政令に係る市町村長の第一号法定受託事務の管理又は執行について、都道府県知事に対し、前項において準用する第一項から第八項までの規定による措置に関し、必要な指示をすることができる。

14　第三項（第十二項において準用する場合を含む。次項において同じ。）の訴えについては、行政事件訴訟法第四十三条第三項の規定にかかわらず、同法第四十一条第二項の規定は、準用しない。

15　前各項に定めるもののほか、第三項の訴えについては、主張及び証拠の申出の時期の制限その他審理の促進に関し必要な事項は、最高裁判所規則で定める。

（処理基準）

第二百四十五条の九　各大臣は、その所管する法律又はこれに基づく政令に係る都道府県の法定受託事務の処理について、都道府県が当該法定受託事務を処理するに当たりよるべき基準を定めることができる。

2　次の各号に掲げる都道府県の執行機関は、市町村の当該各号に定める法定受託事務の処理について、市町村が当該法定受託事務を処理するに当たりよるべき基準を定めることができる。この場合において、都道府県の執行機関の定める基準は、次項の規定により各大臣の定める基準に抵触するものであつてはならない。

一　都道府県知事　市町村長その他の市町村の執行機関（教育委員会及び選挙管理委員会を除く。）の担任する法定受託事務

二　都道府県教育委員会　市町村教育委員会の担任する法定受託事務

三　都道府県選挙管理委員会　市町村選挙管理委員会の担任する法定受託事務

3　各大臣は、特に必要があると認めるときは、その所管する法律又はこれに基づく政令に係る市町村の第一号法定受託事務の処理について、市町村が当該第一号法定受託事務を処理するに当たりよるべき基準を定めることができる。

4　各大臣は、その所管する法律又はこれに基づく政令に係る市町村の第一号法定受託事務の処理について、第二項各号に掲げる都道府県の執行機関に対し、同項の規定により定める基準に関し、必要な指示をすることができる。

5　第一項から第三項までの規定により定める基準は、その目的を達成するために必要な最小限度のものでなければならない。

第二款　普通地方公共団体に対する国又は都道府県の関与等の手続

（普通地方公共団体に対する国又は都道府県の関与の手続の適用）

第二百四十六条　次条から第二百五十条の五までの規定は、普通地方公共団体に対する国又は都道府県の関与について適用する。ただし、他の法律に特別の定めがある場合は、この限りでない。

（助言等の方式等）

第二百四十七条　国の行政機関又は都道府県の機関は、普通地方公共団体に対し、助言、勧告その他これらに類する行為（以下本条及び第二百五十二条の十七の三第二項において「助言等」という。）を書面によらないで行つた場合において、当該普通地方公共団体から当該助言等の趣旨及び内容を記載した書面の

交付を求められたときは、これを交付しなければならない。
2　前項の規定は、次に掲げる助言等については、適用しない。
一　普通地方公共団体に対しその場において完了する行為を求めるもの
二　既に書面により当該普通地方公共団体に通知されている事項と同一の内容であるもの
3　国又は都道府県の職員は、普通地方公共団体が国の行政機関又は都道府県の機関が行つた助言等に従わなかつたことを理由として、不利益な取扱いをしてはならない。

（資料の提出の要求等の方式）
第二百四十八条　国の行政機関又は都道府県の機関は、普通地方公共団体に対し、資料の提出の要求その他これに類する行為（以下本条及び第二百五十二条の十七の三第二項において「資料の提出の要求等」という。）を書面によらないで行つた場合において、当該普通地方公共団体から当該資料の提出の要求等の趣旨及び内容を記載した書面の交付を求められたときは、これを交付しなければならない。

（是正の要求等の方式）
第二百四十九条　国の行政機関又は都道府県の機関は、普通地方公共団体に対し、是正の要求、指示その他これらに類する行為（以下本条及び第二百五十二条の十七の三第二項において「是正の要求等」という。）をするときは、同時に、当該是正の要求等の内容及び理由を記載した書面を交付しなければならない。ただし、当該書面を交付しないで是正の要求等をすべき差し迫つた必要がある場合は、この限りでない。
2　前項ただし書の場合においては、国の行政機関又は都道府県の機関は、是正の要求等をした後相当の期間内に、同項の書面を交付しなければならない。

（協議の方式）
第二百五十条　普通地方公共団体から国の行政機関又は都道府県の機関に対して協議の申出があつたときは、国の行政機関又は都道府県の機関及び普通地方公共団体は、誠実に協議を行うとともに、相当の期間内に当該協議が調うよう努めなければならない。
2　国の行政機関又は都道府県の機関は、普通地方公共団体の申出に基づく協議について意見を述べた場合において、当該普通地方公共団体から当該協議に関する意見の趣旨及び内容を記載した書面の交付を求められたときは、これを交付しなければならない。

（許認可等の基準）
第二百五十条の二　国の行政機関又は都道府県の機関は、普通地方公共団体からの法令に基づく申請又は協議の申出（以下この款、第二百五十条の十三第二項、第二百五十一条の三第二項、第二百五十一条の五第一項、第二百五十二条の十七の三第三項において「申請等」という。）があつた場合において、許可、認可、承認、同意その他これらに類する行為（以下この款及び第二百五十二条の十七の三第三項において「許認可等」という。）をするかどうかを法令の定めに従つて判断するために必要とされる基準を定め、かつ、行政上特別の支障があるときを除き、これを公表しなければならない。
2　国の行政機関又は都道府県の機関は、普通地方公共団体に対し、許認可等の取消しその他これに類する行為（以下本条及び第二百五十条の四において「許認可等の取消し等」という。）をするかどうかを法令の定めに従つて判断するために必要とされる基準を定め、かつ、これを公表するよう努めなければならない。
3　国の行政機関又は都道府県の機関は、第一項又は前項に規定する基準を定めるに当たつては、当該許認可等又は許認可等の取消し等の性質に照らしてできる限り具体的なものとしなければならない。

（許認可等の標準処理期間）
第二百五十条の三　国の行政機関又は都道府県の機関は、申請等が当該国の行政機関又は都道府県の機関の事務所に到達してから当該申請等に係る許認可等をするまでに通常要すべき標準的な期間（法令により当該国の行政機関又は都道府県の機関と異なる機関が当該申請等の提出先とされている場合は、併せて、当該申請等が当該提出先とされている機関の事務所に到達してから当該国の行政機関又は都道府県の機関の事務所に到達するまでに通常要すべき標準的な期間）を定め、かつ、これを公表するよう努めなければならない。
2　国の行政機関又は都道府県の機関は、申請等が法令により当該申請等の提出先とされている機関の事務所に到達したときは、遅滞なく当該申請等に係る許認可等をするための事務を開始しなければならない。

（許認可等の取消し等の方式）
第二百五十条の四 国の行政機関又は都道府県の機関は、普通地方公共団体に対し、申請等に係る許認可等を拒否する処分をするとき又は許認可等の取消し等をするときは、当該許認可等を拒否する処分又は許認可等の取消し等の内容及び理由を記載した書面を交付しなければならない。

（届出）
第二百五十条の五 普通地方公共団体から国の行政機関又は都道府県の機関への届出が届出書の記載事項に不備がないこと、届出書に必要な書類が添付されていることその他の法令に定められた届出の形式上の要件に適合している場合は、当該届出が法令により当該届出の提出先とされている機関の事務所に到達したときに、当該届出をすべき手続上の義務が履行されたものとする。

（国の行政機関が自治事務と同一の事務を自らの権限に属する事務として処理する場合の方式）
第二百五十条の六 国の行政機関は、自治事務として普通地方公共団体が処理している事務と同一の内容の事務を法令の定めるところにより自らの権限に属する事務として処理するときは、あらかじめ当該普通地方公共団体に対し、当該事務の処理の内容及び理由を記載した書面により通知しなければならない。ただし、当該通知をしないで当該事務を処理すべき差し迫つた必要がある場合は、この限りでない。

2 前項ただし書の場合においては、国の行政機関は、自ら当該事務を処理した後相当の期間内に、同項の通知をしなければならない。

第二節 国と普通地方公共団体との間並びに普通地方公共団体相互間及び普通地方公共団体の機関相互間の紛争処理

第一款 国地方係争処理委員会

（設置及び権限）
第二百五十条の七 総務省に、国地方係争処理委員会（以下本節において「委員会」という。）を置く。

2 委員会は、普通地方公共団体に対する国又は都道府県の関与のうち国の行政機関が行うもの（以下本節において「国の関与」という。）に関する審査の申出につき、この法律の規定によりその権限に属させられた事項を処理する。

（組織）
第二百五十条の八 委員会は、委員五人をもつて組織する。

2 委員は、非常勤とする。ただし、そのうち二人以内は、常勤とすることができる。

（委員）
第二百五十条の九 委員は、優れた識見を有する者のうちから、両議院の同意を得て、総務大臣が任命する。

2 委員の任命については、そのうち三人以上が同一の政党その他の政治団体に属することとなつてはならない。

3 委員の任期が満了し、又は欠員を生じた場合において、国会の閉会又は衆議院の解散のために両議院の同意を得ることができないときは、総務大臣は、第一項の規定にかかわらず、同項に定める資格を有する者のうちから、委員を任命することができる。

4 前項の場合においては、任命後最初の国会において両議院の事後の承認を得なければならない。この場合において、両議院の事後の承認が得られないときは、総務大臣は、直ちにその委員を罷免しなければならない。

5 委員の任期は、三年とする。ただし、補欠の委員の任期は、前任者の残任期間とする。

6 委員は、再任されることができる。

7 委員の任期が満了したときは、当該委員は、後任者が任命されるまで引き続きその職務を行うものとする。

8 総務大臣は、委員が破産手続開始の決定を受け、又は禁錮以上の刑に処せられたときは、その委員を罷免しなければならない。

9 総務大臣は、両議院の同意を得て、次に掲げる委員を罷免するものとする。

一 委員のうち何人も属していなかつた同一の政党その他の政治団体に新たに三人以上の委員が属するに至つた場合においては、これらの者のうち二人を超える員数の委員

二 委員のうち一人が既に属している政党その他の政治団体に新たに二人以上の委員が属するに至つた場合においては、これらの者のうち一人を超える員数の委員

10 総務大臣は、委員のうち二人が既に属している政党その他の政治団体に新たに属するに至つた委員を直ちに罷免するものとする。

11 総務大臣は、委員が心身の故障のため職務の執行ができないと認めるとき、又は委員に

職務上の義務違反その他委員たるに適しない非行があると認めるときは、両議院の同意を得て、その委員を罷免することができる。

12　委員は、第四項後段及び第八項から前項までの規定による場合を除くほか、その意に反して罷免されることがない。

13　委員は、職務上知り得た秘密を漏らしてはならない。その職を退いた後も、同様とする。

14　委員は、在任中、政党その他の政治団体の役員となり、又は積極的に政治運動をしてはならない。

15　常勤の委員は、在任中、総務大臣の許可がある場合を除き、報酬を得て他の職務に従事し、又は営利事業を営み、その他金銭上の利益を目的とする業務を行つてはならない。

16　委員は、自己に直接利害関係のある事件については、その議事に参与することができない。

17　委員の給与は、別に法律で定める。

（委員長）

第二百五十条の十　委員会に、委員長を置き、委員の互選によりこれを定める。

2　委員長は、会務を総理し、委員会を代表する。

3　委員長に事故があるときは、あらかじめその指名する委員が、その職務を代理する。

（会議）

第二百五十条の十一　委員会は、委員長が招集する。

2　委員会は、委員長及び二人以上の委員の出席がなければ、会議を開き、議決をすることができない。

3　委員会の議事は、出席者の過半数でこれを決し、可否同数のときは、委員長の決するところによる。

4　委員長に事故がある場合の第二項の規定の適用については、前条第三項に規定する委員は、委員長とみなす。

（政令への委任）

第二百五十条の十二　この法律に規定するもののほか、委員会に関し必要な事項は、政令で定める。

第二款　国地方係争処理委員会による審査の手続

（国の関与に関する審査の申出）

第二百五十条の十三　普通地方公共団体の長その他の執行機関は、その担任する事務に関する国の関与のうち是正の要求、許可の拒否その他の処分その他公権力の行使に当たるもの（次に掲げるものを除く。）に不服があるときは、委員会に対し、当該国の関与を行つた国の行政庁を相手方として、文書で、審査の申出をすることができる。

一　第二百四十五条の八第二項及び第十三項の規定による指示

二　第二百四十五条の八第八項の規定に基づき都道府県知事に代わつて同条第二項の規定による指示に係る事項を行うこと。

三　第二百五十二条の十七の四第二項の規定により読み替えて適用する第二百四十五条の八第十二項において準用する同条第二項の規定による指示

四　第二百五十二条の十七の四第二項の規定により読み替えて適用する第二百四十五条の八第十二項において準用する同条第八項の規定に基づき市町村長に代わつて前号の指示に係る事項を行うこと。

2　普通地方公共団体の長その他の執行機関は、その担任する事務に関する国の不作為（国の行政庁が、申請等が行われた場合において、相当の期間内に何らかの国の関与のうち許可その他の処分その他公権力の行使に当たるものをすべきにかかわらず、これをしないことをいう。以下本節において同じ。）に不服があるときは、委員会に対し、当該国の不作為に係る国の行政庁を相手方として、文書で、審査の申出をすることができる。

3　普通地方公共団体の長その他の執行機関は、その担任する事務に関する当該普通地方公共団体の法令に基づく協議の申出が国の行政庁に対して行われた場合において、当該協議に係る当該普通地方公共団体の義務を果たしたと認めるにもかかわらず当該協議が調わないときは、委員会に対し、当該協議の相手方である国の行政庁を相手方として、文書で、審査の申出をすることができる。

4　第一項の規定による審査の申出は、当該国の関与があつた日から三十日以内にしなければならない。ただし、天災その他同項の規定による審査の申出をしなかつたことについてやむを得ない理由があるときは、この限りでない。

5　前項ただし書の場合における第一項の規定による審査の申出は、その理由がやんだ日から一週間以内にしなければならない。

6　第一項の規定による審査の申出に係る文書を郵便又は民間事業者による信書の送達に関

する法律（平成十四年法律第九十九号）第二条第六項に規定する一般信書便事業者若しくは同条第九項に規定する特定信書便事業者による同条第二項に規定する信書便（第二百六十条の二第十二項において「信書便」という。）で提出した場合における前二項の期間の計算については、送付に要した日数は、算入しない。

7　普通地方公共団体の長その他の執行機関は、第一項から第三項までの規定による審査の申出（以下本款において「国の関与に関する審査の申出」という。）をしようとするときは、相手方となるべき国の行政庁に対し、その旨をあらかじめ通知しなければならない。

（**審査及び勧告**）

第二百五十条の十四　委員会は、自治事務に関する国の関与について前条第一項の規定による審査の申出があつた場合においては、審査を行い、相手方である国の行政庁の行つた国の関与が違法でなく、かつ、普通地方公共団体の自主性及び自立性を尊重する観点から不当でないと認めるときは、理由を付してその旨を当該審査の申出をした普通地方公共団体の長その他の執行機関及び当該国の行政庁に通知するとともに、これを公表し、当該国の行政庁の行つた国の関与が違法又は普通地方公共団体の自主性及び自立性を尊重する観点から不当であると認めるときは、当該国の行政庁に対し、理由を付し、かつ、期間を示して、必要な措置を講ずべきことを勧告するとともに、当該勧告の内容を当該普通地方公共団体の長その他の執行機関に通知し、かつ、これを公表しなければならない。

2　委員会は、法定受託事務に関する国の関与について前条第一項の規定による審査の申出があつた場合においては、審査を行い、相手方である国の行政庁の行つた国の関与が違法でないと認めるときは、理由を付してその旨を当該審査の申出をした普通地方公共団体の長その他の執行機関及び当該国の行政庁に通知するとともに、これを公表し、当該国の行政庁の行つた国の関与が違法であると認めるときは、当該国の行政庁に対し、理由を付し、かつ、期間を示して、必要な措置を講ずべきことを勧告するとともに、当該勧告の内容を当該普通地方公共団体の長その他の執行機関に通知し、かつ、これを公表しなければならない。

3　委員会は、前条第二項の規定による審査の申出があつた場合においては、審査を行い、当該審査の申出に理由がないと認めるときは、理由を付してその旨を当該審査の申出をした普通地方公共団体の長その他の執行機関及び相手方である国の行政庁に通知するとともに、これを公表し、当該審査の申出に理由があると認めるときは、当該国の行政庁に対し、理由を付し、かつ、期間を示して、必要な措置を講ずべきことを勧告するとともに、当該勧告の内容を当該普通地方公共団体の長その他の執行機関に通知し、かつ、これを公表しなければならない。

4　委員会は、前条第三項の規定による審査の申出があつたときは、当該審査の申出に係る協議について当該協議に係る普通地方公共団体がその義務を果たしているかどうかを審査し、理由を付してその結果を当該審査の申出をした普通地方公共団体の長その他の執行機関及び相手方である国の行政庁に通知するとともに、これを公表しなければならない。

5　前各項の規定による審査及び勧告は、審査の申出があつた日から九十日以内に行わなければならない。

（**関係行政機関の参加**）

第二百五十条の十五　委員会は、関係行政機関を審査の手続に参加させる必要があると認めるときは、国の関与に関する審査の申出をした普通地方公共団体の長その他の執行機関、相手方である国の行政庁若しくは当該関係行政機関の申立てにより又は職権で、当該関係行政機関を審査の手続に参加させることができる。

2　委員会は、前項の規定により関係行政機関を審査の手続に参加させるときは、あらかじめ、当該国の関与に関する審査の申出をした普通地方公共団体の長その他の執行機関及び相手方である国の行政庁並びに当該関係行政機関の意見を聴かなければならない。

（**証拠調べ**）

第二百五十条の十六　委員会は、審査を行うため必要があると認めるときは、国の関与に関する審査の申出をした普通地方公共団体の長その他の執行機関、相手方である国の行政庁若しくは前条第一項の規定により当該審査の手続に参加した関係行政機関（以下本条において「参加行政機関」という。）の申立てにより又は職権で、次に掲げる証拠調べをすることができる。

一　適当と認める者に、参考人としてその知つている事実を陳述させ、又は鑑定を求めること。

二　書類その他の物件の所持人に対し、その物件の提出を求め、又はその提出された物件を留め置くこと。

三　必要な場所につき検証をすること。

四　国の関与に関する審査の申出をした普通地方公共団体の長その他の執行機関、相手方である国の行政庁若しくは参加行政機関又はこれらの職員を審尋すること。

2　委員会は、審査を行うに当たつては、国の関与に関する審査の申出をした普通地方公共団体の長その他の執行機関、相手方である国の行政庁及び参加行政機関に証拠の提出及び陳述の機会を与えなければならない。

（国の関与に関する審査の申出の取下げ）

第二百五十条の十七　国の関与に関する審査の申出をした普通地方公共団体の長その他の執行機関は、第二百五十条の十四第一項から第四項までの規定による審査の結果の通知若しくは勧告があるまで又は第二百五十条の十九第二項の規定により調停が成立するまでは、いつでも当該国の関与に関する審査の申出を取り下げることができる。

2　国の関与に関する審査の申出の取下げは、文書でしなければならない。

（国の行政庁の措置等）

第二百五十条の十八　第二百五十条の十四第一項から第三項までの規定による委員会の勧告があつたときは、当該勧告を受けた国の行政庁は、当該勧告に示された期間内に、当該勧告に即して必要な措置を講ずるとともに、その旨を委員会に通知しなければならない。この場合においては、委員会は、当該通知に係る事項を当該勧告に係る審査の申出をした普通地方公共団体の長その他の執行機関に通知し、かつ、これを公表しなければならない。

2　委員会は、前項の勧告を受けた国の行政庁に対し、同項の規定により講じた措置についての説明を求めることができる。

（調停）

第二百五十条の十九　委員会は、国の関与に関する審査の申出があつた場合において、相当であると認めるときは、職権により、調停案を作成して、これを当該国の関与に関する審査の申出をした普通地方公共団体の長その他の執行機関及び相手方である国の行政庁に示し、その受諾を勧告するとともに、理由を付してその要旨を公表することができる。

2　前項の調停案に係る調停は、調停案を示された普通地方公共団体の長その他の執行機関及び国の行政庁から、これを受諾した旨を記載した文書が委員会に提出されたときに成立するものとする。この場合においては、委員会は、直ちにその旨及び調停の要旨を公表するとともに、当該普通地方公共団体の長その他の執行機関及び国の行政庁にその旨を通知しなければならない。

（政令への委任）

第二百五十条の二十　この法律に規定するもののほか、委員会の審査及び勧告並びに調停に関し必要な事項は、政令で定める。

第三款　自治紛争処理委員

（自治紛争処理委員）

第二百五十一条　自治紛争処理委員は、この法律の定めるところにより、普通地方公共団体相互の間又は普通地方公共団体の機関相互の間の紛争の調停、普通地方公共団体に対する国又は都道府県の関与のうち都道府県の機関が行うもの（以下この節において「都道府県の関与」という。）に関する審査、第二百五十二条の二第一項に規定する連携協約に係る紛争を処理するための方策の提示及び第百四十三条第三項（第百八十条の五第八項及び第百八十四条第二項において準用する場合を含む。）の審査請求又はこの法律の規定による審査の申立て若しくは審決の申請に係る審理を処理する。

2　自治紛争処理委員は、三人とし、事件ごとに、優れた識見を有する者のうちから、総務大臣又は都道府県知事がそれぞれ任命する。この場合においては、総務大臣又は都道府県知事は、あらかじめ当該事件に関係のある事務を担任する各大臣又は都道府県の委員会若しくは委員に協議するものとする。

3　自治紛争処理委員は、非常勤とする。

4　自治紛争処理委員は、次の各号のいずれかに該当するときは、その職を失う。

一　当事者が次条第二項の規定により調停の申請を取り下げたとき。

二　自治紛争処理委員が次条第六項の規定により当事者に調停を打ち切つた旨を通知したとき。

三　総務大臣又は都道府県知事が次条第七項又は第二百五十一条の三第十三項の規定により調停が成立した旨を当事者に通知したとき。

四　市町村長その他の市町村の執行機関が第

二百五十一条の三第五項から第七項までにおいて準用する第二百五十条の十七の規定により自治紛争処理委員の審査に付することを求める旨の申出を取り下げたとき。

五　自治紛争処理委員が第二百五十一条の三第五項において準用する第二百五十条の十四第一項若しくは第二項若しくは第二百五十一条の三第六項において準用する第二百五十条の十四第三項の規定による審査の結果の通知若しくは勧告及び勧告の内容の通知又は第二百五十一条の三第七項において準用する第二百五十条の十四第四項の規定による審査の結果の通知をし、かつ、これらを公表したとき。

六　普通地方公共団体が第二百五十一条の三の二第二項の規定により同条第一項の処理方策の提示を求める旨の申請を取り下げたとき。

七　自治紛争処理委員が第二百五十一条の三の二第三項の規定により当事者である普通地方公共団体に同条第一項に規定する処理方策を提示するとともに、総務大臣又は都道府県知事にその旨及び当該処理方策を通知し、かつ、公表したとき。

八　第二百五十五条の五第一項の規定による審理に係る審査請求、審査の申立て又は審決の申請をした者が、当該審査請求、審査の申立て又は審決の申請を取り下げたとき。

九　第二百五十五条の五第一項の規定による審理を経て、総務大臣又は都道府県知事が審査請求に対する裁決をし、審査の申立てに対する裁決若しくは裁定をし、又は審決をしたとき。

5　総務大臣又は都道府県知事は、自治紛争処理委員が当該事件に直接利害関係を有することとなつたときは、当該自治紛争処理委員を罷免しなければならない。

6　第二百五十条の九第二項、第八項、第九項（第二号を除く。）及び第十項から第十四項までの規定は、自治紛争処理委員に準用する。この場合において、同条第二項中「三人以上」とあるのは「二人以上」と、同条第八項中「総務大臣」とあるのは「総務大臣又は都道府県知事」と、同条第九項中「総務大臣は、両議院の同意を得て」とあるのは「総務大臣又は都道府県知事は」と、「三人以上」とあるのは「二人以上」と、「二人」とあるのは「一人」と、同条第十項中「総務大臣」とあるのは「総務大臣又は都道府県知事」と、「二人」とあるのは「一人」と、同条第十一項中「総務大臣」とあるのは「総務大臣又は都道府県知事」と、「両議院の同意を得て、その委員を」とあるのは「その自治紛争処理委員を」と、同条第十二項中「第四項後段及び第八項から前項まで」とあるのは「第八項、第九項（第二号を除く。）、第十項及び前項並びに第二百五十一条第五項」と読み替えるものとする。

第四款　自治紛争処理委員による調停、審査及び処理方策の提示の手続

（調停）

第二百五十一条の二　普通地方公共団体相互の間又は普通地方公共団体の機関相互の間に紛争があるときは、この法律に特別の定めがあるものを除くほか、都道府県又は都道府県の機関が当事者となるものにあつては総務大臣、その他のものにあつては都道府県知事は、当事者の文書による申請に基づき又は職権により、紛争の解決のため、前条第二項の規定により自治紛争処理委員を任命し、その調停に付することができる。

2　当事者の申請に基づき開始された調停においては、当事者は、総務大臣又は都道府県知事の同意を得て、当該申請を取り下げることができる。

3　自治紛争処理委員は、調停案を作成して、これを当事者に示し、その受諾を勧告するとともに、理由を付してその要旨を公表することができる。

4　自治紛争処理委員は、前項の規定により調停案を当事者に示し、その受諾を勧告したときは、直ちに調停案の写しを添えてその旨及び調停の経過を総務大臣又は都道府県知事に報告しなければならない。

5　自治紛争処理委員は、調停による解決の見込みがないと認めるときは、総務大臣又は都道府県知事の同意を得て、調停を打ち切り、事件の要点及び調停の経過を公表することができる。

6　自治紛争処理委員は、前項の規定により調停を打ち切つたときは、その旨を当事者に通知しなければならない。

7　第一項の調停は、当事者のすべてから、調停案を受諾した旨を記載した文書が総務大臣又は都道府県知事に提出されたときに成立するものとする。この場合においては、総務大

臣又は都道府県知事は、直ちにその旨及び調停の要旨を公表するとともに、当事者に調停が成立した旨を通知しなければならない。

8　総務大臣又は都道府県知事は、前項の規定により当事者から文書の提出があつたときは、その旨を自治紛争処理委員に通知するものとする。

9　自治紛争処理委員は、第三項に規定する調停案を作成するため必要があると認めるときは、当事者及び関係人の出頭及び陳述を求め、又は当事者及び関係人並びに紛争に係る事件に関係のある者に対し、紛争の調停のため必要な記録の提出を求めることができる。

10　第三項の規定による調停案の作成及びその要旨の公表についての決定、第五項の規定による調停の打切りについての決定並びに事件の要点及び調停の経過の公表についての決定並びに前項の規定による出頭、陳述及び記録の提出の求めについての決定は、自治紛争処理委員の合議によるものとする。

（**審査及び勧告**）

第二百五十一条の三　総務大臣は、市町村長その他の市町村の執行機関が、その担任する事務に関する都道府県の関与のうち是正の要求、許可の拒否その他の処分その他公権力の行使に当たるもの（次に掲げるものを除く。）に不服があり、文書により、自治紛争処理委員の審査に付することを求める旨の申出をしたときは、速やかに、第二百五十一条第二項の規定により自治紛争処理委員を任命し、当該申出に係る事件をその審査に付さなければならない。

一　第二百四十五条の八第十二項において準用する同条第二項の規定による指示

二　第二百四十五条の八第十二項において準用する同条第八項の規定に基づき市町村長に代わつて前号の指示に係る事項を行うこと。

2　総務大臣は、市町村長その他の市町村の執行機関が、その担任する事務に関する都道府県の不作為（都道府県の行政庁が、申請等が行われた場合において、相当の期間内に何らかの都道府県の関与のうち許可その他の処分その他公権力の行使に当たるものをすべきにかかわらず、これをしないことをいう。以下本節において同じ。）に不服があり、文書により、自治紛争処理委員の審査に付することを求める旨の申出をしたときは、速やかに、第二百五十一条第二項の規定により自治紛争処理委員を任命し、当該申出に係る事件をその審査に付さなければならない。

3　総務大臣は、市町村長その他の市町村の執行機関が、その担任する事務に関する当該市町村の法令に基づく協議の申出が都道府県の行政庁に対して行われた場合において、当該協議に係る当該市町村の義務を果たしたと認めるにもかかわらず当該協議が調わないことについて、文書により、自治紛争処理委員の審査に付することを求める旨の申出をしたときは、速やかに、第二百五十一条第二項の規定により自治紛争処理委員を任命し、当該申出に係る事件をその審査に付さなければならない。

4　前三項の規定による申出においては、次に掲げる者を相手方としなければならない。

一　第一項の規定による申出の場合は、当該申出に係る都道府県の関与を行つた都道府県の行政庁

二　第二項の規定による申出の場合は、当該申出に係る都道府県の不作為に係る都道府県の行政庁

三　前項の規定による申出の場合は、当該申出に係る協議の相手方である都道府県の行政庁

5　第二百五十条の十三第四項から第七項まで、第二百五十条の十四第一項、第二項及び第五項並びに第二百五十条の十五から第二百五十条の十七までの規定は、第一項の規定による申出について準用する。この場合において、これらの規定中「普通地方公共団体の長その他の執行機関」とあるのは「市町村長その他の市町村の執行機関」と、「国の行政庁」とあるのは「都道府県の行政庁」と、「委員会」とあるのは「自治紛争処理委員」と、第二百五十条の十三第四項並びに第二百五十条の十四第一項及び第二項中「国の関与」とあるのは「都道府県の関与」と、第二百五十条の十七第一項中「第二百五十条の十四第一項」とあるのは「第二百五十一条の三第十三項」と読み替えるものとする。

6　第二百五十条の十三第七項、第二百五十条の十四第三項及び第五項並びに第二百五十条の十五から第二百五十条の十七までの規定は、第二項の規定による申出について準用する。この場合において、これらの規定中「普通地方公共団体の長その他の執行機関」とあるのは「市町村長その他の市町村の執行機関」と、「国の行政庁」とあるのは「都道府県の行政庁」と、「委員会」とあるのは「自

治紛争処理委員」と、第二百五十条の十七第一項中「第二百五十条の十九第二項」とあるのは「第二百五十一条の三第十三項」と読み替えるものとする。

7　第二百五十条の十三第七項、第二百五十条の十四第四項及び第五項並びに第二百五十条の十五から第二百五十条の十七までの規定は、第三項の規定による申出について準用する。この場合において、これらの規定中「普通地方公共団体の長その他の執行機関」とあるのは「市町村長その他の市町村の執行機関」と、「国の行政庁」とあるのは「都道府県の行政庁」と、「委員会」とあるのは「自治紛争処理委員」と、第二百五十条の十四第四項中「当該協議に係る普通地方公共団体」とあるのは「当該協議に係る市町村」と、第二百五十条の十七第一項中「第二百五十条の十九第二項」とあるのは「第二百五十一条の三第十三項」と読み替えるものとする。

8　自治紛争処理委員は、第五項において準用する第二百五十条の十四第一項若しくは第二項若しくは第六項において準用する第二百五十条の十四第三項の規定による審査の結果の通知若しくは勧告及び勧告の内容の通知又は前項において準用する第二百五十条の十四第四項の規定による審査の結果の通知をしたときは、直ちにその旨及び審査の結果又は勧告の内容を総務大臣に報告しなければならない。

9　第五項において準用する第二百五十条の十四第一項若しくは第二項又は第六項において準用する第二百五十条の十四第三項の規定による自治紛争処理委員の勧告があつたときは、当該勧告を受けた都道府県の行政庁は、当該勧告に示された期間内に、当該勧告に即して必要な措置を講ずるとともに、その旨を総務大臣に通知しなければならない。この場合においては、総務大臣は、当該通知に係る事項を当該勧告に係る第一項又は第二項の規定による申出をした市町村長その他の市町村の執行機関に通知し、かつ、これを公表しなければならない。

10　総務大臣は、前項の勧告を受けた都道府県の行政庁に対し、同項の規定により講じた措置についての説明を求めることができる。

11　自治紛争処理委員は、第五項において準用する第二百五十条の十四第一項若しくは第二項、第六項において準用する第二百五十条の十四第三項又は第七項において準用する第二百五十条の十四第四項の規定により審査をする場合において、相当であると認めるときは、職権により、調停案を作成して、これを第一項から第三項までの規定による申出をした市町村長その他の市町村の執行機関及び相手方である都道府県の行政庁に示し、その受諾を勧告するとともに、理由を付してその要旨を公表することができる。

12　自治紛争処理委員は、前項の規定により調停案を第一項から第三項までの規定による申出をした市町村長その他の市町村の執行機関及び相手方である都道府県の行政庁に示し、その受諾を勧告したときは、直ちに調停案の写しを添えてその旨及び調停の経過を総務大臣に報告しなければならない。

13　第十一項の調停案に係る調停は、調停案を示された市町村長その他の市町村の執行機関及び都道府県の行政庁から、これを受諾した旨を記載した文書が総務大臣に提出されたときに成立するものとする。この場合においては、総務大臣は、直ちにその旨及び調停の要旨を公表するとともに、当該市町村長その他の市町村の執行機関及び都道府県の行政庁にその旨を通知しなければならない。

14　総務大臣は、前項の規定により市町村長その他の市町村の執行機関及び都道府県の行政庁から文書の提出があつたときは、その旨を自治紛争処理委員に通知するものとする。

15　次に掲げる事項は、自治紛争処理委員の合議によるものとする。

一　第五項において準用する第二百五十条の十四第一項の規定による都道府県の関与が違法又は普通地方公共団体の自主性及び自立性を尊重する観点から不当であるかどうかについての決定及び同項の規定による勧告の決定

二　第五項において準用する第二百五十条の十四第二項の規定による都道府県の関与が違法であるかどうかについての決定及び同項の規定による勧告の決定

三　第六項において準用する第二百五十条の十四第三項の規定による第二項の申出に理由があるかどうかについての決定及び第六項において準用する第二百五十条の十四第三項の規定による勧告の決定

四　第七項において準用する第二百五十条の十四第四項の規定による第三項の申出に係る協議について当該協議に係る市町村がその義務を果たしているかどうかについての決定

行政法

五　第五項から第七項までにおいて準用する第二百五十条の十五第一項の規定による関係行政機関の参加についての決定

六　第五項から第七項までにおいて準用する第二百五十条の十六第一項の規定による証拠調べの実施についての決定

七　第十一項の規定による調停案の作成及びその要旨の公表についての決定

（**処理方策の提示**）

第二百五十一条の三の二　総務大臣又は都道府県知事は、第二百五十二条の二第七項の規定により普通地方公共団体から自治紛争処理委員による同条第一項に規定する連携協約に係る紛争を処理するための方策（以下この条において「処理方策」という。）の提示を求める旨の申請があつたときは、第二百五十一条第二項の規定により自治紛争処理委員を任命し、処理方策を定めさせなければならない。

2　前項の申請をした普通地方公共団体は、総務大臣又は都道府県知事の同意を得て、当該申請を取り下げることができる。

3　自治紛争処理委員は、処理方策を定めたときは、これを当事者である普通地方公共団体に提示するとともに、その旨及び当該処理方策を総務大臣又は都道府県知事に通知し、かつ、これらを公表しなければならない。

4　自治紛争処理委員は、処理方策を定めるため必要があると認めるときは、当事者及び関係人の出頭及び陳述を求め、又は当事者及び関係人並びに紛争に係る事件に関係のある者に対し、処理方策を定めるため必要な記録の提出を求めることができる。

5　第三項の規定による処理方策の決定並びに前項の規定による出頭、陳述及び記録の提出の求めについての決定は、自治紛争処理委員の合議によるものとする。

6　第三項の規定により処理方策の提示を受けたときは、当事者である普通地方公共団体は、これを尊重して必要な措置を執るようにしなければならない。

（**政令への委任**）

第二百五十一条の四　この法律に規定するもののほか、自治紛争処理委員の調停、審査及び勧告並びに処理方策の提示に関し必要な事項は、政令で定める。

第五款　普通地方公共団体に対する国又は都道府県の関与に関する訴え

（**国の関与に関する訴えの提起**）

第二百五十一条の五　第二百五十条の十三第一項又は第二項の規定による審査の申出をした普通地方公共団体の長その他の執行機関は、次の各号のいずれかに該当するときは、高等裁判所に対し、当該審査の申出の相手方となつた国の行政庁（国の関与があつた後又は申請等が行われた後に当該行政庁の権限が他の行政庁に承継されたときは、当該他の行政庁）を被告として、訴えをもつて当該審査の申出に係る違法な国の関与の取消し又は当該審査の申出に係る国の不作為の違法の確認を求めることができる。ただし、違法な国の関与の取消しを求める訴えを提起する場合において、被告とすべき行政庁がないときは、当該訴えは、国を被告として提起しなければならない。

一　第二百五十条の十四第一項から第三項までの規定による委員会の審査の結果又は勧告に不服があるとき。

二　第二百五十条の十八第一項の規定による国の行政庁の措置に不服があるとき。

三　当該審査の申出をした日から九十日を経過しても、委員会が第二百五十条の十四第一項から第三項までの規定による審査又は勧告を行わないとき。

四　国の行政庁が第二百五十条の十八第一項の規定による措置を講じないとき。

2　前項の訴えは、次に掲げる期間内に提起しなければならない。

一　前項第一号の場合は、第二百五十条の十四第一項から第三項までの規定による委員会の審査の結果又は勧告の内容の通知があつた日から三十日以内

二　前項第二号の場合は、第二百五十条の十八第一項の規定による委員会の通知があつた日から三十日以内

三　前項第三号の場合は、当該審査の申出をした日から九十日を経過した日から三十日以内

四　前項第四号の場合は、第二百五十条の十四第一項から第三項までの規定による委員会の勧告に示された期間を経過した日から三十日以内

3　第一項の訴えは、当該普通地方公共団体の区域を管轄する高等裁判所の管轄に専属する。

4　原告は、第一項の訴えを提起したときは、直ちに、文書により、その旨を被告に通知するとともに、当該高等裁判所に対し、その通

知をした日時、場所及び方法を通知しなければならない。

5　当該高等裁判所は、第一項の訴えが提起されたときは、速やかに口頭弁論の期日を指定し、当事者を呼び出さなければならない。その期日は、同項の訴えの提起があつた日から十五日以内の日とする。

6　第一項の訴えに係る高等裁判所の判決に対する上告の期間は、一週間とする。

7　国の関与を取り消す判決は、関係行政機関に対しても効力を有する。

8　第一項の訴えのうち違法な国の関与の取消しを求めるものについては、行政事件訴訟法第四十三条第一項の規定にかかわらず、同法第八条第二項、第十一条から第二十二条まで、第二十五条から第二十九条まで、第三十一条、第三十二条及び第三十四条の規定は、準用しない。

9　第一項の訴えのうち国の不作為の違法の確認を求めるものについては、行政事件訴訟法第四十三条第三項の規定にかかわらず、同法第四十条第二項及び第四十一条第二項の規定は、準用しない。

10　前各項に定めるもののほか、第一項の訴えについては、主張及び証拠の申出の時期の制限その他審理の促進に関し必要な事項は、最高裁判所規則で定める。

（都道府県の関与に関する訴えの提起）

第二百五十一条の六　第二百五十一条の三第一項又は第二項の規定による申出をした市町村長その他の市町村の執行機関は、次の各号のいずれかに該当するときは、高等裁判所に対し、当該申出の相手方となつた都道府県の行政庁（都道府県の関与があつた後又は申請等が行われた後に当該行政庁の権限が他の行政庁に承継されたときは、当該他の行政庁）を被告として、訴えをもつて当該申出に係る違法な都道府県の関与の取消し又は当該申出に係る都道府県の不作為の違法の確認を求めることができる。ただし、違法な都道府県の関与の取消しを求める訴えを提起する場合において、被告とすべき行政庁がないときは、当該訴えは、当該都道府県を被告として提起しなければならない。

一　第二百五十一条の三第五項において準用する第二百五十条の十四第一項若しくは第二項又は第二百五十一条の三第六項において準用する第二百五十条の十四第三項の規定による自治紛争処理委員の審査の結果又は勧告に不服があるとき。

二　第二百五十一条の三第九項の規定による都道府県の行政庁の措置に不服があるとき。

三　当該申出をした日から九十日を経過しても、自治紛争処理委員が第二百五十一条の三第五項において準用する第二百五十条の十四第一項若しくは第二項又は第二百五十一条の三第六項において準用する第二百五十条の十四第三項の規定による審査又は勧告を行わないとき。

四　都道府県の行政庁が第二百五十一条の三第九項の規定による措置を講じないとき。

2　前項の訴えは、次に掲げる期間内に提起しなければならない。

一　前項第一号の場合は、第二百五十一条の三第五項において準用する第二百五十条の十四第一項若しくは第二項又は第二百五十一条の三第六項において準用する第二百五十条の十四第三項の規定による自治紛争処理委員の審査の結果又は勧告の内容の通知があつた日から三十日以内

二　前項第二号の場合は、第二百五十一条の三第九項の規定による総務大臣の通知があつた日から三十日以内

三　前項第三号の場合は、当該申出をした日から九十日を経過した日から三十日以内

四　前項第四号の場合は、第二百五十一条の三第五項において準用する第二百五十条の十四第一項若しくは第二項又は第二百五十一条の三第六項において準用する第二百五十条の十四第三項の規定による自治紛争処理委員の勧告に示された期間を経過した日から三十日以内

3　前条第三項から第七項までの規定は、第一項の訴えに準用する。この場合において、同条第三項中「当該普通地方公共団体の区域」とあるのは「当該市町村の区域」と、同条第七項中「国の関与」とあるのは「都道府県の関与」と読み替えるものとする。

4　第一項の訴えのうち違法な都道府県の関与の取消しを求めるものについては、行政事件訴訟法第四十三条第一項の規定にかかわらず、同法第八条第二項、第十一条から第二十二条まで、第二十五条から第二十九条まで、第三十一条、第三十二条及び第三十四条の規定は、準用しない。

5　第一項の訴えのうち都道府県の不作為の違法の確認を求めるものについては、行政事件訴訟法第四十三条第三項の規定にかかわらず、同法第四十条第二項及び第四十一条第二

項の規定は、準用しない。

6　前各項に定めるもののほか、第一項の訴えについては、主張及び証拠の申出の時期の制限その他審理の促進に関し必要な事項は、最高裁判所規則で定める。

（普通地方公共団体の不作為に関する国の訴えの提起）

第二百五十一条の七　第二百四十五条の五第一項若しくは第四項の規定による是正の要求又は第二百四十五条の七第一項若しくは第四項の規定による指示を行つた各大臣は、次の各号のいずれかに該当するときは、高等裁判所に対し、当該是正の要求又は指示を受けた普通地方公共団体の不作為（是正の要求又は指示を受けた普通地方公共団体の行政庁が、相当の期間内に是正の要求に応じた措置又は指示に係る措置を講じなければならないにもかかわらず、これを講じないことをいう。以下この項、次条及び第二百五十二条の十七の四第三項において同じ。）に係る普通地方公共団体の行政庁（当該是正の要求又は指示があつた後に当該行政庁の権限が他の行政庁に承継されたときは、当該他の行政庁）を被告として、訴えをもつて当該普通地方公共団体の不作為の違法の確認を求めることができる。

一　普通地方公共団体の長その他の執行機関が当該是正の要求又は指示に関する第二百五十条の十三第一項の規定による審査の申出をせず（審査の申出後に第二百五十条の十七第一項の規定により当該審査の申出が取り下げられた場合を含む。）、かつ、当該是正の要求に応じた措置又は指示に係る措置を講じないとき。

二　普通地方公共団体の長その他の執行機関が当該是正の要求又は指示に関する第二百五十条の十三第一項の規定による審査の申出をした場合において、次に掲げるとき。

イ　委員会が第二百五十条の十四第一項又は第二項の規定による審査の結果又は勧告の内容の通知をした場合において、当該普通地方公共団体の長その他の執行機関が第二百五十一条の五第一項の規定による当該是正の要求又は指示の取消しを求める訴えの提起をせず（訴えの提起後に当該訴えが取り下げられた場合を含む。ロにおいて同じ。）、かつ、当該是正の要求に応じた措置又は指示に係る措置を講じないとき。

ロ　委員会が当該審査の申出をした日から九十日を経過しても第二百五十条の十四第一項又は第二項の規定による審査又は勧告を行わない場合において、当該普通地方公共団体の長その他の執行機関が第二百五十一条の五第一項の規定による当該是正の要求又は指示の取消しを求める訴えの提起をせず、かつ、当該是正の要求に応じた措置又は指示に係る措置を講じないとき。

2　前項の訴えは、次に掲げる期間が経過するまでは、提起することができない。

一　前項第一号の場合は、第二百五十条の十三第四項本文の期間

二　前項第二号イの場合は、第二百五十一条の五第二項第一号、第二号又は第四号に掲げる期間

三　前項第二号ロの場合は、第二百五十一条の五第二項第三号に掲げる期間

3　第二百五十一条の五第三項から第六項までの規定は、第一項の訴えについて準用する。

4　第一項の訴えについては、行政事件訴訟法第四十三条第三項の規定にかかわらず、同法第四十条第二項及び第四十一条第二項の規定は、準用しない。

5　前各項に定めるもののほか、第一項の訴えについては、主張及び証拠の申出の時期の制限その他審理の促進に関し必要な事項は、最高裁判所規則で定める。

（市町村の不作為に関する都道府県の訴えの提起）

第二百五十二条　第二百四十五条の五第二項の指示を行つた各大臣は、次の各号のいずれかに該当するときは、同条第三項の規定による是正の要求を行つた都道府県の執行機関に対し、高等裁判所に対し、当該是正の要求を受けた市町村の不作為に係る市町村の行政庁（当該是正の要求があつた後に当該行政庁の権限が他の行政庁に承継されたときは、当該他の行政庁。次項において同じ。）を被告として、訴えをもつて当該市町村の不作為の違法の確認を求めるよう指示をすることができる。

一　市町村長その他の市町村の執行機関が当該是正の要求に関する第二百五十一条の三第一項の規定による申出をせず（申出後に同条第五項において準用する第二百五十条の十七第一項の規定により当該申出が取り下げられた場合を含む。）、かつ、当該是正の要求に応じた措置を講じないとき。

二　市町村長その他の市町村の執行機関が当

該是正の要求に関する第二百五十一条の三第一項の規定による申出をした場合において、次に掲げるとき。

イ　自治紛争処理委員が第二百五十一条の三第五項において準用する第二百五十一条の十四第一項の規定による審査の結果又は勧告の内容の通知をした場合において、当該市町村長その他の市町村の執行機関が第二百五十一条の六第一項の規定による当該是正の要求の取消しを求める訴えの提起をせず（訴えの提起後に当該訴えが取り下げられた場合を含む。ロにおいて同じ。）、かつ、当該是正の要求に応じた措置を講じないとき。

ロ　自治紛争処理委員が当該申出をした日から九十日を経過しても第二百五十一条の三第五項において準用する第二百五十一条の十四第一項の規定による審査又は勧告を行わない場合において、当該市町村長その他の市町村の執行機関が第二百五十一条の六第一項の規定による当該是正の要求の取消しを求める訴えの提起をせず、かつ、当該是正の要求に応じた措置を講じないとき。

2　前項の指示を受けた都道府県の執行機関は、高等裁判所に対し、当該市町村の不作為に係る市町村の行政庁を被告として、訴えをもつて当該市町村の不作為の違法の確認を求めなければならない。

3　第二百四十五条の七第二項の規定による指示を行つた都道府県の執行機関は、次の各号のいずれかに該当するときは、高等裁判所に対し、当該指示を受けた市町村の不作為に係る市町村の行政庁（当該指示があつた後に当該行政庁の権限が他の行政庁に承継されたときは、当該他の行政庁）を被告として、訴えをもつて当該市町村の不作為の違法の確認を求めることができる。

一　市町村長その他の市町村の執行機関が当該指示に関する第二百五十一条の三第一項の規定による申出をせず（申出後に同条第五項において準用する第二百五十条の十七第一項の規定により当該申出が取り下げられた場合を含む。）、かつ、当該指示に係る措置を講じないとき。

二　市町村長その他の市町村の執行機関が当該指示に関する第二百五十一条の三第二項の規定による申出をした場合において、次に掲げるとき。

イ　自治紛争処理委員が第二百五十一条の三第五項において準用する第二百五十一条の十四第二項の規定による審査の結果又は勧告の内容の通知をした場合において、当該市町村長その他の市町村の執行機関が第二百五十一条の六第一項の規定による当該指示の取消しを求める訴えの提起をせず（訴えの提起後に当該訴えが取り下げられた場合を含む。ロにおいて同じ。）、かつ、当該指示に係る措置を講じないとき。

ロ　自治紛争処理委員が当該申出をした日から九十日を経過しても第二百五十一条の三第五項において準用する第二百五十一条の十四第二項の規定による審査又は勧告を行わない場合において、当該市町村長その他の市町村の執行機関が第二百五十一条の六第一項の規定による当該指示の取消しを求める訴えの提起をせず、かつ、当該指示に係る措置を講じないとき。

4　第二百四十五条の七第三項の指示を行つた各大臣は、前項の都道府県の執行機関に対し、同項の規定による訴えの提起に関し、必要な指示をすることができる。

5　第二項及び第三項の訴えは、次に掲げる期間が経過するまでは、提起することができない。

一　第一項第一号及び第三項第一号の場合は、第二百五十一条の三第五項において準用する第二百五十条の十三第四項本文の期間

二　第一項第二号イ及び第三項第二号イの場合は、第二百五十一条の六第二項第一号、第二号又は第四号に掲げる期間

三　第一項第二号ロ及び第三項第二号ロの場合は、第二百五十一条の六第二項第三号に掲げる期間

6　第二百五十一条の五第三項から第六項までの規定は、第二項及び第三項の訴えについて準用する。この場合において、同条第三項中「当該普通地方公共団体の区域」とあるのは、「当該市町村の区域」と読み替えるものとする。

7　第二項及び第三項の訴えについては、行政事件訴訟法第四十三条第三項の規定にかかわらず、同法第四十条第二項及び第四十一条第二項の規定は、準用しない。

8　前各項に定めるもののほか、第二項及び第三項の訴えについては、主張及び証拠の申出

の時期の制限その他審理の促進に関し必要な事項は、最高裁判所規則で定める。

第三節　普通地方公共団体相互間の協力

第一款　連携協約

（**連携協約**）

第二百五十二条の二　普通地方公共団体は、当該普通地方公共団体及び他の普通地方公共団体の区域における当該普通地方公共団体及び当該他の普通地方公共団体の事務の処理に当たつての当該他の普通地方公共団体との連携を図るため、協議により、当該普通地方公共団体及び当該他の普通地方公共団体が連携して事務を処理するに当たつての基本的な方針及び役割分担を定める協約（以下「連携協約」という。）を当該他の普通地方公共団体と締結することができる。

2　普通地方公共団体は、連携協約を締結したときは、その旨及び当該連携協約を告示するとともに、都道府県が締結したものにあつては総務大臣、その他のものにあつては都道府県知事に届け出なければならない。

3　第一項の協議については、関係普通地方公共団体の議会の議決を経なければならない。

4　普通地方公共団体は、連携協約を変更し、又は連携協約を廃止しようとするときは、前三項の例によりこれを行わなければならない。

5　公益上必要がある場合においては、都道府県が締結するものについては総務大臣、その他のものについては都道府県知事は、関係のある普通地方公共団体に対し、連携協約を締結すべきことを勧告することができる。

6　連携協約を締結した普通地方公共団体は、当該連携協約に基づいて、当該連携協約を締結した他の普通地方公共団体と連携して事務を処理するに当たつて当該普通地方公共団体が分担すべき役割を果たすため必要な措置を執るようにしなければならない。

7　連携協約を締結した普通地方公共団体相互の間に連携協約に係る紛争があるときは、当事者である普通地方公共団体は、都道府県が当事者となる紛争にあつては総務大臣、その他の紛争にあつては都道府県知事に対し、文書により、自治紛争処理委員による当該紛争を処理するための方策の提示を求める旨の申請をすることができる。

第二款　協議会

（**協議会の設置**）

第二百五十二条の二の二　普通地方公共団体は、普通地方公共団体の事務の一部を共同して管理し及び執行し、若しくは普通地方公共団体の事務の管理及び執行について連絡調整を図り、又は広域にわたる総合的な計画を共同して作成するため、協議により規約を定め、普通地方公共団体の協議会を設けることができる。

2　普通地方公共団体は、協議会を設けたときは、その旨及び規約を告示するとともに、都道府県の加入するものにあつては総務大臣、その他のものにあつては都道府県知事に届け出なければならない。

3　第一項の協議については、関係普通地方公共団体の議会の議決を経なければならない。ただし、普通地方公共団体の事務の管理及び執行について連絡調整を図るため普通地方公共団体の協議会を設ける場合は、この限りでない。

4　公益上必要がある場合においては、都道府県の加入するものについては総務大臣、その他のものについては都道府県知事は、関係のある普通地方公共団体に対し、普通地方公共団体の協議会を設けるべきことを勧告することができる。

5　普通地方公共団体の協議会が広域にわたる総合的な計画を作成したときは、関係普通地方公共団体は、当該計画に基づいて、その事務を処理するようにしなければならない。

6　普通地方公共団体の協議会は、必要があると認めるときは、関係のある公の機関の長に対し、資料の提出、意見の開陳、説明その他必要な協力を求めることができる。

（**協議会の組織**）

第二百五十二条の三　普通地方公共団体の協議会は、会長及び委員をもつてこれを組織する。

2　普通地方公共団体の協議会の会長及び委員は、規約の定めるところにより常勤又は非常勤とし、関係普通地方公共団体の職員のうちから、これを選任する。

3　普通地方公共団体の協議会の会長は、普通地方公共団体の協議会の事務を掌理し、協議会を代表する。

（**協議会の規約**）

第二百五十二条の四　普通地方公共団体の協議会の規約には、次に掲げる事項につき規定を設けなければならない。
一　協議会の名称
二　協議会を設ける普通地方公共団体
三　協議会の管理し及び執行し、若しくは協議会において連絡調整を図る関係普通地方公共団体の事務又は協議会の作成する計画の項目
四　協議会の組織並びに会長及び委員の選任の方法
五　協議会の経費の支弁の方法
2　普通地方公共団体の事務の一部を共同して管理し及び執行するため普通地方公共団体の協議会を設ける場合には、協議会の規約には、前項各号に掲げるもののほか、次に掲げる事項につき規定を設けなければならない。
一　協議会の管理し及び執行する関係普通地方公共団体の事務（以下本項中「協議会の担任する事務」という。）の管理及び執行の方法
二　協議会の担任する事務を管理し及び執行する場所
三　協議会の担任する事務に従事する関係普通地方公共団体の職員の身分取扱い
四　協議会の担任する事務の用に供する関係普通地方公共団体の財産の取得、管理及び処分又は公の施設の設置、管理及び廃止の方法
五　前各号に掲げるものを除くほか、協議会と協議会を設ける関係普通地方公共団体との関係その他協議会に関し必要な事項

（**協議会の事務の管理及び執行の効力**）

第二百五十二条の五　普通地方公共団体の協議会が関係普通地方公共団体又は関係普通地方公共団体の長その他の執行機関の名において行つた事務の管理及び執行は、関係普通地方公共団体の長その他の執行機関が管理し及び執行したものとしての効力を有する。

（**協議会の組織の変更及び廃止**）

第二百五十二条の六　普通地方公共団体は、普通地方公共団体の協議会を設ける普通地方公共団体の数を増減し、若しくは協議会の規約を変更し、又は協議会を廃止しようとするときは、第二百五十二条の二の二第一項から第三項までの例によりこれを行わなければならない。

（**脱退による協議会の組織の変更及び廃止の特例**）

第二百五十二条の六の二　前条の規定にかかわらず、協議会を設ける普通地方公共団体は、その議会の議決を経て、脱退する日の二年前までに他の全ての関係普通地方公共団体に書面で予告をすることにより、協議会から脱退することができる。
2　前項の予告を受けた関係普通地方公共団体は、当該予告をした普通地方公共団体が脱退する時までに、第二百五十二条の二の二第一項から第三項までの例により、当該脱退により必要となる規約の変更を行わなければならない。ただし、第二百五十二条の四第一項第二号に掲げる事項のみに係る規約の変更については、第二百五十二条の二の二第三項本文の例によらないものとする。
3　第一項の予告の撤回は、他の全ての関係普通地方公共団体が議会の議決を経て同意をした場合に限り、することができる。この場合において、同項の予告をした普通地方公共団体が他の関係普通地方公共団体に当該予告の撤回について同意を求めるに当たつては、あらかじめ、その議会の議決を経なければならない。
4　普通地方公共団体は、第一項の規定により協議会から脱退したときは、その旨を告示しなければならない。
5　第一項の規定による脱退により協議会を設ける普通地方公共団体が一となつたときは、当該協議会は廃止されるものとする。この場合において、当該普通地方公共団体は、その旨を告示するとともに、第二百五十二条の二の二第二項の例により、総務大臣又は都道府県知事に届け出なければならない。

第三款　機関等の共同設置

（**機関等の共同設置**）

第二百五十二条の七　普通地方公共団体は、協議により規約を定め、共同して、第百三十八条第一項若しくは第二項に規定する事務局若しくはその内部組織（次項及び第二百五十二条の十三において「議会事務局」という。）、第百三十八条の四第一項に規定する委員会若しくは委員、同条第三項に規定する附属機関、第百五十六条第一項に規定する行政機関、第百五十八条第一項に規定する内部組織、委員会若しくは委員の事務局若しくはその内部組織（次項及び第二百五十二条の十三において「委員会事務局」という。）、普通地方公共団体の議会、長、委員会若しくは委員の事務を補助する職員、第百七十四条第一項に規定する専門委員又は第二百条の二第一項に規定する監査専門委員を置くことができ

る。ただし、政令で定める委員会については、この限りでない。

2　前項の規定による議会事務局、執行機関、附属機関、行政機関、内部組織、委員会事務局若しくは職員を共同設置する普通地方公共団体の数を増減し、若しくはこれらの議会事務局、執行機関、附属機関、行政機関、内部組織、委員会事務局若しくは職員の共同設置に関する規約を変更し、又はこれらの議会事務局、執行機関、附属機関、行政機関、内部組織、委員会事務局若しくは職員の共同設置を廃止しようとするときは、関係普通地方公共団体は、同項の例により、協議してこれを行わなければならない。

3　第二百五十二条の二の二第二項及び第三項本文の規定は前二項の場合について、同条第四項の規定は第一項の場合について、それぞれ準用する。

（脱退による機関等の共同設置の変更及び廃止の特例）

第二百五十二条の七の二　前条第二項の規定にかかわらず、同条第一項の規定により機関等を共同設置する普通地方公共団体は、その議会の議決を経て、脱退する日の二年前までに他の全ての関係普通地方公共団体に書面で予告をすることにより、共同設置から脱退することができる。

2　前項の予告を受けた関係普通地方公共団体は、当該予告をした普通地方公共団体が脱退する時までに、協議して当該脱退により必要となる規約の変更を行わなければならない。

3　第二百五十二条の二の二第二項及び第三項本文の規定は、前項の場合について準用する。ただし、次条第二号（第二百五十二条の十三において準用する場合を含む。）に掲げる事項のみに係る規約の変更については、第二百五十二条の二の二第三項本文の規定は、準用しない。

4　第一項の予告の撤回は、他の全ての関係普通地方公共団体が議会の議決を経て同意をした場合に限り、することができる。この場合において、同項の予告をした普通地方公共団体が他の関係普通地方公共団体に当該予告の撤回について同意を求めるに当たつては、あらかじめ、その議会の議決を経なければならない。

5　普通地方公共団体は、第一項の規定により機関等の共同設置から脱退したときは、その旨を告示しなければならない。

6　第一項の規定による脱退により機関等を共同設置する普通地方公共団体が一となつたときは、当該共同設置は廃止されるものとする。この場合において、当該普通地方公共団体は、その旨を告示するとともに、第二百五十二条の二の二第二項の例により、総務大臣又は都道府県知事に届け出なければならない。

（機関の共同設置に関する規約）

第二百五十二条の八　第二百五十二条の七の規定により共同設置する普通地方公共団体の委員会若しくは委員又は附属機関（以下この条において「共同設置する機関」という。）の共同設置に関する規約には、次に掲げる事項につき規定を設けなければならない。

一　共同設置する機関の名称

二　共同設置する機関を設ける普通地方公共団体

三　共同設置する機関の執務場所

四　共同設置する機関を組織する委員その他の構成員の選任の方法及びその身分取扱い

五　前各号に掲げるものを除くほか、共同設置する機関と関係普通地方公共団体との関係その他共同設置する機関に関し必要な事項

（共同設置する機関の委員等の選任及び身分取扱い）

第二百五十二条の九　普通地方公共団体が共同設置する委員会の委員で、普通地方公共団体の議会が選挙すべきものの選任については、規約で、次の各号のいずれの方法によるかを定めるものとする。

一　規約で定める普通地方公共団体の議会が選挙すること。

二　関係普通地方公共団体の長が協議により定めた共通の候補者について、すべての関係普通地方公共団体の議会が選挙すること。

2　普通地方公共団体が共同設置する委員会の委員（教育委員会にあつては、教育長及び委員）若しくは委員又は附属機関の委員その他の構成員で、普通地方公共団体の議会の同意を得て選任すべきものの選任については、規約で、次の各号のいずれの方法によるかを定めるものとする。

一　規約で定める普通地方公共団体の長が当該普通地方公共団体の議会の同意を得て選任すること。

二　関係普通地方公共団体の長が協議により

定めた共通の候補者について、それぞれの関係普通地方公共団体の長が当該普通地方公共団体の議会の同意を得た上、規約で定める普通地方公共団体の長が選任すること。

3　普通地方公共団体が共同設置する委員会の委員若しくは委員又は附属機関の委員その他の構成員で、普通地方公共団体の長、委員会又は委員が選任すべきものの選任については、規約で、次の各号のいずれの方法によるかを定めるものとする。

一　規約で定める普通地方公共団体の長、委員会又は委員が選任すること。

二　関係普通地方公共団体の長、委員会又は委員が協議により定めた者について、規約で定める普通地方公共団体の長、委員会又は委員がこれを選任すること。

4　普通地方公共団体が共同設置する委員会の委員（教育委員会にあつては、教育長及び委員）若しくは委員又は附属機関の委員その他の構成員で第一項又は第二項の規定により選任するものの身分取扱いについては、規約で定める普通地方公共団体の議会が選挙し又は規約で定める普通地方公共団体の長が選任する場合においては、当該普通地方公共団体の職員とみなし、全ての関係普通地方公共団体の議会が選挙する場合においては、規約で定める普通地方公共団体の職員とみなす。

5　普通地方公共団体が共同設置する委員会の委員若しくは委員又は附属機関の委員その他の構成員で第三項の規定により選任するものの身分取扱いについては、これらの者を選任する普通地方公共団体の長、委員会又は委員の属する普通地方公共団体の職員とみなす。

（共同設置する機関の委員等の解職請求）

第二百五十二条の十　普通地方公共団体が共同設置する委員会の委員（教育委員会にあつては、教育長及び委員）若しくは委員又は附属機関の委員その他の構成員で、法律の定めるところにより選挙権を有する者の請求に基づき普通地方公共団体の議会の議決によりこれを解職することができるものの解職については、関係普通地方公共団体における選挙権を有する者が、政令の定めるところにより、その属する普通地方公共団体の長に対し、解職の請求を行い、二の普通地方公共団体の共同設置する場合においては全ての関係普通地方公共団体の議会において解職に同意する旨の議決があつたとき、又は三以上の普通地方公共団体の共同設置する場合においてはその半数を超える関係普通地方公共団体の議会において解職に同意する旨の議決があつたときは、当該解職は、成立するものとする。

（共同設置する機関の補助職員等）

第二百五十二条の十一　普通地方公共団体が共同設置する委員会又は委員の事務を補助する職員は、第二百五十二条の九第四項又は第五項の規定により共同設置する委員会の委員（教育委員会にあつては、教育長及び委員）又は委員が属するものとみなされる普通地方公共団体（以下この条において「規約で定める普通地方公共団体」という。）の長の補助機関である職員をもつて充て、普通地方公共団体が共同設置する附属機関の庶務は、規約で定める普通地方公共団体の執行機関においてこれをつかさどるものとする。

2　普通地方公共団体が共同設置する委員会若しくは委員又は附属機関に要する経費は、関係普通地方公共団体がこれを負担し、規約で定める普通地方公共団体の歳入歳出予算にこれを計上して支出するものとする。

3　普通地方公共団体が共同設置する委員会が徴収する手数料その他の収入は、規約で定める普通地方公共団体の収入とする。

4　普通地方公共団体が共同設置する委員会が行う関係普通地方公共団体の財務に関する事務の執行及び関係普通地方公共団体の経営に係る事業の管理の通常の監査は、規約で定める普通地方公共団体の監査委員が毎会計年度少なくとも一回以上期日を定めてこれを行うものとする。この場合において、規約で定める普通地方公共団体の監査委員は、第百九十九条第九項の規定による監査の結果に関する報告を他の関係普通地方公共団体の長に提出するとともに、これを公表しなければならない。

5　前項の場合において、規約で定める普通地方公共団体の監査委員は、第百九十九条第九項の規定による監査の結果に関する報告の決定について、各監査委員の意見が一致しないことにより、同条第十二項の合議により決定することができない事項がある場合には、その旨及び当該事項についての各監査委員の意見を他の関係普通地方公共団体の長に提出するとともに、これらを公表しなければならない。

（共同設置する機関に対する法令の適用）

第二百五十二条の十二　普通地方公共団体が共同設置する委員会若しくは委員又は附属機関

は、この法律その他これらの機関の権限に属する事務の管理及び執行に関する法令、条例、規則その他の規程の適用については、この法律に特別の定めがあるものを除くほか、それぞれ関係普通地方公共団体の委員会若しくは委員又は附属機関とみなす。

（議会事務局等の共同設置に関する準用規定）

第二百五十二条の十三　第二百五十二条の八から前条までの規定は、政令で定めるところにより、第二百五十二条の七の規定による議会事務局、行政機関、内部組織、委員会事務局、普通地方公共団体の議会、長、委員会若しくは委員の事務を補助する職員、専門委員又は監査専門委員の共同設置について準用する。

第四款　事務の委託

（事務の委託）

第二百五十二条の十四　普通地方公共団体は、協議により規約を定め、普通地方公共団体の事務の一部を、他の普通地方公共団体に委託して、当該他の普通地方公共団体の長又は同種の委員会若しくは委員をして管理し及び執行させることができる。

2　前項の規定により委託した事務を変更し、又はその事務の委託を廃止しようとするときは、関係普通地方公共団体は、同項の例により、協議してこれを行わなければならない。

3　第二百五十二条の二の二第二項及び第三項本文の規定は前二項の規定により普通地方公共団体の事務を委託し、又は委託した事務を変更し、若しくはその事務の委託を廃止する場合に、同条第四項の規定は第一項の場合にこれを準用する。

（事務の委託の規約）

第二百五十二条の十五　前条の規定により委託する普通地方公共団体の事務（以下本条中「委託事務」という。）の委託に関する規約には、次に掲げる事項につき規定を設けなければならない。

一　委託する普通地方公共団体及び委託を受ける普通地方公共団体

二　委託事務の範囲並びに委託事務の管理及び執行の方法

三　委託事務に要する経費の支弁の方法

四　前各号に掲げるもののほか、委託事務に関し必要な事項

（事務の委託の効果）

第二百五十二条の十六　普通地方公共団体の事務を、他の普通地方公共団体に委託して、当該他の普通地方公共団体の長又は同種の委員会若しくは委員をして管理し及び執行させる場合においては、当該事務の管理及び執行に関する法令中委託した普通地方公共団体又はその執行機関に適用すべき規定は、当該委託された事務の範囲内において、その事務の委託を受けた普通地方公共団体又はその執行機関について適用があるものとし、別に規約で定めをするものを除くほか、事務の委託を受けた普通地方公共団体の当該委託された事務の管理及び執行に関する条例、規則又はその機関の定める規程は、委託した普通地方公共団体の条例、規則又はその機関の定める規程としての効力を有する。

第五款　事務の代替執行

（事務の代替執行）

第二百五十二条の十六の二　普通地方公共団体は、他の普通地方公共団体の求めに応じて、協議により規約を定め、当該他の普通地方公共団体の事務の一部を、当該他の普通地方公共団体又は当該他の普通地方公共団体の長若しくは同種の委員会若しくは委員の名において管理し及び執行すること（以下この条及び次条において「事務の代替執行」という。）ができる。

2　前項の規定により事務の代替執行をする事務（以下この款において「代替執行事務」という。）を変更し、又は事務の代替執行を廃止しようとするときは、関係普通地方公共団体は、同項の例により、協議してこれを行わなければならない。

3　第二百五十二条の二の二第二項及び第三項本文の規定は前二項の規定により事務の代替執行をし、又は代替執行事務を変更し、若しくは事務の代替執行を廃止する場合に、同条第四項の規定は第一項の場合に準用する。

（事務の代替執行の規約）

第二百五十二条の十六の三　事務の代替執行に関する規約には、次に掲げる事項につき規定を設けなければならない。

一　事務の代替執行をする普通地方公共団体及びその相手方となる普通地方公共団体

二　代替執行事務の範囲並びに代替執行事務の管理及び執行の方法

三　代替執行事務に要する経費の支弁の方法

四　前三号に掲げるもののほか、事務の代替執行に関し必要な事項

（代替執行事務の管理及び執行の効力）

第二百五十二条の十六の四　第二百五十二条の十六の二の規定により普通地方公共団体が他の普通地方公共団体又は他の普通地方公共団体の長若しくは同種の委員会若しくは委員の名において管理し及び執行した事務の管理及び執行は、当該他の普通地方公共団体の長又は同種の委員会若しくは委員が管理し及び執行したものとしての効力を有する。

第六款　職員の派遣

（職員の派遣）

第二百五十二条の十七　普通地方公共団体の長又は委員会若しくは委員は、法律に特別の定めがあるものを除くほか、当該普通地方公共団体の事務の処理のため特別の必要があると認めるときは、他の普通地方公共団体の長又は委員会若しくは委員に対し、当該普通地方公共団体の職員の派遣を求めることができる。

2　前項の規定による求めに応じて派遣される職員は、派遣を受けた普通地方公共団体の職員の身分をあわせ有することとなるものとし、その給料、手当（退職手当を除く。）及び旅費は、当該職員の派遣を受けた普通地方公共団体の負担とし、退職手当及び退職年金又は退職一時金は、当該職員の派遣をした普通地方公共団体の負担とする。ただし、当該派遣が長期間にわたることその他の特別の事情があるときは、当該職員の派遣を求める普通地方公共団体及びその求めに応じて当該職員の派遣をしようとする普通地方公共団体の長又は委員会若しくは委員の協議により、当該派遣の趣旨に照らして必要な範囲内において、当該職員の派遣を求める普通地方公共団体が当該職員の退職手当の全部又は一部を負担することとすることができる。

3　普通地方公共団体の委員会又は委員が、第一項の規定により職員の派遣を求め、若しくはその求めに応じて職員を派遣しようとするとき、又は前項ただし書の規定により退職手当の負担について協議しようとするときは、あらかじめ、当該普通地方公共団体の長に協議しなければならない。

4　第二項に規定するもののほか、第一項の規定に基づき派遣された職員の身分取扱いに関しては、当該職員の派遣をした普通地方公共団体の職員に関する法令の規定の適用があるものとする。ただし、当該法令の趣旨に反しない範囲内で政令で特別の定めをすることができる。

第四節　条例による事務処理の特例

（条例による事務処理の特例）

第二百五十二条の十七の二　都道府県は、都道府県知事の権限に属する事務の一部を、条例の定めるところにより、市町村が処理することとすることができる。この場合においては、当該市町村が処理することとされた事務は、当該市町村の長が管理し及び執行するものとする。

2　前項の条例（同項の規定により都道府県の規則に基づく事務を市町村が処理することとする場合で、同項の条例の定めるところにより、規則に委任して当該事務の範囲を定めるときは、当該規則を含む。以下本節において同じ。）を制定し又は改廃する場合においては、都道府県知事は、あらかじめ、その権限に属する事務の一部を処理し又は処理することとなる市町村の長に協議しなければならない。

3　市町村の長は、その議会の議決を経て、都道府県知事に対し、第一項の規定によりその権限に属する事務の一部を当該市町村が処理することとするよう要請することができる。

4　前項の規定による要請があつたときは、都道府県知事は、速やかに、当該市町村の長と協議しなければならない。

（条例による事務処理の特例の効果）

第二百五十二条の十七の三　前条第一項の条例の定めるところにより、都道府県知事の権限に属する事務の一部を市町村が処理する場合においては、当該条例の定めるところにより市町村が処理することとされた事務について規定する法令、条例又は規則中都道府県に関する規定は、当該事務の範囲内において、当該市町村に関する規定として当該市町村に適用があるものとする。

2　前項の規定により市町村に適用があるものとされる法令の規定により国の行政機関が市町村に対して行うものとなる助言等、資料の提出の要求等又は是正の要求等は、都道府県知事を通じて行うことができるものとする。

3　第一項の規定により市町村に適用があるものとされる法令の規定により市町村が国の行政機関と行うものとなる協議は、都道府県知事を通じて行うものとし、当該法令の規定により国の行政機関が市町村に対して行うものとなる許認可等に係る申請等は、都道府県知事を経由して行うものとする。

行政法

（是正の要求等の特則）

第二百五十二条の十七の四　都道府県知事は、第二百五十二条の十七の二第一項の条例の定めるところにより市町村が処理することとされた事務のうち自治事務の処理が法令の規定に違反していると認めるとき、又は著しく適正を欠き、かつ、明らかに公益を害していると認めるときは、当該市町村に対し、第二百四十五条の五第二項に規定する各大臣の指示がない場合であつても、同条第三項の規定により、当該自治事務の処理について違反の是正又は改善のため必要な措置を講ずべきことを求めることができる。

2　第二百五十二条の十七の二第一項の条例の定めるところにより市町村が処理することとされた事務のうち法定受託事務に対する第二百四十五条の八第十二項において準用する同条第一項から第十一項までの規定の適用については、同条第十二項において読み替えて準用する同条第二項から第四項まで、第六項、第八項及び第十一項中「都道府県知事」とあるのは、「各大臣」とする。この場合においては、同条第十三項の規定は適用しない。

3　第二百五十二条の十七の二第一項の条例の定めるところにより市町村が処理することとされた事務のうち自治事務の処理について第二百四十五条の五第三項の規定による是正の要求（第一項の規定による是正の要求を含む。）を行つた都道府県知事は、第二百五十二条第一項各号のいずれかに該当するときは、同項に規定する各大臣の指示がない場合であつても、同条第二項の規定により、訴えをもつて当該是正の要求を受けた市町村の不作為の違法の確認を求めることができる。

4　第二百五十二条の十七の二第一項の条例の定めるところにより市町村が処理することとされた事務のうち法定受託事務に係る市町村長の処分についての第二百五十五条の二第一項の審査請求の裁決に不服がある者は、当該処分に係る事務を規定する法律又はこれに基づく政令を所管する各大臣に対して再審査請求をすることができる。

5　市町村長が第二百五十二条の十七の二第一項の条例の定めるところにより市町村が処理することとされた事務のうち法定受託事務に係る処分をする権限をその補助機関である職員又はその管理に属する行政機関の長に委任した場合において、委任を受けた職員又は行政機関の長がその委任に基づいてした処分につき、第二百五十五条の二第二項の再審査請求の裁決があつたときは、当該裁決に不服がある者は、再々審査請求をすることができる。この場合において、再々審査請求は、当該処分に係る再審査請求若しくは審査請求の裁決又は当該処分を対象として、当該処分に係る事務を規定する法律又はこれに基づく政令を所管する各大臣に対してするものとする。

6　前項の再々審査請求については、行政不服審査法第四章の規定を準用する。

7　前項において準用する行政不服審査法の規定に基づく処分及びその不作為については、行政不服審査法第二条及び第三条の規定は、適用しない。

第五節　雑則

（組織及び運営の合理化に係る助言及び勧告並びに資料の提出の要求）

第二百五十二条の十七の五　総務大臣又は都道府県知事は、普通地方公共団体の組織及び運営の合理化に資するため、普通地方公共団体に対し、適切と認める技術的な助言若しくは勧告をし、又は当該助言若しくは勧告をするため若しくは普通地方公共団体の組織及び運営の合理化に関する情報を提供するため必要な資料の提出を求めることができる。

2　総務大臣は、都道府県知事に対し、前項の規定による市町村に対する助言若しくは勧告又は資料の提出の求めに関し、必要な指示をすることができる。

3　普通地方公共団体の長は、第二条第十四項及び第十五項の規定の趣旨を達成するため必要があると認めるときは、総務大臣又は都道府県知事に対し、当該普通地方公共団体の組織及び運営の合理化に関する技術的な助言若しくは勧告又は必要な情報の提供を求めることができる。

（財務に係る実地検査）

第二百五十二条の十七の六　総務大臣は、必要があるときは、都道府県について財務に関係のある事務に関し、実地の検査を行うことができる。

2　都道府県知事は、必要があるときは、市町村について財務に関係のある事務に関し、実地の検査を行うことができる。

3　総務大臣は、都道府県知事に対し、前項の規定による検査に関し、必要な指示をすることができる。

4　総務大臣は、前項の規定によるほか、緊急を要するときその他特に必要があると認めるときは、市町村について財務に関係のある事務に関し、実地の検査を行うことができる。

（市町村に関する調査）

第二百五十二条の十七の七　総務大臣は、第二百五十二条の十七の五第一項及び第二項並びに前条第三項及び第四項の規定による権限の行使のためその他市町村の適正な運営を確保するため必要があるときは、都道府県知事に対し、市町村についてその特に指定する事項の調査を行うよう指示をすることができる。

（長の臨時代理者）

第二百五十二条の十七の八　第百五十二条の規定により普通地方公共団体の長の職務を代理する者がないときは、都道府県知事については総務大臣、市町村長については都道府県知事は、普通地方公共団体の長の被選挙権を有する者で当該普通地方公共団体の区域内に住所を有するもののうちから臨時代理者を選任し、当該普通地方公共団体の長の職務を行わせることができる。

２　臨時代理者は、当該普通地方公共団体の長が選挙され、就任する時まで、普通地方公共団体の長の権限に属するすべての職務を行う。

３　臨時代理者により選任又は任命された当該普通地方公共団体の職員は、当該普通地方公共団体の長が選挙され、就任した時は、その職を失う。

（臨時選挙管理委員）

第二百五十二条の十七の九　普通地方公共団体の選挙管理委員会が成立しない場合において、当該普通地方公共団体の議会もまた成立していないときは、都道府県にあつては総務大臣、市町村にあつては都道府県知事は、臨時選挙管理委員を選任し、選挙管理委員の職務を行わせることができる。

（臨時選挙管理委員の給与）

第二百五十二条の十七の十　前条の臨時選挙管理委員に対する給与は、当該普通地方公共団体の選挙管理委員に対する給与の例によりこれを定める。

（在職期間の通算）

第二百五十二条の十八　都道府県は、恩給法（大正十二年法律第四十八号）第十九条に規定する公務員（同法同条に規定する公務員とみなされる者を含む。以下本条中「公務員」という。）であつた者、他の都道府県の退職年金及び退職一時金に関する条例（以下本条中「退職年金条例」という。）の適用を受ける職員（その都道府県の退職年金条例の適用を受ける市町村立学校職員給与負担法（昭和二十三年法律第百三十五号）第一条及び第二条に規定する職員を含む。以下本条中「他の都道府県の職員」という。）であつた者又は市町村の退職年金条例の適用を受ける学校教育法（昭和二十二年法律第二十六号）第一条に規定する大学、高等学校及び幼稚園の職員並びに市町村の教育事務に従事する職員中政令で定める者（以下本条中「市町村の教育職員」という。）であつた者が、当該都道府県の退職年金条例の適用を受ける職員（その都道府県の退職年金条例の適用を受ける市町村立学校職員給与負担法第一条及び第二条に規定する職員を含む。以下本条中「当該都道府県の職員」という。）となつた場合においては、政令の定める基準に従い、当該公務員、他の都道府県の職員又は市町村の教育職員としての在職期間を当該都道府県の退職年金条例の規定による退職年金及び退職一時金の基礎となるべき在職期間に通算する措置を講じなければならない。ただし、市町村の教育職員としての在職期間については、当該市町村の教育職員に適用される退職年金条例の規定が政令の定める基準に従つて定められていないときは、この限りでない。

２　都道府県は、当該都道府県の職員であつた者が公務員、他の都道府県の職員又は市町村の教育職員となり、その当該都道府県の職員としての在職期間が恩給法の規定による恩給の基礎となるべき在職期間又は他の都道府県若しくは市町村の退職年金条例の規定による退職年金及び退職一時金の基礎となるべき在職期間に通算される場合における必要な調整措置を、政令の定める基準に従い、講じなければならない。

３　第一項の規定は、公務員であつた者、都道府県の職員（都道府県の退職年金条例の適用を受ける職員（その都道府県の退職年金条例の適用を受ける市町村立学校職員給与負担法第一条及び第二条に規定する職員を含む。）をいう。以下本項において同じ。）であつた者又は他の市町村の教育職員であつた者が市町村の教育職員となつた場合における当該市町村について、前項の規定は、市町村の教育職員であつた者が公務員、都道府県の職員又は他の市町村の教育職員となつた場合における当該市町村について、これを準用する。

４　普通地方公共団体は、第一項及び前項の規定の適用がある場合のほか、他の普通地方公共団体の退職年金条例の適用を受ける職員であつた者が当該普通地方公共団体の退職年金条例の適用を受ける職員となつた場合においては、当該他の普通地方公共団体の退職年金条例の適用を受ける職員としての在職期間を当該普通地方公共団体の退職年金条例の規定による退職年金及び退職一時金の基礎となる在職期間に通算する措置を講ずるように努めなければならない。

第二百五十二条の十八の二　普通地方公共団体は、国又は他の普通地方公共団体の職員から引き続いて当該普通地方公共団体の職員となつた者に係る退職手当の算定の基礎となる勤続期間の計算については、その者の当該国又は他の普通地方公共団体の職員としての引き続いた在職期間を当該普通地方公共団体の職員としての引き続いた在職期間に通算する措置を講ずるように努めなければならない。

第十二章　大都市等に関する特例

第一節　大都市に関する特例

（指定都市の権能）

第二百五十二条の十九　政令で指定する人口五十万以上の市（以下「指定都市」という。）は、次に掲げる事務のうち都道府県が法律又はこれに基づく政令の定めるところにより処理することとされているものの全部又は一部で政令で定めるものを、政令で定めるところにより、処理することができる。

一　児童福祉に関する事務
二　民生委員に関する事務
三　身体障害者の福祉に関する事務
四　生活保護に関する事務
五　行旅病人及び行旅死亡人の取扱に関する事務
五の二　社会福祉事業に関する事務
五の三　知的障害者の福祉に関する事務
六　母子家庭及び父子家庭並びに寡婦の福祉に関する事務
六の二　老人福祉に関する事務
七　母子保健に関する事務
七の二　介護保険に関する事務
八　障害者の自立支援に関する事務
八の二　生活困窮者の自立支援に関する事務
九　食品衛生に関する事務
九の二　医療に関する事務
十　精神保健及び精神障害者の福祉に関する事務
十一　結核の予防に関する事務
十一の二　難病の患者に対する医療等に関する事務
十二　土地区画整理事業に関する事務
十三　屋外広告物の規制に関する事務

2　指定都市がその事務を処理するに当たつて、法律又はこれに基づく政令の定めるところにより都道府県知事若しくは都道府県の委員会の許可、認可、承認その他これらに類する処分を要し、又はその事務の処理について都道府県知事若しくは都道府県の委員会の改善、停止、制限、禁止その他これらに類する指示その他の命令を受けるものとされている事項で政令で定めるものについては、政令の定めるところにより、これらの許可、認可等の処分を要せず、若しくはこれらの指示その他の命令に関する法令の規定を適用せず、又は都道府県知事若しくは都道府県の委員会の許可、認可等の処分若しくは指示その他の命令に代えて、各大臣の許可、認可等の処分を要するものとし、若しくは各大臣の指示その他の命令を受けるものとする。

（区の設置）

第二百五十二条の二十　指定都市は、市長の権限に属する事務を分掌させるため、条例で、その区域を分けて区を設け、区の事務所又は必要があると認めるときはその出張所を置くものとする。

2　区の事務所又はその出張所の位置、名称及び所管区域並びに区の事務所が分掌する事務は、条例でこれを定めなければならない。

3　区にその事務所の長として区長を置く。

4　区長又は区の事務所の出張所の長は、当該普通地方公共団体の長の補助機関である職員をもつて充てる。

5　区に選挙管理委員会を置く。

6　第四条第二項の規定は第二項の区の事務所又はその出張所の位置及び所管区域に、第百七十五条第二項の規定は区長又は第四項の区の事務所の出張所の長に、第二編第七章第三節中市の選挙管理委員会に関する規定は前項の選挙管理委員会について、これを準用する。

7　指定都市は、必要と認めるときは、条例で、区ごとに区地域協議会を置くことができる。この場合において、その区域内に地域自治区が設けられる区には、区地域協議会を設けないことができる。

8　第二百二条の五第二項から第五項まで及び

第二百二条の六から第二百二条の九までの規定は、区地域協議会に準用する。

9　指定都市は、地域自治区を設けるときは、その区域は、区の区域を分けて定めなければならない。

10　第七項の規定に基づき、区に区地域協議会を置く指定都市は、第二百二条の四第一項の規定にかかわらず、その一部の区の区域に地域自治区を設けることができる。

11　前各項に定めるもののほか、指定都市の区に関し必要な事項は、政令でこれを定める。

（**総合区の設置**）

第二百五十二条の二十の二　指定都市は、その行政の円滑な運営を確保するため必要があると認めるときは、前条第一項の規定にかかわらず、市長の権限に属する事務のうち特定の区の区域内に関するものを第八項の規定により総合区長に執行させるため、条例で、当該区に代えて総合区を設け、総合区の事務所又は必要があると認めるときはその出張所を置くことができる。

2　総合区の事務所又はその出張所の位置、名称及び所管区域並びに総合区の事務所が分掌する事務は、条例でこれを定めなければならない。

3　総合区にその事務所の長として総合区長を置く。

4　総合区長は、市長が議会の同意を得てこれを選任する。

5　総合区長の任期は、四年とする。ただし、市長は、任期中においてもこれを解職することができる。

6　総合区の事務所の職員のうち、総合区長があらかじめ指定する者は、総合区長に事故があるとき又は総合区長が欠けたときは、その職務を代理する。

7　第百四十一条、第百四十二条、第百五十九条、第百六十四条、第百六十五条第二項、第百六十六条第一項及び第三項並びに第百七十五条第二項の規定は、総合区長について準用する。

8　総合区長は、総合区の区域に係る政策及び企画をつかさどるほか、法律若しくはこれに基づく政令又は条例により総合区長が執行することとされた事務及び市長の権限に属する事務のうち主として総合区の区域内に関するもので次に掲げるものを執行し、これらの事務の執行について当該指定都市を代表する。ただし、法律又はこれに基づく政令に特別の定めがある場合は、この限りでない。

一　総合区の区域に住所を有する者の意見を反映させて総合区の区域のまちづくりを推進する事務（法律若しくはこれに基づく政令又は条例により市長が執行することとされたものを除く。）

二　総合区の区域に住所を有する者相互間の交流を促進するための事務（法律若しくはこれに基づく政令又は条例により市長が執行することとされたものを除く。）

三　社会福祉及び保健衛生に関する事務のうち総合区の区域に住所を有する者に対して直接提供される役務に関する事務（法律若しくはこれに基づく政令又は条例により市長が執行することとされたものを除く。）

四　前三号に掲げるもののほか、主として総合区の区域内に関する事務で条例で定めるもの

9　総合区長は、総合区の事務所又はその出張所の職員（政令で定めるものを除く。）を任免する。ただし、指定都市の規則で定める主要な職員を任免する場合においては、あらかじめ、市長の同意を得なければならない。

10　総合区長は、歳入歳出予算のうち総合区長が執行する事務に係る部分に関し必要があると認めるときは、市長に対し意見を述べることができる。

11　総合区に選挙管理委員会を置く。

12　第四条第二項の規定は第二項の総合区の事務所又はその出張所の位置及び所管区域について、第百七十五条第二項の規定は総合区の事務所の出張所の長について、第二編第七章第三節中市の選挙管理委員会に関する規定は前項の選挙管理委員会について準用する。

13　前条第七項から第十項までの規定は、総合区について準用する。

14　前各項に定めるもののほか、指定都市の総合区に関し必要な事項は、政令でこれを定める。

（**政令への委任**）

第二百五十二条の二十一　法律又はこれに基づく政令に定めるもののほか、第二百五十二条の十九第一項の規定による指定都市の指定があつた場合において必要な事項は、政令でこれを定める。

（**指定都市都道府県調整会議**）

第二百五十二条の二十一の二　指定都市及び当該指定都市を包括する都道府県（以下この条から第二百五十二条の二十一の四までにおいて「包括都道府県」という。）は、指定都市

及び包括都道府県の事務の処理について必要な協議を行うため、指定都市都道府県調整会議を設ける。

2　指定都市都道府県調整会議は、次に掲げる者をもつて構成する。

一　指定都市の市長

二　包括都道府県の知事

3　指定都市の市長及び包括都道府県の知事は、必要と認めるときは、協議して、指定都市都道府県調整会議に、次に掲げる者を構成員として加えることができる。

一　指定都市の市長以外の指定都市の執行機関が当該執行機関の委員長（教育委員会にあつては、教育長）、委員若しくは当該執行機関の事務を補助する職員又は当該執行機関の管理に属する機関の職員のうちから選任した者

二　指定都市の市長がその補助機関である職員のうちから選任した者

三　指定都市の議会が当該指定都市の議会の議員のうちから選挙により選出した者

四　包括都道府県の知事以外の包括都道府県の執行機関が当該執行機関の委員長（教育委員会にあつては、教育長）、委員若しくは当該執行機関の事務を補助する職員又は当該執行機関の管理に属する機関の職員のうちから選任した者

五　包括都道府県の知事がその補助機関である職員のうちから選任した者

六　包括都道府県の議会が当該包括都道府県の議会の議員のうちから選挙により選出した者

七　学識経験を有する者

4　指定都市の市長又は包括都道府県の知事は、指定都市の市長又は包括都道府県の知事以外の執行機関の権限に属する事務の処理について、指定都市都道府県調整会議における協議を行う場合には、指定都市都道府県調整会議に、当該執行機関が当該執行機関の委員長（教育委員会にあつては、教育長）、委員若しくは当該執行機関の事務を補助する職員又は当該執行機関の管理に属する機関の職員のうちから選任した者を構成員として加えるものとする。

5　指定都市の市長又は包括都道府県の知事は、第二条第六項又は第十四項の規定の趣旨を達成するため必要があると認めるときは、指定都市の市長にあつては包括都道府県の事務に関し当該包括都道府県の知事に対して、包括都道府県の知事にあつては指定都市の事務に関し当該指定都市の市長に対して、指定都市都道府県調整会議において協議を行うことを求めることができる。

6　前項の規定による求めを受けた指定都市の市長又は包括都道府県の知事は、当該求めに係る協議に応じなければならない。

7　前各項に定めるもののほか、指定都市都道府県調整会議に関し必要な事項は、指定都市都道府県調整会議が定める。

（指定都市と包括都道府県の間の協議に係る勧告）

第二百五十二条の二十一の三　指定都市の市長又は包括都道府県の知事は、前条第五項の規定による求めに係る協議を調えるため必要があると認めるときは、総務大臣に対し、文書で、当該指定都市及び包括都道府県の事務の処理に関し当該協議を調えるため必要な勧告を行うことを求めることができる。

2　指定都市の市長又は包括都道府県の知事は、前項の規定による勧告の求め（以下この条及び次条において「勧告の求め」という。）をしようとするときは、あらかじめ、当該指定都市又は包括都道府県の議会の議決を経なければならない。

3　指定都市の市長又は包括都道府県の知事は、勧告の求めをしようとするときは、指定都市の市長にあつては包括都道府県の知事、包括都道府県の知事にあつては指定都市の市長に対し、その旨をあらかじめ通知しなければならない。

4　勧告の求めをした指定都市の市長又は包括都道府県の知事は、総務大臣の同意を得て、当該勧告の求めを取り下げることができる。

5　総務大臣は、勧告の求めがあつた場合においては、これを国の関係行政機関の長に通知するとともに、次条第二項の規定により指定都市都道府県勧告調整委員を任命し、当該勧告の求めに係る総務大臣の勧告について意見を求めなければならない。

6　前項の規定により通知を受けた国の関係行政機関の長は、総務大臣に対し、文書で、当該勧告の求めについて意見を申し出ることができる。

7　総務大臣は、前項の意見の申出があつたときは、当該意見を指定都市都道府県勧告調整委員に通知するものとする。

8　総務大臣は、指定都市都道府県勧告調整委員から意見が述べられたときは、遅滞なく、指定都市の市長及び包括都道府県の知事に対

し、第二条第六項又は第十四項の規定の趣旨を達成するため必要な勧告をするとともに、当該勧告の内容を国の関係行政機関の長に通知し、かつ、これを公表しなければならない。

（指定都市都道府県勧告調整委員）

第二百五十二条の二十一の四　指定都市都道府県勧告調整委員は、前条第五項の規定による総務大臣からの意見の求めに応じ、総務大臣に対し、勧告の求めがあつた事項に関して意見を述べる。

2　指定都市都道府県勧告調整委員は、三人とし、事件ごとに、優れた識見を有する者のうちから、総務大臣がそれぞれ任命する。

3　指定都市都道府県勧告調整委員は、非常勤とする。

4　指定都市都道府県勧告調整委員は、勧告の求めをした指定都市の市長若しくは包括都道府県の知事が前条第四項の規定により勧告の求めを取り下げたとき又は同条第五項の規定による総務大臣からの意見の求めに応じ、総務大臣に対し、勧告の求めがあつた事項に関して意見を述べたときは、その職を失う。

5　総務大臣は、指定都市都道府県勧告調整委員が当該事件に直接利害関係を有することとなつたときは、当該指定都市都道府県勧告調整委員を罷免しなければならない。

6　第二百五十条の九第二項、第八項、第九項（第二号を除く。）及び第十項から第十四項までの規定は、指定都市都道府県勧告調整委員に準用する。この場合において、同条第二項中「三人以上」とあるのは「二人以上」と、同条第九項中「総務大臣は、両議院の同意を得て」とあるのは「総務大臣は」と、「三人以上」とあるのは「二人以上」と、「二人」とあるのは「一人」と、同条第十項中「二人」とあるのは「一人」と、同条第十一項中「両議院の同意を得て、その委員を」とあるのは「その指定都市都道府県勧告調整委員を」と、同条第十二項中「第四項後段及び第八項から前項まで」とあるのは「第八項、第九項（第二号を除く。）、第十項及び前項並びに第二百五十二条の二十一の四第五項」と読み替えるものとする。

（政令への委任）

第二百五十二条の二十一の五　前二条に規定するもののほか、第二百五十二条の二十一の三第一項に規定する総務大臣の勧告に関し必要な事項は、政令で定める。

第二節　中核市に関する特例

（中核市の権能）

第二百五十二条の二十二　政令で指定する人口二十万以上の市（以下「中核市」という。）は、第二百五十二条の十九第一項の規定により指定都市が処理することができる事務のうち、都道府県がその区域にわたり一体的に処理することが中核市が処理することに比して効率的な事務その他の中核市において処理することが適当でない事務以外の事務で政令で定めるものを、政令で定めるところにより、処理することができる。

2　中核市がその事務を処理するに当たつて、法律又はこれに基づく政令の定めるところにより都道府県知事の改善、停止、制限、禁止その他これらに類する指示その他の命令を受けるものとされている事項で政令で定めるものについては、政令の定めるところにより、これらの指示その他の命令に関する法令の規定を適用せず、又は都道府県知事の指示その他の命令に代えて、各大臣の指示その他の命令を受けるものとする。

第二百五十二条の二十三　削除

（中核市の指定に係る手続）

第二百五十二条の二十四　総務大臣は、第二百五十二条の二十二第一項の中核市の指定に係る政令の立案をしようとするときは、関係市からの申出に基づき、これを行うものとする。

2　前項の規定による申出をしようとするときは、関係市は、あらかじめ、当該市の議会の議決を経て、都道府県の同意を得なければならない。

3　前項の同意については、当該都道府県の議会の議決を経なければならない。

（政令への委任）

第二百五十二条の二十五　第二百五十二条の二十一の規定は、第二百五十二条の二十二第一項の規定による中核市の指定があつた場合について準用する。

（指定都市の指定があつた場合の取扱い）

第二百五十二条の二十六　中核市に指定された市について第二百五十二条の十九第一項の規定による指定都市の指定があつた場合は、当該市に係る第二百五十二条の二十二第一項の規定による中核市の指定は、その効力を失うものとする。

（中核市の指定に係る手続の特例）

第二百五十二条の二十六の二　第七条第一項又

は第三項の規定により中核市に指定された市の区域の全部を含む区域をもつて市を設置する処分について同項の規定により総務大臣に届出又は申請があつた場合は、第二百五十二条の二十四第一項の関係市からの申出があつたものとみなす。

第十三章　外部監査契約に基づく監査

第一節　通則

（外部監査契約）

第二百五十二条の二十七　この法律において「外部監査契約」とは、包括外部監査契約及び個別外部監査契約をいう。

2　この法律において「包括外部監査契約」とは、第二百五十二条の三十六第一項各号に掲げる普通地方公共団体及び同条第二項の条例を定めた同条第一項第二号に掲げる市以外の市又は町村が、第二条第十四項及び第十五項の規定の趣旨を達成するため、この法律の定めるところにより、次条第一項又は第二項に規定する者の監査を受けるとともに監査の結果に関する報告の提出を受けることを内容とする契約であつて、この法律の定めるところにより、当該監査を行う者と締結するものをいう。

3　この法律において「個別外部監査契約」とは、次の各号に掲げる普通地方公共団体が、当該各号に掲げる請求又は要求があつた場合において、この法律の定めるところにより、当該請求又は要求に係る事項について次条第一項又は第二項に規定する者の監査を受けるとともに監査の結果に関する報告の提出を受けることを内容とする契約であつて、この法律の定めるところにより、当該監査を行う者と締結するものをいう。

一　第二百五十二条の三十九第一項に規定する普通地方公共団体　第七十五条第一項の請求

二　第二百五十二条の四十第一項に規定する普通地方公共団体　第九十八条第二項の請求

三　第二百五十二条の四十一第一項に規定する普通地方公共団体　第百九十九条第六項の要求

四　第二百五十二条の四十二第一項に規定する普通地方公共団体　第百九十九条第七項の要求

五　第二百五十二条の四十三第一項に規定する普通地方公共団体　第二百四十二条第一項の請求

（外部監査契約を締結できる者）

第二百五十二条の二十八　普通地方公共団体が外部監査契約を締結できる者は、普通地方公共団体の財務管理、事業の経営管理その他行政運営に関し優れた識見を有する者であつて、次の各号のいずれかに該当するものとする。

一　弁護士（弁護士となる資格を有する者を含む。）

二　公認会計士（公認会計士となる資格を有する者を含む。）

三　国の行政機関において会計検査に関する行政事務に従事した者又は地方公共団体において監査若しくは財務に関する行政事務に従事した者であつて、監査に関する実務に精通しているものとして政令で定めるもの

2　普通地方公共団体は、外部監査契約を円滑に締結し、又はその適正な履行を確保するため必要と認めるときは、前項の規定にかかわらず、同項の識見を有する者であつて税理士（税理士となる資格を有する者を含む。）であるものと外部監査契約を締結することができる。

3　前二項の規定にかかわらず、普通地方公共団体は、次の各号のいずれかに該当する者と外部監査契約を締結してはならない。

一　禁錮以上の刑に処せられ、その執行を終わり、又は執行を受けることがなくなつてから三年を経過しない者

二　破産手続開始の決定を受けて復権を得ない者

三　国家公務員法（昭和二十二年法律第百二十号）又は地方公務員法の規定により懲戒免職の処分を受け、当該処分の日から三年を経過しない者

四　弁護士法（昭和二十四年法律第二百五号）、公認会計士法（昭和二十三年法律第百三号）又は税理士法（昭和二十六年法律第二百三十七号）の規定による懲戒処分により、弁護士会からの除名、公認会計士の登録の抹消又は税理士の業務の禁止の処分を受けた者で、これらの処分を受けた日から三年を経過しないもの（これらの法律の規定により再び業務を営むことができることとなつた者を除く。）

五　税理士法第四十八条第一項の規定により同法第四十四条第三号に掲げる処分を受け

るべきであつたことについて決定を受けた者で、当該決定を受けた日から三年を経過しないもの

六　懲戒処分により、弁護士、公認会計士又は税理士の業務を停止された者で、現にその処分を受けているもの

七　税理士法第四十八条第一項の規定により同法第四十四条第二号に掲げる処分を受けるべきであつたことについて決定を受けた者で、同項後段の規定により明らかにされた期間を経過しないもの

八　当該普通地方公共団体の議会の議員

九　当該普通地方公共団体の職員

十　当該普通地方公共団体の職員で政令で定めるものであつた者

十一　当該普通地方公共団体の長、副知事若しくは副市町村長、会計管理者又は監査委員と親子、夫婦又は兄弟姉妹の関係にある者

十二　当該普通地方公共団体に対し請負（外部監査契約に基づくものを除く。）をする者及びその支配人又は主として同一の行為をする法人の無限責任社員、取締役、執行役若しくは監査役若しくはこれらに準ずべき者、支配人及び清算人

（特定の事件についての監査の制限）

第二百五十二条の二十九　包括外部監査人（普通地方公共団体と包括外部監査契約を締結し、かつ、包括外部監査契約の期間（包括外部監査契約に基づく監査を行い、監査の結果に関する報告を提出すべき期間をいう。以下本章において同じ。）内にある者をいう。以下本章において同じ。）又は個別外部監査人（普通地方公共団体と個別外部監査契約を締結し、かつ、個別外部監査契約の期間（個別外部監査契約に基づく監査を行い、監査の結果に関する報告を提出すべき期間をいう。以下本章において同じ。）内にある者をいう。以下本章において同じ。）は、自己若しくは父母、祖父母、配偶者、子、孫若しくは兄弟姉妹の一身上に関する事件又は自己若しくはこれらの者の従事する業務に直接の利害関係のある事件については、監査することができない。

（監査の実施に伴う外部監査人と監査委員相互間の配慮）

第二百五十二条の三十　外部監査人（包括外部監査人及び個別外部監査人をいう。以下本章において同じ。）は、監査を実施するに当たつては、監査委員にその旨を通知する等相互の連絡を図るとともに、監査委員の監査の実施に支障を来さないよう配慮しなければならない。

2　監査委員は、監査を実施するに当たつては、外部監査人の監査の実施に支障を来さないよう配慮しなければならない。

（監査の実施に伴う外部監査人の義務）

第二百五十二条の三十一　外部監査人は、外部監査契約の本旨に従い、善良な管理者の注意をもつて、誠実に監査を行う義務を負う。

2　外部監査人は、外部監査契約の履行に当たつては、常に公正不偏の態度を保持し、自らの判断と責任において監査をしなければならない。

3　外部監査人は、監査の実施に関して知り得た秘密を漏らしてはならない。外部監査人でなくなつた後であつても、同様とする。

4　前項の規定に違反した者は、二年以下の懲役又は百万円以下の罰金に処する。

5　外部監査人は、監査の事務に関しては、刑法（明治四十年法律第四十五号）その他の罰則の適用については、法令により公務に従事する職員とみなす。

（外部監査人の監査の事務の補助）

第二百五十二条の三十二　外部監査人は、監査の事務を他の者に補助させることができる。この場合においては、外部監査人は、政令の定めるところにより、あらかじめ監査委員に協議しなければならない。

2　監査委員は、前項の規定による協議が調つた場合には、直ちに当該監査の事務を補助する者の氏名及び住所並びに当該監査の事務を補助する者が外部監査人の監査の事務を補助できる期間を告示しなければならない。

3　第一項の規定による協議は、監査委員の合議によるものとする。

4　外部監査人は、監査が適正かつ円滑に行われるよう外部監査人補助者（第二項の規定により外部監査人の監査の事務を補助する者として告示された者であつて、かつ、外部監査人の監査の事務を補助できる期間内にあるものをいう。以下本条において同じ。）を監督しなければならない。

5　外部監査人補助者は、外部監査人の監査の事務を補助したことに関して知り得た秘密を漏らしてはならない。外部監査人補助者でなくなつた後であつても、同様とする。

6　前項の規定に違反した者は、二年以下の懲役又は百万円以下の罰金に処する。

7　外部監査人補助者は、外部監査人の監査の事務の補助に関しては、刑法その他の罰則の適用については、法令により公務に従事する職員とみなす。

8　外部監査人は、第二項の規定により告示された者に監査の事務を補助させる必要がなくなつたときは、速やかに、その旨を監査委員に通知しなければならない。

9　前項の通知があつたときは、監査委員は、速やかに、当該通知があつた者の氏名及び住所並びにその者が外部監査人を補助する者でなくなつたことを告示しなければならない。

10　前項の規定による告示があつたときは、当該告示された者が外部監査人の監査の事務を補助できる期間は終了する。

（外部監査人の監査への協力）

第二百五十二条の三十三　普通地方公共団体が外部監査人の監査を受けるに当たつては、当該普通地方公共団体の議会、長その他の執行機関又は職員は、外部監査人の監査の適正かつ円滑な遂行に協力するよう努めなければならない。

2　代表監査委員は、外部監査人の求めに応じ、監査委員の監査の事務に支障のない範囲内において、監査委員の事務局長、書記その他の職員、監査専門委員又は第百八十条の三の規定による職員を外部監査人の監査の事務に協力させることができる。

（議会による説明の要求又は意見の陳述）

第二百五十二条の三十四　普通地方公共団体の議会は、外部監査人の監査に関し必要があると認めるときは、外部監査人又は外部監査人であつた者の説明を求めることができる。

2　普通地方公共団体の議会は、外部監査人の監査に関し必要があると認めるときは、外部監査人に対し意見を述べることができる。

（外部監査契約の解除）

第二百五十二条の三十五　普通地方公共団体の長は、外部監査人が第二百五十二条の二十八第一項各号のいずれにも該当しなくなつたとき（同条第二項の規定により外部監査契約が締結された場合にあつては、税理士（税理士となる資格を有する者を含む。）でなくなつたとき）、又は同条第三項各号のいずれかに該当するに至つたときは、当該外部監査人と締結している外部監査契約を解除しなければならない。

2　普通地方公共団体の長は、外部監査人が心身の故障のため監査の遂行に堪えないと認めるとき、外部監査人にこの法律若しくはこれに基づく命令の規定又は外部監査契約に係る義務に違反する行為があると認めるときその他外部監査人と外部監査契約を締結していることが著しく不適当と認めるときは、外部監査契約を解除することができる。この場合においては、あらかじめ監査委員の意見を聴くとともに、その意見を付けて議会の同意を得なければならない。

3　外部監査人が、外部監査契約を解除しようとするときは、普通地方公共団体の長の同意を得なければならない。この場合においては、当該普通地方公共団体の長は、あらかじめ監査委員の意見を聴かなければならない。

4　前二項の規定による意見は、監査委員の合議によるものとする。

5　普通地方公共団体の長は、第一項若しくは第二項の規定により外部監査契約を解除したとき、又は第三項の規定により外部監査契約を解除されたときは、直ちに、その旨を告示するとともに、遅滞なく、新たに外部監査契約を締結しなければならない。

6　外部監査契約の解除は、将来に向かつてのみその効力を生ずる。

第二節　包括外部監査契約に基づく監査

（包括外部監査契約の締結）

第二百五十二条の三十六　次に掲げる普通地方公共団体の長は、政令で定めるところにより、毎会計年度、当該会計年度に係る包括外部監査契約を、速やかに、一の者と締結しなければならない。この場合においては、あらかじめ監査委員の意見を聴くとともに、議会の議決を経なければならない。

一　都道府県

二　政令で定める市

2　前項第二号に掲げる市以外の市又は町村で、契約に基づく監査を受けることを条例により定めたものの長は、同項の政令で定めるところにより、条例で定める会計年度において、当該会計年度に係る包括外部監査契約を、速やかに、一の者と締結しなければならない。この場合においては、あらかじめ監査委員の意見を聴くとともに、議会の議決を経なければならない。

3　前二項の規定による意見の決定は、監査委員の合議によるものとする。

4　第一項又は第二項の規定により包括外部監査契約を締結する場合には、第一項各号に掲げる普通地方公共団体及び第二項の条例を定めた第一項第二号に掲げる市以外の市又は町村（以下「包括外部監査対象団体」という。）は、連続して四回、同一の者と包括外部監査契約を締結してはならない。

5　包括外部監査契約には、次に掲げる事項について定めなければならない。

一　包括外部監査契約の期間の始期

二　包括外部監査契約を締結した者に支払うべき監査に要する費用の額の算定方法

三　前二号に掲げる事項のほか、包括外部監査契約に基づく監査のために必要な事項として政令で定めるもの

6　包括外部監査対象団体の長は、包括外部監査契約を締結したときは、前項第一号及び第二号に掲げる事項その他政令で定める事項を直ちに告示しなければならない。

7　包括外部監査契約の期間の終期は、包括外部監査契約に基づく監査を行うべき会計年度の末日とする。

8　包括外部監査対象団体は、包括外部監査契約の期間を十分に確保するよう努めなければならない。

（包括外部監査人の監査）

第二百五十二条の三十七　包括外部監査人は、包括外部監査対象団体の財務に関する事務の執行及び包括外部監査対象団体の経営に係る事業の管理のうち、第二条第十四項及び第十五項の規定の趣旨を達成するため必要と認める特定の事件について監査するものとする。

2　包括外部監査人は、前項の規定による監査をするに当たつては、当該包括外部監査対象団体の財務に関する事務の執行及び当該包括外部監査対象団体の経営に係る事業の管理が第二条第十四項及び第十五項の規定の趣旨にのつとつてなされているかどうかに、特に、意を用いなければならない。

3　包括外部監査人は、包括外部監査契約で定める包括外部監査契約の期間内に少なくとも一回以上第一項の規定による監査をしなければならない。

4　包括外部監査対象団体は、当該包括外部監査対象団体が第百九十九条第七項に規定する財政的援助を与えているものの出納その他の事務の執行で当該財政的援助に係るもの、当該包括外部監査対象団体が出資しているもので同項の政令で定めるものの出納その他の事務の執行で当該出資に係るもの、当該包括外部監査対象団体が借入金の元金若しくは利子の支払を保証しているものの出納その他の事務の執行で当該保証に係るもの、当該包括外部監査対象団体が受益権を有する信託で同項の政令で定めるものの受託者の出納その他の事務の執行で当該信託に係るもの又は当該包括外部監査対象団体が第二百四十四条の二第三項の規定に基づき公の施設の管理を行わせているものの出納その他の事務の執行で当該管理の業務に係るものについて、包括外部監査人が必要があると認めるときは監査することができることを条例により定めることができる。

5　包括外部監査人は、包括外部監査契約で定める包括外部監査契約の期間内に、監査の結果に関する報告を決定し、これを包括外部監査対象団体の議会、長及び監査委員並びに関係のある教育委員会、選挙管理委員会、人事委員会若しくは公平委員会、公安委員会、労働委員会、農業委員会その他法律に基づく委員会又は委員に提出しなければならない。

第二百五十二条の三十八　包括外部監査人は、監査のため必要があると認めるときは、監査委員と協議して、関係人の出頭を求め、若しくは関係人について調査し、若しくは関係人の帳簿、書類その他の記録の提出を求め、又は学識経験を有する者等から意見を聴くことができる。

2　包括外部監査人は、監査の結果に基づいて必要があると認めるときは、当該包括外部監査対象団体の組織及び運営の合理化に資するため、監査の結果に関する報告に添えてその意見を提出することができる。

3　監査委員は、前条第五項の規定により監査の結果に関する報告の提出があつたときは、これを公表しなければならない。

4　監査委員は、包括外部監査人の監査の結果に関し必要があると認めるときは、当該包括外部監査対象団体の議会及び長並びに関係のある教育委員会、選挙管理委員会、人事委員会若しくは公平委員会、公安委員会、労働委員会、農業委員会その他法律に基づく委員会又は委員にその意見を提出することができる。

5　第一項の規定による協議又は前項の規定による意見の決定は、監査委員の合議によるものとする。

6　前条第五項の規定による監査の結果に関する報告の提出があつた場合において、当該監査の結果に関する報告の提出を受けた包括外部監査対象団体の議会、長、教育委員会、選

挙管理委員会、人事委員会若しくは公平委員会、公安委員会、労働委員会、農業委員会その他法律に基づく委員会又は委員は、当該監査の結果に基づき、又は当該監査の結果を参考として措置を講じたときは、その旨を監査委員に通知するものとする。この場合においては、監査委員は、当該通知に係る事項を公表しなければならない。

第三節　個別外部監査契約に基づく監査

（第七十五条の規定による監査の特例）

第二百五十二条の三十九　第七十五条第一項の請求に係る監査について、監査委員の監査に代えて契約に基づく監査によることができることを条例により定める普通地方公共団体の同項の選挙権を有する者は、政令で定めるところにより、同項の請求をする場合には、併せて監査委員の監査に代えて個別外部監査契約に基づく監査によることを求めることができる。

2　前項の規定により個別外部監査契約に基づく監査によることが求められた第七十五条第一項の請求（以下この条において「事務の監査の請求」という。）についての個別外部監査の請求」という。）については、第七十五条第二項から第五項までの規定は、適用しない。

3　事務の監査の請求に係る個別外部監査の請求があつたときは、監査委員は、直ちに、政令で定めるところにより、当該請求の要旨を公表するとともに、当該事務の監査の請求に係る個別外部監査の請求について監査委員の監査に代えて個別外部監査契約に基づく監査によることについての意見を付けて、その旨を当該普通地方公共団体の長に通知しなければならない。

4　前項の規定による通知があつたときは、当該普通地方公共団体の長は、当該通知があつた日から二十日以内に議会を招集し、同項の規定による監査委員の意見を付けて、当該事務の監査の請求に係る個別外部監査の請求について監査委員の監査に代えて個別外部監査契約に基づく監査によることについて、議会に付議し、その結果を監査委員に通知しなければならない。

5　事務の監査の請求に係る個別外部監査の請求について監査委員の監査に代えて個別外部監査契約に基づく監査によることについて議会の議決を経た場合には、当該普通地方公共団体の長は、政令で定めるところにより、当該事務の監査の請求に係る個別外部監査の請求に係る事項についての個別外部監査契約を一の者と締結しなければならない。

6　前項の個別外部監査契約を締結する場合には、当該普通地方公共団体の長は、あらかじめ監査委員の意見を聴くとともに、議会の議決を経なければならない。

7　第三項又は前項の規定による意見の決定は、監査委員の合議によるものとする。

8　第五項の個別外部監査契約には、次に掲げる事項について定めなければならない。

一　事務の監査の請求に係る個別外部監査の請求に係る事項

二　個別外部監査契約の期間

三　個別外部監査契約を締結した者に支払うべき監査に要する費用の額の算定方法

四　前三号に掲げる事項のほか、個別外部監査契約に基づく監査のために必要な事項として政令で定めるもの

9　普通地方公共団体の長は、第五項の個別外部監査契約を締結したときは、前項第一号から第三号までに掲げる事項その他政令で定める事項を直ちに告示しなければならない。

10　包括外部監査対象団体の長が、第五項の個別外部監査契約を当該包括外部監査対象団体の包括外部監査人と締結するときは、第六項の規定は、適用しない。この場合において、当該個別外部監査契約は、個別外部監査契約の期間が当該包括外部監査対象団体が締結している包括外部監査契約で定める包括外部監査契約の期間を超えないものであり、かつ、個別外部監査契約を締結した者に支払うべき費用の額の算定方法が当該包括外部監査契約で定める包括外部監査契約を締結した者に支払うべき費用の額の算定方法に準じたものでなければならない。

11　前項の規定により第五項の個別外部監査契約を締結した包括外部監査対象団体の長は、その旨を議会に報告しなければならない。

12　第五項の個別外部監査契約を締結した者は、当該個別外部監査契約で定める個別外部監査契約の期間内に、事務の監査の請求に係る個別外部監査の請求に係る事項につき監査し、かつ、監査の結果に関する報告を決定するとともに、これを当該個別外部監査契約を締結した普通地方公共団体の議会、長及び監査委員並びに関係のある教育委員会、選挙管理委員会、人事委員会若しくは公平委員会、公安委員会、労働委員会、農業委員会その他

法律に基づく委員会又は委員に提出しなければならない。

13　監査委員は、前項の規定により監査の結果に関する報告の提出があつたときは、これを当該事務の監査の請求に係る個別外部監査の請求に係る代表者に送付するとともに、公表しなければならない。

14　前条第一項、第二項及び第四項から第六項までの規定は、事務の監査の請求に係る個別外部監査の請求に係る事項についての個別外部監査人の監査について準用する。この場合において、同条第二項及び第四項中「包括外部監査対象団体」とあるのは「個別外部監査契約を締結した普通地方公共団体」と、同条第六項中「前条第五項」とあるのは「次条第十二項」と、「包括外部監査対象団体」とあるのは「個別外部監査契約を締結した普通地方公共団体」と読み替えるものとする。

15　事務の監査の請求に係る個別外部監査の請求について、監査委員の監査に代えて個別外部監査契約に基づく監査によることについて、議会がこれを否決したときは、当該事務の監査の請求に係る個別外部監査の請求は、初めから第一項の規定により個別外部監査契約に基づく監査によることが求められていない第七十五条第一項の請求であつたものとみなして、同条第三項から第五項までの規定を適用する。

（**第九十八条第二項の規定による監査の特例**）

第二百五十二条の四十　第九十八条第二項の請求に係る監査について監査委員の監査に代えて契約に基づく監査によることができることを条例により定める普通地方公共団体の議会は、同項の請求をする場合において、特に必要があると認めるときは、その理由を付して、併せて監査委員の監査に代えて個別外部監査契約に基づく監査によることを求めることができる。この場合においては、あらかじめ監査委員の意見を聴かなければならない。

2　前項の規定により個別外部監査契約に基づく監査によることが求められた第九十八条第二項の請求（以下本条において「議会からの個別外部監査の請求」という。）については、監査委員は、当該議会からの個別外部監査の請求に係る事項についての監査及び監査の結果に関する報告は行わない。

3　議会からの個別外部監査の請求があつたときは、監査委員は、直ちにその旨を当該普通地方公共団体の長に通知しなければならない。

4　前条第五項から第十一項までの規定は、前項の規定による通知があつた場合について準用する。この場合において、同条第五項中「事務の監査の請求に係る個別外部監査の請求について監査委員の監査に代えて個別外部監査契約に基づく監査によることについて議会の議決を経た」とあるのは「次条第三項の規定による通知があつた」と、「事務の監査の請求に係る個別外部監査の請求に係る」とあるのは「同条第二項に規定する議会からの個別外部監査の請求に係る」と、同条第七項中「第三項」とあるのは「次条第一項」と、同条第八項第一号中「事務の監査の請求に係る個別外部監査の請求」とあるのは「次条第二項に規定する議会からの個別外部監査の請求」と読み替えるものとする。

5　前項において準用する前条第五項の個別外部監査契約を締結した者は、当該個別外部監査契約で定める個別外部監査契約の期間内に、議会からの個別外部監査の請求に係る事項につき監査しなければならない。

6　第百九十九条第二項後段、第二百五十二条の三十七第五項及び第二百五十二条の三十八の規定は、議会からの個別外部監査の請求に係る事項についての個別外部監査人の監査について準用する。この場合において、第二百五十二条の三十七第五項並びに第二百五十二条の三十八第二項、第四項及び第六項中「包括外部監査対象団体」とあるのは、「個別外部監査契約を締結した普通地方公共団体」と読み替えるものとする。

（**第百九十九条第六項の規定による監査の特例**）

第二百五十二条の四十一　第百九十九条第六項の要求に係る監査について、監査委員の監査に代えて契約に基づく監査によることができることを条例により定める普通地方公共団体の長は、同項の要求をする場合において、特に必要があると認めるときは、その理由を付して、併せて監査委員の監査に代えて個別外部監査契約に基づく監査によることを求めることができる。

2　前項の規定により個別外部監査契約に基づく監査によることが求められた第百九十九条第六項の要求（以下本条において「長からの個別外部監査の要求」という。）については、同項の規定にかかわらず、監査委員は、当該長からの個別外部監査の要求に係る事項についての監査は行わない。

3　長からの個別外部監査の要求があつたときは、監査委員は、直ちに、監査委員の監査に代えて個別外部監査契約に基づく監査によることについての意見を当該普通地方公共団体の長に通知しなければならない。

4　第二百五十二条の三十九第四項から第十一項までの規定は、前項の規定による通知があつた場合について準用する。この場合において、同条第四項中「前項」とあるのは「第二百五十二条の四十一第三項」と、「長は、当該通知があつた日から二十日以内に議会を招集し」とあるのは「長は」と、「事務の監査の請求に係る個別外部監査の請求」とあるのは「同条第二項に規定する長からの個別外部監査の要求」と、「付議し、その結果を監査委員に通知しなければならない」とあるのは「付議しなければならない」と、同条第五項中「事務の監査の請求に係る個別外部監査の請求について」とあるのは「第二百五十二条の四十一第二項に規定する長からの個別外部監査の要求について」と、「事務の監査の請求に係る個別外部監査の請求に係る」とあるのは「同項に規定する長からの個別外部監査の要求に係る」と、同条第七項中「第三項」とあるのは「第二百五十二条の四十一第三項」と、同条第八項第一号中「事務の監査の請求に係る個別外部監査の請求」とあるのは「第二百五十二条の四十一第二項に規定する長からの個別外部監査の要求」と読み替えるものとする。

5　前項において準用する第二百五十二条の三十九第五項の個別外部監査契約を締結した者は、当該個別外部監査契約で定める個別外部監査契約の期間内に、長からの個別外部監査の要求に係る事項につき監査しなければならない。

6　第二百五十二条の三十七第五項及び第二百五十二条の三十八の規定は、長からの個別外部監査の要求に係る事項についての個別外部監査人の監査について準用する。この場合において、第二百五十二条の三十七第五項並びに第二百五十二条の三十八第二項、第四項及び第六項中「包括外部監査対象団体」とあるのは、「個別外部監査契約を締結した普通地方公共団体」と読み替えるものとする。

（第百九十九条第七項の規定による監査の特例）

第二百五十二条の四十二　普通地方公共団体が第百九十九条第七項に規定する財政的援助を与えているものの出納その他の事務の執行で当該財政的援助に係るもの、普通地方公共団体が出資しているもので同項の政令で定めるものの出納その他の事務の執行で当該出資に係るもの、普通地方公共団体が借入金の元金若しくは利子の支払を保証しているものの出納その他の事務の執行で当該保証に係るもの、普通地方公共団体が受益権を有する信託で同項の政令で定めるものの受託者の出納その他の事務の執行で当該信託に係るもの又は普通地方公共団体が第二百四十四条の二第三項の規定に基づき公の施設の管理を行わせているものの出納その他の事務の執行で当該管理の業務に係るものについての第百九十九条第七項の要求に係る監査について、監査委員の監査に代えて契約に基づく監査によることができることを条例により定める普通地方公共団体の長は、同項の要求をする場合において、特に必要があると認めるときは、その理由を付して、併せて監査委員の監査に代えて個別外部監査契約に基づく監査によることを求めることができる。

2　前項の規定により個別外部監査契約に基づく監査によることが求められた第百九十九条第七項の要求（以下本条において「財政的援助を与えているもの等に係る個別外部監査の要求」という。）については、同項の規定にかかわらず、監査委員は、当該財政的援助を与えているもの等に係る個別外部監査の要求に係る事項についての監査は行わない。

3　財政的援助を与えているもの等に係る個別外部監査の要求があつたときは、監査委員は、直ちに、監査委員の監査に代えて個別外部監査契約に基づく監査によることについての意見を当該普通地方公共団体の長に通知しなければならない。

4　第二百五十二条の三十九第四項から第十一項までの規定は、前項の規定による通知があつた場合について準用する。この場合において、同条第四項中「前項」とあるのは「第二百五十二条の四十二第三項」と、「長は、当該通知があつた日から二十日以内に議会を招集し」とあるのは「長は」と、「事務の監査の請求に係る個別外部監査の請求」とあるのは「同条第二項に規定する財政的援助を与えているもの等に係る個別外部監査の要求」と、「付議し、その結果を監査委員に通知しなければならない」とあるのは「付議しなければならない」と、同条第五項中「事務の監査の請求に係る個別外部監査の請求について」とあるのは「第二百五十二条の四十二第二項に規定する財政的援助を与えているもの等に係る個別外部監査の要求について」と、「事務の監査の請求に係る個別外部監査の請求に係る」とあるのは「同項に規定する財政的援助を与えているもの等に係る個別外部監査の要求に係る」と、同条第七項中「第三項」とあるのは「第二百五十二条の四十二第三項」と、同条第八項第一号中「事務の監査の請求に係る個別外部監査の請求」とあるのは「第二百五十二条の四十二第二項に規定する財政的援助を与えているもの等に係る個別外部監査の要求」と読み替えるものとする。

5　前項において準用する第二百五十二条の三十九第五項の個別外部監査契約を締結した者は、当該個別外部監査契約で定める個別外部監査契約の期間内に、財政的援助を与えているもの等に係る個別外部監査の要求に係る事項につき監査しなければならない。

6　第二百五十二条の三十七第五項及び第二百五十二条の三十八の規定は、財政的援助を与えているもの等に係る個別外部監査の要求に係る事項についての個別外部監査人の監査について準用する。この場合において、第二百五十二条の三十七第五項並びに第二百五十二条の三十八第二項、第四項及び第六項中「包括外部監査対象団体」とあるのは、「個別外部監査契約を締結した普通地方公共団体」と読み替えるものとする。

（住民監査請求等の特例）

第二百五十二条の四十三　第二百四十二条第一項の請求に係る監査について監査委員の監査に代えて契約に基づく監査によることができることを条例により定める普通地方公共団体の住民は、同項の請求をする場合において、特に必要があると認めるときは、政令で定めるところにより、その理由を付して、併せて監査委員の監査に代えて個別外部監査契約に基づく監査によることを求めることができる。

2　監査委員は、前項の規定により個別外部監査契約に基づく監査によることが求められた第二百四十二条第一項の請求（以下この条において「住民監査請求に係る個別外部監査の請求」という。）があつた場合において、当該住民監査請求に係る個別外部監査の請求について、監査委員の監査に代えて個別外部監査契約に基づく監査によることが相当であると認めるときは、個別外部監査契約に基づく監査によることを決定し、当該住民監査請求に係る個別外部監査の請求があつた日から二十日以内に、その旨を当該普通地方公共団体の長に通知しなければならない。この場合において、監査委員は、当該通知をした旨を、当該住民監査請求に係る個別外部監査の請求に係る請求人に直ちに通知しなければならない。

3　第二百五十二条の三十九第五項から第十一項までの規定は、前項前段の規定による通知があつた場合について準用する。この場合において、同条第五項中「事務の監査の請求に係る個別外部監査の請求について監査委員の監査に代えて個別外部監査契約に基づく監査によることについて議会の議決を経た」とあるのは「第二百五十二条の四十三第二項前段の規定による通知があつた」と、「事務の監査の請求に係る個別外部監査の請求に係る」とあるのは「同項に規定する住民監査請求に係る個別外部監査の請求に係る」と、同条第七項中「第三項」とあるのは「第二百五十二条の四十三第二項の規定による監査委員の監査に代えて個別外部監査契約に基づく監査によることの決定」と、同条第八項第一号中「事務の監査の請求に係る個別外部監査の請求」とあるのは「第二百五十二条の四十三第二項に規定する住民監査請求に係る個別外部監査の請求」と読み替えるものとする。

4　前項において準用する第二百五十二条の三十九第五項の個別外部監査契約を締結した者は、当該個別外部監査契約で定める個別外部監査契約の期間内に、住民監査請求に係る個別外部監査の請求に係る事項について監査を行い、かつ、監査の結果に関する報告を決定するとともに、これを監査委員に提出しなければならない。

5　第二項前段の規定による通知があつた場合における第二百四十二条第五項から第七項まで及び第十一項並びに第二百四十二条の二第一項及び第二項の規定の適用については、第二百四十二条第五項中「第一項の規定による請求」とあるのは「第二百五十二条の四十三第四項の規定による監査の結果に関する報告の提出」と、「監査を行い」とあるのは「当該監査の結果に関する報告に基づき」と、「請求人に通知する」とあるのは「同条第二項に規定する住民監査請求に係る個別外部監査の請求に係る請求人（以下この条において「請求人」という。）に通知する」と、同条第六項中「監査委員の監査」とあるのは「請求に理由があるかどうかの決定」と、「第一項の規定による」とあるのは「第二百五十二条の四十三第二項に規定する住民監査請求に係る個別外部監査の」と、「六十日」とあるのは「九十日」と、同条第七項中「監査委員は、第五項」とあるのは「第二百五十二条の四十三第三項において準用する第二百五十二条の三十九第五項の個別外部監査契約を締結した者は、第二百五十二条の四十三第四項」と、同条第十一項中「第四項の規定による勧告、第五項」とあるのは「第五項」と、「監査及び勧告並びに前項の規定による意見」とあるのは「請求に理由があるかどうかの決定及び勧告」と、第二百四十二条の二第一項中「前条第一項の規定による」とあるのは「第二百五十二条の四十三第二項に規定する住民監査請求に係る個別外部監査の」と、「同条第五項の規定による監査委員の監査の結果」とあるのは「前条第五項の規定による請求に理由がない旨の決定」と、「監査若しくは」とあるのは「請求に理由がない旨の決定若しくは」と、「同条第一項」とあるのは「第二百五十二条の四十三第二項に規定する住民監査請求に係る個別外部監査」と、同条第二項第一号中「の監査の結果」とあるのは「の請求に理由がない旨の決定」と、「当該監査の結果」とあるのは「当該請求に理由がない旨の決定」と、同項第三号中「六十日」とあるのは「九十日」と、「監査又は」とあるのは「当該請求に理由がない旨の決定又は」とする。

6　第二百五十二条の三十八第一項、第二項及び第五項の規定は、住民監査請求に係る個別外部監査の請求に係る事項についての個別外部監査人の監査について準用する。この場合において、同条第二項中「包括外部監査対象団体」とあるのは、「個別外部監査契約を締結した普通地方公共団体」と読み替えるものとする。

7　個別外部監査人は、第五項において読み替えて適用する第二百四十二条第七項の規定による陳述の聴取を行う場合又は関係のある当該普通地方公共団体の長その他の執行機関若しくは職員の陳述の聴取を行う場合において、必要があると認めるときは、監査委員と協議して、関係のある当該普通地方公共団体の長その他の執行機関若しくは職員又は請求人を立ち会わせることができる。

8　前項の規定による協議は、監査委員の合議によるものとする。

9　住民監査請求に係る個別外部監査の請求があつた場合において、監査委員が当該住民監査請求に係る個別外部監査の請求があつた日から二十日以内に、当該普通地方公共団体の長に第二項前段の規定による通知を行わないときは、当該住民監査請求に係る個別外部監査の請求は、初めから第一項の規定により個別外部監査契約に基づく監査によることが求められていない第二百四十二条第一項の請求であつたものとみなす。この場合において、監査委員は、同条第五項の規定による通知を行うときに、併せて当該普通地方公共団体の長に第二項前段の規定による通知を行わなかつた理由を書面により当該住民監査請求に係る個別外部監査の請求に係る請求人に通知するとともに、これを公表しなければならない。

（個別外部監査契約の解除）

第二百五十二条の四十四　第二百五十二条の三十五第二項、第四項及び第五項の規定は、個別外部監査人が第二百五十二条の二十九の規定により監査することができなくなつたと認められる場合について準用する。

第四節　雑則

（一部事務組合等に関する特例）

第二百五十二条の四十五　一部事務組合又は広域連合に係る包括外部監査契約に基づく監査については、一部事務組合又は広域連合を第二百五十二条の三十六第一項第二号に掲げる市以外の市又は町村とみなして、第二節（同項を除く。）の規定を準用する。

（政令への委任）

第二百五十二条の四十六　この法律に規定するもののほか、外部監査契約に基づく監査に関し必要な事項その他本章の規定の適用に関し必要な事項は、政令で定める。

第十四章　補則

第二百五十三条　都道府県知事の権限に属する市町村に関する事件で数都道府県にわたるものがあるときは、関係都道府県知事の協議により、その事件を管理すべき都道府県知事を定めることができる。

②　前項の場合において関係都道府県知事の協議が調わないときは、総務大臣は、その事件を管理すべき都道府県知事を定め、又は都道府県知事に代つてその権限を行うことができる。

第二百五十四条　この法律における人口は、官報で公示された最近の国勢調査又はこれに準ずる全国的な人口調査の結果による人口による。

第二百五十五条　この法律に規定するものを除くほか、第六条第一項及び第二項、第六条の二第一項並びに第七条第一項及び第三項の場合において必要な事項は、政令でこれを定める。

第二百五十五条の二　法定受託事務に係る次の各号に掲げる処分及びその不作為についての審査請求は、他の法律に特別の定めがある場合を除くほか、当該各号に定める者に対してするものとする。この場合において、不作為についての審査請求は、他の法律に特別の定めがある場合を除くほか、当該各号に定める者に代えて、当該不作為に係る執行機関に対してすることもできる。

一　都道府県知事その他の都道府県の執行機関の処分　当該処分に係る事務を規定する法律又はこれに基づく政令を所管する各大臣

二　市町村長その他の市町村の執行機関（教育委員会及び選挙管理委員会を除く。）の処分　都道府県知事

三　市町村教育委員会の処分　都道府県教育委員会

四　市町村選挙管理委員会の処分　都道府県選挙管理委員会

2　普通地方公共団体の長その他の執行機関が法定受託事務に係る処分をする権限を当該執行機関の事務を補助する職員若しくは当該執行機関の管理に属する機関の職員又は当該執行機関の管理に属する行政機関の長に委任した場合において、委任を受けた職員又は行政機関の長がその委任に基づいてした処分に係る審査請求につき、当該委任をした執行機関が裁決をしたときは、他の法律に特別の定めがある場合を除くほか、当該裁決に不服がある者は、再審査請求をすることができる。この場合において、当該再審査請求は、当該委任をした執行機関が自ら当該処分をしたものとした場合におけるその処分に係る審査請求をすべき者に対してするものとする。

第二百五十五条の三　普通地方公共団体の長が過料の処分をしようとする場合においては、過料の処分を受ける者に対し、あらかじめその旨を告知するとともに、弁明の機会を与えなければならない。

第二百五十五条の四　法律の定めるところにより異議の申出、審査請求、再審査請求又は審査の申立てをすることができる場合を除くほか、普通地方公共団体の事務についてこの法律の規定により普通地方公共団体の機関がした処分により違法に権利を侵害されたとする者は、その処分があつた日から二十一日以内に、都道府県の機関がした処分については総務大臣、市町村の機関がした処分については都道府県知事に審決の申請をすることができる。

第二百五十五条の五　総務大臣又は都道府県知事に対して第百四十三条第三項（第百八十条の五第八項及び第百八十四条第二項において準用する場合を含む。）の審査請求又はこの法律の規定による審査の申立て若しくは審決の申請があつた場合においては、総務大臣又は都道府県知事は、第二百五十一条第二項の規定により自治紛争処理委員を任命し、その審理を経た上、審査請求に対する裁決をし、審査の申立てに対する裁決若しくは裁定をし、又は審決をするものとする。ただし、行政不服審査法第二十四条（第二百五十八条第一項において準用する場合を含む。）の規定により当該審査請求、審査の申立て又は審決の申請を却下する場合は、この限りでない。

2　前項に規定する審査請求については、行政不服審査法第九条、第十七条及び第四十三条の規定は、適用しない。この場合における同法の他の規定の適用についての必要な技術的読替えは、政令で定める。

3　第一項に規定する審査の申立て又は審決の申請については、第二百五十八条第一項において準用する行政不服審査法第九条の規定は、適用しない。この場合における同項において準用する行政不服審査法の他の規定の適用についての必要な技術的読替えは、政令で定める。

4　前三項に規定するもののほか、第一項の規定による自治紛争処理委員の審理に関し必要な事項は、政令で定める。

第二百五十六条　市町村の境界に関する裁定若しくは決定又は市町村の境界の確定、普通地方公共団体における直接請求に基づく議会の解散又は議員若しくは長の解職の投票及び副知事、副市町村長、指定都市の総合区長、選挙管理委員、監査委員又は公安委員会の委員の解職の議決、議会において行う選挙若しくは決定又は再議決若しくは再選挙、選挙管理委員会において行う資格の決定その他この法律に基づく住民の賛否の投票に関する効力は、この法律に定める争訟の提起期間及び管轄裁判所に関する

規定によることによつてのみこれを争うことができる。

第二百五十七条　この法律に特別の定めがあるものを除くほか、この法律の規定による審査の申立てに対する裁決は、その申立てを受理した日から九十日以内にこれをしなければならない。

②　この法律の規定による異議の申出又は審査の申立てに対して決定又は裁決をすべき期間内に決定又は裁決がないときは、その申出又は申立てをしりぞける旨の決定又は裁決があつたものとみなすことができる。

第二百五十八条　この法律又は政令に特別の定めがあるものを除くほか、この法律の規定による異議の申出、審査の申立て又は審決の申請については、行政不服審査法第九条から第十四条まで、第十八条第一項ただし書及び第三項、第十九条第一項、第二項、第四項及び第五項第三号、第二十一条、第二十二条第一項から第三項まで及び第五項、第二十三条から第三十八条まで、第四十条から第四十二条まで、第四十四条、第四十五条、第四十六条第一項、第四十七条、第四十八条並びに第五十条から第五十三条までの規定を準用する。

2　前項において準用する行政不服審査法の規定に基づく処分及びその不作為については、行政不服審査法第二条及び第三条の規定は、適用しない。

第二百五十九条　郡の区域をあらたに画し若しくはこれを廃止し、又は郡の区域若しくはその名称を変更しようとするときは、都道府県知事が、当該都道府県の議会の議決を経てこれを定め、総務大臣に届け出なければならない。

②　郡の区域内において市の設置があつたとき、又は郡の区域の境界にわたつて市町村の境界の変更があつたときは、郡の区域も、また、自ら変更する。

③　郡の区域の境界にわたつて町村が設置されたときは、その町村の属すべき郡の区域は、第一項の例によりこれを定める。

④　第一項から第三項までの場合においては、総務大臣は、直ちにその旨を告示するとともに、これを国の関係行政機関の長に通知しなければならない。第七条第八項の規定は、第一項又は前項の規定により郡の区域をあらたに画し、若しくはこれを廃止し、又は郡の区域を変更する場合にこれを準用する。

⑤　第一項乃至第三項の場合において必要な事項は、政令でこれを定める。

第二百六十条　市町村長は、政令で特別の定めをする場合を除くほか、市町村の区域内の町若しくは字の区域を新たに画し若しくはこれを廃止し、又は町若しくは字の区域若しくはその名称を変更しようとするときは、当該市町村の議会の議決を経て定めなければならない。

②　前項の規定による処分をしたときは、市町村長は、これを告示しなければならない。

③　第一項の規定による処分は、政令で特別の定めをする場合を除くほか、前項の規定による告示によりその効力を生ずる。

第二百六十条の二　町又は字の区域その他市町村内の一定の区域に住所を有する者の地縁に基づいて形成された団体（以下本条において「地縁による団体」という。）は、地域的な共同活動を円滑に行うため市町村長の認可を受けたときは、その規約に定める目的の範囲内において、権利を有し、義務を負う。

②　前項の認可は、地縁による団体のうち次に掲げる要件に該当するものについて、その団体の代表者が総務省令で定めるところにより行う申請に基づいて行う。

一　その区域の住民相互の連絡、環境の整備、集会施設の維持管理等良好な地域社会の維持及び形成に資する地域的な共同活動を行うことを目的とし、現にその活動を行つていると認められること。

二　その区域が、住民にとつて客観的に明らかなものとして定められていること。

三　その区域に住所を有するすべての個人は、構成員となることができるものとし、その相当数の者が現に構成員となつていること。

四　規約を定めていること。

③　規約には、次に掲げる事項が定められていなければならない。

一　目的

二　名称

三　区域

四　主たる事務所の所在地

五　構成員の資格に関する事項

六　代表者に関する事項

七　会議に関する事項

八　資産に関する事項

④　第二項第二号の区域は、当該地縁による団体が相当の期間にわたつて存続している区域の現況によらなければならない。

⑤　市町村長は、地縁による団体が第二項各号

に掲げる要件に該当していると認めるときは、第一項の認可をしなければならない。

⑥　第一項の認可は、当該認可を受けた地縁による団体を、公共団体その他の行政組織の一部とすることを意味するものと解釈してはならない。

⑦　第一項の認可を受けた地縁による団体（以下「認可地縁団体」という。）は、正当な理由がない限り、その区域に住所を有する個人の加入を拒んではならない。

⑧　認可地縁団体は、民主的な運営の下に、自主的に活動するものとし、構成員に対し不当な差別的取扱いをしてはならない。

⑨　認可地縁団体は、特定の政党のために利用してはならない。

⑩　市町村長は、第一項の認可をしたときは、総務省令で定めるところにより、これを告示しなければならない。告示した事項に変更があつたときも、また同様とする。

⑪　認可地縁団体は、前項の規定に基づいて告示された事項に変更があつたときは、総務省令で定めるところにより、市町村長に届け出なければならない。

⑫　何人も、市町村長に対し、総務省令で定めるところにより、第十項の規定により告示した事項に関する証明書の交付を請求することができる。この場合において、当該請求をしようとする者は、郵便又は信書便により、当該証明書の送付を求めることができる。

⑬　認可地縁団体は、第十項の告示があるまでは、認可地縁団体となつたこと及び同項の規定に基づいて告示された事項をもつて第三者に対抗することができない。

⑭　市町村長は、認可地縁団体が第二項各号に掲げる要件のいずれかを欠くこととなつたとき、又は不正な手段により第一項の認可を受けたときは、その認可を取り消すことができる。

⑮　一般社団法人及び一般財団法人に関する法律（平成十八年法律第四十八号）第四条及び第七十八条の規定は、認可地縁団体に準用する。

⑯　認可地縁団体は、法人税法（昭和四十年法律第三十四号）その他法人税に関する法令の規定の適用については、同法第二条第六号に規定する公益法人等とみなす。この場合において、同法第三十七条の規定を適用する場合には同条第四項中「公益法人等（」とあるのは「公益法人等（地方自治法（昭和二十二年法律第六十七号）第二百六十条の二第七項に規定する認可地縁団体（以下「認可地縁団体」という。）並びに」と、同法第六十六条の規定を適用する場合には同条第一項中「普通法人」とあるのは「普通法人（認可地縁団体を含む。）」と、同条第二項中「除く」とあるのは「除くものとし、認可地縁団体を含む」と、同条第三項中「公益法人等（」とあるのは「公益法人等（認可地縁団体及び」とする。

⑰　認可地縁団体は、消費税法（昭和六十三年法律第百八号）その他消費税に関する法令の規定の適用については、同法別表第三に掲げる法人とみなす。

第二百六十条の三　認可地縁団体の規約は、総構成員の四分の三以上の同意があるときに限り、変更することができる。ただし、当該規約に別段の定めがあるときは、この限りでない。

②　前項の規定による規約の変更は、市町村長の認可を受けなければ、その効力を生じない。

第二百六十条の四　認可地縁団体は、認可を受ける時及び毎年一月から三月までの間に財産目録を作成し、常にこれをその主たる事務所に備え置かなければならない。ただし、特に事業年度を設けるものは、認可を受ける時及び毎事業年度の終了の時に財産目録を作成しなければならない。

②　認可地縁団体は、構成員名簿を備え置き、構成員の変更があるごとに必要な変更を加えなければならない。

第二百六十条の五　認可地縁団体には、一人の代表者を置かなければならない。

第二百六十条の六　認可地縁団体の代表者は、認可地縁団体のすべての事務について、認可地縁団体を代表する。ただし、規約の規定に反することはできず、また、総会の決議に従わなければならない。

第二百六十条の七　認可地縁団体の代表者の代表権に加えた制限は、善意の第三者に対抗することができない。

第二百六十条の八　認可地縁団体の代表者は、規約又は総会の決議によつて禁止されていないときに限り、特定の行為の代理を他人に委任することができる。

第二百六十条の九　認可地縁団体の代表者が欠けた場合において、事務が遅滞することにより損害を生ずるおそれがあるときは、裁判所は、利害関係人又は検察官の請求により、仮代表者を選任しなければならない。

第二百六十条の十　認可地縁団体と代表者との利益が相反する事項については、代表者は、代表権を有しない。この場合においては、裁判所は、利害関係人又は検察官の請求により、特別代理人を選任しなければならない。

第二百六十条の十一　認可地縁団体には、規約又は総会の決議で、一人又は数人の監事を置くことができる。

第二百六十条の十二　認可地縁団体の監事の職務は、次のとおりとする。

一　財産の状況を監査すること。

二　代表者の業務の執行の状況を監査すること。

三　財産の状況又は業務の執行について、法令若しくは規約に違反し、又は著しく不当な事項があると認めるときは、総会に報告をすること。

四　前号の報告をするため必要があるときは、総会を招集すること。

第二百六十条の十三　認可地縁団体の代表者は、少なくとも毎年一回、構成員の通常総会を開かなければならない。

第二百六十条の十四　認可地縁団体の代表者は、必要があると認めるときは、いつでも臨時総会を招集することができる。

②　総構成員の五分の一以上から会議の目的である事項を示して請求があつたときは、認可地縁団体の代表者は、臨時総会を招集しなければならない。ただし、総構成員の五分の一の割合については、規約でこれと異なる割合を定めることができる。

第二百六十条の十五　認可地縁団体の総会の招集の通知は、総会の日より少なくとも五日前に、その会議の目的である事項を示し、規約で定めた方法に従つてしなければならない。

第二百六十条の十六　認可地縁団体の事務は、規約で代表者その他の役員に委任したものを除き、すべて総会の決議によつて行う。

第二百六十条の十七　認可地縁団体の総会においては、第二百六十条の十五の規定によりあらかじめ通知をした事項についてのみ、決議をすることができる。ただし、規約に別段の定めがあるときは、この限りでない。

第二百六十条の十八　認可地縁団体の各構成員の表決権は、平等とする。

②　認可地縁団体の総会に出席しない構成員は、書面で、又は代理人によつて表決をすることができる。

③　前項の構成員は、規約又は総会の決議により、同項の規定による書面による表決に代えて、電磁的方法（電子情報処理組織を使用する方法その他の情報通信の技術を利用する方法であつて総務省令で定めるものをいう。第二百六十条の十九の二において同じ。）により表決をすることができる。

④　前三項の規定は、規約に別段の定めがある場合には、適用しない。

第二百六十条の十九　認可地縁団体と特定の構成員との関係について議決をする場合には、その構成員は、表決権を有しない。

第二百六十条の十九の二　この法律又は規約により総会において決議をすべき場合において、構成員全員の承諾があるときは、書面又は電磁的方法による決議をすることができる。ただし、電磁的方法による決議に係る構成員の承諾については、総務省令で定めるところによらなければならない。

②　この法律又は規約により総会において決議すべきものとされた事項については、構成員全員の書面又は電磁的方法による合意があつたときは、書面又は電磁的方法による決議があつたものとみなす。

③　この法律又は規約により総会において決議すべきものとされた事項についての書面又は電磁的方法による決議は、総会の決議と同一の効力を有する。

④　総会に関する規定は、書面又は電磁的方法による決議について準用する。

第二百六十条の二十　認可地縁団体は、次に掲げる事由によつて解散する。

一　規約で定めた解散事由の発生

二　破産手続開始の決定

三　第二百六十条の二第十四項の規定による同条第一項の認可の取消し

四　総会の決議

五　構成員が欠けたこと。

六　合併（合併により当該認可地縁団体が消滅する場合に限る。）

第二百六十条の二十一　認可地縁団体は、総構成員の四分の三以上の賛成がなければ、解散の決議をすることができない。ただし、規約に別段の定めがあるときは、この限りでない。

第二百六十条の二十二　認可地縁団体がその債務につきその財産をもつて完済することができなくなつた場合には、裁判所は、代表者若しくは債権者の申立てにより又は職権で、破産手続開始の決定をする。

②　前項に規定する場合には、代表者は、直ちに破産手続開始の申立てをしなければならない。

第二百六十条の二十三　解散した認可地縁団体は、清算の目的の範囲内において、その清算の結了に至るまではなお存続するものとみなす。

第二百六十条の二十四　認可地縁団体が解散したときは、破産手続開始の決定及び合併による解散の場合を除き、代表者がその清算人となる。ただし、規約に別段の定めがあるとき、又は総会において代表者以外の者を選任したときは、この限りでない。

第二百六十条の二十五　前条の規定により清算人となる者がないとき、又は清算人が欠けたため損害を生ずるおそれがあるときは、裁判所は、利害関係人若しくは検察官の請求により又は職権で、清算人を選任することができる。

第二百六十条の二十六　重要な事由があるときは、裁判所は、利害関係人若しくは検察官の請求により又は職権で、認可地縁団体の清算人を解任することができる。

第二百六十条の二十七　認可地縁団体の清算人の職務は、次のとおりとする。

一　現務の結了
二　債権の取立て及び債務の弁済
三　残余財産の引渡し

②　清算人は、前項各号に掲げる職務を行うために必要な一切の行為をすることができる。

第二百六十条の二十八　認可地縁団体の清算人は、その就職後遅滞なく、公告をもつて、債権者に対し、一定の期間内にその債権の申出をすべき旨の催告をしなければならない。この場合において、その期間は、二月を下ることができない。

②　前項の公告には、債権者がその期間内に申出をしないときは清算から除斥されるべき旨を付記しなければならない。ただし、清算人は、知れている債権者を除斥することができない。

③　認可地縁団体の清算人は、知れている債権者には、各別にその申出の催告をしなければならない。

④　第一項の公告は、官報に掲載してする。

第二百六十条の二十九　前条第一項の期間の経過後に申出をした債権者は、認可地縁団体の債務が完済された後まだ権利の帰属すべき者に引き渡されていない財産に対してのみ、請求をすることができる。

第二百六十条の三十　清算中に認可地縁団体の財産がその債務を完済するのに足りないことが明らかになつたときは、清算人は、直ちに破産手続開始の申立てをし、その旨を公告しなければならない。

②　清算人は、清算中の認可地縁団体が破産手続開始の決定を受けた場合において、破産管財人にその事務を引き継いだときは、その任務を終了したものとする。

③　前項に規定する場合において、清算中の認可地縁団体が既に債権者に支払い、又は権利の帰属すべき者に引き渡したものがあるときは、破産管財人は、これを取り戻すことができる。

④　第一項の規定による公告は、官報に掲載してする。

第二百六十条の三十一　解散した認可地縁団体の財産は、破産手続開始の決定及び合併による解散の場合を除き、規約で指定した者に帰属する。

②　規約で権利の帰属すべき者を指定せず、又はその者を指定する方法を定めなかつたときは、代表者は、市町村長の認可を得て、その認可地縁団体の目的に類似する目的のために、その財産を処分することができる。ただし、総会の決議を経なければならない。

③　前二項の規定により処分されない財産は、市町村に帰属する。

第二百六十条の三十二　認可地縁団体の解散及び清算は、裁判所の監督に属する。

②　裁判所は、職権で、いつでも前項の監督に必要な検査をすることができる。

第二百六十条の三十三　認可地縁団体の清算が結了したときは、清算人は、その旨を市町村長に届け出なければならない。

第二百六十条の三十四　認可地縁団体に係る次に掲げる事件は、その主たる事務所の所在地を管轄する地方裁判所の管轄に属する。

一　仮代表者又は特別代理人の選任に関する事件
二　解散及び清算の監督に関する事件
三　清算人に関する事件

第二百六十条の三十五　認可地縁団体の清算人の選任の裁判に対しては、不服を申し立てることができない。

第二百六十条の三十六　裁判所は、第二百六十条の二十五の規定により清算人を選任した場合には、認可地縁団体が当該清算人に対して支払う報酬の額を定めることができる。この場合においては、裁判所は、当該清算人（監事を置く認可地縁団体にあつては、当該清算人及び監事）の陳述を聴かなければならない。

第二百六十条の三十七　裁判所は、認可地縁団体の解散及び清算の監督に必要な調査をさせるため、検査役を選任することができる。

②　前二条の規定は、前項の規定により裁判所が検査役を選任した場合について準用する。この場合において、前条中「清算人（監事を置く認可地縁団体にあつては、当該清算人及び監事）」とあるのは、「認可地縁団体及び検査役」と読み替えるものとする。

第二百六十条の三十八　認可地縁団体は、同一市町村内の他の認可地縁団体と合併することができる。

第二百六十条の三十九　認可地縁団体が合併しようとするときは、総会の決議を経なければならない。

②　前項の決議は、総構成員の四分の三以上の多数をもつてしなければならない。ただし、規約に別段の定めがあるときは、この限りでない。

③　合併は、市町村長の認可を受けなければ、その効力を生じない。

④　第二百六十条の二第二項及び第五項の規定は、前項の認可について準用する。この場合において、同条第二項第一号中「現にその活動を」とあるのは、「合併しようとする各認可地縁団体が連携して当該目的に資する活動を現に」と読み替えるものとする。

第二百六十条の四十　認可地縁団体は、前条第三項の認可があつたときは、その認可の通知のあつた日から二週間以内に、財産目録を作成し、次項の規定により債権者が異議を述べることができる期間が満了するまでの間、これをその主たる事務所に備え置かなければならない。

②　認可地縁団体は、前条第三項の認可があつたときは、その認可の通知のあつた日から二週間以内に、その債権者に対し、合併に異議があれば一定の期間内に述べるべきことを公告し、かつ、判明している債権者に対しては、各別にこれを催告しなければならない。この場合において、その期間は、二月を下ることができない。

第二百六十条の四十一　債権者が前条第二項の期間内に異議を述べなかつたときは、合併を承認したものとみなす。

②　債権者が異議を述べたときは、認可地縁団体は、弁済し、若しくは相当の担保を供し、又はその債権者に弁済を受けさせることを目的として信託会社若しくは信託業務を営む金融機関に相当の財産を信託しなければならない。ただし、合併をしてもその債権者を害するおそれがないときは、この限りでない。

③　合併しようとする各認可地縁団体は、前条及び前二項の規定による手続が終了した場合には、総務省令で定めるところにより、共同で、遅滞なく、その旨を市町村長に届け出なければならない。

第二百六十条の四十二　合併により認可地縁団体を設立する場合には、規約の作成その他認可地縁団体の設立に関する事務は、各認可地縁団体において選任した者が共同して行わなければならない。

第二百六十条の四十三　合併後存続する認可地縁団体又は合併により設立した認可地縁団体は、合併により消滅した認可地縁団体の一切の権利義務（当該認可地縁団体がその行う活動に関し行政庁の認可その他の処分に基づいて有する権利義務を含む。）を承継する。

第二百六十条の四十四　市町村長は、第二百六十条の四十一第三項の規定による届出があつたときは、当該届出に係る合併について第二百六十条の三十九第三項の認可をした旨その他総務省令で定める事項を告示しなければならない。

②　認可地縁団体の合併は、前項の規定による告示によりその効力を生ずる。

③　合併により設立した団体は、第一項の規定による告示の日において認可地縁団体となつたものとみなす。

④　第一項の規定により告示した事項は、第二百六十条の二第十項の規定により告示した事項とみなす。この場合において、合併後存続する認可地縁団体に係る同項の規定による従前の告示は、その効力を失う。

⑤　第二百六十条の四第一項の規定は、第一項の規定による告示があつた場合について準用する。

第二百六十条の四十五　市町村長は、次の各号のいずれかに該当するときは、第二百六十条の三十九第三項の認可を取り消すことができる。

一　第二百六十条の三十九第三項の認可をした日から六月を経過しても第二百六十条の四十一第三項の規定による届出がないとき。

二　認可地縁団体が不正な手段により第二百六十条の三十九第三項の認可を受けたとき。

② 前条第一項の規定による告示後に前項（第二号に係る部分に限る。）の規定により第二百六十条の三十九第三項の認可が取り消されたときは、当該認可に係る合併をした認可地縁団体は、当該合併の効力が生じた日後に合併後存続した認可地縁団体又は合併により設立した認可地縁団体が負担した債務について、連帯して弁済する責任を負う。

③ 前項に規定する場合には、当該合併の効力が生じた日後に合併後存続した認可地縁団体又は合併により設立した認可地縁団体が取得した財産は、当該合併をした認可地縁団体の共有に属する。

④ 前二項に規定する場合には、各認可地縁団体の第二項の債務の負担部分及び前項の財産の共有持分は、各認可地縁団体の協議によつて定める。

第二百六十条の四十六　認可地縁団体が所有する不動産であつて表題部所有者（不動産登記法（平成十六年法律第百二十三号）第二条第十号に規定する表題部所有者をいう。以下この項において同じ。）又は所有権の登記名義人の全てが当該認可地縁団体の構成員又はかつて当該認可地縁団体の構成員であつた者であるもの（当該認可地縁団体によつて、十年以上所有の意思をもつて平穏かつ公然と占有されているものに限る。）について、当該不動産の表題部所有者若しくは所有権の登記名義人又はこれらの相続人（以下この条において「登記関係者」という。）の全部又は一部の所在が知れない場合において、当該認可地縁団体が当該認可地縁団体を登記名義人とする当該不動産の所有権の保存又は移転の登記をしようとするときは、当該認可地縁団体は、総務省令で定めるところにより、当該不動産に係る次項の公告を求める旨を市町村長に申請することができる。この場合において、当該申請を行う認可地縁団体は、次の各号に掲げる事項を疎明するに足りる資料を添付しなければならない。

一　当該認可地縁団体が当該不動産を所有していること。

二　当該認可地縁団体が当該不動産を十年以上所有の意思をもつて平穏かつ公然と占有していること。

三　当該不動産の表題部所有者又は所有権の登記名義人の全てが当該認可地縁団体の構成員又はかつて当該認可地縁団体の構成員であつた者であること。

四　当該不動産の登記関係者の全部又は一部の所在が知れないこと。

② 市町村長は、前項の申請を受けた場合において、当該申請を相当と認めるときは、総務省令で定めるところにより、当該申請を行つた認可地縁団体が同項に規定する不動産の所有権の保存又は移転の登記をすることについて異議のある当該不動産の登記関係者又は当該不動産の所有権を有することを疎明する者（次項から第五項までにおいて「登記関係者等」という。）は、当該市町村長に対し異議を述べるべき旨を公告するものとする。この場合において、公告の期間は、三月を下つてはならない。

③ 前項の公告に係る登記関係者等が同項の期間内に同項の異議を述べなかつたときは、第一項に規定する不動産の所有権の保存又は移転の登記をすることについて当該公告に係る登記関係者の承諾があつたものとみなす。

④ 市町村長は、前項の規定により第一項に規定する不動産の所有権の保存又は移転の登記をすることについて登記関係者の承諾があつたものとみなされた場合には、総務省令で定めるところにより、当該市町村長が第二項の規定による公告をしたこと及び登記関係者等が同項の期間内に異議を述べなかつたことを証する情報を第一項の規定により申請を行つた認可地縁団体に提供するものとする。

⑤ 第二項の公告に係る登記関係者等が同項の期間内に同項の異議を述べたときは、市町村長は、総務省令で定めるところにより、その旨及びその内容を第一項の規定により申請を行つた認可地縁団体に通知するものとする。

第二百六十条の四十七　不動産登記法第七十四条第一項の規定にかかわらず、前条第四項に規定する証する情報を提供された認可地縁団体が申請情報（同法第十八条に規定する申請情報をいう。次項において同じ。）と併せて当該証する情報を登記所に提供するときは、当該認可地縁団体が当該証する情報に係る前条第一項に規定する不動産の所有権の保存の登記を申請することができる。

② 不動産登記法第六十条の規定にかかわらず、前条第四項に規定する証する情報を提供された認可地縁団体が申請情報と併せて当該証する情報を登記所に提供するときは、当該認可地縁団体のみで当該証する情報に係る同

条第一項に規定する不動産の所有権の移転の登記を申請することができる。

第二百六十条の四十八　次の各号のいずれかに該当する場合には、認可地縁団体の代表者又は清算人は、非訟事件手続法（平成二十三年法律第五十一号）により、五十万円以下の過料に処する。

一　第二百六十条の二十二第二項又は第二百六十条の三十第一項の規定による破産手続開始の申立てを怠つたとき。

二　第二百六十条の二十八第一項又は第二百六十条の三十第一項の規定による公告を怠り、又は不正の公告をしたとき。

三　第二百六十条の四十第一項の規定に違反して、財産目録を作成せず、若しくは備え置かず、又はこれに記載すべき事項を記載せず、若しくは虚偽の記載をしたとき。

四　第二百六十条の四十第二項又は第二百六十条の四十一第二項の規定に違反して、合併をしたとき。

第二百六十一条　一の普通地方公共団体のみに適用される特別法が国会又は参議院の緊急集会において議決されたときは、最後に議決した議院の議長（衆議院の議決が国会の議決となつた場合には衆議院議長とし、参議院の緊急集会において議決した場合には参議院議長とする。）は、当該法律を添えてその旨を内閣総理大臣に通知しなければならない。

②　前項の規定による通知があつたときは、内閣総理大臣は、直ちに当該法律を添えてその旨を総務大臣に通知し、総務大臣は、その通知を受けた日から五日以内に、関係普通地方公共団体の長にその旨を通知するとともに、当該法律その他関係書類を移送しなければならない。

③　前項の規定による通知があつたときは、関係普通地方公共団体の長は、その日から三十一日以後六十日以内に、選挙管理委員会をして当該法律について賛否の投票を行わしめなければならない。

④　前項の投票の結果が判明したときは、関係普通地方公共団体の長は、その日から五日以内に関係書類を添えてその結果を総務大臣に報告し、総務大臣は、直ちにその旨を内閣総理大臣に報告しなければならない。その投票の結果が確定したことを知つたときも、また、同様とする。

⑤　前項の規定により第三項の投票の結果が確定した旨の報告があつたときは、内閣総理大臣は、直ちに当該法律の公布の手続をとるとともに衆議院議長及び参議院議長に通知しなければならない。

第二百六十二条　政令で特別の定をするものを除く外、公職選挙法中普通地方公共団体の選挙に関する規定は、前条第三項の規定による投票にこれを準用する。

②　前条第三項の規定による投票は、政令の定めるところにより、普通地方公共団体の選挙又は第七十六条第三項の規定による解散の投票若しくは第八十条第三項及び第八十一条第二項の規定による解職の投票と同時にこれを行うことができる。

第二百六十三条　普通地方公共団体の経営する企業の組織及びこれに従事する職員の身分取扱並びに財務その他企業の経営に関する特例は、別に法律でこれを定める。

第二百六十三条の二　普通地方公共団体は、議会の議決を経て、その利益を代表する全国的な公益的法人に委託することにより、他の普通地方公共団体と共同して、火災、水災、震災その他の災害に因る財産の損害に対する相互救済事業を行うことができる。

②　前項の公益的法人は、毎年一回以上定期に、その事業の経営状況を関係普通地方公共団体の長に通知するとともに、これを適当と認める新聞紙に二回以上掲載しなければならない。

③　第一項の相互救済事業で保険業に該当するものについては、保険業法は、これを適用しない。

第二百六十三条の三　都道府県知事若しくは都道府県の議会の議長、市長若しくは市の議会の議長又は町村長若しくは町村の議会の議長が、その相互間の連絡を緊密にし、並びに共通の問題を協議し、及び処理するためのそれぞれの全国的連合組織を設けた場合においては、当該連合組織の代表者は、その旨を総務大臣に届け出なければならない。

②　前項の連合組織で同項の規定による届出をしたものは、地方自治に影響を及ぼす法律又は政令その他の事項に関し、総務大臣を経由して内閣に対し意見を申し出、又は国会に意見書を提出することができる。

③　内閣は、前項の意見の申出を受けたときは、これに遅滞なく回答するよう努めるものとする。

④　前項の場合において、当該意見が地方公共団体に対し新たに事務又は負担を義務付けると認められる国の施策に関するものであると

きは、内閣は、これに遅滞なく回答するものとする。

⑤　各大臣は、その担任する事務に関し地方公共団体に対し新たに事務又は負担を義務付けると認められる施策の立案をしようとする場合には、第二項の連合組織が同項の規定により内閣に対して意見を申し出ることができるよう、当該連合組織に当該施策の内容となるべき事項を知らせるために適切な措置を講ずるものとする。

第三編　特別地方公共団体

第一章　削除

第二百六十四条乃至第二百八十条　削除

第二章　特別区

（**特別区**）

第二百八十一条　都の区は、これを特別区という。

2　特別区は、法律又はこれに基づく政令により都が処理することとされているものを除き、地域における事務並びにその他の事務で法律又はこれに基づく政令により市が処理することとされるもの及び法律又はこれに基づく政令により特別区が処理することとされるものを処理する。

（**都と特別区との役割分担の原則**）

第二百八十一条の二　都は、特別区の存する区域において、特別区を包括する広域の地方公共団体として、第二条第五項において都道府県が処理するものとされている事務及び特別区に関する連絡調整に関する事務のほか、同条第三項において市町村が処理するものとされている事務のうち、人口が高度に集中する大都市地域における行政の一体性及び統一性の確保の観点から当該区域を通じて都が一体的に処理することが必要であると認められる事務を処理するものとする。

2　特別区は、基礎的な地方公共団体として、前項において特別区の存する区域を通じて都が一体的に処理するものとされているものを除き、一般的に、第二条第三項において市町村が処理するものとされている事務を処理するものとする。

3　都及び特別区は、その事務を処理するに当たつては、相互に競合しないようにしなければならない。

（**特別区の廃置分合又は境界変更**）

第二百八十一条の三　第七条の規定は、特別区については、適用しない。

第二百八十一条の四　市町村の廃置分合又は境界変更を伴わない特別区の廃置分合又は境界変更は、関係特別区の申請に基づき、都知事が都の議会の議決を経てこれを定め、直ちにその旨を総務大臣に届け出なければならない。

2　前項の規定により特別区の廃置分合をしようとするときは、都知事は、あらかじめ総務大臣に協議し、その同意を得なければならない。

3　都と道府県との境界にわたる特別区の境界変更は、関係特別区及び関係のある普通地方公共団体の申請に基づき、総務大臣がこれを定める。

4　第一項の場合において財産処分を必要とするときは関係特別区が、前項の場合において財産処分を必要とするときは関係特別区及び関係市町村が協議してこれを定める。

5　第一項、第三項及び前項の申請又は協議については、関係特別区及び関係のある普通地方公共団体の議会の議決を経なければならない。

6　第一項の規定による届出を受理したとき、又は第三項の規定による処分をしたときは、総務大臣は、直ちにその旨を告示するとともに、これを国の関係行政機関の長に通知しなければならない。

7　第一項又は第三項の規定による処分は、前項の規定による告示によりその効力を生ずる。

8　都内の市町村の区域の全部又は一部による特別区の設置は、当該市町村の申請に基づき、都知事が都の議会の議決を経てこれを定め、直ちにその旨を総務大臣に届け出なければならない。

9　第二項及び第五項から第七項までの規定は、前項の規定による特別区の設置について準用する。この場合において、第二項中「前項」とあるのは「第八項」と、「廃置分合」とあるのは「設置」と、第五項中「第一項、第三項及び前項の申請又は協議」とあるのは「第八項の申請」と、「関係特別区及び関係のある普通地方公共団体」とあるのは「当該市町村」と、第六項中「第一項の規定による届出を受理したとき、又は第三項の規定による処分をしたとき」とあるのは「第八項の規定による届出を受理したとき」と、第七項中「第一項又は第三項」とあるのは「次項」と、

「前項」とあるのは「第九項において準用する前項」と読み替えるものとする。

10　都内の市町村の廃置分合又は境界変更を伴う特別区の境界変更で市町村の設置を伴わないものは、関係特別区及び関係市町村の申請に基づき、都知事が都の議会の議決を経てこれを定め、直ちにその旨を総務大臣に届け出なければならない。

11　第二項及び第四項から第七項までの規定は、前項の規定による特別区の境界変更について準用する。この場合において、第二項中「前項」とあるのは「第十項」と、「廃置分合」とあるのは「境界変更」と、第四項中「第一項」とあるのは「第十項」と、「関係特別区が、前項の場合において財産処分を必要とするときは関係特別区」とあるのは「、関係特別区」と、第五項中「第一項、第三項及び前項の申請又は協議」とあるのは「第十項の申請又は第十一項において準用する前項の協議」と、「関係のある普通地方公共団体」とあるのは「関係市町村」と、第六項中「第一項の規定による届出を受理したとき、又は第三項の規定による処分をしたとき」とあるのは「第十項の規定による届出を受理したとき」と、第七項中「第一項又は第三項」とあるのは「第十項」と、「前項」とあるのは「第十一項において準用する前項」と読み替えるものとする。

12　この法律に規定するものを除くほか、第一項、第三項、第八項及び第十項の場合において必要な事項は、政令でこれを定める。

第二百八十一条の五　第二百八十三条第一項の規定による特別区についての第九条第七項、第九条の三第一項、第二項及び第五項並びに第九十一条第三項及び第五項の規定の適用については、第九条第七項中「第七条第一項又は第三項及び第七項」とあるのは「第二百八十一条の四第一項若しくは第三項及び第六項又は同条第十項及び同条第十一項において準用する同条第六項」と、第九条の三第一項中「第七条第一項」とあるのは「第二百八十一条の四第一項及び第十項」と、同条第二項中「第七条第三項」とあるのは「第二百八十一条の四第三項」と、同条第六項中「第七条第七項及び第八項」とあるのは「第二百八十一条の四第六項及び第七項」と、第九十一条第三項中「第七条第一項又は第三項」とあるのは「第二百八十一条の四第一項、第三項、第八項又は第十項」と、同条第五項中「第七条第一項又は第三項」とあるのは「第二百八十一条の四第一項又は第八項」とする。

（都と特別区及び特別区相互の間の調整）

第二百八十一条の六　都知事は、特別区に対し、都と特別区及び特別区相互の間の調整上、特別区の事務の処理について、その処理の基準を示す等必要な助言又は勧告をすることができる。

（特別区財政調整交付金）

第二百八十二条　都は、都及び特別区並びに特別区相互間の財源の均衡化を図り、並びに特別区の行政の自主的かつ計画的な運営を確保するため、政令で定めるところにより、条例で、特別区財政調整交付金を交付するものとする。

2　前項の特別区財政調整交付金とは、地方税法第五条第二項に掲げる税のうち同法第七百三十四条第一項及び第二項（第二号に係る部分に限る。）の規定により都が課するものの収入額と法人の行う事業に対する事業税の収入額（同法第七十二条の二十四の七第九項の規定により同条第一項から第五項までに規定する標準税率を超える税率で事業税を課する場合には、法人の行う事業に対する事業税の収入額に相当する額から当該額に同法第七百三十四条第四項に規定する政令で定めるところにより算定した率を乗じて得た額を控除した額）に同項に規定する政令で定める率を乗じて得た額を統計法（平成十九年法律第五十三号）第二条第四項に規定する基幹統計である事業所統計の最近に公表された結果による各市町村及び特別区の従業者数で按分して得た額のうち特別区に係る額との合算額に条例で定める割合を乗じて得た額で特別区がひとしくその行うべき事務を遂行することができるように都が交付する交付金をいう。

3　都は、政令で定めるところにより、特別区財政調整交付金に関する事項について総務大臣に報告しなければならない。

4　総務大臣は、必要があると認めるときは、特別区財政調整交付金に関する事項について必要な助言又は勧告をすることができる。

（都区協議会）

第二百八十二条の二　都及び特別区の事務の処理について、都と特別区及び特別区相互の間の連絡調整を図るため、都及び特別区をもつて都区協議会を設ける。

2　前条第一項又は第二項の規定により条例を制定する場合においては、都知事は、あらかじめ都区協議会の意見を聴かなければならない。

3　前二項に定めるもののほか、都区協議会に関し必要な事項は、政令で定める。

（市に関する規定の適用）

第二百八十三条　この法律又は政令で特別の定めをするものを除くほか、第二編及び第四編中市に関する規定は、特別区にこれを適用する。

2　他の法令の市に関する規定中法律又はこれに基づく政令により市が処理することとされている事務で第二百八十一条第二項の規定により特別区が処理することとされているものに関するものは、特別区にこれを適用する。

3　前項の場合において、都と特別区又は特別区相互の間の調整上他の法令の市に関する規定をそのまま特別区に適用しがたいときは、政令で特別の定めをすることができる。

第三章　地方公共団体の組合

第一節　総則

（組合の種類及び設置）

第二百八十四条　地方公共団体の組合は、一部事務組合及び広域連合とする。

2　普通地方公共団体及び特別区は、その事務の一部を共同処理するため、その協議により規約を定め、都道府県の加入するものにあつては総務大臣、その他のものにあつては都道府県知事の許可を得て、一部事務組合を設けることができる。この場合において、一部事務組合内の地方公共団体につきその執行機関の権限に属する事項がなくなつたときは、その執行機関は、一部事務組合の成立と同時に消滅する。

3　普通地方公共団体及び特別区は、その事務で広域にわたり処理することが適当であると認めるものに関し、広域にわたる総合的な計画（以下「広域計画」という。）を作成し、その事務の管理及び執行について広域計画の実施のために必要な連絡調整を図り、並びにその事務の一部を広域にわたり総合的かつ計画的に処理するため、その協議により規約を定め、前項の例により、総務大臣又は都道府県知事の許可を得て、広域連合を設けることができる。この場合においては、同項後段の規定を準用する。

4　総務大臣は、前項の許可をしようとするときは、国の関係行政機関の長に協議しなければならない。

第二百八十五条　市町村及び特別区の事務に関し相互に関連するものを共同処理するための市町村及び特別区の一部事務組合については、市町村又は特別区の共同処理しようとする事務が他の市町村又は特別区の共同処理しようとする事務と同一の種類のものでない場合においても、これを設けることを妨げるものではない。

（設置の勧告等）

第二百八十五条の二　公益上必要がある場合においては、都道府県知事は、関係のある市町村及び特別区に対し、一部事務組合又は広域連合を設けるべきことを勧告することができる。

2　都道府県知事は、第二百八十四条第三項の許可をしたときは直ちにその旨を公表するとともに、総務大臣に報告しなければならない。

3　総務大臣は、第二百八十四条第三項の許可をしたときは直ちにその旨を告示するとともに、国の関係行政機関の長に通知し、前項の規定による報告を受けたときは直ちにその旨を国の関係行政機関の長に通知しなければならない。

第二節　一部事務組合

（組織、事務及び規約の変更）

第二百八十六条　一部事務組合は、これを組織する地方公共団体（以下この節において「構成団体」という。）の数を増減し若しくは共同処理する事務を変更し、又は一部事務組合の規約を変更しようとするときは、関係地方公共団体の協議によりこれを定め、都道府県の加入するものにあつては総務大臣、その他のものにあつては都道府県知事の許可を受けなければならない。ただし、第二百八十七条第一項第一号、第四号又は第七号に掲げる事項のみに係る一部事務組合の規約を変更しようとするときは、この限りでない。

2　一部事務組合は、第二百八十七条第一項第一号、第四号又は第七号に掲げる事項のみに係る一部事務組合の規約を変更しようとするときは、構成団体の協議によりこれを定め、前項本文の例により、直ちに総務大臣又は都道府県知事に届出をしなければならない。

（脱退による組織、事務及び規約の変更の特例）

第二百八十六条の二　前条第一項本文の規定にかかわらず、構成団体は、その議会の議決を経て、脱退する日の二年前までに他の全ての構成団体に書面で予告をすることにより、一部事務組合から脱退することができる。

2　前項の予告を受けた構成団体は、当該予告をした構成団体が脱退する時までに、前条の例により、当該脱退により必要となる規約の変更を行わなければならない。この場合において、同条中「第二百八十七条第一項第一号」とあるのは、「第二百八十七条第一項第一号、第二号」とする。

3　第一項の予告の撤回は、他の全ての構成団体が議会の議決を経て同意をした場合に限り、することができる。この場合において、同項の予告をした構成団体が他の構成団体に当該予告の撤回について同意を求めるに当たつては、あらかじめ、その議会の議決を経なければならない。

4　第一項の規定による脱退により一部事務組合の構成団体が一となつたときは、当該一部事務組合は解散するものとする。この場合において、当該構成団体は、前条第一項本文の例により、総務大臣又は都道府県知事に届け出なければならない。

（**規約等**）

第二百八十七条　一部事務組合の規約には、次に掲げる事項につき規定を設けなければならない。

一　一部事務組合の名称
二　一部事務組合の構成団体
三　一部事務組合の共同処理する事務
四　一部事務組合の事務所の位置
五　一部事務組合の議会の組織及び議員の選挙の方法
六　一部事務組合の執行機関の組織及び選任の方法
七　一部事務組合の経費の支弁の方法

2　一部事務組合の議会の議員又は管理者（第二百八十七条の三第二項の規定により管理者に代えて理事会を置く第二百八十五条の一部事務組合にあつては、理事）その他の職員は、第九十二条第二項、第百四十一条第二項及び第百九十六条第三項（これらの規定を適用し又は準用する場合を含む。）の規定にかかわらず、当該一部事務組合の構成団体の議会の議員又は長その他の職員と兼ねることができる。

（**特例一部事務組合**）

第二百八十七条の二　一部事務組合（一部事務組合を構成団体とするもの並びに第二百八十五条に規定する場合に設けられたもの及び次条第二項の規定により管理者に代えて理事会を置くものを除く。）は、規約で定めるところにより、当該一部事務組合の議会を構成団体の議会をもつて組織することとすることができる。

2　前項の規定によりその議会を構成団体の議会をもつて組織することとした一部事務組合（以下この条において「特例一部事務組合」という。）の管理者は、この法律その他の法令の規定により一部事務組合の管理者が一部事務組合の議会に付議することとされている事件があるときは、構成団体の長を通じて、当該事件に係る議案を全ての構成団体の議会に提出しなければならない。

3　前項の規定により同項に規定する事件に係る議案の提出を受けた構成団体の議会は、当該事件を議決するものとする。

4　構成団体の議会の議長は、前項の議決があつたときは、当該構成団体の長を通じて、議決の結果を特例一部事務組合の管理者に送付しなければならない。

5　特例一部事務組合にあつては、第二項に規定する事件の議会の議決は、当該議会を組織する構成団体の議会の一致する議決によらなければならない。

6　特例一部事務組合にあつては、この法律その他の法令の規定により一部事務組合の執行機関が一部事務組合の議会に通知し、報告し、提出し、又は勧告することとされている事項の議会への通知、報告、提出又は勧告は、当該特例一部事務組合の執行機関が構成団体の長を通じて当該事項を全ての構成団体の議会に通知し、報告し、提出し、又は勧告することにより行うものとする。

7　前編第六章第一節（第九十二条の二に限る。）、第二節（第百条第十四項から第二十項までを除く。）、第七節及び第十二節の規定は、特例一部事務組合の議会について準用する。この場合において、第九十二条の二、第九十九条、第百条の二及び第百二十五条中「普通地方公共団体の議会」とあり、第九十八条第一項及び第百条第一項中「普通地方公共団体の議会」とあり、及び「議会」とあり、第九十八条第二項並びに第百条第二項から第五項まで及び第八項から第十三項までの規定中「議会」とあり、並びに第百三十八条の二第一項及び第二項中「議会等」とあるのは「特例一部事務組合の構成団体の議会」と、第九十七条第一項中「法律」とあるのは「規約で定めるところにより、法律」と、第百二十四条中「議員」とあるのは「特例一部事務組合の構成団体の議会の議員」と、「請願書」とあるのは「当該構成団体の議会に請願書」と読み替えるものとする。

8　第百六十条の規定により第百五十条第二項から第九項までの規定を特例一部事務組合に準用する場合には、同条第八項中「議会」とあるのは、「特例一部事務組合の構成団体の議会」と読み替えるものとする。

9　第二百五十二条の四十五の規定により前編第十三章第二節（第二百五十二条の三十六第一項を除く。）の規定を特例一部事務組合に準用する場合には、第二百五十二条の三十七第五項中「議会」とあるのは「全ての構成団体の議会」と、第二百五十二条の三十八第六項中「議会」とあるのは「構成団体の議会」と読み替えるものとする。

10　第二百九十二条の規定によりこの法律中都道府県、市又は町村に関する規定を特例一部事務組合に準用する場合には、第十六条第二項中「前項の規定により条例」とあるのは「第二百八十七条の二第四項の規定により特例一部事務組合（同条第二項に規定する特例一部事務組合をいう。以下同じ。）の全ての構成団体（第二百八十六条第一項に規定する構成団体をいう。以下同じ。）の議会の議長から条例に関する議決の結果」と、「これ」とあるのは「当該条例」と、第百四十五条中「都道府県知事」とあるのは「都道府県の加入する特例一部事務組合の管理者」と、「市町村長」とあるのは「都道府県の加入しない特例一部事務組合の管理者」と、「普通地方公共団体の議会の議長」とあるのは「特例一部事務組合の全ての構成団体の議会の議長」と、第百六十五条第一項中「普通地方公共団体の議会の議長」とあるのは「特例一部事務組合の全ての構成団体の議会の議長」と、第百七十六条第一項、第四項及び第七項、第百七十七条第一項、第百七十九条第一項、第百八十条第一項、第百九十九条第十四項及び第十五項、第二百四十二条第十項、第二百四十三条の二の七第二項、第二百五十二条の二十八第三項、第二百五十二条の三十三第一項、第二百五十二条の三十四並びに第二百五十二条の四十第一項中「普通地方公共団体の議会」とあり、第百七十六条第二項、第五項、第六項及び第八項、第百七十七条第二項、第百七十九条第二項から第四項まで、第百八十条第二項、第二百四十二条第九項、第二百五十二条の二第二項、第二百五十二条の四十二第二項、第三項、第五項及び第六項並びに第二百五十六条中「議会」とあり、並びに第二百四十二条の二第一項中「普通地方公共団体の議会」とあり、及び「議会」とあるのは「特例一部事務組合の構成団体の議会」と、第百七十六条第五項中「都道府県知事にあつては」とあるのは「都道府県の加入する特例一部事務組合の管理者にあつては」と、「市町村長」とあるのは「都道府県の加入しない特例一部事務組合の管理者」と、第百七十九条第一項中「議会の」とあるのは「特例一部事務組合の構成団体の議会の」と、「議会を招集する」とあるのは「議決を経る」と、「議会に」とあるのは「特例一部事務組合の構成団体の議会に」と、「を処分する」とあるのは「について第二百八十七条の二第三項の議決があつたものとみなす」と、第百八十条第一項中「これを専決処分にする」とあるのは「これについて第二百八十七条の二第三項の議決があつたものとみなす」と、同条第二項中「専決処分をしたときは」とあるのは「議決があつたものとみなしたときは」と、第二百十九条第二項中「前項の規定により予算」とあるのは「第二百八十七条の二第四項の規定により特例一部事務組合の全ての構成団体の議会の議長から予算に関する議決の結果」と、「その要領」とあるのは「当該予算の要領」と、第二百五十二条の四十第四項中「議会から」とあるのは「特例一部事務組合の構成団体の議会から」と読み替えるものとする。

11　特例一部事務組合にあつては、前条第一項第六号の規定にかかわらず、この法律その他の法令の規定による一部事務組合の監査委員の事務は、規約で定める構成団体の監査委員が行うものとすることができる。

（議決方法の特例及び理事会の設置）

第二百八十七条の三　第二百八十五条の一部事務組合の規約には、その議会の議決すべき事件のうち当該一部事務組合を組織する市町村又は特別区の一部に係るものその他特別の必要があるものの議決の方法について特別の規定を設けることができる。

2　第二百八十五条の一部事務組合には、当該一部事務組合の規約で定めるところにより、管理者に代えて、理事をもつて組織する理事会を置くことができる。

3　前項の理事は、一部事務組合を組織する市町村若しくは特別区の長又は当該市町村若し

行政法

くは特別区の長がその議会の同意を得て当該市町村又は特別区の職員のうちから指名する者をもつて充てる。

（議決事件の通知）

第二百八十七条の四　一部事務組合の管理者（前条第二項の規定により管理者に代えて理事会を置く第二百八十五条の一部事務組合にあつては、理事会。第二百九十一条第一項及び第二項において同じ。）は、当該一部事務組合の議会の議決すべき事件のうち政令で定める重要なものについて当該議会の議決を求めようとするときは、あらかじめ、これを当該一部事務組合の構成団体の長に通知しなければならない。当該議決の結果についても、同様とする。

（解散）

第二百八十八条　一部事務組合を解散しようとするときは、構成団体の協議により、第二百八十四条第二項の例により、総務大臣又は都道府県知事に届出をしなければならない。

（財産処分）

第二百八十九条　第二百八十六条、第二百八十六条の二又は前条の場合において、財産処分を必要とするときは、関係地方公共団体の協議によりこれを定める。

（議会の議決を要する協議）

第二百九十条　第二百八十四条第二項、第二百八十六条（第二百八十六条の二第二項の規定によりその例によることとされる場合（同項の規定による規約の変更が第二百八十七条第一項第二号に掲げる事項のみに係るものである場合を除く。）を含む。）及び前二条の協議については、関係地方公共団体の議会の議決を経なければならない。

（経費分賦に関する異議）

第二百九十一条　一部事務組合の経費の分賦に関し、違法又は錯誤があると認めるときは、一部事務組合の構成団体は、その告知を受けた日から三十日以内に当該一部事務組合の管理者に異議を申し出ることができる。

2　前項の規定による異議の申出があつたときは、一部事務組合の管理者は、その議会に諮つてこれを決定しなければならない。

3　一部事務組合の議会は、前項の規定による諮問があつた日から二十日以内にその意見を述べなければならない。

第三節　広域連合

（広域連合による事務の処理等）

第二百九十一条の二　国は、その行政機関の長の権限に属する事務のうち広域連合の事務に関連するものを、別に法律又はこれに基づく政令の定めるところにより、当該広域連合が処理することとすることができる。

2　都道府県は、その執行機関の権限に属する事務のうち都道府県の加入しない広域連合の事務に関連するものを、条例の定めるところにより、当該広域連合が処理することとすることができる。

3　第二百五十二条の十七の二第二項、第二百五十二条の十七の三及び第二百五十二条の十七の四の規定は、前項の規定により広域連合が都道府県の事務を処理する場合について準用する。

4　都道府県の加入する広域連合の長（第二百九十一条の十三において準用する第二百八十七条の三第二項の規定により長に代えて理事会を置く広域連合にあつては、理事会。第二百九十一条の四第四項、第二百九十一条の五第二項、第二百九十一条の六第一項及び第二百九十一条の八第二項を除き、以下同じ。）は、その議会の議決を経て、国の行政機関の長に対し、当該広域連合の事務に密接に関連する国の行政機関の長の権限に属する事務の一部を当該広域連合が処理することとするよう要請することができる。

5　都道府県の加入しない広域連合の長は、その議会の議決を経て、都道府県に対し、当該広域連合の事務に密接に関連する都道府県の事務の一部を当該広域連合が処理することとするよう要請することができる。

（組織、事務及び規約の変更）

第二百九十一条の三　広域連合は、これを組織する地方公共団体の数を増減し若しくは処理する事務を変更し、又は広域連合の規約を変更しようとするときは、関係地方公共団体の協議によりこれを定め、都道府県の加入するものにあつては総務大臣、その他のものにあつては都道府県知事の許可を受けなければならない。ただし、次条第一項第六号若しくは第九号に掲げる事項又は前条第一項若しくは第二項の規定により広域連合が新たに事務を処理することとされた場合（変更された場合を含む。）における当該事務のみに係る広域連合の規約を変更しようとするときは、この限りでない。

2　総務大臣は、前項の許可をしようとするときは、国の関係行政機関の長に協議しなければならない。

3 広域連合は、次条第一項第六号又は第九号に掲げる事項のみに係る広域連合の規約を変更しようとするときは、関係地方公共団体の協議によりこれを定め、第一項本文の例により、直ちに総務大臣又は都道府県知事に届出をしなければならない。

4 前条第一項又は第二項の規定により広域連合が新たに事務を処理することとされたとき（変更されたときを含む。）は、広域連合の長は、直ちに次条第一項第四号又は第九号に掲げる事項に係る規約につき必要な変更を行い、第一項本文の例により、総務大臣又は都道府県知事に届出をするとともに、その旨を当該広域連合を組織する地方公共団体の長に通知しなければならない。

5 都道府県知事は、第一項の許可をしたとき、又は第三項若しくは前項の届出を受理したときは、直ちにその旨を公表するとともに、総務大臣に報告しなければならない。

6 総務大臣は、第一項の許可をしたとき又は第三項若しくは第四項の届出を受理したときは直ちにその旨を告示するとともに、これを国の関係行政機関の長に通知し、前項の規定による報告を受けたときは直ちにその旨を国の関係行政機関の長に通知しなければならない。

7 広域連合の長は、広域計画に定める事項に関する事務を総合的かつ計画的に処理するため必要があると認めるときは、その議会の議決を経て、当該広域連合を組織する地方公共団体に対し、当該広域連合の規約を変更するよう要請することができる。

8 前項の規定による要請があつたときは、広域連合を組織する地方公共団体は、これを尊重して必要な措置を執るようにしなければならない。

（規約等）

第二百九十一条の四 広域連合の規約には、次に掲げる事項につき規定を設けなければならない。

一 広域連合の名称
二 広域連合を組織する地方公共団体
三 広域連合の区域
四 広域連合の処理する事務
五 広域連合の作成する広域計画の項目
六 広域連合の事務所の位置
七 広域連合の議会の組織及び議員の選挙の方法
八 広域連合の長、選挙管理委員会その他執行機関の組織及び選任の方法
九 広域連合の経費の支弁の方法

2 前項第三号に掲げる広域連合の区域は、当該広域連合を組織する地方公共団体の区域を合わせた区域を定めるものとする。ただし、都道府県の加入する広域連合について、当該広域連合の処理する事務が当該都道府県の区域の一部のみに係るものであることその他の特別の事情があるときは、当該都道府県の包括する市町村又は特別区で当該広域連合を組織しないものの一部又は全部の区域を除いた区域を定めることができる。

3 広域連合の長は、広域連合の規約が定められ又は変更されたときは、速やかにこれを公表しなければならない。

4 広域連合の議会の議員又は長（第二百九十一条の十三において準用する第二百八十七条の三第二項の規定により長に代えて理事会を置く広域連合にあつては、理事。次条第二項及び第二百九十一条の六第一項において同じ。）その他の職員は、第九十二条第二項、第百四十一条第二項及び第百九十六条第三項（これらの規定を適用し又は準用する場合を含む。）の規定にかかわらず、当該広域連合を組織する地方公共団体の議会の議員又は長その他の職員と兼ねることができる。

（議会の議員及び長の選挙）

第二百九十一条の五 広域連合の議会の議員は、政令で特別の定めをするものを除くほか、広域連合の規約で定めるところにより、広域連合の選挙人（広域連合を組織する普通地方公共団体又は特別区の議会の議員及び長の選挙権を有する者で当該広域連合の区域内に住所を有するものをいう。次項及び次条第八項において同じ。）が投票により又は広域連合を組織する地方公共団体の議会においてこれを選挙する。

2 広域連合の長は、政令で特別の定めをするものを除くほか、広域連合の規約で定めるところにより、広域連合の選挙人が投票により又は広域連合を組織する地方公共団体の長が投票によりこれを選挙する。

（直接請求）

第二百九十一条の六 前編第五章（第七十五条第六項後段、第八十条第四項後段、第八十五条及び第八十六条第四項後段を除く。）及び第二百五十二条の三十九（第十四項を除く。）の規定は、政令で特別の定めをするものを除くほか、広域連合の条例（地方税の賦課徴収並びに分担金、使用料及び手数料の徴収に関

行政法

するものを除く。）の制定若しくは改廃、広域連合の事務の執行に関する監査、広域連合の議会の解散又は広域連合の議会の議員若しくは長その他広域連合の職員で政令で定めるものの解職の請求について準用する。この場合において、同章（第七十四条第一項を除く。）の規定中「選挙権を有する者」とあるのは「請求権を有する者」と、第七十四条第一項中「普通地方公共団体の議会の議員及び長の選挙権を有する者（以下この編において「選挙権を有する者」という。）」とあるのは「広域連合を組織する普通地方公共団体又は特別区の議会の議員及び長の選挙権を有する者で当該広域連合の区域内に住所を有するもの（以下「請求権を有する者」という。）」と、同条第六項第一号（第七十五条第六項前段、第七十六条第四項、第八十条第四項前段、第八十一条第二項及び第八十六条第四項前段において準用する場合を含む。）中「に係る」とあるのは「の加入する広域連合に係る」と、「された者」とあるのは「された者のうち当該広域連合の区域内に住所を有するもの」と、第七十四条第六項第三号（第七十五条第六項前段、第七十六条第四項、第八十一条第二項及び第八十六条第四項前段において準用する場合を含む。）中「普通地方公共団体（当該普通地方公共団体が、都道府県である場合には当該都道府県」とあるのは「広域連合（当該広域連合」と、「（以下この号において「指定都市」という。）の区及び総合区を含み、指定都市である場合には当該市の区及び総合区」とあるのは「の区及び総合区」と、第八十条第四項前段において準用する第七十四条第六項第三号中「普通地方公共団体（当該普通地方公共団体が、都道府県である場合には当該都道府県の区域内の」とあるのは「広域連合（当該広域連合が、広域連合の選挙人の投票により当該広域連合の議会の議員を選挙する広域連合である場合には当該選挙区の区域の全部又は一部が含まれる」と、「を含み、指定都市である場合には当該市の区及び総合区」とあるのは「（選挙区がないときは当該広域連合の区域内の市町村並びに指定都市の区及び総合区）を含み、広域連合を組織する地方公共団体の議会において当該広域連合の議会の議員を選挙する広域連合である場合には当該議員を選挙した議会が置かれている地方公共団体の区域内の市町村並びに指定都市の区及び総合区（当該広域連合の区域内にあるものに限る。）」と、第二百五十二条の三十九第一項中「選挙権を有する者」とあるのは「請求権を有する者」と読み替えるほか、必要な技術的読替えは、政令で定める。

2　前項に定めるもののほか、広域連合を組織する普通地方公共団体又は特別区の議会の議員及び長の選挙権を有する者で当該広域連合の区域内に住所を有するもの（第五項前段において「請求権を有する者」という。）は、政令で定めるところにより、その総数の三分の一（その総数が四十万を超え八十万以下の場合にあつてはその四十万を超える数に六分の一を乗じて得た数と四十万に三分の一を乗じて得た数とを合算して得た数、その総数が八十万を超える場合にあつてはその八十万を超える数に八分の一を乗じて得た数と四十万に六分の一を乗じて得た数と四十万に三分の一を乗じて得た数とを合算して得た数）以上の者の連署をもつて、その代表者から、当該広域連合の長に対し、当該広域連合の規約の変更を要請するよう請求することができる。

3　前項の規定による請求があつたときは、広域連合の長は、直ちに、当該請求の要旨を公表するとともに、当該広域連合を組織する地方公共団体に対し、当該請求に係る広域連合の規約を変更するよう要請しなければならない。この場合においては、当該要請をした旨を同項の代表者に通知しなければならない。

4　前項の規定による要請があつたときは、広域連合を組織する地方公共団体は、これを尊重して必要な措置を執るようにしなければならない。

5　第七十四条第五項の規定は請求権を有する者及びその総数の三分の一の数（その総数が四十万を超え八十万以下の場合にあつてはその四十万を超える数に六分の一を乗じて得た数と四十万に三分の一を乗じて得た数とを合算して得た数、その総数が八十万を超える場合にあつてはその八十万を超える数に八分の一を乗じて得た数と四十万に六分の一を乗じて得た数と四十万に三分の一を乗じて得た数とを合算して得た数）について、同条第六項の規定は第二項の代表者について、同条第七項から第九項まで及び第七十四条の二から第七十四条の四までの規定は第二項の規定による請求者の署名について、それぞれ準用する。この場合において、第七十四条第五項中「第一項の選挙権を有する者」とあるのは「第二百九十一条の六第二項に規定する広域

行政法

連合を組織する普通地方公共団体又は特別区の議会の議員及び長の選挙権を有する者で当該広域連合の区域内に住所を有するもの（以下「請求権を有する者」という。）」と、同条第六項中「選挙権を有する者」とあるのは「請求権を有する者」と、同項第一号中「に係る」とあるのは「の加入する広域連合に係る」と、「された者」とあるのは「された者のうち当該広域連合の区域内に住所を有するもの」と、同項第三号中「普通地方公共団体（当該普通地方公共団体が、都道府県である場合には当該都道府県」とあるのは「広域連合（当該広域連合」と、「（以下この号において「指定都市」という。）の区及び総合区を含み、指定都市である場合には当該市の区及び総合区」とあるのは「の区及び総合区」と、同条第八項並びに第七十四条の四第三項及び第四項中「選挙権を有する者」とあるのは「請求権を有する者」と読み替えるほか、必要な技術的読替えは、政令で定める。

6　第二百五十二条の三十八第一項、第二項及び第四項から第六項までの規定は、第一項において準用する第二百五十二条の三十九第一項の規定により第二百五十二条の二十七第三項に規定する個別外部監査契約に基づく監査によることが求められた第一項において準用する第七十五条第一項の請求に係る事項についての第二百五十二条の二十九に規定する個別外部監査人の監査について準用する。この場合において、必要な技術的読替えは、政令で定める。

7　政令で特別の定めをするものを除くほか、公職選挙法中普通地方公共団体の選挙に関する規定は、第一項において準用する第七十六条第三項の規定による解散の投票並びに第八十条第三項及び第八十一条第二項の規定による解職の投票について準用する。

8　前項の投票は、政令で定めるところにより、広域連合の選挙人による選挙と同時に行うことができる。

（広域計画）

第二百九十一条の七　広域連合は、当該広域連合が設けられた後、速やかに、その議会の議決を経て、広域計画を作成しなければならない。

2　広域計画は、第二百九十一条の二第一項又は第二項の規定により広域連合が新たに事務を処理することとされたとき（変更されたときを含む。）その他これを変更することが適当であると認められるときは、変更することができる。

3　広域連合は、広域計画を変更しようとするときは、その議会の議決を経なければならない。

4　広域連合及び当該広域連合を組織する地方公共団体は、広域計画に基づいて、その事務を処理するようにしなければならない。

5　広域連合の長は、当該広域連合を組織する地方公共団体の事務の処理が広域計画の実施に支障があり又は支障があるおそれがあると認めるときは、当該広域連合の議会の議決を経て、当該広域連合を組織する地方公共団体に対し、当該広域計画の実施に関し必要な措置を講ずべきことを勧告することができる。

6　広域連合の長は、前項の規定による勧告を行つたときは、当該勧告を受けた地方公共団体に対し、当該勧告に基づいて講じた措置について報告を求めることができる。

（協議会）

第二百九十一条の八　広域連合は、広域計画に定める事項を一体的かつ円滑に推進するため、広域連合の条例で、必要な協議を行うための協議会を置くことができる。

2　前項の協議会は、広域連合の長（第二百九十一条の十三において準用する第二百八十七条の三第二項の規定により長に代えて理事会を置く広域連合にあつては、理事）及び国の地方行政機関の長、都道府県知事（当該広域連合を組織する地方公共団体である都道府県の知事を除く。）、広域連合の区域内の公共的団体等の代表者又は学識経験を有する者のうちから広域連合の長（第二百九十一条の十三において準用する第二百八十七条の三第二項の規定により長に代えて理事会を置く広域連合にあつては、理事会）が任命する者をもつて組織する。

3　前項に定めるもののほか、第一項の協議会の運営に関し必要な事項は、広域連合の条例で定める。

（広域連合の分賦金）

第二百九十一条の九　第二百九十一条の四第一項第九号に掲げる広域連合の経費の支弁の方法として、広域連合を組織する普通地方公共団体又は特別区の分賦金に関して定める場合には、広域連合が作成する広域計画の実施のために必要な連絡調整及び広域計画に基づく総合的かつ計画的な事務の処理に資するため、当該広域連合を組織する普通地方公共団体又は特別区の人口、面積、地方税の収入額、財政力その他の客観的な指標に基づかなければならない。

2　前項の規定により定められた広域連合の規約に基づく地方公共団体の分賦金については、当該地方公共団体は、必要な予算上の措置をしなければならない。

（解散）

第二百九十一条の十　広域連合を解散しようとするときは、関係地方公共団体の協議により、第二百八十四条第二項の例により、総務大臣又は都道府県知事の許可を受けなければならない。

2　総務大臣は、前項の許可をしようとするときは、国の関係行政機関の長に協議しなければならない。

3　都道府県知事は、第一項の許可をしたときは、直ちにその旨を公表するとともに、総務大臣に報告しなければならない。

4　総務大臣は、第一項の許可をしたときは直ちにその旨を告示するとともに、これを国の関係行政機関の長に通知し、前項の規定による報告を受けたときは直ちにその旨を国の関係行政機関の長に通知しなければならない。

（議会の議決を要する協議）

第二百九十一条の十一　第二百八十四条第三項、第二百九十一条の三第一項及び第三項、前条第一項並びに第二百九十一条の十三において準用する第二百八十九条の協議については、関係地方公共団体の議会の議決を経なければならない。

（経費分賦等に関する異議）

第二百九十一条の十二　広域連合の経費の分賦に関し、違法又は錯誤があると認めるときは、広域連合を組織する地方公共団体は、その告知を受けた日から三十日以内に当該広域連合の長に異議を申し出ることができる。

2　第二百九十一条の三第四項の規定による広域連合の規約の変更のうち第二百九十一条の四第一項第九号に掲げる事項に係るものに関し不服があるときは、広域連合を組織する地方公共団体は、第二百九十一条の三第四項の規定による通知を受けた日から三十日以内に当該広域連合の長に異議を申し出ることができる。

3　広域連合の長は、第一項の規定による異議の申出があつたときは当該広域連合の議会に諮つてこれを決定し、前項の規定による異議の申出があつたときは当該広域連合の議会に諮つて規約の変更その他必要な措置を執らなければならない。

4　広域連合の議会は、前項の規定による諮問があつた日から二十日以内にその意見を述べなければならない。

（一部事務組合に関する規定の準用）

第二百九十一条の十三　第二百八十七条の三第二項、第二百八十七条の四及び第二百八十九条の規定は、広域連合について準用する。この場合において、第二百八十七条の三第二項中「第二百八十五条の一部事務組合」とあるのは「広域連合」と、第二百八十九条中「第二百八十六条、第二百八十六条の二又は前条」とあるのは「第二百九十一条の三第一項、第三項若しくは第四項又は第二百九十一条の十第一項」と読み替えるものとする。

第四節　雑則

（普通地方公共団体に関する規定の準用）

第二百九十二条　地方公共団体の組合については、法律又はこれに基づく政令に特別の定めがあるものを除くほか、都道府県の加入するものにあつては都道府県に関する規定、市及び特別区の加入するもので都道府県の加入しないものにあつては市に関する規定、その他のものにあつては町村に関する規定を準用する。

（数都道府県にわたる組合に関する特例）

第二百九十三条　市町村及び特別区の組合で数都道府県にわたるものに係る第二百八十四条第二項及び第三項、第二百八十六条第一項本文、第二百九十一条の三第一項本文並びに第二百九十一条の十第一項の許可並びに第二百八十五条の二第一項の規定による勧告は、これらの規定にかかわらず、政令で定めるところにより、総務大臣が関係都道府県知事の意見を聴いてこれを行い、市町村及び特別区の組合で数都道府県にわたるものに係る第二百八十六条第二項、第二百八十八条並びに第二百九十一条の三第三項及び第四項の届出は、これらの規定にかかわらず、関係都道府県知事を経て総務大臣にこれをしなければならない。

（政令への委任）

第二百九十三条の二　この法律に規定するもののほか、地方公共団体の組合の規約に関する事項その他本章の規定の適用に関し必要な事項は、政令で定める。

第四章　財産区

第二百九十四条　法律又はこれに基く政令に特

別の定があるものを除く外、市町村及び特別区の一部で財産を有し若しくは公の施設を設けているもの又は市町村及び特別区の廃置分合若しくは境界変更の場合におけるこの法律若しくはこれに基く政令の定める財産処分に関する協議に基き市町村及び特別区の一部が財産を有し若しくは公の施設を設けるものとなるもの（これらを財産区という。）があるときは、その財産又は公の施設の管理及び処分又は廃止については、この法律中地方公共団体の財産又は公の施設の管理及び処分又は廃止に関する規定による。

② 前項の財産又は公の施設に関し特に要する経費は、財産区の負担とする。

③ 前二項の場合においては、地方公共団体は、財産区の収入及び支出については会計を分別しなければならない。

第二百九十五条 財産区の財産又は公の施設に関し必要があると認めるときは、都道府県知事は、議会の議決を経て市町村又は特別区の条例を設定し、財産区の議会又は総会を設けて財産区に関し市町村又は特別区の議会の議決すべき事項を議決させることができる。

第二百九十六条 財産区の議会の議員の定数、任期、選挙権、被選挙権及び選挙人名簿に関する事項は、前条の条例中にこれを規定しなければならない。財産区の総会の組織に関する事項についても、また、同様とする。

② 前項に規定するものを除く外、財産区の議会の議員の選挙については、公職選挙法第二百六十八条の定めるところによる。

③ 財産区の議会又は総会に関しては、第二編中町村の議会に関する規定を準用する。

第二百九十六条の二 市町村及び特別区は、条例で、財産区に財産区管理会を置くことができる。但し、市町村及び特別区の廃置分合又は境界変更の場合において、この法律又はこれに基く政令の定める財産処分に関する協議により財産区を設けるときは、その協議により当該財産区に財産区管理会を置くことができる。

② 財産区管理会は、財産区管理委員七人以内を以てこれを組織する。

③ 財産区管理委員は、非常勤とし、その任期は、四年とする。

④ 第二百九十五条の規定により財産区の議会又は総会を設ける場合においては、財産区管理会を置くことができない。

第二百九十六条の三 市町村長及び特別区の区長は、財産区の財産又は公の施設の管理及び処分又は廃止で条例又は前条第一項但書に規定する協議で定める重要なものについては、財産区管理会の同意を得なければならない。

② 市町村長及び特別区の区長は、財産区の財産又は公の施設の管理に関する事務の全部又は一部を財産区管理会の同意を得て、財産区管理会又は財産区管理委員に委任することができる。

③ 財産区管理会は、当該財産区の事務の処理について監査することができる。

第二百九十六条の四 前二条に定めるものを除く外、財産区管理委員の選任、財産区管理会の運営その他財産区管理会に関し必要な事項は、条例でこれを定める。但し、第二百九十六条の二第一項但書の規定により財産区管理会を置く場合においては、同項但書に規定する協議によりこれを定めることができる。

② 市町村長及び特別区の区長は、財産区管理会の同意を得て、条例で第二百九十六条の二第一項但書に規定する協議の内容を変更することができる。

第二百九十六条の五 財産区は、その財産又は公の施設の管理及び処分又は廃止については、その住民の福祉を増進するとともに、財産区のある市町村又は特別区の一体性をそこなわないように努めなければならない。

② 財産区のある市町村又は特別区は、財産区と協議して、当該財産区の財産又は公の施設から生ずる収入の全部又は一部を市町村又は特別区の事務に要する経費の一部に充てることができる。この場合においては、当該市町村又は特別区は、その充当した金額の限度において、財産区の住民に対して不均一の課税をし、又は使用料その他の徴収金について不均一の徴収をすることができる。

③ 前項前段の協議をしようとするときは、財産区は、予めその議会若しくは総会の議決を経、又は財産区管理会の同意を得なければならない。

第二百九十六条の六 都道府県知事は、必要があると認めるときは、財産区の事務の処理について、当該財産区のある市町村若しくは特別区の長に報告若しくは資料の提出を求め、又は監査することができる。

② 財産区の事務に関し、市町村若しくは特別区の長若しくは議会、財産区の議会若しくは総会又は財産区管理会の相互の間に紛争があるときは、都道府県知事は、当事者の申請に基き又は職権により、これを裁定することが

行政法

できる。

③　前項に規定するものを除く外、同項の裁定に関し必要な事項は、政令で定める。

第二百九十七条　この法律に規定するものを除く外、財産区の事務に関しては、政令でこれを定める。

第四編　補則

（事務の区分）

第二百九十八条　都道府県が第三条第六項、第七条第一項及び第二項（第八条第三項の規定によりその例によることとされる場合を含む。）、第八条の二第一項、第二項及び第四項、第九条第一項及び第二項（同条第十一項において準用する場合を含む。）並びに第五項及び第九項（同条第十一項及び第九条の三第六項において準用する場合を含む。）、第九条の二第一項及び第五項並びに第九条の三第一項及び第三項の規定により処理することとされている事務、第二百四十五条の四第一項の規定により処理することとされている事務（市町村が処理する事務が自治事務又は第二号法定受託事務である場合においては、同条第二項の規定による各大臣の指示を受けて行うものに限る。）、第二百四十五条の五第三項の規定により処理することとされている事務、第二百四十五条の七第二項、第二百四十五条の八第十二項において準用する同条第一項から第四項まで及び第八項並びに第二百四十五条の九第二項の規定により処理することとされている事務（市町村が処理する第一号法定受託事務に係るものに限る。）、第二百五十二条第二項の規定により処理することとされている事務、同条第三項の規定により処理することとされている事務（市町村が処理する第一号法定受託事務に係るものに限る。）、第二百五十二条の十七の三第二項及び第三項並びに第二百五十二条の十七の四第一項及び第三項（第二百九十一条の二第三項において準用する場合を含む。）の規定により処理することとされている事務、第二百五十二条の十七の五第一項の規定により処理することとされている事務（同条第二項の規定による総務大臣の指示を受けて行うものに限る。）、第二百五十二条の十七の六第二項及び第二百五十二条の十七の七の規定により処理することとされている事務、第二百五十五条の二の規定により処理することとされている事務（第一号法定受託事務に係るものに限る。）、第二百六十一条第二項から第四項までの規定により処理することとされている事務、第二百八十四条第二項の規定により処理することとされている事務（都道府県の加入しない一部事務組合に係る許可に係るものに限る。）、同条第三項の規定により処理することとされている事務（都道府県の加入しない広域連合に係る許可に係るものに限る。）、第二百八十六条（第二百八十六条の二第二項の規定によりその例によることとされる場合を含む。）及び第二百八十六条の二第四項の規定により処理することとされている事務（都道府県の加入しない一部事務組合に係る許可又は届出に係るものに限る。）、第二百八十八条の規定により処理することとされている事務（都道府県の加入しない一部事務組合に係る届出に係るものに限る。）、第二百九十一条の三第一項及び第三項から第五項までの規定により処理することとされている事務（都道府県の加入しない広域連合に係る許可又は届出に係るものに限る。）、第二百九十一条の十第一項の規定により処理することとされている事務（都道府県の加入しない広域連合に係る許可に係るものに限る。）、同条第三項の規定により処理することとされている事務並びに第二百六十二条第一項において準用する公職選挙法中普通地方公共団体の選挙に関する規定により処理することとされている事務は、第一号法定受託事務とする。

2　都が第二百八十一条の四第一項、第二項（同条第九項及び第十一項において準用する場合を含む。）、第八項及び第十項の規定により処理することとされている事務は、第一号法定受託事務とする。

3　市町村が第二百六十一条第二項から第四項までの規定により処理することとされている事務及び第二百六十二条第一項において準用する公職選挙法中普通地方公共団体の選挙に関する規定により処理することとされている事務は、第一号法定受託事務とする。

第二百九十九条　市町村が第七十四条の二第一項から第三項まで、第五項、第六項及び第十項並びに第七十四条の三第三項（これらの規定を第七十五条第六項、第七十六条第四項、第八十条第四項、第八十一条第二項及び第八十六条第四項において準用する場合を含む。）の規定により処理することとされている事務（都道府県に対する請求に係るものに限る。）並びに第八十五条第一項において準用する公職選挙法中普通地方公共団体の選挙に関する規定により処理することとされている事務（第七十六条第三項の規定による都道府県の議会の解散の投票並びに第八十条第三項及び第八十一条第二項の規定による都道府県の議会の議員及び長の解職の投票に関するものに限る。）は、第二号法定受託事務とする。

別表第一　第一号法定受託事務（第二条関係）

備考　この表の下欄の用語の意義及び字句の意味は、上欄に掲げる法律における用語の意義及び字句の意味によるものとする。

（抄）

法律	事務
児童福祉法（昭和二十二年法律第百六十四号）	第五十六条第一項の規定により都道府県が処理することとされている事務
医師法（昭和二十三年法律第二百一号）	第六条第三項、第七条第四項及び第八項前段、同条第十項及び第十一項（これらの規定を第七条の二第五項において準用する場合を含む。）、第七条第五項において準用する行政手続法第十五条第一項及び第三項（同法第二十二条第三項において準用する場合を含む。）、第十六条第四項、第十八条第一項及び第三項、第十九条第一項、第二十条第六項並びに第二十四条第三項並びに第七条第八項後段において準用する同法第二十二条第三項において準用する同法第十五条第三項の規定により都道府県が処理することとされている事務
歯科医師法（昭和二十三年法律第二百二号）	第六条第三項、第七条第四項及び第八項前段、同条第十項及び第十一項（これらの規定を第七条の二第五項において準用する場合を含む。）、第七条第五項において準用する行政手続法第十五条第一項及び第三項（同法第二十二条第三項において準用する場合を含む。）、第十六条第四項、第十八条第一項及び第三項、第十九条第一項、第二十条第六項並びに第二十四条第三項並びに第七条第八項後段において準用する同法第二十二条第三項において準用する同法第十五条第三項の規定により都道府県が処理することとされている事務
保健師助産師看護師法（昭和二十三年法律第二百三号）	第十五条第三項及び第七項前段、同条第九項及び第十項（これらの規定を第十五条の二第七項において準用する場合を含む。）、第十五条第四項において準用する行政手続法第十五条第一項及び第三項（同法第二十二条第三項において準用する場合を含む。）、第十六条第四項、第十八条第一項及び第三項、第十九条第一項、第二十条第六項並びに第二十四条第三項並びに第十五条第七項後段において準用する同法第二十二条第三項において準用する同法第十五条第三項の規定により都道府県が処理することとされている事務
精神保健及び精神障害者福祉に関する法律（昭和二十五年法律第百二十三号）	一　この法律（第一章から第三章まで、第十九条の二第四項、第十九条の七、第十九条の八、第十九条の九第一項、同条第二項（第三十三条の七において準用する場合を含む。）、第十九条の十一、第二十九条の九、第三十条第一項及び第三十一条、第三十三条の六第一項及び第六項、第五章第四節、第四十条の三、第四十条の七、第六章並びに第五十一条の十一の三第二項を除く。）の規定により都道府県が処理することとされている事務 二　この法律（第六章第二節を除く。）の規定により保健所

行政法

	を設置する市又は特別区が処理することとされている事務（保健所長に係るものに限る。） 三　第三十三条第二項及び第六項並びに第三十四条第二項の規定により市町村が処理することとされている事務
生活保護法（昭和二十五年法律第百四十四号）	一　都道府県、市及び福祉事務所を設置する町村が第十九条第一項から第五項まで、第二十四条第一項及び第三項（これらの規定を同条第九項において準用する場合を含む。）並びに第八項、第二十五条第一項及び第二項、第二十六条、第二十七条第一項、第二十八条第一項、第二項及び第五項、第二十九条、第三十条から第三十七条の二まで（第三十条第二項及び第三十三条第三項を除く。）、第四十七条第一項、第四十八条第四項、第五十三条第四項（第五十四条の二第五項及び第六項並びに第五十五条の二において準用する場合を含む。）、第五十五条の四第一項、同条第二項及び第三項（これらの規定を第五十五条の五第二項において準用する場合を含む。）、第五十五条の五第一項、第五十五条の六、第六十一条、第六十二条第三項及び第四項、第六十三条、第七十六条第一項、第七十七条第二項、第七十八条の二第一項及び第二項、第八十条並びに第八十一条の規定により処理することとされている事務 二　都道府県が第二十三条第一項及び第二項、第二十九条第二項、第四十条第二項、第四十一条第二項から第五項まで、第四十二条、第四十三条第一項、第四十四条第一項、第四十五条、第四十六条第二項及び第三項、第四十八条第三項、第四十九条、第四十九条の二第四項（第四十九条の三第四項及び第五十四条の二第五項において準用する場合を含む。）並びに第五十四条の二第六項及び第五十五条第二項において準用する第四十九条の二第一項、第四十九条の三第一項、第五十条第二項、第五十条の二及び第五十一条第二項（これらの規定を第五十四条の二第五項及び第六項並びに第五十五条第二項において準用する場合を含む。）、第五十三条第一項及び第三項（これらの規定を第五十四条の二第五項及び第六項並びに第五十五条の二において準用する場合を含む。）、第五十四条第一項（第五十四条の二第五項及び第六項並びに第五十五条第二項において準用する場合を含む。）、第五十四条の二第一項、第五十五条第一項、第五十五条の三、第六十五条第一項、第七十四条第二項第二号及び第三号、第七十七条第一項、第七十七条の二第一項、同条第二項（第七十八条第四項において準用する場合を含む。）、第七十八条第一項から第三項まで並びに第八十三条の二並びに第七十四条の二において準用する社会福祉法第五十八条第二項から第四項までの規定により処理することとされている事務 三　市町村が第二十九条第二項、第四十三条第二項、第七十七条第一項、第七十七条の二第一項、同条第二項（第七十八条第四項において準用する場合を含む。）及び第七十八条第一項から第三項まで並びに第七十四条の二において準用する社会福祉法第五十八条第二項から第四項までの規定により処理することとされ

	ている事務 四　福祉事務所を設置しない町村が第十九条第六項及び第七項、第二十四条第十項並びに第二十五条第三項の規定により処理することとされている事務
社会福祉法（昭和二十六年法律第四十五号）	一　都道府県が第三十一条第一項、第四十二条第二項、第四十五条の六第二項（第四十五条の十七第三項において準用する場合を含む。）、第四十五条の九第五項、第四十五条の三十六第二項及び第四項、第四十六条第一項第六号、第二項及び第三項、第四十六条の六第四項及び第五項、第四十七条の五、第五十条第三項、第五十四条の六第二項、第五十五条の二第一項、第五十五条の三第一項、第五十五条の四、第五十六条第一項、第四項から第八項まで及び第九項（第五十八条第四項において準用する場合を含む。）、第五十七条、第五十八条第二項、第五十九条、第百十四条並びに第百二十一条の規定により処理することとされている事務 二　市が第三十一条第一項、第四十二条第二項、第四十五条の六第二項（第四十五条の十七第三項において準用する場合を含む。）、第四十五条の九第五項、第四十五条の三十六第二項及び第四項、第四十六条第一項第六号、第二項及び第三項、第四十六条の六第四項及び第五項、第四十七条の五、第五十条第三項、第五十四条の六第二項、第五十五条の二第一項、第五十五条の三第一項、第五十五条の四、第五十六条第一項、第四項から第八項まで及び第九項（第五十八条第四項において準用する場合を含む。）、第五十七条、第五十八条第二項、第五十九条、第百十四条並びに第百二十一条の規定により処理することとされている事務 三　町村が第五十八条第二項及び同条第四項において準用する第五十六条第九項の規定により処理することとされている事務
旅券法（昭和二十六年法律第二百六十七号）	第三条第一項から第三項まで、第五項及び第六項、第八条第一項及び第三項、第九条第一項及び第三項、第十条第四項、第十七条第一項から第三項まで並びに第十九条第五項及び第六項の規定により都道府県が処理することとされている事務
国民健康保険法（昭和三十三年法律第百九十二号）	第十七条第一項及び第三項（第二十七条第三項において準用する場合を含む。）、第二十四条の四、第二十四条の五、第二十七条第一項、第二十七条第二項及び第四項、第三十二条の二第二項、第三十二条の七第一項及び第二項（同条第三項において準用する場合を含む。）、第三十二条の十二、第四十一条第一項（第五十二条第六項、第五十二条の二第三項、第五十三条第三項及び第五十四条の三第六項において準用する場合を含む。）及び第二項（第四十五条の二第四項、第五十二条第六項、第五十二条の二第三項、第五十三条第三項及び第五十四条の三第二項において準用する場合を含む。）、第四十五条第三項並びに第四十五条の二第一項及び第五項（これらの規定を第五十二条第六項、第五十二条の二第三項、第五十三条第三項及び第五十四条の三第二項において準用する場合を含む。）、第五十四条の二の二並びに第五十四条の二の三第一項及

行政法

	び第三項（これらの規定を第五十四条の三第二項において準用する場合を含む。）、第八十条第一項、第八十八条並びに第八十九条第一項の規定により都道府県が処理することとされている事務、第百六条第一項（第二号に係る部分に限る。）、第百七条（第二号に係る部分に限る。）及び第百八条の規定により都道府県が処理することとされている事務のうち組合に係るもの並びに第百十四条の規定により都道府県が処理することとされている事務
国民年金法（昭和三十四年法律第百四十一号）	第十二条第一項及び第四項（第百五条第二項において準用する場合を含む。）並びに第百五条第一項及び第四項の規定により市町村が処理することとされている事務
児童扶養手当法（昭和三十六年法律第二百三十八号）	この法律（第二十八条の二第二項及び第三項を除く。）の規定により都道府県等が処理することとされている事務
特別児童扶養手当等の支給に関する法律（昭和三十九年法律第百三十四号）	この法律（第二十二条第二項及び第二十五条（第二十六条の五においてこれらの規定を準用する場合を含む。）を除く。）の規定により都道府県、市又は福祉事務所を管理する町村が処理することとされている事務
住民基本台帳法（昭和四十二年法律第八十一号）	第十九条の三の規定により市町村が処理することとされている事務
児童手当法（昭和四十六年法律第七十三号）	この法律（第二十条から第二十二条まで（これらの規定を附則第二条第四項において準用する場合を含む。）、第二十二条の二及び第二十九条（附則第二条第四項において準用する場合を含む。）を除く。）の規定により市町村が処理することとされている事務（第十七条第一項（附則第二条第四項において準用する場合を含む。）の規定により読み替えられた第七条第一項、第八条第一項及び第十四条第一項の規定により都道府県又は市町村が処理することとされている事務を含む。）
高齢者の医療の確保に関する法律（昭和五十七年法律第八十号）	第四十四条第四項（第百二十四条、第百二十四条の八及び附則第十条において準用する場合を含む。）、第六十一条第一項及び第二項、第六十六条第一項（第七十四条第十項、第七十五条第七項、第七十六条第六項及び第八十二条第二項において準用する場合を含む。）及び第二項（第七十一条第二項、第七十四条第十項、第七十五条第七項、第七十六条第六項及び第八十二条第二項において準用する場合を含む。）、第七十条第二項並びに第七十二条第一項及び第三項（これらの規定を第七十四条第十項、第七十五条第七項、第七十六条第六項及び第八十二条第二項において準用する場合を含む。）、第八十条並びに第八十一条第一項及び第三項（これらの規定を第八十二条第六項において準用する場合を含む。）、第百三十三条第二項、第百三十四条第二項（附則第十条において準用する場合を含む。）、第百五十二条第一項及び第三項（これらの規定を附則第十一条第二項において準用する場合を含む。）並びに第百二十七条の規定において準用する国民健康保険法第八十八条及び第八十九条第一項

	の規定により都道府県が処理することとされている事務
国民年金法等の一部を改正する法律（昭和六十年法律第三十四号）	附則第九十七条第一項の規定により都道府県、市（特別区を含む。）及び福祉事務所を管理する町村が処理することとされている第七条の規定による改正前の特別児童扶養手当等の支給に関する法律による福祉手当の支給に関する事務
介護保険法（平成九年法律第百二十三号）	第百五十六条第四項、第百七十二条第一項及び第三項並びに第百九十七条第四項の規定により都道府県が処理することとされている事務
感染症の予防及び感染症の患者に対する医療に関する法律（平成十年法律第百十四号）	第三章（第十二条第八項、同条第九項において準用する同条第二項及び第三項、同条第九項において準用する同条第四項において準用する同条第二項及び第三項、第十四条、第十四条の二並びに第十六条を除く。）、第四章（第十八条第五項及び第六項、第十九条第二項及び第七項並びに第二十条第六項及び第八項（第二十六条においてこれらの規定を準用する場合を含む。）、第二十四条並びに第二十四条の二（第二十六条及び第四十九条の二において準用する場合を含む。）を除く。）、第二十六条の三（第四十四条の三の五第六項において準用する場合を含む。）、第二十六条の四、第三十二条、第三十三条、第六章第一節（第三十六条の八第四項を除く。）、第三十六条の十九第四項及び第三十六条の二十二（第三十六条の二十三第四項及び第三十六条の二十四第二項においてこれらの規定を準用する場合を含む。）、第三十六条の三十七、第三十八条第二項（第一種感染症指定医療機関、第一種協定指定医療機関及び第二種協定指定医療機関に係る部分に限る。）、第五項、第七項及び第八項、同条第十項及び第十一項（第一種感染症指定医療機関、第一種協定指定医療機関及び第二種協定指定医療機関に係る部分に限る。）、第四十四条の三第一項、第二項、第四項から第六項まで及び第十一項、第四十四条の三の五、第四十四条の三の六、第四十四条の四の二及び第四十四条の五第四項（第四十四条の八においてこれらの規定を準用する場合を含む。）、第四十四条の六、第八章（第四十六条第五項及び第七項、第五十条第十項、同条第十二項において準用する第三十六条第五項において準用する同条第一項及び第二項、第五十条の二第四項において準用する第四十四条の三第七項から第十項まで、第五十条の三、第五十条の四、第五十一条第四項において準用する同条第一項、第五十一条の四第二項並びに同条第三項において準用する第四十四条の五第三項を除く。）、第十章、第六十三条の三第一項並びに第六十三条の四の規定により都道府県又は保健所設置市等が処理することとされている事務
高齢者の居住の安定確保に関する法律（平成十三年法律第二十六号）	第二十一条第二項及び第五十一条第二項において準用する公営住宅法第四十五条第三項の規定により都道府県が処理することとされている事務
健康増進法（平成十四年法律第百三号）	第十条第三項、第十一条第一項及び第六十一条第一項（第六十三条第二項において準用する場合を含む。）の規定により都道府県、保健所を設置する市又は特別区が処理することとされている事務

特定障害者に対する特別障害給付金の支給に関する法律（平成十六年法律第百六十六号）	第六条第三項及び第二十七条第三項の規定により市町村が処理することとされている事務
高齢者、障害者等の移動等の円滑化の促進に関する法律（平成十八年法律第九十一号）	第三十二条の規定により国道に関して市町村が処理することとされている事務（費用の負担及び徴収に関するものを除く。）
日本国憲法の改正手続に関する法律（平成十九年法律第五十一号）	この法律の規定により地方公共団体が処理することとされている事務
更生保護法（平成十九年法律第八十八号）	第九十八条第二項の規定により市町村が処理することとされている事務
高等学校等就学支援金の支給に関する法律（平成二十二年法律第十八号）	第四条（第十四条第三項の規定により読み替えて適用する場合を含む。）、第六条第一項、第八条第一項（第十四条第三項の規定により読み替えて適用する場合を含む。）、第十一条第一項、第十七条及び第十八条第一項の規定により都道府県が処理することとされている事務
平成二十二年度等における子ども手当の支給に関する法律（平成二十二年法律第十九号）	この法律（第二十三条及び第三十条を除く。）の規定により市町村が処理することとされている事務（第十六条第一項の規定により読み替えられた第六条第一項、第七条第一項及び第十三条第一項の規定により都道府県又は市町村が処理することとされている事務を含む。）
平成二十三年度における子ども手当の支給等に関する特別措置法（平成二十三年法律第百七号）	この法律（第二十四条から第二十七条まで及び第三十四条を除く。）の規定により市町村が処理することとされている事務（第十六条第一項の規定により読み替えられた第六条第一項、第七条第一項及び第十三条第一項の規定により都道府県又は市町村が処理することとされている事務を含む。）
子ども・子育て支援法（平成二十四年法律第六十五号）	附則第十八条及び第十九条第二項後段の規定により都道府県が処理することとされている事務
年金生活者支援給付金の支給に関する法律（平成二十四年法律第百二号）	第三十九条の規定により市町村が処理することとされている事務
行政手続における特定の個人を識別するため	第七条第一項及び第二項、第八条第一項（附則第三条第四項において準用する場合を含む。）、第十六条の二第一項及び第六項、第十七条第一項から第五項

の番号の利用等に関する法律（平成二十五年法律第二十七号）	まで及び第七項（同条第八項において準用する場合を含む。）、第二十一条の二第二項（情報提供者が第九条第三項の法務大臣である場合における通知に係る部分に限り、第二十六条において準用する場合を含む。）並びに附則第三条第一項から第三項までの規定により市町村が処理することとされている事務
国外犯罪被害弔慰金等の支給に関する法律（平成二十八年法律第七十三号）	第十条、第十一条第一項及び第十三条の規定により都道府県が処理することとされている事務
民間公益活動を促進するための休眠預金等に係る資金の活用に関する法律（平成二十八年法律第百一号）	この法律の規定により都道府県が処理することとされている事務
旧優生保護法に基づく優生手術等を受けた者に対する一時金の支給等に関する法律（平成三十一年法律第十四号）	第五条第二項並びに第八条第一項から第三項まで（これらの規定を同条第五項において準用する場合を含む。）及び第六項の規定により都道府県が処理することとされている事務

別表第二 第二号法定受託事務（第二条関係）

（略）

・民事訴訟法等の一部を改正する法律（令和四・五・二五法律四八）

附則 抄

（施行期日）

第一条 この法律は、公布の日から起算して四年を超えない範囲内において政令で定める日から施行する。（略）

・刑法等の一部を改正する法律の施行に伴う関係法律の整理等に関する法律（令和四・六・一七法律六八）

附則 抄

（施行期日）

1 この法律は、刑法等一部改正法施行日から施行する。（略）

・感染症の予防及び感染症の患者に対する医療に関する法律等の一部を改正する法律（令和四・一二・九法律九六）

附則 抄

（施行期日）

第一条 この法律は、令和六年四月一日から施行する。ただし、次の各号に掲げる規定は、当該各号に定める日から施行する。

四 （略）公布の日から起算して三年六月を超えない範囲内において政令で定める日

・私立学校法の一部を改正する法律（令和五・五・八法律二一）

附則 抄

（施行期日）

第一条 この法律は、令和七年四月一日から施行する。（略）

行政手続法

（平成五・一一・一二）
（法 律 八 八）

最新改正 令和五法律六三

第一章 総則

（目的等）

第一条 この法律は、処分、行政指導及び届出に関する手続並びに命令等を定める手続に関し、共通する事項を定めることによって、行政運営における公正の確保と透明性（行政上の意思決定について、その内容及び過程が国民にとって明らかであることをいう。第四十六条において同じ。）の向上を図り、もって国民の権利利益の保護に資することを目的とする。

2 処分、行政指導及び届出に関する手続並びに命令等を定める手続に関しこの法律に規定する事項について、他の法律に特別の定めがある場合は、その定めるところによる。

（定義）

第二条 この法律において、次の各号に掲げる用語の意義は、当該各号に定めるところによる。

一 法令 法律、法律に基づく命令（告示を含む。）、条例及び地方公共団体の執行機関の規則（規程を含む。以下「規則」という。）をいう。

二 処分 行政庁の処分その他公権力の行使に当たる行為をいう。

三 申請 法令に基づき、行政庁の許可、認可、免許その他の自己に対し何らかの利益を付与する処分（以下「許認可等」という。）を求める行為であって、当該行為に対して行政庁が諾否の応答をすべきこととされているものをいう。

四 不利益処分 行政庁が、法令に基づき、特定の者を名あて人として、直接に、これに義務を課し、又はその権利を制限する処分をいう。ただし、次のいずれかに該当するものを除く。

イ 事実上の行為及び事実上の行為をするに当たりその範囲、時期等を明らかにするために法令上必要とされている手続としての処分

ロ 申請により求められた許認可等を拒否する処分その他申請に基づき当該申請をした者を名あて人としてされる処分

ハ 名あて人となるべき者の同意の下にすることとされている処分

ニ 許認可等の効力を失わせる処分であって、当該許認可等の基礎となった事実が消滅した旨の届出があったことを理由としてされるもの

五 行政機関 次に掲げる機関をいう。

イ 法律の規定に基づき内閣に置かれる機関若しくは内閣の所轄の下に置かれる機関、宮内庁、内閣府設置法（平成十一年法律第八十九号）第四十九条第一項若しくは第二項に規定する機関、国家行政組織法（昭和二十三年法律第百二十号）第三条第二項に規定する機関、会計検査院若しくはこれらに置かれる機関又はこれらの機関の職員であって法律上独立に権限を行使することを認められた職員

ロ 地方公共団体の機関（議会を除く。）

六 行政指導 行政機関がその任務又は所掌事務の範囲内において一定の行政目的を実現するため特定の者に一定の作為又は不作為を求める指導、勧告、助言その他の行為であって処分に該当しないものをいう。

七 届出 行政庁に対し一定の事項の通知をする行為（申請に該当するものを除く。）であって、法令により直接に当該通知が義務付けられているもの（自己の期待する一定の法律上の効果を発生させるためには当該通知をすべきこととされているものを含む。）をいう。

八 命令等 内閣又は行政機関が定める次に掲げるものをいう。

イ 法律に基づく命令（処分の要件を定める告示を含む。次条第二項において単に「命令」という。）又は規則

ロ 審査基準（申請により求められた許認可等をするかどうかをその法令の定めに従って判断するために必要とされる基準をいう。以下同じ。）

ハ 処分基準（不利益処分をするかどうか又はどのような不利益処分とするかについてその法令の定めに従って判断するために必要とされる基準をいう。以下同じ。）

ニ 行政指導指針（同一の行政目的を実現するため一定の条件に該当する複数の者に対し行政指導をしようとするときにこれらの行政指導に共通してその内容となるべき事項をいう。以下同じ。）

（適用除外）

第三条　次に掲げる処分及び行政指導については、次章から第四章の二までの規定は、適用しない。

一　国会の両院若しくは一院又は議会の議決によってされる処分

二　裁判所若しくは裁判官の裁判により、又は裁判の執行としてされる処分

三　国会の両院若しくは一院若しくは議会の議決を経て、又はこれらの同意若しくは承認を得た上でされるべきものとされている処分

四　検査官会議で決すべきものとされている処分及び会計検査の際にされる行政指導

五　刑事事件に関する法令に基づいて検察官、検察事務官又は司法警察職員がする処分及び行政指導

六　国税又は地方税の犯則事件に関する法令（他の法令において準用する場合を含む。）に基づいて国税庁長官、国税局長、税務署長、国税庁、国税局若しくは税務署の当該職員、税関長、税関職員又は徴税吏員（他の法令の規定に基づいてこれらの職員の職務を行う者を含む。）がする処分及び行政指導並びに金融商品取引の犯則事件に関する法令（他の法令において準用する場合を含む。）に基づいて証券取引等監視委員会、その職員（当該法令においてその職員とみなされる者を含む。）、財務局長又は財務支局長がする処分及び行政指導

七　学校、講習所、訓練所又は研修所において、教育、講習、訓練又は研修の目的を達成するために、学生、生徒、児童若しくは幼児若しくはこれらの保護者、講習生、訓練生又は研修生に対してされる処分及び行政指導

八　刑務所、少年刑務所、拘置所、留置施設、海上保安留置施設、少年院又は少年鑑別所において、収容の目的を達成するためにされる処分及び行政指導

九　公務員（国家公務員法（昭和二十二年法律第百二十号）第二条第一項に規定する国家公務員及び地方公務員法（昭和二十五年法律第二百六十一号）第三条第一項に規定する地方公務員をいう。以下同じ。）又は公務員であった者に対してその職務又は身分に関してされる処分及び行政指導

十　外国人の出入国、出入国管理及び難民認定法（昭和二十六年政令第三百十九号）第六十一条の二第一項に規定する難民の認定、同条第二項に規定する補完的保護対象者の認定又は帰化に関する処分及び行政指導

十一　専ら人の学識技能に関する試験又は検定の結果についての処分

十二　相反する利害を有する者の間の利害の調整を目的として法令の規定に基づいてされる裁定その他の処分（その双方を名宛人とするものに限る。）及び行政指導

十三　公衆衛生、環境保全、防疫、保安その他の公益に関わる事象が発生し又は発生する可能性のある現場において警察官若しくは海上保安官又はこれらの公益を確保するために行使すべき権限を法律上直接に与えられたその他の職員によってされる処分及び行政指導

十四　報告又は物件の提出を命ずる処分その他その職務の遂行上必要な情報の収集を直接の目的としてされる処分及び行政指導

十五　審査請求、再調査の請求その他の不服申立てに対する行政庁の裁決、決定その他の処分

十六　前号に規定する処分の手続又は第三章に規定する聴聞若しくは弁明の機会の付与の手続その他の意見陳述のための手続において法令に基づいてされる処分及び行政指導

2　次に掲げる命令等を定める行為については、第六章の規定は、適用しない。

一　法律の施行期日について定める政令

二　恩赦に関する命令

三　命令又は規則を定める行為が処分に該当する場合における当該命令又は規則

四　法律の規定に基づき施設、区間、地域その他これらに類するものを指定する命令又は規則

五　公務員の給与、勤務時間その他の勤務条件について定める命令等

六　審査基準、処分基準又は行政指導指針であって、法令の規定により若しくは慣行として、又は命令等を定める機関の判断により公にされるもの以外のもの

3　第一項各号及び前項各号に掲げるもののほか、地方公共団体の機関がする処分（その根拠となる規定が条例又は規則に置かれているものに限る。）及び行政指導、地方公共団体の機関に対する届出（前条第七号の通知の根拠となる規定が条例又は規則に置かれているものに限る。）並びに地方公共団体の機関が

命令等を定める行為については、次章から第六章までの規定は、適用しない。

（国の機関等に対する処分等の適用除外）

第四条 国の機関又は地方公共団体若しくはその機関に対する処分（これらの機関又は団体がその固有の資格において当該処分の名あて人となるものに限る。）及び行政指導並びにこれらの機関又は団体がする届出（これらの機関又は団体がその固有の資格においてすべきこととされているものに限る。）については、この法律の規定は、適用しない。

2 次の各号のいずれかに該当する法人に対する処分であって、当該法人の監督に関する法律の特別の規定に基づいてされるもの（当該法人の解散を命じ、若しくは設立に関する認可を取り消す処分又は当該法人の役員若しくは当該法人の業務に従事する者の解任を命ずる処分を除く。）については、次章及び第三章の規定は、適用しない。

一 法律により直接に設立された法人又は特別の法律により特別の設立行為をもって設立された法人

二 特別の法律により設立され、かつ、その設立に関し行政庁の認可を要する法人のうち、その行う業務が国又は地方公共団体の行政運営と密接な関連を有するものとして政令で定める法人

3 行政庁が法律の規定に基づく試験、検査、検定、登録その他の行政上の事務について当該法律に基づきその全部又は一部を行わせる者を指定した場合において、その指定を受けた者（その者が法人である場合にあっては、その役員）又は職員その他の者が当該事務に従事することに関し公務に従事する職員とみなされるときは、その指定を受けた者に対し当該法律に基づいて当該事務に関し監督上される処分（当該指定を取り消す処分、その指定を受けた者が法人である場合におけるその役員の解任を命ずる処分又はその指定を受けた者の当該事務に従事する者の解任を命ずる処分を除く。）については、次章及び第三章の規定は、適用しない。

4 次に掲げる命令等を定める行為については、第六章の規定は、適用しない。

一 国又は地方公共団体の機関の設置、所掌事務の範囲その他の組織について定める命令等

二 皇室典範（昭和二十二年法律第三号）第二十六条の皇統譜について定める命令等

三 公務員の礼式、服制、研修、教育訓練、表彰及び報償並びに公務員の間における競争試験について定める命令等

四 国又は地方公共団体の予算、決算及び会計について定める命令等（入札の参加者の資格、入札保証金その他の国又は地方公共団体の契約の相手方又は相手方になろうとする者に係る事項を定める命令等を除く。）並びに国又は地方公共団体の財産及び物品の管理について定める命令等（国又は地方公共団体が財産及び物品を貸し付け、交換し、売り払い、譲与し、信託し、若しくは出資の目的とし、又はこれらに私権を設定することについて定める命令等であって、これらの行為の相手方又は相手方になろうとする者に係る事項を定めるものを除く。）

五 会計検査について定める命令等

六 国の機関相互間の関係について定める命令等並びに地方自治法（昭和二十二年法律第六十七号）第二編第十一章に規定する国と普通地方公共団体との関係及び普通地方公共団体相互間の関係その他の国と地方公共団体との関係及び地方公共団体相互間の関係について定める命令等（第一項の規定によりこの法律の規定を適用しないこととされる処分に係る命令等を含む。）

七 第二項各号に規定する法人の役員及び職員、業務の範囲、財務及び会計その他の組織、運営及び管理について定める命令等（これらの法人に対する処分であって、これらの法人の解散を命じ、若しくは設立に関する認可を取り消す処分又はこれらの法人の役員若しくはこれらの法人の業務に従事する者の解任を命ずる処分に係る命令等を除く。）

第二章　申請に対する処分

（審査基準）

第五条 行政庁は、審査基準を定めるものとする。

2 行政庁は、審査基準を定めるに当たっては、許認可等の性質に照らしてできる限り具体的なものとしなければならない。

3 行政庁は、行政上特別の支障があるときを除き、法令により申請の提出先とされている機関の事務所における備付けその他の適当な方法により審査基準を公にしておかなければならない。

（標準処理期間）

第六条 行政庁は、申請がその事務所に到達し

てから当該申請に対する処分をするまでに通常要すべき標準的な期間（法令により当該行政庁と異なる機関が当該申請の提出先とされている場合は、併せて、当該申請が当該提出先とされている機関の事務所に到達してから当該行政庁の事務所に到達するまでに通常要すべき標準的な期間）を定めるよう努めるとともに、これを定めたときは、これらの当該申請の提出先とされている機関の事務所における備付けその他の適当な方法により公にしておかなければならない。

（**申請に対する審査、応答**）

第七条 行政庁は、申請がその事務所に到達したときは遅滞なく当該申請の審査を開始しなければならず、かつ、申請書の記載事項に不備がないこと、申請書に必要な書類が添付されていること、申請をすることができる期間内にされたものであることその他の法令に定められた申請の形式上の要件に適合しない申請については、速やかに、申請をした者（以下「申請者」という。）に対し相当の期間を定めて当該申請の補正を求め、又は当該申請により求められた許認可等を拒否しなければならない。

（**理由の提示**）

第八条 行政庁は、申請により求められた許認可等を拒否する処分をする場合は、申請者に対し、同時に、当該処分の理由を示さなければならない。ただし、法令に定められた許認可等の要件又は公にされた審査基準が数量的指標その他の客観的指標により明確に定められている場合であって、当該申請がこれらに適合しないことが申請書の記載又は添付書類その他の申請の内容から明らかであるときは、申請者の求めがあったときにこれを示せば足りる。

2 前項本文に規定する処分を書面でするときは、同項の理由は、書面により示さなければならない。

（**情報の提供**）

第九条 行政庁は、申請者の求めに応じ、当該申請に係る審査の進行状況及び当該申請に対する処分の時期の見通しを示すよう努めなければならない。

2 行政庁は、申請をしようとする者又は申請者の求めに応じ、申請書の記載及び添付書類に関する事項その他の申請に必要な情報の提供に努めなければならない。

（**公聴会の開催等**）

第十条 行政庁は、申請に対する処分であって、申請者以外の者の利害を考慮すべきことが当該法令において許認可等の要件とされているものを行う場合には、必要に応じ、公聴会の開催その他の適当な方法により当該申請者以外の者の意見を聴く機会を設けるよう努めなければならない。

（**複数の行政庁が関与する処分**）

第十一条 行政庁は、申請の処理をするに当たり、他の行政庁において同一の申請者からされた関連する申請が審査中であることをもって自らすべき許認可等をするかどうかについての審査又は判断を殊更に遅延させるようなことをしてはならない。

2 一の申請又は同一の申請者からされた相互に関連する複数の申請に対する処分について複数の行政庁が関与する場合においては、当該複数の行政庁は、必要に応じ、相互に連絡をとり、当該申請者からの説明の聴取を共同して行う等により審査の促進に努めるものとする。

第三章　不利益処分

第一節　通則

（**処分の基準**）

第十二条 行政庁は、処分基準を定め、かつ、これを公にしておくよう努めなければならない。

2 行政庁は、処分基準を定めるに当たっては、不利益処分の性質に照らしてできる限り具体的なものとしなければならない。

（**不利益処分をしようとする場合の手続**）

第十三条 行政庁は、不利益処分をしようとする場合には、次の各号の区分に従い、この章の定めるところにより、当該不利益処分の名あて人となるべき者について、当該各号に定める意見陳述のための手続を執らなければならない。

一 次のいずれかに該当するとき　聴聞

イ 許認可等を取り消す不利益処分をしようとするとき。

ロ イに規定するもののほか、名あて人の資格又は地位を直接にはく奪する不利益処分をしようとするとき。

ハ 名あて人が法人である場合におけるその役員の解任を命ずる不利益処分、名あて人の業務に従事する者の解任を命ずる不利益処分又は名あて人の会員である者の除名を命ずる不利益処分をしようとするとき。

ニ　イからハまでに掲げる場合以外の場合であって行政庁が相当と認めるとき。

二　前号イからニまでのいずれにも該当しないとき　弁明の機会の付与

2　次の各号のいずれかに該当するときは、前項の規定は、適用しない。

一　公益上、緊急に不利益処分をする必要があるため、前項に規定する意見陳述のための手続を執ることができないとき。

二　法令上必要とされる資格がなかったこと又は失われるに至ったことが判明した場合に必ずすることとされている不利益処分であって、その資格の不存在又は喪失の事実が裁判所の判決書又は決定書、一定の職に就いたことを証する当該任命権者の書類その他の客観的な資料により直接証明されたものをしようとするとき。

三　施設若しくは設備の設置、維持若しくは管理又は物の製造、販売その他の取扱いについて遵守すべき事項が法令において技術的な基準をもって明確にされている場合において、専ら当該基準が充足されていないことを理由として当該基準に従うべきことを命ずる不利益処分であってその不充足の事実が計測、実験その他客観的な認定方法によって確認されたものをしようとするとき。

四　納付すべき金銭の額を確定し、一定の額の金銭の納付を命じ、又は金銭の給付決定の取消しその他の金銭の給付を制限する不利益処分をしようとするとき。

五　当該不利益処分の性質上、それによって課される義務の内容が著しく軽微なものであるため名あて人となるべき者の意見をあらかじめ聴くことを要しないものとして政令で定める処分をしようとするとき。

（不利益処分の理由の提示）

第十四条　行政庁は、不利益処分をする場合には、その名あて人に対し、同時に、当該不利益処分の理由を示さなければならない。ただし、当該理由を示さないで処分をすべき差し迫った必要がある場合は、この限りでない。

2　行政庁は、前項ただし書の場合においては、当該名あて人の所在が判明しなくなったときその他処分後において理由を示すことが困難な事情があるときを除き、処分後相当の期間内に、同項の理由を示さなければならない。

3　不利益処分を書面でするときは、前二項の理由は、書面により示さなければならない。

第二節　聴聞

（聴聞の通知の方式）

第十五条　行政庁は、聴聞を行うに当たっては、聴聞を行うべき期日までに相当な期間をおいて、不利益処分の名あて人となるべき者に対し、次に掲げる事項を書面により通知しなければならない。

一　予定される不利益処分の内容及び根拠となる法令の条項

二　不利益処分の原因となる事実

三　聴聞の期日及び場所

四　聴聞に関する事務を所掌する組織の名称及び所在地

2　前項の書面においては、次に掲げる事項を教示しなければならない。

一　聴聞の期日に出頭して意見を述べ、及び証拠書類又は証拠物（以下「証拠書類等」という。）を提出し、又は聴聞の期日への出頭に代えて陳述書及び証拠書類等を提出することができること。

二　聴聞が終結する時までの間、当該不利益処分の原因となる事実を証する資料の閲覧を求めることができること。

3　行政庁は、不利益処分の名あて人となるべき者の所在が判明しない場合においては、第一項の規定による通知を、その者の氏名、同項第三号及び第四号に掲げる事項並びに当該行政庁が同項各号に掲げる事項を記載した書面をいつでもその者に交付する旨を当該行政庁の事務所の掲示場に掲示することによって行うことができる。この場合においては、掲示を始めた日から二週間を経過したときに、当該通知がその者に到達したものとみなす。

（代理人）

第十六条　前条第一項の通知を受けた者（同条第三項後段の規定により当該通知が到達したものとみなされる者を含む。以下「当事者」という。）は、代理人を選任することができる。

2　代理人は、各自、当事者のために、聴聞に関する一切の行為をすることができる。

3　代理人の資格は、書面で証明しなければならない。

4　代理人がその資格を失ったときは、当該代理人を選任した当事者は、書面でその旨を行政庁に届け出なければならない。

（参加人）

第十七条　第十九条の規定により聴聞を主宰する者（以下「主宰者」という。）は、必要があると認めるときは、当事者以外の者であって当該不利益処分の根拠となる法令に照らし当該不利益処分につき利害関係を有するものと認められる者（同条第二項第六号において「関係人」という。）に対し、当該聴聞に関する手続に参加することを求め、又は当該聴聞に関する手続に参加することを許可することができる。

2　前項の規定により当該聴聞に関する手続に参加する者（以下「参加人」という。）は、代理人を選任することができる。

3　前条第二項から第四項までの規定は、前項の代理人について準用する。この場合において、同条第二項及び第四項中「当事者」とあるのは、「参加人」と読み替えるものとする。

（文書等の閲覧）

第十八条　当事者及び当該不利益処分がされた場合に自己の利益を害されることとなる参加人（以下この条及び第二十四条第三項において「当事者等」という。）は、聴聞の通知があった時から聴聞が終結する時までの間、行政庁に対し、当該事案についてした調査の結果に係る調書その他の当該不利益処分の原因となる事実を証する資料の閲覧を求めることができる。この場合において、行政庁は、第三者の利益を害するおそれがあるときその他正当な理由があるときでなければ、その閲覧を拒むことができない。

2　前項の規定は、当事者等が聴聞の期日における審理の進行に応じて必要となった資料の閲覧を更に求めることを妨げない。

3　行政庁は、前二項の閲覧について日時及び場所を指定することができる。

（聴聞の主宰）

第十九条　聴聞は、行政庁が指名する職員その他政令で定める者が主宰する。

2　次の各号のいずれかに該当する者は、聴聞を主宰することができない。

一　当該聴聞の当事者又は参加人

二　前号に規定する者の配偶者、四親等内の親族又は同居の親族

三　第一号に規定する者の代理人又は次条第三項に規定する補佐人

四　前三号に規定する者であった者

五　第一号に規定する者の後見人、後見監督人、保佐人、保佐監督人、補助人又は補助監督人

六　参加人以外の関係人

（聴聞の期日における審理の方式）

第二十条　主宰者は、最初の聴聞の期日の冒頭において、行政庁の職員に、予定される不利益処分の内容及び根拠となる法令の条項並びにその原因となる事実を聴聞の期日に出頭した者に対し説明させなければならない。

2　当事者又は参加人は、聴聞の期日に出頭して、意見を述べ、及び証拠書類等を提出し、並びに主宰者の許可を得て行政庁の職員に対し質問を発することができる。

3　前項の場合において、当事者又は参加人は、主宰者の許可を得て、補佐人とともに出頭することができる。

4　主宰者は、聴聞の期日において必要があると認めるときは、当事者若しくは参加人に対し質問を発し、意見の陳述若しくは証拠書類等の提出を促し、又は行政庁の職員に対し説明を求めることができる。

5　主宰者は、当事者又は参加人の一部が出頭しないときであっても、聴聞の期日における審理を行うことができる。

6　聴聞の期日における審理は、行政庁が公開することを相当と認めるときを除き、公開しない。

（陳述書等の提出）

第二十一条　当事者又は参加人は、聴聞の期日への出頭に代えて、主宰者に対し、聴聞の期日までに陳述書及び証拠書類等を提出することができる。

2　主宰者は、聴聞の期日に出頭した者に対し、その求めに応じて、前項の陳述書及び証拠書類等を示すことができる。

（続行期日の指定）

第二十二条　主宰者は、聴聞の期日における審理の結果、なお聴聞を続行する必要があると認めるときは、さらに新たな期日を定めることができる。

2　前項の場合においては、当事者及び参加人に対し、あらかじめ、次回の聴聞の期日及び場所を書面により通知しなければならない。ただし、聴聞の期日に出頭した当事者及び参加人に対しては、当該聴聞の期日においてこれを告知すれば足りる。

3　第十五条第三項の規定は、前項本文の場合において、当事者又は参加人の所在が判明しないときにおける通知の方法について準用する。この場合において、同条第三項中「不利益処分の名あて人となるべき者」とあるのは「当事者又は参加人」と、「掲示を始めた日か

ら二週間を経過したとき」とあるのは「掲示を始めた日から二週間を経過したとき（同一の当事者又は参加人に対する二回目以降の通知にあっては、掲示を始めた日の翌日）」と読み替えるものとする。

（当事者の不出頭等の場合における聴聞の終結）

第二十三条　主宰者は、当事者の全部若しくは一部が正当な理由なく聴聞の期日に出頭せず、かつ、第二十一条第一項に規定する陳述書若しくは証拠書類等を提出しない場合、又は参加人の全部若しくは一部が聴聞の期日に出頭しない場合には、これらの者に対し改めて意見を述べ、及び証拠書類等を提出する機会を与えることなく、聴聞を終結することができる。

2　主宰者は、前項に規定する場合のほか、当事者の全部又は一部が聴聞の期日に出頭せず、かつ、第二十一条第一項に規定する陳述書又は証拠書類等を提出しない場合において、これらの者の聴聞の期日への出頭が相当期間引き続き見込めないときは、これらの者に対し、期限を定めて陳述書及び証拠書類等の提出を求め、当該期限が到来したときに聴聞を終結することとすることができる。

（聴聞調書及び報告書）

第二十四条　主宰者は、聴聞の審理の経過を記載した調書を作成し、当該調書において、不利益処分の原因となる事実に対する当事者及び参加人の陳述の要旨を明らかにしておかなければならない。

2　前項の調書は、聴聞の期日における審理が行われた場合には各期日ごとに、当該審理が行われなかった場合には聴聞の終結後速やかに作成しなければならない。

3　主宰者は、聴聞の終結後速やかに、不利益処分の原因となる事実に対する当事者等の主張に理由があるかどうかについての意見を記載した報告書を作成し、第一項の調書とともに行政庁に提出しなければならない。

4　当事者又は参加人は、第一項の調書及び前項の報告書の閲覧を求めることができる。

（聴聞の再開）

第二十五条　行政庁は、聴聞の終結後に生じた事情にかんがみ必要があると認めるときは、主宰者に対し、前条第三項の規定により提出された報告書を返戻して聴聞の再開を命ずることができる。第二十二条第二項本文及び第三項の規定は、この場合について準用する。

（聴聞を経てされる不利益処分の決定）

第二十六条　行政庁は、不利益処分の決定をするときは、第二十四条第一項の調書の内容及び同条第三項の報告書に記載された主宰者の意見を十分に参酌してこれをしなければならない。

（審査請求の制限）

第二十七条　この節の規定に基づく処分又はその不作為については、審査請求をすることができない。

（役員等の解任等を命ずる不利益処分をしようとする場合の聴聞等の特例）

第二十八条　第十三条第一項第一号ハに該当する不利益処分に係る聴聞において第十五条第一項の通知があった場合におけるこの節の規定の適用については、名あて人である法人の役員、名あて人の業務に従事する者又は名あて人の会員である者（当該処分において解任し又は除名すべきこととされている者に限る。）は、同項の通知を受けた者とみなす。

2　前項の不利益処分のうち名あて人である法人の役員又は名あて人の業務に従事する者（以下この項において「役員等」という。）の解任を命ずるものに係る聴聞が行われた場合においては、当該処分にその名あて人が従わないことを理由として法令の規定によりされる当該役員等を解任する不利益処分については、第十三条第一項の規定にかかわらず、行政庁は、当該役員等について聴聞を行うことを要しない。

第三節　弁明の機会の付与

（弁明の機会の付与の方式）

第二十九条　弁明は、行政庁が口頭ですることを認めたときを除き、弁明を記載した書面（以下「弁明書」という。）を提出してするものとする。

2　弁明をするときは、証拠書類等を提出することができる。

（弁明の機会の付与の通知の方式）

第三十条　行政庁は、弁明書の提出期限（口頭による弁明の機会の付与を行う場合には、その日時）までに相当な期間をおいて、不利益処分の名あて人となるべき者に対し、次に掲げる事項を書面により通知しなければならない。

一　予定される不利益処分の内容及び根拠となる法令の条項

二　不利益処分の原因となる事実

三　弁明書の提出先及び提出期限（口頭によ

る弁明の機会の付与を行う場合には、その旨並びに出頭すべき日時及び場所）

（聴聞に関する手続の準用）

第三十一条　第十五条第三項及び第十六条の規定は、弁明の機会の付与について準用する。この場合において、第十五条第三項中「第一項」とあるのは「第三十条」と、「同項第三号及び第四号」とあるのは「同条第三号」と、第十六条第一項中「前条第一項」とあるのは「第三十条」と、「同条第三項後段」とあるのは「第三十一条において準用する第十五条第三項後段」と読み替えるものとする。

第四章　行政指導

（行政指導の一般原則）

第三十二条　行政指導にあっては、行政指導に携わる者は、いやしくも当該行政機関の任務又は所掌事務の範囲を逸脱してはならないこと及び行政指導の内容があくまでも相手方の任意の協力によってのみ実現されるものであることに留意しなければならない。

2　行政指導に携わる者は、その相手方が行政指導に従わなかったことを理由として、不利益な取扱いをしてはならない。

（申請に関連する行政指導）

第三十三条　申請の取下げ又は内容の変更を求める行政指導にあっては、行政指導に携わる者は、申請者が当該行政指導に従う意思がない旨を表明したにもかかわらず当該行政指導を継続すること等により当該申請者の権利の行使を妨げるようなことをしてはならない。

（許認可等の権限に関連する行政指導）

第三十四条　許認可等をする権限又は許認可等に基づく処分をする権限を有する行政機関が、当該権限を行使することができない場合又は行使する意思がない場合においてする行政指導にあっては、行政指導に携わる者は、当該権限を行使し得る旨を殊更に示すことにより相手方に当該行政指導に従うことを余儀なくさせるようなことをしてはならない。

（行政指導の方式）

第三十五条　行政指導に携わる者は、その相手方に対して、当該行政指導の趣旨及び内容並びに責任者を明確に示さなければならない。

2　行政指導に携わる者は、当該行政指導をする際に、行政機関が許認可等をする権限又は許認可等に基づく処分をする権限を行使し得る旨を示すときは、その相手方に対して、次に掲げる事項を示さなければならない。

一　当該権限を行使し得る根拠となる法令の条項

二　前号の条項に規定する要件

三　当該権限の行使が前号の要件に適合する理由

3　行政指導が口頭でされた場合において、その相手方から前二項に規定する事項を記載した書面の交付を求められたときは、当該行政指導に携わる者は、行政上特別の支障がない限り、これを交付しなければならない。

4　前項の規定は、次に掲げる行政指導については、適用しない。

一　相手方に対しその場において完了する行為を求めるもの

二　既に文書（前項の書面を含む。）又は電磁的記録（電子的方式、磁気的方式その他人の知覚によっては認識することができない方式で作られる記録であって、電子計算機による情報処理の用に供されるものをいう。）によりその相手方に通知されている事項と同一の内容を求めるもの

（複数の者を対象とする行政指導）

第三十六条　同一の行政目的を実現するため一定の条件に該当する複数の者に対し行政指導をしようとするときは、行政機関は、あらかじめ、事案に応じ、行政指導指針を定め、かつ、行政上特別の支障がない限り、これを公表しなければならない。

（行政指導の中止等の求め）

第三十六条の二　法令に違反する行為の是正を求める行政指導（その根拠となる規定が法律に置かれているものに限る。）の相手方は、当該行政指導が当該法律に規定する要件に適合しないと思料するときは、当該行政指導をした行政機関に対し、その旨を申し出て、当該行政指導の中止その他必要な措置をとることを求めることができる。ただし、当該行政指導がその相手方について弁明その他意見陳述のための手続を経てされたものであるときは、この限りでない。

2　前項の申出は、次に掲げる事項を記載した申出書を提出してしなければならない。

一　申出をする者の氏名又は名称及び住所又は居所

二　当該行政指導の内容

三　当該行政指導がその根拠とする法律の条項

四　前号の条項に規定する要件

五　当該行政指導が前号の要件に適合しないと思料する理由

六　その他参考となる事項
3　当該行政機関は、第一項の規定による申出があったときは、必要な調査を行い、当該行政指導が当該法律に規定する要件に適合しないと認めるときは、当該行政指導の中止その他必要な措置をとらなければならない。

第四章の二　処分等の求め

第三十六条の三　何人も、法令に違反する事実がある場合において、その是正のためにされるべき処分又は行政指導（その根拠となる規定が法律に置かれているものに限る。）がされていないと思料するときは、当該処分をする権限を有する行政庁又は当該行政指導をする権限を有する行政機関に対し、その旨を申し出て、当該処分又は行政指導をすることを求めることができる。
2　前項の申出は、次に掲げる事項を記載した申出書を提出してしなければならない。
一　申出をする者の氏名又は名称及び住所又は居所
二　法令に違反する事実の内容
三　当該処分又は行政指導の内容
四　当該処分又は行政指導の根拠となる法令の条項
五　当該処分又は行政指導がされるべきであると思料する理由
六　その他参考となる事項
3　当該行政庁又は行政機関は、第一項の規定による申出があったときは、必要な調査を行い、その結果に基づき必要があると認めるときは、当該処分又は行政指導をしなければならない。

第五章　届出

（**届出**）
第三十七条　届出が届出書の記載事項に不備がないこと、届出書に必要な書類が添付されていることその他の法令に定められた届出の形式上の要件に適合している場合は、当該届出が法令により当該届出の提出先とされている機関の事務所に到達したときに、当該届出をすべき手続上の義務が履行されたものとする。

第六章　意見公募手続等

（**命令等を定める場合の一般原則**）
第三十八条　命令等を定める機関（閣議の決定により命令等が定められる場合にあっては、当該命令等の立案をする各大臣。以下「命令等制定機関」という。）は、命令等を定めるに当たっては、当該命令等がこれを定める根拠となる法令の趣旨に適合するものとなるようにしなければならない。
2　命令等制定機関は、命令等を定めた後においても、当該命令等の規定の実施状況、社会経済情勢の変化等を勘案し、必要に応じ、当該命令等の内容について検討を加え、その適正を確保するよう努めなければならない。

（**意見公募手続**）
第三十九条　命令等制定機関は、命令等を定めようとする場合には、当該命令等の案（命令等で定めようとする内容を示すものをいう。以下同じ。）及びこれに関連する資料をあらかじめ公示し、意見（情報を含む。以下同じ。）の提出先及び意見の提出のための期間（以下「意見提出期間」という。）を定めて広く一般の意見を求めなければならない。
2　前項の規定により公示する命令等の案は、具体的かつ明確な内容のものであって、かつ、当該命令等の題名及び当該命令等を定める根拠となる法令の条項が明示されたものでなければならない。
3　第一項の規定により定める意見提出期間は、同項の公示の日から起算して三十日以上でなければならない。
4　次の各号のいずれかに該当するときは、第一項の規定は、適用しない。
一　公益上、緊急に命令等を定める必要があるため、第一項の規定による手続（以下「意見公募手続」という。）を実施することが困難であるとき。
二　納付すべき金銭について定める法律の制定又は改正により必要となる当該金銭の額の算定の基礎となるべき金額及び率並びに算定方法についての命令等その他当該法律の施行に関し必要な事項を定める命令等を定めようとするとき。
三　予算の定めるところにより金銭の給付決定を行うために必要となる当該金銭の額の算定の基礎となるべき金額及び率並びに算定方法その他の事項を定める命令等を定めようとするとき。
四　法律の規定により、内閣府設置法第四十九条第一項若しくは第二項若しくは国家行政組織法第三条第二項に規定する委員会又は内閣府設置法第三十七条若しくは第五十四条若しくは国家行政組織法第八条に規定する機関（以下「委員会等」という。）の議を経て定めることとされている命令等であって、相反する利害を有する者の間の利害の調整を目的として、法律又は政令の規定により、これらの者及び公益をそれぞれ代表する委員をもって組織される委員会等において審議を行うこととされているものとして政令で定める命令等を定めようとするとき。

五　他の行政機関が意見公募手続を実施して定めた命令等と実質的に同一の命令等を定めようとするとき。

六　法律の規定に基づき法令の規定の適用又は準用について必要な技術的読替えを定める命令等を定めようとするとき。

七　命令等を定める根拠となる法令の規定の削除に伴い当然必要とされる当該命令等の廃止をしようとするとき。

八　他の法令の制定又は改廃に伴い当然必要とされる規定の整理その他の意見公募手続を実施することを要しない軽微な変更として政令で定めるものを内容とする命令等を定めようとするとき。

（意見公募手続の特例）

第四十条　命令等制定機関は、命令等を定めようとする場合において、三十日以上の意見提出期間を定めることができないやむを得ない理由があるときは、前条第三項の規定にかかわらず、三十日を下回る意見提出期間を定めることができる。この場合においては、当該命令等の案の公示の際その理由を明らかにしなければならない。

2　命令等制定機関は、委員会等の議を経て命令等を定めようとする場合（前条第四項第四号に該当する場合を除く。）において、当該委員会等が意見公募手続に準じた手続を実施したときは、同条第一項の規定にかかわらず、自ら意見公募手続を実施することを要しない。

（意見公募手続の周知等）

第四十一条　命令等制定機関は、意見公募手続を実施して命令等を定めるに当たっては、必要に応じ、当該意見公募手続の実施について周知するよう努めるとともに、当該意見公募手続の実施に関連する情報の提供に努めるものとする。

（提出意見の考慮）

第四十二条　命令等制定機関は、意見公募手続を実施して命令等を定める場合には、意見提出期間内に当該命令等制定機関に対し提出された当該命令等の案についての意見（以下「提出意見」という。）を十分に考慮しなければならない。

（結果の公示等）

第四十三条　命令等制定機関は、意見公募手続を実施して命令等を定めた場合には、当該命令等の公布（公布をしないものにあっては、公にする行為。第五項において同じ。）と同時期に、次に掲げる事項を公示しなければならない。

一　命令等の題名

二　命令等の案の公示の日

三　提出意見（提出意見がなかった場合にあっては、その旨）

四　提出意見を考慮した結果（意見公募手続を実施した命令等の案と定めた命令等との差異を含む。）及びその理由

2　命令等制定機関は、前項の規定にかかわらず、必要に応じ、同項第三号の提出意見に代えて、当該提出意見を整理又は要約したものを公示することができる。この場合においては、当該公示の後遅滞なく、当該提出意見を当該命令等制定機関の事務所における備付けその他の適当な方法により公にしなければならない。

3　命令等制定機関は、前二項の規定により提出意見を公示し又は公にすることにより第三者の利益を害するおそれがあるとき、その他正当な理由があるときは、当該提出意見の全部又は一部を除くことができる。

4　命令等制定機関は、意見公募手続を実施したにもかかわらず命令等を定めないこととした場合には、その旨（別の命令等の案について改めて意見公募手続を実施しようとする場合にあっては、その旨を含む。）並びに第一項第一号及び第二号に掲げる事項を速やかに公示しなければならない。

5　命令等制定機関は、第三十九条第四項各号のいずれかに該当することにより意見公募手続を実施しないで命令等を定めた場合には、当該命令等の公布と同時期に、次に掲げる事項を公示しなければならない。ただし、第一号に掲げる事項のうち命令等の趣旨については、同項第一号から第四号までのいずれかに該当することにより意見公募手続を実施しなかった場合において、当該命令等自体から明らかでないときに限る。

一　命令等の題名及び趣旨

二　意見公募手続を実施しなかった旨及びその理由

（準用）

第四十四条　第四十二条の規定は第四十条第二項に該当することにより命令等制定機関が自ら意見公募手続を実施しないで命令等を定める場合について、前条第一項から第三項までの規定は第四十条第二項に該当することにより命令等制定機関が自ら意見公募手続を実施しないで命令等を定めた場合について、前条第四項の規定は第四十条第二項に該当することにより命令等制定機関が自ら意見公募手続を実施しないこととした場合について準用する。この場合において、第四十二条中「当該命令等制定機関」とあるのは「委員会等」と、前条第一項第二号中「命令等の案の公示の日」とあるのは「委員会等が命令等の案について公示に準じた手続を実施した日」と、同項第四号中「意見公募手続を実施した」とあるのは「委員会等が意見公募手続に準じた手続を実施した」と読み替えるものとする。

（公示の方法）

第四十五条　第三十九条第一項並びに第四十三条第一項（前条において読み替えて準用する場合を含む。）、第四項（前条において準用する場合を含む。）及び第五項の規定による公示は、電子情報処理組織を使用する方法その他の情報通信の技術を利用する方法により行うものとする。

2　前項の公示に関し必要な事項は、総務大臣が定める。

第七章　補則

（地方公共団体の措置）

第四十六条　地方公共団体は、第三条第三項において第二章から前章までの規定を適用しないこととされた処分、行政指導及び届出並びに命令等を定める行為に関する手続について、この法律の規定の趣旨にのっとり、行政運営における公正の確保と透明性の向上を図るため必要な措置を講ずるよう努めなければならない。

・デジタル社会の形成を図るための規制改革を推進するためのデジタル社会形成基本法等の一部を改正する法律（令和五・六・一六法律六三）

附則　抄

（施行期日）

第一条　この法律は、公布の日から起算して一年を超えない範囲内において政令で定める日から施行する。ただし、次の各号に掲げる規定は、当該各号に定める日から施行する。

二　（略）公布の日から起算して三年を超えない範囲内において政令で定める日

行政不服審査法

（平成二六・六・一三 法律六八）

最新改正　令和五法律六三

第一章　総則

（目的等）

第一条　この法律は、行政庁の違法又は不当な処分その他公権力の行使に当たる行為に関し、国民が簡易迅速かつ公正な手続の下で広く行政庁に対する不服申立てをすることができるための制度を定めることにより、国民の権利利益の救済を図るとともに、行政の適正な運営を確保することを目的とする。

2　行政庁の処分その他公権力の行使に当たる行為（以下単に「処分」という。）に関する不服申立てについては、他の法律に特別の定めがある場合を除くほか、この法律の定めるところによる。

（処分についての審査請求）

第二条　行政庁の処分に不服がある者は、第四条及び第五条第二項の定めるところにより、審査請求をすることができる。

（不作為についての審査請求）

第三条　法令に基づき行政庁に対して処分についての申請をした者は、当該申請から相当の期間が経過したにもかかわらず、行政庁の不作為（法令に基づく申請に対して何らの処分をもしないことをいう。以下同じ。）がある場合には、次条の定めるところにより、当該不作為についての審査請求をすることができる。

（**審査請求をすべき行政庁**）

第四条　審査請求は、法律（条例に基づく処分については、条例）に特別の定めがある場合を除くほか、次の各号に掲げる場合の区分に応じ、当該各号に定める行政庁に対してするものとする。

一　処分庁等（処分をした行政庁（以下「処分庁」という。）又は不作為に係る行政庁（以下「不作為庁」という。）をいう。以下同じ。）に上級行政庁がない場合又は処分庁等が主任の大臣若しくは宮内庁長官若しくは内閣府設置法（平成十一年法律第八十九号）第四十九条第一項若しくは第二項若しくは国家行政組織法（昭和二十三年法律第百二十号）第三条第二項に規定する庁の長である場合　当該処分庁等

二　宮内庁長官又は内閣府設置法第四十九条第一項若しくは第二項若しくは国家行政組織法第三条第二項に規定する庁の長が処分庁等の上級行政庁である場合　宮内庁長官又は当該庁の長

三　主任の大臣が処分庁等の上級行政庁である場合（前二号に掲げる場合を除く。）　当該主任の大臣

四　前三号に掲げる場合以外の場合　当該処分庁等の最上級行政庁

（**再調査の請求**）

第五条　行政庁の処分につき処分庁以外の行政庁に対して審査請求をすることができる場合において、法律に再調査の請求をすることができる旨の定めがあるときは、当該処分に不服がある者は、処分庁に対して再調査の請求をすることができる。ただし、当該処分について第二条の規定により審査請求をしたときは、この限りでない。

2　前項本文の規定により再調査の請求をしたときは、当該再調査の請求についての決定を経た後でなければ、審査請求をすることができない。ただし、次の各号のいずれかに該当する場合は、この限りでない。

一　当該処分につき再調査の請求をした日（第六十一条において読み替えて準用する第二十三条の規定により不備を補正すべきことを命じられた場合にあっては、当該不備を補正した日）の翌日から起算して三月を経過しても、処分庁が当該再調査の請求につき決定をしない場合

二　その他再調査の請求についての決定を経ないことにつき正当な理由がある場合

（**再審査請求**）

第六条　行政庁の処分につき法律に再審査請求をすることができる旨の定めがある場合には、当該処分についての審査請求の裁決に不服がある者は、再審査請求をすることができる。

2　再審査請求は、原裁決（再審査請求をすることができる処分についての審査請求の裁決をいう。以下同じ。）又は当該処分（以下「原裁決等」という。）を対象として、前項の法律に定める行政庁に対してするものとする。

（**適用除外**）

第七条　次に掲げる処分及びその不作為については、第二条及び第三条の規定は、適用しない。

一　国会の両院若しくは一院又は議会の議決によってされる処分

二　裁判所若しくは裁判官の裁判により、又は裁判の執行としてされる処分

三　国会の両院若しくは一院若しくは議会の議決を経て、又はこれらの同意若しくは承認を得た上でされるべきものとされている処分

四　検査官会議で決すべきものとされている処分

五　当事者間の法律関係を確認し、又は形成する処分で、法令の規定により当該処分に関する訴えにおいてその法律関係の当事者の一方を被告とすべきものと定められているもの

六　刑事事件に関する法令に基づいて検察官、検察事務官又は司法警察職員がする処分

七　国税又は地方税の犯則事件に関する法令（他の法令において準用する場合を含む。）に基づいて国税庁長官、国税局長、税務署長、国税庁、国税局若しくは税務署の当該職員、税関長、税関職員又は徴税吏員（他の法令の規定に基づいてこれらの職員の職務を行う者を含む。）がする処分及び金融商品取引の犯則事件に関する法令（他の法令において準用する場合を含む。）に基づいて証券取引等監視委員会、その職員（当該法令においてその職員とみなされる者を含む。）、財務局長又は財務支局長がする処分

八　学校、講習所、訓練所又は研修所において、教育、講習、訓練又は研修の目的を達

行政法

成するために、学生、生徒、児童若しくは幼児若しくはこれらの保護者、講習生、訓練生又は研修生に対してされる処分

九　刑務所、少年刑務所、拘置所、留置施設、海上保安留置施設、少年院又は少年鑑別所において、収容の目的を達成するためにされる処分

十　外国人の出入国又は帰化に関する処分

十一　専ら人の学識技能に関する試験又は検定の結果についての処分

十二　この法律に基づく処分（第五章第一節第一款の規定に基づく処分を除く。）

2　国の機関又は地方公共団体その他の公共団体若しくはその機関に対する処分で、これらの機関又は団体がその固有の資格において当該処分の相手方となるもの及びその不作為については、この法律の規定は、適用しない。

（**特別の不服申立ての制度**）

第八条　前条の規定は、同条の規定により審査請求をすることができない処分又は不作為につき、別に法令で当該処分又は不作為の性質に応じた不服申立ての制度を設けることを妨げない。

第二章　審査請求

第一節　審査庁及び審理関係人

（**審理員**）

第九条　第四条又は他の法律若しくは条例の規定により審査請求がされた行政庁（第十四条の規定により引継ぎを受けた行政庁を含む。以下「審査庁」という。）は、審査庁に所属する職員（第十七条に規定する名簿を作成した場合にあっては、当該名簿に記載されている者）のうちから第三節に規定する審理手続（この節に規定する手続を含む。）を行う者を指名するとともに、その旨を審査請求人及び処分庁等（審査庁以外の処分庁等に限る。）に通知しなければならない。ただし、次の各号のいずれかに掲げる機関が審査庁である場合若しくは条例に基づく処分について条例に特別の定めがある場合又は第二十四条の規定により当該審査請求を却下する場合は、この限りでない。

一　内閣府設置法第四十九条第一項若しくは第二項又は国家行政組織法第三条第二項に規定する委員会

二　内閣府設置法第三十七条若しくは第五十四条又は国家行政組織法第八条に規定する機関

三　地方自治法（昭和二十二年法律第六十七号）第百三十八条の四第一項に規定する委員会若しくは委員又は同条第三項に規定する機関

2　審査庁が前項の規定により指名する者は、次に掲げる者以外の者でなければならない。

一　審査請求に係る処分若しくは当該処分に係る再調査の請求についての決定に関与した者又は審査請求に係る不作為に係る処分に関与し、若しくは関与することとなる者

二　審査請求人

三　審査請求人の配偶者、四親等内の親族又は同居の親族

四　審査請求人の代理人

五　前二号に掲げる者であった者

六　審査請求人の後見人、後見監督人、保佐人、保佐監督人、補助人又は補助監督人

七　第十三条第一項に規定する利害関係人

3　審査庁が第一項各号に掲げる機関である場合又は同項ただし書の特別の定めがある場合においては、別表第一の上欄に掲げる規定の適用については、これらの規定中同表の中欄に掲げる字句は、それぞれ同表の下欄に掲げる字句に読み替えるものとし、第十七条、第四十条、第四十二条及び第五十条第二項の規定は、適用しない。

4　前項に規定する場合において、審査庁は、必要があると認めるときは、その職員（第二項各号（第一項各号に掲げる機関の構成員にあっては、第一号を除く。）に掲げる者以外の者に限る。）に、前項において読み替えて適用する第三十一条第一項の規定による審査請求人若しくは第十三条第四項に規定する参加人の意見の陳述を聴かせ、前項において読み替えて適用する第三十四条の規定による参考人の陳述を聴かせ、同項において読み替えて適用する第三十五条第一項の規定による検証をさせ、前項において読み替えて適用する第二十八条に規定する審理関係人に対する質問をさせ、又は同項において読み替えて適用する第三十七条第一項若しくは第二項の規定による意見の聴取を行わせることができる。

（**法人でない社団又は財団の審査請求**）

第十条　法人でない社団又は財団で代表者又は管理人の定めがあるものは、その名で審査請求をすることができる。

（**総代**）

第十一条　多数人が共同して審査請求をしよう

とするときは、三人を超えない総代を互選することができる。

2　共同審査請求人が総代を互選しない場合において、必要があると認めるときは、第九条第一項の規定により指名された者（以下「審理員」という。）は、総代の互選を命ずることができる。

3　総代は、各自、他の共同審査請求人のために、審査請求の取下げを除き、当該審査請求に関する一切の行為をすることができる。

4　総代が選任されたときは、共同審査請求人は、総代を通じてのみ、前項の行為をすることができる。

5　共同審査請求人に対する行政庁の通知その他の行為は、二人以上の総代が選任されている場合においても、一人の総代に対してすれば足りる。

6　共同審査請求人は、必要があると認める場合には、総代を解任することができる。

（代理人による審査請求）

第十二条　審査請求は、代理人によってすることができる。

2　前項の代理人は、各自、審査請求人のために、当該審査請求に関する一切の行為をすることができる。ただし、審査請求の取下げは、特別の委任を受けた場合に限り、することができる。

（参加人）

第十三条　利害関係人（審査請求人以外の者であって審査請求に係る処分又は不作為に係る処分の根拠となる法令に照らし当該処分につき利害関係を有するものと認められる者をいう。以下同じ。）は、審理員の許可を得て、当該審査請求に参加することができる。

2　審理員は、必要があると認める場合には、利害関係人に対し、当該審査請求に参加することを求めることができる。

3　審査請求への参加は、代理人によってすることができる。

4　前項の代理人は、各自、第一項又は第二項の規定により当該審査請求に参加する者（以下「参加人」という。）のために、当該審査請求への参加に関する一切の行為をすることができる。ただし、審査請求への参加の取下げは、特別の委任を受けた場合に限り、することができる。

（行政庁が裁決をする権限を有しなくなった場合の措置）

第十四条　行政庁が審査請求がされた後法令の改廃により当該審査請求につき裁決をする権限を有しなくなったときは、当該行政庁は、第十九条に規定する審査請求書又は第二十一条第二項に規定する審査請求録取書及び関係書類その他の物件を新たに当該審査請求につき裁決をする権限を有することとなった行政庁に引き継がなければならない。この場合において、その引継ぎを受けた行政庁は、速やかに、その旨を審査請求人及び参加人に通知しなければならない。

（審理手続の承継）

第十五条　審査請求人が死亡したときは、相続人その他法令により審査請求の目的である処分に係る権利を承継した者は、審査請求人の地位を承継する。

2　審査請求人について合併又は分割（審査請求の目的である処分に係る権利を承継させるものに限る。）があったときは、合併後存続する法人その他の社団若しくは財団若しくは合併により設立された法人その他の社団若しくは財団又は分割により当該権利を承継した法人は、審査請求人の地位を承継する。

3　前二項の場合には、審査請求人の地位を承継した相続人その他の者又は法人その他の社団若しくは財団は、書面でその旨を審査庁に届け出なければならない。この場合には、届出書には、死亡若しくは分割による権利の承継又は合併の事実を証する書面を添付しなければならない。

4　第一項又は第二項の場合において、前項の規定による届出がされるまでの間において、死亡者又は合併前の法人その他の社団若しくは財団若しくは分割をした法人に宛ててされた通知が審査請求人の地位を承継した相続人その他の者又は合併後の法人その他の社団若しくは財団若しくは分割により審査請求人の地位を承継した法人に到達したときは、当該通知は、これらの者に対する通知としての効力を有する。

5　第一項の場合において、審査請求人の地位を承継した相続人その他の者が二人以上あるときは、その一人に対する通知その他の行為は、全員に対してされたものとみなす。

6　審査請求の目的である処分に係る権利を譲り受けた者は、審査庁の許可を得て、審査請求人の地位を承継することができる。

（標準審理期間）

第十六条　第四条又は他の法律若しくは条例の規定により審査庁となるべき行政庁（以下「審査庁となるべき行政庁」という。）は、審

行政法

査請求がその事務所に到達してから当該審査請求に対する裁決をするまでに通常要すべき標準的な期間を定めるよう努めるとともに、これを定めたときは、当該審査庁となるべき行政庁及び関係処分庁（当該審査請求の対象となるべき処分の権限を有する行政庁であって当該審査庁となるべき行政庁以外のものをいう。次条において同じ。）の事務所における備付けその他の適当な方法により公にしておかなければならない。

（審理員となるべき者の名簿）
第十七条　審査庁となるべき行政庁は、審理員となるべき者の名簿を作成するよう努めるとともに、これを作成したときは、当該審査庁となるべき行政庁及び関係処分庁の事務所における備付けその他の適当な方法により公にしておかなければならない。

第二節　審査請求の手続

（審査請求期間）
第十八条　処分についての審査請求は、処分があったことを知った日の翌日から起算して三月（当該処分について再調査の請求をしたときは、当該再調査の請求についての決定があったことを知った日の翌日から起算して一月）を経過したときは、することができない。ただし、正当な理由があるときは、この限りでない。
2　処分についての審査請求は、処分（当該処分について再調査の請求をしたときは、当該再調査の請求についての決定）があった日の翌日から起算して一年を経過したときは、することができない。ただし、正当な理由があるときは、この限りでない。
3　次条に規定する審査請求書を郵便又は民間事業者による信書の送達に関する法律（平成十四年法律第九十九号）第二条第六項に規定する一般信書便事業者若しくは同条第九項に規定する特定信書便事業者による同条第二項に規定する信書便で提出した場合における前二項に規定する期間（以下「審査請求期間」という。）の計算については、送付に要した日数は、算入しない。

（審査請求書の提出）
第十九条　審査請求は、他の法律（条例に基づく処分については、条例）に口頭ですることができる旨の定めがある場合を除き、政令で定めるところにより、審査請求書を提出してしなければならない。
2　処分についての審査請求書には、次に掲げる事項を記載しなければならない。
一　審査請求人の氏名又は名称及び住所又は居所
二　審査請求に係る処分の内容
三　審査請求に係る処分（当該処分について再調査の請求についての決定を経たときは、当該決定）があったことを知った年月日
四　審査請求の趣旨及び理由
五　処分庁の教示の有無及びその内容
六　審査請求の年月日
3　不作為についての審査請求書には、次に掲げる事項を記載しなければならない。
一　審査請求人の氏名又は名称及び住所又は居所
二　当該不作為に係る処分についての申請の内容及び年月日
三　審査請求の年月日
4　審査請求人が、法人その他の社団若しくは財団である場合、総代を互選した場合又は代理人によって審査請求をする場合には、審査請求書には、第二項各号又は前項各号に掲げる事項のほか、その代表者若しくは管理人、総代又は代理人の氏名及び住所又は居所を記載しなければならない。
5　処分についての審査請求書には、第二項及び前項に規定する事項のほか、次の各号に掲げる場合においては、当該各号に定める事項を記載しなければならない。
一　第五条第二項第一号の規定により再調査の請求についての決定を経ないで審査請求をする場合　再調査の請求をした年月日
二　第五条第二項第二号の規定により再調査の請求についての決定を経ないで審査請求をする場合　その決定を経ないことについての正当な理由
三　審査請求期間の経過後において審査請求をする場合　前条第一項ただし書又は第二項ただし書に規定する正当な理由

（口頭による審査請求）
第二十条　口頭で審査請求をする場合には、前条第二項から第五項までに規定する事項を陳述しなければならない。この場合において、陳述を受けた行政庁は、その陳述の内容を録取し、これを陳述人に読み聞かせて誤りのないことを確認しなければならない。

（処分庁等を経由する審査請求）
第二十一条　審査請求をすべき行政庁が処分庁等と異なる場合における審査請求は、処分庁

等を経由してすることができる。この場合において、審査請求人は、処分庁等に対し第十九条第二項から第五項までに規定する事項を陳述するものとする。

2　前項の場合には、処分庁等は、直ちに、審査請求書又は審査請求録取書（前条後段の規定により陳述の内容を録取した書面をいう。第二十九条第一項及び第五十五条において同じ。）を審査庁となるべき行政庁に送付しなければならない。

3　第一項の場合における審査請求期間の計算については、処分庁に審査請求書を提出し、又は処分庁に対し当該事項を陳述した時に、処分についての審査請求があったものとみなす。

（**誤った教示をした場合の救済**）

第二十二条　審査請求をすることができる処分につき、処分庁が誤って審査請求をすべき行政庁でない行政庁を審査請求をすべき行政庁として教示した場合において、その教示された行政庁に書面で審査請求がされたときは、当該行政庁は、速やかに、審査請求書を処分庁又は審査庁となるべき行政庁に送付し、かつ、その旨を審査請求人に通知しなければならない。

2　前項の規定により処分庁に審査請求書が送付されたときは、処分庁は、速やかに、これを審査庁となるべき行政庁に送付し、かつ、その旨を審査請求人に通知しなければならない。

3　第一項の処分のうち、再調査の請求をすることができない処分につき、処分庁が誤って再調査の請求をすることができる旨を教示した場合において、当該処分庁に再調査の請求がされたときは、処分庁は、速やかに、再調査の請求書（第六十一条において読み替えて準用する第十九条に規定する再調査の請求書をいう。以下この条において同じ。）又は再調査の請求録取書（第六十一条において準用する第二十条後段の規定により陳述の内容を録取した書面をいう。以下この条において同じ。）を審査庁となるべき行政庁に送付し、かつ、その旨を再調査の請求人に通知しなければならない。

4　再調査の請求をすることができる処分につき、処分庁が誤って審査請求をすることができる旨を教示しなかった場合において、当該処分庁に再調査の請求がされた場合であって、再調査の請求人から申立てがあったときは、処分庁は、速やかに、再調査の請求書又は再調査の請求録取書及び関係書類その他の物件を審査庁となるべき行政庁に送付しなければならない。この場合において、その送付を受けた行政庁は、速やかに、その旨を再調査の請求人及び第六十一条において読み替えて準用する第十三条第一項又は第二項の規定により当該再調査の請求に参加する者に通知しなければならない。

5　前各項の規定により審査請求書又は再調査の請求書若しくは再調査の請求録取書が審査庁となるべき行政庁に送付されたときは、初めから審査庁となるべき行政庁に審査請求がされたものとみなす。

（**審査請求書の補正**）

第二十三条　審査請求書が第十九条の規定に違反する場合には、審査庁は、相当の期間を定め、その期間内に不備を補正すべきことを命じなければならない。

（**審理手続を経ないでする却下裁決**）

第二十四条　前条の場合において、審査請求人が同条の期間内に不備を補正しないときは、審査庁は、次節に規定する審理手続を経ないで、第四十五条第一項又は第四十九条第一項の規定に基づき、裁決で、当該審査請求を却下することができる。

2　審査請求が不適法であって補正することができないことが明らかなときも、前項と同様とする。

（**執行停止**）

第二十五条　審査請求は、処分の効力、処分の執行又は手続の続行を妨げない。

2　処分庁の上級行政庁又は処分庁である審査庁は、必要があると認める場合には、審査請求人の申立てにより又は職権で、処分の効力、処分の執行又は手続の続行の全部又は一部の停止その他の措置（以下「執行停止」という。）をとることができる。

3　処分庁の上級行政庁又は処分庁のいずれでもない審査庁は、必要があると認める場合には、審査請求人の申立てにより、処分庁の意見を聴取した上、執行停止をすることができる。ただし、処分の効力、処分の執行又は手続の続行の全部又は一部の停止以外の措置をとることはできない。

4　前二項の規定による審査請求人の申立てがあった場合において、処分、処分の執行又は手続の続行により生ずる重大な損害を避けるために緊急の必要があると認めるときは、審査庁は、執行停止をしなければならない。ただし、公共の福祉に重大な影響を及ぼすおそれがあるとき、又は本案について理由がないとみえるときは、この限りでない。

5　審査庁は、前項に規定する重大な損害を生ずるか否かを判断するに当たっては、損害の回復の困難の程度を考慮するものとし、損害の性質及び程度並びに処分の内容及び性質をも勘案するものとする。

6　第二項から第四項までの場合において、処分の効力の停止は、処分の効力の停止以外の措置によって目的を達することができるときは、することができない。

7　執行停止の申立てがあったとき、又は審理員から第四十条に規定する執行停止をすべき旨の意見書が提出されたときは、審査庁は、速やかに、執行停止をするかどうかを決定しなければならない。

（執行停止の取消し）

第二十六条　執行停止をした後において、執行停止が公共の福祉に重大な影響を及ぼすことが明らかとなったとき、その他事情が変更したときは、審査庁は、その執行停止を取り消すことができる。

（審査請求の取下げ）

第二十七条　審査請求人は、裁決があるまでは、いつでも審査請求を取り下げることができる。

2　審査請求の取下げは、書面でしなければならない。

第三節　審理手続

（審理手続の計画的進行）

第二十八条　審査請求人、参加人及び処分庁等（以下「審理関係人」という。）並びに審理員は、簡易迅速かつ公正な審理の実現のため、審理において、相互に協力するとともに、審理手続の計画的な進行を図らなければならない。

（弁明書の提出）

第二十九条　審理員は、審査庁から指名されたときは、直ちに、審査請求書又は審査請求録取書の写しを処分庁等に送付しなければならない。ただし、処分庁等が審査庁である場合には、この限りでない。

2　審理員は、相当の期間を定めて、処分庁等に対し、弁明書の提出を求めるものとする。

3　処分庁等は、前項の弁明書に、次の各号の区分に応じ、当該各号に定める事項を記載しなければならない。

一　処分についての審査請求に対する弁明書　処分の内容及び理由

二　不作為についての審査請求に対する弁明書　処分をしていない理由並びに予定される処分の時期、内容及び理由

4　処分庁が次に掲げる書面を保有する場合には、前項第一号に掲げる弁明書にこれを添付するものとする。

一　行政手続法（平成五年法律第八十八号）第二十四条第一項の調書及び同条第三項の報告書

二　行政手続法第二十九条第一項に規定する弁明書

5　審理員は、処分庁等から弁明書の提出があったときは、これを審査請求人及び参加人に送付しなければならない。

（反論書等の提出）

第三十条　審査請求人は、前条第五項の規定により送付された弁明書に記載された事項に対する反論を記載した書面（以下「反論書」という。）を提出することができる。この場合において、審理員が、反論書を提出すべき相当の期間を定めたときは、その期間内にこれを提出しなければならない。

2　参加人は、審査請求に係る事件に関する意見を記載した書面（第四十条及び第四十二条第一項を除き、以下「意見書」という。）を提出することができる。この場合において、審理員が、意見書を提出すべき相当の期間を定めたときは、その期間内にこれを提出しなければならない。

3　審理員は、審査請求人から反論書の提出があったときはこれを参加人及び処分庁等に、参加人から意見書の提出があったときはこれを審査請求人及び処分庁等に、それぞれ送付しなければならない。

（口頭意見陳述）

第三十一条　審査請求人又は参加人の申立てがあった場合には、審理員は、当該申立てをした者（以下この条及び第四十一条第二項第二号において「申立人」という。）に口頭で審査請求に係る事件に関する意見を述べる機会を与えなければならない。ただし、当該申立人の所在その他の事情により当該意見を述べる機会を与えることが困難であると認められる場合には、この限りでない。

2　前項本文の規定による意見の陳述（以下「口頭意見陳述」という。）は、審理員が期日及び場所を指定し、全ての審理関係人を招集

してさせるものとする。

3　口頭意見陳述において、申立人は、審理員の許可を得て、補佐人とともに出頭することができる。

4　口頭意見陳述において、審理員は、申立人のする陳述が事件に関係のない事項にわたる場合その他相当でない場合には、これを制限することができる。

5　口頭意見陳述に際し、申立人は、審理員の許可を得て、審査請求に係る事件に関し、処分庁等に対して、質問を発することができる。

（証拠書類等の提出）

第三十二条　審査請求人又は参加人は、証拠書類又は証拠物を提出することができる。

2　処分庁等は、当該処分の理由となる事実を証する書類その他の物件を提出することができる。

3　前二項の場合において、審理員が、証拠書類若しくは証拠物又は書類その他の物件を提出すべき相当の期間を定めたときは、その期間内にこれを提出しなければならない。

（物件の提出要求）

第三十三条　審理員は、審査請求人若しくは参加人の申立てにより又は職権で、書類その他の物件の所持人に対し、相当の期間を定めて、その物件の提出を求めることができる。この場合において、審理員は、その提出された物件を留め置くことができる。

（参考人の陳述及び鑑定の要求）

第三十四条　審理員は、審査請求人若しくは参加人の申立てにより又は職権で、適当と認める者に、参考人としてその知っている事実の陳述を求め、又は鑑定を求めることができる。

（検証）

第三十五条　審理員は、審査請求人若しくは参加人の申立てにより又は職権で、必要な場所につき、検証をすることができる。

2　審理員は、審査請求人又は参加人の申立てにより前項の検証をしようとするときは、あらかじめ、その日時及び場所を当該申立てをした者に通知し、これに立ち会う機会を与えなければならない。

（審理関係人への質問）

第三十六条　審理員は、審査請求人若しくは参加人の申立てにより又は職権で、審査請求に係る事件に関し、審理関係人に質問することができる。

（審理手続の計画的遂行）

第三十七条　審理員は、審査請求に係る事件について、審理すべき事項が多数であり又は錯綜（さくそう）しているなど事件が複雑であることその他の事情により、迅速かつ公正な審理を行うため、第三十一条から前条までに定める審理手続を計画的に遂行する必要があると認める場合には、期日及び場所を指定して、審理関係人を招集し、あらかじめ、これらの審理手続の申立てに関する意見の聴取を行うことができる。

2　審理員は、審理関係人が遠隔の地に居住している場合その他相当と認める場合には、政令で定めるところにより、審理員及び審理関係人が音声の送受信により通話をすることができる方法によって、前項に規定する意見の聴取を行うことができる。

3　審理員は、前二項の規定による意見の聴取を行ったときは、遅滞なく、第三十一条から前条までに定める審理手続の期日及び場所並びに第四十一条第一項の規定による審理手続の終結の予定時期を決定し、これらを審理関係人に通知するものとする。当該予定時期を変更したときも、同様とする。

（審査請求人等による提出書類等の閲覧等）

第三十八条　審査請求人又は参加人は、第四十一条第一項又は第二項の規定により審理手続が終結するまでの間、審理員に対し、提出書類等（第二十九条第四項各号に掲げる書面又は第三十二条第一項若しくは第二項若しくは第三十三条の規定により提出された書類その他の物件をいう。次項において同じ。）の閲覧（電磁的記録（電子的方式、磁気的方式その他人の知覚によっては認識することができない方式で作られる記録であって、電子計算機による情報処理の用に供されるものをいう。以下同じ。）にあっては、記録された事項を審査庁が定める方法により表示したものの閲覧）又は当該書面若しくは当該書類の写し若しくは当該電磁的記録に記録された事項を記載した書面の交付を求めることができる。この場合において、審理員は、第三者の利益を害するおそれがあると認めるとき、その他正当な理由があるときでなければ、その閲覧又は交付を拒むことができない。

2　審理員は、前項の規定による閲覧をさせ、又は同項の規定による交付をしようとするときは、当該閲覧又は交付に係る提出書類等の提出人の意見を聴かなければならない。ただし、審理員が、その必要がないと認めるときは、この限りでない。

3　審理員は、第一項の規定による閲覧について、日時及び場所を指定することができる。

4　第一項の規定による交付を受ける審査請求人又は参加人は、政令で定めるところにより、実費の範囲内において政令で定める額の手数料を納めなければならない。

5　審理員は、経済的困難その他特別の理由があると認めるときは、政令で定めるところにより、前項の手数料を減額し、又は免除することができる。

6　地方公共団体（都道府県、市町村及び特別区並びに地方公共団体の組合に限る。以下同じ。）に所属する行政庁が審査庁である場合における前二項の規定の適用については、これらの規定中「政令」とあるのは、「条例」とし、国又は地方公共団体に所属しない行政庁が審査庁である場合におけるこれらの規定の適用については、これらの規定中「政令で」とあるのは、「審査庁が」とする。

（審理手続の併合又は分離）

第三十九条　審理員は、必要があると認める場合には、数個の審査請求に係る審理手続を併合し、又は併合された数個の審査請求に係る審理手続を分離することができる。

（審理員による執行停止の意見書の提出）

第四十条　審理員は、必要があると認める場合には、審査庁に対し、執行停止をすべき旨の意見書を提出することができる。

（審理手続の終結）

第四十一条　審理員は、必要な審理を終えたと認めるときは、審理手続を終結するものとする。

2　前項に定めるもののほか、審理員は、次の各号のいずれかに該当するときは、審理手続を終結することができる。

一　次のイからホまでに掲げる規定の相当の期間内に、当該イからホまでに定める物件が提出されない場合において、更に一定の期間を示して、当該物件の提出を求めたにもかかわらず、当該提出期間内に当該物件が提出されなかったとき。

イ　第二十九条第二項　弁明書

ロ　第三十条第一項後段　反論書

ハ　第三十条第二項後段　意見書

ニ　第三十二条第三項　証拠書類若しくは証拠物又は書類その他の物件

ホ　第三十三条前段　書類その他の物件

二　申立人が、正当な理由なく、口頭意見陳述に出頭しないとき。

3　審理員が前二項の規定により審理手続を終結したときは、速やかに、審理関係人に対し、審理手続を終結した旨並びに次条第一項に規定する審理員意見書及び事件記録（審査請求書、弁明書その他審査請求に係る事件に関する書類その他の物件のうち政令で定めるものをいう。同条第二項及び第四十三条第二項において同じ。）を審査庁に提出する予定時期を通知するものとする。当該予定時期を変更したときも、同様とする。

（審理員意見書）

第四十二条　審理員は、審理手続を終結したときは、遅滞なく、審査庁がすべき裁決に関する意見書（以下「審理員意見書」という。）を作成しなければならない。

2　審理員は、審理員意見書を作成したときは、速やかに、これを事件記録とともに、審査庁に提出しなければならない。

第四節　行政不服審査会等への諮問

第四十三条　審査庁は、審理員意見書の提出を受けたときは、次の各号のいずれかに該当する場合を除き、審査庁が主任の大臣又は宮内庁長官若しくは内閣府設置法第四十九条第一項若しくは第二項若しくは国家行政組織法第三条第二項に規定する庁の長である場合にあっては行政不服審査会に、審査庁が地方公共団体の長（地方公共団体の組合にあっては、長、管理者又は理事会）である場合にあっては第八十一条第一項又は第二項の機関に、それぞれ諮問しなければならない。

一　審査請求に係る処分をしようとするときに他の法律又は政令（条例に基づく処分については、条例）に第九条第一項各号に掲げる機関若しくは地方公共団体の議会又はこれらの機関に類するものとして政令で定めるもの（以下「審議会等」という。）の議を経るべき旨又は経ることができる旨の定めがあり、かつ、当該議を経て当該処分がされた場合

二　裁決をしようとするときに他の法律又は政令（条例に基づく処分については、条例）に第九条第一項各号に掲げる機関若しくは地方公共団体の議会又はこれらの機関に類するものとして政令で定めるものの議を経るべき旨又は経ることができる旨の定めがあり、かつ、当該議を経て裁決をしようとする場合

三　第四十六条第三項又は第四十九条第四項の規定により審議会等の議を経て裁決をしようとする場合
四　審査請求人から、行政不服審査会又は第八十一条第一項若しくは第二項の機関（以下「行政不服審査会等」という。）への諮問を希望しない旨の申出がされている場合（参加人から、行政不服審査会等に諮問しないことについて反対する旨の申出がされている場合を除く。）
五　審査請求が、行政不服審査会等によって、国民の権利利益及び行政の運営に対する影響の程度その他当該事件の性質を勘案して、諮問を要しないものと認められたものである場合
六　審査請求が不適法であり、却下する場合
七　第四十六条第一項の規定により審査請求に係る処分（法令に基づく申請を却下し、又は棄却する処分及び事実上の行為を除く。）の全部を取り消し、又は第四十七条第一号若しくは第二号の規定により審査請求に係る事実上の行為の全部を撤廃すべき旨を命じ、若しくは撤廃することとする場合（当該処分の全部を取り消すこと又は当該事実上の行為の全部を撤廃すべき旨を命じ、若しくは撤廃することについて反対する旨の意見書が提出されている場合及び口頭意見陳述においてその旨の意見が述べられている場合を除く。）
八　第四十六条第二項各号又は第四十九条第三項各号に定める措置（法令に基づく申請の全部を認容すべき旨を命じ、又は認容するものに限る。）をとることとする場合（当該申請の全部を認容することについて反対する旨の意見書が提出されている場合及び口頭意見陳述においてその旨の意見が述べられている場合を除く。）

2　前項の規定による諮問は、審理員意見書及び事件記録の写しを添えてしなければならない。

3　第一項の規定により諮問をした審査庁は、審理関係人（処分庁等が審査庁である場合にあっては、審査請求人及び参加人）に対し、当該諮問をした旨を通知するとともに、審理員意見書の写しを送付しなければならない。

第五節　裁決

（**裁決の時期**）

第四十四条　審査庁は、行政不服審査会等から諮問に対する答申を受けたとき（前条第一項の規定による諮問を要しない場合（同項第二号又は第三号に該当する場合を除く。）にあっては審理員意見書が提出されたとき、同項第二号又は第三号に該当する場合にあっては同項第二号又は第三号に規定する議を経たとき）は、遅滞なく、裁決をしなければならない。

（**処分についての審査請求の却下又は棄却**）

第四十五条　処分についての審査請求が法定の期間経過後にされたものである場合その他不適法である場合には、審査庁は、裁決で、当該審査請求を却下する。

2　処分についての審査請求が理由がない場合には、審査庁は、裁決で、当該審査請求を棄却する。

3　審査請求に係る処分が違法又は不当ではあるが、これを取り消し、又は撤廃することにより公の利益に著しい障害を生ずる場合において、審査請求人の受ける損害の程度、その損害の賠償又は防止の程度及び方法その他一切の事情を考慮した上、処分を取り消し、又は撤廃することが公共の福祉に適合しないと認めるときは、審査庁は、裁決で、当該審査請求を棄却することができる。この場合には、審査庁は、裁決の主文で、当該処分が違法又は不当であることを宣言しなければならない。

（**処分についての審査請求の認容**）

第四十六条　処分（事実上の行為を除く。以下この条及び第四十八条において同じ。）についての審査請求が理由がある場合（前条第三項の規定の適用がある場合を除く。）には、審査庁は、裁決で、当該処分の全部若しくは一部を取り消し、又はこれを変更する。ただし、審査庁が処分庁の上級行政庁又は処分庁のいずれでもない場合には、当該処分を変更することはできない。

2　前項の規定により法令に基づく申請を却下し、又は棄却する処分の全部又は一部を取り消す場合において、次の各号に掲げる審査庁は、当該申請に対して一定の処分をすべきものと認めるときは、当該各号に定める措置をとる。
一　処分庁の上級行政庁である審査庁　当該処分庁に対し、当該処分をすべき旨を命ずること。
二　処分庁である審査庁　当該処分をすること。

3　前項に規定する一定の処分に関し、第四十

三条第一項第一号に規定する議を経るべき旨の定めがある場合において、審査庁が前項各号に定める措置をとるために必要があると認めるときは、審査庁は、当該定めに係る審議会等の議を経ることができる。

4　前項に規定する定めがある場合のほか、第二項に規定する一定の処分に関し、他の法令に関係行政機関との協議の実施その他の手続をとるべき旨の定めがある場合において、審査庁が同項各号に定める措置をとるために必要があると認めるときは、審査庁は、当該手続をとることができる。

第四十七条　事実上の行為についての審査請求が理由がある場合（第四十五条第三項の規定の適用がある場合を除く。）には、審査庁は、裁決で、当該事実上の行為が違法又は不当である旨を宣言するとともに、次の各号に掲げる審査庁の区分に応じ、当該各号に定める措置をとる。ただし、審査庁が処分庁の上級行政庁以外の審査庁である場合には、当該事実上の行為を変更すべき旨を命ずることはできない。

一　処分庁以外の審査庁　当該処分庁に対し、当該事実上の行為の全部若しくは一部を撤廃し、又はこれを変更すべき旨を命ずること。

二　処分庁である審査庁　当該事実上の行為の全部若しくは一部を撤廃し、又はこれを変更すること。

（不利益変更の禁止）

第四十八条　第四十六条第一項本文又は前条の場合において、審査庁は、審査請求人の不利益に当該処分を変更し、又は当該事実上の行為を変更すべき旨を命じ、若しくはこれを変更することはできない。

（不作為についての審査請求の裁決）

第四十九条　不作為についての審査請求が当該不作為に係る処分についての申請から相当の期間が経過しないでされたものである場合その他不適法である場合には、審査庁は、裁決で、当該審査請求を却下する。

2　不作為についての審査請求が理由がない場合には、審査庁は、裁決で、当該審査請求を棄却する。

3　不作為についての審査請求が理由がある場合には、審査庁は、裁決で、当該不作為が違法又は不当である旨を宣言する。この場合において、次の各号に掲げる審査庁は、当該申請に対して一定の処分をすべきものと認めるときは、当該各号に定める措置をとる。

一　不作為庁の上級行政庁である審査庁　当該不作為庁に対し、当該処分をすべき旨を命ずること。

二　不作為庁である審査庁　当該処分をすること。

4　審査請求に係る不作為に係る処分に関し、第四十三条第一項第一号に規定する議を経るべき旨の定めがある場合において、審査庁が前項各号に定める措置をとるために必要があると認めるときは、審査庁は、当該定めに係る審議会等の議を経ることができる。

5　前項に規定する定めがある場合のほか、審査請求に係る不作為に係る処分に関し、他の法令に関係行政機関との協議の実施その他の手続をとるべき旨の定めがある場合において、審査庁が第三項各号に定める措置をとるために必要があると認めるときは、審査庁は、当該手続をとることができる。

（裁決の方式）

第五十条　裁決は、次に掲げる事項を記載し、審査庁が記名押印した裁決書によりしなければならない。

一　主文

二　事案の概要

三　審理関係人の主張の要旨

四　理由（第一号の主文が審理員意見書又は行政不服審査会等若しくは審議会等の答申書と異なる内容である場合には、異なることとなった理由を含む。）

2　第四十三条第一項の規定による行政不服審査会等への諮問を要しない場合には、前項の裁決書には、審理員意見書を添付しなければならない。

3　審査庁は、再審査請求をすることができる裁決をする場合には、裁決書に再審査請求をすることができる旨並びに再審査請求をすべき行政庁及び再審査請求期間（第六十二条に規定する期間をいう。）を記載して、これらを教示しなければならない。

（裁決の効力発生）

第五十一条　裁決は、審査請求人（当該審査請求が処分の相手方以外の者のしたものである場合における第四十六条第一項及び第四十七条の規定による裁決にあっては、審査請求人及び処分の相手方）に送達された時に、その効力を生ずる。

2　裁決の送達は、送達を受けるべき者に裁決書の謄本を送付することによってする。ただし、送達を受けるべき者の所在が知れない場合その他裁決書の謄本を送付することができない場合には、公示の方法によってすることができる。

3　公示の方法による送達は、審査庁が裁決書の謄本を保管し、いつでもその送達を受けるべき者に交付する旨を当該審査庁の掲示場に掲示し、かつ、その旨を官報その他の公報又は新聞紙に少なくとも一回掲載してするものとする。この場合において、その掲示を始めた日の翌日から起算して二週間を経過した時に裁決書の謄本の送付があったものとみなす。

4　審査庁は、裁決書の謄本を参加人及び処分庁等（審査庁以外の処分庁等に限る。）に送付しなければならない。

（**裁決の拘束力**）

第五十二条　裁決は、関係行政庁を拘束する。

2　申請に基づいてした処分が手続の違法若しくは不当を理由として裁決で取り消され、又は申請を却下し、若しくは棄却した処分が裁決で取り消された場合には、処分庁は、裁決の趣旨に従い、改めて申請に対する処分をしなければならない。

3　法令の規定により公示された処分が裁決で取り消され、又は変更された場合には、処分庁は、当該処分が取り消され、又は変更された旨を公示しなければならない。

4　法令の規定により処分の相手方以外の利害関係人に通知された処分が裁決で取り消され、又は変更された場合には、処分庁は、その通知を受けた者（審査請求人及び参加人を除く。）に、当該処分が取り消され、又は変更された旨を通知しなければならない。

（**証拠書類等の返還**）

第五十三条　審査庁は、裁決をしたときは、速やかに、第三十二条第一項又は第二項の規定により提出された証拠書類若しくは証拠物又は書類その他の物件及び第三十三条の規定による提出要求に応じて提出された書類その他の物件をその提出人に返還しなければならない。

第三章　再調査の請求

（**再調査の請求期間**）

第五十四条　再調査の請求は、処分があったことを知った日の翌日から起算して三月を経過したときは、することができない。ただし、正当な理由があるときは、この限りでない。

2　再調査の請求は、処分があった日の翌日から起算して一年を経過したときは、することができない。ただし、正当な理由があるときは、この限りでない。

（**誤った教示をした場合の救済**）

第五十五条　再調査の請求をすることができる処分につき、処分庁が誤って再調査の請求をすることができる旨を教示しなかった場合において、審査請求がされた場合であって、審査請求人から申立てがあったときは、審査庁は、速やかに、審査請求書又は審査請求録取書を処分庁に送付しなければならない。ただし、審査請求人に対し弁明書が送付された後においては、この限りでない。

2　前項本文の規定により審査請求書又は審査請求録取書の送付を受けた処分庁は、速やかに、その旨を審査請求人及び参加人に通知しなければならない。

3　第一項本文の規定により審査請求書又は審査請求録取書が処分庁に送付されたときは、初めから処分庁に再調査の請求がされたものとみなす。

（**再調査の請求についての決定を経ずに審査請求がされた場合**）

第五十六条　第五条第二項ただし書の規定により審査請求がされたときは、同項の再調査の請求は、取り下げられたものとみなす。ただし、処分庁において当該審査請求がされた日以前に再調査の請求に係る処分（事実上の行為を除く。）を取り消す旨の第六十条第一項の決定書の謄本を発している場合又は再調査の請求に係る事実上の行為を撤廃している場合は、当該審査請求（処分（事実上の行為を除く。）の一部を取り消す旨の第五十九条第一項の決定がされている場合又は事実上の行為の一部が撤廃されている場合にあっては、その部分に限る。）が取り下げられたものとみなす。

（**三月後の教示**）

第五十七条　処分庁は、再調査の請求がされた日（第六十一条において読み替えて準用する第二十三条の規定により不備を補正すべきことを命じた場合にあっては、当該不備が補正された日）の翌日から起算して三月を経過しても当該再調査の請求が係属しているときは、遅滞なく、当該処分について直ちに審査請求をすることができる旨を書面でその再調査の請求人に教示しなければならない。

（**再調査の請求の却下又は棄却の決定**）

第五十八条　再調査の請求が法定の期間経過後にされたものである場合その他不適法である

行政法

場合には、処分庁は、決定で、当該再調査の請求を却下する。

2　再調査の請求が理由がない場合には、処分庁は、決定で、当該再調査の請求を棄却する。

（再調査の請求の認容の決定）

第五十九条　処分（事実上の行為を除く。）についての再調査の請求が理由がある場合には、処分庁は、決定で、当該処分の全部若しくは一部を取り消し、又はこれを変更する。

2　事実上の行為についての再調査の請求が理由がある場合には、処分庁は、決定で、当該事実上の行為が違法又は不当である旨を宣言するとともに、当該事実上の行為の全部若しくは一部を撤廃し、又はこれを変更する。

3　処分庁は、前二項の場合において、再調査の請求人の不利益に当該処分又は当該事実上の行為を変更することはできない。

（決定の方式）

第六十条　前二条の決定は、主文及び理由を記載し、処分庁が記名押印した決定書によりしなければならない。

2　処分庁は、前項の決定書（再調査の請求に係る処分の全部を取り消し、又は撤廃する決定に係るものを除く。）に、再調査の請求に係る処分につき審査請求をすることができる旨（却下の決定である場合にあっては、当該却下の決定が違法な場合に限り審査請求をすることができる旨）並びに審査請求をすべき行政庁及び審査請求期間を記載して、これらを教示しなければならない。

（審査請求に関する規定の準用）

第六十一条　第九条第四項、第十条から第十六条まで、第十八条第三項、第十九条（第三項並びに第五項第一号及び第二号を除く。）、第二十条、第二十三条、第二十四条、第二十五条（第三項を除く。）、第二十六条、第二十七条、第三十一条（第五項を除く。）、第三十二条（第二項を除く。）、第三十九条、第五十一条及び第五十三条の規定は、再調査の請求について準用する。この場合において、別表第二の上欄に掲げる規定中同表の中欄に掲げる字句は、それぞれ同表の下欄に掲げる字句に読み替えるものとする。

第四章　再審査請求

（再審査請求期間）

第六十二条　再審査請求は、原裁決があったことを知った日の翌日から起算して一月を経過したときは、することができない。ただし、正当な理由があるときは、この限りでない。

2　再審査請求は、原裁決があった日の翌日から起算して一年を経過したときは、することができない。ただし、正当な理由があるときは、この限りでない。

（裁決書の送付）

第六十三条　第六十六条第一項において読み替えて準用する第十一条第二項に規定する審理員又は第六十六条第一項において準用する第九条第一項各号に掲げる機関である再審査庁（他の法律の規定により再審査請求がされた行政庁（第六十六条第一項において読み替えて準用する第十四条の規定により引継ぎを受けた行政庁を含む。）をいう。以下同じ。）は、原裁決をした行政庁に対し、原裁決に係る裁決書の送付を求めるものとする。

（再審査請求の却下又は棄却の裁決）

第六十四条　再審査請求が法定の期間経過後にされたものである場合その他不適法である場合には、再審査庁は、裁決で、当該再審査請求を却下する。

2　再審査請求が理由がない場合には、再審査庁は、裁決で、当該再審査請求を棄却する。

3　再審査請求に係る原裁決（審査請求を却下し、又は棄却したものに限る。）が違法又は不当である場合において、当該審査請求に係る処分が違法又は不当のいずれでもないときは、再審査庁は、裁決で、当該再審査請求を棄却する。

4　前項に規定する場合のほか、再審査請求に係る原裁決等が違法又は不当ではあるが、これを取り消し、又は撤廃することにより公の利益に著しい障害を生ずる場合において、再審査請求人の受ける損害の程度、その損害の賠償又は防止の程度及び方法その他一切の事情を考慮した上、原裁決等を取り消し、又は撤廃することが公共の福祉に適合しないと認めるときは、再審査庁は、裁決で、当該再審査請求を棄却することができる。この場合には、再審査庁は、裁決の主文で、当該原裁決等が違法又は不当であることを宣言しなければならない。

（再審査請求の認容の裁決）

第六十五条　原裁決等（事実上の行為を除く。）についての再審査請求が理由がある場合（前条第三項に規定する場合及び同条第四項の規定の適用がある場合を除く。）には、再審査庁は、裁決で、当該原裁決等の全部又は一部を取り消す。

2　事実上の行為についての再審査請求が理由がある場合（前条第四項の規定の適用がある場合を除く。）には、裁決で、当該事実上の行為が違法又は不当である旨を宣言するとともに、処分庁に対し、当該事実上の行為の全部又は一部を撤廃すべき旨を命ずる。

（審査請求に関する規定の準用）

第六十六条　第二章（第九条第三項、第十八条（第三項を除く。）、第十九条第三項並びに第五項第一号及び第二号、第二十二条、第二十五条第二項、第二十九条（第一項を除く。）、第三十条第一項、第四十一条第二項第一号イ及びロ、第四節、第四十五条から第四十九条まで並びに第五十条第三項を除く。）の規定は、再審査請求について準用する。この場合において、別表第三の上欄に掲げる規定中同表の中欄に掲げる字句は、それぞれ同表の下欄に掲げる字句に読み替えるものとする。

2　再審査庁が前項において準用する第九条第一項各号に掲げる機関である場合には、前項において準用する第十七条、第四十条、第四十二条及び第五十条第二項の規定は、適用しない。

第五章　行政不服審査会等

第一節　行政不服審査会

第一款　設置及び組織

（設置）

第六十七条　総務省に、行政不服審査会（以下「審査会」という。）を置く。

2　審査会は、この法律の規定によりその権限に属させられた事項を処理する。

（組織）

第六十八条　審査会は、委員九人をもって組織する。

2　委員は、非常勤とする。ただし、そのうち三人以内は、常勤とすることができる。

（委員）

第六十九条　委員は、審査会の権限に属する事項に関し公正な判断をすることができ、かつ、法律又は行政に関して優れた識見を有する者のうちから、両議院の同意を得て、総務大臣が任命する。

2　委員の任期が満了し、又は欠員を生じた場合において、国会の閉会又は衆議院の解散のために両議院の同意を得ることができないときは、総務大臣は、前項の規定にかかわらず、同項に定める資格を有する者のうちから、委員を任命することができる。

3　前項の場合においては、任命後最初の国会で両議院の事後の承認を得なければならない。この場合において、両議院の事後の承認が得られないときは、総務大臣は、直ちにその委員を罷免しなければならない。

4　委員の任期は、三年とする。ただし、補欠の委員の任期は、前任者の残任期間とする。

5　委員は、再任されることができる。

6　委員の任期が満了したときは、当該委員は、後任者が任命されるまで引き続きその職務を行うものとする。

7　総務大臣は、委員が心身の故障のために職務の執行ができないと認める場合又は委員に職務上の義務違反その他委員たるに適しない非行があると認める場合には、両議院の同意を得て、その委員を罷免することができる。

8　委員は、職務上知ることができた秘密を漏らしてはならない。その職を退いた後も同様とする。

9　委員は、在任中、政党その他の政治的団体の役員となり、又は積極的に政治運動をしてはならない。

10　常勤の委員は、在任中、総務大臣の許可がある場合を除き、報酬を得て他の職務に従事し、又は営利事業を営み、その他金銭上の利益を目的とする業務を行ってはならない。

11　委員の給与は、別に法律で定める。

（会長）

第七十条　審査会に、会長を置き、委員の互選により選任する。

2　会長は、会務を総理し、審査会を代表する。

3　会長に事故があるときは、あらかじめその指名する委員が、その職務を代理する。

（専門委員）

第七十一条　審査会に、専門の事項を調査させるため、専門委員を置くことができる。

2　専門委員は、学識経験のある者のうちから、総務大臣が任命する。

3　専門委員は、その者の任命に係る当該専門の事項に関する調査が終了したときは、解任されるものとする。

4　専門委員は、非常勤とする。

（合議体）

第七十二条　審査会は、委員のうちから、審査会が指名する者三人をもって構成する合議体で、審査請求に係る事件について調査審議する。

行政法

２　前項の規定にかかわらず、審査会が定める場合においては、委員の全員をもって構成する合議体で、審査請求に係る事件について調査審議する。

（事務局）
第七十三条　審査会の事務を処理させるため、審査会に事務局を置く。
２　事務局に、事務局長のほか、所要の職員を置く。
３　事務局長は、会長の命を受けて、局務を掌理する。

第二款　審査会の調査審議の手続

（審査会の調査権限）
第七十四条　審査会は、必要があると認める場合には、審査請求に係る事件に関し、審査請求人、参加人又は第四十三条第一項の規定により審査会に諮問をした審査庁（以下この款において「審査関係人」という。）にその主張を記載した書面（以下この款において「主張書面」という。）又は資料の提出を求めること、適当と認める者にその知っている事実の陳述又は鑑定を求めることその他必要な調査をすることができる。

（意見の陳述）
第七十五条　審査会は、審査関係人の申立てがあった場合には、当該審査関係人に口頭で意見を述べる機会を与えなければならない。ただし、審査会が、その必要がないと認める場合には、この限りでない。
２　前項本文の場合において、審査請求人又は参加人は、審査会の許可を得て、補佐人とともに出頭することができる。

（主張書面等の提出）
第七十六条　審査関係人は、審査会に対し、主張書面又は資料を提出することができる。この場合において、審査会が、主張書面又は資料を提出すべき相当の期間を定めたときは、その期間内にこれを提出しなければならない。

（委員による調査手続）
第七十七条　審査会は、必要があると認める場合には、その指名する委員に、第七十四条の規定による調査をさせ、又は第七十五条第一項本文の規定による審査関係人の意見の陳述を聴かせることができる。

（提出資料の閲覧等）
第七十八条　審査関係人は、審査会に対し、審査会に提出された主張書面若しくは資料の閲覧（電磁的記録にあっては、記録された事項を審査会が定める方法により表示したものの閲覧）又は当該主張書面若しくは当該資料の写し若しくは当該電磁的記録に記録された事項を記載した書面の交付を求めることができる。この場合において、審査会は、第三者の利益を害するおそれがあると認めるとき、その他正当な理由があるときでなければ、その閲覧又は交付を拒むことができない。
２　審査会は、前項の規定による閲覧をさせ、又は同項の規定による交付をしようとするときは、当該閲覧又は交付に係る主張書面又は資料の提出人の意見を聴かなければならない。ただし、審査会が、その必要がないと認めるときは、この限りでない。
３　審査会は、第一項の規定による閲覧について、日時及び場所を指定することができる。
４　第一項の規定による交付を受ける審査請求人又は参加人は、政令で定めるところにより、実費の範囲内において政令で定める額の手数料を納めなければならない。
５　審査会は、経済的困難その他特別の理由があると認めるときは、政令で定めるところにより、前項の手数料を減額し、又は免除することができる。

（答申書の送付等）
第七十九条　審査会は、諮問に対する答申をしたときは、答申書の写しを審査請求人及び参加人に送付するとともに、答申の内容を公表するものとする。

第三款　雑則

（政令への委任）
第八十条　この法律に定めるもののほか、審査会に関し必要な事項は、政令で定める。

第二節　地方公共団体に置かれる機関

第八十一条　地方公共団体に、執行機関の附属機関として、この法律の規定によりその権限に属させられた事項を処理するための機関を置く。
２　前項の規定にかかわらず、地方公共団体は、当該地方公共団体における不服申立ての状況等に鑑み同項の機関を置くことが不適当又は困難であるときは、条例で定めるところにより、事件ごとに、執行機関の附属機関として、この法律の規定によりその権限に属させられた事項を処理するための機関を置くことすることができる。

3　前節第二款の規定は、前二項の機関について準用する。この場合において、第七十八条第四項及び第五項中「政令」とあるのは、「条例」と読み替えるものとする。

4　前三項に定めるもののほか、第一項又は第二項の機関の組織及び運営に関し必要な事項は、当該機関を置く地方公共団体の条例（地方自治法第二百五十二条の七第一項の規定により共同設置する機関にあっては、同項の規約）で定める。

第六章　補則

（不服申立てをすべき行政庁等の教示）

第八十二条　行政庁は、審査請求若しくは再調査の請求又は他の法令に基づく不服申立て（以下この条において「不服申立て」と総称する。）をすることができる処分をする場合には、処分の相手方に対し、当該処分につき不服申立てをすることができる旨並びに不服申立てをすべき行政庁及び不服申立てをすることができる期間を書面で教示しなければならない。ただし、当該処分を口頭でする場合は、この限りでない。

2　行政庁は、利害関係人から、当該処分が不服申立てをすることができる処分であるかどうか並びに当該処分が不服申立てをすることができるものである場合における不服申立てをすべき行政庁及び不服申立てをすることができる期間につき教示を求められたときは、当該事項を教示しなければならない。

3　前項の場合において、教示を求めた者が書面による教示を求めたときは、当該教示は、書面でしなければならない。

（教示をしなかった場合の不服申立て）

第八十三条　行政庁が前条の規定による教示をしなかった場合には、当該処分について不服がある者は、当該処分庁に不服申立書を提出することができる。

2　第十九条（第五項第一号及び第二号を除く。）の規定は、前項の不服申立書について準用する。

3　第一項の規定により不服申立書の提出があった場合において、当該処分が処分庁以外の行政庁に対し審査請求をすることができる処分であるときは、処分庁は、速やかに、当該不服申立書を当該行政庁に送付しなければならない。当該処分が他の法令に基づき、処分庁以外の行政庁に不服申立てをすることができる処分であるときも、同様とする。

4　前項の規定により不服申立書が送付されたときは、初めから当該行政庁に審査請求又は当該法令に基づく不服申立てがされたものとみなす。

5　第三項の場合を除くほか、第一項の規定により不服申立書が提出されたときは、初めから当該処分庁に審査請求又は当該法令に基づく不服申立てがされたものとみなす。

（情報の提供）

第八十四条　審査請求、再調査の請求若しくは再審査請求又は他の法令に基づく不服申立て（以下この条及び次条において「不服申立て」と総称する。）につき裁決、決定その他の処分（同条において「裁決等」という。）をする権限を有する行政庁は、不服申立てをしようとする者又は不服申立てをした者の求めに応じ、不服申立書の記載に関する事項その他の不服申立てに必要な情報の提供に努めなければならない。

（公表）

第八十五条　不服申立てにつき裁決等をする権限を有する行政庁は、当該行政庁がした裁決等の内容その他当該行政庁における不服申立ての処理状況について公表するよう努めなければならない。

（政令への委任）

第八十六条　この法律に定めるもののほか、この法律の実施のために必要な事項は、政令で定める。

（罰則）

第八十七条　第六十九条第八項の規定に違反して秘密を漏らした者は、一年以下の懲役又は五十万円以下の罰金に処する。

別表第一（第九条関係）

第十一条第二項	第九条第一項の規定により指名された者（以下「審理員」という。）	審査庁
第十三条第一項及び第二項	審理員	審査庁
第二十五条第七項	執行停止の申立てがあったとき、又は審理員から第四	執行停止の申立てがあったとき

	十条に規定する執行停止をすべき旨の意見書が提出されたとき	
第二十八条	審理員	審査庁
第二十九条第一項	審理員は、審査庁から指名されたときは、直ちに	審査庁は、審査請求がされたときは、第二十四条の規定により当該審査請求を却下する場合を除き、速やかに
第二十九条第二項	審理員は	審査庁は、審査庁が処分庁等以外である場合にあっては
	提出を求める	提出を求め、審査庁が処分庁等である場合にあっては、相当の期間内に、弁明書を作成する
第二十九条第五項	審理員は	審査庁は、第二項の規定により
	提出があったとき	提出があったとき、又は弁明書を作成したとき

第三十条第一項及び第二項	審理員	審査庁
第三十条第三項	審理員	審査庁
	参加人及び処分庁等	参加人及び処分庁等（処分庁等が審査庁である場合にあっては、参加人）
	審査請求人及び処分庁等	審査請求人及び処分庁等（処分庁等が審査庁である場合にあっては、審査請求人）
第三十一条第一項	審理員	審査庁
第三十一条第二項	審理員	審査庁
	審理関係人	審理関係人（処分庁等が審査庁である場合にあっては、審査請求人及び参加人。以下この節及び第五十条第一項第三号において同じ。）
第三十一条第三項	審理員	審査庁

から第五項まで、第三十二条第三項、第三十三条から第三十七条まで、第三十八条第一項から第三項まで及び第五項、第三十九条並びに第四十一条第一項及び第二項		
第四十一条第三項	審理員が	審査庁が
	終結した旨並びに次条第一項に規定する審理員意見書及び事件記録（審査請求書、弁明書その他審査請求に係る事件に関する書類その他の物件のうち政令で定める	終結した旨を通知するものとする

	ものをいう。同条第二項及び第四十三条第二項において同じ。）を審査庁に提出する予定時期を通知するものとする。当該予定時期を変更したときも、同様とする	
第四十四条	行政不服審査会等から諮問に対する答申を受けたとき（前条第一項の規定による諮問を要しない場合（同項第二号又は第三号に該当する場合を除く。）にあっては審理員意見書が提出されたとき、同項第二号又は第三号に該当する場合にあっては同項	審理手続を終結したとき

	第二号又は第三号に規定する議を経たとき）	
第五十条第一項第四号	理由（第一号理由の主文が審理員意見書又は行政不服審査会等若しくは審議会等の答申書と異なる内容である場合には、異なることとなった理由を含む。）	理由

別表第二（第六十一条関係）

第九条第四項	前項に規定する場合において、審査庁	処分庁
	（第二項各号（第一項各号に掲げる機関の構成員にあっては、第一号を除く。）に掲げる者以外の者に限る。）に、前項において読み替えて適用する	に、第六十一条において読み替えて準用する
	若しくは第十三条第四項	又は第六十一条において準用する第十三条第四項
	聴かせ、前項において読み替えて適用する第三十四条の規定による参考人の陳述を聴かせ、同項において読み替えて適用する第三十五条第一項の規定による検証をさせ、前項において読み替えて適用する第三十六条の規定による第二十八条に規定する審理関係人に対する質問をさせ、又は同項において読み替えて適用する第三十七条	聴かせる

	第一項若しくは第二項の規定による意見の聴取を行わせる	
第十一条第二項	第九条第一項の規定により指名された者（以下「審理員」という。）	処分庁
第十三条第一項	処分又は不作為に係る処分	処分
	審理員	処分庁
第十三条第二項	審理員	処分庁
第十四条	第十九条に規定する審査請求書	第六十一条において読み替えて準用する第十九条に規定する再調査の請求書
	第二十一条第二項に規定する審査請求録取書	第二十二条第三項に規定する再調査の請求録取書
第十六条	第四条又は他の法律若しくは条例の規定により審査庁となるべき行政庁（以下「審査庁となるべき行政庁」という。）	再調査の請求の対象となるべき処分の権限を有する行政庁
	当該審査庁となるべき行政庁及び関係処分庁（当該審査請求の対象となるべき処分の権限を有する行政庁であって当該審査庁となるべき行政庁以外のものをいう。次条において同じ。）	当該行政庁
第十八条第三項	次条に規定する審査請求書	第六十一条において読み替えて準用する次条に規定する再調査の請求書
	前二項に規定する期間（以下「審査請求期間」という。）	第五十四条に規定する期間
第十九条の見出し及び同条第一項	審査請求書	再調査の請求書
第十九条第二項	処分についての審査請求書	再調査の請求書
	処分（当該処分について再調査の請求についての決定を経たときは、当該決定）	処分
第十九条第四項	審査請求書	再調査の請求書
	第二項各号又は前項各号	第二項各号
第十九条第五項	処分についての審査請求書	再調査の請求書
	審査請求期間	第五十四条に規定する期間
	前条第一項ただし書又は第二項ただし書	同条第一項ただし書又は第二項ただし書
第二十条	前条第二項から第五項まで	第六十一条において読み替えて準用する前条第二項、第四項及び第五項
第二十三条（見出しを含む。）	審査請求書	再調査の請求書

行政法

第二十四条第一項	次節に規定する審理手続を経ないで、第四十五条第一項又は第四十九条第一項	審理手続を経ないで、第五十八条第一項
第二十五条第二項	処分庁の上級行政庁又は処分庁である審査庁	処分庁
第二十五条第四項	前二項	第二項
第二十五条第六項	第二項から第四項まで	第二項及び第四項
第二十五条第七項	執行停止の申立てがあったとき、又は審理員から第四十条に規定する執行停止をすべき旨の意見書が提出されたとき	執行停止の申立てがあったとき
第三十一条第一項	審理員	処分庁
	この条及び第四十一条第二項第二号	この条
第三十一条第二項	審理員	処分庁
	全ての審理関係人	再調査の請求人及び参加人
第三十一条第三項及び第四項	審理員	処分庁
第三十二条第三項	前二項	第一項
	審理員	処分庁
第三十九条	審理員	処分庁
第五十一条第一項	第四十六条第一項及び第四十七条	第五十九条第一項及び第二項
第五十一条第四項	参加人及び処分庁等（審査庁以外の処分庁等に限る。）	参加人
第五十三条	第三十二条第一項又は第二項の規定により提出された証拠書類若しくは証拠物又は書類その他の物件及び第三十三条の規定による提出要求に応じて提出された書類その他の物件	第六十一条において準用する第三十二条第一項の規定により提出された証拠書類又は証拠物

別表第三（第六十六条関係）

第九条第一項	第四条又は他の法律若しくは条例の規定により審査請求がされた行政庁（第十四条の規定により引継ぎを受けた行政庁を含む。以下「審査庁」という。）	第六十三条に規定する再審査庁（以下この章において「再審査庁」という。）
	この節	この節及び第六十三条
	処分庁等（審査庁以外の処分庁等に限る。）	裁決庁等（原裁決をした行政庁（以下この章において「裁決庁」という。）又は処分庁をいう。以下この章において同じ。）
	若しくは条例に基づく処分について条例に特別の定めがある場合又は第二十四条	又は第六十六条第一項において読み替えて準用する第二十四条
第九条第	審査請求に係	原裁決に係る審

行政法

二項第一号	る処分若しくは	査請求に係る処分、
	に関与した者又は審査請求に係る不作為に係る処分に関与し、若しくは関与することとなる者	又は原裁決に関与した者
第九条第四項	前項に規定する場合において、審査庁	第一項各号に掲げる機関である再審査庁（以下「委員会等である再審査庁」という。）
	前項において	第六十六条第一項において
	適用する	準用する
	第十三条第四項	第六十六条第一項において準用する第十三条第四項
	第二十八条	同項において読み替えて準用する第二十八条
第十一条第二項	第九条第一項の規定により指名された者（以下「審理員」という。）	第六十六条第一項において読み替えて準用する第九条第一項の規定により指名された者（以下「審理員」という。）又は委員会等である再審査庁
第十三条第一項	処分又は不作為に係る処分の根拠となる法令に照らし当該処分	原裁決等の根拠となる法令に照らし当該原裁決等
	審理員	審理員又は委員会等である再審査庁
第十三条第二項	審理員	審理員又は委員会等である再審査庁
第十四条	第十九条に規定する審査請求書	第六十六条第一項において読み替えて準用する第十九条に規定する再審査請求書
	第二十一条第二項に規定する審査請求録取書	同項において読み替えて準用する第二十一条第二項に規定する再審査請求録取書
第十五条第一項、第二項及び第六項	審査請求の	原裁決に係る審査請求の
第十六条	第四条又は他の法律若しくは条例	他の法律
	関係処分庁（当該審査請求の対象となるべき処分の権限を有する行政庁であって当該審査庁となるべき行政庁以外のものをいう。次条において同じ。）	当該再審査請求の対象となるべき裁決又は処分の権限を有する行政庁
第十七条	関係処分庁	当該再審査請求の対象となるべき裁決又は処分の権限を有する行政庁
第十八条第三項	次条に規定する審査請求書	第六十六条第一項において読み替えて準用する次条に規定する再審査請求書
	前二項に規定する期間（以	第五十条第三項に規定する再審

	下「審査請求期間」という。）	査請求期間（以下この章において「再審査請求期間」という。）
第十九条の見出し及び同条第一項	審査請求書	再審査請求書
第十九条第二項	処分についての審査請求書	再審査請求書
	処分の内容	原裁決等の内容
	審査請求に係る処分（当該処分について再調査の請求についての決定を経たときは、当該決定）	原裁決
第十九条第四項	処分庁	裁決庁
	審査請求書	再審査請求書
	第二項各号又は前項各号	第二項各号
第十九条第五項	処分についての審査請求書	再審査請求書
	審査請求期間	再審査請求期間
	前条第一項ただし書又は第二項ただし書	第六十二条第一項ただし書又は第二項ただし書
第二十条	前条第二項から第五項まで	第六十六条第一項において読み替えて準用する前条第二項、第四項及び第五項
第二十一条の見出し	処分庁等	処分庁又は裁決庁
第二十一条第一項	審査請求をすべき行政庁が処分庁等と異なる場合における審査請求は、処分庁等	再審査請求は、処分庁又は裁決庁
	処分庁等に	処分庁若しくは裁決庁に
	審査請求書	再審査請求書
	第十九条第二項から第五項まで	第六十六条第一項において読み替えて準用する第十九条第二項、第四項及び第五項
第二十一条第二項	処分庁等	処分庁又は裁決庁
	審査請求書又は審査請求録取書（前条後段	再審査請求書又は再審査請求録取書（第六十六条第一項において準用する前条後段
	第二十九条第一項及び第五十五条	第六十六条第一項において読み替えて準用する第二十九条第一項
第二十一条第三項	審査請求期間	再審査請求期間
	処分庁に	処分庁若しくは裁決庁に
	審査請求書	再審査請求書
	処分についての審査請求	再審査請求
第二十三条（見出しを含む。）	審査請求書	再審査請求書
第二十四条第一項	審理手続を経ないで、第四十五条第一項又は第四十九条第一項	審理手続（第六十三条に規定する手続を含む。）を経ないで、第六十四条第一項
第二十五条第一項	処分	原裁決等
第二十五条第三項	処分庁の上級行政庁又は処分庁のいずれでもない審査	再審査庁

行政法

条項	読み替えられる字句	読み替える字句
	庁	
	処分庁の意見執行停止をすることができる。ただし、処分の効力、処分の執行又は手続の続行の全部又は一部の停止以外の措置をとることはできない	裁決庁等の意見原裁決等の効力、原裁決等の執行又は手続の続行の全部又は一部の停止（以下「執行停止」という。）をすることができる
第二十五条第四項	前二項	前項
	処分	原裁決等
第二十五条第六項	第二項から第四項まで	第三項及び第四項
	処分	原裁決等
第二十五条第七項	第四十条に規定する執行停止をすべき旨の意見書が提出されたとき	第六十六条第一項において準用する第四十条に規定する執行停止をすべき旨の意見書が提出されたとき（再審査庁が委員会等である再審査庁である場合にあっては、執行停止の申立てがあったとき）

条項	読み替えられる字句	読み替える字句
第二十八条	処分庁等	裁決庁等
	審理員	審理員又は委員会等である再審査庁
第二十九条第一項	審理員は	審理員又は委員会等である再審査庁は、審理員にあっては
	審査請求書又は審査請求録取書の写しを処分庁等に送付しなければならない。ただし、処分庁等が審査庁である場合には、この限りでない	委員会等である再審査庁にあっては、再審査請求がされたときは第六十六条第一項において読み替えて準用する第二十四条の規定により当該再審査請求を却下する場合を除き、速やかに、それぞれ、再審査請求書又は再審査請求録取書の写しを裁決庁等に送付しなければならない
第三十条の見出し	反論書等	意見書

条項	読み替えられる字句	読み替える字句
第三十条第二項	審理員	審理員又は委員会等である再審査庁
第三十条第三項	審理員は、審査請求人から	審理員又は委員会等である再審査庁は
	反論書の提出があったときはこれを参加人及び処分庁等に	
	これを審査請求人及び処分庁等に、それぞれ	、これを再審査請求人及び裁決庁等に
第三十一条第一項から第四項まで	審理員	審理員又は委員会等である再審査庁
第三十一条第五項	審理員	審理員又は委員会等である再審査庁
	処分庁等	裁決庁等
第三十二条第二項	処分庁等は、当該処分	裁決庁等は、当該原裁決等
第三十二条第三項及び第三十三条から第三十	審理員	審理員又は委員会等である再審査庁

七条まで		
第三十八条第一項	審理員	審理員又は委員会等である再審査庁
	第二十九条第四項各号に掲げる書面又は第三十二条第一項若しくは第二項若しくは	第六十六条第一項において準用する第三十二条第一項若しくは第二項又は
第三十八条第二項、第三項及び第五項、第三十九条並びに第四十一条第一項	審理員	審理員又は委員会等である再審査庁
第四十一条第二項	審理員	審理員又は委員会等である再審査庁
	イからホまで	ハからホまで
第四十一条第三項	審理員が	審理員又は委員会等である再審査庁が
	審理手続を終結した旨並びに次条第一項	審理員にあっては審理手続を終結した旨並びに第六十六条第一項において準用する次条第一項
	審査請求書、弁明書	再審査請求書、原裁決に係る裁決書
	同条第二項及び第四十三条第二項	第六十六条第一項において準用する次条第二項
	を通知する	を、委員会等である再審査庁にあっては審理手続を終結した旨を、それぞれ通知する
	当該予定時期	審理員が当該予定時期
第四十四条	行政不服審査会等から諮問に対する答申を受けたとき（前条第一項の規定による諮問を要しない場合（同項第二号又は第三号に該当する場合を除く。）にあっては審理員意見書が提出されたとき、同項第二号又は第三号に該当する場合にあっては同項第二号又は第三号に規定する議を経たとき）	審理員意見書が提出されたとき（委員会等である再審査庁にあっては、審理手続を終結したとき）
第五十条第一項第四号	第一号の主文が審理員意見書又は行政不服審査会等若しくは審議会等の答申書と異なる内容である場合には	再審査庁が委員会等である再審査庁以外の行政庁である場合において、第一号の主文が審理員意見書と異なる内容であるときは
第五十条第二項	第四十三条第一項の規定による行政不服審査会等への諮問を要しない場合	再審査庁が委員会等である再審査庁以外の行政庁である場合
第五十一条第一項	処分	原裁決等
	第四十六条第一項及び第四十七条	第六十五条
第五十一	及び処分庁等	並びに処分庁及

行政法

条第四項	（審査庁以外の処分庁等に限る。）	び裁決庁（処分庁以外の裁決庁に限る。）
第五十二条第二項	申請を	申請若しくは審査請求を
	棄却した処分	棄却した原裁決等
	処分庁	裁決庁等
	申請に対する処分	申請に対する処分又は審査請求に対する裁決
第五十二条第三項	処分が	原裁決等が
	処分庁	裁決庁等
第五十二条第四項	処分の	原裁決等の
	処分が	原裁決等が
	処分庁	裁決庁等

・刑法等の一部を改正する法律の施行に伴う関係法律の整理等に関する法律（令和四・六・一七法律六八）

附則　抄

（施行期日）

1　この法律は、刑法等一部改正法施行日から施行する。〈略〉

・デジタル社会の形成を図るための規制改革を推進するためのデジタル社会形成基本法等の一部を改正する法律（令和五・六・一六法律六三）

附則　抄

（施行期日）

第一条　この法律は、公布の日から起算して一年を超えない範囲内において政令で定める日から施行する。ただし、次の各号に掲げる規定は、当該各号に定める日から施行する。

二　〈略〉公布の日から起算して三年を超えない範囲内において政令で定める日

行政事件訴訟法

（昭和三七・五・一六 法律一三九）

最新改正　令和五法律四七

第一章　総則

（この法律の趣旨）

第一条　行政事件訴訟については、他の法律に特別の定めがある場合を除くほか、この法律の定めるところによる。

（行政事件訴訟）

第二条　この法律において「行政事件訴訟」とは、抗告訴訟、当事者訴訟、民衆訴訟及び機関訴訟をいう。

（抗告訴訟）

第三条　この法律において「抗告訴訟」とは、行政庁の公権力の行使に関する不服の訴訟をいう。

2　この法律において「処分の取消しの訴え」とは、行政庁の処分その他公権力の行使に当たる行為（次項に規定する裁決、決定その他の行為を除く。以下単に「処分」という。）の取消しを求める訴訟をいう。

3　この法律において「裁決の取消しの訴え」とは、審査請求その他の不服申立て（以下単に「審査請求」という。）に対する行政庁の裁決、決定その他の行為（以下単に「裁決」という。）の取消しを求める訴訟をいう。

4　この法律において「無効等確認の訴え」とは、処分若しくは裁決の存否又はその効力の有無の確認を求める訴訟をいう。

5　この法律において「不作為の違法確認の訴え」とは、行政庁が法令に基づく申請に対し、相当の期間内に何らかの処分又は裁決をすべきであるにかかわらず、これをしないことについての違法の確認を求める訴訟をいう。

6　この法律において「義務付けの訴え」とは、次に掲げる場合において、行政庁がその処分又は裁決をすべき旨を命ずることを求める訴訟をいう。

一　行政庁が一定の処分をすべきであるにかかわらずこれがされないとき（次号に掲げる場合を除く。）。

二　行政庁に対し一定の処分又は裁決を求める旨の法令に基づく申請又は審査請求がされた場合において、当該行政庁がその処分又は裁決をすべきであるにかかわらずこれがされないとき。

7　この法律において「差止めの訴え」とは、行政庁が一定の処分又は裁決をすべきでないにかかわらずこれがされようとしている場合において、行政庁がその処分又は裁決をしてはならない旨を命ずることを求める訴訟をいう。

（**当事者訴訟**）

第四条　この法律において「当事者訴訟」とは、当事者間の法律関係を確認し又は形成する処分又は裁決に関する訴訟で法令の規定によりその法律関係の当事者の一方を被告とするもの及び公法上の法律関係に関する確認の訴えその他の公法上の法律関係に関する訴訟をいう。

（**民衆訴訟**）

第五条　この法律において「民衆訴訟」とは、国又は公共団体の機関の法規に適合しない行為の是正を求める訴訟で、選挙人たる資格その他自己の法律上の利益にかかわらない資格で提起するものをいう。

（**機関訴訟**）

第六条　この法律において「機関訴訟」とは、国又は公共団体の機関相互間における権限の存否又はその行使に関する紛争についての訴訟をいう。

（**この法律に定めがない事項**）

第七条　行政事件訴訟に関し、この法律に定めがない事項については、民事訴訟の例による。

第二章　抗告訴訟

第一節　取消訴訟

（**処分の取消しの訴えと審査請求との関係**）

第八条　処分の取消しの訴えは、当該処分につき法令の規定により審査請求をすることができる場合においても、直ちに提起することを妨げない。ただし、法律に当該処分についての審査請求に対する裁決を経た後でなければ処分の取消しの訴えを提起することができない旨の定めがあるときは、この限りでない。

2　前項ただし書の場合においても、次の各号の一に該当するときは、裁決を経ないで、処分の取消しの訴えを提起することができる。

一　審査請求があつた日から三箇月を経過しても裁決がないとき。

二　処分、処分の執行又は手続の続行により生ずる著しい損害を避けるため緊急の必要があるとき。

三　その他裁決を経ないことにつき正当な理由があるとき。

3　第一項本文の場合において、当該処分につき審査請求がされているときは、裁判所は、その審査請求に対する裁決があるまで（審査請求があつた日から三箇月を経過しても裁決がないときは、その期間を経過するまで）、訴訟手続を中止することができる。

（**原告適格**）

第九条　処分の取消しの訴え及び裁決の取消しの訴え（以下「取消訴訟」という。）は、当該処分又は裁決の取消しを求めるにつき法律上の利益を有する者（処分又は裁決の効果が期間の経過その他の理由によりなくなつた後においてもなお処分又は裁決の取消しによつて回復すべき法律上の利益を有する者を含む。）に限り、提起することができる。

2　裁判所は、処分又は裁決の相手方以外の者について前項に規定する法律上の利益の有無を判断するに当たつては、当該処分又は裁決の根拠となる法令の規定の文言のみによることなく、当該法令の趣旨及び目的並びに当該処分において考慮されるべき利益の内容及び性質を考慮するものとする。この場合において、当該法令の趣旨及び目的を考慮するに当たつては、当該法令と目的を共通にする関係法令があるときはその趣旨及び目的をも参酌するものとし、当該利益の内容及び性質を考慮するに当たつては、当該処分又は裁決がその根拠となる法令に違反してされた場合に害されることとなる利益の内容及び性質並びにこれが害される態様及び程度をも勘案するものとする。

（**取消しの理由の制限**）

第十条　取消訴訟においては、自己の法律上の利益に関係のない違法を理由として取消しを求めることができない。

2　処分の取消しの訴えとその処分についての審査請求を棄却した裁決の取消しの訴えとを提起することができる場合には、裁決の取消しの訴えにおいては、処分の違法を理由として取消しを求めることができない。

（**被告適格等**）

第十一条　処分又は裁決をした行政庁（処分又は裁決があつた後に当該行政庁の権限が他の行政庁に承継されたときは、当該他の行政庁。以下同じ。）が国又は公共団体に所属する場合には、取消訴訟は、次の各号に掲げる訴えの区分に応じてそれぞれ当該各号に定める者を被告として提起しなければならない。

一　処分の取消しの訴え　当該処分をした行政庁の所属する国又は公共団体

二　裁決の取消しの訴え　当該裁決をした行政庁の所属する国又は公共団体

2　処分又は裁決をした行政庁が国又は公共団体に所属しない場合には、取消訴訟は、当該行政庁を被告として提起しなければならない。

3　前二項の規定により被告とすべき国若しくは公共団体又は行政庁がない場合には、取消訴訟は、当該処分又は裁決に係る事務の帰属する国又は公共団体を被告として提起しなければならない。

4　第一項又は前項の規定により国又は公共団体を被告として取消訴訟を提起する場合には、訴状には、民事訴訟の例により記載すべき事項のほか、次の各号に掲げる訴えの区分に応じてそれぞれ当該各号に定める行政庁を記載するものとする。

一　処分の取消しの訴え　当該処分をした行政庁

二　裁決の取消しの訴え　当該裁決をした行政庁

5　第一項又は第三項の規定により国又は公共団体を被告として取消訴訟が提起された場合には、被告は、遅滞なく、裁判所に対し、前項各号に掲げる訴えの区分に応じてそれぞれ当該各号に定める行政庁を明らかにしなければならない。

6　処分又は裁決をした行政庁は、当該処分又は裁決に係る第一項の規定による国又は公共団体を被告とする訴訟について、裁判上の一切の行為をする権限を有する。

（**管轄**）

第十二条　取消訴訟は、被告の普通裁判籍の所在地を管轄する裁判所又は処分若しくは裁決をした行政庁の所在地を管轄する裁判所の管轄に属する。

2　土地の収用、鉱業権の設定その他不動産又は特定の場所に係る処分又は裁決についての取消訴訟は、その不動産又は場所の所在地の裁判所にも、提起することができる。

3　取消訴訟は、当該処分又は裁決に関し事案の処理に当たつた下級行政機関の所在地の裁判所にも、提起することができる。

4　国又は独立行政法人通則法（平成十一年法律第百三号）第二条第一項に規定する独立行政法人若しくは別表に掲げる法人を被告とする取消訴訟は、原告の普通裁判籍の所在地を管轄する高等裁判所の所在地を管轄する地方裁判所（次項において「特定管轄裁判所」という。）にも、提起することができる。

5　前項の規定により特定管轄裁判所に同項の取消訴訟が提起された場合であつて、他の裁判所に事実上及び法律上同一の原因に基づいてされた処分又は裁決に係る抗告訴訟が係属している場合においては、当該特定管轄裁判所は、当事者の住所又は所在地、尋問を受けるべき証人の住所、争点又は証拠の共通性その他の事情を考慮して、相当と認めるときは、申立てにより又は職権で、訴訟の全部又は一部について、当該他の裁判所又は第一項から第三項までに定める裁判所に移送することができる。

（**関連請求に係る訴訟の移送**）

第十三条　取消訴訟と次の各号の一に該当する請求（以下「関連請求」という。）に係る訴訟とが各別の裁判所に係属する場合において、相当と認めるときは、関連請求に係る訴訟の係属する裁判所は、申立てにより又は職権で、その訴訟を取消訴訟の係属する裁判所に移送することができる。ただし、取消訴訟又は関連請求に係る訴訟の係属する裁判所が高等裁判所であるときは、この限りでない。

一　当該処分又は裁決に関連する原状回復又は損害賠償の請求

二　当該処分とともに一個の手続を構成する他の処分の取消しの請求

三　当該処分に係る裁決の取消しの請求

四　当該裁決に係る処分の取消しの請求

五　当該処分又は裁決の取消しを求める他の請求

六　その他当該処分又は裁決の取消しの請求

と関連する請求

（**出訴期間**）

第十四条　取消訴訟は、処分又は裁決があつたことを知つた日から六箇月を経過したときは、提起することができない。ただし、正当な理由があるときは、この限りでない。

2　取消訴訟は、処分又は裁決の日から一年を経過したときは、提起することができない。ただし、正当な理由があるときは、この限りでない。

3　処分又は裁決につき審査請求をすることができる場合又は行政庁が誤つて審査請求をすることができる旨を教示した場合において、審査請求があつたときは、処分又は裁決に係る取消訴訟は、その審査請求をした者については、前二項の規定にかかわらず、これに対する裁決があつたことを知つた日から六箇月を経過したとき又は当該裁決の日から一年を経過したときは、提起することができない。ただし、正当な理由があるときは、この限りでない。

（**被告を誤つた訴えの救済**）

第十五条　取消訴訟において、原告が故意又は重大な過失によらないで被告とすべき者を誤つたときは、裁判所は、原告の申立てにより、決定をもつて、被告を変更することを許すことができる。

2　前項の決定は、書面でするものとし、その正本を新たな被告に送達しなければならない。

3　第一項の決定があつたときは、出訴期間の遵守については、新たな被告に対する訴えは、最初に訴えを提起した時に提起されたものとみなす。

4　第一項の決定があつたときは、従前の被告に対しては、訴えの取下げがあつたものとみなす。

5　第一項の決定に対しては、不服を申し立てることができない。

6　第一項の申立てを却下する決定に対しては、即時抗告をすることができる。

7　上訴審において第一項の決定をしたときは、裁判所は、その訴訟を管轄裁判所に移送しなければならない。

（**請求の客観的併合**）

第十六条　取消訴訟には、関連請求に係る訴えを併合することができる。

2　前項の規定により訴えを併合する場合において、取消訴訟の第一審裁判所が高等裁判所であるときは、関連請求に係る訴えの被告の同意を得なければならない。被告が異議を述べないで、本案について弁論をし、又は弁論準備手続において申述をしたときは、同意したものとみなす。

（**共同訴訟**）

第十七条　数人は、その数人の請求又はその数人に対する請求が処分又は裁決の取消しの請求と関連請求とである場合に限り、共同訴訟人として訴え、又は訴えられることができる。

2　前項の場合には、前条第二項の規定を準用する。

（**第三者による請求の追加的併合**）

第十八条　第三者は、取消訴訟の口頭弁論の終結に至るまで、その訴訟の当事者の一方を被告として、関連請求に係る訴えをこれに併合して提起することができる。この場合において、当該取消訴訟が高等裁判所に係属しているときは、第十六条第二項の規定を準用する。

（**原告による請求の追加的併合**）

第十九条　原告は、取消訴訟の口頭弁論の終結に至るまで、関連請求に係る訴えをこれに併合して提起することができる。この場合において、当該取消訴訟が高等裁判所に係属しているときは、第十六条第二項の規定を準用する。

2　前項の規定は、取消訴訟について民事訴訟法（平成八年法律第百九号）第百四十三条の規定の例によることを妨げない。

第二十条　前条第一項前段の規定により、処分の取消しの訴えをその処分についての審査請求を棄却した裁決の取消しの訴えに併合して提起する場合には、同項後段において準用する第十六条第二項の規定にかかわらず、処分の取消しの訴えの被告の同意を得ることを要せず、また、その提起があつたときは、出訴期間の遵守については、処分の取消しの訴えは、裁決の取消しの訴えを提起した時に提起されたものとみなす。

（**国又は公共団体に対する請求への訴えの変更**）

第二十一条　裁判所は、取消訴訟の目的たる請求を当該処分又は裁決に係る事務の帰属する国又は公共団体に対する損害賠償その他の請求に変更することが相当であると認めるときは、請求の基礎に変更がない限り、口頭弁論の終結に至るまで、原告の申立てにより、決定をもつて、訴えの変更を許すことができる。

2　前項の決定には、第十五条第二項の規定を準用する。

3　裁判所は、第一項の規定により訴えの変更を許す決定をするには、あらかじめ、当事者及び損害賠償その他の請求に係る訴えの被告の意見をきかなければならない。
4　訴えの変更を許す決定に対しては、即時抗告をすることができる。
5　訴えの変更を許さない決定に対しては、不服を申し立てることができない。

（第三者の訴訟参加）
第二十二条　裁判所は、訴訟の結果により権利を害される第三者があるときは、当事者若しくはその第三者の申立てにより又は職権で、決定をもつて、その第三者を訴訟に参加させることができる。
2　裁判所は、前項の決定をするには、あらかじめ、当事者及び第三者の意見をきかなければならない。
3　第一項の申立てをした第三者は、その申立てを却下する決定に対して即時抗告をすることができる。
4　第一項の規定により訴訟に参加した第三者については、民事訴訟法第四十条第一項から第三項までの規定を準用する。
5　第一項の規定により第三者が参加の申立てをした場合には、民事訴訟法第四十五条第三項及び第四項の規定を準用する。

（行政庁の訴訟参加）
第二十三条　裁判所は、処分又は裁決をした行政庁以外の行政庁を訴訟に参加させることが必要であると認めるときは、当事者若しくはその行政庁の申立てにより又は職権で、決定をもつて、その行政庁を訴訟に参加させることができる。
2　裁判所は、前項の決定をするには、あらかじめ、当事者及び当該行政庁の意見をきかなければならない。
3　第一項の規定により訴訟に参加した行政庁については、民事訴訟法第四十五条第一項及び第二項の規定を準用する。

（釈明処分の特則）
第二十三条の二　裁判所は、訴訟関係を明瞭にするため、必要があると認めるときは、次に掲げる処分をすることができる。
一　被告である国若しくは公共団体に所属する行政庁又は被告である行政庁に対し、処分又は裁決の内容、処分又は裁決の根拠となる法令の条項、処分又は裁決の原因となる事実その他処分又は裁決の理由を明らかにする資料（次項に規定する審査請求に係る事件の記録を除く。）であつて当該行政庁が保有するものの全部又は一部の提出を求めること。
二　前号に規定する行政庁以外の行政庁に対し、同号に規定する資料であつて当該行政庁が保有するものの全部又は一部の送付を嘱託すること。
2　裁判所は、処分についての審査請求に対する裁決を経た後に取消訴訟の提起があつたときは、次に掲げる処分をすることができる。
一　被告である国若しくは公共団体に所属する行政庁又は被告である行政庁に対し、当該審査請求に係る事件の記録であつて当該行政庁が保有するものの全部又は一部の提出を求めること。
二　前号に規定する行政庁以外の行政庁に対し、同号に規定する事件の記録であつて当該行政庁が保有するものの全部又は一部の送付を嘱託すること。

（職権証拠調べ）
第二十四条　裁判所は、必要があると認めるときは、職権で、証拠調べをすることができる。ただし、その証拠調べの結果について、当事者の意見をきかなければならない。

（執行停止）
第二十五条　処分の取消しの訴えの提起は、処分の効力、処分の執行又は手続の続行を妨げない。
2　処分の取消しの訴えの提起があつた場合において、処分、処分の執行又は手続の続行により生ずる重大な損害を避けるため緊急の必要があるときは、裁判所は、申立てにより、決定をもつて、処分の効力、処分の執行又は手続の続行の全部又は一部の停止（以下「執行停止」という。）をすることができる。ただし、処分の効力の停止は、処分の執行又は手続の続行の停止によつて目的を達することができる場合には、することができない。
3　裁判所は、前項に規定する重大な損害を生ずるか否かを判断するに当たつては、損害の回復の困難の程度を考慮するものとし、損害の性質及び程度並びに処分の内容及び性質をも勘案するものとする。
4　執行停止は、公共の福祉に重大な影響を及ぼすおそれがあるとき、又は本案について理由がないとみえるときは、することができない。
5　第二項の決定は、疎明に基づいてする。
6　第二項の決定は、口頭弁論を経ないですることができる。ただし、あらかじめ、当事者の意見をきかなければならない。
7　第二項の申立てに対する決定に対しては、

行政法

即時抗告をすることができる。

8　第二項の決定に対する即時抗告は、その決定の執行を停止する効力を有しない。

（事情変更による執行停止の取消し）

第二十六条　執行停止の決定が確定した後に、その理由が消滅し、その他事情が変更したときは、裁判所は、相手方の申立てにより、決定をもつて、執行停止の決定を取り消すことができる。

2　前項の申立てに対する決定及びこれに対する不服については、前条第五項から第八項までの規定を準用する。

（内閣総理大臣の異議）

第二十七条　第二十五条第二項の申立てがあつた場合には、内閣総理大臣は、裁判所に対し、異議を述べることができる。執行停止の決定があつた後においても、同様とする。

2　前項の異議には、理由を附さなければならない。

3　前項の異議の理由においては、内閣総理大臣は、処分の効力を存続し、処分を執行し、又は手続を続行しなければ、公共の福祉に重大な影響を及ぼすおそれのある事情を示すものとする。

4　第一項の異議があつたときは、裁判所は、執行停止をすることができず、また、すでに執行停止の決定をしているときは、これを取り消さなければならない。

5　第一項後段の異議は、執行停止の決定をした裁判所に対して述べなければならない。ただし、その決定に対する抗告が抗告裁判所に係属しているときは、抗告裁判所に対して述べなければならない。

6　内閣総理大臣は、やむをえない場合でなければ、第一項の異議を述べてはならず、また、異議を述べたときは、次の常会において国会にこれを報告しなければならない。

（執行停止等の管轄裁判所）

第二十八条　執行停止又はその決定の取消しの申立ての管轄裁判所は、本案の係属する裁判所とする。

（執行停止に関する規定の準用）

第二十九条　前四条の規定は、裁決の取消しの訴えの提起があつた場合における執行停止に関する事項について準用する。

（裁量処分の取消し）

第三十条　行政庁の裁量処分については、裁量権の範囲をこえ又はその濫用があつた場合に限り、裁判所は、その処分を取り消すことができる。

（特別の事情による請求の棄却）

第三十一条　取消訴訟については、処分又は裁決が違法ではあるが、これを取り消すことにより公の利益に著しい障害を生ずる場合において、原告の受ける損害の程度、その損害の賠償又は防止の程度及び方法その他一切の事情を考慮したうえ、処分又は裁決を取り消すことが公共の福祉に適合しないと認めるときは、裁判所は、請求を棄却することができる。この場合には、当該判決の主文において、処分又は裁決が違法であることを宣言しなければならない。

2　裁判所は、相当と認めるときは、終局判決前に、判決をもつて、処分又は裁決が違法であることを宣言することができる。

3　終局判決に事実及び理由を記載するには、前項の判決を引用することができる。

（取消判決等の効力）

第三十二条　処分又は裁決を取り消す判決は、第三者に対しても効力を有する。

2　前項の規定は、執行停止の決定又はこれを取り消す決定に準用する。

第三十三条　処分又は裁決を取り消す判決は、その事件について、処分又は裁決をした行政庁その他の関係行政庁を拘束する。

2　申請を却下し若しくは棄却した処分又は審査請求を却下し若しくは棄却した裁決が判決により取り消されたときは、その処分又は裁決をした行政庁は、判決の趣旨に従い、改めて申請に対する処分又は審査請求に対する裁決をしなければならない。

3　前項の規定は、申請に基づいてした処分又は審査請求を認容した裁決が判決により手続に違法があることを理由として取り消された場合に準用する。

4　第一項の規定は、執行停止の決定に準用する。

（第三者の再審の訴え）

第三十四条　処分又は裁決を取り消す判決により権利を害された第三者で、自己の責めに帰することができない理由により訴訟に参加することができなかつたため判決に影響を及ぼすべき攻撃又は防御の方法を提出することができなかつたものは、これを理由として、確定の終局判決に対し、再審の訴えをもつて、不服の申立てをすることができる。

2　前項の訴えは、確定判決を知つた日から三十日以内に提起しなければならない。

3　前項の期間は、不変期間とする。

行政法

4　第一項の訴えは、判決が確定した日から一年を経過したときは、提起することができない。

（**訴訟費用の裁判の効力**）

第三十五条　国又は公共団体に所属する行政庁が当事者又は参加人である訴訟における確定した訴訟費用の裁判は、当該行政庁が所属する国又は公共団体に対し、又はそれらの者のために、効力を有する。

第二節　その他の抗告訴訟

（**無効等確認の訴えの原告適格**）

第三十六条　無効等確認の訴えは、当該処分又は裁決に続く処分により損害を受けるおそれのある者その他当該処分又は裁決の無効等の確認を求めるにつき法律上の利益を有する者で、当該処分若しくは裁決の存否又はその効力の有無を前提とする現在の法律関係に関する訴えによつて目的を達することができないものに限り、提起することができる。

（**不作為の違法確認の訴えの原告適格**）

第三十七条　不作為の違法確認の訴えは、処分又は裁決についての申請をした者に限り、提起することができる。

（**義務付けの訴えの要件等**）

第三十七条の二　第三条第六項第一号に掲げる場合において、義務付けの訴えは、一定の処分がされないことにより重大な損害を生ずるおそれがあり、かつ、その損害を避けるため他に適当な方法がないときに限り、提起することができる。

2　裁判所は、前項に規定する重大な損害を生ずるか否かを判断するに当たつては、損害の回復の困難の程度を考慮するものとし、損害の性質及び程度並びに処分の内容及び性質をも勘案するものとする。

3　第一項の義務付けの訴えは、行政庁が一定の処分をすべき旨を命ずることを求めるにつき法律上の利益を有する者に限り、提起することができる。

4　前項に規定する法律上の利益の有無の判断については、第九条第二項の規定を準用する。

5　義務付けの訴えが第一項及び第三項に規定する要件に該当する場合において、その義務付けの訴えに係る処分につき、行政庁がその処分をすべきであることがその処分の根拠となる法令の規定から明らかであると認められ又は行政庁がその処分をしないことがその裁量権の範囲を超え若しくはその濫用となると認められるときは、裁判所は、行政庁がその処分をすべき旨を命ずる判決をする。

第三十七条の三　第三条第六項第二号に掲げる場合において、義務付けの訴えは、次の各号に掲げる要件のいずれかに該当するときに限り、提起することができる。

一　当該法令に基づく申請又は審査請求に対し相当の期間内に何らの処分又は裁決がされないこと。

二　当該法令に基づく申請又は審査請求を却下し又は棄却する旨の処分又は裁決がされた場合において、当該処分又は裁決が取り消されるべきものであり、又は無効若しくは不存在であること。

2　前項の義務付けの訴えは、同項各号に規定する法令に基づく申請又は審査請求をした者に限り、提起することができる。

3　第一項の義務付けの訴えを提起するときは、次の各号に定める訴えをその義務付けの訴えに併合して提起しなければならない。この場合において、当該各号に定める訴えに係る訴訟の管轄について他の法律に特別の定めがあるときは、当該義務付けの訴えに係る訴訟の管轄は、第三十八条第一項において準用する第十二条の規定にかかわらず、その定めに従う。

一　第一項第一号に掲げる要件に該当する場合　同号に規定する処分又は裁決に係る不作為の違法確認の訴え

二　第一項第二号に掲げる要件に該当する場合　同号に規定する処分又は裁決に係る取消訴訟又は無効等確認の訴え

4　前項の規定により併合して提起された義務付けの訴え及び同項各号に定める訴えに係る弁論及び裁判は、分離しないでしなければならない。

5　義務付けの訴えが第一項から第三項までに規定する要件に該当する場合において、同項各号に定める訴えに係る請求に理由があると認められ、かつ、その義務付けの訴えに係る処分又は裁決につき、行政庁がその処分若しくは裁決をすべきであることがその処分若しくは裁決の根拠となる法令の規定から明らかであると認められ又は行政庁がその処分若しくは裁決をしないことがその裁量権の範囲を超え若しくはその濫用となると認められるときは、裁判所は、その義務付けの訴えに係る処分又は裁決をすべき旨を命ずる判決をする。

6　第四項の規定にかかわらず、裁判所は、審理の状況その他の事情を考慮して、第三項各号に定める訴えについてのみ終局判決をすることがより迅速な争訟の解決に資すると認めるときは、当該訴えについてのみ終局判決をすることができる。この場合において、裁判所は、当該訴えについてのみ終局判決をしたときは、当事者の意見を聴いて、当該訴えに係る訴訟手続が完結するまでの間、義務付けの訴えに係る訴訟手続を中止することができる。

7 第一項の義務付けの訴えのうち、行政庁が一定の裁決をすべき旨を命ずることを求めるものは、処分についての審査請求がされた場合において、当該処分に係る処分の取消しの訴え又は無効等確認の訴えを提起することができないときに限り、提起することができる。

（差止めの訴えの要件）

第三十七条の四 差止めの訴えは、一定の処分又は裁決がされることにより重大な損害を生ずるおそれがある場合に限り、提起することができる。ただし、その損害を避けるため他に適当な方法があるときは、この限りでない。

2 裁判所は、前項に規定する重大な損害を生ずるか否かを判断するに当たつては、損害の回復の困難の程度を考慮するものとし、損害の性質及び程度並びに処分又は裁決の内容及び性質をも勘案するものとする。

3 差止めの訴えは、行政庁が一定の処分又は裁決をしてはならない旨を命ずることを求めるにつき法律上の利益を有する者に限り、提起することができる。

4 前項に規定する法律上の利益の有無の判断については、第九条第二項の規定を準用する。

5 差止めの訴えが第一項及び第三項に規定する要件に該当する場合において、その差止めの訴えに係る処分又は裁決につき、行政庁がその処分若しくは裁決をすべきでないことがその処分若しくは裁決の根拠となる法令の規定から明らかであると認められ又は行政庁がその処分若しくは裁決をすることがその裁量権の範囲を超え若しくはその濫用となると認められるときは、裁判所は、行政庁がその処分又は裁決をしてはならない旨を命ずる判決をする。

（仮の義務付け及び仮の差止め）

第三十七条の五 義務付けの訴えの提起があつた場合において、その義務付けの訴えに係る処分又は裁決がされないことにより生ずる償うことのできない損害を避けるため緊急の必要があり、かつ、本案について理由があるとみえるときは、裁判所は、申立てにより、決定をもつて、仮に行政庁がその処分又は裁決をすべき旨を命ずること（以下この条において「仮の義務付け」という。）ができる。

2 差止めの訴えの提起があつた場合において、その差止めの訴えに係る処分又は裁決がされることにより生ずる償うことのできない損害を避けるため緊急の必要があり、かつ、本案について理由があるとみえるときは、裁判所は、申立てにより、決定をもつて、仮に行政庁がその処分又は裁決をしてはならない旨を命ずること（以下この条において「仮の差止め」という。）ができる。

3 仮の義務付け又は仮の差止めは、公共の福祉に重大な影響を及ぼすおそれがあるときは、することができない。

4 第二十五条第五項から第八項まで、第二十六条から第二十八条まで及び第三十三条第一項の規定は、仮の義務付け又は仮の差止めに関する事項について準用する。

5 前項において準用する第二十五条第七項の即時抗告についての裁判又は前項において準用する第二十六条第一項の決定により仮の義務付けの決定が取り消されたときは、当該行政庁は、当該仮の義務付けの決定に基づいてした処分又は裁決を取り消さなければならない。

（取消訴訟に関する規定の準用）

第三十八条 第十一条から第十三条まで、第十六条から第十九条まで、第二十一条から第二十三条まで、第二十四条、第三十三条及び第三十五条の規定は、取消訴訟以外の抗告訴訟について準用する。

2 第十条第二項の規定は、処分の無効等確認の訴えとその処分についての審査請求を棄却した裁決に係る抗告訴訟とを提起することができる場合に、第二十条の規定は、処分の無効等確認の訴えをその処分についての審査請求を棄却した裁決に係る抗告訴訟に併合して提起する場合に準用する。

3 第二十三条の二、第二十五条から第二十九条まで及び第三十二条第二項の規定は、無効等確認の訴えについて準用する。

4 第八条及び第十条第二項の規定は、不作為の違法確認の訴えに準用する。

第三章　当事者訴訟

（出訴の通知）

第三十九条 当事者間の法律関係を確認し又は

行政法

形成する処分又は裁決に関する訴訟で、法令の規定によりその法律関係の当事者の一方を被告とするものが提起されたときは、裁判所は、当該処分又は裁決をした行政庁にその旨を通知するものとする。

（出訴期間の定めがある当事者訴訟）

第四十条　法令に出訴期間の定めがある当事者訴訟は、その法令に別段の定めがある場合を除き、正当な理由があるときは、その期間を経過した後であつても、これを提起することができる。

2　第十五条の規定は、法令に出訴期間の定めがある当事者訴訟について準用する。

（抗告訴訟に関する規定の準用）

第四十一条　第二十三条、第二十四条、第三十三条第一項及び第三十五条の規定は当事者訴訟について、第二十三条の二の規定は当事者訴訟における処分又は裁決の理由を明らかにする資料の提出について準用する。

2　第十三条の規定は、当事者訴訟とその目的たる請求と関連請求の関係にある請求に係る訴訟とが各別の裁判所に係属する場合における移送に、第十六条から第十九条までの規定は、これらの訴えの併合について準用する。

第四章　民衆訴訟及び機関訴訟

（訴えの提起）

第四十二条　民衆訴訟及び機関訴訟は、法律に定める場合において、法律に定める者に限り、提起することができる。

（抗告訴訟又は当事者訴訟に関する規定の準用）

第四十三条　民衆訴訟又は機関訴訟で、処分又は裁決の取消しを求めるものについては、第九条及び第十条第一項の規定を除き、取消訴訟に関する規定を準用する。

2　民衆訴訟又は機関訴訟で、処分又は裁決の無効の確認を求めるものについては、第三十六条の規定を除き、無効等確認の訴えに関する規定を準用する。

3　民衆訴訟又は機関訴訟で、前二項に規定する訴訟以外のものについては、第三十九条及び第四十条第一項の規定を除き、当事者訴訟に関する規定を準用する。

第五章　補則

（仮処分の排除）

第四十四条　行政庁の処分その他公権力の行使に当たる行為については、民事保全法（平成元年法律第九十一号）に規定する仮処分をすることができない。

（処分の効力等を争点とする訴訟）

第四十五条　私法上の法律関係に関する訴訟において、処分若しくは裁決の存否又はその効力の有無が争われている場合には、第二十三条第一項及び第二項並びに第三十九条の規定を準用する。

2　前項の規定により行政庁が訴訟に参加した場合には、民事訴訟法第四十五条第一項及び第二項の規定を準用する。ただし、攻撃又は防御の方法は、当該処分若しくは裁決の存否又はその効力の有無に関するものに限り、提出することができる。

3　第一項の規定により行政庁が訴訟に参加した後において、処分若しくは裁決の存否又はその効力の有無に関する争いがなくなつたときは、裁判所は、参加の決定を取り消すことができる。

4　第一項の場合には、当該争点について第二十三条の二及び第二十四条の規定を、訴訟費用の裁判について第三十五条の規定を準用する。

（取消訴訟等の提起に関する事項の教示）

第四十六条　行政庁は、取消訴訟を提起することができる処分又は裁決をする場合には、当該処分又は裁決の相手方に対し、次に掲げる事項を書面で教示しなければならない。ただし、当該処分を口頭でする場合は、この限りでない。

一　当該処分又は裁決に係る取消訴訟の被告とすべき者

二　当該処分又は裁決に係る取消訴訟の出訴期間

三　法律に当該処分についての審査請求に対する裁決を経た後でなければ処分の取消しの訴えを提起することができない旨の定めがあるときは、その旨

2　行政庁は、法律に処分についての審査請求に対する裁決に対してのみ取消訴訟を提起することができる旨の定めがある場合において、当該処分をするときは、当該処分の相手方に対し、法律にその定めがある旨を書面で教示しなければならない。ただし、当該処分を口頭でする場合は、この限りでない。

3　行政庁は、当事者間の法律関係を確認し又は形成する処分又は裁決に関する訴訟で法令の規定によりその法律関係の当事者の一方を被告とするものを提起することができる処分又は裁決をする場合には、当該処分又は裁決

の相手方に対し、次に掲げる事項を書面で教示しなければならない。ただし、当該処分を口頭でする場合は、この限りでない。

一　当該訴訟の被告とすべき者

二　当該訴訟の出訴期間

別表（第十二条関係）

名　称	根　拠　法
沖縄科学技術大学院大学学園	沖縄科学技術大学院大学学園法（平成二十一年法律第七十六号）
沖縄振興開発金融公庫	沖縄振興開発金融公庫法（昭和四十七年法律第三十一号）
外国人技能実習機構	外国人の技能実習の適正な実施及び技能実習生の保護に関する法律（平成二十八年法律第八十九号）
株式会社国際協力銀行	株式会社国際協力銀行法（平成二十三年法律第三十九号）
株式会社日本政策金融公庫	株式会社日本政策金融公庫法（平成十九年法律第五十七号）
株式会社日本貿易保険	貿易保険法（昭和二十五年法律第六十七号）
原子力損害賠償・廃炉等支援機構	原子力損害賠償・廃炉等支援機構法（平成二十三年法律第九十四号）
国立大学法人	国立大学法人法（平成十五年法律第百十二号）
新関西国際空港株式会社	関西国際空港及び大阪国際空港の一体的かつ効率的な設置及び管理に関する法律（平成二十三年法律第五十四号）
大学共同利用機関法人	国立大学法人法
脱炭素成長型経済構造移行推進機構	脱炭素成長型経済構造への円滑な移行の推進に関する法律（令和五年法律第三十二号）
日本銀行	日本銀行法（平成九年法律第八十九号）
日本司法支援センター	総合法律支援法（平成十六年法律第七十四号）
日本私立学校振興・共済事業団	日本私立学校振興・共済事業団法（平成九年法律第四十八号）
日本中央競馬会	日本中央競馬会法（昭和二十九年法律第二百五号）
日本年金機構	日本年金機構法（平成十九年法律第百九号）
農水産業協同組合貯金保険機構	農水産業協同組合貯金保険法（昭和四十八年法律第五十三号）
福島国際研究教育機構	福島復興再生特別措置法（平成二十四年法律第二十五号）
放送大学学園	放送大学学園法（平成十四年法律第百五十六号）
預金保険機構	預金保険法（昭和四十六年法律第三十四号）

・民事訴訟法等の一部を改正する法律（令和四・五・二五法律四八）

附則　抄

（施行期日）

第一条　この法律は、公布の日から起算して四年を超えない範囲内において政令で定める日から施行する。〈略〉

・国立健康危機管理研究機構法の施行に伴う関係法律の整備に関する法律（令和五・六・七法律四七）

附則　抄

（施行期日）

第一条　この法律は、国立健康危機管理研究機構法（令和五年法律第四十六号）の施行の日（以下「施行日」という。）から施行する。〈略〉

国家賠償法

（昭和二二・一〇・二七）
（法律一二五）

第一条 国又は公共団体の公権力の行使に当る公務員が、その職務を行うについて、故意又は過失によつて違法に他人に損害を加えたときは、国又は公共団体が、これを賠償する責に任ずる。

② 前項の場合において、公務員に故意又は重大な過失があつたときは、国又は公共団体は、その公務員に対して求償権を有する。

第二条 道路、河川その他の公の営造物の設置又は管理に瑕疵があつたために他人に損害を生じたときは、国又は公共団体は、これを賠償する責に任ずる。

② 前項の場合において、他に損害の原因について責に任ずべき者があるときは、国又は公共団体は、これに対して求償権を有する。

第三条 前二条の規定によつて国又は公共団体が損害を賠償する責に任ずる場合において、公務員の選任若しくは監督又は公の営造物の設置若しくは管理に当る者と公務員の俸給、給与その他の費用又は公の営造物の設置若しくは管理の費用を負担する者とが異なるときは、費用を負担する者もまた、その損害を賠償する責に任ずる。

② 前項の場合において、損害を賠償した者は、内部関係でその損害を賠償する責任ある者に対して求償権を有する。

第四条 国又は公共団体の損害賠償の責任については、前三条の規定によるの外、民法の規定による。

第五条 国又は公共団体の損害賠償の責任について民法以外の他の法律に別段の定があるときは、その定めるところによる。

第六条 この法律は、外国人が被害者である場合には、相互の保証があるときに限り、これを適用する。

国家行政組織法

（昭和二三・七・一〇）
（法律一二〇）
最新改正 令和三法律三六

（**目的**）

第一条 この法律は、内閣の統轄の下における行政機関で内閣府及びデジタル庁以外のもの（以下「国の行政機関」という。）の組織の基準を定め、もつて国の行政事務の能率的な遂行のために必要な国家行政組織を整えることを目的とする。

（**組織の構成**）

第二条 国家行政組織は、内閣の統轄の下に、内閣府及びデジタル庁の組織と共に、任務及びこれを達成するため必要となる明確な範囲の所掌事務を有する行政機関の全体によつて、系統的に構成されなければならない。

2 国の行政機関は、内閣の統轄の下に、その政策について、自ら評価し、企画及び立案を行い、並びに国の行政機関相互の調整を図るとともに、その相互の連絡を図り、全て、一体として、行政機能を発揮するようにしなければならない。内閣府及びデジタル庁との政策についての調整及び連絡についても、同様とする。

（**行政機関の設置、廃止、任務及び所掌事務**）

第三条 国の行政機関の組織は、この法律でこれを定めるものとする。

2 行政組織のため置かれる国の行政機関は、省、委員会及び庁とし、その設置及び廃止は、別に法律の定めるところによる。

3　省は、内閣の統轄の下に第五条第一項の規定により各省大臣の分担管理する行政事務及び同条第二項の規定により当該大臣が掌理する行政事務をつかさどる機関として置かれるものとし、委員会及び庁は、省に、その外局として置かれるものとする。

4　第二項の国の行政機関として置かれるものは、別表第一にこれを掲げる。

第四条　前条の国の行政機関の任務及びこれを達成するため必要となる所掌事務の範囲は、別に法律でこれを定める。

（行政機関の長）

第五条　各省の長は、それぞれ各省大臣とし、内閣法（昭和二十二年法律第五号）にいう主任の大臣として、それぞれ行政事務を分担管理する。

2　各省大臣は、前項の規定により行政事務を分担管理するほか、それぞれ、その分担管理する行政事務に係る各省の任務に関連する特定の内閣の重要政策について、当該重要政策に関して閣議において決定された基本的な方針に基づいて、行政各部の施策の統一を図るために必要となる企画及び立案並びに総合調整に関する事務を掌理する。

3　各省大臣は、国務大臣のうちから、内閣総理大臣が命ずる。ただし、内閣総理大臣が自ら当たることを妨げない。

第六条　委員会の長は、委員長とし、庁の長は、長官とする。

（内部部局）

第七条　省には、その所掌事務を遂行するため、官房及び局を置く。

2　前項の官房又は局には、特に必要がある場合においては、部を置くことができる。

3　庁には、その所掌事務を遂行するため、官房及び部を置くことができる。

4　官房、局及び部の設置及び所掌事務の範囲は、政令でこれを定める。

5　庁、官房、局及び部（その所掌事務が主として政策の実施に係るものである庁として別表第二に掲げるもの（以下「実施庁」という。）並びにこれに置かれる官房及び部を除く。）には、課及びこれに準ずる室を置くことができるものとし、これらの設置及び所掌事務の範囲は、政令でこれを定める。

6　実施庁並びにこれに置かれる官房及び部には、政令の定める数の範囲内において、課及びこれに準ずる室を置くことができるものとし、これらの設置及び所掌事務の範囲は、省令でこれを定める。

7　委員会には、法律の定めるところにより、事務局を置くことができる。第三項から第五項までの規定は、事務局の内部組織について、これを準用する。

8　委員会には、特に必要がある場合においては、法律の定めるところにより、事務総局を置くことができる。

（審議会等）

第八条　第三条の国の行政機関には、法律の定める所掌事務の範囲内で、法律又は政令の定めるところにより、重要事項に関する調査審議、不服審査その他学識経験を有する者等の合議により処理することが適当な事務をつかさどらせるための合議制の機関を置くことができる。

（施設等機関）

第八条の二　第三条の国の行政機関には、法律の定める所掌事務の範囲内で、法律又は政令の定めるところにより、試験研究機関、検査検定機関、文教研修施設（これらに類する機関及び施設を含む。）、医療更生施設、矯正収容施設及び作業施設を置くことができる。

（特別の機関）

第八条の三　第三条の国の行政機関には、特に必要がある場合においては、前二条に規定するもののほか、法律の定める所掌事務の範囲内で、法律の定めるところにより、特別の機関を置くことができる。

（地方支分部局）

第九条　第三条の国の行政機関には、その所掌事務を分掌させる必要がある場合においては、法律の定めるところにより、地方支分部局を置くことができる。

（行政機関の長の権限）

第十条　各省大臣、各委員会の委員長及び各庁の長官は、その機関の事務を統括し、職員の服務について、これを統督する。

第十一条　各省大臣は、主任の行政事務について、法律又は政令の制定、改正又は廃止を必要と認めるときは、案をそなえて、内閣総理大臣に提出して、閣議を求めなければならない。

第十二条　各省大臣は、主任の行政事務について、法律若しくは政令を施行するため、又は法律若しくは政令の特別の委任に基づいて、それぞれその機関の命令として省令を発することができる。

2　各外局の長は、その機関の所掌事務について、それぞれ主任の各省大臣に対し、案をそ

行政法

なえて、省令を発することを求めることができる。

3　省令には、法律の委任がなければ、罰則を設け、又は義務を課し、若しくは国民の権利を制限する規定を設けることができない。

第十三条　各委員会及び各庁の長官は、別に法律の定めるところにより、政令及び省令以外の規則その他の特別の命令を自ら発することができる。

2　前条第三項の規定は、前項の命令に、これを準用する。

第十四条　各省大臣、各委員会及び各庁の長官は、その機関の所掌事務について、公示を必要とする場合においては、告示を発することができる。

2　各省大臣、各委員会及び各庁の長官は、その機関の所掌事務について、命令又は示達をするため、所管の諸機関及び職員に対し、訓令又は通達を発することができる。

第十五条　各省大臣、各委員会及び各庁の長官は、その機関の任務（各省にあつては、各省大臣が主任の大臣として分担管理する行政事務に係るものに限る。）を遂行するため政策について行政機関相互の調整を図る必要があると認めるときは、その必要性を明らかにした上で、関係行政機関の長に対し、必要な資料の提出及び説明を求め、並びに当該関係行政機関の政策に関し意見を述べることができる。

第十五条の二　各省大臣は、第五条第二項に規定する事務の遂行のため必要があると認めるときは、関係行政機関の長に対し、必要な資料の提出及び説明を求めることができる。

2　各省大臣は、第五条第二項に規定する事務の遂行のため特に必要があると認めるときは、関係行政機関の長に対し、勧告することができる。

3　各省大臣は、前項の規定により関係行政機関の長に対し勧告したときは、当該関係行政機関の長に対し、その勧告に基づいてとつた措置について報告を求めることができる。

4　各省大臣は、第二項の規定により勧告した事項に関し特に必要があると認めるときは、内閣総理大臣に対し、当該事項について内閣法第六条の規定による措置がとられるよう意見を具申することができる。

（副大臣）

第十六条　各省に副大臣を置く。

2　副大臣の定数は、それぞれ別表第三の副大臣の定数の欄に定めるところによる。

3　副大臣は、その省の長である大臣の命を受け、政策及び企画をつかさどり、政務を処理し、並びにあらかじめその省の長である大臣の命を受けて大臣不在の場合その職務を代行する。

4　副大臣が二人置かれた省においては、各副大臣の行う前項の職務の範囲及び職務代行の順序については、その省の長である大臣の定めるところによる。

5　副大臣の任免は、その省の長である大臣の申出により内閣が行い、天皇がこれを認証する。

6　副大臣は、内閣総辞職の場合においては、内閣総理大臣その他の国務大臣がすべてその地位を失つたときに、これと同時にその地位を失う。

（大臣政務官）

第十七条　各省に大臣政務官を置く。

2　大臣政務官の定数は、それぞれ別表第三の大臣政務官の定数の欄に定めるところによる。

3　大臣政務官は、その省の長である大臣を助け、特定の政策及び企画に参画し、政務を処理する。

4　各大臣政務官の行う前項の職務の範囲については、その省の長である大臣の定めるところによる。

5　大臣政務官の任免は、その省の長である大臣の申出により、内閣がこれを行う。

6　前条第六項の規定は、大臣政務官について、これを準用する。

（大臣補佐官）

第十七条の二　各省に、特に必要がある場合においては、大臣補佐官一人を置くことができる。

2　大臣補佐官は、その省の長である大臣の命を受け、特定の政策に係るその省の長である大臣の行う企画及び立案並びに政務に関し、その省の長である大臣を補佐する。

3　大臣補佐官の任免は、その省の長である大臣の申出により、内閣がこれを行う。

4　大臣補佐官は、非常勤とすることができる。

5　国家公務員法（昭和二十二年法律第百二十号）第九十六条第一項、第九十八条第一項、第九十九条並びに第百条第一項及び第二項の規定は、大臣補佐官の服務について準用する。

6　常勤の大臣補佐官は、在任中、その省の長である大臣の許可がある場合を除き、報酬を得て他の職務に従事し、又は営利事業を営み、その他金銭上の利益を目的とする業務を行つてはならない。

（事務次官及び庁の次長等）

第十八条 各省には、事務次官一人を置く。

2 事務次官は、その省の長である大臣を助け、省務を整理し、各部局及び機関の事務を監督する。

3 各庁には、特に必要がある場合においては、長官を助け、庁務を整理する職として次長を置くことができるものとし、その設置及び定数は、政令でこれを定める。

4 各省及び各庁には、特に必要がある場合においては、その所掌事務の一部を総括整理する職を置くことができるものとし、その設置、職務及び定数は、法律（庁にあつては、政令）でこれを定める。

（秘書官）

第十九条 各省に秘書官を置く。

2 秘書官の定数は、政令でこれを定める。

3 秘書官は、それぞれ各省大臣の命を受け、機密に関する事務を掌り、又は臨時命を受け各部局の事務を助ける。

（官房及び局の所掌に属しない事務をつかさどる職等）

第二十条 各省には、特に必要がある場合においては、官房及び局の所掌に属しない事務の能率的な遂行のためこれを所掌する職で局長に準ずるものを置くことができるものとし、その設置、職務及び定数は、政令でこれを定める。

2 各庁には、特に必要がある場合においては、官房及び部の所掌に属しない事務の能率的な遂行のためこれを所掌する職で部長に準ずるものを置くことができるものとし、その設置、職務及び定数は、政令でこれを定める。

3 各省及び各庁（実施庁を除く。）には、特に必要がある場合においては、前二項の職のつかさどる職務の全部又は一部を助ける職で課長に準ずるものを置くことができるものとし、その設置、職務及び定数は、政令でこれを定める。

4 実施庁には、特に必要がある場合においては、政令の定める数の範囲内において、第二項の職のつかさどる職務の全部又は一部を助ける職で課長に準ずるものを置くことができるものとし、その設置、職務及び定数は、省令でこれを定める。

（内部部局の職）

第二十一条 委員会の事務局並びに局、部、課及び課に準ずる室に、それぞれ事務局長並びに局長、部長、課長及び室長を置く。

2 官房には、長を置くことができるものとし、その設置及び職務は、政令でこれを定める。

3 局、部又は委員会の事務局には、次長を置くことができるものとし、その設置、職務及び定数は、政令でこれを定める。

4 官房、局若しくは部（実施庁に置かれる官房及び部を除く。）又は委員会の事務局には、その所掌事務の一部を総括整理する職又は課（課に準ずる室を含む。）の所掌に属しない事務の能率的な遂行のためこれを所掌する職で課長に準ずるものを置くことができるものとし、これらの設置、職務及び定数は、政令でこれを定める。官房又は部を置かない庁（実施庁を除く。）にこれらの職に相当する職を置くときも、同様とする。

5 実施庁に置かれる官房又は部には、政令の定める数の範囲内において、その所掌事務の一部を総括整理する職又は課（課に準ずる室を含む。）の所掌に属しない事務の能率的な遂行のためこれを所掌する職で課長に準ずるものを置くことができるものとし、これらの設置、職務及び定数は、省令でこれを定める。官房又は部を置かない実施庁にこれらの職に相当する職を置くときも、同様とする。

第二十二条 削除

（官房及び局の数）

第二十三条 第七条第一項の規定に基づき置かれる官房及び局の数は、内閣府設置法（平成十一年法律第八十九号）第十七条第一項の規定に基づき置かれる官房及び局の数と合わせて、九十七以内とする。

第二十四条 削除

（国会への報告等）

第二十五条 政府は、第七条第四項（同条第七項において準用する場合を含む。）、第八条、第八条の二、第十八条第三項若しくは第四項、第二十条第一項若しくは第三項若しくは第二十一条第二項の規定により政令で設置される組織その他これらに準ずる主要な組織につき、その新設、改正及び廃止をしたときは、その状況を次の国会に報告しなければならない。

2 政府は、少なくとも毎年一回国の行政機関の組織の一覧表を官報で公示するものとする。

附　則

第二十六条　この法律は、昭和二十四年六月一日から、これを施行する。但し、第二十七条の規定は、公布の日から、これを施行する。

第二十七条　この法律の施行に関し必要な細目は、他に別段の定のある場合を除く外、政令でこれを定める。

別表第一（第三条関係）

省	委員会	庁
総務省	公害等調整委員会	消防庁
法務省	公安審査委員会	出入国在留管理庁 公安調査庁
外務省		
財務省		国税庁
文部科学省		スポーツ庁 文化庁
厚生労働省	中央労働委員会	
農林水産省		林野庁 水産庁
経済産業省		資源エネルギー庁 特許庁 中小企業庁
国土交通省	運輸安全委員会	観光庁 気象庁 海上保安庁
環境省	原子力規制委員会	
防衛省		防衛装備庁

別表第二（第七条関係）

公安調査庁
国税庁
特許庁
気象庁
海上保安庁

別表第三（第十六条、第十七条関係）

省	副大臣の定数	大臣政務官の定数
総務省	二人	三人
法務省	一人	一人
外務省	二人	三人
財務省	二人	二人
文部科学省	二人	二人
厚生労働省	二人	二人
農林水産省	二人	二人
経済産業省	二人	二人
国土交通省	二人	三人
環境省	二人	二人
防衛省	一人	二人

行政機関の保有する情報の公開に関する法律

（平成一一・五・一四　法律　四二）

最新改正　令和三法律三七

第一章　総則

（目的）

第一条　この法律は、国民主権の理念にのっとり、行政文書の開示を請求する権利につき定めること等により、行政機関の保有する情報の一層の公開を図り、もって政府の有するその諸活動を国民に説明する責務が全うされるようにするとともに、国民の的確な理解と批判の下にある公正で民主的な行政の推進に資することを目的とする。

（定義）

第二条　この法律において「行政機関」とは、次に掲げる機関をいう。

一　法律の規定に基づき内閣に置かれる機関（内閣府を除く。）及び内閣の所轄の下に置かれる機関

二　内閣府、宮内庁並びに内閣府設置法（平成十一年法律第八十九号）第四十九条第一項及び第二項に規定する機関（これらの機関のうち第四号の政令で定める機関が置かれる機関にあっては、当該政令で定める機関を除く。）

三　国家行政組織法（昭和二十三年法律第百二十号）第三条第二項に規定する機関（第五号の政令で定める機関が置かれる機関に

あっては、当該政令で定める機関を除く。）

四　内閣府設置法第三十九条及び第五十五条並びに宮内庁法（昭和二十二年法律第七十号）第十六条第二項の機関並びに内閣府設置法第四十条及び第五十六条（宮内庁法第十八条第一項において準用する場合を含む。）の特別の機関で、政令で定めるもの

五　国家行政組織法第八条の二の施設等機関及び同法第八条の三の特別の機関で、政令で定めるもの

六　会計検査院

2　この法律において「行政文書」とは、行政機関の職員が職務上作成し、又は取得した文書、図画及び電磁的記録（電子的方式、磁気的方式その他人の知覚によっては認識することができない方式で作られた記録をいう。以下同じ。）であって、当該行政機関の職員が組織的に用いるものとして、当該行政機関が保有しているものをいう。ただし、次に掲げるものを除く。

一　官報、白書、新聞、雑誌、書籍その他不特定多数の者に販売することを目的として発行されるもの

二　公文書等の管理に関する法律（平成二十一年法律第六十六号）第二条第七項に規定する特定歴史公文書等

三　政令で定める研究所その他の施設において、政令で定めるところにより、歴史的若しくは文化的な資料又は学術研究用の資料として特別の管理がされているもの（前号に掲げるものを除く。）

第二章　行政文書の開示

（**開示請求権**）

第三条　何人も、この法律の定めるところにより、行政機関の長（前条第一項第四号及び第五号の政令で定める機関にあっては、その機関ごとに政令で定める者をいう。以下同じ。）に対し、当該行政機関の保有する行政文書の開示を請求することができる。

（**開示請求の手続**）

第四条　前条の規定による開示の請求（以下「開示請求」という。）は、次に掲げる事項を記載した書面（以下「開示請求書」という。）を行政機関の長に提出してしなければならない。

一　開示請求をする者の氏名又は名称及び住所又は居所並びに法人その他の団体にあっては代表者の氏名

二　行政文書の名称その他の開示請求に係る行政文書を特定するに足りる事項

2　行政機関の長は、開示請求書に形式上の不備があると認めるときは、開示請求をした者（以下「開示請求者」という。）に対し、相当の期間を定めて、その補正を求めることができる。この場合において、行政機関の長は、開示請求者に対し、補正の参考となる情報を提供するよう努めなければならない。

（**行政文書の開示義務**）

第五条　行政機関の長は、開示請求があったときは、開示請求に係る行政文書に次の各号に掲げる情報（以下「不開示情報」という。）のいずれかが記録されている場合を除き、開示請求者に対し、当該行政文書を開示しなければならない。

一　個人に関する情報（事業を営む個人の当該事業に関する情報を除く。）であって、当該情報に含まれる氏名、生年月日その他の記述等（文書、図画若しくは電磁的記録に記載され、若しくは記録され、又は音声、動作その他の方法を用いて表された一切の事項をいう。次条第二項において同じ。）により特定の個人を識別することができるもの（他の情報と照合することにより、特定の個人を識別することができることとなるものを含む。）又は特定の個人を識別することはできないが、公にすることにより、なお個人の権利利益を害するおそれがあるもの。ただし、次に掲げる情報を除く。

イ　法令の規定により又は慣行として公にされ、又は公にすることが予定されている情報

ロ　人の生命、健康、生活又は財産を保護するため、公にすることが必要であると認められる情報

ハ　当該個人が公務員等（国家公務員法（昭和二十二年法律第百二十号）第二条第一項に規定する国家公務員（独立行政法人通則法（平成十一年法律第百三号）第二条第四項に規定する行政執行法人の役員及び職員を除く。）、独立行政法人等（独立行政法人等の保有する情報の公開に関する法律（平成十三年法律第百四十号。以下「独立行政法人等情報公開法」という。）第二条第一項に規定する独立行政法人等をいう。以下同じ。）の役員及び職員、地方公務員法（昭和二十五年法律第二百六十一号）第二条に規定する

地方公務員並びに地方独立行政法人（地方独立行政法人法（平成十五年法律第百十八号）第二条第一項に規定する地方独立行政法人をいう。以下同じ。）の役員及び職員をいう。）である場合において、当該情報がその職務の遂行に係る情報であるときは、当該情報のうち、当該公務員等の職及び当該職務遂行の内容に係る部分

一の二　個人情報の保護に関する法律（平成十五年法律第五十七号）第六十条第三項に規定する行政機関等匿名加工情報（同条第四項に規定する行政機関等匿名加工情報ファイルを構成するものに限る。以下この号において「行政機関等匿名加工情報」という。）又は行政機関等匿名加工情報の作成に用いた同条第一項に規定する保有個人情報から削除した同法第二条第一項第一号に規定する記述等若しくは同条第二項に規定する個人識別符号

二　法人その他の団体（国、独立行政法人等、地方公共団体及び地方独立行政法人を除く。以下「法人等」という。）に関する情報又は事業を営む個人の当該事業に関する情報であって、次に掲げるもの。ただし、人の生命、健康、生活又は財産を保護するため、公にすることが必要であると認められる情報を除く。

イ　公にすることにより、当該法人等又は当該個人の権利、競争上の地位その他正当な利益を害するおそれがあるもの

ロ　行政機関の要請を受けて、公にしないとの条件で任意に提供されたものであって、法人等又は個人における通例として公にしないこととされているものその他の当該条件を付することが当該情報の性質、当時の状況等に照らして合理的であると認められるもの

三　公にすることにより、国の安全が害されるおそれ、他国若しくは国際機関との信頼関係が損なわれるおそれ又は他国若しくは国際機関との交渉上不利益を被るおそれがあると行政機関の長が認めることにつき相当の理由がある情報

四　公にすることにより、犯罪の予防、鎮圧又は捜査、公訴の維持、刑の執行その他の公共の安全と秩序の維持に支障を及ぼすおそれがあると行政機関の長が認めることにつき相当の理由がある情報

五　国の機関、独立行政法人等、地方公共団体及び地方独立行政法人の内部又は相互間における審議、検討又は協議に関する情報であって、公にすることにより、率直な意見の交換若しくは意思決定の中立性が不当に損なわれるおそれ、不当に国民の間に混乱を生じさせるおそれ又は特定の者に不当に利益を与え若しくは不利益を及ぼすおそれがあるもの

六　国の機関、独立行政法人等、地方公共団体又は地方独立行政法人が行う事務又は事業に関する情報であって、公にすることにより、次に掲げるおそれその他当該事務又は事業の性質上、当該事務又は事業の適正な遂行に支障を及ぼすおそれがあるもの

イ　監査、検査、取締り、試験又は租税の賦課若しくは徴収に係る事務に関し、正確な事実の把握を困難にするおそれ又は違法若しくは不当な行為を容易にし、若しくはその発見を困難にするおそれ

ロ　契約、交渉又は争訟に係る事務に関し、国、独立行政法人等、地方公共団体又は地方独立行政法人の財産上の利益又は当事者としての地位を不当に害するおそれ

ハ　調査研究に係る事務に関し、その公正かつ能率的な遂行を不当に阻害するおそれ

ニ　人事管理に係る事務に関し、公正かつ円滑な人事の確保に支障を及ぼすおそれ

ホ　独立行政法人等、地方公共団体が経営する企業又は地方独立行政法人に係る事業に関し、その企業経営上の正当な利益を害するおそれ

（部分開示）

第六条　行政機関の長は、開示請求に係る行政文書の一部に不開示情報が記録されている場合において、不開示情報が記録されている部分を容易に区分して除くことができるときは、開示請求者に対し、当該部分を除いた部分につき開示しなければならない。ただし、当該部分を除いた部分に有意の情報が記録されていないと認められるときは、この限りでない。

2　開示請求に係る行政文書に前条第一号の情報（特定の個人を識別することができるものに限る。）が記録されている場合において、当該情報のうち、氏名、生年月日その他の特定の個人を識別することができることとなる記述等の部分を除くことにより、公にして

も、個人の権利利益が害されるおそれがないと認められるときは、当該部分を除いた部分は、同号の情報に含まれないものとみなして、前項の規定を適用する。

（公益上の理由による裁量的開示）

第七条　行政機関の長は、開示請求に係る行政文書に不開示情報（第五条第一号の二に掲げる情報を除く。）が記録されている場合であっても、公益上特に必要があると認めるときは、開示請求者に対し、当該行政文書を開示することができる。

（行政文書の存否に関する情報）

第八条　開示請求に対し、当該開示請求に係る行政文書が存在しているか否かを答えるだけで、不開示情報を開示することとなるときは、行政機関の長は、当該行政文書の存否を明らかにしないで、当該開示請求を拒否することができる。

（開示請求に対する措置）

第九条　行政機関の長は、開示請求に係る行政文書の全部又は一部を開示するときは、その旨の決定をし、開示請求者に対し、その旨及び開示の実施に関し政令で定める事項を書面により通知しなければならない。

2　行政機関の長は、開示請求に係る行政文書の全部を開示しないとき（前条の規定により開示請求を拒否するとき及び開示請求に係る行政文書を保有していないときを含む。）は、開示をしない旨の決定をし、開示請求者に対し、その旨を書面により通知しなければならない。

（開示決定等の期限）

第十条　前条各項の決定（以下「開示決定等」という。）は、開示請求があった日から三十日以内にしなければならない。ただし、第四条第二項の規定により補正を求めた場合にあっては、当該補正に要した日数は、当該期間に算入しない。

2　前項の規定にかかわらず、行政機関の長は、事務処理上の困難その他正当な理由があるときは、同項に規定する期間を三十日以内に限り延長することができる。この場合において、行政機関の長は、開示請求者に対し、遅滞なく、延長後の期間及び延長の理由を書面により通知しなければならない。

（開示決定等の期限の特例）

第十一条　開示請求に係る行政文書が著しく大量であるため、開示請求があった日から六十日以内にそのすべてについて開示決定等をすることにより事務の遂行に著しい支障が生ずるおそれがある場合には、前条の規定にかかわらず、行政機関の長は、開示請求に係る行政文書のうちの相当の部分につき当該期間内に開示決定等をし、残りの行政文書については相当の期間内に開示決定等をすれば足りる。この場合において、行政機関の長は、同条第一項に規定する期間内に、開示請求者に対し、次に掲げる事項を書面により通知しなければならない。

一　本条を適用する旨及びその理由

二　残りの行政文書について開示決定等をする期限

（事案の移送）

第十二条　行政機関の長は、開示請求に係る行政文書が他の行政機関により作成されたものであるときその他他の行政機関の長において開示決定等をすることにつき正当な理由があるときは、当該他の行政機関の長と協議の上、当該他の行政機関の長に対し、事案を移送することができる。この場合においては、移送をした行政機関の長は、開示請求者に対し、事案を移送した旨を書面により通知しなければならない。

2　前項の規定により事案が移送されたときは、移送を受けた行政機関の長において、当該開示請求についての開示決定等をしなければならない。この場合において、移送をした行政機関の長が移送前にした行為は、移送を受けた行政機関の長がしたものとみなす。

3　前項の場合において、移送を受けた行政機関の長が第九条第一項の決定（以下「開示決定」という。）をしたときは、当該行政機関の長は、開示の実施をしなければならない。この場合において、移送をした行政機関の長は、当該開示の実施に必要な協力をしなければならない。

（独立行政法人等への事案の移送）

第十二条の二　行政機関の長は、開示請求に係る行政文書が独立行政法人等により作成されたものであるときその他独立行政法人等において独立行政法人等情報公開法第十条第一項に規定する開示決定等をすることにつき正当な理由があるときは、当該独立行政法人等と協議の上、当該独立行政法人等に対し、事案を移送することができる。この場合においては、移送をした行政機関の長は、開示請求者に対し、事案を移送した旨を書面により通知しなければならない。

2　前項の規定により事案が移送されたとき

は、当該事案については、行政文書を移送を受けた独立行政法人等が保有する独立行政法人等情報公開法第二条第二項に規定する法人文書と、開示請求を移送を受けた独立行政法人等に対する独立行政法人等情報公開法第四条第一項に規定する開示請求とみなして、独立行政法人等情報公開法の規定を適用する。この場合において、独立行政法人等情報公開法第十条第一項中「第四条第二項」とあるのは「行政機関の保有する情報の公開に関する法律（平成十一年法律第四十二号）第四条第二項」と、独立行政法人等情報公開法第十七条第一項中「開示請求をする者又は法人文書」とあるのは「法人文書」と、「により、それぞれ」とあるのは「により」と、「開示請求に係る手数料又は開示」とあるのは「開示」とする。

3　第一項の規定により事案が移送された場合において、移送を受けた独立行政法人等が開示の実施をするときは、移送をした行政機関の長は、当該開示の実施に必要な協力をしなければならない。

（第三者に対する意見書提出の機会の付与等）

第十三条　開示請求に係る行政文書に国、独立行政法人等、地方公共団体、地方独立行政法人及び開示請求者以外の者（以下この条、第十九条第二項及び第二十条第一項において「第三者」という。）に関する情報が記録されているときは、行政機関の長は、開示決定等をするに当たって、当該情報に係る第三者に対し、開示請求に係る行政文書の表示その他政令で定める事項を通知して、意見書を提出する機会を与えることができる。

2　行政機関の長は、次の各号のいずれかに該当するときは、開示決定に先立ち、当該第三者に対し、開示請求に係る行政文書の表示その他政令で定める事項を書面により通知して、意見書を提出する機会を与えなければならない。ただし、当該第三者の所在が判明しない場合は、この限りでない。

一　第三者に関する情報が記録されている行政文書を開示しようとする場合であって、当該情報が第五条第一号ロ又は同条第二号ただし書に規定する情報に該当すると認められるとき。

二　第三者に関する情報が記録されている行政文書を第七条の規定により開示しようとするとき。

3　行政機関の長は、前二項の規定により意見書の提出の機会を与えられた第三者が当該行政文書の開示に反対の意思を表示した意見書を提出した場合において、開示決定をするときは、開示決定の日と開示を実施する日との間に少なくとも二週間を置かなければならない。この場合において、行政機関の長は、開示決定後直ちに、当該意見書（第十九条において「反対意見書」という。）を提出した第三者に対し、開示決定をした旨及びその理由並びに開示を実施する日を書面により通知しなければならない。

（開示の実施）

第十四条　行政文書の開示は、文書又は図画については閲覧又は写しの交付により、電磁的記録についてはその種別、情報化の進展状況等を勘案して政令で定める方法により行う。ただし、閲覧の方法による行政文書の開示にあっては、行政機関の長は、当該行政文書の保存に支障を生ずるおそれがあると認めるときその他正当な理由があるときは、その写しにより、これを行うことができる。

2　開示決定に基づき行政文書の開示を受ける者は、政令で定めるところにより、当該開示決定をした行政機関の長に対し、その求める開示の実施の方法その他の政令で定める事項を申し出なければならない。

3　前項の規定による申出は、第九条第一項に規定する通知があった日から三十日以内にしなければならない。ただし、当該期間内に当該申出をすることができないことにつき正当な理由があるときは、この限りでない。

4　開示決定に基づき行政文書の開示を受けた者は、最初に開示を受けた日から三十日以内に限り、行政機関の長に対し、更に開示を受ける旨を申し出ることができる。この場合においては、前項ただし書の規定を準用する。

（他の法令による開示の実施との調整）

第十五条　行政機関の長は、他の法令の規定により、何人にも開示請求に係る行政文書が前条第一項本文に規定する方法と同一の方法で開示することとされている場合（開示の期間が定められている場合にあっては、当該期間内に限る。）には、同項本文の規定にかかわらず、当該行政文書については、当該同一の方法による開示を行わない。ただし、当該他の法令の規定に一定の場合には開示をしない旨の定めがあるときは、この限りでない。

2　他の法令の規定に定める開示の方法が縦覧であるときは、当該縦覧を前条第一項本文の閲覧とみなして、前項の規定を適用する。

（手数料）
第十六条 開示請求をする者又は行政文書の開示を受ける者は、政令で定めるところにより、それぞれ、実費の範囲内において政令で定める額の開示請求に係る手数料又は開示の実施に係る手数料を納めなければならない。
2 前項の手数料の額を定めるに当たっては、できる限り利用しやすい額とするよう配慮しなければならない。
3 行政機関の長は、経済的困難その他特別の理由があると認めるときは、政令で定めるところにより、第一項の手数料を減額し、又は免除することができる。

（権限又は事務の委任）
第十七条 行政機関の長は、政令（内閣の所轄の下に置かれる機関及び会計検査院にあっては、当該機関の命令）で定めるところにより、この章に定める権限又は事務を当該行政機関の職員に委任することができる。

第三章 審査請求等

（審理員による審理手続に関する規定の適用除外等）
第十八条 開示決定等又は開示請求に係る不作為に係る審査請求については、行政不服審査法（平成二十六年法律第六十八号）第九条、第十七条、第二十四条、第二章第三節及び第四節並びに第五十条第二項の規定は、適用しない。
2 開示決定等又は開示請求に係る不作為に係る審査請求についての行政不服審査法第二章の規定の適用については、同法第十一条第二項中「第九条第一項の規定により指名された者（以下「審理員」という。）」とあるのは「第四条（行政機関の保有する情報の公開に関する法律（平成十一年法律第四十二号）第二十条第二項の規定に基づく政令を含む。）の規定により審査請求がされた行政庁（第十四条の規定により引継ぎを受けた行政庁を含む。以下「審査庁」という。）」と、同法第十三条第一項及び第二項中「審理員」とあるのは「審査庁」と、同法第二十五条第七項中「あったとき、又は審理員から第四十条に規定する執行停止をすべき旨の意見書が提出されたとき」とあるのは「あったとき」と、同法第四十四条中「行政不服審査会等」とあるのは「情報公開・個人情報保護審査会（審査庁が会計検査院の長である場合にあっては、別に法律で定める審査会。第五十条第一項第四号において同じ。）」と、「受けたとき（前条第一項の規定による諮問を要しない場合（同項第二号又は第三号に該当する場合を除く。）にあっては審理員意見書が提出されたとき、同項第二号又は第三号に該当する場合にあっては同項第二号又は第三号に規定する議を経たとき）」とあるのは「受けたとき」と、同法第五十条第一項第四号中「審理員意見書又は行政不服審査会等若しくは審議会等」とあるのは「情報公開・個人情報保護審査会」とする。

（審査会への諮問）
第十九条 開示決定等又は開示請求に係る不作為について審査請求があったときは、当該審査請求に対する裁決をすべき行政機関の長は、次の各号のいずれかに該当する場合を除き、情報公開・個人情報保護審査会（審査請求に対する裁決をすべき行政機関の長が会計検査院の長である場合にあっては、別に法律で定める審査会）に諮問しなければならない。
一 審査請求が不適法であり、却下する場合
二 裁決で、審査請求の全部を認容し、当該審査請求に係る行政文書の全部を開示することとする場合（当該行政文書の開示について反対意見書が提出されている場合を除く。）
2 前項の規定により諮問をした行政機関の長は、次に掲げる者に対し、諮問をした旨を通知しなければならない。
一 審査請求人及び参加人（行政不服審査法第十三条第四項に規定する参加人をいう。以下この項及び次条第一項第二号において同じ。）
二 開示請求者（開示請求者が審査請求人又は参加人である場合を除く。）
三 当該審査請求に係る行政文書の開示について反対意見書を提出した第三者（当該第三者が審査請求人又は参加人である場合を除く。）

（第三者からの審査請求を棄却する場合等における手続等）
第二十条 第十三条第三項の規定は、次の各号のいずれかに該当する裁決をする場合について準用する。
一 開示決定に対する第三者からの審査請求を却下し、又は棄却する裁決
二 審査請求に係る開示決定等（開示請求に係る行政文書の全部を開示する旨の決定を除く。）を変更し、当該審査請求に係る行

政文書を開示する旨の裁決（第三者である参加人が当該行政文書の開示に反対の意思を表示している場合に限る。）

2　開示決定等又は開示請求に係る不作為についての審査請求については、政令で定めるところにより、行政不服審査法第四条の規定の特例を設けることができる。

（訴訟の移送の特例）

第二十一条　行政事件訴訟法（昭和三十七年法律第百三十九号）第十二条第四項の規定により同項に規定する特定管轄裁判所に開示決定等の取消しを求める訴訟又は開示決定等若しくは開示請求に係る不作為に係る審査請求に対する裁決の取消しを求める訴訟（次項及び附則第二項において「情報公開訴訟」という。）が提起された場合においては、同法第十二条第五項の規定にかかわらず、他の裁判所に同一又は同種若しくは類似の行政文書に係る開示決定等又は開示決定等若しくは開示請求に係る不作為に係る審査請求に対する裁決に係る抗告訴訟（同法第三条第一項に規定する抗告訴訟をいう。次項において同じ。）が係属しているときは、当該特定管轄裁判所は、当事者の住所又は所在地、尋問を受けるべき証人の住所、争点又は証拠の共通性その他の事情を考慮して、相当と認めるときは、申立てにより又は職権で、訴訟の全部又は一部について、当該他の裁判所又は同法第十二条第一項から第三項までに定める裁判所に移送することができる。

2　前項の規定は、行政事件訴訟法第十二条第四項の規定により同項に規定する特定管轄裁判所に開示決定等若しくは開示請求に係る不作為に係る審査請求に対する裁決に係る抗告訴訟で情報公開訴訟以外のものが提起された場合について準用する。

第四章　補則

（開示請求をしようとする者に対する情報の提供等）

第二十二条　行政機関の長は、開示請求をしようとする者が容易かつ的確に開示請求をすることができるよう、公文書等の管理に関する法律第七条第二項に規定するもののほか、当該行政機関が保有する行政文書の特定に資する情報の提供その他開示請求をしようとする者の利便を考慮した適切な措置を講ずるものとする。

2　総務大臣は、この法律の円滑な運用を確保するため、開示請求に関する総合的な案内所を整備するものとする。

（施行の状況の公表）

第二十三条　総務大臣は、行政機関の長に対し、この法律の施行の状況について報告を求めることができる。

2　総務大臣は、毎年度、前項の報告を取りまとめ、その概要を公表するものとする。

（行政機関の保有する情報の提供に関する施策の充実）

第二十四条　政府は、その保有する情報の公開の総合的な推進を図るため、行政機関の保有する情報が適時に、かつ、適切な方法で国民に明らかにされるよう、行政機関の保有する情報の提供に関する施策の充実に努めるものとする。

（地方公共団体の情報公開）

第二十五条　地方公共団体は、この法律の趣旨にのっとり、その保有する情報の公開に関し必要な施策を策定し、及びこれを実施するよう努めなければならない。

（政令への委任）

第二十六条　この法律に定めるもののほか、この法律の実施のため必要な事項は、政令で定める。

個人情報の保護に関する法律

（平成一五・五・三〇）
（法　律　五　七）

最新改正　令和五法律四七

第一章　総則

（**目的**）

第一条　この法律は、デジタル社会の進展に伴い個人情報の利用が著しく拡大していることに鑑み、個人情報の適正な取扱いに関し、基本理念及び政府による基本方針の作成その他の個人情報の保護に関する施策の基本となる事項を定め、国及び地方公共団体の責務等を明らかにし、個人情報を取り扱う事業者及び行政機関等についてこれらの特性に応じて遵守すべき義務等を定めるとともに、個人情報保護委員会を設置することにより、行政機関等の事務及び事業の適正かつ円滑な運営を図り、並びに個人情報の適正かつ効果的な活用が新たな産業の創出並びに活力ある経済社会及び豊かな国民生活の実現に資するものであることその他の個人情報の有用性に配慮しつつ、個人の権利利益を保護することを目的とする。

（**定義**）

第二条　この法律において「個人情報」とは、生存する個人に関する情報であって、次の各号のいずれかに該当するものをいう。

一　当該情報に含まれる氏名、生年月日その他の記述等（文書、図画若しくは電磁的記録（電磁的方式（電子的方式、磁気的方式その他人の知覚によっては認識することができない方式をいう。次項第二号において同じ。）で作られる記録をいう。以下同じ。）に記載され、若しくは記録され、又は音声、動作その他の方法を用いて表された一切の事項（個人識別符号を除く。）をいう。以下同じ。）により特定の個人を識別することができるもの（他の情報と容易に照合することができ、それにより特定の個人を識別することができることとなるものを含む。）

二　個人識別符号が含まれるもの

2　この法律において「個人識別符号」とは、次の各号のいずれかに該当する文字、番号、記号その他の符号のうち、政令で定めるものをいう。

一　特定の個人の身体の一部の特徴を電子計算機の用に供するために変換した文字、番号、記号その他の符号であって、当該特定の個人を識別することができるもの

二　個人に提供される役務の利用若しくは個人に販売される商品の購入に関し割り当てられ、又は個人に発行されるカードその他の書類に記載され、若しくは電磁的方式により記録された文字、番号、記号その他の符号であって、その利用者若しくは購入者又は発行を受ける者ごとに異なるものとなるように割り当てられ、又は記載され、若しくは記録されることにより、特定の利用者若しくは購入者又は発行を受ける者を識別することができるもの

3　この法律において「要配慮個人情報」とは、本人の人種、信条、社会的身分、病歴、犯罪の経歴、犯罪により害を被った事実その他本人に対する不当な差別、偏見その他の不利益が生じないようにその取扱いに特に配慮を要するものとして政令で定める記述等が含まれる個人情報をいう。

4　この法律において個人情報について「本人」とは、個人情報によって識別される特定の個人をいう。

5　この法律において「仮名加工情報」とは、次の各号に掲げる個人情報の区分に応じて当該各号に定める措置を講じて他の情報と照合しない限り特定の個人を識別することができないように個人情報を加工して得られる個人に関する情報をいう。

一　第一項第一号に該当する個人情報　当該個人情報に含まれる記述等の一部を削除すること（当該一部の記述等を復元することのできる規則性を有しない方法により他の記述等に置き換えることを含む。）。

二　第一項第二号に該当する個人情報　当該個人情報に含まれる個人識別符号の全部を削除すること（当該個人識別符号を復元することのできる規則性を有しない方法により他の記述等に置き換えることを含む。）。

6　この法律において「匿名加工情報」とは、次の各号に掲げる個人情報の区分に応じて当該各号に定める措置を講じて特定の個人を識別することができないように個人情報を加工して得られる個人に関する情報であって、当該個人情報を復元することができないようにしたものをいう。

一　第一項第一号に該当する個人情報　当該個人情報に含まれる記述等の一部を削除す

ること（当該一部の記述等を復元することのできる規則性を有しない方法により他の記述等に置き換えることを含む。）。

二　第一項第二号に該当する個人情報　当該個人情報に含まれる個人識別符号の全部を削除すること（当該個人識別符号を復元することのできる規則性を有しない方法により他の記述等に置き換えることを含む。）。

7　この法律において「個人関連情報」とは、生存する個人に関する情報であって、個人情報、仮名加工情報及び匿名加工情報のいずれにも該当しないものをいう。

8　この法律において「行政機関」とは、次に掲げる機関をいう。

一　法律の規定に基づき内閣に置かれる機関（内閣府を除く。）及び内閣の所轄の下に置かれる機関

二　内閣府、宮内庁並びに内閣府設置法（平成十一年法律第八十九号）第四十九条第一項及び第二項に規定する機関（これらの機関のうち第四号の政令で定める機関が置かれる機関にあっては、当該政令で定める機関を除く。）

三　国家行政組織法（昭和二十三年法律第百二十号）第三条第二項に規定する機関（第五号の政令で定める機関が置かれる機関にあっては、当該政令で定める機関を除く。）

四　内閣府設置法第三十九条及び第五十五条並びに宮内庁法（昭和二十二年法律第七十号）第十六条第二項の機関並びに内閣府設置法第四十条及び第五十六条（宮内庁法第十八条第一項において準用する場合を含む。）の特別の機関で、政令で定めるもの

五　国家行政組織法第八条の二の施設等機関及び同法第八条の三の特別の機関で、政令で定めるもの

六　会計検査院

9　この法律において「独立行政法人等」とは、独立行政法人通則法（平成十一年法律第百三号）第二条第一項に規定する独立行政法人及び別表第一に掲げる法人をいう。

10　この法律において「地方独立行政法人」とは、地方独立行政法人法（平成十五年法律第百十八号）第二条第一項に規定する地方独立行政法人をいう。

11　この法律において「行政機関等」とは、次に掲げる機関をいう。

一　行政機関

二　地方公共団体の機関（議会を除く。次章、第三章及び第六十九条第二項第三号を除き、以下同じ。）

三　独立行政法人等（別表第二に掲げる法人を除く。第十六条第二項第三号、第六十三条、第七十八条第一項第七号イ及びロ、第八十九条第四項から第六項まで、第百十九条第五項から第七項まで並びに第百二十五条第二項において同じ。）

四　地方独立行政法人（地方独立行政法人法第二十一条第一号に掲げる業務を主たる目的とするもの又は同条第二号若しくは第三号（チに係る部分に限る。）に掲げる業務を目的とするものを除く。第十六条第二項第四号、第六十三条、第七十八条第一項第七号イ及びロ、第八十九条第七項から第九項まで、第百十九条第八項から第十項まで並びに第百二十五条第二項において同じ。）

（**基本理念**）

第三条　個人情報は、個人の人格尊重の理念の下に慎重に取り扱われるべきものであることに鑑み、その適正な取扱いが図られなければならない。

第二章　国及び地方公共団体の責務等

（**国の責務**）

第四条　国は、この法律の趣旨にのっとり、国の機関、地方公共団体の機関、独立行政法人等、地方独立行政法人及び事業者等による個人情報の適正な取扱いを確保するために必要な施策を総合的に策定し、及びこれを実施する責務を有する。

（**地方公共団体の責務**）

第五条　地方公共団体は、この法律の趣旨にのっとり、国の施策との整合性に配慮しつつ、その地方公共団体の区域の特性に応じて、地方公共団体の機関、地方独立行政法人及び当該区域内の事業者等による個人情報の適正な取扱いを確保するために必要な施策を策定し、及びこれを実施する責務を有する。

（**法制上の措置等**）

第六条　政府は、個人情報の性質及び利用方法に鑑み、個人の権利利益の一層の保護を図るため特にその適正な取扱いの厳格な実施を確保する必要がある個人情報について、保護のための格別の措置が講じられるよう必要な法制上の措置その他の措置を講ずるとともに、国際機関その他の国際的な枠組みへの協力を通じて、各国政府と共同して国際的に整合のとれた個人情報に係る制度を構築するために必要な措置を講ずるものとする。

第三章　個人情報の保護に関する施策等

第一節　個人情報の保護に関する基本方針

第七条　政府は、個人情報の保護に関する施策の総合的かつ一体的な推進を図るため、個人情報の保護に関する基本方針（以下「基本方針」という。）を定めなければならない。

2　基本方針は、次に掲げる事項について定めるものとする。

一　個人情報の保護に関する施策の推進に関する基本的な方向

二　国が講ずべき個人情報の保護のための措置に関する事項

三　地方公共団体が講ずべき個人情報の保護のための措置に関する基本的な事項

四　独立行政法人等が講ずべき個人情報の保護のための措置に関する基本的な事項

五　地方独立行政法人が講ずべき個人情報の保護のための措置に関する基本的な事項

六　第十六条第二項に規定する個人情報取扱事業者、同条第五項に規定する仮名加工情報取扱事業者及び同条第六項に規定する匿名加工情報取扱事業者並びに第五十一条第一項に規定する認定個人情報保護団体が講ずべき個人情報の保護のための措置に関する基本的な事項

七　個人情報の取扱いに関する苦情の円滑な処理に関する事項

八　その他個人情報の保護に関する施策の推進に関する重要事項

3　内閣総理大臣は、個人情報保護委員会が作成した基本方針の案について閣議の決定を求めなければならない。

4　内閣総理大臣は、前項の規定による閣議の決定があったときは、遅滞なく、基本方針を公表しなければならない。

5　前二項の規定は、基本方針の変更について準用する。

第二節　国の施策

（国の機関等が保有する個人情報の保護）

第八条　国は、その機関が保有する個人情報の適正な取扱いが確保されるよう必要な措置を講ずるものとする。

2　国は、独立行政法人等について、その保有する個人情報の適正な取扱いが確保されるよう必要な措置を講ずるものとする。

（地方公共団体等への支援）

第九条　国は、地方公共団体が策定し、又は実施する個人情報の保護に関する施策及び国民又は事業者等が個人情報の適正な取扱いの確保に関して行う活動を支援するため、情報の提供、地方公共団体又は事業者等が講ずべき措置の適切かつ有効な実施を図るための指針の策定その他の必要な措置を講ずるものとする。

（苦情処理のための措置）

第十条　国は、個人情報の取扱いに関し事業者と本人との間に生じた苦情の適切かつ迅速な処理を図るために必要な措置を講ずるものとする。

（個人情報の適正な取扱いを確保するための措置）

第十一条　国は、地方公共団体との適切な役割分担を通じ、次章に規定する個人情報取扱事業者による個人情報の適正な取扱いを確保するために必要な措置を講ずるものとする。

2　国は、第五章に規定する地方公共団体及び地方独立行政法人による個人情報の適正な取扱いを確保するために必要な措置を講ずるものとする。

第三節　地方公共団体の施策

（地方公共団体の機関等が保有する個人情報の保護）

第十二条　地方公共団体は、その機関が保有する個人情報の適正な取扱いが確保されるよう必要な措置を講ずるものとする。

2　地方公共団体は、その設立に係る地方独立行政法人について、その保有する個人情報の適正な取扱いが確保されるよう必要な措置を講ずるものとする。

（区域内の事業者等への支援）

第十三条　地方公共団体は、個人情報の適正な取扱いを確保するため、その区域内の事業者及び住民に対する支援に必要な措置を講ずるよう努めなければならない。

（苦情の処理のあっせん等）

第十四条　地方公共団体は、個人情報の取扱いに関し事業者と本人との間に生じた苦情が適切かつ迅速に処理されるようにするため、苦情の処理のあっせんその他必要な措置を講ずるよう努めなければならない。

第四節　国及び地方公共団体の協力

第十五条 国及び地方公共団体は、個人情報の保護に関する施策を講ずるにつき、相協力するものとする。

第四章　個人情報取扱事業者等の義務等

第一節　総則

（定義）

第十六条 この章及び第八章において「個人情報データベース等」とは、個人情報を含む情報の集合物であって、次に掲げるもの（利用方法からみて個人の権利利益を害するおそれが少ないものとして政令で定めるものを除く。）をいう。

一　特定の個人情報を電子計算機を用いて検索することができるように体系的に構成したもの

二　前号に掲げるもののほか、特定の個人情報を容易に検索することができるように体系的に構成したものとして政令で定めるもの

2　この章及び第六章から第八章までにおいて「個人情報取扱事業者」とは、個人情報データベース等を事業の用に供している者をいう。ただし、次に掲げる者を除く。

一　国の機関

二　地方公共団体

三　独立行政法人等

四　地方独立行政法人

3　この章において「個人データ」とは、個人情報データベース等を構成する個人情報をいう。

4　この章において「保有個人データ」とは、個人情報取扱事業者が、開示、内容の訂正、追加又は削除、利用の停止、消去及び第三者への提供の停止を行うことのできる権限を有する個人データであって、その存否が明らかになることにより公益その他の利益が害されるものとして政令で定めるもの以外のものをいう。

5　この章、第六章及び第七章において「仮名加工情報取扱事業者」とは、仮名加工情報を含む情報の集合物であって、特定の仮名加工情報を電子計算機を用いて検索することができるように体系的に構成したものその他特定の仮名加工情報を容易に検索することができるように体系的に構成したものとして政令で定めるもの（第四十一条第一項において「仮名加工情報データベース等」という。）を事業の用に供している者をいう。ただし、第二項各号に掲げる者を除く。

6　この章、第六章及び第七章において「匿名加工情報取扱事業者」とは、匿名加工情報を含む情報の集合物であって、特定の匿名加工情報を電子計算機を用いて検索することができるように体系的に構成したものその他特定の匿名加工情報を容易に検索することができるように体系的に構成したものとして政令で定めるもの（第四十三条第一項において「匿名加工情報データベース等」という。）を事業の用に供している者をいう。ただし、第二項各号に掲げる者を除く。

7　この章、第六章及び第七章において「個人関連情報取扱事業者」とは、個人関連情報を含む情報の集合物であって、特定の個人関連情報を電子計算機を用いて検索することができるように体系的に構成したものその他特定の個人関連情報を容易に検索することができるように体系的に構成したものとして政令で定めるもの（第三十一条第一項において「個人関連情報データベース等」という。）を事業の用に供している者をいう。ただし、第二項各号に掲げる者を除く。

8　この章において「学術研究機関等」とは、大学その他の学術研究を目的とする機関若しくは団体又はそれらに属する者をいう。

第二節　個人情報取扱事業者及び個人関連情報取扱事業者の義務

（利用目的の特定）

第十七条 個人情報取扱事業者は、個人情報を取り扱うに当たっては、その利用の目的（以下「利用目的」という。）をできる限り特定しなければならない。

2　個人情報取扱事業者は、利用目的を変更する場合には、変更前の利用目的と関連性を有すると合理的に認められる範囲を超えて行ってはならない。

（利用目的による制限）

第十八条 個人情報取扱事業者は、あらかじめ本人の同意を得ないで、前条の規定により特定された利用目的の達成に必要な範囲を超えて、個人情報を取り扱ってはならない。

2　個人情報取扱事業者は、合併その他の事由により他の個人情報取扱事業者から事業を承継することに伴って個人情報を取得した場合は、あらかじめ本人の同意を得ないで、承継

前における当該個人情報の利用目的の達成に必要な範囲を超えて、当該個人情報を取り扱ってはならない。

3　前二項の規定は、次に掲げる場合については、適用しない。

一　法令（条例を含む。以下この章において同じ。）に基づく場合

二　人の生命、身体又は財産の保護のために必要がある場合であって、本人の同意を得ることが困難であるとき。

三　公衆衛生の向上又は児童の健全な育成の推進のために特に必要がある場合であって、本人の同意を得ることが困難であるとき。

四　国の機関若しくは地方公共団体又はその委託を受けた者が法令の定める事務を遂行することに対して協力する必要がある場合であって、本人の同意を得ることにより当該事務の遂行に支障を及ぼすおそれがあるとき。

五　当該個人情報取扱事業者が学術研究機関等である場合であって、当該個人情報を学術研究の用に供する目的（以下この章において「学術研究目的」という。）で取り扱う必要があるとき（当該個人情報を取り扱う目的の一部が学術研究目的である場合を含み、個人の権利利益を不当に侵害するおそれがある場合を除く。）。

六　学術研究機関等に個人データを提供する場合であって、当該学術研究機関等が当該個人データを学術研究目的で取り扱う必要があるとき（当該個人データを取り扱う目的の一部が学術研究目的である場合を含み、個人の権利利益を不当に侵害するおそれがある場合を除く。）。

（不適正な利用の禁止）

第十九条　個人情報取扱事業者は、違法又は不当な行為を助長し、又は誘発するおそれがある方法により個人情報を利用してはならない。

（適正な取得）

第二十条　個人情報取扱事業者は、偽りその他不正の手段により個人情報を取得してはならない。

2　個人情報取扱事業者は、次に掲げる場合を除くほか、あらかじめ本人の同意を得ないで、要配慮個人情報を取得してはならない。

一　法令に基づく場合

二　人の生命、身体又は財産の保護のために必要がある場合であって、本人の同意を得ることが困難であるとき。

三　公衆衛生の向上又は児童の健全な育成の推進のために特に必要がある場合であって、本人の同意を得ることが困難であるとき。

四　国の機関若しくは地方公共団体又はその委託を受けた者が法令の定める事務を遂行することに対して協力する必要がある場合であって、本人の同意を得ることにより当該事務の遂行に支障を及ぼすおそれがあるとき。

五　当該個人情報取扱事業者が学術研究機関等である場合であって、当該要配慮個人情報を学術研究目的で取り扱う必要があるとき（当該要配慮個人情報を取り扱う目的の一部が学術研究目的である場合を含み、個人の権利利益を不当に侵害するおそれがある場合を除く。）。

六　学術研究機関等から当該要配慮個人情報を取得する場合であって、当該要配慮個人情報を学術研究目的で取得する必要があるとき（当該要配慮個人情報を取得する目的の一部が学術研究目的である場合を含み、個人の権利利益を不当に侵害するおそれがある場合を除く。）（当該個人情報取扱事業者と当該学術研究機関等が共同して学術研究を行う場合に限る。）。

七　当該要配慮個人情報が、本人、国の機関、地方公共団体、学術研究機関等、第五十七条第一項各号に掲げる者その他個人情報保護委員会規則で定める者により公開されている場合

八　その他前各号に掲げる場合に準ずるものとして政令で定める場合

（取得に際しての利用目的の通知等）

第二十一条　個人情報取扱事業者は、個人情報を取得した場合は、あらかじめその利用目的を公表している場合を除き、速やかに、その利用目的を、本人に通知し、又は公表しなければならない。

2　個人情報取扱事業者は、前項の規定にかかわらず、本人との間で契約を締結することに伴って契約書その他の書面（電磁的記録を含む。以下この項において同じ。）に記載された当該本人の個人情報を取得する場合その他本人から直接書面に記載された当該本人の個人情報を取得する場合は、あらかじめ、本人に対し、その利用目的を明示しなければならない。ただし、人の生命、身体又は財産の保

護のために緊急に必要がある場合は、この限りでない。

3　個人情報取扱事業者は、利用目的を変更した場合は、変更された利用目的について、本人に通知し、又は公表しなければならない。

4　前三項の規定は、次に掲げる場合については、適用しない。

一　利用目的を本人に通知し、又は公表することにより本人又は第三者の生命、身体、財産その他の権利利益を害するおそれがある場合

二　利用目的を本人に通知し、又は公表することにより当該個人情報取扱事業者の権利又は正当な利益を害するおそれがある場合

三　国の機関又は地方公共団体が法令の定める事務を遂行することに対して協力する必要がある場合であって、利用目的を本人に通知し、又は公表することにより当該事務の遂行に支障を及ぼすおそれがあるとき。

四　取得の状況からみて利用目的が明らかであると認められる場合

（**データ内容の正確性の確保等**）

第二十二条　個人情報取扱事業者は、利用目的の達成に必要な範囲内において、個人データを正確かつ最新の内容に保つとともに、利用する必要がなくなったときは、当該個人データを遅滞なく消去するよう努めなければならない。

（**安全管理措置**）

第二十三条　個人情報取扱事業者は、その取り扱う個人データの漏えい、滅失又は毀損の防止その他の個人データの安全管理のために必要かつ適切な措置を講じなければならない。

（**従業者の監督**）

第二十四条　個人情報取扱事業者は、その従業者に個人データを取り扱わせるに当たっては、当該個人データの安全管理が図られるよう、当該従業者に対する必要かつ適切な監督を行わなければならない。

（**委託先の監督**）

第二十五条　個人情報取扱事業者は、個人データの取扱いの全部又は一部を委託する場合は、その取扱いを委託された個人データの安全管理が図られるよう、委託を受けた者に対する必要かつ適切な監督を行わなければならない。

（**漏えい等の報告等**）

第二十六条　個人情報取扱事業者は、その取り扱う個人データの漏えい、滅失、毀損その他の個人データの安全の確保に係る事態であって個人の権利利益を害するおそれが大きいものとして個人情報保護委員会規則で定めるものが生じたときは、個人情報保護委員会規則で定めるところにより、当該事態が生じた旨を個人情報保護委員会に報告しなければならない。ただし、当該個人情報取扱事業者が、他の個人情報取扱事業者又は行政機関等から当該個人データの取扱いの全部又は一部の委託を受けた場合であって、個人情報保護委員会規則で定めるところにより、当該事態が生じた旨を当該他の個人情報取扱事業者又は行政機関等に通知したときは、この限りでない。

2　前項に規定する場合には、個人情報取扱事業者（同項ただし書の規定による通知をした者を除く。）は、本人に対し、個人情報保護委員会規則で定めるところにより、当該事態が生じた旨を通知しなければならない。ただし、本人への通知が困難な場合であって、本人の権利利益を保護するため必要なこれに代わるべき措置をとるときは、この限りでない。

（**第三者提供の制限**）

第二十七条　個人情報取扱事業者は、次に掲げる場合を除くほか、あらかじめ本人の同意を得ないで、個人データを第三者に提供してはならない。

一　法令に基づく場合

二　人の生命、身体又は財産の保護のために必要がある場合であって、本人の同意を得ることが困難であるとき。

三　公衆衛生の向上又は児童の健全な育成の推進のために特に必要がある場合であって、本人の同意を得ることが困難であるとき。

四　国の機関若しくは地方公共団体又はその委託を受けた者が法令の定める事務を遂行することに対して協力する必要がある場合であって、本人の同意を得ることにより当該事務の遂行に支障を及ぼすおそれがあるとき。

五　当該個人情報取扱事業者が学術研究機関等である場合であって、当該個人データの提供が学術研究の成果の公表又は教授のためやむを得ないとき（個人の権利利益を不当に侵害するおそれがある場合を除く。）。

六　当該個人情報取扱事業者が学術研究機関等である場合であって、当該個人データを学術研究目的で提供する必要があるとき

（当該個人データを提供する目的の一部が学術研究目的である場合を含み、個人の権利利益を不当に侵害するおそれがある場合を除く。）（当該個人情報取扱事業者と当該第三者が共同して学術研究を行う場合に限る。）。

七　当該第三者が学術研究機関等である場合であって、当該第三者が当該個人データを学術研究目的で取り扱う必要があるとき（当該個人データを取り扱う目的の一部が学術研究目的である場合を含み、個人の権利利益を不当に侵害するおそれがある場合を除く。）。

2　個人情報取扱事業者は、第三者に提供される個人データについて、本人の求めに応じて当該本人が識別される個人データの第三者への提供を停止することとしている場合であって、次に掲げる事項について、個人情報保護委員会規則で定めるところにより、あらかじめ、本人に通知し、又は本人が容易に知り得る状態に置くとともに、個人情報保護委員会に届け出たときは、前項の規定にかかわらず、当該個人データを第三者に提供することができる。ただし、第三者に提供される個人データが要配慮個人情報又は第二十条第一項の規定に違反して取得されたもの若しくは他の個人情報取扱事業者からこの項本文の規定により提供されたもの（その全部又は一部を複製し、又は加工したものを含む。）である場合は、この限りでない。

一　第三者への提供を行う個人情報取扱事業者の氏名又は名称及び住所並びに法人にあっては、その代表者（法人でない団体で代表者又は管理人の定めのあるものにあっては、その代表者又は管理人。以下この条、第三十条第一項第一号及び第三十二条第一項第一号において同じ。）の氏名

二　第三者への提供を利用目的とすること。

三　第三者に提供される個人データの項目

四　第三者に提供される個人データの取得の方法

五　第三者への提供の方法

六　本人の求めに応じて当該本人が識別される個人データの第三者への提供を停止すること。

七　本人の求めを受け付ける方法

八　その他個人の権利利益を保護するために必要なものとして個人情報保護委員会規則で定める事項

3　個人情報取扱事業者は、前項第一号に掲げる事項に変更があったとき又は同項の規定による個人データの提供をやめたときは遅滞なく、同項第三号から第五号まで、第七号又は第八号に掲げる事項を変更しようとするときはあらかじめ、その旨について、個人情報保護委員会規則で定めるところにより、本人に通知し、又は本人が容易に知り得る状態に置くとともに、個人情報保護委員会に届け出なければならない。

4　個人情報保護委員会は、第二項の規定による届出があったときは、個人情報保護委員会規則で定めるところにより、当該届出に係る事項を公表しなければならない。前項の規定による届出があったときも、同様とする。

5　次に掲げる場合において、当該個人データの提供を受ける者は、前各項の規定の適用については、第三者に該当しないものとする。

一　個人情報取扱事業者が利用目的の達成に必要な範囲内において個人データの取扱いの全部又は一部を委託することに伴って当該個人データが提供される場合

二　合併その他の事由による事業の承継に伴って個人データが提供される場合

三　特定の者との間で共同して利用される個人データが当該特定の者に提供される場合であって、その旨並びに共同して利用される個人データの項目、共同して利用する者の範囲、利用する者の利用目的並びに当該個人データの管理について責任を有する者の氏名又は名称及び住所並びに法人にあっては、その代表者の氏名について、あらかじめ、本人に通知し、又は本人が容易に知り得る状態に置いているとき。

6　個人情報取扱事業者は、前項第三号に規定する個人データの管理について責任を有する者の氏名、名称若しくは住所又は法人にあっては、その代表者の氏名に変更があったときは遅滞なく、同号に規定する利用する者の利用目的又は当該責任を有する者を変更しようとするときはあらかじめ、その旨について、本人に通知し、又は本人が容易に知り得る状態に置かなければならない。

（外国にある第三者への提供の制限）

第二十八条　個人情報取扱事業者は、外国（本邦の域外にある国又は地域をいう。以下この条及び第三十一条第一項第二号において同じ。）（個人の権利利益を保護する上で我が国と同等の水準にあると認められる個人情報の保護に関する制度を有している外国として個

人情報保護委員会規則で定めるものを除く。以下この条及び同号において同じ。）にある第三者（個人データの取扱いについてこの節の規定により個人情報取扱事業者が講ずべきこととされている措置に相当する措置（第三項において「相当措置」という。）を継続的に講ずるために必要なものとして個人情報保護委員会規則で定める基準に適合する体制を整備している者を除く。以下この項及び次項並びに同号において同じ。）に個人データを提供する場合には、前条第一項各号に掲げる場合を除くほか、あらかじめ外国にある第三者への提供を認める旨の本人の同意を得なければならない。この場合においては、同条の規定は、適用しない。

2　個人情報取扱事業者は、前項の規定により本人の同意を得ようとする場合には、個人情報保護委員会規則で定めるところにより、あらかじめ、当該外国における個人情報の保護に関する制度、当該第三者が講ずる個人情報の保護のための措置その他当該本人に参考となるべき情報を当該本人に提供しなければならない。

3　個人情報取扱事業者は、個人データを外国にある第三者（第一項に規定する体制を整備している者に限る。）に提供した場合には、個人情報保護委員会規則で定めるところにより、当該第三者による相当措置の継続的な実施を確保するために必要な措置を講ずるとともに、本人の求めに応じて当該必要な措置に関する情報を当該本人に提供しなければならない。

（第三者提供に係る記録の作成等）

第二十九条　個人情報取扱事業者は、個人データを第三者（第十六条第二項各号に掲げる者を除く。以下この条及び次条（第三十一条第三項において読み替えて準用する場合を含む。）において同じ。）に提供したときは、個人情報保護委員会規則で定めるところにより、当該個人データを提供した年月日、当該第三者の氏名又は名称その他の個人情報保護委員会規則で定める事項に関する記録を作成しなければならない。ただし、当該個人データの提供が第二十七条第一項各号又は第五項各号のいずれか（前条第一項の規定による個人データの提供にあっては、第二十七条第一項各号のいずれか）に該当する場合は、この限りでない。

2　個人情報取扱事業者は、前項の記録を、当該記録を作成した日から個人情報保護委員会規則で定める期間保存しなければならない。

（第三者提供を受ける際の確認等）

第三十条　個人情報取扱事業者は、第三者から個人データの提供を受けるに際しては、個人情報保護委員会規則で定めるところにより、次に掲げる事項の確認を行わなければならない。ただし、当該個人データの提供が第二十七条第一項各号又は第五項各号のいずれかに該当する場合は、この限りでない。

一　当該第三者の氏名又は名称及び住所並びに法人にあっては、その代表者の氏名

二　当該第三者による当該個人データの取得の経緯

2　前項の第三者は、個人情報取扱事業者が同項の規定による確認を行う場合において、当該個人情報取扱事業者に対して、当該確認に係る事項を偽ってはならない。

3　個人情報取扱事業者は、第一項の規定による確認を行ったときは、個人情報保護委員会規則で定めるところにより、当該個人データの提供を受けた年月日、当該確認に係る事項その他の個人情報保護委員会規則で定める事項に関する記録を作成しなければならない。

4　個人情報取扱事業者は、前項の記録を、当該記録を作成した日から個人情報保護委員会規則で定める期間保存しなければならない。

（個人関連情報の第三者提供の制限等）

第三十一条　個人関連情報取扱事業者は、第三者が個人関連情報（個人関連情報データベース等を構成するものに限る。以下この章及び第六章において同じ。）を個人データとして取得することが想定されるときは、第二十七条第一項各号に掲げる場合を除くほか、次に掲げる事項について、あらかじめ個人情報保護委員会規則で定めるところにより確認することをしないで、当該個人関連情報を当該第三者に提供してはならない。

一　当該第三者が個人関連情報取扱事業者から個人関連情報の提供を受けて本人が識別される個人データとして取得することを認める旨の当該本人の同意が得られていること。

二　外国にある第三者への提供にあっては、前号の本人の同意を得ようとする場合において、個人情報保護委員会規則で定めるところにより、あらかじめ、当該外国における個人情報の保護に関する制度、当該第三者が講ずる個人情報の保護のための措置その他当該本人に参考となるべき情報が当該

2　本人に提供されていること。
第二十八条第三項の規定は、前項の規定により個人関連情報取扱事業者が個人関連情報を提供する場合について準用する。この場合において、同条第三項中「講ずるとともに、本人の求めに応じて当該必要な措置に関する情報を当該本人に提供し」とあるのは、「講じ」と読み替えるものとする。

3　前条第二項から第四項までの規定は、第一項の規定により個人関連情報取扱事業者が確認する場合について準用する。この場合において、同条第三項中「の提供を受けた」とあるのは、「を提供した」と読み替えるものとする。

（保有個人データに関する事項の公表等）

第三十二条　個人情報取扱事業者は、保有個人データに関し、次に掲げる事項について、本人の知り得る状態（本人の求めに応じて遅滞なく回答する場合を含む。）に置かなければならない。

一　当該個人情報取扱事業者の氏名又は名称及び住所並びに法人にあっては、その代表者の氏名

二　全ての保有個人データの利用目的（第二十一条第四項第一号から第三号までに該当する場合を除く。）

三　次項の規定による求め又は次条第一項（同条第五項において準用する場合を含む。）、第三十四条第一項若しくは第三十五条第一項、第三項若しくは第五項の規定による請求に応じる手続（第三十八条第二項の規定により手数料の額を定めたときは、その手数料の額を含む。）

四　前三号に掲げるもののほか、保有個人データの適正な取扱いの確保に関し必要な事項として政令で定めるもの

2　個人情報取扱事業者は、本人から、当該本人が識別される保有個人データの利用目的の通知を求められたときは、本人に対し、遅滞なく、これを通知しなければならない。ただし、次の各号のいずれかに該当する場合は、この限りでない。

一　前項の規定により当該本人が識別される保有個人データの利用目的が明らかな場合

二　第二十一条第四項第一号から第三号までに該当する場合

3　個人情報取扱事業者は、前項の規定に基づき求められた保有個人データの利用目的を通知しない旨の決定をしたときは、本人に対し、遅滞なく、その旨を通知しなければならない。

（開示）

第三十三条　本人は、個人情報取扱事業者に対し、当該本人が識別される保有個人データの電磁的記録の提供による方法その他の個人情報保護委員会規則で定める方法による開示を請求することができる。

2　個人情報取扱事業者は、前項の規定による請求を受けたときは、本人に対し、同項の規定により当該本人が請求した方法（当該方法による開示に多額の費用を要する場合その他の当該方法による開示が困難である場合にあっては、書面の交付による方法）により、遅滞なく、当該保有個人データを開示しなければならない。ただし、開示することにより次の各号のいずれかに該当する場合は、その全部又は一部を開示しないことができる。

一　本人又は第三者の生命、身体、財産その他の権利利益を害するおそれがある場合

二　当該個人情報取扱事業者の業務の適正な実施に著しい支障を及ぼすおそれがある場合

三　他の法令に違反することとなる場合

3　個人情報取扱事業者は、第一項の規定による請求に係る保有個人データの全部若しくは一部について開示しない旨の決定をしたとき、当該保有個人データが存在しないとき、又は同項の規定により本人が請求した方法による開示が困難であるときは、本人に対し、遅滞なく、その旨を通知しなければならない。

4　他の法令の規定により、本人に対し第二項本文に規定する方法に相当する方法により当該本人が識別される保有個人データの全部又は一部を開示することとされている場合には、当該全部又は一部の保有個人データについては、第一項及び第二項の規定は、適用しない。

5　第一項から第三項までの規定は、当該本人が識別される個人データに係る第二十九条第一項及び第三十条第三項の記録（その存否が明らかになることにより公益その他の利益が害されるものとして政令で定めるものを除く。第三十七条第二項において「第三者提供記録」という。）について準用する。

（訂正等）

第三十四条　本人は、個人情報取扱事業者に対し、当該本人が識別される保有個人データの内容が事実でないときは、当該保有個人デー

行政法

タの内容の訂正、追加又は削除（以下この条において「訂正等」という。）を請求することができる。

2　個人情報取扱事業者は、前項の規定による請求を受けた場合には、その内容の訂正等に関して他の法令の規定により特別の手続が定められている場合を除き、利用目的の達成に必要な範囲内において、遅滞なく必要な調査を行い、その結果に基づき、当該保有個人データの内容の訂正等を行わなければならない。

3　個人情報取扱事業者は、第一項の規定による請求に係る保有個人データの内容の全部若しくは一部について訂正等を行ったとき、又は訂正等を行わない旨の決定をしたときは、本人に対し、遅滞なく、その旨（訂正等を行ったときは、その内容を含む。）を通知しなければならない。

（利用停止等）

第三十五条　本人は、個人情報取扱事業者に対し、当該本人が識別される保有個人データが第十八条若しくは第十九条の規定に違反して取り扱われているとき、又は第二十条の規定に違反して取得されたものであるときは、当該保有個人データの利用の停止又は消去（以下この条において「利用停止等」という。）を請求することができる。

2　個人情報取扱事業者は、前項の規定による請求を受けた場合であって、その請求に理由があることが判明したときは、違反を是正するために必要な限度で、遅滞なく、当該保有個人データの利用停止等を行わなければならない。ただし、当該保有個人データの利用停止等に多額の費用を要する場合その他の利用停止等を行うことが困難な場合であって、本人の権利利益を保護するため必要なこれに代わるべき措置をとるときは、この限りでない。

3　本人は、個人情報取扱事業者に対し、当該本人が識別される保有個人データが第二十七条第一項又は第二十八条の規定に違反して第三者に提供されているときは、当該保有個人データの第三者への提供の停止を請求することができる。

4　個人情報取扱事業者は、前項の規定による請求を受けた場合であって、その請求に理由があることが判明したときは、遅滞なく、当該保有個人データの第三者への提供を停止しなければならない。ただし、当該保有個人データの第三者への提供の停止に多額の費用を要する場合その他の第三者への提供を停止することが困難な場合であって、本人の権利利益を保護するため必要なこれに代わるべき措置をとるときは、この限りでない。

5　本人は、個人情報取扱事業者に対し、当該本人が識別される保有個人データを当該個人情報取扱事業者が利用する必要がなくなった場合、当該本人が識別される保有個人データに係る第二十六条第一項本文に規定する事態が生じた場合その他当該本人が識別される保有個人データの取扱いにより当該本人の権利又は正当な利益が害されるおそれがある場合には、当該保有個人データの利用停止等又は第三者への提供の停止を請求することができる。

6　個人情報取扱事業者は、前項の規定による請求を受けた場合であって、その請求に理由があることが判明したときは、本人の権利利益の侵害を防止するために必要な限度で、遅滞なく、当該保有個人データの利用停止等又は第三者への提供の停止を行わなければならない。ただし、当該保有個人データの利用停止等又は第三者への提供の停止に多額の費用を要する場合その他の利用停止等又は第三者への提供の停止を行うことが困難な場合であって、本人の権利利益を保護するため必要なこれに代わるべき措置をとるときは、この限りでない。

7　個人情報取扱事業者は、第一項若しくは第五項の規定による請求に係る保有個人データの全部若しくは一部について利用停止等を行ったとき若しくは利用停止等を行わない旨の決定をしたとき、又は第三項若しくは第五項の規定による請求に係る保有個人データの全部若しくは一部について第三者への提供を停止したとき若しくは第三者への提供を停止しない旨の決定をしたときは、本人に対し、遅滞なく、その旨を通知しなければならない。

（理由の説明）

第三十六条　個人情報取扱事業者は、第三十二条第三項、第三十三条第三項（同条第五項において準用する場合を含む。）、第三十四条第三項又は前条第七項の規定により、本人から求められ、又は請求された措置の全部又は一部について、その措置をとらない旨を通知する場合又はその措置と異なる措置をとる旨を通知する場合には、本人に対し、その理由を説明するよう努めなければならない。

（開示等の請求等に応じる手続）

第三十七条　個人情報取扱事業者は、第三十二条第二項の規定による求め又は第三十三条第一項（同条第五項において準用する場合を含む。次条第一項及び第三十九条において同じ。）、第三十四条第一項若しくは第三十五条第一項、第三項若しくは第五項の規定による請求（以下この条及び第五十四条第一項において「開示等の請求等」という。）に関し、政令で定めるところにより、その求め又は請求を受け付ける方法を定めることができる。この場合において、本人は、当該方法に従って、開示等の請求等を行わなければならない。

2　個人情報取扱事業者は、本人に対し、開示等の請求等に関し、その対象となる保有個人データ又は第三者提供記録を特定するに足りる事項の提示を求めることができる。この場合において、個人情報取扱事業者は、本人が容易かつ的確に開示等の請求等をすることができるよう、当該保有個人データ又は当該第三者提供記録の特定に資する情報の提供その他本人の利便を考慮した適切な措置をとらなければならない。

3　開示等の請求等は、政令で定めるところにより、代理人によってすることができる。

4　個人情報取扱事業者は、前三項の規定に基づき開示等の請求等に応じる手続を定めるに当たっては、本人に過重な負担を課するものとならないよう配慮しなければならない。

（手数料）

第三十八条　個人情報取扱事業者は、第三十二条第二項の規定による利用目的の通知を求められたとき又は第三十三条第一項の規定による開示の請求を受けたときは、当該措置の実施に関し、手数料を徴収することができる。

2　個人情報取扱事業者は、前項の規定により手数料を徴収する場合は、実費を勘案して合理的であると認められる範囲内において、その手数料の額を定めなければならない。

（事前の請求）

第三十九条　本人は、第三十三条第一項、第三十四条第一項又は第三十五条第一項、第三項若しくは第五項の規定による請求に係る訴えを提起しようとするときは、その訴えの被告となるべき者に対し、あらかじめ、当該請求を行い、かつ、その到達した日から二週間を経過した後でなければ、その訴えを提起することができない。ただし、当該訴えの被告となるべき者がその請求を拒んだときは、この限りでない。

2　前項の請求は、その請求が通常到達すべきであった時に、到達したものとみなす。

3　前二項の規定は、第三十三条第一項、第三十四条第一項又は第三十五条第一項、第三項若しくは第五項の規定による請求に係る仮処分命令の申立てについて準用する。

（個人情報取扱事業者による苦情の処理）

第四十条　個人情報取扱事業者は、個人情報の取扱いに関する苦情の適切かつ迅速な処理に努めなければならない。

2　個人情報取扱事業者は、前項の目的を達成するために必要な体制の整備に努めなければならない。

第三節　仮名加工情報取扱事業者等の義務

（仮名加工情報の作成等）

第四十一条　個人情報取扱事業者は、仮名加工情報（仮名加工情報データベース等を構成するものに限る。以下この章及び第六章において同じ。）を作成するときは、他の情報と照合しない限り特定の個人を識別することができないようにするために必要なものとして個人情報保護委員会規則で定める基準に従い、個人情報を加工しなければならない。

2　個人情報取扱事業者は、仮名加工情報を作成したとき、又は仮名加工情報及び当該仮名加工情報に係る削除情報等（仮名加工情報の作成に用いられた個人情報から削除された記述等及び個人識別符号並びに前項の規定により行われた加工の方法に関する情報をいう。以下この条及び次条第三項において読み替えて準用する第七項において同じ。）を取得したときは、削除情報等の漏えいを防止するために必要なものとして個人情報保護委員会規則で定める基準に従い、削除情報等の安全管理のための措置を講じなければならない。

3　仮名加工情報取扱事業者（個人情報取扱事業者である者に限る。以下この条において同じ。）は、第十八条の規定にかかわらず、法令に基づく場合を除くほか、第十七条第一項の規定により特定された利用目的の達成に必要な範囲を超えて、仮名加工情報（個人情報であるものに限る。以下この条において同じ。）を取り扱ってはならない。

4　仮名加工情報についての第二十一条の規定

の適用については、同条第一項及び第三項中「、本人に通知し、又は公表し」とあるのは「公表し」と、同条第四項第一号から第三号までの規定中「本人に通知し、又は公表する」とあるのは「公表する」とする。

5　仮名加工情報取扱事業者は、仮名加工情報である個人データ及び削除情報等を利用する必要がなくなったときは、当該個人データ及び削除情報等を遅滞なく消去するよう努めなければならない。この場合においては、第二十二条の規定は、適用しない。

6　仮名加工情報取扱事業者は、第二十七条第一項及び第二項並びに第二十八条第一項の規定にかかわらず、法令に基づく場合を除くほか、仮名加工情報である個人データを第三者に提供してはならない。この場合において、第二十七条第五項中「前各項」とあるのは「第四十一条第六項」と、同項第三号中「、本人に通知し、又は本人が容易に知り得る状態に置いて」とあるのは「公表して」と、同条第六項中「、本人に通知し、又は本人が容易に知り得る状態に置かなければ」とあるのは「公表しなければ」と、第二十九条第一項ただし書中「第二十七条第一項各号又は第五項各号のいずれか（前条第一項の規定による個人データの提供にあっては、第二十七条第一項各号のいずれか）」とあり、及び第三十条第一項ただし書中「第二十七条第一項各号又は第五項各号のいずれか」とあるのは「法令に基づく場合又は第二十七条第五項各号のいずれか」とする。

7　仮名加工情報取扱事業者は、仮名加工情報を取り扱うに当たっては、当該仮名加工情報の作成に用いられた個人情報に係る本人を識別するために、当該仮名加工情報を他の情報と照合してはならない。

8　仮名加工情報取扱事業者は、仮名加工情報を取り扱うに当たっては、電話をかけ、郵便若しくは民間事業者による信書の送達に関する法律（平成十四年法律第九十九号）第二条第六項に規定する一般信書便事業者若しくは同条第九項に規定する特定信書便事業者による同条第二項に規定する信書便により送付し、電報を送達し、ファクシミリ装置若しくは電磁的方法（電子情報処理組織を使用する方法その他の情報通信の技術を利用する方法であって個人情報保護委員会規則で定めるものをいう。）を用いて送信し、又は住居を訪問するために、当該仮名加工情報に含まれる連絡先その他の情報を利用してはならない。

9　仮名加工情報、仮名加工情報である個人データ及び仮名加工情報である保有個人データについては、第十七条第二項、第二十六条及び第三十二条から第三十九条までの規定は、適用しない。

（仮名加工情報の第三者提供の制限等）

第四十二条　仮名加工情報取扱事業者は、法令に基づく場合を除くほか、仮名加工情報（個人情報であるものを除く。次項及び第三項において同じ。）を第三者に提供してはならない。

2　第二十七条第五項及び第六項の規定は、仮名加工情報の提供を受ける者について準用する。この場合において、同条第五項中「前各項」とあるのは「第四十二条第一項」と、同項第一号中「個人情報取扱事業者」とあるのは「仮名加工情報取扱事業者」と、同項第三号中「、本人に通知し、又は本人が容易に知り得る状態に置いて」とあるのは「公表して」と、同条第六項中「個人情報取扱事業者」とあるのは「仮名加工情報取扱事業者」と、「、本人に通知し、又は本人が容易に知り得る状態に置かなければ」とあるのは「公表しなければ」と読み替えるものとする。

3　第二十三条から第二十五条まで、第四十条並びに前条第七項及び第八項の規定は、仮名加工情報取扱事業者による仮名加工情報の取扱いについて準用する。この場合において、第二十三条中「漏えい、滅失又は毀損」とあるのは「漏えい」と、前条第七項中「ために、」とあるのは「ために、削除情報等を取得し、又は」と読み替えるものとする。

第四節　匿名加工情報取扱事業者等の義務

（匿名加工情報の作成等）

第四十三条　個人情報取扱事業者は、匿名加工情報（匿名加工情報データベース等を構成するものに限る。以下この章及び第六章において同じ。）を作成するときは、特定の個人を識別すること及びその作成に用いる個人情報を復元することができないようにするために必要なものとして個人情報保護委員会規則で定める基準に従い、当該個人情報を加工しなければならない。

2　個人情報取扱事業者は、匿名加工情報を作成したときは、その作成に用いた個人情報から削除した記述等及び個人識別符号並びに前項の規定により行った加工の方法に関する情

行政法

報の漏えいを防止するために必要なものとして個人情報保護委員会規則で定める基準に従い、これらの情報の安全管理のための措置を講じなければならない。

3　個人情報取扱事業者は、匿名加工情報を作成したときは、個人情報保護委員会規則で定めるところにより、当該匿名加工情報に含まれる個人に関する情報の項目を公表しなければならない。

4　個人情報取扱事業者は、匿名加工情報を作成して当該匿名加工情報を第三者に提供するときは、個人情報保護委員会規則で定めるところにより、あらかじめ、第三者に提供される匿名加工情報に含まれる個人に関する情報の項目及びその提供の方法について公表するとともに、当該第三者に対して、当該提供に係る情報が匿名加工情報である旨を明示しなければならない。

5　個人情報取扱事業者は、匿名加工情報を作成して自ら当該匿名加工情報を取り扱うに当たっては、当該匿名加工情報の作成に用いられた個人情報に係る本人を識別するために、当該匿名加工情報を他の情報と照合してはならない。

6　個人情報取扱事業者は、匿名加工情報を作成したときは、当該匿名加工情報の安全管理のために必要かつ適切な措置、当該匿名加工情報の作成その他の取扱いに関する苦情の処理その他の当該匿名加工情報の適正な取扱いを確保するために必要な措置を自ら講じ、かつ、当該措置の内容を公表するよう努めなければならない。

（匿名加工情報の提供）

第四十四条　匿名加工情報取扱事業者は、匿名加工情報（自ら個人情報を加工して作成したものを除く。以下この節において同じ。）を第三者に提供するときは、個人情報保護委員会規則で定めるところにより、あらかじめ、第三者に提供される匿名加工情報に含まれる個人に関する情報の項目及びその提供の方法について公表するとともに、当該第三者に対して、当該提供に係る情報が匿名加工情報である旨を明示しなければならない。

（識別行為の禁止）

第四十五条　匿名加工情報取扱事業者は、匿名加工情報を取り扱うに当たっては、当該匿名加工情報の作成に用いられた個人情報に係る本人を識別するために、当該個人情報から削除された記述等若しくは個人識別符号若しくは第四十三条第一項若しくは第百十六条第一項（同条第二項において準用する場合を含む。）の規定により行われた加工の方法に関する情報を取得し、又は当該匿名加工情報を他の情報と照合してはならない。

（安全管理措置等）

第四十六条　匿名加工情報取扱事業者は、匿名加工情報の安全管理のために必要かつ適切な措置、匿名加工情報の取扱いに関する苦情の処理その他の匿名加工情報の適正な取扱いを確保するために必要な措置を自ら講じ、かつ、当該措置の内容を公表するよう努めなければならない。

第五節　民間団体による個人情報の保護の推進

（認定）

第四十七条　個人情報取扱事業者、仮名加工情報取扱事業者又は匿名加工情報取扱事業者（以下この章において「個人情報取扱事業者等」という。）の個人情報、仮名加工情報又は匿名加工情報（以下この章において「個人情報等」という。）の適正な取扱いの確保を目的として次に掲げる業務を行おうとする法人（法人でない団体で代表者又は管理人の定めのあるものを含む。次条第三号ロにおいて同じ。）は、個人情報保護委員会の認定を受けることができる。

一　業務の対象となる個人情報取扱事業者等（以下この節において「対象事業者」という。）の個人情報等の取扱いに関する第五十三条の規定による苦情の処理

二　個人情報等の適正な取扱いの確保に寄与する事項についての対象事業者に対する情報の提供

三　前二号に掲げるもののほか、対象事業者の個人情報等の適正な取扱いの確保に関し必要な業務

2　前項の認定は、対象とする個人情報取扱事業者等の事業の種類その他の業務の範囲を限定して行うことができる。

3　第一項の認定を受けようとする者は、政令で定めるところにより、個人情報保護委員会に申請しなければならない。

4　個人情報保護委員会は、第一項の認定をしたときは、その旨（第二項の規定により業務の範囲を限定する認定にあっては、その認定に係る業務の範囲を含む。）を公示しなければならない。

（欠格条項）

第四十八条　次の各号のいずれかに該当する者は、前条第一項の認定を受けることができない。

一　この法律の規定により刑に処せられ、その執行を終わり、又は執行を受けることがなくなった日から二年を経過しない者

二　第百五十五条第一項の規定により認定を取り消され、その取消しの日から二年を経過しない者

三　その業務を行う役員（法人でない団体で代表者又は管理人の定めのあるものの代表者又は管理人を含む。以下この条において同じ。）のうちに、次のいずれかに該当する者があるもの

イ　禁錮以上の刑に処せられ、又はこの法律の規定により刑に処せられ、その執行を終わり、又は執行を受けることがなくなった日から二年を経過しない者

ロ　第百五十五条第一項の規定により認定を取り消された法人において、その取消しの日前三十日以内にその役員であった者でその取消しの日から二年を経過しない者

（**認定の基準**）

第四十九条　個人情報保護委員会は、第四十七条第一項の認定の申請が次の各号のいずれにも適合していると認めるときでなければ、その認定をしてはならない。

一　第四十七条第一項各号に掲げる業務を適正かつ確実に行うに必要な業務の実施の方法が定められているものであること。

二　第四十七条第一項各号に掲げる業務を適正かつ確実に行うに足りる知識及び能力並びに経理的基礎を有するものであること。

三　第四十七条第一項各号に掲げる業務以外の業務を行っている場合には、その業務を行うことによって同項各号に掲げる業務が不公正になるおそれがないものであること。

（**変更の認定等**）

第五十条　第四十七条第一項の認定（同条第二項の規定により業務の範囲を限定する認定を含む。次条第一項及び第百五十五条第一項第五号において同じ。）を受けた者は、その認定に係る業務の範囲を変更しようとするときは、個人情報保護委員会の認定を受けなければならない。ただし、個人情報保護委員会規則で定める軽微な変更については、この限りでない。

2　第四十七条第三項及び第四項並びに前条の規定は、前項の変更の認定について準用する。

（**廃止の届出**）

第五十一条　第四十七条第一項の認定（前条第一項の変更の認定を含む。）を受けた者（以下この節及び第六章において「認定個人情報保護団体」という。）は、その認定に係る業務（以下この節及び第六章において「認定業務」という。）を廃止しようとするときは、政令で定めるところにより、あらかじめ、その旨を個人情報保護委員会に届け出なければならない。

2　個人情報保護委員会は、前項の規定による届出があったときは、その旨を公示しなければならない。

（**対象事業者**）

第五十二条　認定個人情報保護団体は、認定業務の対象となることについて同意を得た個人情報取扱事業者等を対象事業者としなければならない。この場合において、第五十四条第四項の規定による措置をとったにもかかわらず、対象事業者が同条第一項に規定する個人情報保護指針を遵守しないときは、当該対象事業者を認定業務の対象から除外することができる。

2　認定個人情報保護団体は、対象事業者の氏名又は名称を公表しなければならない。

（**苦情の処理**）

第五十三条　認定個人情報保護団体は、本人その他の関係者から対象事業者の個人情報等の取扱いに関する苦情について解決の申出があったときは、その相談に応じ、申出人に必要な助言をし、その苦情に係る事情を調査するとともに、当該対象事業者に対し、その苦情の内容を通知してその迅速な解決を求めなければならない。

2　認定個人情報保護団体は、前項の申出に係る苦情の解決について必要があると認めるときは、当該対象事業者に対し、文書若しくは口頭による説明を求め、又は資料の提出を求めることができる。

3　対象事業者は、認定個人情報保護団体から前項の規定による求めがあったときは、正当な理由がないのに、これを拒んではならない。

（**個人情報保護指針**）

第五十四条　認定個人情報保護団体は、対象事業者の個人情報等の適正な取扱いの確保のために、個人情報に係る利用目的の特定、安全

管理のための措置、開示等の請求等に応じる手続その他の事項又は仮名加工情報若しくは匿名加工情報に係る作成の方法、その情報の安全管理のための措置その他の事項に関し、消費者の意見を代表する者その他の関係者の意見を聴いて、この法律の規定の趣旨に沿った指針（以下この節及び第六章において「個人情報保護指針」という。）を作成するよう努めなければならない。

2　認定個人情報保護団体は、前項の規定により個人情報保護指針を作成したときは、個人情報保護委員会規則で定めるところにより、遅滞なく、当該個人情報保護指針を個人情報保護委員会に届け出なければならない。これを変更したときも、同様とする。

3　個人情報保護委員会は、前項の規定による個人情報保護指針の届出があったときは、個人情報保護委員会規則で定めるところにより、当該個人情報保護指針を公表しなければならない。

4　認定個人情報保護団体は、前項の規定により個人情報保護指針が公表されたときは、対象事業者に対し、当該個人情報保護指針を遵守させるため必要な指導、勧告その他の措置をとらなければならない。

（目的外利用の禁止）

第五十五条　認定個人情報保護団体は、認定業務の実施に際して知り得た情報を認定業務の用に供する目的以外に利用してはならない。

（名称の使用制限）

第五十六条　認定個人情報保護団体でない者は、認定個人情報保護団体という名称又はこれに紛らわしい名称を用いてはならない。

第六節　雑則

（適用除外）

第五十七条　個人情報取扱事業者等及び個人関連情報取扱事業者のうち次の各号に掲げる者については、その個人情報等及び個人関連情報を取り扱う目的の全部又は一部がそれぞれ当該各号に規定する目的であるときは、この章の規定は、適用しない。

一　放送機関、新聞社、通信社その他の報道機関（報道を業として行う個人を含む。）　報道の用に供する目的

二　著述を業として行う者　著述の用に供する目的

三　宗教団体　宗教活動（これに付随する活動を含む。）の用に供する目的

四　政治団体　政治活動（これに付随する活動を含む。）の用に供する目的

2　前項第一号に規定する「報道」とは、不特定かつ多数の者に対して客観的事実を事実として知らせること（これに基づいて意見又は見解を述べることを含む。）をいう。

3　第一項各号に掲げる個人情報取扱事業者等は、個人データ、仮名加工情報又は匿名加工情報の安全管理のために必要かつ適切な措置、個人情報等の取扱いに関する苦情の処理その他の個人情報等の適正な取扱いを確保するために必要な措置を自ら講じ、かつ、当該措置の内容を公表するよう努めなければならない。

（適用の特例）

第五十八条　個人情報取扱事業者又は匿名加工情報取扱事業者のうち次に掲げる者については、第三十二条から第三十九条まで及び第四節の規定は、適用しない。

一　別表第二に掲げる法人

二　地方独立行政法人のうち地方独立行政法人法第二十一条第一号に掲げる業務を主たる目的とするもの又は同条第二号若しくは第三号（チに係る部分に限る。）に掲げる業務を目的とするもの

2　次の各号に掲げる者が行う当該各号に定める業務における個人情報、仮名加工情報又は個人関連情報の取扱いについては、個人情報取扱事業者、仮名加工情報取扱事業者又は個人関連情報取扱事業者による個人情報、仮名加工情報又は個人関連情報の取扱いとみなして、この章（第三十二条から第三十九条まで及び第四節を除く。）及び第六章から第八章までの規定を適用する。

一　地方公共団体の機関　医療法（昭和二十三年法律第二百五号）第一条の五第一項に規定する病院（次号において「病院」という。）及び同条第二項に規定する診療所並びに学校教育法（昭和二十二年法律第二十六号）第一条に規定する大学の運営

二　独立行政法人労働者健康安全機構　病院の運営

（学術研究機関等の責務）

第五十九条　個人情報取扱事業者である学術研究機関等は、学術研究目的で行う個人情報の取扱いについて、この法律の規定を遵守するとともに、その適正を確保するために必要な措置を自ら講じ、かつ、当該措置の内容を公表するよう努めなければならない。

第五章　行政機関等の義務等

第一節　総則

（定義）

第六十条　この章及び第八章において「保有個人情報」とは、行政機関等の職員（独立行政法人等及び地方独立行政法人にあっては、その役員を含む。以下この章及び第八章において同じ。）が職務上作成し、又は取得した個人情報であって、当該行政機関等の職員が組織的に利用するものとして、当該行政機関等が保有しているものをいう。ただし、行政文書（行政機関の保有する情報の公開に関する法律（平成十一年法律第四十二号。以下この章において「行政機関情報公開法」という。）第二条第二項に規定する行政文書をいう。）、法人文書（独立行政法人等の保有する情報の公開に関する法律（平成十三年法律第百四十号。以下この章において「独立行政法人等情報公開法」という。）第二条第二項に規定する法人文書（同項第四号に掲げるものを含む。）をいう。）又は地方公共団体等行政文書（地方公共団体の機関又は地方独立行政法人の職員が職務上作成し、又は取得した文書、図画及び電磁的記録であって、当該地方公共団体の機関又は地方独立行政法人の職員が組織的に用いるものとして、当該地方公共団体の機関又は地方独立行政法人が保有しているもの（行政機関情報公開法第二条第二項各号に掲げるものに相当するものとして政令で定めるものを除く。）をいう。）（以下この章において「行政文書等」という。）に記録されているものに限る。

2　この章及び第八章において「個人情報ファイル」とは、保有個人情報を含む情報の集合物であって、次に掲げるものをいう。

一　一定の事務の目的を達成するために特定の保有個人情報を電子計算機を用いて検索することができるように体系的に構成したもの

二　前号に掲げるもののほか、一定の事務の目的を達成するために氏名、生年月日、その他の記述等により特定の保有個人情報を容易に検索することができるように体系的に構成したもの

3　この章において「行政機関等匿名加工情報」とは、次の各号のいずれにも該当する個人情報ファイルを構成する保有個人情報の全部又は一部（これらの一部に行政機関情報公開法第五条に規定する不開示情報（同条第一号に掲げる情報を除き、同条第二号ただし書に規定する情報を含む。以下この項において同じ。）、独立行政法人等情報公開法第五条に規定する不開示情報（同条第一号に掲げる情報を除き、同条第二号ただし書に規定する情報を含む。）又は地方公共団体の情報公開条例（地方公共団体の機関又は地方独立行政法人の保有する情報の公開を請求する住民等の権利について定める地方公共団体の条例をいう。以下この章において同じ。）に規定する不開示情報（行政機関情報公開法第五条に規定する不開示情報に相当するものをいう。）が含まれているときは、これらの不開示情報に該当する部分を除く。）を加工して得られる匿名加工情報をいう。

一　第七十五条第二項各号のいずれかに該当するもの又は同条第三項の規定により同条第一項に規定する個人情報ファイル簿に掲載しないこととされるものでないこと。

二　行政機関情報公開法第三条に規定する行政機関の長、独立行政法人等情報公開法第二条第一項に規定する独立行政法人等、地方公共団体の機関又は地方独立行政法人に対し、当該個人情報ファイルを構成する保有個人情報が記録されている行政文書等の開示の請求（行政機関情報公開法第三条、独立行政法人等情報公開法第三条又は情報公開条例の規定による開示の請求をいう。）があったとしたならば、これらの者が次のいずれかを行うこととなるものであること。

イ　当該行政文書等に記録されている保有個人情報の全部又は一部を開示する旨の決定をすること。

ロ　行政機関情報公開法第十三条第一項若しくは第二項、独立行政法人等情報公開法第十四条第一項若しくは第二項又は情報公開条例（行政機関情報公開法第十三条第一項又は第二項の規定に相当する規定を設けているものに限る。）の規定により意見書の提出の機会を与えること。

三　行政機関等の事務及び事業の適正かつ円滑な運営に支障のない範囲内で、第百十六条第一項の基準に従い、当該個人情報ファイルを構成する保有個人情報を加工して匿名加工情報を作成することができるものであること。

4　この章において「行政機関等匿名加工情報

ファイル」とは、行政機関等匿名加工情報を含む情報の集合物であって、次に掲げるものをいう。

一　特定の行政機関等匿名加工情報を電子計算機を用いて検索することができるように体系的に構成したもの

二　前号に掲げるもののほか、特定の行政機関等匿名加工情報を容易に検索することができるように体系的に構成したものとして政令で定めるもの

5　この章において「条例要配慮個人情報」とは、地方公共団体の機関又は地方独立行政法人が保有する個人情報（要配慮個人情報を除く。）のうち、地域の特性その他の事情に応じて、本人に対する不当な差別、偏見その他の不利益が生じないようにその取扱いに特に配慮を要するものとして地方公共団体が条例で定める記述等が含まれる個人情報をいう。

第二節　行政機関等における個人情報等の取扱い

（個人情報の保有の制限等）

第六十一条　行政機関等は、個人情報を保有するに当たっては、法令（条例を含む。第六十六条第二項第三号及び第四号、第六十九条第二項第二号及び第三号並びに第四節において同じ。）の定める所掌事務又は業務を遂行するため必要な場合に限り、かつ、その利用目的をできる限り特定しなければならない。

2　行政機関等は、前項の規定により特定された利用目的の達成に必要な範囲を超えて、個人情報を保有してはならない。

3　行政機関等は、利用目的を変更する場合には、変更前の利用目的と相当の関連性を有すると合理的に認められる範囲を超えて行ってはならない。

（利用目的の明示）

第六十二条　行政機関等は、本人から直接書面（電磁的記録を含む。）に記録された当該本人の個人情報を取得するときは、次に掲げる場合を除き、あらかじめ、本人に対し、その利用目的を明示しなければならない。

一　人の生命、身体又は財産の保護のために緊急に必要があるとき。

二　利用目的を本人に明示することにより、本人又は第三者の生命、身体、財産その他の権利利益を害するおそれがあるとき。

三　利用目的を本人に明示することにより、国の機関、独立行政法人等、地方公共団体又は地方独立行政法人が行う事務又は事業の適正な遂行に支障を及ぼすおそれがあるとき。

四　取得の状況からみて利用目的が明らかであると認められるとき。

（不適正な利用の禁止）

第六十三条　行政機関の長（第二条第八項第四号及び第五号の政令で定める機関にあっては、その機関ごとに政令で定める者をいう。以下この章及び第百七十四条において同じ。）、地方公共団体の機関、独立行政法人等及び地方独立行政法人（以下この章及び次章において「行政機関の長等」という。）は、違法又は不当な行為を助長し、又は誘発するおそれがある方法により個人情報を利用してはならない。

（適正な取得）

第六十四条　行政機関の長等は、偽りその他不正の手段により個人情報を取得してはならない。

（正確性の確保）

第六十五条　行政機関の長等は、利用目的の達成に必要な範囲内で、保有個人情報が過去又は現在の事実と合致するよう努めなければならない。

（安全管理措置）

第六十六条　行政機関の長等は、保有個人情報の漏えい、滅失又は毀損の防止その他の保有個人情報の安全管理のために必要かつ適切な措置を講じなければならない。

2　前項の規定は、次の各号に掲げる者が当該各号に定める業務を行う場合における個人情報の取扱いについて準用する。

一　行政機関等から個人情報の取扱いの委託を受けた者　当該委託を受けた業務

二　指定管理者（地方自治法（昭和二十二年法律第六十七号）第二百四十四条の二第三項に規定する指定管理者をいう。）　公の施設（同法第二百四十四条第一項に規定する公の施設をいう。）の管理の業務

三　第五十八条第一項各号に掲げる者　法令に基づき行う業務であって政令で定めるもの

四　第五十八条第二項各号に掲げる者　同項各号に定める業務のうち法令に基づき行う業務であって政令で定めるもの

五　前各号に掲げる者から当該各号に定める業務の委託（二以上の段階にわたる委託を含む。）を受けた者　当該委託を受けた業務

（従事者の義務）

第六十七条　個人情報の取扱いに従事する行政機関等の職員若しくは職員であった者、前条第二項各号に定める業務に従事している者若しくは従事していた者又は行政機関等において個人情報の取扱いに従事している派遣労働者（労働者派遣事業の適正な運営の確保及び派遣労働者の保護等に関する法律（昭和六十年法律第八十八号）第二条第二号に規定する派遣労働者をいう。以下この章及び第百七十六条において同じ。）若しくは従事していた派遣労働者は、その業務に関して知り得た個人情報の内容をみだりに他人に知らせ、又は不当な目的に利用してはならない。

（漏えい等の報告等）

第六十八条　行政機関の長等は、保有個人情報の漏えい、滅失、毀損その他の保有個人情報の安全の確保に係る事態であって個人の権利利益を害するおそれが大きいものとして個人情報保護委員会規則で定めるものが生じたときは、個人情報保護委員会規則で定めるところにより、当該事態が生じた旨を個人情報保護委員会に報告しなければならない。

2　前項に規定する場合には、行政機関の長等は、本人に対し、個人情報保護委員会規則で定めるところにより、当該事態が生じた旨を通知しなければならない。ただし、次の各号のいずれかに該当するときは、この限りでない。

一　本人への通知が困難な場合であって、本人の権利利益を保護するため必要なこれに代わるべき措置をとるとき。

二　当該保有個人情報に第七十八条第一項各号に掲げる情報のいずれかが含まれるとき。

（利用及び提供の制限）

第六十九条　行政機関の長等は、法令に基づく場合を除き、利用目的以外の目的のために保有個人情報を自ら利用し、又は提供してはならない。

2　前項の規定にかかわらず、行政機関の長等は、次の各号のいずれかに該当すると認めるときは、利用目的以外の目的のために保有個人情報を自ら利用し、又は提供することができる。ただし、保有個人情報を利用目的以外の目的のために自ら利用し、又は提供することによって、本人又は第三者の権利利益を不当に侵害するおそれがあると認められるときは、この限りでない。

一　本人の同意があるとき、又は本人に提供するとき。

二　行政機関等が法令の定める所掌事務又は業務の遂行に必要な限度で保有個人情報を内部で利用する場合であって、当該保有個人情報を利用することについて相当の理由があるとき。

三　他の行政機関、独立行政法人等、地方公共団体の機関又は地方独立行政法人に保有個人情報を提供する場合において、保有個人情報の提供を受ける者が、法令の定める事務又は業務の遂行に必要な限度で提供に係る個人情報を利用し、かつ、当該個人情報を利用することについて相当の理由があるとき。

四　前三号に掲げる場合のほか、専ら統計の作成又は学術研究の目的のために保有個人情報を提供するとき、本人以外の者に提供することが明らかに本人の利益になるとき、その他保有個人情報を提供することについて特別の理由があるとき。

3　前項の規定は、保有個人情報の利用又は提供を制限する他の法令の規定の適用を妨げるものではない。

4　行政機関の長等は、個人の権利利益を保護するため特に必要があると認めるときは、保有個人情報の利用目的以外の目的のための行政機関等の内部における利用を特定の部局若しくは機関又は職員に限るものとする。

（保有個人情報の提供を受ける者に対する措置要求）

第七十条　行政機関の長等は、利用目的のために又は前条第二項第三号若しくは第四号の規定に基づき、保有個人情報を提供する場合において、必要があると認めるときは、保有個人情報の提供を受ける者に対し、提供に係る個人情報について、その利用の目的若しくは方法の制限その他必要な制限を付し、又はその漏えいの防止その他の個人情報の適切な管理のために必要な措置を講ずることを求めるものとする。

（外国にある第三者への提供の制限）

第七十一条　行政機関の長等は、外国（本邦の域外にある国又は地域をいう。以下この条において同じ。）（個人の権利利益を保護する上で我が国と同等の水準にあると認められる個人情報の保護に関する制度を有している外国として個人情報保護委員会規則で定めるものを除く。以下この条において同じ。）にある第三者（第十六条第三項に規定する個人データの取扱いについて前章第二節の規定により同条第二項に規定する個人情報取扱事業者が講ずべきこととされている措置に相当する措置（第三項において「相当措置」という。）を継続的に講ずるために必要なものとして個人情報保護委員会規則で定める基準に適合する体制を整備している者を除く。以下この項及び次項において同じ。）に利用目的以外の目的のために保有個人情報を提供する場合には、法令に基づく場合及び第六十九条第二項第四号に掲げる場合を除くほか、あらかじめ外国にある第三者への提供を認める旨の本人の同意を得なければならない。

2　行政機関の長等は、前項の規定により本人の同意を得ようとする場合には、個人情報保護委員会規則で定めるところにより、あらかじめ、当該外国における個人情報の保護に関する制度、当該第三者が講ずる個人情報の保護のための措置その他当該本人に参考となるべき情報を当該本人に提供しなければならない。

3　行政機関の長等は、保有個人情報を外国にある第三者（第一項に規定する体制を整備している者に限る。）に利用目的以外の目的のために提供した場合には、法令に基づく場合及び第六十九条第二項第四号に掲げる場合を除くほか、個人情報保護委員会規則で定めるところにより、当該第三者による相当措置の継続的な実施を確保するために必要な措置を講ずるとともに、本人の求めに応じて当該必要な措置に関する情報を当該本人に提供しなければならない。

（個人関連情報の提供を受ける者に対する措置要求）

第七十二条　行政機関の長等は、第三者に個人関連情報を提供する場合（当該第三者が当該個人関連情報を個人情報として取得することが想定される場合に限る。）において、必要があると認めるときは、当該第三者に対し、提供に係る個人関連情報について、その利用の目的若しくは方法の制限その他必要な制限を付し、又はその漏えいの防止その他の個人関連情報の適切な管理のために必要な措置を講ずることを求めるものとする。

（仮名加工情報の取扱いに係る義務）

第七十三条　行政機関の長等は、法令に基づく場合を除くほか、仮名加工情報（個人情報であるものを除く。以下この条及び第百二十八条において同じ。）を第三者（当該仮名加工情報の取扱いの委託を受けた者を除く。）に提供してはならない。

2　行政機関の長等は、その取り扱う仮名加工情報の漏えいの防止その他仮名加工情報の安全管理のために必要かつ適切な措置を講じなければならない。

3　行政機関の長等は、仮名加工情報を取り扱うに当たっては、法令に基づく場合を除き、当該仮名加工情報の作成に用いられた個人情報に係る本人を識別するために、削除情報等（仮名加工情報の作成に用いられた個人情報から削除された記述等及び個人識別符号並びに第四十一条第一項の規定により行われた加工の方法に関する情報をいう。）を取得し、又は当該仮名加工情報を他の情報と照合してはならない。

4　行政機関の長等は、仮名加工情報を取り扱うに当たっては、法令に基づく場合を除き、電話をかけ、郵便若しくは民間事業者による信書の送達に関する法律第二条第六項に規定する一般信書便事業者若しくは同条第九項に規定する特定信書便事業者による同条第二項に規定する信書便により送付し、電報を送達し、ファクシミリ装置若しくは電磁的方法（電子情報処理組織を使用する方法その他の情報通信の技術を利用する方法であって個人情報保護委員会規則で定めるものをいう。）を用いて送信し、又は住居を訪問するために、当該仮名加工情報に含まれる連絡先その他の情報を利用してはならない。

5　前各項の規定は、行政機関の長等から仮名加工情報の取扱いの委託（二以上の段階にわたる委託を含む。）を受けた者が受託した業務を行う場合について準用する。

第三節　個人情報ファイル

（個人情報ファイルの保有等に関する事前通知）

第七十四条　行政機関（会計検査院を除く。以下この条において同じ。）が個人情報ファイルを保有しようとするときは、当該行政機関の長は、あらかじめ、個人情報保護委員会に対し、次に掲げる事項を通知しなければならない。通知した事項を変更しようとするときも、同様とする。

一　個人情報ファイルの名称

二　当該機関の名称及び個人情報ファイルが利用に供される事務をつかさどる組織の名称

三　個人情報ファイルの利用目的
四　個人情報ファイルに記録される項目（以下この節において「記録項目」という。）及び本人（他の個人の氏名、生年月日その他の記述等によらないで検索し得る者に限る。次項第九号において同じ。）として個人情報ファイルに記録される個人の範囲（以下この節において「記録範囲」という。）
五　個人情報ファイルに記録される個人情報（以下この節において「記録情報」という。）の収集方法
六　記録情報に要配慮個人情報が含まれるときは、その旨
七　記録情報を当該機関以外の者に経常的に提供する場合には、その提供先
八　次条第三項の規定に基づき、記録項目の一部若しくは第五号若しくは前号に掲げる事項を次条第一項に規定する個人情報ファイル簿に記載しないこととするとき、又は個人情報ファイルを同項に規定する個人情報ファイル簿に掲載しないこととするときは、その旨
九　第七十六条第一項、第九十条第一項又は第九十八条第一項の規定による請求を受理する組織の名称及び所在地
十　第九十条第一項ただし書又は第九十八条第一項ただし書に該当するときは、その旨
十一　その他政令で定める事項
2　前項の規定は、次に掲げる個人情報ファイルについては、適用しない。
一　国の安全、外交上の秘密その他の国の重大な利益に関する事項を記録する個人情報ファイル
二　犯罪の捜査、租税に関する法律の規定に基づく犯則事件の調査又は公訴の提起若しくは維持のために作成し、又は取得する個人情報ファイル
三　当該機関の職員又は職員であった者に係る個人情報ファイルであって、専らその人事、給与若しくは福利厚生に関する事項又はこれらに準ずる事項を記録するもの（当該機関が行う職員の採用試験に関する個人情報ファイルを含む。）
四　専ら試験的な電子計算機処理の用に供するための個人情報ファイル
五　前項の規定による通知に係る個人情報ファイルに記録されている記録情報の全部又は一部を記録した個人情報ファイルであって、その利用目的、記録項目及び記録範囲が当該通知に係るこれらの事項の範囲内のもの
六　一年以内に消去することとなる記録情報のみを記録する個人情報ファイル
七　資料その他の物品若しくは金銭の送付又は業務上必要な連絡のために利用する記録情報を記録した個人情報ファイルであって、送付又は連絡の相手方の氏名、住所その他の送付又は連絡に必要な事項のみを記録するもの
八　職員が学術研究の用に供するためその発意に基づき作成し、又は取得する個人情報ファイルであって、記録情報を専ら当該学術研究の目的のために利用するもの
九　本人の数が政令で定める数に満たない個人情報ファイル
十　第三号から前号までに掲げる個人情報ファイルに準ずるものとして政令で定める個人情報ファイル
十一　第六十条第二項第二号に係る個人情報ファイル
3　行政機関の長は、第一項に規定する事項を通知した個人情報ファイルについて、当該行政機関がその保有をやめたとき、又はその個人情報ファイルが前項第九号に該当するに至ったときは、遅滞なく、個人情報保護委員会に対しその旨を通知しなければならない。

（個人情報ファイル簿の作成及び公表）

第七十五条　行政機関の長等は、政令で定めるところにより、当該行政機関の長等の属する行政機関等が保有している個人情報ファイルについて、それぞれ前条第一項第一号から第七号まで、第九号及び第十号に掲げる事項その他政令で定める事項を記載した帳簿（以下この章において「個人情報ファイル簿」という。）を作成し、公表しなければならない。
2　前項の規定は、次に掲げる個人情報ファイルについては、適用しない。
一　前条第二項第一号から第十号までに掲げる個人情報ファイル
二　前項の規定による公表に係る個人情報ファイルに記録されている記録情報の全部又は一部を記録した個人情報ファイルであって、その利用目的、記録項目及び記録範囲が当該公表に係るこれらの事項の範囲内のもの
三　前号に掲げる個人情報ファイルに準ずるものとして政令で定める個人情報ファイル
3　第一項の規定にかかわらず、行政機関の長

等は、記録項目の一部若しくは前条第一項第五号若しくは第七号に掲げる事項を個人情報ファイル簿に記載し、又は個人情報ファイルを個人情報ファイル簿に掲載することにより、利用目的に係る事務又は事業の性質上、当該事務又は事業の適正な遂行に著しい支障を及ぼすおそれがあると認めるときは、その記録項目の一部若しくは事項を記載せず、又はその個人情報ファイルを個人情報ファイル簿に掲載しないことができる。

4　地方公共団体の機関又は地方独立行政法人についての第一項の規定の適用については、同項中「定める事項」とあるのは、「定める事項並びに記録情報に条例要配慮個人情報が含まれているときは、その旨」とする。

5　前各項の規定は、地方公共団体の機関又は地方独立行政法人が、条例で定めるところにより、個人情報ファイル簿とは別の個人情報の保有の状況に関する事項を記載した帳簿を作成し、公表することを妨げるものではない。

第四節　開示、訂正及び利用停止

第一款　開示

（**開示請求権**）

第七十六条　何人も、この法律の定めるところにより、行政機関の長等に対し、当該行政機関の長等の属する行政機関等の保有する自己を本人とする保有個人情報の開示を請求することができる。

2　未成年者若しくは成年被後見人の法定代理人又は本人の委任による代理人（以下この節において「代理人」と総称する。）は、本人に代わって前項の規定による開示の請求（以下この節及び第百二十七条において「開示請求」という。）をすることができる。

（**開示請求の手続**）

第七十七条　開示請求は、次に掲げる事項を記載した書面（第三項において「開示請求書」という。）を行政機関の長等に提出してしなければならない。

一　開示請求をする者の氏名及び住所又は居所

二　開示請求に係る保有個人情報が記録されている行政文書等の名称その他の開示請求に係る保有個人情報を特定するに足りる事項

2　前項の場合において、開示請求をする者は、政令で定めるところにより、開示請求に係る保有個人情報の本人であること（前条第二項の規定による開示請求にあっては、開示請求に係る保有個人情報の本人の代理人であること）を示す書類を提示し、又は提出しなければならない。

3　行政機関の長等は、開示請求書に形式上の不備があると認めるときは、開示請求をした者（以下この節において「開示請求者」という。）に対し、相当の期間を定めて、その補正を求めることができる。この場合において、行政機関の長等は、開示請求者に対し、補正の参考となる情報を提供するよう努めなければならない。

（**保有個人情報の開示義務**）

第七十八条　行政機関の長等は、開示請求があったときは、開示請求に係る保有個人情報に次の各号に掲げる情報（以下この節において「不開示情報」という。）のいずれかが含まれている場合を除き、開示請求者に対し、当該保有個人情報を開示しなければならない。

一　開示請求者（第七十六条第二項の規定により代理人が本人に代わって開示請求をする場合にあっては、当該本人をいう。次号及び第三号、次条第二項並びに第八十六条第一項において同じ。）の生命、健康、生活又は財産を害するおそれがある情報

二　開示請求者以外の個人に関する情報（事業を営む個人の当該事業に関する情報を除く。）であって、当該情報に含まれる氏名、生年月日その他の記述等により開示請求者以外の特定の個人を識別することができるもの（他の情報と照合することにより、開示請求者以外の特定の個人を識別することができることとなるものを含む。）若しくは個人識別符号が含まれるもの又は開示請求者以外の特定の個人を識別することはできないが、開示することにより、なお開示請求者以外の個人の権利利益を害するおそれがあるもの。ただし、次に掲げる情報を除く。

イ　法令の規定により又は慣行として開示請求者が知ることができ、又は知ることが予定されている情報

ロ　人の生命、健康、生活又は財産を保護するため、開示することが必要であると認められる情報

ハ　当該個人が公務員等（国家公務員法（昭和二十二年法律第百二十号）第二条

第一項に規定する国家公務員（独立行政法人通則法第二条第四項に規定する行政執行法人の職員を除く。）、独立行政法人等の職員、地方公務員法（昭和二十五年法律第二百六十一号）第二条に規定する地方公務員及び地方独立行政法人の職員をいう。）である場合において、当該情報がその職務の遂行に係る情報であるときは、当該情報のうち、当該公務員等の職及び当該職務遂行の内容に係る部分

三　法人その他の団体（国、独立行政法人等、地方公共団体及び地方独立行政法人を除く。以下この号において「法人等」という。）に関する情報又は開示請求者以外の事業を営む個人の当該事業に関する情報であって、次に掲げるもの。ただし、人の生命、健康、生活又は財産を保護するため、開示することが必要であると認められる情報を除く。

イ　開示することにより、当該法人等又は当該個人の権利、競争上の地位その他正当な利益を害するおそれがあるもの

ロ　行政機関等の要請を受けて、開示しないとの条件で任意に提供されたものであって、法人等又は個人における通例として開示しないこととされているものその他の当該条件を付することが当該情報の性質、当時の状況等に照らして合理的であると認められるもの

四　行政機関の長が第八十二条各項の決定（以下この節において「開示決定等」という。）をする場合において、開示することにより、国の安全が害されるおそれ、他国若しくは国際機関との信頼関係が損なわれるおそれ又は他国若しくは国際機関との交渉上不利益を被るおそれがあると当該行政機関の長が認めることにつき相当の理由がある情報

五　行政機関の長又は地方公共団体の機関（都道府県の機関に限る。）が開示決定等をする場合において、開示することにより、犯罪の予防、鎮圧又は捜査、公訴の維持、刑の執行その他の公共の安全と秩序の維持に支障を及ぼすおそれがあると当該行政機関の長又は地方公共団体の機関が認めることにつき相当の理由がある情報

六　国の機関、独立行政法人等、地方公共団体及び地方独立行政法人の内部又は相互間における審議、検討又は協議に関する情報であって、開示することにより、率直な意見の交換若しくは意思決定の中立性が不当に損なわれるおそれ、不当に国民の間に混乱を生じさせるおそれ又は特定の者に不当に利益を与え若しくは不利益を及ぼすおそれがあるもの

七　国の機関、独立行政法人等、地方公共団体又は地方独立行政法人が行う事務又は事業に関する情報であって、開示することにより、次に掲げるおそれその他当該事務又は事業の性質上、当該事務又は事業の適正な遂行に支障を及ぼすおそれがあるもの

イ　独立行政法人等、地方公共団体の機関又は地方独立行政法人が開示決定等をする場合において、国の安全が害されるおそれ、他国若しくは国際機関との信頼関係が損なわれるおそれ又は他国若しくは国際機関との交渉上不利益を被るおそれ

ロ　独立行政法人等、地方公共団体の機関（都道府県の機関を除く。）又は地方独立行政法人が開示決定等をする場合において、犯罪の予防、鎮圧又は捜査その他の公共の安全と秩序の維持に支障を及ぼすおそれ

ハ　監査、検査、取締り、試験又は租税の賦課若しくは徴収に係る事務に関し、正確な事実の把握を困難にするおそれ又は違法若しくは不当な行為を容易にし、若しくはその発見を困難にするおそれ

ニ　契約、交渉又は争訟に係る事務に関し、国、独立行政法人等、地方公共団体又は地方独立行政法人の財産上の利益又は当事者としての地位を不当に害するおそれ

ホ　調査研究に係る事務に関し、その公正かつ能率的な遂行を不当に阻害するおそれ

ヘ　人事管理に係る事務に関し、公正かつ円滑な人事の確保に支障を及ぼすおそれ

ト　独立行政法人等、地方公共団体が経営する企業又は地方独立行政法人に係る事業に関し、その企業経営上の正当な利益を害するおそれ

2　地方公共団体の機関又は地方独立行政法人についての前項の規定の適用については、同項中「掲げる情報（」とあるのは、「掲げる情報（情報公開条例の規定により開示することとされている情報として条例で定めるものを除く。）又は行政機関情報公開法第五条に規定する不開示情報に準ずる情報であって情

報公開条例において開示しないこととされているもののうち当該情報公開条例との整合性を確保するために不開示とする必要があるものとして条例で定めるもの」とする。

（部分開示）

第七十九条 行政機関の長等は、開示請求に係る保有個人情報に不開示情報が含まれている場合において、不開示情報に該当する部分を容易に区分して除くことができるときは、開示請求者に対し、当該部分を除いた部分につき開示しなければならない。

2 開示請求に係る保有個人情報に前条第一項第二号の情報（開示請求者以外の特定の個人を識別することができるものに限る。）が含まれている場合において、当該情報のうち、氏名、生年月日その他の開示請求者以外の特定の個人を識別することができることとなる記述等及び個人識別符号の部分を除くことにより、開示しても、開示請求者以外の個人の権利利益が害されるおそれがないと認められるときは、当該部分を除いた部分は、同号の情報に含まれないものとみなして、前項の規定を適用する。

（裁量的開示）

第八十条 行政機関の長等は、開示請求に係る保有個人情報に不開示情報が含まれている場合であっても、個人の権利利益を保護するため特に必要があると認めるときは、開示請求者に対し、当該保有個人情報を開示することができる。

（保有個人情報の存否に関する情報）

第八十一条 開示請求に対し、当該開示請求に係る保有個人情報が存在しているか否かを答えるだけで、不開示情報を開示することとなるときは、行政機関の長等は、当該保有個人情報の存否を明らかにしないで、当該開示請求を拒否することができる。

（開示請求に対する措置）

第八十二条 行政機関の長等は、開示請求に係る保有個人情報の全部又は一部を開示するときは、その旨の決定をし、開示請求者に対し、その旨、開示する保有個人情報の利用目的及び開示の実施に関し政令で定める事項を書面により通知しなければならない。ただし、第六十二条第二号又は第三号に該当する場合における当該利用目的については、この限りでない。

2 行政機関の長等は、開示請求に係る保有個人情報の全部を開示しないとき（前条の規定により開示請求を拒否するとき、及び開示請求に係る保有個人情報を保有していないときを含む。）は、開示請求者に対し、開示をしない旨の決定をし、その旨を書面により通知しなければならない。

（開示決定等の期限）

第八十三条 開示決定等は、開示請求があった日から三十日以内にしなければならない。ただし、第七十七条第三項の規定により補正を求めた場合にあっては、当該補正に要した日数は、当該期間に算入しない。

2 前項の規定にかかわらず、行政機関の長等は、事務処理上の困難その他正当な理由があるときは、同項に規定する期間を三十日以内に限り延長することができる。この場合において、行政機関の長等は、開示請求者に対し、遅滞なく、延長後の期間及び延長の理由を書面により通知しなければならない。

（開示決定等の期限の特例）

第八十四条 開示請求に係る保有個人情報が著しく大量であるため、開示請求があった日から六十日以内にその全てについて開示決定等をすることにより事務の遂行に著しい支障が生ずるおそれがある場合には、前条の規定にかかわらず、行政機関の長等は、開示請求に係る保有個人情報のうちの相当の部分につき当該期間内に開示決定等をし、残りの保有個人情報については相当の期間内に開示決定等をすれば足りる。この場合において、行政機関の長等は、同条第一項に規定する期間内に、開示請求者に対し、次に掲げる事項を書面により通知しなければならない。

一 この条の規定を適用する旨及びその理由

二 残りの保有個人情報について開示決定等をする期限

（事案の移送）

第八十五条 行政機関の長等は、開示請求に係る保有個人情報が当該行政機関の長等が属する行政機関等以外の行政機関等から提供されたものであるとき、その他他の行政機関の長等において開示決定等をすることにつき正当な理由があるときは、当該他の行政機関の長等と協議の上、当該他の行政機関の長等に対し、事案を移送することができる。この場合においては、移送をした行政機関の長等は、開示請求者に対し、事案を移送した旨を書面により通知しなければならない。

2 前項の規定により事案が移送されたときは、移送を受けた行政機関の長等において、当該開示請求についての開示決定等をしなければならない。この場合において、移送をした行政機関の長等が移送前にした行為は、移送を受けた行政機関の長等がしたものとみなす。

3　前項の場合において、移送を受けた行政機関の長等が第八十二条第一項の決定（以下この節において「開示決定」という。）をしたときは、当該行政機関の長等は、開示の実施をしなければならない。この場合において、移送をした行政機関の長等は、当該開示の実施に必要な協力をしなければならない。

（第三者に対する意見書提出の機会の付与等）

第八十六条　開示請求に係る保有個人情報に国、独立行政法人等、地方公共団体、地方独立行政法人及び開示請求者以外の者（以下この条、第百五条第二項第三号及び第百七条第一項において「第三者」という。）に関する情報が含まれているときは、行政機関の長等は、開示決定等をするに当たって、当該情報に係る第三者に対し、政令で定めるところにより、当該第三者に関する情報の内容その他政令で定める事項を通知して、意見書を提出する機会を与えることができる。

2　行政機関の長等は、次の各号のいずれかに該当するときは、開示決定に先立ち、当該第三者に対し、政令で定めるところにより、開示請求に係る当該第三者に関する情報の内容その他政令で定める事項を書面により通知して、意見書を提出する機会を与えなければならない。ただし、当該第三者の所在が判明しない場合は、この限りでない。

一　第三者に関する情報が含まれている保有個人情報を開示しようとする場合であって、当該第三者に関する情報が第七十八条第一項第二号ロ又は同項第三号ただし書に規定する情報に該当すると認められるとき。

二　第三者に関する情報が含まれている保有個人情報を第八十条の規定により開示しようとするとき。

3　行政機関の長等は、前二項の規定により意見書の提出の機会を与えられた第三者が当該第三者に関する情報の開示に反対の意思を表示した意見書を提出した場合において、開示決定をするときは、開示決定の日と開示を実施する日との間に少なくとも二週間を置かなければならない。この場合において、行政機関の長等は、開示決定後直ちに、当該意見書（第百五条において「反対意見書」という。）を提出した第三者に対し、開示決定をした旨及びその理由並びに開示を実施する日を書面により通知しなければならない。

（開示の実施）

第八十七条　保有個人情報の開示は、当該保有個人情報が、文書又は図画に記録されているときは閲覧又は写しの交付により、電磁的記録に記録されているときはその種別、情報化の進展状況等を勘案して行政機関等が定める方法により行う。ただし、閲覧の方法による保有個人情報の開示にあっては、行政機関の長等は、当該保有個人情報が記録されている文書又は図画の保存に支障を生ずるおそれがあると認めるとき、その他正当な理由があるときは、その写しにより、これを行うことができる。

2　行政機関等は、前項の規定に基づく電磁的記録についての開示の方法に関する定めを一般の閲覧に供しなければならない。

3　開示決定に基づき保有個人情報の開示を受ける者は、政令で定めるところにより、当該開示決定をした行政機関の長等に対し、その求める開示の実施の方法その他の政令で定める事項を申し出なければならない。

4　前項の規定による申出は、第八十二条第一項に規定する通知があった日から三十日以内にしなければならない。ただし、当該期間内に当該申出をすることができないことにつき正当な理由があるときは、この限りでない。

（他の法令による開示の実施との調整）

第八十八条　行政機関の長等は、他の法令の規定により、開示請求者に対し開示請求に係る保有個人情報が前条第一項本文に規定する方法と同一の方法で開示することとされている場合（開示の期間が定められている場合にあっては、当該期間内に限る。）には、同項本文の規定にかかわらず、当該保有個人情報については、当該同一の方法による開示を行わない。ただし、当該他の法令の規定に一定の場合には開示をしない旨の定めがあるときは、この限りでない。

2　他の法令の規定に定める開示の方法が縦覧であるときは、当該縦覧を前条第一項本文の閲覧とみなして、前項の規定を適用する。

（手数料）

第八十九条　行政機関の長に対し開示請求をする者は、政令で定めるところにより、実費の範囲内において政令で定める額の手数料を納めなければならない。

2　地方公共団体の機関に対し開示請求をする

者は、条例で定めるところにより、実費の範囲内において条例で定める額の手数料を納めなければならない。

3 前二項の手数料の額を定めるに当たっては、できる限り利用しやすい額とするよう配慮しなければならない。

4 独立行政法人等に対し開示請求をする者は、独立行政法人等の定めるところにより、手数料を納めなければならない。

5 前項の手数料の額は、実費の範囲内において、かつ、第一項の手数料の額を参酌して、独立行政法人等が定める。

6 独立行政法人等は、前二項の規定による定めを一般の閲覧に供しなければならない。

7 地方独立行政法人に対し開示請求をする者は、地方独立行政法人の定めるところにより、手数料を納めなければならない。

8 前項の手数料の額は、実費の範囲内において、かつ、第二項の条例で定める手数料の額を参酌して、地方独立行政法人が定める。

9 地方独立行政法人は、前二項の規定による定めを一般の閲覧に供しなければならない。

第二款 訂正

（訂正請求権）

第九十条 何人も、自己を本人とする保有個人情報（次に掲げるものに限る。第九十八条第一項において同じ。）の内容が事実でないと思料するときは、この法律の定めるところにより、当該保有個人情報を保有する行政機関の長等に対し、当該保有個人情報の訂正（追加又は削除を含む。以下この節において同じ。）を請求することができる。ただし、当該保有個人情報の訂正に関して他の法令の規定により特別の手続が定められているときは、この限りでない。

一 開示決定に基づき開示を受けた保有個人情報

二 開示決定に係る保有個人情報であって、第八十八条第一項の他の法令の規定により開示を受けたもの

2 代理人は、本人に代わって前項の規定による訂正の請求（以下この節及び第百二十七条において「訂正請求」という。）をすることができる。

3 訂正請求は、保有個人情報の開示を受けた日から九十日以内にしなければならない。

（訂正請求の手続）

第九十一条 訂正請求は、次に掲げる事項を記載した書面（第三項において「訂正請求書」という。）を行政機関の長等に提出してしなければならない。

一 訂正請求をする者の氏名及び住所又は居所

二 訂正請求に係る保有個人情報の開示を受けた日その他当該保有個人情報を特定するに足りる事項

三 訂正請求の趣旨及び理由

2 前項の場合において、訂正請求をする者は、政令で定めるところにより、訂正請求に係る保有個人情報の本人であること（前条第二項の規定による訂正請求にあっては、訂正請求に係る保有個人情報の本人の代理人であること）を示す書類を提示し、又は提出しなければならない。

3 行政機関の長等は、訂正請求書に形式上の不備があると認めるときは、訂正請求をした者（以下この節において「訂正請求者」という。）に対し、相当の期間を定めて、その補正を求めることができる。

（保有個人情報の訂正義務）

第九十二条 行政機関の長等は、訂正請求があった場合において、当該訂正請求に理由があると認めるときは、当該訂正請求に係る保有個人情報の利用目的の達成に必要な範囲内で、当該保有個人情報の訂正をしなければならない。

（訂正請求に対する措置）

第九十三条 行政機関の長等は、訂正請求に係る保有個人情報の訂正をするときは、その旨の決定をし、訂正請求者に対し、その旨を書面により通知しなければならない。

2 行政機関の長等は、訂正請求に係る保有個人情報の訂正をしないときは、その旨の決定をし、訂正請求者に対し、その旨を書面により通知しなければならない。

（訂正決定等の期限）

第九十四条 前条各項の決定（以下この節において「訂正決定等」という。）は、訂正請求があった日から三十日以内にしなければならない。ただし、第九十一条第三項の規定により補正を求めた場合にあっては、当該補正に要した日数は、当該期間に算入しない。

2 前項の規定にかかわらず、行政機関の長等は、事務処理上の困難その他正当な理由があるときは、同項に規定する期間を三十日以内に限り延長することができる。この場合において、行政機関の長等は、訂正請求者に対し、遅滞なく、延長後の期間及び延長の理由

を書面により通知しなければならない。

（**訂正決定等の期限の特例**）

第九十五条　行政機関の長等は、訂正決定等に特に長期間を要すると認めるときは、前条の規定にかかわらず、相当の期間内に訂正決定等をすれば足りる。この場合において、行政機関の長等は、同条第一項に規定する期間内に、訂正請求者に対し、次に掲げる事項を書面により通知しなければならない。

一　この条の規定を適用する旨及びその理由

二　訂正決定等をする期限

（**事案の移送**）

第九十六条　行政機関の長等は、訂正請求に係る保有個人情報が第八十五条第三項の規定に基づく開示に係るものであるとき、その他他の行政機関の長等において訂正決定等をすることにつき正当な理由があるときは、当該他の行政機関の長等と協議の上、当該他の行政機関の長等に対し、事案を移送することができる。この場合においては、移送をした行政機関の長等は、訂正請求者に対し、事案を移送した旨を書面により通知しなければならない。

2　前項の規定により事案が移送されたときは、移送を受けた行政機関の長等において、当該訂正請求についての訂正決定等をしなければならない。この場合において、移送をした行政機関の長等が移送前にした行為は、移送を受けた行政機関の長等がしたものとみなす。

3　前項の場合において、移送を受けた行政機関の長等が第九十三条第一項の決定（以下この項及び次条において「訂正決定」という。）をしたときは、移送をした行政機関の長等は、当該訂正決定に基づき訂正の実施をしなければならない。

（**保有個人情報の提供先への通知**）

第九十七条　行政機関の長等は、訂正決定に基づく保有個人情報の訂正の実施をした場合において、必要があると認めるときは、当該保有個人情報の提供先に対し、遅滞なく、その旨を書面により通知するものとする。

第三款　利用停止

（**利用停止請求権**）

第九十八条　何人も、自己を本人とする保有個人情報が次の各号のいずれかに該当すると思料するときは、この法律の定めるところにより、当該保有個人情報を保有する行政機関の長等に対し、当該各号に定める措置を請求することができる。ただし、当該保有個人情報の利用の停止、消去又は提供の停止（以下この節において「利用停止」という。）に関して他の法令の規定により特別の手続が定められているときは、この限りでない。

一　第六十一条第二項の規定に違反して保有されているとき、第六十三条の規定に違反して取り扱われているとき、第六十四条の規定に違反して取得されたものであるとき、又は第六十九条第一項及び第二項の規定に違反して利用されているとき　当該保有個人情報の利用の停止又は消去

二　第六十九条第一項及び第二項又は第七十一条第一項の規定に違反して提供されているとき　当該保有個人情報の提供の停止

2　代理人は、本人に代わって前項の規定による利用停止の請求（以下この節及び第百二十七条において「利用停止請求」という。）をすることができる。

3　利用停止請求は、保有個人情報の開示を受けた日から九十日以内にしなければならない。

（**利用停止請求の手続**）

第九十九条　利用停止請求は、次に掲げる事項を記載した書面（第三項において「利用停止請求書」という。）を行政機関の長等に提出してしなければならない。

一　利用停止請求をする者の氏名及び住所又は居所

二　利用停止請求に係る保有個人情報の開示を受けた日その他当該保有個人情報を特定するに足りる事項

三　利用停止請求の趣旨及び理由

2　前項の場合において、利用停止請求をする者は、政令で定めるところにより、利用停止請求に係る保有個人情報の本人であること（前条第二項の規定による利用停止請求にあっては、利用停止請求に係る保有個人情報の本人の代理人であること）を示す書類を提示し、又は提出しなければならない。

3　行政機関の長等は、利用停止請求書に形式上の不備があると認めるときは、利用停止請求をした者（以下この節において「利用停止請求者」という。）に対し、相当の期間を定めて、その補正を求めることができる。

（**保有個人情報の利用停止義務**）

第百条　行政機関の長等は、利用停止請求があった場合において、当該利用停止請求に理由があると認めるときは、当該行政機関の長

等の属する行政機関等における個人情報の適正な取扱いを確保するために必要な限度で、当該利用停止請求に係る保有個人情報の利用停止をしなければならない。ただし、当該保有個人情報の利用停止をすることにより、当該保有個人情報の利用目的に係る事務又は事業の性質上、当該事務又は事業の適正な遂行に著しい支障を及ぼすおそれがあると認められるときは、この限りでない。

（利用停止請求に対する措置）

第百一条 行政機関の長等は、利用停止請求に係る保有個人情報の利用停止をするときは、その旨の決定をし、利用停止請求者に対し、その旨を書面により通知しなければならない。

2 行政機関の長等は、利用停止請求に係る保有個人情報の利用停止をしないときは、その旨の決定をし、利用停止請求者に対し、その旨を書面により通知しなければならない。

（利用停止決定等の期限）

第百二条 前条各項の決定（以下この節において「利用停止決定等」という。）は、利用停止請求があった日から三十日以内にしなければならない。ただし、第九十九条第三項の規定により補正を求めた場合にあっては、当該補正に要した日数は、当該期間に算入しない。

2 前項の規定にかかわらず、行政機関の長等は、事務処理上の困難その他正当な理由があるときは、同項に規定する期間を三十日以内に限り延長することができる。この場合において、行政機関の長等は、利用停止請求者に対し、遅滞なく、延長後の期間及び延長の理由を書面により通知しなければならない。

（利用停止決定等の期限の特例）

第百三条 行政機関の長等は、利用停止決定等に特に長期間を要すると認めるときは、前条の規定にかかわらず、相当の期間内に利用停止決定等をすれば足りる。この場合において、行政機関の長等は、同条第一項に規定する期間内に、利用停止請求者に対し、次に掲げる事項を書面により通知しなければならない。

一 この条の規定を適用する旨及びその理由

二 利用停止決定等をする期限

第四款　審査請求

（審理員による審理手続に関する規定の適用除外等）

第百四条 行政機関の長等（地方公共団体の機関又は地方独立行政法人を除く。次項及び次条において同じ。）に対する開示決定等、訂正決定等、利用停止決定等又は開示請求、訂正請求若しくは利用停止請求に係る不作為に係る審査請求については、行政不服審査法（平成二十六年法律第六十八号）第九条、第十七条、第二十四条、第二章第三節及び第四節並びに第五十条第二項の規定は、適用しない。

2 行政機関の長等に対する開示決定等、訂正決定等、利用停止決定等又は開示請求、訂正請求若しくは利用停止請求に係る不作為に係る審査請求についての行政不服審査法第二章の規定の適用については、同法第十一条第二項中「第九条第一項の規定により指名された者（以下「審理員」という。）」とあるのは「第四条（個人情報の保護に関する法律（平成十五年法律第五十七号）第百七条第二項の規定に基づく政令を含む。）の規定により審査請求がされた行政庁（第十四条の規定により引継ぎを受けた行政庁を含む。以下「審査庁」という。）」と、同法第十三条第一項及び第二項中「審理員」とあるのは「審査庁」と、同法第二十五条第七項中「あったとき、又は審理員から第四十条に規定する執行停止をすべき旨の意見書が提出されたとき」とあるのは「あったとき」と、同法第四十四条中「行政不服審査会等」とあるのは「情報公開・個人情報保護審査会（審査庁が会計検査院長である場合にあっては、別に法律で定める審査会。第五十条第一項第四号において同じ。）」と、「受けたとき（前条第一項の規定による諮問を要しない場合（同項第二号又は第三号に該当する場合を除く。）にあっては審理員意見書が提出されたとき、同項第二号又は第三号に該当する場合にあっては同項第二号又は第三号に規定する議を経たとき）」とあるのは「受けたとき」と、同法第五十条第一項第四号中「審理員意見書又は行政不服審査会等若しくは審議会等」とあるのは「情報公開・個人情報保護審査会」とする。

（審査会への諮問）

第百五条 開示決定等、訂正決定等、利用停止決定等又は開示請求、訂正請求若しくは利用停止請求に係る不作為について審査請求があったときは、当該審査請求に対する裁決をすべき行政機関の長等は、次の各号のいずれかに該当する場合を除き、情報公開・個人情報保護審査会（審査請求に対する裁決をすべき行政機関の長等が会計検査院長である場合にあっては、別に法律で定める審査会）に諮問しなければならない。

一　審査請求が不適法であり、却下する場合

二　裁決で、審査請求の全部を認容し、当該審査請求に係る保有個人情報の全部を開示することとする場合（当該保有個人情報の開示について反対意見書が提出されている場合を除く。）

三　裁決で、審査請求の全部を認容し、当該審査請求に係る保有個人情報の訂正をすることとする場合

四　裁決で、審査請求の全部を認容し、当該審査請求に係る保有個人情報の利用停止をすることとする場合

2　前項の規定により諮問をした行政機関の長等は、次に掲げる者に対し、諮問をした旨を通知しなければならない。

一　審査請求人及び参加人（行政不服審査法第十三条第四項に規定する参加人をいう。以下この項及び第百七条第一項第二号において同じ。）

二　開示請求者、訂正請求者又は利用停止請求者（これらの者が審査請求人又は参加人である場合を除く。）

三　当該審査請求に係る保有個人情報の開示について反対意見書を提出した第三者（当該第三者が審査請求人又は参加人である場合を除く。）

3　前二項の規定は、地方公共団体の機関又は地方独立行政法人について準用する。この場合において、第一項中「情報公開・個人情報保護審査会（審査請求に対する裁決をすべき行政機関の長等が会計検査院長である場合にあっては、別に法律で定める審査会）」とあるのは、「行政不服審査法第八十一条第一項又は第二項の機関」と読み替えるものとする。

（地方公共団体の機関等における審理員による審理手続に関する規定の適用除外等）

第百六条　地方公共団体の機関又は地方独立行政法人に対する開示決定等、訂正決定等、利用停止決定等又は開示請求、訂正請求若しくは利用停止請求に係る不作為に係る審査請求については、行政不服審査法第九条第一項から第三項まで、第十七条、第四十条、第四十二条、第二章第四節及び第五十条第二項の規定は、適用しない。

2　地方公共団体の機関又は地方独立行政法人に対する開示決定等、訂正決定等、利用停止決定等又は開示請求、訂正請求若しくは利用停止請求に係る不作為に係る審査請求についての次の表の上欄に掲げる行政不服審査法の規定の適用については、これらの規定中同表の中欄に掲げる字句は、それぞれ同表の下欄に掲げる字句とするほか、必要な技術的読替えは、政令で定める。

第九条第四項	前項に規定する場合において、審査庁	第四条又は個人情報の保護に関する法律（平成十五年法律第五十七号）第百七条第二項の規定に基づく条例の規定により審査請求がされた行政庁（第十四条の規定により引継ぎを受けた行政庁を含む。以下「審査庁」という。）
	前項において読み替えて適用する第三十一条第一項	同法第百六条第二項において読み替えて適用する第三十一条第一項
	前項において読み替えて適用する第三十四条	同法第百六条第二項において読み替えて適用する第三十四条
	前項において読み替えて適用する第三十六条	同法第百六条第二項において読み替えて適用する第三十六条
第十一条第二項	第九条第一項の規定により指名された者（以下「審理員」という。）	審査庁
第十三条第一	審理員	審査庁

項及び第二項、第二十八条、第三十条、第三十一条、第三十二条第三項、第三十三条から第三十七条まで、第三十八条第一項から第三項まで及び第五項、第三十九条並びに第四十一条第一項及び第二項		
第二十五条第七項	執行停止の申立てがあったとき、又は審理員から第四十条に規定する執行停止をすべき旨の意見書が提出されたとき	執行停止の申立てがあったとき
第二十九条第一項	審理員は、審査庁から指名されたときは、直ちに	審査庁は、審査請求がされたときは、第二十四条の規定により当該審査請求を却下する場合を
		除き、速やかに
第二十九条第二項	審理員は	審査庁は、審査庁が処分庁等以外である場合にあっては
	提出を求める	提出を求め、審査庁が処分庁等である場合にあっては、相当の期間内に、弁明書を作成する
第二十九条第五項	審理員は	審査庁は、第二項の規定により
	提出があったとき	提出があったとき、又は弁明書を作成したとき
第三十条第三項	参加人及び処分庁等	参加人及び処分庁等（処分庁等が審査庁である場合にあっては、参加人）
	審査請求人及び処分庁等	審査請求人及び処分庁等が
		審査庁である場合にあっては、審査請求人）
第三十一条第二項	審理関係人	審理関係人（処分庁等が審査庁である場合にあっては、審査請求人及び参加人。以下この節及び第五十条第一項第三号において同じ。）
第四十一条第三項	審理員が	審査庁が
	終結した旨並びに次条第一項に規定する審理員意見書及び事件記録（審査請求書、弁明書その他審査請求に係る事件に関する書類その他の物件のうち政令で定めるものをいう。同条第二項及び第四十三条	終結した旨を通知するものとする

行政法

	第二項において同じ。）を審査庁に提出する予定時期を通知するものとする。当該予定時期を変更したときも、同様とする	
第四十四条	行政不服審査会等	第八十一条第一項又は第二項の機関
	受けたとき（前条第一項の規定による諮問を要しない場合（同項第二号又は第三号に該当する場合を除く。）にあっては審理員意見書が提出されたとき、同項第二号又は第三号に該当する場合にあっては同項第二号又は第三号に規定する議を経たとき）	受けたとき
第五十条第一項第四号	審理員意見書又は行政不服審査会等若しくは審議会等	第八十一条第一項又は第二項の機関
第八十一条第三項において準用する第七十四条	第四十三条第一項の規定により審査会に諮問をした審査庁	審査庁

（第三者からの審査請求を棄却する場合等における手続等）

第百七条 第八十六条第三項の規定は、次の各号のいずれかに該当する裁決をする場合について準用する。

一 開示決定に対する第三者からの審査請求を却下し、又は棄却する裁決

二 審査請求に係る開示決定等（開示請求に係る保有個人情報の全部を開示する旨の決定を除く。）を変更し、当該審査請求に係る保有個人情報を開示する旨の裁決（第三者である参加人が当該第三者に関する情報の開示に反対の意思を表示している場合に限る。）

2 開示決定等、訂正決定等、利用停止決定等又は開示請求、訂正請求若しくは利用停止請求に係る不作為についての審査請求については、政令（地方公共団体の機関又は地方独立行政法人にあっては、条例）で定めるところにより、行政不服審査法第四条の規定の特例を設けることができる。

第五款　条例との関係

第百八条 この節の規定は、地方公共団体が、保有個人情報の開示、訂正及び利用停止の手続並びに審査請求の手続に関する事項について、この節の規定に反しない限り、条例で必要な規定を定めることを妨げるものではない。

第五節　行政機関等匿名加工情報の提供等

（行政機関等匿名加工情報の作成及び提供等）

第百九条 行政機関の長等は、この節の規定に従い、行政機関等匿名加工情報（行政機関等匿名加工情報ファイルを構成するものに限る。以下この節において同じ。）を作成することができる。

2 行政機関の長等は、次の各号のいずれかに該当する場合を除き、行政機関等匿名加工情報を提供してはならない。

一 法令に基づく場合（この節の規定に従う場合を含む。）

二 保有個人情報を利用目的のために第三者に提供することができる場合において、当該保有個人情報を加工して作成した行政機関等匿名加工情報を当該第三者に提供するとき。

3 第六十九条の規定にかかわらず、行政機関の長等は、法令に基づく場合を除き、利用目的以外の目的のために削除情報（保有個人情報に該当するものに限る。）を自ら利用し、又は提供してはならない。

4 前項の「削除情報」とは、行政機関等匿名

加工情報の作成に用いた保有個人情報から削除した記述等及び個人識別符号をいう。

（提案の募集に関する事項の個人情報ファイル簿への記載）

第百十条 行政機関の長等は、当該行政機関の長等の属する行政機関等が保有している個人情報ファイルが第六十条第三項各号のいずれにも該当すると認めるときは、当該個人情報ファイルについては、個人情報ファイル簿に次に掲げる事項を記載しなければならない。この場合における当該個人情報ファイルについての第七十五条第一項の規定の適用については、同項中「第十号」とあるのは、「第十号並びに第百十条各号」とする。

一 第百十二条第一項の提案の募集をする個人情報ファイルである旨

二 第百十二条第一項の提案を受ける組織の名称及び所在地

（提案の募集）

第百十一条 行政機関の長等は、個人情報保護委員会規則で定めるところにより、定期的に、当該行政機関の長等の属する行政機関等が保有している個人情報ファイル（個人情報ファイル簿に前条第一号に掲げる事項の記載があるものに限る。以下この節において同じ。）について、次条第一項の提案を募集するものとする。

（行政機関等匿名加工情報をその用に供して行う事業に関する提案）

第百十二条 前条の規定による募集に応じて個人情報ファイルを構成する保有個人情報を加工して作成する行政機関等匿名加工情報をその事業の用に供しようとする者は、行政機関の長等に対し、当該事業に関する提案をすることができる。

2 前項の提案は、個人情報保護委員会規則で定めるところにより、次に掲げる事項を記載した書面を行政機関の長等に提出してしなければならない。

一 提案をする者の氏名又は名称及び住所又は居所並びに法人その他の団体にあっては、その代表者の氏名

二 提案に係る個人情報ファイルの名称

三 提案に係る行政機関等匿名加工情報の本人の数

四 前号に掲げるもののほか、提案に係る行政機関等匿名加工情報の作成に用いる第百十六条第一項の規定による加工の方法を特定するに足りる事項

五 提案に係る行政機関等匿名加工情報の利用の目的及び方法その他当該行政機関等匿名加工情報がその用に供される事業の内容

六 提案に係る行政機関等匿名加工情報を前号の事業の用に供しようとする期間

七 提案に係る行政機関等匿名加工情報の漏えいの防止その他当該行政機関等匿名加工情報の適切な管理のために講ずる措置

八 前各号に掲げるもののほか、個人情報保護委員会規則で定める事項

3 前項の書面には、次に掲げる書面その他個人情報保護委員会規則で定める書類を添付しなければならない。

一 第一項の提案をする者が次条各号のいずれにも該当しないことを誓約する書面

二 前項第五号の事業が新たな産業の創出又は活力ある経済社会若しくは豊かな国民生活の実現に資するものであることを明らかにする書面

（欠格事由）

第百十三条 次の各号のいずれかに該当する者は、前条第一項の提案をすることができない。

一 未成年者

二 心身の故障により前条第一項の提案に係る行政機関等匿名加工情報をその用に供して行う事業を適正に行うことができない者として個人情報保護委員会規則で定めるもの

三 破産手続開始の決定を受けて復権を得ない者

四 禁錮以上の刑に処せられ、又はこの法律の規定により刑に処せられ、その執行を終わり、又は執行を受けることがなくなった日から起算して二年を経過しない者

五 第百二十条の規定により行政機関等匿名加工情報の利用に関する契約を解除され、その解除の日から起算して二年を経過しない者

六 法人その他の団体であって、その役員のうちに前各号のいずれかに該当する者があるもの

（提案の審査等）

第百十四条 行政機関の長等は、第百十二条第一項の提案があったときは、当該提案が次に掲げる基準に適合するかどうかを審査しなければならない。

一 第百十二条第一項の提案をした者が前条各号のいずれにも該当しないこと。

二 第百十二条第二項第三号の提案に係る行

政機関等匿名加工情報の本人の数が、行政機関等匿名加工情報の効果的な活用の観点からみて個人情報保護委員会規則で定める数以上であり、かつ、提案に係る個人情報ファイルを構成する保有個人情報の本人の数以下であること。

三　第百十二条第二項第三号及び第四号に掲げる事項により特定される加工の方法が第百十六条第一項の基準に適合するものであること。

四　第百十二条第二項第五号の事業が新たな産業の創出又は活力ある経済社会若しくは豊かな国民生活の実現に資するものであること。

五　第百十二条第二項第六号の期間が行政機関等匿名加工情報の効果的な活用の観点からみて個人情報保護委員会規則で定める期間を超えないものであること。

六　第百十二条第二項第五号の提案に係る行政機関等匿名加工情報の利用の目的及び方法並びに同項第七号の措置が当該行政機関等匿名加工情報の本人の権利利益を保護するために適切なものであること。

七　前各号に掲げるもののほか、個人情報保護委員会規則で定める基準に適合するものであること。

2　行政機関の長等は、前項の規定により審査した結果、第百十二条第一項の提案が前項各号に掲げる基準のいずれにも適合すると認めるときは、個人情報保護委員会規則で定めるところにより、当該提案をした者に対し、次に掲げる事項を通知するものとする。

一　次条の規定により行政機関の長等との間で行政機関等匿名加工情報の利用に関する契約を締結することができる旨

二　前号に掲げるもののほか、個人情報保護委員会規則で定める事項

3　行政機関の長等は、第一項の規定により審査した結果、第百十二条第一項の提案が第一項各号に掲げる基準のいずれかに適合しないと認めるときは、個人情報保護委員会規則で定めるところにより、当該提案をした者に対し、理由を付して、その旨を通知するものとする。

（行政機関等匿名加工情報の利用に関する契約の締結）

第百十五条　前条第二項の規定による通知を受けた者は、個人情報保護委員会規則で定めるところにより、行政機関の長等との間で、行政機関等匿名加工情報の利用に関する契約を締結することができる。

（行政機関等匿名加工情報の作成等）

第百十六条　行政機関の長等は、行政機関等匿名加工情報を作成するときは、特定の個人を識別することができないように及びその作成に用いる保有個人情報を復元することができないようにするために必要なものとして個人情報保護委員会規則で定める基準に従い、当該保有個人情報を加工しなければならない。

2　前項の規定は、行政機関等から行政機関等匿名加工情報の作成の委託（二以上の段階にわたる委託を含む。）を受けた者が受託した業務を行う場合について準用する。

（行政機関等匿名加工情報に関する事項の個人情報ファイル簿への記載）

第百十七条　行政機関の長等は、行政機関等匿名加工情報を作成したときは、当該行政機関等匿名加工情報の作成に用いた保有個人情報を含む個人情報ファイルについては、個人情報ファイル簿に次に掲げる事項を記載しなければならない。この場合における当該個人情報ファイルについての第百十条の規定により読み替えて適用する第七十五条第一項の規定の適用については、同項中「並びに第百十条各号」とあるのは、「、第百十条各号並びに第百十七条各号」とする。

一　行政機関等匿名加工情報の概要として個人情報保護委員会規則で定める事項

二　次条第一項の提案を受ける組織の名称及び所在地

三　次条第一項の提案をすることができる期間

（作成された行政機関等匿名加工情報をその用に供して行う事業に関する提案等）

第百十八条　前条の規定により個人情報ファイル簿に同条第一号に掲げる事項が記載された行政機関等匿名加工情報をその事業の用に供しようとする者は、行政機関の長等に対し、当該事業に関する提案をすることができる。当該行政機関等匿名加工情報について第百十五条の規定により行政機関等匿名加工情報の利用に関する契約を締結した者が、当該行政機関等匿名加工情報をその用に供する事業を変更しようとするときも、同様とする。

2　第百十二条第二項及び第三項並びに第百十三条から第百十五条までの規定は、前項の提案について準用する。この場合において、第百十二条第二項中「次に」とあるのは「第一号及び第四号から第八号までに」と、同項第

四号中「前号に掲げるもののほか、提案」とあるのは「提案」と、「の作成に用いる第百十六条第一項の規定による加工の方法を特定する」とあるのは「を特定する」と、同項第八号中「前各号」とあるのは「第一号及び第四号から前号まで」と、第百十四条第一項中「次に」とあるのは「第一号及び第四号から第七号までに」と、同項第七号中「前各号」とあるのは「第一号及び前三号」と、同条第二項中「前項各号」とあるのは「前項第一号及び第四号から第七号まで」と、同条第三項中「第一項各号」とあるのは「第一項第一号及び第四号から第七号まで」と読み替えるものとする。

（**手数料**）

第百十九条　第百十五条の規定により行政機関等匿名加工情報の利用に関する契約を行政機関の長と締結する者は、政令で定めるところにより、実費を勘案して政令で定める額の手数料を納めなければならない。

2　前条第二項において準用する第百十五条の規定により行政機関等匿名加工情報の利用に関する契約を行政機関の長と締結する者は、政令で定めるところにより、前項の政令で定める額を参酌して政令で定める額の手数料を納めなければならない。

3　第百十五条の規定により行政機関等匿名加工情報の利用に関する契約を地方公共団体の機関と締結する者は、条例で定めるところにより、実費を勘案して政令で定める額を標準として条例で定める額の手数料を納めなければならない。

4　前条第二項において準用する第百十五条の規定により行政機関等匿名加工情報の利用に関する契約を地方公共団体の機関と締結する者は、条例で定めるところにより、前項の政令で定める額を参酌して政令で定める額を標準として条例で定める額の手数料を納めなければならない。

5　第百十五条の規定（前条第二項において準用する場合を含む。第八項及び次条において同じ。）により行政機関等匿名加工情報の利用に関する契約を独立行政法人等と締結する者は、独立行政法人等の定めるところにより、利用料を納めなければならない。

6　前項の利用料の額は、実費を勘案して合理的であると認められる範囲内において、独立行政法人等が定める。

7　独立行政法人等は、前二項の規定による定めを一般の閲覧に供しなければならない。

8　第百十五条の規定により行政機関等匿名加工情報の利用に関する契約を地方独立行政法人と締結する者は、地方独立行政法人の定めるところにより、手数料を納めなければならない。

9　前項の手数料の額は、実費を勘案し、かつ、第三項又は第四項の条例で定める手数料の額を参酌して、地方独立行政法人が定める。

10　地方独立行政法人は、前二項の規定による定めを一般の閲覧に供しなければならない。

（**行政機関等匿名加工情報の利用に関する契約の解除**）

第百二十条　行政機関の長等は、第百十五条の規定により行政機関等匿名加工情報の利用に関する契約を締結した者が次の各号のいずれかに該当するときは、当該契約を解除することができる。

一　偽りその他不正の手段により当該契約を締結したとき。

二　第百十三条各号（第百十八条第二項において準用する場合を含む。）のいずれかに該当することとなったとき。

三　当該契約において定められた事項について重大な違反があったとき。

（**識別行為の禁止等**）

第百二十一条　行政機関の長等は、行政機関等匿名加工情報を取り扱うに当たっては、法令に基づく場合を除き、当該行政機関等匿名加工情報の作成に用いられた個人情報に係る本人を識別するために、当該行政機関等匿名加工情報を他の情報と照合してはならない。

2　行政機関の長等は、行政機関等匿名加工情報、第百九条第四項に規定する削除情報及び第百十六条第一項の規定により行った加工の方法に関する情報（以下この条及び次条において「行政機関等匿名加工情報等」という。）の漏えいを防止するために必要なものとして個人情報保護委員会規則で定める基準に従い、行政機関等匿名加工情報等の適切な管理のために必要な措置を講じなければならない。

3　前二項の規定は、行政機関等から行政機関等匿名加工情報等の取扱いの委託（二以上の段階にわたる委託を含む。）を受けた者が受託した業務を行う場合について準用する。

（**従事者の義務**）

第百二十二条　行政機関等匿名加工情報等の取扱いに従事する行政機関等の職員若しくは職

員であった者、前条第三項の委託を受けた業務に従事している者若しくは従事していた者又は行政機関等において行政機関等匿名加工情報等の取扱いに従事している派遣労働者若しくは従事していた派遣労働者は、その業務に関して知り得た行政機関等匿名加工情報等の内容をみだりに他人に知らせ、又は不当な目的に利用してはならない。

（匿名加工情報の取扱いに係る義務）

第百二十三条　行政機関等は、匿名加工情報（行政機関等匿名加工情報を除く。以下この条において同じ。）を第三者に提供するときは、法令に基づく場合を除き、個人情報保護委員会規則で定めるところにより、あらかじめ、第三者に提供される匿名加工情報に含まれる個人に関する情報の項目及びその提供の方法について公表するとともに、当該第三者に対して、当該提供に係る情報が匿名加工情報である旨を明示しなければならない。

2　行政機関等は、匿名加工情報を取り扱うに当たっては、法令に基づく場合を除き、当該匿名加工情報の作成に用いられた個人情報に係る本人を識別するために、当該個人情報から削除された記述等若しくは個人識別符号若しくは第四十三条第一項の規定により行われた加工の方法に関する情報を取得し、又は当該匿名加工情報を他の情報と照合してはならない。

3　行政機関等は、匿名加工情報の漏えいを防止するために必要なものとして個人情報保護委員会規則で定める基準に従い、匿名加工情報の適切な管理のために必要な措置を講じなければならない。

4　前二項の規定は、行政機関等から匿名加工情報の取扱いの委託（二以上の段階にわたる委託を含む。）を受けた者が受託した業務を行う場合について準用する。

第六節　雑則

（適用除外等）

第百二十四条　第四節の規定は、刑事事件若しくは少年の保護事件に係る裁判、検察官、検察事務官若しくは司法警察職員が行う処分、刑若しくは保護処分の執行、更生緊急保護又は恩赦に係る保有個人情報（当該裁判、処分若しくは執行を受けた者、更生緊急保護の申出をした者又は恩赦の上申があった者に係るものに限る。）については、適用しない。

2　保有個人情報（行政機関情報公開法第五条、独立行政法人等情報公開法第五条又は情報公開条例に規定する不開示情報を専ら記録する行政文書等に記録されているものに限る。）のうち、まだ分類その他の整理が行われていないもので、同一の利用目的に係るものが著しく大量にあるためその中から特定の保有個人情報を検索することが著しく困難であるものは、第四節（第四款を除く。）の規定の適用については、行政機関等に保有されていないものとみなす。

（適用の特例）

第百二十五条　第五十八条第二項各号に掲げる者が行う当該各号に定める業務における個人情報、仮名加工情報又は個人関連情報の取扱いについては、この章（第一節、第六十六条第二項（第四号及び第五号（同項第四号に係る部分に限る。）に係る部分に限る。）において準用する同条第一項、第七十五条、前二節、前条第二項及び第百二十七条を除く。）の規定、第百七十六条及び第百八十条の規定（これらの規定のうち第六十六条第二項第四号及び第五号（同項第四号に係る部分に限る。）に定める業務に係る部分を除く。）並びに第百八十一条の規定は、適用しない。

2　第五十八条第一項各号に掲げる者による個人情報又は匿名加工情報の取扱いについては、同項第一号に掲げる者を独立行政法人等と、同項第二号に掲げる者を地方独立行政法人と、それぞれみなして、第一節、第七十五条、前二節、前条第二項、第百二十七条及び次章から第八章まで（第百七十六条、第百八十条及び第百八十一条を除く。）の規定を適用する。

3　第五十八条第一項各号及び第二項各号に掲げる者（同項各号に定める業務を行う場合に限る。）についての第九十八条の規定の適用については、同条第一項第一号中「第六十一条第二項の規定に違反して保有されているとき、第六十三条の規定に違反して取り扱われているとき、第六十四条の規定に違反して取得されたものであるとき、又は第六十九条第一項及び第二項の規定に違反して利用されているとき」とあるのは「第十八条若しくは第十九条の規定に違反して取り扱われているとき、又は第二十条の規定に違反して取得されたものであるとき」と、同項第二号中「第六十九条第一項及び第二項又は第七十一条第一項」とあるのは「第二十七条第一項又は第二十八条」とする。

（権限又は事務の委任）

第百二十六条　行政機関の長は、政令（内閣の所轄の下に置かれる機関及び会計検査院にあっては、当該機関の命令）で定めるところにより、第二節から前節まで（第七十四条及び第四節第四款を除く。）に定める権限又は事務を当該行政機関の職員に委任することができる。

（開示請求等をしようとする者に対する情報の提供等）

第百二十七条　行政機関の長等は、開示請求、訂正請求若しくは利用停止請求又は第百十二条第一項若しくは第百十八条第一項の提案（以下この条において「開示請求等」という。）をしようとする者がそれぞれ容易かつ的確に開示請求等をすることができるよう、当該行政機関の長等の属する行政機関等が保有する保有個人情報の特定又は当該提案に資する情報の提供その他開示請求等をしようとする者の利便を考慮した適切な措置を講ずるものとする。

（行政機関等における個人情報等の取扱いに関する苦情処理）

第百二十八条　行政機関の長等は、行政機関等における個人情報、仮名加工情報又は匿名加工情報の取扱いに関する苦情の適切かつ迅速な処理に努めなければならない。

（地方公共団体に置く審議会等への諮問）

第百二十九条　地方公共団体の機関は、条例で定めるところにより、第三章第三節の施策を講ずる場合その他の場合において、個人情報の適正な取扱いを確保するため専門的な知見に基づく意見を聴くことが特に必要であると認めるときは、審議会その他の合議制の機関に諮問することができる。

第六章　個人情報保護委員会

第一節　設置等

（設置）

第百三十条　内閣府設置法第四十九条第三項の規定に基づいて、個人情報保護委員会（以下「委員会」という。）を置く。

2　委員会は、内閣総理大臣の所轄に属する。

（任務）

第百三十一条　委員会は、行政機関等の事務及び事業の適正かつ円滑な運営を図り、並びに個人情報の適正かつ効果的な活用が新たな産業の創出並びに活力ある経済社会及び豊かな国民生活の実現に資するものであることその他の個人情報の有用性に配慮しつつ、個人の権利利益を保護するため、個人情報の適正な取扱いの確保を図ること（個人番号利用事務等実施者（行政手続における特定の個人を識別するための番号の利用等に関する法律（平成二十五年法律第二十七号。以下「番号利用法」という。）第十二条に規定する個人番号利用事務等実施者をいう。）に対する指導及び助言その他の措置を講ずることを含む。）を任務とする。

（所掌事務）

第百三十二条　委員会は、前条の任務を達成するため、次に掲げる事務をつかさどる。

一　基本方針の策定及び推進に関すること。

二　個人情報取扱事業者における個人情報の取扱い、個人情報取扱事業者及び仮名加工情報取扱事業者における仮名加工情報の取扱い、個人情報取扱事業者及び匿名加工情報取扱事業者における匿名加工情報の取扱い並びに個人関連情報取扱事業者における個人関連情報の取扱いに関する監督、行政機関等における個人情報、仮名加工情報、匿名加工情報及び個人関連情報の取扱いに関する監視並びに個人情報、仮名加工情報及び匿名加工情報の取扱いに関する苦情の申出についての必要なあっせん及びその処理を行う事業者への協力に関すること（第四号に掲げるものを除く。）。

三　認定個人情報保護団体に関すること。

四　特定個人情報（番号利用法第二条第八項に規定する特定個人情報をいう。）の取扱いに関する監視又は監督並びに苦情の申出についての必要なあっせん及びその処理を行う事業者への協力に関すること。

五　特定個人情報保護評価（番号利用法第二十七条第一項に規定する特定個人情報保護評価をいう。）に関すること。

六　個人情報の保護及び適正かつ効果的な活用についての広報及び啓発に関すること。

七　前各号に掲げる事務を行うために必要な調査及び研究に関すること。

八　所掌事務に係る国際協力に関すること。

九　前各号に掲げるもののほか、法律（法律に基づく命令を含む。）に基づき委員会に属させられた事務

（職権行使の独立性）

第百三十三条　委員会の委員長及び委員は、独立してその職権を行う。

（組織等）

第百三十四条　委員会は、委員長及び委員八人

をもって組織する。
2　委員のうち四人は、非常勤とする。
3　委員長及び委員は、人格が高潔で識見の高い者のうちから、両議院の同意を得て、内閣総理大臣が任命する。
4　委員長及び委員には、個人情報の保護及び適正かつ効果的な活用に関する学識経験のある者、消費者の保護に関して十分な知識と経験を有する者、情報処理技術に関する学識経験のある者、行政分野に関する学識経験のある者、民間企業の実務に関して十分な知識と経験を有する者並びに連合組織（地方自治法第二百六十三条の三第一項の連合組織で同項の規定による届出をしたものをいう。）の推薦する者が含まれるものとする。

（任期等）
第百三十五条　委員長及び委員の任期は、五年とする。ただし、補欠の委員長又は委員の任期は、前任者の残任期間とする。
2　委員長及び委員は、再任されることができる。
3　委員長及び委員の任期が満了したときは、当該委員長及び委員は、後任者が任命されるまで引き続きその職務を行うものとする。
4　委員長又は委員の任期が満了し、又は欠員を生じた場合において、国会の閉会又は衆議院の解散のために両議院の同意を得ることができないときは、内閣総理大臣は、前条第三項の規定にかかわらず、同項に定める資格を有する者のうちから、委員長又は委員を任命することができる。
5　前項の場合においては、任命後最初の国会において両議院の事後の承認を得なければならない。この場合において、両議院の事後の承認が得られないときは、内閣総理大臣は、直ちに、その委員長又は委員を罷免しなければならない。

（身分保障）
第百三十六条　委員長及び委員は、次の各号のいずれかに該当する場合を除いては、在任中、その意に反して罷免されることがない。
一　破産手続開始の決定を受けたとき。
二　この法律又は番号利用法の規定に違反して刑に処せられたとき。
三　禁錮以上の刑に処せられたとき。
四　委員会により、心身の故障のため職務を執行することができないと認められたとき、又は職務上の義務違反その他委員長若しくは委員たるに適しない非行があると認められたとき。

（罷免）
第百三十七条　内閣総理大臣は、委員長又は委員が前条各号のいずれかに該当するときは、その委員長又は委員を罷免しなければならない。

（委員長）
第百三十八条　委員長は、委員会の会務を総理し、委員会を代表する。
2　委員会は、あらかじめ常勤の委員のうちから、委員長に事故がある場合に委員長を代理する者を定めておかなければならない。

（会議）
第百三十九条　委員会の会議は、委員長が招集する。
2　委員会は、委員長及び四人以上の委員の出席がなければ、会議を開き、議決をすることができない。
3　委員会の議事は、出席者の過半数でこれを決し、可否同数のときは、委員長の決するところによる。
4　第百三十六条第四号の規定による認定をするには、前項の規定にかかわらず、本人を除く全員の一致がなければならない。
5　委員長に事故がある場合の第二項の規定の適用については、前条第二項に規定する委員長を代理する者は、委員長とみなす。

（専門委員）
第百四十条　委員会に、専門の事項を調査させるため、専門委員を置くことができる。
2　専門委員は、委員会の申出に基づいて内閣総理大臣が任命する。
3　専門委員は、当該専門の事項に関する調査が終了したときは、解任されるものとする。
4　専門委員は、非常勤とする。

（事務局）
第百四十一条　委員会の事務を処理させるため、委員会に事務局を置く。
2　事務局に、事務局長その他の職員を置く。
3　事務局長は、委員長の命を受けて、局務を掌理する。

（政治運動等の禁止）
第百四十二条　委員長及び委員は、在任中、政党その他の政治団体の役員となり、又は積極的に政治運動をしてはならない。
2　委員長及び常勤の委員は、在任中、内閣総理大臣の許可のある場合を除くほか、報酬を得て他の職務に従事し、又は営利事業を営み、その他金銭上の利益を目的とする業務を行ってはならない。

（秘密保持義務）
第百四十三条　委員長、委員、専門委員及び事務局の職員は、職務上知ることのできた秘密を漏らし、又は盗用してはならない。その職務を退いた後も、同様とする。

（給与）
第百四十四条　委員長及び委員の給与は、別に法律で定める。

（規則の制定）
第百四十五条　委員会は、その所掌事務について、法律若しくは政令を実施するため、又は法律若しくは政令の特別の委任に基づいて、個人情報保護委員会規則を制定することができる。

第二節　監督及び監視

第一款　個人情報取扱事業者等の監督

（報告及び立入検査）
第百四十六条　委員会は、第四章（第五節を除く。次条及び第百五十一条において同じ。）の規定の施行に必要な限度において、個人情報取扱事業者、仮名加工情報取扱事業者、匿名加工情報取扱事業者又は個人関連情報取扱事業者（以下この款において「個人情報取扱事業者等」という。）その他の関係者に対し、個人情報、仮名加工情報、匿名加工情報又は個人関連情報（以下この款及び第三款において「個人情報等」という。）の取扱いに関し、必要な報告若しくは資料の提出を求め、又はその職員に、当該個人情報取扱事業者等その他の関係者の事務所その他必要な場所に立ち入らせ、個人情報等の取扱いに関し質問させ、若しくは帳簿書類その他の物件を検査させることができる。

2　前項の規定により立入検査をする職員は、その身分を示す証明書を携帯し、関係人の請求があったときは、これを提示しなければならない。

3　第一項の規定による立入検査の権限は、犯罪捜査のために認められたものと解釈してはならない。

（指導及び助言）
第百四十七条　委員会は、第四章の規定の施行に必要な限度において、個人情報取扱事業者等に対し、個人情報等の取扱いに関し必要な指導及び助言をすることができる。

（勧告及び命令）
第百四十八条　委員会は、個人情報取扱事業者が第十八条から第二十条まで、第二十一条（第一項、第三項及び第四項の規定を第四十一条第四項の規定により読み替えて適用する場合を含む。）、第二十三条から第二十六条まで、第二十七条（第四項を除き、第五項及び第六項の規定を第四十一条第六項の規定により読み替えて適用する場合を含む。）、第二十八条、第二十九条（第一項ただし書の規定を第四十一条第六項の規定により読み替えて適用する場合を含む。）、第三十条（第二項を除き、第一項ただし書の規定を第四十一条第六項の規定により読み替えて適用する場合を含む。）、第三十二条、第三十三条（第一項（第五項において準用する場合を含む。）を除く。）、第三十四条第二項若しくは第三項、第三十五条（第一項、第三項及び第五項を除く。）、第三十八条第二項、第四十一条（第四項及び第五項を除く。）若しくは第四十三条（第六項を除く。）の規定に違反した場合、個人関連情報取扱事業者が第三十一条第一項、同条第二項において読み替えて準用する第二十八条第三項若しくは第三十条第三項において読み替えて準用する第三十一条第三項にお いて読み替えて準用する第三十条第三項若しくは第四項の規定に違反した場合、仮名加工情報取扱事業者が第四十二条第一項、同条第二項において読み替えて準用する第二十七条第五項若しくは第六項若しくは第四十二条第三項において読み替えて準用する第二十三条から第二十五条まで若しくは第四十一条第七項若しくは第八項の規定に違反した場合又は匿名加工情報取扱事業者が第四十四条若しくは第四十五条の規定に違反した場合において個人の権利利益を保護するため必要があると認めるときは、当該個人情報取扱事業者等に対し、当該違反行為の中止その他違反を是正するために必要な措置をとるべき旨を勧告することができる。

2　委員会は、前項の規定による勧告を受けた個人情報取扱事業者等が正当な理由がなくてその勧告に係る措置をとらなかった場合において個人の重大な権利利益の侵害が切迫していると認めるときは、当該個人情報取扱事業者等に対し、その勧告に係る措置をとるべきことを命ずることができる。

3　委員会は、前二項の規定にかかわらず、個人情報取扱事業者が第十八条から第二十条まで、第二十三条から第二十六条まで、第二十七条第一項、第二十八条第一項若しくは第三項、第四十一条第一項から第三項まで若しくは第六項から第八項まで若しくは第五項の規定に違反した場合、個人関連情報取扱事業者が第三十一条第一項若しくは同条第二項において読み替えて準用する第二十八条第三項の規定に違反した場合、仮名加工情報取扱事業者が第四十二条第一項若しくは同条第三項において読み替えて準用する第二十三条から第二十五条まで若しくは第四十一条第七項若しくは第八項の規定に違反した場合又は匿名加工情報取扱事業者が第四十五条の規定に違反した場合において個人の重大な権利利益を害する事実があるため緊急に措置をとる必要があると認めるときは、当該個人情報取扱事業者等に対し、当該違反行為の中止その他違反を是正するために必要な措置をとるべきことを命ずることができる。

4　委員会は、前二項の規定による命令をした場合において、その命令を受けた個人情報取扱事業者等がその命令に違反したときは、その旨を公表することができる。

（委員会の権限の行使の制限）

第百四十九条　委員会は、前三条の規定により個人情報取扱事業者等に対し報告若しくは資料の提出の要求、立入検査、指導、助言、勧告又は命令を行うに当たっては、表現の自由、学問の自由、信教の自由及び政治活動の自由を妨げてはならない。

2　前項の規定の趣旨に照らし、委員会は、個人情報取扱事業者等が第五十七条第一項各号に掲げる者（それぞれ当該各号に定める目的で個人情報等を取り扱う場合に限る。）に対して個人情報等を提供する行為については、その権限を行使しないものとする。

（権限の委任）

第百五十条　委員会は、緊急かつ重点的に個人情報等の適正な取扱いの確保を図る必要があることその他の政令で定める事情があるため、個人情報取扱事業者等に対し、第百四十八条第一項の規定による勧告又は同条第二項若しくは第三項の規定による命令を効果的に行う上で必要があると認めるときは、政令で定めるところにより、第二十六条第一項、第百四十六条第一項、第百六十二条において読み替えて準用する民事訴訟法（平成八年法律第百九号）第九十九条、第百一条、第百三条、第百五条、第百六条、第百八条及び第百九条、第百六十三条並びに第百六十四条の規定による権限を事業所管大臣に委任することができる。

2　事業所管大臣は、前項の規定により委任された権限を行使したときは、政令で定めるところにより、その結果について委員会に報告するものとする。

3　事業所管大臣は、政令で定めるところにより、第一項の規定により委任された権限及び前項の規定による権限について、その全部又は一部を内閣府設置法第四十三条の地方支分部局その他の政令で定める部局又は機関の長に委任することができる。

4　内閣総理大臣は、第一項の規定により委任された権限及び第二項の規定による権限（金融庁の所掌に係るものに限り、政令で定めるものを除く。）を金融庁長官に委任する。

5　金融庁長官は、政令で定めるところにより、前項の規定により委任された権限について、その一部を証券取引等監視委員会に委任することができる。

6　金融庁長官は、政令で定めるところにより、第四項の規定により委任された権限（前項の規定により証券取引等監視委員会に委任されたものを除く。）の一部を財務局長又は財務支局長に委任することができる。

7　証券取引等監視委員会は、政令で定めるところにより、第五項の規定により委任された権限の一部を財務局長又は財務支局長に委任することができる。

8　前項の規定により財務局長又は財務支局長に委任された権限に係る事務に関しては、証券取引等監視委員会が財務局長又は財務支局長を指揮監督する。

9　第五項の場合において、証券取引等監視委員会が行う報告又は資料の提出の要求（第七項の規定により財務局長又は財務支局長が行う場合を含む。）についての審査請求は、証券取引等監視委員会に対してのみ行うことができる。

（事業所管大臣の請求）

第百五十一条　事業所管大臣は、個人情報取扱事業者等に第四章の規定に違反する行為があると認めるときその他個人情報取扱事業者等による個人情報等の適正な取扱いを確保するために必要があると認めるときは、委員会に対し、この法律の規定に従い適当な措置をとるべきことを求めることができる。

（事業所管大臣）

第百五十二条　この款の規定における事業所管大臣は、次のとおりとする。

一　個人情報取扱事業者等が行う個人情報等

の取扱いのうち雇用管理に関するものについては、厚生労働大臣（船員の雇用管理に関するものについては、国土交通大臣）及び当該個人情報取扱事業者等が行う事業を所管する大臣、国家公安委員会又はカジノ管理委員会（次号において「大臣等」という。）

二　個人情報取扱事業者等が行う個人情報等の取扱いのうち前号に掲げるもの以外のものについては、当該個人情報取扱事業者等が行う事業を所管する大臣等

第二款　認定個人情報保護団体の監督

（報告の徴収）

第百五十三条　委員会は、第四章第五節の規定の施行に必要な限度において、認定個人情報保護団体に対し、認定業務に関し報告をさせることができる。

（命令）

第百五十四条　委員会は、第四章第五節の規定の施行に必要な限度において、認定個人情報保護団体に対し、認定業務の実施の方法の改善、個人情報保護指針の変更その他の必要な措置をとるべき旨を命ずることができる。

（認定の取消し）

第百五十五条　委員会は、認定個人情報保護団体が次の各号のいずれかに該当するときは、その認定を取り消すことができる。

一　第四十八条第一号又は第三号に該当するに至ったとき。

二　第四十九条各号のいずれかに適合しなくなったとき。

三　第五十五条の規定に違反したとき。

四　前条の命令に従わないとき。

五　不正の手段により第四十七条第一項の認定又は第五十条第一項の変更の認定を受けたとき。

2　委員会は、前項の規定により認定を取り消したときは、その旨を公示しなければならない。

第三款　行政機関等の監視

（資料の提出の要求及び実地調査）

第百五十六条　委員会は、前章の規定の円滑な運用を確保するため必要があると認めるときは、行政機関の長等（会計検査院長を除く。以下この款において同じ。）に対し、行政機関等における個人情報等の取扱いに関する事務の実施状況について、資料の提出及び説明を求め、又はその職員に実地調査をさせることができる。

（指導及び助言）

第百五十七条　委員会は、前章の規定の円滑な運用を確保するため必要があると認めるときは、行政機関の長等に対し、行政機関等における個人情報等の取扱いについて、必要な指導及び助言をすることができる。

（勧告）

第百五十八条　委員会は、前章の規定の円滑な運用を確保するため必要があると認めるときは、行政機関の長等に対し、行政機関等における個人情報等の取扱いについて勧告をすることができる。

（勧告に基づいてとった措置についての報告の要求）

第百五十九条　委員会は、前条の規定により行政機関の長等に対し勧告をしたときは、当該行政機関の長等に対し、その勧告に基づいてとった措置について報告を求めることができる。

（委員会の権限の行使の制限）

第百六十条　第百四十九条第一項の規定の趣旨に照らし、委員会は、行政機関の長等が第五十七条第一項各号に掲げる者（それぞれ当該各号に定める目的で個人情報等を取り扱う場合に限る。）に対して個人情報等を提供する行為については、その権限を行使しないものとする。

第三節　送達

（送達すべき書類）

第百六十一条　第百四十六条第一項の規定による報告若しくは資料の提出の要求、第百四十八条第一項の規定による勧告若しくは同条第二項若しくは第三項の規定による命令、第百五十三条の規定による報告の徴収、第百五十四条の規定による命令又は第百五十五条第一項の規定による取消しは、個人情報保護委員会規則で定める書類を送達して行う。

2　第百四十八条第二項若しくは第三項若しくは第百五十四条の規定による命令又は第百五十五条第一項の規定による取消しに係る行政手続法（平成五年法律第八十八号）第十五条第一項又は第三十条の通知は、同法第十五条第一項及び第二項又は第三十条の書類を送達して行う。この場合において、同法第十五条第三項（同法第三十一条において読み替えて準用する場合を含む。）の規定は、適用しな

行政法

い。

（**送達に関する民事訴訟法の準用**）

第百六十二条　前条の規定による送達については、民事訴訟法第九十九条、第百一条、第百三条、第百五条、第百六条、第百八条及び第百九条の規定を準用する。この場合において、同法第九十九条第一項中「執行官」とあるのは「個人情報保護委員会の職員」と、同法第百八条中「裁判長」とあり、及び同法第百九条中「裁判所」とあるのは「個人情報保護委員会」と読み替えるものとする。

（**公示送達**）

第百六十三条　委員会は、次に掲げる場合には、公示送達をすることができる。

一　送達を受けるべき者の住所、居所その他送達をすべき場所が知れない場合

二　外国（本邦の域外にある国又は地域をいう。以下同じ。）においてすべき送達について、前条において読み替えて準用する民事訴訟法第百八条の規定によることができず、又はこれによっても送達をすることができないと認めるべき場合

三　前条において読み替えて準用する民事訴訟法第百八条の規定により外国の管轄官庁に嘱託を発した後六月を経過してもその送達を証する書面の送付がない場合

2　公示送達は、送達をすべき書類を送達を受けるべき者にいつでも交付すべき旨を委員会の掲示場に掲示することにより行う。

3　公示送達は、前項の規定による掲示を始めた日から二週間を経過することによって、その効力を生ずる。

4　外国においてすべき送達についてした公示送達にあっては、前項の期間は、六週間とする。

（**電子情報処理組織の使用**）

第百六十四条　委員会の職員が、情報通信技術を活用した行政の推進等に関する法律（平成十四年法律第百五十一号）第三条第九号に規定する処分通知等であって第百六十一条の規定により書類を送達して行うこととしているものに関する事務を、同法第七条第一項の規定により同法第六条第一項に規定する電子情報処理組織を使用して行ったときは、第百六十二条において読み替えて準用する民事訴訟法第百九条の規定による送達に関する事項を記載した書面の作成及び提出に代えて、当該事項を当該電子情報処理組織を使用して委員会の使用に係る電子計算機（入出力装置を含む。）に備えられたファイルに記録しなければならない。

第四節　雑則

（**施行の状況の公表**）

第百六十五条　委員会は、行政機関の長等に対し、この法律の施行の状況について報告を求めることができる。

2　委員会は、毎年度、前項の報告を取りまとめ、その概要を公表するものとする。

（**地方公共団体による必要な情報の提供等の求め**）

第百六十六条　地方公共団体は、地方公共団体の機関、地方独立行政法人及び事業者等による個人情報の適正な取扱いを確保するために必要があると認めるときは、委員会に対し、必要な情報の提供又は技術的な助言を求めることができる。

2　委員会は、前項の規定による求めがあったときは、必要な情報の提供又は技術的な助言を行うものとする。

（**条例を定めたときの届出**）

第百六十七条　地方公共団体の長は、この法律の規定に基づき個人情報の保護に関する条例を定めたときは、遅滞なく、個人情報保護委員会規則で定めるところにより、その旨及びその内容を委員会に届け出なければならない。

2　委員会は、前項の規定による届出があったときは、当該届出に係る事項をインターネットの利用その他適切な方法により公表しなければならない。

3　前二項の規定は、第一項の規定による届出に係る事項の変更について準用する。

（**国会に対する報告**）

第百六十八条　委員会は、毎年、内閣総理大臣を経由して国会に対し所掌事務の処理状況を報告するとともに、その概要を公表しなければならない。

（**案内所の整備**）

第百六十九条　委員会は、この法律の円滑な運用を確保するため、総合的な案内所を整備するものとする。

（**地方公共団体が処理する事務**）

第百七十条　この法律に規定する委員会の権限及び第百五十条第一項又は第四項の規定により事業所管大臣又は金融庁長官に委任された権限に属する事務は、政令で定めるところにより、地方公共団体の長その他の執行機関が行うこととすることができる。

第七章　雑則

（適用範囲）
第百七十一条　この法律は、個人情報取扱事業者、仮名加工情報取扱事業者、匿名加工情報取扱事業者又は個人関連情報取扱事業者が、国内にある者に対する物品又は役務の提供に関連して、国内にある者を本人とする個人情報、当該個人情報として取得されることとなる個人関連情報又は当該個人情報を用いて作成された仮名加工情報若しくは匿名加工情報を、外国において取り扱う場合についても、適用する。

（外国執行当局への情報提供）
第百七十二条　委員会は、この法律に相当する外国の法令を執行する外国の当局（以下この条において「外国執行当局」という。）に対し、その職務（この法律に規定する委員会の職務に相当するものに限る。次項において同じ。）の遂行に資すると認める情報の提供を行うことができる。

2　前項の規定による情報の提供については、当該情報が当該外国執行当局の職務の遂行以外に使用されず、かつ、次項の規定による同意がなければ外国の刑事事件の捜査（その対象たる犯罪事実が特定された後のものに限る。）又は審判（同項において「捜査等」という。）に使用されないよう適切な措置がとられなければならない。

3　委員会は、外国執行当局からの要請があったときは、次の各号のいずれかに該当する場合を除き、第一項の規定により提供した情報を当該要請に係る外国の刑事事件の捜査等に使用することについて同意をすることができる。

一　当該要請に係る刑事事件の捜査等の対象とされている犯罪が政治犯罪であるとき、又は当該要請が政治犯罪について捜査等を行う目的で行われたものと認められるとき。

二　当該要請に係る刑事事件の捜査等の対象とされている犯罪に係る行為が日本国内において行われたとした場合において、その行為が日本国の法令によれば罪に当たるものでないとき。

三　日本国が行う同種の要請に応ずる旨の要請国の保証がないとき。

4　委員会は、前項の同意をする場合においては、あらかじめ、同項第一号及び第二号に該当しないことについて法務大臣の確認を、同項第三号に該当しないことについて外務大臣の確認を、それぞれ受けなければならない。

（国際約束の誠実な履行等）
第百七十三条　この法律の施行に当たっては、我が国が締結した条約その他の国際約束の誠実な履行を妨げることがないよう留意するとともに、確立された国際法規を遵守しなければならない。

（連絡及び協力）
第百七十四条　内閣総理大臣及びこの法律の施行に関係する行政機関の長（会計検査院長を除く。）は、相互に緊密に連絡し、及び協力しなければならない。

（政令への委任）
第百七十五条　この法律に定めるもののほか、この法律の実施のため必要な事項は、政令で定める。

第八章　罰則

第百七十六条　行政機関等の職員若しくは職員であった者、第六十六条第二項各号に定める業務若しくは第七十三条第五項若しくは第百二十一条第三項の委託を受けた業務に従事している者若しくは従事していた者又は行政機関等において個人情報、仮名加工情報若しくは匿名加工情報の取扱いに従事している派遣労働者若しくは従事していた派遣労働者が、正当な理由がないのに、個人の秘密に属する事項が記録された第六十条第二項第一号に係る個人情報ファイル（その全部又は一部を複製し、又は加工したものを含む。）を提供したときは、二年以下の懲役又は百万円以下の罰金に処する。

第百七十七条　第百四十三条の規定に違反して秘密を漏らし、又は盗用した者は、二年以下の懲役又は百万円以下の罰金に処する。

第百七十八条　第百四十八条第二項又は第三項の規定による命令に違反した場合には、当該違反行為をした者は、一年以下の懲役又は百万円以下の罰金に処する。

第百七十九条　個人情報取扱事業者（その者が法人（法人でない団体で代表者又は管理人の定めのあるものを含む。第百八十四条第一項において同じ。）である場合にあっては、その役員、代表者又は管理人）若しくはその従業者又はこれらであった者が、その業務に関して取り扱った個人情報データベース等（その全部又は一部を複製し、又は加工したものを含む。）を自己若しくは第三者の不正な利益を図る目的で提供し、又は盗用したときは、一年以下の懲役又は五十万円以下の罰金に処する。

第百八十条　第百七十六条に規定する者が、その業務に関して知り得た保有個人情報を自己若しくは第三者の不正な利益を図る目的で提供し、又は盗用したときは、一年以下の懲役又は五十万円以下の罰金に処する。

第百八十一条　行政機関等の職員がその職権を濫用して、専らその職務の用以外の用に供する目的で個人の秘密に属する事項が記録された文書、図画又は電磁的記録を収集したときは、一年以下の懲役又は五十万円以下の罰金に処する。

第百八十二条　次の各号のいずれかに該当する場合には、当該違反行為をした者は、五十万円以下の罰金に処する。

一　第百四十六条第一項の規定による報告若しくは資料の提出をせず、若しくは虚偽の報告をし、若しくは虚偽の資料を提出し、又は当該職員の質問に対して答弁をせず、若しくは虚偽の答弁をし、若しくは検査を拒み、妨げ、若しくは忌避したとき。

二　第百五十三条の規定による報告をせず、又は虚偽の報告をしたとき。

第百八十三条　第百七十六条、第百七十七条及び第百七十九条から第百八十一条までの規定は、日本国外においてこれらの条の罪を犯した者にも適用する。

第百八十四条　法人の代表者又は法人若しくは人の代理人、使用人その他の従業者が、その法人又は人の業務に関して、次の各号に掲げる違反行為をしたときは、行為者を罰するほか、その法人に対して当該各号に定める罰金刑を、その人に対して各本条の罰金刑を科する。

一　第百七十八条及び第百七十九条　一億円以下の罰金刑

二　第百八十二条　同条の罰金刑

2　法人でない団体について前項の規定の適用がある場合には、その代表者又は管理人が、その訴訟行為につき法人でない団体を代表するほか、法人を被告人又は被疑者とする場合の刑事訴訟に関する法律の規定を準用する。

第百八十五条　次の各号のいずれかに該当する者は、十万円以下の過料に処する。

一　第三十条第二項（第三十一条第三項において準用する場合を含む。）又は第五十六条の規定に違反した者

二　第五十一条第一項の規定による届出をせず、又は虚偽の届出をした者

三　偽りその他不正の手段により、第八十五条第三項に規定する開示決定に基づく保有個人情報の開示を受けた者

別表第一（第二条関係）

名称	根拠法
沖縄科学技術大学院大学学園	沖縄科学技術大学院大学学園法（平成二十一年法律第七十六号）
沖縄振興開発金融公庫	沖縄振興開発金融公庫法（昭和四十七年法律第三十一号）
外国人技能実習機構	外国人の技能実習の適正な実施及び技能実習生の保護に関する法律（平成二十八年法律第八十九号）
株式会社国際協力銀行	株式会社国際協力銀行法（平成二十三年法律第三十九号）
株式会社日本政策金融公庫	株式会社日本政策金融公庫法（平成十九年法律第五十七号）
株式会社日本貿易保険	貿易保険法（昭和二十五年法律第六十七号）
原子力損害賠償・廃炉等支援機構	原子力損害賠償・廃炉等支援機構法（平成二十三年法律第九十四号）
国立大学法人	国立大学法人法（平成十五年法律第百十二号）
大学共同利用機関法人	国立大学法人法
脱炭素成長型経済構造移行推進機構	脱炭素成長型経済構造への円滑な移行の推進に関する法律（令和五年法律第三十二号）
日本銀行	日本銀行法（平成九年法律第八十九号）
日本司法支援センター	総合法律支援法（平成十六年法律第七十四

	号）
日本私立学校振興・共済事業団	日本私立学校振興・共済事業団法（平成九年法律第四十八号）
日本中央競馬会	日本中央競馬会法（昭和二十九年法律第二百五号）
日本年金機構	日本年金機構法（平成十九年法律第百九号）
農水産業協同組合貯金保険機構	農水産業協同組合貯金保険法（昭和四十八年法律第五十三号）
福島国際研究教育機構	福島復興再生特別措置法（平成二十四年法律第二十五号）
放送大学学園	放送大学学園法（平成十四年法律第百五十六号）
預金保険機構	預金保険法（昭和四十六年法律第三十四号）

別表第二（第二条、第五十八条関係）

名称	根拠法
沖縄科学技術大学院大学学園	沖縄科学技術大学院大学学園法
国立研究開発法人	独立行政法人通則法
国立大学法人	国立大学法人法
大学共同利用機関法人	国立大学法人法
独立行政法人国立病院機構	独立行政法人国立病院機構法（平成十四年法律第百九十一号）
独立行政法人地域医療機能推進機構	独立行政法人地域医療機能推進機構法（平成十七年法律第七十一号）
福島国際研究教育機構	福島復興再生特別措置法
放送大学学園	放送大学学園法

・民事訴訟法等の一部を改正する法律（令和四・五・二五法律四八）

附則　抄

（施行期日）

第一条　この法律は、公布の日から起算して四年を超えない範囲内において政令で定める日から施行する。〈略〉

・刑法等の一部を改正する法律の施行に伴う関係法律の整理等に関する法律（令和四・六・一七法律六八）

附則　抄

（施行期日）

1　この法律は、刑法等一部改正法施行日から施行する。〈略〉

・国立健康危機管理研究機構法の施行に伴う関係法律の整備に関する法律（令和五・六・七法律四七）

附則　抄

（施行期日）

第一条　この法律は、国立健康危機管理研究機構法（令和五年法律第四十六号）の施行の日（以下「施行日」という。）から施行する。〈略〉

民法

（明治二九・四・二七
法　律　八　九）
最新改正　令和五法律五三

第一編　総則

第一章　通則

（基本原則）
第一条　私権は、公共の福祉に適合しなければならない。
2　権利の行使及び義務の履行は、信義に従い誠実に行わなければならない。
3　権利の濫用は、これを許さない。
（解釈の基準）
第二条　この法律は、個人の尊厳と両性の本質的平等を旨として、解釈しなければならない。

第二章　人

第一節　権利能力

第三条　私権の享有は、出生に始まる。
2　外国人は、法令又は条約の規定により禁止される場合を除き、私権を享有する。

第二節　意思能力

第三条の二　法律行為の当事者が意思表示をした時に意思能力を有しなかったときは、その法律行為は、無効とする。

第三節　行為能力

（成年）
第四条　年齢十八歳をもって、成年とする。
（未成年者の法律行為）
第五条　未成年者が法律行為をするには、その法定代理人の同意を得なければならない。ただし、単に権利を得、又は義務を免れる法律行為については、この限りでない。
2　前項の規定に反する法律行為は、取り消すことができる。
3　第一項の規定にかかわらず、法定代理人が目的を定めて処分を許した財産は、その目的の範囲内において、未成年者が自由に処分することができる。目的を定めないで処分を許した財産を処分するときも、同様とする。
（未成年者の営業の許可）
第六条　一種又は数種の営業を許された未成年者は、その営業に関しては、成年者と同一の行為能力を有する。
2　前項の場合において、未成年者がその営業に堪えることができない事由があるときは、その法定代理人は、第四編（親族）の規定に従い、その許可を取り消し、又はこれを制限することができる。
（後見開始の審判）
第七条　精神上の障害により事理を弁識する能力を欠く常況にある者については、家庭裁判所は、本人、配偶者、四親等内の親族、未成年後見人、未成年後見監督人、保佐人、保佐監督人、補助人、補助監督人又は検察官の請求により、後見開始の審判をすることができる。
（成年被後見人及び成年後見人）
第八条　後見開始の審判を受けた者は、成年被後見人とし、これに成年後見人を付する。
（成年被後見人の法律行為）
第九条　成年被後見人の法律行為は、取り消すことができる。ただし、日用品の購入その他日常生活に関する行為については、この限りでない。
（後見開始の審判の取消し）
第十条　第七条に規定する原因が消滅したときは、家庭裁判所は、本人、配偶者、四親等内の親族、後見人（未成年後見人及び成年後見人をいう。以下同じ。）、後見監督人（未成年後見監督人及び成年後見監督人をいう。以下同じ。）又は検察官の請求により、後見開始の審判を取り消さなければならない。
（保佐開始の審判）
第十一条　精神上の障害により事理を弁識する能力が著しく不十分である者については、家庭裁判所は、本人、配偶者、四親等内の親族、後見人、後見監督人、補助人、補助監督人又は検察官の請求により、保佐開始の審判をすることができる。ただし、第七条に規定する原因がある者については、この限りでない。
（被保佐人及び保佐人）
第十二条　保佐開始の審判を受けた者は、被保佐人とし、これに保佐人を付する。
（保佐人の同意を要する行為等）
第十三条　被保佐人が次に掲げる行為をするには、その保佐人の同意を得なければならない。ただし、第九条ただし書に規定する行為については、この限りでない。

一　元本を領収し、又は利用すること。
二　借財又は保証をすること。
三　不動産その他重要な財産に関する権利の得喪を目的とする行為をすること。
四　訴訟行為をすること。
五　贈与、和解又は仲裁合意（仲裁法（平成十五年法律第百三十八号）第二条第一項に規定する仲裁合意をいう。）をすること。
六　相続の承認若しくは放棄又は遺産の分割をすること。
七　贈与の申込みを拒絶し、遺贈を放棄し、負担付贈与の申込みを承諾し、又は負担付遺贈を承認すること。
八　新築、改築、増築又は大修繕をすること。
九　第六百二条に定める期間を超える賃貸借をすること。
十　前各号に掲げる行為を制限行為能力者（未成年者、成年被後見人、被保佐人及び第十七条第一項の審判を受けた被補助人をいう。以下同じ。）の法定代理人としてすること。

2　家庭裁判所は、第十一条本文に規定する者又は保佐人若しくは保佐監督人の請求により、被保佐人が前項各号に掲げる行為以外の行為をする場合であってもその保佐人の同意を得なければならない旨の審判をすることができる。ただし、第九条ただし書に規定する行為については、この限りでない。

3　保佐人の同意を得なければならない行為について、保佐人が被保佐人の利益を害するおそれがないにもかかわらず同意をしないときは、家庭裁判所は、被保佐人の請求により、保佐人の同意に代わる許可を与えることができる。

4　保佐人の同意を得なければならない行為であって、その同意又はこれに代わる許可を得ないでしたものは、取り消すことができる。

（保佐開始の審判等の取消し）
第十四条　第十一条本文に規定する原因が消滅したときは、家庭裁判所は、本人、配偶者、四親等内の親族、未成年後見人、未成年後見監督人、保佐人、保佐監督人又は検察官の請求により、保佐開始の審判を取り消さなければならない。

2　家庭裁判所は、前項に規定する者の請求により、前条第二項の審判の全部又は一部を取り消すことができる。

（補助開始の審判）
第十五条　精神上の障害により事理を弁識する能力が不十分である者については、家庭裁判所は、本人、配偶者、四親等内の親族、後見人、後見監督人、保佐人、保佐監督人又は検察官の請求により、補助開始の審判をすることができる。ただし、第七条又は第十一条本文に規定する原因がある者については、この限りでない。

2　本人以外の者の請求により補助開始の審判をするには、本人の同意がなければならない。

3　補助開始の審判は、第十七条第一項の審判又は第八百七十六条の九第一項の審判とともにしなければならない。

（被補助人及び補助人）
第十六条　補助開始の審判を受けた者は、被補助人とし、これに補助人を付する。

（補助人の同意を要する旨の審判等）
第十七条　家庭裁判所は、第十五条第一項本文に規定する者又は補助人若しくは補助監督人の請求により、被補助人が特定の法律行為をするにはその補助人の同意を得なければならない旨の審判をすることができる。ただし、その審判によりその同意を得なければならないものとすることができる行為は、第十三条第一項に規定する行為の一部に限る。

2　本人以外の者の請求により前項の審判をするには、本人の同意がなければならない。

3　補助人の同意を得なければならない行為について、補助人が被補助人の利益を害するおそれがないにもかかわらず同意をしないときは、家庭裁判所は、被補助人の請求により、補助人の同意に代わる許可を与えることができる。

4　補助人の同意を得なければならない行為であって、その同意又はこれに代わる許可を得ないでしたものは、取り消すことができる。

（補助開始の審判等の取消し）
第十八条　第十五条第一項本文に規定する原因が消滅したときは、家庭裁判所は、本人、配偶者、四親等内の親族、未成年後見人、未成年後見監督人、補助人、補助監督人又は検察官の請求により、補助開始の審判を取り消さなければならない。

2　家庭裁判所は、前項に規定する者の請求により、前条第一項の審判の全部又は一部を取り消すことができる。

3　前条第一項の審判及び第八百七十六条の九第一項の審判をすべて取り消す場合には、家庭裁判所は、補助開始の審判を取り消さなければならない。

（審判相互の関係）

第十九条　後見開始の審判をする場合において、本人が被保佐人又は被補助人であるときは、家庭裁判所は、その本人に係る保佐開始又は補助開始の審判を取り消さなければならない。

2　前項の規定は、保佐開始の審判をする場合において本人が成年被後見人若しくは被補助人であるとき、又は補助開始の審判をする場合において本人が成年被後見人若しくは被保佐人であるときについて準用する。

（制限行為能力者の相手方の催告権）

第二十条　制限行為能力者の相手方は、その制限行為能力者が行為能力者（行為能力の制限を受けない者をいう。以下同じ。）となった後、その者に対し、一箇月以上の期間を定めて、その期間内にその取り消すことができる行為を追認するかどうかを確答すべき旨の催告をすることができる。この場合において、その者がその期間内に確答を発しないときは、その行為を追認したものとみなす。

2　制限行為能力者の相手方が、制限行為能力者が行為能力者とならない間に、その法定代理人、保佐人又は補助人に対し、その権限内の行為について前項に規定する催告をした場合において、これらの者が同項の期間内に確答を発しないときも、同項後段と同様とする。

3　特別の方式を要する行為については、前二項の期間内にその方式を具備した旨の通知を発しないときは、その行為を取り消したものとみなす。

4　制限行為能力者の相手方は、被保佐人又は第十七条第一項の審判を受けた被補助人に対しては、第一項の期間内にその保佐人又は補助人の追認を得るべき旨の催告をすることができる。この場合において、その被保佐人又は被補助人がその期間内にその追認を得た旨の通知を発しないときは、その行為を取り消したものとみなす。

（制限行為能力者の詐術）

第二十一条　制限行為能力者が行為能力者であることを信じさせるため詐術を用いたときは、その行為を取り消すことができない。

第四節　住所

（住所）

第二十二条　各人の生活の本拠をその者の住所とする。

（居所）

第二十三条　住所が知れない場合には、居所を住所とみなす。

2　日本に住所を有しない者は、その者が日本人又は外国人のいずれであるかを問わず、日本における居所をその者の住所とみなす。ただし、準拠法を定める法律に従いその者の住所地法によるべき場合は、この限りでない。

（仮住所）

第二十四条　ある行為について仮住所を選定したときは、その行為に関しては、その仮住所を住所とみなす。

第五節　不在者の財産の管理及び失踪の宣告

（不在者の財産の管理）

第二十五条　従来の住所又は居所を去った者（以下「不在者」という。）がその財産の管理人（以下この節において単に「管理人」という。）を置かなかったときは、家庭裁判所は、利害関係人又は検察官の請求により、その財産の管理について必要な処分を命ずることができる。本人の不在中に管理人の権限が消滅したときも、同様とする。

2　前項の規定による命令後、本人が管理人を置いたときは、家庭裁判所は、その管理人、利害関係人又は検察官の請求により、その命令を取り消さなければならない。

（管理人の改任）

第二十六条　不在者が管理人を置いた場合において、その不在者の生死が明らかでないときは、家庭裁判所は、利害関係人又は検察官の請求により、管理人を改任することができる。

（管理人の職務）

第二十七条　前二条の規定により家庭裁判所が選任した管理人は、その管理すべき財産の目録を作成しなければならない。この場合において、その費用は、不在者の財産の中から支弁する。

2　不在者の生死が明らかでない場合において、利害関係人又は検察官の請求があるときは、家庭裁判所は、不在者が置いた管理人にも、前項の目録の作成を命ずることができる。

3　前二項に定めるもののほか、家庭裁判所は、管理人に対し、不在者の財産の保存に必要と認める処分を命ずることができる。

（管理人の権限）

第二十八条　管理人は、第百三条に規定する権限を超える行為を必要とするときは、家庭裁判所の許可を得て、その行為をすることができる。不在者の生死が明らかでない場合において、その管理人が不在者が定めた権限を超える行為を必要とするときも、同様とする。

（管理人の担保提供及び報酬）

第二十九条　家庭裁判所は、管理人に財産の管理及び返還について相当の担保を立てさせることができる。

2　家庭裁判所は、管理人と不在者との関係その他の事情により、不在者の財産の中から、相当な報酬を管理人に与えることができる。

（失踪の宣告）

第三十条　不在者の生死が七年間明らかでないときは、家庭裁判所は、利害関係人の請求により、失踪の宣告をすることができる。

2　戦地に臨んだ者、沈没した船舶の中に在った者その他死亡の原因となるべき危難に遭遇した者の生死が、それぞれ、戦争が止んだ後、船舶が沈没した後又はその他の危難が去った後一年間明らかでないときも、前項と同様とする。

（失踪の宣告の効力）

第三十一条　前条第一項の規定により失踪の宣告を受けた者は同項の期間が満了した時に、同条第二項の規定により失踪の宣告を受けた者はその危難が去った時に、死亡したものとみなす。

（失踪の宣告の取消し）

第三十二条　失踪者が生存すること又は前条に規定する時と異なる時に死亡したことの証明があったときは、家庭裁判所は、本人又は利害関係人の請求により、失踪の宣告を取り消さなければならない。この場合において、その取消しは、失踪の宣告後その取消し前に善意でした行為の効力に影響を及ぼさない。

2　失踪の宣告によって財産を得た者は、その取消しによって権利を失う。ただし、現に利益を受けている限度においてのみ、その財産を返還する義務を負う。

第六節　同時死亡の推定

第三十二条の二　数人の者が死亡した場合において、そのうちの一人が他の者の死亡後になお生存していたことが明らかでないときは、これらの者は、同時に死亡したものと推定する。

第三章　法人

（法人の成立等）

第三十三条　法人は、この法律その他の法律の規定によらなければ、成立しない。

2　学術、技芸、慈善、祭祀、宗教その他の公益を目的とする法人、営利事業を営むことを目的とする法人その他の法人の設立、組織、運営及び管理については、この法律その他の法律の定めるところによる。

（法人の能力）

第三十四条　法人は、法令の規定に従い、定款その他の基本約款で定められた目的の範囲内において、権利を有し、義務を負う。

（外国法人）

第三十五条　外国法人は、国、国の行政区画及び外国会社を除き、その成立を認許しない。ただし、法律又は条約の規定により認許された外国法人は、この限りでない。

2　前項の規定により認許された外国法人は、日本において成立する同種の法人と同一の私権を有する。ただし、外国人が享有することのできない権利及び法律又は条約中に特別の規定がある権利については、この限りでない。

（登記）

第三十六条　法人及び外国法人は、この法律その他の法令の定めるところにより、登記をするものとする。

（外国法人の登記）

第三十七条　外国法人（第三十五条第一項ただし書に規定する外国法人に限る。以下この条において同じ。）が日本に事務所を設けたときは、三週間以内に、その事務所の所在地において、次に掲げる事項を登記しなければならない。

一　外国法人の設立の準拠法

二　目的

三　名称

四　事務所の所在場所

五　存続期間を定めたときは、その定め

六　代表者の氏名及び住所

2　前項各号に掲げる事項に変更を生じたときは、三週間以内に、変更の登記をしなければならない。この場合において、登記前にあっては、その変更をもって第三者に対抗することができない。

3　代表者の職務の執行を停止し、若しくはその職務を代行する者を選任する仮処分命令又はその仮処分命令を変更し、若しくは取り消す決定がされたときは、その登記をしなければならない。この場合においては、前項後段の規定を準用する。

4　前二項の規定により登記すべき事項が外国において生じたときは、登記の期間は、その通知が到達した日から起算する。

5　外国法人が初めて日本に事務所を設けたときは、その事務所の所在地において登記するまでは、第三者は、その法人の成立を否認することができる。

6　外国法人が事務所を移転したときは、旧所在地においては三週間以内に移転の登記をし、新所在地においては四週間以内に第一項各号に掲げる事項を登記しなければならない。

7　同一の登記所の管轄区域内において事務所を移転したときは、その移転を登記すれば足りる。

8　外国法人の代表者が、この条に規定する登記を怠ったときは、五十万円以下の過料に処する。

第三十八条から第八十四条まで　削除

第四章　物

（**定義**）

第八十五条　この法律において「物」とは、有体物をいう。

（**不動産及び動産**）

第八十六条　土地及びその定着物は、不動産とする。

2　不動産以外の物は、すべて動産とする。

（**主物及び従物**）

第八十七条　物の所有者が、その物の常用に供するため、自己の所有に属する他の物をこれに附属させたときは、その附属させた物を従物とする。

2　従物は、主物の処分に従う。

（**天然果実及び法定果実**）

第八十八条　物の用法に従い収取する産出物を天然果実とする。

2　物の使用の対価として受けるべき金銭その他の物を法定果実とする。

（**果実の帰属**）

第八十九条　天然果実は、その元物から分離する時に、これを収取する権利を有する者に帰属する。

2　法定果実は、これを収取する権利の存続期間に応じて、日割計算によりこれを取得する。

第五章　法律行為

第一節　総則

（**公序良俗**）

第九十条　公の秩序又は善良の風俗に反する法律行為は、無効とする。

（**任意規定と異なる意思表示**）

第九十一条　法律行為の当事者が法令中の公の秩序に関しない規定と異なる意思を表示したときは、その意思に従う。

（**任意規定と異なる慣習**）

第九十二条　法令中の公の秩序に関しない規定と異なる慣習がある場合において、法律行為の当事者がその慣習による意思を有しているものと認められるときは、その慣習に従う。

第二節　意思表示

（**心裡留保**）

第九十三条　意思表示は、表意者がその真意ではないことを知ってしたときであっても、そのためにその効力を妨げられない。ただし、相手方がその意思表示が表意者の真意ではないことを知り、又は知ることができたときは、その意思表示は、無効とする。

2　前項ただし書の規定による意思表示の無効は、善意の第三者に対抗することができない。

（**虚偽表示**）

第九十四条　相手方と通じてした虚偽の意思表示は、無効とする。

2　前項の規定による意思表示の無効は、善意の第三者に対抗することができない。

（**錯誤**）

第九十五条　意思表示は、次に掲げる錯誤に基づくものであって、その錯誤が法律行為の目的及び取引上の社会通念に照らして重要なものであるときは、取り消すことができる。

一　意思表示に対応する意思を欠く錯誤

二　表意者が法律行為の基礎とした事情についてのその認識が真実に反する錯誤

2　前項第二号の規定による意思表示の取消しは、その事情が法律行為の基礎とされていることが表示されていたときに限り、することができる。

3　錯誤が表意者の重大な過失によるものであった場合には、次に掲げる場合を除き、第一項の規定による意思表示の取消しをすることができない。

一　相手方が表意者に錯誤があることを知り、又は重大な過失によって知らなかった

二　相手方が表意者と同一の錯誤に陥っていたとき。

4　第一項の規定による意思表示の取消しは、善意でかつ過失がない第三者に対抗することができない。

（詐欺又は強迫）

第九十六条　詐欺又は強迫による意思表示は、取り消すことができる。

2　相手方に対する意思表示について第三者が詐欺を行った場合においては、相手方がその事実を知り、又は知ることができたときに限り、その意思表示を取り消すことができる。

3　前二項の規定による詐欺による意思表示の取消しは、善意でかつ過失がない第三者に対抗することができない。

（意思表示の効力発生時期等）

第九十七条　意思表示は、その通知が相手方に到達した時からその効力を生ずる。

2　相手方が正当な理由なく意思表示の通知が到達することを妨げたときは、その通知は、通常到達すべきであった時に到達したものとみなす。

3　意思表示は、表意者が通知を発した後に死亡し、意思能力を喪失し、又は行為能力の制限を受けたときであっても、そのためにその効力を妨げられない。

（公示による意思表示）

第九十八条　意思表示は、表意者が相手方を知ることができず、又はその所在を知ることができないときは、公示の方法によってすることができる。

2　前項の公示は、公示送達に関する民事訴訟法（平成八年法律第百九号）の規定に従い、裁判所の掲示場に掲示し、かつ、その掲示があったことを官報に少なくとも一回掲載して行う。ただし、裁判所は、相当と認めるときは、官報への掲載に代えて、市役所、区役所、町村役場又はこれらに準ずる施設の掲示場に掲示すべきことを命ずることができる。

3　公示による意思表示は、最後に官報に掲載した日又はその掲載に代わる掲示を始めた日から二週間を経過した時に、相手方に到達したものとみなす。ただし、表意者が相手方を知らないこと又はその所在を知らないことについて過失があったときは、到達の効力を生じない。

4　公示に関する手続は、相手方を知ることができない場合には表意者の住所地の、相手方の所在を知ることができない場合には相手方の最後の住所地の簡易裁判所の管轄に属する。

5　裁判所は、表意者に、公示に関する費用を予納させなければならない。

（意思表示の受領能力）

第九十八条の二　意思表示の相手方がその意思表示を受けた時に意思能力を有しなかったとき又は未成年者若しくは成年被後見人であったときは、その意思表示をもってその相手方に対抗することができない。ただし、次に掲げる者がその意思表示を知った後は、この限りでない。

一　相手方の法定代理人

二　意思能力を回復し、又は行為能力者となった相手方

第三節　代理

（代理行為の要件及び効果）

第九十九条　代理人がその権限内において本人のためにすることを示してした意思表示は、本人に対して直接にその効力を生ずる。

2　前項の規定は、第三者が代理人に対してした意思表示について準用する。

（本人のためにすることを示さない意思表示）

第百条　代理人が本人のためにすることを示さないでした意思表示は、自己のためにしたものとみなす。ただし、相手方が、代理人が本人のためにすることを知り、又は知ることができたときは、前条第一項の規定を準用する。

（代理行為の瑕疵）

第百一条　代理人が相手方に対してした意思表示の効力が意思の不存在、錯誤、詐欺、強迫又はある事情を知っていたこと若しくは知らなかったことにつき過失があったことによって影響を受けるべき場合には、その事実の有無は、代理人について決するものとする。

2　相手方が代理人に対してした意思表示の効力が意思表示を受けた者がある事情を知っていたこと又は知らなかったことにつき過失があったことによって影響を受けるべき場合には、その事実の有無は、代理人について決するものとする。

3　特定の法律行為をすることを委託された代理人がその行為をしたときは、本人は、自ら知っていた事情について代理人が知らなかったことを主張することができない。本人が過失によって知らなかった事情についても、同

様とする。

（代理人の行為能力）

第百二条　制限行為能力者が代理人としてした行為は、行為能力の制限によっては取り消すことができない。ただし、制限行為能力者が他の制限行為能力者の法定代理人としてした行為については、この限りでない。

（権限の定めのない代理人の権限）

第百三条　権限の定めのない代理人は、次に掲げる行為のみをする権限を有する。

一　保存行為

二　代理の目的である物又は権利の性質を変えない範囲内において、その利用又は改良を目的とする行為

（任意代理人による復代理人の選任）

第百四条　委任による代理人は、本人の許諾を得たとき、又はやむを得ない事由があるときでなければ、復代理人を選任することができない。

（法定代理人による復代理人の選任）

第百五条　法定代理人は、自己の責任で復代理人を選任することができる。この場合において、やむを得ない事由があるときは、本人に対してその選任及び監督についての責任のみを負う。

（復代理人の権限等）

第百六条　復代理人は、その権限内の行為について、本人を代表する。

2　復代理人は、本人及び第三者に対して、その権限の範囲内において、代理人と同一の権利を有し、義務を負う。

（代理権の濫用）

第百七条　代理人が自己又は第三者の利益を図る目的で代理権の範囲内の行為をした場合において、相手方がその目的を知り、又は知ることができたときは、その行為は、代理権を有しない者がした行為とみなす。

（自己契約及び双方代理等）

第百八条　同一の法律行為について、相手方の代理人として、又は当事者双方の代理人としてした行為は、代理権を有しない者がした行為とみなす。ただし、債務の履行及び本人があらかじめ許諾した行為については、この限りでない。

2　前項本文に規定するもののほか、代理人と本人との利益が相反する行為については、代理権を有しない者がした行為とみなす。ただし、本人があらかじめ許諾した行為については、この限りでない。

（代理権授与の表示による表見代理等）

第百九条　第三者に対して他人に代理権を与えた旨を表示した者は、その代理権の範囲内においてその他人が第三者との間でした行為について、その責任を負う。ただし、第三者が、その他人が代理権を与えられていないことを知り、又は過失によって知らなかったときは、この限りでない。

2　第三者に対して他人に代理権を与えた旨を表示した者は、その代理権の範囲内においてその他人が第三者との間で行為をしたとすれば前項の規定によりその責任を負うべき場合において、その他人が第三者との間でその代理権の範囲外の行為をしたときは、第三者がその行為についてその他人の代理権があると信ずべき正当な理由があるときに限り、その行為についての責任を負う。

（権限外の行為の表見代理）

第百十条　前条第一項本文の規定は、代理人がその権限外の行為をした場合において、第三者が代理人の権限があると信ずべき正当な理由があるときについて準用する。

（代理権の消滅事由）

第百十一条　代理権は、次に掲げる事由によって消滅する。

一　本人の死亡

二　代理人の死亡又は代理人が破産手続開始の決定若しくは後見開始の審判を受けたこと。

2　委任による代理権は、前項各号に掲げる事由のほか、委任の終了によって消滅する。

（代理権消滅後の表見代理等）

第百十二条　他人に代理権を与えた者は、代理権の消滅後にその代理権の範囲内においてその他人が第三者との間でした行為について、代理権の消滅の事実を知らなかった第三者に対してその責任を負う。ただし、第三者が過失によってその事実を知らなかったときは、この限りでない。

2　他人に代理権を与えた者は、代理権の消滅後に、その代理権の範囲内においてその他人が第三者との間で行為をしたとすれば前項の規定によりその責任を負うべき場合において、その他人が第三者との間でその代理権の範囲外の行為をしたときは、第三者がその行為についてその他人の代理権があると信ずべき正当な理由があるときに限り、その行為についての責任を負う。

（無権代理）

第百十三条　代理権を有しない者が他人の代理

人としてした契約は、本人がその追認をしなければ、本人に対してその効力を生じない。
2 追認又はその拒絶は、相手方に対してしなければ、その相手方に対抗することができない。ただし、相手方がその事実を知ったときは、この限りでない。

（**無権代理の相手方の催告権**）
第百十四条 前条の場合において、相手方は、本人に対し、相当の期間を定めて、その期間内に追認をするかどうかを確答すべき旨の催告をすることができる。この場合において、本人がその期間内に確答をしないときは、追認を拒絶したものとみなす。

（**無権代理の相手方の取消権**）
第百十五条 代理権を有しない者がした契約は、本人が追認をしない間は、相手方が取り消すことができる。ただし、契約の時において代理権を有しないことを相手方が知っていたときは、この限りでない。

（**無権代理行為の追認**）
第百十六条 追認は、別段の意思表示がないときは、契約の時にさかのぼってその効力を生ずる。ただし、第三者の権利を害することはできない。

（**無権代理人の責任**）
第百十七条 他人の代理人として契約をした者は、自己の代理権を証明したとき、又は本人の追認を得たときを除き、相手方の選択に従い、相手方に対して履行又は損害賠償の責任を負う。
2 前項の規定は、次に掲げる場合には、適用しない。
一 他人の代理人として契約をした者が代理権を有しないことを相手方が知っていたとき。
二 他人の代理人として契約をした者が代理権を有しないことを相手方が過失によって知らなかったとき。ただし、他人の代理人として契約をした者が自己に代理権がないことを知っていたときは、この限りでない。
三 他人の代理人として契約をした者が行為能力の制限を受けていたとき。

（**単独行為の無権代理**）
第百十八条 単独行為については、その行為の時において、相手方が、代理人と称する者が代理権を有しないで行為をすることに同意し、又はその代理権を争わなかったときに限り、第百十三条から前条までの規定を準用する。代理権を有しない者に対しその同意を得て単独行為をしたときも、同様とする。

第四節　無効及び取消し

（**無効な行為の追認**）
第百十九条 無効な行為は、追認によっても、その効力を生じない。ただし、当事者がその行為の無効であることを知って追認をしたときは、新たな行為をしたものとみなす。

（**取消権者**）
第百二十条 行為能力の制限によって取り消すことができる行為は、制限行為能力者（他の制限行為能力者の法定代理人としてした行為にあっては、当該他の制限行為能力者を含む。）又はその代理人、承継人若しくは同意をすることができる者に限り、取り消すことができる。
2 錯誤、詐欺又は強迫によって取り消すことができる行為は、瑕疵ある意思表示をした者又はその代理人若しくは承継人に限り、取り消すことができる。

（**取消しの効果**）
第百二十一条 取り消された行為は、初めから無効であったものとみなす。

（**原状回復の義務**）
第百二十一条の二 無効な行為に基づく債務の履行として給付を受けた者は、相手方を原状に復させる義務を負う。
2 前項の規定にかかわらず、無効な無償行為に基づく債務の履行として給付を受けた者は、給付を受けた当時その行為が無効であること（給付を受けた後に前条の規定により初めから無効であったものとみなされた行為にあっては、給付を受けた当時その行為が取り消すことができるものであること）を知らなかったときは、その行為によって現に利益を受けている限度において、返還の義務を負う。
3 第一項の規定にかかわらず、行為の時に意思能力を有しなかった者は、その行為によって現に利益を受けている限度において、返還の義務を負う。行為の時に制限行為能力者であった者についても、同様とする。

（**取り消すことができる行為の追認**）
第百二十二条 取り消すことができる行為は、第百二十条に規定する者が追認したときは、以後、取り消すことができない。

（**取消し及び追認の方法**）
第百二十三条 取り消すことができる行為の相手方が確定している場合には、その取消し又は追認は、相手方に対する意思表示によってする。

（**追認の要件**）

第百二十四条　取り消すことができる行為の追認は、取消しの原因となっていた状況が消滅し、かつ、取消権を有することを知った後にしなければ、その効力を生じない。

2　次に掲げる場合には、前項の追認は、取消しの原因となっていた状況が消滅した後にすることを要しない。

一　法定代理人又は制限行為能力者の保佐人若しくは補助人が追認をするとき。

二　制限行為能力者（成年被後見人を除く。）が法定代理人、保佐人又は補助人の同意を得て追認をするとき。

（**法定追認**）

第百二十五条　追認をすることができる時以後に、取り消すことができる行為について次に掲げる事実があったときは、追認をしたものとみなす。ただし、異議をとどめたときは、この限りでない。

一　全部又は一部の履行

二　履行の請求

三　更改

四　担保の供与

五　取り消すことができる行為によって取得した権利の全部又は一部の譲渡

六　強制執行

（**取消権の期間の制限**）

第百二十六条　取消権は、追認をすることができる時から五年間行使しないときは、時効によって消滅する。行為の時から二十年を経過したときも、同様とする。

第五節　条件及び期限

（**条件が成就した場合の効果**）

第百二十七条　停止条件付法律行為は、停止条件が成就した時からその効力を生ずる。

2　解除条件付法律行為は、解除条件が成就した時からその効力を失う。

3　当事者が条件が成就した場合の効果をその成就した時以前にさかのぼらせる意思を表示したときは、その意思に従う。

（**条件の成否未定の間における相手方の利益の侵害の禁止**）

第百二十八条　条件付法律行為の各当事者は、条件の成否が未定である間は、条件が成就した場合にその法律行為から生ずべき相手方の利益を害することができない。

（**条件の成否未定の間における権利の処分等**）

第百二十九条　条件の成否が未定である間における当事者の権利義務は、一般の規定に従い、処分し、相続し、若しくは保存し、又はそのために担保を供することができる。

（**条件の成就の妨害等**）

第百三十条　条件が成就することによって不利益を受ける当事者が故意にその条件の成就を妨げたときは、相手方は、その条件が成就したものとみなすことができる。

2　条件が成就することによって利益を受ける当事者が不正にその条件を成就させたときは、相手方は、その条件が成就しなかったものとみなすことができる。

（**既成条件**）

第百三十一条　条件が法律行為の時に既に成就していた場合において、その条件が停止条件であるときはその法律行為は無条件とし、その条件が解除条件であるときはその法律行為は無効とする。

2　条件が成就しないことが法律行為の時に既に確定していた場合において、その条件が停止条件であるときはその法律行為は無効とし、その条件が解除条件であるときはその法律行為は無条件とする。

3　前二項に規定する場合において、当事者が条件が成就したこと又は成就しなかったことを知らない間は、第百二十八条及び第百二十九条の規定を準用する。

（**不法条件**）

第百三十二条　不法な条件を付した法律行為は、無効とする。不法な行為をしないことを条件とするものも、同様とする。

（**不能条件**）

第百三十三条　不能の停止条件を付した法律行為は、無効とする。

2　不能の解除条件を付した法律行為は、無条件とする。

（**随意条件**）

第百三十四条　停止条件付法律行為は、その条件が単に債務者の意思のみに係るときは、無効とする。

（**期限の到来の効果**）

第百三十五条　法律行為に始期を付したときは、その法律行為の履行は、期限が到来するまで、これを請求することができない。

2　法律行為に終期を付したときは、その法律行為の効力は、期限が到来した時に消滅する。

（**期限の利益及びその放棄**）

第百三十六条 期限は、債務者の利益のために定めたものと推定する。
2 期限の利益は、放棄することができる。ただし、これによって相手方の利益を害することはできない。

（期限の利益の喪失）
第百三十七条 次に掲げる場合には、債務者は、期限の利益を主張することができない。
一 債務者が破産手続開始の決定を受けたとき。
二 債務者が担保を滅失させ、損傷させ、又は減少させたとき。
三 債務者が担保を供する義務を負う場合において、これを供しないとき。

第六章 期間の計算

（期間の計算の通則）
第百三十八条 期間の計算方法は、法令若しくは裁判上の命令に特別の定めがある場合又は法律行為に別段の定めがある場合を除き、この章の規定に従う。

（期間の起算）
第百三十九条 時間によって期間を定めたときは、その期間は、即時から起算する。
第百四十条 日、週、月又は年によって期間を定めたときは、期間の初日は、算入しない。ただし、その期間が午前零時から始まるときは、この限りでない。

（期間の満了）
第百四十一条 前条の場合には、期間は、その末日の終了をもって満了する。
第百四十二条 期間の末日が日曜日、国民の祝日に関する法律（昭和二十三年法律第百七十八号）に規定する休日その他の休日に当たるときは、その日に取引をしない慣習がある場合に限り、期間は、その翌日に満了する。

（暦による期間の計算）
第百四十三条 週、月又は年によって期間を定めたときは、その期間は、暦に従って計算する。
2 週、月又は年の初めから期間を起算しないときは、その期間は、最後の週、月又は年においてその起算日に応当する日の前日に満了する。ただし、月又は年によって期間を定めた場合において、最後の月に応当する日がないときは、その月の末日に満了する。

第七章 時効

第一節 総則

（時効の効力）
第百四十四条 時効の効力は、その起算日にさかのぼる。

（時効の援用）
第百四十五条 時効は、当事者（消滅時効にあっては、保証人、物上保証人、第三取得者その他権利の消滅について正当な利益を有する者を含む。）が援用しなければ、裁判所がこれによって裁判をすることができない。

（時効の利益の放棄）
第百四十六条 時効の利益は、あらかじめ放棄することができない。

（裁判上の請求等による時効の完成猶予及び更新）
第百四十七条 次に掲げる事由がある場合には、その事由が終了する（確定判決又は確定判決と同一の効力を有するものによって権利が確定することなくその事由が終了した場合にあっては、その終了の時から六箇月を経過する）までの間は、時効は、完成しない。
一 裁判上の請求
二 支払督促
三 民事訴訟法第二百七十五条第一項の和解又は民事調停法（昭和二十六年法律第二百二十二号）若しくは家事事件手続法（平成二十三年法律第五十二号）による調停
四 破産手続参加、再生手続参加又は更生手続参加
2 前項の場合において、確定判決又は確定判決と同一の効力を有するものによって権利が確定したときは、時効は、同項各号に掲げる事由が終了した時から新たにその進行を始める。

（強制執行等による時効の完成猶予及び更新）
第百四十八条 次に掲げる事由がある場合には、その事由が終了する（申立ての取下げ又は法律の規定に従わないことによる取消しによってその事由が終了した場合にあっては、その終了の時から六箇月を経過する）までの間は、時効は、完成しない。
一 強制執行
二 担保権の実行
三 民事執行法（昭和五十四年法律第四号）第百九十五条に規定する担保権の実行としての競売の例による競売
四 民事執行法第百九十六条に規定する財産開示手続又は同法第二百四条に規定する第三者からの情報取得手続
2 前項の場合には、時効は、同項各号に掲げ

る事由が終了した時から新たにその進行を始める。ただし、申立ての取下げ又は法律の規定に従わないことによる取消しによってその事由が終了した場合は、この限りでない。

（仮差押え等による時効の完成猶予）

第百四十九条　次に掲げる事由がある場合には、その事由が終了した時から六箇月を経過するまでの間は、時効は、完成しない。

一　仮差押え

二　仮処分

（催告による時効の完成猶予）

第百五十条　催告があったときは、その時から六箇月を経過するまでの間は、時効は、完成しない。

2　催告によって時効の完成が猶予されている間にされた再度の催告は、前項の規定による時効の完成猶予の効力を有しない。

（協議を行う旨の合意による時効の完成猶予）

第百五十一条　権利についての協議を行う旨の合意が書面でされたときは、次に掲げる時のいずれか早い時までの間は、時効は、完成しない。

一　その合意があった時から一年を経過した時

二　その合意において当事者が協議を行う期間（一年に満たないものに限る。）を定めたときは、その期間を経過した時

三　当事者の一方から相手方に対して協議の続行を拒絶する旨の通知が書面でされたときは、その通知の時から六箇月を経過した時

2　前項の規定により時効の完成が猶予されている間にされた再度の同項の合意は、同項の規定による時効の完成猶予の効力を有する。ただし、その効力は、時効の完成が猶予されなかったとすれば時効が完成すべき時から通じて五年を超えることができない。

3　催告によって時効の完成が猶予されている間にされた第一項の合意は、同項の規定による時効の完成猶予の効力を有しない。同項の規定により時効の完成が猶予されている間にされた催告についても、同様とする。

4　第一項の合意がその内容を記録した電磁的記録（電子的方式、磁気的方式その他人の知覚によっては認識することができない方式で作られる記録であって、電子計算機による情報処理の用に供されるものをいう。以下同じ。）によってされたときは、その合意は、書面によってされたものとみなして、前三項の規定を適用する。

5　前項の規定は、第一項第三号の通知について準用する。

（承認による時効の更新）

第百五十二条　時効は、権利の承認があったときは、その時から新たにその進行を始める。

2　前項の承認をするには、相手方の権利についての処分につき行為能力の制限を受けていないこと又は権限があることを要しない。

（時効の完成猶予又は更新の効力が及ぶ者の範囲）

第百五十三条　第百四十七条又は第百四十八条の規定による時効の完成猶予又は更新は、完成猶予又は更新の事由が生じた当事者及びその承継人の間においてのみ、その効力を有する。

2　第百四十九条から第百五十一条までの規定による時効の完成猶予は、完成猶予の事由が生じた当事者及びその承継人の間においてのみ、その効力を有する。

3　前条の規定による時効の更新は、更新の事由が生じた当事者及びその承継人の間においてのみ、その効力を有する。

第百五十四条　第百四十八条第一項各号又は第百四十九条各号に掲げる事由に係る手続は、時効の利益を受ける者に対してしないときは、その者に通知をした後でなければ、第百四十八条又は第百四十九条の規定による時効の完成猶予又は更新の効力を生じない。

第百五十五条から第百五十七条まで　削除

（未成年者又は成年被後見人と時効の完成猶予）

第百五十八条　時効の期間の満了前六箇月以内の間に未成年者又は成年被後見人に法定代理人がないときは、その未成年者若しくは成年被後見人が行為能力者となった時又は法定代理人が就職した時から六箇月を経過するまでの間は、その未成年者又は成年被後見人に対して、時効は、完成しない。

2　未成年者又は成年被後見人がその財産を管理する父、母又は後見人に対して権利を有するときは、その未成年者若しくは成年被後見人が行為能力者となった時又は後任の法定代理人が就職した時から六箇月を経過するまでの間は、その権利について、時効は、完成しない。

（夫婦間の権利の時効の完成猶予）

第百五十九条　夫婦の一方が他の一方に対して有する権利については、婚姻の解消の時から六箇月を経過するまでの間は、時効は、完成

しない。

（相続財産に関する時効の完成猶予）
第百六十条　相続財産に関しては、相続人が確定した時、管理人が選任された時又は破産手続開始の決定があった時から六箇月を経過するまでの間は、時効は、完成しない。

（天災等による時効の完成猶予）
第百六十一条　時効の期間の満了の時に当たり、天災その他避けることのできない事変のため第百四十七条第一項各号又は第百四十八条第一項各号に掲げる事由に係る手続を行うことができないときは、その障害が消滅した時から三箇月を経過するまでの間は、時効は、完成しない。

第二節　取得時効

（所有権の取得時効）
第百六十二条　二十年間、所有の意思をもって、平穏に、かつ、公然と他人の物を占有した者は、その所有権を取得する。
2　十年間、所有の意思をもって、平穏に、かつ、公然と他人の物を占有した者は、その占有の開始の時に、善意であり、かつ、過失がなかったときは、その所有権を取得する。

（所有権以外の財産権の取得時効）
第百六十三条　所有権以外の財産権を、自己のためにする意思をもって、平穏に、かつ、公然と行使する者は、前条の区別に従い二十年又は十年を経過した後、その権利を取得する。

（占有の中止等による取得時効の中断）
第百六十四条　第百六十二条の規定による時効は、占有者が任意にその占有を中止し、又は他人によってその占有を奪われたときは、中断する。

第百六十五条　前条の規定は、第百六十三条の場合について準用する。

第三節　消滅時効

（債権等の消滅時効）
第百六十六条　債権は、次に掲げる場合には、時効によって消滅する。
一　債権者が権利を行使することができることを知った時から五年間行使しないとき。
二　権利を行使することができる時から十年間行使しないとき。
2　債権又は所有権以外の財産権は、権利を行使することができる時から二十年間行使しないときは、時効によって消滅する。
3　前二項の規定は、始期付権利又は停止条件付権利の目的物を占有する第三者のために、その占有の開始の時から取得時効が進行することを妨げない。ただし、権利者は、その時効を更新するため、いつでも占有者の承認を求めることができる。

（人の生命又は身体の侵害による損害賠償請求権の消滅時効）
第百六十七条　人の生命又は身体の侵害による損害賠償請求権の消滅時効についての前条第一項第二号の規定の適用については、同号中「十年間」とあるのは、「二十年間」とする。

（定期金債権の消滅時効）
第百六十八条　定期金の債権は、次に掲げる場合には、時効によって消滅する。
一　債権者が定期金の債権から生ずる金銭その他の物の給付を目的とする各債権を行使することができることを知った時から十年間行使しないとき。
二　前号に規定する各債権を行使することができる時から二十年間行使しないとき。
2　定期金の債権者は、時効の更新の証拠を得るため、いつでも、その債務者に対して承認書の交付を求めることができる。

（判決で確定した権利の消滅時効）
第百六十九条　確定判決又は確定判決と同一の効力を有するものによって確定した権利については、十年より短い時効期間の定めがあるものであっても、その時効期間は、十年とする。
2　前項の規定は、確定の時に弁済期の到来していない債権については、適用しない。

第百七十条から第百七十四条まで　削除

第二編　物権

第一章　総則

（物権の創設）
第百七十五条　物権は、この法律その他の法律に定めるもののほか、創設することができない。

（物権の設定及び移転）
第百七十六条　物権の設定及び移転は、当事者の意思表示のみによって、その効力を生ずる。

（不動産に関する物権の変動の対抗要件）
第百七十七条　不動産に関する物権の得喪及び変更は、不動産登記法（平成十六年法律第百二十三号）その他の登記に関する法律の定めるところに従いその登記をしなければ、第三者に対抗することができない。

（動産に関する物権の譲渡の対抗要件）

第百七十八条　動産に関する物権の譲渡は、その動産の引渡しがなければ、第三者に対抗することができない。

（混同）

第百七十九条　同一物について所有権及び他の物権が同一人に帰属したときは、当該他の物権は、消滅する。ただし、その物又は当該他の物権が第三者の権利の目的であるときは、この限りでない。

2　所有権以外の物権及びこれを目的とする他の権利が同一人に帰属したときは、当該他の権利は、消滅する。この場合においては、前項ただし書の規定を準用する。

3　前二項の規定は、占有権については、適用しない。

第二章　占有権

第一節　占有権の取得

（占有権の取得）

第百八十条　占有権は、自己のためにする意思をもって物を所持することによって取得する。

（代理占有）

第百八十一条　占有権は、代理人によって取得することができる。

（現実の引渡し及び簡易の引渡し）

第百八十二条　占有権の譲渡は、占有物の引渡しによってする。

2　譲受人又はその代理人が現に占有物を所持する場合には、占有権の譲渡は、当事者の意思表示のみによってすることができる。

（占有改定）

第百八十三条　代理人が自己の占有物を以後本人のために占有する意思を表示したときは、本人は、これによって占有権を取得する。

（指図による占有移転）

第百八十四条　代理人によって占有をする場合において、本人がその代理人に対して以後第三者のためにその物を占有することを命じ、その第三者がこれを承諾したときは、その第三者は、占有権を取得する。

（占有の性質の変更）

第百八十五条　権原の性質上占有者に所有の意思がないものとされる場合には、その占有者が、自己に占有をさせた者に対して所有の意思があることを表示し、又は新たな権原により更に所有の意思をもって占有を始めるのでなければ、占有の性質は、変わらない。

（占有の態様等に関する推定）

第百八十六条　占有者は、所有の意思をもって、善意で、平穏に、かつ、公然と占有をするものと推定する。

2　前後の両時点において占有をした証拠があるときは、占有は、その間継続したものと推定する。

（占有の承継）

第百八十七条　占有者の承継人は、その選択に従い、自己の占有のみを主張し、又は自己の占有に前の占有者の占有を併せて主張することができる。

2　前の占有者の占有を併せて主張する場合には、その瑕疵をも承継する。

第二節　占有権の効力

（占有物について行使する権利の適法の推定）

第百八十八条　占有者が占有物について行使する権利は、適法に有するものと推定する。

（善意の占有者による果実の取得等）

第百八十九条　善意の占有者は、占有物から生ずる果実を取得する。

2　善意の占有者が本権の訴えにおいて敗訴したときは、その訴えの提起の時から悪意の占有者とみなす。

（悪意の占有者による果実の返還等）

第百九十条　悪意の占有者は、果実を返還し、かつ、既に消費し、過失によって損傷し、又は収取を怠った果実の代価を償還する義務を負う。

2　前項の規定は、暴行若しくは強迫又は隠匿によって占有をしている者について準用する。

（占有者による損害賠償）

第百九十一条　占有物が占有者の責めに帰すべき事由によって滅失し、又は損傷したときは、その回復者に対し、悪意の占有者はその損害の全部の賠償をする義務を負い、善意の占有者はその滅失又は損傷によって現に利益を受けている限度において賠償をする義務を負う。ただし、所有の意思のない占有者は、善意であるときであっても、全部の賠償をしなければならない。

（即時取得）

第百九十二条　取引行為によって、平穏に、かつ、公然と動産の占有を始めた者は、善意であり、かつ、過失がないときは、即時にその

民法

動産について行使する権利を取得する。

（盗品又は遺失物の回復）

第百九十三条　前条の場合において、占有物が盗品又は遺失物であるときは、被害者又は遺失者は、盗難又は遺失の時から二年間、占有者に対してその物の回復を請求することができる。

第百九十四条　占有者が、盗品又は遺失物を、競売若しくは公の市場において、又はその物と同種の物を販売する商人から、善意で買い受けたときは、被害者又は遺失者は、占有者が支払った代価を弁償しなければ、その物を回復することができない。

（動物の占有による権利の取得）

第百九十五条　家畜以外の動物で他人が飼育していたものを占有する者は、その占有の開始の時に善意であり、かつ、その動物が飼主の占有を離れた時から一箇月以内に飼主から回復の請求を受けなかったときは、その動物について行使する権利を取得する。

（占有者による費用の償還請求）

第百九十六条　占有者が占有物を返還する場合には、その物の保存のために支出した金額その他の必要費を回復者から償還させることができる。ただし、占有者が果実を取得したときは、通常の必要費は、占有者の負担に帰する。

2　占有者が占有物の改良のために支出した金額その他の有益費については、その価格の増加が現存する場合に限り、回復者の選択に従い、その支出した金額又は増価額を償還させることができる。ただし、悪意の占有者に対しては、裁判所は、回復者の請求により、その償還について相当の期限を許与することができる。

（占有の訴え）

第百九十七条　占有者は、次条から第二百二条までの規定に従い、占有の訴えを提起することができる。他人のために占有をする者も、同様とする。

（占有保持の訴え）

第百九十八条　占有者がその占有を妨害されたときは、占有保持の訴えにより、その妨害の停止及び損害の賠償を請求することができる。

（占有保全の訴え）

第百九十九条　占有者がその占有を妨害されるおそれがあるときは、占有保全の訴えにより、その妨害の予防又は損害賠償の担保を請求することができる。

（占有回収の訴え）

第二百条　占有者がその占有を奪われたときは、占有回収の訴えにより、その物の返還及び損害の賠償を請求することができる。

2　占有回収の訴えは、占有を侵奪した者の特定承継人に対して提起することができない。ただし、その承継人が侵奪の事実を知っていたときは、この限りでない。

（占有の訴えの提起期間）

第二百一条　占有保持の訴えは、妨害の存する間又はその消滅した後一年以内に提起しなければならない。ただし、工事により占有物に損害を生じた場合において、その工事に着手した時から一年を経過し、又はその工事が完成したときは、これを提起することができない。

2　占有保全の訴えは、妨害の危険の存する間は、提起することができる。この場合において、工事により占有物に損害を生ずるおそれがあるときは、前項ただし書の規定を準用する。

3　占有回収の訴えは、占有を奪われた時から一年以内に提起しなければならない。

（本権の訴えとの関係）

第二百二条　占有の訴えは本権の訴えを妨げず、また、本権の訴えは占有の訴えを妨げない。

2　占有の訴えについては、本権に関する理由に基づいて裁判をすることができない。

第三節　占有権の消滅

（占有権の消滅事由）

第二百三条　占有権は、占有者が占有の意思を放棄し、又は占有物の所持を失うことによって消滅する。ただし、占有者が占有回収の訴えを提起したときは、この限りでない。

（代理占有権の消滅事由）

第二百四条　代理人によって占有をする場合には、占有権は、次に掲げる事由によって消滅する。

一　本人が代理人に占有をさせる意思を放棄したこと。

二　代理人が本人に対して以後自己又は第三者のために占有物を所持する意思を表示したこと。

三　代理人が占有物の所持を失ったこと。

2　占有権は、代理権の消滅のみによっては、消滅しない。

第四節　準占有

第二百五条　この章の規定は、自己のためにする意思をもって財産権の行使をする場合について準用する。

第三章　所有権

第一節　所有権の限界

第一款　所有権の内容及び範囲

（所有権の内容）
第二百六条　所有者は、法令の制限内において、自由にその所有物の使用、収益及び処分をする権利を有する。

（土地所有権の範囲）
第二百七条　土地の所有権は、法令の制限内において、その土地の上下に及ぶ。

第二百八条　削除

第二款　相隣関係

（隣地の使用）
第二百九条　土地の所有者は、次に掲げる目的のため必要な範囲内で、隣地を使用することができる。ただし、住家については、その居住者の承諾がなければ、立ち入ることはできない。
一　境界又はその付近における障壁、建物その他の工作物の築造、収去又は修繕
二　境界標の調査又は境界に関する測量
三　第二百三十三条第三項の規定による枝の切取り

2　前項の場合には、使用の日時、場所及び方法は、隣地の所有者及び隣地を現に使用している者（以下この条において「隣地使用者」という。）のために損害が最も少ないものを選ばなければならない。

3　第一項の規定により隣地を使用する者は、あらかじめ、その目的、日時、場所及び方法を隣地の所有者及び隣地使用者に通知しなければならない。ただし、あらかじめ通知することが困難なときは、使用を開始した後、遅滞なく、通知することをもって足りる。

4　第一項の場合において、隣地の所有者又は隣地使用者が損害を受けたときは、その償金を請求することができる。

（公道に至るための他の土地の通行権）
第二百十条　他の土地に囲まれて公道に通じない土地の所有者は、公道に至るため、その土地を囲んでいる他の土地を通行することができる。

2　池沼、河川、水路若しくは海を通らなければ公道に至ることができないとき、又は崖があって土地と公道とに著しい高低差があるときも、前項と同様とする。

第二百十一条　前条の場合には、通行の場所及び方法は、同条の規定による通行権を有する者のために必要であり、かつ、他の土地のために損害が最も少ないものを選ばなければならない。

2　前条の規定による通行権を有する者は、必要があるときは、通路を開設することができる。

第二百十二条　第二百十条の規定による通行権を有する者は、その通行する他の土地の損害に対して償金を支払わなければならない。ただし、通路の開設のために生じた損害に対するものを除き、一年ごとにその償金を支払うことができる。

第二百十三条　分割によって公道に通じない土地が生じたときは、その土地の所有者は、公道に至るため、他の分割者の所有地のみを通行することができる。この場合においては、償金を支払うことを要しない。

2　前項の規定は、土地の所有者がその土地の一部を譲り渡した場合について準用する。

（継続的給付を受けるための設備の設置権等）
第二百十三条の二　土地の所有者は、他の土地に設備を設置し、又は他人が所有する設備を使用しなければ電気、ガス又は水道水の供給その他これらに類する継続的給付（以下この項及び次条第一項において「継続的給付」という。）を受けることができないときは、継続的給付を受けるため必要な範囲内で、他の土地に設備を設置し、又は他人が所有する設備を使用することができる。

2　前項の場合には、設備の設置又は使用の場所及び方法は、他の土地又は他人が所有する設備（次項において「他の土地等」という。）のために損害が最も少ないものを選ばなければならない。

3　第一項の規定により他の土地に設備を設置し、又は他人が所有する設備を使用する者は、あらかじめ、その目的、場所及び方法を他の土地等の所有者及び他の土地を現に使用している者に通知しなければならない。

4　第一項の規定による権利を有する者は、同項の規定により他の土地に設備を設置し、又は他人が所有する設備を使用するために当該

他の土地又は当該他人が所有する設備がある土地を使用することができる。この場合においては、第二百九条第一項ただし書及び第二項から第四項までの規定を準用する。

5　第一項の規定により他の土地に設備を設置する者は、その土地の損害（前項において準用する第二百九条第四項に規定する損害を除く。）に対して償金を支払わなければならない。ただし、一年ごとにその償金を支払うことができる。

6　第一項の規定により他人が所有する設備を使用する者は、その設備の使用を開始するために生じた損害に対して償金を支払わなければならない。

7　第一項の規定により他人が所有する設備を使用する者は、その利益を受ける割合に応じて、その設置、改築、修繕及び維持に要する費用を負担しなければならない。

第二百十三条の三　分割によって他の土地に設備を設置しなければ継続的給付を受けることができない土地が生じたときは、その土地の所有者は、継続的給付を受けるため、他の分割者の所有地のみに設備を設置することができる。この場合においては、前条第五項の規定は、適用しない。

2　前項の規定は、土地の所有者がその土地の一部を譲り渡した場合について準用する。

（自然水流に対する妨害の禁止）

第二百十四条　土地の所有者は、隣地から水が自然に流れて来るのを妨げてはならない。

（水流の障害の除去）

第二百十五条　水流が天災その他避けることのできない事変により低地において閉塞したときは、高地の所有者は、自己の費用で、水流の障害を除去するため必要な工事をすることができる。

（水流に関する工作物の修繕等）

第二百十六条　他の土地に貯水、排水又は引水のために設けられた工作物の破壊又は閉塞により、自己の土地に損害が及び、又は及ぶおそれがある場合には、その土地の所有者は、当該他の土地の所有者に、工作物の修繕若しくは障害の除去をさせ、又は必要があるときは予防工事をさせることができる。

（費用の負担についての慣習）

第二百十七条　前二条の場合において、費用の負担について別段の慣習があるときは、その慣習に従う。

（雨水を隣地に注ぐ工作物の設置の禁止）

第二百十八条　土地の所有者は、直接に雨水を隣地に注ぐ構造の屋根その他の工作物を設けてはならない。

（水流の変更）

第二百十九条　溝、堀その他の水流地の所有者は、対岸の土地が他人の所有に属するときは、その水路又は幅員を変更してはならない。

2　両岸の土地が水流地の所有者に属するときは、その所有者は、水路及び幅員を変更することができる。ただし、水流が隣地と交わる地点において、自然の水路に戻さなければならない。

3　前二項の規定と異なる慣習があるときは、その慣習に従う。

（排水のための低地の通水）

第二百二十条　高地の所有者は、その高地が浸水した場合にこれを乾かすため、又は自家用若しくは農工業用の余水を排出するため、公の水流又は下水道に至るまで、低地に水を通過させることができる。この場合においては、低地のために損害が最も少ない場所及び方法を選ばなければならない。

（通水用工作物の使用）

第二百二十一条　土地の所有者は、その所有地の水を通過させるため、高地又は低地の所有者が設けた工作物を使用することができる。

2　前項の場合には、他人の工作物を使用する者は、その利益を受ける割合に応じて、工作物の設置及び保存の費用を分担しなければならない。

（堰の設置及び使用）

第二百二十二条　水流地の所有者は、堰を設ける必要がある場合には、対岸の土地が他人の所有に属するときであっても、その堰を対岸に付着させて設けることができる。ただし、これによって生じた損害に対して償金を支払わなければならない。

2　対岸の土地の所有者は、水流地の一部がその所有に属するときは、前項の堰を使用することができる。

3　前条第二項の規定は、前項の場合について準用する。

（境界標の設置）

第二百二十三条　土地の所有者は、隣地の所有者と共同の費用で、境界標を設けることができる。

（境界標の設置及び保存の費用）

第二百二十四条　境界標の設置及び保存の費用は、相隣者が等しい割合で負担する。ただし、測量の費用は、その土地の広狭に応じて分担する。

（囲障の設置）
第二百二十五条　二棟の建物がその所有者を異にし、かつ、その間に空地があるときは、各所有者は、他の所有者と共同の費用で、その境界に囲障を設けることができる。
2　当事者間に協議が調わないときは、前項の囲障は、板塀又は竹垣その他これらに類する材料のものであって、かつ、高さ二メートルのものでなければならない。

（囲障の設置及び保存の費用）
第二百二十六条　前条の囲障の設置及び保存の費用は、相隣者が等しい割合で負担する。

（相隣者の一人による囲障の設置）
第二百二十七条　相隣者の一人は、第二百二十五条第二項に規定する材料より良好なものを用い、又は同項に規定する高さを増して囲障を設けることができる。ただし、これによって生ずる費用の増加額を負担しなければならない。

（囲障の設置等に関する慣習）
第二百二十八条　前三条の規定と異なる慣習があるときは、その慣習に従う。

（境界標等の共有の推定）
第二百二十九条　境界線上に設けた境界標、囲障、障壁、溝及び堀は、相隣者の共有に属するものと推定する。

第二百三十条　一棟の建物の一部を構成する境界線上の障壁については、前条の規定は、適用しない。
2　高さの異なる二棟の隣接する建物を隔てる障壁の高さが、低い建物の高さを超えるときは、その障壁のうち低い建物を超える部分についても、前項と同様とする。ただし、防火障壁については、この限りでない。

（共有の障壁の高さを増す工事）
第二百三十一条　相隣者の一人は、共有の障壁の高さを増すことができる。ただし、その障壁がその工事に耐えないときは、自己の費用で、必要な工作を加え、又はその障壁を改築しなければならない。
2　前項の規定により障壁の高さを増したときは、その高さを増した部分は、その工事をした者の単独の所有に属する。

第二百三十二条　前条の場合において、隣人が損害を受けたときは、その償金を請求することができる。

（竹木の枝の切除及び根の切取り）
第二百三十三条　土地の所有者は、隣地の竹木の枝が境界線を越えるときは、その竹木の所有者に、その枝を切除させることができる。
2　前項の場合において、竹木が数人の共有に属するときは、各共有者は、その枝を切り取ることができる。
3　第一項の場合において、次に掲げるときは、土地の所有者は、その枝を切り取ることができる。
一　竹木の所有者に枝を切除するよう催告したにもかかわらず、竹木の所有者が相当の期間内に切除しないとき。
二　竹木の所有者を知ることができず、又はその所在を知ることができないとき。
三　急迫の事情があるとき。
4　隣地の竹木の根が境界線を越えるときは、その根を切り取ることができる。

（境界線付近の建築の制限）
第二百三十四条　建物を築造するには、境界線から五十センチメートル以上の距離を保たなければならない。
2　前項の規定に違反して建築をしようとする者があるときは、隣地の所有者は、その建築を中止させ、又は変更させることができる。ただし、建築に着手した時から一年を経過し、又はその建物が完成した後は、損害賠償の請求のみをすることができる。

第二百三十五条　境界線から一メートル未満の距離において他人の宅地を見通すことのできる窓又は縁側（ベランダを含む。次項において同じ。）を設ける者は、目隠しを付けなければならない。
2　前項の距離は、窓又は縁側の最も隣地に近い点から垂直線によって境界線に至るまでを測定して算出する。

（境界線付近の建築に関する慣習）
第二百三十六条　前二条の規定と異なる慣習があるときは、その慣習に従う。

（境界線付近の掘削の制限）
第二百三十七条　井戸、用水だめ、下水だめ又は肥料だめを掘るには境界線から二メートル以上、池、穴蔵又はし尿だめを掘るには境界線から一メートル以上の距離を保たなければならない。
2　導水管を埋め、又は溝若しくは堀を掘るには、境界線からその深さの二分の一以上の距離を保たなければならない。ただし、一メートルを超えることを要しない。

（境界線付近の掘削に関する注意義務）
第二百三十八条　境界線の付近において前条の

民
法

工事をするときは、土砂の崩壊又は水若しくは汚液の漏出を防ぐため必要な注意をしなければならない。

第二節　所有権の取得

（**無主物の帰属**）
第二百三十九条　所有者のない動産は、所有の意思をもって占有することによって、その所有権を取得する。
2　所有者のない不動産は、国庫に帰属する。

（**遺失物の拾得**）
第二百四十条　遺失物は、遺失物法（平成十八年法律第七十三号）の定めるところに従い公告をした後三箇月以内にその所有者が判明しないときは、これを拾得した者がその所有権を取得する。

（**埋蔵物の発見**）
第二百四十一条　埋蔵物は、遺失物法の定めるところに従い公告をした後六箇月以内にその所有者が判明しないときは、これを発見した者がその所有権を取得する。ただし、他人の所有する物の中から発見された埋蔵物については、これを発見した者及びその他人が等しい割合でその所有権を取得する。

（**不動産の付合**）
第二百四十二条　不動産の所有者は、その不動産に従として付合した物の所有権を取得する。ただし、権原によってその物を附属させた他人の権利を妨げない。

（**動産の付合**）
第二百四十三条　所有者を異にする数個の動産が、付合により、損傷しなければ分離することができなくなったときは、その合成物の所有権は、主たる動産の所有者に帰属する。分離するのに過分の費用を要するときも、同様とする。

第二百四十四条　付合した動産について主従の区別をすることができないときは、各動産の所有者は、その付合の時における価格の割合に応じてその合成物を共有する。

（**混和**）
第二百四十五条　前二条の規定は、所有者を異にする物が混和して識別することができなくなった場合について準用する。

（**加工**）
第二百四十六条　他人の動産に工作を加えた者（以下この条において「加工者」という。）があるときは、その加工物の所有権は、材料の所有者に帰属する。ただし、工作によって生じた価格が材料の価格を著しく超えるときは、加工者がその加工物の所有権を取得する。
2　前項に規定する場合において、加工者が材料の一部を供したときは、その価格に工作によって生じた価格を加えたものが他人の材料の価格を超えるときに限り、加工者がその加工物の所有権を取得する。

（**付合、混和又は加工の効果**）
第二百四十七条　第二百四十二条から前条までの規定により物の所有権が消滅したときは、その物について存する他の権利も、消滅する。
2　前項に規定する場合において、物の所有者が、合成物、混和物又は加工物（以下この項において「合成物等」という。）の単独所有者となったときは、その物について存する他の権利は以後その合成物等について存し、物の所有者が合成物等の共有者となったときは、その物について存する他の権利は以後その持分について存する。

（**付合、混和又は加工に伴う償金の請求**）
第二百四十八条　第二百四十二条から前条までの規定の適用によって損失を受けた者は、第七百三条及び第七百四条の規定に従い、その償金を請求することができる。

第三節　共有

（**共有物の使用**）
第二百四十九条　各共有者は、共有物の全部について、その持分に応じた使用をすることができる。
2　共有物を使用する共有者は、別段の合意がある場合を除き、他の共有者に対し、自己の持分を超える使用の対価を償還する義務を負う。
3　共有者は、善良な管理者の注意をもって、共有物の使用をしなければならない。

（**共有持分の割合の推定**）
第二百五十条　各共有者の持分は、相等しいものと推定する。

（**共有物の変更**）
第二百五十一条　各共有者は、他の共有者の同意を得なければ、共有物に変更（その形状又は効用の著しい変更を伴わないものを除く。次項において同じ。）を加えることができない。
2　共有者が他の共有者を知ることができず、又はその所在を知ることができないときは、裁判所は、共有者の請求により、当該他の共有者以外の他の共有者の同意を得て共有物に変更を加えることができる旨の裁判をすることができる。

（共有物の管理）

第二百五十二条　共有物の管理に関する事項（次条第一項に規定する共有物の管理者の選任及び解任を含み、共有物に前条第一項に規定する変更を加えるものを除く。次項において同じ。）は、各共有者の持分の価格に従い、その過半数で決する。共有物を使用する共有者があるときも、同様とする。

2　裁判所は、次の各号に掲げるときは、当該各号に規定する他の共有者以外の共有者の請求により、当該他の共有者以外の共有者の持分の価格に従い、その過半数で共有物の管理に関する事項を決することができる旨の裁判をすることができる。

一　共有者が他の共有者を知ることができず、又はその所在を知ることができないとき。

二　共有者が他の共有者に対し相当の期間を定めて共有物の管理に関する事項を決することについて賛否を明らかにすべき旨を催告した場合において、当該他の共有者がその期間内に賛否を明らかにしないとき。

3　前二項の規定による決定が、共有者間の決定に基づいて共有物を使用する共有者に特別の影響を及ぼすべきときは、その承諾を得なければならない。

4　共有者は、前三項の規定により、共有物に、次の各号に掲げる賃借権その他の使用及び収益を目的とする権利（以下この項において「賃借権等」という。）であって、当該各号に定める期間を超えないものを設定することができる。

一　樹木の栽植又は伐採を目的とする山林の賃借権等　十年

二　前号に掲げる賃借権等以外の土地の賃借権等　五年

三　建物の賃借権等　三年

四　動産の賃借権等　六箇月

5　各共有者は、前各項の規定にかかわらず、保存行為をすることができる。

（共有物の管理者）

第二百五十二条の二　共有物の管理者は、共有物の管理に関する行為をすることができる。ただし、共有者の全員の同意を得なければ、共有物に変更（その形状又は効用の著しい変更を伴わないものを除く。次項において同じ。）を加えることができない。

2　共有物の管理者が共有者を知ることができず、又はその所在を知ることができないときは、裁判所は、共有物の管理者の請求により、当該共有者以外の共有者の同意を得て共有物に変更を加えることができる旨の裁判をすることができる。

3　共有物の管理者は、共有者が共有物の管理に関する事項を決した場合には、これに従ってその職務を行わなければならない。

4　前項の規定に違反して行った共有物の管理者の行為は、共有者に対してその効力を生じない。ただし、共有者は、これをもって善意の第三者に対抗することができない。

（共有物に関する負担）

第二百五十三条　各共有者は、その持分に応じ、管理の費用を支払い、その他共有物に関する負担を負う。

2　共有者が一年以内に前項の義務を履行しないときは、他の共有者は、相当の償金を支払ってその者の持分を取得することができる。

（共有物についての債権）

第二百五十四条　共有者の一人が共有物について他の共有者に対して有する債権は、その特定承継人に対しても行使することができる。

（持分の放棄及び共有者の死亡）

第二百五十五条　共有者の一人が、その持分を放棄したとき、又は死亡して相続人がないときは、その持分は、他の共有者に帰属する。

（共有物の分割請求）

第二百五十六条　各共有者は、いつでも共有物の分割を請求することができる。ただし、五年を超えない期間内は分割をしない旨の契約をすることを妨げない。

2　前項ただし書の契約は、更新することができる。ただし、その期間は、更新の時から五年を超えることができない。

第二百五十七条　前条の規定は、第二百二十九条に規定する共有物については、適用しない。

（裁判による共有物の分割）

第二百五十八条　共有物の分割について共有者間に協議が調わないとき、又は協議をすることができないときは、その分割を裁判所に請求することができる。

2　裁判所は、次に掲げる方法により、共有物の分割を命ずることができる。

一　共有物の現物を分割する方法

二　共有者に債務を負担させて、他の共有者

の持分の全部又は一部を取得させる方法

3　前項に規定する方法により共有物を分割することができないとき、又は分割によってその価格を著しく減少させるおそれがあるときは、裁判所は、その競売を命ずることができる。

4　裁判所は、共有物の分割の裁判において、当事者に対して、金銭の支払、物の引渡し、登記義務の履行その他の給付を命ずることができる。

第二百五十八条の二　共有物の全部又はその持分が相続財産に属する場合において、共同相続人間で当該共有物の全部又はその持分について遺産の分割をすべきときは、当該共有物又はその持分について前条の規定による分割をすることができない。

2　共有物の持分が相続財産に属する場合において、相続開始の時から十年を経過したときは、前項の規定にかかわらず、相続財産に属する共有物の持分について前条の規定による分割をすることができる。ただし、当該共有物の持分について遺産の分割の請求があった場合において、相続人が当該共有物の持分について同条の規定による分割をすることに異議の申出をしたときは、この限りでない。

3　相続人が前項ただし書の申出をする場合には、当該申出は、当該相続人が前条第一項の規定による請求を受けた裁判所から当該請求があった旨の通知を受けた日から二箇月以内に当該裁判所にしなければならない。

（**共有に関する債権の弁済**）

第二百五十九条　共有者の一人が他の共有者に対して共有に関する債権を有するときは、分割に際し、債務者に帰属すべき共有物の部分をもって、その弁済に充てることができる。

2　債権者は、前項の弁済を受けるため債務者に帰属すべき共有物の部分を売却する必要があるときは、その売却を請求することができる。

（**共有物の分割への参加**）

第二百六十条　共有物について権利を有する者及び各共有者の債権者は、自己の費用で、分割に参加することができる。

2　前項の規定による参加の請求があったにもかかわらず、その請求をした者を参加させないで分割をしたときは、その分割は、その請求をした者に対抗することができない。

（**分割における共有者の担保責任**）

第二百六十一条　各共有者は、他の共有者が分割によって取得した物について、売主と同じく、その持分に応じて担保の責任を負う。

（**共有物に関する証書**）

第二百六十二条　分割が完了したときは、各分割者は、その取得した物に関する証書を保存しなければならない。

2　共有者の全員又はそのうちの数人に分割した物に関する証書は、その物の最大の部分を取得した者が保存しなければならない。

3　前項の場合において、最大の部分を取得した者がないときは、分割者間の協議で証書の保存者を定める。協議が調わないときは、裁判所が、これを指定する。

4　証書の保存者は、他の分割者の請求に応じて、その証書を使用させなければならない。

（**所在等不明共有者の持分の取得**）

第二百六十二条の二　不動産が数人の共有に属する場合において、共有者が他の共有者を知ることができず、又はその所在を知ることができないときは、裁判所は、共有者の請求により、その共有者に、当該他の共有者（以下この条において「所在等不明共有者」という。）の持分を取得させる旨の裁判をすることができる。この場合において、請求をした共有者が二人以上あるときは、請求をした各共有者に、所在等不明共有者の持分を、請求をした各共有者の持分の割合で按分してそれぞれ取得させる。

2　前項の請求があった持分に係る不動産について第二百五十八条第一項の規定による請求又は遺産の分割の請求があり、かつ、所在等不明共有者以外の共有者が前項の請求を受けた裁判所に同項の裁判をすることについて異議がある旨の届出をしたときは、裁判所は、同項の裁判をすることができない。

3　所在等不明共有者の持分が相続財産に属する場合（共同相続人間で遺産の分割をすべき場合に限る。）において、相続開始の時から十年を経過していないときは、裁判所は、第一項の裁判をすることができない。

4　第一項の規定により共有者が所在等不明共有者の持分を取得したときは、所在等不明共有者は、当該共有者に対し、当該共有者が取得した持分の時価相当額の支払を請求することができる。

5　前各項の規定は、不動産の使用又は収益をする権利（所有権を除く。）が数人の共有に属する場合について準用する。

（**所在等不明共有者の持分の譲渡**）

第二百六十二条の三　不動産が数人の共有に属

する場合において、共有者が他の共有者を知ることができず、又はその所在を知ることができないときは、裁判所は、共有者の請求により、その共有者に、当該他の共有者（以下この条において「所在等不明共有者」という。）以外の共有者の全員が特定の者に対してその有する持分の全部を譲渡することを停止条件として所在等不明共有者の持分を当該特定の者に譲渡する権限を付与する旨の裁判をすることができる。

2　所在等不明共有者の持分が相続財産に属する場合（共同相続人間で遺産の分割をすべき場合に限る。）において、相続開始の時から十年を経過していないときは、裁判所は、前項の裁判をすることができない。

3　第一項の裁判により付与された権限に基づき共有者が所在等不明共有者の持分を第三者に譲渡したときは、所在等不明共有者は、当該譲渡をした共有者に対し、不動産の時価相当額を所在等不明共有者の持分に応じて按分して得た額の支払を請求することができる。

4　前三項の規定は、不動産の使用又は収益をする権利（所有権を除く。）が数人の共有に属する場合について準用する。

（共有の性質を有する入会権）

第二百六十三条　共有の性質を有する入会権については、各地方の慣習に従うほか、この節の規定を適用する。

（準共有）

第二百六十四条　この節（第二百六十二条の二及び第二百六十二条の三を除く。）の規定は、数人で所有権以外の財産権を有する場合について準用する。ただし、法令に特別の定めがあるときは、この限りでない。

第四節　所有者不明土地管理命令及び所有者不明建物管理命令

（所有者不明土地管理命令）

第二百六十四条の二　裁判所は、所有者を知ることができず、又はその所在を知ることができない土地（土地が数人の共有に属する場合にあっては、共有者を知ることができず、又はその所在を知ることができない土地の共有持分）について、必要があると認めるときは、利害関係人の請求により、その請求に係る土地又は共有持分を対象として、所有者不明土地管理人（第四項に規定する所有者不明土地管理人をいう。以下同じ。）による管理を命ずる処分（以下「所有者不明土地管理命令」という。）をすることができる。

2　所有者不明土地管理命令の効力は、当該所有者不明土地管理命令の対象とされた土地（共有持分を対象として所有者不明土地管理命令が発せられた場合にあっては、共有物である土地）にある動産（当該所有者不明土地管理命令の対象とされた土地の所有者又は共有持分を有する者が所有するものに限る。）に及ぶ。

3　所有者不明土地管理命令は、所有者不明土地管理命令が発せられた後に当該所有者不明土地管理命令が取り消された場合において、当該所有者不明土地管理命令の対象とされた土地又は共有持分及び当該所有者不明土地管理命令の効力が及ぶ動産の管理、処分その他の事由により所有者不明土地管理人が得た財産について、必要があると認めるときも、することができる。

4　裁判所は、所有者不明土地管理命令をする場合には、当該所有者不明土地管理命令において、所有者不明土地管理人を選任しなければならない。

（所有者不明土地管理人の権限）

第二百六十四条の三　前条第四項の規定により所有者不明土地管理人が選任された場合には、所有者不明土地管理命令の対象とされた土地又は共有持分及び所有者不明土地管理命令の効力が及ぶ動産並びにその管理、処分その他の事由により所有者不明土地管理人が得た財産（以下「所有者不明土地等」という。）の管理及び処分をする権利は、所有者不明土地管理人に専属する。

2　所有者不明土地管理人が次に掲げる行為の範囲を超える行為をするには、裁判所の許可を得なければならない。ただし、この許可がないことをもって善意の第三者に対抗することはできない。

一　保存行為

二　所有者不明土地等の性質を変えない範囲内において、その利用又は改良を目的とする行為

（所有者不明土地等に関する訴えの取扱い）

第二百六十四条の四　所有者不明土地管理命令が発せられた場合には、所有者不明土地等に関する訴えについては、所有者不明土地管理人を原告又は被告とする。

（所有者不明土地管理人の義務）

第二百六十四条の五　所有者不明土地管理人は、所有者不明土地等の所有者（その共有持

分を有する者を含む。）のために、善良な管理者の注意をもって、その権限を行使しなければならない。

２　数人の者の共有持分を対象として所有者不明土地管理命令が発せられたときは、所有者不明土地管理人は、当該所有者不明土地管理命令の対象とされた共有持分を有する者全員のために、誠実かつ公平にその権限を行使しなければならない。

（所有者不明土地管理人の解任及び辞任）

第二百六十四条の六　所有者不明土地管理人がその任務に違反して所有者不明土地等に著しい損害を与えたことその他重要な事由があるときは、裁判所は、利害関係人の請求により、所有者不明土地管理人を解任することができる。

２　所有者不明土地管理人は、正当な事由があるときは、裁判所の許可を得て、辞任することができる。

（所有者不明土地管理人の報酬等）

第二百六十四条の七　所有者不明土地管理人は、所有者不明土地等から裁判所が定める額の費用の前払及び報酬を受けることができる。

２　所有者不明土地管理人による所有者不明土地等の管理に必要な費用及び報酬は、所有者不明土地等の所有者（その共有持分を有する者を含む。）の負担とする。

（所有者不明建物管理命令）

第二百六十四条の八　裁判所は、所有者を知ることができず、又はその所在を知ることができない建物（建物が数人の共有に属する場合にあっては、共有者を知ることができず、又はその所在を知ることができない建物の共有持分）について、必要があると認めるときは、利害関係人の請求により、その請求に係る建物又は共有持分を対象として、所有者不明建物管理人（第四項に規定する所有者不明建物管理人をいう。以下この条において同じ。）による管理を命ずる処分（以下この条において「所有者不明建物管理命令」という。）をすることができる。

２　所有者不明建物管理命令の効力は、当該所有者不明建物管理命令の対象とされた建物（共有持分を対象として所有者不明建物管理命令が発せられた場合にあっては、共有物である建物）にある動産（当該所有者不明建物管理命令の対象とされた建物の所有者又は共有持分を有する者が所有するものに限る。）及び当該建物を所有し、又は当該建物の共有持分を有するための建物の敷地に関する権利（賃借権その他の使用及び収益を目的とする権利（所有権を除く。）であって、当該所有者不明建物管理命令の対象とされた建物の所有者又は共有持分を有する者が有するものに限る。）に及ぶ。

３　所有者不明建物管理命令は、所有者不明建物管理命令が発せられた後に当該所有者不明建物管理命令が取り消された場合において、当該所有者不明建物管理命令の対象とされた建物又は共有持分並びに当該所有者不明建物管理命令の効力が及ぶ動産及び建物の敷地に関する権利の管理、処分その他の事由により所有者不明建物管理人が得た財産について、必要があると認めるときも、することができる。

４　裁判所は、所有者不明建物管理命令をする場合には、当該所有者不明建物管理命令において、所有者不明建物管理人を選任しなければならない。

５　第二百六十四条の三から前条までの規定は、所有者不明建物管理命令及び所有者不明建物管理人について準用する。

第五節　管理不全土地管理命令及び管理不全建物管理命令

（管理不全土地管理命令）

第二百六十四条の九　裁判所は、所有者による土地の管理が不適当であることによって他人の権利又は法律上保護される利益が侵害され、又は侵害されるおそれがある場合において、必要があると認めるときは、利害関係人の請求により、当該土地を対象として、管理不全土地管理人（第三項に規定する管理不全土地管理人をいう。以下同じ。）による管理を命ずる処分（以下「管理不全土地管理命令」という。）をすることができる。

２　管理不全土地管理命令の効力は、当該管理不全土地管理命令の対象とされた土地にある動産（当該管理不全土地管理命令の対象とされた土地の所有者又はその共有持分を有する者が所有するものに限る。）に及ぶ。

３　裁判所は、管理不全土地管理命令をする場合には、当該管理不全土地管理命令において、管理不全土地管理人を選任しなければならない。

（管理不全土地管理人の権限）

第二百六十四条の十　管理不全土地管理人は、管理不全土地管理命令の対象とされた土地及び管理不全土地管理命令の効力が及ぶ動産並びにその管理、処分その他の事由により管理不全土地管理人が得た財産（以下「管理不全土地等」という。）の管理及び処分をする権限を有する。

2　管理不全土地管理人が次に掲げる行為の範囲を超える行為をするには、裁判所の許可を得なければならない。ただし、この許可がないことをもって善意でかつ過失がない第三者に対抗することはできない。

一　保存行為

二　管理不全土地等の性質を変えない範囲内において、その利用又は改良を目的とする行為

3　管理不全土地管理命令の対象とされた土地の処分についての前項の許可をするには、その所有者の同意がなければならない。

（**管理不全土地管理人の義務**）

第二百六十四条の十一　管理不全土地管理人は、管理不全土地等の所有者のために、善良な管理者の注意をもって、その権限を行使しなければならない。

2　管理不全土地等が数人の共有に属する場合には、管理不全土地管理人は、その共有持分を有する者全員のために、誠実かつ公平にその権限を行使しなければならない。

（**管理不全土地管理人の解任及び辞任**）

第二百六十四条の十二　管理不全土地管理人がその任務に違反して管理不全土地等に著しい損害を与えたことその他重要な事由があるときは、裁判所は、利害関係人の請求により、管理不全土地管理人を解任することができる。

2　管理不全土地管理人は、正当な事由があるときは、裁判所の許可を得て、辞任することができる。

（**管理不全土地管理人の報酬等**）

第二百六十四条の十三　管理不全土地管理人は、管理不全土地等から裁判所が定める額の費用の前払及び報酬を受けることができる。

2　管理不全土地管理人による管理不全土地等の管理に必要な費用及び報酬は、管理不全土地等の所有者の負担とする。

（**管理不全建物管理命令**）

第二百六十四条の十四　裁判所は、所有者による建物の管理が不適当であることによって他人の権利又は法律上保護される利益が侵害され、又は侵害されるおそれがある場合において、必要があると認めるときは、利害関係人の請求により、当該建物を対象として、管理不全建物管理人（第三項に規定する管理不全建物管理人をいう。第四項において同じ。）による管理を命ずる処分（以下この条において「管理不全建物管理命令」という。）をすることができる。

2　管理不全建物管理命令は、当該管理不全建物管理命令の対象とされた建物にある動産（当該管理不全建物管理命令の対象とされた建物の所有者又はその共有持分を有する者が所有するものに限る。）及び当該建物を所有するための建物の敷地に関する権利（賃借権その他の使用及び収益を目的とする権利（所有権を除く。）であって、当該管理不全建物管理命令の対象とされた建物の所有者又はその共有持分を有する者が有するものに限る。）に及ぶ。

3　裁判所は、管理不全建物管理命令をする場合には、当該管理不全建物管理命令において、管理不全建物管理人を選任しなければならない。

4　第二百六十四条の十から前条までの規定は、管理不全建物管理命令及び管理不全建物管理人について準用する。

第四章　地上権

（**地上権の内容**）

第二百六十五条　地上権者は、他人の土地において工作物又は竹木を所有するため、その土地を使用する権利を有する。

（**地代**）

第二百六十六条　第二百七十四条から第二百七十六条までの規定は、地上権者が土地の所有者に定期の地代を支払わなければならない場合について準用する。

2　地代については、前項に規定するもののほか、その性質に反しない限り、賃貸借に関する規定を準用する。

（**相隣関係の規定の準用**）

第二百六十七条　前章第一節第二款（相隣関係）の規定は、地上権者間又は地上権者と土地の所有者との間について準用する。ただし、第二百二十九条の規定は、境界線上の工作物が地上権の設定後に設けられた場合に限り、地上権者について準用する。

（**地上権の存続期間**）

第二百六十八条　設定行為で地上権の存続期間を定めなかった場合において、別段の慣習がないときは、地上権者は、いつでもその権利を放棄することができる。ただし、地代を支

払うべきときは、一年前に予告をし、又は期限の到来していない一年分の地代を支払わなければならない。

2 地上権者が前項の規定によりその権利を放棄しないときは、裁判所は、当事者の請求により、二十年以上五十年以下の範囲内において、工作物又は竹木の種類及び状況その他地上権の設定当時の事情を考慮して、その存続期間を定める。

（工作物等の収去等）

第二百六十九条 地上権者は、その権利が消滅した時に、土地を原状に復してその工作物及び竹木を収去することができる。ただし、土地の所有者が時価相当額を提供してこれを買い取る旨を通知したときは、地上権者は、正当な理由がなければ、これを拒むことができない。

2 前項の規定と異なる慣習があるときは、その慣習に従う。

（地下又は空間を目的とする地上権）

第二百六十九条の二 地下又は空間は、工作物を所有するため、上下の範囲を定めて地上権の目的とすることができる。この場合においては、設定行為で、地上権の行使のためにその土地の使用に制限を加えることができる。

2 前項の地上権は、第三者がその土地の使用又は収益をする権利を有する場合においても、その権利又はこれを目的とする権利を有するすべての者の承諾があるときは、設定することができる。この場合において、土地の使用又は収益をする権利を有する者は、その地上権の行使を妨げることができない。

第五章　永小作権

（永小作権の内容）

第二百七十条 永小作人は、小作料を支払って他人の土地において耕作又は牧畜をする権利を有する。

（永小作人による土地の変更の制限）

第二百七十一条 永小作人は、土地に対して、回復することのできない損害を生ずべき変更を加えることができない。

（永小作権の譲渡又は土地の賃貸）

第二百七十二条 永小作人は、その権利を他人に譲り渡し、又はその権利の存続期間内において耕作若しくは牧畜のため土地を賃貸することができる。ただし、設定行為で禁じたときは、この限りでない。

（賃貸借に関する規定の準用）

第二百七十三条 永小作人の義務については、この章の規定及び設定行為で定めるもののほか、その性質に反しない限り、賃貸借に関する規定を準用する。

（小作料の減免）

第二百七十四条 永小作人は、不可抗力により収益について損失を受けたときであっても、小作料の免除又は減額を請求することができない。

（永小作権の放棄）

第二百七十五条 永小作人は、不可抗力によって、引き続き三年以上全く収益を得ず、又は五年以上小作料より少ない収益を得たときは、その権利を放棄することができる。

（永小作権の消滅請求）

第二百七十六条 永小作人が引き続き二年以上小作料の支払を怠ったときは、土地の所有者は、永小作権の消滅を請求することができる。

（永小作権に関する慣習）

第二百七十七条 第二百七十一条から前条までの規定と異なる慣習があるときは、その慣習に従う。

（永小作権の存続期間）

第二百七十八条 永小作権の存続期間は、二十年以上五十年以下とする。設定行為で五十年より長い期間を定めたときであっても、その期間は、五十年とする。

2 永小作権の設定は、更新することができる。ただし、その存続期間は、更新の時から五十年を超えることができない。

3 設定行為で永小作権の存続期間を定めなかったときは、その期間は、別段の慣習がある場合を除き、三十年とする。

（工作物等の収去等）

第二百七十九条 第二百六十九条の規定は、永小作権について準用する。

第六章　地役権

（地役権の内容）

第二百八十条 地役権者は、設定行為で定めた目的に従い、他人の土地を自己の土地の便益に供する権利を有する。ただし、第三章第一節（所有権の限界）の規定（公の秩序に関するものに限る。）に違反しないものでなければならない。

（地役権の付従性）

第二百八十一条 地役権は、要役地（地役権者の土地であって、他人の土地から便益を受けるものをいう。以下同じ。）の所有権に従たるものとして、その所有権とともに移転し、又は要役地について存する他の権利の目的となるものとする。ただし、設定行為に別段の定めがあるときは、この限りでない。

2　地役権は、要役地から分離して譲り渡し、又は他の権利の目的とすることができない。

（地役権の不可分性）

第二百八十二条　土地の共有者の一人は、その持分につき、その土地のために又はその土地について存する地役権を消滅させることができない。

2　土地の分割又はその一部の譲渡の場合には、地役権は、その各部のために又はその各部について存する。ただし、地役権がその性質により土地の一部のみに関するときは、この限りでない。

（地役権の時効取得）

第二百八十三条　地役権は、継続的に行使され、かつ、外形上認識することができるものに限り、時効によって取得することができる。

第二百八十四条　土地の共有者の一人が時効によって地役権を取得したときは、他の共有者も、これを取得する。

2　共有者に対する時効の更新は、地役権を行使する各共有者に対してしなければ、その効力を生じない。

3　地役権を行使する共有者が数人ある場合には、その一人について時効の完成猶予の事由があっても、時効は、各共有者のために進行する。

（用水地役権）

第二百八十五条　用水地役権の承役地（地役権者以外の者の土地であって、要役地の便益に供されるものをいう。以下同じ。）において、水が要役地及び承役地の需要に比して不足するときは、その各土地の需要に応じて、まずこれを生活用に供し、その残余を他の用途に供するものとする。ただし、設定行為に別段の定めがあるときは、この限りでない。

2　同一の承役地について数個の用水地役権を設定したときは、後の地役権者は、前の地役権者の水の使用を妨げてはならない。

（承役地の所有者の工作物の設置義務等）

第二百八十六条　設定行為又は設定後の契約により、承役地の所有者が自己の費用で地役権の行使のために工作物を設け、又はその修繕をする義務を負担したときは、承役地の所有者の特定承継人も、その義務を負担する。

第二百八十七条　承役地の所有者は、いつでも、地役権に必要な土地の部分の所有権を放棄して地役権者に移転し、これにより前条の義務を免れることができる。

（承役地の所有者の工作物の使用）

第二百八十八条　承役地の所有者は、地役権の行使を妨げない範囲内において、その行使のために承役地の上に設けられた工作物を使用することができる。

2　前項の場合には、承役地の所有者は、その利益を受ける割合に応じて、工作物の設置及び保存の費用を分担しなければならない。

（承役地の時効取得による地役権の消滅）

第二百八十九条　承役地の占有者が取得時効に必要な要件を具備する占有をしたときは、地役権は、これによって消滅する。

第二百九十条　前条の規定による地役権の消滅時効は、地役権者がその権利を行使することによって中断する。

（地役権の消滅時効）

第二百九十一条　第百六十六条第二項に規定する消滅時効の期間は、継続的でなく行使される地役権については最後の行使の時から起算し、継続的に行使される地役権についてはその行使を妨げる事実が生じた時から起算する。

第二百九十二条　要役地が数人の共有に属する場合において、その一人のために時効の完成猶予又は更新があるときは、その完成猶予又は更新は、他の共有者のためにも、その効力を生ずる。

第二百九十三条　地役権者がその権利の一部を行使しないときは、その部分のみが時効によって消滅する。

（共有の性質を有しない入会権）

第二百九十四条　共有の性質を有しない入会権については、各地方の慣習に従うほか、この章の規定を準用する。

第七章　留置権

（留置権の内容）

第二百九十五条　他人の物の占有者は、その物に関して生じた債権を有するときは、その債権の弁済を受けるまで、その物を留置することができる。ただし、その債権が弁済期にないときは、この限りでない。

2　前項の規定は、占有が不法行為によって始まった場合には、適用しない。

（留置権の不可分性）

民法

第二百九十六条　留置権者は、債権の全部の弁済を受けるまでは、留置物の全部についてその権利を行使することができる。

（留置権者による果実の収取）

第二百九十七条　留置権者は、留置物から生ずる果実を収取し、他の債権者に先立って、これを自己の債権の弁済に充当することができる。

2　前項の果実は、まず債権の利息に充当し、なお残余があるときは元本に充当しなければならない。

（留置権者による留置物の保管等）

第二百九十八条　留置権者は、善良な管理者の注意をもって、留置物を占有しなければならない。

2　留置権者は、債務者の承諾を得なければ、留置物を使用し、賃貸し、又は担保に供することができない。ただし、その物の保存に必要な使用をすることは、この限りでない。

3　留置権者が前二項の規定に違反したときは、債務者は、留置権の消滅を請求することができる。

（留置権者による費用の償還請求）

第二百九十九条　留置権者は、留置物について必要費を支出したときは、所有者にその償還をさせることができる。

2　留置権者は、留置物について有益費を支出したときは、これによる価格の増加が現存する場合に限り、所有者の選択に従い、その支出した金額又は増価額を償還させることができる。ただし、裁判所は、所有者の請求により、その償還について相当の期限を許与することができる。

（留置権の行使と債権の消滅時効）

第三百条　留置権の行使は、債権の消滅時効の進行を妨げない。

（担保の供与による留置権の消滅）

第三百一条　債務者は、相当の担保を供して、留置権の消滅を請求することができる。

（占有の喪失による留置権の消滅）

第三百二条　留置権は、留置権者が留置物の占有を失うことによって、消滅する。ただし、第二百九十八条第二項の規定により留置物を賃貸し、又は質権の目的としたときは、この限りでない。

第八章　先取特権

第一節　総則

（先取特権の内容）

第三百三条　先取特権者は、この法律その他の法律の規定に従い、その債務者の財産について、他の債権者に先立って自己の債権の弁済を受ける権利を有する。

（物上代位）

第三百四条　先取特権は、その目的物の売却、賃貸、滅失又は損傷によって債務者が受けるべき金銭その他の物に対しても、行使することができる。ただし、先取特権者は、その払渡し又は引渡しの前に差押えをしなければならない。

2　債務者が先取特権の目的物につき設定した物権の対価についても、前項と同様とする。

（先取特権の不可分性）

第三百五条　第二百九十六条の規定は、先取特権について準用する。

第二節　先取特権の種類

第一款　一般の先取特権

（一般の先取特権）

第三百六条　次に掲げる原因によって生じた債権を有する者は、債務者の総財産について先取特権を有する。

一　共益の費用
二　雇用関係
三　葬式の費用
四　日用品の供給

（共益費用の先取特権）

第三百七条　共益の費用の先取特権は、各債権者の共同の利益のためにされた債務者の財産の保存、清算又は配当に関する費用について存在する。

2　前項の費用のうちすべての債権者に有益でなかったものについては、先取特権は、その費用によって利益を受けた債権者に対してのみ存在する。

（雇用関係の先取特権）

第三百八条　雇用関係の先取特権は、給料その他債務者と使用人との間の雇用関係に基づいて生じた債権について存在する。

（葬式費用の先取特権）

第三百九条　葬式の費用の先取特権は、債務者のためにされた葬式の費用のうち相当な額について存在する。

2　前項の先取特権は、債務者がその扶養すべき親族のためにした葬式の費用のうち相当な額についても存在する。

（日用品供給の先取特権）

第三百十条　日用品の供給の先取特権は、債務者又はその扶養すべき同居の親族及びその家事使用人の生活に必要な最後の六箇月間の飲食料品、燃料及び電気の供給について存在する。

第二款　動産の先取特権

（動産の先取特権）
第三百十一条　次に掲げる原因によって生じた債権を有する者は、債務者の特定の動産について先取特権を有する。
一　不動産の賃貸借
二　旅館の宿泊
三　旅客又は荷物の運輸
四　動産の保存
五　動産の売買
六　種苗又は肥料（蚕種又は蚕の飼養に供した桑葉を含む。以下同じ。）の供給
七　農業の労務
八　工業の労務

（不動産賃貸の先取特権）
第三百十二条　不動産の賃貸の先取特権は、その不動産の賃料その他の賃貸借関係から生じた賃借人の債務に関し、賃借人の動産について存在する。

（不動産賃貸の先取特権の目的物の範囲）
第三百十三条　土地の賃貸人の先取特権は、その土地又はその利用のための建物に備え付けられた動産、その土地の利用に供された動産及び賃借人が占有するその土地の果実について存在する。
2　建物の賃貸人の先取特権は、賃借人がその建物に備え付けた動産について存在する。

第三百十四条　賃借権の譲渡又は転貸の場合には、賃貸人の先取特権は、譲受人又は転借人の動産にも及ぶ。譲渡人又は転貸人が受けるべき金銭についても、同様とする。

（不動産賃貸の先取特権の被担保債権の範囲）
第三百十五条　賃借人の財産のすべてを清算する場合には、賃貸人の先取特権は、前期、当期及び次期の賃料その他の債務並びに前期及び当期に生じた損害の賠償債務についてのみ存在する。

第三百十六条　賃貸人は、第六百二十二条の二第一項に規定する敷金を受け取っている場合には、その敷金で弁済を受けない債権の部分についてのみ先取特権を有する。

（旅館宿泊の先取特権）
第三百十七条　旅館の宿泊の先取特権は、宿泊客が負担すべき宿泊料及び飲食料に関し、その旅館に在るその宿泊客の手荷物について存在する。

（運輸の先取特権）
第三百十八条　運輸の先取特権は、旅客又は荷物の運送賃及び付随の費用に関し、運送人の占有する荷物について存在する。

（即時取得の規定の準用）
第三百十九条　第百九十二条から第百九十五条までの規定は、第三百十二条から前条までの規定による先取特権について準用する。

（動産保存の先取特権）
第三百二十条　動産の保存の先取特権は、動産の保存のために要した費用又は動産に関する権利の保存、承認若しくは実行のために要した費用に関し、その動産について存在する。

（動産売買の先取特権）
第三百二十一条　動産の売買の先取特権は、動産の代価及びその利息に関し、その動産について存在する。

（種苗又は肥料の供給の先取特権）
第三百二十二条　種苗又は肥料の供給の先取特権は、種苗又は肥料の代価及びその利息に関し、その種苗又は肥料を用いた後一年以内にこれを用いた土地から生じた果実（蚕種又は蚕の飼養に供した桑葉の使用によって生じた物を含む。）について存在する。

（農業労務の先取特権）
第三百二十三条　農業の労務の先取特権は、その労務に従事する者の最後の一年間の賃金に関し、その労務によって生じた果実について存在する。

（工業労務の先取特権）
第三百二十四条　工業の労務の先取特権は、その労務に従事する者の最後の三箇月間の賃金に関し、その労務によって生じた製作物について存在する。

第三款　不動産の先取特権

（不動産の先取特権）
第三百二十五条　次に掲げる原因によって生じた債権を有する者は、債務者の特定の不動産について先取特権を有する。
一　不動産の保存
二　不動産の工事
三　不動産の売買

（不動産保存の先取特権）
第三百二十六条　不動産の保存の先取特権は、不動産の保存のために要した費用又は不動産に関する権利の保存、承認若しくは実行のた

めに要した費用に関し、その不動産について存在する。

（不動産工事の先取特権）

第三百二十七条　不動産の工事の先取特権は、工事の設計、施工又は監理をする者が債務者の不動産に関してした工事の費用に関し、その不動産について存在する。

2　前項の先取特権は、工事によって生じた不動産の価格の増加が現存する場合に限り、その増価額についてのみ存在する。

（不動産売買の先取特権）

第三百二十八条　不動産の売買の先取特権は、不動産の代価及びその利息に関し、その不動産について存在する。

第三節　先取特権の順位

（一般の先取特権の順位）

第三百二十九条　一般の先取特権が互いに競合する場合には、その優先権の順位は、第三百六条各号に掲げる順序に従う。

2　一般の先取特権と特別の先取特権とが競合する場合には、特別の先取特権は、一般の先取特権に優先する。ただし、共益の費用の先取特権は、その利益を受けたすべての債権者に対して優先する効力を有する。

（動産の先取特権の順位）

第三百三十条　同一の動産について特別の先取特権が互いに競合する場合には、その優先権の順位は、次に掲げる順序に従う。この場合において、第二号に掲げる動産の保存の先取特権について数人の保存者があるときは、後の保存者が前の保存者に優先する。

一　不動産の賃貸、旅館の宿泊及び運輸の先取特権

二　動産の保存の先取特権

三　動産の売買、種苗又は肥料の供給、農業の労務及び工業の労務の先取特権

2　前項の場合において、第一順位の先取特権者は、その債権取得の時において第二順位又は第三順位の先取特権者があることを知っていたときは、これらの者に対して優先権を行使することができない。第一順位の先取特権者のために物を保存した者に対しても、同様とする。

3　果実に関しては、第一の順位は農業の労務に従事する者に、第二の順位は種苗又は肥料の供給者に、第三の順位は土地の賃貸人に属する。

（不動産の先取特権の順位）

第三百三十一条　同一の不動産について特別の先取特権が互いに競合する場合には、その優先権の順位は、第三百二十五条各号に掲げる順序に従う。

2　同一の不動産について売買が順次された場合には、売主相互間における不動産売買の先取特権の優先権の順位は、売買の前後による。

（同一順位の先取特権）

第三百三十二条　同一の目的物について同一順位の先取特権者が数人あるときは、各先取特権者は、その債権額の割合に応じて弁済を受ける。

第四節　先取特権の効力

（先取特権と第三取得者）

第三百三十三条　先取特権は、債務者がその目的である動産をその第三取得者に引き渡した後は、その動産について行使することができない。

（先取特権と動産質権との競合）

第三百三十四条　先取特権と動産質権とが競合する場合には、動産質権者は、第三百三十条の規定による第一順位の先取特権者と同一の権利を有する。

（一般の先取特権の効力）

第三百三十五条　一般の先取特権者は、まず不動産以外の財産から弁済を受け、なお不足があるのでなければ、不動産から弁済を受けることができない。

2　一般の先取特権者は、不動産については、まず特別担保の目的とされていないものから弁済を受けなければならない。

3　一般の先取特権者は、前二項の規定に従って配当に加入することを怠ったときは、その配当加入をしたならば弁済を受けることができた額については、登記をした第三者に対してその先取特権を行使することができない。

4　前三項の規定は、不動産以外の財産の代価に先立って不動産の代価を配当し、又は他の不動産の代価に先立って特別担保の目的である不動産の代価を配当する場合には、適用しない。

（一般の先取特権の対抗力）

第三百三十六条　一般の先取特権は、不動産について登記をしなくても、特別担保を有しない債権者に対抗することができる。ただし、登記をした第三者に対しては、この限りでない。

（不動産保存の先取特権の登記）

第三百三十七条 不動産の保存の先取特権の効力を保存するためには、保存行為が完了した後直ちに登記をしなければならない。

（不動産工事の先取特権の登記）

第三百三十八条 不動産の工事の先取特権の効力を保存するためには、工事を始める前にその費用の予算額を登記しなければならない。この場合において、工事の費用が予算額を超えるときは、先取特権は、その超過額については存在しない。

2 工事によって生じた不動産の増価額は、配当加入の時に、裁判所が選任した鑑定人に評価させなければならない。

（登記をした不動産保存又は不動産工事の先取特権）

第三百三十九条 前二条の規定に従って登記をした先取特権は、抵当権に先立って行使することができる。

（不動産売買の先取特権の登記）

第三百四十条 不動産の売買の先取特権の効力を保存するためには、売買契約と同時に、不動産の代価又はその利息の弁済がされていない旨を登記しなければならない。

（抵当権に関する規定の準用）

第三百四十一条 先取特権の効力については、この節に定めるもののほか、その性質に反しない限り、抵当権に関する規定を準用する。

第九章 質権

第一節 総則

（質権の内容）

第三百四十二条 質権者は、その債権の担保として債務者又は第三者から受け取った物を占有し、かつ、その物について他の債権者に先立って自己の債権の弁済を受ける権利を有する。

（質権の目的）

第三百四十三条 質権は、譲り渡すことができない物をその目的とすることができない。

（質権の設定）

第三百四十四条 質権の設定は、債権者にその目的物を引き渡すことによって、その効力を生ずる。

（質権設定者による代理占有の禁止）

第三百四十五条 質権者は、質権設定者に、自己に代わって質物の占有をさせることができない。

（質権の被担保債権の範囲）

第三百四十六条 質権は、元本、利息、違約金、質権の実行の費用、質物の保存の費用及び債務の不履行又は質物の隠れた瑕疵によって生じた損害の賠償を担保する。ただし、設定行為に別段の定めがあるときは、この限りでない。

（質物の留置）

第三百四十七条 質権者は、前条に規定する債権の弁済を受けるまでは、質物を留置することができる。ただし、この権利は、自己に対して優先権を有する債権者に対抗することができない。

（転質）

第三百四十八条 質権者は、その権利の存続期間内において、自己の責任で、質物について、転質をすることができる。この場合において、転質をしたことによって生じた損失については、不可抗力によるものであっても、その責任を負う。

（契約による質物の処分の禁止）

第三百四十九条 質権設定者は、設定行為又は債務の弁済期前の契約において、質権者に弁済として質物の所有権を取得させ、その他法律に定める方法によらないで質物を処分させることを約することができない。

（留置権及び先取特権の規定の準用）

第三百五十条 第二百九十六条から第三百条まで及び第三百四条の規定は、質権について準用する。

（物上保証人の求償権）

第三百五十一条 他人の債務を担保するため質権を設定した者は、その債務を弁済し、又は質権の実行によって質物の所有権を失ったときは、保証債務に関する規定に従い、債務者に対して求償権を有する。

第二節 動産質

（動産質の対抗要件）

第三百五十二条 動産質権者は、継続して質物を占有しなければ、その質権をもって第三者に対抗することができない。

（質物の占有の回復）

第三百五十三条 動産質権者は、質物の占有を奪われたときは、占有回収の訴えによってのみ、その質物を回復することができる。

（動産質権の実行）

第三百五十四条 動産質権者は、その債権の弁済を受けないときは、正当な理由がある場合に限り、鑑定人の評価に従い質物をもって直ちに弁済に充てることを裁判所に請求することができる。この場合において、動産質権者は、あらかじめ、その請求をする旨を債務者に通知しなければならない。

（動産質権の順位）
第三百五十五条 同一の動産について数個の質権が設定されたときは、その質権の順位は、設定の前後による。

第三節 不動産質

（不動産質権者による使用及び収益）
第三百五十六条 不動産質権者は、質権の目的である不動産の用法に従い、その使用及び収益をすることができる。

（不動産質権者による管理の費用等の負担）
第三百五十七条 不動産質権者は、管理の費用を支払い、その他不動産に関する負担を負う。

（不動産質権者による利息の請求の禁止）
第三百五十八条 不動産質権者は、その債権の利息を請求することができない。

（設定行為に別段の定めがある場合等）
第三百五十九条 前三条の規定は、設定行為に別段の定めがあるとき、又は担保不動産収益執行（民事執行法第百八十条第二号に規定する担保不動産収益執行をいう。以下同じ。）の開始があったときは、適用しない。

（不動産質権の存続期間）
第三百六十条 不動産質権の存続期間は、十年を超えることができない。設定行為でこれより長い期間を定めたときであっても、その期間は、十年とする。

2 不動産質権の設定は、更新することができる。ただし、その存続期間は、更新の時から十年を超えることができない。

（抵当権の規定の準用）
第三百六十一条 不動産質権については、この節に定めるもののほか、その性質に反しない限り、次章（抵当権）の規定を準用する。

第四節 権利質

（権利質の目的等）
第三百六十二条 質権は、財産権をその目的とすることができる。

2 前項の質権については、この節に定めるもののほか、その性質に反しない限り、前三節（総則、動産質及び不動産質）の規定を準用する。

第三百六十三条 削除

（債権を目的とする質権の対抗要件）
第三百六十四条 債権を目的とする質権の設定（現に発生していない債権を目的とするものを含む。）は、第四百六十七条の規定に従い、第三債務者にその質権の設定を通知し、又は第三債務者がこれを承諾しなければ、これをもって第三債務者その他の第三者に対抗することができない。

第三百六十五条 削除

（質権者による債権の取立て等）
第三百六十六条 質権者は、質権の目的である債権を直接に取り立てることができる。

2 債権の目的物が金銭であるときは、質権者は、自己の債権額に対応する部分に限り、これを取り立てることができる。

3 前項の債権の弁済期が質権者の債権の弁済期前に到来したときは、質権者は、第三債務者にその弁済をすべき金額を供託させることができる。この場合において、質権は、その供託金について存在する。

4 債権の目的物が金銭でないときは、質権者は、弁済として受けた物について質権を有する。

第三百六十七条及び第三百六十八条 削除

第十章 抵当権

第一節 総則

（抵当権の内容）
第三百六十九条 抵当権者は、債務者又は第三者が占有を移転しないで債務の担保に供した不動産について、他の債権者に先立って自己の債権の弁済を受ける権利を有する。

2 地上権及び永小作権も、抵当権の目的とすることができる。この場合においては、この章の規定を準用する。

（抵当権の効力の及ぶ範囲）
第三百七十条 抵当権は、抵当地の上に存する建物を除き、その目的である不動産（以下「抵当不動産」という。）に付加して一体となっている物に及ぶ。ただし、設定行為に別段の定めがある場合及び債務者の行為について第四百二十四条第三項に規定する詐害行為取消請求をすることができる場合は、この限りでない。

第三百七十一条 抵当権は、その担保する債権について不履行があったときは、その後に生じた抵当不動産の果実に及ぶ。

（留置権等の規定の準用）
第三百七十二条 第二百九十六条、第三百四条及び第三百五十一条の規定は、抵当権について準用する。

第二節　抵当権の効力

（**抵当権の順位**）
第三百七十三条　同一の不動産について数個の抵当権が設定されたときは、その抵当権の順位は、登記の前後による。

（**抵当権の順位の変更**）
第三百七十四条　抵当権の順位は、各抵当権者の合意によって変更することができる。ただし、利害関係を有する者があるときは、その承諾を得なければならない。
2　前項の規定による順位の変更は、その登記をしなければ、その効力を生じない。

（**抵当権の被担保債権の範囲**）
第三百七十五条　抵当権者は、利息その他の定期金を請求する権利を有するときは、その満期となった最後の二年分についてのみ、その抵当権を行使することができる。ただし、それ以前の定期金についても、満期後に特別の登記をしたときは、その登記の時からその抵当権を行使することを妨げない。
2　前項の規定は、抵当権者が債務の不履行によって生じた損害の賠償を請求する権利を有する場合におけるその最後の二年分についても適用する。ただし、利息その他の定期金と通算して二年分を超えることができない。

（**抵当権の処分**）
第三百七十六条　抵当権者は、その抵当権を他の債権の担保とし、又は同一の債務者に対する他の債権者の利益のためにその抵当権若しくはその順位を譲渡し、若しくは放棄することができる。
2　前項の場合において、抵当権者が数人のためにその抵当権の処分をしたときは、その処分の利益を受ける者の権利の順位は、抵当権の登記にした付記の前後による。

（**抵当権の処分の対抗要件**）
第三百七十七条　前条の場合には、第四百六十七条の規定に従い、主たる債務者に抵当権の処分を通知し、又は主たる債務者がこれを承諾しなければ、これをもって主たる債務者、保証人、抵当権設定者及びこれらの者の承継人に対抗することができない。
2　主たる債務者が前項の規定により通知を受け、又は承諾をしたときは、抵当権の処分の利益を受ける者の承諾を得ないでした弁済は、その受益者に対抗することができない。

（**代価弁済**）
第三百七十八条　抵当不動産について所有権又は地上権を買い受けた第三者が、抵当権者の請求に応じてその抵当権者にその代価を弁済したときは、抵当権は、その第三者のために消滅する。

（**抵当権消滅請求**）
第三百七十九条　抵当不動産の第三取得者は、第三百八十三条の定めるところにより、抵当権消滅請求をすることができる。
第三百八十条　主たる債務者、保証人及びこれらの者の承継人は、抵当権消滅請求をすることができない。
第三百八十一条　抵当不動産の停止条件付第三取得者は、その停止条件の成否が未定である間は、抵当権消滅請求をすることができない。

（**抵当権消滅請求の時期**）
第三百八十二条　抵当不動産の第三取得者は、抵当権の実行としての競売による差押えの効力が発生する前に、抵当権消滅請求をしなければならない。

（**抵当権消滅請求の手続**）
第三百八十三条　抵当不動産の第三取得者は、抵当権消滅請求をするときは、登記をした各債権者に対し、次に掲げる書面を送付しなければならない。
一　取得の原因及び年月日、譲渡人及び取得者の氏名及び住所並びに抵当不動産の性質、所在及び代価その他取得者の負担を記載した書面
二　抵当不動産に関する登記事項証明書（現に効力を有する登記事項のすべてを証明したものに限る。）
三　債権者が二箇月以内に抵当権を実行して競売の申立てをしないときは、抵当不動産の第三取得者が第一号に規定する代価又は特に指定した金額を債権の順位に従って弁済し又は供託すべき旨を記載した書面

（**債権者のみなし承諾**）
第三百八十四条　次に掲げる場合には、前条各号に掲げる書面の送付を受けた債権者は、抵当不動産の第三取得者が同条第三号に掲げる書面に記載したところにより提供した同号の代価又は金額を承諾したものとみなす。
一　その債権者が前条各号に掲げる書面の送付を受けた後二箇月以内に抵当権を実行して競売の申立てをしないとき。
二　その債権者が前号の申立てを取り下げたとき。
三　第一号の申立てを却下する旨の決定が確

定したとき。

四　第一号の申立てに基づく競売の手続を取り消す旨の決定（民事執行法第百八十八条において準用する同法第六十三条第三項若しくは第六十八条の三第三項の規定又は同法第百八十三条第一項第五号の謄本が提出された場合における同条第二項の規定による決定を除く。）が確定したとき。

（**競売の申立ての通知**）

第三百八十五条　第三百八十三条各号に掲げる書面の送付を受けた債権者は、前条第一号の申立てをするときは、同号の期間内に、債務者及び抵当不動産の譲渡人にその旨を通知しなければならない。

（**抵当権消滅請求の効果**）

第三百八十六条　登記をしたすべての債権者が抵当不動産の第三取得者の提供した代価又は金額を承諾し、かつ、抵当不動産の第三取得者がその承諾を得た代価又は金額を払い渡し又は供託したときは、抵当権は、消滅する。

（**抵当権者の同意の登記がある場合の賃貸借の対抗力**）

第三百八十七条　登記をした賃貸借は、その登記前に登記をした抵当権を有するすべての者が同意をし、かつ、その同意の登記があるときは、その同意をした抵当権者に対抗することができる。

2　抵当権者が前項の同意をするには、その抵当権を目的とする権利を有する者その他抵当権者の同意によって不利益を受けるべき者の承諾を得なければならない。

（**法定地上権**）

第三百八十八条　土地及びその上に存する建物が同一の所有者に属する場合において、その土地又は建物につき抵当権が設定され、その実行により所有者を異にするに至ったときは、その建物について、地上権が設定されたものとみなす。この場合において、地代は、当事者の請求により、裁判所が定める。

（**抵当地の上の建物の競売**）

第三百八十九条　抵当権の設定後に抵当地に建物が築造されたときは、抵当権者は、土地とともにその建物を競売することができる。ただし、その優先権は、土地の代価についてのみ行使することができる。

2　前項の規定は、その建物の所有者が抵当地を占有するについて抵当権者に対抗することができる権利を有する場合には、適用しない。

（**抵当不動産の第三取得者による買受け**）

第三百九十条　抵当不動産の第三取得者は、その競売において買受人となることができる。

（**抵当不動産の第三取得者による費用の償還請求**）

第三百九十一条　抵当不動産の第三取得者は、抵当不動産について必要費又は有益費を支出したときは、第百九十六条の区別に従い、抵当不動産の代価から、他の債権者より先にその償還を受けることができる。

（**共同抵当における代価の配当**）

第三百九十二条　債権者が同一の債権の担保として数個の不動産につき抵当権を有する場合において、同時にその代価を配当すべきときは、その各不動産の価額に応じて、その債権の負担を按分する。

2　債権者が同一の債権の担保として数個の不動産につき抵当権を有する場合において、ある不動産の代価のみを配当すべきときは、抵当権者は、その代価から債権の全部の弁済を受けることができる。この場合において、次順位の抵当権者は、その弁済を受ける抵当権者が前項の規定に従い他の不動産の代価から弁済を受けるべき金額を限度として、その抵当権者に代位して抵当権を行使することができる。

（**共同抵当における代位の付記登記**）

第三百九十三条　前条第二項後段の規定により代位によって抵当権を行使する者は、その抵当権の登記にその代位を付記することができる。

（**抵当不動産以外の財産からの弁済**）

第三百九十四条　抵当権者は、抵当不動産の代価から弁済を受けない債権の部分についてのみ、他の財産から弁済を受けることができる。

2　前項の規定は、抵当不動産の代価に先立って他の財産の代価を配当すべき場合には、適用しない。この場合において、他の各債権者は、抵当権者に同項の規定による弁済を受けさせるため、抵当権者に配当すべき金額の供託を請求することができる。

（**抵当建物使用者の引渡しの猶予**）

第三百九十五条　抵当権者に対抗することができない賃貸借により抵当権の目的である建物の使用又は収益をする者であって次に掲げるもの（次項において「抵当建物使用者」という。）は、その建物の競売における買受人の買受けの時から六箇月を経過するまでは、その建物を買受人に引き渡すことを要しない。

一　競売手続の開始前から使用又は収益をする者

二　強制管理又は担保不動産収益執行の管理人が競売手続の開始後にした賃貸借により使用又は収益をする者

2　前項の規定は、買受人の買受けの時より後に同項の建物の使用をしたことの対価について、買受人が抵当建物使用者に対し相当の期間を定めてその一箇月分以上の支払の催告をし、その相当の期間内に履行がない場合には、適用しない。

第三節　抵当権の消滅

（**抵当権の消滅時効**）

第三百九十六条　抵当権は、債務者及び抵当権設定者に対しては、その担保する債権と同時でなければ、時効によって消滅しない。

（**抵当不動産の時効取得による抵当権の消滅**）

第三百九十七条　債務者又は抵当権設定者でない者が抵当不動産について取得時効に必要な要件を具備する占有をしたときは、抵当権は、これによって消滅する。

（**抵当権の目的である地上権等の放棄**）

第三百九十八条　地上権又は永小作権を抵当権の目的とした地上権者又は永小作人は、その権利を放棄しても、これをもって抵当権者に対抗することができない。

第四節　根抵当

（**根抵当権**）

第三百九十八条の二　抵当権は、設定行為で定めるところにより、一定の範囲に属する不特定の債権を極度額の限度において担保するためにも設定することができる。

2　前項の規定による抵当権（以下「根抵当権」という。）の担保すべき不特定の債権の範囲は、債務者との特定の継続的取引契約によって生ずるものその他債務者との一定の種類の取引によって生ずるものに限定して、定めなければならない。

3　特定の原因に基づいて債務者との間に継続して生ずる債権、手形上若しくは小切手上の請求権又は電子記録債権（電子記録債権法（平成十九年法律第百二号）第二条第一項に規定する電子記録債権をいう。次条第二項において同じ。）は、前項の規定にかかわらず、根抵当権の担保すべき債権とすることができる。

（**根抵当権の被担保債権の範囲**）

第三百九十八条の三　根抵当権者は、確定した元本並びに利息その他の定期金及び債務の不履行によって生じた損害の賠償の全部について、極度額を限度として、その根抵当権を行使することができる。

2　債務者との取引によらないで取得する手形上若しくは小切手上の請求権又は電子記録債権を根抵当権の担保すべき債権とした場合において、次に掲げる事由があったときは、その前に取得したものについてのみ、その根抵当権を行使することができる。ただし、その後に取得したものであっても、その事由を知らないで取得したものについては、これを行使することを妨げない。

一　債務者の支払の停止

二　債務者についての破産手続開始、再生手続開始、更生手続開始又は特別清算開始の申立て

三　抵当不動産に対する競売の申立て又は滞納処分による差押え

（**根抵当権の被担保債権の範囲及び債務者の変更**）

第三百九十八条の四　元本の確定前においては、根抵当権の担保すべき債権の範囲の変更をすることができる。債務者の変更についても、同様とする。

2　前項の変更をするには、後順位の抵当権者その他の第三者の承諾を得ることを要しない。

3　第一項の変更について元本の確定前に登記をしなかったときは、その変更をしなかったものとみなす。

（**根抵当権の極度額の変更**）

第三百九十八条の五　根抵当権の極度額の変更は、利害関係を有する者の承諾を得なければ、することができない。

（**根抵当権の元本確定期日の定め**）

第三百九十八条の六　根抵当権の担保すべき元本については、その確定すべき期日を定め又は変更することができる。

2　第三百九十八条の四第二項の規定は、前項の場合について準用する。

3　第一項の期日は、これを定め又は変更した日から五年以内でなければならない。

4　第一項の期日の変更についてその変更前の期日より前に登記をしなかったときは、担保すべき元本は、その変更前の期日に確定する。

（**根抵当権の被担保債権の譲渡等**）

第三百九十八条の七　元本の確定前に根抵当権

者から債権を取得した者は、その債権について根抵当権を行使することができない。元本の確定前に債務者のために又は債務者に代わって弁済をした者も、同様とする。

2　元本の確定前に債務の引受けがあったときは、根抵当権者は、引受人の債務について、その根抵当権を行使することができない。

3　元本の確定前に免責的債務引受があった場合における債権者は、第四百七十二条の四第一項の規定にかかわらず、根抵当権を引受人が負担する債務に移すことができない。

4　元本の確定前に債権者の交替による更改があった場合における更改前の債権者は、第五百十八条第一項の規定にかかわらず、根抵当権を更改後の債務に移すことができない。元本の確定前に債務者の交替による更改があった場合における債権者も、同様とする。

（根抵当権者又は債務者の相続）

第三百九十八条の八　元本の確定前に根抵当権者について相続が開始したときは、根抵当権は、相続開始の時に存する債権のほか、相続人と根抵当権設定者との合意により定めた相続人が相続の開始後に取得する債権を担保する。

2　元本の確定前にその債務者について相続が開始したときは、根抵当権は、相続開始の時に存する債務のほか、根抵当権者と根抵当権設定者との合意により定めた相続人が相続の開始後に負担する債務を担保する。

3　第三百九十八条の四第二項の規定は、前二項の合意をする場合について準用する。

4　第一項及び第二項の合意について相続の開始後六箇月以内に登記をしないときは、担保すべき元本は、相続開始の時に確定したものとみなす。

（根抵当権者又は債務者の合併）

第三百九十八条の九　元本の確定前に根抵当権者について合併があったときは、根抵当権は、合併の時に存する債権のほか、合併後存続する法人又は合併によって設立された法人が合併後に取得する債権を担保する。

2　元本の確定前にその債務者について合併があったときは、根抵当権は、合併の時に存する債務のほか、合併後存続する法人又は合併によって設立された法人が合併後に負担する債務を担保する。

3　前二項の場合には、根抵当権設定者は、担保すべき元本の確定を請求することができる。ただし、前項の場合において、その債務者が根抵当権設定者であるときは、この限りでない。

4　前項の規定による請求があったときは、担保すべき元本は、合併の時に確定したものとみなす。

5　第三項の規定による請求は、根抵当権設定者が合併のあったことを知った日から二週間を経過したときは、することができない。合併の日から一箇月を経過したときも、同様とする。

（根抵当権者又は債務者の会社分割）

第三百九十八条の十　元本の確定前に根抵当権者を分割をする会社とする分割があったときは、根抵当権は、分割の時に存する債権のほか、分割をした会社及び分割により設立された会社又は当該分割をした会社がその事業に関して有する権利義務の全部又は一部を当該会社から承継した会社が分割後に取得する債権を担保する。

2　元本の確定前にその債務者を分割をする会社とする分割があったときは、根抵当権は、分割の時に存する債務のほか、分割をした会社及び分割により設立された会社又は当該分割をした会社がその事業に関して有する権利義務の全部又は一部を当該会社から承継した会社が分割後に負担する債務を担保する。

3　前条第三項から第五項までの規定は、前二項の場合について準用する。

（根抵当権の処分）

第三百九十八条の十一　元本の確定前においては、根抵当権者は、第三百七十六条第一項の規定による根抵当権の処分をすることができない。ただし、その根抵当権を他の債権の担保とすることを妨げない。

2　第三百七十七条第二項の規定は、前項ただし書の場合において元本の確定前にした弁済については、適用しない。

（根抵当権の譲渡）

第三百九十八条の十二　元本の確定前においては、根抵当権者は、根抵当権設定者の承諾を得て、その根抵当権を譲り渡すことができる。

2　根抵当権者は、その根抵当権を二個の根抵当権に分割して、その一方を前項の規定により譲り渡すことができる。この場合において、その根抵当権を目的とする権利は、譲り渡した根抵当権について消滅する。

3　前項の規定による譲渡をするには、その根抵当権を目的とする権利を有する者の承諾を得なければならない。

（根抵当権の一部譲渡）

第三百九十八条の十三　元本の確定前においては、根抵当権者は、根抵当権設定者の承諾を得て、その根抵当権の一部譲渡（譲渡人が譲受人と根抵当権を共有するため、これを分割しないで譲り渡すことをいう。以下この節において同じ。）をすることができる。

（根抵当権の共有）

第三百九十八条の十四　根抵当権の共有者は、それぞれその債権額の割合に応じて弁済を受ける。ただし、元本の確定前に、これと異なる割合を定め、又はある者が他の者に先立って弁済を受けるべきことを定めたときは、その定めに従う。

2　根抵当権の共有者は、他の共有者の同意を得て、第三百九十八条の十二第一項の規定によりその権利を譲り渡すことができる。

（抵当権の順位の譲渡又は放棄と根抵当権の譲渡又は一部譲渡）

第三百九十八条の十五　抵当権の順位の譲渡又は放棄を受けた根抵当権者が、その根抵当権の譲渡又は一部譲渡をしたときは、譲受人は、その順位の譲渡又は放棄の利益を受ける。

（共同根抵当）

第三百九十八条の十六　第三百九十二条及び第三百九十三条の規定は、根抵当権については、その設定と同時に同一の債権の担保として数個の不動産につき根抵当権が設定された旨の登記をした場合に限り、適用する。

（共同根抵当の変更等）

第三百九十八条の十七　前条の登記がされている根抵当権の担保すべき債権の範囲、債務者若しくは極度額の変更又はその譲渡若しくは一部譲渡は、その根抵当権が設定されているすべての不動産について登記をしなければ、その効力を生じない。

2　前条の登記がされている根抵当権の担保すべき元本は、一個の不動産についてのみ確定すべき事由が生じた場合においても、確定する。

（累積根抵当）

第三百九十八条の十八　数個の不動産につき根抵当権を有する者は、第三百九十八条の十六の場合を除き、各不動産の代価について、各極度額に至るまで優先権を行使することができる。

（根抵当権の元本の確定請求）

第三百九十八条の十九　根抵当権設定者は、根抵当権の設定の時から三年を経過したときは、担保すべき元本の確定を請求することができる。この場合において、担保すべき元本は、その請求の時から二週間を経過することによって確定する。

2　根抵当権者は、いつでも、担保すべき元本の確定を請求することができる。この場合において、担保すべき元本は、その請求の時に確定する。

3　前二項の規定は、担保すべき元本の確定すべき期日の定めがあるときは、適用しない。

（根抵当権の元本の確定事由）

第三百九十八条の二十　次に掲げる場合には、根抵当権の担保すべき元本は、確定する。

一　根抵当権者が抵当不動産について競売若しくは担保不動産収益執行又は第三百七十二条において準用する第三百四条の規定による差押えを申し立てたとき。ただし、競売手続若しくは担保不動産収益執行手続の開始又は差押えがあったときに限る。

二　根抵当権者が抵当不動産に対して滞納処分による差押えをしたとき。

三　根抵当権者が抵当不動産に対する競売手続の開始又は滞納処分による差押えがあったことを知った時から二週間を経過したとき。

四　債務者又は根抵当権設定者が破産手続開始の決定を受けたとき。

2　前項第三号の競売手続の開始若しくは差押え又は同項第四号の破産手続開始の決定の効力が消滅したときは、担保すべき元本は、確定しなかったものとみなす。ただし、元本が確定したものとしてその根抵当権又はこれを目的とする権利を取得した者があるときは、この限りでない。

（根抵当権の極度額の減額請求）

第三百九十八条の二十一　元本の確定後においては、根抵当権設定者は、その根抵当権の極度額を、現に存する債務の額と以後二年間に生ずべき利息その他の定期金及び債務の不履行による損害賠償の額とを加えた額に減額することを請求することができる。

2　第三百九十八条の十六の登記がされている根抵当権の極度額の減額については、前項の規定による請求は、そのうちの一個の不動産についてすれば足りる。

（根抵当権の消滅請求）

第三百九十八条の二十二　元本の確定後において現に存する債務の額が根抵当権の極度額を超えるときは、他人の債務を担保するためその根抵当権を設定した者又は抵当不動産について所有権、地上権、永小作権若しくは第三者に対抗することができる賃借権を取得した第三者は、その極度額に相当する金額を払い渡し又は供託して、その根抵当権の消滅請求をすることができる。この場合において、その払渡し又は供託は、弁済の効力を有する。

2　第三百九十八条の十六の登記がされている根抵当権は、一個の不動産について前項の消滅請求があったときは、消滅する。

3　第三百八十条及び第三百八十一条の規定は、第一項の消滅請求について準用する。

第三編　債権

第一章　総則

第一節　債権の目的

（債権の目的）

第三百九十九条　債権は、金銭に見積もることができないものであっても、その目的とすることができる。

（特定物の引渡しの場合の注意義務）

第四百条　債権の目的が特定物の引渡しであるときは、債務者は、その引渡しをするまで、契約その他の債権の発生原因及び取引上の社会通念に照らして定まる善良な管理者の注意をもって、その物を保存しなければならない。

（種類債権）

第四百一条　債権の目的物を種類のみで指定した場合において、法律行為の性質又は当事者の意思によってその品質を定めることができないときは、債務者は、中等の品質を有する物を給付しなければならない。

2　前項の場合において、債務者が物の給付をするのに必要な行為を完了し、又は債権者の同意を得てその給付すべき物を指定したときは、以後その物を債権の目的物とする。

（金銭債権）

第四百二条　債権の目的物が金銭であるときは、債務者は、その選択に従い、各種の通貨で弁済をすることができる。ただし、特定の種類の通貨の給付を債権の目的としたときは、この限りでない。

2　債権の目的物である特定の種類の通貨が弁済期に強制通用の効力を失っているときは、債務者は、他の通貨で弁済をしなければならない。

3　前二項の規定は、外国の通貨の給付を債権の目的とした場合について準用する。

第四百三条　外国の通貨で債権額を指定したときは、債務者は、履行地における為替相場により、日本の通貨で弁済をすることができる。

（法定利率）

第四百四条　利息を生ずべき債権について別段の意思表示がないときは、その利率は、その利息が生じた最初の時点における法定利率による。

2　法定利率は、年三パーセントとする。

3　前項の規定にかかわらず、法定利率は、法務省令で定めるところにより、三年を一期とし、一期ごとに、次項の規定により変動するものとする。

4　各期における法定利率は、この項の規定により法定利率に変動があった期のうち直近のもの（以下この項において「直近変動期」という。）における基準割合と当期における基準割合との差に相当する割合（その割合に一パーセント未満の端数があるときは、これを切り捨てる。）を直近変動期における法定利率に加算し、又は減算した割合とする。

5　前項に規定する「基準割合」とは、法務省令で定めるところにより、各期の初日の属する年の六年前の年の一月から前々年の十二月までの各月における短期貸付けの平均利率（当該各月において銀行が新たに行った貸付け（貸付期間が一年未満のものに限る。）に係る利率の平均をいう。）の合計を六十で除して計算した割合（その割合に〇・一パーセント未満の端数があるときは、これを切り捨てる。）として法務大臣が告示するものをいう。

（利息の元本への組入れ）

第四百五条　利息の支払が一年分以上延滞した場合において、債権者が催告をしても、債務者がその利息を支払わないときは、債権者は、これを元本に組み入れることができる。

（選択債権における選択権の帰属）

第四百六条　債権の目的が数個の給付の中から選択によって定まるときは、その選択権は、債務者に属する。

（選択権の行使）

第四百七条　前条の選択権は、相手方に対する意思表示によって行使する。

2　前項の意思表示は、相手方の承諾を得なければ、撤回することができない。

（選択権の移転）

第四百八条　債権が弁済期にある場合において、相手方から相当の期間を定めて催告をしても、選択権を有する当事者がその期間内に選択をしないときは、その選択権は、相手方に移転する。

（第三者の選択権）
第四百九条　第三者が選択をすべき場合には、その選択は、債権者又は債務者に対する意思表示によってする。
2　前項に規定する場合において、第三者が選択をすることができず、又は選択をする意思を有しないときは、選択権は、債務者に移転する。

（不能による選択債権の特定）
第四百十条　債権の目的である給付の中に不能のものがある場合において、その不能が選択権を有する者の過失によるものであるときは、債権は、その残存するものについて存在する。

（選択の効力）
第四百十一条　選択は、債権の発生の時にさかのぼってその効力を生ずる。ただし、第三者の権利を害することはできない。

第二節　債権の効力

第一款　債務不履行の責任等

（履行期と履行遅滞）
第四百十二条　債務の履行について確定期限があるときは、債務者は、その期限の到来した時から遅滞の責任を負う。
2　債務の履行について不確定期限があるときは、債務者は、その期限の到来した後に履行の請求を受けた時又はその期限の到来したことを知った時のいずれか早い時から遅滞の責任を負う。
3　債務の履行について期限を定めなかったときは、債務者は、履行の請求を受けた時から遅滞の責任を負う。

（履行不能）
第四百十二条の二　債務の履行が契約その他の債務の発生原因及び取引上の社会通念に照らして不能であるときは、債権者は、その債務の履行を請求することができない。
2　契約に基づく債務の履行がその契約の成立の時に不能であったことは、第四百十五条の規定によりその履行の不能によって生じた損害の賠償を請求することを妨げない。

（受領遅滞）
第四百十三条　債権者が債務の履行を受けることを拒み、又は受けることができない場合において、その債務の目的が特定物の引渡しであるときは、債務者は、履行の提供をした時からその引渡しをするまで、自己の財産に対するのと同一の注意をもって、その物を保存すれば足りる。
2　債権者が債務の履行を受けることを拒み、又は受けることができないことによって、その履行の費用が増加したときは、その増加額は、債権者の負担とする。

（履行遅滞中又は受領遅滞中の履行不能と帰責事由）
第四百十三条の二　債務者がその債務について遅滞の責任を負っている間に当事者双方の責めに帰することができない事由によってその債務の履行が不能となったときは、その履行の不能は、債務者の責めに帰すべき事由によるものとみなす。
2　債権者が債務の履行を受けることを拒み、又は受けることができない場合において、履行の提供があった時以後に当事者双方の責めに帰することができない事由によってその債務の履行が不能となったときは、その履行の不能は、債権者の責めに帰すべき事由によるものとみなす。

（履行の強制）
第四百十四条　債務者が任意に債務の履行をしないときは、債権者は、民事執行法その他強制執行の手続に関する法令の規定に従い、直接強制、代替執行、間接強制その他の方法による履行の強制を裁判所に請求することができる。ただし、債務の性質がこれを許さないときは、この限りでない。
2　前項の規定は、損害賠償の請求を妨げない。

（債務不履行による損害賠償）
第四百十五条　債務者がその債務の本旨に従った履行をしないとき又は債務の履行が不能であるときは、債権者は、これによって生じた損害の賠償を請求することができる。ただし、その債務の不履行が契約その他の債務の発生原因及び取引上の社会通念に照らして債務者の責めに帰することができない事由によるものであるときは、この限りでない。
2　前項の規定により損害賠償の請求をすることができる場合において、債権者は、次に掲げるときは、債務の履行に代わる損害賠償の請求をすることができる。
一　債務の履行が不能であるとき。

二　債務者がその債務の履行を拒絶する意思を明確に表示したとき。
三　債務が契約によって生じたものである場合において、その契約が解除され、又は債務の不履行による契約の解除権が発生したとき。

（損害賠償の範囲）
第四百十六条　債務の不履行に対する損害賠償の請求は、これによって通常生ずべき損害の賠償をさせることをその目的とする。
2　特別の事情によって生じた損害であっても、当事者がその事情を予見すべきであったときは、債権者は、その賠償を請求することができる。

（損害賠償の方法）
第四百十七条　損害賠償は、別段の意思表示がないときは、金銭をもってその額を定める。

（中間利息の控除）
第四百十七条の二　将来において取得すべき利益についての損害賠償の額を定める場合において、その利益を取得すべき時までの利息相当額を控除するときは、その損害賠償の請求権が生じた時点における法定利率により、これをする。
2　将来において負担すべき費用についての損害賠償の額を定める場合において、その費用を負担すべき時までの利息相当額を控除するときも、前項と同様とする。

（過失相殺）
第四百十八条　債務の不履行又はこれによる損害の発生若しくは拡大に関して債権者に過失があったときは、裁判所は、これを考慮して、損害賠償の責任及びその額を定める。

（金銭債務の特則）
第四百十九条　金銭の給付を目的とする債務の不履行については、その損害賠償の額は、債務者が遅滞の責任を負った最初の時点における法定利率によって定める。ただし、約定利率が法定利率を超えるときは、約定利率による。
2　前項の損害賠償については、債権者は、損害の証明をすることを要しない。
3　第一項の損害賠償については、債務者は、不可抗力をもって抗弁とすることができない。

（賠償額の予定）
第四百二十条　当事者は、債務の不履行について損害賠償の額を予定することができる。
2　賠償額の予定は、履行の請求又は解除権の行使を妨げない。
3　違約金は、賠償額の予定と推定する。

第四百二十一条　前条の規定は、当事者が金銭でないものを損害の賠償に充てるべき旨を予定した場合について準用する。

（損害賠償による代位）
第四百二十二条　債権者が、損害賠償として、その債権の目的である物又は権利の価額の全部の支払を受けたときは、債務者は、その物又は権利について当然に債権者に代位する。

（代償請求権）
第四百二十二条の二　債務者が、その債務の履行が不能となったのと同一の原因により債務の目的物の代償である権利又は利益を取得したときは、債権者は、その受けた損害の額の限度において、債務者に対し、その権利の移転又はその利益の償還を請求することができる。

第二款　債権者代位権

（債権者代位権の要件）
第四百二十三条　債権者は、自己の債権を保全するため必要があるときは、債務者に属する権利（以下「被代位権利」という。）を行使することができる。ただし、債務者の一身に専属する権利及び差押えを禁じられた権利は、この限りでない。
2　債権者は、その債権の期限が到来しない間は、被代位権利を行使することができない。ただし、保存行為は、この限りでない。
3　債権者は、その債権が強制執行により実現することのできないものであるときは、被代位権利を行使することができない。

（代位行使の範囲）
第四百二十三条の二　債権者は、被代位権利を行使する場合において、被代位権利の目的が可分であるときは、自己の債権の額の限度においてのみ、被代位権利を行使することができる。

（債権者への支払又は引渡し）
第四百二十三条の三　債権者は、被代位権利を行使する場合において、被代位権利が金銭の支払又は動産の引渡しを目的とするものであるときは、相手方に対し、その支払又は引渡しを自己に対してすることを求めることができる。この場合において、相手方が債権者に対してその支払又は引渡しをしたときは、被代位権利は、これによって消滅する。

（相手方の抗弁）
第四百二十三条の四　債権者が被代位権利を行

民
法

使したときは、相手方は、債務者に対して主張することができる抗弁をもって、債権者に対抗することができる。

（債務者の取立てその他の処分の権限等）

第四百二十三条の五　債権者が被代位権利を行使した場合であっても、債務者は、被代位権利について、自ら取立てその他の処分をすることを妨げられない。この場合においては、相手方も、被代位権利について、債務者に対して履行をすることを妨げられない。

（被代位権利の行使に係る訴えを提起した場合の訴訟告知）

第四百二十三条の六　債権者は、被代位権利の行使に係る訴えを提起したときは、遅滞なく、債務者に対し、訴訟告知をしなければならない。

（登記又は登録の請求権を保全するための債権者代位権）

第四百二十三条の七　登記又は登録をしなければ権利の得喪及び変更を第三者に対抗することができない財産を譲り受けた者は、その譲渡人が第三者に対して有する登記手続又は登録手続をすべきことを請求する権利を行使しないときは、その権利を行使することができる。この場合においては、前三条の規定を準用する。

第三款　詐害行為取消権

第一目　詐害行為取消権の要件

（詐害行為取消請求）

第四百二十四条　債権者は、債務者が債権者を害することを知ってした行為の取消しを裁判所に請求することができる。ただし、その行為によって利益を受けた者（以下この款において「受益者」という。）がその行為の時において債権者を害することを知らなかったときは、この限りでない。

2　前項の規定は、財産権を目的としない行為については、適用しない。

3　債権者は、その債権が第一項に規定する行為の前の原因に基づいて生じたものである場合に限り、同項の規定による請求（以下「詐害行為取消請求」という。）をすることができる。

4　債権者は、その債権が強制執行により実現することのできないものであるときは、詐害行為取消請求をすることができない。

（相当の対価を得てした財産の処分行為の特則）

第四百二十四条の二　債務者が、その有する財産を処分する行為をした場合において、受益者から相当の対価を取得しているときは、債権者は、次に掲げる要件のいずれにも該当する場合に限り、その行為について、詐害行為取消請求をすることができる。

一　その行為が、不動産の金銭への換価その他の当該処分による財産の種類の変更により、債務者において隠匿、無償の供与その他の債権者を害することとなる処分（以下この条において「隠匿等の処分」という。）をするおそれを現に生じさせるものであること。

二　債務者が、その行為の当時、対価として取得した金銭その他の財産について、隠匿等の処分をする意思を有していたこと。

三　受益者が、その行為の当時、債務者が隠匿等の処分をする意思を有していたことを知っていたこと。

（特定の債権者に対する担保の供与等の特則）

第四百二十四条の三　債務者がした既存の債務についての担保の供与又は債務の消滅に関する行為について、債権者は、次に掲げる要件のいずれにも該当する場合に限り、詐害行為取消請求をすることができる。

一　その行為が、債務者が支払不能（債務者が、支払能力を欠くために、その債務のうち弁済期にあるものにつき、一般的かつ継続的に弁済することができない状態をいう。次項第一号において同じ。）の時に行われたものであること。

二　その行為が、債務者と受益者とが通謀して他の債権者を害する意図をもって行われたものであること。

2　前項に規定する行為が、債務者の義務に属せず、又はその時期が債務者の義務に属しないものである場合において、次に掲げる要件のいずれにも該当するときは、債権者は、同項の規定にかかわらず、その行為について、詐害行為取消請求をすることができる。

一　その行為が、債務者が支払不能になる前三十日以内に行われたものであること。

二　その行為が、債務者と受益者とが通謀して他の債権者を害する意図をもって行われたものであること。

（過大な代物弁済等の特則）

第四百二十四条の四　債務者がした債務の消滅に関する行為であって、受益者の受けた給付の価額がその行為によって消滅した債務の額より過大であるものについて、第四百二十四条に規定する要件に該当するときは、債権者は、前条第一項の規定にかかわらず、その消滅した債務の額に相当する部分以外の部分については、詐害行為取消請求をすることができる。

（転得者に対する詐害行為取消請求）

第四百二十四条の五　債権者は、受益者に対して詐害行為取消請求をすることができる場合において、受益者に移転した財産を転得した者があるときは、次の各号に掲げる区分に応じ、それぞれ当該各号に定める場合に限り、その転得者に対しても、詐害行為取消請求をすることができる。

一　その転得者が受益者から転得した者である場合　その転得者が、転得の当時、債務者がした行為が債権者を害することを知っていたとき。

二　その転得者が他の転得者から転得した者である場合　その転得者及びその前に転得した全ての転得者が、それぞれの転得の当時、債務者がした行為が債権者を害することを知っていたとき。

第二目　詐害行為取消権の行使の方法等

（財産の返還又は価額の償還の請求）

第四百二十四条の六　債権者は、受益者に対する詐害行為取消請求において、債務者がした行為の取消しとともに、その行為によって受益者に移転した財産の返還を請求することができる。受益者がその財産の返還をすることが困難であるときは、債権者は、その価額の償還を請求することができる。

2　債権者は、転得者に対する詐害行為取消請求において、債務者がした行為の取消しとともに、転得者が転得した財産の返還を請求することができる。転得者がその財産の返還をすることが困難であるときは、債権者は、その価額の償還を請求することができる。

（被告及び訴訟告知）

第四百二十四条の七　詐害行為取消請求に係る訴えについては、次の各号に掲げる区分に応じ、それぞれ当該各号に定める者を被告とする。

一　受益者に対する詐害行為取消請求に係る訴え　受益者

二　転得者に対する詐害行為取消請求に係る訴え　その詐害行為取消請求の相手方である転得者

2　債権者は、詐害行為取消請求に係る訴えを提起したときは、遅滞なく、債務者に対し、訴訟告知をしなければならない。

（詐害行為の取消しの範囲）

第四百二十四条の八　債権者は、詐害行為取消請求をする場合において、債務者がした行為の目的が可分であるときは、自己の債権の額の限度においてのみ、その行為の取消しを請求することができる。

2　債権者が第四百二十四条の六第一項後段又は第二項後段の規定により価額の償還を請求する場合についても、前項と同様とする。

（債権者への支払又は引渡し）

第四百二十四条の九　債権者は、第四百二十四条の六第一項前段又は第二項前段の規定により受益者又は転得者に対して財産の返還を請求する場合において、その返還の請求が金銭の支払又は動産の引渡しを求めるものであるときは、受益者に対してその支払又は引渡しを、転得者に対してその引渡しを、自己に対してすることを求めることができる。この場合において、受益者又は転得者は、債権者に対してその支払又は引渡しをしたときは、債務者に対してその支払又は引渡しをすることを要しない。

2　債権者が第四百二十四条の六第一項後段又は第二項後段の規定により受益者又は転得者に対して価額の償還を請求する場合についても、前項と同様とする。

第三目　詐害行為取消権の行使の効果

（認容判決の効力が及ぶ者の範囲）

第四百二十五条　詐害行為取消請求を認容する確定判決は、債務者及びその全ての債権者に対してもその効力を有する。

（債務者の受けた反対給付に関する受益者の権利）

第四百二十五条の二　債務者がした財産の処分に関する行為（債務の消滅に関する行為を除く。）が取り消されたときは、受益者は、債務者に対し、その財産を取得するためにした反対給付の返還を請求することができる。債務者がその反対給付の返還をすることが困難であるときは、受益者は、その価額の償還を請求することができる。

（受益者の債権の回復）

第四百二十五条の三　債務者がした債務の消滅に関する行為が取り消された場合（第四百二

十四条の四の規定により取り消された場合を除く。）において、受益者が債務者から受けた給付を返還し、又はその価額を償還したときは、受益者の債務者に対する債権は、これによって原状に復する。

（**詐害行為取消請求を受けた転得者の権利**）

第四百二十五条の四　債務者がした行為が転得者に対する詐害行為取消請求によって取り消されたときは、その転得者は、次の各号に掲げる区分に応じ、それぞれ当該各号に定める権利を行使することができる。ただし、その転得者がその前者から財産を取得するためにした反対給付又はその前者から財産を取得することによって消滅した債権の価額を限度とする。

一　第四百二十五条の二に規定する行為が取り消された場合　その行為が受益者に対する詐害行為取消請求によって取り消されたとすれば同条の規定により生ずべき受益者の債務者に対する反対給付の返還請求権又はその価額の償還請求権

二　前条に規定する行為が取り消された場合（第四百二十四条の四の規定により取り消された場合を除く。）　その行為が受益者に対する詐害行為取消請求によって取り消されたとすれば前条の規定により回復すべき受益者の債務者に対する債権

第四目　詐害行為取消権の期間の制限

第四百二十六条　詐害行為取消請求に係る訴えは、債務者が債権者を害することを知って行為をしたことを債権者が知った時から二年を経過したときは、提起することができない。行為の時から十年を経過したときも、同様とする。

第三節　多数当事者の債権及び債務

第一款　総則

（**分割債権及び分割債務**）

第四百二十七条　数人の債権者又は債務者がある場合において、別段の意思表示がないときは、各債権者又は各債務者は、それぞれ等しい割合で権利を有し、又は義務を負う。

第二款　不可分債権及び不可分債務

（**不可分債権**）

第四百二十八条　次款（連帯債権）の規定（第四百三十三条及び第四百三十五条の規定を除く。）は、債権の目的がその性質上不可分である場合において、数人の債権者があるときについて準用する。

（**不可分債権者の一人との間の更改又は免除**）

第四百二十九条　不可分債権者の一人と債務者との間に更改又は免除があった場合においても、他の不可分債権者は、債務の全部の履行を請求することができる。この場合においては、その一人の不可分債権者がその権利を失わなければ分与されるべき利益を債務者に償還しなければならない。

（**不可分債務**）

第四百三十条　第四款（連帯債務）の規定（第四百四十条の規定を除く。）は、債務の目的がその性質上不可分である場合において、数人の債務者があるときについて準用する。

（**可分債権又は可分債務への変更**）

第四百三十一条　不可分債権が可分債権となったときは、各債権者は自己が権利を有する部分についてのみ履行を請求することができ、不可分債務が可分債務となったときは、各債務者はその負担部分についてのみ履行の責任を負う。

第三款　連帯債権

（**連帯債権者による履行の請求等**）

第四百三十二条　債権の目的がその性質上可分である場合において、法令の規定又は当事者の意思表示によって数人が連帯して債権を有するときは、各債権者は、全ての債権者のために全部又は一部の履行を請求することができ、債務者は、全ての債権者のために各債権者に対して履行をすることができる。

（**連帯債権者の一人との間の更改又は免除**）

第四百三十三条　連帯債権者の一人と債務者との間に更改又は免除があったときは、その連帯債権者がその権利を失わなければ分与されるべき利益に係る部分については、他の連帯債権者は、履行を請求することができない。

（**連帯債権者の一人との間の相殺**）

第四百三十四条　債務者が連帯債権者の一人に対して債権を有する場合において、その債務者が相殺を援用したときは、その相殺は、他の連帯債権者に対しても、その効力を生ずる。

（**連帯債権者の一人との間の混同**）

第四百三十五条　連帯債権者の一人と債務者と

民法

の間に混同があったときは、債務者は、弁済をしたものとみなす。

（相対的効力の原則）

第四百三十五条の二　第四百三十二条から前条までに規定する場合を除き、連帯債権者の一人の行為又は一人について生じた事由は、他の連帯債権者に対してその効力を生じない。ただし、他の連帯債権者の一人及び債務者が別段の意思を表示したときは、当該他の連帯債権者に対する効力は、その意思に従う。

第四款　連帯債務

（連帯債務者に対する履行の請求）

第四百三十六条　債務の目的がその性質上可分である場合において、法令の規定又は当事者の意思表示によって数人が連帯して債務を負担するときは、債権者は、その連帯債務者の一人に対し、又は同時に若しくは順次に全ての連帯債務者に対し、全部又は一部の履行を請求することができる。

（連帯債務者の一人についての法律行為の無効等）

第四百三十七条　連帯債務者の一人について法律行為の無効又は取消しの原因があっても、他の連帯債務者の債務は、その効力を妨げられない。

（連帯債務者の一人との間の更改）

第四百三十八条　連帯債務者の一人と債権者との間に更改があったときは、債権は、全ての連帯債務者の利益のために消滅する。

（連帯債務者の一人による相殺等）

第四百三十九条　連帯債務者の一人が債権者に対して債権を有する場合において、その連帯債務者が相殺を援用したときは、債権は、全ての連帯債務者の利益のために消滅する。

2　前項の債権を有する連帯債務者が相殺を援用しない間は、その連帯債務者の負担部分の限度において、他の連帯債務者は、債権者に対して債務の履行を拒むことができる。

（連帯債務者の一人との間の混同）

第四百四十条　連帯債務者の一人と債権者との間に混同があったときは、その連帯債務者は、弁済をしたものとみなす。

（相対的効力の原則）

第四百四十一条　第四百三十八条、第四百三十九条第一項及び前条に規定する場合を除き、連帯債務者の一人について生じた事由は、他の連帯債務者に対してその効力を生じない。ただし、債権者及び他の連帯債務者の一人が別段の意思を表示したときは、当該他の連帯債務者に対する効力は、その意思に従う。

（連帯債務者間の求償権）

第四百四十二条　連帯債務者の一人が弁済をし、その他自己の財産をもって共同の免責を得たときは、その連帯債務者は、その免責を得た額が自己の負担部分を超えるかどうかにかかわらず、他の連帯債務者に対し、その免責を得るために支出した財産の額（その財産の額が共同の免責を得た額を超える場合にあっては、その免責を得た額）のうち各自の負担部分に応じた額の求償権を有する。

2　前項の規定による求償は、弁済その他免責があった日以後の法定利息及び避けることができなかった費用その他の損害の賠償を包含する。

（通知を怠った連帯債務者の求償の制限）

第四百四十三条　他の連帯債務者があることを知りながら、連帯債務者の一人が共同の免責を得ることを他の連帯債務者に通知しないで弁済をし、その他自己の財産をもって共同の免責を得た場合において、他の連帯債務者は、債権者に対抗することができる事由を有していたときは、その負担部分について、その事由をもってその免責を得た連帯債務者に対抗することができる。この場合において、相殺をもってその免責を得た連帯債務者に対抗したときは、その連帯債務者は、債権者に対し、相殺によって消滅すべきであった債務の履行を請求することができる。

2　弁済をし、その他自己の財産をもって共同の免責を得た連帯債務者が、他の連帯債務者があることを知りながらその免責を得たことを他の連帯債務者に通知することを怠ったため、他の連帯債務者が善意で弁済その他自己の財産をもって免責を得るための行為をしたときは、当該他の連帯債務者は、その免責を得るための行為を有効であったものとみなすことができる。

（償還をする資力のない者の負担部分の分担）

第四百四十四条　連帯債務者の中に償還をする資力のない者があるときは、その償還をすることができない部分は、求償者及び他の資力のある者の間で、各自の負担部分に応じて分割して負担する。

2　前項に規定する場合において、求償者及び他の資力のある者がいずれも負担部分を有しない者であるときは、その償還をすることができない部分は、求償者及び他の資力のある者の間で、等しい割合で分割して負担する。

3　前二項の規定にかかわらず、償還を受けることができないことについて求償者に過失があるときは、他の連帯債務者に対して分担を請求することができない。

（連帯債務者の一人との間の免除等と求償権）
第四百四十五条　連帯債務者の一人に対して債務の免除がされ、又は連帯債務者の一人のために時効が完成した場合においても、他の連帯債務者は、その一人の連帯債務者に対し、第四百四十二条第一項の求償権を行使することができる。

第五款　保証債務

第一目　総則

（保証人の責任等）
第四百四十六条　保証人は、主たる債務者がその債務を履行しないときに、その履行をする責任を負う。
2　保証契約は、書面でしなければ、その効力を生じない。
3　保証契約がその内容を記録した電磁的記録によってされたときは、その保証契約は、書面によってされたものとみなして、前項の規定を適用する。

（保証債務の範囲）
第四百四十七条　保証債務は、主たる債務に関する利息、違約金、損害賠償その他その債務に従たるすべてのものを包含する。
2　保証人は、その保証債務についてのみ、違約金又は損害賠償の額を約定することができる。

（保証人の負担と主たる債務の目的又は態様）
第四百四十八条　保証人の負担が債務の目的又は態様において主たる債務より重いときは、これを主たる債務の限度に減縮する。
2　主たる債務の目的又は態様が保証契約の締結後に加重されたときであっても、保証人の負担は加重されない。

（取り消すことができる債務の保証）
第四百四十九条　行為能力の制限によって取り消すことができる債務を保証した者は、保証契約の時においてその取消しの原因を知っていたときは、主たる債務の不履行の場合又はその債務の取消しの場合においてこれと同一の目的を有する独立の債務を負担したものと推定する。

（保証人の要件）
第四百五十条　債務者が保証人を立てる義務を負う場合には、その保証人は、次に掲げる要件を具備する者でなければならない。
一　行為能力者であること。
二　弁済をする資力を有すること。
2　保証人が前項第二号に掲げる要件を欠くに至ったときは、債権者は、同項各号に掲げる要件を具備する者をもってこれに代えることを請求することができる。
3　前二項の規定は、債権者が保証人を指名した場合には、適用しない。

（他の担保の供与）
第四百五十一条　債務者は、前条第一項各号に掲げる要件を具備する保証人を立てることができないときは、他の担保を供してこれに代えることができる。

（催告の抗弁）
第四百五十二条　債権者が保証人に債務の履行を請求したときは、保証人は、まず主たる債務者に催告をすべき旨を請求することができる。ただし、主たる債務者が破産手続開始の決定を受けたとき、又はその行方が知れないときは、この限りでない。

（検索の抗弁）
第四百五十三条　債権者が前条の規定に従い主たる債務者に催告をした後であっても、保証人が主たる債務者に弁済をする資力があり、かつ、執行が容易であることを証明したときは、債権者は、まず主たる債務者の財産について執行をしなければならない。

（連帯保証の場合の特則）
第四百五十四条　保証人は、主たる債務者と連帯して債務を負担したときは、前二条の権利を有しない。

（催告の抗弁及び検索の抗弁の効果）
第四百五十五条　第四百五十二条又は第四百五十三条の規定により保証人の請求又は証明があったにもかかわらず、債権者が催告又は執行をすることを怠ったために主たる債務者から全部の弁済を得られなかったときは、保証人は、債権者が直ちに催告又は執行をすれば弁済を得ることができた限度において、その義務を免れる。

（数人の保証人がある場合）
第四百五十六条　数人の保証人がある場合には、それらの保証人が各別の行為により債務を負担したときであっても、第四百二十七条の規定を適用する。

（主たる債務者について生じた事由の効力）
第四百五十七条　主たる債務者に対する履行の請求その他の事由による時効の完成猶予及び

民法

更新は、保証人に対しても、その効力を生ずる。

2　保証人は、主たる債務者が主張することができる抗弁をもって債権者に対抗することができる。

3　主たる債務者が債権者に対して相殺権、取消権又は解除権を有するときは、これらの権利の行使によって主たる債務者がその債務を免れるべき限度において、保証人は、債権者に対して債務の履行を拒むことができる。

（連帯保証人について生じた事由の効力）

第四百五十八条　第四百三十八条、第四百三十九条第一項、第四百四十条及び第四百四十一条の規定は、主たる債務者と連帯して債務を負担する保証人について生じた事由について準用する。

（主たる債務の履行状況に関する情報の提供義務）

第四百五十八条の二　保証人が主たる債務者の委託を受けて保証をした場合において、保証人の請求があったときは、債権者は、保証人に対し、遅滞なく、主たる債務の元本及び主たる債務に関する利息、違約金、損害賠償その他その債務に従たる全てのものについての不履行の有無並びにこれらの残額及びそのうち弁済期が到来しているものの額に関する情報を提供しなければならない。

（主たる債務者が期限の利益を喪失した場合における情報の提供義務）

第四百五十八条の三　主たる債務者が期限の利益を有する場合において、その利益を喪失したときは、債権者は、保証人に対し、その利益の喪失を知った時から二箇月以内に、その旨を通知しなければならない。

2　前項の期間内に同項の通知をしなかったときは、債権者は、保証人に対し、主たる債務者が期限の利益を喪失した時から同項の通知を現にするまでに生じた遅延損害金（期限の利益を喪失しなかったとしても生ずべきものを除く。）に係る保証債務の履行を請求することができない。

3　前二項の規定は、保証人が法人である場合には、適用しない。

（委託を受けた保証人の求償権）

第四百五十九条　保証人が主たる債務者の委託を受けて保証をした場合において、主たる債務者に代わって弁済その他自己の財産をもって債務を消滅させる行為（以下「債務の消滅行為」という。）をしたときは、その保証人は、主たる債務者に対し、そのために支出した財産の額（その財産の額がその債務の消滅行為によって消滅した主たる債務の額を超える場合にあっては、その消滅した額）の求償権を有する。

2　第四百四十二条第二項の規定は、前項の場合について準用する。

（委託を受けた保証人が弁済期前に弁済等をした場合の求償権）

第四百五十九条の二　保証人が主たる債務者の委託を受けて保証をした場合において、主たる債務の弁済期前に債務の消滅行為をしたときは、その保証人は、主たる債務者に対し、主たる債務者がその当時利益を受けた限度において求償権を有する。この場合において、主たる債務者が債務の消滅行為の日以前に相殺の原因を有していたことを主張するときは、保証人は、債権者に対し、その相殺によって消滅すべきであった債務の履行を請求することができる。

2　前項の規定による求償は、主たる債務の弁済期以後の法定利息及びその弁済期以後に債務の消滅行為をしたとしても避けることができなかった費用その他の損害の賠償を包含する。

3　第一項の求償権は、主たる債務の弁済期以後でなければ、これを行使することができない。

（委託を受けた保証人の事前の求償権）

第四百六十条　保証人は、主たる債務者の委託を受けて保証をした場合において、次に掲げるときは、主たる債務者に対して、あらかじめ、求償権を行使することができる。

一　主たる債務者が破産手続開始の決定を受け、かつ、債権者がその破産財団の配当に加入しないとき。

二　債務が弁済期にあるとき。ただし、保証契約の後に債権者が主たる債務者に許与した期限は、保証人に対抗することができない。

三　保証人が過失なく債権者に弁済をすべき旨の裁判の言渡しを受けたとき。

（主たる債務者が保証人に対して償還をする場合）

第四百六十一条　前条の規定により主たる債務者が保証人に対して償還をする場合において、債権者が全部の弁済を受けない間は、主たる債務者は、保証人に担保を供させ、又は保証人に対して自己に免責を得させることを請求することができる。

2　前項に規定する場合において、主たる債務者は、供託をし、担保を供し、又は保証人に免責を得させて、その償還の義務を免れることができる。

（委託を受けない保証人の求償権）

第四百六十二条　第四百五十九条の二第一項の規定は、主たる債務者の委託を受けないで保証をした者が債務の消滅行為をした場合について準用する。

2　主たる債務者の意思に反して保証をした者は、主たる債務者が現に利益を受けている限度においてのみ求償権を有する。この場合において、主たる債務者が求償の日以前に相殺の原因を有していたことを主張するときは、保証人は、債権者に対し、その相殺によって消滅すべきであった債務の履行を請求することができる。

3　第四百五十九条の二第三項の規定は、前二項に規定する保証人が主たる債務の弁済期前に債務の消滅行為をした場合における求償権の行使について準用する。

（通知を怠った保証人の求償の制限等）

第四百六十三条　保証人が主たる債務者の委託を受けて保証をした場合において、主たる債務者にあらかじめ通知しないで債務の消滅行為をしたときは、主たる債務者は、債権者に対抗することができた事由をもってその保証人に対抗することができる。この場合において、相殺をもってその保証人に対抗したときは、その保証人は、債権者に対し、相殺によって消滅すべきであった債務の履行を請求することができる。

2　保証人が主たる債務者の委託を受けて保証をした場合において、主たる債務者が債務の消滅行為をしたことを保証人に通知することを怠ったため、その保証人が善意で債務の消滅行為をしたときは、その保証人は、その債務の消滅行為を有効であったものとみなすことができる。

3　保証人が債務の消滅行為をした後に主たる債務者が債務の消滅行為をした場合においては、保証人が主たる債務者の意思に反して保証をしたときのほか、保証人が債務の消滅行為をしたことを主たる債務者に通知することを怠ったため、主たる債務者が善意で債務の消滅行為をしたときも、主たる債務者は、その債務の消滅行為を有効であったものとみなすことができる。

（連帯債務又は不可分債務の保証人の求償権）

第四百六十四条　連帯債務者又は不可分債務者の一人のために保証をした者は、他の債務者に対し、その負担部分のみについて求償権を有する。

（共同保証人間の求償権）

第四百六十五条　第四百四十二条から第四百四十四条までの規定は、数人の保証人がある場合において、そのうちの一人の保証人が、主たる債務が不可分であるため又は各保証人が全額を弁済すべき旨の特約があるため、その全額又は自己の負担部分を超える額を弁済したときについて準用する。

2　第四百六十二条の規定は、前項に規定する場合を除き、互いに連帯しない保証人の一人が全額又は自己の負担部分を超える額を弁済したときについて準用する。

第二目　個人根保証契約

（個人根保証契約の保証人の責任等）

第四百六十五条の二　一定の範囲に属する不特定の債務を主たる債務とする保証契約（以下「根保証契約」という。）であって保証人が法人でないもの（以下「個人根保証契約」という。）の保証人は、主たる債務の元本、主たる債務に関する利息、違約金、損害賠償その他その債務に従たる全てのもの及びその保証債務について約定された違約金又は損害賠償の額について、その全部に係る極度額を限度として、その履行をする責任を負う。

2　個人根保証契約は、前項に規定する極度額を定めなければ、その効力を生じない。

3　第四百四十六条第二項及び第三項の規定は、個人根保証契約における第一項に規定する極度額の定めについて準用する。

（個人貸金等根保証契約の元本確定期日）

第四百六十五条の三　個人根保証契約であってその主たる債務の範囲に金銭の貸渡し又は手形の割引を受けることによって負担する債務（以下「貸金等債務」という。）が含まれるもの（以下「個人貸金等根保証契約」という。）において主たる債務の元本の確定すべき期日（以下「元本確定期日」という。）の定めがある場合において、その元本確定期日がその個人貸金等根保証契約の締結の日から五年を経過する日より後の日と定められているときは、その元本確定期日の定めは、その効力を生じない。

2　個人貸金等根保証契約において元本確定期日の定めがない場合（前項の規定により元本

確定期日の定めがその効力を生じない場合を含む。）には、その元本確定期日は、その個人貸金等根保証契約の締結の日から三年を経過する日とする。

3　個人貸金等根保証契約における元本確定期日の変更をする場合において、変更後の元本確定期日がその変更をした日から五年を経過する日より後の日となるときは、その元本確定期日の変更は、その効力を生じない。ただし、元本確定期日の前二箇月以内に元本確定期日の変更をする場合において、変更後の元本確定期日が変更前の元本確定期日から五年以内の日となるときは、この限りでない。

4　第四百四十六条第二項及び第三項の規定は、個人貸金等根保証契約における元本確定期日の定め及びその変更（その個人貸金等根保証契約の締結の日から三年以内の日を元本確定期日とする旨の定め及び元本確定期日より前の日を変更後の元本確定期日とする変更を除く。）について準用する。

（個人根保証契約の元本の確定事由）

第四百六十五条の四　次に掲げる場合には、個人根保証契約における主たる債務の元本は、確定する。ただし、第一号に掲げる場合にあっては、強制執行又は担保権の実行の手続の開始があったときに限る。

一　債権者が、保証人の財産について、金銭の支払を目的とする債権についての強制執行又は担保権の実行を申し立てたとき。

二　保証人が破産手続開始の決定を受けたとき。

三　主たる債務者又は保証人が死亡したとき。

2　前項に規定する場合のほか、個人貸金等根保証契約における主たる債務の元本は、次に掲げる場合にも確定する。ただし、第一号に掲げる場合にあっては、強制執行又は担保権の実行の手続の開始があったときに限る。

一　債権者が、主たる債務者の財産について、金銭の支払を目的とする債権についての強制執行又は担保権の実行を申し立てたとき。

二　主たる債務者が破産手続開始の決定を受けたとき。

（保証人が法人である根保証契約の求償権）

第四百六十五条の五　保証人が法人である根保証契約において、第四百六十五条の二第一項に規定する極度額の定めがないときは、その根保証契約の保証人の主たる債務者に対する求償権に係る債務を主たる債務とする保証契約は、その効力を生じない。

2　保証人が法人である根保証契約であってその主たる債務の範囲に貸金等債務が含まれるものにおいて、元本確定期日の定めがないとき、又は元本確定期日の定め若しくはその変更が第四百六十五条の三第一項若しくは第三項の規定を適用するとすればその効力を生じないものであるときは、その根保証契約の保証人の主たる債務者に対する求償権に係る債務を主たる債務とする保証契約は、その効力を生じない。主たる債務の範囲にその求償権に係る債務が含まれる根保証契約も、同様とする。

3　前二項の規定は、求償権に係る債務を主たる債務とする保証契約又は主たる債務の範囲に求償権に係る債務が含まれる根保証契約の保証人が法人である場合には、適用しない。

第三目　事業に係る債務についての保証契約の特則

（公正証書の作成と保証の効力）

第四百六十五条の六　事業のために負担した貸金等債務を主たる債務とする保証契約又は主たる債務の範囲に事業のために負担する貸金等債務が含まれる根保証契約は、その契約の締結に先立ち、その締結の日前一箇月以内に作成された公正証書で保証人になろうとする者が保証債務を履行する意思を表示していなければ、その効力を生じない。

2　前項の公正証書を作成するには、次に掲げる方式に従わなければならない。

一　保証人になろうとする者が、次のイ又はロに掲げる契約の区分に応じ、それぞれ当該イ又はロに定める事項を公証人に口授すること。

イ　保証契約（ロに掲げるものを除く。）　主たる債務の債権者及び債務者、主たる債務の元本、主たる債務に関する利息、違約金、損害賠償その他その債務に従たる全てのものの定めの有無及びその内容並びに主たる債務者がその債務を履行しないときには、その債務の全額について履行する意思（保証人になろうとする者が主たる債務者と連帯して債務を負担しようとするものである場合には、債権者が主たる債務者に対して催告をしたかどうか、主たる債務者がその債務を履行することができるかどうか、又は他に保証人があるかどうかにかかわらず、その全額について履行する意思）を有していること。

ロ　根保証契約　主たる債務の債権者及び債務者、主たる債務の範囲、根保証契約における極度額、元本確定期日の定めの有無及びその内容並びに主たる債務者がその債務を履行しないときには、極度額の限度において元本確定期日又は第四百六十五条の四第一項各号若しくは第二項各号に掲げる事由その他の元本を確定すべき事由が生ずる時までに生ずべき主たる債務の元本及び主たる債務に関する利息、違約金、損害賠償その他その債務に従たる全てのものの全額について履行する意思（保証人になろうとする者が主たる債務者と連帯して債務を負担しようとするものである場合には、債権者が主たる債務者に対して催告をしたかどうか、主たる債務者がその債務を履行することができるかどうか、又は他に保証人があるかどうかにかかわらず、その全額について履行する意思）を有していること。

二　公証人が、保証人になろうとする者の口述を筆記し、これを保証人になろうとする者に読み聞かせ、又は閲覧させること。

三　保証人になろうとする者が、筆記の正確なことを承認した後、署名し、印を押すこと。ただし、保証人になろうとする者が署名することができない場合は、公証人がその事由を付記して、署名に代えることができる。

四　公証人が、その証書は前三号に掲げる方式に従って作ったものである旨を付記して、これに署名し、印を押すこと。

3　前二項の規定は、保証人になろうとする者が法人である場合には、適用しない。

（保証に係る公正証書の方式の特則）

第四百六十五条の七　前条第一項の保証契約又は根保証契約の保証人になろうとする者が口がきけない者である場合には、公証人の前で、同条第二項第一号イ又はロに掲げる契約の区分に応じ、それぞれ当該イ又はロに定める事項を通訳人の通訳により申述し、又は自書して、同号の口授に代えなければならない。この場合における同項第二号の規定の適用については、同号中「口述」とあるのは、「通訳人の通訳による申述又は自書」とする。

2　前条第一項の保証契約又は根保証契約の保証人になろうとする者が耳が聞こえない者である場合には、公証人は、同条第二項第二号に規定する筆記した内容を通訳人の通訳により保証人になろうとする者に伝えて、同号の読み聞かせに代えることができる。

3　公証人は、前二項に定める方式に従って公正証書を作ったときは、その旨をその証書に付記しなければならない。

（公正証書の作成と求償権についての保証の効力）

第四百六十五条の八　第四百六十五条の六第一項及び第二項並びに前条の規定は、事業のために負担した貸金等債務を主たる債務とする保証契約又は主たる債務の範囲に事業のために負担する貸金等債務が含まれる根保証契約の保証人の主たる債務者に対する求償権に係る債務を主たる債務とする保証契約について準用する。主たる債務の範囲にその求償権に係る債務が含まれる根保証契約も、同様とする。

2　前項の規定は、保証人になろうとする者が法人である場合には、適用しない。

（公正証書の作成と保証の効力に関する規定の適用除外）

第四百六十五条の九　前三条の規定は、保証人になろうとする者が次に掲げる者である保証契約については、適用しない。

一　主たる債務者が法人である場合のその理事、取締役、執行役又はこれらに準ずる者

二　主たる債務者が法人である場合の次に掲げる者

イ　主たる債務者の総株主の議決権（株主総会において決議をすることができる事項の全部につき議決権を行使することができない株式についての議決権を除く。以下この号において同じ。）の過半数を有する者

ロ　主たる債務者の総株主の議決権の過半数を他の株式会社が有する場合における当該他の株式会社の総株主の議決権の過半数を有する者

ハ　主たる債務者の総株主の議決権の過半数を他の株式会社及び当該他の株式会社の総株主の議決権の過半数を有する者が有する場合における当該他の株式会社の総株主の議決権の過半数を有する者

ニ　株式会社以外の法人が主たる債務者である場合におけるイ、ロ又はハに掲げる者に準ずる者

三　主たる債務者（法人であるものを除く。以下この号において同じ。）と共同して事

業を行う者又は主たる債務者が行う事業に現に従事している主たる債務者の配偶者

（**契約締結時の情報の提供義務**）

第四百六十五条の十　主たる債務者は、事業のために負担する債務を主たる債務とする保証又は主たる債務の範囲に事業のために負担する債務が含まれる根保証の委託をするときは、委託を受ける者に対し、次に掲げる事項に関する情報を提供しなければならない。

一　財産及び収支の状況

二　主たる債務以外に負担している債務の有無並びにその額及び履行状況

三　主たる債務の担保として他に提供し、又は提供しようとするものがあるときは、その旨及びその内容

2　主たる債務者が前項各号に掲げる事項に関して情報を提供せず、又は事実と異なる情報を提供したために委託を受けた者がその事項について誤認をし、それによって保証契約の申込み又はその承諾の意思表示をした場合において、主たる債務者がその事項に関して情報を提供せず又は事実と異なる情報を提供したことを債権者が知り又は知ることができたときは、保証人は、保証契約を取り消すことができる。

3　前二項の規定は、保証をする者が法人である場合には、適用しない。

第四節　債権の譲渡

（**債権の譲渡性**）

第四百六十六条　債権は、譲り渡すことができる。ただし、その性質がこれを許さないときは、この限りでない。

2　当事者が債権の譲渡を禁止し、又は制限する旨の意思表示（以下「譲渡制限の意思表示」という。）をしたときであっても、債権の譲渡は、その効力を妨げられない。

3　前項に規定する場合には、譲渡制限の意思表示がされたことを知り、又は重大な過失によって知らなかった譲受人その他の第三者に対しては、債務者は、その債務の履行を拒むことができ、かつ、譲渡人に対する弁済その他の債務を消滅させる事由をもってその第三者に対抗することができる。

4　前項の規定は、債務者が債務を履行しない場合において、同項に規定する第三者が相当の期間を定めて譲渡人への履行の催告をし、その期間内に履行がないときは、その債務者については、適用しない。

（**譲渡制限の意思表示がされた債権に係る債務者の供託**）

第四百六十六条の二　債務者は、譲渡制限の意思表示がされた金銭の給付を目的とする債権が譲渡されたときは、その債権の全額に相当する金銭を債務の履行地（債務の履行地が債権者の現在の住所により定まる場合にあっては、譲渡人の現在の住所を含む。次条において同じ。）の供託所に供託することができる。

2　前項の規定により供託をした債務者は、遅滞なく、譲渡人及び譲受人に供託の通知をしなければならない。

3　第一項の規定により供託をした金銭は、譲受人に限り、還付を請求することができる。

第四百六十六条の三　前条第一項に規定する場合において、譲渡人について破産手続開始の決定があったときは、譲受人（同項の債権の全額を譲り受けた者であって、その債権の譲渡を債務者その他の第三者に対抗することができるものに限る。）は、譲渡制限の意思表示がされたことを知り、又は重大な過失によって知らなかったときであっても、債務者にその債権の全額に相当する金銭を債務の履行地の供託所に供託させることができる。この場合においては、同条第二項及び第三項の規定を準用する。

（**譲渡制限の意思表示がされた債権の差押え**）

第四百六十六条の四　第四百六十六条第三項の規定は、譲渡制限の意思表示がされた債権に対する強制執行をした差押債権者に対しては、適用しない。

2　前項の規定にかかわらず、譲受人その他の第三者が譲渡制限の意思表示がされたことを知り、又は重大な過失によって知らなかった場合において、その債権者が同項の債権に対する強制執行をしたときは、債務者は、その債務の履行を拒むことができ、かつ、譲渡人に対する弁済その他の債務を消滅させる事由をもって差押債権者に対抗することができる。

（**預金債権又は貯金債権に係る譲渡制限の意思表示の効力**）

第四百六十六条の五　預金口座又は貯金口座に係る預金又は貯金に係る債権（以下「預貯金債権」という。）について当事者がした譲渡制限の意思表示は、第四百六十六条第二項の規定にかかわらず、その譲渡制限の意思表示がされたことを知り、又は重大な過失によって知らなかった譲受人その他の第三者に対抗することができる。

２　前項の規定は、譲渡制限の意思表示がされた預貯金債権に対する強制執行をした差押債権者に対しては、適用しない。

（**将来債権の譲渡性**）

第四百六十六条の六　債権の譲渡は、その意思表示の時に債権が現に発生していることを要しない。

２　債権が譲渡された場合において、その意思表示の時に債権が現に発生していないときは、譲受人は、発生した債権を当然に取得する。

３　前項に規定する場合において、譲渡人が次条の規定による通知をし、又は債務者が同条の規定による承諾をした時（以下「対抗要件具備時」という。）までに譲渡制限の意思表示がされたときは、譲受人その他の第三者がそのことを知っていたものとみなして、第四百六十六条第三項（譲渡制限の意思表示がされた債権が預貯金債権の場合にあっては、前条第一項）の規定を適用する。

（**債権の譲渡の対抗要件**）

第四百六十七条　債権の譲渡（現に発生していない債権の譲渡を含む。）は、譲渡人が債務者に通知をし、又は債務者が承諾をしなければ、債務者その他の第三者に対抗することができない。

２　前項の通知又は承諾は、確定日付のある証書によってしなければ、債務者以外の第三者に対抗することができない。

（**債権の譲渡における債務者の抗弁**）

第四百六十八条　債務者は、対抗要件具備時までに譲渡人に対して生じた事由をもって譲受人に対抗することができる。

２　第四百六十六条第四項の場合における前項の規定の適用については、同項中「対抗要件具備時」とあるのは、「第四百六十六条第四項の相当の期間を経過した時」とし、第四百六十六条の三の場合における同項の規定の適用については、同項中「対抗要件具備時」とあるのは、「第四百六十六条の三の規定により同条の譲受人から供託の請求を受けた時」とする。

（**債権の譲渡における相殺権**）

第四百六十九条　債務者は、対抗要件具備時より前に取得した譲渡人に対する債権による相殺をもって譲受人に対抗することができる。

２　債務者が対抗要件具備時より後に取得した譲渡人に対する債権であっても、その債権が次に掲げるものであるときは、前項と同様とする。ただし、債務者が対抗要件具備時より後に他人の債権を取得したときは、この限りでない。

一　対抗要件具備時より前の原因に基づいて生じた債権

二　前号に掲げるもののほか、譲受人の取得した債権の発生原因である契約に基づいて生じた債権

３　第四百六十六条第四項の場合における前二項の規定の適用については、これらの規定中「対抗要件具備時」とあるのは、「第四百六十六条第四項の相当の期間を経過した時」とし、第四百六十六条の三の場合におけるこれらの規定の適用については、これらの規定中「対抗要件具備時」とあるのは、「第四百六十六条の三の規定により同条の譲受人から供託の請求を受けた時」とする。

第五節　債務の引受け

第一款　併存的債務引受

（**併存的債務引受の要件及び効果**）

第四百七十条　併存的債務引受の引受人は、債務者と連帯して、債務者が債権者に対して負担する債務と同一の内容の債務を負担する。

２　併存的債務引受は、債権者と引受人となる者との契約によってすることができる。

３　併存的債務引受は、債務者と引受人となる者との契約によってもすることができる。この場合において、併存的債務引受は、債権者が引受人となる者に対して承諾をした時に、その効力を生ずる。

４　前項の規定によってする併存的債務引受は、第三者のためにする契約に関する規定に従う。

（**併存的債務引受における引受人の抗弁等**）

第四百七十一条　引受人は、併存的債務引受により負担した自己の債務について、その効力が生じた時に債務者が主張することができた抗弁をもって債権者に対抗することができる。

２　債務者が債権者に対して取消権又は解除権を有するときは、引受人は、これらの権利の行使によって債務者がその債務を免れるべき限度において、債権者に対して債務の履行を拒むことができる。

第二款　免責的債務引受

（**免責的債務引受の要件及び効果**）

第四百七十二条　免責的債務引受の引受人は債

務者が債権者に対して負担する債務と同一の内容の債務を負担し、債務者は自己の債務を免れる。

2　免責的債務引受は、債権者と引受人となる者との契約によってすることができる。この場合において、免責的債務引受は、債権者が債務者に対してその契約をした旨を通知した時に、その効力を生ずる。

3　免責的債務引受は、債務者と引受人となる者が契約をし、債権者が引受人となる者に対して承諾をすることによってもすることができる。

（免責的債務引受における引受人の抗弁等）

第四百七十二条の二　引受人は、免責的債務引受により負担した自己の債務について、その効力が生じた時に債務者が主張することができた抗弁をもって債権者に対抗することができる。

2　債務者が債権者に対して取消権又は解除権を有するときは、引受人は、免責的債務引受がなければこれらの権利の行使によって債務者がその債務を免れることができた限度において、債権者に対して債務の履行を拒むことができる。

（免責的債務引受における引受人の求償権）

第四百七十二条の三　免責的債務引受の引受人は、債務者に対して求償権を取得しない。

（免責的債務引受による担保の移転）

第四百七十二条の四　債権者は、第四百七十二条第一項の規定により債務者が免れる債務の担保として設定された担保権を引受人が負担する債務に移すことができる。ただし、引受人以外の者がこれを設定した場合には、その承諾を得なければならない。

2　前項の規定による担保権の移転は、あらかじめ又は同時に引受人に対してする意思表示によってしなければならない。

3　前二項の規定は、第四百七十二条第一項の規定により債務者が免れる債務の保証をした者があるときについて準用する。

4　前項の場合において、同項において準用する第一項の承諾は、書面でしなければ、その効力を生じない。

5　前項の承諾がその内容を記録した電磁的記録によってされたときは、その承諾は、書面によってされたものとみなして、同項の規定を適用する。

第六節　債権の消滅

第一款　弁済

第一目　総則

（弁済）

第四百七十三条　債務者が債権者に対して債務の弁済をしたときは、その債権は、消滅する。

（第三者の弁済）

第四百七十四条　債務の弁済は、第三者もすることができる。

2　弁済をするについて正当な利益を有する者でない第三者は、債務者の意思に反して弁済をすることができない。ただし、債務者の意思に反することを債権者が知らなかったときは、この限りでない。

3　前項に規定する第三者は、債権者の意思に反して弁済をすることができない。ただし、その第三者が債務者の委託を受けて弁済をする場合において、そのことを債権者が知っていたときは、この限りでない。

4　前三項の規定は、その債務の性質が第三者の弁済を許さないとき、又は当事者が第三者の弁済を禁止し、若しくは制限する旨の意思表示をしたときは、適用しない。

（弁済として引き渡した物の取戻し）

第四百七十五条　弁済をした者が弁済として他人の物を引き渡したときは、その弁済をした者は、更に有効な弁済をしなければ、その物を取り戻すことができない。

（弁済として引き渡した物の消費又は譲渡がされた場合の弁済の効力等）

第四百七十六条　前条の場合において、債権者が弁済として受領した物を善意で消費し、又は譲り渡したときは、その弁済は、有効とする。この場合において、債権者が第三者から賠償の請求を受けたときは、弁済をした者に対して求償をすることを妨げない。

（預金又は貯金の口座に対する払込みによる弁済）

第四百七十七条　債権者の預金又は貯金の口座に対する払込みによってする弁済は、債権者がその預金又は貯金に係る債権の債務者に対してその払込みに係る金額の払戻しを請求する権利を取得した時に、その効力を生ずる。

（受領権者としての外観を有する者に対する弁済）

第四百七十八条　受領権者（債権者及び法令の規定又は当事者の意思表示によって弁済を受領する権限を付与された第三者をいう。以下同じ。）以外の者であって取引上の社会通念に照らして受領権者としての外観を有するものに対してした弁済は、その弁済をした者が善意であり、かつ、過失がなかったときに限り、その効力を有する。

（受領権者以外の者に対する弁済）
第四百七十九条 前条の場合を除き、受領権者以外の者に対してした弁済は、債権者がこれによって利益を受けた限度においてのみ、その効力を有する。

第四百八十条 削除

（差押えを受けた債権の第三債務者の弁済）
第四百八十一条 差押えを受けた債権の第三債務者が自己の債権者に弁済をしたときは、差押債権者は、その受けた損害の限度において更に弁済をすべき旨を第三債務者に請求することができる。

2 前項の規定は、第三債務者からその債権者に対する求償権の行使を妨げない。

（代物弁済）
第四百八十二条 弁済をすることができる者（以下「弁済者」という。）が、債権者との間で、債務者の負担した給付に代えて他の給付をすることにより債務を消滅させる旨の契約をした場合において、その弁済者が当該他の給付をしたときは、その給付は、弁済と同一の効力を有する。

（特定物の現状による引渡し）
第四百八十三条 債権の目的が特定物の引渡しである場合において、契約その他の債権の発生原因及び取引上の社会通念に照らしてその引渡しをすべき時の品質を定めることができないときは、弁済をする者は、その引渡しをすべき時の現状でその物を引き渡さなければならない。

（弁済の場所及び時間）
第四百八十四条 弁済をすべき場所について別段の意思表示がないときは、特定物の引渡しは債権発生の時にその物が存在した場所において、その他の弁済は債権者の現在の住所において、それぞれしなければならない。

2 法令又は慣習により取引時間の定めがあるときは、その取引時間内に限り、弁済をし、又は弁済の請求をすることができる。

（弁済の費用）
第四百八十五条 弁済の費用について別段の意思表示がないときは、その費用は、債務者の負担とする。ただし、債権者が住所の移転その他の行為によって弁済の費用を増加させたときは、その増加額は、債権者の負担とする。

（受取証書の交付請求等）
第四百八十六条 弁済をする者は、弁済と引換えに、弁済を受領する者に対して受取証書の交付を請求することができる。

2 弁済をする者は、前項の受取証書の交付に代えて、その内容を記録した電磁的記録の提供を請求することができる。ただし、弁済を受領する者に不相当な負担を課するものであるときは、この限りでない。

（債権証書の返還請求）
第四百八十七条 債権に関する証書がある場合において、弁済をした者が全部の弁済をしたときは、その証書の返還を請求することができる。

（同種の給付を目的とする数個の債務がある場合の充当）
第四百八十八条 債務者が同一の債権者に対して同種の給付を目的とする数個の債務を負担する場合において、弁済として提供した給付が全ての債務を消滅させるのに足りないとき（次条第一項に規定する場合を除く。）は、弁済をする者は、給付の時に、その弁済を充当すべき債務を指定することができる。

2 弁済をする者が前項の規定による指定をしないときは、弁済を受領する者は、その受領の時に、その弁済を充当すべき債務を指定することができる。ただし、弁済をする者がその充当に対して直ちに異議を述べたときは、この限りでない。

3 前二項の場合における弁済の充当の指定は、相手方に対する意思表示によってする。

4 弁済をする者及び弁済を受領する者がいずれも第一項又は第二項の規定による指定をしないときは、次の各号の定めるところに従い、その弁済を充当する。

一 債務の中に弁済期にあるものと弁済期にないものとがあるときは、弁済期にあるものに先に充当する。

二 全ての債務が弁済期にあるとき、又は弁済期にないときは、債務者のために弁済の利益が多いものに先に充当する。

三 債務者のために弁済の利益が相等しいときは、弁済期が先に到来したもの又は先に到来すべきものに先に充当する。

四 前二号に掲げる事項が相等しい債務の弁済は、各債務の額に応じて充当する。

民法

（元本、利息及び費用を支払うべき場合の充当）
第四百八十九条　債務者が一個又は数個の債務について元本のほか利息及び費用を支払うべき場合（債務者が数個の債務を負担する場合にあっては、同一の債権者に対して同種の給付を目的とする数個の債務を負担するときに限る。）において、弁済をする者がその債務の全部を消滅させるのに足りない給付をしたときは、これを順次に費用、利息及び元本に充当しなければならない。
2　前条の規定は、前項の場合において、費用、利息又は元本のいずれかの全てを消滅させるのに足りない給付をしたときについて準用する。

（合意による弁済の充当）
第四百九十条　前二条の規定にかかわらず、弁済をする者と弁済を受領する者との間に弁済の充当の順序に関する合意があるときは、その順序に従い、その弁済を充当する。

（数個の給付をすべき場合の充当）
第四百九十一条　一個の債務の弁済として数個の給付をすべき場合において、弁済をする者がその債務の全部を消滅させるのに足りない給付をしたときは、前三条の規定を準用する。

（弁済の提供の効果）
第四百九十二条　債務者は、弁済の提供の時から、債務を履行しないことによって生ずべき責任を免れる。

（弁済の提供の方法）
第四百九十三条　弁済の提供は、債務の本旨に従って現実にしなければならない。ただし、債権者があらかじめその受領を拒み、又は債務の履行について債権者の行為を要するときは、弁済の準備をしたことを通知してその受領の催告をすれば足りる。

第二目　弁済の目的物の供託

（供託）
第四百九十四条　弁済者は、次に掲げる場合には、債権者のために弁済の目的物を供託することができる。この場合においては、弁済者が供託をした時に、その債権は、消滅する。
一　弁済の提供をした場合において、債権者がその受領を拒んだとき。
二　債権者が弁済を受領することができないとき。
2　弁済者が債権者を確知することができないときも、前項と同様とする。ただし、弁済者に過失があるときは、この限りでない。

（供託の方法）
第四百九十五条　前条の規定による供託は、債務の履行地の供託所にしなければならない。
2　供託所について法令に特別の定めがない場合には、裁判所は、弁済者の請求により、供託所の指定及び供託物の保管者の選任をしなければならない。
3　前条の規定により供託をした者は、遅滞なく、債権者に供託の通知をしなければならない。

（供託物の取戻し）
第四百九十六条　債権者が供託を受諾せず、又は供託を有効と宣告した判決が確定しない間は、弁済者は、供託物を取り戻すことができる。この場合においては、供託をしなかったものとみなす。
2　前項の規定は、供託によって質権又は抵当権が消滅した場合には、適用しない。

（供託に適しない物等）
第四百九十七条　弁済者は、次に掲げる場合には、裁判所の許可を得て、弁済の目的物を競売に付し、その代金を供託することができる。
一　その物が供託に適しないとき。
二　その物について滅失、損傷その他の事由による価格の低落のおそれがあるとき。
三　その物の保存について過分の費用を要するとき。
四　前三号に掲げる場合のほか、その物を供託することが困難な事情があるとき。

（供託物の還付請求等）
第四百九十八条　弁済の目的物又は前条の代金が供託された場合には、債権者は、供託物の還付を請求することができる。
2　債務者が債権者の給付に対して弁済をすべき場合には、債権者は、その給付をしなければ、供託物を受け取ることができない。

第三目　弁済による代位

（弁済による代位の要件）
第四百九十九条　債務者のために弁済をした者は、債権者に代位する。

第五百条　第四百六十七条の規定は、前条の場合（弁済をするについて正当な利益を有する者が債権者に代位する場合を除く。）について準用する。

（弁済による代位の効果）
第五百一条　前二条の規定により債権者に代位

した者は、債権の効力及び担保としてその債権者が有していた一切の権利を行使することができる。

2　前項の規定による権利の行使は、債権者に代位した者が自己の権利に基づいて債務者に対して求償をすることができる範囲内（保証人の一人が他の保証人に対して債権者に代位する場合には、自己の権利に基づいて当該他の保証人に対して求償をすることができる範囲内）に限り、することができる。

3　第一項の場合には、前項の規定によるほか、次に掲げるところによる。

一　第三取得者（債務者から担保の目的となっている財産を譲り受けた者をいう。以下この項において同じ。）は、保証人及び物上保証人に対して債権者に代位しない。

二　第三取得者の一人は、各財産の価格に応じて、他の第三取得者に対して債権者に代位する。

三　前号の規定は、物上保証人の一人が他の物上保証人に対して債権者に代位する場合について準用する。

四　保証人と物上保証人との間においては、その数に応じて、債権者に代位する。ただし、物上保証人が数人あるときは、保証人の負担部分を除いた残額について、各財産の価格に応じて、債権者に代位する。

五　第三取得者から担保の目的となっている財産を譲り受けた者は、第三取得者とみなして第一号及び第二号の規定を適用し、物上保証人から担保の目的となっている財産を譲り受けた者は、物上保証人とみなして第一号、第三号及び前号の規定を適用する。

（一部弁済による代位）

第五百二条　債権の一部について代位弁済があったときは、代位者は、債権者の同意を得て、その弁済をした価額に応じて、債権者とともにその権利を行使することができる。

2　前項の場合であっても、債権者は、単独でその権利を行使することができる。

3　前二項の場合に債権者が行使する権利は、その債権の担保の目的となっている財産の売却代金その他の当該権利の行使によって得られる金銭について、代位者が行使する権利に優先する。

4　第一項の場合において、債務の不履行による契約の解除は、債権者のみがすることができる。この場合においては、代位者に対し、その弁済をした価額及びその利息を償還しなければならない。

（債権者による債権証書の交付等）

第五百三条　代位弁済によって全部の弁済を受けた債権者は、債権に関する証書及び自己の占有する担保物を代位者に交付しなければならない。

2　債権の一部について代位弁済があった場合には、債権者は、債権に関する証書にその代位を記入し、かつ、自己の占有する担保物の保存を代位者に監督させなければならない。

（債権者による担保の喪失等）

第五百四条　弁済をするについて正当な利益を有する者（以下この項において「代位権者」という。）がある場合において、債権者が故意又は過失によってその担保を喪失し、又は減少させたときは、その代位権者は、代位をするに当たって担保の喪失又は減少によって償還を受けることができなくなる限度において、その責任を免れる。その代位権者が物上保証人である場合において、その代位権者から担保の目的となっている財産を譲り受けた第三者及びその特定承継人についても、同様とする。

2　前項の規定は、債権者が担保を喪失し、又は減少させたことについて取引上の社会通念に照らして合理的な理由があると認められるときは、適用しない。

第二款　相殺

（相殺の要件等）

第五百五条　二人が互いに同種の目的を有する債務を負担する場合において、双方の債務が弁済期にあるときは、各債務者は、その対当額について相殺によってその債務を免れることができる。ただし、債務の性質がこれを許さないときは、この限りでない。

2　前項の規定にかかわらず、当事者が相殺を禁止し、又は制限する旨の意思表示をした場合には、その意思表示は、第三者がこれを知り、又は重大な過失によって知らなかったときに限り、その第三者に対抗することができる。

（相殺の方法及び効力）

第五百六条　相殺は、当事者の一方から相手方に対する意思表示によってする。この場合において、その意思表示には、条件又は期限を付することができない。

2　前項の意思表示は、双方の債務が互いに相殺に適するようになった時にさかのぼってその効力を生ずる。

（**履行地の異なる債務の相殺**）

第五百七条　相殺は、双方の債務の履行地が異なるときであっても、することができる。この場合において、相殺をする当事者は、相手方に対し、これによって生じた損害を賠償しなければならない。

（**時効により消滅した債権を自働債権とする相殺**）

第五百八条　時効によって消滅した債権がその消滅以前に相殺に適するようになっていた場合には、その債権者は、相殺をすることができる。

（**不法行為等により生じた債権を受働債権とする相殺の禁止**）

第五百九条　次に掲げる債務の債務者は、相殺をもって債権者に対抗することができない。ただし、その債権者がその債務に係る債権を他人から譲り受けたときは、この限りでない。

一　悪意による不法行為に基づく損害賠償の債務

二　人の生命又は身体の侵害による損害賠償の債務（前号に掲げるものを除く。）

（**差押禁止債権を受働債権とする相殺の禁止**）

第五百十条　債権が差押えを禁じたものであるときは、その債務者は、相殺をもって債権者に対抗することができない。

（**差押えを受けた債権を受働債権とする相殺の禁止**）

第五百十一条　差押えを受けた債権の第三債務者は、差押え後に取得した債権による相殺をもって差押債権者に対抗することはできないが、差押え前に取得した債権による相殺をもって対抗することができる。

2　前項の規定にかかわらず、差押え後に取得した債権が差押え前の原因に基づいて生じたものであるときは、その第三債務者は、その債権による相殺をもって差押債権者に対抗することができる。ただし、第三債務者が差押え後に他人の債権を取得したときは、この限りでない。

（**相殺の充当**）

第五百十二条　債権者が債務者に対して有する一個又は数個の債権と、債権者が債務者に対して負担する一個又は数個の債務について、債権者が相殺の意思表示をした場合において、当事者が別段の合意をしなかったときは、債権者の有する債権とその負担する債務は、相殺に適するようになった時期の順序に従って、その対当額について相殺によって消滅する。

2　前項の場合において、相殺をする債権者の有する債権がその負担する債務の全部を消滅させるのに足りないときであって、当事者が別段の合意をしなかったときは、次に掲げるところによる。

一　債権者が数個の債務を負担するとき（次号に規定する場合を除く。）は、第四百八十八条第四項第二号から第四号までの規定を準用する。

二　債権者が負担する一個又は数個の債務について元本のほか利息及び費用を支払うべきときは、第四百八十九条の規定を準用する。この場合において、同条第二項中「前条」とあるのは、「前条第四項第二号から第四号まで」と読み替えるものとする。

3　第一項の場合において、相殺をする債権者の負担する債務がその有する債権の全部を消滅させるのに足りないときは、前項の規定を準用する。

第五百十二条の二　債権者が債務者に対して有する債権に、一個の債権の弁済として数個の給付をすべきものがある場合における相殺については、前条の規定を準用する。債権者が債務者に対して負担する債務に、一個の債務の弁済として数個の給付をすべきものがある場合における相殺についても、同様とする。

第三款　更改

（**更改**）

第五百十三条　当事者が従前の債務に代えて、新たな債務であって次に掲げるものを発生させる契約をしたときは、従前の債務は、更改によって消滅する。

一　従前の給付の内容について重要な変更をするもの

二　従前の債務者が第三者と交替するもの

三　従前の債権者が第三者と交替するもの

（**債務者の交替による更改**）

第五百十四条　債務者の交替による更改は、債権者と更改後に債務者となる者との契約によってすることができる。この場合において、更改は、債権者が更改前の債務者に対してその契約をした旨を通知した時に、その効力を生ずる。

2　債務者の交替による更改後の債務者は、更改前の債務者に対して求償権を取得しない。

（**債権者の交替による更改**）

民法

第五百十五条　債権者の交替による更改は、更改前の債権者、更改後に債権者となる者及び債務者の契約によってすることができる。

2　債権者の交替による更改は、確定日付のある証書によってしなければ、第三者に対抗することができない。

第五百十六条及び第五百十七条　削除

（更改後の債務への担保の移転）

第五百十八条　債権者（債権者の交替による更改にあっては、更改前の債権者）は、更改前の債務の目的の限度において、その債務の担保として設定された質権又は抵当権を更改後の債務に移すことができる。ただし、第三者がこれを設定した場合には、その承諾を得なければならない。

2　前項の質権又は抵当権の移転は、あらかじめ又は同時に更改の相手方（債権者の交替による更改にあっては、債務者）に対してする意思表示によってしなければならない。

第四款　免除

第五百十九条　債権者が債務者に対して債務を免除する意思を表示したときは、その債権は、消滅する。

第五款　混同

第五百二十条　債権及び債務が同一人に帰属したときは、その債権は、消滅する。ただし、その債権が第三者の権利の目的であるときは、この限りでない。

第七節　有価証券

第一款　指図証券

（指図証券の譲渡）

第五百二十条の二　指図証券の譲渡は、その証券に譲渡の裏書をして譲受人に交付しなければ、その効力を生じない。

（指図証券の裏書の方式）

第五百二十条の三　指図証券の譲渡については、その指図証券の性質に応じ、手形法（昭和七年法律第二十号）中裏書の方式に関する規定を準用する。

（指図証券の所持人の権利の推定）

第五百二十条の四　指図証券の所持人が裏書の連続によりその権利を証明するときは、その所持人は、証券上の権利を適法に有するものと推定する。

（指図証券の善意取得）

第五百二十条の五　何らかの事由により指図証券の占有を失った者がある場合において、その所持人が前条の規定によりその権利を証明するときは、その所持人は、その証券を返還する義務を負わない。ただし、その所持人が悪意又は重大な過失によりその証券を取得したときは、この限りでない。

（指図証券の譲渡における債務者の抗弁の制限）

第五百二十条の六　指図証券の債務者は、その証券に記載した事項及びその証券の性質から当然に生ずる結果を除き、その証券の譲渡前の債権者に対抗することができた事由をもって善意の譲受人に対抗することができない。

（指図証券の質入れ）

第五百二十条の七　第五百二十条の二から前条までの規定は、指図証券を目的とする質権の設定について準用する。

（指図証券の弁済の場所）

第五百二十条の八　指図証券の弁済は、債務者の現在の住所においてしなければならない。

（指図証券の提示と履行遅滞）

第五百二十条の九　指図証券の債務者は、その債務の履行について期限の定めがあるときであっても、その期限が到来した後に所持人がその証券を提示してその履行の請求をした時から遅滞の責任を負う。

（指図証券の債務者の調査の権利等）

第五百二十条の十　指図証券の債務者は、その証券の所持人並びにその署名及び押印の真偽を調査する権利を有するが、その義務を負わない。ただし、債務者に悪意又は重大な過失があるときは、その弁済は、無効とする。

（指図証券の喪失）

第五百二十条の十一　指図証券は、非訟事件手続法（平成二十三年法律第五十一号）第百条に規定する公示催告手続によって無効とすることができる。

（指図証券喪失の場合の権利行使方法）

第五百二十条の十二　金銭その他の物又は有価証券の給付を目的とする指図証券の所持人がその指図証券を喪失した場合において、非訟事件手続法第百十四条に規定する公示催告の申立てをしたときは、その債務者に、その債務の目的物を供託させ、又は相当の担保を供してその指図証券の趣旨に従い履行をさせることができる。

第二款　記名式所持人払証券

（**記名式所持人払証券の譲渡**）
第五百二十条の十三　記名式所持人払証券（債権者を指名する記載がされている証券であって、その所持人に弁済をすべき旨が付記されているものをいう。以下同じ。）の譲渡は、その証券を交付しなければ、その効力を生じない。

（**記名式所持人払証券の所持人の権利の推定**）
第五百二十条の十四　記名式所持人払証券の所持人は、証券上の権利を適法に有するものと推定する。

（**記名式所持人払証券の善意取得**）
第五百二十条の十五　何らかの事由により記名式所持人払証券の占有を失った者がある場合において、その所持人が前条の規定によりその権利を証明するときは、その所持人は、その証券を返還する義務を負わない。ただし、その所持人が悪意又は重大な過失によりその証券を取得したときは、この限りでない。

（**記名式所持人払証券の譲渡における債務者の抗弁の制限**）
第五百二十条の十六　記名式所持人払証券の債務者は、その証券に記載した事項及びその証券の性質から当然に生ずる結果を除き、その証券の譲渡前の債権者に対抗することができた事由をもって善意の譲受人に対抗することができない。

（**記名式所持人払証券の質入れ**）
第五百二十条の十七　第五百二十条の十三から前条までの規定は、記名式所持人払証券を目的とする質権の設定について準用する。

（**指図証券の規定の準用**）
第五百二十条の十八　第五百二十条の八から第五百二十条の十二までの規定は、記名式所持人払証券について準用する。

第三款　その他の記名証券

第五百二十条の十九　債権者を指名する記載がされている証券であって指図証券及び記名式所持人払証券以外のものは、債権の譲渡又はこれを目的とする質権の設定に関する方式に従い、かつ、その効力をもってのみ、譲渡し、又は質権の目的とすることができる。
2　第五百二十条の十一及び第五百二十条の十二の規定は、前項の証券について準用する。

第四款　無記名証券

第五百二十条の二十　第二款（記名式所持人払証券）の規定は、無記名証券について準用する。

第二章　契約

第一節　総則

第一款　契約の成立

（**契約の締結及び内容の自由**）
第五百二十一条　何人も、法令に特別の定めがある場合を除き、契約をするかどうかを自由に決定することができる。
2　契約の当事者は、法令の制限内において、契約の内容を自由に決定することができる。

（**契約の成立と方式**）
第五百二十二条　契約は、契約の内容を示してその締結を申し入れる意思表示（以下「申込み」という。）に対して相手方が承諾をしたときに成立する。
2　契約の成立には、法令に特別の定めがある場合を除き、書面の作成その他の方式を具備することを要しない。

（**承諾の期間の定めのある申込み**）
第五百二十三条　承諾の期間を定めてした申込みは、撤回することができない。ただし、申込者が撤回をする権利を留保したときは、この限りでない。
2　申込者が前項の申込みに対して同項の期間内に承諾の通知を受けなかったときは、その申込みは、その効力を失う。

（**遅延した承諾の効力**）
第五百二十四条　申込者は、遅延した承諾を新たな申込みとみなすことができる。

（**承諾の期間の定めのない申込み**）
第五百二十五条　承諾の期間を定めないでした申込みは、申込者が承諾の通知を受けるのに相当な期間を経過するまでは、撤回することができない。ただし、申込者が撤回をする権利を留保したときは、この限りでない。
2　対話者に対してした前項の申込みは、同項の規定にかかわらず、その対話が継続している間は、いつでも撤回することができる。
3　対話者に対してした第一項の申込みに対して対話が継続している間に申込者が承諾の通知を受けなかったときは、その申込みは、その効力を失う。ただし、申込者が対話の終了後もその申込みが効力を失わない旨を表示したときは、この限りでない。

（**申込者の死亡等**）
第五百二十六条　申込者が申込みの通知を発した後に死亡し、意思能力を有しない常況にある者となり、又は行為能力の制限を受けた場合において、申込者がその事実が生じたとすればその申込みは効力を有しない旨の意思を表示していたとき、又はその相手方が承諾の通知を発するまでにその事実が生じたことを知ったときは、その申込みは、その効力を有しない。

（承諾の通知を必要としない場合における契約の成立時期）

第五百二十七条　申込者の意思表示又は取引上の慣習により承諾の通知を必要としない場合には、契約は、承諾の意思表示と認めるべき事実があった時に成立する。

（申込みに変更を加えた承諾）

第五百二十八条　承諾者が、申込みに条件を付し、その他変更を加えてこれを承諾したときは、その申込みの拒絶とともに新たな申込みをしたものとみなす。

（懸賞広告）

第五百二十九条　ある行為をした者に一定の報酬を与える旨を広告した者（以下「懸賞広告者」という。）は、その行為をした者がその広告を知っていたかどうかにかかわらず、その者に対してその報酬を与える義務を負う。

（指定した行為をする期間の定めのある懸賞広告）

第五百二十九条の二　懸賞広告者は、その指定した行為をする期間を定めてした広告を撤回することができない。ただし、その広告において撤回をする権利を留保したときは、この限りでない。

2　前項の広告は、その期間内に指定した行為を完了する者がないときは、その効力を失う。

（指定した行為をする期間の定めのない懸賞広告）

第五百二十九条の三　懸賞広告者は、その指定した行為を完了する者がない間は、その指定した行為をする期間を定めないでした広告を撤回することができる。ただし、その広告中に撤回をしない旨を表示したときは、この限りでない。

（懸賞広告の撤回の方法）

第五百三十条　前の広告と同一の方法による広告の撤回は、これを知らない者に対しても、その効力を有する。

2　広告の撤回は、前の広告と異なる方法によっても、することができる。ただし、その撤回は、これを知った者に対してのみ、その効力を有する。

（懸賞広告の報酬を受ける権利）

第五百三十一条　広告に定めた行為をした者が数人あるときは、最初にその行為をした者のみが報酬を受ける権利を有する。

2　数人が同時に前項の行為をした場合には、各自が等しい割合で報酬を受ける権利を有する。ただし、報酬がその性質上分割に適しないとき、又は広告において一人のみがこれを受けるものとしたときは、抽選でこれを受ける者を定める。

3　前二項の規定は、広告中にこれと異なる意思を表示したときは、適用しない。

（優等懸賞広告）

第五百三十二条　広告に定めた行為をした者が数人ある場合において、その優等者のみに報酬を与えるべきときは、その広告は、応募の期間を定めたときに限り、その効力を有する。

2　前項の場合において、応募者中いずれの者の行為が優等であるかは、広告中に定めた者が判定し、広告中に判定をする者を定めなかったときは懸賞広告者が判定する。

3　応募者は、前項の判定に対して異議を述べることができない。

4　前条第二項の規定は、数人の行為が同等と判定された場合について準用する。

第二款　契約の効力

（同時履行の抗弁）

第五百三十三条　双務契約の当事者の一方は、相手方がその債務の履行（債務の履行に代わる損害賠償の債務の履行を含む。）を提供するまでは、自己の債務の履行を拒むことができる。ただし、相手方の債務が弁済期にないときは、この限りでない。

第五百三十四条及び第五百三十五条　削除

（債務者の危険負担等）

第五百三十六条　当事者双方の責めに帰することができない事由によって債務を履行することができなくなったときは、債権者は、反対給付の履行を拒むことができる。

2　債権者の責めに帰すべき事由によって債務を履行することができなくなったときは、債権者は、反対給付の履行を拒むことができない。この場合において、債務者は、自己の債務を免れたことによって利益を得たときは、これを債権者に償還しなければならない。

（第三者のためにする契約）

第五百三十七条　契約により当事者の一方が第

三者に対してある給付をすることを約したときは、その第三者は、債務者に対して直接にその給付を請求する権利を有する。
2　前項の契約は、その成立の時に第三者が現に存しない場合又は第三者が特定していない場合であっても、そのためにその効力を妨げられない。
3　第一項の場合において、第三者の権利は、その第三者が債務者に対して同項の契約の利益を享受する意思を表示した時に発生する。

（第三者の権利の確定）
第五百三十八条　前条の規定により第三者の権利が発生した後は、当事者は、これを変更し、又は消滅させることができない。
2　前条の規定により第三者の権利が発生した後に、債務者がその第三者に対する債務を履行しない場合には、同条第一項の契約の相手方は、その第三者の承諾を得なければ、契約を解除することができない。

（債務者の抗弁）
第五百三十九条　債務者は、第五百三十七条第一項の契約に基づく抗弁をもって、その契約の利益を受ける第三者に対抗することができる。

第三款　契約上の地位の移転

第五百三十九条の二　契約の当事者の一方が第三者との間で契約上の地位を譲渡する旨の合意をした場合において、その契約の相手方がその譲渡を承諾したときは、契約上の地位は、その第三者に移転する。

第四款　契約の解除

（解除権の行使）
第五百四十条　契約又は法律の規定により当事者の一方が解除権を有するときは、その解除は、相手方に対する意思表示によってする。
2　前項の意思表示は、撤回することができない。

（催告による解除）
第五百四十一条　当事者の一方がその債務を履行しない場合において、相手方が相当の期間を定めてその履行の催告をし、その期間内に履行がないときは、相手方は、契約の解除をすることができる。ただし、その期間を経過した時における債務の不履行がその契約及び取引上の社会通念に照らして軽微であるときは、この限りでない。

（催告によらない解除）
第五百四十二条　次に掲げる場合には、債権者は、前条の催告をすることなく、直ちに契約の解除をすることができる。
一　債務の全部の履行が不能であるとき。
二　債務者がその債務の全部の履行を拒絶する意思を明確に表示したとき。
三　債務の一部の履行が不能である場合又は債務者がその債務の一部の履行を拒絶する意思を明確に表示した場合において、残存する部分のみでは契約をした目的を達することができないとき。
四　契約の性質又は当事者の意思表示により、特定の日時又は一定の期間内に履行をしなければ契約をした目的を達することができない場合において、債務者が履行をしないでその時期を経過したとき。
五　前各号に掲げる場合のほか、債務者がその債務の履行をせず、債権者が前条の催告をしても契約をした目的を達するのに足りる履行がされる見込みがないことが明らかであるとき。
2　次に掲げる場合には、債権者は、前条の催告をすることなく、直ちに契約の一部の解除をすることができる。
一　債務の一部の履行が不能であるとき。
二　債務者がその債務の一部の履行を拒絶する意思を明確に表示したとき。

（債権者の責めに帰すべき事由による場合）
第五百四十三条　債務の不履行が債権者の責めに帰すべき事由によるものであるときは、債権者は、前二条の規定による契約の解除をすることができない。

（解除権の不可分性）
第五百四十四条　当事者の一方が数人ある場合には、契約の解除は、その全員から又はその全員に対してのみ、することができる。
2　前項の場合において、解除権が当事者のうちの一人について消滅したときは、他の者についても消滅する。

（解除の効果）
第五百四十五条　当事者の一方がその解除権を行使したときは、各当事者は、その相手方を原状に復させる義務を負う。ただし、第三者の権利を害することはできない。
2　前項本文の場合において、金銭を返還するときは、その受領の時から利息を付さなければならない。
3　第一項本文の場合において、金銭以外の物を返還するときは、その受領の時以後に生じた果実をも返還しなければならない。

4　解除権の行使は、損害賠償の請求を妨げない。

（**契約の解除と同時履行**）
第五百四十六条　第五百三十三条の規定は、前条の場合について準用する。

（**催告による解除権の消滅**）
第五百四十七条　解除権の行使について期間の定めがないときは、相手方は、解除権を有する者に対し、相当の期間を定めて、その期間内に解除をするかどうかを確答すべき旨の催告をすることができる。この場合において、その期間内に解除の通知を受けないときは、解除権は、消滅する。

（**解除権者の故意による目的物の損傷等による解除権の消滅**）
第五百四十八条　解除権を有する者が故意若しくは過失によって契約の目的物を著しく損傷し、若しくは返還することができなくなったとき、又は加工若しくは改造によってこれを他の種類の物に変えたときは、解除権は、消滅する。ただし、解除権を有する者がその解除権を有することを知らなかったときは、この限りでない。

第五款　定型約款

（**定型約款の合意**）
第五百四十八条の二　定型取引（ある特定の者が不特定多数の者を相手方として行う取引であって、その内容の全部又は一部が画一的であることがその双方にとって合理的なものをいう。以下同じ。）を行うことの合意（次条において「定型取引合意」という。）をした者は、次に掲げる場合には、定型約款（定型取引において、契約の内容とすることを目的としてその特定の者により準備された条項の総体をいう。以下同じ。）の個別の条項についても合意をしたものとみなす。
一　定型約款を契約の内容とする旨の合意をしたとき。
二　定型約款を準備した者（以下「定型約款準備者」という。）があらかじめその定型約款を契約の内容とする旨を相手方に表示していたとき。
2　前項の規定にかかわらず、同項の条項のうち、相手方の権利を制限し、又は相手方の義務を加重する条項であって、その定型取引の態様及びその実情並びに取引上の社会通念に照らして第一条第二項に規定する基本原則に反して相手方の利益を一方的に害すると認められるものについては、合意をしなかったものとみなす。

（**定型約款の内容の表示**）
第五百四十八条の三　定型取引を行い、又は行おうとする定型約款準備者は、定型取引合意の前又は定型取引合意の後相当の期間内に相手方から請求があった場合には、遅滞なく、相当な方法でその定型約款の内容を示さなければならない。ただし、定型約款準備者が既に相手方に対して定型約款を記載した書面を交付し、又はこれを記録した電磁的記録を提供していたときは、この限りでない。
2　定型約款準備者が定型取引合意の前において前項の請求を拒んだときは、前条の規定は、適用しない。ただし、一時的な通信障害が発生した場合その他正当な事由がある場合は、この限りでない。

（**定型約款の変更**）
第五百四十八条の四　定型約款準備者は、次に掲げる場合には、定型約款の変更をすることにより、変更後の定型約款の条項について合意があったものとみなし、個別に相手方と合意をすることなく契約の内容を変更することができる。
一　定型約款の変更が、相手方の一般の利益に適合するとき。
二　定型約款の変更が、契約をした目的に反せず、かつ、変更の必要性、変更後の内容の相当性、この条の規定により定型約款の変更をすることがある旨の定めの有無及びその内容その他の変更に係る事情に照らして合理的なものであるとき。
2　定型約款準備者は、前項の規定による定型約款の変更をするときは、その効力発生時期を定め、かつ、定型約款を変更する旨及び変更後の定型約款の内容並びにその効力発生時期をインターネットの利用その他の適切な方法により周知しなければならない。
3　第一項第二号の規定による定型約款の変更は、前項の効力発生時期が到来するまでに同項の規定による周知をしなければ、その効力を生じない。
4　第五百四十八条の二第二項の規定は、第一項の規定による定型約款の変更については、適用しない。

第二節　贈与

（**贈与**）
第五百四十九条　贈与は、当事者の一方がある財産を無償で相手方に与える意思を表示し、相手方が受諾をすることによって、その効力を生ずる。

（書面によらない贈与の解除）
第五百五十条　書面によらない贈与は、各当事者が解除をすることができる。ただし、履行の終わった部分については、この限りでない。

（贈与者の引渡義務等）
第五百五十一条　贈与者は、贈与の目的である物又は権利を、贈与の目的として特定した時の状態で引き渡し、又は移転することを約したものと推定する。

2　負担付贈与については、贈与者は、その負担の限度において、売主と同じく担保の責任を負う。

（定期贈与）
第五百五十二条　定期の給付を目的とする贈与は、贈与者又は受贈者の死亡によって、その効力を失う。

（負担付贈与）
第五百五十三条　負担付贈与については、この節に定めるもののほか、その性質に反しない限り、双務契約に関する規定を準用する。

（死因贈与）
第五百五十四条　贈与者の死亡によって効力を生ずる贈与については、その性質に反しない限り、遺贈に関する規定を準用する。

第三節　売買

第一款　総則

（売買）
第五百五十五条　売買は、当事者の一方がある財産権を相手方に移転することを約し、相手方がこれに対してその代金を支払うことを約することによって、その効力を生ずる。

（売買の一方の予約）
第五百五十六条　売買の一方の予約は、相手方が売買を完結する意思を表示した時から、売買の効力を生ずる。

2　前項の意思表示について期間を定めなかったときは、予約者は、相手方に対し、相当の期間を定めて、その期間内に売買を完結するかどうかを確答すべき旨の催告をすることができる。この場合において、相手方がその期間内に確答をしないときは、売買の一方の予約は、その効力を失う。

（手付）
第五百五十七条　買主が売主に手付を交付したときは、買主はその手付を放棄し、売主はその倍額を現実に提供して、契約の解除をすることができる。ただし、その相手方が契約の履行に着手した後は、この限りでない。

2　第五百四十五条第四項の規定は、前項の場合には、適用しない。

（売買契約に関する費用）
第五百五十八条　売買契約に関する費用は、当事者双方が等しい割合で負担する。

（有償契約への準用）
第五百五十九条　この節の規定は、売買以外の有償契約について準用する。ただし、その有償契約の性質がこれを許さないときは、この限りでない。

第二款　売買の効力

（権利移転の対抗要件に係る売主の義務）
第五百六十条　売主は、買主に対し、登記、登録その他の売買の目的である権利の移転についての対抗要件を備えさせる義務を負う。

（他人の権利の売買における売主の義務）
第五百六十一条　他人の権利（権利の一部が他人に属する場合におけるその権利の一部を含む。）を売買の目的としたときは、売主は、その権利を取得して買主に移転する義務を負う。

（買主の追完請求権）
第五百六十二条　引き渡された目的物が種類、品質又は数量に関して契約の内容に適合しないものであるときは、買主は、売主に対し、目的物の修補、代替物の引渡し又は不足分の引渡しによる履行の追完を請求することができる。ただし、売主は、買主に不相当な負担を課するものでないときは、買主が請求した方法と異なる方法による履行の追完をすることができる。

2　前項の不適合が買主の責めに帰すべき事由によるものであるときは、買主は、同項の規定による履行の追完の請求をすることができない。

（買主の代金減額請求権）
第五百六十三条　前条第一項本文に規定する場合において、買主が相当の期間を定めて履行の追完の催告をし、その期間内に履行の追完がないときは、買主は、その不適合の程度に応じて代金の減額を請求することができる。

2　前項の規定にかかわらず、次に掲げる場合には、買主は、同項の催告をすることなく、直ちに代金の減額を請求することができる。

一　履行の追完が不能であるとき。

二　売主が履行の追完を拒絶する意思を明確に表示したとき。

三　契約の性質又は当事者の意思表示により、特定の日時又は一定の期間内に履行をしなければ契約をした目的を達することができない場合において、売主が履行の追完をしないでその時期を経過したとき。

四　前三号に掲げる場合のほか、買主が前項の催告をしても履行の追完を受ける見込みがないことが明らかであるとき。

3　第一項の不適合が買主の責めに帰すべき事由によるものであるときは、買主は、前二項の規定による代金の減額の請求をすることができない。

（買主の損害賠償請求及び解除権の行使）

第五百六十四条　前二条の規定は、第四百十五条の規定による損害賠償の請求並びに第五百四十一条及び第五百四十二条の規定による解除権の行使を妨げない。

（移転した権利が契約の内容に適合しない場合における売主の担保責任）

第五百六十五条　前三条の規定は、売主が買主に移転した権利が契約の内容に適合しないものである場合（権利の一部が他人に属する場合においてその権利の一部を移転しないときを含む。）について準用する。

（目的物の種類又は品質に関する担保責任の期間の制限）

第五百六十六条　売主が種類又は品質に関して契約の内容に適合しない目的物を買主に引き渡した場合において、買主がその不適合を知った時から一年以内にその旨を売主に通知しないときは、買主は、その不適合を理由として、履行の追完の請求、代金の減額の請求、損害賠償の請求及び契約の解除をすることができない。ただし、売主が引渡しの時にその不適合を知り、又は重大な過失によって知らなかったときは、この限りでない。

（目的物の滅失等についての危険の移転）

第五百六十七条　売主が買主に目的物（売買の目的として特定したものに限る。以下この条において同じ。）を引き渡した場合において、その引渡しがあった時以後にその目的物が当事者双方の責めに帰することができない事由によって滅失し、又は損傷したときは、買主は、その滅失又は損傷を理由として、履行の追完の請求、代金の減額の請求、損害賠償の請求及び契約の解除をすることができない。この場合において、買主は、代金の支払を拒むことができない。

2　売主が契約の内容に適合する目的物をもって、その引渡しの債務の履行を提供したにもかかわらず、買主がその履行を受けることを拒み、又は受けることができない場合において、その履行の提供があった時以後に当事者双方の責めに帰することができない事由によってその目的物が滅失し、又は損傷したときも、前項と同様とする。

（競売における担保責任等）

第五百六十八条　民事執行法その他の法律の規定に基づく競売（以下この条において単に「競売」という。）における買受人は、第五百四十一条及び第五百四十二条の規定並びに第五百六十三条（第五百六十五条において準用する場合を含む。）の規定により、債務者に対し、契約の解除をし、又は代金の減額を請求することができる。

2　前項の場合において、債務者が無資力であるときは、買受人は、代金の配当を受けた債権者に対し、その代金の全部又は一部の返還を請求することができる。

3　前二項の場合において、債務者が物若しくは権利の不存在を知りながら申し出なかったとき、又は債権者がこれを知りながら競売を請求したときは、買受人は、これらの者に対し、損害賠償の請求をすることができる。

4　前三項の規定は、競売の目的物の種類又は品質に関する不適合については、適用しない。

（債権の売主の担保責任）

第五百六十九条　債権の売主が債務者の資力を担保したときは、契約の時における資力を担保したものと推定する。

2　弁済期に至らない債権の売主が債務者の将来の資力を担保したときは、弁済期における資力を担保したものと推定する。

（抵当権等がある場合の買主による費用の償還請求）

第五百七十条　買い受けた不動産について契約の内容に適合しない先取特権、質権又は抵当権が存していた場合において、買主が費用を支出してその不動産の所有権を保存したときは、買主は、売主に対し、その費用の償還を請求することができる。

第五百七十一条　削除

（担保責任を負わない旨の特約）

第五百七十二条　売主は、第五百六十二条第一項本文又は第五百六十五条に規定する場合における担保の責任を負わない旨の特約をしたときであっても、知りながら告げなかった事実及び自ら第三者のために設定し又は第三者に譲り渡した権利については、その責任を免れることができない。

（代金の支払期限）

第五百七十三条 売買の目的物の引渡しについて期限があるときは、代金の支払についても同一の期限を付したものと推定する。

（代金の支払場所）

第五百七十四条 売買の目的物の引渡しと同時に代金を支払うべきときは、その引渡しの場所において支払わなければならない。

（果実の帰属及び代金の利息の支払）

第五百七十五条 まだ引き渡されていない売買の目的物が果実を生じたときは、その果実は、売主に帰属する。

2 買主は、引渡しの日から、代金の利息を支払う義務を負う。ただし、代金の支払について期限があるときは、その期限が到来するまでは、利息を支払うことを要しない。

（権利を取得することができない等のおそれがある場合の買主による代金の支払の拒絶）

第五百七十六条 売買の目的について権利を主張する者があることその他の事由により、買主がその買い受けた権利の全部若しくは一部を取得することができず、又は失うおそれがあるときは、買主は、その危険の程度に応じて、代金の全部又は一部の支払を拒むことができる。ただし、売主が相当の担保を供したときは、この限りでない。

（抵当権等の登記がある場合の買主による代金の支払の拒絶）

第五百七十七条 買い受けた不動産について契約の内容に適合しない抵当権の登記があるときは、買主は、抵当権消滅請求の手続が終わるまで、その代金の支払を拒むことができる。この場合において、売主は、買主に対し、遅滞なく抵当権消滅請求をすべき旨を請求することができる。

2 前項の規定は、買い受けた不動産について契約の内容に適合しない先取特権又は質権の登記がある場合について準用する。

（売主による代金の供託の請求）

第五百七十八条 前二条の場合においては、売主は、買主に対して代金の供託を請求することができる。

第三款　買戻し

（買戻しの特約）

第五百七十九条 不動産の売主は、売買契約と同時にした買戻しの特約により、買主が支払った代金（別段の合意をした場合にあっては、その合意により定めた金額。第五百八十三条第一項において同じ。）及び契約の費用を返還して、売買の解除をすることができる。この場合において、当事者が別段の意思を表示しなかったときは、不動産の果実と代金の利息とは相殺したものとみなす。

（買戻しの期間）

第五百八十条 買戻しの期間は、十年を超えることができない。特約でこれより長い期間を定めたときは、その期間は、十年とする。

2 買戻しについて期間を定めたときは、その後にこれを伸長することができない。

3 買戻しについて期間を定めなかったときは、五年以内に買戻しをしなければならない。

（買戻しの特約の対抗力）

第五百八十一条 売買契約と同時に買戻しの特約を登記したときは、買戻しは、第三者に対抗することができる。

2 前項の登記がされた後に第六百五条の二第一項に規定する対抗要件を備えた賃借人の権利は、その残存期間中一年を超えない期間に限り、売主に対抗することができる。ただし、売主を害する目的で賃貸借をしたときは、この限りでない。

（買戻権の代位行使）

第五百八十二条 売主の債権者が第四百二十三条の規定により売主に代わって買戻しをしようとするときは、買主は、裁判所において選任した鑑定人の評価に従い、不動産の現在の価額から売主が返還すべき金額を控除した残額に達するまで売主の債務を弁済し、なお残余があるときはこれを売主に返還して、買戻権を消滅させることができる。

（買戻しの実行）

第五百八十三条 売主は、第五百八十条に規定する期間内に代金及び契約の費用を提供しなければ、買戻しをすることができない。

2 買主又は転得者が不動産について費用を支出したときは、売主は、第百九十六条の規定に従い、その償還をしなければならない。ただし、有益費については、裁判所は、売主の請求により、その償還について相当の期限を許与することができる。

（共有持分の買戻特約付売買）

第五百八十四条 不動産の共有者の一人が買戻しの特約を付してその持分を売却した後に、

その不動産の分割又は競売があったときは、売主は、買主が受け、若しくは受けるべき部分又は代金について、買戻しをすることができる。ただし、売主に通知をしないでした分割及び競売は、売主に対抗することができない。

第五百八十五条　前条の場合において、買主が不動産の競売における買受人となったときは、売主は、競売の代金及び第五百八十三条に規定する費用を支払って買戻しをすることができる。この場合において、売主は、その不動産の全部の所有権を取得する。

2　他の共有者が分割を請求したことにより買主が競売における買受人となったときは、売主は、その持分のみについて買戻しをすることはできない。

第四節　交換

第五百八十六条　交換は、当事者が互いに金銭の所有権以外の財産権を移転することを約することによって、その効力を生ずる。

2　当事者の一方が他の権利とともに金銭の所有権を移転することを約した場合におけるその金銭については、売買の代金に関する規定を準用する。

第五節　消費貸借

（消費貸借）

第五百八十七条　消費貸借は、当事者の一方が種類、品質及び数量の同じ物をもって返還をすることを約して相手方から金銭その他の物を受け取ることによって、その効力を生ずる。

（書面でする消費貸借等）

第五百八十七条の二　前条の規定にかかわらず、書面でする消費貸借は、当事者の一方が金銭その他の物を引き渡すことを約し、相手方がその受け取った物と種類、品質及び数量の同じ物をもって返還をすることを約することによって、その効力を生ずる。

2　書面でする消費貸借の借主は、貸主から金銭その他の物を受け取るまで、契約の解除をすることができる。この場合において、貸主は、その契約の解除によって損害を受けたときは、借主に対し、その賠償を請求することができる。

3　書面でする消費貸借は、借主が貸主から金銭その他の物を受け取る前に当事者の一方が破産手続開始の決定を受けたときは、その効力を失う。

4　消費貸借がその内容を記録した電磁的記録によってされたときは、その消費貸借は、書面によってされたものとみなして、前三項の規定を適用する。

（準消費貸借）

第五百八十八条　金銭その他の物を給付する義務を負う者がある場合において、当事者がその物を消費貸借の目的とすることを約したときは、消費貸借は、これによって成立したものとみなす。

（利息）

第五百八十九条　貸主は、特約がなければ、借主に対して利息を請求することができない。

2　前項の特約があるときは、貸主は、借主が金銭その他の物を受け取った日以後の利息を請求することができる。

（貸主の引渡義務等）

第五百九十条　第五百五十一条の規定は、前条第一項の特約のない消費貸借について準用する。

2　前条第一項の特約の有無にかかわらず、貸主から引き渡された物が種類又は品質に関して契約の内容に適合しないものであるときは、借主は、その物の価額を返還することができる。

（返還の時期）

第五百九十一条　当事者が返還の時期を定めなかったときは、貸主は、相当の期間を定めて返還の催告をすることができる。

2　借主は、返還の時期の定めの有無にかかわらず、いつでも返還をすることができる。

3　当事者が返還の時期を定めた場合において、貸主は、借主がその時期の前に返還をしたことによって損害を受けたときは、借主に対し、その賠償を請求することができる。

（価額の償還）

第五百九十二条　借主が貸主から受け取った物と種類、品質及び数量の同じ物をもって返還をすることができなくなったときは、その時における物の価額を償還しなければならない。ただし、第四百二条第二項に規定する場合は、この限りでない。

第六節　使用貸借

（使用貸借）

第五百九十三条　使用貸借は、当事者の一方がある物を引き渡すことを約し、相手方がその受け取った物について無償で使用及び収益をして契約が終了したときに返還をすることを約することによって、その効力を生ずる。

（借用物受取り前の貸主による使用貸借の解除）

第五百九十三条の二　貸主は、借主が借用物を受け取るまで、契約の解除をすることができる。ただし、書面による使用貸借については、この限りでない。

（借主による使用及び収益）

第五百九十四条　借主は、契約又はその目的物の性質によって定まった用法に従い、その物の使用及び収益をしなければならない。

2　借主は、貸主の承諾を得なければ、第三者に借用物の使用又は収益をさせることができない。

3　借主が前二項の規定に違反して使用又は収益をしたときは、貸主は、契約の解除をすることができる。

（借用物の費用の負担）

第五百九十五条　借主は、借用物の通常の必要費を負担する。

2　第五百八十三条第二項の規定は、前項の通常の必要費以外の費用について準用する。

（貸主の引渡義務等）

第五百九十六条　第五百五十一条の規定は、使用貸借について準用する。

（期間満了等による使用貸借の終了）

第五百九十七条　当事者が使用貸借の期間を定めたときは、使用貸借は、その期間が満了することによって終了する。

2　当事者が使用貸借の期間を定めなかった場合において、使用及び収益の目的を定めたときは、使用貸借は、借主がその目的に従い使用及び収益を終えることによって終了する。

3　使用貸借は、借主の死亡によって終了する。

（使用貸借の解除）

第五百九十八条　貸主は、前条第二項に規定する場合において、同項の目的に従い借主が使用及び収益をするのに足りる期間を経過したときは、契約の解除をすることができる。

2　当事者が使用貸借の期間並びに使用及び収益の目的を定めなかったときは、貸主は、いつでも契約の解除をすることができる。

3　借主は、いつでも契約の解除をすることができる。

（借主による収去等）

第五百九十九条　借主は、借用物を受け取った後にこれに附属させた物がある場合において、使用貸借が終了したときは、その附属させた物を収去する義務を負う。ただし、借用物から分離することができない物又は分離するのに過分の費用を要する物については、この限りでない。

2　借主は、借用物を受け取った後にこれに附属させた物を収去することができる。

3　借主は、借用物を受け取った後にこれに生じた損傷がある場合において、使用貸借が終了したときは、その損傷を原状に復する義務を負う。ただし、その損傷が借主の責めに帰することができない事由によるものであるときは、この限りでない。

（損害賠償及び費用の償還の請求権についての期間の制限）

第六百条　契約の本旨に反する使用又は収益によって生じた損害の賠償及び借主が支出した費用の償還は、貸主が返還を受けた時から一年以内に請求しなければならない。

2　前項の損害賠償の請求権については、貸主が返還を受けた時から一年を経過するまでの間は、時効は、完成しない。

第七節　賃貸借

第一款　総則

（賃貸借）

第六百一条　賃貸借は、当事者の一方がある物の使用及び収益を相手方にさせることを約し、相手方がこれに対してその賃料を支払うこと及び引渡しを受けた物を契約が終了したときに返還することを約することによって、その効力を生ずる。

（短期賃貸借）

第六百二条　処分の権限を有しない者が賃貸借をする場合には、次の各号に掲げる賃貸借は、それぞれ当該各号に定める期間を超えることができない。契約でこれより長い期間を定めたときであっても、その期間は、当該各号に定める期間とする。

一　樹木の栽植又は伐採を目的とする山林の賃貸借　十年

二　前号に掲げる賃貸借以外の土地の賃貸借　五年

三　建物の賃貸借　三年

四　動産の賃貸借　六箇月

（短期賃貸借の更新）

第六百三条　前条に定める期間は、更新することができる。ただし、その期間満了前、土地については一年以内、建物については三箇月以内、動産については一箇月以内に、その更新をしなければならない。

（**賃貸借の存続期間**）

第六百四条　賃貸借の存続期間は、五十年を超えることができない。契約でこれより長い期間を定めたときであっても、その期間は、五十年とする。

2　賃貸借の存続期間は、更新することができる。ただし、その期間は、更新の時から五十年を超えることができない。

第二款　賃貸借の効力

（**不動産賃貸借の対抗力**）

第六百五条　不動産の賃貸借は、これを登記したときは、その不動産について物権を取得した者その他の第三者に対抗することができる。

（**不動産の賃貸人たる地位の移転**）

第六百五条の二　前条、借地借家法（平成三年法律第九十号）第十条又は第三十一条その他の法令の規定による賃貸借の対抗要件を備えた場合において、その不動産が譲渡されたときは、その不動産の賃貸人たる地位は、その譲受人に移転する。

2　前項の規定にかかわらず、不動産の譲渡人及び譲受人が、賃貸人たる地位を譲渡人に留保する旨及びその不動産を譲受人が譲渡人に賃貸する旨の合意をしたときは、賃貸人たる地位は、譲受人に移転しない。この場合において、譲渡人と譲受人又はその承継人との間の賃貸借が終了したときは、譲渡人に留保されていた賃貸人たる地位は、譲受人又はその承継人に移転する。

3　第一項又は前項後段の規定による賃貸人たる地位の移転は、賃貸物である不動産について所有権の移転の登記をしなければ、賃借人に対抗することができない。

4　第一項又は第二項後段の規定により賃貸人たる地位が譲受人又はその承継人に移転したときは、第六百八条の規定による費用の償還に係る債務及び第六百二十二条の二第一項の規定による同項に規定する敷金の返還に係る債務は、譲受人又はその承継人が承継する。

（**合意による不動産の賃貸人たる地位の移転**）

第六百五条の三　不動産の譲渡人が賃貸人であるときは、その賃貸人たる地位は、賃借人の承諾を要しないで、譲渡人と譲受人との合意により、譲受人に移転させることができる。この場合においては、前条第三項及び第四項の規定を準用する。

（**不動産の賃借人による妨害の停止の請求等**）

第六百五条の四　不動産の賃借人は、第六百五条の二第一項に規定する対抗要件を備えた場合において、次の各号に掲げるときは、それぞれ当該各号に定める請求をすることができる。

一　その不動産の占有を第三者が妨害しているとき　その第三者に対する妨害の停止の請求

二　その不動産を第三者が占有しているとき　その第三者に対する返還の請求

（**賃貸人による修繕等**）

第六百六条　賃貸人は、賃貸物の使用及び収益に必要な修繕をする義務を負う。ただし、賃借人の責めに帰すべき事由によってその修繕が必要となったときは、この限りでない。

2　賃貸人が賃貸物の保存に必要な行為をしようとするときは、賃借人は、これを拒むことができない。

（**賃借人の意思に反する保存行為**）

第六百七条　賃貸人が賃借人の意思に反して保存行為をしようとする場合において、そのために賃借人が賃借をした目的を達することができなくなるときは、賃借人は、契約の解除をすることができる。

（**賃借人による修繕**）

第六百七条の二　賃借物の修繕が必要である場合において、次に掲げるときは、賃借人は、その修繕をすることができる。

一　賃借人が賃貸人に修繕が必要である旨を通知し、又は賃貸人がその旨を知ったにもかかわらず、賃貸人が相当の期間内に必要な修繕をしないとき。

二　急迫の事情があるとき。

（**賃借人による費用の償還請求**）

第六百八条　賃借人は、賃借物について賃貸人の負担に属する必要費を支出したときは、賃貸人に対し、直ちにその償還を請求することができる。

2　賃借人が賃借物について有益費を支出したときは、賃貸人は、賃貸借の終了の時に、第百九十六条第二項の規定に従い、その償還をしなければならない。ただし、裁判所は、賃貸人の請求により、その償還について相当の期限を許与することができる。

（**減収による賃料の減額請求**）

第六百九条　耕作又は牧畜を目的とする土地の賃借人は、不可抗力によって賃料より少ない収益を得たときは、その収益の額に至るまで、賃料の減額を請求することができる。

（減収による解除）
第六百十条　前条の場合において、同条の賃借人は、不可抗力によって引き続き二年以上賃料より少ない収益を得たときは、契約の解除をすることができる。

（賃借物の一部滅失等による賃料の減額等）
第六百十一条　賃借物の一部が滅失その他の事由により使用及び収益をすることができなくなった場合において、それが賃借人の責めに帰することができない事由によるものであるときは、賃料は、その使用及び収益をすることができなくなった部分の割合に応じて、減額される。

2　賃借物の一部が滅失その他の事由により使用及び収益をすることができなくなった場合において、残存する部分のみでは賃借人が賃借をした目的を達することができないときは、賃借人は、契約の解除をすることができる。

（賃借権の譲渡及び転貸の制限）
第六百十二条　賃借人は、賃貸人の承諾を得なければ、その賃借権を譲り渡し、又は賃借物を転貸することができない。

2　賃借人が前項の規定に違反して第三者に賃借物の使用又は収益をさせたときは、賃貸人は、契約の解除をすることができる。

（転貸の効果）
第六百十三条　賃借人が適法に賃借物を転貸したときは、転借人は、賃貸人と賃借人との間の賃貸借に基づく賃借人の債務の範囲を限度として、賃貸人に対して転貸借に基づく債務を直接履行する義務を負う。この場合においては、賃料の前払をもって賃貸人に対抗することができない。

2　前項の規定は、賃貸人が賃借人に対してその権利を行使することを妨げない。

3　賃借人が適法に賃借物を転貸した場合には、賃貸人は、賃借人との間の賃貸借を合意により解除したことをもって転借人に対抗することができない。ただし、その解除の当時、賃貸人が賃借人の債務不履行による解除権を有していたときは、この限りでない。

（賃料の支払時期）
第六百十四条　賃料は、動産、建物及び宅地については毎月末に、その他の土地については毎年末に、支払わなければならない。ただし、収穫の季節があるものについては、その季節の後に遅滞なく支払わなければならない。

（賃借人の通知義務）
第六百十五条　賃借物が修繕を要し、又は賃借物について権利を主張する者があるときは、賃借人は、遅滞なくその旨を賃貸人に通知しなければならない。ただし、賃貸人が既にこれを知っているときは、この限りでない。

（賃借人による使用及び収益）
第六百十六条　第五百九十四条第一項の規定は、賃貸借について準用する。

第三款　賃貸借の終了

（賃借物の全部滅失等による賃貸借の終了）
第六百十六条の二　賃借物の全部が滅失その他の事由により使用及び収益をすることができなくなった場合には、賃貸借は、これによって終了する。

（期間の定めのない賃貸借の解約の申入れ）
第六百十七条　当事者が賃貸借の期間を定めなかったときは、各当事者は、いつでも解約の申入れをすることができる。この場合においては、次の各号に掲げる賃貸借は、解約の申入れの日からそれぞれ当該各号に定める期間を経過することによって終了する。

一　土地の賃貸借　一年
二　建物の賃貸借　三箇月
三　動産及び貸席の賃貸借　一日

2　収穫の季節がある土地の賃貸借については、その季節の後次の耕作に着手する前に、解約の申入れをしなければならない。

（期間の定めのある賃貸借の解約をする権利の留保）
第六百十八条　当事者が賃貸借の期間を定めた場合であっても、その一方又は双方がその期間内に解約をする権利を留保したときは、前条の規定を準用する。

（賃貸借の更新の推定等）
第六百十九条　賃貸借の期間が満了した後賃借人が賃借物の使用又は収益を継続する場合において、賃貸人がこれを知りながら異議を述べないときは、従前の賃貸借と同一の条件で更に賃貸借をしたものと推定する。この場合において、各当事者は、第六百十七条の規定により解約の申入れをすることができる。

2　従前の賃貸借について当事者が担保を供していたときは、その担保は、期間の満了によって消滅する。ただし、第六百二十二条の二第一項に規定する敷金については、この限りでない。

（賃貸借の解除の効力）
第六百二十条　賃貸借の解除をした場合には、

その解除は、将来に向かってのみその効力を生ずる。この場合においては、損害賠償の請求を妨げない。

（賃借人の原状回復義務）

第六百二十一条　賃借人は、賃借物を受け取った後にこれに生じた損傷（通常の使用及び収益によって生じた賃借物の損耗並びに賃借物の経年変化を除く。以下この条において同じ。）がある場合において、賃貸借が終了したときは、その損傷を原状に復する義務を負う。ただし、その損傷が賃借人の責めに帰することができない事由によるものであるときは、この限りでない。

（使用貸借の規定の準用）

第六百二十二条　第五百九十七条第一項、第五百九十九条第一項及び第二項並びに第六百条の規定は、賃貸借について準用する。

第四款　敷金

第六百二十二条の二　賃貸人は、敷金（いかなる名目によるかを問わず、賃料債務その他の賃貸借に基づいて生ずる賃借人の賃貸人に対する金銭の給付を目的とする債務を担保する目的で、賃借人が賃貸人に交付する金銭をいう。以下この条において同じ。）を受け取っている場合において、次に掲げるときは、賃借人に対し、その受け取った敷金の額から賃貸借に基づいて生じた賃借人の賃貸人に対する金銭の給付を目的とする債務の額を控除した残額を返還しなければならない。

一　賃貸借が終了し、かつ、賃貸物の返還を受けたとき。

二　賃借人が適法に賃借権を譲り渡したとき。

2　賃貸人は、賃借人が賃貸借に基づいて生じた金銭の給付を目的とする債務を履行しないときは、敷金をその債務の弁済に充てることができる。この場合において、賃借人は、賃貸人に対し、敷金をその債務の弁済に充てることを請求することができない。

第八節　雇用

（雇用）

第六百二十三条　雇用は、当事者の一方が相手方に対して労働に従事することを約し、相手方がこれに対してその報酬を与えることを約することによって、その効力を生ずる。

（報酬の支払時期）

第六百二十四条　労働者は、その約した労働を終わった後でなければ、報酬を請求することができない。

2　期間によって定めた報酬は、その期間を経過した後に、請求することができる。

（履行の割合に応じた報酬）

第六百二十四条の二　労働者は、次に掲げる場合には、既にした履行の割合に応じて報酬を請求することができる。

一　使用者の責めに帰することができない事由によって労働に従事することができなくなったとき。

二　雇用が履行の中途で終了したとき。

（使用者の権利の譲渡の制限等）

第六百二十五条　使用者は、労働者の承諾を得なければ、その権利を第三者に譲り渡すことができない。

2　労働者は、使用者の承諾を得なければ、自己に代わって第三者を労働に従事させることができない。

3　労働者が前項の規定に違反して第三者を労働に従事させたときは、使用者は、契約の解除をすることができる。

（期間の定めのある雇用の解除）

第六百二十六条　雇用の期間が五年を超え、又はその終期が不確定であるときは、当事者の一方は、五年を経過した後、いつでも契約の解除をすることができる。

2　前項の規定により契約の解除をしようとする者は、それが使用者であるときは三箇月前、労働者であるときは二週間前に、その予告をしなければならない。

（期間の定めのない雇用の解約の申入れ）

第六百二十七条　当事者が雇用の期間を定めなかったときは、各当事者は、いつでも解約の申入れをすることができる。この場合において、雇用は、解約の申入れの日から二週間を経過することによって終了する。

2　期間によって報酬を定めた場合には、使用者からの解約の申入れは、次期以後についてすることができる。ただし、その解約の申入れは、当期の前半にしなければならない。

3　六箇月以上の期間によって報酬を定めた場合には、前項の解約の申入れは、三箇月前にしなければならない。

（やむを得ない事由による雇用の解除）

第六百二十八条　当事者が雇用の期間を定めた場合であっても、やむを得ない事由があるときは、各当事者は、直ちに契約の解除をすることができる。この場合において、その事由が当事者の一方の過失によって生じたものであるときは、相手方に対して損害賠償の責任を負う。

（雇用の更新の推定等）
第六百二十九条 雇用の期間が満了した後労働者が引き続きその労働に従事する場合において、使用者がこれを知りながら異議を述べないときは、従前の雇用と同一の条件で更に雇用をしたものと推定する。この場合において、各当事者は、第六百二十七条の規定により解約の申入れをすることができる。

2 従前の雇用について当事者が担保を供していたときは、その担保は、期間の満了によって消滅する。ただし、身元保証金については、この限りでない。

（雇用の解除の効力）
第六百三十条 第六百二十条の規定は、雇用について準用する。

（使用者についての破産手続の開始による解約の申入れ）
第六百三十一条 使用者が破産手続開始の決定を受けた場合には、雇用に期間の定めがあるときであっても、労働者又は破産管財人は、第六百二十七条の規定により解約の申入れをすることができる。この場合において、各当事者は、相手方に対し、解約によって生じた損害の賠償を請求することができない。

第九節　請負

（請負）
第六百三十二条 請負は、当事者の一方がある仕事を完成することを約し、相手方がその仕事の結果に対してその報酬を支払うことを約することによって、その効力を生ずる。

（報酬の支払時期）
第六百三十三条 報酬は、仕事の目的物の引渡しと同時に、支払わなければならない。ただし、物の引渡しを要しないときは、第六百二十四条第一項の規定を準用する。

（注文者が受ける利益の割合に応じた報酬）
第六百三十四条 次に掲げる場合において、請負人が既にした仕事の結果のうち可分な部分の給付によって注文者が利益を受けるときは、その部分を仕事の完成とみなす。この場合において、請負人は、注文者が受ける利益の割合に応じて報酬を請求することができる。

一 注文者の責めに帰することができない事由によって仕事を完成することができなくなったとき。

二 請負が仕事の完成前に解除されたとき。

第六百三十五条 削除

（請負人の担保責任の制限）
第六百三十六条 請負人が種類又は品質に関して契約の内容に適合しない仕事の目的物を注文者に引き渡したとき（その引渡しを要しない場合にあっては、仕事が終了した時に仕事の目的物が種類又は品質に関して契約の内容に適合しないとき）は、注文者は、注文者の供した材料の性質又は注文者の与えた指図によって生じた不適合を理由として、履行の追完の請求、報酬の減額の請求、損害賠償の請求及び契約の解除をすることができない。ただし、請負人がその材料又は指図が不適当であることを知りながら告げなかったときは、この限りでない。

（目的物の種類又は品質に関する担保責任の期間の制限）
第六百三十七条 前条本文に規定する場合において、注文者がその不適合を知った時から一年以内にその旨を請負人に通知しないときは、注文者は、その不適合を理由として、履行の追完の請求、報酬の減額の請求、損害賠償の請求及び契約の解除をすることができない。

2 前項の規定は、仕事の目的物を注文者に引き渡した時（その引渡しを要しない場合にあっては、仕事が終了した時）において、請負人が同項の不適合を知り、又は重大な過失によって知らなかったときは、適用しない。

第六百三十八条から第六百四十条まで 削除

（注文者による契約の解除）
第六百四十一条 請負人が仕事を完成しない間は、注文者は、いつでも損害を賠償して契約の解除をすることができる。

（注文者についての破産手続の開始による解除）
第六百四十二条 注文者が破産手続開始の決定を受けたときは、請負人又は破産管財人は、契約の解除をすることができる。ただし、請負人による契約の解除については、仕事を完成した後は、この限りでない。

2 前項に規定する場合において、請負人は、既にした仕事の報酬及びその中に含まれていない費用について、破産財団の配当に加入することができる。

3 第一項の場合には、契約の解除によって生じた損害の賠償は、破産管財人が契約の解除をした場合における請負人に限り、請求することができる。この場合において、請負人は、その損害賠償について、破産財団の配当に加入する。

第十節　委任

（**委任**）

第六百四十三条　委任は、当事者の一方が法律行為をすることを相手方に委託し、相手方がこれを承諾することによって、その効力を生ずる。

（**受任者の注意義務**）

第六百四十四条　受任者は、委任の本旨に従い、善良な管理者の注意をもって、委任事務を処理する義務を負う。

（**復受任者の選任等**）

第六百四十四条の二　受任者は、委任者の許諾を得たとき、又はやむを得ない事由があるときでなければ、復受任者を選任することができない。

2　代理権を付与する委任において、受任者が代理権を有する復受任者を選任したときは、復受任者は、委任者に対して、その権限の範囲内において、受任者と同一の権利を有し、義務を負う。

（**受任者による報告**）

第六百四十五条　受任者は、委任者の請求があるときは、いつでも委任事務の処理の状況を報告し、委任が終了した後は、遅滞なくその経過及び結果を報告しなければならない。

（**受任者による受取物の引渡し等**）

第六百四十六条　受任者は、委任事務を処理するに当たって受け取った金銭その他の物を委任者に引き渡さなければならない。その収取した果実についても、同様とする。

2　受任者は、委任者のために自己の名で取得した権利を委任者に移転しなければならない。

（**受任者の金銭の消費についての責任**）

第六百四十七条　受任者は、委任者に引き渡すべき金額又はその利益のために用いるべき金額を自己のために消費したときは、その消費した日以後の利息を支払わなければならない。この場合において、なお損害があるときは、その賠償の責任を負う。

（**受任者の報酬**）

第六百四十八条　受任者は、特約がなければ、委任者に対して報酬を請求することができない。

2　受任者は、報酬を受けるべき場合には、委任事務を履行した後でなければ、これを請求することができない。ただし、期間によって報酬を定めたときは、第六百二十四条第二項の規定を準用する。

3　受任者は、次に掲げる場合には、既にした履行の割合に応じて報酬を請求することができる。

一　委任者の責めに帰することができない事由によって委任事務の履行をすることができなくなったとき。

二　委任が履行の中途で終了したとき。

（**成果等に対する報酬**）

第六百四十八条の二　委任事務の履行により得られる成果に対して報酬を支払うことを約した場合において、その成果が引渡しを要するときは、報酬は、その成果の引渡しと同時に、支払わなければならない。

2　第六百三十四条の規定は、委任事務の履行により得られる成果に対して報酬を支払うことを約した場合について準用する。

（**受任者による費用の前払請求**）

第六百四十九条　委任事務を処理するについて費用を要するときは、委任者は、受任者の請求により、その前払をしなければならない。

（**受任者による費用等の償還請求等**）

第六百五十条　受任者は、委任事務を処理するのに必要と認められる費用を支出したときは、委任者に対し、その費用及び支出の日以後におけるその利息の償還を請求することができる。

2　受任者は、委任事務を処理するのに必要と認められる債務を負担したときは、委任者に対し、自己に代わってその弁済をすることを請求することができる。この場合において、その債務が弁済期にないときは、委任者に対し、相当の担保を供させることができる。

3　受任者は、委任事務を処理するため自己に過失なく損害を受けたときは、委任者に対し、その賠償を請求することができる。

（**委任の解除**）

第六百五十一条　委任は、各当事者がいつでもその解除をすることができる。

2　前項の規定により委任の解除をした者は、次に掲げる場合には、相手方の損害を賠償しなければならない。ただし、やむを得ない事由があったときは、この限りでない。

一　相手方に不利な時期に委任を解除したとき。

二　委任者が受任者の利益（専ら報酬を得ることによるものを除く。）をも目的とする委任を解除したとき。

（委任の解除の効力）
第六百五十二条 第六百二十条の規定は、委任について準用する。

（委任の終了事由）
第六百五十三条 委任は、次に掲げる事由によって終了する。
一 委任者又は受任者の死亡
二 委任者又は受任者が破産手続開始の決定を受けたこと。
三 受任者が後見開始の審判を受けたこと。

（委任の終了後の処分）
第六百五十四条 委任が終了した場合において、急迫の事情があるときは、受任者又はその相続人若しくは法定代理人は、委任者又はその相続人若しくは法定代理人が委任事務を処理することができるに至るまで、必要な処分をしなければならない。

（委任の終了の対抗要件）
第六百五十五条 委任の終了事由は、これを相手方に通知したとき、又は相手方がこれを知っていたときでなければ、これをもってその相手方に対抗することができない。

（準委任）
第六百五十六条 この節の規定は、法律行為でない事務の委託について準用する。

第十一節 寄託

（寄託）
第六百五十七条 寄託は、当事者の一方がある物を保管することを相手方に委託し、相手方がこれを承諾することによって、その効力を生ずる。

（寄託物受取り前の寄託者による寄託の解除等）
第六百五十七条の二 寄託者は、受寄者が寄託物を受け取るまで、契約の解除をすることができる。この場合において、受寄者は、その契約の解除によって損害を受けたときは、寄託者に対し、その賠償を請求することができる。
2 無報酬の受寄者は、寄託物を受け取るまで、契約の解除をすることができる。ただし、書面による寄託については、この限りでない。
3 受寄者（無報酬で寄託を受けた場合にあっては、書面による寄託の受寄者に限る。）は、寄託物を受け取るべき時期を経過したにもかかわらず、寄託者が寄託物を引き渡さない場合において、相当の期間を定めてその引渡しの催告をし、その期間内に引渡しがないときは、契約の解除をすることができる。

（寄託物の使用及び第三者による保管）
第六百五十八条 受寄者は、寄託者の承諾を得なければ、寄託物を使用することができない。
2 受寄者は、寄託者の承諾を得たとき、又はやむを得ない事由があるときでなければ、寄託物を第三者に保管させることができない。
3 再受寄者は、寄託者に対して、その権限の範囲内において、受寄者と同一の権利を有し、義務を負う。

（無報酬の受寄者の注意義務）
第六百五十九条 無報酬の受寄者は、自己の財産に対するのと同一の注意をもって、寄託物を保管する義務を負う。

（受寄者の通知義務等）
第六百六十条 寄託物について権利を主張する第三者が受寄者に対して訴えを提起し、又は差押え、仮差押え若しくは仮処分をしたときは、受寄者は、遅滞なくその事実を寄託者に通知しなければならない。ただし、寄託者が既にこれを知っているときは、この限りでない。
2 第三者が寄託物について権利を主張する場合であっても、受寄者は、寄託者の指図がない限り、寄託者に対しその寄託物を返還しなければならない。ただし、受寄者が前項の通知をした場合又は同項ただし書の規定によりその通知を要しない場合において、その寄託物をその第三者に引き渡すべき旨を命ずる確定判決（確定判決と同一の効力を有するものを含む。）があったときであって、その第三者にその寄託物を引き渡したときは、この限りでない。
3 受寄者は、前項の規定により寄託者に対して寄託物を返還しなければならない場合には、寄託者にその寄託物を引き渡したことによって第三者に損害が生じたときであっても、その賠償の責任を負わない。

（寄託者による損害賠償）
第六百六十一条 寄託者は、寄託物の性質又は瑕疵によって生じた損害を受寄者に賠償しなければならない。ただし、寄託者が過失なくその性質若しくは瑕疵を知らなかったとき、又は受寄者がこれを知っていたときは、この限りでない。

（寄託者による返還請求等）
第六百六十二条 当事者が寄託物の返還の時期

を定めたときであっても、寄託者は、いつでもその返還を請求することができる。

2　前項に規定する場合において、受寄者は、寄託者がその時期の前に返還を請求したことによって損害を受けたときは、寄託者に対し、その賠償を請求することができる。

（寄託物の返還の時期）

第六百六十三条　当事者が寄託物の返還の時期を定めなかったときは、受寄者は、いつでもその返還をすることができる。

2　返還の時期の定めがあるときは、受寄者は、やむを得ない事由がなければ、その期限前に返還をすることができない。

（寄託物の返還の場所）

第六百六十四条　寄託物の返還は、その保管をすべき場所でしなければならない。ただし、受寄者が正当な事由によってその物を保管する場所を変更したときは、その現在の場所で返還をすることができる。

（損害賠償及び費用の償還の請求権についての期間の制限）

第六百六十四条の二　寄託物の一部滅失又は損傷によって生じた損害の賠償及び受寄者が支出した費用の償還は、寄託者が返還を受けた時から一年以内に請求しなければならない。

2　前項の損害賠償の請求権については、寄託者が返還を受けた時から一年を経過するまでの間は、時効は、完成しない。

（委任の規定の準用）

第六百六十五条　第六百四十六条から第六百四十八条まで、第六百四十九条並びに第六百五十条第一項及び第二項の規定は、寄託について準用する。

（混合寄託）

第六百六十五条の二　複数の者が寄託した物の種類及び品質が同一である場合には、受寄者は、各寄託者の承諾を得たときに限り、これらを混合して保管することができる。

2　前項の規定に基づき受寄者が複数の寄託者からの寄託物を混合して保管したときは、寄託者は、その寄託した物と同じ数量の物の返還を請求することができる。

3　前項に規定する場合において、寄託物の一部が滅失したときは、寄託者は、混合して保管されている総寄託物に対するその寄託した物の割合に応じた数量の物の返還を請求することができる。この場合においては、損害賠償の請求を妨げない。

（消費寄託）

第六百六十六条　受寄者が契約により寄託物を消費することができる場合には、受寄者は、寄託された物と種類、品質及び数量の同じ物をもって返還しなければならない。

2　第五百九十条及び第五百九十二条の規定は、前項に規定する場合について準用する。

3　第五百九十一条第二項及び第三項の規定は、預金又は貯金に係る契約により金銭を寄託した場合について準用する。

第十二節　組合

（組合契約）

第六百六十七条　組合契約は、各当事者が出資をして共同の事業を営むことを約することによって、その効力を生ずる。

2　出資は、労務をその目的とすることができる。

（他の組合員の債務不履行）

第六百六十七条の二　第五百三十三条及び第五百三十六条の規定は、組合契約については、適用しない。

2　組合員は、他の組合員が組合契約に基づく債務の履行をしないことを理由として、組合契約を解除することができない。

（組合員の一人についての意思表示の無効等）

第六百六十七条の三　組合員の一人について意思表示の無効又は取消しの原因があっても、他の組合員の間においては、組合契約は、その効力を妨げられない。

（組合財産の共有）

第六百六十八条　各組合員の出資その他の組合財産は、総組合員の共有に属する。

（金銭出資の不履行の責任）

第六百六十九条　金銭を出資の目的とした場合において、組合員がその出資をすることを怠ったときは、その利息を支払うほか、損害の賠償をしなければならない。

（業務の決定及び執行の方法）

第六百七十条　組合の業務は、組合員の過半数をもって決定し、各組合員がこれを執行する。

2　組合の業務の決定及び執行は、組合契約の定めるところにより、一人又は数人の組合員又は第三者に委任することができる。

3　前項の委任を受けた者（以下「業務執行者」という。）は、組合の業務を決定し、これを執行する。この場合において、業務執行者が数人あるときは、組合の業務は、業務執行者の過半数をもって決定し、各業務執行者がこれを執行する。

4　前項の規定にかかわらず、組合の業務については、総組合員の同意によって決定し、又は総組合員が執行することを妨げない。

5　組合の常務は、前各項の規定にかかわらず、各組合員又は各業務執行者が単独で行うことができる。ただし、その完了前に他の組合員又は業務執行者が異議を述べたときは、この限りでない。

（組合の代理）

第六百七十条の二　各組合員は、組合の業務を執行する場合において、組合員の過半数の同意を得たときは、他の組合員を代理することができる。

2　前項の規定にかかわらず、業務執行者があるときは、業務執行者のみが組合員を代理することができる。この場合において、業務執行者が数人あるときは、各業務執行者は、業務執行者の過半数の同意を得たときに限り、組合員を代理することができる。

3　前二項の規定にかかわらず、各組合員又は各業務執行者は、組合の常務を行うときは、単独で組合員を代理することができる。

（委任の規定の準用）

第六百七十一条　第六百四十四条から第六百五十条までの規定は、組合の業務を決定し、又は執行する組合員について準用する。

（業務執行組合員の辞任及び解任）

第六百七十二条　組合契約の定めるところにより一人又は数人の組合員に業務の決定及び執行を委任したときは、その組合員は、正当な事由がなければ、辞任することができない。

2　前項の組合員は、正当な事由がある場合に限り、他の組合員の一致によって解任することができる。

（組合員の組合の業務及び財産状況に関する検査）

第六百七十三条　各組合員は、組合の業務の決定及び執行をする権利を有しないときであっても、その業務及び組合財産の状況を検査することができる。

（組合員の損益分配の割合）

第六百七十四条　当事者が損益分配の割合を定めなかったときは、その割合は、各組合員の出資の価額に応じて定める。

2　利益又は損失についてのみ分配の割合を定めたときは、その割合は、利益及び損失に共通であるものと推定する。

（組合の債権者の権利の行使）

第六百七十五条　組合の債権者は、組合財産についてその権利を行使することができる。

2　組合の債権者は、その選択に従い、各組合員に対して損失分担の割合又は等しい割合でその権利を行使することができる。ただし、組合の債権者がその債権の発生の時に各組合員の損失分担の割合を知っていたときは、その割合による。

（組合員の持分の処分及び組合財産の分割）

第六百七十六条　組合員は、組合財産についてその持分を処分したときは、その処分をもって組合及び組合と取引をした第三者に対抗することができない。

2　組合員は、組合財産である債権について、その持分についての権利を単独で行使することができない。

3　組合員は、清算前に組合財産の分割を求めることができない。

（組合財産に対する組合員の債権者の権利の行使の禁止）

第六百七十七条　組合員の債権者は、組合財産についてその権利を行使することができない。

（組合員の加入）

第六百七十七条の二　組合員は、その全員の同意によって、又は組合契約の定めるところにより、新たに組合員を加入させることができる。

2　前項の規定により組合の成立後に加入した組合員は、その加入前に生じた組合の債務については、これを弁済する責任を負わない。

（組合員の脱退）

第六百七十八条　組合契約で組合の存続期間を定めなかったとき、又はある組合員の終身の間組合が存続すべきことを定めたときは、各組合員は、いつでも脱退することができる。ただし、やむを得ない事由がある場合を除き、組合に不利な時期に脱退することができない。

2　組合の存続期間を定めた場合であっても、各組合員は、やむを得ない事由があるときは、脱退することができる。

第六百七十九条　前条の場合のほか、組合員は、次に掲げる事由によって脱退する。

一　死亡

二　破産手続開始の決定を受けたこと。

三　後見開始の審判を受けたこと。

四　除名

（組合員の除名）

第六百八十条　組合員の除名は、正当な事由がある場合に限り、他の組合員の一致によってすることができる。ただし、除名した組合員にその旨を通知しなければ、これをもってその組合員に対抗することができない。

（脱退した組合員の責任等）

第六百八十条の二　脱退した組合員は、その脱退前に生じた組合の債務について、従前の責任の範囲内でこれを弁済する責任を負う。この場合において、債権者が全部の弁済を受けない間は、脱退した組合員は、組合に担保を供させ、又は組合に対して自己に免責を得させることを請求することができる。

2　脱退した組合員は、前項に規定する組合の債務を弁済したときは、組合に対して求償権を有する。

（脱退した組合員の持分の払戻し）

第六百八十一条　脱退した組合員と他の組合員との間の計算は、脱退の時における組合財産の状況に従ってしなければならない。

2　脱退した組合員の持分は、その出資の種類を問わず、金銭で払い戻すことができる。

3　脱退の時にまだ完了していない事項については、その完了後に計算をすることができる。

（組合の解散事由）

第六百八十二条　組合は、次に掲げる事由によって解散する。

一　組合の目的である事業の成功又はその成功の不能

二　組合契約で定めた存続期間の満了

三　組合契約で定めた解散の事由の発生

四　総組合員の同意

（組合の解散の請求）

第六百八十三条　やむを得ない事由があるときは、各組合員は、組合の解散を請求することができる。

（組合契約の解除の効力）

第六百八十四条　第六百二十条の規定は、組合契約について準用する。

（組合の清算及び清算人の選任）

第六百八十五条　組合が解散したときは、清算は、総組合員が共同して、又はその選任した清算人がこれをする。

2　清算人の選任は、組合員の過半数で決する。

（清算人の業務の決定及び執行の方法）

第六百八十六条　第六百七十条第三項から第五項まで並びに第六百七十条の二第二項及び第三項の規定は、清算人について準用する。

（組合員である清算人の辞任及び解任）

第六百八十七条　第六百七十二条の規定は、組合契約の定めるところにより組合員の中から清算人を選任した場合について準用する。

（清算人の職務及び権限並びに残余財産の分割方法）

第六百八十八条　清算人の職務は、次のとおりとする。

一　現務の結了

二　債権の取立て及び債務の弁済

三　残余財産の引渡し

2　清算人は、前項各号に掲げる職務を行うために必要な一切の行為をすることができる。

3　残余財産は、各組合員の出資の価額に応じて分割する。

第十三節　終身定期金

（終身定期金契約）

第六百八十九条　終身定期金契約は、当事者の一方が、自己、相手方又は第三者の死亡に至るまで、定期に金銭その他の物を相手方又は第三者に給付することを約することによって、その効力を生ずる。

（終身定期金の計算）

第六百九十条　終身定期金は、日割りで計算する。

（終身定期金契約の解除）

第六百九十一条　終身定期金債務者が終身定期金の元本を受領した場合において、その終身定期金の給付を怠り、又はその他の義務を履行しないときは、相手方は、元本の返還を請求することができる。この場合において、相手方は、既に受け取った終身定期金の中からその元本の利息を控除した残額を終身定期金債務者に返還しなければならない。

2　前項の規定は、損害賠償の請求を妨げない。

（終身定期金契約の解除と同時履行）

第六百九十二条　第五百三十三条の規定は、前条の場合について準用する。

（終身定期金債権の存続の宣告）

第六百九十三条　終身定期金債務者の責めに帰すべき事由によって第六百八十九条に規定する死亡が生じたときは、裁判所は、終身定期金債権者又はその相続人の請求により、終身定期金債権が相当の期間存続することを宣告することができる。

2　前項の規定は、第六百九十一条の権利の行使を妨げない。

（終身定期金の遺贈）

第六百九十四条　この節の規定は、終身定期金の遺贈について準用する。

第十四節　和解

（和解）
第六百九十五条　和解は、当事者が互いに譲歩をしてその間に存する争いをやめることを約することによって、その効力を生ずる。

（和解の効力）
第六百九十六条　当事者の一方が和解によって争いの目的である権利を有するものと認められ、又は相手方がこれを有しないものと認められた場合において、その当事者の一方が従来その権利を有していなかった旨の確証又は相手方がこれを有していた旨の確証が得られたときは、その権利は、和解によってその当事者の一方に移転し、又は消滅したものとする。

第三章　事務管理

（事務管理）
第六百九十七条　義務なく他人のために事務の管理を始めた者（以下この章において「管理者」という。）は、その事務の性質に従い、最も本人の利益に適合する方法によって、その事務の管理（以下「事務管理」という。）をしなければならない。

2　管理者は、本人の意思を知っているとき、又はこれを推知することができるときは、その意思に従って事務管理をしなければならない。

（緊急事務管理）
第六百九十八条　管理者は、本人の身体、名誉又は財産に対する急迫の危害を免れさせるために事務管理をしたときは、悪意又は重大な過失があるのでなければ、これによって生じた損害を賠償する責任を負わない。

（管理者の通知義務）
第六百九十九条　管理者は、事務管理を始めたことを遅滞なく本人に通知しなければならない。ただし、本人が既にこれを知っているときは、この限りでない。

（管理者による事務管理の継続）
第七百条　管理者は、本人又はその相続人若しくは法定代理人が管理をすることができるに至るまで、事務管理を継続しなければならない。ただし、事務管理の継続が本人の意思に反し、又は本人に不利であることが明らかであるときは、この限りでない。

（委任の規定の準用）
第七百一条　第六百四十五条から第六百四十七条までの規定は、事務管理について準用する。

（管理者による費用の償還請求等）
第七百二条　管理者は、本人のために有益な費用を支出したときは、本人に対し、その償還を請求することができる。

2　第六百五十条第二項の規定は、管理者が本人のために有益な債務を負担した場合について準用する。

3　管理者が本人の意思に反して事務管理をしたときは、本人が現に利益を受けている限度においてのみ、前二項の規定を適用する。

第四章　不当利得

（不当利得の返還義務）
第七百三条　法律上の原因なく他人の財産又は労務によって利益を受け、そのために他人に損失を及ぼした者（以下この章において「受益者」という。）は、その利益の存する限度において、これを返還する義務を負う。

（悪意の受益者の返還義務等）
第七百四条　悪意の受益者は、その受けた利益に利息を付して返還しなければならない。この場合において、なお損害があるときは、その賠償の責任を負う。

（債務の不存在を知ってした弁済）
第七百五条　債務の弁済として給付をした者は、その時において債務の存在しないことを知っていたときは、その給付したものの返還を請求することができない。

（期限前の弁済）
第七百六条　債務者は、弁済期にない債務の弁済として給付をしたときは、その給付したものの返還を請求することができない。ただし、債務者が錯誤によってその給付をしたときは、債権者は、これによって得た利益を返還しなければならない。

（他人の債務の弁済）
第七百七条　債務者でない者が錯誤によって債務の弁済をした場合において、債権者が善意で証書を滅失させ若しくは損傷し、担保を放棄し、又は時効によってその債権を失ったときは、その弁済をした者は、返還の請求をすることができない。

2　前項の規定は、弁済をした者から債務者に対する求償権の行使を妨げない。

（不法原因給付）
第七百八条　不法な原因のために給付をした者は、その給付したものの返還を請求すること

民法

ができない。ただし、不法な原因が受益者についてのみ存したときは、この限りでない。

第五章　不法行為

（不法行為による損害賠償）

第七百九条　故意又は過失によって他人の権利又は法律上保護される利益を侵害した者は、これによって生じた損害を賠償する責任を負う。

（財産以外の損害の賠償）

第七百十条　他人の身体、自由若しくは名誉を侵害した場合又は他人の財産権を侵害した場合のいずれであるかを問わず、前条の規定により損害賠償の責任を負う者は、財産以外の損害に対しても、その賠償をしなければならない。

（近親者に対する損害の賠償）

第七百十一条　他人の生命を侵害した者は、被害者の父母、配偶者及び子に対しては、その財産権が侵害されなかった場合においても、損害の賠償をしなければならない。

（責任能力）

第七百十二条　未成年者は、他人に損害を加えた場合において、自己の行為の責任を弁識するに足りる知能を備えていなかったときは、その行為について賠償の責任を負わない。

第七百十三条　精神上の障害により自己の行為の責任を弁識する能力を欠く状態にある間に他人に損害を加えた者は、その賠償の責任を負わない。ただし、故意又は過失によって一時的にその状態を招いたときは、この限りでない。

（責任無能力者の監督義務者等の責任）

第七百十四条　前二条の規定により責任無能力者がその責任を負わない場合において、その責任無能力者を監督する法定の義務を負う者は、その責任無能力者が第三者に加えた損害を賠償する責任を負う。ただし、監督義務者がその義務を怠らなかったとき、又はその義務を怠らなくても損害が生ずべきであったときは、この限りでない。

2　監督義務者に代わって責任無能力者を監督する者も、前項の責任を負う。

（使用者等の責任）

第七百十五条　ある事業のために他人を使用する者は、被用者がその事業の執行について第三者に加えた損害を賠償する責任を負う。ただし、使用者が被用者の選任及びその事業の監督について相当の注意をしたとき、又は相当の注意をしても損害が生ずべきであったときは、この限りでない。

2　使用者に代わって事業を監督する者も、前項の責任を負う。

3　前二項の規定は、使用者又は監督者から被用者に対する求償権の行使を妨げない。

（注文者の責任）

第七百十六条　注文者は、請負人がその仕事について第三者に加えた損害を賠償する責任を負わない。ただし、注文又は指図についてその注文者に過失があったときは、この限りでない。

（土地の工作物等の占有者及び所有者の責任）

第七百十七条　土地の工作物の設置又は保存に瑕疵があることによって他人に損害を生じたときは、その工作物の占有者は、被害者に対してその損害を賠償する責任を負う。ただし、占有者が損害の発生を防止するのに必要な注意をしたときは、所有者がその損害を賠償しなければならない。

2　前項の規定は、竹木の栽植又は支持に瑕疵がある場合について準用する。

3　前二項の場合において、損害の原因について他にその責任を負う者があるときは、占有者又は所有者は、その者に対して求償権を行使することができる。

（動物の占有者等の責任）

第七百十八条　動物の占有者は、その動物が他人に加えた損害を賠償する責任を負う。ただし、動物の種類及び性質に従い相当の注意をもってその管理をしたときは、この限りでない。

2　占有者に代わって動物を管理する者も、前項の責任を負う。

（共同不法行為者の責任）

第七百十九条　数人が共同の不法行為によって他人に損害を加えたときは、各自が連帯してその損害を賠償する責任を負う。共同行為者のうちいずれの者がその損害を加えたかを知ることができないときも、同様とする。

2　行為者を教唆した者及び幇助した者は、共同行為者とみなして、前項の規定を適用する。

（正当防衛及び緊急避難）

第七百二十条　他人の不法行為に対し、自己又は第三者の権利又は法律上保護される利益を防衛するため、やむを得ず加害行為をした者は、損害賠償の責任を負わない。ただし、被害者から不法行為をした者に対する損害賠償の請求を妨げない。

2　前項の規定は、他人の物から生じた急迫の危難を避けるためその物を損傷した場合について準用する。

（損害賠償請求権に関する胎児の権利能力）

第七百二十一条　胎児は、損害賠償の請求権については、既に生まれたものとみなす。

（損害賠償の方法、中間利息の控除及び過失相殺）

第七百二十二条　第四百十七条及び第四百十七条の二の規定は、不法行為による損害賠償について準用する。

2　被害者に過失があったときは、裁判所は、これを考慮して、損害賠償の額を定めることができる。

（名誉毀損における原状回復）

第七百二十三条　他人の名誉を毀損した者に対しては、裁判所は、被害者の請求により、損害賠償に代えて、又は損害賠償とともに、名誉を回復するのに適当な処分を命ずることができる。

（不法行為による損害賠償請求権の消滅時効）

第七百二十四条　不法行為による損害賠償の請求権は、次に掲げる場合には、時効によって消滅する。

一　被害者又はその法定代理人が損害及び加害者を知った時から三年間行使しないとき。

二　不法行為の時から二十年間行使しないとき。

（人の生命又は身体を害する不法行為による損害賠償請求権の消滅時効）

第七百二十四条の二　人の生命又は身体を害する不法行為による損害賠償請求権の消滅時効についての前条第一号の規定の適用については、同号中「三年間」とあるのは、「五年間」とする。

第四編　親族

第一章　総則

（親族の範囲）

第七百二十五条　次に掲げる者は、親族とする。

一　六親等内の血族

二　配偶者

三　三親等内の姻族

（親等の計算）

第七百二十六条　親等は、親族間の世代数を数えて、これを定める。

2　傍系親族の親等を定めるには、その一人又はその配偶者から同一の祖先にさかのぼり、その祖先から他の一人に下るまでの世代数による。

（縁組による親族関係の発生）

第七百二十七条　養子と養親及びその血族との間においては、養子縁組の日から、血族間におけるのと同一の親族関係を生ずる。

（離婚等による姻族関係の終了）

第七百二十八条　姻族関係は、離婚によって終了する。

2　夫婦の一方が死亡した場合において、生存配偶者が姻族関係を終了させる意思を表示したときも、前項と同様とする。

（離縁による親族関係の終了）

第七百二十九条　養子及びその配偶者並びに養子の直系卑属及びその配偶者と養親及びその血族との親族関係は、離縁によって終了する。

（親族間の扶け合い）

第七百三十条　直系血族及び同居の親族は、互いに扶け合わなければならない。

第二章　婚姻

第一節　婚姻の成立

第一款　婚姻の要件

（婚姻適齢）

第七百三十一条　婚姻は、十八歳にならなければ、することができない。

（重婚の禁止）

第七百三十二条　配偶者のある者は、重ねて婚姻をすることができない。

第七百三十三条　削除

（近親者間の婚姻の禁止）

第七百三十四条　直系血族又は三親等内の傍系血族の間では、婚姻をすることができない。ただし、養子と養方の傍系血族との間では、この限りでない。

2　第八百十七条の九の規定により親族関係が終了した後も、前項と同様とする。

（直系姻族間の婚姻の禁止）

第七百三十五条　直系姻族の間では、婚姻をすることができない。第七百二十八条又は第八百十七条の九の規定により姻族関係が終了した後も、同様とする。

（養親子等の間の婚姻の禁止）

第七百三十六条　養子若しくはその配偶者又は養子の直系卑属若しくはその配偶者と養親又はその直系尊属との間では、第七百二十九条の規定により親族関係が終了した後でも、婚姻をすることができない。

第七百三十七条 削除

（**成年被後見人の婚姻**）

第七百三十八条 成年被後見人が婚姻をするには、その成年後見人の同意を要しない。

（**婚姻の届出**）

第七百三十九条 婚姻は、戸籍法（昭和二十二年法律第二百二十四号）の定めるところにより届け出ることによって、その効力を生ずる。

2 前項の届出は、当事者双方及び成年の証人二人以上が署名した書面で、又はこれらの者から口頭で、しなければならない。

（**婚姻の届出の受理**）

第七百四十条 婚姻の届出は、その婚姻が第七百三十一条、第七百三十二条、第七百三十四条から第七百三十六条まで及び前条第二項の規定その他の法令の規定に違反しないことを認めた後でなければ、受理することができない。

（**外国に在る日本人間の婚姻の方式**）

第七百四十一条 外国に在る日本人間で婚姻をしようとするときは、その国に駐在する日本の大使、公使又は領事にその届出をすることができる。この場合においては、前二条の規定を準用する。

第二款　婚姻の無効及び取消し

（**婚姻の無効**）

第七百四十二条 婚姻は、次に掲げる場合に限り、無効とする。

一 人違いその他の事由によって当事者間に婚姻をする意思がないとき。

二 当事者が婚姻の届出をしないとき。ただし、その届出が第七百三十九条第二項に定める方式を欠くだけであるときは、婚姻は、そのためにその効力を妨げられない。

（**婚姻の取消し**）

第七百四十三条 婚姻は、次条、第七百四十五条及び第七百四十七条の規定によらなければ、取り消すことができない。

（**不適法な婚姻の取消し**）

第七百四十四条 第七百三十一条、第七百三十二条及び第七百三十四条から第七百三十六条までの規定に違反した婚姻は、各当事者、その親族又は検察官から、その取消しを家庭裁判所に請求することができる。ただし、検察官は、当事者の一方が死亡した後は、これを請求することができない。

2 第七百三十二条の規定に違反した婚姻については、前婚の配偶者も、その取消しを請求することができる。

（**不適齢者の婚姻の取消し**）

第七百四十五条 第七百三十一条の規定に違反した婚姻は、不適齢者が適齢に達したときは、その取消しを請求することができない。

2 不適齢者は、適齢に達した後、なお三箇月間は、その婚姻の取消しを請求することができる。ただし、適齢に達した後に追認をしたときは、この限りでない。

第七百四十六条 削除

（**詐欺又は強迫による婚姻の取消し**）

第七百四十七条 詐欺又は強迫によって婚姻をした者は、その婚姻の取消しを家庭裁判所に請求することができる。

2 前項の規定による取消権は、当事者が、詐欺を発見し、若しくは強迫を免れた後三箇月を経過し、又は追認をしたときは、消滅する。

（**婚姻の取消しの効力**）

第七百四十八条 婚姻の取消しは、将来に向かってのみその効力を生ずる。

2 婚姻の時においてその取消しの原因があることを知らなかった当事者が、婚姻によって財産を得たときは、現に利益を受けている限度において、その返還をしなければならない。

3 婚姻の時においてその取消しの原因があることを知っていた当事者は、婚姻によって得た利益の全部を返還しなければならない。この場合において、相手方が善意であったときは、これに対して損害を賠償する責任を負う。

（**離婚の規定の準用**）

第七百四十九条 第七百二十八条第一項、第七百六十六条から第七百六十九条まで、第七百九十条第一項ただし書並びに第八百十九条第二項、第三項、第五項及び第六項の規定は、婚姻の取消しについて準用する。

第二節　婚姻の効力

（**夫婦の氏**）

第七百五十条 夫婦は、婚姻の際に定めるところに従い、夫又は妻の氏を称する。

（**生存配偶者の復氏等**）

第七百五十一条 夫婦の一方が死亡したときは、生存配偶者は、婚姻前の氏に復することができる。

2 第七百六十九条の規定は、前項及び第七百二十八条第二項の場合について準用する。

民法

（同居、協力及び扶助の義務）
第七百五十二条 夫婦は同居し、互いに協力し扶助しなければならない。
第七百五十三条 削除
（夫婦間の契約の取消権）
第七百五十四条 夫婦間でした契約は、婚姻中、いつでも、夫婦の一方からこれを取り消すことができる。ただし、第三者の権利を害することはできない。

第三節　夫婦財産制

第一款　総則

（夫婦の財産関係）
第七百五十五条 夫婦が、婚姻の届出前に、その財産について別段の契約をしなかったときは、その財産関係は、次款に定めるところによる。
（夫婦財産契約の対抗要件）
第七百五十六条 夫婦が法定財産制と異なる契約をしたときは、婚姻の届出までにその登記をしなければ、これを夫婦の承継人及び第三者に対抗することができない。
第七百五十七条 削除
（夫婦の財産関係の変更の制限等）
第七百五十八条 夫婦の財産関係は、婚姻の届出後は、変更することができない。
2　夫婦の一方が、他の一方の財産を管理する場合において、管理が失当であったことによってその財産を危うくしたときは、他の一方は、自らその管理をすることを家庭裁判所に請求することができる。
3　共有財産については、前項の請求とともに、その分割を請求することができる。
（財産の管理者の変更及び共有財産の分割の対抗要件）
第七百五十九条 前条の規定又は第七百五十五条の契約の結果により、財産の管理者を変更し、又は共有財産の分割をしたときは、その登記をしなければ、これを夫婦の承継人及び第三者に対抗することができない。

第二款　法定財産制

（婚姻費用の分担）
第七百六十条 夫婦は、その資産、収入その他一切の事情を考慮して、婚姻から生ずる費用を分担する。
（日常の家事に関する債務の連帯責任）
第七百六十一条 夫婦の一方が日常の家事に関して第三者と法律行為をしたときは、他の一方は、これによって生じた債務について、連帯してその責任を負う。ただし、第三者に対し責任を負わない旨を予告した場合は、この限りでない。
（夫婦間における財産の帰属）
第七百六十二条 夫婦の一方が婚姻前から有する財産及び婚姻中自己の名で得た財産は、その特有財産（夫婦の一方が単独で有する財産をいう。）とする。
2　夫婦のいずれに属するか明らかでない財産は、その共有に属するものと推定する。

第四節　離婚

第一款　協議上の離婚

（協議上の離婚）
第七百六十三条 夫婦は、その協議で、離婚をすることができる。
（婚姻の規定の準用）
第七百六十四条 第七百三十八条、第七百三十九条及び第七百四十七条の規定は、協議上の離婚について準用する。
（離婚の届出の受理）
第七百六十五条 離婚の届出は、その離婚が前条において準用する第七百三十九条第二項の規定及び第八百十九条第一項の規定その他の法令の規定に違反しないことを認めた後でなければ、受理することができない。
2　離婚の届出が前項の規定に違反して受理されたときであっても、離婚は、そのためにその効力を妨げられない。
（離婚後の子の監護に関する事項の定め等）
第七百六十六条 父母が協議上の離婚をするときは、子の監護をすべき者、父又は母と子との面会及びその他の交流、子の監護に要する費用の分担その他の子の監護について必要な事項は、その協議で定める。この場合においては、子の利益を最も優先して考慮しなければならない。
2　前項の協議が調わないとき、又は協議をすることができないときは、家庭裁判所が、同項の事項を定める。
3　家庭裁判所は、必要があると認めるときは、前二項の規定による定めを変更し、その他子の監護について相当な処分を命ずることができる。
4　前三項の規定によっては、監護の範囲外では、父母の権利義務に変更を生じない。
（離婚による復氏等）

第七百六十七条 婚姻によって氏を改めた夫又は妻は、協議上の離婚によって婚姻前の氏に復する。

2 前項の規定により婚姻前の氏に復した夫又は妻は、離婚の日から三箇月以内に戸籍法の定めるところにより届け出ることによって、離婚の際に称していた氏を称することができる。

（**財産分与**）

第七百六十八条 協議上の離婚をした者の一方は、相手方に対して財産の分与を請求することができる。

2 前項の規定による財産の分与について、当事者間に協議が調わないとき、又は協議をすることができないときは、当事者は、家庭裁判所に対して協議に代わる処分を請求することができる。ただし、離婚の時から二年を経過したときは、この限りでない。

3 前項の場合には、家庭裁判所は、当事者双方がその協力によって得た財産の額その他一切の事情を考慮して、分与をさせるべきかどうか並びに分与の額及び方法を定める。

（**離婚による復氏の際の権利の承継**）

第七百六十九条 婚姻によって氏を改めた夫又は妻が、第八百九十七条第一項の権利を承継した後、協議上の離婚をしたときは、当事者その他の関係人の協議で、その権利を承継すべき者を定めなければならない。

2 前項の協議が調わないとき、又は協議をすることができないときは、同項の権利を承継すべき者は、家庭裁判所がこれを定める。

第二款 裁判上の離婚

（**裁判上の離婚**）

第七百七十条 夫婦の一方は、次に掲げる場合に限り、離婚の訴えを提起することができる。

一 配偶者に不貞な行為があったとき。

二 配偶者から悪意で遺棄されたとき。

三 配偶者の生死が三年以上明らかでないとき。

四 配偶者が強度の精神病にかかり、回復の見込みがないとき。

五 その他婚姻を継続し難い重大な事由があるとき。

2 裁判所は、前項第一号から第四号までに掲げる事由がある場合であっても、一切の事情を考慮して婚姻の継続を相当と認めるときは、離婚の請求を棄却することができる。

（**協議上の離婚の規定の準用**）

第七百七十一条 第七百六十六条から第七百六十九条までの規定は、裁判上の離婚について準用する。

第三章 親子

第一節 実子

（**嫡出の推定**）

第七百七十二条 妻が婚姻中に懐胎した子は、当該婚姻における夫の子と推定する。女が婚姻前に懐胎した子であって、婚姻が成立した後に生まれたものも、同様とする。

2 前項の場合において、婚姻の成立の日から二百日以内に生まれた子は、婚姻前に懐胎したものと推定し、婚姻の成立の日から二百日を経過した後又は婚姻の解消若しくは取消しの日から三百日以内に生まれた子は、婚姻中に懐胎したものと推定する。

3 第一項の場合において、女が子を懐胎した時から子の出生の時までの間に二以上の婚姻をしていたときは、その子は、その出生の直近の婚姻における夫の子と推定する。

4 前三項の規定により父が定められた子について、第七百七十四条の規定によりその父の嫡出であることが否認された場合における前項の規定の適用については、同項中「直近の婚姻」とあるのは、「直近の婚姻（第七百七十四条の規定により子がその嫡出であることが否認された夫との間の婚姻を除く。）」とする。

（**父を定めることを目的とする訴え**）

第七百七十三条 第七百三十二条の規定に違反して婚姻をした女が出産した場合において、前条の規定によりその子の父を定めることができないときは、裁判所が、これを定める。

（**嫡出の否認**）

第七百七十四条 第七百七十二条の規定により子の父が定められる場合において、父又は子は、子が嫡出であることを否認することができる。

2 前項の規定による子の否認権は、親権を行う母、親権を行う養親又は未成年後見人が、子のために行使することができる。

3 第一項に規定する場合において、母は、子が嫡出であることを否認することができる。ただし、その否認権の行使が子の利益を害することが明らかなときは、この限りでない。

4 第七百七十二条第三項の規定により子の父が定められる場合において、子の懐胎の時から出生の時までの間に母と婚姻していた者であって、子の父以外のもの（以下「前夫」という。）は、子が嫡出であることを否認することができる。ただし、その否認権の行使が子の利益を害することが明らかなときは、この限りでない。

5　前項の規定による否認権を行使し、第七百七十二条第四項の規定により読み替えられた同条第三項の規定により新たに子の父と定められた者は、第一項の規定にかかわらず、子が自らの嫡出であることを否認することができない。

（**嫡出否認の訴え**）

第七百七十五条　次の各号に掲げる否認権は、それぞれ当該各号に定める者に対する嫡出否認の訴えによって行う。

一　父の否認権　子又は親権を行う母

二　子の否認権　父

三　母の否認権　父

四　前夫の否認権　父及び子又は親権を行う母

2　前項第一号又は第四号に掲げる否認権を親権を行う母に対し行使しようとする場合において、親権を行う母がないときは、家庭裁判所は、特別代理人を選任しなければならない。

（**嫡出の承認**）

第七百七十六条　父又は母は、子の出生後において、その嫡出であることを承認したときは、それぞれその否認権を失う。

（**嫡出否認の訴えの出訴期間**）

第七百七十七条　次の各号に掲げる否認権の行使に係る嫡出否認の訴えは、それぞれ当該各号に定める時から三年以内に提起しなければならない。

一　父の否認権　父が子の出生を知った時

二　子の否認権　その出生の時

三　母の否認権　子の出生の時

四　前夫の否認権　前夫が子の出生を知った時

第七百七十八条　第七百七十二条第三項の規定により父が定められた子について第七百七十四条の規定により嫡出であることが否認されたときは、次の各号に掲げる否認権の行使に係る嫡出否認の訴えは、前条の規定にかかわらず、それぞれ当該各号に定める時から一年以内に提起しなければならない。

一　第七百七十二条第四項の規定により読み替えられた同条第三項の規定により新たに子の父と定められた者の否認権　新たに子の父と定められた者が当該子に係る嫡出否認の裁判が確定したことを知った時

二　子の否認権　子が前号の裁判が確定したことを知った時

三　母の否認権　母が第一号の裁判が確定したことを知った時

四　前夫の否認権　前夫が第一号の裁判が確定したことを知った時

第七百七十八条の二　第七百七十七条（第二号に係る部分に限る。）又は前条（第二号に係る部分に限る。）の期間の満了前六箇月以内の間に親権を行う母、親権を行う養親及び未成年後見人がないときは、子は、母若しくは養親の親権停止の期間が満了し、親権喪失若しくは親権停止の審判の取消しの審判が確定し、若しくは親権が回復された時、新たに養子縁組が成立した時又は未成年後見人が就職した時から六箇月を経過するまでの間は、嫡出否認の訴えを提起することができる。

2　子は、その父と継続して同居した期間（当該期間が二以上あるときは、そのうち最も長い期間）が三年を下回るときは、第七百七十七条（第二号に係る部分に限る。）及び前条（第二号に係る部分に限る。）の規定にかかわらず、二十一歳に達するまでの間、嫡出否認の訴えを提起することができる。ただし、子の否認権の行使が父による養育の状況に照らして父の利益を著しく害するときは、この限りでない。

3　第七百七十四条第二項の規定は、前項の場合には、適用しない。

4　第七百七十七条（第四号に係る部分に限る。）及び前条（第四号に係る部分に限る。）に掲げる否認権の行使に係る嫡出否認の訴えは、子が成年に達した後は、提起することができない。

（**子の監護に要した費用の償還の制限**）

第七百七十八条の三　第七百七十四条の規定により嫡出であることが否認された場合であっても、子は、父であった者が支出した子の監護に要した費用を償還する義務を負わない。

（**相続の開始後に新たに子と推定された者の価額の支払請求権**）

第七百七十八条の四　相続の開始後、第七百七十二条第四項の規定により読み替えられた同条第三項の規定により新たに被相続人がその父と定められた者が相続人として遺産の分割を請求しようとする場合において、他の共同相続人が既にその分割その他の処分をしていたときは、当該相続人の遺産分割の請求は、価額のみによる支払の請求により行うものとする。

（**認知**）

第七百七十九条　嫡出でない子は、その父又は母がこれを認知することができる。

（**認知能力**）

第七百八十条　認知をするには、父又は母が未成年者又は成年被後見人であるときであっても、その法定代理人の同意を要しない。

（**認知の方式**）

第七百八十一条　認知は、戸籍法の定めるところにより届け出ることによってする。

2　認知は、遺言によっても、することができる。

（**成年の子の認知**）

第七百八十二条　成年の子は、その承諾がなければ、これを認知することができない。

（**胎児又は死亡した子の認知**）

第七百八十三条　父は、胎内に在る子でも、認知することができる。この場合においては、母の承諾を得なければならない。

2　前項の子が出生した場合において、第七百七十二条の規定によりその子の父が定められるときは、同項の規定による認知は、その効力を生じない。

3　父又は母は、死亡した子でも、その直系卑属があるときに限り、認知することができる。この場合において、その直系卑属が成年者であるときは、その承諾を得なければならない。

（**認知の効力**）

第七百八十四条　認知は、出生の時にさかのぼってその効力を生ずる。ただし、第三者が既に取得した権利を害することはできない。

（**認知の取消しの禁止**）

第七百八十五条　認知をした父又は母は、その認知を取り消すことができない。

（**認知の無効の訴え**）

第七百八十六条　次の各号に掲げる者は、それぞれ当該各号に定める時（第七百八十三条第一項の規定による認知がされた場合にあっては、子の出生の時）から七年以内に限り、認知について反対の事実があることを理由として、認知の無効の訴えを提起することができる。ただし、第三号に掲げる者について、その認知の無効の主張が子の利益を害することが明らかなときは、この限りでない。

一　子又はその法定代理人　子又はその法定代理人が認知を知った時

二　認知をした者　認知の時

三　子の母　子の母が認知を知った時

2　子は、その子を認知した者と認知後に継続して同居した期間（当該期間が二以上あるときは、そのうち最も長い期間）が三年を下回るときは、前項（第一号に係る部分に限る。）の規定にかかわらず、二十一歳に達するまでの間、認知の無効の訴えを提起することができる。ただし、子による認知の無効の主張が認知をした者による養育の状況に照らして認知をした者の利益を著しく害するときは、この限りでない。

3　前項の規定は、同項に規定する子の法定代理人が第一項の認知の無効の訴えを提起する場合には、適用しない。

4　第一項及び第二項の規定により認知が無効とされた場合であっても、子は、認知をした者が支出した子の監護に要した費用を償還する義務を負わない。

（**認知の訴え**）

第七百八十七条　子、その直系卑属又はこれらの者の法定代理人は、認知の訴えを提起することができる。ただし、父又は母の死亡の日から三年を経過したときは、この限りでない。

（**認知後の子の監護に関する事項の定め等**）

第七百八十八条　第七百六十六条の規定は、父が認知する場合について準用する。

（**準正**）

第七百八十九条　父が認知した子は、その父母の婚姻によって嫡出子の身分を取得する。

2　婚姻中父母が認知した子は、その認知の時から、嫡出子の身分を取得する。

3　前二項の規定は、子が既に死亡していた場合について準用する。

（**子の氏**）

第七百九十条　嫡出である子は、父母の氏を称する。ただし、子の出生前に父母が離婚したときは、離婚の際における父母の氏を称する。

2　嫡出でない子は、母の氏を称する。

（**子の氏の変更**）

第七百九十一条　子が父又は母と氏を異にする場合には、子は、家庭裁判所の許可を得て、戸籍法の定めるところにより届け出ることによって、その父又は母の氏を称することができる。

2　父又は母が氏を改めたことにより子が父母

と氏を異にする場合には、子は、父母の婚姻中に限り、前項の許可を得ないで、戸籍法の定めるところにより届け出ることによって、その父母の氏を称することができる。

3　子が十五歳未満であるときは、その法定代理人が、これに代わって、前二項の行為をすることができる。

4　前三項の規定により氏を改めた未成年の子は、成年に達した時から一年以内に戸籍法の定めるところにより届け出ることによって、従前の氏に復することができる。

第二節　養子

第一款　縁組の要件

（養親となる者の年齢）

第七百九十二条　二十歳に達した者は、養子をすることができる。

（尊属又は年長者を養子とすることの禁止）

第七百九十三条　尊属又は年長者は、これを養子とすることができない。

（後見人が被後見人を養子とする縁組）

第七百九十四条　後見人が被後見人（未成年被後見人及び成年被後見人をいう。以下同じ。）を養子とするには、家庭裁判所の許可を得なければならない。後見人の任務が終了した後、まだその管理の計算が終わらない間も、同様とする。

（配偶者のある者が未成年者を養子とする縁組）

第七百九十五条　配偶者のある者が未成年者を養子とするには、配偶者とともにしなければならない。ただし、配偶者の嫡出である子を養子とする場合又は配偶者がその意思を表示することができない場合は、この限りでない。

（配偶者のある者の縁組）

第七百九十六条　配偶者のある者が縁組をするには、その配偶者の同意を得なければならない。ただし、配偶者とともに縁組をする場合又は配偶者がその意思を表示することができない場合は、この限りでない。

（十五歳未満の者を養子とする縁組）

第七百九十七条　養子となる者が十五歳未満であるときは、その法定代理人が、これに代わって、縁組の承諾をすることができる。

2　法定代理人が前項の承諾をするには、養子となる者の父母でその監護をすべき者であるものが他にあるときは、その同意を得なければならない。養子となる者の父母で親権を停止されているものがあるときも、同様とする。

（未成年者を養子とする縁組）

第七百九十八条　未成年者を養子とするには、家庭裁判所の許可を得なければならない。ただし、自己又は配偶者の直系卑属を養子とする場合は、この限りでない。

（婚姻の規定の準用）

第七百九十九条　第七百三十八条及び第七百三十九条の規定は、縁組について準用する。

（縁組の届出の受理）

第八百条　縁組の届出は、その縁組が第七百九十二条から前条までの規定その他の法令の規定に違反しないことを認めた後でなければ、受理することができない。

（外国に在る日本人間の縁組の方式）

第八百一条　外国に在る日本人間で縁組をしようとするときは、その国に駐在する日本の大使、公使又は領事にその届出をすることができる。この場合においては、第七百九十九条において準用する第七百三十九条の規定及び前条の規定を準用する。

第二款　縁組の無効及び取消し

（縁組の無効）

第八百二条　縁組は、次に掲げる場合に限り、無効とする。

一　人違いその他の事由によって当事者間に縁組をする意思がないとき。

二　当事者が縁組の届出をしないとき。ただし、その届出が第七百九十九条において準用する第七百三十九条第二項に定める方式を欠くだけであるときは、縁組は、そのためにその効力を妨げられない。

（縁組の取消し）

第八百三条　縁組は、次条から第八百八条までの規定によらなければ、取り消すことができない。

（養親が二十歳未満の者である場合の縁組の取消し）

第八百四条　第七百九十二条の規定に違反した縁組は、養親又はその法定代理人から、その取消しを家庭裁判所に請求することができる。ただし、養親が、二十歳に達した後六箇月を経過し、又は追認をしたときは、この限りでない。

（養子が尊属又は年長者である場合の縁組の取消し）

第八百五条　第七百九十三条の規定に違反した

縁組は、各当事者又はその親族から、その取消しを家庭裁判所に請求することができる。

（後見人と被後見人との間の無許可縁組の取消し）

第八百六条　第七百九十四条の規定に違反した縁組は、養子又はその実方の親族から、その取消しを家庭裁判所に請求することができる。ただし、管理の計算が終わった後、養子が追認をし、又は六箇月を経過したときは、この限りでない。

2　前項ただし書の追認は、養子が、成年に達し、又は行為能力を回復した後にしなければ、その効力を生じない。

3　養子が、成年に達せず、又は行為能力を回復しない間に、管理の計算が終わった場合には、第一項ただし書の期間は、養子が、成年に達し、又は行為能力を回復した時から起算する。

（配偶者の同意のない縁組等の取消し）

第八百六条の二　第七百九十六条の規定に違反した縁組は、縁組の同意をしていない者から、その取消しを家庭裁判所に請求することができる。ただし、その者が、縁組を知った後六箇月を経過し、又は追認をしたときは、この限りでない。

2　詐欺又は強迫によって第七百九十六条の同意をした者は、その縁組の取消しを家庭裁判所に請求することができる。ただし、その者が、詐欺を発見し、若しくは強迫を免れた後六箇月を経過し、又は追認をしたときは、この限りでない。

（子の監護をすべき者の同意のない縁組等の取消し）

第八百六条の三　第七百九十七条第二項の規定に違反した縁組は、縁組の同意をしていない者から、その取消しを家庭裁判所に請求することができる。ただし、その者が追認をしたとき、又は養子が十五歳に達した後六箇月を経過し、若しくは追認をしたときは、この限りでない。

2　前条第二項の規定は、詐欺又は強迫によって第七百九十七条第二項の同意をした者について準用する。

（養子が未成年者である場合の無許可縁組の取消し）

第八百七条　第七百九十八条の規定に違反した縁組は、養子、その実方の親族又は養子に代わって縁組の承諾をした者から、その取消しを家庭裁判所に請求することができる。ただし、養子が、成年に達した後六箇月を経過し、又は追認をしたときは、この限りでない。

（婚姻の取消し等の規定の準用）

第八百八条　第七百四十七条及び第七百四十八条の規定は、縁組について準用する。この場合において、第七百四十七条第二項中「三箇月」とあるのは、「六箇月」と読み替えるものとする。

2　第七百六十九条及び第八百十六条の規定は、縁組の取消しについて準用する。

第三款　縁組の効力

（嫡出子の身分の取得）

第八百九条　養子は、縁組の日から、養親の嫡出子の身分を取得する。

（養子の氏）

第八百十条　養子は、養親の氏を称する。ただし、婚姻によって氏を改めた者については、婚姻の際に定めた氏を称すべき間は、この限りでない。

第四款　離縁

（協議上の離縁等）

第八百十一条　縁組の当事者は、その協議で、離縁をすることができる。

2　養子が十五歳未満であるときは、その離縁は、養親と養子の離縁後にその法定代理人となるべき者との協議でこれをする。

3　前項の場合において、養子の父母が離婚しているときは、その協議で、その一方を養子の離縁後にその親権者となるべき者と定めなければならない。

4　前項の協議が調わないとき、又は協議をすることができないときは、家庭裁判所は、同項の父若しくは母又は養親の請求によって、協議に代わる審判をすることができる。

5　第二項の法定代理人となるべき者がないときは、家庭裁判所は、養子の親族その他の利害関係人の請求によって、養子の離縁後にその未成年後見人となるべき者を選任する。

6　縁組の当事者の一方が死亡した後に生存当事者が離縁をしようとするときは、家庭裁判所の許可を得て、これをすることができる。

（夫婦である養親と未成年者との離縁）

第八百十一条の二　養親が夫婦である場合において未成年者と離縁をするには、夫婦が共にしなければならない。ただし、夫婦の一方がその意思を表示することができないときは、この限りでない。

（婚姻の規定の準用）
第八百十二条 第七百三十八条、第七百三十九条及び第七百四十七条の規定は、協議上の離縁について準用する。この場合において、同条第二項中「三箇月」とあるのは、「六箇月」と読み替えるものとする。

（離縁の届出の受理）
第八百十三条 離縁の届出は、その離縁が前条において準用する第七百三十九条第二項の規定並びに第八百十一条及び第八百十一条の二の規定その他の法令の規定に違反しないことを認めた後でなければ、受理することができない。

2 離縁の届出が前項の規定に違反して受理されたときであっても、離縁は、そのためにその効力を妨げられない。

（裁判上の離縁）
第八百十四条 縁組の当事者の一方は、次に掲げる場合に限り、離縁の訴えを提起することができる。

一 他の一方から悪意で遺棄されたとき。

二 他の一方の生死が三年以上明らかでないとき。

三 その他縁組を継続し難い重大な事由があるとき。

2 第七百七十条第二項の規定は、前項第一号及び第二号に掲げる場合について準用する。

（養子が十五歳未満である場合の離縁の訴えの当事者）
第八百十五条 養子が十五歳に達しない間は、第八百十一条の規定により養親と離縁の協議をすることができる者から、又はこれに対して、離縁の訴えを提起することができる。

（離縁による復氏等）
第八百十六条 養子は、離縁によって縁組前の氏に復する。ただし、配偶者とともに養子をした養親の一方のみと離縁をした場合は、この限りでない。

2 縁組の日から七年を経過した後に前項の規定により縁組前の氏に復した者は、離縁の日から三箇月以内に戸籍法の定めるところにより届け出ることによって、離縁の際に称していた氏を称することができる。

（離縁による復氏の際の権利の承継）
第八百十七条 第七百六十九条の規定は、離縁について準用する。

第五款　特別養子

（特別養子縁組の成立）
第八百十七条の二 家庭裁判所は、次条から第八百十七条の七までに定める要件があるときは、養親となる者の請求により、実方の血族との親族関係が終了する縁組（以下この款において「特別養子縁組」という。）を成立させることができる。

2 前項に規定する請求をするには、第七百九十四条又は第七百九十八条の許可を得ることを要しない。

（養親の夫婦共同縁組）
第八百十七条の三 養親となる者は、配偶者のある者でなければならない。

2 夫婦の一方は、他の一方が養親とならないときは、養親となることができない。ただし、夫婦の一方が他の一方の嫡出である子（特別養子縁組以外の縁組による養子を除く。）の養親となる場合は、この限りでない。

（養親となる者の年齢）
第八百十七条の四 二十五歳に達しない者は、養親となることができない。ただし、養親となる夫婦の一方が二十五歳に達していない場合においても、その者が二十歳に達しているときは、この限りでない。

（養子となる者の年齢）
第八百十七条の五 第八百十七条の二に規定する請求の時に十五歳に達している者は、養子となることができない。特別養子縁組が成立するまでに十八歳に達した者についても、同様とする。

2 前項前段の規定は、養子となる者が十五歳に達する前から引き続き養親となる者に監護されている場合において、十五歳に達するまでに第八百十七条の二に規定する請求がされなかったことについてやむを得ない事由があるときは、適用しない。

3 養子となる者が十五歳に達している場合においては、特別養子縁組の成立には、その者の同意がなければならない。

（父母の同意）
第八百十七条の六 特別養子縁組の成立には、養子となる者の父母の同意がなければならない。ただし、父母がその意思を表示することができない場合又は父母による虐待、悪意の遺棄その他養子となる者の利益を著しく害する事由がある場合は、この限りでない。

（子の利益のための特別の必要性）
第八百十七条の七 特別養子縁組は、父母による養子となる者の監護が著しく困難又は不適当であることその他特別の事情がある場合において、子の利益のため特に必要があると認めるときに、これを成立させるものとする。

（**監護の状況**）

第八百十七条の八　特別養子縁組を成立させるには、養親となる者が養子となる者を六箇月以上の期間監護した状況を考慮しなければならない。

2　前項の期間は、第八百十七条の二に規定する請求の時から起算する。ただし、その請求前の監護の状況が明らかであるときは、この限りでない。

（**実方との親族関係の終了**）

第八百十七条の九　養子と実方の父母及びその血族との親族関係は、特別養子縁組によって終了する。ただし、第八百十七条の三第二項ただし書に規定する他の一方及びその血族との親族関係については、この限りでない。

（**特別養子縁組の離縁**）

第八百十七条の十　次の各号のいずれにも該当する場合において、養子の利益のため特に必要があると認めるときは、家庭裁判所は、養子、実父母又は検察官の請求により、特別養子縁組の当事者を離縁させることができる。

一　養親による虐待、悪意の遺棄その他養子の利益を著しく害する事由があること。

二　実父母が相当の監護をすることができること。

2　離縁は、前項の規定による場合のほか、これをすることができない。

（**離縁による実方との親族関係の回復**）

第八百十七条の十一　養子と実父母及びその血族との間においては、離縁の日から、特別養子縁組によって終了した親族関係と同一の親族関係を生ずる。

第四章　親権

第一節　総則

（**親権者**）

第八百十八条　成年に達しない子は、父母の親権に服する。

2　子が養子であるときは、養親の親権に服する。

3　親権は、父母の婚姻中は、父母が共同して行う。ただし、父母の一方が親権を行うことができないときは、他の一方が行う。

（**離婚又は認知の場合の親権者**）

第八百十九条　父母が協議上の離婚をするときは、その協議で、その一方を親権者と定めなければならない。

2　裁判上の離婚の場合には、裁判所は、父母の一方を親権者と定める。

3　子の出生前に父母が離婚した場合には、親権は、母が行う。ただし、子の出生後に、父母の協議で、父を親権者と定めることができる。

4　父が認知した子に対する親権は、父母の協議で父を親権者と定めたときに限り、父が行う。

5　第一項、第三項又は前項の協議が調わないとき、又は協議をすることができないときは、家庭裁判所は、父又は母の請求によって、協議に代わる審判をすることができる。

6　子の利益のため必要があると認めるときは、家庭裁判所は、子の親族の請求によって、親権者を他の一方に変更することができる。

第二節　親権の効力

（**監護及び教育の権利義務**）

第八百二十条　親権を行う者は、子の利益のために子の監護及び教育をする権利を有し、義務を負う。

（**子の人格の尊重等**）

第八百二十一条　親権を行う者は、前条の規定による監護及び教育をするに当たっては、子の人格を尊重するとともに、その年齢及び発達の程度に配慮しなければならず、かつ、体罰その他の子の心身の健全な発達に有害な影響を及ぼす言動をしてはならない。

（**居所の指定**）

第八百二十二条　子は、親権を行う者が指定した場所に、その居所を定めなければならない。

（**職業の許可**）

第八百二十三条　子は、親権を行う者の許可を得なければ、職業を営むことができない。

2　親権を行う者は、第六条第二項の場合には、前項の許可を取り消し、又はこれを制限することができる。

（**財産の管理及び代表**）

第八百二十四条　親権を行う者は、子の財産を管理し、かつ、その財産に関する法律行為についてその子を代表する。ただし、その子の行為を目的とする債務を生ずべき場合には、本人の同意を得なければならない。

（**父母の一方が共同の名義でした行為の効力**）

第八百二十五条　父母が共同して親権を行う場合において、父母の一方が、共同の名義で、子に代わって法律行為をし又は子がこれをすることに同意したときは、その行為は、他の一方の意思に反したときであっても、そのためにその効力を妨げられない。ただし、相手方が悪意であったときは、この限りでない。

（利益相反行為）

第八百二十六条　親権を行う父又は母とその子との利益が相反する行為については、親権を行う者は、その子のために特別代理人を選任することを家庭裁判所に請求しなければならない。

2　親権を行う者が数人の子に対して親権を行う場合において、その一人と他の子との利益が相反する行為については、親権を行う者は、その一方のために特別代理人を選任することを家庭裁判所に請求しなければならない。

（財産の管理における注意義務）

第八百二十七条　親権を行う者は、自己のためにするのと同一の注意をもって、その管理権を行わなければならない。

（財産の管理の計算）

第八百二十八条　子が成年に達したときは、親権を行った者は、遅滞なくその管理の計算をしなければならない。ただし、その子の養育及び財産の管理の費用は、その子の財産の収益と相殺したものとみなす。

第八百二十九条　前条ただし書の規定は、無償で子に財産を与える第三者が反対の意思を表示したときは、その財産については、これを適用しない。

（第三者が無償で子に与えた財産の管理）

第八百三十条　無償で子に財産を与える第三者が、親権を行う父又は母にこれを管理させない意思を表示したときは、その財産は、父又は母の管理に属しないものとする。

2　前項の財産につき父母が共に管理権を有しない場合において、第三者が管理者を指定しなかったときは、家庭裁判所は、子、その親族又は検察官の請求によって、その管理者を選任する。

3　第三者が管理者を指定したときであっても、その管理者の権限が消滅し、又はこれを改任する必要がある場合において、第三者が更に管理者を指定しないときも、前項と同様とする。

4　第二十七条から第二十九条までの規定は、前二項の場合について準用する。

（委任の規定の準用）

第八百三十一条　第六百五十四条及び第六百五十五条の規定は、親権を行う者が子の財産を管理する場合及び前条の場合について準用する。

（財産の管理について生じた親子間の債権の消滅時効）

第八百三十二条　親権を行った者とその子との間に財産の管理について生じた債権は、その管理権が消滅した時から五年間これを行使しないときは、時効によって消滅する。

2　子がまだ成年に達しない間に管理権が消滅した場合において子に法定代理人がないときは、前項の期間は、その子が成年に達し、又は後任の法定代理人が就職した時から起算する。

（子に代わる親権の行使）

第八百三十三条　親権を行う者は、その親権に服する子に代わって親権を行う。

第三節　親権の喪失

（親権喪失の審判）

第八百三十四条　父又は母による虐待又は悪意の遺棄があるときその他父又は母による親権の行使が著しく困難又は不適当であることにより子の利益を著しく害するときは、家庭裁判所は、子、その親族、未成年後見人、未成年後見監督人又は検察官の請求により、その父又は母について、親権喪失の審判をすることができる。ただし、二年以内にその原因が消滅する見込みがあるときは、この限りでない。

（親権停止の審判）

第八百三十四条の二　父又は母による親権の行使が困難又は不適当であることにより子の利益を害するときは、家庭裁判所は、子、その親族、未成年後見人、未成年後見監督人又は検察官の請求により、その父又は母について、親権停止の審判をすることができる。

2　家庭裁判所は、親権停止の審判をするときは、その原因が消滅するまでに要すると見込まれる期間、子の心身の状態及び生活の状況その他一切の事情を考慮して、二年を超えない範囲内で、親権を停止する期間を定める。

（管理権喪失の審判）

第八百三十五条　父又は母による管理権の行使が困難又は不適当であることにより子の利益を害するときは、家庭裁判所は、子、その親族、未成年後見人、未成年後見監督人又は検察官の請求により、その父又は母について、管理権喪失の審判をすることができる。

（親権喪失、親権停止又は管理権喪失の審判の取消し）

第八百三十六条　第八百三十四条本文、第八百三十四条の二第一項又は前条に規定する原因が消滅したときは、家庭裁判所は、本人又はその親族の請求によって、それぞれ親権喪失、親権停止又は管理権喪失の審判を取り消すことができる。

（親権又は管理権の辞任及び回復）

第八百三十七条　親権を行う父又は母は、やむを得ない事由があるときは、家庭裁判所の許可を得て、親権又は管理権を辞することができる。

2　前項の事由が消滅したときは、父又は母は、家庭裁判所の許可を得て、親権又は管理権を回復することができる。

第五章　後見

第一節　後見の開始

第八百三十八条　後見は、次に掲げる場合に開始する。

一　未成年者に対して親権を行う者がないとき、又は親権を行う者が管理権を有しないとき。

二　後見開始の審判があったとき。

第二節　後見の機関

第一款　後見人

（未成年後見人の指定）

第八百三十九条　未成年者に対して最後に親権を行う者は、遺言で、未成年後見人を指定することができる。ただし、管理権を有しない者は、この限りでない。

2　親権を行う父母の一方が管理権を有しないときは、他の一方は、前項の規定により未成年後見人の指定をすることができる。

（未成年後見人の選任）

第八百四十条　前条の規定により未成年後見人となるべき者がないときは、家庭裁判所は、未成年被後見人又はその親族その他の利害関係人の請求によって、未成年後見人を選任する。未成年後見人が欠けたときも、同様とする。

2　未成年後見人がある場合においても、家庭裁判所は、必要があると認めるときは、前項に規定する者若しくは未成年後見人の請求により又は職権で、更に未成年後見人を選任することができる。

3　未成年後見人を選任するには、未成年被後見人の年齢、心身の状態並びに生活及び財産の状況、未成年後見人となる者の職業及び経歴並びに未成年被後見人との利害関係の有無（未成年後見人となる者が法人であるときは、その事業の種類及び内容並びにその法人及びその代表者と未成年被後見人との利害関係の有無）、未成年被後見人の意見その他一切の事情を考慮しなければならない。

（父母による未成年後見人の選任の請求）

第八百四十一条　父若しくは母が親権若しくは管理権を辞し、又は父若しくは母について親権喪失、親権停止若しくは管理権喪失の審判があったことによって未成年後見人を選任する必要が生じたときは、その父又は母は、遅滞なく未成年後見人の選任を家庭裁判所に請求しなければならない。

第八百四十二条　削除

（成年後見人の選任）

第八百四十三条　家庭裁判所は、後見開始の審判をするときは、職権で、成年後見人を選任する。

2　成年後見人が欠けたときは、家庭裁判所は、成年被後見人若しくはその親族その他の利害関係人の請求により又は職権で、成年後見人を選任する。

3　成年後見人が選任されている場合においても、家庭裁判所は、前項に規定する者若しくは成年後見人の請求により又は職権で、更に成年後見人を選任することができる。

4　成年後見人を選任するには、成年被後見人の心身の状態並びに生活及び財産の状況、成年後見人となる者の職業及び経歴並びに成年被後見人との利害関係の有無（成年後見人となる者が法人であるときは、その事業の種類及び内容並びにその法人及びその代表者と成年被後見人との利害関係の有無）、成年被後見人の意見その他一切の事情を考慮しなければならない。

（後見人の辞任）

第八百四十四条　後見人は、正当な事由があるときは、家庭裁判所の許可を得て、その任務を辞することができる。

（辞任した後見人による新たな後見人の選任の請求）

第八百四十五条　後見人がその任務を辞したことによって新たに後見人を選任する必要が生じたときは、その後見人は、遅滞なく新たな後見人の選任を家庭裁判所に請求しなければならない。

（後見人の解任）
第八百四十六条 後見人に不正な行為、著しい不行跡その他後見の任務に適しない事由があるときは、家庭裁判所は、後見監督人、被後見人若しくはその親族若しくは検察官の請求により又は職権で、これを解任することができる。

（後見人の欠格事由）
第八百四十七条 次に掲げる者は、後見人となることができない。
一 未成年者
二 家庭裁判所で免ぜられた法定代理人、保佐人又は補助人
三 破産者
四 被後見人に対して訴訟をし、又はした者並びにその配偶者及び直系血族
五 行方の知れない者

第二款 後見監督人

（未成年後見監督人の指定）
第八百四十八条 未成年後見人を指定することができる者は、遺言で、未成年後見監督人を指定することができる。

（後見監督人の選任）
第八百四十九条 家庭裁判所は、必要があると認めるときは、被後見人、その親族若しくは後見人の請求により又は職権で、後見監督人を選任することができる。

（後見監督人の欠格事由）
第八百五十条 後見人の配偶者、直系血族及び兄弟姉妹は、後見監督人となることができない。

（後見監督人の職務）
第八百五十一条 後見監督人の職務は、次のとおりとする。
一 後見人の事務を監督すること。
二 後見人が欠けた場合に、遅滞なくその選任を家庭裁判所に請求すること。
三 急迫の事情がある場合に、必要な処分をすること。
四 後見人又はその代表する者と被後見人との利益が相反する行為について被後見人を代表すること。

（委任及び後見人の規定の準用）
第八百五十二条 第六百四十四条、第六百五十四条、第六百五十五条、第八百四十四条、第八百四十六条、第八百四十七条、第八百六十一条第二項及び第八百六十二条の規定は後見監督人について、第八百四十条第三項及び第八百五十七条の二の規定は未成年後見監督人について、第八百四十三条第四項、第八百五十九条の二及び第八百五十九条の三の規定は成年後見監督人について準用する。

第三節 後見の事務

（財産の調査及び目録の作成）
第八百五十三条 後見人は、遅滞なく被後見人の財産の調査に着手し、一箇月以内に、その調査を終わり、かつ、その目録を作成しなければならない。ただし、この期間は、家庭裁判所において伸長することができる。
2 財産の調査及びその目録の作成は、後見監督人があるときは、その立会いをもってしなければ、その効力を生じない。

（財産の目録の作成前の権限）
第八百五十四条 後見人は、財産の目録の作成を終わるまでは、急迫の必要がある行為のみをする権限を有する。ただし、これをもって善意の第三者に対抗することができない。

（後見人の被後見人に対する債権又は債務の申出義務）
第八百五十五条 後見人が、被後見人に対し、債権を有し、又は債務を負う場合において、後見監督人があるときは、財産の調査に着手する前に、これを後見監督人に申し出なければならない。
2 後見人が、被後見人に対し債権を有することを知ってこれを申し出ないときは、その債権を失う。

（被後見人が包括財産を取得した場合についての準用）
第八百五十六条 前三条の規定は、後見人が就職した後被後見人が包括財産を取得した場合について準用する。

（未成年被後見人の身上の監護に関する権利義務）
第八百五十七条 未成年後見人は、第八百二十条から第八百二十三条までに規定する事項について、親権を行う者と同一の権利義務を有する。ただし、親権を行う者が定めた教育の方法及び居所を変更し、営業を許可し、その許可を取り消し、又はこれを制限するには、未成年後見監督人があるときは、その同意を得なければならない。

（未成年後見人が数人ある場合の権限の行使等）
第八百五十七条の二 未成年後見人が数人あるときは、共同してその権限を行使する。

2　未成年後見人が数人あるときは、家庭裁判所は、職権で、その一部の者について、財産に関する権限のみを行使すべきことを定めることができる。

3　未成年後見人が数人あるときは、家庭裁判所は、職権で、財産に関する権限について、各未成年後見人が単独で又は数人の未成年後見人が事務を分掌して、その権限を行使すべきことを定めることができる。

4　家庭裁判所は、職権で、前二項の規定による定めを取り消すことができる。

5　未成年後見人が数人あるときは、第三者の意思表示は、その一人に対してすれば足りる。

（成年被後見人の意思の尊重及び身上の配慮）

第八百五十八条　成年後見人は、成年被後見人の生活、療養看護及び財産の管理に関する事務を行うに当たっては、成年被後見人の意思を尊重し、かつ、その心身の状態及び生活の状況に配慮しなければならない。

（財産の管理及び代表）

第八百五十九条　後見人は、被後見人の財産を管理し、かつ、その財産に関する法律行為について被後見人を代表する。

2　第八百二十四条ただし書の規定は、前項の場合について準用する。

（成年後見人が数人ある場合の権限の行使等）

第八百五十九条の二　成年後見人が数人あるときは、家庭裁判所は、職権で、数人の成年後見人が、共同して又は事務を分掌して、その権限を行使すべきことを定めることができる。

2　家庭裁判所は、職権で、前項の規定による定めを取り消すことができる。

3　成年後見人が数人あるときは、第三者の意思表示は、その一人に対してすれば足りる。

（成年被後見人の居住用不動産の処分についての許可）

第八百五十九条の三　成年後見人は、成年被後見人に代わって、その居住の用に供する建物又はその敷地について、売却、賃貸、賃貸借の解除又は抵当権の設定その他これらに準ずる処分をするには、家庭裁判所の許可を得なければならない。

（利益相反行為）

第八百六十条　第八百二十六条の規定は、後見人について準用する。ただし、後見監督人がある場合は、この限りでない。

（成年後見人による郵便物等の管理）

第八百六十条の二　家庭裁判所は、成年後見人がその事務を行うに当たって必要があると認めるときは、成年後見人の請求により、信書の送達の事業を行う者に対し、期間を定めて、成年被後見人に宛てた郵便物又は民間事業者による信書の送達に関する法律（平成十四年法律第九十九号）第二条第三項に規定する信書便物（次条において「郵便物等」という。）を成年後見人に配達すべき旨を嘱託することができる。

2　前項に規定する嘱託の期間は、六箇月を超えることができない。

3　家庭裁判所は、第一項の規定による審判があった後事情に変更を生じたときは、成年被後見人、成年後見人若しくは成年後見監督人の請求により又は職権で、同項に規定する嘱託を取り消し、又は変更することができる。ただし、その変更の審判においては、同項の規定による審判において定められた期間を伸長することができない。

4　成年後見人の任務が終了したときは、家庭裁判所は、第一項に規定する嘱託を取り消さなければならない。

第八百六十条の三　成年後見人は、成年被後見人に宛てた郵便物等を受け取ったときは、これを開いて見ることができる。

2　成年後見人は、その受け取った前項の郵便物等で成年後見人の事務に関しないものは、速やかに成年被後見人に交付しなければならない。

3　成年被後見人は、成年後見人に対し、成年後見人が受け取った第一項の郵便物等（前項の規定により成年被後見人に交付されたものを除く。）の閲覧を求めることができる。

（支出金額の予定及び後見の事務の費用）

第八百六十一条　後見人は、その就職の初めにおいて、被後見人の生活、教育又は療養看護及び財産の管理のために毎年支出すべき金額を予定しなければならない。

2　後見人が後見の事務を行うために必要な費用は、被後見人の財産の中から支弁する。

（後見人の報酬）

第八百六十二条　家庭裁判所は、後見人及び被後見人の資力その他の事情によって、被後見人の財産の中から、相当な報酬を後見人に与えることができる。

（後見の事務の監督）

第八百六十三条　後見監督人又は家庭裁判所は、いつでも、後見人に対し後見の事務の報告若しくは財産の目録の提出を求め、又は後見の事務若しくは被後見人の財産の状況を調査することができる。

2　家庭裁判所は、後見監督人、被後見人若しくはその親族その他の利害関係人の請求により又は職権で、被後見人の財産の管理その他後見の事務について必要な処分を命ずることができる。

（後見監督人の同意を要する行為）

第八百六十四条　後見人が、被後見人に代わって営業若しくは第十三条第一項各号に掲げる行為をし、又は未成年被後見人がこれをすることに同意するには、後見監督人があるときは、その同意を得なければならない。ただし、同項第一号に掲げる元本の領収については、この限りでない。

第八百六十五条　後見人が、前条の規定に違反してし又は同意を与えた行為は、被後見人又は後見人が取り消すことができる。この場合においては、第二十条の規定を準用する。

2　前項の規定は、第百二十一条から第百二十六条までの規定の適用を妨げない。

（被後見人の財産等の譲受けの取消し）

第八百六十六条　後見人が被後見人の財産又は被後見人に対する第三者の権利を譲り受けたときは、被後見人は、これを取り消すことができる。この場合においては、第二十条の規定を準用する。

2　前項の規定は、第百二十一条から第百二十六条までの規定の適用を妨げない。

（未成年被後見人に代わる親権の行使）

第八百六十七条　未成年後見人は、未成年被後見人に代わって親権を行う。

2　第八百五十三条から第八百五十七条まで及び第八百六十一条から前条までの規定は、前項の場合について準用する。

（財産に関する権限のみを有する未成年後見人）

第八百六十八条　親権を行う者が管理権を有しない場合には、未成年後見人は、財産に関する権限のみを有する。

（委任及び親権の規定の準用）

第八百六十九条　第六百四十四条及び第八百三十条の規定は、後見について準用する。

第四節　後見の終了

（後見の計算）

第八百七十条　後見人の任務が終了したときは、後見人又はその相続人は、二箇月以内にその管理の計算（以下「後見の計算」という。）をしなければならない。ただし、この期間は、家庭裁判所において伸長することができる。

第八百七十一条　後見の計算は、後見監督人があるときは、その立会いをもってしなければならない。

（未成年被後見人と未成年後見人等との間の契約等の取消し）

第八百七十二条　未成年被後見人が成年に達した後後見の計算の終了前に、その者と未成年後見人又はその相続人との間でした契約は、その者が取り消すことができる。その者が未成年後見人又はその相続人に対してした単独行為も、同様とする。

2　第二十条及び第百二十一条から第百二十六条までの規定は、前項の場合について準用する。

（返還金に対する利息の支払等）

第八百七十三条　後見人が被後見人に返還すべき金額及び被後見人が後見人に返還すべき金額には、後見の計算が終了した時から、利息を付さなければならない。

2　後見人は、自己のために被後見人の金銭を消費したときは、その消費の時から、これに利息を付さなければならない。この場合において、なお損害があるときは、その賠償の責任を負う。

（成年被後見人の死亡後の成年後見人の権限）

第八百七十三条の二　成年後見人は、成年被後見人が死亡した場合において、必要があるときは、成年被後見人の相続人の意思に反することが明らかなときを除き、相続人が相続財産を管理することができるに至るまで、次に掲げる行為をすることができる。ただし、第三号に掲げる行為をするには、家庭裁判所の許可を得なければならない。

一　相続財産に属する特定の財産の保存に必要な行為

二　相続財産に属する債務（弁済期が到来しているものに限る。）の弁済

三　その死体の火葬又は埋葬に関する契約の締結その他相続財産の保存に必要な行為（前二号に掲げる行為を除く。）

（委任の規定の準用）

第八百七十四条　第六百五十四条及び第六百五十五条の規定は、後見について準用する。

（後見に関して生じた債権の消滅時効）

第八百七十五条　第八百三十二条の規定は、後見人又は後見監督人と被後見人との間において後見に関して生じた債権の消滅時効について準用する。

2　前項の消滅時効は、第八百七十二条の規定により法律行為を取り消した場合には、その取消しの時から起算する。

第六章　保佐及び補助

第一節　保佐

（**保佐の開始**）

第八百七十六条　保佐は、保佐開始の審判によって開始する。

（**保佐人及び臨時保佐人の選任等**）

第八百七十六条の二　家庭裁判所は、保佐開始の審判をするときは、職権で、保佐人を選任する。

2　第八百四十三条第二項から第四項まで及び第八百四十四条から第八百四十七条までの規定は、保佐人について準用する。

3　保佐人又はその代表する者と被保佐人との利益が相反する行為については、保佐人は、臨時保佐人の選任を家庭裁判所に請求しなければならない。ただし、保佐監督人がある場合は、この限りでない。

（**保佐監督人**）

第八百七十六条の三　家庭裁判所は、必要があると認めるときは、被保佐人、その親族若しくは保佐人の請求により又は職権で、保佐監督人を選任することができる。

2　第六百四十四条、第六百五十四条、第六百五十五条、第八百四十三条第四項、第八百四十四条、第八百四十六条、第八百四十七条、第八百五十条、第八百五十一条、第八百五十九条の二、第八百五十九条の三、第八百六十一条第二項及び第八百六十二条の規定は、保佐監督人について準用する。この場合において、第八百五十一条第四号中「被後見人を代表する」とあるのは、「被保佐人を代表し、又は被保佐人がこれをすることに同意する」と読み替えるものとする。

（**保佐人に代理権を付与する旨の審判**）

第八百七十六条の四　家庭裁判所は、第十一条本文に規定する者又は保佐人若しくは保佐監督人の請求によって、被保佐人のために特定の法律行為について保佐人に代理権を付与する旨の審判をすることができる。

2　本人以外の者の請求によって前項の審判をするには、本人の同意がなければならない。

3　家庭裁判所は、第一項に規定する者の請求によって、同項の審判の全部又は一部を取り消すことができる。

（**保佐の事務及び保佐人の任務の終了等**）

第八百七十六条の五　保佐人は、保佐の事務を行うに当たっては、被保佐人の意思を尊重し、かつ、その心身の状態及び生活の状況に配慮しなければならない。

2　第六百四十四条、第八百五十九条の二、第八百五十九条の三、第八百六十一条第二項、第八百六十二条及び第八百六十三条の規定は保佐の事務について、第八百二十四条ただし書の規定は保佐人が前条第一項の代理権を付与する旨の審判に基づき被保佐人を代表する場合について準用する。

3　第六百五十四条、第六百五十五条、第八百七十条、第八百七十一条及び第八百七十三条の規定は保佐人の任務が終了した場合について、第八百三十二条の規定は保佐人又は保佐監督人と被保佐人との間において保佐に関して生じた債権について準用する。

第二節　補助

（**補助の開始**）

第八百七十六条の六　補助は、補助開始の審判によって開始する。

（**補助人及び臨時補助人の選任等**）

第八百七十六条の七　家庭裁判所は、補助開始の審判をするときは、職権で、補助人を選任する。

2　第八百四十三条第二項から第四項まで及び第八百四十四条から第八百四十七条までの規定は、補助人について準用する。

3　補助人又はその代表する者と被補助人との利益が相反する行為については、補助人は、臨時補助人の選任を家庭裁判所に請求しなければならない。ただし、補助監督人がある場合は、この限りでない。

（**補助監督人**）

第八百七十六条の八　家庭裁判所は、必要があると認めるときは、被補助人、その親族若しくは補助人の請求により又は職権で、補助監督人を選任することができる。

2　第六百四十四条、第六百五十四条、第六百五十五条、第八百四十三条第四項、第八百四十四条、第八百四十六条、第八百四十七条、第八百五十条、第八百五十一条、第八百五十九条の二、第八百五十九条の三、第八百六十一条第二項及び第八百六十二条の規定は、補助監督人について準用する。この場合において、第八百五十一条第四号中「被後見人を代表する」とあるのは、「被補助人を代表し、又は被補助人がこれをすることに同意する」

と読み替えるものとする。

（補助人に代理権を付与する旨の審判）

第八百七十六条の九　家庭裁判所は、第十五条第一項本文に規定する者又は補助人若しくは補助監督人の請求によって、被補助人のために特定の法律行為について補助人に代理権を付与する旨の審判をすることができる。

2　第八百七十六条の四第二項及び第三項の規定は、前項の審判について準用する。

（補助の事務及び補助人の任務の終了等）

第八百七十六条の十　第六百四十四条、第八百五十九条の二、第八百五十九条の三、第八百六十一条第二項、第八百六十二条、第八百六十三条及び第八百七十六条の五第一項の規定は補助の事務について、第八百二十四条ただし書の規定は補助人が前条第一項の代理権を付与する旨の審判に基づき被補助人を代表する場合について準用する。

2　第六百五十四条、第六百五十五条、第八百七十条、第八百七十一条及び第八百七十三条の規定は補助人の任務が終了した場合について、第八百三十二条の規定は補助人又は補助監督人と被補助人との間において補助に関して生じた債権について準用する。

第七章　扶養

（扶養義務者）

第八百七十七条　直系血族及び兄弟姉妹は、互いに扶養をする義務がある。

2　家庭裁判所は、特別の事情があるときは、前項に規定する場合のほか、三親等内の親族間においても扶養の義務を負わせることができる。

3　前項の規定による審判があった後事情に変更を生じたときは、家庭裁判所は、その審判を取り消すことができる。

（扶養の順位）

第八百七十八条　扶養をする義務のある者が数人ある場合において、扶養をすべき者の順序について、当事者間に協議が調わないとき、又は協議をすることができないときは、家庭裁判所が、これを定める。扶養を受ける権利のある者が数人ある場合において、扶養義務者の資力がその全員を扶養するのに足りないときの扶養を受けるべき者の順序についても、同様とする。

（扶養の程度又は方法）

第八百七十九条　扶養の程度又は方法について、当事者間に協議が調わないとき、又は協議をすることができないときは、扶養権利者の需要、扶養義務者の資力その他一切の事情を考慮して、家庭裁判所が、これを定める。

（扶養に関する協議又は審判の変更又は取消し）

第八百八十条　扶養をすべき者若しくは扶養を受けるべき者の順序又は扶養の程度若しくは方法について協議又は審判があった後事情に変更を生じたときは、家庭裁判所は、その協議又は審判の変更又は取消しをすることができる。

（扶養請求権の処分の禁止）

第八百八十一条　扶養を受ける権利は、処分することができない。

第五編　相続

第一章　総則

（相続開始の原因）

第八百八十二条　相続は、死亡によって開始する。

（相続開始の場所）

第八百八十三条　相続は、被相続人の住所において開始する。

（相続回復請求権）

第八百八十四条　相続回復の請求権は、相続人又はその法定代理人が相続権を侵害された事実を知った時から五年間行使しないときは、時効によって消滅する。相続開始の時から二十年を経過したときも、同様とする。

（相続財産に関する費用）

第八百八十五条　相続財産に関する費用は、その財産の中から支弁する。ただし、相続人の過失によるものは、この限りでない。

第二章　相続人

（相続に関する胎児の権利能力）

第八百八十六条　胎児は、相続については、既に生まれたものとみなす。

2　前項の規定は、胎児が死体で生まれたときは、適用しない。

（子及びその代襲者等の相続権）

第八百八十七条　被相続人の子は、相続人となる。

2　被相続人の子が、相続の開始以前に死亡したとき、又は第八百九十一条の規定に該当し、若しくは廃除によって、その相続権を失ったときは、その者の子がこれを代襲して相続人となる。ただし、被相続人の直系卑属でない者は、この限りでない。

3　前項の規定は、代襲者が、相続の開始以前に死亡し、又は第八百九十一条の規定に該当し、若しくは廃除によって、その代襲相続権を失った場合について準用する。

第八百八十八条　削除

（直系尊属及び兄弟姉妹の相続権）

第八百八十九条　次に掲げる者は、第八百八十七条の規定により相続人となるべき者がない場合には、次に掲げる順序の順位に従って相続人となる。

一　被相続人の直系尊属。ただし、親等の異なる者の間では、その近い者を先にする。

二　被相続人の兄弟姉妹

2　第八百八十七条第二項の規定は、前項第二号の場合について準用する。

（配偶者の相続権）

第八百九十条　被相続人の配偶者は、常に相続人となる。この場合において、第八百八十七条又は前条の規定により相続人となるべき者があるときは、その者と同順位とする。

（相続人の欠格事由）

第八百九十一条　次に掲げる者は、相続人となることができない。

一　故意に被相続人又は相続について先順位若しくは同順位にある者を死亡するに至らせ、又は至らせようとしたために、刑に処せられた者

二　被相続人の殺害されたことを知って、これを告発せず、又は告訴しなかった者。ただし、その者に是非の弁別がないとき、又は殺害者が自己の配偶者若しくは直系血族であったときは、この限りでない。

三　詐欺又は強迫によって、被相続人が相続に関する遺言をし、撤回し、取り消し、又は変更することを妨げた者

四　詐欺又は強迫によって、被相続人に相続に関する遺言をさせ、撤回させ、取り消させ、又は変更させた者

五　相続に関する被相続人の遺言書を偽造し、変造し、破棄し、又は隠匿した者

（推定相続人の廃除）

第八百九十二条　遺留分を有する推定相続人（相続が開始した場合に相続人となるべき者をいう。以下同じ。）が、被相続人に対して虐待をし、若しくはこれに重大な侮辱を加えたとき、又は推定相続人にその他の著しい非行があったときは、被相続人は、その推定相続人の廃除を家庭裁判所に請求することができる。

（遺言による推定相続人の廃除）

第八百九十三条　被相続人が遺言で推定相続人を廃除する意思を表示したときは、遺言執行者は、その遺言が効力を生じた後、遅滞なく、その推定相続人の廃除を家庭裁判所に請求しなければならない。この場合において、その推定相続人の廃除は、被相続人の死亡の時にさかのぼってその効力を生ずる。

（推定相続人の廃除の取消し）

第八百九十四条　被相続人は、いつでも、推定相続人の廃除の取消しを家庭裁判所に請求することができる。

2　前条の規定は、推定相続人の廃除の取消しについて準用する。

（推定相続人の廃除に関する審判確定前の遺産の管理）

第八百九十五条　推定相続人の廃除又はその取消しの請求があった後その審判が確定する前に相続が開始したときは、家庭裁判所は、親族、利害関係人又は検察官の請求によって、遺産の管理について必要な処分を命ずることができる。推定相続人の廃除の遺言があったときも、同様とする。

2　第二十七条から第二十九条までの規定は、前項の規定により家庭裁判所が遺産の管理人を選任した場合について準用する。

第三章　相続の効力

第一節　総則

（相続の一般的効力）

第八百九十六条　相続人は、相続開始の時から、被相続人の財産に属した一切の権利義務を承継する。ただし、被相続人の一身に専属したものは、この限りでない。

（祭祀に関する権利の承継）

第八百九十七条　系譜、祭具及び墳墓の所有権は、前条の規定にかかわらず、慣習に従って祖先の祭祀を主宰すべき者が承継する。ただし、被相続人の指定に従って祖先の祭祀を主宰すべき者があるときは、その者が承継する。

2　前項本文の場合において慣習が明らかでないときは、同項の権利を承継すべき者は、家庭裁判所が定める。

（相続財産の保存）

第八百九十七条の二　家庭裁判所は、利害関係人又は検察官の請求によって、いつでも、相続財産の管理人の選任その他の相続財産の保

存に必要な処分を命ずることができる。ただし、相続人が一人である場合においてその相続人が相続の単純承認をしたとき、相続人が数人ある場合において遺産の全部の分割がされたとき、又は第九百五十二条第一項の規定により相続財産の清算人が選任されているときは、この限りでない。

2　第二十七条から第二十九条までの規定は、前項の規定により家庭裁判所が相続財産の管理人を選任した場合について準用する。

（共同相続の効力）

第八百九十八条　相続人が数人あるときは、相続財産は、その共有に属する。

2　相続財産について共有に関する規定を適用するときは、第九百条から第九百二条までの規定により算定した相続分をもって各相続人の共有持分とする。

第八百九十九条　各共同相続人は、その相続分に応じて被相続人の権利義務を承継する。

（共同相続における権利の承継の対抗要件）

第八百九十九条の二　相続による権利の承継は、遺産の分割によるものかどうかにかかわらず、次条及び第九百一条の規定により算定した相続分を超える部分については、登記、登録その他の対抗要件を備えなければ、第三者に対抗することができない。

2　前項の権利が債権である場合において、次条及び第九百一条の規定により算定した相続分を超えて当該債権を承継した共同相続人が当該債権に係る遺言の内容（遺産の分割により当該債権を承継した場合にあっては、当該債権に係る遺産の分割の内容）を明らかにして債務者にその承継の通知をしたときは、共同相続人の全員が債務者に通知をしたものとみなして、同項の規定を適用する。

第二節　相続分

（法定相続分）

第九百条　同順位の相続人が数人あるときは、その相続分は、次の各号の定めるところによる。

一　子及び配偶者が相続人であるときは、子の相続分及び配偶者の相続分は、各二分の一とする。

二　配偶者及び直系尊属が相続人であるときは、配偶者の相続分は、三分の二とし、直系尊属の相続分は、三分の一とする。

三　配偶者及び兄弟姉妹が相続人であるときは、配偶者の相続分は、四分の三とし、兄弟姉妹の相続分は、四分の一とする。

四　子、直系尊属又は兄弟姉妹が数人あるときは、各自の相続分は、相等しいものとする。ただし、父母の一方のみを同じくする兄弟姉妹の相続分は、父母の双方を同じくする兄弟姉妹の相続分の二分の一とする。

（代襲相続人の相続分）

第九百一条　第八百八十七条第二項又は第三項の規定により相続人となる直系卑属の相続分は、その直系尊属が受けるべきであったものと同じとする。ただし、直系卑属が数人あるときは、その各自の直系尊属が受けるべきであった部分について、前条の規定に従ってその相続分を定める。

2　前項の規定は、第八百八十九条第二項の規定により兄弟姉妹の子が相続人となる場合について準用する。

（遺言による相続分の指定）

第九百二条　被相続人は、前二条の規定にかかわらず、遺言で、共同相続人の相続分を定め、又はこれを定めることを第三者に委託することができる。

2　被相続人が、共同相続人中の一人若しくは数人の相続分のみを定め、又はこれを第三者に定めさせたときは、他の共同相続人の相続分は、前二条の規定により定める。

（相続分の指定がある場合の債権者の権利の行使）

第九百二条の二　被相続人が相続開始の時において有した債務の債権者は、前条の規定による相続分の指定がされた場合であっても、各共同相続人に対し、第九百条及び第九百一条の規定により算定した相続分に応じてその権利を行使することができる。ただし、その債権者が共同相続人の一人に対してその指定された相続分に応じた債務の承継を承認したときは、この限りでない。

（特別受益者の相続分）

第九百三条　共同相続人中に、被相続人から、遺贈を受け、又は婚姻若しくは養子縁組のため若しくは生計の資本として贈与を受けた者があるときは、被相続人が相続開始の時において有した財産の価額にその贈与の価額を加えたものを相続財産とみなし、第九百条から第九百二条までの規定により算定した相続分の中からその遺贈又は贈与の価額を控除した残額をもってその者の相続分とする。

2　遺贈又は贈与の価額が、相続分の価額に等しく、又はこれを超えるときは、受遺者又は受贈者は、その相続分を受けることができない。

3　被相続人が前二項の規定と異なった意思を表示したときは、その意思に従う。

4　婚姻期間が二十年以上の夫婦の一方である被相続人が、他の一方に対し、その居住の用に供する建物又はその敷地について遺贈又は贈与をしたときは、当該被相続人は、その遺贈又は贈与について第一項の規定を適用しない旨の意思を表示したものと推定する。

第九百四条　前条に規定する贈与の価額は、受贈者の行為によって、その目的である財産が滅失し、又はその価格の増減があったときであっても、相続開始の時においてなお原状のままであるものとみなしてこれを定める。

（寄与分）

第九百四条の二　共同相続人中に、被相続人の事業に関する労務の提供又は財産上の給付、被相続人の療養看護その他の方法により被相続人の財産の維持又は増加について特別の寄与をした者があるときは、被相続人が相続開始の時において有した財産の価額から共同相続人の協議で定めたその者の寄与分を控除したものを相続財産とみなし、第九百条から第九百二条までの規定により算定した相続分に寄与分を加えた額をもってその者の相続分とする。

2　前項の協議が調わないとき、又は協議をすることができないときは、家庭裁判所は、同項に規定する寄与をした者の請求により、寄与の時期、方法及び程度、相続財産の額その他一切の事情を考慮して、寄与分を定める。

3　寄与分は、被相続人が相続開始の時において有した財産の価額から遺贈の価額を控除した残額を超えることができない。

4　第二項の請求は、第九百七条第二項の規定による請求があった場合又は第九百十条に規定する場合にすることができる。

（期間経過後の遺産の分割における相続分）

第九百四条の三　前三条の規定は、相続開始の時から十年を経過した後にする遺産の分割については、適用しない。ただし、次の各号のいずれかに該当するときは、この限りでない。

一　相続開始の時から十年を経過する前に、相続人が家庭裁判所に遺産の分割の請求をしたとき。

二　相続開始の時から始まる十年の期間の満了前六箇月以内の間に、遺産の分割を請求することができないやむを得ない事由が相続人にあった場合において、その事由が消滅した時から六箇月を経過する前に、当該相続人が家庭裁判所に遺産の分割の請求をしたとき。

（相続分の取戻権）

第九百五条　共同相続人の一人が遺産の分割前にその相続分を第三者に譲り渡したときは、他の共同相続人は、その価額及び費用を償還して、その相続分を譲り受けることができる。

2　前項の権利は、一箇月以内に行使しなければならない。

第三節　遺産の分割

（遺産の分割の基準）

第九百六条　遺産の分割は、遺産に属する物又は権利の種類及び性質、各相続人の年齢、職業、心身の状態及び生活の状況その他一切の事情を考慮してこれをする。

（遺産の分割前に遺産に属する財産が処分された場合の遺産の範囲）

第九百六条の二　遺産の分割前に遺産に属する財産が処分された場合であっても、共同相続人は、その全員の同意により、当該処分された財産が遺産の分割時に遺産として存在するものとみなすことができる。

2　前項の規定にかかわらず、共同相続人の一人又は数人により同項の財産が処分されたときは、当該共同相続人については、同項の同意を得ることを要しない。

（遺産の分割の協議又は審判）

第九百七条　共同相続人は、次条第一項の規定により被相続人が遺言で禁じた場合又は同条第二項の規定により分割をしない旨の契約をした場合を除き、いつでも、その協議で、遺産の全部又は一部の分割をすることができる。

2　遺産の分割について、共同相続人間に協議が調わないとき、又は協議をすることができないときは、各共同相続人は、その全部又は一部の分割を家庭裁判所に請求することができる。ただし、遺産の一部を分割することにより他の共同相続人の利益を害するおそれがある場合におけるその一部の分割については、この限りでない。

（遺産の分割の方法の指定及び遺産の分割の禁止）

第九百八条　被相続人は、遺言で、遺産の分割の方法を定め、若しくはこれを定めることを第三者に委託し、又は相続開始の時から五年を超えない期間を定めて、遺産の分割を禁ずることができる。

2　共同相続人は、五年以内の期間を定めて、遺産の全部又は一部について、その分割をしない旨の契約をすることができる。ただし、その期間の終期は、相続開始の時から十年を超えることができない。

3　前項の契約は、五年以内の期間を定めて更新することができる。ただし、その期間の終期は、相続開始の時から十年を超えることができない。

4　前条第二項本文の場合において特別の事由があるときは、家庭裁判所は、五年以内の期間を定めて、遺産の全部又は一部について、その分割を禁ずることができる。ただし、その期間の終期は、相続開始の時から十年を超えることができない。

5　家庭裁判所は、五年以内の期間を定めて前項の期間を更新することができる。ただし、その期間の終期は、相続開始の時から十年を超えることができない。

（遺産の分割の効力）

第九百九条　遺産の分割は、相続開始の時にさかのぼってその効力を生ずる。ただし、第三者の権利を害することはできない。

（遺産の分割前における預貯金債権の行使）

第九百九条の二　各共同相続人は、遺産に属する預貯金債権のうち相続開始の時の債権額の三分の一に第九百条及び第九百一条の規定により算定した当該共同相続人の相続分を乗じた額（標準的な当面の必要生計費、平均的な葬式の費用の額その他の事情を勘案して預貯金債権の債務者ごとに法務省令で定める額を限度とする。）については、単独でその権利を行使することができる。この場合において、当該権利の行使をした預貯金債権については、当該共同相続人が遺産の一部の分割によりこれを取得したものとみなす。

（相続の開始後に認知された者の価額の支払請求権）

第九百十条　相続の開始後認知によって相続人となった者が遺産の分割を請求しようとする場合において、他の共同相続人が既にその分割その他の処分をしたときは、価額のみによる支払の請求権を有する。

（共同相続人間の担保責任）

第九百十一条　各共同相続人は、他の共同相続人に対して、売主と同じく、その相続分に応じて担保の責任を負う。

（遺産の分割によって受けた債権についての担保責任）

第九百十二条　各共同相続人は、その相続分に応じ、他の共同相続人が遺産の分割によって受けた債権について、その分割の時における債務者の資力を担保する。

2　弁済期に至らない債権及び停止条件付きの債権については、各共同相続人は、弁済をすべき時における債務者の資力を担保する。

（資力のない共同相続人がある場合の担保責任の分担）

第九百十三条　担保の責任を負う共同相続人中に償還をする資力のない者があるときは、その償還することができない部分は、求償者及び他の資力のある者が、それぞれその相続分に応じて分担する。ただし、求償者に過失があるときは、他の共同相続人に対して分担を請求することができない。

（遺言による担保責任の定め）

第九百十四条　前三条の規定は、被相続人が遺言で別段の意思を表示したときは、適用しない。

第四章　相続の承認及び放棄

第一節　総則

（相続の承認又は放棄をすべき期間）

第九百十五条　相続人は、自己のために相続の開始があったことを知った時から三箇月以内に、相続について、単純若しくは限定の承認又は放棄をしなければならない。ただし、この期間は、利害関係人又は検察官の請求によって、家庭裁判所において伸長することができる。

2　相続人は、相続の承認又は放棄をする前に、相続財産の調査をすることができる。

第九百十六条　相続人が相続の承認又は放棄をしないで死亡したときは、前条第一項の期間は、その者の相続人が自己のために相続の開始があったことを知った時から起算する。

第九百十七条　相続人が未成年者又は成年被後見人であるときは、第九百十五条第一項の期間は、その法定代理人が未成年者又は成年被後見人のために相続の開始があったことを知った時から起算する。

（相続人による管理）

第九百十八条　相続人は、その固有財産におけるのと同一の注意をもって、相続財産を管理しなければならない。ただし、相続の承認又は放棄をしたときは、この限りでない。

（相続の承認及び放棄の撤回及び取消し）

第九百十九条　相続の承認及び放棄は、第九百十五条第一項の期間内でも、撤回することができない。
2　前項の規定は、第一編（総則）及び前編（親族）の規定により相続の承認又は放棄の取消しをすることを妨げない。
3　前項の取消権は、追認をすることができる時から六箇月間行使しないときは、時効によって消滅する。相続の承認又は放棄の時から十年を経過したときも、同様とする。
4　第二項の規定により限定承認又は相続の放棄の取消しをしようとする者は、その旨を家庭裁判所に申述しなければならない。

第二節　相続の承認

第一款　単純承認

（単純承認の効力）
第九百二十条　相続人は、単純承認をしたときは、無限に被相続人の権利義務を承継する。

（法定単純承認）
第九百二十一条　次に掲げる場合には、相続人は、単純承認をしたものとみなす。
一　相続人が相続財産の全部又は一部を処分したとき。ただし、保存行為及び第六百二条に定める期間を超えない賃貸をすることは、この限りでない。
二　相続人が第九百十五条第一項の期間内に限定承認又は相続の放棄をしなかったとき。
三　相続人が、限定承認又は相続の放棄をした後であっても、相続財産の全部若しくは一部を隠匿し、私にこれを消費し、又は悪意でこれを相続財産の目録中に記載しなかったとき。ただし、その相続人が相続の放棄をしたことによって相続人となった者が相続の承認をした後は、この限りでない。

第二款　限定承認

（限定承認）
第九百二十二条　相続人は、相続によって得た財産の限度においてのみ被相続人の債務及び遺贈を弁済すべきことを留保して、相続の承認をすることができる。

（共同相続人の限定承認）
第九百二十三条　相続人が数人あるときは、限定承認は、共同相続人の全員が共同してのみこれをすることができる。

（限定承認の方式）
第九百二十四条　相続人は、限定承認をしようとするときは、第九百十五条第一項の期間内に、相続財産の目録を作成して家庭裁判所に提出し、限定承認をする旨を申述しなければならない。

（限定承認をしたときの権利義務）
第九百二十五条　相続人が限定承認をしたときは、その被相続人に対して有した権利義務は、消滅しなかったものとみなす。

（限定承認者による管理）
第九百二十六条　限定承認者は、その固有財産におけるのと同一の注意をもって、相続財産の管理を継続しなければならない。
2　第六百四十五条、第六百四十六条並びに第六百五十条第一項及び第二項の規定は、前項の場合について準用する。

（相続債権者及び受遺者に対する公告及び催告）
第九百二十七条　限定承認者は、限定承認をした後五日以内に、すべての相続債権者（相続財産に属する債務の債権者をいう。以下同じ。）及び受遺者に対し、限定承認をしたこと及び一定の期間内にその請求の申出をすべき旨を公告しなければならない。この場合において、その期間は、二箇月を下ることができない。
2　前項の規定による公告には、相続債権者及び受遺者がその期間内に申出をしないときは弁済から除斥されるべき旨を付記しなければならない。ただし、限定承認者は、知れている相続債権者及び受遺者を除斥することができない。
3　限定承認者は、知れている相続債権者及び受遺者には、各別にその申出の催告をしなければならない。
4　第一項の規定による公告は、官報に掲載してする。

（公告期間満了前の弁済の拒絶）
第九百二十八条　限定承認者は、前条第一項の期間の満了前には、相続債権者及び受遺者に対して弁済を拒むことができる。

（公告期間満了後の弁済）
第九百二十九条　第九百二十七条第一項の期間が満了した後は、限定承認者は、相続財産をもって、その期間内に同項の申出をした相続債権者その他知れている相続債権者に、それぞれその債権額の割合に応じて弁済をしなければならない。ただし、優先権を有する債権者の権利を害することはできない。

（期限前の債務等の弁済）
第九百三十条　限定承認者は、弁済期に至らない債権であっても、前条の規定に従って弁済をしなければならない。

2　条件付きの債権又は存続期間の不確定な債権は、家庭裁判所が選任した鑑定人の評価に従って弁済をしなければならない。

（受遺者に対する弁済）

第九百三十一条　限定承認者は、前二条の規定に従って各相続債権者に弁済をした後でなければ、受遺者に弁済をすることができない。

（弁済のための相続財産の換価）

第九百三十二条　前三条の規定に従って弁済をするにつき相続財産を売却する必要があるときは、限定承認者は、これを競売に付さなければならない。ただし、家庭裁判所が選任した鑑定人の評価に従い相続財産の全部又は一部の価額を弁済して、その競売を止めることができる。

（相続債権者及び受遺者の換価手続への参加）

第九百三十三条　相続債権者及び受遺者は、自己の費用で、相続財産の競売又は鑑定に参加することができる。この場合においては、第二百六十条第二項の規定を準用する。

（不当な弁済をした限定承認者の責任等）

第九百三十四条　限定承認者は、第九百二十七条の公告若しくは催告をすることを怠り、又は同条第一項の期間内に相続債権者若しくは受遺者に弁済をしたことによって他の相続債権者若しくは受遺者に弁済をすることができなくなったときは、これによって生じた損害を賠償する責任を負う。第九百二十九条から第九百三十一条までの規定に違反して弁済をしたときも、同様とする。

2　前項の規定は、情を知って不当に弁済を受けた相続債権者又は受遺者に対する他の相続債権者又は受遺者の求償を妨げない。

3　第七百二十四条の規定は、前二項の場合について準用する。

（公告期間内に申出をしなかった相続債権者及び受遺者）

第九百三十五条　第九百二十七条第一項の期間内に同項の申出をしなかった相続債権者及び受遺者で限定承認者に知れなかったものは、残余財産についてのみその権利を行使することができる。ただし、相続財産について特別担保を有する者は、この限りでない。

（相続人が数人ある場合の相続財産の清算人）

第九百三十六条　相続人が数人ある場合には、家庭裁判所は、相続人の中から、相続財産の清算人を選任しなければならない。

2　前項の相続財産の清算人は、相続人のために、これに代わって、相続財産の管理及び債務の弁済に必要な一切の行為をする。

3　第九百二十六条から前条までの規定は、第一項の相続財産の清算人について準用する。この場合において、第九百二十七条第一項中「限定承認をした後五日以内」とあるのは、「その相続財産の清算人の選任があった後十日以内」と読み替えるものとする。

（法定単純承認の事由がある場合の相続債権者）

第九百三十七条　限定承認をした共同相続人の一人又は数人について第九百二十一条第一号又は第三号に掲げる事由があるときは、相続債権者は、相続財産をもって弁済を受けることができなかった債権額について、当該共同相続人に対し、その相続分に応じて権利を行使することができる。

第三節　相続の放棄

（相続の放棄の方式）

第九百三十八条　相続の放棄をしようとする者は、その旨を家庭裁判所に申述しなければならない。

（相続の放棄の効力）

第九百三十九条　相続の放棄をした者は、その相続に関しては、初めから相続人とならなかったものとみなす。

（相続の放棄をした者による管理）

第九百四十条　相続の放棄をした者は、その放棄の時に相続財産に属する財産を現に占有しているときは、相続人又は第九百五十二条第一項の相続財産の清算人に対して当該財産を引き渡すまでの間、自己の財産におけるのと同一の注意をもって、その財産を保存しなければならない。

2　第六百四十五条、第六百四十六条並びに第六百五十条第一項及び第二項の規定は、前項の場合について準用する。

第五章　財産分離

（相続債権者又は受遺者の請求による財産分離）

第九百四十一条　相続債権者又は受遺者は、相続開始の時から三箇月以内に、相続人の財産の中から相続財産を分離することを家庭裁判所に請求することができる。相続財産が相続人の固有財産と混合しない間は、その期間の満了後も、同様とする。

2　家庭裁判所が前項の請求によって財産分離

を命じたときは、その請求をした者は、五日以内に、他の相続債権者及び受遺者に対し、財産分離の命令があったこと及び一定の期間内に配当加入の申出をすべき旨を公告しなければならない。この場合において、その期間は、二箇月を下ることができない。

3　前項の規定による公告は、官報に掲載してする。

（**財産分離の効力**）

第九百四十二条　財産分離の請求をした者及び前条第二項の規定により配当加入の申出をした者は、相続財産について、相続人の債権者に先立って弁済を受ける。

（**財産分離の請求後の相続財産の管理**）

第九百四十三条　財産分離の請求があったときは、家庭裁判所は、相続財産の管理について必要な処分を命ずることができる。

2　第二十七条から第二十九条までの規定は、前項の規定により家庭裁判所が相続財産の管理人を選任した場合について準用する。

（**財産分離の請求後の相続人による管理**）

第九百四十四条　相続人は、単純承認をした後でも、財産分離の請求があったときは、以後、その固有財産におけるのと同一の注意をもって、相続財産の管理をしなければならない。ただし、家庭裁判所が相続財産の管理人を選任したときは、この限りでない。

2　第六百四十五条から第六百四十七条まで並びに第六百五十条第一項及び第二項の規定は、前項の場合について準用する。

（**不動産についての財産分離の対抗要件**）

第九百四十五条　財産分離は、不動産については、その登記をしなければ、第三者に対抗することができない。

（**物上代位の規定の準用**）

第九百四十六条　第三百四条の規定は、財産分離の場合について準用する。

（**相続債権者及び受遺者に対する弁済**）

第九百四十七条　相続人は、第九百四十一条第一項及び第二項の期間の満了前には、相続債権者及び受遺者に対して弁済を拒むことができる。

2　財産分離の請求があったときは、相続人は、第九百四十一条第二項の期間の満了後に、相続財産をもって、財産分離の請求又は配当加入の申出をした相続債権者及び受遺者に、それぞれその債権額の割合に応じて弁済をしなければならない。ただし、優先権を有する債権者の権利を害することはできない。

3　第九百三十条から第九百三十四条までの規定は、前項の場合について準用する。

（**相続人の固有財産からの弁済**）

第九百四十八条　財産分離の請求をした者及び配当加入の申出をした者は、相続財産をもって全部の弁済を受けることができなかった場合に限り、相続人の固有財産についてその権利を行使することができる。この場合においては、相続人の債権者は、その者に先立って弁済を受けることができる。

（**財産分離の請求の防止等**）

第九百四十九条　相続人は、その固有財産をもって相続債権者若しくは受遺者に弁済をし、又はこれに相当の担保を供して、財産分離の請求を防止し、又はその効力を消滅させることができる。ただし、相続人の債権者が、これによって損害を受けるべきことを証明して、異議を述べたときは、この限りでない。

（**相続人の債権者の請求による財産分離**）

第九百五十条　相続人が限定承認をすることができる間又は相続財産が相続人の固有財産と混合しない間は、相続人の債権者は、家庭裁判所に対して財産分離の請求をすることができる。

2　第三百四条、第九百二十五条、第九百二十七条から第九百三十四条まで、第九百四十三条から第九百四十五条まで及び第九百四十八条の規定は、前項の場合について準用する。ただし、第九百二十七条の公告及び催告は、財産分離の請求をした債権者がしなければならない。

第六章　相続人の不存在

（**相続財産法人の成立**）

第九百五十一条　相続人のあることが明らかでないときは、相続財産は、法人とする。

（**相続財産の清算人の選任**）

第九百五十二条　前条の場合には、家庭裁判所は、利害関係人又は検察官の請求によって、相続財産の清算人を選任しなければならない。

2　前項の規定により相続財産の清算人を選任したときは、家庭裁判所は、遅滞なく、その旨及び相続人があるならば一定の期間内にその権利を主張すべき旨を公告しなければならない。この場合において、その期間は、六箇月を下ることができない。

（**不在者の財産の管理人に関する規定の準用**）

第九百五十三条　第二十七条から第二十九条ま

での規定は、前条第一項の相続財産の清算人（以下この章において単に「相続財産の清算人」という。）について準用する。

（**相続財産の清算人の報告**）

第九百五十四条 相続財産の清算人は、相続債権者又は受遺者の請求があるときは、その請求をした者に相続財産の状況を報告しなければならない。

（**相続財産法人の不成立**）

第九百五十五条 相続人のあることが明らかになったときは、第九百五十一条の法人は、成立しなかったものとみなす。ただし、相続財産の清算人がその権限内でした行為の効力を妨げない。

（**相続財産の清算人の代理権の消滅**）

第九百五十六条 相続財産の清算人の代理権は、相続人が相続の承認をした時に消滅する。

2 前項の場合には、相続財産の清算人は、遅滞なく相続人に対して清算に係る計算をしなければならない。

（**相続債権者及び受遺者に対する弁済**）

第九百五十七条 第九百五十二条第二項の公告があったときは、相続財産の清算人は、全ての相続債権者及び受遺者に対し、二箇月以上の期間を定めて、その期間内にその請求の申出をすべき旨を公告しなければならない。この場合において、その期間は、同項の規定により相続人が権利を主張すべき期間として家庭裁判所が公告した期間内に満了するものでなければならない。

2 第九百二十七条第二項から第四項まで及び第九百二十八条から第九百三十五条まで（第九百三十二条ただし書を除く。）の規定は、前項の場合について準用する。

（**権利を主張する者がない場合**）

第九百五十八条 第九百五十二条第二項の期間内に相続人としての権利を主張する者がないときは、相続人並びに相続財産の清算人に知れなかった相続債権者及び受遺者は、その権利を行使することができない。

（**特別縁故者に対する相続財産の分与**）

第九百五十八条の二 前条の場合において、相当と認めるときは、家庭裁判所は、被相続人と生計を同じくしていた者、被相続人の療養看護に努めた者その他被相続人と特別の縁故があった者の請求によって、これらの者に、清算後残存すべき相続財産の全部又は一部を与えることができる。

2 前項の請求は、第九百五十二条第二項の期間の満了後三箇月以内にしなければならない。

（**残余財産の国庫への帰属**）

第九百五十九条 前条の規定により処分されなかった相続財産は、国庫に帰属する。この場合においては、第九百五十六条第二項の規定を準用する。

第七章 遺言

第一節 総則

（**遺言の方式**）

第九百六十条 遺言は、この法律に定める方式に従わなければ、することができない。

（**遺言能力**）

第九百六十一条 十五歳に達した者は、遺言をすることができる。

第九百六十二条 第五条、第九条、第十三条及び第十七条の規定は、遺言については、適用しない。

第九百六十三条 遺言者は、遺言をする時においてその能力を有しなければならない。

（**包括遺贈及び特定遺贈**）

第九百六十四条 遺言者は、包括又は特定の名義で、その財産の全部又は一部を処分することができる。

（**相続人に関する規定の準用**）

第九百六十五条 第八百八十六条及び第八百九十一条の規定は、受遺者について準用する。

（**被後見人の遺言の制限**）

第九百六十六条 被後見人が、後見の計算の終了前に、後見人又はその配偶者若しくは直系卑属の利益となるべき遺言をしたときは、その遺言は、無効とする。

2 前項の規定は、直系血族、配偶者又は兄弟姉妹が後見人である場合には、適用しない。

第二節 遺言の方式

第一款 普通の方式

（**普通の方式による遺言の種類**）

第九百六十七条 遺言は、自筆証書、公正証書又は秘密証書によってしなければならない。ただし、特別の方式によることを許す場合は、この限りでない。

（**自筆証書遺言**）

第九百六十八条 自筆証書によって遺言をするには、遺言者が、その全文、日付及び氏名を自書し、これに印を押さなければならない。

2　前項の規定にかかわらず、自筆証書にこれと一体のものとして相続財産（第九百九十七条第一項に規定する場合における同項に規定する権利を含む。）の全部又は一部の目録を添付する場合には、その目録については、自書することを要しない。この場合において、遺言者は、その目録の毎葉（自書によらない記載がその両面にある場合にあっては、その両面）に署名し、印を押さなければならない。

3　自筆証書（前項の目録を含む。）中の加除その他の変更は、遺言者が、その場所を指示し、これを変更した旨を付記して特にこれに署名し、かつ、その変更の場所に印を押さなければ、その効力を生じない。

（公正証書遺言）

第九百六十九条　公正証書によって遺言をするには、次に掲げる方式に従わなければならない。

一　証人二人以上の立会いがあること。

二　遺言者が遺言の趣旨を公証人に口授すること。

三　公証人が、遺言者の口述を筆記し、これを遺言者及び証人に読み聞かせ、又は閲覧させること。

四　遺言者及び証人が、筆記の正確なことを承認した後、各自これに署名し、印を押すこと。ただし、遺言者が署名することができない場合は、公証人がその事由を付記して、署名に代えることができる。

五　公証人が、その証書は前各号に掲げる方式に従って作ったものである旨を付記して、これに署名し、印を押すこと。

（公正証書遺言の方式の特則）

第九百六十九条の二　口がきけない者が公正証書によって遺言をする場合には、遺言者は、公証人及び証人の前で、遺言の趣旨を通訳人の通訳により申述し、又は自書して、前条第二号の口授に代えなければならない。この場合における同条第三号の規定の適用については、同号中「口述」とあるのは、「通訳人の通訳による申述又は自書」とする。

2　前条の遺言者又は証人が耳が聞こえない者である場合には、公証人は、同条第三号に規定する筆記した内容を通訳人の通訳により遺言者又は証人に伝えて、同号の読み聞かせに代えることができる。

3　公証人は、前二項に定める方式に従って公正証書を作ったときは、その旨をその証書に付記しなければならない。

（秘密証書遺言）

第九百七十条　秘密証書によって遺言をするには、次に掲げる方式に従わなければならない。

一　遺言者が、その証書に署名し、印を押すこと。

二　遺言者が、その証書を封じ、証書に用いた印章をもってこれに封印すること。

三　遺言者が、公証人一人及び証人二人以上の前に封書を提出して、自己の遺言書である旨並びにその筆者の氏名及び住所を申述すること。

四　公証人が、その証書を提出した日付及び遺言者の申述を封紙に記載した後、遺言者及び証人とともにこれに署名し、印を押すこと。

2　第九百六十八条第三項の規定は、秘密証書による遺言について準用する。

（方式に欠ける秘密証書遺言の効力）

第九百七十一条　秘密証書による遺言は、前条に定める方式に欠けるものがあっても、第九百六十八条に定める方式を具備しているときは、自筆証書による遺言としてその効力を有する。

（秘密証書遺言の方式の特則）

第九百七十二条　口がきけない者が秘密証書によって遺言をする場合には、遺言者は、公証人及び証人の前で、その証書は自己の遺言書である旨並びにその筆者の氏名及び住所を通訳人の通訳により申述し、又は封紙に自書して、第九百七十条第一項第三号の申述に代えなければならない。

2　前項の場合において、遺言者が通訳人の通訳により申述したときは、公証人は、その旨を封紙に記載しなければならない。

3　第一項の場合において、遺言者が封紙に自書したときは、公証人は、その旨を封紙に記載して、第九百七十条第一項第四号に規定する申述の記載に代えなければならない。

（成年被後見人の遺言）

第九百七十三条　成年被後見人が事理を弁識する能力を一時回復した時において遺言をするには、医師二人以上の立会いがなければならない。

2　遺言に立ち会った医師は、遺言者が遺言をする時において精神上の障害により事理を弁識する能力を欠く状態になかった旨を遺言書に付記して、これに署名し、印を押さなければならない。ただし、秘密証書による遺言にあっては、その封紙にその旨の記載をし、署名し、印を押さなければならない。

（証人及び立会人の欠格事由）

第九百七十四条　次に掲げる者は、遺言の証人又は立会人となることができない。

一　未成年者

二　推定相続人及び受遺者並びにこれらの配偶者及び直系血族

三　公証人の配偶者、四親等内の親族、書記及び使用人

（共同遺言の禁止）

第九百七十五条　遺言は、二人以上の者が同一の証書ですることができない。

第二款　特別の方式

（死亡の危急に迫った者の遺言）

第九百七十六条　疾病その他の事由によって死亡の危急に迫った者が遺言をしようとするときは、証人三人以上の立会いをもって、その一人に遺言の趣旨を口授して、これをすることができる。この場合においては、その口授を受けた者が、これを筆記して、遺言者及び他の証人に読み聞かせ、又は閲覧させ、各証人がその筆記の正確なことを承認した後、これに署名し、印を押さなければならない。

2　口がきけない者が前項の規定により遺言をする場合には、遺言者は、証人の前で、遺言の趣旨を通訳人の通訳により申述して、同項の口授に代えなければならない。

3　第一項後段の遺言者又は他の証人が耳が聞こえない者である場合には、遺言の趣旨の口授又は申述を受けた者は、同項後段に規定する筆記した内容を通訳人の通訳によりその遺言者又は他の証人に伝えて、同項後段の読み聞かせに代えることができる。

4　前三項の規定によりした遺言は、遺言の日から二十日以内に、証人の一人又は利害関係人から家庭裁判所に請求してその確認を得なければ、その効力を生じない。

5　家庭裁判所は、前項の遺言が遺言者の真意に出たものであるとの心証を得なければ、これを確認することができない。

（伝染病隔離者の遺言）

第九百七十七条　伝染病のため行政処分によって交通を断たれた場所に在る者は、警察官一人及び証人一人以上の立会いをもって遺言書を作ることができる。

（在船者の遺言）

第九百七十八条　船舶中に在る者は、船長又は事務員一人及び証人二人以上の立会いをもって遺言書を作ることができる。

（船舶遭難者の遺言）

第九百七十九条　船舶が遭難した場合において、当該船舶中に在って死亡の危急に迫った者は、証人二人以上の立会いをもって口頭で遺言をすることができる。

2　口がきけない者が前項の規定により遺言をする場合には、遺言者は、通訳人の通訳によりこれをしなければならない。

3　前二項の規定に従ってした遺言は、証人が、その趣旨を筆記して、これに署名し、印を押し、かつ、証人の一人又は利害関係人から遅滞なく家庭裁判所に請求してその確認を得なければ、その効力を生じない。

4　第九百七十六条第五項の規定は、前項の場合について準用する。

（遺言関係者の署名及び押印）

第九百八十条　第九百七十七条及び第九百七十八条の場合には、遺言者、筆者、立会人及び証人は、各自遺言書に署名し、印を押さなければならない。

（署名又は押印が不能の場合）

第九百八十一条　第九百七十七条から第九百七十九条までの場合において、署名又は印を押すことのできない者があるときは、立会人又は証人は、その事由を付記しなければならない。

（普通の方式による遺言の規定の準用）

第九百八十二条　第九百六十八条第三項及び第九百七十三条から第九百七十五条までの規定は、第九百七十六条から前条までの規定による遺言について準用する。

（特別の方式による遺言の効力）

第九百八十三条　第九百七十六条から前条までの規定によりした遺言は、遺言者が普通の方式によって遺言をすることができるようになった時から六箇月間生存するときは、その効力を生じない。

（外国に在る日本人の遺言の方式）

第九百八十四条　日本の領事の駐在する地に在る日本人が公正証書又は秘密証書によって遺言をしようとするときは、公証人の職務は、領事が行う。この場合においては、第九百六十九条第四号又は第九百七十条第一項第四号の規定にかかわらず、遺言者及び証人は、第九百六十九条第四号又は第九百七十条第一項第四号の印を押すことを要しない。

民法

第三節　遺言の効力

（遺言の効力の発生時期）
第九百八十五条　遺言は、遺言者の死亡の時からその効力を生ずる。
２　遺言に停止条件を付した場合において、その条件が遺言者の死亡後に成就したときは、遺言は、条件が成就した時からその効力を生ずる。

（遺贈の放棄）
第九百八十六条　受遺者は、遺言者の死亡後、いつでも、遺贈の放棄をすることができる。
２　遺贈の放棄は、遺言者の死亡の時にさかのぼってその効力を生ずる。

（受遺者に対する遺贈の承認又は放棄の催告）
第九百八十七条　遺贈義務者（遺贈の履行をする義務を負う者をいう。以下この節において同じ。）その他の利害関係人は、受遺者に対し、相当の期間を定めて、その期間内に遺贈の承認又は放棄をすべき旨の催告をすることができる。この場合において、受遺者がその期間内に遺贈義務者に対してその意思を表示しないときは、遺贈を承認したものとみなす。

（受遺者の相続人による遺贈の承認又は放棄）
第九百八十八条　受遺者が遺贈の承認又は放棄をしないで死亡したときは、その相続人は、自己の相続権の範囲内で、遺贈の承認又は放棄をすることができる。ただし、遺言者がその遺言に別段の意思を表示したときは、その意思に従う。

（遺贈の承認及び放棄の撤回及び取消し）
第九百八十九条　遺贈の承認及び放棄は、撤回することができない。
２　第九百十九条第二項及び第三項の規定は、遺贈の承認及び放棄について準用する。

（包括受遺者の権利義務）
第九百九十条　包括受遺者は、相続人と同一の権利義務を有する。

（受遺者による担保の請求）
第九百九十一条　受遺者は、遺贈が弁済期に至らない間は、遺贈義務者に対して相当の担保を請求することができる。停止条件付きの遺贈についてその条件の成否が未定である間も、同様とする。

（受遺者による果実の取得）
第九百九十二条　受遺者は、遺贈の履行を請求することができる時から果実を取得する。ただし、遺言者がその遺言に別段の意思を表示したときは、その意思に従う。

（遺贈義務者による費用の償還請求）
第九百九十三条　第二百九十九条の規定は、遺贈義務者が遺言者の死亡後に遺贈の目的物について費用を支出した場合について準用する。
２　果実を収取するために支出した通常の必要費は、果実の価格を超えない限度で、その償還を請求することができる。

（受遺者の死亡による遺贈の失効）
第九百九十四条　遺贈は、遺言者の死亡以前に受遺者が死亡したときは、その効力を生じない。
２　停止条件付きの遺贈については、受遺者がその条件の成就前に死亡したときも、前項と同様とする。ただし、遺言者がその遺言に別段の意思を表示したときは、その意思に従う。

（遺贈の無効又は失効の場合の財産の帰属）
第九百九十五条　遺贈が、その効力を生じないとき、又は放棄によってその効力を失ったときは、受遺者が受けるべきであったものは、相続人に帰属する。ただし、遺言者がその遺言に別段の意思を表示したときは、その意思に従う。

（相続財産に属しない権利の遺贈）
第九百九十六条　遺贈は、その目的である権利が遺言者の死亡の時において相続財産に属しなかったときは、その効力を生じない。ただし、その権利が相続財産に属するかどうかにかかわらず、これを遺贈の目的としたものと認められるときは、この限りでない。
第九百九十七条　相続財産に属しない権利を目的とする遺贈が前条ただし書の規定により有効であるときは、遺贈義務者は、その権利を取得して受遺者に移転する義務を負う。
２　前項の場合において、同項に規定する権利を取得することができないとき、又はこれを取得するについて過分の費用を要するときは、遺贈義務者は、その価額を弁償しなければならない。ただし、遺言者がその遺言に別段の意思を表示したときは、その意思に従う。

（遺贈義務者の引渡義務）
第九百九十八条　遺贈義務者は、遺贈の目的である物又は権利を、相続開始の時（その後に当該物又は権利について遺贈の目的として特定した場合にあっては、その特定した時）の状態で引き渡し、又は移転する義務を負う。ただし、遺言者がその遺言に別段の意思を表示したときは、その意思に従う。

（遺贈の物上代位）

第九百九十九条 遺言者が、遺贈の目的物の滅失若しくは変造又はその占有の喪失によって第三者に対して償金を請求する権利を有するときは、その権利を遺贈の目的としたものと推定する。

2 遺贈の目的物が、他の物と付合し、又は混和した場合において、遺言者が第二百四十三条から第二百四十五条までの規定により合成物又は混和物の単独所有者又は共有者となったときは、その全部の所有権又は持分を遺贈の目的としたものと推定する。

第千条 削除

（債権の遺贈の物上代位）

第千一条 債権を遺贈の目的とした場合において、遺言者が弁済を受け、かつ、その受け取った物がなお相続財産中に在るときは、その物を遺贈の目的としたものと推定する。

2 金銭を目的とする債権を遺贈の目的とした場合においては、相続財産中にその債権額に相当する金銭がないときであっても、その金額を遺贈の目的としたものと推定する。

（負担付遺贈）

第千二条 負担付遺贈を受けた者は、遺贈の目的の価額を超えない限度においてのみ、負担した義務を履行する責任を負う。

2 受遺者が遺贈の放棄をしたときは、負担の利益を受けるべき者は、自ら受遺者となることができる。ただし、遺言者がその遺言に別段の意思を表示したときは、その意思に従う。

（負担付遺贈の受遺者の免責）

第千三条 負担付遺贈の目的の価額が相続の限定承認又は遺留分回復の訴えによって減少したときは、受遺者は、その減少の割合に応じて、その負担した義務を免れる。ただし、遺言者がその遺言に別段の意思を表示したときは、その意思に従う。

第四節 遺言の執行

（遺言書の検認）

第千四条 遺言書の保管者は、相続の開始を知った後、遅滞なく、これを家庭裁判所に提出して、その検認を請求しなければならない。遺言書の保管者がない場合において、相続人が遺言書を発見した後も、同様とする。

2 前項の規定は、公正証書による遺言については、適用しない。

3 封印のある遺言書は、家庭裁判所において相続人又はその代理人の立会いがなければ、開封することができない。

（過料）

第千五条 前条の規定により遺言書を提出することを怠り、その検認を経ないで遺言を執行し、又は家庭裁判所外においてその開封をした者は、五万円以下の過料に処する。

（遺言執行者の指定）

第千六条 遺言者は、遺言で、一人又は数人の遺言執行者を指定し、又はその指定を第三者に委託することができる。

2 遺言執行者の指定の委託を受けた者は、遅滞なく、その指定をして、これを相続人に通知しなければならない。

3 遺言執行者の指定の委託を受けた者がその委託を辞そうとするときは、遅滞なくその旨を相続人に通知しなければならない。

（遺言執行者の任務の開始）

第千七条 遺言執行者が就職を承諾したときは、直ちにその任務を行わなければならない。

2 遺言執行者は、その任務を開始したときは、遅滞なく、遺言の内容を相続人に通知しなければならない。

（遺言執行者に対する就職の催告）

第千八条 相続人その他の利害関係人は、遺言執行者に対し、相当の期間を定めて、その期間内に就職を承諾するかどうかを確答すべき旨の催告をすることができる。この場合において、遺言執行者が、その期間内に相続人に対して確答をしないときは、就職を承諾したものとみなす。

（遺言執行者の欠格事由）

第千九条 未成年者及び破産者は、遺言執行者となることができない。

（遺言執行者の選任）

第千十条 遺言執行者がないとき、又はなくなったときは、家庭裁判所は、利害関係人の請求によって、これを選任することができる。

（相続財産の目録の作成）

第千十一条 遺言執行者は、遅滞なく、相続財産の目録を作成して、相続人に交付しなければならない。

2 遺言執行者は、相続人の請求があるときは、その立会いをもって相続財産の目録を作成し、又は公証人にこれを作成させなければならない。

（遺言執行者の権利義務）

第千十二条　遺言執行者は、遺言の内容を実現するため、相続財産の管理その他遺言の執行に必要な一切の行為をする権利義務を有する。

2　遺言執行者がある場合には、遺贈の履行は、遺言執行者のみが行うことができる。

3　第六百四十四条、第六百四十五条から第六百四十七条まで及び第六百五十条の規定は、遺言執行者について準用する。

（遺言の執行の妨害行為の禁止）

第千十三条　遺言執行者がある場合には、相続人は、相続財産の処分その他遺言の執行を妨げるべき行為をすることができない。

2　前項の規定に違反してした行為は、無効とする。ただし、これをもって善意の第三者に対抗することができない。

3　前二項の規定は、相続人の債権者（相続債権者を含む。）が相続財産についてその権利を行使することを妨げない。

（特定財産に関する遺言の執行）

第千十四条　前三条の規定は、遺言が相続財産のうち特定の財産に関する場合には、その財産についてのみ適用する。

2　遺産の分割の方法の指定として遺産に属する特定の財産を共同相続人の一人又は数人に承継させる旨の遺言（以下「特定財産承継遺言」という。）があったときは、遺言執行者は、当該共同相続人が第八百九十九条の二第一項に規定する対抗要件を備えるために必要な行為をすることができる。

3　前項の財産が預貯金債権である場合には、遺言執行者は、同項に規定する行為のほか、その預金又は貯金の払戻しの請求及びその預金又は貯金に係る契約の解約の申入れをすることができる。ただし、解約の申入れについては、その預貯金債権の全部が特定財産承継遺言の目的である場合に限る。

4　前二項の規定にかかわらず、被相続人が遺言で別段の意思を表示したときは、その意思に従う。

（遺言執行者の行為の効果）

第千十五条　遺言執行者がその権限内において遺言執行者であることを示してした行為は、相続人に対して直接にその効力を生ずる。

（遺言執行者の復任権）

第千十六条　遺言執行者は、自己の責任で第三者にその任務を行わせることができる。ただし、遺言者がその遺言に別段の意思を表示したときは、その意思に従う。

2　前項本文の場合において、第三者に任務を行わせることについてやむを得ない事由があるときは、遺言執行者は、相続人に対してその選任及び監督についての責任のみを負う。

（遺言執行者が数人ある場合の任務の執行）

第千十七条　遺言執行者が数人ある場合には、その任務の執行は、過半数で決する。ただし、遺言者がその遺言に別段の意思を表示したときは、その意思に従う。

2　各遺言執行者は、前項の規定にかかわらず、保存行為をすることができる。

（遺言執行者の報酬）

第千十八条　家庭裁判所は、相続財産の状況その他の事情によって遺言執行者の報酬を定めることができる。ただし、遺言者がその遺言に報酬を定めたときは、この限りでない。

2　第六百四十八条第二項及び第三項並びに第六百四十八条の二の規定は、遺言執行者が報酬を受けるべき場合について準用する。

（遺言執行者の解任及び辞任）

第千十九条　遺言執行者がその任務を怠ったときその他正当な事由があるときは、利害関係人は、その解任を家庭裁判所に請求することができる。

2　遺言執行者は、正当な事由があるときは、家庭裁判所の許可を得て、その任務を辞することができる。

（委任の規定の準用）

第千二十条　第六百五十四条及び第六百五十五条の規定は、遺言執行者の任務が終了した場合について準用する。

（遺言の執行に関する費用の負担）

第千二十一条　遺言の執行に関する費用は、相続財産の負担とする。ただし、これによって遺留分を減ずることができない。

第五節　遺言の撤回及び取消し

（遺言の撤回）

第千二十二条　遺言者は、いつでも、遺言の方式に従って、その遺言の全部又は一部を撤回することができる。

（前の遺言と後の遺言との抵触等）

第千二十三条　前の遺言が後の遺言と抵触するときは、その抵触する部分については、後の遺言で前の遺言を撤回したものとみなす。

2　前項の規定は、遺言が遺言後の生前処分その他の法律行為と抵触する場合について準用する。

（遺言書又は遺贈の目的物の破棄）

第千二十四条　遺言者が故意に遺言書を破棄し

たときは、その破棄した部分については、遺言を撤回したものとみなす。遺言者が故意に遺贈の目的物を破棄したときも、同様とする。

（撤回された遺言の効力）

第千二十五条 前三条の規定により撤回された遺言は、その撤回の行為が、撤回され、取り消され、又は効力を生じなくなるに至ったときであっても、その効力を回復しない。ただし、その行為が錯誤、詐欺又は強迫による場合は、この限りでない。

（遺言の撤回権の放棄の禁止）

第千二十六条 遺言者は、その遺言を撤回する権利を放棄することができない。

（負担付遺贈に係る遺言の取消し）

第千二十七条 負担付遺贈を受けた者がその負担した義務を履行しないときは、相続人は、相当の期間を定めてその履行の催告をすることができる。この場合において、その期間内に履行がないときは、その負担付遺贈に係る遺言の取消しを家庭裁判所に請求することができる。

第八章　配偶者の居住の権利

第一節　配偶者居住権

（配偶者居住権）

第千二十八条 被相続人の配偶者（以下この章において単に「配偶者」という。）は、被相続人の財産に属した建物に相続開始の時に居住していた場合において、次の各号のいずれかに該当するときは、その居住していた建物（以下この節において「居住建物」という。）の全部について無償で使用及び収益をする権利（以下この章において「配偶者居住権」という。）を取得する。ただし、被相続人が相続開始の時に居住建物を配偶者以外の者と共有していた場合にあっては、この限りでない。

一　遺産の分割によって配偶者居住権を取得するものとされたとき。

二　配偶者居住権が遺贈の目的とされたとき。

2　居住建物が配偶者の財産に属することとなった場合であっても、他の者がその共有持分を有するときは、配偶者居住権は、消滅しない。

3　第九百三条第四項の規定は、配偶者居住権の遺贈について準用する。

（審判による配偶者居住権の取得）

第千二十九条 遺産の分割の請求を受けた家庭裁判所は、次に掲げる場合に限り、配偶者が配偶者居住権を取得する旨を定めることができる。

一　共同相続人間に配偶者が配偶者居住権を取得することについて合意が成立しているとき。

二　配偶者が家庭裁判所に対して配偶者居住権の取得を希望する旨を申し出た場合において、居住建物の所有者の受ける不利益の程度を考慮してもなお配偶者の生活を維持するために特に必要があると認めるとき（前号に掲げる場合を除く。）。

（配偶者居住権の存続期間）

第千三十条 配偶者居住権の存続期間は、配偶者の終身の間とする。ただし、遺産の分割の協議若しくは遺言に別段の定めがあるとき、又は家庭裁判所が遺産の分割の審判において別段の定めをしたときは、その定めるところによる。

（配偶者居住権の登記等）

第千三十一条 居住建物の所有者は、配偶者（配偶者居住権を取得した配偶者に限る。以下この節において同じ。）に対し、配偶者居住権の設定の登記を備えさせる義務を負う。

2　第六百五条の規定は配偶者居住権について、第六百五条の四の規定は配偶者居住権の設定の登記を備えた場合について準用する。

（配偶者による使用及び収益）

第千三十二条 配偶者は、従前の用法に従い、善良な管理者の注意をもって、居住建物の使用及び収益をしなければならない。ただし、従前居住の用に供していなかった部分について、これを居住の用に供することを妨げない。

2　配偶者居住権は、譲渡することができない。

3　配偶者は、居住建物の所有者の承諾を得なければ、居住建物の改築若しくは増築をし、又は第三者に居住建物の使用若しくは収益をさせることができない。

4　配偶者が第一項又は前項の規定に違反した場合において、居住建物の所有者が相当の期間を定めてその是正の催告をし、その期間内に是正がされないときは、居住建物の所有者は、当該配偶者に対する意思表示によって配偶者居住権を消滅させることができる。

（居住建物の修繕等）

第千三十三条 配偶者は、居住建物の使用及び収益に必要な修繕をすることができる。

2　居住建物の修繕が必要である場合において、配偶者が相当の期間内に必要な修繕をしないときは、居住建物の所有者は、その修繕をすることができる。

3　居住建物が修繕を要するとき（第一項の規定により配偶者が自らその修繕をするときを除く。）、又は居住建物について権利を主張する者があるときは、配偶者は、居住建物の所有者に対し、遅滞なくその旨を通知しなければならない。ただし、居住建物の所有者が既にこれを知っているときは、この限りでない。

（居住建物の費用の負担）

第千三十四条　配偶者は、居住建物の通常の必要費を負担する。

2　第五百八十三条第二項の規定は、前項の通常の必要費以外の費用について準用する。

（居住建物の返還等）

第千三十五条　配偶者は、配偶者居住権が消滅したときは、居住建物の返還をしなければならない。ただし、配偶者が居住建物について共有持分を有する場合は、居住建物の所有者は、配偶者居住権が消滅したことを理由としては、居住建物の返還を求めることができない。

2　第五百九十九条第一項及び第二項並びに第六百二十一条の規定は、前項本文の規定により配偶者が相続の開始後に附属させた物がある居住建物又は相続の開始後に生じた損傷がある居住建物の返還をする場合について準用する。

（使用貸借及び賃貸借の規定の準用）

第千三十六条　第五百九十七条第一項及び第三項、第六百条、第六百十三条並びに第六百十六条の二の規定は、配偶者居住権について準用する。

第二節　配偶者短期居住権

（配偶者短期居住権）

第千三十七条　配偶者は、被相続人の財産に属した建物に相続開始の時に無償で居住していた場合には、次の各号に掲げる区分に応じてそれぞれ当該各号に定める日までの間、その居住していた建物（以下この節において「居住建物」という。）の所有権を相続又は遺贈により取得した者（以下この節において「居住建物取得者」という。）に対し、居住建物について無償で使用する権利（居住建物の一部のみを無償で使用していた場合にあっては、その部分について無償で使用する権利。以下この節において「配偶者短期居住権」という。）を有する。ただし、配偶者が、相続開始の時において居住建物に係る配偶者居住権を取得したとき、又は第八百九十一条の規定に該当し若しくは廃除によってその相続権を失ったときは、この限りでない。

一　居住建物について配偶者を含む共同相続人間で遺産の分割をすべき場合　遺産の分割により居住建物の帰属が確定した日又は相続開始の時から六箇月を経過する日のいずれか遅い日

二　前号に掲げる場合以外の場合　第三項の申入れの日から六箇月を経過する日

2　前項本文の場合においては、居住建物取得者は、第三者に対する居住建物の譲渡その他の方法により配偶者の居住建物の使用を妨げてはならない。

3　居住建物取得者は、第一項第一号に掲げる場合を除くほか、いつでも配偶者短期居住権の消滅の申入れをすることができる。

（配偶者による使用）

第千三十八条　配偶者（配偶者短期居住権を有する配偶者に限る。以下この節において同じ。）は、従前の用法に従い、善良な管理者の注意をもって、居住建物の使用をしなければならない。

2　配偶者は、居住建物取得者の承諾を得なければ、第三者に居住建物の使用をさせることができない。

3　配偶者が前二項の規定に違反したときは、居住建物取得者は、当該配偶者に対する意思表示によって配偶者短期居住権を消滅させることができる。

（配偶者居住権の取得による配偶者短期居住権の消滅）

第千三十九条　配偶者が居住建物に係る配偶者居住権を取得したときは、配偶者短期居住権は、消滅する。

（居住建物の返還等）

第千四十条　配偶者は、前条に規定する場合を除き、配偶者短期居住権が消滅したときは、居住建物の返還をしなければならない。ただし、配偶者が居住建物について共有持分を有する場合は、居住建物取得者は、配偶者短期居住権が消滅したことを理由としては、居住建物の返還を求めることができない。

2　第五百九十九条第一項及び第二項並びに第六百二十一条の規定は、前項本文の規定により配偶者が相続の開始後に附属させた物がある居住建物又は相続の開始後に生じた損傷がある居住建物の返還をする場合について準用する。

（使用貸借等の規定の準用）

第千四十一条 第五百九十七条第三項、第六百条、第六百十六条の二、第千三十二条第二項、第千三十三条及び第千三十四条の規定は、配偶者短期居住権について準用する。

第九章　遺留分

（遺留分の帰属及びその割合）

第千四十二条 兄弟姉妹以外の相続人は、遺留分として、次条第一項に規定する遺留分を算定するための財産の価額に、次の各号に掲げる区分に応じてそれぞれ当該各号に定める割合を乗じた額を受ける。

一　直系尊属のみが相続人である場合　三分の一

二　前号に掲げる場合以外の場合　二分の一

2　相続人が数人ある場合には、前項各号に定める割合は、これらに第九百条及び第九百一条の規定により算定したその各自の相続分を乗じた割合とする。

（遺留分を算定するための財産の価額）

第千四十三条 遺留分を算定するための財産の価額は、被相続人が相続開始の時において有した財産の価額にその贈与した財産の価額を加えた額から債務の全額を控除した額とする。

2　条件付きの権利又は存続期間の不確定な権利は、家庭裁判所が選任した鑑定人の評価に従って、その価格を定める。

第千四十四条 贈与は、相続開始前の一年間にしたものに限り、前条の規定によりその価額を算入する。当事者双方が遺留分権利者に損害を加えることを知って贈与をしたときは、一年前の日より前にしたものについても、同様とする。

2　第九百四条の規定は、前項に規定する贈与の価額について準用する。

3　相続人に対する贈与についての第一項の規定の適用については、同項中「一年」とあるのは「十年」と、「価額」とあるのは「価額（婚姻若しくは養子縁組のため又は生計の資本として受けた贈与の価額に限る。）」とする。

第千四十五条 負担付贈与がされた場合における第千四十三条第一項に規定する贈与した財産の価額は、その目的の価額から負担の価額を控除した額とする。

2　不相当な対価をもってした有償行為は、当事者双方が遺留分権利者に損害を加えることを知ってしたものに限り、当該対価を負担の価額とする負担付贈与とみなす。

（遺留分侵害額の請求）

第千四十六条 遺留分権利者及びその承継人は、受遺者（特定財産承継遺言により財産を承継し又は相続分の指定を受けた相続人を含む。以下この章において同じ。）又は受贈者に対し、遺留分侵害額に相当する金銭の支払を請求することができる。

2　遺留分侵害額は、第千四十二条の規定による遺留分から第一号及び第二号に掲げる額を控除し、これに第三号に掲げる額を加算して算定する。

一　遺留分権利者が受けた遺贈又は第九百三条第一項に規定する贈与の価額

二　第九百条から第九百二条まで、第九百三条及び第九百四条の規定により算定した相続分に応じて遺留分権利者が取得すべき遺産の価額

三　被相続人が相続開始の時において有した債務のうち、第八百九十九条の規定により遺留分権利者が承継する債務（次条第三項において「遺留分権利者承継債務」という。）の額

（受遺者又は受贈者の負担額）

第千四十七条 受遺者又は受贈者は、次の各号の定めるところに従い、遺贈（特定財産承継遺言による財産の承継又は相続分の指定による遺産の取得を含む。以下この章において同じ。）又は贈与（遺留分を算定するための財産の価額に算入されるものに限る。以下この章において同じ。）の目的の価額（受遺者又は受贈者が相続人である場合にあっては、当該価額から第千四十二条の規定による遺留分として当該相続人が受けるべき額を控除した額）を限度として、遺留分侵害額を負担する。

一　受遺者と受贈者とがあるときは、受遺者が先に負担する。

二　受遺者が複数あるとき、又は受贈者が複数ある場合においてその贈与が同時にされたものであるときは、受遺者又は受贈者がその目的の価額の割合に応じて負担する。ただし、遺言者がその遺言に別段の意思を表示したときは、その意思に従う。

三　受贈者が複数あるとき（前号に規定する

場合を除く。）は、後の贈与に係る受贈者から順次前の贈与に係る受贈者が負担する。

2　第九百四条、第千四十三条第二項及び第千四十五条の規定は、前項に規定する遺贈又は贈与の目的の価額について準用する。

3　前条第一項の請求を受けた受遺者又は受贈者は、遺留分権利者承継債務について弁済その他の債務を消滅させる行為をしたときは、消滅した債務の額の限度において、遺留分権利者に対する意思表示によって第一項の規定により負担する債務を消滅させることができる。この場合において、当該行為によって遺留分権利者に対して取得した求償権は、消滅した当該債務の額の限度において消滅する。

4　受遺者又は受贈者の無資力によって生じた損失は、遺留分権利者の負担に帰する。

5　裁判所は、受遺者又は受贈者の請求により、第一項の規定により負担する債務の全部又は一部の支払につき相当の期限を許与することができる。

（遺留分侵害額請求権の期間の制限）

第千四十八条　遺留分侵害額の請求権は、遺留分権利者が、相続の開始及び遺留分を侵害する贈与又は遺贈があったことを知った時から一年間行使しないときは、時効によって消滅する。相続開始の時から十年を経過したときも、同様とする。

（遺留分の放棄）

第千四十九条　相続の開始前における遺留分の放棄は、家庭裁判所の許可を受けたときに限り、その効力を生ずる。

2　共同相続人の一人のした遺留分の放棄は、他の各共同相続人の遺留分に影響を及ぼさない。

第十章　特別の寄与

第千五十条　被相続人に対して無償で療養看護その他の労務の提供をしたことにより被相続人の財産の維持又は増加について特別の寄与をした被相続人の親族（相続人、相続の放棄をした者及び第八百九十一条の規定に該当し又は廃除によってその相続権を失った者を除く。以下この条において「特別寄与者」という。）は、相続の開始後、相続人に対し、特別寄与者の寄与に応じた額の金銭（以下この条において「特別寄与料」という。）の支払を請求することができる。

2　前項の規定による特別寄与料の支払について、当事者間に協議が調わないとき、又は協議をすることができないときは、特別寄与者は、家庭裁判所に対して協議に代わる処分を請求することができる。ただし、特別寄与者が相続の開始及び相続人を知った時から六箇月を経過したとき、又は相続開始の時から一年を経過したときは、この限りでない。

3　前項本文の場合には、家庭裁判所は、寄与の時期、方法及び程度、相続財産の額その他一切の事情を考慮して、特別寄与料の額を定める。

4　特別寄与料の額は、被相続人が相続開始の時において有した財産の価額から遺贈の価額を控除した残額を超えることができない。

5　相続人が数人ある場合には、各相続人は、特別寄与料の額に第九百条から第九百二条までの規定により算定した当該相続人の相続分を乗じた額を負担する。

・民事関係手続等における情報通信技術の活用等の推進を図るための関係法律の整備に関する法律（令和五・六・一四法律五三）

附則　抄

この法律は、公布の日から起算して五年を超えない範囲内において政令で定める日から施行する。ただし、次の各号に掲げる規定は、当該各号に定める日から施行する。

二　〈略〉公布の日から起算して二年六月を超えない範囲内において政令で定める日

特定非営利活動促進法

（平成一〇・三・二五
法　律　七）

最新改正　令和四法律六八

第一章　総則

（目的）

第一条　この法律は、特定非営利活動を行う団体に法人格を付与すること並びに運営組織及び事業活動が適正であって公益の増進に資する特定非営利活動法人の認定に係る制度を設けること等により、ボランティア活動をはじめとする市民が行う自由な社会貢献活動としての特定非営利活動の健全な発展を促進し、もって公益の増進に寄与することを目的とする。

（定義）

第二条　この法律において「特定非営利活動」とは、別表に掲げる活動に該当する活動であって、不特定かつ多数のものの利益の増進に寄与することを目的とするものをいう。

2　この法律において「特定非営利活動法人」とは、特定非営利活動を行うことを主たる目的とし、次の各号のいずれにも該当する団体であって、この法律の定めるところにより設立された法人をいう。

一　次のいずれにも該当する団体であって、営利を目的としないものであること。

イ　社員の資格の得喪に関して、不当な条件を付さないこと。

ロ　役員のうち報酬を受ける者の数が、役員総数の三分の一以下であること。

二　その行う活動が次のいずれにも該当する団体であること。

イ　宗教の教義を広め、儀式行事を行い、及び信者を教化育成することを主たる目的とするものでないこと。

ロ　政治上の主義を推進し、支持し、又はこれに反対することを主たる目的とするものでないこと。

ハ　特定の公職（公職選挙法（昭和二十五年法律第百号）第三条に規定する公職をいう。以下同じ。）の候補者（当該候補者になろうとする者を含む。以下同じ。）若しくは公職にある者又は政党を推薦し、支持し、又はこれらに反対することを目的とするものでないこと。

3　この法律において「認定特定非営利活動法人」とは、第四十四条第一項の認定を受けた特定非営利活動法人をいう。

4　この法律において「特例認定特定非営利活動法人」とは、第五十八条第一項の特例認定を受けた特定非営利活動法人をいう。

第二章　特定非営利活動法人

第一節　通則

（原則）

第三条　特定非営利活動法人は、特定の個人又は法人その他の団体の利益を目的として、その事業を行ってはならない。

2　特定非営利活動法人は、これを特定の政党のために利用してはならない。

（名称の使用制限）

第四条　特定非営利活動法人以外の者は、その名称中に、「特定非営利活動法人」又はこれに紛らわしい文字を用いてはならない。

（その他の事業）

第五条　特定非営利活動法人は、その行う特定非営利活動に係る事業に支障がない限り、当該特定非営利活動に係る事業以外の事業（以下「その他の事業」という。）を行うことができる。この場合において、利益を生じたときは、これを当該特定非営利活動に係る事業のために使用しなければならない。

2　その他の事業に関する会計は、当該特定非営利活動法人の行う特定非営利活動に係る事業に関する会計から区分し、特別の会計として経理しなければならない。

（住所）

第六条　特定非営利活動法人の住所は、その主たる事務所の所在地にあるものとする。

（登記）

第七条　特定非営利活動法人は、政令で定めるところにより、登記しなければならない。

2　前項の規定により登記しなければならない事項は、登記の後でなければ、これをもって第三者に対抗することができない。

（一般社団法人及び一般財団法人に関する法律の準用）

第八条　一般社団法人及び一般財団法人に関する法律（平成十八年法律第四十八号）第七十八条の規定は、特定非営利活動法人について準用する。

（所轄庁）

第九条　特定非営利活動法人の所轄庁は、その主たる事務所が所在する都道府県の知事（そ

民法

の事務所が一の指定都市（地方自治法（昭和二十二年法律第六十七号）第二百五十二条の十九第一項の指定都市をいう。以下同じ。）の区域内のみに所在する特定非営利活動法人にあっては、当該指定都市の長）とする。

第二節　設立

（**設立の認証**）

第十条　特定非営利活動法人を設立しようとする者は、都道府県又は指定都市の条例で定めるところにより、次に掲げる書類を添付した申請書を所轄庁に提出して、設立の認証を受けなければならない。

一　定款

二　役員に係る次に掲げる書類

イ　役員名簿（役員の氏名及び住所又は居所並びに各役員についての報酬の有無を記載した名簿をいう。以下同じ。）

ロ　各役員が第二十条各号に該当しないこと及び第二十一条の規定に違反しないことを誓約し、並びに就任を承諾する書面の謄本

ハ　各役員の住所又は居所を証する書面として都道府県又は指定都市の条例で定めるもの

三　社員のうち十人以上の者の氏名（法人にあっては、その名称及び代表者の氏名）及び住所又は居所を記載した書面

四　第二条第二項第二号及び第十二条第一項第三号に該当することを確認したことを示す書面

五　設立趣旨書

六　設立についての意思の決定を証する議事録の謄本

七　設立当初の事業年度及び翌事業年度の事業計画書

八　設立当初の事業年度及び翌事業年度の活動予算書（その行う活動に係る事業の収益及び費用の見込みを記載した書類をいう。以下同じ。）

2　所轄庁は、前項の認証の申請があった場合には、遅滞なく、その旨及び次に掲げる事項をインターネットの利用その他の内閣府令で定める方法により公表するとともに、同項第一号、第二号イ、第五号、第七号及び第八号に掲げる書類（同項第二号イに掲げる書類については、これに記載された事項中、役員の住所又は居所に係る記載の部分を除いたもの。第二号において「特定添付書類」という。）を、申請書を受理した日から二週間、その指定した場所において公衆の縦覧に供しなければならない。

一　申請のあった年月日

二　特定添付書類に記載された事項

3　前項の規定による公表は、第十二条第一項の規定による認証又は不認証の決定がされるまでの間、行うものとする。

4　第一項の規定により提出された申請書又は当該申請書に添付された同項各号に掲げる書類に不備があるときは、当該申請をした者は、当該不備が都道府県又は指定都市の条例で定める軽微なものである場合に限り、これを補正することができる。ただし、所轄庁が当該申請書を受理した日から一週間を経過したときは、この限りでない。

（**定款**）

第十一条　特定非営利活動法人の定款には、次に掲げる事項を記載しなければならない。

一　目的

二　名称

三　その行う特定非営利活動の種類及び当該特定非営利活動に係る事業の種類

四　主たる事務所及びその他の事務所の所在地

五　社員の資格の得喪に関する事項

六　役員に関する事項

七　会議に関する事項

八　資産に関する事項

九　会計に関する事項

十　事業年度

十一　その他の事業を行う場合には、その種類その他当該その他の事業に関する事項

十二　解散に関する事項

十三　定款の変更に関する事項

十四　公告の方法

2　設立当初の役員は、定款で定めなければならない。

3　第一項第十二号に掲げる事項中に残余財産の帰属すべき者に関する規定を設ける場合には、その者は、特定非営利活動法人その他次に掲げる者のうちから選定されるようにしなければならない。

一　国又は地方公共団体

二　公益社団法人又は公益財団法人

三　私立学校法（昭和二十四年法律第二百七十号）第三条に規定する学校法人

四　社会福祉法（昭和二十六年法律第四十五号）第二十二条に規定する社会福祉法人

五　更生保護事業法（平成七年法律第八十六

号）第二条第六項に規定する更生保護法人

（認証の基準等）

第十二条 所轄庁は、第十条第一項の認証の申請が次の各号に適合すると認めるときは、その設立を認証しなければならない。

一 設立の手続並びに申請書及び定款の内容が法令の規定に適合していること。

二 当該申請に係る特定非営利活動法人が第二条第二項に規定する団体に該当するものであること。

三 当該申請に係る特定非営利活動法人が次に掲げる団体に該当しないものであること。

イ 暴力団（暴力団員による不当な行為の防止等に関する法律（平成三年法律第七十七号）第二条第二号に規定する暴力団をいう。以下この号及び第四十七条第六号において同じ。）

ロ 暴力団又はその構成員（暴力団の構成団体の構成員を含む。以下この号において同じ。）若しくは暴力団の構成員でなくなった日から五年を経過しない者（以下「暴力団の構成員等」という。）の統制の下にある団体

四 当該申請に係る特定非営利活動法人が十人以上の社員を有するものであること。

2 前項の規定による認証又は不認証の決定は、正当な理由がない限り、第十条第二項の期間を経過した日から二月（都道府県又は指定都市の条例でこれより短い期間を定めたときは、当該期間）以内に行わなければならない。

3 所轄庁は、第一項の規定により認証の決定をしたときはその旨を、同項の規定により不認証の決定をしたときはその旨及びその理由を、当該申請をした者に対し、速やかに、書面により通知しなければならない。

（意見聴取等）

第十二条の二 第四十三条の二及び第四十三条の三の規定は、第十条第一項の認証の申請があった場合について準用する。

（成立の時期等）

第十三条 特定非営利活動法人は、その主たる事務所の所在地において設立の登記をすることによって成立する。

2 特定非営利活動法人は、前項の登記をしたときは、遅滞なく、当該登記をしたことを証する登記事項証明書及び次条の財産目録を添えて、その旨を所轄庁に届け出なければならない。

3 設立の認証を受けた者が設立の認証があった日から六月を経過しても第一項の登記をしないときは、所轄庁は、設立の認証を取り消すことができる。

（財産目録の作成及び備置き）

第十四条 特定非営利活動法人は、成立の時に財産目録を作成し、常にこれをその事務所に備え置かなければならない。

第三節 管理

（通常社員総会）

第十四条の二 理事は、少なくとも毎年一回、通常社員総会を開かなければならない。

（臨時社員総会）

第十四条の三 理事は、必要があると認めるときは、いつでも臨時社員総会を招集することができる。

2 総社員の五分の一以上から社員総会の目的である事項を示して請求があったときは、理事は、臨時社員総会を招集しなければならない。ただし、総社員の五分の一の割合については、定款でこれと異なる割合を定めることができる。

（社員総会の招集）

第十四条の四 社員総会の招集の通知は、その社員総会の日より少なくとも五日前に、その社員総会の目的である事項を示し、定款で定めた方法に従ってしなければならない。

（社員総会の権限）

第十四条の五 特定非営利活動法人の業務は、定款で理事その他の役員に委任したものを除き、すべて社員総会の決議によって行う。

（社員総会の決議事項）

第十四条の六 社員総会においては、第十四条の四の規定によりあらかじめ通知をした事項についてのみ、決議をすることができる。ただし、定款に別段の定めがあるときは、この限りでない。

（社員の表決権）

第十四条の七 各社員の表決権は、平等とする。

2 社員総会に出席しない社員は、書面で、又は代理人によって表決をすることができる。

3 社員は、定款で定めるところにより、前項の規定に基づく書面による表決に代えて、電磁的方法（電子情報処理組織を使用する方法その他の情報通信の技術を利用する方法であって内閣府令で定めるものをいう。第二十八条の二第一項第三号において同じ。）によ

民法

り表決をすることができる。

4　前三項の規定は、定款に別段の定めがある場合には、適用しない。

（表決権のない場合）

第十四条の八　特定非営利活動法人と特定の社員との関係について議決をする場合には、その社員は、表決権を有しない。

（社員総会の決議の省略）

第十四条の九　理事又は社員が社員総会の目的である事項について提案をした場合において、当該提案につき社員の全員が書面又は電磁的記録（電子的方式、磁気的方式その他人の知覚によっては認識することができない方式で作られる記録であって、電子計算機による情報処理の用に供されるものとして内閣府令で定めるものをいう。）により同意の意思表示をしたときは、当該提案を可決する旨の社員総会の決議があったものとみなす。

2　前項の規定により社員総会の目的である事項の全てについての提案を可決する旨の社員総会の決議があったものとみなされた場合には、その時に当該社員総会が終結したものとみなす。

（役員の定数）

第十五条　特定非営利活動法人には、役員として、理事三人以上及び監事一人以上を置かなければならない。

（理事の代表権）

第十六条　理事は、すべて特定非営利活動法人の業務について、特定非営利活動法人を代表する。ただし、定款をもって、その代表権を制限することができる。

（業務の執行）

第十七条　特定非営利活動法人の業務は、定款に特別の定めのないときは、理事の過半数をもって決する。

（理事の代理行為の委任）

第十七条の二　理事は、定款又は社員総会の決議によって禁止されていないときに限り、特定の行為の代理を他人に委任することができる。

（仮理事）

第十七条の三　理事が欠けた場合において、業務が遅滞することにより損害を生ずるおそれがあるときは、所轄庁は、利害関係人の請求により又は職権で、仮理事を選任しなければならない。

（利益相反行為）

第十七条の四　特定非営利活動法人と理事との利益が相反する事項については、理事は、代表権を有しない。この場合においては、所轄庁は、利害関係人の請求により又は職権で、特別代理人を選任しなければならない。

（監事の職務）

第十八条　監事は、次に掲げる職務を行う。

一　理事の業務執行の状況を監査すること。

二　特定非営利活動法人の財産の状況を監査すること。

三　前二号の規定による監査の結果、特定非営利活動法人の業務又は財産に関し不正の行為又は法令若しくは定款に違反する重大な事実があることを発見した場合には、これを社員総会又は所轄庁に報告すること。

四　前号の報告をするために必要がある場合には、社員総会を招集すること。

五　理事の業務執行の状況又は特定非営利活動法人の財産の状況について、理事に意見を述べること。

（監事の兼職禁止）

第十九条　監事は、理事又は特定非営利活動法人の職員を兼ねてはならない。

（役員の欠格事由）

第二十条　次の各号のいずれかに該当する者は、特定非営利活動法人の役員になることができない。

一　破産手続開始の決定を受けて復権を得ない者

二　禁錮以上の刑に処せられ、その執行を終わった日又はその執行を受けることがなくなった日から二年を経過しない者

三　この法律若しくは暴力団員による不当な行為の防止等に関する法律の規定（同法第三十二条の三第七項及び第三十二条の十一第一項の規定を除く。第四十七条第一号ハにおいて同じ。）に違反したことにより、又は刑法（明治四十年法律第四十五号）第二百四条、第二百六条、第二百八条、第二百八条の二、第二百二十二条若しくは第二百四十七条の罪若しくは暴力行為等処罰に関する法律（大正十五年法律第六十号）の罪を犯したことにより、罰金の刑に処せられ、その執行を終わった日又はその執行を受けることがなくなった日から二年を経過しない者

四　暴力団の構成員等

五　第四十三条の規定により設立の認証を取り消された特定非営利活動法人の解散当時の役員で、設立の認証を取り消された日から二年を経過しない者

六　心身の故障のため職務を適正に執行することができない者として内閣府令で定めるもの

（**役員の親族等の排除**）

第二十一条　役員のうちには、それぞれの役員について、その配偶者若しくは三親等以内の親族が一人を超えて含まれ、又は当該役員並びにその配偶者及び三親等以内の親族が役員の総数の三分の一を超えて含まれることになってはならない。

（**役員の欠員補充**）

第二十二条　理事又は監事のうち、その定数の三分の一を超える者が欠けたときは、遅滞なくこれを補充しなければならない。

（**役員の変更等の届出**）

第二十三条　特定非営利活動法人は、その役員の氏名又は住所若しくは居所に変更があったときは、遅滞なく、変更後の役員名簿を添えて、その旨を所轄庁に届け出なければならない。

2　特定非営利活動法人は、役員が新たに就任した場合（任期満了と同時に再任された場合を除く。）において前項の届出をするときは、当該役員に係る第十条第一項第二号ロ及びハに掲げる書類を所轄庁に提出しなければならない。

（**役員の任期**）

第二十四条　役員の任期は、二年以内において定款で定める期間とする。ただし、再任を妨げない。

2　前項の規定にかかわらず、定款で役員を社員総会で選任することとしている特定非営利活動法人にあっては、定款により、後任の役員が選任されていない場合に限り、同項の規定により定款で定められた任期の末日後最初の社員総会が終結するまでその任期を伸長することができる。

（**定款の変更**）

第二十五条　定款の変更は、定款で定めるところにより、社員総会の議決を経なければならない。

2　前項の議決は、社員総数の二分の一以上が出席し、その出席者の四分の三以上の多数をもってしなければならない。ただし、定款に特別の定めがあるときは、この限りでない。

3　定款の変更（第十一条第一項第一号から第三号まで、第四号（所轄庁の変更を伴うものに限る。）、第五号、第六号（役員の定数に係るものを除く。）、第七号、第十一号、第十二号（残余財産の帰属すべき者に係るものに限る。）又は第十三号に掲げる事項に係る変更を含むものに限る。）は、所轄庁の認証を受けなければ、その効力を生じない。

4　特定非営利活動法人は、前項の認証を受けようとするときは、都道府県又は指定都市の条例で定めるところにより、当該定款の変更を議決した社員総会の議事録の謄本及び変更後の定款を添付した申請書を、所轄庁に提出しなければならない。この場合において、当該定款の変更が第十一条第一項第三号又は第十一号に掲げる事項に係る変更を含むものであるときは、当該定款の変更の日の属する事業年度及び翌事業年度の事業計画書及び活動予算書を併せて添付しなければならない。

5　第十条第二項から第四項まで及び第十二条の規定は、第三項の認証について準用する。

6　特定非営利活動法人は、定款の変更（第三項の規定により所轄庁の認証を受けなければならない事項に係るものを除く。）をしたときは、都道府県又は指定都市の条例で定めるところにより、遅滞なく、当該定款の変更を議決した社員総会の議事録の謄本及び変更後の定款を添えて、その旨を所轄庁に届け出なければならない。

7　特定非営利活動法人は、定款の変更に係る登記をしたときは、遅滞なく、当該登記をしたことを証する登記事項証明書を所轄庁に提出しなければならない。

第二十六条　所轄庁の変更を伴う定款の変更に係る前条第四項の申請書は、変更前の所轄庁を経由して変更後の所轄庁に提出するものとする。

2　前項の場合においては、前条第四項の添付書類のほか、第十条第一項第二号イ及び第四号に掲げる書類並びに直近の第二十八条第一項に規定する事業報告書等（設立後当該書類が作成されるまでの間は第十条第一項第七号の事業計画書、同項第八号の活動予算書及び第十四条の財産目録、合併後当該書類が作成されるまでの間は第三十四条第五項において準用する第十条第一項第七号の事業計画書、第三十四条第五項において準用する第十条第一項第八号の活動予算書及び第三十五条第一項の財産目録）を申請書に添付しなければならない。

3　第一項の場合において、当該定款の変更を認証したときは、所轄庁は、内閣府令で定めるところにより、遅滞なく、変更前の所轄庁から事務の引継ぎを受けなければならない。

（会計の原則）

第二十七条　特定非営利活動法人の会計は、この法律に定めるもののほか、次に掲げる原則に従って、行わなければならない。

一　削除

二　会計簿は、正規の簿記の原則に従って正しく記帳すること。

三　計算書類（活動計算書及び貸借対照表をいう。次条第一項において同じ。）及び財産目録は、会計簿に基づいて活動に係る事業の実績及び財政状態に関する真実な内容を明瞭に表示したものとすること。

四　採用する会計処理の基準及び手続については、毎事業年度継続して適用し、みだりにこれを変更しないこと。

（事業報告書等の備置き等及び閲覧）

第二十八条　特定非営利活動法人は、毎事業年度初めの三月以内に、都道府県又は指定都市の条例で定めるところにより、前事業年度の事業報告書、計算書類及び財産目録並びに年間役員名簿（前事業年度において役員であったことがある者全員の氏名及び住所又は居所並びにこれらの者についての前事業年度における報酬の有無を記載した名簿をいう。）並びに前事業年度の末日における社員のうち十人以上の者の氏名（法人にあっては、その名称及び代表者の氏名）及び住所又は居所を記載した書面（以下「事業報告書等」という。）を作成し、これらを、その作成の日から起算して五年が経過した日を含む事業年度の末日までの間、その事務所に備え置かなければならない。

2　特定非営利活動法人は、都道府県又は指定都市の条例で定めるところにより、役員名簿及び定款等（定款並びにその認証及び登記に関する書類の写しをいう。以下同じ。）を、その事務所に備え置かなければならない。

3　特定非営利活動法人は、その社員その他の利害関係人から次に掲げる書類の閲覧の請求があった場合には、正当な理由がある場合を除いて、これを閲覧させなければならない。

一　事業報告書等（設立後当該書類が作成されるまでの間は第十条第一項第七号の事業計画書、同項第八号の活動予算書及び第十四条の財産目録、合併後当該書類が作成されるまでの間は第三十四条第五項において準用する第十条第一項第七号の事業計画書、第三十四条第五項において準用する第十条第一項第八号の活動予算書及び第三十五条第一項の財産目録。第三十条及び第四十五条第一項第五号イにおいて同じ。）

二　役員名簿

三　定款等

（貸借対照表の公告）

第二十八条の二　特定非営利活動法人は、内閣府令で定めるところにより、前条第一項の規定による前事業年度の貸借対照表の作成後遅滞なく、次に掲げる方法のうち定款で定める方法によりこれを公告しなければならない。

一　官報に掲載する方法

二　時事に関する事項を掲載する日刊新聞紙に掲載する方法

三　電子公告（電磁的方法により不特定多数の者が公告すべき内容である情報の提供を受けることができる状態に置く措置であって内閣府令で定めるものをとる公告の方法をいう。以下この条において同じ。）

四　前三号に掲げるもののほか、不特定多数の者が公告すべき内容である情報を認識することができる状態に置く措置として内閣府令で定める方法

2　前項の規定にかかわらず、同項に規定する貸借対照表の公告の方法として同項第一号又は第二号に掲げる方法を定款で定める特定非営利活動法人は、当該貸借対照表の要旨を公告することで足りる。

3　特定非営利活動法人が第一項第三号に掲げる方法を同項に規定する貸借対照表の公告の方法とする旨を定款で定める場合には、事故その他やむを得ない事由によって電子公告による公告をすることができない場合の当該公告の方法として、同項第一号又は第二号に掲げる方法のいずれかを定めることができる。

4　特定非営利活動法人が第一項の規定により電子公告による公告をする場合には、前条第一項の規定による前事業年度の貸借対照表の作成の日から起算して五年が経過した日を含む事業年度の末日までの間、継続して当該公告をしなければならない。

5　前項の規定にかかわらず、同項の規定により電子公告による公告をしなければならない期間（第二号において「公告期間」という。）中公告の中断（不特定多数の者が提供を受けることができる状態に置かれた情報がその状態に置かれないこととなったこと又はその情報がその状態に置かれた後改変されたことをいう。以下この項において同じ。）が生じた場合において、次のいずれにも該当するときは、その公告の中断は、当該電子公告による

公告の効力に影響を及ぼさない。

一　公告の中断が生ずることにつき特定非営利活動法人が善意でかつ重大な過失がないこと又は特定非営利活動法人に正当な事由があること。

二　公告の中断が生じた時間の合計が公告期間の十分の一を超えないこと。

三　特定非営利活動法人が公告の中断が生じたことを知った後速やかにその旨、公告の中断が生じた時間及び公告の中断の内容を当該電子公告による公告に付して公告したこと。

（事業報告書等の提出）

第二十九条　特定非営利活動法人は、都道府県又は指定都市の条例で定めるところにより、毎事業年度一回、事業報告書等を所轄庁に提出しなければならない。

（事業報告書等の公開）

第三十条　所轄庁は、特定非営利活動法人から提出を受けた事業報告書等（過去五年間に提出を受けたものに限る。）、役員名簿又は定款等について閲覧又は謄写の請求があったときは、都道府県又は指定都市の条例で定めるところにより、これらの書類（事業報告書等又は役員名簿については、これらに記載された事項中、個人の住所又は居所に係る記載の部分を除いたもの）を閲覧させ、又は謄写させなければならない。

第四節　解散及び合併

（解散事由）

第三十一条　特定非営利活動法人は、次に掲げる事由によって解散する。

一　社員総会の決議

二　定款で定めた解散事由の発生

三　目的とする特定非営利活動に係る事業の成功の不能

四　社員の欠亡

五　合併

六　破産手続開始の決定

七　第四十三条の規定による設立の認証の取消し

2　前項第三号に掲げる事由による解散は、所轄庁の認定がなければ、その効力を生じない。

3　特定非営利活動法人は、前項の認定を受けようとするときは、第一項第三号に掲げる事由を証する書面を、所轄庁に提出しなければならない。

4　清算人は、第一項第一号、第二号、第四号又は第六号に掲げる事由によって解散した場合には、遅滞なくその旨を所轄庁に届け出なければならない。

（解散の決議）

第三十一条の二　特定非営利活動法人は、総社員の四分の三以上の賛成がなければ、解散の決議をすることができない。ただし、定款に別段の定めがあるときは、この限りでない。

（特定非営利活動法人についての破産手続の開始）

第三十一条の三　特定非営利活動法人がその債務につきその財産をもって完済することができなくなった場合には、裁判所は、理事若しくは債権者の申立てにより又は職権で、破産手続開始の決定をする。

2　前項に規定する場合には、理事は、直ちに破産手続開始の申立てをしなければならない。

（清算中の特定非営利活動法人の能力）

第三十一条の四　解散した特定非営利活動法人は、清算の目的の範囲内において、その清算の結了に至るまではなお存続するものとみなす。

（清算人）

第三十一条の五　特定非営利活動法人が解散したときは、破産手続開始の決定による解散の場合を除き、理事がその清算人となる。ただし、定款に別段の定めがあるとき、又は社員総会において理事以外の者を選任したときは、この限りでない。

（裁判所による清算人の選任）

第三十一条の六　前条の規定により清算人となる者がないとき、又は清算人が欠けたため損害を生ずるおそれがあるときは、裁判所は、利害関係人若しくは検察官の請求により又は職権で、清算人を選任することができる。

（清算人の解任）

第三十一条の七　重要な事由があるときは、裁判所は、利害関係人若しくは検察官の請求により又は職権で、清算人を解任することができる。

（清算人の届出）

第三十一条の八　清算中に就任した清算人は、その氏名及び住所を所轄庁に届け出なければならない。

（清算人の職務及び権限）

第三十一条の九　清算人の職務は、次のとおりとする。

一　現務の結了

二　債権の取立て及び債務の弁済
三　残余財産の引渡し
2　清算人は、前項各号に掲げる職務を行うために必要な一切の行為をすることができる。

（**債権の申出の催告等**）
第三十一条の十　清算人は、特定非営利活動法人が第三十一条第一項各号に掲げる事由によって解散した後、遅滞なく、公告をもって、債権者に対し、一定の期間内にその債権の申出をすべき旨の催告をしなければならない。この場合において、その期間は、二月を下ることができない。
2　前項の公告には、債権者がその期間内に申出をしないときは清算から除斥されるべき旨を付記しなければならない。ただし、清算人は、判明している債権者を除斥することができない。
3　清算人は、判明している債権者には、各別にその申出の催告をしなければならない。
4　第一項の公告は、官報に掲載してする。

（**期間経過後の債権の申出**）
第三十一条の十一　前条第一項の期間の経過後に申出をした債権者は、特定非営利活動法人の債務が完済された後まだ権利の帰属すべき者に引き渡されていない財産に対してのみ、請求をすることができる。

（**清算中の特定非営利活動法人についての破産手続の開始**）
第三十一条の十二　清算中に特定非営利活動法人の財産がその債務を完済するのに足りないことが明らかになったときは、清算人は、直ちに破産手続開始の申立てをし、その旨を公告しなければならない。
2　清算人は、清算中の特定非営利活動法人が破産手続開始の決定を受けた場合において、破産管財人にその事務を引き継いだときは、その任務を終了したものとする。
3　前項に規定する場合において、清算中の特定非営利活動法人が既に債権者に支払い、又は権利の帰属すべき者に引き渡したものがあるときは、破産管財人は、これを取り戻すことができる。
4　第一項の規定による公告は、官報に掲載してする。

（**残余財産の帰属**）
第三十二条　解散した特定非営利活動法人の残余財産は、合併及び破産手続開始の決定による解散の場合を除き、所轄庁に対する清算結了の届出の時において、定款で定めるところにより、その帰属すべき者に帰属する。
2　定款に残余財産の帰属すべき者に関する規定がないときは、清算人は、所轄庁の認証を得て、その財産を国又は地方公共団体に譲渡することができる。
3　前二項の規定により処分されない財産は、国庫に帰属する。

（**裁判所による監督**）
第三十二条の二　特定非営利活動法人の解散及び清算は、裁判所の監督に属する。
2　裁判所は、職権で、いつでも前項の監督に必要な検査をすることができる。
3　特定非営利活動法人の解散及び清算を監督する裁判所は、所轄庁に対し、意見を求め、又は調査を嘱託することができる。
4　所轄庁は、前項に規定する裁判所に対し、意見を述べることができる。

（**清算結了の届出**）
第三十二条の三　清算が結了したときは、清算人は、その旨を所轄庁に届け出なければならない。

（**解散及び清算の監督等に関する事件の管轄**）
第三十二条の四　特定非営利活動法人の解散及び清算の監督並びに清算人に関する事件は、その主たる事務所の所在地を管轄する地方裁判所の管轄に属する。

（**不服申立ての制限**）
第三十二条の五　清算人の選任の裁判に対しては、不服を申し立てることができない。

（**裁判所の選任する清算人の報酬**）
第三十二条の六　裁判所は、第三十一条の六の規定により清算人を選任した場合には、特定非営利活動法人が当該清算人に対して支払う報酬の額を定めることができる。この場合においては、裁判所は、当該清算人及び監事の陳述を聴かなければならない。

第三十二条の七　削除

（**検査役の選任**）
第三十二条の八　裁判所は、特定非営利活動法人の解散及び清算の監督に必要な調査をさせるため、検査役を選任することができる。
2　第三十二条の五及び第三十二条の六の規定は、前項の規定により裁判所が検査役を選任した場合について準用する。この場合において、同条中「清算人及び監事」とあるのは、「特定非営利活動法人及び検査役」と読み替えるものとする。

（**合併**）
第三十三条　特定非営利活動法人は、他の特定非営利活動法人と合併することができる。

（合併手続）

第三十四条　特定非営利活動法人が合併するには、社員総会の議決を経なければならない。

2　前項の議決は、社員総数の四分の三以上の多数をもってしなければならない。ただし、定款に特別の定めがあるときは、この限りでない。

3　合併は、所轄庁の認証を受けなければ、その効力を生じない。

4　特定非営利活動法人は、前項の認証を受けようとするときは、第一項の議決をした社員総会の議事録の謄本を添付した申請書を、所轄庁に提出しなければならない。

5　第十条及び第十二条の規定は、第三項の認証について準用する。

第三十五条　特定非営利活動法人は、前条第三項の認証があったときは、その認証の通知のあった日から二週間以内に、貸借対照表及び財産目録を作成し、次項の規定により債権者が異議を述べることができる期間が満了するまでの間、これをその事務所に備え置かなければならない。

2　特定非営利活動法人は、前条第三項の認証があったときは、その認証の通知のあった日から二週間以内に、その債権者に対し、合併に異議があれば一定の期間内に述べるべきことを公告し、かつ、判明している債権者に対しては、各別にこれを催告しなければならない。この場合において、その期間は、二月を下回ってはならない。

第三十六条　債権者が前条第二項の期間内に異議を述べなかったときは、合併を承認したものとみなす。

2　債権者が異議を述べたときは、特定非営利活動法人は、これに弁済し、若しくは相当の担保を供し、又はその債権者に弁済を受けさせることを目的として信託会社若しくは信託業務を営む金融機関に相当の財産を信託しなければならない。ただし、合併をしてもその債権者を害するおそれがないときは、この限りでない。

第三十七条　合併により特定非営利活動法人を設立する場合においては、定款の作成その他特定非営利活動法人の設立に関する事務は、それぞれの特定非営利活動法人において選任した者が共同して行わなければならない。

（合併の効果）

第三十八条　合併後存続する特定非営利活動法人又は合併によって設立した特定非営利活動法人は、合併によって消滅した特定非営利活動法人の一切の権利義務（当該特定非営利活動法人がその行う事業に関し行政庁の認可その他の処分に基づいて有する権利義務を含む。）を承継する。

（合併の時期等）

第三十九条　特定非営利活動法人の合併は、合併後存続する特定非営利活動法人又は合併によって設立する特定非営利活動法人の主たる事務所の所在地において登記をすることによって、その効力を生ずる。

2　第十三条第二項及び第十四条の規定は前項の登記をした場合について、第十三条第三項の規定は前項の登記をしない場合について、それぞれ準用する。

第四十条　削除

第五節　監督

（報告及び検査）

第四十一条　所轄庁は、特定非営利活動法人（認定特定非営利活動法人及び特例認定特定非営利活動法人を除く。以下この項及び次項において同じ。）が法令、法令に基づいてする行政庁の処分又は定款に違反する疑いがあると認められる相当な理由があるときは、当該特定非営利活動法人に対し、その業務若しくは財産の状況に関し報告をさせ、又はその職員に、当該特定非営利活動法人の事務所その他の施設に立ち入り、その業務若しくは財産の状況若しくは帳簿、書類その他の物件を検査させることができる。

2　所轄庁は、前項の規定による検査をさせる場合においては、当該検査をする職員に、同項の相当の理由を記載した書面を、あらかじめ、当該特定非営利活動法人の役員その他の当該検査の対象となっている事務所その他の施設の管理について権限を有する者（以下この項において「特定非営利活動法人の役員等」という。）に提示させなければならない。この場合において、当該特定非営利活動法人の役員等が当該書面の交付を要求したときは、これを交付させなければならない。

3　第一項の規定による検査をする職員は、その身分を示す証明書を携帯し、関係人にこれを提示しなければならない。

4　第一項の規定による検査の権限は、犯罪捜査のために認められたものと解してはならない。

（改善命令）

民法

第四十二条　所轄庁は、特定非営利活動法人が第十二条第一項第二号、第三号又は第四号に規定する要件を欠くに至ったと認めるときその他法令、法令に基づいてする行政庁の処分若しくは定款に違反し、又はその運営が著しく適正を欠くと認めるときは、当該特定非営利活動法人に対し、期限を定めて、その改善のために必要な措置を採るべきことを命ずることができる。

（設立の認証の取消し）

第四十三条　所轄庁は、特定非営利活動法人が、前条の規定による命令に違反した場合であって他の方法により監督の目的を達することができないとき又は三年以上にわたって第二十九条の規定による事業報告書等の提出を行わないときは、当該特定非営利活動法人の設立の認証を取り消すことができる。

2　所轄庁は、特定非営利活動法人が法令に違反した場合において、前条の規定による命令によってはその改善を期待することができないことが明らかであり、かつ、他の方法により監督の目的を達することができないときは、同条の規定による命令を経ないでも、当該特定非営利活動法人の設立の認証を取り消すことができる。

3　前二項の規定による設立の認証の取消しに係る聴聞の期日における審理は、当該特定非営利活動法人から請求があったときは、公開により行うよう努めなければならない。

4　所轄庁は、前項の規定による請求があった場合において、聴聞の期日における審理を公開により行わないときは、当該公開により行わない理由を記載した書面を交付しなければならない。

（意見聴取）

第四十三条の二　所轄庁は、特定非営利活動法人について第十二条第一項第三号に規定する要件を欠いている疑い又はその役員について第二十条第四号に該当する疑いがあると認めるときは、その理由を付して、警視総監又は道府県警察本部長の意見を聴くことができる。

（所轄庁への意見）

第四十三条の三　警視総監又は道府県警察本部長は、特定非営利活動法人について第十二条第一項第三号に規定する要件を欠いていると疑うに足りる相当な理由又はその役員について第二十条第四号に該当すると疑うに足りる相当な理由があるため、所轄庁が当該特定非営利活動法人に対して適当な措置を採ることが必要であると認めるときは、所轄庁に対し、その旨の意見を述べることができる。

第三章　認定特定非営利活動法人及び特例認定特定非営利活動法人

第一節　認定特定非営利活動法人

（認定）

第四十四条　特定非営利活動法人のうち、その運営組織及び事業活動が適正であって公益の増進に資するものは、所轄庁の認定を受けることができる。

2　前項の認定を受けようとする特定非営利活動法人は、都道府県又は指定都市の条例で定めるところにより、次に掲げる書類を添付した申請書を所轄庁に提出しなければならない。ただし、次条第一項第一号ハに掲げる基準に適合する特定非営利活動法人が申請をする場合には、第一号に掲げる書類を添付することを要しない。

一　実績判定期間内の日を含む各事業年度（その期間が一年を超える場合は、当該期間をその初日以後一年ごとに区分した期間（最後に一年未満の期間を生じたときは、その一年未満の期間）。以下同じ。）の寄附者名簿（各事業年度に当該申請に係る特定非営利活動法人が受け入れた寄附金の支払者ごとに当該支払者の氏名（法人にあっては、その名称）及び住所並びにその寄附金の額及び受け入れた年月日を記載した書類をいう。以下同じ。）

二　次条第一項各号に掲げる基準に適合する旨を説明する書類（前号に掲げる書類を除く。）及び第四十七条各号のいずれにも該当しない旨を説明する書類

三　寄附金を充当する予定の具体的な事業の内容を記載した書類

3　前項第一号の「実績判定期間」とは、第一項の認定を受けようとする特定非営利活動法人の直前に終了した事業年度の末日以前五年（同項の認定を受けたことのない特定非営利活動法人が同項の認定を受けようとする場合にあっては、二年）内に終了した各事業年度のうち最も早い事業年度の初日から当該末日までの期間をいう。

（認定の基準）

第四十五条　所轄庁は、前条第一項の認定の申請をした特定非営利活動法人が次の各号に掲げる基準に適合すると認めるときは、同項の

認定をするものとする。

一　広く市民からの支援を受けているかどうかを判断するための基準として次に掲げる基準のいずれかに適合すること。

イ　実績判定期間（前条第三項に規定する実績判定期間をいう。以下同じ。）における経常収入金額（(1)に掲げる金額をいう。）のうちに寄附金等収入金額（(2)に掲げる金額（内閣府令で定める要件を満たす特定非営利活動法人にあっては、(2)及び(3)に掲げる金額の合計額）をいう。）の占める割合が政令で定める割合以上であること。

(1)　総収入金額から国等（国、地方公共団体、法人税法（昭和四十年法律第三十四号）別表第一に掲げる独立行政法人、地方独立行政法人、国立大学法人、大学共同利用機関法人及び我が国が加盟している国際機関をいう。以下この(1)において同じ。）からの補助金その他国等が反対給付を受けないで交付するもの（次項において「国の補助金等」という。）、臨時的な収入その他の内閣府令で定めるものの額を控除した金額

(2)　受け入れた寄附金の額の総額（第四号ニにおいて「受入寄附金総額」という。）から一者当たり基準限度超過額（同一の者からの寄附金の額のうち内閣府令で定める金額を超える部分の金額をいう。）その他の内閣府令で定める寄附金の額の合計額を控除した金額

(3)　社員から受け入れた会費の額の合計額から当該合計額に次号に規定する内閣府令で定める割合を乗じて計算した金額を控除した金額のうち(2)に掲げる金額に達するまでの金額

ロ　実績判定期間内の日を含む各事業年度における判定基準寄附者（当該事業年度における同一の者からの寄附金（寄附者の氏名（法人にあっては、その名称）その他の内閣府令で定める事項が明らかな寄附金に限る。以下このロにおいて同じ。）の額の総額（当該同一の者が個人である場合には、当該事業年度におけるその者と生計を一にする者からの寄附金の額を加算した金額）が政令で定める額以上である場合の当該同一の者をいい、当該申請に係る特定非営利活動法人の役員である者及び当該役員と生計を一にする者を除く。以下同じ。）の数（当該事業年度において個人である判定基準寄附者と生計を一にする他の判定基準寄附者がいる場合には、当該判定基準寄附者と当該他の判定基準寄附者を一人とみなした数）の合計数に十二を乗じてこれを当該実績判定期間の月数で除して得た数が政令で定める数以上であること。

ハ　前条第二項の申請書を提出した日の前日において、地方税法（昭和二十五年法律第二百二十六号）第三十七条の二第一項第四号（同法第一条第二項の規定により都について準用する場合を含む。）に掲げる寄附金又は同法第三百十四条の七第一項第四号（同法第一条第二項の規定により特別区について準用する場合を含む。）に掲げる寄附金を受け入れる特定非営利活動法人としてこれらの寄附金を定める条例で定められているもの（その条例を制定した道府県（都を含む。）又は市町村（特別区を含む。）の区域内に事務所を有するものに限る。）であること。

二　実績判定期間における事業活動のうちに次に掲げる活動の占める割合として内閣府令で定める割合が百分の五十未満であること。

イ　会員又はこれに類するものとして内閣府令で定める者（当該申請に係る特定非営利活動法人の運営又は業務の執行に関係しない者で内閣府令で定めるものを除く。以下この号において「会員等」という。）に対する資産の譲渡若しくは貸付け又は役務の提供（以下「資産の譲渡等」という。）、会員等相互の交流、連絡又は意見交換その他その対象が会員等である活動（資産の譲渡等のうち対価を得ないで行われるものその他内閣府令で定めるものを除く。）

ロ　その便益の及ぶ者が次に掲げる者その他特定の範囲の者（前号ハに掲げる基準に適合する場合にあっては、(4)に掲げる者を除く。）である活動（会員等を対象とする活動で内閣府令で定めるもの及び会員等に対する資産の譲渡等を除く。）

(1)　会員等

(2)　特定の団体の構成員

(3)　特定の職域に属する者

(4)　特定の地域として内閣府令で定める

地域に居住し又は事務所その他これに準ずるものを有する者

ハ　特定の著作物又は特定の者に関する普及啓発、広告宣伝、調査研究、情報提供その他の活動

ニ　特定の者に対し、その者の意に反した作為又は不作為を求める活動

三　その運営組織及び経理に関し、次に掲げる基準に適合していること。

イ　各役員について、次に掲げる者の数の役員の総数のうちに占める割合が、それぞれ三分の一以下であること。

(1)　当該役員並びに当該役員の配偶者及び三親等以内の親族並びに当該役員と内閣府令で定める特殊の関係のある者

(2)　特定の法人（当該法人との間に発行済株式又は出資（その有する自己の株式又は出資を除く。）の総数又は総額の百分の五十以上の株式又は出資の数又は金額を直接又は間接に保有する関係その他の内閣府令で定める関係のある法人を含む。）の役員又は使用人である者並びにこれらの者の配偶者及び三親等以内の親族並びにこれらの者と内閣府令で定める特殊の関係のある者

ロ　各社員の表決権が平等であること。

ハ　その会計について公認会計士若しくは監査法人の監査を受けていること又は内閣府令で定めるところにより帳簿及び書類を備え付けてこれらにその取引を記録し、かつ、当該帳簿及び書類を保存していること。

ニ　その支出した金銭でその費途が明らかでないものがあることその他の不適正な経理として内閣府令で定める経理が行われていないこと。

四　その事業活動に関し、次に掲げる基準に適合していること。

イ　次に掲げる活動を行っていないこと。

(1)　宗教の教義を広め、儀式行事を行い、及び信者を教化育成すること。

(2)　政治上の主義を推進し、支持し、又はこれに反対すること。

(3)　特定の公職の候補者若しくは公職にある者又は政党を推薦し、支持し、又はこれらに反対すること。

ロ　その役員、社員、職員若しくは寄附者若しくはこれらの者の配偶者若しくは三親等以内の親族又はこれらの者と内閣府令で定める特殊の関係のある者に対し特別の利益を与えないことその他の特定の者と特別の関係がないものとして内閣府令で定める基準に適合していること。

ハ　実績判定期間における事業費の総額のうちに特定非営利活動に係る事業費の額の占める割合又はこれに準ずるものとして内閣府令で定める割合が百分の八十以上であること。

ニ　実績判定期間における受入寄附金総額の百分の七十以上を特定非営利活動に係る事業費に充てていること。

五　次に掲げる書類について閲覧の請求があった場合には、正当な理由がある場合を除いて、当該書類（イに掲げる書類については、これらに記載された事項中、個人の住所又は居所に係る記載の部分を除いたもの）をその事務所において閲覧させること。

イ　事業報告書等、役員名簿及び定款等

ロ　前条第二項第二号及び第三号に掲げる書類並びに第五十四条第二項第二号から第四号までに掲げる書類及び同条第三項の書類

六　各事業年度において、事業報告書等を第二十九条の規定により所轄庁に提出していること。

七　法令又は法令に基づいてする行政庁の処分に違反する事実、偽りその他不正の行為により利益を得、又は得ようとした事実その他公益に反する事実がないこと。

八　前条第二項の申請書を提出した日を含む事業年度の初日において、その設立の日以後一年を超える期間が経過していること。

九　実績判定期間において、第三号、第四号イ及びロ並びに第五号から第七号までに掲げる基準（当該実績判定期間中に、前条第一項の認定又は第五十八条第一項の特例認定を受けていない期間が含まれる場合には、当該期間については第五号ロに掲げる基準を除く。）に適合していること。

2　前項の規定にかかわらず、前条第一項の認定の申請をした特定非営利活動法人の実績判定期間に国の補助金等がある場合及び政令で定める小規模な特定非営利活動法人が同項の認定の申請をした場合における前項第一号イに規定する割合の計算については、政令で定める方法によることができる。

（合併特定非営利活動法人に関する適用）

第四十六条　前二条に定めるもののほか、第四

十四条第一項の認定を受けようとする特定非営利活動法人が合併後存続した特定非営利活動法人又は合併によって設立した特定非営利活動法人で同条第二項の申請書を提出しようとする事業年度の初日においてその合併又は設立の日以後一年を超える期間が経過していないものである場合における前二条の規定の適用に関し必要な事項は、政令で定める。

（欠格事由）

第四十七条 第四十五条の規定にかかわらず、次のいずれかに該当する特定非営利活動法人は、第四十四条第一項の認定を受けることができない。

一 その役員のうちに、次のいずれかに該当する者があるもの

イ 認定特定非営利活動法人が第六十七条第一項若しくは第二項の規定により第四十四条第一項の認定を取り消された場合又は特例認定特定非営利活動法人が第六十七条第三項において準用する同条第一項若しくは第二項の規定により第五十八条第一項の特例認定を取り消された場合において、その取消しの原因となった事実があった日以前一年内に当該認定特定非営利活動法人又は当該特例認定特定非営利活動法人のその業務を行う理事であった者でその取消しの日から五年を経過しないもの

ロ 禁錮以上の刑に処せられ、その執行を終わった日又はその執行を受けることがなくなった日から五年を経過しない者

ハ この法律若しくは暴力団員による不当な行為の防止等に関する法律の規定に違反したことにより、若しくは刑法第二百四条、第二百六条、第二百八条、第二百八条の二、第二百二十二条若しくは第二百四十七条の罪若しくは暴力行為等処罰に関する法律の罪を犯したことにより、又は国税若しくは地方税に関する法律中偽りその他不正の行為により国税若しくは地方税を免れ、納付せず、若しくはこれらの税の還付を受け、若しくはこれらの違反行為をしようとすることに関する罪を定めた規定に違反したことにより、罰金の刑に処せられ、その執行を終わった日又はその執行を受けることがなくなった日から五年を経過しない者

ニ 暴力団の構成員等

二 第六十七条第一項若しくは第二項の規定により第四十四条第一項の認定を取り消され、又は第六十七条第三項において準用する同条第一項若しくは第二項の規定により第五十八条第一項の特例認定を取り消され、その取消しの日から五年を経過しないもの

三 その定款又は事業計画書の内容が法令又は法令に基づいてする行政庁の処分に違反しているもの

四 国税又は地方税の滞納処分の執行がされているもの又は当該滞納処分の終了の日から三年を経過しないもの

五 国税に係る重加算税又は地方税に係る重加算金を課された日から三年を経過しないもの

六 次のいずれかに該当するもの

イ 暴力団

ロ 暴力団又は暴力団の構成員等の統制の下にあるもの

（認定に関する意見聴取）

第四十八条 所轄庁は、第四十四条第一項の認定をしようとするときは、次の各号に掲げる事由の区分に応じ、当該事由の有無について、当該各号に定める者の意見を聴くことができる。

一 前条第一号ニ及び第六号に規定する事由 警視総監又は道府県警察本部長

二 前条第四号及び第五号に規定する事由 国税庁長官、関係都道府県知事又は関係市町村長（以下「国税庁長官等」という。）

（認定の通知等）

第四十九条 所轄庁は、第四十四条第一項の認定をしたときはその旨を、同項の認定をしないことを決定したときはその旨及びその理由を、当該申請をした特定非営利活動法人に対し、速やかに、書面により通知しなければならない。

2 所轄庁は、第四十四条第一項の認定をしたときは、インターネットの利用その他の適切な方法により、当該認定に係る認定特定非営利活動法人に係る次に掲げる事項を公示しなければならない。

一 名称

二 代表者の氏名

三 主たる事務所及びその他の事務所の所在地

四 当該認定の有効期間

五 前各号に掲げるもののほか、都道府県又は指定都市の条例で定める事項

3 所轄庁は、特定非営利活動法人で二以上の

都道府県の区域内に事務所を設置するものについて第四十四条第一項の認定をしたときは、当該認定に係る認定特定非営利活動法人の名称その他の内閣府令で定める事項を、その主たる事務所が所在する都道府県以外の都道府県でその事務所が所在する都道府県の知事（以下「所轄庁以外の関係知事」という。）に対し通知しなければならない。

4　認定特定非営利活動法人で二以上の都道府県の区域内に事務所を設置するものは、第一項の規定による認定の通知を受けたときは、内閣府令で定めるところにより、遅滞なく、次に掲げる書類を所轄庁以外の関係知事に提出しなければならない。

一　直近の事業報告書等（合併後当該書類が作成されるまでの間は、第三十四条第五項において準用する第十条第一項第七号の事業計画書、第三十四条第五項において準用する第十条第一項第八号の活動予算書及び第三十五条第一項の財産目録。第五十二条第四項及び第五項において同じ。）、役員名簿及び定款等

二　第四十四条第二項の規定により所轄庁に提出した同項各号に掲げる添付書類の写し

三　認定に関する書類の写し

（名称等の使用制限）

第五十条　認定特定非営利活動法人でない者は、その名称又は商号中に、認定特定非営利活動法人であると誤認されるおそれのある文字を用いてはならない。

2　何人も、不正の目的をもって、他の認定特定非営利活動法人であると誤認されるおそれのある名称又は商号を使用してはならない。

（認定の有効期間及びその更新）

第五十一条　第四十四条第一項の認定の有効期間（次項の有効期間の更新がされた場合にあっては、当該更新された有効期間。以下この条及び第五十七条第一項第一号において同じ。）は、当該認定の日（次項の有効期間の更新がされた場合にあっては、従前の認定の有効期間の満了の日の翌日。第五十四条第一項において同じ。）から起算して五年とする。

2　前項の有効期間の満了後引き続き認定特定非営利活動法人として特定非営利活動を行おうとする認定特定非営利活動法人は、その有効期間の更新を受けなければならない。

3　前項の有効期間の更新を受けようとする認定特定非営利活動法人は、第一項の有効期間の満了の日の六月前から三月前までの間（以下この項において「更新申請期間」という。）に、所轄庁に有効期間の更新の申請をしなければならない。ただし、災害その他やむを得ない事由により更新申請期間にその申請をすることができないときは、この限りでない。

4　前項の申請があった場合において、第一項の有効期間の満了の日までにその申請に対する処分がされないときは、従前の認定は、同項の有効期間の満了後もその処分がされるまでの間は、なお効力を有する。

5　第四十四条第二項（第一号に係る部分を除く。）及び第三項、第四十五条第一項（第三号ロ、第六号、第八号及び第九号に係る部分を除く。）及び第二項、第四十六条から第四十八条まで並びに第四十九条第一項、第二項及び第四項（第一号に係る部分を除く。）の規定は、第二項の有効期間の更新について準用する。ただし、第四十四条第二項第二号及び第三号に掲げる書類については、既に所轄庁に提出されている当該書類の内容に変更がないときは、その添付を省略することができる。

（役員の変更等の届出、定款の変更の届出等及び事業報告書等の提出に係る特例並びにこれらの書類の閲覧）

第五十二条　認定特定非営利活動法人についての第二十三条、第二十五条第六項及び第七項並びに第二十九条の規定の適用については、これらの規定中「所轄庁に」とあるのは、「所轄庁（二以上の都道府県の区域内に事務所を設置する認定特定非営利活動法人にあっては、所轄庁及び所轄庁以外の関係知事）に」とする。

2　二以上の都道府県の区域内に事務所を設置する認定特定非営利活動法人は、第二十五条第三項の定款の変更の認証を受けたときは、都道府県又は指定都市の条例で定めるところにより、遅滞なく、当該定款の変更を議決した社員総会の議事録の謄本及び変更後の定款を所轄庁以外の関係知事に提出しなければならない。

3　第二十六条第一項の場合においては、認定特定非営利活動法人は、同条第二項に掲げる添付書類のほか、内閣府令で定めるところにより、寄附者名簿その他の内閣府令で定める書類を申請書に添付しなければならない。

4　認定特定非営利活動法人は、事業報告書等、役員名簿又は定款等の閲覧の請求があった場合には、正当な理由がある場合を除いて、これをその事務所において閲覧させなけ

ればならない。

5　認定特定非営利活動法人は、前項の請求があった場合において事業報告書等又は役員名簿を閲覧させるときは、同項の規定にかかわらず、これらに記載された事項中、個人の住所又は居所に係る記載の部分を除くことができる。

（代表者の氏名の変更の届出等並びに事務所の新設及び廃止に関する通知等）

第五十三条　認定特定非営利活動法人は、代表者の氏名に変更があったときは、遅滞なく、その旨を所轄庁に届け出なければならない。

2　所轄庁は、認定特定非営利活動法人について、第四十九条第二項各号（第二号及び第四号を除く。）に掲げる事項に係る定款の変更についての第二十五条第三項の認証をしたとき若しくは同条第六項の届出を受けたとき、前項の届出を受けたとき又は第四十九条第二項第五号に掲げる事項に変更があったときは、インターネットの利用その他の適切な方法により、その旨を公示しなければならない。

3　所轄庁は、認定特定非営利活動法人の事務所が所在する都道府県以外の都道府県の区域内に新たに事務所を設置する旨又はその主たる事務所が所在する都道府県以外の都道府県の区域内の全ての事務所を廃止する旨の定款の変更についての第二十五条第三項の認証をしたとき又は同条第六項の届出を受けたときは、その旨を当該都道府県の知事に通知しなければならない。

4　認定特定非営利活動法人は、その事務所が所在する都道府県以外の都道府県の区域内に新たに事務所を設置したときは、内閣府令で定めるところにより、遅滞なく、第四十九条第四項各号に掲げる書類を、当該都道府県の知事に提出しなければならない。

（認定申請の添付書類及び役員報酬規程等の備置き等及び閲覧）

第五十四条　認定特定非営利活動法人は、第四十四条第一項の認定を受けたときは、同条第二項第二号及び第三号に掲げる書類を、都道府県又は指定都市の条例で定めるところにより、同条第一項の認定の日から起算して五年間、その事務所に備え置かなければならない。

2　認定特定非営利活動法人は、毎事業年度初めの三月以内に、都道府県又は指定都市の条例で定めるところにより、次に掲げる書類を作成し、第一号に掲げる書類についてはその作成の日から起算して五年間、第二号から第四号までに掲げる書類についてはその作成の日から起算して五年が経過した日を含む事業年度の末日までの間、その事務所に備え置かなければならない。

一　前事業年度の寄附者名簿

二　前事業年度の役員報酬又は職員給与の支給に関する規程

三　前事業年度の収益の明細その他の資金に関する事項、資産の譲渡等に関する事項、寄附金に関する事項その他の内閣府令で定める事項を記載した書類

四　前三号に掲げるもののほか、内閣府令で定める書類

3　認定特定非営利活動法人は、助成金の支給を行ったときは、都道府県又は指定都市の条例で定めるところにより、遅滞なく、その助成の実績を記載した書類を作成し、その作成の日から起算して五年が経過した日を含む事業年度の末日までの間、これをその事務所に備え置かなければならない。

4　認定特定非営利活動法人は、第四十四条第二項第二号若しくは第三号に掲げる書類又は第二項第二号から第四号までに掲げる書類若しくは前項の書類の閲覧の請求があった場合には、正当な理由がある場合を除いて、これをその事務所において閲覧させなければならない。

（役員報酬規程等の提出）

第五十五条　認定特定非営利活動法人は、都道府県又は指定都市の条例で定めるところにより、毎事業年度一回、前条第二項第二号から第四号までに掲げる書類（同項第三号に掲げる書類については、資産の譲渡等に係る事業の料金、条件その他その内容に関する事項以外の事項を記載した書類に限る。）を所轄庁（二以上の都道府県の区域内に事務所を設置する認定特定非営利活動法人にあっては、所轄庁及び所轄庁以外の関係知事。以下この条において同じ。）に提出しなければならない。ただし、前条第二項第二号に掲げる書類については、既に所轄庁に提出されている当該書類の内容に変更がない場合は、この限りでない。

2　認定特定非営利活動法人は、助成金の支給を行ったときは、都道府県又は指定都市の条例で定めるところにより、前条第三項の書類を所轄庁に提出しなければならない。

（役員報酬規程等の公開）

民法

第五十六条　所轄庁は、認定特定非営利活動法人から提出を受けた第四十四条第二項第二号若しくは第三号に掲げる書類又は第五十四条第二項第二号から第四号までに掲げる書類若しくは同条第三項の書類（過去五年間に提出を受けたものに限る。）について閲覧又は謄写の請求があったときは、都道府県又は指定都市の条例で定めるところにより、これを閲覧させ、又は謄写させなければならない。

（認定の失効）
第五十七条　認定特定非営利活動法人について、次のいずれかに掲げる事由が生じたときは、第四十四条第一項の認定は、その効力を失う。
一　第四十四条第一項の認定の有効期間が経過したとき（第五十一条第四項に規定する場合にあっては、更新拒否処分がされたとき。）。
二　認定特定非営利活動法人が認定特定非営利活動法人でない特定非営利活動法人と合併をした場合において、その合併が第六十三条第一項の認定を経ずにその効力を生じたとき（同条第四項に規定する場合にあっては、その合併の不認定処分がされたとき。）。
三　認定特定非営利活動法人が解散したとき。
2　所轄庁は、前項の規定により第四十四条第一項の認定がその効力を失ったときは、インターネットの利用その他の適切な方法により、その旨を公示しなければならない。
3　所轄庁は、認定特定非営利活動法人で二以上の都道府県の区域内に事務所を設置するものについて第一項の規定により第四十四条第一項の認定がその効力を失ったときは、その旨を所轄庁以外の関係知事に対し通知しなければならない。

第二節　特例認定特定非営利活動法人

（特例認定）
第五十八条　特定非営利活動法人であって新たに設立されたもののうち、その運営組織及び事業活動が適正であって特定非営利活動の健全な発展の基盤を有し公益の増進に資すると見込まれるものは、所轄庁の特例認定を受けることができる。
2　第四十四条第二項（第一号に係る部分を除く。）及び第三項の規定は、前項の特例認定を受けようとする特定非営利活動法人について準用する。この場合において、同条第三項中「五年（同項の認定を受けたことのない特定非営利活動法人が同項の認定を受けようとする場合にあっては、二年）」とあるのは、「二年」と読み替えるものとする。

（特例認定の基準）
第五十九条　所轄庁は、前条第一項の特例認定の申請をした特定非営利活動法人が次の各号に掲げる基準に適合すると認めるときは、同項の特例認定をするものとする。
一　第四十五条第一項第二号から第九号までに掲げる基準に適合すること。
二　前条第二項において準用する第四十四条第二項の申請書を提出した日の前日において、その設立の日（当該特定非営利活動法人が合併後存続した特定非営利活動法人である場合にあっては当該特定非営利活動法人又はその合併によって消滅した各特定非営利活動法人の設立の日のうち最も早い日、当該特定非営利活動法人が合併によって設立した特定非営利活動法人である場合にあってはその合併によって消滅した各特定非営利活動法人の設立の日のうち最も早い日）から五年を経過しない特定非営利活動法人であること。
三　第四十四条第一項の認定又は前条第一項の特例認定を受けたことがないこと。

（特例認定の有効期間）
第六十条　第五十八条第一項の特例認定の有効期間は、当該特例認定の日から起算して三年とする。

（特例認定の失効）
第六十一条　特例認定特定非営利活動法人について、次のいずれかに掲げる事由が生じたときは、第五十八条第一項の特例認定は、その効力を失う。
一　第五十八条第一項の特例認定の有効期間が経過したとき。
二　特例認定特定非営利活動法人が特例認定特定非営利活動法人でない特定非営利活動法人と合併をした場合において、その合併が第六十三条第一項又は第二項の認定を経ずにその効力を生じたとき（同条第四項に規定する場合にあっては、その合併の不認定処分がされたとき。）。
三　特例認定特定非営利活動法人が解散したとき。
四　特例認定特定非営利活動法人が第四十四条第一項の認定を受けたとき。

（認定特定非営利活動法人に関する規定の準用）

第六十二条 第四十六条から第五十条まで、第五十二条から第五十六条まで並びに第五十七条第二項及び第三項の規定は、特例認定特定非営利活動法人について準用する。この場合において、第五十四条第一項中「五年間」とあるのは「三年間」と、同条第二項中「五年間」とあるのは「三年間」と、「その作成の日から起算して五年が経過した日を含む事業年度」とあるのは「翌々事業年度」と、同条第三項中「五年が経過した日を含む事業年度の末日」とあるのは「第六十条の有効期間の満了の日」と、第五十六条中「五年間」とあるのは「三年間」と読み替えるものとする。

第三節 認定特定非営利活動法人等の合併

第六十三条 認定特定非営利活動法人が認定特定非営利活動法人でない特定非営利活動法人と合併をした場合は、合併後存続する特定非営利活動法人又は合併によって設立した特定非営利活動法人は、その合併について所轄庁の認定がされたときに限り、合併によって消滅した特定非営利活動法人のこの法律の規定による認定特定非営利活動法人としての地位を承継する。

2 特例認定特定非営利活動法人が特例認定特定非営利活動法人でない特定非営利活動法人（認定特定非営利活動法人であるものを除く。）と合併をした場合は、合併後存続する特定非営利活動法人又は合併によって設立した特定非営利活動法人は、その合併について所轄庁の認定がされたときに限り、合併によって消滅した特定非営利活動法人のこの法律の規定による特例認定特定非営利活動法人としての地位を承継する。

3 第一項の認定を受けようとする認定特定非営利活動法人又は前項の認定を受けようとする特例認定特定非営利活動法人は、第三十四条第三項の認証の申請に併せて、所轄庁に第一項の認定又は前項の認定の申請をしなければならない。

4 前項の申請があった場合において、その合併がその効力を生ずる日までにその申請に対する処分がされないときは、合併後存続する特定非営利活動法人又は合併によって設立した特定非営利活動法人は、その処分がされるまでの間は、合併によって消滅した特定非営利活動法人のこの法律の規定による認定特定非営利活動法人又は特例認定特定非営利活動法人としての地位を承継しているものとみなす。

5 第四十四条第二項及び第三項、第四十五条、第四十七条から第四十九条まで並びに第五十四条第一項の規定は第一項の認定について、第五十八条第二項において準用する第四十四条第二項及び第三項、第五十九条並びに前条において準用する第四十七条から第四十九条まで及び第五十四条第一項の規定は第二項の認定について、それぞれ準用する。この場合において、必要な技術的読替えその他これらの規定の適用に関し必要な事項は、政令で定める。

第四節 認定特定非営利活動法人等の監督

（報告及び検査）

第六十四条 所轄庁は、認定特定非営利活動法人又は特例認定特定非営利活動法人（以下「認定特定非営利活動法人等」という。）が法令、法令に基づいてする行政庁の処分若しくは定款に違反し、又はその運営が著しく適正を欠いている疑いがあると認めるときは、当該認定特定非営利活動法人等に対し、その業務若しくは財産の状況に関し報告をさせ、又はその職員に、当該認定特定非営利活動法人等の事務所その他の施設に立ち入り、その業務若しくは財産の状況若しくは帳簿、書類その他の物件を検査させることができる。

2 所轄庁以外の関係知事は、認定特定非営利活動法人等が法令、法令に基づいてする行政庁の処分若しくは定款に違反し、又はその運営が著しく適正を欠いている疑いがあると認めるときは、当該認定特定非営利活動法人等に対し、当該都道府県の区域内における業務若しくは財産の状況に関し報告をさせ、又はその職員に、当該都道府県の区域内に所在する当該認定特定非営利活動法人等の事務所その他の施設に立ち入り、その業務若しくは財産の状況若しくは帳簿、書類その他の物件を検査させることができる。

3 所轄庁又は所轄庁以外の関係知事は、前二項の規定による検査をさせる場合においては、当該検査をする職員に、これらの項の疑いがあると認める理由を記載した書面を、あらかじめ、当該認定特定非営利活動法人等の

民法

役員その他の当該検査の対象となっている事務所その他の施設の管理について権限を有する者（第五項において「認定特定非営利活動法人等の役員等」という。）に提示させなければならない。

4　前項の規定にかかわらず、所轄庁又は所轄庁以外の関係知事が第一項又は第二項の規定による検査の適正な遂行に支障を及ぼすおそれがあると認める場合には、前項の規定による書面の提示を要しない。

5　前項の場合において、所轄庁又は所轄庁以外の関係知事は、第一項又は第二項の規定による検査を終了するまでの間に、当該検査をする職員に、これらの項の疑いがあると認める理由を記載した書面を、認定特定非営利活動法人等の役員等に提示させるものとする。

6　第三項又は前項の規定は、第一項又は第二項の規定による検査をする職員が、当該検査により第三項又は前項の規定により理由として提示した事項以外の事項について第一項又は第二項の疑いがあると認められることとなった場合において、当該事項に関し検査を行うことを妨げるものではない。この場合において、第三項又は前項の規定は、当該事項に関する検査については適用しない。

7　第四十一条第三項及び第四項の規定は、第一項又は第二項の規定による検査について準用する。

（勧告、命令等）

第六十五条　所轄庁は、認定特定非営利活動法人等について、第六十七条第二項各号（同条第三項において準用する場合を含む。次項において同じ。）のいずれかに該当すると疑うに足りる相当な理由がある場合には、当該認定特定非営利活動法人等に対し、期限を定めて、その改善のために必要な措置を採るべき旨の勧告をすることができる。

2　所轄庁以外の関係知事は、認定特定非営利活動法人等について、第六十七条第二項各号（第一号にあっては、第四十五条第一項第三号に係る部分を除く。）のいずれかに該当すると疑うに足りる相当な理由がある場合には、当該認定特定非営利活動法人等に対し、期限を定めて、当該都道府県の区域内における事業活動について、その改善のために必要な措置を採るべき旨の勧告をすることができる。

3　所轄庁又は所轄庁以外の関係知事は、前二項の規定による勧告をしたときは、インターネットの利用その他の適切な方法により、その勧告の内容を公表しなければならない。

4　所轄庁又は所轄庁以外の関係知事は、第一項又は第二項の規定による勧告を受けた認定特定非営利活動法人等が、正当な理由がなく、その勧告に係る措置を採らなかったときは、当該認定特定非営利活動法人等に対し、その勧告に係る措置を採るべきことを命ずることができる。

5　第一項及び第二項の規定による勧告並びに前項の規定による命令は、書面により行うよう努めなければならない。

6　所轄庁又は所轄庁以外の関係知事は、第四項の規定による命令をしたときは、インターネットの利用その他の適切な方法により、その旨を公示しなければならない。

7　所轄庁又は所轄庁以外の関係知事は、第一項若しくは第二項の規定による勧告又は第四項の規定による命令をしようとするときは、次の各号に掲げる事由の区分に応じ、当該事由の有無について、当該各号に定める者の意見を聴くことができる。

一　第四十七条第一号ニ又は第六号に規定する事由　警視総監又は道府県警察本部長

二　第四十七条第四号又は第五号に規定する事由　国税庁長官等

（その他の事業の停止）

第六十六条　所轄庁は、その他の事業を行う認定特定非営利活動法人につき、第五条第一項の規定に違反してその他の事業から生じた利益が当該認定特定非営利活動法人が行う特定非営利活動に係る事業以外の目的に使用されたと認めるときは、当該認定特定非営利活動法人に対し、その他の事業の停止を命ずることができる。

2　前条第五項及び第六項の規定は、前項の規定による命令について準用する。

（認定又は特例認定の取消し）

第六十七条　所轄庁は、認定特定非営利活動法人が次のいずれかに該当するときは、第四十四条第一項の認定を取り消さなければならない。

一　第四十七条各号（第二号を除く。）のいずれかに該当するとき。

二　偽りその他不正の手段により第四十四条第一項の認定、第五十一条第二項の有効期間の更新又は第六十三条第一項の認定を受けたとき。

三　正当な理由がなく、第六十五条第四項又は前条第一項の規定による命令に従わないとき。

四　認定特定非営利活動法人から第四十四条第一項の認定の取消しの申請があったとき。

2　所轄庁は、認定特定非営利活動法人が次のいずれかに該当するときは、第四十四条第一項の認定を取り消すことができる。

一　第四十五条第一項第三号、第四号イ若しくはロ又は第七号に掲げる基準に適合しなくなったとき。

二　第二十九条、第五十二条第四項又は第五十四条第四項の規定を遵守していないとき。

三　前二号に掲げるもののほか、法令又は法令に基づいてする行政庁の処分に違反したとき。

3　前二項の規定は、第五十八条第一項の特例認定について準用する。この場合において、第一項第二号中「、第五十一条第二項の有効期間の更新又は第六十三条第一項の認定」とあるのは、「又は第六十三条第二項の認定」と読み替えるものとする。

4　第四十三条第三項及び第四項、第四十九条第一項から第三項まで並びに第六十五条第七項の規定は、第一項又は第二項の規定による認定の取消し（第六十九条において「認定の取消し」という。）及び前項において準用する第一項又は第二項の規定による特例認定の取消し（同条において「特例認定の取消し」という。）について準用する。

（所轄庁への意見等）

第六十八条　所轄庁以外の関係知事は、認定特定非営利活動法人等が第六十五条第四項の規定による命令に従わなかった場合その他の場合であって、所轄庁が当該認定特定非営利活動法人等に対して適当な措置を採ることが必要であると認めるときは、所轄庁に対し、その旨の意見を述べることができる。

2　次の各号に掲げる者は、認定特定非営利活動法人等についてそれぞれ当該各号に定める事由があると疑うに足りる相当な理由があるため、所轄庁が当該認定特定非営利活動法人等に対して適当な措置を採ることが必要であると認める場合には、所轄庁に対し、その旨の意見を述べることができる。

一　警視総監又は道府県警察本部長　第四十七条第一号ニ又は第六号に該当する事由

二　国税庁長官等　第四十七条第四号又は第五号に該当する事由

3　所轄庁は、この章に規定する認定特定非営利活動法人等に関する事務の実施に関して特に必要があると認めるときは、所轄庁以外の関係知事に対し、当該所轄庁以外の関係知事が採るべき措置について、必要な要請をすることができる。

（所轄庁への指示）

第六十九条　内閣総理大臣は、この章に規定する認定特定非営利活動法人等に関する事務の実施に関して地域間の均衡を図るため特に必要があると認めるときは、所轄庁に対し、第六十五条第一項の規定による勧告、同条第四項の規定による命令、第六十六条第一項の規定による命令又は認定の取消し若しくは特例認定の取消しその他の措置を採るべきことを指示することができる。

第四章　税法上の特例

第七十条　特定非営利活動法人は、法人税法その他法人税に関する法令の規定の適用については、同法第二条第六号に規定する公益法人等とみなす。この場合において、同法第三十七条の規定を適用する場合には同条第四項中「公益法人等」とあるのは「公益法人等（特定非営利活動促進法（平成十年法律第七号）第二条第二項に規定する法人（以下「特定非営利活動法人」という。）並びに」と、同法第六十六条の規定を適用する場合には同条第一項中「普通法人」とあるのは「普通法人（特定非営利活動法人を含む。）」と、同条第二項中「除く」とあるのは「除くものとし、特定非営利活動法人を含む」と、同条第三項中「公益法人等（」とあるのは「公益法人等（特定非営利活動法人及び」と、租税特別措置法（昭和三十二年法律第二十六号）第六十八条の六の規定を適用する場合には同条中「みなされているもの」とあるのは「みなされているもの（特定非営利活動促進法第二条第二項に規定する法人については、小規模な法人として政令で定めるものに限る。）」とする。

2　特定非営利活動法人は、消費税法（昭和六十三年法律第百八号）その他消費税に関する法令の規定の適用については、同法別表第三に掲げる法人とみなす。

3　特定非営利活動法人は、地価税法（平成三年法律第六十九号）その他地価税に関する法令の規定（同法第三十三条の規定を除く。）の適用については、同法第二条第六号に規定する公益法人等とみなす。ただし、同法第六条の規定による地価税の非課税に関する法令の規定の適用については、同法第二条第七号に規定する人格のない社団等とみなす。

第七十一条　個人又は法人が、認定特定非営利活動法人等に対し、その行う特定非営利活動に係る事業に関連する寄附又は贈与をしたときは、租税特別措置法で定めるところにより、当該個人又は法人に対する所得税、法人税又は相続税の課税について寄附金控除等の特例の適用があるものとする。

第五章　雑則

（情報の提供等）

第七十二条　内閣総理大臣及び所轄庁は、特定非営利活動法人に対する寄附その他の特定非営利活動への市民の参画を促進するため、認定特定非営利活動法人等その他の特定非営利活動法人の事業報告書その他の活動の状況に関するデータベースの整備を図り、国民にインターネットその他の高度情報通信ネットワークの利用を通じて迅速に情報を提供できるよう必要な措置を講ずるものとする。

2　所轄庁及び特定非営利活動法人は、特定非営利活動法人の事業報告書その他の活動の状況に関する情報を前項の規定により内閣総理大臣が整備するデータベースに記録することにより、当該情報の積極的な公表に努めるものとする。

（協力依頼）

第七十三条　所轄庁は、この法律の施行のため必要があると認めるときは、官庁、公共団体その他の者に照会し、又は協力を求めることができる。

（情報通信技術を活用した行政の推進等に関する法律の適用）

第七十四条　第十条第一項（第三十四条第五項において準用する場合を含む。）の規定による提出及び第十条第二項（第二十五条第五項及び第三十四条第五項において準用する場合を含む。）の規定による縦覧、第十二条第三項（第二十五条第五項及び第三十四条第五項において準用する場合を含む。）の規定による通知、第十三条第二項（第三十九条第二項において準用する場合を含む。）の規定による届出、第二十三条第一項の規定による届出、第二十五条第四項の規定による提出、同条第六項の規定による届出及び同条第七項の規定による提出、第二十九条の規定による提出、第三十条の規定による閲覧、第三十一条第三項の規定による提出、第三十四条第四項の規定による提出、第四十三条第四項（第六十七条第四項において準用する場合を含む。）の規定による交付、第四十四条第二項（第五十一条第五項、第五十八条第二項（第六十三条第五項において準用する場合を含む。）及び第六十三条第五項において準用する場合を含む。）の規定による提出、第四十九条第一項（第五十一条第五項、第六十二条（第六十三条第五項において準用する場合を含む。）、第六十三条第五項及び第六十七条第四項において準用する場合を含む。）の規定による通知及び第四十九条第四項（第五十一条第五項、第六十二条（第六十三条第五項において準用する場合を含む。）及び第六十三条第五項において準用する場合を含む。）の規定による提出、第五十二条第二項（第六十二条において準用する場合を含む。）の規定による提出、第五十三条第四項（第六十二条において準用する場合を含む。）の規定による提出、第五十五条第一項及び第二項（これらの規定を第六十二条において準用する場合を含む。）の規定による提出並びに第五十六条（第六十二条において準用する場合を含む。）の規定による閲覧について情報通信技術を活用した行政の推進等に関する法律（平成十四年法律第百五十一号）の規定を適用する場合においては、同法第六条第一項及び第四項から第六項まで、第七条第一項、第四項及び第五項、第八条第一項並びに第九条第一項及び第三項中「主務省令」とあるのは、「都道府県又は指定都市の条例」とする。

（民間事業者等が行う書面の保存等における情報通信の技術の利用に関する法律の適用）

第七十五条　第十四条（第三十九条第二項において準用する場合を含む。）の規定による作成及び備置き、第二十八条第一項の規定による作成及び備置き、同条第二項の規定による作成及び備置き並びに同条第三項の規定による閲覧、第三十五条第一項の規定による作成及び備置き、第四十五条第一項第五号（第五十一条第五項及び第六十三条第五項において準用する場合を含む。）の規定による閲覧、第五十二条第四項及び第五項（これらの規定を第六十二条において準用する場合を含む。）の規定による閲覧、第五十四条第一項（第六十二条（第六十三条第五項において準用する場合を含む。）及び第六十三条第五項において準用する場合を含む。）の規定による備置き、第五十四条第二項及び第三項（これらの規定を第六十二条において準用する場合を含む。）の規定による作成及び備置き並びに第五十四条第四項（第六十二条において準用する場合を含む。）の規定による閲覧について民間事業者等が行う書面の保存等における情報通信の技術の利用に関する法律（平成十六年法律第百四十九号）の規定を適用する場合においては、同法中「主務省令」とあるのは、「都道府県又は指定都市の条例」とし、同法第九条の規定は、適用しない。

（実施規定）

第七十六条 この法律に定めるもののほか、この法律の規定の実施のための手続その他その執行に関し必要な細則は、内閣府令又は都道府県若しくは指定都市の条例で定める。

第六章　罰則

第七十七条 偽りその他不正の手段により第四十四条第一項の認定、第五十一条第二項の有効期間の更新、第五十八条第一項の特例認定又は第六十三条第一項若しくは第二項の認定を受けた者は、六月以下の懲役又は五十万円以下の罰金に処する。

第七十八条 次の各号のいずれかに該当する者は、五十万円以下の罰金に処する。

一　正当な理由がないのに、第四十二条の規定による命令に違反して当該命令に係る措置を採らなかった者

二　第五十条第一項の規定に違反して、認定特定非営利活動法人であると誤認されるおそれのある文字をその名称又は商号中に用いた者

三　第五十条第二項の規定に違反して、他の認定特定非営利活動法人であると誤認されるおそれのある名称又は商号を使用した者

四　第六十二条において準用する第五十条第一項の規定に違反して、特例認定特定非営利活動法人であると誤認されるおそれのある文字をその名称又は商号中に用いた者

五　第六十二条において準用する第五十条第二項の規定に違反して、他の特例認定特定非営利活動法人であると誤認されるおそれのある名称又は商号を使用した者

六　正当な理由がないのに、第六十五条第四項の規定による命令に違反して当該命令に係る措置を採らなかった者

七　正当な理由がないのに、第六十六条第一項の規定による停止命令に違反して引き続きその他の事業を行った者

第七十九条 法人（法人でない団体で代表者又は管理人の定めのあるものを含む。以下この項において同じ。）の代表者若しくは管理人又は法人若しくは人の代理人、使用人その他の従業者が、その法人又は人の業務に関して前二条の違反行為をしたときは、行為者を罰するほか、その法人又は人に対しても、各本条の罰金刑を科する。

2　法人でない団体について前項の規定の適用がある場合には、その代表者又は管理人が、その訴訟行為につき法人でない団体を代表するほか、法人を被告人又は被疑者とする場合の刑事訴訟に関する法律の規定を準用する。

第八十条 次の各号のいずれかに該当する場合においては、特定非営利活動法人の理事、監事又は清算人は、二十万円以下の過料に処する。

一　第七条第一項の規定による政令に違反して、登記することを怠ったとき。

二　第十四条（第三十九条第二項において準用する場合を含む。）の規定に違反して、財産目録を備え置かず、又はこれに記載すべき事項を記載せず、若しくは不実の記載をしたとき。

三　第二十三条第一項若しくは第二十五条第六項（これらの規定を第五十二条第一項（第六十二条において準用する場合を含む。）の規定により読み替えて適用する場合を含む。）又は第五十三条第一項（第六十二条において準用する場合を含む。）の規定に違反して、届出をせず、又は虚偽の届出をしたとき。

四　第二十八条第一項若しくは第二項、第五十四条第一項（第六十二条（第六十三条第五項において準用する場合を含む。）及び第六十三条第五項において準用する場合を含む。）又は第五十四条第二項及び第三項（これらの規定を第六十二条において準用する場合を含む。）の規定に違反して、書類を備え置かず、又はこれに記載すべき事項を記載せず、若しくは不実の記載をしたとき。

五　第二十五条第七項若しくは第二十九条（これらの規定を第五十二条第一項（第六十二条において準用する場合を含む。）の規定により読み替えて適用する場合を含む。）、第四十九条第四項（第五十一条第五項、第六十二条（第六十三条第五項において準用する場合を含む。）及び第六十三条

第五項において準用する場合を含む。）又は第五十二条第二項、第五十三条第四項若しくは第五十五条第一項若しくは第二項（これらの規定を第六十二条において準用する場合を含む。）の規定に違反して、書類の提出を怠ったとき。
六　第三十一条の三第二項又は第三十一条の十二第一項の規定に違反して、破産手続開始の申立てをしなかったとき。
七　第二十八条の二第一項、第三十一条の十第一項又は第三十一条の十二第一項の規定に違反して、公告をせず、又は不正の公告をしたとき。
八　第三十五条第一項の規定に違反して、書類の作成をせず、又はこれに記載すべき事項を記載せず、若しくは不実の記載をしたとき。
九　第三十五条第二項又は第三十六条第二項の規定に違反したとき。
十　第四十一条第一項又は第六十四条第一項若しくは第二項の規定による報告をせず、若しくは虚偽の報告をし、又はこれらの項の規定による検査を拒み、妨げ、若しくは忌避したとき。

第八十一条　第四条の規定に違反した者は、十万円以下の過料に処する。

別表（第二条関係）
一　保健、医療又は福祉の増進を図る活動
二　社会教育の推進を図る活動
三　まちづくりの推進を図る活動
四　観光の振興を図る活動
五　農山漁村又は中山間地域の振興を図る活動
六　学術、文化、芸術又はスポーツの振興を図る活動
七　環境の保全を図る活動
八　災害救援活動
九　地域安全活動
十　人権の擁護又は平和の推進を図る活動
十一　国際協力の活動
十二　男女共同参画社会の形成の促進を図る活動
十三　子どもの健全育成を図る活動
十四　情報化社会の発展を図る活動
十五　科学技術の振興を図る活動
十六　経済活動の活性化を図る活動
十七　職業能力の開発又は雇用機会の拡充を支援する活動
十八　消費者の保護を図る活動
十九　前各号に掲げる活動を行う団体の運営又は活動に関する連絡、助言又は援助の活動
二十　前各号に掲げる活動に準ずる活動として都道府県又は指定都市の条例で定める活動

附則　抄
（施行期日）
1　この法律は、刑法等一部改正法施行日から施行する。〔略〕

・刑法等の一部を改正する法律の施行に伴う関係法律の整理等に関する法律（令和四・六・一七法律六八）

性同一性障害者の性別の取扱いの特例に関する法律

（平成一五・七・一六）
（法律一一一）
最新改正　平成三〇法律五九

（趣旨）
第一条　この法律は、性同一性障害者に関する法令上の性別の取扱いの特例について定めるものとする。

（定義）
第二条　この法律において「性同一性障害者」とは、生物学的には性別が明らかであるにもかかわらず、心理的にはそれとは別の性別（以下「他の性別」という。）であるとの持続的な確信を持ち、かつ、自己を身体的及び社会的に他の性別に適合させようとする意思を有する者であって、そのことについてその診断を的確に行うために必要な知識及び経験を有する二人以上の医師の一般に認められている医学的知見に基づき行う診断が一致しているものをいう。

（性別の取扱いの変更の審判）
第三条　家庭裁判所は、性同一性障害者であって次の各号のいずれにも該当するものについて、その者の請求により、性別の取扱いの変更の審判をすることができる。
一　十八歳以上であること。
二　現に婚姻をしていないこと。
三　現に未成年の子がいないこと。
四　生殖腺がないこと又は生殖腺の機能を永続的に欠く状態にあること。

五 その身体について他の性別に係る身体の性器に係る部分に近似する外観を備えていること。

2 前項の請求をするには、同項の性同一性障害者に係る前条の診断の結果並びに治療の経過及び結果その他の厚生労働省令で定める事項が記載された医師の診断書を提出しなければならない。

（性別の取扱いの変更の審判を受けた者に関する法令上の取扱い）

第四条 性別の取扱いの変更の審判を受けた者は、民法（明治二十九年法律第八十九号）その他の法令の規定の適用については、法律に別段の定めがある場合を除き、その性別につき他の性別に変わったものとみなす。

2 前項の規定は、法律に別段の定めがある場合を除き、性別の取扱いの変更の審判前に生じた身分関係及び権利義務に影響を及ぼすものではない。

任意後見契約に関する法律

（平成一一・一二・八 法律一五〇）

最新改正 平成二三法律五三

（趣旨）

第一条 この法律は、任意後見契約の方式、効力等に関し特別の定めをするとともに、任意後見人に対する監督に関し必要な事項を定めるものとする。

（定義）

第二条 この法律において、次の各号に掲げる用語の意義は、当該各号の定めるところによる。

一 任意後見契約 委任者が、受任者に対し、精神上の障害により事理を弁識する能力が不十分な状況における自己の生活、療養看護及び財産の管理に関する事務の全部又は一部を委託し、その委託に係る事務について代理権を付与する委任契約であって、第四条第一項の規定により任意後見監督人が選任された時からその効力を生ずる旨の定めのあるものをいう。

二 本人 任意後見契約の委任者をいう。

三 任意後見受任者 第四条第一項の規定により任意後見監督人が選任される前における任意後見契約の受任者をいう。

四 任意後見人 第四条第一項の規定により任意後見監督人が選任された後における任意後見契約の受任者をいう。

（任意後見契約の方式）

第三条 任意後見契約は、法務省令で定める様式の公正証書によってしなければならない。

（任意後見監督人の選任）

第四条 任意後見契約が登記されている場合において、精神上の障害により本人の事理を弁識する能力が不十分な状況にあるときは、家庭裁判所は、本人、配偶者、四親等内の親族又は任意後見受任者の請求により、任意後見監督人を選任する。ただし、次に掲げる場合は、この限りでない。

一 本人が未成年者であるとき。

二 本人が成年被後見人、被保佐人又は被補助人である場合において、当該本人に係る後見、保佐又は補助を継続することが本人の利益のため特に必要であると認めるとき。

三 任意後見受任者が次に掲げる者であるとき。

イ 民法（明治二十九年法律第八十九号）第八百四十七条各号（第四号を除く。）に掲げる者

ロ 本人に対して訴訟をし、又はした者及びその配偶者並びに直系血族

ハ 不正な行為、著しい不行跡その他任意後見人の任務に適しない事由がある者

2 前項の規定により任意後見監督人を選任する場合において、本人が成年被後見人、被保佐人又は被補助人であるときは、家庭裁判所は、当該本人に係る後見開始、保佐開始又は補助開始の審判（以下「後見開始の審判等」と総称する。）を取り消さなければならない。

3 第一項の規定により本人以外の者の請求により任意後見監督人を選任するには、あらかじめ本人の同意がなければならない。ただ

し、本人がその意思を表示することができないときは、この限りでない。

4　任意後見監督人が欠けた場合には、家庭裁判所は、本人、その親族若しくは任意後見人の請求により、又は職権で、任意後見監督人を選任する。

5　任意後見監督人が選任されている場合においても、家庭裁判所は、必要があると認めるときは、前項に掲げる者の請求により、又は職権で、更に任意後見監督人を選任することができる。

（任意後見監督人の欠格事由）

第五条　任意後見受任者又は任意後見人の配偶者、直系血族及び兄弟姉妹は、任意後見監督人となることができない。

（本人の意思の尊重等）

第六条　任意後見人は、第二条第一号に規定する委託に係る事務（以下「任意後見人の事務」という。）を行うに当たっては、本人の意思を尊重し、かつ、その心身の状態及び生活の状況に配慮しなければならない。

（任意後見監督人の職務等）

第七条　任意後見監督人の職務は、次のとおりとする。

一　任意後見人の事務を監督すること。

二　任意後見人の事務に関し、家庭裁判所に定期的に報告をすること。

三　急迫の事情がある場合に、任意後見人の代理権の範囲内において、必要な処分をすること。

四　任意後見人又はその代表する者と本人との利益が相反する行為について本人を代表すること。

2　任意後見監督人は、いつでも、任意後見人に対し任意後見人の事務の報告を求め、又は任意後見人の事務若しくは本人の財産の状況を調査することができる。

3　家庭裁判所は、必要があると認めるときは、任意後見監督人に対し、任意後見人の事務に関する報告を求め、任意後見人の事務若しくは本人の財産の状況の調査を命じ、その他任意後見監督人の職務について必要な処分を命ずることができる。

4　民法第六百四十四条、第六百五十四条、第六百五十五条、第八百四十三条第四項、第八百四十四条、第八百四十六条、第八百四十七条、第八百五十九条の二、第八百六十一条第二項及び第八百六十二条の規定は、任意後見監督人について準用する。

（任意後見人の解任）

第八条　任意後見人に不正な行為、著しい不行跡その他その任務に適しない事由があるときは、家庭裁判所は、任意後見監督人、本人、その親族又は検察官の請求により、任意後見人を解任することができる。

（任意後見契約の解除）

第九条　第四条第一項の規定により任意後見監督人が選任される前においては、本人又は任意後見受任者は、いつでも、公証人の認証を受けた書面によって、任意後見契約を解除することができる。

2　第四条第一項の規定により任意後見監督人が選任された後においては、本人又は任意後見人は、正当な事由がある場合に限り、家庭裁判所の許可を得て、任意後見契約を解除することができる。

（後見、保佐及び補助との関係）

第十条　任意後見契約が登記されている場合には、家庭裁判所は、本人の利益のため特に必要があると認めるときに限り、後見開始の審判等をすることができる。

2　前項の場合における後見開始の審判等の請求は、任意後見受任者、任意後見人又は任意後見監督人もすることができる。

3　第四条第一項の規定により任意後見監督人が選任された後において本人が後見開始の審判等を受けたときは、任意後見契約は終了する。

（任意後見人の代理権の消滅の対抗要件）

第十一条　任意後見人の代理権の消滅は、登記をしなければ、善意の第三者に対抗することができない。

後見登記等に関する法律

（平成一一・一二・八
法　律　一　五　二）

最新改正 令和三法律三七

（**趣旨**）

第一条 民法（明治二十九年法律第八十九号）に規定する後見（後見開始の審判により開始するものに限る。以下同じ。）、保佐及び補助に関する登記並びに任意後見契約に関する法律（平成十一年法律第百五十号）に規定する任意後見契約の登記（以下「後見登記等」と総称する。）については、他の法令に定めるもののほか、この法律の定めるところによる。

（**登記所**）

第二条 後見登記等に関する事務は、法務大臣の指定する法務局若しくは地方法務局若しくはこれらの支局又はこれらの出張所（次条において「指定法務局等」という。）が、登記所としてつかさどる。

2 前項の指定は、告示してしなければならない。

（**登記官**）

第三条 登記所における事務は、指定法務局等に勤務する法務事務官で、法務局又は地方法務局の長が指定した者が、登記官として取り扱う。

（**後見等の登記等**）

第四条 後見、保佐又は補助（以下「後見等」と総称する。）の登記は、嘱託又は申請により、磁気ディスク（これに準ずる方法により一定の事項を確実に記録することができる物を含む。第九条において同じ。）をもって調製する後見登記等ファイルに、次に掲げる事項を記録することによって行う。

一 後見等の種別、開始の審判をした裁判所、その審判の事件の表示及び確定の年月日

二 成年被後見人、被保佐人又は被補助人（以下「成年被後見人等」と総称する。）の氏名、出生の年月日、住所及び本籍（外国人にあっては、国籍）

三 成年後見人、保佐人又は補助人（以下「成年後見人等」と総称する。）の氏名又は名称及び住所

四 成年後見監督人、保佐監督人又は補助監督人（以下「成年後見監督人等」と総称する。）が選任されたときは、その氏名又は名称及び住所

五 保佐人又は補助人の同意を得ることを要する行為が定められたときは、その行為

六 保佐人又は補助人に代理権が付与されたときは、その代理権の範囲

七 数人の成年後見人等又は数人の成年後見監督人等が、共同して又は事務を分掌して、その権限を行使すべきことが定められたときは、その定め

八 後見等が終了したときは、その事由及び年月日

九 家事事件手続法（平成二十三年法律第五十二号）第百二十七条第一項（同条第五項並びに同法第百三十五条及び第百四十四条において準用する場合を含む。）の規定により成年後見人等又は成年後見監督人等の職務の執行を停止する審判前の保全処分がされたときは、その旨

十 前号に規定する規定により成年後見人等又は成年後見監督人等の職務代行者を選任する審判前の保全処分がされたときは、その氏名又は名称及び住所

十一 登記番号

2 家事事件手続法第百二十六条第二項、第百三十四条第二項又は第百四十三条第二項の規定による審判前の保全処分（以下「後見命令等」と総称する。）の登記は、嘱託又は申請により、後見登記等ファイルに、次に掲げる事項を記録することによって行う。

一 後見命令等の種別、審判前の保全処分をした裁判所、その審判前の保全処分の事件の表示及び発効の年月日

二 財産の管理者の後見、保佐又は補助を受けるべきことを命ぜられた者（以下「後見命令等の本人」と総称する。）の氏名、出生の年月日、住所及び本籍（外国人にあっては、国籍）

三 財産の管理者の氏名又は名称及び住所

四 家事事件手続法第百四十三条第二項の規定による審判前の保全処分において、財産の管理者の同意を得ることを要するものと定められた行為

五 後見命令等が効力を失ったときは、その事由及び年月日

六 登記番号

（**任意後見契約の登記**）

第五条 任意後見契約の登記は、嘱託又は申請により、後見登記等ファイルに、次に掲げる事項を記録することによって行う。

一　任意後見契約に係る公正証書を作成した公証人の氏名及び所属並びにその証書の番号及び作成の年月日
二　任意後見契約の委任者（以下「任意後見契約の本人」という。）の氏名、出生の年月日、住所及び本籍（外国人にあっては、国籍）
三　任意後見受任者又は任意後見人の氏名又は名称及び住所
四　任意後見受任者又は任意後見人の代理権の範囲
五　数人の任意後見人が共同して代理権を行使すべきことを定めたときは、その定め
六　任意後見監督人が選任されたときは、その氏名又は名称及び住所並びにその選任の審判の確定の年月日
七　数人の任意後見監督人が、共同して又は事務を分掌して、その権限を行使すべきことが定められたときは、その定め
八　任意後見契約が終了したときは、その事由及び年月日
九　家事事件手続法第二百二十五条において準用する同法第百二十七条第一項の規定により任意後見人又は任意後見監督人の職務の執行を停止する審判前の保全処分がされたときは、その旨
十　前号に規定する規定により任意後見監督人の職務代行者を選任する審判前の保全処分がされたときは、その氏名又は名称及び住所
十一　登記番号

（後見登記等ファイルの記録の編成）
第六条　後見登記等ファイルの記録は、後見等の登記については後見等の開始の審判ごとに、後見命令等の登記については後見命令等ごとに、任意後見契約の登記については任意後見契約ごとに、それぞれ編成する。

（変更の登記）
第七条　後見登記等ファイルの各記録（以下「登記記録」という。）に記録されている次の各号に掲げる者は、それぞれ当該各号に定める事項に変更が生じたことを知ったときは、嘱託による登記がされる場合を除き、変更の登記を申請しなければならない。
一　第四条第一項第二号から第四号までに規定する者　同項各号に掲げる事項
二　第四条第一項第十号に規定する職務代行者　同号に掲げる事項
三　第四条第二項第二号又は第三号に規定する者　同項各号に掲げる事項
四　第五条第二号、第三号又は第六号に規定する者　同条各号に掲げる事項
五　第五条第十号に規定する職務代行者　同号に掲げる事項
2　成年被後見人等の親族、後見命令等の本人の親族、任意後見契約の本人の親族その他の利害関係人は、前項各号に定める事項に変更を生じたときは、嘱託による登記がされる場合を除き、変更の登記を申請することができる。

（終了の登記）
第八条　後見等に係る登記記録に記録されている前条第一項第一号に掲げる者は、成年被後見人等が死亡したことを知ったときは、終了の登記を申請しなければならない。
2　任意後見契約に係る登記記録に記録されている前条第一項第四号に掲げる者は、任意後見契約の本人の死亡その他の事由により任意後見契約が終了したことを知ったときは、嘱託による登記がされる場合を除き、終了の登記を申請しなければならない。
3　成年被後見人等の親族、任意後見契約の本人の親族その他の利害関係人は、後見等又は任意後見契約が終了したときは、嘱託による登記がされる場合を除き、終了の登記を申請することができる。

（登記記録の閉鎖）
第九条　登記官は、終了の登記をしたときは、登記記録を閉鎖し、これを閉鎖登記記録として、磁気ディスクをもって調製する閉鎖登記ファイルに記録しなければならない。

（登記事項証明書の交付等）
第十条　何人も、登記官に対し、次に掲げる登記記録について、後見登記等ファイルに記録されている事項（記録がないときは、その旨）を証明した書面（以下「登記事項証明書」という。）の交付を請求することができる。
一　自己を成年被後見人等又は任意後見契約の本人とする登記記録
二　自己を成年後見人等、成年後見監督人等、任意後見受任者、任意後見人又は任意後見監督人（退任したこれらの者を含む。）とする登記記録
三　自己の配偶者又は四親等内の親族を成年被後見人等又は任意後見契約の本人とする登記記録
四　自己を成年後見人等、成年後見監督人等又は任意後見監督人の職務代行者（退任し

たこれらの者を含む。）とする登記記録

五　自己を後見命令等の本人とする登記記録

六　自己を財産の管理者（退任した者を含む。）とする登記記録

七　自己の配偶者又は四親等内の親族を後見命令等の本人とする登記記録

2　次の各号に掲げる者は、登記官に対し、それぞれ当該各号に定める登記記録について、登記事項証明書の交付を請求することができる。

一　未成年後見人又は未成年後見監督人　その未成年被後見人を成年被後見人等、後見命令等の本人又は任意後見契約の本人とする登記記録

二　成年後見人等又は成年後見監督人等　その成年被後見人等を任意後見契約の本人とする登記記録

三　登記された任意後見契約の任意後見受任者　その任意後見契約の本人を成年被後見人等又は後見命令等の本人とする登記記録

3　何人も、登記官に対し、次に掲げる閉鎖登記記録について、閉鎖登記ファイルに記録されている事項（記録がないときは、その旨）を証明した書面（以下「閉鎖登記事項証明書」という。）の交付を請求することができる。

一　自己が成年被後見人等又は任意後見契約の本人であった閉鎖登記記録

二　自己が成年後見人等、成年後見監督人等、任意後見受任者、任意後見人又は任意後見監督人であった閉鎖登記記録

三　自己が成年後見人等、成年後見監督人等又は任意後見監督人の職務代行者であった閉鎖登記記録

四　自己が後見命令等の本人であった閉鎖登記記録

五　自己が財産の管理者であった閉鎖登記記録

4　相続人その他の承継人は、登記官に対し、被相続人その他の被承継人が成年被後見人等、後見命令等の本人又は任意後見契約の本人であった閉鎖登記記録について、閉鎖登記事項証明書の交付を請求することができる。

5　国又は地方公共団体の職員は、職務上必要とする場合には、登記官に対し、登記事項証明書又は閉鎖登記事項証明書の交付を請求することができる。

（手数料）

第十一条　次に掲げる者は、物価の状況、登記に要する実費、登記事項証明書の交付等に要する実費その他一切の事情を考慮して政令で定める額の手数料を納めなければならない。

一　登記を嘱託する者

二　登記を申請する者

三　登記事項証明書又は閉鎖登記事項証明書の交付を請求する者

2　前項の手数料の納付は、収入印紙をもってしなければならない。

（行政手続法の適用除外）

第十二条　登記官の処分については、行政手続法（平成五年法律第八十八号）第二章及び第三章の規定は、適用しない。

（行政機関の保有する情報の公開に関する法律の適用除外）

第十三条　後見登記等ファイル及び閉鎖登記ファイルについては、行政機関の保有する情報の公開に関する法律（平成十一年法律第四十二号）の規定は、適用しない。

（個人情報の保護に関する法律の適用除外）

第十四条　後見登記等ファイル及び閉鎖登記ファイルに記録されている保有個人情報（個人情報の保護に関する法律（平成十五年法律第五十七号）第六十条第一項に規定する保有個人情報をいう。）については、同法第五章第四節の規定は、適用しない。

（審査請求）

第十五条　登記官の処分に不服がある者又は登記官の不作為に係る処分を申請した者は、監督法務局又は地方法務局の長に審査請求をすることができる。

2　審査請求をするには、登記官に審査請求書を提出しなければならない。

3　登記官は、処分についての審査請求を理由があると認め、又は審査請求に係る不作為に係る処分をすべきものと認めるときは、相当の処分をしなければならない。

4　登記官は、前項に規定する場合を除き、三日以内に、意見を付して事件を監督法務局又は地方法務局の長に送付しなければならない。この場合において、監督法務局又は地方法務局の長は、当該意見を行政不服審査法（平成二十六年法律第六十八号）第十一条第二項に規定する審理員に送付するものとする。

5　法務局又は地方法務局の長は、処分についての審査請求を理由があると認め、又は審査請求に係る不作為に係る処分をすべきものと認めるときは、登記官に相当の処分を命じ、その旨を審査請求人のほか利害関係人に通知

しなければならない。

6 法務局又は地方法務局の長は、審査請求に係る不作為に係る処分についての申請を却下すべきものと認めるときは、登記官に当該申請を却下する処分を命じなければならない。

7 第一項の審査請求に関する行政不服審査法の規定の適用については、同法第二十九条第五項中「処分庁等」とあるのは「審査庁」と、「弁明書の提出」とあるのは「後見登記等に関する法律（平成十一年法律第百五十二号）第十五条第四項に規定する意見の送付」と、同法第三十条第一項中「弁明書」とあるのは「後見登記等に関する法律第十五条第四項の意見」とする。

（行政不服審査法の適用除外）

第十六条 行政不服審査法第十三条、第十五条第六項、第十八条、第二十一条、第二十五条第二項から第七項まで、第二十九条第一項から第四項まで、第三十一条、第三十七条、第四十五条第三項、第四十六条、第四十七条、第四十九条第三項（審査請求に係る不作為が違法又は不当である旨の宣言に係る部分を除く。）から第五項まで及び第五十二条の規定は、前条第一項の審査請求については、適用しない。

（政令への委任）

第十七条 この法律に定めるもののほか、後見登記等に関し必要な事項は、政令で定める。

成年後見制度の利用の促進に関する法律

（平成二八・四・一五
法律　二　九）

最新改正　平成二八法律二九

第一章　総則

（目的）

第一条 この法律は、認知症、知的障害その他の精神上の障害があることにより財産の管理又は日常生活等に支障がある者を社会全体で支え合うことが、高齢社会における喫緊の課題であり、かつ、共生社会の実現に資すること及び成年後見制度がこれらの者を支える重要な手段であるにもかかわらず十分に利用されていないことに鑑み、成年後見制度の利用の促進について、その基本理念を定め、国の責務等を明らかにし、及び基本方針その他の基本となる事項を定めること等により、成年後見制度の利用の促進に関する施策を総合的かつ計画的に推進することを目的とする。

（定義）

第二条 この法律において「成年後見人等」とは、次に掲げる者をいう。

一 成年後見人及び成年後見監督人
二 保佐人及び保佐監督人
三 補助人及び補助監督人
四 任意後見人及び任意後見監督人

2 この法律において「成年被後見人等」とは、次に掲げる者をいう。

一 成年被後見人
二 被保佐人
三 被補助人
四 任意後見契約に関する法律（平成十一年法律第百五十号）第四条第一項の規定により任意後見監督人が選任された後における任意後見契約の委任者

3 この法律において「成年後見等実施機関」とは、自ら成年後見人等となり、又は成年後見人等若しくはその候補者の育成及び支援等に関する活動を行う団体をいう。

4 この法律において「成年後見関連事業者」とは、介護、医療又は金融に係る事業その他の成年後見制度の利用に関連する事業を行う者をいう。

（基本理念）

第三条 成年後見制度の利用の促進は、成年被後見人等が、成年被後見人等でない者と等しく、基本的人権を享有する個人としてその尊厳が重んぜられ、その尊厳にふさわしい生活を保障されるべきこと、成年被後見人等の意思決定の支援が適切に行われるとともに、成年被後見人等の自発的意思が尊重されるべきこと及び成年被後見人等の財産の管理のみならず身上の保護が適切に行われるべきこと等の成年後見制度の理念を踏まえて行われるものとする。

2 成年後見制度の利用の促進は、成年後見制度の利用に係る需要を適切に把握すること、市民の中から成年後見人等の候補者を育成しその活用を図ることを通じて成年後見人等となる人材を十分に確保すること等により、地域における需要に的確に対応することを旨として行われるものとする。

3　成年後見制度の利用の促進は、家庭裁判所、関係行政機関（法務省、厚生労働省、総務省その他の関係行政機関をいう。以下同じ。）、地方公共団体、民間の団体等の相互の協力及び適切な役割分担の下に、成年後見制度を利用し又は利用しようとする者の権利利益を適切かつ確実に保護するために必要な体制を整備することを旨として行われるものとする。

（国の責務）

第四条　国は、前条の基本理念（以下単に「基本理念」という。）にのっとり、成年後見制度の利用の促進に関する施策を総合的に策定し、及び実施する責務を有する。

（地方公共団体の責務）

第五条　地方公共団体は、基本理念にのっとり、成年後見制度の利用の促進に関する施策に関し、国との連携を図りつつ、自主的かつ主体的に、その地域の特性に応じた施策を策定し、及び実施する責務を有する。

（関係者の努力）

第六条　成年後見人等、成年後見等実施機関及び成年後見関連事業者は、基本理念にのっとり、その業務を行うとともに、国又は地方公共団体が実施する成年後見制度の利用の促進に関する施策に協力するよう努めるものとする。

（国民の努力）

第七条　国民は、成年後見制度の重要性に関する関心と理解を深めるとともに、基本理念にのっとり、国又は地方公共団体が実施する成年後見制度の利用の促進に関する施策に協力するよう努めるものとする。

（関係機関等の相互の連携）

第八条　国及び地方公共団体並びに成年後見人等、成年後見等実施機関及び成年後見関連事業者は、成年後見制度の利用の促進に関する施策の実施に当たっては、相互の緊密な連携の確保に努めるものとする。

2　地方公共団体は、成年後見制度の利用の促進に関する施策の実施に当たっては、特に、その地方公共団体の区域を管轄する家庭裁判所及び関係行政機関の地方支分部局並びにその地方公共団体の区域に所在する成年後見人等、成年後見等実施機関及び成年後見関連事業者その他の関係者との適切な連携を図るよう、留意するものとする。

（法制上の措置等）

第九条　政府は、第十一条に定める基本方針に基づく施策を実施するため必要な法制上又は財政上の措置その他の措置を速やかに講じなければならない。この場合において、成年被後見人等の権利の制限に係る関係法律の改正その他の同条に定める基本方針に基づく施策を実施するため必要な法制上の措置については、この法律の施行後三年以内を目途として講ずるものとする。

（施策の実施の状況の公表）

第十条　政府は、毎年一回、成年後見制度の利用の促進に関する施策の実施の状況をインターネットの利用その他適切な方法により公表しなければならない。

第二章　基本方針

第十一条　成年後見制度の利用の促進に関する施策は、成年後見制度の利用者の権利利益の保護に関する国際的動向を踏まえるとともに、高齢者、障害者等の福祉に関する施策との有機的な連携を図りつつ、次に掲げる基本方針に基づき、推進されるものとする。

一　成年後見制度を利用し又は利用しようとする者の能力に応じたきめ細かな対応を可能とする観点から、成年後見制度のうち利用が少ない保佐及び補助の制度の利用を促進するための方策について検討を加え、必要な措置を講ずること。

二　成年被後見人等の人権が尊重され、成年被後見人等であることを理由に不当に差別されないよう、成年被後見人等の権利に係る制限が設けられている制度について検討を加え、必要な見直しを行うこと。

三　成年被後見人等であって医療、介護等を受けるに当たり意思を決定することが困難なものが円滑に必要な医療、介護等を受けられるようにするための支援の在り方について、成年後見人等の事務の範囲を含め検討を加え、必要な措置を講ずること。

四　成年被後見人等の死亡後における事務が適切に処理されるよう、成年後見人等の事務の範囲について検討を加え、必要な見直しを行うこと。

五　成年後見制度を利用し又は利用しようとする者の自発的意思を尊重する観点から、任意後見制度が積極的に活用されるよう、その利用状況を検証し、任意後見制度が適切にかつ安心して利用されるために必要な制度の整備その他の必要な措置を講ずること。

六　成年後見制度に関し国民の関心と理解を

深めるとともに、成年後見制度がその利用を必要とする者に十分に利用されるようにするため、国民に対する周知及び啓発のために必要な措置を講ずること。

七　成年後見制度の利用に係る地域住民の需要に的確に対応するため、地域における成年後見制度の利用に係る需要の把握、地域住民に対する必要な情報の提供、相談の実施及び助言、市町村長による後見開始、保佐開始又は補助開始の審判の請求の積極的な活用その他の必要な措置を講ずること。

八　地域において成年後見人等となる人材を確保するため、成年後見人等又はその候補者に対する研修の機会の確保並びに必要な情報の提供、相談の実施及び助言、成年後見人等に対する報酬の支払の助成その他の成年後見人等又はその候補者に対する支援の充実を図るために必要な措置を講ずること。

九　前二号の措置を有効かつ適切に実施するため、成年後見人等又はその候補者の育成及び支援等を行う成年後見等実施機関の育成、成年後見制度の利用において成年後見等実施機関が積極的に活用されるための仕組みの整備その他の成年後見等実施機関の活動に対する支援のために必要な措置を講ずること。

十　成年後見人等の事務の監督並びに成年後見人等に対する相談の実施及び助言その他の支援に係る機能を強化するため、家庭裁判所、関係行政機関及び地方公共団体における必要な人的体制の整備その他の必要な措置を講ずること。

十一　家庭裁判所、関係行政機関及び地方公共団体並びに成年後見人等、成年後見等実施機関及び成年後見関連事業者の相互の緊密な連携を確保するため、成年後見制度の利用に関する指針の策定その他の必要な措置を講ずること。

第三章　成年後見制度利用促進基本計画

第十二条　政府は、成年後見制度の利用の促進に関する施策の総合的かつ計画的な推進を図るため、成年後見制度の利用の促進に関する基本的な計画（以下「成年後見制度利用促進基本計画」という。）を定めなければならない。

2　成年後見制度利用促進基本計画は、次に掲げる事項について定めるものとする。

一　成年後見制度の利用の促進に関する目標

二　成年後見制度の利用の促進に関し、政府が総合的かつ計画的に講ずべき施策

三　前二号に掲げるもののほか、成年後見制度の利用の促進に関する施策を総合的かつ計画的に推進するために必要な事項

3　法務大臣、厚生労働大臣及び総務大臣は、成年後見制度利用促進基本計画を変更しようとするときは、成年後見制度利用促進基本計画の変更の案につき閣議の決定を求めなければならない。

4　法務大臣、厚生労働大臣及び総務大臣は、前項の規定による閣議の決定があったときは、遅滞なく、変更後の成年後見制度利用促進基本計画をインターネットの利用その他適切な方法により公表しなければならない。

第四章　成年後見制度利用促進会議

第十三条　政府は、関係行政機関相互の調整を行うことにより、成年後見制度の利用の促進に関する施策の総合的かつ計画的な推進を図るため、成年後見制度利用促進会議を設けるものとする。

2　関係行政機関は、成年後見制度の利用の促進に関し専門的知識を有する者によって構成する成年後見制度利用促進専門家会議を設け、前項の調整を行うに際しては、その意見を聴くものとする。

3　成年後見制度利用促進会議及び成年後見制度利用促進専門家会議の庶務は、厚生労働省において処理する。

第五章　地方公共団体の講ずる措置

（市町村の講ずる措置）

第十四条　市町村は、成年後見制度利用促進基本計画を勘案して、当該市町村の区域における成年後見制度の利用の促進に関する施策についての基本的な計画を定めるよう努めるとともに、成年後見等実施機関の設立等に係る支援その他の必要な措置を講ずるよう努めるものとする。

2　市町村は、当該市町村の区域における成年後見制度の利用の促進に関して、基本的な事項を調査審議させる等のため、当該市町村の条例で定めるところにより、審議会その他の合議制の機関を置くよう努めるものとする。

（都道府県の講ずる措置）

第十五条　都道府県は、市町村が講ずる前条の措置を推進するため、各市町村の区域を超え

た広域的な見地から、成年後見人等となる人材の育成、必要な助言その他の援助を行うよう努めるものとする。

消費者基本法

（昭和四三・五・三〇）
（法律七八）

最新改正　令和三法律三六

第一章　総則

（目的）

第一条　この法律は、消費者と事業者との間の情報の質及び量並びに交渉力等の格差にかんがみ、消費者の利益の擁護及び増進に関し、消費者の権利の尊重及びその自立の支援その他の基本理念を定め、国、地方公共団体及び事業者の責務等を明らかにするとともに、その施策の基本となる事項を定めることにより、消費者の利益の擁護及び増進に関する総合的な施策の推進を図り、もつて国民の消費生活の安定及び向上を確保することを目的とする。

（基本理念）

第二条　消費者の利益の擁護及び増進に関する総合的な施策（以下「消費者政策」という。）の推進は、国民の消費生活における基本的な需要が満たされ、その健全な生活環境が確保される中で、消費者の安全が確保され、商品及び役務について消費者の自主的かつ合理的な選択の機会が確保され、消費者に対し必要な情報及び教育の機会が提供され、消費者の意見が消費者政策に反映され、並びに消費者に被害が生じた場合には適切かつ迅速に救済されることが消費者の権利であることを尊重するとともに、消費者が自らの利益の擁護及び増進のため自主的かつ合理的に行動することができるよう消費者の自立を支援することを基本として行われなければならない。

2　消費者の自立の支援に当たつては、消費者の安全の確保等に関して事業者による適正な事業活動の確保が図られるとともに、消費者の年齢その他の特性に配慮されなければならない。

3　消費者政策の推進は、高度情報通信社会の進展に的確に対応することに配慮して行われなければならない。

4　消費者政策の推進は、消費生活における国際化の進展にかんがみ、国際的な連携を確保しつつ行われなければならない。

5　消費者政策の推進は、環境の保全に配慮して行われなければならない。

（国の責務）

第三条　国は、経済社会の発展に即応して、前条の消費者の権利の尊重及びその自立の支援その他の基本理念にのつとり、消費者政策を推進する責務を有する。

（地方公共団体の責務）

第四条　地方公共団体は、第二条の消費者の権利の尊重及びその自立の支援その他の基本理念にのつとり、国の施策に準じて施策を講ずるとともに、当該地域の社会的、経済的状況に応じた消費者政策を推進する責務を有する。

（事業者の責務等）

第五条　事業者は、第二条の消費者の権利の尊重及びその自立の支援その他の基本理念にかんがみ、その供給する商品及び役務について、次に掲げる責務を有する。

一　消費者の安全及び消費者との取引における公正を確保すること。

二　消費者に対し必要な情報を明確かつ平易に提供すること。

三　消費者との取引に際して、消費者の知識、経験及び財産の状況等に配慮すること。

四　消費者との間に生じた苦情を適切かつ迅速に処理するために必要な体制の整備等に努め、当該苦情を適切に処理すること。

五　国又は地方公共団体が実施する消費者政策に協力すること。

2　事業者は、その供給する商品及び役務に関し環境の保全に配慮するとともに、当該商品及び役務について品質等を向上させ、その事業活動に関し自らが遵守すべき基準を作成すること等により消費者の信頼を確保するよう努めなければならない。

第六条　事業者団体は、事業者の自主的な取組を尊重しつつ、事業者と消費者との間に生じた苦情の処理の体制の整備、事業者自らがその事業活動に関し遵守すべき基準の作成の支援その他の消費者の信頼を確保するための自主的な活動に努めるものとする。

第七条　消費者は、自ら進んで、その消費生活に関して、必要な知識を修得し、及び必要な情報を収集する等自主的かつ合理的に行動するよう努めなければならない。

2　消費者は、消費生活に関し、環境の保全及び知的財産権等の適正な保護に配慮するよう努めなければならない。

第八条　消費者団体は、消費生活に関する情報の収集及び提供並びに意見の表明、消費者に対する啓発及び教育、消費者の被害の防止及び救済のための活動その他の消費者の消費生活の安定及び向上を図るための健全かつ自主的な活動に努めるものとする。

（**消費者基本計画**）

第九条　政府は、消費者政策の計画的な推進を図るため、消費者政策の推進に関する基本的な計画（以下「消費者基本計画」という。）を定めなければならない。

2　消費者基本計画は、次に掲げる事項について定めるものとする。

一　長期的に講ずべき消費者政策の大綱

二　前号に掲げるもののほか、消費者政策の計画的な推進を図るために必要な事項

3　内閣総理大臣は、消費者基本計画の案につき閣議の決定を求めなければならない。

4　内閣総理大臣は、前項の規定による閣議の決定があつたときは、遅滞なく、消費者基本計画を公表しなければならない。

5　前二項の規定は、消費者基本計画の変更について準用する。

（**法制上の措置等**）

第十条　国は、この法律の目的を達成するため、必要な関係法令の制定又は改正を行なわなければならない。

2　政府は、この法律の目的を達成するため、必要な財政上の措置を講じなければならない。

（**年次報告**）

第十条の二　政府は、毎年、国会に、政府が講じた消費者政策の実施の状況に関する報告書を提出しなければならない。

第二章　基本的施策

（**安全の確保**）

第十一条　国は、国民の消費生活における安全を確保するため、商品及び役務についての必要な基準の整備及び確保、安全を害するおそれがある商品の事業者による回収の促進、安全を害するおそれがある商品及び役務に関する情報の収集及び提供等必要な施策を講ずるものとする。

（**消費者契約の適正化等**）

第十二条　国は、消費者と事業者との間の適正な取引を確保するため、消費者との間の契約の締結に際しての事業者による情報提供及び勧誘の適正化、公正な契約条項の確保等必要な施策を講ずるものとする。

（**計量の適正化**）

第十三条　国は、消費者が事業者との間の取引に際し計量につき不利益をこうむることがないようにするため、商品及び役務について適正な計量の実施の確保を図るために必要な施策を講ずるものとする。

（**規格の適正化**）

第十四条　国は、商品の品質の改善及び国民の消費生活の合理化に寄与するため、商品及び役務について、適正な規格を整備し、その普及を図る等必要な施策を講ずるものとする。

2　前項の規定による規格の整備は、技術の進歩、消費生活の向上等に応じて行なうものとする。

（**広告その他の表示の適正化等**）

第十五条　国は、消費者が商品の購入若しくは使用又は役務の利用に際しその選択等を誤ることがないようにするため、商品及び役務について、品質等に関する広告その他の表示に関する制度を整備し、虚偽又は誇大な広告その他の表示を規制する等必要な施策を講ずるものとする。

（**公正自由な競争の促進等**）

第十六条　国は、商品及び役務について消費者の自主的かつ合理的な選択の機会の拡大を図るため、公正かつ自由な競争を促進するために必要な施策を講ずるものとする。

2　国は、国民の消費生活において重要度の高い商品及び役務の価格等であつてその形成につき決定、認可その他の国の措置が必要とされるものについては、これらの措置を講ずるに当たり、消費者に与える影響を十分に考慮するよう努めるものとする。

（**啓発活動及び教育の推進**）

第十七条　国は、消費者の自立を支援するため、消費生活に関する知識の普及及び情報の提供等消費者に対する啓発活動を推進するとともに、消費者が生涯にわたつて消費生活について学習する機会があまねく求められている状況にかんがみ、学校、地域、家庭、職域その他の様々な場を通じて消費生活に関する教育を充実する等必要な施策を講ずるものとする。

2　地方公共団体は、前項の国の施策に準じて、当該地域の社会的、経済的状況に応じた施策を講ずるよう努めなければならない。

（**意見の反映及び透明性の確保**）

第十八条　国は、適正な消費者政策の推進に資するため、消費生活に関する消費者等の意見を施策に反映し、当該施策の策定の過程の透

消費生活

明性を確保するための制度を整備する等必要な施策を講ずるものとする。

（苦情処理及び紛争解決の促進）

第十九条 地方公共団体は、商品及び役務に関し事業者と消費者との間に生じた苦情が専門的知見に基づいて適切かつ迅速に処理されるようにするため、苦情の処理のあつせん等に努めなければならない。この場合において、都道府県は、市町村（特別区を含む。）との連携を図りつつ、主として高度の専門性又は広域の見地への配慮を必要とする苦情の処理のあつせん等を行うものとするとともに、多様な苦情に柔軟かつ弾力的に対応するよう努めなければならない。

2 国及び都道府県は、商品及び役務に関し事業者と消費者との間に生じた苦情が専門的知見に基づいて適切かつ迅速に処理されるようにするため、人材の確保及び資質の向上その他の必要な施策（都道府県にあつては、前項に規定するものを除く。）を講ずるよう努めなければならない。

3 国及び都道府県は、商品及び役務に関し事業者と消費者との間に生じた紛争が専門的知見に基づいて適切かつ迅速に解決されるようにするために必要な施策を講ずるよう努めなければならない。

（高度情報通信社会の進展への的確な対応）

第二十条 国は、消費者の年齢その他の特性に配慮しつつ、消費者と事業者との間の適正な取引の確保、消費者に対する啓発活動及び教育の推進、苦情処理及び紛争解決の促進等に当たつて高度情報通信社会の進展に的確に対応するために必要な施策を講ずるものとする。

（国際的な連携の確保）

第二十一条 国は、消費生活における国際化の進展に的確に対応するため、国民の消費生活における安全及び消費者と事業者との間の適正な取引の確保、苦情処理及び紛争解決の促進等に当たつて国際的な連携を確保する等必要な施策を講ずるものとする。

（環境の保全への配慮）

第二十二条 国は、商品又は役務の品質等に関する広告その他の表示の適正化等、消費者に対する啓発活動及び教育の推進等に当たつて環境の保全に配慮するために必要な施策を講ずるものとする。

（試験、検査等の施設の整備等）

第二十三条 国は、消費者政策の実効を確保するため、商品の試験、検査等を行う施設を整備し、役務についての調査研究等を行うとともに、必要に応じて試験、検査、調査研究等の結果を公表する等必要な施策を講ずるものとする。

第三章　行政機関等

（行政組織の整備及び行政運営の改善）

第二十四条 国及び地方公共団体は、消費者政策の推進につき、総合的見地に立つた行政組織の整備及び行政運営の改善に努めなければならない。

（国民生活センターの役割）

第二十五条 独立行政法人国民生活センターは、国及び地方公共団体の関係機関、消費者団体等と連携し、国民の消費生活に関する情報の収集及び提供、事業者と消費者との間に生じた苦情の処理のあつせん及び当該苦情に係る相談、事業者と消費者との間に生じた紛争の合意による解決、消費者からの苦情等に関する商品についての試験、検査等及び役務についての調査研究等、消費者に対する啓発及び教育等における中核的な機関として積極的な役割を果たすものとする。

（消費者団体の自主的な活動の促進）

第二十六条 国は、国民の消費生活の安定及び向上を図るため、消費者団体の健全かつ自主的な活動が促進されるよう必要な施策を講ずるものとする。

第四章　消費者政策会議等

（消費者政策会議）

第二十七条 内閣府に、消費者政策会議（以下「会議」という。）を置く。

2 会議は、次に掲げる事務をつかさどる。

一 消費者基本計画の案を作成すること。

二 前号に掲げるもののほか、消費者政策の推進に関する基本的事項の企画に関して審議するとともに、消費者政策の実施を推進し、並びにその実施の状況を検証し、評価し、及び監視すること。

3 会議は、次に掲げる場合には、消費者委員会の意見を聴かなければならない。

一 消費者基本計画の案を作成しようとするとき。

二 前項第二号の検証、評価及び監視について、それらの結果の取りまとめを行おうとするとき。

第二十八条 会議は、会長及び委員をもつて組織する。

2 会長は、内閣総理大臣をもって充てる。
3 委員は、次に掲げる者をもって充てる。
一 内閣府設置法（平成十一年法律第八十九号）第十一条の二の規定により置かれた特命担当大臣
二 内閣官房長官、関係行政機関の長、内閣府設置法第九条第一項に規定する特命担当大臣（前号の特命担当大臣を除く。）及びデジタル大臣のうちから、内閣総理大臣が指定する者
4 会議に、幹事を置く。
5 幹事は、関係行政機関の職員のうちから、内閣総理大臣が任命する。
6 幹事は、会議の所掌事務について、会長及び委員を助ける。
7 前各項に定めるもののほか、会議の組織及び運営に関し必要な事項は、政令で定める。

（**消費者委員会**）
第二十九条 消費者政策の推進に関する基本的事項の調査審議については、この法律によるほか、消費者庁及び消費者委員会設置法（平成二十一年法律第四十八号）第六条の定めるところにより、消費者委員会において行うものとする。

消費者契約法

（平成一二・五・一二）
（法律 六一）
最新改正 令和五法律六三

第一章 総則

（**目的**）
第一条 この法律は、消費者と事業者との間の情報の質及び量並びに交渉力の格差に鑑み、事業者の一定の行為により消費者が誤認し、又は困惑した場合等について契約の申込み又はその承諾の意思表示を取り消すことができることとするとともに、事業者の損害賠償の責任を免除する条項その他の消費者の利益を不当に害することとなる条項の全部又は一部を無効とするほか、消費者の被害の発生又は拡大を防止するため適格消費者団体が事業者等に対し差止請求をすることができることとすることにより、消費者の利益の擁護を図り、もって国民生活の安定向上と国民経済の健全な発展に寄与することを目的とする。

（**定義**）
第二条 この法律において「消費者」とは、個人（事業として又は事業のために契約の当事者となる場合におけるものを除く。）をいう。
2 この法律（第四十三条第二項第二号を除く。）において「事業者」とは、法人その他の団体及び事業として又は事業のために契約の当事者となる場合における個人をいう。
3 この法律において「消費者契約」とは、消費者と事業者との間で締結される契約をいう。
4 この法律において「適格消費者団体」とは、不特定かつ多数の消費者の利益のためにこの法律の規定による差止請求権を行使するのに必要な適格性を有する法人である消費者団体（消費者基本法（昭和四十三年法律第七十八号）第八条の消費者団体をいう。以下同じ。）として第十三条の定めるところにより内閣総理大臣の認定を受けた者をいう。

（**事業者及び消費者の努力**）
第三条 事業者は、次に掲げる措置を講ずるよう努めなければならない。
一 消費者契約の条項を定めるに当たっては、消費者の権利義務その他の消費者契約の内容が、その解釈について疑義が生じない明確なもので、かつ、消費者にとって平易なものになるよう配慮すること。
二 消費者契約の締結について勧誘をするに際しては、消費者の理解を深めるために、物品、権利、役務その他の消費者契約の目的となるものの性質に応じ、事業者が知ることができた個々の消費者の年齢、心身の状態、知識及び経験を総合的に考慮した上で、消費者の権利義務その他の消費者契約の内容についての必要な情報を提供すること。
三 民法（明治二十九年法律第八十九号）第五百四十八条の二第一項に規定する定型取引合意に該当する消費者契約の締結について勧誘をするに際しては、消費者が同項に規定する定型約款の内容を容易に知り得る状態に置く措置を講じているときを除き、消費者が同法第五百四十八条の三第一項に

規定する請求を行うために必要な情報を提供すること。

四　消費者の求めに応じて、消費者契約により定められた当該消費者が有する解除権の行使に関して必要な情報を提供すること。

2　消費者は、消費者契約を締結するに際しては、事業者から提供された情報を活用し、消費者の権利義務その他の消費者契約の内容について理解するよう努めるものとする。

第二章　消費者契約

第一節　消費者契約の申込み又はその承諾の意思表示の取消し

（消費者契約の申込み又はその承諾の意思表示の取消し）

第四条　消費者は、事業者が消費者契約の締結について勧誘をするに際し、当該消費者に対して次の各号に掲げる行為をしたことにより当該各号に定める誤認をし、それによって当該消費者契約の申込み又はその承諾の意思表示をしたときは、これを取り消すことができる。

一　重要事項について事実と異なることを告げること。　当該告げられた内容が事実であるとの誤認

二　物品、権利、役務その他の当該消費者契約の目的となるものに関し、将来におけるその価額、将来において当該消費者が受け取るべき金額その他の将来における変動が不確実な事項につき断定的判断を提供すること。　当該提供された断定的判断の内容が確実であるとの誤認

2　消費者は、事業者が消費者契約の締結について勧誘をするに際し、当該消費者に対してある重要事項又は当該重要事項に関連する事項について当該消費者の利益となる旨を告げ、かつ、当該重要事項について当該消費者の不利益となる事実（当該告知により当該事実が存在しないと消費者が通常考えるべきものに限る。）を故意又は重大な過失によって告げなかったことにより、当該事実が存在しないとの誤認をし、それによって当該消費者契約の申込み又はその承諾の意思表示をしたときは、これを取り消すことができる。ただし、当該事業者が当該消費者に対し当該事実を告げようとしたにもかかわらず、当該消費者がこれを拒んだときは、この限りでない。

3　消費者は、事業者が消費者契約の締結について勧誘をするに際し、当該消費者に対して次に掲げる行為をしたことにより困惑し、それによって当該消費者契約の申込み又はその承諾の意思表示をしたときは、これを取り消すことができる。

一　当該事業者に対し、当該消費者が、その住居又はその業務を行っている場所から退去すべき旨の意思を示したにもかかわらず、それらの場所から退去しないこと。

二　当該事業者が当該消費者契約の締結について勧誘をしている場所から当該消費者が退去する旨の意思を示したにもかかわらず、その場所から当該消費者を退去させないこと。

三　当該消費者に対し、当該消費者契約の締結について勧誘をすることを告げずに、当該消費者が任意に退去することが困難な場所であることを知りながら、当該消費者をその場所に同行し、その場所において当該消費者契約の締結について勧誘をすること。

四　当該消費者が当該消費者契約の締結について勧誘を受けている場所において、当該消費者が当該消費者契約を締結するか否かについて相談を行うために電話その他の内閣府令で定める方法によって当該事業者以外の者と連絡する旨の意思を示したにもかかわらず、威迫する言動を交えて、当該消費者が当該方法によって連絡することを妨げること。

五　当該消費者が、社会生活上の経験が乏しいことから、次に掲げる事項に対する願望の実現に過大な不安を抱いていることを知りながら、その不安をあおり、裏付けとなる合理的な根拠がある場合その他の正当な理由がある場合でないのに、物品、権利、役務その他の当該消費者契約の目的となるものが当該願望を実現するために必要である旨を告げること。

イ　進学、就職、結婚、生計その他の社会生活上の重要な事項

ロ　容姿、体型その他の身体の特徴又は状況に関する重要な事項

六　当該消費者が、社会生活上の経験が乏しいことから、当該消費者契約の締結について勧誘を行う者に対して恋愛感情その他の好意の感情を抱き、かつ、当該勧誘を行う者も当該消費者に対して同様の感情を抱いているものと誤信していることを知りなが

ら、これに乗じ、当該消費者契約を締結しなければ当該勧誘を行う者との関係が破綻することになる旨を告げること。

七　当該消費者が、加齢又は心身の故障によりその判断力が著しく低下していることから、生計、健康その他の事項に関しその現在の生活の維持に過大な不安を抱いていることを知りながら、その不安をあおり、裏付けとなる合理的な根拠がある場合その他の正当な理由がある場合でないのに、当該消費者契約を締結しなければその現在の生活の維持が困難となる旨を告げること。

八　当該消費者に対し、霊感その他の合理的に実証することが困難な特別な能力による知見として、当該消費者又はその親族の生命、身体、財産その他の重要な事項について、そのままでは現在生じ、若しくは将来生じ得る重大な不利益を回避することができないとの不安をあおり、又はそのような不安を抱いていることに乗じて、その重大な不利益を回避するためには、当該消費者契約を締結することが必要不可欠である旨を告げること。

九　当該消費者が当該消費者契約の申込み又はその承諾の意思表示をする前に、当該消費者契約を締結したならば負うこととなる義務の内容の全部若しくは一部を実施し、又は当該消費者契約の目的物の現状を変更し、その実施又は変更前の原状の回復を著しく困難にすること。

十　前号に掲げるもののほか、当該消費者が当該消費者契約の申込み又はその承諾の意思表示をする前に、当該事業者が調査、情報の提供、物品の調達その他の当該消費者契約の締結を目指した事業活動を実施した場合において、当該事業活動が当該消費者からの特別の求めに応じたものであったことその他の取引上の社会通念に照らして正当な理由がある場合でないのに、当該事業活動が当該消費者のために特に実施したものである旨及び当該事業活動の実施により生じた損失の補償を請求する旨を告げること。

4　消費者は、事業者が消費者契約の締結について勧誘をするに際し、物品、権利、役務その他の当該消費者契約の目的となるものの分量、回数又は期間（以下この項において「分量等」という。）が当該消費者にとっての通常の分量等（消費者契約の目的となるものの内容及び取引条件並びに事業者がその締結について勧誘をする際の消費者の生活の状況及びこれについての当該消費者の認識に照らして当該消費者契約の目的となるものの分量等として通常想定される分量等をいう。以下この項において同じ。）を著しく超えるものであることを知っていた場合において、その勧誘により当該消費者契約の申込み又はその承諾の意思表示をしたときは、これを取り消すことができる。事業者が消費者契約の締結について勧誘をするに際し、消費者が既に当該消費者契約の目的となるものと同種のものを目的とする消費者契約（以下この項において「同種契約」という。）を締結し、当該同種契約の目的となるものの分量等と当該消費者契約の目的となるものの分量等とを合算した分量等が当該消費者にとっての通常の分量等を著しく超えるものであることを知っていた場合において、その勧誘により当該消費者契約の申込み又はその承諾の意思表示をしたときも、同様とする。

5　第一項第一号及び第二項の「重要事項」とは、消費者契約に係る次に掲げる事項（同項の場合にあっては、第三号に掲げるものを除く。）をいう。

一　物品、権利、役務その他の当該消費者契約の目的となるものの質、用途その他の内容であって、消費者の当該消費者契約を締結するか否かについての判断に通常影響を及ぼすべきもの

二　物品、権利、役務その他の当該消費者契約の目的となるものの対価その他の取引条件であって、消費者の当該消費者契約を締結するか否かについての判断に通常影響を及ぼすべきもの

三　前二号に掲げるもののほか、物品、権利、役務その他の当該消費者契約の目的となるものが当該消費者の生命、身体、財産その他の重要な利益についての損害又は危険を回避するために通常必要であると判断される事情

6　第一項から第四項までの規定による消費者契約の申込み又はその承諾の意思表示の取消しは、これをもって善意でかつ過失がない第三者に対抗することができない。

（媒介の委託を受けた第三者及び代理人）

第五条　前条の規定は、事業者が第三者に対し、当該事業者と消費者との間における消費者契約の締結について媒介をすることの委託（以下この項において単に「委託」という。）

をし、当該委託を受けた第三者（その第三者から委託（二以上の段階にわたる委託を含む。）を受けた者を含む。以下「受託者等」という。）が消費者に対して同条第一項から第四項までに規定する行為をした場合について準用する。この場合において、同条第二項ただし書中「当該事業者」とあるのは、「当該事業者又は次条第一項に規定する受託者等」と読み替えるものとする。

2　消費者契約の締結に係る消費者の代理人（復代理人（二以上の段階にわたり復代理人として選任された者を含む。）を含む。以下同じ。）、事業者の代理人及び受託者等の代理人は、前条第一項から第四項まで（前項において準用する場合を含む。次条から第七条までにおいて同じ。）の規定の適用については、それぞれ消費者、事業者及び受託者等とみなす。

（**解釈規定**）

第六条　第四条第一項から第四項までの規定は、これらの項に規定する消費者契約の申込み又はその承諾の意思表示に対する民法第九十六条の規定の適用を妨げるものと解してはならない。

（**取消権を行使した消費者の返還義務**）

第六条の二　民法第百二十一条の二第一項の規定にかかわらず、消費者契約に基づく債務の履行として給付を受けた消費者は、第四条第一項から第四項までの規定により当該消費者契約の申込み又はその承諾の意思表示を取り消した場合において、給付を受けた当時その意思表示が取り消すことができるものであることを知らなかったときは、当該消費者契約によって現に利益を受けている限度において、返還の義務を負う。

（**取消権の行使期間等**）

第七条　第四条第一項から第四項までの規定による取消権は、追認をすることができる時から一年間（同条第三項第八号に係る取消権については、三年間）行わないときは、時効によって消滅する。当該消費者契約の締結の時から五年（同号に係る取消権については、十年）を経過したときも、同様とする。

2　会社法（平成十七年法律第八十六号）その他の法律により詐欺又は強迫を理由として取消しをすることができないものとされている株式若しくは出資の引受け又は基金の拠出が消費者契約としてされた場合には、当該株式若しくは出資の引受け又は基金の拠出に係る意思表示については、第四条第一項から第四項までの規定によりその取消しをすることができない。

第二節　消費者契約の条項の無効

（**事業者の損害賠償の責任を免除する条項等の無効**）

第八条　次に掲げる消費者契約の条項は、無効とする。

一　事業者の債務不履行により消費者に生じた損害を賠償する責任の全部を免除し、又は当該事業者にその責任の有無を決定する権限を付与する条項

二　事業者の債務不履行（当該事業者、その代表者又はその使用する者の故意又は重大な過失によるものに限る。）により消費者に生じた損害を賠償する責任の一部を免除し、又は当該事業者にその責任の限度を決定する権限を付与する条項

三　消費者契約における事業者の債務の履行に際してされた当該事業者の不法行為により消費者に生じた損害を賠償する責任の全部を免除し、又は当該事業者にその責任の有無を決定する権限を付与する条項

四　消費者契約における事業者の債務の履行に際してされた当該事業者の不法行為（当該事業者、その代表者又はその使用する者の故意又は重大な過失によるものに限る。）により消費者に生じた損害を賠償する責任の一部を免除し、又は当該事業者にその責任の限度を決定する権限を付与する条項

2　前項第一号又は第二号に掲げる条項のうち、消費者契約が有償契約である場合において、引き渡された目的物が種類又は品質に関して契約の内容に適合しないとき（当該消費者契約が請負契約である場合には、請負人が種類又は品質に関して契約の内容に適合しない仕事の目的物を注文者に引き渡したとき（その引渡しを要しない場合には、仕事が終了した時に仕事の目的物が種類又は品質に関して契約の内容に適合しないとき。）。以下この項において同じ。）に、これにより消費者に生じた損害を賠償する事業者の責任を免除し、又は当該事業者にその責任の有無若しくは限度を決定する権限を付与するものについては、次に掲げる場合に該当するときは、前項の規定は、適用しない。

一　当該消費者契約において、引き渡された目的物が種類又は品質に関して契約の内容に適合しないときに、当該事業者が履行の

追完をする責任又は不適合の程度に応じた代金若しくは報酬の減額をする責任を負うこととされている場合

二　当該消費者と当該事業者の委託を受けた他の事業者との間の契約又は当該事業者と他の事業者との間の当該消費者のためにする契約で、当該消費者契約の締結に先立って又はこれと同時に締結されたものにおいて、引き渡された目的物が種類又は品質に関して契約の内容に適合しないときに、当該他の事業者が、その目的物が種類又は品質に関して契約の内容に適合しないことにより当該消費者に生じた損害を賠償する責任の全部若しくは一部を負い、又は履行の追完をする責任を負うこととされている場合

3　事業者の債務不履行（当該事業者、その代表者又はその使用する者の故意又は重大な過失によるものを除く。）又は消費者契約における事業者の債務の履行に際してされた当該事業者の不法行為（当該事業者、その代表者又はその使用する者の故意又は重大な過失によるものを除く。）により消費者に生じた損害を賠償する責任の一部を免除する消費者契約の条項であって、当該条項において事業者、その代表者又はその使用する者の重大な過失を除く過失による行為にのみ適用されることを明らかにしていないものは、無効とする。

（**消費者の解除権を放棄させる条項等の無効**）

第八条の二　事業者の債務不履行により生じた消費者の解除権を放棄させ、又は当該事業者にその解除権の有無を決定する権限を付与する消費者契約の条項は、無効とする。

（**事業者に対し後見開始の審判等による解除権を付与する条項の無効**）

第八条の三　事業者に対し、消費者が後見開始、保佐開始又は補助開始の審判を受けたことのみを理由とする解除権を付与する消費者契約（消費者が事業者に対し物品、権利、役務その他の消費者契約の目的となるものを提供することとされているものを除く。）の条項は、無効とする。

（**消費者が支払う損害賠償の額を予定する条項等の無効等**）

第九条　次の各号に掲げる消費者契約の条項は、当該各号に定める部分について、無効とする。

一　当該消費者契約の解除に伴う損害賠償の額を予定し、又は違約金を定める条項であって、これらを合算した額が、当該条項において設定された解除の事由、時期等の区分に応じ、当該消費者契約と同種の消費者契約の解除に伴い当該事業者に生ずべき平均的な損害の額を超えるもの　当該超える部分

二　当該消費者契約に基づき支払うべき金銭の全部又は一部を消費者が支払期日（支払回数が二以上である場合には、それぞれの支払期日。以下この号において同じ。）までに支払わない場合における損害賠償の額を予定し、又は違約金を定める条項であって、これらを合算した額が、支払期日の翌日からその支払をする日までの期間について、その日数に応じ、当該支払期日に支払うべき額から当該支払期日に支払うべき額のうち既に支払われた額を控除した額に年十四・六パーセントの割合を乗じて計算した額を超えるもの　当該超える部分

2　事業者は、消費者に対し、消費者契約の解除に伴う損害賠償の額を予定し、又は違約金を定める条項に基づき損害賠償又は違約金の支払を請求する場合において、当該消費者から説明を求められたときは、損害賠償の額の予定又は違約金の算定の根拠（第十二条の四において「算定根拠」という。）の概要を説明するよう努めなければならない。

（**消費者の利益を一方的に害する条項の無効**）

第十条　消費者の不作為をもって当該消費者が新たな消費者契約の申込み又はその承諾の意思表示をしたものとみなす条項その他の法令中の公の秩序に関しない規定の適用による場合に比して消費者の権利を制限し又は消費者の義務を加重する消費者契約の条項であって、民法第一条第二項に規定する基本原則に反して消費者の利益を一方的に害するものは、無効とする。

第三節　補則

（**他の法律の適用**）

第十一条　消費者契約の申込み又はその承諾の意思表示の取消し及び消費者契約の条項の効力については、この法律の規定によるほか、民法及び商法（明治三十二年法律第四十八号）の規定による。

2　消費者契約の申込み又はその承諾の意思表示の取消し及び消費者契約の条項の効力について民法及び商法以外の他の法律に別段の定めがあるときは、その定めるところによる。

第三章　差止請求

第一節　差止請求権等

（**差止請求権**）

第十二条　適格消費者団体は、事業者、受託者等又は事業者の代理人若しくは受託者等の代理人（以下この項及び第四十三条第二項第一号において「事業者等」と総称する。）が、消費者契約の締結について勧誘をするに際し、不特定かつ多数の消費者に対して第四条第一項から第四項までに規定する行為（同条第二項に規定する行為にあっては、同項ただし書の場合に該当するものを除く。次項において同じ。）を現に行い又は行うおそれがあるときは、その事業者等に対し、当該行為の停止若しくは予防又は当該行為に供した物の廃棄若しくは除去その他の当該行為の停止若しくは予防に必要な措置をとることを請求することができる。ただし、民法及び商法以外の他の法律の規定によれば当該行為を理由として当該消費者契約を取り消すことができないときは、この限りでない。

2　適格消費者団体は、次の各号に掲げる者が、消費者契約の締結について勧誘をするに際し、不特定かつ多数の消費者に対して第四条第一項から第四項までに規定する行為を現に行い又は行うおそれがあるときは、当該各号に定める者に対し、当該各号に掲げる者に対する是正の指示又は教唆の停止その他の当該行為の停止又は予防に必要な措置をとることを請求することができる。この場合においては、前項ただし書の規定を準用する。

一　受託者等　当該受託者等に対して委託（二以上の段階にわたる委託を含む。）をした事業者又は他の受託者等

二　事業者の代理人又は受託者等の代理人　当該代理人を自己の代理人とする事業者若しくは受託者等又はこれらの他の代理人

3　適格消費者団体は、事業者又はその代理人が、消費者契約を締結するに際し、不特定かつ多数の消費者との間で第八条から第十条までに規定する消費者契約の条項（第八条第一項第一号又は第二号に掲げる消費者契約の条項にあっては、同条第二項の場合に該当するものを除く。次項及び第十二条の三第一項において同じ。）を含む消費者契約の申込み又はその承諾の意思表示を現に行い又は行うおそれがあるときは、その事業者又はその代理人に対し、当該行為の停止若しくは予防又は当該行為に供した物の廃棄若しくは除去その他の当該行為の停止若しくは予防に必要な措置をとることを請求することができる。ただし、民法及び商法以外の他の法律の規定によれば当該消費者契約の条項が無効とされないときは、この限りでない。

4　適格消費者団体は、事業者の代理人が、消費者契約を締結するに際し、不特定かつ多数の消費者との間で第八条から第十条までに規定する消費者契約の条項を含む消費者契約の申込み又はその承諾の意思表示を現に行い又は行うおそれがあるときは、当該代理人を自己の代理人とする事業者又は他の代理人に対し、当該代理人に対する是正の指示又は教唆の停止その他の当該行為の停止又は予防に必要な措置をとることを請求することができる。この場合においては、前項ただし書の規定を準用する。

（**差止請求の制限**）

第十二条の二　前条、不当景品類及び不当表示防止法（昭和三十七年法律第百三十四号）第三十四条第一項、特定商取引に関する法律（昭和五十一年法律第五十七号）第五十八条の十八から第五十八条の二十四まで又は食品表示法（平成二十五年法律第七十号）第十一条の規定による請求（以下「差止請求」という。）は、次に掲げる場合には、することができない。

一　当該適格消費者団体若しくは第三者の不正な利益を図り又は当該差止請求に係る相手方に損害を加えることを目的とする場合

二　他の適格消費者団体を当事者とする差止請求に係る訴訟等（訴訟並びに和解の申立てに係る手続、調停及び仲裁をいう。以下同じ。）につき既に確定判決等（確定判決及びこれと同一の効力を有するものをいい、次のイからハまでに掲げるものを除く。以下同じ。）が存する場合において、請求の内容及び相手方が同一である場合。ただし、当該他の適格消費者団体について、当該確定判決等に係る訴訟等の手続に関し、第十三条第一項の認定が第三十四条第一項第四号に掲げる事由により取り消され、又は同条第三項の規定により同号に掲げる事由があった旨の認定がされたときは、この限りでない。

イ　訴えを却下した確定判決

ロ　前号に掲げる場合に該当することのみを理由として差止請求を棄却した確定判

決及び仲裁判断

ハ　差止請求をする権利（以下「差止請求権」という。）の不存在又は差止請求権に係る債務の不存在の確認の請求（第二十四条において「差止請求権不存在等確認請求」という。）を棄却した確定判決及びこれと同一の効力を有するもの

２　前項第二号本文の規定は、当該確定判決に係る訴訟の口頭弁論の終結後又は当該確定判決と同一の効力を有するものの成立後に生じた事由に基づいて同号本文に掲げる場合の当該差止請求をすることを妨げない。

（消費者契約の条項の開示要請）

第十二条の三　適格消費者団体は、事業者又はその代理人が、消費者契約を締結するに際し、不特定かつ多数の消費者との間で第八条から第十条までに規定する消費者契約の条項を含む消費者契約の申込み又はその承諾の意思表示を現に行い又は行うおそれがあると疑うに足りる相当の理由があるときは、内閣府令で定めるところにより、その事業者又はその代理人に対し、その理由を示して、当該条項を開示するよう要請することができる。ただし、当該事業者又はその代理人が、当該条項を含む消費者契約の条項をインターネットの利用その他の適切な方法により公表しているときは、この限りでない。

２　事業者又はその代理人は、前項の規定による要請に応じるよう努めなければならない。

（損害賠償の額を予定する条項等に関する説明の要請等）

第十二条の四　適格消費者団体は、消費者契約の解除に伴う損害賠償の額を予定し、又は違約金を定める条項におけるこれらを合算した額が第九条第一項第一号に規定する平均的な損害の額を超えると疑うに足りる相当な理由があるときは、内閣府令で定めるところにより、当該条項を定める事業者に対し、その理由を示して、当該条項に係る算定根拠を説明するよう要請することができる。

２　事業者は、前項の算定根拠に営業秘密（不正競争防止法（平成五年法律第四十七号）第二条第六項に規定する営業秘密をいう。）が含まれる場合その他の正当な理由がある場合を除き、前項の規定による要請に応じるよう努めなければならない。

（差止請求に係る講じた措置の開示要請）

第十二条の五　第十二条第三項又は第四項の規定による請求により事業者又はその代理人がこれらの規定に規定する行為の停止若しくは予防又は当該行為の停止若しくは予防に必要な措置をとる義務を負うときは、当該請求をした適格消費者団体は、内閣府令で定めるところにより、その事業者又はその代理人に対し、これらの者が当該義務を履行するために講じた措置の内容を開示するよう要請することができる。

２　事業者又はその代理人は、前項の規定による要請に応じるよう努めなければならない。

第二節　適格消費者団体

第一款　適格消費者団体の認定等

（適格消費者団体の認定）

第十三条　差止請求関係業務（不特定かつ多数の消費者の利益のために差止請求権を行使する業務並びに当該業務の遂行に必要な消費者の被害に関する情報の収集並びに消費者の被害の防止及び救済に資する差止請求権の行使の結果に関する情報の収集及び提供に係る業務をいう。以下同じ。）を行おうとする者は、内閣総理大臣の認定を受けなければならない。

２　前項の認定を受けようとする者は、内閣総理大臣に認定の申請をしなければならない。

３　内閣総理大臣は、前項の申請をした者が次に掲げる要件の全てに適合しているときに限り、第一項の認定をすることができる。

一　特定非営利活動促進法（平成十年法律第七号）第二条第二項に規定する特定非営利活動法人又は一般社団法人若しくは一般財団法人であること。

二　消費生活に関する情報の収集及び提供並びに消費者の被害の防止及び救済のための活動その他の不特定かつ多数の消費者の利益の擁護を図るための活動を行うことを主たる目的とし、現にその活動を相当期間にわたり継続して適正に行っていると認められること。

三　差止請求関係業務の実施に係る組織、差止請求関係業務の実施の方法、差止請求関係業務に関して知り得た情報の管理及び秘密の保持の方法その他の差止請求関係業務を適正に遂行するための体制及び業務規程が適切に整備されていること。

四　その理事に関し、次に掲げる要件に適合するものであること。

イ　差止請求関係業務の執行を決定する機

関として理事をもって構成する理事会が置かれており、かつ、定款で定めるその決定の方法が次に掲げる要件に適合していると認められること。

(1) 当該理事会の決議が理事の過半数又はこれを上回る割合以上の多数決により行われるものとされていること。

(2) 第四十一条第一項の規定による差止請求、差止請求に係る訴えの提起その他の差止請求関係業務の執行に係る重要な事項の決定が理事その他の者に委任されていないこと。

ロ 理事の構成が次の(1)又は(2)のいずれかに該当するものでないこと。この場合において、第二号に掲げる要件に適合する者は、次の(1)又は(2)に規定する事業者に該当しないものとみなす。

(1) 理事の数のうちに占める特定の事業者（当該事業者との間に発行済株式の総数の二分の一以上の株式の数を保有する関係その他の内閣府令で定める特別の関係のある者を含む。）の関係者（当該事業者及びその役員又は職員である者その他の内閣府令で定める者をいう。(2)において同じ。）の数の割合が三分の一を超えていること。

(2) 理事の数のうちに占める同一の業種（内閣府令で定める事業の区分をいう。）に属する事業を行う事業者の関係者の数の割合が二分の一を超えていること。

五 差止請求の要否及びその内容についての検討を行う部門において次のイ及びロに掲げる者（以下「専門委員」と総称する。）が共にその専門的な知識経験に基づいて必要な助言を行い又は意見を述べる体制が整備されていることその他差止請求関係業務を遂行するための人的体制に照らして、差止請求関係業務を適正に遂行することができる専門的な知識経験を有すると認められること。

イ 消費生活に関する消費者と事業者との間に生じた苦情に係る相談（第四十条第一項において「消費生活相談」という。）その他の消費生活に関する事項について専門的な知識経験を有する者として内閣府令で定める条件に適合する者

ロ 弁護士、司法書士その他の法律に関する専門的な知識経験を有する者として内閣府令で定める条件に適合する者

六 差止請求関係業務を適正に遂行するに足りる経理的基礎を有すること。

七 差止請求関係業務以外の業務を行う場合には、その業務を行うことによって差止請求関係業務の適正な遂行に支障を及ぼすおそれがないこと。

4 前項第三号の業務規程には、差止請求関係業務の実施の方法、差止請求関係業務に関して知り得た情報の管理及び秘密の保持の方法その他の内閣府令で定める事項が定められていなければならない。この場合において、業務規程に定める差止請求関係業務の実施の方法には、同項第五号の検討を行う部門における専門委員からの助言又は意見の聴取に関する措置及び役員、職員又は専門委員が差止請求に係る相手方と特別の利害関係を有する場合の措置その他業務の公正な実施の確保に関する措置が含まれていなければならない。

5 次の各号のいずれかに該当する者は、第一項の認定を受けることができない。

一 この法律、消費者の財産的被害等の集団的な回復のための民事の裁判手続の特例に関する法律（平成二十五年法律第九十六号。以下「消費者裁判手続特例法」という。）その他消費者の利益の擁護に関する法律で政令で定めるもの若しくはこれらの法律に基づく命令の規定又はこれらの規定に基づく処分に違反して罰金の刑に処せられ、その刑の執行を終わり、又はその刑の執行を受けることがなくなった日から三年を経過しない法人

二 第三十四条第一項各号若しくは消費者裁判手続特例法第九十二条第二項各号に掲げる事由により第一項の認定を取り消され、又は第三十四条第三項の規定により同条第一項第四号に掲げる事由があった旨の認定がされ、その取消し又は認定の日から三年を経過しない法人

三 暴力団員による不当な行為の防止等に関する法律（平成三年法律第七十七号）第二条第六号に規定する暴力団員又は同号に規定する暴力団員でなくなった日から五年を経過しない者（次号及び第六号ハにおいて「暴力団員等」という。）がその事業活動を支配する法人

四 暴力団員等をその業務に従事させ、又はその業務の補助者として使用するおそれのある法人

五 政治団体（政治資金規正法（昭和二十三

年法律第百九十四号）第三条第一項に規定する政治団体をいう。）

六　役員のうちに次のイからハまでのいずれかに該当する者のある法人

イ　禁錮以上の刑に処せられ、又はこの法律、消費者裁判手続特例法その他消費者の利益の擁護に関する法律で政令で定めるもの若しくはこれらの法律に基づく命令の規定若しくはこれらの規定に基づく処分に違反して罰金の刑に処せられ、その刑の執行を終わり、又はその刑の執行を受けることがなくなった日から三年を経過しない者

ロ　適格消費者団体が第三十四条第一項各号若しくは消費者裁判手続特例法第九十二条第二項各号に掲げる事由により第一項の認定を取り消され、又は第三十四条第三項の規定により同条第一項第四号に掲げる事由があった旨の認定がされた場合において、その取消し又は認定の日前六月以内に当該適格消費者団体の役員であった者でその取消し又は認定の日から三年を経過しないもの

ハ　暴力団員等

（**認定の申請**）

第十四条　前条第二項の申請は、次に掲げる事項を記載した申請書を内閣総理大臣に提出してしなければならない。

一　名称及び住所並びに代表者の氏名

二　差止請求関係業務を行おうとする事務所の所在地

三　前二号に掲げるもののほか、内閣府令で定める事項

2　前項の申請書には、次に掲げる書類を添付しなければならない。

一　定款

二　不特定かつ多数の消費者の利益の擁護を図るための活動を相当期間にわたり継続して適正に行っていることを証する書類

三　差止請求関係業務に関する業務計画書

四　差止請求関係業務を適正に遂行するための体制が整備されていることを証する書類

五　業務規程

六　役員、職員及び専門委員に関する次に掲げる書類

イ　氏名、役職及び職業を記載した書類

ロ　住所、略歴その他内閣府令で定める事項を記載した書類

七　前条第三項第一号の法人の社員について、その数及び個人又は法人その他の団体の別（社員が法人その他の団体である場合にあっては、その構成員の数を含む。）を記載した書類

八　最近の事業年度における財産目録、貸借対照表又は次のイ若しくはロに掲げる法人の区分に応じ、当該イ若しくはロに定める書類（第三十一条第一項において「財産目録等」という。）その他の経理的基礎を有することを証する書類

イ　特定非営利活動促進法第二条第二項に規定する特定非営利活動法人　同法第二十七条第三号に規定する活動計算書

ロ　一般社団法人又は一般財団法人　一般社団法人及び一般財団法人に関する法律（平成十八年法律第四十八号）第百二十三条第二項（同法第百九十九条において準用する場合を含む。）に規定する損益計算書（公益社団法人及び公益財団法人の認定等に関する法律（平成十八年法律第四十九号）第五条に規定する公益認定を受けている場合にあっては、内閣府令で定める書類）

九　前条第五項各号のいずれにも該当しないことを誓約する書面

十　差止請求関係業務以外の業務を行う場合には、その業務の種類及び概要を記載した書類

十一　その他内閣府令で定める書類

（**認定の申請に関する公告及び縦覧等**）

第十五条　内閣総理大臣は、前条の規定による認定の申請があった場合には、遅滞なく、内閣府令で定めるところにより、その旨並びに同条第一項第一号及び第二号に掲げる事項を公告するとともに、同条第二項各号（第六号ロ、第九号及び第十一号を除く。）に掲げる書類を、公告の日から二週間、公衆の縦覧に供しなければならない。

2　内閣総理大臣は、第十三条第一項の認定をしようとするときは、同条第三項第二号に規定する事由の有無について、経済産業大臣の意見を聴くものとする。

3　内閣総理大臣は、前条の規定による認定の申請をした者について第十三条第五項第三号、第四号又は第六号ハに該当する疑いがあると認めるときは、警察庁長官の意見を聴くものとする。

（**認定の公示等**）

第十六条　内閣総理大臣は、第十三条第一項の認定をしたときは、内閣府令で定めるところ

により、当該適格消費者団体の名称及び住所、差止請求関係業務を行う事務所の所在地並びに当該認定をした日を公示するとともに、当該適格消費者団体に対し、その旨を書面により通知するものとする。

2　適格消費者団体は、内閣府令で定めるところにより、適格消費者団体である旨について、差止請求関係業務を行う事務所において見やすいように掲示するとともに、電気通信回線に接続して行う自動公衆送信（公衆によって直接受信されることを目的として公衆からの求めに応じ自動的に送信を行うことをいい、放送又は有線放送に該当するものを除く。）により公衆の閲覧に供しなければならない。

3　適格消費者団体でない者は、その名称中に適格消費者団体であると誤認されるおそれのある文字を用い、又はその業務に関し、適格消費者団体であると誤認されるおそれのある表示をしてはならない。

（**認定の有効期間等**）

第十七条　第十三条第一項の認定の有効期間は、当該認定の日から起算して六年とする。

2　前項の有効期間の満了後引き続き差止請求関係業務を行おうとする適格消費者団体は、その有効期間の更新を受けなければならない。

3　前項の有効期間の更新を受けようとする適格消費者団体は、第一項の有効期間の満了の日の九十日前から六十日前までの間（以下この項において「更新申請期間」という。）に、内閣総理大臣に有効期間の更新の申請をしなければならない。ただし、災害その他やむを得ない事由により更新申請期間にその申請をすることができないときは、この限りでない。

4　前項の申請があった場合において、第一項の有効期間の満了の日までにその申請に対する処分がされないときは、従前の認定は、同項の有効期間の満了後もその処分がされるまでの間は、なお効力を有する。

5　前項の場合において、第二項の有効期間の更新がされたときは、その認定の有効期間は、従前の認定の有効期間の満了の日の翌日から起算するものとする。

6　第十三条（第一項及び第五項第二号を除く。）、第十四条、第十五条及び前条第一項の規定は、第二項の有効期間の更新について準用する。ただし、第十四条第二項各号に掲げる書類については、既に内閣総理大臣に提出されている当該書類の内容に変更がないときは、その添付を省略することができる。

（**変更の届出**）

第十八条　適格消費者団体は、第十四条第一項各号に掲げる事項又は同条第二項各号（第二号及び第十一号を除く。）に掲げる書類に記載した事項に変更があったときは、遅滞なく、内閣府令で定めるところにより、その旨を内閣総理大臣に届け出なければならない。ただし、その変更が内閣府令で定める軽微なものであるときは、この限りでない。

（**合併の届出及び認可等**）

第十九条　適格消費者団体である法人が他の適格消費者団体である法人と合併をしたときは、合併後存続する法人又は合併により設立された法人は、合併により消滅した法人のこの法律の規定による適格消費者団体としての地位を承継する。

2　前項の規定により合併により消滅した法人のこの法律の規定による適格消費者団体としての地位を承継した法人は、遅滞なく、その旨を内閣総理大臣に届け出なければならない。

3　適格消費者団体である法人が適格消費者団体でない法人と合併（適格消費者団体である法人が存続するものを除く。以下この条及び第二十二条第二号において同じ。）をした場合には、合併後存続する法人又は合併により設立された法人は、その合併について内閣総理大臣の認可がされたときに限り、合併により消滅した法人のこの法律の規定による適格消費者団体としての地位を承継する。

4　前項の認可を受けようとする適格消費者団体である法人及び適格消費者団体でない法人は、共同して、その合併がその効力を生ずる日の九十日前から六十日前までの間（以下この項において「認可申請期間」という。）に、内閣総理大臣に認可の申請をしなければならない。ただし、災害その他やむを得ない事由により認可申請期間にその申請をすることができないときは、この限りでない。

5　前項の申請があった場合において、その合併がその効力を生ずる日までにその申請に対する処分がされないときは、合併後存続する法人又は合併により設立された法人は、その処分がされるまでの間は、合併により消滅した法人のこの法律の規定による適格消費者団体としての地位を承継しているものとみなす。

6　第十三条（第一項を除く。）、第十四条、第十五条及び第十六条第一項の規定は、第三項の認可について準用する。

7　適格消費者団体である法人は、適格消費者団体でない法人と合併をする場合において、第四項の申請をしないときは、その合併がその効力を生ずる日までに、その旨を内閣総理大臣に届け出なければならない。

8　内閣総理大臣は、第二項又は前項の規定による届出があったときは、内閣府令で定めるところにより、その旨を公示するものとする。

（**事業の譲渡の届出及び認可等**）

第二十条　適格消費者団体である法人が他の適格消費者団体である法人に対し差止請求関係業務に係る事業の全部の譲渡をしたときは、その譲渡を受けた法人は、その譲渡をした法人のこの法律の規定による適格消費者団体としての地位を承継する。

2　前項の規定によりその譲渡をした法人のこの法律の規定による適格消費者団体としての地位を承継した法人は、遅滞なく、その旨を内閣総理大臣に届け出なければならない。

3　適格消費者団体である法人が適格消費者団体でない法人に対し差止請求関係業務に係る事業の全部の譲渡をした場合には、その譲渡を受けた法人は、その譲渡について内閣総理大臣の認可がされたときに限り、その譲渡をした法人のこの法律の規定による適格消費者団体としての地位を承継する。

4　前項の認可を受けようとする適格消費者団体である法人及び適格消費者団体でない法人は、共同して、その譲渡の日の九十日前から六十日前までの間（以下この項において「認可申請期間」という。）に、内閣総理大臣に認可の申請をしなければならない。ただし、災害その他やむを得ない事由により認可申請期間にその申請をすることができないときは、この限りでない。

5　前項の申請があった場合において、その譲渡の日までにその申請に対する処分がされないときは、その譲渡を受けた法人は、その処分がされるまでの間は、その譲渡をした法人のこの法律の規定による適格消費者団体としての地位を承継しているものとみなす。

6　第十三条（第一項を除く。）、第十四条、第十五条及び第十六条第一項の規定は、第三項の認可について準用する。

7　適格消費者団体である法人は、適格消費者団体でない法人に対し差止請求関係業務に係る事業の全部の譲渡をする場合において、第四項の申請をしないときは、その譲渡の日までに、その旨を内閣総理大臣に届け出なければならない。

8　内閣総理大臣は、第二項又は前項の規定による届出があったときは、内閣府令で定めるところにより、その旨を公示するものとする。

（**解散の届出等**）

第二十一条　適格消費者団体が次の各号に掲げる場合のいずれかに該当することとなったときは、当該各号に定める者は、遅滞なく、その旨を内閣総理大臣に届け出なければならない。

一　破産手続開始の決定により解散した場合　破産管財人

二　合併及び破産手続開始の決定以外の理由により解散した場合　清算人

三　差止請求関係業務を廃止した場合　法人の代表者

2　内閣総理大臣は、前項の規定による届出があったときは、内閣府令で定めるところにより、その旨を公示するものとする。

（**認定の失効**）

第二十二条　適格消費者団体について、次のいずれかに掲げる事由が生じたときは、第十三条第一項の認定は、その効力を失う。

一　第十三条第一項の認定の有効期間が経過したとき（第十七条第四項に規定する場合にあっては、更新拒否処分がされたとき）。

二　適格消費者団体である法人が適格消費者団体でない法人と合併をした場合において、その合併が第十九条第三項の認可を経ずにその効力を生じたとき（同条第五項に規定する場合にあっては、その合併の不認可処分がされたとき）。

三　適格消費者団体である法人が適格消費者団体でない法人に対し差止請求関係業務に係る事業の全部の譲渡をした場合において、その譲渡が第二十条第三項の認可を経ずにされたとき（同条第五項に規定する場合にあっては、その譲渡の不認可処分がされたとき）。

四　適格消費者団体が前条第一項各号に掲げる場合のいずれかに該当することとなったとき。

第二款　差止請求関係業務等

（**差止請求権の行使等**）

第二十三条　適格消費者団体は、不特定かつ多数の消費者の利益のために、差止請求権を適切に行使しなければならない。
2　適格消費者団体は、差止請求権を濫用してはならない。
3　適格消費者団体は、事案の性質に応じて他の適格消費者団体と共同して差止請求権を行使するほか、差止請求関係業務について相互に連携を図りながら協力するように努めなければならない。
4　適格消費者団体は、次に掲げる場合には、内閣府令で定めるところにより、遅滞なく、その旨を他の適格消費者団体に通知するとともに、その旨及びその内容その他内閣府令で定める事項を内閣総理大臣に報告しなければならない。この場合において、当該通知及び報告に代えて、すべての適格消費者団体及び内閣総理大臣が電磁的方法（電子情報処理組織を使用する方法その他の情報通信の技術を利用する方法をいう。以下同じ。）を利用して同一の情報を閲覧することができる状態に置く措置であって内閣府令で定めるものを講じたときは、当該通知及び報告をしたものとみなす。
一　第四十一条第一項（同条第三項において準用する場合を含む。）の規定による差止請求をしたとき。
二　前号に掲げる場合のほか、裁判外において差止請求をしたとき。
三　差止請求に係る訴えの提起（和解の申立て、調停の申立て又は仲裁合意を含む。）又は仮処分命令の申立てがあったとき。
四　差止請求に係る判決の言渡し（調停の成立、調停に代わる決定の告知又は仲裁判断を含む。）又は差止請求に係る仮処分命令の申立てについての決定の告知があったとき。
五　前号の判決に対する上訴の提起（調停に代わる決定に対する異議の申立て又は仲裁判断の取消しの申立てを含む。）又は同号の決定に対する不服の申立てがあったとき。
六　第四号の判決（調停に代わる決定又は仲裁判断を含む。）又は同号の決定が確定したとき。
七　差止請求に係る裁判上の和解が成立したとき。
八　前二号に掲げる場合のほか、差止請求に係る訴訟（和解の申立てに係る手続、調停手続又は仲裁手続を含む。）又は差止請求に係る仮処分命令に関する手続が終了したとき。
九　差止請求に係る裁判外の和解が成立したときその他差止請求に関する相手方との間の協議が調ったとき、又はこれが調わなかったとき。
十　差止請求に関し、請求の放棄、和解、上訴の取下げその他の内閣府令で定める手続に係る行為であって、それにより確定判決及びこれと同一の効力を有するものが存することとなるものをしようとするとき。
十一　その他差止請求に関し内閣府令で定める手続に係る行為がされたとき。
5　内閣総理大臣は、前項の規定による報告を受けたときは、すべての適格消費者団体並びに内閣総理大臣及び経済産業大臣が電磁的方法を利用して同一の情報を閲覧することができる状態に置く措置その他の内閣府令で定める方法により、他の適格消費者団体及び経済産業大臣に当該報告の日時及び概要その他内閣府令で定める事項を伝達するものとする。
6　適格消費者団体について、第十二条の二第一項第二号本文の確定判決等で強制執行をすることができるものが存する場合には、当該適格消費者団体は、当該確定判決等に係る差止請求権を放棄することができない。

（消費者の被害に関する情報の取扱い）
第二十四条　適格消費者団体は、差止請求権の行使（差止請求権不存在等確認請求に係る訴訟を含む。第二十八条において同じ。）に関し、消費者から収集した消費者の被害に関する情報をその相手方その他の第三者が当該被害に係る消費者を識別することができる方法で利用するに当たっては、あらかじめ、当該消費者の同意を得なければならない。

（秘密保持義務）
第二十五条　適格消費者団体の役員、職員若しくは専門委員又はこれらの職にあった者は、正当な理由がなく、差止請求関係業務に関して知り得た秘密を漏らしてはならない。

（氏名等の明示）
第二十六条　適格消費者団体の差止請求関係業務に従事する者は、その差止請求関係業務を行うに当たり、相手方の請求があったときは、当該適格消費者団体の名称、自己の氏名及び適格消費者団体における役職又は地位その他内閣府令で定める事項を、その相手方に明らかにしなければならない。

（判決等に関する情報の提供）

第二十七条　適格消費者団体は、消費者の被害の防止及び救済に資するため、消費者に対し、差止請求に係る判決（確定判決と同一の効力を有するもの及び仮処分命令の申立てについての決定を含む。）又は裁判外の和解の内容その他必要な情報を提供するよう努めなければならない。

（財産上の利益の受領の禁止等）

第二十八条　適格消費者団体は、次に掲げる場合を除き、その差止請求に係る相手方から、その差止請求権の行使に関し、寄附金、賛助金その他名目のいかんを問わず、金銭その他の財産上の利益を受けてはならない。

一　差止請求に係る判決（確定判決と同一の効力を有するもの及び仮処分命令の申立てについての決定を含む。以下この項において同じ。）又は民事訴訟法（平成八年法律第百九号）第七十三条第一項の決定により訴訟費用（和解の費用、調停手続の費用及び仲裁手続の費用を含む。）を負担することとされた相手方から当該訴訟費用に相当する額の償還として財産上の利益を受けるとき。

二　差止請求に係る判決に基づいて民事執行法（昭和五十四年法律第四号）第百七十二条第一項の規定により命じられた金銭の支払として財産上の利益を受けるとき。

三　差止請求に係る判決に基づく強制執行の執行費用に相当する額の償還として財産上の利益を受けるとき。

四　差止請求に係る相手方の債務の履行を確保するために約定された違約金の支払として財産上の利益を受けるとき。

2　適格消費者団体の役員、職員又は専門委員は、適格消費者団体の差止請求に係る相手方から、その差止請求権の行使に関し、寄附金、賛助金その他名目のいかんを問わず、金銭その他の財産上の利益を受けてはならない。

3　適格消費者団体又はその役員、職員若しくは専門委員は、適格消費者団体の差止請求に係る相手方から、その差止請求権の行使に関し、寄附金、賛助金その他名目のいかんを問わず、金銭その他の財産上の利益を第三者に受けさせてはならない。

4　前三項に規定する差止請求に係る相手方からその差止請求権の行使に関して受け又は受けさせてはならない財産上の利益には、その相手方がその差止請求権の行使に関してした不法行為によって生じた損害の賠償として受け又は受けさせる財産上の利益は含まれない。

5　適格消費者団体は、第一項各号に規定する財産上の利益を受けたときは、これに相当する金額を積み立て、これを差止請求関係業務に要する費用に充てなければならない。

6　適格消費者団体は、その定款において、差止請求関係業務を廃止し、又は第十三条第一項の認定の失効（差止請求関係業務の廃止によるものを除く。）若しくは取消しにより差止請求関係業務を終了した場合において、積立金（前項の規定により積み立てられた金額をいう。）に残余があるときは、その残余に相当する金額を、他の適格消費者団体（第三十五条の規定により差止請求権を承継した適格消費者団体がある場合にあっては、当該適格消費者団体）があるときは当該他の適格消費者団体に、これがないときは第十三条第三項第二号に掲げる要件に適合する消費者団体であって内閣総理大臣が指定するもの又は国に帰属させる旨を定めておかなければならない。

（業務の範囲及び区分経理）

第二十九条　適格消費者団体は、その行う差止請求関係業務に支障がない限り、定款の定めるところにより、差止請求関係業務以外の業務を行うことができる。

2　適格消費者団体は、次に掲げる業務に係る経理をそれぞれ区分して整理しなければならない。

一　差止請求関係業務

二　不特定かつ多数の消費者の利益の擁護を図るための活動に係る業務（前号に掲げる業務を除く。）

三　前二号に掲げる業務以外の業務

第三款　監督

（帳簿書類の作成及び保存）

第三十条　適格消費者団体は、内閣府令で定めるところにより、その業務及び経理に関する帳簿書類を作成し、これを保存しなければならない。

（財務諸表等の作成、備置き、閲覧等及び提出等）

第三十一条　適格消費者団体は、毎事業年度終了後三月以内に、その事業年度の財産目録等及び事業報告書（これらの作成に代えて電磁的記録（電子的方式、磁気的方式その他人の知覚によっては認識することができない方式で作られる記録であって、電子計算機による情報処理の用に供されるものをいう。以下この条において同じ。）の作成がされている場合における当該電磁的記録を含む。次項第五号及び第五十三条第六号において「財務諸表等」という。）を作成しなければならない。

2　適格消費者団体の事務所には、内閣府令で定めるところにより、次に掲げる書類を備え置かなければならない。

一　定款

二　業務規程

三　役職員等名簿（役員、職員及び専門委員の氏名、役職及び職業その他内閣府令で定める事項を記載した名簿をいう。）

四　適格消費者団体の社員について、その数及び個人又は法人その他の団体の別（社員が法人その他の団体である場合にあっては、その構成員の数を含む。）を記載した書類

五　財務諸表等

六　収入の明細その他の資金に関する事項、寄附金に関する事項その他の経理に関する内閣府令で定める事項を記載した書類

七　差止請求関係業務以外の業務を行う場合には、その業務の種類及び概要を記載した書類

3　何人も、適格消費者団体の業務時間内は、いつでも、次に掲げる請求をすることができる。ただし、第二号又は第四号に掲げる請求をするには、当該適格消費者団体の定めた費用を支払わなければならない。

一　前項各号に掲げる書類が書面をもって作成されているときは、当該書面の閲覧又は謄写の請求

二　前号の書面の謄本又は抄本の交付の請求

三　前項各号に掲げる書類が電磁的記録をもって作成されているときは、当該電磁的記録に記録された事項を内閣府令で定める方法により表示したものの閲覧又は謄写の請求

四　前号の電磁的記録に記録された事項を電磁的方法であって内閣府令で定めるものにより提供することの請求又は当該事項を記載した書面の交付の請求

4　適格消費者団体は、前項各号に掲げる請求があったときは、正当な理由がある場合を除き、これを拒むことができない。

5　適格消費者団体は、毎事業年度終了後三月以内に、第二項第三号から第六号までに掲げる書類を内閣総理大臣に提出しなければならない。

（報告及び立入検査）

第三十二条　内閣総理大臣は、この法律の実施に必要な限度において、適格消費者団体に対し、その業務若しくは経理の状況に関し報告をさせ、又はその職員に、適格消費者団体の事務所に立ち入り、業務の状況若しくは帳簿、書類その他の物件を検査させ、若しくは関係者に質問させることができる。

2　前項の規定により職員が立ち入るときは、その身分を示す証明書を携帯し、関係者に提示しなければならない。

3　第一項に規定する立入検査の権限は、犯罪捜査のために認められたものと解してはならない。

（適合命令及び改善命令）

第三十三条　内閣総理大臣は、適格消費者団体が、第十三条第三項第二号から第七号までに掲げる要件のいずれかに適合しなくなったと認めるときは、当該適格消費者団体に対し、これらの要件に適合するために必要な措置をとるべきことを命ずることができる。

2　内閣総理大臣は、前項に定めるもののほか、適格消費者団体が第十三条第五項第三号から第六号までのいずれかに該当するに至ったと認めるとき、適格消費者団体又はその役員、職員若しくは専門委員が差止請求関係業務の遂行に関しこの法律の規定に違反したと認めるとき、その他適格消費者団体の業務の適正な運営を確保するため必要があると認めるときは、当該適格消費者団体に対し、人的体制の改善、違反の停止、業務規程の変更その他の業務の運営の改善に必要な措置をとるべきことを命ずることができる。

（認定の取消し等）

第三十四条　内閣総理大臣は、適格消費者団体について、次の各号のいずれかに掲げる事由があるときは、第十三条第一項の認定を取り消すことができる。

一　偽りその他不正の手段により第十三条第一項の認定、第十七条第二項の有効期間の更新又は第十九条第三項若しくは第二十条第三項の認可を受けたとき。

二　第十三条第三項各号に掲げる要件のいずれかに適合しなくなったとき。

三　第十三条第五項各号（第二号を除く。）のいずれかに該当するに至ったとき。

四　第十二条の二第一項第二号本文の確定判決等に係る訴訟等の手続に関し、当該訴訟

等の当事者である適格消費者団体が、差止請求に係る相手方と通謀して請求の放棄又は不特定かつ多数の消費者の利益を害する内容の和解をしたとき、その他不特定かつ多数の消費者の利益に著しく反する訴訟等の追行を行ったと認められるとき。

五　第十二条の二第一項第二号本文の確定判決等に係る強制執行に必要な手続に関し、当該確定判決等に係る訴訟等の当事者である適格消費者団体がその手続を怠ったことが不特定かつ多数の消費者の利益に著しく反するものと認められるとき。

六　前各号に掲げるもののほか、この法律若しくはこの法律に基づく命令の規定又はこれらの規定に基づく処分に違反したとき。

七　当該適格消費者団体の役員、職員又は専門委員が第二十八条第二項又は第三項の規定に違反したとき。

2　適格消費者団体が、第二十三条第四項の規定に違反して同項の通知又は報告をしないで、差止請求に関し、同項第十号に規定する行為をしたときは、内閣総理大臣は、当該適格消費者団体について前項第四号に掲げる事由があるものとみなすことができる。

3　第十二条の二第一項第二号本文に掲げる場合であって、当該他の適格消費者団体に係る第十三条第一項の認定が、第二十二条各号に掲げる事由により既に失効し、又は第一項各号に掲げる事由（当該確定判決等に係る訴訟等の手続に関する同項第四号に掲げる事由を除く。）若しくは消費者裁判手続特例法第九十二条第二項各号に掲げる事由により既に取り消されている場合においては、内閣総理大臣は、当該他の適格消費者団体につき当該確定判決等に係る訴訟等の手続に関し第一項第四号に掲げる事由があったと認められるとき（前項の規定により同号に掲げる事由があるものとみなすことができる場合を含む。）は、当該他の適格消費者団体であった法人について、その旨の認定をすることができる。

4　前項に規定する場合における当該他の適格消費者団体であった法人は、清算が結了した後においても、同項の規定の適用については、なお存続するものとみなす。

5　内閣総理大臣は、第一項各号に掲げる事由により第十三条第一項の認定を取り消し、又は第三項の規定により第一項第四号に掲げる事由があった旨の認定をしたときは、内閣府令で定めるところにより、その旨及びその取消し又は認定をした日を公示するとともに、当該適格消費者団体又は当該他の適格消費者団体であった法人に対し、その旨を書面により通知するものとする。

（差止請求権の承継に係る指定等）

第三十五条　適格消費者団体について、第十二条の二第一項第二号本文の確定判決等で強制執行をすることができるものが存する場合において、第十三条第一項の認定が、第二十二条各号に掲げる事由により失効し、若しくは前条第一項各号若しくは消費者裁判手続特例法第九十二条第二項各号に掲げる事由により取り消されるとき、又はこれらの事由により既に失効し、若しくは既に取り消されているときは、内閣総理大臣は、当該適格消費者団体の有する当該差止請求権を承継すべき適格消費者団体として他の適格消費者団体を指定するものとする。

2　前項の規定による指定がされたときは、同項の差止請求権は、その指定の時において（その認定の失効又は取消しの後にその指定がされた場合にあっては、その認定の失効又は取消しの時にさかのぼって）その指定を受けた適格消費者団体が承継する。

3　前項の場合において、同項の規定により当該差止請求権を承継した適格消費者団体が当該差止請求権に基づく差止請求をするときは、第十二条の二第一項第二号本文の規定は、当該差止請求については、適用しない。

4　内閣総理大臣は、次の各号のいずれかに掲げる事由が生じたときは、第一項、第六項又は第七項の規定による指定を受けた適格消費者団体（以下この項から第七項までにおいて「指定適格消費者団体」という。）に係る指定を取り消さなければならない。

一　指定適格消費者団体について、第十三条第一項の認定が、第二十二条各号に掲げる事由により失効し、若しくは既に失効し、又は前条第一項各号若しくは消費者裁判手続特例法第九十二条第二項各号に掲げる事由により取り消されるとき。

二　指定適格消費者団体が承継した差止請求権をその指定前に有していた者（以下この条において「従前の適格消費者団体」という。）のうち当該確定判決等の当事者であったものについて、第十三条第一項の認定の取消処分、同項の認定の有効期間の更新拒否処分若しくは合併若しくは事業の全部の譲渡の不認可処分（以下この条において「認定取消処分等」という。）が取り消され、又は認定取消処分等の取消し若しくはその無効若しくは不存在の確認の判決（次項第二号において「取消判決等」という。）が確定したとき。

5　内閣総理大臣は、次の各号のいずれかに掲げる事由が生じたときは、指定適格消費者団体に係る指定を取り消すことができる。

一　指定適格消費者団体が承継した差止請求権に係る強制執行に必要な手続に関し、当該指定適格消費者団体がその手続を怠ったことが不特定かつ多数の消費者の利益に著しく反するものと認められるとき。

二　従前の適格消費者団体のうち指定適格消費者団体であったもの（当該確定判決等の当事者であったものを除く。）について、前項第一号の規定による指定の取消しの事由となった認定取消処分等が取り消され、若しくはその認定取消処分等の取消判決等が確定したとき、又は前号の規定による指定の取消処分が取り消され、若しくはその取消処分の取消判決等が確定したとき。

6　内閣総理大臣は、第四項第一号又は前項第一号に掲げる事由により指定適格消費者団体に係る指定を取り消し、又は既に取り消しているときは、当該指定適格消費者団体の承継していた差止請求権を承継すべき適格消費者団体として他の適格消費者団体を新たに指定するものとする。

7　内閣総理大臣は、第四項第二号又は第五項第二号に掲げる事由により指定適格消費者団体に係る指定を取り消すときは、当該指定適格消費者団体の承継していた差止請求権を承継すべき適格消費者団体として当該従前の適格消費者団体を新たに指定するものとする。

8　前二項の規定による新たな指定がされたときは、前二項の差止請求権は、その新たな指定の時において（従前の指定の取消し後に新たな指定がされた場合にあっては、従前の指定の取消しの時（従前の適格消費者団体に係る第十三条第一項の認定の失効後に従前の指定の取消し及び新たな指定がされた場合にあっては、その認定の失効の時）にさかのぼって）その新たな指定を受けた適格消費者団体が承継する。

9　第三項の規定は、前項の場合において、同項の規定により当該差止請求権を承継した適格消費者団体が当該差止請求権に基づく差止請求をするときについて準用する。

10　内閣総理大臣は、第一項、第六項又は第七項の規定による指定をしたときは、内閣府令で定めるところにより、その旨及びその指定の日を公示するとともに、その指定を受けた適格消費者団体に対し、その旨を書面により通知するものとする。第四項又は第五項の規定により当該指定を取り消したときも、同様とする。

第四款　補則

（規律）

第三十六条　適格消費者団体は、これを政党又は政治的目的のために利用してはならない。

（官公庁等への協力依頼）

第三十七条　内閣総理大臣は、この法律の実施のため必要があると認めるときは、官庁、公共団体その他の者に照会し、又は協力を求めることができる。

（内閣総理大臣への意見）

第三十八条　次の各号に掲げる者は、適格消費者団体についてそれぞれ当該各号に定める事由があると疑うに足りる相当な理由があるため、内閣総理大臣が当該適格消費者団体に対して適当な措置をとることが必要であると認める場合には、内閣総理大臣に対し、その旨の意見を述べることができる。

一　経済産業大臣　第十三条第三項第二号に掲げる要件に適合しない事由又は第三十条第一項第四号に掲げる事由

二　警察庁長官　第十三条第五項第三号、第四号又は第六号ハに該当する事由

（判決等に関する情報の公表）

第三十九条　内閣総理大臣は、消費者の被害の防止及び救済に資するため、適格消費者団体から第二十三条第四項第四号から第九号まで及び第十一号の規定による報告を受けたときは、インターネットの利用その他適切な方法により、速やかに、差止請求に係る判決（確定判決と同一の効力を有するもの及び仮処分命令の申立てについての決定を含む。）又は裁判外の和解の概要、当該適格消費者団体の名称及び当該差止請求に係る相手方の氏名又は名称その他内閣府令で定める事項を公表するものとする。

2　前項に規定する事項のほか、内閣総理大臣は、差止請求関係業務に関する情報を広く国民に提供するため、インターネットの利用その他適切な方法により、適格消費者団体の名称及び住所並びに差止請求関係業務を行う事務所の所在地その他内閣府令で定める必要な情報を公表することができる。

3 内閣総理大臣は、独立行政法人国民生活センターに、前二項の情報の公表に関する業務を行わせることができる。

（適格消費者団体への協力等）

第四十条 独立行政法人国民生活センター及び地方公共団体は、内閣府令で定めるところにより、適格消費者団体の求めに応じ、当該適格消費者団体が差止請求権を適切に行使するために必要な限度において、当該適格消費者団体に対し、消費生活相談及び消費者紛争（独立行政法人国民生活センター法（平成十四年法律第百二十三号）第一条の二第一項に規定する消費者紛争をいう。）に関する情報で内閣府令で定めるものを提供することができる。

2 前項の規定により情報の提供を受けた適格消費者団体は、当該情報を当該差止請求権の適切な行使の用に供する目的以外の目的のために利用し、又は提供してはならない。

第三節 訴訟手続等の特例

（書面による事前の請求）

第四十一条 適格消費者団体は、差止請求に係る訴えを提起しようとするときは、その訴えの被告となるべき者に対し、あらかじめ、請求の要旨及び紛争の要点その他の内閣府令で定める事項を記載した書面により差止請求をし、かつ、その到達した時から一週間を経過した後でなければ、その訴えを提起することができない。ただし、当該被告となるべき者がその差止請求を拒んだときは、この限りでない。

2 前項の請求は、その請求が通常到達すべきであった時に、到達したものとみなす。

3 前二項の規定は、差止請求に係る仮処分命令の申立てについて準用する。

（訴訟の目的の価額）

第四十二条 差止請求に係る訴えは、訴訟の目的の価額の算定については、財産権上の請求でない請求に係る訴えとみなす。

（管轄）

第四十三条 差止請求に係る訴訟については、民事訴訟法第五条（第五号に係る部分を除く。）の規定は、適用しない。

2 次の各号に掲げる規定による差止請求に係る訴えは、当該各号に定める行為があった地を管轄する裁判所にも提起することができる。

一 第十二条 同条に規定する事業者等の行為

二 不当景品類及び不当表示防止法第三十四条第一項 同項に規定する事業者の行為

三 特定商取引に関する法律第五十八条の十八から第五十八条の二十四まで これらの規定に規定する当該差止請求に係る相手方である販売業者、役務提供事業者、統括者、勧誘者、一般連鎖販売業者、関連商品の販売を行う者、業務提供誘引販売業を行う者又は購入業者（同法第五十八条の二十一第二項の規定による差止請求に係る訴えにあっては、勧誘者）の行為

四 食品表示法第十一条 同条に規定する食品関連事業者の行為

（移送）

第四十四条 裁判所は、差止請求に係る訴えが提起された場合であって、他の裁判所に同一又は同種の行為の差止請求に係る訴訟が係属している場合においては、当事者の住所又は所在地、尋問を受けるべき証人の住所、争点又は証拠の共通性その他の事情を考慮して、相当と認めるときは、申立てにより又は職権で、当該訴えに係る訴訟の全部又は一部について、当該他の裁判所又は他の管轄裁判所に移送することができる。

（弁論等の併合）

第四十五条 請求の内容及び相手方が同一である差止請求に係る訴訟が同一の第一審裁判所又は控訴裁判所に数個同時に係属するときは、その弁論及び裁判は、併合してしなければならない。ただし、審理の状況その他の事情を考慮して、他の差止請求に係る訴訟と弁論及び裁判を併合してすることが著しく不相当であると認めるときは、この限りでない。

2 前項本文に規定する場合には、当事者は、その旨を裁判所に申し出なければならない。

（訴訟手続の中止）

第四十六条 内閣総理大臣は、現に係属する差止請求に係る訴訟につき既に他の適格消費者団体を当事者とする第十二条の二第一項第二号本文の確定判決等が存する場合において、当該他の適格消費者団体につき当該確定判決等に係る訴訟等の手続に関し第三十四条第一項第四号に掲げる事由があると疑うに足りる相当な理由がある場合（同条第二項の規定により同号に掲げる事由があるものとみなすことができる場合を含む。）であって、同条第一項の規定による第十三条第一項の認定の取消し又は第三十四条第三項の規定による認定の取消し（次項において「認定の取消し等」という。）

をするかどうかの判断をするため相当の期間を要すると認めるときは、内閣府令で定めるところにより、当該差止請求に係る訴訟が係属する裁判所（以下この条において「受訴裁判所」という。）に対し、その旨及びその判断に要すると認められる期間を通知するものとする。

2　内閣総理大臣は、前項の規定による通知をした場合には、その通知に係る期間内に、認定の取消し等をするかどうかの判断をし、その結果を受訴裁判所に通知するものとする。

3　第一項の規定による通知があった場合において、必要があると認めるときは、受訴裁判所は、その通知に係る期間を経過する日まで（その期間を経過する前に前項の規定による通知を受けたときは、その通知を受けた日まで）、訴訟手続を中止することができる。

（間接強制の支払額の算定）

第四十七条　差止請求権について民事執行法第百七十二条第一項に規定する方法により強制執行を行う場合において、同項又は同条第二項の規定により債務者が債権者に支払うべき金銭の額を定めるに当たっては、執行裁判所は、債務不履行により不特定かつ多数の消費者が受けるべき不利益を特に考慮しなければならない。

第四章　雑則

（適用除外）

第四十八条　この法律の規定は、労働契約については、適用しない。

（権限の委任）

第四十八条の二　内閣総理大臣は、前章の規定による権限（政令で定めるものを除く。）を消費者庁長官に委任する。

第五章　罰則

第四十九条　適格消費者団体の役員、職員又は専門委員が、適格消費者団体の差止請求に係る相手方から、寄附金、賛助金その他名目のいかんを問わず、当該適格消費者団体においてその差止請求権の行使をしないこと若しくはしなかったこと、その差止請求権の放棄をすること若しくはしたこと、その相手方との間でその差止請求に係る和解をすること若しくはしたこと又はその差止請求に係る訴訟その他の手続を他の事由により終了させること若しくは終了させたことの報酬として、金銭その他の財産上の利益を受け、又は第三者（当該適格消費者団体を含む。）に受けさせたときは、三年以下の懲役又は三百万円以下の罰金に処する。

2　前項の利益を供与した者も、同項と同様とする。

3　第一項の場合において、犯人又は情を知った第三者が受けた財産上の利益は、没収する。その全部又は一部を没収することができないときは、その価額を追徴する。

4　第一項の罪は、日本国外においてこれらの罪を犯した者にも適用する。

5　第二項の罪は、刑法（明治四十年法律第四十五号）第二条の例に従う。

第五十条　偽りその他不正の手段により第十三条第一項の認定、第十七条第二項の有効期間の更新又は第十九条第三項若しくは第二十条第三項の認可を受けたときは、当該違反行為をした者は、百万円以下の罰金に処する。

2　第二十五条の規定に違反して、差止請求関係業務に関して知り得た秘密を漏らした者は、百万円以下の罰金に処する。

第五十一条　次の各号のいずれかに該当する場合には、当該違反行為をした者は、五十万円以下の罰金に処する。

一　第十四条第一項（第十七条第六項、第十九条第六項及び第二十条第六項において準用する場合を含む。）の申請書又は第十四条第二項各号（第十七条第六項、第十九条第六項及び第二十条第六項において準用する場合を含む。）に掲げる書類に虚偽の記載をして提出したとき。

二　第十六条第三項の規定に違反して、適格消費者団体であると誤認されるおそれのある文字をその名称中に用い、又はその業務に関し、適格消費者団体であると誤認されるおそれのある表示をしたとき。

三　第三十条の規定に違反して、帳簿書類の作成若しくは保存をせず、又は虚偽の帳簿書類の作成をしたとき。

四　第三十二条第一項の規定による報告をせず、若しくは虚偽の報告をし、又は同項の規定による検査を拒み、妨げ、若しくは忌避し、若しくは同項の規定による質問に対して陳述をせず、若しくは虚偽の陳述をしたとき。

第五十二条　法人（法人でない団体で代表者又は管理人の定めのあるものを含む。以下この項において同じ。）の代表者若しくは管理人又は法人若しくは人の代理人、使用人その他の従業者が、その法人又は人の業務に関して、第四十九条、第五十条第一項又は前条の違反行為をしたときは、行為者を罰するほか、その法人又は人に対しても、各本条の罰金刑を科する。

2　法人でない団体について前項の規定の適用がある場合には、その代表者又は管理人が、その訴訟行為につき法人でない団体を代表するほか、法人を被告人又は被疑者とする場合の刑事訴訟に関する法律の規定を準用する。

第五十三条　次の各号のいずれかに該当する者は、三十万円以下の過料に処する。

一　第十六条第二項の規定による掲示をせず、若しくは虚偽の掲示をし、又は同項の規定に違反して公衆の閲覧に供せず、若しくは虚偽の事項を公衆の閲覧に供した者

二　第十八条、第十九条第二項若しくは第七項、第二十条第二項若しくは第七項又は第二十一条第一項の規定による届出をせず、又は虚偽の届出をした者

三　第二十三条第四項前段の規定による通知若しくは報告をせず、又は虚偽の通知若しくは報告をした者

四　第二十四条の規定に違反して、消費者の被害に関する情報を利用した者

五　第二十六条の規定に違反して、同条の請求を拒んだ者

六　第三十一条第一項の規定に違反して、財務諸表等を作成せず、又はこれに記載し、若しくは記録すべき事項を記載せず、若しくは記録せず、若しくは虚偽の記載若しくは記録をした者

七　第三十一条第二項の規定に違反して、書類を備え置かなかった者

八　第三十一条第四項の規定に違反して、正当な理由がないのに同条第三項各号に掲げる請求を拒んだ者

九　第三十一条第五項の規定に違反して、書類を提出せず、又は書類に虚偽の記載若しくは記録をして提出した者

十　第四十条第二項の規定に違反して、情報を同項に定める目的以外の目的のために利用し、又は提供した者

・刑法等の一部を改正する法律の施行に伴う関係法律の整理等に関する法律（令和四・六・一七法律六八）

附則　抄

（施行期日）

1　この法律は、刑法等一部改正法施行日から施行する。（略）

電子消費者契約に関する民法の特例に関する法律

（平成一三・六・二九）
（法　律　九　五）

最新改正　平成二九法律四五

（趣旨）

第一条　この法律は、消費者が行う電子消費者契約の申込み又はその承諾の意思表示について特定の錯誤があった場合に関し民法（明治二十九年法律第八十九号）の特例を定めるものとする。

（定義）

第二条　この法律において「電子消費者契約」とは、消費者と事業者との間で電磁的方法により電子計算機の映像面を介して締結される契約であって、事業者又はその委託を受けた者が当該映像面に表示する手続に従って消費者がその使用する電子計算機を用いて送信することによってその申込み又はその承諾の意思表示を行うものをいう。

2　この法律において「消費者」とは、個人（事業として又は事業のために契約の当事者となる場合におけるものを除く。）をいい、「事業者」とは、法人その他の団体及び事業として又は事業のために契約の当事者となる場合における個人をいう。

3　この法律において「電磁的方法」とは、電子情報処理組織を使用する方法その他の情報通信の技術を利用する方法をいう。

（電子消費者契約に関する民法の特例）

第三条　民法第九十五条第三項の規定は、消費

者が行う電子消費者契約の申込み又はその承諾の意思表示について、その意思表示が同条第一項第一号に掲げる錯誤に基づくものであって、その錯誤が法律行為の目的及び取引上の社会通念に照らして重要なものであり、かつ、次のいずれかに該当するときは、適用しない。ただし、当該電子消費者契約の相手方である事業者（その委託を受けた者を含む。以下同じ。）が、当該申込み又はその承諾の意思表示に際して、電磁的方法によりその映像面を介して、その消費者の申込み若しくはその承諾の意思表示を行う意思の有無について確認を求める措置を講じた場合又はその消費者から当該事業者に対して当該措置を講ずる必要がない旨の意思の表明があった場合は、この限りでない。

一　消費者がその使用する電子計算機を用いて送信した時に当該事業者との間で電子消費者契約の申込み又はその承諾の意思表示を行う意思がなかったとき。

二　消費者がその使用する電子計算機を用いて送信した時に当該電子消費者契約の申込み又はその承諾の意思表示と異なる内容の意思表示を行う意思があったとき。

特定商取引に関する法律

（昭和五一・六・四　法律五七）

最新改正　令和五法律六三

第一章　総則

（目的）

第一条　この法律は、特定商取引（訪問販売、通信販売及び電話勧誘販売に係る取引、連鎖販売取引、特定継続的役務提供に係る取引、業務提供誘引販売取引並びに訪問購入に係る取引をいう。以下同じ。）を公正にし、及び購入者等が受けることのある損害の防止を図ることにより、購入者等の利益を保護し、あわせて商品等の流通及び役務の提供を適正かつ円滑にし、もつて国民経済の健全な発展に寄与することを目的とする。

第二章　訪問販売、通信販売及び電話勧誘販売

第一節　定義

第二条　この章及び第五十八条の十八第一項において「訪問販売」とは、次に掲げるものをいう。

一　販売業者又は役務の提供の事業を営む者（以下「役務提供事業者」という。）が営業所、代理店その他の主務省令で定める場所（以下「営業所等」という。）以外の場所において、売買契約の申込みを受け、若しくは売買契約を締結して行う商品若しくは特定権利の販売又は役務を有償で提供する契約（以下「役務提供契約」という。）の申込みを受け、若しくは役務提供契約を締結して行う役務の提供

二　販売業者又は役務提供事業者が、営業所等において、営業所等以外の場所において呼び止めて営業所等に同行させた者その他政令で定める方法により誘引した者（以下「特定顧客」という。）から売買契約の申込みを受け、若しくは特定顧客と売買契約を締結して行う商品若しくは特定権利の販売又は特定顧客から役務提供契約の申込みを受け、若しくは特定顧客と役務提供契約を締結して行う役務の提供

2　この章及び第五十八条の十九において「通信販売」とは、販売業者又は役務提供事業者が郵便その他の主務省令で定める方法（以下「郵便等」という。）により売買契約又は役務提供契約の申込みを受けて行う商品若しくは特定権利の販売又は役務の提供であつて電話勧誘販売に該当しないものをいう。

3　この章及び第五十八条の二十第一項において「電話勧誘販売」とは、販売業者又は役務提供事業者が、電話をかけ又は政令で定める方法により電話をかけさせ、その電話において行う売買契約又は役務提供契約の締結についての勧誘（以下「電話勧誘行為」という。）により、その相手方（以下「電話勧誘顧客」という。）から当該売買契約の申込みを郵便等により受け、若しくは電話勧誘顧客と当該売買契約を郵便等により締結して行う商品若しくは特定権利の販売又は電話勧誘顧客から当該役務提供契約の申込みを郵便等により受

け、若しくは電話勧誘顧客と当該役務提供契約を郵便等により締結して行う役務の提供をいう。

4 この章並びに第五十八条の十九第一号及び第六十七条第一項において「特定権利」とは、次に掲げる権利をいう。

一 施設を利用し又は役務の提供を受ける権利のうち国民の日常生活に係る取引において販売されるものであつて政令で定めるもの

二 社債その他の金銭債権

三 株式会社の株式、合同会社、合名会社若しくは合資会社の社員の持分若しくはその他の社団法人の社員権又は外国法人の社員権でこれらの権利の性質を有するもの

第二節 訪問販売

（訪問販売における氏名等の明示）

第三条 販売業者又は役務提供事業者は、訪問販売をしようとするときは、その勧誘に先立つて、その相手方に対し、販売業者又は役務提供事業者の氏名又は名称、売買契約又は役務提供契約の締結について勧誘をする目的である旨及び当該勧誘に係る商品若しくは権利又は役務の種類を明らかにしなければならない。

（契約を締結しない旨の意思を表示した者に対する勧誘の禁止等）

第三条の二 販売業者又は役務提供事業者は、訪問販売をしようとするときは、その相手方に対し、勧誘を受ける意思があることを確認するよう努めなければならない。

2 販売業者又は役務提供事業者は、訪問販売に係る売買契約又は役務提供契約を締結しない旨の意思を表示した者に対し、当該売買契約又は当該役務提供契約の締結について勧誘をしてはならない。

（訪問販売における書面の交付）

第四条 販売業者又は役務提供事業者は、営業所等以外の場所において商品若しくは特定権利につき売買契約の申込みを受け、若しくは役務につき役務提供契約の申込みを受けたとき又は営業所等において特定顧客から商品若しくは特定権利につき売買契約の申込みを受け、若しくは役務につき役務提供契約の申込みを受けたときは、直ちに、主務省令で定めるところにより、次の事項についてその申込みの内容を記載した書面をその申込みをした者に交付しなければならない。ただし、その申込みを受けた際その売買契約又は役務提供契約を締結した場合においては、この限りでない。

一 商品若しくは権利又は役務の種類

二 商品若しくは権利の販売価格又は役務の対価

三 商品若しくは権利の代金又は役務の対価の支払の時期及び方法

四 商品の引渡時期若しくは権利の移転時期又は役務の提供時期

五 第九条第一項の規定による売買契約若しくは役務提供契約の申込みの撤回又は売買契約若しくは役務提供契約の解除に関する事項（同条第二項から第七項までの規定に関する事項（第二十六条第二項、第四項又は第五項の規定の適用がある場合にあつては、当該各項の規定に関する事項を含む。）を含む。）

六 前各号に掲げるもののほか、主務省令で定める事項

2 販売業者又は役務提供事業者は、前項の規定による書面の交付に代えて、政令で定めるところにより、当該申込みをした者の承諾を得て、当該書面に記載すべき事項を電磁的方法（電子情報処理組織を使用する方法その他の情報通信の技術を利用する方法であつて主務省令で定めるものをいう。以下同じ。）により提供することができる。この場合において、当該販売業者又は当該役務提供事業者は、当該書面を交付したものとみなす。

3 前項前段の規定による書面に記載すべき事項の電磁的方法（主務省令で定める方法を除く。）による提供は、当該申込みをした者の使用に係る電子計算機に備えられたファイルへの記録がされた時に当該申込みをした者に到達したものとみなす。

第五条 販売業者又は役務提供事業者は、次の各号のいずれかに該当するときは、次項に規定する場合を除き、遅滞なく（前条第一項ただし書に規定する場合に該当するときは、直ちに）、主務省令で定めるところにより、同条第一項各号の事項（同項第五号の事項については、売買契約又は役務提供契約の解除に関する事項に限る。）についてその売買契約又は役務提供契約の内容を明らかにする書面を購入者又は役務の提供を受ける者に交付しなければならない。

一 営業所等以外の場所において、商品若しくは特定権利につき売買契約を締結したとき又は役務につき役務提供契約を締結した

とき（営業所等において特定顧客以外の顧客から申込みを受け、営業所等以外の場所において売買契約又は役務提供契約を締結したときを除く。）。

二　営業所等以外の場所において商品若しくは特定権利又は役務につき売買契約又は役務提供契約の申込みを受け、営業所等においてその売買契約又は役務提供契約を締結したとき。

三　営業所等において、特定顧客と商品若しくは特定権利につき売買契約を締結したとき又は役務につき役務提供契約を締結したとき。

2　販売業者又は役務提供事業者は、前項各号のいずれかに該当する場合において、その売買契約又は役務提供契約を締結した際に、商品を引き渡し、若しくは特定権利を移転し、又は役務を提供し、かつ、商品若しくは特定権利の代金又は役務の対価の全部を受領したときは、直ちに、主務省令で定めるところにより、前条第一項第一号及び第二号の事項並びに同項第五号の事項のうち売買契約又は役務提供契約の解除に関する事項その他主務省令で定める事項を記載した書面を購入者又は役務の提供を受ける者に交付しなければならない。

3　前条第二項及び第三項の規定は、前二項の規定による書面の交付について準用する。この場合において、同条第二項及び第三項中「申込みをした者」とあるのは、「購入者又は役務の提供を受ける者」と読み替えるものとする。

（禁止行為）

第六条　販売業者又は役務提供事業者は、訪問販売に係る売買契約若しくは役務提供契約の締結について勧誘をするに際し、又は訪問販売に係る売買契約若しくは役務提供契約の申込みの撤回若しくは解除を妨げるため、次の事項につき、不実のことを告げる行為をしてはならない。

一　商品の種類及びその性能若しくは品質又は権利若しくは役務の種類及びこれらの内容その他これらに類するものとして主務省令で定める事項

二　商品若しくは権利の販売価格又は役務の対価

三　商品若しくは権利の代金又は役務の対価の支払の時期及び方法

四　商品の引渡時期若しくは権利の移転時期又は役務の提供時期

五　当該売買契約若しくは当該役務提供契約の申込みの撤回又は当該売買契約若しくは当該役務提供契約の解除に関する事項（第九条第一項から第七項までの規定に関する事項（第二十六条第二項、第四項又は第五項の規定の適用がある場合にあつては、当該各項の規定に関する事項を含む。）を含む。）

六　顧客が当該売買契約又は当該役務提供契約の締結を必要とする事情に関する事項

七　前各号に掲げるもののほか、当該売買契約又は当該役務提供契約に関する事項であつて、顧客又は購入者若しくは役務の提供を受ける者の判断に影響を及ぼすこととなる重要なもの

2　販売業者又は役務提供事業者は、訪問販売に係る売買契約又は役務提供契約の締結について勧誘をするに際し、前項第一号から第五号までに掲げる事項につき、故意に事実を告げない行為をしてはならない。

3　販売業者又は役務提供事業者は、訪問販売に係る売買契約若しくは役務提供契約を締結させ、又は訪問販売に係る売買契約若しくは役務提供契約の申込みの撤回若しくは解除を妨げるため、人を威迫して困惑させてはならない。

4　販売業者又は役務提供事業者は、訪問販売に係る売買契約又は役務提供契約の締結について勧誘をするためのものであることを告げずに営業所等以外の場所において呼び止めて同行させることその他政令で定める方法により誘引した者に対し、公衆の出入りする場所以外の場所において、当該売買契約又は当該役務提供契約の締結について勧誘をしてはならない。

（合理的な根拠を示す資料の提出）

第六条の二　主務大臣は、前条第一項第一号に掲げる事項につき不実のことを告げる行為をしたか否かを判断するため必要があると認めるときは、当該販売業者又は当該役務提供事業者に対し、期間を定めて、当該告げた事項の裏付けとなる合理的な根拠を示す資料の提出を求めることができる。この場合において、当該販売業者又は当該役務提供事業者が当該資料を提出しないときは、次条第一項及び第八条第一項の規定の適用については、当該販売業者又は当該役務提供事業者は、同号に掲げる事項につき不実のことを告げる行為をしたものとみなす。

（指示等）

第七条　主務大臣は、販売業者又は役務提供事業者が第三条、第三条の二第二項、第四条第一項、第五条第一項若しくは第二項若しくは第六条の規定に違反し、又は次に掲げる行為をした場合において、訪問販売に係る取引の公正及び購入者又は役務の提供を受ける者の利益が害されるおそれがあると認めるときは、その販売業者又は役務提供事業者に対し、当該違反又は当該行為の是正のための措置、購入者又は役務の提供を受ける者の利益の保護を図るための措置その他の必要な措置をとるべきことを指示することができる。

一　訪問販売に係る売買契約若しくは役務提供契約に基づく債務又は訪問販売に係る売買契約若しくは役務提供契約の解除によつて生ずる債務の全部又は一部の履行を拒否し、又は不当に遅延させること。

二　訪問販売に係る売買契約又は役務提供契約の締結について勧誘をするに際し、当該売買契約又は当該役務提供契約に関する事項であつて、顧客の判断に影響を及ぼすこととなる重要なもの（第六条第一項第一号から第五号までに掲げるものを除く。）につき、故意に事実を告げないこと。

三　訪問販売に係る売買契約又は役務提供契約の申込みの撤回又は解除を妨げるため、当該売買契約又は当該役務提供契約に関する事項であつて、顧客又は購入者若しくは役務の提供を受ける者の判断に影響を及ぼすこととなる重要なものにつき、故意に事実を告げないこと。

四　正当な理由がないのに訪問販売に係る売買契約又は役務提供契約であつて日常生活において通常必要とされる分量を著しく超える商品若しくは特定権利（第二条第四項第一号に掲げるものに限る。）の売買契約又は日常生活において通常必要とされる回数、期間若しくは分量を著しく超えて役務の提供を受ける役務提供契約の締結について勧誘することその他顧客の財産の状況に照らし不適当と認められる行為として主務省令で定めるもの

五　前各号に掲げるもののほか、訪問販売に関する行為であつて、訪問販売に係る取引の公正及び購入者又は役務の提供を受ける者の利益を害するおそれがあるものとして主務省令で定めるもの

2　主務大臣は、前項の規定による指示をしたときは、その旨を公表しなければならない。

（販売業者等に対する業務の停止等）

第八条　主務大臣は、販売業者若しくは役務提供事業者が第三条、第三条の二第二項、第四条第一項、第五条第一項若しくは第二項若しくは第六条の規定に違反し若しくは前条第一項各号に掲げる行為をした場合において訪問販売に係る取引の公正及び購入者若しくは役務の提供を受ける者の利益が著しく害されるおそれがあると認めるとき、又は販売業者若しくは役務提供事業者が同項の規定による指示に従わないときは、その販売業者又は役務提供事業者に対し、二年以内の期間を限り、訪問販売に関する業務の全部又は一部を停止すべきことを命ずることができる。この場合において、主務大臣は、その販売業者又は役務提供事業者が個人である場合にあつては、その者に対して、当該停止を命ずる期間と同一の期間を定めて、当該停止を命ずる範囲の業務を営む法人（人格のない社団又は財団で代表者又は管理人の定めのあるものを含む。以下同じ。）の当該業務を担当する役員（業務を執行する社員、取締役、執行役、代表者、管理人又はこれらに準ずる者をいい、相談役、顧問その他いかなる名称を有する者であるかを問わず、法人に対し業務を執行する社員、取締役、執行役、代表者、管理人又はこれらに準ずる者と同等以上の支配力を有するものと認められる者を含む。以下同じ。）となることの禁止を併せて命ずることができる。

2　主務大臣は、前項前段の規定により業務の停止を命ずる場合において、当該販売業者又は当該役務提供事業者が個人であり、かつ、その特定関係法人（販売業者若しくは役務提供事業者又はその役員若しくはその営業所の業務を統括する者その他の政令で定める使用人（以下単に「使用人」という。）（当該命令の日前一年以内において役員又は使用人であつた者を含む。次条第二項、第十五条の二第二項及び第二十三条の二第二項において同じ。）が事業経営を実質的に支配する法人その他の政令で定める法人をいう。以下この章において同じ。）において、当該停止を命ずる範囲の業務と同一の業務を行つていると認められるときは、当該販売業者又は当該役務提供事業者に対して、当該停止を命ずる期間と同一の期間を定めて、その特定関係法人で行つている当該同一の業務を停止すべきことを命ずることができる。

3　主務大臣は、前二項の規定による命令をしたときは、その旨を公表しなければならない。

（役員等に対する業務の禁止等）

第八条の二　主務大臣は、販売業者又は役務提供事業者に対して前条第一項前段の規定により業務の停止を命ずる場合において、次の各号に掲げる場合の区分に応じ、当該各号に定める者が当該命令の理由となつた事実及び当該事実に関してその者が有していた責任の程度を考慮して当該命令の実効性を確保するためにその者による訪問販売に関する業務を制限することが相当と認められる者として主務省令で定める者に該当するときは、その者に対して、当該停止を命ずる期間と同一の期間を定めて、当該停止を命ずる範囲の業務を新たに開始すること（当該業務を営む法人の当該業務を担当する役員となることを含む。）の禁止を命ずることができる。

一　当該販売業者又は当該役務提供事業者が法人である場合　その役員及び当該命令の日前一年以内においてその役員であつた者並びにその使用人及び当該命令の日前一年以内においてその使用人であつた者

二　当該販売業者又は当該役務提供事業者が個人である場合　その使用人及び当該命令の日前一年以内においてその使用人であつた者

2　主務大臣は、前項の規定により業務の禁止を命ずる役員又は使用人が、次の各号に掲げる者に該当するときは、当該役員又は当該使用人に対して、当該禁止を命ずる期間と同一の期間を定めて、その行つている当該各号に規定する同一の業務を停止すべきことを命ずることができる。

一　当該命令の理由となつた行為をしたと認められる販売業者又は役務提供事業者の特定関係法人において、当該命令により禁止を命ずる範囲の業務と同一の業務を行つていると認められる者

二　自ら販売業者又は役務提供事業者として当該命令により禁止を命ずる範囲の業務と同一の業務を行つていると認められる者

3　主務大臣は、前二項の規定による命令をしたときは、その旨を公表しなければならない。

（訪問販売における契約の申込みの撤回等）

第九条　販売業者若しくは役務提供事業者が営業所等以外の場所において商品若しくは特定権利若しくは役務につき売買契約若しくは役務提供契約の申込みを受けた場合若しくは販売業者若しくは役務提供事業者が営業所等において特定顧客から商品若しくは特定権利若しくは役務につき売買契約若しくは役務提供契約の申込みを受けた場合におけるその申込みをした者又は販売業者若しくは役務提供事業者が営業所等以外の場所において商品若しくは特定権利若しくは役務につき売買契約若しくは役務提供契約を締結した場合（営業所等において申込みを受け、営業所等以外の場所において売買契約又は役務提供契約を締結した場合を除く。）若しくは販売業者若しくは役務提供事業者が営業所等において特定顧客と商品若しくは特定権利若しくは役務につき売買契約若しくは役務提供契約を締結した場合におけるその購入者若しくは役務の提供を受ける者（以下この条から第九条の三までにおいて「申込者等」という。）は、書面又は電磁的記録（電子的方式、磁気的方式その他人の知覚によつては認識することができない方式で作られる記録であつて、電子計算機による情報処理の用に供されるものをいう。以下同じ。）によりその売買契約若しくは役務提供契約の申込みの撤回又はその売買契約若しくは役務提供契約の解除（以下この条において「申込みの撤回等」という。）を行うことができる。ただし、申込者等が第五条第一項又は第二項の書面を受領した日（その日前に第四条第一項の書面を受領した場合にあつては、その書面を受領した日）から起算して八日を経過した場合（申込者等が、販売業者若しくは役務提供事業者が第六条第一項の規定に違反して申込みの撤回等に関する事項につき不実のことを告げる行為をしたことにより当該告げられた内容が事実であるとの誤認をし、又は販売業者若しくは役務提供事業者が同条第三項の規定に違反して威迫したことにより困惑し、これらによつて当該期間を経過するまでに申込みの撤回等を行わなかつた場合には、当該申込者等が、当該販売業者又は当該役務提供事業者が主務省令で定めるところにより当該売買契約又は当該役務提供契約の申込みの撤回等を行うことができる旨を記載して交付した書面を受領した日から起算して八日を経過した場合）においては、この限りでない。

2　申込みの撤回等は、当該申込みの撤回等に係る書面又は電磁的記録による通知を発した時に、その効力を生ずる。

3　申込みの撤回等があつた場合においては、販売業者又は役務提供事業者は、その申込みの撤回等に伴う損害賠償又は違約金の支払を請求することができない。

4　申込みの撤回等があつた場合において、その売買契約に係る商品の引渡し又は権利の移転が既にされているときは、その引取り又は返還に要する費用は、販売業者の負担とする。

5　販売業者又は役務提供事業者は、商品若しくは特定権利の売買契約又は役務提供契約につき申込みの撤回等があつた場合には、既に当該売買契約に基づき引き渡された商品が使用され若しくは当該権利が行使され又は当該役務提供契約に基づき役務が提供されたときにおいても、申込者等に対し、当該商品の使用により得られた利益若しくは当該権利の行使により得られた利益に相当する金銭又は当該役務提供契約に係る役務の対価その他の金銭の支払を請求することができない。

6　役務提供事業者は、役務提供契約につき申込みの撤回等があつた場合において、当該役務提供契約に関連して金銭を受領しているときは、申込者等に対し、速やかに、これを返還しなければならない。

7　役務提供契約又は特定権利の売買契約の申込者等は、その役務提供契約又は売買契約につき申込みの撤回等を行つた場合において、当該役務提供契約又は当該特定権利に係る役務の提供に伴い申込者等の土地又は建物その他の工作物の現状が変更されたときは、当該役務提供事業者又は当該特定権利の販売業者に対し、その原状回復に必要な措置を無償で講ずることを請求することができる。

8　前各項の規定に反する特約で申込者等に不利なものは、無効とする。

（通常必要とされる分量を著しく超える商品の売買契約等の申込みの撤回等）

第九条の二　申込者等は、次に掲げる契約に該当する売買契約若しくは役務提供契約の申込みの撤回又は売買契約若しくは役務提供契約の解除（以下この条において「申込みの撤回等」という。）を行うことができる。ただし、申込者等に当該契約の締結を必要とする特別の事情があつたときは、この限りでない。

一　その日常生活において通常必要とされる分量を著しく超える商品若しくは特定権利（第二条第四項第一号に掲げるものに限る。次号において同じ。）の売買契約又はその日常生活において通常必要とされる回数、期間若しくは分量を著しく超えて役務の提供を受ける役務提供契約

二　当該販売業者又は役務提供事業者が、当該売買契約若しくは役務提供契約に基づく債務を履行することにより申込者等にとつて当該売買契約に係る商品若しくは特定権利と同種の商品若しくは特定権利の分量がその日常生活において通常必要とされる分量を著しく超えることとなること若しくは当該役務提供契約に係る役務と同種の役務の提供を受ける回数若しくは期間若しくはその分量がその日常生活において通常必要とされる回数、期間若しくは分量を著しく超えることとなることを知り、又は申込者等にとつて当該売買契約に係る商品若しくは特定権利と同種の商品若しくは特定権利の分量がその日常生活において通常必要とされる分量を既に著しく超えていること若しくは当該役務提供契約に係る役務と同種の役務の提供を受ける回数若しくは期間若しくはその分量がその日常生活において通常必要とされる回数、期間若しくは分量を既に著しく超えていることを知りながら、申込みを受け、又は締結した売買契約又は役務提供契約

2　前項の規定による権利は、当該売買契約又は当該役務提供契約の締結の時から一年以内に行使しなければならない。

3　前条第三項から第八項までの規定は、第一項の規定による申込みの撤回等について準用する。この場合において、同条第八項中「前各項」とあるのは、「次条第一項及び第二項並びに同条第三項において準用する第三項から前項まで」と読み替えるものとする。

（訪問販売における契約の申込み又はその承諾の意思表示の取消し）

第九条の三　申込者等は、販売業者又は役務提供事業者が訪問販売に係る売買契約又は役務提供契約の締結について勧誘をするに際し次の各号に掲げる行為をしたことにより、当該各号に定める誤認をし、それによつて当該売買契約若しくは当該役務提供契約の申込み又はその承諾の意思表示をしたときは、これを取り消すことができる。

一　第六条第一項の規定に違反して不実のことを告げる行為　当該告げられた内容が事実であるとの誤認

二　第六条第二項の規定に違反して故意に事実を告げない行為　当該事実が存在しない

消費生活

との誤認

2　前項の規定による訪問販売に係る売買契約若しくは役務提供契約の申込み又はその承諾の意思表示の取消しは、これをもつて善意でかつ過失がない第三者に対抗することができない。

3　第一項の規定は、同項に規定する訪問販売に係る売買契約若しくは役務提供契約の申込み又はその承諾の意思表示に対する民法（明治二十九年法律第八十九号）第九十六条の規定の適用を妨げるものと解してはならない。

4　第一項の規定による取消権は、追認をすることができる時から一年間行わないときは、時効によつて消滅する。当該売買契約又は当該役務提供契約の締結の時から五年を経過したときも、同様とする。

5　民法第百二十一条の二第一項の規定にかかわらず、訪問販売に係る売買契約又は役務提供契約に基づく債務の履行として給付を受けた申込者等は、第一項の規定により当該売買契約若しくは当該役務提供契約の申込み又はその承諾の意思表示を取り消した場合において、給付を受けた当時その意思表示が取り消すことができるものであることを知らなかつたときは、当該売買契約又は当該役務提供契約によつて現に利益を受けている限度において、返還の義務を負う。

（訪問販売における契約の解除等に伴う損害賠償等の額の制限）

第十条　販売業者又は役務提供事業者は、第五条第一項各号のいずれかに該当する売買契約又は役務提供契約の締結をした場合において、その売買契約又はその役務提供契約が解除されたときは、損害賠償額の予定又は違約金の定めがあるときにおいても、次の各号に掲げる場合に応じ当該各号に定める額にこれに対する法定利率による遅延損害金の額を加算した金額を超える額の金銭の支払を購入者又は役務の提供を受ける者に対して請求することができない。

一　当該商品又は当該権利が返還された場合　当該商品の通常の使用料の額又は当該権利の行使により通常得られる利益に相当する額（当該商品又は当該権利の販売価格に相当する額から当該商品又は当該権利の返還された時における価額を控除した額が通常の使用料の額又は当該権利の行使により通常得られる利益に相当する額を超えるときは、その額）

二　当該商品又は当該権利が返還されない場合　当該商品又は当該権利の販売価格に相当する額

三　当該役務提供契約の解除が当該役務の提供の開始後である場合　提供された当該役務の対価に相当する額

四　当該契約の解除が当該商品の引渡し若しくは当該権利の移転又は当該役務の提供の開始前である場合　契約の締結及び履行のために通常要する費用の額

2　販売業者又は役務提供事業者は、第五条第一項各号のいずれかに該当する売買契約又は役務提供契約の締結をした場合において、その売買契約についての代金又はその役務提供契約についての対価の全部又は一部の支払の義務が履行されない場合（売買契約又は役務提供契約が解除された場合を除く。）には、損害賠償額の予定又は違約金の定めがあるときにおいても、当該商品若しくは当該権利の販売価格又は当該役務の対価に相当する額から既に支払われた当該商品若しくは当該権利の代金又は当該役務の対価の額を控除した額にこれに対する法定利率による遅延損害金の額を加算した金額を超える額の金銭の支払を購入者又は役務の提供を受ける者に対して請求することができない。

第三節　通信販売

（通信販売についての広告）

第十一条　販売業者又は役務提供事業者は、通信販売をする場合の商品若しくは特定権利の販売条件又は役務の提供条件について広告をするときは、主務省令で定めるところにより、当該広告に、当該商品若しくは当該権利又は当該役務に関する次の事項を表示しなければならない。ただし、当該広告に、請求により、これらの事項を記載した書面を遅滞なく交付し、又はこれらの事項を記録した電磁的記録を遅滞なく提供する旨の表示をする場合には、販売業者又は役務提供事業者は、主務省令で定めるところにより、これらの事項の一部を表示しないことができる。

一　商品若しくは権利の販売価格又は役務の対価（販売価格に商品の送料が含まれない場合には、販売価格及び商品の送料）

二　商品若しくは権利の代金又は役務の対価の支払の時期及び方法

三　商品の引渡時期若しくは権利の移転時期又は役務の提供時期

四　商品若しくは特定権利の売買契約又は役

務提供契約に係る申込みの期間に関する定めがあるときは、その旨及びその内容

五　商品若しくは特定権利の売買契約又は役務提供契約の申込みの撤回又は解除に関する事項（第十五条の三第一項ただし書に規定する特約がある場合にはその内容を、第二十六条第二項の規定の適用がある場合には同項の規定に関する事項を含む。）

六　前各号に掲げるもののほか、主務省令で定める事項

（**誇大広告等の禁止**）

第十二条　販売業者又は役務提供事業者は、通信販売をする場合の商品若しくは特定権利の販売条件又は役務の提供条件について広告をするときは、当該商品の性能又は当該権利若しくは当該役務の内容、当該商品若しくは当該権利の売買契約又は当該役務の役務提供契約の申込みの撤回又は解除に関する事項（第十五条の三第一項ただし書に規定する特約がある場合には、その内容を含む。）その他の主務省令で定める事項について、著しく事実に相違する表示をし、又は実際のものよりも著しく優良であり、若しくは有利であると人を誤認させるような表示をしてはならない。

（**合理的な根拠を示す資料の提出**）

第十二条の二　主務大臣は、前条に規定する表示に該当するか否かを判断するため必要があると認めるときは、当該表示をした販売業者又は役務提供事業者に対し、期間を定めて、当該表示の裏付けとなる合理的な根拠を示す資料の提出を求めることができる。この場合において、当該販売業者又は当該役務提供事業者が当該資料を提出しないときは、第十四条第一項及び第十五条第一項の規定の適用については、当該表示は、前条に規定する表示に該当するものとみなす。

（**承諾をしていない者に対する電子メール広告の提供の禁止等**）

第十二条の三　販売業者又は役務提供事業者は、次に掲げる場合を除き、通信販売をする場合の商品若しくは特定権利の販売条件又は役務の提供条件について、その相手方となる者の承諾を得ないで電子メール広告（当該広告に係る通信文その他の情報を電磁的方法により送信し、これを当該広告の相手方の使用に係る電子計算機の映像面に表示されるようにする方法により行う広告をいう。以下同じ。）をしてはならない。

一　相手方となる者の請求に基づき、通信販売をする場合の商品若しくは特定権利の販売条件又は役務の提供条件に係る電子メール広告（以下この節において「通信販売電子メール広告」という。）をするとき。

二　当該販売業者の販売する商品若しくは特定権利若しくは当該役務提供事業者の提供する役務につき売買契約若しくは役務提供契約の申込みをした者又はこれらにつき売買契約若しくは役務提供契約を締結した者に対し、主務省令で定める方法により当該申込み若しくは当該契約の内容又は当該契約の履行に関する事項を通知する場合において、主務省令で定めるところにより通信販売電子メール広告をするとき。

三　前二号に掲げるもののほか、通常通信販売電子メール広告の提供を受ける者の利益を損なうおそれがないと認められる場合として主務省令で定める場合において、通信販売電子メール広告をするとき。

2　前項に規定する承諾を得、又は同項第一号に規定する請求を受けた販売業者又は役務提供事業者は、当該通信販売電子メール広告の相手方から通信販売電子メール広告の提供を受けない旨の意思の表示を受けたときは、当該相手方に対し、通信販売電子メール広告をしてはならない。ただし、当該意思の表示を受けた後に再び通信販売電子メール広告をすることにつき当該相手方から請求を受け、又は当該相手方の承諾を得た場合には、この限りでない。

3　販売業者又は役務提供事業者は、通信販売電子メール広告をするときは、第一項第二号又は第三号に掲げる場合を除き、当該通信販売電子メール広告をすることにつきその相手方の承諾を得、又はその相手方から請求を受けたことの記録として主務省令で定めるものを作成し、主務省令で定めるところによりこれを保存しなければならない。

4　販売業者又は役務提供事業者は、通信販売電子メール広告をするときは、第一項第二号又は第三号に掲げる場合を除き、当該通信販売電子メール広告に、第十一条各号に掲げる事項のほか、主務省令で定めるところにより、その相手方が通信販売電子メール広告の提供を受けない旨の意思の表示をするために必要な事項として主務省令で定めるものを表示しなければならない。

5　前二項の規定は、販売業者又は役務提供事業者が他の者に次に掲げる業務の全てにつき一括して委託しているときは、その委託に係

消費生活

る通信販売電子メール広告については、適用しない。

一　通信販売電子メール広告をすることにつきその相手方の承諾を得、又はその相手方から請求を受ける業務

二　第三項に規定する記録を作成し、及び保存する業務

三　前項に規定する通信販売電子メール広告の提供を受けない旨の意思の表示をするために必要な事項を表示する業務

第十二条の四　販売業者又は役務提供事業者から前条第五項各号に掲げる業務の全てにつき一括して委託を受けた者（以下この節並びに第六十六条第六項及び第六十七条第一項第四号において「通信販売電子メール広告受託事業者」という。）は、次に掲げる場合を除き、当該業務を委託した販売業者又は役務提供事業者（以下この節において「通信販売電子メール広告委託者」という。）が通信販売をする場合の商品若しくは特定権利の販売条件又は役務の提供条件について、その相手方となる者の承諾を得ないで通信販売電子メール広告をしてはならない。

一　相手方となる者の請求に基づき、通信販売電子メール広告委託者に係る通信販売電子メール広告をするとき。

二　前号に掲げるもののほか、通常通信販売電子メール広告委託者に係る通信販売電子メール広告の提供を受ける者の利益を損なうおそれがないと認められる場合として主務省令で定める場合において、通信販売電子メール広告委託者に係る通信販売電子メール広告をするとき。

2　前条第二項から第四項までの規定は、通信販売電子メール広告受託事業者による通信販売電子メール広告委託者に係る通信販売電子メール広告について準用する。この場合において、同条第三項及び第四項中「第一項第二号又は第三号」とあるのは、「次条第一項第二号」と読み替えるものとする。

（**承諾をしていない者に対するファクシミリ広告の提供の禁止等**）

第十二条の五　販売業者又は役務提供事業者は、次に掲げる場合を除き、通信販売をする場合の商品若しくは特定権利の販売条件又は役務の提供条件について、その相手方となる者の承諾を得ないでファクシミリ広告（当該広告に係る通信文その他の情報をファクシミリ装置を用いて送信する方法により行う広告をいう。第一号において同じ。）をしてはならない。

一　相手方となる者の請求に基づき、通信販売をする場合の商品若しくは特定権利の販売条件又は役務の提供条件に係るファクシミリ広告（以下この条において「通信販売ファクシミリ広告」という。）をするとき。

二　当該販売業者の販売する商品若しくは特定権利若しくは当該役務提供事業者の提供する役務につき売買契約若しくは役務提供契約の申込みをした者又はこれらにつき売買契約若しくは役務提供契約を締結した者に対し、主務省令で定める方法により当該申込み若しくは当該契約の内容又は当該契約の履行に関する事項を通知する場合において、主務省令で定めるところにより通信販売ファクシミリ広告をするとき。

三　前二号に掲げるもののほか、通常通信販売ファクシミリ広告の提供を受ける者の利益を損なうおそれがないと認められる場合として主務省令で定める場合において、通信販売ファクシミリ広告をするとき。

2　前項に規定する承諾を得、又は同項第一号に規定する請求を受けた販売業者又は役務提供事業者は、当該通信販売ファクシミリ広告の相手方から通信販売ファクシミリ広告の提供を受けない旨の意思の表示を受けたときは、当該相手方に対し、通信販売ファクシミリ広告をしてはならない。ただし、当該意思の表示を受けた後に再び通信販売ファクシミリ広告をすることにつき当該相手方から請求を受け、又は当該相手方の承諾を得た場合には、この限りでない。

3　販売業者又は役務提供事業者は、通信販売ファクシミリ広告をするときは、第一項第二号又は第三号に掲げる場合を除き、当該通信販売ファクシミリ広告をすることにつきその相手方の承諾を得、又はその相手方から請求を受けたことの記録として主務省令で定めるものを作成し、主務省令で定めるところによりこれを保存しなければならない。

4　販売業者又は役務提供事業者は、通信販売ファクシミリ広告をするときは、第一項第二号又は第三号に掲げる場合を除き、当該通信販売ファクシミリ広告に、第十一条各号に掲げる事項のほか、主務省令で定めるところにより、その相手方が通信販売ファクシミリ広告の提供を受けない旨の意思の表示をするために必要な事項として主務省令で定めるものを表示しなければならない。

（特定申込みを受ける際の表示）

第十二条の六 販売業者又は役務提供事業者は、当該販売業者若しくは当該役務提供事業者若しくはそれらの委託を受けた者が定める様式の書面により顧客が行う通信販売に係る売買契約若しくは役務提供契約の申込み又は当該販売業者若しくは当該役務提供事業者若しくはそれらの委託を受けた者が電子情報処理組織を使用する方法その他の情報通信の技術を利用する方法により顧客の使用に係る電子計算機の映像面に表示する手続に従つて顧客が行う通信販売に係る売買契約若しくは役務提供契約の申込み（以下「特定申込み」と総称する。）を受ける場合には、当該特定申込みに係る書面又は手続が表示される映像面に、次に掲げる事項を表示しなければならない。

一 当該売買契約に基づいて販売する商品若しくは特定権利又は当該役務提供契約に基づいて提供する役務の分量

二 当該売買契約又は当該役務提供契約に係る第十一条第一号から第五号までに掲げる事項

2 販売業者又は役務提供事業者は、特定申込みに係る書面又は手続が表示される映像面において、次に掲げる表示をしてはならない。

一 当該書面の送付又は当該手続に従つた情報の送信が通信販売に係る売買契約又は役務提供契約の申込みとなることにつき、人を誤認させるような表示

二 前項各号に掲げる事項につき、人を誤認させるような表示

（通信販売における承諾等の通知）

第十三条 販売業者又は役務提供事業者は、商品若しくは特定権利又は役務につき売買契約又は役務提供契約の申込みをした者から当該商品の引渡し若しくは当該権利の移転又は当該役務の提供に先立つて当該商品若しくは当該権利の代金又は当該役務の対価の全部又は一部を受領することとする通信販売をする場合において、郵便等により当該商品若しくは当該権利又は当該役務につき売買契約又は役務提供契約の申込みを受け、かつ、当該商品若しくは当該権利の代金又は当該役務の対価の全部又は一部を受領したときは、遅滞なく、主務省令で定めるところにより、その申込みを承諾する旨又は承諾しない旨（その受領前にその申込みを承諾する旨又は承諾しない旨をその申込みをした者に通知している場合には、その旨）その他の主務省令で定める事項をその者に書面により通知しなければならない。ただし、当該商品若しくは当該権利の代金又は当該役務の対価の全部又は一部を受領した後遅滞なく当該商品を送付し、若しくは当該権利を移転し、又は当該役務を提供したときは、この限りでない。

2 販売業者又は役務提供事業者は、前項の規定による書面による通知に代えて、政令で定めるところにより、当該申込みをした者の承諾を得て、当該書面に記載すべき事項を電磁的方法により提供することができる。この場合において、当該販売業者又は当該役務提供事業者は、当該書面による通知をしたものとみなす。

（不実の告知の禁止）

第十三条の二 販売業者又は役務提供事業者は、通信販売に係る売買契約又は役務提供契約の申込みの撤回又は解除を妨げるため、当該売買契約若しくは当該役務提供契約の申込みの撤回若しくは当該売買契約若しくは当該役務提供契約の解除に関する事項（第十五条の三の規定に関する事項を含む。）又は顧客が当該売買契約若しくは当該役務提供契約の締結を必要とする事情に関する事項につき、不実のことを告げる行為をしてはならない。

（指示等）

第十四条 主務大臣は、販売業者又は役務提供事業者が第十一条、第十二条、第十二条の三（第五項を除く。）、第十二条の五、第十二条の六、第十三条第一項若しくは前条の規定に違反し、又は次に掲げる行為をした場合において、通信販売に係る取引の公正及び購入者又は役務の提供を受ける者の利益が害されるおそれがあると認めるときは、その販売業者又は役務提供事業者に対し、当該違反又は当該行為の是正のための措置、購入者又は役務の提供を受ける者の利益の保護を図るための措置その他の必要な措置をとるべきことを指示することができる。

一 通信販売に係る売買契約若しくは役務提供契約に基づく債務又は通信販売に係る売買契約若しくは役務提供契約の解除によつて生ずる債務の全部又は一部の履行を拒否し、又は不当に遅延させること。

二 顧客の意に反して通信販売に係る売買契約又は役務提供契約の申込みをさせようとする行為として主務省令で定めるもの

三 前二号に掲げるもののほか、通信販売に関する行為であつて、通信販売に係る取引

消費生活

の公正及び購入者又は役務の提供を受ける者の利益を害するおそれがあるものとして主務省令で定めるもの

2　主務大臣は、通信販売電子メール広告受託事業者が第十二条の四第一項若しくは同条第二項において準用する第十二条の三第二項から第四項までの規定に違反し、又は次に掲げる行為をした場合において、通信販売に係る取引の公正及び購入者又は役務の提供を受ける者の利益が害されるおそれがあると認めるときは、その通信販売電子メール広告受託事業者に対し、必要な措置をとるべきことを指示することができる。

一　顧客の意に反して通信販売電子メール広告委託者に対する通信販売に係る売買契約又は役務提供契約の申込みをさせようとする行為として主務省令で定めるもの

二　前号に掲げるもののほか、通信販売に関する行為であつて、通信販売に係る取引の公正及び購入者又は役務の提供を受ける者の利益を害するおそれがあるものとして主務省令で定めるもの

3　主務大臣は、第一項の規定による指示をしたときは、その旨を公表しなければならない。

4　主務大臣は、第二項の規定による指示をしたときは、その旨を公表しなければならない。

（**販売業者等に対する業務の停止等**）

第十五条　主務大臣は、販売業者若しくは役務提供事業者が第十一条、第十二条、第十二条の三（第五項を除く。）、第十二条の五、第十二条の六、第十三条第一項若しくは第十三条の二の規定に違反し若しくは前条第一項各号に掲げる行為をした場合において通信販売に係る取引の公正及び購入者若しくは役務の提供を受ける者の利益が著しく害されるおそれがあると認めるとき、又は販売業者若しくは役務提供事業者が同項の規定による指示に従わないときは、その販売業者又は役務提供事業者に対し、二年以内の期間を限り、通信販売に関する業務の全部又は一部を停止すべきことを命ずることができる。この場合において、主務大臣は、その販売業者又は役務提供事業者が個人である場合にあつては、その者に対して、当該停止を命ずる期間と同一の期間を定めて、当該停止を命ずる範囲の業務を営む法人の当該業務を担当する役員となることの禁止を併せて命ずることができる。

2　主務大臣は、前項前段の規定により業務の停止を命ずる場合において、当該販売業者又は当該役務提供事業者が個人であり、かつ、その特定関係法人において、当該停止を命ずる範囲の業務と同一の業務を行つていると認められるときは、当該販売業者又は当該役務提供事業者に対して、当該停止を命ずる期間と同一の期間を定めて、その特定関係法人で行つている当該同一の業務を停止すべきことを命ずることができる。

3　主務大臣は、通信販売電子メール広告受託事業者が第十二条の四第一項若しくは同条第二項において準用する第十二条の三第二項から第四項までの規定に違反し若しくは前条第二項各号に掲げる行為をした場合において通信販売に係る取引の公正及び購入者若しくは役務の提供を受ける者の利益が著しく害されるおそれがあると認めるとき、又は通信販売電子メール広告受託事業者が同項の規定による指示に従わないときは、その通信販売電子メール広告受託事業者に対し、一年以内の期間を限り、通信販売電子メール広告に関する業務の全部又は一部を停止すべきことを命ずることができる。

4　主務大臣は、第一項又は第二項の規定による命令をしたときは、その旨を公表しなければならない。

5　主務大臣は、第三項の規定による命令をしたときは、その旨を公表しなければならない。

（**役員等に対する業務の禁止等**）

第十五条の二　主務大臣は、販売業者又は役務提供事業者に対して前条第一項前段の規定により業務の停止を命ずる場合において、次の各号に掲げる場合の区分に応じ、当該各号に定める者が当該命令の理由となつた事実及び当該事実に関してその者が有していた責任の程度を考慮して当該命令の実効性を確保するためにその者による通信販売に関する業務を制限することが相当と認められる者として主務省令で定める者に該当するときは、その者に対して、当該停止を命ずる期間と同一の期間を定めて、当該停止を命ずる範囲の業務を新たに開始すること（当該業務を営む法人の当該業務を担当する役員となることを含む。）の禁止を命ずることができる。

一　当該販売業者又は当該役務提供事業者が法人である場合　その役員及び当該命令の日前一年以内においてその役員であつた者並びにその使用人及び当該命令の日前一年

以内においてその使用人であつた者

二　当該販売業者又は当該役務提供事業者が個人である場合　その使用人及び当該命令の日前一年以内においてその使用人であつた者

2　主務大臣は、前項の規定により業務の禁止を命ずる役員又は使用人が、次の各号に掲げる者に該当するときは、当該禁止を命ずる期間と同一の期間を定めて、当該役員又は当該使用人に対して、その行つている当該各号に規定する同一の業務を停止すべきことを命ずることができる。

一　当該命令の理由となつた行為をしたと認められる販売業者又は役務提供事業者の特定関係法人において、当該命令により禁止を命ずる範囲の業務と同一の業務を行つていると認められる者

二　自ら販売業者又は役務提供事業者として当該命令により禁止を命ずる範囲の業務と同一の業務を行つていると認められる者

3　主務大臣は、前二項の規定による命令をしたときは、その旨を公表しなければならない。

（通信販売における契約の解除等）

第十五条の三　通信販売をする場合の商品又は特定権利の販売条件について広告をした販売業者が当該商品若しくは当該特定権利の売買契約の申込みを受けた場合におけるその申込みをした者又は売買契約を締結した場合におけるその購入者（次項において単に「購入者」という。）は、その売買契約に係る商品の引渡し又は特定権利の移転を受けた日から起算して八日を経過するまでの間は、その売買契約の申込みの撤回又はその売買契約の解除（以下この条において「申込みの撤回等」という。）を行うことができる。ただし、当該販売業者が申込みの撤回等についての特約を当該広告に表示していた場合（当該売買契約が電子消費者契約に関する民法の特例に関する法律（平成十三年法律第九十五号）第二条第一項に規定する電子消費者契約に該当する場合その他主務省令で定める場合にあつては、当該広告に表示し、かつ、広告に表示する方法以外の方法であつて主務省令で定める方法により表示していた場合）には、この限りでない。

2　申込みの撤回等があつた場合において、その売買契約に係る商品の引渡し又は特定権利の移転が既にされているときは、その引取り又は返還に要する費用は、購入者の負担とする。

（通信販売における契約の申込みの意思表示の取消し）

第十五条の四　特定申込みをした者は、販売業者又は役務提供事業者が当該特定申込みを受けるに際し次の各号に掲げる行為をしたことにより、当該各号に定める誤認をし、それによつて当該特定申込みの意思表示をしたときは、これを取り消すことができる。

一　第十二条の六第一項の規定に違反して不実の表示をする行為　当該表示が事実であるとの誤認

二　第十二条の六第一項の規定に違反して表示をしない行為　当該表示がされていない事項が存在しないとの誤認

三　第十二条の六第二項第一号に掲げる表示をする行為　同号に規定する書面の送付又は手続に従つた情報の送信が通信販売に係る売買契約又は役務提供契約の申込みとならないとの誤認

四　第十二条の六第二項第二号に掲げる表示をする行為　同条第一項各号に掲げる事項についての誤認

2　第九条の三第二項から第五項までの規定は、前項の規定による特定申込みの意思表示の取消しについて準用する。

第四節　電話勧誘販売

（電話勧誘販売における氏名等の明示）

第十六条　販売業者又は役務提供事業者は、電話勧誘販売をしようとするときは、その勧誘に先立つて、その相手方に対し、販売業者又は役務提供事業者の氏名又は名称及びその勧誘を行う者の氏名並びに商品若しくは権利又は役務の種類並びにその電話が売買契約又は役務提供契約の締結について勧誘をするためのものであることを告げなければならない。

（契約を締結しない旨の意思を表示した者に対する勧誘の禁止）

第十七条　販売業者又は役務提供事業者は、電話勧誘販売に係る売買契約又は役務提供契約を締結しない旨の意思を表示した者に対し、当該売買契約又は当該役務提供契約の締結について勧誘をしてはならない。

（電話勧誘販売における書面の交付）

第十八条　販売業者又は役務提供事業者は、電話勧誘行為により、電話勧誘顧客から商品若しくは特定権利につき当該売買契約の申込みを郵便等により受け、又は役務につき当該役

消費生活

務提供契約の申込みを郵便等により受けたときは、遅滞なく、主務省令で定めるところにより、次の事項についてその申込みの内容を記載した書面をその申込みをした者に交付しなければならない。ただし、その申込みを受けた際その売買契約又は役務提供契約を締結した場合においては、この限りでない。

一　商品若しくは権利又は役務の種類

二　商品若しくは権利の販売価格又は役務の対価

三　商品若しくは権利の代金又は役務の対価の支払の時期及び方法

四　商品の引渡時期若しくは権利の移転時期又は役務の提供時期

五　第二十四条第一項の規定による売買契約若しくは役務提供契約の申込みの撤回又は売買契約若しくは役務提供契約の解除に関する事項（同条第二項から第七項までの規定に関する事項（第二十六条第二項、第四項又は第五項の規定の適用がある場合にあつては、当該各項の規定に関する事項を含む。）を含む。）

六　前各号に掲げるもののほか、主務省令で定める事項

2　販売業者又は役務提供事業者は、前項の規定による書面の交付に代えて、政令で定めるところにより、当該申込みをした者の承諾を得て、当該書面に記載すべき事項を電磁的方法により提供することができる。この場合において、当該販売業者又は当該役務提供事業者は、当該書面を交付したものとみなす。

3　前項前段の規定による書面に記載すべき事項の電磁的方法（主務省令で定める方法を除く。）による提供は、当該申込みをした者の使用に係る電子計算機に備えられたファイルへの記録がされた時に当該申込みをした者に到達したものとみなす。

第十九条　販売業者又は役務提供事業者は、次の各号のいずれかに該当するときは、次項に規定する場合を除き、遅滞なく、主務省令で定めるところにより、前条第一項各号の事項（同項第五号の事項については、売買契約又は役務提供契約の解除に関する事項に限る。）についてその売買契約又は役務提供契約の内容を明らかにする書面を購入者又は役務の提供を受ける者に交付しなければならない。

一　電話勧誘行為により、電話勧誘顧客と商品若しくは特定権利につき当該売買契約を郵便等により締結したとき又は役務につき当該役務提供契約を郵便等により締結したとき。

二　電話勧誘行為により電話勧誘顧客から商品若しくは特定権利又は役務につき当該売買契約又は当該役務提供契約の申込みを郵便等により受け、その売買契約又は役務提供契約を締結したとき。

2　販売業者又は役務提供事業者は、前項第二号に該当する場合において、その売買契約又は役務提供契約を締結した際に、商品を引き渡し、若しくは特定権利を移転し、又は役務を提供し、かつ、商品若しくは特定権利の代金又は役務の対価の全部を受領したときは、直ちに、主務省令で定めるところにより、前条第一項第一号及び第二号の事項並びに同項第五号の事項のうち売買契約又は役務提供契約の解除に関する事項その他主務省令で定める事項を記載した書面を購入者又は役務の提供を受ける者に交付しなければならない。

3　前条第二項及び第三項の規定は、前二項の規定による書面の交付について準用する。この場合において、同条第二項及び第三項中「申込みをした者」とあるのは、「購入者又は役務の提供を受ける者」と読み替えるものとする。

（電話勧誘販売における承諾等の通知）

第二十条　販売業者又は役務提供事業者は、商品若しくは特定権利又は役務につき売買契約又は役務提供契約の申込みをした者から当該商品の引渡し若しくは当該権利の移転又は当該役務の提供に先立つて当該商品若しくは当該権利の代金又は当該役務の対価の全部又は一部を受領することとする電話勧誘販売をする場合において、郵便等により当該商品若しくは当該権利又は当該役務につき売買契約又は役務提供契約の申込みを受け、かつ、当該商品若しくは当該権利の代金又は当該役務の対価の全部又は一部を受領したときは、遅滞なく、主務省令で定めるところにより、その申込みを承諾する旨又は承諾しない旨（その受領前にその申込みを承諾する旨又は承諾しない旨をその申込みをした者に通知している場合には、その旨）その他の主務省令で定める事項をその者に書面により通知しなければならない。ただし、当該商品若しくは当該権利の代金又は当該役務の対価の全部又は一部を受領した後遅滞なく当該商品を送付し、若しくは当該権利を移転し、又は当該役務を提供したときは、この限りでない。

2　販売業者又は役務提供事業者は、前項の規

定による書面による通知に代えて、政令で定めるところにより、当該申込みをした者の承諾を得て、当該書面に記載すべき事項を電磁的方法により提供することができる。この場合において、当該販売業者又は当該役務提供事業者は、当該書面による通知をしたものとみなす。

（**禁止行為**）

第二十一条　販売業者又は役務提供事業者は、電話勧誘販売に係る売買契約若しくは役務提供契約の締結について勧誘をするに際し、又は電話勧誘販売に係る売買契約若しくは役務提供契約の申込みの撤回若しくは解除を妨げるため、次の事項につき、不実のことを告げる行為をしてはならない。

一　商品の種類及びその性能若しくは品質又は権利若しくは役務の種類及びこれらの内容その他これらに類するものとして主務省令で定める事項

二　商品若しくは権利の販売価格又は役務の対価

三　商品若しくは権利の代金又は役務の対価の支払の時期及び方法

四　商品の引渡時期若しくは権利の移転時期又は役務の提供時期

五　当該売買契約若しくは当該役務提供契約の申込みの撤回又は当該売買契約若しくは当該役務提供契約の解除に関する事項（第二十四条第一項から第七項までの規定に関する事項（第二十六条第二項、第四項又は第五項の規定の適用がある場合にあつては、当該各項の規定に関する事項を含む。）を含む。）

六　電話勧誘顧客が当該売買契約又は当該役務提供契約の締結を必要とする事情に関する事項

七　前各号に掲げるもののほか、当該売買契約又は当該役務提供契約に関する事項であつて、電話勧誘顧客又は購入者若しくは役務の提供を受ける者の判断に影響を及ぼすこととなる重要なもの

2　販売業者又は役務提供事業者は、電話勧誘販売に係る売買契約又は役務提供契約の締結について勧誘をするに際し、前項第一号から第五号までに掲げる事項につき、故意に事実を告げない行為をしてはならない。

3　販売業者又は役務提供事業者は、電話勧誘販売に係る売買契約若しくは役務提供契約を締結させ、又は電話勧誘販売に係る売買契約若しくは役務提供契約の申込みの撤回若しくは解除を妨げるため、人を威迫して困惑させてはならない。

（**合理的な根拠を示す資料の提出**）

第二十一条の二　主務大臣は、前条第一項第一号に掲げる事項につき不実のことを告げる行為をしたか否かを判断するため必要があると認めるときは、当該販売業者又は当該役務提供事業者に対し、期間を定めて、当該告げた事項の裏付けとなる合理的な根拠を示す資料の提出を求めることができる。この場合において、当該販売業者又は当該役務提供事業者が当該資料を提出しないときは、次条第一項及び第二十三条第一項の規定の適用については、当該販売業者又は当該役務提供事業者は、同号に掲げる事項につき不実のことを告げる行為をしたものとみなす。

（**指示等**）

第二十二条　主務大臣は、販売業者又は役務提供事業者が第十六条、第十七条、第十八条第一項、第十九条第一項若しくは第二項、第二十条第一項若しくは第二十一条の規定に違反し、又は次に掲げる行為をした場合において、電話勧誘販売に係る取引の公正及び購入者又は役務の提供を受ける者の利益が害されるおそれがあると認めるときは、その販売業者又は役務提供事業者に対し、当該違反又は当該行為の是正のための措置、購入者又は役務の提供を受ける者の利益の保護を図るための措置その他の必要な措置をとるべきことを指示することができる。

一　電話勧誘販売に係る売買契約若しくは役務提供契約に基づく債務又は電話勧誘販売に係る売買契約若しくは役務提供契約の解除によつて生ずる債務の全部又は一部の履行を拒否し、又は不当に遅延させること。

二　電話勧誘販売に係る売買契約又は役務提供契約の締結について勧誘をするに際し、当該売買契約又は当該役務提供契約に関する事項であつて、電話勧誘顧客の判断に影響を及ぼすこととなる重要なもの（第二十一条第一項第一号から第五号までに掲げるものを除く。）につき、故意に事実を告げないこと。

三　電話勧誘販売に係る売買契約又は役務提供契約の申込みの撤回又は解除を妨げるため、当該売買契約又は当該役務提供契約に関する事項であつて、電話勧誘顧客又は購入者若しくは役務の提供を受ける者の判断に影響を及ぼすこととなる重要なものにつ

き、故意に事実を告げないこと。

四　正当な理由がないのに電話勧誘販売に係る売買契約又は役務提供契約であつて日常生活において通常必要とされる分量を著しく超える商品若しくは特定権利（第二条第四項第一号に掲げるものに限る。）の売買契約又は日常生活において通常必要とされる回数、期間若しくは分量を著しく超えて役務の提供を受ける役務提供契約の締結について勧誘することその他電話勧誘顧客の財産の状況に照らし不適当と認められる行為として主務省令で定めるもの

五　前各号に掲げるもののほか、電話勧誘販売に関する行為であつて、電話勧誘販売に係る取引の公正及び購入者又は役務の提供を受ける者の利益を害するおそれがあるものとして主務省令で定めるもの

2　主務大臣は、前項の規定による指示をしたときは、その旨を公表しなければならない。

（販売業者等に対する業務の停止等）

第二十三条　主務大臣は、販売業者若しくは役務提供事業者が第十六条、第十七条、第十八条第一項、第十九条第一項若しくは第二項、第二十条第一項若しくは第二十一条の規定に違反し若しくは前条第一項各号に掲げる行為をした場合において電話勧誘販売に係る取引の公正及び購入者若しくは役務の提供を受ける者の利益が著しく害されるおそれがあると認めるとき、又は販売業者若しくは役務提供事業者が同項の規定による指示に従わないときは、その販売業者又は役務提供事業者に対し、二年以内の期間を限り、電話勧誘販売に関する業務の全部又は一部を停止すべきことを命ずることができる。この場合において、主務大臣は、その販売業者又は役務提供事業者が個人である場合にあつては、その者に対して、当該停止を命ずる期間と同一の期間を定めて、当該停止を命ずる範囲の業務を営む法人の当該業務を担当する役員となることの禁止を併せて命ずることができる。

2　主務大臣は、前項前段の規定により業務の停止を命ずる場合において、当該販売業者又は当該役務提供事業者が個人であり、かつ、その特定関係法人において、当該停止を命ずる範囲の業務と同一の業務を行つていると認められるときは、当該販売業者又は当該役務提供事業者に対して、当該停止を命ずる期間と同一の期間を定めて、その特定関係法人で行つている当該同一の業務を停止すべきことを命ずることができる。

3　主務大臣は、前二項の規定による命令をしたときは、その旨を公表しなければならない。

（役員等に対する業務の禁止等）

第二十三条の二　主務大臣は、販売業者又は役務提供事業者に対して前条第一項前段の規定により業務の停止を命ずる場合において、次の各号に掲げる場合の区分に応じ、当該各号に定める者が当該命令の理由となつた事実及び当該事実に関してその者が有していた責任の程度を考慮して当該命令の実効性を確保するためにその者による電話勧誘販売に関する業務を制限することが相当と認められる者として主務省令で定める者に該当するときは、その者に対して、当該停止を命ずる期間と同一の期間を定めて、当該停止を命ずる範囲の業務を新たに開始すること（当該業務を営む法人の当該業務を担当する役員となることを含む。）の禁止を命ずることができる。

一　当該販売業者又は当該役務提供事業者が法人である場合　その役員及び当該命令の日前一年以内においてその役員であつた者並びにその使用人及び当該命令の日前一年以内においてその使用人であつた者

二　当該販売業者又は当該役務提供事業者が個人である場合　その使用人及び当該命令の日前一年以内においてその使用人であつた者

2　主務大臣は、前項の規定により業務の禁止を命ずる役員又は使用人が、次の各号に掲げる者に該当するときは、当該役員又は当該使用人に対して、当該禁止を命ずる期間と同一の期間を定めて、その行つている当該各号に規定する同一の業務を停止すべきことを命ずることができる。

一　当該命令の理由となつた行為をしたと認められる販売業者又は役務提供事業者の特定関係法人において、当該命令により禁止を命ずる範囲の業務と同一の業務を行つていると認められる者

二　自ら販売業者又は役務提供事業者として当該命令により禁止を命ずる範囲の業務と同一の業務を行つていると認められる者

3　主務大臣は、前二項の規定による命令をしたときは、その旨を公表しなければならない。

（電話勧誘販売における契約の申込みの撤回等）

第二十四条　販売業者若しくは役務提供事業者

が電話勧誘行為により電話勧誘顧客から商品若しくは特定権利若しくは役務につき当該売買契約若しくは当該役務提供契約の申込みを郵便等により受けた場合におけるその申込みをした者又は販売業者若しくは役務提供事業者が電話勧誘行為により電話勧誘顧客と商品若しくは特定権利若しくは役務につき当該売買契約若しくは当該役務提供契約を郵便等により締結した場合におけるその購入者若しくは役務の提供を受ける者（以下この条から第二十四条の三までにおいて「申込者等」という。）は、書面又は電磁的記録によりその売買契約若しくは役務提供契約の申込みの撤回又はその売買契約若しくは役務提供契約の解除（以下この条において「申込みの撤回等」という。）を行うことができる。ただし、申込者等が第十九条第一項又は第二項の書面を受領した日（その日前に第十八条第一項の書面を受領した場合にあつては、その書面を受領した日）から起算して八日を経過した場合（申込者等が、販売業者若しくは役務提供事業者が第二十一条第一項の規定に違反して申込みの撤回等に関する事項につき不実のことを告げる行為をしたことにより当該告げられた内容が事実であるとの誤認をし、又は販売業者若しくは役務提供事業者が同条第三項の規定に違反して威迫したことにより困惑し、これらによつて当該期間を経過するまでに申込みの撤回等を行わなかつた場合には、当該申込者等が、当該販売業者又は当該役務提供事業者が主務省令で定めるところにより当該売買契約又は当該役務提供契約の申込みの撤回等を行うことができる旨を記載して交付した書面を受領した日から起算して八日を経過した場合）においては、この限りでない。

2　申込みの撤回等は、当該申込みの撤回等に係る書面又は電磁的記録による通知を発した時に、その効力を生ずる。

3　申込みの撤回等があつた場合においては、販売業者又は役務提供事業者は、その申込みの撤回等に伴う損害賠償又は違約金の支払を請求することができない。

4　申込みの撤回等があつた場合において、その売買契約に係る商品の引渡し又は権利の移転が既にされているときは、その引取り又は返還に要する費用は、販売業者の負担とする。

5　販売業者又は役務提供事業者は、商品若しくは特定権利の売買契約又は役務提供契約につき申込みの撤回等があつた場合には、既に当該売買契約に基づき引き渡された商品が使用され若しくは当該権利が行使され又は当該役務提供契約に基づき役務が提供されたときにおいても、申込者等に対し、当該商品の使用により得られた利益若しくは当該権利の行使により得られた利益に相当する金銭又は当該役務提供契約に係る役務の対価その他の金銭の支払を請求することができない。

6　役務提供事業者は、役務提供契約につき申込みの撤回等があつた場合において、当該役務提供契約に関連して金銭を受領しているときは、申込者等に対し、速やかに、これを返還しなければならない。

7　役務提供契約又は特定権利の売買契約の申込者等は、その役務提供契約又は売買契約につき申込みの撤回等を行つた場合において、当該役務提供契約又は当該特定権利に係る役務の提供に伴い申込者等の土地又は建物その他の工作物の現状が変更されたときは、当該役務提供事業者又は当該特定権利の販売業者に対し、その原状回復に必要な措置を無償で講ずることを請求することができる。

8　前各項の規定に反する特約で申込者等に不利なものは、無効とする。

（通常必要とされる分量を著しく超える商品の売買契約等の申込みの撤回等）

第二十四条の二　申込者等は、次に掲げる契約に該当する売買契約若しくは役務提供契約の申込みの撤回又は売買契約若しくは役務提供契約の解除（以下この条において「申込みの撤回等」という。）を行うことができる。ただし、申込者等に当該契約の締結を必要とする特別の事情があつたときは、この限りでない。

一　その日常生活において通常必要とされる分量を著しく超える商品若しくは特定権利（第二条第四項第一号に掲げるものに限る。次号において同じ。）の売買契約又はその日常生活において通常必要とされる回数、期間若しくは分量を著しく超えて役務の提供を受ける役務提供契約

二　当該販売業者又は役務提供事業者が、当該売買契約若しくは役務提供契約に基づく債務を履行することにより申込者等にとつて当該売買契約に係る商品若しくは特定権利と同種の商品若しくは特定権利の分量がその日常生活において通常必要とされる分量を著しく超えることとなること若しくは当該役務提供契約に係る役務と同種の役務

の提供を受ける回数若しくは期間若しくはその分量がその日常生活において通常必要とされる回数、期間若しくは分量を著しく超えることとなることを知り、又は申込者等にとつて当該売買契約に係る商品若しくは特定権利と同種の商品若しくは特定権利の分量がその日常生活において通常必要とされる分量を既に著しく超えていること若しくは当該役務提供契約に係る役務と同種の役務の提供を受ける回数若しくは期間若しくはその分量がその日常生活において通常必要とされる回数、期間若しくは分量を既に著しく超えていることを知りながら、申込みを受け、又は締結した売買契約又は役務提供契約

2 前項の規定による権利は、当該売買契約又は当該役務提供契約の締結の時から一年以内に行使しなければならない。

3 前条第三項から第八項までの規定は、第一項の規定による申込みの撤回等について準用する。この場合において、同条第八項中「前各項」とあるのは、「次条第一項及び第二項並びに同条第三項において準用する第三項から前項まで」と読み替えるものとする。

（電話勧誘販売における契約の申込み又はその承諾の意思表示の取消し）

第二十四条の三 申込者等は、販売業者又は役務提供事業者が電話勧誘販売に係る売買契約又は役務提供契約の締結について勧誘をするに際し次の各号に掲げる行為をしたことにより、当該各号に定める誤認をし、それによつて当該売買契約若しくは当該役務提供契約の申込み又はその承諾の意思表示をしたときは、これを取り消すことができる。

一 第二十一条第一項の規定に違反して不実のことを告げる行為　当該告げられた内容が事実であるとの誤認

二 第二十一条第二項の規定に違反して故意に事実を告げない行為　当該事実が存在しないとの誤認

2 第九条の三第二項から第五項までの規定は、前項の規定による電話勧誘販売に係る売買契約若しくは役務提供契約の申込み又はその承諾の意思表示の取消しについて準用する。

（電話勧誘販売における契約の解除等に伴う損害賠償等の額の制限）

第二十五条 販売業者又は役務提供事業者は、第十九条第一項各号のいずれかに該当する売買契約又は役務提供契約の締結をした場合において、その売買契約又はその役務提供契約が解除されたときは、損害賠償額の予定又は違約金の定めがあるときにおいても、次の各号に掲げる場合に応じ当該各号に定める額にこれに対する法定利率による遅延損害金の額を加算した金額を超える額の金銭の支払を購入者又は役務の提供を受ける者に対して請求することができない。

一 当該商品又は当該権利が返還された場合　当該商品の通常の使用料の額又は当該権利の行使により通常得られる利益に相当する額（当該商品又は当該権利の販売価格に相当する額から当該商品又は当該権利の返還された時における価額を控除した額が通常の使用料の額又は当該権利の行使により通常得られる利益に相当する額を超えるときは、その額）

二 当該商品又は当該権利が返還されない場合　当該商品又は当該権利の販売価格に相当する額

三 当該役務提供契約の解除が当該役務の提供の開始後である場合　提供された当該役務の対価に相当する額

四 当該契約の解除が当該商品の引渡し若しくは当該権利の移転又は当該役務の提供の開始前である場合　契約の締結及び履行のために通常要する費用の額

2 販売業者又は役務提供事業者は、第十九条第一項各号のいずれかに該当する売買契約又は役務提供契約の締結をした場合において、その売買契約についての代金又はその役務提供契約についての対価の全部又は一部の支払の義務が履行されない場合（売買契約又は役務提供契約が解除された場合を除く。）には、損害賠償額の予定又は違約金の定めがあるときにおいても、当該商品若しくは当該権利の販売価格又は当該役務の対価に相当する額から既に支払われた当該商品若しくは当該権利の代金又は当該役務の対価の額を控除した額にこれに対する法定利率による遅延損害金の額を加算した金額を超える額の金銭の支払を購入者又は役務の提供を受ける者に対して請求することができない。

第五節　雑則

（適用除外）

第二十六条 前三節の規定は、次の販売又は役務の提供で訪問販売、通信販売又は電話勧誘販売に該当するものについては、適用しな

い。

一　売買契約又は役務提供契約で、第二条第一項から第三項までに規定する売買契約若しくは役務提供契約の申込みをした者が営業のために若しくは営業として締結するもの又は購入者若しくは役務の提供を受ける者が営業のために若しくは営業として締結するものに係る販売又は役務の提供

二　本邦外に在る者に対する商品若しくは権利の販売又は役務の提供

三　国又は地方公共団体が行う販売又は役務の提供

四　次の団体がその直接又は間接の構成員に対して行う販売又は役務の提供（その団体が構成員以外の者にその事業又は施設を利用させることができる場合には、これらの者に対して行う販売又は役務の提供を含む。）

イ　特別の法律に基づいて設立された組合並びにその連合会及び中央会

ロ　国家公務員法（昭和二十二年法律第百二十号）第百八条の二又は地方公務員法（昭和二十五年法律第二百六十一号）第五十二条の団体

ハ　労働組合

五　事業者がその従業者に対して行う販売又は役務の提供

六　株式会社以外の者が発行する新聞紙の販売

七　弁護士が行う弁護士法（昭和二十四年法律第二百五号）第三条第一項に規定する役務の提供及び同法第三十条の二に規定する弁護士法人が行う同法第三条第一項又は第三十条の五に規定する役務の提供並びに外国弁護士による法律事務の取扱い等に関する法律（昭和六十一年法律第六十六号）第二条第四号に規定する外国法事務弁護士が行う同法第三条第一項、第五条第一項、第六条第一項又は第七条に規定する役務の提供、同法第二条第五号に規定する外国法事務弁護士法人が行う同法第五十九条に規定する役務の提供及び同法第二条第六号に規定する弁護士・外国法事務弁護士共同法人が行う弁護士法第三条第一項又は外国弁護士による法律事務の取扱い等に関する法律第七十一条に規定する役務の提供

八　次に掲げる販売又は役務の提供

イ　金融商品取引法（昭和二十三年法律第二十五号）第二条第九項に規定する金融商品取引業者が行う同条第八項に規定する金融商品取引業に係る販売又は役務の提供、同条第十二項に規定する金融商品仲介業者が行う同条第十一項に規定する金融商品仲介業に係る役務の提供、同項に規定する登録金融機関が行う同法第三十三条の三第一項第六号イに規定する登録金融機関業務に係る販売又は役務の提供、同法第七十九条の十に規定する認定投資者保護団体が行う同法第七十九条の七第一項各号に掲げる業務に係る役務の提供及び同法第二条第三十項に規定する証券金融会社が行う同法第百五十六条の二十四第一項に規定する業務又は同法第百五十六条の二十七第一項各号に掲げる業務に係る役務の提供

ロ　宅地建物取引業法（昭和二十七年法律第百七十六号）第二条第三号に規定する宅地建物取引業者（信託会社又は金融機関の信託業務の兼営等に関する法律（昭和十八年法律第四十三号）第一条第一項の認可を受けた金融機関であつて、宅地建物取引業法第二条第二号に規定する宅地建物取引業を営むものを含む。）が行う同条第二号に規定する商品の販売又は役務の提供

ハ　旅行業法（昭和二十七年法律第二百三十九号）第六条の四第一項に規定する旅行業者及び同条第三項に規定する旅行業者代理業者が行う同法第二条第三項に規定する役務の提供

ニ　イからハまでに掲げるもののほか、他の法律の規定によつて訪問販売、通信販売又は電話勧誘販売における商品若しくは特定権利の売買契約又は役務提供契約について、その勧誘若しくは広告の相手方、その申込みをした者又は購入者若しくは役務の提供を受ける者の利益を保護することができると認められる販売又は役務の提供として政令で定めるもの

2　第九条から第九条の三まで、第十五条の三、第十五条の四及び第二十四条から第二十四条の三までの規定は、会社法（平成十七年法律第八十六号）その他の法律により詐欺又は強迫を理由として取消しをすることができないものとされている株式若しくは出資の引受け又は基金の拠出としてされた特定権利の販売で訪問販売、通信販売又は電話勧誘販売に該当するものについては、適用しない。

3　第四条、第五条、第九条、第十八条、第十

九条及び第二十四条の規定は、その全部の履行が契約の締結後直ちに行われることが通例である役務の提供として政令で定めるものであつて、訪問販売又は電話勧誘販売に該当するものの全部又は一部が、契約の締結後直ちに履行された場合（主務省令で定める場合に限る。）については、適用しない。

4　第九条及び第二十四条の規定は、次の販売又は役務の提供で訪問販売又は電話勧誘販売に該当するものについては、適用しない。

一　その販売条件又は役務の提供条件についての交渉が、販売業者又は役務提供事業者と購入者又は役務の提供を受ける者との間で相当の期間にわたり行われることが通常の取引の態様である商品又は役務として政令で定めるものの販売又は提供

二　契約の締結後速やかに提供されない場合には、その提供を受ける者の利益を著しく害するおそれがある役務として政令で定める役務の提供

5　第九条及び第二十四条の規定は、訪問販売又は電話勧誘販売に該当する販売又は役務の提供が次に掲げる場合に該当する場合における当該販売又は役務の提供については、適用しない。

一　第九条第一項に規定する申込者等又は第二十四条第一項に規定する申込者等が第四条第一項若しくは第五条第一項若しくは第二項又は第十八条第一項若しくは第十九条第一項若しくは第二項の書面を受領した場合において、その使用若しくは一部の消費により価額が著しく減少するおそれがある商品として政令で定めるものを使用し又はその全部若しくは一部を消費したとき（当該販売業者が当該申込者等に当該商品を使用させ、又はその全部若しくは一部を消費させた場合を除く。）。

二　第九条第一項に規定する申込者等又は第二十四条第一項に規定する申込者等が第四条第一項若しくは第五条第一項若しくは第二項又は第十八条第一項若しくは第十九条第一項若しくは第二項の書面を受領した場合において、相当の期間品質を保持することが難しく、品質の低下により価額が著しく減少するおそれがある商品として政令で定めるものを引き渡されたとき。

三　第五条第二項又は第十九条第二項に規定する場合において、当該売買契約に係る商品若しくは特定権利の代金又は当該役務提供契約に係る役務の対価の総額が政令で定める金額に満たないとき。

6　第四条から第十条までの規定は、次の訪問販売については、適用しない。

一　その住居において売買契約若しくは役務提供契約の申込みをし又は売買契約若しくは役務提供契約を締結することを請求した者に対して行う訪問販売

二　販売業者又は役務提供事業者がその営業所等以外の場所において商品若しくは特定権利若しくは役務につき売買契約若しくは役務提供契約の申込みを受け又は売買契約若しくは役務提供契約を締結することが通例であり、かつ、通常購入者又は役務の提供を受ける者の利益を損なうおそれがないと認められる取引の態様で政令で定めるものに該当する訪問販売

7　第十八条、第十九条及び第二十一条から前条までの規定は、次の電話勧誘販売については、適用しない。

一　売買契約若しくは役務提供契約の申込みをし又は売買契約若しくは役務提供契約を締結するために電話をかけることを請求した者（電話勧誘行為又は政令で定める行為によりこれを請求した者を除く。）に対して行う電話勧誘販売

二　販売業者又は役務提供事業者が電話勧誘行為により商品若しくは特定権利若しくは役務につき当該売買契約若しくは当該役務提供契約の申込みを郵便等により受け又は当該売買契約若しくは当該役務提供契約を郵便等により締結することが通例であり、かつ、通常購入者又は役務の提供を受ける者の利益を損なうおそれがないと認められる取引の態様で政令で定めるものに該当する電話勧誘販売

8　第十条及び前条の規定は、割賦販売（割賦販売法（昭和三十六年法律第百五十九号）第二条第一項に規定する割賦販売をいう。以下同じ。）で訪問販売又は電話勧誘販売に該当するものについては、適用しない。

9　第十一条及び第十三条の規定は、割賦販売等（割賦販売、割賦販売法第二条第二項に規定するローン提携販売、同条第三項に規定する包括信用購入あつせん又は同条第四項に規定する個別信用購入あつせんに係る販売をいう。次項において同じ。）で通信販売に該当するものについては、適用しない。

10　第二十条の規定は、割賦販売等で電話勧誘販売に該当するものについては、適用しな

い。

（訪問販売協会）

第二十七条　その名称中に訪問販売協会という文字を用いる一般社団法人は、訪問販売に係る取引を公正にし、並びに購入者及び役務の提供を受ける者の利益を保護するとともに、訪問販売の事業の健全な発展に資することを目的とし、かつ、訪問販売を業として営む者を社員とする旨の定款の定めがあるものに限り、設立することができる。

２　前項に規定する定款の定めは、これを変更することができない。

（協会への加入の制限等）

第二十七条の二　前条第一項の一般社団法人（以下「訪問販売協会」という。）は、その定款において、第八条第一項の規定により訪問販売に関する業務の全部若しくは一部の停止を命ぜられた者又は第二十九条の三に規定する定款の定めによつて当該訪問販売協会から除名の処分を受けた者については、その者が社員として加入することを拒否することができる旨を定めなければならない。

２　訪問販売協会は、社員の名簿を公衆の縦覧に供しなければならない。

（成立の届出）

第二十七条の三　訪問販売協会は、成立したときは、成立の日から二週間以内に、登記事項証明書及び定款の写しを添えて、その旨を主務大臣に届け出なければならない。

２　主務大臣は、前項の規定による届出があつたときは、その旨を公示しなければならない。

（変更の届出）

第二十七条の四　訪問販売協会は、その名称、住所、定款その他の主務省令で定める事項について変更があつたときは、当該変更の日から二週間以内に、その旨を主務大臣に届け出なければならない。

２　前条第二項の規定は、前項の規定による届出について準用する。

（名称の使用制限）

第二十八条　訪問販売協会でない者は、その名称又は商号中に、訪問販売協会であると誤認されるおそれのある文字を用いてはならない。

２　訪問販売協会に加入していない者は、その名称又は商号中に、訪問販売協会会員であると誤認されるおそれのある文字を用いてはならない。

（購入者等の利益の保護に関する措置）

第二十九条　訪問販売協会は、購入者又は役務の提供を受ける者等から会員の営む訪問販売の業務に関する苦情について解決の申出があつたときは、その相談に応じ、申出人に必要な助言をし、その苦情に係る事情を調査するとともに、当該会員に対しその苦情の内容を通知してその迅速な処理を求めなければならない。

２　訪問販売協会は、前項の申出に係る苦情の解決について必要があると認めるときは、当該会員に対し、文書若しくは口頭による説明を求め、又は資料の提出を求めることができる。

３　会員は、訪問販売協会から前項の規定による求めがあつたときは、正当な理由がないのに、これを拒んではならない。

４　訪問販売協会は、第一項の申出、当該苦情に係る事情及びその解決の結果について会員に周知させなければならない。

第二十九条の二　訪問販売協会は、会員の営む訪問販売の業務に係る売買契約若しくは役務提供契約をこの法律の規定により解除し、又は会員の営む訪問販売の業務に係る売買契約若しくは役務提供契約の申込み若しくはその承諾の意思表示をこの法律の規定により取り消して当該会員に支払つた金銭の返還を請求した者に対し、正当な理由なくその金銭の返還がされない場合に、その者に対し、一定の金額の金銭を交付する業務を行うものとする。

２　訪問販売協会は、前項の業務に関する基金を設け、この業務に要する費用に充てることを条件として会員から出えんされた金額の合計額をもつてこれに充てるものとする。

３　訪問販売協会は、定款において、第一項の業務の実施の方法を定めておかなければならない。

４　訪問販売協会は、前項の規定により業務の実施の方法を定めたときは、これを公表しなければならない。これを変更したときも、同様とする。

（社員に対する処分）

第二十九条の三　訪問販売協会は、その定款において、社員が、この法律の規定又はこの法律の規定に基づく処分に違反する行為をした場合に、当該社員に対し、過怠金を課し、定款に定める社員の権利の停止若しくは制限を命じ、又は除名する旨を定めなければならない。

（**情報の提供等**）
第二十九条の四　主務大臣は、訪問販売協会に対し、第二十九条及び第二十九条の二に規定する業務の実施に関し必要な情報及び資料の提供又は指導及び助言を行うものとする。

（**訪問販売協会の業務の監督**）
第二十九条の五　訪問販売協会の業務は、主務大臣の監督に属する。
2　主務大臣は、業務の適正な実施を確保するため必要があると認めるときは、この法律の規定の施行に必要な限度において、当該業務及び訪問販売協会の財産の状況を検査し、又は訪問販売協会に対し、その改善に必要な措置をとるべきことを命ずることができる。
3　主務大臣は、前項の命令をした場合において、購入者又は役務の提供を受ける者の利益を保護するため特に必要があると認めるときは、当該命令をした旨を公表することができる。

（**通信販売協会**）
第三十条　その名称中に通信販売協会という文字を用いる一般社団法人は、通信販売に係る取引を公正にし、並びに購入者及び役務の提供を受ける者の利益を保護するとともに、通信販売の事業の健全な発展に資することを目的とし、かつ、通信販売を業として営む者を社員とする旨の定款の定めがあるものに限り、設立することができる。
2　前項に規定する定款の定めは、これを変更することができない。

（**成立の届出**）
第三十条の二　前条第一項の一般社団法人（以下「通信販売協会」という。）は、成立したときは、成立の日から二週間以内に、登記事項証明書及び定款の写しを添えて、その旨を主務大臣に届け出なければならない。
2　主務大臣は、前項の規定による届出があつたときは、その旨を公示しなければならない。

（**変更の届出**）
第三十条の三　通信販売協会は、その名称、住所その他の主務省令で定める事項について変更があつたときは、当該変更の日から二週間以内に、その旨を主務大臣に届け出なければならない。
2　前条第二項の規定は、前項の規定による届出について準用する。

（**名称の使用制限**）
第三十一条　通信販売協会でない者は、その名称又は商号中に、通信販売協会であると誤認されるおそれのある文字を用いてはならない。
2　通信販売協会に加入していない者は、その名称又は商号中に、通信販売協会会員であると誤認されるおそれのある文字を用いてはならない。

（**苦情の解決**）
第三十二条　通信販売協会は、購入者又は役務の提供を受ける者等から会員の営む通信販売の業務に関する苦情について解決の申出があつたときは、その相談に応じ、申出人に必要な助言をし、その苦情に係る事情を調査するとともに、当該会員に対しその苦情の内容を通知してその迅速な処理を求めなければならない。
2　通信販売協会は、前項の申出に係る苦情の解決について必要があると認めるときは、当該会員に対し、文書若しくは口頭による説明を求め、又は資料の提出を求めることができる。
3　会員は、通信販売協会から前項の規定による求めがあつたときは、正当な理由がないのに、これを拒んではならない。
4　通信販売協会は、第一項の申出、当該苦情に係る事情及びその解決の結果について会員に周知させなければならない。

（**通信販売協会の業務の監督**）
第三十二条の二　通信販売協会の業務は、主務大臣の監督に属する。
2　主務大臣は、前条の業務の適正な実施を確保するため必要があると認めるときは、いつでも、当該業務及び通信販売協会の財産の状況を検査し、又は通信販売協会に対し、当該業務に関し監督上必要な命令をすることができる。
3　主務大臣は、前項の命令をした場合において、購入者又は役務の提供を受ける者の利益を保護するため特に必要があると認めるときは、当該命令をした旨を公表することができる。

第三章　連鎖販売取引

（**定義**）
第三十三条　この章並びに第五十八条の二十一第一項及び第三項並びに第六十七条第一項において「連鎖販売業」とは、物品（施設を利用し又は役務の提供を受ける権利を含む。以下この章及び第五章において同じ。）の販売（そのあつせんを含む。）又は有償で行う役務の提供（そのあつせんを含む。）の事業であつて、販売の目的物たる物品（以下この章及び第五十八条の二十一第一項第一号イにおいて「商品」という。）の再販売（販売の相手方が商品を買い受けて販売することをいう。以下同じ。）、受託販売（販売の委託を受けて商品を販売することをいう。以下同じ。）若しくは販売のあつせんをする者又は同種役務の提供（その役務と同一の種類の役務の提供をすることをいう。以下同じ。）若しくはその役務の提供のあつせんをする者を特定利益（その商品の再販売、受託販売若しくは販売のあつせんをする他の者又は同種役務の提供若しくはその役務の提供のあつせんをする他の者が提供する取引料その他の主務省令で定める要件に該当する利益の全部又は一部をいう。以下この章及び第五十八条の二十一第一項第四号において同じ。）を収受し得ることをもつて誘引し、その者と特定負担（その商品の購入若しくはその役務の対価の支払又は取引料の提供をいう。以下この章及び第五十八条の二十一第一項第四号において同じ。）を伴うその商品の販売若しくはそのあつせん又は同種役務の提供若しくはその役務の提供のあつせんに係る取引（その取引条件の変更を含む。以下「連鎖販売取引」という。）をするものをいう。

2　この章並びに第五十八条の二十一、第五十八条の二十六第一項、第六十六条第一項及び第六十七条第一項において「統括者」とは、連鎖販売業に係る商品に自己の商標を付し、若しくは連鎖販売業に係る役務の提供について自己の商号その他特定の表示を使用させ、連鎖販売取引に関する約款を定め、又は連鎖販売業を行う者の経営に関し継続的に指導を行う等一連の連鎖販売業を実質的に統括する者をいう。

3　この章において「取引料」とは、取引料、加盟料、保証金その他いかなる名義をもつてするかを問わず、取引をするに際し、又は取引条件を変更するに際し提供される金品をいう。

（連鎖販売取引における氏名等の明示）

第三十三条の二　統括者、勧誘者（統括者がその統括する一連の連鎖販売業に係る連鎖販売取引について勧誘を行わせる者をいう。以下同じ。）又は一般連鎖販売業者（統括者又は勧誘者以外の者であつて、連鎖販売業を行う者をいう。以下同じ。）は、その統括者の統括する一連の連鎖販売業に係る連鎖販売取引をしようとするときは、その勧誘に先立つて、その相手方に対し、統括者、勧誘者又は一般連鎖販売業者の氏名又は名称（勧誘者又は一般連鎖販売業者にあつては、その連鎖販売業に係る統括者の氏名又は名称を含む。）、特定負担を伴う取引についての契約の締結について勧誘をする目的である旨及び当該勧誘に係る商品又は役務の種類を明らかにしなければならない。

（禁止行為）

第三十四条　統括者又は勧誘者は、その統括者の統括する一連の連鎖販売業に係る連鎖販売取引についての契約（その連鎖販売業に係る商品の販売若しくはそのあつせん又は役務の提供若しくはそのあつせんを店舗その他これに類似する設備（以下「店舗等」という。）によらないで行う個人との契約に限る。以下この条及び第三十八条第三項第二号において同じ。）の締結について勧誘をするに際し、又はその連鎖販売業に係る連鎖販売取引についての契約の解除を妨げるため、次の事項につき、故意に事実を告げず、又は不実のことを告げる行為をしてはならない。

一　商品（施設を利用し及び役務の提供を受ける権利を除く。）の種類及びその性能若しくは品質又は施設を利用し若しくは役務の提供を受ける権利若しくは役務の種類及びこれらの内容その他これらに類するものとして主務省令で定める事項

二　当該連鎖販売取引に伴う特定負担に関する事項

三　当該契約の解除に関する事項（第四十条第一項から第三項まで及び第四十条の二第一項から第五項までの規定に関する事項を含む。）

四　その連鎖販売業に係る特定利益に関する事項

五　前各号に掲げるもののほか、その連鎖販売業に関する事項であつて、連鎖販売取引の相手方の判断に影響を及ぼすこととなる重要なもの

2　一般連鎖販売業者は、その統括者の統括する一連の連鎖販売業に係る連鎖販売取引についての契約の締結について勧誘をするに際し、又はその連鎖販売業に係る連鎖販売取引についての契約の解除を妨げるため、前項各号の事項につき、不実のことを告げる行為をしてはならない。

3　統括者、勧誘者又は一般連鎖販売業者は、

消費生活

その統括者の統括する一連の連鎖販売業に係る連鎖販売取引についての契約を締結させ、又はその連鎖販売業に係る連鎖販売取引についての契約の解除を妨げるため、人を威迫して困惑させてはならない。

4　統括者、勧誘者又は一般連鎖販売業者は、特定負担を伴う取引についての契約の締結について勧誘をするためのものであることを告げずに営業所、代理店その他の主務省令で定める場所以外の場所において呼び止めて同行させることその他政令で定める方法により誘引した者に対し、公衆の出入りする場所以外の場所において、当該契約の締結について勧誘をしてはならない。

（**合理的な根拠を示す資料の提出**）

第三十四条の二　主務大臣は、前条第一項第一号又は第四号に掲げる事項につき不実のことを告げる行為をしたか否かを判断するため必要があると認めるときは、当該統括者、当該勧誘者又は当該一般連鎖販売業者に対し、期間を定めて、当該告げた事項の裏付けとなる合理的な根拠を示す資料の提出を求めることができる。この場合において、当該統括者、当該勧誘者又は当該一般連鎖販売業者が当該資料を提出しないときは、第三十八条第一項から第三項まで及び第三十九条第一項の規定の適用については、当該統括者、当該勧誘者又は当該一般連鎖販売業者は、前条第一項第一号又は第四号に掲げる事項につき不実のことを告げる行為をしたものとみなす。

（**連鎖販売取引についての広告**）

第三十五条　統括者、勧誘者又は一般連鎖販売業者は、その統括者の統括する一連の連鎖販売業に係る連鎖販売取引について広告をするときは、主務省令で定めるところにより、当該広告に、その連鎖販売業に関する次の事項を表示しなければならない。

一　商品又は役務の種類

二　当該連鎖販売取引に伴う特定負担に関する事項

三　その連鎖販売業に係る特定利益について広告をするときは、その計算の方法

四　前三号に掲げるもののほか、主務省令で定める事項

（**誇大広告等の禁止**）

第三十六条　統括者、勧誘者又は一般連鎖販売業者は、その統括者の統括する一連の連鎖販売業に係る連鎖販売取引について広告をするときは、その連鎖販売業に係る商品（施設を利用し及び役務の提供を受ける権利を除く。）の性能若しくは品質又は施設を利用し若しくは役務の提供を受ける権利若しくは役務の内容、当該連鎖販売取引に伴う特定負担、当該連鎖販売業に係る特定利益その他の主務省令で定める事項について、著しく事実に相違する表示をし、又は実際のものよりも著しく優良であり、若しくは有利であると人を誤認させるような表示をしてはならない。

（**合理的な根拠を示す資料の提出**）

第三十六条の二　主務大臣は、前条に規定する表示に該当するか否かを判断するため必要があると認めるときは、当該表示をした統括者、勧誘者又は一般連鎖販売業者に対し、期間を定めて、当該表示の裏付けとなる合理的な根拠を示す資料の提出を求めることができる。この場合において、当該統括者、当該勧誘者又は当該一般連鎖販売業者が当該資料を提出しないときは、第三十八条第一項から第三項まで及び第三十九条第一項の適用については、当該表示は、前条に規定する表示に該当するものとみなす。

（**承諾をしていない者に対する電子メール広告の提供の禁止等**）

第三十六条の三　統括者、勧誘者又は一般連鎖販売業者は、次に掲げる場合を除き、その統括者の統括する一連の連鎖販売業に係る連鎖販売取引について、その相手方となる者の承諾を得ないで電子メール広告をしてはならない。

一　相手方となる者の請求に基づき、その統括者の統括する一連の連鎖販売業に係る連鎖販売取引に係る電子メール広告（以下この章において「連鎖販売取引電子メール広告」という。）をするとき。

二　前号に掲げるもののほか、通常連鎖販売取引電子メール広告の提供を受ける者の利益を損なうおそれがないと認められる場合として主務省令で定める場合において、連鎖販売取引電子メール広告をするとき。

2　前項に規定する承諾を得、又は同項第一号に規定する請求を受けた統括者、勧誘者又は一般連鎖販売業者は、当該連鎖販売取引電子メール広告の相手方から連鎖販売取引電子メール広告の提供を受けない旨の意思の表示を受けたときは、当該相手方に対し、連鎖販売取引電子メール広告をしてはならない。ただし、当該意思の表示を受けた後に再び連鎖販売取引電子メール広告をすることにつき当該相手方から請求を受け、又は当該相手方の

承諾を得た場合には、この限りでない。

3　統括者、勧誘者又は一般連鎖販売業者は、連鎖販売取引電子メール広告をするときは、第一項第二号に掲げる場合を除き、当該連鎖販売取引電子メール広告をすることにつきその相手方の承諾を得、又はその相手方から請求を受けたことの記録として主務省令で定めるものを作成し、主務省令で定めるところによりこれを保存しなければならない。

4　統括者、勧誘者又は一般連鎖販売業者は、連鎖販売取引電子メール広告をするときは、第一項第二号に掲げる場合を除き、当該連鎖販売取引電子メール広告に、第三十五条各号に掲げる事項のほか、主務省令で定めるところにより、その相手方が連鎖販売取引電子メール広告の提供を受けない旨の意思の表示をするために必要な事項として主務省令で定めるものを表示しなければならない。

5　前二項の規定は、統括者、勧誘者又は一般連鎖販売業者が他の者に次に掲げる業務の全てにつき一括して委託しているときは、その委託に係る連鎖販売取引電子メール広告については、適用しない。

一　連鎖販売取引電子メール広告をすることにつきその相手方の承諾を得、又はその相手方から請求を受ける業務

二　第三項に規定する記録を作成し、及び保存する業務

三　前項に規定する連鎖販売取引電子メール広告の提供を受けない旨の意思の表示をするために必要な事項を表示する業務

第三十六条の四　統括者、勧誘者又は一般連鎖販売業者から前条第五項各号に掲げる業務の全てにつき一括して委託を受けた者（以下この章並びに第六十六条第六項及び第六十七条第一項第四号において「連鎖販売取引電子メール広告受託事業者」という。）は、次に掲げる場合を除き、当該業務を委託した統括者、勧誘者又は一般連鎖販売業者（以下この条において「連鎖販売取引電子メール広告委託者」という。）が行うその統括する一連の連鎖販売業に係る連鎖販売取引について、その相手方となる者の承諾を得ないで連鎖販売取引電子メール広告をしてはならない。

一　相手方となる者の請求に基づき、連鎖販売取引電子メール広告委託者に係る連鎖販売取引電子メール広告をするとき。

二　前号に掲げるもののほか、通常連鎖販売取引電子メール広告委託者に係る連鎖販売取引電子メール広告の提供を受ける者の利益を損なうおそれがないと認められる場合として主務省令で定める場合において、連鎖販売取引電子メール広告委託者に係る連鎖販売取引電子メール広告をするとき。

2　前条第二項から第四項までの規定は、連鎖販売取引電子メール広告受託事業者による連鎖販売取引電子メール広告委託者に係る連鎖販売取引電子メール広告について準用する。この場合において、同条第三項及び第四項中「第一項第二号」とあるのは、「次条第一項第二号」と読み替えるものとする。

（連鎖販売取引における書面の交付）

第三十七条　連鎖販売業を行う者（連鎖販売業を行う者以外の者がその連鎖販売業に係る連鎖販売取引に伴う特定負担についての契約を締結する者であるときは、その者。第三項において同じ。）は、連鎖販売取引に伴う特定負担をしようとする者（その連鎖販売業に係る商品の販売若しくはそのあつせん又は役務の提供若しくはそのあつせんを店舗等によらないで行う個人に限る。）とその特定負担についての契約を締結しようとするときは、その契約を締結するまでに、主務省令で定めるところにより、その連鎖販売業の概要について記載した書面をその者に交付しなければならない。

2　連鎖販売業を行う者は、その連鎖販売業に係る連鎖販売取引についての契約（以下この章において「連鎖販売契約」という。）を締結した場合において、その連鎖販売契約の相手方がその連鎖販売業に係る商品の販売若しくはそのあつせん又は役務の提供若しくはそのあつせんを店舗等によらないで行う個人であるときは、遅滞なく、主務省令で定めるところにより、次の事項についてその連鎖販売契約の内容を明らかにする書面をその者に交付しなければならない。

一　商品（施設を利用し及び役務の提供を受ける権利を除く。）の種類及びその性能若しくは品質又は施設を利用し若しくは役務の提供を受ける権利若しくは役務の種類及びこれらの内容に関する事項

二　商品の再販売、受託販売若しくは販売のあつせん又は同種役務の提供若しくは役務の提供のあつせんについての条件に関する事項

三　当該連鎖販売取引に伴う特定負担に関する事項

四　当該連鎖販売契約の解除に関する事項（第四十条第一項から第三項まで及び第四十条の二第一項から第五項までの規定に関する事項を含む。）

五　前各号に掲げるもののほか、主務省令で定める事項

3　連鎖販売業を行う者は、前二項の規定による書面の交付に代えて、政令で定めるところにより、当該連鎖販売取引に伴う特定負担をしようとする者又は当該連鎖販売契約の相手方の承諾を得て、当該書面に記載すべき事項を電磁的方法により提供することができる。この場合において、当該連鎖販売業を行う者は、当該書面を交付したものとみなす。

4　前項前段の規定による第二項の書面に記載すべき事項の電磁的方法（主務省令で定める方法を除く。）による提供は、当該連鎖販売契約の相手方の使用に係る電子計算機に備えられたファイルへの記録がされた時に当該連鎖販売契約の相手方に到達したものとみなす。

（**指示等**）

第三十八条　主務大臣は、統括者が第三十三条の二、第三十四条第一項、第三項若しくは第四項、第三十五条、第三十六条、第三十六条の三（第五項を除く。）若しくは前条第一項若しくは第二項の規定に違反し若しくは次に掲げる行為をした場合又は勧誘者が第三十三条の二、第三十四条第一項、第三項若しくは第四項、第三十五条、第三十六条若しくは第三十六条の三（第五項を除く。）の規定に違反し若しくは第二号から第四号までに掲げる行為をした場合において連鎖販売取引の公正及び連鎖販売取引の相手方の利益が害されるおそれがあると認めるときは、その統括者に対し、当該違反又は当該行為の是正のための措置、連鎖販売取引の相手方の利益の保護を図るための措置その他の必要な措置をとるべきことを指示することができる。

一　その連鎖販売業に係る連鎖販売契約に基づく債務又はその解除によつて生ずる債務の全部又は一部の履行を拒否し、又は不当に遅延させること。

二　その統括者の統括する一連の連鎖販売業に係る連鎖販売取引につき利益を生ずることが確実であると誤解させるべき断定的判断を提供してその連鎖販売業に係る連鎖販売契約（その連鎖販売業に係る商品の販売若しくはそのあつせん又は役務の提供若しくはそのあつせんを店舗等によらないで行う個人との契約に限る。次号において同じ。）の締結について勧誘をすること。

三　その統括者の統括する一連の連鎖販売業に係る連鎖販売契約を締結しない旨の意思を表示している者に対し、当該連鎖販売契約の締結について迷惑を覚えさせるような仕方で勧誘をすること。

四　前三号に掲げるもののほか、その統括者の統括する一連の連鎖販売業に係る連鎖販売契約に関する行為であつて、連鎖販売取引の公正及び連鎖販売取引の相手方の利益を害するおそれがあるものとして主務省令で定めるもの

2　主務大臣は、勧誘者が第三十三条の二、第三十四条第一項、第三項若しくは第四項、第三十五条、第三十六条、第三十六条の三（第五項を除く。）若しくは前条第一項若しくは第二項の規定に違反し、又は前項各号に掲げる行為をした場合において連鎖販売取引の公正及び連鎖販売取引の相手方の利益が害されるおそれがあると認めるときは、その勧誘者に対し、当該違反又は当該行為の是正のための措置、連鎖販売取引の相手方の利益の保護を図るための措置その他の必要な措置をとるべきことを指示することができる。

3　主務大臣は、一般連鎖販売業者が第三十三条の二、第三十四条第二項から第四項まで、第三十五条、第三十六条、第三十六条の三（第五項を除く。）若しくは前条第一項若しくは第二項の規定に違反し、又は次に掲げる行為をした場合において連鎖販売取引の公正及び連鎖販売取引の相手方の利益が害されるおそれがあると認めるときは、その一般連鎖販売業者に対し、当該違反又は当該行為の是正のための措置、連鎖販売取引の相手方の利益の保護を図るための措置その他の必要な措置をとるべきことを指示することができる。

一　第一項各号に掲げる行為

二　その統括者の統括する一連の連鎖販売業に係る連鎖販売取引についての契約の締結について勧誘をするに際し、又はその連鎖販売業に係る連鎖販売取引についての契約の解除を妨げるため、その連鎖販売業に関する事項であつて、連鎖販売取引の相手方の判断に影響を及ぼすこととなる重要なものにつき、故意に事実を告げないこと。

4　主務大臣は、連鎖販売取引電子メール広告受託事業者が第三十六条の四第一項又は同条第二項において準用する第三十六条の三第二

項から第四項までの規定に違反した場合において、連鎖販売取引の公正及び連鎖販売取引の相手方の利益が害されるおそれがあると認めるときは、その連鎖販売取引電子メール広告受託事業者に対し、必要な措置をとるべきことを指示することができる。

5　主務大臣は、第一項から第三項までの規定による指示をしたときは、その旨を公表しなければならない。

6　主務大臣は、第四項の規定による指示をしたときは、その旨を公表しなければならない。

（統括者等に対する連鎖販売取引の停止等）

第三十九条　主務大臣は、統括者が第三十三条の二、第三十四条第一項、第三項若しくは第四項、第三十五条、第三十六条、第三十六条の三（第五項を除く。）若しくは第三十七条第一項若しくは第二項の規定に違反し若しくは前条第一項各号に掲げる行為をした場合若しくは勧誘者が第三十三条の二、第三十四条第一項、第三項若しくは第四項、第三十五条、第三十六条若しくは第三十六条の三（第五項を除く。）の規定に違反し若しくは前条第一項第二号から第四号までに掲げる行為をした場合において連鎖販売取引の公正及び連鎖販売取引の相手方の利益が著しく害されるおそれがあると認めるとき、又は統括者が同項の規定による指示に従わないときは、その統括者に対し、二年以内の期間を限り、当該連鎖販売業に係る連鎖販売取引について勧誘を行い若しくは勧誘者に行わせることを停止し、又はその行う連鎖販売取引の全部若しくは一部を停止すべきことを命ずることができる。この場合において、主務大臣は、その統括者が個人である場合にあつては、その者に対して、当該停止を命ずる期間と同一の期間を定めて、当該停止を命ずる範囲の連鎖販売取引に係る業務を営む法人の当該業務を担当する役員となることの禁止を併せて命ずることができる。

2　主務大臣は、勧誘者が第三十三条の二、第三十四条第一項、第三項若しくは第四項、第三十五条、第三十六条、第三十六条の三（第五項を除く。）若しくは第三十七条第一項若しくは第二項の規定に違反し若しくは前条第一項各号に掲げる行為をした場合において連鎖販売取引の公正及び連鎖販売取引の相手方の利益が著しく害されるおそれがあると認めるとき、又は勧誘者が同条第二項の規定による指示に従わないときは、その勧誘者に対し、二年以内の期間を限り、当該連鎖販売業に係る連鎖販売取引について勧誘を行うことを停止し、又はその行う連鎖販売取引の全部若しくは一部を停止すべきことを命ずることができる。この場合において、主務大臣は、その勧誘者が個人である場合にあつては、その者に対して、当該停止を命ずる期間と同一の期間を定めて、当該停止を命ずる範囲の連鎖販売取引に係る業務を営む法人の当該業務を担当する役員となることの禁止を併せて命ずることができる。

3　主務大臣は、一般連鎖販売業者が第三十三条の二、第三十四条第二項から第四項まで、第三十五条、第三十六条、第三十六条の三（第五項を除く。）若しくは第三十七条第一項若しくは第二項の規定に違反し若しくは前条第三項各号に掲げる行為をした場合において連鎖販売取引の公正及び連鎖販売取引の相手方の利益が著しく害されるおそれがあると認めるとき、又は一般連鎖販売業者が同項の規定による指示に従わないときは、その一般連鎖販売業者に対し、二年以内の期間を限り、当該連鎖販売業に係る連鎖販売取引について勧誘を行うことを停止し、又はその行う連鎖販売取引の全部若しくは一部を停止すべきことを命ずることができる。この場合において、主務大臣は、その一般連鎖販売業者が個人である場合にあつては、その者に対して、当該停止を命ずる期間と同一の期間を定めて、当該停止を命ずる範囲の連鎖販売取引に係る業務を営む法人の当該業務を担当する役員となることの禁止を併せて命ずることができる。

4　主務大臣は、第一項前段、第二項前段及び前項前段の規定によりその行う連鎖販売取引の停止を命ずる場合において、当該統括者、当該勧誘者又は当該一般連鎖販売業者が個人であり、かつ、その特定関係法人（統括者、勧誘者若しくは一般連鎖販売業者又はその役員若しくはその使用人（当該命令の日前一年以内において役員又は使用人であつた者を含む。次条第四項において同じ。）が事業経営を実質的に支配する法人その他の政令で定める法人をいう。以下この項及び同条第四項第一号において同じ。）において、当該停止を命ずる範囲の連鎖販売取引に係る業務と同一の業務を行つていると認められるときは、当該統括者、当該勧誘者又は当該一般連鎖販売業者に対して、当該停止を命ずる期間と同一の期間を定めて、その特定関係法人で行つている当該同一の業務を停止すべきことを命ずることができる。

5　主務大臣は、連鎖販売取引電子メール広告受託事業者が第三十六条の四第一項若しくは同条第二項において準用する第三十六条の三第二項から第四項までの規定に違反した場合において連鎖販売取引の公正及び連鎖販売取引の相手方の利益が著しく害されるおそれがあると認めるとき、又は連鎖販売取引電子メール広告受託事業者が前条第四項の規定による指示に従わないときは、その連鎖販売取引電子メール広告受託事業者に対し、一年以内の期間を限り、連鎖販売取引電子メール広告に関する業務の全部又は一部を停止すべきことを命ずることができる。

6　主務大臣は、第一項から第四項までの規定による命令をしたときは、その旨を公表しなければならない。

7　主務大臣は、第五項の規定による命令をしたときは、その旨を公表しなければならない。

（役員等に対する業務の禁止等）

第三十九条の二　主務大臣は、統括者に対して前条第一項前段の規定によりその行う連鎖販売取引の停止を命ずる場合において、次の各号に掲げる場合の区分に応じ、当該各号に定める者が当該命令の理由となつた事実及び当該事実に関してその者が有していた責任の程度を考慮して当該命令の実効性を確保するためにその者による連鎖販売取引に係る業務を制限することが相当と認められる者として主務省令で定める者に該当するときは、その者に対して、当該停止を命ずる期間と同一の期間を定めて、当該停止を命ずる範囲の連鎖販売取引に係る業務を新たに開始すること（当該業務を営む法人の当該業務を担当する役員となることを含む。）の禁止を命ずることができる。

一　当該統括者が法人である場合　その役員及び当該命令の日前一年以内においてその役員であつた者並びにその使用人及び当該命令の日前一年以内においてその使用人であつた者

二　当該統括者が個人である場合　その使用人及び当該命令の日前一年以内においてその使用人であつた者

2　主務大臣は、勧誘者に対して前条第二項前段の規定によりその行う連鎖販売取引の停止を命ずる場合において、次の各号に掲げる場合の区分に応じ、当該各号に定める者が当該命令の理由となつた事実及び当該事実に関してその者が有していた責任の程度を考慮して当該命令の実効性を確保するためにその者による連鎖販売取引に係る業務を制限することが相当と認められる者として主務省令で定める者に該当するときは、その者に対して、当該停止を命ずる期間と同一の期間を定めて、当該停止を命ずる範囲の連鎖販売取引に係る業務を新たに開始すること（当該業務を営む法人の当該業務を担当する役員となることを含む。）の禁止を命ずることができる。

一　当該勧誘者が法人である場合　その役員及び当該命令の日前一年以内においてその役員であつた者並びにその使用人及び当該命令の日前一年以内においてその使用人であつた者

二　当該勧誘者が個人である場合　その使用人及び当該命令の日前一年以内においてその使用人であつた者

3　主務大臣は、一般連鎖販売業者に対して前条第三項前段の規定によりその行う連鎖販売取引の停止を命ずる場合において、次の各号に掲げる場合の区分に応じ、当該各号に定める者が当該命令の理由となつた事実及び当該事実に関してその者が有していた責任の程度を考慮して当該命令の実効性を確保するためにその者による連鎖販売取引に係る業務を制限することが相当と認められる者として主務省令で定める者に該当するときは、その者に対して、当該停止を命ずる期間と同一の期間を定めて、当該停止を命ずる範囲の連鎖販売取引に係る業務を新たに開始すること（当該業務を営む法人の当該業務を担当する役員となることを含む。）の禁止を命ずることができる。

一　当該一般連鎖販売業者が法人である場合　その役員及び当該命令の日前一年以内においてその役員であつた者並びにその使用人及び当該命令の日前一年以内においてその使用人であつた者

二　当該一般連鎖販売業者が個人である場合　その使用人及び当該命令の日前一年以内においてその使用人であつた者

4　主務大臣は、前三項の規定により業務の禁止を命ずる役員又は使用人が、次の各号に掲げる者に該当するときは、当該役員又は当該使用人に対して、当該禁止を命ずる期間と同一の期間を定めて、その行つている当該各号に規定する同一の業務を停止すべきことを命ずることができる。

一　当該命令の理由となつた行為をしたと認められる統括者、勧誘者又は一般連鎖販売業者の特定関係法人において、当該命令により禁止を命ずる範囲の連鎖販売取引に係る業務と同一の業務を行つていると認められる者

二　自ら統括者、勧誘者又は一般連鎖販売業者として当該命令により禁止を命ずる範囲の連鎖販売取引に係る業務と同一の業務を行つていると認められる者

5　主務大臣は、前各項の規定による命令をしたときは、その旨を公表しなければならない。

（連鎖販売契約の解除等）

第四十条　連鎖販売業を行う者がその連鎖販売業に係る連鎖販売契約を締結した場合におけるその連鎖販売契約の相手方（その連鎖販売業に係る商品の販売若しくはそのあつせん又は役務の提供若しくはそのあつせんを店舗等によらないで行う個人に限る。以下この章において「連鎖販売加入者」という。）は、第三十七条第二項の書面を受領した日（その連鎖販売契約に係る特定負担が再販売をする商品（施設を利用し及び役務の提供を受ける権利を除く。以下この項において同じ。）の購入についてのものである場合において、その連鎖販売契約に基づき購入したその商品につき最初の引渡しを受けた日がその受領した日後であるときは、その引渡しを受けた日。次条第一項において同じ。）から起算して二十日を経過したとき（連鎖販売加入者が、統括者若しくは勧誘者が第三十四条第一項の規定に違反し若しくは一般連鎖販売業者が同条第二項の規定に違反してこの項の規定による連鎖販売契約の解除に関する事項につき不実のことを告げる行為をしたことにより当該告げられた内容が事実であるとの誤認をし、又は統括者、勧誘者若しくは一般連鎖販売業者が同条第三項の規定に違反して威迫したことにより困惑し、これらによつて当該期間を経過するまでにこの項の規定による連鎖販売契約の解除を行わなかつた場合には、当該連鎖販売加入者が、その連鎖販売業に係る統括者、勧誘者又は一般連鎖販売業者が主務省令で定めるところによりこの項の規定による当該連鎖販売契約の解除を行うことができる旨を記載して交付した書面を受領した日から起算して二十日を経過したとき）を除き、書面又は電磁的記録によりその連鎖販売契約の解除を行うことができる。この場合において、その連鎖販売業を行う者は、その連鎖販売契約の解除に伴う損害賠償又は違約金の支払を請求することができない。

2　前項の連鎖販売契約の解除は、その連鎖販売契約の解除を行う旨の書面又は電磁的記録による通知を発した時に、その効力を生ずる。

3　第一項の連鎖販売契約の解除があつた場合において、その連鎖販売契約に係る商品の引渡しが既にされているときは、その引取りに要する費用は、その連鎖販売業を行う者の負担とする。

4　前三項の規定に反する特約でその連鎖販売加入者に不利なものは、無効とする。

第四十条の二　連鎖販売加入者は、第三十七条第二項の書面を受領した日から起算して二十日を経過した後（連鎖販売加入者が、統括者若しくは勧誘者が第三十四条第一項の規定に違反し若しくは一般連鎖販売業者が同条第二項の規定に違反して前条第一項の規定による連鎖販売契約の解除に関する事項につき不実のことを告げる行為をしたことにより当該告げられた内容が事実であるとの誤認をし、又は統括者、勧誘者若しくは一般連鎖販売業者が第三十四条第三項の規定に違反して威迫したことにより困惑し、これらによつて当該期間を経過するまでに前条第一項の規定による連鎖販売契約の解除を行わなかつた場合には、当該連鎖販売加入者が、その連鎖販売業に係る統括者、勧誘者又は一般連鎖販売業者が同項の主務省令で定めるところにより同項の規定による当該連鎖販売契約の解除を行うことができる旨を記載して交付した書面を受領した日から起算して二十日を経過した後）においては、将来に向かつてその連鎖販売契約の解除を行うことができる。

2　前項の規定により連鎖販売契約が解除された場合において、その解除がされる前に、連鎖販売業を行う者が連鎖販売加入者（当該連鎖販売契約（取引条件の変更に係る連鎖販売契約を除く。）を締結した日から一年を経過していない者に限る。以下この条において同じ。）に対し、既に、連鎖販売業に係る商品の販売（そのあつせんを含む。）を行つているときは、連鎖販売加入者は、次に掲げる場合を除き、当該商品の販売に係る契約（当該連鎖販売契約のうち当該連鎖販売取引に伴う

特定負担に係る商品の販売に係る部分を含む。以下この条において「商品販売契約」という。）の解除を行うことができる。
一　当該商品の引渡し（当該商品が施設を利用し又は役務の提供を受ける権利である場合にあつては、その移転。以下この条において同じ。）を受けた日から起算して九十日を経過したとき。
二　当該商品を再販売したとき。
三　当該商品を使用し又はその全部若しくは一部を消費したとき（当該連鎖販売業に係る商品の販売を行つた者が当該連鎖販売加入者に当該商品を使用させ、又はその全部若しくは一部を消費させた場合を除く。）。
四　その他政令で定めるとき。
3　連鎖販売業を行う者は、第一項の規定により連鎖販売契約が解除されたときは、損害賠償額の予定又は違約金の定めがあるときにおいても、契約の締結及び履行のために通常要する費用の額（次の各号のいずれかに該当する場合にあつては、当該額に当該各号に掲げる場合に応じ当該各号に定める額を加算した額）にこれに対する法定利率による遅延損害金の額を加算した金額を超える額の金銭の支払を連鎖販売加入者に対して請求することができない。
一　当該連鎖販売契約の解除が当該連鎖販売取引に伴う特定負担に係る商品の引渡し後である場合　次の額を合算した額
イ　引渡しがされた当該商品（当該連鎖販売契約に基づき販売が行われたものに限り、前項の規定により当該商品に係る商品販売契約が解除されたものを除く。）の販売価格に相当する額
ロ　提供された特定利益その他の金品（前項の規定により解除された商品販売契約に係る商品に係るものに限る。）に相当する額
二　当該連鎖販売契約の解除が当該連鎖販売取引に伴う特定負担に係る役務の提供開始後である場合　提供された当該役務（当該連鎖販売契約に基づき提供されたものに限る。）の対価に相当する額
4　連鎖販売業に係る商品の販売を行つた者は、第二項の規定により商品販売契約が解除されたときは、損害賠償額の予定又は違約金の定めがあるときにおいても、次の各号に掲げる場合に応じ当該各号に定める額にこれに対する法定利率による遅延損害金の額を加算した金額を超える額の金銭の支払を当該連鎖販売加入者に対して請求することができない。
一　当該商品が返還された場合又は当該商品販売契約の解除が当該商品の引渡し前である場合　当該商品の販売価格の十分の一に相当する額
二　当該商品が返還されない場合　当該商品の販売価格に相当する額
5　第二項の規定により商品販売契約が解除されたときは、当該商品に係る一連の連鎖販売業の統括者は、連帯して、その解除によつて生ずる当該商品の販売を行つた者の債務の弁済の責めに任ずる。
6　前各項の規定に反する特約で連鎖販売加入者に不利なものは、無効とする。
7　第三項及び第四項の規定は、連鎖販売業に係る商品又は役務を割賦販売により販売し又は提供するものについては、適用しない。

（連鎖販売契約の申込み又はその承諾の意思表示の取消し）

第四十条の三　連鎖販売加入者は、統括者若しくは勧誘者がその統括者の統括する一連の連鎖販売業に係る連鎖販売契約の締結について勧誘をするに際し第一号若しくは第二号に掲げる行為をしたことにより当該各号に定める誤認をし、又は一般連鎖販売業者がその連鎖販売業に係る連鎖販売契約の締結について勧誘をするに際し第三号に掲げる行為をしたことにより同号に定める誤認をし、これらによつて当該連鎖販売契約の申込み又はその承諾の意思表示をしたときは、これを取り消すことができる。ただし、当該連鎖販売契約の相手方が、当該連鎖販売契約の締結の当時、当該統括者、当該勧誘者又は当該一般連鎖販売業者がこれらの行為をした事実を知らなかつたときは、この限りでない。
一　第三十四条第一項の規定に違反して不実のことを告げる行為　当該告げられた内容が事実であるとの誤認
二　第三十四条第一項の規定に違反して故意に事実を告げない行為　当該事実が存在しないとの誤認
三　第三十四条第二項の規定に違反して不実のことを告げる行為　当該告げられた内容が事実であるとの誤認
2　第九条の三第二項から第五項までの規定は、前項の規定による連鎖販売契約の申込み又はその承諾の意思表示の取消しについて準用する。

第四章　特定継続的役務提供

（定義）
第四十一条　この章及び第五十八条の二十二第一項第一号において「特定継続的役務提供」とは、次に掲げるものをいう。
一　役務提供事業者が、特定継続的役務をそれぞれの特定継続的役務ごとに政令で定める期間を超える期間にわたり提供することを約し、相手方がこれに応じて政令で定める金額を超える金銭を支払うことを約する契約（以下この章において「特定継続的役務提供契約」という。）を締結して行う特定継続的役務の提供
二　販売業者が、特定継続的役務の提供（前号の政令で定める期間を超える期間にわたり提供するものに限る。）を受ける権利を同号の政令で定める金額を超える金銭を受け取つて販売する契約（以下この章において「特定権利販売契約」という。）を締結して行う特定継続的役務の提供を受ける権利の販売
2　この章並びに第五十八条の二十二第一項第一号及び第六十七条第一項において「特定継続的役務」とは、国民の日常生活に係る取引において有償で継続的に提供される役務であつて、次の各号のいずれにも該当するものとして、政令で定めるものをいう。
一　役務の提供を受ける者の身体の美化又は知識若しくは技能の向上その他のその者の心身又は身上に関する目的を実現させることをもつて誘引が行われるもの
二　役務の性質上、前号に規定する目的が実現するかどうかが確実でないもの

（特定継続的役務提供における書面の交付）
第四十二条　役務提供事業者又は販売業者は、特定継続的役務の提供を受けようとする者又は特定継続的役務の提供を受ける権利を購入しようとする者と特定継続的役務提供契約又は特定権利販売契約（以下この章及び第五十八条の二十二において「特定継続的役務提供等契約」という。）を締結しようとするときは、当該特定継続的役務提供等契約を締結するまでに、主務省令で定めるところにより、当該特定継続的役務提供等契約の概要について記載した書面をその者に交付しなければならない。
2　役務提供事業者は、特定継続的役務提供契約を締結したときは、遅滞なく、主務省令で定めるところにより、次の事項について当該特定継続的役務提供契約の内容を明らかにする書面を当該特定継続的役務の提供を受ける者に交付しなければならない。
一　役務の内容であつて主務省令で定める事項及び当該役務の提供に際し当該役務の提供を受ける者が購入する必要のある商品がある場合にはその商品名
二　役務の対価その他の役務の提供を受ける者が支払わなければならない金銭の額
三　前号に掲げる金銭の支払の時期及び方法
四　役務の提供期間
五　第四十八条第一項の規定による特定継続的役務提供契約の解除に関する事項（同条第二項から第七項までの規定に関する事項を含む。）
六　第四十九条第一項の規定による特定継続的役務提供契約の解除に関する事項（同条第二項、第五項及び第六項の規定に関する事項を含む。）
七　前各号に掲げるもののほか、主務省令で定める事項
3　販売業者は、特定権利販売契約を締結したときは、遅滞なく、主務省令で定めるところにより、次の事項について当該特定権利販売契約の内容を明らかにする書面を当該特定継続的役務の提供を受ける権利の購入者に交付しなければならない。
一　権利の内容であつて主務省令で定める事項及び当該権利の行使による役務の提供に際し当該特定継続的役務の提供を受ける権利の購入者が購入する必要のある商品がある場合にはその商品名
二　権利の販売価格その他の当該特定継続的役務の提供を受ける権利の購入者が支払わなければならない金銭の額
三　前号に掲げる金銭の支払の時期及び方法
四　権利の行使により受けることができる役務の提供期間
五　第四十八条第一項の規定による特定権利販売契約の解除に関する事項（同条第二項から第七項までの規定に関する事項を含む。）
六　第四十九条第三項の規定による特定権利販売契約の解除に関する事項（同条第四項から第六項までの規定に関する事項を含む。）
七　前各号に掲げるもののほか、主務省令で定める事項
4　役務提供事業者又は販売業者は、前三項の

消費生活

規定による書面の交付に代えて、政令で定めるところにより、当該特定継続的役務の提供を受けようとする者若しくは当該特定継続的役務の提供を受ける権利を購入しようとする者、当該特定継続的役務の提供を受ける者又は当該特定継続的役務の提供を受ける権利の購入者の承諾を得て、当該書面に記載すべき事項を電磁的方法により提供することができる。この場合において、当該役務提供事業者又は当該販売業者は、当該書面を交付したものとみなす。

5　前項前段の規定による第二項又は第三項の書面に記載すべき事項の電磁的方法（主務省令で定める方法を除く。）による提供は、当該特定継続的役務の提供を受ける者又は当該特定継続的役務の提供を受ける権利の購入者の使用に係る電子計算機に備えられたファイルへの記録がされた時に当該特定継続的役務の提供を受ける者又は当該特定継続的役務の提供を受ける権利の購入者に到達したものとみなす。

（誇大広告等の禁止）

第四十三条　役務提供事業者又は販売業者は、特定継続的役務提供をする場合の特定継続的役務の提供条件又は特定継続的役務の提供を受ける権利の販売条件について広告をするときは、当該特定継続的役務の内容又は効果その他の主務省令で定める事項について、著しく事実に相違する表示をし、又は実際のものよりも著しく優良であり、若しくは有利であると人を誤認させるような表示をしてはならない。

（合理的な根拠を示す資料の提出）

第四十三条の二　主務大臣は、前条に規定する表示に該当するか否かを判断するため必要があると認めるときは、当該表示をした役務提供事業者又は販売業者に対し、期間を定めて、当該表示の裏付けとなる合理的な根拠を示す資料の提出を求めることができる。この場合において、当該役務提供事業者又は当該販売業者が当該資料を提出しないときは、第四十六条第一項及び第四十七条第一項の規定の適用については、当該表示は、前条に規定する表示に該当するものとみなす。

（禁止行為）

第四十四条　役務提供事業者又は販売業者は、特定継続的役務提供等契約の締結について勧誘をするに際し、又は特定継続的役務提供等契約の解除を妨げるため、次の事項につき、不実のことを告げる行為をしてはならない。

一　役務又は役務の提供を受ける権利の種類及びこれらの内容又は効果（権利の場合にあつては、当該権利に係る役務の効果）その他これらに類するものとして主務省令で定める事項

二　役務の提供又は権利の行使による役務の提供に際し当該役務の提供を受ける者又は当該権利の購入者が購入する必要のある商品がある場合には、その商品の種類及びその性能又は品質その他これらに類するものとして主務省令で定める事項

三　役務の対価又は権利の販売価格その他の役務の提供を受ける者又は役務の提供を受ける権利の購入者が支払わなければならない金銭の額

四　前号に掲げる金銭の支払の時期及び方法

五　役務の提供期間又は権利の行使により受けることができる役務の提供期間

六　当該特定継続的役務提供等契約の解除に関する事項（第四十八条第一項から第七項まで及び第四十九条第一項から第六項までの規定に関する事項を含む。）

七　顧客が当該特定継続的役務提供等契約の締結を必要とする事情に関する事項

八　前各号に掲げるもののほか、当該特定継続的役務提供等契約に関する事項であつて、顧客又は特定継続的役務の提供を受ける者若しくは特定継続的役務の提供を受ける権利の購入者の判断に影響を及ぼすこととなる重要なもの

2　役務提供事業者又は販売業者は、特定継続的役務提供等契約の締結について勧誘をするに際し、前項第一号から第六号までに掲げる事項につき、故意に事実を告げない行為をしてはならない。

3　役務提供事業者又は販売業者は、特定継続的役務提供等契約を締結させ、又は特定継続的役務提供等契約の解除を妨げるため、人を威迫して困惑させてはならない。

（合理的な根拠を示す資料の提出）

第四十四条の二　主務大臣は、前条第一項第一号又は第二号に掲げる事項につき不実のことを告げる行為をしたか否かを判断するため必要があると認めるときは、当該役務提供事業者又は当該販売業者に対し、期間を定めて、当該告げた事項の裏付けとなる合理的な根拠を示す資料の提出を求めることができる。この場合において、当該役務提供事業者又は当該販売業者が当該資料を提出しないときは、

第四十六条第一項及び第四十七条第一項の規定の適用については、当該役務提供事業者又は当該販売業者は、前条第一項第一号又は第二号に掲げる事項につき不実のことを告げる行為をしたものとみなす。

（書類の備付け及び閲覧等）

第四十五条 役務提供事業者又は販売業者は、特定継続的役務提供に係る前払取引（特定継続的役務提供に先立つてその相手方から政令で定める金額を超える金銭を受領する特定継続的役務提供に係る取引をいう。次項において同じ。）を行うときは、主務省令で定めるところにより、その業務及び財産の状況を記載した書類を、特定継続的役務提供等契約に関する業務を行う事務所に備え置かなければならない。

2 特定継続的役務提供に係る前払取引の相手方は、前項に規定する書類の閲覧を求め、又は同項の役務提供事業者若しくは販売業者の定める費用を支払つてその謄本若しくは抄本の交付を求めることができる。

（指示等）

第四十六条 主務大臣は、役務提供事業者又は販売業者が第四十二条第一項から第三項まで、第四十三条、第四十四条若しくは前条の規定に違反し、又は次に掲げる行為をした場合において、特定継続的役務提供に係る取引の公正及び特定継続的役務の提供を受ける者又は特定権利販売契約を締結して特定継続的役務提供契約を締結して特定継続的役務の提供を受ける権利を購入する者（以下この章において「特定継続的役務提供受領者等」という。）の利益が害されるおそれがあると認めるときは、その役務提供事業者又は販売業者に対し、当該違反又は当該行為の是正のための措置、特定継続的役務提供受領者等の利益の保護を図るための措置その他の必要な措置をとるべきことを指示することができる。

一 特定継続的役務提供等契約に基づく債務又は特定継続的役務提供等契約の解除によつて生ずる債務の全部又は一部の履行を拒否し、又は不当に遅延させること。

二 特定継続的役務提供等契約の締結について勧誘をするに際し、当該特定継続的役務提供等契約に関する事項であつて、顧客の判断に影響を及ぼすこととなる重要なもの（第四十四条第一項第一号から第六号までに掲げるものを除く。）につき、故意に事実を告げないこと。

三 特定継続的役務提供等契約の解除を妨げるため、当該特定継続的役務提供等契約に関する事項であつて、特定継続的役務提供受領者等の判断に影響を及ぼすこととなる重要なものにつき、故意に事実を告げないこと。

四 前三号に掲げるもののほか、特定継続的役務提供に関する行為であつて、特定継続的役務提供に係る取引の公正及び特定継続的役務提供受領者等の利益を害するおそれがあるものとして主務省令で定めるもの

2 主務大臣は、前項の規定による指示をしたときは、その旨を公表しなければならない。

（役務提供事業者等に対する業務の停止等）

第四十七条 主務大臣は、役務提供事業者又は販売業者が第四十二条第一項から第三項まで、第四十三条、第四十四条若しくは第四十五条の規定に違反し若しくは前条第一項各号に掲げる行為をした場合において特定継続的役務提供に係る取引の公正及び特定継続的役務提供受領者等の利益が著しく害されるおそれがあると認めるとき、又は役務提供事業者若しくは販売業者が同項の規定による指示に従わないときは、その役務提供事業者又は販売業者に対し、二年以内の期間を限り、特定継続的役務提供に関する業務の全部又は一部を停止すべきことを命ずることができる。この場合において、主務大臣は、その役務提供事業者又は販売業者が個人である場合にあつては、その者に対して、当該停止を命ずる期間と同一の期間を定めて、当該停止を命ずる範囲の業務を営む法人の当該業務を担当する役員となることの禁止を併せて命ずることができる。

2 主務大臣は、前項前段の規定により業務の停止を命ずる場合において、当該役務提供事業者又は当該販売業者が個人であり、かつ、その特定関係法人（役務提供事業者若しくは販売業者又はその役員若しくはその使用人（当該命令の日前一年以内において役員又は使用人であつた者を含む。次条第二項において同じ。）が事業経営を実質的に支配する法人その他の政令で定める法人をいう。以下この項及び同条第二項第一号において同じ。）において、当該停止を命ずる範囲の業務と同一の業務を行つていると認められるときは、当該役務提供事業者又は当該販売業者に対して、当該停止を命ずる期間と同一の期間を定めて、その特定関係法人で行つている当該同一の業務を停止すべきことを命ずることがで

消費生活

きる。

3　主務大臣は、前二項の規定による命令をしたときは、その旨を公表しなければならない。

（役員等に対する業務の禁止等）

第四十七条の二　主務大臣は、役務提供事業者又は販売業者に対して前条第一項前段の規定により業務の停止を命ずる場合において、次の各号に掲げる場合の区分に応じ、当該各号に定める者が当該命令の理由となつた事実及び当該事実に関してその者が有していた責任の程度を考慮して当該命令の実効性を確保するためにその者による特定継続的役務提供に関する業務を制限することが相当と認められる者として主務省令で定める者に該当するときは、その者に対して、当該停止を命ずる期間と同一の期間を定めて、当該停止を命ずる範囲の業務を新たに開始すること（当該業務を営む法人の当該業務を担当する役員となることを含む。）の禁止を命ずることができる。

一　当該役務提供事業者又は当該販売業者が法人である場合　その役員及び当該命令の日前一年以内においてその役員であつた者並びにその使用人及び当該命令の日前一年以内においてその使用人であつた者

二　当該役務提供事業者又は当該販売業者が個人である場合　その使用人及び当該命令の日前一年以内においてその使用人であつた者

2　主務大臣は、前項の規定により業務の禁止を命ずる役員又は使用人が、次の各号に掲げる者に該当するときは、当該役員又は当該使用人に対して、当該禁止を命ずる期間と同一の期間を定めて、その行つている当該各号に規定する同一の業務を停止すべきことを命ずることができる。

一　当該命令の理由となつた行為をしたと認められる役務提供事業者又は販売業者の特定関係法人において、当該命令により禁止を命ずる範囲の業務と同一の業務を行つていると認められる者

二　自ら役務提供事業者又は販売業者として当該命令により禁止を命ずる範囲の業務と同一の業務を行つていると認められる者

3　主務大臣は、前二項の規定による命令をしたときは、その旨を公表しなければならない。

（特定継続的役務提供等契約の解除等）

第四十八条　役務提供事業者又は販売業者が特定継続的役務提供等契約を締結した場合におけるその特定継続的役務提供受領者等は、第四十二条第二項又は第三項の書面を受領した日から起算して八日を経過したとき（特定継続的役務提供受領者等が、役務提供事業者若しくは販売業者が第四十四条第一項の規定に違反してこの項の規定による特定継続的役務提供等契約の解除に関する事項につき不実のことを告げる行為をしたことにより当該告げられた内容が事実であるとの誤認をし、又は役務提供事業者若しくは販売業者が同条第三項の規定に違反して威迫したことにより困惑し、これらによつて当該期間を経過するまでにこの項の規定による特定継続的役務提供等契約の解除を行わなかつた場合には、当該特定継続的役務提供受領者等が、当該役務提供事業者又は当該販売業者が主務省令で定めるところによりこの項の規定による当該特定継続的役務提供等契約の解除を行うことができる旨を記載して交付した書面を受領した日から起算して八日を経過したとき）を除き、書面又は電磁的記録によりその特定継続的役務提供等契約の解除を行うことができる。

2　前項の規定による特定継続的役務提供等契約の解除があつた場合において、役務提供事業者又は販売業者が特定継続的役務の提供に際し特定継続的役務提供受領者等が購入する必要のある商品として政令で定める商品（以下この章並びに第五十八条の二十二第二項、第五十八条の二十六第一項及び第六十六条第二項において「関連商品」という。）の販売又はその代理若しくは媒介を行つている場合には、当該商品の販売に係る契約（以下この条、次条及び第五十八条の二十二第二項において「関連商品販売契約」という。）についても、前項と同様とする。ただし、特定継続的役務提供受領者等が第四十二条第二項又は第三項の書面を受領した場合において、関連商品であつてその使用若しくは一部の消費により価額が著しく減少するおそれがある商品として政令で定めるものを使用し又はその全部若しくは一部を消費したとき（当該役務提供事業者又は当該販売業者が当該特定継続的役務提供受領者等に当該商品を使用させ、又はその全部若しくは一部を消費させた場合を除く。）は、この限りでない。

3　前二項の規定による特定継続的役務提供等契約の解除及び関連商品販売契約の解除は、それぞれ当該解除を行う旨の書面又は電磁的記録による通知を発した時に、その効力を生

ずる。

4　第一項の規定による特定継続的役務提供等契約の解除又は第二項の規定による関連商品販売契約の解除があつた場合においては、役務提供事業者若しくは販売業者又は関連商品の販売を行つた者は、当該解除に伴う損害賠償若しくは違約金の支払を請求することができない。

5　第一項の規定による特定権利販売契約の解除又は第二項の規定による関連商品販売契約の解除があつた場合において、その特定権利販売契約又は関連商品販売契約に係る権利の移転又は関連商品の引渡しが既にされているときは、その返還又は引取りに要する費用は、販売業者又は関連商品の販売を行つた者の負担とする。

6　役務提供事業者又は販売業者は、第一項の規定による特定継続的役務提供等契約の解除があつた場合には、既に当該特定継続的役務提供等契約に基づき特定継続的役務提供が行われたときにおいても、特定継続的役務提供受領者等に対し、当該特定継続的役務提供等契約に係る特定継続的役務の対価その他の金銭の支払を請求することができない。

7　役務提供事業者は、第一項の規定による特定継続的役務提供契約の解除があつた場合において、当該特定継続的役務提供契約に関連して金銭を受領しているときは、特定継続的役務の提供を受ける者に対し、速やかに、これを返還しなければならない。

8　前各項の規定に反する特約で特定継続的役務提供受領者等に不利なものは、無効とする。

第四十九条　役務提供事業者が特定継続的役務提供契約を締結した場合におけるその特定継続的役務の提供を受ける者は、第四十二条第二項の書面を受領した日から起算して八日を経過した後（その特定継続的役務の提供を受ける者が、役務提供事業者が第四十四条第一項の規定に違反して前条第一項の規定による特定継続的役務提供契約の解除に関する事項につき不実のことを告げる行為をしたことにより当該告げられた内容が事実であるとの誤認をし、又は役務提供事業者が第四十四条第三項の規定に違反して威迫したことにより困惑し、これらによつて当該期間を経過するまでに前条第一項の規定による特定継続的役務提供契約の解除を行わなかつた場合には、当該特定継続的役務の提供を受ける者が、当該役務提供事業者が同項の主務省令で定めるところにより同項の規定による当該特定継続的役務提供契約の解除を行うことができる旨を記載して交付した書面を受領した日から起算して八日を経過した後）においては、将来に向かつてその特定継続的役務提供契約の解除を行うことができる。

2　役務提供事業者は、前項の規定により特定継続的役務提供契約が解除されたときは、損害賠償額の予定又は違約金の定めがあるときにおいても、次の各号に掲げる場合に応じ当該各号に定める額にこれに対する法定利率による遅延損害金の額を加算した金額を超える額の金銭の支払を特定継続的役務の提供を受ける者に対して請求することができない。

一　当該特定継続的役務提供契約の解除が特定継続的役務の提供開始後である場合　次の額を合算した額

イ　提供された特定継続的役務の対価に相当する額

ロ　当該特定継続的役務提供契約の解除によつて通常生ずる損害の額として第四十一条第二項の政令で定める役務ごとに政令で定める額

二　当該特定継続的役務提供契約の解除が特定継続的役務の提供開始前である場合　契約の締結及び履行のために通常要する費用の額として第四十一条第二項の政令で定める役務ごとに政令で定める額

3　販売業者が特定権利販売契約を締結した場合におけるその特定継続的役務の提供を受ける権利の購入者は、第四十二条第三項の書面を受領した日から起算して八日を経過した後（その特定継続的役務の提供を受ける権利の購入者が、販売業者が第四十四条第一項の規定に違反して前条第一項の規定による特定権利販売契約の解除に関する事項につき不実のことを告げる行為をしたことにより当該告げられた内容が事実であるとの誤認をし、又は販売業者が第四十四条第三項の規定に違反して威迫したことにより困惑し、これらによつて当該期間を経過するまでに前条第一項の規定による特定権利販売契約の解除を行わなかつた場合には、当該特定継続的役務の提供を受ける権利の購入者が、当該販売業者が同項の主務省令で定めるところにより同項の規定による当該特定権利販売契約の解除を行うことができる旨を記載して交付した書面を受領した日から起算して八日を経過した後）においては、その特定権利販売契約の解除を行うことができる。

4　販売業者は、前項の規定により特定権利販売契約が解除されたときは、損害賠償額の予定又は違約金の定めがあるときにおいても、次の各号に掲げる場合に応じ当該各号に定める額にこれに対する法定利率による遅延損害金の額を加算した金額を超える額の金銭の支払を特定継続的役務の提供を受ける権利の購入者に対して請求することができない。

一　当該権利が返還された場合　当該権利の行使により通常得られる利益に相当する額（当該権利の販売価格に相当する額から当該権利の返還されたときにおける価額を控除した額が当該権利の行使により通常得られる利益に相当する額を超えるときは、その額）

二　当該権利が返還されない場合　当該権利の販売価格に相当する額

三　当該契約の解除が当該権利の移転前である場合　契約の締結及び履行のために通常要する費用の額

5　第一項又は第三項の規定により特定継続的役務提供等契約が解除された場合であつて、役務提供事業者又は販売業者が特定継続的役務提供受領者等に対し、関連商品の販売又はその代理若しくは媒介を行つている場合には、特定継続的役務提供受領者等は当該関連商品販売契約の解除を行うことができる。

6　関連商品の販売を行つた者は、前項の規定により関連商品販売契約が解除されたときは、損害賠償額の予定又は違約金の定めがあるときにおいても、次の各号に掲げる場合に応じ当該各号に定める額にこれに対する法定利率による遅延損害金の額を加算した金額を超える額の金銭の支払を特定継続的役務提供受領者等に対して請求することができない。

一　当該関連商品が返還された場合　当該関連商品の通常の使用料に相当する額（当該関連商品の販売価格に相当する額から当該関連商品の返還されたときにおける価額を控除した額が通常の使用料に相当する額を超えるときは、その額）

二　当該関連商品が返還されない場合　当該関連商品の販売価格に相当する額

三　当該契約の解除が当該関連商品の引渡し前である場合　契約の締結及び履行のために通常要する費用の額

7　前各項の規定に反する特約で特定継続的役務提供受領者等に不利なものは、無効とする。

（特定継続的役務提供等契約の申込み又はその承諾の意思表示の取消し）

第四十九条の二　特定継続的役務提供受領者等は、役務提供事業者又は販売業者が特定継続的役務提供等契約の締結について勧誘をするに際し次の各号に掲げる行為をしたことにより、当該各号に定める誤認をし、それによつて当該特定継続的役務提供等契約の申込み又はその承諾の意思表示をしたときは、これを取り消すことができる。

一　第四十四条第一項の規定に違反して不実のことを告げる行為　当該告げられた内容が事実であるとの誤認

二　第四十四条第二項の規定に違反して故意に事実を告げない行為　当該事実が存在しないとの誤認

2　第九条の三第二項から第五項までの規定は、前項の規定による特定継続的役務提供等契約の申込み又はその承諾の意思表示の取消しについて準用する。

3　前条第五項から第七項までの規定は、第一項の規定により特定継続的役務提供等契約の申込み又はその承諾の意思表示が取り消された場合について準用する。

（適用除外）

第五十条　この章の規定は、次の特定継続的役務提供については、適用しない。

一　特定継続的役務提供等契約で、特定継続的役務提供受領者等が営業のために又は営業として締結するものに係る特定継続的役務提供

二　本邦外に在る者に対する特定継続的役務提供

三　国又は地方公共団体が行う特定継続的役務提供

四　次の団体がその直接又は間接の構成員に対して行う特定継続的役務提供（その団体が構成員以外の者にその事業又は施設を利用させることができる場合には、これらの者に対して行う特定継続的役務提供を含む。）

イ　特別の法律に基づいて設立された組合並びにその連合会及び中央会

ロ　国家公務員法第百八条の二又は地方公務員法第五十二条の団体

ハ　労働組合

五　事業者がその従業者に対して行う特定継続的役務提供

2　第四十九条第二項、第四項及び第六項（前条第三項において準用する場合を含む。）の

規定は、特定継続的役務又は関連商品を割賦販売により提供し又は販売するものについては、適用しない。

第五章　業務提供誘引販売取引

（**定義**）

第五十一条　この章並びに第五十八条の二十三、第五十八条の二十六第一項、第六十六条第一項及び第六十七条第一項において「業務提供誘引販売業」とは、物品の販売（そのあっせんを含む。）又は有償で行う役務の提供（そのあっせんを含む。）の事業であつて、その販売の目的物たる物品（以下この章及び第五十八条の二十三第一項第一号イにおいて「商品」という。）又はその提供される役務を利用する業務（その商品の販売若しくはそのあっせん又はその役務の提供若しくはそのあっせんを行う者が自ら提供を行い、又はあっせんを行うものに限る。）に従事することにより得られる利益（以下この章及び第五十八条の二十三第一項第三号において「業務提供利益」という。）を収受し得ることをもつて相手方を誘引し、その者と特定負担（その商品の購入若しくはその役務の対価の支払又は取引料の提供をいう。以下この章及び第五十八条の二十三第一項第三号において同じ。）を伴うその商品の販売若しくはそのあっせん又はその役務の提供若しくはそのあっせんに係る取引（その取引条件の変更を含む。以下「業務提供誘引販売取引」という。）をするものをいう。

2　この章において「取引料」とは、取引料、登録料、保証金その他いかなる名義をもつてするかを問わず、取引をするに際し、又は取引条件を変更するに際し提供される金品をいう。

（**業務提供誘引販売取引における氏名等の明示**）

第五十一条の二　業務提供誘引販売業を行う者は、その業務提供誘引販売業に係る業務提供誘引販売取引をしようとするときは、その勧誘に先立つて、その相手方に対し、業務提供誘引販売業を行う者の氏名又は名称、特定負担を伴う取引についての契約の締結について勧誘をする目的である旨及び当該勧誘に係る商品又は役務の種類を明らかにしなければならない。

（**禁止行為**）

第五十二条　業務提供誘引販売業を行う者は、その業務提供誘引販売業に係る業務提供誘引販売取引についての契約（その業務提供誘引販売業に関して提供され、又はあっせんされる業務を事業所その他これに類似する施設（以下「事業所等」という。）によらないで行う個人との契約に限る。以下この条において同じ。）の締結について勧誘をするに際し、又はその業務提供誘引販売取引についての契約の解除を妨げるため、次の事項につき、故意に事実を告げず、又は不実のことを告げる行為をしてはならない。

一　商品（施設を利用し及び役務の提供を受ける権利を除く。）の種類及びその性能若しくは品質又は施設を利用し若しくは役務の提供を受ける権利若しくは役務の種類及びこれらの内容その他これらに類するものとして主務省令で定める事項

二　当該業務提供誘引販売取引に伴う特定負担に関する事項

三　当該契約の解除に関する事項（第五十八条第一項から第三項までの規定に関する事項を含む。）

四　その業務提供誘引販売業に係る業務提供利益に関する事項

五　前各号に掲げるもののほか、その業務提供誘引販売業に関する事項であつて、業務提供誘引販売取引の相手方の判断に影響を及ぼすこととなる重要なもの

2　業務提供誘引販売業を行う者は、その業務提供誘引販売業に係る業務提供誘引販売取引についての契約を締結させ、又はその業務提供誘引販売取引についての契約の解除を妨げるため、人を威迫して困惑させてはならない。

3　業務提供誘引販売業を行う者は、特定負担を伴う取引についての契約の締結について勧誘をするためのものであることを告げずに営業所、代理店その他の主務省令で定める場所以外の場所において呼び止めて同行させることその他政令で定める方法により誘引した者に対し、公衆の出入りする場所以外の場所において、当該業務提供誘引販売取引についての契約の締結について勧誘をしてはならない。

（**合理的な根拠を示す資料の提出**）

第五十二条の二　主務大臣は、前条第一項第一号又は第四号に掲げる事項につき不実のことを告げる行為をしたか否かを判断するため必要があると認めるときは、当該業務提供誘引販売業を行う者に対し、期間を定めて、当該

告げた事項の裏付けとなる合理的な根拠を示す資料の提出を求めることができる。この場合において、当該業務提供誘引販売業を行う者が当該資料を提出しないときは、第五十六条第一項及び第五十七条第一項の規定の適用については、当該業務提供誘引販売業を行う者は、前条第一項第一号又は第四号に掲げる事項につき不実のことを告げる行為をしたものとみなす。

（**業務提供誘引販売取引についての広告**）
第五十三条　業務提供誘引販売業を行う者は、その業務提供誘引販売業に係る業務提供誘引販売取引について広告をするときは、主務省令で定めるところにより、当該広告に、その業務提供誘引販売業に関する次の事項を表示しなければならない。
一　商品又は役務の種類
二　当該業務提供誘引販売取引に伴う特定負担に関する事項
三　その業務提供誘引販売業に関して提供し、又はあつせんする業務について広告をするときは、その業務の提供条件
四　前三号に掲げるもののほか、主務省令で定める事項

（**誇大広告等の禁止**）
第五十四条　業務提供誘引販売業を行う者は、その業務提供誘引販売業に係る業務提供誘引販売取引について広告をするときは、当該業務提供誘引販売取引に伴う特定負担、当該業務提供誘引販売業に係る業務提供利益その他の主務省令で定める事項について、著しく事実に相違する表示をし、又は実際のものよりも著しく優良であり、若しくは有利であると人を誤認させるような表示をしてはならない。

（**合理的な根拠を示す資料の提出**）
第五十四条の二　主務大臣は、前条に規定する表示に該当するか否かを判断するため必要があると認めるときは、当該表示をした業務提供誘引販売業を行う者に対し、期間を定めて、当該表示の裏付けとなる合理的な根拠を示す資料の提出を求めることができる。この場合において、当該業務提供誘引販売業を行う者が当該資料を提出しないときは、第五十六条第一項及び第五十七条第一項の規定の適用については、当該表示は、前条に規定する表示に該当するものとみなす。

（**承諾をしていない者に対する電子メール広告の提供の禁止等**）
第五十四条の三　業務提供誘引販売業を行う者は、次に掲げる場合を除き、その業務提供誘引販売業に係る業務提供誘引販売取引について、その相手方となる者の承諾を得ないで電子メール広告をしてはならない。
一　相手方となる者の請求に基づき、その業務提供誘引販売業に係る業務提供誘引販売取引に係る電子メール広告（以下この章において「業務提供誘引販売取引電子メール広告」という。）をするとき。
二　前号に掲げるもののほか、通常業務提供誘引販売取引電子メール広告の提供を受ける者の利益を損なうおそれがないと認められる場合として主務省令で定める場合において、業務提供誘引販売取引電子メール広告をするとき。
2　前項に規定する承諾を得、又は同項第一号に規定する請求を受けた業務提供誘引販売業を行う者は、当該業務提供誘引販売取引電子メール広告の相手方から業務提供誘引販売取引電子メール広告の提供を受けない旨の意思の表示を受けたときは、当該相手方に対し、業務提供誘引販売取引電子メール広告をしてはならない。ただし、当該意思の表示を受けた後に再び業務提供誘引販売取引電子メール広告をすることにつき当該相手方から請求を受け、又は当該相手方の承諾を得た場合には、この限りでない。
3　業務提供誘引販売業を行う者は、業務提供誘引販売取引電子メール広告をするときは、第一項第二号に掲げる場合を除き、当該業務提供誘引販売取引電子メール広告をすることにつきその相手方の承諾を得、又はその相手方から請求を受けたことの記録として主務省令で定めるものを作成し、主務省令で定めるところによりこれを保存しなければならない。
4　業務提供誘引販売業を行う者は、業務提供誘引販売取引電子メール広告をするときは、第一項第二号に掲げる場合を除き、当該業務提供誘引販売取引電子メール広告に、第五十三条各号に掲げる事項のほか、主務省令で定めるところにより、その相手方が業務提供誘引販売取引電子メール広告の提供を受けない旨の意思の表示をするために必要な事項として主務省令で定めるものを表示しなければならない。
5　前二項の規定は、業務提供誘引販売業を行う者が他の者に次に掲げる業務の全てにつき一括して委託しているときは、その委託に係る業務提供誘引販売取引電子メール広告につ

いては、適用しない。
一　業務提供誘引販売取引電子メール広告をすることにつきその相手方の承諾を得、又はその相手方から請求を受ける業務
二　第三項に規定する記録を作成し、及び保存する業務
三　前項に規定する業務提供誘引販売取引電子メール広告の提供を受けない旨の意思の表示をするために必要な事項を表示する業務

第五十四条の四　業務提供誘引販売業を行う者から前条第五項各号に掲げる業務の全てにつき一括して委託を受けた者（以下この章並びに第六十六条第六項及び第六十七条第一項第四号において「業務提供誘引販売取引電子メール広告受託事業者」という。）は、次に掲げる場合を除き、当該業務を委託した業務提供誘引販売業を行う者（以下この条において「業務提供誘引販売取引電子メール広告委託者」という。）が行うその業務提供誘引販売業に係る業務提供誘引販売取引について、その相手方となる者の承諾を得ないで業務提供誘引販売取引電子メール広告をしてはならない。
一　相手方となる者の請求に基づき、業務提供誘引販売取引電子メール広告委託者に係る業務提供誘引販売取引電子メール広告をするとき。
二　前号に掲げるもののほか、通常業務提供誘引販売取引電子メール広告委託者に係る業務提供誘引販売取引電子メール広告の提供を受ける者の利益を損なうおそれがないと認められる場合として主務省令で定める場合において、業務提供誘引販売取引電子メール広告委託者に係る業務提供誘引販売取引電子メール広告をするとき。

2　前条第二項から第四項までの規定は、業務提供誘引販売取引電子メール広告受託事業者による業務提供誘引販売取引電子メール広告委託者に係る業務提供誘引販売取引電子メール広告について準用する。この場合において、同条第三項及び第四項中「第一項第二号」とあるのは、「次条第一項第二号」と読み替えるものとする。

（**業務提供誘引販売取引における書面の交付**）
第五十五条　業務提供誘引販売業を行う者は、その業務提供誘引販売業に係る業務提供誘引販売取引をしようとする者（その業務提供誘引販売業に関して提供され、又はあつせんされる業務を事業所等によらないで行う個人に限る。）とその特定負担についての契約を締結しようとするときは、その契約を締結するまでに、主務省令で定めるところにより、その業務提供誘引販売業の概要について記載した書面をその者に交付しなければならない。
2　業務提供誘引販売業を行う者は、その業務提供誘引販売業に係る業務提供誘引販売取引についての契約（以下この章において「業務提供誘引販売契約」という。）を締結した場合において、その業務提供誘引販売契約の相手方がその業務提供誘引販売業に関して提供され、又はあつせんされる業務を事業所等によらないで行う個人であるときは、遅滞なく、主務省令で定めるところにより、次の事項についてその業務提供誘引販売契約の内容を明らかにする書面をその者に交付しなければならない。
一　商品（施設を利用し及び役務の提供を受ける権利を除く。）の種類及びその性能若しくは品質又は施設を利用し若しくは役務の提供を受ける権利若しくは役務の種類及びこれらの内容に関する事項
二　商品若しくは提供される役務を利用する業務の提供又はあつせんについての条件に関する事項
三　当該業務提供誘引販売取引に伴う特定負担に関する事項
四　当該業務提供誘引販売契約の解除に関する事項（第五十八条第一項から第三項までの規定に関する事項を含む。）
五　前各号に掲げるもののほか、主務省令で定める事項
3　業務提供誘引販売業を行う者は、前二項の規定による書面の交付に代えて、政令で定めるところにより、当該業務提供誘引販売取引に伴う特定負担をしようとする者又は当該業務提供誘引販売契約の相手方の承諾を得て、当該書面に記載すべき事項を電磁的方法により提供することができる。この場合において、当該業務提供誘引販売業を行う者は、当該書面を交付したものとみなす。
4　前項前段の規定による第二項の書面に記載すべき事項の電磁的方法（主務省令で定める方法を除く。）による提供は、当該業務提供誘引販売契約の相手方の使用に係る電子計算機に備えられたファイルへの記録がされた時に当該業務提供誘引販売契約の相手方に到達したものとみなす。

（**指示等**）

消費生活

第五十六条　主務大臣は、業務提供誘引販売業を行う者が第五十一条の二、第五十二条、第五十三条、第五十四条、第五十四条の三（第五項を除く。）若しくは前条第一項若しくは第二項の規定に違反し、又は次に掲げる行為をした場合において、業務提供誘引販売取引の公正及び業務提供誘引販売取引の相手方の利益が害されるおそれがあると認めるときは、その業務提供誘引販売業を行う者に対し、当該違反又は当該行為の是正のための措置、業務提供誘引販売取引の相手方の利益の保護を図るための措置その他の必要な措置をとるべきことを指示することができる。

一　その業務提供誘引販売業に係る業務提供誘引販売契約に基づく債務又はその解除によつて生ずる債務の全部又は一部の履行を拒否し、又は不当に遅延させること。

二　その業務提供誘引販売業に係る業務提供誘引販売取引につき利益を生ずることが確実であると誤解させるべき断定的判断を提供してその業務提供誘引販売業に係る業務提供誘引販売契約（その業務提供誘引販売業に関して提供され、又はあつせんされる業務を事業所等によらないで行う個人との契約に限る。次号において同じ。）の締結について勧誘をすること。

三　その業務提供誘引販売業に係る業務提供誘引販売契約を締結しない旨の意思を表示している者に対し、当該業務提供誘引販売契約の締結について迷惑を覚えさせるような仕方で勧誘をすること。

四　前三号に掲げるもののほか、その業務提供誘引販売業に係る業務提供誘引販売契約に関する行為であつて、業務提供誘引販売取引の公正及び業務提供誘引販売取引の相手方の利益を害するおそれがあるものとして主務省令で定めるもの

2　主務大臣は、業務提供誘引販売取引電子メール広告受託事業者が第五十四条の四第一項又は同条第二項において準用する第五十四条の三第二項から第四項までの規定に違反した場合において、業務提供誘引販売取引の公正及び業務提供誘引販売取引の相手方の利益が害されるおそれがあると認めるときは、その業務提供誘引販売取引電子メール広告受託事業者に対し、必要な措置をとるべきことを指示することができる。

3　主務大臣は、第一項の規定による指示をしたときは、その旨を公表しなければならない。

4　主務大臣は、第二項の規定による指示をしたときは、その旨を公表しなければならない。

（業務提供誘引販売業を行う者に対する業務提供誘引販売取引の停止等）

第五十七条　主務大臣は、業務提供誘引販売業を行う者が第五十一条の二、第五十二条、第五十三条、第五十四条、第五十四条の三（第五項を除く。）若しくは第五十五条第一項若しくは第二項の規定に違反し若しくは前条第一項各号に掲げる行為をした場合において業務提供誘引販売取引の公正及び業務提供誘引販売取引の相手方の利益が著しく害されるおそれがあると認めるとき、又は業務提供誘引販売業を行う者が同項の規定による指示に従わないときは、その業務提供誘引販売業を行う者に対し、二年以内の期間を限り、当該業務提供誘引販売業に係る業務提供誘引販売取引の全部又は一部を停止すべきことを命ずることができる。この場合において、主務大臣は、その業務提供誘引販売業を行う者が個人である場合にあつては、その者に対して、当該停止を命ずる期間と同一の期間を定めて、当該停止を命ずる範囲の業務提供誘引販売取引に係る業務を営む法人の当該業務を担当する役員となることの禁止を併せて命ずることができる。

2　主務大臣は、前項前段の規定によりその業務提供誘引販売業に係る業務提供誘引販売取引の停止を命ずる場合において、当該業務提供誘引販売業を行う者が個人であり、かつ、その特定関係法人（業務提供誘引販売業を行う者又はその役員若しくはその使用人（当該命令の日前一年以内において役員又は使用人であつた者を含む。次条第二項において同じ。）が事業経営を実質的に支配する法人その他の政令で定める法人をいう。以下この項及び同条第二項第一号において同じ。）において、当該停止を命ずる範囲の業務と同一の業務を行つていると認められるときは、当該業務提供誘引販売業を行う者に対して、当該停止を命ずる期間と同一の期間を定めて、その特定関係法人で行つている当該同一の業務を停止すべきことを命ずることができる。

3　主務大臣は、業務提供誘引販売取引電子メール広告受託事業者が第五十四条の四第一項若しくは同条第二項において準用する第五十四条の三第二項から第四項までの規定に違

反した場合において業務提供誘引販売取引の公正及び業務提供誘引販売取引の相手方の利益が著しく害されるおそれがあると認めるとき、又は業務提供誘引販売取引電子メール広告受託事業者が前条第二項の規定による指示に従わないときは、その業務提供誘引販売取引電子メール広告受託事業者に対し、一年以内の期間を限り、業務提供誘引販売取引電子メール広告に関する業務の全部又は一部を停止すべきことを命ずることができる。

4　主務大臣は、第一項又は第二項の規定による命令をしたときは、その旨を公表しなければならない。

5　主務大臣は、第三項の規定による命令をしたときは、その旨を公表しなければならない。

（役員等に対する業務の禁止等）

第五十七条の二　主務大臣は、業務提供誘引販売業を行う者に対して前条第一項前段の規定によりその業務提供誘引販売業に係る業務提供誘引販売取引の停止を命ずる場合において、次の各号に掲げる場合の区分に応じ、当該各号に定める者が当該命令の理由となつた事実及び当該事実に関してその者が有していた責任の程度を考慮して当該命令の実効性を確保するためにその者による業務提供誘引販売取引に係る業務を制限することが相当と認められる者として主務省令で定める者に該当するときは、その者に対して、当該停止を命ずる期間と同一の期間を定めて、当該停止を命ずる範囲の業務提供誘引販売取引に係る業務を新たに開始すること（当該業務を営む法人の当該業務を担当する役員となることを含む。）の禁止を命ずることができる。

一　当該業務提供誘引販売業を行う者が法人である場合　その役員及び当該命令の日前一年以内においてその役員であつた者並びにその使用人及び当該命令の日前一年以内においてその使用人であつた者

二　当該業務提供誘引販売業を行う者が個人である場合　その使用人及び当該命令の日前一年以内においてその使用人であつた者

2　主務大臣は、前項の規定により業務の禁止を命ずる役員又は使用人が、次の各号に掲げる者に該当するときは、当該役員又は当該使用人に対して、当該禁止を命ずる期間と同一の期間を定めて、その行つている当該各号に規定する同一の業務を停止すべきことを命ずることができる。

一　当該命令の理由となつた行為をしたと認められる業務提供誘引販売業を行う者の特定関係法人において、当該命令により禁止を命ずる範囲の業務提供誘引販売取引に係る業務と同一の業務を行つていると認められる者

二　自ら業務提供誘引販売業を行う者として当該命令により禁止を命ずる範囲の業務提供誘引販売取引に係る業務と同一の業務を行つていると認められる者

3　主務大臣は、前二項の規定による命令をしたときは、その旨を公表しなければならない。

（業務提供誘引販売契約の解除）

第五十八条　業務提供誘引販売業を行う者がその業務提供誘引販売業に係る業務提供誘引販売契約を締結した場合におけるその業務提供誘引販売契約の相手方（その業務提供誘引販売業に関して提供され、又はあつせんされる業務を事業所等によらないで行う個人に限る。以下この条から第五十八条の三までにおいて「相手方」という。）は、第五十五条第二項の書面を受領した日から起算して二十日を経過したとき（相手方が、業務提供誘引販売業を行う者が第五十二条第一項の規定に違反してこの項の規定による業務提供誘引販売契約の解除に関する事項につき不実のことを告げる行為をしたことにより当該告げられた内容が事実であるとの誤認をし、又は業務提供誘引販売業を行う者が同条第二項の規定に違反して威迫したことにより困惑し、これらによつて当該期間を経過するまでにこの項の規定による業務提供誘引販売契約の解除を行わなかつた場合には、相手方が、当該業務提供誘引販売業を行う者が主務省令で定めるところによりこの項の規定による当該業務提供誘引販売契約の解除を行うことができる旨を記載して交付した書面を受領した日から起算して二十日を経過したとき）を除き、書面又は電磁的記録によりその業務提供誘引販売契約の解除を行うことができる。この場合において、その業務提供誘引販売業を行う者は、その業務提供誘引販売契約の解除に伴う損害賠償又は違約金の支払を請求することができない。

2　前項の業務提供誘引販売契約の解除は、その業務提供誘引販売契約の解除を行う旨の書面又は電磁的記録による通知を発した時に、その効力を生ずる。

3　第一項の業務提供誘引販売契約の解除があ

つた場合において、その業務提供誘引販売契約に係る商品の引渡しが既にされているときは、その引取りに要する費用は、その業務提供誘引販売業を行う者の負担とする。

4　前三項の規定に反する特約でその相手方に不利なものは、無効とする。

（業務提供誘引販売契約の申込み又はその承諾の意思表示の取消し）

第五十八条の二　相手方は、業務提供誘引販売業を行う者がその業務提供誘引販売業に係る業務提供誘引販売契約の締結について勧誘をするに際し次の各号に掲げる行為をしたことにより、当該各号に定める誤認をし、それによつて当該業務提供誘引販売契約の申込み又はその承諾の意思表示をしたときは、これを取り消すことができる。

一　第五十二条第一項の規定に違反して不実のことを告げる行為　当該告げられた内容が事実であるとの誤認

二　第五十二条第一項の規定に違反して故意に事実を告げない行為　当該事実が存在しないとの誤認

2　第九条の三第二項から第五項までの規定は、前項の規定による業務提供誘引販売契約の申込み又はその承諾の意思表示の取消しについて準用する。

（業務提供誘引販売契約の解除等に伴う損害賠償等の額の制限）

第五十八条の三　業務提供誘引販売業を行う者は、その業務提供誘引販売業に係る業務提供誘引販売契約の締結をした場合において、その業務提供誘引販売契約が解除されたときは、損害賠償額の予定又は違約金の定めがあるときにおいても、次の各号に掲げる場合に応じ当該各号に定める額にこれに対する法定利率による遅延損害金の額を加算した金額を超える額の金銭の支払をその相手方に対して請求することができない。

一　当該商品（施設を利用し及び役務の提供を受ける権利を除く。以下この項において同じ。）又は当該権利が返還された場合　当該商品の通常の使用料の額又は当該権利の行使により通常得られる利益に相当する額（当該商品又は当該権利の販売価格に相当する額から当該商品又は当該権利の返還された時における価額を控除した額が通常の使用料の額又は当該権利の行使により通常得られる利益に相当する額を超えるときは、その額）

二　当該商品又は当該権利が返還されない場合　当該商品又は当該権利の販売価格に相当する額

三　当該業務提供誘引販売契約の解除が当該役務の提供の開始後である場合　提供された当該役務の対価に相当する額

四　当該業務提供誘引販売契約の解除が当該商品の引渡し若しくは当該権利の移転又は当該役務の提供の開始前である場合　契約の締結及び履行のために通常要する費用の額

2　業務提供誘引販売業を行う者は、その業務提供誘引販売業に係る業務提供誘引販売契約の締結をした場合において、その業務提供誘引販売契約に係る商品の代金又は役務の対価の全部又は一部の支払の義務が履行されない場合（業務提供誘引販売契約が解除された場合を除く。）には、損害賠償額の予定又は違約金の定めがあるときにおいても、当該商品の販売価格又は当該役務の対価に相当する額から既に支払われた当該商品の代金又は当該役務の対価の額を控除した額にこれに対する法定利率による遅延損害金の額を加算した金額を超える額の金銭の支払を相手方に対して請求することができない。

3　前二項の規定は、業務提供誘引販売取引に係る商品又は役務を割賦販売により販売し又は提供するものについては、適用しない。

第五章の二　訪問購入

（定義）

第五十八条の四　この章及び第五十八条の二十四第一項において「訪問購入」とは、物品の購入を業として営む者（以下「購入業者」という。）が営業所等以外の場所において、売買契約の申込みを受け、又は売買契約を締結して行う物品（当該売買契約の相手方の利益を損なうおそれがないと認められる物品又はこの章の規定の適用を受けることとされた場合に流通が著しく害されるおそれがあると認められる物品であつて、政令で定めるものを除く。以下この章、同項及び第六十七条第一項において同じ。）の購入をいう。

（訪問購入における氏名等の明示）

第五十八条の五　購入業者は、訪問購入をしようとするときは、その勧誘に先立つて、その相手方に対し、購入業者の氏名又は名称、売買契約の締結について勧誘をする目的である旨及び当該勧誘に係る物品の種類を明らかにしなければならない。

（勧誘の要請をしていない者に対する勧誘の禁止等）

第五十八条の六　購入業者は、訪問購入に係る売買契約の締結についての勧誘の要請をしていない者に対し、営業所等以外の場所において、当該売買契約の締結について勧誘をし、又は勧誘を受ける意思の有無を確認してはならない。

2　購入業者は、訪問購入をしようとするときは、その勧誘に先立つて、その相手方に対し、勧誘を受ける意思があることを確認することをしないで勧誘をしてはならない。

3　購入業者は、訪問購入に係る売買契約を締結しない旨の意思を表示した者に対し、当該売買契約の締結について勧誘をしてはならない。

（訪問購入における書面の交付）

第五十八条の七　購入業者は、営業所等以外の場所において物品につき売買契約の申込みを受けたときは、直ちに、主務省令で定めるところにより、次の事項についてその申込みの内容を記載した書面をその申込みをした者に交付しなければならない。ただし、その申込みを受けた際その売買契約を締結した場合においては、この限りでない。

一　物品の種類
二　物品の購入価格
三　物品の代金の支払の時期及び方法
四　物品の引渡時期及び引渡しの方法
五　第五十八条の十四第一項の規定による売買契約の申込みの撤回又は売買契約の解除に関する事項（同条第二項から第五項までの規定に関する事項を含む。）
六　第五十八条の十五の規定による物品の引渡しの拒絶に関する事項
七　前各号に掲げるもののほか、主務省令で定める事項

2　購入業者は、前項の規定による書面の交付に代えて、政令で定めるところにより、当該申込みをした者の承諾を得て、当該書面に記載すべき事項を電磁的方法により提供することができる。この場合において、当該購入業者は、当該書面を交付したものとみなす。

3　前項前段の規定による書面に記載すべき事項の電磁的方法（主務省令で定める方法を除く。）による提供は、当該申込みをした者の使用に係る電子計算機に備えられたファイルへの記録がされた時に当該申込みをした者に到達したものとみなす。

第五十八条の八　購入業者は、次の各号のいずれかに該当するときは、次項に規定する場合を除き、遅滞なく（前条第一項ただし書に規定する場合に該当するときは、直ちに）、主務省令で定めるところにより、同条第一項各号の事項（同項第五号の事項については、売買契約の解除に関する事項に限る。）についてその売買契約の内容を明らかにする書面をその売買契約の相手方に交付しなければならない。

一　営業所等以外の場所において、物品につき売買契約を締結したとき（営業所等において申込みを受け、営業所等以外の場所において売買契約を締結したときを除く。）。
二　営業所等以外の場所において物品につき売買契約の申込みを受け、営業所等においてその売買契約を締結したとき。

2　購入業者は、前項各号のいずれかに該当する場合において、その売買契約を締結した際に、代金を支払い、かつ、物品の引渡しを受けたときは、直ちに、主務省令で定めるところにより、前条第一項第一号及び第二号の事項並びに同項第五号の事項のうち売買契約の解除に関する事項その他主務省令で定める事項を記載した書面をその売買契約の相手方に交付しなければならない。

3　前条第二項及び第三項の規定は、前二項の規定による書面の交付について準用する。この場合において、同条第二項及び第三項中「申込みをした者」とあるのは、「売買契約の相手方」と読み替えるものとする。

（物品の引渡しの拒絶に関する告知）

第五十八条の九　購入業者は、訪問購入に係る売買契約の相手方から直接物品の引渡しを受ける時は、その売買契約の相手方に対し、第五十八条の十四第一項ただし書に規定する場合を除き、当該物品の引渡しを拒むことができる旨を告げなければならない。

（禁止行為）

第五十八条の十　購入業者は、訪問購入に係る売買契約の締結について勧誘をするに際し、又は訪問購入に係る売買契約の申込みの撤回若しくは解除を妨げるため、次の事項につき、不実のことを告げる行為をしてはならない。

一　物品の種類及びその性能又は品質その他これらに類するものとして主務省令で定める事項
二　物品の購入価格
三　物品の代金の支払の時期及び方法

四　物品の引渡時期及び引渡しの方法
五　当該売買契約の申込みの撤回又は当該売買契約の解除に関する事項（第五十八条の十四第一項から第五項までの規定に関する事項を含む。）
六　第五十八条の十五の規定による物品の引渡しの拒絶に関する事項
七　顧客が当該売買契約の締結を必要とする事情に関する事項
八　前各号に掲げるもののほか、当該売買契約に関する事項であつて、顧客又は売買契約の相手方の判断に影響を及ぼすこととなる重要なもの

2　購入業者は、訪問購入に係る売買契約の締結について勧誘をするに際し、前項第一号から第六号までに掲げる事項につき、故意に事実を告げない行為をしてはならない。

3　購入業者は、訪問購入に係る売買契約を締結させ、又は訪問購入に係る売買契約の申込みの撤回若しくは解除を妨げるため、人を威迫して困惑させてはならない。

4　購入業者は、訪問購入に係る物品の引渡しを受けるため、物品の引渡時期その他物品の引渡しに関する事項であつて、売買契約の相手方の判断に影響を及ぼすこととなる重要なものにつき、故意に事実を告げず、又は不実のことを告げる行為をしてはならない。

5　購入業者は、訪問購入に係る物品の引渡しを受けるため、人を威迫して困惑させてはならない。

（**第三者への物品の引渡しについての相手方に対する通知**）

第五十八条の十一　購入業者は、第五十八条の八第一項各号のいずれかに該当する売買契約の相手方から物品の引渡しを受けた後に、第三者に当該物品を引き渡したときは、第五十八条の十四第一項ただし書に規定する場合を除き、その旨及びその引渡しに関する事項として主務省令で定める事項を、遅滞なく、その売買契約の相手方に通知しなければならない。

（**物品の引渡しを受ける第三者に対する通知**）

第五十八条の十一の二　購入業者は、第五十八条の八第一項各号のいずれかに該当する売買契約の相手方から物品の引渡しを受けた後に、第五十八条の十四第一項ただし書に規定する場合以外の場合において第三者に当該物品を引き渡すときは、主務省令で定めるところにより、同項の規定により当該物品の売買契約が解除された旨又は解除されることがある旨を、その第三者に通知しなければならない。

（**指示等**）

第五十八条の十二　主務大臣は、購入業者が第五十八条の五、第五十八条の六、第五十八条の七第一項、第五十八条の八第一項若しくは第二項若しくは第五十八条の九から前条までの規定に違反し、又は次に掲げる行為をした場合において、訪問購入に係る取引の公正及び売買契約の相手方の利益が害されるおそれがあると認めるときは、その購入業者に対し、当該違反又は当該行為の是正のための措置、売買契約の相手方の利益の保護を図るための措置その他の必要な措置をとるべきことを指示することができる。

一　訪問購入に係る売買契約に基づく債務又は訪問購入に係る売買契約の解除によつて生ずる債務の全部又は一部の履行を拒否し、又は不当に遅延させること。

二　訪問購入に係る売買契約の締結について勧誘をするに際し、当該売買契約に関する事項であつて、顧客の判断に影響を及ぼすこととなる重要なもの（第五十八条の十第一項第一号から第六号までに掲げるものを除く。）につき、故意に事実を告げないこと。

三　訪問購入に係る売買契約の申込みの撤回又は解除を妨げるため、当該売買契約に関する事項であつて、顧客又は売買契約の相手方の判断に影響を及ぼすこととなる重要なものにつき、故意に事実を告げないこと。

四　前三号に掲げるもののほか、訪問購入に関する行為であつて、訪問購入に係る取引の公正及び売買契約の相手方の利益を害するおそれがあるものとして主務省令で定めるもの

2　主務大臣は、前項の規定による指示をしたときは、その旨を公表しなければならない。

（**購入業者に対する業務の停止等**）

第五十八条の十三　主務大臣は、購入業者が第五十八条の五、第五十八条の六、第五十八条の七第一項、第五十八条の八第一項若しくは第二項若しくは第五十八条の九から第五十八条の十一の二までの規定に違反し若しくは前条第一項各号に掲げる行為をした場合において訪問購入に係る取引の公正及び売買契約の相手方の利益が著しく害されるおそれがあると認めるとき、又は購入業者が同項の規定に

よる指示に従わないときは、その購入業者に対し、二年以内の期間を限り、訪問購入に関する業務の全部又は一部を停止すべきことを命ずることができる。この場合において、主務大臣は、その購入業者が個人である場合にあつては、その者に対して、当該停止を命ずる期間と同一の期間を定めて、当該停止を命ずる範囲の業務を営む法人の当該業務を担当する役員となることの禁止を併せて命ずることができる。

2 主務大臣は、前項前段の規定により業務の停止を命ずる場合において、当該購入業者が個人であり、かつ、その特定関係法人（購入業者又はその役員若しくはその使用人（当該命令の日前一年以内において役員又は使用人であつた者を含む。次条第二項において同じ。）が事業経営を実質的に支配する法人その他の政令で定める法人をいう。以下この項及び同条第二項第一号において同じ。）において、当該停止を命ずる範囲の業務と同一の業務を行つていると認められるときは、当該購入業者に対して、当該停止を命ずる期間と同一の期間を定めて、その特定関係法人で行つている当該同一の業務を停止すべきことを命ずることができる。

3 主務大臣は、前二項の規定による命令をしたときは、その旨を公表しなければならない。

（役員等に対する業務の禁止等）

第五十八条の十三の二 主務大臣は、購入業者に対して前条第一項前段の規定により業務の停止を命ずる場合において、次の各号に掲げる場合の区分に応じ、当該各号に定める者が当該命令の理由となつた事実及び当該事実に関してその者が有していた責任の程度を考慮して当該命令の実効性を確保するためにその者による訪問購入に関する業務を制限することが相当と認められる者として主務省令で定める者に該当するときは、その者に対して、当該停止を命ずる期間と同一の期間を定めて、当該停止を命ずる範囲の業務を新たに開始すること（当該業務を営む法人の当該業務を担当する役員となることを含む。）の禁止を命ずることができる。

一 当該購入業者が法人である場合 その役員及び当該命令の日前一年以内においてその役員であつた者並びにその使用人及び当該命令の日前一年以内においてその使用人であつた者

二 当該購入業者が個人である場合 その使用人及び当該命令の日前一年以内においてその使用人であつた者

2 主務大臣は、前項の規定により業務の禁止を命ずる役員又は使用人が、次の各号に掲げる者に該当するときは、当該役員又は当該使用人に対して、当該禁止を命ずる期間と同一の期間を定めて、その行つている当該各号に規定する同一の業務を停止すべきことを命ずることができる。

一 当該命令の理由となつた行為をしたと認められる購入業者の特定関係法人において、当該命令により禁止を命ずる範囲の業務と同一の業務を行つていると認められる者

二 自ら購入業者として当該命令により禁止を命ずる範囲の業務と同一の業務を行つていると認められる者

3 主務大臣は、前二項の規定による命令をしたときは、その旨を公表しなければならない。

（訪問購入における契約の申込みの撤回等）

第五十八条の十四 購入業者が営業所等以外の場所において物品につき売買契約の申込みを受けた場合におけるその申込みをした者又は購入業者が営業所等以外の場所において物品につき売買契約を締結した場合（営業所等において申込みを受け、営業所等以外の場所において売買契約を締結した場合を除く。）におけるその売買契約の相手方（以下この条及び次条において「申込者等」という。）は、書面又は電磁的記録によりその売買契約の申込みの撤回又はその売買契約の解除（以下この条において「申込みの撤回等」という。）を行うことができる。ただし、申込者等が第五十八条の八第一項又は第二項の書面を受領した日（その日前に第五十八条の七第一項の書面を受領した場合にあつては、その書面を受領した日）から起算して八日を経過した場合（申込者等が、購入業者が第五十八条の十第一項の規定に違反して申込みの撤回等に関する事項につき不実のことを告げる行為をしたことにより当該告げられた内容が事実であるとの誤認をし、又は購入業者が同条第三項の規定に違反して威迫したことにより困惑し、これらによつて当該期間を経過するまでに申込みの撤回等を行わなかつた場合には、当該申込者等が、当該購入業者が主務省令で定めるところにより当該売買契約の申込みの撤回等を行うことができる旨を記載して交付

した書面を受領した日から起算して八日を経過した場合）においては、この限りでない。

2　申込みの撤回等は、当該申込みの撤回等に係る書面又は電磁的記録による通知を発した時に、その効力を生ずる。

3　申込者等である売買契約の相手方は、第一項の規定による売買契約の解除をもつて、第三者に対抗することができる。ただし、第三者が善意であり、かつ、過失がないときは、この限りでない。

4　申込みの撤回等があつた場合においては、購入業者は、その申込みの撤回等に伴う損害賠償又は違約金の支払を請求することができない。

5　申込みの撤回等があつた場合において、その売買契約に係る代金の支払が既にされているときは、その代金の返還に要する費用及びその利息は、購入業者の負担とする。

6　前各項の規定に反する特約で申込者等に不利なものは、無効とする。

（**物品の引渡しの拒絶**）

第五十八条の十五　申込者等である売買契約の相手方は、前条第一項ただし書に規定する場合を除き、引渡しの期日の定めがあるときにおいても、購入業者及びその承継人に対し、訪問購入に係る物品の引渡しを拒むことができる。

（**訪問購入における契約の解除等に伴う損害賠償等の額の制限**）

第五十八条の十六　購入業者は、第五十八条の八第一項各号のいずれかに該当する売買契約の締結をした場合において、その売買契約が解除されたときは、損害賠償額の予定又は違約金の定めがあるときにおいても、次の各号に掲げる場合に応じ当該各号に定める額にこれに対する法定利率による遅延損害金の額を加算した金額を超える額の金銭の支払をその売買契約の相手方に対して請求することができない。

一　当該売買契約の解除が当該売買契約についての代金の支払後である場合　当該代金に相当する額及びその利息

二　当該売買契約の解除が当該売買契約についての代金の支払前である場合　契約の締結及び履行のために通常要する費用の額

2　購入業者は、第五十八条の八第一項各号のいずれかに該当する売買契約の締結をした場合において、その売買契約についての物品の引渡しの義務が履行されない場合（売買契約が解除された場合を除く。）には、損害賠償額の予定又は違約金の定めがあるときにおいても、次の各号に掲げる場合に応じ当該各号に定める額にこれに対する法定利率による遅延損害金の額を加算した金額を超える額の金銭の支払をその売買契約の相手方に対して請求することができない。

一　履行期限後に当該物品が引き渡された場合　当該物品の通常の使用料の額（当該物品の購入価格に相当する額から当該物品の引渡しの時における価額を控除した額が通常の使用料の額を超えるときは、その額）

二　当該物品が引き渡されない場合　当該物品の購入価格に相当する額

（**適用除外**）

第五十八条の十七　この章の規定は、次の訪問購入については、適用しない。

一　売買契約で、第五十八条の四に規定する売買契約の申込みをした者が営業のために若しくは営業として締結するもの又はその売買契約の相手方が営業のために若しくは営業として締結するものに係る訪問購入

二　本邦外に在る者に対する訪問購入

三　国又は地方公共団体が行う訪問購入

四　次の団体がその直接又は間接の構成員に対して行う訪問購入（その団体が構成員以外の者にその事業又は施設を利用させることができる場合には、これらの者に対して行う訪問購入を含む。）

イ　特別の法律に基づいて設立された組合並びにその連合会及び中央会

ロ　国家公務員法第百八条の二又は地方公務員法第五十二条の団体

ハ　労働組合

五　事業者がその従業者に対して行う訪問購入

2　第五十八条の六第一項及び第五十八条の七から前条までの規定は、次の訪問購入については、適用しない。

一　その住居において売買契約の申込みをし又は売買契約を締結することを請求した者に対して行う訪問購入

二　購入業者がその営業所等以外の場所において物品につき売買契約の申込みを受け又は売買契約を締結することが通例であり、かつ、通常売買契約の相手方の利益を損なうおそれがないと認められる取引の態様で政令で定めるものに該当する訪問購入

第五章の三　差止請求権

（訪問販売に係る差止請求権）

第五十八条の十八　消費者契約法（平成十二年法律第六十一号）第二条第四項に規定する適格消費者団体（以下この章において単に「適格消費者団体」という。）は、販売業者又は役務提供事業者が、訪問販売に関し、不特定かつ多数の者に対して次に掲げる行為を現に行い又は行うおそれがあるときは、その販売業者又は役務提供事業者に対し、当該行為の停止若しくは予防又は当該行為に供した物の廃棄若しくは除去その他の当該行為の停止若しくは予防に必要な措置をとることを請求することができる。

一　売買契約若しくは役務提供契約の締結について勧誘をするに際し、又は売買契約若しくは役務提供契約の申込みの撤回若しくは解除を妨げるため、次に掲げる事項につき、不実のことを告げる行為

イ　商品の種類及びその性能若しくは品質又は権利若しくは役務の種類及びこれらの内容

ロ　第六条第一項第二号から第五号までに掲げる事項

ハ　第六条第一項第六号又は第七号に掲げる事項

二　売買契約又は役務提供契約の締結について勧誘をするに際し、前号イ又はロに掲げる事項につき、故意に事実を告げない行為

三　売買契約若しくは役務提供契約を締結させ、又は売買契約若しくは役務提供契約の申込みの撤回若しくは解除を妨げるため、威迫して困惑させる行為

2　適格消費者団体は、販売業者又は役務提供事業者が、売買契約又は役務提供契約を締結するに際し、不特定かつ多数の者との間で次に掲げる特約を含む売買契約又は役務提供契約の申込み又はその承諾の意思表示を現に行い又は行うおそれがあるときは、その販売業者又は役務提供事業者に対し、当該行為の停止若しくは予防又は当該行為に供した物の廃棄若しくは除去その他の当該行為の停止若しくは予防に必要な措置をとることを請求することができる。

一　第九条第八項（第九条の二第三項において読み替えて準用する場合を含む。）に規定する特約

二　第十条の規定に反する特約

（通信販売に係る差止請求権）

第五十八条の十九　適格消費者団体は、販売業者又は役務提供事業者が、通信販売に関し、不特定かつ多数の者に対して次に掲げる行為を現に行い又は行うおそれがあるときは、その販売業者又は役務提供事業者に対し、当該行為の停止若しくは予防又は当該行為に供した物の廃棄若しくは除去その他の当該行為の停止若しくは予防に必要な措置をとることを請求することができる。

一　商品若しくは特定権利の販売条件又は役務の提供条件について広告をするに際し、当該商品の性能若しくは当該特定権利若しくは当該役務の内容又は当該商品若しくは当該特定権利の売買契約若しくは当該役務の役務提供契約の申込みの撤回若しくは解除に関する事項（第十五条の三第一項ただし書に規定する特約がある場合には、その内容を含む。）について、著しく事実に相違する表示をし、又は実際のものよりも著しく優良であり、若しくは有利であると誤認させるような表示をする行為

二　特定申込みに係る書面又は手続が表示される映像面に、第十二条の六第一項各号に掲げる事項につき表示をしない行為又は不実の表示をする行為

三　特定申込みに係る書面又は手続が表示される映像面において、次に掲げる事項につき、人を誤認させるような表示をする行為

イ　当該書面の送付又は当該手続に従った情報の送信が通信販売に係る売買契約又は役務提供契約の申込みとなること。

ロ　第十二条の六第一項各号に掲げる事項

四　売買契約又は役務提供契約の申込みの撤回又は解除を妨げるため、当該売買契約若しくは当該役務提供契約の申込みの撤回若しくは当該売買契約若しくは当該役務提供契約の解除に関する事項（第十五条の三の規定に関する事項を含む。）又は顧客が当該売買契約若しくは当該役務提供契約の締結を必要とする事情に関する事項につき、不実のことを告げる行為

（電話勧誘販売に係る差止請求権）

第五十八条の二十　適格消費者団体は、販売業者又は役務提供事業者が、電話勧誘販売に関し、不特定かつ多数の者に対して次に掲げる行為を現に行い又は行うおそれがあるときは、その販売業者又は役務提供事業者に対し、当該行為の停止若しくは予防又は当該行為に供した物の廃棄若しくは除去その他の当該行為の停止若しくは予防に必要な措置をとることを請求することができる。

一　売買契約若しくは役務提供契約の締結について勧誘をするに際し、又は売買契約若しくは役務提供契約の申込みの撤回若しくは解除を妨げるため、次に掲げる事項につき、不実のことを告げる行為
イ　商品の種類及びその性能若しくは品質又は権利若しくは役務の種類及びこれらの内容
ロ　第二十一条第一項第二号から第五号までに掲げる事項
ハ　第二十一条第一項第六号又は第七号に掲げる事項
二　売買契約又は役務提供契約の締結について勧誘をするに際し、前号イ又はロに掲げる事項につき、故意に事実を告げない行為
三　売買契約若しくは役務提供契約を締結させ、又は売買契約若しくは役務提供契約の申込みの撤回若しくは解除を妨げるため、威迫して困惑させる行為

2　適格消費者団体は、販売業者又は役務提供事業者が、売買契約又は役務提供契約を締結するに際し、不特定かつ多数の者との間で次に掲げる特約を含む売買契約又は役務提供契約の申込み又はその承諾の意思表示を現に行い又は行うおそれがあるときは、その販売業者又は役務提供事業者に対し、当該行為の停止若しくは予防又は当該行為に供した物の廃棄若しくは除去その他の当該行為の停止若しくは予防に必要な措置をとることを請求することができる。
一　第二十四条第八項（第二十四条の二第三項において読み替えて準用する場合を含む。）に規定する特約
二　第二十五条の規定に反する特約

（連鎖販売取引に係る差止請求権）

第五十八条の二十一　適格消費者団体は、統括者、勧誘者又は一般連鎖販売業者が、不特定かつ多数の者に対して次に掲げる行為を現に行い又は行うおそれがあるときは、それぞれその統括者、勧誘者又は一般連鎖販売業者に対し、当該行為の停止若しくは予防又は当該行為に供した物の廃棄若しくは除去その他の当該行為の停止若しくは予防に必要な措置をとることを請求することができる。
一　統括者又は勧誘者が、その統括者の統括する一連の連鎖販売業に係る連鎖販売取引についての契約（その連鎖販売業に係る商品の販売若しくはそのあつせん又は役務の提供若しくはそのあつせんを店舗等によらないで行う個人との契約に限る。以下この項及び第三項において同じ。）の締結について勧誘をするに際し、又はその連鎖販売業に係る連鎖販売取引についての契約の解除を妨げるため、次に掲げる事項につき、故意に事実を告げず、又は不実のことを告げる行為
イ　商品（施設を利用し及び役務の提供を受ける権利を除く。第四号において同じ。）の種類及びその性能若しくは品質又は施設を利用し若しくは役務の提供を受ける権利若しくは役務の種類及びこれらの内容
ロ　第三十四条第一項第二号から第五号までに掲げる事項
二　一般連鎖販売業者が、その統括者の統括する一連の連鎖販売業に係る連鎖販売取引についての契約の締結について勧誘をするに際し、又はその連鎖販売業に係る連鎖販売取引についての契約の解除を妨げるため、前号イ又はロに掲げる事項につき、不実のことを告げる行為
三　統括者、勧誘者又は一般連鎖販売業者が、その統括者の統括する一連の連鎖販売業に係る連鎖販売取引についての契約を締結させ、又はその連鎖販売業に係る連鎖販売取引についての契約の解除を妨げるため、威迫して困惑させる行為
四　統括者、勧誘者又は一般連鎖販売業者が、その統括者の統括する一連の連鎖販売業に係る連鎖販売取引について広告をするに際し、その連鎖販売業に係る商品の性能若しくは品質若しくは施設を利用し若しくは役務の提供を受ける権利若しくは役務の内容、当該連鎖販売取引に伴う特定負担又は当該連鎖販売業に係る特定利益について、著しく事実に相違する表示をし、又は実際のものよりも著しく優良であり、若しくは有利であると誤認させるような表示をする行為
五　統括者、勧誘者又は一般連鎖販売業者が、その統括者の統括する一連の連鎖販売業に係る連鎖販売取引につき利益を生ずることが確実であると誤解させるべき断定的判断を提供してその連鎖販売業に係る連鎖販売取引についての契約の締結について勧誘をする行為

2　適格消費者団体は、勧誘者が、不特定かつ多数の者に対して前項第一号又は第三号から第五号までに掲げる行為を現に行い又は行う

おそれがあるときは、その統括者に対し、当該行為の停止若しくは予防又は当該行為に供した物の廃棄若しくは除去その他の当該行為の停止若しくは予防に必要な措置をとることを請求することができる。

3　適格消費者団体は、統括者、勧誘者又は一般連鎖販売業者が、その連鎖販売業に係る連鎖販売取引についての契約を締結するに際し、不特定かつ多数の者との間で次に掲げる特約を含む連鎖販売業に係る連鎖販売取引についての契約の申込み又はその承諾の意思表示を現に行い又は行うおそれがあるときは、それぞれその統括者、勧誘者又は一般連鎖販売業者に対し、当該行為の停止若しくは予防又は当該行為に供した物の廃棄若しくは除去その他の当該行為の停止若しくは予防に必要な措置をとることを請求することができる。

一　第四十条第四項に規定する特約

二　第四十条の二第六項に規定する特約

（特定継続的役務提供に係る差止請求権）

第五十八条の二十二　適格消費者団体は、役務提供事業者又は販売業者が、不特定かつ多数の者に対して次に掲げる行為を現に行い又は行うおそれがあるときは、その役務提供事業者又は販売業者に対し、当該行為の停止若しくは予防又は当該行為に供した物の廃棄若しくは除去その他の当該行為の停止若しくは予防に必要な措置をとることを請求することができる。

一　特定継続的役務提供をする場合の特定継続的役務の提供条件又は特定継続的役務の提供を受ける権利の販売条件について広告をするに際し、当該特定継続的役務の内容又は効果について、著しく事実に相違する表示をし、又は実際のものよりも著しく優良であり、若しくは有利であると誤認させるような表示をする行為

二　特定継続的役務提供等契約の締結について勧誘をするに際し、又は特定継続的役務提供等契約の解除を妨げるため、次に掲げる事項につき、不実のことを告げる行為

イ　役務又は役務の提供を受ける権利の種類及びこれらの内容又は効果（権利の場合にあつては、当該権利に係る役務の効果）

ロ　役務の提供又は権利の行使による役務の提供に際し当該役務の提供を受ける者又は当該権利の購入者が購入する必要のある商品がある場合には、その商品の種類及びその性能又は品質

ハ　第四十四条第一項第三号から第六号までに掲げる事項

ニ　第四十四条第一項第七号又は第八号に掲げる事項

三　特定継続的役務提供等契約の締結について勧誘をするに際し、前号イからハまでに掲げる事項につき、故意に事実を告げない行為

四　特定継続的役務提供等契約を締結させ、又は特定継続的役務提供等契約の解除を妨げるため、威迫して困惑させる行為

2　適格消費者団体は、役務提供事業者、販売業者又は関連商品の販売を行う者が、特定継続的役務提供等契約又は関連商品販売契約を締結するに際し、不特定かつ多数の者との間で次に掲げる特約を含む特定継続的役務提供等契約の申込み又はその承諾の意思表示を現に行い又は行うおそれがあるときは、それぞれその役務提供事業者、販売業者又は関連商品の販売を行う者に対し、当該行為の停止若しくは予防又は当該行為に供した物の廃棄若しくは除去その他の当該行為の停止若しくは予防に必要な措置をとることを請求することができる。

一　第四十八条第八項に規定する特約

二　第四十九条第七項（第四十九条の二第三項において準用する場合を含む。）に規定する特約

（業務提供誘引販売取引に係る差止請求権）

第五十八条の二十三　適格消費者団体は、業務提供誘引販売業を行う者が、不特定かつ多数の者に対して次に掲げる行為を現に行い又は行うおそれがあるときは、その業務提供誘引販売業を行う者に対し、当該行為の停止若しくは予防又は当該行為に供した物の廃棄若しくは除去その他の当該行為の停止若しくは予防に必要な措置をとることを請求することができる。

一　業務提供誘引販売業に係る業務提供誘引販売取引についての契約（その業務提供誘引販売業に関して提供され、又はあつせんされる業務を事業所等によらないで行う個人との契約に限る。以下この条において同じ。）の締結について勧誘をするに際し、又はその業務提供誘引販売業に係る業務提供誘引販売取引についての契約の解除を妨げるため、次に掲げる事項につき、故意に事実を告げず、又は不実のことを告げる行為

イ　商品（施設を利用し及び役務の提供を受ける権利を除く。）の種類及びその性能若しくは品質又は施設を利用し若しくは役務の提供を受ける権利若しくは役務の種類及びこれらの内容

ロ　第五十二条第一項第二号から第五号までに掲げる事項

二　業務提供誘引販売業に係る業務提供誘引販売取引についての契約を締結させ、又はその業務提供誘引販売業に係る業務提供誘引販売取引についての契約の解除を妨げるため、威迫して困惑させる行為

三　業務提供誘引販売業に係る業務提供誘引販売取引について広告をするに際し、当該業務提供誘引販売取引に伴う特定負担又は当該業務提供誘引販売業に係る業務提供利益について、著しく事実に相違する表示をし、又は実際のものよりも著しく優良であり、若しくは有利であると誤認させるような表示をする行為

四　業務提供誘引販売業に係る業務提供誘引販売取引につき利益を生ずることが確実であると誤解させるべき断定的判断を提供してその業務提供誘引販売業に係る業務提供誘引販売取引についての契約の締結について勧誘をする行為

2　適格消費者団体は、業務提供誘引販売業を行う者が、業務提供誘引販売業に係る業務提供誘引販売取引についての契約を締結するに際し、不特定かつ多数の者との間で次に掲げる特約を含む業務提供誘引販売業に係る業務提供誘引販売取引についての契約の申込み又はその承諾の意思表示を現に行い又は行うおそれがあるときは、その業務提供誘引販売業を行う者に対し、当該行為の停止若しくは予防又は当該行為に供した物の廃棄若しくは除去その他の当該行為の停止若しくは予防に必要な措置をとることを請求することができる。

一　第五十八条第四項に規定する特約

二　第五十八条の三第一項又は第二項の規定に反する特約

（**訪問購入に係る差止請求権**）

第五十八条の二十四　適格消費者団体は、購入業者が、訪問購入に関し、不特定かつ多数の者に対して次に掲げる行為を現に行い又は行うおそれがあるときは、その購入業者に対し、当該行為の停止若しくは予防又は当該行為に供した物の廃棄若しくは除去その他の当該行為の停止若しくは予防に必要な措置をとることを請求することができる。

一　売買契約の締結について勧誘をするに際し、又は売買契約の申込みの撤回若しくは解除を妨げるため、次に掲げる事項につき、不実のことを告げる行為

イ　物品の種類及びその性能又は品質

ロ　第五十八条の十第一項第二号から第六号までに掲げる事項

ハ　第五十八条の十第一項第七号又は第八号に掲げる事項

二　売買契約の締結について勧誘をするに際し、前号イ又はロに掲げる事項につき、故意に事実を告げない行為

三　売買契約を締結させ、又は売買契約の申込みの撤回若しくは解除を妨げるため、威迫して困惑させる行為

四　物品の引渡しを受けるため、物品の引渡時期その他物品の引渡しに関する事項であつて、売買契約の相手方の判断に影響を及ぼすこととなる重要なものにつき、故意に事実を告げず、又は不実のことを告げる行為

五　物品の引渡しを受けるため、威迫して困惑させる行為

2　適格消費者団体は、購入業者が、売買契約を締結するに際し、不特定かつ多数の者との間で次に掲げる特約を含む売買契約の申込み又はその承諾の意思表示を現に行い又は行うおそれがあるときは、その購入業者に対し、当該行為の停止若しくは予防又は当該行為に供した物の廃棄若しくは除去その他の当該行為の停止若しくは予防に必要な措置をとることを請求することができる。

一　第五十八条の十四第六項に規定する特約

二　第五十八条の十六の規定に反する特約

（**適用除外**）

第五十八条の二十五　次の各号に掲げる規定は、当該各号に定める規定の適用について準用する。

一　第二十六条第一項　第五十八条の十八から第五十八条の二十まで

二　第二十六条第六項　第五十八条の十八

三　第二十六条第七項　第五十八条の二十

四　第二十六条第八項　第五十八条の十八第二項（第二号に係る部分に限る。）及び第五十八条の二十第二項（第二号に係る部分に限る。）

五　第四十条の二第七項　第五十八条の二十一第三項（第二号に掲げる特約のうち第四

十条の二第三項及び第四項の規定に反するものに係る部分に限る。）
六　第五十条第一項　第五十八条の二十二
七　第五十条第二項　第五十八条の二十二第二項（第二号に掲げる特約のうち第四十九条第二項、第四項及び第六項（第四十九条の二第三項において準用する場合を含む。）の規定に反するものに係る部分に限る。）
八　第五十八条の三第三項　第五十八条の二十三第二項（第二号に係る部分に限る。）
九　第五十八条の十七　前条

（**適格消費者団体への情報提供**）

第五十八条の二十六　消費者安全法（平成二十一年法律第五十号）第十一条の七第一項に規定する消費生活協力団体及び消費生活協力員は、販売業者、役務提供事業者、統括者、勧誘者、一般連鎖販売業者、関連商品の販売を行う者、業務提供誘引販売業を行う者又は購入業者が不特定かつ多数の者に対して第五十八条の十八から第五十八条の二十四までに規定する行為を現に行い又は行うおそれがある旨の情報を得たときは、適格消費者団体が第五十八条の十八から第五十八条の二十四までの規定による請求をする権利を適切に行使するために必要な限度において、当該適格消費者団体に対し、当該情報を提供することができる。

2　前項の規定により情報の提供を受けた適格消費者団体は、当該情報を第五十八条の十八から第五十八条の二十四までの規定による請求をする権利の適切な行使の用に供する目的以外の目的のために利用し、又は提供してはならない。

第六章　雑則

（**売買契約に基づかないで送付された商品**）

第五十九条　販売業者は、売買契約の申込みを受けた場合におけるその申込みをした者及び売買契約を締結した場合におけるその購入者（以下この項において「申込者等」という。）以外の者に対して売買契約の申込みをし、かつ、その申込みに係る商品を送付した場合又は申込者等に対してその売買契約に係る商品以外の商品につき売買契約の申込みをし、かつ、その申込みに係る商品を送付した場合には、その送付した商品の返還を請求することができない。

2　前項の規定は、その商品の送付を受けた者が営業のために又は営業として締結することとなる売買契約の申込みについては、適用しない。

第五十九条の二　販売業者は、売買契約の成立を偽つてその売買契約に係る商品を送付した場合には、その送付した商品の返還を請求することができない。

（**主務大臣に対する申出**）

第六十条　何人も、特定商取引の公正及び購入者等の利益が害されるおそれがあると認めるときは、主務大臣に対し、その旨を申し出て、適当な措置をとるべきことを求めることができる。

2　主務大臣は、前項の規定による申出があつたときは、必要な調査を行い、その申出の内容が事実であると認めるときは、この法律に基づく措置その他適当な措置をとらなければならない。

（**指定法人**）

第六十一条　主務大臣は、主務省令で定めるところにより、一般社団法人又は一般財団法人であつて、次項に規定する業務（以下この項及び第六十六条第五項において「特定商取引適正化業務」という。）を適正かつ確実に行うことができると認められるものを、その申請により、特定商取引適正化業務を行う者（以下「指定法人」という。）として指定することができる。

2　指定法人は、次に掲げる業務を行うものとする。

一　前条第一項の規定による主務大臣に対する申出をしようとする者に対し指導又は助言を行うこと。

二　主務大臣から求められた場合において、前条第二項の申出に係る事実関係につき調査を行うこと。

三　特定商取引に関する情報又は資料を収集し、及び提供すること。

四　特定商取引に関する苦情処理又は相談に係る業務を担当する者を養成すること。

（**改善命令**）

第六十二条　主務大臣は、指定法人の前条第二項に規定する業務の運営に関し改善が必要であると認めるときは、その指定法人に対し、その改善に必要な措置を講ずべきことを命ずることができる。

（**指定の取消し**）

第六十三条　主務大臣は、指定法人が前条の規定による命令に違反したときは、その指定を取り消すことができる。

（**消費者委員会及び消費経済審議会への諮問**）

第六十四条　主務大臣は、第二条第四項第一号、第二十六条第一項第八号ニ、第三項、第四項各号、第五項第一号若しくは第二号、第六項第二号若しくは第七項第二号、第四十一条第一項第一号（期間に係るものに限る。）若しくは第二項、第四十八条第二項、第五十八条の四又は第五十八条の十七第二項第二号の政令の制定又は改廃の立案をしようとするときは、政令で定めるところにより、消費者委員会及び消費経済審議会に諮問しなければならない。

2　主務大臣は、第二条第一項第二号若しくは第三項、第四条第二項（第五条第三項において読み替えて準用する場合を含む。）、第六条第四項、第十三条第二項、第十八条第二項（第十九条第三項において読み替えて準用する場合を含む。）、第二十条第二項、第二十六条第五項第三号若しくは第七項第一号、第三十四条第四項、第三十七条第三項、第四十条の二第二項第四号、第四十一条第一項第一号（金額に係るものに限る。）、第四十二条第四項、第四十九条第二項第一号ロ若しくは第二号、第五十二条第三項、第五十五条第三項、第五十八条の七第二項（第五十八条の八第三項において読み替えて準用する場合を含む。）又は第六十六条第二項（密接関係者の定めに係るものに限る。）の政令の制定又は改廃の立案をしようとするときは、政令で定めるところにより、消費者委員会及び消費経済審議会に諮問しなければならない。

（**経過措置**）

第六十五条　この法律の規定に基づき命令を制定し、又は改廃する場合においては、その命令で、その制定又は改廃に伴い合理的に必要と判断される範囲内において、所要の経過措置（罰則に関する経過措置を含む。）を定めることができる。

（**報告及び立入検査**）

第六十六条　主務大臣は、この法律を施行するため必要があると認めるときは、政令で定めるところにより販売業者、役務提供事業者、統括者、勧誘者、一般連鎖販売業者、業務提供誘引販売業を行う者若しくは購入業者（以下「販売業者等」という。）に対し報告若しくは帳簿、書類その他の物件の提出を命じ、又はその職員に販売業者等の事務所、事業所その他その事業を行う場所に立ち入り、帳簿、書類その他の物件を検査させ、若しくは従業員その他の関係者に質問させることができる。

2　主務大臣は、この法律を施行するため特に必要があると認めるときは、政令で定めるところにより関連商品の販売を行う者その他の販売業者等と密接な関係を有する者として政令で定める者（以下この項において「密接関係者」という。）に対し報告若しくは資料の提出を命じ、又はその職員に密接関係者の事務所、事業所その他その事業を行う場所に立ち入り、帳簿、書類その他の物件を検査させ、若しくは従業員その他の関係者に質問させることができる。

3　主務大臣は、この法律を施行するため特に必要があると認めるときは、その必要の限度において、その職員に販売業者等から業務の委託を受けた者の事務所、事業所その他その事業を行う場所に立ち入り、その委託を受けた業務に関し帳簿、書類その他の物件を検査させることができる。

4　主務大臣は、この法律を施行するため特に必要があると認めるときは、販売業者等と取引する者に対し、当該販売業者等の業務又は財産に関し参考となるべき報告又は資料の提出を命ずることができる。

5　主務大臣は、特定商取引適正化業務の適正な運営を確保するために必要な限度において、指定法人に対し、特定商取引適正化業務若しくは資産の状況に関し必要な報告をさせ、又はその職員に、指定法人の事務所に立ち入り、特定商取引適正化業務の状況若しくは帳簿、書類その他の物件を検査させることができる。

6　第一項から第四項までの規定は、通信販売電子メール広告受託事業者、連鎖販売取引電子メール広告受託事業者及び業務提供誘引販売取引電子メール広告受託事業者について準用する。この場合において、第二項から第四項までの規定中「販売業者等」とあるのは、「通信販売電子メール広告受託事業者、連鎖販売取引電子メール広告受託事業者又は業務提供誘引販売取引電子メール広告受託事業者」と読み替えるものとする。

7　第一項から第三項まで（これらの規定を前項において準用する場合を含む。）又は第五項の規定により立入検査をする職員は、その身分を示す証明書を携帯し、関係人に提示しなければならない。

8　第一項から第三項まで（これらの規定を第六項において準用する場合を含む。）又は第五項の規定による立入検査の権限は、犯罪捜査のために認められたものと解釈してはならない。

（協力依頼）

第六十六条の二　主務大臣は、この法律を施行するため必要があると認めるときは、官庁、公共団体その他の者に照会し、又は協力を求めることができる。

（指示等の方式）

第六十六条の三　この法律の規定による指示又は命令は、主務省令で定める書類を送達して行う。

（送達に関する民事訴訟法の準用）

第六十六条の四　書類の送達については、民事訴訟法（平成八年法律第百九号）第九十九条、第百一条、第百三条、第百五条、第百六条、第百七条第一項（第一号に係る部分に限る。次条第一項第二号において同じ。）及び第三項、第百八条並びに第百九条の規定を準用する。この場合において、同法第九十九条第一項中「執行官」とあり、及び同法第百七条第一項中「裁判所書記官」とあるのは「主務大臣の職員」と、同項中「最高裁判所規則」とあるのは「主務省令」と、同法第百八条中「裁判長」とあり、及び同法第百九条中「裁判所」とあるのは「主務大臣」と読み替えるものとする。

（公示送達）

第六十六条の五　主務大臣は、次に掲げる場合には、公示送達をすることができる。

一　送達を受けるべき者の住所、居所その他送達をすべき場所が知れない場合

二　前条において準用する民事訴訟法第百七条第一項の規定により送達をすることができない場合

三　外国においてすべき送達について、前条において準用する民事訴訟法第百八条の規定によることができず、又はこれによつても送達をすることができないと認めるべき場合

四　前条において準用する民事訴訟法第百八条の規定により外国の管轄官庁に嘱託を発した後六月を経過してもその送達を証する書面の送付がない場合

2　公示送達は、送達すべき書類を送達を受けるべき者にいつでも交付すべき旨を主務大臣の事務所の掲示場に掲示することにより行う。

3　公示送達は、前項の規定による掲示を始めた日から二週間を経過することによつて、その効力を生ずる。

4　外国においてすべき送達についてした公示送達にあつては、前項の期間は、六週間とする。

（電子情報処理組織の使用）

第六十六条の六　主務大臣の職員が、情報通信技術を活用した行政の推進等に関する法律（平成十四年法律第百五十一号）第三条第九号に規定する処分通知等であつてこの章の規定により書類の送達により行うこととしているものに関する事務を、同法第七条第一項の規定により同法第六条第一項に規定する電子情報処理組織を使用して行つたときは、第六十六条の四において準用する民事訴訟法第百九条の規定による送達に関する事項を記載した書面の作成及び提出に代えて、当該事項を当該電子情報処理組織を使用して主務大臣の使用に係る電子計算機（入出力装置を含む。）に備えられたファイルに記録しなければならない。

（主務大臣等）

第六十七条　この法律における主務大臣は、次のとおりとする。

一　商品及び特定権利（第二条第四項第二号及び第三号に掲げるものに限る。以下この号において同じ。）に係る販売業者に関する事項、商品に係る一連の連鎖販売業の統括者、勧誘者及び一般連鎖販売業者に関する事項、商品に係る業務提供誘引販売業を行う者に関する事項並びに物品に係る購入業者に関する事項については、内閣総理大臣、経済産業大臣並びに当該商品、特定権利及び物品の流通を所掌する大臣

二　特定権利（第二条第四項第一号に掲げるものに限る。）に係る販売業者に関する事項、施設を利用し又は役務の提供を受ける権利に係る一連の連鎖販売業の統括者、勧誘者及び一般連鎖販売業者に関する事項、特定継続的役務の提供を受ける権利に係る販売業者に関する事項並びに施設を利用し又は役務の提供を受ける権利に係る業務提供誘引販売業を行う者に関する事項については、内閣総理大臣、経済産業大臣及び当該権利に係る施設又は役務の提供を行う事業を所管する大臣

三　役務提供事業者に関する事項、役務に係る一連の連鎖販売業の統括者、勧誘者及び一般連鎖販売業者に関する事項並びに役務に係る業務提供誘引販売業を行う者に関する事項については、内閣総理大臣、経済産業

業大臣及び当該役務の提供を行う事業を所管する大臣

四　通信販売電子メール広告受託事業者、連鎖販売取引電子メール広告受託事業者及び業務提供誘引販売取引電子メール広告受託事業者に関する事項、訪問販売協会及び通信販売協会に関する事項並びに第六十四条第二項の規定による消費者委員会及び消費経済審議会への諮問に関する事項については、内閣総理大臣及び経済産業大臣

五　指定法人に関する事項については、内閣総理大臣、経済産業大臣並びに販売に係る商品及び特定権利（第二条第四項第二号及び第三号に掲げるものに限る。）並びに購入に係る物品の流通を所掌する大臣、特定権利（同項第一号に掲げるものに限る。）に係る施設又は役務の提供を行う事業を所管する大臣、役務の提供を行う事業を所管する大臣並びに特定継続的役務の提供を行う事業を所管する大臣

六　第六十四条第一項の規定による消費者委員会及び消費経済審議会への諮問に関する事項については、内閣総理大臣、経済産業大臣及び当該商品、特定権利（第二条第四項第二号及び第三号に掲げるものに限る。）若しくは物品の流通を所掌する大臣、当該権利に係る施設若しくは役務の提供を行う事業を所管する大臣又は当該役務の提供を行う事業を所管する大臣

2　内閣総理大臣は、この法律による権限（金融庁の所掌に係るものに限り、政令で定めるものを除く。）を金融庁長官に委任する。

3　内閣総理大臣は、この法律による権限（消費者庁の所掌に係るものに限り、政令で定めるものを除く。）を消費者庁長官に委任する。

4　この法律における主務省令は、内閣総理大臣及び経済産業大臣が共同で発する命令とする。ただし、第六十一条第一項第五号に規定する主務省令については、第一項第五号に定める主務大臣の発する命令とする。

（都道府県が処理する事務）

第六十八条　この法律に規定する主務大臣の権限に属する事務の一部は、政令で定めるところにより、都道府県知事が行うこととすることができる。

（権限の委任）

第六十九条　この法律により主務大臣の権限に属する事項は、政令で定めるところにより、地方支分部局の長に行わせることができる。

2　金融庁長官は、政令で定めるところにより、第六十七条第二項の規定により委任された権限の一部を財務局長又は財務支局長に委任することができる。

3　消費者庁長官は、政令で定めるところにより、第六十七条第三項の規定により委任された権限の一部を経済産業局長に委任することができる。

（関係者相互の連携）

第六十九条の二　主務大臣、関係行政機関の長（当該行政機関が合議制の機関である場合にあっては、当該行政機関）、関係地方公共団体の長、独立行政法人国民生活センターの長その他の関係者は、特定商取引を公正にするとともに購入者等が受けることのある損害の防止を図るため、必要な情報交換を行うことその他相互の密接な連携の確保に努めるものとする。

（外国執行当局への情報提供）

第六十九条の三　主務大臣は、この法律に相当する外国の法令を執行する外国の当局（次項及び第三項において「外国執行当局」という。）に対し、その職務（この法律に規定する職務に相当するものに限る。次項において同じ。）の遂行に資すると認める情報の提供を行うことができる。

2　前項の規定による情報の提供については、当該情報が当該外国執行当局の職務の遂行以外に使用されず、かつ、次項の同意がなければ外国の刑事事件の捜査（その対象たる犯罪事実が特定された後のものに限る。）又は審判（同項において「捜査等」という。）に使用されないよう適切な措置がとられなければならない。

3　主務大臣は、外国執行当局からの要請があったときは、次の各号のいずれかに該当する場合を除き、第一項の規定により提供した情報を当該要請に係る外国の刑事事件の捜査等に使用することについて同意をすることができる。

一　当該要請に係る刑事事件の捜査等の対象とされている犯罪が政治犯罪であるとき、又は当該要請が政治犯罪について捜査等を行う目的で行われたものと認められるとき。

二　当該要請に係る刑事事件の捜査等の対象とされている犯罪に係る行為が日本国内において行われたとした場合において、その行為が日本国の法令によれば罪に当たるものでないとき。

三　日本国が行う同種の要請に応ずる旨の要請国の保証がないとき。

4　主務大臣は、前項の同意をする場合においては、あらかじめ、同項第一号及び第二号に該当しないことについて法務大臣の確認を、同項第三号に該当しないことについて外務大臣の確認を、それぞれ受けなければならない。

第七章　罰則

第七十条　次の各号のいずれかに該当する場合には、当該違反行為をした者は、三年以下の懲役又は三百万円以下の罰金に処し、又はこれを併科する。

一　第六条、第十三条の二、第二十一条、第三十四条、第四十四条、第五十二条又は第五十八条の十の規定に違反したとき。

二　第十二条の六第一項の規定に違反して、表示をせず、又は不実の表示をしたとき。

三　第八条第一項若しくは第二項、第八条の二第一項若しくは第二項、第十五条第一項から第三項まで、第十五条の二第一項若しくは第二項、第二十三条第一項若しくは第二項、第二十三条の二第一項若しくは第二項、第三十九条第一項から第五項まで、第三十九条の二第一項から第四項まで、第四十七条第一項若しくは第二項、第四十七条の二第一項から第三項まで、第五十七条第一項若しくは第二項、第五十七条の二第一項若しくは第二項又は第五十八条の十三第一項若しくは第二項又は第五十八条の十三の二第一項若しくは第二項の規定による命令に違反したとき。

第七十一条　次の各号のいずれかに該当する場合には、当該違反行為をした者は、六月以下の懲役又は百万円以下の罰金に処し、又はこれを併科する。

一　第四条第一項、第五条第一項若しくは第二項、第十八条第一項、第十九条第一項若しくは第二項、第三十七条第一項若しくは第二項、第四十二条第一項から第三項まで、第五十五条第一項若しくは第二項、第五十八条の七第一項又は第五十八条の八第一項若しくは第二項の規定に違反して、書面を交付せず、又はこれらの規定に規定する事項が記載されていない書面若しくは虚偽の記載のある書面を交付したとき。

二　第七条第一項、第十四条第一項若しくは第二項、第二十二条第一項、第三十八条第一項から第四項まで、第四十六条第一項、第五十六条第一項若しくは第二項又は第五十八条の十二第一項の規定による指示に違反したとき。

三　第六十六条第一項（同条第六項において準用する場合を含む。以下この号において同じ。）の規定による報告をせず、若しくは虚偽の報告をし、若しくは同条第一項の規定による物件を提出せず、若しくは虚偽の物件を提出し、又は同項の規定による検査を拒み、妨げ、若しくは忌避し、若しくは同項の規定による質問に対し陳述をせず、若しくは虚偽の陳述をしたとき。

四　第六十六条第二項（同条第六項において読み替えて準用する場合を含む。以下この号において同じ。）の規定による報告をせず、若しくは虚偽の報告をし、若しくは同条第二項の規定による資料を提出せず、若しくは虚偽の資料を提出し、又は同項の規定による検査を拒み、妨げ、若しくは忌避し、若しくは同項の規定による質問に対し陳述をせず、若しくは虚偽の陳述をしたとき。

第七十二条　次の各号のいずれかに該当する場合には、当該違反行為をした者は、百万円以下の罰金に処する。

一　第十二条、第三十六条、第四十三条又は第五十四条の規定に違反して、著しく事実に相違する表示をし、又は実際のものよりも著しく優良であり、若しくは有利であると人を誤認させるような表示をしたとき。

二　第十二条の三第一項若しくは第二項（第十二条の四第二項において準用する場合を含む。）、第十二条の四第一項、第三十六条の三第一項若しくは第二項（第三十六条の四第二項において準用する場合を含む。）、第三十六条の四第一項、第五十四条の三第一項若しくは第二項（第五十四条の四第二項において準用する場合を含む。）又は第五十四条の四第一項の規定に違反したとき。

三　第十二条の三第三項（第十二条の四第二項において読み替えて準用する場合を含む。）、第三十六条の三第三項（第三十六条の四第二項において読み替えて準用する場合を含む。）又は第五十四条の三第三項（第五十四条の四第二項において読み替えて準用する場合を含む。）の規定に違反して、記録を作成せず、若しくは虚偽の記録を作成し、又は記録を保存しなかつたとき。

四　第十二条の六第二項の規定に違反して、同項各号に掲げる表示をしたとき。

五　第十三条第一項又は第二十条第一項の規定に違反して通知しなかつたとき。

六　第三十五条又は第五十三条の規定に違反して表示しなかつたとき。

七　第四十五条第一項の規定に違反して、同項に定める書類を備え置かず、又はこれに不正の記載をしたとき。

八　第四十五条第二項の規定に違反して、正当な理由がないのに、書類の閲覧又は謄本若しくは抄本の交付を拒んだとき。

2　前項第二号の罪を犯した者が、その提供した電子メール広告において、第十一条、第十二条の三第四項（第十二条の四第二項において読み替えて準用する場合を含む。）、第三十五条、第三十六条の三第四項（第三十六条の四第二項において読み替えて準用する場合を含む。）、第五十三条若しくは第五十四条の三第四項（第五十四条の四第二項において読み替えて準用する場合を含む。）の規定に違反して表示しなかつたとき、又は第十二条、第三十六条若しくは第五十四条の規定に違反して著しく事実に相違する表示をし、若しくは実際のものよりも著しく優良であり、若しくは有利であると人を誤認させるような表示をしたときは、一年以下の懲役又は二百万円以下の罰金に処し、又はこれを併科する。

第七十三条　次の各号のいずれかに該当する場合には、当該違反行為をした者は、三十万円以下の罰金に処する。

一　第二十八条第二項又は第三十一条第二項の規定に違反して、その名称又は商号中に訪問販売協会会員又は通信販売協会会員であると誤認されるおそれのある文字を用いたとき。

二　第六十六条第三項（同条第六項において読み替えて準用する場合を含む。）の規定による検査を拒み、妨げ、又は忌避したとき。

三　第六十六条第四項（同条第六項において読み替えて準用する場合を含む。以下この号において同じ。）の規定による報告をせず、若しくは虚偽の報告をし、又は同条第四項の規定による資料を提出せず、若しくは虚偽の資料を提出したとき。

四　第六十六条第五項の規定による報告をせず、若しくは虚偽の報告をし、又は同項の規定による検査を拒み、妨げ、若しくは忌避したとき。

第七十四条　法人の代表者若しくは管理人又は法人若しくは人の代理人、使用人その他の従業者が、その法人又は人の業務に関し、次の各号に掲げる規定の違反行為をしたときは、行為者を罰するほか、その法人に対して当該各号に定める罰金刑を、その人に対して各本条の罰金刑を科する。

一　第七十条第三号　三億円以下の罰金刑

二　第七十条第一号及び第二号　一億円以下の罰金刑

三　前三条　各本条の罰金刑

2　人格のない社団又は財団について前項の規定の適用がある場合には、その代表者又は管理人が、その訴訟行為につきその人格のない社団又は財団を代表するほか、法人を被告人又は被疑者とする場合の刑事訴訟に関する法律の規定を準用する。

第七十五条　次の各号のいずれかに該当する者は、五十万円以下の過料に処する。

一　第二十七条の三第一項、第二十七条の四第一項、第三十条の二第一項又は第三十条の三第一項の規定による届出をせず、又は虚偽の届出をした者

二　第二十九条の五第二項若しくは第三十二条の二第二項の規定による検査を拒み、妨げ、若しくは忌避し、又は第二十九条の五第二項若しくは第三十二条の二第二項の規定による命令に違反した者

第七十六条　第二十八条第一項又は第三十一条第一項の規定に違反して、その名称又は商号中に訪問販売協会又は通信販売協会であると誤認されるおそれのある文字を用いた者は、十万円以下の過料に処する。

・民事訴訟法等の一部を改正する法律（令和四・五・二五法律四八）

附則　抄

（施行期日）

第一条　この法律は、公布の日から起算して四年を超えない範囲内において政令で定める日から施行する。〈略〉

・刑法等の一部を改正する法律の施行に伴う関係法律の整理等に関する法律（令和四・六・一七法律六八）

附則　抄

（施行期日）

1　この法律は、刑法等一部改正法施行日から施行する。〈略〉

・デジタル社会の形成を図るための規制改革を推進するためのデジタル社会形成基本法等の一部を改正する法律（令和五・六・一六法律六三）

附則　抄

（施行期日）

第一条　この法律は、公布の日から起算して一年を超えない範囲内において政令で定める日から施行する。ただし、次の各号に掲げる規定は、当該各号に定める日から施行する。

二　（略）公布の日から起算して三年を超えない範囲内において政令で定める日

無限連鎖講の防止に関する法律

（昭和五三・一一・一一 法律一〇一）

最新改正　令和四法律六八

（目的）

第一条　この法律は、無限連鎖講が、終局において破たんすべき性質のものであるのにかかわらずいたずらに関係者の射幸心をあおり、加入者の相当部分の者に経済的な損失を与えるに至るものであることにかんがみ、これに関与する行為を禁止するとともに、その防止に関する調査及び啓もう活動について規定を設けることにより、無限連鎖講がもたらす社会的な害悪を防止することを目的とする。

（定義）

第二条　この法律において「無限連鎖講」とは、金品（財産権を表彰する証券又は証書を含む。以下この条において同じ。）を出えんする加入者が無限に増加するものであるとして、先に加入した者が先順位者、以下これに連鎖して段階的に二以上の倍率をもつて増加する後続の加入者がそれぞれの段階に応じた後順位者となり、順次先順位者が後順位者の出えんする金品から自己の出えんした金品の価額又は数量を上回る価額又は数量の金品を受領することを内容とする金品の配当組織をいう。

（無限連鎖講の禁止）

第三条　何人も、無限連鎖講を開設し、若しくは運営し、無限連鎖講に加入し、若しくは加入することを勧誘し、又はこれらの行為を助長する行為をしてはならない。

（国及び地方公共団体の任務）

第四条　国及び地方公共団体は、無限連鎖講の防止に関する調査及び啓もう活動を行うように努めなければならない。

（罰則）

第五条　無限連鎖講を開設し、又は運営した者は、三年以下の懲役若しくは三百万円以下の罰金に処し、又はこれを併科する。

第六条　業として無限連鎖講に加入することを勧誘した者は、一年以下の懲役又は三十万円以下の罰金に処する。

第七条　無限連鎖講に加入することを勧誘した者は、二十万円以下の罰金に処する。

・刑法等の一部を改正する法律の施行に伴う関係法律の整理等に関する法律（令和四・六・一七法律六八）

附則　抄

（施行期日）

1　この法律は、刑法等一部改正法施行日から施行する。（略）

労働基準法

（昭和二二・四・七
法　律　四　九）

最新改正　令和四法律六八

第一章　総則

（労働条件の原則）

第一条　労働条件は、労働者が人たるに値する生活を営むための必要を充たすべきものでなければならない。

② この法律で定める労働条件の基準は最低のものであるから、労働関係の当事者は、この基準を理由として労働条件を低下させてはならないことはもとより、その向上を図るように努めなければならない。

（労働条件の決定）

第二条　労働条件は、労働者と使用者が、対等の立場において決定すべきものである。

② 労働者及び使用者は、労働協約、就業規則及び労働契約を遵守し、誠実に各〻その義務を履行しなければならない。

（均等待遇）

第三条　使用者は、労働者の国籍、信条又は社会的身分を理由として、賃金、労働時間その他の労働条件について、差別的取扱をしてはならない。

（男女同一賃金の原則）

第四条　使用者は、労働者が女性であることを理由として、賃金について、男性と差別的取扱いをしてはならない。

（強制労働の禁止）

第五条　使用者は、暴行、脅迫、監禁その他精神又は身体の自由を不当に拘束する手段によつて、労働者の意思に反して労働を強制してはならない。

（中間搾取の排除）

第六条　何人も、法律に基いて許される場合の外、業として他人の就業に介入して利益を得てはならない。

（公民権行使の保障）

第七条　使用者は、労働者が労働時間中に、選挙権その他公民としての権利を行使し、又は公の職務を執行するために必要な時間を請求した場合においては、拒んではならない。但し、権利の行使又は公の職務の執行に妨げがない限り、請求された時刻を変更することができる。

第八条　削除

（定義）

第九条　この法律で「労働者」とは、職業の種類を問わず、事業又は事務所（以下「事業」という。）に使用される者で、賃金を支払われる者をいう。

第十条　この法律で使用者とは、事業主又は事業の経営担当者その他その事業の労働者に関する事項について、事業主のために行為をするすべての者をいう。

第十一条　この法律で賃金とは、賃金、給料、手当、賞与その他名称の如何を問わず、労働の対償として使用者が労働者に支払うすべてのものをいう。

第十二条　この法律で平均賃金とは、これを算定すべき事由の発生した日以前三箇月間にその労働者に対し支払われた賃金の総額を、その期間の総日数で除した金額をいう。ただし、その金額は、次の各号の一によつて計算した金額を下つてはならない。

一　賃金が、労働した日若しくは時間によつて算定され、又は出来高払制その他の請負制によつて定められた場合においては、賃金の総額をその期間中に労働した日数で除した金額の百分の六十

二　賃金の一部が、月、週その他一定の期間によつて定められた場合においては、その部分の総額をその期間の総日数で除した金額と前号の金額の合算額

② 前項の期間は、賃金締切日がある場合においては、直前の賃金締切日から起算する。

③ 前二項に規定する期間中に、次の各号のいずれかに該当する期間がある場合においては、その日数及びその期間中の賃金は、前二項の期間及び賃金の総額から控除する。

一　業務上負傷し、又は疾病にかかり療養のために休業した期間

二　産前産後の女性が第六十五条の規定によつて休業した期間

三　使用者の責めに帰すべき事由によつて休業した期間

四　育児休業、介護休業等育児又は家族介護を行う労働者の福祉に関する法律（平成三年法律第七十六号）第二条第一号に規定する育児休業又は同条第二号に規定する介護休業（同法第六十一条第三項（同条第六項において準用する場合を含む。）に規定する介護をするための休業を含む。第三十九条第十項において同じ。）をした期間

五　試みの使用期間

④　第一項の賃金の総額には、臨時に支払われた賃金及び三箇月を超える期間ごとに支払われる賃金並びに通貨以外のもので支払われた賃金で一定の範囲に属しないものは算入しない。

⑤　賃金が通貨以外のもので支払われる場合、第一項の賃金の総額に算入すべきものの範囲及び評価に関し必要な事項は、厚生労働省令で定める。

⑥　雇入後三箇月に満たない者については、第一項の期間は、雇入後の期間とする。

⑦　日日雇い入れられる者については、その従事する事業又は職業について、厚生労働大臣の定める金額を平均賃金とする。

⑧　第一項乃至第六項によつて算定し得ない場合の平均賃金は、厚生労働大臣の定めるところによる。

第二章　労働契約

（**この法律違反の契約**）

第十三条　この法律で定める基準に達しない労働条件を定める労働契約は、その部分については無効とする。この場合において、無効となつた部分は、この法律で定める基準による。

（**契約期間等**）

第十四条　労働契約は、期間の定めのないものを除き、一定の事業の完了に必要な期間を定めるもののほかは、三年（次の各号のいずれかに該当する労働契約にあつては、五年）を超える期間について締結してはならない。

一　専門的な知識、技術又は経験（以下この号及び第四十一条の二第一項第一号において「専門的知識等」という。）であつて高度のものとして厚生労働大臣が定める基準に該当する専門的知識等を有する労働者（当該高度の専門的知識等を必要とする業務に就く者に限る。）との間に締結される労働契約

二　満六十歳以上の労働者との間に締結される労働契約（前号に掲げる労働契約を除く。）

②　厚生労働大臣は、期間の定めのある労働契約の締結時及び当該労働契約の期間の満了時において労働者と使用者との間に紛争が生ずることを未然に防止するため、使用者が講ずべき労働契約の期間の満了に係る通知に関する事項その他必要な事項についての基準を定めることができる。

③　行政官庁は、前項の基準に関し、期間の定めのある労働契約を締結する使用者に対し、必要な助言及び指導を行うことができる。

（**労働条件の明示**）

第十五条　使用者は、労働契約の締結に際し、労働者に対して賃金、労働時間その他の労働条件を明示しなければならない。この場合において、賃金及び労働時間に関する事項その他の厚生労働省令で定める事項については、厚生労働省令で定める方法により明示しなければならない。

②　前項の規定によつて明示された労働条件が事実と相違する場合においては、労働者は、即時に労働契約を解除することができる。

③　前項の場合、就業のために住居を変更した労働者が、契約解除の日から十四日以内に帰郷する場合においては、使用者は、必要な旅費を負担しなければならない。

（**賠償予定の禁止**）

第十六条　使用者は、労働契約の不履行について違約金を定め、又は損害賠償額を予定する契約をしてはならない。

（**前借金相殺の禁止**）

第十七条　使用者は、前借金その他労働することを条件とする前貸の債権と賃金を相殺してはならない。

（**強制貯金**）

第十八条　使用者は、労働契約に附随して貯蓄の契約をさせ、又は貯蓄金を管理する契約をしてはならない。

②　使用者は、労働者の貯蓄金をその委託を受けて管理しようとする場合においては、当該事業場に、労働者の過半数で組織する労働組合があるときはその労働組合、労働者の過半数で組織する労働組合がないときは労働者の過半数を代表する者との書面による協定をし、これを行政官庁に届け出なければならない。

③　使用者は、労働者の貯蓄金をその委託を受けて管理する場合においては、貯蓄金の管理に関する規程を定め、これを労働者に周知させるため作業場に備え付ける等の措置をとらなければならない。

④　使用者は、労働者の貯蓄金をその委託を受けて管理する場合において、貯蓄金の管理が労働者の預金の受入であるときは、利子をつけなければならない。この場合において、その利子が、金融機関の受け入れる預金の利率を考慮して厚生労働省令で定める利率による利子を下るときは、その厚生労働省令で定め

る利率による利子をつけたものとみなす。

⑤　使用者は、労働者の貯蓄金をその委託を受けて管理する場合において、労働者がその返還を請求したときは、遅滞なく、これを返還しなければならない。

⑥　使用者が前項の規定に違反した場合において、当該貯蓄金の管理を継続することが労働者の利益を著しく害すると認められるときは、行政官庁は、使用者に対して、その必要な限度の範囲内で、当該貯蓄金の管理を中止すべきことを命ずることができる。

⑦　前項の規定により貯蓄金の管理を中止すべきことを命ぜられた使用者は、遅滞なく、その管理に係る貯蓄金を労働者に返還しなければならない。

（解雇制限）

第十九条　使用者は、労働者が業務上負傷し、又は疾病にかかり療養のために休業する期間及びその後三十日間並びに産前産後の女性が第六十五条の規定によつて休業する期間及びその後三十日間は、解雇してはならない。ただし、使用者が、第八十一条の規定によつて打切補償を支払う場合又は天災事変その他やむを得ない事由のために事業の継続が不可能となつた場合においては、この限りでない。

②　前項但書後段の場合においては、その事由について行政官庁の認定を受けなければならない。

（解雇の予告）

第二十条　使用者は、労働者を解雇しようとする場合においては、少くとも三十日前にその予告をしなければならない。三十日前に予告をしない使用者は、三十日分以上の平均賃金を支払わなければならない。但し、天災事変その他やむを得ない事由のために事業の継続が不可能となつた場合又は労働者の責に帰すべき事由に基いて解雇する場合においては、この限りでない。

②　前項の予告の日数は、一日について平均賃金を支払つた場合においては、その日数を短縮することができる。

③　前条第二項の規定は、第一項但書の場合にこれを準用する。

第二十一条　前条の規定は、左の各号の一に該当する労働者については適用しない。但し、第一号に該当する者が一箇月を超えて引き続き使用されるに至つた場合、第二号若しくは第三号に該当する者が所定の期間を超えて引き続き使用されるに至つた場合又は第四号に該当する者が十四日を超えて引き続き使用されるに至つた場合においては、この限りでない。

一　日日雇い入れられる者
二　二箇月以内の期間を定めて使用される者
三　季節的業務に四箇月以内の期間を定めて使用される者
四　試の使用期間中の者

（退職時等の証明）

第二十二条　労働者が、退職の場合において、使用期間、業務の種類、その事業における地位、賃金又は退職の事由（退職の事由が解雇の場合にあつては、その理由を含む。）について証明書を請求した場合においては、使用者は、遅滞なくこれを交付しなければならない。

②　労働者が、第二十条第一項の解雇の予告がされた日から退職の日までの間において、当該解雇の理由について証明書を請求した場合においては、使用者は、遅滞なくこれを交付しなければならない。ただし、解雇の予告がされた日以後に労働者が当該解雇以外の事由により退職した場合においては、使用者は、当該退職の日以後、これを交付することを要しない。

③　前二項の証明書には、労働者の請求しない事項を記入してはならない。

④　使用者は、あらかじめ第三者と謀り、労働者の就業を妨げることを目的として、労働者の国籍、信条、社会的身分若しくは労働組合運動に関する通信をし、又は第一項及び第二項の証明書に秘密の記号を記入してはならない。

（金品の返還）

第二十三条　使用者は、労働者の死亡又は退職の場合において、権利者の請求があつた場合においては、七日以内に賃金を支払い、積立金、保証金、貯蓄金その他名称の如何を問わず、労働者の権利に属する金品を返還しなければならない。

②　前項の賃金又は金品に関して争がある場合においては、使用者は、異議のない部分を、同項の期間中に支払い、又は返還しなければならない。

第三章　賃金

（賃金の支払）

第二十四条　賃金は、通貨で、直接労働者に、その全額を支払わなければならない。ただし、法令若しくは労働協約に別段の定めがある場合又は厚生労働省令で定める賃金について確実な支払の方法で厚生労働省令で定めるものによる場合においては、通貨以外のもので支払い、また、法令に別段の定めがある場合又は当該事業場の労働者の過半数で組織する労働組合があるときはその労働組合、労働者の過半数で組織する労働組合がないときは労働者の過半数を代表する者との書面による協定がある場合においては、賃金の一部を控除して支払うことができる。

② 賃金は、毎月一回以上、一定の期日を定めて支払わなければならない。ただし、臨時に支払われる賃金、賞与その他これに準ずるもので厚生労働省令で定める賃金（第八十九条において「臨時の賃金等」という。）については、この限りでない。

（非常時払）

第二十五条 使用者は、労働者が出産、疾病、災害その他厚生労働省令で定める非常の場合の費用に充てるために請求する場合においては、支払期日前であつても、既往の労働に対する賃金を支払わなければならない。

（休業手当）

第二十六条 使用者の責に帰すべき事由による休業の場合においては、使用者は、休業期間中当該労働者に、その平均賃金の百分の六十以上の手当を支払わなければならない。

（出来高払制の保障給）

第二十七条 出来高払制その他の請負制で使用する労働者については、使用者は、労働時間に応じ一定額の賃金の保障をしなければならない。

（最低賃金）

第二十八条 賃金の最低基準に関しては、最低賃金法（昭和三十四年法律第百三十七号）の定めるところによる。

第二十九条から第三十一条まで 削除

第四章　労働時間、休憩、休日及び年次有給休暇

（労働時間）

第三十二条 使用者は、労働者に、休憩時間を除き一週間について四十時間を超えて、労働させてはならない。

② 使用者は、一週間の各日については、労働者に、休憩時間を除き一日について八時間を超えて、労働させてはならない。

第三十二条の二 使用者は、当該事業場に、労働者の過半数で組織する労働組合がある場合においてはその労働組合、労働者の過半数で組織する労働組合がない場合においては労働者の過半数を代表する者との書面による協定により、又は就業規則その他これに準ずるものにより、一箇月以内の一定の期間を平均し一週間当たりの労働時間が前条第一項の労働時間を超えない定めをしたときは、同条の規定にかかわらず、その定めにより、特定された週において同項の労働時間又は特定された日において同条第二項の労働時間を超えて、労働させることができる。

② 使用者は、厚生労働省令で定めるところにより、前項の協定を行政官庁に届け出なければならない。

第三十二条の三 使用者は、就業規則その他これに準ずるものにより、その労働者に係る始業及び終業の時刻をその労働者の決定に委ねることとした労働者については、当該事業場の労働者の過半数で組織する労働組合がある場合においてはその労働組合、労働者の過半数で組織する労働組合がない場合においては労働者の過半数を代表する者との書面による協定により、次に掲げる事項を定めたときは、その協定で第二号の清算期間として定められた期間を平均し一週間当たりの労働時間が第三十二条第一項の労働時間を超えない範囲内において、同条の規定にかかわらず、一週間において同項の労働時間又は一日において同条第二項の労働時間を超えて、労働させることができる。

一 この項の規定による労働時間により労働させることができることとされる労働者の範囲

二 清算期間（その期間を平均し一週間当たりの労働時間が第三十二条第一項の労働時間を超えない範囲内において労働させる期間をいい、三箇月以内の期間に限るものとする。以下この条及び次条において同じ。）

三 清算期間における総労働時間

四 その他厚生労働省令で定める事項

② 清算期間が一箇月を超えるものである場合における前項の規定の適用については、同項各号列記以外の部分中「労働時間を超えない」とあるのは「労働時間を超えず、かつ、当該清算期間をその開始の日以後一箇月ごとに区分した各期間（最後に一箇月未満の期間を生じたときは、当該期間。以下この項において同じ。）ごとに当該各期間を平均し一週間当たりの労働時間が五十時間を超えない」と、「同項」とあるのは「同条第一項」とす

労働法

る。

③　一週間の所定労働日数が五日の労働者について第一項の規定により労働させる場合における同項の規定の適用については、同項各号列記以外の部分（前項の規定により読み替えて適用する場合を含む。）中「第三十二条第一項の労働時間」とあるのは「第三十二条第一項の労働時間（当該事業場の労働者の過半数で組織する労働組合がある場合においてはその労働組合、労働者の過半数で組織する労働組合がない場合においては労働者の過半数を代表する者との書面による協定により、労働時間の限度について、当該清算期間における所定労働日数を同条第二項の労働時間に乗じて得た時間とする旨を定めたときは、当該清算期間における日数を七で除して得た数をもつてその時間を除して得た時間）」と、「同項」とあるのは「同条第一項」とする。

④　前条第二項の規定は、第一項各号に掲げる事項を定めた協定について準用する。ただし、清算期間が一箇月以内のものであるときは、この限りでない。

第三十二条の三の二　使用者が、清算期間が一箇月を超えるものであるときの当該清算期間中の前条第一項の規定により労働させた期間が当該清算期間より短い労働者について、当該労働させた期間を平均し一週間当たり四十時間を超えて労働させた場合においては、その超えた時間（第三十三条又は第三十六条第一項の規定により延長し、又は休日に労働させた時間を除く。）の労働については、第三十七条の規定の例により割増賃金を支払わなければならない。

第三十二条の四　使用者は、当該事業場に、労働者の過半数で組織する労働組合がある場合においてはその労働組合、労働者の過半数で組織する労働組合がない場合においては労働者の過半数を代表する者との書面による協定により、次に掲げる事項を定めたときは、第三十二条の規定にかかわらず、その協定で第二号の対象期間として定められた期間を平均し一週間当たりの労働時間が四十時間を超えない範囲内において、当該協定（次項の規定による定めをした場合においては、その定めを含む。）で定めるところにより、特定された週において同条第一項の労働時間又は特定された日において同条第二項の労働時間を超えて、労働させることができる。

一　この条の規定による労働時間により労働させることとされる労働者の範囲

二　対象期間（その期間を平均し一週間当たりの労働時間が四十時間を超えない範囲内において労働させる期間をいい、一箇月を超え一年以内の期間に限るものとする。以下この条及び次条において同じ。）

三　特定期間（対象期間中の特に業務が繁忙な期間をいう。第三項において同じ。）

四　対象期間における労働日及び当該労働日ごとの労働時間（対象期間を一箇月以上の期間ごとに区分することとした場合においては、当該区分による各期間のうち当該対象期間の初日の属する期間（以下この条において「最初の期間」という。）における労働日及び当該労働日ごとの労働時間並びに当該最初の期間を除く各期間における労働日数及び総労働時間）

五　その他厚生労働省令で定める事項

②　使用者は、前項の協定で同項第四号の区分をし当該区分による各期間のうち最初の期間を除く各期間における労働日数及び総労働時間を定めたときは、当該各期間の初日の少なくとも三十日前に、当該事業場に、労働者の過半数で組織する労働組合がある場合においてはその労働組合、労働者の過半数で組織する労働組合がない場合においては労働者の過半数を代表する者の同意を得て、厚生労働省令で定めるところにより、当該労働日数を超えない範囲内において当該各期間における労働日及び当該総労働時間を超えない範囲内において当該各期間における労働日ごとの労働時間を定めなければならない。

③　厚生労働大臣は、労働政策審議会の意見を聴いて、厚生労働省令で、対象期間における労働日数の限度並びに一日及び一週間の労働時間の限度並びに対象期間（第一項の協定で特定期間として定められた期間を除く。）及び同項の協定で特定期間として定められた期間における連続して労働させる日数の限度を定めることができる。

④　第三十二条の二第二項の規定は、第一項の協定について準用する。

第三十二条の四の二　使用者が、対象期間中の前条の規定により労働させた期間が当該対象期間より短い労働者について、当該労働させた期間を平均し一週間当たり四十時間を超えて労働させた場合においては、その超えた時間（第三十三条又は第三十六条第一項の規定により延長し、又は休日に労働させた時間を除く。）の労働については、第三十七条の規定の例により割増賃金を支払わなければならない。

第三十二条の五　使用者は、日ごとの業務に著しい繁閑の差が生ずることが多く、かつ、これを予測した上で就業規則その他これに準ずるものにより各日の労働時間を特定することが困難であると認められる厚生労働省令で定める事業であつて、常時使用する労働者の数が厚生労働省令で定める数未満のものに従事する労働者については、当該事業場に、労働者の過半数で組織する労働組合がある場合においてはその労働組合、労働者の過半数で組織する労働組合がない場合においては労働者の過半数を代表する者との書面による協定があるときは、第三十二条第二項の規定にかかわらず、一日について十時間まで労働させることができる。

②　使用者は、前項の規定により労働者に労働させる場合においては、厚生労働省令で定めるところにより、当該労働させる一週間の各日の労働時間を、あらかじめ、当該労働者に通知しなければならない。

③　第三十二条の二第二項の規定は、第一項の協定について準用する。

（災害等による臨時の必要がある場合の時間外労働等）

第三十三条　災害その他避けることのできない事由によつて、臨時の必要がある場合においては、使用者は、行政官庁の許可を受けて、その必要の限度において第三十二条から前条まで若しくは第四十条の労働時間を延長し、又は第三十五条の休日に労働させることができる。ただし、事態急迫のために行政官庁の許可を受ける暇がない場合においては、事後に遅滞なく届け出なければならない。

②　前項ただし書の規定による届出があつた場合において、行政官庁がその労働時間の延長又は休日の労働を不適当と認めるときは、その後にその時間に相当する休憩又は休日を与えるべきことを、命ずることができる。

③　公務のために臨時の必要がある場合においては、第一項の規定にかかわらず、官公署の事業（別表第一に掲げる事業を除く。）に従事する国家公務員及び地方公務員については、第三十二条から前条まで若しくは第四十条の労働時間を延長し、又は第三十五条の休日に労働させることができる。

（休憩）

第三十四条　使用者は、労働時間が六時間を超える場合においては少くとも四十五分、八時間を超える場合においては少くとも一時間の休憩時間を労働時間の途中に与えなければならない。

②　前項の休憩時間は、一斉に与えなければならない。ただし、当該事業場に、労働者の過半数で組織する労働組合がある場合においてはその労働組合、労働者の過半数で組織する労働組合がない場合においては労働者の過半数を代表する者との書面による協定があるときは、この限りでない。

③　使用者は、第一項の休憩時間を自由に利用させなければならない。

（休日）

第三十五条　使用者は、労働者に対して、毎週少くとも一回の休日を与えなければならない。

②　前項の規定は、四週間を通じ四日以上の休日を与える使用者については適用しない。

（時間外及び休日の労働）

第三十六条　使用者は、当該事業場に、労働者の過半数で組織する労働組合がある場合においてはその労働組合、労働者の過半数で組織する労働組合がない場合においては労働者の過半数を代表する者との書面による協定をし、厚生労働省令で定めるところによりこれを行政官庁に届け出た場合においては、第三十二条から第三十二条の五まで若しくは第四十条の労働時間（以下この条において「労働時間」という。）又は前条の休日（以下この条において「休日」という。）に関する規定にかかわらず、その協定で定めるところによつて労働時間を延長し、又は休日に労働させることができる。

②　前項の協定においては、次に掲げる事項を定めるものとする。

一　この条の規定により労働時間を延長し、又は休日に労働させることができることとされる労働者の範囲

二　対象期間（この条の規定により労働時間を延長し、又は休日に労働させることができる期間をいい、一年間に限るものとする。第四号及び第六項第三号において同じ。）

三　労働時間を延長し、又は休日に労働させることができる場合

四　対象期間における一日、一箇月及び一年のそれぞれの期間について労働時間を延長して労働させることができる時間又は労働

させることができる休日の日数

五　労働時間の延長及び休日の労働を適正なものとするために必要な事項として厚生労働省令で定める事項

③　前項第四号の労働時間を延長して労働させることができる時間は、当該事業場の業務量、時間外労働の動向その他の事情を考慮して通常予見される時間外労働の範囲内において、限度時間を超えない時間に限る。

④　前項の限度時間は、一箇月について四十五時間及び一年について三百六十時間（第三十二条の四第一項第二号の対象期間として三箇月を超える期間を定めて同条の規定により労働させる場合にあつては、一箇月について四十二時間及び一年について三百二十時間）とする。

⑤　第一項の協定においては、第二項各号に掲げるもののほか、当該事業場における通常予見することのできない業務量の大幅な増加等に伴い臨時的に第三項の限度時間を超えて労働させる必要がある場合において、一箇月について労働時間を延長して労働させ、及び休日において労働させることができる時間（第二項第四号に関して協定した時間を含め百時間未満の範囲内に限る。）並びに一年について労働時間を延長して労働させることができる時間（同号に関して協定した時間を含め七百二十時間を超えない範囲内に限る。）を定めることができる。この場合において、第一項の協定に、併せて第二項第二号の対象期間において労働時間を延長して労働させる時間が一箇月について四十五時間（第三十二条の四第一項第二号の対象期間として三箇月を超える期間を定めて同条の規定により労働させる場合にあつては、一箇月について四十二時間）を超えることができる月数（一年について六箇月以内に限る。）を定めなければならない。

⑥　使用者は、第一項の協定で定めるところによつて労働時間を延長して労働させ、又は休日において労働させる場合であつても、次の各号に掲げる時間について、当該各号に定める要件を満たすものとしなければならない。

一　坑内労働その他厚生労働省令で定める健康上特に有害な業務について、一日について労働時間を延長して労働させた時間　二時間を超えないこと。

二　一箇月について労働時間を延長して労働させ、及び休日において労働させた時間　百時間未満であること。

三　対象期間の初日から一箇月ごとに区分した各期間に当該各期間の直前の一箇月、二箇月、三箇月、四箇月及び五箇月の期間を加えたそれぞれの期間における労働時間を延長して労働させ、及び休日において労働させた時間の一箇月当たりの平均時間　八十時間を超えないこと。

⑦　厚生労働大臣は、労働時間の延長及び休日の労働を適正なものとするため、第一項の協定で定める労働時間の延長及び休日の労働について留意すべき事項、当該労働時間の延長に係る割増賃金の率その他の必要な事項について、労働者の健康、福祉、時間外労働の動向その他の事情を考慮して指針を定めることができる。

⑧　第一項の協定をする使用者及び労働組合又は労働者の過半数を代表する者は、当該協定で労働時間の延長及び休日の労働を定めるに当たり、当該協定の内容が前項の指針に適合したものとなるようにしなければならない。

⑨　行政官庁は、第七項の指針に関し、第一項の協定をする使用者及び労働組合又は労働者の過半数を代表する者に対し、必要な助言及び指導を行うことができる。

⑩　前項の助言及び指導を行うに当たつては、労働者の健康が確保されるよう特に配慮しなければならない。

⑪　第三項から第五項まで及び第六項（第二号及び第三号に係る部分に限る。）の規定は、新たな技術、商品又は役務の研究開発に係る業務については適用しない。

（時間外、休日及び深夜の割増賃金）

第三十七条　使用者が、第三十三条又は前条第一項の規定により労働時間を延長し、又は休日に労働させた場合においては、その時間又はその日の労働については、通常の労働時間又は労働日の賃金の計算額の二割五分以上五割以下の範囲内でそれぞれ政令で定める率以上の率で計算した割増賃金を支払わなければならない。ただし、当該延長して労働させた時間が一箇月について六十時間を超えた場合においては、その超えた時間の労働については、通常の労働時間の賃金の計算額の五割以上の率で計算した割増賃金を支払わなければならない。

②　前項の政令は、労働者の福祉、時間外又は休日の労働の動向その他の事情を考慮して定めるものとする。

③　使用者が、当該事業場に、労働者の過半数

で組織する労働組合があるときはその労働組合、労働者の過半数で組織する労働組合がないときは労働者の過半数を代表する者との書面による協定により、第一項ただし書の規定により割増賃金を支払うべき労働者に対して、当該割増賃金の支払に代えて、通常の労働時間の賃金が支払われる休暇（第三十九条の規定による有給休暇を除く。）を厚生労働省令で定めるところにより与えることを定めた場合において、当該労働者が当該休暇を取得したときは、当該労働者の同項ただし書に規定する時間を超えた時間の労働のうち当該取得した休暇に対応するものとして厚生労働省令で定める時間の労働については、同項ただし書の規定による割増賃金を支払うことを要しない。

④ 使用者が、午後十時から午前五時まで（厚生労働大臣が必要であると認める場合においては、その定める地域又は期間については午後十一時から午前六時まで）の間において労働させた場合においては、その時間の労働については、通常の労働時間の賃金の計算額の二割五分以上の率で計算した割増賃金を支払わなければならない。

⑤ 第一項及び前項の割増賃金の基礎となる賃金には、家族手当、通勤手当その他厚生労働省令で定める賃金は算入しない。

（**時間計算**）

第三十八条 労働時間は、事業場を異にする場合においても、労働時間に関する規定の適用については通算する。

② 坑内労働については、労働者が坑口に入った時刻から坑口を出た時刻までの時間を、休憩時間を含め労働時間とみなす。但し、この場合においては、第三十四条第二項及び第三項の休憩に関する規定は適用しない。

第三十八条の二 労働者が労働時間の全部又は一部について事業場外で業務に従事した場合において、労働時間を算定し難いときは、所定労働時間労働したものとみなす。ただし、当該業務を遂行するためには通常所定労働時間を超えて労働することが必要となる場合においては、当該業務に関しては、厚生労働省令で定めるところにより、当該業務の遂行に通常必要とされる時間労働したものとみなす。

② 前項ただし書の場合において、当該業務に関し、当該事業場に、労働者の過半数で組織する労働組合があるときはその労働組合、労働者の過半数で組織する労働組合がないときは労働者の過半数を代表する者との書面による協定があるときは、その協定で定める時間を同項ただし書の当該業務の遂行に通常必要とされる時間とする。

③ 使用者は、厚生労働省令で定めるところにより、前項の協定を行政官庁に届け出なければならない。

第三十八条の三 使用者が、当該事業場に、労働者の過半数で組織する労働組合があるときはその労働組合、労働者の過半数で組織する労働組合がないときは労働者の過半数を代表する者との書面による協定により、次に掲げる事項を定めた場合において、労働者を第一号に掲げる業務に就かせたときは、当該労働者は、厚生労働省令で定めるところにより、第二号に掲げる時間労働したものとみなす。

一 業務の性質上その遂行の方法を大幅に当該業務に従事する労働者の裁量にゆだねる必要があるため、当該業務の遂行の手段及び時間配分の決定等に関し使用者が具体的な指示をすることが困難なものとして厚生労働省令で定める業務のうち、労働者に就かせることとする業務（以下この条において「対象業務」という。）

二 対象業務に従事する労働者の労働時間として算定される時間

三 対象業務の遂行の手段及び時間配分の決定等に関し、当該対象業務に従事する労働者に対し使用者が具体的な指示をしないこと。

四 対象業務に従事する労働者の労働時間の状況に応じた当該労働者の健康及び福祉を確保するための措置を当該協定で定めるところにより使用者が講ずること。

五 対象業務に従事する労働者からの苦情の処理に関する措置を当該協定で定めるところにより使用者が講ずること。

六 前各号に掲げるもののほか、厚生労働省令で定める事項

② 前条第三項の規定は、前項の協定について準用する。

第三十八条の四 賃金、労働時間その他の当該事業場における労働条件に関する事項を調査審議し、事業主に対し当該事項について意見を述べることを目的とする委員会（使用者及び当該事業場の労働者を代表する者を構成員とするものに限る。）が設置された事業場において、当該委員会がその委員の五分の四以上の多数による議決により次に掲げる事項に

関する決議をし、かつ、使用者が、厚生労働省令で定めるところにより当該決議を行政官庁に届け出た場合において、第二号に掲げる労働者の範囲に属する労働者を当該事業場における第一号に掲げる業務に就かせたときは、当該労働者は、厚生労働省令で定めるところにより、第三号に掲げる時間労働したものとみなす。

一　事業の運営に関する事項についての企画、立案、調査及び分析の業務であつて、当該業務の性質上これを適切に遂行するにはその遂行の方法を大幅に労働者の裁量に委ねる必要があるため、当該業務の遂行の手段及び時間配分の決定等に関し使用者が具体的な指示をしないこととする業務（以下この条において「対象業務」という。）

二　対象業務を適切に遂行するための知識、経験等を有する労働者であつて、当該対象業務に就かせたときは当該決議で定める時間労働したものとみなされることとなるものの範囲

三　対象業務に従事する前号に掲げる労働者の範囲に属する労働者の労働時間として算定される時間

四　対象業務に従事する第二号に掲げる労働者の範囲に属する労働者の労働時間の状況に応じた当該労働者の健康及び福祉を確保するための措置を当該決議で定めるところにより使用者が講ずること。

五　対象業務に従事する第二号に掲げる労働者の範囲に属する労働者からの苦情の処理に関する措置を当該決議で定めるところにより使用者が講ずること。

六　使用者は、この項の規定により第二号に掲げる労働者の範囲に属する労働者を対象業務に就かせたときは第三号に掲げる時間労働したものとみなすことについて当該労働者の同意を得なければならないこと及び当該同意をしなかつた当該労働者に対して解雇その他不利益な取扱いをしてはならないこと。

七　前各号に掲げるもののほか、厚生労働省令で定める事項

②　前項の委員会は、次の各号に適合するものでなければならない。

一　当該委員会の委員の半数については、当該事業場に、労働者の過半数で組織する労働組合がある場合においてはその労働組合、労働者の過半数で組織する労働組合がない場合においては労働者の過半数を代表する者に厚生労働省令で定めるところにより任期を定めて指名されていること。

二　当該委員会の議事について、厚生労働省令で定めるところにより、議事録が作成され、かつ、保存されるとともに、当該事業場の労働者に対する周知が図られていること。

三　前二号に掲げるもののほか、厚生労働省令で定める要件

③　厚生労働大臣は、対象業務に従事する労働者の適正な労働条件の確保を図るために、労働政策審議会の意見を聴いて、第一項各号に掲げる事項その他同項の委員会が決議する事項について指針を定め、これを公表するものとする。

④　第一項の規定による届出をした使用者は、厚生労働省令で定めるところにより、定期的に、同項第四号に規定する措置の実施状況を行政官庁に報告しなければならない。

⑤　第一項の委員会においてその委員の五分の四以上の多数による議決により第三十二条の二第一項、第三十二条の三第一項、第三十二条の四第一項及び第二項、第三十二条の五第一項、第三十四条第二項ただし書、第三十六条第一項、第二項及び第五項、第三十七条第三項、第三十八条の二第二項、前条第一項並びに次条第四項、第六項及び第九項ただし書に規定する事項について決議が行われた場合における第三十二条の二第一項、第三十二条の三第一項、第三十二条の四第一項から第三項まで、第三十二条の五第一項、第三十四条第二項ただし書、第三十六条、第三十七条第三項、第三十八条の二第二項、前条第一項並びに次条第四項、第六項及び第九項ただし書の規定の適用については、第三十二条の二第一項中「協定」とあるのは「協定若しくは第三十八条の四第一項に規定する委員会の決議（第百六条第一項を除き、以下「決議」という。）」と、第三十二条の三第一項、第三十二条の四第一項から第三項まで、第三十二条の五第一項、第三十四条第二項ただし書、第三十六条第二項及び第五項から第七項まで、第三十七条第三項、第三十八条の二第二項、前条第一項並びに次条第四項、第六項及び第九項ただし書中「協定」とあるのは「協定又は決議」と、第三十二条の四第二項中「同意を得て」とあるのは「同意を得て、又は決議に基づき」と、第三十六条第一項中「届け出た場合」とあるのは「届け出た場合又は決議を

行政官庁に届け出た場合」と、「その協定」とあるのは「その協定又は決議」と、同条第八項中「又は労働者の過半数を代表する者」とあるのは「若しくは労働者の過半数を代表する者又は同項の決議をする委員」と、「当該協定」とあるのは「当該協定又は当該決議」と、同条第九項中「又は労働者の過半数を代表する者」とあるのは「若しくは労働者の過半数を代表する者又は同項の決議をする委員」とする。

（年次有給休暇）

第三十九条 使用者は、その雇入れの日から起算して六箇月間継続勤務し全労働日の八割以上出勤した労働者に対して、継続し、又は分割した十労働日の有給休暇を与えなければならない。

② 使用者は、一年六箇月以上継続勤務した労働者に対しては、雇入れの日から起算して六箇月を超えて継続勤務する日（以下「六箇月経過日」という。）から起算した継続勤務年数一年ごとに、前項の日数に、次の表の上欄に掲げる六箇月経過日から起算した継続勤務年数の区分に応じ同表の下欄に掲げる労働日を加算した有給休暇を与えなければならない。ただし、継続勤務した期間を六箇月経過日から一年ごとに区分した各期間（最後に一年未満の期間を生じたときは、当該期間）の初日の前日の属する期間において出勤した日数が全労働日の八割未満である者に対しては、当該初日以後の一年間においては有給休暇を与えることを要しない。

六箇月経過日から起算した継続勤務年数	労働日
一年	一労働日
二年	二労働日
三年	四労働日
四年	六労働日
五年	八労働日
六年以上	十労働日

③ 次に掲げる労働者（一週間の所定労働時間が厚生労働省令で定める時間以上の者を除く。）の有給休暇の日数については、前二項の規定にかかわらず、これらの規定による有給休暇の日数を基準とし、通常の労働者の一週間の所定労働日数として厚生労働省令で定める日数（第一号において「通常の労働者の週所定労働日数」という。）と当該労働者の一週間の所定労働日数又は一週間当たりの平均所定労働日数との比率を考慮して厚生労働省令で定める日数とする。

一 一週間の所定労働日数が通常の労働者の週所定労働日数に比し相当程度少ないものとして厚生労働省令で定める日数以下の労働者

二 週以外の期間によつて所定労働日数が定められている労働者については、一年間の所定労働日数が、前号の厚生労働省令で定める日数に一日を加えた日数を一週間の所定労働日数とする労働者の一年間の所定労働日数その他の事情を考慮して厚生労働省令で定める日数以下の労働者

④ 使用者は、当該事業場に、労働者の過半数で組織する労働組合があるときはその労働組合、労働者の過半数で組織する労働組合がないときは労働者の過半数を代表する者との書面による協定により、次に掲げる事項を定めた場合において、第一号に掲げる労働者の範囲に属する労働者が有給休暇を時間を単位として請求したときは、前三項の規定による有給休暇の日数のうち第二号に掲げる日数については、これらの規定にかかわらず、当該協定で定めるところにより時間を単位として有給休暇を与えることができる。

一 時間を単位として有給休暇を与えることができることとされる労働者の範囲

二 時間を単位として与えることができることとされる有給休暇の日数（五日以内に限る。）

三 その他厚生労働省令で定める事項

⑤ 使用者は、前各項の規定による有給休暇を労働者の請求する時季に与えなければならない。ただし、請求された時季に有給休暇を与えることが事業の正常な運営を妨げる場合においては、他の時季にこれを与えることができる。

⑥ 使用者は、当該事業場に、労働者の過半数で組織する労働組合がある場合においてはその労働組合、労働者の過半数で組織する労働組合がない場合においては労働者の過半数を代表する者との書面による協定により、第一項から第三項までの規定による有給休暇を与える時季に関する定めをしたときは、これらの規定による有給休暇の日数のうち五日を超

労働法

える部分については、前項の規定にかかわらず、その定めにより有給休暇を与えることができる。

⑦ 使用者は、第一項から第三項までの規定による有給休暇（これらの規定により使用者が与えなければならない有給休暇の日数が十労働日以上である労働者に係るものに限る。以下この項及び次項において同じ。）の日数のうち五日については、基準日（継続勤務した期間を六箇月経過日から一年ごとに区分した各期間（最後に一年未満の期間を生じたときは、当該期間）の初日をいう。以下この項において同じ。）から一年以内の期間に、労働者ごとにその時季を定めることにより与えなければならない。ただし、第一項から第三項までの規定による有給休暇を当該有給休暇に係る基準日より前の日から与えることとしたときは、厚生労働省令で定めるところにより、労働者ごとにその時季を定めることにより与えなければならない。

⑧ 前項の規定にかかわらず、第五項又は第六項の規定により第一項から第三項までの規定による有給休暇を与えた場合においては、当該与えた有給休暇の日数（当該日数が五日を超える場合には、五日とする。）分については、時季を定めることにより与えることを要しない。

⑨ 使用者は、第一項から第三項までの規定による有給休暇の期間又は第四項の規定による有給休暇の時間については、就業規則その他これに準ずるもので定めるところにより、それぞれ、平均賃金若しくは所定労働時間労働した場合に支払われる通常の賃金又はこれらの額を基準として厚生労働省令で定めるところにより算定した額の賃金を支払わなければならない。ただし、当該事業場に、労働者の過半数で組織する労働組合がある場合においてはその労働組合、労働者の過半数で組織する労働組合がない場合においては労働者の過半数を代表する者との書面による協定により、その期間又はその時間について、それぞれ、健康保険法（大正十一年法律第七十号）第四十条第一項に規定する標準報酬月額の三十分の一に相当する金額（その金額に、五円未満の端数があるときは、これを切り捨て、五円以上十円未満の端数があるときは、これを十円に切り上げるものとする。）又は当該金額を基準として厚生労働省令で定めるところにより算定した金額を支払う旨を定めたときは、これによらなければならない。

⑩ 労働者が業務上負傷し、又は疾病にかかり療養のために休業した期間及び育児休業、介護休業等育児又は家族介護を行う労働者の福祉に関する法律第二条第一号に規定する育児休業又は同条第二号に規定する介護休業をした期間並びに産前産後の女性が第六十五条の規定によつて休業した期間は、第一項及び第二項の規定の適用については、これを出勤したものとみなす。

（労働時間及び休憩の特例）

第四十条 別表第一第一号から第三号まで、第六号及び第七号に掲げる事業以外の事業で、公衆の不便を避けるために必要なものその他特殊の必要あるものについては、その必要避くべからざる限度で、第三十二条から第三十二条の五までの労働時間及び第三十四条の休憩に関する規定について、厚生労働省令で別段の定めをすることができる。

② 前項の規定による別段の定めは、この法律で定める基準に近いものであつて、労働者の健康及び福祉を害しないものでなければならない。

（労働時間等に関する規定の適用除外）

第四十一条 この章、第六章及び第六章の二で定める労働時間、休憩及び休日に関する規定は、次の各号の一に該当する労働者については適用しない。

一 別表第一第六号（林業を除く。）又は第七号に掲げる事業に従事する者

二 事業の種類にかかわらず監督若しくは管理の地位にある者又は機密の事務を取り扱う者

三 監視又は断続的労働に従事する者で、使用者が行政官庁の許可を受けたもの

第四十一条の二 賃金、労働時間その他の当該事業場における労働条件に関する事項を調査審議し、事業主に対し当該事項について意見を述べることを目的とする委員会（使用者及び当該事業場の労働者を代表する者を構成員とするものに限る。）が設置された事業場において、当該委員会がその委員の五分の四以上の多数による議決により次に掲げる事項に関する決議をし、かつ、使用者が、厚生労働省令で定めるところにより当該決議を行政官庁に届け出た場合において、第二号に掲げる労働者の範囲に属する労働者（以下この項において「対象労働者」という。）であつて書面その他の厚生労働省令で定める方法によりその同意を得たものを当該事業場における第

一号に掲げる業務に就かせたときは、この章で定める労働時間、休憩、休日及び深夜の割増賃金に関する規定は、対象労働者については適用しない。ただし、第三号から第五号までに規定する措置のいずれかを使用者が講じていない場合は、この限りでない。

一　高度の専門的知識等を必要とし、その性質上従事した時間と従事して得た成果との関連性が通常高くないと認められるものとして厚生労働省令で定める業務のうち、労働者に就かせることとする業務（以下この項において「対象業務」という。）

二　この項の規定により労働する期間において次のいずれにも該当する労働者であつて、対象業務に就かせようとするものの範囲

イ　使用者との間の書面その他の厚生労働省令で定める方法による合意に基づき職務が明確に定められていること。

ロ　労働契約により使用者から支払われると見込まれる賃金の額を一年間当たりの賃金の額に換算した額が基準年間平均給与額（厚生労働省において作成する毎月勤労統計における毎月きまつて支給する給与の額を基礎として厚生労働省令で定めるところにより算定した労働者一人当たりの給与の平均額をいう。）の三倍の額を相当程度上回る水準として厚生労働省令で定める額以上であること。

三　対象業務に従事する対象労働者の健康管理を行うために当該対象労働者が事業場内にいた時間（この項の委員会が厚生労働省令で定める労働時間以外の時間を除くことを決議したときは、当該決議に係る時間を除いた時間）と事業場外において労働した時間との合計の時間（第五号ロ及びニ並びに第六号において「健康管理時間」という。）を把握する措置（厚生労働省令で定める方法に限る。）を当該決議で定めるところにより使用者が講ずること。

四　対象業務に従事する対象労働者に対し、一年間を通じ百四日以上、かつ、四週間を通じ四日以上の休日を当該決議及び就業規則その他これに準ずるもので定めるところにより使用者が与えること。

五　対象業務に従事する対象労働者に対し、次のいずれかに該当する措置を当該決議及び就業規則その他これに準ずるもので定めるところにより使用者が講ずること。

イ　労働者ごとに始業から二十四時間を経過するまでに厚生労働省令で定める時間以上の継続した休息時間を確保し、かつ、第三十七条第四項に規定する時刻の間において労働させる回数を一箇月について厚生労働省令で定める回数以内とすること。

ロ　健康管理時間を一箇月又は三箇月についてそれぞれ厚生労働省令で定める時間を超えない範囲内とすること。

ハ　一年に一回以上の継続した二週間（労働者が請求した場合においては、一年に二回以上の継続した一週間）（使用者が当該期間において、第三十九条の規定による有給休暇を与えたときは、当該有給休暇を与えた日を除く。）について、休日を与えること。

ニ　健康管理時間の状況その他の事項が労働者の健康の保持を考慮して厚生労働省令で定める要件に該当する労働者に健康診断（厚生労働省令で定める項目を含むものに限る。）を実施すること。

六　対象業務に従事する対象労働者の健康管理時間の状況に応じた当該対象労働者の健康及び福祉を確保するための措置であつて、当該対象労働者に対する有給休暇（第三十九条の規定による有給休暇を除く。）の付与、健康診断の実施その他の厚生労働省令で定める措置のうち当該決議で定めるものを使用者が講ずること。

七　対象労働者のこの項の規定による同意の撤回に関する手続

八　対象業務に従事する対象労働者からの苦情の処理に関する措置を当該決議で定めるところにより使用者が講ずること。

九　使用者は、この項の規定による同意をしなかつた対象労働者に対して解雇その他不利益な取扱いをしてはならないこと。

十　前各号に掲げるもののほか、厚生労働省令で定める事項

②　前項の規定による届出をした使用者は、厚生労働省令で定めるところにより、同項第四号から第六号までに規定する措置の実施状況を行政官庁に報告しなければならない。

③　第三十八条の四第二項、第三項及び第五項の規定は、第一項の委員会について準用する。

④　第一項の決議をする委員は、当該決議の内容が前項において準用する第三十八条の四第三項の指針に適合したものとなるようにしな

ければならない。

⑤　行政官庁は、第三項において準用する第三十八条の四第三項の指針に関し、第一項の決議をする委員に対し、必要な助言及び指導を行うことができる。

第五章　安全及び衛生

第四十二条　労働者の安全及び衛生に関しては、労働安全衛生法（昭和四十七年法律第五十七号）の定めるところによる。

第四十三条から第五十五条まで　削除

第六章　年少者

（最低年齢）

第五十六条　使用者は、児童が満十五歳に達した日以後の最初の三月三十一日が終了するまで、これを使用してはならない。

②　前項の規定にかかわらず、別表第一第一号から第五号までに掲げる事業以外の事業に係る職業で、児童の健康及び福祉に有害でなく、かつ、その労働が軽易なものについては、行政官庁の許可を受けて、満十三歳以上の児童をその者の修学時間外に使用することができる。映画の製作又は演劇の事業については、満十三歳に満たない児童についても、同様とする。

（年少者の証明書）

第五十七条　使用者は、満十八才に満たない者について、その年齢を証明する戸籍証明書を事業場に備え付けなければならない。

②　使用者は、前条第二項の規定によつて使用する児童については、修学に差し支えないことを証明する学校長の証明書及び親権者又は後見人の同意書を事業場に備え付けなければならない。

（未成年者の労働契約）

第五十八条　親権者又は後見人は、未成年者に代つて労働契約を締結してはならない。

②　親権者若しくは後見人又は行政官庁は、労働契約が未成年者に不利であると認める場合においては、将来に向つてこれを解除することができる。

第五十九条　未成年者は、独立して賃金を請求することができる。親権者又は後見人は、未成年者の賃金を代つて受け取つてはならない。

（労働時間及び休日）

第六十条　第三十二条の二から第三十二条の五まで、第三十六条、第四十条及び第四十一条の二の規定は、満十八才に満たない者については、これを適用しない。

②　第五十六条第二項の規定によつて使用する児童についての第三十二条の規定の適用については、同条第一項中「一週間について四十時間」とあるのは「、修学時間を通算して一週間について四十時間」と、同条第二項中「一日について八時間」とあるのは「、修学時間を通算して一日について七時間」とする。

③　使用者は、第三十二条の規定にかかわらず、満十五歳以上で満十八歳に満たない者については、満十八歳に達するまでの間（満十五歳に達した日以後の最初の三月三十一日までの間を除く。）、次に定めるところにより、労働させることができる。

一　一週間の労働時間が第三十二条第一項の労働時間を超えない範囲内において、一週間のうち一日の労働時間を四時間以内に短縮する場合において、他の日の労働時間を十時間まで延長すること。

二　一週間について四十八時間以下の範囲内で厚生労働省令で定める時間、一日について八時間を超えない範囲内において、第三十二条の二又は第三十二条の四及び第三十二条の四の二の規定の例により労働させること。

（深夜業）

第六十一条　使用者は、満十八才に満たない者を午後十時から午前五時までの間において使用してはならない。ただし、交替制によつて使用する満十六才以上の男性については、この限りでない。

②　厚生労働大臣は、必要であると認める場合においては、前項の時刻を、地域又は期間を限つて、午後十一時及び午前六時とすることができる。

③　交替制によつて労働させる事業については、行政官庁の許可を受けて、第一項の規定にかかわらず午後十時三十分まで労働させ、又は前項の規定にかかわらず午前五時三十分から労働させることができる。

④　前三項の規定は、第三十三条第一項の規定によつて労働時間を延長し、若しくは休日に労働させる場合又は別表第一第六号、第七号若しくは第十三号に掲げる事業若しくは電話交換の業務については、適用しない。

⑤　第一項及び第二項の時刻は、第五十六条第二項の規定によつて使用する児童については、第一項の時刻は、午後八時及び午前五時

とし、第二項の時刻は、午後九時及び午前六時とする。

（**危険有害業務の就業制限**）

第六十二条　使用者は、満十八才に満たない者に、運転中の機械若しくは動力伝導装置の危険な部分の掃除、注油、検査若しくは修繕をさせ、運転中の機械若しくは動力伝導装置にベルト若しくはロープの取付け若しくは取りはずしをさせ、動力によるクレーンの運転をさせ、その他厚生労働省令で定める危険な業務に就かせ、又は厚生労働省令で定める重量物を取り扱う業務に就かせてはならない。

② 使用者は、満十八才に満たない者を、毒劇薬、毒劇物その他有害な原料若しくは材料又は爆発性、発火性若しくは引火性の原料若しくは材料を取り扱う業務、著しくじんあい若しくは粉末を飛散し、若しくは有害ガス若しくは有害放射線を発散する場所又は高温若しくは高圧の場所における業務その他安全、衛生又は福祉に有害な場所における業務に就かせてはならない。

③ 前項に規定する業務の範囲は、厚生労働省令で定める。

（**坑内労働の禁止**）

第六十三条　使用者は、満十八才に満たない者を坑内で労働させてはならない。

（**帰郷旅費**）

第六十四条　満十八才に満たない者が解雇の日から十四日以内に帰郷する場合においては、使用者は、必要な旅費を負担しなければならない。ただし、満十八才に満たない者がその責めに帰すべき事由に基づいて解雇され、使用者がその事由について行政官庁の認定を受けたときは、この限りでない。

第六章の二　妊産婦等

（**坑内業務の就業制限**）

第六十四条の二　使用者は、次の各号に掲げる女性を当該各号に定める業務に就かせてはならない。

一　妊娠中の女性及び坑内で行われる業務に従事しない旨を使用者に申し出た産後一年を経過しない女性　坑内で行われるすべての業務

二　前号に掲げる女性以外の満十八歳以上の女性　坑内で行われる業務のうち人力により行われる掘削の業務その他の女性に有害な業務として厚生労働省令で定めるもの

（**危険有害業務の就業制限**）

第六十四条の三　使用者は、妊娠中の女性及び産後一年を経過しない女性（以下「妊産婦」という。）を、重量物を取り扱う業務、有害ガスを発散する場所における業務その他妊産婦の妊娠、出産、哺育等に有害な業務に就かせてはならない。

② 前項の規定は、同項に規定する業務のうち女性の妊娠又は出産に係る機能に有害である業務につき、厚生労働省令で、妊産婦以外の女性に関して、準用することができる。

③ 前二項に規定する業務の範囲及びこれらの規定によりこれらの業務に就かせてはならない者の範囲は、厚生労働省令で定める。

（**産前産後**）

第六十五条　使用者は、六週間（多胎妊娠の場合にあつては、十四週間）以内に出産する予定の女性が休業を請求した場合においては、その者を就業させてはならない。

② 使用者は、産後八週間を経過しない女性を就業させてはならない。ただし、産後六週間を経過した女性が請求した場合において、その者について医師が支障がないと認めた業務に就かせることは、差し支えない。

③ 使用者は、妊娠中の女性が請求した場合においては、他の軽易な業務に転換させなければならない。

第六十六条　使用者は、妊産婦が請求した場合においては、第三十二条の二第一項、第三十二条の四第一項及び第三十二条の五第一項の規定にかかわらず、一週間について第三十二条第一項の労働時間、一日について同条第二項の労働時間を超えて労働させてはならない。

② 使用者は、妊産婦が請求した場合においては、第三十三条第一項及び第三項並びに第三十六条第一項の規定にかかわらず、時間外労働をさせてはならず、又は休日に労働させてはならない。

③ 使用者は、妊産婦が請求した場合においては、深夜業をさせてはならない。

（**育児時間**）

第六十七条　生後満一年に達しない生児を育てる女性は、第三十四条の休憩時間のほか、一日二回各々少なくとも三十分、その生児を育てるための時間を請求することができる。

② 使用者は、前項の育児時間中は、その女性を使用してはならない。

（**生理日の就業が著しく困難な女性に対する措置**）

第六十八条　使用者は、生理日の就業が著しく困難な女性が休暇を請求したときは、その者を生理日に就業させてはならない。

第七章　技能者の養成

（徒弟の弊害排除）

第六十九条　使用者は、徒弟、見習、養成工その他名称の如何を問わず、技能の習得を目的とする者であることを理由として、労働者を酷使してはならない。

② 使用者は、技能の習得を目的とする労働者を家事その他技能の習得に関係のない作業に従事させてはならない。

（職業訓練に関する特例）

第七十条　職業能力開発促進法（昭和四十四年法律第六十四号）第二十四条第一項（同法第二十七条の二第二項において準用する場合を含む。）の認定を受けて行う職業訓練を受ける労働者について必要がある場合においては、その必要の限度で、第十四条第一項の契約期間、第六十二条及び第六十四条の三の年少者及び妊産婦等の危険有害業務の就業制限、第六十三条の年少者の坑内労働の禁止並びに第六十四条の二の妊産婦等の坑内業務の就業制限に関する規定について、厚生労働省令で別段の定めをすることができる。ただし、第六十三条の年少者の坑内労働の禁止に関する規定については、満十六歳に満たない者に関しては、この限りでない。

第七十一条　前条の規定に基いて発する厚生労働省令は、当該厚生労働省令によつて労働者を使用することについて行政官庁の許可を受けた使用者に使用される労働者以外の労働者については、適用しない。

第七十二条　第七十条の規定に基づく厚生労働省令の適用を受ける未成年者についての第三十九条の規定の適用については、同条第一項中「十労働日」とあるのは「十二労働日」と、同条第二項の表六年以上の項中「十労働日」とあるのは「八労働日」とする。

第七十三条　第七十一条の規定による許可を受けた使用者が第七十条の規定に基いて発する厚生労働省令に違反した場合においては、行政官庁は、その許可を取り消すことができる。

第七十四条　削除

第八章　災害補償

（療養補償）

第七十五条　労働者が業務上負傷し、又は疾病にかかつた場合においては、使用者は、その費用で必要な療養を行い、又は必要な療養の費用を負担しなければならない。

② 前項に規定する業務上の疾病及び療養の範囲は、厚生労働省令で定める。

（休業補償）

第七十六条　労働者が前条の規定による療養のため、労働することができないために賃金を受けない場合においては、使用者は、労働者の療養中平均賃金の百分の六十の休業補償を行わなければならない。

② 使用者は、前項の規定により休業補償を行つている労働者と同一の事業場における同種の労働者に対して所定労働時間労働した場合に支払われる通常の賃金の、一月から三月まで、四月から六月まで、七月から九月まで及び十月から十二月までの各区分による期間（以下四半期という。）ごとの一箇月一人当り平均額（常時百人未満の労働者を使用する事業場については、厚生労働省において作成する毎月勤労統計における当該事業場の属する産業に係る毎月きまつて支給する給与の四半期の労働者一人当りの一箇月平均額。以下平均給与額という。）が、当該労働者が業務上負傷し、又は疾病にかかつた日の属する四半期における平均給与額の百分の百二十をこえ、又は百分の八十を下るに至つた場合においては、使用者は、その上昇し又は低下した比率に応じて、その上昇し又は低下するに至つた四半期の次の次の四半期において、前項の規定により当該労働者に対して行つている休業補償の額を改訂し、その改訂をした四半期に属する最初の月から改訂された額により休業補償を行わなければならない。改訂後の休業補償の額の改訂についてもこれに準ずる。

③ 前項の規定により難い場合における改訂の方法その他同項の規定による改訂について必要な事項は、厚生労働省令で定める。

（障害補償）

第七十七条　労働者が業務上負傷し、又は疾病にかかり、治つた場合において、その身体に障害が存するときは、使用者は、その障害の程度に応じて、平均賃金に別表第二に定める日数を乗じて得た金額の障害補償を行わなければならない。

（休業補償及び障害補償の例外）

第七十八条　労働者が重大な過失によつて業務上負傷し、又は疾病にかかり、且つ使用者がその過失について行政官庁の認定を受けた場合においては、休業補償又は障害補償を行わなくてもよい。

（**遺族補償**）
第七十九条 労働者が業務上死亡した場合においては、使用者は、遺族に対して、平均賃金の千日分の遺族補償を行わなければならない。

（**葬祭料**）
第八十条 労働者が業務上死亡した場合においては、使用者は、葬祭を行う者に対して、平均賃金の六十日分の葬祭料を支払わなければならない。

（**打切補償**）
第八十一条 第七十五条の規定によつて補償を受ける労働者が、療養開始後三年を経過しても負傷又は疾病がなおらない場合においては、使用者は、平均賃金の千二百日分の打切補償を行い、その後はこの法律の規定による補償を行わなくてもよい。

（**分割補償**）
第八十二条 使用者は、支払能力のあることを証明し、補償を受けるべき者の同意を得た場合においては、第七十七条又は第七十九条の規定による補償に替え、平均賃金に別表第三に定める日数を乗じて得た金額を、六年にわたり毎年補償することができる。

（**補償を受ける権利**）
第八十三条 補償を受ける権利は、労働者の退職によつて変更されることはない。

② 補償を受ける権利は、これを譲渡し、又は差し押えてはならない。

（**他の法律との関係**）
第八十四条 この法律に規定する災害補償の事由について、労働者災害補償保険法（昭和二十二年法律第五十号）又は厚生労働省令で指定する法令に基づいてこの法律の災害補償に相当する給付が行なわれるべきものである場合においては、使用者は、補償の責を免れる。

② 使用者は、この法律による補償を行つた場合においては、同一の事由については、その価額の限度において民法による損害賠償の責を免れる。

（**審査及び仲裁**）
第八十五条 業務上の負傷、疾病又は死亡の認定、療養の方法、補償金額の決定その他補償の実施に関して異議のある者は、行政官庁に対して、審査又は事件の仲裁を申し立てることができる。

② 行政官庁は、必要があると認める場合においては、職権で審査又は事件の仲裁をすることができる。

③ 第一項の規定により審査若しくは仲裁の申立てがあつた事件又は前項の規定により行政官庁が審査若しくは仲裁を開始した事件について民事訴訟が提起されたときは、行政官庁は、当該事件については、審査又は仲裁をしない。

④ 行政官庁は、審査又は仲裁のために必要であると認める場合においては、医師に診断又は検案をさせることができる。

⑤ 第一項の規定による審査又は仲裁の申立て及び第二項の規定による審査又は仲裁の開始は、時効の完成猶予及び更新に関しては、これを裁判上の請求とみなす。

第八十六条 前条の規定による審査及び仲裁の結果に不服のある者は、労働者災害補償保険審査官の審査又は仲裁を申し立てることができる。

② 前条第三項の規定は、前項の規定により審査又は仲裁の申立てがあつた場合に、これを準用する。

（**請負事業に関する例外**）
第八十七条 厚生労働省令で定める事業が数次の請負によつて行われる場合においては、災害補償については、その元請負人を使用者とみなす。

② 前項の場合、元請負人が書面による契約で下請負人に補償を引き受けさせた場合においては、その下請負人もまた使用者とする。但し、二以上の下請負人に、同一の事業について重複して補償を引き受けさせてはならない。

③ 前項の場合、元請負人が補償の請求を受けた場合においては、補償を引き受けた下請負人に対して、まず催告すべきことを請求することができる。ただし、その下請負人が破産手続開始の決定を受け、又は行方が知れない場合においては、この限りでない。

（**補償に関する細目**）
第八十八条 この章に定めるものの外、補償に関する細目は、厚生労働省令で定める。

第九章　就業規則

（**作成及び届出の義務**）
第八十九条 常時十人以上の労働者を使用する使用者は、次に掲げる事項について就業規則を作成し、行政官庁に届け出なければならない。次に掲げる事項を変更した場合においても、同様とする。

一　始業及び終業の時刻、休憩時間、休日、休暇並びに労働者を二組以上に分けて交替に就業させる場合においては就業時転換に関する事項
二　賃金（臨時の賃金等を除く。以下この号において同じ。）の決定、計算及び支払の方法、賃金の締切り及び支払の時期並びに昇給に関する事項
三　退職に関する事項（解雇の事由を含む。）
三の二　退職手当の定めをする場合においては、適用される労働者の範囲、退職手当の決定、計算及び支払の方法並びに退職手当の支払の時期に関する事項
四　臨時の賃金等（退職手当を除く。）及び最低賃金額の定めをする場合においては、これに関する事項
五　労働者に食費、作業用品その他の負担をさせる定めをする場合においては、これに関する事項
六　安全及び衛生に関する定めをする場合においては、これに関する事項
七　職業訓練に関する定めをする場合においては、これに関する事項
八　災害補償及び業務外の傷病扶助に関する定めをする場合においては、これに関する事項
九　表彰及び制裁の定めをする場合においては、その種類及び程度に関する事項
十　前各号に掲げるもののほか、当該事業場の労働者のすべてに適用される定めをする場合においては、これに関する事項

（**作成の手続**）
第九十条　使用者は、就業規則の作成又は変更について、当該事業場に、労働者の過半数で組織する労働組合がある場合においてはその労働組合、労働者の過半数で組織する労働組合がない場合においては労働者の過半数を代表する者の意見を聴かなければならない。
②　使用者は、前条の規定により届出をなすについて、前項の意見を記した書面を添付しなければならない。

（**制裁規定の制限**）
第九十一条　就業規則で、労働者に対して減給の制裁を定める場合においては、その減給は、一回の額が平均賃金の一日分の半額を超え、総額が一賃金支払期における賃金の総額の十分の一を超えてはならない。

（**法令及び労働協約との関係**）
第九十二条　就業規則は、法令又は当該事業場について適用される労働協約に反してはならない。
②　行政官庁は、法令又は労働協約に牴触する就業規則の変更を命ずることができる。

（**労働契約との関係**）
第九十三条　労働契約と就業規則との関係については、労働契約法（平成十九年法律第百二十八号）第十二条の定めるところによる。

第十章　寄宿舎

（**寄宿舎生活の自治**）
第九十四条　使用者は、事業の附属寄宿舎に寄宿する労働者の私生活の自由を侵してはならない。
②　使用者は、寮長、室長その他寄宿舎生活の自治に必要な役員の選任に干渉してはならない。

（**寄宿舎生活の秩序**）
第九十五条　事業の附属寄宿舎に労働者を寄宿させる使用者は、左の事項について寄宿舎規則を作成し、行政官庁に届け出なければならない。これを変更した場合においても同様である。
一　起床、就寝、外出及び外泊に関する事項
二　行事に関する事項
三　食事に関する事項
四　安全及び衛生に関する事項
五　建設物及び設備の管理に関する事項
②　使用者は、前項第一号乃至第四号の事項に関する規定の作成又は変更については、寄宿舎に寄宿する労働者の過半数を代表する者の同意を得なければならない。
③　使用者は、第一項の規定により届出をなすについて、前項の同意を証明する書面を添附しなければならない。
④　使用者及び寄宿舎に寄宿する労働者は、寄宿舎規則を遵守しなければならない。

（**寄宿舎の設備及び安全衛生**）
第九十六条　使用者は、事業の附属寄宿舎について、換気、採光、照明、保温、防湿、清潔、避難、定員の収容、就寝に必要な措置その他労働者の健康、風紀及び生命の保持に必要な措置を講じなければならない。
②　使用者が前項の規定によつて講ずべき措置の基準は、厚生労働省令で定める。

（**監督上の行政措置**）
第九十六条の二　使用者は、常時十人以上の労働者を就業させる事業、厚生労働省令で定める危険な事業又は衛生上有害な事業の附属寄宿舎を設置し、移転し、又は変更しようとす

る場合においては、前条の規定に基づいて発する厚生労働省令で定める危害防止等に関する基準に従い定めた計画を、工事着手十四日前までに、行政官庁に届け出なければならない。

② 行政官庁は、労働者の安全及び衛生に必要であると認める場合においては、工事の着手を差し止め、又は計画の変更を命ずることができる。

第九十六条の三 労働者を就業させる事業の附属寄宿舎が、安全及び衛生に関し定められた基準に反する場合においては、行政官庁は、使用者に対して、その全部又は一部の使用の停止、変更その他必要な事項を命ずることができる。

② 前項の場合において行政官庁は、使用者に命じた事項について必要な事項を労働者に命ずることができる。

第十一章　監督機関

（監督機関の職員等）

第九十七条 労働基準主管局（厚生労働省の内部部局として置かれる局で労働条件及び労働者の保護に関する事務を所掌するものをいう。以下同じ。）、都道府県労働局及び労働基準監督署に労働基準監督官を置くほか、厚生労働省令で定める必要な職員を置くことができる。

② 労働基準主管局の局長（以下「労働基準主管局長」という。）、都道府県労働局長及び労働基準監督署長は、労働基準監督官をもつてこれに充てる。

③ 労働基準監督官の資格及び任免に関する事項は、政令で定める。

④ 厚生労働省に、政令で定めるところにより、労働基準監督官分限審議会を置くことができる。

⑤ 労働基準監督官を罷免するには、労働基準監督官分限審議会の同意を必要とする。

⑥ 前二項に定めるもののほか、労働基準監督官分限審議会の組織及び運営に関し必要な事項は、政令で定める。

第九十八条 削除

（労働基準主管局長等の権限）

第九十九条 労働基準主管局長は、厚生労働大臣の指揮監督を受けて、都道府県労働局長を指揮監督し、労働基準に関する法令の制定改廃、労働基準監督官の任免教養、監督方法についての規程の制定及び調整、監督年報の作成並びに労働政策審議会及び労働基準監督官分限審議会に関する事項（労働政策審議会に関する事項については、労働条件及び労働者の保護に関するものに限る。）その他この法律の施行に関する事項をつかさどり、所属の職員を指揮監督する。

② 都道府県労働局長は、労働基準主管局長の指揮監督を受けて、管内の労働基準監督署長を指揮監督し、監督方法の調整に関する事項その他この法律の施行に関する事項をつかさどり、所属の職員を指揮監督する。

③ 労働基準監督署長は、都道府県労働局長の指揮監督を受けて、この法律に基く臨検、尋問、許可、認定、審査、仲裁その他この法律の実施に関する事項をつかさどり、所属の職員を指揮監督する。

④ 労働基準主管局長及び都道府県労働局長は、下級官庁の権限を自ら行い、又は所属の労働基準監督官をして行わせることができる。

（女性主管局長の権限）

第百条 厚生労働省の女性主管局長（厚生労働省の内部部局として置かれる局で女性労働者の特性に係る労働問題に関する事務を所掌するものの局長をいう。以下同じ。）は、厚生労働大臣の指揮監督を受けて、この法律中女性に特殊の規定の制定、改廃及び解釈に関する事項をつかさどり、その施行に関する事項については、労働基準主管局長及びその下級の官庁の長に勧告を行うとともに、労働基準主管局長が、その下級の官庁に対して行う指揮監督について援助を与える。

② 女性主管局長は、自ら又はその指定する所属官吏をして、女性に関し労働基準主管局若しくはその下級の官庁又はその所属官吏の行つた監督その他に関する文書を閲覧し、又は閲覧せしめることができる。

③ 第百一条及び第百五条の規定は、女性主管局長又はその指定する所属官吏が、この法律中女性に特殊の規定の施行に関して行う調査の場合に、これを準用する。

（労働基準監督官の権限）

第百一条 労働基準監督官は、事業場、寄宿舎その他の附属建設物に臨検し、帳簿及び書類の提出を求め、又は使用者若しくは労働者に対して尋問を行うことができる。

② 前項の場合において、労働基準監督官は、その身分を証明する証票を携帯しなければならない。

第百二条 労働基準監督官は、この法律違反の罪について、刑事訴訟法に規定する司法警察

労働法

官の職務を行う。

第百三条　労働者を就業させる事業の附属寄宿舎が、安全及び衛生に関して定められた基準に反し、且つ労働者に急迫した危険がある場合においては、労働基準監督官は、第九十六条の三の規定による行政官庁の権限を即時に行うことができる。

（監督機関に対する申告）

第百四条　事業場に、この法律又はこの法律に基いて発する命令に違反する事実がある場合においては、労働者は、その事実を行政官庁又は労働基準監督官に申告することができる。

②　使用者は、前項の申告をしたことを理由として、労働者に対して解雇その他不利益な取扱をしてはならない。

（報告等）

第百四条の二　行政官庁は、この法律を施行するため必要があると認めるときは、厚生労働省令で定めるところにより、使用者又は労働者に対し、必要な事項を報告させ、又は出頭を命ずることができる。

②　労働基準監督官は、この法律を施行するため必要があると認めるときは、使用者又は労働者に対し、必要な事項を報告させ、又は出頭を命ずることができる。

（労働基準監督官の義務）

第百五条　労働基準監督官は、職務上知り得た秘密を漏してはならない。労働基準監督官を退官した後においても同様である。

第十二章　雑則

（国の援助義務）

第百五条の二　厚生労働大臣又は都道府県労働局長は、この法律の目的を達成するために、労働者及び使用者に対して資料の提供その他必要な援助をしなければならない。

（法令等の周知義務）

第百六条　使用者は、この法律及びこれに基づく命令の要旨、就業規則、第十八条第二項、第二十四条第一項ただし書、第三十二条の二第一項、第三十二条の三第一項、第三十二条の四第一項、第三十二条の五第一項、第三十四条第二項ただし書、第三十六条第一項、第三十七条第三項、第三十八条の二第二項、第三十八条の三第一項並びに第三十九条第四項、第六項及び第九項ただし書に規定する協定並びに第三十八条の四第一項及び同条第五項（第四十一条の二第三項において準用する場合を含む。）並びに第四十一条の二第一項に規定する決議を、常時各作業場の見やすい場所へ掲示し、又は備え付けること、書面を交付することその他の厚生労働省令で定める方法によつて、労働者に周知させなければならない。

②　使用者は、この法律及びこの法律に基いて発する命令のうち、寄宿舎に関する規定及び寄宿舎規則を、寄宿舎の見易い場所に掲示し、又は備え付ける等の方法によつて、寄宿舎に寄宿する労働者に周知させなければならない。

（労働者名簿）

第百七条　使用者は、各事業場ごとに労働者名簿を、各労働者（日日雇い入れられる者を除く。）について調製し、労働者の氏名、生年月日、履歴その他厚生労働省令で定める事項を記入しなければならない。

②　前項の規定により記入すべき事項に変更があつた場合においては、遅滞なく訂正しなければならない。

（賃金台帳）

第百八条　使用者は、各事業場ごとに賃金台帳を調製し、賃金計算の基礎となる事項及び賃金の額その他厚生労働省令で定める事項を賃金支払の都度遅滞なく記入しなければならない。

（記録の保存）

第百九条　使用者は、労働者名簿、賃金台帳及び雇入れ、解雇、災害補償、賃金その他労働関係に関する重要な書類を五年間保存しなければならない。

第百十条　削除

（無料証明）

第百十一条　労働者及び労働者になろうとする者は、その戸籍に関して戸籍事務を掌る者又はその代理者に対して、無料で証明を請求することができる。使用者が、労働者及び労働者になろうとする者の戸籍に関して証明を請求する場合においても同様である。

（国及び公共団体についての適用）

第百十二条　この法律及びこの法律に基いて発する命令は、国、都道府県、市町村その他これに準ずべきものについても適用あるものとする。

（命令の制定）

第百十三条　この法律に基いて発する命令は、その草案について、公聴会で労働者を代表する者、使用者を代表する者及び公益を代表する者の意見を聴いて、これを制定する。

（付加金の支払）
第百十四条　裁判所は、第二十条、第二十六条若しくは第三十七条の規定に違反した使用者又は第三十九条第九項の規定による賃金を支払わなかつた使用者に対して、労働者の請求により、これらの規定により使用者が支払わなければならない金額についての未払金のほか、これと同一額の付加金の支払を命ずることができる。ただし、この請求は、違反のあつた時から五年以内にしなければならない。

（時効）
第百十五条　この法律の規定による賃金の請求権はこれを行使することができる時から五年間、この法律の規定による災害補償その他の請求権（賃金の請求権を除く。）はこれを行使することができる時から二年間行わない場合においては、時効によつて消滅する。

（経過措置）
第百十五条の二　この法律の規定に基づき命令を制定し、又は改廃するときは、その命令で、その制定又は改廃に伴い合理的に必要と判断される範囲内において、所要の経過措置（罰則に関する経過措置を含む。）を定めることができる。

（適用除外）
第百十六条　第一条から第十一条まで、次項、第百十七条から第百十九条まで及び第百二十一条の規定を除き、この法律は、船員法（昭和二十二年法律第百号）第一条第一項に規定する船員については、適用しない。

② この法律は、同居の親族のみを使用する事業及び家事使用人については、適用しない。

第十三章　罰則

第百十七条　第五条の規定に違反した者は、これを一年以上十年以下の懲役又は二十万円以上三百万円以下の罰金に処する。

第百十八条　第六条、第五十六条、第六十三条又は第六十四条の二の規定に違反した者は、これを一年以下の懲役又は五十万円以下の罰金に処する。

② 第七十条の規定に基づいて発する厚生労働省令（第六十三条又は第六十四条の二の規定に係る部分に限る。）に違反した者についても前項の例による。

第百十九条　次の各号のいずれかに該当する者は、六箇月以下の懲役又は三十万円以下の罰金に処する。

一　第三条、第四条、第七条、第十六条、第十七条、第十八条第一項、第十九条、第二十条、第二十二条第四項、第三十二条、第三十四条、第三十五条、第三十六条第六項、第三十七条、第三十九条（第七項を除く。）、第六十一条、第六十二条、第六十四条の三から第六十七条まで、第七十二条、第七十五条から第七十七条まで、第七十九条、第八十条、第九十四条第二項、第九十六条又は第百四条第二項の規定に違反した者

二　第三十三条第二項、第九十六条の二第二項又は第九十六条の三第一項の規定による命令に違反した者

三　第四十条の規定に基づいて発する厚生労働省令に違反した者

四　第七十条の規定に基づいて発する厚生労働省令（第六十二条又は第六十四条の三の規定に係る部分に限る。）に違反した者

第百二十条　次の各号のいずれかに該当する者は、三十万円以下の罰金に処する。

一　第十四条、第十五条第一項若しくは第三項、第十八条第七項、第二十二条第一項から第三項まで、第二十三条から第二十七条まで、第三十二条の二第二項（第三十二条の三第四項、第三十二条の四第四項及び第三十二条の五第三項において準用する場合を含む。）、第三十二条の五第二項、第三十三条第一項ただし書、第三十八条の二第三項（第三十八条の三第二項において準用する場合を含む。）、第三十九条第七項、第五十七条から第五十九条まで、第六十四条、第六十八条、第八十九条、第九十条第一項、第九十一条、第九十五条第一項若しくは第二項、第九十六条の二第一項、第百五条（第百条第三項において準用する場合を含む。）又は第百六条から第百九条までの規定に違反した者

二　第七十条の規定に基づいて発する厚生労働省令（第十四条の規定に係る部分に限る。）に違反した者

三　第九十二条第二項又は第九十六条の三第二項の規定による命令に違反した者

四　第百一条（第百条第三項において準用する場合を含む。）の規定による労働基準監督官又は女性主管局長若しくはその指定する所属官吏の臨検を拒み、妨げ、若しくは忌避し、その尋問に対して陳述をせず、若しくは虚偽の陳述をし、帳簿書類の提出をせず、又は虚偽の記載をした帳簿書類の提

出をした者

五　第百四条の二の規定による報告をせず、若しくは虚偽の報告をし、又は出頭しなかつた者

第百二十一条　この法律の違反行為をした者が、当該事業の労働者に関する事項について、事業主のために行為した代理人、使用人その他の従業者である場合においては、事業主に対しても各本条の罰金刑を科する。ただし、事業主（事業主が法人である場合においてはその代表者、事業主が営業に関し成年者と同一の行為能力を有しない未成年者又は成年被後見人である場合においてはその法定代理人（法定代理人が法人であるときは、その代表者）を事業主とする。次項において同じ。）が違反の防止に必要な措置をした場合においては、この限りでない。

②　事業主が違反の計画を知りその防止に必要な措置を講じなかつた場合、違反行為を知り、その是正に必要な措置を講じなかつた場合又は違反を教唆した場合においては、事業主も行為者として罰する。

別表第一（第三十三条、第四十条、第四十一条、第五十六条、第六十一条関係）

一　物の製造、改造、加工、修理、洗浄、選別、包装、装飾、仕上げ、販売のためにする仕立て、破壊若しくは解体又は材料の変造の事業（電気、ガス又は各種動力の発生、変更若しくは伝導の事業及び水道の事業を含む。）

二　鉱業、石切り業その他土石又は鉱物採取の事業

三　土木、建築その他工作物の建設、改造、保存、修理、変更、破壊、解体又はその準備の事業

四　道路、鉄道、軌道、索道、船舶又は航空機による旅客又は貨物の運送の事業

五　ドック、船舶、岸壁、波止場、停車場又は倉庫における貨物の取扱いの事業

六　土地の耕作若しくは開墾又は植物の栽植、栽培、採取若しくは伐採の事業その他農林の事業

七　動物の飼育又は水産動植物の採捕若しくは養殖の事業その他の畜産、養蚕又は水産の事業

八　物品の販売、配給、保管若しくは賃貸又は理容の事業

九　金融、保険、媒介、周旋、集金、案内又は広告の事業

十　映画の製作又は映写、演劇その他興行の事業

十一　郵便、信書便又は電気通信の事業

十二　教育、研究又は調査の事業

十三　病者又は虚弱者の治療、看護その他保健衛生の事業

十四　旅館、料理店、飲食店、接客業又は娯楽場の事業

十五　焼却、清掃又はと畜場の事業

別表第二（第七十七条関係）　身体障害等級及び災害補償表

等級	災害補償
第一級	一三四〇日分
第二級	一一九〇日分
第三級	一〇五〇日分
第四級	九二〇日分
第五級	七九〇日分
第六級	六七〇日分
第七級	五六〇日分
第八級	四五〇日分
第九級	三五〇日分
第一〇級	二七〇日分
第一一級	二〇〇日分
第一二級	一四〇日分
第一三級	九〇日分
第一四級	五〇日分

別表第三　分割補償表（第八十二条関係）

種別	等級	災害補償
障害補償	第一級	二四〇日分
	第二級	二一三日分
	第三級	一八八日分
	第四級	一六四日分
	第五級	一四二日分
	第六級	一二〇日分

	第七級	一〇〇日分
	第八級	八〇日分
	第九級	六三日分
	第一〇級	四八日分
	第一一級	三六日分
	第一二級	二五日分
	第一三級	一六日分
	第一四級	九日分
遺族補償		一八〇日分

・刑法等の一部を改正する法律の施行に伴う関係法律の整理等に関する法律（令和四・六・一七法律六八）

附則　抄

（施行期日）

１　この法律は、刑法等一部改正法施行日から施行する。〈略〉

労働契約法

（平成一九・一二・五 法　律　一　二　八）

最新改正　平成三〇法律七一

第一章　総則

（目的）

第一条　この法律は、労働者及び使用者の自主的な交渉の下で、労働契約が合意により成立し、又は変更されるという合意の原則その他労働契約に関する基本的事項を定めることにより、合理的な労働条件の決定又は変更が円滑に行われるようにすることを通じて、労働者の保護を図りつつ、個別の労働関係の安定に資することを目的とする。

（定義）

第二条　この法律において「労働者」とは、使用者に使用されて労働し、賃金を支払われる者をいう。

２　この法律において「使用者」とは、その使用する労働者に対して賃金を支払う者をいう。

（労働契約の原則）

第三条　労働契約は、労働者及び使用者が対等の立場における合意に基づいて締結し、又は変更すべきものとする。

２　労働契約は、労働者及び使用者が、就業の実態に応じて、均衡を考慮しつつ締結し、又は変更すべきものとする。

３　労働契約は、労働者及び使用者が仕事と生活の調和にも配慮しつつ締結し、又は変更すべきものとする。

４　労働者及び使用者は、労働契約を遵守するとともに、信義に従い誠実に、権利を行使し、及び義務を履行しなければならない。

５　労働者及び使用者は、労働契約に基づく権利の行使に当たっては、それを濫用することがあってはならない。

（労働契約の内容の理解の促進）

第四条　使用者は、労働者に提示する労働条件及び労働契約の内容について、労働者の理解を深めるようにするものとする。

２　労働者及び使用者は、労働契約の内容（期間の定めのある労働契約に関する事項を含む。）について、できる限り書面により確認するものとする。

（労働者の安全への配慮）

第五条　使用者は、労働契約に伴い、労働者がその生命、身体等の安全を確保しつつ労働することができるよう、必要な配慮をするものとする。

第二章　労働契約の成立及び変更

（労働契約の成立）

第六条　労働契約は、労働者が使用者に使用されて労働し、使用者がこれに対して賃金を支払うことについて、労働者及び使用者が合意することによって成立する。

第七条　労働者及び使用者が労働契約を締結する場合において、使用者が合理的な労働条件が定められている就業規則を労働者に周知させていた場合には、労働契約の内容は、その就業規則で定める労働条件によるものとする。ただし、労働契約において、労働者及び使用者が就業規則の内容と異なる労働条件を合意していた部分については、第十二条に該当する場合を除き、この限りでない。

（**労働契約の内容の変更**）

第八条　労働者及び使用者は、その合意により、労働契約の内容である労働条件を変更することができる。

（**就業規則による労働契約の内容の変更**）

第九条　使用者は、労働者と合意することなく、就業規則を変更することにより、労働者の不利益に労働契約の内容である労働条件を変更することはできない。ただし、次条の場合は、この限りでない。

第十条　使用者が就業規則の変更により労働条件を変更する場合において、変更後の就業規則を労働者に周知させ、かつ、就業規則の変更が、労働者の受ける不利益の程度、労働条件の変更の必要性、変更後の就業規則の内容の相当性、労働組合等との交渉の状況その他の就業規則の変更に係る事情に照らして合理的なものであるときは、労働契約の内容である労働条件は、当該変更後の就業規則に定めるところによるものとする。ただし、労働契約において、労働者及び使用者が就業規則の変更によっては変更されない労働条件として合意していた部分については、第十二条に該当する場合を除き、この限りでない。

（**就業規則の変更に係る手続**）

第十一条　就業規則の変更の手続に関しては、労働基準法（昭和二十二年法律第四十九号）第八十九条及び第九十条の定めるところによる。

（**就業規則違反の労働契約**）

第十二条　就業規則で定める基準に達しない労働条件を定める労働契約は、その部分については、無効とする。この場合において、無効となった部分は、就業規則で定める基準による。

（**法令及び労働協約と就業規則との関係**）

第十三条　就業規則が法令又は労働協約に反する場合には、当該反する部分については、第七条、第十条及び前条の規定は、当該法令又は労働協約の適用を受ける労働者との間の労働契約については、適用しない。

第三章　労働契約の継続及び終了

（**出向**）

第十四条　使用者が労働者に出向を命ずることができる場合において、当該出向の命令が、その必要性、対象労働者の選定に係る事情その他の事情に照らして、その権利を濫用したものと認められる場合には、当該命令は、無効とする。

（**懲戒**）

第十五条　使用者が労働者を懲戒することができる場合において、当該懲戒が、当該懲戒に係る労働者の行為の性質及び態様その他の事情に照らして、客観的に合理的な理由を欠き、社会通念上相当であると認められない場合は、その権利を濫用したものとして、当該懲戒は、無効とする。

（**解雇**）

第十六条　解雇は、客観的に合理的な理由を欠き、社会通念上相当であると認められない場合は、その権利を濫用したものとして、無効とする。

第四章　期間の定めのある労働契約

（**契約期間中の解雇等**）

第十七条　使用者は、期間の定めのある労働契約（以下この章において「有期労働契約」という。）について、やむを得ない事由がある場合でなければ、その契約期間が満了するまでの間において、労働者を解雇することができない。

2　使用者は、有期労働契約について、その有期労働契約により労働者を使用する目的に照らして、必要以上に短い期間を定めることにより、その有期労働契約を反復して更新することのないよう配慮しなければならない。

（**有期労働契約の期間の定めのない労働契約への転換**）

第十八条　同一の使用者との間で締結された二以上の有期労働契約（契約期間の始期の到来前のものを除く。以下この条において同じ。）の契約期間を通算した期間（次項において「通算契約期間」という。）が五年を超える労働者が、当該使用者に対し、現に締結している有期労働契約の契約期間が満了する日までの間に、当該満了する日の翌日から労務が提供される期間の定めのない労働契約の締結の申込みをしたときは、使用者は当該申込みを承諾したものとみなす。この場合において、当該申込みに係る期間の定めのない労働契約の内容である労働条件は、現に締結している有期労働契約の内容である労働条件（契約期間を除く。）と同一の労働条件（当該労働条件（契約期間を除く。）について別段の定めがある部分を除く。）とする。

2　当該使用者との間で締結された一の有期労働契約の契約期間が満了した日と当該使用者との間で締結されたその次の有期労働契約の契約期間の初日との間にこれらの契約期間のいずれにも含まれない期間（これらの契約期間が連続すると認められるものとして厚生労働省令で定める基準に該当する場合の当該いずれにも含まれない期間を除く。以下この項において「空白期間」という。）があり、当該空白期間が六月（当該空白期間の直前に満了した一の有期労働契約の契約期間（当該一の有期労働契約を含む二以上の有期労働契約の契約期間の間に空白期間がないときは、当該二以上の有期労働契約の契約期間を通算した期間。以下この項において同じ。）が一年に満たない場合にあっては、当該一の有期労働契約の契約期間に二分の一を乗じて得た期間を基礎として厚生労働省令で定める期間）以上であるときは、当該空白期間前に満了した有期労働契約の契約期間は、通算契約期間に算入しない。

（**有期労働契約の更新等**）

第十九条　有期労働契約であって次の各号のいずれかに該当するものの契約期間が満了する日までの間に労働者が当該有期労働契約の更新の申込みをした場合又は当該契約期間の満了後遅滞なく有期労働契約の締結の申込みをした場合であって、使用者が当該申込みを拒絶することが、客観的に合理的な理由を欠き、社会通念上相当であると認められないときは、使用者は、従前の有期労働契約の内容である労働条件と同一の労働条件で当該申込みを承諾したものとみなす。

一　当該有期労働契約が過去に反復して更新されたことがあるものであって、その契約期間の満了時に当該有期労働契約を更新しないことにより当該有期労働契約を終了させることが、期間の定めのない労働契約を締結している労働者に解雇の意思表示をすることにより当該期間の定めのない労働契約を終了させることと社会通念上同視できると認められること。

二　当該労働者において当該有期労働契約の契約期間の満了時に当該有期労働契約が更新されるものと期待することについて合理的な理由があるものであると認められること。

第五章　雑則

（**船員に関する特例**）

第二十条　第十二条及び前章の規定は、船員法（昭和二十二年法律第百号）の適用を受ける船員（次項において「船員」という。）に関しては、適用しない。

2　船員に関しては、第七条中「第十二条」とあるのは「船員法（昭和二十二年法律第百号）第百条」と、第十条中「第十二条」とあるのは「船員法第百条」と、第十一条中「労働基準法（昭和二十二年法律第四十九号）第八十九条及び第九十条」とあるのは「船員法第九十七条及び第九十八条」と、第十三条中「前条」とあるのは「船員法第百条」とする。

（**適用除外**）

第二十一条　この法律は、国家公務員及び地方公務員については、適用しない。

2　この法律は、使用者が同居の親族のみを使用する場合の労働契約については、適用しない。

雇用の分野における男女の均等な機会及び待遇の確保等に関する法律

（昭和四七・七・一 法律一一三）

最新改正 令和四法律六八

第一章 総則

（目的）

第一条 この法律は、法の下の平等を保障する日本国憲法の理念にのつとり雇用の分野における男女の均等な機会及び待遇の確保を図るとともに、女性労働者の就業に関して妊娠中及び出産後の健康の確保を図る等の措置を推進することを目的とする。

（基本的理念）

第二条 この法律においては、労働者が性別により差別されることなく、また、女性労働者にあつては母性を尊重されつつ、充実した職業生活を営むことができるようにすることをその基本的理念とする。

2 事業主並びに国及び地方公共団体は、前項に規定する基本的理念に従つて、労働者の職業生活の充実が図られるように努めなければならない。

（啓発活動）

第三条 国及び地方公共団体は、雇用の分野における男女の均等な機会及び待遇の確保等について国民の関心と理解を深めるとともに、特に、雇用の分野における男女の均等な機会及び待遇の確保を妨げている諸要因の解消を図るため、必要な啓発活動を行うものとする。

（男女雇用機会均等対策基本方針）

第四条 厚生労働大臣は、雇用の分野における男女の均等な機会及び待遇の確保等に関する施策の基本となるべき方針（以下「男女雇用機会均等対策基本方針」という。）を定めるものとする。

2 男女雇用機会均等対策基本方針に定める事項は、次のとおりとする。

一 男性労働者及び女性労働者のそれぞれの職業生活の動向に関する事項

二 雇用の分野における男女の均等な機会及び待遇の確保等について講じようとする施策の基本となるべき事項

3 男女雇用機会均等対策基本方針は、男性労働者及び女性労働者のそれぞれの労働条件、意識及び就業の実態等を考慮して定められなければならない。

4 厚生労働大臣は、男女雇用機会均等対策基本方針を定めるに当たつては、あらかじめ、労働政策審議会の意見を聴くほか、都道府県知事の意見を求めるものとする。

5 厚生労働大臣は、男女雇用機会均等対策基本方針を定めたときは、遅滞なく、その概要を公表するものとする。

6 前二項の規定は、男女雇用機会均等対策基本方針の変更について準用する。

第二章 雇用の分野における男女の均等な機会及び待遇の確保等

第一節 性別を理由とする差別の禁止等

（性別を理由とする差別の禁止）

第五条 事業主は、労働者の募集及び採用について、その性別にかかわりなく均等な機会を与えなければならない。

第六条 事業主は、次に掲げる事項について、労働者の性別を理由として、差別的取扱いをしてはならない。

一 労働者の配置（業務の配分及び権限の付与を含む。）、昇進、降格及び教育訓練

二 住宅資金の貸付けその他これに準ずる福利厚生の措置であつて厚生労働省令で定めるもの

三 労働者の職種及び雇用形態の変更

四 退職の勧奨、定年及び解雇並びに労働契約の更新

（性別以外の事由を要件とする措置）

第七条 事業主は、募集及び採用並びに前条各号に掲げる事項に関する措置であつて労働者の性別以外の事由を要件とするもののうち、措置の要件を満たす男性及び女性の比率その他の事情を勘案して実質的に性別を理由とする差別となるおそれがある措置として厚生労働省令で定めるものについては、当該措置の対象となる業務の性質に照らして当該措置の実施が当該業務の遂行上特に必要である場合、事業の運営の状況に照らして当該措置の実施が雇用管理上特に必要である場合その他の合理的な理由がある場合でなければ、これを講じてはならない。

（女性労働者に係る措置に関する特例）

第八条 前三条の規定は、事業主が、雇用の分野における男女の均等な機会及び待遇の確保の支障となつている事情を改善することを目

的として女性労働者に関して行う措置を講ずることを妨げるものではない。

（婚姻、妊娠、出産等を理由とする不利益取扱いの禁止等）

第九条 事業主は、女性労働者が婚姻し、妊娠し、又は出産したことを退職理由として予定する定めをしてはならない。

2 事業主は、女性労働者が婚姻したことを理由として、解雇してはならない。

3 事業主は、その雇用する女性労働者が妊娠したこと、出産したこと、労働基準法（昭和二十二年法律第四十九号）第六十五条第一項の規定による休業を請求し、又は同項若しくは同条第二項の規定による休業をしたことその他の妊娠又は出産に関する事由であつて厚生労働省令で定めるものを理由として、当該女性労働者に対して解雇その他不利益な取扱いをしてはならない。

4 妊娠中の女性労働者及び出産後一年を経過しない女性労働者に対してなされた解雇は、無効とする。ただし、事業主が当該解雇が前項に規定する事由を理由とする解雇でないことを証明したときは、この限りでない。

（指針）

第十条 厚生労働大臣は、第五条から第七条まで及び前条第一項から第三項までの規定に定める事項に関し、事業主が適切に対処するために必要な指針（次項において「指針」という。）を定めるものとする。

2 第四条第四項及び第五項の規定は指針の策定及び変更について準用する。この場合において、同条第四項中「聴くほか、都道府県知事の意見を求める」とあるのは、「聴く」と読み替えるものとする。

第二節 事業主の講ずべき措置等

（職場における性的な言動に起因する問題に関する雇用管理上の措置等）

第十一条 事業主は、職場において行われる性的な言動に対するその雇用する労働者の対応により当該労働者がその労働条件につき不利益を受け、又は当該性的な言動により当該労働者の就業環境が害されることのないよう、当該労働者からの相談に応じ、適切に対応するために必要な体制の整備その他の雇用管理上必要な措置を講じなければならない。

2 事業主は、労働者が前項の相談を行つたこと又は事業主による当該相談への対応に協力した際に事実を述べたことを理由として、当該労働者に対して解雇その他不利益な取扱いをしてはならない。

3 事業主は、他の事業主から当該事業主の講ずる第一項の措置の実施に関し必要な協力を求められた場合には、これに応ずるように努めなければならない。

4 厚生労働大臣は、前三項の規定に基づき事業主が講ずべき措置等に関して、その適切かつ有効な実施を図るために必要な指針（次項において「指針」という。）を定めるものとする。

5 第四条第四項及び第五項の規定は、指針の策定及び変更について準用する。この場合において、同条第四項中「聴くほか、都道府県知事の意見を求める」とあるのは、「聴く」と読み替えるものとする。

（職場における性的な言動に起因する問題に関する国、事業主及び労働者の責務）

第十一条の二 国は、前条第一項に規定する不利益を与える行為又は労働者の就業環境を害する同項に規定する言動を行つてはならないことその他当該言動に起因する問題（以下この条において「性的言動問題」という。）に対する事業主その他国民一般の関心と理解を深めるため、広報活動、啓発活動その他の措置を講ずるように努めなければならない。

2 事業主は、性的言動問題に対するその雇用する労働者の関心と理解を深めるとともに、当該労働者が他の労働者に対する言動に必要な注意を払うよう、研修の実施その他の必要な配慮をするほか、国の講ずる前項の措置に協力するように努めなければならない。

3 事業主（その者が法人である場合にあつては、その役員）は、自らも、性的言動問題に対する関心と理解を深め、労働者に対する言動に必要な注意を払うように努めなければならない。

4 労働者は、性的言動問題に対する関心と理解を深め、他の労働者に対する言動に必要な注意を払うとともに、事業主の講ずる前条第一項の措置に協力するように努めなければならない。

（職場における妊娠、出産等に関する言動に起因する問題に関する雇用管理上の措置等）

第十一条の三 事業主は、職場において行われるその雇用する女性労働者に対する当該女性労働者が妊娠したこと、出産したこと、労働基準法第六十五条第一項の規定による休業を請求し、又は同項若しくは同条第二項の規定による休業をしたことその他の妊娠又は出産に関する事由であつて厚生労働省令で定めるものに関する言動により当該女性労働者の就業環境が害されることのないよう、当該女性労働者からの相談に応じ、適切に対応するために必要な体制の整備その他の雇用管理上必要な措置を講じなければならない。

2　第十一条第二項の規定は、労働者が前項の相談を行い、又は事業主による当該相談への対応に協力した際に事実を述べた場合について準用する。

3　厚生労働大臣は、前二項の規定に基づき事業主が講ずべき措置等に関して、その適切かつ有効な実施を図るために必要な指針（次項において「指針」という。）を定めるものとする。

4　第四条第四項及び第五項の規定は、指針の策定及び変更について準用する。この場合において、同条第四項中「聴くほか、都道府県知事の意見を求める」とあるのは、「聴く」と読み替えるものとする。

（職場における妊娠、出産等に関する言動に起因する問題に関する国、事業主及び労働者の責務）

第十一条の四　国は、労働者の就業環境を害する前条第一項に規定する言動を行つてはならないことその他当該言動に起因する問題（以下この条において「妊娠・出産等関係言動問題」という。）に対する事業主その他国民一般の関心と理解を深めるため、広報活動、啓発活動その他の措置を講ずるように努めなければならない。

2　事業主は、妊娠・出産等関係言動問題に対するその雇用する労働者の関心と理解を深めるとともに、当該労働者が他の労働者に対する言動に必要な注意を払うよう、研修の実施その他の必要な配慮をするほか、国の講ずる前項の措置に協力するように努めなければならない。

3　事業主（その者が法人である場合にあつては、その役員）は、自らも、妊娠・出産等関係言動問題に対する関心と理解を深め、労働者に対する言動に必要な注意を払うように努めなければならない。

4　労働者は、妊娠・出産等関係言動問題に対する関心と理解を深め、他の労働者に対する言動に必要な注意を払うとともに、事業主の講ずる前条第一項の措置に協力するように努めなければならない。

（妊娠中及び出産後の健康管理に関する措置）

第十二条　事業主は、厚生労働省令で定めるところにより、その雇用する女性労働者が母子保健法（昭和四十年法律第百四十一号）の規定による保健指導又は健康診査を受けるために必要な時間を確保することができるようにしなければならない。

第十三条　事業主は、その雇用する女性労働者が前条の保健指導又は健康診査に基づく指導事項を守ることができるようにするため、勤務時間の変更、勤務の軽減等必要な措置を講じなければならない。

2　厚生労働大臣は、前項の規定に基づき事業主が講ずべき措置に関して、その適切かつ有効な実施を図るために必要な指針（次項において「指針」という。）を定めるものとする。

3　第四条第四項及び第五項の規定は、指針の策定及び変更について準用する。この場合において、同条第四項中「聴くほか、都道府県知事の意見を求める」とあるのは、「聴く」と読み替えるものとする。

（男女雇用機会均等推進者）

第十三条の二　事業主は、厚生労働省令で定めるところにより、第八条、第十一条第一項、第十一条の二第二項、第十一条の三第一項、第十一条の四第二項、第十二条及び前条第一項に定める措置等並びに職場における男女の均等な機会及び待遇の確保が図られるようにするために講ずべきその他の措置の適切かつ有効な実施を図るための業務を担当する者を選任するように努めなければならない。

第三節　事業主に対する国の援助

第十四条　国は、雇用の分野における男女の均等な機会及び待遇が確保されることを促進するため、事業主が雇用の分野における男女の均等な機会及び待遇の確保の支障となつている事情を改善することを目的とする次に掲げる措置を講じ、又は講じようとする場合には、当該事業主に対し、相談その他の援助を行うことができる。

一　その雇用する労働者の配置その他雇用に関する状況の分析

二　前号の分析に基づき雇用の分野における男女の均等な機会及び待遇の確保の支障となつている事情を改善するに当たつて必要となる措置に関する計画の作成

三　前号の計画で定める措置の実施

四　前三号の措置を実施するために必要な体制の整備

労働法

五　前各号の措置の実施状況の開示

第三章　紛争の解決

第一節　紛争の解決の援助等

（苦情の自主的解決）

第十五条　事業主は、第六条、第七条、第九条、第十二条及び第十三条第一項に定める事項（労働者の募集及び採用に係るものを除く。）に関し、労働者から苦情の申出を受けたときは、苦情処理機関（事業主を代表する者及び当該事業場の労働者を代表する者を構成員とする当該事業場の労働者の苦情を処理するための機関をいう。）に対し当該苦情の処理をゆだねる等その自主的な解決を図るように努めなければならない。

（紛争の解決の促進に関する特例）

第十六条　第五条から第七条まで、第九条、第十一条第一項及び第二項（第十一条の三第二項において準用する場合を含む。）、第十一条の三第一項、第十二条並びに第十三条第一項に定める事項についての労働者と事業主との間の紛争については、個別労働関係紛争の解決の促進に関する法律（平成十三年法律第百十二号）第四条、第五条及び第十二条から第十九条までの規定は適用せず、次条から第二十七条までに定めるところによる。

（紛争の解決の援助）

第十七条　都道府県労働局長は、前条に規定する紛争に関し、当該紛争の当事者の双方又は一方からその解決につき援助を求められた場合には、当該紛争の当事者に対し、必要な助言、指導又は勧告をすることができる。

2　第十一条第二項の規定は、労働者が前項の援助を求めた場合について準用する。

第二節　調停

（調停の委任）

第十八条　都道府県労働局長は、第十六条に規定する紛争（労働者の募集及び採用についての紛争を除く。）について、当該紛争の当事者（以下「関係当事者」という。）の双方又は一方から調停の申請があつた場合において当該紛争の解決のために必要があると認めるときは、個別労働関係紛争の解決の促進に関する法律第六条第一項の紛争調整委員会（以下「委員会」という。）に調停を行わせるものとする。

2　第十一条第二項の規定は、労働者が前項の申請をした場合について準用する。

（調停）

第十九条　前条第一項の規定に基づく調停（以下この節において「調停」という。）は、三人の調停委員が行う。

2　調停委員は、委員会の委員のうちから、会長があらかじめ指名する。

第二十条　委員会は、調停のため必要があると認めるときは、関係当事者又は関係当事者と同一の事業場に雇用される労働者その他の参考人の出頭を求め、その意見を聴くことができる。

第二十一条　委員会は、関係当事者からの申立てに基づき必要があると認めるときは、当該委員会が置かれる都道府県労働局の管轄区域内の主要な労働者団体又は事業主団体が指名する関係労働者を代表する者又は関係事業主を代表する者から当該事件につき意見を聴くものとする。

第二十二条　委員会は、調停案を作成し、関係当事者に対しその受諾を勧告することができる。

第二十三条　委員会は、調停に係る紛争について調停による解決の見込みがないと認めるときは、調停を打ち切ることができる。

2　委員会は、前項の規定により調停を打ち切つたときは、その旨を関係当事者に通知しなければならない。

（時効の完成猶予）

第二十四条　前条第一項の規定により調停が打ち切られた場合において、当該調停の申請をした者が同条第二項の通知を受けた日から三十日以内に調停の目的となつた請求について訴えを提起したときは、時効の完成猶予に関しては、調停の申請の時に、訴えの提起があつたものとみなす。

（訴訟手続の中止）

第二十五条　第十八条第一項に規定する紛争のうち民事上の紛争であるものについて関係当事者間に訴訟が係属する場合において、次の各号のいずれかに掲げる事由があり、かつ、関係当事者の共同の申立てがあるときは、受訴裁判所は、四月以内の期間を定めて訴訟手続を中止する旨の決定をすることができる。

一　当該紛争について、関係当事者間において調停が実施されていること。

二　前号に規定する場合のほか、関係当事者間に調停によつて当該紛争の解決を図る旨の合意があること。

2　受訴裁判所は、いつでも前項の決定を取り消すことができる。

3　第一項の申立てを却下する決定及び前項の規定により第一項の決定を取り消す決定に対しては、不服を申し立てることができない。

（**資料提供の要求等**）

第二十六条　委員会は、当該委員会に係属している事件の解決のために必要があると認めるときは、関係行政庁に対し、資料の提供その他必要な協力を求めることができる。

（**厚生労働省令への委任**）

第二十七条　この節に定めるもののほか、調停の手続に関し必要な事項は、厚生労働省令で定める。

第四章　雑則

（**調査等**）

第二十八条　厚生労働大臣は、男性労働者及び女性労働者のそれぞれの職業生活に関し必要な調査研究を実施するものとする。

2　厚生労働大臣は、この法律の施行に関し、関係行政機関の長に対し、資料の提供その他必要な協力を求めることができる。

3　厚生労働大臣は、この法律の施行に関し、都道府県知事から必要な調査報告を求めることができる。

（**報告の徴収並びに助言、指導及び勧告**）

第二十九条　厚生労働大臣は、この法律の施行に関し必要があると認めるときは、事業主に対して、報告を求め、又は助言、指導若しくは勧告をすることができる。

2　前項に定める厚生労働大臣の権限は、厚生労働省令で定めるところにより、その一部を都道府県労働局長に委任することができる。

（**公表**）

第三十条　厚生労働大臣は、第五条から第七条まで、第九条第一項から第三項まで、第十一条第一項及び第二項（第十一条の三第二項、第十七条第二項及び第十八条第二項において準用する場合を含む。）、第十一条の三第一項、第十二条並びに第十三条第一項の規定に違反している事業主に対し、前条第一項の規定による勧告をした場合において、その勧告を受けた者がこれに従わなかつたときは、その旨を公表することができる。

（**船員に関する特例**）

第三十一条　船員職業安定法（昭和二十三年法律第百三十号）第六条第一項に規定する船員及び同項に規定する船員になろうとする者に関しては、第四条第一項並びに同条第四項及び第五項（同条第六項、第十条第二項、第十一条第五項、第十一条の三第四項及び第十三条第三項において準用する場合を含む。）、第十条第一項、第十一条第四項、第十一条の三第三項、第十三条第二項並びに前三条中「厚生労働大臣」とあるのは「国土交通大臣」と、第四条第四項（同条第六項、第十条第二項、第十一条第五項、第十一条の三第四項及び第十三条第三項において準用する場合を含む。）中「労働政策審議会」とあるのは「交通政策審議会」と、第六条第二号、第七条、第九条第三項、第十一条の三第一項、第十二条、第十三条の二及び第二十九条第二項中「厚生労働省令」とあるのは「国土交通省令」と、第九条第三項中「労働基準法（昭和二十二年法律第四十九号）第六十五条第一項の規定による休業を請求し、又は同項若しくは同条第二項の規定による休業をしたこと」とあるのは「船員法（昭和二十二年法律第百号）第八十七条第一項又は第二項の規定によつて作業に従事しなかつたこと」と、第十一条の三第一項中「労働基準法第六十五条第一項の規定による休業を請求し、又は同項若しくは同条第二項の規定による休業をしたこと」とあるのは「船員法第八十七条第一項又は第二項の規定によつて作業に従事しなかつたこと」と、第十七条第一項、第十八条第一項及び第二十九条第二項中「都道府県労働局長」とあるのは「地方運輸局長（運輸監理部長を含む。）」と、第十八条第一項中「第六条第一項の紛争調整委員会（以下「委員会」という。）」とあるのは「第二十一条第三項のあつせん員候補者名簿に記載されている者のうちから指名する調停員」とする。

2　前項の規定により読み替えられた第十八条第一項の規定により指名を受けて調停員が行う調停については、第十九条から第二十七条までの規定は、適用しない。

3　前項の調停の事務は、三人の調停員で構成する合議体で取り扱う。

4　調停員は、破産手続開始の決定を受け、又は禁錮以上の刑に処せられたときは、その地位を失う。

5　第二十条から第二十七条までの規定は、第二項の調停について準用する。この場合において、第二十条から第二十三条まで及び第二十六条中「委員会は」とあるのは「調停員は」と、第二十一条中「当該委員会が置かれる都道府県労働局」とあるのは「当該調停員を指名した地方運輸局長（運輸監理部長を含む。）が置かれる地方運輸局（運輸監理部を含む。）」と、第二十六条中「当該委員会に係属している」とあるのは「当該調停員が取り扱つている」と、第二十七条中「この節」とあるのは「第三十一条第三項から第五項まで」と、「調停」とあるのは「合議体及び調停」と、「厚生労働省令」とあるのは「国土交通省令」と読み替えるものとする。

（適用除外）

第三十二条　第二章第一節、第十三条の二、同章第三節、前章、第二十九条及び第三十条の規定は、国家公務員及び地方公務員に、第二章第二節（第十三条の二を除く。）の規定は、一般職の国家公務員（行政執行法人の労働関係に関する法律（昭和二十三年法律第二百五十七号）第二条第二号の職員を除く。）、裁判所職員臨時措置法（昭和二十六年法律第二百九十九号）の適用を受ける裁判所職員、国会職員法（昭和二十二年法律第八十五号）の適用を受ける国会職員及び自衛隊法（昭和二十九年法律第百六十五号）第二条第五項に規定する隊員に関しては適用しない。

第五章　罰則

第三十三条　第二十九条第一項の規定による報告をせず、又は虚偽の報告をした者は、二十万円以下の過料に処する。

・刑法等の一部を改正する法律の施行に伴う関係法律の整理等に関する法律（令和四・六・一七法律六八）

附則　抄

（施行期日）

1　この法律は、刑法等一部改正法施行日から施行する。〈略〉

育児休業、介護休業等育児又は家族介護を行う労働者の福祉に関する法律

（平成三・五・一五
法　律　七　六）

最新改正　令和四法律六八

第一章　総則

（目的）

第一条　この法律は、育児休業及び介護休業に関する制度並びに子の看護休暇及び介護休暇に関する制度を設けるとともに、子の養育及び家族の介護を容易にするため所定労働時間等に関し事業主が講ずべき措置を定めるほか、子の養育又は家族の介護を行う労働者等に対する支援措置を講ずること等により、子の養育又は家族の介護を行う労働者等の雇用の継続及び再就職の促進を図り、もってこれらの者の職業生活と家庭生活との両立に寄与することを通じて、これらの者の福祉の増進を図り、あわせて経済及び社会の発展に資することを目的とする。

（定義）

第二条　この法律（第一号に掲げる用語にあっては、第九条の七並びに第六十一条第三十三項及び第三十六項を除く。）において、次の各号に掲げる用語の意義は、当該各号に定めるところによる。

一　育児休業　労働者（日々雇用される者を除く。以下この条、次章から第八章まで、第二十一条から第二十四条まで、第二十五

条第一項、第二十五条の二第一項及び第三項、第二十六条、第二十八条、第二十九条並びに第十一章において同じ。）が、次章に定めるところにより、その子（民法（明治二十九年法律第八十九号）第八百十七条の二第一項の規定により労働者が当該労働者との間における同項に規定する特別養子縁組の成立について家庭裁判所に請求した者（当該請求に係る家事審判事件が裁判所に係属している場合に限る。）であって、当該労働者が現に監護するもの、児童福祉法（昭和二十二年法律第百六十四号）第二十七条第一項第三号の規定により同法第六条の四第二号に規定する養子縁組里親である労働者に委託されている児童及びその他これらに準ずる者として厚生労働省令で定める者に、厚生労働省令で定めるところにより委託されている者を含む。第四号及び第六十一条第三項（同条第六項において準用する場合を含む。）を除き、以下同じ。）を養育するためにする休業をいう。

二　介護休業　労働者が、第三章に定めるところにより、その要介護状態にある対象家族を介護するためにする休業をいう。

三　要介護状態　負傷、疾病又は身体上若しくは精神上の障害により、厚生労働省令で定める期間にわたり常時介護を必要とする状態をいう。

四　対象家族　配偶者（婚姻の届出をしていないが、事実上婚姻関係と同様の事情にある者を含む。以下同じ。）、父母及び子（これらの者に準ずる者として厚生労働省令で定めるものを含む。）並びに配偶者の父母をいう。

五　家族　対象家族その他厚生労働省令で定める親族をいう。

（基本的理念）

第三条　この法律の規定による子の養育又は家族の介護を行う労働者等の福祉の増進は、これらの者がそれぞれ職業生活の全期間を通じてその能力を有効に発揮して充実した職業生活を営むとともに、育児又は介護について家族の一員としての役割を円滑に果たすことができるようにすることをその本旨とする。

2　子の養育又は家族の介護を行うための休業をする労働者は、その休業後における就業を円滑に行うことができるよう必要な努力をするようにしなければならない。

（関係者の責務）

第四条　事業主並びに国及び地方公共団体は、前条に規定する基本的理念に従って、子の養育又は家族の介護を行う労働者等の福祉を増進するように努めなければならない。

第二章　育児休業

（育児休業の申出）

第五条　労働者は、その養育する一歳に満たない子について、その事業主に申し出ることにより、育児休業（第九条の二第一項に規定する出生時育児休業を除く。以下この条から第九条までにおいて同じ。）をすることができる。ただし、期間を定めて雇用される者にあっては、その養育する子が一歳六か月に達する日までに、その労働契約（労働契約が更新される場合にあっては、更新後のもの。第三項、第九条の二第一項及び第十一条第一項において同じ。）が満了することが明らかでない者に限り、当該申出をすることができる。

2　前項の規定にかかわらず、労働者は、その養育する子が一歳に達する日（以下「一歳到達日」という。）までの期間（当該子を養育していない期間を除く。）内に二回の育児休業（第七項に規定する育児休業申出によりする育児休業を除く。）をした場合には、当該子については、厚生労働省令で定める特別の事情がある場合を除き、前項の規定による申出をすることができない。

3　労働者は、その養育する一歳から一歳六か月に達するまでの子について、次の各号のいずれにも該当する場合（厚生労働省令で定める特別の事情がある場合には、第二号に該当する場合）に限り、その事業主に申し出ることにより、育児休業をすることができる。ただし、期間を定めて雇用される者（当該子の一歳到達日において育児休業をしている者であって、その翌日を第六項に規定する育児休業開始予定日とする申出をするものを除く。）にあっては、当該子が一歳六か月に達する日までに、その労働契約が満了することが明らかでない者に限り、当該申出をすることができる。

一　当該申出に係る子について、当該労働者又はその配偶者が、当該子の一歳到達日において育児休業をしている場合

二　当該子の一歳到達日後の期間について休業することが雇用の継続のために特に必要と認められる場合として厚生労働省令で定める場合に該当する場合

三　当該子の一歳到達日後の期間において、この項の規定による申出により育児休業をしたことがない場合

4　労働者は、その養育する一歳六か月から二歳に達するまでの子について、次の各号のいずれにも該当する場合（前項の厚生労働省令で定める特別の事情がある場合には、第二号に該当する場合）に限り、その事業主に申し出ることにより、育児休業をすることができる。

一　当該申出に係る子について、当該労働者又はその配偶者が、当該子の一歳六か月に達する日（以下「一歳六か月到達日」という。）において育児休業をしている場合

二　当該子の一歳六か月到達日後の期間について休業することが雇用の継続のために特に必要と認められる場合として厚生労働省令で定める場合に該当する場合

三　当該子の一歳六か月到達日後の期間において、この項の規定による申出により育児休業をしたことがない場合

5　第一項ただし書の規定は、前項の規定による申出について準用する。この場合において、第一項ただし書中「一歳六か月」とあるのは、「二歳」と読み替えるものとする。

6　第一項、第三項及び第四項の規定による申出（以下「育児休業申出」という。）は、厚生労働省令で定めるところにより、その期間中は育児休業をすることとする一の期間について、その初日（以下「育児休業開始予定日」という。）及び末日（以下「育児休業終了予定日」という。）とする日を明らかにして、しなければならない。この場合において、次の各号に掲げる申出にあっては、第三項の厚生労働省令で定める特別の事情がある場合を除き、当該各号に定める日を育児休業開始予定日としなければならない。

一　第三項の規定による申出　当該申出に係る子の一歳到達日の翌日（当該申出をする労働者の配偶者が同項の規定による申出により育児休業をする場合には、当該育児休業に係る育児休業終了予定日の翌日以前の日）

二　第四項の規定による申出　当該申出に係る子の一歳六か月到達日の翌日（当該申出をする労働者の配偶者が同項の規定による申出により育児休業をする場合には、当該育児休業に係る育児休業終了予定日の翌日以前の日）

7　第一項ただし書、第二項、第三項（第一号及び第二号を除く。）、第四項（第一号及び第二号を除く。）、第五項及び前項後段の規定は、期間を定めて雇用される者であって、その締結する労働契約の期間の末日を育児休業終了予定日（第七条第三項の規定により当該育児休業終了予定日が変更された場合にあっては、その変更後の育児休業終了予定日とされた日）とする育児休業をしているものが、当該育児休業に係る子について、当該労働契約の更新に伴い、当該更新後の労働契約の期間の初日を育児休業開始予定日とする育児休業申出をする場合には、これを適用しない。

（育児休業申出があった場合における事業主の義務等）

第六条　事業主は、労働者からの育児休業申出があったときは、当該育児休業申出を拒むことができない。ただし、当該事業主と当該労働者が雇用される事業所の労働者の過半数で組織する労働組合があるときはその労働組合、その事業所の労働者の過半数で組織する労働組合がないときはその労働者の過半数を代表する者との書面による協定で、次に掲げる労働者のうち育児休業をすることができないものとして定められた労働者に該当する労働者からの育児休業申出があった場合は、この限りでない。

一　当該事業主に引き続き雇用された期間が一年に満たない労働者

二　前号に掲げるもののほか、育児休業をすることができないこととすることについて合理的な理由があると認められる労働者として厚生労働省令で定めるもの

2　前項ただし書の場合において、事業主にその育児休業申出を拒まれた労働者は、前条第一項、第三項及び第四項の規定にかかわらず、育児休業をすることができない。

3　事業主は、労働者からの育児休業申出があった場合において、当該育児休業申出に係る育児休業開始予定日とされた日が当該育児休業申出があった日の翌日から起算して一月（前条第三項の規定による申出（当該申出があった日が当該申出に係る子の一歳到達日以前の日であるものに限る。）又は同条第四項の規定による申出（当該申出があった日が当該申出に係る子の一歳六か月到達日以前の日であるものに限る。）にあっては二週間）を経過する日（以下この項において「一月等経過日」という。）前の日であるときは、厚生労働省令で定めるところにより、当該育児休

業開始予定日とされた日から当該一月等経過日（当該育児休業申出があった日までに、出産予定日前に子が出生したことその他の厚生労働省令で定める事由が生じた場合にあっては、当該一月等経過日前の日で厚生労働省令で定める日）までの間のいずれかの日を当該育児休業開始予定日として指定することができる。

4　第一項ただし書及び前項の規定は、労働者が前条第七項に規定する育児休業申出をする場合には、これを適用しない。

（育児休業開始予定日の変更の申出等）

第七条　第五条第一項の規定による申出をした労働者は、その後当該申出に係る育児休業開始予定日とされた日（前条第三項の規定による事業主の指定があった場合にあっては、当該事業主の指定した日。以下この項において同じ。）の前日までに、前条第三項の厚生労働省令で定める事由が生じた場合には、その事業主に申し出ることにより、当該申出に係る育児休業開始予定日を一回に限り当該育児休業開始予定日とされた日前の日に変更することができる。

2　事業主は、前項の規定による労働者からの申出があった場合において、当該申出に係る変更後の育児休業開始予定日とされた日が当該申出があった日の翌日から起算して一月を超えない範囲内で厚生労働省令で定める期間を経過する日（以下この項において「期間経過日」という。）前の日であるときは、厚生労働省令で定めるところにより、当該申出に係る変更後の育児休業開始予定日とされた日から当該期間経過日（その日が当該申出に係る変更前の育児休業開始予定日とされていた日（前条第三項の規定による事業主の指定があった場合にあっては、当該事業主の指定した日。以下この項において同じ。）以後の日である場合にあっては、当該申出に係る変更前の育児休業開始予定日とされていた日）までの間のいずれかの日を当該労働者に係る育児休業開始予定日として指定することができる。

3　育児休業申出をした労働者は、厚生労働省令で定める日までにその事業主に申し出ることにより、当該育児休業申出に係る育児休業終了予定日とされた日を一回に限り当該育児休業終了予定日とされた日後の日に変更することができる。

（育児休業申出の撤回等）

第八条　育児休業申出をした労働者は、当該育児休業申出に係る育児休業開始予定日とされた日（第六条第三項又は前条第二項の規定による事業主の指定があった場合にあっては当該事業主の指定した日、同条第一項の規定により育児休業開始予定日が変更された場合にあってはその変更後の育児休業開始予定日とされた日。以下同じ。）の前日までは、当該育児休業申出を撤回することができる。

2　前項の規定により第五条第一項の規定による申出を撤回した労働者は、同条第二項の規定の適用については、当該申出に係る育児休業をしたものとみなす。

3　第一項の規定により第五条第三項又は第四項の規定による申出を撤回した労働者は、当該申出に係る子については、厚生労働省令で定める特別の事情がある場合を除き、同条第三項及び第四項の規定にかかわらず、これらの規定による申出をすることができない。

4　育児休業申出がされた後育児休業開始予定日とされた日の前日までに、子の死亡その他の労働者が当該育児休業申出に係る子を養育しないこととなった事由として厚生労働省令で定める事由が生じたときは、当該育児休業申出は、されなかったものとみなす。この場合において、労働者は、その事業主に対して、当該事由が生じた旨を遅滞なく通知しなければならない。

（育児休業期間）

第九条　育児休業申出をした労働者がその期間中は育児休業をすることができる期間（以下「育児休業期間」という。）は、育児休業開始予定日とされた日から育児休業終了予定日とされた日（第七条第三項の規定により当該育児休業終了予定日が変更された場合にあっては、その変更後の育児休業終了予定日とされた日。次項において同じ。）までの間とする。

2　次の各号に掲げるいずれかの事情が生じた場合には、育児休業期間は、前項の規定にかかわらず、当該事情が生じた日（第三号に掲げる事情が生じた場合にあっては、その前日）に終了する。

一　育児休業終了予定日とされた日の前日までに、子の死亡その他の労働者が育児休業申出に係る子を養育しないこととなった事由として厚生労働省令で定める事由が生じたこと。

二　育児休業終了予定日とされた日の前日までに、育児休業申出に係る子が一歳（第五条第三項の規定による申出により育児休業をしている場合にあっては一歳六か月、同条第四項の規定による申出により育児休業をしている場合にあっては二歳）に達したこと。

三　育児休業終了予定日とされた日までに、育児休業申出をした労働者について、労働基準法（昭和二十二年法律第四十九号）第六十五条第一項若しくは第二項の規定により休業する期間、第九条の五第一項に規定する出生時育児休業期間、第十五条第一項に規定する介護休業期間又は新たな育児休業期間が始まったこと。

3　前条第四項後段の規定は、前項第一号の厚生労働省令で定める事由が生じた場合について準用する。

（出生時育児休業の申出）

第九条の二　労働者は、その養育する子について、その事業主に申し出ることにより、出生時育児休業（育児休業のうち、この条から第九条の五までに定めるところにより、子の出生の日から起算して八週間を経過する日の翌日まで（出産予定日前に当該子が出生した場合にあっては当該出生の日から当該出産予定日から起算して八週間を経過する日の翌日までとし、出産予定日後に当該子が出生した場合にあっては当該出産予定日から当該出生の日から起算して八週間を経過する日の翌日までとする。次項第一号において同じ。）の期間内に四週間以内の期間を定めてする休業をいう。以下同じ。）をすることができる。ただし、期間を定めて雇用される者にあっては、その養育する子の出生の日（出産予定日前に当該子が出生した場合にあっては、当該出産予定日）から起算して八週間を経過する日の翌日から六月を経過する日までに、その労働契約が満了することが明らかでない者に限り、当該申出をすることができる。

2　前項の規定にかかわらず、労働者は、その養育する子について次の各号のいずれかに該当する場合には、当該子については、同項の規定による申出をすることができない。

一　当該子の出生の日から起算して八週間を経過する日の翌日までの期間（当該子を養育していない期間を除く。）内に二回の出生時育児休業（第四項に規定する出生時育児休業申出によりする出生時育児休業を除く。）をした場合

二　当該子の出生の日（出産予定日後に当該子が出生した場合にあっては、当該出産予定日）以後に出生時育児休業をする日数（出生時育児休業を開始する日から出生時育児休業を終了する日までの日数とする。第九条の五第六項第三号において同じ。）が二十八日に達している場合

3　第一項の規定による申出（以下「出生時育児休業申出」という。）は、厚生労働省令で定めるところにより、その期間中は出生時育児休業をすることとする一の期間について、その初日（以下「出生時育児休業開始予定日」という。）及び末日（以下「出生時育児休業終了予定日」という。）とする日を明らかにして、しなければならない。

4　第一項ただし書及び第二項（第二号を除く。）の規定は、期間を定めて雇用される者であって、その締結する労働契約の期間の末日を出生時育児休業終了予定日（第九条の四において準用する第七条第三項の規定により当該出生時育児休業終了予定日が変更された場合にあっては、その変更後の出生時育児休業終了予定日とされた日）とする出生時育児休業をしているものが、当該出生時育児休業に係る子について、当該労働契約の更新に伴い、当該更新後の労働契約の期間の初日を出生時育児休業開始予定日とする出生時育児休業申出をする場合には、これを適用しない。

（出生時育児休業申出があった場合における事業主の義務等）

第九条の三　事業主は、労働者からの出生時育児休業申出があったときは、当該出生時育児休業申出を拒むことができない。ただし、労働者からその養育する子について出生時育児休業申出がなされた後に、当該労働者から当該出生時育児休業申出をした日に養育していた子について新たに出生時育児休業申出がなされた場合は、この限りでない。

2　第六条第一項ただし書及び第二項の規定は、労働者からの出生時育児休業申出があった場合について準用する。この場合において、同項中「前項ただし書」とあるのは「第九条の三第一項ただし書及び同条第二項において準用する前項ただし書」と、「前条第一項、第三項及び第四項」とあるのは「第九条の二第一項」と読み替えるものとする。

3　事業主は、労働者からの出生時育児休業申出があった場合において、当該出生時育児休業申出に係る出生時育児休業開始予定日とされた日が当該出生時育児休業申出があった日の翌日から起算して二週間を経過する日（以下この項において「二週間経過日」という。）

前の日であるときは、厚生労働省令で定めるところにより、当該出生時育児休業開始予定日とされた日から当該二週間経過日（当該出生時育児休業申出があった日までに、第六条第三項の厚生労働省令で定める事由が生じた場合にあっては、当該二週間経過日前の日で厚生労働省令で定める日）までの間のいずれかの日を当該出生時育児休業開始予定日として指定することができる。

4　事業主と労働者が雇用される事業所の労働者の過半数で組織する労働組合があるときはその労働組合、その事業所の労働者の過半数で組織する労働組合がないときはその労働者の過半数を代表する者との書面による協定で、次に掲げる事項を定めた場合における前項の規定の適用については、同項中「二週間を経過する日（以下この項において「二週間経過日」という。）」とあるのは「次項第二号に掲げる期間を経過する日」と、「当該二週間経過日」とあるのは「同号に掲げる期間を経過する日」とする。

一　出生時育児休業申出が円滑に行われるようにするための雇用環境の整備その他の厚生労働省令で定める措置の内容

二　事業主が出生時育児休業申出に係る出生時育児休業開始予定日を指定することができる出生時育児休業申出があった日の翌日から出生時育児休業開始予定日とされた日までの期間（二週間を超え一月以内の期間に限る。）

5　第一項ただし書及び前三項の規定は、労働者が前条第四項に規定する出生時育児休業申出をする場合には、これを適用しない。

（準用）

第九条の四　第七条並びに第八条第一項、第二項及び第四項の規定は、出生時育児休業申出並びに出生時育児休業開始予定日及び出生時育児休業終了予定日について準用する。この場合において、第七条第一項中「（前条第三項」とあるのは「（第九条の三第三項（同条第四項の規定により読み替えて適用する場合を含む。）」と、同条第二項中「一月」とあるのは「二週間」と、「前条第三項」とあるのは「第九条の三第三項（同条第四項の規定により読み替えて適用する場合を含む。）」と、第八条第一項中「第六条第三項又は前条第二項」とあるのは「第九条の三第三項（同条第四項の規定により読み替えて適用する場合を含む。）又は第九条の四において準用する前条第二項」と、「同条第一項」とあるのは「第九条の四において準用する前条第一項」と、同条第二項中「同条第二項」とあるのは「第九条の二第二項」と読み替えるものとする。

（出生時育児休業期間等）

第九条の五　出生時育児休業申出をした労働者がその期間中は出生時育児休業をすることができる期間（以下「出生時育児休業期間」という。）は、出生時育児休業開始予定日とされた日（第九条の三第三項（同条第四項の規定により読み替えて適用する場合を含む。）又は前条において準用する第七条第二項の規定による事業主の指定があった場合にあっては当該事業主の指定した日、前条において準用する第七条第一項の規定により出生時育児休業開始予定日が変更された場合にあってはその変更後の出生時育児休業開始予定日とされた日。以下この条において同じ。）から出生時育児休業終了予定日とされた日（前条において準用する第七条第三項の規定により当該出生時育児休業終了予定日が変更された場合にあっては、その変更後の出生時育児休業終了予定日とされた日。第六項において同じ。）までの間とする。

2　出生時育児休業申出をした労働者（事業主と当該労働者が雇用される事業所の労働者の過半数で組織する労働組合があるときはその労働組合、その事業所の労働者の過半数で組織する労働組合がないときはその労働者の過半数を代表する者との書面による協定で、出生時育児休業期間中に就業させることができるものとして定められた労働者に該当するものに限る。）は、当該出生時育児休業申出に係る出生時育児休業開始予定日とされた日の前日までの間、事業主に対し、当該出生時育児休業申出に係る出生時育児休業期間において就業することができる日その他の厚生労働省令で定める事項（以下この条において「就業可能日等」という。）を申し出ることができる。

3　前項の規定による申出をした労働者は、当該申出に係る出生時育児休業開始予定日とされた日の前日までは、その事業主に申し出ることにより当該申出に係る就業可能日等を変更し、又は当該申出を撤回することができる。

4　事業主は、労働者から第二項の規定による申出（前項の規定による変更の申出を含む。）があった場合には、当該申出に係る就業可能日等（前項の規定により就業可能日等が変更された場合にあっては、その変更後の就業可能日等）の範囲内で日時を提示し、厚生労働省令で定めるところにより、当該申出に係る出生時育児休業開始予定日とされた日の前日までに当該労働者の同意を得た場合に限り、当該労働者を当該日時に就業させることができる。

5　前項の同意をした労働者は、当該同意の全部又は一部を撤回することができる。ただし、第二項の規定による申出に係る出生時育児休業開始予定日とされた日以後においては、厚生労働省令で定める特別の事情がある場合に限る。

6　次の各号に掲げるいずれかの事情が生じた場合には、出生時育児休業期間は、第一項の規定にかかわらず、当該事情が生じた日（第四号に掲げる事情が生じた場合にあっては、その前日）に終了する。

一　出生時育児休業終了予定日とされた日の前日までに、子の死亡その他の労働者が出生時育児休業申出に係る子を養育しないこととなった事由として厚生労働省令で定める事由が生じたこと。

二　出生時育児休業終了予定日とされた日の前日までに、出生時育児休業申出に係る子の出生の日の翌日（出産予定日前に当該子が出生した場合にあっては、当該出産予定日の翌日）から起算して八週間を経過したこと。

三　出生時育児休業終了予定日とされた日の前日までに、出生時育児休業申出に係る子の出生の日（出産予定日後に当該子が出生した場合にあっては、当該出産予定日）以後に出生時育児休業をする日数が二十八日に達したこと。

四　出生時育児休業終了予定日とされた日までに、出生時育児休業申出をした労働者について、労働基準法第六十五条第一項若しくは第二項の規定により休業する期間、育児休業期間、第十五条第一項に規定する介護休業期間又は新たな出生時育児休業期間が始まったこと。

7　第八条第四項後段の規定は、前項第一号の厚生労働省令で定める事由が生じた場合について準用する。

（同一の子について配偶者が育児休業をする場合の特例）

第九条の六　労働者の養育する子について、当該労働者の配偶者が当該子の一歳到達日以前のいずれかの日において当該子を養育するために育児休業をしている場合における第二章から第五章まで、第二十四条第一項及び第十二章の規定の適用については、第五条第一項中「一歳に満たない子」とあるのは「一歳に満たない子（第九条の六第一項の規定により読み替えて適用するこの項の規定により育児休業をする場合にあっては、一歳二か月に満たない子）」と、同条第三項ただし書中「一歳到達日」とあるのは「一歳到達日（当該労働者が第九条の六第一項の規定により読み替えて適用する第一項の規定によりした申出に係る第九条第一項（第九条の六第一項の規定により読み替えて適用する場合を含む。）に規定する育児休業終了予定日とされた日が当該子の一歳到達日後である場合にあっては、当該育児休業終了予定日とされた日）」と、同項第一号中「又はその配偶者が、当該子の一歳到達日」とあるのは「が当該子の一歳到達日（当該労働者が第九条の六第一項の規定により読み替えて適用する第一項の規定によりした申出に係る第九条第一項（第九条の六第一項の規定により読み替えて適用する場合を含む。）に規定する育児休業終了予定日とされた日が当該子の一歳到達日後である場合にあっては、当該育児休業終了予定日とされた日）において育児休業をしている場合又は当該労働者の配偶者が当該子の一歳到達日（当該配偶者が第九条の六第一項の規定により読み替えて適用する第一項の規定によりした申出に係る第九条第一項（第九条の六第一項の規定により読み替えて適用する場合を含む。）に規定する育児休業終了予定日とされた日が当該子の一歳到達日後である場合にあっては、当該育児休業終了予定日とされた日）」と、同項第三号中「一歳到達日」とあるのは「一歳到達日（当該子を養育する労働者が第九条の六第一項の規定により読み替えて適用する第一項の規定によりした申出に係る第九条第一項（第九条の六第一項の規定により読み替えて適用する場合を含む。）に規定する育児休業終了予定日とされた日が当該子の一歳到達日後である場合にあっては、当該育児休業終了予定日とされた日）」と、同条第六項第一号中「一歳到達日」とあるのは「一歳到達日（当該子を養育する労働者又はその配偶者が第九条の六第一項の規定により読み替えて適用する第一項の規定によりした申出に係る第九条第一項（第九条の六第一項の規定により読み替えて適用する場合を含む。）に規定する育児休業終了予定日とされた日が当該子の一歳到達日後である場合にあっては、当該育児休業終了予定日とされた日（当該労働者に係る育児休業終了予定日とされた日と当該配偶者に係る育児休業終了予定日とされた日が異なるときは、そのいずれかの日）。次条第三項において同じ。）」と、第九条第一項中「変更後の育児休業終了予定日とされた日。次項」とあるのは「変更後の育児休業終了予定日とされた日。次項（第九条の六第一項の規定により読み替えて適用する場合を含む。）において同じ。）（当該育児休業終了予定日とされた日が当該育児休業開始予定日とされた日から起算して育児休業等可能日数（当該育児休業に係る子の出生した日から当該子の一歳到達日までの日数をいう。）から育児休業等取得日数（当該子の出生した日以後当該労働者が労働基準法（昭和二十二年法律第四十九号）第六十五条第一項又は第二項の規定により休業した日数と当該子について育児休業及び次条第一項に規定する出生時育児休業をした日数を合算した日数をいう。）を差し引いた日数を経過する日より後の日であるときは、当該経過する日。次項（第九条の六第一項の規定により読み替えて適用する場合を含む。）」と、同条第二項第二号中「第五条第三項」とあるのは「第九条の六第一項の規定により読み替えて適用する第五条第一項の規定による申出により育児休業をしている場合にあっては一歳二か月、同条第三項（第九条の六第一項の規定により読み替えて適用する場合を含む。）」と、「同条第四項」とあるのは「第五条第四項」と、第二十四条第一項第一号中「一歳（」とあるのは「一歳（当該労働者が第九条の六第一項の規定により読み替えて適用する第五条第一項の規定による申出をすることができる場合にあっては一歳二か月。）」とするほか、必要な技術的読替えは、厚生労働省令で定める。

2　前項の規定は、同項の規定を適用した場合の第五条第一項の規定による申出に係る育児休業開始予定日とされた日が、当該育児休業に係る子の一歳到達日の翌日後である場合又は前項の場合における当該労働者の配偶者がしている育児休業に係る育児休業期間の初日前である場合には、これを適用しない。

（公務員である配偶者がする育児休業に関する規定の適用）

第九条の七　第五条第三項、第四項及び第六項並びに前条の規定の適用については、労働者の配偶者が国会職員の育児休業等に関する法律（平成三年法律第百八号）第三条第二項、国家公務員の育児休業等に関する法律（平成三年法律第百九号）第三条第二項（同法第二十七条第一項及び裁判所職員臨時措置法（昭和二十六年法律第二百九十九号）（第七号に係る部分に限る。）において準用する場合を含む。）、地方公務員の育児休業等に関する法律（平成三年法律第百十号）第二条第二項又は裁判官の育児休業に関する法律（平成三年法律第百十一号）第二条第二項の規定によりする請求及び当該請求に係る育児休業は、それぞれ第五条第一項、第三項又は第四項の規定によりする申出及び当該申出によりする育児休業とみなす。

（不利益取扱いの禁止）

第十条　事業主は、労働者が育児休業申出等（育児休業申出及び出生時育児休業申出をいう。以下同じ。）をし、若しくは育児休業をしたこと又は第九条の五第二項の規定による申出若しくは同条第四項の同意をしなかったことその他の同条第二項から第五項までの規定に関する事由であって厚生労働省令で定めるものを理由として、当該労働者に対して解雇その他不利益な取扱いをしてはならない。

第三章　介護休業

（介護休業の申出）

第十一条　労働者は、その事業主に申し出ることにより、介護休業をすることができる。ただし、期間を定めて雇用される者にあっては、第三項に規定する介護休業開始予定日から起算して九十三日を経過する日から六月を経過する日までに、その労働契約が満了することが明らかでない者に限り、当該申出をすることができる。

2　前項の規定にかかわらず、介護休業をしたことがある労働者は、当該介護休業に係る対象家族が次の各号のいずれかに該当する場合には、当該対象家族については、同項の規定による申出をすることができない。

一　当該対象家族について三回の介護休業をした場合

二　当該対象家族について介護休業をした日数（介護休業を開始した日から介護休業を終了した日までの日数とし、二回以上の介護休業をした場合にあっては、介護休業ごとに、当該介護休業を開始した日から当該介護休業を終了した日までの日数を合算して得た日数とする。第十五条第一項において「介護休業日数」という。）が九十三日に達している場合

3　第一項の規定による申出（以下「介護休業申出」という。）は、厚生労働省令で定めるところにより、介護休業申出に係る対象家族が要介護状態にあることを明らかにし、かつ、その期間中は当該対象家族に係る介護休業をすることとする一の期間について、その初日（以下「介護休業開始予定日」という。）及び末日（以下「介護休業終了予定日」という。）とする日を明らかにして、しなければならない。

4　第一項ただし書及び第二項（第二号を除く。）の規定は、期間を定めて雇用される者であって、その締結する労働契約の期間の末日を介護休業終了予定日（第十三条において準用する第七条第三項の規定により当該介護休業終了予定日が変更された場合にあっては、その変更後の介護休業終了予定日とされた日）とする介護休業をしているものが、当該介護休業に係る対象家族について、当該労働契約の更新に伴い、当該更新後の労働契約の期間の初日を介護休業開始予定日とする介護休業申出をする場合には、これを適用しない。

（介護休業申出があった場合における事業主の義務等）

第十二条　事業主は、労働者からの介護休業申出があったときは、当該介護休業申出を拒むことができない。

2　第六条第一項ただし書及び第二項の規定は、労働者からの介護休業申出があった場合について準用する。この場合において、同項中「前項ただし書」とあるのは「第十二条第二項において準用する前項ただし書」と、「前条第一項、第三項及び第四項」とあるのは「第十一条第一項」と読み替えるものとする。

3　事業主は、労働者からの介護休業申出があった場合において、当該介護休業申出に係る介護休業開始予定日とされた日が当該介護休業申出があった日の翌日から起算して二週間を経過する日（以下この項において「二週間経過日」という。）前の日であるときは、厚生労働省令で定めるところにより、当該介護休業開始予定日とされた日から当該二週間経過日までの間のいずれかの日を当該介護休業開始予定日として指定することができる。

4　前二項の規定は、労働者が前条第四項に規定する介護休業申出をする場合には、これを適用しない。

（介護休業終了予定日の変更の申出）

第十三条　第七条第三項の規定は、介護休業終了予定日の変更の申出について準用する。

（介護休業申出の撤回等）

第十四条　介護休業申出をした労働者は、当該介護休業申出に係る介護休業開始予定日とされた日（第十二条第三項の規定による事業主の指定があった場合にあっては、当該事業主の指定した日。第三項において準用する第八条第四項及び次条第一項において同じ。）の前日までは、当該介護休業申出を撤回することができる。

2　前項の規定による介護休業申出の撤回がなされ、かつ、当該撤回に係る対象家族について当該撤回後になされる最初の介護休業申出が撤回された場合においては、その後になされる当該対象家族についての介護休業申出については、事業主は、第十二条第一項の規定にかかわらず、これを拒むことができる。

3　第八条第四項の規定は、介護休業申出について準用する。この場合において、同項中「子」とあるのは「対象家族」と、「養育」とあるのは「介護」と読み替えるものとする。

（介護休業期間）

第十五条　介護休業申出をした労働者がその期間中は介護休業をすることができる期間（以下「介護休業期間」という。）は、当該介護休業申出に係る介護休業開始予定日とされた日から介護休業終了予定日とされた日（その日が当該介護休業開始予定日とされた日から起算して九十三日から当該労働者の当該介護休業申出に係る対象家族についての介護休業日数を差し引いた日数を経過する日より後の日であるときは、当該経過する日。第三項において同じ。）までの間とする。

2　この条において、介護休業終了予定日とされた日とは、第十三条において準用する第七条第三項の規定により当該介護休業終了予定日が変更された場合にあっては、その変更後の介護休業終了予定日とされた日をいう。

3　次の各号に掲げるいずれかの事情が生じた場合には、介護休業期間は、第一項の規定にかかわらず、当該事情が生じた日（第二号に掲げる事情が生じた場合にあっては、その前日）に終了する。

一　介護休業終了予定日とされた日の前日ま

でに、対象家族の死亡その他の労働者が介護休業申出に係る対象家族を介護しないこととなった事由として厚生労働省令で定める事由が生じたこと。

二　介護休業終了予定日とされた日までに、介護休業申出をした労働者について、労働基準法第六十五条第一項若しくは第二項の規定により休業する期間、育児休業期間、出生時育児休業期間又は新たな介護休業期間が始まったこと。

4　第八条第四項後段の規定は、前項第一号の厚生労働省令で定める事由が生じた場合について準用する。

（不利益取扱いの禁止）

第十六条　事業主は、労働者が介護休業申出をし、又は介護休業をしたことを理由として、当該労働者に対して解雇その他不利益な取扱いをしてはならない。

第四章　子の看護休暇

（子の看護休暇の申出）

第十六条の二　小学校就学の始期に達するまでの子を養育する労働者は、その事業主に申し出ることにより、一の年度において五労働日（その養育する小学校就学の始期に達するまでの子が二人以上の場合にあっては、十労働日）を限度として、負傷し、若しくは疾病にかかった当該子の世話又は疾病の予防を図るために必要なものとして厚生労働省令で定める当該子の世話を行うための休暇（以下「子の看護休暇」という。）を取得することができる。

2　子の看護休暇は、一日の所定労働時間が短い労働者として厚生労働省令で定めるもの以外の者は、厚生労働省令で定めるところにより、厚生労働省令で定める一日未満の単位で取得することができる。

3　第一項の規定による申出は、厚生労働省令で定めるところにより、子の看護休暇を取得する日（前項の厚生労働省令で定める一日未満の単位で取得するときは子の看護休暇の開始及び終了の日時）を明らかにして、しなければならない。

4　第一項の年度は、事業主が別段の定めをする場合を除き、四月一日に始まり、翌年三月三十一日に終わるものとする。

（子の看護休暇の申出があった場合における事業主の義務等）

第十六条の三　事業主は、労働者からの前条第一項の規定による申出があったときは、当該申出を拒むことができない。

2　第六条第一項ただし書及び第二項の規定は、労働者からの前条第一項の規定による申出があった場合について準用する。この場合において、第六条第一項第一号中「一年」とあるのは「六月」と、同項第二号中「定めるもの」とあるのは「定めるもの又は業務の性質若しくは業務の実施体制に照らして、第十六条の二第二項の厚生労働省令で定める一日未満の単位で子の看護休暇を取得することが困難と認められる業務に従事する労働者（同項の規定による厚生労働省令で定める一日未満の単位で取得しようとする者に限る。）」と、同条第二項中「前項ただし書」とあるのは「第十六条の三第二項において準用する前項ただし書」と、「前条第一項、第三項及び第四項」とあるのは「第十六条の二第一項」と読み替えるものとする。

（準用）

第十六条の四　第十六条の規定は、第十六条の二第一項の規定による申出及び子の看護休暇について準用する。

第五章　介護休暇

（介護休暇の申出）

第十六条の五　要介護状態にある対象家族の介護その他の厚生労働省令で定める世話を行う労働者は、その事業主に申し出ることにより、一の年度において五労働日（要介護状態にある対象家族が二人以上の場合にあっては、十労働日）を限度として、当該世話を行うための休暇（以下「介護休暇」という。）を取得することができる。

2　介護休暇は、一日の所定労働時間が短い労働者として厚生労働省令で定めるもの以外の者は、厚生労働省令で定めるところにより、厚生労働省令で定める一日未満の単位で取得することができる。

3　第一項の規定による申出は、厚生労働省令で定めるところにより、当該申出に係る対象家族が要介護状態にあること及び介護休暇を取得する日（前項の厚生労働省令で定める一日未満の単位で取得するときは介護休暇の開始及び終了の日時）を明らかにして、しなければならない。

4　第一項の年度は、事業主が別段の定めをする場合を除き、四月一日に始まり、翌年三月三十一日に終わるものとする。

（介護休暇の申出があった場合における事業主の義務等）

第十六条の六　事業主は、労働者からの前条第一項の規定による申出があったときは、当該申出を拒むことができない。

2　第六条第一項ただし書及び第二項の規定は、労働者からの前条第一項の規定による申出があった場合について準用する。この場合において、第六条第一項第一号中「一年」とあるのは「六月」と、同項第二号中「定めるもの」とあるのは「定めるもの又は業務の性質若しくは業務の実施体制に照らして、第十六条の五第二項の厚生労働省令で定める一日未満の単位で介護休暇を取得することが困難と認められる業務に従事する労働者（同項の規定による厚生労働省令で定める一日未満の単位で取得しようとする者に限る。）」と、同条第二項中「前項ただし書」とあるのは「第十六条の六第二項において準用する前項ただし書」と、「前条第一項、第三項及び第四項」とあるのは「第十六条の五第一項」と読み替えるものとする。

（準用）

第十六条の七　第十六条の規定は、第十六条の五第一項の規定による申出及び介護休暇について準用する。

第六章　所定外労働の制限

第十六条の八　事業主は、三歳に満たない子を養育する労働者であって、当該事業主と当該労働者が雇用される事業所の労働者の過半数で組織する労働組合があるときはその労働組合、その事業所の労働者の過半数で組織する労働組合がないときはその労働者の過半数を代表する者との書面による協定で、次に掲げる労働者のうちこの項本文の規定による請求をできないものとして定められた労働者に該当しない労働者が当該子を養育するために請求した場合においては、所定労働時間を超えて労働させてはならない。ただし、事業の正常な運営を妨げる場合は、この限りでない。

一　当該事業主に引き続き雇用された期間が一年に満たない労働者

二　前号に掲げるもののほか、当該請求をできないこととすることについて合理的な理由があると認められる労働者として厚生労働省令で定めるもの

2　前項の規定による請求は、厚生労働省令で定めるところにより、その期間中は所定労働時間を超えて労働させてはならないこととなる一の期間（一月以上一年以内の期間に限る。第四項において「制限期間」という。）について、その初日（以下この条において「制限開始予定日」という。）及び末日（第四項において「制限終了予定日」という。）とする日を明らかにして、制限開始予定日の一月前までにしなければならない。この場合において、この項前段に規定する制限期間については、第十七条第二項前段（第十八条第一項において準用する場合を含む。）に規定する制限期間と重複しないようにしなければならない。

3　第一項の規定による請求がされた後制限開始予定日とされた日の前日までに、子の死亡その他の労働者が当該請求に係る子の養育をしないこととなった事由として厚生労働省令で定める事由が生じたときは、当該請求は、されなかったものとみなす。この場合において、労働者は、その事業主に対して、当該事由が生じた旨を遅滞なく通知しなければならない。

4　次の各号に掲げるいずれかの事情が生じた場合には、制限期間は、当該事情が生じた日（第三号に掲げる事情が生じた場合にあっては、その前日）に終了する。

一　制限終了予定日とされた日の前日までに、子の死亡その他の労働者が第一項の規定による請求に係る子を養育しないこととなった事由として厚生労働省令で定める事由が生じたこと。

二　制限終了予定日とされた日の前日までに、第一項の規定による請求に係る子が三歳に達したこと。

三　制限終了予定日とされた日までに、第一項の規定による請求をした労働者について、労働基準法第六十五条第一項若しくは第二項の規定により休業する期間、育児休業期間、出生時育児休業期間又は介護休業期間が始まったこと。

5　第三項後段の規定は、前項第一号の厚生労働省令で定める事由が生じた場合について準用する。

第十六条の九　前条第一項から第三項まで及び第四項（第二号を除く。）の規定は、要介護状態にある対象家族を介護する労働者について準用する。この場合において、同条第一項中「当該子を養育する」とあるのは「当該対象家族を介護する」と、同条第三項及び第四項第一号中「子」とあるのは「対象家族」

と、「養育」とあるのは「介護」と読み替えるものとする。

2　前条第三項後段の規定は、前項において準用する同条第四項第一号の厚生労働省令で定める事由が生じた場合について準用する。

第十六条の十　事業主は、労働者が第十六条の八第一項（前条第一項において準用する場合を含む。以下この条において同じ。）の規定による請求をし、又は第十六条の八第一項の規定により当該事業主が当該請求をした労働者について所定労働時間を超えて労働させてはならない場合に当該労働者が所定労働時間を超えて労働しなかったことを理由として、当該労働者に対して解雇その他不利益な取扱いをしてはならない。

第七章　時間外労働の制限

第十七条　事業主は、労働基準法第三十六条第一項の規定により同項に規定する労働時間（以下この条において単に「労働時間」という。）を延長することができる場合において、小学校就学の始期に達するまでの子を養育する労働者であって次の各号のいずれにも該当しないものが当該子を養育するために請求したときは、制限時間（一月について二十四時間、一年について百五十時間をいう。次項及び第十八条の二において同じ。）を超えて労働時間を延長してはならない。ただし、事業の正常な運営を妨げる場合は、この限りでない。

一　当該事業主に引き続き雇用された期間が一年に満たない労働者

二　前号に掲げるもののほか、当該請求をできないこととすることについて合理的な理由があると認められる労働者として厚生労働省令で定めるもの

2　前項の規定による請求は、厚生労働省令で定めるところにより、その期間中は制限時間を超えて労働時間を延長してはならないこととなる一の期間（一月以上一年以内の期間に限る。第四項において「制限期間」という。）について、その初日（以下この条において「制限開始予定日」という。）及び末日（第四項において「制限終了予定日」という。）とする日を明らかにして、制限開始予定日の一月前までにしなければならない。この場合において、この項前段に規定する制限期間については、第十六条の八第二項前段（第十六条の九第一項において準用する場合を含む。）に規定する制限期間と重複しないようにしなければならない。

3　第一項の規定による請求がされた後制限開始予定日とされた日の前日までに、子の死亡その他の労働者が当該請求に係る子の養育をしないこととなった事由として厚生労働省令で定める事由が生じたときは、当該請求は、されなかったものとみなす。この場合において、労働者は、その事業主に対して、当該事由が生じた旨を遅滞なく通知しなければならない。

4　次の各号に掲げるいずれかの事情が生じた場合には、制限期間は、当該事情が生じた日（第三号に掲げる事情が生じた場合にあっては、その前日）に終了する。

一　制限終了予定日とされた日の前日までに、子の死亡その他の労働者が第一項の規定による請求に係る子を養育しないこととなった事由として厚生労働省令で定める事由が生じたこと。

二　制限終了予定日とされた日の前日までに、第一項の規定による請求に係る子が小学校就学の始期に達したこと。

三　制限終了予定日とされた日までに、第一項の規定による請求をした労働者について、労働基準法第六十五条第一項若しくは第二項の規定により休業する期間、育児休業期間、出生時育児休業期間又は介護休業期間が始まったこと。

5　第三項後段の規定は、前項第一号の厚生労働省令で定める事由が生じた場合について準用する。

第十八条　前条第一項、第二項、第三項及び第四項（第二号を除く。）の規定は、要介護状態にある対象家族を介護する労働者について準用する。この場合において、同条第一項中「当該子を養育する」とあるのは「当該対象家族を介護する」と、同条第三項及び第四項第一号中「子」とあるのは「対象家族」と、「養育」とあるのは「介護」と読み替えるものとする。

2　前条第三項後段の規定は、前項において準用する同条第四項第一号の厚生労働省令で定める事由が生じた場合について準用する。

第十八条の二　事業主は、労働者が第十七条第一項（前条第一項において準用する場合を含む。以下この条において同じ。）の規定による請求をし、又は第十七条第一項の規定により当該事業主が当該請求をした労働者について制限時間を超えて労働時間を延長してはな

らない場合に当該労働者が制限時間を超えて労働しなかったことを理由として、当該労働者に対して解雇その他不利益な取扱いをしてはならない。

第八章　深夜業の制限

第十九条　事業主は、小学校就学の始期に達するまでの子を養育する労働者であって次の各号のいずれにも該当しないものが当該子を養育するために請求した場合においては、午後十時から午前五時までの間（以下この条及び第二十条の二において「深夜」という。）において労働させてはならない。ただし、事業の正常な運営を妨げる場合は、この限りでない。

一　当該事業主に引き続き雇用された期間が一年に満たない労働者

二　当該請求に係る深夜において、常態として当該子を保育することができる当該子の同居の家族その他の厚生労働省令で定める者がいる場合における当該労働者

三　前二号に掲げるもののほか、当該請求をできないこととすることについて合理的な理由があると認められる労働者として厚生労働省令で定めるもの

2　前項の規定による請求は、厚生労働省令で定めるところにより、その期間中は深夜において労働させてはならないこととなる一の期間（一月以上六月以内の期間に限る。第四項において「制限期間」という。）について、その初日（以下この条において「制限開始予定日」という。）及び末日（同項において「制限終了予定日」という。）とする日を明らかにして、制限開始予定日の一月前までにしなければならない。

3　第一項の規定による請求がされた後制限開始予定日とされた日の前日までに、子の死亡その他の労働者が当該請求に係る子の養育をしないこととなった事由として厚生労働省令で定める事由が生じたときは、当該請求は、されなかったものとみなす。この場合において、労働者は、その事業主に対して、当該事由が生じた旨を遅滞なく通知しなければならない。

4　次の各号に掲げるいずれかの事情が生じた場合には、制限期間は、当該事情が生じた日（第三号に掲げる事情が生じた場合にあっては、その前日）に終了する。

一　制限終了予定日とされた日の前日までに、子の死亡その他の労働者が第一項の規定による請求に係る子を養育しないこととなった事由として厚生労働省令で定める事由が生じたこと。

二　制限終了予定日とされた日の前日までに、第一項の規定による請求に係る子が小学校就学の始期に達したこと。

三　制限終了予定日とされた日までに、第一項の規定による請求をした労働者について、労働基準法第六十五条第一項若しくは第二項の規定により休業する期間、育児休業期間、出生時育児休業期間又は介護休業期間が始まったこと。

5　第三項後段の規定は、前項第一号の厚生労働省令で定める事由が生じた場合について準用する。

第二十条　前条第一項から第三項まで及び第四項（第二号を除く。）の規定は、要介護状態にある対象家族を介護する労働者について準用する。この場合において、同条第一項中「当該子を養育する」とあるのは「当該対象家族を介護する」と、同項第二号中「子」とあるのは「対象家族」と、「保育」とあるのは「介護」と、同条第三項及び第四項第一号中「子」とあるのは「対象家族」と、「養育」とあるのは「介護」と読み替えるものとする。

2　前条第三項後段の規定は、前項において準用する同条第四項第一号の厚生労働省令で定める事由が生じた場合について準用する。

第二十条の二　事業主は、労働者が第十九条第一項（前条第一項において準用する場合を含む。以下この条において同じ。）の規定による請求をし、又は第十九条第一項の規定により当該事業主が当該請求をした労働者について深夜において労働させてはならない場合に当該労働者が深夜において労働しなかったことを理由として、当該労働者に対して解雇その他不利益な取扱いをしてはならない。

第九章　事業主が講ずべき措置等

（妊娠又は出産等についての申出があった場合における措置等）

第二十一条　事業主は、労働者が当該事業主に対し、当該労働者又はその配偶者が妊娠し、又は出産したことその他これに準ずるものとして厚生労働省令で定める事実を申し出たときは、厚生労働省令で定めるところにより、当該労働者に対して、育児休業に関する制度その他の厚生労働省令で定める事項を知らせ

るとともに、育児休業申出等に係る当該労働者の意向を確認するための面談その他の厚生労働省令で定める措置を講じなければならない。

2　事業主は、労働者が前項の規定による申出をしたことを理由として、当該労働者に対して解雇その他不利益な取扱いをしてはならない。

（育児休業等に関する定めの周知等の措置）

第二十一条の二　前条第一項に定めるもののほか、事業主は、育児休業及び介護休業に関して、あらかじめ、次に掲げる事項を定めるとともに、これを労働者に周知させるための措置（労働者若しくはその配偶者が妊娠し、若しくは出産したこと又は労働者が対象家族を介護していることを知ったときに、当該労働者に対し知らせる措置を含む。）を講ずるよう努めなければならない。

一　労働者の育児休業及び介護休業中における待遇に関する事項

二　育児休業及び介護休業後における賃金、配置その他の労働条件に関する事項

三　前二号に掲げるもののほか、厚生労働省令で定める事項

2　事業主は、労働者が育児休業申出等又は介護休業申出をしたときは、厚生労働省令で定めるところにより、当該労働者に対し、前項各号に掲げる事項に関する当該労働者に係る取扱いを明示するよう努めなければならない。

（雇用環境の整備及び雇用管理等に関する措置）

第二十二条　事業主は、育児休業申出等が円滑に行われるようにするため、次の各号のいずれかの措置を講じなければならない。

一　その雇用する労働者に対する育児休業に係る研修の実施

二　育児休業に関する相談体制の整備

三　その他厚生労働省令で定める育児休業に係る雇用環境の整備に関する措置

2　前項に定めるもののほか、事業主は、育児休業申出等及び介護休業申出並びに育児休業及び介護休業後における就業が円滑に行われるようにするため、育児休業又は介護休業をする労働者が雇用される事業所における労働者の配置その他の雇用管理、育児休業又は介護休業をしている労働者の職業能力の開発及び向上等に関して、必要な措置を講ずるよう努めなければならない。

（育児休業の取得の状況の公表）

第二十二条の二　常時雇用する労働者の数が千人を超える事業主は、厚生労働省令で定めるところにより、毎年少なくとも一回、その雇用する労働者の育児休業の取得の状況として厚生労働省令で定めるものを公表しなければならない。

（所定労働時間の短縮措置等）

第二十三条　事業主は、その雇用する労働者のうち、その三歳に満たない子を養育する労働者であって育児休業をしていないもの（一日の所定労働時間が短い労働者として厚生労働省令で定めるものを除く。）に関して、厚生労働省令で定めるところにより、労働者の申出に基づき所定労働時間を短縮することにより当該労働者が就業しつつ当該子を養育することを容易にするための措置（以下この条及び第二十四条第一項第三号において「育児のための所定労働時間の短縮措置」という。）を講じなければならない。ただし、当該事業主と当該労働者が雇用される事業所の労働者の過半数で組織する労働組合があるときはその労働組合、その事業所の労働者の過半数で組織する労働組合がないときはその労働者の過半数を代表する者との書面による協定で、次に掲げる労働者のうち育児のための所定労働時間の短縮措置を講じないものとして定められた労働者に該当する労働者については、この限りでない。

一　当該事業主に引き続き雇用された期間が一年に満たない労働者

二　前号に掲げるもののほか、育児のための所定労働時間の短縮措置を講じないこととすることについて合理的な理由があると認められる労働者として厚生労働省令で定めるもの

三　前二号に掲げるもののほか、業務の性質又は業務の実施体制に照らして、育児のための所定労働時間の短縮措置を講ずることが困難と認められる業務に従事する労働者

2　事業主は、その雇用する労働者のうち、前項ただし書の規定により同項第三号に掲げる労働者であってその三歳に満たない子を養育するものについて育児のための所定労働時間の短縮措置を講じないこととするときは、当該労働者に関して、厚生労働省令で定めるところにより、労働者の申出に基づく育児休業に関する制度に準ずる措置又は労働基準法第三十二条の三第一項の規定により労働させることその他の当該労働者が就業しつつ当該子

を養育することを容易にするための措置（第二十四条第一項において「始業時刻変更等の措置」という。）を講じなければならない。

3　事業主は、その雇用する労働者のうち、その要介護状態にある対象家族を介護する労働者であって介護休業をしていないものに関して、厚生労働省令で定めるところにより、労働者の申出に基づく連続する三年の期間以上の期間における所定労働時間の短縮その他の当該労働者が就業しつつその要介護状態にある対象家族を介護することを容易にするための措置（以下この条及び第二十四条第二項において「介護のための所定労働時間の短縮等の措置」という。）を講じなければならない。ただし、当該事業主と当該労働者が雇用される事業所の労働者の過半数で組織する労働組合があるときはその労働組合、その事業所の労働者の過半数で組織する労働組合がないときはその労働者の過半数を代表する者との書面による協定で、次に掲げる労働者のうち介護のための所定労働時間の短縮等の措置を講じないものとして定められた労働者に該当する労働者については、この限りでない。

一　当該事業主に引き続き雇用された期間が一年に満たない労働者

二　前号に掲げるもののほか、介護のための所定労働時間の短縮等の措置を講じないこととすることについて合理的な理由があると認められる労働者として厚生労働省令で定めるもの

4　前項本文の期間は、当該労働者が介護のための所定労働時間の短縮等の措置の利用を開始する日として当該労働者が申し出た日から起算する。

第二十三条の二　事業主は、労働者が前条の規定による申出をし、又は同条の規定により当該労働者に措置が講じられたことを理由として、当該労働者に対して解雇その他不利益な取扱いをしてはならない。

（小学校就学の始期に達するまでの子を養育する労働者等に関する措置）

第二十四条　事業主は、その雇用する労働者のうち、その小学校就学の始期に達するまでの子を養育する労働者に関して、労働者の申出に基づく育児に関する目的のために利用することができる休暇（子の看護休暇、介護休暇及び労働基準法第三十九条の規定による年次有給休暇として与えられるものを除き、出産後の養育について出産前において準備することができる休暇を含む。）を与えるための措置及び次の各号に掲げる当該労働者の区分に応じ当該各号に定める制度又は措置に準じて、それぞれ必要な措置を講ずるよう努めなければならない。

一　その一歳（当該労働者が第五条第三項の規定による申出をすることができる場合にあっては一歳六か月、当該労働者が同条第四項の規定による申出をすることができる場合にあっては二歳。次号において同じ。）に満たない子を養育する労働者（第二十三条第二項に規定する労働者を除く。同号において同じ。）で育児休業をしていないもの　始業時刻変更等の措置

二　その一歳から三歳に達するまでの子を養育する労働者　育児休業に関する制度又は始業時刻変更等の措置

三　その三歳から小学校就学の始期に達するまでの子を養育する労働者　育児休業に関する制度、第十六条の八の規定による所定外労働の制限に関する制度、育児のための所定労働時間の短縮措置又は始業時刻変更等の措置

2　事業主は、その雇用する労働者のうち、その家族を介護する労働者に関して、介護休業若しくは介護休暇に関する制度又は介護のための所定労働時間の短縮等の措置に準じて、その介護を必要とする期間、回数等に配慮した必要な措置を講ずるように努めなければならない。

（職場における育児休業等に関する言動に起因する問題に関する雇用管理上の措置等）

第二十五条　事業主は、職場において行われるその雇用する労働者に対する育児休業、介護休業その他の子の養育又は家族の介護に関する厚生労働省令で定める制度又は措置の利用に関する言動により当該労働者の就業環境が害されることのないよう、当該労働者からの相談に応じ、適切に対応するために必要な体制の整備その他の雇用管理上必要な措置を講じなければならない。

2　事業主は、労働者が前項の相談を行ったこと又は事業主による当該相談への対応に協力した際に事実を述べたことを理由として、当該労働者に対して解雇その他不利益な取扱いをしてはならない。

（職場における育児休業等に関する言動に起因する問題に関する国、事業主及び労働者の責務）

第二十五条の二　国は、労働者の就業環境を害

する前条第一項に規定する言動を行ってはならないことその他当該言動に起因する問題（以下この条において「育児休業等関係言動問題」という。）に対する事業主その他国民一般の関心と理解を深めるため、広報活動、啓発活動その他の措置を講ずるように努めなければならない。

2　事業主は、育児休業等関係言動問題に対するその雇用する労働者の関心と理解を深めるとともに、当該労働者が他の労働者に対する言動に必要な注意を払うよう、研修の実施その他の必要な配慮をするほか、国の講ずる前項の措置に協力するように努めなければならない。

3　事業主（その者が法人である場合にあっては、その役員）は、自らも、育児休業等関係言動問題に対する関心と理解を深め、労働者に対する言動に必要な注意を払うように努めなければならない。

4　労働者は、育児休業等関係言動問題に対する関心と理解を深め、他の労働者に対する言動に必要な注意を払うとともに、事業主の講ずる前条第一項の措置に協力するように努めなければならない。

（労働者の配置に関する配慮）

第二十六条　事業主は、その雇用する労働者の配置の変更で就業の場所の変更を伴うものをしようとする場合において、その就業の場所の変更により就業しつつその子の養育又は家族の介護を行うことが困難となることとなる労働者がいるときは、当該労働者の子の養育又は家族の介護の状況に配慮しなければならない。

（再雇用特別措置等）

第二十七条　事業主は、妊娠、出産若しくは育児又は介護を理由として退職した者（以下「育児等退職者」という。）について、必要に応じ、再雇用特別措置（育児等退職者であって、その退職の際に、その就業が可能となったときに当該退職に係る事業の事業主に再び雇用されることの希望を有する旨の申出をしていたものについて、当該事業主が、労働者の募集又は採用に当たって特別の配慮をする措置をいう。第三十条において同じ。）その他これに準ずる措置を実施するよう努めなければならない。

（指針）

第二十八条　厚生労働大臣は、第二十一条から第二十五条まで、第二十六条及び前条の規定に基づき事業主が講ずべき措置等並びに子の養育又は家族の介護を行い、又は行うこととなる労働者の職業生活と家庭生活との両立が図られるようにするために事業主が講ずべきその他の措置に関して、その適切かつ有効な実施を図るための指針となるべき事項を定め、これを公表するものとする。

（職業家庭両立推進者）

第二十九条　事業主は、厚生労働省令で定めるところにより、第二十一条第一項、第二十一条の二から第二十二条の二まで、第二十三条第一項から第三項まで、第二十四条、第二十五条第一項、第二十五条の二第二項、第二十六条及び第二十七条に定める措置等並びに子の養育又は家族の介護を行い、又は行うこととなる労働者の職業生活と家庭生活との両立が図られるようにするために講ずべきその他の措置の適切かつ有効な実施を図るための業務を担当する者を選任するように努めなければならない。

第十章　対象労働者等に対する国等による援助

（事業主等に対する援助）

第三十条　国は、子の養育又は家族の介護を行い、又は行うこととなる労働者（以下「対象労働者」という。）及び育児等退職者（以下「対象労働者等」と総称する。）の雇用の継続、再就職の促進その他これらの者の福祉の増進を図るため、事業主、事業主の団体その他の関係者に対して、対象労働者の雇用される事業所における雇用管理、再雇用特別措置その他の措置についての相談及び助言、給付金の支給その他の必要な援助を行うことができる。

（相談、講習等）

第三十一条　国は、対象労働者に対して、その職業生活と家庭生活との両立の促進等に資するため、必要な指導、相談、講習その他の措置を講ずるものとする。

2　地方公共団体は、国が講ずる前項の措置に準じた措置を講ずるように努めなければならない。

（再就職の援助）

第三十二条　国は、育児等退職者に対して、その希望するときに再び雇用の機会が与えられるようにするため、職業指導、職業紹介、職業能力の再開発の措置その他の措置が効果的に関連して実施されるように配慮するとともに、育児等退職者の円滑な再就職を図るため必要な援助を行うものとする。

（職業生活と家庭生活との両立に関する理解を深めるための措置）

第三十三条 国は、対象労働者等の職業生活と家庭生活との両立を妨げている職場における慣行その他の諸要因の解消を図るため、対象労働者等の職業生活と家庭生活との両立に関し、事業主、労働者その他国民一般の理解を深めるために必要な広報活動その他の措置を講ずるものとする。

（勤労者家庭支援施設）

第三十四条 地方公共団体は、必要に応じ、勤労者家庭支援施設を設置するように努めなければならない。

2　勤労者家庭支援施設は、対象労働者等に対して、職業生活と家庭生活との両立に関し、各種の相談に応じ、及び必要な指導、講習、実習等を行い、並びに休養及びレクリエーションのための便宜を供与する等対象労働者等の福祉の増進を図るための事業を総合的に行うことを目的とする施設とする。

3　厚生労働大臣は、勤労者家庭支援施設の設置及び運営についての望ましい基準を定めるものとする。

4　国は、地方公共団体に対して、勤労者家庭支援施設の設置及び運営に関し必要な助言、指導その他の援助を行うことができる。

（勤労者家庭支援施設指導員）

第三十五条 勤労者家庭支援施設には、対象労働者等に対する相談及び指導の業務を担当する職員（次項において「勤労者家庭支援施設指導員」という。）を置くように努めなければならない。

2　勤労者家庭支援施設指導員は、その業務について熱意と識見を有し、かつ、厚生労働大臣が定める資格を有する者のうちから選任するものとする。

第三十六条から第五十二条まで　削除

第十一章　紛争の解決

第一節　紛争の解決の援助等

（苦情の自主的解決）

第五十二条の二 事業主は、第二章から第八章まで、第二十一条、第二十三条、第二十三条の二及び第二十六条に定める事項に関し、労働者から苦情の申出を受けたときは、苦情処理機関（事業主を代表する者及び当該事業所の労働者を代表する者を構成員とする当該事業所の労働者の苦情を処理するための機関をいう。）に対し当該苦情の処理を委ねる等その自主的な解決を図るように努めなければならない。

（紛争の解決の促進に関する特例）

第五十二条の三 前条の事項についての労働者と事業主との間の紛争については、個別労働関係紛争の解決の促進に関する法律（平成十三年法律第百十二号）第四条、第五条及び第十二条から第十九条までの規定は適用せず、次条から第五十二条の六までに定めるところによる。

（紛争の解決の援助）

第五十二条の四 都道府県労働局長は、前条に規定する紛争に関し、当該紛争の当事者の双方又は一方からその解決につき援助を求められた場合には、当該紛争の当事者に対し、必要な助言、指導又は勧告をすることができる。

2　第二十五条第二項の規定は、労働者が前項の援助を求めた場合について準用する。

第二節　調停

（調停の委任）

第五十二条の五 都道府県労働局長は、第五十二条の三に規定する紛争について、当該紛争の当事者の双方又は一方から調停の申請があった場合において当該紛争の解決のために必要があると認めるときは、個別労働関係紛争の解決の促進に関する法律第六条第一項の紛争調整委員会に調停を行わせるものとする。

2　第二十五条第二項の規定は、労働者が前項の申請をした場合について準用する。

（調停）

第五十二条の六 雇用の分野における男女の均等な機会及び待遇の確保等に関する法律（昭和四十七年法律第百十三号）第十九条から第二十六条までの規定は、前条第一項の調停の手続について準用する。この場合において、同法第十九条第一項中「前条第一項」とあるのは「育児休業、介護休業等育児又は家族介護を行う労働者の福祉に関する法律第五十二条の五第一項」と、同法第二十条中「事業場」とあるのは「事業所」と、同法第二十五条第一項中「第十八条第一項」とあるのは「育児休業、介護休業等育児又は家族介護を行う労働者の福祉に関する法律第五十二条の三」と読み替えるものとする。

労働法

第十二章　雑則

（育児休業等取得者の業務を処理するために必要な労働者の募集の特例）

第五十三条　認定中小企業団体の構成員たる中小企業者が、当該認定中小企業団体をして育児休業又は介護休業（これらに準ずる休業を含む。以下この項において同じ。）をする労働者の当該育児休業又は介護休業をする期間について当該労働者の業務を処理するために必要な労働者の募集を行わせようとする場合において、当該認定中小企業団体が当該募集に従事しようとするときは、職業安定法（昭和二十二年法律第百四十一号）第三十六条第一項及び第三項の規定は、当該構成員たる中小企業者については、適用しない。

2　この条及び次条において、次の各号に掲げる用語の意義は、当該各号に定めるところによる。

一　中小企業者　中小企業における労働力の確保及び良好な雇用の機会の創出のための雇用管理の改善の促進に関する法律（平成三年法律第五十七号）第二条第一項に規定する中小企業者をいう。

二　認定中小企業団体　中小企業における労働力の確保及び良好な雇用の機会の創出のための雇用管理の改善の促進に関する法律第二条第二項に規定する事業協同組合等であって、その構成員たる中小企業者に対し、第二十二条第二項の事業主が講ずべき措置その他に関する相談及び援助を行うものとして、当該事業協同組合等の申請に基づき厚生労働大臣がその定める基準により適当であると認定したものをいう。

3　厚生労働大臣は、認定中小企業団体が前項第二号の相談及び援助を行うものとして適当でなくなったと認めるときは、同号の認定を取り消すことができる。

4　第一項の認定中小企業団体は、当該募集に従事しようとするときは、厚生労働省令で定めるところにより、募集時期、募集人員、募集地域その他の労働者の募集に関する事項で厚生労働省令で定めるものを厚生労働大臣に届け出なければならない。

5　職業安定法第三十七条第二項の規定は前項の規定による届出があった場合について、同法第五条の三第一項及び第四項、第五条の四第一項及び第二項、第五条の五、第三十九条、第四十一条第二項、第四十二条第一項、第四十二条の二、第四十八条の三第一項、第四十八条の四、第五十条第一項及び第二項並びに第五十一条の規定は前項の規定による届出をして労働者の募集に従事する者について、同法第四十条の規定は同項の規定による届出をして労働者の募集に従事する者に対する報酬の供与について、同法第五十条第三項及び第四項の規定はこの項において準用する同条第二項に規定する職権を行う場合について準用する。この場合において、同法第三十七条第二項中「労働者の募集を行おうとする者」とあるのは「育児休業、介護休業等育児又は家族介護を行う労働者の福祉に関する法律第五十三条第四項の規定による届出をして労働者の募集に従事しようとする者」と、同法第四十一条第二項中「当該労働者の募集の業務の廃止を命じ、又は期間」とあるのは「期間」と読み替えるものとする。

6　職業安定法第三十六条第二項及び第四十二条の二の規定の適用については、同法第三十六条第二項中「前項の」とあるのは「被用者以外の者をして労働者の募集に従事させようとする者がその被用者以外の者に与えようとする」と、同法第四十二条の二中「第三十九条に規定する募集受託者」とあるのは「育児休業、介護休業等育児又は家族介護を行う労働者の福祉に関する法律第五十三条第四項の規定による届出をして労働者の募集に従事する者」と、「同項に」とあるのは「次項に」とする。

7　厚生労働大臣は、認定中小企業団体に対し、第二項第二号の相談及び援助の実施状況について報告を求めることができる。

第五十四条　公共職業安定所は、前条第四項の規定により労働者の募集に従事する認定中小企業団体に対して、雇用情報、職業に関する調査研究の成果等を提供し、かつ、これに基づき当該募集の内容又は方法について指導することにより、当該募集の効果的かつ適切な実施の促進に努めなければならない。

（調査等）

第五十五条　厚生労働大臣は、対象労働者等の職業生活と家庭生活との両立の促進等に資するため、これらの者の雇用管理、職業能力の開発及び向上その他の事項に関し必要な調査研究を実施するものとする。

2　厚生労働大臣は、この法律の施行に関し、関係行政機関の長に対して、資料の提供その他必要な協力を求めることができる。

3　厚生労働大臣は、この法律の施行に関し、都道府県知事から必要な調査報告を求めることができる。

（報告の徴収並びに助言、指導及び勧告）

第五十六条　厚生労働大臣は、この法律の施行に関し必要があると認めるときは、事業主に対して、報告を求め、又は助言、指導若しくは勧告をすることができる。

（公表）

第五十六条の二　厚生労働大臣は、第六条第一項（第九条の三第二項、第十二条第二項、第十六条の三第二項及び第十六条の六第二項において準用する場合を含む。）、第九条の三第一項、第十条、第十二条第一項、第十六条（第十六条の四及び第十六条の七において準用する場合を含む。）、第十六条の三第一項、第十六条の六第一項、第十六条の八第一項（第十六条の九第一項において準用する場合を含む。）、第十六条の十、第十七条第一項（第十八条第一項において準用する場合を含む。）、第十八条の二、第十九条第一項（第二十条第一項において準用する場合を含む。）、第二十条の二、第二十一条、第二十二条第一項、第二十二条の二、第二十三条第一項から第三項まで、第二十三条の二、第二十五条第一項若しくは第二項（第五十二条の四第二項及び第五十二条の五第二項において準用する場合を含む。）又は第二十六条の規定に違反している事業主に対し、前条の規定による勧告をした場合において、その勧告を受けた者がこれに従わなかったときは、その旨を公表することができる。

（労働政策審議会への諮問）

第五十七条　厚生労働大臣は、第二条第一号及び第三号から第五号まで、第五条第二項、第三項及び第四項第二号、第六条第一項第二号（第九条の三第二項、第十二条第二項、第十六条の三第二項及び第十六条の六第二項において準用する場合を含む。）及び第三項、第七条第二項及び第三項（第九条の四及び第十三条において準用する場合を含む。）、第八条第三項及び第四項（第九条の四及び第十四条第三項において準用する場合を含む。）、第九条第二項第一号、第九条の三第三項及び第四項第一号、第九条の五第二項、第四項、第五項及び第六項第一号、第十条、第十二条第三項、第十五条第三項第一号、第十六条の二第一項及び第二項、第十六条の五第一項及び第二項、第十六条の八第一項第二号、第三項及び第四項第一号（これらの規定を第十六条の九第一項において準用する場合を含む。）、第十七条第一項第二号、第三項及び第四項第一号（これらの規定を第十八条第一項において準用する場合を含む。）、第十九条第一項第二号及び第三号、第三項並びに第四項第一号（これらの規定を第二十条第一項において準用する場合を含む。）、第二十一条第一項、第二十二条第一項第三号、第二十二条の二、第二十三条第一項から第三項まで並びに第二十五条第一項の厚生労働省令の制定又は改正の立案をしようとするとき、第二十八条の指針を策定しようとするとき、その他この法律の施行に関する重要事項について決定しようとするときは、あらかじめ、労働政策審議会の意見を聴かなければならない。

（権限の委任）

第五十八条　この法律に定める厚生労働大臣の権限は、厚生労働省令で定めるところにより、その一部を都道府県労働局長に委任することができる。

（厚生労働省令への委任）

第五十九条　この法律に定めるもののほか、この法律の実施のために必要な手続その他の事項は、厚生労働省令で定める。

（船員に関する特例）

第六十条　第六章、第七章、第五十二条の六から第五十四条まで及び第六十二条から第六十五条までの規定は、船員職業安定法（昭和二十三年法律第百三十号）第六条第一項に規定する船員になろうとする者及び船員法（昭和二十二年法律第百号）の適用を受ける船員（次項において「船員等」という。）に関しては、適用しない。

2　船員等に関しては、第二条第一号及び第三号から第五号まで、第五条第二項から第四項まで及び第六項、第六条第一項第二号（第九条の三第二項、第十二条第二項、第十六条の三第二項及び第十六条の六第二項において準用する場合を含む。）及び第三項、第七条（第九条の四及び第十三条において準用する場合を含む。）、第八条第三項及び第四項（第九条の四及び第十四条第三項において準用する場合を含む。）、第九条第二項第一号及び第三項、第九条の二第三項、第九条の三第三項及び第四項第一号、第九条の五第二項、第四項、第五項、第六項第一号及び第七項、第十条、第十一条第三項、第十二条第三項、第十五条第三項第一号及び第四項、第十六条の二第一項から第三項まで、第十六条の五第一項から第三項まで、第十九条第一項第二号及び第三号、第二項、第三項並びに第四項第一号（これらの規定を第二十条第一項において準用する場合を含む。）並びに第十九条第五項、第二十条第二項、第二十一条第一項、第二十一条の二第一項第三号及び第二項、第二十二条第一項第三号、第二十二条の二、第二十三条第一項から第三項まで、第二十五条第一項、第二十九条、第五十七条、第五十八条並びに前条中「厚生労働省令」とあるのは「国土交通省令」と、第九条第二項第三号中「労働基準法（昭和二十二年法律第四十九号）第六十五条第一項若しくは第二項の規定により休業する」とあるのは「船員法（昭和二十二年法律第百号）第八十七条第一項若しくは第二項の規定により作業に従事しない」と、第九条の五第六項第四号中「労働基準法第六十五条第一項若しくは第二項の規定により休業する」とあるのは「船員法第八十七条第一項若しくは第二項の規定により作業に従事しない」と、第九条の六第一項中「労働基準法（昭和二十二年法律第四十九号）第六十五条第一項又は第二項の規定により休業した」とあるのは「船員法（昭和二十二年法律第百号）第八十七条第一項又は第二項の規定により作業に従事しなかった」と、第十五条第三項第二号及び第十九条第四項第三号中「労働基準法第六十五条第一項若しくは第二項の規定により休業する」とあるのは「船員法第八十七条第一項若しくは第二項の規定により作業に従事しない」と、第二十三条第二項中「労働基準法第三十二条の三第一項の規定により労働させること」とあるのは「短期間の航海を行う船舶に乗り組ませること」と、同項及び第二十四条第一項中「始業時刻変更等の措置」とあるのは「短期間航海船舶に乗り組ませること等の措置」と、同項中「労働基準法第三十九条の規定による年次有給休暇」とあるのは「船員法第七十四条から第七十八条までの規定による有給休暇」と、同項第三号中「制度、第十六条の八の規定による所定外労働の制限に関する制度」とあるのは「制度」と、第二十八条及び第五十五条から第五十八条までの規定中「厚生労働大臣」とあるのは「国土交通大臣」と、第五十二条の二中「第二章から第八章まで」とあるのは「第二章から第五章まで、第八章」と、第五十二条の三中「から第五十二条の六まで」とあるのは「、第五十二条の五及び第六十条第三項」と、第五十二条の四第一項、第五十二条の五第一項及び第五十八条中「都道府県労働局長」とあるのは「地方運輸局長（運輸監理部長を含む。）」と、同項中「第六条第一項の紛争調整委員会」とあるのは「第二十一条第三項のあっせん員候補者名簿に記載されている者のうちから指名する調停員」と、第五十六条の二中「第十六条の六第一項、第十六条の八第一項（第十六条の九第一項において準用する場合を含む。）、第十六条の十、第十七条第一項（第十八条第一項において準用する場合を含む。）、第十八条の二」とあるのは「第十六条の六第一項」と、第五十七条中「第十六条の五第一項及び第二項、第十六条の八第一項第二号、第三項及び第四項第一号（これらの規定を第十六条の九第一項において準用する場合を含む。）、第十七条第一項第二号、第三項及び第四項第一号（これらの規定を第十八条第一項において準用する場合を含む。）」とあるのは「第十六条の五第一項及び第二項」と、「労働政策審議会」とあるのは「交通政策審議会」とする。

3　雇用の分野における男女の均等な機会及び待遇の確保等に関する法律第二十条から第二十六条まで並びに第三十一条第三項及び第四項の規定は、前項の規定により読み替えて適用する第五十二条の五第一項の規定により指名を受けて調停員が行う調停について準用する。この場合において、同法第二十条から第二十三条まで及び第二十六条中「委員会は」とあるのは「調停員は」と、同法第二十条中「事業場」とあるのは「事業所」と、同法第二十一条中「当該委員会が置かれる都道府県労働局」とあるのは「当該調停員を指名した地方運輸局長（運輸監理部長を含む。）が置かれる地方運輸局（運輸監理部を含む。）」と、同法第二十五条第一項中「第十八条第一項」とあるのは「育児休業、介護休業等育児又は家族介護を行う労働者の福祉に関する法律（平成三年法律第七十六号）第五十二条の三」と、同法第二十六条中「当該委員会に係属している」とあるのは「当該調停員が取り扱っている」と、同法第三十一条第三項中「前項」とあるのは「育児休業、介護休業等育児又は家族介護を行う労働者の福祉に関する法律第五十二条の五第一項」と読み替えるものとする。

（公務員に関する特例）

第六十一条　第二章から第九章まで、第三十条、前章、第五十三条、第五十四条、第五十六条、第五十六条の二、前条、次条から第六十四条まで及び第六十六条の規定は、国家公務員及び地方公務員に関しては、適用しない。

2　国家公務員及び地方公務員に関しては、第三十二条中「育児等退職者」とあるのは「育児等退職者（第二十七条に規定する育児等退職者をいう。以下同じ。）」と、第三十四条第二項中「対象労働者等」とあるのは「対象労働者等（第三十条に規定する対象労働者等をいう。以下同じ。）」とする。

3　独立行政法人通則法（平成十一年法律第百三号）第二条第四項に規定する行政執行法人（以下この条において「行政執行法人」という。）の職員（国家公務員法（昭和二十二年法律第百二十号）第六十条の二第一項に規定する短時間勤務の官職を占める者以外の常時勤務することを要しない職員にあっては、第十一条第一項ただし書の規定を適用するとしたならば同項ただし書に規定する者に該当するものに限る。）は、当該職員の勤務する行政執行法人の長の承認を受けて、当該職員の配偶者、父母若しくは子（これらの者に準ずる者として厚生労働省令で定めるものを含む。）又は配偶者の父母であって負傷、疾病又は身体上若しくは精神上の障害により第二条第三号の厚生労働省令で定める期間にわたり日常生活を営むのに支障があるもの（以下この条において「要介護家族」という。）の介護をするため、休業をすることができる。

4　前項の規定により休業をすることができる期間は、行政執行法人の長が、同項に規定する職員の申出に基づき、要介護家族の各々が同項に規定する介護を必要とする一の継続する状態ごとに、三回を超えず、かつ、合算して九十三日を超えない範囲内で指定する期間（第二十項において「指定期間」という。）内において必要と認められる期間とする。

5　行政執行法人の長は、第三項の規定による休業の承認を受けようとする職員からその承認の請求があったときは、当該請求に係る期間のうち業務の運営に支障があると認められる日又は時間を除き、これを承認しなければならない。ただし、国家公務員法第六十条の二第一項に規定する短時間勤務の官職を占める者以外の常時勤務することを要しない職員のうち、第三項の規定による休業をすることができないこととすることについて合理的な理由があると認められる者として厚生労働省令で定めるものに該当する者からの当該請求があった場合は、この限りでない。

6　前三項の規定は、地方公務員法（昭和二十五年法律第二百六十一号）第四条第一項に規定する職員（同法第二十二条の四第一項に規定する短時間勤務の職を占める職員以外の非常勤職員にあっては、第十一条第一項ただし書の規定を適用するとしたならば同項ただし書に規定する者に該当するものに限る。）について準用する。この場合において、第三項中「当該職員の勤務する行政執行法人の長」とあるのは「地方公務員法（昭和二十五年法律第二百六十一号）第六条第一項に規定する任命権者又はその委任を受けた者（地方教育行政の組織及び運営に関する法律（昭和三十一年法律第百六十二号）第三十七条第一項に規定する県費負担教職員については、市町村の教育委員会。次項及び第五項において同じ。）」と、第四項中「行政執行法人の長」とあるのは「地方公務員法第六条第一項に規定する任命権者又はその委任を受けた者」と、「同項」とあるのは「前項」と、前項中「行政執行法人の長」とあるのは「地方公務員法第六条第一項に規定する任命権者又はその委任を受けた者」と、「業務」とあるのは「公務」と、同項ただし書中「国家公務員法第六十条の二第一項に規定する短時間勤務の官職を占める者以外の常時勤務することを要しない職員」とあるのは「同法第二十二条の四第一項に規定する短時間勤務の職を占める職員以外の非常勤職員」と読み替えるものとする。

7　行政執行法人の職員（国家公務員法第六十条の二第一項に規定する短時間勤務の官職を占める者以外の常時勤務することを要しない職員にあっては、第十六条の三第二項において準用する第六条第一項ただし書の規定を適用するとしたならば第十六条の三第二項において読み替えて準用する第六条第一項ただし書各号のいずれにも該当しないものに限る。）であって小学校就学の始期に達するまでの子を養育するものは、当該職員の勤務する行政執行法人の長の承認を受けて、負傷し、若しくは疾病にかかった当該子の世話又は疾病の予防を図るために必要なものとして第十六条の二第一項の厚生労働省令で定める当該子の世話を行うため、休暇を取得することができる。

8　前項の規定により休暇を取得することができる日数は、一の年において五日（同項に規定する職員が養育する小学校就学の始期に達するまでの子が二人以上の場合にあっては、十日）を限度とするものとする。

9　第七項の規定による休暇は、一日の所定労働時間が短い行政執行法人の職員として厚生労働省令で定めるもの以外の者は、厚生労働省令で定める一日未満の単位で取得することができる。

10　行政執行法人の長は、第七項の規定による休暇の承認を受けようとする職員からその承認の請求があったときは、業務の運営に支障があると認められる場合を除き、これを承認しなければならない。

11　第七項から前項までの規定は、地方公務員法第四条第一項に規定する職員（同法第二十二条の四第一項に規定する短時間勤務の職を占める職員以外の非常勤職員にあっては、第十六条の三第二項において準用する第六条第一項ただし書の規定を適用するとしたならば第十六条の三第二項において読み替えて準用する第六条第一項ただし書各号のいずれにも該当しないものに限る。）について準用する。この場合において、第七項中「当該職員の勤務する行政執行法人の長」とあるのは「地方公務員法第六条第一項に規定する任命権者又はその委任を受けた者（地方教育行政の組織及び運営に関する法律（昭和三十一年法律第百六十二号）第三十七条第一項に規定する県費負担教職員については、市町村の教育委員会。第十項において同じ。）」と、第九項中「行政執行法人の」とあるのは「地方公務員法第四条第一項に規定する」と、前項中「行政執行法人の長」とあるのは「地方公務員法第六条第一項に規定する任命権者又はその委任を受けた者」と、「職員」とあるのは「同法第四条第一項に規定する職員」と、「業務」とあるのは「公務」と読み替えるものとする。

12　行政執行法人の職員（国家公務員法第六十条の二第一項に規定する短時間勤務の官職を占める者以外の常時勤務することを要しない職員にあっては、第十六条の六第二項において準用する第六条第一項ただし書の規定を適用するとしたならば第十六条の六第二項において読み替えて準用する第六条第一項ただし書各号のいずれにも該当しないものに限る。）は、当該職員の勤務する行政執行法人の長の承認を受けて、当該職員の要介護家族の介護その他の第十六条の五第一項の厚生労働省令で定める世話を行うため、休暇を取得することができる。

13　前項の規定により休暇を取得することができる日数は、一の年において五日（要介護家族が二人以上の場合にあっては、十日）を限度とするものとする。

14　第十二項の規定による休暇は、一日の所定労働時間が短い行政執行法人の職員として厚生労働省令で定めるもの以外の者は、厚生労働省令で定める一日未満の単位で取得することができる。

15　行政執行法人の長は、第十二項の規定による休暇の承認を受けようとする職員からその承認の請求があったときは、業務の運営に支障があると認められる場合を除き、これを承認しなければならない。

16　第十二項から前項までの規定は、地方公務員法第四条第一項に規定する職員（同法第二十二条の四第一項に規定する短時間勤務の職を占める職員以外の非常勤職員にあっては、第十六条の六第二項において準用する第六条第一項ただし書の規定を適用するとしたならば第十六条の六第二項において読み替えて準用する第六条第一項ただし書各号のいずれにも該当しないものに限る。）について準用する。この場合において、第十二項中「当該職員の勤務する行政執行法人の長」とあるのは「地方公務員法第六条第一項に規定する任命権者又はその委任を受けた者（地方教育行政の組織及び運営に関する法律（昭和三十一年法律第百六十二号）第三十七条第一項に規定する県費負担教職員については、市町村の教育委員会。第十五項において同じ。）」と、第十四項中「行政執行法人の」とあるのは「地方公務員法第四条第一項に規定する」と、前項中「行政執行法人の長」とあるのは「地方公務員法第六条第一項に規定する任命権者又はその委任を受けた者」と、「職員」とあるのは「同法第四条第一項に規定する職員」と、「業務」とあるのは「公務」と読み替えるものとする。

17　行政執行法人の長は、三歳に満たない子を養育する当該行政執行法人の職員（国家公務員法第六十条の二第一項に規定する短時間勤務の官職を占める者以外の常時勤務することを要しない職員にあっては、第十六条の八第一項の規定を適用するとしたならば同項各号のいずれにも該当しないものに限る。）が当該子を養育するために請求した場合において、業務の運営に支障がないと認めるときは、その者について、所定労働時間を超えて勤務しないことを承認しなければならない。

18 前項の規定は、要介護家族を介護する行政執行法人の職員について準用する。この場合において、同項中「第十六条の八第一項」とあるのは「第十六条の九第一項において準用する第十六条の八第一項」と、「同項各号」とあるのは「第十六条の九第一項において準用する第十六条の八第一項各号」と、「当該子を養育する」とあるのは「当該要介護家族を介護する」と読み替えるものとする。

19 地方公務員法第六条第一項に規定する任命権者又はその委任を受けた者（地方教育行政の組織及び運営に関する法律（昭和三十一年法律第百六十二号）第三十七条第一項に規定する県費負担教職員については、市町村の教育委員会。以下この条において同じ。）は、三歳に満たない子を養育する地方公務員法第四条第一項に規定する職員（同法第二十二条の四第一項に規定する短時間勤務の職を占める職員以外の非常勤職員にあっては、第十六条の八第一項の規定を適用するとしたならば同項各号のいずれにも該当しないものに限る。）が当該子を養育するために請求した場合において、公務の運営に支障がないと認めるときは、その者について、所定労働時間を超えて勤務しないことを承認しなければならない。

20 前項の規定は、要介護家族を介護する地方公務員法第四条第一項に規定する職員について準用する。この場合において、前項中「第十六条の八第一項」とあるのは「第十六条の九第一項において準用する第十六条の八第一項」と、「同項各号」とあるのは「第十六条の九第一項において準用する第十六条の八第一項各号」と、「当該子を養育する」とあるのは「当該要介護家族を介護する」と読み替えるものとする。

21 行政執行法人の長は、当該行政執行法人の職員について労働基準法第三十六条第一項の規定により同項に規定する労働時間を延長することができる場合において、当該職員であって小学校就学の始期に達するまでの子を養育するもの（第十七条第一項の規定を適用するとしたならば同項各号のいずれにも該当しないものに限る。）が当該子を養育するために請求した場合で業務の運営に支障がないと認めるときは、その者について、制限時間（第十七条第一項に規定する制限時間をいう。第二十三項において同じ。）を超えて当該労働時間を延長して勤務しないことを承認しなければならない。

22 前項の規定は、行政執行法人の職員であって要介護家族を介護するものについて準用する。この場合において、同項中「第十七条第一項の」とあるのは「第十八条第一項において準用する第十七条第一項の」と、「同項各号」とあるのは「第十八条第一項において準用する第十七条第一項各号」と、「当該子を養育する」とあるのは「当該要介護家族を介護する」と読み替えるものとする。

23 地方公務員法第六条第一項に規定する任命権者又はその委任を受けた者は、同法第四条第一項に規定する職員について労働基準法第三十六条第一項の規定により同項に規定する労働時間を延長することができる場合において、当該職員であって小学校就学の始期に達するまでの子を養育するもの（第十七条第一項の規定を適用するとしたならば同項各号のいずれにも該当しないものに限る。）が当該子を養育するために請求した場合で公務の運営に支障がないと認めるときは、その者について、制限時間を超えて当該労働時間を延長して勤務しないことを承認しなければならない。

24 前項の規定は、地方公務員法第四条第一項に規定する職員であって要介護家族を介護するものについて準用する。この場合において、前項中「第十七条第一項」とあるのは「第十八条第一項において準用する第十七条第一項」と、「同項各号」とあるのは「第十八条第一項において準用する第十七条第一項各号」と、「当該子を養育する」とあるのは「当該要介護家族を介護する」と読み替えるものとする。

25 行政執行法人の長は、小学校就学の始期に達するまでの子を養育する当該行政執行法人の職員であって第十九条第一項の規定を適用するとしたならば同項各号のいずれにも該当しないものが当該子を養育するために請求した場合において、業務の運営に支障がないと認めるときは、深夜（同項に規定する深夜をいう。第二十七項において同じ。）において勤務しないことを承認しなければならない。

26 前項の規定は、要介護家族を介護する行政執行法人の職員について準用する。この場合において、同項中「第十九条第一項」とあるのは「第二十条第一項において準用する第十九条第一項」と、「同項各号」とあるのは「第二十条第一項において準用する第十九条第一項各号」と、「当該子を養育する」とあるのは「当該要介護家族を介護する」と読み替えるものとする。

27　地方公務員法第六条第一項に規定する任命権者又はその委任を受けた者は、小学校就学の始期に達するまでの子を養育する同法第四条第一項に規定する職員であって第十九条第一項の規定を適用するとしたならば同項各号のいずれにも該当しないものが当該子を養育するために請求した場合において、公務の運営に支障がないと認めるときは、深夜において勤務しないことを承認しなければならない。

28　前項の規定は、要介護家族を介護する地方公務員法第四条第一項に規定する職員について準用する。この場合において、前項中「第十九条第一項」とあるのは「第二十条第一項において準用する第十九条第一項」と、「同項各号」とあるのは「第二十条第一項において準用する第十九条第一項各号」と、「当該子を養育する」とあるのは「当該要介護家族を介護する」と読み替えるものとする。

29　行政執行法人の職員（国家公務員法第六十条の二第一項に規定する短時間勤務の官職を占める者以外の常時勤務することを要しない職員にあっては、第二十三条第三項ただし書の規定を適用するとしたならば同項ただし書各号のいずれにも該当しないものに限る。）は、当該職員の勤務する行政執行法人の長の承認を受けて、要介護家族の介護をするため、一日の勤務時間の一部につき勤務しないことができる。

30　前項の規定により勤務しないことができる時間は、要介護家族の各々が同項に規定する介護を必要とする一の継続する状態ごとに、連続する三年の期間（当該要介護家族に係る指定期間と重複する期間を除く。）内において一日につき二時間を超えない範囲内で必要と認められる時間とする。

31　行政執行法人の長は、第二十九項の規定による承認を受けようとする職員からその承認の請求があったときは、当該請求に係る時間のうち業務の運営に支障があると認められる時間を除き、これを承認しなければならない。

32　前三項の規定は、地方公務員法第四条第一項に規定する職員（同法第二十二条の四第一項に規定する短時間勤務の職を占める職員以外の非常勤職員にあっては、第二十三条第三項ただし書の規定を適用するとしたならば同項ただし書各号のいずれにも該当しないものに限る。）について準用する。この場合において、第二十九項中「当該職員の勤務する行政執行法人の長」とあるのは「地方公務員法第六条第一項に規定する任命権者又はその委任を受けた者」と、前項中「行政執行法人の長」とあるのは「地方公務員法第六条第一項に規定する任命権者又はその委任を受けた者」と、「職員」とあるのは「同法第四条第一項に規定する職員」と、「業務」とあるのは「公務」と読み替えるものとする。

33　行政執行法人の長は、職場において行われる当該行政執行法人の職員に対する国家公務員の育児休業等に関する法律第三条第一項の規定による育児休業、第三項の規定による休業その他の子の養育又は家族の介護に関する厚生労働省令で定める制度の利用に関する言動により当該職員の勤務環境が害されることのないよう、当該職員からの相談に応じ、適切に対応するために必要な体制の整備その他の雇用管理上必要な措置を講じなければならない。

34　第二十五条第二項の規定は、行政執行法人の職員が前項の相談を行い、又は行政執行法人の長による当該相談への対応に協力した際に事実を述べた場合について準用する。この場合において、同条第二項中「解雇その他不利益な」とあるのは、「不利益な」と読み替えるものとする。

35　第二十五条の二の規定は、行政執行法人の職員に係る第三十三項に規定する言動について準用する。この場合において、同条第一項中「事業主」とあるのは「行政執行法人の長」と、同条第二項中「事業主」とあるのは「行政執行法人の長」と、「その雇用する労働者」とあるのは「当該行政執行法人の職員」と、「当該労働者」とあるのは「当該職員」と、同条第三項中「事業主（その者が法人である場合にあっては、その役員）」とあるのは「行政執行法人の役員」と、同条第四項中「労働者は」とあるのは「行政執行法人の職員は」と、「事業主」とあるのは「行政執行法人の長」と、「前条第一項」とあるのは「第六十一条第三十三項」と読み替えるものとする。

36　地方公務員法第六条第一項に規定する任命権者又はその委任を受けた者は、職場において行われる同法第四条第一項に規定する職員に対する地方公務員の育児休業等に関する法律第二条第一項の規定による育児休業、第六項において準用する第三項の規定による休業その他の子の養育又は家族の介護に関する厚生労働省令で定める制度の利用に関する言動により当該職員の勤務環境が害されることのないよう、当該職員からの相談に応じ、適切に対応するために必要な体制の整備その他の雇用管理上必要な措置を講じなければならない。

37 第二十五条第二項の規定は、地方公務員法第四条第一項に規定する職員が前項の相談を行い、又は同法第六条第一項に規定する任命権者又はその委任を受けた者による当該相談への対応に協力した際に事実を述べた場合について準用する。この場合において、第二十五条第二項中「解雇その他不利益な」とあるのは、「不利益な」と読み替えるものとする。

38 第二十五条の二の規定は、地方公務員法第四条第一項に規定する職員に係る第三十六項に規定する言動について準用する。この場合において、第二十五条の二第一項中「事業主」とあるのは「地方公務員法（昭和二十五年法律第二百六十一号）第六条第一項に規定する任命権者又はその委任を受けた者（以下「任命権者等」という。）」と、同条第二項中「事業主」とあるのは「任命権者等」と、「その雇用する労働者」とあるのは「地方公務員法第四条第一項に規定する職員」と、「当該労働者」とあるのは「当該職員」と、同条第三項中「事業主（その者が法人である場合にあっては、その役員）」とあるのは「任命権者等」と、同条第四項中「労働者は」とあるのは「地方公務員法第四条第一項に規定する職員は」と、「事業主」とあるのは「任命権者等」と、「前条第一項」とあるのは「第六十一条第三十六項」と読み替えるものとする。

第十三章 罰則

第六十二条 第五十三条第五項において準用する職業安定法第四十一条第二項の規定による業務の停止の命令に違反して、労働者の募集に従事した者は、一年以下の懲役又は百万円以下の罰金に処する。

第六十三条 次の各号のいずれかに該当する者は、六月以下の懲役又は三十万円以下の罰金に処する。

一 第五十三条第四項の規定による届出をしないで、労働者の募集に従事した者

二 第五十三条第五項において準用する職業安定法第三十七条第二項の規定による指示に従わなかった者

三 第五十三条第五項において準用する職業安定法第三十九条又は第四十条の規定に違反した者

第六十四条 次の各号のいずれかに該当する者は、三十万円以下の罰金に処する。

一 第五十三条第五項において準用する職業安定法第五十条第一項の規定による報告をせず、若しくは虚偽の報告をし、又は第五十三条第五項において準用する同法第五十条第二項の規定による立入り若しくは検査を拒み、妨げ、若しくは忌避し、若しくは質問に対して答弁をせず、若しくは虚偽の陳述をした者

二 第五十三条第五項において準用する職業安定法第五十一条第一項の規定に違反して秘密を漏らした者

第六十五条 法人の代表者又は法人若しくは人の代理人、使用人その他の従業者が、その法人又は人の業務に関し、前三条の違反行為をしたときは、行為者を罰するほか、その法人又は人に対して各本条の罰金刑を科する。

第六十六条 第五十六条の規定による報告をせず、又は虚偽の報告をした者は、二十万円以下の過料に処する。

・刑法等の一部を改正する法律の施行に伴う関係法律の整理等に関する法律（令和四・六・一七法律六八）

附則 抄

（施行期日）

1 この法律は、刑法等一部改正法施行日から施行する。〈略〉

雇用保険法

（昭和四九・一二・二八）
（法　律　一　一　六）
最新改正　令和四法律六八

第一章　総則

（目的）

第一条　雇用保険は、労働者が失業した場合及び労働者について雇用の継続が困難となる事由が生じた場合に必要な給付を行うほか、労働者が自ら職業に関する教育訓練を受けた場合及び労働者が子を養育するための休業をした場合に必要な給付を行うことにより、労働者の生活及び雇用の安定を図るとともに、求職活動を容易にする等その就職を促進し、あわせて、労働者の職業の安定に資するため、失業の予防、雇用状態の是正及び雇用機会の増大、労働者の能力の開発及び向上その他労働者の福祉の増進を図ることを目的とする。

（管掌）

第二条　雇用保険は、政府が管掌する。

2　雇用保険の事務の一部は、政令で定めるところにより、都道府県知事が行うこととすることができる。

（雇用保険事業）

第三条　雇用保険は、第一条の目的を達成するため、失業等給付及び育児休業給付を行うほか、雇用安定事業及び能力開発事業を行うことができる。

（定義）

第四条　この法律において「被保険者」とは、適用事業に雇用される労働者であつて、第六条各号に掲げる者以外のものをいう。

2　この法律において「離職」とは、被保険者について、事業主との雇用関係が終了することをいう。

3　この法律において「失業」とは、被保険者が離職し、労働の意思及び能力を有するにもかかわらず、職業に就くことができない状態にあることをいう。

4　この法律において「賃金」とは、賃金、給料、手当、賞与その他名称のいかんを問わず、労働の対償として事業主が労働者に支払うもの（通貨以外のもので支払われるものであつて、厚生労働省令で定める範囲外のものを除く。）をいう。

5　賃金のうち通貨以外のもので支払われるものの評価に関して必要な事項は、厚生労働省令で定める。

第二章　適用事業等

（適用事業）

第五条　この法律においては、労働者が雇用される事業を適用事業とする。

2　適用事業についての保険関係の成立及び消滅については、労働保険の保険料の徴収等に関する法律（昭和四十四年法律第八十四号。以下「徴収法」という。）の定めるところによる。

（適用除外）

第六条　次に掲げる者については、この法律は、適用しない。

一　一週間の所定労働時間が二十時間未満である者（第三十七条の五第一項の規定による申出をして高年齢被保険者となる者及びこの法律を適用することとした場合において第四十三条第一項に規定する日雇労働被保険者に該当することとなる者を除く。）

二　同一の事業主の適用事業に継続して三十一日以上雇用されることが見込まれない者（前二月の各月において十八日以上同一の事業主の適用事業に雇用された者及びこの法律を適用することとした場合において第四十二条に規定する日雇労働者であつて第四十三条第一項各号のいずれかに該当するものに該当することとなる者を除く。）

三　季節的に雇用される者であつて、第三十八条第一項各号のいずれかに該当するもの

四　学校教育法（昭和二十二年法律第二十六号）第一条、第百二十四条又は第百三十四条第一項の学校の学生又は生徒であつて、前三号に掲げる者に準ずるものとして厚生労働省令で定める者

五　船員法（昭和二十二年法律第百号）第一条に規定する船員（船員職業安定法（昭和二十三年法律第百三十号）第九十二条第一項の規定により船員法第二条第二項に規定する予備船員とみなされる者及び船員の雇用の促進に関する特別措置法（昭和五十二年法律第九十六号）第十四条第一項の規定により船員法第二条第二項に規定する予備船員とみなされる者を含む。以下「船員」という。）であつて、漁船（政令で定めるものに限る。）に乗り組むため雇用される者（一年を通じて船員として適用事業に雇用される場合を除く。）

六　国、都道府県、市町村その他これらに準

ずるものの事業に雇用される者のうち、離職した場合に、他の法令、条例、規則等に基づいて支給を受けるべき諸給与の内容が、求職者給付及び就職促進給付の内容を超えると認められる者であつて、厚生労働省令で定めるもの

（被保険者に関する届出）

第七条　事業主（徴収法第八条第一項又は第二項の規定により元請負人が事業主とされる場合にあつては、当該事業に係る労働者のうち元請負人が雇用する労働者以外の労働者については、当該労働者を雇用する下請負人。以下同じ。）は、厚生労働省令で定めるところにより、その雇用する労働者に関し、当該事業主の行う適用事業（同条第一項又は第二項の規定により数次の請負によつて行われる事業が一の事業とみなされる場合にあつては、当該事業に係る労働者のうち元請負人が雇用する労働者以外の労働者については、当該請負に係るそれぞれの事業。以下同じ。）に係る被保険者となつたこと、当該事業主の行う適用事業に係る被保険者でなくなつたことその他厚生労働省令で定める事項を厚生労働大臣に届け出なければならない。当該事業主から徴収法第三十三条第一項の委託を受けて同項に規定する労働保険事務の一部として前段の届出に関する事務を処理する同条第三項に規定する労働保険事務組合（以下「労働保険事務組合」という。）についても、同様とする。

（確認の請求）

第八条　被保険者又は被保険者であつた者は、いつでも、次条の規定による確認を請求することができる。

（確認）

第九条　厚生労働大臣は、第七条の規定による届出若しくは前条の規定による請求により、又は職権で、労働者が被保険者となつたこと又は被保険者でなくなつたことの確認を行うものとする。

2　前項の確認については、行政手続法（平成五年法律第八十八号）第三章（第十二条及び第十四条を除く。）の規定は、適用しない。

第三章　失業等給付

第一節　通則

（失業等給付）

第十条　失業等給付は、求職者給付、就職促進給付、教育訓練給付及び雇用継続給付とする。

2　求職者給付は、次のとおりとする。

一　基本手当

二　技能習得手当

三　寄宿手当

四　傷病手当

3　前項の規定にかかわらず、第三十七条の二第一項に規定する高年齢被保険者に係る求職者給付は、高年齢求職者給付金とし、第三十八条第一項に規定する短期雇用特例被保険者に係る求職者給付は、特例一時金とし、第四十三条第一項に規定する日雇労働被保険者に係る求職者給付は、日雇労働求職者給付金とする。

4　就職促進給付は、次のとおりとする。

一　就業促進手当

二　移転費

三　求職活動支援費

5　教育訓練給付は、教育訓練給付金とする。

6　雇用継続給付は、次のとおりとする。

一　高年齢雇用継続基本給付金及び高年齢再就職給付金（第六節第一款において「高年齢雇用継続給付」という。）

二　介護休業給付金

（就職への努力）

第十条の二　求職者給付の支給を受ける者は、必要に応じ職業能力の開発及び向上を図りつつ、誠実かつ熱心に求職活動を行うことにより、職業に就くように努めなければならない。

（未支給の失業等給付）

第十条の三　失業等給付の支給を受けることができる者が死亡した場合において、その者に支給されるべき失業等給付でまだ支給されていないものがあるときは、その者の配偶者（婚姻の届出をしていないが、事実上婚姻関係と同様の事情にあつた者を含む。）、子、父母、孫、祖父母又は兄弟姉妹であつて、その者の死亡の当時その者と生計を同じくしていたものは、自己の名で、その未支給の失業等給付の支給を請求することができる。

2　前項の規定による未支給の失業等給付の支給を受けるべき者の順位は、同項に規定する順序による。

3　第一項の規定による未支給の失業等給付の支給を受けるべき同順位者が二人以上あるときは、その一人のした請求は、全員のためその全額につきしたものとみなし、その一人に対してした支給は、全員に対してしたものと

みなす。

（返還命令等）

第十条の四　偽りその他不正の行為により失業等給付の支給を受けた者がある場合には、政府は、その者に対して、支給した失業等給付の全部又は一部を返還することを命ずることができ、また、厚生労働大臣の定める基準により、当該偽りその他不正の行為により支給を受けた失業等給付の額の二倍に相当する額以下の金額を納付することを命ずることができる。

2　前項の場合において、事業主、職業紹介事業者等（労働施策の総合的な推進並びに労働者の雇用の安定及び職業生活の充実等に関する法律（昭和四十一年法律第百三十二号）第二条に規定する職業紹介機関又は業として職業安定法（昭和二十二年法律第百四十一号）第四条第四項に規定する職業指導（職業に就こうとする者の適性、職業経験その他の実情に応じて行うものに限る。）を行う者（公共職業安定所その他の職業安定機関を除く。）をいう。以下同じ。）、募集情報等提供事業を行う者（同条第六項に規定する募集情報等提供を業として行う者をいい、同項第三号に掲げる行為（労働者になろうとする者の依頼を受けて行う場合に限る。）を行う者に限る。以下この項及び第七十六条第二項において同じ。）又は指定教育訓練実施者（第六十条の二第一項に規定する厚生労働大臣が指定する教育訓練を行う者をいう。以下同じ。）が偽りの届出、報告又は証明をしたためその失業等給付が支給されたものであるときは、政府は、その事業主、職業紹介事業者等、募集情報等提供事業を行う者又は指定教育訓練実施者に対し、その失業等給付の支給を受けた者と連帯して、前項の規定による失業等給付の返還又は納付を命ぜられた金額の納付をすることを命ずることができる。

3　徴収法第二十七条及び第四十一条第二項の規定は、前二項の規定により返還又は納付を命ぜられた金額の納付を怠つた場合に準用する。

（受給権の保護）

第十一条　失業等給付を受ける権利は、譲り渡し、担保に供し、又は差し押えることができない。

（公課の禁止）

第十二条　租税その他の公課は、失業等給付として支給を受けた金銭を標準として課することができない。

第二節　一般被保険者の求職者給付

第一款　基本手当

（基本手当の受給資格）

第十三条　基本手当は、被保険者が失業した場合において、離職の日以前二年間（当該期間に疾病、負傷その他厚生労働省令で定める理由により引き続き三十日以上賃金の支払を受けることができなかつた被保険者については、当該理由により賃金の支払を受けることができなかつた日数を二年に加算した期間（その期間が四年を超えるときは、四年間）。第十七条第一項において「算定対象期間」という。）に、次条の規定による被保険者期間が通算して十二箇月以上であつたときに、この款の定めるところにより、支給する。

2　特定理由離職者及び第二十三条第二項各号のいずれかに該当する者（前項の規定により基本手当の支給を受けることができる資格を有することとなる者を除く。）に対する前項の規定の適用については、同項中「二年間」とあるのは「一年間」と、「二年に」とあるのは「一年に」と、「十二箇月」とあるのは「六箇月」とする。

3　前項の特定理由離職者とは、離職した者のうち、第二十三条第二項各号のいずれかに該当する者以外の者であつて、期間の定めのある労働契約の期間が満了し、かつ、当該労働契約の更新がないこと（その者が当該更新を希望したにもかかわらず、当該更新についての合意が成立するに至らなかつた場合に限る。）その他のやむを得ない理由により離職したものとして厚生労働省令で定める者をいう。

（被保険者期間）

第十四条　被保険者期間は、被保険者であつた期間のうち、当該被保険者でなくなつた日又は各月においてその日に応当し、かつ、当該被保険者であつた期間内にある日（その日に応当する日がない月においては、その月の末日。以下この項において「喪失応当日」という。）の各前日から各前月の喪失応当日までさかのぼつた各期間（賃金の支払の基礎となつた日数が十一日以上であるものに限る。）を一箇月として計算し、その他の期間は、被保険者期間に算入しない。ただし、当該被保険者となつた日からその日後における最初の喪失応当日の前日までの期間の日数が十五日以上であり、かつ、当該期間内における賃金の支払の基礎となつた日数が十一日以上であるときは、当該期間を二分の一箇月の被保険者期間として計算する。

2　前項の規定により被保険者期間を計算する場合において、次に掲げる期間は、同項に規定する被保険者であつた期間に含めない。

一　最後に被保険者となつた日前に、当該被保険者が受給資格（前条第一項（同条第二項において読み替えて適用する場合を含む。）の規定により基本手当の支給を受けることができる資格をいう。次節から第四節までを除き、以下同じ。）、第三十七条の三第二項に規定する高年齢受給資格又は第三十九条第二項に規定する特例受給資格を取得したことがある場合には、当該受給資格、高年齢受給資格又は特例受給資格に係る離職の日以前における被保険者であつた期間

二　第九条の規定による被保険者となつたことの確認があつた日の二年前の日（第二十二条第五項に規定する者にあつては、同項第二号に規定する被保険者の負担すべき額に相当する額がその者に支払われた賃金から控除されていたことが明らかである時期のうち最も古い時期として厚生労働省令で定める日）前における被保険者であつた期間

3　前二項の規定により計算された被保険者期間が十二箇月（前条第二項の規定により読み替えて適用する場合にあつては、六箇月）に満たない場合における第一項の規定の適用については、同項中「であるもの」とあるのは「であるもの又は賃金の支払の基礎となつた時間数が八十時間以上であるもの」と、「であるとき」とあるのは「であるとき又は賃金の支払の基礎となつた時間数が八十時間以上であるとき」とする。

（失業の認定）

第十五条　基本手当は、受給資格を有する者（次節から第四節までを除き、以下「受給資格者」という。）が失業している日（失業していることについての認定を受けた日に限る。以下この款において同じ。）について支給する。

2　前項の失業していることについての認定（以下この款において「失業の認定」という。）を受けようとする受給資格者は、離職後、厚生労働省令で定めるところにより、公共職業安定所に出頭し、求職の申込みをしなければならない。

3　失業の認定は、求職の申込みを受けた公共職業安定所において、受給資格者が離職後最初に出頭した日から起算して四週間に一回ずつ直前の二十八日の各日について行うものとする。ただし、厚生労働大臣は、公共職業安定所長の指示した公共職業訓練等（国、都道府県及び市町村並びに独立行政法人高齢・障害・求職者雇用支援機構が設置する公共職業能力開発施設の行う職業訓練（職業能力開発総合大学校の行うものを含む。）、職業訓練の実施等による特定求職者の就職の支援に関する法律（平成二十三年法律第四十七号）第四条第二項に規定する認定職業訓練（厚生労働省令で定めるものを除く。）その他法令の規定に基づき失業者に対して作業環境に適応することを容易にさせ、又は就職に必要な知識及び技能を習得させるために行われる訓練又は講習であつて、政令で定めるものをいう。以下同じ。）を受ける受給資格者に係る失業の認定について別段の定めをすることができる。

4　受給資格者は、次の各号のいずれかに該当するときは、前二項の規定にかかわらず、厚生労働省令で定めるところにより、公共職業安定所に出頭することができなかつた理由を記載した証明書を提出することによつて、失業の認定を受けることができる。

一　疾病又は負傷のために公共職業安定所に出頭することができなかつた場合において、その期間が継続して十五日未満であるとき。

二　公共職業安定所の紹介に応じて求人者に面接するために公共職業安定所に出頭することができなかつたとき。

三　公共職業安定所長の指示した公共職業訓練等を受けるために公共職業安定所に出頭することができなかつたとき。

四　天災その他やむを得ない理由のために公共職業安定所に出頭することができなかつたとき。

5　失業の認定は、厚生労働省令で定めるところにより、受給資格者が求人者に面接したこと、公共職業安定所その他の職業安定機関若しくは職業紹介事業者等から職業を紹介され、又は職業指導を受けたことその他求職活動を行つたことを確認して行うものとする。

（基本手当の日額）

第十六条　基本手当の日額は、賃金日額に百分の五十（二千四百六十円以上四千九百二十円未満の賃金日額（その額が第十八条の規定により変更されたときは、その変更された額）については百分の八十、四千九百二十円以上一万二千九十円以下の賃金日額（その額が同条の規定により変更されたときは、その変更された額）については百分の八十から百分の五十までの範囲で、賃金日額の逓増に応じ、逓減するように厚生労働省令で定める率）を乗じて得た金額とする。

2　受給資格に係る離職の日において六十歳以上六十五歳未満である受給資格者に対する前項の規定の適用については、同項中「百分の五十」とあるのは「百分の四十五」と、「四千九百二十円以上一万二千九十円以下」とあるのは「四千九百二十円以上一万八百八十円以下」とする。

（賃金日額）

第十七条　賃金日額は、算定対象期間において第十四条（第一項ただし書を除く。）の規定により被保険者期間として計算された最後の六箇月間に支払われた賃金（臨時に支払われる賃金及び三箇月を超える期間ごとに支払われる賃金を除く。次項、第六節及び次章において同じ。）の総額を百八十で除して得た額とする。

2　前項の規定による額が次の各号に掲げる額に満たないときは、賃金日額は、同項の規定にかかわらず、当該各号に掲げる額とする。

一　賃金が、労働した日若しくは時間によつて算定され、又は出来高払制その他の請負制によつて定められている場合には、前項に規定する最後の六箇月間に支払われた賃金の総額を当該最後の六箇月間に労働した日数で除して得た額の百分の七十に相当する額

二　賃金の一部が、月、週その他一定の期間によつて定められている場合には、その部分の総額をその期間の総日数（賃金の一部が月によつて定められている場合には、一箇月を三十日として計算する。）で除して得た額と前号に掲げる額との合算額

3　前二項の規定により賃金日額を算定することが困難であるとき、又はこれらの規定により算定した額を賃金日額とすることが適当でないと認められるときは、厚生労働大臣が定めるところにより算定した額を賃金日額とする。

4　前三項の規定にかかわらず、これらの規定により算定した賃金日額が、第一号に掲げる額を下るときはその額を、第二号に掲げる額を超えるときはその額を、それぞれ賃金日額とする。

一　二千四百六十円（その額が次条の規定により変更されたときは、その変更された額）

二　次のイからニまでに掲げる受給資格者の区分に応じ、当該イからニまでに定める額（これらの額が次条の規定により変更されたときは、それぞれその変更された額）

イ　受給資格に係る離職の日において六十歳以上六十五歳未満である受給資格者　一万五千五百九十円

ロ　受給資格に係る離職の日において四十五歳以上六十歳未満である受給資格者　一万六千三百四十円

ハ　受給資格に係る離職の日において三十歳以上四十五歳未満である受給資格者　一万四千八百五十円

ニ　受給資格に係る離職の日において三十歳未満である受給資格者　一万三千三百七十円

（基本手当の日額の算定に用いる賃金日額の範囲等の自動的変更）

第十八条　厚生労働大臣は、年度（四月一日から翌年の三月三十一日までをいう。以下同じ。）の平均給与額（厚生労働省において作成する毎月勤労統計における労働者の平均定期給与額を基礎として厚生労働省令で定めるところにより算定した労働者一人当たりの給与の平均額をいう。以下同じ。）が平成二十七年四月一日から始まる年度（この条の規定により自動変更対象額が変更されたときは、直近の当該変更がされた年度の前年度）の平均給与額を超え、又は下るに至つた場合においては、その上昇し、又は低下した比率に応じて、その翌年度の八月一日以後の自動変更対象額を変更しなければならない。

2　前項の規定により変更された自動変更対象額に五円未満の端数があるときは、これを切り捨て、五円以上十円未満の端数があるときは、これを十円に切り上げるものとする。

3　前二項の規定に基づき算定された各年度の八月一日以後に適用される自動変更対象額のうち、最低賃金日額（当該年度の四月一日に効力を有する地域別最低賃金（最低賃金法（昭和三十四年法律第百三十七号）第九条第一項に規定する地域別最低賃金をいう。）の

額を基礎として厚生労働省令で定める算定方法により算定した額をいう。）に達しないものは、当該年度の八月一日以後、当該最低賃金日額とする。

4　前三項の「自動変更対象額」とは、第十六条第一項（同条第二項において読み替えて適用する場合を含む。）の規定による基本手当の日額の算定に当たつて、百分の八十を乗ずる賃金日額の範囲となる同条第一項に規定する二千四百六十円以上四千九百二十円未満の額及び百分の八十から百分の五十までの範囲の率を乗ずる賃金日額の範囲となる同項に規定する四千九百二十円以上一万二千九十円以下の額並びに前条第四項各号に掲げる額をいう。

（基本手当の減額）

第十九条　受給資格者が、失業の認定に係る期間中に自己の労働によつて収入を得た場合には、その収入の基礎となつた日数（以下この項において「基礎日数」という。）分の基本手当の支給については、次に定めるところによる。

一　その収入の一日分に相当する額（収入の総額を基礎日数で除して得た額をいう。）から千二百八十二円（その額が次項の規定により変更されたときは、その変更された額。同項において「控除額」という。）を控除した額と基本手当の日額との合計額（次号において「合計額」という。）が賃金日額の百分の八十に相当する額を超えないとき　基本手当の日額に基礎日数を乗じて得た額を支給する。

二　合計額が賃金日額の百分の八十に相当する額を超えるとき（次号に該当する場合を除く。）　当該超える額（次号において「超過額」という。）を基本手当の日額から控除した残りの額に基礎日数を乗じて得た額を支給する。

三　超過額が基本手当の日額以上であるとき　基礎日数分の基本手当を支給しない。

2　厚生労働大臣は、年度の平均給与額が平成二十七年四月一日から始まる年度（この項の規定により控除額が変更されたときは、直近の当該変更がされた年度の前年度）の平均給与額を超え、又は下るに至つた場合においては、その上昇し、又は低下した比率を基準として、その翌年度の八月一日以後の控除額を変更しなければならない。

3　受給資格者は、失業の認定を受けた期間中に自己の労働によつて収入を得たときは、厚生労働省令で定めるところにより、その収入の額その他の事項を公共職業安定所長に届け出なければならない。

（支給の期間及び日数）

第二十条　基本手当は、この法律に別段の定めがある場合を除き、次の各号に掲げる受給資格者の区分に応じ、当該各号に定める期間（当該期間内に妊娠、出産、育児その他厚生労働省令で定める理由により引き続き三十日以上職業に就くことができない者が、厚生労働省令で定めるところにより公共職業安定所長にその旨を申し出た場合には、当該理由により職業に就くことができない日数を加算するものとし、その加算された期間が四年を超えるときは、四年とする。）内の失業している日について、第二十二条第一項に規定する所定給付日数に相当する日数分を限度として支給する。

一　次号及び第三号に掲げる受給資格者以外の受給資格者　当該基本手当の受給資格に係る離職の日（以下この款において「基準日」という。）の翌日から起算して一年

二　基準日において第二十二条第二項第一号に該当する受給資格者　基準日の翌日から起算して一年に六十日を加えた期間

三　基準日において第二十三条第一項第二号イに該当する同条第二項に規定する特定受給資格者　基準日の翌日から起算して一年に三十日を加えた期間

2　受給資格者であつて、当該受給資格に係る離職が定年（厚生労働省令で定める年齢以上の定年に限る。）に達したことその他厚生労働省令で定める理由によるものであるものが、当該離職後一定の期間第十五条第二項の規定による求職の申込みをしないことを希望する場合において、厚生労働省令で定めるところにより公共職業安定所長にその旨を申し出たときは、前項中「次の各号に掲げる受給資格者の区分に応じ、当該各号に定める期間」とあるのは「次の各号に掲げる受給資格者の区分に応じ、当該各号に定める期間と、次項に規定する求職の申込みをしないことを希望する一定の期間（一年を限度とする。）に相当する期間を合算した期間（当該求職の申込みをしないことを希望する一定の期間内に第十五条第二項の規定による求職の申込みをしたときは、当該各号に定める期間に当該基本手当の受給資格に係る離職の日（以下この款において「基準日」という。）の翌日か

ら当該求職の申込みをした日の前日までの期間に相当する期間を加算した期間」と、「当該期間内」とあるのは「当該合算した期間内」と、同項第一号中「当該基本手当の受給資格に係る離職の日（以下この款において「基準日」という。）」とあるのは「基準日」とする。

3　前二項の場合において、第一項の受給資格（以下この項において「前の受給資格」という。）を有する者が、前二項の規定による期間内に新たに受給資格、第三十七条の三第二項に規定する高年齢受給資格又は第三十九条第二項に規定する特例受給資格を取得したときは、その取得した日以後においては、前の受給資格に基づく基本手当は、支給しない。

（**支給の期間の特例**）

第二十条の二　受給資格者であつて、基準日後に事業（その実施期間が三十日未満のものその他厚生労働省令で定めるものを除く。）を開始したものその他これに準ずるものとして厚生労働省令で定める者が、厚生労働省令で定めるところにより公共職業安定所長にその旨を申し出た場合には、当該事業の実施期間（当該実施期間の日数が四年から前条第一項及び第二項の規定により算定される期間の日数を除いた日数を超える場合における当該超える日数を除く。）は、同条第一項及び第二項の規定による期間に算入しない。

（**待期**）

第二十一条　基本手当は、受給資格者が当該基本手当の受給資格に係る離職後最初に公共職業安定所に求職の申込みをした日以後において、失業している日（疾病又は負傷のため職業に就くことができない日を含む。）が通算して七日に満たない間は、支給しない。

（**所定給付日数**）

第二十二条　一の受給資格に基づき基本手当を支給する日数（以下「所定給付日数」という。）は、次の各号に掲げる受給資格者の区分に応じ、当該各号に定める日数とする。

一　算定基礎期間が二十年以上である受給資格者　百五十日

二　算定基礎期間が十年以上二十年未満である受給資格者　百二十日

三　算定基礎期間が十年未満である受給資格者　九十日

2　前項の受給資格者で厚生労働省令で定める理由により就職が困難なものに係る所定給付日数は、同項の規定にかかわらず、その算定基礎期間が一年以上の受給資格者にあつては次の各号に掲げる当該受給資格者の区分に応じ当該各号に定める日数とし、その算定基礎期間が一年未満の受給資格者にあつては百五十日とする。

一　基準日において四十五歳以上六十五歳未満である受給資格者　三百六十日

二　基準日において四十五歳未満である受給資格者　三百日

3　前二項の算定基礎期間は、これらの規定の受給資格者が基準日まで引き続いて同一の事業主の適用事業に被保険者として雇用された期間（当該雇用された期間に係る被保険者となつた日前に被保険者であつたことがある者については、当該雇用された期間と当該被保険者であつた期間を通算した期間）とする。ただし、当該期間に次の各号に掲げる期間が含まれているときは、当該各号に掲げる期間に該当するすべての期間を除いて算定した期間とする。

一　当該雇用された期間又は当該被保険者であつた期間に係る被保険者となつた日の直前の被保険者でなくなつた日が当該被保険者となつた日前一年の期間内にないときは、当該直前の被保険者でなくなつた日前の被保険者であつた期間

二　当該雇用された期間に係る被保険者となつた日前に基本手当又は特例一時金の支給を受けたことがある者については、これらの給付の受給資格又は第三十九条第二項に規定する特例受給資格に係る離職の日以前の被保険者であつた期間

4　一の被保険者であつた期間に関し、被保険者となつた日が第九条の規定による被保険者となつたことの確認があつた日の二年前の日より前であるときは、当該確認のあつた日の二年前の日に当該被保険者となつたものとみなして、前項の規定による算定を行うものとする。

5　次に掲げる要件のいずれにも該当する者（第一号に規定する事実を知つていた者を除く。）に対する前項の規定の適用については、同項中「当該確認のあつた日の二年前の日」とあるのは、「次項第二号に規定する被保険者の負担すべき額に相当する額がその者に支払われた賃金から控除されていたことが明らかである時期のうち最も古い時期として厚生労働省令で定める日」とする。

一　その者に係る第七条の規定による届出がされていなかつたこと。

労働法

二　厚生労働省令で定める書類に基づき、第九条の規定による被保険者となつたことの確認があつた日の二年前の日より前に徴収法第三十二条第一項の規定により被保険者の負担すべき額に相当する額がその者に支払われた賃金から控除されていたことが明らかである時期があること。

第二十三条　特定受給資格者（前条第三項に規定する算定基礎期間（以下この条において単に「算定基礎期間」という。）が一年（第五号に掲げる特定受給資格者にあつては、五年）以上のものに限る。）に係る所定給付日数は、前条第一項の規定にかかわらず、次の各号に掲げる当該特定受給資格者の区分に応じ、当該各号に定める日数とする。

一　基準日において六十歳以上六十五歳未満である特定受給資格者　次のイからニまでに掲げる算定基礎期間の区分に応じ、当該イからニまでに定める日数

イ　二十年以上　二百四十日

ロ　十年以上二十年未満　二百十日

ハ　五年以上十年未満　百八十日

ニ　一年以上五年未満　百五十日

二　基準日において四十五歳以上六十歳未満である特定受給資格者　次のイからニまでに掲げる算定基礎期間の区分に応じ、当該イからニまでに定める日数

イ　二十年以上　三百三十日

ロ　十年以上二十年未満　二百七十日

ハ　五年以上十年未満　二百四十日

ニ　一年以上五年未満　百八十日

三　基準日において三十五歳以上四十五歳未満である特定受給資格者　次のイからニまでに掲げる算定基礎期間の区分に応じ、当該イからニまでに定める日数

イ　二十年以上　二百七十日

ロ　十年以上二十年未満　二百四十日

ハ　五年以上十年未満　百八十日

ニ　一年以上五年未満　百五十日

四　基準日において三十歳以上三十五歳未満である特定受給資格者　次のイからニまでに掲げる算定基礎期間の区分に応じ、当該イからニまでに定める日数

イ　二十年以上　二百四十日

ロ　十年以上二十年未満　二百十日

ハ　五年以上十年未満　百八十日

ニ　一年以上五年未満　百二十日

五　基準日において三十歳未満である特定受給資格者　次のイ又はロに掲げる算定基礎期間の区分に応じ、当該イ又はロに定める日数

イ　十年以上　百八十日

ロ　五年以上十年未満　百二十日

2　前項の特定受給資格者とは、次の各号のいずれかに該当する受給資格者（前条第二項に規定する受給資格者を除く。）をいう。

一　当該基本手当の受給資格に係る離職が、その者を雇用していた事業主の事業について発生した倒産（破産手続開始、再生手続開始、更生手続開始又は特別清算開始の申立てその他厚生労働省令で定める事由に該当する事態をいう。第五十七条第二項第一号において同じ。）又は当該事業主の適用事業の縮小若しくは廃止に伴うものである者として厚生労働省令で定めるもの

二　前号に定めるもののほか、解雇（自己の責めに帰すべき重大な理由によるものを除く。第五十七条第二項第二号において同じ。）その他の厚生労働省令で定める理由により離職した者

（訓練延長給付）

第二十四条　受給資格者が公共職業安定所長の指示した公共職業訓練等（その期間が政令で定める期間を超えるものを除く。以下この条、第三十六条第一項及び第二項並びに第四十一条第一項において同じ。）を受ける場合には、当該公共職業訓練等を受ける期間（その者が当該公共職業訓練等を受けるため待期している期間（政令で定める期間に限る。）を含む。）内の失業している日について、所定給付日数（当該受給資格者が第二十条第一項及び第二項の規定による期間内に基本手当の支給を受けた日数が所定給付日数に満たない場合には、その支給を受けた日数。第三十三条第三項を除き、以下この節において同じ。）を超えてその者に基本手当を支給することができる。

2　公共職業安定所長が、その指示した公共職業訓練等を受ける受給資格者（その者が当該公共職業訓練等を受け終わる日における基本手当の支給残日数（当該公共職業訓練等を受け終わる日の翌日から第四項の規定の適用がないものとした場合における受給期間（当該期間内の失業している日について基本手当の支給を受けることができる期間をいう。以下同じ。）の最後の日までの間に基本手当の支給を受けることができる日数をいう。以下この項及び第四項において同じ。）が政令で定める日数に満たないものに限る。）で、政令

労働法

で定める基準に照らして当該公共職業訓練等を受け終わつてもなお就職が相当程度に困難な者であると認めたものについては、同項の規定による期間内の失業している日について、所定給付日数を超えてその者に基本手当を支給することができる。この場合において、所定給付日数を超えて基本手当を支給する日数は、前段に規定する政令で定める日数から支給残日数を差し引いた日数を限度とするものとする。

3　第一項の規定による基本手当の支給を受ける受給資格者が第二十条第一項及び第二項の規定による期間を超えて公共職業安定所長の指示した公共職業訓練等を受けるときは、その者の受給期間は、これらの規定にかかわらず、当該公共職業訓練等を受け終わる日までの間とする。

4　第二項の規定による基本手当の支給を受ける受給資格者の受給期間は、第二十条第一項及び第二項の規定にかかわらず、これらの規定による期間に第二項前段に規定する政令で定める日数から支給残日数を差し引いた日数を加えた期間（同条第一項及び第二項の規定による期間を超えて公共職業安定所長の指示した公共職業訓練等を受ける者で、当該公共職業訓練等を受け終わる日について第一項の規定による基本手当の支給を受けることができるものにあつては、同日から起算して第二項前段に規定する政令で定める日数を経過した日までの間）とする。

（個別延長給付）

第二十四条の二　第二十二条第二項に規定する就職が困難な受給資格者以外の受給資格者のうち、第十三条第三項に規定する特定理由離職者（厚生労働省令で定める者に限る。）である者又は第二十三条第二項に規定する特定受給資格者であつて、次の各号のいずれかに該当し、かつ、公共職業安定所長が厚生労働省令で定める基準（次項において「指導基準」という。）に照らして再就職を促進するために必要な職業指導を行うことが適当であると認めたものについては、第四項の規定による期間内の失業している日（失業していることについての認定を受けた日に限る。）について、所定給付日数を超えて基本手当を支給することができる。

一　心身の状況が厚生労働省令で定める基準に該当する者

二　雇用されていた適用事業が激甚災害に対処するための特別の財政援助等に関する法律（昭和三十七年法律第百五十号。以下この項において「激甚災害法」という。）第二条の規定により激甚災害として政令で指定された災害（次号において「激甚災害」という。）の被害を受けたため離職を余儀なくされた者又は激甚災害法第二十五条第三項の規定により離職したものとみなされた者であつて、政令で定める基準に照らして職業に就くことが特に困難であると認められる地域として厚生労働大臣が指定する地域内に居住する者

三　雇用されていた適用事業が激甚災害その他の災害（厚生労働省令で定める災害に限る。）の被害を受けたため離職を余儀なくされた者又は激甚災害法第二十五条第三項の規定により離職したものとみなされた者（前号に該当する者を除く。）

2　第二十二条第二項に規定する就職が困難な受給資格者であつて、前項第二号に該当し、かつ、公共職業安定所長が指導基準に照らして再就職を促進するために必要な職業指導を行うことが適当であると認めたものについては、第四項の規定による期間内の失業している日（失業していることについての認定を受けた日に限る。）について、所定給付日数を超えて基本手当を支給することができる。

3　前二項の場合において、所定給付日数を超えて基本手当を支給する日数は、次の各号に掲げる受給資格者の区分に応じ、当該各号に定める日数を限度とするものとする。

一　第一項（第一号及び第三号に限る。）又は前項に該当する受給資格者　六十日（所定給付日数が第二十三条第一項第二号イ又は第三号イに該当する受給資格者にあつては、三十日）

二　第一項（第二号に限る。）に該当する受給資格者　百二十日（所定給付日数が第二十三条第一項第二号イ又は第三号イに該当する受給資格者にあつては、九十日）

4　第一項又は第二項の規定による基本手当の支給（以下「個別延長給付」という。）を受ける受給資格者の受給期間は、第二十条第一項及び第二項の規定にかかわらず、これらの規定による期間に前項に規定する日数を加えた期間とする。

（広域延長給付）

第二十五条　厚生労働大臣は、その地域における雇用に関する状況等から判断して、その地域内に居住する求職者がその地域において職

業に就くことが困難であると認める地域について、求職者が他の地域において職業に就くことを促進するための計画を作成し、関係都道府県労働局長及び公共職業安定所長に、当該計画に基づく広範囲の地域にわたる職業紹介活動（以下この条において「広域職業紹介活動」という。）を行わせた場合において、当該広域職業紹介活動に係る地域について、政令で定める基準に照らして必要があると認めるときは、その指定する期間内に限り、公共職業安定所長が当該地域に係る当該広域職業紹介活動により職業のあつせんを受けることが適当であると認定する受給資格者について、第四項の規定による期間内の失業している日について、所定給付日数を超えて基本手当を支給する措置を決定することができる。この場合において、所定給付日数を超えて基本手当を支給する日数は、政令で定める日数を限度とするものとする。

2　前項の措置に基づく基本手当の支給（以下「広域延長給付」という。）を受けることができる者が厚生労働大臣の指定する地域に住所又は居所を変更した場合には、引き続き当該措置に基づき基本手当を支給することができる。

3　公共職業安定所長は、受給資格者が広域職業紹介活動により職業のあつせんを受けることが適当であるかどうかを認定するときは、厚生労働大臣の定める基準によらなければならない。

4　広域延長給付を受ける受給資格者の受給期間は、第二十条第一項及び第二項の規定にかかわらず、これらの規定による期間に第一項後段に規定する政令で定める日数を加えた期間とする。

第二十六条　前条第一項の措置が決定された日以後に他の地域から当該措置に係る地域に移転した受給資格者であつて、その移転について特別の理由がないと認められるものには、当該措置に基づく基本手当は、支給しない。

2　前項に規定する特別の理由があるかどうかの認定は、公共職業安定所長が厚生労働大臣の定める基準に従つてするものとする。

（全国延長給付）

第二十七条　厚生労働大臣は、失業の状況が全国的に著しく悪化し、政令で定める基準に該当するに至つた場合において、受給資格者の就職状況からみて必要があると認めるときは、その指定する期間内に限り、第三項の規定による期間内の失業している日について、所定給付日数を超えて受給資格者に基本手当を支給する措置を決定することができる。この場合において、所定給付日数を超えて基本手当を支給する日数は、政令で定める日数を限度とするものとする。

2　厚生労働大臣は、前項の措置を決定した後において、政令で定める基準に照らして必要があると認めるときは、同項の規定により指定した期間（その期間がこの項の規定により延長されたときは、その延長された期間）を延長することができる。

3　第一項の措置に基づく基本手当の支給（以下「全国延長給付」という。）を受ける受給資格者の受給期間は、第二十条第一項及び第二項の規定にかかわらず、これらの規定による期間に第一項後段に規定する政令で定める日数を加えた期間とする。

（延長給付に関する調整）

第二十八条　個別延長給付を受けている受給資格者については、当該個別延長給付が終わつた後でなければ広域延長給付、全国延長給付及び訓練延長給付（第二十四条第一項又は第二項の規定による基本手当の支給をいう。以下同じ。）は行わず、広域延長給付を受けている受給資格者については、当該広域延長給付が終わつた後でなければ全国延長給付及び訓練延長給付は行わず、全国延長給付を受けている受給資格者については、当該全国延長給付が終わつた後でなければ訓練延長給付は行わない。

2　訓練延長給付を受けている受給資格者について個別延長給付、広域延長給付又は全国延長給付が行われることとなつたときは、これらの延長給付が行われる間は、その者について訓練延長給付は行わず、全国延長給付を受けている受給資格者について個別延長給付又は広域延長給付が行われることとなつたときは、これらの延長給付が行われる間は、その者について全国延長給付は行わず、広域延長給付を受けている受給資格者について個別延長給付が行われることとなつたときは、その者について広域延長給付は行わない。

3　前二項に規定するもののほか、第一項に規定する各延長給付を順次受ける受給資格者に係る基本手当を支給する日数、受給期間その他これらの延長給付についての調整に関して必要な事項は、政令で定める。

（給付日数を延長した場合の給付制限）

労働法

第二十九条　訓練延長給付（第二十四条第二項の規定による基本手当の支給に限る。第三十二条第一項において同じ。）、個別延長給付、広域延長給付又は全国延長給付を受けている受給資格者が、正当な理由がなく、公共職業安定所の紹介する職業に就くこと、公共職業安定所長の指示した公共職業訓練等を受けること又は厚生労働大臣の定める基準に従つて公共職業安定所が行うその者の再就職を促進するために必要な職業指導を受けることを拒んだときは、その拒んだ日以後基本手当を支給しない。ただし、その者が新たに受給資格を取得したときは、この限りでない。

2　前項に規定する正当な理由があるかどうかの認定は、公共職業安定所長が厚生労働大臣の定める基準に従つてするものとする。

（支給方法及び支給期日）

第三十条　基本手当は、厚生労働省令で定めるところにより、四週間に一回、失業の認定を受けた日分を支給するものとする。ただし、厚生労働大臣は、公共職業安定所長の指示した公共職業訓練等を受ける受給資格者その他厚生労働省令で定める受給資格者に係る基本手当の支給について別段の定めをすることができる。

2　公共職業安定所長は、各受給資格者について基本手当を支給すべき日を定め、その者に通知するものとする。

（未支給の基本手当の請求手続）

第三十一条　第十条の三第一項の規定により、受給資格者が死亡したため失業の認定を受けることができなかつた期間に係る基本手当の支給を請求する者は、厚生労働省令で定めるところにより、当該受給資格者について失業の認定を受けなければならない。

2　前項の受給資格者が第十九条第一項の規定に該当する場合には、第十条の二第一項の規定による未支給の基本手当の支給を受けるべき者は、厚生労働省令で定めるところにより、第十九条第一項の収入の額その他の事項を公共職業安定所長に届け出なければならない。

（給付制限）

第三十二条　受給資格者（訓練延長給付、個別延長給付、広域延長給付又は全国延長給付を受けている者を除く。以下この条において同じ。）が、公共職業安定所の紹介する職業に就くこと又は公共職業安定所長の指示した公共職業訓練等を受けることを拒んだときは、その拒んだ日から起算して一箇月間は、基本手当を支給しない。ただし、次の各号のいずれかに該当するときは、この限りでない。

一　紹介された職業又は公共職業訓練等を受けることを指示された職種が、受給資格者の能力からみて不適当であると認められるとき。

二　就職するため、又は公共職業訓練等を受けるため、現在の住所又は居所を変更することを要する場合において、その変更が困難であると認められるとき。

三　就職先の賃金が、同一地域における同種の業務及び同程度の技能に係る一般の賃金水準に比べて、不当に低いとき。

四　職業安定法第二十条（第二項ただし書を除く。）の規定に該当する事業所に紹介されたとき。

五　その他正当な理由があるとき。

2　受給資格者が、正当な理由がなく、厚生労働大臣の定める基準に従つて公共職業安定所が行うその者の再就職を促進するために必要な職業指導を受けることを拒んだときは、その拒んだ日から起算して一箇月を超えない範囲内において公共職業安定所長の定める期間は、基本手当を支給しない。

3　受給資格者についての第一項各号のいずれかに該当するかどうかの認定及び前項に規定する正当な理由があるかどうかの認定は、公共職業安定所長が厚生労働大臣の定める基準に従つてするものとする。

第三十三条　被保険者が自己の責めに帰すべき重大な理由によつて解雇され、又は正当な理由がなく自己の都合によつて退職した場合には、第二十一条の規定による期間の満了後一箇月以上三箇月以内の間で公共職業安定所長の定める期間は、基本手当を支給しない。ただし、公共職業安定所長の指示した公共職業訓練等を受ける期間及び当該公共職業訓練等を受け終わつた日後の期間については、この限りでない。

2　受給資格者が前項の場合に該当するかどうかの認定は、公共職業安定所長が厚生労働大臣の定める基準に従つてするものとする。

3　基本手当の受給資格に係る離職について第一項の規定により基本手当を支給しないこととされる場合において、当該基本手当を支給しないこととされる期間に七日を超え三十日以下の範囲内で厚生労働省令で定める日数及び当該受給資格に係る所定給付日数に相当する日数を加えた期間が一年（当該基本手当の受給資格に係る離職の日において第二十二条第二項第一号に該当する受給資格者にあつては、一年に六十日を加えた期間）を超えるときは、当該受給資格者の受給期間は、第二十条第一項及び第二項の規定にかかわらず、これらの規定による期間に当該超える期間を加えた期間とする。

4　前項の規定に該当する受給資格者については、第二十四条第一項中「第二十条第一項及び第二項」とあるのは、「第三十三条第三項」とする。

5　第三項の規定に該当する受給資格者が個別延長給付、広域延長給付、全国延長給付又は訓練延長給付を受ける場合におけるその者の受給期間についての調整に関して必要な事項は、厚生労働省令で定める。

第三十四条　偽りその他不正の行為により求職者給付又は就職促進給付の支給を受け、又は受けようとした者には、これらの給付の支給を受け、又は受けようとした日以後、基本手当を支給しない。ただし、やむを得ない理由がある場合には、基本手当の全部又は一部を支給することができる。

2　前項に規定する者が同項に規定する日以後新たに受給資格を取得した場合には、同項の規定にかかわらず、その新たに取得した受給資格に基づく基本手当を支給する。

3　受給資格者が第一項の規定により基本手当を支給されないこととされたため、当該受給資格に基づき基本手当の支給を受けることができる日数の全部について基本手当の支給を受けることができなくなつた場合においても、第二十二条第三項の規定の適用については、当該受給資格に基づく基本手当の支給があつたものとみなす。

4　受給資格者が第一項の規定により基本手当を支給されないこととされたため、同項に規定する日以後当該受給資格に基づき基本手当の支給を受けることができる日数の全部又は一部について基本手当の支給を受けることができなくなつたときは、第三十七条第四項の規定の適用については、その支給を受けることができないこととされた日数分の基本手当の支給があつたものとみなす。

第三十五条　削除

第二款　技能習得手当及び寄宿手当

第三十六条　技能習得手当は、受給資格者が公共職業安定所長の指示した公共職業訓練等を受ける場合に、その公共職業訓練等を受ける期間について支給する。

2　寄宿手当は、受給資格者が、公共職業安定所長の指示した公共職業訓練等を受けるため、その者により生計を維持されている同居の親族（婚姻の届出をしていないが、事実上その者と婚姻関係と同様の事情にある者を含む。第五十八条第二項において同じ。）と別居して寄宿する場合に、その寄宿する期間について支給する。

3　第三十二条第一項若しくは第二項又は第三十三条第一項の規定により基本手当を支給しないこととされる期間については、技能習得手当及び寄宿手当を支給しない。

4　技能習得手当及び寄宿手当の支給要件及び額は、厚生労働省令で定める。

5　第三十四条第一項及び第二項の規定は、技能習得手当及び寄宿手当について準用する。

第三款　傷病手当

第三十七条　傷病手当は、受給資格者が、離職後公共職業安定所に出頭し、求職の申込みをした後において、疾病又は負傷のために職業に就くことができない場合に、第二十条第一項及び第二項の規定による期間（第三十三条第三項の規定に該当する者については同項の規定による期間とし、第五十七条第一項の規定に該当する者については同項の規定による期間とする。）内の当該疾病又は負傷のために基本手当の支給を受けることができない日（疾病又は負傷のために基本手当の支給を受けることができないことについての認定を受けた日に限る。）について、第四項の規定による日数に相当する日数分を限度として支給する。

2　前項の認定は、厚生労働省令で定めるところにより、公共職業安定所長が行う。

3　傷病手当の日額は、第十六条の規定による基本手当の日額に相当する額とする。

4　傷病手当を支給する日数は、第一項の認定を受けた受給資格者の所定給付日数から当該受給資格に基づき既に基本手当を支給した日数を差し引いた日数とする。

5　第三十二条第一項若しくは第二項又は第三十三条第一項の規定により基本手当を支給しないこととされる期間については、傷病手当を支給しない。

6　傷病手当を支給したときは、この法律の規定（第十条の四及び第三十四条の規定を除く。）の適用については、当該傷病手当を支給した日数に相当する日数分の基本手当を支給したものとみなす。

7　傷病手当は、厚生労働省令で定めるところにより、第一項の認定を受けた日分を、当該職業に就くことができない理由がやんだ後最初に基本手当を支給すべき日（当該職業に就くことができない理由がやんだ後において基本手当を支給すべき日がない場合には、公共職業安定所長の定める日）に支給する。ただし、厚生労働大臣は、必要があると認めるときは、傷病手当の支給について別段の定めをすることができる。

8　第一項の認定を受けた受給資格者が、当該認定を受けた日について、健康保険法（大正十一年法律第七十号）第九十九条の規定による傷病手当金、労働基準法（昭和二十二年法律第四十九号）第七十六条の規定による休業補償、労働者災害補償保険法（昭和二十二年法律第五十号）の規定による休業補償給付、複数事業労働者休業給付又は休業給付その他これらに相当する給付であつて法令（法令の規定に基づく条例又は規約を含む。）により行われるもののうち政令で定めるものの支給を受けることができる場合には、傷病手当は、支給しない。

9　第十九条、第二十一条、第三十一条並びに第三十四条第一項及び第二項の規定は、傷病手当について準用する。この場合において、第十九条第一項及び第三項並びに第三十一条第一項中「失業の認定」とあるのは、「第三十七条第一項の認定」と読み替えるものとする。

第二節の二　高年齢被保険者の求職者給付

（高年齢被保険者）

第三十七条の二　六十五歳以上の被保険者（第三十八条第一項に規定する短期雇用特例被保険者及び第四十三条第一項に規定する日雇労働被保険者を除く。以下「高年齢被保険者」という。）が失業した場合には、この節の定めるところにより、高年齢求職者給付金を支給する。

2　高年齢被保険者に関しては、前節（第十四条を除く。）、次節及び第四節の規定は、適用しない。

（高年齢受給資格）

第三十七条の三　高年齢求職者給付金は、高年齢被保険者が失業した場合において、離職の日以前一年間（当該期間に疾病、負傷その他厚生労働省令で定める理由により引き続き三十日以上賃金の支払を受けることができなかつた高年齢被保険者である被保険者については、当該理由により賃金の支払を受けることができなかつた日数を一年に加算した期間（その期間が四年を超えるときは、四年間））に、第十四条の規定による被保険者期間が通算して六箇月以上であつたときに、次条に定めるところにより、支給する。この場合における第十四条の規定の適用については、同条第三項中「十二箇月（前条第二項の規定により読み替えて適用する場合にあつては、六箇月）」とあるのは、「六箇月」とする。

2　前項の規定により高年齢求職者給付金の支給を受けることができる資格（以下「高年齢受給資格」という。）を有する者（以下「高年齢受給資格者」という。）が次条第五項の規定による期間内に高年齢求職者給付金の支給を受けることなく就職した後再び失業した場合（新たに高年齢受給資格又は第三十九条第二項に規定する特例受給資格を取得した場合を除く。）において、当該期間内に公共職業安定所に出頭し、求職の申込みをした上、次条第五項の認定を受けたときは、その者は、当該高年齢受給資格に基づく高年齢求職者給付金の支給を受けることができる。

（高年齢求職者給付金）

第三十七条の四　高年齢求職者給付金の額は、高年齢受給資格者を第十五条第一項に規定する受給資格者とみなして第十六条から第十八条まで（第十七条第四項第二号を除く。）の規定を適用した場合にその者に支給されることとなる基本手当の日額に、次の各号に掲げる算定基礎期間の区分に応じ、当該各号に定める日数（第五項の認定があつた日から同項の規定による期間の最後の日までの日数が当該各号に定める日数に満たない場合には、当該認定のあつた日から当該最後の日までの日数に相当する日数）を乗じて得た額とする。

一　一年以上　五十日

二　一年未満　三十日

2　前項の規定にかかわらず、同項の規定により算定した高年齢受給資格者の賃金日額が第十七条第四項第二号ニに定める額（その額が第十八条の規定により変更されたときは、その変更された額）を超えるときは、その額を賃金日額とする。

3　第一項の算定基礎期間は、当該高年齢受給資格者を第十五条第一項に規定する受給資格者と、当該高年齢受給資格に係る離職の日を第二十条第一項第一号に規定する基準日とみなして第二十二条第三項及び第四項の規定を適用した場合に算定されることとなる期間に相当する期間とする。

4　前項に規定する場合における第二十二条第三項の規定の適用については、同項第二号中「又は特例一時金」とあるのは「、高年齢求職者給付金又は特例一時金」と、「又は第三十九条第二項」とあるのは「、第三十七条の三第二項に規定する高年齢受給資格又は第三十九条第二項」とする。

5　高年齢求職者給付金の支給を受けようとする高年齢受給資格者は、離職の日の翌日から起算して一年を経過する日までに、厚生労働省令で定めるところにより、公共職業安定所に出頭し、求職の申込みをした上、失業していることについての認定を受けなければならない。

6　第二十一条、第三十一条第一項、第三十二条、第三十三条第一項及び第二項並びに第三十四条第一項から第三項までの規定は、高年齢求職者給付金について準用する。この場合において、これらの規定中「受給資格者」とあるのは「高年齢受給資格者」と、「受給資格」とあるのは「高年齢受給資格」と、第三十一条第一項中「失業の認定を受けることができなかつた期間」とあるのは「第三十七条の四第五項の認定を受けることができなかつた場合における当該高年齢受給資格者」と、「失業の認定を受けなければならない」とあるのは「同項の認定を受けなければならない」と、第三十三条第一項中「第二十一条の規定による期間」とあるのは「第三十七条の四第六項において準用する第二十一条の規定による期間」と読み替えるものとする。

（**高年齢被保険者の特例**）

第三十七条の五　次に掲げる要件のいずれにも該当する者は、厚生労働省令で定めるところにより、厚生労働大臣に申し出て、当該申出を行つた日から高年齢被保険者となることができる。

一　二以上の事業主の適用事業に雇用される六十五歳以上の者であること。

二　一の事業主の適用事業における一週間の所定労働時間が二十時間未満であること。

三　二の事業主の適用事業（申出を行う労働者の一の事業主の適用事業における一週間の所定労働時間が厚生労働省令で定める時間数以上であるものに限る。）における一週間の所定労働時間の合計が二十時間以上であること。

2　前項の規定により高年齢被保険者となつた者は、同項各号の要件を満たさなくなつたときは、厚生労働省令で定めるところにより、厚生労働大臣に申し出なければならない。

3　前二項の規定による申出を行つた労働者については、第九条第一項の規定による確認が行われたものとみなす。

4　厚生労働大臣は、第一項又は第二項の規定による申出があつたときは、第一項第三号の二の事業主に対し、当該労働者が被保険者となつたこと又は被保険者でなくなつたことを通知しなければならない。

（**特例高年齢被保険者に対する失業等給付等の特例**）

第三十七条の六　前条第一項の規定により高年齢被保険者となつた者に対する第六十一条の四第一項、第六十一条の七第一項及び第六十一条の八第一項の規定の適用については、これらの規定中「をした場合」とあるのは、「を全ての適用事業においてした場合」とする。

2　前項に定めるもののほか、前条第一項の規定により高年齢被保険者となつた者が、同項の規定による申出に係る適用事業のうちいずれか一の適用事業を離職した場合における第三十七条の四第一項及び第五十六条の三第三項第三号の規定の適用については、第三十七条の四第一項中「第十七条第四項第二号」とあるのは「第十七条第四項」と、「額とする」とあるのは「額とする。この場合における第十七条の規定の適用については、同条第一項中「賃金（」とあるのは、「賃金（離職した適用事業において支払われた賃金に限り、」とする」と、第五十六条の三第三項第三号ロ中「第十八条まで」とあるのは「第十八条まで（第十七条第四項第一号を除く。）」とする。

第三節　短期雇用特例被保険者の求職者給付

（**短期雇用特例被保険者**）

第三十八条　被保険者であつて、季節的に雇用されるもののうち次の各号のいずれにも該当しない者（第四十三条第一項に規定する日雇労働被保険者を除く。以下「短期雇用特例被

労働法

保険者」という。）が失業した場合には、この節の定めるところにより、特例一時金を支給する。

一　四箇月以内の期間を定めて雇用される者

二　一週間の所定労働時間が二十時間以上であつて厚生労働大臣の定める時間数未満である者

2　被保険者が前項各号に掲げる者に該当するかどうかの確認は、厚生労働大臣が行う。

3　短期雇用特例被保険者に関しては、第二節（第十四条を除く。）、前節及び次節の規定は、適用しない。

（**特例受給資格**）

第三十九条　特例一時金は、短期雇用特例被保険者が失業した場合において、離職の日以前一年間（当該期間に疾病、負傷その他厚生労働省令で定める理由により引き続き三十日以上賃金の支払を受けることができなかつた短期雇用特例被保険者である被保険者については、当該理由により賃金の支払を受けることができなかつた日数を一年に加算した期間（その期間が四年を超えるときは、四年間））に、第十四条の規定による被保険者期間が通算して六箇月以上であつたときに、次条に定めるところにより、支給する。この場合における第十四条の規定の適用については、同条第三項中「十二箇月（前条第二項の規定により読み替えて適用する場合にあつては、六箇月）」とあるのは、「六箇月」とする。

2　前項の規定により特例一時金の支給を受けることができる資格（以下「特例受給資格」という。）を有する者（以下「特例受給資格者」という。）が次条第三項の規定による期間内に特例一時金の支給を受けることなく就職した後再び失業した場合（新たに第十四条第二項第一号に規定する受給資格、高年齢受給資格又は特例受給資格を取得した場合を除く。）において、当該期間内に公共職業安定所に出頭し、求職の申込みをした上、次条第三項の認定を受けたときは、その者は、当該特例受給資格に基づく特例一時金の支給を受けることができる。

（**特例一時金**）

第四十条　特例一時金の額は、特例受給資格者を第十五条第一項に規定する受給資格者とみなして第十六条から第十八条までの規定を適用した場合にその者に支給されることとなる基本手当の日額の三十日分（第三項の認定があつた日から同項の規定による期間の最後の日までの日数が三十日に満たない場合には、その日数に相当する日数分）とする。

2　前項に規定する場合における第十七条第四項の規定の適用については、同項第二号ニ中「三十歳未満」とあるのは「三十歳未満又は六十五歳以上」とする。

3　特例一時金の支給を受けようとする特例受給資格者は、離職の日の翌日から起算して六箇月を経過する日までに、厚生労働省令で定めるところにより、公共職業安定所に出頭し、求職の申込みをした上、失業していることについての認定を受けなければならない。

4　第二十一条、第三十一条第一項、第三十二条、第三十三条第一項及び第二項並びに第三十四条第一項から第三項までの規定は、特例一時金について準用する。この場合において、第二十一条中「受給資格者」とあるのは「特例受給資格者」と、「受給資格」とあるのは「特例受給資格」と、第三十一条第一項中「受給資格者」とあるのは「特例受給資格者」と、「失業の認定を受けることができなかつた期間」とあるのは「第四十条第三項の認定を受けることができなかつた場合における当該特例受給資格者」と、「失業の認定を受けなければならない」とあるのは「同項の認定を受けなければならない」と、第三十二条中「受給資格者」とあるのは「特例受給資格者」と、第三十三条第一項中「支給しない。ただし公共職業安定所長の指示した公共職業訓練等を受ける期間及び当該公共職業訓練等を受け終わつた日後の期間については、この限りでない」とあるのは「支給しない」と、同条第二項中「受給資格者」とあるのは「特例受給資格者」と、第三十四条第二項中「受給資格」とあるのは「特例受給資格」と、同条第三項中「受給資格者」とあるのは「特例受給資格者」と、「受給資格」とあるのは「特例受給資格」とそれぞれ読み替えるものとする。

（**公共職業訓練等を受ける場合**）

第四十一条　特例受給資格者が、当該特例受給資格に基づく特例一時金の支給を受ける前に公共職業安定所長の指示した公共職業訓練等（その期間が政令で定める期間に達しないものを除く。）を受ける場合には、第十条第三項及び前三条の規定にかかわらず、特例一時金を支給しないものとし、その者を第十五条第一項に規定する受給資格者とみなして、当該公共職業訓練等を受け終わる日までの間に限り、第二節（第三十三条第一項ただし書の規定を除く。）に定めるところにより、求職者給付を支給する。

2　前項の特例受給資格者は、当該特例受給資格に係る被保険者となつた日前に第二十九条第一項又は第三十四条第一項の規定により基本手当の支給を受けることができないこととされている場合においても、前項の規定により求職者給付の支給を受けることができる。

第四節　日雇労働被保険者の求職者給付

（日雇労働者）

第四十二条　この節において日雇労働者とは、次の各号のいずれかに該当する労働者（前二月の各月において十八日以上同一の事業主の適用事業に雇用された者及び同一の事業主の適用事業に継続して三十一日以上雇用された者（次条第二項の認可を受けた者を除く。）を除く。）をいう。

一　日々雇用される者

二　三十日以内の期間を定めて雇用される者

（日雇労働被保険者）

第四十三条　被保険者である日雇労働者であつて、次の各号のいずれかに該当するもの（以下「日雇労働被保険者」という。）が失業した場合には、この節の定めるところにより、日雇労働求職者給付金を支給する。

一　特別区若しくは公共職業安定所の所在する市町村の区域（厚生労働大臣が指定する区域を除く。）又はこれらに隣接する市町村の全部又は一部の区域であつて、厚生労働大臣が指定するもの（以下この項において「適用区域」という。）に居住し、適用事業に雇用される者

二　適用区域外の地域に居住し、適用区域内にある適用事業に雇用される者

三　適用区域外の地域に居住し、適用区域外の地域にある適用事業であつて、日雇労働の労働市場の状況その他の事情に基づいて厚生労働大臣が指定したものに雇用される者

四　前三号に掲げる者のほか、厚生労働省令で定めるところにより公共職業安定所長の認可を受けた者

2　日雇労働被保険者が前二月の各月において十八日以上同一の事業主の適用事業に雇用された場合又は同一の事業主の適用事業に継続して三十一日以上雇用された場合において、厚生労働省令で定めるところにより公共職業安定所長の認可を受けたときは、その者は、引き続き、日雇労働被保険者となることができる。

3　前二月の各月において十八日以上同一の事業主の適用事業に雇用された日雇労働被保険者又は同一の事業主の適用事業に継続して三十一日以上雇用された日雇労働被保険者が前項の認可を受けなかつたため、日雇労働被保険者とされなくなつた最初の月に離職し、失業した場合には、その失業した月の間における日雇労働求職者給付金の支給については、その者を日雇労働被保険者とみなす。

4　日雇労働被保険者に関しては、第六条（第三号に限る。）及び第七条から第九条まで並びに前三節の規定は、適用しない。

（日雇労働被保険者手帳）

第四十四条　日雇労働被保険者は、厚生労働省令で定めるところにより、公共職業安定所において、日雇労働被保険者手帳の交付を受けなければならない。

（日雇労働求職者給付金の受給資格）

第四十五条　日雇労働求職者給付金は、日雇労働被保険者が失業した場合において、その失業の日の属する月の前二月間に、その者について、徴収法第十条第二項第四号の印紙保険料（以下「印紙保険料」という。）が通算して二十六日分以上納付されているときに、第四十七条から第五十二条までに定めるところにより支給する。

第四十六条　前条の規定により日雇労働求職者給付金の支給を受けることができる者が第十五条第一項に規定する受給資格者である場合において、その者が、基本手当の支給を受けたときはその支給の対象となつた日については日雇労働求職者給付金を支給せず、日雇労働求職者給付金の支給を受けたときはその支給の対象となつた日については基本手当を支給しない。

（日雇労働被保険者に係る失業の認定）

第四十七条　日雇労働求職者給付金は、日雇労働被保険者が失業している日（失業していることについての認定を受けた日に限る。第五十四条第一号において同じ。）について支給する。

2　前項の失業していることについての認定（以下この節において「失業の認定」という。）を受けようとする者は、厚生労働省令で定めるところにより、公共職業安定所に出頭し、求職の申込みをしなければならない。

3　厚生労働大臣は、必要があると認めるとき

は、前項の規定にかかわらず、日雇労働被保険者に係る失業の認定について別段の定めをすることができる。

（日雇労働求職者給付金の日額）

第四十八条　日雇労働求職者給付金の日額は、次の各号に掲げる区分に応じ、当該各号に定める額とする。

一　前二月間に納付された印紙保険料のうち、徴収法第二十二条第一項第一号に掲げる額（その額が同条第二項又は第四項の規定により変更されたときは、その変更された額）の印紙保険料（以下「第一級印紙保険料」という。）が二十四日分以上であるとき　七千五百円（その額が次条第一項の規定により変更されたときは、その変更された額）

二　次のいずれかに該当するとき　六千二百円（その額が次条第一項の規定により変更されたときは、その変更された額）

イ　前二月間に納付された印紙保険料のうち、第一級印紙保険料及び徴収法第二十二条第一項第二号に掲げる額（その額が同条第二項又は第四項の規定により変更されたときは、その変更された額）の印紙保険料（以下「第二級印紙保険料」という。）が二十四日分以上であるとき（前号に該当するときを除く。）。

ロ　前二月間に納付された印紙保険料のうち、第一級印紙保険料及び第二級印紙保険料が二十四日分未満である場合において、第一級印紙保険料の納付額と第二級印紙保険料の納付額との合計額に、徴収法第二十二条第一項第三号に掲げる額（その額が同条第二項又は第四項の規定により変更されたときは、その変更された額）の印紙保険料（以下「第三級印紙保険料」という。）の納付額のうち二十四日から第一級印紙保険料及び第二級印紙保険料の納付日数を差し引いた日数に相当する日数分の額を加算した額を二十四で除して得た額が第二級印紙保険料の日額以上であるとき。

三　前二号のいずれにも該当しないとき　四千百円（その額が次条第一項の規定により変更されたときは、その変更された額）

（日雇労働求職者給付金の日額等の自動的変更）

第四十九条　厚生労働大臣は、平均定期給与額（第十八条第一項の平均定期給与額をいう。以下この項において同じ。）が、平成六年九月の平均定期給与額（この項の規定により日雇労働求職者給付金の日額等が変更されたときは直近の当該変更の基礎となつた平均定期給与額）の百分の百二十を超え、又は百分の八十三を下るに至つた場合において、その状態が継続すると認めるときは、その平均定期給与額の上昇し、又は低下した比率を基準として、日雇労働求職者給付金の日額等を変更しなければならない。

2　前項の「日雇労働求職者給付金の日額等」とは、前条第一号に定める額の日雇労働求職者給付金（次項及び第五十四条において「第一級給付金」という。）の日額、前条第二号に定める額の日雇労働求職者給付金（次項及び第五十四条において「第二級給付金」という。）の日額及び前条第三号に定める額の日雇労働求職者給付金（次項及び第五十四条において「第三級給付金」という。）の日額並びに徴収法第二十二条第一項に規定する印紙保険料の額の区分に係る賃金の日額のうち第一級印紙保険料と第二級印紙保険料との区分に係る賃金の日額（その額が前項の規定により変更されたときは、その変更された額。次項において「一級・二級印紙保険料区分日額」という。）及び第二級印紙保険料と第三級印紙保険料との区分に係る賃金の日額（その額が前項の規定により変更されたときは、その変更された額。次項において「二級・三級印紙保険料区分日額」という。）をいう。

3　徴収法第二十二条第五項の規定により同条第二項に規定する第一級保険料日額、第二級保険料日額及び第三級保険料日額の変更があつた場合には、厚生労働大臣は、その変更のあつた日から一年を経過した日の前日（その日前に当該変更に関して国会の議決があつた場合には、その議決のあつた日の前日）までの間は、第一項の規定による第一級給付金の日額、第二級給付金の日額及び第三級給付金の日額並びに一級・二級印紙保険料区分日額及び二級・三級印紙保険料区分日額の変更を行うことができない。

（日雇労働求職者給付金の支給日数等）

第五十条　日雇労働求職者給付金は、日雇労働被保険者が失業した日の属する月における失業の認定を受けた日について、その月の前二月間に、その者について納付されている印紙保険料が通算して二十八日分以下であるときは、通算して十三日分を限度として支給し、その者について納付されている印紙保険料が通算して二十八日分を超えているときは、通算して、二十八日分を超える四日分ごとに一日を十三日に加えて得た日数分を限度として支給する。ただし、その月において通算して十七日分を超えては支給しない。

2　日雇労働求職者給付金は、各週（日曜日から土曜日までの七日をいう。）につき日雇労働被保険者が職業に就かなかつた最初の日については、支給しない。

（**日雇労働求職者給付金の支給方法等**）

第五十一条　日雇労働求職者給付金は、公共職業安定所において、失業の認定を行つた日に支給するものとする。

2　厚生労働大臣は、必要があると認めるときは、前項の規定にかかわらず、日雇労働求職者給付金の支給について別段の定めをすることができる。

3　第三十一条第一項の規定は、日雇労働求職者給付金について準用する。この場合において、同項中「受給資格者」とあるのは「日雇労働求職者給付金の支給を受けることができる者」と、「失業の認定」とあるのは「第四十七条第二項の失業の認定」と読み替えるものとする。

（**給付制限**）

第五十二条　日雇労働求職者給付金の支給を受けることができる者が公共職業安定所の紹介する業務に就くことを拒んだときは、その拒んだ日から起算して七日間は、日雇労働求職者給付金を支給しない。ただし、次の各号のいずれかに該当するときは、この限りでない。

一　紹介された業務が、その者の能力からみて不適当であると認められるとき。

二　紹介された業務に対する賃金が、同一地域における同種の業務及び同程度の技能に係る一般の賃金水準に比べて、不当に低いとき。

三　職業安定法第二十条（第二項ただし書を除く。）の規定に該当する事業所に紹介されたとき。

四　その他正当な理由があるとき。

2　日雇労働求職者給付金の支給を受けることができる者についての前項各号のいずれかに該当するかどうかの認定は、公共職業安定所長が厚生労働大臣の定める基準に従つてするものとする。

3　日雇労働求職者給付金の支給を受けることができる者が、偽りその他不正の行為により求職者給付又は就職促進給付の支給を受け、又は受けようとしたときは、その支給を受け、又は受けようとした月及びその月の翌月から三箇月間は、日雇労働求職者給付金を支給しない。ただし、やむを得ない理由がある場合には、日雇労働求職者給付金の全部又は一部を支給することができる。

（**日雇労働求職者給付金の特例**）

第五十三条　日雇労働被保険者が失業した場合において、次の各号のいずれにも該当するときは、その者は、公共職業安定所長に申し出て、次条に定める日雇労働求職者給付金の支給を受けることができる。

一　継続する六月間に当該日雇労働被保険者について印紙保険料が各月十一日分以上、かつ、通算して七十八日分以上納付されていること。

二　前号に規定する継続する六月間（以下「基礎期間」という。）のうち後の五月間に第四十五条の規定による日雇労働求職者給付金の支給を受けていないこと。

三　基礎期間の最後の月の翌月以後二月間（申出をした日が当該二月の期間内にあるときは、同日までの間）に第四十五条の規定による日雇労働求職者給付金の支給を受けていないこと。

2　前項の申出は、基礎期間の最後の月の翌月以後四月の期間内に行わなければならない。

第五十四条　前条第一項の申出をした者に係る日雇労働求職者給付金の支給については、第四十八条及び第五十条第一項の規定にかかわらず、次の各号に定めるところによる。

一　日雇労働求職者給付金の支給を受けることができる期間及び日数は、基礎期間の最後の月の翌月以後四月の期間内の失業している日について、通算して六十日分を限度とする。

二　日雇労働求職者給付金の日額は、次のイからハまでに掲げる区分に応じ、当該イからハまでに定める額とする。

イ　基礎期間に納付された印紙保険料のうち、第一級印紙保険料が七十二日分以上であるとき　第一級給付金の日額

ロ　次のいずれかに該当するとき　第二級給付金の日額

(1)　基礎期間に納付された印紙保険料のうち、第一級印紙保険料及び第二級印紙保険料が七十二日分以上であるとき（イに該当するときを除く。）。

(2)　基礎期間に納付された印紙保険料の

うち、第一級印紙保険料及び第二級印紙保険料が七十二日分未満である場合において、第一級印紙保険料の納付額と第二級印紙保険料の納付額との合計額に、第三級印紙保険料の納付額のうち七十二日から第一級印紙保険料及び第二級印紙保険料の納付日数を差し引いた日数に相当する日数分の額を加算した額を七十二で除して得た額が第二級印紙保険料の日額以上であるとき。

ハ　イ又はロに該当しないとき　第三級給付金の日額

第五十五条　基礎期間の最後の月の翌月以後二月の期間内に第五十三条第一項の申出をした者については、当該二月を経過する日までは、第四十五条の規定による日雇労働求職者給付金は、支給しない。

2　第五十三条第一項の申出をした者が、基礎期間の最後の月の翌月から起算して第三月目又は第四月目に当たる月において、第四十五条の規定による日雇労働求職者給付金の支給を受けたときは当該日雇労働求職者給付金の支給の対象となつた日については前条の規定による日雇労働求職者給付金を支給せず、同条の規定による日雇労働求職者給付金の支給を受けたときは当該日雇労働求職者給付金の支給の対象となつた日については第四十五条の規定による日雇労働求職者給付金を支給しない。

3　前条の規定による日雇労働求職者給付金の支給を受けた者がその支給を受けた後に第五十三条第一項の申出をする場合における同項第二号の規定の適用については、その者は、第四十五条の規定による日雇労働求職者給付金の支給を受けたものとみなす。

4　第四十六条、第四十七条、第五十条第二項、第五十一条及び第五十二条の規定は、前条の規定による日雇労働求職者給付金について準用する。

（日雇労働被保険者であつた者に係る被保険者期間等の特例）

第五十六条　日雇労働被保険者が二月の各月において十八日以上同一の事業主の適用事業に雇用され、その翌月以後において離職した場合には、その二月を第十四条の規定による被保険者期間の二箇月として計算することができる。ただし、その者が第四十三条第二項又は第三項の規定の適用を受けた者である場合には、この限りでない。

2　前項の規定により同項に規定する二月を被保険者期間として計算することによつて第十四条第二項第一号に規定する受給資格、高年齢受給資格又は特例受給資格を取得した者について、第十七条に規定する賃金日額を算定する場合には、その二月の各月において納付された印紙保険料の額を厚生労働省令で定める率で除して得た額をそれぞれその各月に支払われた賃金額とみなす。

3　第一項の規定は、第二十二条第三項の規定による算定基礎期間の算定について準用する。この場合において、第一項中「その二月を第十四条の規定による被保険者期間の二箇月として」とあるのは、「当該雇用された期間を第二十二条第三項に規定する基準日まで引き続いて同一の事業主の適用事業に被保険者として雇用された期間に該当するものとして」と読み替えるものとする。

第五十六条の二　日雇労働被保険者が同一の事業主の適用事業に継続して三十一日以上雇用された後に離職した場合（前条第一項本文に規定する場合を除く。）には、その者の日雇労働被保険者であつた期間を第十四条の規定による被保険者期間の計算において被保険者であつた期間とみなすことができる。ただし、その者が第四十三条第二項又は第三項の規定の適用を受けた者である場合には、この限りでない。

2　前項の規定により第十四条の規定による被保険者期間を計算することによつて同条第二項第一号に規定する受給資格、高年齢受給資格又は特例受給資格を取得した者について、第十七条に規定する賃金日額を算定する場合には、日雇労働被保険者であつた期間のうち、同条第一項に規定する算定対象期間における被保険者期間として計算された最後の六箇月間に含まれる期間において納付された印紙保険料の額を厚生労働省令で定める率で除して得た額を当該期間に支払われた賃金額とみなす。

3　第一項の規定は、第二十二条第三項の規定による算定基礎期間の算定について準用する。この場合において、第一項中「その者の日雇労働被保険者であつた期間を第十四条の規定による被保険者期間の計算において被保険者であつた期間とみなす」とあるのは、「当該日雇労働被保険者であつた期間を第二十二条第三項に規定する基準日まで引き続いて同一の事業主の適用事業に被保険者として雇用された期間に該当するものとして計算する」と読み替えるものとする。

第五節　就職促進給付

（就業促進手当）

第五十六条の三　就業促進手当は、次の各号のいずれかに該当する者に対して、公共職業安定所長が厚生労働省令で定める基準に従って必要があると認めたときに、支給する。

一　次のイ又はロのいずれかに該当する受給資格者である者

イ　職業に就いた者（厚生労働省令で定める安定した職業に就いた者を除く。）であつて、当該職業に就いた日の前日における基本手当の支給残日数（当該職業に就かなかつたこととした場合における同日の翌日から当該受給資格に係る第二十条第一項及び第二項の規定による期間（第三十三条第三項の規定に該当する受給資格者については同項の規定による期間とし、次条第一項の規定に該当する受給資格者については同項の規定による期間とする。）の最後の日までの間に基本手当の支給を受けることができることとなる日数をいう。以下同じ。）が当該受給資格に基づく所定給付日数の三分の一以上かつ四十五日以上であるもの

ロ　厚生労働省令で定める安定した職業に就いた者であつて、当該職業に就いた日の前日における基本手当の支給残日数が当該受給資格に基づく所定給付日数の三分の一以上であるもの

二　厚生労働省令で定める安定した職業に就いた受給資格者（当該職業に就いた日の前日における基本手当の支給残日数が当該受給資格に基づく所定給付日数の三分の一未満である者に限る。）、高年齢受給資格者（高年齢求職者給付金の支給を受けた者であつて、当該高年齢受給資格に係る離職の日の翌日から起算して一年を経過していないものを含む。以下この節において同じ。）、特例受給資格者（特例一時金の支給を受けた者であつて、当該特例受給資格に係る離職の日の翌日から起算して六箇月を経過していないものを含む。以下この節において同じ。）又は日雇受給資格者（第四十五条又は第五十四条の規定による日雇労働求職者給付金の支給を受けることができる者をいう。以下同じ。）であつて、身体障害者その他の就職が困難な者として厚生労働省令で定めるもの

2　受給資格者、高年齢受給資格者、特例受給資格者又は日雇受給資格者（第五十八条及び第五十九条第一項において「受給資格者等」という。）が、前項第一号ロ又は同項第二号に規定する安定した職業に就いた日前厚生労働省令で定める期間内の就職について就業促進手当（同項第一号イに該当する者に係るものを除く。以下この項において同じ。）の支給を受けたことがあるときは、前項の規定にかかわらず、就業促進手当は、支給しない。

3　就業促進手当の額は、次の各号に掲げる者の区分に応じ、当該各号に定める額とする。

一　第一項第一号イに該当する者　現に職業に就いている日（当該職業に就かなかつたこととした場合における同日から当該就業促進手当に係る基本手当の受給資格に係る第二十条第一項及び第二項の規定による期間（第三十三条第三項の規定に該当する受給資格者については同項の規定による期間とし、次条第一項の規定に該当する受給資格者については同項の規定による期間とする。）の最後の日までの間に基本手当の支給を受けることができることとなる日があるときに限る。）について、第十六条の規定による基本手当の日額（その金額が同条第一項（同条第二項において読み替えて適用する場合を含む。）に規定する一万二千九十円（その額が第十八条の規定により変更されたときは、その変更された額）に百分の五十（受給資格に係る離職の日において六十歳以上六十五歳未満である受給資格者にあつては、百分の四十五）を乗じて得た金額を超えるときは、当該金額。以下この条において「基本手当日額」という。）に十分の三を乗じて得た額

二　第一項第一号ロに該当する者　基本手当日額に支給残日数に相当する日数に十分の六（その職業に就いた日の前日における基本手当の支給残日数が当該受給資格に基づく所定給付日数の三分の二以上であるもの（以下この号において「早期再就職者」という。）にあつては、十分の七）を乗じて得た数を乗じて得た額（同一の事業主の適用事業にその職業に就いた日から引き続いて六箇月以上雇用される者であつて厚生労働省令で定めるものにあつては、当該額に、基本手当日額に支給残日数に相当する日数に十分の四（早期再就職者にあつては、十分の三）を乗じて得た数を乗じて得

た額を限度として厚生労働省令で定める額を加えて得た額）

三　第一項第二号に該当する者　次のイからニまでに掲げる者の区分に応じ、当該イからニまでに定める額に四十を乗じて得た額を限度として厚生労働省令で定める額

イ　受給資格者　基本手当日額

ロ　高年齢受給資格者　その者を高年齢受給資格に係る離職の日において三十歳未満である基本手当の受給資格者とみなして第十六条から第十八条までの規定を適用した場合にその者に支給されることとなる基本手当の日額（その金額がその者を基本手当の受給資格者とみなして適用される第十六条第一項に規定する一万二千九十円（その額が第十八条の規定により変更されたときは、その変更された額）に百分の五十を乗じて得た金額を超えるときは、当該金額）

ハ　特例受給資格者　その者を基本手当の受給資格者とみなして第十六条から第十八条までの規定を適用した場合にその者に支給されることとなる基本手当の日額（その金額がその者を基本手当の受給資格者とみなして適用される第十六条第一項（同条第二項において読み替えて適用する場合を含む。）に規定する一万二千九十円（その額が第十八条の規定により変更されたときは、その変更された額）に百分の五十（特例受給資格に係る離職の日において六十歳以上六十五歳未満である特例受給資格者にあつては、百分の四十五）を乗じて得た金額を超えるときは、当該金額）

ニ　日雇受給資格者　第四十八条又は第五十四条第二号の規定による日雇労働求職者給付金の日額

4　第一項第一号イに該当する者に係る就業促進手当を支給したときは、この法律の規定（第十条の四及び第三十四条の規定を除く。次項において同じ。）の適用については、当該就業促進手当を支給した日数に相当する日数分の基本手当を支給したものとみなす。

5　第一項第一号ロに該当する者に係る就業促進手当を支給したときは、この法律の規定の適用については、当該就業促進手当の額を基本手当日額で除して得た日数に相当する日数分の基本手当を支給したものとみなす。

（就業促進手当の支給を受けた場合の特例）

第五十七条　特定就業促進手当受給者について、第一号に掲げる期間が第二号に掲げる期間を超えるときは、当該特定就業促進手当受給者の基本手当の受給期間は、第二十条第一項及び第二項並びに第三十三条第三項の規定にかかわらず、これらの規定による期間に当該超える期間を加えた期間とする。

一　就業促進手当（前条第一項第一号ロに該当する者に係るものに限る。以下この条において同じ。）に係る基本手当の受給資格に係る離職の日の翌日から再離職（当該就業促進手当の支給を受けた後の最初の離職（新たに受給資格、高年齢受給資格又は特例受給資格を取得した場合における当該受給資格、高年齢受給資格又は特例受給資格に係る離職を除く。）をいう。次項において同じ。）の日までの期間に次のイ及びロに掲げる日数を加えた期間

イ　二十日以下の範囲内で厚生労働省令で定める日数

ロ　当該就業促進手当に係る職業に就いた日の前日における支給残日数から前条第五項の規定により基本手当を支給したものとみなされた日数を差し引いた日数

二　当該職業に就かなかつたこととした場合における当該受給資格に係る第二十条第一項及び第二項の規定による期間（第三十三条第三項の規定に該当する受給資格者については、同項の規定による期間）

2　前項の特定就業促進手当受給者とは、就業促進手当の支給を受けた者であつて、再離職の日が当該就業促進手当に係る基本手当の受給資格に係る第二十条第一項及び第二項の規定による期間（第三十三条第三項の規定に該当する受給資格者については、同項の規定による期間）内にあり、かつ、次の各号のいずれかに該当するものをいう。

一　再離職が、その者を雇用していた事業主の事業について発生した倒産又は当該事業主の適用事業の縮小若しくは廃止に伴うものである者として厚生労働省令で定めるもの

二　前号に定めるもののほか、解雇その他の厚生労働省令で定める理由により離職した者

3　第一項の規定に該当する受給資格者については、第二十四条第一項中「第二十条第一項及び第二項」とあるのは、「第五十七条第一項」とする。

4　第三十三条第五項の規定は、第一項の規定

に該当する受給資格者について準用する。

（移転費）
第五十八条 移転費は、受給資格者等が公共職業安定所、職業安定法第四条第九項に規定する特定地方公共団体若しくは同法第十八条の二に規定する職業紹介事業者の紹介した職業に就くため、又は公共職業安定所長の指示した公共職業訓練等を受けるため、その住所又は居所を変更する場合において、公共職業安定所長が厚生労働大臣の定める基準に従つて必要があると認めたときに、支給する。

2 移転費の額は、受給資格者等及びその者により生計を維持されている同居の親族の移転に通常要する費用を考慮して、厚生労働省令で定める。

（求職活動支援費）
第五十九条 求職活動支援費は、受給資格者等が求職活動に伴い次の各号のいずれかに該当する行為をする場合において、公共職業安定所長が厚生労働大臣の定める基準に従つて必要があると認めたときに、支給する。

一 公共職業安定所の紹介による広範囲の地域にわたる求職活動

二 公共職業安定所の職業指導に従つて行う職業に関する教育訓練の受講その他の活動

三 求職活動を容易にするための役務の利用

2 求職活動支援費の額は、前項各号の行為に通常要する費用を考慮して、厚生労働省令で定める。

（給付制限）
第六十条 偽りその他不正の行為により求職者給付又は就職促進給付の支給を受け、又は受けようとした者には、これらの給付の支給を受け、又は受けようとした日以後、就職促進給付を支給しない。ただし、やむを得ない理由がある場合には、就職促進給付の全部又は一部を支給することができる。

2 前項に規定する者が同項に規定する日以後新たに受給資格、高年齢受給資格又は特例受給資格を取得した場合には、同項の規定にかかわらず、その受給資格、高年齢受給資格又は特例受給資格に基づく就職促進給付を支給する。

3 第一項に規定する者であつて、第五十二条第三項（第五十五条第四項において準用する場合を含む。次項において同じ。）の規定により日雇労働求職者給付金の支給を受けることができない者とされたものが、その支給を受けることができない期間を経過した後において、日雇受給資格者である場合又は日雇受給資格者となつた場合には、第一項の規定にかかわらず、その日雇受給資格者たる資格に基づく就職促進給付を支給する。

4 第一項に規定する者（第五十二条第三項の規定により日雇労働求職者給付金の支給を受けることができない者とされている者を除く。）が新たに日雇受給資格者となつた場合には、第一項の規定にかかわらず、その日雇受給資格者たる資格に基づく就職促進給付を支給する。

5 受給資格者が第一項の規定により就職促進給付を支給されないこととされたため、当該受給資格に基づく就業促進手当の全部又は一部の支給を受けることができなくなつたときは、第五十六条の三第四項及び第五項の規定の適用については、その全部又は一部の支給を受けることができないこととされた就業促進手当の支給があつたものとみなす。

第五節の二　教育訓練給付

（教育訓練給付金）
第六十条の二 教育訓練給付金は、次の各号のいずれかに該当する者（以下「教育訓練給付対象者」という。）が、厚生労働省令で定めるところにより、雇用の安定及び就職の促進を図るために必要な職業に関する教育訓練として厚生労働大臣が指定する教育訓練を受け、当該教育訓練を修了した場合（当該教育訓練を受けている場合であつて厚生労働省令で定める場合を含み、当該教育訓練に係る指定教育訓練実施者により厚生労働省令で定める証明がされた場合に限る。）において、支給要件期間が三年以上であるときに、支給する。

一 当該教育訓練を開始した日（以下この条において「基準日」という。）に一般被保険者（被保険者のうち、高年齢被保険者、短期雇用特例被保険者及び日雇労働被保険者以外の者をいう。次号において同じ。）又は高年齢被保険者である者

二 前号に掲げる者以外の者であつて、基準日が当該基準日の直前の一般被保険者又は高年齢被保険者でなくなつた日から厚生労働省令で定める期間内にあるもの

2 前項の支給要件期間は、教育訓練給付対象者が基準日までの間に同一の事業主の適用事業に引き続いて被保険者として雇用された期間（当該雇用された期間に係る被保険者となつた日前に被保険者であつたことがある者に

ついては、当該雇用された期間と当該被保険者であつた期間を通算した期間）とする。ただし、当該期間に次の各号に掲げる期間が含まれているときは、当該各号に掲げる期間に該当する全ての期間を除いて算定した期間とする。

一　当該雇用された期間又は当該被保険者であつた期間に係る被保険者となつた日の直前の被保険者でなくなつた日が当該被保険者となつた日前一年の期間内にないときは、当該直前の被保険者でなくなつた日前の被保険者であつた期間

二　当該基準日前に教育訓練給付金の支給を受けたことがあるときは、当該給付金に係る基準日前の被保険者であつた期間

3　第二十二条第四項の規定は、前項の支給要件期間の算定について準用する。

4　教育訓練給付金の額は、教育訓練給付対象者が第一項に規定する教育訓練の受講のために支払つた費用（厚生労働省令で定める範囲内のものに限る。）の額（当該教育訓練の受講のために支払つた費用の額であることについて当該教育訓練に係る指定教育訓練実施者により証明がされたものに限る。）に百分の二十以上百分の七十以下の範囲内において厚生労働省令で定める率を乗じて得た額（その額が厚生労働省令で定める額を超えるときは、その定める額）とする。

5　第一項及び前項の規定にかかわらず、同項の規定により教育訓練給付金の額として算定された額が厚生労働省令で定める額を超えないとき、又は教育訓練給付対象者が基準日前厚生労働省令で定める期間内に教育訓練給付金の支給を受けたことがあるときは、教育訓練給付金は、支給しない。

（給付制限）

第六十条の三　偽りその他不正の行為により教育訓練給付金の支給を受け、又は受けようとした者には、当該給付金の支給を受け、又は受けようとした日以後、教育訓練給付金を支給しない。ただし、やむを得ない理由がある場合には、教育訓練給付金の全部又は一部を支給することができる。

2　前項の規定により教育訓練給付金の支給を受けることができない者とされたものが、同項に規定する日以後、新たに教育訓練給付金の支給を受けることができる者となつた場合には、同項の規定にかかわらず、教育訓練給付金を支給する。

3　第一項の規定により教育訓練給付金の支給を受けることができなくなつた場合においても、前条第二項の規定の適用については、当該給付金の支給があつたものとみなす。

第六節　雇用継続給付

第一款　高年齢雇用継続給付

（高年齢雇用継続基本給付金）

第六十一条　高年齢雇用継続基本給付金は、被保険者（短期雇用特例被保険者及び日雇労働被保険者を除く。以下この款において同じ。）に対して支給対象月（当該被保険者が第一号に該当しなくなつたときは、同号に該当しなくなつた日の属する支給対象月以後の支給対象月）に支払われた賃金の額（支給対象月において非行、疾病その他の厚生労働省令で定める理由により支払を受けることができなかつた賃金がある場合には、その支払を受けたものとみなして算定した賃金の額。以下この項、第四項及び第五項各号（次条第三項において準用する場合を含む。）並びに同条第一項において同じ。）が、当該被保険者を受給資格者と、当該被保険者が六十歳に達した日（当該被保険者が第一号に該当しなくなつたときは、同号に該当しなくなつた日）を受給資格に係る離職の日とみなして第十七条（第三項を除く。）の規定を適用した場合に算定されることとなる賃金日額に相当する額（以下この条において「みなし賃金日額」という。）に三十を乗じて得た額の百分の七十五に相当する額を下るに至つた場合に、当該支給対象月について支給する。ただし、次の各号のいずれかに該当するときは、この限りでない。

一　当該被保険者を受給資格者と、当該被保険者が六十歳に達した日又は当該支給対象月においてその日に応当する日（その日に応当する日がない月においては、その月の末日。）を第二十条第一項第一号に規定する基準日とみなして第二十二条第三項及び第四項の規定を適用した場合に算定されることとなる期間に相当する期間が、五年に満たないとき。

二　当該支給対象月に支払われた賃金の額が、三十五万六千四百円（その額が第七項の規定により変更されたときは、その変更された額。以下この款において「支給限度額」という。）以上であるとき。

2　この条において「支給対象月」とは、被保

険者が六十歳に達した日の属する月から六十五歳に達する日の属する月までの期間内にある月（その月の初日から末日まで引き続いて、被保険者であり、かつ、介護休業給付金又は育児休業給付金若しくは出生時育児休業給付金の支給を受けることができる休業をしなかつた月に限る。）をいう。

3　第一項の規定によりみなし賃金日額を算定する場合における第十七条第四項の規定の適用については、同項中「前三項の規定」とあるのは、「第一項及び第二項の規定」とする。

4　第一項の規定によりみなし賃金日額を算定することができないとき若しくは困難であるとき、又は同項の規定により算定したみなし賃金日額を用いて同項の規定を適用することが適当でないと認められるときは、厚生労働大臣が定めるところにより算定した額をみなし賃金日額とする。この場合において、第十七条第四項の規定は、この項の規定により算定したみなし賃金日額について準用する。

5　高年齢雇用継続基本給付金の額は、一支給対象月について、次の各号に掲げる区分に応じ、当該支給対象月に支払われた賃金の額に当該各号に定める率を乗じて得た額とする。ただし、その額に当該賃金の額を加えて得た額が支給限度額を超えるときは、支給限度額から当該賃金の額を減じて得た額とする。

一　当該賃金の額が、みなし賃金日額に三十を乗じて得た額の百分の六十一に相当する額未満であるとき。　百分の十五

二　前号に該当しないとき。　みなし賃金日額に三十を乗じて得た額に対する当該賃金の額の割合が逓増する程度に応じ、百分の十五から一定の割合で逓減するように厚生労働省令で定める率

6　第一項及び前項の規定にかかわらず、同項の規定により支給対象月における高年齢雇用継続基本給付金の額として算定された額が第十七条第四項第一号に掲げる額（その額が第十八条の規定により変更されたときは、その変更された額）の百分の八十に相当する額を超えないときは、当該支給対象月については、高年齢雇用継続基本給付金は、支給しない。

7　厚生労働大臣は、年度の平均給与額が平成二十七年四月一日から始まる年度（この項の規定により支給限度額が変更されたときは、直近の当該変更がされた年度の前年度）の平均給与額を超え、又は下るに至つた場合においては、その上昇し、又は低下した比率を基準として、その翌年度の八月一日以後の支給限度額を変更しなければならない。

（高年齢再就職給付金）

第六十一条の二　高年齢再就職給付金は、受給資格者（その受給資格に係る離職の日における第二十二条第三項の規定による算定基礎期間が五年以上あり、かつ、当該受給資格に基づく基本手当の支給を受けたことがある者に限る。）が六十歳に達した日以後安定した職業に就くことにより被保険者となつた場合において、当該被保険者に対し再就職後の支給対象月に支払われた賃金の額が、当該基本手当の日額の算定の基礎となつた賃金日額に三十を乗じて得た額の百分の七十五に相当する額を下るに至つたときに、当該再就職後の支給対象月について支給する。ただし、次の各号のいずれかに該当するときは、この限りでない。

一　当該職業に就いた日（次項において「就職日」という。）の前日における支給残日数が、百日未満であるとき。

二　当該再就職後の支給対象月に支払われた賃金の額が、支給限度額以上であるとき。

2　前項の「再就職後の支給対象月」とは、就職日の属する月から当該就職日の翌日から起算して二年（当該就職日の前日における支給残日数が二百日未満である同項の被保険者については、一年）を経過する日の属する月（その月が同項の被保険者が六十五歳に達する日の属する月後であるときは、六十五歳に達する日の属する月）までの期間内にある月（その月の初日から末日まで引き続いて、被保険者であり、かつ、介護休業給付金又は育児休業給付金若しくは出生時育児休業給付金の支給を受けることができる休業をしなかつた月に限る。）をいう。

3　前条第五項及び第六項の規定は、高年齢再就職給付金の額について準用する。この場合において、同条第五項中「支給対象月について」とあるのは「再就職後の支給対象月（次条第二項に規定する再就職後の支給対象月をいう。次条第三項において準用する第六項において同じ。）について」と、「当該支給対象月」とあるのは「当該再就職後の支給対象月」と、「みなし賃金日額」とあるのは「次条第一項の賃金日額」と、同条第六項中「第一項」とあるのは「次条第一項」と、「支給対象月」とあるのは「再就職後の支給対象月」と読み替えるものとする。

労働法

4　高年齢再就職給付金の支給を受けることができる者が、同一の就職につき就業促進手当（第五十六条の三第一項第一号ロに該当する者に係るものに限る。以下この項において同じ。）の支給を受けることができる場合において、その者が就業促進手当の支給を受けたときは高年齢再就職給付金を支給せず、高年齢再就職給付金の支給を受けたときは就業促進手当を支給しない。

（**給付制限**）
第六十一条の三　偽りその他不正の行為により次の各号に掲げる失業等給付の支給を受け、又は受けようとした者には、当該給付の支給を受け、又は受けようとした日以後、当該各号に定める高年齢雇用継続給付を支給しない。ただし、やむを得ない理由がある場合には、当該高年齢雇用継続給付の全部又は一部を支給することができる。
一　高年齢雇用継続基本給付金　高年齢雇用継続基本給付金
二　高年齢再就職給付金又は当該給付金に係る受給資格に基づく求職者給付若しくは就職促進給付　高年齢再就職給付金

第二款　介護休業給付

（**介護休業給付金**）
第六十一条の四　介護休業給付金は、被保険者（短期雇用特例被保険者及び日雇労働被保険者を除く。以下この条において同じ。）が、厚生労働省令で定めるところにより、対象家族（当該被保険者の配偶者（婚姻の届出をしていないが、事実上婚姻関係と同様の事情にある者を含む。以下この項において同じ。）、父母及び子（これらの者に準ずる者として厚生労働省令で定めるものを含む。）並びに配偶者の父母をいう。以下この条において同じ。）を介護するための休業（以下「介護休業」という。）をした場合において、当該介護休業（当該対象家族を介護するための二回以上の介護休業をした場合にあつては、初回の介護休業とする。以下この項において同じ。）を開始した日前二年間（当該介護休業を開始した日前二年間に疾病、負傷その他厚生労働省令で定める理由により引き続き三十日以上賃金の支払を受けることができなかつた被保険者については、当該理由により賃金の支払を受けることができなかつた日数を二年に加算した期間（その期間が四年を超えるときは、四年間））に、みなし被保険者期間が通算して十二箇月以上であつたときに、支給単位期間について支給する。

2　前項の「みなし被保険者期間」は、介護休業（同一の対象家族について二回以上の介護休業をした場合にあつては、初回の介護休業とする。）を開始した日を被保険者でなくなつた日とみなして第十四条の規定を適用した場合に計算されることとなる被保険者期間に相当する期間とする。

3　この条において「支給単位期間」とは、介護休業をした期間（当該介護休業を開始した日から起算して三月を経過する日までの期間に限る。）を、当該介護休業を開始した日又は各月においてその日に応当し、かつ、当該介護休業をした期間内にある日（その日に応当する日がない月においては、その月の末日。以下この項及び次項第二号において「休業開始応当日」という。）から各翌月の休業開始応当日の前日（当該介護休業を終了した日の属する月にあつては、当該介護休業を終了した日）までの各期間に区分した場合における当該区分による一の期間をいう。

4　介護休業給付金の額は、一支給単位期間について、介護休業給付金の支給を受けることができる被保険者を受給資格者と、当該被保険者が当該介護休業給付金の支給に係る介護休業を開始した日の前日を受給資格に係る離職の日とみなして第十七条の規定を適用した場合に算定されることとなる賃金日額に相当する額（次項において「休業開始時賃金日額」という。）に次の各号に掲げる支給単位期間の区分に応じて当該各号に定める日数（次項において「支給日数」という。）を乗じて得た額の百分の四十に相当する額とする。この場合における同条の規定の適用については、同条第三項中「困難であるとき」とあるのは「できないとき若しくは困難であるとき」と、同条第四項中「第二号に掲げる額」とあるのは「第二号ロに定める額」とする。
一　次号に掲げる支給単位期間以外の支給単位期間　三十日
二　当該介護休業を終了した日の属する支給単位期間　当該支給単位期間における当該介護休業を開始した日又は休業開始応当日から当該介護休業を終了した日までの日数

5　前項の規定にかかわらず、介護休業をした被保険者に当該被保険者を雇用している事業主から支給単位期間に賃金が支払われた場合において、当該賃金の額に当該支給単位期間における介護休業給付金の額を加えて得た額が休業開始時賃金日額に支給日数を乗じて得た額の百分の八十に相当する額以上であるときは、休業開始時賃金日額に支給日数を乗じて得た額の百分の八十に相当する額から当該賃金の額を減じて得た額を、当該支給単位期間における介護休業給付金の額とする。この場合において、当該賃金の額が休業開始時賃金日額に支給日数を乗じて得た額の百分の八十に相当する額以上であるときは、第一項の規定にかかわらず、当該賃金が支払われた支給単位期間については、介護休業給付金は、支給しない。

6　第一項の規定にかかわらず、被保険者が介護休業についてこの款の定めるところにより介護休業給付金の支給を受けたことがある場合において、当該被保険者が次の各号のいずれかに該当する介護休業をしたときは、介護休業給付金は、支給しない。

一　同一の対象家族について当該被保険者が四回以上の介護休業をした場合における四回目以後の介護休業

二　同一の対象家族について当該被保険者がした介護休業ごとに、当該介護休業を開始した日から当該介護休業を終了した日までの日数を合算して得た日数が九十三日に達した日後の介護休業

（**給付制限**）

第六十一条の五　偽りその他不正の行為により介護休業給付金の支給を受け、又は受けようとした者には、当該給付金の支給を受け、又は受けようとした日以後、介護休業給付金を支給しない。ただし、やむを得ない理由がある場合には、介護休業給付金の全部又は一部を支給することができる。

2　前項の規定により介護休業給付金の支給を受けることができない者とされたものが、同項に規定する日以後、新たに介護休業を開始し、介護休業給付金の支給を受けることができる者となつた場合には、同項の規定にかかわらず、当該介護休業に係る介護休業給付金を支給する。

第三章の二　育児休業給付

（**育児休業給付**）

第六十一条の六　育児休業給付は、育児休業給付金及び出生時育児休業給付金とする。

2　第十条の三から第十二条までの規定は、育児休業給付について準用する。

（**育児休業給付金**）

第六十一条の七　育児休業給付金は、被保険者（短期雇用特例被保険者及び日雇労働被保険者を除く。以下この条及び次条において同じ。）が、厚生労働省令で定めるところにより、その一歳に満たない子（民法（明治二十九年法律第八十九号）第八百十七条の二第一項の規定により被保険者が当該被保険者との間における同項に規定する特別養子縁組の成立について家庭裁判所に請求した者（当該請求に係る家事審判事件が裁判所に係属している場合に限る。）であつて、当該被保険者が現に監護するもの、児童福祉法（昭和二十二年法律第百六十四号）第二十七条第一項第三号の規定により同法第六条の四第二号に規定する養子縁組里親である被保険者に委託されている児童及びその他これらに準ずる者として厚生労働省令で定める者に、厚生労働省令で定めるところにより委託されている者を含む。以下この章において同じ。）（その子が一歳に達した日後の期間について休業することが雇用の継続のために特に必要と認められる場合として厚生労働省令で定める場合に該当する場合にあつては、一歳六か月に満たない子（その子が一歳六か月に達した日後の期間について休業することが雇用の継続のために特に必要と認められる場合として厚生労働省令で定める場合に該当する場合にあつては、二歳に満たない子））を養育するための休業（以下この章において「育児休業」という。）をした場合において、当該育児休業（当該子について二回以上の育児休業をした場合にあつては、初回の育児休業とする。以下この項及び第三項において同じ。）を開始した日前二年間（当該育児休業を開始した日前二年間に疾病、負傷その他厚生労働省令で定める理由により引き続き三十日以上賃金の支払を受けることができなかつた被保険者については、当該理由により賃金の支払を受けることができなかつた日数を二年に加算した期間（その期間が四年を超えるときは、四年間））に、みなし被保険者期間が通算して十二箇月以上であつたときに、支給単位期間について支給する。

2　被保険者が育児休業についてこの章の定めるところにより育児休業給付金の支給を受けたことがある場合において、当該被保険者が同一の子について三回以上の育児休業（厚生労働省令で定める場合に該当するものを除く。）をした場合における三回目以後の育児休業については、前項の規定にかかわらず、

育児休業給付金は、支給しない。

3　第一項の「みなし被保険者期間」は、育児休業を開始した日を被保険者でなくなつた日とみなして第十四条の規定を適用した場合に計算されることとなる被保険者期間に相当する期間とする。

4　労働基準法第六十五条第二項の規定による休業をした被保険者であつて、前項に規定するみなし被保険者期間が十二箇月に満たないものについての第一項及び前項の規定の適用については、第一項中「当該育児休業（当該子について二回以上の育児休業をした場合にあつては、初回の育児休業とする。以下この項及び第三項において同じ。）を開始した日」とあるのは「特例基準日（当該子について労働基準法第六十五条第一項の規定による休業を開始した日（厚生労働省令で定める理由により当該日によることが適当でないと認められる場合においては、当該理由に応じて厚生労働省令で定める日）をいう。以下この項及び第三項において同じ。）」と、「育児休業を開始した日」とあるのは「特例基準日」と、前項中「育児休業を開始した日」とあるのは「特例基準日」とする。

5　この条において「支給単位期間」とは、育児休業をした期間を、当該育児休業を開始した日又は各月においてその日に応当し、かつ、当該育児休業をした期間内にある日（その日に応当する日がない月においては、その月の末日。以下この項及び次項において「休業開始応当日」という。）から各翌月の休業開始応当日の前日（当該育児休業を終了した日の属する月にあつては、当該育児休業を終了した日）までの各期間に区分した場合における当該区分による一の期間をいう。

6　育児休業給付金の額は、一支給単位期間について、育児休業給付金の支給を受けることができる被保険者を受給資格者と、当該被保険者が当該育児休業給付金の支給に係る育児休業（同一の子について二回以上の育児休業をした場合にあつては、初回の育児休業とする。）を開始した日の前日を受給資格に係る離職の日とみなして第十七条の規定を適用した場合に算定されることとなる賃金日額に相当する額（以下この項及び次項において「休業開始時賃金日額」という。）に次の各号に掲げる支給単位期間の区分に応じて当該各号に定める日数（同項において「支給日数」という。）を乗じて得た額の百分の五十（当該育児休業（同一の子について二回以上の育児休業をした場合にあつては、初回の育児休業とする。）を開始した日から起算し当該育児休業給付金の支給に係る休業日数が通算して百八十日に達するまでの間に限り、百分の六十七）に相当する額（支給単位期間に当該育児休業給付金の支給に係る休業日数の百八十日目に当たる日が属する場合にあつては、休業開始時賃金日額に当該休業開始応当日から当該休業日数の百八十日目に当たる日までの日数を乗じて得た額の百分の六十七に相当する額に、休業開始時賃金日額に当該休業日数の百八十一日目に当たる日から育児休業を終了した日又は翌月の休業開始応当日の前日のいずれか早い日までの日数を乗じて得た額の百分の五十に相当する額を加えて得た額）とする。この場合における同条の規定の適用については、同条第三項中「困難であるとき」とあるのは「できないとき若しくは困難であるとき」と、同条第四項中「第二号に掲げる額」とあるのは「第二号ハに定める額」とする。

一　次号に掲げる支給単位期間以外の支給単位期間　三十日

二　育児休業を終了した日の属する支給単位期間　当該支給単位期間における当該育児休業を開始した日又は休業開始応当日から当該育児休業を終了した日までの日数

7　前項の規定にかかわらず、育児休業をした被保険者に当該被保険者を雇用している事業主から支給単位期間に賃金が支払われた場合において、当該賃金の額に当該支給単位期間における育児休業給付金の額を加えて得た額が休業開始時賃金日額に支給日数を乗じて得た額の百分の八十に相当する額以上であるときは、休業開始時賃金日額に支給日数を乗じて得た額の百分の八十に相当する額から当該賃金の額を減じて得た額を、当該支給単位期間における育児休業給付金の額とする。この場合において、当該賃金の額が休業開始時賃金日額に支給日数を乗じて得た額の百分の八十に相当する額以上であるときは、第一項の規定にかかわらず、当該賃金が支払われた支給単位期間については、育児休業給付金は、支給しない。

8　被保険者の養育する子について、当該被保険者の配偶者（婚姻の届出をしていないが、事実上婚姻関係と同様の事情にある者を含む。）が当該子の一歳に達する日以前のいずれかの日において当該子を養育するための休業をしている場合における第一項の規定の適用については、同項中「その一歳」とあるのは、「その一歳二か月」とする。

9 育児休業給付金の支給を受けたことがある者に対する第二十二条第三項及び第三十七条の四第三項の規定の適用については、第二十二条第三項中「とする。ただし、当該期間」とあるのは「とし、当該雇用された期間又は当該被保険者であつた期間に育児休業給付金の支給に係る休業の期間があるときは、当該休業の期間を除いて算定した期間とする。ただし、当該雇用された期間又は当該被保険者であつた期間」と、第三十七条の四第三項中「第二十二条第三項」とあるのは「第二十二条第三項（第六十一条の七第九項において読み替えて適用する場合を含む。）」とする。

（出生時育児休業給付金）

第六十一条の八 出生時育児休業給付金は、被保険者が、厚生労働省令で定めるところにより、その子の出生の日から起算して八週間を経過する日の翌日まで（出産予定日前に当該子が出生した場合にあつては当該出生の日から当該出産予定日から起算して八週間を経過する日の翌日までとし、出産予定日後に当該子が出生した場合にあつては当該出産予定日から当該出生の日から起算して八週間を経過する日の翌日までとする。）の期間内に四週間以内の期間を定めて当該子を養育するための休業（当該被保険者が出生時育児休業給付金の支給を受けることを希望する旨を公共職業安定所長に申し出たものに限る。以下この条において「出生時育児休業」という。）をした場合において、当該出生時育児休業（当該子について二回目の出生時育児休業をした場合にあつては、初回の出生時育児休業とする。以下この項及び第三項において同じ。）を開始した日前二年間（当該出生時育児休業を開始した日前二年間に疾病、負傷その他厚生労働省令で定める理由により引き続き三十日以上賃金の支払を受けることができなかつた被保険者については、当該理由により賃金の支払を受けることができなかつた日数を二年に加算した期間（その期間が四年を超えるときは、四年間））に、みなし被保険者期間が通算して十二箇月以上であつたときに、支給する。

2 被保険者が出生時育児休業についてこの章の定めるところにより出生時育児休業給付金の支給を受けたことがある場合において、当該被保険者が次の各号のいずれかに該当する出生時育児休業をしたときは、前項の規定にかかわらず、出生時育児休業給付金は、支給しない。

一 同一の子について当該被保険者が三回以上の出生時育児休業をした場合における三回目以後の出生時育児休業

二 同一の子について当該被保険者がした出生時育児休業ごとに、当該出生時育児休業を開始した日から当該出生時育児休業を終了した日までの日数を合算して得た日数が二十八日に達した日後の出生時育児休業

3 第一項の「みなし被保険者期間」は、出生時育児休業を開始した日を被保険者でなくなつた日とみなして第十四条の規定を適用した場合に計算されることとなる被保険者期間に相当する期間とする。

4 出生時育児休業給付金の額は、出生時育児休業給付金の支給を受けることができる被保険者を受給資格者と、当該被保険者が当該出生時育児休業給付金の支給に係る出生時育児休業（同一の子について二回目の出生時育児休業をした場合にあつては、初回の出生時育児休業とする。）を開始した日の前日を受給資格に係る離職の日とみなして第十七条の規定を適用した場合に算定されることとなる賃金日額に相当する額（次項において「休業開始時賃金日額」という。）に第二項第二号に規定する合算して得た日数（その日数が二十八日を超えるときは、二十八日。次項において「支給日数」という。）を乗じて得た額の百分の六十七に相当する額（次項において「支給額」という。）とする。この場合における同条の規定の適用については、同条第三項中「困難であるとき」とあるのは「できないとき若しくは困難であるとき」と、同条第四項中「第二号に掲げる額」とあるのは「第二号ハに定める額」とする。

5 前項の規定にかかわらず、出生時育児休業をした被保険者に当該被保険者を雇用している事業主から当該出生時育児休業をした期間（第二項第二号に規定する合算して得た日数が二十八日を超えるときは、当該日数が二十八日に達する日までの期間に限る。）に賃金が支払われた場合において、当該賃金の額に支給額を加えて得た額が休業開始時賃金日額に支給日数を乗じて得た額の百分の八十に相当する額以上であるときは、休業開始時賃金日額に支給日数を乗じて得た額の百分の八十に相当する額から当該賃金の額を減じて得た

額を、出生時育児休業給付金の額とする。この場合において、当該賃金の額が休業開始時賃金日額に支給日数を乗じて得た額の百分の八十に相当する額以上であるときは、第一項の規定にかかわらず、出生時育児休業給付金は、支給しない。

6　前条第九項の規定は、出生時育児休業給付金について準用する。この場合において、同項中「第六十一条の七第九項」とあるのは、「第六十一条の八第六項において読み替えて準用する第六十一条の七第九項」と読み替えるものとする。

7　出生時育児休業給付金の支給を受けようとする被保険者が、既に同一の子について育児休業給付金の支給を受けていた場合における第一項、第三項及び第四項の規定の適用については、第一項中「限る」とあるのは「限り、育児休業給付金の支給に係るものを除く」と、「当該出生時育児休業（当該子について二回目の出生時育児休業をした場合にあつては、初回の出生時育児休業とする。以下この項及び第三項において同じ。）」とあるのは「当該子について当該被保険者がした初回の育児休業」と、「（当該出生時育児休業」とあるのは「（当該育児休業」と、第三項中「出生時育児休業」とあるのは「同一の子についてした初回の育児休業」と、第四項中「当該出生時育児休業給付金の支給に係る出生時育児休業（同一の子について二回目の出生時育児休業をした場合にあつては、初回の出生時育児休業とする。）」とあるのは「同一の子についてした初回の育児休業」とする。

8　育児休業給付金の支給を受けようとする被保険者が、既に同一の子について出生時育児休業給付金の支給を受けていた場合における前条第二項、第五項及び第六項の規定の適用については、同条第二項中「育児休業（」とあるのは「育児休業（次条第一項に規定する出生時育児休業及び」と、同条第五項中「、育児休業」とあるのは「、育児休業（次条第一項に規定する出生時育児休業を除く。）」と、同条第六項中「起算し当該育児休業給付金」とあるのは「起算し当該育児休業給付金（同一の子について当該被保険者が支給を受けていた次条第一項に規定する出生時育児休業給付金を含む。以下この項において同じ。）」とする。

（給付制限）

第六十一条の九　偽りその他不正の行為により育児休業給付の支給を受け、又は受けようとした者には、当該給付の支給を受け、又は受けようとした日以後、育児休業給付を支給しない。ただし、やむを得ない理由がある場合には、育児休業給付の全部又は一部を支給することができる。

2　前項の規定により育児休業給付の支給を受けることができない者とされたものが、同項に規定する日以後、当該育児休業給付の支給に係る育児休業を開始した日に養育していた子以外の子について新たに育児休業を開始し、育児休業給付の支給を受けることができる者となつた場合には、同項の規定にかかわらず、当該育児休業に係る育児休業給付を支給する。

第四章　雇用安定事業等

（雇用安定事業）

第六十二条　政府は、被保険者、被保険者であつた者及び被保険者になろうとする者（以下この章において「被保険者等」という。）に関し、失業の予防、雇用状態の是正、雇用機会の増大その他雇用の安定を図るため、雇用安定事業として、次の事業を行うことができる。

一　景気の変動、産業構造の変化その他の経済上の理由により事業活動の縮小を余儀なくされた場合において、労働者を休業させる事業主その他労働者の雇用の安定を図るために必要な措置を講ずる事業主に対して、必要な助成及び援助を行うこと。

二　離職を余儀なくされる労働者に対して、労働施策の総合的な推進並びに労働者の雇用の安定及び職業生活の充実等に関する法律第二十六条第一項に規定する休暇を与える事業主その他当該労働者の再就職を促進するために必要な措置を講ずる事業主に対して、必要な助成及び援助を行うこと。

三　定年の引上げ、高年齢者等の雇用の安定等に関する法律（昭和四十六年法律第六十八号）第九条に規定する継続雇用制度の導入、同法第十条の二第四項に規定する高年齢者就業確保措置の実施等により高年齢者の雇用を延長し、又は同法第二条第二項に規定する高年齢者等（以下この号において単に「高年齢者等」という。）に対し再就職の援助を行い、若しくは高年齢者等を雇い入れる事業主その他高年齢者等の雇用の安定を図るために必要な措置を講ずる事業主に対して、必要な助成及び援助を行うこと。

四　高年齢者等の雇用の安定等に関する法律第三十四条第一項の同意を得た同項に規定する地域高年齢者就業機会確保計画（同条第四項の規定による変更の同意があつたときは、その変更後のもの。次条第一項第八号において「同意地域高年齢者就業機会確保計画」という。）に係る同法第三十四条第二項第三号に規定する事業のうち雇用の安定に係るものを行うこと。

五　雇用機会を増大させる必要がある地域への事業所の移転により新たに労働者を雇い入れる事業主、季節的に失業する者が多数居住する地域においてこれらの者を年間を通じて雇用する事業主その他雇用に関する状況を改善する必要がある地域における労働者の雇用の安定を図るために必要な措置を講ずる事業主に対して、必要な助成及び援助を行うこと。

六　前各号に掲げるもののほか、障害者その他就職が特に困難な者の雇入れの促進、雇用に関する状況が全国的に悪化した場合における労働者の雇入れの促進その他被保険者等の雇用の安定を図るために必要な事業であつて、厚生労働省令で定めるものを行うこと。

2　前項各号に掲げる事業の実施に関して必要な基準は、厚生労働省令で定める。

3　政府は、独立行政法人高齢・障害・求職者雇用支援機構法（平成十四年法律第百六十五号）及びこれに基づく命令で定めるところにより、第一項各号に掲げる事業の一部を独立行政法人高齢・障害・求職者雇用支援機構に行わせるものとする。

（能力開発事業）

第六十三条　政府は、被保険者等に関し、職業生活の全期間を通じて、これらの者の能力を開発し、及び向上させることを促進するため、能力開発事業として、次の事業を行うことができる。

一　職業能力開発促進法（昭和四十四年法律第六十四号）第十三条に規定する事業主等及び職業訓練の推進のための活動を行う者に対して、同法第十一条に規定する計画に基づく職業訓練、同法第二十四条第三項（同法第二十七条の二第二項において準用する場合を含む。）に規定する認定職業訓練（第五号において「認定職業訓練」という。）その他当該事業主等の行う職業訓練を振興するために必要な助成及び援助を行うこと並びに当該職業訓練を振興するために必要な助成及び援助を行う都道府県に対して、これらに要する経費の全部又は一部の補助を行うこと。

二　公共職業能力開発施設（公共職業能力開発施設の行う職業訓練を受ける者のための宿泊施設を含む。以下この号において同じ。）又は職業能力開発総合大学校（職業能力開発総合大学校の行う指導員訓練又は職業訓練を受ける者のための宿泊施設を含む。）を設置し、又は運営すること、職業能力開発促進法第十五条の七第一項ただし書に規定する職業訓練を行うこと及び公共職業能力開発施設を設置し、又は運営する都道府県に対して、これらに要する経費の全部又は一部の補助を行うこと。

三　求職者及び退職を予定する者に対して、再就職を容易にするために必要な知識及び技能を習得させるための講習（第五号において「職業講習」という。）並びに作業環境に適応させるための訓練を実施すること。

四　職業能力開発促進法第十条の四第二項に規定する有給教育訓練休暇を与える事業主に対して、必要な助成及び援助を行うこと。

五　職業訓練（公共職業能力開発施設又は職業能力開発総合大学校の行うものに限る。）又は職業講習を受ける労働者に対して、当該職業訓練又は職業講習を受けることを容易にし、又は促進するために必要な交付金を支給すること及びその雇用する労働者に職業能力開発促進法第十一条に規定する計画に基づく職業訓練、認定職業訓練その他の職業訓練を受けさせる事業主（当該職業訓練を受ける期間、労働者に対し所定労働時間労働した場合に支払われる通常の賃金を支払う事業主に限る。）に対して、必要な助成を行うこと。

六　職業能力開発促進法第十条の三第一項第一号の規定によりキャリアコンサルティング（同法第二条第五項に規定するキャリアコンサルティングをいう。以下この号において同じ。）の機会を確保する事業主に対して必要な援助を行うこと及び労働者に対してキャリアコンサルティングの機会の確保を行うこと。

七　技能検定の実施に要する経費を負担すること、技能検定を行う法人その他の団体に対して、技能検定を促進するために必要な助成を行うこと及び技能検定を促進するために必要な助成を行う都道府県に対して、これに要する経費の全部又は一部の補助を行うこと。

八　同意地域高年齢者就業機会確保計画に係る高年齢者等の雇用の安定等に関する法律第三十四条第二項第三号に規定する事業のうち労働者の能力の開発及び向上に係るものを行うこと。

九　前各号に掲げるもののほか、労働者の能力の開発及び向上のために必要な事業であつて、厚生労働省令で定めるものを行うこと。

2　前項各号に掲げる事業の実施に関して必要な基準については、同項第二号の規定による都道府県に対する経費の補助に係るものにあつては政令で、その他の事業に係るものにあつては厚生労働省令で定める。

3　政府は、独立行政法人高齢・障害・求職者雇用支援機構法及びこれに基づく命令で定めるところにより、第一項各号に掲げる事業の一部を独立行政法人高齢・障害・求職者雇用支援機構に行わせるものとする。

第六十四条　政府は、被保険者であつた者及び被保険者になろうとする者の就職に必要な能力を開発し、及び向上させるため、能力開発事業として、職業訓練の実施等による特定求職者の就職の支援に関する法律第四条第二項に規定する認定職業訓練を行う者に対して、同法第五条の規定による助成を行うこと及び同法第二条に規定する特定求職者に対して、同法第七条第一項の職業訓練受講給付金を支給することができる。

（事業における留意事項）

第六十四条の二　雇用安定事業及び能力開発事業は、被保険者等の職業の安定を図るため、労働生産性の向上に資するものとなるよう留意しつつ、行われるものとする。

（事業等の利用）

第六十五条　第六十二条及び第六十三条の規定による事業又は当該事業に係る施設は、被保険者等の利用に支障がなく、かつ、その利益を害しない限り、被保険者等以外の者に利用させることができる。

第五章　費用の負担

（国庫の負担）

第六十六条　国庫は、次に掲げる区分によつて、求職者給付（高年齢求職者給付金を除く。第一号において同じ。）及び雇用継続給付（介護休業給付金に限る。第三号において同じ。）、育児休業給付並びに第六十四条に規定する職業訓練受講給付金の支給に要する費用の一部を負担する。

一　日雇労働求職者給付金以外の求職者給付については、次のイ又はロに掲げる場合の区分に応じ、当該イ又はロに定める割合

イ　毎会計年度の前々会計年度における労働保険特別会計の雇用勘定の財政状況及び求職者給付の支給を受けた受給資格者の数の状況が、当該会計年度における求職者給付の支給に支障が生じるおそれがあるものとして政令で定める基準に該当する場合　当該日雇労働求職者給付金以外の求職者給付に要する費用の四分の一

ロ　イに掲げる場合以外の場合　当該日雇労働求職者給付金以外の求職者給付に要する費用の四十分の一

二　日雇労働求職者給付金については、次のイ又はロに掲げる場合の区分に応じ、当該イ又はロに定める割合

イ　前号イに掲げる場合　当該日雇労働求職者給付金に要する費用の三分の一

ロ　前号ロに掲げる場合　当該日雇労働求職者給付金に要する費用の三十分の一

三　雇用継続給付については、当該雇用継続給付に要する費用の八分の一

四　育児休業給付については、当該育児休業給付に要する費用の八分の一

五　第六十四条に規定する職業訓練受講給付金の支給については、当該職業訓練受講給付金に要する費用の二分の一

2　前項第一号に規定する日雇労働求職者給付金以外の求職者給付については、国庫は、毎会計年度（国庫が同号ロの規定による負担額を負担する会計年度を除く。）において、支給した当該求職者給付の総額の四分の三に相当する額が徴収法の規定により徴収した一般保険料の額を超える場合には、同号の規定にかかわらず、当該超過額について、同号の規定による国庫の負担額を加えて国庫の負担が当該会計年度において支給した当該求職者給付の総額の三分の一に相当する額に達する額までを負担する。

3　前項に規定する一般保険料の額は、第一号に掲げる額から第二号から第四号までに掲げる額の合計額を減じた額とする。

一　次に掲げる額の合計額（以下この条及び

第六十八条第二項において「一般保険料徴収額」という。）

イ　徴収法の規定により徴収した徴収法第十二条第一項第一号に掲げる事業に係る一般保険料の額のうち雇用保険率（その率が同条第五項（同条第十項又は第十一項の規定により読み替えて適用する場合を含む。）、第八項又は第九項の規定により変更されたときは、その変更された率。以下この条及び第六十七条の二において同じ。）に応ずる部分の額

ロ　徴収法第十二条第一項第三号に掲げる事業に係る一般保険料の額

二　徴収法の規定により徴収した印紙保険料の額に相当する額に厚生労働大臣が財務大臣と協議して定める率を乗じて得た額

三　一般保険料徴収額から前号に掲げる額を減じた額に千分の四の率を雇用保険率で除して得た率（第五項及び第六十八条第二項において「育児休業給付率」という。）を乗じて得た額

四　一般保険料徴収額から第二号に掲げる額を減じた額に千分の三・五の率（徴収法第十二条第四項第三号に掲げる事業については、千分の四・五の率）を雇用保険率で除して得た率（第五項及び第六十八条第二項において「二事業率」という。）を乗じて得た額

4　徴収法第十二条第八項の規定により雇用保険率が変更されている場合においては、前項第四号中「千分の三・五」とあるのは「千分の三」と、「千分の四・五」とあるのは「千分の四」とし、同条第九項の規定により雇用保険率が変更されている場合においては、前項第四号中「千分の三・五」とあるのは「千分の二・五」と、「千分の四・五」とあるのは「千分の三・五」とする。

5　日雇労働求職者給付金については、国庫は、毎会計年度（国庫が第一項第二号ロの規定による負担額を負担する会計年度を除く。）において第一号に掲げる額が第二号に掲げる額を超える場合には、同項第二号の規定にかかわらず、同号の規定による国庫の負担額から当該超過額に相当する額を減じた額（その額が当該会計年度において支給した日雇労働求職者給付金の総額の四分の一に相当する額を下回る場合には、その四分の一に相当する額）を負担する。

一　次に掲げる額を合計した額

イ　徴収法の規定により徴収した印紙保険料の額

ロ　イの額に相当する額に第三項第二号に掲げる厚生労働大臣が財務大臣と協議して定める率を乗じて得た額から、その額に育児休業給付率と二事業率とを合算した率を乗じて得た額を減じた額

二　支給した日雇労働求職者給付金の総額の三分の二に相当する額

6　国庫は、前各項に規定するもののほか、毎年度、予算の範囲内において、第六十四条に規定する事業（第六十八条第二項において「就職支援法事業」という。）に要する費用（第一項第五号に規定する費用を除く。）及び雇用保険事業の事務の執行に要する経費を負担する。

第六十七条　第二十五条第一項の措置が決定された場合には、前条第一項第一号の規定にかかわらず、国庫は、次に掲げる区分によつて、広域延長給付を受ける者に係る求職者給付に要する費用の一部を負担する。この場合において、同条第二項中「支給した当該求職者給付の総額」とあるのは「支給した当該求職者給付の総額から広域延長給付を受ける者に係る求職者給付の総額を控除した額」と、「一般保険料の額を超える場合には」とあるのは「一般保険料の額から広域延長給付を受ける者に係る求職者給付の総額の三分の二に相当する額を控除した額を超える場合には」とする。

一　前条第一項第一号イに掲げる場合　広域延長給付を受ける者に係る求職者給付に要する費用の三分の一

二　前条第一項第一号ロに掲げる場合　広域延長給付を受ける者に係る求職者給付に要する費用の三十分の一

第六十七条の二　国庫は、毎会計年度において、労働保険特別会計の雇用勘定の財政状況を踏まえ、必要がある場合（雇用保険率が千分の十五・五（徴収法第十二条第八項の規定により雇用保険率が変更されている場合においては千分の十五、同条第九項の規定により雇用保険率が変更されている場合においては千分の十四・五）以上である場合その他の政令で定める場合に限る。）には、当該会計年度における失業等給付及び第六十四条に規定する職業訓練受講給付金の支給に要する費用の一部に充てるため、予算で定めるところにより、第六十六条第一項、第二項及び第五項並びに前条の規定により負担する額を超え

て、その費用の一部を負担することができる。

（保険料）

第六十八条　雇用保険事業に要する費用に充てるため政府が徴収する保険料については、徴収法の定めるところによる。

２　前項の保険料のうち、一般保険料徴収額から当該一般保険料徴収額に育児休業給付率を乗じて得た額及び当該一般保険料徴収額に二事業率を乗じて得た額の合計額を減じた額並びに印紙保険料の額に相当する額の合計額は、失業等給付及び就職支援法事業に要する費用に充てるものとし、一般保険料徴収額に育児休業給付率を乗じて得た額は、育児休業給付に要する費用に充てるものとし、一般保険料徴収額に二事業率を乗じて得た額は、雇用安定事業及び能力開発事業（第六十三条に規定するものに限る。）に要する費用に充てるものとする。

第六章　不服申立て及び訴訟

（不服申立て）

第六十九条　第九条の規定による確認、失業等給付及び育児休業給付（以下「失業等給付等」という。）に関する処分又は第十条の四第一項若しくは第二項の規定（これらの規定を第六十一条の六第二項において準用する場合を含む。）による処分に不服のある者は、雇用保険審査官に対して審査請求をし、その決定に不服のある者は、労働保険審査会に対して再審査請求をすることができる。

２　前項の審査請求をしている者は、審査請求をした日の翌日から起算して三箇月を経過しても審査請求についての決定がないときは、雇用保険審査官が審査請求を棄却したものとみなすことができる。

３　第一項の審査請求及び再審査請求は、時効の完成猶予及び更新に関しては、裁判上の請求とみなす。

４　第一項の審査請求及び再審査請求については、行政不服審査法（平成二十六年法律第六十八号）第二章（第二十二条を除く。）及び第四章の規定は、適用しない。

（不服理由の制限）

第七十条　第九条の規定による確認に関する処分が確定したときは、当該処分についての不服を当該処分に基づく失業等給付等に関する処分についての不服の理由とすることができない。

（審査請求と訴訟との関係）

第七十一条　第六十九条第一項に規定する処分の取消しの訴えは、当該処分についての審査請求に対する雇用保険審査官の決定を経た後でなければ、提起することができない。

第七章　雑則

（労働政策審議会への諮問）

第七十二条　厚生労働大臣は、第二十四条の二第一項第二号、第二十五条第一項又は第二十七条第一項若しくは第二項の基準を政令で定めようとするとき、第十三条第一項、第二十条第一項若しくは第二項、第二十二条第二項、第三十七条の三第一項、第三十九条第一項、第六十一条の四第一項、第六十一条の七第一項（同条第四項の規定により読み替えて適用する場合を含む。）若しくは第六十一条の八第一項の理由、第十三条第三項、第二十条の二若しくは第二十四条の二第一項の者、第十八条第三項の算定方法、第二十条の二の事業、第二十四条の二第一項若しくは第五十六条の三第一項の基準、第二十四条の二第一項第三号の災害、第三十七条の五第一項第三号の時間数、第五十六条の三第一項第二号の就職が困難な者、第六十一条の七第二項の場合又は同条第四項の規定により読み替えて適用する同条第一項の日を厚生労働省令で定めようとするとき、第十条の四第一項、第二十五条第三項、第二十六条第二項、第二十九条第二項、第三十二条第三項（第三十七条の四第六項及び第四十条第四項において準用する場合を含む。）、第三十三条第二項（第三十七条の四第六項及び第四十条第四項において準用する場合を含む。）若しくは第五十二条第二項（第五十五条第四項において準用する場合を含む。）の基準又は第三十八条第一項第二号の時間数を定めようとするとき、その他この法律の施行に関する重要事項について決定しようとするときは、あらかじめ、労働政策審議会の意見を聴かなければならない。

２　労働政策審議会は、厚生労働大臣の諮問に応ずるほか、必要に応じ、雇用保険事業の運営に関し、関係行政庁に建議し、又はその報告を求めることができる。

（不利益取扱いの禁止）

第七十三条　事業主は、労働者が第八条の規定による確認の請求又は第三十七条の五第一項の規定による申出をしたことを理由として、労働者に対して解雇その他不利益な取扱いをしてはならない。

（時効）
第七十四条　失業等給付等の支給を受け、又はその返還を受ける権利及び第十条の四第一項又は第二項の規定（これらの規定を第六十一条の六第二項において準用する場合を含む。）により納付をすべきことを命ぜられた金額を徴収する権利は、これらを行使することができる時から二年を経過したときは、時効によつて消滅する。

2　年度の平均給与額が修正されたことにより、厚生労働大臣が第十八条第四項に規定する自動変更対象額、第十九条第一項第一号に規定する控除額又は第六十一条第一項第二号に規定する支給限度額を変更した場合において、当該変更に伴いその額が再び算定された失業等給付等があるときは、当該失業等給付等に係る第十条の三（第六十一条の六第二項において準用する場合を含む。）の規定による未支給の失業等給付等の支給を受ける権利については、会計法（昭和二十二年法律第三十五号）第三十一条第一項の規定を適用しない。

（戸籍事項の無料証明）
第七十五条　市町村長（特別区の区長を含むものとし、地方自治法（昭和二十二年法律第六十七号）第二百五十二条の十九第一項の指定都市においては、区長又は総合区長とする。）は、行政庁又は求職者給付若しくは就職促進給付の支給を受ける者に対して、当該市（特別区を含む。）町村の条例の定めるところにより、求職者給付又は就職促進給付の支給を受ける者の戸籍に関し、無料で証明を行うことができる。

（報告等）
第七十六条　行政庁は、厚生労働省令で定めるところにより、被保険者若しくは受給資格者、高年齢受給資格者、特例受給資格者若しくは日雇受給資格者（以下「受給資格者等」という。）若しくは教育訓練給付対象者を雇用し、若しくは雇用していたと認められる事業主又は労働保険事務組合若しくは労働保険事務組合であつた団体に対して、この法律の施行に関して必要な報告、文書の提出又は出頭を命ずることができる。

2　行政庁は、厚生労働省令で定めるところにより、受給資格者等を雇用しようとする事業主、受給資格者等に対し職業紹介若しくは職業指導を行う職業紹介事業者等、募集情報等提供事業を行う者又は教育訓練給付対象者に対し第六十条の二第一項に規定する教育訓練を行う指定教育訓練実施者に対して、この法律の施行に関して必要な報告又は文書の提出を命ずることができる。

3　離職した者は、厚生労働省令で定めるところにより、従前の事業主又は当該事業主から徴収法第三十三条第一項の委託を受けて同項に規定する労働保険事務の一部として求職者給付の支給を受けるために必要な証明書の交付に関する事務を処理する労働保険事務組合に対して、求職者給付の支給を受けるために必要な証明書の交付を請求することができる。その請求があつたときは、当該事業主又は労働保険事務組合は、その請求に係る証明書を交付しなければならない。

4　前項の規定は、雇用継続給付又は育児休業給付の支給を受けるために必要な証明書の交付の請求について準用する。この場合において、同項中「離職した者」とあるのは「被保険者又は被保険者であつた者」と、「従前の事業主」とあるのは「当該被保険者若しくは被保険者であつた者を雇用し、若しくは雇用していた事業主」と読み替えるものとする。

第七十七条　行政庁は、被保険者、受給資格者等、教育訓練給付対象者又は未支給の失業等給付等の支給を請求する者に対して、この法律の施行に関して必要な報告、文書の提出又は出頭を命ずることができる。

（資料の提供等）
第七十七条の二　行政庁は、関係行政機関又は公私の団体に対して、この法律の施行に関して必要な資料の提供その他の協力を求めることができる。

2　前項の規定による協力を求められた関係行政機関又は公私の団体は、できるだけその求めに応じなければならない。

（診断）
第七十八条　行政庁は、求職者給付の支給を行うため必要があると認めるときは、第十五条第四項第一号の規定により同条第二項に規定する失業の認定を受け、若しくは受けようとする者、第二十条第一項の規定による申出をした者又は傷病手当の支給を受け、若しくは受けようとする者に対して、その指定する医師の診断を受けるべきことを命ずることができる。

（立入検査）
第七十九条　行政庁は、この法律の施行のため必要があると認めるときは、当該職員に、被保険者、受給資格者等若しくは教育訓練給付対象者を雇用し、若しくは雇用していたと認められる事業主の事業所又は労働保険事務組合若しくは労働保険事務組合であつた団体の事務所に立ち入り、関係者に対して質問させ、又は帳簿書類（その作成又は保存に代えて電磁的記録（電子的方式、磁気的方式その他人の知覚によつては認識することができない方式で作られる記録であつて、電子計算機による情報処理の用に供されるものをいう。）の作成又は保存がされている場合における当該電磁的記録を含む。）の検査をさせることができる。

2　前項の規定により立入検査をする職員は、その身分を示す証明書を携帯し、関係者に提示しなければならない。

3　第一項の規定による立入検査の権限は、犯罪捜査のために認められたものと解釈してはならない。

（船員に関する特例）

第七十九条の二　船員である者が失業した場合に関しては、第十条の四第二項中「又は業として」とあるのは「若しくは業として」と、「除く。」」とあるのは「除く。）又は船員職業安定法第六条第四項に規定する無料船員職業紹介事業者若しくは業として同条第五項に規定する職業指導（船員の職業に就こうとする者の適性、職業経験その他の実情に応じて行うものに限る。）を行う者（地方運輸局（運輸監理部、運輸支局及び地方運輸局、運輸監理部又は運輸支局の事務所を含む。第十五条第五項において同じ。）及び船員雇用促進センター（船員の雇用の促進に関する特別措置法第七条第二項に規定する船員雇用促進センターをいう。以下同じ。）を除く。）」と、第十五条第二項から第四項まで、第十九条第三項、第二十条第一項及び第二項、第二十条の二、第二十一条、第二十四条、第二十四条の二第一項及び第二項、第二十九条第二項、第三十条、第三十一条第二項、第三十二条第二項及び第三項、第三十三条第一項及び第二項、第三十六条第一項及び第二項、第三十七条第一項、第二項及び第七項、第三十七条の三第二項、第三十七条の四第五項、第三十九条第二項、第四十条第三項及び第四項、第四十一条第一項、第四十七条第二項、第五十一条第一項、第五十二条第一項及び第二項、第五十三条第一項、第五十六条の三第一項並びに第五十九条第一項中「公共職業安定所」又は「公共職業安定所長」とあるのは「公共職業安定所又は地方運輸局（運輸監理部並びに厚生労働大臣が国土交通大臣に協議して指定する運輸支局及び地方運輸局、運輸監理部又は運輸支局の事務所を含む。）」又は「公共職業安定所長又は地方運輸局（運輸監理部並びに厚生労働大臣が国土交通大臣に協議して指定する運輸支局及び地方運輸局、運輸監理部又は運輸支局の事務所を含む。）の長」と、第十五条第三項中「法令の規定に基づき失業者」とあるのは「失業者」と、同条第五項中「職業安定機関」とあるのは「職業安定機関、地方運輸局、船員雇用促進センター」と、第二十九条第一項、第三十二条第一項、第四十三条第一項第一号及び第五十八条第一項中「公共職業安定所の」又は「公共職業安定所長の」とあるのは「公共職業安定所若しくは地方運輸局（運輸監理部並びに厚生労働大臣が国土交通大臣に協議して指定する運輸支局及び地方運輸局、運輸監理部又は運輸支局の事務所を含む。）の」又は「公共職業安定所長若しくは地方運輸局（運輸監理部並びに厚生労働大臣が国土交通大臣に協議して指定する運輸支局及び地方運輸局、運輸監理部又は運輸支局の事務所を含む。）の長の」と、第二十九条第一項中「公共職業安定所が」とあるのは「公共職業安定所若しくは地方運輸局（運輸監理部並びに厚生労働大臣が国土交通大臣に協議して指定する運輸支局及び地方運輸局、運輸監理部又は運輸支局の事務所を含む。）が」と、第三十二条第一項第四号及び第五十二条第一項第三号中「事業所」とあるのは「事業所又は船員職業安定法第二十一条（第二項ただし書を除く。）の規定に該当する船舶」と、第五十八条第一項中「公共職業安定所」とあるのは「公共職業安定所若しくは地方運輸局（運輸監理部並びに厚生労働大臣が国土交通大臣に協議して指定する運輸支局及び地方運輸局、運輸監理部又は運輸支局の事務所を含む。）」と、「公共職業安定所長が」とあるのは「公共職業安定所長又は地方運輸局（運輸監理部並びに厚生労働大臣が国土交通大臣に協議して指定する運輸支局及び地方運輸局、運輸監理部又は運輸支局の事務所を含む。）の長が」とする。

第七十九条の三　第十五条第二項の規定（前条の規定により読み替えて適用される場合を含む。）により、求職の申込みを受ける公共職業安定所長又は地方運輸局（運輸監理部並びに厚生労働大臣が国土交通大臣に協議して指定する運輸支局及び地方運輸局、運輸監理部又は運輸支局の事務所を含む。以下この条において同じ。）の長は、その必要があると認めるときは、他の公共職業安定所長又は地方運輸局の長にその失業の認定を委嘱することができる。

（経過措置の命令への委任）

第八十条　この法律に基づき政令又は厚生労働省令を制定し、又は改廃する場合においては、それぞれ政令又は厚生労働省令で、その制定又は改廃に伴い合理的に必要と判断される範囲内において、所要の経過措置を定めることができる。この法律に基づき、厚生労働大臣が第十八条第四項の自動変更対象額その他の事項を定め、又はこれを改廃する場合においても、同様とする。

（権限の委任）

第八十一条　この法律に定める厚生労働大臣の権限は、厚生労働省令で定めるところにより、その一部を都道府県労働局長に委任することができる。

2　前項の規定により都道府県労働局長に委任された権限は、厚生労働省令で定めるところにより、公共職業安定所長に委任することができる。

（厚生労働省令への委任）

第八十二条　この法律に規定するもののほか、この法律の実施のため必要な手続その他の事項は、厚生労働省令で定める。

第八章　罰則

第八十三条　事業主が次の各号のいずれかに該当するときは、六箇月以下の懲役又は三十万円以下の罰金に処する。

一　第七条の規定に違反して届出をせず、又は偽りの届出をした場合

二　第七十三条の規定に違反した場合

三　第七十六条第一項の規定による命令に違反して報告をせず、若しくは偽りの報告をし、又は文書を提出せず、若しくは偽りの記載をした文書を提出した場合

四　第七十六条第三項（同条第四項において準用する場合を含む。）の規定に違反して証明書の交付を拒んだ場合

五　第七十九条第一項の規定による当該職員の質問に対して答弁をせず、若しくは偽りの陳述をし、又は同項の規定による検査を拒み、妨げ、若しくは忌避した場合

第八十四条　労働保険事務組合が次の各号のいずれかに該当するときは、その違反行為をした労働保険事務組合の代表者又は代理人、使用人その他の従業者は、六箇月以下の懲役又は三十万円以下の罰金に処する。

一　第七条の規定に違反して届出をせず、又は偽りの届出をした場合

二　第七十六条第一項の規定による命令に違反して報告をせず、若しくは偽りの報告をし、又は文書を提出せず、若しくは偽りの記載をした文書を提出した場合

三　第七十六条第三項（同条第四項において準用する場合を含む。）の規定に違反して証明書の交付を拒んだ場合

四　第七十九条第一項の規定による当該職員の質問に対して答弁をせず、若しくは偽りの陳述をし、又は同項の規定による検査を拒み、妨げ、若しくは忌避した場合

第八十五条　被保険者、受給資格者等、教育訓練給付対象者又は未支給の失業等給付等の支給を請求する者その他の関係者が次の各号のいずれかに該当するときは、六箇月以下の懲役又は二十万円以下の罰金に処する。

一　第四十四条の規定に違反して偽りその他不正の行為によって日雇労働被保険者手帳の交付を受けた場合

二　第七十七条の規定による命令に違反して報告をせず、若しくは偽りの報告をし、文書を提出せず、若しくは偽りの記載をした文書を提出し、又は出頭しなかつた場合

三　第七十九条第一項の規定による当該職員の質問に対して答弁をせず、若しくは偽りの陳述をし、又は同項の規定による検査を拒み、妨げ、若しくは忌避した場合

第八十六条　法人（法人でない労働保険事務組合を含む。以下この項において同じ。）の代表者又は法人若しくは人の代理人、使用人その他の従業者が、その法人又は人の業務に関して、前三条の違反行為をしたときは、行為者を罰するほか、その法人又は人に対しても、各本条の罰金刑を科する。

2　前項の規定により法人でない労働保険事務組合を処罰する場合においては、その代表者又は管理人が訴訟行為につきその労働保険事務組合を代表するほか、法人を被告人とする場合の刑事訴訟に関する法律の規定を準用する。

附則　抄

（施行期日）

・雇用保険法等の一部を改正する法律（令和二・三・三一法律一四）

第一条　この法律は、令和二年四月一日から施行する。ただし、次の各号に掲げる規定は、当該各号に定める日から施行する。

六〈略〉令和七年四月一日

・刑法等の一部を改正する法律の施行に伴う関係法律の整理等に関する法律（令和四・六・一七法律六八）

附則　抄

（施行期日）

1　この法律は、刑法等一部改正法施行日から施行する。〈略〉

労働者災害補償保険法

（昭和二二・四・七法律五〇）

最新改正　令和四法律六八

第一章　総則

第一条　労働者災害補償保険は、業務上の事由、事業主が同一人でない二以上の事業に使用される労働者（以下「複数事業労働者」という。）の二以上の事業の業務を要因とする事由又は通勤による労働者の負傷、疾病、障害、死亡等に対して迅速かつ公正な保護をするため、必要な保険給付を行い、あわせて、業務上の事由、複数事業労働者の二以上の事業の業務を要因とする事由又は通勤により負傷し、又は疾病にかかつた労働者の社会復帰の促進、当該労働者及びその遺族の援護、労働者の安全及び衛生の確保等を図り、もつて労働者の福祉の増進に寄与することを目的とする。

第二条　労働者災害補償保険は、政府が、これを管掌する。

第二条の二　労働者災害補償保険は、第一条の目的を達成するため、業務上の事由、複数事業労働者の二以上の事業の業務を要因とする事由又は通勤による労働者の負傷、疾病、障害、死亡等に関して保険給付を行うほか、社会復帰促進等事業を行うことができる。

第三条　この法律においては、労働者を使用する事業を適用事業とする。

②　前項の規定にかかわらず、国の直営事業及び官公署の事業（労働基準法（昭和二十二年法律第四十九号）別表第一に掲げる事業を除く。）については、この法律は、適用しない。

第四条　削除

第五条　この法律に基づく政令及び厚生労働省令並びに労働保険の保険料の徴収等に関する法律（昭和四十四年法律第八十四号。以下「徴収法」という。）に基づく政令及び厚生労働省令（労働者災害補償保険事業に係るものに限る。）は、その草案について、労働政策審議会の意見を聞いて、これを制定する。

第二章　保険関係の成立及び消滅

第六条　保険関係の成立及び消滅については、徴収法の定めるところによる。

第三章　保険給付

第一節　通則

第七条　この法律による保険給付は、次に掲げる保険給付とする。

一　労働者の業務上の負傷、疾病、障害又は死亡（以下「業務災害」という。）に関する保険給付

二　複数事業労働者（これに類する者として厚生労働省令で定めるものを含む。以下同じ。）の二以上の事業の業務を要因とする負傷、疾病、障害又は死亡（以下「複数業務要因災害」という。）に関する保険給付（前号に掲げるものを除く。以下同じ。）

三　労働者の通勤による負傷、疾病、障害又は死亡（以下「通勤災害」という。）に関する保険給付

労働法

四　二次健康診断等給付

② 前項第三号の通勤とは、労働者が、就業に関し、次に掲げる移動を、合理的な経路及び方法により行うことをいい、業務の性質を有するものを除くものとする。

一　住居と就業の場所との間の往復

二　厚生労働省令で定める就業の場所から他の就業の場所への移動

三　第一号に掲げる往復に先行し、又は後続する住居間の移動（厚生労働省令で定める要件に該当するものに限る。）

③ 労働者が、前項各号に掲げる移動の経路を逸脱し、又は同項各号に掲げる移動を中断した場合においては、当該逸脱又は中断の間及びその後の同項各号に掲げる移動は、第一項第三号の通勤としない。ただし、当該逸脱又は中断が、日常生活上必要な行為であつて厚生労働省令で定めるものをやむを得ない事由により行うための最小限度のものである場合は、当該逸脱又は中断の間を除き、この限りでない。

第八条　給付基礎日額は、労働基準法第十二条の平均賃金に相当する額とする。この場合において、同条第一項の平均賃金を算定すべき事由の発生した日は、前条第一項第一号から第三号までに規定する負傷若しくは死亡の原因である事故が発生した日又は診断によつて同項第一号から第三号までに規定する疾病の発生が確定した日（以下「算定事由発生日」という。）とする。

② 労働基準法第十二条の平均賃金に相当する額を給付基礎日額とすることが適当でないと認められるときは、前項の規定にかかわらず、厚生労働省令で定めるところによつて政府が算定する額を給付基礎日額とする。

③ 前二項の規定にかかわらず、複数事業労働者の業務上の事由、複数事業労働者の二以上の事業の業務を要因とする事由又は複数事業労働者の通勤による負傷、疾病、障害又は死亡により、当該複数事業労働者、その遺族その他厚生労働省令で定める者に対して保険給付を行う場合における給付基礎日額は、前二項に定めるところにより当該複数事業労働者を使用する事業ごとに算定した給付基礎日額に相当する額を合算した額を基礎として、厚生労働省令で定めるところによつて政府が算定する額とする。

第八条の二　休業補償給付、複数事業労働者休業給付又は休業給付（以下この条において「休業補償給付等」という。）の額の算定の基礎として用いる給付基礎日額（以下この条において「休業給付基礎日額」という。）については、次に定めるところによる。

一　次号に規定する休業補償給付等以外の休業補償給付等については、前条の規定により給付基礎日額として算定した額を休業給付基礎日額とする。

二　一月から三月まで、四月から六月まで、七月から九月まで及び十月から十二月までの各区分による期間（以下この条及び第十二条第二項において「四半期」という。）ごとの平均給与額（厚生労働省において作成する毎月勤労統計における毎月きまつて支給する給与の額を基礎として厚生労働省令で定めるところにより算定した労働者一人当たりの給与の一箇月平均額をいう。以下この号において同じ。）が、算定事由発生日の属する四半期（この号の規定により算定した額（以下この号において「改定日額」という。）を休業給付基礎日額とすることとされている場合にあつては、当該改定日額を休業補償給付等の額の算定の基礎として用いるべき最初の四半期の前々四半期）の平均給与額の百分の百十を超え、又は百分の九十を下るに至つた場合において、その上昇し、又は低下するに至つた四半期の翌々四半期に属する最初の日以後に支給すべき事由が生じた休業補償給付等については、その上昇し、又は低下した比率を基準として厚生労働大臣が定める率を前条の規定により給付基礎日額として算定した額（改定日額を休業給付基礎日額とすることとされている場合にあつては、当該改定日額）に乗じて得た額を休業給付基礎日額とする。

② 休業補償給付等を支給すべき事由が生じた日が当該休業補償給付等に係る療養を開始した日から起算して一年六箇月を経過した日以後の日である場合において、次の各号に掲げる場合に該当するときは、前項の規定にかかわらず、当該各号に定める額を休業給付基礎日額とする。

一　前項の規定により休業給付基礎日額として算定した額が、厚生労働省令で定める年齢階層（以下この条において単に「年齢階層」という。）ごとに休業給付基礎日額の最低限度額として厚生労働大臣が定める額のうち、当該休業補償給付等を受けるべき労働者の当該休業補償給付等を支給すべき事由が生じた日の属する四半期の初日（次号において「基準日」という。）における年齢の属する年齢階層に係る額に満たない場合　当該年齢階層に係る額

二　前項の規定により休業給付基礎日額として算定した額が、年齢階層ごとに休業給付基礎日額の最高限度額として厚生労働大臣が定める額のうち、当該休業補償給付等を受けるべき労働者の基準日における年齢の属する年齢階層に係る額を超える場合　当該年齢階層に係る額

③　前項第一号の厚生労働大臣が定める額は、毎年、年齢階層ごとに、厚生労働省令で定めるところにより、当該年齢階層に属するすべての労働者を、その受けている一月当たりの賃金の額（以下この項において「賃金月額」という。）の高低に従い、二十の階層に区分し、その区分された階層のうち最も低い賃金月額に係る階層に属する労働者の受けている賃金月額のうち最も高いものを基礎とし、労働者の年齢階層別の就業状態その他の事情を考慮して定めるものとする。

④　前項の規定は、第二項第二号の厚生労働大臣が定める額について準用する。この場合において、前項中「最も低い賃金月額に係る」とあるのは、「最も高い賃金月額に係る階層の直近下位の」と読み替えるものとする。

第八条の三　年金たる保険給付の額の算定の基礎として用いる給付基礎日額（以下この条において「年金給付基礎日額」という。）については、次に定めるところによる。

一　算定事由発生日の属する年度（四月一日から翌年三月三十一日までをいう。以下同じ。）の翌々年度の七月以前の分として支給する年金たる保険給付については、第八条の規定により給付基礎日額として算定した額を年金給付基礎日額とする。

二　算定事由発生日の属する年度の翌々年度の八月以後の分として支給する年金たる保険給付については、第八条の規定により給付基礎日額として算定した額に当該年金たる保険給付を支給すべき月の属する年度の前年度（当該月が四月から七月までの月に該当する場合にあつては、前々年度）の平均給与額（厚生労働省において作成する毎月勤労統計における毎月きまつて支給する給与の額を基礎として厚生労働省令で定めるところにより算定した労働者一人当たりの給与の平均額をいう。以下この号及び第十六条の六第二項において同じ。）を算定事由発生日の属する年度の平均給与額で除して得た率を基準として厚生労働大臣が定める率を乗じて得た額を年金給付基礎日額とする。

②　前条第二項から第四項までの規定は、年金給付基礎日額について準用する。この場合において、同条第二項中「休業補償給付等を支給すべき事由が生じた日が当該休業補償給付等に係る療養を開始した日から起算して一年六箇月を経過した日以後の日である」とあるのは「年金たる保険給付を支給すべき事由がある」と、「前項」とあるのは「次条第一項」と、「休業給付基礎日額」とあるのは「年金給付基礎日額」と、同項第一号中「休業補償給付等」とあるのは「年金たる保険給付」と、「支給すべき事由が生じた日」とあるのは「支給すべき月」と、「四半期の初日（次号」とあるのは「年度の八月一日（当該月が四月から七月までの月に該当する場合にあつては、当該年度の前年度の八月一日。以下この項」と、「年齢の」とあるのは「年齢（遺族補償年金、複数事業労働者遺族年金又は遺族年金を支給すべき場合にあつては、当該支給をすべき事由に係る労働者の死亡がなかつたものとして計算した場合に得られる当該労働者の基準日における年齢。次号において同じ。）の」と、同項第二号中「休業補償給付等」とあるのは「年金たる保険給付」と読み替えるものとする。

第八条の四　前条第一項の規定は、障害補償一時金若しくは遺族補償一時金、複数事業労働者障害一時金若しくは複数事業労働者遺族一時金又は障害一時金若しくは遺族一時金の額の算定の基礎として用いる給付基礎日額について準用する。この場合において、同項中「の分として支給する」とあるのは「に支給すべき事由が生じた」と、「支給すべき月」とあるのは「支給すべき事由が生じた月」と読み替えるものとする。

第八条の五　給付基礎日額に一円未満の端数があるときは、これを一円に切り上げるものとする。

第九条　年金たる保険給付の支給は、支給すべき事由が生じた月の翌月から始め、支給を受ける権利が消滅した月で終わるものとする。

②　年金たる保険給付は、その支給を停止すべき事由が生じたときは、その事由が生じた月の翌月からその事由が消滅した月までの間は、支給しない。

③　年金たる保険給付は、毎年二月、四月、六月、八月、十月及び十二月の六期に、それぞれその前月分までを支払う。ただし、支給を受ける権利が消滅した場合におけるその期の年金たる保険給付は、支払期月でない月であつても、支払うものとする。

第十条　船舶が沈没し、転覆し、滅失し、若しくは行方不明となつた際現にその船舶に乗つていた労働者若しくは船舶に乗つていてその船舶の航行中に行方不明となつた労働者の生死が三箇月間わからない場合又はこれらの労働者の死亡が三箇月以内に明らかとなり、かつ、その死亡の時期がわからない場合には、遺族補償給付、葬祭料、遺族給付及び葬祭給付の支給に関する規定の適用については、その船舶が沈没し、転覆し、滅失し、若しくは行方不明となつた日又は労働者が行方不明となつた日に、当該労働者は、死亡したものと推定する。航空機が墜落し、滅失し、若しくは行方不明となつた際現にその航空機に乗つていた労働者若しくは航空機に乗つていてその航空機の航行中行方不明となつた労働者の生死が三箇月間わからない場合又はこれらの労働者の死亡が三箇月以内に明らかとなり、かつ、その死亡の時期がわからない場合にも、同様とする。

第十一条　この法律に基づく保険給付を受ける権利を有する者が死亡した場合において、その死亡した者に支給すべき保険給付でまだその者に支給しなかつたものがあるときは、その者の配偶者（婚姻の届出をしていないが、事実上婚姻関係と同様の事情にあつた者を含む。以下同じ。）、子、父母、孫、祖父母又は兄弟姉妹であつて、その者の死亡の当時その者と生計を同じくしていたもの（遺族補償年金については当該遺族補償年金を受けることができる他の遺族、複数事業労働者遺族年金については当該複数事業労働者遺族年金を受けることができる他の遺族、遺族年金については当該遺族年金を受けることができる他の遺族）は、自己の名で、その未支給の保険給付の支給を請求することができる。

②　前項の場合において、死亡した者が死亡前にその保険給付を請求していなかつたときは、同項に規定する者は、自己の名で、その保険給付を請求することができる。

③　未支給の保険給付を受けるべき者の順位は、第一項に規定する順序（遺族補償年金については第十六条の二第三項に、複数事業労働者遺族年金については第二十条の六第三項において準用する第十六条の二第三項に、遺族年金については第二十二条の四第三項において準用する第十六条の二第三項に規定する順序）による。

④　未支給の保険給付を受けるべき同順位者が二人以上あるときは、その一人がした請求は、全員のためその全額につきしたものとみなし、その一人に対してした支給は、全員に対してしたものとみなす。

第十二条　年金たる保険給付の支給を停止すべき事由が生じたにもかかわらず、その停止すべき期間の分として年金たる保険給付が支払われたときは、その支払われた年金たる保険給付は、その後に支払うべき年金たる保険給付の内払とみなすことができる。年金たる保険給付を減額して改定すべき事由が生じたにもかかわらず、その事由が生じた月の翌月以後の分として減額しない額の年金たる保険給付が支払われた場合における当該年金たる保険給付の当該減額すべきであつた部分についても、同様とする。

②　同一の業務上の事由、複数事業労働者の二以上の事業の業務を要因とする事由又は通勤による負傷又は疾病（以下この条において「同一の傷病」という。）に関し、年金たる保険給付（遺族補償年金、複数事業労働者遺族年金及び遺族年金を除く。以下この項において「乙年金」という。）を受ける権利を有する労働者が他の年金たる保険給付（遺族補償年金、複数事業労働者遺族年金及び遺族年金を除く。以下この項において「甲年金」という。）を受ける権利を有することとなり、かつ、乙年金を受ける権利が消滅した場合において、その消滅した月の翌月以後の分として乙年金が支払われたときは、その支払われた乙年金は、甲年金の内払とみなす。同一の傷病に関し、年金たる保険給付（遺族補償年金、複数事業労働者遺族年金及び遺族年金を除く。）を受ける権利を有する労働者が休業補償給付、複数事業労働者休業給付若しくは休業給付又は障害補償一時金、複数事業労働者障害一時金若しくは障害一時金を受ける権利を有することとなり、かつ、当該年金たる保険給付を受ける権利が消滅した場合において、その消滅した月の翌月以後の分として当該年金たる保険給付が支払われたときも、同様とする。

③　同一の傷病に関し、休業補償給付、複数事業労働者休業給付又は休業給付を受けている

労働法

労働者が障害補償給付若しくは傷病補償年金、複数事業労働者障害給付若しくは複数事業労働者傷病年金又は障害給付若しくは傷病年金を受ける権利を有することとなり、かつ、休業補償給付、複数事業労働者休業給付又は休業給付を行わないこととなつた場合において、その後も休業補償給付、複数事業労働者休業給付又は休業給付が支払われたときは、その支払われた休業補償給付、複数事業労働者休業給付又は休業給付は、当該障害補償給付若しくは傷病補償年金、複数事業労働者障害給付若しくは複数事業労働者傷病年金又は障害給付若しくは傷病年金の内払とみなす。

第十二条の二　年金たる保険給付を受ける権利を有する者が死亡したためその支給を受ける権利が消滅したにもかかわらず、その死亡の日の属する月の翌月以後の分として当該年金たる保険給付の過誤払が行われた場合において、当該過誤払による返還金に係る債権（以下この条において「返還金債権」という。）に係る債務の弁済をすべき者に支払うべき保険給付があるときは、厚生労働省令で定めるところにより、当該保険給付の支払金の金額を当該過誤払による返還金債権の金額に充当することができる。

第十二条の二の二　労働者が、故意に負傷、疾病、障害若しくは死亡又はその直接の原因となつた事故を生じさせたときは、政府は、保険給付を行わない。

②　労働者が故意の犯罪行為若しくは重大な過失により、又は正当な理由がなくて療養に関する指示に従わないことにより、負傷、疾病、障害若しくは死亡若しくはこれらの原因となつた事故を生じさせ、又は負傷、疾病若しくは障害の程度を増進させ、若しくはその回復を妨げたときは、政府は、保険給付の全部又は一部を行わないことができる。

第十二条の三　偽りその他不正の手段により保険給付を受けた者があるときは、政府は、その保険給付に要した費用に相当する金額の全部又は一部をその者から徴収することができる。

②　前項の場合において、事業主（徴収法第八条第一項又は第二項の規定により元請負人が事業主とされる場合にあつては、当該元請負人。以下同じ。）が虚偽の報告又は証明をしたためその保険給付が行なわれたものであるときは、政府は、その事業主に対し、保険給付を受けた者と連帯して前項の徴収金を納付すべきことを命ずることができる。

③　徴収法第二十七条、第二十九条、第三十条及び第四十一条の規定は、前二項の規定による徴収金について準用する。

第十二条の四　政府は、保険給付の原因である事故が第三者の行為によつて生じた場合において、保険給付をしたときは、その給付の価額の限度で、保険給付を受けた者が第三者に対して有する損害賠償の請求権を取得する。

②　前項の場合において、保険給付を受けるべき者が当該第三者から同一の事由について損害賠償を受けたときは、政府は、その価額の限度で保険給付をしないことができる。

第十二条の五　保険給付を受ける権利は、労働者の退職によつて変更されることはない。

②　保険給付を受ける権利は、譲り渡し、担保に供し、又は差し押さえることができない。

第十二条の六　租税その他の公課は、保険給付として支給を受けた金品を標準として課することはできない。

第十二条の七　保険給付を受ける権利を有する者は、厚生労働省令で定めるところにより、政府に対して、保険給付に関し必要な厚生労働省令で定める事項を届け出、又は保険給付に関し必要な厚生労働省令で定める書類その他の物件を提出しなければならない。

第二節　業務災害に関する保険給付

第十二条の八　第七条第一項第一号の業務災害に関する保険給付は、次に掲げる保険給付とする。

一　療養補償給付
二　休業補償給付
三　障害補償給付
四　遺族補償給付
五　葬祭料
六　傷病補償年金
七　介護補償給付

②　前項の保険給付（傷病補償年金及び介護補償給付を除く。）は、労働基準法第七十五条から第七十七条まで、第七十九条及び第八十条に規定する災害補償の事由又は船員法（昭和二十二年法律第百号）第八十九条第一項、第九十一条第一項、第九十二条本文、第九十三条及び第九十四条に規定する災害補償の事由（同法第九十一条第一項にあつては、労働基準法第七十六条第一項に規定する災害補償の事由に相当する部分に限る。）が生じた場

合に、補償を受けるべき労働者若しくは遺族又は葬祭を行う者に対し、その請求に基づいて行う。

③　傷病補償年金は、業務上負傷し、又は疾病にかかつた労働者が、当該負傷又は疾病に係る療養の開始後一年六箇月を経過した日において次の各号のいずれにも該当するとき、又は同日後次の各号のいずれにも該当することとなつたときに、その状態が継続している間、当該労働者に対して支給する。

一　当該負傷又は疾病が治つていないこと。

二　当該負傷又は疾病による障害の程度が厚生労働省令で定める傷病等級に該当すること。

④　介護補償給付は、障害補償年金又は傷病補償年金を受ける権利を有する労働者が、その受ける権利を有する障害補償年金又は傷病補償年金の支給事由となる障害であつて厚生労働省令で定める程度のものにより、常時又は随時介護を要する状態にあり、かつ、常時又は随時介護を受けているときに、当該介護を受けている間（次に掲げる間を除く。）、当該労働者に対し、その請求に基づいて行う。

一　障害者の日常生活及び社会生活を総合的に支援するための法律（平成十七年法律第百二十三号）第五条第十一項に規定する障害者支援施設（以下「障害者支援施設」という。）に入所している間（同条第七項に規定する生活介護（以下「生活介護」という。）を受けている場合に限る。）

二　障害者支援施設（生活介護を行うものに限る。）に準ずる施設として厚生労働大臣が定めるものに入所している間

三　病院又は診療所に入院している間

第十三条　療養補償給付は、療養の給付とする。

②　前項の療養の給付の範囲は、次の各号（政府が必要と認めるものに限る。）による。

一　診察

二　薬剤又は治療材料の支給

三　処置、手術その他の治療

四　居宅における療養上の管理及びその療養に伴う世話その他の看護

五　病院又は診療所への入院及びその療養に伴う世話その他の看護

六　移送

③　政府は、第一項の療養の給付をすることが困難な場合その他厚生労働省令で定める場合には、療養の給付に代えて療養の費用を支給することができる。

第十四条　休業補償給付は、労働者が業務上の負傷又は疾病による療養のため労働することができないために賃金を受けない日の第四日目から支給するものとし、その額は、一日につき給付基礎日額の百分の六十に相当する額とする。ただし、労働者が業務上の負傷又は疾病による療養のため所定労働時間のうちその一部分についてのみ労働する日若しくは賃金が支払われる休暇（以下この項において「部分算定日」という。）又は複数事業労働者の部分算定日に係る休業補償給付の額は、給付基礎日額（第八条の二第二項第二号に定める額（以下この項において「最高限度額」という。）を給付基礎日額とすることとされている場合にあつては、同号の規定の適用がないものとした場合における給付基礎日額）から部分算定日に対して支払われる賃金の額を控除して得た額（当該控除して得た額が最高限度額を超える場合にあつては、最高限度額に相当する額）の百分の六十に相当する額とする。

②　休業補償給付を受ける労働者が同一の事由について厚生年金保険法（昭和二十九年法律第百十五号）の規定による障害厚生年金又は国民年金法（昭和三十四年法律第百四十一号）の規定による障害基礎年金を受けることができるときは、当該労働者に支給する休業補償給付の額は、前項の規定にかかわらず、同項の額に別表第一第一号から第三号までに規定する場合に応じ、それぞれ同表第一号から第三号までの政令で定める率のうち傷病補償年金について定める率を乗じて得た額（その額が政令で定める額を下回る場合には、当該政令で定める額）とする。

第十四条の二　労働者が次の各号のいずれかに該当する場合（厚生労働省令で定める場合に限る。）には、休業補償給付は、行わない。

一　刑事施設、労役場その他これらに準ずる施設に拘禁されている場合

二　少年院その他これに準ずる施設に収容されている場合

第十五条　障害補償給付は、厚生労働省令で定める障害等級に応じ、障害補償年金又は障害補償一時金とする。

②　障害補償年金又は障害補償一時金の額は、それぞれ、別表第一又は別表第二に規定する額とする。

第十五条の二　障害補償年金を受ける労働者の当該障害の程度に変更があつたため、新たに

労働法

別表第一又は別表第二中の他の障害等級に該当するに至つた場合には、政府は、厚生労働省令で定めるところにより、新たに該当するに至つた障害等級に応ずる障害補償年金又は障害補償一時金を支給するものとし、その後は、従前の障害補償年金は、支給しない。

第十六条　遺族補償給付は、遺族補償年金又は遺族補償一時金とする。

第十六条の二　遺族補償年金を受けることができる遺族は、労働者の配偶者、子、父母、孫、祖父母及び兄弟姉妹であつて、労働者の死亡の当時その収入によつて生計を維持していたものとする。ただし、妻（婚姻の届出をしていないが、事実上婚姻関係と同様の事情にあつた者を含む。以下同じ。）以外の者にあつては、労働者の死亡の当時次の各号に掲げる要件に該当した場合に限るものとする。

一　夫（婚姻の届出をしていないが、事実上婚姻関係と同様の事情にあつた者を含む。以下同じ。）、父母又は祖父母については、六十歳以上であること。

二　子又は孫については、十八歳に達する日以後の最初の三月三十一日までの間にあること。

三　兄弟姉妹については、十八歳に達する日以後の最初の三月三十一日までの間にあること又は六十歳以上であること。

四　前三号の要件に該当しない夫、子、父母、孫、祖父母又は兄弟姉妹については、厚生労働省令で定める障害の状態にあること。

② 労働者の死亡の当時胎児であつた子が出生したときは、前項の規定の適用については、将来に向かつて、その子は、労働者の死亡の当時その収入によつて生計を維持していた子とみなす。

③ 遺族補償年金を受けるべき遺族の順位は、配偶者、子、父母、孫、祖父母及び兄弟姉妹の順序とする。

第十六条の三　遺族補償年金の額は、別表第一に規定する額とする。

② 遺族補償年金を受ける権利を有する者が二人以上あるときは、遺族補償年金の額は、前項の規定にかかわらず、別表第一に規定する額をその人数で除して得た額とする。

③ 遺族補償年金の額の算定の基礎となる遺族の数に増減を生じたときは、その増減を生じた月の翌月から、遺族補償年金の額を改定する。

④ 遺族補償年金を受ける権利を有する遺族が妻であり、かつ、当該妻と生計を同じくしている遺族補償年金を受けることができる遺族がない場合において、当該妻が次の各号の一に該当するに至つたときは、その該当するに至つた月の翌月から、遺族補償年金の額を改定する。

一　五十五歳に達したとき（別表第一の厚生労働省令で定める障害の状態にあるときを除く。）。

二　別表第一の厚生労働省令で定める障害の状態になり、又はその事情がなくなつたとき（五十五歳以上であるときを除く。）。

第十六条の四　遺族補償年金を受ける権利は、その権利を有する遺族が次の各号の一に該当するに至つたときは、消滅する。この場合において、同順位者がなくて後順位者があるときは、次順位者に遺族補償年金を支給する。

一　死亡したとき。

二　婚姻（届出をしていないが、事実上婚姻関係と同様の事情にある場合を含む。）をしたとき。

三　直系血族又は直系姻族以外の者の養子（届出をしていないが、事実上養子縁組関係と同様の事情にある者を含む。）となつたとき。

四　離縁によつて、死亡した労働者との親族関係が終了したとき。

五　子、孫又は兄弟姉妹については、十八歳に達した日以後の最初の三月三十一日が終了したとき（労働者の死亡の時から引き続き第十六条の二第一項第四号の厚生労働省令で定める障害の状態にあるときを除く。）。

六　第十六条の二第一項第四号の厚生労働省令で定める障害の状態にある夫、子、父母、孫、祖父母又は兄弟姉妹については、その事情がなくなつたとき（夫、父母又は祖父母については、労働者の死亡の当時六十歳以上であつたとき、子又は孫については、十八歳に達する日以後の最初の三月三十一日までの間にあるとき、兄弟姉妹については、十八歳に達する日以後の最初の三月三十一日までの間にあるか又は労働者の死亡の当時六十歳以上であつたときを除く。）。

② 遺族補償年金を受けることができる遺族が前項各号の一に該当するに至つたときは、その者は、遺族補償年金を受けることができる遺族でなくなる。

第十六条の五　遺族補償年金を受ける権利を有する者の所在が一年以上明らかでない場合には、当該遺族補償年金は、同順位者があるときは同順位者の、同順位者がないときは次順位者の申請によつて、その所在が明らかでない間、その支給を停止する。この場合において、同順位者がないときは、その間、次順位者を先順位者とする。

② 前項の規定により遺族補償年金の支給を停止された遺族は、いつでも、その支給の停止の解除を申請することができる。

③ 第十六条の三第三項の規定は、第一項の規定により遺族補償年金の支給が停止され、又は前項の規定によりその停止が解除された場合に準用する。この場合において、同条第三項中「増減を生じた月」とあるのは、「支給が停止され、又はその停止が解除された月」と読み替えるものとする。

第十六条の六　遺族補償一時金は、次の場合に支給する。

一　労働者の死亡の当時遺族補償年金を受けることができる遺族がないとき。

二　遺族補償年金を受ける権利を有する者の権利が消滅した場合において、他に当該遺族補償年金を受けることができる遺族がなく、かつ、当該労働者の死亡に関し支給された遺族補償年金の額の合計額が当該権利が消滅した日において前号に掲げる場合に該当することとなるものとしたときに支給されることとなる遺族補償一時金の額に満たないとき。

② 前項第二号に規定する遺族補償年金の額の合計額を計算する場合には、同号に規定する権利が消滅した日の属する年度（当該権利が消滅した日の属する月が四月から七月までの月に該当する場合にあつては、その前年度。以下この項において同じ。）の七月以前の分として支給された遺族補償年金の額については、その現に支給された額に当該権利が消滅した日の属する年度の前年度の平均給与額を当該遺族補償年金の支給の対象とされた月の属する年度の前年度（当該月が四月から七月までの月に該当する場合にあつては、前々年度）の平均給与額で除して得た率を基準として厚生労働大臣が定める率を乗じて得た額により算定するものとする。

第十六条の七　遺族補償一時金を受けることができる遺族は、次の各号に掲げる者とする。

一　配偶者

二　労働者の死亡の当時その収入によつて生計を維持していた子、父母、孫及び祖父母

三　前号に該当しない子、父母、孫及び祖父母並びに兄弟姉妹

② 遺族補償一時金を受けるべき遺族の順位は、前項各号の順序により、同項第二号及び第三号に掲げる者のうちにあつては、それぞれ、当該各号に掲げる順序による。

第十六条の八　遺族補償一時金の額は、別表第二に規定する額とする。

② 第十六条の三第二項の規定は、遺族補償一時金の額について準用する。この場合において、同項中「別表第一」とあるのは、「別表第二」と読み替えるものとする。

第十六条の九　労働者を故意に死亡させた者は、遺族補償給付を受けることができる遺族としない。

② 労働者の死亡前に、当該労働者の死亡によつて遺族補償年金を受けることができる先順位又は同順位の遺族となるべき者を故意に死亡させた者は、遺族補償年金を受けることができる遺族としない。

③ 遺族補償一時金を受けることができる遺族を故意に死亡させた者は、遺族補償一時金を受けることができる遺族としない。労働者の死亡前に、当該労働者の死亡によつて遺族補償年金を受けることができる遺族となるべき者を故意に死亡させた者も、同様とする。

④ 遺族補償年金を受けることができる遺族が、遺族補償年金を受けることができる先順位又は同順位の他の遺族を故意に死亡させたときは、その者は、遺族補償年金を受けることができる遺族でなくなる。この場合において、その者が遺族補償年金を受ける権利を有する者であるときは、その権利は、消滅する。

⑤ 前項後段の場合には、第十六条の四第一項後段の規定を準用する。

第十七条　葬祭料は、通常葬祭に要する費用を考慮して厚生労働大臣が定める金額とする。

第十八条　傷病補償年金は、第十二条の八第三項第二号の厚生労働省令で定める傷病等級に応じ、別表第一に規定する額とする。

② 傷病補償年金を受ける者には、休業補償給付は、行わない。

第十八条の二　傷病補償年金を受ける労働者の当該障害の程度に変更があつたため、新たに別表第一中の他の傷病等級に該当するに至つた場合には、政府は、厚生労働省令で定めるところにより、新たに該当するに至つた傷病

労働法

等級に応ずる傷病補償年金を支給するものとし、その後は、従前の傷病補償年金は、支給しない。

第十九条 業務上負傷し、又は疾病にかかつた労働者が、当該負傷又は疾病に係る療養の開始後三年を経過した日において傷病補償年金を受けている場合又は同日後において傷病補償年金を受けることとなつた場合には、労働基準法第十九条第一項の規定の適用については、当該使用者は、それぞれ、当該三年を経過した日又は傷病補償年金を受けることとなつた日において、同法第八十一条の規定により打切補償を支払つたものとみなす。

第十九条の二 介護補償給付は、月を単位として支給するものとし、その月額は、常時又は随時介護を受ける場合に通常要する費用を考慮して厚生労働大臣が定める額とする。

第二十条 この節に定めるもののほか、業務災害に関する保険給付について必要な事項は、厚生労働省令で定める。

第二節の二　複数業務要因災害に関する保険給付

第二十条の二 第七条第一項第二号の複数業務要因災害に関する保険給付は、次に掲げる保険給付とする。

一 複数事業労働者療養給付
二 複数事業労働者休業給付
三 複数事業労働者障害給付
四 複数事業労働者遺族給付
五 複数事業労働者葬祭給付
六 複数事業労働者傷病年金
七 複数事業労働者介護給付

第二十条の三 複数事業労働者療養給付は、複数事業労働者がその従事する二以上の事業の業務を要因として負傷し、又は疾病（厚生労働省令で定めるものに限る。以下この節において同じ。）にかかつた場合に、当該複数事業労働者に対し、その請求に基づいて行う。

② 第十三条の規定は、複数事業労働者療養給付について準用する。

第二十条の四 複数事業労働者休業給付は、複数事業労働者がその従事する二以上の事業の業務を要因とする負傷又は疾病による療養のため労働することができないために賃金を受けない場合に、当該複数事業労働者に対し、その請求に基づいて行う。

② 第十四条及び第十四条の二の規定は、複数事業労働者休業給付について準用する。この場合において、第十四条第一項中「労働者が業務上の」とあるのは「複数事業労働者がその従事する二以上の事業の業務を要因とする」と、同条第二項中「別表第一第一号から第三号までに規定する場合に応じ、それぞれ同表第一号から第三号までの政令で定める率のうち傷病補償年金について定める率」とあるのは「第二十条の八第二項において準用する別表第一第一号から第三号までに規定する場合に応じ、それぞれ同表第一号から第三号までの政令で定める率のうち複数事業労働者傷病年金について定める率」と読み替えるものとする。

第二十条の五 複数事業労働者障害給付は、複数事業労働者がその従事する二以上の事業の業務を要因として負傷し、又は疾病にかかり、治つたとき身体に障害が存する場合に、当該複数事業労働者に対し、その請求に基づいて行う。

② 複数事業労働者障害給付は、第十五条第一項の厚生労働省令で定める障害等級に応じ、複数事業労働者障害年金又は複数事業労働者障害一時金とする。

③ 第十五条第二項及び第十五条の二並びに別表第一（障害補償年金に係る部分に限る。）及び別表第二（障害補償一時金に係る部分に限る。）の規定は、複数事業労働者障害給付について準用する。この場合において、これらの規定中「障害補償年金」とあるのは「複数事業労働者障害年金」と、「障害補償一時金」とあるのは「複数事業労働者障害一時金」と読み替えるものとする。

第二十条の六 複数事業労働者遺族給付は、複数事業労働者がその従事する二以上の事業の業務を要因として死亡した場合に、当該複数事業労働者の遺族に対し、その請求に基づいて行う。

② 複数事業労働者遺族給付は、複数事業労働者遺族年金又は複数事業労働者遺族一時金とする。

③ 第十六条の二から第十六条の九まで並びに別表第一（遺族補償年金に係る部分に限る。）及び別表第二（遺族補償一時金に係る部分に限る。）の規定は、複数事業労働者遺族給付について準用する。この場合において、これらの規定中「遺族補償年金」とあるのは「複数事業労働者遺族年金」と、「遺族補償一時金」とあるのは「複数事業労働者遺族一時金」と読み替えるものとする。

第二十条の七 複数事業労働者葬祭給付は、複数事業労働者がその従事する二以上の事業の業務を要因として死亡した場合に、葬祭を行う者に対し、その請求に基づいて行う。

② 第十七条の規定は、複数事業労働者葬祭給付について準用する。

第二十条の八 複数事業労働者傷病年金は、複数事業労働者がその従事する二以上の事業の業務を要因として負傷し、又は疾病にかかつた場合に、当該負傷又は疾病に係る療養の開始後一年六箇月を経過した日において次の各号のいずれにも該当するとき、又は同日後次の各号のいずれにも該当することとなつたときに、その状態が継続している間、当該複数事業労働者に対して支給する。

一 当該負傷又は疾病が治つていないこと。

二 当該負傷又は疾病による障害の程度が第十二条の八第三項第二号の厚生労働省令で定める傷病等級に該当すること。

② 第十八条、第十八条の二及び別表第一（傷病補償年金に係る部分に限る。）の規定は、複数事業労働者傷病年金について準用する。この場合において、第十八条第二項中「休業補償給付」とあるのは「複数事業労働者休業給付」と、同表中「傷病補償年金」とあるのは「複数事業労働者傷病年金」と読み替えるものとする。

第二十条の九 複数事業労働者介護給付は、複数事業労働者障害年金又は複数事業労働者傷病年金を受ける権利を有する複数事業労働者が、その受ける権利を有する複数事業労働者障害年金又は複数事業労働者傷病年金の支給事由となる障害であつて第十二条の八第四項の厚生労働省令で定める程度のものにより、常時又は随時介護を要する状態にあり、かつ、常時又は随時介護を受けているときに、当該介護を受けている間（次に掲げる間を除く。）、当該複数事業労働者に対し、その請求に基づいて行う。

一 障害者支援施設に入所している間（生活介護を受けている場合に限る。）

二 第十二条の八第四項第二号の厚生労働大臣が定める施設に入所している間

三 病院又は診療所に入院している間

② 第十九条の二の規定は、複数事業労働者介護給付について準用する。

第二十条の十 この節に定めるもののほか、複数業務要因災害に関する保険給付について必要な事項は、厚生労働省令で定める。

第三節 通勤災害に関する保険給付

第二十一条 第七条第一項第三号の通勤災害に関する保険給付は、次に掲げる保険給付とする。

一 療養給付
二 休業給付
三 障害給付
四 遺族給付
五 葬祭給付
六 傷病年金
七 介護給付

第二十二条 療養給付は、労働者が通勤（第七条第一項第三号の通勤をいう。以下同じ。）により負傷し、又は疾病（厚生労働省令で定めるものに限る。以下この節において同じ。）にかかつた場合に、当該労働者に対し、その請求に基づいて行う。

② 第十三条の規定は、療養給付について準用する。

第二十二条の二 休業給付は、労働者が通勤による負傷又は疾病に係る療養のため労働することができないために賃金を受けない場合に、当該労働者に対し、その請求に基づいて行なう。

② 第十四条及び第十四条の二の規定は、休業給付について準用する。この場合において、第十四条第一項中「業務上の」とあるのは「通勤による」と、同条第二項中「別表第一第一号から第三号までに規定する場合に応じ、それぞれ同表第一号から第三号までの政令で定める率のうち傷病補償年金について定める率」とあるのは「第二十三条第二項において準用する別表第一第一号から第三号までに規定する場合に応じ、それぞれ同表第一号から第三号までの政令で定める率のうち傷病年金について定める率」と読み替えるものとする。

③ 療養給付を受ける労働者（第三十一条第二項の厚生労働省令で定める者を除く。）に支給する休業給付であつて最初に支給すべき事由の生じた日に係るものの額は、前項において準用する第十四条第一項の規定にかかわらず、同項の額から第三十一条第二項の厚生労働省令で定める額に相当する額を減じた額とする。

第二十二条の三 障害給付は、労働者が通勤により負傷し、又は疾病にかかり、なおつたとき身体に障害が存する場合に、当該労働者に対し、その請求に基づいて行なう。

② 障害給付は、第十五条第一項の厚生労働省令で定める障害等級に応じ、障害年金又は障害一時金とする。

③ 第十五条第二項及び第十五条の二並びに別表第一（障害補償年金に係る部分に限る。）及び別表第二（障害補償一時金に係る部分に限る。）の規定は、障害給付について準用する。この場合において、これらの規定中「障害補償年金」とあるのは「障害年金」と、「障害補償一時金」とあるのは「障害一時金」と読み替えるものとする。

第二十二条の四 遺族給付は、労働者が通勤により死亡した場合に、当該労働者の遺族に対し、その請求に基づいて行なう。

② 遺族給付は、遺族年金又は遺族一時金とする。

③ 第十六条の二から第十六条の九まで並びに別表第一（遺族補償年金に係る部分に限る。）及び別表第二（遺族補償一時金に係る部分に限る。）の規定は、遺族給付について準用する。この場合において、これらの規定中「遺族補償年金」とあるのは「遺族年金」と、「遺族補償一時金」とあるのは「遺族一時金」と読み替えるものとする。

第二十二条の五 葬祭給付は、労働者が通勤により死亡した場合に、葬祭を行なう者に対し、その請求に基づいて行なう。

② 第十七条の規定は、葬祭給付について準用する。

第二十三条 傷病年金は、通勤により負傷し、又は疾病にかかつた労働者が、当該負傷又は疾病に係る療養の開始後一年六箇月を経過した日において次の各号のいずれにも該当するとき、又は同日後次の各号のいずれにも該当することとなつたときに、その状態が継続している間、当該労働者に対して支給する。

一 当該負傷又は疾病が治つていないこと。

二 当該負傷又は疾病による障害の程度が第十二条の八第三項第二号の厚生労働省令で定める傷病等級に該当すること。

② 第十八条、第十八条の二及び別表第一（傷病補償年金に係る部分に限る。）の規定は、傷病年金について準用する。この場合において、第十八条第二項中「休業補償給付」とあるのは「休業給付」と、同表中「傷病補償年金」とあるのは「傷病年金」と読み替えるものとする。

第二十四条 介護給付は、障害年金又は傷病年金を受ける権利を有する労働者が、その受ける権利を有する障害年金又は傷病年金の支給事由となる障害であつて第十二条の八第四項の厚生労働省令で定める程度のものにより、常時又は随時介護を要する状態にあり、かつ、常時又は随時介護を受けているときに、当該介護を受けている間（次に掲げる間を除く。）、当該労働者に対し、その請求に基づいて行う。

一 障害者支援施設に入所している間（生活介護を受けている場合に限る。）

二 第十二条の八第四項第二号の厚生労働大臣が定める施設に入所している間

三 病院又は診療所に入院している間

② 第十九条の二の規定は、介護給付について準用する。

第二十五条 この節に定めるもののほか、通勤災害に関する保険給付について必要な事項は、厚生労働省令で定める。

第四節 二次健康診断等給付

第二十六条 二次健康診断等給付は、労働安全衛生法（昭和四十七年法律第五十七号）第六十六条第一項の規定による健康診断又は当該健康診断に係る同条第五項ただし書の規定による健康診断のうち、直近のもの（以下この項において「一次健康診断」という。）において、血圧検査、血液検査その他業務上の事由による脳血管疾患及び心臓疾患の発生にかかわる身体の状態に関する検査であつて、厚生労働省令で定めるものが行われた場合において、当該検査を受けた労働者がそのいずれの項目にも異常の所見があると診断されたときに、当該労働者（当該一次健康診断の結果その他の事情により既に脳血管疾患又は心臓疾患の症状を有すると認められるものを除く。）に対し、その請求に基づいて行う。

② 二次健康診断等給付の範囲は、次のとおりとする。

一 脳血管及び心臓の状態を把握するために必要な検査（前項に規定する検査を除く。）であつて厚生労働省令で定めるものを行う医師による健康診断（一年度につき一回に限る。以下この節において「二次健康診断」という。）

二 二次健康診断の結果に基づき、脳血管疾患及び心臓疾患の発生の予防を図るため、面接により行われる医師又は保健師による保健指導（二次健康診断ごとに一回に限る。次項において「特定保健指導」という。）

③ 政府は、二次健康診断の結果その他の事情により既に脳血管疾患又は心臓疾患の症状を有すると認められる労働者については、当該二次健康診断に係る特定保健指導を行わないものとする。

第二十七条 二次健康診断を受けた労働者から当該二次健康診断の実施の日から三箇月を超えない期間で厚生労働省令で定める期間内に当該二次健康診断の結果を証明する書面の提出を受けた事業者（労働安全衛生法第二条第三号に規定する事業者をいう。）に対する同法第六十六条の四の規定の適用については、同条中「健康診断の結果（当該健康診断」とあるのは、「健康診断及び労働者災害補償保険法第二十六条第二項第一号に規定する二次健康診断の結果（これらの健康診断」とする。

第二十八条 この節に定めるもののほか、二次健康診断等給付について必要な事項は、厚生労働省令で定める。

第三章の二　社会復帰促進等事業

第二十九条 政府は、この保険の適用事業に係る労働者及びその遺族について、社会復帰促進等事業として、次の事業を行うことができる。

一 療養に関する施設及びリハビリテーションに関する施設の設置及び運営その他業務災害、複数業務要因災害及び通勤災害を被つた労働者（次号において「被災労働者」という。）の円滑な社会復帰を促進するために必要な事業

二 被災労働者の療養生活の援護、被災労働者の受ける介護の援護、その遺族の就学の援護、被災労働者及びその遺族が必要とする資金の貸付けによる援護その他被災労働者及びその遺族の援護を図るために必要な事業

三 業務災害の防止に関する活動に対する援助、健康診断に関する施設の設置及び運営その他労働者の安全及び衛生の確保、保険給付の適切な実施の確保並びに賃金の支払の確保を図るために必要な事業

② 前項各号に掲げる事業の実施に関して必要な基準は、厚生労働省令で定める。

③ 政府は、第一項の社会復帰促進等事業のうち、独立行政法人労働者健康安全機構法（平成十四年法律第百七十一号）第十二条第一項に掲げるものを独立行政法人労働者健康安全機構に行わせるものとする。

第四章　費用の負担

第三十条 労働者災害補償保険事業に要する費用にあてるため政府が徴収する保険料については、徴収法の定めるところによる。

第三十一条 政府は、次の各号のいずれかに該当する事故について保険給付を行つたときは、厚生労働省令で定めるところにより、業務災害に関する保険給付にあつては労働基準法の規定による災害補償の価額の限度又は船員法の規定による災害補償のうち労働基準法の規定による災害補償に相当する災害補償の価額の限度で、複数業務要因災害に関する保険給付にあつては複数業務要因災害を業務災害とみなした場合に支給されるべき業務災害に関する保険給付に相当する同法の規定による災害補償の価額（当該複数業務要因災害に係る事業ごとに算定した額に限る。）の限度で、通勤災害に関する保険給付にあつては通勤災害を業務災害とみなした場合に支給されるべき業務災害に関する保険給付に相当する同法の規定による災害補償の価額の限度で、その保険給付に要した費用に相当する金額の全部又は一部を事業主から徴収することができる。

一 事業主が故意又は重大な過失により徴収法第四条の二第一項の規定による届出であつてこの保険に係る保険関係の成立に係るものをしていない期間（政府が当該事業について徴収法第十五条第三項の規定による決定をしたときは、その決定後の期間を除く。）中に生じた事故

二 事業主が徴収法第十条第二項第一号の一般保険料を納付しない期間（徴収法第二十七条第二項の督促状に指定する期限後の期間に限る。）中に生じた事故

三 事業主が故意又は重大な過失により生じさせた業務災害の原因である事故

② 政府は、療養給付を受ける労働者（厚生労働省令で定める者を除く。）から、二百円を超えない範囲内で厚生労働省令で定める額を一部負担金として徴収する。ただし、第二十二条の二第三項の規定により減額した休業給付の支給を受けた労働者については、この限りでない。

③ 政府は、前項の労働者から徴収する同項の一部負担金に充てるため、厚生労働省令で定めるところにより、当該労働者に支払うべき保険給付の額から当該一部負担金の額に相当

する額を控除することができる。

④　徴収法第二十七条、第二十九条、第三十条及び第四十一条の規定は、第一項又は第二項の規定による徴収金について準用する。

第三十二条　国庫は、予算の範囲内において、労働者災害補償保険事業に要する費用の一部を補助することができる。

第四章の二　特別加入

第三十三条　次の各号に掲げる者（第二号、第四号及び第五号に掲げる者にあつては、労働者である者を除く。）の業務災害、複数業務要因災害及び通勤災害に関しては、この章に定めるところによる。

一　厚生労働省令で定める数以下の労働者を使用する事業（厚生労働省令で定める事業を除く。第七号において「特定事業」という。）の事業主で徴収法第三十三条第三項の労働保険事務組合（以下「労働保険事務組合」という。）に同条第一項の労働保険事務の処理を委託するものである者（事業主が法人その他の団体であるときは、代表者）

二　前号の事業主が行う事業に従事する者

三　厚生労働省令で定める種類の事業を労働者を使用しないで行うことを常態とする者

四　前号の者が行う事業に従事する者

五　厚生労働省令で定める種類の作業に従事する者

六　この法律の施行地外の地域のうち開発途上にある地域に対する技術協力の実施の事業（事業の期間が予定される事業を除く。）を行う団体が、当該団体の業務の実施のため、当該開発途上にある地域（業務災害、複数業務要因災害及び通勤災害に関する保護制度の状況その他の事情を考慮して厚生労働省令で定める国の地域を除く。）において行われる事業に従事させるために派遣する者

七　この法律の施行地内において事業（事業の期間が予定される事業を除く。）を行う事業主が、この法律の施行地外の地域（業務災害、複数業務要因災害及び通勤災害に関する保護制度の状況その他の事情を考慮して厚生労働省令で定める国の地域を除く。）において行われる事業に従事させるために派遣する者（当該事業が特定事業に該当しないときは、当該事業に使用される労働者として派遣する者に限る。）

第三十四条　前条第一号の事業主が、同号及び同条第二号に掲げる者を包括して当該事業について成立する保険関係に基づきこの保険による業務災害、複数業務要因災害及び通勤災害に関する保険給付を受けることができる者とすることにつき申請をし、政府の承認があつたときは、第三章第一節から第三節まで及び第三章の二の規定の適用については、次に定めるところによる。

一　前条第一号及び第二号に掲げる者は、当該事業に使用される労働者とみなす。

二　前条第一号又は第二号に掲げる者が業務上負傷し、若しくは疾病にかかつたとき、その負傷若しくは疾病についての療養のため当該事業に従事することができないとき、その負傷若しくは疾病が治つた場合において身体に障害が存するとき、又は業務上死亡したときは、労働基準法第七十五条から第七十七条まで、第七十九条及び第八十条に規定する災害補償の事由が生じたものとみなす。

三　前条第一号及び第二号に掲げる者の給付基礎日額は、当該事業に使用される労働者の賃金の額その他の事情を考慮して厚生労働大臣が定める額とする。

四　前条第一号又は第二号に掲げる者の事故が徴収法第十条第二項第二号の第一種特別加入保険料が滞納されている期間中に生じたものであるときは、政府は、当該事故に係る保険給付の全部又は一部を行わないことができる。これらの者の業務災害の原因である事故が前条第一号の事業主の故意又は重大な過失によつて生じたものであるときも、同様とする。

②　前条第一号の事業主は、前項の承認があつた後においても、政府の承認を受けて、同号及び同条第二号に掲げる者を包括して保険給付を受けることができる者としないこととすることができる。

③　政府は、前条第一号の事業主がこの法律若しくは徴収法又はこれらの法律に基づく厚生労働省令の規定に違反したときは、第一項の承認を取り消すことができる。

④　前条第一号及び第二号に掲げる者の保険給付を受ける権利は、第二項の規定による承認又は前項の規定による第一項の承認の取消しによつて変更されない。これらの者が同条第一号及び第二号に掲げる者でなくなつたことによつても、同様とする。

第三十五条　第三十三条第三号に掲げる者の団

体又は同条第五号に掲げる者の団体が、当該団体の構成員である同条第三号に掲げる者及びその者に係る同条第四号に掲げる者又は当該団体の構成員である同条第五号に掲げる者の業務災害、複数業務要因災害及び通勤災害（これらの者のうち、住居と就業の場所との間の往復の状況等を考慮して厚生労働省令で定める者にあつては、業務災害及び複数業務要因災害に限る。）に関してこの保険の適用を受けることにつき申請をし、政府の承認があつたときは、第三章第一節から第三節まで（当該厚生労働省令で定める者にあつては、同章第一節から第二節の二まで）、第三章の二及び徴収法第二章から第六章までの規定の適用については、次に定めるところによる。

一　当該団体は、第三条第一項の適用事業及びその事業主とみなす。

二　当該承認があつた日は、前号の適用事業が開始された日とみなす。

三　当該団体に係る第三十三条第三号から第五号までに掲げる者は、第一号の適用事業に使用される労働者とみなす。

四　当該団体の解散は、事業の廃止とみなす。

五　前条第一項第二号の規定は、第三十三条第三号から第五号までに掲げる者に係る業務災害に関する保険給付の事由について準用する。この場合において、同号に掲げる者に関しては、前条第一項第二号中「業務上」とあるのは「当該作業により」と、「当該事業」とあるのは「当該作業」と読み替えるものとする。

六　第三十三条第三号から第五号までに掲げる者の給付基礎日額は、当該事業と同種若しくは類似の事業又は当該作業と同種若しくは類似の作業を行う事業に使用される労働者の賃金の額その他の事情を考慮して厚生労働大臣が定める額とする。

七　第三十三条第三号から第五号までに掲げる者の事故が、徴収法第十条第二項第三号の第二種特別加入保険料が滞納されている期間中に生じたものであるときは、政府は、当該事故に係る保険給付の全部又は一部を行わないことができる。

②　一の団体に係る第三十三条第三号から第五号までに掲げる者として前項第三号の規定により労働者とみなされている者は、同一の種類の事業又は同一の種類の作業に関しては、他の団体に関し重ねて同号の規定により労働者とみなされることはない。

③　第一項の団体は、同項の承認があつた後においても、政府の承認を受けて、当該団体についての保険関係を消滅させることができる。

④　政府は、第一項の団体がこの法律若しくは徴収法又はこれらの法律に基づく厚生労働省令の規定に違反したときは、当該団体についての保険関係を消滅させることができる。

⑤　第三十三条第三号から第五号までに掲げる者の保険給付を受ける権利は、同条第三号又は第五号に掲げる者が第一項の団体から脱退することによつて変更されない。同条第三号から第五号までに掲げる者がこれらの規定に掲げる者でなくなつたことによつても、同様とする。

第三十六条　第三十三条第六号の団体又は同条第七号の事業主が、同条第六号又は第七号に掲げる者を、当該団体又は当該事業主がこの法律の施行地内において行う事業（事業の期間が予定される事業を除く。）についての保険関係に基づきこの保険による業務災害、複数業務要因災害及び通勤災害に関する保険給付を受けることができる者とすることにつき申請をし、政府の承認があつたときは、第三章第一節から第三節まで及び第三章の二の規定の適用については、次に定めるところによる。

一　第三十三条第六号又は第七号に掲げる者は、当該事業に使用される労働者とみなす。

二　第三十四条第一項第二号の規定は第三十三条第六号又は第七号に掲げる者に係る業務災害に関する保険給付の事由について、同項第三号の規定は同条第六号又は第七号に掲げる者の給付基礎日額について準用する。この場合において、同項第二号中「当該事業」とあるのは、「第三十三条第六号又は第七号に規定する開発途上にある地域又はこの法律の施行地外の地域において行われる事業」と読み替えるものとする。

三　第三十三条第六号又は第七号に掲げる者の事故が、徴収法第十条第二項第三号の二の第三種特別加入保険料が滞納されている期間中に生じたものであるときは、政府は、当該事故に係る保険給付の全部又は一部を行わないことができる。

②　第三十四条第二項及び第三項の規定は前項の承認を受けた第三十三条第六号の団体又は同条第七号の事業主について、第三十四条第

四項の規定は第三十三条第六号又は第七号に掲げる者の保険給付を受ける権利について準用する。この場合において、これらの規定中「前項の承認」とあり、及び「第一項の承認」とあるのは「第三十六条第一項の承認」と、第三十四条第二項中「同号及び同条第二号に掲げる者を包括して」とあるのは「同条第六号又は第七号に掲げる者を」と、同条第四項中「同条第一号及び第二号」とあるのは「第三十三条第六号又は第七号」と読み替えるものとする。

第三十七条 この章に定めるもののほか、第三十三条各号に掲げる者の業務災害、複数業務要因災害及び通勤災害に関し必要な事項は、厚生労働省令で定める。

第五章 不服申立て及び訴訟

第三十八条 保険給付に関する決定に不服のある者は、労働者災害補償保険審査官に対して審査請求をし、その決定に不服のある者は、労働保険審査会に対して再審査請求をすることができる。

② 前項の審査請求をしている者は、審査請求をした日から三箇月を経過しても審査請求についての決定がないときは、労働者災害補償保険審査官が審査請求を棄却したものとみなすことができる。

③ 第一項の審査請求及び再審査請求は、時効の完成猶予及び更新に関しては、これを裁判上の請求とみなす。

第三十九条 前条第一項の審査請求及び再審査請求については、行政不服審査法（平成二十六年法律第六十八号）第二章（第二十二条を除く。）及び第四章の規定は、適用しない。

第四十条 第三十八条第一項に規定する処分の取消しの訴えは、当該処分についての審査請求に対する労働者災害補償保険審査官の決定を経た後でなければ、提起することができない。

第四十一条 削除

第六章 雑則

第四十二条 療養補償給付、休業補償給付、葬祭料、介護補償給付、複数事業労働者療養給付、複数事業労働者休業給付、複数事業労働者葬祭給付、複数事業労働者介護給付、療養給付、休業給付、葬祭給付、介護給付及び二次健康診断等給付を受ける権利は、これらを行使することができる時から二年を経過したとき、障害補償給付、遺族補償給付、複数事業労働者障害給付、複数事業労働者遺族給付、障害給付及び遺族給付を受ける権利は、これらを行使することができる時から五年を経過したときは、時効によつて消滅する。

② 第八条の二第一項第二号の規定による四半期ごとの平均給与額又は第八条の三第一項第二号の規定による年度の平均給与額が修正されたことにより、第八条の二第一項第二号、第八条の三第一項第二号又は第十六条の六第二項（第二十条の六第三項若しくは第二十二条の四第三項において準用する場合又は第五十八条第一項、第六十条の二第一項若しくは第六十一条第一項の規定によりその例によることとされる場合を含む。）に規定する厚生労働大臣が定める率を厚生労働大臣が、第八条第二項に規定する政府が算定する額を政府がそれぞれ変更した場合において、当該変更に伴いその額が再び算定された保険給付があるときは、当該保険給付に係る第十一条の規定による未支給の保険給付の支給を受ける権利については、会計法（昭和二十二年法律第三十五号）第三十一条第一項の規定を適用しない。

第四十三条 この法律又はこの法律に基づく政令及び厚生労働省令に規定する期間の計算については、民法の期間の計算に関する規定を準用する。

第四十四条 労働者災害補償保険に関する書類には、印紙税を課さない。

第四十五条 市町村長（特別区の区長を含むものとし、地方自治法（昭和二十二年法律第六十七号）第二百五十二条の十九第一項の指定都市においては、区長又は総合区長とする。）は、行政庁又は保険給付を受けようとする者に対して、当該市（特別区を含む。）町村の条例で定めるところにより、保険給付を受けようとする者又は遺族の戸籍に関し、無料で証明を行うことができる。

第四十六条 行政庁は、厚生労働省令で定めるところにより、労働者を使用する者、労働保険事務組合、第三十五条第一項に規定する団体、労働者派遣事業の適正な運営の確保及び派遣労働者の保護等に関する法律（昭和六十年法律第八十八号。第四十八条第一項において「労働者派遣法」という。）第四十四条第一項に規定する派遣先の事業主（以下「派遣先の事業主」という。）又は船員職業安定法（昭和二十三年法律第百三十号）第六条第十一項に規定する船員派遣（以下「船員派遣」

という。）の役務の提供を受ける者に対して、この法律の施行に関し必要な報告、文書の提出又は出頭を命ずることができる。

第四十七条　行政庁は、厚生労働省令で定めるところにより、保険関係が成立している事業に使用される労働者（第三十四条第一項第一号、第三十五条第一項第三号又は第三十六条第一項第一号の規定により当該事業に使用される労働者とみなされる者を含む。）若しくは保険給付を受け、若しくは受けようとする者に対して、この法律の施行に関し必要な報告、届出、文書その他の物件の提出（以下この条において「報告等」という。）若しくは出頭を命じ、又は保険給付の原因である事故を発生させた第三者（派遣先の事業主及び船員派遣の役務の提供を受ける者を除く。第五十三条において「第三者」という。）に対して、報告等を命ずることができる。

第四十七条の二　行政庁は、保険給付に関して必要があると認めるときは、保険給付を受け、又は受けようとする者（遺族補償年金、複数事業労働者遺族年金又は遺族年金の額の算定の基礎となる者を含む。）に対し、その指定する医師の診断を受けるべきことを命ずることができる。

第四十七条の三　政府は、保険給付を受ける権利を有する者が、正当な理由がなくて、第十二条の七の規定による届出をせず、若しくは書類その他の物件の提出をしないとき、又は前二条の規定による命令に従わないときは、保険給付の支払を一時差し止めることができる。

第四十八条　行政庁は、この法律の施行に必要な限度において、当該職員に、適用事業の事業場、労働保険事務組合若しくは第三十五条第一項に規定する団体の事務所、労働者派遣法第四十四条第一項に規定する派遣先の事業の事業場又は船員派遣の役務の提供を受ける者の事業場に立ち入り、関係者に質問させ、又は帳簿書類その他の物件を検査させることができる。

②　前項の規定により立入検査をする職員は、その身分を示す証明書を携帯し、関係者に提示しなければならない。

③　第一項の規定による立入検査の権限は、犯罪捜査のために認められたものと解釈してはならない。

第四十九条　行政庁は、保険給付に関して必要があると認めるときは、厚生労働省令で定めるところによつて、保険給付を受け、又は受けようとする者（遺族補償年金、複数事業労働者遺族年金又は遺族年金の額の算定の基礎となる者を含む。）の診療を担当した医師その他の者に対して、その行つた診療に関する事項について、報告若しくは診療録、帳簿書類その他の物件の提示を命じ、又は当該職員に、これらの物件を検査させることができる。

②　前条第二項の規定は前項の規定による検査について、同条第三項の規定は前項の規定による権限について準用する。

第四十九条の二　厚生労働大臣は、船員法第一条に規定する船員について、この法律の目的を達成するため必要があると認めるときは、国土交通大臣に対し、船員法に基づき必要な措置をとるべきことを要請することができる。

２　前項の規定による措置をとるため必要があると認めるときは、国土交通大臣は厚生労働大臣に資料の提供を求めることができる。

第四十九条の三　厚生労働大臣は、この法律の施行に関し、関係行政機関又は公私の団体に対し、資料の提供その他必要な協力を求めることができる。

２　前項の規定による協力を求められた関係行政機関又は公私の団体は、できるだけその求めに応じなければならない。

第四十九条の四　この法律に基づき政令又は厚生労働省令を制定し、又は改廃する場合においては、それぞれ、政令又は厚生労働省令で、その制定又は改廃に伴い合理的に必要と判断される範囲内において、所要の経過措置を定めることができる。

第四十九条の五　この法律に定める厚生労働大臣の権限は、厚生労働省令で定めるところにより、その一部を都道府県労働局長に委任することができる。

第五十条　この法律の施行に関する細目は、厚生労働省令で、これを定める。

第七章　罰則

第五十一条　事業主、派遣先の事業主又は船員派遣の役務の提供を受ける者が次の各号のいずれかに該当するときは、六月以下の懲役又は三十万円以下の罰金に処する。労働保険事務組合又は第三十五条第一項に規定する団体がこれらの各号のいずれかに該当する場合におけるその違反行為をした当該労働保険事務組合又は当該団体の代表者又は代理人、使用人その他の従業者も、同様とする。

一　第四十六条の規定による命令に違反して報告をせず、若しくは虚偽の報告をし、又は文書の提出をせず、若しくは虚偽の記載をした文書を提出した場合

二　第四十八条第一項の規定による当該職員の質問に対して答弁をせず、若しくは虚偽の陳述をし、又は検査を拒み、妨げ、若しくは忌避した場合

第五十二条　削除

第五十三条　事業主、労働保険事務組合、第三十五条第一項に規定する団体、派遣先の事業主及び船員派遣の役務の提供を受ける者以外の者（第三者を除く。）が次の各号のいずれかに該当するときは、六月以下の懲役又は二十万円以下の罰金に処する。

一　第四十七条の規定による命令に違反して報告若しくは届出をせず、若しくは虚偽の報告若しくは届出をし、又は文書その他の物件の提出をせず、若しくは虚偽の記載をした文書を提出した場合

二　第四十八条第一項の規定による当該職員の質問に対し答弁をせず、若しくは虚偽の陳述をし、又は検査を拒み、妨げ、若しくは忌避した場合

三　第四十九条第一項の規定による命令に違反して報告をせず、虚偽の報告をし、若しくは診療録、帳簿書類その他の物件の提示をせず、又は同条の規定による検査を拒み、妨げ、若しくは忌避した場合

第五十四条　法人（法人でない労働保険事務組合及び第三十五条第一項に規定する団体を含む。以下この項において同じ。）の代表者又は法人若しくは人の代理人、使用人その他の従業者が、その法人又は人の業務に関して、第五十一条又は前条の違反行為をしたときは、行為者を罰するほか、その法人又は人に対しても、各本条の罰金刑を科する。

②　前項の規定により法人でない労働保険事務組合又は第三十五条第一項に規定する団体を処罰する場合においては、その代表者が訴訟行為につきその労働保険事務組合又は団体を代表するほか、法人を被告人又は被疑者とする場合の刑事訴訟に関する法律の規定を準用する。

附　則（抄）

第五十五条　この法律施行の期日は、勅令で、これを定める。

第五十七条　労働者災害扶助責任保険法は、これを廃止する。

②　この法律施行前に発生した事故に対する保険給付及びこの法律施行前の期間に属する保険料に関しては、なお旧法による。

③　この法律施行前の旧法の罰則を適用すべきであつた者についての処罰については、なお旧法による。

④　この法律施行の際、労働者災害扶助責任保険につき現に政府と保険契約を締結してゐる者が既に払込んだこの法律施行後の期間に属する保険料は、この保険の保険料に、これを充当することができる。

⑤　前三項に定めるものの外、旧法廃止の際必要な事項は、命令で、これを定める。

第五十八条　政府は、当分の間、障害補償年金を受ける権利を有する者が死亡した場合において、その者に支給された当該障害補償年金の額（当該障害補償年金のうち当該死亡した日の属する年度（当該死亡した日の属する月が四月から七月までの月に該当する場合にあつては、その前年度。以下この項において同じ。）の七月以前の分として支給された障害補償年金にあつては、厚生労働省令で定めるところにより第十六条の六第二項の規定の例により算定して得た額）及び当該障害補償年金に係る障害補償年金前払一時金の額（当該障害補償年金前払一時金を支給すべき事由が当該死亡した日の属する年度の七月以前に生じたものである場合にあつては、厚生労働省令で定めるところにより同項の規定による遺族補償年金の額の算定の方法に準じ算定して得た額）の合計額が次の表の上欄に掲げる当該障害補償年金に係る障害等級に応じ、それぞれ同表の下欄に掲げる額（当該死亡した日が算定事由発生日の属する年度の翌々年度の八月一日以後の日である場合にあつては、厚生労働省令で定めるところにより第八条の四において準用する第八条の三第一項の規定の例により算定して得た額を同表の給付基礎日額とした場合に得られる額）に満たないときは、その者の遺族に対し、その請求に基づき、保険給付として、その差額に相当する額の障害補償年金差額一時金を支給する。

障害等級	額
第一級	給付基礎日額の一、三四〇日分
第二級	給付基礎日額の一、一九〇日分
第三級	給付基礎日額の一、〇五〇日分
第四級	給付基礎日額の九二〇日分

第五級	給付基礎日額の七九〇日分
第六級	給付基礎日額の六七〇日分
第七級	給付基礎日額の五六〇日分

② 障害補償年金差額一時金を受けることができる遺族は、次の各号に掲げる者とする。この場合において、障害補償年金差額一時金を受けるべき遺族の順位は、次の各号の順序により、当該各号に掲げる者のうちにあつては、それぞれ、当該各号に掲げる順序による。

一　労働者の死亡の当時その者と生計を同じくしていた配偶者、子、父母、孫、祖父母及び兄弟姉妹

二　前号に該当しない配偶者、子、父母、孫、祖父母及び兄弟姉妹

③ 障害補償年金差額一時金の支給を受ける権利は、これを行使することができる時から五年を経過したときは、時効によつて消滅する。

④ 障害補償年金差額一時金は、遺族補償給付とみなして第十条の規定を、第十六条の六第一項第二号の場合に支給される遺族補償一時金とみなして徴収法第十二条第三項及び第二十条第一項の規定を適用する。

⑤ 第十六条の三第二項並びに第十六条の九第一項及び第二項の規定は、障害補償年金差額一時金について準用する。この場合において、第十六条の三第二項中「前項」とあるのは「第五十八条第一項」と、「別表第一」とあるのは「同項」と読み替えるものとする。

第五十九条　政府は、当分の間、労働者が業務上負傷し、又は疾病にかかり、治つたとき身体に障害が存する場合における当該障害に関しては、障害補償年金を受ける権利を有する者に対し、その請求に基づき、保険給付として、障害補償年金前払一時金を支給する。

② 障害補償年金前払一時金の額は、前条第一項の表の上欄に掲げる当該障害補償年金に係る障害等級に応じ、それぞれ同表の下欄に掲げる額（算定事由発生日の属する年度の翌々年度の八月以後に前項の請求があつた場合にあつては、当該障害補償年金前払一時金を障害補償一時金とみなして第八条の四の規定を適用したときに得られる給付基礎日額を同表の給付基礎日額とした場合に得られる額）を限度として厚生労働省令で定める額とする。

③ 障害補償年金前払一時金が支給される場合には、当該労働者の障害に係る障害補償年金は、各月に支給されるべき額の合計額が厚生労働省令で定める算定方法に従い当該障害補償年金前払一時金の額に達するまでの間、その支給を停止する。

④ 障害補償年金前払一時金の支給を受ける権利は、これを行使することができる時から二年を経過したときは、時効によつて消滅する。

⑤ 障害補償年金前払一時金は、障害補償年金とみなして、徴収法第十二条第三項及び第二十条第一項の規定を適用する。

⑥ 障害補償年金前払一時金の支給を受けた者に支給されるべき障害補償年金の支給が第三項の規定により停止されている間は、当該障害補償年金については、国民年金法等の一部を改正する法律（昭和六十年法律第三十四号。以下この項及び次条第七項において「昭和六十年法律第三十四号」という。）附則第三十二条第十一項の規定によりなおその効力を有するものとされた昭和六十年法律第三十四号第一条の規定による改正前の国民年金法（以下この項及び次条第七項において「旧国民年金法」という。）第六十五条第二項（昭和六十年法律第三十四号附則第二十八条第十項においてその例による場合及び昭和六十年法律第三十四号附則第三十二条第十一項の規定によりなおその効力を有するものとされた旧国民年金法第七十九条の二第五項において準用する場合を含む。次条第七項において同じ。）、児童扶養手当法（昭和三十六年法律第二百三十八号）第十三条の二第二項第一号ただし書並びに特別児童扶養手当等の支給に関する法律（昭和三十九年法律第百三十四号）第三条第三項第二号ただし書及び第十七条第一号ただし書の規定は、適用しない。

第六十条　政府は、当分の間、労働者が業務上の事由により死亡した場合における当該死亡に関しては、遺族補償年金を受ける権利を有する遺族に対し、その請求に基づき、保険給付として、遺族補償年金前払一時金を支給する。

② 遺族補償年金前払一時金の額は、給付基礎日額（算定事由発生日の属する年度の翌々年度の八月以後に前項の請求があつた場合にあつては、当該遺族補償年金前払一時金を遺族補償一時金とみなして第八条の四の規定を適用したときに得られる給付基礎日額に相当する額）の千日分に相当する額を限度として厚生労働省令で定める額とする。

③　遺族補償年金前払一時金が支給される場合には、当該労働者の死亡に係る遺族補償年金は、各月に支給されるべき額の合計額が厚生労働省令で定める算定方法に従い当該遺族補償年金前払一時金の額に達するまでの間、その支給を停止する。

④　遺族補償年金前払一時金が支給された場合における第十六条の六の規定の適用については、同条第一項第二号中「遺族補償年金の額」とあるのは、「遺族補償年金の額及び遺族補償年金前払一時金の額（当該遺族補償年金前払一時金を支給すべき事由が当該権利が消滅した日の属する年度（当該権利が消滅した日の属する月が四月から七月までの月に該当する場合にあつては、その前年度）の七月以前に生じたものである場合にあつては、厚生労働省令で定めるところにより次項の規定による遺族補償年金の額の算定の方法に準じ算定して得た額）」とする。

⑤　遺族補償年金前払一時金の支給を受ける権利は、これを行使することができる時から二年を経過したときは、時効によつて消滅する。

⑥　遺族補償年金前払一時金は、遺族補償年金とみなして、徴収法第十二条第三項及び第二十条第一項の規定を適用する。

⑦　遺族補償年金前払一時金の支給を受けた者に支給されるべき遺族補償年金の支給が第三項の規定により停止されている間は、当該遺族補償年金については、国民年金法第三十六条の二第二項及び昭和六十年法律第三十四号附則第三十二条第十一項の規定によりなおその効力を有するものとされた旧国民年金法第六十五条第二項並びに児童扶養手当法第十三条の二第一項第一号ただし書及び第二項第一号ただし書の規定は、適用しない。

第六十条の二　政府は、当分の間、複数事業労働者障害年金を受ける権利を有する者が死亡した場合において、その者に支給された当該複数事業労働者障害年金の額（当該複数事業労働者障害年金のうち当該死亡した日の属する年度（当該死亡した日の属する月が四月から七月までの月に該当する場合にあつては、その前年度。以下この項において同じ。）の七月以前の分として支給された複数事業労働者障害年金にあつては、厚生労働省令で定めるところにより第十六条の六第二項の規定の例により算定して得た額）及び当該複数事業労働者障害年金に係る複数事業労働者障害年金前払一時金の額（当該複数事業労働者障害年金前払一時金を支給すべき事由が当該死亡した日の属する年度の七月以前に生じたものである場合にあつては、厚生労働省令で定めるところにより同項の規定による遺族補償年金の額の算定の方法に準じ算定して得た額）の合計額が第五十八条第一項の表の上欄に掲げる当該複数事業労働者障害年金に係る障害等級に応じ、それぞれ同表の下欄に掲げる額（当該死亡した日が算定事由発生日の属する年度の翌々年度の八月一日以後の日である場合にあつては、厚生労働省令で定めるところにより第八条の四において準用する第八条の三第一項の規定の例により算定して得た額を同表の給付基礎日額とした場合に得られる額）に満たないときは、その者の遺族に対し、その請求に基づき、保険給付として、その差額に相当する額の複数事業労働者障害年金差額一時金を支給する。

②　第十六条の三第二項、第十六条の九第一項及び第二項並びに第五十八条第二項及び第三項の規定は、複数事業労働者障害年金差額一時金について準用する。この場合において、第十六条の三第二項中「前項」とあるのは「第六十条の二第一項」と、「別表第一」とあるのは「同項」と読み替えるものとする。

第六十条の三　政府は、当分の間、複数事業労働者がその従事する二以上の事業の業務を要因として負傷し、又は疾病にかかり、治つたとき身体に障害が存する場合における当該障害に関しては、複数事業労働者障害年金を受ける権利を有する者に対し、その請求に基づき、保険給付として、複数事業労働者障害年金前払一時金を支給する。

②　複数事業労働者障害年金前払一時金の額は、第五十八条第一項の表の上欄に掲げる当該複数事業労働者障害年金に係る障害等級に応じ、第五十九条第二項に規定する厚生労働省令で定める額とする。

③　第五十九条第三項、第四項及び第六項の規定は、複数事業労働者障害年金前払一時金について準用する。この場合において、同条第三項及び第六項中「障害補償年金」とあるのは、「複数事業労働者障害年金」と読み替えるものとする。

第六十条の四　政府は、当分の間、複数事業労働者がその従事する二以上の事業の業務を要因として死亡した場合における当該死亡に関しては、複数事業労働者遺族年金を受ける権利を有する遺族に対し、その請求に基づき、保険給付として、複数事業労働者遺族年金前払一時金を支給する。

② 複数事業労働者遺族年金前払一時金の額は、第六十条第二項に規定する厚生労働省令で定める額とする。

③ 複数事業労働者遺族年金前払一時金が支給された場合における第二十条の六第三項の規定により読み替えられた第十六条の六の規定の適用については、同条第一項第二号中「複数事業労働者遺族年金の額」とあるのは、「複数事業労働者遺族年金の額及び複数事業労働者遺族年金前払一時金の額（当該複数事業労働者遺族年金前払一時金を支給すべき事由が当該権利が消滅した日の属する年度（当該権利が消滅した日の属する月が四月から七月までの月に該当する場合にあつては、その前年度）の七月以前に生じたものである場合にあつては、厚生労働省令で定めるところにより次項の規定による複数事業労働者遺族年金の額の算定の方法に準じ算定して得た額）」とする。

④ 第六十条第三項、第五項及び第七項の規定は、複数事業労働者遺族年金前払一時金について準用する。この場合において、同条第三項中「遺族補償年金は」とあるのは「複数事業労働者遺族年金は」と、同条第七項中「遺族補償年金の」とあるのは「複数事業労働者遺族年金の」と、「当該遺族補償年金」とあるのは「当該複数事業労働者遺族年金」と読み替えるものとする。

第六十一条 政府は、当分の間、障害年金を受ける権利を有する者が死亡した場合において、その者に支給された当該障害年金の額（当該障害年金のうち当該死亡した日の属する年度（当該死亡した日の属する月が四月から七月までの月に該当する場合にあつては、その前年度。以下この項において同じ。）の七月以前の分として支給された障害年金にあつては、厚生労働省令で定めるところにより第十六条の六第二項の規定の例により算定して得た額）及び当該障害年金に係る障害年金前払一時金の額（当該障害年金前払一時金を支給すべき事由が当該死亡した日の属する年度の七月以前に生じたものである場合にあつては、厚生労働省令で定めるところにより同項の規定による遺族補償年金の額の算定の方法に準じ算定して得た額）の合計額が第五十八条第一項の表の上欄に掲げる当該障害年金に係る障害等級に応じ、それぞれ同表の下欄に掲げる額（当該死亡した日が算定事由発生日の属する年度の翌々年度の八月一日以後の日である場合にあつては、厚生労働省令で定めるところにより第八条の四において準用する第八条の三第一項の規定の例により算定して得た額を同表の給付基礎日額とした場合に得られる額）に満たないときは、その者の遺族に対し、その請求に基づき、保険給付として、その差額に相当する額の障害年金差額一時金を支給する。

② 障害年金差額一時金は、遺族給付とみなして、第十条の規定を適用する。

③ 第十六条の三第二項、第十六条の九第一項及び第二項並びに第五十八条第二項及び第三項の規定は、障害年金差額一時金について準用する。この場合において、第十六条の三第二項中「前項」とあるのは「第六十一条第一項」と、「別表第二」とあるのは「同項」と読み替えるものとする。

第六十二条 政府は、当分の間、労働者が通勤により負傷し、又は疾病にかかり、治つたとき身体に障害が存する場合における当該障害に関しては、障害年金を受ける権利を有する者に対し、その請求に基づき、保険給付として、障害年金前払一時金を支給する。

② 障害年金前払一時金の額は、第五十八条第一項の表の上欄に掲げる当該障害年金に係る障害等級に応じ、第五十九条第二項に規定する厚生労働省令で定める額とする。

③ 第五十九条第三項、第四項及び第六項の規定は、障害年金前払一時金について準用する。この場合において、同条第三項及び第六項中「障害補償年金」とあるのは、「障害年金」と読み替えるものとする。

第六十三条 政府は、当分の間、労働者が通勤により死亡した場合における当該死亡に関しては、遺族年金を受ける権利を有する遺族に対し、その請求に基づき、保険給付として、遺族年金前払一時金を支給する。

② 遺族年金前払一時金の額は、第六十条第二項に規定する厚生労働省令で定める額とする。

③ 第六十条第三項から第五項まで及び第七項の規定は、遺族年金前払一時金について準用する。この場合において、同条第三項中「遺族補償年金は」とあるのは「遺族年金は」と、同条第四項中「第十六条の六」とあるのは「第二十二条の四第三項の規定により読み替えられた第十六条の六」と、「遺族補償年金の額」とあるのは「遺族年金の額」と、同

条第七項中「遺族補償年金の」とあるのは「遺族年金の」と、「当該遺族補償年金」とあるのは「当該遺族年金」と読み替えるものとする。

第六十四条　労働者又はその遺族が障害補償年金若しくは遺族補償年金、複数事業労働者障害年金若しくは複数事業労働者遺族年金又は障害年金若しくは遺族年金（以下この条において「年金給付」という。）を受けるべき場合（当該年金給付を受ける権利を有することとなつた時に、当該年金給付に係る障害補償年金前払一時金若しくは遺族補償年金前払一時金、複数事業労働者障害年金前払一時金若しくは複数事業労働者遺族年金前払一時金又は障害年金前払一時金若しくは遺族年金前払一時金（以下この条において「前払一時金給付」という。）を請求することができる場合に限る。）であつて、同一の事由について、当該労働者を使用している事業主又は使用していた事業主から民法その他の法律による損害賠償（以下単に「損害賠償」といい、当該年金給付によつて塡補される損害を塡補する部分に限る。）を受けることができるときは、当該損害賠償については、当分の間、次に定めるところによるものとする。

一　事業主は、当該労働者又はその遺族の年金給付を受ける権利が消滅するまでの間、その損害の発生時から当該年金給付に係る前払一時金給付を受けるべき時までのその損害の発生時における法定利率により計算される額を合算した場合における当該合算した額が当該前払一時金給付の最高限度額に相当する額となるべき額（次号の規定に

別表第一（第十四条、第十五条、第十五条の二、第十六条の三、第十八条、第十八条の二、第二十条の五、第二十条の六、第二十条の八、第二十二条の三、第二十二条の四、第二十三条関係）

一　同一の事由（障害補償年金及び遺族補償年金については、それぞれ、当該障害又は死亡をいい、傷病補償年金については、当該負傷又は疾病により障害の状態にあることをいう。以下同じ。）により、障害補償年金若しくは傷病補償年金又は遺族補償年金と厚生年金保険法の規定による障害厚生年金及び国民年金法の規定による障害基礎年金（同法第三十条の四の規定による障害基礎年金を除く。以下同じ。）又は厚生年金保険法の規定による遺族厚生年金及び国民年金法の規定による遺族基礎年金若しくは寡婦年金とが支給される場合にあつては、下欄の額に、次のイからハまでに掲げる年金たる保険給付の区分に応じ、それぞれイからハまでに掲げるところにより算定して得た率を下らない範囲内で政令で定める率を乗じて得た額（その額が政令で定める額を下回る場合には、当該政令で定める額）

イ　障害補償年金　前々保険年度（前々年の四月一日から前年の三月三十一日までをいう。以下この号において同じ。）において障害補償年金を受けていた者であつて、同一の事由により厚生年金保険法の規定による障害厚生年金及び国民年金法の規定による障害基礎年金が支給されていたすべてのものに係る前々保険年度における障害補償年金の支給額（これらの者が厚生年金保険法の規定による障害厚生年金及び国民年金法の規定による障害基礎年金を支給されていなかつたとした場合の障害補償年金の支給額をいう。）の平均額からこれらの者が受けていた前々保険年度における厚生年金保険法の規定による障害厚生年金の支給額と国民年金法の規定による障害基礎年金の支給額との合計額の平均額に百分の五十を乗じて得た額を減じた額を当該障害補償年金の支給額の平均額で除して得た率

ロ　遺族補償年金　イ中「障害補償年金」とあるのは「遺族補償年金」と、「障害厚生年金」とあるのは「遺族厚生年金」と、「障害基礎年金」とあるのは「遺族基礎年金又は寡婦年金」として、イの規定の例により算定して得た率

ハ　傷病補償年金　イ中「障害補償年金」とあるのは、「傷病補償年金」として、イの規定の例により算定して得た率

二　同一の事由により、障害補償年金若しくは傷病補償年金又は遺族補償年金と厚生年金保険法の規定による障害厚生年金又は遺族厚生年金とが支給される場合（第一号に規定する場合を除く。）にあつては、下欄の額に、年金たる保険給付の区分に応じ、前号の政令で定める率に準じて政令で定める率を乗じて得た額（その額が政令で定める額を下回る場合には、当該政令で定める額）

三　同一の事由により、障害補償年金若しくは傷病補償年金又は遺族補償年金と国民年金法の規定による障害基礎年金又は遺族基礎年金若しくは寡婦年金とが支給される場合（第一号に規定する場合を除く。）にあつては、下欄の額に、年金たる保険給付の区分に応じ、第一号の政令で定める率に準じて政令で定める率を乗じて得た額（その額が政令で定める額を下回る場合には、当該政令で定める額）

四　前三号の場合以外の場合にあつては、下欄の額

より損害賠償の責めを免れたときは、その免れた額を控除した額）の限度で、その損害賠償の履行をしないことができる。

二　前号の規定により損害賠償の履行が猶予されている場合において、年金給付又は前払一時金給付の支給が行われたときは、事業主は、その損害の発生時から当該支給が行われた時までのその損害の発生時における法定利率により計算される額を合算した場合における当該合算した額が当該年金給付又は前払一時金給付の額となるべき額の限度で、その損害賠償の責めを免れる。

② 労働者又はその遺族が、当該労働者を使用している事業主又は使用していた事業主から損害賠償を受けることができる場合であつて、保険給付を受けるべきときに、同一の事由について、損害賠償（当該保険給付によつて塡補される損害を塡補する部分に限る。）を受けたときは、政府は、労働政策審議会の議を経て厚生労働大臣が定める基準により、その価額の限度で、保険給付をしないことができる。ただし、前項に規定する年金給付を受けるべき場合において、次に掲げる保険給付については、この限りでない。

一　年金給付（労働者又はその遺族に対して、各月に支給されるべき額の合計額が厚生労働省令で定める算定方法に従い当該年金給付に係る前払一時金給付の最高限度額（当該前払一時金給付の支給を受けたことがある者にあつては、当該支給を受けた額を控除した額とする。）に相当する額に達するまでの間についての年金給付に限る。）

二　障害補償年金差額一時金及び第十六条の

区分	額	
障害補償年金	一　障害等級第一級に該当する障害がある者	給付基礎日額の三一三日分
	二　障害等級第二級に該当する障害がある者	給付基礎日額の二七七日分
	三　障害等級第三級に該当する障害がある者	給付基礎日額の二四五日分
	四　障害等級第四級に該当する障害がある者	給付基礎日額の二一三日分
	五　障害等級第五級に該当する障害がある者	給付基礎日額の一八四日分
	六　障害等級第六級に該当する障害がある者	給付基礎日額の一五六日分
	七　障害等級第七級に該当する障害がある者	給付基礎日額の一三一日分
遺族補償年金	次の各号に掲げる遺族補償年金を受ける権利を有する遺族及びその者と生計を同じくしている遺族補償年金を受けることができる遺族の人数の区分に応じ、当該各号に掲げる額	
	一　一人　給付基礎日額の一五三日分。ただし、五十五歳以上の妻又は厚生労働省令で定める障害の状態にある妻にあつては、給付基礎日額の一七五日分とする	
	二　二人　給付基礎日額の二〇一日分	
	三　三人　給付基礎日額の二二三日分	
	四　四人以上　給付基礎日額の二四五日分	
傷病補償年金	一　傷病等級第一級に該当する障害の状態にある者	給付基礎日額の三一三日分
	二　傷病等級第二級に該当する障害の状態にある者	給付基礎日額の二七七日分
	三　傷病等級第三級に該当する障害の状態にある者	給付基礎日額の二四五日分

別表第二（第十五条、第十五条の二、第十六条の八、第二十条の五、第二十条の六、第二十二条の三、第二十二条の四関係）

区分	額	
障害補償一時金	一　障害等級第八級に該当する障害がある者	給付基礎日額の五〇三日分
	二　障害等級第九級に該当する障害がある者	給付基礎日額の三九一日分
	三　障害等級第一〇級に該当する障害がある者	給付基礎日額の三〇二日分
	四　障害等級第一一級に該当する障害がある者	給付基礎日額の二二三日分
	五　障害等級第一二級に該当する障害がある者	給付基礎日額の一五六日分
	六　障害等級第一三級に該当する障害がある者	給付基礎日額の一〇一日分
	七　障害等級第一四級に該当する障害がある者	給付基礎日額の五六日分
遺族補償一時金	一　第十六条の六第一項第一号の場合	給付基礎日額の一、〇〇〇日分
	二　第十六条の六第一項第二号の場合	給付基礎日額の一、〇〇〇日分から第十六条の六第一項第二号に規定する遺族補償年金の額の合計額を控除した額

六第一項第二号の場合に支給される遺族補償一時金、複数事業労働者障害年金差額一時金及び第二十条の六第三項において読み替えて準用する第十六条の六第一項第二号の場合に支給される複数事業労働者遺族一時金並びに障害年金差額一時金及び第二十二条の四第三項において読み替えて準用する第十六条の六第一項第二号の場合に支給される遺族一時金

三　前払一時金給付

・刑法等の一部を改正する法律の施行に伴う関係法律の整理等に関する法律（令和四・六・一七法律六八）

附則　抄

（施行期日）

1　この法律は、刑法等一部改正法施行日から施行する。〈略〉

公益通報者保護法

（平成一六・六・一八 法律一二二）

最新改正　令和三法律三六

第一章　総則

（目的）

第一条　この法律は、公益通報をしたことを理由とする公益通報者の解雇の無効及び不利益な取扱いの禁止等並びに公益通報に関し事業者及び行政機関がとるべき措置等を定めることにより、公益通報者の保護を図るとともに、国民の生命、身体、財産その他の利益の保護に関わる法令の規定の遵守を図り、もって国民生活の安定及び社会経済の健全な発展に資することを目的とする。

（定義）

第二条　この法律において「公益通報」とは、次の各号に掲げる者が、不正の利益を得る目的、他人に損害を加える目的その他の不正の目的でなく、当該各号に定める事業者（法人その他の団体及び事業を行う個人をいう。以下同じ。）（以下「役務提供先」という。）又は当該役務提供先の事業に従事する場合におけるその役員（法人の取締役、執行役、会計参与、監査役、理事、監事及び清算人並びにこれら以外の者で法令（法律及び法律に基づく命令をいう。以下同じ。）の規定に基づき法人の経営に従事している者（会計監査人を除く。）をいう。以下同じ。）、従業員、代理人その他の者について通報対象事実が生じ、又はまさに生じようとしている旨を、当該役務提供先若しくは当該役務提供先があらかじめ定めた者（以下「役務提供先等」という。）、当該通報対象事実について処分（命令、取消しその他公権力の行使に当たる行為をいう。以下同じ。）若しくは勧告等（勧告その他処分に当たらない行為をいう。以下同じ。）をする権限を有する行政機関若しくは当該行政機関があらかじめ定めた者（次条第二号及び第六条第二号において「行政機関等」という。）又はその者に対し当該通報対象事実を通報することがその発生若しくはこれによる被害の拡大を防止するために必要であると認められる者（当該通報対象事実により被害を受け又は受けるおそれがある者を含み、当該役務提供先の競争上の地位その他正当な利益を害するおそれがある者を除く。次条第三号及び第六条第三号において同じ。）に通報することをいう。

一　労働者（労働基準法（昭和二十二年法律第四十九号）第九条に規定する労働者をいう。以下同じ。）又は労働者であった者　当該労働者又は労働者であった者を自ら使用し、又は当該通報の日前一年以内に自ら使用していた事業者（次号に定める事業者を除く。）

二　派遣労働者（労働者派遣事業の適正な運営の確保及び派遣労働者の保護等に関する法律（昭和六十年法律第八十八号。第四条において「労働者派遣法」という。）第二条第二号に規定する派遣労働者をいう。以下同じ。）又は派遣労働者であった者　当該派遣労働者又は派遣労働者であった者に

係る労働者派遣（同条第一号に規定する労働者派遣をいう。第四条及び第五条第二項において同じ。）の役務の提供を受け、又は当該通報の日前一年以内に受けていた事業者

三　前二号に定める事業者が他の事業者との請負契約その他の契約に基づいて事業を行い、又は行っていた場合において、当該事業に従事し、又は当該通報の日前一年以内に従事していた労働者若しくは労働者であった者又は派遣労働者若しくは派遣労働者であった者　当該他の事業者

四　役員　次に掲げる事業者

イ　当該役員に職務を行わせる事業者

ロ　イに掲げる事業者が他の事業者との請負契約その他の契約に基づいて事業を行う場合において、当該役員が当該事業に従事するときにおける当該他の事業者

2　この法律において「公益通報者」とは、公益通報をした者をいう。

3　この法律において「通報対象事実」とは、次の各号のいずれかの事実をいう。

一　この法律及び個人の生命又は身体の保護、消費者の利益の擁護、環境の保全、公正な競争の確保その他の国民の生命、身体、財産その他の利益の保護に関わる法律として別表に掲げるもの（これらの法律に基づく命令を含む。以下この項において同じ。）に規定する罪の犯罪行為の事実又はこの法律及び同表に掲げる法律に規定する過料の理由とされている事実

二　別表に掲げる法律の規定に基づく処分に違反することが前号に掲げる事実となる場合における当該処分の理由とされている事実（当該処分の理由とされている事実が同表に掲げる法律の規定に基づく他の処分に違反し、又は勧告等に従わない事実である場合における当該他の処分又は勧告等の理由とされている事実を含む。）

4　この法律において「行政機関」とは、次に掲げる機関をいう。

一　内閣府、宮内庁、内閣府設置法（平成十一年法律第八十九号）第四十九条第一項若しくは第二項に規定する機関、デジタル庁、国家行政組織法（昭和二十三年法律第百二十号）第三条第二項に規定する機関、法律の規定に基づき内閣の所轄の下に置かれる機関若しくはこれらに置かれる機関又はこれらの機関の職員であって法律上独立に権限を行使することを認められた職員

二　地方公共団体の機関（議会を除く。）

第二章　公益通報をしたことを理由とする公益通報者の解雇の無効及び不利益な取扱いの禁止等

（解雇の無効）

第三条　労働者である公益通報者が次の各号に掲げる場合においてそれぞれ当該各号に定める公益通報をしたことを理由として前条第一項第一号に定める事業者（当該労働者を自ら使用するものに限る。第九条において同じ。）が行った解雇は、無効とする。

一　通報対象事実が生じ、又はまさに生じようとしていると思料する場合　当該役務提供先等に対する公益通報

二　通報対象事実が生じ、若しくはまさに生じようとしていると信ずるに足りる相当の理由がある場合又は通報対象事実が生じ、若しくはまさに生じようとしていると思料し、かつ、次に掲げる事項を記載した書面（電子的方式、磁気的方式その他人の知覚によっては認識することができない方式で作られる記録を含む。次号ホにおいて同じ。）を提出する場合　当該通報対象事実について処分又は勧告等をする権限を有する行政機関等に対する公益通報

イ　公益通報者の氏名又は名称及び住所又は居所

ロ　当該通報対象事実の内容

ハ　当該通報対象事実が生じ、又はまさに生じようとしていると思料する理由

ニ　当該通報対象事実について法令に基づく措置その他適当な措置がとられるべきと思料する理由

三　通報対象事実が生じ、又はまさに生じようとしていると信ずるに足りる相当の理由があり、かつ、次のいずれかに該当する場合　その者に対し当該通報対象事実を通報することがその発生又はこれによる被害の拡大を防止するために必要であると認められる者に対する公益通報

イ　前二号に定める公益通報をすれば解雇その他不利益な取扱いを受けると信ずるに足りる相当の理由がある場合

ロ　第一号に定める公益通報をすれば当該通報対象事実に係る証拠が隠滅され、偽造され、又は変造されるおそれがあると信ずるに足りる相当の理由がある場合

ハ　第一号に定める公益通報をすれば、役

務提供先が、当該公益通報者について知り得た事項を、当該公益通報者を特定させるものであることを知りながら、正当な理由がなくて漏らすと信ずるに足りる相当の理由がある場合

ニ　役務提供先から前二号に定める公益通報をしないことを正当な理由がなくて要求された場合

ホ　書面により第一号に定める公益通報をした日から二十日を経過しても、当該通報対象事実について、当該役務提供先等から調査を行う旨の通知がない場合又は当該役務提供先等が正当な理由がなくて調査を行わない場合

ヘ　個人の生命若しくは身体に対する危害又は個人（事業を行う場合におけるものを除く。以下このへにおいて同じ。）の財産に対する損害（回復することができない損害又は著しく多数の個人における多額の損害であって、通報対象事実を直接の原因とするものに限る。第六条第二号ロ及び第三号ロにおいて同じ。）が発生し、又は発生する急迫した危険があると信ずるに足りる相当の理由がある場合

（労働者派遣契約の解除の無効）

第四条　第二条第一項第二号に定める事業者（当該派遣労働者に係る労働者派遣の役務の提供を受けるものに限る。以下この条及び次条第二項において同じ。）の指揮命令の下に労働する派遣労働者である公益通報者が前条各号に定める公益通報をしたことを理由として第二条第一項第二号に定める事業者が行った労働者派遣契約（労働者派遣法第二十六条第一項に規定する労働者派遣契約をいう。）の解除は、無効とする。

（不利益取扱いの禁止）

第五条　第三条に規定するもののほか、第二条第一項第一号に定める事業者は、その使用し、又は使用していた公益通報者が第三条各号に定める公益通報をしたことを理由として、当該公益通報者に対して、降格、減給、退職金の不支給その他不利益な取扱いをしてはならない。

2　前条に規定するもののほか、第二条第一項第二号に定める事業者は、その指揮命令の下に労働する派遣労働者である公益通報者が第三条各号に定める公益通報をしたことを理由として、当該公益通報者に対して、当該公益通報者に係る労働者派遣をする事業者に派遣労働者の交代を求めることその他不利益な取扱いをしてはならない。

3　第二条第一項第四号に定める事業者（同号イに掲げる事業者に限る。次条及び第八条第四項において同じ。）は、その職務を行わせ、又は行わせていた公益通報者が次条各号に定める公益通報をしたことを理由として、当該公益通報者に対して、報酬の減額その他不利益な取扱い（解任を除く。）をしてはならない。

（役員を解任された場合の損害賠償請求）

第六条　役員である公益通報者は、次の各号に掲げる場合においてそれぞれ当該各号に定める公益通報をしたことを理由として第二条第一項第四号に定める事業者から解任された場合には、当該事業者に対し、解任によって生じた損害の賠償を請求することができる。

一　通報対象事実が生じ、又はまさに生じようとしていると思料する場合　当該役務提供先等に対する公益通報

二　次のいずれかに該当する場合　当該通報対象事実について処分又は勧告等をする権限を有する行政機関等に対する公益通報

イ　調査是正措置（善良な管理者と同一の注意をもって行う、通報対象事実の調査及びその是正のために必要な措置をいう。次号イにおいて同じ。）をとることに努めたにもかかわらず、なお当該通報対象事実が生じ、又はまさに生じようとしていると信ずるに足りる相当の理由がある場合

ロ　通報対象事実が生じ、又はまさに生じようとしていると信ずるに足りる相当の理由があり、かつ、個人の生命若しくは身体に対する危害又は個人（事業を行う場合におけるものを除く。）の財産に対する損害が発生し、又は発生する急迫した危険があると信ずるに足りる相当の理由がある場合

三　次のいずれかに該当する場合　その者に対し通報対象事実を通報することがその発生又はこれによる被害の拡大を防止するために必要であると認められる者に対する公益通報

イ　調査是正措置をとることに努めたにもかかわらず、なお当該通報対象事実が生じ、又はまさに生じようとしていると信ずるに足りる相当の理由があり、かつ、次のいずれかに該当する場合

(1)　前二号に定める公益通報をすれば解

任、報酬の減額その他不利益な取扱いを受けると信ずるに足りる相当の理由がある場合

(2) 第一号に定める公益通報をすれば当該通報対象事実に係る証拠が隠滅され、偽造され、又は変造されるおそれがあると信ずるに足りる相当の理由がある場合

(3) 役務提供先から前二号に定める公益通報をしないことを正当な理由がなくて要求された場合

ロ 通報対象事実が生じ、又はまさに生じようとしていると信ずるに足りる相当の理由があり、かつ、個人の生命若しくは身体に対する危害又は個人（事業を行う場合におけるものを除く。）の財産に対する損害が発生し、又は発生する急迫した危険があると信ずるに足りる相当の理由がある場合

（損害賠償の制限）

第七条 第二条第一項各号に定める事業者は、第三条各号及び前条各号に定める公益通報によって損害を受けたことを理由として、当該公益通報をした公益通報者に対して、賠償を請求することができない。

（解釈規定）

第八条 第三条から前条までの規定は、通報対象事実に係る通報をしたことを理由として第二条第一項各号に掲げる者に対して解雇その他不利益な取扱いをすることを禁止する他の法令の規定の適用を妨げるものではない。

2 第三条の規定は、労働契約法（平成十九年法律第百二十八号）第十六条の規定の適用を妨げるものではない。

3 第五条第一項の規定は、労働契約法第十四条及び第十五条の規定の適用を妨げるものではない。

4 第六条の規定は、通報対象事実に係る通報をしたことを理由として第二条第一項第四号に定める事業者から役員を解任された者が当該事業者に対し解任によって生じた損害の賠償を請求することができる旨の他の法令の規定の適用を妨げるものではない。

（一般職の国家公務員等に対する取扱い）

第九条 第三条各号に定める公益通報をしたことを理由とする一般職の国家公務員、裁判所職員臨時措置法（昭和二十六年法律第二百九十九号）の適用を受ける裁判所職員、国会職員法（昭和二十二年法律第八十五号）の適用を受ける国会職員、自衛隊法（昭和二十九年法律第百六十五号）第二条第五項に規定する隊員及び一般職の地方公務員（以下この条において「一般職の国家公務員等」という。）に対する免職その他不利益な取扱いの禁止については、第三条から第五条までの規定にかかわらず、国家公務員法（昭和二十二年法律第百二十号。裁判所職員臨時措置法において準用する場合を含む。）、国会職員法、自衛隊法及び地方公務員法（昭和二十五年法律第二百六十一号）の定めるところによる。この場合において、第二条第一項第一号に定める事業者は、第三条各号に定める公益通報をしたことを理由として一般職の国家公務員等に対して免職その他不利益な取扱いがされることのないよう、これらの法律の規定を適用しなければならない。

（他人の正当な利益等の尊重）

第十条 第三条各号及び第六条各号に定める公益通報をする者は、他人の正当な利益又は公共の利益を害することのないよう努めなければならない。

第三章　事業者がとるべき措置等

（事業者がとるべき措置）

第十一条 事業者は、第三条第一号及び第六条第一号に定める公益通報を受け、並びに当該公益通報に係る通報対象事実の調査をし、及びその是正に必要な措置をとる業務（次条において「公益通報対応業務」という。）に従事する者（次条において「公益通報対応業務従事者」という。）を定めなければならない。

2 事業者は、前項に定めるもののほか、公益通報者の保護を図るとともに、公益通報の内容の活用により国民の生命、身体、財産その他の利益の保護に関わる法令の規定の遵守を図るため、第三条第一号及び第六条第一号に定める公益通報に応じ、適切に対応するために必要な体制の整備その他の必要な措置をとらなければならない。

3 常時使用する労働者の数が三百人以下の事業者については、第一項中「定めなければ」とあるのは「定めるように努めなければ」と、前項中「とらなければ」とあるのは「とるように努めなければ」とする。

4 内閣総理大臣は、第一項及び第二項（これらの規定を前項の規定により読み替えて適用する場合を含む。）の規定に基づき事業者がとるべき措置に関して、その適切かつ有効な実施を図るために必要な指針（以下この条に

おいて単に「指針」という。）を定めるものとする。

5　内閣総理大臣は、指針を定めようとするときは、あらかじめ、消費者委員会の意見を聴かなければならない。

6　内閣総理大臣は、指針を定めたときは、遅滞なく、これを公表するものとする。

7　前二項の規定は、指針の変更について準用する。

（公益通報対応業務従事者の義務）

第十二条　公益通報対応業務従事者又は公益通報対応業務従事者であった者は、正当な理由がなく、その公益通報対応業務に関して知り得た事項であって公益通報者を特定させるものを漏らしてはならない。

（行政機関がとるべき措置）

第十三条　通報対象事実について処分又は勧告等をする権限を有する行政機関は、公益通報者から第三条第二号及び第六条第二号に定める公益通報をされた場合には、必要な調査を行い、当該公益通報に係る通報対象事実があると認めるときは、法令に基づく措置その他適当な措置をとらなければならない。

2　通報対象事実について処分又は勧告等をする権限を有する行政機関（第二条第四項第一号に規定する職員を除く。）は、前項に規定する措置の適切な実施を図るため、第三条第二号及び第六条第二号に定める公益通報に応じ、適切に対応するために必要な体制の整備その他の必要な措置をとらなければならない。

3　第一項の公益通報が第二条第三項第一号に掲げる犯罪行為の事実を内容とする場合における当該犯罪の捜査及び公訴については、前二項の規定にかかわらず、刑事訴訟法（昭和二十三年法律第百三十一号）の定めるところによる。

（教示）

第十四条　前条第一項の公益通報が誤って当該公益通報に係る通報対象事実について処分又は勧告等をする権限を有しない行政機関に対してされたときは、当該行政機関は、当該公益通報者に対し、当該公益通報に係る通報対象事実について処分又は勧告等をする権限を有する行政機関を教示しなければならない。

第四章　雑則

（報告の徴収並びに助言、指導及び勧告）

第十五条　内閣総理大臣は、第十一条第一項及び第二項（これらの規定を同条第三項の規定により読み替えて適用する場合を含む。）の規定の施行に関し必要があると認めるときは、事業者に対して、報告を求め、又は助言、指導若しくは勧告をすることができる。

（公表）

第十六条　内閣総理大臣は、第十一条第一項及び第二項の規定に違反している事業者に対し、前条の規定による勧告をした場合において、その勧告を受けた者がこれに従わなかったときは、その旨を公表することができる。

（関係行政機関への照会等）

第十七条　内閣総理大臣は、この法律の規定に基づく事務に関し、関係行政機関に対し、照会し、又は協力を求めることができる。

（内閣総理大臣による情報の収集、整理及び提供）

第十八条　内閣総理大臣は、公益通報及び公益通報者の状況に関する情報その他その普及が公益通報者の保護及び公益通報の内容の活用による国民の生命、身体、財産その他の利益の保護に関わる法令の規定の遵守に資することとなる情報の収集、整理及び提供に努めなければならない。

（権限の委任）

第十九条　内閣総理大臣は、この法律による権限（政令で定めるものを除く。）を消費者庁長官に委任する。

（適用除外）

第二十条　第十五条及び第十六条の規定は、国及び地方公共団体に適用しない。

第五章　罰則

第二十一条　第十二条の規定に違反して同条に規定する事項を漏らした者は、三十万円以下の罰金に処する。

第二十二条　第十五条の規定による報告をせず、又は虚偽の報告をした者は、二十万円以下の過料に処する。

別表（第二条関係）

一　刑法（明治四十年法律第四十五号）

二　食品衛生法（昭和二十二年法律第二百三十三号）

三　金融商品取引法（昭和二十三年法律第二十五号）

四　日本農林規格等に関する法律（昭和二十五年法律第百七十五号）

五　大気汚染防止法（昭和四十三年法律第九十七号）

六　廃棄物の処理及び清掃に関する法律（昭和四十五年法律第百三十七号）
七　個人情報の保護に関する法律（平成十五年法律第五十七号）
八　前各号に掲げるもののほか、個人の生命又は身体の保護、消費者の利益の擁護、環境の保全、公正な競争の確保その他の国民の生命、身体、財産その他の利益の保護に関わる法律として政令で定めるもの

刑法

（明治四〇・四・二四）
（法　律　四　五）

最新改正　令和五法律六六

第一編　総則

第一章　通則

（国内犯）
第一条　この法律は、日本国内において罪を犯したすべての者に適用する。
2　日本国外にある日本船舶又は日本航空機内において罪を犯した者についても、前項と同様とする。

（すべての者の国外犯）
第二条　この法律は、日本国外において次に掲げる罪を犯したすべての者に適用する。
一　削除
二　第七十七条から第七十九条まで（内乱、予備及び陰謀、内乱等幇助）の罪
三　第八十一条（外患誘致）、第八十二条（外患援助）、第八十七条（未遂罪）及び第八十八条（予備及び陰謀）の罪
四　第百四十八条（通貨偽造及び行使等）の罪及びその未遂罪
五　第百五十四条（詔書偽造等）、第百五十五条（公文書偽造等）、第百五十七条（公正証書原本不実記載等）、第百五十八条（偽造公文書行使等）及び公務所又は公務員によって作られるべき電磁的記録に係る第百六十一条の二（電磁的記録不正作出及び供用）の罪
六　第百六十二条（有価証券偽造等）及び第百六十三条（偽造有価証券行使等）の罪
七　第百六十三条の二から第百六十三条の五まで（支払用カード電磁的記録不正作出等、不正電磁的記録カード所持、支払用カード電磁的記録不正作出準備、未遂罪）の罪
八　第百六十四条から第百六十六条まで（御璽偽造及び不正使用等、公印偽造及び不正使用等、公記号偽造及び不正使用等）の罪並びに第百六十四条第二項、第百六十五条第二項及び第百六十六条第二項の罪の未遂罪

（国民の国外犯）
第三条　この法律は、日本国外において次に掲げる罪を犯した日本国民に適用する。
一　第百八条（現住建造物等放火）及び第百九条第一項（非現住建造物等放火）の罪、これらの規定の例により処断すべき罪並びにこれらの罪の未遂罪
二　第百十九条（現住建造物等浸害）の罪
三　第百五十九条から第百六十一条まで（私文書偽造等、虚偽診断書等作成、偽造私文書等行使）及び前条第五号に規定する電磁的記録以外の電磁的記録に係る第百六十一条の二の罪
四　第百六十七条（私印偽造及び不正使用等）の罪及び同条第二項の罪の未遂罪
五　第百七十六条、第百七十七条及び第百七十九条から第百八十一条まで（不同意わいせつ、不同意性交等、監護者わいせつ及び監護者性交等、未遂罪、不同意わいせつ等致死傷）並びに第百八十四条（重婚）の罪
六　第百九十八条（贈賄）の罪
七　第百九十九条（殺人）の罪及びその未遂罪
八　第二百四条（傷害）及び第二百五条（傷害致死）の罪
九　第二百十四条から第二百十六条まで（業務上堕胎及び同致死傷、不同意堕胎、不同意堕胎致死傷）の罪
十　第二百十八条（保護責任者遺棄等）の罪及び同条の罪に係る第二百十九条（遺棄等致死傷）の罪
十一　第二百二十条（逮捕及び監禁）及び第二百二十一条（逮捕等致死傷）の罪
十二　第二百二十四条から第二百二十八条まで（未成年者略取及び誘拐、営利目的等略取及び誘拐、身の代金目的略取等、所在国外移送目的略取及び誘拐、人身売買、被略取者等所在国外移送、被略取者引渡し等、未遂罪）の罪
十三　第二百三十条（名誉毀損）の罪
十四　第二百三十五条から第二百三十六条まで（窃盗、不動産侵奪、強盗）、第二百三十八条から第二百四十条まで（事後強盗、昏酔強盗、強盗致死傷）、第二百四十一条第一項及び第三項（強盗・不同意性交等及び同致死）並びに第二百四十三条（未遂罪）の罪
十五　第二百四十六条から第二百五十条まで（詐欺、電子計算機使用詐欺、背任、準詐欺、恐喝、未遂罪）の罪
十六　第二百五十三条（業務上横領）の罪
十七　第二百五十六条第二項（盗品譲受け

司法福祉・刑事法

等）の罪

（国民以外の者の国外犯）

第三条の二　この法律は、日本国外において日本国民に対して次に掲げる罪を犯した日本国民以外の者に適用する。

一　第百七十六条、第百七十七条及び第百七十九条から第百八十一条まで（不同意わいせつ、不同意性交等、監護者わいせつ及び監護者性交等、未遂罪、不同意わいせつ等致死傷）の罪

二　第百九十九条（殺人）の罪及びその未遂罪

三　第二百四条（傷害）及び第二百五条（傷害致死）の罪

四　第二百二十条（逮捕及び監禁）及び第二百二十一条（逮捕等致死傷）の罪

五　第二百二十四条から第二百二十八条まで（未成年者略取及び誘拐、営利目的等略取及び誘拐、身の代金目的略取等、所在国外移送目的略取及び誘拐、人身売買、被略取者等所在国外移送、被略取者引渡し等、未遂罪）の罪

六　第二百三十六条（強盗）、第二百三十八条から第二百四十条まで（事後強盗、昏酔強盗、強盗致死傷）並びに第二百四十一条第一項及び第三項（強盗・不同意性交等及び同致死）の罪並びにこれらの罪（同条第一項の罪を除く。）の未遂罪

（公務員の国外犯）

第四条　この法律は、日本国外において次に掲げる罪を犯した日本国の公務員に適用する。

一　第百一条（看守者等による逃走援助）の罪及びその未遂罪

二　第百五十六条（虚偽公文書作成等）の罪

三　第百九十三条（公務員職権濫用）、第百九十五条第二項（特別公務員暴行陵虐）及び第百九十七条から第百九十七条の四まで（収賄、受託収賄及び事前収賄、第三者供賄、加重収賄及び事後収賄、あっせん収賄）の罪並びに第百九十五条第二項の罪に係る第百九十六条（特別公務員職権濫用等致死傷）の罪

（条約による国外犯）

第四条の二　第二条から前条までに規定するもののほか、この法律は、日本国外において、第二編の罪であって条約により日本国外において犯したときであっても罰すべきものとされているものを犯したすべての者に適用する。

（外国判決の効力）

第五条　外国において確定裁判を受けた者であっても、同一の行為について更に処罰することを妨げない。ただし、犯人が既に外国において言い渡された刑の全部又は一部の執行を受けたときは、刑の執行を減軽し、又は免除する。

（刑の変更）

第六条　犯罪後の法律によって刑の変更があったときは、その軽いものによる。

（定義）

第七条　この法律において「公務員」とは、国又は地方公共団体の職員その他法令により公務に従事する議員、委員その他の職員をいう。

2　この法律において「公務所」とは、官公庁その他公務員が職務を行う所をいう。

第七条の二　この法律において「電磁的記録」とは、電子的方式、磁気的方式その他人の知覚によっては認識することができない方式で作られる記録であって、電子計算機による情報処理の用に供されるものをいう。

（他の法令の罪に対する適用）

第八条　この編の規定は、他の法令の罪についても、適用する。ただし、その法令に特別の規定があるときは、この限りでない。

第二章　刑

（刑の種類）

第九条　死刑、懲役、禁錮、罰金、拘留及び科料を主刑とし、没収を付加刑とする。

（刑の軽重）

第十条　主刑の軽重は、前条に規定する順序による。ただし、無期の禁錮と有期の懲役とでは禁錮を重い刑とし、有期の禁錮の長期が有期の懲役の長期の二倍を超えるときも、禁錮を重い刑とする。

2　同種の刑は、長期の長いもの又は多額の多いものを重い刑とし、長期又は多額が同じであるときは、短期の長いもの又は寡額の多いものを重い刑とする。

3　二個以上の死刑又は長期若しくは多額及び短期若しくは寡額が同じである同種の刑は、犯情によってその軽重を定める。

（死刑）

第十一条　死刑は、刑事施設内において、絞首して執行する。

2　死刑の言渡しを受けた者は、その執行に至るまで刑事施設に拘置する。

（懲役）

第十二条　懲役は、無期及び有期とし、有期懲役は、一月以上二十年以下とする。
2　懲役は、刑事施設に拘置して所定の作業を行わせる。

（禁錮）
第十三条　禁錮は、無期及び有期とし、有期禁錮は、一月以上二十年以下とする。
2　禁錮は、刑事施設に拘置する。

（有期の懲役及び禁錮の加減の限度）
第十四条　死刑又は無期の懲役若しくは禁錮を減軽して有期の懲役又は禁錮とする場合においては、その長期を三十年とする。
2　有期の懲役又は禁錮を加重する場合においては三十年にまで上げることができ、これを減軽する場合においては一月未満に下げることができる。

（罰金）
第十五条　罰金は、一万円以上とする。ただし、これを減軽する場合においては、一万円未満に下げることができる。

（拘留）
第十六条　拘留は、一日以上三十日未満とし、刑事施設に拘置する。

（科料）
第十七条　科料は、千円以上一万円未満とする。

（労役場留置）
第十八条　罰金を完納することができない者は、一日以上二年以下の期間、労役場に留置する。
2　科料を完納することができない者は、一日以上三十日以下の期間、労役場に留置する。
3　罰金を併科した場合又は罰金と科料とを併科した場合における留置の期間は、三年を超えることができない。科料を併科した場合における留置の期間は、六十日を超えることができない。
4　罰金又は科料の言渡しをするときは、その言渡しとともに、罰金又は科料を完納することができない場合における留置の期間を定めて言い渡さなければならない。
5　罰金については裁判が確定した後三十日以内、科料については裁判が確定した後十日以内は、本人の承諾がなければ留置の執行をすることができない。
6　罰金又は科料の一部を納付した者についての留置の日数は、その残額を留置一日の割合に相当する金額で除して得た日数（その日数に一日未満の端数を生じるときは、これを一日とする。）とする。

（没収）
第十九条　次に掲げる物は、没収することができる。
一　犯罪行為を組成した物
二　犯罪行為の用に供し、又は供しようとした物
三　犯罪行為によって生じ、若しくはこれによって得た物又は犯罪行為の報酬として得た物
四　前号に掲げる物の対価として得た物
2　没収は、犯人以外の者に属しない物に限り、これをすることができる。ただし、犯人以外の者に属する物であっても、犯罪の後にその者が情を知って取得したものであるときは、これを没収することができる。

（追徴）
第十九条の二　前条第一項第三号又は第四号に掲げる物の全部又は一部を没収することができないときは、その価額を追徴することができる。

（没収の制限）
第二十条　拘留又は科料のみに当たる罪については、特別の規定がなければ、没収を科することができない。ただし、第十九条第一項第一号に掲げる物の没収については、この限りでない。

（未決勾留日数の本刑算入）
第二十一条　未決勾留の日数は、その全部又は一部を本刑に算入することができる。

第三章　期間計算

（期間の計算）
第二十二条　月又は年によって期間を定めたときは、暦に従って計算する。

（刑期の計算）
第二十三条　刑期は、裁判が確定した日から起算する。
2　拘禁されていない日数は、裁判が確定した後であっても、刑期に算入しない。

（受刑等の初日及び釈放）
第二十四条　受刑の初日は、時間にかかわらず、一日として計算する。時効期間の初日についても、同様とする。
2　刑期が終了した場合における釈放は、その終了の日の翌日に行う。

第四章　刑の執行猶予

（刑の全部の執行猶予）
第二十五条　次に掲げる者が三年以下の懲役若

しくは禁錮又は五十万円以下の罰金の言渡しを受けたときは、情状により、裁判が確定した日から一年以上五年以下の期間、その刑の全部の執行を猶予することができる。

一　前に禁錮以上の刑に処せられたことがない者

二　前に禁錮以上の刑に処せられたことがあっても、その執行を終わった日又はその執行の免除を得た日から五年以内に禁錮以上の刑に処せられたことがない者

2　前に禁錮以上の刑に処せられたことがあってもその刑の全部の執行を猶予された者が一年以下の懲役又は禁錮の言渡しを受け、情状に特に酌量すべきものがあるときも、前項と同様とする。ただし、次条第一項の規定により保護観察に付せられ、その期間内に更に罪を犯した者については、この限りでない。

（刑の全部の執行猶予中の保護観察）

第二十五条の二　前条第一項の場合においては猶予の期間中保護観察に付することができ、同条第二項の場合においては猶予の期間中保護観察に付する。

2　前項の規定により付せられた保護観察は、行政官庁の処分によって仮に解除することができる。

3　前項の規定により保護観察を仮に解除されたときは、前条第二項ただし書及び第二十六条の二第二号の規定の適用については、その処分を取り消されるまでの間は、保護観察に付せられなかったものとみなす。

（刑の全部の執行猶予の必要的取消し）

第二十六条　次に掲げる場合においては、刑の全部の執行猶予の言渡しを取り消さなければならない。ただし、第三号の場合において、猶予の言渡しを受けた者が第二十五条第一項第二号に掲げる者であるとき、又は次条第三号に該当するときは、この限りでない。

一　猶予の期間内に更に罪を犯して禁錮以上の刑に処せられ、その刑の全部について執行猶予の言渡しがないとき。

二　猶予の言渡し前に犯した他の罪について禁錮以上の刑に処せられ、その刑の全部について執行猶予の言渡しがないとき。

三　猶予の言渡し前に他の罪について禁錮以上の刑に処せられたことが発覚したとき。

（刑の全部の執行猶予の裁量的取消し）

第二十六条の二　次に掲げる場合においては、刑の全部の執行猶予の言渡しを取り消すことができる。

一　猶予の期間内に更に罪を犯し、罰金に処せられたとき。

二　第二十五条の二第一項の規定により保護観察に付せられた者が遵守すべき事項を遵守せず、その情状が重いとき。

三　猶予の言渡し前に他の罪について禁錮以上の刑に処せられ、その刑の全部の執行を猶予されたことが発覚したとき。

（刑の全部の執行猶予の取消しの場合における他の刑の執行猶予の取消し）

第二十六条の三　前二条の規定により禁錮以上の刑の全部の執行猶予の言渡しを取り消したときは、執行猶予中の他の禁錮以上の刑についても、その猶予の言渡しを取り消さなければならない。

（刑の全部の執行猶予の猶予期間経過の効果）

第二十七条　刑の全部の執行猶予の言渡しを取り消されることなくその猶予の期間を経過したときは、刑の言渡しは、効力を失う。

（刑の一部の執行猶予）

第二十七条の二　次に掲げる者が三年以下の懲役又は禁錮の言渡しを受けた場合において、犯情の軽重及び犯人の境遇その他の情状を考慮して、再び犯罪をすることを防ぐために必要であり、かつ、相当であると認められるときは、一年以上五年以下の期間、その刑の一部の執行を猶予することができる。

一　前に禁錮以上の刑に処せられたことがない者

二　前に禁錮以上の刑に処せられたことがあっても、その刑の全部の執行を猶予された者

三　前に禁錮以上の刑に処せられたことがあっても、その執行を終わった日又はその執行の免除を得た日から五年以内に禁錮以上の刑に処せられたことがない者

2　前項の規定によりその一部の執行を猶予された刑については、そのうち執行が猶予されなかった部分の期間を執行し、当該部分の期間の執行を終わった日又はその執行を受けることがなくなった日から、その猶予の期間を起算する。

3　前項の規定にかかわらず、その刑のうち執行が猶予されなかった部分の期間の執行を終わり、又はその執行を受けることがなくなった時において他に執行すべき懲役又は禁錮があるときは、第一項の規定による猶予の期間は、その執行すべき懲役若しくは禁錮の執行を終わった日又はその執行を受けることがなくなった日から起算する。

（刑の一部の執行猶予中の保護観察）
第二十七条の三　前条第一項の場合においては、猶予の期間中保護観察に付することができる。
2　前項の規定により付せられた保護観察は、行政官庁の処分によって仮に解除することができる。
3　前項の規定により保護観察を仮に解除されたときは、第二十七条の五第二号の規定の適用については、その処分を取り消されるまでの間は、保護観察に付せられなかったものとみなす。

（刑の一部の執行猶予の必要的取消し）
第二十七条の四　次に掲げる場合においては、刑の一部の執行猶予の言渡しを取り消さなければならない。ただし、第三号の場合において、猶予の言渡しを受けた者が第二十七条の二第一項第三号に掲げる者であるときは、この限りでない。
一　猶予の言渡し後に更に罪を犯し、禁錮以上の刑に処せられたとき。
二　猶予の言渡し前に犯した他の罪について禁錮以上の刑に処せられたとき。
三　猶予の言渡し前に他の罪について禁錮以上の刑に処せられ、その刑の全部について執行猶予の言渡しがないことが発覚したとき。

（刑の一部の執行猶予の裁量的取消し）
第二十七条の五　次に掲げる場合においては、刑の一部の執行猶予の言渡しを取り消すことができる。
一　猶予の言渡し後に更に罪を犯し、罰金に処せられたとき。
二　第二十七条の三第一項の規定により保護観察に付せられた者が遵守すべき事項を遵守しなかったとき。

（刑の一部の執行猶予の取消しの場合における他の刑の執行猶予の取消し）
第二十七条の六　前二条の規定により刑の一部の執行猶予の言渡しを取り消したときは、執行猶予中の他の禁錮以上の刑についても、その猶予の言渡しを取り消さなければならない。

（刑の一部の執行猶予の猶予期間経過の効果）
第二十七条の七　刑の一部の執行猶予の言渡しを取り消されることなくその猶予の期間を経過したときは、その懲役又は禁錮を執行が猶予されなかった部分の期間を刑期とする懲役又は禁錮に減軽する。この場合においては、当該部分の期間の執行を終わった日又はその執行を受けることがなくなった日において、刑の執行を受け終わったものとする。

第五章　仮釈放

（仮釈放）
第二十八条　懲役又は禁錮に処せられた者に改悛（しゅん）の状があるときは、有期刑についてはその刑期の三分の一を、無期刑については十年を経過した後、行政官庁の処分によって仮に釈放することができる。

（仮釈放の取消し等）
第二十九条　次に掲げる場合においては、仮釈放の処分を取り消すことができる。
一　仮釈放中に更に罪を犯し、罰金以上の刑に処せられたとき。
二　仮釈放前に犯した他の罪について罰金以上の刑に処せられたとき。
三　仮釈放前に他の罪について罰金以上の刑に処せられた者に対し、その刑の執行をすべきとき。
四　仮釈放中に遵守すべき事項を遵守しなかったとき。
2　刑の一部の執行猶予の言渡しを受け、その刑について仮釈放の処分を受けた場合において、当該仮釈放中に当該執行猶予の言渡しを取り消されたときは、その処分は、効力を失う。
3　仮釈放の処分を取り消したとき、又は前項の規定により仮釈放の処分が効力を失ったときは、釈放中の日数は、刑期に算入しない。

（仮出場）
第三十条　拘留に処せられた者は、情状により、いつでも、行政官庁の処分によって仮に出場を許すことができる。
2　罰金又は科料を完納することができないため留置された者も、前項と同様とする。

第六章　刑の時効及び刑の消滅

（刑の時効）
第三十一条　刑（死刑を除く。）の言渡しを受けた者は、時効によりその執行の免除を得る。

（時効の期間）
第三十二条　時効は、刑の言渡しが確定した後、次の期間その執行を受けないことによって完成する。
一　無期の懲役又は禁錮については三十年
二　十年以上の有期の懲役又は禁錮については二十年

三　三年以上十年未満の懲役又は禁錮については十年
四　三年未満の懲役又は禁錮については五年
五　罰金については三年
六　拘留、科料及び没収については一年

（時効の停止）
第三十三条　時効は、法令により執行を猶予し、又は停止した期間内は、進行しない。
2　拘禁刑、罰金、拘留及び科料の時効は、刑の言渡しを受けた者が国外にいる場合には、その国外にいる期間は、進行しない。

（時効の中断）
第三十四条　懲役、禁錮及び拘留の時効は、刑の言渡しを受けた者をその執行のために拘束することによって中断する。
2　罰金、科料及び没収の時効は、執行行為をすることによって中断する。

（刑の消滅）
第三十四条の二　禁錮以上の刑の執行を終わり又はその執行の免除を得た者が罰金以上の刑に処せられないで十年を経過したときは、刑の言渡しは、効力を失う。罰金以下の刑の執行を終わり又はその執行の免除を得た者が罰金以上の刑に処せられないで五年を経過したときも、同様とする。
2　刑の免除の言渡しを受けた者が、その言渡しが確定した後、罰金以上の刑に処せられないで二年を経過したときは、刑の免除の言渡しは、効力を失う。

第七章　犯罪の不成立及び刑の減免

（正当行為）
第三十五条　法令又は正当な業務による行為は、罰しない。

（正当防衛）
第三十六条　急迫不正の侵害に対して、自己又は他人の権利を防衛するため、やむを得ずにした行為は、罰しない。
2　防衛の程度を超えた行為は、情状により、その刑を減軽し、又は免除することができる。

（緊急避難）
第三十七条　自己又は他人の生命、身体、自由又は財産に対する現在の危難を避けるため、やむを得ずにした行為は、これによって生じた害が避けようとした害の程度を超えなかった場合に限り、罰しない。ただし、その程度を超えた行為は、情状により、その刑を減軽し、又は免除することができる。
2　前項の規定は、業務上特別の義務がある者には、適用しない。

（故意）
第三十八条　罪を犯す意思がない行為は、罰しない。ただし、法律に特別の規定がある場合は、この限りでない。
2　重い罪に当たるべき行為をしたのに、行為の時にその重い罪に当たることとなる事実を知らなかった者は、その重い罪によって処断することはできない。
3　法律を知らなかったとしても、そのことによって、罪を犯す意思がなかったとすることはできない。ただし、情状により、その刑を減軽することができる。

（心神喪失及び心神耗弱）
第三十九条　心神喪失者の行為は、罰しない。
2　心神耗弱者の行為は、その刑を減軽する。

第四十条　削除

（責任年齢）
第四十一条　十四歳に満たない者の行為は、罰しない。

（自首等）
第四十二条　罪を犯した者が捜査機関に発覚する前に自首したときは、その刑を減軽することができる。
2　告訴がなければ公訴を提起することができない罪について、告訴をすることができる者に対して自己の犯罪事実を告げ、その措置にゆだねたときも、前項と同様とする。

第八章　未遂罪

（未遂減免）
第四十三条　犯罪の実行に着手してこれを遂げなかった者は、その刑を減軽することができる。ただし、自己の意思により犯罪を中止したときは、その刑を減軽し、又は免除する。

（未遂罪）
第四十四条　未遂を罰する場合は、各本条で定める。

第九章　併合罪

（併合罪）
第四十五条　確定裁判を経ていない二個以上の罪を併合罪とする。ある罪について禁錮以上の刑に処する確定裁判があったときは、その罪とその裁判が確定する前に犯した罪とに限り、併合罪とする。

（併科の制限）
第四十六条　併合罪のうちの一個の罪について死刑に処するときは、他の刑を科さない。ただし、没収は、この限りでない。

2　併合罪のうちの一個の罪について無期の懲役又は禁錮に処するときも、他の刑を科さない。ただし、罰金、科料及び没収は、この限りでない。

（**有期の懲役及び禁錮の加重**）

第四十七条　併合罪のうちの二個以上の罪について有期の懲役又は禁錮に処するときは、その最も重い罪について定めた刑の長期にその二分の一を加えたものを長期とする。ただし、それぞれの罪について定めた刑の長期の合計を超えることはできない。

（**罰金の併科等**）

第四十八条　罰金と他の刑とは、併科する。ただし、第四十六条第一項の場合は、この限りでない。

2　併合罪のうちの二個以上の罪について罰金に処するときは、それぞれの罪について定めた罰金の多額の合計以下で処断する。

（**没収の付加**）

第四十九条　併合罪のうちの重い罪について没収を科さない場合であっても、他の罪について没収の事由があるときは、これを付加することができる。

2　二個以上の没収は、併科する。

（**余罪の処理**）

第五十条　併合罪のうちに既に確定裁判を経た罪とまだ確定裁判を経ていない罪とがあるときは、確定裁判を経ていない罪について更に処断する。

（**併合罪に係る二個以上の刑の執行**）

第五十一条　併合罪について二個以上の裁判があったときは、その刑を併せて執行する。ただし、死刑を執行すべきときは、没収を除き、他の刑を執行せず、無期の懲役又は禁錮を執行すべきときは、罰金、科料及び没収を除き、他の刑を執行しない。

2　前項の場合における有期の懲役又は禁錮の執行は、その最も重い罪について定めた刑の長期にその二分の一を加えたものを超えることができない。

（**一部に大赦があった場合の措置**）

第五十二条　併合罪について処断された者がその一部の罪につき大赦を受けたときは、他の罪について改めて刑を定める。

（**拘留及び科料の併科**）

第五十三条　拘留又は科料と他の刑とは、併科する。ただし、第四十六条の場合は、この限りでない。

2　二個以上の拘留又は科料は、併科する。

（**一個の行為が二個以上の罪名に触れる場合等の処理**）

第五十四条　一個の行為が二個以上の罪名に触れ、又は犯罪の手段若しくは結果である行為が他の罪名に触れるときは、その最も重い刑により処断する。

2　第四十九条第二項の規定は、前項の場合にも、適用する。

第五十五条　削除

第十章　累犯

（**再犯**）

第五十六条　懲役に処せられた者がその執行を終わった日又はその執行の免除を得た日から五年以内に更に罪を犯した場合において、その者を有期懲役に処するときは、再犯とする。

2　懲役に当たる罪と同質の罪により死刑に処せられた者がその執行の免除を得た日又は減刑により懲役に減軽されてその執行を終わった日若しくはその執行の免除を得た日から五年以内に更に罪を犯した場合において、その者を有期懲役に処するときも、前項と同様とする。

3　併合罪について処断された者が、その併合罪のうちに懲役に処すべき罪があったのに、その罪が最も重い罪でなかったため懲役に処せられなかったものであるときは、再犯に関する規定の適用については、懲役に処せられたものとみなす。

（**再犯加重**）

第五十七条　再犯の刑は、その罪について定めた懲役の長期の二倍以下とする。

第五十八条　削除

（**三犯以上の累犯**）

第五十九条　三犯以上の者についても、再犯の例による。

第十一章　共犯

（**共同正犯**）

第六十条　二人以上共同して犯罪を実行した者は、すべて正犯とする。

（**教唆**）

第六十一条　人を教唆して犯罪を実行させた者には、正犯の刑を科する。

2　教唆者を教唆した者についても、前項と同様とする。

（**幇助**）

第六十二条　正犯を幇助した者は、従犯とする。

2　従犯を教唆した者には、従犯の刑を科する。

（従犯減軽）

第六十三条　従犯の刑は、正犯の刑を減軽する。

（教唆及び幇助の処罰の制限）

第六十四条　拘留又は科料のみに処すべき罪の教唆者及び従犯は、特別の規定がなければ、罰しない。

（身分犯の共犯）

第六十五条　犯人の身分によって構成すべき犯罪行為に加功したときは、身分のない者であっても、共犯とする。

2　身分によって特に刑の軽重があるときは、身分のない者には通常の刑を科する。

第十二章　酌量減軽

（酌量減軽）

第六十六条　犯罪の情状に酌量すべきものがあるときは、その刑を減軽することができる。

（法律上の加減と酌量減軽）

第六十七条　法律上刑を加重し、又は減軽する場合であっても、酌量減軽をすることができる。

第十三章　加重減軽の方法

（法律上の減軽の方法）

第六十八条　法律上刑を減軽すべき一個又は二個以上の事由があるときは、次の例による。

一　死刑を減軽するときは、無期の懲役若しくは禁錮又は十年以上の懲役若しくは禁錮とする。

二　無期の懲役又は禁錮を減軽するときは、七年以上の有期の懲役又は禁錮とする。

三　有期の懲役又は禁錮を減軽するときは、その長期及び短期の二分の一を減ずる。

四　罰金を減軽するときは、その多額及び寡額の二分の一を減ずる。

五　拘留を減軽するときは、その長期の二分の一を減ずる。

六　科料を減軽するときは、その多額の二分の一を減ずる。

（法律上の減軽と刑の選択）

第六十九条　法律上刑を減軽すべき場合において、各本条に二個以上の刑名があるときは、まず適用する刑を定めて、その刑を減軽する。

（端数の切捨て）

第七十条　懲役、禁錮又は拘留を減軽することにより一日に満たない端数が生じたときは、これを切り捨てる。

（酌量減軽の方法）

第七十一条　酌量減軽をするときも、第六十八条及び前条の例による。

（加重減軽の順序）

第七十二条　同時に刑を加重し、又は減軽するときは、次の順序による。

一　再犯加重

二　法律上の減軽

三　併合罪の加重

四　酌量減軽

第二編　罪

第一章　削除

第七十三条から第七十六条まで　削除

第二章　内乱に関する罪

（内乱）

第七十七条　国の統治機構を破壊し、又はその領土において国権を排除して権力を行使し、その他憲法の定める統治の基本秩序を壊乱することを目的として暴動をした者は、内乱の罪とし、次の区別に従って処断する。

一　首謀者は、死刑又は無期禁錮に処する。

二　謀議に参与し、又は群衆を指揮した者は無期又は三年以上の禁錮に処し、その他諸般の職務に従事した者は一年以上十年以下の禁錮に処する。

三　付和随行し、その他単に暴動に参加した者は、三年以下の禁錮に処する。

2　前項の罪の未遂は、罰する。ただし、同項第三号に規定する者については、この限りでない。

（予備及び陰謀）

第七十八条　内乱の予備又は陰謀をした者は、一年以上十年以下の禁錮に処する。

（内乱等幇助）

第七十九条　兵器、資金若しくは食糧を供給し、又はその他の行為により、前二条の罪を幇助した者は、七年以下の禁錮に処する。

（自首による刑の免除）

第八十条　前二条の罪を犯した者であっても、暴動に至る前に自首したときは、その刑を免除する。

第三章　外患に関する罪

（外患誘致）

第八十一条　外国と通謀して日本国に対し武力を行使させた者は、死刑に処する。

（外患援助）

第八十二条　日本国に対して外国から武力の行使があったときに、これに加担して、その軍務に服し、その他これに軍事上の利益を与えた者は、死刑又は無期若しくは二年以上の懲役に処する。

第八十三条から第八十六条まで　削除

（未遂罪）

第八十七条　第八十一条及び第八十二条の罪の未遂は、罰する。

（予備及び陰謀）

第八十八条　第八十一条又は第八十二条の罪の予備又は陰謀をした者は、一年以上十年以下の懲役に処する。

第八十九条　削除

第四章　国交に関する罪

第九十条及び第九十一条　削除

（外国国章損壊等）

第九十二条　外国に対して侮辱を加える目的で、その国の国旗その他の国章を損壊し、除去し、又は汚損した者は、二年以下の懲役又は二十万円以下の罰金に処する。

2　前項の罪は、外国政府の請求がなければ公訴を提起することができない。

（私戦予備及び陰謀）

第九十三条　外国に対して私的に戦闘行為をする目的で、その予備又は陰謀をした者は、三月以上五年以下の禁錮に処する。ただし、自首した者は、その刑を免除する。

（中立命令違反）

第九十四条　外国が交戦している際に、局外中立に関する命令に違反した者は、三年以下の禁錮又は五十万円以下の罰金に処する。

第五章　公務の執行を妨害する罪

（公務執行妨害及び職務強要）

第九十五条　公務員が職務を執行するに当たり、これに対して暴行又は脅迫を加えた者は、三年以下の懲役若しくは禁錮又は五十万円以下の罰金に処する。

2　公務員に、ある処分をさせ、若しくはさせないため、又はその職を辞させるために、暴行又は脅迫を加えた者も、前項と同様とする。

（封印等破棄）

第九十六条　公務員が施した封印若しくは差押えの表示を損壊し、又はその他の方法により、その封印若しくは差押えの表示に係る命令若しくは処分を無効にした者は、三年以下の懲役若しくは二百五十万円以下の罰金に処し、又はこれを併科する。

（強制執行妨害目的財産損壊等）

第九十六条の二　強制執行を妨害する目的で、次の各号のいずれかに該当する行為をした者は、三年以下の懲役若しくは二百五十万円以下の罰金に処し、又はこれを併科する。情を知って、第三号に規定する譲渡又は権利の設定の相手方となった者も、同様とする。

一　強制執行を受け、若しくは受けるべき財産を隠匿し、損壊し、若しくはその譲渡を仮装し、又は債務の負担を仮装する行為

二　強制執行を受け、又は受けるべき財産について、その現状を改変して、価格を減損し、又は強制執行の費用を増大させる行為

三　金銭執行を受けるべき財産について、無償その他の不利益な条件で、譲渡をし、又は権利の設定をする行為

（強制執行行為妨害等）

第九十六条の三　偽計又は威力を用いて、立入り、占有者の確認その他の強制執行の行為を妨害した者は、三年以下の懲役若しくは二百五十万円以下の罰金に処し、又はこれを併科する。

2　強制執行の申立てをさせず又はその申立てを取り下げさせる目的で、申立権者又はその代理人に対して暴行又は脅迫を加えた者も、前項と同様とする。

（強制執行関係売却妨害）

第九十六条の四　偽計又は威力を用いて、強制執行において行われ、又は行われるべき売却の公正を害すべき行為をした者は、三年以下の懲役若しくは二百五十万円以下の罰金に処し、又はこれを併科する。

（加重封印等破棄等）

第九十六条の五　報酬を得、又は得させる目的で、人の債務に関して、第九十六条から前条までの罪を犯した者は、五年以下の懲役若しくは五百万円以下の罰金に処し、又はこれを併科する。

（公契約関係競売等妨害）

第九十六条の六　偽計又は威力を用いて、公の競売又は入札で契約を締結するためのものの公正を害すべき行為をした者は、三年以下の懲役若しくは二百五十万円以下の罰金に処し、又はこれを併科する。

2　公正な価格を害し又は不正な利益を得る目

的で、談合した者も、前項と同様とする。

第六章　逃走の罪

（**逃走**）
第九十七条　法令により拘禁された者が逃走したときは、三年以下の懲役に処する。

（**加重逃走**）
第九十八条　前条に規定する者が拘禁場若しくは拘束のための器具を損壊し、暴行若しくは脅迫をし、又は二人以上通謀して、逃走したときは、三月以上五年以下の懲役に処する。

（**被拘禁者奪取**）
第九十九条　法令により拘禁された者を奪取した者は、三月以上五年以下の懲役に処する。

（**逃走援助**）
第百条　法令により拘禁された者を逃走させる目的で、器具を提供し、その他逃走を容易にすべき行為をした者は、三年以下の懲役に処する。

2　前項の目的で、暴行又は脅迫をした者は、三月以上五年以下の懲役に処する。

（**看守者等による逃走援助**）
第百一条　法令により拘禁された者を看守し又は護送する者がその拘禁された者を逃走させたときは、一年以上十年以下の懲役に処する。

（**未遂罪**）
第百二条　この章の罪の未遂は、罰する。

第七章　犯人蔵匿及び証拠隠滅の罪

（**犯人蔵匿等**）
第百三条　罰金以上の刑に当たる罪を犯した者又は拘禁中に逃走した者を蔵匿し、又は隠避させた者は、三年以下の懲役又は三十万円以下の罰金に処する。

（**証拠隠滅等**）
第百四条　他人の刑事事件に関する証拠を隠滅し、偽造し、若しくは変造し、又は偽造若しくは変造の証拠を使用した者は、三年以下の懲役又は三十万円以下の罰金に処する。

（**親族による犯罪に関する特例**）
第百五条　前二条の罪については、犯人又は逃走した者の親族がこれらの者の利益のために犯したときは、その刑を免除することができる。

（**証人等威迫**）
第百五条の二　自己若しくは他人の刑事事件の捜査若しくは審判に必要な知識を有すると認められる者又はその親族に対し、当該事件に関して、正当な理由がないのに面会を強請し、又は強談威迫の行為をした者は、二年以下の懲役又は三十万円以下の罰金に処する。

第八章　騒乱の罪

（**騒乱**）
第百六条　多衆で集合して暴行又は脅迫をした者は、騒乱の罪とし、次の区別に従って処断する。

一　首謀者は、一年以上十年以下の懲役又は禁錮に処する。
二　他人を指揮し、又は他人に率先して勢いを助けた者は、六月以上七年以下の懲役又は禁錮に処する。
三　付和随行した者は、十万円以下の罰金に処する。

（**多衆不解散**）
第百七条　暴行又は脅迫をするため多衆が集合した場合において、権限のある公務員から解散の命令を三回以上受けたにもかかわらず、なお解散しなかったときは、首謀者は三年以下の懲役又は禁錮に処し、その他の者は十万円以下の罰金に処する。

第九章　放火及び失火の罪

（**現住建造物等放火**）
第百八条　放火して、現に人が住居に使用し又は現に人がいる建造物、汽車、電車、艦船又は鉱坑を焼損した者は、死刑又は無期若しくは五年以上の懲役に処する。

（**非現住建造物等放火**）
第百九条　放火して、現に人が住居に使用せず、かつ、現に人がいない建造物、艦船又は鉱坑を焼損した者は、二年以上の有期懲役に処する。

2　前項の物が自己の所有に係るときは、六月以上七年以下の懲役に処する。ただし、公共の危険を生じなかったときは、罰しない。

（**建造物等以外放火**）
第百十条　放火して、前二条に規定する物以外の物を焼損し、よって公共の危険を生じさせた者は、一年以上十年以下の懲役に処する。

2　前項の物が自己の所有に係るときは、一年以下の懲役又は十万円以下の罰金に処する。

（**延焼**）
第百十一条　第百九条第二項又は前条第二項の罪を犯し、よって第百八条又は第百九条第一項に規定する物に延焼させたときは、三月以上十年以下の懲役に処する。

2　前条第二項の罪を犯し、よって同条第一項に規定する物に延焼させたときは、三年以下の懲役に処する。

（未遂罪）

第百十二条　第百八条及び第百九条第一項の罪の未遂は、罰する。

（予備）

第百十三条　第百八条又は第百九条第一項の罪を犯す目的で、その予備をした者は、二年以下の懲役に処する。ただし、情状により、その刑を免除することができる。

（消火妨害）

第百十四条　火災の際に、消火用の物を隠匿し、若しくは損壊し、又はその他の方法により、消火を妨害した者は、一年以上十年以下の懲役に処する。

（差押え等に係る自己の物に関する特例）

第百十五条　第百九条第一項及び第百十条第一項に規定する物が自己の所有に係るものであっても、差押えを受け、物権を負担し、賃貸し、配偶者居住権が設定され、又は保険に付したものである場合において、これを焼損したときは、他人の物を焼損した者の例による。

（失火）

第百十六条　失火により、第百八条に規定する物又は他人の所有に係る第百九条に規定する物を焼損した者は、五十万円以下の罰金に処する。

2　失火により、第百九条に規定する物であって自己の所有に係るもの又は第百十条に規定する物を焼損し、よって公共の危険を生じさせた者も、前項と同様とする。

（激発物破裂）

第百十七条　火薬、ボイラーその他の激発すべき物を破裂させて、第百八条に規定する物又は他人の所有に係る第百九条に規定する物を損壊した者は、放火の例による。第百九条に規定する物であって自己の所有に係るもの又は第百十条に規定する物を損壊し、よって公共の危険を生じさせた者も、同様とする。

2　前項の行為が過失によるときは、失火の例による。

（業務上失火等）

第百十七条の二　第百十六条又は前条第一項の行為が業務上必要な注意を怠ったことによるとき、又は重大な過失によるときは、三年以下の禁錮又は百五十万円以下の罰金に処する。

（ガス漏出等及び同致死傷）

第百十八条　ガス、電気又は蒸気を漏出させ、流出させ、又は遮断し、よって人の生命、身体又は財産に危険を生じさせた者は、三年以下の懲役又は十万円以下の罰金に処する。

2　ガス、電気又は蒸気を漏出させ、流出させ、又は遮断し、よって人を死傷させた者は、傷害の罪と比較して、重い刑により処断する。

第十章　出水及び水利に関する罪

（現住建造物等浸害）

第百十九条　出水させて、現に人が住居に使用し又は現に人がいる建造物、汽車、電車又は鉱坑を浸害した者は、死刑又は無期若しくは三年以上の懲役に処する。

（非現住建造物等浸害）

第百二十条　出水させて、前条に規定する物以外の物を浸害し、よって公共の危険を生じさせた者は、一年以上十年以下の懲役に処する。

2　浸害した物が自己の所有に係るときは、その物が差押えを受け、物権を負担し、賃貸し、配偶者居住権が設定され、又は保険に付したものである場合に限り、前項の例による。

（水防妨害）

第百二十一条　水害の際に、水防用の物を隠匿し、若しくは損壊し、又はその他の方法により、水防を妨害した者は、一年以上十年以下の懲役に処する。

（過失建造物等浸害）

第百二十二条　過失により出水させて、第百十九条に規定する物を浸害した者又は第百二十条に規定する物を浸害し、よって公共の危険を生じさせた者は、二十万円以下の罰金に処する。

（水利妨害及び出水危険）

第百二十三条　堤防を決壊させ、水門を破壊し、その他水利の妨害となるべき行為又は出水させるべき行為をした者は、二年以下の懲役若しくは禁錮又は二十万円以下の罰金に処する。

第十一章　往来を妨害する罪

（往来妨害及び同致死傷）

第百二十四条　陸路、水路又は橋を損壊し、又は閉塞して往来の妨害を生じさせた者は、二年以下の懲役又は二十万円以下の罰金に処する。

2　前項の罪を犯し、よって人を死傷させた者は、傷害の罪と比較して、重い刑により処断する。

（往来危険）
第百二十五条　鉄道若しくはその標識を損壊し、又はその他の方法により、汽車又は電車の往来の危険を生じさせた者は、二年以上の有期懲役に処する。
2　灯台若しくは浮標を損壊し、又はその他の方法により、艦船の往来の危険を生じさせた者も、前項と同様とする。

（汽車転覆等及び同致死）
第百二十六条　現に人がいる汽車又は電車を転覆させ、又は破壊した者は、無期又は三年以上の懲役に処する。
2　現に人がいる艦船を転覆させ、沈没させ、又は破壊した者も、前項と同様とする。
3　前二項の罪を犯し、よって人を死亡させた者は、死刑又は無期懲役に処する。

（往来危険による汽車転覆等）
第百二十七条　第百二十五条の罪を犯し、よって汽車若しくは電車を転覆させ、若しくは破壊し、又は艦船を転覆させ、沈没させ、若しくは破壊した者も、前条の例による。

（未遂罪）
第百二十八条　第百二十四条第一項、第百二十五条並びに第百二十六条第一項及び第二項の罪の未遂は、罰する。

（過失往来危険）
第百二十九条　過失により、汽車、電車若しくは艦船の往来の危険を生じさせ、又は汽車若しくは電車を転覆させ、若しくは破壊し、若しくは艦船を転覆させ、沈没させ、若しくは破壊した者は、三十万円以下の罰金に処する。
2　その業務に従事する者が前項の罪を犯したときは、三年以下の禁錮又は五十万円以下の罰金に処する。

第十二章　住居を侵す罪

（住居侵入等）
第百三十条　正当な理由がないのに、人の住居若しくは人の看守する邸宅、建造物若しくは艦船に侵入し、又は要求を受けたにもかかわらずこれらの場所から退去しなかった者は、三年以下の懲役又は十万円以下の罰金に処する。

第百三十一条　削除

（未遂罪）
第百三十二条　第百三十条の罪の未遂は、罰する。

第十三章　秘密を侵す罪

（信書開封）
第百三十三条　正当な理由がないのに、封をしてある信書を開けた者は、一年以下の懲役又は二十万円以下の罰金に処する。

（秘密漏示）
第百三十四条　医師、薬剤師、医薬品販売業者、助産師、弁護士、弁護人、公証人又はこれらの職にあった者が、正当な理由がないのに、その業務上取り扱ったことについて知り得た人の秘密を漏らしたときは、六月以下の懲役又は十万円以下の罰金に処する。
2　宗教、祈禱若しくは祭祀の職にある者又はこれらの職にあった者が、正当な理由がないのに、その業務上取り扱ったことについて知り得た人の秘密を漏らしたときも、前項と同様とする。

（親告罪）
第百三十五条　この章の罪は、告訴がなければ公訴を提起することができない。

第十四章　あへん煙に関する罪

（あへん煙輸入等）
第百三十六条　あへん煙を輸入し、製造し、販売し、又は販売の目的で所持した者は、六月以上七年以下の懲役に処する。

（あへん煙吸食器具輸入等）
第百三十七条　あへん煙を吸食する器具を輸入し、製造し、販売し、又は販売の目的で所持した者は、三月以上五年以下の懲役に処する。

（税関職員によるあへん煙輸入等）
第百三十八条　税関職員が、あへん煙又はあへん煙を吸食するための器具を輸入し、又はこれらの輸入を許したときは、一年以上十年以下の懲役に処する。

（あへん煙吸食及び場所提供）
第百三十九条　あへん煙を吸食した者は、三年以下の懲役に処する。
2　あへん煙の吸食のため建物又は室を提供して利益を図った者は、六月以上七年以下の懲役に処する。

（あへん煙等所持）
第百四十条　あへん煙又はあへん煙を吸食するための器具を所持した者は、一年以下の懲役に処する。

（未遂罪）
第百四十一条　この章の罪の未遂は、罰する。

第十五章　飲料水に関する罪

（浄水汚染）
第百四十二条　人の飲料に供する浄水を汚染し、よって使用することができないようにした者は、六月以下の懲役又は十万円以下の罰金に処する。

（水道汚染）
第百四十三条　水道により公衆に供給する飲料の浄水又はその水源を汚染し、よって使用することができないようにした者は、六月以上七年以下の懲役に処する。

（浄水毒物等混入）
第百四十四条　人の飲料に供する浄水に毒物その他人の健康を害すべき物を混入した者は、三年以下の懲役に処する。

（浄水汚染等致死傷）
第百四十五条　前三条の罪を犯し、よって人を死傷させた者は、傷害の罪と比較して、重い刑により処断する。

（水道毒物等混入及び同致死）
第百四十六条　水道により公衆に供給する飲料の浄水又はその水源に毒物その他人の健康を害すべき物を混入した者は、二年以上の有期懲役に処する。よって人を死亡させた者は、死刑又は無期若しくは五年以上の懲役に処する。

（水道損壊及び閉塞）
第百四十七条　公衆の飲料に供する浄水の水道を損壊し、又は閉塞した者は、一年以上十年以下の懲役に処する。

第十六章　通貨偽造の罪

（通貨偽造及び行使等）
第百四十八条　行使の目的で、通用する貨幣、紙幣又は銀行券を偽造し、又は変造した者は、無期又は三年以上の懲役に処する。
2　偽造又は変造の貨幣、紙幣又は銀行券を行使し、又は行使の目的で人に交付し、若しくは輸入した者も、前項と同様とする。

（外国通貨偽造及び行使等）
第百四十九条　行使の目的で、日本国内に流通している外国の貨幣、紙幣又は銀行券を偽造し、又は変造した者は、二年以上の有期懲役に処する。
2　偽造又は変造の外国の貨幣、紙幣又は銀行券を行使し、又は行使の目的で人に交付し、若しくは輸入した者も、前項と同様とする。

（偽造通貨等収得）
第百五十条　行使の目的で、偽造又は変造の貨幣、紙幣又は銀行券を収得した者は、三年以下の懲役に処する。

（未遂罪）
第百五十一条　前三条の罪の未遂は、罰する。

（収得後知情行使等）
第百五十二条　貨幣、紙幣又は銀行券を収得した後に、それが偽造又は変造のものであることを知って、これを行使し、又は行使の目的で人に交付した者は、その額面価格の三倍以下の罰金又は科料に処する。ただし、二千円以下にすることはできない。

（通貨偽造等準備）
第百五十三条　貨幣、紙幣又は銀行券の偽造又は変造の用に供する目的で、器械又は原料を準備した者は、三月以上五年以下の懲役に処する。

第十七章　文書偽造の罪

（詔書偽造等）
第百五十四条　行使の目的で、御璽、国璽若しくは御名を使用して詔書その他の文書を偽造し、又は偽造した御璽、国璽若しくは御名を使用して詔書その他の文書を偽造した者は、無期又は三年以上の懲役に処する。
2　御璽若しくは国璽を押し又は御名を署した詔書その他の文書を変造した者も、前項と同様とする。

（公文書偽造等）
第百五十五条　行使の目的で、公務所若しくは公務員の印章若しくは署名を使用して公務所若しくは公務員の作成すべき文書若しくは図画を偽造し、又は偽造した公務所若しくは公務員の印章若しくは署名を使用して公務所若しくは公務員の作成すべき文書若しくは図画を偽造した者は、一年以上十年以下の懲役に処する。
2　公務所又は公務員が押印し又は署名した文書又は図画を変造した者も、前項と同様とする。
3　前二項に規定するもののほか、公務所若しくは公務員の作成すべき文書若しくは図画を偽造し、又は公務所若しくは公務員が作成した文書若しくは図画を変造した者は、三年以下の懲役又は二十万円以下の罰金に処する。

（虚偽公文書作成等）
第百五十六条　公務員が、その職務に関し、行使の目的で、虚偽の文書若しくは図画を作成し、又は文書若しくは図画を変造したときは、印章又は署名の有無により区別して、前二条の例による。

（公正証書原本不実記載等）

第百五十七条　公務員に対し虚偽の申立てをして、登記簿、戸籍簿その他の権利若しくは義務に関する公正証書の原本に不実の記載をさせ、又は権利若しくは義務に関する公正証書の原本として用いられる電磁的記録に不実の記録をさせた者は、五年以下の懲役又は五十万円以下の罰金に処する。

2　公務員に対し虚偽の申立てをして、免状、鑑札又は旅券に不実の記載をさせた者は、一年以下の懲役又は二十万円以下の罰金に処する。

3　前二項の罪の未遂は、罰する。

（偽造公文書行使等）

第百五十八条　第百五十四条から前条までの文書若しくは図画を行使し、又は前条第一項の電磁的記録を公正証書の原本としての用に供した者は、その文書若しくは図画を偽造し、若しくは変造し、虚偽の文書若しくは図画を作成し、又は不実の記載若しくは記録をさせた者と同一の刑に処する。

2　前項の罪の未遂は、罰する。

（私文書偽造等）

第百五十九条　行使の目的で、他人の印章若しくは署名を使用して権利、義務若しくは事実証明に関する文書若しくは図画を偽造し、又は偽造した他人の印章若しくは署名を使用して権利、義務若しくは事実証明に関する文書若しくは図画を偽造した者は、三月以上五年以下の懲役に処する。

2　他人が押印し又は署名した権利、義務又は事実証明に関する文書又は図画を変造した者も、前項と同様とする。

3　前二項に規定するもののほか、権利、義務又は事実証明に関する文書又は図画を偽造し、又は変造した者は、一年以下の懲役又は十万円以下の罰金に処する。

（虚偽診断書等作成）

第百六十条　医師が公務所に提出すべき診断書、検案書又は死亡証書に虚偽の記載をしたときは、三年以下の禁錮又は三十万円以下の罰金に処する。

（偽造私文書等行使）

第百六十一条　前二条の文書又は図画を行使した者は、その文書若しくは図画を偽造し、若しくは変造し、又は虚偽の記載をした者と同一の刑に処する。

2　前項の罪の未遂は、罰する。

（電磁的記録不正作出及び供用）

第百六十一条の二　人の事務処理を誤らせる目的で、その事務処理の用に供する権利、義務又は事実証明に関する電磁的記録を不正に作った者は、五年以下の懲役又は五十万円以下の罰金に処する。

2　前項の罪が公務所又は公務員により作られるべき電磁的記録に係るときは、十年以下の懲役又は百万円以下の罰金に処する。

3　不正に作られた権利、義務又は事実証明に関する電磁的記録を、第一項の目的で、人の事務処理の用に供した者は、その電磁的記録を不正に作った者と同一の刑に処する。

4　前項の罪の未遂は、罰する。

第十八章　有価証券偽造の罪

（有価証券偽造等）

第百六十二条　行使の目的で、公債証書、官庁の証券、会社の株券その他の有価証券を偽造し、又は変造した者は、三月以上十年以下の懲役に処する。

2　行使の目的で、有価証券に虚偽の記入をした者も、前項と同様とする。

（偽造有価証券行使等）

第百六十三条　偽造若しくは変造の有価証券又は虚偽の記入がある有価証券を行使し、又は行使の目的で人に交付し、若しくは輸入した者は、三月以上十年以下の懲役に処する。

2　前項の罪の未遂は、罰する。

第十八章の二　支払用カード電磁的記録に関する罪

（支払用カード電磁的記録不正作出等）

第百六十三条の二　人の財産上の事務処理を誤らせる目的で、その事務処理の用に供する電磁的記録であって、クレジットカードその他の代金又は料金の支払用のカードを構成するものを不正に作った者は、十年以下の懲役又は百万円以下の罰金に処する。預貯金の引出用のカードを構成する電磁的記録を不正に作った者も、同様とする。

2　不正に作られた前項の電磁的記録を、同項の目的で、人の財産上の事務処理の用に供した者も、同項と同様とする。

3　不正に作られた第一項の電磁的記録をその構成部分とするカードを、同項の目的で、譲り渡し、貸し渡し、又は輸入した者も、同項と同様とする。

（不正電磁的記録カード所持）

第百六十三条の三　前条第一項の目的で、同条第三項のカードを所持した者は、五年以下の懲役又は五十万円以下の罰金に処する。

（支払用カード電磁的記録不正作出準備）

第百六十三条の四　第百六十三条の二第一項の犯罪行為の用に供する目的で、同項の電磁的記録の情報を取得した者は、三年以下の懲役又は五十万円以下の罰金に処する。情を知って、その情報を提供した者も、同様とする。

2　不正に取得された第百六十三条の二第一項の電磁的記録の情報を、前項の目的で保管した者も、同項と同様とする。

3　第一項の目的で、器械又は原料を準備した者も、同項と同様とする。

（未遂罪）

第百六十三条の五　第百六十三条の二及び前条第一項の罪の未遂は、罰する。

第十九章　印章偽造の罪

（御璽偽造及び不正使用等）

第百六十四条　行使の目的で、御璽、国璽又は御名を偽造した者は、二年以上の有期懲役に処する。

2　御璽、国璽若しくは御名を不正に使用し、又は偽造した御璽、国璽若しくは御名を使用した者も、前項と同様とする。

（公印偽造及び不正使用等）

第百六十五条　行使の目的で、公務所又は公務員の印章又は署名を偽造した者は、三月以上五年以下の懲役に処する。

2　公務所若しくは公務員の印章若しくは署名を不正に使用し、又は偽造した公務所若しくは公務員の印章若しくは署名を使用した者も、前項と同様とする。

（公記号偽造及び不正使用等）

第百六十六条　行使の目的で、公務所の記号を偽造した者は、三年以下の懲役に処する。

2　公務所の記号を不正に使用し、又は偽造した公務所の記号を使用した者も、前項と同様とする。

（私印偽造及び不正使用等）

第百六十七条　行使の目的で、他人の印章又は署名を偽造した者は、三年以下の懲役に処する。

2　他人の印章若しくは署名を不正に使用し、又は偽造した印章若しくは署名を使用した者も、前項と同様とする。

（未遂罪）

第百六十八条　第百六十四条第二項、第百六十五条第二項、第百六十六条第二項及び前条第二項の罪の未遂は、罰する。

第十九章の二　不正指令電磁的記録に関する罪

（不正指令電磁的記録作成等）

第百六十八条の二　正当な理由がないのに、人の電子計算機における実行の用に供する目的で、次に掲げる電磁的記録その他の記録を作成し、又は提供した者は、三年以下の懲役又は五十万円以下の罰金に処する。

一　人が電子計算機を使用するに際してその意図に沿うべき動作をさせず、又はその意図に反する動作をさせるべき不正な指令を与える電磁的記録

二　前号に掲げるもののほか、同号の不正な指令を記述した電磁的記録その他の記録

2　正当な理由がないのに、前項第一号に掲げる電磁的記録を人の電子計算機における実行の用に供した者も、同項と同様とする。

3　前項の罪の未遂は、罰する。

（不正指令電磁的記録取得等）

第百六十八条の三　正当な理由がないのに、前条第一項の目的で、同項各号に掲げる電磁的記録その他の記録を取得し、又は保管した者は、二年以下の懲役又は三十万円以下の罰金に処する。

第二十章　偽証の罪

（偽証）

第百六十九条　法律により宣誓した証人が虚偽の陳述をしたときは、三月以上十年以下の懲役に処する。

（自白による刑の減免）

第百七十条　前条の罪を犯した者が、その証言をした事件について、その裁判が確定する前又は懲戒処分が行われる前に自白したときは、その刑を減軽し、又は免除することができる。

（虚偽鑑定等）

第百七十一条　法律により宣誓した鑑定人、通訳人又は翻訳人が虚偽の鑑定、通訳又は翻訳をしたときは、前二条の例による。

第二十一章　虚偽告訴の罪

（虚偽告訴等）

第百七十二条　人に刑事又は懲戒の処分を受けさせる目的で、虚偽の告訴、告発その他の申告をした者は、三月以上十年以下の懲役に処する。

（自白による刑の減免）

第百七十三条　前条の罪を犯した者が、その申告をした事件について、その裁判が確定する前又は懲戒処分が行われる前に自白したときは、その刑を減軽し、又は免除することができる。

第二十二章　わいせつ、不同意性交等及び重婚の罪

（公然わいせつ）
第百七十四条　公然とわいせつな行為をした者は、六月以下の懲役若しくは三十万円以下の罰金又は拘留若しくは科料に処する。

（わいせつ物頒布等）
第百七十五条　わいせつな文書、図画、電磁的記録に係る記録媒体その他の物を頒布し、又は公然と陳列した者は、二年以下の懲役若しくは二百五十万円以下の罰金若しくは科料に処し、又は懲役及び罰金を併科する。電気通信の送信によりわいせつな電磁的記録その他の記録を頒布した者も、同様とする。
2　有償で頒布する目的で、前項の物を所持し、又は同項の電磁的記録を保管した者も、同項と同様とする。

（不同意わいせつ）
第百七十六条　次に掲げる行為又は事由その他これらに類する行為又は事由により、同意しない意思を形成し、表明し若しくは全うすることが困難な状態にさせ又はその状態にあることに乗じて、わいせつな行為をした者は、婚姻関係の有無にかかわらず、六月以上十年以下の拘禁刑に処する。
一　暴行若しくは脅迫を用いること又はそれらを受けたこと。
二　心身の障害を生じさせること又はそれがあること。
三　アルコール若しくは薬物を摂取させること又はそれらの影響があること。
四　睡眠その他の意識が明瞭でない状態にさせること又はその状態にあること。
五　同意しない意思を形成し、表明し又は全うするいとまがないこと。
六　予想と異なる事態に直面させて恐怖させ、若しくは驚愕させること又はその事態に直面して恐怖し、若しくは驚愕していること。
七　虐待に起因する心理的反応を生じさせること又はそれがあること。
八　経済的又は社会的関係上の地位に基づく影響力によって受ける不利益を憂慮させること又はそれを憂慮していること。
2　行為がわいせつなものではないとの誤信をさせ、若しくは行為をする者について人違いをさせ、又はそれらの誤信若しくは人違いをしていることに乗じて、わいせつな行為をした者も、前項と同様とする。
3　十六歳未満の者に対し、わいせつな行為をした者（当該十六歳未満の者が十三歳以上である場合については、その者が生まれた日より五年以上前の日に生まれた者に限る。）も、第一項と同様とする。

（不同意性交等）
第百七十七条　前条第一項各号に掲げる行為又は事由その他これらに類する行為又は事由により、同意しない意思を形成し、表明し若しくは全うすることが困難な状態にさせ又はその状態にあることに乗じて、性交、肛門性交、口腔性交又は膣若しくは肛門に身体の一部（陰茎を除く。）若しくは物を挿入する行為であってわいせつなもの（以下この条及び第百七十九条第二項において「性交等」という。）をした者は、婚姻関係の有無にかかわらず、五年以上の有期拘禁刑に処する。
2　行為がわいせつなものではないとの誤信をさせ、若しくは行為をする者について人違いをさせ、又はそれらの誤信若しくは人違いをしていることに乗じて、性交等をした者も、前項と同様とする。
3　十六歳未満の者に対し、性交等をした者（当該十六歳未満の者が十三歳以上である場合については、その者が生まれた日より五年以上前の日に生まれた者に限る。）も、第一項と同様とする。

第百七十八条　削除

（監護者わいせつ及び監護者性交等）
第百七十九条　十八歳未満の者に対し、その者を現に監護する者であることによる影響力があることに乗じてわいせつな行為をした者は、第百七十六条第一項の例による。
2　十八歳未満の者に対し、その者を現に監護する者であることによる影響力があることに乗じて性交等をした者は、第百七十七条第一項の例による。

（未遂罪）
第百八十条　第百七十六条、第百七十七条及び前条の罪の未遂は、罰する。

（不同意わいせつ等致死傷）
第百八十一条　第百七十六条若しくは第百七十九条第一項の罪又はこれらの罪の未遂罪を犯し、よって人を死傷させた者は、無期又は三

年以上の懲役に処する。

2　第百七十七条若しくは第百七十九条第二項の罪又はこれらの罪の未遂罪を犯し、よって人を死傷させた者は、無期又は六年以上の懲役に処する。

（十六歳未満の者に対する面会要求等）

第百八十二条　わいせつの目的で、十六歳未満の者に対し、次の各号に掲げるいずれかの行為をした者（当該十六歳未満の者が十三歳以上である場合については、その者が生まれた日より五年以上前の日に生まれた者に限る。）は、一年以下の拘禁刑又は五十万円以下の罰金に処する。

一　威迫し、偽計を用い又は誘惑して面会を要求すること。

二　拒まれたにもかかわらず、反復して面会を要求すること。

三　金銭その他の利益を供与し、又はその申込み若しくは約束をして面会を要求すること。

2　前項の罪を犯し、よってわいせつの目的で当該十六歳未満の者と面会をした者は、二年以下の拘禁刑又は百万円以下の罰金に処する。

3　十六歳未満の者に対し、次の各号に掲げるいずれかの行為（第二号に掲げる行為については、当該行為をさせることがわいせつなものであるものに限る。）を要求した者（当該十六歳未満の者が十三歳以上である場合については、その者が生まれた日より五年以上前の日に生まれた者に限る。）は、一年以下の拘禁刑又は五十万円以下の罰金に処する。

一　性交、肛門性交又は口腔性交をする姿態をとってその映像を送信すること。

二　前号に掲げるもののほか、膣又は肛門に身体の一部（陰茎を除く。）又は物を挿入し又は挿入される姿態、性的な部位（性器若しくは肛門若しくはこれらの周辺部、臀部又は胸部をいう。以下この号において同じ。）を触り又は触られる姿態、性的な部位を露出した姿態その他の姿態をとってその映像を送信すること。

（淫行勧誘）

第百八十三条　営利の目的で、淫行の常習のない女子を勧誘して姦淫させた者は、三年以下の懲役又は三十万円以下の罰金に処する。

（重婚）

第百八十四条　配偶者のある者が重ねて婚姻をしたときは、二年以下の懲役に処する。その相手方となって婚姻をした者も、同様とする。

第二十三章　賭博及び富くじに関する罪

（賭博）

第百八十五条　賭博をした者は、五十万円以下の罰金又は科料に処する。ただし、一時の娯楽に供する物を賭けたにとどまるときは、この限りでない。

（常習賭博及び賭博場開張等図利）

第百八十六条　常習として賭博をした者は、三年以下の懲役に処する。

2　賭博場を開張し、又は博徒を結合して利益を図った者は、三月以上五年以下の懲役に処する。

（富くじ発売等）

第百八十七条　富くじを発売した者は、二年以下の懲役又は百五十万円以下の罰金に処する。

2　富くじ発売の取次ぎをした者は、一年以下の懲役又は百万円以下の罰金に処する。

3　前二項に規定するもののほか、富くじを授受した者は、二十万円以下の罰金又は科料に処する。

第二十四章　礼拝所及び墳墓に関する罪

（礼拝所不敬及び説教等妨害）

第百八十八条　神祠、仏堂、墓所その他の礼拝所に対し、公然と不敬な行為をした者は、六月以下の懲役若しくは禁錮又は十万円以下の罰金に処する。

2　説教、礼拝又は葬式を妨害した者は、一年以下の懲役若しくは禁錮又は十万円以下の罰金に処する。

（墳墓発掘）

第百八十九条　墳墓を発掘した者は、二年以下の懲役に処する。

（死体損壊等）

第百九十条　死体、遺骨、遺髪又は棺に納めてある物を損壊し、遺棄し、又は領得した者は、三年以下の懲役に処する。

（墳墓発掘死体損壊等）

第百九十一条　第百八十九条の罪を犯して、死体、遺骨、遺髪又は棺に納めてある物を損壊し、遺棄し、又は領得した者は、三月以上五年以下の懲役に処する。

（変死者密葬）

第百九十二条　検視を経ないで変死者を葬った

者は、十万円以下の罰金又は科料に処する。

第二十五章　汚職の罪

（**公務員職権濫用**）

第百九十三条　公務員がその職権を濫用して、人に義務のないことを行わせ、又は権利の行使を妨害したときは、二年以下の懲役又は禁錮に処する。

（**特別公務員職権濫用**）

第百九十四条　裁判、検察若しくは警察の職務を行う者又はこれらの職務を補助する者がその職権を濫用して、人を逮捕し、又は監禁したときは、六月以上十年以下の懲役又は禁錮に処する。

（**特別公務員暴行陵虐**）

第百九十五条　裁判、検察若しくは警察の職務を行う者又はこれらの職務を補助する者が、その職務を行うに当たり、被告人、被疑者その他の者に対して暴行又は陵辱若しくは加虐の行為をしたときは、七年以下の懲役又は禁錮に処する。

2　法令により拘禁された者を看守し又は護送する者がその拘禁された者に対して暴行又は陵辱若しくは加虐の行為をしたときも、前項と同様とする。

（**特別公務員職権濫用等致死傷**）

第百九十六条　前二条の罪を犯し、よって人を死傷させた者は、傷害の罪と比較して、重い刑により処断する。

（**収賄、受託収賄及び事前収賄**）

第百九十七条　公務員が、その職務に関し、賄賂を収受し、又はその要求若しくは約束をしたときは、五年以下の懲役に処する。この場合において、請託を受けたときは、七年以下の懲役に処する。

2　公務員になろうとする者が、その担当すべき職務に関し、請託を受けて、賄賂を収受し、又はその要求若しくは約束をしたときは、公務員となった場合において、五年以下の懲役に処する。

（**第三者供賄**）

第百九十七条の二　公務員が、その職務に関し、請託を受けて、第三者に賄賂を供与させ、又はその供与の要求若しくは約束をしたときは、五年以下の懲役に処する。

（**加重収賄及び事後収賄**）

第百九十七条の三　公務員が前二条の罪を犯し、よって不正な行為をし、又は相当の行為をしなかったときは、一年以上の有期懲役に処する。

2　公務員が、その職務上不正な行為をしたこと又は相当の行為をしなかったことに関し、賄賂を収受し、若しくはその要求若しくは約束をし、又は第三者にこれを供与させ、若しくはその供与の要求若しくは約束をしたときも、前項と同様とする。

3　公務員であった者が、その在職中に請託を受けて職務上不正な行為をしたこと又は相当の行為をしなかったことに関し、賄賂を収受し、又はその要求若しくは約束をしたときは、五年以下の懲役に処する。

（**あっせん収賄**）

第百九十七条の四　公務員が請託を受け、他の公務員に職務上不正な行為をさせるように、又は相当の行為をさせないようにあっせんをすること又はしたことの報酬として、賄賂を収受し、又はその要求若しくは約束をしたときは、五年以下の懲役に処する。

（**没収及び追徴**）

第百九十七条の五　犯人又は情を知った第三者が収受した賄賂は、没収する。その全部又は一部を没収することができないときは、その価額を追徴する。

（**贈賄**）

第百九十八条　第百九十七条から第百九十七条の四までに規定する賄賂を供与し、又はその申込み若しくは約束をした者は、三年以下の懲役又は二百五十万円以下の罰金に処する。

第二十六章　殺人の罪

（**殺人**）

第百九十九条　人を殺した者は、死刑又は無期若しくは五年以上の懲役に処する。

第二百条　削除

（**予備**）

第二百一条　第百九十九条の罪を犯す目的で、その予備をした者は、二年以下の懲役に処する。ただし、情状により、その刑を免除することができる。

（**自殺関与及び同意殺人**）

第二百二条　人を教唆し若しくは幇助して自殺させ、又は人をその嘱託を受け若しくはその承諾を得て殺した者は、六月以上七年以下の懲役又は禁錮に処する。

（**未遂罪**）

第二百三条　第百九十九条及び前条の罪の未遂は、罰する。

第二十七章　傷害の罪

（傷害）
第二百四条　人の身体を傷害した者は、十五年以下の懲役又は五十万円以下の罰金に処する。

（傷害致死）
第二百五条　身体を傷害し、よって人を死亡させた者は、三年以上の有期懲役に処する。

（現場助勢）
第二百六条　前二条の犯罪が行われるに当たり、現場において勢いを助けた者は、自ら人を傷害しなくても、一年以下の懲役又は十万円以下の罰金若しくは科料に処する。

（同時傷害の特例）
第二百七条　二人以上で暴行を加えて人を傷害した場合において、それぞれの暴行による傷害の軽重を知ることができず、又はその傷害を生じさせた者を知ることができないときは、共同して実行した者でなくても、共犯の例による。

（暴行）
第二百八条　暴行を加えた者が人を傷害するに至らなかったときは、二年以下の懲役若しくは三十万円以下の罰金又は拘留若しくは科料に処する。

（凶器準備集合及び結集）
第二百八条の二　二人以上の者が他人の生命、身体又は財産に対し共同して害を加える目的で集合した場合において、凶器を準備して又はその準備があることを知って集合した者は、二年以下の懲役又は三十万円以下の罰金に処する。

2　前項の場合において、凶器を準備して又はその準備があることを知って人を集合させた者は、三年以下の懲役に処する。

第二十八章　過失傷害の罪

（過失傷害）
第二百九条　過失により人を傷害した者は、三十万円以下の罰金又は科料に処する。

2　前項の罪は、告訴がなければ公訴を提起することができない。

（過失致死）
第二百十条　過失により人を死亡させた者は、五十万円以下の罰金に処する。

（業務上過失致死傷等）
第二百十一条　業務上必要な注意を怠り、よって人を死傷させた者は、五年以下の懲役若しくは禁錮又は百万円以下の罰金に処する。重大な過失により人を死傷させた者も、同様とする。

第二十九章　堕胎の罪

（堕胎）
第二百十二条　妊娠中の女子が薬物を用い、又はその他の方法により、堕胎したときは、一年以下の懲役に処する。

（同意堕胎及び同致死傷）
第二百十三条　女子の嘱託を受け、又はその承諾を得て堕胎させた者は、二年以下の懲役に処する。よって女子を死傷させた者は、三月以上五年以下の懲役に処する。

（業務上堕胎及び同致死傷）
第二百十四条　医師、助産師、薬剤師又は医薬品販売業者が女子の嘱託を受け、又はその承諾を得て堕胎させたときは、三月以上五年以下の懲役に処する。よって女子を死傷させたときは、六月以上七年以下の懲役に処する。

（不同意堕胎）
第二百十五条　女子の嘱託を受けないで、又はその承諾を得ないで堕胎させた者は、六月以上七年以下の懲役に処する。

2　前項の罪の未遂は、罰する。

（不同意堕胎致死傷）
第二百十六条　前条の罪を犯し、よって女子を死傷させた者は、傷害の罪と比較して、重い刑により処断する。

第三十章　遺棄の罪

（遺棄）
第二百十七条　老年、幼年、身体障害又は疾病のために扶助を必要とする者を遺棄した者は、一年以下の懲役に処する。

（保護責任者遺棄等）
第二百十八条　老年者、幼年者、身体障害者又は病者を保護する責任のある者がこれらの者を遺棄し、又はその生存に必要な保護をしなかったときは、三月以上五年以下の懲役に処する。

（遺棄等致死傷）
第二百十九条　前二条の罪を犯し、よって人を死傷させた者は、傷害の罪と比較して、重い刑により処断する。

第三十一章　逮捕及び監禁の罪

（逮捕及び監禁）
第二百二十条　不法に人を逮捕し、又は監禁した者は、三月以上七年以下の懲役に処する。

（逮捕等致死傷）
第二百二十一条　前条の罪を犯し、よって人を死傷させた者は、傷害の罪と比較して、重い刑により処断する。

第三十二章　脅迫の罪

（**脅迫**）
第二百二十二条　生命、身体、自由、名誉又は財産に対し害を加える旨を告知して人を脅迫した者は、二年以下の懲役又は三十万円以下の罰金に処する。
2　親族の生命、身体、自由、名誉又は財産に対し害を加える旨を告知して人を脅迫した者も、前項と同様とする。

（**強要**）
第二百二十三条　生命、身体、自由、名誉若しくは財産に対し害を加える旨を告知して脅迫し、又は暴行を用いて、人に義務のないことを行わせ、又は権利の行使を妨害した者は、三年以下の懲役に処する。
2　親族の生命、身体、自由、名誉又は財産に対し害を加える旨を告知して脅迫し、人に義務のないことを行わせ、又は権利の行使を妨害した者も、前項と同様とする。
3　前二項の罪の未遂は、罰する。

第三十三章　略取、誘拐及び人身売買の罪

（**未成年者略取及び誘拐**）
第二百二十四条　未成年者を略取し、又は誘拐した者は、三月以上七年以下の懲役に処する。

（**営利目的等略取及び誘拐**）
第二百二十五条　営利、わいせつ、結婚又は生命若しくは身体に対する加害の目的で、人を略取し、又は誘拐した者は、一年以上十年以下の懲役に処する。

（**身の代金目的略取等**）
第二百二十五条の二　近親者その他略取され又は誘拐された者の安否を憂慮する者の憂慮に乗じてその財物を交付させる目的で、人を略取し、又は誘拐した者は、無期又は三年以上の懲役に処する。
2　人を略取し又は誘拐した者が近親者その他略取され又は誘拐された者の安否を憂慮する者の憂慮に乗じて、その財物を交付させ、又はこれを要求する行為をしたときも、前項と同様とする。

（**所在国外移送目的略取及び誘拐**）
第二百二十六条　所在国外に移送する目的で、人を略取し、又は誘拐した者は、二年以上の有期懲役に処する。

（**人身売買**）
第二百二十六条の二　人を買い受けた者は、三月以上五年以下の懲役に処する。
2　未成年者を買い受けた者は、三月以上七年以下の懲役に処する。
3　営利、わいせつ、結婚又は生命若しくは身体に対する加害の目的で、人を買い受けた者は、一年以上十年以下の懲役に処する。
4　人を売り渡した者も、前項と同様とする。
5　所在国外に移送する目的で、人を売買した者は、二年以上の有期懲役に処する。

（**被略取者等所在国外移送**）
第二百二十六条の三　略取され、誘拐され、又は売買された者を所在国外に移送した者は、二年以上の有期懲役に処する。

（**被略取者引渡し等**）
第二百二十七条　第二百二十四条、第二百二十五条又は前三条の罪を犯した者を幇助する目的で、略取され、誘拐され、又は売買された者を引き渡し、収受し、輸送し、蔵匿し、又は隠避させた者は、三月以上五年以下の懲役に処する。
2　第二百二十五条の二第一項の罪を犯した者を幇助する目的で、略取され又は誘拐された者を引き渡し、収受し、輸送し、蔵匿し、又は隠避させた者は、一年以上十年以下の懲役に処する。
3　営利、わいせつ又は生命若しくは身体に対する加害の目的で、略取され、誘拐され、又は売買された者を引き渡し、収受し、輸送し、又は蔵匿した者は、六月以上七年以下の懲役に処する。
4　第二百二十五条の二第一項の目的で、略取され又は誘拐された者を収受した者は、二年以上の有期懲役に処する。略取され又は誘拐された者を収受した者が近親者その他略取され又は誘拐された者の安否を憂慮する者の憂慮に乗じて、その財物を交付させ、又はこれを要求する行為をしたときも、同様とする。

（**未遂罪**）
第二百二十八条　第二百二十四条、第二百二十五条、第二百二十五条の二第一項、第二百二十六条から第二百二十六条の三まで並びに前条第一項から第三項まで及び第四項前段の罪の未遂は、罰する。

（**解放による刑の減軽**）
第二百二十八条の二　第二百二十五条の二又は第二百二十七条第二項若しくは第四項の罪を犯した者が、公訴が提起される前に、略取さ

れ又は誘拐された者を安全な場所に解放したときは、その刑を減軽する。

（**身の代金目的略取等予備**）

第二百二十八条の三　第二百二十五条の二第一項の罪を犯す目的で、その予備をした者は、二年以下の懲役に処する。ただし、実行に着手する前に自首した者は、その刑を減軽し、又は免除する。

（**親告罪**）

第二百二十九条　第二百二十四条の罪及び同条の罪を幇助する目的で犯した第二百二十七条第一項の罪並びにこれらの罪の未遂罪は、告訴がなければ公訴を提起することができない。

第三十四章　名誉に対する罪

（**名誉毀損**）

第二百三十条　公然と事実を摘示し、人の名誉を毀損した者は、その事実の有無にかかわらず、三年以下の懲役若しくは禁錮又は五十万円以下の罰金に処する。

2　死者の名誉を毀損した者は、虚偽の事実を摘示することによってした場合でなければ、罰しない。

（**公共の利害に関する場合の特例**）

第二百三十条の二　前条第一項の行為が公共の利害に関する事実に係り、かつ、その目的が専ら公益を図ることにあったと認める場合には、事実の真否を判断し、真実であることの証明があったときは、これを罰しない。

2　前項の規定の適用については、公訴が提起されるに至っていない人の犯罪行為に関する事実は、公共の利害に関する事実とみなす。

3　前条第一項の行為が公務員又は公選による公務員の候補者に関する事実に係る場合には、事実の真否を判断し、真実であることの証明があったときは、これを罰しない。

（**侮辱**）

第二百三十一条　事実を摘示しなくても、公然と人を侮辱した者は、一年以下の懲役若しくは禁錮若しくは三十万円以下の罰金又は拘留若しくは科料に処する。

（**親告罪**）

第二百三十二条　この章の罪は、告訴がなければ公訴を提起することができない。

2　告訴をすることができる者が天皇、皇后、太皇太后、皇太后又は皇嗣であるときは内閣総理大臣が、外国の君主又は大統領であるときはその国の代表者がそれぞれ代わって告訴を行う。

第三十五章　信用及び業務に対する罪

（**信用毀損及び業務妨害**）

第二百三十三条　虚偽の風説を流布し、又は偽計を用いて、人の信用を毀損し、又はその業務を妨害した者は、三年以下の懲役又は五十万円以下の罰金に処する。

（**威力業務妨害**）

第二百三十四条　威力を用いて人の業務を妨害した者も、前条の例による。

（**電子計算機損壊等業務妨害**）

第二百三十四条の二　人の業務に使用する電子計算機若しくはその用に供する電磁的記録を損壊し、若しくは人の業務に使用する電子計算機に虚偽の情報若しくは不正な指令を与え、又はその他の方法により、電子計算機に使用目的に沿うべき動作をさせず、又は使用目的に反する動作をさせて、人の業務を妨害した者は、五年以下の懲役又は百万円以下の罰金に処する。

2　前項の罪の未遂は、罰する。

第三十六章　窃盗及び強盗の罪

（**窃盗**）

第二百三十五条　他人の財物を窃取した者は、窃盗の罪とし、十年以下の懲役又は五十万円以下の罰金に処する。

（**不動産侵奪**）

第二百三十五条の二　他人の不動産を侵奪した者は、十年以下の懲役に処する。

（**強盗**）

第二百三十六条　暴行又は脅迫を用いて他人の財物を強取した者は、強盗の罪とし、五年以上の有期懲役に処する。

2　前項の方法により、財産上不法の利益を得、又は他人にこれを得させた者も、同項と同様とする。

（**強盗予備**）

第二百三十七条　強盗の罪を犯す目的で、その予備をした者は、二年以下の懲役に処する。

（**事後強盗**）

第二百三十八条　窃盗が、財物を得てこれを取り返されることを防ぎ、逮捕を免れ、又は罪跡を隠滅するために、暴行又は脅迫をしたときは、強盗として論ずる。

（**昏酔強盗**）

第二百三十九条　人を昏酔させてその財物を盗取した者は、強盗として論ずる。

（**強盗致死傷**）

第二百四十条 強盗が、人を負傷させたときは無期又は六年以上の懲役に処し、死亡させたときは死刑又は無期懲役に処する。

（**強盗・不同意性交等及び同致死**）

第二百四十一条 強盗の罪若しくはその未遂罪を犯した者が第百七十七条の罪若しくはその未遂罪をも犯したとき、又は同条の罪若しくはその未遂罪を犯した者が強盗の罪若しくはその未遂罪をも犯したときは、無期又は七年以上の懲役に処する。

2 前項の場合のうち、その犯した罪がいずれも未遂罪であるときは、人を死傷させたときを除き、その刑を減軽することができる。ただし、自己の意思によりいずれかの犯罪を中止したときは、その刑を減軽し、又は免除する。

3 第一項の罪に当たる行為により人を死亡させた者は、死刑又は無期懲役に処する。

（**他人の占有等に係る自己の財物**）

第二百四十二条 自己の財物であっても、他人が占有し、又は公務所の命令により他人が看守するものであるときは、この章の罪については、他人の財物とみなす。

（**未遂罪**）

第二百四十三条 第二百三十五条から第二百三十六条まで、第二百三十八条から第二百四十条まで及び第二百四十一条第三項の罪の未遂は、罰する。

（**親族間の犯罪に関する特例**）

第二百四十四条 配偶者、直系血族又は同居の親族との間で第二百三十五条の罪、第二百三十五条の二の罪又はこれらの罪の未遂罪を犯した者は、その刑を免除する。

2 前項に規定する親族以外の親族との間で犯した同項に規定する罪は、告訴がなければ公訴を提起することができない。

3 前二項の規定は、親族でない共犯については、適用しない。

（**電気**）

第二百四十五条 この章の罪については、電気は、財物とみなす。

第三十七章　詐欺及び恐喝の罪

（**詐欺**）

第二百四十六条 人を欺いて財物を交付させた者は、十年以下の懲役に処する。

2 前項の方法により、財産上不法の利益を得、又は他人にこれを得させた者も、同項と同様とする。

（**電子計算機使用詐欺**）

第二百四十六条の二 前条に規定するもののほか、人の事務処理に使用する電子計算機に虚偽の情報若しくは不正な指令を与えて財産権の得喪若しくは変更に係る不実の電磁的記録を作り、又は財産権の得喪若しくは変更に係る虚偽の電磁的記録を人の事務処理の用に供して、財産上不法の利益を得、又は他人にこれを得させた者は、十年以下の懲役に処する。

（**背任**）

第二百四十七条 他人のためにその事務を処理する者が、自己若しくは第三者の利益を図り又は本人に損害を加える目的で、その任務に背く行為をし、本人に財産上の損害を加えたときは、五年以下の懲役又は五十万円以下の罰金に処する。

（**準詐欺**）

第二百四十八条 未成年者の知慮浅薄又は人の心神耗弱に乗じて、その財物を交付させ、又は財産上不法の利益を得、若しくは他人にこれを得させた者は、十年以下の懲役に処する。

（**恐喝**）

第二百四十九条 人を恐喝して財物を交付させた者は、十年以下の懲役に処する。

2 前項の方法により、財産上不法の利益を得、又は他人にこれを得させた者も、同項と同様とする。

（**未遂罪**）

第二百五十条 この章の罪の未遂は、罰する。

（**準用**）

第二百五十一条 第二百四十二条、第二百四十四条及び第二百四十五条の規定は、この章の罪について準用する。

第三十八章　横領の罪

（**横領**）

第二百五十二条 自己の占有する他人の物を横領した者は、五年以下の懲役に処する。

2 自己の物であっても、公務所から保管を命ぜられた場合において、これを横領した者も、前項と同様とする。

（**業務上横領**）

第二百五十三条 業務上自己の占有する他人の物を横領した者は、十年以下の懲役に処する。

（**遺失物等横領**）

第二百五十四条 遺失物、漂流物その他占有を離れた他人の物を横領した者は、一年以下の懲役又は十万円以下の罰金若しくは科料に処する。

（準用）
第二百五十五条　第二百四十四条の規定は、この章の罪について準用する。

第三十九章　盗品等に関する罪

（盗品譲受け等）
第二百五十六条　盗品その他財産に対する罪に当たる行為によって領得された物を無償で譲り受けた者は、三年以下の懲役に処する。
2　前項に規定する物を運搬し、保管し、若しくは有償で譲り受け、又はその有償の処分のあっせんをした者は、十年以下の懲役及び五十万円以下の罰金に処する。

（親族等の間の犯罪に関する特例）
第二百五十七条　配偶者との間又は直系血族、同居の親族若しくはこれらの者の配偶者との間で前条の罪を犯した者は、その刑を免除する。
2　前項の規定は、親族でない共犯については、適用しない。

第四十章　毀棄及び隠匿の罪

（公用文書等毀棄）
第二百五十八条　公務所の用に供する文書又は電磁的記録を毀棄した者は、三月以上七年以下の懲役に処する。

（私用文書等毀棄）
第二百五十九条　権利又は義務に関する他人の文書又は電磁的記録を毀棄した者は、五年以下の懲役に処する。

（建造物等損壊及び同致死傷）
第二百六十条　他人の建造物又は艦船を損壊した者は、五年以下の懲役に処する。よって人を死傷させた者は、傷害の罪と比較して、重い刑により処断する。

（器物損壊等）
第二百六十一条　前三条に規定するもののほか、他人の物を損壊し、又は傷害した者は、三年以下の懲役又は三十万円以下の罰金若しくは科料に処する。

（自己の物の損壊等）
第二百六十二条　自己の物であっても、差押えを受け、物権を負担し、賃貸し、又は配偶者居住権が設定されたものを損壊し、又は傷害したときは、前三条の例による。

（境界損壊）
第二百六十二条の二　境界標を損壊し、移動し、若しくは除去し、又はその他の方法により、土地の境界を認識することができないようにした者は、五年以下の懲役又は五十万円以下の罰金に処する。

（信書隠匿）
第二百六十三条　他人の信書を隠匿した者は、六月以下の懲役若しくは禁錮又は十万円以下の罰金若しくは科料に処する。

（親告罪）
第二百六十四条　第二百五十九条、第二百六十一条及び前条の罪は、告訴がなければ公訴を提起することができない。

附則　抄

・刑法等の一部を改正する法律（令和四・六・一七法律六七）

（施行期日）
1　この法律は、公布の日から起算して三年を超えない範囲内において政令で定める日から施行する。〈略〉

薬物使用等の罪を犯した者に対する刑の一部の執行猶予に関する法律

（平成二五・六・一九）
（法律五〇）

最新改正　令和一法律六三

（趣旨）

第一条　この法律は、薬物使用等の罪を犯した者が再び犯罪をすることを防ぐため、刑事施設における処遇に引き続き社会内においてその者の特性に応じた処遇を実施することにより規制薬物等に対する依存を改善することが有用であることに鑑み、薬物使用等の罪を犯した者に対する刑の一部の執行猶予に関し、その言渡しをすることができる者の範囲及び猶予の期間中の保護観察その他の事項について、刑法（明治四十年法律第四十五号）の特則を定めるものとする。

（定義）

第二条　この法律において「規制薬物等」とは、大麻取締法（昭和二十三年法律第百二十四号）に規定する大麻、毒物及び劇物取締法（昭和二十五年法律第三百三号）第三条の三に規定する興奮、幻覚又は麻酔の作用を有する毒物及び劇物（これらを含有する物を含む。）であって同条の政令で定めるもの、覚醒剤取締法（昭和二十六年法律第二百五十二号）に規定する覚醒剤、麻薬及び向精神薬取締法（昭和二十八年法律第十四号）に規定する麻薬並びにあへん法（昭和二十九年法律第七十一号）に規定するあへん及びけしがらをいう。

2　この法律において「薬物使用等の罪」とは、次に掲げる罪をいう。

一　刑法第百三十九条第一項若しくは第百四十条（あへん煙の所持に係る部分に限る。）の罪又はこれらの罪の未遂罪

二　大麻取締法第二十四条の二第一項（所持に係る部分に限る。）の罪又はその未遂罪

三　毒物及び劇物取締法第二十四条の三の罪

四　覚醒剤取締法第四十一条の二第一項（所持に係る部分に限る。）、第四十一条の三第一項第一号若しくは第二号（施用に係る部分に限る。）若しくは第四十一条の四第一項第三号若しくは第五号の罪又はこれらの罪の未遂罪

五　麻薬及び向精神薬取締法第六十四条の二第一項（所持に係る部分に限る。）、第六十六条第一項（施用又は施用を受けたことに係る部分に限る。）、第六十六条の三第一項（所持に係る部分に限る。）若しくは第六十六条の四第一項（施用又は施用を受けたことに係る部分に限る。）の罪又はこれらの罪の未遂罪

六　あへん法第五十二条第一項（所持に係る部分に限る。）若しくは第五十二条の二第一項の罪又はこれらの罪の未遂罪

（刑の一部の執行猶予の特則）

第三条　薬物使用等の罪を犯した者であって、刑法第二十七条の二第一項各号に掲げる者以外のものに対する同項の規定の適用については、同項中「次に掲げる者が」とあるのは「薬物使用等の罪を犯した者に対する刑の一部の執行猶予に関する法律（平成二十五年法律第五十号）第二条第二項に規定する薬物使用等の罪を犯した者が、その罪又はその罪及び他の罪について」と、「考慮して」とあるのは「考慮して、刑事施設における処遇に引き続き社会内において同条第一項に規定する規制薬物等に対する依存の改善に資する処遇を実施することが」とする。

（刑の一部の執行猶予中の保護観察の特則）

第四条　前条に規定する者に刑の一部の執行猶予の言渡しをするときは、刑法第二十七条の三第一項の規定にかかわらず、猶予の期間中保護観察に付する。

2　刑法第二十七条の三第二項及び第三項の規定は、前項の規定により付せられた保護観察の仮解除について準用する。

（刑の一部の執行猶予の必要的取消しの特則等）

第五条　第三条の規定により読み替えて適用される刑法第二十七条の二第一項の規定による刑の一部の執行猶予の言渡しの取消しについては、同法第二十七条の四第三号の規定は、適用しない。

2　前項に規定する刑の一部の執行猶予の言渡しの取消しについての刑法第二十七条の五第二号の規定の適用については、同号中「第二十七条の三第一項」とあるのは、「薬物使用等の罪を犯した者に対する刑の一部の執行猶予に関する法律第四条第一項」とする。

更生保護法

（平成一九・六・一五／法律八八）

最新改正　令和五法律二八

第一章　総則

第一節　目的等

（目的）

第一条　この法律は、犯罪をした者及び非行のある少年に対し、社会内において適切な処遇を行うことにより、再び犯罪をすることを防ぎ、又はその非行をなくし、これらの者が善良な社会の一員として自立し、改善更生することを助けるとともに、恩赦の適正な運用を図るほか、犯罪予防の活動の促進等を行い、もって、社会を保護し、個人及び公共の福祉を増進することを目的とする。

（国の責務等）

第二条　国は、前条の目的の実現に資する活動であって民間の団体又は個人により自発的に行われるものを促進し、これらの者と連携協力するとともに、更生保護に対する国民の理解を深め、かつ、その協力を得るように努めなければならない。

2　地方公共団体は、前項の活動が地域社会の安全及び住民福祉の向上に寄与するものであることにかんがみ、これに対して必要な協力をすることができる。

3　国民は、前条の目的を達成するため、その地位と能力に応じた寄与をするように努めなければならない。

（運用の基準）

第三条　犯罪をした者又は非行のある少年に対してこの法律の規定によりとる措置は、当該措置を受ける者の性格、年齢、経歴、心身の状況、家庭環境、交友関係、被害者等（犯罪若しくは刑罰法令に触れる行為により害を被った者（以下この条において「被害者」という。）又はその法定代理人若しくは被害者が死亡した場合若しくはその心身に重大な故障がある場合におけるその配偶者、直系の親族若しくは兄弟姉妹をいう。以下同じ。）の被害に関する心情、被害者等の置かれている状況等を十分に考慮して、当該措置を受ける者に最もふさわしい方法により、その改善更生のために必要かつ相当な限度において行うものとする。

第二節　中央更生保護審査会

（設置及び所掌事務）

第四条　法務省に、中央更生保護審査会（以下「審査会」という。）を置く。

2　審査会は、次に掲げる事務をつかさどる。

一　特赦、特定の者に対する減刑、刑の執行の免除又は特定の者に対する復権の実施についての申出をすること。

二　地方更生保護委員会がした決定について、この法律及び行政不服審査法（平成二十六年法律第六十八号）の定めるところにより、審査を行い、裁決をすること。

三　前二号に掲げるもののほか、この法律又は他の法律によりその権限に属させられた事項を処理すること。

（審査会の組織）

第五条　審査会は、委員長及び委員四人をもって組織する。

（委員長及び委員の任命）

第六条　委員長及び委員は、優れた識見を有する者のうちから、両議院の同意を得て、法務大臣が任命する。

2　委員長又は委員の任期が満了し、又は欠員を生じた場合において、国会の閉会又は衆議院の解散のために両議院の同意を得ることができないときは、法務大臣は、前項の規定にかかわらず、委員長又は委員を任命することができる。

3　前項の場合においては、任命後最初の国会で両議院の事後の承認を得なければならない。この場合において、両議院の事後の承認を得られないときは、法務大臣は、その委員長又は委員を罷免しなければならない。

4　委員長及び委員の任命については、そのうち三人以上が同一の政党に属する者となることとなってはならない。

（委員長及び委員の任期）

第七条　委員長及び委員の任期は、三年とする。ただし、補欠の委員長又は委員の任期は、前任者の残任期間とする。

（委員長及び委員の服務等）

第八条　委員のうち二人は、非常勤とする。

2　委員長及び委員は、在任中、政党その他の政治団体の役員となり、又は積極的に政治運動をしてはならない。

3　委員長及び常勤の委員は、在任中、法務大臣の許可がある場合を除き、報酬を得て他の職務に従事し、又は営利事業を営み、その他金銭上の利益を目的とする業務を行ってはならない。

4　委員長及び委員の給与は、別に法律で定める。

（委員長及び委員の罷免）

第九条　法務大臣は、委員長又は委員が破産手続開始の決定を受け、又は禁錮以上の刑に処せられたときは、その委員長又は委員を罷免しなければならない。

2　法務大臣は、委員長若しくは委員が心身の故障のため職務の執行ができないと認めるとき、又は委員長若しくは委員に職務上の義務違反その他委員長若しくは委員たるにふさわしくない非行があると認めるときは、両議院の同意を得て、その委員長又は委員を罷免することができる。

3　法務大臣は、委員長及び委員のうち三人以上が同一の政党に属することとなったときは、同一の政党に属する者が二人になるように、両議院の同意を得て、委員長又は委員を罷免するものとする。

4　前項の規定は、政党所属関係に異動のなかった委員長又は委員の地位に影響を及ぼすものではない。

（委員長）

第十条　委員長は、会務を総理し、審査会を代表する。

2　委員長に事故があるときは、あらかじめ委員長が定める順序により、常勤の委員が委員長の職務を行う。

（会議等）

第十一条　審査会は、委員長が招集する。

2　審査会は、委員長及び半数以上の委員の出席がなければ、議事を開き、議決することができない。

3　審査会の議事は、出席者の過半数で決し、可否同数のときは、委員長の決するところによる。

4　審査会がその権能として行う調査又は第四条第二項第二号に規定する審査のための審理は、審査会の指名により、委員長又は一人の委員で行うことができる。

5　委員長に事故がある場合における第二項の規定の適用については、前条第二項の規定により委員長の職務を行う常勤の委員は、委員長とみなす。

（審問）

第十二条　審査会は、その所掌事務に属する事項の調査において、必要があると認めるときは、法務省令で定めるところにより、関係人を呼び出し、審問することができる。

2　前項の規定による呼出しに応じないため再度同項の規定による呼出しを受けた者が、正当な理由がないのにこれに応じないときは、十万円以下の過料に処する。

3　第一項の規定による呼出しに応じた者に対しては、政令で定めるところにより、旅費、日当及び宿泊料を支給する。ただし、正当な理由がないのに陳述を拒んだ者に対しては、この限りでない。

（記録等の提出の求め）

第十三条　審査会は、その所掌事務に属する事項の調査において、必要があると認めるときは、裁判所、検察官、刑事施設の長、少年院の長、地方更生保護委員会及び保護観察所の長に対し、記録、書類、意見書及び報告書の提出を求めることができる。

（協力の求め）

第十四条　審査会は、その所掌事務を遂行するため、官公署、学校、病院、公共の衛生福祉に関する機関その他の者（以下「関係機関等」という。）に対し、必要な協力を求めることができる。

（政令への委任）

第十五条　第四条から第十一条までに規定するもののほか、審査会の組織に関し必要な事項は、政令で定める。

第三節　地方更生保護委員会

（所掌事務）

第十六条　地方更生保護委員会（以下「地方委員会」という。）は、次に掲げる事務をつかさどる。

一　刑法（明治四十年法律第四十五号）第二十八条の行政官庁として、仮釈放を許し、又はその処分を取り消すこと。

二　刑法第三十条の行政官庁として、仮出場を許すこと。

三　少年院からの仮退院又は退院を許すこと。

四　少年院からの仮退院中の者について、少年院に戻して収容する旨の決定の申請をし、又は仮退院を許す処分を取り消すこと。

五　少年法（昭和二十三年法律第百六十八号）第五十二条第一項又は同条第一項及び第二項の規定により言い渡された刑（以下「不定期刑」という。）について、その執行を受け終わったものとする処分をすること。
六　保護観察所の事務を監督すること。
七　前各号に掲げるもののほか、この法律又は他の法律によりその権限に属させられた事項を処理すること。

（**地方委員会の組織**）
第十七条　地方委員会は、三人以上政令で定める人数以内の委員をもって組織する。

（**委員の任期**）
第十八条　委員の任期は、三年とする。

（**委員長**）
第十九条　地方委員会に、委員長を置く。委員長は、委員のうちから法務大臣が命ずる。
2　委員長は、会務を総理し、その地方委員会を代表する。
3　委員長に事故があるときは、あらかじめ委員長が定める順序により、他の委員が委員長の職務を行う。

（**事務局**）
第二十条　地方委員会に、事務局を置く。
2　事務局の内部組織は、法務省令で定める。

（**委員会議**）
第二十一条　地方委員会の所掌事務の処理は、第二十三条第一項の規定により三人の委員をもって構成する合議体で権限を行う場合その他法令に特別の定めがある場合を除き、委員の全員をもって構成する会議の議決による。
2　前項の会議は、委員長が招集する。
3　第一項の会議は、委員の半数以上の出席がなければ、議事を開き、議決することができない。
4　第一項の会議の議事は、出席者の過半数で決し、可否同数のときは、委員長の決するところによる。ただし、五人未満の委員をもって組織される地方委員会において、出席者が二人であるときは、その意見の一致したところによる。

（**記録等の提出の求めに関する規定の準用**）
第二十二条　第十三条の規定は、前条第一項の会議の調査について準用する。この場合において、第十三条中「、地方更生保護委員会及び保護観察所の長」とあるのは、「及び保護観察所の長」と読み替えるものとする。

（**合議体**）
第二十三条　地方委員会は、次に掲げる事項については、三人の委員をもって構成する合議体で、その権限を行う。
一　この法律又は他の法律の規定により決定をもってすることとされている処分
二　第三十五条第一項（第四十二条及び第四十七条の三において準用する場合を含む。）の規定による審理の開始に係る判断
三　第三十九条第四項（第四十二条及び第四十七条の三において準用する場合を含む。）の規定による審理の再開に係る判断
四　第七十一条の規定による申請
2　前項の合議体の議事は、その構成員の過半数で決する。
3　第一項の合議体がその権能として行う調査は、その構成員である委員又は保護観察官をして行わせることができる。

（**合議体による審理**）
第二十四条　前条第一項の合議体は、同項第一号に掲げる処分又は同項第四号に掲げる申請をするか否かを判断するには、審理を行わなければならない。

（**審理における調査**）
第二十五条　第二十三条第一項の合議体は、前条の審理において必要があると認めるときは、審理の対象とされている者（以下「審理対象者」という。）との面接、関係人に対する質問その他の方法により、調査を行うことができる。
2　前項の調査を行う者は、その事務所以外の場所において当該調査を行う場合には、その身分を示す証票を携帯し、関係人の請求があったときは、これを提示しなければならない。
3　第十二条及び第十三条の規定は、第一項の調査について準用する。この場合において、同条中「、地方更生保護委員会及び保護観察所の長」とあるのは、「及び保護観察所の長」と読み替えるものとする。
4　前項において準用する第十二条第一項の規定による呼出し及び審問は、第二十三条第三項の規定にかかわらず、保護観察官をして行わせることができない。

（**決定書**）
第二十六条　第二十三条第一項の合議体の決定は、決定書を作成してしなければならない。

（**決定の告知**）
第二十七条　前条の決定は、当該決定の対象とされた者に対し、これを告知することによって、その効力を生ずる。
2　前項の決定の告知は、その対象とされた者に対して当該決定を言い渡し、又は相当と認める方法により決定書の謄本をその者に送付して、行うものとする。ただし、急速を要するときは、法務省令で定める方法によること

ができる。

3　第一項の決定の対象とされた者が刑事施設に収容され、若しくは労役場に留置されている場合又は少年院に収容されている場合において、決定書の謄本を当該刑事施設（労役場に留置されている場合には、当該労役場が附置された刑事施設）の長又は少年院の長に送付したときは、当該決定の対象とされた者に対する送付があったものとみなす。

4　決定書の謄本を、第一項の決定の対象とされた者が第五十条第一項第四号の規定により居住すべき住居（第五十一条第二項第五号の規定により宿泊すべき特定の場所が定められている場合には、当該場所）に宛てて、書留郵便又は民間事業者による信書の送達に関する法律（平成十四年法律第九十九号）第二条第六項に規定する一般信書便事業者若しくは同条第九項に規定する特定信書便事業者の提供する同条第二項に規定する信書便の役務のうち書留郵便に準ずるものとして法務大臣が定めるものに付して発送した場合においては、その発送の日から五日を経過した日に当該決定の対象とされた者に対する送付があったものとみなす。

（協力の求めに関する規定の準用）

第二十八条　第十四条の規定は、地方委員会について準用する。

第四節　保護観察所

（所掌事務）

第二十九条　保護観察所は、次に掲げる事務をつかさどる。

一　保護観察を実施すること。

二　犯罪の予防を図るため、世論を啓発し、社会環境の改善に努め、及び地域住民の活動を促進すること。

三　前二号に掲げるもののほか、この法律その他の法令によりその権限に属させられた事項を処理すること。

（協力等の求め）

第三十条　保護観察所の長は、その所掌事務を遂行するため、関係機関等に対し、必要な援助及び協力を求めることができる。

第五節　保護観察官及び保護司

（保護観察官）

第三十一条　地方委員会の事務局及び保護観察所に、保護観察官を置く。

2　保護観察官は、医学、心理学、教育学、社会学その他の更生保護に関する専門的知識に基づき、保護観察、調査、生活環境の調整その他犯罪をした者及び非行のある少年の更生保護並びに犯罪の予防に関する事務に従事する。

（保護司）

第三十二条　保護司は、保護観察官で十分でないところを補い、地方委員会又は保護観察所の長の指揮監督を受けて、保護司法（昭和二十五年法律第二百四号）の定めるところに従い、それぞれ地方委員会又は保護観察所の所掌事務に従事するものとする。

第二章　仮釈放等

第一節　仮釈放及び仮出場

（法定期間経過の通告）

第三十三条　刑事施設の長又は少年院の長は、懲役又は禁錮の刑の執行のため収容している者について、刑法第二十八条又は少年法第五十八条第一項に規定する期間が経過したときは、その旨を地方委員会に通告しなければならない。

（仮釈放及び仮出場の申出）

第三十四条　刑事施設の長又は少年院の長は、懲役又は禁錮の刑の執行のため収容している者について、前条の期間が経過し、かつ、法務省令で定める基準に該当すると認めるときは、地方委員会に対し、仮釈放を許すべき旨の申出をしなければならない。

2　刑事施設の長は、拘留の刑の執行のため収容している者又は労役場に留置している者について、法務省令で定める基準に該当すると認めるときは、地方委員会に対し、仮出場を許すべき旨の申出をしなければならない。

（申出によらない審理の開始等）

第三十五条　地方委員会は、前条の申出がない場合であっても、必要があると認めるときは、仮釈放又は仮出場を許すか否かに関する審理を開始することができる。

2　地方委員会は、前項の規定により審理を開始するに当たっては、あらかじめ、審理の対象となるべき者が収容されている刑事施設（労役場に留置されている場合には、当該労役場が附置された刑事施設）の長又は少年院の長の意見を聴かなければならない。

第三十六条　地方委員会は、前条第一項の規定により審理を開始するか否かを判断するため必要があると認めるときは、審理の対象となるべき者との面接、関係人に対する質問その他の方法により、調査を行うことができる。

2　前項の調査を行うに当たっては、審理の対象となるべき者が収容されている刑事施設（労役場に留置されている場合には、当該労役場が附置された刑事施設）又は少年院の職員から参考となる事項について聴取し、及びこれらの者に面接への立会いその他の協力を求めることができる。

3　第十三条及び第二十五条第二項の規定は、第一項の調査について準用する。この場合において、第十三条中「、地方更生保護委員会及び保護観察所の長」とあるのは、「及び保護観察所の長」と読み替えるものとする。

（仮釈放の審理における委員による面接等）

第三十七条　地方委員会は、仮釈放を許すか否かに関する審理においては、その構成員である委員をして、審理対象者と面接させなければならない。ただし、その者の重い疾病若しくは傷害により面接を行うことが困難であると認められるとき又は法務省令で定める場合であって面接の必要がないと認められるときは、この限りでない。

2　地方委員会は、仮釈放を許すか否かに関する審理において必要があると認めるときは、審理対象者について、保護観察所の長に対し、事項を定めて、第八十二条第一項の規定による生活環境の調整を行うことを求めることができる。

3　前条第二項の規定は、仮釈放を許すか否かに関する審理における調査について準用する。

（被害者等の意見等の聴取）

第三十八条　地方委員会は、仮釈放を許すか否かに関する審理を行うに当たり、法務省令で定めるところにより、審理対象者が刑を言い渡される理由となった犯罪に係る被害者等から、審理対象者の仮釈放、仮釈放中の保護観察及び第八十二条第一項の規定による生活環境の調整に関する意見並びに被害に関する心情（以下この条において「意見等」という。）を述べたい旨の申出があったときは、当該意見等を聴取するものとする。ただし、当該被害に係る事件の性質、審理の状況その他の事情を考慮して相当でないと認めるときは、この限りでない。

2　地方委員会は、前項の被害者等の居住地を管轄する保護観察所の長に対し、同項の申出の受理に関する事務及び同項の規定による意見等の聴取を円滑に実施するための事務を嘱託することができる。

3　地方委員会は、第一項の規定により仮釈放中の保護観察に関する意見を聴取した場合において、同項の審理対象者について刑法第二十八条の規定による仮釈放を許す処分をしたときは、当該審理対象者の仮釈放中の保護観察をつかさどることとなる保護観察所の長に対し、当該意見その他の仮釈放中の保護観察の実施に必要な事項を通知するものとする。

4　地方委員会は、第一項の規定により第八十二条第一項の規定による生活環境の調整に関する意見を聴取した場合において、必要があると認めるときは、第一項の審理対象者について同条第一項の規定による生活環境の調整を行う保護観察所の長に対し、当該意見その他の同項の規定による生活環境の調整の実施に必要な事項を通知するものとする。

（仮釈放及び仮出場を許す処分）

第三十九条　刑法第二十八条の規定による仮釈放を許す処分及び同法第三十条の規定による仮出場を許す処分は、地方委員会の決定をもってするものとする。

2　地方委員会は、仮釈放又は仮出場を許す処分をするに当たっては、釈放すべき日を定めなければならない。

3　地方委員会は、仮釈放を許す処分をするに当たっては、第五十一条第二項第五号の規定により宿泊すべき特定の場所を定める場合その他特別の事情がある場合を除き、第八十二条第一項の規定による住居の調整の結果に基づき、仮釈放を許される者が居住すべき住居を特定するものとする。

4　地方委員会は、第一項の決定をした場合において、当該決定を受けた者について、その釈放までの間に、刑事施設の規律及び秩序を害する行為をしたこと、予定されていた釈放後の住居、就業先その他の生活環境に著しい変化が生じたことその他その釈放が相当でないと認められる特別の事情が生じたと認めるときは、仮釈放又は仮出場を許すか否かに関する審理を再開しなければならない。この場合においては、当該決定は、その効力を失う。

5　第三十六条の規定は、前項の規定による審理の再開に係る判断について準用する。

（仮釈放中の保護観察）

第四十条　仮釈放を許された者は、仮釈放の期間中、保護観察に付する。

第二節　少年院からの仮退院

（仮退院を許す処分）

第四十一条 地方委員会は、保護処分の執行のため少年院に収容されている者（第六十八条の五第一項に規定する収容中の特定保護観察処分少年を除く。第四十六条第一項において同じ。）について、少年院法（平成二十六年法律第五十八号）第十六条に規定する処遇の段階が最高段階に達し、仮に退院させることが改善更生のために相当であると認めるとき、その他仮に退院させることが改善更生のために特に必要であると認めるときは、決定をもって、仮退院を許すものとする。

（準用）

第四十二条 第三十五条から第三十八条まで、第三十九条第二項から第五項まで及び第四十条の規定は、少年院からの仮退院について準用する。この場合において、第三十五条第一項中「前条」とあるのは「少年院法第百三十五条」と、第三十八条第一項中「刑」とあるのは「保護処分」と、「犯罪」とあるのは「犯罪又は刑罰法令に触れる行為」と読み替えるものとする。

第三節　収容中の者の不定期刑の終了

（刑事施設等に収容中の者の不定期刑の終了の申出）

第四十三条 刑事施設の長又は少年院の長は、不定期刑の執行のため収容している者について、その刑の短期が経過し、かつ、刑の執行を終了するのを相当と認めるときは、地方委員会に対し、刑の執行を受け終わったものとすべき旨の申出をしなければならない。

（刑事施設等に収容中の者の不定期刑の終了の処分）

第四十四条 地方委員会は、前条に規定する者について、同条の申出があった場合において、刑の執行を終了するのを相当と認めるときは、決定をもって、刑の執行を受け終わったものとしなければならない。

2　地方委員会は、前項の決定をしたときは、速やかに、その対象とされた者が収容されている刑事施設の長又は少年院の長に対し、その旨を書面で通知するとともに、当該決定を受けた者に対し、当該決定をした旨の証明書を交付しなければならない。

3　第一項の決定の対象とされた者の刑期は、前項の通知が刑事施設又は少年院に到達した日に終了するものとする。

（準用）

第四十五条 第三十七条の規定は、前条第一項の決定をするか否かに関する審理について準用する。

第四節　収容中の者の退院

（少年法第二十四条第一項第三号又は第六十四条第一項第三号の保護処分の執行のため少年院に収容中の者の退院を許す処分）

第四十六条 地方委員会は、保護処分の執行のため少年院に収容されている者について、少年院の長の申出があった場合において、退院させてその保護処分を終了させるのを相当と認めるとき（二十三歳を超えて少年院に収容されている者については、少年院法第百三十九条第一項に規定する事由に該当しなくなったと認めるときその他退院させてその保護処分を終了させるのを相当と認めるとき）は、決定をもって、これを許さなければならない。

2　地方委員会は、前項の決定をしたときは、当該決定を受けた者に対し、当該決定をした旨の証明書を交付しなければならない。

（準用）

第四十七条 第三十七条の規定は、前条第一項の決定をするか否かに関する審理について準用する。

（収容中の特定保護観察処分少年の退院を許す処分）

第四十七条の二 地方委員会は、第六十八条の五第一項に規定する収容中の特定保護観察処分少年について、少年院法第十六条に規定する処遇の段階が最高段階に達し、退院させて再び保護観察を実施することが改善更生のために相当であると認めるとき、その他退院させて再び保護観察を実施することが改善更生のために特に必要であると認めるときは、決定をもって、その退院を許すものとする。

（準用）

第四十七条の三 第三十五条、第三十六条、第三十七条第二項及び第三項、第三十八条並びに第三十九条第二項から第五項までの規定は、前条の規定による少年院からの退院について準用する。この場合において、第三十五条第一項中「前条」とあるのは「少年院法第百三十六条の二」と、第三十八条第一項中「刑」とあるのは「保護処分」と、「犯罪」とあるのは「犯罪又は刑罰法令に触れる行為」と、第三十九条第三項中「ものとする」とあるのは「ことができる」と読み替えるものとする。

第三章　保護観察

第一節　通則

（保護観察の対象者）
第四十八条　次に掲げる者（以下「保護観察対象者」という。）に対する保護観察の実施については、この章の定めるところによる。
一　少年法第二十四条第一項第一号又は第六十四条第一項第一号若しくは第二号の保護処分に付されている者（以下「保護観察処分少年」という。）
二　少年院からの仮退院を許されて第四十二条において準用する第四十条の規定により保護観察に付されている者（以下「少年院仮退院者」という。）
三　仮釈放を許されて第四十条の規定により保護観察に付されている者（以下「仮釈放者」という。）
四　刑法第二十五条の二第一項若しくは第二十七条の三第一項又は薬物使用等の罪を犯した者に対する刑の一部の執行猶予に関する法律（平成二十五年法律第五十号）第四条第一項の規定により保護観察に付されている者（以下「保護観察付執行猶予者」という。）

（保護観察の実施方法）
第四十九条　保護観察は、保護観察対象者の改善更生を図ることを目的として、その犯罪又は非行に結び付く要因及び改善更生に資する事項を的確に把握しつつ、第五十七条及び第六十五条の三第一項に規定する指導監督並びに第五十八条に規定する補導援護を行うことにより実施するものとする。
2　保護観察処分少年又は少年院仮退院者に対する保護観察は、保護処分の趣旨を踏まえ、その者の健全な育成を期して実施しなければならない。
3　保護観察所の長は、保護観察を適切に実施するため、保護観察対象者の改善更生に資する援助を行う関係機関等に対し第三十条の規定により必要な情報の提供を求めるなどして、当該関係機関等との間の緊密な連携の確保に努めるものとする。

（一般遵守事項）
第五十条　保護観察対象者は、次に掲げる事項（以下「一般遵守事項」という。）を遵守しなければならない。
一　再び犯罪をすることがないよう、又は非行をなくすよう健全な生活態度を保持すること。
二　次に掲げる事項を守り、保護観察官及び保護司による指導監督を誠実に受けること。
イ　保護観察官又は保護司の呼出し又は訪問を受けたときは、これに応じ、面接を受けること。
ロ　保護観察官又は保護司から、労働又は通学の状況、収入又は支出の状況、家庭環境、交友関係その他の生活の実態を示す事実であって指導監督を行うため把握すべきものを明らかにするよう求められたときは、これに応じ、その事実を申告し、又はこれに関する資料を提示すること。
ハ　保護観察官又は保護司から、健全な生活態度を保持するために実行し、又は継続している行動の状況、特定の犯罪的傾向を改善するための専門的な援助を受けることに関してとった行動の状況、被害者等の被害を回復し、又は軽減するためにとった行動の状況その他の行動の状況を示す事実であって指導監督を行うため把握すべきものを明らかにするよう求められたときは、これに応じ、その事実を申告し、又はこれに関する資料を提示すること。
三　保護観察に付されたときは、速やかに、住居を定め、その地を管轄する保護観察所の長にその届出をすること（第三十九条第三項（第四十二条において準用する場合を含む。）又は第七十八条の二第一項において準用する第六十八条の七第一項の規定により住居を特定された場合及び次条第二項第五号の規定により宿泊すべき特定の場所を定められた場合を除く。）。
四　前号の届出に係る住居（第三十九条第三項（第四十二条及び第四十七条の三において準用する場合を含む。）又は第六十八条の七第一項（第七十八条の二第一項において準用する場合を含む。）の規定により住居を特定された場合には当該住居、次号の転居の許可を受けた場合には当該許可に係る住居）に居住すること（次条第二項第五号の規定により宿泊すべき特定の場所を定められた場合を除く。）。
五　転居（第四十七条の二の決定又は少年法第六十四条第二項の規定により定められた

期間（以下「収容可能期間」という。）の満了により釈放された場合に前号の規定により居住することとされている住居に転居する場合を除く。）又は七日以上の旅行をするときは、あらかじめ、保護観察所の長の許可を受けること。

2　刑法第二十七条の三第一項又は薬物使用等の罪を犯した者に対する刑の一部の執行猶予に関する法律第四条第一項の規定により保護観察に付する旨の言渡しを受けた者（以下「保護観察付一部猶予者」という。）が仮釈放中の保護観察に引き続きこれらの規定による保護観察に付されたときは、第七十八条の二第一項において準用する第六十八条の七第一項の規定により住居を特定された場合及び次条第二項第五号の規定により宿泊すべき特定の場所を定められた場合を除き、仮釈放中の保護観察の終了時に居住することとされていた前項第三号の届出に係る住居（第三十九条第三項の規定により住居を特定された場合には当該住居、前項第五号の転居の許可を受けた場合には当該許可に係る住居）につき、同項第三号の届出をしたものとみなす。

（特別遵守事項）

第五十一条　保護観察対象者は、一般遵守事項のほか、遵守すべき特別の事項（以下「特別遵守事項」という。）が定められたときは、これを遵守しなければならない。

2　特別遵守事項は、次条に定める場合を除き、第五十二条の定めるところにより、これに違反した場合に第七十二条第一項及び第七十三条の二第一項、刑法第二十六条の二、第二十七条の五及び第二十九条第一項並びに少年法第二十六条の四第一項及び第六十六条第一項に規定する処分がされることがあることを踏まえ、次に掲げる事項について、保護観察対象者の改善更生のために特に必要と認められる範囲内において、具体的に定めるものとする。

一　犯罪性のある者との交際、いかがわしい場所への出入り、遊興による浪費、過度の飲酒その他の犯罪又は非行に結び付くおそれのある特定の行動をしてはならないこと。

二　労働に従事すること、通学することその他の再び犯罪をすることがなく又は非行のない健全な生活態度を保持するために必要と認められる特定の行動を実行し、又は継続すること。

三　七日未満の旅行、離職、身分関係の異動その他の指導監督を行うため事前に把握しておくことが特に重要と認められる生活上又は身分上の特定の事項について、緊急の場合を除き、あらかじめ、保護観察官又は保護司に申告すること。

四　医学、心理学、教育学、社会学その他の専門的知識に基づく特定の犯罪的傾向を改善するための体系化された手順による処遇として法務大臣が定めるものを受けること。

五　法務大臣が指定する施設、保護観察対象者を監護すべき者の居宅その他の改善更生のために適当と認められる特定の場所であって、宿泊の用に供されるものに一定の期間宿泊して指導監督を受けること。

六　善良な社会の一員としての意識の涵養及び規範意識の向上に資する地域社会の利益の増進に寄与する社会的活動を一定の時間行うこと。

七　更生保護事業法（平成七年法律第八十六号）の規定により更生保護事業を営む者その他の適当な者が行う特定の犯罪的傾向を改善するための専門的な援助であって法務大臣が定める基準に適合するものを受けること。

八　その他指導監督を行うため特に必要な事項

（特別遵守事項の特則）

第五十一条の二　薬物使用等の罪を犯した者に対する刑の一部の執行猶予に関する法律第四条第一項の規定により保護観察に付する旨の言渡しを受けた者については、次条第四項の定めるところにより、規制薬物等（同法第二条第一項に規定する規制薬物等をいう。以下同じ。）の使用を反復する犯罪的傾向を改善するための前条第二項第四号に規定する処遇を受けることを猶予期間中の保護観察における特別遵守事項として定めなければならない。ただし、これに違反した場合に刑法第二十七条の五に規定する処分がされることがあることを踏まえ、その改善更生のために特に必要とは認められないときは、この限りでない。

2　第四項の場合を除き、前項の規定により定められた猶予期間中の保護観察における特別遵守事項を刑法第二十七条の二の規定による猶予の期間の開始までの間に取り消す場合における第五十三条第四項の規定の適用については、同項中「必要」とあるのは、「特に必要」とする。

3　第一項の規定は、同項に規定する者について、次条第二項及び第三項の定めるところにより仮釈放中の保護観察における特別遵守事項を釈放の時までに定める場合に準用する。この場合において、第一項ただし書中「第二十七条の五」とあるのは、「第二十九条第一項」と読み替えるものとする。

4　第一項に規定する者について、仮釈放を許す旨の決定をした場合においては、前項の規定による仮釈放中の保護観察における特別遵守事項の設定及び第一項の規定による猶予期間中の保護観察における特別遵守事項の設定は、釈放の時までに行うものとする。

5　前項の場合において、第三項において準用する第一項の規定により定められた仮釈放中の保護観察における特別遵守事項を釈放までの間に取り消す場合における第五十三条第二項の規定の適用については、同項中「必要」とあるのは、「特に必要」とし、第一項の規定により定められた猶予期間中の保護観察における特別遵守事項を釈放までの間に取り消す場合における同条第四項の規定の適用については、同項中「刑法第二十七条の二の規定による猶予の期間の開始までの間に、必要」とあるのは、「釈放までの間に、特に必要」とする。

（特別遵守事項の設定及び変更）

第五十二条　保護観察所の長は、保護観察処分少年について、法務省令で定めるところにより、少年法第二十四条第一項第一号又は第六十四条第一項第一号若しくは第二号の保護処分をした家庭裁判所の意見を聴き、これに基づいて、特別遵守事項を定めることができる。これを変更するときも、同様とする。

2　地方委員会は、少年院仮退院者又は仮釈放者について、保護観察所の長の申出により、法務省令で定めるところにより、決定をもって、特別遵守事項を定めることができる。保護観察所の長の申出により、これを変更するときも、同様とする。

3　前項の場合において、少年院からの仮退院又は仮釈放を許す旨の決定による釈放の時までに特別遵守事項を定め、又は変更するときは、保護観察所の長の申出を要しないものとする。

4　地方委員会は、保護観察付一部猶予者について、刑法第二十七条の二の規定による猶予の期間の開始の時までに、法務省令で定めるところにより、決定をもって、特別遵守事項（猶予期間中の保護観察における特別遵守事項に限る。以下この項及び次条第四項において同じ。）を定め、又は変更することができる。この場合において、仮釈放中の保護観察付一部猶予者について、特別遵守事項を定め、又は変更するときは、保護観察所の長の申出によらなければならない。

5　保護観察所の長は、刑法第二十五条の二第一項の規定により保護観察に付されている保護観察付執行猶予者について、その保護観察の開始に際し、法務省令で定めるところにより、同項の規定により保護観察に付する旨の言渡しをした裁判所の意見を聴き、これに基づいて、特別遵守事項を定めることができる。

6　保護観察所の長は、前項の場合のほか、保護観察付執行猶予者について、法務省令で定めるところにより、当該保護観察所の所在地を管轄する地方裁判所、家庭裁判所又は簡易裁判所に対し、定めようとする又は変更しようとする特別遵守事項の内容を示すとともに、必要な資料を提示して、その意見を聴いた上、特別遵守事項を定め、又は変更することができる。ただし、当該裁判所が不相当とする旨の意見を述べたものについては、この限りでない。

（特別遵守事項の取消し）

第五十三条　保護観察所の長は、保護観察処分少年又は保護観察付執行猶予者について定められている特別遵守事項（遵守すべき期間が定められている特別遵守事項であって当該期間が満了したものその他その性質上一定の事実が生ずるまでの間遵守すべきこととされる特別遵守事項であって当該事実が生じたものを除く。以下この条において同じ。）につき、必要がなくなったと認めるときは、法務省令で定めるところにより、これを取り消すものとする。

2　地方委員会は、保護観察所の長の申出により、少年院仮退院者又は仮釈放者について定められている特別遵守事項につき、必要がなくなったと認めるときは、法務省令で定めるところにより、決定をもって、これを取り消すものとする。

3　前条第三項の規定は、前項の規定により特別遵守事項を取り消す場合について準用する。

4　地方委員会は、保護観察付一部猶予者について定められている特別遵守事項につき、刑法第二十七条の二の規定による猶予の期間の開始までの間に、必要がなくなったと認めるときは、法務省令で定めるところにより、決定をもって、これを取り消すものとする。この場合において、仮釈放中の保護観察付一部猶予者について定められている特別遵守事項を取り消すときは、保護観察所の長の申出によらなければならない。

（一般遵守事項の通知）

第五十四条　保護観察所の長は、少年法第二十四条第一項第一号若しくは第六十四条第一項第一号若しくは第二号の保護処分があったとき又は刑法第二十五条の二第一項の規定により保護観察に付する旨の言渡しがあったときは、法務省令で定めるところにより、保護観察処分少年又は保護観察付執行猶予者に対し、一般遵守事項の内容を記載した書面を交付しなければならない。

2　刑事施設の長又は少年院の長は、第三十九条第一項の決定により懲役若しくは禁錮の刑の執行のため収容している者を釈放するとき、刑の一部の執行猶予の言渡しを受けてその刑のうち執行が猶予されなかった部分の期間の執行を終わり、若しくはその執行を受けることがなくなったこと（その執行を終わり、又はその執行を受けることがなくなった時に他に執行すべき懲役又は禁錮の刑があるときは、その刑の執行を終わり、又はその執行を受けることがなくなったこと。次条第二項において同じ。）により保護観察付一部猶予者を釈放するとき、又は第四十一条若しくは第四十七条の二の決定若しくは収容可能期間の満了により保護処分の執行のため収容している者を釈放するときは、法務省令で定めるところにより、その者に対し、一般遵守事項の内容を記載した書面を交付しなければならない。

（特別遵守事項の通知）

第五十五条　保護観察所の長は、保護観察対象者について、特別遵守事項が定められ、又は変更されたときは、法務省令で定めるところにより、当該保護観察対象者に対し、当該特別遵守事項の内容を記載した書面を交付しなければならない。ただし、次項に規定する場合については、この限りでない。

2　刑事施設の長又は少年院の長は、懲役若しくは禁錮の刑の執行のため収容している者について第三十九条第一項の決定による釈放の時までに特別遵守事項（その者が保護観察付一部猶予者である場合には、猶予期間中の保護観察における特別遵守事項を含む。）が定められたとき、保護観察付一部猶予者についてその刑のうち執行が猶予されなかった部分の期間の執行を終わり、若しくはその執行を受けることがなくなったことによる釈放の時までに特別遵守事項が定められたとき、又は保護処分の執行のため収容している者について第四十一条の決定による釈放の時までに特別遵守事項が定められたとき、若しくは第四十七条の二の決定若しくは収容可能期間の満了による釈放の時までに特別遵守事項が定められたときは、法務省令で定めるところにより、その釈放の時に当該特別遵守事項（釈放の時までに変更された場合には、変更後のもの）の内容を記載した書面を交付しなければならない。ただし、その釈放の時までに当該特別遵守事項が取り消されたときは、この限りでない。

（生活行動指針）

第五十六条　保護観察所の長は、保護観察対象者について、保護観察における指導監督を適切に行うため必要があると認めるときは、法務省令で定めるところにより、当該保護観察対象者の改善更生に資する生活又は行動の指針（以下「生活行動指針」という。）を定めることができる。

2　保護観察所の長は、前項の規定により生活行動指針を定めたときは、法務省令で定めるところにより、保護観察対象者に対し、当該生活行動指針の内容を記載した書面を交付しなければならない。

3　保護観察対象者は、第一項の規定により生活行動指針が定められたときは、これに即して生活し、及び行動するよう努めなければならない。

（指導監督の方法）

第五十七条　保護観察における指導監督は、次に掲げる方法によって行うものとする。

一　面接その他の適当な方法により保護観察対象者と接触を保ち、その行状を把握すること。

二　保護観察対象者が一般遵守事項及び特別遵守事項（以下「遵守事項」という。）を遵守し、並びに生活行動指針に即して生活し、及び行動するよう、必要な指示その他の措置をとること（第四号に定めるものを除く。）。

三　特定の犯罪的傾向を改善するための専門的処遇を実施すること。

四　保護観察対象者が、更生保護事業法の規定により更生保護事業を営む者その他の適当な者が行う特定の犯罪的傾向を改善するための専門的な援助であって法務大臣が定める基準に適合するものを受けるよう、必要な指示その他の措置をとること。

五　保護観察対象者が、当該保護観察対象者が刑又は保護処分を言い渡される理由となった犯罪又は刑罰法令に触れる行為に係る被害者等の被害の回復又は軽減に誠実に努めるよう、必要な指示その他の措置をとること。

2　保護観察所の長は、前項の指導監督を適切に行うため特に必要があると認めるときは、保護観察対象者に対し、当該指導監督に適した宿泊場所を供与することができる。

3　保護観察所の長は、第一項第四号に規定する措置をとろうとするときは、あらかじめ、同号に規定する援助を受けることが保護観察対象者の意思に反しないことを確認するとともに、当該援助を提供することについて、これを行う者に協議しなければならない。ただし、第五十一条第二項第七号の規定により当該援助を受けることを特別遵守事項として定めている場合は、保護観察対象者の意思に反しないことを確認することを要しない。

4　保護観察所の長は、第一項第四号に規定する措置をとったときは、同号に規定する援助の状況を把握するとともに、当該援助を行う者と必要な協議を行うものとする。

5　第五十一条第二項第四号に規定する処遇を受けることを特別遵守事項として定められた保護観察対象者について、第一項第四号に規定する措置をとったときは、当該処遇は、当該保護観察対象者が受けた同号に規定する援助の内容に応じ、その処遇の一部を受け終わったものとして実施することができる。

6　保護観察所の長は、第一項第五号に規定する措置をとる場合において、第三十八条第三項の規定により同項に規定する事項が通知され又は第六十五条第一項の規定により同項に規定する心情等を聴取したときは、当該通知された事項又は当該聴取した心情等を踏まえるものとする。

（**補導援護の方法**）

第五十八条　保護観察における補導援護は、保護観察対象者が自立した生活を営むことができるようにするため、その自助の責任を踏まえつつ、次に掲げる方法によって行うものとする。

一　適切な住居その他の宿泊場所を得ること及び当該宿泊場所に帰住することを助けること。

二　医療及び療養を受けることを助けること。

三　職業を補導し、及び就職を助けること。

四　教養訓練の手段を得ることを助けること。

五　生活環境を改善し、及び調整すること。

六　社会生活に適応させるために必要な生活指導を行うこと。

七　前各号に掲げるもののほか、保護観察対象者が健全な社会生活を営むために必要な助言その他の措置をとること。

（**保護者に対する措置**）

第五十九条　保護観察所の長は、必要があると認めるときは、保護観察に付されている少年（少年法第二条第一項に規定する少年であって、保護観察処分少年又は少年院仮退院者に限る。）の保護者（同条第二項に規定する保護者をいう。）に対し、その少年の監護に関する責任を自覚させ、その改善更生に資するため、指導、助言その他の適当な措置をとることができる。

（**保護観察の管轄**）

第六十条　保護観察は、保護観察対象者の居住地（住居がないか、又は明らかでないときは、現在地又は明らかである最後の居住地若しくは所在地）を管轄する保護観察所がつかさどる。

（**保護観察の実施者**）

第六十一条　保護観察における指導監督及び補導援護は、保護観察対象者の特性、とるべき措置の内容その他の事情を勘案し、保護観察官又は保護司をして行わせるものとする。

2　前項の補導援護は、保護観察対象者の改善更生を図るため有効かつ適切であると認められる場合には、更生保護事業法の規定により更生保護事業を営む者その他の適当な者に委託して行うことができる。

（**応急の救護**）

第六十二条　保護観察所の長は、保護観察対象者が、適切な医療、食事、住居その他の健全な社会生活を営むために必要な手段を得ることができないため、その改善更生が妨げられるおそれがある場合には、当該保護観察対象者が公共の衛生福祉に関する機関その他の機関からその目的の範囲内で必要な応急の救護を得られるよう、これを援護しなければならない。

2　前項の規定による援護によっては必要な応急の救護が得られない場合には、保護観察所の長は、予算の範囲内で、自らその救護を行うものとする。

3　前項の救護は、更生保護事業法の規定により更生保護事業を営む者その他の適当な者に委託して行うことができる。

4　保護観察所の長は、第一項又は第二項の規定による措置をとるに当たっては、保護観察対象者の自助の責任の自覚を損なわないよう配慮しなければならない。

（**出頭の命令及び引致**）

第六十三条　地方委員会又は保護観察所の長は、その職務を行うため必要があると認めるときは、保護観察対象者に対し、出頭を命ずることができる。

2　保護観察所の長は、保護観察対象者について、次の各号のいずれかに該当すると認める場合には、裁判官のあらかじめ発する引致状により、当該保護観察対象者を引致することができる。

一　正当な理由がないのに、第五十条第一項第四号に規定する住居に居住しないとき（第五十一条第二項第五号の規定により宿泊すべき特定の場所を定められた場合には、当該場所に宿泊しないとき）。

二　遵守事項を遵守しなかったことを疑うに足りる十分な理由があり、かつ、正当な理由がないのに、前項の規定による出頭の命令に応ぜず、又は応じないおそれがあるとき。

3　地方委員会は、少年院仮退院者又は仮釈放者について、前項各号のいずれかに該当すると認める場合には、裁判官のあらかじめ発する引致状により、当該少年院仮退院者又は仮釈放者を引致することができる。

4　第二項の引致状は保護観察所の長の請求により、前項の引致状は地方委員会の請求により、その所在地を管轄する地方裁判所、家庭裁判所又は簡易裁判所の裁判官が発する。

5　第二項又は第三項の引致状は、判事補が一人で発することができる。

6　第二項又は第三項の引致状は、保護観察官に執行させるものとする。ただし、保護観察官に執行させることが困難であるときは、警察官にその執行を嘱託することができる。

7　刑事訴訟法（昭和二十三年法律第百三十一号）第六十四条、第七十三条第一項前段及び第三項、第七十四条並びに第七十六条第一項本文及び第三項の規定（勾引に関する部分に限る。）は、第二項又は第三項の引致状及びこれらの規定による保護観察対象者の引致について準用する。この場合において、同法第六十四条第一項中「罪名、公訴事実の要旨」とあり、同法第七十三条第三項中「公訴事実の要旨」とあり、及び同法第七十六条第一項本文中「公訴事実の要旨及び弁護人を選任することができる旨並びに貧困その他の事由により自ら弁護人を選任することができないときは弁護人の選任を請求することができる旨」とあるのは「引致の理由」と、同法第六十四条第一項中「裁判長又は受命裁判官」とあるのは「裁判官」と、同法第七十四条中「刑事施設」とあるのは「刑事施設又は少年鑑別所」と、同法第七十六条第三項中「告知及び前項の教示」とあるのは「告知」と、「合議体の構成員又は裁判所書記官」とあるのは「地方更生保護委員会が引致した場合においては委員又は保護観察官、保護観察所の長が引致した場合においては保護観察官」と読み替えるものとする。

8　第二項又は第三項の引致状により引致された者については、引致すべき場所に引致された時から二十四時間以内に釈放しなければならない。ただし、その時間内に第六十八条の三第一項、第七十三条第一項、第七十三条の四第一項、第七十六条第一項又は第八十条第一項の規定によりその者が留置されたときは、この限りでない。

9　地方委員会が行う第一項の規定による命令、第三項の規定による引致に係る判断及び前項本文の規定による釈放に係る判断は、三人の委員をもって構成する合議体（第七十一条の規定による申請、第七十三条の二第一項の決定又は第七十五条第一項の決定をするか否かに関する審理の開始後においては、当該審理を担当する合議体）で行う。ただし、前項本文の規定による釈放に係る地方委員会の判断については、急速を要するときは、あらかじめ地方委員会が指名する一人の委員で行うことができる。

10　第十三条、第二十三条第三項並びに第二十五条第一項及び第二項の規定は前項に規定する措置のための合議体又は委員による調査について、第二十三条第二項の規定は前項の合議体の議事について、それぞれ準用する。この場合において、第十三条中「、地方更生保護委員会及び保護観察所の長」とあるのは、

「及び保護観察所の長」と読み替えるものとする。

第六十四条（**保護観察のための調査**）保護観察所の長は、保護観察のための調査において、必要があると認めるときは、関係人に対し、質問をし、及び資料の提示を求めることができる。

2　前項の規定による質問及び資料の提示の求めは、保護観察官又は保護司をして行わせるものとする。

3　第二十五条第二項の規定は、第一項の規定による質問及び資料の提示の求めについて準用する。

第六十五条（**被害者等の心情等の聴取及び伝達**）保護観察所の長は、法務省令で定めるところにより、保護観察対象者が刑又は保護処分を言い渡される理由となった犯罪又は刑罰法令に触れる行為に係る被害者等から、被害に関する心情、当該被害者等の置かれている状況又は保護観察対象者の生活若しくは行動に関する意見（以下この条において「心情等」という。）を述べたい旨の申出があったときは、当該心情等を聴取するものとする。ただし、当該被害に係る事件の性質その他の事情を考慮して相当でないと認めるときは、この限りでない。

2　保護観察所の長は、法務省令で定めるところにより、保護観察対象者について、前項の被害者等から、同項の規定により聴取した心情等の伝達の申出があったときは、当該保護観察対象者に伝達するものとする。ただし、その伝達をすることが当該保護観察対象者の改善更生を妨げるおそれがあり、又は当該被害に係る事件の性質、保護観察の実施状況その他の事情を考慮して相当でないと認めるときは、この限りでない。

3　保護観察所の長は、第一項の被害者等の居住地を管轄する他の保護観察所の長に対し、前二項の申出の受理及び第一項の規定による心情等の聴取に関する事務を嘱託することができる。この場合において、前項ただし書の規定により当該保護観察所の長が心情等の伝達をしないこととするときは、あらかじめ、当該他の保護観察所の長の意見を聴かなければならない。

第一節の二　規制薬物等に対する依存がある保護観察対象者に関する特則

第六十五条の二（**保護観察の実施方法**）規制薬物等に対する依存がある保護観察対象者に対する保護観察は、その改善更生を図るためその依存を改善することが重要であることに鑑み、これに資する医療又は援助を行う病院、公共の衛生福祉に関する機関その他の者との緊密な連携を確保しつつ実施しなければならない。

第六十五条の三（**指導監督の方法**）規制薬物等に対する依存がある保護観察対象者に対する保護観察における指導監督は、第五十七条第一項に掲げるもののほか、次に掲げる方法によって行うことができる。

一　規制薬物等に対する依存の改善に資する医療を受けるよう、必要な指示その他の措置をとること。

二　公共の衛生福祉に関する機関その他の適当な者が行う規制薬物等に対する依存を改善するための専門的な援助であって法務大臣が定める基準に適合するものを受けるよう、必要な指示その他の措置をとること。

2　第五十七条第三項及び第四項の規定は前項各号に規定する措置について、同条第五項の規定は前項第二号に規定する措置について、それぞれ準用する。この場合において、第五十七条第三項及び第四項中「援助」とあるのは「医療又は援助」と、同条第五項中「第五十一条第二項第四号に規定する処遇」とあるのは「規制薬物等の使用を反復する犯罪的傾向を改善するための第五十一条第二項第四号に規定する処遇」と読み替えるものとする。

第六十五条の四　保護観察所の長は、規制薬物等に対する依存がある保護観察対象者について、第三十条の規定により病院、公共の衛生福祉に関する機関その他の者に対し病状、治療状況その他の必要な情報の提供を求めるなどして、その保護観察における指導監督が当該保護観察対象者の心身の状況を的確に把握した上で行われるよう必要な措置をとるものとする。

第二節　保護観察処分少年

第六十六条（**少年法第二十四条第一項第一号の保護処分の期間**）保護観察処分少年（少年法第二十四条第一項第一号の保護処分に付されているものに限る。次条及び第六十八条において同じ。）に対する保護観察の期間は、当該保護観察処分少年が二十歳に達するまで（その期間が二年に満たない場合には、二年）とする。ただし、同条第三項の規定により保護観察の期間が定められたときは、当該期間とする。

（警告及び少年法第二十六条の四第一項の決定の申請）

第六十七条　保護観察所の長は、保護観察処分少年が、遵守事項を遵守しなかったと認めるときは、当該保護観察処分少年に対し、これを遵守するよう警告を発することができる。

2　保護観察所の長は、前項の警告を受けた保護観察処分少年が、なお遵守事項を遵守せず、その程度が重いと認めるときは、少年法第二十六条の四第一項の決定の申請をすることができる。

（家庭裁判所への通告等）

第六十八条　保護観察所の長は、保護観察処分少年について、新たに少年法第三条第一項第三号に掲げる事由があると認めるときは、家庭裁判所に通告することができる。

2　前項の規定による通告があった場合において、当該通告に係る保護観察処分少年が十八歳以上であるときは、これを十八歳に満たない少年法第二条第一項の少年とみなして、同法第二章の規定を適用する。

3　家庭裁判所は、前項の規定により十八歳に満たない少年法第二条第一項の少年とみなされる保護観察処分少年に対して同法第二十四条第一項第一号又は第三号の保護処分をする場合において、当該保護観察処分少年が二十歳以上であるときは、保護処分の決定と同時に、その者が二十三歳を超えない期間内において、保護観察の期間又は少年院に収容する期間を定めなければならない。

（少年法第六十六条第一項の決定の申請）

第六十八条の二　保護観察所の長は、特定保護観察処分少年（保護観察処分少年のうち、少年法第六十四条第一項第二号の保護処分に付されているものをいう。以下同じ。）が、遵守事項を遵守せず、その程度が重いと認めるときは、同法第六十六条第一項の決定の申請をすることができる。ただし、当該特定保護観察処分少年について、その収容可能期間が満了しているときは、この限りでない。

（留置）

第六十八条の三　保護観察所の長は、第六十三条第二項の引致状により引致した特定保護観察処分少年について、前条の規定による申請をするか否かに関する審理を開始する必要があると認めるときは、当該特定保護観察処分少年を刑事施設又は少年鑑別所に留置することができる。

2　前項の規定による留置の期間は、引致すべき場所に引致した日から起算して十日以内とする。ただし、その期間中であっても、前条の規定による申請をする必要がなくなったときその他留置の必要がなくなったときは、直ちに特定保護観察処分少年を釈放しなければならない。

3　保護観察所の長は、第一項の規定により留置されている特定保護観察処分少年について、前条の規定による申請をしたときは、前項の規定にかかわらず、当該申請に係る家庭裁判所からの決定の通知があるまでの間又は少年法第六十六条第二項の規定によりその例によることとされる同法第十七条第一項第二号の観護の措置がとられるまでの間、継続して留置することができる。ただし、留置の期間は、通じて二十日を超えることができない。

4　第一項の規定による留置については、審査請求をすることができない。

（収容中の特定保護観察処分少年の保護観察の停止）

第六十八条の四　特定保護観察処分少年について、少年法第六十六条第一項の決定があったときは、第四十七条の二の決定による釈放までの間又は収容可能期間の満了までの間、当該特定保護観察処分少年の保護観察は、停止するものとする。

2　前項の規定により保護観察を停止されている特定保護観察処分少年については、第四十九条、第五十条、第五十一条第一項、第五十二条、第五十三条、第五十六条から第五十八条まで、第六十条から第六十五条の四まで、第六十八条の二、第六十九条及び第七十条の規定は、適用しない。

3　特定保護観察処分少年の保護観察の期間は、少年法第六十六条第一項の決定によってその進行を停止し、第四十七条の二の決定により釈放された時又は収容可能期間が満了した時からその進行を始める。

（収容中の特定保護観察処分少年に係る特別遵守事項の設定等）

第六十八条の五　地方委員会は、少年法第六十六条第一項の決定により少年院に収容されている特定保護観察処分少年（以下「収容中の特定保護観察処分少年」という。）について、第四十七条の二の決定による釈放の時又は収

司法福祉法

容可能期間の満了の時までに、法務省令で定めるところにより、決定をもって、特別遵守事項を定め、又は変更することができる。

2　地方委員会は、収容中の特定保護観察処分少年について定められている特別遵守事項につき、必要がなくなったと認めるときは、第四十七条の二の決定による釈放までの間又は収容可能期間の満了までの間に、法務省令で定めるところにより、決定をもって、これを取り消すものとする。

3　収容中の特定保護観察処分少年について、少年法第六十六条第一項の決定があったときにその者に対する保護観察をつかさどっていた保護観察所の長（第四十七条の三において準用する第三十九条第三項の規定又は第六十八条の七第一項の規定により当該収容中の特定保護観察処分少年の住居が特定された場合には、その地を管轄する保護観察所の長）は、その保護観察の実施状況その他の事情を考慮し必要があると認めるときは、特別遵守事項の設定、変更又は取消しに関し、地方委員会に対して意見を述べるものとする。

（収容時又は収容中における特定保護観察処分少年に係る少年院の長との連携）

第六十八条の六　特定保護観察処分少年が少年法第六十六条第一項の決定により少年院に収容されたときは、当該決定があったときにその者に対する保護観察をつかさどっていた保護観察所の長は、その保護観察の実施状況その他の事情を考慮し、少年院における矯正教育に関し、少年院の長に対して意見を述べるものとする。

2　前条第三項の保護観察所の長は、収容中の特定保護観察処分少年について、少年院における矯正教育の状況を把握するとともに、必要があると認めるときは、第四十七条の二の決定による釈放後又は収容可能期間の満了後の保護観察の実施に関し、少年院の長の意見を聴くものとする。

（収容中の特定保護観察処分少年の住居の特定）

第六十八条の七　地方委員会は、収容中の特定保護観察処分少年について、収容可能期間の満了の時までに、第八十二条第一項の規定による住居の調整の結果に基づき、法務省令で定めるところにより、決定をもって、その者が居住すべき住居を特定することができる。

2　地方委員会は、前項の決定をした場合において、当該決定を受けた者について、収容可能期間の満了までの間に、当該決定により特定された住居に居住することが相当でないと認められる事情が生じたと認めるときは、法務省令で定めるところにより、決定をもって、住居の特定を取り消すものとする。

3　第三十六条第二項の規定は前二項の決定に関する審理における調査について、第三十七条第二項の規定は当該審理について、それぞれ準用する。

（保護観察の解除）

第六十九条　保護観察所の長は、保護観察処分少年について、保護観察を継続する必要がなくなったと認めるときは、保護観察を解除するものとする。

（保護観察の一時解除）

第七十条　保護観察所の長は、保護観察処分少年について、その改善更生に資すると認めるときは、期間を定めて、保護観察を一時的に解除することができる。

2　前項の規定により保護観察を一時的に解除されている保護観察処分少年については、第四十九条、第五十一条、第五十二条から第五十九条まで、第六十一条、第六十二条、第六十五条から第六十五条の四まで及び第六十七条から第六十八条の二までの規定は、適用しない。

3　第一項の規定により保護観察を一時的に解除されている保護観察処分少年に対する第五十条第一項及び第六十三条の規定の適用については、同項中「以下「一般遵守事項」という」とあるのは「第二号ロ及びハ並びに第三号に掲げる事項を除く」と、同項第二号中「守り、保護観察官及び保護司による指導監督を誠実に受ける」とあるのは「守る」と、同項第五号中「転居（第四十七条の二の決定又は少年法第六十四条第二項の規定により定められた期間（以下「収容可能期間」という。）の満了により釈放された場合に前号の規定により居住することとされている住居に転居する場合を除く。）又は七日以上の旅行」とあるのは「転居」と、第六十三条第二項第二号中「遵守事項」とあるのは「第七十条第三項の規定により読み替えて適用される第五十条第一項に掲げる事項」とする。

4　第一項の規定による処分があったときは、その処分を受けた保護観察処分少年について定められている特別遵守事項は、その処分と同時に取り消されたものとみなす。

5　保護観察所の長は、第一項の規定により保護観察を一時的に解除されている保護観察処分少年について、再び保護観察を実施する必要があると認めるときは、同項の規定による処分を取り消さなければならない。

6　前項の場合において、保護観察所の長は、保護観察処分少年が第一項の規定により保護観察を一時的に解除されている間に第三項の規定により読み替えて適用される第五十条第一項に掲げる事項を遵守しなかったことを理由として、第六十七条第一項の規定による警告を発し、又は同条第二項若しくは第六十八条の二の規定による申請をすることができない。

第三節　少年院仮退院者

（少年院への戻し収容の申請）

第七十一条　地方委員会は、保護観察所の長の申出により、少年院仮退院者（少年法第二十四条第一項第三号の保護処分に付されているものに限る。以下この条から第七十三条までにおいて同じ。）が遵守事項を遵守しなかったと認めるときは、当該少年院仮退院者を少年院に送致した家庭裁判所に対し、これを少年院に戻して収容する旨の決定の申請をすることができる。ただし、二十三歳に達している少年院仮退院者については、少年院法第百三十九条第一項に規定する事由に該当すると認めるときに限る。

（少年院への戻し収容の決定）

第七十二条　前条の申請を受けた家庭裁判所は、当該申請に係る少年院仮退院者について、相当と認めるときは、これを少年院に戻して収容する旨の決定をすることができる。

2　家庭裁判所は、前項の決定をする場合において、二十三歳に満たない少年院仮退院者を二十歳を超えて少年院に収容する必要があると認めるときは、当該決定と同時に、その者が二十三歳を超えない期間内において、少年院に収容する期間を定めることができる。その者が既に二十歳に達しているときは、当該決定と同時に、二十三歳を超えない期間内において、少年院に収容する期間を定めなければならない。

3　家庭裁判所は、二十三歳に達している少年院仮退院者について第一項の決定をするときは、当該決定と同時に、その者が二十六歳を超えない期間内において、少年院に収容する期間を定めなければならない。

4　家庭裁判所は、第一項の決定に係る事件の審理に当たっては、医学、心理学、教育学、社会学その他の専門的知識を有する者及び保護観察所の長の意見を聴かなければならない。

5　前三項に定めるもののほか、第一項の決定に係る事件の手続は、その性質に反しない限り、十八歳に満たない少年の保護処分に係る事件の手続の例による。

（留置）

第七十三条　地方委員会は、第六十三条第二項又は第三項の引致状により引致された少年院仮退院者について、第七十一条の申出があり同条の規定による申請をするか否かに関する審理を開始するときは、当該少年院仮退院者を刑事施設又は少年鑑別所に留置することができる。

2　前項の規定による留置の期間は、引致すべき場所に引致された日から起算して十日以内とする。ただし、その期間中であっても、留置の必要がなくなったと認めるときは、直ちに少年院仮退院者を釈放しなければならない。

3　第一項の規定による留置及び前項ただし書の規定による釈放に係る判断は、三人の委員をもって構成する合議体（第七十一条の規定による申請をするか否かに関する審理の開始後においては、当該審理を担当する合議体）で行う。ただし、急速を要するときは、あらかじめ地方委員会が指名する一人の委員で行うことができる。

4　第六十八条の三第三項及び第四項の規定は、第一項の規定により留置されている少年院仮退院者及びその留置について準用する。この場合において、同条第三項中「前条」とあるのは「第七十一条」と、「少年法第六十六条第二項」とあるのは「第七十二条第五項」と読み替えるものとする。

5　第十三条、第二十三条第三項並びに第二十五条第一項及び第二項の規定は第三項に規定する措置のための合議体又は委員による調査について、第二十三条第二項の規定は第三項の合議体の議事について、それぞれ準用する。この場合において、第十三条中「、地方更生保護委員会及び保護観察所の長」とあるのは、「及び保護観察所の長」と読み替えるものとする。

（少年法第六十四条第一項第三号の保護処分に付されている少年院仮退院者の仮退院の取消し）

第七十三条の二　地方委員会は、保護観察所の長の申出により、少年院仮退院者（少年法第六十四条第一項第三号の保護処分に付されているものに限る。第七十三条の四第一項において同じ。）が遵守事項を遵守せず、少年院に収容するのを相当と認めるときは、決定をもって、第四十一条の規定による仮退院を許す処分を取り消すものとする。

2　前項の規定により仮退院を許す処分が取り消されたときは、仮退院中の日数は、少年法第六十四条第三項の規定により定められた期間に算入するものとする。

（決定の執行）

第七十三条の三　地方委員会は、前条第一項の決定をしたときは、保護観察官をして、その決定を執行させるものとする。ただし、必要があると認めるときは、刑事施設の長、少年鑑別所の長又は保護観察所の長にその執行を嘱託することができる。

2　地方委員会は、前項の執行のため必要があると認めるときは、前条第一項の決定を受けた者に対し、出頭を命ずることができる。

3　地方委員会は、前条第一項の決定を受けた者について、正当な理由がないのに、前項の規定による出頭の命令に応ぜず、又は応じないおそれがあるときは、裁判官のあらかじめ発する引致状により、当該者を引致することができる。

4　第六十三条第四項から第八項までの規定は、前項の引致状及び同項の規定による前条第一項の決定を受けた者の引致について準用する。この場合において、第六十三条第四項中「第二項の引致状は保護観察所の長の請求により、前項の引致状は」とあるのは「第七十三条の三第三項の引致状は、」と、同条第七項中「地方更生保護委員会が引致した場合においては委員又は保護観察官、保護観察所の長が引致した場合においては保護観察官」とあるのは「委員又は保護観察官」と、同条第八項ただし書中「第六十八条の三第一項、第七十三条第一項、第七十三条の四第一項、第七十六条第一項又は第八十条第一項の規定によりその者が留置された」とあるのは「第七十三条の三第一項の規定による執行が開始された」と読み替えるものとする。

5　地方委員会が行う第一項の規定による執行に係る判断、第二項の規定による命令、第三項の規定による引致に係る判断及び前項において準用する第六十三条第八項本文の規定による釈放に係る判断は、三人の委員をもって構成する合議体で行う。ただし、前項において準用する同条第八項本文の規定による釈放に係る地方委員会の判断については、急速を要するときは、あらかじめ地方委員会が指名する一人の委員で行うことができる。

6　第十三条、第二十三条第三項並びに第二十五条第一項及び第二項の規定は前項に規定する措置のための合議体又は委員による調査について、第二十三条第二項の規定は前項の合議体の議事について、それぞれ準用する。この場合において、第十三条中「、地方更生保護委員会及び保護観察所の長」とあるのは、「及び保護観察所の長」と読み替えるものとする。

（少年法第六十四条第一項第三号の保護処分に付されている少年院仮退院者の留置）

第七十三条の四　地方委員会は、第六十三条第二項又は第三項の引致状により引致された少年院仮退院者について、第七十三条の二第一項の申出があり同項の決定をするか否かに関する審理を開始するときは、当該少年院仮退院者を刑事施設又は少年鑑別所に留置することができる。

2　第六十八条の三第四項並びに第七十三条第二項及び第三項の規定は、前項の規定による留置について準用する。この場合において、同条第三項中「第七十一条の規定による申請」とあるのは、「第七十三条の二第一項の決定」と読み替えるものとする。

3　第十三条、第二十三条第三項並びに第二十五条第一項及び第二項の規定は前項において準用する第七十三条第三項に規定する措置のための合議体又は委員による調査について、第二十三条第二項の規定は前項において準用する第七十三条第三項の合議体の議事について、それぞれ準用する。この場合において、第十三条中「、地方更生保護委員会及び保護観察所の長」とあるのは、「及び保護観察所の長」と読み替えるものとする。

（少年院仮退院者の退院を許す処分）

第七十四条　地方委員会は、少年院仮退院者について、保護観察所の長の申出があった場合において、保護観察を継続する必要がなくなったと認めるとき（二十三歳を超える少年院仮退院者については、少年法第百三十九条第一項に規定する事由に該当しなくなったと認めるときその他保護観察を継続する必要がなくなったと認めるとき）は、決定をもって、退院を許さなければならない。

2　第四十六条第二項の規定は、前項の決定について準用する。

第四節　仮釈放者

（仮釈放の取消し）

第七十五条　刑法第二十九条第一項の規定による仮釈放の取消しは、仮釈放者に対する保護観察をつかさどる保護観察所の所在地を管轄する地方委員会が、決定をもってするものとする。

2　刑法第二十九条第一項第四号に該当することを理由とする前項の決定は、保護観察所の長の申出によらなければならない。

3　刑事訴訟法第四百八十四条から第四百八十九条までの規定は、仮釈放を取り消された者の収容について適用があるものとする。

（留置）

第七十六条　地方委員会は、第六十三条第二項又は第三項の引致状により引致された仮釈放者について、刑法第二十九条第一項第一号から第三号までに該当する場合であって前条第一項の決定をするか否かに関する審理を開始する必要があると認めるとき、又は同条第二項の申出がありその審理を開始するときは、当該仮釈放者を刑事施設又は少年鑑別所に留置することができる。

2　前項の規定により仮釈放者が留置された場合において、その者の仮釈放が取り消されたときは、刑法第二十九条第三項の規定にかかわらず、その留置の日数は、刑期に算入するものとする。

3　第六十八条の三第四項並びに第七十三条第二項及び第三項の規定は、第一項の規定による留置について準用する。この場合において、同条第三項中「第七十一条の規定による申請」とあるのは、「第七十五条第一項の決定」と読み替えるものとする。

4　第十三条、第二十三条第三項並びに第二十五条第一項及び第二項の規定は前項において準用する第七十三条第三項に規定する措置のための合議体又は委員による調査について、第二十三条第二項の規定は前項において準用する第七十三条第三項の合議体の議事について、それぞれ準用する。この場合において、第十三条中「、地方更生保護委員会及び保護観察所の長」とあるのは、「及び保護観察所の長」と読み替えるものとする。

（保護観察の停止）

第七十七条　地方委員会は、保護観察所の長の申出により、仮釈放者の所在が判明しないため保護観察が実施できなくなったと認めるときは、決定をもって、保護観察を停止することができる。

2　前項の規定により保護観察を停止されている仮釈放者の所在が判明したときは、その所在の地を管轄する地方委員会は、直ちに、決定をもって、その停止を解かなければならない。

3　前項の決定は、急速を要するときは、第二十三条第一項の規定にかかわらず、一人の委員ですることができる。

4　第一項の規定により保護観察を停止されている仮釈放者が第六十三条第二項又は第三項の引致状により引致されたときは、第二項の決定があったものとみなす。

5　仮釈放者の刑期は、第一項の決定によってその進行を停止し、第二項の決定があった時からその進行を始める。

6　地方委員会は、仮釈放者が第一項の規定により保護観察を停止されている間に遵守事項を遵守しなかったことを理由として、仮釈放の取消しをすることができない。

7　地方委員会は、第一項の決定をした後、保護観察の停止の理由がなかったことが明らかになったときは、決定をもって、同項の決定を取り消さなければならない。

8　前項の規定により第一項の決定が取り消された場合における仮釈放者の刑期の計算については、第五項の規定は、適用しない。

（仮釈放者の不定期刑の終了）

第七十八条　地方委員会は、不定期刑に処せられ、仮釈放を許されている者であって、仮釈放前又は仮釈放中にその刑の短期が経過したものについて、保護観察所の長の申出により、刑の執行を終了するのを相当と認めるときは、少年法第五十九条第二項の規定にかかわらず、決定をもって、刑の執行を受け終わったものとしなければならない。

2　第四十六条第二項の規定は、前項の決定について準用する。

第五節　保護観察付執行猶予者

（保護観察付一部猶予者の住居の特定）

第七十八条の二　第六十八条の七第一項及び第二項の規定は、保護観察付一部猶予者について準用する。この場合において、同条第一項及び第二項中「収容可能期間の満了」とあるのは、「刑法第二十七条の二の規定による猶予の期間の開始」と読み替えるものとする。

2　第三十六条第二項の規定は前項において準用する第六十八条の七第一項及び第二項の決

定に関する審理における調査について、第三十七条第二項の規定は当該審理について、それぞれ準用する。

（検察官への申出）

第七十九条　保護観察所の長は、保護観察付執行猶予者について、刑法第二十六条の二第二号又は第二十七条の五第二号の規定により刑の執行猶予の言渡しを取り消すべきものと認めるときは、刑事訴訟法第三百四十九条第一項に規定する地方裁判所、家庭裁判所又は簡易裁判所に対応する検察庁の検察官に対し、書面で、同条第二項に規定する申出をしなければならない。

（留置）

第八十条　保護観察所の長は、第六十三条第二項の引致状により引致した保護観察付執行猶予者について、前条の申出をするか否かに関する審理を開始する必要があると認めるときは、当該保護観察付執行猶予者を刑事施設又は少年鑑別所に留置することができる。

2　前項の規定による留置の期間は、引致すべき場所に引致した日から起算して十日以内とする。ただし、その期間中であっても、前条の申出をする必要がなくなったとき、検察官が刑事訴訟法第三百四十九条第一項の請求をしないことが明らかになったときその他留置の必要がなくなったときは、直ちに保護観察付執行猶予者を釈放しなければならない。

3　第一項の規定により留置されている保護観察付執行猶予者について、刑事訴訟法第三百四十九条第一項の請求があったときは、前項の規定にかかわらず、同法第三百四十九条の二第一項の決定の告知があるまでの間、継続して留置することができる。ただし、留置の期間は、通じて二十日を超えることができない。

4　刑事訴訟法第三百四十九条の二第二項の規定による口頭弁論の請求があったときは、裁判所は、決定をもって、十日間に限り、前項ただし書の期間を延長することができる。この場合において、その決定の告知については、同法による決定の告知の例による。

5　第三項に規定する決定が保護観察付執行猶予者の刑の執行猶予の言渡しを取り消すものであるときは、同項の規定にかかわらず、その決定が確定するまでの間、その者を継続して留置することができる。

6　第一項の規定により保護観察付執行猶予者が留置された場合において、その刑の執行猶予の言渡しが取り消されたときは、その留置の日数は、刑期に算入するものとする。

7　第六十八条の三第四項の規定は、第一項の規定による留置について準用する。

（保護観察の仮解除）

第八十一条　刑法第二十五条の二第二項又は第二十七条の三第二項（薬物使用等の罪を犯した者に対する刑の一部の執行猶予に関する法律第四条第二項において準用する場合を含む。以下この条において同じ。）の規定による保護観察を仮に解除する処分は、保護観察所の長が、保護観察付執行猶予者について、遵守事項及び生活行動指針の遵守状況その他法務省令で定める事項を考慮し、現に健全な生活態度を保持しており、保護観察を仮に解除しても、当該生活態度を保持し、善良な社会の一員として自立し、改善更生することができると認めるときにするものとする。

2　刑法第二十五条の二第二項又は第二十七条の三第二項の規定により保護観察を仮に解除されている保護観察付執行猶予者については、第四十九条、第五十一条から第五十八条まで、第六十一条、第六十二条、第六十五条から第六十五条の四まで、第七十九条及び前条の規定は、適用しない。

3　刑法第二十五条の二第二項又は第二十七条の三第二項の規定により保護観察を仮に解除されている保護観察付執行猶予者に対する第五十条及び第六十三条の規定の適用については、第五十条第一項中「以下「一般遵守事項」という」とあるのは「第二号ロ及びハ並びに第三号に掲げる事項を除く」と、同項第二号中「守り、保護観察官及び保護司による指導監督を誠実に受ける」とあるのは「守る」と、同項第五号中「転居（第四十七条の二の決定又は少年法第六十四条第二項の規定により定められた期間（以下「収容可能期間」という。）の満了により釈放された場合に前号の規定により居住することとされている住居に転居する場合を除く。）又は七日以上の旅行」とあるのは「転居」と、第六十三条第二項第二号中「遵守事項」とあるのは「第八十一条第三項の規定により読み替えて適用される第五十条第一項に掲げる事項」とする。

4　第一項に規定する処分があったときは、その処分を受けた保護観察付執行猶予者について定められている特別遵守事項は、その処分と同時に取り消されたものとみなす。

5　保護観察所の長は、刑法第二十五条の二第二二項又は第二十七条の三第二項の規定により保護観察を仮に解除されている保護観察付執行猶予者について、その行状に鑑み再び保護観察を実施する必要があると認めるときは、これらの規定による処分を取り消さなければならない。

第四章　生活環境の調整

（**収容中の者に対する生活環境の調整**）

第八十二条　保護観察所の長は、刑の執行のため刑事施設に収容されている者又は刑若しくは保護処分の執行のため少年院に収容されている者（以下「収容中の者」と総称する。）について、その社会復帰を円滑にするため必要があると認めるときは、その者の家族その他の関係人を訪問して協力を求めることその他の方法により、釈放後の住居、就業先その他の生活環境の調整を行うものとする。

2　地方委員会は、前項の規定による調整が有効かつ適切に行われるよう、保護観察所の長に対し、調整を行うべき住居、就業先その他の生活環境に関する事項について必要な指導及び助言を行うほか、同項の規定による調整が複数の保護観察所において行われる場合における当該保護観察所相互間の連絡調整を行うものとする。

3　地方委員会は、前項の措置をとるに当たって必要があると認めるときは、収容中の者との面接、関係人に対する質問その他の方法により、調査を行うことができる。

4　第二十五条第二項及び第三十六条第二項の規定は、前項の調査について準用する。

（**保護観察付執行猶予の裁判確定前の生活環境の調整**）

第八十三条　保護観察所の長は、刑法第二十五条の二第一項の規定により保護観察に付する旨の言渡しを受け、その裁判が確定するまでの者について、保護観察を円滑に開始するため必要があると認めるときは、その者の同意を得て、前条第一項に規定する方法により、その者の住居、就業先その他の生活環境の調整を行うことができる。

（**勾留中の被疑者に対する生活環境の調整**）

第八十三条の二　保護観察所の長は、勾留されている被疑者であって検察官が罪を犯したと認めたものについて、身体の拘束を解かれた場合の社会復帰を円滑にするため必要があると認めるときは、その者の同意を得て、第八十二条第一項に規定する方法により、釈放後の住居、就業先その他の生活環境の調整を行うことができる。

2　保護観察所の長は、前項の規定による調整を行うに当たっては、同項の被疑者の刑事上の手続に関与している検察官の意見を聴かなければならない。

3　保護観察所の長は、前項に規定する検察官が捜査に支障を生ずるおそれがあり相当でない旨の意見を述べたときは、第一項の規定による調整を行うことができない。

（**準用**）

第八十四条　第六十一条第一項の規定は、第八十二条第一項、第八十三条及び前条第一項の規定による措置について準用する。

第五章　更生緊急保護等

第一節　更生緊急保護

（**更生緊急保護**）

第八十五条　この節において「更生緊急保護」とは、次に掲げる者が、刑事上の手続又は保護処分による身体の拘束を解かれた後、親族からの援助を受けることができず、若しくは公共の衛生福祉に関する機関その他の機関から医療、宿泊、職業その他の保護を受けることができない場合又はこれらの援助若しくは保護のみによっては改善更生することができないと認められる場合に、緊急に、その者に対し、金品を給与し、又は貸与し、宿泊場所を供与し、宿泊場所への帰住、医療、療養、就職又は教養訓練を助け、職業を補導し、社会生活に適応させるために必要な生活指導を行い、生活環境の改善又は調整を図ること等により、その者が進んで法律を守る善良な社会の一員となることを援護し、その速やかな改善更生を保護することをいう。

一　懲役、禁錮又は拘留の刑の執行を終わった者

二　懲役、禁錮又は拘留の刑の執行の免除を得た者

三　懲役又は禁錮につき刑の全部の執行猶予の言渡しを受け、その裁判が確定するまでの者

四　前号に掲げる者のほか、懲役又は禁錮につき刑の全部の執行猶予の言渡しを受け、保護観察に付されなかった者

五　懲役又は禁錮につき刑の一部の執行猶予の言渡しを受け、その猶予の期間中保護観察に付されなかった者であって、その刑の

うち執行が猶予されなかった部分の期間の執行を終わったもの

六　検察官が直ちに訴追を必要としないと認めた者

七　罰金又は科料の言渡しを受けた者

八　労役場から出場し、又は仮出場を許された者

九　少年院から退院し、又は仮退院を許された者（保護観察に付されている者を除く。）

2　更生緊急保護は、その対象となる者の改善更生のために必要な限度で、国の責任において、行うものとする。

3　更生緊急保護は、保護観察所の長が、自ら行い、又は更生保護事業法の規定により更生保護事業を営む者その他の適当な者に委託して行うものとする。

4　更生緊急保護は、その対象となる者が刑事上の手続又は保護処分による身体の拘束を解かれた後六月を超えない範囲内において、その意思に反しない場合に限り、行うものとする。ただし、その者の改善更生を保護するため特に必要があると認められるときは、第一項の措置のうち、金品の給与又は貸与及び宿泊場所の供与については更に六月を、その他のものについては更に一年六月を、それぞれ超えない範囲内において、これを行うことができる。

5　更生緊急保護を行うに当たっては、その対象となる者が公共の衛生福祉に関する機関その他の機関から必要な保護を受けることができるようあっせんするとともに、更生緊急保護の効率化に努めて、その期間の短縮と費用の節減を図らなければならない。

6　更生緊急保護に関し職業のあっせんの必要があると認められるときは、公共職業安定所は、更生緊急保護を行う者の協力を得て、職業安定法（昭和二十二年法律第百四十一号）の規定に基づき、更生緊急保護の対象となる者の能力に適当な職業をあっせんすることに努めるものとする。

（更生緊急保護の開始等）

第八十六条　更生緊急保護は、前条第一項各号に掲げる者の申出があった場合において、保護観察所の長がその必要があると認めたときに限り、行うものとする。収容中の者から申出があり、その者が同項第一号、第二号、第五号又は第九号に掲げる者（第八十八条の二において「刑執行終了者等」という。）に該当することとなった場合において、保護観察所の長が必要があると認めたときも、同様とする。

2　検察官、刑事施設の長又は少年院の長は、前条第一項各号に掲げる者について、刑事上の手続又は保護処分による身体の拘束を解く場合において、必要があると認めるときは、その者に対し、この節に定める更生緊急保護の制度及び申出の手続について教示しなければならない。収容中の者について、必要があると認めるときも、同様とする。

3　保護観察所の長は、更生緊急保護を行う必要があるか否かを判断するに当たっては、その申出をした者の刑事上の手続に関与した検察官又はその者が収容されていた刑事施設（労役場に留置されていた場合には、当該労役場が附置された刑事施設）の長若しくは少年院の長の意見を聴かなければならない。ただし、仮釈放の期間の満了によって前条第一項第一号に該当した者又は仮退院の終了により同項第九号に該当した者については、この限りでない。

（費用の支弁）

第八十七条　国は、法務大臣が財務大臣と協議して定める基準に従い、第八十五条第三項の規定による委託によって生ずる費用を支弁する。

2　前項に規定する委託は、同項の規定により国が支弁する金額が予算の金額を超えない範囲内においてしなければならない。

第二節　刑執行停止中の者に対する措置

第八十八条　保護観察所の長は、刑事訴訟法第四百八十条又は第四百八十二条の規定により刑の執行を停止されている者について、検察官の請求があったときは、その者に対し、第五十七条第一項（第一号に係る部分に限る。）、第五十八条、第六十一条及び第六十二条の規定の例により、適当と認める指導監督、補導援護並びに応急の救護及びその援護の措置をとることができる。

第五章の二　更生保護に関するその他の援助

（刑執行終了者等に対する援助）

第八十八条の二　保護観察所の長は、刑執行終了者等の改善更生を図るため必要があると認めるときは、その者の意思に反しないことを確認した上で、その者に対し、更生保護に関する専門的知識を活用し、情報の提供、助言

その他の必要な援助を行うことができる。

（更生保護に関する地域援助）

第八十八条の三　保護観察所の長は、地域社会における犯罪をした者及び非行のある少年の改善更生並びに犯罪の予防に寄与するため、地域住民又は関係機関等からの相談に応じ、更生保護に関する専門的知識を活用し、情報の提供、助言その他の必要な援助を行うものとする。

第六章　恩赦の申出

（恩赦の申出）

第八十九条　恩赦法（昭和二十二年法律第二十号）第十二条に規定する審査会の申出は、法務大臣に対してするものとする。

（申出のための調査等）

第九十条　審査会は、前条の申出をする場合には、あらかじめ、申出の対象となるべき者の性格、行状、違法な行為をするおそれの有無、その者に対する社会の感情その他の事項について、必要な調査を行わなければならない。

2　審査会は、刑事施設若しくは少年院に収容されている者又は労役場に留置されている者について、特赦、減刑又は刑の執行の免除の申出をする場合には、その者が、社会の安全及び秩序を脅かすことなく釈放されるに適するかどうかを考慮しなければならない。

第七章　審査請求等

第一節　行政手続法の適用除外

第九十一条　この法律の規定による処分及び行政指導については、行政手続法（平成五年法律第八十八号）第二章から第四章の二までの規定は、適用しない。

第二節　審査請求

（審査請求）

第九十二条　この法律の規定により地方委員会が決定をもってした処分に不服がある者は、審査会に対し、審査請求をすることができる。

（審査請求書の提出）

第九十三条　刑事施設に収容され、若しくは労役場に留置されている者又は少年院に収容されている者の審査請求は、審査請求書を当該刑事施設（労役場に留置されている場合には、当該労役場が附置された刑事施設。以下この条において同じ。）の長又は少年院の長に提出してすることができる。

2　刑事施設の長又は少年院の長は、前項の規定により審査請求書の提出を受けたときは、直ちに、審査請求書を審査会及び地方委員会に送付しなければならない。

3　第一項の場合における行政不服審査法第十八条の規定による審査請求の期間の計算については、刑事施設の長又は少年院の長に審査請求書を提出した時に審査請求があったものとみなす。

（執行停止）

第九十四条　審査会に対する審査請求に関する行政不服審査法第二十五条第三項の規定の適用については、同項本文中「、処分庁の意見を聴取した上」とあるのは「又は職権で」と、同項ただし書中「処分の効力、処分の執行又は手続の続行」とあるのは「処分の執行」とする。

（裁決をすべき期間）

第九十五条　審査会は、審査請求がされた日（行政不服審査法第二十三条の規定により不備を補正すべきことを命じた場合にあっては、当該不備が補正された日）から六十日以内に裁決をしなければならない。

（審査請求と訴訟との関係）

第九十六条　この法律の規定により地方委員会が決定をもってした処分の取消しの訴えは、当該処分についての審査請求に対する裁決を経た後でなければ、提起することができない。

（行政不服審査法の特例）

第九十六条の二　この法律の規定による処分又はその不作為についての審査請求に係る行政不服審査法第三十八条第一項に規定する提出書類等又は同法第七十八条第一項に規定する主張書面若しくは資料であって、個人情報の保護に関する法律（平成十五年法律第五十七号）第百二十四条第一項の規定により同法第五章第四節の規定を適用しないこととされた同法第六十条第一項に規定する保有個人情報が記載され、又は記録されたものについての行政不服審査法の規定の適用については、同法第三十八条第一項前段中「又は当該書面若しくは当該書類の写し若しくは当該電磁的記録に記録された事項を記載した書面の交付を求める」とあるのは「を求める」と、同項後段及び同法第七十八条第一項後段中「閲覧又は交付」とあるのは「閲覧」と、同法第三十八条第二項及び第七十八条第二項中「閲覧をさせ、又は同項の規定による交付をしようとするときは、当該閲覧又は交付」とあるのは「閲覧をさせようとするときは、当該閲覧」と、同条第一項前段中「若しくは資料の閲覧」とあるのは「又は資料の閲覧」と、「又は当該主張書面若しくは当該資料の写し若しくは当該電磁的記録に記録された事項を記載した書面の交付を求める」とあるのは「を求める」とし、同法第三十八条第四項及び第五項並びに第七十八条第四項及び第五項の規定は、適用しない。

2　第五十二条第一項、第五項又は第六項の規定による保護観察所の長の処分についての審査請求については、行政不服審査法第二章第四節の規定は、適用しない。

第八章　雑則

（**記録の保存等**）

第九十七条　審査会は特赦、特定の者に対する減刑、刑の執行の免除及び特定の者に対する復権についてした申出に関する記録を、地方委員会はこの法律の規定により決定をもってすることとされている処分に係る審理及び決定に関する記録を、それぞれ、政令で定めるところにより保存しなければならない。

2　審査会及び地方委員会は、前項の記録の閲覧を求める者があるときは、これをその者の閲覧に供さなければならない。ただし、同項の申出若しくは審理の対象とされた者の改善更生を妨げ、又は関係人の名誉若しくは生活の平穏を害するおそれがあるときは、閲覧を拒むことができる。

（**費用の徴収**）

第九十八条　保護観察所の長は、第六十一条第二項（第八十八条の規定によりその例によることとされる場合を含む。）の規定による委託及び第六十二条第二項（第八十八条の規定によりその例によることとされる場合を含む。）の規定による応急の救護に要した費用並びに第八十七条第一項の費用を、期限を指定して、その費用を要した措置を受けた者又はその扶養義務者から徴収しなければならない。ただし、これらの者が、その費用を負担することができないと認めるときは、この限りでない。

2　前項の規定による費用の徴収は、徴収されるべき者の居住地又は財産所在地の市町村（特別区を含む。以下同じ。）に嘱託することができる。

3　政府は、前項の規定により、市町村に対し費用の徴収を嘱託した場合においては、その徴収金額の百分の四に相当する金額を、その市町村に交付しなければならない。

4　第二項の規定により市町村が処理することとされている事務は、地方自治法（昭和二十二年法律第六十七号）第二条第九項第一号に規定する第一号法定受託事務とする。

（**省令への委任**）

第九十九条　この法律に定めるもののほか、この法律を実施するため必要な事項は、法務省令で定める。

・刑法等の一部を改正する法律（令和四・六・一七法律六七）

附則　抄

（施行期日）

1　この法律は、公布の日から起算して三年を超えない範囲内において政令で定める日から施行する。（略）

・刑事訴訟法等の一部を改正する法律（令和五・五・一七法律二八）

附則　抄

（施行期日）

第一条　この法律は、公布の日から起算して五年を超えない範囲内において政令で定める日から施行する。ただし、次の各号に掲げる規定は、当該各号に定める日から施行する。

六　（略）公布の日から起算して二年を超えない範囲内において政令で定める日

更生保護事業法

（平成七・五・八
法律八六）

最新改正　令和四法律六七

第一章　総則

（目的）

第一条　この法律は、更生保護事業に関する基本事項を定めることにより、更生保護事業の適正な運営を確保し、及びその健全な育成発達を図るとともに、更生保護法（平成十九年法律第八十八号）その他更生保護に関する法律とあいまって、犯罪をした者及び非行のある少年が善良な社会の一員として改善更生することを助け、もって個人及び公共の福祉の増進に寄与することを目的とする。

（定義）

第二条　この法律において「更生保護事業」とは、宿泊型保護事業、通所・訪問型保護事業及び地域連携・助成事業をいう。

2　この法律において「宿泊型保護事業」とは、次に掲げる者であって現に改善更生のための保護を必要としているものを更生保護施設に宿泊させて、その者に対し、教養訓練、医療又は就職を助け、職業を補導し、社会生活に適応させるために必要な生活指導又は特定の犯罪的傾向を改善するための援助を行い、生活環境の改善又は調整を図る等その改善更生に必要な保護を行う事業をいう。

一　保護観察に付されている者

二　懲役、禁錮又は拘留につき、刑の執行を終わり、その執行の免除を得、又はその執行を停止されている者

三　懲役又は禁錮につき刑の全部の執行猶予の言渡しを受け、刑事上の手続による身体の拘束を解かれた者（第一号に該当する者を除く。次号及び第五号において同じ。）

四　懲役又は禁錮につき刑の一部の執行猶予の言渡しを受け、その猶予の期間中の者

五　罰金又は科料の言渡しを受け、刑事上の手続による身体の拘束を解かれた者

六　労役場から出場し、又は仮出場を許された者

七　直ちに訴追を必要としないと認められ、刑事上の手続による身体の拘束を解かれた者

八　少年院から退院し、又は仮退院を許された者（第一号に該当する者を除く。）

九　国際受刑者移送法（平成十四年法律第六十六号）第十六条第一項第一号若しくは第二号の共助刑の執行を終わり、若しくは同法第二十五条第二項の規定によりその執行を受けることがなくなり、又は同法第二十一条の規定により適用される刑事訴訟法（昭和二十三年法律第百三十一号）第四百八十条若しくは第四百八十二条の規定によりその執行を停止されている者

3　この法律において「通所・訪問型保護事業」とは、前項に規定する者を更生保護施設その他の適当な施設に通わせ、又は訪問する等の方法により、その者に対し、宿泊場所への帰住、教養訓練、医療又は就職を助け、職業を補導し、社会生活に適応させるために必要な生活指導又は特定の犯罪的傾向を改善するための援助を行い、生活環境の改善又は調整を図り、金品を給与し、又は貸与し、生活の相談に応ずる等その改善更生に必要な保護を行う事業をいう。

4　この法律において「地域連携・助成事業」とは、次に掲げる事業をいう。

一　第二項各号に掲げる者の改善更生に資する援助を行う公共の衛生福祉に関する機関その他の者との地域における連携協力体制の整備を行う事業

二　第二項各号に掲げる者の改善更生に資する活動への地域住民の参加の促進を行う事業

三　宿泊型保護事業、通所・訪問型保護事業その他第二項各号に掲げる者の改善更生を助けることを目的とする事業に従事する者の確保、養成及び研修を行う事業

四　前三号に掲げるもののほか、宿泊型保護事業、通所・訪問型保護事業その他第二項各号に掲げる者の改善更生を助けることを目的とする事業に関する啓発、連絡、調整又は助成を行う事業

5　この法律において「被保護者」とは、宿泊型保護事業又は通所・訪問型保護事業における保護の対象者をいう。

6　この法律において「更生保護法人」とは、更生保護事業を営むことを目的として、この法律の定めるところにより設立された法人をいう。

7　この法律において「更生保護施設」とは、被保護者の改善更生に必要な保護を行う施設のうち、被保護者を宿泊させることを目的とする建物及びそのための設備を有するものを

いう。

（国の措置等）

第三条　国は、更生保護事業が保護観察、更生緊急保護その他の国の責任において行う改善更生の措置を円滑かつ効果的に実施する上で重要な機能を果たすものであることにかんがみ、更生保護事業の適正な運営を確保し、及びその健全な育成発達を図るための措置を講ずるものとする。

2　地方公共団体は、更生保護事業が犯罪をした者及び非行のある少年の改善更生を助け、これにより犯罪を防止し、地域社会の安全及び住民福祉の向上に寄与するものであることにかんがみ、その地域において行われる更生保護事業に対して必要な協力をすることができる。

3　更生保護事業を営む者は、その事業を実施するに当たり、被保護者の人権に配慮するとともに、国の行う改善更生の措置及び社会福祉、医療、保健、労働その他関連施策との有機的な連携を図り、地域に即した創意と工夫を行い、並びに地域住民等の理解と協力を得るよう努めなければならない。

第二章　更生保護法人

第一節　通則

（名称の使用制限）

第四条　更生保護法人以外の者は、その名称中に、更生保護法人という文字を用いてはならない。

（資産）

第五条　更生保護法人は、更生保護事業を営むために必要な資産を備えなければならない。

（経営の原則）

第五条の二　更生保護法人は、更生保護事業を確実、効果的かつ適正に行うため、自主的に、被保護者に対する処遇等その事業内容を向上させるとともに、経営の基盤の強化と透明性の確保を図らなければならない。

（公益事業及び収益事業）

第六条　更生保護法人は、その営む更生保護事業に支障がない限り、公益を目的とする事業（以下「公益事業」という。）又はその収益を更生保護事業若しくは公益事業（犯罪をした者及び非行のある少年の改善更生又は犯罪の予防に資するものとして法務省令で定めるものに限る。第四十二条第二号において同じ。）に充てることを目的とする事業（以下「収益事業」という。）を行うことができる。

2　公益事業又は収益事業に関する会計は、それぞれ当該更生保護法人の営む更生保護事業に関する会計から区分し、特別の会計として経理しなければならない。

（住所）

第七条　更生保護法人の住所は、その主たる事務所の所在地にあるものとする。

（登記）

第八条　更生保護法人は、政令で定めるところにより、登記しなければならない。

2　前項の規定により登記しなければならない事項は、登記の後でなければ、これをもって第三者に対抗することができない。

（一般社団法人及び一般財団法人に関する法律の準用）

第九条　一般社団法人及び一般財団法人に関する法律（平成十八年法律第四十八号）第七十八条の規定は、更生保護法人について準用する。

第二節　設立

（設立の認可）

第十条　更生保護法人を設立しようとする者は、法務省令で定めるところにより、申請書及び定款を法務大臣に提出して、設立の認可を受けなければならない。

（定款）

第十一条　更生保護法人の定款には、次に掲げる事項を記載しなければならない。

一　目的
二　名称
三　更生保護事業の種類
四　事務所の所在地
五　役員に関する事項
六　会議に関する事項
七　資産に関する事項
八　会計に関する事項
九　評議員会を置く場合には、これに関する事項
十　公益事業を行う場合には、その種類
十一　収益事業を行う場合には、その種類
十二　解散に関する事項
十三　定款の変更に関する事項
十四　公告の方法

2　設立当初の役員は、定款で定めなければならない。

3　第一項第十二号に掲げる事項中に残余財産の帰属すべき者に関する規定を設ける場合には、その者は、第四十五条の認可を受けて宿

泊型保護事業を営む者又は第四十七条の二の届出をして通所・訪問型保護事業若しくは地域連携・助成事業を営む更生保護法人のうちから選定されるようにしなければならない。

（認可の基準）
第十二条 法務大臣は、第十条の認可の申請が次の各号に適合すると認めるときは、認可しなければならない。
一 設立の手続並びに申請書及び定款の内容が法令の規定に適合するものであること。
二 申請書及び定款に虚偽の記載がないこと。
三 当該申請に係る更生保護法人の資産が第五条の要件に該当するものであること。
四 業務の運営が適正に行われることが確実であると認められること。

（定款の補充）
第十三条 更生保護法人を設立しようとする者が、第十一条第一項第二号から第十四号までの各号に掲げる事項を定めないで死亡した場合には、法務大臣は、利害関係人の請求により又は職権で、これらの事項を定めなければならない。

（設立の時期）
第十四条 更生保護法人は、その主たる事務所の所在地において設立の登記をすることによって成立する。

（財産目録の作成及び備置き）
第十四条の二 更生保護法人は、設立の時に財産目録を作成し、常にこれをその主たる事務所に備え置かなければならない。

（一般社団法人及び一般財団法人に関する法律の準用）
第十五条 一般社団法人及び一般財団法人に関する法律第百五十八条及び第百六十四条の規定は、更生保護法人の設立について準用する。

第三節 管理

（役員）
第十六条 更生保護法人には、役員として、理事五人以上及び監事二人以上を置かなければならない。
2 理事のうち一人は、定款で定めるところにより、理事長とする。

（理事長及び理事の職務）
第十七条 理事長は、更生保護法人を代表し、その業務を総理する。
2 理事は、定款で定めるところにより、理事長を補佐して更生保護法人の業務を掌理し、理事長に事故があるときはその職務を代理し、理事長が欠員のときはその職務を行う。

（業務の決定）
第十八条 更生保護法人の業務は、定款に特別の定めのないときは、理事の過半数をもって決する。

（理事長の代理行為の委任）
第十八条の二 理事長は、定款によって禁止されていないときに限り、特定の行為の代理を他人に委任することができる。

（仮理事）
第十八条の三 理事が欠けた場合において、事務が遅滞することにより損害を生ずるおそれがあるときは、法務大臣は、利害関係人の請求により又は職権で、仮理事を選任しなければならない。

（監事の職務）
第十九条 監事は、次に掲げる職務を行う。
一 理事の業務執行の状況を監査すること。
二 更生保護法人の財産の状況を監査すること。
三 前二号の規定による監査の結果、更生保護法人の業務又は財産に関し不正の行為又は法令若しくは定款に違反する重大な事実があることを発見した場合には、これを法務大臣（評議員会が置かれている場合は評議員会）に報告すること。
四 前号の報告をするために必要がある場合には、理事長に対して評議員会の招集を請求すること。
五 理事の業務執行の状況又は更生保護法人の財産の状況について、理事長に意見を述べること。

（監事の兼職禁止）
第二十条 監事は、理事、評議員又は更生保護法人の職員を兼ねてはならない。

（役員の欠格事由）
第二十一条 次の各号のいずれかに該当する者は、更生保護法人の役員になることができない。
一 破産手続開始の決定を受けて復権を得ない者
二 この法律の規定に違反して刑に処せられ、その執行を終わった日又はその執行を受けることがなくなった日から五年を経過しない者
三 前号に該当する者を除き、禁錮以上の刑に処せられ、その執行を終わった日又はその執行を受けることがなくなった日から五年を経過しない者

四　第四十三条の規定により解散を命じられた更生保護法人の解散当時の役員で、解散を命じられたときから五年を経過しない者
五　心身の故障のため職務を適正に行うことができない者として法務省令で定めるもの

（役員の親族等の排除）
第二十二条　役員のうちには、それぞれの役員について、当該役員、その配偶者及び三親等内の親族が役員の総数の三分の一を超えて含まれることになってはならない。

（役員の欠員補充）
第二十三条　理事又は監事のうち、その定数の三分の一を超える者が欠けたときは、遅滞なくこれを補充しなければならない。

（役員の任期）
第二十四条　役員の任期は、三年以内において定款で定める。

（代表権の制限）
第二十五条　更生保護法人と理事長との利益が相反する事項については、理事長は、代表権を有しない。この場合には、監事が更生保護法人を代表する。

（評議員会）
第二十六条　更生保護法人に、評議員会を置くことができる。
2　評議員会は、理事の定数を超える数の評議員をもって組織する。
3　評議員会は、理事長が招集する。
4　評議員会は、更生保護法人の業務若しくは財産の状況又は役員の業務執行の状況について、役員に対し意見を述べ、若しくはその諮問に答え、又は役員に対し報告を求めることができる。
5　定款の変更、重要な資産の処分、合併、解散、その他更生保護法人の業務に関する重要な事項は、定款をもって、評議員会の議決を要するものとすることができる。

（定款の変更）
第二十七条　定款の変更（法務省令で定める事項に係るものを除く。）は、法務大臣の認可を受けなければ、その効力を生じない。
2　第十二条の規定は、前項の認可について準用する。
3　更生保護法人は、第一項の法務省令で定める事項に係る定款の変更をしたときは、遅滞なくその旨を法務大臣に届け出なければならない。

（会計年度）
第二十八条　更生保護法人の会計年度は、毎年四月一日に始まり、翌年三月三十一日に終わるものとする。

（財産目録等の備付け等）
第二十九条　更生保護法人は、毎会計年度終了後二月以内に、法務省令で定めるところにより、事業成績書、財産目録、貸借対照表及び収支計算書（収益事業については損益計算書）を作成し、これをその主たる事務所に備え置かなければならない。
2　理事長は、前項の書類を監事に提出しなければならない。
3　更生保護法人は、第一項の書類について、請求があったときは、これを閲覧に供しなければならない。

第三十条　削除

第四節　解散及び合併

（解散事由）
第三十一条　更生保護法人は、次に掲げる事由によって解散する。
一　理事の三分の二以上の同意及び定款で更に評議員会の議決を要するものと定めている場合には、その議決
二　定款で定めた解散事由の発生
三　目的とする事業の成功の不能
四　合併
五　破産手続開始の決定
六　第四十三条の規定による解散の命令
2　前項第一号に掲げる事由による解散は法務大臣の認可を、同項第三号に掲げる事由による解散は法務大臣の認定を受けなければ、その効力を生じない。
3　清算人は、更生保護法人が第一項第二号又は第五号に掲げる事由によって解散した場合には、遅滞なくその旨を法務大臣に届け出なければならない。

（更生保護法人についての破産手続の開始）
第三十一条の二　更生保護法人がその債務につきその財産をもって完済することができなくなった場合には、裁判所は、理事長若しくは債権者の申立てにより又は職権で、破産手続開始の決定をする。
2　前項に規定する場合には、理事長は、直ちに破産手続開始の申立てをしなければならない。

（清算中の更生保護法人の能力）
第三十一条の三　解散した更生保護法人は、清算の目的の範囲内において、その清算の結了に至るまではなお存続するものとみなす。

（清算人）

第三十一条の四 更生保護法人が解散したときは、破産手続開始の決定による解散の場合を除き、理事長がその清算人となる。ただし、定款に別段の定めがあるときは、この限りでない。

(裁判所による清算人の選任)

第三十一条の五 前条の規定により清算人となる者がないとき、又は清算人が欠けたため損害を生ずるおそれがあるときは、裁判所は、利害関係人若しくは検察官の請求により又は職権で、清算人を選任することができる。

(清算人の解任)

第三十一条の六 重要な事由があるときは、裁判所は、利害関係人若しくは検察官の請求により又は職権で、清算人を解任することができる。

(清算人の届出)

第三十一条の七 清算中に就職した清算人は、その氏名及び住所を法務大臣に届け出なければならない。

(清算人の職務及び権限)

第三十一条の八 清算人の職務は、次のとおりとする。

一 現務の結了
二 債権の取立て及び債務の弁済
三 残余財産の引渡し

2 清算人は、前項各号に掲げる職務を行うために必要な一切の行為をすることができる。

(債権の申出の催告等)

第三十一条の九 清算人は、その就職の日から二月以内に、少なくとも三回の公告をもって、債権者に対し、一定の期間内にその債権の申出をすべき旨の催告をしなければならない。この場合において、その期間は、二月を下ることができない。

2 前項の公告には、債権者がその期間内に申出をしないときは清算から除斥されるべき旨を付記しなければならない。ただし、清算人は、判明している債権者を除斥することができない。

3 清算人は、判明している債権者には、各別にその申出の催告をしなければならない。

4 第一項の公告は、官報に掲載してする。

(期間経過後の債権の申出)

第三十一条の十 前条第一項の期間の経過後に申出をした債権者は、更生保護法人の債務が完済された後まだ権利の帰属すべき者に引き渡されていない財産に対してのみ、請求をすることができる。

(清算中の更生保護法人についての破産手続の開始)

第三十一条の十一 清算中に更生保護法人の財産がその債務を完済するのに足りないことが明らかになったときは、清算人は、直ちに破産手続開始の申立てをし、その旨を公告しなければならない。

2 清算人は、清算中の更生保護法人が破産手続開始の決定を受けた場合において、破産管財人にその事務を引き継いだときは、その任務を終了したものとする。

3 前項に規定する場合において、清算中の更生保護法人が既に債権者に支払い、又は権利の帰属すべき者に引き渡したものがあるときは、破産管財人は、これを取り戻すことができる。

4 第一項の規定による公告は、官報に掲載してする。

(残余財産の帰属)

第三十二条 解散した更生保護法人の残余財産は、合併及び破産手続開始の決定による解散の場合を除き、法務大臣に対する清算結了の届出の時において、定款で定めるところにより、その帰属すべき者に帰属する。

2 定款に残余財産の帰属すべき者に関する規定がないとき、又は定款に定める残余財産の帰属すべき者が存在しないときは、清算人は、法務大臣の認可を得て、その財産を第四十五条の認可を受けて宿泊型保護事業を営む者又は第四十七条の二の届出をして通所・訪問型保護事業若しくは地域連携・助成事業を営む更生保護法人に譲渡することができる。

3 前二項の規定により処分されない財産は、国庫に帰属する。

(裁判所による監督)

第三十二条の二 更生保護法人の解散及び清算は、裁判所の監督に属する。

2 裁判所は、職権で、いつでも前項の監督に必要な検査をすることができる。

3 更生保護法人の解散及び清算を監督する裁判所は、更生保護法人の業務を監督する官庁に対し、意見を求め、又は調査を嘱託することができる。

4 前項に規定する官庁は、同項に規定する裁判所に対し、意見を述べることができる。

(清算結了の届出)

第三十二条の三 清算が結了したときは、清算人は、その旨を法務大臣に届け出なければならない。

(解散及び清算の監督等に関する事件の管轄)

第三十二条の四　更生保護法人の解散及び清算の監督並びに清算人に関する事件は、その主たる事務所の所在地を管轄する地方裁判所の管轄に属する。

（**不服申立ての制限**）

第三十二条の五　清算人の選任の裁判に対しては、不服を申し立てることができない。

（**裁判所の選任する清算人の報酬**）

第三十二条の六　裁判所は、第三十一条の五の規定により清算人を選任した場合には、更生保護法人が当該清算人に対して支払う報酬の額を定めることができる。この場合においては、裁判所は、当該清算人及び監事の陳述を聴かなければならない。

第三十二条の七　削除

（**検査役の選任**）

第三十二条の八　裁判所は、更生保護法人の解散及び清算の監督に必要な調査をさせるため、検査役を選任することができる。

2　第三十二条の五及び第三十二条の六の規定は、前項の規定により裁判所が検査役を選任した場合について準用する。この場合において、同条中「清算人及び監事」とあるのは、「更生保護法人及び検査役」と読み替えるものとする。

（**合併**）

第三十三条　更生保護法人は、他の更生保護法人と合併することができる。

（**合併手続**）

第三十四条　更生保護法人が合併するには、理事の三分の二以上の同意及び定款で更に評議員会の議決を要するものと定めている場合には、その議決がなければならない。

2　合併は、法務大臣の認可を受けなければ、その効力を生じない。

3　第十二条の規定は、前項の認可について準用する。

第三十五条　更生保護法人は、前条第二項の認可があったときは、その認可の通知のあった日から二週間以内に、法務省令で定めるところにより、財産目録及び貸借対照表を作成し、これをその主たる事務所に備え置かなければならない。

2　更生保護法人は、前項の期間内に、その債権者に対し、合併に異議があれば一定の期間内に述べるべきことを公告し、かつ、判明している債権者に対しては、各別にこれを催告しなければならない。この場合において、その期間は、二月を下回ってはならない。

第三十六条　債権者が前条第二項の期間内に異議を述べなかったときは、合併を承認したものとみなす。

2　債権者が異議を述べたときは、更生保護法人は、これに弁済し、若しくは相当の担保を供し、又はその債権者に弁済を受けさせることを目的として信託会社若しくは信託業務を営む金融機関に相当の財産を信託しなければならない。ただし、合併をしてもその債権者を害するおそれがないときは、この限りでない。

第三十七条　合併により更生保護法人を設立する場合においては、定款の作成その他更生保護法人の設立に関する事務は、それぞれの更生保護法人において選任した者が共同して行わなければならない。

（**合併の効果**）

第三十八条　合併後存続する更生保護法人又は合併によって設立した更生保護法人は、合併によって消滅した更生保護法人の権利義務（当該更生保護法人がその営む事業に関し行政庁の認可その他の処分に基づいて有する権利義務を含む。）を承継する。

（**合併の時期**）

第三十九条　更生保護法人の合併は、合併後存続する更生保護法人又は合併によって設立する更生保護法人の主たる事務所の所在地において登記することによって、その効力を生ずる。

第四十条　削除

第五節　監督

（**改善命令等**）

第四十一条　法務大臣は、更生保護法人が、法令、法令に基づいてする行政庁の処分若しくは定款に違反し、又はその運営が著しく適正を欠くと認めるときは、当該更生保護法人に対し、期限を定めて必要な措置をとるべきことを命ずることができる。

2　更生保護法人が前項の命令に従わないときは、法務大臣は、当該更生保護法人に対し、期間を定めて業務の全部若しくは一部の停止を命じ、又は役員の解職を勧告することができる。

3　法務大臣は、前項の規定により役員の解職を勧告しようとする場合には、当該更生保護法人に、法務大臣の指定した職員に対して弁明する機会を与えなければならない。この場合においては、当該更生保護法人に対し、あらかじめ、書面をもって、弁明をすべき日時、場所及びその勧告の原因となる事実を通知しなければならない。

4　前項の通知を受けた更生保護法人は、代理人を出頭させ、かつ、自己に有利な証拠を提出することができる。

5　第三項の規定による弁明を聴取した者は、聴取書及び当該勧告をする必要があるかどうかについての意見を付した報告書を作成し、これを法務大臣に提出しなければならない。

（公益事業又は収益事業の停止）

第四十二条　法務大臣は、第六条第一項の規定により公益事業又は収益事業を行う更生保護法人につき、次の各号のいずれかに該当する事由があると認めるときは、当該更生保護法人に対し、一年以内の期間を定めてその事業の停止を命ずることができる。

一　当該更生保護法人が定款で定められた事業以外の事業を行うこと。

二　当該更生保護法人が当該収益事業から生じた収益を当該更生保護法人の営む更生保護事業又は公益事業以外の目的に使用すること。

三　当該公益事業又は収益事業の継続が当該更生保護法人の営む更生保護事業に支障があること。

（解散命令）

第四十三条　法務大臣は、更生保護法人が、法令、法令に基づいてする行政庁の処分若しくは定款に違反した場合であって他の方法により監督の目的を達成することができないとき、又は正当な事由がないのに一年以上にわたってその目的とする事業を行わないときは、解散を命ずることができる。

（報告及び検査）

第四十四条　法務大臣は、この法律の施行に必要な限度において、更生保護法人に対し、その業務若しくは財産の状況に関し報告をさせ、又はその職員に、更生保護法人の事務所その他の施設に立ち入り、その業務若しくは財産の状況若しくは帳簿、書類その他の物件を検査させることができる。

2　前項の規定により立入検査をする職員は、その身分を示す証明書を携帯し、関係人にこれを提示しなければならない。

3　第一項の規定による立入検査の権限は、犯罪捜査のために認められたものと解してはならない。

第三章　更生保護事業

第一節　事業の経営等

（宿泊型保護事業の認可）

第四十五条　国及び地方公共団体以外の者で宿泊型保護事業を営もうとするものは、法務省令で定めるところにより、次に掲げる事項を記載した申請書を法務大臣に提出して、その認可を受けなければならない。

一　名称

二　事務所の所在地

三　宿泊型保護事業の内容

四　被保護者に対する処遇の方法

五　更生保護施設の規模及び構造並びにその使用の権原

六　実務に当たる幹部職員の氏名及び経歴

七　更生保護法人以外の者にあっては、前各号に掲げる事項のほか、定款その他の基本約款、経理の方針、資産の状況並びに経営の責任者の氏名、経歴及び資産の状況

（認可の基準等）

第四十六条　法務大臣は、前条の認可の申請が次の各号に適合すると認めるときは、認可しなければならない。

一　被保護者に対する処遇の方法が第四十九条の二の基準に適合するものであること。

二　更生保護施設の規模及び構造が法務省令で定める基準に適合するものであること。

三　実務に当たる幹部職員が法務省令で定める資格又は経験並びに被保護者に対する処遇に関する熱意及び能力を有すること。

四　職業紹介事業を自ら行おうとする者にあっては、職業安定法（昭和二十二年法律第百四十一号）の規定により職業紹介事業を行う許可を得ていること。

五　更生保護法人以外の者にあっては、前各号に掲げる事項のほか、経営の組織及び経理の方針が一般社団法人若しくは一般財団法人又はこれに準ずるものであって、当該事業を営むための経済的基礎が確実であり、かつ、経営の責任者が社会的信望を有すること。

2　前項の認可には、当該宿泊型保護事業の適正な運営を確保するために必要と認める条件を付すことができる。

（認可に係る事項の変更及び事業の廃止）

第四十七条　第四十五条の認可を受けた者が同条各号に掲げる事項（法務省令で定めるものを除く。）を変更しようとするときは、法務大臣の認可を受けなければならない。

2　前条の規定は、前項の認可について準用す

る。

3　認可事業者（第四十五条の認可を受けて宿泊型保護事業を営む者をいう。以下同じ。）がその事業を廃止しようとするときは、あらかじめ、その理由並びに被保護者に対する措置及び財産の処分方法を明らかにして、廃止の時期について法務大臣の承認を受けなければならない。

（通所・訪問型保護事業及び地域連携・助成事業の届出）

第四十七条の二　国及び地方公共団体以外の者で通所・訪問型保護事業又は地域連携・助成事業を営もうとするものは、あらかじめ、法務省令で定めるところにより、次に掲げる事項を法務大臣に届け出なければならない。届け出た事項を変更し、又は当該事業を廃止しようとするときも、同様とする。

一　名称

二　事務所の所在地

三　事業の種類及び内容

四　更生保護法人以外の者にあっては、前各号に掲げる事項のほか、定款その他の基本約款、経理の方針、資産の状況並びに経営の責任者の氏名、経歴及び資産の状況

（地方公共団体の営む更生保護事業）

第四十八条　地方公共団体は、更生保護事業を営むことができる。

2　地方公共団体は、宿泊型保護事業を営もうとするときは、あらかじめ、第四十五条第一号から第六号までに掲げる事項を法務大臣に届け出なければならない。届け出た事項を変更し、又は当該事業を廃止しようとするときも、同様とする。

3　地方公共団体は、通所・訪問型保護事業又は地域連携・助成事業を開始したときは、前条第一号から第三号までに掲げる事項を、遅滞なく法務大臣に届け出なければならない。届け出た事項を変更し、又は当該事業を廃止したときも、同様とする。

（保護の実施）

第四十九条　宿泊型保護事業又は通所・訪問型保護事業における保護は、法令の規定に基づく保護観察所の長の委託又は被保護者の申出に基づいて行うものとする。

（更生保護施設における処遇の基準）

第四十九条の二　更生保護施設における被保護者の処遇は、次に掲げる基準に従って行わなければならない。

一　被保護者の人権に十分に配慮すること。

二　被保護者に対する処遇の計画を立て、常に被保護者の心身の状態、生活環境の推移等を把握し、その者の状況に応じた適切な保護を実施すること。

三　被保護者に対し、自助の責任の自覚を促し、社会生活に適応するために必要な能力を会得させるとともに、特に保護観察に付されている者に対しては、遵守すべき事項を守るよう適切な補導を行うこと。

四　その他法務省令で定める事項

（協力依頼等）

第五十条　認可事業者又は第四十七条の二の届出をして通所・訪問型保護事業を営む更生保護法人は、被保護者の処遇につき必要があるときは、地方公共団体、公共職業安定所その他公私の関係団体又は機関に照会して協力を求め、また、特に必要があるときは、職業安定法の定めるところにより、自ら職業紹介事業を行うことができる。

第二節　事業の監督及び補助

（事業成績等の報告）

第五十一条　認可事業者は、毎会計年度の終了後二月以内に、法務省令で定めるところにより、その終了した会計年度の会計の状況及び事業の成績を、法務大臣に報告しなければならない。

（帳簿の備付け等）

第五十二条　認可事業者は、法務省令で定めるところにより、その事務所に次に掲げる帳簿を備え付け、これに所要事項を記載し、及びこれを保存しなければならない。

一　被保護者に対する処遇の状況を明らかにする帳簿

二　被保護者の名簿

三　保管金品台帳

四　会計簿

五　寄附金について、その寄附者及び金額を明らかにする帳簿

（適合命令）

第五十三条　法務大臣は、認可事業者が、第四十六条第一項各号に適合しないと認められるに至ったときは、当該認可事業者に対し、これに適合するために必要な措置をとるべきことを命ずることができる。

（認可の取消し等）

第五十四条　法務大臣は、認可事業者につき次の各号のいずれかに該当する事由があると認めるときは、当該認可事業者に対し、一年以内の期間を定めて、更生保護事業を営むこと

を制限し、若しくはその停止を命じ、又は第四十五条の認可を取り消すことができる。
一　第四十六条第二項又は第六十条第二項の規定により付された条件に違反したとき。
二　第四十七条第一項の規定に違反したとき。
三　第五十一条の規定による報告をせず、又は虚偽の報告をしたとき。
四　第五十二条の規定に違反して、帳簿の備付け、記載若しくは保存をせず、又はこれに虚偽の記載をしたとき。
五　前条の規定による命令に違反したとき。
六　次条第一項の規定による報告をせず、若しくは虚偽の報告をし、又は同項の規定による検査を拒み、妨げ、若しくは忌避したとき。

2　更生保護法人以外の認可事業者が、更生保護事業に関し不当に営利を図ったときも、前項と同様とする。

3　認可事業者の代表者その他の業務を執行する役員（法人でない団体で代表者又は管理人の定めのあるものの代表者又は管理人を含む。）が、更生保護事業により不当に個人の営利を図ったときも、第一項と同様とする。

（**報告及び検査**）

第五十五条　法務大臣は、この法律の施行に必要な限度において、認可事業者に対し、その事業に関し報告をさせ、又はその職員に、認可事業者の事務所その他の施設に立ち入り、その事業の運営の状況若しくは施設、帳簿、書類その他の物件を検査させることができる。

2　第四十四条第二項及び第三項の規定は、前項の規定による立入検査について準用する。

（**助言、指導又は勧告**）

第五十六条　法務大臣は、被保護者に対する処遇の適正な実施を確保し、又は認可事業者の健全な育成発達を図るため必要があると認めるときは、認可事業者に対し、その事業に関し、必要な助言、指導又は勧告をすることができる。

（**届出事業者に対する監督**）

第五十六条の二　第五十一条、第五十二条、第五十五条及び前条の規定は、届出事業者（第四十七条の二の届出をして通所・訪問型保護事業又は地域連携・助成事業を営む者をいう。以下同じ。）について準用する。

2　法務大臣は、届出事業者につき次の各号のいずれかに該当する事由があると認めるときは、当該届出事業者に対し、一年以内の期間を定めて、更生保護事業を営むことを制限し、又はその停止を命ずることができる。
一　被保護者の処遇につき不当な行為をしたとき。
二　前項において準用する第五十一条の規定による報告をせず、又は虚偽の報告をしたとき。
三　前項において準用する第五十二条の規定に違反して、帳簿の備付け、記載若しくは保存をせず、又はこれに虚偽の記載をしたとき。
四　前項において準用する第五十五条第一項の規定による報告をせず、若しくは虚偽の報告をし、又は同項の規定による検査を拒み、妨げ、若しくは忌避したとき。
五　第六十条第二項の規定により付された条件に違反したとき。

3　更生保護法人以外の届出事業者が、更生保護事業に関し不当に営利を図ったときも、前項と同様とする。

4　届出事業者の代表者その他の業務を執行する役員（法人でない団体で代表者又は管理人の定めのあるものの代表者又は管理人を含む。）が、更生保護事業により不当に個人の営利を図ったときも、第二項と同様とする。

（**更生保護事業を営む地方公共団体の報告義務**）

第五十七条　第五十一条（事業の成績の報告に係る部分に限る。）及び第五十五条（事業に関する報告に係る部分に限る。）の規定は、更生保護事業を営む地方公共団体について準用する。

（**その他の事業者に対する監督**）

第五十七条の二　認可事業者及び届出事業者以外の者（国及び地方公共団体を除く。）であって更生保護事業を営むもの（本条において「その他の事業者」という。）が、その事業に関し不当に営利を図り、又は被保護者の処遇につき不当な行為をしたときは、法務大臣は、その者に対し、一年以内の期間を定めて、更生保護事業を営むことを制限し、又はその停止を命ずることができる。

2　その他の事業者の代表者その他の業務を執行する役員（法人でない団体で代表者又は管理人の定めのあるものの代表者又は管理人を含む。）が、更生保護事業により不当に個人の営利を図ったときも、前項と同様とする。

3　第五十五条の規定は、その他の事業者について準用する。

（**補助**）

第五十八条　国は、更生保護法人に対し、法務大臣が財務大臣と協議して定める基準に従い、予算の範囲内において、その営む更生保護事業に要する費用につき、補助することができる。

第四章　雑則

（**意見の聴取**）
第五十九条　法務大臣は、次の場合においては、中央更生保護審査会の意見を聴かなければならない。
一　第十条、第三十四条第二項若しくは第四十五条の認可をし、又は認可をしない処分をするとき。
二　第四十三条の規定により解散を命じ、又は第五十四条の規定により、事業を営むことを制限し、若しくはその停止を命じ、若しくは認可を取り消すとき。
三　第五十六条の二第二項から第四項まで、又は第五十七条の二第一項若しくは第二項の規定により、事業を営むことを制限し、又はその停止を命ずるとき。
四　第四十六条第一項第二号及び第三号並びに第四十九条の二第四号の法務省令を定めるとき。

（**寄附金の募集**）
第六十条　更生保護事業を営み、又は営もうとする者は、その事業の経営に必要な資金を得るために寄附金を募集しようとするときは、その募集に着手する一月前までに、法務省令で定めるところにより、募集の期間、地域、方法及び使途等を明らかにした書面を法務大臣に提出して、その許可を受けなければならない。
2　前項の許可には、寄附金の使途及び寄附金によって取得する財産の処分につき、条件を付すことができる。
3　第一項の許可を受けて寄附金を募集した者は、募集の期間経過後遅滞なく、法務省令で定めるところにより、募集の結果を法務大臣に報告しなければならない。

（**表彰**）
第六十一条　法務大臣は、成績の特に優秀な認可事業者若しくは届出事業者又はその役職員を表彰し、その業績を一般に周知させることに意を用いなければならない。

（**人材の確保等**）
第六十一条の二　法務大臣は、認可事業者及び届出事業者が犯罪をした者及び非行のある少年に対し専門的知識に基づくより適切な保護を行うことができるようにするため、これら事業者が、専門的知識を有する人材を確保し、その資質を向上させるために必要な施策の推進に努めなければならない。

（**地方更生保護委員会への委任**）
第六十二条　この法律に規定する法務大臣の権限は、地方更生保護委員会に委任することができる。ただし、第十条、第三十一条第二項、第三十四条第二項、第四十一条第二項、第四十二条、第四十三条、第四十五条、第五十四条、第五十六条の二第二項から第四項まで、並びに第五十七条の二第一項及び第二項に規定する権限については、この限りでない。

第六十三条　削除

（**省令への委任**）
第六十四条　この法律に定めるもののほか、この法律を実施するため必要な事項は、法務省令で定める。

（**経過措置**）
第六十五条　この法律の規定に基づき命令を制定し、又は改廃する場合においては、その命令で、その制定又は改廃に伴い合理的に必要と判断される範囲内において、所要の経過措置（罰則に関する経過措置を含む。）を定めることができる。

第五章　罰則

第六十六条　次の各号の一に該当する者は、六月以下の懲役又は五十万円以下の罰金に処する。
一　第四十一条第二項又は第四十二条の規定による命令に違反する行為をした者
二　第五十四条、第五十六条の二第二項から第四項まで、又は第五十七条の二第一項若しくは第二項の規定による制限又は停止の命令に違反する行為をした者
三　第六十条第一項の許可を受けないで、寄附金を募集した者
四　第六十条第二項の規定により付された条件に違反して、寄附金を使用し、又は寄附金によって取得した財産を処分した者

第六十七条　次の各号の一に該当する者は、二十万円以下の罰金に処する。
一　第五十二条（第五十六条の二第一項において準用する場合を含む。）の規定に違反して、帳簿を備え付けず、これに記載せず、若しくは虚偽の記載をし、又はこれを保存しなかった者
二　第五十七条の二第三項において準用する

ず、若しくは虚偽の報告をし、又は同項の規定による検査を拒み、妨げ、若しくは忌避した者

三　第六十条第三項の規定に違反して、報告をせず、又は虚偽の報告をした者

第六十八条　法人（法人でない団体で代表者又は管理人の定めのあるものを含む。以下この項において同じ。）の代表者若しくは管理人又は法人若しくは人の代理人、使用人その他の従業者が、その法人又は人の業務に関し、前二条の違反行為をしたときは、行為者を罰するほか、その法人又は人に対して各本条の罰金刑を科する。

2　法人でない団体について前項の規定の適用がある場合には、その代表者又は管理人が、その訴訟行為につき法人でない団体を代表するほか、法人を被告人又は被疑者とする場合の刑事訴訟に関する法律の規定を準用する。

第六十九条　次の各号のいずれかに該当する場合においては、更生保護法人の理事、監事又は清算人は、二十万円以下の過料に処する。

一　第八条第一項の規定による政令に違反して、登記することを怠ったとき。

二　第十四条の二の規定に違反して、財産目録を備え置かず、又はこれに記載すべき事項を記載せず、若しくは不実の記載をしたとき。

三　第二十七条第三項の規定に違反して、届出をせず、又は虚偽の届出をしたとき。

四　第二十九条第一項の規定に違反して、書類を備え置かず、又はこれに記載すべき事項を記載せず、若しくは不実の記載をしたとき。

五　第三十一条の二第二項又は第三十一条の十一第一項の規定に違反して、破産手続開始の申立てをしなかったとき。

六　第三十一条の九第一項又は第三十一条の十一第一項の規定に違反して、公告をせず、又は不正の公告をしたとき。

七　第三十五条第一項の規定に違反して、書類の作成をせず、又はこれに記載すべき事項を記載せず、若しくは不実の記載をしたとき。

八　第三十五条第二項又は第三十六条第二項の規定に違反したとき。

第七十条　第四条の規定に違反した者は、十万円以下の過料に処する。

附則　抄

・刑法等の一部を改正する法律（令和四・六・一七法律六七）

（施行期日）

1　この法律は、公布の日から起算して三年を超えない範囲内において政令で定める日から施行する。〈略〉

犯罪被害者等基本法

（平成一六・一二・八）
（法　律　一　六　一）
最新改正　平成二七法律六六

安全で安心して暮らせる社会を実現することは、国民すべての願いであるとともに、国の重要な責務であり、我が国においては、犯罪等を抑止するためのたゆみない努力が重ねられてきた。

しかしながら、近年、様々な犯罪等が跡を絶たず、それらに巻き込まれた犯罪被害者等の多くは、これまでその権利が尊重されてきたとは言い難いばかりか、十分な支援を受けられず、社会において孤立することを余儀なくされてきた。さらに、犯罪等による直接的な被害にとどまらず、その後も副次的な被害に苦しめられることも少なくなかった。

もとより、犯罪等による被害について第一義的責任を負うのは、加害者である。しかしながら、犯罪等を抑止し、安全で安心して暮らせる社会の実現を図る責務を有する我々もまた、犯罪被害者等の声に耳を傾けなければならない。国民の誰もが犯罪被害者等となる可能性が高まっている今こそ、犯罪被害者等の視点に立った施策を講じ、その権利利益の保護が図られる社会の実現に向けた新たな一歩を踏み出さなければならない。

ここに、犯罪被害者等のための施策の基本理念を明らかにしてその方向を示し、国、地方公共団体及びその他の関係機関並びに民間の団体等の連携の下、犯罪被害者等のための施策を総

合的かつ計画的に推進するため、この法律を制定する。

第一章　総則

（目的）

第一条　この法律は、犯罪被害者等のための施策に関し、基本理念を定め、並びに国、地方公共団体及び国民の責務を明らかにするとともに、犯罪被害者等のための施策の基本となる事項を定めること等により、犯罪被害者等のための施策を総合的かつ計画的に推進し、もって犯罪被害者等の権利利益の保護を図ることを目的とする。

（定義）

第二条　この法律において「犯罪等」とは、犯罪及びこれに準ずる心身に有害な影響を及ぼす行為をいう。

2　この法律において「犯罪被害者等」とは、犯罪等により害を被った者及びその家族又は遺族をいう。

3　この法律において「犯罪被害者等のための施策」とは、犯罪被害者等が、その受けた被害を回復し、又は軽減し、再び平穏な生活を営むことができるよう支援し、及び犯罪被害者等がその被害に係る刑事に関する手続に適切に関与することができるようにするための施策をいう。

（基本理念）

第三条　すべて犯罪被害者等は、個人の尊厳が重んぜられ、その尊厳にふさわしい処遇を保障される権利を有する。

2　犯罪被害者等のための施策は、被害の状況及び原因、犯罪被害者等が置かれている状況その他の事情に応じて適切に講ぜられるものとする。

3　犯罪被害者等のための施策は、犯罪被害者等が、被害を受けたときから再び平穏な生活を営むことができるようになるまでの間、必要な支援等を途切れることなく受けることができるよう、講ぜられるものとする。

（国の責務）

第四条　国は、前条の基本理念（次条において「基本理念」という。）にのっとり、犯罪被害者等のための施策を総合的に策定し、及び実施する責務を有する。

（地方公共団体の責務）

第五条　地方公共団体は、基本理念にのっとり、犯罪被害者等の支援等に関し、国との適切な役割分担を踏まえて、その地方公共団体の地域の状況に応じた施策を策定し、及び実施する責務を有する。

（国民の責務）

第六条　国民は、犯罪被害者等の名誉又は生活の平穏を害することのないよう十分配慮するとともに、国及び地方公共団体が実施する犯罪被害者等のための施策に協力するよう努めなければならない。

（連携協力）

第七条　国、地方公共団体、日本司法支援センター（総合法律支援法（平成十六年法律第七十四号）第十三条に規定する日本司法支援センターをいう。）その他の関係機関、犯罪被害者等の援助を行う民間の団体その他の関係する者は、犯罪被害者等のための施策が円滑に実施されるよう、相互に連携を図りながら協力しなければならない。

（犯罪被害者等基本計画）

第八条　政府は、犯罪被害者等のための施策の総合的かつ計画的な推進を図るため、犯罪被害者等のための施策に関する基本的な計画（以下「犯罪被害者等基本計画」という。）を定めなければならない。

2　犯罪被害者等基本計画は、次に掲げる事項について定めるものとする。

一　総合的かつ長期的に講ずべき犯罪被害者等のための施策の大綱

二　前号に掲げるもののほか、犯罪被害者等のための施策を総合的かつ計画的に推進するために必要な事項

3　内閣総理大臣は、犯罪被害者等基本計画の案につき閣議の決定を求めなければならない。

4　内閣総理大臣は、前項の規定による閣議の決定があったときは、遅滞なく、犯罪被害者等基本計画を公表しなければならない。

5　前二項の規定は、犯罪被害者等基本計画の変更について準用する。

（法制上の措置等）

第九条　政府は、この法律の目的を達成するため、必要な法制上又は財政上の措置その他の措置を講じなければならない。

（年次報告）

第十条　政府は、毎年、国会に、政府が講じた犯罪被害者等のための施策についての報告を提出しなければならない。

第二章　基本的施策

（相談及び情報の提供等）

第十一条　国及び地方公共団体は、犯罪被害者

等が日常生活又は社会生活を円滑に営むことができるようにするため、犯罪被害者等が直面している各般の問題について相談に応じ、必要な情報の提供及び助言を行い、犯罪被害者等の援助に精通している者を紹介する等必要な施策を講ずるものとする。

（損害賠償の請求についての援助等）

第十二条　国及び地方公共団体は、犯罪等による被害に係る損害賠償の請求の適切かつ円滑な実現を図るため、犯罪被害者等の行う損害賠償の請求についての援助、当該損害賠償の請求についてその被害に係る刑事に関する手続との有機的な連携を図るための制度の拡充等必要な施策を講ずるものとする。

（給付金の支給に係る制度の充実等）

第十三条　国及び地方公共団体は、犯罪被害者等が受けた被害による経済的負担の軽減を図るため、犯罪被害者等に対する給付金の支給に係る制度の充実等必要な施策を講ずるものとする。

（保健医療サービス及び福祉サービスの提供）

第十四条　国及び地方公共団体は、犯罪被害者等が心理的外傷その他犯罪等により心身に受けた影響から回復できるようにするため、その心身の状況等に応じた適切な保健医療サービス及び福祉サービスが提供されるよう必要な施策を講ずるものとする。

（安全の確保）

第十五条　国及び地方公共団体は、犯罪被害者等が更なる犯罪等により被害を受けることを防止し、その安全を確保するため、一時保護、施設への入所による保護、防犯に係る指導、犯罪被害者等がその被害に係る刑事に関する手続に証人等として関与する場合における特別の措置、犯罪被害者等に係る個人情報の適切な取扱いの確保等必要な施策を講ずるものとする。

（居住の安定）

第十六条　国及び地方公共団体は、犯罪等により従前の住居に居住することが困難となった犯罪被害者等の居住の安定を図るため、公営住宅（公営住宅法（昭和二十六年法律第百九十三号）第二条第二号に規定する公営住宅をいう。）への入居における特別の配慮等必要な施策を講ずるものとする。

（雇用の安定）

第十七条　国及び地方公共団体は、犯罪被害者等の雇用の安定を図るため、犯罪被害者等が置かれている状況について事業主の理解を深める等必要な施策を講ずるものとする。

（刑事に関する手続への参加の機会を拡充するための制度の整備等）

第十八条　国及び地方公共団体は、犯罪被害者等がその被害に係る刑事に関する手続に適切に関与することができるようにするため、刑事に関する手続の進捗状況等に関する情報の提供、刑事に関する手続への参加の機会を拡充するための制度の整備等必要な施策を講ずるものとする。

（保護、捜査、公判等の過程における配慮等）

第十九条　国及び地方公共団体は、犯罪被害者等の保護、その被害に係る刑事事件の捜査又は公判等の過程において、名誉又は生活の平穏その他犯罪被害者等の人権に十分な配慮がなされ、犯罪被害者等の負担が軽減されるよう、犯罪被害者等の心身の状況、その置かれている環境等に関する理解を深めるための訓練及び啓発、専門的知識又は技能を有する職員の配置、必要な施設の整備等必要な施策を講ずるものとする。

（国民の理解の増進）

第二十条　国及び地方公共団体は、教育活動、広報活動等を通じて、犯罪被害者等が置かれている状況、犯罪被害者等の名誉又は生活の平穏への配慮の重要性等について国民の理解を深めるよう必要な施策を講ずるものとする。

（調査研究の推進等）

第二十一条　国及び地方公共団体は、犯罪被害者等に対し専門的知識に基づく適切な支援を行うことができるようにするため、心理的外傷その他犯罪被害者等が犯罪等により心身に受ける影響及び犯罪被害者等の心身の健康を回復させるための方法等に関する調査研究の推進並びに国の内外の情報の収集、整理及び活用、犯罪被害者等の支援に係る人材の養成及び資質の向上等必要な施策を講ずるものとする。

（民間の団体に対する援助）

第二十二条　国及び地方公共団体は、犯罪被害者等に対して行われる各般の支援において犯罪被害者等の援助を行う民間の団体が果たす役割の重要性にかんがみ、その活動の促進を図るため、財政上及び税制上の措置、情報の提供等必要な施策を講ずるものとする。

（意見の反映及び透明性の確保）

第二十三条　国及び地方公共団体は、犯罪被害者等のための施策の適正な策定及び実施に資するため、犯罪被害者等の意見を施策に反映し、当該施策の策定の過程の透明性を確保するための制度を整備する等必要な施策を講ずるものとする。

第三章　犯罪被害者等施策推進会議

（設置及び所掌事務）
第二十四条　内閣府に、特別の機関として、犯罪被害者等施策推進会議（以下「会議」という。）を置く。
2　会議は、次に掲げる事務をつかさどる。
一　犯罪被害者等基本計画の案を作成すること。
二　前号に掲げるもののほか、犯罪被害者等のための施策に関する重要事項について審議するとともに、犯罪被害者等のための施策の実施を推進し、並びにその実施の状況を検証し、評価し、及び監視し、並びに当該施策の在り方に関し関係行政機関に意見を述べること。

（組織）
第二十五条　会議は、会長及び委員十人以内をもって組織する。

（会長）
第二十六条　会長は、内閣総理大臣をもって充てる。
2　会長は、会務を総理する。
3　会長に事故があるときは、あらかじめその指名する委員がその職務を代理する。

（委員）
第二十七条　委員は、次に掲げる者をもって充てる。
一　国家公安委員会委員長
二　国家公安委員会委員長以外の国務大臣のうちから、内閣総理大臣が指定する者
三　犯罪被害者等の支援等に関し優れた識見を有する者のうちから、内閣総理大臣が任命する者
2　前項第三号の委員は、非常勤とする。

（委員の任期）
第二十八条　前条第一項第三号の委員の任期は、二年とする。ただし、補欠の委員の任期は、前任者の残任期間とする。
2　前条第一項第三号の委員は、再任されることができる。

（資料提出の要求等）
第二十九条　会議は、その所掌事務を遂行するために必要があると認めるときは、関係行政機関の長に対し、資料の提出、意見の開陳、説明その他必要な協力を求めることができる。
2　会議は、その所掌事務を遂行するために特に必要があると認めるときは、前項に規定する者以外の者に対しても、必要な協力を依頼することができる。

（政令への委任）
第三十条　この章に定めるもののほか、会議の組織及び運営に関し必要な事項は、政令で定める。

保護司法

（昭和二五・五・二五）
（法　律　二　〇　四）
最新改正　令和四法律六八

（保護司の使命）
第一条　保護司は、社会奉仕の精神をもつて、犯罪をした者及び非行のある少年の改善更生を助けるとともに、犯罪の予防のため世論の啓発に努め、もつて地域社会の浄化をはかり、個人及び公共の福祉に寄与することを、その使命とする。

（設置区域及び定数）
第二条　保護司は、法務大臣が都道府県の区域を分けて定める区域（以下「保護区」という。）に置くものとする。
2　保護司の定数は、全国を通じて、五万二千五百人をこえないものとする。
3　保護区ごとの保護司の定数は、法務大臣がその土地の人口、経済、犯罪の状況その他の事情を考慮して定める。
4　第一項及び前項に規定する法務大臣の権限は、地方更生保護委員会に委任することができる。

（推薦及び委嘱）
第三条　保護司は、左の各号に掲げるすべての条件を具備する者のうちから、法務大臣が、委嘱する。
一　人格及び行動について、社会的信望を有すること。
二　職務の遂行に必要な熱意及び時間的余裕を有すること。

三　生活が安定していること。
四　健康で活動力を有すること。
2　法務大臣は、前項の委嘱を、地方更生保護委員会の委員長に委任することができる。
3　前二項の委嘱は、保護観察所の長が推薦した者のうちから行うものとする。
4　保護観察所の長は、前項の推薦をしようとするときは、あらかじめ、保護司選考会の意見を聴かなければならない。

（**欠格条項**）
第四条　次の各号のいずれかに該当する者は、保護司になることができない。
一　禁錮以上の刑に処せられた者
二　日本国憲法の施行の日以後において、日本国憲法又はその下に成立した政府を暴力で破壊することを主張する政党その他の団体を結成し、又はこれに加入した者
三　心身の故障のため職務を適正に行うことができない者として法務省令で定めるもの

（**保護司選考会**）
第五条　保護観察所に、保護司選考会を置く。
2　保護司選考会は、委員十三人（東京地方裁判所の管轄区域を管轄する保護観察所に置かれる保護司選考会にあつては、十五人）以内をもつて組織し、うち一人を会長とする。
3　保護司選考会の委員には、給与を支給しない。
4　この法律で定めるもののほか、保護司選考会の組織、所掌事務、委員及び事務処理の手続については、法務省令で定める。
第六条　削除

（**任期**）
第七条　保護司の任期は、二年とする。但し、再任を妨げない。

（**職務の執行区域**）
第八条　保護司は、その置かれた保護区の区域内において、職務を行うものとする。但し、地方更生保護委員会又は保護観察所の長から特に命ぜられたときは、この限りでない。

（**職務の遂行**）
第八条の二　保護司は、地方更生保護委員会又は保護観察所の長から指定を受けて当該地方更生保護委員会又は保護観察所の所掌に属する事務に従事するほか、保護観察所の長の承認を得た保護司会の計画の定めるところに従い、次に掲げる事務であつて当該保護観察所の所掌に属するものに従事するものとする。
一　犯罪をした者及び非行のある少年の改善更生を助け又は犯罪の予防を図るための啓発及び宣伝の活動
二　犯罪をした者及び非行のある少年の改善更生を助け又は犯罪の予防を図るための民間団体の活動への協力
三　犯罪の予防に寄与する地方公共団体の施策への協力
四　その他犯罪をした者及び非行のある少年の改善更生を助け又は犯罪の予防を図ることに資する活動で法務省令で定めるもの

（**服務**）
第九条　保護司は、その使命を自覚し、常に人格識見の向上とその職務を行うために必要な知識及び技術の修得に努め、積極的態度をもつてその職務を遂行しなければならない。
2　保護司は、その職務を行うに当つて知り得た関係者の身上に関する秘密を尊重し、その名誉保持に努めなければならない。
第十条　削除

（**費用の支給**）
第十一条　保護司には、給与を支給しない。
2　保護司は、法務省令の定めるところにより、予算の範囲内において、その職務を行うために要する費用の全部又は一部の支給を受けることができる。

（**解嘱**）
第十二条　法務大臣は、保護司が第四条各号の一に該当するに至つたときは、これを解嘱しなければならない。
2　法務大臣は、保護司が次の各号のいずれかに該当するに至つたときは、保護観察所の長の申出に基づいて、これを解嘱することができる。
一　第三条第一項各号に掲げる条件のいずれかを欠くに至つたとき。
二　職務上の義務に違反し、又はその職務を怠つたとき。
三　保護司たるにふさわしくない非行があつたとき。
3　保護観察所の長は、前項の申出をしようとするときは、あらかじめ、保護司選考会の意見を聴かなければならない。
4　第一項又は第二項の規定による解嘱は、当該保護司に解嘱の理由が説明され、かつ、弁明の機会が与えられた後でなければ行うことができない。ただし、第四条第一号に該当するに至つたことを理由とする解嘱については、この限りでない。

（**保護司会**）
第十三条　保護司は、その置かれた保護区ごとに保護司会を組織する。

2　保護司会は、次に掲げる事務を行うことを任務とする。
一　第八条の二に規定する計画の策定その他保護司の職務に関する連絡及び調整
二　保護司の職務に関し必要な資料及び情報の収集
三　保護司の職務に関する研究及び意見の発表
四　その他保護司の職務の円滑かつ効果的な遂行を図るために必要な事項で法務省令で定めるもの

（**保護司会連合会**）
第十四条　保護司会は、都道府県ごとに保護司会連合会を組織する。ただし、北海道にあつては、法務大臣が定める区域ごとに組織するものとする。
2　保護司会連合会は、次に掲げる事務を行うことを任務とする。
一　保護司会の任務に関する連絡及び調整
二　保護司の職務に関し必要な資料及び情報の収集
三　保護司の職務に関する研究及び意見の発表
四　その他保護司の職務又は保護司会の任務の円滑かつ効果的な遂行を図るために必要な事項で法務省令で定めるもの

（**保護司会等に関し必要な事項の省令への委任**）
第十五条　この法律に定めるもののほか、保護司会及び保護司会連合会に関し必要な事項は、法務省令で定める。

（**表彰**）
第十六条　法務大臣は、職務上特に功労がある保護司、保護司会及び保護司会連合会を表彰し、その業績を一般に周知させることに意を用いなければならない。

（**地方公共団体の協力**）
第十七条　地方公共団体は、保護司、保護司会及び保護司会連合会の活動が、犯罪をした者及び非行のある少年の改善更生を助けるとともに犯罪を予防し、地域社会の安全及び住民福祉の向上に寄与するものであることにかんがみ、その地域において行われる保護司、保護司会及び保護司会連合会の活動に対して必要な協力をすることができる。

（**省令への委任**）
第十八条　この法律の実施のための手続、その他その執行について必要な細則は、法務省令で定める。

附則　抄
（施行期日）
1　この法律は、刑法等一部改正法施行日から施行する。〈略〉

・刑法等の一部を改正する法律の施行に伴う関係法律の整理等に関する法律（令和四・六・一七法律六八）

恩赦法

（昭和二二・三・二八　法　律　二　〇）
最新改正　令和四法律六八

第一条　大赦、特赦、減刑、刑の執行の免除及び復権については、この法律の定めるところによる。
第二条　大赦は、政令で罪の種類を定めてこれを行う。
第三条　大赦は、前条の政令に特別の定のある場合を除いては、大赦のあつた罪について、左の効力を有する。
一　有罪の言渡を受けた者については、その言渡は、効力を失う。
二　まだ有罪の言渡を受けない者については、公訴権は、消滅する。
第四条　特赦は、有罪の言渡を受けた特定の者に対してこれを行う。
第五条　特赦は、有罪の言渡の効力を失わせる。
第六条　減刑は、刑の言渡を受けた者に対して政令で罪若しくは刑の種類を定めてこれを行い、又は刑の言渡を受けた特定の者に対してこれを行う。
第七条　政令による減刑は、その政令に特別の定めのある場合を除いては、刑を減軽する。
②　特定の者に対する減刑は、刑を減軽し、又は刑の執行を減軽する。
③　刑の全部の執行猶予の言渡しを受けてまだ猶予の期間を経過しない者に対しては、前項の規定にかかわらず、刑を減軽する減刑のみ

を行うものとし、また、これとともに猶予の期間を短縮することができる。

④　刑の一部の執行猶予の言渡しを受けてまだ猶予の期間を経過しない者に対しては、第二項の規定にかかわらず、刑を減軽する減刑又はその刑のうち執行が猶予されなかつた部分の期間の執行を減軽する減刑のみを行うものとし、また、刑を減軽するとともに猶予の期間を短縮することができる。

第八条　刑の執行の免除は、刑の言渡しを受けた特定の者に対してこれを行う。ただし、刑の全部の執行猶予の言渡しを受けた者又は刑の一部の執行猶予の言渡しを受けてその刑のうち執行が猶予されなかつた部分の期間の執行を終わつた者であつて、まだ猶予の期間を経過しないものに対しては、その刑の執行の免除は、これを行わない。

第九条　復権は、有罪の言渡を受けたため法令の定めるところにより資格を喪失し、又は停止された者に対して政令で要件を定めてこれを行い、又は特定の者に対してこれを行う。但し、刑の執行を終らない者又は執行の免除を得ない者に対しては、これを行わない。

第十条　復権は、資格を回復する。

②　復権は、特定の資格についてこれを行うことができる。

第十一条　有罪の言渡に基く既成の効果は、大赦、特赦、減刑、刑の執行の免除又は復権によつて変更されることはない。

第十二条　特赦、特定の者に対する減刑、刑の執行の免除及び特定の者に対する復権は、中央更生保護審査会の申出があつた者に対してこれを行うものとする。

第十三条　特赦、特定の者に対する減刑、刑の執行の免除又は特定の者に対する復権があつたときは、法務大臣は、特赦状、減刑状、刑の執行の免除状又は復権状を本人に下付しなければならない。

第十四条　大赦、特赦、減刑、刑の執行の免除又は復権があつたときは、検察官は、判決の原本にその旨を附記しなければならない。

第十五条　この法律の施行に関し必要な事項は、法務省令でこれを定める。

・刑法等の一部を改正する法律の施行に伴う関係法律の整理等に関する法律（令和四・六・一七法律六八）

附則　抄

（施行期日）

1　この法律は、刑法等一部改正法施行日から施行する。〈略〉

少年法

（昭和二三・七・一五　法律一六八）

最新改正　令和五法律六七

第一章　総則

（この法律の目的）

第一条　この法律は、少年の健全な育成を期し、非行のある少年に対して性格の矯正及び環境の調整に関する保護処分を行うとともに、少年の刑事事件について特別の措置を講ずることを目的とする。

（定義）

第二条　この法律において「少年」とは、二十歳に満たない者をいう。

2　この法律において「保護者」とは、少年に対して法律上監護教育の義務ある者及び少年を現に監護する者をいう。

第二章　少年の保護事件

第一節　通則

（審判に付すべき少年）

第三条　次に掲げる少年は、これを家庭裁判所の審判に付する。

一　罪を犯した少年

二　十四歳に満たないで刑罰法令に触れる行為をした少年

三　次に掲げる事由があつて、その性格又は環境に照して、将来、罪を犯し、又は刑罰法令に触れる行為をする虞のある少年

イ　保護者の正当な監督に服しない性癖のあること。
ロ　正当の理由がなく家庭に寄り附かないこと。
ハ　犯罪性のある人若しくは不道徳な人と交際し、又はいかがわしい場所に出入すること。
ニ　自己又は他人の徳性を害する行為をする性癖のあること。

2　家庭裁判所は、前項第二号に掲げる少年及び同項第三号に掲げる少年で十四歳に満たない者については、都道府県知事又は児童相談所長から送致を受けたときに限り、これを審判に付することができる。

（判事補の職権）
第四条　第二十条第一項の決定以外の裁判は、判事補が一人でこれをすることができる。

（管轄）
第五条　保護事件の管轄は、少年の行為地、住所、居所又は現在地による。

2　家庭裁判所は、保護の適正を期するため特に必要があると認めるときは、決定をもつて、事件を他の管轄家庭裁判所に移送することができる。

3　家庭裁判所は、事件がその管轄に属しないと認めるときは、決定をもつて、これを管轄家庭裁判所に移送しなければならない。

（被害者等による記録の閲覧及び謄写）
第五条の二　裁判所は、第三条第一項第一号又は第二号に掲げる少年に係る保護事件について、第二十一条の決定があつた後、最高裁判所規則の定めるところにより当該保護事件の被害者等（被害者又はその法定代理人若しくは被害者が死亡した場合若しくはその心身に重大な故障がある場合におけるその配偶者、直系の親族若しくは兄弟姉妹をいう。以下同じ。）又は被害者等から委託を受けた弁護士から、その保管する当該保護事件の記録（家庭裁判所が専ら当該少年の保護の必要性を判断するために収集したもの及び家庭裁判所調査官が家庭裁判所による当該少年の保護の必要性の判断に資するよう作成し又は収集したものを除く。）の閲覧又は謄写の申出があるときは、閲覧又は謄写を求める理由が正当でないと認める場合及び少年の健全な育成に対する影響、事件の性質、調査又は審判の状況その他の事情を考慮して閲覧又は謄写をさせることが相当でないと認める場合を除き、申出をした者にその閲覧又は謄写をさせるものとする。

2　前項の申出は、その申出に係る保護事件を終局させる決定が確定した後三年を経過したときは、することができない。

3　第一項の規定により記録の閲覧又は謄写をした者は、正当な理由がないのに閲覧又は謄写により知り得た少年の氏名その他少年の身上に関する事項を漏らしてはならず、かつ、閲覧又は謄写により知り得た事項をみだりに用いて、少年の健全な育成を妨げ、関係人の名誉若しくは生活の平穏を害し、又は調査若しくは審判に支障を生じさせる行為をしてはならない。

（閲覧又は謄写の手数料）
第五条の三　前条第一項の規定による記録の閲覧又は謄写の手数料については、その性質に反しない限り、民事訴訟費用等に関する法律（昭和四十六年法律第四十号）第七条から第十条まで及び別表第二の一の項の規定（同項上欄中「（事件の係属中に当事者等が請求するものを除く。）」とある部分を除く。）を準用する。

第二節　通告、警察官の調査等

（通告）
第六条　家庭裁判所の審判に付すべき少年を発見した者は、これを家庭裁判所に通告しなければならない。

2　警察官又は保護者は、第三条第一項第三号に掲げる少年について、直接これを家庭裁判所に送致し、又は通告するよりも、先づ児童福祉法（昭和二十二年法律第百六十四号）による措置にゆだねるのが適当であると認めるときは、その少年を直接児童相談所に通告することができる。

（警察官等の調査）
第六条の二　警察官は、客観的な事情から合理的に判断して、第三条第一項第二号に掲げる少年であると疑うに足りる相当の理由のある者を発見した場合において、必要があるときは、事件について調査をすることができる。

2　前項の調査は、少年の情操の保護に配慮しつつ、事案の真相を明らかにし、もつて少年の健全な育成のための措置に資することを目的として行うものとする。

3　警察官は、国家公安委員会規則の定めるところにより、少年の心理その他の特性に関する専門的知識を有する警察職員（警察官を除く。）に調査（第六条の五第一項の処分を除く。）をさせることができる。

（調査における付添人）
第六条の三　少年及び保護者は、前条第一項の調査に関し、いつでも、弁護士である付添人を選任することができる。

（呼出し、質問、報告の要求）
第六条の四　警察官は、調査をするについて必要があるときは、少年、保護者又は参考人を呼び出し、質問することができる。

2　前項の質問に当たつては、強制にわたることがあつてはならない。

3　警察官は、調査について、公務所又は公私の団体に照会して必要な事項の報告を求めることができる。

（押収、捜索、検証、鑑定嘱託）
第六条の五　警察官は、第三条第一項第二号に掲げる少年に係る事件の調査をするについて必要があるときは、押収、捜索、検証又は鑑定の嘱託をすることができる。

2　刑事訴訟法（昭和二十三年法律第百三十一号）中、司法警察職員の行う押収、捜索、検証及び鑑定の嘱託に関する規定（同法第二百二十四条を除く。）は、前項の場合に、これを準用する。この場合において、これらの規定中「司法警察員」とあるのは「司法警察員たる警察官」と、「司法巡査」とあるのは「司法巡査たる警察官」と読み替えるほか、同法第四百九十九条第一項中「検察官」とあるのは「警視総監若しくは道府県警察本部長又は警察署長」と、「政令」とあるのは「国家公安委員会規則」と、同条第三項中「国庫」とあるのは「当該都道府県警察又は警察署の属する都道府県」と読み替えるものとする。

（警察官の送致等）
第六条の六　警察官は、調査の結果、次の各号のいずれかに該当するときは、当該調査に係る書類とともに事件を児童相談所長に送致しなければならない。

一　第三条第一項第二号に掲げる少年に係る事件について、その少年の行為が次に掲げる罪に係る刑罰法令に触れるものであると思料するとき。

イ　故意の犯罪行為により被害者を死亡させた罪

ロ　イに掲げるもののほか、死刑又は無期若しくは短期二年以上の懲役若しくは禁錮に当たる罪

二　前号に掲げるもののほか、第三条第一項第二号に掲げる少年に係る事件について、家庭裁判所の審判に付することが適当であると思料するとき。

2　警察官は、前項の規定により児童相談所長に送致した事件について、児童福祉法第二十七条第一項第四号の措置がとられた場合において、証拠物があるときは、これを家庭裁判所に送付しなければならない。

3　警察官は、第一項の規定により事件を送致した場合を除き、児童福祉法第二十五条第一項の規定により調査に係る少年を児童相談所に通告するときは、国家公安委員会規則の定めるところにより、児童相談所に対し、同法による措置をとるについて参考となる当該調査の概要及び結果を通知するものとする。

（都道府県知事又は児童相談所長の送致）
第六条の七　都道府県知事又は児童相談所長は、前条第一項（第一号に係る部分に限る。）の規定により送致を受けた事件については、児童福祉法第二十七条第一項第四号の措置をとらなければならない。ただし、調査の結果、その必要がないと認められるときは、この限りでない。

2　都道府県知事又は児童相談所長は、児童福祉法の適用がある少年について、たまたま、その行動の自由を制限し、又はその自由を奪うような強制的措置を必要とするときは、同法第三十三条、第三十三条の二及び第四十七条の規定により認められる場合を除き、これを家庭裁判所に送致しなければならない。

（家庭裁判所調査官の報告）
第七条　家庭裁判所調査官は、家庭裁判所の審判に付すべき少年を発見したときは、これを裁判官に報告しなければならない。

2　家庭裁判所調査官は、前項の報告に先だち、少年及び保護者について、事情を調査することができる。

第三節　調査及び審判

（事件の調査）
第八条　家庭裁判所は、第六条第一項の通告又は前条第一項の報告により、審判に付すべき少年があると思料するときは、事件について調査しなければならない。検察官、司法警察員、警察官、都道府県知事又は児童相談所長から家庭裁判所の審判に付すべき少年事件の送致を受けたときも、同様とする。

2　家庭裁判所は、家庭裁判所調査官に命じて、少年、保護者又は参考人の取調その他の必要な調査を行わせることができる。

（調査の方針）

第九条　前条の調査は、なるべく、少年、保護者又は関係人の行状、経歴、素質、環境等について、医学、心理学、教育学、社会学その他の専門的智識特に少年鑑別所の鑑別の結果を活用して、これを行うように努めなければならない。

（被害者等の申出による意見の聴取）

第九条の二　家庭裁判所は、最高裁判所規則の定めるところにより第三条第一項第一号又は第二号に掲げる少年に係る事件の被害者等から、被害に関する心情その他の事件に関する意見の陳述の申出があるときは、自らこれを聴取し、又は家庭裁判所調査官に命じてこれを聴取させるものとする。ただし、事件の性質、調査又は審判の状況その他の事情を考慮して、相当でないと認めるときは、この限りでない。

（付添人）

第十条　少年並びにその保護者、法定代理人、保佐人、配偶者、直系の親族及び兄弟姉妹は、家庭裁判所の許可を受けて、付添人を選任することができる。ただし、弁護士を付添人に選任するには、家庭裁判所の許可を要しない。

2　保護者は、家庭裁判所の許可を受けて、付添人となることができる。

（呼出し及び同行）

第十一条　家庭裁判所は、事件の調査又は審判について必要があると認めるときは、少年又は保護者に対して、呼出状を発して、その呼出しをすることができる。

2　家庭裁判所は、少年又は保護者が、正当な理由がなく、前項の規定による呼出しに応じないとき、又は応じないおそれがあるときは、その少年又は保護者に対して、同行状を発して、その同行をすることができる。

（緊急の場合の同行）

第十二条　家庭裁判所は、少年が保護のため緊急を要する状態にあつて、その福祉上必要であると認めるときは、前条第二項の規定にかかわらず、その少年に対して、同行状を発して、その同行をすることができる。

2　裁判長は、急速を要する場合には、前項の処分をし、又は合議体の構成員にこれをさせることができる。

（同行状の執行）

第十三条　同行状は、家庭裁判所調査官がこれを執行する。

2　家庭裁判所は、警察官、保護観察官又は裁判所書記官をして、同行状を執行させることができる。

3　裁判長は、急速を要する場合には、前項の処分をし、又は合議体の構成員にこれをさせることができる。

（証人尋問・鑑定・通訳・翻訳）

第十四条　家庭裁判所は、証人を尋問し、又は鑑定、通訳若しくは翻訳を命ずることができる。

2　刑事訴訟法中、裁判所の行う証人尋問、鑑定、通訳及び翻訳に関する規定は、保護事件の性質に反しない限り、前項の場合に、これを準用する。

（検証、押収、捜索）

第十五条　家庭裁判所は、検証、押収又は捜索をすることができる。

2　刑事訴訟法中、裁判所の行う検証、押収及び捜索に関する規定は、保護事件の性質に反しない限り、前項の場合に、これを準用する。

（援助、協力）

第十六条　家庭裁判所は、調査及び観察のため、警察官、保護観察官、保護司、児童福祉司（児童福祉法第十二条の三第二項第六号に規定する児童福祉司をいう。第二十六条第一項において同じ。）又は児童委員に対して、必要な援助をさせることができる。

2　家庭裁判所は、その職務を行うについて、公務所、公私の団体、学校、病院その他に対して、必要な協力を求めることができる。

（観護の措置）

第十七条　家庭裁判所は、審判を行うため必要があるときは、決定をもつて、次に掲げる観護の措置をとることができる。

一　家庭裁判所調査官の観護に付すること。

二　少年鑑別所に送致すること。

2　同行された少年については、観護の措置は、遅くとも、到着のときから二十四時間以内に、これを行わなければならない。検察官又は司法警察員から勾留又は逮捕された少年の送致を受けたときも、同様である。

3　第一項第二号の措置においては、少年鑑別所に収容する期間は、二週間を超えることができない。ただし、特に継続の必要があるときは、決定をもつて、これを更新することができる。

4　前項ただし書の規定による更新は、一回を超えて行うことができない。ただし、第三条第一項第一号に掲げる少年に係る死刑、懲役又は禁錮に当たる罪の事件でその非行事実由（犯行の動機、態様及び結果その他の当該犯罪に密接に関連する重要な事実を含む。以下同じ。）の認定に関し証人尋問、鑑定若しくは検証を行うことを決定したもの又はこれを行つたものについて、少年を収容しなければ審判に著しい支障が生じるおそれがあると認めるに足りる相当の理由がある場合には、その更新は、更に二回を限度として、行うことができる。

5　第三項ただし書の規定にかかわらず、検察官から再び送致を受けた事件が先に第一項第二号の措置がとられ、又は勾留状が発せられた事件であるときは、収容の期間は、これを更新することができない。

6　裁判官が第四十三条第一項の請求により、第一項第一号の措置をとつた場合において、事件が家庭裁判所に送致されたときは、その措置は、これを第一項第一号の措置とみなす。

7　裁判官が第四十三条第一項の請求により第一項第二号の措置をとつた場合において、事件が家庭裁判所に送致されたときは、その措置は、これを第一項第二号の措置とみなす。この場合には、第三項の期間は、家庭裁判所が事件の送致を受けた日から、これを起算する。

8　観護の措置は、決定をもつて、これを取り消し、又は変更することができる。

9　第一項第二号の措置については、収容の期間は、通じて八週間を超えることができない。ただし、その収容の期間が通じて四週間を超えることとなる決定を行うときは、第四項ただし書に規定する事由がなければならない。

10　裁判長は、急速を要する場合には、第一項及び第八項の処分をし、又は合議体の構成員にこれをさせることができる。

（異議の申立て）

第十七条の二　少年、その法定代理人又は付添人は、前条第一項第二号又は第三項ただし書の決定に対して、保護事件の係属する家庭裁判所に異議の申立てをすることができる。ただし、付添人は、選任者である保護者の明示した意思に反して、異議の申立てをすることができない。

2　前項の異議の申立ては、審判に付すべき事由がないことを理由としてすることはできない。

3　第一項の異議の申立てについては、家庭裁判所は、合議体で決定をしなければならない。この場合において、その決定には、原決定に関与した裁判官は、関与することができない。

4　第三十二条の三、第三十三条及び第三十四条の規定は、第一項の異議の申立てがあつた場合について準用する。この場合において、第三十三条第二項中「取り消して、事件を原裁判所に差し戻し、又は他の家庭裁判所に移送しなければならない」とあるのは、「取り消し、必要があるときは、更に裁判をしなければならない」と読み替えるものとする。

（特別抗告）

第十七条の三　第三十五条第一項の規定は、前条第三項の決定について準用する。この場合において、第三十五条第一項中「二週間」とあるのは、「五日」と読み替えるものとする。

2　前条第四項及び第三十二条の二の規定は、前項の規定による抗告があつた場合について準用する。

（少年鑑別所送致の場合の仮収容）

第十七条の四　家庭裁判所は、第十七条第一項第二号の措置をとつた場合において、直ちに少年鑑別所に収容することが著しく困難であると認める事情があるときは、決定をもつて、少年を仮に最寄りの少年院又は刑事施設の特に区別した場所に収容することができる。ただし、その期間は、収容した時から七十二時間を超えることができない。

2　裁判長は、急速を要する場合には、前項の処分をし、又は合議体の構成員にこれをさせることができる。

3　第一項の規定による収容の期間は、これを第十七条第一項第二号の措置により少年鑑別所に収容した期間とみなし、同条第三項の期間は、少年院又は刑事施設に収容した日から、これを起算する。

4　裁判官が第四十三条第一項の請求のあつた事件につき、第一項の収容をした場合において、事件が家庭裁判所に送致されたときは、その収容は、これを第一項の規定による収容とみなす。

（児童福祉法の措置）

第十八条　家庭裁判所は、調査の結果、児童福祉法の規定による措置を相当と認めるときは、決定をもつて、事件を権限を有する都道府県知事又は児童相談所長に送致しなければならない。

2　第六条の七第二項の規定により、都道府県知事又は児童相談所長から送致を受けた少年については、決定をもつて、期限を付して、これに対してとるべき保護の方法その他の措置を指示して、事件を権限を有する都道府県知事又は児童相談所長に送致することができる。

（**審判を開始しない旨の決定**）

第十九条　家庭裁判所は、調査の結果、審判に付することができず、又は審判に付するのが相当でないと認めるときは、審判を開始しない旨の決定をしなければならない。

２　家庭裁判所は、調査の結果、本人が二十歳以上であることが判明したときは、前項の規定にかかわらず、決定をもつて、事件を管轄地方裁判所に対応する検察庁の検察官に送致しなければならない。

（**検察官への送致**）

第二十条　家庭裁判所は、死刑、懲役又は禁錮に当たる罪の事件について、調査の結果、その罪質及び情状に照らして刑事処分を相当と認めるときは、決定をもつて、これを管轄地方裁判所に対応する検察庁の検察官に送致しなければならない。

２　前項の規定にかかわらず、家庭裁判所は、故意の犯罪行為により被害者を死亡させた罪の事件であつて、その罪を犯すとき十六歳以上の少年に係るものについては、同項の決定をしなければならない。ただし、調査の結果、犯行の動機及び態様、犯行後の情況、少年の性格、年齢、行状及び環境その他の事情を考慮し、刑事処分以外の措置を相当と認めるときは、この限りでない。

（**審判開始の決定**）

第二十一条　家庭裁判所は、調査の結果、審判を開始するのが相当であると認めるときは、その旨の決定をしなければならない。

（**審判の方式**）

第二十二条　審判は、懇切を旨として、和やかに行うとともに、非行のある少年に対し自己の非行について内省を促すものとしなければならない。

２　審判は、これを公開しない。

３　審判の指揮は、裁判長が行う。

（**検察官の関与**）

第二十二条の二　家庭裁判所は、第三条第一項第一号に掲げる少年に係る事件であつて、死刑又は無期若しくは長期三年を超える懲役若しくは禁錮に当たる罪のものにおいて、その非行事実を認定するための審判の手続に検察官が関与する必要があると認めるときは、決定をもつて、審判に検察官を出席させることができる。

２　家庭裁判所は、前項の決定をするには、検察官の申出がある場合を除き、あらかじめ、検察官の意見を聴かなければならない。

３　検察官は、第一項の決定があつた事件において、その非行事実の認定に資するため必要な限度で、最高裁判所規則の定めるところにより、事件の記録及び証拠物を閲覧し及び謄写し、審判の手続（事件を終局させる決定の告知を含む。）に立ち会い、少年及び証人その他の関係人に発問し、並びに意見を述べることができる。

（**国選付添人**）

第二十二条の三　家庭裁判所は、前条第一項の決定をした場合において、少年に弁護士である付添人がないときは、弁護士である付添人を付さなければならない。

２　家庭裁判所は、第三条第一項第一号に掲げる少年に係る事件であつて前条第一項に規定する罪のもの又は第三条第一項第二号に掲げる少年に係る事件であつて前条第一項に規定する罪に係る刑罰法令に触れるものについて、第十七条第一項第二号の措置がとられており、かつ、少年に弁護士である付添人がない場合において、事案の内容、保護者の有無その他の事情を考慮し、審判の手続に弁護士である付添人が関与する必要があると認めるときは、弁護士である付添人を付することができる。

３　前二項の規定により家庭裁判所が付すべき付添人は、最高裁判所規則の定めるところにより、選任するものとする。

４　前項（第二十二条の五第四項において準用する場合を含む。）の規定により選任された付添人は、旅費、日当、宿泊料及び報酬を請求することができる。

（**被害者等による少年審判の傍聴**）

第二十二条の四　家庭裁判所は、最高裁判所規則の定めるところにより第三条第一項第一号に掲げる少年に係る事件であつて次に掲げる罪のもの又は同項第二号に掲げる少年（十二歳に満たないで刑罰法令に触れる行為をした少年を除く。次項において同じ。）に係る事件であつて次に掲げる罪に係る刑罰法令に触れるもの（いずれも被害者を傷害した場合にあつては、これにより生命に重大な危険を生じさせたときに限る。）の被害者等から、審判期日における審判の傍聴の申出がある場合において、少年の年齢及び心身の状態、事件の性質、審判の状況その他の事情を考慮して、少年の健全な育成を妨げるおそれがなく相当と認めるときは、その申出をした者に対し、これを傍聴することを許すことができる。

一　故意の犯罪行為により被害者を死傷させた罪

二　刑法（明治四十年法律第四十五号）第二百十一条（業務上過失致死傷等）の罪

三　自動車の運転により人を死傷させる行為等の処罰に関する法律（平成二十五年法律第八十六号）第四条、第五条又は第六条第三項若しくは第四項の罪

2　家庭裁判所は、前項の規定により第三条第一項第二号に掲げる少年に係る事件の被害者等に審判の傍聴を許すか否かを判断するに当たつては、同号に掲げる少年が、一般に、精神的に特に未成熟であることを十分考慮しなければならない。

3　家庭裁判所は、第一項の規定により審判の傍聴を許す場合において、傍聴する者の年齢、心身の状態その他の事情を考慮し、その者が著しく不安又は緊張を覚えるおそれがあると認めるときは、その不安又は緊張を緩和するのに適当であり、かつ、審判を妨げ、又はこれに不当な影響を与えるおそれがないと認める者を、傍聴する者に付き添わせることができる。

4　裁判長は、第一項の規定により審判を傍聴する者及び前項の規定によりこの者に付き添う者の座席の位置、審判を行う場所における裁判所職員の配置等を定めるに当たつては、少年の心身に及ぼす影響に配慮しなければならない。

5　第五条の二第三項の規定は、第一項の規定により審判を傍聴した者又は第三項の規定によりこの者に付き添つた者について、準用する。

（弁護士である付添人からの意見の聴取等）

第二十二条の五　家庭裁判所は、前条第一項の規定により審判の傍聴を許すには、あらかじめ、弁護士である付添人の意見を聴かなければならない。

2　家庭裁判所は、前項の場合において、少年に弁護士である付添人がないときは、弁護士である付添人を付さなければならない。

3　少年に弁護士である付添人がない場合であつて、最高裁判所規則の定めるところにより少年及び保護者がこれを必要としない旨の意思を明示したときは、前二項の規定は適用しない。

4　第二十二条の三第三項の規定は、第二項の規定により家庭裁判所が付すべき付添人について、準用する。

（被害者等に対する説明）

第二十二条の六　家庭裁判所は、最高裁判所規則の定めるところにより第三条第一項第一号又は第二号に掲げる少年に係る事件の被害者等から申出がある場合において、少年の健全な育成を妨げるおそれがなく相当と認めるときは、最高裁判所規則の定めるところにより、その申出をした者に対し、審判期日における審判の状況を説明するものとする。

2　前項の申出は、その申出に係る事件を終局させる決定が確定した後三年を経過したときは、することができない。

3　第五条の二第三項の規定は、第一項の規定により説明を受けた者について、準用する。

（審判開始後保護処分に付しない場合）

第二十三条　家庭裁判所は、審判の結果、第十八条又は第二十条にあたる場合であると認めるときは、それぞれ、所定の決定をしなければならない。

2　家庭裁判所は、審判の結果、保護処分に付することができず、又は保護処分に付する必要がないと認めるときは、その旨の決定をしなければならない。

3　第十九条第二項の規定は、家庭裁判所の審判の結果、本人が二十歳以上であることが判明した場合に準用する。

（保護処分の決定）

第二十四条　家庭裁判所は、前条の場合を除いて、審判を開始した事件につき、決定をもつて、次に掲げる保護処分をしなければならない。ただし、決定の時に十四歳に満たない少年に係る事件については、特に必要と認める場合に限り、第三号の保護処分をすることができる。

一　保護観察所の保護観察に付すること。

二　児童自立支援施設又は児童養護施設に送致すること。

三　少年院に送致すること。

2　前項第一号及び第三号の保護処分においては、保護観察所の長をして、家庭その他の環境調整に関する措置を行わせることができる。

（没取）

第二十四条の二　家庭裁判所は、第三条第一項第一号及び第二号に掲げる少年について、第

十八条、第十九条、第二十三条第二項又は前条第一項の決定をする場合には、決定をもつて、次に掲げる物を没取することができる。
一　刑罰法令に触れる行為を組成した物
二　刑罰法令に触れる行為に供し、又は供しようとした物
三　刑罰法令に触れる行為から生じ、若しくはこれによつて得た物又は刑罰法令に触れる行為の報酬として得た物
四　前号に記載した物の対価として得た物

2　家庭裁判所は、前項に規定する少年について、第十八条、第十九条、第二十三条第二項又は前条第一項の決定をする場合には、決定をもつて、次に掲げる物を没取することができる。
一　私事性的画像記録の提供等による被害の防止に関する法律（平成二十六年法律第百二十六号）第三条第一項から第三項までの規定に触れる行為を組成し、若しくは当該行為の用に供した私事性的画像記録（同法第二条第一項に規定する私事性的画像記録をいう。）が記録されている物若しくはこれを複写した物又は当該行為を組成し、若しくは当該行為の用に供した私事性的画像記録物（同法第二条第二項に規定する私事性的画像記録物をいう。）を複写した物
二　性的な姿態を撮影する行為等の処罰及び押収物に記録された性的な姿態の影像に係る電磁的記録の消去等に関する法律（令和五年法律第六十七号）第二条第一項又は第六条第一項の規定に触れる行為により生じた物を複写した物

3　没取は、その物が本人以外の者に属しないときに限る。ただし、刑罰法令に触れる行為の後、本人以外の者が情を知つて第一項の物を取得し、又は前項の物を保有するに至つたときは、本人以外の者に属する場合であつても、これを没取することができる。

（家庭裁判所調査官の観察）

第二十五条　家庭裁判所は、第二十四条第一項の保護処分を決定するため必要があると認めるときは、決定をもつて、相当の期間、家庭裁判所調査官の観察に付することができる。

2　家庭裁判所は、前項の観察とあわせて、次に掲げる措置をとることができる。
一　遵守事項を定めてその履行を命ずること。
二　条件を附けて保護者に引き渡すこと。
三　適当な施設、団体又は個人に補導を委託すること。

（保護者に対する措置）

第二十五条の二　家庭裁判所は、必要があると認めるときは、保護者に対し、少年の監護に関する責任を自覚させ、その非行を防止するため、調査又は審判において、自ら訓戒、指導その他の適当な措置をとり、又は家庭裁判所調査官に命じてこれらの措置をとらせることができる。

（決定の執行）

第二十六条　家庭裁判所は、第十七条第一項第二号、第十七条の四第一項並びに第二十四条第一項第二号及び第三号の決定をしたときは、家庭裁判所調査官、裁判所書記官、法務事務官、法務教官、警察官、保護観察官又は児童福祉司をして、その決定を執行させることができる。

2　家庭裁判所は、第十七条第一項第二号、第十七条の四第一項並びに第二十四条第一項第二号及び第三号の決定を執行するため必要があるときは、少年に対して、呼出状を発して、その呼出しをすることができる。

3　家庭裁判所は、少年が、正当な理由がなく、前項の規定による呼出しに応じないとき、又は応じないおそれがあるときは、その少年に対して、同行状を発して、その同行をすることができる。

4　家庭裁判所は、少年が保護のため緊急を要する状態にあつて、その福祉上必要であると認めるときは、前項の規定にかかわらず、その少年に対して、同行状を発して、その同行をすることができる。

5　第十三条の規定は、前二項の同行状に、これを準用する。

6　裁判長は、急速を要する場合には、第一項及び第四項の処分をし、又は合議体の構成員にこれをさせることができる。

（少年鑑別所収容の一時継続）

第二十六条の二　家庭裁判所は、第十七条第一項第二号の措置がとられている事件について、第十八条、第十九条、第二十条第一項、第二十三条第二項又は第二十四条第一項の決定をする場合において、必要と認めるときは、決定をもつて、少年を引き続き相当期間少年鑑別所に収容することができる。ただし、その期間は、七日を超えることはできない。

（同行状の執行の場合の仮収容）

第二十六条の三　第二十四条第一項第三号の決定を受けた少年に対して第二十六条第三項又

は第四項の同行状を執行する場合において、必要があるときは、その少年を仮に最寄の少年鑑別所に収容することができる。

（**保護観察中の者に対する措置**）

第二十六条の四　更生保護法（平成十九年法律第八十八号）第六十七条第二項の申請があつた場合において、家庭裁判所は、審判の結果、第二十四条第一項第一号の保護処分を受けた者がその遵守すべき事項を遵守せず、同法第六十七条第一項の警告を受けたにもかかわらず、なお遵守すべき事項を遵守しなかつたと認められる事由があり、その程度が重く、かつ、その保護処分によつては本人の改善及び更生を図ることができないと認めるときは、決定をもつて、第二十四条第一項第二号又は第三号の保護処分をしなければならない。

2　家庭裁判所は、前項の規定により二十歳以上の者に対して第二十四条第一項第三号の保護処分をするときは、その決定と同時に、本人が二十三歳を超えない期間内において、少年院に収容する期間を定めなければならない。

3　前項に定めるもののほか、第一項の規定による保護処分に係る事件の手続は、その性質に反しない限り、第二十四条第一項の規定による保護処分に係る事件の手続の例による。

（**競合する処分の調整**）

第二十七条　保護処分の継続中、本人に対して有罪判決が確定したときは、保護処分をした家庭裁判所は、相当と認めるときは、決定をもつて、その保護処分を取り消すことができる。

2　保護処分の継続中、本人に対して新たな保護処分がなされたときは、新たな保護処分をした家庭裁判所は、前の保護処分をした家庭裁判所の意見を聞いて、決定をもつて、いずれかの保護処分を取消すことができる。

（**保護処分の取消し**）

第二十七条の二　保護処分の継続中、本人に対し審判権がなかつたこと、又は十四歳に満たない少年について、都道府県知事若しくは児童相談所長から送致の手続がなかつたにもかかわらず、保護処分をしたことを認め得る明らかな資料を新たに発見したときは、保護処分をした家庭裁判所は、決定をもつて、その保護処分を取り消さなければならない。

2　保護処分が終了した後においても、審判に付すべき事由の存在が認められないにもかかわらず保護処分をしたことを認め得る明らかな資料を新たに発見したときは、前項と同様とする。ただし、本人が死亡した場合は、この限りでない。

3　保護観察所、児童自立支援施設、児童養護施設又は少年院の長は、保護処分の継続中の者について、第一項の事由があることを疑うに足りる資料を発見したときは、保護処分をした家庭裁判所に、その旨の通知をしなければならない。

4　第十八条第一項及び第十九条第二項の規定は、家庭裁判所が、第一項の規定により、保護処分を取り消した場合に準用する。

5　家庭裁判所は、第一項の規定により、少年院に収容中の者の保護処分を取り消した場合において、必要があると認めるときは、決定をもつて、その者を引き続き少年院に収容することができる。但し、その期間は、三日を超えることはできない。

6　前三項に定めるもののほか、第一項及び第二項の規定による第二十四条第一項の保護処分の取消しの事件の手続は、その性質に反しない限り、同項の保護処分に係る事件の手続の例による。

（**報告と意見の提出**）

第二十八条　家庭裁判所は、第二十四条又は第二十五条の決定をした場合において、施設、団体、個人、保護観察所、児童福祉施設又は少年院に対して、少年に関する報告又は意見の提出を求めることができる。

（**委託費用の支給**）

第二十九条　家庭裁判所は、第二十五条第二項第三号の措置として、適当な施設、団体又は個人に補導を委託したときは、その者に対して、これによつて生じた費用の全部又は一部を支給することができる。

（**証人等の費用**）

第三十条　証人、鑑定人、翻訳人及び通訳人に支給する旅費、日当、宿泊料その他の費用の額については、刑事訴訟費用に関する法令の規定を準用する。

2　参考人は、旅費、日当、宿泊料を請求することができる。

3　参考人に支給する費用は、これを証人に支給する費用とみなして、第一項の規定を適用する。

4　第二十二条の三第四項の規定により付添人に支給すべき旅費、日当、宿泊料及び報酬の額については、刑事訴訟法第三十八条第二項の規定により弁護人に支給すべき旅費、日当、宿泊料及び報酬の例による。

第三十条の二　家庭裁判所は、第十六条第一項の規定により保護司又は児童委員をして、調査及び観察の援助をさせた場合には、最高裁判所の定めるところにより、その費用の一部又は全部を支払うことができる。

（費用の徴収）

第三十一条　家庭裁判所は、少年又はこれを扶養する義務のある者から証人、鑑定人、通訳人、翻訳人、参考人、第二十二条の三第三項（第二十二条の五第四項において準用する場合を含む。）の規定により選任された付添人及び補導を委託された者に支給した旅費、日当、宿泊料その他の費用並びに少年鑑別所及び少年院において生じた費用の全部又は一部を徴収することができる。

2　前項の費用の徴収については、非訟事件手続法（平成二十三年法律第五十一号）第百二十一条第一項、第二項及び第四項並びに刑事訴訟法第五百八条第一項本文及び第二項並びに第五百十四条の規定を準用する。この場合において、非訟事件手続法第百二十一条第一項中「検察官」とあるのは、「家庭裁判所」と読み替えるものとする。

（被害者等に対する通知）

第三十一条の二　家庭裁判所は、第三条第一項第一号又は第二号に掲げる少年に係る事件を終局させる決定をした場合において、最高裁判所規則の定めるところにより当該事件の被害者等から申出があるときは、その申出をした者に対し、次に掲げる事項を通知するものとする。ただし、その通知をすることが少年の健全な育成を妨げるおそれがあり相当でないと認められるものについては、この限りでない。

一　少年及びその法定代理人の氏名及び住居（法定代理人が法人である場合においては、その名称又は商号及び主たる事務所又は本店の所在地）

二　決定の年月日、主文及び理由の要旨

2　前項の申出は、同項に規定する決定が確定した後三年を経過したときは、することができない。

3　第五条の二第三項の規定は、第一項の規定により通知を受けた者について、準用する。

第四節　抗告

（抗告）

第三十二条　保護処分の決定に対しては、決定に影響を及ぼす法令の違反、重大な事実の誤認又は処分の著しい不当を理由とするときに限り、少年、その法定代理人又は付添人から、二週間以内に、抗告をすることができる。ただし、付添人は、選任者である保護者の明示した意思に反して、抗告をすることができない。

（抗告裁判所の調査の範囲）

第三十二条の二　抗告裁判所は、抗告の趣意に含まれている事項に限り、調査をするものとする。

2　抗告裁判所は、抗告の趣意に含まれていない事項であつても、抗告の理由となる事由に関しては、職権で調査をすることができる。

（抗告裁判所の事実の取調べ）

第三十二条の三　抗告裁判所は、決定をするについて必要があるときは、事実の取調べをすることができる。

2　前項の取調べは、合議体の構成員にさせ、又は家庭裁判所の裁判官に嘱託することができる。

（抗告受理の申立て）

第三十二条の四　検察官は、第二十二条の二第一項の決定がされた場合においては、保護処分に付さない決定又は保護処分の決定に対し、同項の決定があつた事件の非行事実の認定に関し、決定に影響を及ぼす法令の違反又は重大な事実の誤認があることを理由とするときに限り、高等裁判所に対し、二週間以内に、抗告審として事件を受理すべきことを申し立てることができる。

2　前項の規定による申立て（以下「抗告受理の申立て」という。）は、申立書を原裁判所に差し出してしなければならない。この場合において、原裁判所は、速やかにこれを高等裁判所に送付しなければならない。

3　高等裁判所は、抗告受理の申立てがされた場合において、抗告審として事件を受理するのを相当と認めるときは、これを受理することができる。この場合においては、その旨の決定をしなければならない。

4　高等裁判所は、前項の決定をする場合において、抗告受理の申立ての理由中に重要でないと認めるものがあるときは、これを排除することができる。

5　第三項の決定は、高等裁判所が原裁判所から第二項の申立書の送付を受けた日から二週間以内にしなければならない。

6　第三項の決定があつた場合には、抗告があつたものとみなす。この場合において、第三十二条の二の規定の適用については、抗告受理の申立ての理由中第四項の規定により排除されたもの以外のものを抗告の趣意とみなす。

（抗告審における国選付添人）
第三十二条の五　前条第三項の決定があつた場合において、少年に弁護士である付添人がないときは、抗告裁判所は、弁護士である付添人を付さなければならない。

2　抗告裁判所は、第二十二条の三第二項に規定する事件（家庭裁判所において第十七条第一項第二号の措置がとられたものに限る。）について、少年に弁護士である付添人がなく、かつ、事案の内容、保護者の有無その他の事情を考慮し、抗告審の審理に弁護士である付添人が関与する必要があると認めるときは、弁護士である付添人を付することができる。

（準用）
第三十二条の六　第三十二条の二、第三十二条の三及び前条に定めるもののほか、抗告審の審理については、その性質に反しない限り、家庭裁判所の審判に関する規定を準用する。

（抗告審の裁判）
第三十三条　抗告の手続がその規定に違反したとき、又は抗告が理由のないときは、決定をもつて、抗告を棄却しなければならない。

2　抗告が理由のあるときは、決定をもつて、原決定を取り消して、事件を原裁判所に差し戻し、又は他の家庭裁判所に移送しなければならない。

（執行の停止）
第三十四条　抗告は、執行を停止する効力を有しない。但し、原裁判所又は抗告裁判所は、決定をもつて、執行を停止することができる。

（再抗告）
第三十五条　抗告裁判所のした第三十三条の決定に対しては、憲法に違反し、若しくは憲法の解釈に誤りがあること、又は最高裁判所若しくは控訴裁判所である高等裁判所の判例と相反する判断をしたことを理由とする場合に限り、少年、その法定代理人又は付添人から、最高裁判所に対し、二週間以内に、特に抗告をすることができる。ただし、付添人は、選任者である保護者の明示した意思に反して、抗告をすることができない。

2　第三十二条の二、第三十二条の三、第三十二条の五第二項及び第三十二条の六から前条までの規定は、前項の場合に、これを準用する。この場合において、第三十三条第二項中「取り消して、事件を原裁判所に差し戻し、又は他の家庭裁判所に移送しなければならない」とあるのは、「取り消さなければならない。この場合には、家庭裁判所の決定を取り消して、事件を家庭裁判所に差し戻し、又は他の家庭裁判所に移送することができる」と読み替えるものとする。

（その他の事項）
第三十六条　この法律で定めるものの外、保護事件に関して必要な事項は、最高裁判所がこれを定める。

第三十七条から第三十九条まで　削除

第三章　少年の刑事事件

第一節　通則

（準拠法例）
第四十条　少年の刑事事件については、この法律で定めるものの外、一般の例による。

第二節　手続

（司法警察員の送致）
第四十一条　司法警察員は、少年の被疑事件について捜査を遂げた結果、罰金以下の刑にあたる犯罪の嫌疑があるものと思料するときは、これを家庭裁判所に送致しなければならない。犯罪の嫌疑がない場合でも、家庭裁判所の審判に付すべき事由があると思料するときは、同様である。

（検察官の送致）
第四十二条　検察官は、少年の被疑事件について捜査を遂げた結果、犯罪の嫌疑があるものと思料するときは、第四十五条第五号本文に規定する場合を除いて、これを家庭裁判所に送致しなければならない。犯罪の嫌疑がない場合でも、家庭裁判所の審判に付すべき事由があると思料するときは、同様である。

2　前項の場合においては、刑事訴訟法の規定に基づく裁判官による被疑者についての弁護人の選任は、その効力を失う。

（勾留に代る措置）
第四十三条　検察官は、少年の被疑事件においては、裁判官に対して、勾留の請求に代え、第十七条第一項の措置を請求することができる。但し、第十七条第一項第一号の措置は、家庭裁判所の裁判官に対して、これを請求しなければならない。

2　前項の請求を受けた裁判官は、第十七条第一項の措置に関して、家庭裁判所と同一の権限を有する。

3　検察官は、少年の被疑事件においては、やむを得ない場合でなければ、裁判官に対して、勾留を請求することはできない。

（勾留に代る措置の効力）

第四十四条　裁判官が前条第一項の請求に基いて第十七条第一項第一号の措置をとつた場合において、検察官は、捜査を遂げた結果、事件を家庭裁判所に送致しないときは、直ちに、裁判官に対して、その措置の取消を請求しなければならない。

2　裁判官が前条第一項の請求に基いて第十七条第一項第二号の措置をとるときは、令状を発してこれをしなければならない。

3　前項の措置の効力は、その請求をした日から十日とする。

（検察官へ送致後の取扱い）

第四十五条　家庭裁判所が、第二十条第一項の規定によつて事件を検察官に送致したときは、次の例による。

一　第十七条第一項第一号の措置は、その少年の事件が再び家庭裁判所に送致された場合を除いて、検察官が事件の送致を受けた日から十日以内に公訴が提起されないときは、その効力を失う。公訴が提起されたときは、裁判所は、検察官の請求により、又は職権をもつて、いつでも、これを取り消すことができる。

二　前号の措置の継続中、勾留状が発せられたときは、その措置は、これによつて、その効力を失う。

三　第一号の措置は、その少年が満二十歳に達した後も、引き続きその効力を有する。

四　第十七条第一項第二号の措置は、これを裁判官のした勾留とみなし、その期間は、検察官が事件の送致を受けた日から、これを起算する。この場合において、その事件が先に勾留状の発せられた事件であるときは、この期間は、これを延長することができない。

五　検察官は、家庭裁判所から送致を受けた事件について、公訴を提起するに足りる犯罪の嫌疑があると思料するときは、公訴を提起しなければならない。ただし、送致を受けた事件の一部について公訴を提起するに足りる犯罪の嫌疑がないか、又は犯罪の情状等に影響を及ぼすべき新たな事情を発見したため、訴追を相当でないと思料するときは、この限りでない。送致後の情況により訴追を相当でないと思料するときも、同様である。

六　第十条第一項の規定により選任された弁護士である付添人は、これを弁護人とみなす。

七　第四号の規定により第十七条第一項第二号の措置が裁判官のした勾留とみなされた場合には、勾留状が発せられているものとみなして、刑事訴訟法中、裁判官による被疑者についての弁護人の選任に関する規定を適用する。

第四十五条の二　前条第一号から第四号まで及び第七号の規定は、家庭裁判所が、第十九条第二項又は第二十三条第三項の規定により、事件を検察官に送致した場合に準用する。

（訴訟費用の負担）

第四十五条の三　家庭裁判所が、先に裁判官により被疑者のため弁護人が付された事件について第二十三条第二項又は第二十四条第一項の決定をするときは、刑事訴訟法中、訴訟費用の負担に関する規定を準用する。この場合において、同法第百八十一条第一項及び第二項中「刑の言渡」とあるのは、「保護処分の決定」と読み替えるものとする。

2　検察官は、家庭裁判所が少年に訴訟費用の負担を命ずる裁判をした事件について、その裁判を執行するため必要な限度で、最高裁判所規則の定めるところにより、事件の記録及び証拠物を閲覧し、及び謄写することができる。

（保護処分等の効力）

第四十六条　罪を犯した少年に対して第二十四条第一項の保護処分がなされたときは、審判を経た事件について、刑事訴追をし、又は家庭裁判所の審判に付することができない。

2　第二十二条の二第一項の決定がされた場合において、同項の決定があつた事件につき、審判に付すべき事由の存在が認められないこと又は保護処分に付する必要がないことを理由とした保護処分に付さない旨の決定が確定したときは、その事件についても、前項と同様とする。

3　第一項の規定は、第二十七条の二第一項の規定による保護処分の取消しの決定が確定した事件については、適用しない。ただし、当該事件につき同条第六項の規定によりその例によることとされる第二十二条の二第一項の決定がされた場合であつて、その取消しの理由が審判に付すべき事由の存在が認められないことであるときは、この限りでない。

（時効の停止）

第四十七条　第八条第一項前段の場合においては第二十一条の決定があつてから、第八条第一項後段の場合においては送致を受けてから、保護処分の決定が確定するまで、公訴の時効は、その進行を停止する。

2　前項の規定は、第二十一条の決定又は送致の後、本人が満二十歳に達した事件についても、これを適用する。

（勾留）

第四十八条　勾留状は、やむを得ない場合でなければ、少年に対して、これを発することはできない。

2　少年を勾留する場合には、少年鑑別所にこれを拘禁することができる。

3　本人が満二十歳に達した後でも、引き続き前項の規定によることができる。

（取扱いの分離）

第四十九条　少年の被疑者又は被告人は、他の被疑者又は被告人と分離して、なるべく、その接触を避けなければならない。

2　少年に対する被告事件は、他の被告事件と関連する場合にも、審理に妨げない限り、その手続を分離しなければならない。

3　刑事施設、留置施設及び海上保安留置施設においては、少年（刑事収容施設及び被収容者等の処遇に関する法律（平成十七年法律第五十号）第二条第四号の受刑者（同条第八号の未決拘禁者としての地位を有するものを除く。）を除く。）を二十歳以上の者と分離して収容しなければならない。

（審理の方針）

第五十条　少年に対する刑事事件の審理は、第九条の趣旨に従つて、これを行わなければならない。

第三節　処分

（死刑と無期刑の緩和）

第五十一条　罪を犯すとき十八歳に満たない者に対しては、死刑をもつて処断すべきときは、無期刑を科する。

2　罪を犯すとき十八歳に満たない者に対しては、無期刑をもつて処断すべきときであつても、有期の懲役又は禁錮を科することができる。この場合において、その刑は、十年以上二十年以下において言い渡す。

（不定期刑）

第五十二条　少年に対して有期の懲役又は禁錮をもつて処断すべきときは、処断すべき刑の範囲内において、長期を定めるとともに、長期の二分の一（長期が十年を下回るときは、長期から五年を減じた期間。次項において同じ。）を下回らない範囲内において短期を定めて、これを言い渡す。この場合において、長期は十五年、短期は十年を超えることはできない。

2　前項の短期については、同項の規定にかかわらず、少年の改善更生の可能性その他の事情を考慮し特に必要があるときは、処断すべき刑の短期の二分の一を下回らず、かつ、長期の二分の一を下回らない範囲内において、これを定めることができる。この場合においては、刑法第十四条第二項の規定を準用する。

3　刑の執行猶予の言渡をする場合には、前二項の規定は、これを適用しない。

（少年鑑別所収容中の日数）

第五十三条　第十七条第一項第二号の措置がとられた場合においては、少年鑑別所に収容中の日数は、これを未決勾留の日数とみなす。

（換刑処分の禁止）

第五十四条　少年に対しては、労役場留置の言渡をしない。

（家庭裁判所への移送）

第五十五条　裁判所は、事実審理の結果、少年の被告人を保護処分に付するのが相当であると認めるときは、決定をもつて、事件を家庭裁判所に移送しなければならない。

（懲役又は禁錮の執行）

第五十六条　懲役又は禁錮の言渡しを受けた少年（第三項の規定により少年院において刑の執行を受ける者を除く。）に対しては、特に設けた刑事施設又は刑事施設若しくは留置施設内の特に分界を設けた場所において、その刑を執行する。

2　本人が二十六歳に達するまでは、前項の規定による執行を継続することができる。

3　懲役又は禁錮の言渡しを受けた十六歳に満たない少年に対しては、刑法第十二条第二項又は第十三条第二項の規定にかかわらず、十六歳に達するまでの間、少年院において、その刑を執行することができる。この場合において、その少年には、矯正教育を授ける。

（刑の執行と保護処分）

第五十七条　保護処分の継続中、懲役、禁錮又は拘留の刑が確定したときは、先に刑を執行する。懲役、禁錮又は拘留の刑が確定してその執行前保護処分がなされたときも、同様である。

（**仮釈放**）

第五十八条　少年のとき懲役又は禁錮の言渡しを受けた者については、次の期間を経過した後、仮釈放をすることができる。

一　無期刑については七年

二　第五十一条第二項の規定により言い渡した有期の刑については、その刑期の三分の一

三　第五十二条第一項又は同条第一項及び第二項の規定により言い渡した刑については、その刑の短期の三分の一

2　第五十一条第一項の規定により無期刑の言渡しを受けた者については、前項第一号の規定は適用しない。

（**仮釈放期間の終了**）

第五十九条　少年のとき無期刑の言渡しを受けた者が、仮釈放後、その処分を取り消されないで十年を経過したときは、刑の執行を受け終わつたものとする。

2　少年のとき第五十一条第二項又は第五十二条第一項若しくは同条第一項及び第二項の規定により有期の刑の言渡しを受けた者が、仮釈放後、その処分を取り消されないで仮釈放前に刑の執行を受けた期間と同一の期間又は第五十一条第二項の刑期若しくは第五十二条第一項の長期を経過したときは、そのいずれか早い時期において、刑の執行を受け終わつたものとする。

（**人の資格に関する法令の適用**）

第六十条　少年のとき犯した罪により刑に処せられてその執行を受け終り、又は執行の免除を受けた者は、人の資格に関する法令の適用については、将来に向つて刑の言渡を受けなかつたものとみなす。

2　少年のとき犯した罪について刑に処せられた者で刑の執行猶予の言渡を受けた者は、その猶予期間中、刑の執行を受け終つたものとみなして、前項の規定を適用する。

3　前項の場合において、刑の執行猶予の言渡を取り消されたときは、人の資格に関する法令の適用については、その取り消されたとき、刑の言渡があつたものとみなす。

第四章　記事等の掲載の禁止

第六十一条　家庭裁判所の審判に付された少年又は少年のとき犯した罪により公訴を提起された者については、氏名、年齢、職業、住居、容ぼう等によりその者が当該事件の本人であることを推知することができるような記事又は写真を新聞紙その他の出版物に掲載してはならない。

第五章　特定少年の特例

第一節　保護事件の特例

（**検察官への送致についての特例**）

第六十二条　家庭裁判所は、特定少年（十八歳以上の少年をいう。以下同じ。）に係る事件については、第二十条の規定にかかわらず、調査の結果、その罪質及び情状に照らして刑事処分を相当と認めるときは、決定をもつて、これを管轄地方裁判所に対応する検察庁の検察官に送致しなければならない。

2　前項の規定にかかわらず、家庭裁判所は、特定少年に係る次に掲げる事件については、同項の決定をしなければならない。ただし、調査の結果、犯行の動機、態様及び結果、犯行後の情況、特定少年の性格、年齢、行状及び環境その他の事情を考慮し、刑事処分以外の措置を相当と認めるときは、この限りでない。

一　故意の犯罪行為により被害者を死亡させた罪の事件であつて、その罪を犯すとき十六歳以上の少年に係るもの

二　死刑又は無期若しくは短期一年以上の懲役若しくは禁錮に当たる罪の事件であつて、その罪を犯すとき特定少年に係るもの（前号に該当するものを除く。）

第六十三条　家庭裁判所は、公職選挙法（昭和二十五年法律第百号。他の法律において準用する場合を含む。）及び政治資金規正法（昭和二十三年法律第百九十四号）に規定する罪の事件（次項に規定する場合に係る同項に規定する罪の事件を除く。）であつて、その罪を犯すとき特定少年に係るものについて、前条第一項の規定により検察官に送致するかどうかを決定するに当たつては、選挙の公正の確保等を考慮して行わなければならない。

2　家庭裁判所は、公職選挙法第二百四十七条の罪又は同法第二百五十一条の二第一項各号に掲げる者が犯した同項に規定する罪、同法第二百五十一条の三第一項の組織的選挙運動管理者等が犯した同項に規定する罪若しくは同法第二百五十一条の四第一項各号に掲げる者が犯した同項に規定する罪の事件であつて、その罪を犯すとき特定少年に係るものについて、その罪質が選挙の公正の確保に重大な支障を及ぼすと認める場合には、前条第一項の規定にかかわらず、同項の決定をしなけ

ればならない。この場合においては、同条第二項ただし書の規定を準用する。

（保護処分についての特例）

第六十四条　第二十四条第一項の規定にかかわらず、家庭裁判所は、第二十三条の場合を除いて、審判を開始した事件につき、少年が特定少年である場合には、犯情の軽重を考慮して相当な限度を超えない範囲内において、決定をもつて、次の各号に掲げる保護処分のいずれかをしなければならない。ただし、罰金以下の刑に当たる罪の事件については、第一号の保護処分に限り、これをすることができる。

一　六月の保護観察所の保護観察に付すること。

二　二年の保護観察所の保護観察に付すること。

三　少年院に送致すること。

2　前項第二号の保護観察においては、第六十六条第一項に規定する場合に、同項の決定により少年院に収容することができるものとし、家庭裁判所は、同号の保護処分をするときは、その決定と同時に、一年以下の範囲内において犯情の軽重を考慮して同項の決定により少年院に収容することができる期間を定めなければならない。

3　家庭裁判所は、第一項第三号の保護処分をするときは、その決定と同時に、三年以下の範囲内において犯情の軽重を考慮して少年院に収容する期間を定めなければならない。

4　勾留され又は第十七条第一項第二号の措置がとられた特定少年については、未決勾留の日数は、その全部又は一部を、前二項の規定により定める期間に算入することができる。

5　第一項の保護処分においては、保護観察所の長をして、家庭その他の環境調整に関する措置を行わせることができる。

（この法律の適用関係）

第六十五条　第三条第一項（第三号に係る部分に限る。）の規定は、特定少年については、適用しない。

2　第十二条、第二十六条第四項及び第二十六条の二の規定は、特定少年である少年の保護事件（第二十六条の四第一項の規定による保護処分に係る事件を除く。）については、適用しない。

3　第二十七条の二第五項の規定は、少年院に収容中の者について、前条第一項第二号又は第三号の保護処分を取り消した場合には、適用しない。

4　特定少年である少年の保護事件に関する次の表の上欄に掲げるこの法律の規定の適用については、これらの規定中同表の中欄に掲げる字句は、同表の下欄に掲げる字句とする。

第四条	第二十条第一項	第六十二条第一項
第十七条の二第一項ただし書、第三十二条ただし書及び第三十五条第一項ただし書（第十七条の三第一項において読み替えて準用する場合を含む。）	選任者である保護者	第六十二条第一項の特定少年
第二十三条第一項	又は第二十条	、第六十二条又は第六十三条第二項
第二十四条の二第一項	前条第一項	第六十四条第一項
第二十五条第一項及び第二十七条の二第六項	第二十四条第一項	第六十四条第一項
第二十六条第一項及び第二項	並びに第二十四条第一項第二号及び第三号	及び第六十四条第一項第三号
第二十六条の三	第二十四条第一項第三号	第六十四条第一項第三号
第二十八条	第二十四条又は第二十五条	第二十五条又は第六十四条

（保護観察中の者に対する収容決定）

第六十六条　更生保護法第六十八条の二の申請があつた場合において、家庭裁判所は、審判の結果、第六十四条第一項第二号の保護処分を受けた者がその遵守すべき事項を遵守しなかつたと認められる事由があり、その程度が重く、かつ、少年院において処遇を行わなければ本人の改善及び更生を図ることができないと認めるときは、これを少年院に収容する旨の決定をしなければならない。ただし、この項の決定により既に少年院に収容した期間が通算して同条第二項の規定により定められた期間に達しているときは、この限りでない。

2　次項に定めるもののほか、前項の決定に係る事件の手続は、その性質に反しない限り、この法律（この項を除く。）の規定による特定少年である少年の保護事件の手続の例による。

3　第一項の決定をする場合においては、前項の規定によりその例によることとされる第十七条第一項第二号の措置における収容及び更生保護法第六十八条の三第一項の規定による留置の日数は、その全部又は一部を、第六十四条第二項の規定により定められた期間に算入することができる。

第二節　刑事事件の特例

第六十七条　第四十一条及び第四十三条第三項の規定は、特定少年の被疑事件（同項の規定については、第二十条第一項又は第六十二条第一項の決定があつたものに限る。）については、適用しない。

2　第四十八条第一項並びに第四十九条第一項及び第三項の規定は、特定少年の被疑事件（第二十条第一項又は第六十二条第一項の決定があつたものに限る。）の被疑者及び特定少年である被告人については、適用しない。

3　第四十九条第二項の規定は、特定少年に対する被告事件については、適用しない。

4　第五十二条、第五十四条並びに第五十六条第一項及び第二項の規定は、特定少年については、適用しない。

5　第五十八条及び第五十九条の規定は、特定少年のとき刑の言渡しを受けた者については、適用しない。

6　第六十条の規定は、特定少年のとき犯した罪により刑に処せられた者については、適用しない。

7　特定少年である少年の刑事事件に関する次の表の上欄に掲げるこの法律の規定の適用については、これらの規定中同表の中欄に掲げる字句は、同表の下欄に掲げる字句とする。

第四十五条	第二十条第一項	第六十二条第一項
第四十五条の三第一項及び第四十六条第一項	第二十四条第一項	第六十四条第一項

第三節　記事等の掲載の禁止の特例

第六十八条　第六十一条の規定は、特定少年のとき犯した罪により公訴を提起された場合における同条の記事又は写真については、適用しない。ただし、当該罪に係る事件について刑事訴訟法第四百六十一条の請求がされた場合（同法第四百六十三条第一項若しくは第二項又は第四百六十八条第二項の規定により通常の規定に従い審判をすることとなつた場合を除く。）は、この限りでない。

・民事訴訟法等の一部を改正する法律（令和四・五・二五法律四八）

附則　抄

（施行期日）

第一条　この法律は、公布の日から起算して四年を超えない範囲内において政令で定める日から施行する。〔略〕

・刑法等の一部を改正する法律の施行に伴う関係法律の整理等に関する法律（令和四・六・一七法律六八）

附則　抄

（施行期日）

1　この法律は、刑法等一部改正法施行日から施行する。〔略〕

・民事関係手続等における情報通信技術の活用等の推進を図るための関係法律の整備に関する法律（令和五・六・一四法律五三）

附則　抄

この法律は、公布の日から起算して五年を超えない範囲内において政令で定める日から施行する。〔略〕

少年院法

（平成二六・六・一一
法　律　五　八）

最新改正　令和五法律二八

第一章　総則

（目的）

第一条　この法律は、少年院の適正な管理運営を図るとともに、在院者の人権を尊重しつつ、その特性に応じた適切な矯正教育その他の在院者の健全な育成に資する処遇を行うことにより、在院者の改善更生及び円滑な社会復帰を図ることを目的とする。

（定義）

第二条　この法律において、次の各号に掲げる用語の意義は、それぞれ当該各号に定めるところによる。

一　在院者　保護処分在院者又は受刑在院者をいう。

二　保護処分在院者　少年法（昭和二十三年法律第百六十八号）第二十四条第一項第三号並びに第六十四条第一項第二号（同法第六十六条第一項の規定による決定を受けた場合に限る。）及び第三号の保護処分（第百三十八条第二項及び第四項（第百三十九条第三項において準用する場合を含む。）並びに第百三十九条第二項の規定による措置並びに更生保護法（平成十九年法律第八十八号）第七十二条第一項及び第七十三条の二第一項の規定による措置を含む。次条第一号及び第四条第一項第一号から第三号までにおいて単に「保護処分」という。）の執行を受けるため少年院に収容されている者をいう。

三　受刑在院者　少年法第五十六条第三項の規定により懲役若しくは禁錮の刑の執行を受けるため少年院に収容されている者又は国際受刑者移送法（平成十四年法律第六十六号）第二十一条の規定により適用される少年法第五十六条第三項の規定により国際受刑者移送法第十六条第一項各号の共助刑の執行を受けるため少年院に収容されている者をいう。

四　保護者　少年法第二条第二項に規定する保護者をいう。

五　保護者等　次のイからハまでのいずれかに該当する者（在院者に対し虐待、悪意の遺棄その他これらに準ずる心身に有害な影響を及ぼす行為をした者であって、その在院者の健全な育成を著しく妨げると認められるものを除く。）をいう。

イ　在院者の保護者

ロ　在院者の配偶者（婚姻の届出をしていないが、事実上婚姻関係と同様の事情にある者を含む。第百十条第一項において同じ。）

ハ　在院者の親族（イ及びロに掲げる者を除く。）

第二章　少年院の運営

（少年院）

第三条　少年院は、次に掲げる者を収容し、これらの者に対し矯正教育その他の必要な処遇を行う施設とする。

一　保護処分の執行を受ける者

二　少年院において懲役又は禁錮の刑（国際受刑者移送法第十六条第一項各号の共助刑を含む。以下単に「刑」という。）の執行を受ける者

（少年院の種類）

第四条　少年院の種類は、次の各号に掲げるとおりとし、それぞれ当該各号に定める者を収容するものとする。

一　第一種　保護処分の執行を受ける者（第五号に定める者を除く。次号及び第三号において同じ。）であって、心身に著しい障害がないおおむね十二歳以上二十三歳未満のもの（次号に定める者を除く。）

二　第二種　保護処分の執行を受ける者であって、心身に著しい障害がない犯罪的傾向が進んだおおむね十六歳以上二十三歳未満のもの

三　第三種　保護処分の執行を受ける者であって、心身に著しい障害があるおおむね十二歳以上二十六歳未満のもの

四　第四種　少年院において刑の執行を受ける者

五　第五種　少年法第六十四条第一項第二号の保護処分の執行を受け、かつ、同法第六十六条第一項の規定による決定を受けた者

2　法務大臣は、各少年院について、一又は二以上の前項各号に掲げる少年院の種類を指定する。

（在院者の分離）

第五条　前条第二項の規定により第二種又は第四種を含む二以上の少年院の種類を指定された少年院においては、在院者は、同条第一項

第二号に定める者、同項第四号に定める者及びその他の在院者の別に従い、互いに分離するものとする。
2　前項の規定によるほか、在院者は、性別に従い、互いに分離するものとする。
3　前二項の規定にかかわらず、適当と認めるときは、居室（在院者が主として休息及び就寝のために使用する場所として少年院の長が指定する室をいう。以下同じ。）外に限り、前二項の別による分離をしないことができる。

（**実地監査**）
第六条　法務大臣は、この法律の適正な施行を期するため、その職員のうちから監査官を指名し、各少年院について、毎年一回以上、これに実地監査を行わせなければならない。

（**意見聴取**）
第七条　少年院の長は、その少年院の適正な運営に資するため必要な意見を関係する公務所及び公私の団体の職員並びに学識経験のある者から聴くことに努めなければならない。

（**少年院視察委員会**）
第八条　少年院に、少年院視察委員会（以下「委員会」という。）を置く。
2　委員会は、その置かれた少年院を視察し、その運営に関し、少年院の長に対して意見を述べるものとする。

（**組織等**）
第九条　委員会は、委員七人以内で組織する。
2　委員は、人格が高潔であって、少年の健全な育成に関する識見を有し、かつ、少年院の運営の改善向上に熱意を有する者のうちから、法務大臣が任命する。
3　委員の任期は、一年とする。ただし、再任を妨げない。
4　委員は、非常勤とする。
5　前各項に定めるもののほか、委員会の組織及び運営に関し必要な事項は、法務省令で定める。

（**委員会に対する情報の提供及び委員の視察等**）
第十条　少年院の長は、少年院の運営の状況について、法務省令で定めるところにより、定期的に、又は必要に応じて、委員会に対し、情報を提供するものとする。
2　委員会は、少年院の運営の状況を把握するため、委員による少年院の視察をすることができる。この場合において、委員会は、必要があると認めるときは、少年院の長に対し、委員による在院者との面接の実施について協力を求めることができる。
3　少年院の長は、前項の視察及び在院者との面接について、必要な協力をしなければならない。
4　第九十九条の規定にかかわらず、在院者が委員会に対して提出する書面は、検査をしてはならない。

（**委員会の意見等の公表**）
第十一条　法務大臣は、毎年、委員会が少年院の長に対して述べた意見及びこれを受けて少年院の長が講じた措置の内容を取りまとめ、その概要を公表するものとする。

（**裁判官及び検察官の巡視**）
第十二条　裁判官及び検察官は、少年院を巡視することができる。

（**参観**）
第十三条　少年院の長は、その少年院の参観を申し出る者がある場合において相当と認めるときは、これを許すことができる。

（**少年院の職員**）
第十四条　少年院の職員には、在院者の人権に関する理解を深めさせ、並びに在院者の処遇を適正かつ効果的に行うために必要な知識及び技能を習得させ、及び向上させるために必要な研修及び訓練を行うものとする。

第三章　処遇の原則等

（**処遇の原則**）
第十五条　在院者の処遇は、その人権を尊重しつつ、明るく規則正しい環境の下で、その健全な心身の成長を図るとともに、その自覚に訴えて改善更生の意欲を喚起し、並びに自主、自律及び協同の精神を養うことに資するよう行うものとする。
2　在院者の処遇に当たっては、医学、心理学、教育学、社会学その他の専門的知識及び技術を活用するとともに、個々の在院者の性格、年齢、経歴、心身の状況及び発達の程度、非行の状況、家庭環境、交友関係その他の事情を踏まえ、その者の最善の利益を考慮して、その者に対する処遇がその特性に応じたものとなるようにしなければならない。

（**処遇の段階**）
第十六条　在院者には、その者の改善更生の状況に応じた矯正教育その他の処遇を行うため、第三十五条第一項の成績の評価に応じ、次に掲げる事項に関する法務省令で定める処遇の段階を順次向上又は低下させ、その者にふさわしい処遇を行うものとする。

司法福祉・刑事法

一　矯正教育の目標、内容及び実施方法
二　第四十四条第一項の支援の実施方法
三　居室の指定、第三十七条第三項の規定による援助その他の法務省令で定める在院者の生活及び行動に関する処遇の実施方法

（**保護者に対する協力の求め等**）
第十七条　少年院の長は、在院者の処遇について、情報の提供、少年院の職員による面接等を通じて在院者の保護者その他相当と認める者の理解を得るとともに、少年院で実施する活動への参加の依頼等を行うことによりそれらの者の協力を得るように努めるものとする。
2　少年院の長は、必要があると認めるときは、在院者の保護者に対し、その在院者の監護に関する責任を自覚させ、その矯正教育の実効を上げるため、指導、助言その他の適当な措置を執ることができる。

（**関係機関等に対する協力の求め等**）
第十八条　少年院の長は、在院者の処遇を行うに当たり必要があると認めるときは、家庭裁判所、少年鑑別所、地方更生保護委員会又は保護観察所その他の関係行政機関、学校、病院、児童の福祉に関する機関、民間の篤志家その他の者に対し、協力を求めるものとする。
2　前項の協力をした者は、その協力を行うに当たって知り得た在院者に関する秘密を漏らしてはならない。

（**公務所等への照会**）
第十九条　少年院の長は、在院者の処遇の適切な実施のため必要があるときは、公務所又は公私の団体に照会して必要な事項の報告を求めることができる。

第四章　入院

（**入院時の告知**）
第二十条　少年院の長は、在院者に対し、その少年院への入院に際し、次に掲げる事項を告知しなければならない。
一　保健衛生及び医療に関する事項
二　物品の貸与及び支給並びに自弁に関する事項
三　金品の取扱いに関する事項
四　書籍等（書籍、雑誌その他の文書図画（信書及び新聞紙を除く。）をいう。以下同じ。）の閲覧に関する事項
五　宗教上の行為、儀式行事及び教誨（かい）に関する事項
六　第八十四条第一項に規定する遵守事項
七　面会及び信書の発受に関する事項
八　懲戒に関する事項
九　第百二十条又は第百二十一条第一項の規定による申出に関する事項
十　苦情の申出に関する事項
2　前項の規定による告知は、法務省令で定めるところにより、平易な表現を用いて、書面で行う。

（**識別のための身体検査**）
第二十一条　法務省令で定める少年院の職員（以下「指定職員」という。）は、在院者について、その少年院への入院に際し、その者の識別のため必要な限度で、その身体を検査することができる。その後必要が生じたときも、同様とする。
2　女子の在院者について前項の規定により検査を行う場合には、女子の指定職員がこれを行わなければならない。ただし、女子の指定職員がその検査を行うことができない場合には、男子の指定職員が少年院の長の指名する女子の職員を指揮して、これを行うことができる。

（**入院の通知**）
第二十二条　少年院の長は、在院者がその少年院に入院したときは、速やかに、その旨をその保護者その他相当と認める者に通知するものとする。

第五章　矯正教育

第一節　矯正教育の目的等

（**矯正教育の目的及び体系的実施**）
第二十三条　矯正教育は、在院者の犯罪的傾向を矯正し、並びに在院者に対し、健全な心身を培わせ、社会生活に適応するのに必要な知識及び能力を習得させることを目的とする。
2　矯正教育を行うに当たっては、在院者の特性に応じ、次節に規定する指導を適切に組み合わせ、体系的かつ組織的にこれを行うものとする。

（**被害者等の心情等の考慮**）
第二十三条の二　少年院の長は、矯正教育を行うに当たっては、被害者等（在院者が刑若しくは保護処分を言い渡される理由となった犯罪若しくは刑罰法令に触れる行為により害を被った者（以下この項において「被害者」という。）又はその法定代理人若しくは被害者が死亡した場合若しくはその心身に重大な故障がある場合におけるその配偶者、直系の親

族若しくは兄弟姉妹をいう。以下この章及び第四十四条第三項において同じ。）の被害に関する心情、被害者等の置かれている状況及び次項の規定により聴取した心情等を考慮するものとする。

2　少年院の長は、在院者について、被害者等から、被害に関する心情、被害者等の置かれている状況又は当該在院者の生活及び行動に関する意見（以下この章及び第四十四条第三項において「心情等」という。）を述べたい旨の申出があったときは、法務省令で定めるところにより、当該心情等を聴取するものとする。ただし、当該被害に係る事件の性質、当該被害者等と当該在院者との関係その他の被害者等に関する事情を考慮して相当でないと認めるときは、この限りでない。

第二節　矯正教育の内容

（**生活指導**）

第二十四条　少年院の長は、在院者に対し、善良な社会の一員として自立した生活を営むための基礎となる知識及び生活態度を習得させるため必要な生活指導を行うものとする。

2　将来の進路を定めていない在院者に対し前項の生活指導を行うに当たっては、その特性に応じた将来の進路を選択する能力の習得に資するよう特に配慮しなければならない。

3　次に掲げる事情を有する在院者に対し第一項の生活指導を行うに当たっては、その事情の改善に資するよう特に配慮しなければならない。

一　犯罪又は刑罰法令に触れる行為により害を被った者及びその家族又は遺族の心情を理解しようとする意識が低いこと。

二　麻薬、覚醒剤その他の薬物に対する依存があること。

三　その他法務省令で定める事情

4　少年院の長は、第一項の生活指導を行うに当たっては、被害者等の被害に関する心情、被害者等の置かれている状況及び前条第二項の規定により聴取した心情等を考慮するものとする。

5　少年院の長は、法務省令で定めるところにより、被害者等から、前条第二項の規定により聴取した心情等を在院者に伝達することを希望する旨の申出があったときは、第一項の生活指導を行うに当たり、当該心情等を在院者に伝達するものとする。ただし、その伝達をすることが当該在院者の改善更生を妨げるおそれがあるときその他当該被害に係る事件の性質、矯正教育の実施状況その他の処遇に関する事情を考慮して相当でないと認めるときは、この限りでない。

（**職業指導**）

第二十五条　少年院の長は、在院者に対し、勤労意欲を高め、職業上有用な知識及び技能を習得させるため必要な職業指導を行うものとする。

2　前項の職業指導の実施による収入があるときは、その収入は、国庫に帰属する。

3　少年院の長は、第一項の職業指導を受けた在院者に対しては、出院の際に、法務大臣が定める基準に従い算出した金額の範囲内で、職業上有用な知識及び技能の習得の状況その他の事情を考慮して相当と認められる金額の報奨金（次項において「職業能力習得報奨金」という。）を支給することができる。

4　少年院の長は、在院者がその出院前に職業能力習得報奨金の支給を受けたい旨の申出をした場合において、その使用の目的が、第六十七条第一項第一号に規定する自弁物品等の購入その他相当なものであると認めるときは、前項の規定にかかわらず、法務省令で定めるところにより、その時に出院したとするならばその在院者に支給することができる職業能力習得報奨金に相当する金額の範囲内で、申出の額の全部又は一部の金額を支給することができる。この場合には、その支給額に相当する金額を同項の規定により支給することができる職業能力習得報奨金の金額から減額する。

（**教科指導**）

第二十六条　少年院の長は、学校教育法（昭和二十二年法律第二十六号）に定める義務教育を終了しない在院者その他の社会生活の基礎となる学力を欠くことにより改善更生及び円滑な社会復帰に支障があると認められる在院者に対しては、教科指導（同法による学校教育の内容に準ずる内容の指導をいう。以下同じ。）を行うものとする。

2　少年院の長は、前項に規定するもののほか、学力の向上を図ることが円滑な社会復帰に特に資すると認められる在院者に対し、その学力の状況に応じた教科指導を行うことができる。

（**学校の教育課程に準ずる教育の教科指導**）

第二十七条　教科指導により学校教育法第一条に規定する学校（以下単に「学校」という。）のうち、いずれかの学校の教育課程に準ずる教育の全部又は一部を修了した在院者は、その修了に係る教育の範囲に応じて当該教育課程の全部又は一部を修了したものとみなす。

2　少年院の長は、学校の教育課程に準ずる教育について教科指導を行う場合には、当該教科指導については、文部科学大臣の勧告に従わなければならない。

（体育指導）

第二十八条　少年院の長は、在院者に対し、善良な社会の一員として自立した生活を営むための基礎となる健全な心身を培わせるため必要な体育指導を行うものとする。

（特別活動指導）

第二十九条　少年院の長は、在院者に対し、その情操を豊かにし、自主、自律及び協同の精神を養うことに資する社会貢献活動、野外活動、運動競技、音楽、演劇その他の活動の実施に関し必要な指導を行うものとする。

第三節　矯正教育の計画等

（矯正教育課程）

第三十条　法務大臣は、在院者の年齢、心身の障害の状況及び犯罪的傾向の程度、在院者が社会生活に適応するために必要な能力その他の事情に照らして一定の共通する特性を有する在院者の類型ごとに、その類型に該当する在院者に対して行う矯正教育の重点的な内容及び標準的な期間（以下「矯正教育課程」という。）を定めるものとする。

（各少年院における矯正教育課程の指定）

第三十一条　法務大臣は、各少年院について、その少年院において実施すべき矯正教育課程を指定するものとする。

（少年院矯正教育課程）

第三十二条　少年院の長は、その少年院が前条の規定により実施すべき矯正教育課程の指定を受けたときは、法務省令で定めるところにより、当該矯正教育課程ごとに、少年院矯正教育課程を定めるものとする。

2　前項の少年院矯正教育課程には、第十六条に規定する処遇の段階ごとに、当該少年院における矯正教育の目標、内容、実施方法及び期間その他矯正教育の実施に関し必要な事項を定めるものとする。

（在院者の矯正教育課程の指定）

第三十三条　少年院の長は、在院者がその少年院に入院したときは、できる限り速やかに、家庭裁判所及び少年鑑別所の長の意見を踏まえ、その在院者が履修すべき矯正教育課程を指定するものとする。

2　少年院の長は、必要があると認めるときは、少年鑑別所の長の意見を聴いて、在院者に係る前項の矯正教育課程を変更するものとする。

（個人別矯正教育計画）

第三十四条　少年院の長は、前条第一項の規定により在院者が履修すべき矯正教育課程を指定したときは、その者に対する矯正教育の計画（以下「個人別矯正教育計画」という。）を策定するものとする。

2　個人別矯正教育計画には、第三十二条第一項の少年院矯正教育課程に即して、在院者の特性に応じて行うべき矯正教育の目標、内容、実施方法及び期間その他矯正教育の実施に関し必要な事項を定めるものとする。

3　少年院の長は、個人別矯正教育計画を策定しようとするときは、家庭裁判所又は少年鑑別所の長の意見があるときはこれらの意見を踏まえるとともに、できる限り在院者及びその保護者その他相当と認める者の意向を参酌しつつ、在院者との面接その他の適当な方法による調査の結果に基づき、これを策定するものとする。

4　少年院の長は、個人別矯正教育計画を策定するに当たっては、法務省令で定めるところにより、被害者等の被害に関する心情、被害者等の置かれている状況及び第二十三条の二第二項の規定により聴取した心情等を考慮するものとする。

5　少年院の長は、第四条第一項第五号に規定する第五種の少年院に収容されている者（以下「第五種少年院在院者」という。）について、個人別矯正教育計画を策定しようとする場合には、前二項に規定するもののほか、保護観察所の長の意見を踏まえ、策定するものとする。

6　少年院の長は、第一項の規定により個人別矯正教育計画を策定したときは、速やかに、その内容を、在院者に告知し、及びその保護者その他相当と認める者（在院者が第五種少年院在院者である場合にあっては、相当と認める者及び保護観察所の長）に通知するものとする。

7　少年院の長は、必要があると認めるときは、在院者に係る第一項の個人別矯正教育計画を変更するものとする。

8　第二項から第六項までの規定は、前項の規定による個人別矯正教育計画の変更について準用する。

（成績の評価及び告知等）

第三十五条　少年院の長は、在院者について、矯正教育の効果を把握するため、法務省令で定めるところにより、成績の評価を行うものとする。

2　前項の成績の評価は、法務省令で定めるところにより、個人別矯正教育計画において定められた矯正教育の目標の達成の程度その他の法務省令で定める事項に関し、総合的に行うものとする。

3　少年院の長は、第一項の成績の評価を行ったときは、速やかに、その結果を、在院者に告知し、及びその保護者その他相当と認める者（在院者が第五種少年院在院者である場合にあっては、相当と認める者及び保護観察所の長）に通知するものとする。

4　少年院の長は、前項の規定による通知をする場合その他適当と認める場合には、在院者の保護者その他相当と認める者（在院者が第五種少年院在院者である場合にあっては、相当と認める者及び保護観察所の長）に対し、その在院者の生活及び心身の状況を通知するものとする。

（鑑別のための少年鑑別所への収容）

第三十六条　少年院の長は、在院者について、第三十三条第一項の規定により指定された矯正教育課程（同条第二項の規定による変更があったときは、その変更後のもの。第百三十四条第二項において「指定矯正教育課程」という。）又は第三十四条第一項の規定により策定された個人別矯正教育計画（同条第七項の規定による変更があったときは、その変更後のもの）がその者にとって適切なものであるかどうかを確認するためその他必要があると認めるときは、その者に少年鑑別所の長による鑑別を受けさせることができる。

2　前項の規定により少年院の長が在院者に少年鑑別所の長による鑑別を受けさせる場合において、当該少年鑑別所に収容して鑑別を行うことが必要である旨の少年鑑別所の長の意見があるときは、七日間を超えない範囲内で、その在院者を少年鑑別所に収容することができる。ただし、やむを得ない事由があるときは、通じて十四日間を超えない範囲内で、その収容を継続することができる。

第四節　矯正教育の実施

（在院者の日課）

第三十七条　少年院の長は、法務省令で定めるところにより、在院者の日課（食事、就寝その他の起居動作をすべき時間帯、矯正教育の時間帯及び余暇に充てられるべき時間帯を定めたものをいう。次項及び第八十四条第二項第九号において同じ。）を定め、これを在院者に励行させるものとする。

2　少年院の長は、必要と認めるときは、日課に定められた矯正教育の時間帯以外の時間帯においても、矯正教育を行うことができる。

3　少年院の長は、法務省令で定めるところにより、在院者に対し、学習、娯楽、運動競技その他の余暇に充てられるべき時間帯における活動について、援助を与えるものとする。

（集団の編成）

第三十八条　矯正教育は、その効果的な実施を図るため、在院者が履修すべき矯正教育課程、第十六条に規定する処遇の段階その他の事情を考慮し、在院者を適切な集団に編成して行うものとする。

2　少年院の長は、矯正教育を行うに当たり、在院者の心身の状況に照らしてその者が集団生活に適応することが困難であるとき、その他在院者に対して個別に矯正教育を行う必要があると認めるときは、前項の規定にかかわらず、在院者を集団に編成しないことができる。

（矯正教育の院外実施）

第三十九条　矯正教育は、その効果的な実施を図るため必要な限度において、少年院の外の適当な場所で行うことができる。

（矯正教育の援助）

第四十条　少年院の長は、矯正教育の効果的な実施を図るため、その少年院の所在地を管轄する矯正管区の長の承認を得て、事業所の事業主、学校の長、学識経験のある者その他適当と認める者に委嘱して、矯正教育の援助を行わせることができる。

2　少年院の長は、在院者（刑法（明治四十年法律第四十五号）第二十八条、少年法第五十八条又は国際受刑者移送法第二十二条の規定により仮釈放を許すことができる期間を経過していない受刑在院者を除く。以下この条において同じ。）の円滑な社会復帰を図るため必要があると認める場合であって、その者の改善更生の状況その他の事情を考慮し、相当と認めるときは、少年院の職員の同行なしに、その在院者を少年院の外の場所に通わせて、前項の規定による援助として在院者に対する指導を行う者（次項及び第五項第四号において「嘱託指導者」という。）による指導を受けさせることができる。

3　在院者に前項の指導（以下「院外委嘱指導」という。）を受けさせる場合には、少年院の長は、法務省令で定めるところにより、当該嘱託指導者との間において、在院者が受ける院外委嘱指導の内容及び時間、在院者の安全及び衛生を確保するため必要な措置その他院外委嘱指導の実施に関し必要な事項について、取決めを行わなければならない。

4　少年院の長は、在院者に院外委嘱指導を受けさせる場合には、あらかじめ、その在院者が院外委嘱指導に関し遵守すべき事項（以下この条において「特別遵守事項」という。）を定め、これをその在院者に告知するものとする。

5　特別遵守事項は、次に掲げる事項を具体的に定めるものとする。

一　指定された経路及び方法により移動しなければならないこと。

二　指定された時刻までに少年院に帰着しなければならないこと。

三　正当な理由なく、院外委嘱指導を受ける場所以外の場所に立ち入ってはならないこと。

四　嘱託指導者による指導上の指示に従わなければならないこと。

五　正当な理由なく、犯罪性のある者その他接触することにより矯正教育の適切な実施に支障を生ずるおそれがある者と接触してはならないこと。

6　少年院の長は、院外委嘱指導を受ける在院者が第八十四条第一項に規定する遵守事項又は特別遵守事項を遵守しなかった場合その他院外委嘱指導を不適当とする事由があると認める場合には、これを中止することができる。

（在院者の安全及び衛生の確保）

第四十一条　少年院の長は、矯正教育を受ける在院者の安全及び衛生を確保するため必要な措置を講じなければならない。

2　在院者は、前項の規定により少年院の長が講ずる措置に応じて、必要な事項を守らなければならない。

3　第二十五条第一項の職業指導について、第一項の規定により少年院の長が講ずべき措置及び前項の規定により在院者が守らなければならない事項は、労働安全衛生法（昭和四十七年法律第五十七号）その他の法令に定める労働者の安全及び衛生を確保するため事業者が講ずべき措置及び労働者が守らなければならない事項に準じて、法務大臣が定める。

（手当金）

第四十二条　少年院の長は、在院者が矯正教育を受けたことに起因して死亡した場合には、法務省令で定めるところにより、その遺族等（法務省令で定める遺族その他の者をいう。以下同じ。）に対し、死亡手当金を支給することができる。

2　少年院の長は、矯正教育を受けたことに起因して負傷し、又は疾病にかかった在院者が治った場合において、身体に障害が残ったときは、法務省令で定めるところにより、その者に障害手当金を支給することができる。

3　少年院の長は、矯正教育を受けたことに起因して負傷し、又は疾病にかかった在院者が出院の時になお治っていない場合において、その傷病の性質、程度その他の状況を考慮して相当と認められるときは、法務省令で定めるところにより、その者に特別手当金を支給することができる。

（損害賠償との調整等）

第四十三条　国が国家賠償法（昭和二十二年法律第百二十五号）、民法（明治二十九年法律第八十九号）その他の法律による損害賠償の責任を負う場合において、前条の手当金を支給したときは、同一の事由については、国は、その価額の限度においてその損害賠償の責任を免れる。

2　前条の手当金として支給を受けた金銭を標準として、租税その他の公課を課してはならない。

第六章　社会復帰支援等

（社会復帰支援）

第四十四条　少年院の長は、在院者の円滑な社会復帰を図るため、出院後に自立した生活を営む上での困難を有する在院者に対しては、その意向を尊重しつつ、次に掲げる支援を行うものとする。

一　適切な住居その他の宿泊場所を得ること及び当該宿泊場所に帰住することを助けること。

二　医療及び療養を受けることを助けること。

三　修学又は就業を助けること。

四　前三号に掲げるもののほか、在院者が健全な社会生活を営むために必要な援助を行うこと。

2　前項の支援は、その効果的な実施を図るため必要な限度において、少年院の外の適当な場所で行うことができる。

3　少年院の長は、第一項の支援を行うに当たっては、矯正教育の実施状況、第二十三条の二第二項の規定により聴取した心情等その他の被害者等に関する事情及び在院者が社会復帰をするに際し支援を必要とする事情を考慮するものとする。

4　少年院の長は、第一項の支援を行うに当たっては、保護観察所の長と連携を図るように努めなければならない。

（外出及び外泊）

第四十五条　少年院の長は、在院者（刑法第二十八条、少年法第五十八条又は国際受刑者移送法第二十二条の規定により仮釈放を許すことができる期間を経過していない受刑在院者を除く。）の円滑な社会復帰を図るため、少年院の外において、その者が、出院後の住居又は就業先の確保その他の一身上の重要な用務を行い、更生保護に関係のある者を訪問し、その他その出院後の社会生活に有用な体験をする必要があると認める場合であって、その者の改善更生の状況その他の事情を考慮し、相当と認めるときは、少年院の職員の同行なしに、外出し、又は七日以内の期間を定めて外泊することを許すことができる。

2　第四十条第四項から第六項まで（第五項第四号を除く。）の規定は、前項の規定による外出及び外泊について準用する。

（刑期不算入）

第四十六条　前条第一項の規定による外泊をした受刑在院者が、少年院の長が指定した日時までに少年院に帰着しなかった場合には、その外泊の期間は、刑期に算入しない。ただし、自己の責めに帰することのできない事由によって帰着することができなかった場合は、この限りでない。

（外出等に要する費用）

第四十七条　第四十五条第一項の規定による外出又は外泊に要する費用については、在院者が負担することができない場合又は少年院の長が相当と認める場合には、その全部又は一部を国庫の負担とする。

第七章　保健衛生及び医療

（保健衛生及び医療の原則）

第四十八条　少年院においては、在院者の心身の状況を把握することに努めるとともに、在院者の健全な心身の成長を図り、及び少年院内の衛生を保持するため、社会一般の保健衛生及び医療の水準に照らし適切な保健衛生上及び医療上の措置を講ずるものとする。

（運動）

第四十九条　在院者には、日曜日その他法務省令で定める日を除き、できる限り戸外で、その健全な心身の成長を図るため適切な運動を行う機会を与えなければならない。ただし、審判期日又は公判期日への出頭その他の事情により少年院の執務時間内にその機会を与えることができないときは、この限りでない。

（在院者の清潔義務）

第五十条　在院者は、身体、着衣及び所持品並びに居室その他日常使用する場所を清潔にしなければならない。

（入浴）

第五十一条　在院者には、法務省令で定めるところにより、少年院における保健衛生上適切な入浴を行わせる。

（調髪及びひげそり）

第五十二条　在院者には、法務省令で定めるところにより、調髪及びひげそりを行わせる。

2　少年院の長は、在院者が自弁により調髪を行いたい旨の申出をした場合において、その者の処遇上適当と認めるときは、これを許すことができる。

（健康診断）

第五十三条　少年院の長は、在院者に対し、その少年院への入院後速やかに、及びおおむね六月に一回以上定期的に、法務省令で定めるところにより、健康診断を行わなければならない。少年院における保健衛生上必要があるときも、同様とする。

2　在院者は、前項の規定による健康診断を受けなければならない。この場合においては、その健康診断の実施のため必要な限度内における採血、エックス線撮影その他の医学的処置を拒むことはできない。

（診療等）

第五十四条　少年院の長は、在院者が次の各号のいずれかに該当する場合には、速やかに、少年院の職員である医師等（医師又は歯科医師をいう。以下この項及び次条において同じ。）又は少年院の長が委嘱する医師等による診療（栄養補給の処置を含む。以下同じ。）を行い、その他必要な医療上の措置を執るものとする。ただし、第一号に該当する場合において、その者の心身に著しい障害が生じ、又は他人にその疾病を感染させるおそれがないときは、その者の意思に反しない場合に限る。

一　負傷し、若しくは疾病にかかっていると き、又はこれらの疑いがあるとき。

二　飲食物を摂取しない場合において、その心身に著しい障害が生ずるおそれがあるとき。

2　少年院の長は、前項の規定により診療を行う場合において、必要に応じ在院者を少年院の外の病院又は診療所に通院させ、やむを得ないときは在院者を少年院の外の病院又は診療所に入院させることができる。

（**指名医による診療**）

第五十五条　少年院の長は、負傷し、又は疾病にかかっている在院者について、その者又はその親権を行う者若しくは未成年後見人（以下「親権を行う者等」という。）が、医師等（少年院の職員である医師等及び少年院の長が委嘱する医師等を除く。）を指名して、その在院者がその診療を受けることを申請した場合において、傷病の種類及び程度、入院前にその医師等による診療を受けていたことその他の事情に照らして、その在院者の医療上適当であると認めるときは、少年院内において、その在院者が自弁によりその診療を受けることを許すことができる。

2　少年院の長は、前項の規定による診療を受けることを許す場合において、同項の診療を行う医師等（以下この条において「指名医」という。）の診療方法を確認するため、又はその後にその在院者に対して少年院において診療を行うため必要があるときは、少年院の職員をしてその診療に立ち会わせ、若しくはその診療に関して指名医に質問させ、又は診療録の写しその他のその診療に関する資料の提出を求めることができる。

3　指名医は、その診療に際し、少年院の長が法務省令で定めるところにより指示する事項を遵守しなければならない。

4　少年院の長は、第一項の規定による診療を受けることを許した場合において、その指名医が、第二項の規定により少年院の長が行う措置に従わないとき、前項の規定により少年院の長が指示する事項を遵守しないとき、その他その診療を継続することが不適当であるときは、これを中止し、以後、その指名医の診療を受けることを許さないことができる。

（**在院者の重態の通知等**）

第五十六条　少年院の長は、負傷し、又は疾病にかかっている在院者が重態となり、又はそのおそれがあると認めるときは、直ちに、その旨をその保護者その他相当と認める者に通知しなければならない。

2　少年院の長は、前項の規定により通知を受けた者から同項の在院者を看護したい旨の申出があった場合において、相当と認めるときは、法務省令で定めるところにより、その在院者に対し、その看護を受けることを許すことができる。

（**感染症予防上の措置**）

第五十七条　少年院の長は、少年院内における感染症の発生を予防し、又はそのまん延を防止するため必要がある場合には、在院者に対し、第五十三条の規定による健康診断又は第五十四条の規定による診療その他必要な医療上の措置を執るほか、予防接種、当該疾病を感染させるおそれがなくなるまでの間の隔離その他法務省令で定める措置を執るものとする。

（**養護のための措置等**）

第五十八条　少年院の長は、妊産婦、身体虚弱者その他の養護を必要とする在院者について、その養護を必要とする事情に応じ、傷病者のための措置に準じた措置を執るものとする。

2　少年院の長は、在院者が出産するときは、やむを得ない場合を除き、少年院の外の病院、診療所又は助産所に入院させるものとする。

（**子の養育**）

第五十九条　少年院の長は、女子の在院者がその子を少年院内で養育したい旨の申出をした場合において、相当と認めるときは、その子が一歳に達するまで、これを許すことができる。

2　少年院の長は、在院者が、前項の規定により養育され一歳に達した子について、引き続いて少年院内で養育したい旨の申出をした場合において、その在院者の心身の状況に照らして、又はその子を養育する上で、特に必要があるときは、引き続き六月間に限り、これを許すことができる。

3　在院者が前二項の規定により子を養育している場合には、その子の養育に必要な物品を貸与し、又は支給する。

4　前項に規定する場合において、在院者が、その子の養育に必要な物品について、自弁のものを使用し、若しくは摂取し、又はその子に使用させ、若しくは摂取させたい旨の申出をした場合には、少年院の規律及び秩序の維持その他管理運営上支障がない限り、これを許すものとする。

5　在院者が第一項又は第二項の規定により養育している子については、在院者の例により、健康診断、診療その他の必要な措置を執るものとする。

第八章　物品の貸与等及び自弁

（物品の貸与等）

第六十条　在院者には、次に掲げる物品（書籍等及び新聞紙を除く。以下この章において同じ。）であって、少年院における日常生活に必要なもの（第六十二条第一項各号に掲げる物品を除く。）を貸与し、又は支給する。

一　衣類及び寝具

二　食事及び湯茶

三　日用品、学用品その他の物品

2　在院者には、前項に定めるもののほか、法務省令で定めるところにより、必要に応じ、室内装飾品その他の少年院における日常生活に用いる物品（第六十二条第一項各号に掲げる物品を除く。）を貸与し、又は嗜好品（酒類及びたばこを除く。次条第四号において同じ。）を支給することができる。

（自弁の物品の使用等）

第六十一条　少年院の長は、在院者が、次に掲げる物品（次条第一項各号に掲げる物品を除く。）について、自弁のものを使用し、又は摂取したい旨の申出をした場合において、その者の処遇上適当と認めるときは、法務省令で定めるところにより、これを許すことができる。

一　衣類

二　食料品及び飲料

三　室内装飾品

四　嗜好品

五　日用品、学用品その他の少年院における日常生活に用いる物品

（補正器具等の自弁等）

第六十二条　在院者には、次に掲げる物品については、少年院の規律及び秩序の維持その他管理運営上支障を生ずるおそれがある場合を除き、自弁のものを使用させるものとする。

一　眼鏡その他の補正器具

二　信書を発するのに必要な封筒その他の物品

三　第四十五条第一項の規定による外出若しくは外泊又は第百十条第一項の規定による出席若しくは訪問の際に使用する衣類その他の物品

四　その他法務省令で定める物品

2　前項各号に掲げる物品について、在院者が自弁のものを使用することができない場合であって、必要と認めるときは、その者にこれを貸与し、又は支給するものとする。

（物品の貸与等の基準）

第六十三条　第六十条又は前条第二項の規定により在院者に貸与し、又は支給する物品は、在院者の健全な育成を図るのにふさわしく、かつ、国民生活の実情等を勘案し、在院者としての地位に照らして、適正と認められるものでなければならない。

第九章　金品の取扱い

（金品の検査）

第六十四条　少年院の職員は、次に掲げる金品について、検査を行うことができる。

一　在院者が入院の際に所持する現金及び物品

二　在院者が在院中に取得した現金及び物品（信書を除く。次号において同じ。）であって、同号に掲げる現金及び物品以外のもの（少年院の長から支給された物品を除く。）

三　在院者に交付するため当該在院者以外の者が少年院に持参し、又は送付した現金及び物品

（入院時の所持物品等の処分）

第六十五条　少年院の長は、前条第一号又は第二号に掲げる物品が次の各号のいずれかに該当するときは、在院者に対し、その物品について、その保護者等その他相当と認める者への交付その他相当の処分を求めるものとする。

一　保管に不便なものであるとき。

二　腐敗し、又は滅失するおそれがあるものであるとき。

三　危険を生ずるおそれがあるものであるとき。

2　前項の規定により物品の処分を求めた場合において、在院者が相当の期間内にその処分をしないときは、少年院の長は、これを売却してその代金を領置する。ただし、売却することができないものは、廃棄することができる。

（差入物の引取り等）

第六十六条　少年院の長は、第六十四条第三号に掲げる現金又は物品が次の各号のいずれにも該当しないときは、その現金又は物品を持参し、又は送付した者（以下「差入人」とい

う。）に対し、その引取りを求めるものとする。

一　在院者の保護者等が持参し、又は送付したものであるとき。

二　婚姻関係の調整、訴訟の遂行、修学又は就業の準備その他の在院者の身分上、法律上、教育上又は職業上の重大な利害に係る用務の処理のため在院者が交付を受けることが必要なものであるとき。

三　在院者が交付を受けることが、その改善更生に資すると認められるものであるとき。

2　前項の規定にかかわらず、少年院の長は、第六十四条第三号に掲げる現金又は物品であって、同項各号のいずれにも該当しないものについて、健全な社会生活を営むために必要な援助を受けることその他在院者がその交付を受けることを必要とする事情があり、かつ、その交付により、少年院の規律及び秩序を害し、又は在院者の矯正教育の適切な実施に支障を生ずるおそれがないと認めるときは、同項の規定による引取りを求めないことができる。

3　第一項の規定による引取りを求めることとした現金又は物品について、差入人の所在が明らかでないため同項の規定による引取りを求めることができないときは、少年院の長は、その旨を政令で定める方法によって公告しなければならない。

4　前項に規定する現金又は物品について、第一項の規定による引取りを求め、又は前項の規定により公告した日から起算して六月を経過する日までに差入人がその現金又は物品の引取りをしないときは、その現金又は物品は、国庫に帰属する。

5　第三項に規定する物品であって、前条第一項各号のいずれかに該当するものについては、少年院の長は、前項の期間内でも、これを売却してその代金を保管することができる。ただし、売却できないものは、廃棄することができる。

第六十七条　少年院の長は、第六十四条第三号に掲げる物品（前条第一項の規定による引取りを求めることとした物品を除く。）が次の各号のいずれかに該当するときは、差入人に対し、その引取りを求めるものとする。

一　自弁により使用し、若しくは摂取することができることとされる物品又は出院の際に必要と認められる物品（第七十一条及び第七十三条において「自弁物品等」という。）以外の物品であるとき。

二　第六十五条第一項各号のいずれかに該当する物品であるとき。

2　前項の規定による引取りを求めることとした物品について、差入人の所在が明らかでないため同項の規定による引取りを求めることができないとき、若しくはその引取りを求めることが相当でないとき、又は差入人がその引取りを拒んだときは、少年院の長は、在院者に対し、その保護者等その他相当と認める者への交付その他相当の処分を求めるものとする。

3　第六十五条第二項の規定は、前項の規定により処分を求めた場合について準用する。

第六十八条　少年院の長は、第六十四条第三号に掲げる現金又は物品について、第六十六条第一項又は前条第一項の規定による引取りを求めないこととした場合において、在院者がその交付を受けることを拒んだときは、差入人に対し、その引取りを求めるものとする。
この場合においては、第六十六条第三項及び第四項の規定を準用する。

（金品の領置）

第六十九条　次に掲げる金品は、少年院の長が領置する。

一　第六十四条第一号又は第二号に掲げる物品であって、第六十五条第一項各号のいずれにも該当しないもの

二　第六十四条第三号に掲げる物品であって、第六十六条第一項又は第六十七条第一項の規定による引取りを求めないこととしたもの（在院者が交付を受けることを拒んだ物品を除く。）

三　第六十四条各号に掲げる現金であって、第六十六条第一項の規定による引取りを求めないこととしたもの

2　少年院の長は、在院者について領置している物品（法務省令で定めるものを除く。）の総量（第七十一条において「領置総量」という。）が領置限度量（在院者一人当たりについて領置することができる物品の量として少年院の長が定める量をいう。同条において同じ。）を超えるときは、当該在院者に対し、その超過量に相当する量の物品について、その保護者等その他相当と認める者への交付その他相当の処分を求めることができる。腐敗し、又は滅失するおそれが生じた物品についても、同様とする。

3　第六十五条第二項の規定は、前項の規定に

より処分を求めた場合について準用する。

（領置物品の使用等）
第七十条　少年院の長は、在院者について領置している物品のうち、この法律の規定により在院者が使用し、又は摂取することができるものについて、在院者がその引渡しを求めた場合には、法務省令で定めるところにより、これを引き渡すものとする。ただし、その者が所持する物品の総量が次項の規定により所持することができる物品の量を超えることとなる場合は、この限りでない。

2　少年院の長は、法務省令で定めるところにより、前項本文の規定により在院者が引渡しを受けて所持する物品及び在院者が受けた信書でその保管するものに関し、これらを所持し、又は保管する方法並びに所持することができる物品の量及び保管することができる信書の通数について、少年院の管理運営上必要な制限をすることができる。

3　少年院の長は、第一項本文の規定により在院者が引渡しを受けて所持する物品又は在院者が受けた信書でその保管するものについて、その者が、少年院の長においてその物品の引渡しを受け、又はその信書を領置することを求めた場合には、その引渡しを受け、又は領置するものとする。

4　少年院の長は、第一項本文の規定により在院者が引渡しを受けて所持する物品又は在院者が受けた信書でその保管するものについて、在院者が第二項の規定による制限に違反したときは、その物品を取り上げること又はその信書を取り上げて領置することができる。

（領置金の使用）
第七十一条　少年院の長は、在院者が、自弁物品等を購入し、又は少年院における日常生活上自ら負担すべき費用に充てるため、領置されている現金を使用することを申請した場合には、必要な金額の現金の使用を許すものとする。ただし、自弁物品等の購入により領置総量が領置限度量を超えることとなるときは、この限りでない。

（領置金品の他の者への交付）
第七十二条　少年院の長は、在院者が、領置されている金品（第百五条に規定する文書図画に該当するものを除く。次項において同じ。）について、他の者（当該少年院に収容されている者を除く。同項において同じ。）への交付（信書の発信に該当するものを除く。同項において同じ。）を申請した場合において、次の各号のいずれかに該当するときは、これを許すものとする。

一　在院者の保護者等に交付するとき。

二　婚姻関係の調整、訴訟の遂行、修学又は就業の準備その他の在院者の身分上、法律上、教育上又は職業上の重大な利害に係る用務の処理のため在院者が交付することが必要であるとき。

三　在院者が交付することが、その改善更生に資すると認められるとき。

2　少年院の長は、在院者が、領置されている金品について、他の者への交付を申請した場合であって、前項各号のいずれにも該当しないときにおいて、健全な社会生活を営むために必要な援助を受けることその他在院者がその金品を交付することを必要とする事情があり、かつ、その交付により、少年院の規律及び秩序を害し、又は在院者の矯正教育の適切な実施に支障を生ずるおそれがないと認めるときは、これを許すことができる。

（差入れ等に関する制限）
第七十三条　少年院の長は、この章に定めるもののほか、法務省令で定めるところにより、差入人による在院者に対する金品の交付及び在院者による自弁物品等の購入について、少年院の管理運営上必要な制限をすることができる。

（領置物の引渡し）
第七十四条　少年院の長は、在院者の出院の際、領置している金品をその者又はその親権を行う者等に引き渡すものとする。

（出院者の遺留物）
第七十五条　出院した在院者の遺留物（少年院に遺留した金品をいう。以下同じ。）は、その出院の日から起算して六月を経過する日までに、その者又はその親権を行う者等からその引渡しを求める申出がなく、又はその引渡しに要する費用の提供がないときは、国庫に帰属する。

2　前項の期間内でも、少年院の長は、腐敗し、又は滅失するおそれが生じた遺留物は、廃棄することができる。

（逃走者等の遺留物）
第七十六条　在院者が次の各号のいずれかに該当する場合において、当該各号に定める日から起算して六月を経過する日までに、その者又はその親権を行う者等から引渡しを求める申出がなく、又は引渡しに要する費用の提供がないときは、その遺留物は、国庫に帰属す

司法・刑事法福祉

る。

一　逃走したとき　逃走した日

二　院外委嘱指導又は第四十五条第一項の規定による外出若しくは外泊の場合において、少年院の長が指定した日時までに少年院に帰着しなかったとき　その日

三　第九十条第二項の規定により解放された場合において、同条第三項に規定する避難を必要とする状況がなくなった後速やかに同項に規定する場所に出頭しなかったとき　避難を必要とする状況がなくなった日

2　前条第二項の規定は、前項の遺留物について準用する。

（死亡者の遺留物）

第七十七条　死亡した在院者の遺留物は、法務省令で定めるところにより、その遺族等に対し、その申請に基づき、引き渡すものとする。

2　死亡した在院者の遺留物がある場合において、その遺族等の所在が明らかでないため第百四十四条の規定による通知をすることができないときは、少年院の長は、その旨を政令で定める方法によって公告しなければならない。

3　第一項の遺留物は、第百四十四条の規定による通知をし、又は前項の規定により公告をした日から起算して六月を経過する日までに第一項の申請がないときは、国庫に帰属する。

4　第七十五条第二項の規定は、第一項の遺留物について準用する。

第十章　書籍等の閲覧

（少年院の書籍等）

第七十八条　少年院の長は、在院者の健全な育成を図るのにふさわしい書籍等の整備に努め、矯正教育及び在院者の円滑な社会復帰のための支援を行うに当たってこれを積極的に活用するとともに、在院者が学習、娯楽等の目的で自主的にこれを閲覧する機会を与えるものとする。

2　前項に規定する閲覧の方法は、少年院の長が定める。

（自弁の書籍等の閲覧）

第七十九条　少年院の長は、在院者が、自弁の書籍等を閲覧したい旨の申出をした場合において、その閲覧により、少年院の規律及び秩序を害する結果を生じ、又はその者の矯正教育の適切な実施に支障を生ずるおそれがないと認めるときは、これを許すことができる。

2　少年院の長は、前項の規定により閲覧を許すか否かを判断するに当たっては、書籍等の閲覧が、一般に、青少年の健全な育成に資するものであることに留意しなければならない。

3　第一項の規定により閲覧を許すか否かを判断するため自弁の書籍等の翻訳が必要であるときは、法務省令で定めるところにより、在院者にその費用を負担させることができる。この場合において、在院者が負担すべき費用を負担しないときは、その閲覧を許さない。

（時事の報道に接する機会の付与）

第八十条　少年院の長は、在院者に対し、日刊新聞紙の備付け、報道番組の放送その他の方法により、できる限り、主要な時事の報道に接する機会を与えるように努めなければならない。

第十一章　宗教上の行為等

（一人で行う宗教上の行為）

第八十一条　在院者が一人で行う礼拝その他の宗教上の行為は、これを禁止し、又は制限してはならない。ただし、少年院の規律及び秩序の維持その他管理運営上支障を生ずるおそれがある場合は、この限りでない。

（宗教上の儀式行事及び教誨）

第八十二条　少年院の長は、在院者が宗教家（民間の篤志家に限る。以下この項において同じ。）の行う宗教上の儀式行事に参加し、又は宗教家の行う宗教上の教誨を受けることができる機会を設けるように努めなければならない。

2　少年院の長は、少年院の規律及び秩序の維持その他管理運営上支障を生ずるおそれがある場合には、在院者に前項に規定する儀式行事に参加させず、又は同項に規定する教誨を受けさせないことができる。

第十二章　規律及び秩序の維持

（少年院の規律及び秩序）

第八十三条　少年院の規律及び秩序は、在院者の処遇の適切な実施を確保し、並びにその改善更生及び円滑な社会復帰を図るのにふさわしい安全かつ平穏な共同生活を保持することができるよう、適正に維持されなければならない。

2　前項の目的を達成するため執る措置は、そのために必要な限度を超えてはならない。

（遵守事項等）

第八十四条　少年院の長は、在院者が遵守すべき事項（次項及び第百十三条第一項において「遵守事項」という。）を定める。

2　遵守事項は、次に掲げる事項を具体的に定めるものとする。

一　犯罪行為をしてはならないこと。

二　他人に対し、粗野若しくは乱暴な言動をし、又は迷惑を及ぼす行為をしてはならないこと。

三　自身を傷つける行為をしてはならないこと。

四　少年院の職員の職務の執行を妨げる行為をしてはならないこと。

五　自己又は他の在院者の収容の確保を妨げるおそれのある行為をしてはならないこと。

六　少年院の安全を害するおそれのある行為をしてはならないこと。

七　少年院内の衛生又は風紀を害する行為をしてはならないこと。

八　金品について、不正な使用、所持、授受その他の行為をしてはならないこと。

九　正当な理由なく、日課に定められた矯正教育の時間帯における矯正教育を拒んではならないこと。

十　前各号に掲げるもののほか、少年院の規律及び秩序を維持するため必要な事項

十一　前各号に掲げる事項について定めた遵守事項又は第四十条第四項（第四十五条第二項において準用する場合を含む。）に規定する特別遵守事項に違反する行為を企て、あおり、唆し、又は援助してはならないこと。

3　前二項のほか、少年院の長又はその指定する職員は、少年院の規律及び秩序を維持するため必要がある場合には、在院者に対し、その生活及び行動について指示することができる。

（**身体の検査等**）

第八十五条　指定職員は、少年院の規律及び秩序を維持するため必要がある場合には、在院者について、その身体、着衣、所持品及び居室を検査し、並びにその所持品を取り上げて一時保管することができる。

2　第二十一条第二項の規定は、前項の規定による女子の在院者の身体及び着衣の検査について準用する。

3　指定職員は、少年院の規律及び秩序を維持するため必要がある場合には、少年院内において、在院者以外の者（弁護士である付添人若しくは在院者若しくはその保護者、法定代理人、保佐人、配偶者、直系の親族若しくは兄弟姉妹の依頼により付添人となろうとする弁護士又は弁護人等（弁護人又は刑事訴訟法（昭和二十三年法律第百三十一号）第三十九条第一項に規定する弁護人となろうとする者をいう。以下同じ。）を除く。）の着衣及び携帯品を検査し、並びにその者の携帯品を取り上げて一時保管することができる。

4　前項の検査は、文書図画の内容の検査に及んではならない。

（**制止等の措置**）

第八十六条　指定職員は、在院者が自身を傷つけ若しくは他人に危害を加え、逃走し、少年院の職員の職務の執行を妨げ、その他少年院の規律及び秩序を著しく害する行為をし、又はこれらの行為をしようとする場合には、合理的に必要と判断される限度で、その行為を制止し、その在院者を拘束し、その他その行為を抑止するため必要な措置を執ることができる。

2　指定職員は、在院者以外の者が次の各号のいずれかに該当する場合には、合理的に必要と判断される限度で、その行為を制止し、その行為をする者を拘束し、その他その行為を抑止するため必要な措置を執ることができる。

一　少年院に侵入し、その設備を損壊し、少年院の職員の職務執行を妨げ、又はこれらの行為をまさにしようとするとき。

二　指定職員の要求を受けたのに少年院から退去しないとき。

三　在院者の逃走又は少年院の職員の職務執行の妨害を、現場で、援助し、あおり、又は唆すとき。

四　在院者に危害を加え、又はまさに加えようとするとき。

3　前二項の措置に必要な警備用具については、法務省令で定める。

（**手錠の使用**）

第八十七条　指定職員は、在院者を護送するとき、又は在院者が次の各号のいずれかの行為をするおそれがある場合において、やむを得ないときは、少年院の長の命令により、法務省令で定めるところにより、手錠（手錠に附属するひもがある場合にはこれを含む。以下この条及び第百二十一条第一項第六号において同じ。）を使用することができる。

一　逃走すること。

二　自身を傷つけ、又は他人に危害を加えること。
三　少年院の設備、器具その他の物を損壊すること。

2　前項に規定する場合において、少年院の長の命令を待ついとまがないときは、指定職員は、その命令を待たないで、手錠を使用することができる。この場合には、速やかに、その旨を少年院の長に報告しなければならない。

3　在院者を護送する際に手錠を使用するに当たっては、その名誉をいたずらに害することのないように配慮しなければならない。

4　手錠の制式は、法務省令で定める。

（保護室への収容）
第八十八条　指定職員は、在院者が次の各号のいずれかに該当する場合において、やむを得ないときは、少年院の長の命令により、その者を保護室に収容することができる。
一　自身を傷つけるおそれがあるとき。
二　次のイからハまでのいずれかに該当する場合において、少年院の規律及び秩序を維持するため特に必要があるとき。
イ　指定職員の制止に従わず、大声又は騒音を発するとき。
ロ　他人に危害を加えるおそれがあるとき。
ハ　少年院の設備、器具その他の物を損壊し、又は汚損するおそれがあるとき。

2　前項に規定する場合において、少年院の長の命令を待ついとまがないときは、指定職員は、その命令を待たないで、その在院者を保護室に収容することができる。この場合には、速やかに、その旨を少年院の長に報告しなければならない。

3　保護室への収容の期間は、七十二時間以内とする。ただし、特に継続の必要がある場合には、少年院の長は、四十八時間ごとにこれを更新することができる。

4　保護室に収容されている在院者に対しては、その心情の安定を図るための適切な働き掛けを行うように努めなければならない。

5　少年院の長は、第三項の期間中であっても、保護室への収容の必要がなくなったときは、直ちにその収容を中止させなければならない。

6　在院者を保護室に収容し、又はその収容の期間を更新した場合には、少年院の長は、速やかに、その在院者の健康状態について、少年院の職員である医師又は少年院の長が委嘱する医師の意見を聴かなければならない。

7　保護室の構造及び設備の基準は、法務省令で定める。

（収容のための連戻し）
第八十九条　指定職員は、在院者が次の各号のいずれかに該当する場合には、これを連れ戻すことができる。ただし、当該各号に定める時から四十八時間を経過した後は、保護処分在院者にあっては裁判官のあらかじめ発する連戻状によらなければ連戻しに着手することができず、受刑在院者にあっては連戻しに着手することができない。
一　逃走したとき　逃走の時
二　院外委嘱指導又は第四十五条第一項の規定による外出若しくは外泊の場合において、少年院の長が指定した日時までに少年院に帰着しなかったとき　その日時

2　前項の規定による連戻しが困難である場合には、少年院の長は、警察官に対して連戻しのための援助を求めることができる。この場合において、援助を求められた警察官については、同項の規定を準用する。

3　第一項ただし書（前項において準用する場合を含む。）の連戻状は、少年院の長の請求により、その少年院の所在地を管轄する家庭裁判所の裁判官が発する。この場合においては、少年法第四条及び第三十六条の規定を準用する。

（災害時の避難及び解放）
第九十条　少年院の長は、地震、火災その他の災害に際し、少年院内において避難の方法がないときは、在院者を適当な場所に護送しなければならない。

2　前項の場合において、在院者を護送することができないときは、少年院の長は、その者を少年院から解放することができる。地震、火災その他の災害に際し、少年院の外にある在院者を避難させるため適当な場所に護送することができない場合も、同様とする。

3　前項の規定により解放された者は、避難を必要とする状況がなくなった後速やかに、少年院又は少年院の長が指定した場所に出頭しなければならない。

4　指定職員は、第二項の規定により解放された保護処分在院者が前項の規定に違反して少年院又は指定された場所に出頭しないときは、裁判官のあらかじめ発する連戻状により、その者を連れ戻すことができる。

5　前項の規定による連戻しが困難である場合

には、少年院の長は、警察官に対して連戻しのための援助を求めることができる。この場合において、援助を求められた警察官については、同項の規定を準用する。

6　前条第三項の規定は、第四項（前項において準用する場合を含む。）の連戻状について準用する。

第十三章　外部交通

第一節　留意事項

第九十一条　この章の定めるところにより、在院者に対し、外部交通（面会、信書の発受及び第百六条第一項の通信をいう。以下この条において同じ。）を行うことを許し、又はこれを禁止し、差し止め、若しくは制限するに当たっては、適正な外部交通が在院者の改善更生及び円滑な社会復帰に資するものであることに留意しなければならない。

第二節　面会

（面会の相手方）

第九十二条　少年院の長は、在院者に対し、次に掲げる者から面会の申出があったときは、第百九条第三項の規定により禁止される場合を除き、これを許すものとする。

一　在院者の保護者等

二　婚姻関係の調整、訴訟の遂行、修学又は就業の準備その他の在院者の身分上、法律上、教育上又は職業上の重大な利害に係る用務の処理のため面会することが必要な者

三　在院者の更生保護に関係のある者その他の面会により在院者の改善更生に資すると認められる者

2　少年院の長は、在院者に対し、前項各号に掲げる者以外の者から面会の申出があった場合において、健全な社会生活を営むために必要な援助を受けることその他面会することを必要とする事情があり、かつ、面会により、少年院の規律及び秩序を害する結果を生じ、又は在院者の矯正教育の適切な実施に支障を生ずるおそれがないと認めるときは、これを許すことができる。

（面会の立会い等）

第九十三条　少年院の長は、その指名する職員に、在院者の面会（付添人等（付添人又は在院者若しくはその保護者、法定代理人、保佐人、配偶者、直系の親族若しくは兄弟姉妹の依頼により付添人となろうとする弁護士をいう。以下同じ。）又は弁護人等との面会を除く。）に立ち会わせ、若しくはその面会の状況を録音させ、若しくは録画させるものとする。ただし、少年院の規律及び秩序を害する結果を生じ、又は在院者の矯正教育の適切な実施に支障を生ずるおそれがないと認める場合には、その立会い並びに録音及び録画（次項において「立会い等」という。）をさせないことができる。

2　少年院の長は、前項の規定にかかわらず、在院者の次に掲げる者との面会については、少年院の規律及び秩序を害する結果を生ずるおそれがあると認めるべき特別の事情がある場合を除き、立会い等をさせてはならない。

一　自己に対する少年院の長の措置その他自己が受けた処遇に関し調査を行う国又は地方公共団体の機関の職員

二　自己に対する少年院の長の措置その他自己が受けた処遇に関し弁護士法（昭和二十四年法律第二百五号）第三条第一項に規定する職務を遂行する弁護士

（面会の一時停止及び終了）

第九十四条　少年院の職員は、次の各号のいずれか（付添人等又は弁護人等との面会の場合にあっては、第一号ロに限る。）に該当する場合には、その行為若しくは発言を制止し、又はその面会を一時停止させることができる。この場合においては、面会の一時停止のため、在院者又は面会の相手方に対し面会の場所からの退出を命じ、その他必要な措置を執ることができる。

一　在院者又は面会の相手方が次のイ又はロのいずれかに該当する行為をするとき。

イ　次条第一項の規定による制限に違反する行為

ロ　少年院の規律及び秩序を害する行為

二　在院者又は面会の相手方が次のイからホまでのいずれかに該当する内容の発言をするとき。

イ　暗号の使用その他の理由によって、少年院の職員が理解できないもの

ロ　犯罪又は非行を助長し、又は誘発するもの

ハ　少年院の規律及び秩序を害する結果を生ずるおそれのあるもの

ニ　在院者の矯正教育の適切な実施に支障を生ずるおそれのあるもの

ホ　特定の用務の処理のため必要であることを理由として許された面会において、その用務の処理のため必要な範囲を明ら

かに逸脱するもの

2　少年院の長は、前項の規定により面会が一時停止された場合において、面会を継続させることが相当でないと認めるときは、その面会を終わらせることができる。

（面会に関する制限）

第九十五条　少年院の長は、在院者の面会（付添人等又は弁護人等との面会を除く。）に関し、法務省令で定めるところにより、面会の相手方の人数、面会の場所、日及び時間帯、面会の時間及び回数その他面会の態様について、少年院の規律及び秩序の維持その他管理運営上必要な制限をすることができる。

2　前項の規定により面会の回数について制限をするときは、その回数は、一月につき二回を下回ってはならない。

第九十六条　在院者の付添人等又は弁護人等との面会の日及び時間帯は、日曜日その他政令で定める日以外の日の少年院の執務時間内とする。

2　前項の面会の相手方の人数は、三人以内とする。

3　少年院の長は、付添人等又は弁護人等から前二項の定めによらない面会の申出がある場合においても、少年院の管理運営上支障があるときを除き、これを許すものとする。

4　少年院の長は、第一項の面会に関し、法務省令で定めるところにより、面会の場所について、少年院の規律及び秩序の維持その他管理運営上必要な制限をすることができる。

（宿泊面会）

第九十七条　少年院の長は、在院者に対してその保護者その他相当と認める者との面会を許す場合において、在院者及びその保護者その他相当と認める者の意向その他の事情を踏まえ、相当と認めるときは、法務省令で定めるところにより、在院者を少年院の特に区別した場所に収容し、同所にその保護者その他相当と認める者を宿泊させる方法により面会させることができる。

第三節　信書の発受

（発受を許す信書）

第九十八条　少年院の長は、在院者に対し、この節、第百九条第三項又は次章の規定により禁止される場合を除き、他の者との間で信書を発受することを許すものとする。

（信書の検査）

第九十九条　少年院の長は、その指名する職員に、在院者が発受する信書について、検査を行わせるものとする。

2　次に掲げる信書については、前項の検査は、これらの信書に該当することを確認するために必要な限度において行うものとする。ただし、第四号に掲げる信書について、少年院の規律及び秩序を害する結果を生ずるおそれがあると認めるべき特別の事情がある場合は、この限りでない。

一　在院者が付添人等又は弁護人等から受ける信書

二　在院者が国又は地方公共団体の機関から受ける信書

三　在院者が自己に対する少年院の長の措置その他自己が受けた処遇に関し調査を行う国又は地方公共団体の機関に対して発する信書

四　在院者が自己に対する少年院の長の措置その他自己が受けた処遇に関し弁護士法第三条第一項に規定する職務を遂行する弁護士（弁護士法人及び弁護士・外国法事務弁護士共同法人を含む。第百一条第二項において同じ。）との間で発受する信書

3　少年院の長は、少年院の規律及び秩序を害する結果を生じ、又は在院者の矯正教育の適切な実施に支障を生ずるおそれがないと認める場合は、前二項の規定にかかわらず、第一項の検査を行わせないことができる。

（信書の発受の禁止）

第百条　少年院の長は、犯罪性のある者その他在院者が信書を発受することにより、少年院の規律及び秩序を害し、又は在院者の矯正教育の適切な実施に支障を生ずるおそれがある者（在院者の保護者等を除く。）については、在院者がその者との間で信書を発受することを禁止することができる。ただし、婚姻関係の調整、訴訟の遂行、修学又は就業の準備その他の在院者の身分上、法律上、教育上又は職業上の重大な利害に係る用務の処理のため信書を発受する場合は、この限りでない。

（信書の内容による差止め等）

第百一条　少年院の長は、第九十九条の規定による検査の結果、在院者が発受する信書について、その全部又は一部が次の各号のいずれかに該当する場合には、その発受を差し止め、又はその該当箇所を削除し、若しくは抹消することができる。同条第二項各号に掲げる信書について、これらの信書に該当することを確認する過程においてその全部又は一部が次の各号のいずれかに該当することが判明

した場合も、同様とする。

一　暗号の使用その他の理由によって、少年院の職員が理解できない内容のものであるとき。

二　発受によって、刑罰法令に触れる行為をすることとなり、又は犯罪若しくは非行を助長し、若しくは誘発するおそれがあるとき。

三　発受によって、少年院の規律及び秩序を害する結果を生ずるおそれがあるとき。

四　威迫にわたる記述又は明らかな虚偽の記述があるため、受信者を著しく不安にさせ、又は受信者に損害を被らせるおそれがあるとき。

五　受信者を著しく侮辱する記述があるとき。

六　発受によって、在院者の矯正教育の適切な実施に支障を生ずるおそれがあるとき。

2　前項の規定にかかわらず、在院者が国又は地方公共団体の機関との間で発受する信書であってその機関の権限に属する事項を含むもの及び在院者が弁護士との間で発受する信書であってその在院者に係る弁護士法第三条第一項に規定する弁護士の職務に属する事項を含むものについては、その発受の差止め又はその事項に係る部分の削除若しくは抹消は、その部分の全部又は一部が前項第一号から第三号までのいずれかに該当する場合に限り、これを行うことができる。

（信書に関する制限）

第百二条　少年院の長は、法務省令で定めるところにより、在院者が発する信書の作成要領、その発信の申請の日及び時間帯、在院者が発信を申請する信書（付添人等又は弁護人等に対して発するものを除く。）の通数並びに在院者の信書の発受の方法について、少年院の管理運営上必要な制限をすることができる。

2　前項の規定により在院者が発信を申請する信書の通数について制限をするときは、その通数は、一月につき四通を下回ってはならない。

（発信に要する費用）

第百三条　信書の発信に要する費用については、在院者が負担することができない場合において、少年院の長が発信の目的に照らし相当と認めるときは、その全部又は一部を国庫の負担とする。

（発受を禁止した信書等の取扱い）

第百四条　少年院の長は、第百条、第百一条又は第百九条第三項の規定により信書の発受を禁止し、又は差し止めた場合にはその信書を、第百一条の規定により信書の一部を削除した場合にはその削除した部分を保管するものとする。

2　少年院の長は、第百一条の規定により信書の記述の一部を抹消する場合には、その抹消する部分の複製を作成し、これを保管するものとする。

3　少年院の長は、在院者の出院の際、前二項の規定により保管する信書の全部若しくは一部又は複製（以下「発受禁止信書等」という。）をその者又はその親権を行う者等に引き渡すものとする。

4　少年院の長は、法務省令で定めるところにより、在院者が死亡した場合には、その遺族等に対し、その申請に基づき、発受禁止信書等を引き渡すものとする。

5　前二項の規定にかかわらず、発受禁止信書等の引渡しにより、少年院の規律及び秩序の維持に支障を生じ、又は在院者の犯罪若しくは非行を助長し、若しくは誘発するおそれがあるときは、これを引き渡さないものとする。次に掲げる場合において、その引渡しにより少年院の規律及び秩序の維持に支障を生じ、又は在院者の犯罪若しくは非行を助長し、若しくは誘発するおそれがあるときも、同様とする。

一　出院した在院者又はその親権を行う者等が、在院者の出院後に、発受禁止信書等の引渡しを求めたとき。

二　在院者が第七十六条第一項各号のいずれかに該当する場合において、その在院者又はその親権を行う者等が、発受禁止信書等の引渡しを求めたとき。

6　第七十五条第一項、第七十六条第一項並びに第七十七条第二項及び第三項の規定は、在院者に係る発受禁止信書等（前項の規定により引き渡さないこととされたものを除く。）について準用する。この場合において、同条第三項中「第一項の申請」とあるのは、「第百四条第四項の申請」と読み替えるものとする。

7　第五項の規定により引き渡さないこととした発受禁止信書等は、在院者の出院の日若しくは死亡の日又は在院者が第七十六条第一項各号のいずれかに該当することとなった日から起算して三年を経過した日に、国庫に帰属する。

（在院者作成の文書図画）
第百五条　少年院の長は、在院者が、その作成した文書図画（信書を除く。）を他の者に交付することを申請した場合には、その交付につき、在院者が発する信書に準じて検査その他の措置を執ることができる。

第四節　電話等による通信

（電話等による通信）
第百六条　少年院の長は、在院者に対し、その改善更生又は円滑な社会復帰に資すると認めるとき、その他相当と認めるときは、第九十二条第一項各号に掲げる者との間において、電話その他政令で定める電気通信の方法による通信を行うことを許すことができる。
2　第百三条の規定は、前項の通信について準用する。

（通信の確認等）
第百七条　少年院の長は、その指名する職員に、前条第一項の通信の内容を確認するため、その通信を受けさせ、又はその内容を記録させるものとする。ただし、その通信により、少年院の規律及び秩序の維持を害する結果を生じ、又は在院者の矯正教育の適切な実施に支障を生ずるおそれがないと認めるときは、この限りでない。
2　第九十四条（第一項第一号イを除く。）の規定は、前条第一項の通信について準用する。

第五節　雑則

（外部交通の助言又は援助）
第百八条　少年院の長は、在院者が面会し、信書を発し、又は第百六条第一項の通信を行う場合において、その相手方との意思疎通を円滑に行い、良好な関係を築くことができるようにするため必要と認めるときは、在院者に対し、助言又は援助を行うものとする。ただし、在院者が、付添人等若しくは弁護人等その他法務省令で定める者と面会し、又はこれらの者に対して信書を発しようとする場合は、この限りでない。

（外国語による面会等）
第百九条　少年院の長は、在院者又はその面会等（面会又は第百六条第一項の通信をいう。以下この条において同じ。）の相手方が国語に通じない場合には、外国語による面会等を許すものとする。この場合において、発言又は通信の内容を確認するため通訳又は翻訳が必要であるときは、法務省令で定めるところにより、その在院者にその費用を負担させることができる。
2　少年院の長は、在院者又はその信書の発受の相手方が国語に通じない場合その他相当と認める場合には、外国語による信書の発受を許すものとする。この場合において、信書の内容を確認するため翻訳が必要であるときは、法務省令で定めるところにより、その在院者にその費用を負担させることができる。
3　在院者が前二項の規定により負担すべき費用を負担しないときは、その面会等又は信書の発受を許さない。

（近親者の葬式への出席等）
第百十条　少年院の長は、在院者が、その近親者（配偶者及び三親等以内の親族をいう。以下この項において同じ。）の葬式へ出席し、又は負傷若しくは疾病により重態であるその在院者の近親者を訪問することを適当と認めるときは、これを許すことができる。
2　前項の規定による出席又は訪問をするために要する費用のうち、在院者に係る交通費は、在院者の負担とする。ただし、少年院の長は、在院者が貧困のためこれを完納することができないとき、その他相当と認めるときは、その全部又は一部を免除することができる。

（条約の効力）
第百十一条　この章及び次章に規定する面会及び信書の発受に関する事項について条約に別段の定めがあるときは、その規定による。

第十四章　賞罰

（賞）
第百十二条　少年院の長は、在院者が善行をなし、第三十五条第一項の成績の評価を向上させ、又は一定の技能を習得した場合には、法務省令で定めるところにより、賞詞、賞票その他の賞を与えることができる。

（懲戒の要件等）
第百十三条　少年院の長は、在院者が、遵守事項若しくは第四十条第四項（第四十五条第二項において準用する場合を含む。）に規定する特別遵守事項を遵守せず、又は第八十四条第三項の規定に基づき少年院の職員が行った指示に従わなかった場合には、その在院者に懲戒を行うことができる。
2　懲戒を行うに当たっては、懲戒が行われるべき行為（以下「反則行為」という。）をした在院者の年齢、心身の状態及び行状、反則行為の性質、軽重、動機及び少年院の運営に及ぼした影響、反則行為後におけるその在院者の態度、懲戒がその者の改善更生に及ぼす影響その他の事情を考慮しなければならない。

3　懲戒は、反則行為を抑制するのに必要な限度を超えてはならない。

（懲戒の種類）

第百十四条　在院者に行う懲戒の種類は、次のとおりとする。

一　厳重な訓戒

二　二十日以内の謹慎

（謹慎の内容）

第百十五条　前条第二号に規定する謹慎（以下この条及び第百十九条第三項において単に「謹慎」という。）においては、次に掲げる行為を停止し、法務省令で定めるところにより、居室内において処遇し、在院者に反省を促すものとする。

一　第六十一条の規定により自弁の物品（少年院の長が指定する物品を除く。）を使用し、又は摂取すること。

二　書籍等及び新聞紙（いずれも被告人若しくは被疑者としての権利の保護又は訴訟の準備その他の権利の保護に必要と認められるものを除く。）を閲覧すること。

三　宗教上の儀式行事に参加し、又は他の在院者と共に宗教上の教誨を受けること。

四　面会すること（第九十二条第一項各号に掲げる者と面会する場合及び被告人若しくは被疑者としての権利の保護又は訴訟の準備その他の権利の保護に必要と認められる場合を除く。）。

五　信書を発受すること（次のイからハまでに掲げる信書を発受する場合及び被告人若しくは被疑者としての権利の保護又は訴訟の準備その他の権利の保護に必要と認められる場合を除く。）。

イ　在院者の保護者等との間で発受する信書

ロ　婚姻関係の調整、訴訟の遂行、修学又は就業の準備その他の在院者の身分上、法律上、教育上又は職業上の重大な利害に係る用務の処理のため発受する信書

ハ　発受により在院者の改善更生に資すると認められる信書

2　謹慎に付されている在院者については、第四十九条の規定にかかわらず、その健全な心身の成長に支障を生じない限度において、法務省令で定める基準に従い、運動を制限することができる。

3　謹慎に付されている在院者には、謹慎の趣旨を踏まえ、適切な矯正教育を行うものとする。

（反則行為に係る物の国庫への帰属）

第百十六条　少年院の長は、懲戒を行う場合において、少年院の規律及び秩序を維持するため必要があるときは、次に掲げる物を国庫に帰属させることができる。ただし、反則行為をした在院者以外の者に属する物については、この限りでない。

一　反則行為を組成した物

二　反則行為の用に供し、又は供しようとした物

三　反則行為によって生じ、若しくはこれによって得た物又は反則行為の報酬として得た物

四　前号に掲げる物の対価として得た物

（反則行為の調査）

第百十七条　少年院の長は、在院者が反則行為をした疑いがあると思料する場合には、反則行為の有無及び第百十三条第二項の規定により考慮すべき事情並びに前条の規定による処分の要件の有無について、できる限り速やかに調査を行わなければならない。

2　少年院の長は、前項の調査をするため必要があるときは、指定職員に、在院者の身体、着衣、所持品及び居室を検査させ、並びにその所持品を取り上げて一時保管させることができる。

3　第二十一条第二項の規定は、前項の規定による女子の在院者の身体及び着衣の検査について準用する。

4　少年院の長は、在院者について、反則行為をした疑いがあると思料する場合において、必要があるときは、法務省令で定めるところにより、他の在院者との接触を制限するため必要な措置を執ることができる。

5　前項の措置を執ることができる期間は、十日間とする。ただし、少年院の長は、やむを得ない事由があると認めるときは、十日間に限り、その期間を延長することができる。

6　少年院の長は、前項の期間中であっても、第四項の措置を執る必要がなくなったときは、直ちにその措置を中止しなければならない。

（懲戒を行う手続）

第百十八条　少年院の長は、在院者に懲戒を行おうとする場合には、法務省令で定めるとこ

ろにより、その聴取をする三人以上の職員を指名した上、その在院者に対し、弁明の機会を与えなければならない。この場合においては、その在院者に対し、あらかじめ、書面で、弁明をすべき日時又は期限及び懲戒（第百十六条の規定による処分を含む。次項及び次条において同じ。）の原因となる事実の要旨を通知するとともに、在院者を補佐すべき者を少年院の職員のうちから指名しなければならない。

2　前項前段の規定により指名を受けた職員は、懲戒を行うことの適否及び行うべき懲戒の内容について協議し、これらの事項についての意見及び在院者の弁明の内容を記載した報告書を少年院の長に提出しなければならない。

3　第一項後段の規定により指名を受けた職員は、前条第一項の調査の結果を踏まえつつ、在院者から事情を聴取した上で、その正当な利益を保護するためにその者を誠実に補佐しなければならない。

（懲戒の実施）

第百十九条　少年院の長は、懲戒を行うときは、在院者に対し、懲戒の内容及び懲戒の原因として認定した事実の要旨を告知した上、直ちにこれを行うものとする。ただし、反省の情が著しい場合その他相当の理由がある場合には、その実施を延期し、又はその全部若しくは一部の実施を免除することができる。

2　懲戒を行うに当たっては、反則行為をした在院者の規範意識を醸成し、その改善更生に資するよう努めなければならない。

3　少年院の長は、在院者を謹慎に付するに当たっては、その者の健康状態について、少年院の職員である医師又は少年院の長が委嘱する医師の意見を聴かなければならない。

第十五章　救済の申出等

第一節　救済の申出

（救済の申出）

第百二十条　在院者は、自己に対する少年院の長の措置その他自己が受けた処遇について苦情があるときは、書面で、法務大臣に対し、救済を求める申出をすることができる。

第百二十一条　出院した者は、自己に対する第一号から第四号までに掲げる少年院の長の措置又は自己に対する第五号から第七号までに掲げる少年院の職員による行為について苦情があるときは、書面で、法務大臣に対し、救済を求める申出をすることができる。

一　第七十九条第三項の規定による費用を負担させる処分

二　第百四条第五項前段の規定による発受禁止信書等の引渡しをしない処分（同条第三項の規定による引渡しに係るものに限る。第百二十六条第一項第六号において同じ。）

三　第百九条第一項又は第二項の規定による費用を負担させる処分

四　第百十六条の規定による物を国庫に帰属させる処分

五　身体に対する有形力の行使

六　手錠の使用

七　保護室への収容

2　前項の規定による申出は、出院した日の翌日から起算して三十日以内にしなければならない。

3　天災その他前項の期間内に第一項の規定による申出をしなかったことについてやむを得ない理由があるときは、前項の規定にかかわらず、その理由がやんだ日の翌日から起算して一週間以内に限り、その申出をすることができる。

第百二十二条　第百二十条又は前条第一項の規定による申出（以下「救済の申出」という。）は、これを行う者が自らしなければならない。

（相談員）

第百二十三条　少年院の長の指名を受けた少年院の職員（次項及び第百三十一条第一項において「相談員」という。）は、在院者に対し、救済の申出に関する相談に応じるものとする。

2　相談員は、その相談によって知り得た救済の申出の内容をその少年院の他の職員に漏らしてはならない。

（調査）

第百二十四条　法務大臣は、職権で、救済の申出に関して必要な調査をするものとする。

2　法務大臣は、前項の調査をするため必要があるときは、少年院の長に対し、報告若しくは資料その他の物件の提出を命じ、又はその指名する職員をして、救済の申出をした者その他の関係者に対し質問をさせ、若しくは物件の提出を求めさせ、これらの者が提出した物件を留め置かせ、若しくは検証を行わせることができる。

（処理）

第百二十五条　法務大臣は、救済の申出を受けたときは、これを誠実に処理するものとする。

2　法務大臣は、救済の申出の内容が、その申出をした者に対する第百二十一条第一項第五号から第七号までに掲げる少年院の職員による行為に係るものである場合にあってはできる限り六十日以内に、それら以外のものである場合にあってはできる限り九十日以内にその処理を終えるよう努めるものとする。

（**法務大臣の措置**）

第百二十六条　法務大臣は、救済の申出の内容がその申出をした者に対する次に掲げる少年院の長の措置に係るものであって、その措置が違法又は不当であることを確認した場合において、必要があると認めるときは、その措置の全部又は一部を取り消し、又は変更するものとする。

一　第五十五条第一項の規定による診療を受けることを許さない処分又は同条第四項の規定による診療の中止

二　第七十一条の規定による領置されている現金の使用又は第七十二条の規定による領置されている金品の交付を許さない処分

三　第七十九条第三項の規定による費用を負担させる処分

四　第八十一条に規定する宗教上の行為の禁止又は制限

五　第百条、第百一条、第百二条第一項又は第百五条の規定による信書の発受又は文書図画の交付の禁止、差止め又は制限

六　第百四条第五項前段の規定による発受禁止信書等の引渡しをしない処分

七　第百九条第一項又は第二項の規定による費用を負担させる処分

八　第百十三条第一項の規定による懲戒

九　第百十六条の規定による物を国庫に帰属させる処分

十　第百十七条第四項の規定による措置

2　法務大臣は、救済の申出の内容がその申出をした者に対する第百二十一条第一項第五号から第七号までに掲げる少年院の職員による行為に係るものであって、同項第五号に掲げる行為にあってはその行為が違法であることを、同項第六号又は第七号に掲げる行為にあってはその行為が違法又は不当であることを確認した場合において、必要があると認めるときは、同様の行為の再発の防止のため必要な措置その他の措置を執るものとする。

（**通知**）

第百二十七条　法務大臣は、第百二十五条の規定による処理を終えたときは、速やかに、処理の結果（前条第一項の規定による法務大臣の措置を含む。）を救済の申出をした者に通知しなければならない。ただし、在院者による救済の申出（第百二十一条第一項各号に掲げる少年院の長の措置又は少年院の職員による行為に係る救済の申出を除く。）について、その在院者が出院したときは、この限りでない。

（**法務省令への委任**）

第百二十八条　この節に定めるもののほか、救済の申出に関し必要な事項は、法務省令で定める。

第二節　苦情の申出

（**監査官に対する苦情の申出**）

第百二十九条　在院者は、自己に対する少年院の長の措置その他自己が受けた処遇について、口頭又は書面で、第六条の規定により実地監査を行う監査官（以下この条及び第百三十一条第一項において単に「監査官」という。）に対し、苦情の申出をすることができる。

2　第百二十二条の規定は、前項の苦情の申出について準用する。

3　監査官は、口頭による苦情の申出を受けるに当たっては、少年院の職員を立ち会わせてはならない。

4　監査官は、苦情の申出を受けたときは、これを誠実に処理し、処理の結果を苦情の申出をした者に通知しなければならない。ただし、その者が出院したときは、この限りでない。

（**少年院の長に対する苦情の申出**）

第百三十条　在院者は、自己に対する少年院の長の措置その他自己が受けた処遇について、口頭又は書面で、少年院の長に対し、苦情の申出をすることができる。

2　第百二十二条の規定は、前項の苦情の申出について準用する。

3　在院者が口頭で第一項の苦情の申出をしようとするときは、少年院の長は、その指名する職員にその内容を聴取させることができる。

4　前条第四項の規定は、少年院の長が苦情の申出を受けた場合について準用する。

第三節　雑則

（**秘密申出**）

第百三十一条　少年院の長は、在院者が、救済の申出をし、又は監査官に対し苦情の申出をするに当たり、その内容を少年院の職員（当該救済の申出に関する相談に応じた相談員を除く。）に秘密にすることができるように、必要な措置を講じなければならない。

2　第九十九条の規定にかかわらず、救済の申出又は苦情の申出の書面は、検査をしてはならない。

（不利益取扱いの禁止）

第百三十二条　少年院の職員は、在院者が救済の申出又は苦情の申出をしたことを理由として、その者に対し不利益な取扱いをしてはならない。

第十六章　仮収容

第百三十三条　少年院の長は、次に掲げる場合において、必要があると認めるときは、その少年院以外の少年院又は少年鑑別所に在院者を仮に収容することができる。

一　第三十九条の規定により少年院の外で矯正教育を行う場合

二　第四十四条第二項の規定により少年院の外で同条第一項の支援を行う場合

三　第百十条第一項の規定による出席又は訪問をする場合

2　在院者を同行する場合（第八十九条第一項（同条第二項において準用する場合を含む。）又は第九十条第四項（同条第五項において準用する場合を含む。）の規定により連れ戻す場合を含む。）において、やむを得ない事由があるときは、最寄りの少年院若しくは少年鑑別所又は刑事施設の特に区別した場所にその者を仮に収容することができる。

3　前二項、少年法第十七条の四第一項若しくは第二十七条の二第五項又は少年鑑別所法（平成二十六年法律第五十九号）第百二十三条の規定により少年院に仮に収容されている者の処遇については、その性質に反しない限り、在院者に関する規定を準用する。

第十七章　移送

第百三十四条　少年院の長は、矯正教育の効果的な実施その他の理由により必要があると認めるときは、その少年院の所在地を管轄する矯正管区の長の認可を得て、在院者をその少年院以外の少年院に移送することができる。

2　前項の場合において、移送する少年院の長は、指定矯正教育課程とは異なる矯正教育課程を当該少年院以外の少年院の長が第三十三条第一項の規定により新たに指定する必要があることを理由として、当該在院者を移送するときは、あらかじめ、少年鑑別所の長の意見を聴かなければならない。ただし、専ら医療上の理由により在院者を移送する場合は、この限りでない。

第十八章　仮退院、退院及び収容継続

（仮退院の申出）

第百三十五条　少年院の長は、第五種少年院在院者以外の保護処分在院者について、第十六条に規定する処遇の段階が最高段階に達し、仮に退院を許すのが相当であると認めるときは、地方更生保護委員会に対し、仮退院を許すべき旨の申出をしなければならない。

（第五種少年院在院者以外の保護処分在院者の退院の申出等）

第百三十六条　少年院の長は、第五種少年院在院者以外の保護処分在院者について、第二十三条第一項に規定する目的を達したと認めるときは、地方更生保護委員会に対し、退院を許すべき旨の申出をしなければならない。

2　少年院の長は、第五種少年院在院者以外の保護処分在院者が地方更生保護委員会から更生保護法第四十六条第一項の規定による退院を許す旨の決定の告知を受けたときは、その者がその告知を受けた日から起算して七日を超えない範囲内において、その者を出院させるべき日を指定するものとする。

（第五種少年院在院者の退院の申出）

第百三十六条の二　少年院の長は、第五種少年院在院者について、第十六条に規定する処遇の段階が最高段階に達し、退院を許すのが相当であると認めるときは、地方更生保護委員会に対し、退院を許すべき旨の申出をしなければならない。

（二十歳退院及び収容継続）

第百三十七条　少年院の長は、少年法第二十四条第一項第三号の保護処分（更生保護法第七十二条第一項の規定による措置を含む。）の執行を受けるため少年院に収容されている保護処分在院者が二十歳に達したときは退院させるものとし、二十歳に達した日の翌日にその者を出院させなければならない。ただし、少年法第二十四条第一項第三号の保護処分に係る同項の決定のあった日から起算して一年を経過していないときは、その日から起算して一年間に限り、その収容を継続することが

できる。

2　更生保護法第七十二条第二項前段の規定により家庭裁判所が少年院に収容する期間を定めた保護処分在院者については、前項の規定は適用しない。

（**二十三歳までの収容継続**）

第百三十八条　少年院の長は、次の各号に掲げる保護処分在院者について、その者の心身に著しい障害があり、又はその犯罪的傾向が矯正されていないため、それぞれ当該各号に定める日を超えてその収容を継続することが相当であると認めるときは、その者を送致した家庭裁判所に対し、その収容を継続する旨の決定の申請をしなければならない。

一　前条第一項本文の規定により退院させるものとされる者　二十歳に達した日

二　前条第一項ただし書の規定により少年院に収容することができる期間又は家庭裁判所が次項、少年法第二十六条の四第二項若しくは更生保護法第六十八条第三項若しくは第七十二条第二項の規定により定めた少年院に収容する期間（当該期間の末日が二十三歳に達した日である場合を除く。）が満了する者　当該期間の末日

2　前項の申請を受けた家庭裁判所は、当該申請に係る保護処分在院者について、その申請に理由があると認めるときは、その収容を継続する旨の決定をしなければならない。この場合においては、当該決定と同時に、その者が二十三歳を超えない期間の範囲内で、少年院に収容する期間を定めなければならない。

3　家庭裁判所は、前項の決定に係る事件の審理に当たっては、医学、心理学、教育学、社会学その他の専門的知識を有する者及び第一項の申請に係る保護処分在院者を収容している少年院の職員の意見を聴かなければならない。

4　少年院の長は、第一項の申請に係る家庭裁判所の決定の通知を受けるまでの間、当該申請に係る保護処分在院者の収容を継続することができる。

5　前三項に定めるもののほか、第二項の決定に係る事件の手続は、その性質に反しない限り、十八歳に満たない少年の保護処分に係る事件の手続の例による。

（**二十三歳を超える収容継続**）

第百三十九条　少年院の長は、次の各号に掲げる保護処分在院者について、その者の精神に著しい障害があり、医療に関する専門的知識及び技術を踏まえて矯正教育を継続して行うことが特に必要であるため、それぞれ当該各号に定める日を超えてその収容を継続することが相当であると認めるときは、その者を送致した家庭裁判所に対し、その収容を継続する旨の決定の申請をしなければならない。

一　家庭裁判所が前条第二項、少年法第二十六条の四第二項又は更生保護法第六十八条第三項若しくは第七十二条第二項の規定により定めた少年院に収容する期間が二十三歳に達した日に満了する者　二十三歳に達した日

二　家庭裁判所が次項又は更生保護法第七十二条第三項の規定により定めた少年院に収容する期間（当該期間の末日が二十六歳に達した日である場合を除く。）が満了する者　当該期間の末日

2　前項の申請を受けた家庭裁判所は、当該申請に係る保護処分在院者について、その申請に理由があると認めるときは、その収容を継続する旨の決定をしなければならない。この場合においては、当該決定と同時に、その者が二十六歳を超えない期間の範囲内で、少年院に収容する期間を定めなければならない。

3　前条第三項から第五項までの規定は、前項の決定に係る事件の手続について準用する。この場合において、同条第三項及び第四項中「第一項」とあるのは「次条第一項」と、同条第五項中「前三項」とあるのは「次条第二項及び同条第三項において準用する前二項」と、「第二項」とあるのは「次条第二項」と読み替えるものとする。

第十九章　出院

（**保護処分在院者の出院**）

第百四十条　保護処分在院者の出院は、次の各号に掲げる場合の区分に応じ、当該各号に定める期間内に、できる限り速やかに行う。

一　出院させるべき日があらかじめ定められている場合　その日の午前中

二　第百三十七条第一項ただし書の規定により少年院に収容することができる期間又は家庭裁判所が第百三十八条第二項、前条第二項、少年法第二十六条の四第二項若しくは第六十四条第二項若しくは第三項若しくは更生保護法第六十八条第三項若しくは第七十二条第二項若しくは第三項の規定により定めた少年院に収容する期間の満了による場合　当該期間の末日の翌日の午前中

三　前二号に掲げる場合以外の場合　出院の根拠となる文書が少年院に到達した時から十時間以内

（受刑在院者の出院）
第百四十一条　少年院の長は、受刑在院者が十六歳に達したときは、十六歳に達した日の翌日から起算して十四日以内に、その者を刑事施設の長に引き渡して出院させなければならない。ただし、その期間内に刑の執行が終了すべきときは、この限りでない。

2　受刑在院者の出院については、前項の規定による出院を除き、刑事収容施設及び被収容者等の処遇に関する法律（平成十七年法律第五十号）第百七十一条の規定を準用する。

（願い出による滞留）
第百四十二条　少年院の長は、出院させるべき在院者が負傷又は疾病により重態であるとき、その他その者の利益のためにやむを得ない事由があるときは、その願い出により、その者が少年院に一時とどまることを許すことができる。この場合において、その者が更生保護法第四十一条の規定による仮退院を許す旨の決定又は同法第四十六条第一項若しくは第四十七条の二の規定による退院を許す旨の決定を受けた者であるときは、速やかに、その者が少年院に一時とどまることを許した旨をその仮退院又は退院を許す旨の決定をした地方更生保護委員会に報告しなければならない。

2　前項の規定により少年院にとどまる者の処遇については、その性質に反しない限り、在院者に関する規定を準用する。

（帰住旅費等の支給）
第百四十三条　出院する在院者に対しては、その帰住を助けるため必要な旅費又は衣類を支給するものとする。

第二十章　死亡

（死亡の通知）
第百四十四条　少年院の長は、在院者が死亡した場合には、法務省令で定めるところにより、その遺族等に対し、その死亡の原因及び日時並びに交付すべき遺留物、支給する死亡手当金又は発受禁止信書等があるときはその旨を速やかに通知しなければならない。

（死体に関する措置）
第百四十五条　在院者が死亡した場合において、その死体の埋葬又は火葬を行う者がないときは、墓地、埋葬等に関する法律（昭和二十三年法律第四十八号）第九条の規定にかかわらず、その埋葬又は火葬は、少年院の長が行うものとする。

2　前項に定めるもののほか、在院者の死体に関する措置については、法務省令で定める。

第二十一章　補則

（退院者等からの相談）
第百四十六条　少年院の長は、退院し、若しくは仮退院した者又はその保護者その他相当と認める者から、退院し、又は仮退院した者の交友関係、進路選択その他健全な社会生活を営む上での各般の問題について相談を求められた場合において、相当と認めるときは、少年院の職員にその相談に応じさせることができる。

第二十二章　罰則

第百四十七条　院外委嘱指導を受け、又は第四十五条第一項の規定による外出若しくは外泊をした在院者が、その院外委嘱指導の日又はその外出の日若しくは外泊の期間の末日を過ぎて少年院に帰着しないときは、三年以下の懲役に処する。

2　第九十条第二項（第百三十三条第三項において準用する場合を含む。）の規定により解放された者が、第九十条第三項（第百三十三条第三項において準用する場合を含む。）の規定に違反して少年院又は指定された場所に出頭しないときは、二年以下の拘禁刑に処する。

附則　抄
・刑法等の一部を改正する法律（令和四・六・一七法律六七）

（施行期日）
1　この法律は、公布の日から起算して三年を超えない範囲内において政令で定める日から施行する。〔略〕

少年鑑別所法

（平成二六・六・一一 法律五九）

最新改正 令和五法律二八

第一章 総則

第一節 目的等

（目的）

第一条 この法律は、少年鑑別所の適正な管理運営を図るとともに、鑑別対象者の鑑別を適切に行うほか、在所者の人権を尊重しつつ、その者の状況に応じた適切な観護処遇を行い、並びに非行及び犯罪の防止に関する援助を適切に行うことを目的とする。

（定義）

第二条 この法律において、次の各号に掲げる用語の意義は、それぞれ当該各号に定めるところによる。

一 鑑別対象者 第十七条第一項又は第十八条第一項の規定による鑑別の対象となる者をいう。

二 在所者 少年鑑別所に収容されている者をいう。

三 被観護在所者 少年法（昭和二十三年法律第百六十八号）第十七条第一項第二号の観護の措置（同条第七項の規定により同号の観護の措置とみなされる場合を含む。以下単に「観護の措置」という。）が執られて少年鑑別所に収容されている者又は同法第十四条第二項において準用する刑事訴訟法（昭和二十三年法律第百三十一号）第百六十七条第一項の規定により少年鑑別所に留置されている者をいう。

四 未決在所者 刑事訴訟法の規定により少年鑑別所に勾留（少年法第四十五条第四号の規定により勾留とみなされる場合を含む。第百二十五条第一号及び第三号において同じ。）されている者又は刑事訴訟法第百六十七条第一項（同法第二百二十四条第二項において準ずる場合を含む。）の規定により少年鑑別所に留置されている者をいう。

五 在院中在所者 少年院法（平成二十六年法律第五十八号）第三十六条第二項又は第百三十三条第一項若しくは第二項の規定により少年鑑別所に収容されている者をいう。

六 各種在所者 在所者であって、被観護在所者、未決在所者及び在院中在所者以外のものをいう。

七 保護者 少年法第二条第二項に規定する保護者をいう。

八 保護者等 次のイ又はロのいずれかに該当する者（在所者に対し虐待、悪意の遺棄その他これらに準ずる心身に有害な影響を及ぼす行為をした者であって、その在所者の健全な育成を著しく妨げると認められるものを除く。）をいう。

イ 在所者の保護者

ロ 在所者の親族（イに掲げる者を除き、婚姻の届出をしていないが、事実上婚姻関係と同様の事情にある者を含む。）

第二節 少年鑑別所の運営

（少年鑑別所）

第三条 少年鑑別所は、次に掲げる事務を行う施設とする。

一 鑑別対象者の鑑別を行うこと。

二 観護の措置が執られて少年鑑別所に収容される者その他法令の規定により少年鑑別所に収容すべきこととされる者及び収容することができることとされる者を収容し、これらの者に対し必要な観護処遇を行うこと。

三 この法律の定めるところにより、非行及び犯罪の防止に関する援助を行うこと。

（在所者の分離）

第四条 在所者は、次に掲げる別に従い、それぞれ互いに分離するものとする。

一 性別

二 被観護在所者（未決在所者としての地位を有するものを除く。）、未決在所者（被観護在所者としての地位を有するものを除く。）、未決在所者としての地位を有する被観護在所者、在院中在所者及び各種在所者の別

2 前項の規定にかかわらず、適当と認めるときは、居室（在所者が主として休息及び就寝のために使用する場所として少年鑑別所の長が指定する室をいう。以下同じ。）外に限り、同項第二号に掲げる別による分離をしないことができる。

（実地監査）

第五条 法務大臣は、この法律の適正な施行を期するため、その職員のうちから監査官を指

名し、各少年鑑別所について、毎年一回以上、これに実地監査を行わせなければならない。

（意見聴取）

第六条 少年鑑別所の長は、その少年鑑別所の適正な運営に資するため必要な意見を関係する公務所及び公私の団体の職員並びに学識経験のある者から聴くことに努めなければならない。

（少年鑑別所視察委員会）

第七条 少年鑑別所に、少年鑑別所視察委員会（以下「委員会」という。）を置く。

2　委員会は、その置かれた少年鑑別所を視察し、その運営に関し、少年鑑別所の長に対して意見を述べるものとする。

（組織等）

第八条 委員会は、委員七人以内で組織する。

2　委員は、人格が高潔であって、少年の健全な育成に関する識見を有し、かつ、少年鑑別所の運営の改善向上に熱意を有する者のうちから、法務大臣が任命する。

3　委員の任期は、一年とする。ただし、再任を妨げない。

4　委員は、非常勤とする。

5　前各項に定めるもののほか、委員会の組織及び運営に関し必要な事項は、法務省令で定める。

（委員会に対する情報の提供及び委員の視察等）

第九条 少年鑑別所の長は、少年鑑別所の運営の状況について、法務省令で定めるところにより、定期的に、又は必要に応じて、委員会に対し、情報を提供するものとする。

2　委員会は、少年鑑別所の運営の状況を把握するため、委員による少年鑑別所の視察をすることができる。この場合において、委員会は、必要があると認めるときは、少年鑑別所の長に対し、委員による在所者との面接の実施について協力を求めることができる。

3　少年鑑別所の長は、前項の視察及び在所者との面接について、必要な協力をしなければならない。

4　第九十三条（第九十九条において準用する場合を含む。）及び第百一条（第百四条において準用する場合を含む。）の規定にかかわらず、在所者が委員会に対して提出する書面は、検査をしてはならない。

（委員会の意見等の公表）

第十条 法務大臣は、毎年、委員会が少年鑑別所の長に対して述べた意見及びこれを受けて少年鑑別所の長が講じた措置の内容を取りまとめ、その概要を公表するものとする。

（裁判官及び検察官の巡視）

第十一条 裁判官及び検察官は、少年鑑別所を巡視することができる。

（参観）

第十二条 少年鑑別所の長は、その少年鑑別所の参観を申し出る者がある場合において相当と認めるときは、これを許すことができる。

（少年鑑別所の職員）

第十三条 少年鑑別所の職員には、在所者の人権に関する理解を深めさせ、並びに鑑別対象者の鑑別、在所者の観護処遇その他の少年鑑別所の業務を適正かつ効果的に行うために必要な知識及び技能を習得させ、及び向上させるために必要な研修及び訓練を行うものとする。

第三節　関係機関等との連携

（関係機関等に対する協力の求め等）

第十四条 少年鑑別所の長は、第三条各号に掲げる事務を適切に実施するため必要があると認めるときは、家庭裁判所、少年院、地方更生保護委員会又は保護観察所その他の関係行政機関、学校、病院、児童の福祉に関する機関、民間の篤志家その他の者に対し、協力を求めるものとする。

2　前項の協力をした者は、その協力を行うに当たって知り得た鑑別対象者又は在所者に関する秘密を漏らしてはならない。

（公務所等への照会）

第十五条 少年鑑別所の長は、鑑別対象者の鑑別及び在所者の観護処遇の適切な実施のため必要があるときは、公務所又は公私の団体に照会して必要な事項の報告を求めることができる。

第二章　鑑別対象者の鑑別

（鑑別の実施）

第十六条 鑑別対象者の鑑別においては、医学、心理学、教育学、社会学その他の専門的知識及び技術に基づき、鑑別対象者について、その非行又は犯罪に影響を及ぼした資質上及び環境上問題となる事情を明らかにした上、その事情の改善に寄与するため、その者の処遇に資する適切な指針を示すものとする。

2　鑑別対象者の鑑別を行うに当たっては、その者の性格、経歴、心身の状況及び発達の程度、非行又は犯罪の状況、家庭環境並びに交友関係、在所中の生活及び行動の状況（鑑別対象者が在所者である場合に限る。）その他の鑑別を行うために必要な事項に関する調査を行うものとする。

3　前項の調査は、鑑別を求めた者に対して資料の提出、説明その他の必要な協力を求める方法によるほか、必要と認めるときは、鑑別対象者又はその保護者その他参考人との面接、心理検査その他の検査、前条の規定による照会その他相当と認める方法により行うものとする。

（**家庭裁判所等の求めによる鑑別等**）

第十七条　少年鑑別所の長は、家庭裁判所、地方更生保護委員会、保護観察所の長、児童自立支援施設の長、児童養護施設の長、少年院の長又は刑事施設の長から、次に掲げる者について鑑別を求められたときは、これを行うものとする。

一　保護処分（少年法第六十六条第一項、更生保護法（平成十九年法律第八十八号）第七十二条第一項並びに少年院法第百三十八条第二項及び第百三十九条第二項の規定による措置を含む。次号において同じ。）又は少年法第十八条第二項の規定による措置に係る事件の調査又は審判を受ける者

二　保護処分の執行を受ける者

三　懲役又は禁錮の刑の執行を受ける者

四　更生保護法第四十条の規定（国際受刑者移送法（平成十四年法律第六十六号）第二十一条の規定によりみなして適用する場合を含む。）又は刑法（明治四十年法律第四十五号）第二十五条の二第一項若しくは第二十七条の三第一項若しくは薬物使用等の罪を犯した者に対する刑の一部の執行猶予に関する法律（平成二十五年法律第五十号）第四条第一項の規定により保護観察に付されている者

2　少年鑑別所の長は、前項の規定による鑑別を終えたときは、速やかに、書面で、鑑別を求めた者に対し、鑑別の結果を通知するものとする。

3　前項の通知を受けた者は、鑑別により知り得た秘密を漏らしてはならない。

（**少年院の指定等**）

第十八条　少年鑑別所の長は、その職員が家庭裁判所から少年法第二十四条第一項第三号の保護処分に係る同項の決定、同法第六十四条第一項第三号の保護処分に係る同項の決定、同法第六十六条第一項の決定若しくは更生保護法第七十二条第一項の決定の執行の指揮を受けたとき、又は地方更生保護委員会から同法第七十三条の二第一項の決定の執行の嘱託を受けたときは、その決定を受けた者について鑑別を行い、少年院法第三十一条の規定により各少年院について指定された矯正教育課程（同法第三十条に規定する矯正教育課程をいう。）その他の事情を考慮して、その者を収容すべき少年院を指定するものとする。

2　少年鑑別所の長は、前項の指定をしたときは、その旨を同項の決定を受けた者に告知し、及び同項の指定に係る少年院の長に通知するものとする。

3　前項の規定による少年院の長に対する通知には、第一項の規定による鑑別の結果を付するものとする。

第三章　在所者の観護処遇

第一節　通則

（**観護処遇**）

第十九条　在所者の観護処遇は、この章の定めるところにより行うものとする。

（**在所者の観護処遇の原則**）

第二十条　在所者の観護処遇に当たっては、懇切にして誠意のある態度をもって接することにより在所者の情操の保護に配慮するとともに、その者の特性に応じた適切な働き掛けを行うことによりその健全な育成に努めるものとする。

2　在所者の観護処遇は、医学、心理学、教育学、社会学その他の専門的知識及び技術を活用して行うものとする。

（**未決在所者の観護処遇における留意事項**）

第二十一条　未決在所者の観護処遇に当たっては、未決の者としての地位を考慮し、その逃走及び刑事事件に関する証拠の隠滅の防止並びにその防御権の尊重に特に留意しなければならない。

（**在院中在所者の観護処遇における留意事項**）

第二十二条　在院中在所者の観護処遇に当たっては、矯正教育を受ける者としての地位を考慮し、その改善更生及び円滑な社会復帰に資するよう留意しなければならない。

第二節　入所

（**入所時の告知**）

第二十三条　少年鑑別所の長は、在所者に対し、その少年鑑別所への入所に際し、在所者

としての地位に応じ、次に掲げる事項を告知しなければならない。その少年鑑別所に収容されている在所者がその地位を異にするに至ったときも、同様とする。
一　保健衛生及び医療に関する事項
二　物品の貸与及び支給並びに自弁に関する事項
三　金品の取扱いに関する事項
四　書籍等（書籍、雑誌その他の文書図画（信書及び新聞紙を除く。）をいう。以下同じ。）及び新聞紙の閲覧に関する事項
五　宗教上の行為、儀式行事及び教誨に関する事項
六　第七十三条第一項に規定する遵守事項
七　面会及び信書の発受に関する事項
八　第百九条又は第百十条第一項の規定による申出に関する事項
九　苦情の申出に関する事項
2　前項の規定による告知は、法務省令で定めるところにより、平易な表現を用いて、書面で行う。

（識別のための身体検査）
第二十四条　法務省令で定める少年鑑別所の職員（以下「指定職員」という。）は、在所者について、その少年鑑別所への入所に際し、その者の識別のため必要な限度で、その身体を検査することができる。その後必要が生じたときも、同様とする。
2　女子の在所者について前項の規定により検査を行う場合には、女子の指定職員がこれを行わなければならない。ただし、女子の指定職員がその検査を行うことができない場合には、男子の指定職員が少年鑑別所の長の指名する女子の職員を指揮して、これを行うことができる。

（入所の通知）
第二十五条　少年鑑別所の長は、被観護在所者、未決在所者その他法務省令で定める在所者がその少年鑑別所に入所したときは、速やかに、その旨をその保護者その他相当と認める者に通知するものとする。

第三節　観護処遇の態様等

（観護処遇の態様）
第二十六条　在所者の観護処遇（運動、入浴又は面会の場合その他の法務省令で定める場合における観護処遇を除く。）は、居室外において行うことが適当と認める場合を除き、昼夜、居室において行う。
2　在所者の居室は、その観護処遇上共同室に収容することが適当と認める場合を除き、できる限り、単独室とする。
3　前項の規定にかかわらず、被観護在所者及び未決在所者について、その保護事件又は刑事事件に関する証拠の隠滅の防止上支障を生ずるおそれがある場合には、その居室は単独室としなければならない。
4　被観護在所者及び未決在所者は、その保護事件又は刑事事件に関する証拠の隠滅の防止上支障を生ずるおそれがある場合には、居室外においても他の在所者と接触をさせてはならない。

（起居動作の時間帯）
第二十七条　少年鑑別所の長は、法務省令で定めるところにより、食事、就寝その他の起居動作をすべき時間帯を定め、これを在所者に告知するものとする。

第四節　健全な育成のための支援

（生活態度に関する助言及び指導）
第二十八条　少年鑑別所の長は、在所者が健全な社会生活を営むことができるよう、在所者に対し、その自主性を尊重しつつ、その生活態度に関し必要な助言及び指導を行うものとする。

（学習等の機会の提供等）
第二十九条　少年鑑別所の長は、在所者の情操を豊かにし、その者が健全な社会生活を営むために必要な知識及び能力を向上させることができるよう、在所者に対し、その自主性を尊重しつつ、学習、文化活動その他の活動の機会を与えるとともに、その活動の実施に関し必要な助言及び援助を行うものとする。
2　前項の場合において、学校教育法（昭和二十二年法律第二十六号）に定める義務教育を終了しない在所者に対しては、学習の機会が与えられるよう特に配慮しなければならない。

第五節　保健衛生及び医療

（保健衛生及び医療の原則）
第三十条　少年鑑別所においては、在所者の心身の状況を把握することに努めるとともに、在所者の健全な心身の成長を図り、及び少年鑑別所内の衛生を保持するため、社会一般の保健衛生及び医療の水準に照らし適切な保健衛生上及び医療上の措置を講ずるものとする。

（運動）

第三十一条　在所者には、日曜日その他法務省令で定める日を除き、できる限り戸外で、その健全な心身の成長を図るため適切な運動を行う機会を与えなければならない。ただし、審判期日又は公判期日への出頭その他の事情により少年鑑別所の執務時間内にその機会を与えることができないときは、この限りでない。

（**在所者の清潔義務**）
第三十二条　在所者は、身体、着衣及び所持品並びに居室その他日常使用する場所を清潔にしなければならない。

（**入浴**）
第三十三条　在所者には、法務省令で定めるところにより、少年鑑別所における保健衛生上適切な入浴を行わせる。

（**調髪及びひげそり**）
第三十四条　少年鑑別所の長は、在所者が調髪又はひげそりを行いたい旨の申出をした場合には、法務省令で定めるところにより、これを許すものとする。

（**健康診断**）
第三十五条　少年鑑別所の長は、在所者に対し、その少年鑑別所への入所後速やかに、法務省令で定めるところにより、健康診断を行わなければならない。少年鑑別所における保健衛生上必要があるときも、同様とする。

2　在所者は、前項の規定による健康診断を受けなければならない。この場合においては、その健康診断の実施のため必要な限度内における採血、エックス線撮影その他の医学的処置を拒むことはできない。

（**診療等**）
第三十六条　少年鑑別所の長は、在所者が次の各号のいずれかに該当する場合には、速やかに、少年鑑別所の職員である医師等（医師又は歯科医師をいう。以下この項及び次条において同じ。）又は少年鑑別所の長が委嘱する医師等による診療（栄養補給の処置を含む。以下同じ。）を行い、その他必要な医療上の措置を執るものとする。ただし、第一号に該当する場合において、その者の心身に著しい障害が生じ、又は他人にその疾病を感染させるおそれがないときは、その者の意思に反しない場合に限る。

一　負傷し、若しくは疾病にかかっているとき、又はこれらの疑いがあるとき。

二　飲食物を摂取しない場合において、その心身に著しい障害が生ずるおそれがあるとき。

2　少年鑑別所の長は、前項の規定により診療を行う場合において、必要に応じ在所者を少年鑑別所の外の病院又は診療所に通院させ、やむを得ないときは在所者を少年鑑別所の外の病院又は診療所に入院させることができる。

（**指名医による診療**）
第三十七条　少年鑑別所の長は、負傷し、又は疾病にかかっている在所者について、その者又はその親権を行う者若しくは未成年後見人等（以下「親権を行う者等」という。）が、医師等（少年鑑別所の職員である医師等及び少年鑑別所の長が委嘱する医師等を除く。）を指名して、その在所者がその診療を受けることを申請した場合において、傷病の種類及び程度、入所前にその医師等による診療を受けていたことその他の事情に照らして、その在所者の医療上適当であると認めるときは、少年鑑別所内において、その在所者が自弁によりその診療を受けることを許すことができる。

2　少年鑑別所の長は、前項の規定による診療を受けることを許す場合において、同項の診療を行う医師等（以下この条において「指名医」という。）の診療方法を確認するため、又はその後にその在所者に対して少年鑑別所において診療を行うため必要があるときは、少年鑑別所の職員をしてその診療に立ち会わせ、若しくはその診療に関して指名医に質問させ、又は診療録の写しその他のその診療に関する資料の提出を求めることができる。

3　指名医は、その診療に際し、少年鑑別所の長が法務省令で定めるところにより指示する事項を遵守しなければならない。

4　少年鑑別所の長は、第一項の規定による診療を受けることを許した場合において、その指名医が、第二項の規定により少年鑑別所の長が行う措置に従わないとき、前項の規定により少年鑑別所の長が指示する事項を遵守しないとき、その他その診療を継続することが不適当であるときは、これを中止し、以後、その指名医の診療を受けることを許さないことができる。

（**在所者の重態の通知等**）
第三十八条　少年鑑別所の長は、負傷し、又は疾病にかかっている在所者が重態となり、又はそのおそれがあると認めるときは、直ちに、その旨をその保護者その他相当と認める者に通知しなければならない。

2　少年鑑別所の長は、前項の規定により通知を受けた者から同項の在所者を看護したい旨の申出があった場合において、相当と認めるときは、法務省令で定めるところにより、その在所者に対し、その看護を受けることを許すことができる。

（**感染症予防上の措置**）

第三十九条　少年鑑別所の長は、少年鑑別所内における感染症の発生を予防し、又はそのまん延を防止するため必要がある場合には、在所者に対し、第三十五条の規定による健康診断又は第三十六条の規定による診療その他必要な医療上の措置を執るほか、予防接種、当該疾病を感染させるおそれがなくなるまでの間の隔離その他法務省令で定める措置を執るものとする。

（**養護のための措置等**）

第四十条　少年鑑別所の長は、妊産婦、身体虚弱者その他の養護を必要とする在所者について、その養護を必要とする事情に応じ、傷病者のための措置に準じた措置を執るものとする。

2　少年鑑別所の長は、在所者が出産するときは、やむを得ない場合を除き、少年鑑別所の外の病院、診療所又は助産所に入院させるものとする。

第六節　物品の貸与等及び自弁

（**物品の貸与等**）

第四十一条　在所者には、次に掲げる物品（書籍等及び新聞紙を除く。以下この節において同じ。）であって、少年鑑別所における日常生活に必要なもの（第四十三条第一項各号に掲げる物品を除く。）を貸与し、又は支給する。

一　衣類及び寝具
二　食事及び湯茶
三　日用品、学用品その他の物品

2　在所者には、前項に定めるもののほか、法務省令で定めるところにより、必要に応じ、室内装飾品その他の少年鑑別所における日常生活に用いる物品（第四十三条第一項各号に掲げる物品を除く。）を貸与し、又は嗜好品（酒類及びたばこを除く。次条第一項第四号において同じ。）を支給することができる。

（**自弁の物品の使用等**）

第四十二条　少年鑑別所の長は、在院中在所者以外の在所者が、次に掲げる物品（次条第一項各号に掲げる物品を除く。次項において同じ。）について、自弁のものを使用し、又は摂取したい旨の申出をした場合には、少年鑑別所の規律及び秩序の維持その他管理運営上支障を生ずるおそれがある場合並びにその健全な育成を著しく妨げるおそれがある場合を除き、法務省令で定めるところにより、これを許すものとする。

一　衣類
二　食料品及び飲料
三　室内装飾品
四　嗜好品
五　日用品、学用品その他の少年鑑別所における日常生活に用いる物品

2　少年鑑別所の長は、在院中在所者が、前項各号に掲げる物品について、自弁のものを使用し、又は摂取したい旨の申出をした場合において、その者の観護処遇上適当と認めるときは、法務省令で定めるところにより、これを許すことができる。

（**補正器具等の自弁等**）

第四十三条　在所者には、次に掲げる物品については、少年鑑別所の規律及び秩序の維持その他管理運営上支障を生ずるおそれがある場合を除き、自弁のものを使用させるものとする。

一　眼鏡その他の補正器具
二　信書を発するのに必要な封筒その他の物品
三　その他法務省令で定める物品

2　前項各号に掲げる物品について、在所者が自弁のものを使用することができない場合であって、必要と認めるときは、その者にこれを貸与し、又は支給するものとする。

（**物品の貸与等の基準**）

第四十四条　第四十一条又は前条第二項の規定により貸与し、又は支給する物品は、在所者の健全な育成を図るのにふさわしく、かつ、国民生活の実情等を勘案し、在所者としての地位に照らして、適正と認められるものでなければならない。

第七節　金品の取扱い

（**金品の検査**）

第四十五条　少年鑑別所の職員は、次に掲げる金品について、検査を行うことができる。

一　在所者が入所の際に所持する現金及び物品
二　在所者が在所中に取得した現金及び物品（信書を除く。次号において同じ。）であって、同号に掲げる現金及び物品以外のもの（少年鑑別所の長から支給された物品を除

く。）

三　在所者に交付するため当該在所者以外の者が少年鑑別所に持参し、又は送付した現金及び物品

（入所時の所持物品等の処分）

第四十六条　少年鑑別所の長は、前条第一号又は第二号に掲げる物品が次の各号のいずれかに該当するときは、在所者に対し、その物品について、その保護者等その他相当と認める者への交付その他相当の処分を求めるものとする。

一　保管に不便なものであるとき。

二　腐敗し、又は滅失するおそれがあるものであるとき。

三　危険を生ずるおそれがあるものであるとき。

2　前項の規定により物品の処分を求めた場合において、在所者が相当の期間内にその処分をしないときは、少年鑑別所の長は、これを売却してその代金を領置する。ただし、売却することができないものは、廃棄することができる。

（被観護在所者への差入物の引取り等）

第四十七条　少年鑑別所の長は、第四十五条第三号に掲げる現金又は物品の交付の相手方が被観護在所者である場合であって、当該現金若しくは物品が次の各号のいずれにも該当しないとき、又は当該物品が刑事訴訟法（少年法において準用する場合を含む。次項において同じ。）の定めるところにより被観護在所者が交付を受けることが許されないものであるときは、その現金又は物品を持参し、又は送付した者（以下「差入人」という。）に対し、その引取りを求めるものとする。

一　被観護在所者の保護者等が持参し、又は送付したものであるとき。

二　婚姻関係の調整、訴訟の遂行、修学又は就業の準備その他の被観護在所者の身分上、法律上、教育上又は職業上の重大な利害に係る用務の処理のため被観護在所者が交付を受けることが必要なものであるとき。

2　前項の規定にかかわらず、少年鑑別所の長は、第四十五条第三号に掲げる現金又は物品の交付の相手方が被観護在所者である場合であって、当該現金又は物品が同項各号のいずれにも該当しないときにおいて、健全な社会生活を営むために必要な援助を受けることその他被観護在所者がその交付を受けることを必要とする事情があり、かつ、次の各号（交付の相手方が鑑別対象者でない場合にあっては、第四号を除く。）のいずれにも該当すると認めるときは、同項の規定による引取りを求めないことができる。ただし、当該物品が刑事訴訟法の定めるところにより被観護在所者が交付を受けることが許されないものであるときは、この限りでない。

一　交付により、少年鑑別所の規律及び秩序を害するおそれがないとき。

二　交付により、被観護在所者の保護事件又は刑事事件に関する証拠の隠滅の結果を生ずるおそれがないとき。

三　交付により、被観護在所者の健全な育成を著しく妨げるおそれがないとき。

四　交付により、被観護在所者の鑑別の適切な実施に支障を生ずるおそれがないとき。

3　第一項の規定による引取りを求めることとした現金又は物品について、差入人の所在が明らかでないため同項の規定による引取りを求めることができないときは、少年鑑別所の長は、その旨を政令で定める方法によって公告しなければならない。

4　前項に規定する現金又は物品について、第一項の規定による引取りを求め、又は前項の規定により公告した日から起算して六月を経過する日までに差入人がその現金又は物品の引取りをしないときは、その現金又は物品は、国庫に帰属する。

5　第三項に規定する物品であって、前条第一項各号のいずれかに該当するものについては、少年鑑別所の長は、前項の期間内でも、これを売却してその代金を保管することができる。ただし、売却できないものは、廃棄することができる。

第四十八条　少年鑑別所の長は、第四十五条第三号に掲げる物品（前条第一項の規定による引取りを求めることとした物品を除く。）の交付の相手方が被観護在所者である場合であって、当該物品が次の各号のいずれかに該当するときは、差入人に対し、その引取りを求めるものとする。

一　自弁により使用し、若しくは摂取することができることとされる物品又は退所の際に必要と認められる物品（第五十五条及び第六十条において「自弁物品等」という。）以外の物品であるとき。

二　第四十六条第一項各号のいずれかに該当する物品であるとき。

2　前項の規定による引取りを求めることとし

た物品について、差入人の所在が明らかでないため同項の規定による引取りを求めることができないとき、若しくはその引取りを求めることが相当でないとき、又は差入人がその引取りを拒んだときは、少年鑑別所の長は、被観護在所者に対し、その保護者等その他相当と認める者への交付その他相当の処分を求めるものとする。

3 第四十六条第二項の規定は、前項の規定により処分を求めた場合について準用する。

第四十九条 少年鑑別所の長は、第四十五条第三号に掲げる現金又は物品の交付の相手方が被観護在所者である場合であって、第四十七条第一項又は前条第一項の規定による引取りを求めないこととしたときにおいて、被観護在所者がその交付を受けることを拒んだときは、差入人に対し、その引取りを求めるものとする。この場合においては、第四十七条第三項及び第四項の規定を準用する。

（未決在所者への差入物の引取り等）

第五十条 少年鑑別所の長は、第四十五条第三号に掲げる現金又は物品の交付の相手方が未決在所者（被観護在所者としての地位を有するものを除く。以下この条において同じ。）である場合であって、当該現金又は物品が次の各号のいずれかに該当するときは、差入人に対し、その引取りを求めるものとする。

一 交付（差入人が未決在所者の保護者等であるものを除く。第三号において同じ。）により、少年鑑別所の規律及び秩序を害するおそれがあるものであるとき。

二 刑事訴訟法の定めるところにより未決在所者が交付を受けることが許されない物品であるとき。

三 交付により、未決在所者の健全な育成を著しく妨げるおそれがあるものであるとき。

四 差入人の氏名が明らかでないものであるとき。

2 前三条（第四十七条第一項及び第二項を除く。）の規定は、第四十五条第三号に掲げる現金又は物品の交付の相手方が未決在所者である場合について準用する。この場合において、第四十七条第三項及び第四項中「第一項」とあり、並びに第四十八条第一項中「前条第一項」とあるのは「第五十条第一項」と、前条中「第四十七条第一項」とあるのは「次条第一項」と読み替えるものとする。

（在院中在所者への差入物の引取り等）

第五十一条 少年鑑別所の長は、第四十五条第三号に掲げる現金又は物品の交付の相手方が在院中在所者である場合であって、当該現金又は物品が次の各号のいずれにも該当しないときは、差入人に対し、その引取りを求めるものとする。

一 在院中在所者の保護者等が持参し、又は送付したものであるとき。

二 婚姻関係の調整、訴訟の遂行、修学又は就業の準備その他の在院中在所者の身分上、法律上、教育上又は職業上の重大な利害に係る用務の処理のため在院中在所者が交付を受けることが必要なものであるとき。

三 在院中在所者が交付を受けることが、その改善更生に資すると認められるものであるとき。

2 前項の規定にかかわらず、少年鑑別所の長は、第四十五条第三号に掲げる現金又は物品の交付の相手方が在院中在所者である場合であって、当該現金又は物品が同項各号のいずれにも該当しないときにおいて、健全な社会生活を営むために必要な援助を受けることその他在院中在所者がその交付を受けることを必要とする事情があり、かつ、次の各号（交付の相手方が鑑別対象者でない場合にあっては、第三号を除く。）のいずれにも該当すると認めるときは、同項の規定による引取りを求めないことができる。

一 交付により、少年鑑別所の規律及び秩序を害するおそれがないとき。

二 交付により、在院中在所者の改善更生に支障を生ずるおそれがないとき。

三 交付により、在院中在所者の鑑別の適切な実施に支障を生ずるおそれがないとき。

3 第四十七条から第四十九条まで（第四十七条第一項及び第二項を除く。）の規定は、第四十五条第三号に掲げる現金又は物品の交付の相手方が在院中在所者である場合について準用する。この場合において、第四十七条第三項及び第四項中「第一項」とあり、第四十八条第一項中「前条第一項」とあり、並びに第四十九条中「第四十七条第一項」とあるのは、「第五十一条第一項」と読み替えるものとする。

（各種在所者への差入物の引取り等）

第五十二条 第四十七条から第四十九条まで（第四十七条第二項ただし書及び第二号を除く。）の規定は、第四十五条第三号に掲げる現金又は物品の交付の相手方が各種在所者である場合について準用する。この場合において、第四十七条第一項中「とき、又は当該物品が刑事訴訟法（少年法において準用する場合を含む。次項において同じ。）の定めるところにより被観護在所者が交付を受けることが許されないものであるとき」とあるのは、「とき」と読み替えるものとする。

（金品の領置）

第五十三条　次に掲げる金品は、少年鑑別所の長が領置する。

一　第四十五条第一号又は第二号に掲げる物品であって、第四十六条第一項各号のいずれにも該当しないもの

二　第四十五条第三号に掲げる物品であって、第四十七条第一項（前条において準用する場合を含む。）、第四十八条第一項（第五十条第二項、第五十一条第三項及び前条において準用する場合を含む。）、第五十条第一項又は第五十一条第一項の規定による引取りを求めないこととしたもの（在所者が交付を受けることを拒んだ物品を除く。）

三　第四十五条各号に掲げる現金であって、第四十七条第一項（前条において準用する場合を含む。）、第五十条第一項又は第五十一条第一項の規定による引取りを求めないこととしたもの

2　少年鑑別所の長は、在所者について領置している物品（法務省令で定めるものを除く。）の総量（第五十五条第一号において「領置総量」という。）が領置限度量（在所者としての地位の別ごとに在所者一人当たりについて領置することができる物品の量として少年鑑別所の長が定める量をいう。同号において同じ。）を超えるときは、当該在所者に対し、その超過量に相当する量の物品について、その保護者等その他相当と認める者への交付その他相当の処分を求めることができる。腐敗し、又は滅失するおそれが生じた物品についても、同様とする。

3　第四十六条第二項の規定は、前項の規定により処分を求めた場合について準用する。

（領置物品の使用等）

第五十四条　少年鑑別所の長は、在所者について領置している物品のうち、この法律の規定により在所者が使用し、又は摂取することができるものについて、在所者がその引渡しを求めた場合には、法務省令で定めるところにより、これを引き渡すものとする。ただし、その者が所持する物品の総量が次項の規定により所持することができる物品の量を超えることとなる場合は、この限りでない。

2　少年鑑別所の長は、法務省令で定めるところにより、前項本文の規定により在所者が引渡しを受けて所持する物品及び在所者が受けた信書でその保管するものに関し、これらを所持し、又は保管する方法並びに所持することができる物品の量及び保管することができる信書の通数について、少年鑑別所の管理運営上必要な制限をすることができる。

3　少年鑑別所の長は、第一項本文の規定により在所者が引渡しを受けて所持する物品又は在所者が受けた信書でその保管するものについて、その者が、少年鑑別所の長においてその物品の引渡しを受け、又はその信書を領置することを求めた場合には、その引渡しを受け、又は領置するものとする。

4　少年鑑別所の長は、第一項本文の規定により在所者が引渡しを受けて所持する物品又は在所者が受けた信書でその保管するものについて、在所者が第二項の規定による制限に違反したときは、その物品を取り上げること又はその信書を取り上げて領置することができる。

（領置金の使用）

第五十五条　少年鑑別所の長は、在所者が、自弁物品等を購入し、又は少年鑑別所における日常生活上自ら負担すべき費用に充てるため、領置されている現金を使用することを申請した場合には、必要な金額の現金の使用を許すものとする。ただし、自弁物品等を購入するための現金の使用については、次の各号のいずれかに該当するときは、この限りでない。

一　購入により、領置総量が領置限度量を超えることとなるとき。

二　在所者が被観護在所者又は未決在所者である場合において、刑事訴訟法（少年法において準用する場合を含む。）の定めるところにより購入する自弁物品等の交付を受けることが許されないとき。

（被観護在所者の領置金品の他の者への交付）

第五十六条　少年鑑別所の長は、被観護在所者が、領置されている金品（第九十八条に規定する文書図画に該当するものを除く。次項において同じ。）について、他の者（当該少年鑑別所に収容されている者を除く。同項及び次条から第五十九条までにおいて同じ。）への交付（信書の発信に該当するものを除く。同項及び次条から第五十九条までにおいて同

じ。）を申請した場合において、次の各号のいずれかに該当するときは、これを許すものとする。ただし、当該物品が刑事訴訟法（少年法において準用する場合を含む。同項において同じ。）の定めるところにより交付が許されないものであるときは、この限りでない。

一　被観護在所者の保護者等に交付するとき。

二　婚姻関係の調整、訴訟の遂行、修学又は就業の準備その他の被観護在所者の身分上、法律上、教育上又は職業上の重大な利害に係る用務の処理のため被観護在所者が交付することが必要であるとき。

2　少年鑑別所の長は、被観護在所者が、領置されている金品について、他の者への交付を申請した場合であって、前項各号のいずれにも該当しないときにおいて、健全な社会生活を営むために必要な援助を受けることその他被観護在所者がその金品を交付することを必要とする事情があり、かつ、次の各号（被観護在所者が鑑別対象者でない場合にあっては、第四号を除く。）のいずれにも該当すると認めるときは、これを許すことができる。ただし、当該物品が刑事訴訟法の定めるところにより交付が許されないものであるときは、この限りでない。

一　交付により、少年鑑別所の規律及び秩序を害するおそれがないとき。

二　交付により、被観護在所者の保護事件又は刑事事件に関する証拠の隠滅の結果を生ずるおそれがないとき。

三　交付により、被観護在所者の健全な育成を著しく妨げるおそれがないとき。

四　交付により、被観護在所者の鑑別の適切な実施に支障を生ずるおそれがないとき。

（未決在所者の領置金品の他の者への交付）

第五十七条　少年鑑別所の長は、未決在所者（被観護在所者としての地位を有するものを除く。）が、領置されている金品（第九十九条において準用する第九十八条に規定する文書図画に該当するものを除く。）について、他の者への交付を申請した場合には、次の各号のいずれかに該当するときを除き、これを許すものとする。

一　交付（その相手方が未決在所者の保護者等であるものを除く。第三号において同じ。）により、少年鑑別所の規律及び秩序を害するおそれがあるとき。

二　刑事訴訟法の定めるところにより交付が許されない物品であるとき。

三　交付により、未決在所者の健全な育成を著しく妨げるおそれがあるとき。

（在院中在所者の領置金品の他の者への交付）

第五十八条　少年鑑別所の長は、在院中在所者が、領置されている金品（第百三条において準用する第九十八条に規定する文書図画に該当するものを除く。次項において同じ。）について、他の者への交付を申請した場合において、次の各号のいずれかに該当するときは、これを許すものとする。

一　在院中在所者の保護者等に交付するとき。

二　婚姻関係の調整、訴訟の遂行、修学又は就業の準備その他の在院中在所者の身分上、法律上、教育上又は職業上の重大な利害に係る用務の処理のため在院中在所者が交付することが必要であるとき。

三　在院中在所者が交付することが、その改善更生に資すると認められるとき。

2　少年鑑別所の長は、在院中在所者が、領置されている金品について、他の者への交付を申請した場合であって、前項各号のいずれにも該当しないときにおいて、健全な社会生活を営むために必要な援助を受けることその他在院中在所者がその金品を交付することを必要とする事情があり、かつ、次の各号（在院中在所者が鑑別対象者でない場合にあっては、第三号を除く。）のいずれにも該当すると認めるときは、これを許すことができる。

一　交付により、少年鑑別所の規律及び秩序を害するおそれがないとき。

二　交付により、在院中在所者の改善更生に支障を生ずるおそれがないとき。

三　交付により、在院中在所者の鑑別の適切な実施に支障を生ずるおそれがないとき。

（各種在所者の領置金品の他の者への交付）

第五十九条　第五十六条（第一項ただし書並びに第二項ただし書及び第二号を除く。）の規定は、各種在所者が領置されている金品（第百四条において準用する第九十八条に規定する文書図画に該当するものを除く。）について他の者への交付を申請した場合について準用する。

（差入れ等に関する制限）

第六十条　少年鑑別所の長は、この節に定めるもののほか、法務省令で定めるところにより、差入人による在所者に対する金品の交付及び在所者による自弁物品等の購入について、少年鑑別所の管理運営上必要な制限をすることができる。

（**領置物の引渡し**）

第六十一条　少年鑑別所の長は、在所者の退所の際、領置している金品をその者又はその親権を行う者等に引き渡すものとする。

（**退所者の遺留物**）

第六十二条　退所した在所者の遺留物（少年鑑別所に遺留した金品をいう。以下同じ。）は、その退所の日から起算して六月を経過する日までに、その者又はその親権を行う者等からその引渡しを求める申出がなく、又はその引渡しに要する費用の提供がないときは、国庫に帰属する。

2　前項の期間内でも、少年鑑別所の長は、腐敗し、又は滅失するおそれが生じた遺留物は、廃棄することができる。

（**逃走者等の遺留物**）

第六十三条　在所者が次の各号のいずれかに該当する場合において、当該各号に定める日から起算して六月を経過する日までに、その者又はその親権を行う者等から引渡しを求める申出がなく、又は引渡しに要する費用の提供がないときは、その遺留物は、国庫に帰属する。

一　逃走したとき　逃走した日

二　第七十九条第二項の規定により解放された場合において、同条第三項に規定する避難を必要とする状況がなくなった後速やかに同項に規定する場所に出頭しなかったとき　避難を必要とする状況がなくなった日

2　前条第二項の規定は、前項の遺留物について準用する。

（**死亡者の遺留物**）

第六十四条　死亡した在所者の遺留物は、法務省令で定めるところにより、その遺族等（法務省令で定める遺族その他の者をいう。以下同じ。）に対し、その申請に基づき、引き渡すものとする。

2　死亡した在所者の遺留物がある場合において、その遺族等の所在が明らかでないため第百二十九条の規定による通知をすることができないときは、少年鑑別所の長は、その旨を政令で定める方法によって公告しなければならない。

3　第一項の遺留物は、第百二十九条の規定による通知をし、又は前項の規定により公告をした日から起算して六月を経過する日までに第一項の申請がないときは、国庫に帰属する。

4　第六十二条第二項の規定は、第一項の遺留物について準用する。

第八節　書籍等の閲覧

（**少年鑑別所の書籍等**）

第六十五条　少年鑑別所の長は、在所者の健全な育成を図るのにふさわしい書籍等の整備に努め、在所者が学習、娯楽等の目的で自主的にこれを閲覧する機会を与えるものとする。

2　前項に規定する閲覧の方法は、少年鑑別所の長が定める。

（**在院中在所者以外の在所者の自弁の書籍等及び新聞紙の閲覧**）

第六十六条　在院中在所者以外の在所者が自弁の書籍等及び新聞紙を閲覧することは、この条及び第六十八条の規定による場合のほか、これを禁止し、又は制限してはならない。

2　少年鑑別所の長は、在院中在所者以外の在所者が自弁の書籍等又は新聞紙を閲覧することにより次の各号のいずれかに該当する場合には、その閲覧を禁止することができる。

一　少年鑑別所の規律及び秩序を害する結果を生ずるおそれがあるとき。

二　在院中在所者以外の在所者が被観護在所者又は未決在所者である場合において、その者の保護事件又は刑事事件に関する証拠の隠滅の結果を生ずるおそれがあるとき。

三　在院中在所者以外の在所者の健全な育成を著しく妨げるおそれがあるとき。

四　在院中在所者以外の在所者が鑑別対象者である場合において、その鑑別の適切な実施に支障を生ずるおそれがあるとき。

3　前項の規定により閲覧を禁止すべき事由の有無を確認するため自弁の書籍等又は新聞紙の翻訳が必要であるときは、法務省令で定めるところにより、在院中在所者以外の在所者にその費用を負担させることができる。この場合において、その者が負担すべき費用を負担しないときは、その閲覧を禁止する。

（**在院中在所者の自弁の書籍等及び新聞紙の閲覧**）

第六十七条　少年鑑別所の長は、在院中在所者が、自弁の書籍等又は新聞紙を閲覧したい旨の申出をした場合において、次の各号（在院中在所者が鑑別対象者でない場合にあっては、第三号を除く。）のいずれにも該当すると認めるときは、これを許すことができる。

一　閲覧により、少年鑑別所の規律及び秩序を害する結果を生ずるおそれがないとき。

二　閲覧により、在院中在所者の改善更生に支障を生ずるおそれがないとき。

三　閲覧により、在院中在所者の鑑別の適切な実施に支障を生ずるおそれがないとき。

2　少年鑑別所の長は、前項の規定により閲覧を許すか否かを判断するに当たっては、書籍等及び新聞紙の閲覧が、一般に、青少年の健全な育成に資するものであることに留意しなければならない。

3　第一項の規定により閲覧を許すか否かを判断するため自弁の書籍等又は新聞紙の翻訳が必要であるときは、法務省令で定めるところにより、在院中在所者にその費用を負担させることができる。この場合において、その者が負担すべき費用を負担しないときは、その閲覧を許さない。

（新聞紙に関する制限）

第六十八条　少年鑑別所の長は、法務省令で定めるところにより、在所者が取得することができる新聞紙の範囲及び取得方法について、少年鑑別所の管理運営上必要な制限をすることができる。

（時事の報道に接する機会の付与）

第六十九条　少年鑑別所の長は、在所者に対し、日刊新聞紙の備付け、報道番組の放送その他の方法により、できる限り、主要な時事の報道に接する機会を与えるように努めなければならない。

第九節　宗教上の行為等

（一人で行う宗教上の行為）

第七十条　在所者が一人で行う礼拝その他の宗教上の行為は、これを禁止し、又は制限してはならない。ただし、少年鑑別所の規律及び秩序の維持その他管理運営上支障を生ずるおそれがある場合は、この限りでない。

（宗教上の儀式行事及び教誨）

第七十一条　少年鑑別所の長は、在所者が宗教家（民間の篤志家に限る。以下この項において同じ。）の行う宗教上の儀式行事に参加し、又は宗教家の行う宗教上の教誨を受けることができる機会を設けるように努めなければならない。

2　少年鑑別所の長は、少年鑑別所の規律及び秩序の維持その他管理運営上支障を生ずるおそれがある場合には、在所者に前項に規定する儀式行事に参加させず、又は同項に規定する教誨を受けさせないことができる。

第十節　規律及び秩序の維持

（少年鑑別所の規律及び秩序）

第七十二条　少年鑑別所の規律及び秩序は、在所者の観護処遇及び鑑別の適切な実施を確保し、並びにその健全な育成を図るのにふさわしい安全かつ平穏な環境を保持することができるよう、適正に維持されなければならない。

2　前項の目的を達成するため執る措置は、そのために必要な限度を超えてはならない。

（遵守事項等）

第七十三条　少年鑑別所の長は、在所者が遵守すべき事項（次項において「遵守事項」という。）を定める。

2　遵守事項は、在所者としての地位に応じ、次に掲げる事項を具体的に定めるものとする。

一　犯罪行為をしてはならないこと。

二　他人に対し、粗野若しくは乱暴な言動をし、又は迷惑を及ぼす行為をしてはならないこと。

三　自身を傷つける行為をしてはならないこと。

四　少年鑑別所の職員の職務の執行を妨げる行為をしてはならないこと。

五　自己又は他の在所者の収容の確保を妨げるおそれのある行為をしてはならないこと。

六　少年鑑別所の安全を害するおそれのある行為をしてはならないこと。

七　少年鑑別所内の衛生又は風紀を害する行為をしてはならないこと。

八　金品について、不正な使用、所持、授受その他の行為をしてはならないこと。

九　前各号に掲げるもののほか、少年鑑別所の規律及び秩序を維持するため必要な事項

十　前各号に掲げる事項について定めた遵守事項に違反する行為を企て、あおり、唆し、又は援助してはならないこと。

3　前二項のほか、少年鑑別所の長又はその指定する職員は、少年鑑別所の規律及び秩序を維持するため必要がある場合には、在所者に対し、その生活及び行動について指示することができる。

（身体の検査等）

第七十四条　指定職員は、少年鑑別所の規律及び秩序を維持するため必要がある場合には、在所者について、その身体、着衣、所持品及び居室を検査し、並びにその所持品を取り上げて一時保管することができる。

2　第二十四条第二項の規定は、前項の規定による女子の在所者の身体及び着衣の検査について準用する。

3　指定職員は、少年鑑別所の規律及び秩序を維持するため必要がある場合には、少年鑑別所内において、在所者以外の者（弁護士である付添人若しくは在所者若しくはその保護者、法定代理人、保佐人、配偶者、直系の親族若しくは兄弟姉妹の依頼により付添人となろうとする弁護士又は弁護人等（弁護人又は刑事訴訟法第三十九条第一項に規定する弁護人となろうとする者をいう。以下同じ。）を除く。）の着衣及び携帯品を検査し、並びにその者の携帯品を取り上げて一時保管することができる。

4　前項の検査は、文書図画の内容の検査に及んではならない。

（制止等の措置）

第七十五条　指定職員は、在所者が自身を傷つけ若しくは他人に危害を加え、逃走し、少年鑑別所の職員の職務の執行を妨げ、その他少年鑑別所の規律及び秩序を著しく害する行為をし、又はこれらの行為をしようとする場合には、合理的に必要と判断される限度で、その行為を制止し、その在所者を拘束し、その他その行為を抑止するため必要な措置を執ることができる。

2　指定職員は、在所者以外の者が次の各号のいずれかに該当する場合には、合理的に必要と判断される限度で、その行為を制止し、その行為をする者を拘束し、その他その行為を抑止するため必要な措置を執ることができる。

一　少年鑑別所に侵入し、その設備を損壊し、少年鑑別所の職員の職務執行を妨げ、又はこれらの行為をまさにしようとするとき。

二　指定職員の要求を受けたのに少年鑑別所から退去しないとき。

三　在所者の逃走又は少年鑑別所の職員の職務執行の妨害を、現場で、援助し、あおり、又は唆すとき。

四　在所者に危害を加え、又はまさに加えようとするとき。

3　前二項の措置に必要な警備用具については、法務省令で定める。

（手錠の使用）

第七十六条　指定職員は、在所者を護送するとき、又は在所者が次の各号のいずれかの行為をするおそれがある場合において、やむを得ないときは、少年鑑別所の長の命令により、法務省令で定めるところにより、手錠（手錠に附属するひもがある場合にはこれを含む。以下この条及び第百十条第一項第五号において同じ。）を使用することができる。

一　逃走すること。

二　自身を傷つけ、又は他人に危害を加えること。

三　少年鑑別所の設備、器具その他の物を損壊すること。

2　前項に規定する場合において、少年鑑別所の長の命令を待ついとまがないときは、指定職員は、その命令を待たないで、手錠を使用することができる。この場合には、速やかに、その旨を少年鑑別所の長に報告しなければならない。

3　在所者を護送する際に手錠を使用するに当たっては、その名誉をいたずらに害することのないように配慮しなければならない。

4　手錠の制式は、法務省令で定める。

（保護室への収容）

第七十七条　指定職員は、在所者が次の各号のいずれかに該当する場合において、やむを得ないときは、少年鑑別所の長の命令により、その者を保護室に収容することができる。

一　自身を傷つけるおそれがあるとき。

二　次のイからハまでのいずれかに該当する場合において、少年鑑別所の規律及び秩序を維持するため特に必要があるとき。

イ　指定職員の制止に従わず、大声又は騒音を発するとき。

ロ　他人に危害を加えるおそれがあるとき。

ハ　少年鑑別所の設備、器具その他の物を損壊し、又は汚損するおそれがあるとき。

2　前項に規定する場合において、少年鑑別所の長の命令を待ついとまがないときは、指定職員は、その命令を待たないで、その在所者を保護室に収容することができる。この場合には、速やかに、その旨を少年鑑別所の長に報告しなければならない。

3　保護室への収容の期間は、七十二時間以内とする。ただし、特に継続の必要がある場合には、少年鑑別所の長は、四十八時間ごとにこれを更新することができる。

4　保護室に収容されている在所者に対しては、その心情の安定を図るための適切な働き掛けを行うように努めなければならない。

5　少年鑑別所の長は、第三項の期間中であっても、保護室への収容の必要がなくなったときは、直ちにその収容を中止させなければならない。

6　在所者を保護室に収容し、又はその収容の期間を更新した場合には、少年鑑別所の長は、速やかに、その在所者の健康状態について、少年鑑別所の職員である医師又は少年鑑別所の長が委嘱する医師の意見を聴かなければならない。

7　保護室の構造及び設備の基準は、法務省令で定める。

（収容のための連戻し）

第七十八条　指定職員は、在所者が逃走した場合には、これを連れ戻すことができる。ただし、逃走の時から四十八時間を経過した後は、被観護措置者等（観護の措置（当該措置が少年法第四十三条第一項の規定による請求により執られたものである場合において、事件が家庭裁判所に送致されていないときを除く。）が執られて収容されている者、少年院法第二条第二号に規定する保護処分在院者としての地位を有する在所者及び少年法第二十六条の二の規定により収容されている者をいう。以下この項及び次条第四項において同じ。）にあっては裁判官のあらかじめ発する連戻状によらなければ連戻しに着手することができず、被観護措置者等以外の在所者にあっては連戻しに着手することができない。

2　前項の規定による連戻しが困難である場合には、少年鑑別所の長は、警察官に対して連戻しのための援助を求めることができる。この場合において、援助を求められた警察官については、同項の規定を準用する。

3　第一項ただし書（前項において準用する場合を含む。）の連戻状は、少年鑑別所の長の請求により、その少年鑑別所の所在地を管轄する家庭裁判所の裁判官が発する。この場合においては、少年法第四条及び第三十六条の規定を準用する。

（災害時の避難及び解放）

第七十九条　少年鑑別所の長は、地震、火災その他の災害に際し、少年鑑別所内において避難の方法がないときは、在所者を適当な場所に護送しなければならない。

2　前項の場合において、在所者を護送することができないときは、少年鑑別所の長は、その者を少年鑑別所から解放することができる。地震、火災その他の災害に際し、少年鑑別所の外にある在所者を避難させるため適当な場所に護送することができない場合も、同様とする。

3　前項の規定により解放された者は、避難を必要とする状況がなくなった後速やかに、少年鑑別所又は少年鑑別所の長が指定した場所に出頭しなければならない。

4　指定職員は、第二項の規定により解放された被観護措置者等が前項の規定に違反して少年鑑別所又は指定された場所に出頭しないときは、裁判官のあらかじめ発する連戻状により、その者を連れ戻すことができる。

5　前項の規定による連戻しが困難である場合には、少年鑑別所の長は、警察官に対して連戻しのための援助を求めることができる。この場合において、援助を求められた警察官については、同項の規定を準用する。

6　前条第三項の規定は、第四項（前項において準用する場合を含む。）の連戻状について準用する。

第十一節　外部交通

第一款　面会

第一目　被観護在所者

（面会の相手方）

第八十条　少年鑑別所の長は、被観護在所者に対し、次に掲げる者から面会の申出があったときは、第百七条第三項の規定により禁止される場合を除き、これを許すものとする。ただし、刑事訴訟法（少年法において準用する場合を含む。次項において同じ。）の定めるところにより面会が許されない場合は、この限りでない。

一　被観護在所者の保護者等

二　婚姻関係の調整、訴訟の遂行、修学又は就業の準備その他の被観護在所者の身分上、法律上、教育上又は職業上の重大な利害に係る用務の処理のため面会することが必要な者

2　少年鑑別所の長は、被観護在所者に対し、前項各号に掲げる者以外の者から面会の申出があった場合において、健全な社会生活を営むために必要な援助を受けることその他面会することを必要とする事情があり、かつ、次の各号（被観護在所者が鑑別対象者でない場合にあっては、第四号を除く。次条第一項において同じ。）のいずれにも該当すると認めるときは、これを許すことができる。ただ

し、刑事訴訟法の定めるところにより面会が許されない場合は、この限りでない。
一　面会により、少年鑑別所の規律及び秩序を害する結果を生ずるおそれがないとき。
二　面会により、被観護在所者の保護事件又は刑事事件に関する証拠の隠滅の結果を生ずるおそれがないとき。
三　面会により、被観護在所者の健全な育成を著しく妨げるおそれがないとき。
四　面会により、被観護在所者の鑑別の適切な実施に支障を生ずるおそれがないとき。

（面会の立会い等）
第八十一条　少年鑑別所の長は、その指名する職員に、被観護在所者の面会（付添人等（付添人又は在所者若しくはその保護者、法定代理人、保佐人、配偶者、直系の親族若しくは兄弟姉妹の依頼により付添人となろうとする弁護士をいう。以下同じ。）又は弁護人等との面会を除く。）に立ち会わせ、又はその面会の状況を録音させ、若しくは録画させるものとする。ただし、前条第二項各号のいずれにも該当すると認めるときは、その立会い並びに録音及び録画（次項において「立会い等」という。）をさせないことができる。
2　少年鑑別所の長は、前項の規定にかかわらず、被観護在所者の次に掲げる者との面会については、少年鑑別所の規律及び秩序を害する結果又は被観護在所者の保護事件若しくは刑事事件に関する証拠の隠滅の結果を生ずるおそれがあると認めるべき特別の事情がある場合を除き、立会い等をさせてはならない。
一　自己に対する少年鑑別所の長の措置その他自己が受けた観護処遇又は鑑別に関し調査を行う国又は地方公共団体の機関の職員
二　自己に対する少年鑑別所の長の措置その他自己が受けた観護処遇又は鑑別に関し弁護士法（昭和二十四年法律第二百五号）第三条第一項に規定する職務を遂行する弁護士

（面会の一時停止及び終了）
第八十二条　少年鑑別所の職員は、次の各号のいずれか（付添人等又は弁護人等との面会の場合にあっては、第一号ロに限る。）に該当する場合には、その行為若しくは発言を制止し、又はその面会を一時停止させることができる。この場合においては、面会の一時停止のため、被観護在所者又は面会の相手方に対し面会の場所からの退出を命じ、その他必要な措置を執ることができる。
一　被観護在所者又は面会の相手方が次のイ又はロのいずれかに該当する行為をするとき。
イ　次条第一項の規定による制限に違反する行為
ロ　少年鑑別所の規律及び秩序を害する行為
二　被観護在所者又は面会の相手方が次のイからトまでのいずれかに該当する内容の発言をするとき。
イ　暗号の使用その他の理由によって、少年鑑別所の職員が理解できないもの
ロ　犯罪又は非行を助長し、又は誘発するもの
ハ　少年鑑別所の規律及び秩序を害する結果を生ずるおそれのあるもの
ニ　被観護在所者の保護事件又は刑事事件に関する証拠の隠滅の結果を生ずるおそれのあるもの
ホ　被観護在所者の健全な育成を著しく妨げるおそれのあるもの
ヘ　特定の用務の処理のため必要であることを理由として許された面会において、その用務の処理のため必要な範囲を明らかに逸脱するもの
ト　被観護在所者が鑑別対象者である場合において、その鑑別の適切な実施に支障を生ずるおそれのあるもの
2　少年鑑別所の長は、前項の規定により面会が一時停止された場合において、面会を継続させることが相当でないと認めるときは、その面会を終わらせることができる。

（面会に関する制限）
第八十三条　少年鑑別所の長は、被観護在所者の面会（付添人等又は弁護人等との面会を除く。）に関し、法務省令で定めるところにより、面会の相手方の人数、面会の場所、日及び時間帯、面会の時間及び回数その他面会の態様について、少年鑑別所の規律及び秩序の維持その他管理運営上必要な制限をすることができる。
2　前項の規定により面会の回数について制限をするときは、その回数は、一日につき一回を下回ってはならない。
第八十四条　被観護在所者の付添人等との面会の日及び時間帯は、日曜日その他政令で定める日以外の日の少年鑑別所の執務時間内とする。
2　前項の面会の相手方の人数は、三人以内とする。

3　少年鑑別所の長は、付添人等又は弁護人等から前二項の定めによらない面会の申出がある場合においても、少年鑑別所の管理運営上支障があるときを除き、これを許すものとする。

4　少年鑑別所の長は、第一項の面会に関し、法務省令で定めるところにより、面会の場所について、少年鑑別所の規律及び秩序の維持その他管理運営上必要な制限をすることができる。

第二目　未決在所者

（面会の相手方）

第八十五条　少年鑑別所の長は、未決在所者（被観護在所者としての地位を有するものを除く。以下この目において同じ。）に対し、他の者から面会の申出があったときは、次項又は第百七条第三項の規定により禁止される場合を除き、これを許すものとする。ただし、刑事訴訟法の定めるところにより面会が許されない場合は、この限りでない。

2　少年鑑別所の長は、犯罪性のある者その他未決在所者が面会することにより、その健全な育成を著しく妨げるおそれがある者（未決在所者の保護者等を除く。）については、未決在所者がその者と面会することを禁止することができる。ただし、付添人等又は弁護人等と面会する場合及び被告人若しくは被疑者としての権利の保護又は訴訟の準備その他の権利の保護のために必要と認められる場合については、この限りでない。

（面会の立会い等）

第八十六条　少年鑑別所の長は、その指名する職員に、未決在所者の面会（付添人等又は弁護人等との面会を除く。）に立ち会わせ、又はその面会の状況を録音させ、若しくは録画させるものとする。ただし、次の各号のいずれにも該当すると認めるときは、その立会い並びに録音及び録画（次項において「立会い等」という。）をさせないことができる。

一　面会により、少年鑑別所の規律及び秩序を害する結果を生ずるおそれがないとき。

二　面会により、未決在所者の刑事事件に関する証拠の隠滅の結果を生ずるおそれがないとき。

三　面会により、未決在所者の健全な育成を著しく妨げるおそれがないとき。

2　少年鑑別所の長は、前項の規定にかかわらず、未決在所者の次に掲げる者との面会については、少年鑑別所の規律及び秩序を害する結果又は未決在所者の刑事事件に関する証拠の隠滅の結果を生ずるおそれがあると認めるべき特別の事情がある場合を除き、立会い等をさせてはならない。

一　自己に対する少年鑑別所の長の措置その他自己が受けた観護処遇に関し調査を行う国又は地方公共団体の機関の職員

二　自己に対する少年鑑別所の長の措置その他自己が受けた観護処遇に関し弁護士法第三条第一項に規定する職務を遂行する弁護士

（面会の一時停止及び終了等）

第八十七条　第八十二条から第八十四条まで（第八十二条第一項第二号へ及びトを除く。）の規定は、未決在所者の面会について準用する。この場合において、同号ニ中「保護事件又は刑事事件」とあるのは、「刑事事件」と読み替えるものとする。

第三目　在院中在所者

（面会の相手方）

第八十八条　少年鑑別所の長は、在院中在所者に対し、次に掲げる者から面会の申出があったときは、第百七条第三項の規定により禁止される場合を除き、これを許すものとする。

一　在院中在所者の保護者等

二　婚姻関係の調整、訴訟の遂行、修学又は就業の準備その他の在院中在所者の身分上、法律上、教育上又は職業上の重大な利害に係る用務の処理のため面会することが必要な者

三　在院中在所者の更生保護に関係のある者その他の面会により在院中在所者の改善更生に資すると認められる者

2　少年鑑別所の長は、在院中在所者に対し、前項各号に掲げる者以外の者から面会の申出があった場合において、健全な社会生活を営むために必要な援助を受けることその他面会することを必要とする事情があり、かつ、次の各号（在院中在所者が鑑別対象者でない場合にあっては、第三号を除く。次条第一項において同じ。）のいずれにも該当すると認めるときは、これを許すことができる。

一　面会により、少年鑑別所の規律及び秩序を害する結果を生ずるおそれがないとき。

二　面会により、在院中在所者の改善更生に支障を生ずるおそれがないとき。

三　面会により、在院中在所者の鑑別の適切な実施に支障を生ずるおそれがないとき。

（面会の立会い等）

第八十九条　少年鑑別所の長は、その指名する職員に、在院中在所者の面会（付添人等又は弁護人等との面会を除く。）に立ち会わせ、又はその面会の状況を録音させ、若しくは録画させるものとする。ただし、前条第二項各号のいずれにも該当すると認めるときは、その立会い並びに録音及び録画（次項において「立会い等」という。）をさせないことができる。

2　少年鑑別所の長は、前項の規定にかかわらず、在院中在所者の次に掲げる者との面会については、少年鑑別所の規律及び秩序を害する結果を生ずるおそれがあると認めるべき特別の事情がある場合を除き、立会い等をさせてはならない。

一　自己に対する少年鑑別所の長の措置その他自己が少年鑑別所において受けた観護処遇若しくは鑑別又は自己に対する少年院の長の措置その他自己が少年院において受けた処遇に関し調査を行う国又は地方公共団体の機関の職員

二　自己に対する少年鑑別所の長の措置その他自己が少年鑑別所において受けた観護処遇若しくは鑑別又は自己に対する少年院の長の措置その他自己が少年院において受けた処遇に関し弁護士法第三条第一項に規定する職務を遂行する弁護士

（面会の一時停止及び終了等）

第九十条　第八十二条から第八十四条まで（第八十二条第一項第二号ニを除く。）の規定は、在院中在所者の面会について準用する。この場合において、同号ホ中「健全な育成を著しく妨げる」とあるのは、「改善更生に支障を生ずる」と読み替えるものとする。

第四目　各種在所者

第九十一条　第一目（第八十条第一項ただし書並びに第二項ただし書及び第二号並びに第八十二条第一項第二号ニを除く。）の規定は、各種在所者の面会について準用する。この場合において、第八十一条第一項中「前条第二項各号」とあるのは「前条第二項各号（第二号を除く。）」と、同条第二項中「結果又は被観護在所者の保護事件若しくは刑事事件に関する証拠の隠滅の結果」とあるのは「結果」と読み替えるものとする。

第二款　信書の発受

第一目　被観護在所者

（発受を許す信書）

第九十二条　少年鑑別所の長は、被観護在所者に対し、この目又は第百七条第三項の規定により禁止される場合を除き、他の者との間で信書を発受することを許すものとする。ただし、刑事訴訟法（少年法において準用する場合を含む。）の定めるところにより信書の発受が許されない場合は、この限りでない。

（信書の検査）

第九十三条　少年鑑別所の長は、その指名する職員に、被観護在所者が発受する信書について、検査を行わせるものとする。

2　次に掲げる信書については、前項の検査は、これらの信書に該当することを確認するために必要な限度において行うものとする。ただし、第三号に掲げる信書について、少年鑑別所の規律及び秩序を害する結果又は被観護在所者の保護事件若しくは刑事事件に関する証拠の隠滅の結果を生ずるおそれがあると認めるべき特別の事情がある場合は、この限りでない。

一　被観護在所者が付添人等又は弁護人等から受ける信書

二　被観護在所者が国又は地方公共団体の機関から受ける信書

三　被観護在所者が自己に対する少年鑑別所の長の措置その他自己が受けた観護処遇又は鑑別に関し弁護士法第三条第一項に規定する職務を遂行する弁護士（弁護士法人及び弁護士・外国法事務弁護士共同法人を含む。以下この款において同じ。）から受ける信書

3　少年鑑別所の長は、少年鑑別所の規律及び秩序を害する結果を生じ、又は被観護在所者の保護事件若しくは刑事事件に関する証拠の隠滅の結果を生ずるおそれがないと認める場合には、前二項の規定にかかわらず、第一項の検査を行わせないことができる。

（信書の内容による差止め等）

第九十四条　少年鑑別所の長は、前条の規定による検査の結果、被観護在所者が発受する信書について、その全部又は一部が次の各号のいずれかに該当する場合には、その発受を差し止め、又はその該当箇所を削除し、若しくは抹消することができる。同条第二項各号に掲げる信書について、これらの信書に該当することを確認する過程においてその全部又は一部が次の各号のいずれかに該当することが

判明した場合も、同様とする。

一　暗号の使用その他の理由によって、少年鑑別所の職員が理解できない内容のものであるとき。

二　発受によって、刑罰法令に触れる行為をすることとなり、又は犯罪若しくは非行を助長し、若しくは誘発するおそれがあるとき。

三　発受によって、少年鑑別所の規律及び秩序を害する結果を生ずるおそれがあるとき。

四　威迫にわたる記述又は明らかな虚偽の記述があるため、受信者を著しく不安にさせ、又は受信者に損害を被らせるおそれがあるとき。

五　受信者を著しく侮辱する記述があるとき。

六　発受によって、被観護在所者の保護事件又は刑事事件に関する証拠の隠滅の結果を生ずるおそれがあるとき。

七　発受によって、被観護在所者の健全な育成を著しく妨げるおそれがあるとき。

八　被観護在所者が鑑別対象者である場合において、発受によって、その鑑別の適切な実施に支障を生ずるおそれがあるとき。

2　前項の規定にかかわらず、被観護在所者が国又は地方公共団体の機関との間で発受する信書であってその機関の権限に属する事項を含むもの及び被観護在所者が弁護士との間で発受する信書であってその被観護在所者に係る弁護士法第三条第一項に規定する弁護士の職務に属する事項を含むものについては、その発受の差止め又はその事項に係る部分の削除若しくは抹消は、その部分の全部又は一部が前項第一号から第三号まで又は第六号のいずれかに該当する場合に限り、これを行うことができる。

（信書に関する制限）

第九十五条　少年鑑別所の長は、法務省令で定めるところにより、被観護在所者が発する信書の作成要領、その発信の申請の日及び時間帯、被観護在所者が発信を申請する信書（付添人等又は弁護人等に対して発するものを除く。）の通数並びに被観護在所者の信書の発受の方法について、少年鑑別所の管理運営上必要な制限をすることができる。

2　前項の規定により被観護在所者が発信を申請する信書の通数について制限をするときは、その通数は、一日につき一通を下回ってはならない。

（発信に要する費用）

第九十六条　信書の発信に要する費用については、被観護在所者が負担することができない場合において、少年鑑別所の長が発信の目的に照らし相当と認めるときは、その全部又は一部を国庫の負担とする。

（発受を禁止した信書等の取扱い）

第九十七条　少年鑑別所の長は、第九十四条又は第百七条第三項の規定により信書の発受を差し止め、又は禁止した場合にはその信書を、第九十四条の規定により信書の一部を削除した場合にはその削除した部分を保管するものとする。

2　少年鑑別所の長は、第九十四条の規定により信書の記述の一部を抹消する場合には、その抹消する部分の複製を作成し、これを保管するものとする。

3　少年鑑別所の長は、被観護在所者の退所の際、前二項の規定により保管する信書の全部若しくは一部又は複製（以下「発受禁止信書等」という。）をその者又はその親権を行う者等に引き渡すものとする。

4　少年鑑別所の長は、被観護在所者が死亡した場合には、法務省令で定めるところにより、その遺族等に対し、その申請に基づき、発受禁止信書等を引き渡すものとする。

5　前二項の規定にかかわらず、発受禁止信書等の引渡しにより少年鑑別所の規律及び秩序の維持に支障を生ずるおそれがあるときは、これを引き渡さないものとする。次に掲げる場合において、その引渡しにより少年鑑別所の規律及び秩序の維持に支障を生ずるおそれがあるときも、同様とする。

一　退所した被観護在所者又はその親権を行う者等が、被観護在所者の退所後に、発受禁止信書等の引渡しを求めたとき。

二　被観護在所者が第六十三条第一項各号のいずれかに該当する場合において、その被観護在所者又はその親権を行う者等が、発受禁止信書等の引渡しを求めたとき。

6　第六十二条第一項、第六十三条第一項並びに第六十四条第二項及び第三項の規定は、被観護在所者に係る発受禁止信書等（前項の規定により引き渡さないこととされたものを除く。）について準用する。この場合において、同条第三項中「第一項の申請」とあるのは、「第九十七条第四項の申請」と読み替えるものとする。

7　第五項の規定により引き渡さないこととし

た発受禁止信書等は、被観護在所者の退所若しくは死亡の日又は被観護在所者が第六十三条第一項各号のいずれかに該当することとなった日から起算して三年を経過した日に、国庫に帰属する。

（被観護在所者作成の文書図画）

第九十八条　少年鑑別所の長は、被観護在所者が、その作成した文書図画（信書を除く。）を他の者に交付することを申請した場合には、その交付につき、被観護在所者が発する信書に準じて検査その他の措置を執ることができる。

第二目　未決在所者

第九十九条　前目（第九十四条第一項第八号を除く。）の規定は、未決在所者（被観護在所者としての地位を有するものを除く。）が発受する信書について準用する。この場合において、第九十二条ただし書中「刑事訴訟法（少年法において準用する場合を含む。）」とあるのは「刑事訴訟法」と、第九十三条第二項ただし書及び第三項中「保護事件若しくは刑事事件」とあり、並びに第九十四条第一項第六号中「保護事件又は刑事事件」とあるのは「刑事事件」と、第九十三条第二項第三号中「観護処遇又は鑑別」とあるのは「観護処遇」と読み替えるものとする。

第三目　在院中在所者

（発受を許す信書）

第百条　少年鑑別所の長は、在院中在所者に対し、この目又は第百七条第三項の規定により禁止される場合を除き、他の者との間で信書を発受することを許すものとする。

（信書の検査）

第百一条　少年鑑別所の長は、その指名する職員に、在院中在所者が発受する信書について、検査を行わせるものとする。

2　次に掲げる信書については、前項の検査は、これらの信書に該当することを確認するために必要な限度において行うものとする。ただし、第四号に掲げる信書について、少年鑑別所の規律及び秩序を害する結果を生ずるおそれがあると認めるべき特別の事情がある場合は、この限りでない。

一　在院中在所者が付添人等又は弁護人等から受ける信書

二　在院中在所者が国又は地方公共団体の機関から受ける信書

三　在院中在所者が自己に対する少年鑑別所の長の措置その他自己が少年鑑別所において受けた観護処遇若しくは鑑別又は自己に対する少年院の長の措置その他自己が少年院において受けた処遇に関し調査を行う国又は地方公共団体の機関に対して発する信書

四　在院中在所者が自己に対する少年鑑別所の長の措置その他自己が少年鑑別所において受けた観護処遇若しくは鑑別又は自己に対する少年院の長の措置その他自己が少年院において受けた処遇に関し弁護士法第三条第一項に規定する職務を遂行する弁護士との間で発受する信書

3　少年鑑別所の長は、少年鑑別所の規律及び秩序を害する結果を生じ、又は在院中在所者の改善更生に支障を生ずるおそれがないと認める場合には、前二項の規定にかかわらず、第一項の検査を行わせないことができる。

（信書の発受の禁止）

第百二条　少年鑑別所の長は、犯罪性のある者その他在院中在所者が信書を発受することにより、少年鑑別所の規律及び秩序を害し、又は在院中在所者の改善更生に支障を生ずるおそれがある者（在院中在所者の保護者等を除く。）については、在院中在所者がその者との間で信書を発受することを禁止することができる。ただし、婚姻関係の調整、訴訟の遂行、修学又は就業の準備その他の在院中在所者の身分上、法律上、教育上又は職業上の重大な利害に係る用務の処理のため信書を発受する場合は、この限りでない。

（信書の内容による差止め等）

第百三条　第九十四条から第九十八条まで（第九十四条第一項第六号を除く。）の規定は、在院中在所者が発受する信書について準用する。この場合において、同項中「前条」とあるのは「第百一条」と、同項第七号中「健全な育成を著しく妨げる」とあるのは「改善更生に支障を生ずる」と、第九十四条第二項中「第三号まで」とあるのは「第三号まで又は第六号」と、第九十七条第一項中「又は第百七条第三項」とあるのは「、第百二条又は第百七条第三項」と、同条第五項中「生ずる」とあるのは「生じ、又は在院中在所者の犯罪若しくは非行を助長し、若しくは誘発する」と読み替えるものとする。

第四目　各種在所者

第百四条　第九十二条本文、第九十四条から第九十八条まで（第九十四条第一項第六号を除く。）及び第百一条の規定は、各種在所者が発受する信書について準用する。この場合において、同項中「前条」とあるのは「第百四条において準用する第百一条」と、第九十四条第二項中「第三号まで又は第六号」とあるのは「第三号まで」と、第百一条第二項第三号及び第四号中「若しくは鑑別又は自己に対する少年院の長の措置その他自己が少年院において受けた処遇」とあるのは「又は鑑別」と、同条第三項中「結果を生じ、又は在院中在所者の改善更生に支障」とあるのは「結果」と読み替えるものとする。

第三款　電話等による通信

（電話等による通信）

第百五条　少年鑑別所の長は、在院中在所者に対し、その改善更生又は円滑な社会復帰に資すると認めるとき、その他相当と認めるときは、第八十八条第一項各号に掲げる者との間において、電話その他政令で定める電気通信の方法による通信を行うことを許すことができる。

2　第九十六条の規定は、前項の通信について準用する。

（通信の確認等）

第百六条　少年鑑別所の長は、その指名する職員に、前条第一項の通信の内容を確認するため、その通信を受けさせ、又はその内容を記録させるものとする。ただし、次の各号（在院中在所者が鑑別対象者でない場合にあっては、第三号を除く。）のいずれにも該当すると認めるときは、この限りでない。

一　通信により、少年鑑別所の規律及び秩序を害する結果を生ずるおそれがないとき。

二　通信により、在院中在所者の改善更生に支障を生ずるおそれがないとき。

三　通信により、在院中在所者の鑑別の適切な実施に支障を生ずるおそれがないとき。

2　第八十二条（第一項第一号イ及び第二号ニを除く。）の規定は、在院中在所者による前条第一項の通信について準用する。この場合において、同号ホ中「健全な育成を著しく妨げる」とあるのは、「改善更生に支障を生ずる」と読み替えるものとする。

第四款　雑則

（外国語による面会等）

第百七条　少年鑑別所の長は、在所者又はその面会等（面会又は第百五条第一項の通信をいう。以下この条において同じ。）の相手方が国語に通じない場合には、外国語による面会等を許すものとする。この場合において、発言又は通信の内容を確認するため通訳又は翻訳が必要であるときは、法務省令で定めるところにより、その在所者にその費用を負担させることができる。

2　少年鑑別所の長は、在所者又はその信書の発受の相手方が国語に通じない場合その他相当と認める場合には、外国語による信書の発受を許すものとする。この場合において、信書の内容を確認するため翻訳が必要であるときは、法務省令で定めるところにより、その在所者にその費用を負担させることができる。

3　在所者が前二項の規定により負担すべき費用を負担しないときは、その面会等又は信書の発受を許さない。

（条約の効力）

第百八条　この節に規定する面会及び信書の発受に関する事項について条約に別段の定めがあるときは、その規定による。

第十二節　救済の申出等

第一款　救済の申出

（救済の申出）

第百九条　在所者は、自己に対する少年鑑別所の長の措置その他自己が受けた観護処遇又は鑑別について苦情があるときは、書面で、法務大臣に対し、救済を求める申出をすることができる。

第百十条　退所した者は、自己に対する第一号から第三号までに掲げる少年鑑別所の長の措置又は自己に対する第四号から第六号までに掲げる少年鑑別所の職員による行為について苦情があるときは、書面で、法務大臣に対し、救済を求める申出をすることができる。

一　第六十六条第三項又は第六十七条第三項の規定による費用を負担させる処分

二　第九十七条第五項前段（第九十九条、第百三条及び第百四条において準用する場合を含む。第百十五条第一項第九号において同じ。）の規定による発受禁止信書等の引渡しをしない処分（第九十七条第三項（第九十九条、第百三条及び第百四条において準用する場合を含む。）の規定による引渡しに係るものに限る。同号において同じ。）

三　第百七条第一項又は第二項の規定による

費用を負担させる処分
四　身体に対する有形力の行使
五　手錠の使用
六　保護室への収容
2　前項の規定による申出は、退所した日の翌日から起算して三十日以内にしなければならない。
3　天災その他前項の期間内に第一項の規定による申出をしなかったことについてやむを得ない理由があるときは、前項の規定にかかわらず、その理由がやんだ日の翌日から起算して一週間以内に限り、その申出をすることができる。

第百十一条　第百九条又は前条第一項の規定による申出（以下「救済の申出」という。）は、これを行う者が自らしなければならない。

（**相談員**）
第百十二条　少年鑑別所の長の指名を受けた少年鑑別所の職員（次項及び第百二十条第一項において「相談員」という。）は、在所者に対し、救済の申出に関する相談に応じるものとする。
2　相談員は、その相談によって知り得た救済の申出の内容をその少年鑑別所の他の職員に漏らしてはならない。

（**調査**）
第百十三条　法務大臣は、職権で、救済の申出に関して必要な調査をするものとする。
2　法務大臣は、前項の調査をするために必要があるときは、少年鑑別所の長に対し、報告若しくは資料その他の物件の提出を命じ、又はその指名する職員をして、救済の申出をした者その他の関係者に対し質問をさせ、若しくは物件の提出を求めさせ、これらの者が提出した物件を留め置かせ、若しくは検証を行わせることができる。

（**処理**）
第百十四条　法務大臣は、救済の申出を受けたときは、これを誠実に処理するものとする。
2　法務大臣は、救済の申出の内容が、その申出をした者に対する第百十条第一項第四号から第六号までに掲げる少年鑑別所の職員による行為に係るものである場合にあってはできる限り六十日以内に、それら以外のものである場合にあってはできる限り九十日以内にその処理を終えるよう努めるものとする。

（**法務大臣の措置**）
第百十五条　法務大臣は、救済の申出の内容がその申出をした者に対する次に掲げる少年鑑別所の長の措置に係るものであって、その措置が違法又は不当であることを確認した場合において、必要があると認めるときは、その措置の全部又は一部を取り消し、又は変更するものとする。
一　第三十七条第一項の規定による診療を受けることを許さない処分又は同条第四項の規定による診療の中止
二　第四十二条第一項の規定による自弁の物品の使用又は摂取を許さない処分
三　第五十五条の規定による領置されている現金の使用又は第五十六条（第五十九条において準用する場合を含む。）、第五十七条若しくは第五十八条の規定による領置されている金品の交付を許さない処分
四　第六十六条第二項の規定による書籍等又は新聞紙の閲覧の禁止
五　第六十六条第三項又は第六十七条第三項の規定による費用を負担させる処分
六　第六十八条の規定による新聞紙の取得の制限
七　第七十条に規定する宗教上の行為の禁止又は制限
八　第九十四条、第九十五条第一項若しくは第九十八条（これらの規定を第九十九条、第百三条及び第百四条において準用する場合を含む。）の規定又は第百二条の規定による信書の発受又は文書図画の交付の禁止、差止め又は制限
九　第九十七条第五項前段の規定による発受禁止信書等の引渡しをしない処分
十　第百七条第一項又は第二項の規定による費用を負担させる処分
2　法務大臣は、救済の申出の内容がその申出をした者に対する第百十条第一項第四号から第六号までに掲げる少年鑑別所の職員による行為に係るものであって、同項第四号に掲げる行為にあってはその行為が違法であることを、同項第五号又は第六号に掲げる行為にあってはその行為が違法又は不当であることを確認した場合において、必要があると認めるときは、同様の行為の再発の防止のため必要な措置その他の措置を執るものとする。

（**通知**）
第百十六条　法務大臣は、第百十四条の規定による処理を終えたときは、速やかに、処理の結果（前条第一項の規定による法務大臣の措置を含む。）を救済の申出をした者に通知しなければならない。ただし、在所者による救済の申出（第百十条第一項各号に掲げる少年

鑑別所の長の措置又は少年鑑別所の職員による行為に係る救済の申出を除く。）について、その在所者が退所したときは、この限りでない。

（法務省令への委任）

第百十七条　この款に定めるもののほか、救済の申出に関し必要な事項は、法務省令で定める。

第二款　苦情の申出

（**監査官に対する苦情の申出**）

第百十八条　在所者は、自己に対する少年鑑別所の長の措置その他自己が受けた観護処遇又は鑑別について、口頭又は書面で、第五条の規定により実地監査を行う監査官（以下この条及び第百二十条第一項において単に「監査官」という。）に対し、苦情の申出をすることができる。

2　第百十一条の規定は、前項の苦情の申出について準用する。

3　監査官は、口頭による苦情の申出を受けるに当たっては、少年鑑別所の職員を立ち会わせてはならない。

4　監査官は、苦情の申出を受けたときは、これを誠実に処理し、処理の結果を苦情の申出をした者に通知しなければならない。ただし、その者が退所したときは、この限りでない。

（**少年鑑別所の長に対する苦情の申出**）

第百十九条　在所者は、自己に対する少年鑑別所の長の措置その他自己が受けた観護処遇又は鑑別について、口頭又は書面で、少年鑑別所の長に対し、苦情の申出をすることができる。

2　第百十一条の規定は、前項の苦情の申出について準用する。

3　在所者が口頭で第一項の苦情の申出をしようとするときは、少年鑑別所の長は、その指名する職員にその内容を聴取させることができる。

4　前条第四項の規定は、少年鑑別所の長が苦情の申出を受けた場合について準用する。

第三款　雑則

（**秘密申出**）

第百二十条　少年鑑別所の長は、在所者が、救済の申出をし、又は監査官に対し苦情の申出をするに当たり、その内容を少年鑑別所の職員（当該救済の申出に関する相談に応じた相談員を除く。）に秘密にすることができるように、必要な措置を講じなければならない。

2　第九十三条（第九十九条において準用する場合を含む。）及び第百一条（第百四条において準用する場合を含む。）の規定にかかわらず、救済の申出又は苦情の申出の書面は、検査をしてはならない。

（**不利益取扱いの禁止**）

第百二十一条　少年鑑別所の職員は、在所者が救済の申出又は苦情の申出をしたことを理由として、その者に対し不利益な取扱いをしてはならない。

（**在院中在所者に関する特則**）

第百二十二条　第百十二条及び前二条の規定は、在院中在所者が少年院法第百二十条の規定により法務大臣に対して救済を求める申出をする場合について準用する。

第十三節　仮収容

第百二十三条　在所者を同行する場合（第七十八条第一項（同条第二項において準用する場合を含む。）又は第七十九条第四項（同条第五項において準用する場合を含む。）の規定により連れ戻す場合を含む。）において、やむを得ない事由があるときは、最寄りの少年鑑別所若しくは少年院又は刑事施設の特に区別した場所にその者を仮に収容することができる。

第十四節　退所

（**被観護在所者の退所**）

第百二十四条　被観護在所者の退所は、次に掲げる事由が生じた後直ちに行う。

一　あらかじめ定められた収容の期間が満了したこと。

二　少年法第十八条、第二十三条第二項、第二十四条第一項、第六十四条第一項若しくは第六十六条第一項の決定又は更生保護法第七十一条の申請に対する決定により観護の措置が効力を失ったこと（当該決定が審判期日において告知された場合に限る。）。

三　家庭裁判所又は検察官その他の者の身体の拘束について権限を有する者の退所の指揮又は通知を受けたこと。

（**未決在所者の退所**）

第百二十五条　未決在所者の退所は、次に掲げる事由が生じた後直ちに行う。

一　勾留されている被告人について、勾留の期間が満了したこと。

二　刑事訴訟法第百六十七条第一項（同法第

二百二十四条第二項において準ずる場合を含む。）の規定により留置されている者について、あらかじめ定められた留置の期間が満了したこと。

三　刑事訴訟法第三百四十五条の規定により勾留状が効力を失ったこと（同法の規定により勾留されている未決在所者が公判廷にある場合に限る。）。

四　検察官の退所の指揮又は通知を受けたこと。

（在院中在所者等の退所）

第百二十六条　在院中在所者及び各種在所者の退所は、政令で定める事由が生じた後直ちに行う。

（願い出による滞留）

第百二十七条　少年鑑別所の長は、退所させるべき在所者が負傷又は疾病により重態であるとき、その他その者の利益のためにやむを得ない事由があるときは、その願い出により、その者が少年鑑別所に一時とどまることを許すことができる。

2　前項の規定により少年鑑別所にとどまる者の観護処遇については、その性質に反しない限り、各種在所者に関する規定を準用する。

（帰住旅費等の支給）

第百二十八条　退所する在所者に対しては、その帰住を助けるため必要な旅費又は衣類を支給するものとする。

第十五節　死亡

（死亡の通知）

第百二十九条　少年鑑別所の長は、在所者が死亡した場合には、法務省令で定めるところにより、その遺族等に対し、その死亡の原因及び日時並びに交付すべき遺留物又は発受禁止信書等があるときはその旨を速やかに通知しなければならない。

（死体に関する措置）

第百三十条　在所者が死亡した場合において、その死体の埋葬又は火葬を行う者がないときは、墓地、埋葬等に関する法律（昭和二十三年法律第四十八号）第九条の規定にかかわらず、その埋葬又は火葬は、少年鑑別所の長が行うものとする。

2　前項に定めるもののほか、在所者の死体に関する措置については、法務省令で定める。

第四章　非行及び犯罪の防止に関する援助

第百三十一条　少年鑑別所の長は、地域社会における非行及び犯罪の防止に寄与するため、非行及び犯罪に関する各般の問題について、少年、保護者その他の者からの相談のうち、専門的知識及び技術を必要とするものに応じ、必要な情報の提供、助言その他の援助を行うとともに、非行及び犯罪の防止に関する機関又は団体の求めに応じ、技術的助言その他の必要な援助を行うものとする。

第五章　罰則

第百三十二条　第七十九条第二項の規定により解放された在所者が、同条第三項の規定に違反して少年鑑別所又は指定された場所に出頭しないときは、一年以下の懲役に処する。

・刑法等の一部を改正する法律（令和四・六・一七法律六七）

附則　抄

（施行期日）

1　この法律は、公布の日から起算して三年を超えない範囲内において政令で定める日から施行する。（略）

・刑事訴訟法等の一部を改正する法律（令和五・五・一七法律二八）

附則　抄

（施行期日）

第一条　この法律は、公布の日から起算して五年を超えない範囲内において政令で定める日から施行する。ただし、次の各号に掲げる規定は、当該各号に定める日から施行する。

六　（略）公布の日から起算して二年を超えない範囲内において政令で定める日

心神喪失等の状態で重大な他害行為を行った者の医療及び観察等に関する法律

（平成一五・七・一六）
（法律一一〇）

最新改正 令和五法律六六

第一章　総則

第一節　目的及び定義

（目的等）

第一条　この法律は、心神喪失等の状態で重大な他害行為（他人に害を及ぼす行為をいう。以下同じ。）を行った者に対し、その適切な処遇を決定するための手続等を定めることにより、継続的かつ適切な医療並びにその確保のために必要な観察及び指導を行うことによって、その病状の改善及びこれに伴う同様の行為の再発の防止を図り、もってその社会復帰を促進することを目的とする。

2　この法律による処遇に携わる者は、前項に規定する目的を踏まえ、心神喪失等の状態で重大な他害行為を行った者が円滑に社会復帰をすることができるように努めなければならない。

（定義）

第二条　この法律において「対象行為」とは、次の各号に掲げるいずれかの行為に当たるものをいう。

一　刑法（明治四十年法律第四十五号）第百八条から第百十条まで又は第百十二条に規定する行為

二　刑法第百七十六条、第百七十七条、第百七十九条又は第百八十条に規定する行為

三　刑法第百九十九条、第二百二条又は第二百三条に規定する行為

四　刑法第二百四条に規定する行為

五　刑法第二百三十六条、第二百三十八条又は第二百四十三条（第二百三十六条又は第二百三十八条に係るものに限る。）に規定する行為

2　この法律において「対象者」とは、次の各号のいずれかに該当する者をいう。

一　公訴を提起しない処分において、対象行為を行ったこと及び刑法第三十九条第一項に規定する者（以下「心神喪失者」という。）又は同条第二項に規定する者（以下「心神耗弱者」という。）であることが認められた者

二　対象行為について、刑法第三十九条第一項の規定により無罪の確定裁判を受けた者又は同条第二項の規定により刑を減軽する旨の確定裁判（懲役又は禁錮の刑を言い渡し、その刑の全部の執行猶予の言渡しをしない裁判であって、執行すべき刑期があるものを除く。）を受けた者

3　この法律において「指定医療機関」とは、指定入院医療機関及び指定通院医療機関をいう。

4　この法律において「指定入院医療機関」とは、第四十二条第一項第一号又は第六十一条第一項第一号の決定を受けた者の入院による医療を担当させる医療機関として厚生労働大臣が指定した病院（その一部を指定した病院を含む。）をいう。

5　この法律において「指定通院医療機関」とは、第四十二条第一項第二号又は第五十一条第一項第二号の決定を受けた者の入院によらない医療を担当させる医療機関として厚生労働大臣が指定した病院若しくは診療所（これらに準ずるものとして政令で定めるものを含む。第十六条第二項において同じ。）又は薬局をいう。

第二節　裁判所

（管轄）

第三条　処遇事件（第三十三条第一項、第四十九条第一項若しくは第二項、第五十条、第五十四条第一項若しくは第二項、第五十五条又は第五十九条第一項若しくは第二項の規定による申立てに係る事件をいう。以下同じ。）は、対象者の住所、居所若しくは現在地又は行為地を管轄する地方裁判所の管轄に属する。

2　同一の対象者に対する数個の処遇事件が土地管轄を異にする場合において、一個の処遇事件を管轄する地方裁判所は、併せて他の処遇事件についても管轄権を有する。

（移送）

第四条　裁判所は、対象者の処遇の適正を期するため必要があると認めるときは、決定をもって、その管轄に属する処遇事件を他の管轄地方裁判所に移送することができる。

2　裁判所は、処遇事件がその管轄に属さないと認めるときは、決定をもって、これを管轄地方裁判所に移送しなければならない。

（手続の併合）

第五条 同一の対象者に対する数個の処遇事件は、特に必要がないと認める場合を除き、決定をもって、併合して審判しなければならない。

（精神保健審判員）

第六条 精神保健審判員は、次項に規定する名簿に記載された者のうち、最高裁判所規則で定めるところにより地方裁判所が毎年あらかじめ選任したものの中から、処遇事件ごとに地方裁判所が任命する。

2 厚生労働大臣は、精神保健審判員として任命すべき者の選任に資するため、毎年、政令で定めるところにより、この法律に定める精神保健審判員の職務を行うのに必要な学識経験を有する医師（以下「精神保健判定医」という。）の名簿を最高裁判所に送付しなければならない。

3 精神保健審判員には、別に法律で定めるところにより手当を支給し、並びに最高裁判所規則で定めるところにより旅費、日当及び宿泊料を支給する。

（欠格事由）

第七条 次の各号のいずれかに掲げる者は、精神保健審判員として任命すべき者に選任することができない。

一 禁錮以上の刑に処せられた者

二 前号に該当する者を除くほか、医事に関し罪を犯し刑に処せられた者

三 公務員で懲戒免職の処分を受け、当該処分の日から二年を経過しない者

四 次条第二号の規定により精神保健審判員を解任された者

（解任）

第八条 地方裁判所は、精神保健審判員が次の各号のいずれかに該当するときは、当該精神保健審判員を解任しなければならない。

一 前条第一号から第三号までのいずれかに該当するに至ったとき。

二 職務上の義務違反その他精神保健審判員たるに適しない非行があると認めるとき。

（職権の独立）

第九条 精神保健審判員は、独立してその職権を行う。

2 精神保健審判員は、最高裁判所規則で定めるところにより、法令に従い公平誠実にその職務を行うべきことを誓う旨の宣誓をしなければならない。

（除斥）

第十条 刑事訴訟法（昭和二十三年法律第百三十一号）第二十条の規定はこの法律の規定により職務を執行する裁判官及び精神保健審判員について、刑事訴訟法第二十六条第一項の規定はこの法律の規定により職務を執行する裁判所書記官について準用する。この場合において、刑事訴訟法第二十条第二号中「被告人」とあるのは「対象者（心神喪失等の状態で重大な他害行為を行った者の医療及び観察等に関する法律第二条第二項に規定する対象者をいう。以下同じ。）」と、同条第三号中「被告人」とあるのは「対象者」と、同条第四号中「事件」とあるのは「処遇事件（心神喪失等の状態で重大な他害行為を行った者の医療及び観察等に関する法律第三条第一項に規定する処遇事件をいう。以下同じ。）」と、同条第五号から第七号までの規定中「事件」とあるのは「処遇事件」と、同条第五号中「被告人の代理人、弁護人又は補佐人」とあるのは「対象者の付添人」と、同条第六号中「検察官又は司法警察員の職務を行つた」とあるのは「審判の申立てをし、又は審判の申立てをした者としての職務を行つた」と、同条第七号中「第二百六十六条第二号の決定、略式命令、前審の裁判」とあるのは「前審の審判」と、「第三百九十八条乃至第四百条、第四百十二条若しくは第四百十三条」とあるのは「心神喪失等の状態で重大な他害行為を行った者の医療及び観察等に関する法律第六十八条第二項若しくは第七十一条第二項」と、「原判決」とあるのは「原決定」と、「裁判の基礎」とあるのは「審判の基礎」と読み替えるものとする。

（合議制）

第十一条 裁判所法（昭和二十二年法律第五十九号）第二十六条の規定にかかわらず、地方裁判所は、一人の裁判官及び一人の精神保健審判員の合議体で処遇事件を取り扱う。ただし、この法律で特別の定めをした事項については、この限りでない。

2 第四条第一項若しくは第二項、第五条、第四十条第一項若しくは第二項前段、第四十一条第一項、第四十二条第二項、第五十一条第二項、第五十六条第二項又は第六十一条第二項に規定する裁判は、前項の合議体の構成員である裁判官のみでする。呼出状若しくは同行状を発し、対象者に出頭を命じ、若しくは付添人を付し、同行状の執行を嘱託し、若しくはこれを執行させ、出頭命令を受けた者の護送を嘱託し、又は第二十四条第五項前段の規定により対象者の所在の調査を求める処分

についても、同様とする。

3　判事補は、第一項の合議体に加わることができない。

第十二条（裁判官の権限）　前条第一項の合議体がこの法律の定めるところにより職務を行う場合における裁判所法第七十二条第一項及び第二項並びに第七十三条の規定の適用については、その合議体の構成員である裁判官は、裁判長とみなす。

2　前条第一項の合議体による裁判の評議は、裁判官が開き、かつ、整理する。

第十三条（意見を述べる義務）　裁判官は、前条第二項の評議において、法律に関する学識経験に基づき、その意見を述べなければならない。

2　精神保健審判員は、前条第二項の評議において、精神障害者の医療に関する学識経験に基づき、その意見を述べなければならない。

第十四条（評決）　第十一条第一項の合議体による裁判は、裁判官及び精神保健審判員の意見の一致したところによる。

第十五条（精神保健参与員）　精神保健参与員は、次項に規定する名簿に記載された者のうち、地方裁判所が毎年あらかじめ選任したものの中から、処遇事件ごとに裁判所が指定する。

2　厚生労働大臣は、政令で定めるところにより、毎年、各地方裁判所ごとに、精神保健福祉士その他の精神障害者の保健及び福祉に関する専門的知識及び技術を有する者の名簿を作成し、当該地方裁判所に送付しなければならない。

3　精神保健参与員の員数は、各事件について一人以上とする。

4　第六条第三項の規定は、精神保健参与員について準用する。

第三節　指定医療機関

第十六条（指定医療機関の指定）　指定入院医療機関の指定は、国、都道府県又は都道府県若しくは都道府県及び都道府県以外の地方公共団体が設立した特定地方独立行政法人（地方独立行政法人法（平成十五年法律第百十八号）第二条第二項に規定する特定地方独立行政法人をいう。）が開設する病院であって厚生労働省令で定める基準に適合するものの全部又は一部について、その開設者の同意を得て、厚生労働大臣が行う。

2　指定通院医療機関の指定は、厚生労働省令で定める基準に適合する病院若しくは診療所又は薬局について、その開設者の同意を得て、厚生労働大臣が行う。

第十七条（指定の辞退）　指定医療機関は、その指定を辞退しようとするときは、辞退の日の一年前までに、厚生労働大臣にその旨を届け出なければならない。

第十八条（指定の取消し）　指定医療機関が、第八十二条第一項若しくは第二項又は第八十六条第一項に規定する第八十一条第一項に規定する医療を行うについて不適当であると認められるに至ったときは、厚生労働大臣は、その指定を取り消すことができる。

第四節　保護観察所

第十九条（事務）　保護観察所は、次に掲げる事務をつかさどる。

一　第三十八条（第五十三条、第五十八条及び第六十三条において準用する場合を含む。）に規定する生活環境の調査に関すること。

二　第百一条に規定する生活環境の調整に関すること。

三　第百六条に規定する精神保健観察の実施に関すること。

四　第百八条に規定する関係機関相互間の連携の確保に関すること。

五　その他この法律により保護観察所の所掌に属せしめられた事務

第二十条（社会復帰調整官）　保護観察所に、社会復帰調整官を置く。

2　社会復帰調整官は、精神障害者の保健及び福祉その他のこの法律に基づく対象者の処遇に関する専門的知識に基づき、前条各号に掲げる事務に従事する。

3　社会復帰調整官は、精神保健福祉士その他の精神障害者の保健及び福祉に関する専門的知識を有する者として政令で定めるものでなければならない。

第二十一条（管轄）　第十九条各号に掲げる事務は、次の各号に掲げる事務の区分に従い、当該各号に定める保護観察所がつかさどる。

一　第十九条第一号に掲げる事務　当該処遇事件を管轄する地方裁判所の所在地を管轄する保護観察所
二　第十九条第二号から第五号までに掲げる事務　当該対象者の居住地（定まった住居を有しないときは、現在地又は最後の居住地若しくは所在地とする。）を管轄する保護観察所

（照会）
第二十二条　保護観察所の長は、第十九条各号に掲げる事務を行うため必要があると認めるときは、官公署、医療施設その他の公私の団体に照会して、必要な事項の報告を求めることができる。

（資料提供の求め）
第二十三条　保護観察所の長は、第十九条各号に掲げる事務を行うため必要があると認めるときは、その必要な限度において、裁判所に対し、当該対象者の身上に関する事項を記載した書面、第三十七条第一項に規定する鑑定の経過及び結果を記載した書面その他の必要な資料の提供を求めることができる。

第五節　保護者

第二十三条の二　対象者の後見人若しくは保佐人、配偶者、親権を行う者又は扶養義務者は、次項に定めるところにより、保護者となる。ただし、次の各号のいずれかに該当する者を除く。
一　行方の知れない者
二　当該対象者に対して訴訟をしている者、又はした者並びにその配偶者及び直系血族
三　家庭裁判所で免ぜられた法定代理人、保佐人又は補助人
四　破産手続開始の決定を受けて復権を得ない者
五　未成年者
2　保護者となるべき者の順位は、次のとおりとし、先順位の者が保護者の権限を行うことができないときは、次順位の者が保護者となる。ただし、第一号に掲げる者がいない場合において、対象者の保護のため特に必要があると認めるときは、家庭裁判所は、利害関係人の申立てによりその順位を変更することができる。
一　後見人又は保佐人
二　配偶者
三　親権を行う者
四　前二号に掲げる者以外の扶養義務者のうちから家庭裁判所が選任した者

第二十三条の三　前条の規定により定まる保護者がないときは、対象者の居住地を管轄する市町村長（特別区の長を含む。以下同じ。）が保護者となる。ただし、対象者の居住地がないとき、又は対象者の居住地が明らかでないときは、その対象者の現在地を管轄する市町村長が保護者となる。

第二章　審判

第一節　通則

（事実の取調べ）
第二十四条　決定又は命令をするについて必要がある場合は、事実の取調べをすることができる。
2　前項の事実の取調べは、合議体の構成員（精神保健審判員を除く。）にこれをさせ、又は地方裁判所若しくは簡易裁判所の裁判官にこれを嘱託することができる。
3　第一項の事実の取調べのため必要があると認めるときは、証人尋問、鑑定、検証、押収、捜索、通訳及び翻訳を行い、並びに官公署、医療施設その他の公私の団体に対し、必要な事項の報告、資料の提出その他の協力を求めることができる。ただし、差押えについては、あらかじめ所有者、所持者又は保管者に差し押さえるべき物の提出を命じた後でなければ、これをすることができない。
4　刑事訴訟法中裁判所の行う証人尋問、鑑定、検証、押収、捜索、通訳及び翻訳に関する規定は、処遇事件の性質に反しない限り、前項の規定による証人尋問、鑑定、検証、押収、捜索、通訳及び翻訳について準用する。
5　裁判所は、対象者の行方が不明になったときは、所轄の警察署長にその所在の調査を求めることができる。この場合において、警察官は、当該対象者を発見したときは、直ちに、その旨を裁判所に通知しなければならない。

（意見の陳述及び資料の提出）
第二十五条　検察官、指定入院医療機関の管理者又は保護観察所の長は、第三十三条第一項、第四十九条第一項若しくは第二項、第五十四条第一項若しくは第二項又は第五十九条第一項若しくは第二項の規定による申立てをした場合は、意見を述べ、及び必要な資料を提出しなければならない。
2　対象者、保護者及び付添人は、意見を述べ、及び資料を提出することができる。

（呼出し及び同行）

第二十六条　裁判所は、対象者に対し、呼出状を発することができる。

2　裁判所は、対象者が正当な理由がなく前項の呼出しに応じないときは、当該対象者に対し、同行状を発することができる。

3　裁判所は、対象者が正当な理由がなく第一項の呼出しに応じないおそれがあるとき、定まった住居を有しないとき、又は医療のため緊急を要する状態にあって必要があると認めるときは、前項の規定にかかわらず、当該対象者に対し、同行状を発することができる。

（同行状の効力）

第二十七条　前条第二項又は第三項の同行状により同行された者については、裁判所に到着した時から二十四時間以内にその身体の拘束を解かなければならない。ただし、当該時間内に、第三十四条第一項前段若しくは第六十条第一項前段の命令又は第三十七条第五項前段、第四十二条第一項第一号、第六十一条第一項第一号若しくは第六十二条第二項前段の決定があったときは、この限りでない。

（同行状の執行）

第二十八条　第二十六条第二項又は第三項の同行状は、裁判所書記官が執行する。ただし、裁判所は、必要があると認めるときは、検察官にその執行を嘱託し、又は保護観察所の職員にこれを執行させることができる。

2　検察官が前項の嘱託を受けたときは、その指揮により、検察事務官が同行状を執行する。

3　検察事務官は、必要があるときは、管轄区域外で同行状を執行することができる。

4　同行状を執行するには、これを当該対象者に示した上、できる限り速やかにかつ直接、指定された裁判所その他の場所に引致しなければならない。ただし、やむを得ない事由があるときは、病院、救護施設、警察署その他の精神障害者を保護するのに適当な場所に、保護することができる。

5　同行状を所持しないためこれを示すことができない場合において、急速を要するときは、前項の規定にかかわらず、当該対象者に対し同行状が発せられている旨を告げて、その執行をすることができる。ただし、同行状はできる限り速やかに示さなければならない。

6　同行状を執行する場合には、必要な限度において、人の住居又は人の看守する邸宅、建造物若しくは船舶内に入ることができる。

（出頭命令）

第二十九条　裁判所は、第三十四条第一項前段若しくは第六十条第一項前段の命令又は第三十七条第五項前段、第四十二条第一項第一号、第六十一条第一項第一号若しくは第六十二条第二項前段の決定により入院している者に対し、裁判所に出頭することを命ずることができる。

2　裁判所は、前項に規定する者が裁判所に出頭するときは、検察官にその護送を嘱託するものとする。

3　前項の護送をする場合において、護送される者が逃走し、又は自身を傷つけ、若しくは他人に害を及ぼすおそれがあると認めるときは、これを防止するため合理的に必要と判断される限度において、必要な措置を採ることができる。

4　前条第二項及び第三項の規定は、第二項の護送について準用する。

（付添人）

第三十条　対象者及び保護者は、弁護士を付添人に選任することができる。

2　裁判所は、特別の事情があるときは、最高裁判所規則で定めるところにより、付添人の数を制限することができる。

3　裁判所は、対象者に付添人がない場合であって、その精神障害の状態その他の事情を考慮し、必要があると認めるときは、職権で、弁護士である付添人を付することができる。

4　前項の規定により裁判所が付すべき付添人は、最高裁判所規則で定めるところにより、選任するものとする。

5　前項の規定により選任された付添人は、旅費、日当、宿泊料及び報酬を請求することができる。

（審判期日）

第三十一条　審判のため必要があると認めるときは、審判期日を開くことができる。

2　審判期日における審判の指揮は、裁判長が行う。

3　審判期日における審判は、公開しない。

4　審判期日における審判においては、精神障害者の精神障害の状態に応じ、必要な配慮をしなければならない。

5　裁判所は、検察官、指定医療機関（病院又は診療所に限る。）の管理者又はその指定する医師及び保護観察所の長又はその指定する社会復帰調整官に対し、審判期日に出席することを求めることができる。

6　保護者（第二十三条の三の規定により保護者となる市町村長については、その指定する職員を含む。）及び付添人は、審判期日に出席することができる。

7　審判期日には、対象者を呼び出し、又はその出頭を命じなければならない。

8　対象者が審判期日に出席しないときは、審判を行うことができない。ただし、対象者が心身の障害のため、若しくは正当な理由がなく審判期日に出席しない場合、又は許可を受けないで退席し、若しくは秩序維持のために退席を命ぜられた場合において、付添人が出席しているときは、この限りでない。

9　審判期日は、裁判所外においても開くことができる。

（記録等の閲覧又は謄写）

第三十二条　処遇事件の記録又は証拠物は、裁判所の許可を受けた場合を除き、閲覧又は謄写をすることができない。

2　前項の規定にかかわらず、検察官、指定入院医療機関の管理者若しくはその指定する医師、保護観察所の長若しくはその指定する社会復帰調整官又は付添人は、次条第一項、第四十九条第一項若しくは第二項、第五十条、第五十四条第一項若しくは第二項、第五十五条又は第五十九条第一項若しくは第二項の規定による申立てがあった後当該申立てに対する決定が確定するまでの間、処遇事件の記録又は証拠物を閲覧することができる。

第二節　入院又は通院

（検察官による申立て）

第三十三条　検察官は、被疑者が対象行為を行ったこと及び心神喪失者若しくは心神耗弱者であることを認めて公訴を提起しない処分をしたとき、又は第二条第二項第二号に規定する確定裁判があったときは、当該処分をされ、又は当該確定裁判を受けた対象者について、対象行為を行った際の精神障害を改善し、これに伴って同様の行為を行うことなく、社会に復帰することを促進するためにこの法律による医療を受けさせる必要が明らかにないと認める場合を除き、地方裁判所に対し、第四十二条第一項の決定をすることを申し立てなければならない。ただし、当該対象者について刑事事件若しくは少年の保護事件の処理又は外国人の退去強制に関する法令の規定による手続が行われている場合は、当該手続が終了するまで、申立てをしないことができる。

2　前項本文の規定にかかわらず、検察官は、当該対象者が刑若しくは保護処分の執行のため刑務所、少年刑務所、拘置所若しくは少年院に収容されており引き続き収容されることとなるとき、又は新たに収容されるときは、同項の申立てをすることができない。当該対象者が外国人であって出国したときも、同様とする。

3　検察官は、刑法第二百四条に規定する行為を行った対象者については、傷害が軽い場合であって、当該行為の内容、当該対象者による過去の他害行為の有無及び内容並びに当該対象者の現在の病状、性格及び生活環境を考慮し、その必要がないと認めるときは、第一項の申立てをしないことができる。ただし、他の対象行為をも行った者については、この限りでない。

（鑑定入院命令）

第三十四条　前条第一項の申立てを受けた地方裁判所の裁判官は、対象者について、対象行為を行った際の精神障害を改善し、これに伴って同様の行為を行うことなく、社会に復帰することを促進するためにこの法律による医療を受けさせる必要が明らかにないと認める場合を除き、鑑定その他医療的観察のため、当該対象者を入院させ第四十条第一項又は第四十二条の決定があるまでの間在院させる旨を命じなければならない。この場合において、裁判官は、呼出し及び同行に関し、裁判所と同一の権限を有する。

2　前項の命令を発するには、裁判官は、当該対象者に対し、あらかじめ、供述を強いられることはないこと及び弁護士である付添人を選任することができることを説明した上、当該対象者が第二条第二項に該当するとされる理由の要旨及び前条第一項の申立てがあったことを告げ、陳述する機会を与えなければならない。ただし、当該対象者の心身の障害により又は正当な理由がなく裁判官の面前に出頭しないため、これらを行うことができないときは、この限りでない。

3　第一項の命令による入院の期間は、当該命令が執行された日から起算して二月を超えることができない。ただし、裁判所は、必要があると認めるときは、通じて一月を超えない範囲で、決定をもって、この期間を延長することができる。

4　裁判官は、検察官に第一項の命令の執行を嘱託するものとする。

5　第二十八条第二項、第三項及び第六項並びに第二十九条第三項の規定は、前項の命令の執行について準用する。

6　第一項の命令は、判事補が一人で発することができる。

（必要的付添人）

第三十五条　裁判所は、第三十三条第一項の申立てがあった場合において、対象者に付添人がないときは、付添人を付さなければならない。

（精神保健参与員の関与）

第三十六条　裁判所は、処遇の要否及びその内容につき、精神保健参与員の意見を聴くため、これを審判に関与させるものとする。ただし、特に必要がないと認めるときは、この限りでない。

（対象者の鑑定）

第三十七条　裁判所は、対象者に関し、精神障害者であるか否か及び対象行為を行った際の精神障害を改善し、これに伴って同様の行為を行うことなく、社会に復帰することを促進するためにこの法律による医療を受けさせる必要があるか否かについて、精神保健判定医又はこれと同等以上の学識経験を有すると認める医師に鑑定を命じなければならない。ただし、当該必要が明らかにないと認める場合は、この限りでない。

2　前項の鑑定を行うに当たっては、精神障害の類型、過去の病歴、現在及び対象行為を行った当時の病状、治療状況、病状及び治療状況から予測される将来の症状、対象行為の内容、過去の他害行為の有無及び内容並びに当該対象者の性格を考慮するものとする。

3　第一項の規定により鑑定を命ぜられた医師は、当該鑑定の結果に、当該対象者の病状に基づき、この法律による入院による医療の必要性に関する意見を付さなければならない。

4　裁判所は、第一項の鑑定を命じた医師に対し、当該鑑定の実施に当たって留意すべき事項を示すことができる。

5　裁判所は、第三十四条第一項前段の命令が発せられていない対象者について第一項の鑑定を命ずる場合において、必要があると認めるときは、決定をもって、鑑定その他医療的観察のため、当該対象者を入院させ第四十条第一項又は第四十二条の決定があるまでの間在院させる旨を命ずることができる。第三十四条第二項から第五項までの規定は、この場合について準用する。

（保護観察所による生活環境の調査）

第三十八条　裁判所は、保護観察所の長に対し、対象者の生活環境の調査を行い、その結果を報告することを求めることができる。

（審判期日の開催）

第三十九条　裁判所は、第三十三条第一項の申立てがあった場合は、審判期日を開かなければならない。ただし、検察官及び付添人に異議がないときは、この限りでない。

2　検察官は、審判期日に出席しなければならない。

3　裁判所は、審判期日において、対象者に対し、供述を強いられることはないことを説明した上、当該対象者が第二条第二項に該当するとされる理由の要旨及び第三十三条第一項の申立てがあったことを告げ、当該対象者及び付添人から、意見を聴かなければならない。ただし、第三十一条第八項ただし書に規定する場合における対象者については、この限りでない。

（申立ての却下等）

第四十条　裁判所は、第二条第二項第一号に規定する対象者について第三十三条第一項の申立てがあった場合において、次の各号のいずれかに掲げる事由に該当するときは、決定をもって、申立てを却下しなければならない。

一　対象行為を行ったと認められない場合

二　心神喪失者及び心神耗弱者のいずれでもないと認める場合

2　裁判所は、検察官が心神喪失者と認めて公訴を提起しない処分をした対象者について、心神耗弱者と認めた場合には、その旨の決定をしなければならない。この場合において、検察官は、当該決定の告知を受けた日から二週間以内に、裁判所に対し、当該申立てを取り下げるか否かを通知しなければならない。

（対象行為の存否についての審理の特則）

第四十一条　裁判所は、第二条第二項第一号に規定する対象者について第三十三条第一項の申立てがあった場合において、必要があると認めるときは、検察官及び付添人の意見を聴いて、前条第一項第一号の事由に該当するか否かについての審理及び裁判を別の合議体による裁判所で行う旨の決定をすることができる。

2　前項の合議体は、裁判所法第二十六条第二項に規定する裁判官の合議体とする。この場合において、当該合議体には、処遇事件の係属する裁判所の合議体の構成員である裁判官が加わることができる。

3　第一項の合議体による裁判所は、対象者の呼出し及び同行並びに対象者に対する出頭命令に関し、処遇事件の係属する裁判所と同一の権限を有する。

4　処遇事件の係属する裁判所は、第一項の合議体による裁判所の審理が行われている間においても、審判を行うことができる。ただし、処遇事件を終局させる決定（次条第二項の決定を除く。）を行うことができない。

5　第一項の合議体による裁判所が同項の審理を行うときは、審判期日を開かなければならない。この場合において、審判期日における審判の指揮は、裁判長が行う。

6　第三十九条第二項及び第三項の規定は、前項の審判期日について準用する。

7　処遇事件の係属する裁判所の合議体の構成員である精神保健審判員は、第五項の審判期日に出席することができる。

8　第一項の合議体による裁判所は、前条第一項第一号に規定する事由に該当する旨の決定又は当該事由に該当しない旨の決定をしなければならない。

9　前項の決定は、処遇事件の係属する裁判所を拘束する。

（入院等の決定）

第四十二条　裁判所は、第三十三条第一項の申立てがあった場合は、第三十七条第一項に規定する鑑定を基礎とし、かつ、同条第三項に規定する意見及び対象者の生活環境を考慮し、次の各号に掲げる区分に従い、当該各号に定める決定をしなければならない。

一　対象行為を行った際の精神障害を改善し、これに伴って同様の行為を行うことなく、社会に復帰することを促進するため、入院をさせてこの法律による医療を受けさせる必要があると認める場合　医療を受けさせるために入院をさせる旨の決定

二　前号の場合を除き、対象行為を行った際の精神障害を改善し、これに伴って同様の行為を行うことなく、社会に復帰することを促進するため、この法律による医療を受けさせる必要があると認める場合　入院によらない医療を受けさせる旨の決定

三　前二号の場合に当たらないとき　この法律による医療を行わない旨の決定

2　裁判所は、申立てが不適法であると認める場合は、決定をもって、当該申立てを却下しなければならない。

（入院等）

第四十三条　前条第一項第一号の決定を受けた者は、厚生労働大臣が定める指定入院医療機関において、入院による医療を受けなければならない。

2　前条第一項第二号の決定を受けた者は、厚生労働大臣が定める指定通院医療機関による入院によらない医療を受けなければならない。

3　厚生労働大臣は、前条第一項第一号又は第二号の決定があったときは、当該決定を受けた者が入院による医療を受けるべき指定入院医療機関又は入院によらない医療を受けるべき指定通院医療機関（病院又は診療所に限る。次項並びに第五十四条第一項及び第二項、第五十六条、第五十九条、第六十一条並びに第百十条において同じ。）を定め、その名称及び所在地を、当該決定を受けた者及びその保護者並びに当該決定をした地方裁判所の所在地を管轄する保護観察所の長に通知しなければならない。

4　厚生労働大臣は、前項の規定により定めた指定入院医療機関又は指定通院医療機関を変更した場合は、変更後の指定入院医療機関又は指定通院医療機関の名称及び所在地を、当該変更後の指定入院医療機関又は指定通院医療機関において医療を受けるべき者及びその保護者並びに当該医療を受けるべき者の当該変更前の居住地を管轄する保護観察所の長に通知しなければならない。

（通院期間）

第四十四条　第四十二条第一項第二号の決定による入院によらない医療を行う期間は、当該決定があった日から起算して三年間とする。ただし、裁判所は、通じて二年を超えない範囲で、当該期間を延長することができる。

（決定の執行）

第四十五条　裁判所は、厚生労働省の職員に第四十二条第一項第一号の決定を執行させるものとする。

2　第二十八条第六項及び第二十九条第三項の規定は、前項の決定の執行について準用する。

3　裁判所は、第四十二条第一項第一号の決定を執行するため必要があると認めるときは、対象者に対し、呼出状を発することができる。

4　裁判所は、対象者が正当な理由がなく前項の呼出しに応じないときは、当該対象者に対し、同行状を発することができる。

5　裁判所は、対象者が正当な理由がなく第三項の呼出しに応じないおそれがあるとき、定まった住居を有しないとき、又は医療のため緊急を要する状態にあって必要があると認めるときは、前項の規定にかかわらず、当該対象者に対し、同行状を発することができる。

6　第二十八条の規定は、前二項の同行状の執行について準用する。この場合において、同条第一項中「検察官にその執行を嘱託し、又は保護観察所の職員にこれを執行させることができる」とあるのは、「検察官にその執行を嘱託することができる」と読み替えるものとする。

（**決定の効力**）

第四十六条　第四十条第一項の規定により申立てを却下する決定（同項第一号に該当する場合に限る。）又は第四十二条第一項の決定が確定したときは、当該決定に係る対象行為について公訴を提起し、又は当該決定に係る対象行為に関し再び第三十三条第一項の申立てをすることができない。

2　第四十条第一項の規定により申立てを却下する決定（同項第二号に該当する場合に限る。）が確定したときは、当該決定に係る対象行為に関し、再び第三十三条第一項の申立てをすることができない。ただし、当該対象行為について、第二条第二項第二号に規定する裁判が確定するに至った場合は、この限りでない。

（**被害者等の傍聴**）

第四十七条　裁判所（第四十一条第一項の合議体による裁判所を含む。）は、この節に規定する審判について、最高裁判所規則で定めるところにより当該対象行為の被害者等（被害者又はその法定代理人若しくは被害者が死亡した場合若しくはその心身に重大な故障がある場合におけるその配偶者、直系の親族若しくは兄弟姉妹をいう。以下同じ。）から申出があるときは、その申出をした者に対し、審判期日において審判を傍聴することを許すことができる。

2　前項の規定により審判を傍聴した者は、正当な理由がないのに当該傍聴により知り得た対象者の氏名その他当該対象者の身上に関する事項を漏らしてはならず、かつ、当該傍聴により知り得た事項をみだりに用いて、当該対象者に対する医療の実施若しくはその社会復帰を妨げ、又は関係人の名誉若しくは生活の平穏を害する行為をしてはならない。

（**被害者等に対する通知**）

第四十八条　裁判所は、第四十条第一項又は第四十二条の決定をした場合において、最高裁判所規則で定めるところにより当該対象行為の被害者等から申出があるときは、その申出をした者に対し、次に掲げる事項を通知するものとする。ただし、その通知をすることが対象者に対する医療の実施又はその社会復帰を妨げるおそれがあり相当でないと認められるものについては、この限りでない。

一　対象者の氏名及び住居

二　決定の年月日、主文及び理由の要旨

2　前項の申出は、同項に規定する決定が確定した後三年を経過したときは、することができない。

3　前条第二項の規定は、第一項の規定により通知を受けた者について準用する。

第三節　退院又は入院継続

（**指定入院医療機関の管理者による申立て**）

第四十九条　指定入院医療機関の管理者は、当該指定入院医療機関に勤務する精神保健指定医（精神保健及び精神障害者福祉に関する法律（昭和二十五年法律第百二十三号）第十九条の二第二項の規定によりその職務を停止されている者を除く。以下同じ。）による診察の結果、第四十二条第一項第一号又は第六十一条第一項第一号の決定により入院している者について、第三十七条第二項に規定する事項を考慮し、対象行為を行った際の精神障害を改善し、これに伴って同様の行為を行うことなく、社会に復帰することを促進するために入院を継続させてこの法律による医療を行う必要があると認めることができなくなった場合は、保護観察所の長の意見を付して、直ちに、地方裁判所に対し、退院の許可の申立てをしなければならない。

2　指定入院医療機関の管理者は、当該指定入院医療機関に勤務する精神保健指定医による診察の結果、第四十二条第一項第一号又は第六十一条第一項第一号の決定により入院している者について、第三十七条第二項に規定する事項を考慮し、対象行為を行った際の精神障害を改善し、これに伴って同様の行為を行うことなく、社会に復帰することを促進するために入院を継続させてこの法律による医療を行う必要があると認める場合は、保護観察所の長の意見を付して、第四十二条第一項第一号又は第六十一条第一項第一号の決定（これらが複数あるときは、その最後のもの。次項において同じ。）があった日から起算して六月が経過する日までに、地方裁判所に対し、入院継続の確認の申立てをしなければならない。ただし、その者が指定入院医療機関から無断で退去した日（第百条第一項又は第二項の規定により外出又は外泊している者が同条第一項に規定する医学的管理の下から無断で離れた場合における当該離れた日を含む。）の翌日から連れ戻される日の前日までの間及び刑事事件又は少年の保護事件に関する法令の規定によりその身体を拘束された日の翌日からその拘束を解かれる日の前日までの間並びに第百条第三項後段の規定によりその者に対する医療を行わない間は、当該期間の進行は停止するものとする。

3　指定入院医療機関は、前二項の申立てをした場合は、第四十二条第一項第一号、第五十一条第一項第一号又は第六十一条第一項第一号の決定があった日から起算して六月が経過した後も、前二項の申立てに対する決定があるまでの間、その者の入院を継続してこの法律による医療を行うことができる。

（退院の許可等の申立て）

第五十条　第四十二条第一項第一号又は第六十一条第一項第一号の決定により入院している者、その保護者又は付添人は、地方裁判所に対し、退院の許可又はこの法律による医療の終了の申立てをすることができる。

（退院の許可又は入院継続の確認の決定）

第五十一条　裁判所は、第四十九条第一項若しくは第二項又は前条の申立てがあった場合は、指定入院医療機関の管理者の意見（次条の規定により鑑定を命じた場合は、指定入院医療機関の管理者の意見及び当該鑑定）を基礎とし、かつ、対象者の生活環境（次条の規定により鑑定を命じた場合は、対象者の生活環境及び同条後段において準用する第三十七条第三項に規定する意見）を考慮し、次の各号に掲げる区分に従い、当該各号に定める決定をしなければならない。

一　対象行為を行った際の精神障害を改善し、これに伴って同様の行為を行うことなく、社会に復帰することを促進するため、入院を継続させてこの法律による医療を受けさせる必要があると認める場合　退院の許可の申立て若しくはこの法律による医療の終了の申立てを棄却し、又は入院を継続すべきことを確認する旨の決定

二　前号の場合を除き、対象行為を行った際の精神障害を改善し、これに伴って同様の行為を行うことなく、社会に復帰することを促進するため、この法律による医療を受けさせる必要があると認める場合　退院を許可するとともに入院によらない医療を受けさせる旨の決定

三　前二号の場合に当たらないとき　この法律による医療を終了する旨の決定

2　裁判所は、申立てが不適法であると認める場合は、決定をもって、当該申立てを却下しなければならない。

3　第四十三条第二項から第四項までの規定は、第一項第二号の決定を受けた者について準用する。

4　第四十四条の規定は、第一項第二号の決定について準用する。

（対象者の鑑定）

第五十二条　裁判所は、この節に規定する審判のため必要があると認めるときは、対象者に関し、精神障害者であるか否か及び対象行為を行った際の精神障害を改善し、これに伴って同様の行為を行うことなく、社会に復帰することを促進するためにこの法律による医療を受けさせる必要があるか否かについて、精神保健判定医又はこれと同等以上の学識経験を有すると認める医師に鑑定を命ずることができる。第三十七条第二項から第四項までの規定は、この場合について準用する。

（準用）

第五十三条　第三十六条及び第三十八条の規定は、この節に規定する審判について準用する。

第四節　処遇の終了又は通院期間の延長

（保護観察所の長による申立て）

第五十四条　保護観察所の長は、第四十二条第一項第二号又は第五十一条第一項第二号の決定を受けた者について、対象行為を行った際の精神障害を改善し、これに伴って同様の行為を行うことなく、社会に復帰することを促進するためにこの法律による医療を受けさせる必要があると認めることができなくなった場合は、当該決定を受けた者に対して入院によらない医療を行う指定通院医療機関の管理者と協議の上、直ちに、地方裁判所に対し、この法律による医療の終了の申立てをしなければならない。この場合において、保護観察

所の長は、当該指定通院医療機関の管理者の意見を付さなければならない。

2 保護観察所の長は、第四十二条第一項第二号又は第五十一条第一項第二号の決定を受けた者について、対象行為を行った際の精神障害を改善し、これに伴って同様の行為を行うことなく、社会に復帰することを促進するために当該決定による入院によらない医療を行う期間を延長してこの法律による医療を受けさせる必要があると認める場合は、当該決定を受けた者に対して入院によらない医療を行う指定通院医療機関の管理者と協議の上、当該期間が満了する日までに、地方裁判所に対し、当該期間の延長の申立てをしなければならない。この場合において、保護観察所の長は、当該指定通院医療機関の管理者の意見を付さなければならない。

3 指定通院医療機関及び保護観察所の長は、前二項の申立てがあった場合は、当該決定により入院によらない医療を行う期間が満了した後も、前二項の申立てに対する決定があるまでの間、当該決定を受けた者に対して医療及び精神保健観察を行うことができる。

（**処遇の終了の申立て**）

第五十五条 第四十二条第一項第二号又は第五十一条第一項第二号の決定を受けた者、その保護者又は付添人は、地方裁判所に対し、この法律による医療の終了の申立てをすることができる。

（**処遇の終了又は通院期間の延長の決定**）

第五十六条 裁判所は、第五十四条第一項若しくは第二項又は前条の申立てがあった場合は、指定通院医療機関の管理者の意見（次条の規定により鑑定を命じた場合は、指定通院医療機関の管理者の意見及び当該鑑定）を基礎とし、かつ、対象者の生活環境を考慮し、次の各号に掲げる区分に従い、当該各号に定める決定をしなければならない。

一 対象行為を行った際の精神障害を改善し、これに伴って同様の行為を行うことなく、社会に復帰することを促進するため、この法律による医療を受けさせる必要があると認める場合 この法律による医療の終了の申立てを棄却し、又は第四十二条第一項第二号若しくは第五十一条第一項第二号の決定による入院によらない医療を行う期間を延長する旨の決定

二 前号の場合に当たらないとき この法律による医療を終了する旨の決定

2 裁判所は、申立てが不適法であると認める場合は、決定をもって、当該申立てを却下しなければならない。

3 裁判所は、第一項第一号に規定する期間を延長する旨の決定をするときは、延長する期間を定めなければならない。

（**対象者の鑑定**）

第五十七条 裁判所は、この節に規定する審判のため必要があると認めるときは、対象者に関し、精神障害者であるか否か及び対象行為を行った際の精神障害を改善し、これに伴って同様の行為を行うことなく、社会に復帰することを促進するためにこの法律による医療を受けさせる必要があるか否かについて、精神保健判定医又はこれと同等以上の学識経験を有すると認める医師に鑑定を命ずることができる。第三十七条第二項及び第四項の規定は、この場合について準用する。

（**準用**）

第五十八条 第三十六条及び第三十八条の規定は、この節に規定する審判について準用する。

第五節 再入院等

（**保護観察所の長による申立て**）

第五十九条 保護観察所の長は、第四十二条第一項第二号又は第五十一条第一項第二号の決定を受けた者について、対象行為を行った際の精神障害を改善し、これに伴って同様の行為を行うことなく、社会に復帰することを促進するために入院をさせてこの法律による医療を受けさせる必要があると認めるに至った場合は、当該決定を受けた者に対して入院によらない医療を行う指定通院医療機関の管理者と協議の上、地方裁判所に対し、入院の申立てをしなければならない。この場合において、保護観察所の長は、当該指定通院医療機関の管理者の意見を付さなければならない。

2 第四十二条第一項第二号又は第五十一条第一項第二号の決定を受けた者が、第四十三条第二項（第五十一条第三項において準用する場合を含む。）の規定に違反し又は第百七条各号に掲げる事項を守らず、そのため継続的な医療を行うことが確保できないと認める場合も、前項と同様とする。ただし、緊急を要するときは、同項の協議を行わず、又は同項の意見を付さないことができる。

3 第五十四条第三項の規定は、前二項の規定による申立てがあった場合について準用する。

（鑑定入院命令）
第六十条　前条第一項又は第二項の規定による申立てを受けた地方裁判所の裁判官は、必要があると認めるときは、鑑定その他医療的観察のため、当該対象者を入院させ次条第一項又は第二項の決定があるまでの間在院させる旨を命ずることができる。この場合において、裁判官は、呼出し及び同行に関し、裁判所と同一の権限を有する。

2　前項の命令を発するには、裁判官は、当該対象者に対し、あらかじめ、供述を強いられることはないこと及び弁護士である付添人を選任することができることを説明した上、前条第一項又は第二項の規定による申立ての理由の要旨を告げ、陳述する機会を与えなければならない。ただし、当該対象者の心身の障害により又は正当な理由がなく裁判官の面前に出頭しないため、これらを行うことができないときは、この限りでない。

3　第一項の命令による入院の期間は、当該命令が執行された日から起算して一月を超えることができない。ただし、裁判所は、必要があると認めるときは、通じて一月を超えない範囲で、決定をもって、この期間を延長することができる。

4　第二十八条第六項、第二十九条第三項及び第三十四条第四項の規定は、第一項の命令の執行について準用する。この場合において、第三十四条第四項中「検察官」とあるのは「保護観察所の職員」と、「執行を嘱託するものとする」とあるのは「執行をさせるものとする」と読み替えるものとする。

5　第三十四条第六項の規定は、第一項の命令について準用する。

（入院等の決定）
第六十一条　裁判所は、第五十九条第一項又は第二項の規定による申立てがあった場合は、指定通院医療機関の管理者の意見（次条第一項の規定により鑑定を命じた場合は、指定通院医療機関の管理者の意見及び当該鑑定）を基礎とし、かつ、対象者の生活環境（次条第一項の規定により鑑定を命じた場合は、対象者の生活環境及び同条第一項後段において準用する第三十七条第三項に規定する意見）を考慮し、次の各号に掲げる区分に従い、当該各号に定める決定をしなければならない。

一　対象行為を行った際の精神障害を改善し、これに伴って同様の行為を行うことなく、社会に復帰することを促進するため、入院をさせてこの法律による医療を受けさせる必要があると認める場合　医療を受けさせるために入院をさせる旨の決定

二　前号の場合を除き、対象行為を行った際の精神障害を改善し、これに伴って同様の行為を行うことなく、社会に復帰することを促進するため、この法律による医療を受けさせる必要があると認める場合　申立てを棄却する旨の決定

三　前二号の場合に当たらないとき　この法律による医療を終了する旨の決定

2　裁判所は、申立てが不適法であると認める場合は、決定をもって、当該申立てを却下しなければならない。

3　裁判所は、第一項第二号の決定をする場合において、第四十二条第一項第二号又は第五十一条第一項第二号の決定による入院によらない医療を行う期間を延長する必要があると認めるときは、当該期間を延長する旨の決定をすることができる。第五十六条第三項の規定は、この場合について準用する。

4　第四十三条第一項、第三項及び第四項の規定は、第一項第一号の決定を受けた者について準用する。

5　第四十五条第一項から第五項までの規定は、第一項第一号の決定の執行について準用する。

6　第二十八条第一項及び第四項から第六項までの規定は、前項において準用する第四十五条第四項及び第五項に規定する同行状の執行について準用する。この場合において、第二十八条第一項中「検察官にその執行を嘱託し、又は保護観察所の職員にこれを執行させることができる」とあるのは、「保護観察所の職員にこれを執行させることができる」と読み替えるものとする。

（対象者の鑑定）
第六十二条　裁判所は、この節に規定する審判のため必要があると認めるときは、対象者に関し、精神障害者であるか否か及び対象行為を行った際の精神障害を改善し、これに伴って同様の行為を行うことなく、社会に復帰することを促進するためにこの法律による医療を受けさせる必要があるか否かについて、精神保健判定医又はこれと同等以上の学識経験を有すると認める医師に鑑定を命ずることができる。第三十七条第二項から第四項までの規定は、この場合について準用する。

2　裁判所は、第六十条第一項前段の命令が発せられていない対象者について前項の鑑定を

命ずる場合において、必要があると認めるときは、決定をもって、鑑定その他医療的観察のため、当該対象者を入院させ前条第一項又は第二項の決定があるまでの間在院させる旨を命ずることができる。第六十条第二項から第四項までの規定は、この場合について準用する。

（**準用**）

第六十三条　第三十六条及び第三十八条の規定は、この節に規定する審判について準用する。

第六節　抗告

（**抗告**）

第六十四条　検察官は第四十条第一項又は第四十二条の決定に対し、指定入院医療機関の管理者は第五十一条第一項又は第二項の決定に対し、保護観察所の長は第五十六条第一項若しくは第二項又は第六十一条第一項から第三項までの決定に対し、それぞれ、決定に影響を及ぼす法令の違反、重大な事実の誤認又は処分の著しい不当を理由とする場合に限り、二週間以内に、抗告をすることができる。

2　対象者、保護者又は付添人は、決定に影響を及ぼす法令の違反、重大な事実の誤認又は処分の著しい不当を理由とする場合に限り、第四十二条第一項、第五十一条第一項若しくは第二項、第五十六条第一項若しくは第二項又は第六十一条第一項若しくは第三項の決定に対し、二週間以内に、抗告をすることができる。ただし、付添人は、選任者である保護者の明示した意思に反して、抗告をすることができない。

3　第四十一条第一項の合議体による裁判所の裁判は、当該裁判所の同条第八項の決定に基づく第四十条第一項又は第四十二条第一項の決定に対する抗告があったときは、抗告裁判所の判断を受ける。

（**抗告の取下げ**）

第六十五条　抗告は、抗告審の終局決定があるまで、取り下げることができる。ただし、付添人は、選任者である保護者の明示した意思に反して、取り下げることができない。

（**抗告裁判所の調査の範囲**）

第六十六条　抗告裁判所は、抗告の趣意に含まれている事項に限り、調査をするものとする。

2　抗告裁判所は、抗告の趣意に含まれていない事項であっても、抗告の理由となる事由に関しては、職権で調査をすることができる。

（**必要的付添人**）

第六十七条　抗告裁判所は、第四十二条の決定に対して抗告があった場合において、対象者に付添人がないときは、付添人を付さなければならない。ただし、当該抗告が第六十四条第一項又は第二項に規定する期間の経過後にあったものであることが明らかなときは、この限りでない。

（**抗告審の裁判**）

第六十八条　抗告の手続がその規定に違反したとき、又は抗告が理由のないときは、決定をもって、抗告を棄却しなければならない。

2　抗告が理由のあるときは、決定をもって、原決定を取り消して、事件を原裁判所に差し戻し、又は他の地方裁判所に移送しなければならない。ただし、第四十条第一項各号のいずれかに掲げる事由に該当するときは、原決定を取り消して、更に決定をすることができる。

（**執行の停止**）

第六十九条　抗告は、執行を停止する効力を有しない。ただし、原裁判所又は抗告裁判所は、決定をもって、執行を停止することができる。

（**再抗告**）

第七十条　検察官、指定入院医療機関の管理者若しくは保護観察所の長又は対象者、保護者若しくは付添人は、憲法に違反し、若しくは憲法の解釈に誤りがあること、又は最高裁判所若しくは上訴裁判所である高等裁判所の判例と相反する判断をしたことを理由とする場合に限り、抗告裁判所のした第六十八条の決定に対し、二週間以内に、最高裁判所に特に抗告をすることができる。ただし、付添人は、選任者である保護者の明示した意思に反して、抗告をすることができない。

2　第六十五条から第六十七条まで及び前条の規定は、前項の抗告に関する手続について準用する。

（**再抗告審の裁判**）

第七十一条　前条第一項の抗告の手続がその規定に違反したとき、又は抗告が理由のないときは、決定をもって、抗告を棄却しなければならない。

2　前条第一項の抗告が理由のあるときは、決定をもって、原決定を取り消さなければならない。この場合には、地方裁判所の決定を取り消して、事件を地方裁判所に差し戻し、又は他の地方裁判所に移送することができる。

（**裁判官の処分に対する不服申立て**）
第七十二条　裁判官が第三十四条第一項前段又は第六十条第一項前段の命令をした場合において、不服がある対象者、保護者又は付添人は、当該裁判官が所属する地方裁判所に当該命令の取消しを請求することができる。ただし、付添人は、選任者である保護者の明示した意思に反して、この請求をすることができない。
2　前項の請求は、対象者が対象行為を行わなかったこと、心神喪失者及び心神耗弱者のいずれでもないこと又は対象行為を行った際の精神障害を改善し、これに伴って同様の行為を行うことなく、社会に復帰することを促進するためにこの法律による医療を受けさせる必要がないことを理由としてすることができない。
3　第一項の規定による不服申立てに関する手続については、刑事訴訟法第四百二十九条第一項に規定する裁判官の裁判の取消し又は変更の請求に係る手続の例による。

（**裁判所の処分に対する異議**）
第七十三条　対象者、保護者又は付添人は、第三十四条第三項ただし書、第三十七条第五項前段、第六十条第三項ただし書又は第六十二条第二項前段の決定に対し、処遇事件の係属する地方裁判所に異議の申立てをすることができる。ただし、付添人は、選任者である保護者の明示した意思に反して、この申立てをすることができない。
2　前条第二項及び第三項の規定は、前項の場合について準用する。

第七節　雑則

（**申立ての取下げ**）
第七十四条　第五十条、第五十五条並びに第五十九条第一項及び第二項の規定による申立ては、第一審の終局決定があるまで、取り下げることができる。
2　検察官は、第三十三条第一項の申立てをした後において、当該対象行為について公訴を提起したとき、又は当該対象者に対して当該対象行為以外の行為について有罪の裁判（懲役又は禁錮の刑を言い渡し、その刑の全部の執行猶予の言渡しをしない裁判であって、執行すべき刑期があるものに限る。）が確定し、その裁判において言い渡された刑の執行をしようとするときは、当該申立てを取り下げなければならない。

（**警察官の援助等**）
第七十五条　第二十六条第二項若しくは第三項若しくは第四十五条第四項若しくは第五項（第六十一条第五項において準用する場合を含む。）の同行状、第三十四条第一項前段若しくは第六十条第一項前段の命令又は第三十七条第五項前段、第四十二条第一項第一号、第六十一条第一項第一号若しくは第六十二条第二項前段の決定を執行する場合において、必要があるときは、裁判所又は当該執行を嘱託された者は、警察官の援助又は医師その他の医療関係者の協力を求めることができる。第二十九条第二項の嘱託を受けた検察官も、同様とする。
2　警察官は、第二十四条第五項前段の規定により所在の調査を求められた対象者を発見した場合において、当該対象者に対して同行状が発せられているときは、同行状が執行されるまでの間、二十四時間を限り、当該対象者を警察署、病院、救護施設その他の精神障害者を保護するのに適当な場所に保護することができる。

（**競合する処分の調整**）
第七十六条　裁判所は、第四十二条第一項第一号若しくは第二号、第五十一条第一項第二号又は第六十一条第一項第一号の決定を受けた者について、当該対象行為以外の行為について有罪の裁判（懲役又は禁錮の刑を言い渡し、その刑の全部の執行猶予の言渡しをしない裁判であって、執行すべき刑期があるものに限る。）が確定し、その裁判において言い渡された刑の執行が開始された場合であって相当と認めるときその他のこの法律による医療を行う必要がないと認めるに至ったときは、指定入院医療機関の管理者又は保護観察所の長の申立てにより、この法律による医療を終了する旨の決定をすることができる。
2　裁判所は、対象者について、二以上の第四十二条第一項第一号若しくは第二号、第五十一条第一項第二号又は第六十一条第一項第一号の決定があった場合において、相当と認めるときは、指定入院医療機関の管理者又は保護観察所の長の申立てにより、決定をもって、これらの決定のうちのいずれかを取り消すことができる。

（**証人等の費用**）
第七十七条　証人、鑑定人、翻訳人及び通訳人に支給する旅費、日当、宿泊料その他の費用の額については、刑事訴訟費用に関する法令の規定を準用する。

2　参考人は、旅費、日当及び宿泊料を請求することができる。

3　参考人に支給する費用は、これを証人に支給する費用とみなして、第一項の規定を適用する。

4　第三十条第五項の規定により付添人に支給すべき旅費、日当、宿泊料及び報酬の額については、刑事訴訟法第三十八条第二項の規定により弁護人に支給すべき旅費、日当、宿泊料及び報酬の例による。

（費用の徴収）

第七十八条　裁判所は、対象者又は保護者から、証人、鑑定人、翻訳人、通訳人、参考人及び第三十条第四項の規定により選任された付添人に支給した旅費、日当、宿泊料その他の費用の全部又は一部を徴収することができる。

2　前項の費用の徴収については、非訟事件手続法（平成二十三年法律第五十一号）第百二十一条第一項、第二項及び第四項並びに刑事訴訟法第五百八条第一項本文及び第二項並びに第五百十四条の規定を準用する。この場合において、非訟事件手続法第百二十一条第一項中「検察官」とあるのは、「裁判所」と読み替えるものとする。

（精神保健判定医以外の医師に鑑定を命じた場合の通知）

第七十九条　地方裁判所は、第三十七条第一項、第五十二条、第五十七条又は第六十二条第一項に規定する鑑定を精神保健判定医以外の医師に命じたときは、その旨を厚生労働大臣に通知するものとする。

（最高裁判所規則）

第八十条　この章に定めるもののほか、審判について必要な事項は、最高裁判所規則で定める。

第三章　医療

第一節　医療の実施

（医療の実施）

第八十一条　厚生労働大臣は、第四十二条第一項第一号若しくは第二号、第五十一条第一項第二号又は第六十一条第一項第一号の決定を受けた者に対し、その精神障害の特性に応じ、円滑な社会復帰を促進するために必要な医療を行わなければならない。

2　前項に規定する医療の範囲は、次のとおりとする。

一　診察

二　薬剤又は治療材料の支給

三　医学的処置及びその他の治療

四　居宅における療養上の管理及びその療養に伴う世話その他の看護

五　病院への入院及びその療養に伴う世話その他の看護

六　移送

3　第一項に規定する医療は、指定医療機関に委託して行うものとする。

（指定医療機関の義務）

第八十二条　指定医療機関は、厚生労働大臣の定めるところにより、前条第一項に規定する医療を担当しなければならない。

2　指定医療機関は、前条第一項に規定する医療を行うについて、厚生労働大臣の行う指導に従わなければならない。

（診療方針及び診療報酬）

第八十三条　指定医療機関の診療方針及び診療報酬は、健康保険の診療方針及び診療報酬の例による。

2　前項に規定する診療方針及び診療報酬の例によることができないとき、又はこれによることを適当としないときの診療方針及び診療報酬は、厚生労働大臣の定めるところによる。

（診療報酬の審査及び支払）

第八十四条　厚生労働大臣は、指定医療機関の診療内容及び診療報酬の請求を随時審査し、かつ、指定医療機関が前条の規定により請求することができる診療報酬の額を決定することができる。

2　指定医療機関は、厚生労働大臣が行う前項の規定による診療報酬の額の決定に従わなければならない。

3　厚生労働大臣は、第一項の規定による診療報酬の額の決定に当たっては、社会保険診療報酬支払基金法（昭和二十三年法律第百二十九号）第十六条第一項に規定する審査委員会、国民健康保険法（昭和三十三年法律第百九十二号）第八十七条に規定する国民健康保険診療報酬審査委員会その他政令で定める医療に関する審査機関の意見を聴かなければならない。

4　国は、指定医療機関に対する診療報酬の支払に関する事務を社会保険診療報酬支払基金、国民健康保険団体連合会その他厚生労働省令で定める者に委託することができる。

5　第一項の規定による診療報酬の額の決定に

ついては、審査請求をすることができない。

（報告の請求及び検査）

第八十五条　厚生労働大臣は、前条第一項の規定による審査のため必要があるときは、指定医療機関の管理者に対して必要な報告を求め、又は当該職員に、指定医療機関について、その管理者の同意を得て、実地に診療録その他の帳簿書類（その作成又は保存に代えて電磁的記録（電子的方式、磁気的方式その他人の知覚によっては認識することができない方式で作られる記録であって、電子計算機による情報処理の用に供されるものをいう。）の作成又は保存がされている場合における当該電磁的記録を含む。）を検査させることができる。

2　指定医療機関の管理者が、正当な理由がなく前項の規定による報告の求めに応ぜず、若しくは虚偽の報告をし、又は同項の同意を拒んだときは、厚生労働大臣は、当該指定医療機関に対する診療報酬の支払を一時差し止めることができる。

第二節　精神保健指定医の必置等

（精神保健指定医の必置）

第八十六条　指定医療機関（病院又は診療所に限る。次条において同じ。）の管理者は、厚生労働省令で定めるところにより、その指定医療機関に常時勤務する精神保健指定医を置かなければならない。

（精神保健指定医の職務）

第八十七条　指定医療機関に勤務する精神保健指定医は、第四十九条第一項又は第二項の規定により入院を継続させてこの法律による医療を行う必要があるかどうかの判定、第九十二条第三項に規定する行動の制限を行う必要があるかどうかの判定、第百条第一項第一号の規定により外出させて経過を見ることが適当かどうかの判定、同条第二項第一号の規定により外泊させて経過を見ることが適当かどうかの判定、第百十条第一項第一号の規定によりこの法律による医療を行う必要があるかどうかの判定、同項第二号の規定により入院をさせてこの法律による医療を行う必要があるかどうかの判定及び同条第二項の規定により入院によらない医療を行う期間を延長してこの法律による医療を行う必要があるかどうかの判定の職務を行う。

2　精神保健指定医は、前項に規定する職務のほか、公務員として、第九十六条第四項の規定による診察並びに第九十七条第一項の規定による立入検査、質問及び診察を行う。

（診療録の記載義務）

第八十八条　精神保健指定医は、前条第一項に規定する職務を行ったときは、遅滞なく、当該精神保健指定医の氏名その他厚生労働省令で定める事項を診療録に記載しなければならない。

第三節　指定医療機関の管理者の講ずる措置

（指定医療機関への入院等）

第八十九条　指定入院医療機関の管理者は、病床（病院の一部について第十六条第一項の指定を受けている指定入院医療機関にあっては、その指定に係る病床）に既に第四十二条第一項第一号又は第六十一条第一項第一号の決定を受けた者が入院しているため余裕がない場合のほかは、第四十二条第一項第一号又は第六十一条第一項第一号の決定を受けた者を入院させなければならない。

2　指定通院医療機関の管理者は、正当な事由がなければ、第四十二条第一項第二号又は第五十一条第一項第二号の決定を受けた者に対する入院によらない医療の提供を拒んではならない。

（資料提供の求め）

第九十条　指定医療機関の管理者は、適切な医療を行うため必要があると認めるときは、その必要な限度において、裁判所に対し、第三十七条第一項に規定する鑑定の経過及び結果を記載した書面その他の必要な資料の提供を求めることができる。

2　指定医療機関の管理者は、適切な医療を行うため必要があると認めるときは、その必要な限度において、他の医療施設に対し、対象者の診療又は調剤に関する情報その他の必要な資料の提供を求めることができる。

（相談、援助等）

第九十一条　指定医療機関の管理者は、第四十二条第一項第一号若しくは第二号、第五十一条第一項第二号又は第六十一条第一項第一号の決定により当該指定医療機関において医療を受ける者の社会復帰の促進を図るため、その者の相談に応じ、その者に必要な援助を行い、並びにその保護者及び精神障害者の医療、保健又は福祉に関する機関との連絡調整を行うように努めなければならない。この場合において、指定医療機関の管理者は、保護観察所の長と連携を図らなければならない。

第四節　入院者に関する措置

（行動制限等）

第九十二条　指定入院医療機関の管理者は、第四十二条第一項第一号又は第六十一条第一項第一号の決定により入院している者につき、その医療又は保護に欠くことのできない限度において、その行動について必要な制限を行うことができる。

2　前項の規定にかかわらず、指定入院医療機関の管理者は、信書の発受の制限、弁護士及び行政機関の職員との面会の制限その他の行動の制限であって、厚生労働大臣があらかじめ社会保障審議会の意見を聴いて定める行動の制限については、これを行うことができない。

3　第一項の規定による行動の制限のうち、厚生労働大臣があらかじめ社会保障審議会の意見を聴いて定める患者の隔離その他の行動の制限は、当該指定入院医療機関に勤務する精神保健指定医が必要と認める場合でなければ行うことができない。

第九十三条　前条に定めるもののほか、厚生労働大臣は、第四十二条第一項第一号又は第六十一条第一項第一号の決定により指定入院医療機関に入院している者の処遇について必要な基準を定めることができる。

2　前項の基準が定められたときは、指定入院医療機関の管理者は、その基準を遵守しなければならない。

3　厚生労働大臣は、第一項の基準を定めようとするときは、あらかじめ、社会保障審議会の意見を聴かなければならない。

（精神保健指定医の指定入院医療機関の管理者への報告）

第九十四条　精神保健指定医は、その勤務する指定入院医療機関に第四十二条第一項第一号又は第六十一条第一項第一号の決定により入院している者の処遇が第九十二条の規定に違反していると思料するとき、前条第一項の基準に適合していないと認めるときその他当該入院している者の処遇が著しく適当でないと認めるときは、当該指定入院医療機関の管理者にその旨を報告すること等により、当該管理者において当該入院している者の処遇の改善のために必要な措置が採られるよう努めなければならない。

（処遇改善の請求）

第九十五条　第四十二条第一項第一号又は第六十一条第一項第一号の決定により指定入院医療機関に入院している者又はその保護者は、厚生労働省令で定めるところにより、厚生労働大臣に対し、指定入院医療機関の管理者に対して当該入院している者の処遇の改善のために必要な措置を採ることを命ずることを求めることができる。

（処遇改善の請求による審査）

第九十六条　厚生労働大臣は、前条の規定による請求を受けたときは、当該請求の内容を社会保障審議会に通知し、当該請求に係る入院中の者について、その処遇が適当であるかどうかに関し審査を求めなければならない。

2　社会保障審議会は、前項の規定により審査を求められたときは、当該審査に係る入院中の者について、その処遇が適当であるかどうかに関し審査を行い、その結果を厚生労働大臣に通知しなければならない。

3　社会保障審議会は、前項の審査をするに当たっては、当該審査に係る前条の規定による請求をした者及び当該審査に係る入院中の者が入院している指定入院医療機関の管理者の意見を聴かなければならない。ただし、社会保障審議会がこれらの者の意見を聴く必要がないと特に認めたときは、この限りでない。

4　社会保障審議会は、前項に定めるもののほか、第二項の審査をするに当たって必要があると認めるときは、当該審査に係る入院中の者の同意を得て、社会保障審議会が指名する精神保健指定医に診察させ、又はその者が入院している指定入院医療機関の管理者その他関係者に対して報告を求め、診療録その他の帳簿書類の提出を命じ、若しくは出頭を命じて審問することができる。

5　厚生労働大臣は、第二項の規定により通知された社会保障審議会の審査の結果に基づき、必要があると認めるときは、当該指定入院医療機関の管理者に対し、その者の処遇の改善のための措置を採ることを命じなければならない。

6　厚生労働大臣は、前条の規定による請求をした者に対し、当該請求に係る社会保障審議会の審査の結果及びこれに基づき採った措置を通知しなければならない。

（報告徴収等）

第九十七条　厚生労働大臣は、必要があると認めるときは、指定入院医療機関の管理者に対し、第四十二条第一項第一号若しくは第六十一条第一項第一号の決定により当該指定入院医療機関に入院している者の症状若しくは処遇に関し、報告を求め、若しくは診療録その他の帳簿書類の提出若しくは提示を命じ、当該職員若しくはその指定する精神保健指定医に、指定入院医療機関に立ち入り、これらの事項に関し、診療録その他の帳簿書類を検査させ、若しくは第四十二条第一項第一号若しくは第六十一条第一項第一号の決定により当該指定入院医療機関に入院している者その他の関係者に質問させ、又はその指定する精神保健指定医に、指定入院医療機関に立ち入り、第四十二条第一項第一号若しくは第六十一条第一項第一号の決定により当該指定入院医療機関に入院している者を診察させることができる。

2　前項の規定により立入検査、質問又は診察を行う精神保健指定医及び当該職員は、その身分を示す証明書を携帯し、関係者に提示しなければならない。

3　第一項に規定する立入検査又は質問の権限は、犯罪捜査のために認められたものと解釈してはならない。

（**改善命令**）

第九十八条　厚生労働大臣は、第四十二条第一項第一号又は第六十一条第一項第一号の決定により指定入院医療機関に入院している者の処遇が第九十二条の規定に違反していると認めるとき、第九十三条第一項の基準に適合していないと認めるときその他第四十二条第一項第一号又は第六十一条第一項第一号の決定により指定入院医療機関に入院している者の処遇が著しく適当でないと認めるときは、当該指定入院医療機関の管理者に対し、措置を講ずべき事項及び期限を示して、処遇を確保するための改善計画の提出を求め、若しくは提出された改善計画の変更を命じ、又はその処遇の改善のために必要な措置を採ることを命ずることができる。

（**無断退去者に対する措置**）

第九十九条　第四十二条第一項第一号又は第六十一条第一項第一号の決定により指定入院医療機関に入院している者が無断で退去した場合（第百条第一項又は第二項の規定により外出又は外泊している者が同条第一項に規定する医学的管理の下から無断で離れた場合を含む。）には、当該指定入院医療機関の職員は、これを連れ戻すことができる。

2　前項の場合において、当該指定入院医療機関の職員による連戻しが困難であるときは、当該指定入院医療機関の管理者は、警察官に対し、連戻しについて必要な援助を求めることができる。

3　第一項の場合において、当該無断で退去し、又は離れた者の行方が不明になったときは、当該指定入院医療機関の管理者は、所轄の警察署長に対し、次の事項を通知してその所在の調査を求めなければならない。

一　退去者の住所、氏名、性別及び生年月日
二　退去の年月日及び時刻
三　症状の概要
四　退去者を発見するために参考となるべき人相、服装その他の事項
五　入院年月日
六　退去者が行った対象行為の内容
七　保護者又はこれに準ずる者の住所及び氏名

4　警察官は、前項の所在の調査を求められた者を発見したときは、直ちに、その旨を当該指定入院医療機関の管理者に通知しなければならない。この場合において、警察官は、当該指定入院医療機関の管理者がその者を引き取るまでの間、二十四時間を限り、その者を、警察署、病院、救護施設その他の精神障害者を保護するのに適当な場所に、保護することができる。

5　指定入院医療機関の職員は、第一項に規定する者が無断で退去した時（第百条第一項又は第二項の規定により外出又は外泊している者が同条第一項に規定する医学的管理の下から無断で離れた場合においては、当該無断で離れた時）から四十八時間を経過した後は、裁判官のあらかじめ発する連戻状によらなければ、第一項に規定する連戻しに着手することができない。

6　前項の連戻状は、指定入院医療機関の管理者の請求により、当該指定入院医療機関の所在地を管轄する地方裁判所の裁判官が発する。

7　第二十八条第四項から第六項まで及び第三十四条第六項の規定は、第五項の連戻状について準用する。この場合において、第二十八条第四項中「指定された裁判所その他の場所」とあるのは、「指定入院医療機関」と読み替えるものとする。

8　前三項に規定するもののほか、連戻状について必要な事項は、最高裁判所規則で定める。

（**外出等**）

第百条　指定入院医療機関の管理者は、次の各号のいずれかに該当する場合には、第四十二

司法福祉・刑事法

条第一項第一号又は第六十一条第一項第一号の決定により当該指定入院医療機関に入院している者を、当該指定入院医療機関に勤務する医師又は看護師による付添いその他の方法による医学的管理の下に、当該指定入院医療機関の敷地外に外出させることができる。

一　指定入院医療機関の管理者が、当該指定入院医療機関に勤務する精神保健指定医による診察の結果、その者の症状に照らし当該指定入院医療機関の敷地外に外出させて経過を見ることが適当であると認める場合

二　その者が精神障害の医療以外の医療を受けるために他の医療施設に通院する必要がある場合

三　前二号に掲げる場合のほか、政令で定める場合において、指定入院医療機関の管理者が必要と認めるとき。

2　指定入院医療機関の管理者は、次の各号のいずれかに該当する場合には、第四十二条第一項第一号又は第六十一条第一項第一号の決定により当該指定入院医療機関に入院している者を、前項に規定する医学的管理の下に、一週間を超えない期間を限り、当該指定入院医療機関の敷地外に外泊させることができる。

一　指定入院医療機関の管理者が、当該指定入院医療機関に勤務する精神保健指定医による診察の結果、その者の症状に照らし当該指定入院医療機関の敷地外に外泊させて経過を見ることが適当であると認める場合

二　前号に掲げる場合のほか、政令で定める場合において、指定入院医療機関の管理者が必要と認めるとき。

3　指定入院医療機関の管理者は、第四十二条第一項第一号又は第六十一条第一項第一号の決定により当該指定入院医療機関に入院している者が精神障害の医療以外の医療を受けるために他の医療施設に入院する必要がある場合には、その者を他の医療施設に入院させることができる。この場合において、厚生労働大臣は、第八十一条第一項の規定にかかわらず、当該入院に係る医療が開始された日の翌日から当該入院に係る医療が終了した日の前日までの間に限り、その者に対する同項に規定する医療を行わないことができる。

4　前項の規定の適用に関し必要な事項は、政令で定める。

（生活環境の調整）

第百一条　保護観察所の長は、第四十二条第一項第一号又は第六十一条第一項第一号の決定があったときは、当該決定を受けた者の社会復帰の促進を図るため、当該決定を受けた者及びその家族等の相談に応じ、当該決定を受けた者が、指定入院医療機関の管理者による第九十一条の規定に基づく援助並びに都道府県及び市町村（特別区を含む。以下同じ。）による精神保健及び精神障害者福祉に関する法律第四十七条又は第四十九条、障害者の日常生活及び社会生活を総合的に支援するための法律（平成十七年法律第百二十三号）第二十九条その他の精神障害者の保健又は福祉に関する法令の規定に基づく援助を受けることができるようあっせんする等の方法により、退院後の生活環境の調整を行わなければならない。

2　保護観察所の長は、前項の援助が円滑かつ効果的に行われるよう、当該指定入院医療機関の管理者並びに当該決定を受けた者の居住地を管轄する都道府県知事及び市町村長に対し、必要な協力を求めることができる。

第五節　雑則

（国の負担）

第百二条　国は、指定入院医療機関の設置者に対し、政令で定めるところにより、指定入院医療機関の設置及び運営に要する費用を負担する。

（権限の委任）

第百三条　この法律に規定する厚生労働大臣の権限は、厚生労働省令で定めるところにより、地方厚生局長に委任することができる。

2　前項の規定により地方厚生局長に委任された権限は、厚生労働省令で定めるところにより、地方厚生支局長に委任することができる。

第四章　地域社会における処遇

第一節　処遇の実施計画

（処遇の実施計画）

第百四条　保護観察所の長は、第四十二条第一項第二号又は第五十一条第一項第二号の決定があったときは、当該決定を受けた者に対して入院によらない医療を行う指定通院医療機関の管理者並びに当該決定を受けた者の居住地を管轄する都道府県知事及び市町村長と協議の上、その処遇に関する実施計画を定めなければならない。

2　前項の実施計画には、政令で定めるところにより、指定通院医療機関の管理者による医

療、社会復帰調整官が実施する精神保健観察並びに指定通院医療機関の管理者による第九十一条の規定に基づく援助、都道府県及び市町村による精神保健及び精神障害者福祉に関する法律第四十七条又は第四十九条、障害者の日常生活及び社会生活を総合的に支援するための法律第二十九条その他の精神障害者の保健又は福祉に関する法令の規定に基づく援助その他当該決定を受けた者に対してなされる援助について、その内容及び方法を記載するものとする。

3　保護観察所の長は、当該決定を受けた者の処遇の状況等に応じ、当該決定を受けた者に対して入院によらない医療を行う指定通院医療機関の管理者並びに当該決定を受けた者の居住地を管轄する都道府県知事及び市町村長と協議の上、第一項の実施計画について必要な見直しを行わなければならない。

（**処遇の実施**）

第百五条　前条第一項に掲げる決定があった場合における医療、精神保健観察及び援助は、同項に規定する実施計画に基づいて行われなければならない。

第二節　精神保健観察

（**精神保健観察**）

第百六条　第四十二条第一項第二号又は第五十一条第一項第二号の決定を受けた者は、当該決定による入院によらない医療を行う期間中、精神保健観察に付する。

2　精神保健観察は、次に掲げる方法によって実施する。

一　精神保健観察に付されている者と適当な接触を保ち、指定通院医療機関の管理者並びに都道府県知事及び市町村長から報告を求めるなどして、当該決定を受けた者が必要な医療を受けているか否か及びその生活の状況を見守ること。

二　継続的な医療を受けさせるために必要な指導その他の措置を講ずること。

（**守るべき事項**）

第百七条　精神保健観察に付された者は、速やかに、その居住地を管轄する保護観察所の長に当該居住地を届け出るほか、次に掲げる事項を守らなければならない。

一　一定の住居に居住すること。

二　住居を移転し、又は長期の旅行をするときは、あらかじめ、保護観察所の長に届け出ること。

三　保護観察所の長から出頭又は面接を求められたときは、これに応ずること。

第三節　連携等

（**関係機関相互間の連携の確保**）

第百八条　保護観察所の長は、医療、精神保健観察、第九十一条の規定に基づく援助及び精神保健及び精神障害者福祉に関する法律第四十七条又は第四十九条、障害者の日常生活及び社会生活を総合的に支援するための法律第二十九条その他の精神障害者の保健又は福祉に関する法令の規定に基づく援助が、第百四条の規定により定められた実施計画に基づいて適正かつ円滑に実施されるよう、あらかじめ指定通院医療機関の管理者並びに都道府県知事及び市町村長との間において必要な情報交換を行うなどして協力体制を整備するとともに、処遇の実施状況を常に把握し、当該実施計画に関する関係機関相互間の緊密な連携の確保に努めなければならない。

2　保護観察所の長は、実施計画に基づく適正かつ円滑な処遇を確保するため必要があると認めるときは、指定通院医療機関の管理者並びに都道府県知事及び市町村長に対し、必要な協力を求めることができる。

（**民間団体等との連携協力**）

第百九条　保護観察所の長は、個人又は民間の団体が第四十二条第一項第二号又は第五十一条第一項第二号の決定を受けた者の処遇の円滑な実施のため自発的に行う活動を促進するとともに、これらの個人又は民間の団体との連携協力の下、当該決定を受けた者の円滑な社会復帰に対する地域住民等の理解と協力を得るよう努めなければならない。

第四節　報告等

（**保護観察所の長に対する通知等**）

第百十条　指定通院医療機関の管理者は、当該指定通院医療機関に勤務する精神保健指定医による診察の結果、第四十二条第一項第二号又は第五十一条第一項第二号の決定を受けた者について、第三十七条第二項に規定する事項を考慮し、次の各号のいずれかに該当すると認める場合は、直ちに、保護観察所の長に対し、その旨を通知しなければならない。

一　対象行為を行った際の精神障害を改善し、これに伴って同様の行為を行うことなく、社会に復帰することを促進するため、この法律による医療を行う必要があると認めることができなくなったとき。

二　対象行為を行った際の精神障害を改善し、これに伴って同様の行為を行うことなく、社会に復帰することを促進するため、入院をさせてこの法律による医療を行う必要があると認めるに至ったとき。

2　指定通院医療機関の管理者は、当該指定通院医療機関に勤務する精神保健指定医による診察の結果、第四十二条第一項第二号又は第五十一条第一項第二号の決定を受けた者について、第三十七条第二項に規定する事項を考慮し、対象行為を行った際の精神障害を改善し、これに伴って同様の行為を行うことなく、社会に復帰することを促進するために当該決定による入院によらない医療を行う期間を延長してこの法律による医療を行う必要があると認める場合は、保護観察所の長に対し、その旨を通知しなければならない。

第百十一条　指定通院医療機関の管理者並びに都道府県知事及び市町村長は、第四十二条第一項第二号又は第五十一条第一項第二号の決定を受けた者について、第四十三条第二項（第五十一条第三項において準用する場合を含む。）の規定に違反する事実又は第百七条各号に掲げる事項を守らない事実があると認めるときは、速やかに、保護観察所の長に通報しなければならない。

第五節　雑則

（保護観察所の長による緊急の保護）

第百十二条　保護観察所の長は、第四十二条第一項第二号又は第五十一条第一項第二号の決定を受けた者が、親族又は公共の衛生福祉その他の施設から必要な保護を受けることができないため、現に、その生活の維持に著しい支障を生じている場合には、当該決定を受けた者に対し、金品を給与し、又は貸与する等の緊急の保護を行うことができる。

2　保護観察所の長は、前項の規定により支払った費用を、期限を指定して、当該決定を受けた者又はその扶養義務者から徴収しなければならない。ただし、当該決定を受けた者及びその扶養義務者が、その費用を負担することができないと認めるときは、この限りでない。

（人材の確保等）

第百十三条　国は、心神喪失等の状態で重大な他害行為を行った者に対し専門的知識に基づくより適切な処遇を行うことができるようにするため、保護観察所等関係機関の職員に専門的知識を有する人材を確保し、その資質を向上させるように努めなければならない。

第五章　雑則

（刑事事件に関する手続等との関係）

第百十四条　この法律の規定は、対象者について、刑事事件若しくは少年の保護事件の処理に関する法令の規定による手続を行い、又は刑若しくは保護処分の執行のため刑務所、少年刑務所、拘置所若しくは少年院に収容することを妨げない。

2　第四十三条第一項（第六十一条第四項において準用する場合を含む。）及び第二項（第五十一条第三項において準用する場合を含む。）並びに第八十一条第一項の規定は、同項に規定する者が、刑事事件又は少年の保護事件に関する法令の規定によりその身体を拘束されている間は、適用しない。

（精神保健及び精神障害者福祉に関する法律との関係）

第百十五条　この法律の規定は、第四十二条第一項第二号又は第五十一条第一項第二号の決定により入院によらない医療を受けている者について、精神保健及び精神障害者福祉に関する法律の規定により入院が行われることを妨げない。

第百十六条　この法律に定めるもののほか、この法律の実施のため必要な事項は、政令で定める。

第六章　罰則

第百十七条　次の各号のいずれかに掲げる者が、この法律の規定に基づく職務の執行に関して知り得た人の秘密を正当な理由がなく漏らしたときは、一年以下の懲役又は五十万円以下の罰金に処する。

一　精神保健審判員若しくは精神保健参与員又はこれらの職にあった者

二　指定医療機関の管理者若しくは社会保障審議会の委員又はこれらの職にあった者

三　第三十七条第一項、第五十二条、第五十七条又は第六十二条第一項の規定により鑑定を命ぜられた医師

2　精神保健指定医又は精神保健指定医であった者が、第八十七条に規定する職務の執行に関して知り得た人の秘密を正当な理由がなく漏らしたときも、前項と同様とする。

3　指定医療機関の職員又はその職にあった者が、この法律の規定に基づく指定医療機関の管理者の職務の執行を補助するに際して知り

得た人の秘密を正当な理由がなく漏らしたときも、第一項と同様とする。

第百十八条　精神保健審判員若しくは精神保健参与員又はこれらの職にあった者が、正当な理由がなく評議の経過又は裁判官、精神保健審判員若しくは精神保健参与員の意見を漏らしたときは、三十万円以下の罰金に処する。

第百十九条　次の各号のいずれかに該当する者は、三十万円以下の罰金に処する。

一　第九十六条第四項の規定による報告若しくは提出をせず、若しくは虚偽の報告をし、同項の規定による診察を妨げ、又は同項の規定による出頭をせず、若しくは同項の規定による審問に対して、正当な理由がなく答弁せず、若しくは虚偽の答弁をした者

二　第九十七条第一項の規定による報告若しくは提出若しくは提示をせず、若しくは虚偽の報告をし、同項の規定による検査若しくは診察を拒み、妨げ、若しくは忌避し、又は同項の規定による質問に対して、正当な理由がなく答弁せず、若しくは虚偽の答弁をした者

第百二十条　法人の代表者又は法人若しくは人の代理人、使用人その他の従業者が、その法人又は人の業務に関して前条の違反行為をしたときは、行為者を罰するほか、その法人又は人に対しても同条の刑を科する。

第百二十一条　第八十八条の規定に違反した者は、十万円以下の過料に処する。

・刑法等の一部を改正する法律の施行に伴う関係法律の整理等に関する法律（令和四・六・一七法律六八）

附則　抄

（施行期日）

1　この法律は、刑法等一部改正法施行日から施行する。〈略〉

監修者紹介

野﨑和義（のざき・かずよし）

岡山県生まれ。中央大学大学院法学研究科博士（後期）課程を経て、

現在　九州看護福祉大学看護福祉学部特任教授

主著　『福祉法学』、『医療・福祉のための法学入門』、『コ・メディカルのための医事法学概論 第2版』、『ソーシャルワーカーのための更生保護と刑事法』、『ソーシャルワーカーのための成年後見入門』以上ミネルヴァ書房。

共著　『看護のための法学 第5版』、『消費者のための法学』、『刑法総論』、『刑法各論』以上ミネルヴァ書房、『介護職と医療行為』ＮＣコミュニケーションズ、『人権論入門 新訂改版』日中出版、ほか。

共訳　『オートポイエーシス・システムとしての法』未來社、『ルーマン 社会システム理論』新泉社、『法システム』ミネルヴァ書房、『ロクシン 刑法総論』信山社、ほか。

ミネルヴァ 社会福祉六法2024［令和6年版］

二〇二四年三月三〇日　初版第一刷発行　検印省略

監修者――野﨑和義
編　者――ミネルヴァ書房編集部
発行者――杉田啓三
印刷者――坂本喜杏
発行所――株式会社 ミネルヴァ書房
〒六〇七-八四九四　京都市山科区日ノ岡堤谷町一
電話代表（〇七五）五八一-五一九一
振替口座　〇一〇二〇-〇-八〇七六

印刷／製本　冨山房インターナショナル

定価はカバーに表示しています

ISBN 978-4-623-09682-4
Printed in Japan